国家出版基金项目
NATIONAL PUBLICATION FOUNDATION

海上絲綢之路文獻集成

總主編　陳支平　陳春聲

歷代史籍編　45

主編　范金民

海峽出版發行集團
THE STRAITS PUBLISHING & DISTRIBUTING GROUP
福建人民出版社

「十三五」國家重點圖書出版規劃重大出版工程規劃項目
國家新聞出版改革發展項目庫入庫項目
國家出版基金資助項目

本册目次

航海述奇四卷再述奇六卷三述奇八卷四述奇十六卷五述奇十二卷六述奇十二卷八述奇二十卷（航海述奇卷一至四述奇卷二）

〔清〕張德彝撰

《航海述奇》四卷《再述奇》六卷《三述奇》八卷《四述奇》十六卷《五述奇》十二卷《六述奇》十二卷《八述奇》二十卷，清張德彝撰。德彝（一八四七—一九一八）原名德明，字在初，一字俊烽，漢軍鑲黄旗人。早年卒業於同文館，同治五年（一八六六）隨斌椿遊歷英、法、比、俄、丹、普等十六國，歸後據日記編成是書。所記皆海外之聞見，舉凡風土人情、語言文字、名勝古蹟、政教設施、科技成就、中外往來等，皆詳細記述。《航海述奇》爲第一次遊歷所記，後又多次出使法、英、日、美等國，陸續撰成《再述奇》、《三述奇》，直至《八述奇》。其中《七述奇》爲二十葉手寫日記，題記云：「此次出使日本，因當戰後，所負使命深覺有辱國體，故輟而不述。」記述隨那桐出使日本，就庚子之變向日本致歉事，稿存中國國家博物館。據中國國家圖書館藏稿本影印。

同治庚午年錄
蔡毅若先生書

航海述奇

本宅藏稿

序

天道有常而迭開其變人事積故以日啓其新物理本正而或不能盡其奇循其正而必窮其奇經綸幹濟所從出也知其奇而不乖於正綱常名教所由存也余讀航海述奇而有感焉述奇者吾友張在初德明駕部親歷海外而作也在初性聰穎博涉書史年未弱冠慨然有四方之志同治丙寅春斌友松椿叅領

初使海外在初以同文館生
奉
命偕往周歷各國閱歲而後歸
歸來追述見聞考核必精記
載必詳初集成而請序於余
余讀斯集既驚其奇而又喜
其奇之不乖於正也夫世之
守正者吾知之矣窮年呫嗶
足不出戶庭交不過鄉里目
不睹天地古今之變故詢以
救世濟時之策則遜謝不遑
一聞奇事奇論則斥為荒謬

而不經彼以謂奇巧之技聖
王所必禁怪誕之言聖世所
必誅而探幽窮遠雖聖人或
不能盡其理也執是說也烏
知在初所志之大所見之深
且遠哉由堯舜禹湯迄今四
千數百年閱世既久拓地愈
廣西北之入版圖者則有游
牧諸國東南之列藩封者則
有島嶼諸邦近則商賈之來
涉重洋而如履平地玉帛之
使由地東以達于泰西未始

非天地古今之一大變局也在初親歷各國習其語言文字察其地勢人情與夫山川道里之所經一一窮其奇而筆之書豈徒侈遊覽之大觀誇新奇以駭俗哉將為
聖朝備有用之材也且夫無不變者勢之所必至也有不變者理之所當然也人情日趨于巧利而挽回氣運不外天理之公時勢莫測其紛更而化育經綸不逾人倫之至如在初之曾至泰西日居譯館而所交游者悉禮樂詩書之士所講論者皆文章政事之經其于異端邪說集中屢辨之矣吾願其以有用之才為
國家儲楨幹復以不汚之品為鄉相助治理也儻所謂奇而不乖于正者耶此則余之厚望也夫

同治丁卯中秋友生孟保序

漢張騫乘槎尋源蘇武出使絕
域之兩臣者功垂竹帛光昭簡册
每讀史不禁嚮往深之若夫泰西
者自秦漢以還久不與華通我
皇帝一視同仁智周無外舉凡亞細亞
阿非里加阿墨利加歐羅巴四大
洲無不望風輸悃通使幣於
天家其疆域之遼闊迢迢數萬里欲
歷其地有不望洋而歎者哉繙
譯官　德君在初性穎悟喜讀
書目下數行過輒不忘左國史
漢下逮莊騷無不畢覽尤工

書有遒勁氣爲人沉毅寡言
持躬恂謹粥粥若無能鄉先
生以奇器目之丙寅春奉
皇帝詔出使西洋分庭抗禮不辱
君命采風問俗以貢
天室凡舟車所不至人力所不通之
區罔不窮巖搜幹悉心探訪
所謂乘長風破萬里浪者非其
人歟未逾年海外歸帆蒙
皇帝温旨嘉奬是時年方十有七
也昨以航海述奇一函惠贈薰
沐展閱如讀異書其述疆域

之險阻也有如地輿志其述川谷之高浚也有如山海經其述飛潛動植之瑰異也有如庶物疏其述性情嗜好語言之不同也有如風土記上下古今數千年東西南朔數萬里挾卷以遊瞭如指掌誠為宇宙間之一奇觀也古人云太上立德其次立功其次立言若斯者足以不朽

愚弟貴榮拜手序

航海述奇自序

我
國家德溥九州富有四海幅幀遼闊自古以來未有逾於今日者也但東西南朔雖無不慶聲教之同而海澨山陬究有未暨感通之地況四洲之大其附近於中華者雖有西藏暹羅日本琉球印度等國要之以地輿而言不過僅得四分之一耳如泰西人云北有亞細亞南北距二萬六千六百二十餘

里東西距二萬零七百餘里南有阿非里加爲埃及牛畢亞伯西尼等國所巨之地南北距一萬五千六百餘里東西距一萬三千九百五十餘里東有亞美利加内分南北二洲南爲巴西秘魯智立等國所居之地南北距一萬三千五百里有奇東西距九千餘里北爲美利堅墨西哥等國所居之地南北距一萬三千八百餘里東西相距亦九千里有奇西有歐羅巴乃爲英吉利法郎西日耳曼布魯斯瑞士瑞典等數國所居之地南北距七千二百餘里東西相距約一萬零五百餘里此四大洲之外島嶼尚多四洲之内計大小三百餘國由此觀之則地輿之遼闊果何如哉明曆

命隨使遊歷泰西各國遨遊十萬里遍歷十六國經三洲數島五海一洋所聞見之語言文字風土人情草木山川蟲魚鳥獸奇奇怪怪述之而若故駭人聽

聞者不知凡幾明年甫弱冠躬此壯遊不敢云即是足為大觀而見所未見聞所未聞既得集錄成篇即願以公諸共識日來索觀甚衆字句之間不遑修飾亦但誌其實聊為飜閱者信其奇而非妄述焉可也　時在

同治丁卯孟夏鐵嶺張德明

在初氏序于述奇館

地球說

粵自鴻濛既闢天地肇開以氣而言輕清上浮者為天重濁下凝者為地以理而言天者覆萬物者也地者載萬物者也以形而言有謂天圓地方者有謂天形如覆蓋者有謂天地形如雞卵者要之後說近是蓋天形圓包于外地形圓繫于中故以球形擬地體而形又分東半球西半球其實一體而强分之蓋地形直徑三萬里周約九萬里有奇其運行也旋轉如輪一轉為一晝夜環日一周即為一年所有陸地分為五大洲在東半球者有亞細亞有歐羅巴暨阿非里加在西半球者一曰南亞美利加一曰北亞美利加二洲之間中有脛地昆連又有水程共分五洋曰大東洋又名太平洋、大西洋、印度洋南冰洋北冰洋外有數十海如紅海黃海黑海白海北海鹹海馬海裏海中國海日本海地中海加勒海亞得亞海亞儞亹海波羅的海暨阿勒富海等此其最著者也陸路共計大小邦國三百有奇明因集中所載各洋海頭緒紛繁恐閱者眩目故標之以圖而畧為之說以是可知地球即雞卵之理非西人獨創是論也

地球圖

東半球　　西半球

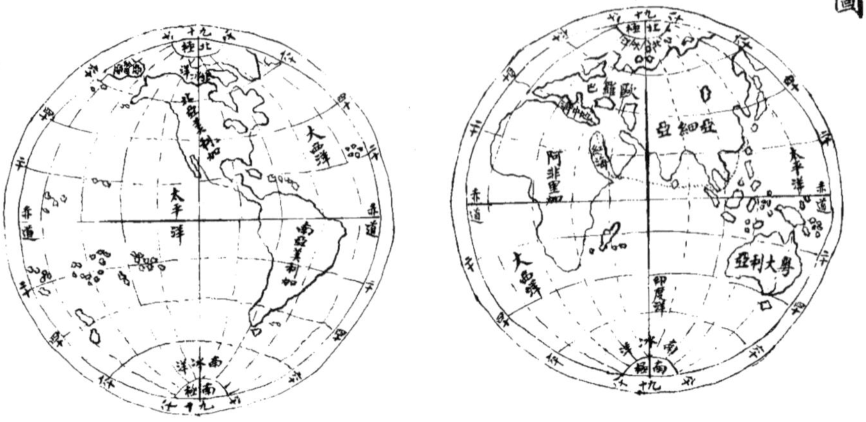

航海述奇卷一

目錄

航海述奇卷一

鐵嶺張德明在初隨筆

京師自與泰西各國定約後設有總理各國事務衙門並於各海口洋稅事宜特用泰西一人總司其事同治乙丑年冬十有二月經總理衙門奏派前任山西襄陵縣知縣副護軍參領銜三品頂戴內務府正白旗漢軍斌椿友松其子內務府筆帖式六品頂戴廣英叔含暨同文館英館八品官六品頂戴正黃旗蒙古鳳儀夔九英館八品官六品頂戴鑲黃旗漢軍德明在初法館學生七品頂戴鑲黃旗漢軍彥慧智軒等前往泰西各國遊歷察訪風俗奉旨依議維時值按察使銜總洋稅務司英吉利國愛爾蘭人赫德字樂彬者亦乞假回國遂定於次年偕同前往

丙寅年

正月明卽約車治裝戚友餞別至

二十日庚辰晴巳正由京登車起身道出崇文門行三十五里至于家衛早尖又行二十五里至張家灣晚尖住宿酉初大雪半尺有餘

一

二十一日辛巳晴卯初起身時雞聲茅店月影横窗晴雪蕭蕭寒風冽冽行四十五里至安平鎮早尖午初過安平天燥風乾塵揚迷路復行五十里至蔡村住宿

二十二日壬午晴曉起殘月無輝晨星落落雞鳴四野犬吠狐村卯初起身見紅日三竿炊烟四起行五十里抵浦口早尖午後風起塵揚又行三十五里至天津衛途遇三口通商大臣所派張雲波千長錦隆迎至天津縣東關外南斜街恩裕店內宿遂乘肩輿謁三口通商大臣少司馬崇地山厚薄暮回寓

二十三日癸未晴早遊于市人民富庶風俗繁華午後斌大人攜廣叔含暨其長隨人等入寓緣二十日明等先斌公而起身也是日遂同乘小轎往拜赫總稅務司於梁家園記天津四門東曰鎮海西曰拱宸南曰歸極北曰帶河縣城不大閭巷繁雜

二十四日甲申晴早往鼓樓南關帝廟訪見本旗驍騎校王松圃壽熙在彼現充八旗洋馬隊長遂同伊至南門外教場觀看操演遇有馬隊教習英吉利國人魯富薄郎彼此對談片時看畢回寓知明府楊　國杞來拜

二

二十五日乙酉晴午初同廣叔含鳳夔九往紫竹林游維時陽和之氣浮地上生河水微波清風拂面

二十六日丙戌晴聞有英國火輪船三隻來從上海烟台等處在紫竹林下錨明等遂往一觀見兩隻係暗輪者長皆二十餘丈一名行如飛一名日本一隻係明輪者亦長二十餘丈名曰南潯自外觀之皆整潔堅固其形與中國船隻迥異

二十七日丁亥晴午後赫總稅務司暨英國領事官孟甘來拜由京至津計陸程二百四十里

三

二十八日戊子早晨天金黃色風沙撲面至巳正同衆赴紫竹林登行如飛輪船此船長二十二丈廣三丈許通身鐵製內包椽木上寬下狹狀如魚腹前尖後圓形似瓜種面上四圍鐵闌高約三尺前挂白布油圈二箇名曰保險圈俗名救命圈長約三尺寬三寸中有油繩四根作錢孔形如船遇險將此圈橫套於身上投在水面順海飄流以待救援又有小礮二尊麻球四箇若遇碰船之時置於中間以防擠損等事左右小舟四隻為上下大船而用者此後有舵房一間內一車輪二人把持往來轉弄上繞鐵鍊二根直通後舵船主在內指向行遲又一銅盤上橫鐵柄盤面有遲速行止等字移柄向何字則下面亦是何字以示火機使者令其進退有節房後有地圖千里眼等物又有各色花旗二十餘事以便對面來船彼此交談而用者中立一桅極高上橫二木所用風篷形如工字係白布所作捲放在下皆有輪繩前後亦有如厶字形係為行左右風者又一銅烟筒高約二丈周有四圍兩邊小水筩十餘箇長繩鎖鍊數盤後有籐椅四五隻係上客閒坐之處次客不得過

四

帆竿之後左右有長形雞鴨籠四箇喫食木房一小間此後又有定南鍼定時鐘其鐘按時人打若一點鐘則打二下二打四三打六四打八五打二六打四七打六八打八九打二十打四十一打六十二打八烟筒傍有一氣筩若對面來船拽則自鳴以備讓路以上各處每日早晨自有活水上吸洗滌一番船內下分三層頭層前有水手臥室廚房淨房下客睡牀皆兩層鐵架綠油色自行立起並無衾褥中間係火輪機其形長方上有玻璃罩左右各有小屋三間係火輪機使者與管船衆

等寢處之所。再後兩腮有鐵門二扇。以便裝卸貨物。中亦有下客睡牀。此後左右二門。內皆上客艙。每間以白色漆油。粉飾睡榻二層。上放白布牀褥。頭枕。絨毡單被。前挂紅呢帳幔。下有三藍花瓷溺器。置于篋內。壁上小皮兜各一。以便盛什物者。下橫坐牀一張。靠背坐褥皆紅洋絨者。厚三寸許。每屋有花瓷面盆二箇。帽架一。面鏡二。玻璃水瓶。水盃。挂燈。胰盒。手巾。銅水壺等物。以奉起居。兩艙之中各一淨房。亦有剡門入內。有淨桶。提起上蓋。下有瓷盆。盆下有孔通于水面。左右各一銅環。便

五

溺畢則抽左環。自有水上洗滌盆桶。再抽右環。則污穢隨水而下矣。右邊末間係船主卧室。左邊末間為茶水房。尾後為書飯廳。正中卯形大圓棹一張。上鋪花紅洋毡。棹後坐牀一行。上亦皆鋪絨褥。前有紫檀椅六張。棹後正面懸一天文表。表後堆積書卷棋枰等物。棹之左右挂大面鏡各一。亦有書榻二架。各處極其精巧。上下皆有樓梯與喚人自鳴鈴。通船皆然川魚油與石油之燭。銅燈玻璃罩。不必剪燭花。而燭無燼。船雖搖而燈能左右前後動轉。其上所用冷熱水。皆有螺絲鐵管四通

八達。任人取用。第二三層皆載客人行李與貨物者。每日三次點心。兩次大飡。飯時棹上先鋪白布。每人刀鍤盤匙飯單各一。玻璃酒杯三箇。先所食者。無非燒炙牛羊雞魚。再則麪包糖餅。蘋果。梨橘葡萄核桃等。飲則涼水糖水。熱牛奶。菜肉湯。甜苦洋酒。更有牛油。脊髓。黃薯白飯等物。下客數人一籃白米飯。無菜無茶。較之惡草具以進者差勝。此蓋英國小船所有。器皿一切多不齊備。而船中零星奇巧物件極多。非楮墨所能罄。其火輪機係以火蒸水。水滾則上下鐵輪自轉。輪轉則船自行

六

矣。船初開時。黑烟直上。既走則晝夜永聞丁東之聲。船能日行一千三四百里。終日有人察看道路。計算里數。照料客人。管理奴僕。整齊之至。是日未初開船。但見兩岸馳驅飛去。不覺輪船半步移動。戌刻停泊口內。待潮。由天津至大沽。計水程二百二十五里。

二十九日己丑。丑刻出大沽口入海。冷甚。是日天陰。烟飛霧結。萬頃迷離。水天一色。船行一日。皆屬平穩。至晚忽狂風大作。浪高百尺。船即顛簸。人皆嘔吐不止。窗外水聲澎湃。船內人聲嘔哇。金鐵飛鳴。杯盤亂落。當斯時

也明心昏頭暈嘔吐無寧晷至黎明船行石上震聲若雷通船驚起莫不惶悚戰栗移時始定

三十日庚寅晴因岐路遇石為險乃折回一百七十餘里始歸正路早過妙島水深六丈六尺又過黃覇蓋大欽島小欽島鼉磯島高山廟島長山島大竹小竹等處遠近掩映者但見山峯飛越於眉目之間過河南入山東界未初抵烟台進口停泊芝罘山下明等遂乘小舟登岸往青泉口遊見房屋不多人民稀少係中外交易之處又至東海關內與二三英法人晤談時許乃入觀

七

海樓係東海關監督潘偉如　爵所造者樓上匾額楹聯銘記甚多皆名人大筆彼時潘公至相與坐談良久明等遂仍駕小舟回入大船一路山水盈眸樹花交翠和風蕩漾心殊暢然船至口上下客人起卸貨物至酉初始畢即時開船出口夜過成山島甚平

二月

初一日辛卯晴過黑水洋此船晝夜顛簸人人嘔吐鎮日偃臥只喫黎橘而已

初二日壬辰晴走吳淞江仍風浪大作嘔吐不止飲食不進船規每飯必先搖鈴知會後明等一聞鈴聲便大吐不止蓋英國飲饌與中國迥異味非素嗜食難下咽甜辣苦酸調合成饌牛羊肉皆切大塊熟者黑而焦生者腥而硬雞鴨不煮而烤魚蝦味辣且酸一嗅即吐是二日水蕩船搖浪過窗櫺始止

初三日癸巳陰早發風恬浪靜雖已止嘔殊覺力輭已正至崇明縣黃浦江係江南松江府地界進口遙見兩岸翠色盈盈渾似京華孟夏之景沿路中外船隻無數風篷火輪紅頭三板羣列其中至未刻抵上海縣口內

八

住船見兩岸修飾整齊樓房高聳鱗比卓立江中小舟蟻集細雨廉纖岸邊桃杏芙蓉芭蕉槐柳樹交紅紫花鬪芬芳江南佳境略識一斑也往來種作熙熙攘攘本地小轎洋人馬車絡繹不絕時有上海縣差小轎四乘迎接明等遂下船上轎放炮迎入公寓寓在上海縣新北門外洋涇浜西北盆湯衖汪乾記茶行入內登樓院狹而屋闊四壁明淨畫軸頗多樓前有堂堂中列梅花佛手棹椅燈鏡前有玻璃照棚極其華麗壯觀晚飯有南薺蒿鮮青梅韮芽春笋甘蔗枲菜蘋果梨橙鱗魚蝦

蠏等物是日接見王蓮塘大令宗濂陳刺史元燮暨本公寓居停汪菊亭司馬紹棠等酒闌人散細雨瀟瀟一夜未住由大沽至上海計水程二千五百里前在烟台有幫辦稅務司法國人名德善字一齋者經赫總稅務司命伊為繙譯官同明等前往泰西各國遊歷此人白面微髭性情溫厚同明等共舟至此與赫樂彬分住他處矣

初四日甲午大雨往拜赫樂彬暨江海關稅務司費士來又至禮伯里華美書館拜見前充英文教習丁韙良與其友姜闢理此處皆係洋樓內外裝飾一切皆西洋款式又見闢理之妹安憒叙談閒即撥弄洋琴琴大如箱音忽洪亮忽細小參差錯落頗覺可聽下樓又看作活字板刷書者其法多用電氣不費剞劂之力一名聚珍板中外各字俱全新奇精巧又至前充英文教習富來亞之友甘威處入其洋樓院宇幽靜花木葱蘢甘取洋酒勸客飲先酒後茶乃西俗款客之敬意也回寓後有應敏齋觀察寶時陳寶蕖司馬福勳杜貳尹學衔袁刺史承恩及稅務司費士來等來拜入夜大雨雷電

初五日乙未雨止乘轎往拜應觀察以及營弁等官又赴黃浦灘江海關南拜前充英文教習包爾騰等回寓又接貴益謙王曾楙葛繩孝吳勝元張斯桂姜闢理等名刺稟帖亦有面晤者

初六日丙申仍雨早接正參領德俊副參領色布什新暨金灝元韓文瀏等官名刺是日街行見洋涇浜路途平坦鋪戶鱗比洋行寬闊樓房整潔

初七日丁酉早仍雨至江海北關前馬頭駕官船順流至吳淞口上法國公司輪船名拉不當內者長三十丈廣三丈深約二丈亦是鐵製凡公司船乃法國通城紳富捐資公造大小各種輪船分布洋海而本國差派船主總管千總火機使者等人每船必有一東主同眾人共保一船傳帶書信公文新聞紙等件此外往來載人運貨獲利不菲然往來索費其款亦鉅每次助官錢六千餘貫一次所費人工煤油飲食一切約數不下萬金

初八日戊戌晴卯初開船出口南行轉西水深綠色午後過鞍子島與普陀山暫見眾山羅列大小不一中有無數白鳥甚大往來飛騰忽上忽下逐船沒水毫不畏

人。初九日己亥，陰，午後微雨，過白狗山，水變藍色，冷甚。申刻狂濤高壓，船行顛簸，人遂飲食不能進矣。初十日庚子，晴。巳正過浙閩界，船行稍西南，望漁舟飄蕩，北見山嶺連綿，入夜陰。十一日辛丑，早入粵界，微晴。巳初抵香港住船，見羣峰壁聳，番舶雲集，迤西一帶洋樓鱗比。明等乘小舟登岸，道逢平闊，商戶整齊，此原係中國海口也。現有英兵持梃專司行旅一事，其地約不准行旅路傍便溺，車行甚

十一

疾，人須自避，若撞死在午前者，車主賠銀十兩，並不償命，過午撞死者無論。現有英華銅錢，體小孔圓，上鑄香港一仙四字，並英文一行，譯即此意。正面一樓如塔，上懸一鐘，外係表面，按時交鐘。在彼遇大興徐蘭濃先生暨二三泰西人。旁午回船，未正換船，名崙白鷗士，長三十九丈，寬四丈七尺，深四丈四尺，亦法國公司船。此係西國上等行船，船通身鐵包極厚，下分四層。第一層極後正面如弧形，有大月牙牀一座，上列青緞厚褥方枕，下橫坐凳亦然。牀後八扇玻璃窗，可啟可閉。中立舵柄，

鐵製甚堅，傍二鐵鍊，暗通面上舵房。牀前大洋琴一座，前一圓木凳，左右書橱，外有玻璃罩。琴前二行條棹，上鋪綠花洋毡極厚，下邊四行長凳，上有靠背，可前可後，檀質籐心，銅鑲布罩，椅子亦然。棚上挂綠綢風扇，棹之左右皆係上客艙，屋內四壁白粉油飾，描金鑲邊。外則每二艙之間挂玻璃一方，長有五尺，廣三尺許。艙門皆有自來鎖子，內挂綠綢長簾，鐵架轆牀二鋪，上置白洋布厚褥、毡被、長枕、方枕各一，每屆五日一易。正面鐵窗一扇，自上拽起，則在兩壁之中，自有玻璃與木窗各一，

十二

隨意抽用。前有石面方棹一張，中含大屜四箇，上立鐵架，花瓷面盆、白瓷水壺各二，壁釘木架，內置玻璃杯、胰盒、水瓶、手巾等物，一日一易。帽架皮兜，左右各二。門後大面鏡二架，地鋪花氈，又有銅淨水壺、鐵泔水甕各一，牀下各有白瓷溺器，置諸箧內。每兩艙壁間一燈，鐵墻玻璃罩，內點石油燭，光燭四面。艙外地上亦鋪絨氈，前有二門，中橫大扇玻璃，下一長棹，石面銅闌，上陳酒杯、茶盌、布帕、銀匙，以及涼水、紅酒、白糖，係為晝間客飲者。下有大屜，內放洋棋、葉子戲等物。右門旁有女客浴堂，

内亦鋪整。陳設器皿。甚屬整齊。自此以後乃客廳也。出此二門。正中地上一大方孔。長有丈餘。上覆木蓋。四面鐵闌。内立單木梯。通於貨倉。外左右二鐵門。通于海面。門外又有栅欄門一扇。下一活梯。以便上下船用者。門内左邊一行艙房。内外皆有數目記號。首二間係茶房。内置諸般器皿。洗滌有自來冷熱活水。此前乃客衆澡艙三間。每間一大木盆。内敷以錫。傍有龍嘴。轉則水出。頂上懸一漏壺。下一龍口。轉則涼水自然澆頭而下。蓋泰西人三日一浴。五日一洗。多用涼水也。夏則日日洗

十三

之。傍有淨房三間。内又小屋三間。每間燈一盞。紙捘一。中一坐箱。内有瓷盆。亦係自來水洗滌。屋外左壁一長銅槽。上作竅孔。以便溺於其中。自然流歸于大海矣。此前即爲二等客艙。每艙内皆四牀。作二層。對面右邊前幾間。乃總管船東火機官醫生等人艙房。後亦客艙。每間高約七尺。深亦七尺。闊六尺有餘。兩面之中。前一長棹。乃客中小兒喫飯處。後則兩面銅梯直通面上。再後乃火機處。四面鐵闌。正中火機輪皆鋼鐵製造。其他輪軸若許。竅竅皆通。不時澆油灌水。以防崩裂之患。上有

玻璃罩棚。又挂大布筒二箇。以便吹嘘涼氣者。後又一長梯。上通船面。下至火機。再一長棹。乃中客喫飯處。此後又一樓梯。乃下人上下處。形如厂字。又大艙一間。係合船奴僕水手寢處。前在客廳門外有丁字樓梯。寬闊潔淨。鑲以銅邊。花毡鋪地。船主一名。專理通船大事。總管一名。管理散事。散管八名。除管僕從外。兼指向行船。醫官一人。爲客療病。火機使者上下十餘名。外有男僕二十四名。以供灑掃。及一切瑣褻等事。供奉日間五飡。婆二頭目管理。女使二名。專侍女客。廝養二十九名。拽

十四

風扇幼童八名。庖丁六名。木匠四名。鐵匠漢匠各二名。油匠洗夫各四名。阿非利加燒火黑人十九名。外國水手二十九名。印度暹羅麻六甲水手共二十餘名。記由天津至此。各洋船皆有山東四川廣東江南各處僕人。以上皆係船東稽察。船内各處無不洗滌整潔。辰刻客人皆起。在廳内飲茶。棹上設糕點三四盤。麵包片二大盤。黃奶油三小盤。細鹽四小罐。茶四壺。加非二壺。炒扣來一大壺。白沙糖塊二銀盌。牛奶二壺。奶油餅二盤。紅酒四瓶。涼水三瓶。客皆陸續飲食。有以涼水紅酒白糖

調而飲者亦有以牛奶茶糖和而飲者種種不一各聽其便加非係洋豆燒焦磨麪以水熬成者炒扣來係桃杏仁炒焦磨麪加糖熬成者其色紫黃其味酸苦紅酒係洋葡萄所造味酸而澀飲必和以白水方能下咽麪包係發麪無鹼團塊燒熟者其味多酸至巳初早飯棹上先鋪大白布上列許多盤碟有一銀籃內置玻璃瓶五枚實以油醋清醬椒麪鹵蝦名為五味架每人小刀一把麪包一塊大小匙一錨一盤一白布一紅酒涼水苦酒各一瓶菜皆盛以大銀盤挨坐傳送刀錨與盤每

十五

飯屢易席撤另設果品數簋如核桃桃仁乾鮮葡萄蘋果蕉子梨橘桃李西瓜柿子波羅蜜等食畢以小藍玻璃缸盥手菜有燒雞烤鴨白煮雞魚燒烙牛羊鴿子火雞野貓鐵雀鵪鶉雞卵韮黃煮牛肉芥末醋拌馬齒莧粗龍鬚菜大山藥豆等未刻有茶酒糕點乾果酉初晚飯惟先喫牛肉湯一盤或羊髓菜絲湯亦有牛舌火腿等物末食果品加非子刻有晚茶點心其盤匙刀錨鏇皆係銅質包銀小盤茶盌瓷厚三四分玻璃盃瓶有厚五六分者晚間廳內兩行玻璃燈照如白晝前後活

燈更多客可在此鼓琴歌唱夜半通船燈熄以防不虞每艙中亦有保險圈與保險板此板長約六寸寬三寸共八塊以白油布夾之上有四繩船遭風時將此板圍於腰上可以浮于水面以免沉溺此乃第一層之大概也第二層前半乃中客艙其中器皿與上客大同小異上下亦有樓梯前有眾客行李艙堆積一處再則火機處上下皆是鐵梯至下客艙數牀雜于一室之中此前乃黑水手住處其中無牀許多綠繩布兜所有中客下客亦係嘎拉桑伺候法言嘎拉桑即華言童僕也其飯

十六

倉與上客稍異第三層當中乃火機水壺處下一鐵軸粗約三圍內連火機外通水輪此外兩端皆係貨艙第四層當中乃火機然火聚煤處後係置銀鞘處船底鐵木尤厚船面極後有小桶活轆轤二箇上有綠繩鉛板乃隨行試船遲速者前一舵房四圍玻璃窗綠綢簾幔左右二門內四面坐牀亦是綢圍絨褥當地一舵如車輪軸上繞以鐵鍊終日不動以防輪損又有各色花旗若遇對面來船則掛旂交談或開船以及入口之時亦掛本國旂幟此外有擊木板打錢櫃各二鐵餅百餘木

板三其式前低後高長約五尺廣三尺許上寫許多數目人立五六步外以手擲鐵餅十枚以餅落之處計數多者為勝每一次只四五人木櫃下分六層十二槅每槅上書數目若干多寡不一上有十二孔正中一鐵蛤蟆張口其腹與十二槅中書二千之數者相通亦如前之擲法擲于孔中者自然落于槅內如落蛤蟆口者勝數最多此前有玻璃天窗十六扇下乃第一層之客廳也兩邊籐木椅子若許皆為上客閒坐者亦有木凳唾盒等物前一木房乃船主卧室內有地圖書籍千里鏡

等物前有二門下即卐字梯中間挂一大表表下一牌每午船主挂出上標自某處至某處若干里已行若干里下餘若干里自昨午至今午行若干里房之左右大鐵炮二尊自此以後不許吸烟前後三桅極高可挂十五篷篷皆橫挂長數丈亦有斜挂者作卜字人字形前有電氣機此機隨時可用毫不費力上有天秤若上下貨物皆繫于秤上一人立於機旁手推其柄則萬萬斤自上矣前有一大方孔直通貨倉再前又有大玻璃天窗八扇乃火機棚頂也前係廚房房上有鐵闌干高四

尺上下有梯中一舵如大車輪軸上繞鐵鍊一條暗通後舵有二人推運其柄又二三散管手持千里眼在上指向行船移舵外有撥轉遲速行止銅盤與定南鍼二箇洋人呼為指北鍼此下即大銅烟筒二箇周有五圍高約三丈有奇當中為木匠等作工之地左右有牛羊圈雞鴨鴿兔籠下客皆在此地盤桓亦有樓梯通於艙內前更有冰窖甜水鮮果菜蔬之屋屋作山字形乃船頭也上列許多零碎物件大船前後共三銅鐘按時交打船邊左右跨小木舟八隻四面鐵闌下堆積絲繩麻

纜數十盤桅桿左右絲繩銅條輭梯若許前後共四錨各重千餘觔作丁字形通身鐵鑄挺長九尺周約三尺兩尖頭大五尺許上下不費人力只一小錘足矣船前後龍脊之鐵長五十餘丈高三丈八九尺入水一丈七八尺上浮二丈一二尺所有船窗外另有鐵窗中嵌玻璃無風則懸於上遇浪則遮于前均有螺絲動轉又第一層火機處後有氣筒直通火機水壺蒸氣上止于此海水變為淡水以備船中飲用船外中間有二圓孔隨行往外噴水如魚之兩腮乃火機之餘也其他零碎奇

巧物件極多實難瑣述每日清早自有活水激上通船洗滌銅鐵器皆以絲頭與油擦之處處無不淨潔每飯則搖鈴二次先一後二共五十餘下天熱時面上有鐵打梁柱支起布棚二層長二十餘丈自厨房後直抵其尾船能日行一千五六百地可遲可速能進能退更能橫行不畏波浪風雨只恐不戒于火與撞於石船上如稍有傷損立即修補每日有散管二名手持一物如洋畫鏡上下有小顯微鏡三箇以之照日查其度數遠近始知船路是否此輪船之大局也由上海至香港計水

十九

程二千五百里有奇是日未刻有赫總稅務司派來廣東幫辦稅務司英人包臘字龍梅者登船其人白面黃鬚能華言喜趣詼諧為一路辦理行程事件偕德善同為繙譯官申正開船出口南行稍西

十二日壬寅晴早水黑如漆見船初生火時濃烟直上蔽日之光晚見水藍似靛

十三日癸卯晴見西北一帶連山山下白沙大片乃安南國界也未初至一山見頂上有一燈如塔甚高蓋本國海口外之燈樓也其光可照百里之外以便夜間行船認海口也又見水面浮海菜多而甚大又數法人自水内撈海蝦似蝌身長一尺其色藍紫鬚長尺半山後即海口不宏敞兩岸短樹葱蘢水灣曲折港岔極多内有漁舟隱于雜樹之間海鴨成羣飛舞船行水淺亥初停泊

十四日甲辰晴熱丑正潮長開船行一百七十九里酉正抵安南國即越南交趾國蓋安南名交趾者因其國人足指多交一處也今則交趾者少因華人多有在彼婚娶者其地名嘉定省新平府平陽縣現屬于法改名

二十

西貢安南一省之地不過中華一縣之區將至時見兩岸民房皆侵于水勢將傾圮再南則有洋樓皆法人建造者時已近赤道熱甚當晚停泊客人在船散步見皓月當空小舟飄蕩兩岸蟋蟀螻蟈蟲聲唧唧宛如故鄉中秋時景也法人鼓琴而歌明等亦吹弄笛簫彼此唱和暢甚其地天氣酷熱四時莫分在前半年滴雨不見後半年霪雨不止土紅黃色野有蛇虎河有鱷魚所產草木花樹極繁有榕樹結莢細長如豇豆竹高三丈芭蕉獨梃高二丈其子可食如絲瓜子小而甘長三四寸

結成堆纍艾樹高而葉大所結艾子嫩時摘下皮如西瓜而扁上有二柄一通老梃一細長者如小兒髮辮自上劃去內有清汁三盅味如荸薺老者外生皮如檳榔毛切開其肉可食其硬皮即艾瓢也檳榔樹大枝結子者纍纍青色大有寸五形如茄子土人生食剝去其皮取其實外包蘆葉內加石灰有紅有白波羅密顆小葉尖而有鋸又樹似蕉獨梃高大葉奇密上結瓜如冬瓜皮若柑橘其色青黃而異香他如橘橙桃柳棕樹甘蔗不可枚舉花有夜來香晚香玉等類菜有生菜蓁菜蓁

圭

椒冬瓜一切其他識與不識者猶多未暇細記其房屋當者木架有窗無紙上覆紅小瓦亦無院墻其廟堂乃木架甎砌略似中華式貧者竹作間架蕉代陶瓦小而陋無牀炕土人貼春帖識漢字喜詩崇信佛教人生矮小面色憔悴而兩目昏瞀喜食檳榔男女老幼口頻張而紅闊音啞如蛙赤足長髮後挽作髻男子服瘦袖半長服散褲口女子亦有如此服飾者帽有三尖者盆形者皆蕉葉所作衣多黑白紫藍四色不穿裩褲者只以紅布裹腰女子戴項圈耳穿小釘亦有長服闊袖者民

食用杯盤匙箸地多產白米棉花四時柴草充裕然田多荒蕪民情不耕僅予飽煖而已

十五日乙巳晴早駕小舟行數里登岸過一木橋見男女以蒲草織蓆而售又步行六七里過二木橋至一鋪字號宏泰昌者東主係廣東香山縣監生張霈霖字沃生年近四旬慷慨好客廣交游解英法安南語明等告以奉
旨遊歷之意其人大喜置茶酒糕點款待所食者皆廣東食物傾談良久相得甚歡遂同登四輪馬車往遊各處御

圭

者腰圍紅布頭戴白小帽手持長鞭口中不言北行六七里道路平坦並無轍迹寬約二丈兩邊有竹作闌干此路乃法人開創者大道有法兵往來梭巡關外一帶荒艸樹木叢雜有蛇與虎人跡疏絕雖有經法國開墾之地建造洋房數處然終覺荒涼轉北而南遇有忠臣祠墻外有碣云傾蓋下車四字疑即伏波將軍之祠也又見有車獨轎前一橫木以二牛駕之行數里至一處名穗城會館係粵人所建入內過穿堂後殿內供奉天后娘娘神像明倒拜默祝神佑一路平安鐘磬供器一

切類皆中國物傍有財神殿前廳列櫃椅二行遂就坐
飲茶因盅小連飲七盌不禁兩腋風生矣院內兩壁皆
琉璃燒成戲齣一切門窗無不精細心甚異之詢之張
沃生乃知一切器具皆來自粵省每居半年自中國來
船兩隻往來運貨沃生按年往粵省販賣越南米糧又
自粵省運貨在此售賣如此往來獲利甚重又見前後
匾額四十餘方楹聯十餘付廳前兩廊下有中國尚書
羅惇衍碑文轉東有關帝廟一座再東一帶街市鋪戶
多是粵人開設雖不華麗亦頗整齊往來種作老幼咸
集土人見明等至皆駢肩累迹瞻望咨嗟互相追隨若
不忍離者入一茶樓名曰勝芳樓在彼飲茶叙話張云
此地俗呼吧啞未詳何意再西北距四十餘里有中國
城因有數千華人在彼貿易故名惜明等

二十三

欽限在邇未克遊覽至今為之悵悵茶罷下樓登車轉東見
長河一道中有小舟多似中國者岸上堆曬小魚風吹
街市腥臭不堪人皆掩鼻而過之又見墳墓長形如枕
係甎造者富家四面建墻高三尺許前面安置靈牌有
字周不過二丈有奇棺木瘦小如匣游畢遂就車至岸

辭謝張沃生歸船是日大熱因正在日下行也由香港
至安南計水程二千七百四十九里
十六日丙午晴黎明開船穩如登陸水不揚波其色葱
綠瞥見西面二山對峙東一小山相距十里許層巒迭
綠山水縈迴扁舟出沒宛如畫圖中遊也
十七日丁未天晴大熱水易藍色因正在赤道上也午
正炎暑逼人眾赴客廳飲酒明獨在船面乘涼有嘎拉
桑具酒和冰水以進者恐明中暑故也
十八日戊申晴辰正抵新嘉坡地係暹羅國界也現屬

二十四

于英其地華人貿易者以六七萬計天氣酷熱地多山
岡又有洋人建造樓房本地屋宇極陋土人面極黑深
目而高鼻妝飾服色不一有剃禿者纏頭者男子以藍
白紅黃四色塗面有自額前畫至準頭一綫者有塗在
眉間者人之貴賤即以此分耳墜雙環女子七孔飾以
白點手十指戴環足大指戴一金環男女皆赤身跣足
腰圍紅白洋布一幅一頭搭于肩上珍禽異獸為中土
所罕有是日上岸乘馬車亦如安南者四輪一馬四面
玻璃窗御者黑身腰圍紅布面塗藍黑耳有小環車行

六七里。見高山開闢。路途平坦。街市與房屋皆似安南。至一法國旅店名大羅卜。入內上樓。前有敞廳。捲簾四望。見百花爭豔。羣鳥呼晴。左右洋樓林立。前臨大海。舳艫艇艘。萃集其處。是日天朗氣清。薰風徐拂。波瀾不驚。神怡心曠。寵辱頓忘。把酒臨風。爲之一快。已而酒醒茶罷。去樓登車。復馳驅十餘里。至英國炮台。環繞而上。鐵闌三道。兩邊濠溝。鐵鎖甚固。後至一門如城。四圍高壘數十里。列大礮三十餘尊。炸炮數堆。藥庫四座。登高而望。見山海毘連。直抵天涯。下面滿蠻極深。多洋樓。皆英

三五

人駐。房上有仙鶴火雞等。炮傍有千里眼長八尺許。把守兵丁皆紅衣白褲。去此行數里。見土人在溪邊澣衣。曬于草上。蓋洋船隔三五日至一處。客人衣服皆交與嘎拉桑自有土人取去洗滌。開船之時送回。又至一花園。名酷地闊園。亦英人創造者。廣可百里。內極清雅。並無一人。花草樹木。爲山經所不及載。中有平原。樹下皆設立牀榻盤桓少許。登車而回。一路村市多似安南者。土音酷似中土北方人。又有墳墓。前一石碣上鐫字云某處誥封某某之墓。旁有年月。此地平原少高阜。多坑

蠻滿水。內長雜樹。馬小善走。其地無煤。煤皆自英法國公司所運來者。從英法至中國所用煤塊無算。而船不能盡載。故寄囤于各口馬頭。以備輪船一路之燒用耳。晚有黑人以鐵桶繫火機。煤灰拋于海內。此等人乃赤道之地所生。不畏酷熱。故終日在火倉內而無病。停泊後。衆黑人于拋煤灰時。羣相擊掌大呼而歌。且以脚擊船跳舞。徹夜不休。由安南至新嘉坡。計水程一千九百一十五里。

十九日己酉。晴。巳初開船。西南行甚穩。見東岸下打魚木閘。曲曲無數。其地已過日南。正午則人影在南。至晚

三六

暴雨。

二十日庚戌。天陰。水黑色。午初見北面小山數座。遠近相銜。午後又雨。未刻水變碧色。晚有巨魚長五六尺。飛躍而上。出水三四尺。如人立攫物狀。

二十一日辛亥。晴。見船頭有人面黑而黃。頭戴小白帽。兩耳共穿五孔。著以赤金環。露臂跣足。而未詳何許人。爲之詫異者良久。午刻船主查點各項執事人等。恐其中有病者。衆皆排立數行。黑人皆換新白衣藍褲。小紅

帽。水手藍衣藍褲。小黄草帽。廣東人白汗衫。月白褲。高襪厚底鞋。餘者亦皆换新服。查畢散去。一路水平無紋。西行稍北。見一帶大山名蘇門達臘。乃馬六甲之南界。現屬于荷蘭國。

二十二日壬子晴。出中國海入印度洋。見有飛魚長六七寸者。出水丈餘。更有飛入船艙者。亦有長丈許者。成群飛躍。數以百計。

二十三日癸丑晴。西北行。天熱人皆眩暈。所食果品甚多。有果皮似乾榴。内四子如雞頭米之肉。皮紅色甚甘。

三五

有名冰積凌者。以雞卵牛乳紅酒白糖等物調和成冰而食。其製法不一。味亦各異。又泰西各國每屆七日之禮拜。名曰主日。即中華虚房星昴日也。在船行有傳教者。則于禮拜之期。早設四行椅凳於船面。正中立一十字。然燭鳴鐘。男女客人有願去者。皆手持聖經。或立或跪。低聲諷誦。時以手自指七孔兩肩。或以手撫面作哭泣狀。正中台上一人名為神父。或名教師。身著長服。頭戴白帽。倡誦聖經。群皆和之。若在陸地。則届期在禮拜堂内鳴鐘集人。又同船有回回國人。每日未飯之先。或將寢之時。必向三光跪而誦經。

二十四日甲寅晴。申初抵錫蘭。乃印度國之東南界也。其國共分東西南北中五處。謂之五印度。相傳即昔唐三藏取經之國也。其北亦有回教。自古稱為佛國。今已半屬於英。而奉耶穌教矣。進口見林壑城池樓房島嶼。不計其數。又見本地小舟。廣可尺餘。長約丈餘。左有三木長六尺許。作丌字形。因是處波浪凶猛。船雖小。必須加力幫趁扶持。方不至有翻覆之患耳。是晚暴雨。河内小舟並不停避。由新嘉坡至錫蘭。計水程四千五百里。

三六

二十五日乙卯。早陰細雨一陣。卯正乘小舟登岸。見南面炮台如城。煤積若山。氣候四時莫辨。雨露均匀。終年紅綠不彫。春光恆駐。多産肉桂荳蔻之類。寶石玳瑁貓眼珠玉甚多。山鼠大約尺五。毛如蝟。土人以其刺作筆管。筐籃小盒等物。野外虎豹豢蛇亦多。土人面黑。環眼攏髮無巾。横一月牙木梳。男子亦身腰圍紅布長裙。女子亦無裩褲。著小白汗衫。下亦長裙。乘車行數里至一園。名曰肉桂園。海棠樹開榴花。結果如凸字形。淺紅色。内空味酸。又有蓋草蕉橘艾子等樹。並有二樹生於一根中間連一横枝奇甚所謂連理枝者是耶非耶本地小兒咸以肉桂來售後至一小山上有涼亭四望山水連曼林木森秀又至一古廟履嶢岩而上見前像三位番像後有卧佛法身高大有黃衣喇嘛十餘眾四壁皆圖畫番像事跡歸時見路旁林內有故使豹窺人者所爲令人驚異以布微利沿途無隙地非花即樹小河數四木橋二三内有茨菇荷葉橘橙亂似荊榛蝴蝶大如盤盞蝎虎均長八九寸且能站立入城至寓早飯所食係西洋羞饌非本地者飯間土人托諸般寶物古玩出售申正回船微雨亥刻開船出口西行微北

二九

二十六日丙辰晴水平船穩戌刻隔壁艙中不戒于火衣履皆烘當時船中大亂幸人多迅速撲滅此艙起火之人罰錢若干以警疏忽

二十七日丁巳晴申初見南面矮山大片名曰麻尼怯此處小岛數四總名摩拉地哇乃南印度之西南

二十八日戊午晴海水色藍而平食西瓜實不甚大味微酸

二十九日己未晴早見新月出于正東海面高丈許水黑亮

三月

初一日庚申晴記同船客人共五百六十七名分屬二十七國語言十七種文字未悉性情各異所謂雕題交趾鑿齒文身者其類幾備附有巨魚吐水高丈許

初二日辛酉晴聞是日中客艙內有印度纏頭拜日回回沉疴不起遂反元虛船主將伊姓名籍貫住址註明其行裝銀兩皆付與同侶代伊寄回旋令人負其尸而付諸汪洋矣儻伊眷屬來詢顛末彼必曰君其問諸水濱蓋船中濕熱尸身若存則氣味薰蒸屬疫傳染無論何人均照此例

三〇

初三日壬戌晴西行少北見南面一帶枯山絡繹不絕乃阿非里加之東北界也地名娑馬利北面亦枯山綿亘成嶺前之平衍者迷離可認後之高聳者皆隱于雲霧之間乃亞細亞之西南界也地名亞喇伯

初四日癸亥晴早見東南一帶高峰色紅白並無一樹午後至亞丁住船此地係在紅海口外南近阿非里加北通亞細亞其地亢旱數年不雨山雖多不生草木遍

地紅黃廸北有虎有獨峯駝又駝鳥形如駱駝高約六尺其羽毛大而軟不足爲扇其色深灰西方女子取之飾于帽上其卵大如涵壺可容升許白石花狀如珊瑚叢生一本千枝枝皆小孔色如玉簪花根作青碧色叩之鏗然且出珠寶珊瑚海螺蛤蜊其海邊鱔鯉之大蝦蝌之細足供民食土人皆回教面如漆而亮滿口白牙其髮匪黃匪赤細宂如罽重年赤身腰圍花布一幅有服背心者土音啞而尖貌如亞細亞人女子長服亦赤脚露頂短髮如男子有黃面者髮皆剃去惟留兩鬢長

三十二

髮二縷垂於耳邊頭戴小高帽係黃紅草所織白衣過膝闊袖褲散口而跣足此種人料是廸北者手持各種貨物售賣其中貿者居多是日乘小舟登岸並無馬頭見迎面一片枯山下有洋房三四處煤堆數處亦自西方運來者入英人開設之店見門首有車三四輛馬五六匹明等乃約一車以三馬拽者中坐十二人御者亦身腰圍紅布露頂而如亮鐵驅馬吆喝只言層層而已行數里一路土房皆白石堆壘者室如懸罄野無青草居民苦甚食則沙魚蝦蝌牛羊等物飲則海水遠望高

山一帶白墻如城有缺有門蓋此地已早屬英國矣地土多英人關閘者炮台亦英人建立臨于海面通身白石壘起上有鐵門車乃自下環繞而上轉至一門入內二英兵抱鎗監守以司啟閉迎門鐵礮二尊行數武對面一山中開一隙可容二車頂上橫石橋接連左右二峯車從下穿過至一山園舍車登山徼有花木多有旱死者或云花種木根以及土壤皆英人以船載來者耳是地毫無所產需用米糧牲口等亦皆來自他處此地就山開鑿層層盤繞一路左右闌干非石即鐵石路平

三十三

潔澗壑極深滿抹白灰齊整之至上下通有鐵筒可引雨水歸於一處中逢一香花架下有一井水甘而可飲惜無汲具時涼颸陣陣黃葉飄飄宛然秋景及出此架則又入炎夏矣極上有路長數十里者直通海面炮台去此行至闤市石房四五行有欵式者皆係英人建造回寓飲茶後回船上煤添水等事已畢亥正開船出口西行由錫蘭至亞丁計水程六千四百一十里

初五日甲子晴辰初一刻至紅海口東西皆奇山異嶺口外水黑色入口水變綠色有飛鳥如鷹長喙色紅禿

尾兩翅作紅綠藍白四色映日而觀五色迷目巳初正北行東即亞細亞連山壘壘西係阿非里加枯嶺童童稍西在東面海中忽睹白石小山二座皆枯石山有孔如蜂房然聞有二十餘亞丁黑人自煤倉內哭出船主究問衆言一身空乏欲赴蘇耳士營生無計只得于昨晚上煤時混入火倉船主憐彼無依俯允其請令其入倉燒火是日北行稍西復覺炎熱如行赤道據洋人云此地雖在赤道北一十六七度實因紅海窄而四面山高之故耳

初六日乙丑晴夜半忽颶風大作捲浪如山北風南吹輪船北行沖擊特甚幸兩力相敵化險爲平不致有意外之虞

三三

初七日丙寅晴水色深藍北風猶勁客人不食而吐者過半記同船一法人年四十九歲收一亞丁黑女爲妾年十二歲高約三尺面黑似鐵亢髮短捲

初八日丁卯晴未刻見西南一片沙地長四里許與海水平中有鐵燈樓一座高逾十丈上住二人專司其事每見船桅遥至晝則繫一紅旂夜則然燈雖在百里之外不致迷失路徑而使船被沙膠也

初九日戊辰晴水平船速是日左右山峯連綿絡繹其色不一申初至蘇耳士口外停泊

初十日己巳晴子正一刻開船進口又行三百餘里泊于山下因此口極闊水淺多沙大船不能內進現有英法大小輪船二十餘隻皆依次下錨此地乃兩洲毘連之地東爲亞細亞西乃阿非里加北係地中海南即紅海乃埃及國之東北界也卯刻有土人駕火輪艘一隻將通船客人皆載上岸步行數武至店名畢賁巳爾內

三四

四壁高樓白石建造一律新齊前後各九門左右各三門正中一櫃所賣者酒與楪湯甜水耳樓共五層院內四隅盛植花樹有垂盆草蜜蠟松等中以蛤蚌螺螄皮鋪地設長棹二行藤心椅數百右三門內有厨房淨房打球房係一大廳內一長方棹鋪綠毡設有牙球三枚一紅兩白棹之四角中腰有六兜兩人各執一棍其端一廣一狹以之擊球或球對擊或落于兜內從中計數以別勝負午正客皆共棹而食有日耳曼八人作樂六男二女一女所彈之洋琴若勺形長有五尺約數絃輕

撥慢撫聲音錯雜可聽後則抹而復挑大弦嘈嘈小絃切切雅有潯陽琵琶之趣一女拽洋笳胡蘆形三絃有柄置于項上而拽之一人拽大胡笳三絃長約七尺其聲如鑼如鼓别成音調有喇叭圓圈如蛇之盤又有洋笛長二尺餘者一身皆孔孔邊有銅蓋吹時亦以指按之後則琴笳齊作先翕後純洋洋盈耳終始合和作畢一女歌曲低低欵欵聲音嬌娜歌罷舉座皆歡擊掌數下以贊其妙此女遂起手持一盤按人討錢每人二三文不等如此者數次申初起身上火輪車西行少北由亞丁至蘇耳士計水程三千九百二十九里酉初至埃及國京都地名開路一路皆荒山曠野沙厚二三尺中途停車三次旁有英人開設酒店無非三椽之屋五柳之門耳男婦客皆下車淨手喫酒飲水少憩仍上車行前所經之地民房甚少隔數十里一堆皆在地中如穴居然聞前四十年前此路無輪車之時一片沙漠而已不時風沙暴起行客皆騎駱駝往來水火不接斃于中途者甚夥今猶見白骨拋露處將至國都始見樹林房屋此名埃及又名麥西乃土耳其屬國民皆回教男子

三五

剃髮著紅毡小帽大藍穗亦有白布纏頭者衣有藍布瘦袖束身小襖絨繩鑲邊又有青衫大領闊袖前後無襟縫直如布袋褲襠長寬遠看如裙色皆紅白亦有服青裙者皆赤足有趿半截大黃皮鞋者女子青服內著瘦衣大褲外披青布闊衫頭戴耳環項圈上罩青布又自目至鼻上竪一銅管管下一幅青布直垂兩脚形如象鼻遙望之酷類一僧天時早涼午熱少雨多風有河長數千里名乃勒每年春季則大水漫岸徧流田畝土肥田茂禾黍豐登以及菜蔬果品多似華産者樹有蕉艾桑柘仙人掌高大成樹鳥雀亦多驢大善走河有水牛鱷魚海豬等此地蒼蠅有毒民多目疾是晚下車時有土人舉鐵籠內裝碎木然以照行乘車至店名大羅巴者店主係法人入門即樓其中式樣裝飾與泰西同晚飯鳴鐘列鼎而食飯後有蘋果香瓜

十一日庚午晴卯初同衆上四輪馬車極速行十四五里至乃勒河岸沿途房舍雖亦石砌然較前所見則皆粗鄙更有矮小之室如穴者見女子頭戴瓦罐在河邊取水又有以豬皮背者又人驅毋羊四五隻手持木盌

三六

賣熱羊乳。至此下車。僱驢六頭。偕同登舟渡河。中遇小島。上面樓閣新麗。四圍高迴。臺榭亭廊。迴環曲折。奇花異草。紅紫盈畦。宛然珠宮蕊闕。渾疑身在蓬萊第一峯矣。訊之。乃埃及國王表弟之行宮也。抵彼岸。棄舟乘驢馳驅。奔馬不及。行二十餘里。見晨光熹微。樹林陰翳。鳥鳴山上。牛卧水中。田間麥高三尺。復行五六里。則一望荒沙。人迹踈絶。後至一古埃及之王陵。其陵三尖形。周一百八十丈。高四十九丈。皆巨石壘起。相傳前三千數百年建造。天下第一大工也。其次則屬中國之萬里長

三七

城矣。正面一洞。高約八丈。上有埃及文一篇。字如鳥篆。風雨侵蝕。模糊不復辨識。明偕德善與法民司樸納二人。緣洞口而進。初極暗。纔通路。有土人秉燭導引。入門有陡路極狹。左右上下皆大石。長一丈四五尺。高五六尺者。縱橫纍叠。一步一跌。時虞顛撲。上時須曲身如蛇行而進。不敢仰視。後則如猿猴蹲行。再則足扳手摸。援石之楞而上。有時石震有聲。神魂失倚。險甚。其路經曲彎。行則趨前失後。退後迷前。雖有土人指示。亦若眩暈。繞行時許。陡然光開。引至闊處。寬約半畝。內一石棺無蓋。形如馬槽。擊之鏗然。放於壁角。看畢盤桓數處。四肢不克自主矣。在內約三時。出則一身冷汗矣。迄今思之。為之神悸。並邀登陵頂一觀。恐力不濟乃辭。有土人持綠瓷小人。碧鏽銅錢出售。言皆自此陵下掘出者。王陵大小共三座。此大者居其中。前一大石人頭。高約四丈。寬三丈許。耳目清晰。或云此古時蚩尤之頭。在此已化為石矣。語殊妄誕不經。吾未之敢信。又有大石溝極深。土人云係古時太陽廟。蓋此國民皆禮拜三光之回人也。歸時逢遇六七女子。手持鼓鐃。隨行敲打。高誦若經。

三八

詢之。知其地有喪事。而為之送魂也。是時炎熱。見小兒打鞦韆。爬桿。成羣戲耍。又高架上挂十字。每端懸一長槽。內坐小兒二名。十字轉則四槽亦轉。如風之盤旋不已。倏上倏下。又有風磨。高砌一臺。狀如塔。內藏石磨。篩羅穀麥。頂立十字風車。長約二丈。風車轉則麪自磨矣。回寓早飯。後復乘車行十數里。至一禮拜寺。遙望甚高。上有圓頂小房十餘椽。及近有馬道。四圍城墻。高有五丈。廣約二十餘丈。係巨石纍起。將入門。須先易本地紅鞋。始許入。鞋形橢圓。其上東面有殿。高數丈。內無龕像。

地鋪紅毡，頂上以木作螺螄形，四壁皆雲片石，梁柱亦然，惟中一活柱，轉若磬聲，當中懸一銅圈，長約六丈，周挂玻璃燈百餘，南面壁後有梯通于樓上，又一王樞四面雕闌，前設銀燭一對，重二千斤，當地有五六人長跪默誦經文，土人云此寺亦二千年前建者，出殿四面穿廊，院內一八角亭，中心石砌，內有醴泉八面，闌干石座，每面有龍頭，轉則水出，飲如甘露，土人謂之聖水，以之濯足浴身，可療疾病，看畢出南門，脫出紅鞋，又入對面園內一遊，前面墻高數丈，土人言二千年前有本國大將與土耳其交戰，敗不肯降，奔入寺，追兵至則躍馬墻下而死，至今居民哀思不忘，歸時一路市廛頗多，明等因天熱頻渴，市糖湯而飲之，甚甘，味如京華之酸梅湯，晚飯後登樓憑闌眺望，見前有茂林，往來種作成羣，路途平坦，遠山連雲，左右曠闊，足供睇眄，已而夕陽在山，天光翳翳，四野炊煙直上，幾處鐘磬齊鳴，天色暮而羣鴉飛，皓月升而遊人息矣。

十二日辛未，晴，辰正上火輪車北行少西，四百五十里，午刻至阿來三它呀海口，一路惠風和暢，阡陌盈盈，二麥成熟，六畜蕃衍，將至時過一條曲路，左右皆水，繞行百里至一處，似城郭，進內輪車無數，新舊不一，由蘇耳士至阿來三它呀計陸程千里，是日下車登小輪舟，行十餘里上大船，船名賽達，長約三十丈，寬三丈，亦係法國公司輪船，見口內各邦船隻大小咸集，因是日埃及有喜事，各船皆挂花旂以為賀，及時放炮開船，西北行，微涼，出口浪大，船搖，客皆不食而臥矣。

十三日壬申，陰雲氣靉，海浪風擁，遙見雪山甚高，而船中亦飄飄然六出飛來矣，冷甚。

十四日癸酉，早陰，午後晴，船行尚穩，水色藍黃，至酉刻風起浪湧如前。

十五日甲戌，晴，早見西方風篷四隻，遠近不等，其形如山如樹，是日更覺搖蕩，蓋此乃地中海，因風多而浪更急也。

十六日乙亥，晴，水平若油，船穩如石，寅正至墨西拿，乃歐羅巴西南之意大里國界，羣山錯列，紫翠凝眸，兩岸燈火綿亘，樓房亦多，是國疆域不大，形如跂足，惟多火山，地長二千四百餘里，北面寬約千里，南只數十里，而已卯正一刻開船西行甚平見曉日升於山頂背日之山皆紫色南北皆山如送如迎有峯峭然挺拔者有壁立如削者有作荷葉皺者有若出水芙蓉者有若斷雲橫亘者有若曉霜凝素者是海浪逐潮剝食日久自成此象山皆匝海而立入望皆成畫本米南宮不足擬其妙也

十七日丙子微陰早有日耳曼人多姓者向明索中國字明磨墨草詩二章贈之其人大喜如獲拱璧早飯有枇杷果櫻桃等陡見山頂一石直若白熊自上奔下之

四十一

狀又有如老人拱手者長跽者羣山錯列形狀突兀連綿百餘里又見巨魚長丈許者傍船而游申刻大雨如注迅雷烈電戌初雨止風起狂濤

十八日丁丑晴風浪猶大未初至法國海口馬賽進口四壁洋樓高八九層皆白色炮台石壘極固大小輪船依次列數十隻下船乘小舟登岸入接客廳旁有查裝房先以四楞木渡長三丈許寬一丈五尺者將眾人行李載入此房後將四面鐵門關閉稅官按數查點船主交明則以小車形如椅而無殿四輪者將行李皆推出

按人分散前由上海至此一切行李皆船主經管客人勿庸檢查儻有遺失船主包賠明等乘車行十餘里至店名番路埃得拉佩其內鋪設以及簾幙牀榻飲食器皿無不整潔四面石樓七層中置玻璃照棚西面一門內有石梯寬五尺許形如螺螄盤繞而上外立鐵闌上鋪花氈住屋數百間上下皆有煤氣燈出於壁上籠以玻璃罩如花朵然外國所然之煤氣燈係在郊外設廠蒸煤令其氣從水中穿過而後然之其光倍於油燭其色白於霜雪通城人家鋪戶遠近高下皆以鐵管通之

四十二

其氣頗臭不可嚮邇如不點時必以螺螄塞住否則其氣流于滿屋見火皆著實為險事其廠所餘之煤塊可燒而力弱又有油名石油係在山中掘鑿久則有泉湧出如注此汁然之光亮而無渣滓店內各屋有鐵鑄火爐倚于墻邊前圍鐵盤闌干爐內盛煤烟筒在墻內通於樓頂壁面有小銅帽如喚人時以指按之則樓下有銅鈴搖響其人應響而至旁一大牌上書屋數如某號喚人則鈴響時某號小牌自起非人按之不止又每層設一茶房內奴婢各一名以備各屋呼喚壁上有一銅

嘴皮筩通于樓下如用物之時以口對銅管大聲呼之
則下面聞如覿面所謂傳聲筩者是也又各屋墻上有
二小龍頭一轉則熱水湧出一轉有涼水自來層層皆
有淨房數間四面暗玻璃如紙亮而不透絲綢簾帳帘
匣瓷盆水管皆備如人懶上此四百八十餘步石梯梯
旁一門內有自行屋一間可容四五人內有消息按則
此屋自上抬則自下欲上第幾層樓時自能止住店前
門內左一小門內達廚房右一賬房與店主卧室後立
二石人手擎銅燈如迎人之狀院內東一大飯廳北一

四三

後門與下客茶房亦皆整潔是晚出店閒遊街市男女
見明等係中國人皆追隨恐後左右圍觀致難動履亥
刻送赫樂彬上火輪車回愛爾蘭
十九日戊寅晴泰西食牛乳者如華人食點心故早晨
有驅車市冷熱牛乳者女奴皆頂大筐買菜通衢高樓
第一層向外者皆是鋪戶數鋪之間一門樓上多係住
戶鋪外無幌而有匾額其字號書鋪東姓名所有人家
鋪戶皆有數目記號午初上火輪車東行二百五十里
至拉辥沿途山水花木阡陌連綿又過黑山洞五小者

長二三里大者十餘里入內黑暗聲音振耳大者中途
或有一二小燈亦不甚亮下輪車復乘馬車行十餘里
至造船廠其地四面數十里內列高房百餘間先見管
廠官經德善告以來意該員大喜乃令取其所造各種
輪船輪機圖式並一小輪船長約三尺者與看其法備
臻精巧茶畢又引看各處鑄鐵鋸木其鑄造一切皆用
火機不需人力雖千萬觔銅鐵自能轉運此廠逼近河
干已有造就輪船二隻粗具規模出此廠西行數武入
一廠見高支木架中懸一未竣工之輪船長約三十餘

四四

丈去此東行約五弓地入酒樓飲茶無他糕點不過奶
油麪包而已是時天氣微熱食畢下樓見喫茶飲酒者
甚多出門有鄉愚男婦數人問德善曰此何國人也善
曰中華人也又曰彼修髯而髮蒼者諒是男子其無鬚
而風姿韶秀者果巾幗耶善笑曰皆男子也聞者咸鼓
掌而笑歸時一路黃童白叟有咨詢者有指畫者有詫
異者有豔羨者爭先覩之為快回寓晚飯後又乘車街
遊行六七里至街心有水法與水池迤北則市廛闤闠
繁華稠密迤南則石路一條專行車馬左右兩行桐樹

四行小樹隔數武左右有鐵凳一副以便游人乘涼又有數十書生長者在前少者在後結隊而行服色一律由通衢而西折則所經之地無非花樹園林處處引人入勝行至一山車盤旋而上陡見洋樓數處畫棟雕梁齊雲落月花香鳥語日麗風和又有瀑布斜出于兩樓之間繞山而流歸于大海山下臨海一望無際洵奇景也後則城市臺榭烟樹迷離歸時車旁有小兒乞錢德善云如欲給錢當急與之儻被公人遇見彼必受責蓋外國鰥寡孤獨六根不全之人皆有安置之區至於窮

四五

困之男女老幼亦有作工養育之所行乞實干國典云云回寓又見精兵兩隊腰佩鋼刀肩負火熗鼓吹遊於街市入夜微涼

二十日己卯晴早發乘車行五里許見本地新建總管公署並無墻垣四面高樓白石疊起雕刻甚細樓梯如螺之旋繞屋宇彩畫四角金花當中畫彩雲仙女飛舞狀工程浩大尚未告竣又行五六里見禮拜堂一所建於山頂從下坐車繞上花樹少而亂石多山海蒼而曉風冷簾窄丁東人語喧譁又別有洞天矣回時見數羣幼女身著白衣白帽白靴乃初入禮拜堂者蓋外國凡有婚娶會客喜慶之事皆服白色男子之衣只黑白紅青四色而已孝服則皆青色惟帽頂繞一青綢其服之等差以綢之寬窄分公服四季亦係青毡皮鞋高帽婦女孝服亦皆青色平素則衣五色綢緞長裙假髮小帽皮靴人死殮後則舁往禮拜堂內受禮戚友咸來偕神父念經祝禱出殯時堂內按人年紀鳴鐘其貧者拉埋而已其木棺係以青車烏馬拉至瘞所無論官民男女皆亂葬于禮拜堂後立一石碣云某某之墓有功者將

四六

其生平事跡書于其上並無邱隴亦無燒紙祭奠等事是日巳初回寓見居左皮箱鋪內專造一種小箱名曰手箱其色黑黃不一堅固之極長約二尺方三尺許作盒形底蓋相連內有小槅小匣可藏細物面一暗鎖二根皮套可以手提方便之至又隔壁一雜貨鋪其中所售各種物件奇巧有用者甚多惟一種風鏡形如鴿卵前扁後凹其玻璃不甚厚而顏色藍白淡青四圍以銅絲密織蛛網雖大風颶塵不得迷目記由阿來三它嗎至馬賽計水程四千五百里有奇

卷一終

航海述奇卷二

目　錄

航海述奇卷二

鐵嶺張德明在初隨筆

丙寅三月二十日己卯晴午正明等自馬賽店内起身乘車北行六里許至一門如女墻馬道入門向西直上東轉正面高廳九間極大乃火輪車客廳也少坐即上火輪車行八百八十二里戌初至呂陽一路先西後北田樹園花春光冉冉高山有雪綠水無波過沙地多紅白石子小者如卵大者如盌形狀各異有山岡長七十餘里盛植葡萄高皆二尺許每株每歲只結實四五枚色紅味酸國人以之釀種紅酒名番醬石其味仍酸飲必加涼水一半又過山洞四有長二十餘里者長橋相望有石有鐵過羅馬教皇行宫城高百雉垣周突出石板形如曲尺下俱鑿孔一則宣洩積雨一則嚴防寇敵途中所經村鎮停車九次比至呂陽見兩岸樓房明燈碁布因城傍婁恩河也是日往法京者皆在客廳打尖明等乘車入店名得拉巴者四面樓高七層當中玻璃照棚極大下有圓池池内鮮花金魚中一銅孩抱鴨有水法自鴨口噴出高七尺許奇巧可愛覓一僕名歐羅

一

瓦年約四旬係意大里國人通英法日耳曼等國語言
其人身高眼碧蒼白鬚髮性尚溫恭係馬賽店主所薦
按火輪車形如平臺每輛長二丈許寬八尺高七八尺
平頂無簷鐵輪鐵軸四輪各大約二尺頂上鋪鉛餅皆
以印度之木製造質極堅固內分三間每間左右二門
門旁各兩窗有活玻璃可上可下藍綢小簾自捲自舒
機關甚奇晚然玻璃燈於車頂四壁糊以洋綾前後兩
木牀寬一尺五寸分四槅可坐八人靠背坐褥厚皆三
寸面有回絨洋呢者有馬尾緞者其緞係馬尾所織黑

二

者厚錢許如緞灰質白花者亞於綾絹地鋪花氈有唾
盒取燈匣壁上有面鏡帽架有絲絡以便盛什物者至
晚兩牀彼此抽出並為一炕此上等車也二等者次之
三等者三屋皆通中隔以木板無他陳設只有木凳而
已四等者載行李貨物牛馬牲口行時一行五十輛或
六十輛不等咸以鐵環聯之首尾相銜亦有數輛開行
者以接前站所有各國火輪車沿途村鎮大小均有待
客廳係客人待車之所亦按一二三等分一等者裝飾
華麗棹凳器具備全二等三等者相似四等者堆積行

李貨物又有小屋十間係賣書籍與酒食者外有男女
客人淨房有官人發賣車票者票價之貴賤以遠之遠
近車之等第而分其形長一寸寬五分厚二分上印藍
字云由某處至某處第一二三等更有鐵印暗號客人
行李多者計算分兩與貨並論兩廳之間隔以箭地上
有鐵架玻璃照棚下各有來往兩軌去者在左廳候乘
來者在右廳少憩內有稅局查驗行李登車後有管車
官將客票剪去一半扃其車門俟停車該官啟鑰開門
收票核對所以防宵小也車行多直道其平如砥遇小

三

山則設法開鑿之大山則穿洞長有三四十里者一律
齊整遇水則疊鐵橋長有一二十里者車行鐵轍寬約
二寸出地七八分俱係陽轍其輪外闊內狹吻合於轍
若遇車路高低交錯高者以石土壘起低者橫一鐵板
如橋竟有房舍疊起大路而車行其上者第一車係蓄
火機形如礮車通身鐵製共六輪四大二小上臥圓鐵
筒長約八九尺高五尺餘內藏水火輪機外樹烟筒長
約四尺下橫二出水筒與鐵軸關鍵後列氣管嗚哨機
柄等物初開時筒內鏦鏦有聲濃烟突出後立二人指

使能進能退可遲可速若對面來車或將至某處則鳴其銅哨以便當途廻避以此一車而帶數十輜重行疾如飛其力可知矣第二車載煤隨行添用第三車沿路刊印新聞紙携帶信文後則一二三等客車再則行李貨物惟末輛末間高起一尺後橫玻璃窗內立二人不時外看以防遺失不虞每一行車有二官人管理行裝貨物僕夫四五名鄧鄧稟報地名以及然燈等事車欲回轉照棚下有大圓蓋長三四丈只將頭輛移于蓋上下有機關一轉則車便倒回矣因各車前後皆有鐵環

四

也車有來轍有去轍以免相撞中途按站皆有小客廳亦賣車票車至各村鎮皆停住步時則有上下客人接送信文別者亦可下車小便點心臨開時搖鈴兩次以為知會又各處皆暗通有電線鈴此站車開則使鈴搖以告下站沿途每六里之地有堆撥車過有人手執紅綠二旂夜則然燈舉紅者過舉綠者止不止必有危險在各處亦有加添煤水之具城中書肆賣行路簿內云某處山川景致幽雅某鋪服用貨物佳美某店主人周旋款洽暨各處遠近路程又云某處每日某時開車開

船或某時某地有某處車船經過停時久暫皆係一定此火輪車之大畧也車之速者日行五千餘里平時則日行二三千里而已凡火輪車皆紳富捐資製造每年獲利一半入官一半自分趨使一切夫役多係官派此舉洵乃一勞永逸不但無害于商農且裨益於家國西國之富強日盛良有以也

二十一日庚辰陰早乘馬車行數里至一機房其織法與中土相似而能以綢織人物花卉與照相無異德善買所織之法國皇帝並皇后行樂二軸贈斌大人又行

五

數里至一機房所織紗絹皆用火機尤為靈巧又入一鋪其樓結搆一連九間兩首壁上置大玻璃高丈許者往來映照竟成三九二十七間矣隋煬帝鏡殿不意于泰西遇之店主見有華人相待甚殷出許多綢緞與看各色俱備花樣精奇午正回寓

二十二日辛巳晴巳初明同鳳夔九彥智軒携歐羅瓦乘車行十餘里至教場看汽馬至此有門票入者每人助錢五開每開計銀一錢二分其場周有六十餘里觀者如堵南面看臺結綵處高樹大旂為將軍坐處左右

坐男女數千人馬道週二十餘里形如圓周其中建有河溝有土岡有木栅有荆籬將軍面前立一木棍馬越河溝土岡等處先過棍者贏法元五萬開次者三萬開餘皆妙手而歸馬道迤東羅列車馬中有樂兵百餘皆紅褲青靠佩刀戴盔上插雞翎馬步兵亦百餘惟馬兵皆執刀官皆紅衣青褲工字鈷帽插白雞羽亦有戴馬尾盔者皆在馬道內外乘馬執刀彈壓一切明等排車于東有武官取白板一塊橫于車頂看至午刻正北放礮一聲樂聲起焉樂畢復一聲礮響則馳馬者放轡直驅其衣帽顏色不一所以辨其馬之遲速以定勝負初次六人中有騎白馬著藍衣藍帽者先過木棍次乃騎紅馬著白衣白帽者二次五人有服黃綠二人先過所勝亞于初次三次亦五人自東而來將轉北時只見第一匹馬著青衣者已驅出二里許而第二匹三匹因木栅未能越過以致落馬有馬骰折而人臂亦折者有挂於鐙上拽而死者各皆任命而已此事雖近于戲而武備之强可知矣申刻回寓戌初起身乘馬車至客廳上火輪車德善乃先往隔壁電報房送信蓋人如欲到某

處而欲彼處某店預備車輛屋舍等事必先送電氣信當日戌正開車北行少西過黑山洞三停車五次甚冷電報一名法通線又名電氣綫一時可傳信千萬里譬如由某國往某國有此電報則兩處各設一局當中通一銅線周如筆管以印度樹汁裹之永不生銹隔大海則置此綫於海底在陸地離數武立一桿長有丈五者杆首有瓷盌將此線自盌內穿過有時一杆上橫十數條者此線恆在輪車道旁各局內皆有電氣機字母盤等物鎮日有人在內接送信文有送信者先將稿付于局內其語貴簡局內按字數計費主信者按稿上語言一一在字母盤上以指按之此處隨按彼處雖千萬里亦隨得之其速捷于影響蓋各局案上皆有一小銅輪大約五寸許其上繞以白紙條有信到時紙條自放其上自有紅字印出局人急以筆錄轉為飭呈毫無耽擱此線多係國家所設每年獲利更重其製造之法大都仗電氣之力欲明其理有美國才士丁韙良所譯格物入門在茲不贅叙

二十三日壬午晴行九百二十里卯初抵法國京都巴

黎斯下車早有店內車輛僕從在彼等候遂登馬車行十餘里至格壁新街入店名閣朗達此店樓高至九層者均係細白石蓋造頗為整潔前後通街四面計地數里上下共房二千五百餘間北面三門極高大可行車馬門樓六層樓下臨街皆係洋貨鐘表之鋪入門正面玉石台堦四層大廳九間為客人閒坐之處鋪設華麗外有芭蕉洋花等盆景左有大飯廳夜然燈燭共計一千八百餘盞其廳可容二千餘人壁上玻璃高皆丈許右有轉角樓梯皆螺螄形白石造就寬丈餘上鋪花氈

八

外手闌干係鐵鑄西番蓮其橫木係花梨雕刻每數層間以一廳乃客人之待客所也是日住第三層屋之小者長丈許寬八九尺牀皆輪足銅架有雞羽褥高二尺蒙以白洋布有細毛羊毡扁形袋枕有四方紅褥厚三寸其分兩不過四兩耳眠時枕與褥左右捲起將人裹於其內其輕軟莫可言狀若當寒夜迢迢頻來好夢人之溺于衽席者又焉肯負此香衾哉其內之陳設以及使用之器皿精巧絕倫更有述不勝述者其至巧者有如二人軟椅有圓棹能大能小又椅名搬不倒者無股

下作圓形人坐前後俛仰而不能跌所有棹椅皆輪足運轉如意樓窗皆嵌玻璃窗外臨街內有各色帳幔幾層四壁糊飾花紙門皆白漆金花光怪陸離五色奪目又有暗鎖鑰子每層上樓轉角之處懸一白牌上畫一手指定東西南北之各屋記號頭層梯旁有一池池滿鮮花中心出水高六七尺蓋活水法也時明等隨帶庖丁二人令在廚內擇其可食者每飯作四盤一碟所食之菜有王瓜鮮蘑豌豆波菜胡羅蔔扁豆有白菜葉短而厚形比西瓜午後有果如櫻桃大如李子黎實青而

九

軟地椹形如桑椹色紅味酸而微甜大者寸許係草本食必加以白沙糖酒名三鞭比耳波兒支因等其色或黃或紅或紫或白味或苦或甘或酸或辣不等廚房頗大庖丁男女俱服白色皆係件耳小刀其爐竈亦奇鍋杓等件亦皆不一其或至呼人以鈴等事與華地洋館無異當晚乘車街遊十數里道闊人稠男女擁擠路燈燦爛星月無光煌煌然宛一火城也朝朝佳節夜夜元宵令人嘆賞不置法國京都巴黎斯周有四五十里居民百萬閭巷齊整樓房一律白石為墻鉅鐵為柱花園

戲館茶樓酒肆最多四圍火輪車道遥望如蛛網甬路
脊以小方石墁平專行車馬寬約三丈許兩邊石砌高
起半尺寬約丈五皆煤油與白沙抹平數武植樹一株
如桐如楊以便行人游憩每兩三樹後置一綠油長凳
又兩樹間立一路燈高約八尺鐵柱內空暗通城外煤
氣廠其上玻璃罩四方上大下小狀如僧冠每隔半里
有一銅眼機關通於水道每晨每午有人以皮筒插於
銅眼轉則水出遍滌街道後皆順石砌流歸于海隨時
有車撮取糞土以及鋪戶泔水等樓上樓下皆有銅筒
通於地道若溝洫然又每十數樹間有圓房周約二圍
以便行人便溺者其路途之整潔可想見也而途中並
無肩挑貿易者行遇小兒擁一小箱如行人皮鞋落土
給以銅錢一文彼則伏地以唾而刷之其鞋則煥然一
新有賣新聞紙者半多童媪有青服帶刀頭戴餃形毡
帽八字烏鬚者看街兵也隔半里一名皆各守汛地往
來梭巡終日不離至食時别者來換如車擁擠難行彼
即爲之指撥先後御者唯唯而聽凡有不平之事彼即
爲之理論語極公平兩造咸服左右住戶樓房數里一

十

簷皆十一層墻則一色白石窗則一色玻璃並簾幔闌
干亦多一律樓下鋪戶亦然門面內外大扇玻璃門之
左右各煤氣燈二盞鋪門並無望幌所有貨物皆置於
窗由外可以見內開鋪者多是鬚眉男子而夥計則多
嬝娜佳人若鋪中一無女子恐終年不售一物也鋪店
不必賣胭脂而主顧不愁無郭華矣此亦風俗使然也
即如手套鋪有人買物必有嬌女酬應每啟口問答必
笑容可掬連稱莫四約法言莫四約郎華言大爺也老
爺也問畢取手套必親持之套于客指以試大小試畢
始討價值值四開者要六開七開設主顧不忍駁價而
歡然如其價以與之彼必另有一番留情以冀頻來照
顧如往來已熟至禮拜日可擇其美且都者邀而與之
遊久則想必有佳境在也鋪主僅覓此等人其價必昂
若惜其價而少靳之是未讀陶公致富之書也每日酉
刻各鋪戶樓房路燈照如白晝雖毫髮無不畢見人民
皆喜夜遊入夜車馬更多至子正燈火始息娼妓每晚
在各巷口左右往來徘徊招致客宿亥刻皆回其未接
客者在家秉燭以待之

十一

二十四日癸未晴早有告假回國之福州稅務司美里登來拜其人白面烏鬚能華言其談鋒莫可禦遂同彼乘車行三里許至法國工程處有大官數員上樓飲茶有伊姓者云法君欲將百里教場改建百里樓房作考產廠又名衕奇會按天下國都造樓國之大者備樓數間小者五六間再小者二三間請天下郡國各將其土產服色器皿置於其內以便民間壯觀其不願者聽餘地按國數分作花園約在次年夏間在巴黎斯會齊法君擇其優者獎來人以寶星後取出圖樣數張與看話畢下樓步行數武至其善工局樓上層層挂細畫百張高有丈餘者山水人物精妙之至其神氣逼真原係麻油所畫可遠觀而不可近視焉極下二層列兩行銅人石人雕鑿極細去此南行七八里出城至萬種園內置天下各種草木花卉鳥獸魚蟲車行六七里見鳥獸不多極其幽雅後入一高房係養魚之所魚皆來自外邦海產者養以海水細石河產者養以河水荇藻有玻璃池高約七尺寬六尺上下有氣管魚喜熱者通以熱氣冷者通以冷氣地在牆中是以魚之鬐鱗首尾以及浮

十二

沉往來歷歷如繪每種一池有魚身似蝌而又如螺螄者有魚如菊花形紅者黃者白者身皆細瓣喂以小肉當喂時則開大朵花食時則閉有紅魚蝎虎形大海龍蝦鬚長二尺又小長白魚身能變醋酉正回寓往看戲見戲園前圓後方四壁皆樓正面戲臺前三面陡形層層客坐惟中腰是小屋每屋有檀椅四五張扶手靠背坐褥皆紅絨上下客坐亦然屋後有門通于外樓居中心者價稍貴在最上者價甚廉臺內左右各二層看台上插花旗者係尊坐也聽戲有賣戲票之處有收戲票之人彼此核對以防蒙混賣座者服色一律年齒相若皆二八麗姝也臺池前半客座後半為作樂之所共二十餘人多有喇叭胡笳鼓笛等物園規凡看戲者無茶酒戒吸烟與喧譁若唱時有彼此衆談則別者作思思之聲以止之樓之四面高懸煤氣燈中一燈一幹百枝燈頭千盞緣泰西戲皆夜演也通宵只演一事分四五六齣每齣將終垂簾少歇則有賣扇橘酒水新聞帋暨戲文者亦有賃雙筒千里眼者往來招呼客人亦可出外乘冷吸烟飲酒而出入亦有執照演戲者男優扮男

十三

女優扮女看戲者男女咸集皆手執千里眼有戲看戲
止戲時則以之四面看人不論遠近羅列目前少選猛
聽靜鞭數下衆皆悄然已捲簾開戲矣其戲能分晝夜
陰晴日月雷雲有光有影風雷泉雨有色有聲山海車
船樓房閣巷花樹園林禽魚鳥獸層層變化極為可觀
演至妙處則衆皆擊掌嘆賞曰卜拉卧卜拉卧法言卜
拉卧郎華言妙也若優人下場衆皆愛之可再擊掌喚
回其人則免冠鞠躬再謝而去
二十五日甲申晴早斌大人携彦智軒往拜法國首相
杜隆已初同衆乘車往照像處上樓玻璃嵌窗玻璃照
棚其照法令人端坐不可稍動對面高丈一鏡匣相隔
十數步匠人持玻璃一方入一暗屋浸以藥水出時以
青毡遮之不見光亮仍放於鏡匣內向人一照則其影
自入鏡矣初則人影倒立片刻照畢入屋以白水洗滌
數次如面目微有不肖拭去另照再洗如式則隔日向
陽曬之時不可久久則必黑亦不可速速則必暗一時
可印數紙印畢仍放水內三日後裝潢成頁玻璃照棚
內另有白布照棚簾帳以測日光之濃淡以正照像之

廿四

黑白並有琴棋書畫諸多陳設以及假園林花木山水
樓臺一切任人隨意布置點綴情景各臻其妙回寓後
酉初復乘車行數里至邦內街鋭武園觀劇知法君在
彼看戲並無儀仗護衛只有十數名紅衣兵耳其君年
約五旬隆準大頦重眉八字蒼白鬍鬚氣足神完威顏
凜凜法國土俗男子多將上脣鬍鬚以鹿茸拈起愈細
長愈妙作八字形又泰西王子無異庶民數微行於市
而不知其為王子者比比矣或有識之者即免冠彼亦
免冠或鞠躬答其禮丑初戲散
二十六日乙酉晴辰正斌大人携明往拜英美二國欽
差至德善家內其父母兩妹皆見相待甚殷又至美里
登家其母與其姨母妹妹皆見亦待以茶點未刻回寓
晚又乘車往看馬戲四面高台層層客座上寬下窄形
如凵字地一圓池邊若米糟周約十餘丈正面樓上作
樂臨池左右各一門為上下場池心乃濕沙土有二三
人持長鞭驅馬先一十三四歲女孩身服貼身肉色絨
衣遠看如赤身然腰圍翠紗裙頭戴花籠馬轉如飛彼
在馬上跳舞作戲又二小醜以粉塗面頭豎紅毛直立

廿五

甚長、身服貼身白色絨衣、二人曲骸折腰、裝弄言語、作鬼臉之態、又二十餘歲女子、同騎一驏馬、旋轉跳舞作戲、又一女子馳馬後、有二人一立池邊、一立池心凳上、拽一幅白布、寬約尺五、長有八尺、四面共布八幅、馬至布前、人離馬躍手布後、馬就人、即復立于馬上、再躍再騎、如是者八、其輕捷如蜻蜓點水、毫無沾滯痕、女技之能事備矣、又二人白面烏鬚、身服白絨、靠腰圍紅金小裙、打筋斗、爬繩等藝、雖非新奇、較中土之技差勝、又一人領二馬於池心、馬解人言、令跪則跪、立則立、又令其後骸立、前骸拜、如撓人之狀、末場出一大鐵籠、下有四輪、籠內繫獅牝牡各二、一人突入籠內、手執長鞭大嚇、獅皆跳躍、聲吼如雷、往來冲突、從此人身上越過數次、後放手、燴眾獅皆驚懼而卧、此人將頭置于獅口之內、時許始出、觀者為之咋舌、子正回寓、

二十七日丙戌、晴、早娀大人携鳳夔九往拜俄丹二國欽差、午後有中土寧波人王承榮字子顯者來拜、伊在此娶妻、開設鋪店、販賣中華日本貨物、又解英法言、在此地已僑寓十數年矣、彼去、明等遂登車行十餘里至

廿六

集字院、其中所存乃天下萬國古今字跡、有中國字典以及篆文八分、又有西藏、北番、日本、回回、諸部落之字、皆以銅板鐫成、藏於櫃內、並有雕鑄刷印之處、皆以火機、不假人力、印者只勞送紙而已、又至信局、見樓上書信堆積如山、有四十餘人在彼分別四方路途、皆以輪船輪車攜帶、輪車取送信文、不停車、在車頂旁立二鐵鉤、應送某處之信、大包挂於頭鉤上、在某處車道旁立有高竿、竿頭亦有二鉤、有應送他處之信、大包挂於二鉤上、車過時、送者自挂在竿上、取者自從竿頭鉤于車上、不延時刻、未初回寓、

二十八日丁亥、微陰、早乘車往文人坊、拜一人姓茹名良者、年約五旬、土人云為法國翰林、彼讀華書三十餘年、識字之義、未聞字之音、且已繙出許多中國書、如四書、禮記、三字經、千字文、平山冷燕、玉嬌梨等書、入內讓坐、並不交談、以筆書之、可通其意、又出其所繙書卷呈閱、尚不支離、所居之地、因四方文人多會於此、故名曰文人坊、又至法國錢局、東樓所集乃天下各國古今全銀銅錢、案上置大玻璃匣、每匣只盛一國錢、見有中國

廿七

古錢。青銅錢。紅銅錢。鐵錢。錫錢。以及當十錢。當百錢。當千錢。其餘他國錢文字皆難以辨識。再入西面樓門乃鑄錢處。銅片切錢。鏨花雕字皆用火機。一時可得數千。金銀錢分兩不同。分毫不爽。洋錢質最純淨。去此又行十數里至電氣局。其電氣機皆外國所用。大同小異。惟一種機法最簡便可用。於天下各國亦係兩處各用電氣機。無字母盤。中接以銅線。此氣機與他處迥異。支於架上。中懸一銅鐵。將信稿以水貼于一紙。如銀箔者之上。鋪於鐵下。鐵自往來橫行。鐵過之處。字皆印出。在對面亦然。鐵下只鋪銀箔。彼處鐵動出一字。此處亦顯一字。雖隔千萬里亦然。其最捷者莫過於此也。當初印之時。不甚了了。將此紙以熱鐵烙之。再以涼水洗之。則行行真切如初脫稿者。若上懸以銅鐵印出字皆紅色。用以鐵。鐵印出字皆黑色。皆電氣所使也。此機不惟能傳信文。且能傳送小照。其法有非擬議所可得者。酉刻又隨廣叔舍包臘等。乘車行六七里至夢丹街嗎逼園。園頗大。中有假山活水。歌樓舞館。酒肆茶房等處。園係法國富人所造。每日酉刻開門。丑初閉門。通城名妓皆集

十八

於此。凡入門時。男子每人與園費五開。女子不與。專為代園招客。逦來六七年之間。園主獲利無算。遊人願與妓跳舞則攜手相抱。跳舞一番。自有作樂者隨之。其高下疾徐。悉合節奏。園內飲饌一切值甚昂。時見燈燭輝煌。遊人稠密。女子淡粧濃抹。備極妖豔。有人在樂亭對跳者。亦有男女對坐暢飲者。彼見明等。有假驚者。有佯羞者。有偷視者。故作引人之態耳。少遊即回。園散時有攜妓回家者。有隨往妓家者。又聞英法國有售腎衣者。不知何物所造。據云宿妓時將是物冠於龍陽之首。以免染疾。為之設想。牝牡相合。不容一間。雖云却病。總不如赤身之為快也。此物法國名曰英國衣。英國稱為法國信。彼此推諉。誰執其咎。趣甚。又云法國妓女皆淨。每月有官醫考驗。其有病者。帶往施醫院療治。愈則令歸。

二十九日戊子。晴。早有法國總理衙門委員即見業者。年逾五旬。鬚髮尚黑。偕明與鳳夔九乘馬車至客廳。即上火輪車。行二十里抵衛洒王宮遊。有管宮官導引遊覽各處。申刻回寓。去時見街市有濕地水車。形如北京水車。綠色。後一噴壺。作月牙形。長約四尺。車行則細水

十九

噴出。往還兩次。遍地皆溼。道不揚塵。如細雨之初過者。由馬賽海口至巴黎斯京都。計陸程一千八百里有奇。

四月。

初一日己丑。一夜細雨。破曉微寒。遙聞賣花之聲。宛如江南風景。茶罷。乘車北遊。去店二三里有大禮拜堂名馬達蘭者。四面玉石白柱。周二三圍者四十餘根。堂之左右每逢雙日早晨。支四方鐵架布帳二十餘。內有老媪賣鮮花草子。西俗盛饌款客。案上必置鮮花三四瓶。以佐飲宴。又年幼婦女赴宴。入宮以及慶賀等事。皆著

白色綠色寬裙。手持鮮花。而赤其臂。可謂司花使者。裙之後幅愈長愈為尊貴。甚有後幅長四五尺者。如狐尾之委地。人若贈花于女。最為美事。園內看戲。多以花束丁字形者擲於台上之女。彼必伸謝。外國男子手持木棍雨傘。並有吸烟者。聞烟者。雖盛暑而獨無持扇者。女子所持之傘。小而有穗。可以攜扇而不許吸烟。有吸者以賤婦目之。男女冬夏皆戴手套為恭。又皆善飲。女子貴黑黃紅髮。細腰小足。高乳大臀。又貴黃藍睛者。自店東南廿餘里。在柏蘇晒街。有銅柱。周十圍。內樓梯四百餘步。上有銅盤。中立一大銅人。作奔跑之狀。人立盤上俯視巴黎斯之四面。城郭樓臺。歷歷入目。遊畢回寓。申刻忽有赫總稅務司由英國法銅線寄信。約明等立即前赴英國。時斌大人因痔發。不克前往。乃留叔含侍奉。明同包臘等。於戌初上火輪車。北行六百二十五里。至法國海口。地名布倫。丑正又上火輪船。長十九丈者。過英江為大西洋海岔。西行七十餘里。寅刻抵英國海口。地名都法。是時天未明。不然燈燭。路徑可辨。涼甚。下船再上火輪車。西行少北。二百五十里。

初二日庚寅。陰。卯初抵英國京都倫敦。至客廳。下火輪車。乘馬車。行八里許。至店名端木司。在草廠茶餌街內。店高七層。其中裝飾器皿。與前店大同小異。惟打球房壁上垂一皮筒。長盈尺。上有銅帽。人若吸烟。將此筒提起。自有火出。蓋亦電氣也。倫敦周可百里。居民二百萬。道路平坦。園林茂密。街巷整齊。市廛繁盛。樓高皆六七層。其色紅白各異。法國燒木。其烟清輕而上騰。英國燒煤。其烟重濁而下注。故樓房易于黑暗。時赫樂彬自愛爾蘭回。此寓於卧特祿店內。明等遂往拜之。約明同彼

乘車至英國總理衙門。後乘火輪車行四十四里。至水
晶宮。此宮係在十三年前。官派伯爵柏四屯所建。以鐵
為梁柱。上下四旁。鑲嵌玻璃。遥望之金碧輝煌。悦人心
目。故名為水晶宮。其中圜圍樓臺。站地十餘里。東靠弓
形圜。西通大馬路。南抵㕯伍村。北至賽達莊。其宮樓地
作日字形。面如高土二字形。長約百六十丈。寬三十餘
丈。正中高十六丈八尺。左右先十丈五尺。次六丈二尺
至二丈二尺。樓上前面陳列洋琴洋畫。以及玩耍等物
出售。後列名人油水畫一千二百餘軸。樓下正中設一

二十二

樂臺。上置一大風琴。高約二丈八九尺。四面鐵筒數十。
周皆盈尺。一人彈之。其音洪亮。如遇順風。百里外皆能
聞之。左右有彈箏鼓瑟。擫笛吹簫之座位數百餘。台下
列藤椅千張。蓋為聽樂者而設。對面一戲臺。苦不甚大。
後列新造洋車數輛。左有傚埃及希臘洛馬回回土耳
其意大里各國之王宮廟宇。雖云具體而微。而結構備
極工巧。或木質或石質。甚細緻。更有甆造者。惟埃及國
廟內。有其先聖先賢之像。有獸身人面者。更有獸身人
面而帶翅者。皆紅身黑髮。重眉長唇。壁上大字橫橫有

如刀剪者。亦有如燕如貓者。其他房貌不一。新奇無比。
再有魚池鳥架。假獸鮮花。暨前四五百年英國人物之
形像。石頭。水畫等物。右有法郎西與本國之玩好等物
出售。前一枯樹。幹高七餘丈。周十數圍。立於地上。如插
笏然。後有外邦野人像三四種。有黑人披髮者。有下唇
釘一鉛餅。大如當十錢者。有穿羽毛者。有持木器獵虎
者。有彼此戰鬭者。皆在假山小河林木之中。再有書房
飯廳。皆甚大。中有水法魚池。又前後石人兩行。有騎馬
者。鬭獸者。多半赤身男子。露其陽。女子牝鑿一花覆之。

二十三

出正門。下白石台堦廿餘層。前一石路。長一千五百七
十六步。寬四十八步。左右石闌。外有旱白玉石人二十
六箇。坐立不一。下則一園。名之曰意大里園。長二百六
十六丈。四圍山水樹木。形如屏幛。當中六座水法。左則
一片山嶺。花木鮮妍。遥而望之。真無纖塵障目。又一圓
鐵花架。高約三丈二尺。共百二十柱。四圍十二門。每門
寬約十六七尺。各色鮮花。盤旋曲曲。再至中逵則一對
八角翠花亭。又名水仙廟。高皆六丈餘。中通外直。鐵鑄
油漆顏色五彩。樓之左右各一鐵造轉心樓。係為助水

法易于得水而設者圓形頂似折盅高約二十八丈二尺共分十層上下八百步極上有千里眼可以四面眺望見東面仍一大園因天晚未去遂以千里眼瞻仰一番心殊未暢是日遊人男女老幼以數千計彼見我中國人在此皆欣喜無極且言從未見中土人有如此裝束者前後追隨欲言而不得凡遊此宮者給票費四開合銀五錢六分此係本國富戶聚造官助以力官派人員吏役管轄所收銀錢官收一半大凡外國官造之花園畫閣四方人民皆許遊覽欲臨眺者給費幾許數年後其本自回不惟子母相權利浮于本抑且與民同樂廣播休聲善哉此舉也又聞此宮原爲集貨廠所爲獲利因其工程華美而改爲水晶宮修理尤妙以備人民遊玩而得利尤重焉申初回寓由巴黎斯至倫敦共計水陸程九百四十五里後有法人吳良貞者德善友也通英語日暮來訪言適見新聞紙云今晚水晶宮增設花炮因中國

欽差欲往一觀未詳確否特來一問也明言我國斌大人尚未來此予等初不聞有是說想屬訛言吳亦謂必無此

一五四

舉蓋管宮官設法誘人謀獲重利耳明日計亦巧矣顧新聞紙烏得載此訛言此猶細故儻事係重大豈不遺悞耶吳曰此乃晚報單本非新聞紙比所言半屬無據故閱者少而值亦甚微言畢復問德善何爲不來明對以仍在巴黎斯隨斌大人之故吳遂去晚飯後偶思整容時剃頭人未隨去爰命店主傭本地業是者爲之洋人剃頭不以水洗而以塗胰爲功剃竣則以香水淋額清潤而潔綽有異趣

初三日辛卯陰早飯後包臘並其友四人一名窣理一名周智其二則未詳姓字來約同乘四輪四馬車行七十五里至艾蒲三看比馬一路村鎮繁華車馬不斷遇有打大木球踢行頭作戲者至跑馬處見東面有臺數層高六丈許長七八里車輛如雲男女叢雜約數十萬人有賣耍貨者有唱曲者男子面塗黑女子著異服彈琵琶打八角鼓以討錢亦間有村嫗討錢蓋法國俗尚奢華凡事務極美麗故經營多而窮困少英國內殷實而外儉陋自外觀之英遜于法多矣是日見跑馬五回酉正始散旋時游人皆買吹筩甦豆無論男女彼此對

一五五

吹。女子有往車內擲金綫紙球者。草團者。左右追逐。舉國若狂。又女子有立門首者。與遊人彼此嬉笑。各以嘴啜自己手背。其意如交頸親吻。以示愛慕之誠。車上男女相遇。乍逢。而彼此垂情溢于眉目。已去而秋波回顧。百媚橫生。雖鐵石人亦為之情蕩。包臘云。每年二八月兩次。名曰達耳背。亥初回寓。極冷。外國車式不一。均係鐵製。有木之處。皆飾黑漆。車箱下有二鐵。作簸形。橫在箱軸之間。能軒能輕。人坐如騰雲霧。飄飄欲仙。道雖不平。可免顛覆。車之大者。四輪四馬。御者二名。各執短鞭騎于左馬。車心開廠。對面可坐四五人。左右二門。前後立二平座。座上有鐵闌。亦可坐四人。又有四輪兩馬車。御者端坐。持長鞭。箱作元寶形。左右有門。內坐四人。靠背坐褥俱全。亦有尾後可以支起半棚者。又四輪棚車。車箱四方平頂。頂亦鐵作。可放物件。四面闌干。箱內左右兩門。對面坐四人。四面活玻璃窗。可上可下。亦有簾幔。御者高坐車箱前。又有如此棚車能拆作廠車。上下皆有螺螄。折改甚易。又四輪單馬雙簷車。內可坐二三人。兩輪單馬車。車箱瓢形。御者坐於箱後。前面上半開

廠。下二小門。可坐二人。又有各店接人大車。四輪方箱。長約七尺。寬五尺。高五六尺。車後開門。兩馬拽之。御者在前正立。執綏。內四面活玻璃窗。藍綢小簾。左右兩牀。洋呢坐褥。靠背。對面可坐十二三人。車頂平。四面鐵闌。左右長凳。亦可坐十餘人。或放行李。通城海車亦然。其價甚微。後立一人。收放車票。前橫一匾。上書空滿二字。以便待車之人知有座否。各處亦有待車之所。先後來者各一號票。不得爭上。外有許多車式。皆紳富自行造作者。街市車皆排列于寬闊之地。欲僱則以手招之。其價皆有定規。論里論時。皆不甚昂。御者上車。彼此對表。告以去處。並不多言。車極輕快。馬行長途。不喂不飲。亦少便溺。御者亦不吆喝。口內如呼犬然。只作嗞嗞之聲。御者夏穿短靠。緊褲皮靴。頭戴且字形高帽。帽右釘黑木花一朵。亦有穿鬆褲皮鞋者。冬著長服。夏令雨雖如注。不得支傘披毡。坐車若有僕人。或坐或立。多在車後。或在御者之旁。

初四日壬辰。晴。早有突姓者來拜。約遊。遂乘車行十數里。至集書庫。內悉載天下書籍共八十餘萬卷。亦有滿

漢回番各書當中玻璃照棚下有棹椅國人皆可入內
觀看亦可抄錄在北樓遇一英人姓德名格樂者能華
言頗清楚且係京音其人取許多華書呈閱又入一樓
悉置天下各國飛禽走獸魚鼈蝦蟹以及昆蟲之皮骨
皮灌以水銀骨支以銅絲大者如犀象海豬等皮骨小
者如蝎虎蝙蝠等骨有大龜高六尺長亦六尺許有一
飛虎釘於壁上一魚長約二丈只生頭而不生尾又有
獸身鼉背者有魚如蝎虎長丈餘所有大鳥獸灌水銀
者皆抽骨在外支起置於當中有跪者伏者奮翼者啖

廿八

食者形狀不一神氣如生小者如家雀松鼠等骨皆支
起置于四壁槅中以玻璃罩之又如蛤蜊蚰蜒蜻蜓蝴
蝶等置于案上玻璃匣內各鳥獸魚蟲皆挂一牌書此
物何名來自何處如此五六層樓皆滿下層有石人古
玩等物內有大銅鐘一口上鐫嘉慶某年月日粵東某
城某人鑄獻又至一畫樓內層層懸大小油工畫軸千
餘架見有許多女子在彼支架摹畫其所摹者與壁上
分毫不爽油工畫皆木架上釘粗布以麻油調顏色而
畫之又有各種新奇器皿模範看畢回寓奚姓辭去戍

初同包臘等至火輪車客廳接斌大人並德善等入寓
遂同乘馬車往水晶宮看烟火是日宮內華燭星羅通
宵達旦遊人蜂擁塞巷塡街在彼晚飯後出前堂上正
樓看燈先放雙響爆竹聲震山谷繼則花起半空光分
五彩藍綠紅黃等色頃刻變化無窮又有花飛落如彗
星者有飛火能來往數次者有花轉八角孔雀翎者又
一明燈借輕氣球飛起形如明月隨時變色變黃則映
地皆黃變綠則映地皆綠尤為烟火之最奇者樓前二
翠花亭亭心然綠燈有水自亭頂流下皆綠色又水法

廿九

三座每座五孔正中高者躍起十餘丈四小者亦六七
丈水後然五色燈燈換何色水變何名燈映水變水躍
燈明色色空空鏡花水月雖云水火之幻化實極人工
之精巧也丑刻回寓微寒
初五日癸巳晴早有赫總稅務司暨告假回國之稅務
司休士漢南狄妥瑪等先後來拜狄妥瑪乃約明與鳳
夔九同遊遂乘車行二十里至荔蓁街萬種園園四面
距百數十里花草樹木山水樓臺其奇異難以殫述外
有猛獸每種各有石屋二間前有鐵柵欄上懸一牌云

物係何名產自何處因何人而攜此有園丁以鐵叉插生肉麩包喂之獸之馴者在木房內小鳥每種一木房前有銅網內有水池食盆枯木枝水鳥與魚皆有大池鳥獸有水產旱產各異者置于四間木房內甃石池外鋪乾草畏寒者向陽畏熱者背陰無不各得其所如左園獸之奇者有虎豹犀象牝牡獅子草黃色牡者頭上滿鬃尾如驢牝獅無鬃形如虎黑熊白熊皆大於牛鹿屬狼屬其類甚夥其名未考驢大於騾黃質黑紋又有獨峯駝雙峯駝西藏牛其牛短角長耳耳後有黑色長

毛委地有鹿身長七尺小尾項與骸長皆八尺許角長四尺有袋鼠草黃色身長三尺細尾長耳如犬如兔前骸短後骸長其行甚速肚下有肉袋生子皆藏袋內以及野馬野豬等獸鳥之奇者有鴻鵠鵰鶴鸚鵡鷺鸞孔雀杜鵑葵花鳥駝鳥鴝鵒鷓鴣鵪鶉鵝雉有鳥雞身頭有花毛如蛤蚧形紅質黑章屏開如傘小鳥有灰身藍領紅嘴者有淡黃身紅嘴者白嘴者紅身黃嘴者綠身紅嘴者大皆如鴉又大白鳥黑嘴極寬長二尺許有長骸者花翅者種種不一又一物如濕濕蟲大如簸籮其

色黑紅魚之奇者有水獺海龍鱷魚鱔鯉黿鼉龜鼈等出此繞至一道係石砌甕洞長約五丈寬約二丈由此穿至右園見有大象背馱木鞍上可坐五六人大蟒大蛇皆在木槅玻璃罩內鋪以石子羊毡又竪大樹丫見有蛇盤樹丫者有在毡上者有鈴鐺蛇黑色以口嚙人其毒甚大園丁以籐擊蛇令其立起以便人看不意此蛇擊久不起園丁怒而盡力一擊蛇忽竄起以頭觸玻璃者三其聲凄然可畏又有大蝎虎蜈蚣等蟲有海馬長丈五者平背無毛高五尺頭長四尺嘴寬三尺兩鈎

牙吐於口外小紅目生於耳下小耳矗立體極重皮極厚不畏槍炮性食草潛伏水內遊于旱地有獸如牛如犀四蹄如特無毛無鱗一身肉甲兩耳直立鼻生獨角長尺餘亦不畏槍炮色皆淺黑紅青又有猿猴獮猩黑白不一大者如老人有黑身白臉者有獸大如驢色黑臉白聲叫如貓又有狗熊狐狸羚羊野兔貂鼠山鼠一身刺長二三尺作黑白色形如蝟而大又有螘王形如短骸長尾狗尾如掃箒小耳長頭長舌長嘴小白細牙舌有鈎專食螞蟻通身上黑下白鳥有家雞五六種山

雞火雞鷹鵰雁鵲家雀小燕老鸛蝙蝠等有嘴如牛角
者如是者魚又有鯨魚鰆鯉蝦蟖金魚遊畢轉至一門
有十字鐵栅欄中軸能轉只左旋遊人能出不能入每
空只容一人雖多亦須次第而出不能駢行出此登車
回寓中迷坐地內火輪車蓋英國京城地狹人稠恐火
輪車不利于行故在地中樓下造車道環繞通於各街
巷口明等入一樓下石砌登車見左右壁上有燈行二
三分時下車出樓即至茶餌街東首矦馬車已候於此
乃登車入寓狄妥瑪辭回晚明等原擬看戲因有赫樂
彬信來約明等三人赴集華會斌大人喬梓遂去看戲
明等同包臘德舊至韋里思店介紹迎至大廳樓上作
雅樂鸞簫鳳管克諧八音下列盛筵海錯山珍和合五
味是日赴會者皆係駐華之人共七十餘名中坐者係
前任香港總督英國欽差世襲侯爵德威四飯畢德侯
以手擊案者三眾皆悄然彼即立起高談雄論如作歌
然所言係華洋和好之意言至肯綮眾皆以鍤柄擊節
云喜爾喜爾喜爾英言喜爾即華言聽也此處也德侯
話畢眾皆拱立執杯和聲云額補額補額補賀來賀來

三二

郎華言快哉妙哉之意如是者三蓋一祝
大清國
大皇帝萬壽無疆二祝英國君主世世修好三祝太子致詠
統緒德侯向眾談論時許後眾又依次而立或言
欽差遊歷與有榮光或言中外通商實為便利或誇耀兩國
兵馬强盛財賦充裕亦有不言者有代為言者後復齊
立揚觶祝頌一番祝畢而歸丑正回寓與斌大人談及
此會大人甚喜
初六日甲午晴早至英國施醫院樓高後列鐵闌六層
係學醫之所當地羅列療病之具廣設病者之榻病人
上下樓皆以小車推之有一幼童染病醫生以鑷自其
口內抽出一牙血流滿口繼以涼水洗之痛遂止又以
小車推入病婦身覆綿被移於牀上揭被見赤身下蓋
紅布腹高如鼓醫生于臍下用刀割之入以銅管遂有
黑水自管流出盈一大盆流盡其疾遂消治畢覆被以
車推回醫生持此黑水遍告學生病源治法又云此腹
當割細搜其本因此婦懼疼故不開腹只如此治之然
病根未拔若再發恐刀圭不能効靈矣後又推來病婦

三三

醫生以尖刀割其肩下長三寸許自內剖出一骨如鴨卵形血盡即以綫紉其口此婦痛楚難禁叫號不止後聞疾亦尋愈看罷遂至樓上男女養疾之所見屋宇潔淨四壁設矮牀三十餘張長枕大被每室有一捨身義女皆甘心扶持病人者去此至一大禮拜堂名賢坡羅者樓頂如高字形座如十字形內四角轉心樓堂頂內如懸磬形中腰有鐵闌四樓皆通明等從東角轉心樓繞上至堂頂緣鐵闌而行有老嫗云若二人一立南面一立北面中隔一矢之地北面以口面壁而悄語之南面以耳向壁而靜聽之彼此問答如覿面然其墻以手拍之作鏗然聲再上一層立于樓外四望倫敦其宮殿之巍峩城池之雄壯市廛之繁雜人烟之稠密歷歷在目遊此堂者須與堂費數開晚乘車看戲戲有大海狂濤舟船飄蕩雖是逢場作戲宛如海上移情又有人自天上飛下背生雙翼飄忽不可測子初回寓

初七日乙未陰早有烟台稅務司休士來拜乃同彼與彥智軒包臘德善等乘馬車行五十六里至其先王故宮登樓見懸油畫數千架皆千百年前故事又有牀椅

三四

與中國瓷器等物皆其先王之故物也出樓見四面花樹叢雜中有迷人籬作扇面形係以小樹繞如花墻高皆四尺內有曲路入者必須人導否則能進不能出矣旋時逢中入一飯店在樓飲酒歡呼坐中惟德善能唱中國俚曲明等依歌而和之無不擊節稱妙已而盃盤狼藉遂登車回寓一路頗冷

初八日丙申晴早同彥智軒包臘往看比馬場來者有門票各出英元幾開內四面看台中一圓池數人各騎驊馬緣池而跑勝者給與花紅綢一條披於馬首復比雙馬車單馬車勝者給與黃藍綢條去此又看造火輪機處皆係大鐵鑄造成初赫總稅務司約看戲在端木司店後園名昆音戲有舞弄真刀施放真鎗者

初九日丁酉晴午前乘車至百里的呪客雜物館進門買票內又三門先入右門見正面一小台台上一人對木人語木偶亦張口點頭作答應狀蓋一人作二人聲也前列棹凳數行以備客坐又入左門有一燈戲高懸布帳對面距四五步置一燈匣架高五尺有小玻璃畫長四五寸者置于匣內燈光射帳照出畫影大於原質

三五

且能動轉戲時須在暗屋不見天光戲畢將燈移遠捲
起布帳另一小屋四壁皆空中懸一人頭帶肩四面無
倚上下亦無繩繫此頭七孔皆動能言能笑渾似真人
其下身不知在何處深為詫異又入正門見四面高樓
皆賣雜貨者下列各種火機電氣器皿當中水池深二
丈餘內一老人頭戴銅套前有玻璃後有皮管通氣身
服皮衣人在樓上擲錢彼能尋出出則衣履不濡又有
一入水鐘又名泳氣鐘以鐵為之高約八九尺上有玻
璃以透光中橫木板以為座可容三四人梁間有繩繫

三十六

入水內底雖空而水不能入因鐘上有管通以電氣鐘
內電氣充滿水自不能入矣蓋電氣壓水二質不能並
域而居也明與包臘同入鐘內入水丈餘而無沉溺之
虞蓋電氣力大灌入兩耳如人以物塞其耳然口不能
言耳亦無所聞出時因華服襟長竟濕三寸許耳殊覺
痛回寓後開窗倚闌而望見有小兒拽胡笳唱曲討錢
歡舞有趣明等以紙包銅錢數枚擲之小兒歡然而去
初十日戊戌晴午正往英國總理衙門拜其總理大臣
賈蘭璧並九江稅務司漢南其母與其妻其妹皆見遂

共棹而食茶點又至一畫閣內油畫數千架大小不一
嗣至一園名客立滿其繁盛與法國嗎遏園相埒中一
樂亭四面鐵花障門六處俱然煤氣燈左有馬戲場池
中幼女跑馬跳布條以三尺竹圈糊白帋數人手執圈
立于池邊馬跑時女子躍起貫破白紙穿越而過共數
次謂之穿紙餅又一人倒立二小兒踏其足上或上或
下反復播弄輕巧自如悉仗一人腳力右一樓係鞦韆
房見一男子與一幼兒在半空繩上往來梭織身輕似
燕技藝頗佳復見廠院內有草屋一間一人著皮衣以

三十七

火然房俟火極盛人即躍入往來時許火滅人出依然
如故毫無燒痕每年惟夏秋二季開園以便遊人玩賞
是日總理衙門派委員一名同寓於店以備引導遊觀
此人姓布名來恩現官千總
十一日己亥陰午初同廣叔含鳳夔九彥智軒往觀泰
務司河河底下達通衢長二里許寬三丈二尺河底鐵
製下橫石路二行作甕洞形高三丈許長與河齊每行
寬約二丈當中列小攤數四為售玩物者前後皆有樓
梯凡人之不欲渡河者可以從此踏過而必與路費若

干。河上有小艇數蓬。兩首建有石橋。往來車馬。行人接踵。又往看造苦酒處。見其取送麥子以及碾磨。皆不費人力。悉火輪機也。而其機半在地下。扇火令機輪轉。數十間屋。每屋四壁皆懸活輪。輪上繞以皮條。此皮連彼輪。彼輪連火機。若火機大輪一轉。則各屋小輪皆動。極省工力。漢武侯木牛流馬。較遜于此。詢乃一勞永逸之舉也。去此又至品花園。其園周有十數里。内植百花。香聞十里。蜂蝶四時不斷。遊人動以萬計。亥初。明等至一玩藝館。正面戲臺。有三面看樓三十二間。如中國之戲園者。明燈百盞。台前有池。皆罩棹長凳。賣酒賣茶。台上先設青山綠樹。前立二十餘幼女。赤背赤股。腰束短翠裙。彼此跳舞。又一人領二小童。皆衣白絨靠。腰圍小花裙。一人往來折掘小兒身體。其身挺然如木人。又一班男女唱舞。其中一幼女年約五六歲。旋轉輕捷。精於大人。末場左右植大花數顆。忽花皆爆開。每花心獻一幼女。花後然五色燈。倏紅倏綠。神妙可觀。

十二日庚子。陰。早至其海關收税驗貨處。見河岸三面裝貨高樓。中有茶葉三百餘萬箱。如龍井、雀舌、毛尖、香

片等類。不可枚舉。率皆華產。後入酒窖。上下皆以石壘。地鋪鋸屑。酒共一百二十餘萬桶。桶形如鼓。入者秉燭。形如鴉片烟具。曲折僻暗之處。亦有玻璃燈照。出此又入一樓。乃肉桂、象牙、犀角、丁香等貨。樓上有繫貨之具。形如小房。四角有鐵鍊通於樓下。無論極重貨物。能自小舟運於樓頂。且各樓皆通。人在樓上握一小鍊。上拽則屋自落。下拽則屋自升。蓋借水與電氣之力也。又看人以水火試酒之力。乃一物如天平。兩首各一玻璃壺。中橫一玻璃管。管中注滿涼水。左壺盛酒。下然以火。酒滚則汁從涼水穿過。至於右壺。如此可知酒力。去此又至其造錢局。内中轉彎樓房頗大。製造之法。與法國相似。並與香港、印度等處造大小銅銀錢。申正回寓。

十三日辛丑。陰。辰正上火輪車。見同車有一老者。鶴髮童顏。貌極温厚。而眉目間饒有精得之氣。行次未詳其姓字。行九十餘里下車。有英國將軍預備雙馬車二輛。在彼等候。復行三十五里。至駐軍場。有木房如中國營房。接連數里。駐兵一萬。兵有娶者另住一處。合營大厨房六處。每處有庖丁十二名。每日供給一千五百餘人

飲饌。亦有施醫院。官醫三四名。病者在內療治。喫上等飯睡煖牀。又二兵之書房。內置古書千卷。操演之暇。在此攻書。以寓武備文修之意。兵皆七日一稿。每日有大操小操之分。優者格外獎勵。人皆奮勉。距此里許有高樓一所。係演雜技處。其鞭繩鞦梯等技。與中土女筋斗相似。又二人對刀。頭戴鐵絲幪罩。身著皮衣。手戴粗皮套。後登車往拜閱兵將軍。其人姓希名義。入見始知將軍即同車之老人也。彼此驚喜。讓坐飲茶。言及看操一事。將軍大喜。約晚間在彼處晚飯。固辭不容。遂先乘車

四十

往教軍場。一路兵馬雲集。男女觀者甚眾。後將軍至。紅衣白褲。乘白馬。頭戴工字黑毡帽。上插白鵝翎。腰橫銅刀。白皮帶。胸挂寶星六七枚。手戴白皮套。赳赳然立於馬上。似有萬夫不當之勇。又有副將軍隨帶武官數員。皆紅衣黑褲。腰佩鐵刀。有戴白黑雜翎者。馬尾盔者。槍盡捩機。刀皆出鞘。是日演馬步兵九千。響礮開槍。其聲東聞西止。後則排隊自西繞來。從將軍面前而過。步伐整齊。紀律嚴肅。先馬隊。舉刀攜短槍。服色一律。馬行如一字。每隊兩行十二匹。色亦一律。二帶隊官。每一隊一

領兵官。一督隊官。督手執長刀。過將軍處。以刀向鼻禮也。步兵青衣藍褲。背負行李一包。黑色方形。其厚薄大小一律。第一隊每兵負鐵鍬與鐮一把。後則隊隊長槍。馬步兵各有二旂。一係耶穌教教皇旂。一係英國君主旂。每五隊後有一隊樂兵。兵後有礮車數輛。護兵數對。再則鐵器鍬鐮火藥等車。又有六車大圓物。其色淺紅。以備遇水壘橋。長約丈五。粗二三圍。上穿密孔。乃鐵鑄者。看畢至將軍處晚飯。款待甚殷。後上火輪車回寓。同車者有女子四人。或云西國有輕薄少年。如與女子共

四十一

車過山洞時。當幽暗之區。彼以嘴啜自己手背。作親吻之聲。路逕通明。互相疑惑。而不知其親吻者為誰。中歷十一日即西歷三月二十二日。係英國君主誕辰。各處懸燈結彩四日。金吾不禁。勝似元宵。當晚乃第三日也。遂于戌刻乘車街遊。見市廛閭巷樓簷皆然煤氣燈。又有以鐵作VR二洋字。高三四尺。上亦滿燈。釋V字即其君主國號威克都里雅。係華言勝字之義。R字即君主也。又王帽燈形如僧冠。又一官所門首一燈如香盤。能自轉。是夜車聲轆轆。遊人濟濟。

十四日壬寅晴、午後命歐羅瓦引往萬種園遊、是日乃
禮拜之期、舖戶關閉、人民休息、老幼男女是日皆遊、惟
此園禮拜日禁止民人出入、惟各國欽差與在朝官員
則可、門外高懸一牌云、禮拜日禁止民人來遊、其禮拜
一日遊者其值二開、禮拜二則三開、如此日貴一日、至
禮拜六止、記外國寶星分上下等第、如中國
欽賜勇號、
賞戴花翎藍翎、以及功牌等物一樣、臣之有功於國者、君主
賜之、佩于胸前、其形如星、大者二寸半、小者一寸、皆係
金銀製造、兩國之君、亦可互與、此國之君亦可賜彼國
之臣、其寶星之至小者有形、如當十錢、而無孔、前後鑿
字雕花、文官則賜一紅綠綢、而已長約一寸、寬約五分、
亦以鐵佩于胸前、
十五日癸卯晴、午初偕布來恩赴談地理處、入內四面
高樓、進南樓門、外廳有數人閒坐、內一人端坐木台、談
講地理、前面羅列椅凳、男女聽者如堵、明等坐聽、時許
乃回、戌初乘車往赴地理會、事與前集華會同、是日來
者皆管地理大小官員五十餘人、中坐一伯爵、姓包名

四十二

令年約六旬、飯畢伊言、令兩國和好、永世勿替等語、罷、
廣叔含代斌大人立而宣于眾曰、我
大清國
大皇帝、
特簡本
欽差等至此察訪風俗、兼為堅結友誼、願各君主永守和約、
各安邊圉、實天下臣民之幸也、言罷、包臘代譯英文、眾
皆擊掌稱妙、復立祝頌者三、惟時已屆子正矣、是日有
英國武將戈登來拜、其人曾在中國協同
欽差大臣曾相國練常勝軍、勦匪立功、經
欽賜提督銜、
賞穿黃馬褂、
賞戴花翎、
天語褒嘉、戰績垂史冊焉、
十六日甲辰晴、早乘車至倫敦臺、入內有兵導引、走里
許至一寬處、曰軍器樓、內置上古刀槍甲冑刑具、今皆
藏而不用矣、又有假人身穿盔甲、立於馬上、馬亦有甲、
外國鐵甲較量身體而造、郎如靠子、通身鐵片、能屈能

四十三

伸盔如鬼臉套頭若人穿甲冑而立郎如赤身鐵人甲亦有細鎖編成者如今頭盔只一銅帽而已樓上以槍作橋層疊數十萬桿以刀作壁劍作棚頂照映光明宛如懸鏡又至一樓墻壁多石粗而朽係三百年前國王與太子受害之地其痕迹尚在又一樓皆小石洞石槽係前代大臣名士監禁之處出此另入一樓內係其君主銓石冠與金圭圭形如中土僧之九連環通身金製長約五尺許君主登極身被五彩衣戴此冠而秉此圭辦理國政號令臣民樓上有老臣夫妻二人另住一屋

四四

極其狹窄云係前代王后受困之處現君主將此屋賜與二人居住去此臨出見有鐵街門活石橋兵持火槍看守晚包令請看戲戲亦頗佳

十七日乙未晴早同德善至印造新聞紙處刷印悉用火機板架形如北京俗謂之忽忽悠與婆婆車印板如車上人形體甚圓四面皆字四圓八板上下各八人在上者送紙于板邊下者取印就之紙一筒墨水立于當中隨時散于板上半刻印新聞紙二千張又一長板形若層樓來往運動甚速頂上坐一女送紙下一女取紙一刻可印一萬二千張每日出六萬七千張分布城內板之作法係先以活字集成捶於厚紙再以紙板代鉛板而紙板並不著火日有二百餘人在城市尋訪事故至酉刻齊集各述新聞抄錄刷印其倫敦城內除新聞事外是日居民生死男女嫁娶遠近遷移鋪店開閉大小事故無不悉備雖宮闈之事亦並記之至各國之事惟新奇駭聽者始記餘皆不錄其他新聞紙局有託喻言者有無稽之談以博笑者更有刻畫人物宮室以飾觀者又至英國囹圄四面高樓每犯淨屋一間酒食役

四五

使一切極其優渥譬如皮匠犯罪官給皮麻等料令其作工俟出監時將所作之鞋靴易錢分與其人一半監內七日一犒是監禁不惟飽煖且得獲利在株連者固體其活生之德而奸回者未免啟其藐法之心監有花園晚間許罪人出遊只戒彼此交談英國刑無極刑罪無殺罪最重者止于絞由此觀之刑書不必鑄酷吏不可為饒有唐虞三代之風焉酉初一刻有議事大臣戈蘭猻約明等往伊家飲茶坐車行七里許至其家上樓見男客六七人女客四十餘人皆係赤臂長裙彼此坐

談有鼓琴者彈箏者歌舞者後一老者央明等歌中國曲明等固辭不免遂和聲而歌華語眾皆擊掌稱妙蓋洋女先讀書後習天文算學鍼黹女紅一切畧而不講性嗜遊玩歌唱彈琴作畫跳舞等事

十八日丙申陰午正至一古禮拜堂高一百二十餘丈四面石建南北距七八里堂內結搆不見梁柱窗嵌五色玻璃精繪山水人物正面設十字架前列供器又有前代王后名臣之墓墓前有石牀石像皆有銘贊其工甚細然已閱數百年多剝蝕矣申刻乘馬車至其議事

廳樓式奇巧皆係玉石雕刻周距二十餘里高十數丈其第二門禁止居民窺伺門內如中土戲園四面皆樓樓下中設三極座前有公案左右設椅六百餘張坐各鄉公舉六百人凡有國政會議其可否悉以眾論而決其極坐之三大臣有議論不足服眾者許公舉以罷其職是日見戈蘭孫亦與坐焉樓上密坐老幼百餘名皆係城中名士在此聽論者泰西取士亦有秀才舉人進士之名應試者專攻一藝或文章或算學或天文地理或術學醫道或化學或格物其他或由吏部選拔或由

廷臣薦舉大概西俗好兵喜功貴武未免賤文此其所短者也雖曰富強不足多焉亥初乘車往觀戲法見其先變者多與中國相似後借座客一帽伸手即取出銀盌百箇假髮一縷小匣四枚大炮子二個又借一表由帽內取出大麪包一塊其表即在麪包內後取一匣匣內一麥西國人頭回旋俯仰能言能笑又一婦臥牀撤牀婦人懸于空中依然曲肱而枕又案上置筐將一少婦蓋于筐內以長刀亂刺婦在筐內叫號不止漸漸聲息如刺死之狀叱即開筐而少婦已在樓上矣奇妙至

極寅刻回寓

十九日丁酉陰早偕漢南休士包臘德善等乘四輪雙馬車行二十六里至五雷治地方之造礮廠拜戈登並其弟管理本國造礮都司戈頓遂偕往造礮車處見木房數十間所有斧鋸錘鉋皆用火機自行運動如造車輪一日可得數十雙是時微雨回至戈頓家早飯見有鐵鍼黹架一座俗名鐵裁縫形似茶几上下皆有關鍵面上前垂一鍼後一軸線做女工時將布放于鍼下腳踏關鍵鍼綫自能運轉縫紉甚捷遂聞鐘聲大作乃通

廠匠人喫飯人語嘈雜約一千數百人其門首設大鐵礮四尊沿路有炸礮礮子其各種礮位皆以大塊熟鐵內外鏇之純以火機而成其大噴礮以鐵條繞成者法更精巧又一鐵房高四丈餘內有兩鐵柱中懸一方錘長約丈二寬一丈人立于上以手扶機關按則此錘自上放則自下後有火鑪內鍊巨鐵燒紅自有活天秤移鐵以錘錘之其聲鏗然如雷屋宇為之震撼申初回寓

二十日戊戌晴又晤漢南休士並往其總理衙門拜賈哈二大臣話間賈云明日令哈某上朝奏知我君主討

四八

御車兩輛請諸公遊文淤園並咨會各所官員導引明等再謝辭去

二十一日己亥晴巳刻乘車往水晶宮先拜管理水晶宮事務之官包椿齡彼遂迎入其家亭台華麗花草鮮妍三經芍藥爭芳兩廊籐蘿映翠包公體胖身重濃眉環眼赤面蒼髮其英氣逼人眉宇敘坐少談見其妻與二子焉遂偕往水晶宮遊又見鐵板一方厚約二尺上有多孔似被礮子烘者詢之知英國欲造鐵兵船先造鐵板以礮轟之仍能擊透遂舍之不果于用遊畢辭回

二十二日庚子陰早同委員暨其弟布來雲乘火輪車行五十餘里至文淤宮乃其君主之行館也下車有管宮官攜君主御車等候遂與包臘德善及布氏兄弟登車行七里許至宮高樓三層四周共房三百六十間入集寶樓見有各種石器又有俄國所餽之孔雀石缸六口高皆丈許又有各國兵器寶物如寶劍銅刀珊瑚翡翠皮褂朝珠等其他奇珍異寶多有不知其名者出宮入一大禮拜堂並大學院皆百年前建造墻石多半朽敝內有男女學生三百餘名師生皆服青色古衣頭戴

四九

方字巾至其教習家前後皆係花園上樓待以酒飯有許多少艾捧几撰杖而前詢之即女弟子也不僅前列生徒後列女樂矣教習年約五旬言語溫恭頗解禮貌又見樹林中有人作樂男女叢集若有所待者蓋羣聚於此意在看中華人也極南有一石柱柱頂立一石人下係古墓此墓遂向文淤宮門中一直道長五里許寬三丈一望平坦左右悉植以樹如隋隄之楊柳自此而西入文淤園行數里有映山紅花徑一條長四五里迴環曲折如入山陰道上應接不暇出此則左橋右梁新

樓書閣。風吹波皺。鷺浴鷗浮。蕩蕩然一長湖也。湖心矗一小島。島有樓房花木。名曰華廟。其建造規模略如中國式。時大雨滂沱。又至御馬厩。馬皆肥壯。皮毛純駁不一。其中神駿者固多。駑駘者亦復不少。馬各有名。因其繁冗故畧。地鋪乾草。不見便溺。車式亦多。鞍轡環韁光滑可愛。又一牛圈。牛重有九百觔者。可謂碩大無朋矣。有果木花草之煖房。不甚高。皆玻璃蓋造。長約二里。花有花台。果有果池。地有活板。鐵筒通以火氣。無論何時。花果繁盛。房矮於樹。而桃杏皆曲其枝幹。盤成大架。其

五十

人力之巧。不幾奪天工耶。遊罷。管宮官送至火輪車客廳。登車。路過長河。見幼男少女。結隊而至。包臘云。惜今日雨。否則我等可少住一觀。蓋英俗。本地學生每遇安息之期。放舟于河。每舟六七人。搖櫓劃槳。逐波浮沉。如中國之鬬龍舟。前者勝。後者負。薄暮雨止。戌初回寓。二十三日辛丑。陰。午後微雨。晚英國君主以帖邀入卜靜宮。赴望日會。包臘、德善皆係英法國文官。應著朝服。而所著者。則短青褲。高白襪。窄幫皮靴。白緞背心。青毡短衫。膊肩有青綢一塊。長七寸許。寬約二寸。旁有許多

小塊。以防辮油。蓋西人古時亦有髮辮。故朝服仍因舊制。手執工字黑毡帽。腰圍細帶。佩長劍。衣之袖口、襟邊、領邊。皆白綿織邊。寬二寸許。露于外面。戴新白皮手套。布來恩則著武官朝服。係紅衣青褲。上鑲金花邊。寬寸餘。持金邊工字黑毡帽。上插白鵝翎。斜冠于首。腰圍白皮帶。佩銅刀。明等亦公服至宮。樓門下車。見紅衣護衛百餘。執戈排立。入內。盤繞左轉。過長巷四五折。上懸燈火。下鋪瓏瑜。左右鮮花。爐火香煖。清幽。登塔百餘級。數轉始抵宴舞之所。樓宇廣闊。高約六丈。廣十餘丈。四壁

五十一

燈燭輝煌。共計八千六百餘盞。當晚入宮者。男女一千二百餘人。男子免冠露頂。女子長裙脊臂。彼此坐立隨意。四面設坐三層。見其君主太子與妃。坐于正面。明等暨包臘、德善坐于對面。樂作。則男女攜手扶肩。跳舞數次。至子初。出正門。入右樓飲酒。內列三面長棹。人皆立而爭取酒食。明等先至正面。太子與太子妃立于案前。明等亦立。並無別禮。太子及妃問倫敦景致比中國如何。來時一路平安否。斌大人一一應答。且言中國使臣從未有至貴國者。此次奉

命遊歷始知海外有此勝境言罷赴宴寅初回寓此宴每月兩次名曰望日會自酉初起至次日卯正止又有卜夜會係各大臣輪請其請帖白紙長四寸寬二寸上云某大臣奉君主命恭請中國
欽差於某月某日某時在卜靜宮內赴會下書是日滿服滿服者朝服也
二十四日壬寅晴早見門首有售果品者乃一老媪也手推雙輪小車櫻桃如李春橘之大者如木瓜申刻君主邀入正宮宮前有騎馬紅衣者四人侍立氣象嚴肅下車入正門有樂官護衛皆紅衣白褲遂緣梯上樓在此少坐後由包臘引入內門見君主著青衣服長裙年逾四旬風姿不減後有數妹侍立雖赤臂長裙而環佩丁當饒有風韻君主立明等亦立問斌大人云來此遠路尚安妥否在本國曾住幾日並言兩國從此和好自應永息干戈等語垂問殷懇詞氣溫和大人一一答之得體是時包臘譯其語而通之君主甚喜未刻回寓明等見英國大臣召對時鞠躬免冠握君主之手而嗅之是為敬君晚至壽大臣家赴會子初回寓

卷二終

航海述奇卷三

目　錄

航海述奇卷三

鐵嶺張德明在初隨筆

丙寅四月二十五日癸卯陰巳正明等自倫敦上火輪車西北行一百五十里午刻抵敖四佛村有本地官勒得富者以四輪馬車來接登車北行過大橋洞周遊二十四處皆前古禮拜堂大學院等所是地人迹稀少花樹繁多遂至勒家少憩出妻見子情同故交樓內富有中土器皿其妻云彼幼時曾隨伊父在香港總督任內八年今尚記憶故向華人一見如故未正微雨辭去復上火輪車沿路造鐵器之廠一望無邊烟筒叢立高皆數丈黑烟冥冥直冲霄漢與雲相接北行二百六十三里申刻抵柏名根城有本地總督遣人以車迎入店內店名魁蔭樓高七層前接大路後通車廳當晚總督葉慈約食于店中有城吏司徒柏前任總督費理樸玻璃廠總管蟬四醫委員布來恩等賓主計二十餘人飯畢衆立揚觶恭祝

大清國

大皇帝英國君主並祝華英兩國

一

欽差祝畢衆皆歡飲歌唱而罷按英俗各村鎮皆公舉一人專司地方公事如古治郡者然故呼曰總督

二十六日甲辰晴辰初偕新舊二總督乘雙馬車四輛至造鐵處層層高樓橫以鐵橋處處輪機通以水道男女作工各二百餘名人多而力省蓋恃火機之功也又至造銅筆處用小火機一時可得數千支又往造輪車廠其木皆南印度產也釘長四寸螺螄形再至造田器處有風箱以皮作胡蘆形長四五尺寬三尺後有長柄以手上下按之其風頗大又西北行五里許至費理樸造鈕扣局其地寬敞紅顏少女三百餘人服色一律後到葉慈造銅器作樓上陳設諸般人物花鳥壺盤鼎鑊刀盌鍤匙一切器具皆係鍍金鍍銀其造法先以紙畫再以泥堆末以銅像之其鏨花切鑄皆有活法其鍍法將金銀擲於藥池鎔為清水再繫銅器浸於水內則金銀自黏於銅上薄厚如意極為光顯酉初回寓飯後乘車行三四里至一雜耍館內有女子騎馬穿紙餅跳布條等技靈便與他處同又池內周置木墻八箇每箇高三尺寬五尺馬皆一一躍過又效古時女子交戰皆頭

二

戴銀盔身著各色長裙手執長鎗短斧往來比武叱咤生香又一美女跨白馬其蹄跳舞悉中樂器之節奏後彼下馬持鞭中立其馬繞池而馳令其跪立悉聽驅策記柏名根通城周三十餘里内外皆造鐵器零碎物件分運他國一日燒煤無數天頻陰而霝雨

二十七日乙巳晴早拜葉慈食於其家餚果均美後往琢磨玻璃處見羅列各式盃盤瓶罐顏色花樣種種不一有明有暗俱極精致厚者逾尺亞於水晶其琢磨之法悉用火輪又至造銅牀架處所造之物鍍金細花圓

三

挺内空挺長數尺不用匠人雕鑿之工只需火機拔擠之法又造輪車什物處多用鋼鐵至造玻璃廠其地周數十里匠人千餘名爐火熱極所造者有種望海燈形若香盤高約二丈四面銅架圓形三楞玻璃長皆二尺九寸上下百層内然一燈其光近處不見百里之外望之如虹復行六七里至一煤窰斌大人與明乘車在外瞻望廣叔含與鳳夔九等入門行至一洞洞深六十餘丈脱去長服繫以火機木板至底極冷有黑水淋漓不止入此者身若烟薰其氣透腦味似硫磺申正回寓戌

初斌大人携彦智軒等四人前赴滿紫四爾又名曼識時明等送至客廳後蟬四約鳳夔九往宿其家葉慈約明先至費家門無童僕惟有理樸姬女坐談時許其家花樹叢籠亭榭清幽後抵葉家樓房四層前後花園眷屬無多只伊妻與二女僕一車夫而已葉慈年近四旬虬髯環眼情性公正言語温和是夕宿其家夫妻欵待良殷

二十八日丙午晴早起漱盥畢獨步園内一帶玉石小橋四面玻璃煖房潔白光明耳目爲之一清並至其鄰

四

二三家皆花樹稠密臺榭陰陰寂寞人聲但花香鳥語而已其最奇而可觀者杜鵑花高丈許月季亦高五尺餘花朶極大葉厚於皮纂娘花有藍白紫紅四色扁豆之豆葉與中土同惟其花色大紅遊畢回寓早飯後同葉慈夫妻乘馬車行八里許至一小禮拜堂是日係其禮拜之期正面臺上設一十字架樓上一人彈琴下面羅列多座每人前一抽屜内有大小洋經三四本其宣講之神父立于高臺手持一經誦示衆人誦畢其聽講之男女老幼接誦一次衆人有時朗誦有時默看有時

長跪。有時俯首作哭狀。滿堂肅然。明只端坐而已。堂散明等歸。是日街市鋪戶關閉。人迹稀少矣。戌初葉慈送明至火輪車客廳。與鳳夔九蟬四相會。此廳在兩樓之間。橫一鐵橋。上下有梯可由此廳達彼廳。不從車道經過。因往來車輛盈途。以避險也。是時微雨不止。蟬四令其堂弟占四陪明與夔九上火輪車。北行二百五十一里。亥正抵滿柴四爾城。下車乘馬車行里許。入店名卜來由者。與斌大人暨廣叔含、包臘等會見。飯後眾與占四坐談時許。

五

二十九日丁未。陰雨。占四辭回。早乘車至織布處。女工二千餘名。男工六百餘名。其彈染棉花紡線織布。悉用火機。一時可得棉綫數百斤。織染洋布數十疋。棉花以合眾國產最佳。中國產次之。又至判斷處。其承審者十二人昂然上坐。兩造立於左右四五步外。事有不平。悉聽十二人評斷。斷之不決。另請十二人。無有刑訊。雖係武斷鄉曲。尚不失于公道。有時亦經官斷。去此至銀市。其樓宇之富麗無須瑣言。復至印布處。其白布織于印度。花繪印於英國。印板銅質。圓形。長約三尺。周圍鑿花。印時各樣顏色皆在機上。將板橫於機。邊板轉則顏色隨之。印罷即乾。自有活機將布送于樓上。再投水火各一次。顏色永洸而不易。又至一大貨鋪。樓高五層。中有古式字梯。層層皆通。所售者婦人衣冠、手套、雨傘、花朵、鐵箭、褐衫等物。外國婦女褐衫方形。上有一兜。天凉可以護頭。其色不一。以白為貴。晚去一園。名百里遊。花樹樓臺山水鳥獸頗多。周二十餘里。東首作樂。正面忽放烟火。突出一片高山。山上有樓。樓內燈光四照。又有大海。內飄大小船隻。並水手等人。後有左右高山。中出男女數十人。皆古羅馬國人服飾。末現出二華人。極高。一男一女。變幻奇極。真目所未覩。

三十日戊申。大雨。早乘馬車拜本地總督包克二。又拜一將軍吳姓者。偕彼看紅衣馬兵演馬。皆稱驍勇善騎。後往看造軟物作。在印度國有樹。以刀鑽梃自有白漿流出。先曬後蒸。久而成塊。其色黑黃。土人呼曰羔求。又名印度擦物寶。以之造物。不畏雨水。質能伸縮。所作者有雨衣、氣枕、氣褥、氣盆暨百般器皿、玩物以及各樣縧帶。皆含此物。若用以擦紙。則字之點畫錯誤。皆可立消

六

又有以羊毛織成虎狼皮。無異于真。質極輕煖。色極斑駁。可避潮濕。再至養啞院。樓臺整潔。係啞子讀書之所。蓋英國文字共二十六字母配成。或以手比。或以粉寫木板之上。其文義啞子悉識。可謂啞于口而不啞于心矣。回至總督署中。留備茶點。晚包克二約明等看戲於向北園。演劇頗佳。亥正回店。遂起身上火輪車。係一間大屋。四面坐凳。地鋪花毡。在座者只五華人而已。開車南行。一夜微凉。

五月。

初一日己酉晴。走六百六十二里。寅正回至倫敦客廳。下車仍入前店。當夜所經各村鎮雖東方將明而燈火晶瑩。如繁星密布。蓋煤氣燈也。將至倫敦時。尤有未息者。是日微熱。

初二日庚戌微晴。午後有魏氏者約明等喫茶。上樓坐談。來者皆仕宦女子四十餘人。後出門至對面花園。見眾女打球為戲。木球共六箇。大如茶盃。染紅綠色。地上斜置木圈五箇。作几字形。人以木錘擊之。令斜穿木圈。使二球對擊者勝。申初辭回。戌刻同德善、廣叔、含乘車

七

行五六里。至德善之友姜千總家。見其妻女。待以茶點。坐談時許乃回。

初三日辛亥晴。早街遊。見北面小湖岸建一煖閣。或云隆冬之際。男女來此冰嬉。有墜冰而跌傷者。置之高閣而養之。旁有隙地。四面鐵闌。係夏間仕宦試馬之地。又見一鋪。出售一種木馬。身長二尺許。高亦二尺。耳有轉軸。蹄有小輪。小兒跨之。以手轉其機關。自然急走。曲直隨意。想武鄉侯木牛流馬之法。貽傳西土耶。晚至聽口技處。正面小台。台下列座。男女皆有。宛然京華書館也。台上一人。手舞足蹈。自說自解。忽喜忽怒。眾皆大笑。而明等究不知所可笑者緣何。因索然回寓。

初四日壬子晴。巳初上火輪車。西北行二百里至茉蘭地方。下車步至海岸。登小輪舟行數里至大輪船。名葛來大宜四得俑恩。譯華言大東方也。登而觀之。長有六十三丈七尺。寬七丈八尺。高六丈九尺許。貨可載三萬餘箱。客艙上下共一千九百二十間。行李可載一萬幾千件。烟筒五箇。桅桿七根。明輪內有三十二輪機。係天下第一大輪船也。專為自英國西行走大西洋往合眾

八

國者原載電氣線等物而造法通綫于海底今已功竣
欲作別用因其所費甚鉅姑置之看畢登岸上火輪車
是日同來有赫總稅務司之友佛普四者亥正同回入
夜陰冷子初晴
初五日癸丑晴端陽日也早飯食水餃炮製一如京華
值此佳節流寓異邦風味猶是家鄉而回首天涯茫茫
者難禁旅況矣蒲龍艾虎睹物思鄉奈何奈何晚飯後
佛普四來拜
初六日甲寅微雨蟬四之姊倩吳某折柬約明與鳳夔

九往伊家少叙酉初去屋宇華麗宏敞壯觀見其姊並
其女公子善姒暨眷屬男女六人相與坐談許久其女
眷鼓琴作樂音韻鏘然亥正辭歸
初七日乙卯晴午刻赫總稅務司自愛爾蘭回至倫敦
同寓此店未初有達氏者約明等往伊家看戲法入樓
有童男幼女六十餘名髮未齊額皆係其戚友家之子
女也看其戲法所變者亦平平戌正侯爵戴姓請遊勝
花園燈燭照耀花卉蔥蘢樓閣極寬內有男女二百餘
名作樂跳舞踏歌而行是時英國太子衛理斯亦預觀

馬子正回寓
初八日丙辰陰早赫總稅務司回愛爾蘭德善回巴黎
斯送于火輪車客廳入夜稍涼記英國造玻璃之法以
海岸沙及鉛與鹻滿土缶中納于巨爐武火燒一日之
工傾出如水置于模內凝塊次以鐵筒吹成水泡再燒
再掄長逾三尺劃其兩端開其中而成片再入文火中
以物橫研時許取出則平大如意矣
初九日丁巳陰雨亥初有公爵柏某約看公會乘馬車
行七八里至一高樓見有男女數百人皆易其本服男

子有扮成纏頭黑人者有著送信人紅領衣者有蘇葛
蘭古裝者種種不一女子皆赤臂長裙有白衣襯紅花
者面擦白粉者有塗白髮形如老媼者有扮如仙女者
亦有以墨點腮者樓上吹笛作樂男女成羣跳舞來觀
者紳富居多每人助錢數開所獲錢文皆歸育嬰堂內
動用詢之每歲皆然雖為游戲而矜恤存焉矣是晚雷
雨大作不止
初十日戊午晴早乘馬車行三十五里至上峯嶺北林
村包臘家包臘籍係愛爾蘭此處亦有房產地畝眷屬

係僑寓于此其家四面田園中建樓榭甚整潔登堂見
伊父母並伊姊包婀娜暨伊戚屬男婦二十餘人有女
名陶木森者與韓芙麗者古黛者塔木蘭者皆雅麗絕
倫飯畢園內射箭見弓箭皆短小靶子圓形挂於樹上
乃婀娜之戲具也彼射十中三四不合款式明等按法
射之十發十中婀娜大喜又眾人在樹下互相跳舞鼓
琴作歌樂甚末有四童女相隨轉圜排勢以手提裙兜
作種種之狀而歌其曲文係你可知你可知如何種如
何種隨我來隨我來大家種大家種此蓋童曲也按英

十一

文還漢音係頓伩奴歐頓伩奴歐好都捜好都捜佛婁
密佛婁密類得捜類得捜云云歌畢眾皆擊掌稱妙又
一樹下懸一玻璃球長八寸周逾二尺球內滿鋪水銀
能將四面景致映照球上去此登樓午酌食有梨桃平
果蜜餞櫻桃餅甚甘後復同包臘與其友顧達等往前
面草場騎馬馳驅數次而罷亥刻回倫敦
十一日己未陰午初再遊水晶宮先抵宮吏家適有華
人來男子一高一矮揖畢而坐其高者身約八尺年逾
三旬著長袍短套頭戴四品職銜問彼何職答曾捐納

知府銜叩其里居姓氏伊自稱為湖北詹九五也其矮
者姓杜名敖富身甫二尺年約三旬身著紫綢袷袄黃
綾馬褂冠紅穗小帽係江南人也隨一女子年約二旬
詢之知為上海倚門獻笑者此三人來泰西迨為令人
觀看以圖漁利有二粵東人相伴皆未詳其姓字是日
斌大人乘四輪小推車入宮周遊有長案設二里許上
鋪紅毡列各種鮮花紅白黃紫色韻雙佳名為鮮花會
又有日本三人大領闊袖腰佩大小二刀髮後挽一小
髻前薙半月形足登木屐其服飾與泰西異後遇包臘

十二

女戚四五人斌夫人與明峪包婀娜塔木蘭同乘雙馬
敞車行數里至宮之東大園花樹繁雜亭臺壯麗有諸
般水旱野獸奇形怪狀咸仿本形以石鑿成有爬山者
伏水者嚙樹者飡花者皆大於牛土人云係古有今無
之獸也此園與水晶宮相通沿路有射箭打球竹馬鞦
韆等藝遊畢食於宮內飯後古黛韓芙麗等人舉酒祝
頌斌大人以華言答祝曰願爾三多九如福壽康寧其
已嫁者頻慶弄璋弄瓦子多聰明其未嫁者早賀納徵
納采壻必賢能言畢令包臘譯以英文眾皆擊掌座中

女子以包娴娜最為精巧，以陶木森最為温雅。子正回寓。微凉。沿路見英國巡兵服青衣著青褌，戴黑毡帽，形如扤雞冠，手持木棒，上方下圓，長約八寸，其權衡規矩與法邦者同。

十二日庚午，晴。午正由店起身，乘車行十餘里至英國泰晤思河口，上火輪船。船不甚大，客亦不多，天氣甚熱。行一夜，記英國之大金錢重二錢二分，名曰色伍侖，可易小金錢重一錢一分，名哈夫色五侖者二枚，每小金錢可易大銀錢重七錢，名克老恩者二枚，每克老恩可易銀錢重一錢四分，名施令者五枚，每施令可易小銀錢重七分，名西盤司者二枚，每西盤司可易至小銀錢重三分五釐，名薩力盤司者二枚，每薩力盤司可易大銅錢名佩呢者三枚，每佩呢可易中銅錢名海佩呢者二枚，每海佩呢可易小銅錢名發爾英者二枚。外有銀錢名哈夫克老恩者，每箇可易二施令一西盤司，又有名福老倫者，每箇可易二施令，更有錢銀票名曰班克比拉，至小者可易施令十枚。

十三日辛未，晴。東行六百三十里，過北海入比利時國

環紫河。巳初抵其安土耳海口，下船，步至火輪車客廳前茶尖。其地婦女平面寬頦，環眼小耳，與英法稍異。午正上火輪車，東北行五十一里，入荷蘭界裏三大地方換車，又行二百里至海茶理莊，下車，即上輪舡，風順，瞬息已繞行二百一十里，未刻抵羅得大下舡，再上火輪車，北行百二十里，申初抵荷蘭國南京，名黑格，又名拉黑。一路田疇交錯，林木繁雜。下車入店，名代拉艾拉鋪。其地人民稀少，樓房峻麗，極為幽雅。土人有著木屐者，有以犬拽車者。當晚煮茗邀店主共飲之。店後小園，園不甚大而清雅異常，花不甚多而香風馥郁。

十四日壬申，晴。天氣融和，薰風撲面。飯後乘車往拜本國總理大臣暨各國公使，復至一舊王宮，內藏中華日本古時之繡畫。又至萬牲園，園小，鳥獸亦少，不知命名何意。申初復乘車行九里許，至翼葦湖岸，臨湖一店，前有樂亭，樂聲大作。遥望晚潮驟長，適值日落，日形倏異，忽方忽圓。近岸白沙漠漠，厚尺餘，有水車懸以布帳，以馬拽入水內，乘之可遊可浴。迨潮退而樂亦歇。當斯時也，月明星輝，波恬浪靜，游人亦緩緩歸矣。

十五日癸酉晴。早左近一帶。犬吠雞鳴。小步庭前。花香鳥語、未正一刻、遊本國積寶院。萬國貨寶悉儲于此。回時見小河二三。橋梁數四。記荷蘭南京居民三萬。周約二十餘里。街衢平淨。樓屋整齊。樹林蔭翳。景致清幽。

十六日甲戌。晴暖。未初起身。乘火輪車東北行百三十里。過萊芧莊至哈拉瑪。一路半多沙土。又乘馬車行十五六里至一處。係四百年前之陸地。因海水湧激堤岸。莫當其勢。竟成大海。二十年前。有智者作火機鐵激筒三架。高六丈許。置於新海三角。令所溢之水仍歸大海。

十五

每日運水六千萬斗。廿年來。復得肥田數萬頃。滄桑之變。在天耶抑在人耶。有司機官何某。延至其家少敘。又乘凉棚馬車東行四十一里。至荷蘭北京。地名安特坦。一路所行。即乾海也。其北京頗大。居民三十萬。周約四十餘里。地勢下凹。舊被淹浸。土人修治河道。于水中立樁砌石。架木其上。建樓築閣。一律整齊。沿河積土種樹。街市壯觀。灣轉皆河。橋梁無數。商旅稠密。車馬繁雜。樓臺映水。舟艇盈眸。入店名多多蘭。前臨大街、後倚長河、樓高四層。潔淨整齊。

十七日乙亥。早微雨。上火輪渡過河。看本國新造鐵閘。閘門共三道。啟閉令水勢上下相平。閘旁小屋設一水表。能知水之長落尺寸。每五分時有黑點點於紙上。即可測水之勢。是閘之所造也。因亞零海之水低于外海數十丈。故臨河築堤造閘。皆高數仞。引水堤邊。日以巨桶汲水數千石。以歸大海。是皆火輪之力也。看畢。司事者留備茶點。述大人口占古風二章。已譯以英文。本國復譯以荷蘭文。刻為新聞紙。傳揚各國。然大人詩傳於五洲。當亦傳於千古也。所乘小輪渡向不插旂。惟明

十六

等乘之。乃豎本國旗號。空中飄漾。遐邇咸知。回時至積新宮。其所積者。係各色新奇貨物。有以米粒與椒子攢成花朵枝葉。奇巧之至。有以蚌殼堆畫作日月與江海形者。其光華透入水內。景致畢肖。其他漆繡木石銅鐵之器。新奇者最多。每色俱有本鋪門票一張。欲買則持票往鋪領取。又每日自晨至夕。所寓店前男女老幼雲集。引領而望。乘車出時。則皆追隨前後。騈肩累迹。指話左右、蓋以華人為奇觀也。

十八日丙子晴。巳初遊先王故宮。宮中玩器廣列各屋

幔帳圍墊。一屋一色。頗為華麗。又至生靈園。有諸般野獸飛禽魚蟲之類。更有大蛇長四丈者。有獸如蟆。四骰鼓背。身長丈許。尾長七尺。巨口紅眼。能隨時變色。有鳥如鵲。翎分五彩。巨尾如帚。長數尺。翅末有二翎。細長逾尾。其他奇奇怪怪者尤多。自荷蘭之南京至北京。所有遊觀各處。係本國委員徐卜吉鄉導。園主約飲午酌。忽見一樓上插大清龍旂。即往觀之。樓中多中土暨東洋諸島土產。萬貨雲集。無美不備。時有萬姓者。曾與明等在紅海同舟。此人未娶妻室。寄居兄處。乃延明等抵其家。見其兄嫂。設酒果以待之。蓋外國男子。自冠後多與父母兄弟析產。另樹門墻。申正回寓。亥正起身。赴火輪船長二十丈者。未記何名。船未開時。先駕小舟往北岸看烟火。與中土相似。硝磺之氣。散于半空。茶尖後。遂掉舟回船。丑初船開。北行順風。一夜頗快。夫荷蘭小國也。聞中華羽緞多出荷蘭。及訊之土人。言此工久不作矣。

十七

十九日丁丑。大雨。船正東行。同船者有女子六名。中有幼者年未及笄。因船蕩不能寢食。竟至哭泣。

二十日戊寅。仍雨。走一千二百里。未正至酣博爾。地勢不大。周三十餘里。乃民主小邦。介諸大國之間。居民十餘萬。半多貿易為生。其處船隻萃集。樓房鱗比。下船因德善自巴黎斯先到。與前天津稅務司威立士來迎。遂同乘馬車行六里入店。名得羅洛。極其闊麗。前臨小湖。周數百畝。大片菱花。光迷翡翠。左右樓臺相映。似畫。酉刻坐雙馬車行數里。入日耳曼界看馬戲。男女騎馬。百般跳舞。輕捷之甚。人在廚內搖鈴。馬聞而來。取送菜蔬。並按樂聲跳舞。又二小丑角色。頭頂紅黃毛。衣臣屬衣。因首喪面。手拽胡笳。置于項上。宛轉跳躍。隨跑隨拽。聲調抑揚。并作許多貽笑之態。又孤立一梯于地。四面無倚。一人步於梯頂。亭亭直立。在上戲耍盤棒。趣甚。子正回寓。

十八

二十一日己卯。晴。見店前湖水溟濛。有小花輪船十數隻。皆綠油窗壁。紅綠相映。宛如出水芙蓉。往來遊人不絕。巳初乘車往拜威立士。其妻子戚屬俱見之。相待甚殷。其妻唱曲鼓琴。令乳娘將其子抱出。尚在襁褓。服白色衣。乳娘所服者。寬裙窄袖。外罩褐衫。帽似華陽巾。形如道士。去此至事業工程處。每日有三千餘人集于此地、皆各行工商、會議價值、及建立事業、按行各有地位分立、又遇現任鎮江稅務司康發達之舅、晤談時許、即回、酉正起身、上火輪車出酣博爾入琥四坦界、北行二百里至吉拉海口、下車在客廳内少坐、戌正上輪船、出口北行稍東、一夜頗快、

二十二日庚辰陰、行三百五十里、丑正至丹尼國海口、地名闊二三、下船即上火輪車、東行三百餘里、巳初抵丹國京都盆海根、乘馬車入店名菲泥克思、一路街市樓房、與他國大同小異、未刻往拜本國總理大臣、及各國公使、戌初至一園名笛伍黎、内極廣大、山水花木、臺榭橋梁、有女曲園、跳舞臺、樂亭、戲館、球廠、及自行車、自行人、馬戲、鞦韆、放鎗等藝、每日自未初起至子正、處處接演、入内先看馬戲、與他處同、其女樂館在湖心、設數間木樓、四面以小橋相通、蘆葦花草環繞其間、過橋登樓、中設案一、坐五美女、衣服華麗、每人歌一曲、按人取錢三四開不等、其跳舞臺、後有圍屏、見二女著翠裙、赤背赤骹、頭戴花箍、百般跳舞、捷便之至、又樂館之外有樂亭、正面一臺、約二十餘人、有坐有立、各持樂器、或吹

廿九

或彈、中立一人、指畫工尺、以調音韻、時遊人見華人至、皆追隨恐後、嘻笑之聲、一路不斷、亭之後遥見兩座高樓、中通自行車路、其路之凸凹、如山如嶺、上有小鐵車、可竝坐二人、自此樓到彼樓、有四鐵軌、一人以手推去、自能上下飛至對樓、一人再推、則又回在此樓之第二層矣、左右空懸、惟中一小路、鐵木支搭、一上一下、殊覺險甚、又看打鞦韆、射鵠、跑船馬、坐假車等處、其假車係臺上有小車數輛、環成一圈、人坐則可自行、其實在臺下藏馬五匹、馬背有鐵條連于車上、一人在内策馬、馬馳則車自行矣、其自行人、在房内立于四壁之下、皆木片作成、有鋸木者、縫鞋者、澣衣者、淨面者、撥其關棙、則四肢七孔皆動、與真人無異、是日午後細雨、亥正回寓、

二十三日辛巳陰、午初乘車至畫閣之集奇館、其樓按天下國都人物分間、各備一式、先是北極北冰洋未化之國、黑人不知用鐵、斬木為兵、刻木為舟、身著獸皮鳥羽、犬拽冰牀、所食者羶肉酪漿、所居者韋韝毳幕、又有南極南冰洋之野人、食人肉、著牛皮、南阿墨利加野人、唇下釘黑鉛一塊、其口永張、面黃色、散髮赤身、茹毛飲

卅

血。穴居于野。已化之國。如歐羅巴之英。法。俄。布。日耳曼。大呂宋等。亞細亞之諸回部番邦。日本。琉球。安南。朝鮮。蒙古。西藏等。所有土產服物。無一不有。惟中華土產器皿。較多於他國。有袍套裙衫。靴鞋帽襪。皆古制。兼有畫軸。釗栗銅錢筆墨等。不可枚記。亦有南北阿墨利加暨阿非里加諸國土產貨物。酉刻回寓。是日仍雨。記前在埃及國時。三月初旬。麥已割收。今已五月下旬。而麥尚未黃。前在安南國時。二月熱似三伏。今乃五月下旬。竟淒淒然。涼似暮秋時也。時與地殊。信然。

三五

二十四日壬午。陰雨。午初起身。上火輪船。東行百七十里。申初至瑞典國馬木海口。下船即上火輪車。北行八百五十里。亥正至雲菊坪。停車入店。店以地名。高樓六層。正面百二十六間。兩耳各四十八間。極其潤淨。此店前接林岡。後倚村市。左跨長河。右襟大湖。湖長百七十里。其地人民稀少。車馬不多。一路無肥土。多石礫。松杉密密。林木不絕。其枝幹低壓橫斜。塞滿當途。十里不見一人。地極濕。多坎陷。天時頻雨。夜不甚黑。蓋此地距北極約二十一二度。已近一年如一日之地矣。

二十五日癸未。晴。卯初上火輪車。先北後西。共行一千三百八十里。酉初一刻抵瑞典國京都司鐸火木。其地街道樓房。人民服色。與他國同。男多壯士。膂力方剛。女多美人。鉛華一洗。入店名萊達柏。其店前向國王冬宮。右倚太弟府。左臨官戲園。店之對面有銅人銅馬。中橫大橋。左通北海。右至王母宮。時當仲夏。不甚和暖。

二十六日甲申。晴。早見步兵四隊巡街。軍律整肅。有武官現充委員名安納思者。寅正來晤。其人言語忠誠。性情瀟洒。於巳初同乘馬車。行三四里至積新宮。所儲者

三六

本國土產貨物。有以紅蘿蔔釀成白沙糖者。有甆籃甆瓶。白如沙石。其工之細如象牙。其他甆器尤細。更有五金木器。獸皮洋玩。樓上樓下。密密羅列。極為壯觀。司宮官請飲三鞭舍利等酒。佐以櫻桃地椹。飲畢主人請書名字於紙乃去。回寓見窗下男女老幼。如蜂擁蟻聚。群呼士呢司。即瑞言中國人也。未刻至一畫閣。見油畫千餘壁。皆精工名筆。神氣畢肖。有價值千金者。遙望如白石雕成。近視則水墨畫也。亦有赤身石像。或坐或臥。形容甚異。并男女陰處。伸縮開闔。咸露于外。皆泰西古時

故事。蓋歐羅巴各國。當開創之始。不知有衣服房屋。如太古然。酉初乘車至一大園。樹木叢雜。山水靜悄。有戲園茶肆。及鞦韆院等處。亥刻看戲。戲皆女孩跳舞。亦皆赤足。服短翠裙。手執花枝。小幡花燈等物。戲甚精奇。所演之劇。風雷有聲。雨雪有色。日月有光。電雲有影。樹木樓房。車船閭巷。火山冰海。遠近高低。非眼能辨。其變化尤覺神妙。一人站立。轉瞬之間。衣皆易去。或易一半。左身舊而右身新。又演樓閣之戲。其窗隙之處。晝則野馬射入。夜則燈月照臨。所有樂器只于絲竹。男唱聲洪而亮。女歌音媚而嬌。並有人裝禽獸者。身亦輕捷。不知人而獸。獸而人矣。子正回寓。天尚明若申初。雖無燈火之地。物色可辨。

三十三

二十七日乙酉。陰。巳刻乘馬車往拜本國總理大臣。旋拜各國公使。後至其國王冬宮。樓皆花石砌就。內有王之御畫。其牀椅几案多細甆者。花卉顏色頗佳。是日大雨連綿。涼甚。

二十八日丙辰。早又雨。午正在積新宮見其國王之介弟。其人身高隆準。碧目虬髯。彼此立談頃刻。即辭去。贈每人印像鍍銀錢一枚。又至積骨樓。所儲獸骨皆以鐵條支起。其狀如生。有大魚頭長丈許。獸骸骨亦有長丈餘者。亦有生於石內者。蓋此骨皆自山壑海隅間尋出者。或云古多巨獸。其形亦奇。死于山內海邊。久則化為石矣。古樹亦然。其鳥骨皆以銅絲支之。有小鳥骨不數一寸。有鳥骨大如象骨者。其蟲魚之骨。大小不一。後往一小館。係以顯微鏡照異物映影于壁上者。屋中黑暗。西壁嵌有玻璃不甚大。觀者面東壁而坐。術者以滴水放于顯微鏡上。向日而照。映諸對壁。則水內小蟲無數。

三十四

蠕蠕如魚蝦然。醋內照之。有蟲如蟬。千百飛舞。大皆三尺許。河水照之有如蝎如蠏之蟲。大皆三四尺。據云人之精血便溺。以及生水醋色。皆有小蟲。蟲體甚微。特無人見之耳。出此復入園內飲茶。往來顯宦皆美女。申初回寓。後步至店左戲園觀劇。稍登于前。乃往後台一觀。見作戲男女皆在地樓內。其景致樓房山水樹木大小皆係木架。上連鐵繩。下上如意。彼處戲園後台非有官領不得入。丑正回寓。仍雨。更覺涼甚。

二十九日丁亥。小雨。早乘雙馬車至一處。見大鯨魚皮。

其骨抽出。支以鐵條。其臟腑挂于壁上。皮長六丈五尺。寬二丈二尺。以木架支撐。宛然一屋。內設几案盆鏡等物。其口如門。長五尺餘。滿口毛如棕葉。尚有腥臭之氣。手邊以跳板通于樓梯。出入魚口。其腹可受六七人。古人曾謂寧赴湘流。葬于江魚之腹。予謂魚腹能受一人。可為大魚。此則腹受六七人。不更大哉。詢之。此魚出自北海。因觸翻大船數隻。有智者出。以千人設法擒之。乃得是皮。去此又行十餘里。至其國王夏宮。時安納思服朝衣。黑色短衫。裩褲皆寬金邊。左肩垂金穗一圈。明等

亦公服入宮。宮中護衛。頗有威儀。王貌雍容。重眉隆準。碧目烏鬚。服色與庶民同。能談英法語言。辭氣撝謙。其君臣相見無山呼跪拜禮。只垂手免冠而已。明等相見亦如之。只不脫帽。是日王后公主王弟以及弟妃暨六七大臣命婦等。見畢王后與公主王弟妃三人皆能英法語。乃導明等遍遊宮樓。指點相告。宮內古玩陳設中外瓷器。宮外前後飛泉瀑布。山樹園林。自宮一望。幽閬遼敻。不可具狀。遊回。王勸飲三鞭酒。吸烟捲。明辭以烟力猛。恐吸多必醉。王乃強予數枚。令放兜中。告以華服

有兜者少。王曰何其迂也。復親引明等游覽各處。出正門入右雁翅門。看藏書之府。斌大人賦詩二章。令繙譯官譯以西文。王見之喜甚。又去左雁翅門。觀聚寶之室。王以照相各贈之。送賓門外。俟明等升車後乃與諸人親然烟捲一枚。以示敬賓雅意。戌初回。亥正有俄國副
欽差穆拉蒲徵招飲。丑初回寓。

六月。

初一日戊子。晴。卯正王母遣官約見。遂于午初乘馬車至大橋。登小輪舟。其舟長不足三丈。船戶何姓者。共有

小舟數十隻。以此為業。每歲可得數千金。今已巨富。此舟由橋下飛過河內。風冷。彥智軒偶患腹痛。舟急傍岸。安納思代乞藥酒。主人見華人。便慨然允諾。乞諸其鄰而與之。北行四十二里。至太坤宮。太坤者華言王母也。一路江水曲彎。島嶼錯列。峯迴路轉。但見高樓一所。直冲霄漢。共十二層。通身玉石建造。四圍碧樹濃陰。清靜可愛。下舟入內。謁見王母。約五旬。溫恭和厚。且云華人從未有來此者。今見中土
欽差大臣來此通國樂甚。並問所經泰西各國景象若何。斌

大人答云，中華官員鮮有遠涉重洋者，况貴國地近北極，非使臣親到，不知有此勝境。王母聞之甚喜，遂偕其宫官周遊眺望。其宫獨居一島，島之形勢聳然特立于中，諸島來朝，勢若屋拱，蒼翠詭狀，綺綰繡錯。出則乘王母車，長可容十人。同安納思包臘德善等遍遊數處，遇一醫者，手扶其妻在車旁討錢，明向僕從索銀票一張與之，醫者免冠拜謝而去。忽見中國房一所，恍如歸帆故里，急趨視之，正房三間，東西配房各三間，屋内槅扇裝修，悉如華式，四壁懸草書楹帖，以及山水花卉條幅。

二十七

更有許多中華器皿，如案上置珊瑚頂戴、魚皮小刀、藍瓷酒盃等物，詢之，皆運自廣東，房名吉納，即瑞言中華也。少坐，食瓜佐飲，爲之盤桓者移晷。門臨大河，出則遥見太坤猶在樓窗眺望，眾皆免冠，明等鞠躬而立，太坤一笑而去，遂即登舟，申刻回至橋邊，見何娃舟子猶在焉，舟子極殷勤，並云貴國從無人至此，今大人幸臨敝邑，願効微勞，不收渡資，蕩舟而去。酉正至一樂館，見男女二人，一彈大琴，一挑洋胡笳，甫出，眾皆擊掌呼好，二人和音而彈，眾愈齊聲贊好，稱爲妙手，惜明等不知其妙。爲之悵悵，遂登車而回。瑞典國都城，周三十六里，居民十八萬，通國民約五百餘萬。丑初登程，上輪船，長約二十二三丈，其名未詳。有安委員送行，船内坐談片時，不忍言別，頗有陽關折柳之意，且言願往中土遊歷，以廓眼界。丑正開船，行一夜。

初二日己丑，晴。東行七百餘里，申刻至故芬蘭國之外郡愛白鷗地方，其地居民計八千五六百，於百年前版圖屬于瑞典，今則屬俄羅斯矣。一路大水少而小島多，船行彎曲，有河口作丁字形，中横大橋，兩岸大石壘起

二十八

甚整齊。遂登岸，乘本地車，車小無鞍，彎木置于兩膂之首，以一馬拽之，車無棚亦無箱，中作簸箕形，極淺，僅容二人，旁有鐵闌高三寸許，四輪鐵架，甚輕快。御者服長袿皮靴，寬簷矮帽，周遊十數里，地勢荒凉，人迹絶，房皆木頂石座，高者不過二層。回船後丑正開船。

初三日庚寅，晴。東行六百餘里，申初至芬蘭國京都，地名漢興佛，現亦屬俄國，居民約二萬六千餘。登岸周遊數里，地廣人稀，田肥樹茂，行至一園，内有茶座樂臺，遂就憩焉。聞俄國士農工商能法言者多，能英言者少，時

眾人知明等有能英法言者、便欣然諮詢中華事、明乃
對二媪談論時許、忽一人進前曰、公不幸甚也、明曰何
不幸之有、彼曰鳳公與二豔麗小娘攀話良久、彥公亦
與皓齒明眸者談、君既通曉英語、何乃向不解事之老
媪而談耶、斯詎謂之幸乎、明笑而不答、彼又曰、君獨不
愛少艾乎、明厲色以拒之、曰、愛者人之情、男女相愛、尤
人之至情、然愛貴不失于正、四海一同胞耳、天下女子
皆無殊于姊姐、又何不可伸吾愛、但吾輩少年、操持未
定、涵養未深、其能自信耶、反不若無愛慕之心、庶不至

二九

因愛生情也、況別後則天各一方、又何必于頃刻之間、
而因之欣欣然為幸哉、吾對老者談、吾中華人也、以為
年高有德、可以暢所欲言、無所顧忌、汝其知之否、言畢
其人慚愧謝去、明後詢其人、係來自瑞典國之合眾國
人、姓寮名力思、遊士也、蓋西俗無論男女皆得遨遊外
國、茶園窗外有數小兒、絨大人持糕點與之食、有喜而
接者、有駭而哭者、眾皆大笑、時有同舟之士人富姓者、
延明等至其家、去園不數武、上一高樓、前有敞廳五間、
內設木案鐵椅、飲酒間見前臨大海、礮臺四面、臺榭花

園、芳草鮮美、落英繽紛、富云此為極北之地、每冬大海
凍冰厚五尺餘、半年見日、半年不見、且晝夜無黑、酒畢
導入書室、展閱地圖畫軸若許、戌初回、入夜丑正開船
而日出扶桑矣、

初四日辛卯、晴、早入大海、名芬蘭海、想即波羅的海也、
水黑色、海左右頻見島嶼、東行七百里、未刻抵威柏閣
海口、倚口有白石礮臺二座、以小輪船引入內河、傍岸
後、明等乘馬車遊九里許、至一園名滿浦泗、入內、初極
狹、纔通人、復行十數步、豁然開朗、得一湖、湖心有島、中

三十

接以浮橋、橋乃四楞木板、有兩繩連于左右、人上時隨
步搖繩、板自行矣、至島盤桓而上、有松實細長如瓜、野
果圓小如楮、絕頂有垣如城、步梯而上、眺望四野、惟此
島突然起于蒼翠之中、四圍湖水映帶左右、岸芷汀蘭、
郁郁青青、水平鷗浴、林靜鳥鳴、山壑橋樓、迷離掩映、上
下天光、一碧萬頃、上有古塚、湮沒無考、歸舊路度山越
嶺、曲徑通幽、處處寂靜、沿路花艸、時聽泉聲、同遊者咸
取異草插帽、奇花佩襟、有俄國武官畢姓者、身著青服
全緞鑲邊、腰佩長刀、身高力大、重眉環眼、八字烏鬚、彼

引觀各處見一樹天生塔形上下不見梃高逾二丈又一井亭前置鐵凳眾皆縱身躍之遙望一帶平原遍地青草有男女四五人打圈為戲見明等至即向西山環而去明等北轉出園乘車行廿餘里繞至高埠之後地名休息宴密下車盤桓至山頂有飲茶作樂之所遊人傴僂提携前呼後應往來不絕於山林園囿之間山之東西林壑尤美蔚然深秀山前臨湖藻荇鋪翠兩岸柳明山後則豐草綠縟佳木葱蘢明等就岸划舟而東俄國武官裸衣弄槳緣島而行時則溫風蕩漾波瀾不興

三五

飄飄衣裾如在天上洵勝境也惜土人所言一語不明搖手屈指藉以達情舟行數里自南而東遙見對岸炊煙上生樓臺掩映橋閣縱橫繞島向北而行西望天水澄清混然一色登岸擧酒屬畢約歸旅舍畢謝弗從于是引去繼而彥智軒及色臘等乘火輪舟回船明隨斌大人乘馬車而歸土民猶追隨爭看瞻望咨嗟而已戌正回一夜大雨亥初稍瞑至子正天氣忽明而日出矣初五日壬辰晴辰初開船入大海南行水色深藍甚平須臾遙見兩水左右相接黑白分明正驚訝間忽見前者白而後者黑如一線互于其中午後轉東行五百九十餘里申初至俄羅斯國海口名可瀼思達大前後高建白石礮臺五座風篷一片狀如白蛾皆隱于石墻之內外有火輪兵船數隻極大和火輪船之未有也在俄京河內造得大木船五六隻以便巡邏海口因船身沉重河水淤淺又另造船名羅多者將此船運至海口嗣火輪出遂廢于此入口復東行四十餘里至俄國北京名賢比德思北閣又名彼得爾堡見南北禮拜堂四五座頂皆饅首形上出鐵鍼極長有金色者藍者綠者卓

三六

立城中兩岸數里樓房紅白不一係製造鐵器輪船火車之所岸下船隻密列中有樓船六七隻有橋長四十餘丈毘連南北兩邑及船傍岸下船處有稅局小房數間由此穿出乘小馬車亦如前在威柏閣等處者行十餘里過橋南迤東有長街南北距十餘里寬約二十弓蓋俄國多產木石街之中心皆以石墁寬約三丈為走大車而設旁有兩木道皆以六楞松木墁之木厚半尺中貫以釘下仍横厚板長約二丈許木道寬有二丈為走小馬車而設左右又有細石路四道寬皆丈許以便

步行東西市廛對峙高閣整齊園館拜堂岐路曲巷所在皆然往來行人多武士匠役是日入店名北啦五由甚潔靜寢室設棉被皮褥火盆等物此時正值祝融司令炎暑流金而客寓者非棉不克禦寒土人更有終日著皮帽者入夜尤冷蓋地近北極故也

初六日癸巳晴早乘車往拜各國公使戌刻復乘雙馬車北行過大橋十數里至一園名一紫衣黎入門即樓由樓後門穿出見一大院土地平淨樹木森列有戲園樂臺茶鋪酒肆是晚遊人看戲有幼女歌聲嚦嚦如鶯宛轉可聽有爬繩之技繩長十餘丈懸于空中一幼女甫八九歲兩手互持其繩自下而上其走如飛又有走球之技球大尺許置于板上板長二丈陡立墻邊一女踏而行之其球圓轉如意並看放槍射鵠等藝丑刻出園車輛盈門觀者如堵其女子見華人皆有驚訝狀指彥智軒長嘔一聲曰賽邦不的徐奴阿司即華言此中國之美女子也中有二女與彥智軒立談數語詢其顛末途中又遇二女乘車女欲隔車攜手明飭車急行彼亦急隨蓋欲並車以便攜手交談歸時日上三竿東方已紅聞是日有本地人姓孔名氣者投刺能華言自稱為孔大人

初七日甲午晴早往孔氣家答拜知其人居華京八年能華言而不甚清現充本國翰林兼在總理衙門行走其家案積詩書壁懸畫本皆不惜重貲購自中土約登樓飲茶見其妻女并食以麪餃等物孔云衆當喜食因與中土同也食畢辭去中途過一禮拜堂外高二層有淺紅花石大柱一百一十六根高三四丈圍約丈餘堦石皆黑質白章頂上金色四面距二里許殿中槅扇係銅鑄四壁嵌以雲石暨各種花石前面大柱八根仍係花石較之樓外大柱尤粗正面青金石柱四孔雀石柱八堂高一十五六丈地鋪花氈上挂玻璃燈明等公服而入司堂者欲令免冠包臘仝店主白以俄言曰免冠者西國之禮不免冠者中土之禮彼華人因竭誠拜謁故冠帶而來也司堂者聞而哂之曰諾晚有本國人王書生者拜其人白髮長眉曾駐華京十載善華言中土情形知之甚詳並能繕寫滿漢文字極其精通明遂與之遊延入其家見其妻與三子二女其家清苦言自中

國換班後。即設帳于俄京。授讀滿漢。奈所入館俸不敷
度支。而子女皆幼。不克養贍。斯人者可謂勤于為學而
拙于謀生矣。傾談良久。時作嘆息聲。伊取出三四卷滿
俄合璧書與看。且獻洋餅。形如重陽花糕者二盤。勸食。
並佐清茶一杯。明遂謝而辭歸。
初八日乙未陰。巳初往拜本國總理大臣。伊言中華與
俄國原係鄰邦。況又通商二百餘年。然中土曾無一人
辱臨敝國。今
貴國
三十五
大皇帝簡派諸君來此。則我兩國之友誼更當敦篤矣。祗大
人答曰。中國自古臣民鮮有至外邦者。今
大清國與歐羅巴各國互換和約。各國既有公使商民駐華。
是以我國
大皇帝命我等遊歷諸國。察訪風俗。以通和好。我等既開其
先。他日源源而來者。不難頻臨貴地矣。當時孔翰林與
其友武樂富皆在署內。祗大人託寄家報一函。由陸路
走恰克圖而達京師。又聞赫總稅務司定於七月初十
日在法國馬賽海口上船。屈指九月中旬即可抵京。出

署步至皇宮樓高五層。五步一樓。十步一閣。大小計三
千餘間。東西距千餘丈。皆梯闌柱。皆各色花石建造。其
壁所繪之畫。係花石攢成。巧奪天工。罕有其匹。真蓬島
瑤池之地。相傳西土宮樓。以俄國為最大。第三層樓上
有玻璃照棚一塊。周二十餘丈。其下花草樹木。一如平
地。詢之乃知第二層樓頂。橫以鐵板。積土丈許。是以花
木皆生。又有水法。係從鐵道通來者。嗣見一金製自鳴
鐘。蒙以玻璃方罩。廣八尺高丈餘。中一金樹。上集一孔
雀。下伏一雄雞一鵬鳥。又有芝草三枚。亦金色。云係鐘
三十六
鑰。鵬鳥四面有小鐘十數枚。若搜左邊芝草。則小鐘齊
鳴。音聲抑揚。宛如奏樂。其鳥頭搖目轉。兩爪起落。如西
人跳舞狀。搜右邊則雄雞展翼而鳴。斷續可聽。搜正中。
則孔雀伸頸開屏。光耀奪目。機關巧妙。莫可名言。第四
層樓有二王冕。皆以金剛石攢成。頂上各嵌紅藍寶石
一枚。大於鴨卵。又一金柱上插金剛石一枚。長約二寸。
據國人言此石如是之大者共有四枚。乃天下之至寶。
其他三枚未知藏于何處。四壁玻璃匣內鐲釧項圈耳
環墜子扇股並皆金剛石穿成。每粒如蠶豆然。是時大

雨。繼而瞻仰其先王之像。其像木刻。尊藏龕內。所遺之冠履几杖及其學習工農之器皿羅列堂前。亦子孫睹物興懷之意。初俄羅斯小國也。唐以前屬匈奴。懿宗時始立成國。其後治亂不一。至康熙四十三年。有君名比德爾者。以國人不明耕種。不善使船。少年發憤。乃改變名姓。往荷蘭暨別國學諸般技藝。及學業成。始歸本國。勵精圖治。育人才。設學校。開墾田地。通商掘礦。以富國。訓練士卒。製造船礮。以强兵。幾二十年。遂成霸業。北極三洲之地。皆為所有。現在泰西諸國號召小邦者。惟英吉利、法郎西與俄羅斯也。土地又以俄羅斯為最廣。以度數論。俄倍于中華者五。其他各國有倍于中華者。亦有不及中華者。皆稱王。至美國乃官天下。民主之國也。傳賢不傳子。每四年眾舉一人為統領。稱伯理璽天德。如人勝其任。公正廉明。仍領之。然至多者不過十二年而已。俄國之亞細亞地多沙漠。金銀銅鐵。皆產其地。其富有也有來由矣。其在歐羅巴暨阿美利加之區地。皆膏腴。人亦稠密。又至車駕庫。御車四輪。金檐金頂。樣式不一。內掛回絨。垂頭鋪墊靠背。皆紅紫之色。餘皆金色。

三十七

車箱可以啟閉。兩旁開門。內容四五人。四角懸以鋼條。圓形。作元寶式。以便人在車內不覺顛搖。如乘轎然。車前有座如椅。覆以紫呢坐褥。四圍飾以金穗。為執鞭之士所坐者。車獨擔式服四馬。式服六馬。蓋為春秋二節所乘者也。冬令有冰牀。作龍跑形。以大犬拽之。上坐八人。俱有遮身狐皮。又有太子小車。后妃小轎等物。有一古車。一大轎。皆極笨。四窗糊以雲母石。從樓後門出。由石道直通樓下。乃運車路也。歸時仍細雨淋漓。涼甚。

初九日丙申。微晴。早乘輪車行四十五里。至紅村。易乘王弟車。行十數里至教軍場。觀操兵。共一萬五千。手執長槍。腰佩短刀。黑衣藍褲。行陣整齊。忽將台下兵分兩翼。如對陣然。連步攻打。槍礮齊施。子母聯珠。絡繹不斷。其聲可聞數十里。有押陣官吹觱篥以催之。擊銅鼓以助之。而往來行間指揮眾士者。則白馬將軍也。其將台在土坡上。壘土疊之。高約四丈。並無鑼鍋帳房。明等登之俯視。操兵往來冲突。炮聲連環。宛然一戰場也。是時監軍係太子與王之介弟二人。皆青服金飾。白馬鋼刀。操罷而去。又行五六里。閱視軍營。正中大白帳三座。緣

三十八

以綠布為俄主之中軍四面兵丁帳房全頂純白色方形中容十人營前羅列炮車另有大車數輛以備行兵載傷病者聞西法無論仕宦子孫以及士農工商皆十五受兵廿五還之不欲者必納使費若干金方銷兵籍為兵者十載不得還家留戍行營以備日日操演亦有專選壯丁為兵者由營而東行四十二里至比德好富地方緣日昨俄國總理衙門由電報致信本地官長令官車在此迎候至此並無車輛遂送電報令其查覆俄而信至據云因昨日大雨天之電氣與銅綫之電氣相

三十九

擊銅綫折斷以致有誤現已發報備車來迓須臾車至時同游者有美國五六人俄國六七人遂同登車御者二名戴燕翅毡帽紅青中袿猩紅背心白襪皮鞋途遇御僕來迎行十一里抵夏清宮宮係介弟藩邸規模宏敞為白石所造內存俄國各省女人圖像畫工極細有正面正視者有反面含情者有仰頭出神者有低頭不語者有含笑態者有作睡容者有懷怨思含怒意者一裙一帶無不天然工秀宮前對大園中橫石橋後有水法十座正對宮樓宮之左右皆山市樓房由宮入園見

大水法五座高皆十餘丈旁有小水法二十二座其水皆自獸口橫出入池濺珠噴玉池滿不溢又東西兩水法距里許高約三丈如大玻璃罩而下垂一池中立一石人懷抱水爲有水自口湧出高五丈許有一處十六石柱高各三四丈圍七八尺每二柱間以野獸或立或臥或坐或伏皆口中噴水又一處立二銅孩同抱一蛙有水自蛙口中出高三丈餘又一高埠以石壘堦二十餘級水自上湧勢若懸瀑而一凸一凹如山皺然極後有洋房八間四壁懸中華字畫似是而非詢之知係西

四十

人摹本出其後門豁然開朗一望大海汪洋杳無際涯風帆掩映起玉揚珠忽聞林內有絲竹之音明等循聲步之至則樂官執椅讓坐男女爭來問訊環坐而談酉初回宮留備茶點餚果均佳戌正上火輪車行二十餘里回寓較來時之路近五倍有奇亥初乘車至法國欽差府是晚各國正副欽差共二十餘人拜會惟敎地里亞國使臣未至因是時布敎交兵布國公使先至故敎國引嫌辭不與會子初回寓有王書生聞明等于次日登程親賚糖果拜餞多方挽留情意殷懇明辭以半年

之限將滿須急作歸計伊云公等再臨敝邑乞先賜音、以便歡聚數日、並祝一路福星、榮旋故里、言訖而別、記俄國北京周五十五里、居民五十三萬六千餘、天時寒冷、雖盛暑宛如深秋、是年瘟疫大行、亡者載道、再俄國之古金錢重三錢五分、名固皮啦者、每枚易現行小金錢重一錢八分、名坡魯固皮啦者二枚、又金錢重一錢零八釐、名車拉臥呢子者、每枚易大銀錢重五錢七分、名魯布拉者三枚、每魯布拉易小銀錢重二錢八分五釐、名布二幾那者二枚、每布二幾那易重一錢四分二

釐、名車其達克者二枚、三枚車其達克易重八分五釐、名皮阿凋丹呢者五枚、又銀錢重一錢一分四釐、名伍戈力溫呢者、每枚易小銀錢重五分七釐、名各立文地者二枚、每各立文地易大銅錢名皮阿七科必克者二枚、每皮阿七科必克易名塔立克比克者一枚、與名堆葉可比克者一枚、每塔立克比克易名克必克者三枚、每堆葉可比克易克必克二枚、又小銀錢重二分八釐、名皮阿達朝克者、易克必克五枚、每克必克易名金嘎者二枚、每金嘎易名坡路什嘎者二枚、

卷三終

航海述奇卷四

目　錄

航海述奇卷四

鐵嶺張德明在初隨筆

丙寅六月初十日丁酉。微雨。午初孔氣前來餞行。代雇火輪車。照料行李一切。未初明等自俄京起身。登火輪車。其行甚快。車分四間。有內外室。有淨房。更有帶火爐者。其各間之椅凳亦頗華麗整齊。與前所乘者異。中途過黑山洞二穴。一約十餘里。一約二十餘里。又過鐵橋長里許。高三丈。寬二十丈。左右欄高丈餘。作籬障形。中係火輪車軌。欄外又二小道。寬約丈許。乃人馬所行者。

酉正稍晴。行一夜。亥刻又雨。甚涼。

十一日戊戌。仍雨。西南行一千四百里。未初出俄國界。入布國界矣。地名漢大昆。雨止。換乘布國火輪車而行。其國田疇畜衍。阡陌交通。園圃連綿。人物俊秀。所經之村鎮樓房亦皆繁密高聳。有地名馬林柏爾者。南北長河。東西橫一鐵橋。長三里許。高四丈。闊五丈有奇。是時布敖兩國交戰。沿途見甲兵銀盔鈷衣。持鵲尾槍。佩雁翅刀。其各村鎮往來男女紛紛。皆偵探戰事者。是日霽後天甚晴朗。

一

十二日己亥。晴。又行一千二百六十里。卯正至布魯斯國京都。地名柏二林。下車入店。店名阿拉倍。一路樓房之宏麗。道途之平坦。儼若法京巴黎斯。是時日尚未出。雞犬無聲。路靜人稀。殊覺岑寂。其京周三十餘里。居民計六十五萬。通國人計二千萬有奇。是日午刻往拜本國總理大臣暨各國公使。本國因軍務倥偬。該大臣辭謝。另日拜會。嗣閱新聞紙。內云布敖鏖兵。敖軍失利。因布國新製一種洋槍。名曰巧鐵。此槍活筒活機。自筒尾下藥。中有一鐵。將藥較準分量。置於紙管。槍機一落。鐵自插入藥內。藥熱而槍施矣。此槍一分之時。可連放六次。較中土之火槍捷愈數倍矣。雖然。而各國徵用者少。因其不堅而易壞也。

十三日庚子。晴。午正出店。購買布國王與王后像。店前之男女擁看華人者。老幼約以千計。及入畫舖。眾皆先覩為快。衝入屋內。幾無隙地。主人強阻乃止。買畢欲出。不能移步。主人會意。引明向後門走。眾知之。皆從舖中穿出。闖者欲閉門而不可得。眾人擁出追隨瞻顧。及將入店之時。男女圍擁。又不得入。明乃持傘柄揮之。眾始

二

退、蓋因以英語浼之再三不去故也、登樓俯視、男女老
幼尚蟻聚樓下未去、戌刻往一園內觀劇、戲演半齣而
散、于是遊于園內、皓月當空、明燈在望、燈月交輝、耀如
白晝、其園東首有小屋數椽、頂上垂玻璃泡如冰、從中
滴水音韻鏗鏘、兩腮有二走馬燈、中旋一輪、輪轉如潑
水然、有樹一株、葉密如艾、由葉間放出白色燈光、花心
內復有水躍出、水火出自一孔、奇絕妙絕、又一樹未詳
何名、通體玻璃、層層綠葉、其花淡紅色、係以火苗為蕊
者、通園皆然、煤氣燈晶瑩奪目、不夜城不逾是也、子正
回寓、

三

十四日辛丑晴、巳刻合眾國司公使約往其家小酌、其
女眷皆出見、又與觀許多合眾國畫圖、山川道里在指
掌中、嗣約申刻同遊布王陵、去此早飯後至本國總理
衙門、其大臣云、王后欲見中華大臣、其時尚未議定、斌
大人云、本欽差擬于詰朝束裝前赴比國遊歷、望足下
轉致之、儻即今會見不虛此遊、幸甚、伊言十萬里幸臨
敝國、車馬勞頓、何妨少住為佳、俾我等一洗征塵耶、斌
大人云因奉

大皇帝
諭旨、欽限半年、是以不敢濡滯、敢祈諒之、伊曰、如此當即
入告、今日是否庭見、容俟申覆、出署回晤合眾國欽差、
同車行八九里至王陵園內、芳菲爛漫、紅紫馨香、非花
即樹、後有石亭、其頂覆以藍色玻璃、內設十字架、並天
主畫像、王刻石像臥于石牀、其面目形體逼肖生人、一
切裀褥衣履等物悉備、左右有侍從者四像、悉是白石
鑿成、聞數十年前王后微服遊市、見一幼童以土搏人
極巧、后領入宮、教以磨礱之工、令其朝夕肄業、及長為

四

泰西第一刻石妙手、後值王后病篤、此人縋幽涉險、以
尋巨石、殫心畢智、九歷寒暑、雕茲石像、以報王后、亭外
盡植鳳仙茉莉玉簪芙蓉等花、旋時見壁貼招帖云、前
日布教交兵、教兵全軍盡覆、兩國有弭兵之議、戌正一
刻接得總理大臣來函、請謁王后、乘車自店而北折行
半里許入王后宮、宮門高大、有路如橋、當門樹以圍屏、
登樓至第三層進大廳、有數員宮官佇候門外、少頃忽
聞環佩之聲、羣言王后至矣、尋有二女官相伴、后出年
約五旬、手神不減、后云寡君出征未還、昨聞中華

欽差榮抵小邦、以修和好、不勝欣慰、奈大夫又行色匆匆無計維縶、俟寡君回必為之致意也、言語温和、態度安穩、所言係法語、德善代譯、蓋泰西各國語言數種、凡國君臣文武及庶民男婦、皆以善談三四國語言為能、又西俗國有兵事、皆國君親督三軍、或委王后臨政、或留世子監國、亥初回、亥正坐車行二里許至敖爾佛木園、一帶玻璃房、滿然煤氣燈、中有六角亭、盛栽花木、名妓滿座、皆赤臂露肩、長裙委地、半啟櫻桃之口、一捻楊柳之腰、如花解語、比玉生香、堪以持贈、遊者或與之飲、則

五

豪放自若、或與之舞、則宛轉生風、更有携手同歸者、適有數妓款步來前、故作許多嬌媚引人態、而明等弗顧也、時有英人曰、君等何修而至此、對曰、此地雖係烟火然既遊歷各國、察訪風俗、亦可駐足于其地、實未注意于其人、所謂涅而不緇者、汝知之否、其人聞而大笑曰、公言謬矣、大丈夫生于世間、何不及時行樂、儻白駒過隙、浪擲年華、則悔無及矣、君視諸妓無不國色仙姿、令人魂飛意醉、請擇其尤者告予、予必令君入巫山之夢也、明聞而怒斥之、其人復笑曰、予故以一言相戲耳、君何悻悻如此、遂退、夫妓女莫多于泰西、而携妓又莫勝于泰西、男私女而不為恥、女通男而不為羞、更有酷好男風者、又聞男子至二十歲、似應宿妓、雖父母不能禁阻、男女雖各私數人、並無彼此爭競者、幸明等隨斌大人、是晚坐于樓上、人見者少、不然幾被其困矣、遂急回寓、

十五日壬寅、晴、巳正上火輪車、行四十五里至柏二屯、復乘馬車行三里許至其故王宮、宮亦高大華美壯觀、內多銀器、見本國先王與法君和約之案牘、並平生鍾

六

愛之古董以及服御之牀榻等物、聞王在時、友一法國賢士、其人飽學、不慕榮利、王甚敬愛之、王性頗異、兩人晤談、畫屏侍從、不令一人在側、有一飯廳、內設一棹、活心通于樓下、每飯上菜撤菜、主人旋轉棹心而餚酒自行進退、故筵終而庖丁無跋涉之苦矣、出宮升車、沿途柳陰路曲、時聞鳥聲、紅橋一帶、流水溶溶、行七里許登小山、嶺上高建一宮、石柱皆雕成力士狀、赳赳可畏、有鐘一座、巧製玲瓏、云自先王歿後遂停鍼不動、其鍼所指之處、所以紀王歿之時刻也、外有別國國王與王后

之石像一一森立。樓外列橘樹數十盆，高約二丈，花香襲人。同寓後亥正由店起身，上輪車。是夜店前男女觀者林立。

十六日癸卯，微雨。辰刻過韓挪爾國界，乃小國也，屬日耳曼二十七邦之一，亦係民主之國。如酣博爾時助敖攻布，敖敗，而韓亦恐，來往土人皆惶惶然若有所失。西行七百六十餘里，未初至其艾森莊，地不闊，土產無多。有英人姓克名魯樸者，好客廣交，四海游士多訪之。四十年前彼業傭人也，貧乏不能自存，移居此地，因多產

七

煤鋼，乃以製礮為業，陸續聚有萬人，汔可小康，此時竟成巨富，財敵兩國，所造火器可供四國之用，如布魯斯、俄羅斯、荷蘭、日本之礮皆取給于此。至其家，樓房峻麗，亭榭清幽，見其妻子，乃引觀礮廠，周七十餘里，工匠計二萬三千餘人。其礮大者長逾丈，重二萬餘斤，作捧錘形，自礮尾下藥，尾有螺螄塞，礮腹有螺螄，鉛丸長如棗形，重百餘斤，皮有螺螄，暗合礮腹，是以力大，其近者可至數十里，遠者可至百餘里。看畢，主人留飯，維時燈燭煒煌，觥籌交錯，十四人共一席，有克魯樸之妻母暨五六友人陪酌，談笑甚得。飯畢，魯樸强留住宿，明等苦辭得脫。臨行贈伊家照相數張，並礮廠與製礮之圖式。斌大人拜謝而別，登火輪車，復西行九百四十三里，戌正一刻至比國界，地名克綸恩，因停車馬。西俗最喜香水，無論男女浴面後，髮內必以香水傾之，沐身後徧體必以香水抹之，以至衣帶巾扇無不灑以香水，借馨香以去邪穢，因而其價騰貴。斌大人與包臘、德善等皆購買數瓶，每瓶價銀一兩五錢，次者八錢，因此地异種香水甲於他國。亥初復開行，一夜。

八

十七日甲辰，晴。西行七百四十里，卯正抵比利時國京城，名卜樂四田，皆膏腴，地亦廣闊，二麥成熟，六畜蕃衍。城周二十二里，南高北低，四面山岡，道途平坦，街肆整潔，居民計三十六萬。入店，店名得拉呂拉卜。午初往拜各國公使。晚包臘起身回英國。

十八日乙巳，晴。午正往拜本國總理大臣，該大臣係伯爵，姓阿名婁，年近六旬，鶴髮童顏，鬚髯皆雄。去伊曰：敝邑僻處海外，乃蕞爾小國也，田地苦瘠，土產無多，所恃者居民遠涉重洋，往來貿易。今

大皇帝欽使蒞臨敝邑、實國之光、嗣後通商日久、兩國之友
誼愈篤、寡君不嗜軍旅之事、亦無侵佔疆土之謀、可終
無干戈之動也、斌大人將遊歷之意、並中外通商和好
之語、縷縷言之、未刻回寓、申初去店右集新院、是日係
禮拜之期、遊人頗多、樓上畫軸千架、有西國所稱天主
耶穌之像、見耶穌四肢釘於十字架上、瞑而受死、兩旁
復有兩十字架、架上各一人、有不甘受死而努力掙脫
之勢、下復有許多男女、哭者、怒者、又有武士在馬上執
鎗刺耶穌左脅者、更有嘻笑者、坐立不一、又一畫軸上

九

有赤身人二、一男一女、或云即盤古第一人、男名亞當、
女曰夏娃、又曰阨襪、其對面樓存有諸般獸骨、與他國
大同小異、酉初往拜姓郝名廼德者、其人曾至中國貿
易、與明等在紅海同舟、是以至其家、見其妻女、相與坐
談、彼云原係英國人、因在倫敦服用所耗甚鉅、乃寄居
此地、以節糜費、是日申後陰雲密布、雷雨交作、忽聞哨
聲不止、詢之、知房後即火輪車客廳、乃往日耳曼國之
大路也、
十九日丙午陰、早乘車行四五里至軍器庫、內儲各國
軍器、並中土鳥鎗腰刀等物、門外環列礮位、有兵司守、
又至一園名布坦呢刻、中有大玻璃房一座、屋內盛植
各國奇花異草、地下有火桶相通、煖氣薰蒸、是以花木
青葱、時歷寒暑、色無摧殘、櫥內列各國花種、各標以名、
午正獨步店東一園、四面鐵闌、鐵門、石垛內樹木成蹊、
遊人如市、十步一鐙凳、五步一鐙椅、置于樹下、又有茶
園、樂臺、水法池塘、明無伴侶、亦無僕從、見者驚訝不知
為何許人、晚同郝廼德遊生靈園、此園新建、花樹更多、
中一樂臺如亭、巍然矗立、時廼德之眷屬皆預遊焉、回

十

店後、聞本店庖丁邀斌大人之長隨等五人往酒肆飲
必耳酒、其色黃、味極苦、酌以大盃、容半斤許、有酒無餚、
各飲三盃、旋出、庖丁忽遇其友、與之言、故其友大悅、復
約另至一肆暢飲、將出、又遇其友之友、亦約至別肆痛
飲、如是者六次、衆皆大醉而歸、
二十日丁未晴、早有前在浙江軍營効力之比國人、姓
甘名美綸者、以中華名片來拜、午初乘雙馬車行十五
里至地名臘魁營、係國王之避暑宮也、有錦衣護兵列
隊而迎、兵見明等皆舉鎗向鼻、肅步而來、下車入宮廳

設樂器擊大鼓吹大號聲音錯雜非絲非竹長角雙鐃別成曲調俄而大臣四員迎入內庭謁見其王年約二十餘濃眉隆準碧目烏鬚西俗男子二十留鬚過五旬則薙去時王后王弟並四五女臣皆侍於側與明等立談王言為世子時曾到上邦之廣東上海原擬游歷京師一覽中華之勝因逢次接先王凶訃旋急回國三年後乃即位于今二載餘矣自即位後始與中華和約今
貴國
欽派大臣辱臨敝邦實寡人之幸也又問來幾日矣曰昔者
曰昔者則我國之勝境未盡見也乃命總理大臣派員引遊各處云云未刻回寓申初有委員姓倭名和者來同乘火輪車北行百二十里至比國海口地名安土耳係自英國往荷蘭之通衢是時細雨至客廳下車有本地總督備二方車待乘總督老人也捐談時許至一畫閣樓懸大畫數百張為眾畫師肄業之所有一人失去雙手以足大指持筆作畫作字無不如意所畫人物山水石草竹蘭尤妙於手工可謂人雖廢而業不廢矣又至一禮拜堂極高無樓屋宇百間不見梁柱四壁皆大

石建造有男女十餘人跪禱又有老童貞女四五跪十字架前瞑目不語蓋泰西男子出家者曰教師曰神父皆青色窄袖長服腰圍扁帶寬簷扁帽女子出家者曰守童貞故曰童貞女又名守貞女亦服青色長衫大領闊袖無肥裙腰圍扁帶上挂念珠與小銅十字架橫戴斗形白布帽于頭前敝後包左右遮閉以令其目不斜視皆信奉天主名曰奉教又名天主教惟耶穌教之男女傳教者與庶民同服不禁娶嫁回至海口遊繞十餘里見船隻無數舸艦迷津戌初雨微止上火輪車回寓

閱新聞紙內云布教兩國罷兵係法國為之解和其所爭之地法國分四分之一其三分皆歸於布國凡布國所費軍餉以及損傷軍器毀壞房宇皆教國賠償蓋泰西公約每遇兩國罷兵和約之後勝者之費敗者償之兩國所拴之俘納于囹圄之中未傷者衣食以供之已傷者醫藥以療之待和約後彼此送還今合眾國丁韙良冠西先生所譯之萬國公法於泰西各約俱備誌之夫布教所爭者丹國之土也丹國兵微不與之爭英國與丹國曾結秦晉之好英國世子妃丹后之所出也英

國竟坐視其辱不為之援英亦寡情哉法與敖唇齒之邦也唇亡則齒寒其為之排難解紛陽示恤鄰之義陰圖取利之謀使不瓜分土地仗義直陳則成固足以救其災敗亦可以固吾圉也以大局觀之泰西各國無非合縱連横時合時離互相吞併其勢比之戰國無殊其中或王或伯各國爭雄大抵以甲兵而謀土地耳夫阿美利加南北距二萬七千餘里東西犬牙相入絶長補短亦九千餘里前百數十年尚不知有此土地後大呂宋國有葛伯羅者操舟東遊見之引英人披荊斬棘開闢此地故英國流寓居之後困于英之苛政遂叛英自立民主是邦稱為合衆國又稱花旗國因其國共分二十六省放二十六金星于旗角故名亦名曰美國辰下國富民强幾甲泰西前後不越六十年而竟若是盛衰興廢之間在天耶抑在人耶

二十一日戊申晴午後甘美綸約明乘車行六里許至玻璃廠其玻璃器如盃瓶盅盤燈壺罐盒之類無待詳述其精巧其尤者有大玻璃長二丈五尺寬一丈五六尺厚六寸者若干片透澈晶瑩望之心目豁然儻能以

十三

此製為樓房數百間重檐疊棟一色光明置於湖心明當顏其額曰玻璃世界則居之者自虛室生白也酉刻合衆國欽差三福約晚饌造其第樓舍富麗僕從如雲見其妻女歡然款洽亥正回寓

二十二日己酉陰巳初乘馬車至客廳上火輪車午正出比國界入法國界矣地名衛于念計西南行六百四十餘里酉初一刻至巴黎斯一路樓閣華美人物繁盛輪車銕道玉石瓊瑩舊遊重到較他國都邑又勝一籌矣晚宿于拉佩巷之得都武店樓高六層不甚大尚潔淨入夜晴

二十三日庚辰晴早往拜本國總理大臣暨各國公使後出城行四五里入柏路旺之東門有鐵闌內通三路中一石路為車輛所入者左一沙路為馬匹所入者右一漆路為行人所入者其中山水花木清幽豔麗各致其奇自無煩述矣行五里許忽一河横其前水極清澄兩岸繡球芍藥紅紫盈眸轉路而東有亭翼然臨于石上流水環繞映帶左右峭石卓立儼若插屏復行六七里忽聞水聲滔滔勢如驟雨係飛泉瀉出於山洞之間

十四

山不高而峻嶒怪異。訊之係人工壘起者。繞山觀瀑自覺冷氣沁心。急點滅。面噴雪。跳珠懸崖百尺。緣此攀石磴而上。滿山栲杞花卉芬芳。旋時日暮林霏暗而巖穴晦。遊人散而禽鳥還。見沿路人背大木牌。上貼各種報單。往來徘徊闤巷之間。酉正復乘馬車行三里許。至一大戲園觀劇。其戲與瑞典國等。有七八十幼女服彩衣騎真馬跳舞。風生。觀者歎賞不置。子初一刻回寓。入夜微陰。

二十四日辛巳晴。未正偕德善之母妹往看猴狗戲。乘馬車行十餘里過凱歌路。至達大蘭街下車。入一大院。南北相距兩矢地。四面看臺。當中作樂。有三人赤臂赤足。各立一腳于二騾馬背上。且馳且舞。輕巧異常。又一人立于杆頂。以齒啣馬頓。離地數尺。可謂有力如虎。有猴騎狗乘馬。往來馳驟。亦如人之跳布穿紙餅等戲。猴亦有踏輭繩打鞦韆等技。其壯猴男裝青褲黑衫。其牝猴女裝肥裙白帽。更有狗拽車而猴為御者。馬跳而狗齊驅者。雖係人之訓導。亦靈便之至矣。酉正回寓。忽大雨傾盆。

廿五

二十五日壬午陰。巳初乘馬車北行里許。至客廳上火輪車。西行六十餘里。復至衛洒乘馬車入宮。宮內畫軸頗多。皆法國昔時戰陣之事。又一軸上畫一人伸骰而坐。若正看則其骰正向之。左右看則其骰亦正向之。樓下羅列許多石像。坐立不一。有赤身者。有披布片者。有著衣者。長者短者各別。皆係古世名人。更有二石人以繩繫於一處。各持鏌鎚一柄。彼此對刺。蓋西俗若兩人各有不平。便赤身以絲繩繫于一處。各持鐵鎚相刺。必待死一乃止。或各持一小手槍。相隔五六步。背面而立。每人各邀四五人立于兩旁。二人又同邀一信人作保。其人口言一、二、三。放則二人齊轉對放其槍。必有一傷而後已。或二人持劍對立。相離二三步。右骰前行一步左手背後。不準多行寸地。以劒對刺。死亦如之。如二人中有藏私違約者。則兩邊監查之人自然不允。若死者家人訟之于官。官則云若爾打死他人。則他人亦無如之何也。今則不然矣。有是鬭者。官必刑罰。作為犯禁。宮樓內有戲臺禮拜堂。皆甚寬闊淨潔。出樓上車。有司宮總管姓墨名遜者。陪明等同遊內園。車之左右有甲兵

廿六

二十六名分兩行護衛皆金盔繫以烏馬尾白褲紅衣抵一洞有四五銅人對飲其水法自酒瓶躍出高丈餘又一大池中一銅人策四馬馳驅而出四角有許多水怪自水中奔出口吐飛波如雨又一十空大橋下立一人手作擎橋之狀又一小河內兩行水法高皆丈許正面玉石闌干上列石盆廿餘每盆中心出水高約丈五又有別種水法花木清雅之至西行里許入一太后宮內多寶玩亦有奏樂者是日為禮拜之期男女遊者約一萬八千餘人戌初乘馬車回寓一路田疇茂盛村鎮四五房屋亦頗整潔

二十六日癸未陰申初乘馬車南行十八九里過河至古葉巷入花木園又名白骨園所有各骨分積各樓先登人骨樓悉積天下各國人骨有坐者臥者立者猛見令人髮豎衝冠肌體生粟更有胎死小兒之骨自二三箇月至十箇月者一一排列骨細如絲有小兒衣胞臍帶等物又有帶肉小兒置于玻璃筩內泡以藥水面目如生又有男女陰陽具懸於柱上人之五臟羅列滿案其劃開之腹洞見五臟部位其劈開之頭腦髓一一外

十七

露又一立人無皮無肉其筋脈血管皆紫藍二色有一小兒一身兩首又一兩身一首者或言活八月而死其骨亦置於案上有法邦南省婦人其髀骨高而且厚其上可置小兒又天下各國人頭黑白不一次登禽骨樓悉積天下各國禽骨大者如駝鳥鴻鵠獨豹鶯鸞等骨小者如麻雀蝙蝠鴈燕梟鴟等骨次登獸骨樓悉積天下各國獸骨大者如獅象虎豹海馬犀牛等骨小者如鼠兔貂猴貓狼犬鼩之骨次登魚骨樓悉積天下各海魚骨大者如鱷鯨龜鼉等骨小者如蝦蠏鱔鱘等骨次登蟲骨樓悉積天下各國蟲骨大者如蟒蛇之骨有長七八丈者又一白蟲寬寸餘而腰甚長無頭無尾亦置于玻璃筩內泡以藥水詢之知為人腹內所生者小者如蝎蟻蜈蚣等骨又一樓悉積天下各種玉石如五色寶石金剛石等大小數千萬種不能盡述中有二巨石據土人云係昔時從天而落者或者殞星耶未識確否又一鐵石據土人云係大鳥之骨變成者石之紋理天然花葉扶疏可愛又一樓悉積天下各種草木鮮花不計其數水旱涼暖各得其所蓋各樓之所積者為學外

十八

科醫而設以備察物窮理戌初回寓後又乘車北行十餘里至凱歌路看馬戲見幼女跑馬能一連穿二十紙餅越二十四布條又有二小兒年甫七八歲皆服肉色貼身絨衣腰圍綠水裙跳舞輕捷又一幼女年未及笄在馬上馳騁之際兩手換拋木球此球稍大於斗後有幼女踏輭繩拽胡笳等戲末出一木車上置大鐵籠一人入籠以皮鞭鬬牝牡獅子當獅怒吼之際將頭置獅口內而獅不嚙其人揚揚然向眾有德色並作許多諧語以自炫觀者驚駭不已丑初回寓稍涼

二十七日甲申晴戌刻乘車東行三里許至邦努威街入一戲法館館不大而燈火多一人將花插于瓶內向觀者索戒指五枚手套一皆塞一熗筒內纖而熗放花變人手手套並五戒指皆在此手奇甚次索洋元八開放于玻璃片上旁置花籃彼放一熗則洋元皆挂于花枝之上又令一人立于棹上以布罩如甕者覆之纖而彼放一熗布罩不動而人已不見矣疑係遁甲之法也其最奇者如臺上懸一埃及國人頭想為木作者卻能言與變者交談聲音宏亮又一小木箱語以開則開合則合中忽出一小銅人高約五寸能吸菸吹火自跳自舞並吹喇叭末取一鼓擊之如催陣然及手停而鼓腹仍響亦如所擊之聲將鼓繫于棚頂其響如故後轉燈機撤滿館煤氣燈臺上作影戲畫每畫長約五寸寬二寸五分以燈反映於紙上遠望其紙則樓高數丈山水清幽日月有影晝夜分明若雲行則遮日月之光船行則起海洋之浪風動則樹搖雨落則花潤一切雷雹風雨水法飛泉行人鳥獸輪車輪船動皆有聲嗣將煤氣燈機再轉燈光如舊其人取一石人置于案上看畢撤去回頭仍在如是者數次彼作倦態偃臥于牀挂胡笳于壁上突有魔鬼形者出取胡笳拽之啞然而笑旋登牀作摸索狀其人覺起與格鬬鬼忽沒伏而伺之鬼又出捉之無迹追之不及刀斫則中鬼身轉瞬則又不見與鬼覿面則形隱直衝之則身判為兩以讓人路疑是人而空空如影疑是影而猙獰可畏人耶鬼耶變幻無窮殊難懸揣嗣入後臺窺其作戲之法始知皆燈火之妙也寅刻回寓聞赫總稅務司于二十五日自愛爾蘭已抵巴黎斯矣是時微雨一陣

二十八日乙酉陰午正往遊花園三處樓臺山水各極清幽戌初送赫總稅務司回愛爾蘭于火輪車客廳亥正法國世襲侯爵德理文約觀劇戲亦新奇但稍亞于前此園棚頂圓形以五色玻璃嵌成各樣花朵棚外然燈令光映于玻璃之上返照園內其光燦爛異常

二十九日丙戌晴巳初往德善家其父母姊妹治酒相待其母囑明等歌中國曲明等告曰先主而後賓禮也其母遂歌一曲聲調嬌娜其父與其妹亦各歌一曲明等一一和之衆皆擊掌而笑其姊問及音樂之工尺歌

二十三

曲之緣起昆弋之腔調明等又一一答之衆僉稱美不已嗣同德善至鑄錢局一觀其鼓鑄之火機係以水氣衝激輪機令進退于鐵管之中以轉大輪其大輪上置長軸無數中繫小輪百千下連各種機器彼此接以韋條大輪動則各機器相隨快甚所造之錢分金銀銅三種大小不一記法國之大金錢重一錢八分名曰路意又名拿破侖者每枚易小金錢重九分名笛佛朗者二枚每笛佛朗易大銀錢重六錢二分五釐名思安方者二枚每思安方易小銀錢重一錢二分五釐名福郎者五枚每福郎易大銅錢名對穌者十二枚每對穌易小銅錢名素者二枚每素易至小銅錢名桑地畝者四十八枚其國亦有銀錢票名曰巴比葉得那格寬約半尺長約三寸刷印工緻至小者易十福郎

七月

初一日丁亥晴午初祺大人偕鳳夔九與明乘馬車行八九里至電報局屋內置電氣棹四處字寫于東言傳于西其間不過刹那耳雖萬里亦然登樓看電線四角叢繞如網據云十五分之時可遞信三四十函絕無沉

二十四

擱之誤又一澡池內有溫泉電氣等物手入于池立即麻木相傳此水能治痰癱傷勞等症去此至育瞽堂老幼男女皆瞽目而作藝亦能讀書蓋泰西各國字目不多多者三十四母少者二十五母字少音多反正相切瞽者以手摸而能識字皆凸出以點代之如∶∵⁝等式戌初有博隆者約晚饌其人曾駐回國數年樓房裝修皆倣回式所用器皿亦係回產甚精巧子正回寓

初二日戊子晴午後乘車北行十餘里至凱歌路入一圓樓此樓正對馬戲園彼此式樣同亦高約七丈廣十

三四丈建以白石上覆大玻璃罩作饅首形緣梯而上極暗至頂豁然開朗乃自土岡中出也此岡高約二丈隱于樓內登岡憑闌眺望漫無際涯東西南朔荒山萬里遥見法布鏖戰大軍動處塵土飛揚熗炮齊發刀戈並舉征馬馳驅山房轟裂棄甲曳兵東馳西突又見山岡上下有損壞炮車鉛丸旂纛金鼓器械甲胄等物似兵敗而遺棄者宛然一大戰場詢之乃知通樓一幅畫圖也樓頂兩層玻璃皆作懸磬形中一布棚如傘罩畫于四面其內層玻璃係顯微鏡人立岡而望物皆凸起

不知遠近而樓外陰晴內亦如之岡下之車旂熗炮真而非畫乍看則真假難辨矣奇巧已極晚登店樓以千里鏡望見各處樓頭男女亦以千里鏡看明等且有免冠搖巾似以禮而招者趣甚入夜細雨陣陣

初三日己丑陰雨申正約德善春屬晚飧餚饌悉按中土烹調山珍海錯羅列華筵彼皆喜食口亟稱之飯畢同至一戲園極大可受四千餘人末場演前三十年在阿非里加回人戰陣故事優人皆回裝男女百餘人登臺或乘真馬或步行所執之真刀真鎗火熗在臺上下對舞聲音振耳上下山峯儼若戰場子正回寓

初四日庚寅陰巳初乘火輪車行三十三里抵威三迺莊往看其國火操熗有命中一千二百餘步者正面土岡長約一矢之地高約丈半下臨土塹長與岡等寬三丈內伏兵四名以驗熗之準頭每一隊施放後按火眼補紙以較中之多寡明等亦入塹觀之見中者甚多有二三商媪見華人皆嘖嘖言之曰髮何黑而長若是耶詡之良久其地熗礮甚多炸礮噴礮委積如山尋入一樓火熗無數密排四壁去此行十餘里至商人司樸納

之姊倩家樓上設有雷合圖乃玻璃圈與鐵線等物裝成一盒外有銅筒長約二寸連以細繩人轉玻璃圈時以手握之則遍體震動毛髮皆豎若數人以手相接其氣相感則各人之臂俱形麻木詢之知係雷氣所致也此物能醫四肢不仁諸症近日山左賈相國之証即以此愈之據西人云凡物皆有雷氣特中土不求其故耳即如玻璃以布磨熱向燈心照之則燈心飛起黏于其上此即雷氣也時有管操官約明等往看兵演雜技行三四里抵其地見輭繩爬墻等技有人手戴大黃皮套

頭著鐵面罩狀如肥鬼、各持短刀相鬭、鬭畢握手一笑、以示僞為鬭者、申正回寓、酉刻乘馬車行五里許至庚申挨約之法國欽差大臣葛羅家、其人年已六旬矣、樓房懸許多大字匾額、並福字斗方等、皆中國官員名人書贈者、又有照畫四張、大皆盈尺、一係正陽門大街、一係北京大市街即東四牌樓、一係京中桂芳齋糕點鋪、一係在北京所建之天主堂、又見中國官轎一乘、紫檀牀一張、蟒袍補褂一襲、暨筆墨書籍等物、飯酒有中華紹興一尊、所用之大小瓷盤玻璃盃等、中心皆有葛羅

二五

二字、亥正辭歸、

初五日辛卯微雨、午後出店、街遊步至嘎必新大街路南韋理亞畫店、鋪東韋姓者領看許多畫軸、所有五大部洲之各國人物無不一覽在目、其男女之照畫裝潢、備極輝煌、把玩如闡馨欬、遠近傳照者接踵而來、其鋪為巴黎斯第一、因其價廉而工精也、申初雨止、入夜微涼、

初六日壬辰陰、係西歷之八月十五日、相傳為法國先王拿破侖第一世之誕辰、人雖化為異物、因庶民感德不忘、每歲此日鋪戶閉門、皆插花旗三桿以慶之、自晨至夕、街市遊人男女蜂擁、沿路大張布棚售賣餚饌酒漿、一鼓而飲者三千人、差足擬之、每隔數武有角藝場、如馬戲輭繩鞦韆打球放槍等技、觀者幾無立地、有紅衣甲兵數隊各處巡查、晚有馬兵當路阻車、以便行人來往、各官府鋪戶門首樓頭皆密挂玻璃燈煤氣燈、金吾不禁、玉漏停催、頗有三五元宵之樂、其先王陵前挂煤氣燈、各蒙以紅白玻璃圓罩、纍纍如一串珠、宮前有埃及國所送之白石柱、四圍環以木板牌樓、上然煤

二六

氣燈、柱左二石樓中然二電氣燈、此燈係以電藥造之鐵條、然之光射如日、柱北至大石牌樓又名得勝碑、遠約十里、左右四行煤氣燈、亦有玻璃圓罩、望若火龍、石牌樓頂四面亦滿然煤氣燈、左右夾以二電氣燈返映、牌樓竟如白紙糊飾者、是晚天色朦朧、燈光燦爛、煌煌火城、明如白晝、酉正明等乘車繞行廿餘里、過河至本國總理衙門投刺、以示慶賀之意、嗣登樓遙看石橋高懸烟火、忽聞爆竹聲若雷鳴、爆花四起、顏色不一、紫者碧者五彩者金銀者、燦若列星、直冲霄漢、末有爆竹聲

如鐵礟連放數十如對陣然又見各國使臣公署皆竪旂於門首臨風飄漾舒卷自如内有日本國紅旂方形中繪白色圓光如日又有黃白藍紅等色方旂不知為何國所樹入夜丑正人始稀少

初七日癸巳陰早飯後街遊聞昨晚大放烟火之時擠死婦女多人小兒六名又聞外國婦人臨蓐並無收洗婆係請醫生收洗小兒命名無論男女除本姓外率以西國賢達之名為名竟有與耶穌之父母同名者晚見包臘携其新婦自英國來西俗男女婚嫁皆自主之未

二十七

娶未嫁之時彼此愛慕相交如友再計其一年所得財帛比之相等然後告之父母復同往官署聲明官與一紙書内載某人娶某氏為妻某女嫁某男為夫彼此情願男不許娶二室女不許嫁二夫迨迎娶之日夫妻先入禮拜堂告之教師祝于天主教師各與金戒指一枚貫于男女之無名指以別處女鰥夫嫁娶後衆戚屬食於男家女有一餅名曰嫁餅衆人分而食之立言數語以誌慶賀宴畢次日或越數日則夫妻偕往外國遨遊富者之遊也其地或千里或萬里其期或一年或數年

然後回國貧者只在本國遨遊數日而已按西國男女皆帶戒指男子未婚者帶于小指已聘者帶于中指既娶者帶于無名指或金或銀嵌以寶石五彩各聽其便若女子所帶戒指與男子同惟嫁後則帶一整金戒指永不許撤下否則不吉

初八日甲午晴早約車治裝午後有委員即碧葉率英法多人餞行又有德善家屬來寓與彼灑淚接吻而別聞西俗或久別或遠行男女皆彼此接吻為禮以示親敬之意雖父母兄弟夫妻姊妹皆然甚至至親要友亦

二十八

如之據云此禮之大者若彼此遠處相招男子則免冠女子則搖巾酉正一刻明等啟行乘馬車至客廳上火輪車行一夜微冷

初九日乙未晴早過呂陽未初抵馬賽海口一路天晴熱甚仍寓來時店内晚乘馬車出郊至議工公署内遇美里登之兄美里當遂同登石樓前有峭山山樓之間橫以布帳廠樓上列几案遂就坐飲酒見月明星稀天空海濶樓高山迥把酒臨風坐中有管姓夫婦子女六人又有二老媪一醫生有一婦曾遊回國年近四旬頗

曉回俗喜服回裝著白服項帶念珠披髮飾粉目下抹黑一道以顯目大伊向明等言回國見人以手摸面此禮也西人男女攜手免冠禮也不知中華何禮乞教之明遂告以男女授受不親禮也以卑敬尊必拜跪亦禮也婦聞斌大人通醫術又聞有診脈之說遂出腕懇斌公診之斌公云此婦血虧經閉陰陽不調莫非身虛多病精神過午不爽乎婦訝之以為奇亥初回寓聞泰西各地多崇信天主耶穌二教謂天主即天天又名為耶和華耶穌者救世之謂生于一千八百六十幾年之前

二九

即中土西漢平帝之世也其籍在亞細亞即古時之猶太國父名約瑟母名茉莉又名美麗其母未嫁而孕夢神語曰美麗所孕實神子也宜慎保之有國王知耶穌生欲誅之其母子聞風而趨耶穌既長以神道教民國人惡之釘耶穌于十字架而死相傳其魂在天死而復甦是為神明後人奉其教者述其言行事蹟謂之聖徒其徒既多散傳泰西各國日久各立其教各有教規以訛傳訛則名實不符故有挑節大警之教又有覺露督多之教又有法弗目教又有華勿為教傳至中土在法國則譯曰天主教在英美諸國則譯曰耶穌教其教之大意則云天地人物皆耶和華以七日之工造成奉教之規每七日一息每飯必謝必守其誡誡之梗概即勿失信勿不孝勿淫盜等事犯之者則曰為魔鬼所誘俟七日入堂一拜以懺其過天主教名魔鬼曰鹿弗耳耶穌教名魔鬼曰沙丹按西書云耶穌以水土造一男復取男肋而造一女男曰阿躭又曰亞當又曰阿開女曰娥娃又曰夏娃自阿躭生後一千六百餘年洪水滔天僅留善人名諾阿又名阿烏又名挪亞夫婦及三子僕

三十

使共八人而已三子一名生一名剛一名雅弗代傳而分掌天下以上述所聞如此存而弗論可也

初十日丙申晴午初乘雙馬車至碼頭上火輪船名陸必思長約二十餘丈寬五丈係暗輪者各海口內外淺處皆有大鎖拴一鐵帽飄於水面大約丈餘形如棗實紅色亦有如緯帽者令船進口見之以防擱淺之患又各船出入海口皆有本國引水船指引或引入口內或帶出口外他國船隻進此海口必與引水船船資若許是日同船相識者有來時同舟之法人福業係印度國

孟麥地方之巨商又有駐劄印度之荷蘭武官姓萬名斛者年約四旬其妻光氏平面黑髮自言其父係英吉利人其母則中土廣州人夫婦皆能英法荷蘭印度國語其他男女廿餘名皆泰西之遨遊者申初開船行數里遥見正東小山前一帶樓房上立男女數人皆向明等免冠搖巾以手指畫此即議工公署美里當等在彼送行也出口東南行極熱

十一日丁酉晴水平天暖午初過沙臺島山巒起伏蒼翠迎人戌刻頂風船微簸揚

十二日戊戌晴平亥正至墨西拿即前三月十五日所經之地停泊片時

十三日己亥早天晴水平午後浪起人苦眩暈同船嘔吐者過半

十四日庚子晴水色深綠稍平晚則日落海面月出東方船又搖蕩

十五日辛丑晴平海水變藍按海水之色不能頻變大半因天色下映之故耳

十六日壬寅晴未刻至阿來三它呀泊船天熱甚岸上

回民言歐羅巴人現有瘟疫船到不許客人下船恐其傳染來埃及者皆留船八日而後登岸宿于正西廟內八日乃許入城是日酉正乘木舟登岸上火輪車車敝而價昂長七丈餘內無牀褥外無窗簾只木板兩條而已門在兩首每輛可坐百人亦不潔淨男女亂坐即時開車一夜駛延數十次飢無食而渴無水眾皆恐之

十七日癸卯晴寅正至蘇耳士下輪車登梯格爾火輪船亦係法國公司乃暗輪者長五十餘丈廣五丈二三尺當日搭載貨物未畢

十八日甲辰大晴蒸熱船中上貨上煤計十數船終夜喧譁寢臥不安

十九日乙巳晴見海內有魚圓形如玻璃罩其色藍紫不一大逾半尺取之出水似海蜇亦無目無腮又小魚二寸長者數百皆淡黃色又三寸長者亦數百皆灰色結隊而行傍船而食酉正開船

二十日丙午晴水藍色午正見海面飄一籐椅不知何船所遺者

二十一日丁未晴水變深綠色甚平船亦快天氣尤熱

汗透衣。

二十二日戊申晴。天氣酷熱如三伏。早有同船小兒一名見明持中土紙扇頻窺之，明因與之。不意又有四小兒咸來索討，告以俟至中國必備送之，乃去。

二十三日己酉晴。水蔥綠色。未刻前面來一風篷船，上繫花旂，船主以千里眼照之，云係英吉利船也。

二十四日庚戌晴。亥初抵亞丁。泊船有泰西風篷火輪排列若許。

二十五日辛亥晴。早飯後乘小舟登岸乘涼，各飲冰水幾盃，即回。未正開船。邇來行至赤道之北八九度，熱甚，入夜只得卧於船面。

二十六日壬子晴。水黑色。有二等艙三男一女向明乞物以作記念。明云現係同棹，所携華物大半用盡，四人笑而不信。且云若果皆用盡，祈賞華紙幾頁亦足矣。明遂取玩物四件贈之，彼皆免冠拜謝而去。申初風起，水色變藍。

二十七日癸丑晴。自晨至晚狂風巨浪，船甚簸揚，同船男女嘔吐者頗多。

三十三

二十八日甲寅晴。晚見海水白如雪，千里一色。水手汲之，毫無所見，人皆不解。

二十九日乙卯陰。船復搖蕩，水色黑。終日秋雨連綿，聽之頓起鄉思。

三十日丙辰晴。順風，天朗氣清，波平如砥，稍涼，始換袷衣而卧於艙內。

八月。

初一日丁巳陰。夜見海明如燈照，然有人以桶取而觀之，乃小蟲也。蟲尾有光如螢。入夜大雨如注，亥正止。

初二日戊午。早仍大雨，船簸揚。同船有大呂宋國二人嘔吐益甚。所有西國婦女小兒不能出艙已數日矣。已正晴。

初三日己未。忽陰忽晴，水色蔥綠。申初抵錫蘭，船雖下錨，而搖蕩無寧晷。蓋是日為大潮期也，潮浪高起如山，空中排擊，下船駕小舟，舟行忽上如登高峯，忽下如落巨壑，大有傾覆之勢，險甚。旋至碼頭泊岸，尤難。入城行四五里至一店，名八位良，內亦廣闊，主人係英國老婦古姓者。店近海岸，有炮臺燈樓，係英人把守。聞土人云，

三十四

此地為五印度極南之島長千二百餘里寬六七百里古時荷蘭欲據此地而海龍不允荷蘭管駕洋船施放槍炮與之角雄者數日龍不勝乃去地為荷蘭所有數十年前又被英人奪去午夜枕上聞海潮聲如山崩地裂鼉吼雷鳴登樓眺望見大石羅列數塊潮激其上噴起水花迷天蔽日原擬

初四日庚申起身因浪大不能上煤是以改於初五日開行午後獨步出店見本地豇豆四楞長約半尺如麪觔王瓜既短且粗色淡黃入一小巷遙聞咕嗶之聲行

三十五

數武抵其童塾有十餘名黑面小兒蹲於地面手持貝葉朗誦如瓶瀉水取而視之貝葉五六片釘為一編長半尺寬約寸五字皆勾圈橫列成行係以小刀刻成者回寓晚飯後登礮臺北望見土人羅列成羣在彼洗牛飲馬又有數小兒互相歌唱聲調新異可聽入夜稍涼

初五日辛酉晴辰初同乘馬車至來時所遊之花園涼亭是時已交印度冬令花木紅綠如夏天時涼爽似秋其草木之乾者用以代薪其煙嗅之甚香午後同乘小舟上火輪船舟傍船時更覺險甚浪擊船身東側將小舟撞離數丈其勢欲翻浪擊船身西側則小舟幾被壓其上登梯上船須急躍之否則半身落水是日壓翻煤船三隻客人上船濕衣者若許酉正開船

初六日壬戌晴順風震蕩如前午後陰細雨一陣同船一英人艾姓者云彼曾遊於西印度其地稍異於此多產獅象駝鳥暨鶯粟花等物

初七日癸亥陰水淺藍色見飛魚若許遊行波上至晚雷雨大作亥正止

初八日甲子陰海平如鏡始見同船婦人令人伏出而

三十六

臥於船面

初九日乙丑晴水平如昨巳初遙見蘇門達拉山嶺不甚高而迷離掩映可望而不即也

初十日丙寅晴見北面一小山形如覆釜滿山皆樹不見片石午後陰海面水毋千百成羣繞船而行時大雨色極黑而路難辨遂停船時許

十一日丁卯陰涼水平船快申初抵新嘉坡稍晴海水澄清山峯競秀

十二日戊辰晴早飯後登岸乘馬車至前所寓之大羅

卜店內茶尖嗣遊於市有十餘人華裝披麻帶孝又六人各持樂器如小鼓小鑼喇叭等又二人各擧一棍上披紅綢有永遠行三大金字似送靈輿者鋪户中多鴉片烟館暨茶棚酒肆聞有八萬餘華人貿易於此有華人黃浦者為英國管理華人之官回船後岸上有土人售賣籐棍蕉子小猴小魚蛤蜊螺螄五色花鳥八哥鸚鵡等酉正開船出口北行稍熱

十三日己巳天晴仍熱水平船穩至晚皓月當空水天一色月印水中宛如船行天上也

三七

十四日庚午早陰雲四起酉刻驟雨一陣波濤立湧船即搖蕩亥初雨止

十五日辛未晴卯正抵西貢辰正登岸步至宏泰昌號偕張沃生乘洋車北行三里許至醉香樓小酌係粵人開張飯館所有菜蔬肉食果麵皆中土味後至法國輪船公司樓高三層地皆甃墁頂上有甃造二龍戲珠係倣中華殿宇而造回船後張沃生訂於是晚在伊鋪內慶賞中秋申初造其鋪食以套餅亞於中華聞土人云此處鱷魚卵育甚多負固强悍專食淹斃之尸以肥其身以種其子孫土人頗網而食之華人惡其肉而不食而土人遂以為華人落水死者鱷魚亦不食其尸此言未詳是否若爾則是鱷魚真有知也非冥頑不靈也不然何不食華人而食交趾人耶想鱷魚不忘韓刺史之恩以報華人不食之義也飯後駕小舟回船時月色矇矓輕舟飄蕩清風徐徐水蟲唧唧兩岸華人飲酒拇戰擊鼓吹笛土人對月高歌雞人擊柝守夜其風景如抵故鄉也

三八

十六日壬申晴早同張沃生之友陳姓者登小舟順流而西行七八里至魚市尋覓鱷魚未遇而回午正開船出口有九十九灣河港狹淺船身艱于動轉頗有尾大不掉之虞中途船首忽登于岸良久始下戌初月有食之

十七日癸酉晴平未刻明隨同船四人以鉛餅擊木箱入蝦蟇口者四次得數五千餘眾皆擊掌賀彩

十八日甲戌晴船行如陸水深綠色申刻陰雲密布暴雨一陣

十九日乙亥晴頂風浪起船搖同行婦女小兒入艙不

復見矣。

二十日丙子晴。未刻見西面羣峰錯列。秀色盈眉。蓋已抵香港前之羣山矣。酉初入口停泊。兩岸燈燭煒煌。徹夜不息。

二十一日丁丑晴。辰正一刻送斌公喬梓及包臘夫婦上火輪船名江西者。前往廣州公幹。午正明等換前所乘之拉不當內輪船。晚食柿子與洋桃等。味皆甘美。酉初開船。

二十二日戊寅晴。見北面長山。起伏于雲樹河岸之間。水淺藍色。船尚平穩。

二十三日己卯晴。逆風。巳初波浪湧起。船即簸揚。人遂食不下咽矣。

二十四日庚辰晴。船平浪靜。有同船阿姓者迎風而立。其鈷帽無糸吹落海面。飄蕩如小舟然。巳正過閩浙界。入夜微涼。

二十五日辛巳晴。水綠色。見南北皆山。戌正抵江南崇明縣界。進口入浦江。亥初至上海縣吳淞江口。因水淺停泊。

二十六日壬午陰。丑初開船。行二十餘里入內口停泊。巳刻下船。至江海關拜貴稅務司。令其知照上海道與上海縣。申初備肩輿迎入公廨。仍係汪乾記茶行。一路花草樹木繁盛如前。入夜細雨陣陣。

二十七日癸未仍雨。巳正往拜應敏齋觀察寶時。王蓮塘大令宗濂。合衆國姜關理。幷幫辦稅務司葛顯禮之幕友孫硯農文田。暨斌大人之大少君廣伯允太守元。細詢各國情形景致。皆喜聞。

二十八日甲申陰雨。各官答拜。晚孫硯農約往一桂軒觀劇。頗佳。亥正雨止。

二十九日乙酉陰。申正汪菊亭亦約往一桂軒觀劇。酉初戲散。復行二里許至文運街新新樓晚飯。子正回寓。

三十日丙戌陰。應觀察約在小東門內廣方言館午酌。此館係官設。又名貢西文館。內分三館。提調額設一員。姓葉名承銑字秋萍。漢教習額設三名。英文教習額設一名。姓黃名達權字平甫。係廣東人。能英文。曾往來合衆國六載。其肄業生率皆籍隸江南。每月每季皆如北京同文館考試。課卷係道臺批閱。皆有獎賞花紅。每屆

三年擇優咨送總署堂考、
奏請鼓勵申正辭歸戌初微雨
九月、
初一日丁亥晴。戌初稅務司費士來約飲于洋涇浜香港路。其樓內外修飾與英國無異見其妻暨其友人二三相與坐談飲酒子初回寓
初二日戊子細雨午正一刻有王蓮塘備筵約敘同坐有廣伯允暨陸費森申初回寓
初三日己丑陰申初葉秋萍約在丹桂茶園觀劇亥初回寓按上海縣南門名跨龍、西門名儀鳳、東門名益慶、大東門名朝陽、小東門名朝宗、北門名晏海、俗呼老北門自換約後西人以在內居住不便乃于北門之東毀城垣一段造洋門橫石匾上鑿法國人名上海官民恐與風水有礙遂自外高建二門環以雉堞鎮以礮樓名之曰障川俗呼新北門門外原係荒野一望蒼茫自西人至此遍造樓房邇來十餘年屋瓦鱗鱗幾無隙地土人名其地曰夷場其中閭巷多按各省而名如山東路、江西路四川路雲南路等、三百年來古墓荒邱易而為

四一

靡麗繁華之地人事之變遷非智者所能逆睹也、
初四日庚寅細雨、早乘小轎往各處辭行午後雨止稍涼、
初五日辛卯晴、巳初束裝、登程行六七里至江海關西款裕碼頭上火輪船名曰南潯長十數丈寬一丈七八尺進次過一木橋長十丈餘係英人建造橋之兩首各一小房惟東首有洋人在彼斂稅凡過橋者每人擲錢一枚每小轎五枚申初開船夜半停泊口內待潮同船有天津稅務司狄妥瑪夫妻
初六日壬辰晴、寅正潮長開船、出口北行甚屬平穩水淺綠色、
初七日癸巳晴狂濤怒浪其色深藍船甚顛簸客皆寢不安席矣、
初八日甲午晴、過黑水洋船之兩端忽抑忽揚水進艙內衣履皆濕此船頭等艙內向外如洋樓式前立鐵闌、以便三伏航海易於得風不知利于風者不利于浪浪大則艙內有水滿之虞矣、
初九日乙未晴浪小稍穩見西面連山數百里寅正抵

四二

山東烟台芝罘山下停泊辰正駕小舟登岸送德善於
東海關午後開船出口風平浪靜
初十日丙申晴平水色葱綠連山不斷佳景盈眸船極
輕快
十一日丁酉晴平水黃色未初進大沽口酉刻擱淺於
彈子窩夜半潮長船重用力挽之不移半步
十二日戊戌晴早登岸同多西人往看甎瓦窰復散步
行二三里而回同船有津人五名因急欲歸里頃刻難
待竟自覓驢而去詢之蓋有少小離家老大回者鄉音
無改而鬢毛衰矣不知兒童相見猶相識否午正潮長
努力開船前行轉過十餘灣忽至一處極狹有紅頭船
數隻在彼下錨輪船艱於前進船主進退數次不果用
力撞于他船聲如撼石乃得過申初抵天津衛紫竹林
停泊酉正下船乘小舟至北浮橋宏盛店宿
十三日己亥晴早謁三口通商大臣少司馬崇地山厚
暨大令徐季賢本衡
十四日庚子晴接見黃惠廉魯富等人談及泰西風土
人情眾聞之喜而不寐

四三

十五日辛丑晴巳正登車起身早尖浦口晚宿楊村入
夜皓月當空村落寂寞
十六日壬寅晴仍住楊村薄暮忽聞有聲自西南來奔
騰澎湃金鐵皆鳴急出視時星月皎潔明河在天秋風
颯颯樹葉蕭蕭此地中秋烟霏雲斂草木飄零較之印
度安南則迥異即比之香港上洋亦與此少異實南北
度數遠近不同之故耳
十七日癸卯晴寅初起身早尖河西務晚宿張家灣是
日甚涼入夜稍陰子正復晴明書店壁云都門德氏在
初自孟春奉
命隨使遊歷泰西各國今回棹抵津計一日之程即可到家
父子兄弟相會其喜可知矣口占一絕云遨遊海國勝
飛仙十倍鵬程未一年昔日乘槎休謂遠於今已過二
洲邊
十八日甲辰晴寅正起身早尖余家衛午正抵都隨摭
大人覆
命後家人父子晨夕聚談月餘猶未罄其聞見之奇云

卷四終

四四

光緒乙亥年錄
蔡毅若先生書

再述奇

本宅藏稿

敘

大海之中有須彌山焉入水出水各八萬四千由旬其去地亦四千由旬頂為阿耨達池水四分環之遶大海而流東弗于建洲西瞿耶尼洲北鬱單越洲南閻浮提洲也大洲四小洲八萬四千然此四海之大曷有既乎六合之外聖人存而不論非不論也罕見故也在初氏屢奉使涉重洋大都為瞿耶尼之地每役必手記之曩嘗讀其初編蘇又介同年李芍洲駕部以二三編見示且屬為之敘予惟中土正氣而海外餘氣如

集中所述各國風土人情與一切怪怪奇奇，均得之目覩。從古所稱奇肱長股無腸聶耳，概未之見。何如天詐圖廣周六億十萬七百里二十五步，大地厚四十八萬由旬，其水輪厚六十萬由旬。昔人云崑崙中氣蘊焉，猶人之臍，爲海。如海外諸洲，其肢節乎。本大而末小，內重而外輕，是之謂固洵。在初氏將又隨使泰西各國，其詳究政刑之大經典，其強弱得失之故，著爲四編。余更將讀而禱之。

仁和鍾駿聲

再述奇序

天下土宇分五大洲，邦國數百，人民億兆，風土人情之迥殊，衣服飲食之異宜，隔海離山，距我
朝率千萬里，欲徧覽焉固難，況徧覽焉出于一人，不更難哉。前寰海諸書固已言之甚悉，但所言徵實者不過十之二三。德明兩次奉

命隨使航海東西繞地一帀計里十餘萬歷國十有三即耳目見聞擇前述之未備者日記一二凡事徵實不厭其贅非敢率爾操觚亦茶前酒後聊持此破睡魔云爾

同治壬申仲夏鐵山領德明在初氏敘于述奇館

再述奇卷一

目錄

鐵嶺德明在初隨筆
貴榮竹坪校閱

大清同治六年丁卯十一月初二日經總理各國事務
衙門
奏派花翎二品頂戴前任貴州石阡府知府記名海關道鑲藍旗滿洲志剛克菴花翎二品頂戴禮部主客清吏司郎中安徽鳳陽府壽州孫家穀稼生員外郎銜候補主事同文館英館八品官正黃旗蒙古鳳儀夔九鑲黃旗漢軍德明在初主事銜同文館俄館八品官正藍旗漢軍塔克什訥木菴鑲藍旗漢軍桂榮冬卿主事銜同文館法館九品官正藍旗蒙古廷俊輔臣鑲白旗漢軍聯芳春卿供事二員前任兵馬司吏目安徽徽州府祁門縣莊椿齡松如同知銜以知縣用江蘇蘇州府吳縣九廷鏞硯農醫官一員候選從九品江蘇常州宜興縣鄒宗灝秋帆武弁二員千總果慶瑞把總雷炳文等同原任合眾國正公使改授中國辦理中外交涉事務大臣蒲安臣暨左協理英國繙譯官柏卓安右協理九江副稅務司法人德善等前往合眾國及歐羅巴各國辦理中外交涉事務奉
旨依議是年十有二月初旬治理行裝蒲大臣德協理均約侍于滬柏協理約于本月十四五日會于涿郡

十一日庚寅晴巳刻在署齋集午正登車道出崇文門廣德門過肥城蘆溝橋行三十五里酉正抵長新店宿

十二日辛卯晴早家兄永修餞別回都巳刻陰午正起程行二十五里申初至良鄉縣宿入夜大雪

十三日壬辰仍雪卯正起程一路粉琢銀堆不減灞橋風景行五十里至竇店早尖午初雪止渡琉璃河四十里申正抵涿州宿臨郡過三長橋仰見千間大庇皇澗風清扁額日邊衝要無雙地天下繁難第一州楹帖

十四日癸巳陰晴不定因候柏協理仍住涿州地為漢昭烈帝張桓侯故里井廟咸在英風颯颯父老猶稱道弗衰晚凍雲遮月盂水結冰相與圍爐談至燭盡

十五日甲午晴大風號木敗葉擊窗午後風止稍暖申初柏協理至入夜微陰

十六日乙未晴寅初起程誦雞聲茅店一聯情景逼肖行六十里至新城縣早尖又行七十里至雄縣宿

十七日丙申晴寅初起程行六十里至任邱縣早尖又行六十里至河間縣宿

十八日丁酉晴寅正起程行六十里至獻縣早尖又行四十里抵交河縣富莊驛宿

十九日戊戌晴寅初起程行六十里至漫河早尖又行七十里至劉智廟宿

二十日己亥晴寅刻起程行七十里至曲鹿店早尖又行五十里至平原縣二十里鋪宿

二十一日庚子晴寅初起程行七十里至禹城橋早尖又行五十里至堰城宿連日早起殘月當天餘雪載道城北百里一帶蕭疎因前黄河漫口陷壞田廬無數

二十二日辛丑晴寅初起程行三十里至齊河縣渡黄河在頭店早尖又行二十里至杜家廟入山路復行五十里抵長清縣章夏宿一路山石峻嶒溪水泠泠北風凛冽只增征人冷況耳

二十三日壬寅晴寅正起身行五十里至泰安縣佃台早尖又行五十里至泰安府東關宿晚步至岱廟虔謁山神殿宇高大石徑雕甍竹房松壁幽靜可觀仰瞻東

三

岳則層巒峭壁上出重霄真有可望而不可攀之勢

二十四日癸卯晴寅初起程行百里至羊流店早尖復行八十五里抵新泰縣鰲陽宿一路柔風和暖地氣上生松青柳綠路坦田肥

二十五日甲辰晴寅初起程行百十五里至垛莊早尖又行四十五里抵青駝寺宿是日山路崎嶇頗形險阻

二十六日乙巳晴寅正起程巳刻出山行九十里至沂州府早尖街市男女結羣攜筐荷柳同賀新年而賦皇華者不覺又觸鄉思矣午後陰戌初渡河岔行四十五里至蘭山縣李家莊宿入夜大雨記山左各村鎮多壘長圍以備伏莽亦先事預防之意也

二十七日丙午仍雨巳初止即就道行六十里至郯城十里鋪宿沿路遠草鋪青新波漾綠

二十八日丁未陰寅刻起程行六十里至紅花埠早尖又行六十里過龍鬚溝未刻日出雙耳申正至峒峿宿

二十九日戊申晴寅初起程行六十里至順河集早尖又行六十里抵宿遷縣仰化集宿各處因遭兵燹人烟寥落市井蕭條

四

三十日己酉晴冷子初起身過黃河左畔長堤亙虹寒
風刺面行百十里至漁溝尖又行四十里過王家營申
初抵清江浦下車登如意官船是處街市繁華仕商雲
集晚間燈火燭天管絃盈耳洵天下之第一名區也志
孫雨
欽憲諭令雷果二員武弁携綠營兵丁六名回京
同治七年戊辰新正月
初一日庚戊晴寅正隨志孫雨
欽憲登岸乘馬至清河縣安瀾門外同張子青漕督之萬歐
陽健飛總戎利見暨府縣各官恭拜
聖牌午正回船
初二日辛亥晴巳正開船行二十里至淮安關停泊時
許午正一刻復開行二十一里至淮安府山陽縣再行
五里許至下一鋪停泊
初三日壬子晴辰初開船逆風行八十里至寶應縣停
泊又行二十里酉正至魏闕樓住船
初四日癸丑晴卯初開船順風辰刻渡高郵湖左口沿
隄蘆葦泛鴨浮鷗景物宜人行百里子正至高郵州住

五

船
初五日甲寅晴辰初開行順風巳刻過露筋祠相傳入
夏他處皆蚊而廟中不見匾額輝煌貞風千古行百一
十里申初抵揚州住船飯畢入城峻宇層樓半被髮逆
燒毀昔日繁華令人徒增感慨耳惟運司街市廛尚屬
整齊城外則帆檣羅列波浪縈洄矣
初六日乙卯晴卯正開船行四十里未刻抵瓜州住船
是處無城舟楫多而閭巷少相傳昔時有城後因河水
漫口陷入長江云云
初七日丙辰晴卯初開船入洋子江過金山寺亦多被
髮逆蹂躪行十五里午初至七濠口停泊午正駕小舟
入鎮江府城鋪户星羅人民轂擊回遊焦山甘露寺及
恨石將台駐馬坡等古蹟申初風起浪湧陰雲密布
初八日丁巳陰風浪尤大巳初鎮江税務司杜德維邀
飯辭未往申刻乘京口救生會船行約二里因浪大舟
小幾覆者數次後登火輪船名飛似海馬係明輪長二
十七丈寬二丈許有中國客艙以及飲饌上品者無非
牛肉二盌白菜一盤而已其烹飪已可想見即時開行

六

逆風簸揚殊甚人多嘔吐全鐵皆鳴亥初大雨
初九日戊午陰早出長江過狼山入申江未刻稍晴酉
刻抵吴淞口停船泊
初十日己未早細雨淋漓開行入口至旗昌碼頭傍岸
午後下船乘肩輿至夷場大馬路洋涇浜理事公廨樓
房高接雲際耳目爲之一新
十一日庚申陰午初拜應敏齋觀察寶時及王蓮塘大
令宗濂申初回寓
十二日辛酉大雨未刻拜蒲
欽使暨陳寶蕖司馬福勳戌正雨止
十三日壬戌仍雨午刻拜江海關稅務司狄妥瑪與幫
辦學生葛顯禮辛樸遜申正晴
十四日癸亥晴午正拜葉秋萍丞銑孫硯農文田暨丁
冠西之友姜闢理酉刻陰
十五日甲子晴巳刻有陳寶蕖葉秋萍孫硯農暨洋人
葛顯禮來拜
十六日乙丑晴未初有狄稅務司與辛樸遜來拜入夜
細雨

七

十七日丙寅早微雨未刻止聞德協理自九江到滬入
夜復雨
十八日丁卯大雨午後止申初孫硯農約在一桂軒觀
劇頗佳亥正回寓見二馬路寶善街一帶閭巷人猶稠
密燈燭煒煌
十九日戊辰陰巳正晴午後往拜德協理回寓知有應
敏齋王蓮塘陳寶蕖來拜
二十日己巳晴申刻葉秋萍約在丹桂軒觀劇屋廣九
楹參以洋式鋪陳華美布置分明樓之上下懸燈百盞
每當良夜爲遊不夜城也所演曲調頗佳聞梨園子弟
皆來自京亥正回寓
二十一日庚午天氣頗涼陰晴不定未初德協理來拜
又孫硯農約在新新樓晚饌
二十二日辛未陰見障川門内外道塗平坦商戶整齊
堤岸橋梁修築堅固戲園酒肆朝歌夜絃華麗壯觀甲
於天下酉初晴
二十三日壬申晴早會周人祉徐蘭農何四菴皆順天
大興籍坐談移時乃去晚則寒風料峭砭人肌骨矣

八

二十四日癸酉晴午後辛樸遊折東約于二十七日申正看湧泉

二十五日甲戌晴暖夜夢與
家君
先慈相見甚歡喜極驚醒惟聞遠巷析聲鄰雞初唱不覺淚下悽然

二十六日乙亥卯初風雨大作酉刻止亥初又細雨濛濛涼風颯颯

二十七日丙子晴申刻同辛樸遊乘四輪馬車自大馬路東行十餘里至湧泉形如滿井而沸流如滾水然一路層樓高起細草初生林木青葱幽靜可喜

九

二十八日丁丑晴巳刻柏協理來拜午後風雨交加入夜尤甚

二十九日戊寅晴暖午後東行里許遊目騁懷景物融和餘寒似盡

二月

初一日己卯晴早理行裝巳刻各處辭行是夕諸友咸來送別終夜不輟

初二日庚辰早大雨午後雨雹大如豆亥初乘肩輿行八九里至大虹口碼頭登美國輪船名憂司大力嘎係明輪長三十餘丈寬二丈七尺極明淨宏敞無需贅述

初三日辛巳微雨午初開船出口東行少北申正停輪海面大霧數武不見人

初四日壬午晴丑初開行風起浪湧勢甚危險心膽爲之搖落者數刻

初五日癸未晴船仍簸揚遙見對面風篷一隻以千里眼望之其行如矢迅不可當

初六日甲申陰風浪尤大午初稍穩入五島門正北一帶山峯綿亙迤邐長約二百餘里日本國極南界也總名戈兜譯即五島羣山遙望樹木叢雜田疇交錯未正東北行微雨一陣行山峽中層巒起伏令人應接不暇距船一矢之地鳳闕鸞岡蒼翠聳拔申正入長崎島口山嶺環繞如壺腹然樓閣悉仿洋式番舶往來如織本地有三板舟前尖後方行若馬馳停泊後有二日本人前來察貨一姓有吉名諸佐年二十六歲一姓檀野名榮大郎年十八歲皆係充役稅關言語不通以筆代之

十

據云此地古名深江浦又名瓊浦更名崎陽是島共分
九國想即九郡也手出古文一編首篇即桐葉封弟辯
由此觀之彼土亦漸被車書之化矣二人皆大領闊袖
圍短裙不著褲足登木屐脅插長刀二柄甚利一大一
小大者三尺小者半之兩肩綴以圓布徑約寸
許繪以八角黑紋云係戰時為識者其人容貌溫和頗
知禮義聞有華商二千餘人在此貿易亥初晴記由上
海至深江浦計水程一千四百五十五里
初七日乙酉晴涼丑正開船出口南行寅正北行稍西

十一

左右連山突兀怪石嶙峋午正山之在東者直插雲漢
勢不可躋在西者忽斷忽連遥望之高不盈尺卯正抵
日本國長山長州赤間關土人呼為阿喀嗎嘎塞及其
地屋宇鱗比舟楫如雲時同船有日本人藤原字得所
者以筆代言伊呈口號一章云歸帆阻雨赤間關江上
羨聽鴻鴈還此去家鄉三百里夕陽老母倚門顔後書
伏乞斧正詢伊曾到中土否伊云有志未逮以阮囊羞
澁故耳是夕綠波平淨桂影輝煌天水一色俗慮頓忘
四顧無山惟海面一葉鐵舟而已日本人有陳子敬者

與學僕同名姓携其友田翠岳者來陳言彼係勝朝陳
全翁之裔現充日本英譯司田係辦理交涉事務聞其
國大官曰攝政曰關白曰總督及大將軍等是時國王
年一十六歲名統仁大將軍名源慶喜
初八日丙戌晴入播摩洋前後左右重巒環列海路曲
彎大小山峯如送如迎相距皆不甚遠中有童然枯島
孤懸海面其屋宇列于山陽者悉隨山勢結搆未刻抵
日本東界兵庫地方停泊雖非水陸通衢然而三面環
山幽靜峭拔清氣撲人眉宇是日藤原復口號二章其

十二

一云遥峯青一綫不識越耶吴欲向篙師問模糊影欲
無其二曰船脚疾於矢鵬程一日還曉辭瓊浦港暮入
赤間關身與青山靜心隨白鷺閑風波猶可涉奈此世
途難詩殊清雅可喜至晚水凝素練月印冰輪只見夜
光寂寂帆影沉沉而已有龔慎甫者年甫三旬係浙江
杭州府人解日本語頗悉其地情勢自言因避亂至此
以硯耕為生活數年來幸不饑莩然每觸故國風味輒
自悲感又云刻下市鎮蕭條商賈裹足緣日本各郡土
王貳於大君因而彼此鏖兵大君敗師業已削髮為僧

時圖恢復待時而動計由深江浦至兵庫共計水程一千二百里有奇

初九日丁亥晴涼昨夜見冰四分許早與日本人談據云日本自開國以來不設科取士無論文武皆係世襲更有捐納虛職官恆爲官民恆爲民官與兵皆佩刀極其尊貴民見市肆有佩刀者則俯首長跽素時平行之禮則雙手撫膝躬身俯首而已國人服飾男著長服大領闊袖而無襟腰纏粗帶足作跣脂著藍布襪丫字木屐並不著褌而年老有鬚者少頂門剃髮二寸許作月牙形亦有不剃者全髮剪尺許長以椿實油束起疊成乙字冬夏皆無冠帽惟君與大官有之女子畜髮作髻有如銀錠形者耳無環首戴簪服短衫大領闊袖與男子同惟袖後有口不知何用亦無裩褲圍繫裙亦足著草底木屐男女同禮其嫁者剃眉染齒成黑色處子畜眉不染齒妓者亦然男女像貌與中土同通國大半操寧夏音而身體多短小者是時慶應四年二月初九日奉正朔與中歷合中刻志

十三

欽憲與同舡日本醫生名興津者談贈伊七絕一章云長門海上逢名醫異國同文即是緣採藥倩君尋徐福任教傳語有神仙興遂步原韻和之云閑談飛舶裡邂逅是神緣最喜新詩句今朝見謫仙問令將何之答以省親詢以家鄉答以河波國地在王京之東南適坐間有橘舉一枚贈之伊問此果何名答昔三國陸績懷橘即是此果今贈此果聊以慰孝思耳伊云慚愧君言然雙親性喜果愛既良多矣伊又詢橘之原委

欽憲悉舉橘柚柑橙數種詳細答之酉初開船南行遙見其地近山三面環若弓背山下瓦屋林立約數萬家南面一帶長岠遠望迷離長逾千里出口水平風順但見十數漁舟飄蕩乎汪洋之上戌正入海則海闊天空渺無涯涘矣

十四

初十日戊子晴終日泱泱大風船甚搖蕩至夜尤甚格磔震響令人咋舌

十一日己丑晴巳初抵日本國之橫濱又名江戶口岸寬闊舸艦交衝營造樓房幾無隙地其西南北三面一帶皆山近者蒼崖滴翠遠者斷壁出雲堪稱水秀山清令人臨眺歎賞人勇鐵利物多精巧是天地鍾靈之氣

皆聚于此矣口内北風甚勁波濤洶湧之聲晝夜不絕由兵庫至橫濱計水程六百二十五里

十二日庚寅晴涼向西趍見富姿山高約一千三百丈土人呼為福思雅瑪國王歲時修旅祭之禮國人敬之如華人之虔奉泰山上有積雪終年不化每晨起遠望青雲一縷橫亘山腰令山之上截如懸天際然記日本人呼兵庫曰消溝滐江曰那嘎撒吉橫濱曰由勾哈瑪亥初陰微風甚冷邇來同日本人晤談甚愜而同舟諸公若有徵詢明對以生斯世也隨處皆足徵學無人不

十五

可責恍古人云遊不廢學良有以也況險阻艱難身之所歷尤非託諸空言今既遠遊萬里得履其地得見其人則其風土人情有不厭詳加記載者非敢謂芻蕘之採聊以備數晨夕耳而或以為不可亦殊不解甚矣再出使絕域為古聲教所不通我既待以樸愿彼必浹以真誠孔子云言忠信行篤敬雖蠻貊之邦行矣諸君盍之復斯言

十三日辛卯終朝陰雨大霧迷離記日本有卵形金錢面上下各一花印中二長印鑄一兩光頂四字上下共二十四橫線背一方印鑄正字三圓印鑄一吉字一大字末一橫飛蝴蝶銀錢重二錢五分長約七分寬五分厚約二分帶縱立方體形面鑄定銀坐常是五字背鑄一分銀三字名曰支布銅錢大如雞卵中一方孔如環積面鑄天保通寶四字背鑄當百二字下一花押晚飧得食平果味微酸

十四日壬辰早大雪繼以驟雨午初乘小舟行二里許登合眾國大輪船係明輪長約四十五丈寬十丈名齋那即英言中華也極其寬廣明淨前半有二等客之壘

十六

起鐵牀一千五百左右則羊豚雞塒獵味不堪其擾有人圈之目中則廚房淨房整容吸烟之所專為華人而設後則上等客艙與飯廳式與他船同記同船洋人男女二十四名華人男女老幼一千二百三十七名多是粵東者

十五日癸巳晴冷似孟冬凝冰寸許早見對面船中出日本人百餘皆囚首垢面散髮披頭狀如寃鬼以目直視我船其狀可畏詢之係充洋船苦役衣則臣虜食則犬彘盡力畢生其苦亦良可弔矣回憶更闌忽聞雞鳴

犬吠鴉噪雀吟雜以人語如在故鄉俄而篙師滌船鐵
纜落地其聲砉然驚醒則仍在舟中情景宛然在目未
初一刻開船出口南行左右皆山夜入太平洋又名大
東洋
十六日甲午晴平水色深藍同船有日本人往合衆國
新埠學經紀者能英語伊云其國字有三種曰文字曰
平假字曰片假字文字即中華漢字有真草隸篆各體
平假字共四十八筆畫清楚如ナカ廾戈等其片假字
係將平假改成蝌蚪形似蚰蜒如存加乜走等此八字
實乃柰加色貴國人念曰那嘎撒吉又云國俗每歲三
節皆有燈火歌曲惟值七夕鬧熱尤甚通城小兒聚二
千餘名服彩衣吹笛簫沿街歌唱入夜則各執五彩花
燈樣式不一歌聲滿耳男女觀者如堵國有孔聖廟關
王祠每年五月十三日舉行祀禮是晚皓月團圞迎船
而照
十七日乙未天色曚曨陰雲靉靆東南行水平氣煖午
刻晴申正仍陰逆風起而細雨落矣
十八日丙申晴暖未刻大雨傾盆天海一色萬頃迷離

十七

記日本古稱倭奴國在大東洋列三大島地形長若半
規橫亙南北環抱華洲南者曰九州北者曰葉婆中之
大者曰日本王居其中都名彌耶穀三島南北長約三
千七百餘里東西犬牙相入各約六七百里天時寒暖
如中土所產花木極多有乳香松柏漆鐵等類他如盌
盒箱匱彩繪精妙惟鋼刀嚴禁出售外邦以其鋒銛之
犀利咸稱天下第一
十九日丁酉晴終日狂風巨浪船甚簸揚記日本屋宇
純以木搆逗筍不嚴時虞風雨之患然殊潔甚民無偷
盜而力勇女不貞靜而心精凡鋪店多女子掌記客入
酒肆有女使跪而進之國有一種珍玩名曰川寶藏以
極小木篋啟則有物竄出長約三寸挺然直立蓋偽器
也以為孩童玩具雖婦女亦以手握之不以為恥頭係
象牙所造莖則銅絲盤繞纏以紅紈與真逼肖每值朔
望國人舁偽器高丈許者以徇于街男女同浴于今稍
異國人每晨起彼此問訊則曰良宵幾度春風佳境想
必更進
二十日戊戌晴船東行西北風極勁浪勢層疊翻捲橫

十八

衝逆撞令船左翻右覆前掀後墜其聲則奔騰泙湃格磔硼訇日無假晷遠望則亂山巨壑突兀險峻排空而來者非石也乃大水也午初後艙倏然震響海水由艙頂撞入各屋皆濕地上水深半尺未刻中艙前有木楔長二尺餘者被水激出飛高二丈幾傷船戶

二十一日己亥晴大風如昨浪由四圍攢拱而起漸起漸高矗若峯嶺浪花在頂陡然而落如翻雪噴花加以海水吸力全舟身亂抖客人登廁須急返否則狂濤打入遍體皆濕

二十二日庚子晴颶風大作尤烈於昨浪則奇峯爭出船則蜿蜒奔騰其觸凸峯也迴視則舵尾若埋其陷凹壑也俯看則鷁首若沁仰望于天則天忽墜而雲亦趨舟中之物則鏦鏦錚錚丁當鐺韃圓者轉方者折立者倒懸者搖疊放者墜浮置者飛沾濡淋漓處處皆然欲知船之簸揚何若則看船面中樑設有仰半規中垂線墜以考左右欹倚之分數是日其線墜竟溢出于半規之外入夜稍平近日風浪險惡雖老於風波之舟師亦無不驚駭並云幸而此船寬廣堅固儻舟身稍減放入

十九

此洋一遇暴風恐不知飄泊何所矣明思此大東洋也又名太平洋風浪如此險惡似名實不副矣可名曰險阻洋或名曰颶風洋然人之名是洋曰太平者或因其險阻而故名太平以安其畏難之心或他洋有更險阻於太平者而以太平予之均不得而知也齋那堅利非常鋼身鐵腹其力可載萬萬餘觔馳驅怒浪之中而不畏其顛搖者非幸也宜也蓋海洋之大逢路之遙苟無是舟其何以濟然乘之而不遇風浪烏知航海之難是故遇狂風逢巨浪幾幾掩覆者三日非不幸也亦宜也

二十三日辛丑晴風平浪恬憂者喜病者愈同船稱慶食始下咽前比三日晝夜陰陽不辨體健者夢魂悠悠抱恙者氣息奄奄命懸頃刻驚斷肝腸幾無再生之望矣

二十四日壬寅晴暖午後逆風東行偏北大海蒼蒼綠雲擾擾入夜微凉

二十五日癸卯晴逆風船微簸揚是夕與日本人高確字一貫者談伊呈七律一章云二十四年愁我癡遠遊萬里知爲誰養將東海季明氣欲索西洋伯葉治親子

廿

別離豈莫恨國家恩澤深相思功名富貴非吾事願以精神貫四夷

增加後二十五日甲辰晴逆風聞西人云此船自橫濱抵金山途中必增一日自金山抵橫濱途中必減一日蓋迎日周行地球每日必缺數分順日周行地球每日必增數分若不計其增損則抵某處之日與歷不符

二十六日乙巳天色曚曨細雨斜飛陰風怒號船復搖蕩亥初晴冷

二十七日丙午晴大風水色深藍前後舟搖見底左右浪捲如山

圭

二十八日丁未早雨午後晴逆風稍斂始免傾覆之虞是夕適舟泰西男女皆易吉服約于船面大艙鼓琴歌曲入夜歡飲暢談天明始罷

二十九日戊申晴平日本雖被同文之化而誦華書句讀偶異如孟子見梁惠王句左右識以乂點易爲孟子見梁惠王讀則孟子梁惠王見又如王曰。叟。不遠千里而來。亦將有以利吾國乎讀則王曰叟千里遠不而來亦將以吾國利有乎其書編序註解與華同惟此少異

三十日己酉早微雨逆風極大巳初晴水色深藍午後改爲大旁風

三月

初一日庚戌晴仍旁風大作濁浪飛空輪舟搖蕩如前方向不辨矣

初二日辛亥晴旁風稍定晚見新月出于西北距海面高二丈許

初三日壬子晴水黑色是日海平于油船急於矢入夜微陰而冷

圭

初四日癸丑晴旁風甚穩水光接天蒼茫萬頃午後甚暖

初五日甲寅晴南風平水藍色是晚雲淡風清群客咸聚于艙面高談低唱彼此互答樂甚

初六日乙卯晴平東北微風至此始見飛鳥掠波游魚吐沫此船恐煤不敷曾以鐵鍊繫小舟于船尾長約五丈寬三丈封煤備用不意于前二月輪舟搖蕩鐵鍊折而小舟失去

初七日丙辰晴風平浪靜未初正北百里外遙望風篷

一隻掩映之間惟見點點白帆而已憶自橫濱登輪至
今三旬之久萬里之遥所見惟天與水而已至此遠見
一船人皆欣然探望足見航海之不易也飯畢衆皆起
立奉觴祝頌其意以為安渡重洋可伸慶賀於此更見
是洋之難涉入夜洋人皆易白服冠高冠係以紙疊成
形式不一羅列成圓隨走隨唱
初八日丁巳陰冷午後見北面一帶高山未刻南北峯
嶺連綿相距不遠申初入口左右山多金黃色土人云
徧山皆黃花也申正傍岸行三十餘里停泊兩岸屋宇
二三
林立隱顯于山坳之間酉正下船乘四輪馬車行十五
里入店店名敖克希丹大樓高七層頗宏敞地名金山
土人呼為三弗蘭西司皋由日本橫濱至此共計水程
一萬七千二百九十九里
初九日戊午晴記是地係合衆國之西界省名嘎力佛
呢亞天時早暖晚涼冬不苦寒夏無溽暑時有暴風揚
塵迷目地極肥沃百穀皆生
初十日己未晴午後街遊其風景稍遜泰西所有閭巷
市廛廟宇會館酒肆戲園皆係華人布置井井有條其

大街土人稱為唐人城遠望之訝為羊城也
十一日庚申晴亥初驟雨一陣據土人云此地在十七
年前尚屬曠野榛莽叢雜因廣産五金搜奇者不憚辛
苦咸集于此刻下土人二十六萬華人八萬九千熙熙
攘攘稱名都焉
十二日辛酉晴未刻乘車行二十餘里至凱福房有木
樓二十餘間前臨大海後倚長岡對面有三小島作草
書六字形極其峭拔忽見數十海獅爬出水面伏于石
上向日而眠身如魚有冗毛色灰紫首如鼠如犬兩骰
二四
似魚之分水有大於牛者吼聲如犬而洪猙獰可畏登
樓遠眺只見滄海紅日萬里銀濤洶湧之聲不舍晝夜
遥指天際惟有風帆沙鳥數點而已登車回寓沿海繞
行二十餘里潮水出于車下在車左者烟鬟堆翠在車
右者雪浪疊紋後則盤山而行一路紅紫鬬芳香襲襟
袖矣
十三日壬戌晴土產蔓菜高約四尺根粗周遍七寸他
如波菜白菜豌豆扁豆蘿蔔以及葱蒜茄瓜各菜蔬無
一不備果則橘大柿小落花生暨榛實大於指栗與瓜

亦較内地稍大果實之宜熟食者只于火旁煨之而已味不甚佳

十四日癸亥晴晚餐得食西瓜平果味皆甘美入夜陰

記外國幼童玩藝頗多有玩石球者法共十三一曰一塔係以海面白石作球亦有玻璃者繪以五彩起自荷蘭地畫一圈中置四球作三角形玩者手持一球臥於地面距四球遠近隨人之力由一尺至十尺不等以大指横行彈去著則將圈中球皆移去為勝否則負二曰三坑係于圈内掘三小坑圈周約五尺圈外畫一直線

二十五

以為界長六尺先後以次而彈彈入第一坑始許彈第二坑若第二坑不中則退繼以第二人彈若中其球與前不中之球相距甚近則以己球擊彼球愈遠愈妙若不中則令第三人彈總之以連中三坑者為勝否則負三曰九孔主人以多球作小橋形留以九孔孔僅容球孔皆記數如一二三四五六七八九等字孔亦有無字者或一無或二無或三無等類擲者立于九尺之外球若穿孔而過主人即按某孔所記之數償銀若穿無字之孔則否若擊孔邊則球為主人所有亦有自五起數如五六七八九十十一十二十三等字穿過者照數給銀否則不惟失球且每次給主人一銀錢更有以氣嗆放球擊孔是更難能而可貴四曰擊球一人持大石球立于二十步外對面數人按次以球相擊中則勝否則負中者即時拾球切勿抛棄否則勝者亦負五曰猜拳一人手握數球令一人猜對則勝或多或少負者賠補整數假如手握八球若猜三則給五以成八若猜十亦給二以完十或用桃仁鈕扣等物亦可六名反擊先一人擲球于墻令撞回在六尺之外第二人向墻擊球以

二十六

能反觸其球者為勝否則留其球于地第三人擊不中則第四人擊以次而擊中則止即將地上之球以獎勝者若不中之球在應觸球之前甚近則後擊者須運巧思繞越不中之球以反觸之斯為妙技七曰遥擲係離墻近掘一坑坑外畫一直線以為界長八尺預約用球若干每次擲球幾箇假如二人每次人各三球則先擲者手握六球而齊擲球之入坑者偶數為勝如二四六奇數為負如一三五勝者拾球後出球另擲此一法也又法假如六人擲序預為擬定第一人先擲入坑者為

其所得第二人擲第一人所餘入坑者為其所得第三人擲第二人所餘以次類推然亦有第一人將所有之球齊擲坑內則餘人出球另擲此又一法也此玩亦用鈕扣八曰對擊如中國之踢球然甲先擲球乙以球擊之不中則甲拾球反擊乙球中而後止九曰奇偶係由兜中取出小球握于手內令猜奇偶對則得球一否則輸球一十曰彈球古名鈴鐸未詳何義法係地畫一圈周盈二尺人各置一球于內圈外畫一直線以為界長三尺以大指彈球以擊衆球凡球之出圈者皆為彈者所得若一球不出則將其球置于圈內不許再彈第二人則彈圈內所餘之球或第一人竟將全球擊出圈外或只賸一人而圈內之球盡數擊出則每人再各置一球以備二次彈擊更有將球放近墻籬其間僅可容足則由膝下而彈如有阻礙則由膝上而彈此須力巧兼至者得十一曰宄羅法係置多球于圈內一人手拈宄羅令轉凡被觸之球出圈外者皆為拈者所得又法係令宄羅旋轉一人乘間以球擊之待宄羅定計擊中若干則加倍而贏十二曰方城法于地上畫一方城中微凹置一主球距城二尺作一方形其四隅各置一球一方一圓一四等面體一二十等面體每二球之間置一圓球此八客球按次擊主球其主球被擊而出則勝矣客球出于城外則擊序周而復始若客球留于城內須俟他球擊出方許再擊十三曰懸擊人各置一球于小圈內令成堆垛擊者以大指與食指夾一球于目下墜球堆其被擊出圈者皆為擊者所得若擊者之球不出圈外則留之以待第二人懸擊

十五日甲子晴未初有同齋那輪船之粵人陸松者約食于遠芳樓山珍海錯烹調悉如內地同座四客其一葉佐棠餘未詳其姓字酉初回寓

十六日乙丑晴土人見華人皆呼朱安朱安者西洋小兒乳名也

十七日丙寅晴申正陰葉佐棠約看廣東新新鳳班戲齣頗佳入夜大雨

十八日丁卯晴巳正隨志孫雨

欽憲往看造錢局局甚寬大樓高四層其造法多用火機先將礦砂入槽成塊去其渣滓再將鎔塊入水成層次入

强水爐識別金銀銅三種以之造錢夾金于二輥軸之
間輪逼軸轉而金塊成板再置板于軋機機如箭榫機
動板行則圓餅落下而餘銅大片圓空相連流入他箱
餅成則擠邊邊得而印文印機如蓋下鑿陰文蓋之起
落餅之往來純借輪機不需人力快極另有木板上鑿
百槽槽之淺深與錢之厚薄等錢成則任手撒之令滿
則得洋錢百圓傾于他處較之手數便易多矣造銀錢
銅錢亦準此未初回寓
十九日戊辰陰雨晚乘車行里許往看假黑人戲黑人
廿九
出于南阿美里加服與北方同惟面黑如漆齒白如銀
此係土人喬裝排列九名于臺拽胡笳彈八角鼓歌調
新奇坐卧跳舞形同沐猴語雜詼諧殊覺可哂戌初雨
止回寓頗凉
二十日己巳晴午初葉佐棠約食于杏香樓樓高二層
陳設古玩畫軸扁額頗多皆名人題寫幽雅可觀
二十一日庚午晴巳初隨志孫雨
欽憲往看造船廠廠傍海而立係以火藥轟石斲穴成槽前
方後圓長逾百丈深數丈寬二十餘丈槽口設有鐵閘
背列木堦百級以便工人升降船隻造成則開閘放水
水入船浮而自出船出閉閘槽下掘井下通涵洞其左
右設有輪機機動輪旋汲水出槽復入大海省力之至
未初回寓
二十二日辛未晴巳正隨志孫雨
欽憲往看織氈局其造法係用輪機先洗絨于木箱洗畢放
于平盤流歸罣軸軸面粗糙罣絨冗細則歸于練軸面
繞斜路由左而右以練細絨成粗縷再入撮軸而成線
線成則織穿梭上線統用輪機十座鐵機只須一人監
三十
守
二十三日壬申晴辰正乘雙馬車行三里許至渡口上
輪渡名阿拉門達長約九丈係明輪可載人數百兩輪
之間客艙之下小巷一條可容馬車數輛船行十里過
金江登輪車行六十六里至地名黑窩一路樹林陰翳
田園茂盛有聚米倉房百餘間寬大整潔內有收田機
器形若梳篦暗藏鐮刀左有鐵輪關鍵以馬拽之馬馳
輪轉其器自能割刈並能束捆成排委積田畔人坐車
旁領路而已看畢復登輪車回行三十五里換馬車至

管理輪車官舍少坐辭去又行二十餘里至鷗蘭莊酌
于茶園園內屋宇數間滿池楊柳前臨小湖右襟長岡
岡湖連以鐵橋左帶椽林後依園圃時則天光清朗春
色融融列鼎陳花臨風釃酒復行十餘里至火輪車客
廳少憩土人瞻望絡繹不絕登輪車行十四里至渡口
上輪舟名娃收式與前同申正一刻回寓得食白葡萄
味頗甘美後因燈下無聊一時技癢偶擬鷗蘭記文曰
鷗蘭譯言橡田也其地景致清幽倚山坡設酒肆為遊
人休息之所戊辰春明隨使是邦得遊其地是日也天
光開霽淑氣扇和華使六七人西士五六人乘車至肆
小亭環以清溪長薬陰於花架大烹饗客列坐于羣芳
供養之中于是酌三鞭飲加非手拈刀叉味兼膻腥從
俗也遠視綿亙凸凹蔚然深秀者肆前之山岡也樓臺
點綴野芳幽香者肆後之名園也一水如鏡波浪不興
環抱東南者肆右之小湖也肆岡之間如游龍如彩虹
橫卧湖面者長橋也佳木葱蘢綠影參差者肆左之橡
林也萬紫千紅絢如爛錦者三春之嘉卉也俄而嬌聲
嚦嚦如鶯炙簧者番婦進食也聲音錯雜丁當而響者

三十

眾人食而刀叉動也男女雜坐履舄交錯起立喧譁者
座客樂也鳩鳩涑涑者番人語也已而茶罷酒闌盃盤
狼藉夕陽在山清風颯颯鳥鳴上下林木颼颼太太先
行矣曳長裙如狐尾拖地竟體香氣襲人雖蓮船盈尺
亦具裊裊婷婷之態而俄延瞻望不復言別者眾客醉
矣眾客醉而星使歸矣爰為之記以傳一笑
二十四日癸酉晴見門楹黏一帖云華人之著西服者
不得叅見
欽差是帖未知何人所貼然華人貿易于此之著西服者百
無一人
二十五日甲戌晴午後有日本國高確來拜坐談移時
乃去晚與同店之合眾國紐邦人姓巴爾三者聯牀夜
話其人年約五旬言語溫和詢知金山田畝雖肥而頻
遭地震
二十六日乙亥晴辰正大風街市雖廣闊而路逢石墁
沙漆者少故風則揚塵雨則泥濘入夜風止
二十七日丙子晴見對門一肆專售一物可名擄衣器
係一錫盆周約九尺高八寸旁有木柄鐵機將所澣大

三十一

小衣衫放于機内以手推柄而機動則濕者皆乾矣

二十八日丁丑晴。巳初有日本商携大小倭刀各一来售云敝邑刀雖嚴禁而遠人時有戒心故私帶數柄以備不虞今因旅費告竭敢以獻之吾予詢其值大者二十五圓小者十五圓燈下閱之漆其鞘牙其柄鋒鋩奪目寒光凛凛百錬鋼化為繞指柔矣

二十九日戊寅晴。午初陸松携其友五人來拜持紙求書辭不獲為之塗鴉而去

三十日己卯晴。巳刻同聯春卿與塔木菴乘車南行四 三十三
里許入肆照相樓懸美人小照高約三尺寬二尺面鏡而坐前後畢見其人鳳眼蛾眉髮長委地腰如細柳手約桃花詢之乃金城巨商之婦是日午後微雨申正晴

四月

初一日庚辰晴。虔謁

關帝廟進香殿宇宏麗匾額輝煌係粵商歛貲所建

聖帝之威靈無遠弗屆矣

初二日辛巳晴極熱。巳刻有粵東六館司事來拜並請翌午酌于崗州會館

初三日壬午晴。午初隨志孫兩

欽憲乘雙馬車行二里許至崗州會館面晤六館司事是日鼓樂喧天錦繡鋪地懸花結彩華麗絶倫有硃箋楹帖三副一云聖天子修禮和鄰化外蠻夷渾若赤子賢使臣宣仁布德天涯桑梓視同家一云沐清化以食德天朝作客多年漫云戴月披星無關聖澤捧丹書而停驂旅館相逢異國怎不薦芹獻酒共敘鄉情一云遐方紫氣從東接一片彤雲自北來少敘而歸

初四日癸未晴。午正六館司事回拜。入夜甚冷著皮衣 三十四
記外國小兒力學三十餘式第一曰躍蛙躍者率十二人令十一人立成一行以此首置彼臀彼此頭尾相銜長約十七八尺各人鞠躬手或抄起或扶膝上肘向内收頭向前低頦匿胸前肩骰用力如此則第十二人從後奔至第十一人背後手把其肩即行跳上躍過其頭再把第十人之肩如此接連至第一人逾快逾妙躍畢另立一處次則第十一人躍第十人第九人以至第一人躍畢另立與第十二人成行為第二人次則第十人躍第九人第八人以至第一人躍畢另立為第三人如

此蟬聯。而躍至第一人翻爲第十二人。則再躍再列。周而復始。比十二人必身體相等。巧力悉敵。方可。否則有顛撲之患矣。又有一法。係折腰以手置膝。仰首以肩代背。有能躍過甚遠者爲妙技。然不必十二人。第二曰飛帶。地上畫一横線命爲帶。一人鞠躬横立于帶之左端。于帶之右端限以幾何步爲界。令飛者于此奔至左端。躍其腰急呼以走。而立者横移一步。飛者愈多則立者距帶愈遠。有飛而不能躍。躍而不呼走。皆負罰爲立于左端之人。若飛者皆躍過。令立者仍退于原立之處以俟再飛。

三十五

初五日甲申晴。午後隨志孫兩欽憲往郊外一十五里。看鎔化金銀廠。鎔化純用火機與他國同。惟見鐵滓籃靛數囷。土人云以之種田。能阻害稼之蟲。

初六日乙酉晴。酉刻隨志孫兩欽憲往芒格茉街利克房中赴宴。係總督黑公所約。樓房峻麗。燈燭輝煌。正面高懸大清龍旗與合衆花旗。左右則英法各國彩旗。隨風飄漾。綺浪疊翻。琴瑟鼓鐘。上奏雅樂。盃盤簋簠。下列盛筵。是日官商五百。華商暨六館司事七人。每人劇金十一圓。計六千二百七十圓。飯畢衆興稱祝。丑初告別。雞既三唱矣。

初七日丙戌晴。閱新聞紙已將昨宵筵宴之事。備載詳明。布告列邦。傳爲盛事。辰正隨志孫兩欽憲至海口閱看新造輪船。名曰阿寬。長約二十餘丈。寬二丈。係明輪。是日開輪試機。請衆慶賀。見船身堅固。四面光明。上載官商百餘人。樂兵一隊。開船行三十餘里至阿拉喀達拉司礮臺。登岸盤桓。忽聞礮聲大振。有兵鼓樂前迎。以隆體統。地係孤島。臺上列大礮百尊。長丈五。徑五寸。容藥一百七十餘斤。當時放礮十五聲。振山岳。又向水施放炸礮。其鉛丸逼浪飛空。形如水法。看畢回船。行二十餘里至金門礮臺。兵迎如前。下船南行入一石門。環以城垣。入内四面高樓暗藏石壁。左右二座火爐。據管礮官云。放礮之時。將礮子入爐燒熱。推入礮膛。其力大而且遠。樓頂仰列大礮。皆有活車能推移四面。是臺崇高。純係石鐵所建。上設燈樓。百里之外可望。下

三十六

藏藥庫數年之久能供看畢回船環繞島嶼數處青崖翠嶺峭拔可觀洵是邦之形勝區也未刻回寓微冷

初八日丁亥晴巳初起程至海口登輪船名曰喀裏拉兜長二十六丈寬四丈係明輪製造新奇輪軸外露形似天平高逾二丈是日船客頗多餞者如堵開船出口南行東面長山連雲不斷申初細雨一陣

初九日戊子陰雨極冷午後晴虹見東方五色迷目水色葱綠波浪不興有物數條蛇首魚尾長不知幾許繞船游時許而沒

初十日己丑晴暖水平船穩如履平地遠見長鯨吐水甚高

三十七

十一日庚寅晴東面一帶連山石青林密鬱乎蒼蒼水天一色羣鳥高翔

十二日辛卯晴午初見山高逾百仞遠出雲端日光似火熱不可當

十三日壬辰晴平水色深藍月小山高天清氣爽四顧寂寥子初過金山海汊遇輪舟一隻未記何名係北行去金城者

十四日癸巳晴暖午後陰雲冥冥昏黑如黳遥聞隔岸殷雷聲振林木記同船男客八百七十九婦女一百二十小兒九十六名皆合衆國人也

十五日甲午晴東面山嶺若迎忽而白沙峭壁忽而綠樹山岡而船行如矢疑在虛無縹渺之鄉矣午後聞後艙內病死小兒一名其母新寡又因伊長子曾溺于水是日哭痛幾絕時值酷熱船主令人開導移至船面前闌以障以便養疴酉初入一山口羣島競秀萬壑爭流少刻住船于阿拉嘎白拉溝地係墨西哥國之南西界

三十八

土人黑如印度相傳為呂宋遺種服色與泰西人同天氣蒸炎土脈肥沃四壁蒼山亭亭峭立芭蕉艾橘景似錫蘭或云其地果品極多而美如波羅蜜西瓜橘橙等味甚甘異邦之人食之弗良土人惰而不耕刻木為舟炙牛為食幸山中出金銀藉以安居樂業船上下貨物畢子初開行出口甚平

十六日乙未晴水綠而平地近赤道天光熱於紅海東面沙岸無涯不知幾許遠矣申正陰夜半大雨傾盆晝行向東南入夜則東行而遥南

十七日丙申早細雨淋淋午後晴水平船穩有巨魚長約九尺尖嘴細鱗游泳海面性極馴惜不知其名

十八日丁酉晴水平如鏡聞同船少年名屈達拉者與幼女姓包名似箏荷于昨宵赴桑中之約女年二七男纔十三齡耳衆人雖知殊不置意蓋他國風俗使然也

十九日戊戌晴旁風起船微搖蕩遥望西北青山障空懸崖欲墜午後見一大龜周約丈許飄乎波浪之中其色黑而間青有斑紋洵靈物也酉刻陰復見海豬兩耳直立浮于水面

三九

二十日己亥早大雨滂沱午後微晴見東面連山不高其上密樹如雲遥看不見一隙晚飯食有墨西哥土果名曰蠻果形似桃而長色如杏而赤味比甜瓜内有巨實叢枝大葉倒生于樹晚復陰亥初大雨

二十一日庚子早仍大雨午正緩行向東稍北長山傍海林密如烟上下横以白雲蒼翠隱現于中仰觀不見其巔莫名其峻俯視不見其麓莫名其深申初見左右二小島一方一圓色如蜨粉四圍海浪白花攢拱若蓮戌初雨止稍凉子初抵巴拿馬地屬墨西哥係南北阿美里加連脛之地民皆雜種黑白不一由金山至巴拿馬計水程九千八百四十五里

二十二日辛丑晴辰刻有火輪渡名巴勾大者來載通船男女客人以及行李巳初開舟東行十餘里抵西岸登火輪車行百四十一里一路天陰細雨連綿深山細水叢竹密林遍地蒼苔時防泥滑樹葉大小飛鳥黑白鮮花粉紫瓜果紅黄所能識者百無幾種房皆竹作間架葉代陶瓦矮小鄙陋遜於西貢多矣人則面目肥大匾鼻大骨黑黄不一男女老幼望之如鬼駭然可畏所

四十

食者只山蔬牛肉而已午後抵東岸地名阿斯浜顏人多如市路逢泥濘臭氣觸人不可嚮邇下車上輪船名阿里捜那長二十六丈寬三丈係暗輪申初開船出口入大西洋

二十三日壬寅晴東北行巳刻風起浪湧前後簸揚此地雖未及赤道然望日則向北人影短而向南矣子正風定稍平

二十四日癸卯晴正北行水色深藍風浪更大人多嘔吐卧而不起矣

二十五日甲辰晴稍平辰刻見西面小島一區面平似案東面亦遥見遠山綿亙申初過古巴海島長約千餘里地屬西班牙國廣産烟糖傭食者多中土苦民

二十六日乙巳晴據同舟西人云外邦有賤男貴女之説男子待妻最優迎娶以後行坐不離一切事承不敢自擅育子女後所有保抱攜持皆其夫躬任之若乳母焉蓋男子自二十歲後即與其父析産另樹門墻自尋匹配而女子情竇初開即求燕婉更數人而始定情一則財産相稱一則情意相符故娶妻求完璞實戛戛其難之乾卑坤尊亦地氣使然也是日午正見東面一帶平原長約三四百里其色青青名卧特令島係前明宏治年間西班牙國哥倫伯乘舟西尋新洲始得之

二十七日丙午晴風平波息水色葱緑申刻陰夜半大雨

二十八日丁未陰雨甚涼申刻驟風暴雨四圍天水迷漫浪過船頂船身前後簸揚中艙水深盈尺奔騰硼湃之聲終夜不息

二十九日戊申天陰浪湧如昨巳正忽晴浪小舟平一帆風順聞後艙一客不起船主令四名黑人裹以白氊拋諸水内入夜極冷

閏四月

初一日己酉晴平卯刻北行偏西見左邊一帶白沙長岸行百餘里距岸漸近有村鎮堞頭入口轉東見東西北三面樓房鱗比兩岸相距約三十餘里往來輪渡極多風篷火輪尤夥地在新埠又名紐約為東西兩洋海面通衢三面碼頭計六十七處午初停泊有合衆國委員竇理文者迎候未初登岸乘四輪雙馬車行二十餘里入衛四德敏四達旅舍頗宏敞亦整潔由阿斯浜頹至新埠計水程六千七百里有奇

初二日庚戌陰雨記新埠與省同名為合衆之東北界新埠城周約七十五里居民一百五十萬街道寬闊樓房淨麗如巴里人烟輳集鋪戶稠密似倫敦閭巷千百按數而名者有自頭條衚衕至二百二十九條衚衕亦是朝佳節夜夜元宵其通衢馳驅車馬晝夜喧闐而徒行者每有衝突之患則架空横一鐵橋橋式上平首尾陂兩邊之兩端各設二鐵梯一登一降往來毫無阻

礙路途之不潔者有兵晨昏灑掃每日各巷皆有一車經過車後橫一圓刷長約九尺周八尺車行刷轉則地淨矣酉初雨止涼

初三日辛亥仍雨戌初乘車行五里許入一戲園觀劇頗佳有人遊海底月照湖山水旅魚國蜻蜓飛仙層層變化妙難盡言丑正回寓

初四日壬子陰午後有房後十七條衚衕姓布名拉格者來拜晚復邀看畫樓同與步行里許至萊興坦街入樓見其樓之大油畫之多與泰西者同

四三

初五日癸丑微晴未刻隨志孫兩

欽憲乘車北行二十餘里至一園名正中內車路百餘里極曲折甬道平坦左右石欄青山綠水花木樓臺車馬相藉遊人不絕河心橫亙九孔長橋高一十三丈六尺前通河海日有輪渡往來酉正回寓薄暮隨志孫兩

欽憲步至哈米坦家在畫樓間壁伊令家屬叅見伊云長子哈斯爾在北京總稅務司署內學習華文屈指半載尚未接得安報不勝懸懸其妻女鼓琴酌茗以佐清談亥正辭回

初六日甲寅晴午初乘車行里許至義社係富室古柏爾建造費數萬元高樓周十餘里廣置天下書籍畫本石人泥像令郡內居民學習或讀或畫或塑或刻聽其自便一切支應皆伊供給又行三里許至義書堂名阿司德爾亦係名人建造周十五里白石層樓內儲各國古今書籍七萬五千餘卷國人樂觀者任其流覽以廣見聞惟禁攜帶出門與點竄塗抹而已後至大街一銀器鋪鋪係巴克耳開張珠玉鑽石極天下之寶貴無不博採旁收而銀器之新奇者亦無不鎮金錯彩蔚然可觀晚有鄰居布拉格約叅伊友楊昂陪座戌正回寓

四四

初七日乙卯晴申正乘車至由年坊見衆兵蜂擁而來器械鮮明步隊齊整詢之係伊省義勇約千人皆紳商充當如中國之團練服灰色異於官兵彼見中國

欽差皆壓旗揚刀而立以示恭敬

初八日丙辰晴午後隨志孫兩

欽憲乘車行十餘里至河岸登福來輪船行三十餘里至蘭達島周數十里四面花園中建大樓十數處養郡內孤獨無告之人女子教以織繡男子教以兵法男女各有

讀書燕息之所飲食衣服一律周備每樓同居者齒相等如八歲與八歲居十歲與十歲居通計一千五百餘名外有中國男兒一名年九歲未詳名姓所演幼兵一隊約五十餘人領隊者十四五歲各執刀熗步代齊整可謂童子軍矣演畢無不擊節嘆賞登舟行十二里至其布拉烏島廣建園囿樓房養疾病殘廢瘋呆之人百方療治愈則送歸男女皆然執盜賊不法之人令其作工終朝不息給其衣食使無飢餒俟其向善則釋之酉正回寓

初九日丁巳陰午後晴戌刻隨志孫兩

欽憲乘車西北行三里許至梅地仙坊赴遊人會登樓見男女如雲舉國若狂有曾遊歷中土者二十餘人能華言相談甚得丑初始散

四五

初十日戊午晴午初布拉格攜其子女約與街遊出巷口入小園花木不多鐵凳成行男女老幼乘凉納爽或談或歌或作鐵蕭或看書文小兒則擊球打圈游戲無猜四圍綠蔭暑不逼人亦消夏之一道也酉正一刻回寓

再述奇卷二

目　錄

合衆國

再述奇卷二

鐵嶺　德明在初隨筆
貴榮竹坪校閱

戊辰又四月十一日己未晴辰初起程乘馬車至河口駕輪渡行三里許抵岸即登輪車西南行六百九十餘里酉初抵合衆國京都華盛頓一路田疇交錯村鎮壯觀過江河五其鐵石橋梁長皆二三里入都行三里許至盤邦街宿于梅斗柏立田店樓高五層其男女奴僕係二百年前阿非利加人之遺種面黑而微黃髮短而冗洋人呼卜拉克司譯言黑子也蓋自前明正德間英得阿美里加後因地曠人稀遂于
國初時由阿非利加販黑人爲奴價頗廉雖一尺花綢亦可換人一口至嘉慶十三年英以販人爲海盜目之遂永革禁現合衆國人分三種或土母白父或黑母白父或黑母土父彼此面色不同故其後裔有黃黑紅紫之各異店中各屋皆設蚊帳式與華同因地近江河巨蚊叢生備此以避蚊患

十二日庚申晴午初隨志孫兩
欽憲拜合衆國總理各國事務大臣南行里許遇賓理文云

該大臣公出未歸遂回車繞議事公廨北行其公廨係百尺高樓周約三里漢白玉石雕刻玲瓏四面圍以花園鐵栅樹木成雲回寓至未正一刻復登車行十餘里至合衆國總署其正總理徐爾德率伊子副總理徐賴力門外拱候延入公堂待以上賓之禮款接良殷屋中設地球大於甕係泥紙所造球面不平凸者爲山凹者爲水餘係平原據云合衆國極北有地名阿拉思戛原屬俄國現售于合衆其價七百萬圓地多不毛亦甚冷其地距中國一萬六千餘里申正回寓戌初徐爾德約至其家見其眷屬焉是時俄國正公使在座徐公具達來意屋內鋪陳古董供養鮮花四壁恭懸和碩恭親王暨總理各國事務各大臣照像以及各國之國王王后小照外有中土歷代古錢如半兩五銖嘉祐建興等暨
大清同福臨東江二十字之制錢皆釘於紙板之上放於玻璃罩內又有阿美里加與亞細亞二洲之間海島小國人像其國無文定約之據係一魚牙長一尺黃紫色又一烟具長三尺周二寸形如楬棒若行軍凱旋和約免戰即將此烟然著每人各吸一口則已餘有許多

中外奇物不暇記載子初回寓
十三日辛酉晴未刻細雨有新埠新聞紙使來此說明同其入廚看華人造飯將所用刀勺菜蔬悉以鉛筆約畧繪之詢以何名如何用法明遂逐一答之其人拜謝而去
十四日壬戌晴稍涼酉刻徐爾德約觀劇先至其家登樓導入卧室伊言三年前平復南邦之後與統領凌崑觀劇有刺客以手鎗轟其統領鉛丸穿透又傷伊之下頦回家延醫調治夜忽一人登樓對其子云係醫生令見尊大人有面商之事其子不允彼遂轉身下梯回手 三
一鎗中其顴急搶入屋欲以匕首刺徐之頭因屋内昏暗傷其下體彼時闔家驚起其人遂逸三日後被獲審之係亦南人主使由是出入有官兵護衛以備不虞是夕看劇頗佳男女歌舞與他國同子正回寓
十五日癸亥晴午刻隨志孫兩
欽憲至總理各國事務衙門會同徐爾德至統領府謁見統領朱温遜卽合衆語伯理璽天德年約五旬與庶民同服蒲

欽使先達出使之意朱統領令徐爾德覆答之言畢呈遞
國書握手問訊泰西禮也朱云貴
欽差辱臨敝國本統領當竭力襄辦一是不可令有不便云云語畢辭出復回總署少坐見各國條約國書地圖數十種日本國璽係篆書文曰經文緯武往來文移半草書記朱温遜少有大志隱于縫匠所有天文地理治國安民之書罔不精心攻習國人敬之前任統領凌崑卒後衆遂推彼登位故國人呼為縫匠統領其府周約三里係漢白玉石建造外繞花園土人呼曰白房嘲語也 四
蓋國中呼厠為白房
十六日甲子晴熱午正明同鳳夔九持丁冠西薦書謁其友巴克爾未遇而歸申刻寓之東廂有優女倚窗而坐二八名姝也詢之聞其姓麗姒其名逸人屬歌伊佯羞不肯促之再四伊乃低手撫琴良久按譜而歌其聲嫋嫋若有餘思聆之令人魂消幾許亥初一刻隨志孫兩
欽憲往徐爾德家赴約會見各國公使及本國諸大僚二百餘名園内各樹張挂紅綠彩燈大開盛筵設有樂工倚

食登樓忽見一人黑髮黃面貌如亞細亞人明以為日本使臣及談始知係上洋人來此已七載矣詢其何幹云學習傳教曰汝尚欲回中土乎曰然然則汝髮已剪何得回耶曰蓄之令長可也伊又云公等旋歸可將西國風俗政事之善者以勸華人之不善不數年間華人必效西國矣明言汝既中華人當曉中土事夫各國皆有善政美俗以彼移此尚有宜與不宜況中國歷來數千年古聖先賢所遺嘉言懿行不可勝數何必取彼數百年之善政以易我數千年之善政乎然則汝知中國

五

有孔聖乎曰知汝知

大清國有同治

皇帝乎曰知曰汝既知則吾告汝但恐汝皆忘卻也夫

大清國之禁律男子雜髮長服今汝已剪髮異服則吾不以華人視汝矣必以為歐羅巴及阿美里加者也然汝學習傳教將何為曰必得其真實善道以勸我華人同登善道也曰予惜汝何其愚哉何其愚哉夫所謂真實善道非爾所知耶穌者距生于一千八百六十年前漢平帝之世彼有善言教化西土歐羅巴各國人民咸被其澤世奉其教孔子生於耶穌五百五十餘年之前在周之世所遺嘉言懿行傳流教化亞細亞各國及附近島嶼如日本琉球安南各國人民咸被其澤世尊其教汝亞細亞人也何棄此而歸彼哉然則汝先祖即天主教乎曰非也汝父為天主教乎曰亦非也曰然則汝之隨天主教也非為行善乃取利耳汝今為取小利而亂大義忘卻爾祖爾父汝死後將何以見爾之先代祖宗乎爾之祖父亦必不以汝為其子孫矣嗟乎嗟乎亡羊補牢未為晚也其人大慚旁有某氏女見明怒色不止

六

乃勸下樓往園中一遊少刻復回側聞各國公使議論皆輕賤其人未嘗有以明為不是者丑正回寓

十七日乙丑晴未刻携本店黑僕名朱安年約三旬鐵面銀牙雙目熒熒如黑棋子然北遊十餘里轉東一路園林花樹樓閣飛泉頗覺悅目是時天陰復東行里許忽大雨傾盆苦無雨具急入一家避之其眷屬三男三女係翁媪與其子媳霎時雲際瞥過巨電少婦倉皇失色手指肩頭作十字形係默祝天主之意也明嘗聞泰西人云雷電皆係電氣所致毫無神靈今見少婦如此

則西人亦未嘗不畏雷擊也雷則仍有靈矣俟雨微止翁云去此北行不數武可覓海車遂同黑僕冒雨至第七條衖衕候之車至時風雨更大兼有冰雹迷漫甚冷
申正回寓

十八日丙寅晴巳正出街東北行三四里出郭連遊名園十二處處處茂林蔽日絡繹數十里不數武即有鐵凳以備遊人休憩一路土房不高然皆齊整居住多是黑人見明獨步眾皆忸怩吃吃而言不知其為何國人也少坐即有男女來窺小兒羣立以目視之去則跳躍追隨或云是女或云是男或云服色新奇或云彼髮黑於我面趣甚蓋合眾國二百年來已化阿美里加三十六邦已化者男女令為奴僕服與眾同惟語音稍異為另種土語其面有如鐵者有微黃者髮皆細卷其色灰赤其未化數邦仍穴居于野攫獸為食面圖五色身著鍬毛別之為西印度因前明宏治年間西班牙人哥倫伯乘巨艦西行新得此地不知其另為一洲以為亞細亞之西界故有是名

十九日丁卯晴午正隨志孫兩

欽憲乘車行二里許至合眾國議事廳又名上會堂步階而入屋宇宏敞修飾潔麗正中大廳圓形北一高臺上坐正副首領下列木凳排坐各邦紳士二百七十餘名樓上陳座千餘係為國中男女聽論者

欽憲入眾皆起立蒲

欽使與正首領冠法四立談彼此答謝各紳士皆出位列為兩翼一一與明等拉手道名問好拉畢自覺手腕酸楚次每人各出一紙令書名字不勝其擾聞合眾國人人各有小書一本凡所交結皆令本人書名于簿以留筆迹竟有與朝中大僚無一面之識亦可使人送簿于門求其筆跡以便後人看其名簿知某大官某名士曾為其至交也故明在旅邸每日男女求書者接踵而來即倉卒相遇于途亦自兜內取筆令書名字而後去出圓廳周遊各屋入一書室共存書一十七萬五千餘卷又有石像畫軸等物看畢回寓酉初復隨志孫兩

欽憲往白房赴宴係前于十五日折柬相約云大合眾國伯

理璽天德朱温遜夫妻恭請

欽差大人於本月十九日酉刻晚酌特此謹訂速候回音是

荷是夕同席有各國公使及徐爾德父子統領對明云
諸
欽使光臨下邑本統領不勝榮幸一切事宜無不盡心照料
以臻美善而敦和好俟
貴國與西洋各國交久自見合衆國與中國友誼厚薄合衆
原與
大清相隔一水實比鄰也中國農人有務穡善法合衆人可
學而合衆有耕種省力機器中土亦可仿是則兩國擇
其善者而從之豈不日見其盛哉子初一刻席散回寓

九

入夜陰
二十日戊辰細雨陣陣申初隨志孫兩
欽憲乘車行十數里至漠溝河岸登官輪渡曲折行四十八
里至卧南山一路濃陰綠樹阡陌雲連下舟拾級而上
步行四里許抵華盛頓新移之墓砌以紅甎前如山字
後如橋背內長洞列二石棺係華盛頓夫妻合葬外有
月門鐵栅左右石碣六七皆伊子姪輩所立表揚功德
復東北行過其舊墓係一深坑外以甎砌如長枕形繞
至山頂見有石樓數間樸素不華後有廊楹園囿地勢
極寬乃華盛頓之故宅也前臨長江拱如玉帶後倚青
山立若錦屏松杉楓柳花草新奇守墓者皆本土黑人
下山仍駕小舟登輪渡同舟與合衆人羅理談年近五
旬自言能解百五十國語言並能模寫如滿洲漢字皆
知戌正回寓
二十一日己巳陰雨巳刻有扎克遜者約鳳夔九與明
乘車出遊其人曾與南邦對陣失去左臂國出銀百圓
買假手以續之每年給養贍銀四百圓當日出郭過木
橋長四里行二十餘里至阿陵屯係南邦叛首李義之

十

家後因彼敗遂以此築京觀而慰忠魂四面花樹中建
石樓極巍峩前臨河而後倚山遥望無際房右一大石
塚高一丈長一丈四尺寬六七尺上書內葬無名無考
陣亡兵勇二千一百一十一名係由沙場檢白骨以瘞
之此後義塚林立行行共二萬七百餘名墓前標以白
牌上勒某營某隊某名某籍春秋官爲致祭白牌上插
鮮花有作成圓圈者有十字形者皆國人來此弔望供
花以祝升天之意是時涼風細雨四顧無人遊子天涯
能無墮淚昔云一將成功萬骨枯觀此則中外一轍武

功顧可糴哉去此行四十餘里過鐵鎖長橋河名波多麻一路所經之地多沃田然閙鬪者少道旁茂林蔽日横亙數十里然間有大片損傷係戰時被樵採所伐者扎云八年前黑人咸服役于合衆北邦因驅使者傷天害理恐爲國患乃約各邦集議欲放黑人爲齊民而南方各邦不允遂搆兵奪去數省波河以南爲其所有以立尺滿城爲京鏖兵四載始定黑人由是放出南邦雖敗其大酋李義並未見誅今在威至雅邦萊杏坦城爲大學院之教習在彼嚴錮與監禁同蓋南邦之人躭于

十一

安逸所有起居飲食需人而理故禁黑人而不釋職是故耳刻下黑人既弛其禁即各聽其便富者安居貧者傭力洵合衆國之第一仁政也酉初回寓戌刻隨志孫兩

欽憲乘車至布國公使高某公署伊約至十五條衚衕馬素公禮拜堂内設長案上列花草糖果暨各種小兒玩具有少婦十餘在彼售賣值一錢者討四錢而買者率富戶亦不較其值蓋因堂費不足藉此以取償之子初回寓

二十二日庚午晴熱午後隨志孫兩

欽憲拜客一帶兵總統固慎前于道光十八九年間曾到中土論及中外事體甚屬公平一帶兵總統韓皋公出未遇一總署總辦葛士力見其妻女茶罷而歸戌刻往寬街大戲園觀劇所演係俄羅斯伯多羅王在荷蘭學鐵木匠工成回國百官來迎荷蘭始知爲王故事丑初戲散

二十三日辛未晴記合衆國因南邦之亂軍費太多除嘉邦行使銀圓外其餘三十五邦一律改用官票其銀

十二

數自數十圓至半圓至一角不等大者長半尺廣二寸五分小者長二寸廣一寸面印金圖黑字背則綠色花紋俗呼綠背按實銀每圓重六錢二分而官票每圓值銀六錢一分以至五錢四錢不等市價日更晚有鄰人馬拉斯者約觀劇是時本係西歷一千八百六十八年而所演者乃假造一千八百七十二年事亦不經之甚矣

二十四日壬申晴午後獨步東行里許過木橋入大園石樓内儲各國古董與鳥獸魚蟲之骨遊人入門咸書

名于簿以備稽查樓外四面繞以花樹花有木槿紅蓼鳳尾杜鵑芙蓉玫瑰芍藥牡丹又有洋花數顆名曰麻婁立雅葉大如蕉花色白瓣長五寸如蓮其味清香草木則松槐榆柳苔荇地堪而已

二十五日癸酉晴記合衆人喜食西紅柿或生或煮伴以油醋或以白糖又食甜瓜嘗佐以鹽與椒麪嗜好不同於斯見焉聞國人有私懷手槍者罰銀五圓溺于路旁者罰亦如之

二十六日甲戌晴午刻陰細雨一陣未正至一官署如

十三

中國之戶工兩部樓高六層漢白玉石建造四圍距樓六里層層官舍半理田畝之事半理工匠之事凡國人創造一物一器准其將圖式報官存照四年後方許他人倣造以便創者獲利樓内存貯大小器皿百萬萬件每器粘簽上書年月暨造者名姓凡礮臺火輪機器以及些須玩物如風箏紙人綾花甕果等無不具備其中大物之不能置玻璃櫃中者皆造以楠木象牙與真無異

二十七日乙亥晴熱記合衆國自乾隆四十年苦英苛政叛而自立于今百年已化三十六邦民主其國公立統領一人為首在位限以四年每年公俸銀二萬五千圓副統領佐之每年公俸銀六千圓統領四年任滿集衆議之衆以其賢則再留四年至多不過十二年否則推其副者為正副若不協人望則另行推舉凡國人年至冠時皆有薦舉之權其舉法係衆人書其所舉之人投諸匭内畢則啟匭擇其多者立之或官或民不拘資格其退位之統領與庶民同議事廳之正副首領與各紳士亦由公舉而議事廳又有上會堂下會堂之別國

十四

有大事則集衆議先呈下會堂擇其善者轉呈上會堂末則公遞于統領若統領不允則仍交上會堂再議如仍執議不移則統領亦曲從焉

二十八日丙子晴午後陰未初一刻隨志孫兩

欽憲乘車東行數里至教軍場正面兵房如蜂穴以木板高搭看臺中竪合衆國花旗左右立二中國龍旗

欽憲初到連施七聲大礮恭迎有演兵大臣韓闊者引登看臺謁見統領並大官百員是日演馬步兵千名號令嚴肅軍馬整齊又演救火激筒筒形如礮後接皮龍不需

人力水出如雨
二十九日丁丑陰每日樓下有黑人手提木匣口念黑
君皮靴蓋代人理靴之不潔者晚間小兒賣新聞紙云
晚報三仙蓋每報一紙值三仙按合衆國一圓抵銅錢
一百命一錢曰仙
五月
初一日戊寅晴未刻陰申初大雨酉刻隨志孫雨
欽憲拜副統領戈蘭達會見合衆文武大員暨各國公使戈
年逾三旬寡言慎行文武超羣為國人所矜式敕封勝
十五
南將軍其績偉矣後被理刑官柴泗約至其家少坐亥
正回寓
初二日己卯早晴午初大雨戌初起程上火輪車車前
有火爐冰筩臉盆等物惟入夜所有自上放下之牀褥
枕被幔帳一切與輪船上等艙同急行一夜草地螢火
如星風吹不滅
初三日庚辰仍細雨空濛卯初抵紐約下車過渡仍入
前店頗涼申初鄰人楊昂約晚酌同座有馬立孫布拉
格巴安駟裴立等十餘人皆新邦富戶談間見新聞紙

繪一幼女鬒髮如雲仿華人編辮長二尺遊于市被馬
卿去乘馬者奪辮而還女子俯首赧顏受之蓋禿女飾
假髮以修容者也又聞有富戶某雇一僕更深主人欲
寢僕往送燭見主人鼻牙右骽皆無駭然而走驚怖無
措蓋主人肢體不全飾假體以壯觀者也按西國有巧
匠善作五官百體與真無異不知者鮮有知其僞者也
酉刻回寓入夜晴
初四日辛巳晴酉初隨志孫雨
欽憲乘車行里許入代拉莫呢扣店赴宴緣前五日在華盛
十六
頓接電報云新埠闔邦紳商是日在此恭請中國
欽差晚酌當夕設長案九張作门字形坐有二百九十餘人
作樂侑食食畢齊立稱觴恭祝
大清國
大皇帝次祝合衆國伯理璽天德後蒲
欽使與紐邦總督起立代達中外和好言罷衆皆舉酒大呼
曰額卜額卜額卜賀來賀來以示賓主歡洽之意子正
回寓
初五日壬午為中國端陽令節終朝大雨滂沱得食蝌

餡飯茄子豇豆黄瓜等。晚有同店土商麥克潞約觀劇。
所演係紐邦風土人情頗佳。亥正回寓。
初六日癸未晴。辰刻布拉格約至十四條衖衕看男官
學。共大小幼童一千二百餘名。弦歌誦讀絕少佻達之
風。其教習多是老嫗。又至十三條衖衕看女官學。共大
小幼女一千二百名。穎悟聰明半屬閨門之秀。二處布
公洮明宣講中國聖教以勵諸生。明即勉以忠孝節義
等語。諸生似有領悟。按二學俱有樓以便棲止。樓各三
層。以示區別。凡幼童幼女六七歲初學者在末層樓爲
十七
第三等。逾十歲勤學者升至二層樓爲第二等。十五歲
以後深學者超至首層樓爲第一等。明對諸生云。願諸
公不日更上一層樓。則使臣有厚望焉。衆聞大喜擊掌
稱妙。未初復隨志孫兩
欽憲乘四輪四馬車行四十餘里。過正中園入翟魯木園。周
約五十餘里。山水花樹景致幽然。中爲賭馬廠。周七里
許。北立看臺極高。坐容婦女三千。當中酒樓以備賭者
飲酌。後列馬棚。四圍馬道三里許。如環形平坦寬闊。每
年賭馬兩次。共馬百餘匹。一氣馳驅。別以前後兩定勝

負。入夜男女跳舞爲戲。是日沈立約晚饌。陪坐多係紐
約富戶。善養馬者中一人姓翟名魯木。年約四旬。因其
品行端正心術純良。素爲鄉里所推許。即以其名名此
園。以誌不忘。酉刻辭謝。登車繞行十餘里。走王子橋。薄
暮入城。至一戲園。是夕所演係法郎西之戲文。齣名格
郎局曬譯言大公爵夫人也。見有少女首冠盔手持劍。
往來歌舞如旋風轉喉。比嬌鶯體如飛燕。楚腰一捻掌
中擎。悉不過是也。子初回寓。
初七日甲申晴。步行里許至寬街乾貨局。所售係婦女
十八
服飾。主人姓司名九愛乃巨商也。其鋪周圍地基以面
積計約十四畝。樓高七層。養男工二千餘名。女工千二
百餘名。學藝百名。各國粗細綢緞棉麻毡絨色色俱備。
通樓羅列錦屏翠帳。香塵明珠極天下之寶。貴亦無不
別樣翻新。以一二事證之。有手帕值百圓者。女子所披
花絨片值三千五百圓者。其組織之工巧有非人力所
能及。踵事增華。伊於胡底。看畢回寓。酉初司九愛約至
其家晚饌。所食之蝦羹鵞脯雖倣中國炮製。而味少遜。
坐間與一叟談及假髮。明云其法雖佳。然能紉髮成束

而髮際之皮膚總不能肖。叟云可以獸皮代之，有據可証。言訖以手撫頂，則烏雲化為烏有，如脫帽然，居然不毛之地矣。接閱假髮係以獸皮作殼而粘髮，肖真也。聞九愛失偶，無骨肉親故，死後所有財產例歸官用，如有幼子亦必俟其及歲而始還之。

初八日乙酉，晴。居停巴滿爾之妻與委員賓理文之妻請志、孫兩

欽憲店內早饌。午後明同布氏姊弟往看其兄布威理之金珠店，樓高七層，升降有自行屋，與前在法國馬賽店中者同。所造銅鐵模、金銀器以及鐲釧耳環等，皆用輪機，不需人力。又至布拉格之刻石作，所有紐約各鋪門票暨官中銀鈔圖記，皆在此刻印，筆力遒勁，細如毫髮，洵天下之良工也。次至淨水巷看布拉格之友蘭滿與龐滿之香水局，樓高九層，女工六百餘名，男工亦四五百名，作各種香水，發運各國，每日可得數千箱，洗瓶灌水皆用機器，頗省人力。其販往中華一種香水，味似芋香，瓶高半尺，塞以草節，稻殼上罩銀箔，下黏局票二，一係白紙印有五彩水花洋字，一係紅紙金書華字三行，乃孖黎烟林文付流黎地上品花露水發客，奴約林文煙監製，筆畫端楷，似經華人代寫。所謂孖黎烟林文者，局東馬利與蘭滿之名也；付流黎地者，香水名也；奴約者，紐約也。回店後，酉初有銀商鄧勤約晚饌，見其妻子馬。子正回寓。

初九日丙戌，晴。卯正楊昂之妻約明同其子楊世昌往看禮拜堂。是日係外國禮拜之期，行里許，步石砌而入，樓內男女百餘端坐，居無何，琴聲大作，人皆跪誦福音，皈依與英國耶穌教同。巳正琴聲住，教師歸，則眾人紛紛下樓而去。酉正由寓起程，過渡登火輪車，行一夜，至

初十日丁亥，卯初抵華盛頓，仍入前店。晴熱。早飯得食輭蓋蠏暨豌豆末。刻對戶女兒麥安麗與其父麥漢來拜。麥安麗年未及笄，丰采甚都，語言聰敏，舉止安詳。漢云其學問著作在義學中冠絕當時，現列一等，已居第一層樓矣。晚文官希臘、武官韋烈來拜。

十一日戊子，晴熱。聞西國男子結黨名福立美遜，入者助銀三十圓，每年仍助三四圓，以備公費，合眾通黨，以統領朱溫遜為首，各有暗號為識，遇外侮則集其黨務

便復其儺而後止所用暗號雖妻子不預聞亦機密之
至矣刻下合眾女子亦欲結黨自立廟堂會館此蓋致
亂之由也聞男黨內有一女子緣其父初與眾議彼匿
于櫃而竊聽之議罷聞女笑聲眾皆怒而欲殺其父長
跽求免眾令女誓以天日永無渝志乃止
十二日己丑晴午正東南行數里道旁竪白玉石柱尚
未造成周約二十五丈高五十丈直冲霄漢名華盛頓
碣夫華盛頓為彼中豪傑治國安邦堪垂後裔勒石銘
功亦其宜矣
垂
十三日庚寅晴有三德蘭者華盛頓城之名士也前投
刺謁明值公出未獲見是日往答禮焉見其妻與其長
女問及三媪云丈夫携弱息出遊願少往為佳言次忽
門啟一幼女入見明嫣然展笑對媪云阿爹行且至矣
言罷憨笑不止媪喝曰有中國貴人在此咤咤叱叱是
何景象女容少斂緩步而出纔出門則笑聲大作媪曰
孱息失調祈勿見怪實丈夫溺愛之過也明言愛惜少
子人之至情中外想同然耳曰妾久聞中國有溺女之
說然耶否耶明曰以告者過也苟有溺女之說則生齒

將不日增而日減矣曰妾亦嘗思及此故未深信今聞
君言前疑盡釋矣少間三回坐談時許辭歸幼女年十
二歲敏麗其名也
十四日辛卯晴熱甚晚希臘約同車出郭行四五里至
其友魏廉家主人倒屣出迎引與登樓魏云貴客光臨
幸甚愧無美酒今謹奉舍利一盃以酬盛情言罷舉酒
祝客曰愛達令遊海四譯言我祝君安也按西國飲宴
主客必先舉盃對祝此語禮也又云
貴國服色為我生平所未睹不識婦女如何裝飾明對以
垂
華美與貴國微同四壁圖畫人物如生有一幅係凌崑
易簀之事崑臥于牀四面跪立男女六七以手撫目哭
泣之狀令人酸鼻酒罷辭歸
十五日壬辰晴為西歷七月初四日係華盛頓戰勝英
國之日而合眾始自成一部故每年此日各邦城鎮市
廛大開慶宴處處懸挂花旗家家施放爆竹盛典也而
武功昭矣按合眾有酒名回四季力大而猛味醇而沉
飲者率數日醉聞有嚼生菸者菸皆細造長綠裹以銀
箔有團成圓餅者噙于口內少時吐沫其色黑紫緣五

年前南邦之役兵將不暇吸烟作此以嚼代吸今則習以為常雖幼童亦喜食之

十六日癸巳晴聞英人稱合眾人曰洋技而合眾各邦又互稱洋技洋技者日耳曼語也未詳何義或云係本地黑人之呼英吉利

十七日甲午晴聞合眾及英國有同姓而婚者此等人散處于野另奉邪教名墨爾門蓋暗號其義未詳有傷倫理現國家設法嚴禁而此風少戢

十八日乙未晴記合眾女子少閨閫之氣不論已嫁未嫁事事干預梱外蕩檢踰閑恐不免焉甚至少年婦女聽其孤身寄外並可隨相識男子遠遊萬里為之父母者亦不少責不為雌伏而效雄飛是雌而雄者也晚扎克遜約看馬戲辭謝未去

十九日丙申晴見小兒一種玩戲係九人排成十字形四面各二面皆向外中一外二人一奔一逐奔者懼被捉立于十字之一端則此端之第一人改為第二人第二人改為居中之人則居中之人出以代奔者逐者仍逐俟奔者為逐者所獲則逐者立于十字之一端而奔

者易為逐矣晚陰大雨一陣

二十日丁酉晴由歐羅巴新來馬戲共男女數十服彩衣乘駿馬結隊而行後則大車六輛皆裝飾華麗載帷帳几案等物上插國旗沿路鼓吹以報晚德協理約看其技藝與前所看者同惟支搭帷帳排列几案與在樓館無異戲畢帳收曠野而已

二十一日戊戌晴未刻同韋烈出郭南行六里抵合眾義園四面環以鐵闌前臨溪水後擁山岡葬于此者率大僚富室葬于平地者掘地入棺如中國之民塚但少頂葬于岡邊者橫穿山穴外闌石門如西域之回塚二者俱立石碑石柱石像生上泐亡者姓氏官職暨生死日期去此復繞行十餘里風日晴美佳木繁陰數間茅屋炊煙上生

二十二日己亥晴晚麥漢約茶見其妻女三德蘭父女亦在焉案上置鮮花一盆葉如仙人掌細而薄花似雞毳色深紅幽香撲鼻沁人心脾為明所罕見少坐忽聞鈴響閽者通桂冬卿至相見大喜聞三敏麗能解俄語與冬卿談飲甚歡戌正辭歸

二十三日庚子晴。見土人一種玩戲。假如九人則八坐一立。立者以巾蔽目。坐者男學女語。女學男音。各出一語。言罷彼此易坐。令立者去巾而猜某人某語。或女聲或男聲。是則被猜者立。否則立者仍蔽目再說再猜。

二十四日辛丑晴。近日酷熱尤甚。午後街遊。遇武官戞石于途。伊女戞蕙見明持摺扇所畫玉蘭清秀。把玩不釋。欲索之。羞于啟口。其父窺其意。乃代為之請。明即與之。父女免冠謝去。是時汗如雨下。明乃以袖拂暑而歸。

申刻希臘率其子希樂來拜。

三五

二十五日壬寅晴。申初布拉格攜其二子一女來。云將往英釐安納邦避暑。因其地山水清幽。樹林叢茂。又云聞諸公欲往包斯頓等處。公幹。此來一則叩別。一則餞行。握手言歡。相見恨晚。不知再會何年。言罷泣數行下。

伊子一名卓益。一名翰立。女名凱蒂。

二十六日癸卯晴。聞昨夜有男女野合。被邏者所獲。各罰洋銀五圓。免究。次日其事載于新聞紙。或云若二人賂公局五圓。銷燬其紙。則此恥庶可洗矣。午後醫生陶達及其友郎福瀾來拜。

二十七日甲辰晴。未刻步至三條衚衕。回拜陶達。見其家屬九人。達令三子二媳吹笛鼓琴。各歌一曲。以佐清談。歌畢。導入園內。地廣數畝。種竹千竿。水閣涼亭。頗饒幽趣。茶罷。浮瓜沉李。鮮果盈盤。炎暑為之頓消。而兩腋清風生矣。

二十八日乙巳晴。巳初布拉格辭往英釐安納邦。記泰西風俗。拜客不遇。而名片必折一角以遺之。以便主人易識而答拜焉。

二十九日丙午晴。午正同希臘往看銀鈔局。共男女書手二千五百餘名。其樓係白石建造。周約八里。甚宏敞。

三六

晚蒲
欽使請新聞紙局首領三十餘人在寓晚饌。子初散。

三十日丁未晴熱。未正同章氏兄弟偶步郊野。一望山徑蜿蜒。田疇交錯。茂林豐草。碧綠盈眸。亘數十里。時而薰風蕩蕩。泉水潺潺。飛禽上下。對語遊人。枕石而眠。少焉陰雲密布于西山之隅。而遊人歸矣。酉正雄風怒號。大雨傾盆。

六月。

初一日戊申晴未初郎福瀾與陶醫生之弟陶履及其妹鶼約遊郭外時赤日當空如撑火傘流金鑠石遍體如焚福瀾云如此酷熱洵為夏日可畏而冬日可愛也

明言不然苟移居北極冬日固可愛夏日亦可愛如移居赤道夏日固可畏冬日亦可畏也然此非日力實為地球所使衆曰然車行六七里倦憩長林日落循路而歸遇三德蘭之長女三菊著翠裙冠紅翎帽與其兄鍾智乘馬馳驅林壑之間相見免冠拱手而別酉初回寓

初二日乙酉晴大熱巳初郎福瀾約看淩崑遇害之園今改為集理館內儲男女全體筋骨以及腑臟以備醫生考證並陣亡兵勇肢體藏以木匱罩以玻璃於此見西人無事不詳求其理矣

初三日庚戌晴記合衆街道整齊潔淨道途無歌唱者無嘲罵者無拾遺者無爭鬬者無乞丐少偷兒大小閭巷皆設男女淨房違者罰無赦

初四日辛亥晴聞有傅爾達者私於武官衞卜之妻吳氏其夫廉得之是日募二偵役俟其妻出令二役尾之每事通一報先報云二人在某館早飡繼則遊於某處末則宿於某店其夫鳴之於官遴幹役數名緣梯登樓破窗而入二人被獲蓋外國風俗妻禁其夫不令一夕宿於外而妻終夜街遊其夫莫之敢問所募偵役係官設偵畢酬以洋銀若干圓

初五日壬子巳正大雨未刻微止見新聞紙云衞卜之事經官審定奸夫罰洋銀五百圓贖罪淫婦令伊父領回因其夫不喜也若其夫仍戀舊情不忍他適官亦聽之是璧雖不完而鏡可重圓矣午後有甘大立韓恩慈克賴爾暨阿丹來拜阿丹者年約二旬采丰韶秀詞氣溫和為紐約之才子曾遊阿非利加歸里著書歷陳顛末為人之所嘆賞按阿洲地半沙漠素為瘠苦之區當其遊也時而步行千里渺無人烟飢渴頓踣不堪言狀故回棹後杜門不出以棋酒自娛有勸以再遊他洲者彼堅辭之明言人之生於世也苟不著書立說以傳後世則為虛生況足下遊歷既遠見聞又多已有成書播傳遐邇儻能繼此不憚梯航則異國他邦盡入奚囊佳話矣衆唯唯而聳恿之伊亦歆然動焉晚有蒲
欽使之內弟李文模由麻沙朱色士邦來

初六日癸丑晴戌初志孫雨
欽憲同蒲
欽使具帖請正副統領以及大小官員六百餘名在寓晚酌
四壁懸挂中外旗幟陳設芳華彼此暢談子正始散是
日正統領朱溫遜未至
初七日甲寅陰午後同韋烈往看捕盜衙門壁上懸挂
男女小照百餘張詢之乃賊盜之像也又有小銅鐵器
四千種每器下粘一簽云某年某月某人以是物盜於
某處如何用法一一細載未刻回寓晚細雨
卅九
初八日乙卯早大雨午後止稍涼記華盛頓另爲一城
不在三十六邦之中在北喀爾勤那喀爾勤那有南北之別邦之
東北勿爾凡呢阿邦之南東臨海而西近山周約三十
里居民二十餘萬天時冷暖如中國神京街道平坦石
墁者少民房不甚華麗率皆整齊堅固而官署則宏敞
壯觀輝煌耀目矣街巷極寬廣有鐵路海車與丹尼法
郎西二國者同
初九日丙辰早陰雲靉靆午後風清日朗志孫雨
欽憲往總署將所商辦之件畫押蓋印以招信守就便往統

領府暨各處辭別
初十日丁巳陰晴不定早有韋烈希臘陶達與三德蘭
等數人餞別午正一刻起程乘火輪車亥初抵紐約仍
宿前寓道出賓夕爾勒尼安邦之會城名非勒特爾非
爾山水清幽樓房峻麗
十一日戊午晴記外國嬰兒自襁褓至二三歲鮮有哭
泣者凡遇慶弔之禮其父母皆不攜帶在家亦少共桌
而食每日寢興與父母接唇爲禮遇戚友則以手撫口
代之有等不肖男女猝遇于途相距甚遠則彼此自啜
卌
左手背或啜右手五指頭啜畢持放左手心向彼吹去
含笑而罷洵流蕩之極者也又天主教之教皇非名士
不得見見皆跪而以口啜其足爲禮雖各國王后見之
亦然今則禮稍殺矣
十二日己未晴熱未刻同鄰居馮安坦往看信局所收
之信隨時按地而發自本城各巷至本國各邦以及別
國晝夜無頃刻之暇
十三日庚申終日細雨戌刻有作奇巧燈者來如將蜘
蛛骸黏于玻璃之上映燈一照則長逾三丈骨節百餘

蚊蟲睛大如輪六角形花紋甚均螞蝗蛩蚤大皆如豬
水蝎腹若玻璃所吞蠓蟲逐節可見總之微些之物映
燈而照皆極大而明晰又以水氣與生氣和盛於皮袋
上放銅嘴湛以腠水吹出水泡以火然之則轟聲如爆
竹子正隨志孫雨
欽憲乘車往看紐約賀臘新聞紙局樓高七層上下有活屋
可以升降其造板之法係將零字先集一板繼以厚紙
鋪其上以大錘擊之則紙即變爲陰文再傾以熱鉛而
板成焉自集字而傾鉛只需一時而工就刷印之法共
列火機四架每架中一大輪外繞六小輪形似菊花大
輪敷墨小輪置板自刷自印自行揲摺而送出在上者
一人送紙在下者一人接紙而已一時可印二萬餘張
每日得十萬值洋銀五千圓又有方機中横圓板一轉
兩面印妥尤爲快便看畢在集事房少坐寅初回寓
十四日辛酉陰晴不定合衆有一種單馬雙輪車極輕
快坐容二人多係自御當日未刻明乘是車往正中園
一遊御者旁坐道路平坦時而自馭鞭插車旁只口作
嗞嗞之聲馬自馳驅一路雨過土香絕少遊跡因值外
國中伏咸去他鄉避暑故耳蓋泰西四季皆有定期總
在中土四季之分至前後一二日爲其立春夏秋冬
十五日壬戌天光如昨寅初睡起卯正登舟呢拉得陸
米輪舟長約十六七丈明樓三層登之可以遠眺上立
大清龍旗即時開船西北行走和村河又名活得遜寬約三
里左右皆青山綠樹村鎮田園東岸有火輪車道車飛
似箭聲震如雷午後遇一輪艇後帶四隻樓船長皆十
餘丈遍插花旗綠樹枝過我船時皆搖巾捧冠以示敬
沿途村鎮埔頭十餘處風平船穩行四百三十五里申
正至紐邦大市鎮阿爾巴呢地方下船乘馬車行數里
入店名代婁萬貫極闊大樓房數進左臨火輪車道右
跨街衢闠是地多產鋼鐵城内居民約六萬周十餘里
戌初出店街遊步行數武土人相見皆瞻望咯嗟有言
日本者有言越南者更有言係朝鮮者明皆對以那歐
齋呢司譯言非也乃中華人也衆聞之而喜
十六日癸亥晴卯初起程登輪車西北行過思甘呢阿
拉地方見煮鹽廠烟筒高數丈者叢立百餘遇徐爾德
之友五人同車行四百五十里一路田疇肥沃然開墾

者少未初抵敎貢城百輛盈門男女觀者如堵下輪車
乘雙馬車行三四里至徐爾德家是日志孫兩
欽憲暨蒲
欽使與柏德二協理皆宿于徐家明同桂冬卿宿于吳大富
家塔木菴聯春卿宿于施大顏家鳳夔九廷輔臣宿于
裴樂義家皆比鄰紳富也相待甚殷同在徐家晚饌有
吳施裴三家眷屬陪焉記敎貢城周約十八里居民一
萬八千餘吳氏夫妻二子一女長子吳振媳阿氏次子
吳安女玉蘭聞徐大臣之三子徐威理在外經商是年

三三

獲利洋銀十萬圓
十七日甲子晴辰正隨志孫兩
欽憲乘車行七里許往看監獄中建石樓環以鐵壁共犯人
九百五十一名每名石屋一間內置鐵榻外立鐵門早
啟晚閉功令森嚴通監共分十五房凡在獄者無論拙
巧終日作工所造者係鐵木皮棉器皿等物皆用輪機
每房有頭役一名管轄每飯搖鈴則人皆停工結隊行
入大廳內設長案坐凳錫盌鐵盤每人給麪包猪肉各
一塊青菜一盤加非湯醋各一盌衆入齊立不語有敎

師一名立而頌禱數句鐵鐘一響衆皆坐而刀錘亂動
盂盤狼藉有一人頭戴鐵帽形如雞罩乃極重之刑也
或云戴此帽之限自六點鐘之工至數日數月數年不
等苟怙惡不悛恐終生不息也獄內衣食皆係官給所
造之貨販賣則錢歸東主而東主每日交官洋銀不足
一圓不但囚人借以閑其邪心而東主且厚獲其利矣
看畢回寓早饌巳正陰後復乘車行數里往看織毡局
男女匠人數百所織各種毡呢多灰絳藍下色而花樣
極夥自洗絨至烙毡皆用火機梳絨係用銅皮板造板

三四

之法用活機平懸皮板旁放銅絲一盤機動時絲觸皮
透如錐脫穎一律斬齊又紡線以一手可紡六十餘條
極輕快去此步至育嬰堂共養男女小兒二百餘名衆
人坐一老嫗令衆孩鵠立齊聲唱曲聲調雖佳而曲文
悲慘乃有無父無母世上稱孤兄弟姊妹異姓同居等
語未刻大雨一陣俟雨止還入徐家晚饌酉初有男女
二百餘人來此歌舞亥正始散
十八日乙丑晴巳正隨志孫兩
欽憲與衆乘馬車三十六輛行十餘里往看農器有割穀器

如車以二馬拽之左坐一人執鞭馬走輪轉自有關鍵
將右邊齒鐮運動來往割切車隨行則所割者自然成
束而遺于地又有打麥器形若巨箱內含齒輪皮帶前
以六馬轉磨右坐一人送麥顆左立一人收麥粒磨動
則皮帶隨齒輪而轉自然粒出于左而流入于倉矣梃
淨穀飛各有所在精巧之至看畢回寓少憩復乘車行
九里許至徐友馬締蔭家飲茶馬約看所種田畝繞宅
萬頃一望碧雲風吹麥浪雨送稻香雖係田舍翁而擁
田自樂即南面王亦不易也度隴越阡順步至鷗瓦湖
三十五
二三人駕一輕舟共二十餘隻皆自行弄槳順流而東
齊聲唱欸乃而去是時波心月湧水面風清四壁青山
東望無際行十數里登岸步回馬宅其子女具饌而進
食畢入園散步其所植桃柳榆槐鳳尾辛夷江西菊洋
木犀虞美人等皆枝葉條尭紅綠芬芳幽香滿徑疏影
當窗盤桓移時而去仰望則月影西斜而鄰雞初唱矣
十九日丙寅晴寅初同吳振乘輕車往遊于郊行三十
餘里時而薰風宕漾晨光熹微禾稼蓬蓬鳥語喈喈其
一種天空清氣令人精神頓爽飯後施大顏約至其父

家少坐舍之前後環以花園活樹成亭鮮花作檻後一
大玻璃房內植葡萄數架名曰煖窖午正隨志孫兩
欽憲往徐爾德之友莫爾根家午酌復乘車行十餘里往看
水機其通城各戶所用之水皆由此供給係以水力激
鐵輪其聲極大水上自有筒管流歸各巷取之不盡用
之不竭法良便矣酉刻回徐家晚饌是夕徐施吳裴四
家劇金公請附約戚友男女百人陪坐餚饌具山海之
珍酒醴極和甘之美而奴僕往來酬酢者接踵而至賓
主為之盡歡漏盡始散
三十六
二十日丁卯大雨辰正自教責起程乘輪車西行四百
六十五里申正抵那戛拉村一路松橡叢叢濃陰長亙
數十里因昨晚新聞紙將
欽憲旌鉞所經之地以及某時刻至某處備載詳細布告各
邦故各村鎮男女蟻聚車到則老幼皆高聲呼籲
欽使之名令其譯告
欽憲以伸瞻仰之私車去皆免冠搖巾齊呼賀來以賀之沿
途過二小湖一名開尤嘎一名翟呢瓦淵深莫測其底
雖嚴冬亦不結冰次至羅柴斯得爾城為是邦之巨郡

遊西僻路通柏費婁城男女瞻望有千餘人其呼聲較
前尤大次至勞克博地方爲運河下游有五石鎖控馭
堅固去此河路曲折蜿蜒不斷悉植白蓮菖蒲而花葉
皆小兩岸芙蓉萱葵等花因不枝葉相當紫紅鬬麗行
三里許入音特那慎那拉店頗寬敞飲饌亦精潔是時
節方盛夏而寒氣逼人如冬耳畔溢湧之聲如河決堤
聆之令人股栗蓋因此間有極大瀑布總名與村同寬
約四五里長百零八九里南連益利湖原名伊爾鼇湖北通安
秋湖而入海原名安剔衣鼇阿湖其溜自南而北至此下流十九

三十七

丈八尺而成瀑布舟在上流十里外不敢渡下流二十
餘里白沫飛起如雲直沖霄漢聲大於雷震驚不止百
里附近之處人距數尺對語不聞兩岸東爲紐約屬合
衆西爲上加拿他省拉嘎拉城屬英國加拿他有上下之別水至
此分爲三道中一小者名激風洞寬約八丈在西者名
馬掌寬約二百丈在東者名阿美利甘寬約五十餘丈
上流有四小島大者名山羊島旁三小者名姊妹島毘
連處横有鐵橋山羊島外有多賓塔建以石高逾三丈
登之則一望無餘矣每當夏令四方人民來此乘涼者

不可枚舉即冬令亦多臨眺因水結冰山一切樓臺花
木儼如雕刻玲瓏可稱玻璃世界故佳景爲天下第一
是日由柏費婁來四十五人胸前各帶白綾一條長半
尺寬二寸上印藍字云柏費婁商賈會恭迎中國
欽差其頭目名哈蚩者與蒲
欽使立談和好之意伊等免冠致候而退戌刻往間壁旅邸
看跳舞會共士女五百餘人皆來自他邦者子初回寓
二十一日戊辰晴午初隨志孫兩
欽憲往觀瀑布過鐵橋長二十丈寬十五丈先至山羊島在

三十八

激風洞與馬掌之間長約三里寬二里花樹頗多激風
洞左有小房一間入内易以外國油衣油帽自筒樓環
梯繞下地皆亂石如狼牙之林立上望則峭壁陡岩懸
臨千丈天漏急流飛波撲面繞至激風洞之後通有小
木橋極狹僅容一足渡橋後則步亂石扶木板遊歷數
處而巨浸漫天如江河之倒瀉其聲音之震聒耳目亦
不效靈矣遊畢登樓易衣每人給票一紙上云某人某
日曾遊激風洞等語以便其人自衒膽大心堅無所恐
懼之意出此登塔一觀景雖畢見而急風驟雨勢不可

當矣嗣至姊妹島等處則樹林陰翳花鳥宜人噴雪跳珠非復從前景象矣由舊路北行六七里迤西過蘇本遜橋橫卧河面通身鐵造下無一柱路分兩層上走輪車下走人馬長八十二丈寬十五丈高十三丈距水面二十丈極堅固係數年前勞卓安所造費用洋銀五十萬圓過橋至加拿他行三里許登樓眺望見英屬瀑布如馬掌形名實相副有本地商人洸明等背瀑布而立伊照畫一張而去後盤山而下至河邊駕小舟乘急流而橫渡抵岸時有水機自行車乘之可以登岸因是地

三十九

無碼頭岸高十八九丈故也由岸登船亦須藉此再倚岸斜立木梯共二百九十三級喜步行者則升此登岸至此亦急雨濛濛迅雷隱隱因在阿美利甘瀑布之右相距不甚遠也申初回寓

二十二日己巳晴紐加二省因蘇本遜橋距瀑布稍遠擬公造一橋於蘇本遜之南六里以便車馬行走長一百八十六丈四尺寬二丈五尺高十五丈距水面二十三丈鳩工庀材尚未告成而兩岸已立鐵架高十六丈中橫鐵鍊七根周皆拱把上懸鐵籃周約一丈可容四人兩岸各備六馬以繩拽籃由東岸至西岸則西岸馬拽由西岸至東岸則東岸馬拽以便匠人往來作工是日午初明隨志

欽憲乘車前往至則坐椅以索繫之而登鐵架志

欽憲同柏協理與廠主乘籃往返一次後明同德協理與竇理文亦乘籃而行至中流稍停有人照像而去上下天光人影倒置是時疑在虛無縹緲之鄉矣回時因馬力不齊令籃簸揚頗覺危險臨出籃時眾人以紙撕成心形擲之于水繼則免冠搖巾以誌慶賀之意後由鐵架

四十

步陡梯四百二十三級而下不復繫之以椅矣未刻回寓酉正寓內奏樂有男女二百餘人跳舞丑初始散

二十三日庚午晴每日廊下有二十四人鼓吹作樂似趁食者午正步至鬪蟻旅邸其樓後窗臨河登之遠望瀑布與多賓塔同但水勢稍殺不致令人震眩耳入夜寓內復跳男女更多於昨忽歌忽舞終夜不息

二十四日辛未陰涼早有老媪年約六旬攜其子郭騰文投帖見明云今早產得一孫求賜乳名明即書福兜二字與之媼問何義遂以洋字還音且繙云哈辟柏艾

也母子拜謝而去未刻細雨濛濛潤物無聲酉正隨志孫兩
欽憲往閶壁旅邸看跳舞會見男女極多中有華盛頓之三菊蘭鷄郎福瀾紐約之楊昂鄧勤等人相見甚喜又聞二年前英國世子韋理思來觀瀑布有人于急流處橫百丈繩負之而過其人可云神乎技矣但此事未知真否亥正回寓

二十五日壬申晴午後街遊商鋪所售多係石玉如璞白玉墨玉瑪瑙雲母等皆雕成盃瓶盤盌暨男女環佩

罣

其式樣有花卉草蟲羽毛不等據土人云皆由地內掘出或深谷尋覓者有一種石皮極粗紋理細膩色紫黃係木變者切成薄片光潤可愛若以之作君子之佩可充瓊玖之選矣有木房數間倚于河邊詢之乃浴堂也蓋西人喜浴涼水而華人則不慣

二十六日癸酉晴聞數年前徼風洞旁有一峭壁上極平坦可容車四軌前年有遊客乘車眺望方回車而崖忽墜幸馬力大而車竟獲安歸矣蓋水力凶猛漸漸銷蝕或云恐百年後千丈高崖化為烏有而瀑布亦從此休矣又有女名洛美薩者同其兄洛格來遊于此女在河邊拾花忽失足而滅其頂順急流而下其兄無法救援遂投于水而逝後人留詩一首勒石于岸以傳後世詩云美薩年方一十六梅妝出眾心尤淑不意踏險去拾花失足同兄入飛瀑

二十七日甲戌陰巳初隨志孫兩
欽憲乘火輪車西南行六十九里巳正至柏費婁驛吏備車來迎男女塞路爭先睹之為快城周約三十里居民十二萬旁臨益湖商賈雲集湖通運河河邊建積穀倉高

罣

十五丈周八十丈前一雙筒伸出如象鼻內作連斗插入米內輪機動則連斗齊轉將米運上傾于樓頂斛中隨斛有稱只需一人記數而已稱過則米流入各廒顆粒皆歸宮府絕無偷盜之虞勾稽不爽絲毫永鮮侵吞之弊出倉時亦用此法一時能運米一萬六千石倉房純係鐵建上下鐵梯六百級沿河有挖泥船亦用輪機連斗與運米大同小異行四里往看鐵器局係造輪船所用匠人數百鼓大火冶生鐵以火之餘力催輪機又以輪機吹風風助火力火借風威拉拉雜雜熱不可當

偶開機門出氣其聲吼如巨獸。復乘車繞城遊二十餘里。至哈葦家少坐。又至前任駐劄日本國領事官費士家飲酒。後至大街官廳旁有法通線牌內通救火機器各局。時志

欽憲以指按牌聞內擊鐘。少頃忽人馬驟至。豎長梯于樓頂。數人援之而上。其急如風。下有火機激水噴起數丈。看畢至柏城會館午酌。後至河岸登小輪船長十餘丈者。名貴客禮是日街市多插花旗。船上高樹

大清龍旗。鼓樂笙簫。疑在天上。客人男女四百餘名。前圍後擁。以致騎蓬倚舵者幾無餘地。開船時大小番舶皆鳴哨而賀。入蓋湖過礟臺連放二十一聲大礟。時風大水狂船行甚急。走那戛拉河三十餘里中途停泊。由船登岸橫以木板。因年久被風雨摧殘。不免有剝蝕之處。孫

四十二

欽憲踏之失足落水。幸水流不急。得抱木柱。經本船水手周三富投水負之而出。移時始甦。申初乘敞車行三里許。登火輪車走二十二里抵那嘎拉村回寓。

二十八日乙亥陰雨微涼。早有柏貴婁哈葦黎義等六人稟見問安。孫

欽憲具禮深謝。並厚賜水手以酬其勞。又同寓有羅魏氏者紐邦銀商之婦也。年約五旬餘。攜其二女。一名羅脂葦一名羅朱惡。來遊于此。當日同在寓內聽樂。伊言其兄子魏理務將遊中土。求賜薦書一函以便照拂。明允其請。母女肅容而謝。

二十九日丙子晴。早隨志孫兩

欽憲往多賓塔下鐵艦照畫。午後復隨志孫兩

欽憲德柏二協理暨同店男女數人乘車過大橋至加拿他周遊行十餘里。在河邊一小屋中看火井。井內之氣然之若燈而不著物。其水可飲而味異。蓋硫磺也。次至斯遼島。雜花滿樹。野卉芬芳。石皺苔鮮。澗流清泉。隨行而前者謳歌。後者擊掌。羣鳥和音。非絲非竹。雖爲異域。儼若世外桃源矣。歸時見馬掌後有白方塔。高入雲端。係加人爲英國世子造者。登其巔三面瀑布可以畢見。後至集古院。存貯各種鳥獸昆蟲之皮骨。有埃及四尸。經以白布。盛于棺內。而棺無蓋。或云皆千百年前者。暴露日久而肉身不腐。亦奇事也。旁一花園有涼亭水池。全魚孔雀青牛暨紅白鸚鵡在彼。飲三鞭食地椹。後盤桓

四十三

數刻而歸入夜陰

七月

初一日丁丑陰雨稍涼記那戛拉村不大居民二千餘皆舊室富戶也家家樓房寬闊花樹盈畔極其幽雅聞昨早有輪車傷人之事因蕩女與所歡者謀私逃上輪車時伊母追入左門而女奪右門而出伊母轉身亦出母女正在支撐之際而輪車開矣母女被傷而母尤重申初雨止酉正一刻由寓起身上火輪車行一夜甚冷至

四五

初二日戊寅行四百三十八里卯正抵阿爾巴呢是日晴熱仍入前寓早饌巳初又上輪車此車異衆每輛屋分數間有客飯廳四面玻璃盈窗長皆六七尺几案帳簾茵褥極其華麗行四百六十九里戌初至烏斯達爾村停車有蒲

欽使之友五人由包斯頓以馬車來迎兵役排成兩翼以繩代垣禁止閑人繞越下輪車乘馬車行二里許宿于北斯得店入夜甚熱聞此村周約一十二里居民三萬有奇

卷二終

再述奇卷三

目錄

合衆國

英吉利國

鐵嶺　德明在初隨筆
貴榮竹坪校閱

戊辰七月初三日己卯陰細雨如絲辰初起程登火輪
車東行一百三十二里午刻至包斯頓停車後連放十
五聲大礮有本地官備車來迎下火輪車乘雙馬車一
十六輛即刻而發有馬兵四百舉刀奏樂分為二隊以
資護衛先在包城内外周遊六十餘里一路皆插花旗
間有竪中國黃旗者男女開窗眺望免冠搖巾擊掌飛
花口呼賀來有舉中國雨傘者有搖中土繡花綢緞者

有鋪紅被列烟具甆盤于窗下者有戴中土秋帽者總
之凡有些須華物無不銜之沿途人多竟有騎墻跨脊
攀樹登梯者申初遊畢下車有官紳導入博克爾店是
夕結彩奏樂會見通城官紳士商二百餘名丑初始散
記包斯頓城又名摩士敦周二十二里居民二十二萬
屬麻沙朱色士邦東臨大海西近小河為合眾之一大
會城也其中閭巷密如蛛網萬室雲連百貨闐溢市廛
園囿之繁多堪與紐約相埒濱海之區往來番舶不計
其數按合眾埔頭紐約為第一包斯頓在其次再此地
為蒲
欽使桑梓故鄉戚友候門問訊者朝夕不暇自烏斯達爾至
此旅費皆通城商眾供給有司那歐皮格淩戴那益及
阿立安等四人總司其事包城正指揮司柏爾副之
初四日庚辰晴巳正隨志孫兩
欽憲乘車行二里入其范儀堂堂亦寬敞可容六千餘人係
范儀捐建以與邑人議論公事者故以為名是日通城
商賈工匠入堂叅謁中國
欽差

欽憲立于正面臺上臺之左右有階左升右降先見者班韋
二總督一係木匠出身一係屠戶出身自巳至未升臺
謁見者已有五千餘人而臺下立待者仍不減少而樓
上婦女倚闌瞻望者有如雲如荼之美珠履三千不知
傾城幾許矣緣通城人民除顯宦富室不計外尚有二
十餘萬豈一日能畢會者而樂工奏曲雖操土音亦頗
委婉可聽酉正往真公店赴會懸花結彩燈燭輝煌廣
列盛筵飛觴暢飲官紳士商共二百五十餘人有總督
布洛克班克思固慎邑長舍來福等席撤眾皆起立祝

頒子正回寓
初五日辛巳晴巳初隨志孫雨
欽憲登官輪船長十一丈寬二丈名馬克樂者東行十餘里
過軍器廠連放十三聲大礮禮也船上樂工數人偶奏
中國一曲而鄉思頓覺觸起矣沿路過礮臺二又行一
十二里至卧蘭礮臺停泊亦連放十三聲大礮下船樂
工導引而行是臺高四丈周三十五畝內立石墻外環
土岡有高屋建瓴之勢洵爲一方雄鎮有演礮兵面東
施放鐵礮一尊長一丈二尺周六尺重五萬斤者礮子
三
重三百六十斤其力可至二百里管礮官云此臺爲天
下第一惟俄國者差可比擬次入火藥庫所儲銅帽藥
料火彈無不精良去臺東行二十里至麋鹿島上有養
濟院共育男孩四百名女孩二十六名皆孤苦而無告
者既養且教亦仁政之一端也步入禮拜廳少坐羣兒
咸來拜謁有鼓琴者有吟曲者其起立進退一切有節
若遵其令而不敢紊焉後同船有日本四人悉服西洋
之服詢之係來此肄業者聞有粵人王阿秀在此開張
茶鋪甚獲利已納番女爲妻六年而生二子一女申初

回寓入夜陰而微冷
初六日壬午晴未初同皮格凌阿立安二人乘車往遊
千鄉一路山水清幽花木暢茂數里外有塋城其地面
積一百五十畝環以石垣城內縱橫畫界爲葬地如井
田然本邑居人各買一區大者不過一畝價極昂其葬
法係數棺相依不論祖孫父子兄弟皆同穴無昭穆之
說另有隙地鑿湖溪以蓄水開道路以通車墓地相距
不遠間以一巷記以某號每遇祭掃即將巷名某號告
御者則馳驅而入無煩絮問矣古人謂吉地爲佳城不
四
意是邦塋果有城也遊畢而返酉初往河陽至浦
欽使之外父李温美家少坐其外父外母相待良優引入書
室觀看中華珍玩多件有一畫軸細繪京都冠婚殯葬
之儀仗等物戌初回寓戌正隨志孫雨
欽憲乘車行二里至大琴堂堂甚高三面樓臺坐容四千人
正面設大風琴一座高四丈寬二丈五尺木質花梨上
豎銅筩四十六高一丈五尺周三尺內藏小筩數百下
坐一人以四肢鼓之則機動風生而响發矣其聲大如
雷鳴獅吼其聲小如鳳嘯龍吟據土人云此琴天下無

雙帷在羅馬者堪擬再比樓高逾八丈廣十二楹而琴聲令梯板震動于此可見琴之大矣亥正回寓

初七日癸未晴辰正隨志孫兩

欽憲乘馬車三十五輛過十里長橋至堪布立支在麻邦另爲一邑城不大居民十萬與包城相隔一水此水與邑同名是日邑長帶馬兵二百名來迎過橋後前引有馬隊二百名皆執堅披銳次則鄉紳百名皆錦衣文駟次則福立美遜黨人一百四十名皆服黨衣持黨具如書卷花旗銅尺寶劍等物次則救火人百名皆紅衣黑帽腰纏皮帶手執鮮花隨有火機暨各種器具大車十五輛車之左右各一紅衣護衛皆白馬長矛後護者亦馬隊二百名以上皆結隊而行鼓樂迎入城内街道清水灑塵家家懸挂花幟有大書敬接貴客者亦有書慶賀者男女老幼裝飾一新車過時男子免冠女子搖巾羣呼慶賀更有女子擲花車内者花上繫箋書慶賀中華四字緩行數十里至會堂堂前挂

大清龍旗高懸匾額文曰慰望慶賀步入重門登臺少坐蒲

欽使與邑長何仁立談數語互陳敬謝之意堂内衆人問訊

五

畢登車出門撤去前後護兵行數里至大學院樓内存古今書籍二萬六千册四面環以屋宇係肄業者退息之所書樓之後有集奇樓内藏各種鳥獸魚蟲之骨與他國者同次至觀象臺上懸平儀如時辰表外粘紙條如環針尖濡以藍色下通電線另有窺天鏡長丈許占星者竟夜候之天象稍有變動則急以手按電線則針所指之時刻分秒自有藍點爲識以便查核推驗看畢在會堂晚饌夜半回寓

初八日甲申晴巳正隨志孫兩

欽憲乘火輪車行六十七里至洛灡泗莊或云二十年前尚無此莊今則聚有二萬餘民矣地通長河設絨氊局四處每局有男女工人三千六百名水由上流至此被鐵閘激起其力甚大即用水機以織粗細絨氊喀喇嗶嘰等項顏色花紋共千百種未初回寓

初九日乙酉晴午刻隨志孫兩

欽憲拜總督布洛克晚有洋商韋祥性備魚鳥饌候于舍利湖旁如蝴蝦燕雀等皆仿中華煎煮其味頗佳宴罷而歸入夜微涼

六

初十日丙戌晴午後同司那歐乘車出郭過查理村與包城接壤是村不大而樓房幽雅距村不遠連遊數園方皆百畝四面鐵闌蜂蝶飛舞花木繁多雖一邱一壑無不天然工秀據云凡人烟稠密之區宜多建園囿廣開溝渠以使地氣疏通更宜多植樹木則易召甘霖而人無夭札之虞矣

十一日丁亥晴未初隨志孫兩

欽憲乘車至河干登船見幼童七十餘名司篙掌柁登索張帆輕快便利罕有其倫蓋城中佻達之子不喜攻書故令舍彼而業此也

七

十二日戊子晴午正皮格淩阿立安約明共車往遊查理村行九里許至格淩家少坐而去環村周遊十數里申正回寓酉初同聯春卿莊松如街遊步至舍卧街轉至立尺滿街一路氣燈輝煌明同白晝土人繞視者甚眾有一人紅面捲髮大聲急呼嘲嘲二字詢之係醉于酒者所言即喫飯二字粤東土語也未知是否

十三日己丑晴申正司柏耳約往其家見其妻伊今次女司敏麗鼓琴一曲聲音宛轉餘韻邈然不知天上人間矣後同往真公店內聽樂登樓遠眺伶人在林中演唱時而金鼓迭奏聲如裂石驚波時而笛管悠揚志在高山流水奏罷聆者擊掌聲呼卜拉五歐以賀卜拉五歐譯言妙也戌正一刻司柏耳送明回寓

十四日庚寅晴午後隨志孫兩

欽憲乘船看水軍養病所木屋數十間晨夕有醫生看視療治調養極為周至順流至造船廠工匠千名所造器具與他國同惟纜繩異常堅固下船登綳克山頂有卧闌碑卧闌者合眾之大帥也其人雄才偉略有名將風屢戰于英而歿于王事國人哀之綜其生平事績勒諸貞珉以垂永久亦羊叔子墮淚碑之遺意也碑高二十丈廣五丈極其壯觀申初回寓

八

十五日辛卯晴未正隨志孫兩

欽憲乘車行八里看勒彬鐘表局男女匠人百餘名所造自鳴鐘時辰表皆甚精巧種類不一有自上絃者有柄上絃者有推柄問時刻者有帶月光而分朔望者有帶無數小盤指某年某月某日與禮拜之期者有極小如豆粒者可謂納須彌于芥子矣看畢回寓晚步至對戶鄉

人議事廳樓房宏敞修飾潔麗

十六日壬辰晴巳初由店起程乘馬車行數里至客廳少坐後乘火輪車西南行五百七十二里酉正一刻抵紐約仍入前寓記前在紐約時當盛夏明等被紗羅大衫而遊于市而土人謂其服寢衣而遊共非笑之蓋西俗夜著長衣晝著短衣故耳

十七日癸巳晴早接章烈信一函內云昨生一子頭角崢嶸人講是兒有福相謹以足下之德字為名以作記念望良友其諒之

十八日甲午陰細雨陣陣步至藏書閣樓房數進羅書萬卷檢閱有中華風土記二册圖畫精細註解詳明如拜佛誦經婚嫁宴會耕樵歌唱以及兒童玩具靡不完備又有孔聖道學書與譒譯康熙字典漢英合璧字彙又有外國山海經與中華迥異共三卷厚皆二寸許如鳥獸水族昆蟲種種亦各圖形清楚披覽之餘栩栩欲活

十九日乙未陰雨記合眾國各邦男女好客溫恭和藹視人如己從無忌妒之心國人各教皆有惟耶穌教分

九

為二類一名潰客爾司男著寬簷帽女戴大白巾行古禮論古語一名曬客爾司男女禮拜不誦經不跪不坐男女排成兩翼各張兩臂如飛和聲而唱

二十日丙申仍雨涼聞國人自北方勝後而南方時有不逞之心乃聚眾立黨稱為分尊卑黨仍以奴輩視黑人只于不敢放肆所有大小官僚仍係平行與分尊卑二黨並進各懷私意彼此不睦現任伯理璽天德將及四載各邦人民應公舉堂中二大官為一正一副因二黨不和平行者欲舉二人一名戈蘭達一名寇法斯分尊卑者欲舉二人一名希墨一名布萧二黨如此爭衡後患恐不免焉

二十一日丁酉大雨記合眾國東距大西洋西臨太平洋南通墨西哥北界英屬加拿他（又名龕那大）東西約萬里南北六千餘里東有阿嘎呢山西有羅機嶺長皆萬餘里田畝膏腴土產豐盛自畔英自立後純以仁政待民歐羅巴各國遊民望風引領來隸版圖遂開墾曠野驅逐土番人滿四萬則立村鎮而成邦今共得邦三十六天時亞於華夏南如江浙北如燕晉所產五穀果蔬亦

十

與中國無異各邦皆有公舉之正副首領巡察贊議刑官指揮等官所辦政事一有偏私則群議廢之通國兵只一萬分布各礮臺關隘四民除士外所有農工商年力富强者皆隸軍籍無事則各操本業有事則徵為官軍再合衆國因初為英屬故語言文字與英國同所尚者亦天文地理算學格物諸學百年來地與英俄相埒諸邦守望相助嚴備邊疆其附近之國永不侵陵而諸大國亦莫敢與抗不以兵戎而以玉帛合衆有足多焉

二十二日戊戌陰約船來裝各處告别晚有鄰人楊昂　十一
等餞别坐談良久亥正始去

二十三日己亥晴巳正起程駕小舟行十五里至十六河口登大輪船名扎瓦長三十丈寬三丈餘英國暗輪船也當日有李温美賓理文兩家眷屬送别再自閏四月初一日到新埠以來有開安者係和拉新聞紙局所委作為鄉導以便遊歷各處更為傳報新聞至此送行始去午正開船出口東行旁風微冷申正陰

二十四日庚子晴冷旁風船微搖蕩水色葱綠午後陰雲密布

二十五日辛丑晴稍平記合衆國有以避字為賭者甲說一字禁乙說一字禁甲犯者必罰無論男女皆可相約

二十六日壬寅晴平水色深藍申初一刻陰入夜大雨傾盆涼甚

二十七日癸卯陰水平而色黑酉正大霧飛烟縹緲天水迷漫

二十八日甲辰陰逆風船甚簸揚晚見一巨鯨長二丈餘者

二十九日乙巳陰冷風定水平其色黑有堅冰長十四　十二
五丈者順流而下船頭幾被所觸據同船英人范愛達云其來自北極北冰洋入夜晴而稍暖

八月

初一日丙午晴午後風起浪湧船即搖蕩同船客人眩暈若醉其不嘔吐者只蒲
欽使之妻與一老嫗暨其女僕馬莉男僕歐爾而已

初二日丁未晴風浪尤巨於昨大聲發于水上撞船窗然開窗視之駭然可畏蓋浪起如山其危險與太平洋

同矣。

初三日戊申，晴。水綠色，早見北面長山綿亙，係英國愛爾蘭之西南界也。申刻抵昆斯海口，不入內口，住船。後有小輪舟接待。是處船隻不多，樓房亦少，左右有礮臺、燈樓。酉初復開，仍東行。入夜轉北，逆風甚冷。

初四日己酉，晴。早見東面多山，隱于雲霧，係英國西南省衛拉斯之西界也。巳刻轉東，未正抵英葛蘭西界立溫浦地方，係英國通商大口。下船，乘馬車行二里，入華盛頓店。此店係合眾人開張，故以華盛頓為名。早饌。其地居民五十萬，周約三十餘里，船隻鱗比，樓房峻麗，街巷繁雜，人民稠密。

由合眾紐約至英國立溫浦，計水程九千一百四十四里。酉初起程，登火輪車，東南走六百六十六里，亥刻抵英國京都倫敦，易乘馬車行十餘里，入葛羅武那爾店。極宏敞，樓高十二層，廣宇千廈，有自行屋可以升降高樓，毫不費力。其餘儲糧、存冰、積煤，各房數十間，亦皆寬闊整潔，是店為英京第一旅舍。前臨大街，街名與店同。後有威克都里亞火輪車客廳，晝夜車聲轆轆，機哨齊鳴。

初五日己酉，陰。申刻細雨。聞英國君主于六月十七日赴瑞士國養痾，至七月二十一日由瑞士走法京，回倫敦，宿于文恣宮三日。至二十五日，同世子、世子妃等微行往蘇葛蘭，因邇來民風强悍，屢有鬬殺之亂，故往以覘動靜。據云一月後方克回京。現議事廳係休沐之期，至九月中旬方理國事，故大小臣工多有不在官署者。

初六日庚戌，早大霧，午後稍晴。晚有居停司米士夫妻請茶，見其眷屬暨其友六七人，暢談甚歡。茶罷，令伊姪女安懿鼓琴，音韻悠然，令人神往。

初七日辛亥，微陰。接到漢字新聞紙一徧，題曰《飛龍報》，篇內載新出奇巧有用之物，間有地圖景致、國事人情，每月一次，印于倫敦，周年價銀七錢二分。鏤板細緻，刷印精工，而文法不甚佳，蓋粗通筆墨者所撰也。

初八日壬子，晴。見廚內有種黑菜，形似醬蔓菁，味若舊牛皮，燖之以水，而藏於罐，價極昂，每小瓶重約五兩，值銀一兩二錢。國人以為美食，以待上賓。據庖丁云，其菜無根無芽，亦無枝葉，生于荒野土中，名土伏蘿。尋此菜者，皆養小犬，名土伏犬，犬能尋之以鼻，人即掘其所嗅

之處鮮有不獲者問其食有益否伊言其力甚大服之
可以壯體可以養神
初九日癸丑細雨終朝每日巳初有戴黑皮冠高尺餘
著紅衣黑褲之兵一百二十名鼓吹而過詢之係君主
之御林軍也每早輪值者過此一日一易去者由栗棒
街而歸再此兵每年挑補魁梧者入選身體不滿六尺
者入營
初十日甲寅晴酉正蒲
欽使之二子自日耳曼來一名愛梧年二十一歲一名武特
年十九歲皆在日耳曼學習語言文字聞曾在北京肄
業二年後因事回國戌正陰
十一日乙卯陰雨店內每夜有巡役往來梭巡一防賊
盜偷竊二查奴僕飲博再每層樓梯旁貼告白一紙云
樓內客人安寢過此者祈緩步以免驚動
十二日丙辰陰雨晚步樓上忽遇二啞子指手延入其
室室內有一人碧目虬髯見明走入握手讓坐口欲言
而囁嚅以手指畫頗覺艱澁蓋此人亦啞子也幸明曾
習西洋手談啞文以指代字遂與交談甚得知室內者

廿五

姓滿名斯英國都法海口人室外遇者一畢鈺一畢義
兄弟也
十三日丁巳陰寓內遇一老婦年約七旬係英國世襲
公爵布莫耳之妻見明長揖而進伊言其父母于百年
前曾去粵東香港等處家中現存中華古玩若許其子
布米頦遊印度三年未歸心甚懸系儻星槎到印度時
祈為致意則感荷無既矣
十四日戊午稍晴晚有洋人告明云樓上有華人與外
國男女數人聚飲甚歡明恐有已之隨役因急叩門見
外國男女九人皆係本寓奴僕中土四人係志
欽憲之僕張國安劉智修髮匠袁長英與右協理之僕侯志
信眾見明趨入即時擁散明對眾云爾等樂則樂矣當
防巡役之來也眾唯唯而退遂下樓就寢朦朧之際剝
啄之聲甚急起視之則志
欽憲也緣志
欽憲已聞其事因誤聽蜚語向明來詢之
十五日己未陰早起往志
欽憲屋陳說其事復為眾僕緩頰始免男女聚飲之罪後袁

廿六

長英來謝罪明語曰予別雙親離家萬里水陸馳驅所
求者蠅頭之利苟能儉於自奉稍積數金以養父母亦
是爾之孝思況客居他鄉酒色第一當戒慎之慎之長
英叩謝而去黃昏月上倚窗危坐時值中秋令節家家
歌管笙簫遙想天倫歡聚何其愉快而明遠遊海國影
隻形單對此良辰能無泣下遂口占四句云離家萬里
念嚴親獨坐幽窗淚滿巾佳節每逢情倍切倚門應念
未歸人

十六日庚申陰晴不定申刻隨志孫兩

十七

欽憲往英國總理衙門會見總理大臣世襲男爵司丹力坐
談時許而歸衙署純以花石建造極堅固亦宏敞晚有
本城醫生一百一十四名在寓赴宴列長几供美饌盃
盤交錯歡洽異常宴罷一一起立各言數語無非內外
兩科皆應以誠心壽世之意子初散

十七日辛酉微晴辰刻同寓有狄芬三者結褵於黎氏
是日迎娶巳初有兩家戚友男女二十八人來賀男皆
青衣高帽女著白裙紅緣各執鮮花一束至午正則對
對下樓乘車十六輛前去禮拜堂看新夫婦受禮新郎
候於堂中俄而新婦至身服白衫手執白花首罩白紗
蓋泰西尚白故新婦服此一取其吉二明其潔曾記斌
公海國勝遊草有詩云白色花冠素色裳縞衣如雪履
如霜旁觀莫誤文君寡此是人家新嫁娘未初受禮回
寓宴客新婦首坐均分嫁餅于眾餅係白麪糖果所造
有值數十金者宴畢新婦易衣偕戚友去則同其夫束
裝遊歷各國據云一年後始歸

十八日壬戌終朝大雨聞泰西有定律凡呈稟信函以
及行使錢文等件而書他人之名姓者一經發覺罰其

十八

坐監十年蓋華人所憑者花押圖記而洋人所重者姓
名筆迹也

十九日癸亥半晴酉正德協理之父德士昂自法京來
拜會戌初柏協理回愛爾蘭省親按泰西以華人指甲
太長不便操作每非笑之今見本地女子指甲長約四
五分男子長約三四分更有剪成三尖者不知何意又
見本地匠人多有鏤花刻字于手肩以藍色塗之入夜
復陰冷

二十日甲子早大霧午後微晴出門不數武見一乞兒

手持洋取火向行人討錢行人不堪聒噪高聲嚇曰臟孩去看魔鬼乞兒答云魔鬼我已見矣行人奇其語轉詰所見魔鬼何樣伊云其服色相貌與公同其人聞而不語反給錢一枚而去蓋倫敦土俗以魔鬼詈人爲最重按英都設有養濟院禁止男女乞于市如有不願入院甘于討錢者亦必持些須之物僞爲出售也者入夜雨

二十一日乙丑細雨按英國地處海濱較之合衆國形勢偏小故合衆人嘲云凡遊英吉利者切莫夜出恐誤行而陷于海也

二十二日丙寅晴未刻隨志孫兩

欽憲乘車行五里至海岱園中周遊數里見河水澄清遊魚可數花木彫落香蝶全無凡樹之畏寒者皆以氈草束之申初往拜前任英國公使包令

二十三日丁卯晴午刻有現任駐劄北京英國副公使威妥瑪者來拜威妥瑪在華最久以長白麟昌字雲橋者爲受語師著有自邇集一書現已名傳西國矣

二十四日戊辰晴午後隨志孫兩

十九

欽憲遊萬牲園有管園官巴克爾者引遊各處所畜鳥獸倍於前年中有所未見者如玄豹玄狼雙角犀直臘狐轃鼻羊大白牛虎紋狼豹紋狼梅花鹿尾鳴蚘海狗黄猪四耳猪（其眼生于兩耳之間）有魚如龜如蟹扁蓋長尾有牛馬身鼻生鬚其聲如驢

二十五日己巳陰午初包令答拜晚晤合衆詩人長友年近六旬著作高雅頗著名于泰西戌初觀劇見汪洋大澤皓月疎星車船蟻聚虎豹風生奇奇怪怪變幻莫測子正回寓

二十六日庚午早黑霧迷漫咫尺不見人凡曲徑叉路以及危險之處皆有巡兵阻止車馬護送行人以免傷損巳正晴

二十七日辛未晴酉刻請蒲

欽使夫妻子女晚飡華饌一切刀叉不用伊眷屬食之甚喜記昨見糕點鋪所售各種多似中華如雞蛋糕核桃酥芙蓉糕油糕奶捲等皆係奶油雞蛋果仁所造惟一種似涿州餅長方形長二寸寬一寸内實乾櫻桃味微酸

二十八日壬申陰涼午後隨志孫兩

二十

欽憲乘車往看泰穆思江下石徑由岸緣轉角梯而下入石
洞左右共二白石疊起長七十餘丈廣二丈每隔一丈
二洞之上懸二石梁如弧背形以三石柱撐之每中柱
之間有幼女出售零碎玩物人之不欲渡江者即由石
洞而行每人給一施令（計銀一錢四分）每日約收二百餘金聞
欲在東西梯内造自行屋左洞設輪車鐵道以速人行
現因費重暫緩興修蓋造石洞已費用五百餘萬金矣
二十九日癸酉陰大霧天為之冥樓閣然燭車馬難行
巳初晴當日卯正蒲

至

欽使二子已回日耳曼海特泊大學院肄業
三十日甲戌晴記倫敦城建有鐵道三層一在地面為
各屬之通衢一在地下周遊城内一在屋上繞行城周
因地狹故也聞英京買地一牙（中國三尺）值洋銀數圓
九月
初一日乙亥晴午正隨孫
欽憲乘車行十餘里往看卜立地集新院其中新增者有
大清律一部古銅二仙鶴花瓷帽筒一對坤履一雙又有古
麥西十二死尸印度貝葉經三卷餘皆些須之物無暇

細載
初二日丙子微晴涼有土人馬勤者呈金瓶一對高約
尺餘雙耳花紋雕鑿極細嵌以珠寶銓石值一萬二千
金
初三日丁丑晴甚涼早同寓希夫人送遊萬牲園票二
紙持之不索園費是日係禮拜之期遊者倍于平日多
係仕宦之家午正遂約鳳夔九同往見新得一虎甚大
霜牙凛凛金睛熒熒其色斑斕眈眈而視喂以生肉則
張鐵鬚捲大尾聲如暴雷跳躍上下而鐵闌幾被所折

垂

望之可畏申初回寓
初四日戊寅晴涼申刻陰晚會英國大主政狄達禮之
妻某氏者年近六旬坐談時許而去記前在立温浦海
口聞某兵船有病者二名經水師把總攜之登岸求醫
據醫云二人病重難愈可速登天以免受罪幼者立起
大聲云寧病死而不登天向醫生出惡語馳去老者聞
而舉手椎胸哭以求免醫生遂以巨針刺其心而亡幼
者逃回月後竟得痊愈
初五日己卯早陰午正晴有比國公使金德來拜店右

玩物鋪中所售各物率皆奇巧有木馬長三尺蹄按鐵輪耳藏轉軸幼童跨之手轉其耳機關自動即馳行不已緩急如意亦巧偶之流亞也

初六日庚辰陰未刻隨志孫兩

欽憲乘車往栗榛街法國德慈夫人之蠟人館一觀内備各國古今名人之像其頭與手係以蠟搏成冠履衣裳皆當日本人所服其像或仿畫像或仿照像而塑與真逼肖中有粵督林文忠公則徐暨其夫人之像皆前對立儀表如生其餘王后大臣宿將名士之像羅列前庭無不生氣勃勃而觀者有時不動亦將疑為蠟人矣其工之精巧如此聞入夏則每夜將頭手置于涼屋以防銷化而避灰塵極後屋中有割頭之具是具如中土之鍘刀惟四方木架周逾三丈刀挂當中上連鐵索持刀者立于數步外手牽其索横犯人之項于鐵板刀下則頭落矣此泰西古刑今廢之又一小石屋係古獄鐵門關鎖穴窗窺之見一老人衣履殘破跪持聖經兩眼含淚狀似禱祝各種囚犯受傷者坐卧蹲伏隨指裂膚血流骨露桎梏纏身百般痛楚視之慘然沐浴受害者横諸錫盆瞑目垂手面青唇白外有人頭十餘級血跡淋漓四壁滿嵌玻璃内罩古人衣服車輛此館門内立一老者白面烏鬚目戴眼鏡手持鼻烟足下暗有機關行人踏之則手動頭舉不知者有誤為讓路者以上奇奇怪怪幻假為真五夜迴思令人心悸館右有一雜貨棧房屋宇闊大貨物繁多更有若許華物如銅鑼草笠木盌蒲蓆與景泰藍之瓶鑪盒罐以及名窑瓷器看畢回寓微雨

初七日辛巳細雨卯刻柏協理由愛爾蘭回倫敦同巷樂店出售玻璃乳食瓶瓶作葫蘆形内含細管上連羔裘樹汁筒筒頂作乳頭形有一小孔内置牛羊之乳可以吸之任意蓋外國小兒七月斷乳以此代之故幼孩力壯而氣足也再乳食不足者以此養之亦頗有益

初八日壬午晴午正同聯春卿乘火輪車遊水晶宮是宮曾於同治五年春不戒祝融半遭焚燬緣所存各種奇花異鳥皆由熱帶而來天涼必須煖屋以貯之故地板之下横有鐵筒燒煤以通熱氣日久板燥因而火起刻下修葺一新更增無數奇巧珍玩一片晶瑩精彩眩

目高華名貴璀璨可觀四方之輪蹄不絕于門洵大觀也申初回寓

初九日癸未陰雨早德協理乞假回國省親志孫兩

欽憲令聯春卿同去巴里入學肄業以便采俗問風記在本巷賣有火輪車式車長七寸寬三寸高五寸質係黃銅烟筒輪機水管煤槽各器皆備與大車無異另一木圈周約丈許上安鐵轍如環形欲演其車即然酒以代煤令水沸激輪自能馳繞木圈之上此只輪車之第一火機車而已又有小火輪車長三寸寬寸半質係馬口鐵

二十五

式與真同惟內無機器暗含螺螄後帶頭二三等小車四輛飾以五彩絃上放于平地則直馳而行欲循圓綫而行則于上絃後將頭車彎過自能圓轉如意矣又有自行車前後各一輪一大一小大者二寸小者寸半上坐一人絃上輪轉足動首搖其手自按機軸而前推後搬左右顧視趣甚質亦係馬口鐵

初十日甲申陰雨終朝黑霧迷漫街巷對面不見人屋中然燭記英都嚴禁娼家業此者往來街市作路旁之楊柳任人攀折而已而好風月者或借宿酒樓而春風一度或僦屋旅舍而留戀經旬然出必嚴鎖門戶以防偷香者之竊其後也

十一日乙亥晴未初居停司米士約明同遊南坎興坦集新院距寓十餘里樓房寬闊內存今古各國新奇之物有中國翠屏石案冰箱書槅蟒袍繡帳桂珠等物又有中國各省土產如燕窩魚翅海參蟶乾木耳黃花花椒大料各種菸草以及各種烟袋油燈無一不備或盛于筐或置于閣皆以玻璃罩之其餘他國大小新奇器皿玩物以千萬計另有一樓專集本國奇巧物件如火熗炸礮以及各種機器等酉正回寓

二十五

十二日丙子陰晴不定晚有鄰人吳達者約看雜戲入館燈燭燦然觀者如堵男女所演與他處同有一力士以鐵棍擊其左臂棍長四尺粗如雞卵其力能令棍彎又項挂二鐵錘各重百餘斤手持鐵棍亦重百餘斤棍之兩端與其頭共立五人往來步行許久眾皆擊掌賀之次將其右骰懸于空中左骰挂車輪一左臂跨車輪二右臂挂車輪三左手舉鐵棍右手于倒懸之際放一手熗其力大如此可與烏獲任鄙並駕矣又一人養五

犬白二黃二黑一臺上設五籐椅狗分坐之取出繩圈
紙餅等物令之分耍奇巧之極其黑者性最黠凡他犬
所作諸戲彼皆一一效之
十三日丁丑晴晚隨志孫兩
欽憲往水晶宮看烟火經管宮官包靈賀斯瑞司丹靈等引
遊各處燈火燭天以千萬計奇貨堆積如雲遊客往來
如蟻別開光明之界恍遊錦繡之城洵大觀也登樓遙
望所放花炮與前所看者大同小異惟一大花周逾二
丈光苗倒流急於瀑布其聲音之震耳如溢湧之驚濤

三七

落地沸沫堪謂焦淵又一種狀如彗星自天下飛尾長
逾丈光芒異常又一種雙塔對峙水火交發燈分五彩
疊起層樓其燈火之奇幻非意想所能到衆皆擊掌大
呼以賀之看畢乘車回寓漏已二下矣
十四日戊寅晴舊聞倫敦有大圓一十七小圓一十七
圓內花草豐縟河水清漣路徑曲彎樹林陰翳每隔數
武安設椅凳土人名之春椅春凳蓋每夕自六點鐘至
一點鐘街市遊行婦女率多不潔而圓內尤多男子欲
尋春者即于圓中擇其尤者攜登凳椅權作鴛帷沿途

顛鸞倒鳳同入陽臺昔人云同牀異夢今則異牀同夢
矣氣燈雖亮而入夜永係霧氣迷漫不知淫風流行而
天光蒙蔽以示儆耶抑或因地近海洋而蒸氣使然耶
不可得而知也
十五日已卯晴奉志孫兩
欽憲命令明往英國教習艾德林處肄業從駐華阿公使之
請也明遵即束裝辭別登車行十二里抵海大圓北柏
靈坦街艾教習家其人年約三旬餘烏鬚蒼髮溫厚和
平其妻烏氏抱恙未愈生有二子一女大者五歲小者

三八

猶在襁褓家寒素以舌耕為業所教生徒六名皆負笈
而來遊于門者是夕坐談中外情形頗為相得
十六日庚辰晴晨起入館講求書籍明白曉暢一切起
居飲食與他生徒等酉正同艾教習北行十五里入荔
蓁圓魁蔭閣至其友薩德樂家薩公夫婦款接情意良
厚伊養有一犬白質黃章鬅頰長毛初入屋時即迎而
吠明日予非操梃行竊者吠何為主人云此犬性純良
白晝能識賓客今入夜則易馴而悍以便守門戶耳今
君華服非彼習見能勿吠坐次見其徘徊左右睥睨而

視口含素牙。目若明星。渾如華產。詢之始知來自日本。其名曰邦。譯華言好也美也。明言中國古有李門獵狗。名曰白望。音與邦同。凡犬之佳得美名。邦其犬之傑出者也。薩云。敝國名犬固多。而如此可愛者甚少。故錦茵以臥之。金鈴以佩之。非肉不食。終日鎮守門戶而已。時漏已二下。遂即辭回。歸途距街市稍遠。而道路平坦。左右氣燈對峙。些微畢見。無須秉燭也。

十七日辛巳晴涼。是日係西歷十一月初一日。為外國禮拜之期。艾公絕早赴鄉講經。因艾公有牧師之職。故每月四次赴鄉。得銀幾許。記西人好潔。雖浴室淨房。每日必勤加洗滌。惟將新聞紙及書札等字。看畢即棄諸糞壞。且用以拭穢。未知敬惜也。按字雖分中外。然西國既用以紀事載言。即與中國之視華字等。且朝聘會盟征伐諸大政。無不於字綜其典禮。天文地理格致諸名學。無不於字闡其精微。而竟蔑視之。蓋亦未之思耳。

十八日壬午晴。記此地係倫敦新城（倫敦城有新舊之别）之西南。市廛少而人烟多。房宇整齊。華而不陋。樓似蜂窠。不知幾千萬落。街道寬闊。樹木連陰。雖經風雨。永無湫隘囂

塵之患矣。

十九日癸未晴。終夜大風。早起甚冷。聞有賣新聞紙與麪包菜肉等物者。往來不絕。聲似京華。申刻薩德樂邀飯。明同艾教習往。盛饌羅列。羔酒盈樽。主客為之盡歡。亥正辭回。

二十日甲申陰。見有玩猴與狗熊者。其玩法與中土相似。到處鳴鑼擊鼓。叫囂閭巷。人家令耍。則須英銀五六圓。午後大雨。晚飯得食西國佳肴。名婁斯比伏。係盈尺牛肉。炙以文火。調和五味。甘脆甚好。

二十一日巳酉晴。是日係西歷十一月初五日。因二百六十年前。英國天主耶穌二教不睦。天主教欲害耶穌教。暗埋地雷于王宮會堂各處。有兵名佛克斯者。派往聽令。放火時被耶穌教所獲。其事乃泄。以此遺下風俗。每屆十一月初五日。通國無賴子弟。皆著紙衣紙帽。蒙以鬼臉。肖佛克斯之像。或以紙作偶人。置于車內。隨行四五人。皆紙衣古裝。手持木棍。隨帶鼓樂。且行且歌。記其曲云。君記得。冬月初五。火藥地雷埋下土。為甚此事年年傳。皆因世人不忘古。又云。佛克斯懸杆頂。在此地

來索命又云一塊麪包喂掊樸一瓶苦酒一盤肉一番烈焰無情火燒死掊樸碎其骨又云孩兒們孩兒們齊聲賀彩孩兒們孩兒們千年未改孩兒們孩兒們鐘響丁當棄下掊樸耶穌救王掊樸者華言天主教之教皇名也自辰至午周遊街市以乞錢至晚則將衣帽偶人以爆竹火藥而轟之此事凡英人之奉天主教者皆不喜焉晚聞其君主自蘇葛蘭回住于文悲宮

二十二日丙戌晴巷內有賣菊者翠萼金英幽香可愛遂購兩盆以供玩賞九秋佳色對之當不寂寞午後因

三王

艾教習公出課餘之暇步至中街古董鋪買得甆瓶面鏡各一俱百年以上物也回寓以大紙書養心齋三字黏于北壁晚則危坐高樓縱觀書史地爐添炭蓮炬結花焚香酌茗令人逸趣橫生矣

二十三日丁亥晴冷見有演傀儡者忽而忠臣義士忽而牛鬼蛇神其往來之提舉歌唱之悠揚與北京無異晚有艾友畢慈地者來拜見明書室裝飾異於外國伊云予之嚮往貴國者久矣惜無餘暇兼之資斧未遂瞻仰之私至今耿耿今見使君潤屋布置協宜則貴邦之宏麗華貴可想而知矣言次懷內取象牙鼻烟碟與看華產也據云三年前其友羅公所贈制作精工珍同拱壁惜不知其用明遂告之伊云彼國聞烟係用小匣用此不宜情願割愛明遂贈白甕烟壺以報之

二十四日戊子陰冷早起見雪寸許開窗眺望街道已掃除淨盡矣飯後乘車回店面謁志孫兩

欽憲問安西正德協理自法京回記西人喜淨屋內滿鋪氈毯戶外另置蒲團入屋者先于蒲團拭其鞋垢恐污地毯也毯係羊毛蠶絲所造五彩鮮明綺紋交錯每疋長

三王一

逾百丈寬約三尺厚皆三四分所織花卉鳥獸式樣極多有小者數塊集成花樣聯絡渾如一幅可謂天衣無縫矣戌初乘車回館

二十五日己丑晴冷日晷漸短是日係西歷冬月初九日為英國世子衛拉斯誕辰至晚城內燈火連天笙歌徹夜酉刻同艾教習父女乘地道火輪車行二十里至其友卜立吉家看烟火藥綫靈通形狀變幻觀者嘆賞亥初回寓是夕廚內失去牛肉雞魚等物若許

二十六日庚寅晴早有巡兵前來驗盜由是每夜巡兵

往來無間焉。記洋取火之新奇者有二。一式與他同。惟摩擊匣邊則著。以便携帶而防不測。一藥頭大如黑豆。迎風磨著。有火無焰。其味頗香。此種不畏風吹。甚佳。

二十七日辛卯。陰霧。午後稍晴。記外國女子衣冠。多愛時款。或七日一易妝。或半月一改式。各國率以法京為標準。聞十餘年前女子皆服鋼圈。如盤香者。裙邊蓬鬆。搖曳生風。前二年改為馬尾圈。雖亦寬大。較之鋼圈者。其勁少遜。今多去而不服矣。每届禮拜。有大張新報。將衣冠之新式刊圖細解。並有著色者。以便人之選擇。而

用另有小畫。周逾二尺。上繪老幼婦女。或坐或立。亦係新服新式。至於髮髻鞋襪。亦無不踵事增華。變本加厲。雖異域。亦可以覘世道矣。

二十八日壬辰。晴。有義萬者新造一種樂器。名敖爾柴斯特立邦。狀如洋琴。又似風琴。物小音大。頗得兩琴之妙。定于是日酉刻在格宛的堂中習演。具帖邀賓。以待賞音之士。艾教習遂同明赴約。屋宇不大。男女如雲。琴聲清越。曲調可聞。餘音不止。繞梁三日矣。亥正始散。入夜陰冷。

二十九日癸巳。陰霧。戌刻同艾教習步至衛溪班堂內聽書。說書人姓見名榴原。係耶穌弟子。現奉天主教。所說者皆名人詩詞小說。聲音洪亮。字句清楚。能肖男女口音。一切喜怒歌泣。曲盡其情。稱為倫敦妙手。每夕說書八節。需時十二刻。得洋銀三十六兩。是日男女頗多。每人出英圓二開。計銀二錢八分。亥正回寓。

十月。

初一日甲辰。晴暖。聞英國會堂內欲將婦女廝入。有云可者。言其心細見高。勝於男子。有云不可者。言其病産

子女。諸多煩擾。不能入廳。反為悞事。又有云女子未嫁而有田産者。皆應有薦舉之權。彼此爭論未決。

初二日乙巳。晴。見英國工匠多有刺字于手臂胸項者。兼作大片花卉。以藍黑二色塗之。晚携艾教習長女阿蓮閒遊。蓮方六歲。聰敏能文。買果數枚與之。回館後。艾令其學華禮。曲膝致謝。眾皆哄堂。又令其歌舞。伊不肯。強之乃可。歌則宮商合拍。舞則飄宕多姿。仙人也。

初三日丙午。陰涼。按英人分為兩類。一曰喜新。一曰遵古。喜新者見異思遷。如輪車輪船鐘表氣球等物。以精

巧華麗為貴而樸素弗尚焉遵古者率由舊章如朝政大端以及些須物件總以先民為法而紛更不事焉然遵古少而喜新多故上古器具所遺者不過十分之一二而已

初四日丁未晴見西班囿禮拜堂前高紮木棚外貼報單云公舉會堂官紳下刻被舉名數循例也當日觀者蜂擁議論喧譁夜半始散

初五日戊申晴冷早見新聞紙云昨晚被舉之人其薦牘有三四千之多亦有不及千者總在平素維持得人

三三五

與不得人也刻下英國苞苴公行例應薦者皆有倖進之心竟有具帖浼人保薦約定奉銀若干以酬其勞是大公無我之權變為假公濟私之舉矣更有於公舉之數月前設法愚弄其民如濟貧扶困諸仁政一一舉行以便牢籠人心俟舉時自然口碑載道是鄉舉里選之政適資沽名弔譽之私矣

初六日己酉晴艾教習因其妻病愈折柬約客晚茶遂灑掃庭除整治果食酉刻來男女一十七而鳳夔九桂冬卿與焉時則高朋滿座笑語春生茶罷鼓琴度曲音韻鏗然

初七日庚戌早黑霧巳初大晴未刻志孫雨

欽憲同補

欽使與柏德二協理乘火輪車往文惢宮面謁英國君主經外部大臣司丹力引入行鞠躬禮與前次同立談計時五分盛設酒果以燕嘉賓殊禮也酉初回寓

初八日辛亥晴午後陰涼見英國女子多有養犬者無論犬之大小皆蓄之或名之曰伏犬將軍又云不但伏犬兼能伏夫嘗見小兒玩物中有甆造女孩高約二寸

三三六

著睡帽服汗衫一坐淨盆一鞠躬欲蹲在木板之上二口相對手腕交持而木板兩層裹以羊皮中含氣筒以指按之則哇哇不斷而作響矣趣甚

初九日壬子終朝大雨聞倫敦一女說書者名泰兒每夕說書需時十二刻約得銀十五六兩又聞英國考試功令甚嚴應試者不敢挾帶書籍竟有將其所應對者書于領袖巾帽之上可謂巧逸法網想入非非矣

初十日癸丑晴恭遇

慈禧皇太后萬壽慶辰卯正由館詣寓隨志孫雨

欽憲向
北闕設香案行三跪九叩禮禮畢回館
十一日甲寅晴聞倫敦有老媪名萊丑者自稱夫人城内開張脂粉店有奇法能令女子轉老爲少有寡婦名苞婁者年愈五旬叩門請施其術萊見其富以言挑之令其改醮並代謀世襲某公爵爲夫苞首肎之日以藥水澡馬萊諜諸某公某公悦一日某公詣肆適值苞婁沐浴某公自鑰孔窺之見其下體蒼老遂辭而不娶萊猶設法欺瞞以賺其財數月後苞婁破產竟欠萊丑洋銀若干萊丑屢索不獲乃告之官而下苞于獄苞悟其奸遂反控而繫萊于獄焉案迄未結因之倫敦新謠云
人若嫌醜去尋萊丑返老還童從古罕有

三三七

十二日乙卯陰晴不定泰西人向不講風鑑卜相禁忌等事現英法各國亦漸蹈此轍矣其相法云高顴大頭者才高性敏大手重眉者體壯心精其禁忌云切莫隔窗看新月看者不祥禮拜六不可起首作事違者不長十三人不可共食若共食其先坐先起者三年内必亡入夜爐留餘火必有仙來

十三日丙辰終日陰雨午正艾教習之妻弟烏狄墨約早饌同座男女十二人相談甚歡戌刻同艾教習北行五里許入説書館館不大只容三四十人説書者多係子弟隨意消遣不索錢文至末艾教習亦舉書暢言一段衆皆擊掌稱妙入者每人各出一角計銀三錢五分以助管堂人蓋此館係一小禮拜堂也
十四日丁巳陰巳正細雨一陣記英國自國王以至庶民同姓婚嫁叔娶寡嫂均不禁所禁者同胞兄弟姊妹而已亦間有私娶者今君主與其夫同姓人也君主莊重仁慈臣民愛戴自居孀後非公事不出持躬儉約獨宿深宫凡軍國大事以及庶政細務皆由議事廳會議君主不允入堂再議多者三次雖與主意不合亦必俯如所請或云世子無才君主百年後恐致合衆而立伯理璽天德焉

三三八

十五日戊午陰英國肆廛應奉賜顧者和氣迎人春風可掬男女皆然聞本地老少婦女往一鞋肆買鞋肆人盡男子乃與之捧足而試恭而無禮抑太過矣
十六日己未早大霧午正晴後隨志孫兩

欽憲乘雙馬車行四十里往遊漢浦坦宮宮以地名在泰穆思江北岸去倫敦三十五里地極寬闊宏敞壯觀突夏層蘇芳椒紛塗其奢華侈麗堪比秦世阿房樓高百尺星辰可摘樓外四面花園河水清澄樹花交翠有葡萄一架長約十二丈土人云每年得葡萄二千五百餘堆東有迷人籬栽種小樹作扇面形曲折路徑入易出難必須土人指引此宮建在西歷之一千五百一十五年英國國王韓黎第八之世有國王之牧師吳錫者得寵專權思作郿塢之營以娛桑榆暮景乃造此宮糜費數萬宮成勢敗彼急奉與國王僞為國王而進者王喜賞以韓黎第七之故宮在立池滿地方亦甚廣闊聞吳錫為屠戶之子十四歲入泮稱為童子茂才不數年自翰林學士擢為牧師頗得寵幸二十餘年富逾王室至此寵失三年後遇罪被貶死于中途此宮自一千五百一十五年至一千七百三十一年歷世國王君主以為宴樂休憩之所自君主嘎妻賴死後後世國王鮮有居此宮者然仍開門灑埽令人遊玩每屆禮拜男女尤多入者各給門費若干國家獲其利焉酉初回寓頗涼

三九

十七日庚申陰見有小鐵車名巴西椅者長約五尺寬二尺許四輪不大上有玻璃罩四圍油布前有拽擔後有推柄乘之半坐半卧御者或推或拽計時四刻英圓二開

十八日辛酉細雨午後晴有艾教習之友顧鐸者攜其妻與妻姊達爾奴約明看菊遂南行十餘里至寬興坦花園見玻璃房數間層層羅列花萼交輝不下數百種據云其種來自中華與日本等處到此又另為栽培勤加灌溉故較華產轉勝院有蘋果樹一株橫生枝皆向上長逾二丈據云此樹已閱七十寒暑矣外有仙人掌霸王鞭等類又有如石子者色青白有如蛤蜊者大約半尺色青紅有如棒錘者滿身冗刺色如霜形狀怪異不知其名其餘如瓦松苔萍等無不蒼翠盈眸或云其種來自阿非里加與印度等處地臨赤道花木易生看畢顧鐸約食于其家酒餚豐美共食八人飯後鼓琴歌曲此唱彼和樂甚

卌

十九日壬戌陰酉正同艾教習與其友羅多步行五六里遊于甘興坦園地周十餘里古樹千尋路逕平坦樓

闍峻嶒有甘興坦宮係君主威克都里雖降生之所遂望秋水長天上下一色飄飛黃葉宛若殘秋而遍地青草葱蘢又似初春景象是時中歷孟冬為西歷十二月初二日河水無冰濛濛細雨足徵天氣之暖矣按英國所當緯度較北京稍北而夏不甚熱冬不甚冷者以孤島中懸而四面近海也海面天氣四時皆同夏則天氣熱而海風涼冬則天氣冷而海風暖是以英國氣候雖同北京而海風變其勢矣

二十日癸亥早黃霧迷漫咫尺不見人家家皆然煤氣燈其昏黑如此或云倫敦霧氣最大冬令有時數日不

四一

開車馬概行停止以防撞碰聞土人有猜謎者其猫之謎曰四骰一身毛立耳微鬚跳躍高君如問我名同姓見食自報是敎敎其八音盆之謎曰身體不大無笛無簫一人摔我臂鐘自響而鈴自搖

二十一日甲子陰晚大雨傾盆記倫敦有車名敖呢波司者形似平臺車門在後玻璃活窗十五面鐵柱鐵輪獨擔拽以二馬車內坐容十二人頂上坐容十四人有鐵梯可以升降御者坐于車頂收車費者立于門旁載行二十餘里用銅圓四開近者三開二開不等通城各路之車以五色為識別之無論男女貧富皆坐便易多矣

二十二日乙丑終日陰雨聞倫敦有學偷竊之館男女孩童有願業此者聽之敎習將零星什物盛于兜中懸挂壁上暗繫一鈴學生有能盜出物件而鈴不響者即令赴市一奏其技噫是可學也孰不可學也

二十三日丙寅陰雨赴寓面謁志孫兩
欽憲問安德協理往立温浦迎其新婦未回聞英都每夕女

四二

子街行有男子押抱接唇為戲而不為無禮者殊堪詫異再外國棉花之結實者用以紡線織布其餘短冗無力皆鋪成大片刷以膠水每疋厚四分寬三尺每尺洋銀半施令計銀七分

二十四日丁卯陰雨早艾敎習公出其妻烏氏代為管束生徒有名和陸布者出言不周觸怒烏氏烏氏令其登樓晝寢禁其飲食又有名麥訥爾者違犯學規烏氏令其面壁而立半日始釋中有黠者私盜庖中麪包酒肉運于樓上互相奪食盃盤傾倒嘲笑異常而烏氏初

不知也因烏氏久病初愈不克出屋而檢查耳

二十五日戊辰陰雨晚同艾教習往歎位堂曲館中聽曲名曰一文會蓋聽曲者分為上中下三等下等只出錢一文而已是夕曲詞不佳戌初雨止

二十六日己巳早大霧巳正霧止仍陰聞西洋女子修飾容止意外翻新有將腳小脂旁之骨令醫生損去二三分以求其瘦小者有面孔潔白故著黑點于口旁目下以張其美者一則矯揉造作一則點污清白殊乖培養脂粉之道近又有以亂頭爲俏側帽稱佳者至於眉目面龐無不極力粉飾以邀情人一盼能不令人魂消耶

二十七日庚午陰涼晚同艾教習乘車行十八里至栗榛街愛德堂中聽曲是日係水晶宮唱曲子弟習演男女二百餘人依次坐定各持曲文一篇面向曲師曲師立于臺上首唱曲文手舞足蹈盡態極妍衆皆依聲和之節奏偶有不合即時改正共唱十四曲文雖難解而聲調可聞夜半而歸

二十八日辛未陰外國男女婚娶專主情愛近有少而美者嫁與老病廢疾之人此則畧情愛而圖財產耳如此者女必貧男必富俟數年後其夫物故則家私攜爲已有再覓情意濃洽之人嫁之則朝朝歡笑夜夜綢繆以終天年以遂夙願而已

二十九日壬申陰雨英國有小書名百花語者係以百花撰成啞語如紅玫瑰爲愛字黃玫瑰爲妒字白菊爲信黃菊爲悅白蓮爲清黃蓮爲假無花果爲情麻爲勸金枝蘭爲保紫蘿蘭爲謙等字男女相交有不可言傳者則以送花爲識云

三十日癸酉陰雨午初同寓見德協理已將新婦巴席氏接來宿于八來店其舊翁姑巴克爾夫妻伴送可謂情意殷殷矣再各國都城歷書只一紙而已上載一年十二月每月或二十九日或三十日或三十一日不等七日一禮拜某日爲某神之聖誕鄉里所行者訂爲一編亦講除危閉破黃黑吉凶等字奇甚酉正回館

十一月

初一日甲戌陰倫敦每年臘月有六畜會凡鄉村有養六畜之大者則送入京城集于一處令人觀看聞是年

豬有重六百斤者牛有重一千二百餘斤者殊屬罕見
初二日乙亥陰入夜風雨甚大倫敦居民不足三百萬日用浩繁貧者一人每日亦必需七八錢銀始可度活而每日有三四萬人游手無事不知何以得食雖然街無乞丐野無强盜跣足科頭者更無一人
初三日丙子陰申正細雨英都新聞紙大小二十餘種所載雖皆實事亦有子虛見當日小新聞紙内有一段云明年大海氾濫英國當被水沖等語奇甚是紙未詳其名通國新聞紙以太木斯者為上等譯太木斯華言時也

初四日丁丑陰雨酉初晴同艾教習步行十九里至西敏德大學院中觀劇此劇每年冬季在此演唱三夜劇文係古拉丁國語因本院生徒學習拉丁文字一年有成借演劇以銜其能觀劇者非有請柬不得擅入是夕男女百餘皆係宦家服飾華麗煥然一新夫拉丁係現今羅馬國之古名羅馬係意大里國之孤城為天主教教皇所居今各國皆重用拉丁文字别為古語乎正回館

卷三終

再述奇卷四

目　錄

再述奇卷四

鐵嶺　德明在初隨筆

貴榮竹坪校閱

戊辰十一月初五日戊寅陰雨涼。酉初艾教習之友薩德樂約晚饌。明遂與之同往。其夫妻相待甚殷。肴列多品。有名滿洲羊肉者。其味酸羶。薩言予久住法邦。得食此肉。其味甚美。或云係仿中華而造。今獻此品。君必喜食也。明言此品色雖同。而味少遜。夫我國所謂燒羊肉者。調以薑桂。煎以香油。故甘脆肥美。今此品醮以糖色。和以牛膏。依然中華之味。然予得食此品。亦可稍慰故鄉蓴鱸之念耳。薩言恨予緣慳。不克遨遊中土。儻天假其便。遠泛華槎。不惟擴耳目之見聞。更欲廣搜食品。一潤枯腸也。言罷撫掌大笑。

初六日己卯晴。聞英國于二三年前有種陋俗。凡收得信票者。張貼壁上。以多為貴。相習成風。女子有因無許多信票而不得嫁者。據艾教習云。有貧嫗吳姓者。應得欠款銀一百二十兩。非有百萬舊信票不能得。以故衆人集得萬餘張送去。

初七日庚辰陰。巳正回寓。面謁志孫兩

一

欽憲問安。德協理回法京。合巴柏協理往愛爾蘭公幹。聞泰西凡娶聘生辰。亦有餽送之說。無非鐲釧扇子糖果等物而已。

初八日辛巳陰雨。艾教習之友司悌爾于前六日喪偶。是日送殯。其裝殮之例。不著生人衣服。身覆白色寢衣。手執鮮花一束。男女皆然。其棺如瓶。上廣下狹。殮後裹以回絨。釘以銅釘。極其整潔。蓋上嵌正方銅板。刻某人名姓生死日期。戚友執紼。皆係預請。身著青衣一領。頭罩烏紗一條。並無哭跪祭奠等事。發引之日。舁棺先至禮拜堂。牧師科頭端坐。身披白氅。念經一通。然後以黑車載棺至義地。牧師再行祝頌一番。靈柩入穴不掩土。只蓋大石一片。外立石碑。其穴四圍壘甎。中橫二鐵條。夫妻先亡者瘞于條下。後亡者瘞于條上。想因地貴之故也。

初九日壬午陰。午後接柏協理信。回寓。酉初隨志欽憲乘雙馬車往英國提督和蒲家晚饌。和曾僑寓中華。歷敘所見所聞。言論風生。賓主歡洽。子正始歸。細雨淋漓。頗冷。

二

初十日癸未陰。午後回館。塔木菴聯春卿與之同行。至柏靈坦街遇艾教習塔聯二公與之立談時許而歸。記倫敦通城六畜之中只畜馬犬。馬為行程賭賽演武。而用犬非為其守夜只供玩耍而已。其餘如雞牛等鄉人始畜之。犬馬多以人名地名為名亦有以虎豹熊貍命名者。養鳥雀者籠係鐵絲所造蒙以油布。其籠妝成樓閣園亭飾以五彩華麗精巧可觀。

十一日甲申晴。是日係耶穌誕辰前一日。天主耶穌兩教之禮拜堂皆然燈列座。夜半奏樂誦經。聲聞數十里。

三

街市各鋪關閉。男女著新衣晝夜街遊。家有小兒者皆買松樹一枝。上挂各種玩物紙人荷包紅綠小燭等。至晚然燭燭盡按人俵散。戌初大雪。

十二日乙酉陰。是日係西歷十二月二十五日。為耶穌誕辰。鋪肆關閉三日。家家食牛肉李子餅。男女相見各道歡喜聖誕。有樹名和力者。華言聖也。葉深綠枝粗有刺。結豆紅如石竹。凡禮拜堂人家鋪戶皆挂大枝于門首。又樹名迷色頭者。未詳何義。碧葉曲枝。結白豆大如櫻桃內含白漿。人家鋪戶皆挂于中堂。女有從下過者。男子必抱接吻以為歡。俟十二日後始行撤去。是日放假。明宿于寓。晚蒲

欽憲之小女格蒂有大樹一株。根藏八音盒。轉梜樂奏則樹自轉。各枝上挂玩物燭。燭燭盡俵散各物。明分洋筆一隻。黑絨小狗一枚約三寸。係拭筆所用。外紅皮小書一本。係講天主事者。

十三日丙戌陰。巳正隨志孫兩

欽憲乘地道火輪車入舊城。往賢保祿禮拜堂一觀。此堂宏敞有轉角樓梯。自底至頂共九百餘級。皆係白石建造。

四

開窗眺望則樓臺城郭盡入目中。眼界為之一闊。內藏銅鐘按時自擊。聲聞四野。順風可達四五十里。樓下羅列石棺石碣偶像几牀。皆古名臣之遺蹟也。未正回寓。記是日洋人呼曰博克司代。華言箱子日也。未詳何義。入夜微雨。

十四日丁亥陰。聞近日戚友寄信不書名姓。只書歡喜聖誕四字而已。又凡人家有人病故則與各戚友送訃。戚友往執紼。武將已歿放幔閉窗。日數不拘以示愛敬之意。

十五日戊子陰巳初雨申正雨止仍陰冷見倫敦街市每隔數十武入夜設長梯高八九丈下有兩輪一閧不戒于火則急拽之登樓以救生人

十六日己丑陰英國舊俗父母死後所遺官職財產皆係冢嗣承受現有世襲子爵博納壁者擁資萬貫富甲一鄉其弟則傭書餬口而已

十七日庚寅陰雨巳正有卜立地書院德格樂者能華語約明往彼討論文字至則呈示華書與之講解句法字義伊頗領悟後導遊各處見中建大堂高數丈四壁存書以萬萬計而中華日本書籍尤多外有髮逆偽軍師告示一紙堂後小屋鱗比為諸生肄業之所看畢辭回

十八日辛卯陰奉辦

欽件已竣定于二十日起程前往法國明遂回館束裝往各處辭別至顧鐸家少敘其妻妹名麗麗者年未及笄丰采甚都手出一紙云妾蒲柳之質生長異邦久慕中華時縈夢轂不料使君自天而降俾遠人望見雲儀何幸如之乃相聚未久又唱驪歌曷勝悵悵今懇華翰一揮

五

將中土草木之清奇者略繪一幅則銘感弗諼矣明辭不獲遂書白蓮一枝以應之所題出淤泥而不染濯清漣而不妖二語伊索其解明以英語釋之遂大喜伊云此語可羨人苟如此花之中通外直詎不妙哉伊以舍利一瓶酬之閒飲盡歡而罷申初回寓酉正一刻微風晴

十九日壬辰晴是日為泰西各國第一千八百六十九年正月初一日肆廛關閉街市肅清男女老幼俱易新衣相見則拉手接脣各道新喜語曰哈譬牛宜爾華言歡喜新年也

二十日癸巳晴辰初起程上火輪車東行三百六十里至都法海口巳正上船船不大係明輪未詳何名少停待潮潮長即開出口走英江風浪甚大船客一時暈倒者過半東行二百四十餘里未初抵法國北界嘎里海口旅舍早尖未正上火輪車走七百餘里戌刻至法京巴里復上馬車行十餘里至凱歌路左巴拉巷僦居公廨樓高六層屋宇新麗陳設光明記法人呼凱歌路曰阿衛女商塞力賽

六

二十一日甲午晴未刻雨見巴里街道較倫敦廣三四倍其整齊潔淨在泰西諸國為第一街市繁華樓臺峻麗氣局闊大晝夜車聲粼粼行人如蟻衣履修整安靜無譁醉人亦鮮有歌唱者

二十二日乙未晴見遊人有騎兩輪自行車者西名威婁希北達造以鋼鐵前輪大後輪小上橫一梁大輪上放橫舵軸藏關鍵人坐梁上兩手扶舵足踏軸端機動馳行疾於奔馬梁尾有放小箱以盛行李者出租此車每一點鐘用法方（每方計銀一錢二分）又名福郎者若干另有鐵

七

房為演習乘車之所

二十三日丙申細雨午後有俄文教習郭福滿者來係前在英京偕桂二公之西席也據云伊過英江突遇颶風輪渡難行三日始抵法界又三日前法國布倫海口外大風壞輪船一隻征客蹈滅頂之凶然皆得救援只傷一命而已

二十四日丁酉晴步行凱歌路又名天堂路長約六里寬十餘丈其甬道係碎石鋪成專行車馬左右漆道兩行漆道之外又有石路兩行道旁樹木成林羅列鐵凳鐵椅于每二樹之間以便行人休憩凳係官設椅則出賃其值每人銅圓二枚付錢則老嫗給票一紙長一寸濶八分上印某月日某人可坐終日外有木屋數間老嫗出售孩童玩具以及水酒果食等物沿路花樹樓臺水池亭館令人應接不暇南建大石牌樓上鑿石人戰塲係昔時戰勝遺蹟周環石柱聯以鐵鎖北建大石柱高五六丈篆刻埃及古文下立鐵闌係埃及國所進者左右有二石花籃高丈餘下立十餘野獸如奔水逐物之狀籃上出水甚湧四角各建石臺上坐一女大於生

八

人皆像古時名人石臺之外四圍建有石闌鐵柱上懸煤氣燈再大石柱與石臺以北建二石柱高亦丈餘各立一馬狀如奔馳俱與真畢肖路之北首左右設傀儡鞦韆各種玩戲午後則各家乳娘抱持小孩往來游戲之

二十五日戊戌陰入夜細雨西俗國王皆立一后並無妾媵其后亦鮮有私娶今國王拿破倫第三曾為朝內大臣知西班牙妓漁雲山美而訪之妓云非娶不薦枕席王許之登位後乃迎歸焉

二十六日己亥晴暖午後步至馬達蘭坊甬道左右因近新年添置木棚百貨雲集頗有京華景象入夜陰雨微雨

二十七日庚子大霧戌刻隨志孫兩

欽憲乘雙馬車往佛普斯家吃茶伊合衆國之富翁也携眷來遊其一子三女皆佳秀也是夕鼓琴歌曲樂甚子初回寓

二十八日辛丑陰是日係外國禮拜之期午後見凱歌路遊人如雲有以四羊拽車中坐四五小兒童子御車

九

碧目黃髮有售紅皮氣球者大者如瓜小者如桃下繫長線自行上升有時風吹綫斷則飄宕入雲不知所之矣

二十九日壬寅晴記法京浴堂分爲三等其浴盆造以錫鐵有如馬槽形者有如元寶形者周各丈餘高約三尺每屋或置一盆或置兩盆一等者屋有几案簾帳面鏡梳篦鞋拔刷擅一切俱全盆覆大布旁設二嘴一放熱水一放冷水用時轉捩多少任便二等者次之三等者屋少陳設盆無大布浴者入門買票價自十方至一方不等主人給票拽鈴喚僕告以某屋其人接票即按等備煖布香胰放水畢延客入外扃其門浴畢則拽鈴喚僕而門啟矣又各盆底有孔拔塞則水自洩故浴者換水幾番涼熱如意亦可令僕代滌其垢價亦不昂有女子代滌其垢工價未詳男女皆浴夫妻可以共屋更有同盆而浴者有不欲入堂者其浴僕以車載熱水錫盆巾胰等物送于寓所浴畢取回價則二方而已計銀二錢四分

三十日癸卯晴土人有貨金表者面有四小盤分日月

十

時刻分秒並分七日禮拜之期其月盤中含小月帶雲每逢朔望上弦下弦與月之盈虧無異價值法方一萬三千計銀一千五百餘兩有蓋上絃者乘馬所用每啟蓋則絃自拽滿是終年不需鑰匙而針絃無一刻之停也有帶八音者有如挂鐘按時自鳴者又有小花盒周約盈尺上絃後中出翠雀展翅而鳴張口回首可觀之至

十二月

初一日甲辰晴見脂粉肆出售假面係各色洋綢所造

形似桃只遮兩眼與鼻每禮拜六日在某大戲園設會子正開門卯刻散所有男女遊人皆蒙假面男子有著獸頭鳥翎古怪服飾者女子有著短裙赤臂跣足者以便人不識也所用之奇服異裝皆有出賃之肆門內設樂男女跳舞嘲笑褻狎無所不至任聽歡喜嚴禁怒詈跳至天明有相識者則男女同入酒肆沽飲宦官僧尼皆聽之名曰假面會每月四次

初二日乙巳陰本地有售僞珊瑚者緣四年前法邦南省出白石質不大商人以紅色染之繼以琢磨則鮮明

光潤其色之老嫩體之輕重與真無異更有僞琥珀蜜臘金剛石孔雀石貓眼真珠青金石紅寶石瑪瑙翡翠等亦與真無異價甚廉

初三日丙午陰晚隨志孫兩

欽憲步遊前賢敖那蕾街燈燭輝煌行人絡繹忽有土人云嘔中國男女同行男前女後異於我國矣蓋西俗男女同行多係攜手交臂當時惟兩

欽憲有鬚餘皆少年故土人妄以為女矣

初四日丁未稍晴見王宮前護衛兵丁驍勇異常皆效土耳其服色頭戴紅帽黑穗四圍纏以白布著緊身小袄皮靴紅呢袴懷抱洋熗走動輕捷

初五日戊申細雨聞法王每遇晴霽則與王后同車遊于園囿而王自執鞭馬記法京妓館處處碁布星羅而遊妓勾人日日招蜂引蝶聞通城以四萬數千計各妓奉官每年納稅七百方合銀九十餘兩領有憑據其遊妓每夕往來閭巷以候尋春之客擁擠如蟻男女相悅或投宿旅舍或攜手歸家有托為雇車者告由某處至某處車行如電掣風馳車止則雲收雨止矣每屆禮拜

入署令醫官驗看有病者留而療治無病者即刻放還另有私妓不敢公然往來閭巷恐被官兵拿獲而被罰蓋各妓夜遊之處皆經官定而此私妓則遍繞通城西正雨止

初六日己酉晴是日係西歷正月十八日法國會堂開印之期宮中聚集官僚鼓吹列隊辰正王與后同升公堂入座立言一番無非願百官忠心報國等語言畢即回其所言名曰座上詞

初七日庚戌晴午後乘馬車至宅朗矖巷第六號華賃

鋪訪寧波商人王承榮字子顯者相見甚歡其四壁羅
列中華日本各色器皿甚多聞近年獲利倍蓰住日申
初回寓
初八日辛亥陰霧午後隨志孫雨
欽憲乘雙馬車行數里過思安河抵法國總理各國事務衙
門拜會總理大臣拉發坐談時許告辭城內周遊三十
餘里申初回寓記法國男子出門多持短杖長約二三
尺不等有籐木竹漆魚骨鹿角各種作丁字形上嵌珊
瑚象牙寶石金銀下作鐵頭價由二三方至數十方有

十三

戳兩節暗藏鋼刺者設遇爭鬬一人奪杖則其刺自出
此杖有干例禁售者不敢令街兵見見則罰銀若干方
若行人舍杖持傘則目為英人而笑之蓋英國近海多
雨故多以傘代杖再人家畜犬出門必箝其口以防傷
人否則被兵拿獲罰主人銀若干方始釋若無人認則
烹而分食之
初九日壬子晴午刻同王子顯步至叫貨樓樓高五層
屋宇百間共分三十餘所某所出售某國某種貨物某
日出售某國某種貨物按日午正開門欲賣各種貨物
皆來送此上黏號票暗識售價開門則舉貨立于臺上
高聲呼價觀者羣立臺前貨主雜於其中彼此還價貨
主在旁增價以便買者增添至末擇其昂者而售不售
將貨領回則按件給樓主銀若干方大者二方小者一
方是日係賣華貨之期見一綠甆瓶高約盈尺甆非上
等舉貨者叫百方買者自二十方互相增至八十方始
售計銀十兩零四錢未正一刻回寓入夜陰雲密布微
涼
初十日癸丑晴冷記法京馬車大小以五六萬計一馬

十四

者坐容二人雙馬者坐容四人雇車者給票一紙票長
三寸寬寸半其上兩面印云某巷某號車棧某號車其
車價城內遠近一律論日者自四月至九月車行自寅
正至子正為一日自十月至三月車行自卯初至亥正
為一日車行一小時者官人給價二方平人給價二方
一角（四角為一方） 車行一往不返者官人給價一方半平人
給價一方十四素（二十四素為一方） 車行往返者往三方返二
方七十五桑地畝（四十八桑地畝為一素） 官人平人同價若往而
不返今空車回者外加一方此一馬之車價也若雙馬

車則加四分之一隨帶箱籠行李係車夫安置車頂另給酒資若干其餘如包裹傘棍零星等件皆自置車內其入城稅則一斤納五素二斤納半方過二斤則爲三斤納十五素又車內貼一告白云凡人登車須向車夫索票一紙以便失物復尋上書某年月日內坐某人安放某物某時行由某處某時行至某處給車價酒資各若干再夜間車燈以四色爲識向北行者張挂藍燈向南行者張挂紅燈向西行者張挂黄燈向東行者張挂綠燈

十一日甲寅晴冷水始結冰朔風凛冽途行者率皆兩手插入衣兜以避寒也記外國女子節義固不乏人而不貞者亦復不少定情之夕不能立辨真僞如英吉利王韓利第八連聘六室其第五者名郝阿係世襲侯爵訥苐之姪女甚麗娶後數月始知於未嫁之前已先時而破瓜矣

十二日乙卯晴午正志孫兩

欽憲暨蒲

欽憲攜柏德二協理同總理大臣拉發與前任駐華公使哥

士奇由公廨乘四馬金車（國王所甲之車）抵宮有紅衣兵列隊鼓吹而迎入門數進謁見國王立談數語無非兩國修和以敦友誼云云左右護從十餘人頗嚴肅樓閣宏敞殿宇崇華樓欄座高旃檀香滿較之英國王宮其雄麗遠不逮此矣復入后宮立談數語詞旨温厚仍以金車送歸

十三日丙辰晴午後乘車遊于花圃其煖窖所培之奇花異草可愛者甚蕃有花如樓子茉莉葉極厚節節如蠏足葉之角開花層層相接其色紅紫又有葉如海棠厚而小花開細而長其色紫莖形如五椿角攢於一處作小盅然又有葉如韮菜花似玫瑰其色黄其他奇奇怪怪者尤多筆難盡述中所識者不過茶花芋香繡球水仙僧冠帽晚香玉五色秋菊木筆凌霄而已申初回寓

十四日丁巳晴巳正有法國外科醫生達麻扆約鄒秋帆與廷輔臣諸公同往施醫院有一女子裸卧牀上係以麻藥薰死者肚高如盆醫生以小刀割其腹以鉗出其衣包次以鋏夾其臍帶以剪剪其胎衣次以熨斗烙

其剪口以鑷挑出肚皮十二血管用海絨拭淨血痕將子腸安置本位其腹以鋼針銀線縫之遂灌藥而女活聞是女非出嫁者乃尼僧也

十五日戊午陰巳正隨志孫雨

欽憲乘車遊於柏路旺園時屆隆冬而青草芊綿一望細茵滿地行十餘里至前所看假山其石之突兀盤空下臨數丈雖係人工真有天造地設之狀山腰有清泉湧然仰出下流而成瀑布旁有洞口入之繞行瀑布之後對面巨石迎人倒懸削壁若怒龍之飲澗緣石磴曲折而上四圍眺望一覽無餘遥見樹木叢生無邊濃碧湖水宕漾徹底澄清遊畢就茶肆小酌酉正一刻回寓甚冷入夜雨

十七

十六日己未早陰雨淋漓申正微晴亥初一刻隨志孫雨

欽憲乘馬車行七里許至王宮對戶威儀拉店係巴里府府尹理事公廨是日係府尹侯洒滿請赴跳舞會樓門外有執戟之士二十餘名兩行肅立登樓四十二級始至其巔廳堂寬闊燈燭輝煌几案覆以彩緞屋地鋪以花氊左右植茶花與丁香作壁每隔數間設有鼓樂每間供養鮮花陳設華麗周遊曲折不知有幾千萬間是夕男女七千餘人跳舞之會于斯為盛時雖季冬而屋内熱如酷暑係人氣醞釀使然也故男簪單鈷女皆赤臂丑初回寓

十七日庚申晴午後乘火輪車行三十餘里至舒息路瓦莊女學館探問學海關稅務司包龍梅之姊包婀娜其女師布烏氏年逾六旬能英語所授女徒六十餘名婀娜代達其意其師甚喜款待良優約同步遊里許路途平坦尚屬整潔樓園不多人烟稀少申初辭回入夜大雨

十八

十八日辛酉陰未初隨志孫雨

欽憲乘車往遊萬牲園有一樓羅列玻璃罩内放雀巢鳥卵數千種又玻璃煖窖新增水陸草木之花極其蕃盛其他樓臺鳥獸與前所看者無異酉初一刻回寓知有王子顯攜其子來拜晚見新聞紙云英國現造鐵甲兵船二隻一長八十二丈五尺寬四丈五尺高一丈九尺五寸入水一丈五尺九寸出水三尺六寸鐵甲厚八寸内

襯甲木厚一尺二寸底嵌鐵錐長二丈五尺面列三座旋攻礮臺每座架礮一尊重各一萬六千斤礮子每一重四百斤受藥六十二斤船之通體分五十節每節障以鐵板厚與甲同儻船之前後中段有爲敵礮轟裂之處餘仍無恙一長二十五丈寬五丈二尺面列旋攻炮臺障臺鐵壁厚皆一尺二寸礮重三萬六千斤尾𡁠雙暗輪駛行急速每時七十二里共得馬力七百匹名皆未詳

十九日壬戌　晴暖如中國仲春天氣和風蕩漾河凍皆開戌刻有法王之堂姊名馬蒂達者約往其家一叙其人年約四旬係俄國郡王道益得之妃嗣因琴瑟不調道經而回本國於今十數年矣其堂兄拿破倫未即王位曾遣媒往說之馬未允今見法王如此富貴甚爲垂涎而悔已無及矣按律夫在婦不能再醮故獨居于此馬工繪畫喜詩書所識率皆文學士是夕有男女三十餘人彼此暢談甚得子初回寓

九

二十日癸亥　晴亥正隨志孫兩欽憲往意達廉大街旅舍中赴跳舞會男女三千　餘名皆裝飾華麗跳舞可觀其主人係諸世爵之夫人也子正回寓記西國有玩宄羅者其法有四一曰鬭走又名交戰係各人以鞭擊宄羅令旋轉對撞以力大而末倒者勝其鞭係以魚皮裹柄宄羅則多用鐵頭取其體重而不易倒第二曰闖圍畫圈于地周約九尺玩者各持皮鞭鞭稍或作結或繫鈕繞以宄羅將結與鈕置于四小指之間手舉過頭曲身而放落地後以鞭擊之如此依次而放入圍不動者留于圈內或放後而轉或出于圈外則主人持起以擊留于圈內者若擲不入圈或欲落而取回以試之或擲時忘繞鞭稍或擲去不轉皆號爲死停于圈內以待他人之擊以擊破他人者爲勝或盡力擊出圈外者亦勝在彼此玩耍時無此例然出圈者少故以能出圈而反擊出圈內所留者爲勝有時六七枚被一人擊出圈者所用宄羅其尖須長以其易由斜路而出故體重尖短者往往留于圈內又有名埽烟筒者係舉過頭時向空而擲以手接之再擲于地三曰趕石地畫一線長四五十碼計中國一十四五丈纔末立以標準玩者各放一小石卵于中途以皮鞭轉動宄羅或

手

放于木板板作匙形式放于手代匙擲於地上以之逐石一路轉動先到標者勝若阻于中途即于所止之處留其石卯以待他人再逐如此陸續到標先後勝數不一有時以鈕代石卯四曰嚶嚶㐌羅即中國之空鐘也其玩法與京師同又當日巳刻有四川郭懷仁來拜彼係來此以筆度日者坐談許久始去聞其來此已數年矣

二十一日甲子晴午後明同寗波王承榮四川郭懷仁散步街市回時遇俄國郭福滿與桂冬卿坐談茶肆堅約同坐王解法語郭解拉丁語冬卿解俄語福滿解英語華洋五國言語互為繙譯交談趣甚申初回寓得食平果與棃味皆似蜜飯後同塔木菴鳳夔九步至馬達蘭坊花市買得酴醾二盆白菊一盆放于几上皆素質潔白清香可愛

二十二日乙丑陰雨亥正志孫雨

欽憲暨蒲

欽憲與柏德二協理皆易公服往王宮赴跳舞會此會每禮拜三一次男女赴會者以數千計男皆免冠女皆赤臂陣陣跳舞鼓樂喧天子正回寓丑初一刻雨止天晴稍暖

二十三日丙寅晴聞法國處女禁止獨自出門每逢街遊必有親屬或乳媪相伴不與外人交談其年歲不許人問髮髻容止間有粉飾外人不得直言只可誇其顏色嬌美絕世無雙愈承奉而愈歡喜更有自衒潔白而故塗黑點于眉下口旁者再男女相見男先免冠致禮女不先舉其手男不敢與之拽手問候男女至近者必三四搖而後止否則彼此一拽而已午後王子顯約遊辭未往

二十四日丁卯晴見街市有四輪自行車係鐵造式與前所述之兩輪三輪者等坐容四人各持一柄隨行運動往來甚捷聞法人花比革云百年前該國土俗凡新婚之第一日必將新婦送交管理某處之世襲官員先行考驗後歸其夫歷代如此人民不服後因亂始改與別國同雖然男女初婚其是否處女不得而知也酉刻陰雨

二十五日戊辰陰聞有法人自中土運來生熟藥材六

百餘瓶令醫官嘗其味辨其性除與本國相同者皆按
味詳細筆之於書以治國人

二十六日巳巳晴是日係西歷二月初七日外國禮拜
之期為耶穌受四十日大難之始凡奉天主教者由是
日始吃無血素齋四十日國中宴樂跳舞等事概行停
止再自初七日至初九日此三日男女小兒皆許着異
服戴假面吹牛角銅喇叭晝夜遊戲街市種種玩耍喧
譁全吾不禁再每年正月下澣或二月初旬有遊春會
日期由官選定有會首六七人屠戶某買出號大牛一
二三四隻不等載以彩車遍遊于城有樂兵百餘護送
往各公署以及王宮吹打討錢所得法方三四百開不
等亦以三日為期初七日為第一日見馬隊八十皆著
彩衣舉花旗步隊八十戴銀盔執亮戟樂兵百餘花衣
古裝馬步兩翼排行其金輪彩車四輛第一車載大牛
一重二千五百觔價值二萬四千方合銀二千八百八
十餘兩車上左右立四人着短服執狼牙棒作力士狀
第二車載青衣樂兵六十餘名各戴一假鼻甚長第三
車內載女子二十餘名皆係赤臂頭戴金箍號曰女仙

卅三

末車中立一男甚高赤臂跣足披髮虬髯頭頂金帽腰
圍短裙號曰男仙左右有兩女孩其服飾如之每至各
公署樂兵鼓吹于庭男仙領女孩下車入見署員問訊
飲酒一盃領賞謝去所得錢文除償牛價外衆皆俵分
飲酒至第四日宰牛頭一刀送入王宮餘肉均分貳云
前年較今年尤為鬧熱係以樓車載七牛而行樂兵馬
步男女神仙共以千計當日巳正此會走凱歌路來所
寓公廨鼓樂討錢經蒲
欽使賜酒賞方若干拜謝而去有英國艾德林之友沙邦鼐
者法京富商也當日來信邀明晚飡午後伊以單馬車
來接遂同至火輪車客廳登車行七十餘里抵其家村
名泗鷗極其幽雅樓房整潔花木叢雜河水清澄入內
見其母妻與子女焉坐談良久甚得共桌而食有伊戚
友數人中有姓穆名雅者餘未詳其姓字談及吃齋一
事衆云伊等雖奉天主向不守此俗規以巴里居民論
之喫齋者不過十分之二三而已穆云伊父母雖奉天
主而伊自有生以來並未叅謁教堂且云天主教之神
父名為行善誠心向化者固不乏人而淫人婦女騙人

卅四

財產者亦復不少故見幼女美而富者必設法誘其出家入堂後女為其私財為其用而其教人之語皆一人之私言考之於書毫無所據人之受害者指不勝屈矣而國家縱其傳教外邦營謀財帛播弄是非歐羅巴自古爭戰率由此等人而起也伊問中土儒教何如明遂告以修齊平治之道眾皆唯唯歎賞並云中國孔聖之道聞於海外鮮有駁其非者據洋文所譯雖不得其詳細而其梗概早令遠人欽服矣某等不敢遽云儒教而所遵行每多脗合因天主真經之言多與孔子之言符

二十五

也苟國家不使其人之道其所道非天主之真道者遊行天下則中外詎不和睦而安定哉飯畢少坐穆送明回

二十七日庚午晴酉刻隨志孫兩
欽憲乘雙馬車往意大康街敏人園看變戲法者園雖不大座客常盈其變法輕捷便利奇巧頗多無暇畢載亥初回寓入夜大風

二十八日辛未晴終日大風而街市遊人仍密如雲未初遊至一園名巴類洛雅者華言御園也院內開設酒肆鐵甃成行以便遊人休憩四面穿廊約六七里廊下貨肆接連出售新奇古玩珍寶如金剛石孔雀石珊瑚水晶鯨角象牙等然真偽難辨羅列盈室價亦頗昂見一小表通身係以水晶造成大如杏李據云其表三十年始竣工價值六千方計銀七百八十兩酉初回寓

二十九日壬申晴冷聞法國兵部書吏名舒大樂者云其表兄忘其姓字鄉間教師也每月入京一次入夜改裝偕表弟街遊專往加非館中尋妓有玷教師之名矣又聞法京每年春季皆取民間壯丁六百名赴兵部聽

二十六

候選用其年力精壯者留二百名編入兵籍餘皆放歸所留之人約七載始許還家營房內有書院訓練之餘兼攻誦讀有勇知方可稱節制之師矣

同治八年歲次己巳

新正月

初一日癸酉晴辰刻恭設香案隨志孫兩
欽憲望闕恭拜
聖牌行三跪九叩禮禮畢有王承榮郭懷仁等衣冠來拜戌刻兩

欽憲率明等十二人共棹而食，慶賀元旦，今辰子正始散。明因口占七絕云：挂帆天外值良辰，不禁驚心景物新。此日計程三萬里，何時盃酒樂天倫。

初二日甲戌，晴。巳初有南合眾人光達達者來拜，伊曾周遊四海，足跡幾徧天下，而駐華尤久。彼云：憶昔僑居貴邦，見華人每屆元旦，則飲酒歡呼，管絃歌唱，元夜則放烟火，列花燈，天上人間，洵昇平之景象也。今公等遠遊海外，值此良辰，能不岑寂乎？明曰：奉命遊歷泰西，梯航所至，眼界為之一廓，自是人生快事，況同舟好友，異國良朋，晨夕言歡，形神自暢，奈每逢佳節，頓觸鄉思，言念及此，能不悵然。又聞法國土俗，於新年時，各鋪皆往其主顧家餽送一種糖果，名曰邦邦，多有造以白沙糖，內含桃仁、栗子、花生、棃李等。

初三日乙亥，晴，大風。記法京有一育嬰堂，樓房百間，間間整潔，臨門墻中設一轉桶，周約丈餘，深二尺。凡城內嬰孩有不能養或不欲養者，皆可包裹停妥，送置桶內，以紙書其生辰、乳名，將桶一轉，其桶底銅鈴聲達于內，自有人取入收養，給與乳食衣被。今則不然，桶去而人皆明送矣。六年後，其父母欲取回者，則按年償其衣食費用；若不取，俟及歲時，令男充兵，令女貿易，所得工銀皆歸官用。是育嬰之舉，不惟博慈愛之名，更且因之獲利焉。

初四日丙子，晴。聞泰西人有創造氣輪車者，形與火輪車同，惟不燒煤煮水，只需天氣衝催之力，曾于車道試用，因造法不精，御者不善駕馭，凡到停車之處，時而過，時而不及，故不能用。午後同王子顯步至丹布大街，見鋪中有售窰餞枇杷與桂圓、桃、杏等果，云皆來自中土，其價頗昂。

初五日丁丑，晴，涼。酉刻志滌雨。欽憲約德協理之父母姊妹、法人歐建之母與妹暨山西人丁敦齡者在寓晚饌，談飲甚歡，丑初始散。聞丁敦齡品行卑污，四年前曾私某領事之幼女，領事怒，發于英倫孤島充軍。越二年，某領事死，丁始同法京。後又將縫匠之妻拐去，縫匠鳴之于官，罰其坐監二年。現為歐建之記室，據外人云，想其作幕中之賓矣。又聞新聞紙上載丁某自稱為舉人，不知係某科中式，而同年者又何人

也

初六日戊寅晴午後街遊見河水微波山岡鋪翠桃紅柳綠鶯燕學飛宛似江南二月天也記前數日天時甚冷在柏路旺園瀑布之旁掘地四畝深約二尺灌水結冰岸上闌以木柵正面高樓出售茶酒加非並出賃冰鞋鞋係鋼造作凹字形上有帶皮套者帶鞋頭者更有帶皮靴者冰池中心有亭亭上奏樂晝夜男女成羣往來冰嬉園主皆索園費入看者亦索園費再男女有私悅者可携手馳騾冰上相與為戲又冰池四角各建小石塔一座中立一人放鵲冰嬉者有能隨行而以手槍擊死為勝惜近日天暖冰結不堅未獲見之酉初一刻陰雨

二十九

初七日己卯陰涼閒步於街遇法王與后乘四馬車由大花園而歸前後並無儀仗只有引馬二匹後隨二車每車四人從遊者皆后之友也御者皆金邊短服瓜形小呢帽沿途國人有免冠者王與后皆首肯免冠以答之

初八日庚辰陰辰初細雨一陣未正一刻晴亥正隨志

絲雨

欽憲赴隔壁合眾商貝柏爾家看跳舞會男女百人歌舞甚歡子正回寓

初九日辛巳晴涼聞外國人有恐生子女為累者乃買一種皮套或綢套貫于陽具之上雖極倒鳳顛鸞而一雛不卵其法固妙矣而孟子云不孝有三無後為大惜此等人未之聞也要之倡興此法使人斬嗣其人也罪不容誅矣所謂始作俑者其無後乎晚有沙邦齋來拜坐談許久始去

初十日壬午早霧巳初晴接英國艾德林教習信得悉其妻于前十二月十九日病故其訃文係一白紙長約二寸寬一寸五分四圍黑邊橫書六行內云艾門烏氏莱薩夫人年三十八歲于一千八百六十九年正月三十一日病故已葬于寬色林義地

三十

十一日癸未早仍霧午初晴記法京東南有述夢園近園一帶閭巷狹窄房屋鄙陋風則揚塵蔽目雨則泥濘難行居民率皆貧苦大半囚首喪面終日男女喧譁孩童泣笑較之凱歌路馬達蘭等處迥不相同矣入夜涼

似仲秋
十二日甲申晴微暖於昨記其王宮前有二叢林羣鳥飛鳴以千萬計每日有一老者其名字未詳持麪包以飼之老者舉手則羣鳥集于頭上掌中另有白鴿二隻老者一呼即下食畢一一飛回此蓋慈心之所感也彼王孫公子左挾彈右攝丸即持嘉穀以相招鳥雖久飢其肯下乎
十三日乙酉晴午刻街遊遇英國醫生郝富者年約五旬于居福巷延入其家見其妻計氏法人也生二女一名巴萊一名木麗皆未及笄乃具中華白鶴茶英國黃鸝酒以進據云彼專門口齒科所有蟲牙火牙脫落等症去舊更新頗得秘術其樓下玻璃匱中列有假齒多係象牙造者有獨立者有排列者下含假肉大小與真逼肖

三三

十四日丙戌陰入夜大雨法國人性嗜加非如華人之嗜茶加非者一種烏豆出自阿非利加阿拉比熱地火炙存性研碎以滚水煎之其壺中横漏勺久煮則汁自下矣飲則加以白糖牛奶其性烈其味苦法京開張加非館不下數千家如內地之茶肆門首大書加非二字帶售茶湯酒菜麪包於捲等男女皆可入座每盌加非白糖四塊價值四素計銀二分
十五日丁亥晴是晚皓月當空明星在望處處星球燦爛火樹輝煌如開不夜之天恍遊長春之國車聲轆轆鼓樂喧天男女結羣夜遊者無須秉燭也戌正一刻志孫兩
欽憲約柏協理暨王子顯夫妻父子與俄文教習郭福滿等在寓晚茶

三四

十六日戊子陰巳正隨志孫兩
欽憲乘馬車行十餘里往法國觀象臺一觀樓高數丈頂作截球形能自轉動左右有門上下活機中有大千里鏡長二丈者三支以鐵架內有機關亦能上下四面轉動其餘鐘表器皿皆極精巧無暇盡述有李威烈者年約五旬係法邦之第一天文生也此臺與英國林圍址地方觀象臺相埒彼此輪流晝夜觀察以半月為限未初回寓
十七日己丑晴午後包婀娜攜其友鄭衡氏與其夫鄭

格爾來拜，皆英國人，坐談時許而去。晚有法人花布路來拜，談及新出救火水礮，名制火寶機，係一鐵筒，長二尺餘，周二尺五，中實二種藥人，背之，用時手轉關捩，其氣內發，奪去烈焰，立時撲滅，洵救火之精器也。竊思水火盜賊為生人之大害，然盜賊不能盡人而誅，尚有防堵之一策；水患不能立時而發，尚有築堤之一法；惟火災立時而發，盡人而誅，頃刻化為灰燼，性命付於祝融，禍至烈，患最慘也。而車馬走集之區，城市殷富之族，往往不戒於火，多於荒村僻壤，蓋物極必反，理所固然。而

二三三

先事豫防，人宜備患。中國向有激桶，立法良善，然焰高者噴水不克上達，路遠者取水未能盡便，常有因水少而致火烈者，不但不能撲滅，轉發其性而助之威也。近年西國創造水龍，比之激桶較為盡善，然不能處處皆設，人人皆購，即有之，崇高亦能遠到，挹注亦能接濟，而人力稍有不齊，機關亦歸無用，即人力亦能協助，迅速撲滅，而屋宇被焚者已去十分之五六矣，其什物受水龍之毀壞者又去十分之五六矣。西人洞見此弊，窮究物理，於是殫思結搆，如斯制火寶機，拯救世人，永無火災。其物最小，取攜甚便，其值最廉，鄉里可購，其力最猛，狂火可滅，其用最久，百年不壞，其益豈淺鮮哉！緣造此礮者既積火學，又邃化學，查火性之能焚燒者，因天空陽明之氣助成烈焰；又查酸質陰烈之氣，其堅重數倍於常氣，最能消尅陽明之氣，故寶機內藏之藥能握陰烈之氣，用時其力趨發，即刻奪去陽明，而火焰立殺。由此觀之，用水者塞其流，用氣者清其源也。申刻陰，入夜大雨。

十八日庚寅，陰，未初暴雨一陣，雷光閃目，巨細畢照，記

二三四

法京凡官學、義學之幼童幼女，晨夕往來，皆以大車接送，每車可容十六人。

十九日辛卯，陰雨。晚郎碧葉約茶，見其家人環坐，以葉子為戲，頗稱有曲。茶後食假烟捲，係以加非造者，其味尚甘。

二十日壬辰，大雨。未刻又雨雪雹，其形方，落地即化。酉正雨止。亥初同桂冬卿往霍格家赴跳舞會。霍者，巴里之富翁也，年近六旬，其妻係教地里亞人，生有三女一男，皆秀美，兼曉數國語。當晚男女二百餘名，皆易服色，

男有著歐羅巴亞細亞土耳其埃及暹羅等國古今文
武衣冠奇形怪狀儼如傀儡登塲女子有扮鄉間割穀
女者有扮送牛乳女者更有扮如華女者頭束雙髻身
著綢衫手持紙扇足登雲履婷婷嫋嫋不啻仙人也結
羣跳舞鼓樂喧天丑初始散
二十一日癸巳晴法國總理衙門具柬約志孫兩
欽憲晚饌記巴里貧民有以澣衣爲業者陋室數間四面羅
列木盆中橫木案後然大火盆放大小烙鐵數箇凡衣
襪澣畢或曬或烤俟乾按式烙平包妥以小車送之所

澣之衣以色線縫爲暗識而各家亦可于衣襟襪口自
作暗識其澣價汗衫褻衣每件四素襪每雙二素手巾
手套等每條每付各一素因通城衣服自澣者少故業
此者得以獲其利也
二十二日甲午晴是日係國人持四十五日齋之半各
處澣衣之男女放假男女易裝結隊喧譁通城如市亥
正隨志孫兩
欽憲往塁地里亞公署赴跳舞會男女百人皆戴假面雖相
識者亦不易辨也丑初回寓知有王子顯携其妻來拜

記外國小兒力學三十餘式第一曰躍蛙躍者率十二
人令十一人立成一行俱鞠躬以此首置彼臀首尾相
銜手或抄起或扶膝上肘向内收頭向前抵頦匿胸前
肩豎用力如此則第十二人從後奔至第十一人背後
手把其肩躍過其首再把第十人之肩如此接連至第
一人適速適妙躍畢另立一處次則第十一人躍第十
人第九人以至第一人躍畢另立與第十二人成行爲
第二人次則第十人躍第九人第八人以至第一人躍
畢另立爲第三人如此蟬聯而躍至第一人翻爲第十

二人則再躍再列周而復始此十二人必身體相等巧
力悉敵方可否則有顛撲之患矣又有一法係折腰以
手置膝仰首以肩代背有能躍過甚遠者爲妙技然不
必十二人第二曰飛帶地上畫一綫命爲帶一人鞠躬
横立于帶之左端于帶之右端限以幾何步爲界令飛
者于此奔至左端躍其腰急呼以走立者即横移一步
飛者愈多則立者距帶愈遠有飛而不能躍躍而不呼
走皆負罰爲立于左端之人若飛者皆躍過令立者仍
退于原立之處以俟再飛第三曰擲巾一人鞠躬而立

一人從後奔至當躍其背時，置一輕物如手巾帽子等物，墜者負，若不墜，又一人從後奔至躍背，以能取前置之物為勝。又法，如前法從後奔至躍背置巾，巾俱捲成筒形，俟諸人置畢，復從前面奔回，躍背取巾，如甲誤取乙巾，則罰甲乙，即取甲巾，俟諸人取畢，令甲乙由遠處奔回，以先至者為勝。又法，當躍背之時，以右手扶其背，左手置其巾，越過即轉身回腳，以右手取回其巾為勝。第四曰賭遠，一人鞠躬而立，一人奔至躍過其背而立，從奔至立數十步，或跛一足，或頂向地，無論作何式樣，

三十七

則第二躍者皆一一效之，其躍過之立處，以遠於第一人為勝，如此所立之地一人遠於一人，則難乎其賭矣，若自揣不能致遠，可止而認罰。第五曰跳索，二人持索而搖，諸童由數步外疾奔而跳，越過者勝，跌倒者負。又法，二人持索而搖，在左者以右手持之，在右者以左手持之，俱在索內，俄而在左者轉身向外，躍起而跳。第六曰超溝，溝廣四尺，以能超過者勝。第七曰騎駒，若干人平分為甲乙二隊，乙隊第一人鞠躬面墻而立，以手扶之，餘人如躍蛙之首尾相銜，命為駒，甲隊第一人從後

奔至，手按末一人之背，疾趨而過，騎第一人之背，餘人依法騎畢，第一人呼曰小駒搖尾，如是者三，末又呼曰落落落，駒即搖尾而動，若駒不勝任而踣，則騎者再跨，若駒動而騎者墜，則騎者負，歷時既久，眾駒呼曰弱，則騎者下，另行起首，以甲隊為駒。第八曰奪界，畫地為界，人分兩隊相持，俱抄手，以一足躍行，佔據對面之界，對面當著意防守，如敵人來則抄手以推阻之，令其不入，敵人即負，若力弱不克堅守，致被敵人佔據，又能以一足久立，則敵人勝。第九曰看餅，數人持腰聯坐，命為餅，

三十八

另二人，一為主，一為僕，主有事，飭僕小心看守，勿令餅焦，主人去後，因僕性懶，擅離與人交談，眾即漸漸呼氣，似餅已焦，俄而主人回，命僕撤餅，僕抱主腰而蹲，拽坐末坐者之手，彼此撐持，許久迨末坐者力乏而起，再拽次坐，以及首坐而已。第十曰獲敵，於墻根畫二平行線，與墻成直角，相距一丈八尺，長各三丈六尺，平分二線，畫一交線為界，兩邊各立一隊，任距一平行線二十丈，畫二方，命為相對二獄，與平行線兩端參相直，左獄屬于右界，右獄屬于左界，兩隊相持立于界邊，呼曰追追，

追呼罷直趨而入佔據彼界有能將過界之人捉獲不被他人奪去者則勝勝者即將所捉之人入獄彼隊若有黠者可以直趨刼獄若被捉亦入獄被捉之人亦可同謀越獄若被捉仍入獄儻全隊盡行入獄則一概省釋第十一曰對戰人著紙糊甲胄如假面手持木劍籐牌各騎一人肩上爲馬飾以彩繩彼此往復交戰落馬者負勝者即以土塊擊之第十二曰助王以粉畫地爲三段中闊前後狹衆擇一人爲王立於中段餘人由後段以一足跳至界邊或出界邊可以任意進退若二足

皆落地則由中段奔至前段須防被王所獲若獲則跪呼曰我助王王即令入中段助捉别人儻所獲之人已逾一半王悉令出之以捉其餘其中以力大嚴防不被捉者勝第十三曰擒王一人立于土坡爲王敵人蜂擁而至四面推擠王能久立不移爲妙若被人擁去則王位即爲所擁者佔據凡爲王者皆唱一曲云我乃臺上王走去奸賊莫張狂第十四曰威敵畫地爲界每界人俱偶數每二人爲一對内界每對攜手而出立于界邊呼曰威敵即叫陣之意則外界之人設法追逐以分其

手即將其人背回再此界能攜手捉彼界之人則三人同回界内俟再捉得一人則令其出於界外無事如此陸續疲而後已第十五曰學步衆擬一人爲首餘人以次列爲一行首者跳躍或跛一足或頂向地餘人皆如法效之效不如法則罷之衆效畢首者再設法跳躍俟數次後首者力疲再擬一人爲首第十六曰捉摩衆擬一人爲逐者餘人或立於木或立於鐵隨時改易其位四面立有邊界如改易之時足已踏地被逐者所捉則被捉者即爲逐者不復再捉捉彼之人矣再改易其位

有立于界外之鐵木者負第十七曰捕鼠衆擬一人爲猫餘人爲鼠猫鼠相逐之際另一鼠由中衝過以手摩猫則猫當改追此鼠再有他鼠衝過則又改追必捉一人而後止則被捉者爲猫第十八曰誘捉一人爲獵戶餘人俱從面前而過令其追逐當彼疾走之時餘人誘其踏冰往來馳驅如彼向前追一人則在後者故伸其足以誘之彼即轉身向後追則在前者亦如法誘之俟捉一人而後止第十九曰逐馬衆人散處於野爲馬一人直趨而出以逐之如捉得一人則騎之以歸次二人

同出再捉一人則令前所捉者騎歸次三人同出至捉
盡而止第二十曰捉藏衆分二夥一夥存于家一夥藏
于外俟衆人藏畢末一人大聲呼曰看我言罷亦急藏
去於是家中衆人撞出各處尋覓如捉得一人則被捉
之人呼曰嘔我耶再喚衆人同歸另行起首當尋覓之
時智者可以設法私回以避捉又法衆人存家一人藏
于外藏時大聲呼曰嘔於是衆人撞出尋覓如一人捉
得則捉人之人亦呼嘔而歸當尋覓之時藏者暗出若
能捉得一家中者即令背藏者而歸第二十一曰擊物

四二

數步外立一棍端東一物距棍畫一界人立界上以物
擊之中者勝第二十二曰逐猫衆擬一人為猫餘人為
逐猫者逐猫者立於所限之界一手持棍一手持板上
置一球以棍擊板邊令球震起落而擊猫不中則罷之
挨次而擊如中則令查距猫遠近任呼一數曰若干棍
長後依地量之如過與不及則中者負第二十三曰放
猫穴地作四孔或六孔或八孔繞成一周每孔各立一
人持棍另一人持球任立於中為放猫者將球拋與相
距較近之人或中與否則孔中人彼此互易儻不經心

孔被放猫者所據則原孔之人改為放猫者第二十四
曰遺巾衆立連手作圓另一人持巾繞行圈外任遺于
一人之後其人即出圈以追遺巾者餘人仍連手作圓
張臂如月洞門形遺巾者出入于孔以迷追者若追者
出入有悞則追者回圈遺巾者再繞行圈外而遺巾于
別人若遺巾者被捉則入圈而追者改為遺巾第二十
五曰捕兔年長者為獵戶為哨手取其壯勇年少者為
犬為兔取其巧捷先令兔四散使其遠避然後獵戶執
白旗哨手執紅旗佩帶香囊率犬而行里許酋地而待

四三

之因香味可以引兔以誘其來而兔隱竊其囊俟獵戶
檢點失囊縱犬尋覓之時兔則故碎其囊遺于歧路以
惑之如犬尋得兔窟則呼曰嘔來于是哨手吹角蜂擁
而捕之兔則竭力奔竄如被獲則罰銀如數第二十六
曰捉鈴以繩繞地為界界内立若干人有搖鈴者有蒙
目者若蒙目者在所限時刻之内聞聲而捉搖鈴之人
則蒙目者勝如不被捉則搖鈴者勝有時二蒙目者相
捉一時撲倒殊堪一笑第二十七曰直躍其進退均係
以一足跳躍此式始于蘇葛蘭以粉畫地為圭形長九

尺廣三尺截為七節中節與銳端之末節皆二尺餘俱一尺第二節與第六節畫平分線分為左右二方中節從四角畫十字交線分為四箇三角首節畫一次節左三右四三節畫五四節下五左六右七上八五節畫九六節左十右十一末節畫一圓名猫頭首節外畫一菊花形名為活步躍者手持螺一足立于活步擲螺于一遂躍于一以所立之足踢螺入活步次擲螺于二躍一遂躍二踢螺入一再踢入活步次擲螺于三躍一躍二躍三二三上騎立二足以三上之足踢螺入二入一入活步次擲螺于四挨次躍于四拾螺置于懸足踢起以兩手接之以次躍回活步凡回時逐步口述某數次擲螺于五挨次躍于五踢螺入四拾起躍回活步次擲螺于六挨次躍于六踢螺入五入四拾起躍回活步次擲螺于七挨次躍于七踢螺入六入五入四拾起走回次擲螺于八挨次躍于八踢螺入七以至于四拾起走回次擲螺于九躍至九即拾螺走回在十上踢螺入九在十一上亦踢螺入九俱拾起走回次擲螺于猫頭躍至猫頭以所立之脚踢起手接三回後奮力由舊路踢回

活步第二十八曰旋躍其進退亦係以一足跳躍此式始于法即西仿蘇葛蘭而為者畫地如螺旋內外三層截為二十三節躍者踢螺或節節而入或急行踢入次由中心一步躍回如踢螺而出或節節踢回或由中心急踢而出第二十九曰奪旗人分兩隊各有將領一隊佔據山頂樹旗為標旗係以巾束竿為之一隊圍山仰攻以奪旗幟彼此或戰或守以獲勝而止兩隊中有跌倒者為陣亡則同隊之人舁之而去第三十曰比力眾立於野指對面屋宇樹林之處或相距三里或相距六里齊向馳去復馳回先到者勝以次封為公侯伯子男五等之爵其往返奔走之遲速一在于力一在于智蓋越陌度阡計算道途之遠近全在善擇之耳第三十一曰拽索人取偶數分為二同拽一索畫綫為界當索之中兩端有能將索拽過界者勝

二十三日乙未晴冷法國稅課極重每年有租稅有丁稅更有狗稅人家有養狗者每年一隻官稅十方計銀一兩三錢又有房稅每間若干至於屋內陳設亦必計其多寡估其貴賤以稅之

卷四終

再述奇卷五

目　錄

再述奇卷五

鐵嶺　德明在初隨筆
貴榮竹坪校閲

己巳正月二十四日丙午陰雨申正雨止是日有巴里著名畫師志拉者意大里人也約赴跳舞會其家在洛馬街路北第一百六十五號當晚男女老幼三百餘人男子有扮如西印度王者身著紅羽飾以金珠有如印度紅面人者面塗五彩腰圍鵰翅頭戴鳥翎足登皮履有如英國元帥者麥西黑人者女子有著埃及服者有著日本繡花衣者有扮如廣東婆者其他奇怪衣服不識者居多正值跳舞之際忽聞喊聲自外來見有一人八字烏鬚隆準鳳目頭戴長帽左肩斜跨紅巾寬五寸許上挂十餘寶星後隨十數名武官擁護係國王拿破倫也入門人皆免冠恭謁于是樂工奏國樂以迎衆人細看此人不如法王之雄壯彼此爭辨良久始知非法王乃志拉之友尹士昌也趣甚丑正回寓知有郝富來拜未遇

二十五日丁未晴記泰西跳舞以巴里倫敦二城爲首巴里以春冬六个月開會各國士宦男女多來赴之因

天涼屋煖然薪無異味倫敦以夏秋六个月開會因時熱地涼屋不燒煤而淨是會多由戚友轉約會畢必親往主家拜訪或送名片一因致謝再為結交入夜微風冷

二十六日戊申晴法京有男子杜廬者年逾二旬美麗自喜手足秀好如女子一生喜著巾幗家資饒裕服色率多翻新婦女多有仿製者其人往來街市鮮有知其為男子者可謂雄而雌者也

二十七日己酉早大雪未初雪止法京婦女拜客會客

二

皆有定期屆期則車馬馳驅晝夜不絕竟有一夕往拜十餘家者亦有一夕來數十客者茶酒果品款待極優過期者概行禁絕

二十八日庚戌晴法京僦屋其價甚昂如四五間陳設鋪墊爐竈器皿俱全者每月須銀二三十兩入夜大風頗冷

二十九日辛亥晴晚見新聞紙云英國新造水雷實以棉藥其最大者受一千五百斤至小者受三百斤又經名人設法創而新之更其名曰魚雷用時其法係度敵船之遠近運以電氣能自行水底以擊之其力甚猛而甚急

三十日壬子晴有高恩者合眾國包斯頓人也僑居法京生有三女一子大女名蕙麗次女莉宜三女蕃贜子名卓智不獨豔美兼且聰敏各人皆通四五國語言當日未刻延明與桂冬卿至其家有意大里國胡光法國傅葉相與晤談于是數國言語悉令其子女代為傳之趣甚

二月

初一日癸丑晴近日每食有豌豆扁豆白菜波菜等係煖窨所培者而鮮蘑尤多聞城外掘井數十深皆十餘尺周廿餘尺井口覆石上下有梯內種鮮蘑

三

初二日甲寅早大雪巳初沙邦鼐約飯肉則牛羊菜只蘿蔔而已未初回寓雪止

初三日乙卯陰雨泰西婦人產後先以涼水浴身處女小兒每早亦以涼水浴之

初四日丙辰早雪午後細雨法國有滌手套者彈染顏色整舊如新價亦頗廉

初五日丁巳終日陰雨亥初隨志孫雨
欽憲往克洛佛家赴會彼係英國新聞局之探訪使也僑居
巴里蒐輯新聞每届禮拜往倫敦送信一次是夕男女
客約有百人互相擁擠履舄交錯座中有善歌者有善
彈者彼此倡和極其歡暢子初回寓
初六日戊午晴午正往蒲
欽憲之友高安家少敘座中有合衆國之鄺忠水房霍格王
模賁義巴柏爾佛福斯英國之周安阿立蒂格法國之
李嬉李一郝富祖威倭爾得等男女十餘人彼此談歡
甚歡明思天下五大洲其間生民億兆彼此相距數萬
里聆其言語多佶屈之聱牙論其嗜好每腥羶之異味
熱帶冰山歷寒暑之懸絶火輪鐵棧極舟車之難通其
異有非意想所能到然衣服雖詭異而喜則亦喜憂則
亦憂情無或異風俗雖不同而好則皆好惡則皆惡性
實大同蓋自彼蒼視之則固遐邇一體天下一家矣今
既奉
命遊歷海外見所未見已不虛此一遊況采風問俗又得良
朋講貫耳目俱爲之一新則晤言一室把臂言歡未非

四

天假之緣也此樂何及此樂何及爰爲之說以記之中
正回寓
初七日己未晴未刻大雪冷見鄉間幼童摶雪作球相
距數尺彼此對擲以球至大拋最遠落地而不碎者爲
勝亦有以雪作人與禽獸各狀其久曬而不化者爲妙
酉初雪止仍陰
初八日庚申陰雨聞昨日午後巴里城北叟貢地方失
火焚死者五人被傷者三十七人緣泰西有種水礮暗
藏水內若敵船誤撞其銅線雖萬噸鐵船可一轟而成
虀粉邇來法國創一種水炸炮力加十倍不須銅線只
與微物相擊則立時炸裂當日有人裝載是物未加防
範遺其少許于地一人誤踏其上各箱皆著轟碎樓房
數大間
初九日辛酉陰雨是日係西歷三月二十一日爲外國
禮拜之期各處出售一種樹枝未詳何名葉小而圓枝
如柳條而硬土人有送入禮拜堂插于瓶内者乘車者
插于馬首騎驢者插于驢首緣耶穌在世屢有靈巧人
多敬重之曾于是日乘驢入城居民多以蕉葉而迎是

五

以奉耶穌教各國咸存是典因巴里不生芭蕉故以是樹枝代之

初十日壬戌晴有英人司皮耳者在其壻畢印兜家約晚餐司係英人其妻布氏係法人年俱六旬其女阿蘭嫁于畢畢係葡萄牙人性甚恭和食有烹雞煮魚牛舌羊膀極其豐美食畢又來畢友六七人坐談時許亥正回寓

十一日癸亥晴午後街遊見幼童戲于河干手持石片或蚌殼或瓿塊斜擲水面能躍起一次者曰鴨卵二次者曰公鴨三次者曰母鴨如蜻蜓之點水非力巧兼到者未易辨此以次數多者為勝又有于二三百步外斜行放熗于水其熗子躍起次數亦以鴨為名申刻回寓微涼

十二日甲子晴近日人皆齋戒各點心鋪中出售彩畫熟雞卵又有以糖作卵形者有以綾緞作西瓜形者外以彩線裝飾內實糖果以及剪刀筆紙等物上置鳥獸立卧各狀皆極精巧統以雞卵名之聞買是物者皆少年送贈情人所用

十三日乙丑大晴見新聞紙云中國
欽差于某日遊萬牲園觀看各種奇怪牲畜頗覺喜悅某等私心竊計必擇其至奇者攜帶少許回國以為記念不意所取者乃獅子糞一瓶也相傳此物帶回以配藥料不知確否云云惜西人不知獅子糞可作蘇合因蘇合香生中亳川谷俗傳乃獅子糞也晚有王子顯來拜坐談許久始去

十四日丙寅晴是日係西歷三月二十六日土人呼為好禮拜五據云耶穌被釘十字架之日各堂奏樂誦經各色人等皆給假閒遊午後陰

十五日丁卯陰早有法人博庇葉者向明索些須中華食物明以天下所食者無非五穀六畜鹽梅菜蔬等物惟中土之醬為外洋所少遂給醬甎一方問係何物所造答以豆麪與鹽其人拜謝而去午後復來云是物既係鹽豆所造想即鹹給勾臘也遂割半方煮以白水飲之其味鹹而且苦未詳何故祈詳示之明復告以與肉腥菜蔬調和其味自甘而不苦乃去夫飲食之道烹調貴得其宜方適於口划火候之遲速調劑之多寡尤非

膠柱者所得越俎而代使執一以求之勢必食古不化矣聞數年前英國以茶葉爲貴每值新年佳節或遇慶賀之期方食少許乃某年正月愛爾蘭人買得茶葉二兩以滾水熬之許久將汁傾之于地而食其葉可謂吐其精華而取其糟粕矣所謂紹勾臘係一種豆糕造以靠勾樹子靠勾樹出于西印度與南阿美利加食時煮以滾水加以白糖其味微苦其色紅黃

十六日戊辰晴未刻陰是日爲外國禮拜之期又值耶穌復甦之日街市男女往來不絕各禮拜堂皆開中門誦經作樂亦彼中之一盛典也入夜大雪

八

十七日己巳早大雪繽紛厚已盈尺巳初微晴晚同合衆國希德立者往興爾家赴會興者合衆國包斯頓人也曾以改造鐵裁縫著名故合衆國用其法者每一架與彼納欵洋銀五圓以此致富膝下無子只有一女名雲仙年約十八頗豔麗是夕男女約計四十入門少坐有僕以方盤托紙捲數十座客各取其一捲長五寸粗拱把顏色不一若二人以力拽開中含紙礮響後遺花紙一捲內衣帽各一事色分五彩形亦奇異客皆取而冠之結隊跳舞歌曲作樂飲酒點心五更始散當夜復陰甚冷

十八日庚午陰雨有合衆國賀安達者約往其家赴會嗣因伊女暴疾遂辭其請記洋人名片皆係白紙大者長一寸五分闊三寸小者長一寸闊二寸如英國公使威妥瑪名片橫書一行係而王威次一行書其官銜末一行將住趾印于右角如在倫敦則書某號某巷某街于上左角書其所拜之人名姓凡男女之在服制者以墨塗名片之四邊其服之等殺以墨邊之廣狹分酉正雨止仍陰

九

十九日辛未陰晴不定午正志拉約看畫像係與畫師對坐相距五六尺以木架支起畫紙但見先以石粉勾描纔以鉛筆勒之再塗顏色登時眉目如生與真逼肖洵寫生之妙手也

二十日壬申晴是日係西歷四月初一日土人呼曰弄人日是日無論男女皆可彼此設計愚弄互不悔怨聞有送大木箱于人者箱內層層盡紙至尾則一小木魚長約寸許而已又有約定今日某時會於某處其人赴

約一無所見諸如此類可笑之極戌初一刻歐建約志
孫雨
欽憲晚荼明同廷輔臣與高安等往柏歐家赴會屋宇宏敞
設有酒食荼果男女四百餘人其跳舞連宵達旦須俟
翌早始散子初回
二十一日癸酉晴酉初歐建請志孫雨
欽憲晚饌德協理與法國繙譯官李梅約明在凱歌路旁利
湧館晚饌同坐一英人三法人皆未詳其姓字子初一
刻回寓記外國有一種童戲名線紉針人數不拘多少
十
相與連手成行外立二人問曰從此至北衛梁幾里行
中一人答曰三十許華里可能以燭光至彼乎曰不惟
往亦可返又曰開門讓路請君領眾過于是行之右首
二人揚臂作月洞門形為針孔外立二人率行之左首
魚貫而入為線以針不豁眼者為勝如此陸續周而復
始
二十二日甲戌晴聞有某婦者其夫名達比鎮曾為御
林軍之元帥婦亦曾充國王行宮總管前于某日在緞
店因爭值未協而去暗竊彩緞一端被覺奪回婦大窘
乞放而去遂往日耳曼國矣凡跳舞會場疇昔鮮有不
約此婦者至此始知彼為是技已數年矣晚飯後來一
廣東人年約二旬已經剪髮易服據云來此四年傭食
于加非館今欲回粵苦無資斧叩求
欽差大人賞賜志
欽憲與之法圜十開而去入夜大雨
二十三日乙亥陰雨午刻往拜合眾國郭敦少坐同其
妻魚氏暨其長女郭丹乘車往拜克樂佛坐談時許回
記前二十日跳舞會中一老嫗年已百二十一歲面飾
十一
脂粉身著彩衣宛然散花天女也塲塲跳舞毫不落後
其輕快絕倫罕有其匹聞伊五十六歲時其前夫公爵
某病故遂改醮伯爵那烏商那年甫三旬因貪其資遂
娶之然終以伊為恥云
二十四日丙子晴見數十匠役以楞石鋪地厚盈尺上
澆以水俟夜靜時則以火機催運鐵軸長二丈周一丈
二三尺者往返碾砑天明則周道如砥矣
二十五日丁丑晴近因天暖街頭設有船鞦韆者係一
高柱上橫十字每端挂小船一隻懸于半空另有小樓

登之可以上船每船容小兒五六名柱動則船行上下簸揚如踏波瀾然又有馬鞦韆者係亦一高柱上橫鐵梁如傘每端挂一木馬周共一十四匹每匹騎小兒一名柱心設有機關外出鐵柄一人扶之如挽轆轤以令柱轉柱轉則馬奔往來如旋規路旁建立木牌牌面有鈎一人立于牌左挂銅環于上騎馬小兒手持鐵箸以挑環多者為能髫齡小兒果能熟悉此種鞦韆他日何有畏馬暈船之慮耶入夜細雨

二十六日戊寅晴午後陰戌刻本公署設跳舞會內外懸花結彩燈燭燦如游龍鑪焚香木盆列鮮花樓分三層層層羅列几案以為跳場外備樂工七名以助跳舞是夕男女客人共一千二百五十九名分隸二十七國飲酒一百九十餘瓶麪包千餘塊茶果肉食無算跳舞至寅正始散當夜大雨

二十七日己卯早晴午後陰雨聞泰西人最忌打破面鏡犯者家主不祥又諺云鴟鴞入房家敗人亡蝙蝠進門喜樂來臨

二十八日庚辰晴晚赴郭敦家吃茶其子女五人相與

為戲名曰貓奪角命一人為貓立于屋中餘四人各立一角彼此易位以速為妙有落後被貓奪其角者則罰其人為貓

二十九日辛巳晴巳初法人毛祿約飯在賢馬丹大街福隆店食有白水煮龍鬚菜加牛奶汁其味微羶而甜午刻回寓近日大熱樹皆放葉長寸許宛似京華四月時也

三十日壬午晴早意大里國使臣之隨員賀賓約飯午後高安約往西薇夫人家聽曲當日去者每人出票錢二十閒計銀二兩六錢歌曲者男女十餘名皆薇之弟子也申初回寓

三月

初一日癸酉晴每值天氣晴暖自未初至戌刻凱歌路一帶車輛往來如熱地之蟻飛輪摩轂聲震如雷左右石路遊人更多男女老幼皆麗服豔妝以衒其美入夜微陰

初二日甲戌晴晚本公署復設跳舞會赴會者男女六十餘名皆年未及笄主人係蒲

欽憲之女蒲格蒂年始十二彼此跳舞殊覺有趣之至丑初各家奴僕乳娘一一領去

初三日乙亥晴每早寅卯之時有男女騎馬乘車者馳驅大道係遊花園而歸家者據西人云凡人早起或步行或乘車馬緩遊數里以受天空清氣甚覺有益於身也

初四日丙子晴晚往塔妻氏家赴會塔係女教習所授生徒四十餘名是夕男女六七十名皆著異服中一合眾國人年近四旬所服係南北合眾國交戰南人所服之衣一律灰色頭戴黑毡四字形帽是衣大干本國禁令在他國服之以為戲其跳舞在一木房長十八丈闊八丈高如之云係名工所造可大可小隨處運移靈便多矣入夜細雨

初五日丁丑陰涼晚郝富約往名醫孟達家聽曲男女優人二十餘名皆巴里著名絕技雖曲文不甚了了其音韻之曲折聲調之悠揚令人神往丑初回寓細雨濛濛

初六日戊寅仍細雨西俗女子皆喜高乳細腰小足大

臀肆中出售一種腰圍係以銅絲麻布所造貼身服之腰自細而乳亦高矣又有一種假乳造以粗布如中土之護膝又有一種假臀係以馬尾細布所造形似倭瓜佩于臀後立則凸出坐亦棉軟雖係矯揉造作亦可謂盡態極妍矣

初七日己卯晴按西人燕會賓客間以挾女優爲盛設無論酒樓飯館均可隨意呼喚筵前侑酒以取其歡飯畢雙雙跳舞時而縮項時而聳肩折背揚拳作諸般態繼而解衣繼而露臂至于赤體而後已願與交歡者則携入密室每次需法金錢二十餘圓計銀五十餘兩否則候酒闌時而遣去之

初八日庚辰晴記凱歌路左右之馬鞦韆其木馬長不足三尺玩者率皆幼童幼女今竟有女子二十餘歲者亦往來馳驅嬉笑喧譁殊不雅相矣

初九日辛巳晴見巴里一種童戲名貓捕鼠係以長繩繫二童于柱以便樓上奔逐俾免顛踣又各以帕遮目命爲貓其爲鼠者頻以二木球對擊則爲貓者尋聲以捕之嗣捕得後貓易爲鼠鼠易爲貓矣申刻陰雲密布

戌正微晴涼。
初十日壬午晴。酉刻本公署復設跳舞會。人數十倍於前。三層大樓幾無立足處。卯初方止。
十一日癸未晴。巴里有一老婦子女皆故。貧苦無依。合眾國高安欲設法周濟。是日來信令明等數人各携法方二開約至其家。至則男女老幼已來百餘名。各書姓名于紙捲投于瓶中。外備筆墨紙畫等物。少坐。其長女端坐抱瓶。將紙捲一一取出。每二捲一取以先開某捲者為勝。即償一物。明得鋼筆一隻。蘷九得洋紙十張。冬卿得小香袋一事。木菴、春卿、輔臣皆素手而歸。所收之錢盡數贈之。

廿六

十二日甲申晴。按西國一切書札公文俱與華文相左。如英國某約法國某晚饌。按華文當書字啟某兄閣下。謹于本月下禮拜五日六點鐘敬備盃茗候叙。幸毋推辭。是荷。並請近安。弟某拜具。外書內居送至巴里立伍力街第一百六十三號呈某老爺收啟。背書一千八百七十一年四月禮拜一日由倫敦查理巷第十五號寄。而西文則先書倫敦第十五號查理巷禮拜一日。四月。一千八百七十一年。次書予之良友予覺甚有光榮。若閣下乘便而來晚饌與予。在下禮拜五之六點鐘云云。末書予為閣下之最真實者某。外書老爺某第一百六十三號立伍力街巴里法郎西。
十三日乙酉晴。記法京自去冬至今春家家跳舞夜不虛度。至有一夜赴四五處會者。雖然仍有乞討請柬之說。如某家定于某日設會。向慕其人苦于素昧生平而欲往不得。即懇相識者代乞請柬。又有因戚友寥寥無幾。或所識多係商賈。即懇相識者代請顯宦名士以為榮。

廿七

十四日丙戌陰晴不定。午後步遊過思安河至龕得馬街。見有五六名幼童玩耍。係各持一石球。大如駝鳥卵。于二三丈外放一平石于地。一人乘機置球石上。則眾人一一向石擲球。以能擊去石上球者為勝。則將勝者之球置于石上。再令他人如法擊之。是戲另有一法。係于未擊之先置三四塊甎于石上。眾人以球擊之。中者呼為園工。則置球石上以便他人擊之。未刻回寓。知有高安來拜。

十五日丁亥晴近因天暖在凱歌路左各加非館皆添
雜戲臺設樓前中間敞院横列棹凳百行每夕酉初起
子刻止聽者只索茶酒之資而已其人皆班內之不取
者故于此設法賺錢以為活然間有靈巧者所作戲文
甲於班內名優班主雖約而不往蓋館主亦以此人著
名而多招聽客也每館然燈百盞照如白晝臺上環坐
女伶十餘名衣服鮮麗飾以花粉以為誘人之餌也終
夜聽者男女必逾百

十六日甲子晴近因天暖其馬戲亦來趁食館甚大四
面椅座千餘後臺有馬廐頗整潔觀者人分二等一等
者每人三方二等者每人一方每日酉初起亥刻止觀
者男女亦頗滿座

十七日乙丑晴記泰西于千年前人多羨古如華人之
慕三代因當時心多樸實俗尚敦龐名曰金世繼而人
心不古名曰銀世後因漸流澆漓遠不如古名曰銅世
至今千載世風日降暗而不明則曰鐵世今西人謂今
勝於古遂無慕古之心仍襲用鐵世二字其意以為鐵
之為用甚廣如車有鐵道船有鐵輪製器有鐵機醫病
有鐵水無一而非鐵世界矣

十八日丙寅晴暖卯初一刻有巴里閱兵大臣請志孫兩
欽憲看操遂至教場登臺而望其軍令之嚴肅隊伍之整齊
可稱有制之師嗣以木架支洋煒一桿請志孫兩
欽憲以指按之二位
欽憲固辭復請德協理按之響隨指發聲聞數里午初一刻
回寓

十九日丁卯晴早見隔壁樓下有一種童戲一人以巾
蒙目鞠躬以手扶膝頭頂石柱一人騎其背上將右手
舉起隨意伸指由一至五問曰公鹿公鹿角有幾叉令
蒙目者猜對則騎者為鹿否則再問再猜外有一人旁
立以便稽查是否

二十日戊辰晴記法京設有保險局願保險者每月捐
資若干儻有遺火被盜之事立時報局則必加倍償之
如醫生郝富每月捐資三十方計銀四兩昨晚其女僕
不戒於火損其油畫一幅伊遂報局遣人驗後償以法
方九枚計銀一兩三錢

二十一日癸巳，晴。晚同塔木菴、桂冬卿赴凱歌路加非館看雜戲。有一女拖翠裙，繫紅帶，所歌一曲，音義未詳，但見句句以手拍口，作接吻聲，而通園看戲者亦皆效之，殊覺可哂。

二十二日甲午，晴。午後街遊，瞥見人家園内立一木架，高一丈五尺，寬一丈一尺，于横梁之中點貫以二索，索端繫以木棍，人坐其上，以手拽索，後一人任意推挽，則前後搖蕩，如波起伏，有時力大，棍與梁平，諒即波中之鞦韆也。

平

二十三日乙未，晴。記巴里城自馬達蘭大街南行約十數里至邦麻晒大街，房屋新齊，人烟稠密，而市廛華美，裝飾金碧，多有外罩大玻璃，厚二寸，高二丈餘，闊亦如之。入夜陰。

二十四日丙申，終朝大雨，通城向無丐者，間有二三小孩乞食于市，或拽胡笳，或彈琵琶，聞皆來自意大里國。入夜雨止，仍陰。

二十五日丁酉，大雨如昨。記法京稅課頗重，如紅酒一瓶，尚須納銀數分，聞英國稅課雖重，而日用煤、米等項皆無稅。

二十六日戊戌，陰。晚隨志欽憲往加非館看雜戲，其所演者與他處同，惟一男一女效雌雄貓鳴，宛然如生，或蹲或伏，與物逼肖，至彼此牽衣伸手接吻，又如貓之雌求雄狀。

二十七日己亥，大雨如注。記法京一種童戲，名曰玩熊，數人中擬一人爲熊，被以熊服，立于石上，一人爲熊主，以長索拽之，餘人爲猴，被以猴服，將巾挽成結子，用以擊熊。先熊主以掌三擊熊背，云"我拽我熊，誰敢來擊"。長索不鬆，言畢，衆猴以結擊之，若熊不脱索而能獲一猴者，則猴化爲熊，熊化爲猴矣。

壬

二十八日庚子，大雨。記外邦詩文，率多比擬，無定式。詩每首數十韻不等，每句字數亦不等，緣西文有一言一音者，有一言數音者，如英國二韻詩，還以華音，係爾里圖倍爾里圖賴美萬海西委西安外，譯以華文，即早睡早起，令人康健、義利兼收之意，若虛實共還，則顧爾里圖倍達顧爾里圖賴斯美克萬海拉西威拉西安大外斯。文之章法，修短不等，大抵以新奇者爲貴。未正雨止。

仍陰。

二十九日辛丑陰。記西俗將作一事。有須先賭誓者。其人即取其聖經一本。放于案上。以左手按之。右手指天曰。實全心實無他。實而已。言畢。持書以口啜之。乃止。自誓之後。行止有犯不實不信者。官可捉而入監數日。罰錢若許。

三十日壬寅陰。嘗思天下五大洲邦國不下二百餘。其中風土人情語言文字在在不同。乃明隨遊歐羅巴阿美里加阿非里加三大洲。沿途所聞有不謀而合者。如英國小兒呼父曰爸爸。呼母曰媽媽。至法俄布美亦同。雖音之輕重高下不等。而字則無不同。是天下生民之所重者父也母也。而人不以孝為念者。盍亦思其本乎。再英文呼父曰法自爾。呼母曰媽自爾。法文呼父曰佩阿。呼母曰美阿。俄文呼父曰鄂帖司。呼母曰媽。其布文呼父曰法達爾。呼母曰媽大爾。美與英同。

四月。

初一日癸卯陰。午後法國總署委員郎碧葉來拜。伊言日昨偶閱新聞紙內云

貴國
欽差到華盛頓時。曾載鼠三車。未詳確否。又聞到此後。日命
華僕買鼠一二籃。不知如何烹調。乞明以教我。明云。天下各國人民。或遭兵燹。或遇水患。食鼠容或有之。然我
國
欽差在此。即有食鼠一說。不知購自何處。尚望再為訪之。郎云。新聞紙間有無稽之談。微君言。余幾誤矣。免冠謝去。

申初微風。晴。

初二日甲辰晴。申正合眾國鄭溫孫請茶。鄭係甘邦人。年近六旬。語言溫厚。在此設帳已十餘年。所居樓房。悉懸錦幕。壁上畫四圍繚繞。案上書萬卷。紛披陳設。爛然可謂宏中而肆外矣。伊云。聞君能合眾語。今蒙光臨。何幸如之。少焉。伊婦出拜。年可五十餘。眉目修潔。風情不減。伊云。寒荊久仰華人。恨不一見。今晤芝顏。諒嚮往之心。藉此稍可酬矣。其妻云。久欲與汝泛槎華國。以瞻勝境。今見其人。而未履其地。恐願尚未慰也。言畢。夫妻捧頤而笑。未幾。婦人鼓琴而歌。其聲清越。烈如簫管。戌正回寓。

初三日乙巳晴午後街遊遇二英國人幼者笑云阿兄看豬尾甚長長者叱之曰威良可謂少不更事矣汝知泰西于百年前亦有辮乎只少短於此耳再汝言華辮為豬尾則我面為猴臉矣慎之慎之威良諾諾威良幼者之乳名也

初四日丙午陰凉記泰西一種童戲名曰看見了其義未詳係以木板横于短墻之上長約八九尺兩端距墻均等各坐一人令體重亦均等彼此用力微搖力等則兩端起落必等設一體重一體輕令重者板端距墻與輕者板端距墻比若輕與重比亦不致有傾跌之虞有時立二木樁高八尺上横鐵梁下垂木板兩端各置假馬被以錦韉佩以鑾鈴玩者立于板上躍跨一馬再由此馬跨于彼馬往返馳驟剽疾異常若二人各騎一匹對拽一索則兩端起落同前

初五日丁未早陰冷未初晴有法人羅魯旺者來拜龍鍾老叟白髮無鬚頸瘤下垂狀如樹癭據云三月前散步于郊驚見華人以為奇急歸告人眾疑其謬次日見新聞紙云中國

欽差已抵巴里隨帶司員有能英法語者遂急欲竭誠謁見以慰生平渴想奈私冗匆匆延擱至今始得快睹亦遠人之殊遇也語次僕人進茶見其頸瘤掩口而笑伊云不知

貴國亦有此贅瘤否明云容或有之據云山居多癭因飲泉水之不流者故耳伊云我本鄉民少有家資因遭變故四壁蕭然現移京城授讀為活然所得館金仍不敷用亦儒生之數奇也明云公既抱負大才定當大用古人天相不日當乘時奮飛也伊微笑不語移時辭去並言其妻改日造訪

初六日戊申晴午初街遊見數童作螺線戲畫圖于地形似螺螄自外向內計三層界以横線分二十三節玩者隻足節節躍入一步狹於一步直至中心再由中心向外躍出一步濶於一步總以迅疾者為能酉初陰雲密布微風頗冷

初七日己酉早晴未初大雨傾盆酉初雨止少晴因而口占四韻云驟雨移時細微風即刻生遊人擎雨蓋鄉女售山櫻日色垂餘耀天容現晚晴快哉樓外淨把酒

聽鄭箎。

初八日庚戌。陰雨陣陣。記西土馬佩鸞鈴于跨後。亦有戴白綫織成之耳帽者。以防蒼蠅之噬也。入夜微風習習稍涼。

初九日辛亥。雨。入夜晴。是時夜短晝永。戌初天黑。丑正即明。至寅正則日出矣。記泰西鄉民亦多信機祥。聞甲乙二人同耕于田。忽聞雀噪。甲云。雀向我鳴。兆主大吉。乙曰。不然。是將報喜于余也。互相口角。于是鳴諸教師。乃各奉賄以屬之。教師各許左袒。一日兩造赴于公庭。判云。是雀之鳴。余一人之福也。遂取所受之賄以示之。二人默然。始悟爲雀所弄。

二十六

初十日壬子。晴。聞其朝廷薦舉官民不和。恐激事變。見土人食有一種菜蔬。名阿爾梯稠。形如芍藥。其色綠。瓣如百合。其味苦。以水煮熟。醮牛乳而食之。

十一日癸丑。陰雨終日。聞法京婦女家道稍裕者。其梳裹妝飾。一切需人而理。若鬢髮超群。裙衫別致。必緩步街遊。以供遊人顧盼。斯亦誨淫之甚者矣。入夜雨止。微暖。

十二日甲寅。晴。是日係外國禮拜之期。街市遊人塡溢。鼎沸之聲。異於他日。明步至柏路旺園。瓊花映道。翠柳成蹊。好鳥鳴林。閒鷗戲水。游人席地而坐者。飲酒吸烟。互相歌唱。洵可樂也。

十三日乙卯。晴。晚同聯春卿、桂冬卿往加非館看雜戲。群女歌舞。令人銷魂。末有一男一女着短服小帽。携手往來臺上作冰嬉狀。輕快便利。與在湖上者同。戌正一刻回寓。

十四日丙辰。晴。酉初英人瓜寬陌邀茶。彼此少叙。後令其子姪六人作種童戲。名曰猜影。係壁上懸布一方。方十尺。猜者坐短足榻。距壁三尺。另設小几。几上然燭。距榻亦三尺餘。人行于几榻之間。舉手揚足。或走或跳。作諸般耍。其影映于布上。坐者能辨影係某人。則令某爲猜影之人矣。

二十七

十五日丁巳。晴。早接羅魯旺來函云。即日午刻率妻鄺氏來拜。早飯後與衆坐談。俄聞樓下車聲聒耳。有西僕奔告曰。莫四約羅至矣。明即趨迎。其妻年約六旬。粗通筆墨。彼此講論各國風土人情。頗爲款洽。其妻問及中土有溺幼女食犬鼠一節明皆一一以理駁之婦面頳慚謝曰竊笑傳言之訛然天下無稽之談往往有之中外一轍無足怪也談及眷屬伊言生有二子一女長子愛鐸娶妻方氏次子理英年尚幼女名然安已字戶部局瀏斯為妻不日即于歸矣申刻辭去

十六日戊午晴暖記西人相遇于途若相距甚遠則以舌齒作嗯嗯之聲覿面則以將指向上內外搖之使來又其俗民彼此玩弄有以手作六字形大指觸鼻小指外伸而左右搖其中之三指未詳何義

三八

十七日己未晴記法京各戲園門首出售一種鮮花束成甲字形大小不一名曰枸歐嘎艾專為觀劇者買給女優其值甚昂如某女優色藝超倫欲尋陽臺之夢則令賣花者持送後臺外附名刺住趾一紙上書某敬送名花一束聊表寸心望祈哂收守候回玉女接花後必登臺致謝若送花之人歸家不接女信則知此女不薦枕席因而價重連城

十八日庚申晴記法京一種童戲如中國之射覆名曰如何愛何處愛何時愛人數不拘猜者避于門外餘人在屋排坐暗擬一物不外飲食衣服器皿等擬定則喚外者入入則向首一人問爾如何愛設所擬為牀則曰我愛其煖問第二人則曰我愛其涼問第三人則曰我愛其厚問第四人則曰我愛其輭陸續問畢次問爾愛在何處則答以我愛在房內艙中樓上等語亦從首一人起又陸續問畢次問汝愛在何時則答以染病入夜隆冬等語三次問畢則猜某物合則與首一人互易誤則另擬另猜

十九日辛酉晴按泰西各國文字體分大書小書如英字A係大書a係小書讀曰阿N係大書n係小書讀曰那若AN切音讀曰安則連書An NA切音讀曰那則連書Na凡句讀起首以及地名人名之第一字皆用大書如安南則書Annam南京則書Nankin蒲

三九

欽憲之名安臣則書Anson 法君之名拿破倫則書Napoleon餘皆仿此

二十日壬戌陰晴不定按泰西各國書籍其句讀勾勒講解甚煩如某句意已足則記•意未足則記,意雖未足而義與上句粘合則記•,又意未足另補一句則

記：語之詫異嘆賞者則記！問語則記？引證典據于句之前後記“”另加註解于句之前後記（）又于兩段相連之處則加一橫如一

二十一日癸亥陰涼記外國之命各物之非由本國所出所創者多有還音或以產之地名爲名者如茶曰替曰乂甕曰齋納曰中國塔曰閣爾曰巴勾他鴉片烟曰歐片亞曰歐皮陽即如中土之呼薩皮雅波羅蜜褡褳喀喇嗶嘰等類至於火輪車船電氣線等名皆思其義以命其名也

二十二日甲子陰午後同廷輔臣桂冬卿步至柏路旺園青山堆髻瀑布垂虹花草連綿蝴蝶對舞較日昨來此又易一番景象矣

三十

二十三日乙丑陰雨陣陣見西人男女之睡帽汗衫褻服皆三兩日一澣極其潔淨聞領有以白紙造者式與布同其價甚廉三五日一易

二十四日丙寅陰未初見鄰居英人三陛家園內六七小兒同玩一種童戲僱五六名坐成圓形中跪一人名爲獵戶俯首于一人膝上手執一哨他人接其哨暗將一針紮于衣褲之上紮後吹哨令尋其針如獲則紮者變爲獵戶矣

二十五日丁卯晴午初乘車往八賓巷第十九號拜羅魯旺百輛盈門懸花結彩門者通告伊率眷屬倒屣而迎攜手問訊延入高樓坐客男女數十名伊悉爲告之俄見細奴掩口與之耳語伊笑曰弱息欲見華人望勿深罪再今夕適值于歸不意紅鸞星動又有貴人照命光寵多矣明云不知今夕嘉禮慙無以賀殊覺歉仄語次有雛嬛扶女出徽目之銀履花冠縞衣若雪絕世容

卅一

華含羞不語鄺氏笑云妮子見人向不羞澀今見華人何忽作此態衆皆大笑少間酒筵告備伊遂延入客廳二十八人環席而坐玉盌金甌輝映几案山珍海錯味比椒蘭高懸電燈百盞如開光明世界酒數巡伊云值此良宵佳會盍鼓琴以侑之其子媳各唱一曲聲皆清亮俄一老嫗云既係女公子良辰宜令歌唱以娛嘉賓衆掖之出女返身入室作嬌聲求免鄺氏再三迫之乃遮面而出立于琴左纔啟口不覺面紅耳赤如醉桃花衆皆隱笑而罷復讓酌酒明力辭去未抵寓而雞已鳴

矣。

二十六日戊辰，晴，熱。柏路旺園有馳馬之賭，勝者得法方五萬餘，開計銀六千五百餘兩。終朝凱歌，路一帶車輛喧闐，密於螻蟻。申初一刻歸。

欽憲與柏協理赴英都公幹。

二十七日己巳，晴，大熱，揮汗如雨，如中土之酷暑。見糖果肆出售罌粟甚大，藉以銀紙小盤，每雙價值一方，計銀一錢三分。又有沙糖搏成果狀，飾以五色，每枚價亦一方。

二十八日庚午，晴，熱如昨。謹按

國語呼烟草曰淡巴菰，英國呼秃巴溝，法國呼他巴格，布國呼塔巴，俄國呼特巴爲，美與英同，音皆相似，究不知是物緣起。申刻稍涼，起風。

二十九日辛未，晴。按法京大小樓房不下千萬間，而窗牖皆嵌玻璃，絕不糊飾紙張，内外洞見，一律晶瑩，可免風雨飄搖之患矣。巳初有英人拜森布來拜，談及泅水一節。據云泅水一技雖近於戲，一則歷練膽識，一則拯救危險。英國四面臨海，在在江湖，人之擅此技者計通

三五

國不過十分之二，而南海一帶土人駕舟，時而躍舟入水，時而縱身登舟，上下自如，永無覆溺之患，可謂於此道三折肱矣。要之泅水一道另有練習章程，非若水族之天性使然也。泅水之難，第一在調攝呼吸，一須膽壯，一須力強，一須心斂，一須性穩，然後舞蹈于波浪之中，無不宛轉如意，而身體爲之舒暢。或有謂泅水不利于羸弱者，而醫生云長習此技不惟增長膂力，且能辟除厲疫，此言深爲可取。至於泅水之法，有一定節制，不可放縱。飽腹莫泅，欲泅宜疾趨河干，脱衣之後宜急投水。未入水先浸頭，或入水即浸首，在水中隨時浸之尤妙。冷天尤宜切記。春秋融和之候，在水中以一小時爲限，莫待寒戰。如面色發暗，即爲受冷之據。再水既經他人泅過者莫再泅，浮未熟此技者莫入深水，莫歷多時。水之齊眉者儘可往來游戲，身未出水，切莫曲身摸脚。大抵被溺者多是羸輭無能，或師心自用，以致滅頂之凶。初學演習之時，總在五六七八四箇月，餘時水寒沁骨，恐不能耐。今將各法論於左：

三六

第一論投水。未曾習泅，先須習水，初學不可効嫺熟者

突然衝入須尋水之澄清者知其淺深之度以水浸首然後漸漸踏入未到水底欲起一足先以一足試其深度如此步步留心向岸浮去至於水中用力固論水之淺深尤論體之肥瘠肥者較瘠者用力稍多因體重於水故也

第二論重心無論身之俯仰斜正須令得其重心方浮而不沉醫士云肺為四肢之重心凡泅者投水向後漸漸仰首身與水平先左右搖手以舒其氣俟臂力用足時再二手過首足指外露平浮水面無論歷幾何時不令手足少動則身體平直無有傾覆之患蓋五體前後均稱而肺之重心定矣譬如造舟必令其頭尾勻停方能駛行水面人之浮于水面或隨浪起落或隨潮進退其浮法有形如一字者係令二足在前二手在項後爬水每一爬水勢催前往有形如丨字者其身下沉水內俟水面與頦平則舒臂如翼令身直豎緣立浮之頭出水面者比卧浮之手足出水面者吃力較多或交其二股抱其二臂均可以上皆令身均稱不偏不倚一如行于地平二法在淡水中既能浮行在鹹水中更覺容易

而立浮兼能救急如沐浴一時氣虛或無意傾跌落水則可平身用力上浮不致有險

第三論助器泅水固倚臂力而佐以氣袄氣脬輕木等物更覺輕易凡泅者莫半落水而直腰有頭重腳輕之患莫久入水而惰力有內輕外重之虞誠以生死係于呼吸比操舟之技尤難其鼻口固不可入水亦不可力求避水即口中偶有些水或下咽腹中或放入氣管均可至多不過一二口而已往往有因助氣之物而溺者一由胸前之輕木隨繩移至臀後一由所用之氣袄氣脬被風吹扁以洩內氣致使水之托力不勝其體頃刻之間葬于魚腹教者或同浮水面手托其頦演習一切法則或在舟中手持輕木聯之以帶束其腕令其如法自浮數日後查有進益則無庸托亦無庸束矣又有一法以索釘於兩岸貫以小舟坐板之上橫束一槓端置一環環繫一帶以結學者之臂舟行水面學者投水往來而泅教者持槓以指示之俟技熟後并可帶舟向岸而泅

第四論平泅入水之後面既向岸則前胸漸漸壓水舉

首浮頦水面。直其臂。交其手。合其掌。或手背向上而橫竝。如此兩臂前推。遒遠遒妙。推時十指稍鬆。免致被水所阻。再掌向外。二臂前後上下推擁。左右使力須均。曲身在水如叩頭然。繼而平直自然前去。俟手在水內推回。再行直骽。骽直之時。再行撤手。有云每一前行。首當入水一次。其說非是。因推動之力。激為前行之狀。無須俯首浸水。其首揚掌外。如槳之平。距水面勿切近。旁人視之。似未向後推水。而身自然前行。此法其行雖緩。其進反速。又有不按此法而能速者。如將手用力推足近于水面。其聲必大。身不少動而行速。初學總以前法為是。

三十六

第五論斜泅。此法始于野人。英國間或用之。呼為樂法。因久浮力倦。用之以便速到彼岸。其法係將右手從後上直出水。舉至極處。用力拍入水內。前行以阻水力。手入水內力稍緩而下。向當時身向右斜。右骽向後直至極處。令右手與右骽參相直。則身作戈字形。再換左手上直。左骽後直。每換一手。過水二尺。總以水面少起泡為妙。

第六論旁泅。泅者力倦。佐以旁浮。其法係將左肩立起。令右手在水面前推。鬆其掌。向胸前推水。左手亦稍搖動。大指向下作槳形。向腳推水。雖按常法。腳向外踹。卻永隨左手擊水。以上二法。較之平浮皆難。學者亦當熟習。

第七論足行仰泅。身入水中。首向後仰。以手推水。足即浮于水面。自然前行。亦須時而舉首前視。看無險阻。此法久歷時刻。不覺費力。又式以手抽水激于胸上。上下作成弓形。再曲膝踹水。亦自然前行。較之前式則加速矣。

三十七

第八論首行仰泅。其法有三。第一法。入水之後。首向後仰。令足上浮。二臂分倚髈邊。二手爬水如搖槽然。繼以手向足推。再抽回撓水倚于兩髈。直行前去甚速。第二法。首欲前往。先曲其膝。令手由膝出水直至極處。次由頂上入水。回至膝旁。以肩為圓心。于水中作半圓形。周而復始。然手至膝時。須急上伸。否則分量不均。而身下沉矣。此法頗能舒暢筋骨。流通經絡。如左右二手分用尤妙。第三法。畧如第二法。但手由頂上入水。回至膝邊時須用力向上激水至手出水過頂則二骸後踢手旣入水骸即縮回另有一法係仰卧水面或二臂抄起或二手抱肘倚于項下或三折其身向胸卷骸適高適妙俟用力足時再漸舒其骸亦須十分用力一則不需手力一則前行甚遠或手持重物渡水或後面有人追逐用此法良便

第九論倒泅或岸上或舟中舉手過頭倒浸入水其身與水面成角四十五度入水後轉回水面甚易在水任意泅浮務須得其重心凡泅水之要訣入水即舉手頂上以免不虞入水後每一分時先舉手在頂上相合作厶字形次漸開其手作倒書人字如洋V字形次平其臂作丄字形次斂其臂作人字形其首前行之處不必過於手在頂上所指之點再每前行手必先在頂上者一則以殺水勢一則以免前阻初學者將首浸入池内旁人勤呼數目等字令其聞知泅者知有人照料可以在水久浸儻一時氣塞急抽回水外俟少吸天氣再浸入水後務須閉口鼓腮張肺令氣積于腹中良久可以少吹以出其氣因水中無氣可吸故耳或云入水不能

張目此說非是水光雖能令目迷離然旣入水中則浮光不能折回可以任意開閉無論鹹水淡水皆然故學者總以張目入水爲法演習不過數次自無惝恍之患矣

第十論拔泅身在水中須令直矗上時步步如登梯其首與項自能上托又須以手上下左右推弄輔助而行一如魚之鼓鬣揚鬐遊行吐沫矣

第十一論療疾骸有不仁之疾者若泅時發作抽筋轉縮可盡力直伸其骸底可止痛如疾不少瘥或挺身上飄以手支持待救或盡力以手拍水回岸至不能以背浮水則揚頭水面以手向下擊水不用脚力至身弱學此技者先習防難之法或一足泅或一足一手泅或只用二手泅

第十二論救難設有被溺之人須潛踪躡其後以扶持之若不小心恐彼情急攫我以致彼此兩傷旣援之後切莫舁之出水恐已力敗須以臂挾于身後盡力前往莫延時刻旣携上岸若彼昏迷不醒再按以下仁心堂所設之法而救之

第十三論回生。凡溺而瀕于死者，率由於痰壅氣塞。故救之者先令換氣，使天氣入于口鼻，則甦而得生。既甦之後，須急付衣褥以煖其體，大約需時四刻可以望生。今縷陳其詳：如莫失時，莫粗心，莫持其足，莫搖其身，莫以鹽酒拭體，莫令受烟氣。第一先控水，淨其口鼻，以繩束舌于口外，則天氣可入。次尋近室，仰面平置榻上，肩下襯以高枕，令內氣不塞。次曲其肬令上舉，遇于頂上，以便氣入肺內，二秒後再行徹回，漸漸置于腮旁，又需二秒之時，以便催氣出肺。如此陸續往返，俟其自甦能

四十

喘，則以熱水浴之，再如前換氣，俟二十秒後扶身坐起，再以涼水濕其面，置樟腦于其鼻，或鼻烟，或餵以鹽，或以翎毛探其喉，皆所以通其氣也。再以冷熱水更替溫之。至于包裹溺者，用乾麻布于其胸前、肋下、踝骨，用熱水瓶、厚毡、氣脬以煖之。再用有力之人搓揉兩臂，勿令間斷，俟其氣轉，再給滾水與酒或加非，令其下咽，則有生還之樂矣。再當喘氣時，用大芥麻膏藥貼于胸前或肩下，頗助呼吸。

第十四論餘事。假如學者習熟力強，膽壯可令服衣而泅，入水後不必格外用力，自能如法浮沉。儻日後偶然落水，或拯救沉溺，皆有裨益。試觀走獸落水，初若恐懼，未幾亦能泅浮上岸。至若他類昆蟲鱗介之能浮水面者，率皆與人泅水同。或云人之欲學此技者，其教師莫善於蝦蟆與田雞。言畢大笑。未初辭去。蓋彼即一水學教師也。

五月。

初一日壬申，晴。午初志祿雨

欽憲攜聯春卿及王子顯等駕火輪舟馳至三克路村，遊覽

四十一

花園，赴園主之約也。亥初一刻回。見法京藥肆皆賣鴉片烟土，係專為療疾而設，詩保方售，雖醫生亦然。入夜陰涼。

初二日癸酉，陰。聞昨晚亥刻馬達蘭大街有白衣貧民二百餘名，齊聲歌唱，喧譁作亂，因朝廷薦舉不公，以致官民不和。官兵前往彈壓，被傷損者六七人，拆毀商鋪氣燈若許，子正始定。約今夕如再譁變，則將施放槍礮，以叛逆論。至晚行人稀少，市廛早閉，家家有戒嚴之心，以防不測。

初三日甲戌，晴。聞昨晚平靜，徹夜無譁，各巷口皆有馬兵駐劄，查拏奸宄。國王獨乘單馬車往來梭巡，天明入宮。

初四日乙亥，晴。初法民之作亂也，係國王介弟翟勒木者主使。伊慮舉而官未舉，蓄怨于心，煽惑愚民，以洩其忿。聞已出奔比國，而英、比各國又從而蠱之，怙惡不悛，吾知不免矣。

初五日丙子，晴明。硃書蒲、龍、艾、虎橫幅，張于門首，以誌令節。午後步遊柏路旺園。是日天氣清和，遊人稠密。後至小湖，市蒲、艾暨草果各少許，携回公廨。晚饌有青魚、海蝦、棃、橘、地椹等物。記法國風俗，凡女適人，在二十五歲以前，聽父母之命；逾期則自主之。再西國婦女每多專擅，然一生只能在婚書畫押，呈報官府，餘則不許秉筆擅書押記。

四十二

初六日丁丑，晴。聞悍民作亂，連日被獲者九百餘名，皆押入提督署內。當叛民未獲也，王密令大索城內，官兵于各街巷阻止行人，約以三通鼓後，如有逗留不散，無論良莠，盡皆拿獲。俟平定後，其良民由同里出具保結，一律省釋，仍每人罰銅錢十文；其亂民監禁三月，再罰法圜數十，開始釋。

初七日戊寅，陰雨，涼。記一少女未詳姓字，久患癆瘵，不服藥餌，故飾豔妝以衒其美。前禮拜一日午後，携二三美少年乘車遊柏路旺園，忽大嗽一陣，出血數斗而卒。酉刻雨止，仍陰。

初八日己卯，陰雨。午後大風，微晴。記泰西一種童戲，人數不拘，坐成圓形，有作譁語者，則預擬各色人物，分給眾人，訂為暗識，如老者、老婦、小馬、小狗、旅舍主人、男女奴僕、庖人、賬目、樓門、馬厩等，給畢，則撰成一段故事，如云：昔有一老者與一老婦素愛小馬、小狗，一日乘車閒遊，入旅舍，主人出迎，令男僕牽馬入厩，女僕抱犬，引老婦登樓，又令庖人造飯，男僕飼馬，女僕喂犬。飯後老者、老婦抱犬下樓散步，次與旅舍主人核算帳目，令男僕備車，女僕抱犬，同老者、老婦出門。臨行，賞男女僕、夫、庖人等錢各若干，老者、老婦携手登車而歸。每句所云人物有與暗識合者，其人即刻起立，忘者罰，其中以呼名最多為妙。

四十三

卷五終

再述奇卷六

目錄

鐵嶺　德明在初隨筆
　　　貴榮竹坪校閱

己巳年五月初九日庚辰細雨未初晴緩步行數里抵思安河過石橋距西岸數武有養老院所有老弱無依被傷兵勇皆養育之四面環繞石樓樓皆五層正面尤高作塔形頂飾黃金內厝法國先君拿破侖第一石槨有宿兵守護官給衣食其被傷不能步行者各給自行小木車樓下有鐵欄三面以屏石門欄下石堦列鐵礮十二尊噴礮二尊皆先君與他國交戰奪獲者門欄之間栽植花木列礮數尊內有中國銅礮一尊長約丈許上鐫字云道光二十一年四月江西省鑄造另一行云廣東省佛鑄造銅爐行蘇獻廷黃元倫盧廷傑吳敏揚造重三千斤又安南礮二尊各長一丈二尺上鐫字云二十四封度礮嘉永七歲次甲寅季旹于江都葛飾別墅鑄之字皆八分健勁之至其年號嘉永未詳何代或云日本倭考礮之紅門下有三點一橫式作∴又青銅礮一尊長一丈四尺臥龍鼻將軍帽帽頂橫鐫小字云丁巳孟夏穀日造按字之文理礮之形式似中國物而

紅門下鑿二團龍中一泰西王帽下一洋字如N未知
為何國火器
初十日辛巳陰晴不定巳正蒲
欽使與柏協理自英國回見法京有種藥水名韋什邑與井
水無異常服之能理肝活血係自韋什邑地方運來者
每十二瓶計銀一兩五錢
十一日壬午晴記法國各省村鎮每年于先賢誕日中
任擇一日陸續恭慶在本地設立會場奏樂然燈無分
晝夜男女跳舞歌唱歡呼約以八日或十五日方止是

二

日係先賢希拉衛生辰應在巴里城北訥義村設立會
場長街七里左右羅列各種玩藝如打鞦韆唱影戲鑽
天椅滾地球打槍射雀賣藝玩態種種不一筆難盡述
至于點心糖酒菸捲加非來趁食者亦復不少然賣者
率以錢賭無非打球擲骰抽簽押寶等類是醉翁之意
不在酒也而來往鄉民擁擠如蟻街左右設串珠燈二
行每串長約四丈作人字形橫于街心計七十餘串一
望燈火作天照如白晝矣
十二日癸未陰雨申正晴晚同鳳夔九鄒秋帆諸公步

至凱歌路看馬戲見有六七名女子率皆美麗身著肉
色絨衣腰圍錦靠短褲頭戴鮮花足登紬履騎車作諸
般戲往來馳驟剽捷異常
十三日甲申晴記泰西一種童戲名曰鬬雞二人席地
對坐相距二尺以巾縛其二腕環抱其膝肘膝之間橫
貫一棍長約四尺相向以足指對踢其能踢倒他人者
勝
十四日乙酉晴見巴里大街有數鋪秋冬開張而夏春
關閉者當關閉時租於鄉民出售各種器皿各色雜貨

三

如盤盌盅壺刀鍤匙勺梳篦紙筆種類雖多工料率不
堅實而值甚廉至於秋季鋪歸原主出售皮貨棉衣以
及山雞野猪魚鹿等物係皆販自他國
十五日丙戌晴記外國鋪戶所造貨物有精巧出奇堅
固異眾者自國王以至庶人皆可書給一張執照以詡
其能而造者持以為榮由此可多獲利是日有法京賽
北斗寶街路西第九號鐘表局主人來懇志孫兩
欽憲賞給執照
欽憲允之即發執照一紙長二尺五寸寬一尺五寸內云

法國巴里鐘表行主人培阿思製造鐘表頗見精巧今
中國
欽差施恩發此執照命為供奉中國官表局此照發與培阿
思收存

志
孫　大人發〔圖書〕
立

同　治已巳年五月
十六日丁亥晴暖午刻隨志孫兩
欽憲遊訥義村途見男女結羣喧譁聒耳有好事者追隨前
後左右大聲疾呼以為快婦人則囁嚅不言亦有强作
笑語以求媚者未正回寓
四
十七日戊子晴柏協理擬回北京公幹志孫兩
欽憲因日貫繁重令法俄二館繙譯官及供事各遣一名回
京又因英美二國已過英館繙譯官可以盡行先回商
諸蒲
欽使伊云能英語者亦可酌留一名以備沿途繙譯
欽憲問鳳夔九與明誰去誰留明稟椿堂年邁懇賜早歸以
慰倚門之望夔九亦如明稟不獲乃止入夜微風陰晴
不定
十八日已丑晴未初隨志
欽憲再遊訥義村北行抵思安河大橋一路鄉民環視尤眾
隨行尾綴之有瞻戀弗舍從馳數里者歸時見有賣炸
糕者雞卵和麪烹以牛油長四寸寬三寸中作井字花
厚約三分
十九日庚寅晴午後獨游訥義村內設賭局數十其賭
具名色不一一種名獲寶塔係一木盤周逾丈環以鐵
闌高約八寸內立鐵造回字形欄杆二十四各長八寸
高四寸每二欄之間有一鐵月洞門共十二門門後各
五
浮立一木塔高八寸周四寸門前橫書塔名如倫敦猷
克等又于盤之中心立一轉鈴鈴作中字形外備小磁
子十二凡賭者人數不拘多寡設若六人則每人二磁
子各據二塔四人則每人三磁子各據三塔賭時放一
人之球于鈴內鈴轉則球自孔出四面環繞起落待球
止後除球主所據之塔不計外凡被擊倒者一例納錢
若干其不被擊倒者球主反納錢若干又一種名擊球
係一長方木盤邉高三寸長四尺寬二尺內立鐵月洞

門十賭者二人以木錘擊木球以能穿過多門者為勝又一種名擊釘亦一木盤作五瓣梅花形帶梃有木檐盤上以象牙作九白點大如雞卵每點各識一數由一至九每點上嵌一木釘賭者人數不拘多寡各以繩繞木角即俗名陀羅由梃内放入先行擊倒木釘三四後由空處穿出直觸盤邊若擲者力大能切盤邊轉回再擊木釘幾枚俟每人擊畢統計所擊倒木釘以數多者為勝又一木盤未詳何名周約八尺圍以直絲鐵闌高三寸盤内羅列甆錫玻璃盃盌等器盤有活機能轉盤

六

外邊橫一鐵鍼長約二寸賭者先給主人銅錢一枚用力令盤轉俟其力減速則鍼格于鐵闌而盤定賭者即取其鍼所向之物然有轉數次只得小卵盅一枚或小玻玻碟一箇至於大盌花瓶鮮有贏者

二十日辛卯晴暖午後有巴里通曬巷路北第五號皮靴店主人來懇志孫兩

欽憲賞給執照因志

欽憲與明等曾令各作華式皮靴一雙又因鐘表局已得執照彼敢來請也是日志孫兩

欽憲即發執照一紙内云

塞司格司成做華靴甚屬合式今中國

欽差發此執照命為供奉中國官靴局此照

同　治己巳五月

志
孫　大人發　圖書　立

二十一日壬辰陰見法文小書一編如中國笑林廣記惜明不深解法文勉譯四段一曰蒙巾有三人同入酒肆飯畢彼此爭給酒錢許久不止傭保勸云三位諒皆

七

至契不論誰給皆可何讓如此之久耶年長者云有一妙法我三人排立以巾遮汝之目則汝摸何人何人當給彼二人以為然傭保無法以巾遮目摸索片時一無所得心急去巾則三人已遠颺無迹矣二曰盜酒某儲酒一瓶以備不時之需不意被黠者由底鑿孔竊去一時思飲則已瓶之罄矣某甚為詫異有告以瓶底有孔者某云瓶口在上何得而下出耶三曰尋木一人將飯肆椅足坐折主人責令償之伊云不日尋得佳木必來賠補越年餘復過其肆主人向伊索取伊云吾年來窮

巖搜幹冀得一遇未見有木鞍倒生者四曰騎驢一人聰悟超羣有誚之者彼云某不過小有才我師勝我多矣衆云願見彼云俟來時即請一敘一日其師騎驢而過坐于鞍後衆詰何不騎于鞍上其師云因韁甚長非鞍後則控御不便矣

二十二日癸巳晴記掌天主教之總領尊曰教皇係由公舉居意大里之洛馬城其權與國君埒派往各國使臣名曰南求在各國傳教者有主教神父等名聞數十年前教王在各國設有監牢傳教之人夜行街市遇有

私言謗毀其教者立即捉入監中其親屬戚友雖密訪不得而知也由是人民不服始除此弊又凡其頭等傳教者皆將頂髮薙去如中土釋教之持戒

二十三日甲午晴記法京一種童戲名曰瘸子點燈二人對跪俱屈左膝于地右手俱由右膝下穿過一執已然之燈一執未然之燈令已然者著其未然因各屈一膝轉動甚難以致笑又一種名曰放上了係一人以巾遮目餘者列成一行又一人暗執一物以手拍各人之首曰放上了放上了放上了暗放其物于一人之手令遮目者猜在某人之手合則勝否則另立再猜其人交物時各給一名曰查理在前朱安在後麥立在左鄂斯爾在右艾廉居中以便遮目者易猜

二十四日乙未晴晚有合衆人那義斯夫妻與其友魯百仁畢達義約觀劇在賢馬丹大街柏爾代園見有高山大水真馬馳驅日月陰晴真假難辨子正回寓

二十五日丙申晴熱午正同桂冬卿廷輔臣遊柏路旺園步行數里臨眺山水眼界為之一豁因攜酒果遂藉草而談拇戰歡呼逾時始罷申初回寓知有王子顯來

拜

二十六日丁酉晴午後往探王子顯見英國一婦年約三旬其夫田阿喜隸浙江錢塘籍以拋刀接刀為戲在歐羅巴各國賣藝獲利頗多嫁彼九年已生二子一女矣其夫現在瑞典伊因遊歷名勝僑居巴里未刻回寓入夜陰

二十七日戊戌早陰午後晴記西人拜客入門免冠以示恭敬坐後放其帽于腰後座旁或兩膝之間去時合手問訊曲致殷勤出門乃冠又聞西人云三十年前尚

未設法造自來火人在夜間看表則集數螢于玻璃瓶内看則揺瓶以螢為燈

二十八日己亥晴記外國日用所需器皿與中華大同小異如掃帚簸箕鐵鍬水桶毛撣竹籃等甚屬堅固惟簸箕造以馬口鐵後按木柄作甲字形用之尤為便當

二十九日庚子晴晚允硯農約觀劇情文備至悦目賞心戲散在對面加非館内小酌遇粵人劉姓者年近四旬已易西服據云在此七年已娶洋女而生二子焉亥正回寓

六月

初一日辛丑晴暖晚約塔木菴廷輔臣鄒秋帆允硯農在蟒馬街娃麗戲園觀劇所演戲文名茶花兒男女裝飾如粵人屋宇器皿亦皆粵式其事係管理香港事務大臣之女私於法國庖丁事覺鳴之於官官將其女女馬廚工之妻不允遂起爭端後因戚友調處各為嫡室乃和

初二日壬寅晴申刻志孫雨

欽憲携聯春卿同德協理乘火輪車往布萊囿莊拜會侯爵德理文其人富而好禮廣覽華書延川省李某為記室離騷原道等經繙成卷帙亦有志之士也是日未回

初三日癸卯晴記泰西婦女多將髪束為數筒垂于腦後以為美聞其束髪之法將髪繞于圓棍之上棍長盈尺徑寸許外覆濕布以鐵烙之少刻揭布去棍髪皆成筒再幼童幼女臨睡以紙裹髪曲彎成捲晨起去紙則皆反捲成花

初四日甲辰晴記巴里書肆每年出售住趾簿所有通城紳富士商姓氏皆編入字典欲查某人即循其筆畫

而檢之如水景住木橋衚衕第二十七號江曦住杲子巷第十三號江潮住柏林寺第六十六號汪千頃住柏林寺第六十七號沈登雲住柳樹井第百零四號洛酈氏住椿樹衚衕第二百一十三號以上姓氏皆隸水部閭巷皆隸木部餘可類推是日申初志孫雨

欽憲由布萊囿莊回

初五日乙巳晴午後同鳳夔九諸同人步遊郊外穀蔬暢茂花卉芬芳度隴越阡心神駘宕約行數里入一鄉村屋宇雖小率皆整潔鄉民以華人為罕見遂相驚異

俄而男女繞視者接踵而來出村緩步而歸途中見一人進作招狀趨視之郎碧葉也延入高樓陳設華美四面花園樹林陰翳據云係伊外父盧朗别墅語次一老者入免冠讓坐詞氣温和即郎之外父伊云久擬邀遊中土以慰私懷不意客冬抱恙其事遂寢日昨少瘥即理行裝刻日而發衆謂新瘳未應遠涉俟明春再議可耳後各進黄酒一盃糖果數枚飲畢辭歸

初六日丙午晴大熱按西俗房屋陳設總以新奇爲貴踵事增華伊於胡底至於酬酢往來亦無不浮夸相尚

十二

習而成風蔑視先民矩矱斯亦世道人心之一變也入夜陰

初七日丁未晴晚隨志孫兩

欽憲往法人艾圭戎家小酌夜半而歸記泰西兒童多以打木圈爲戲大小不一大者周約六尺以木棍擊之棍長盈尺現有以鐵造圈内繫銅鈴數枚二人對擊相距數武以能觸倒他圈者爲勝

初八日戊申晴晚隨志孫兩

欽憲往法人伊利孫家晚饌彼曾遊歷中國能華言食畢見一小女高盈尺據云已十三齡矣其父母以奇貨居之觀者令其携來須與法圜百開又一小兒約十歲几上横置竹筩十根中穿細線令以雙木棍敲之音調頗佳亥正回寓

初九日己酉晴午後門者忽通有法人高思義者乞賻據言前妻内氏産後暴卒繼聘光氏于五日前染疫而亡乏資營葬特懇惠賜以便瘞埋則生歿均感矣隔窗視之其人囚首喪面似欲泣狀乃給法方十圜免冠叩謝而去晚同桂冬卿諸公往加非館看雜戲見甲乙二

十三

人各持雙棍長三四尺中連皮帶將棍作又字形擲起甚高甲接乙棍乙接甲棍再擲再接迴環不已殊覺可觀亥初回寓

初十日庚戌晴午正德協理請志孫兩

欽憲晚饌伊家居鄉頗覺幽静食有雞魚酒果甚佳同座數人語言歡暢戌刻回寓

十一日辛亥晴記外國各城皆有地理書與北京都門記畧大同小異開卷首載地圖東西南朔一一詳註瞭如指掌後書分數段所有官府官署禮拜堂花園商鋪

係何名目坐落何處咸按字母閱者一覽即知無須鄉導矣

十二日壬子晴早蒲

欽使之外父李文模眷屬由合衆國來相見甚親酉正隨志孫兩

欽憲往蟒馬街娃麗戲園觀劇復看茶花兒戲是夕甚熱食有冰乳梨橘

十三日癸丑晴是時炎帝司令天氣酷熱如北京而已里之樹已有脫皮落葉者矣殊不可解再地少蜩蟬蚊

击

蠓而有臭蟲

十四日甲寅晴午正志孫兩

欽憲與蒲

欽使及李文模眷屬往看城中地道係運通城污穢之物以達江海上置筒管通各閭巷兩旁有墻下有軌道純以鐵石建造所有工匠乘坐車船可以往來當日在馬達蘭禮拜堂旁揭鐵蓋登鐵梯入地溝頗寬闊懸有燈燭車船皆由人拽行二十餘里往來頗快申正回寓入夜陰涼

十五日乙卯早陰午後晴步遊三路旺街見雜貨肆中出售孩童玩具暨筆墨刀錨等物有一種名飛鈍者係圓牛皮一塊大盈掌兩首各聯一帶一長一短據云以長者束石于皮上持短者輪搖三四次釋手石即飛起以之擊人甚重又一種名獵馬弓係一曲木棍長盈尺兩首一圓一扁向物擲去則駕風旋轉飛起少刻轉回則距擲者五六尺另一種未詳何名係以木作几字形下橫皮帶絞一木棍頂放些須黃蠟上放木猫或木鼠置于煖地蠟鬆則棍起令物躍起甚高

圭

十六日丙辰晴聞泰西一種玩藝名曰字戰人數不拘多寡分為二項一為主一為匠列成兩行為匠者設法易主為匠先私議須執某藝議畢行中首匠即向主告以一二省書之字如業木匠則告以一橫斤字心業鐵匠則告以全旁匚字邊業藥家則告以艸山俱為頭業成衣則告以從戊又從二如是說畢即轉告衆匠云衆匠人將工作没多言待工過言罷各匠按首匠所言之字一一以五官四肢比擬作工一時手舞足蹈式樣不同如啞人然作工良久為主者不能辨其所業何藝則

令眾匠停息以俟為主者徐猜如仍茫然不解則首匠
即指明所報字義若為主者誤猜或首匠錯報則匠易
為主主易為匠又一種名曰棍剪對舞人數不拘多寡
一人立于門外餘在屋中暗藏一物藏畢則齊聲呼云
豌豆熟猪肉熟須速來食尋者入門門內二行左持火
剪右舉火棍彼此對擊合聲奏樂俟尋者距藏物之處
甚近則樂聲更急或以言語煩擾以亂其心令尋者捉
摸不定尋得者勝否則再藏再覓入夜陰亥刻細雨一
陣

十七日丁巳陰晴不定暖是日係泰西禮拜之期街市
閙熱午後志孫雨

欽憲步遊馬達蘭大街塔木菴莊松如遊覽日滿街桂冬卿
諸君往訪王子顯明同廷輔雇馬遊柏路旺園往來
遊行八九里未正回寓少坐復乘馬街遊行數武抵儒
素芬街因西馬有三繮中一繮通于馬口聯以啣鐵能
束其舌而扼其唇不意明誤拽其繮馬忽直立致明墜
鐙幸馬未驚逸明覺頭眩腰痛遂雇車回寓令僕將馬
送回眾云可以彼此在院往來掖行數次再連服華藥

數丸當日必覺輕減而痛

欽使與柏德二協理不勝懸系令急尋法醫調治眾遂扶明
上樓和衣而卧申刻志孫雨

欽憲回聞其事遂登樓看視面囑安心調攝云云入夜微雨
涼

十八日戊午晴旱德協理同二醫來一名戴馬蓋年約
四旬一名卜樂昂年約三旬各舉表胗脈畢同言證係
鬱悶在心急血瘀頭宜設法緩治明聞其說非欲用華
藥不允

十九日己未晴巳刻二醫至携有浴盆白布據云不用
湯劑只須溫水浸身冰布蒙首不日即愈遂令明解衣
施治明再三求免不允乃慘然飲泣悔恨無及因思自
今以往惟有任命聽天而已墜馬一事可為前車之鑒
一為雙親在堂不保身體者鑒一為客遊在外不慎起
居者鑒一為少不更事任性妄為者鑒若能邀天之福
不藥有喜是亦　祖宗積德之所致也

二十日庚申晴醫生日來二次治法如前須二時之久
方竣其事明仍覺眩暈每飯只食薄粥少許

二十一日辛酉晴連日以冰追取瘀血是日放二十四枚馬蝗于耳後以吸之初放時各大四五分少刻盈寸取下置於水盆則形皆縮小而血盈盆矣被吸之時痛楚異常明因無力支持甘受其苦而已

二十二日壬戌早晴午後陰是日明覺肢體無力神思迷惘雖薄粥亦不能下咽矣

二十三日癸亥晴明終日不食不語惟飲涼水數匙入夜則譫語發狂矣

二十四日甲子晴風當日蒙志孫兩

十八

欽憲雇一女僕年近五旬名郭利元令其晝夜服侍頗著殷勤

二十五日乙丑晴明近日耳乾口閉目瞪身僵諸公日夜看視惟有憂嘆而已

二十六日丙寅晴暖二醫仍以冰布蒙首蝗蟲吸血諸公阻之不得

二十七日丁卯晴午後王子顯前來探病云前日偶見新聞紙内言閣下染此意外之疾爲之不勝詫異本應早來問候奈因私務繁冗惟望即日一刻如初也彼用華言而明答以法語奇甚

二十八日戊辰陰早有蒲

欽使之妻弟李威木前來療治其人素耽醫書自稱中國大夫然學醫尚未三折其肱故於一切疑難病證不能悉中欵竅也

二十九日己巳陰雨未刻晴忽有法國醫生未詳姓字手持藥水長繩踵門請謁據云以繩量身灑以藥水即日奏效衆不信乃去毛遂自薦雖云濟世苦心無乃孟浪甚矣

十九

三十日庚午晴數日不語是日午後忽大聲作狂語云夫人之驕奢貪欲不憂德之不建而患貨之不盈不救垂危之難而取頃刻之歡者比比皆然吾恐不免于難其子孫將亦無遺類矣言畢大笑聞者不解敲牀再問則瞑目不復言矣

七月

初一日辛未晴近日西人之相識者皆來探望見明病狀皆慘然而去

初二日壬申晴早又蒙志孫兩

欽憲雇一女僕年約三旬名瓜大麻拉與郭利元同為服侍
明雖在昏憒之中不禁銘感之矣
初三日癸酉晴邇來瘦骨支牀面無人色不食不語命
如懸絲據戴醫云病轉增劇調理匪易為之浩歎者良
久
初四日甲戌晴據卜醫云項目皆傷性命難保衆問有
法治否卜云須仍以温水浴身俟馬蝗吸盡瘀血後再
行設法醫治
初五日乙亥晴早一老者自陳姓多名愛善專理内科
千
携有藥水一瓶以之療病可使不日而瘳華人未詳來
歷轉詢西人據云係哄騙者莫納其言午刻戴馬葢至
詢係何藥伊云委係良藥然病已沉重不宜令彼知之
若知則馬蝗冰布無所施其伎倆矣衆對曰唯唯華人
皆暗嘆不已
初六日丙子早晴午後陰王子顯復來探問見明形容
枯槁卧比尸骸嘆惜良久而去入夜晴
初七日丁丑晴聞當日衆見新聞紙内載法醫與華人
療病誤用馬蝗吸血云云

初八日戊寅晴華人見明病重欲令鄒秋帆調治公禀
志
欽憲
欽憲云凡人療病當賴一醫若一國三公彼此歧見恐反為
患矧中西藥性逈異詎可參用衆皆唯唯而退入夜陰
雨
初九日己卯早陰未初晴日來西人之問候者有云二
醫素皆著名宜堅信者有云宜改弦更張而另聘名醫
者議論紛紜不知伊誰之適從矣西人有由此而反目
壬
者
初十日庚辰晴午後郝富携其妻來問二醫係用何藥
療以何法衆具實告之伊張口直視許久不言似詫異
狀繼而笑云此乃善法也嘆惜而去
十一日辛巳晴記自病後因日日浴身冰頭二醫乃令
女僕將明身著褻服日易一次
十二日壬午晴諸君見明病危朝不保夕遂令僕人再
禀志
欽憲必求華醫療治

欽憲云既欲易醫須眾人公稟方可於是鳳夔九十一位聯
名具稟連服華藥二劑證雖不能立愈而痛楚稍減入
夜大風
十三日癸未晴每日華藥煎熟入夜方令華僕悄聲灌
服至白晝則仍浴身冰頭任其療治而已
十四日甲申晴明始能言仍多佶屈經柏協理勸浴明
乃手擊其面以盥漱其水遂致協理衣袴盡濕明心惟
有誦佛而已
十五日乙酉晴早明忽向僕索冠履公服置於座右注
目看視不知何故
十六日丙戌晴午刻高恩携其妻來云久聞染疾奈公
私繁冗不克探望祈爲原宥明以華言答之夫人有容
乃大無欲則剛我心本來坦白無所營求汝之不來詎
不容乎若多欲少容處處苛責則人皆有自危之心吾
知其不免矣高聞不解轉詢眾人眾以狂語答之
十七日丁亥晴早明告庖丁蒸饅首三枚持之不食但
嗅而已
十八日戊子晴明連服華藥五內稍清閉目存神而頭
減眩暈矣由此觀之二醫療治之法未能協宜也入夜
陰雨
十九日己丑早陰巳正晴近日明雖能言而呼人之名
字每致錯誤
二十日庚寅晴庖丁問明所食明告以炙人首魚狼心
眾皆訝以爲奇
二十一日辛卯晴戴醫見明稍愈乃送糖餅一匣並云
伊偶抱恙過二三日再來
二十二日壬辰晴明覺病愈九分語言漸次清楚欲飲
華粥眾僕聞之甚喜咸具酒饌而進午後明告德柏二
協理暨戴卜二醫願服華藥不欲冰水調治彼此目視
良久勉從之
二十三日癸巳晴早蒲
欽使來云柏協理同廷塔諸君擬于二十六日起程閣下病
未大愈可仍往倫敦暫寓以便調養明堅請同行並告
以病軀雖弱幸不暈船況一帆風順當不至河伯爲祟
也
二十四日甲午晴明病雖漸愈四肢疲弱不能支撑奈

久臥牀茵。頭目又覺昏暈。遂披衣令人扶行屋内。纔數步。即不克自主矣。

二十五日乙未晴。二醫辭別。明拜謝拯救之德。二人面紅耳赤。免冠鞠躬而去。明具公服往各欽憲暨諸友屋内叩別。是夕整頓行裝。頗形勞瘁。子初一刻始眠。

二十六日丙申晴。早食薄粥少許。申初同柏協理暨塔木菴廷輔臣。莊松如諸君。率領僕役九名乘車起程。行十餘里入火輪車客廳。少坐。鳳夔九諸君餞別。目送數里。揮淚而去。申正開車。走一夜。德協理與同行焉。記自病後至今。凡諸友顧問相識探望。醫生調治。以及明之一言一話。病中情狀。皆經華僕祝壽逐日記載。幸不遺失。故明得縷晰書之。

二十七日丁酉晴。午正至馬賽拉海口。下火輪車。乘馬車行數里。入拉佩店。早晚食中華麪湯。飲三鞭酒。入夜並食麪包少許。

二十八日戊戌晴。巳初乘馬車行八九里。至碼頭登火輪船。船名北呂司。長約二十餘丈。寬二丈五尺。午刻德

二三四

協理辭回。未正開船。水平無波。船行甚穩。出口微涼。

二十九日己亥晴。平水色深藍。記通船男女四百餘名。中有意大里國女優一班。計老幼數十。晝夜喧譁震耳。不堪其擾矣。

八月

初一日庚子晴。平明病雖大愈。而舟次之苦。甚於輪蹄。終日臥于艙内。惟看書以消煩悶。飲食漸健於前。但新愈後。不敢多食耳。

初二日辛丑晴。晨起臨窗。水平船穩。一望無際。莽莽蒼蒼。宵來已過墨西拿矣。

初三日壬寅晴。水平如昨。是夕睡魔迴避。雄雞已唱。猶未安眠。因口占五律云。入夜舟行疾。輪飛水不停。烟噴千丈黑。光閃一燈青。每恨天難曉。誰知我獨醒。茫茫滄海路。鄉念幾時寕。

初四日癸卯晴。平明因畏風不登船面。鎮日危坐艙牀。閒讀古文至桃花源。不禁有出世之想。憶前在合衆國時。有土人馬爾丹者。能華言。談及此文。其意以匿迹韜光者為愚。航海登山者為智。以是見西人好事喜動而

二三五

不喜靜矣
初五日甲辰晴巳刻抵埃及邊界阿來三宄呀海口下
船乘雙馬車入店名上高所食有甜瓜大如倭瓜味酸
而色黑申初乘馬車至輪車客廳少坐酉刻登火輪車
行一夜
初六日乙巳晴午初至蘇耳士下車步入達路布店早
飯只食糖浸麪包數塊而已未刻乘小輪舟行數里登
大輪船船名泰格係前次回國所乘者當晚上貨人語
喧譁終夜不息

卅六

初七日丙午晴暖卯初上貨畢辰正開船入紅海隔窗
眺望水色深藍遥見斷雲橫嶺巨浸接天入夜微陰熱
比初伏
初八日丁未晴明每日晨起飲熱牛乳一盂辰刻未刻
飲麪湯二盌巳刻申刻食有牛羊雞魚二盤麪包數塊
入夜食糕點少許飲食漸如平日矣
初九日戊申早陰巳初晴水黑色午後令人扶登船面
而坐四面汪洋杳無涯際清光逼人眉宇眼界為之一
空

初十日己酉晴水平如昨其色藍嘗思地球之上水居
五分之三水之所以停蓄而不洩者實賴地心之力小
而澗溪沼沚大而河漢江淮無不朝宗於海汪洋浩淼
不擇細流是海為百川之王故觀于海者難為水明今
繞行地球遍歷諸海舉古書所未載者皆親履而目覩
之設非
朝廷詔准通商安能杭一葦之舟而馳域外之觀哉今穩渡
重洋書此數語蓋幸之也
十一日庚戌晴平夜亥刻船行誤入海口往來沖突繞

卅七

數百里主客皆驚天明始出
十二日辛亥晴水平船穩天水一色辰初至亞丁住船
見山色如初只增房屋二三而已上下貨物裝運煤水
喧譁聒耳連宵達旦
十三日壬子晴辰正開船出口左右連峯雲烟圍繞遥
望水平如鏡一片光明入夜稍風船覺簸揚則同船女
客之能起者十無三四矣
十四日癸丑晴早船仍簸揚水色黑午後平穩入夜陰
涼

十五日甲寅晴涼早起狂風巨浪船遂簸揚午後稍平入夜仍搖而行甚疾蓋旁風加以帆力也憶明自丙寅泛槎後歷五海二洋所遇颶風巨浸駭人心目而船之搖蕩簸揚瀕於掩覆者不知凡幾十洲記云宴海無風而洪波百丈東方朔不我欺哉由今思之數年澤國履險如夷一則仰賴

聖主洪福二則

天后海神往來垂佑也

十六日乙卯晴船搖如昨午後見同船二洋人著棋其名未詳係一木盤方尺五縱橫八行每行八方黑白相間共計六十四方兩邊各十二木子色分黑白玩者各放白方之上子皆按步斜行如本子在第一方敵子在第二方則本子超進第三方敵子被其所獲若第四方又有敵子則本子再超進一方又獲敵子一枚敵子二枚相連者則不許超進子已進者不許退應復者不許放如此深入敵境至末位則命此子為勇將再加一本子于上則此子可以進退攻守要之以獲盡敵子或阻敵令其不能前進或本子盡抵敵境末位為勝入夜船

三十九

微穩

十七日丙辰晴風稍息水仍揚波現行印度洋近乎赤道溯自開闢以來未聞有結冰之事而慕容晃當日出征海為結冰或亦天使之然也再英法二國相距百餘里其近處四五十里因港狹山高易生風浪二國議造鐵棧以便火輪車往來迄未成功而三齊略言秦皇作石橋于海上未知真否

十八日丁巳晴風靜浪恬見英人賀樂持西貢新聞紙一張係英法文無漢字內有安南著名大夫詩一章語有可採姑譯其畧云堪憐世上人夢裡度光陰夭壽窮通判都關一點心既無登仙意營營求名利日夜逐紛華費盡三寸氣欺人人恆欺傷人亦傷已為人第一宜講求正直道德與仁義世風日下心不古事事皆思已有益心機耗盡不遑恤名利到手而已矣所謂人子孝親今有幾人臣忠君今有幾骨肉視如秦越人結納更難得知已同室有異心一片懷私意人不我軋我傾人千秋萬古伊胡底如此世界為人難難難難難又難既得杖頭有餘錢沽酒且學醉中仙尚可安常守分度

三十九

餘年
十九日戊午陰水平無波巳初細雨一陣廉纖如絲記
泰西賭具亦有牙牌共二十八張長一寸廣五分面象
牙背烏木相合而成點數分為兩截以銅帽釘釘之其
與中土同者如五六一三四四四六一六三三一五六
六一一以及七八九各點惟四五六各點皆上空下截
有數外有一六點上二下四一五點上一下四有上空
下截一點者曰星星有空面無點者曰空白賭者人數
不拘多寡先將牌面覆于几上任取一張視牌點幾何
數至某某為首張數均分上法與華土同以全上無餘
或餘數最少者為勝其輪上而點數不符者則不上亦
不扣乃呼曰去以便他人接上
二十日己未水平船穩早見黑雲突起片刻濃合四圍
俄而電掣雷鳴大雨如注海路難辨船主即令停輪午
刻微止船始開行入夜晴
二十一日庚申晴平巳初陰復大雨滂沱船主令緩船
行以避淜湃之勢逾刻雨勢稍殺而涼生焉遠山如滌
大地無塵心曠神怡別一世界矣傍午雨止有印度人

三十

辛存丹者來拜解英語談次出所著東西風土記以示
欽各國人情風景井井有條洵稱善本惟尊本國國王
以欽崇等字而稱他國亦用之明殊詫異詳詰其故辛
曰知君心地忠直敢進斯言之貌若甚戚者緣我邦
自古稱五印度為寰宇之一大佛國不意數十年來與
他邦交接時勢屢更至今五印度之能自主者只餘其
二而通國之皈依佛教者不過十分之四而已皆由人
心不古奸詭叢生以致國勢衰弱予本我國望族兄弟
職守率由文武兩途而進惟予不才思以異路藉博殊
榮以酬國恩于萬一不意自諳習洋務後漸被物議甚
至以外教目之予因感奮爰著是書以冀後人採取至
尊稱諸國與我邦無所區別亦勢所不得已也然本國
之閱是書者仍不無瑕疵然不如是又恐外人蠱惑以
啟疆域之患是以爾日詳細斟酌不禁躊躇再四也明
與悲惜者良久曰世逢既然難涉君何不隱于山谷而
以琴書自娛耶辛曰噫雖有是心奈家道亦貧耕漁又
非所業聊藉此以養生耳話間聞已摇鈴三次遂同去
晚酌入夜晴

三十一

二十二日辛酉陰涼卯初抵錫蘭住船巳初晴出艙眺望兩岸石壁削立如屏初經雨洗蒼翠宜人此地與赤道相近時令雖遷而候氣不易故青林翠竹冬夏碧綠盈畦惜明體弱弗克登岸一游而花樹叢叢香聞百里疑有反魂樹也入夜上下貨物灌水運煤人語喧譁徹夜不息

二十三日壬戌晴是日同船男女優伶上岸者五十餘名酉初開船出口順風記泰西另種圍棋名巳戛滿木盤黑質金花方尺六兩邊各十二等邊三角形各黑白

三十一

相間其尖角相對亦黑白相間每角由尖至底壘容四子兩邊由一至六爲內角內角尖相對在左坐者以右爲本界在右坐者以左爲本界二人各十五扁圓木子一純黑一純白各放二子於第一內角互放五子于第六內角互放三子于第八外角各放五子于第十二外角二人各一骰筒長二寸周三寸用二骰彼此續擲計其點數如二骰數不同者則幷其數爲所行之步數同者則倍其共數爲所行之步其所行之位從所移子之本位橫行本位係黑角則橫數黑角本位係白角則橫數白角或置于敵界之空位或置于敵界有子之位上置一子則本角敵子可動若置二子則本角敵子不可動其所行之步如擲兩箇二點倍之得八移一子則行八步移二子各行四步移四子各行二步移八子各行一步如擲一箇三點一箇五點幷之得八或移一子行八步或移二子一行三步一行五步不可各行四步並一行二步一行六步亦不可移行三子或四子餘可類推若數至應移之角已有五子不可再壘則回至本角不動不另移亦不另擲所貴先爲計算則無失矣其行

三十二

法總以子各歸本界內角爲準以全至內角而敵子尚有未盡歸者爲勝晚飧得食西瓜不大皮青肉黃味不甚甘而香

二十四日癸亥晴水平如鏡記泰西象棋名柴艾斯相傳由阿拉必亞國所造係木盤方尺五縱橫八行每界黑白相間子用木質或象牙圓面徑寸高寸五有黑白各半者亦有黃紅各半者共三十二子各一王一妃二教師二勇士二衛所八卒其王妃教師各以其所服之冠置于架上衛所形如塔勇士刻一馬頭亦置架上兵

則形如瓶以上俱係連子刻成其子以王爲尊逐步而行直斜上下左右皆可往來能獲敵人次爲妃其行亦直斜上下左右皆可惟不能獲勇士但所行之步遠近任意其權勢較大於王衛所爲妃之要地只許直行上下左右教師只許斜行不許還行俱遠近任意以上皆在白方者行白方在黑方者行黑方勇士四面斜行所行之方不論黑白兵則起首或一步或二步直行後則逐步而行其獲敵人左右皆可不許還行行至敵界末位可任封爲王爲妃暨教師勇士衛所皆可其權即與所封之位同其勝負與中土之象棋同入夜微風涼似孟秋

二十五日甲子晴暖船行甚穩水色深藍晨登艙樓眺望見汪洋浩渺水色連天因口占一聯云海角鱗雲疑是岸日邊蜃氣化爲樓申刻見正東風篷一隻係亦北行者

二十六日乙丑晴平聞二十二日在錫蘭接倫敦電信云有英國火輪船名甘那達大者于初七日辰初從蘇耳士開行逢中落後船主不喜抵紅海時令人添火催

二三四

輪改行捷徑抄出我舟之前不意誤走海上山頂即刻船斷覆水者不知其數可爲進銳者戒入夜微風海不揚波

二十七日丙寅晴水平無波其色深綠巳初見右邊大山長數百里懸崖削壁雲樹蒼茫以千里鏡窺之知巳抵蘇門達臘矣左一小山稍遠酉初一刻陰雲密布而涼

二十八日丁卯寅初晴卯正陰大雨巳刻止午後又雨申正止是日水色黑而極平入夜大霧迷漫海路難辨恐船誤行歧路啟鐵筌放蒸氣停行三次子初一刻微晴

二十九日戊辰晴卯初見東方一帶長山雖不高峻而林木葱蘢後有高峯連雲映日迷離掩映遠不可辨係暹羅國之南界也水極平其色藍黃巳刻遇北行風篷船二隻不甚大又見西面飄一木桨極大不知何人所遺者午後漸近西山有六七小島松柏成林查無人迹戌初一刻抵新嘉坡在海口外住船以待潮入夜微風而暖

二三五

九月

初一日己巳晴。寅正開船。未入口住船三次。因氣筒有損。以致船腹右肋不出餘水。卯刻引水人至。整理氣機始進口。辰初住船。天氣甚熱。午後乘車街遊十餘里。至華人街。在朱廣蘭肆內買點金楹帖二副。遂入新蓮香飯肆少坐。申初回船。入夜下貨畢。即移船口內。恐落潮故也。酉初大雨一陣。頗涼。

初二日庚午晴。早仍有許多貨客駕小舟登船。巳初開行。水色先黃後藍。平定無波。邇日涼風漸至。身覺清爽。耳目似亦効靈。始敢拄杖獨行。雖食西饌而華麨仍不欲撤。午後遥見海面飄青氊洋帽一頂。不知由何船被風吹落者。

初三日辛未陰。丑正雷電交作。大雨傾盆。海面翻浪。山頂凝雲。後因雨疾天海迷漫。主人恐對面來舟。令船緩行鳴哨。卯刻天晴。微有涼風。終日水平船穩。酉正復陰。入夜大雨一陣。

初四日壬申陰。辰初一刻見東面小山四座。甚遠。巳正大雨。午正晴。戌刻路近海口。見左右山頂建立燈樓。船遂停泊。明書楹帖二副以遺興。

三十六

初五日癸酉晴。早見月吐半珪照臨西北山。横遠黛隱見東南。丑正開船入口。寅初引水人至。查看水火一路左右密樹。海水澄清。天空雲淨。遥見二三漁舟而已。辰初一刻至西貢住船。後明駕小舟登岸。乘車往拜張沃生。抵其舊肆。據土人云。現移路北新樓。步行數武。遠見樓高四層。極廣大。屋宇皆如西式。造門拽鈴。而沃生出焉。延入之。會見伊戚友金鄭姜華六七人。彼此歡然道故語。次具饌而進。外備藥粥一盂。味甘香。其名未詳。據云。此粥羣藥修合。功能助氣養神。又云時屆季秋。早晚涼爽。正午酷熱。最易受瘟。況君新愈。更宜謹身。少緩須臾。候熱退涼生。再行可也。申初衆約同車遊二十餘里。沿途建造洋樓。道路寬坦。新種樹株一律新齊。治理一切。悉仿泰西。皆法人來此開闢者。夫以膏腴之壤。置若石田。甘役於人而不悔。不亦傎乎。不知耕耨。雖有三時之苦。而恆產可得九年之儲。土人苟返而思之。則野無曠土。國無游民矣。途次入一大園。其名未詳。花木叢雜。撲鼻芬芳。可愛者頗多。能識者少半。後有鐵栅木籠所

三十七

蓄虎鹿鷹隼以及各色鳥獸廿餘種。酉初歸，所備飲饌頗豐盛，惜明不能多食，畧爲染指而已。戌刻約看粤劇班，名悅新鳳，明固辭不獲。至則高張蓆棚，男女蟻聚。所演之劇，俗名湖廣調，雖係優孟衣冠，亦頗賞心悅目。聲音節奏與京班大同小異。門首有華人與土人數百，出售糕點、乾鮮果品、檳榔等物。丑初戲散，辭謝回船。時小雨。

初六日甲戌，晴。早張沃生來餞別，餽鮮檳榔二枝，椰子六箇。卯初開船，巳正出口，水平船穩。西面頻見長山，嶺嶺相銜，峯峯矗起。

初七日乙亥，晴。逆風大作，船爲簸揚，水色深藍。西面遠山高出雲表，直接天空，殊奇觀也。未正陰，水色黑，風息船穩。入夜大雨，亥初止。

初八日丙子，晴。浪雖減高，而風未少殺，故船行較慢。入夜極冷。見粤人由安南國來而卧于船面者，老幼計一百三十餘名。

初九日丁丑，晴平。因連日逆風，致水驛不克依限而行，計由昨日午正至今日午正，只行六百四十一里，餘六

二三八

百六十六里，約明日未刻可抵香港。若風變方向，易逆爲順，則辰刻亦可抵。

初十日戊寅，晴。卯初遥見遠近大小山峯無數，水色先藍後黄，甚平。巳初抵香港，進口停泊。見四面樓房以及華洋舟艇，增益於前，堪比金山。申初登法國公司輪船，名菊鋪蕾司，長三十餘丈，廣四丈餘，堅實快捷，洵水程之飛將軍也。

十一日己卯，陰晴不定，稍涼。辰初開船出口，見華人男女老幼篤大小風篷者數十隻。再同舟之西人漸少，只柏協理、金登幹、漢南、司北和四人皆曉華文，外有意大里、法郎西僧尼十二名。

十二日庚辰，晴涼。逆風又作，船爲簸揚，船首低昂，不時進水。晚過弟兄島，入閩浙界，一路見捕魚船百餘隻。酉初遇泰西風篷、火輪各一隻。

十三日辛巳，晴冷，逆風。巳刻遥見北面長山綿亘數十里，水色先青後黑。申初見南北二小山，其名未詳。又遇西行風篷一隻。

十四日壬午，晴，逆風，水微平，色深綠。巳刻遇西行風篷

二三九

一隻終日北面連山不絕如在面前令人應接不暇申
初水色變黃
十五日癸未陰辰初細雨一陣過分水洋水平無波色
黑黃屢易再左右時有小山起伏司事者小心查看設
法避石恐蹈危險逢遇中土風篷大小數十隻時旁風
作輪船亦挂風篷五箇以速其行午後緩行又遇泰西
風篷火輪六隻中土風篷大小無數酉正一刻至吳淞
口仰見海燈高懸遠接雲漢左右沙堤樹林叢密住船
後中土稅關輪船至將所寄各國書札什物携去客人
亦有同去者
十六日甲申晴辰初陰雨巳刻潮長船開未初潮退船
止申正又開酉刻至同孚碼頭傍岸戌初雨止時上海
令已備公廨遣人專候矣明乘肩輿行十餘里至東興
聖街宿于京江棧天甚凉
十七日乙酉晴午刻明拜會涂朗軒觀察宗瀛朱桐崗
大令鳳梯及孫硯農文田狄妥瑪柏協理諸位時海關
岸邊安設木棚羅列几案一切陳設頗華麗因英國世
子由中華回國道出於滬故備此以待之入夜儆裝天

四十

陰稍冷
十八日丙戌陰涂朗軒諸位答拜午初乘肩輿至海關
駕杉板行三四里登南潯輪船係丙寅冬由滬北上乘
過者未初晴英國世子至海關放礮以迎之晚皓月當
空水天一色見各國船桅皆挂花旂計三十餘種中土
海關與船隻前挂一旗綠色長方中界白十字後挂花
旗廿餘方以爲識
十九日丁亥陰晴不定卯初一刻開船出口旁風甚大
過風篷三隻皆亦北行者終日微波水色淡黃入夜細
雨一陣
二十日戊子晴平水色深藍辰正至黑水洋逆風船微
搖蕩未初一刻遇風篷六隻申正遙見西面一小山綠
樹葱蘢
二十一日己丑晴辰初至烟台進口住船上下貨物所
見華洋樓房船隻亦覺增益於前聞有二輪船一名九
江一名滿洲皆于十六日由滬開輪今早始到不知因
何而慢也巳正本船裝卸畢即開行出口水平色葱綠
申初超過九江滿洲二船其行愈疾蓋英國輪船喜速

四十一

行每多遇險而法郎西合眾二國輪船雖慢行永不遇
險
二十二日庚寅晴寅刻入大沽口午正抵天津至紫竹
林住船申初駕小舟至北浮橋宿于宏盛店亥初柏協
理回京
二十三日辛卯晴明因病久未整容至此始行薙髮辰
初往謁崇地山
宮保隨派委員隋青選字采廷代覓車輛去此拜會劉彥山
大令傑未初皆答拜
二十四日壬辰晴早起束裝午初一刻登車起程申初
至浦口早尖酉正宿于楊村冷甚
二十五日癸巳陰晴不定寅正起程巳刻至河西務早
尖午刻風大起塵沙蔽目酉正宿于張家灣入夜風止
頗涼
二十六日甲午晴寅初起程辰刻至于家衛早尖午正
進廣渠門入崇文門抵家父子兄弟相見悲喜交加回
憶海國再遊如一夢耳

卷六終

同治十二年仲春

三述奇

扎拉豐阿署

同治癸酉年錄

序

古之使絕域者漢有張騫班勇班書記
西域諸國風土人俗本於博望范書記
建武以後異於先者本於宜僚我
朝幅幀遼廣逈越前代兩漢使臣繩行沙
度而間一至者今皆隸我版圖如哈密
為伊吾地伊犁為烏孫地闢展為車
師地庫車為龜茲地葉爾羌和闐
為于闐地哈薩克為康居地因不置
侯尉設驛傳襟帶相聯區寓合一
于是通所不通而泰西人五大洲之
說興焉五大洲者曰亞細亞曰歐羅

一

巴曰阿斐利加曰阿美里加曰澳大利
亞地圓如球五洲傅于球面水居十
之六土居十之四海舶堅實不畏風
濤可以環行球面同治丁卯冬穀與志
參贊剛奉
命往泰西各國周歷重洋備嘗險阻至
庚午冬回京時張君在初以繙譯官
隨行先是張君隨斌正郎椿往其
後隨崇侍郎厚往三至外洋凡所
聞見山川風土語言文字下及艸
木鳥獸蟲魚之細悉筆諸書而
詳記之命曰三述奇是亦今之

二

博望宜僚也
國家聲教所訖廓而愈遠從古不
通中國之域皆玉帛結好一介往
來如在庭户而伏居里巷者每少
見多怪而非笑之觳嘗讀揚雄甘
泉賦云漂龍淵而還九垠兮窺
地底而上回張衡思元賦云追荒忽
於地底兮軼無形而上浮子雲平子
博綜古今言足徵信乃知地圓如
球舟市可行者非南懷仁輩之
創論非特中國域於淺近囿才博
學如揚張者世不一生迺失真

三

傳耳世之言智巧者以西人為巨
擘和議既成氣機火輪之製中華
得習其法然史言張衡造候風地
動儀隴西地震京師應之若合符
節西人未之能也後之人豈不如
古精而思之格物制器將有遠勝
於彼者奇云乎哉

花翎二品頂戴湖北荊宜施道

友生孫家穀序

四

三述奇敘

地輿之廣非航海莫窮其極惟古今来稱遠游者雖漢之張騫唐之元奘亦祗遊印度而止周流九州外往返數萬里稱

天使而徧歷于外洋者幾人哉

彝於同治丙寅歲奉

命遣歷泰西遊十萬里閱十五國舉風土人情山川事蹟莫不獲目覩而心識之亦彝所遇之奇也然奇而尚不為奇者所謂四大洲猶未盡其界焉丁卯歲復隨使歐羅巴及阿美里加等洲足跡幾周環地一帀尤非彝意之所期亦誠古今所僅有是不更奇乎然奇而愈奇者旋國都甫一歲又蒙三口通商大臣宮

保崇
奏隨出使海圖邦國覽既盡而考之詳溯自庚午至壬申計時十七逾月計地十餘萬里履險若夷閱三返而歸帆無恙自問之自奇詢之人亦咸以為奇既有此奇不即其奇而誌之斯世或未盡知其奇也不擇其奇而述之後世或未傳其奇也彝更即此次日見日聞胥書之顏曰三次述奇非以矜奇正以述實識者其知錄之非奇而誠奇歟

同治十二年歲次癸酉春
張德彝在初氏序於養
心堂

三述奇凡例

一海邦政俗近年諸星使著作如林久已膾炙人口余則不過竊其緒餘而已

一是書本紀外洋風土人情故所叙瑣事不嫌累牘連篇至於各國政事得失自有西士譯書可考

一是書原係逐日登記藉驅睡魔其文俚而不雅難免有道之譏閱者諒之

一所紀天文度數山川遠近里數不無訛錯然行人持此而往或不迷於所向也

一錄各國往事以及製造之創始雖用西厤紀年而仍附以中厤者以便閱者考查也

一海外地名以‖識之人名官名物名以｜識之其還音雖本瀛寰志畧各書仍有不甚吻合之處聊以得其彷彿云爾至中華之地名人名官名物名則不復識別

一歷次出洋雖辱承譯事而一切密勿關而不書亦金人緘口之意也

一

一前二次筆所述及者概不登入以免重複

一昔宋洪邁成容齋隨筆後有續筆三筆四筆五筆張端義貴耳集有二集三集古人編纂與時俱積原不必統隨一式余三次出差各就見聞筆錄故以述奇再述三述而名之

一所載有見聞不確失其事實者尚望　高明正之

二

三述奇目錄

一

二

三述奇卷一

鐵嶺張德彝在初隨筆

貴　榮竹坪校閱

大清同治九年庚午因天津教民起衅法國駐津領事官豐大業者性暴未諳民俗致于五月二十三日聚衆爭毆釀成焚殺巨案經曾侯相察明辦妥為撫卹六月初一日奉

旨派頭品頂戴雙眼花翎　太子少保三口通商大臣兵部左侍郎崇厚往法國遞

國書以固友誼遂于是月初六日

奏請隨帶員弁揀有現任花翎三品銜廣東候補道直隸任邱高從望引之三品銜直隸候補同知廣東嘉應黄惠廉道崇花翎四品銜兵部候補員外郎鑲黄旗漢軍張德彝在初名德明五品銜候補光祿寺署正醫官浙江德清俞奎文暢畲藍翎五品銜升用通判候選縣丞直隸天津王文彬竹軒花翎副將銜直隸候補遊擊天津鄭明惪子善藍翎都司銜直隸候補守備張錦隆雲波五品銜直隸候補千總外委劉國樑輔臣等八月間又經

一

總理各國事務衙門代

奏隨帶員外郎銜候選主事同文館法文八品官鑲黄旗漢軍慶常藹堂粤海關副稅務司英人薄郎法文繙譯官法人毀伯爾與那威勇等當奉

硃批知道了欽此彝聞

命後即日治裝九月間戚友祖餞日無暇晷至十月初二日甲午晴午正登車道出朝陽門行二十里至通州界之定福莊謁見崇星使暨同行諸友

初三日乙未微雨寅初起程稍涼行三十里至張家灣午初雨止又行三十五里至安平鎮宿入夜大雨

初四日丙申仍雨辰初起程行二十五里至河西務又行五十五里至楊村宿中伙過武清縣界之蔡村

初五日丁酉陰辰初起程行二十五里至浦口午後晴遇姚存仁遊戎懷德飯畢坐談少頃知星使昨住蔡村又行三十五里未初抵津入西門出南門復南行五六里至海光寺殿樓高大庭院清涼左院為製造機器總局烟筒高迥一如外邦鐵廠黑烟直吐頗有上海之風門外橫額一曰善其事一曰利其器所儲機器暨所造

二

礮位與他處同、前院碑亭有
御製閱武詩二、其一詩曰、
重鎮海疆守令來況始過因之規素習可悅不揚波結
隊明組練伸行列鸛鵝巡方應詰武行賞意猶多
乾隆丁亥暮春上澣御筆
巡方之所重詰武及修文昨已試諸士今應閱眾軍熊
羆分列隊鵝雁聚成羣原可百年偃休疎一日勤酬勞
略行賞合度亦堪欣敢曰潮氛靖戒安意正殷
戊申仲春下澣御筆
讀戒安意正殷句、欽惟我
純皇帝當日垂念海防、抑何鄭重、由京至此、沿途村鎮、皆有馬
步兵隊迎接、入夜晴、
初六日戊戌晴、未初星使到、文武官數十員、帶洋槍馬
步兵列隊前導、隊有黃緞大纛、繡一崇字、并紅綢萬名
傘四字旗牌匾額等、樂聲盈耳、礮響震天、同眾謁見、尋
馬松圃大尹、繩武宗澄川明府、淵涇董鐵帆恆麟慶心
泉志暨二次出差之左協理英人柏卓安來拜、
初七日己亥、早風雨大作、微涼、有德景融都護、椿斌承

權、衡及徐青波邦彥來拜、皆製造局中執事者、午後往
謁制軍李伯相、鴻章署理三口通商大臣成竹坪、林又
拜俄總領事孔琪庭、合眾領事密妥士、津海關稅務司
漢南暨殷伯爾那威勇、與法國公使羅淑亞差與同行
之繙譯官法人德威理亞、入夜雨止、甚涼、
初八日庚子、陰、仍風、早起料理行裝、巳刻高引之之弟
高濟之、從夔鄭子善之兄鄭天申、明保郝晴川、慶瀾及
連達齋與陸秀岩恩同來拜、午正各處答拜、晚、俞惕盦
以其尊翁信見示、內云看崇星使暨諸友是何光景、見
樣學樣可也、一切請教星使指示遵行、萬無一失、有疑
即問、最為佳妙、古人不恥下問、大有道理、萬不可以問
為恥也、得暇即看所與之書、不可光陰虛度、至于一切
遵曲禮首句毋不敬、則心有把握、外誘不能動搖、攸往
咸宜矣、切切、表記中君子莊敬日強、安肆日偷、宜時時
玩之、再與同行諸公、只可以品級論、不可以年齒論等
語、夫惕盦年逾知命、尚須以是為戒、彝年甫二十有四、
不更當以此自勵耶、憶叩別慈顏、曾蒙庭訓、今見此語、
尤宜終身佩之、當將嚴諭一併錄諸座右、以為隨時自

惕云、
初九日辛丑陰、巳初、德威理亞及密妥士孔琪庭等來
拜、午正、乘車東行六七里、至河岸、登南潯輪船、乃前同
治五年回棹時所乘者、查看艙房、點驗行李、申初、高引
之約在新稅局晚餐、同坐有馬松圃、郝晴川暨高濟之、
同船得見總署研友汪芝房鳳藻汪阜人遠焜皆乞假
旋里完姻者、
初十日壬寅、早大霧、卯正晴、船桅懸黃質紅邊白鶴大
旗、辰初、星使登舟、百官送行、有洋槍馬步隊、暨礮營與
五
練勇千餘名、號衣一律、軍器整齊、皆聲礮舉槍、鼓吹跪
送、十分威肅、未初一刻開船、後隨中華小輪舟一隻名
曰飛電、慶心泉立于其上、係爲帶回官弁者、行至白塘
口、有兵數名、伏于礮臺、三礮而起、申初過雙港汎、亦有
兵數名、跪于河岸、酉初、因潮退水淺、遂泊于葛沽北三
十餘里、入夜風凉、
十一日癸卯晴、卯初開船、過葛沽與新城、皆有步兵跪
送、巳正至大沽口住船、百官拜别、乃易飛電而歸、後南
潯展輪、出口、見左右礮臺雄固異常、不亞二崤虎口、九
折羊腸、洵爲
皇畿之襟帶也、有兵舉旗升礮、跪而相送、約行五六十里、則
狂風大作、波浪掀天、奚我華人之暈而吐者、十居八九、
而西人亦有半焉、
十二日甲辰、微晴、終日大風勁厲、船行甚艱、顛簸搖蕩、
船主照料無暇晷、入夜尤甚、
十三日乙巳晴、早起稍穩、見船面前半木闌、竟被海水
打壞二丈餘、辰刻抵烟臺住船、距南潯一失之地、有輪
船名滿洲者、上插龍旗、想即志孫星使由法邦回棹至
六
此也、乃奉崇星使命、駕小舟往謁、得見志孫兩星使、暨
前次同事之鳳夔九聯春卿桂冬卿鄒秋帆諸人、未初
大雨、申正止、仍陰、
十四日丙午、陰冷、因風浪猶大而未開、申初滿洲輪船
移往之罘山下避風、晚見水面飄有玻璃酒瓶二三、因
而數十白鷗往來飛逐、趣甚、入夜風狂浪湧、更甚於前、
雖在口內、而船之搖蕩與在海面同、
十五日丁未晴、午正展輪東北行七八里、至之罘山下
停泊、仍距滿洲船不遠、未刻陰、申初有滿洲輪船船主

司悌廉邀本船船主德樂夫妻晚酌、彝思可與同往、再見志孫雨星使及諸友、遂駕小舟同往、斯時風平浪靜、皓月當空、登滿洲船、見志孫雨星使、坐談片時、又見鳳夔九等、計別以來甫經周歲、真有一日三秋之感焉、值西人飯畢、德樂之妻鼓琴、司悌廉彈歌長曲、曲曰妻令鑾朱、譯英言即搖蕩滿洲船也、歌罷、眾皆擊掌稱妙、復以手帕紙牌變化戲法、彼此樂甚、亥正風起、歸時搖蕩異常、波激如雨、

十六日戊申、天晴風息、水平如油、辰初、船歸前泊處、接見殷伯爾、那威勇與德威理亞、因前于十三日往船後、即登岸宿于東海關也、巳初、滿洲、恰便二輪船開往天津、巳正一刻、南濤船開出口、水淺綠色、未正過青山頭、至黑水洋、順風穩速、申初遇山西輪船、與洋風篷船一隻由上洋來、又一中土風篷南去者、入夜風起、船搖、隔窗視月、如輪飛騰上下、忽而觸水、忽而登雲、可望而不可即也、

十七日己酉、晴平、早見東方紅日初升、西面黑、雨下落、陰晴各半、所謂天有不測風雲也、彝初雨、次乘舟由津

七

至滬、皆先平而後搖、此次則先搖而後平、是海水之平險不可以一次為定、實因潮汐更變、非人所能預知、然問諸中外各人、僉謂鮮有見黑水洋之平坦如今日者、此皆仰賴

皇上洪福、海神効順之所致也、而由大沽口至烟臺、又何如是之浪大風狂、詳思其故、凡事能先險後夷、未始非天試所遇、以示警也、巳初、陰細雨、早飯、得飲義大利國酒、名阿斯堤者、其色白、味如三鞭酒、力稍大、午正晴暖、俞惕盦攜字紙灰一囊、並其太夫人生前親書金剛經四部、前三日、每值風浪大時、輒投諸海內一部、盥手叩頭、暗禱苦海超度羣生、上天有知、必昇其母于仙境、諒至誠必有以感格也、過黑水洋口占一絕曰、萬里無涯黑水洋、陰雲四合日無光、而今識得穹蒼意、人事渾如大海茫、未初一刻入青水洋、

十八日庚戌、晴、子初入黃水洋、極平、寅正見西方一片島嶼、色絢五彩、忽而高者短、忽而狹者寬、忽而有若無、忽而實若虛、蓋晨光所照之雲、非真山峰也、辰初見佘山獨立、距上洋約二百一二十里、巳初一刻抵黃浦江

八

口、有標杆船、又數十家雀隨船而飛、毫不畏人、中外夾
板輪船百餘、一望如林、午正入口、未初泊于金利源碼
頭、又名瓊記碼頭、申初下船、乘肩輿行十七八里、至大
東門外十六鋪、密竹街、浙江海運總局宿、樓房高敞、牆
壁整齊、酉刻接見周琳粟觀察、家勲陳寶蕖司馬、福勲
黃石甫、達權及江海關稅務司狄妥瑪與同事之英人
簿郎等、因行李卸于江海關、遂乘肩輿前往查收、亥正
回寓、
十九日辛亥晴、早涂朗軒觀察、宗瀛朱梧岡大令、鳳梯

九

及郭慕徐司馬階來拜、午初二刻、復往江海關查點行
李、後隨星使往拜狄稅務司暨英法俄美德墨六國領
事官、酉初回寓、戌初周琳粟邀往洋涇浜金桂茶園觀
劇、因公私繁冗、辭而未往、是日見客廳挂永康應敏齋
方伯寶時所書楹帖云、下情易隔、勿信胥差而疑百姓、
君恩難報、莫重身家而輕閭閻、其旁跋云、此東阿周文
忠任阜陽時所題廳事楹聯也、書語可為天下州縣說
法、對語則自督撫以至州縣、無人不應日復斯言、使心
有主宰、庶以公滅私、不至有所瞻循耳、爰倩莫君友芝
書勒於石、時同治己巳長夏、云云、
二十日壬子晴、早孫星使稼生、家穀之弟棐生、家篤黃
道崇之弟岳川、鉞及葉參戎炘來拜、後街遊見十六鋪
一帶、街道寬敞、路逢整潔、鋪戶繁雜、行人擁擠、午初進
城答拜觀察涂朗軒、大令朱梧岡、繼往大馬路洋涇浜
理事公廨拜陳寶蕖、回陽里拜周琳粟、西畫錦里拜孫
硯農、文田老北門內蟻馬術拜黃岳川、船木捐局拜孫
棐生、香港路拜狄妥瑪暨他文武各官、
二十一日癸丑晴、早孫硯農高懋昇來拜、申初黃岳川

十

與孫硯農約飯、皆辭而未往、惟陳寶蕖邀飯、固辭不得、
遂于申正乘肩輿赴洋涇浜理事公廨、同坐有孫硯農
董味青、念芬暨其猶子陳臧伯、衍林戌刻回寓、沿路見
洋人亦有扁乘二把手車者、近日在此得食金橘、青果、
閩薑、冬筍、烘青豆、鱘魚、羊尾等物、味皆甘美、每夜尚聞
蟋蟀唧唧、本應在堂、今多居壁、蚊聲雖不成雷、尚在簷
下飛舞成羣、足見時在孟冬而仍暖、似中秋也、亥刻陰、
入夜束裝、
二十二日甲寅陰、未初乘小轎行十餘里、至敦裕碼頭、

改駕三板、行約半里、登法國公司輪船、名高達威烈者、長二十六丈、寬約四丈、其整潔與他船同、船主達時拉年約五旬、語氣溫和、時有涂朗軒觀察、陳寶蕖司馬、暨朱梧岡大令諸公送行、酉初孫硯農約在新新樓晚餐、同坐有陳臧伯董味青朱晝三恩錫、皆硯農友也、亥初一刻回船、晴、

二十三日乙卯晴、巳正謝隱莊剌史鵬飛來拜、午後駕小舟登岸、獨步至江海關、與狄妥瑪少敘、後邀孫硯農入城一遊、樓房整潔、路徑平坦、末至新北門與小東門之間、邑廟東轅門外、轉角朝南、復興樓小食、惟麪包味極佳、皮薄如紙、餡細如泥、回船後周琳巢黃岳川英美二國領事官狄妥瑪及幫辦稅務司辛盛上船送行、酉刻黃道崇簿郎殷伯爾那威勇暨德威理亞登舟、周琳巢言回時路過浙江、必到其家一敘、為妙、因其告病回籍也、晚見江岸煤氣燈密列成行、映于水面、如珊瑚大柱撐于水晶之中、可觀之至、

十一

二十四日丙辰晴、早挂

大清黃龍旗于桅頂、舒卷飄揚、飛空蔽日、丑正開船、卯初出口、見前後左右、中外風篷、絡繹不絕、如送如迎、辰初風起浪湧、客人臥而嘔者十人、已居其半焉、彝與俞惕盦同艙、有本船洋僕艾魯者、知惕盦為名醫、乃求治癧瘡、惕盦給與一掃光一裹、令彝告其敷法、彼遂欣然而去、入夜陰、

二十五日丁巳陰、水黑色、浪大船搖、有時二艙之間、見水如雨、此船新造、內外堅固、雖狂風巨浪、亦無患也、巳初晴、午後見二等客艙前有二洋人、在彼歌唱、因船蕩頭暈、藉此以醫心悸、乃甫歌半曲、眾人皆出圍坐而聽、再歌一曲、雖嘔吐、亦覺舒暢、欲歌、此誠解暈之良法、彝雖不嫻謳曲、而聆於耳者、殊覺快于心也、入夜已過臺灣矣、

十二

二十六日戊午、晴暖、自過閩浙後、終日只著單袷、午後過潮州、稍平、見船後新貼一告白云、啟者、本公司輪船、今已改設新章、專用中國人買辦、在船上提點上落往返貨物、及照應往來搭客、凡飯食茶水、週全、儻諸尊賜顧、定必優意相待、或船上人等、有不妥善者、請對買辦說明、向船主告訴、定然理妥、斷不貽悞也、謹此布聞、一

議貴客光顧在船如吸食洋烟者晚上限定至九點半鐘爲止俱要熄滅燈火以免不虞一議貴客往來不得攜帶火藥硝磺等件此乃引火之物以杜疎虞況有干例禁之件俾得彼此相安也一議凡我船上人等須要勤守職事毋許非禮及勒索等弊必要照應客人妥當以盡賓主之誼同治九年九月初一日大法輪船公司主人謹啟以此足見我華人吸鴉片者多官欲禁止無法若洋船按西規定不准吸則載客必少只運貨物而已入夜熱船復簸揚華人有簫歌者洋人見而喜之竟

圭

有身披羊皮作白熊狀爬出者有頂皮帽插雞翎而跳出作飛鳥狀者彼此歌舞更有南康者著中土衣帽眼鏡吸烟喫茶叩頭作揖故作華人款式又將水烟一塊捻入口内人皆稱奇伊言甜甚連日順風酉刻見右面峯巒重疊如列屏幃已入粵省界矣記由昨午至今午行八百九十里餘六百三十里約詰朝卯辰之間可抵香港矣

二十七日己未晴平水綠色卯正一刻至香港入口過九龍峪山青水碧船集如蟻辰正泊船檢點行李午初下船駕三板行半里許登岸步至大鐘樓前路西英人開設之香港店宿店廣闊潔淨樓高四層一切陳設器皿與泰西同未初隨星使乘碧竹肩輿登山往拜駐劄香港英國總督懷達翡有英國千總一員黑面纏頭兵六名佩劍擧槍以護又有差役一名巡街兵八名往來攔阻行人皆係懷總督派來者繞山行十餘里峯巒四合圍如大環蒼松翠竹異草奇花左右闌杆路途平坦樓房點綴清雅可觀總督年約六旬言語温和坐談片刻而歸

古

二十八日庚申晴熱窗外石闌添設紅白洋花數盆頻見蜻蜓蝴蝶上下飛舞又有黄鸝家雀左右交鳴真乃花香鳥語紅紫芬芳不亞北京夏初之景也登樓四望臺榭參差傍麓依山樹林蔭翳較上洋又别有洞天焉是日爲天主耶穌兩教禮拜之期自晨至午堂内鐘鳴四應街市車馬往來疾馳如飛午後有葡萄牙國領事官勒樂德日斯巴尼亞國歐爾地午法郎西國狄隆來拜星使皆送至大門拱手而别每日懷總督派二役聽差一名賴力一名李赤迺

二十九日辛酉晴、早同俞惕盦由店左皇后大道、步行里許、至中環市東街、繞至市西街、居廛皆市食品、屋宇整齊、後至市中街北首新廣隆果局、筐簏羅列、諸品俱全、買荸薺波羅密各少許、探囊偶出當十錢一文、彼見甚愛、遂與之、彼欲不索果價、彝言贈之、彼喜謝、又欲還送板荔一包、橙柚四枚、彝辭而未納、歸寓、與英國千總額爾德坐談片時、知其人曾駐北京二載、頗能華語、午後有俄國領事官王、卧北德國艾木貝及美國郭拉定來拜、申初同慶靄堂步至大丹利街、威靈頓街、大興隆

十五

街、德吉拉街、一遊、路途平淨、市廛繁列、皆係華洋人開設者、後在蘭桂坊楊蘭記茶社少憩、詢張霈霖之叔張秀之耗、始知在上環定安昌鋪內、距此數里、因路遥未去、乃入對面榮華里、步石梯而上、擬至山頂一觀、不料行百步外、竟入人院、矣遂急回、由嘉賢街入閣麐街、自大鐘樓左歸寓、

三十日壬戌晴、早在機利文新街、義昌鋪中、薙髮所用一西洋刀、一福建刀、一長二寸五分、寬六分、一長三寸、寬如韭葉、皆活骨柄、甚銛利、對面有呂祖大仙樓上懸佛心勝手一匾、係粵人獻挂者、又各鋪門首貼一黃帖、云九龍宋王臺重修、譚公仙聖古廟喜助工金若干、以此足見釋道二教當遍行天下也、後步至同文新街與永安街、有賣鮮花者、羅列晚香玉、雞冠花、金菊、玫瑰、紫龍、蘇鳳尾球等、乃買五色菊花與芙蓉各一握、回寓、供養瓶中、香透窗外、巳正有德國艾森莊克虜樸礮廠之夥計派利來謁星使、言彼携有名槍六桿、配帶鉛丸、欲獻中國、不知可直送北京否、星使告以俟回棹時、稔知的係利器、必函知貴國領事再為照顧、彼云伊有通事

十六

何植桂者、能英法日耳曼語、欲譯該局造槍礮各書、送呈中華、星使對以甚好、乃去、未刻往拜美墨二國領事官、未遇、順至山頂公花園、園不甚大、而奇花異草甚夥、所識者、花有梅、菊、葵、藤、茉莉、海棠、木槿、牡丹、剪春羅、大紅花、樹有松、柏、榕、鐵、翠、萼、金英、清淑可賞、回寓少息、復同那威勇拜德國領事官、坐有商人派利、談次派利出克虜樸之造礮廠圖、樓房密列、烟筒百十叢立于中、頗大於前丙寅年遊歷所見者、記前同船二等艙中一法人、年約四旬、頗與慶靄堂云、彼來中土謀生未遂、今欲

回國、雖有領事官執照、不費船資、然至此捨舟登岸、必
有資斧方可生還、否則求
欽差大人以我為僕云云、彝乃同眾共給洋圓數枚、乃去、曾
問其何不往求本國之人、或者俯念桑梓之誼、伊云曾
經遍求上海西人、而與者十無一二、噫、可慨已、本地男
女多赤足、頭頂草帽、似因天熱路平之故耳、晚接粵海
關稅務司包臘函云、今午攜其妻來此、賀其友柯立坦
弄璋之喜、遂乘碧竹敞轎、先至皇后大道斑鳥公司、據
云東家早回、包臘亦未來此、又行三里許、至山頭堅道
七
地方、抵柯立坦家、見其妻與包臘夫婦、皆甚喜、彼此問
訊、歡若平生、且云前在倫敦水晶宮所見之陶木森、亦
在此、遂邀見、談至戌初而歸、一路山頂下望、天色黑暗、
只見燈光羣星燦爛、上下皆天、入夜檢點行李、其不急
需者、儲于寓所、留劉國樑在此典守、聞土人呼英法俄
美四邦外者曰雜港、呼領事官曰港臣、未詳何義、亥刻
陰雲密布、而欲雨、
又十月
初一日癸亥、細雨、卯正起程、乘肩輿隨星使行里許、至

中環瑪頭、登明輪船、名九江者、長一十七丈、寬三丈餘、
辰初一刻展輪、逆風微波、水碧色、江不甚寬、左右連山
不斷、烟遮雲蔽、掩映迷離、辰正二刻至急水門、有小屋
數椽、上樹黃旗紅字、係奉
旨洋藥抽釐、午正晴、過虎門口、左右有四礮臺、甚堅固、後遇
由省而來之雙烟筒明輪船、名金山者、稍小於此、過此
水色土黃、蓋入黃浦江矣、稻隴綿亙、白沙成行、烟雲稠
密、松柏叢雜、未刻復雨、同船有南印度孟買之商人十
餘名、皆灰面烏鬚、有剃禿者、有剪髮者、咸著泰西衣履、
六
頭頂花油布帽、其色白紫、形如筆筒、高約六寸、有細黃
油布、如倭瓜形者、有紅黃黑三色、花蓆如盔形者、皆能
華英語、有名裴當智者、年約三旬、自言來由印度、終年
販賣鴉片棉花綢緞等物、詢其教、則曰鄰歐拉斯達蘭、
乃拜日月五星者也、據西人云、其教已滅百餘年矣、詢
其國語、問好曰戛比池歐、再見曰薩艾布吉唯、曰哈丕、
曰內、我不知曰內章達、我知曰吾章努馳、老爺曰薩塔、
我曰吾、你曰得美、他曰迭、係曰且、倭中國曰吉吶、其字
皆橫寫曲彎、令其寫大老爺、則如 mDmDD. 午後過

蓮花山上矗白塔頗高下有香蕉橙橘榕楚桃李各樹叢生青翠無際又一山頂建波羅廟供奉洪聖大皇層巖戶外巑岈開蓮乃羊城八景之一也一路中土風篷無數過此則帆渡煙江石頭河頭老龍大紅三板滿江紅等船鷁首鴨頭檣帆羅列左山上一白塔名把洲者距地百丈捧日凌雲又左右丈塔兩兩高皆丈餘因地勢而設以助文學之意也再遠望觀雲山後北雲山螺青黛綠如畫如屏申初抵沙面地方火船碼頭停泊見洋船二三小舟蟻集男女擁擠亦多赤足者岸上中外

十九

房屋鱗比惟有數樓如整如城高逾三丈詢之乃典質庫也時有左營兵勇列岸後撤龍旗改登江船頗華麗有三額顏曰留花舫曰悟是靈臺曰君平妙蘊聯係誦離騷飲美酒褰屐六朝誇絕代臨清風對朗月詩書千載悟奇緣茶畢折回四五里至天字碼頭乘官轎由倉前街入外城永清門內城正南門過雙門底藩司衙門禺山書院都城隍廟尋至倉邊街之釐捐局沿途兵勇執事放礮鳴鑼護送按其地原係鑄錢局樓房寬敞院宇淨潔燈燭燦爛花樹盈畦一切皆經委員多與三司

馬齡與陳琪山別駕嵩壽預備孫省齋方伯觀鍾雲卿都轉謙鈞貴晉廷觀察珊文樹臣觀察星瑞齊仲炎觀察世熙杜蘭畦觀察學禮梁山谷太守彩麟賡元甫大令颺潘鏡如別駕露劉燿齋貳尹光炳來拜由香港至羊城計水程二百八十餘里

初二日甲子晴辰正陰巳初制軍瑞澄泉相國麟來拜巳正星使令持名刺代拜副稅務司暨英法葡萄牙美德日斯巴尼亞各國領事官出倉邊街走府學東街出歸德門走仰忠街濠畔街天成街太平新街出外城太

二十

平門走估衣街出聯興街口至河畔佛山渡頭入粵海關拜羽骨遇那威勇及徐蘭農少坐復至沙面拜英國羅伯遜法國達伯理去此由元壇廟前過海碼頭登舟至對岸洲頭口拜美國富文德國協子祿日斯巴尼亞國庇秩繼赴鰲洲拜葡萄牙國韋拉牛瓦乃旋走靖遠街縈欄街觀蓮街清風橋淘沙巡等處回寓知殷伯爾包臘投刺來拜是地蚊多且大有種薰蚊香係以鋸末硫黃等物造者味不甚佳雖有帳幔亦必用香方可避其嚙

初三日乙丑晴、早長仙渠司馬、豐奎星甫司馬、成周雲圃大尹、毓桂楊春霖大令、先榮劉雨臣明府、兆霖柳子謙大令、應喬段振軒郡侯、錫林葉穆如明府、大同陶韻生大令、鑾投刺來拜、亦有面晤者、午後蓀芝岑廉訪、亨崇受之榷使、禮孫省齋方伯、觀等前後來拜、入夜蟋蟀爭鳴、通宵不息、

初四日丙寅晴、巳刻英美領事官暨副稅務司來拜、留酌、酉初、往惠愛八約遊、見有官家由東門外送殯回靈者、係前導官牌十餘對、鼓手十六名、後則翠轎翠亭十餘、每座中有菜果一桌、有豬羊一隻者、有放磬一木魚一者、小童鼓手六班、衣裝今古不一、鮮明整齊、吹笛擊鏡、及小鼓小鑼喇叭簫鐘等、又持檀香鑪幼童三對、僧道各十二名、孝服奴僕數名、孝子三名、末一翠亭中懸官像、年逾古稀、神清氣爽、後隨衣冠者二十餘人、回寓、知殷伯爾那威勇來拜、

初五日丁卯晴、早薄郎德威理亞及徐蘭農來拜、是日熱甚、只著單衫而已、至晚始微風習習、而蚊雷大作矣、入夜陰、

圭

初六日戊辰、細雨、辰正接瑞相國崇榷使邀帖、訂於初九日辰刻召飲、遂即具帖恭辭、巳初往謁瑞相國暨司道府縣、未初隨星使往拜英美領事官及副稅務司、皆升礟設筵以接、所乘江船名恆順者、內橫二匾、一依翠偎紅、一花香月大、對聯二付、一千頃波瀾黃叔度、半船書畫米襄陽、一品格情和信是光風朗月、暢懷清茂恍如修竹崇蘭、回寓、接潘鏡如邀帖、訂于初八日申刻在大巷口煙滸樓潔樽候敘、辭謝、尋瑞相國崇榷使答拜、劉望三大令光遠來拜、

初七日己巳、晴熱、早接多與三陳琪山邀帖、亦約初八日飲于煙滸樓、乃書心領辭之、幷繳其柬、記粵東省城內八門、東曰大東門、西曰正西門、北曰大北門、小北門、南曰正南門、文明門、歸德門、定海門、俗呼小南門、外八門、左曰小東門、永興門、俗呼便門、右曰太平門、竹欄門、中曰油欄門、靖海門、五仙門、永清門、外城又曰新城、內城北墻橫于觀音山、無門、通城閭巷千百、不甚寬闊、鋪戶密列、多如北京、路皆長石、直墁而滑、鎮日人民擁擠、男女老幼多赤足者、城內甎房、步樓細而高、各門外有

圭

柵欄四扇入門即屋有院者少即有亦小富戶楣橫一石上鑿四字如九疇書室景山書室等對聯甚寬皆四五言上黏挂錢五張係紅紙鑿孔者門皆貼何堂何處某寓官貼某公館沿途多有中廁外橫石匾曰左右廁以別男女也亦有豎石聯者外城房雖有樓不甚高而陋通城終日喧譁無暇晷廟宇橋梁甚多街衢之名多與都門同如四牌樓大佛寺藥王廟豆腐巷等名廟宇殿閣不高有龍王廟觀音廟三元宮關帝廟學海堂財神廟外城之外閭閻稠密一如城內一河曰玉帶河左

三三

右有湛塘沙面水腳谷埠船欄有東礮臺中礮臺海珠礮臺有赤岡塔演武臺先農壇探花橋百子橋有老人院育嬰堂養聾院又有痳瘋院院內所居男女與在家同富者多而貧者少彼此設法度日惟不許外出婚嫁皆憑官配病痊始放外邊男女有染是疾者男固無法脫卻女則多有倚門賣俏男子不知相與交歡女雖病脫而瘋即傳染矣按定例如遇瘋女男應不與相交而聚眾毆打雖死官亦不罪云其他可遊之處如潘家園海幢寺小田園等處皆距城不遠梅岡竹塢清雅可觀

其餘河汊左通波羅水黃浦獅子洋右達柳坡涌白鵝潭率皆鷺濤鷗浪一色清澄外城東西又二小門短墻左連城右接河皆名雞翼城城內柵欄入夜嚴閉以禦賊氛自瑞相國下車後城內禁止演劇街巷兩房之間多橫竹造望樓高三四丈亦守望相助之意也盜者男女老幼皆可獲利明火一次必有火燭飲食之費存於公所男女各言自己子女生時戚友曾助錢若干於公所彼此聚集盜來按數均分小孩雖未經手亦有股分其地賭場固多而淫風亦盛女得痳瘋暨各不潔之症

三四

自無問名者彼以不嫁為恥而私於人與人一度後三世方消是疾險甚聞自古無法能治此病惟一種驗瘋紙不知何物製作來自外邦將此紙向女焚之無此症者面青而不語染此症者面赤而叫罵有幼女盟為十姊妹者欲嫁而被九人聞知乃是日以綫纏其身入門後新郎無法只得送回因非九人願不得嫁即九人願而嫁亦必終年不與夫寢惟值年節與翁姑或自己生辰前來行禮茶畢即去待餘九人嫁畢方齊住壻家其餘日回住母家者蓋以與夫同眠為恥也奇甚本地富

戶日享珍饈、餘則多有喜食貓鼠者、價亦甚昂云、鋪中之物、索六兩者、只與二三兩則售、又沿街小攤若許、食物果品、各有小牌書其值、橘之去皮者每枚一二文、連皮者、則四五文、因皮為妙藥也、其皮必經土人割成六出梅花形、方可、如買者按式割成、彼亦棄而不納、又易錢者、以四大制錢可易七中錢、八小錢、無銀號、亦無錢鈔、銀鈔、多用爛花板、條洋、圓、各處隨使鏨以鐵印、愈鏨愈爛、愈為上等、好銀致有鏨成薄片者、有零星碎塊、重三四分者、物多論銀而不論錢、以戥稱、必低而不平、始與京平合、因其大也、其地隆冬如北京初夏、二月不雨則為旱、所產五穀、花木、獸蟲、魚鳥最多、如稻種類不一、有一歲一熟者、有一歲三熟者、尋常則一歲再熟、豆有赤白黑黃各種、芋有黃白二種、山民多植以備糧、甘藷實大如甌、皮紫肉白、秋種冬收、藜一名胭脂菜、老根可為杖、蕈有白紫黑各品、以白者為上、名曰玉蕈、苦菜味苦而芬、冬葵秋種春收、與他葵異、山藥多生石罅間、山薑莖葉即薑根、不堪食、惟葉下吐花如麥粒、嫩紅色、採未開者、謂之含胎、以鹽醃之、藏入甜糟中、經冬色如琥

二五五

珀、味香辛、可以為膾、葛根生熟可食、又可為粉、茶種類甚夥、以西樵產者為佳、蕨可為粉、薇比蕨差大、根有黃毛、可愈刀傷、石耳一名石芝、果品如卐字果、形如卐字、熟食解酒毒、桾遷子、子如馬乳而小、中有甘漿、蒲桃樹高一二丈、葉如桂、花蕊如鍼、長寸許、子五月熟、色青黃、中虛、有核、如彈丸、搖之有聲、味香甜、如蜜、以之釀酒可經歲、蜜望樹高數丈、花開極繁、蜂喜採之、實黃、味酸甜、能止暈渴、即俗名之檬瓜也、木威子、俗名烏欖、仁為佳、果核可為薪、人面子實如梅子、初青後黃、味酸而佳、核如人面、故名、蓮生果樹高一二丈、葉生近頂、如蒲葵葉、下生子、青微、有楞、肉白、多脂、搯之乳隨指出、漿食甚脆、土人多蜜漬之、樹分雌雄、其皮幹亦可醬食、嫩如蘿蔔、秋風子、樹高數丈、子如苦楝而酸、三劍子亦名羊桃、多五斂六七斂者、能解肉毒、又辟蠱瘴、鹽麩子、子生枝頭、似豆而小、有鹽凝其上、能辟瘴毒、生津液、遊人賴之、甘蕉結實有三種、柚子有香者、冬出、餘如柑子、蕉子、荔枝、甘蔗、龍眼、黃皮、枇杷、橘、橙、香櫞、柿子、梨、桃、荸薺、波羅蜜等、木品有蠅木、高數丈、葉細如豆葉、落畦上則茶不生

二五六

螆、人多植之、旱則蠅樹降水以滋茶、潦則蠅樹生火以熯茶、故茶無旱潦之虞、又夏秋時蠅皆集於樹而不集於茶、故茶無螆而味美、蓋蠅樹茶所以以為潔者也、已受蠅汚而以潔與茶、其德于茶者多矣、按蠅木易長、十年可以成材、枝葉柔細、不妨茶陰也、木槵亦結果如珠、槐、黃花纍纍垂如葡萄、松杉栟櫚荊榙楓椿虎刺榖木、黃楊碧柳、相思木棉、大朶紅花、桄榔樹皮中有屑如麪、多者至數斛、食之與麪無異、水松刺桐丁公籐菴摩勒、子名餘甘子、味甜、榆槁棠梨苦楝烏桕、冬青出白蠟蟲、生子煮可成臘、椰子中有清漿升許、微帶酒氣、曰椰酒、與安南同、菜有蕹菜、性冷而甘、南人編葦為筏、作小孔、浮于水上、種子于中、及長、莖葉皆出于葦筏、隨水上下、南方之奇蔬也、冶葛有大毒、以蕹滴其苗即萎、世傳魏武能啖冶葛一尺、云先食此菜、蕹筏一曰蕹田、亦曰浮田、蕹雖解毒、然亦能損目、茄樹交廣草木經冬不衰、故園圃種茄、宿根有三五年者、漸長枝幹、乃成大樹、每夏秋盛熟、則梯而採之、樹老子稀、即伐去、別栽嫩者、扁豆亦然、隆冬不萎、有逾四五年者、秋冬以後、結實更繁、緯

菜、夏生于池沼間、葉類茨菰、根如藕、南海人食之、能令人思睡、呼為瞑菜、地蕈係松花落地而成者、生無根蒂、小如彈丸、大如雞卵、紅黃相錯、晶瑩可愛、味甘香、廣中隆冬時常得鮮蔬十餘種、故人家絕少醎葅、諺曰、冬不藏菜、客至以葅薦之、謂之不恭、以上皆蔬之異於他處者、餘如白菜芥菜莧菜菠菜蔓菁蘿蔔蒝荽黃瓜南瓜葫盧瓠子豆角葱韭之類、與他處畧同、又果如廣州有無核枇杷、海南有無核荔枝、南海之平浪三三而東一帶、多龍眼樹、番禺之李村大石一帶、多荔枝樹、地土所宜、爭以為業、稱曰龍荔之民、橄欖八九月熟、大如棗、樹高數十丈、醎而食之、名曰欖豉、其色紫粉如爛肉、有醎而曬乾者、其色黃、柯子樹似無槵、花白子黃、似橄欖、和以甘草煎湯、可以代茶、海棗樹無歧枝、直聳二三十丈、樹頂四面共十餘枝、葉如栟櫚、五年一實、大如盃盌、核兩頭不尖、雙捲而圓、味甘美、蘋婆果一名林檎、樹高、其莢如皁角、長二三寸、子生莢間、兩旁或四或六子、老則莢迸開、內深紅色、子皮黑、肉黃、熟食味甘、蓋賴栗也、林檎蘋婆、皆與北方果不相類、叩其名則中土所熟、按其

實、則往往詭類殊形、故廣東新語謂粵中無蘋果花紅、可以不納子代之、宜母果、似橘而酸、婦人懷妊不安、食之良、故有宜母之名、又名宜濛子、俗書爲檸檬、製以爲漿、甘酸避暑、名曰渴水、其味勝於梅子而不澀、韶子大如晃卵、柿山韶子色紅、肉如荔枝、古米子殼黄、中有肉如米粒、穀子如青梅、味甘、木連如胡桃、色紫、特乃子狀似樝而圓長、端正不納子、似黄熟小梅、朱圓子正圓、深紅、狀如楝子、楊梅葉如龍眼、樹如冬青、一名机、有白色者、甜而絕大、榛似栗而小、土人名錐子、亦非北地之種也、波羅密、大如冬瓜、膚礧砢如佛髻、削其皮食之、味甘如越南暹羅者子瓠悉如東瓜、生大木上、秋熟、獼猴桃、亦無花果、但不及波羅密之大而美、夭桃子大如木瓜、渡海食之不嘔、然不宜于年穀、諺云米價高食夭桃、金鈕子、色紅黄、味甘、都捻子一名倒捻子、有紅白二種、花如芍藥而小、子如輭柿、外紫內赤、其汁可染、花可爲酒、葉可帶麪、皮漬之有膠、可代漆、蘇東坡名之曰海漆、萬壽果、樹高如桐、實在樹間、如柚、味香甜、瓦瓜、色灰碧、味甘、南瓜、佛手與他處同、花有桃李梅蘭、桂菊海棠、玉簪

廿九

薔薇、金錢、脫衣換錦、鳳凰、荼蘼、夜合、狗牙、芙蓉、薝蔔即梔子、杜鵑、錦鶯、臙脂、山丹、淩霄、含笑、指甲樹似桂而大、花最清芬、滿天星、茉莉有千瓣者、槿有紅白黄紫四種、四時不斷、粘有紅白二種、佛桑有紅白各種、重台者食之殺人、粉蝶出西樵、山珠子有二種、乙開如珍珠、未開如碎玉、龍鬚花色正赤、形類秋海棠、石榴、雀舌花如紫蘭、依木石而生、石梅花葉比梅差小、生于石罅、高僅一二尺而無香、夾竹桃高三丈餘、秋海棠、花或四出五出不等、有紅白碧玉等色、自二三月開花、至深秋始盡、玉繡球、蔓生附石依藤、花最耐久、清箱子爬大架、四季不斷、晚香玉三四層瓣者多、指甲花高五六尺、枝葉柔弱、花白而香、開時極繁、細如米粒、一名散沫花、頳桐花嶺南處處有之、自初夏開至中秋、葉如桐、其花連枝萼皆深紅、刺桐其木可材、三月布葉繁密、花亦色、生葉間旁照、他花皆朱殷、水蓮如蓮而莖紫無刺、貝多羅花大如酒杯、六瓣、瓣皆左紐、白色、近蕊黄、香甚縟、葉大可寫經、惟稍遜於印度者、紅豆蔻花叢生、葉瘦似碧蘆、春末先抽一幹、有大籜包之、籜解花見、一穗數十蕊、淡紅鮮妍、

卅

重則下垂、如火齊纓絡之狀、蕊心有兩瓣相拉、詞人曾
詠曰、比目連理、鷹爪蘭、枝蒂如鷹爪、六瓣、兩台、他處未
見、亦異種也、暈花似百合、色紫、有合二三十攢為一朵
者、香烈異常、九里香、木本、葉細如黃楊、成叢、色白、有香
甚烈、又有七里香、葉梢大、其木皆不易長、有數百年者、
枝幹拳曲、可作盆盎玩具、西洋蓮、蔓細如絲、朱色、繚繞
籬間、初開如黃白蓮、久之瓣落、其蕊復變為菊、故又名
西洋菊、鳳尾花、葉與穗皆若鳳、葉長五六尺、木有花紋、
植之避火、以花置書帙中、避蠹、餘有密拉松榛花等草

圭

如吉利草、其莖如金釵股、形類石斛、根類芎藭、交廣俗
多蠱毒、惟此解之極驗、睡草、出海南、見之令人睡、一名
醉草、亦呼為懶婦箴、廣州有樹、可以禦火、山北謂之慎
火、或謂之戒火、多種屋上以防火也、南中無霜雪、故成
樹耳、都管草、一莖六葉、辟蜈蚣蛇、硇砂仁、隨地有之、羅
浮山之虎耳草、葉有六尖、每尖一刺、眉之為末、遇盜賊
順風揚之、著身則骨痛、七日不可忍、不敢言、言之則再
加痛七日、椒、苗蔓生、莖柔弱、葉長寸半、枝上結子相對、
黑光如漆、謂之椒目、產廣州者色淺皺、少不大辣、以來

自番舶、名胡椒者為貴、姚金娘、叢生野間、似梅而末微
銳、似桃而色倍赬、中莖紫、絲綴深黃、八九月實熟、味
甘、可養血、花則行血、廣州多有之、又相思木、有黃紫之
分、背起細花、如雲、質堅於鐵、力木子、名紅豆、如珊瑚子、
光瑩鮮澤、山村兒女或以為釵飾、藥樹、狀如木棉、其液
白、見風則黑、一名藥脂、土人以濡箭鏃、中虎則三躍而
死、或中山猪、猪囓木櫰根以自療、故知木櫰能解此毒、
大麻子、亦成樹、高約二丈許、餘如杉柳楊榕鐵、蕃蕉竹
等、禽有山雞、即錦雞、白鷴、春鶯、金雀、山烏、似雀、鷓鴣、畫

三圭

眉、秦吉了、青鳩、杜鵑、斑鳩、伯勞、有黑白灰各色、翡翠、有
大小二種、小者羽長寸餘、可以為飾、翡赤而翠青、翠鳥
先高作巢、及生子、愛之、恐墜、稍下作巢、子生羽毛、復益
愛之、又更下作巢也、羅浮山有紅者、即翡鳥、鸂鶒、水鳥、
毛五色、食短狐、所在溪中無毒氣、啄木、大如雀、毛色正
青、翠鳥類也、與他啄木異種、舌長五寸、杪有刺鍼、江鷗、
一名海鷗、在漲海中、隨潮上下、常以三月風至乃還洲
嶼、頗曉風雲、若群飛至岸、渡海者輒不敢渡、以此為候、
吐綬鳥、身大如翟、毛色可愛、晴則吐綬、長一尺、須臾還

呑之、一名錦帶功曹、嶺南珍禽、有倒挂鳥、非塵間物也、毛羽五色、日聞好香、以藏於羽、夜則張羽倒挂而散之、宮鳹啄距皆紅、身五彩、頂有纓、碧綠閃爍、谷中羣鳥附之、俗呼山判官、鵂鶹、詩所謂桃蟲也、形甚小、性極精巧、餘與北方略同、獸如石羊、鋭蹄無角、其皮作褥、可愈筋骨疼痛、其血能療跌損刀傷、㺜犬一名坲狗、其尾有球、旱獺一名飛狸、色黑、膚如蝙蝠、食魚、而陸處、可治難產、豹狸即香狸、有一種全噉山果者、名果子狸、山獺出溪洞、能解藥箭毒、水獺青似狐而小、喙尖足駢、高下為穴、

二三

能知水信、廣人以占水旱、善捕魚、廣人謂蛋家男曰獺公、女曰獺婆、以其善入水取魚也、猿有三種、全綠者黃、玉面者黑、純黑者面亦黑、全綠玉面皆難得、石猴小如拳、可于筆筒中睡者、出高化二州、餘如馬猴等類甚夥、不足貴也、嶺南有狨、似猴而大、毛深厚而金色、以猴為糧、每嘯則羣猴皆集、列跪于前、狨一一手按之、驗其肥瘠、視肥者以石戴其頂、此猴跪拜不敢走、餘乃散去、戴石之猴即隨狨至水次、入水洗濯、又自拔毛淨訖、乃卧而聽狨食之、餘皆與北方同、故不記、馬與猫色灰黃者

多、黑者貴、魚如鮻魚、即穿山甲、魤鮪鯉鱔、鰱鯽龜蠔等、蟲如蝴蝶大者、文彩五色、兩翅如合璧、石燕狀如蝙蝠、有馬頭、獅頭、猫頭者、西樵山馬頭者最大、能補虛益氣、其腦愈目障、有千歲者、頭白起雙角、名肉芝、服食長生、不易得也、蛤蚧似蛇而四足、鳴則自呼其名、蜥蜴、守宮、皆其類也、草龍狀如小蛇、四足、蜷蟀有至二三錢者、天蛇生于瓦面、長不過二寸餘、甚毒、人若被傷、不過半日即死、無藥可醫、亦蛇類也、餘如白蟻、蟈蟈、螻蛄、蝙蝠、蜻蜓、蚊、蠓、蚰蜒、蝎虎等、皆與北方同、

二四

初八日庚午、晴、辰初同俞惕盦東北行五六里、至蓮塘街、登石磴三百一十八級、入觀音廟、山以是名、殿宇寬敞、幽雅宜人、中供觀音菩薩像、左右十八羅漢、上懸匾額若許、有慈佑清海四字者、有庇佑羣生四字者、有刻六番字如[illegible]者、未詳何義、不知何人所獻、焚香叩祝、出正殿、下石堦、左有活佛殿、右係關帝殿、有僧引入後門、至一殿、中供古地王像、左右三十四尊古佛、出山門、有慈悲佛像、左一石牌樓、內書古之楚廷、外書粵秀奇峯、去此復東行數十步、至五層樓、時屆隆冬、

一路花香鳥語、林木參差、樓高逾八丈、每層木梯五十三級、銅柱二十根、地基東西二十五丈、南北七丈五尺、通樓無匾亦無聯、至頂四顧、前望城中烟霧迷漫、林木叢密、樓下即北面城垣、後望城外則小岡數四、礮台二三、墳墓羅列、樹少、草黄而已、看畢步行下山、至一處、門首横石上書鄭仙翁三字、旁書陳鍾麟、下一聯、係幽境闢仙祠、松柏緣分楊子宅、靈山崇道貌、菖蒲香泛越王台、道光壬辰秋仲鳳山鮑俊書、入内、殿宇高聳、香烟繚繞、殿前映壁書雲藹瓊台四字、殿中匾額對聯若許、未

三五

暇細記、下山、復南行十餘里、出文明門、永清門、至天字碼頭天后廟拈香、未正回寓、是日熱似中伏、

初九日辛未、晴、終日有本地官員來拜、徐蘭農送身世準繩與得一録各一部、入夜料理行裝、

初十日壬申、晴凉、辰初起程、出文明門、永清門、至西石角天字碼頭、登江船、順流而西、至白鵝潭、洋船碼頭、換登金山輪船、有文武官員暨税務司包臘等十餘洋人送行、巳初展輪、過海珠石、白雲山等處、午初過圍塘、獅子洋、至黄浦停泊片時、後過羅星塔、赤岡塔、虎門等處、申初至香港、下船、仍入前店、

十一日癸酉、晴、午後派利來呈洋槍一箱、星使未看、命其先呈圖畫、乃去、申初令其通事何植桂送大小槍礮與造礮廠圖樣數張、廣人喜食拌魚生與魚生粥、味皆新奇、又娶新婦者、送其母家燒猪由十數隻至二百餘隻、母家收則轉送戚友、以報喜、中土燒猪以廣東者為最美、嫩而脆、土人呼燒猪曰金猪、

十二日甲戌、晴、早起清爽、撲人眉宇、天氣強於羊城數倍、見樓旁置花一盆、高六七尺、碧葉大如茉莉、稍長、惟

三六

枝頭八葉變赤色、中含小花六朵、是花作蕊而葉成瓣矣、大於牡丹、紅於石榴、蓋一品紅也、竟有長成大樹者、午初乘肩輿行六七里、至上環西營盤皇后大街、定安昌鋪中拜張沃生之叔張緯卿秀、少坐即回、戌刻見西北山頂火光一條、長約數里、彎曲如龍、詢知其地草乾馬不堪食、燒去生新以肥馬、由此可見其地隆冬天氣不寒、而青草易得也、

十三日乙亥、晴、午初有廣人范汝為陳大光來拜、能英語、乃道翁友也、一言自同治元年在本地督憲衙門為

通事、兼繙譯香港憲報、四年改在華民政務司署繙譯憲報、一言現在錢債衙門驗銀、云申刻將一切無用行李存儲寓內、言明每月給值十三圓、晚餐食魚生粥、係熱米粥、內放油炸果胡蘿蔔生魚、香菜葱蒜薑等、味不甚佳、戌刻見北面山頂焚草一行、如昨不甚長、記金山輪船客艙後、昨由羊城載魚六桶、桶高一丈、周一丈九尺、每桶放魚大小數百、旁一小桶、下插竹筒長約尺半、頭有二孔、一人旁立、持大勺由大桶取水入小桶、又自竹筒流回、若泉往來激湍、以得魚活、至此則由網袋倒

二七七

入三板腹內、運于市間、各行分取、每晨土人十餘、各担河水二桶、每桶旁一竹筒、長約尺餘、式類噴壺、竹筒埀則水出如雨、片刻通衢皆溼、毫無纖塵、

十四日丙子、晴、巳初步至碼頭、駕舟行半里、登拉布當內輪船、係丙寅春由上洋來此、乘者遇前充北京同文館法文教習德達訥及管帶中國礮船千總龍飛、亦係法人、曾與彝共舟西往、二人皆宿羊城、龍飛所管礮船名曰恬波、是日因候倭力哈輪船未開、

十五日丁丑、霧、辰初晴、午後甚熱、見同船人帶一洋犬其色紫白、大如豹、偶見蝴蝶飛過、則立而捕之、其性頗馴、以法言令其立則立、跪則跪、外人把玩、不出聲、而亦不囓、當晚皓月當空、光臨水面、星映上下、如坐水晶宮也、

十六日戊寅、晴、午正星使飭交文信一函、送美國領事官郭拉定、令其代寄天津美國領事官密妥士、以便轉達總署、即駕三板登岸、乘肩輿行數里、抵寓、值伊公出、遂交其副領事呢克三、而回、見新聞紙云、倭力哈不到、明午拉布當內應開、以免悞客而得不實之名等語、亥

二七八

正倭力哈到、見其船頭折捲如荷葉、因九日前出橫濱不遠、碰于海石、開孔進水、杜以樹膠棉鐵等物、始止、不敢直行、故遲三日、在此通宵運貨、聲音震耳、寢不安席矣、

十七日己卯、晴、冷似初冬、早法國繙譯官李梅來拜、知其昨晚始由法國來此、此船洋僕有前在高達威烈之午康馬繼樂二人、一見甚熟、伺候一切、異於眾人、午正開船、出口甚平、水色深綠、入夜明月如畫、碧海無波、倚篷遠眺、天水無涯、心曠神怡、寵辱頓忘、

十八日庚辰晴順風水藍色同船有洋商吶斯闊福者能華語自言係俄國恰克圖人在阜通洋行為茶商午後過海南厓州遠望黎毋嶺暨他島嶼沙地綠白二色掩映迷離入夜風起浪湧船即簸揚

十九日辛巳晴早起艙內熱如中伏船面涼若中秋西面島嶼沙漠一行無際蓋安南國正東界也

二十日壬午晴平水綠色未初一刻抵安南國嘉定省申初進口左右山樹森列水平如油戌正住船河面地名四岔又名南礮台距西貢約二十六七里因河路曲

廿九

彎大船難行恐有觸舟之患也停時機筒放氣艙內聞之如提鬧放水聲音震耳又見法國礮船三隻泊于灣內不甚大漁舟十餘然燈藏于樹內望如螢火晚與六七同船日本人以筆交談言其君名睦仁乃統仁子也其年號初為慶應四年後改明治現為明治三年又十月二十日其土語問好則曰歐海歐及果吉延尤是曰海非曰伊葉謝曰阿立牙頭記是河安南俗名芹蒢大口曰頭整曰二整灣共九十九總名廣南灣又前十六日為西麻臘八日而無煮粥之俗焉

三述奇卷二

鐵嶺張德彝在初隨筆

貴榮竹坪校閱

庚午又十月二十一日癸未晴卯初開船巳正抵西貢停泊同黃道崇俞暢盦駕小舟登岸步至宏泰昌號拜張沃生少敘留饌飲安南酒甘如中土玫瑰釀高引之與薄郎亦來此沃生邀往中華城一遊恐有公務辭之復約申刻在鋪中晚酌不獲再辭回船後聞洋人云此地虎豹多而害人芹蒢兩岸小虎成羣故鮮有漁樵者

一

蓋土人性惰不知工作遂成荒野三年前曾有法兵一名病殁四兵持槍往葬突來一虎兵急棄尸逃歸礮台集眾同往搏虎至則列隊放槍虎不知懼而進之隊首伏身以劍刺其胸虎仍奮力前撲眾退良久再往則被刺之虎已死隊首亦驚駭而死劍深入虎胸力拔不出人與虎之獷悍為何如耶申初隨星使登岸乘車往拜法國駐此之總督達皋路協者年逾三旬黃髮灰鬚文武環坐者二十餘人其房純以木造極寬敞高約五丈寬五丈長約二十丈前有戲臺後如泰西議事廳之公

座、設水法鮮花、四壁畫花卉禽鳥、二龍戲珠、皆華人筆也、上懸玻璃燈十餘、對茶酒少話、即辭、先同德威理亞慶靄堂暨巴里銀商葛萊滿乘雙馬洋車、行六里許、至公花園、看虎二熊一、皆大於前次所見者、一路洋樓點綴、花樹叢生、與夏秋同、是地多產檳榔樹、有高於椿楊而粗於松橡者、去此、又行三十餘里、至中華城、屋式與羊城同、有琉璃瓦房數處、曲徑盤桓、極其幽雅、係供奉關聖帝君、天后娘娘、暨財神火神神像、又有義安會館、石牌上鐫海國風和四字、小河數道、舟艇鱗集、鐵木橋梁、馳驅車馬、亦小邦之一繁庶區也、時已薄暮、左右然假煤氣燈、鐵架玻璃罩、然以石油、亮與煤氣無異、各鋪門首四五人對坐喧譁、亦有賭者、地雖名城、而無垣堞、不過一村鎮而已、出此、則清風徐來、花香觸鼻、蟲聲四應、螢火如星、抵岸、與德葛分袂、偕靄堂步至宏泰昌號、而高引之黃道崇薄郎已先至焉、食間、有福基號商閩人陳祿勳者折柬來邀、因宵深辭謝、飯畢、稍坐、回船、而東方白矣、記安南人述其土語云、是曰牌、非曰空牌、問好曰多个、我曰兄、他曰埃、你曰矮、一曰木、二曰吸、三曰

二

巴、四曰邦、五曰邦木、六曰搜、七曰拜、八曰大木、九曰丈、秋、十曰布丈、

二十二日甲申、晴、寅正潮長開船、卯刻日出、赫赫如焚、巳初出口、雖有微颶而水無紋皺、午後忽狂風大作、巨浪搖船、華人無一暈者、而洋人嘔吐者反居八九、誠不可解之事也、少選、忽由篷頂進水、几凳皆溼、後桅之橫竿折損一根、長約四丈、堅如松柏、竟為風浪摧折、其猛可知矣、是日午前、見大魚出水、長五六尺者四尾、知其風浪必作也、亥初陰、

二十三日乙酉、早細雨、辰正晴、見大虹見于西方、倒映海面、忽圓忽半、忽整忽雙、五色迷離、亦幻境也、飯後有洋人訥武英者談云、今日本國學習各國文武兵法、效驗極速、貴國亦宜有備、方可無虞、即以諸公所著鞋底論之、足見其蠢笨不靈矣、彝曰、即以鞋底觀人、其真假虛實亦可略見一班、貴國鞋底必先薄而後厚、雖厚亦只四分之一、日本鞋底前後實而中空、雖實不足四分之一、皆不如我國鞋底首尾一律、以之待人、亦必始終如一、不致易轍改弦也、其人不對而去、是日浪大船面

三

見水杯盌被損者甚多。午初復雨，午正忽一鳥飛于船面，鴨爪鷗身，細喙小尾，毫不畏人。洋犬見而欲捕，乃急捉與洋僕，令護惜之，擬抵新嘉坡再為放之。

二十四日丙戌，大雨，卯正因路迷度數，少為停輪。巳初雨止開船，左右各一山島，皆在掩映間，小大難辨。見二漁乂立于海面，長皆逾丈，必漁戶設此以捕魚之脫網者。同舟有日本人橘正者，言語溫和，頗知禮義。問慶應四年南北兩部之名，曰：所謂南部者，乃薩州侯、長州侯、土州侯、備州侯、藝州侯，其餘小藩數諸侯稱之天兵；所謂北部者，乃仙臺侯、會津侯、米澤侯、莊內侯、南部侯等，此其魁者也。問當年南北孰勝，曰北部乞和，事平，自是改慶應為明治。問此時仍官恆為官、民恆為民否，曰敝國六百年來皆尚封建之制，四年和議以後，釐為郡縣，自是又易一景象也。又言貴國與我國同為亞細亞人，且唇齒相依，宜共為保護，以固疆域。彝曰唯。其國之數目字土語呼一曰什多子，二曰夫多子，三曰米子，四曰腰子，五曰依自子，六曰摩子，七曰那納子，八曰牙子，九曰庫庫訥子，十曰托，又曰其斯柏子，百曰哈古，千曰層

萬曰旺。彼此筆談良久，因已鳴鐘二次，遂拱手而別。蓋鳴鐘以告眾客飯齊也。午後西南峯嶺蔚然深秀，東北野木繁蔭，水色葱綠，天氣稍涼。未正晴，申初抵新嘉坡。傍岸後，有中土、暹羅貿人傴僂提攜，往來不絕，或籐或蓆，或石或鳥，或衣服或寶物，咸來登舟而售。酉正忽陰，大雨一陣，人皆散去，雨止復來。入夜熱，上下貨物，人語喧譁，聲音聒耳，終夜不息。是夕復與同舟日本五人挑燈共話，一名野村尚赫，一名毛利親信，一名楢崎景福，一名小坂貫一，一名堀江春野，皆強記善談。有問貴國兵艦之數，彝對以東南海面礮船無算。有問孔夫子之胄若何，曰千餘年來已封為世襲衍聖公，實為海內師表。有問貴國皆奉儒教否，曰儒教如日月經天，萬古不磨，間有奉他教者，不過億萬中之一二而已。彝問日本所奉何教，彼云我國有國教，而以儒教為翼，昔時愚民崇信佛教，今皆廢之。問國教係何教門，彼曰忠于君，孝于親，自是天下之公法。問忠孝二字不知由何教所傳，彼曰皇祖皇孫授受心傳，施之於政，載之於書。又問皇祖皇孫原係何教，彼曰皇祖謂天御中主神，為我國開

關之祖皇孫謂其子孫相繼受統者彝以言涉妄誕乃書曰夫既知忠于君孝于親即係儒教貴國由君至民所讀者我國之四書五經也公言國民皆知理或然矣不知貴國先王施之於政載之於書其書若何可與庶民讀否其人不答而退衆皆悄然夜半仍雨冷氣逼人風景清爽凉似中秋

二十五日丁亥仍雨辰正持星使名片下船乘車行八九里至前次所過之大羅布店拜法國領事官賀爾騰遇同船東西洋人數名德那啟三人晤後即回途次見新建樓房二所工作頗細各門橫一石匾一書源興一書宣暘會館巳正回船又雨行人多將橘橙與大小銅銀洋圓投之于水有小兒數名躍入取之見日本人則齊呼曰日本日本蓋望其擲錢也午正一刻展輪繞回出口甚平申正驟雨一陣雨點觸水跳躍不定晚餐得食番果名曰蠻果似蛋色紫如茄皮厚四五分澀如石榴皮肉形如橘味比櫻桃色似海棠飯後同二日本人坐談一稱辦務使從五位鮫山烏籐原信年近三旬面黃無鬚一稱權大記正七位鹽田管原篤信年約二旬

六

麻面無鬚皆奉官委往英法日耳曼等國辦理交涉事務者能英語談次篤信舉筆書七律一章與看兼求答政詩云欲避炎威倚玉欄渺茫萬里碧波瀾去家既覺南來遠北斗七星低不看彝曰璧合珠聯清新俊逸絕似唐人風韻無懈可擊其人大喜復書平素所作一云梅香雪影鄂羅夏螢火蟲聲印度春踏遍東西萬奇景退成天地一閒人一云百二重關鄉信賒清明過後尚天涯春雲不鎖夢魂返一夜故山踏落花二章慷慨激昂有舉頭天外之想日本自古多騷士廣陵散尚在人間也是夕清風陣陣可著袷衣與前三次經過天氣迥異足見或云此地四季無分者謬矣

二十六日戊子細雨卯正晴見風篷三隻亦皆南行者然以輪船之速比之反似退而不前辰正北行走馬戛港東有麻六甲地屬英國西則蘇門答臘大島屬荷蘭國巳初見東面山岡起伏乃麻六甲之西南界也同船有荷蘭人伊阿薩者携其三子二白一黑又麥雅爾者係同治五年同船萬斛之友問及萬斛彼云仍駐扎寔現充提督又日本人建野鄉三者相與扳談彼云敝國

七

自古被髮左衽、而近年風氣大異、凡物皆仿西式、比之貴國、自覺愧甚、彝言大領闊袖、為神洲之古裝、何恥之有、即以其所有易其所無、亦非無益、彼云不知其所有者何、曰無非輪機火器之類耳、彼云此固有益、然亦有損、曰既與各國換約通商、則此事自不得不學習之、苟吐棄而不屑為、其禍患之來、將指不勝屈焉、其人聞而感慨者良久、當日申酉之間、見左右小島二三、近者蒼翠、遠者迷離、終日水平、紋如蓆捲、其色深藍、

二十七日己丑、卯正大雨、北行稍西、過蘇門答臘之西

界、雷里錫里地方、長逾三百里、一望平衍、密樹排列如墻、過此則海水藍綠相間、如圖畫然、辰初西晴東雨、南陰北虹、未幾大雨如注、巳正止、見西面碧岡層疊、長百餘里、午正復雨一陣、雨止即晴、晴即熱似三伏、戌初過蘇門答臘之西北界、總名亞齊、外二小島、一名普陸、一名豪格、山與雲連、一望無際、縹緲千仞、如送如迎、過此稍西、水色深藍、

二十八日庚寅、晴、仍西行、水色黑而平、午後稍北、逆風、船微簸揚、酉初見西南烏雲大片、堆累如山、兩峯之間、橫有五彩一條如虹、乃日光斜射、與雲混雜而成者也、又巨魚長約丈許者、躍水逐船、

二十九日辛卯、晴、記同船日本人、多有善奕者、棋式與華同、又喜咕嗶、其聲如方外唪經、所攜書籍甚夥、如元寇紀畧、日本野史、以及詩草文詞、靡不舟車供覽、午後一魚飛入艙中、長約八寸、其翅即其分水鬌而能飛、足見造物之巧也、入夜天陰、尤熱、微風浪湧、船即搖蕩、亥初因輪機氣筒稍有洩氣之處、停輪二刻、修畢復開、

十一月

初一日壬辰、晴、未初、見同船數人、玩于船面、係一人曲身、以一手背撫臀、一人坐而蒙其頭、餘人後列成行、內一人立而擊其手、彼起以手指係何人、是則彼此互換、否則再蒙、此戲呼為滿收達、譯法言、熟其手也、晚饌席間、德威理亞那威勇二人、仿華人拇戰、衆皆大笑、法人畢路安云、日本人亦有拇戰、係二人不語、對手三搖而後出、或掌或拳、或無名指與將指、以掌為紙、拳為石、指為剪、剪能剪紙而不能剪石、石能擊剪而不能擊紙、紙能包石而不能包剪、此法與中土啞拳酷似、入夜涼、

初二日癸巳、晴、因昨夜錯查度數、悞過錫蘭島、自子正回行三百餘里、午初始到、停輪後、浪雖小而船摇、風雖有而天熱、申初、隨星使駕小舟登岸、乘車入城、里許至英人所設之歐連大店、樓高三層、内外整潔、茶罷登車北遊十餘里、一路花木與前同、惟有小兒數名追隨喧叫、有能英語者、則呼人以乞錢與菸捲、不能英語者、則言巴巴、不知其仿華言、抑或土語耶、亦有賣肉桂鮮花及金銀戒指者、酉初回店、供具頗佳、得食西瓜、味甘皮薄、洵為解渴之冰漿也、旋有土人持寶石貝葉象牙瑇

十

瑁各器、紛紛來售、陸離光怪、如入寶山、夜微涼、花香滿屋、清風若秋、蟲鳴四壁、唧唧可聽、記此島在南印度正南、周千餘里、有崇山峻嶺、多産寶石肉桂、異獸珍禽、天時酷熱、多雨多迅雷、前明葡萄牙據立埔頭、後為荷蘭所奪、今則英人盡有其地、自古佛教興于印度、前漢東傳、盛行中土、晉之法顯、唐之元奘曾歷其地、詳載而歸、今中土招提所供菩薩羅漢諸神像、或裸上體、或舉鉢盂、或耳帶環、脛束釧、衣袈裟、坐蒲團、與本地廟中無異、至元時、五印度半從回教、而佛教漸微矣、百餘年來、泰西各國先後爭有其土、則五印度之佛教、不過碩果僅存而已、世代盛衰之感、洵不虚也、

初三日甲午、晴、早起見近岸三五里、樓宇相望、或石或木、雖皆宏敞、半就頹圮、憶自丙寅迄今、不過數載、未加修葺、心甚異之、詢之店主、云此地當繁盛時、樓宇多係妓館、花天酒地、日夜管絃、今則風流歇絶、咸為貧者僦居、何能重事輪奐也、沿途酒肆間有幼女當壚、挽髮跣足、而面如灰土者、雖寒帘買笑、殊覺畏人、或云此即夜度娘、是變粉黛而為夜叉矣、土人呼一曰艾克、二曰

十一

太克艾、三曰杜耐、四曰哈達賴、五曰巴海、六曰海艾、七曰哈代、八曰阿代、九曰耶米艾、十曰得海、百曰艾庫賴、千曰力海喇、問好曰來柏爾、謝曰毛哈摩爾奚伊、我曰馬馬、你曰額木巴、他曰額侯、或伊葉、其字皆右起横念、如我則[illegible]、你[illegible]、他[illegible]、一[illegible]、二[illegible]、三[illegible]、四[illegible]、餘不及贅、卯正星使委慶靄堂赴輪船、令其撥小舟來迎、辰初回艙、本地土人有回教者、有佛教者、回教薙髮、佛教留髮、男女多食鮮檳榔、故唇齒色若猩紅、未初開船、忽附船有哀號之聲、甚急、詢之、

知土人、携其幼女、傍船賣果蔬、女為輪機滚水所濺、哭而呼其父、奈舟行甚速、瞬息已達百里、女之傷否未卜、心甚戚戚焉、入夜涼、船極穩、

初四日乙未、晴、旁風、船大搖蕩、酉初稍平、遇英國輪船之東行者、其駛如飛、是日係西厤十二月二十五日、為天主之誕、男女禱歌者甚衆、天明始息、

初五日丙申、晴、水平如油、忽黑、忽藍、忽葱綠、午後見同船一印度孟買人、名發自馬、係回教者、先赴亞丁、拜祖、而後往居達地方者、能英語、問其相見之禮、曰、遠則彼

十一

此以手撫頂、近則握手言懽、見其抱一男孩、極胖、重眉環眼、著草帽布衣、項有玳瑁念珠并鐲釧等件、頗似女孩、問貴處婦女有染下目皮之俗、此既係男、何亦染耶、彼曰無女故也、問其名、曰阿米亞生甫、八月、問其胖之由來、對以飼牛羊乳故、

初六日丁酉、晴、晨有日本人名山田虎吉者、相見、俞愓盦與之握手、拔曰、握手非禮也、彝曰、入境問禁、入國問俗、書有明言、今所處之地、既非中華、亦非日本、以是禮行之、似無不宜、彼無言而退、後見其所帶漢書有五經四書、新論、征韓略等、字皆清楚無訛、

初七日戊戌、晴、水平如鏡、船行甚速、申初、陰、涼風起、欲雨、船即簸揚、酉初大雨滂沱、戌正微止、入夜晴、仍風、

初八日己亥、晴、船搖如昨、讀日本一書、顏曰絕句類選評本、所選皆唐宋詩、開章即賀季真回鄉偶書二首、通卷共詩數百、皆分類分代、可知同軌同文

聖天子之教、未遺於在遠也、

初九日庚子、晴、狂風巨浪、客人暈而嘔吐者居半、惟一日本人、年約二旬、病已四五日、鎮日不食、只飲涼水而

十二

已、申正過阿斐里加東北之索閣多拉島、島不甚大、寂寞荒涼、無人管轄、無人居住、武云多產寶石、記日本人攜有新刊輿地全圖一頁、極細、係由別國圖本譯出者、所有各處山之高低、水之闊狹、靡不詳細周備、惟難識者其國之平假字也、聞二年前伊國平定後、官定通國庶民有能查出外邦文理器皿一切、有強於本國者、准其自行改易、毫無禁阻、是以同船之日本人皆著洋服、據云俟到外國辦官務時、仍著伊國服色、若然、是仍不失其本也、究未敢深信耳、

初十日辛丑晴、船仍搖蕩、水黑色、天氣涼似初秋、早餐
得食一種黄豆、大於菉米、而味亦如之、法邦多產、為農
食、呼其名曰比斯邦、其卜瓦尺尺易、日本人呼曰安斗
瑪美、寫其國平段字則エントウマメ、正字則曰豌豆、
又聞日本國俗、婚嫁不用媒妁、惟父母問男願娶某女
為妻否、問女願嫁某男為夫否、彼此情願、乃結縭焉、晚
見阿斐里加東界之高山一帶、翠微四合、削壁參天、地
名蘇麻里、在赤道北十度、北京西六十九度、
十一日壬寅晴、是日為西厤一千八百七十一年之元
旦、早起彼此相見、皆道新喜、又值彝之賤辰、風平浪靜、
水碧天清、茶香酒美、船穩人和、樂甚、午正遙見東面長
山一帶、乃斐洲阿喇伯之西南界也、地名哈大拉木、酉
正抵亞丁、住船、見西岸景況、稍異於前、開闢道路、建造
樓房、而屋宇整齊者、不足十所、白石碼頭只一而已、又
各處惟法邦公所門首植二小樹、此地山則堆壘、水則
汪洋、禽獸少見、花木無奇、
十二日癸卯晴涼、申正展輪、風起浪湧、搖蕩異常、晚餐
得食蘋果、味如沙果、或云來自印度、記日本刑律、放火

十四

者縛于十字架上、以柴焚之、忤逆者縛于十字架上、以
槍刺之、通奸者徒、殺人者抵、其喪服亦白色、父死百日
釋服、母死五十日釋服、貿易者可請于官、減至十日、餘
與中華大同小異、又本船船主傳瓦石、因此船初次改
路由華回法、以便修理、而紅海窄且島嶼多、乃由亞丁
僱一引水人、酬法圜四百方、令其引至蘇耳士、
十三日甲辰晴、北行順風、丑正入紅海口、西面多山、黄
赤黑白四色、乃阿斐里加之東界也、地屬阿柏奚呢亞、
東面高山、遠望迷離、乃亞細亞之西界也、地屬阿喇伯、
辰初、見東面一島、不大、色白、形如筆架、又西面山峯萬
笏、以千里鏡窺之、因其映日、幻成五彩、巳初、船復搖動、
波浪洶湧、未初又東西小島四五、亦皆白色、入夜熱、
十四日乙巳晴熱、午後忽見二蝶、飛入艙中、色淺黄、長
約寸許、不知來自何處、翩翩雙舞、輕盈可愛、入夜風清
水靜、熱退涼生、星稀雲淡、皓月當空、宛似中秋景也、
十五日丙午晴、水平如鏡、雖係隆冬、而熱如盛暑、因同
船有六七日本人、早餐後與法人畢路安談次、畢君極
讚日本前進之速、言十餘年來、不惟國政多所更張、即

十五

民間風俗、亦多改從西法、如輪船火車電線等、皆已通行國中、衣飾房屋、亦漸次改式矣、彝言天下各國政教、咸有所本、固當不失本來面目、至火器車船等、因西國多以戰爭為心、在他國自不得已而仿行之、其他似不必然、因無事更改也、夫日本諸事既效泰西、自當一律、其大者不必深論、姑將至微者言之、試問日人所著衣履、究比西國如何、畢曰、按所著衣履、較之西國、相去遠甚、而且貽笑他人、蓋其服色、于官民文武品級、尚未分別也、彝聞所言、笑而未答、

十六日丁未、晴、平、申初微陰、逆風、船甚簸揚、晚有日本人鹽田者、持溪琴山房詩稿、係伊國時人紀伊菊池保定士固所著、士固者、鹽田之父執也、能吟咏、其律詩頗佳、如五言者題有岐岨山中七首、以紅葉青山水急流為韻、紅字韻詩云、曾自五丁鑿、遙遙一線通、苔磯帶雨綠、霜樾破烟紅、雲漲蒼山沒、溪回石路窮、行聞樵者語、山下穽寒熊、葉字韻詩云、關河遠跋涉、秋暮山重疊、客袖薄於雲、鄉情多似葉、芒鞋親短策、蔬食彈長鋏、尚有客魂豪、行看弋者獵、青字韻詩云、板屋倚林坰、寒泉入小庭、敲雲孤磬冷、燃夢一燈青、烏起月侵砌、風鳴葉打櫺、卧知霜威重、衾薄睡頻醒、山字韻詩云、中山百二關、險隘老杉間、藤絡臨溪石、雲沉欲雨山、四時巖蕚發、千古岳蓮閑、暮弔英雄跡、凄然淚自潸、水字韻詩云、踈鐘萬木裡、蕭寺何處是、行見歸林雲、坐聞鳴磵水、蔓枯薯蕷脆、葉落茱萸紫、為擲羈旅愁、欲追赤松子、急字韻詩云、健竹青簑笠、潭明影如揖、思家曉月遙、為客年華急、霜重野狐愁、葉零山鬼泣、總驚千里魂、只見單襟溼、流字韻詩云、單身辭帝州、來踏信中秋、樹抱荒城古、水搖危棧流、家書封暗淚、燈火照青愁、為問故園月、寒衣已寄不、

十七日戊申、晴熱、逆風、早見東西諸山、連綿絡繹、色皆黃白、東為阿來比亞、西為努北阿、皆埃及國之邊界也、蓋一因已入黃道、更因將出紅海、故度數既與蘇浙同、而天氣亦覺無異、晚見洋人一種玩物、法名貝拉柏凱、係一皮條、長約二尺、兩端各置一木球、大如橙、一端連一木棒、長約半尺、擅此技者、一擲一轉、自將球插棒頭、有日本童僕、年甫十四歲、善擲、是球日本武生告之曰、

若能擲十而得八、必跽而叩首、已而果然、而與之賭者、若崩厥角矣、又日本人管原篤信强令彝一揮毫、並乞一拈韻、彝辭以船搖心亂、伊仍嘵嘵不已、乃磨墨伸紙、草錄唐詩二首、又口占四韻云、四海皆兄弟、瀛寰五大洲、遨遊輿地外、數載弗能周、幸遇鄰邦士、乘風溯上流、挑燈衷曲訴、詩酒足千秋、當日因將至蘇耳士多有下船而他往者、于是本船總管茹良英人賴安索中國紙扇、以便奉揚法國婦人戴都奴與杜彩鷴索女工鍼黹、以作表記、彝乃一一與之、眾皆喜謝、酉正見東山頂月出少半、俞惕盦乃舉酒而邀之、移時光圓如鏡、彩徹雲衢、而西山後日落餘輝上映、如火噴吐、少刻曚影限盡而光滅矣、海面不寬、如中土鄱陽湖、左右小山羅列、惜無花木、皆突兀不毛耳、亥正一刻、抵蘇耳士、住船下貨、有法人單安者、性嗜麴蘖、自言恨無華友代購瓊漿、彝乃商諸惕盦、乞高粱一杯而與之、其人喜云、較之敝國直固酒遜此多矣、其色同、其味甘、其力柔、

十八日己酉、晴、此地排列風蓬火輪各舟、多於前三次經過所見者、所識輪船、有埃及七隻、英法數隻、內有英

十八

國雙礮臺鐵甲輪船一隻、不甚高、長三十餘丈、寬逾三丈、鐵厚四尺、雄壯可觀、本船原欲早開、因有英國兵船擱淺當路、午後始移、申初開船北行、入法國新開之蘇耳士河口、係同治三年法國輪機使者賴賽樸設法開鑿者、時閱六載、共用洋圓萬萬合銀七千二百萬兩、長三百里、寬六丈、深二丈四五尺、南口在蘇耳士稍東、仍名蘇耳士、北口在阿來三兊呀之東、地名波賽、此地原為亞細亞阿斐里加二洲之連脛、今竟瓜分為二、神工鬼斧、人定勝天、古之愚公移山、不過徒傳虛語也、入口見左右堆土高皆逾丈、此外地皆沙漠、無房舍、行八里許、遇英國輪船名敎蘭兒者、長二十餘丈、寬二丈許、通身綠色、其上男女行人甚夥、彼此眺望、有相識者、皆免冠搖巾、對呼名姓、又數里忽見一坑、只鋪乾草一堆而已、共行六十餘里、戌正至薩哈哈地方、恐夜行遇險、因而停泊、遙見西岸酒肆木房二三間、一帘在望、而甕頭之香、已習習而來矣、晚餐後、駕小舟往看船右輪機撥泥船、船長四丈一尺、寬盈丈、首尾如船、中空立鐵架如橋、前後鐵練數根、以輪機轉斗三十二箇、每箇鐵造長

十九

約三尺、周逾四尺、底有孔、上下環行、取泥澄水、上若滿而下自空、泥皆歸入船旁木舟、舟滿傍岸、聚泥成堆、每一小時、汰泥萬斗、一日可掘地周數丈、深二十四尺、誠挖河之良具、以之掃沙、自無淤積之患焉、

十九日庚戌、晴、卯正開船、去此漸寬、後則兩岸高低曲折、或遠或近、間或渺茫、名曰鹽湖、是湖自開河後始有水、沿路遇小船六七、復入新河、行十餘里、入小湖、地名賽喇彬、始見青草數堆、葱蘢可愛、午正、抵義思麥利呀住船、即時束裝、改乘小輪船、行三里許、登岸、策蹇行一里、過木橋、入葩釀店、樓高二層、亦頗整潔、主人係法國婦人、名巴曩者、晚見五孩戲于樓前、一人手舉扁鼓、以指敲之、無節奏、只聞丁東之聲而已、四人互相跳舞、忽躍立于頭之上、忽偃卧于足之下、如戲猴然、殊有趣、此地多沙漠、鮮田疇、人烟稀少、亦一寂寞鄉也、由蘇耳士至義思麥利呀、計水程一百七十里有奇、

二十日辛亥、晴、早隨星使乘馬車北行三里許、至法國激水廠、因波賽無甘泉、故每日由此以輪機鐵筒激去二百萬瓶、每一萬六千瓶、值銀一兩、此廠已設三年、大獲厚利、廠主名皮爾者、引入機房、一大鐵輪、周約八丈、旋轉極速、出此、則前後花圃、引水開渠、所植茨菇、蓮花、其種來自中土、橘、橙、葡萄每架可結二百數十觔、花有一品紅、仙人掌、旱金蓮、僧冠帽、黃紫佛茄、紅粉繡球、大麻子、霸王鞭等類、蔬有蓁菜、波菜、白菜、蘿蔔等類、畦隴交通、芬芳襲鼻、去此、復行六七里、至新河畔觀法后行宮、規模不大、亦無樓閣、高約二丈、石座、木身、內外糊紙、圖畫五彩、內分一大間、六小間、鋪陳華美、四壁生輝、有土人四名看守、據云前二年新河告成之時、法后來此賞覽、宮外四面無樹無花、殊少點綴、回而南行、見有新建本地總管公署、樓房高大、壯麗可觀、再南入一長街、東西市廛對列、多係西人開設者、房皆無樓、頗鄙陋、惟一鋪門首懸中國一畫、所繪華官紅頂大翎、貌似粵人、頗生動、後入一小花園、環垣繞以花木、中有鐵架水法、木凳行行、係為遊人休息之所、少坐即歸、早餐已、初登火輪車、北行稍西、至褋戛集地方、午酉、地近埃京開路、撒覺繁華、過此則田疇交錯、樹林陰翳、竹籬茅舍、繞屋扶疎、多有松、柏、楊、柳、棉、麥、菜蔬、沿河一帶、荷葉、菖蒲、清

氣撲人眉宇後過乃勒江鐵橋二三座至北納爾地方易車因地係通衢少待片時即開行矣戌正抵阿來三宅呀海口改乘馬車行五六里至豪泰德安代街入法人開設之英邦大店樓三層頗華美前臨街市後傍海邊上置花石水法登樓看海一望無際潮浪之聲晝夜不息由義思麥利呀至阿來三宅呀計陸程五百一十里入夜微陰涼

二十一日壬子晴午正有法邦總領事博洛呢葉來拜其人曾到上洋約于戌刻在彼晚酌去後彝同俞惕盦街遊樓房閭巷稠密曲折城市鬧熱如中土房舍形式似泰西路途平坦鋪多洋人開設所售者本地回錦絨氈穀有粳米麥麩高梁莜米黑黄豆等類蔬有白菜波菜豌豆薺菜香菜大蘿蔔胡蘿蔔扁豆黄瓜茄子蓁椒葱蒜韭芋無花果山藥豆等類果有蘋果棃杏葡萄甘蔗西瓜榧子榛子栗子石榴核桃橘桃李柰等類牲畜有牛羊雞鴨魚蟹等類間有豬肉亦係洋人所售因土人皆回教也所用器皿多與中土同其衣履則詳見初次航海日記無須再述惟見女子間有不著象鼻形布套者其下唇有鍼刺藍點一叢不知何意伊國古字象形今則與中土回民同其數目如١.٢.٣.٤.٥.٦.٧.٨.٩.١٠.他如[illegible]其義未詳其式亦左起横念與泰西各國同所用銅銀錢亦無孔戌初一刻同殷伯爾那威勇隨星使乘車行里許至博洛呢葉家登樓見有上海各商所贈萬名傘二柄如德茂莊德興齋等字號横幅一條上嵌中外式孚四字亦係上洋各商所贈四壁羅列中土東洋陳設頗華美同坐有伊眷屬食味甚佳少談謝别入夜暖

二十二日癸丑晴巳正隨星使乘車答拜博領事遂同伊往拜本地總管蘇弗哈喇法其公署頗寬敞式與泰西同其人先拉手後以手扶頂為禮談次每人各進旱菸一袋加非一杯烟具長五尺黄銅鍋蜜蠟嘴土奴然著跪而進之地放銅盤置菸鍋于其上少坐辭歸未正蘇總管來答拜旋有前同船之俄商吶斯闊福及美國領事官白塔臘來拜留飲而去申正持星使名片答拜吶斯闊福伊邀同乘馬車東行二里許至海邊有一方石柱高七丈五尺周約二十八九尺其底座經苔蘚剝

蝕、多有損傷、據土人云、已歷二千餘年矣、去此、出城門名勒賽達者、復行十餘里、登土岡、有一圓石柱、高八丈七尺、周二丈、據土人云、係古時王后名柯柳碧尤塔喇者所立、亦二千餘年之物也、看罷分歸、其地城皆土堆、羅列鐵礮、內外兩門、有濠無水、客人僑寓者、夜間不可出遊、恐有強盜、故懷戒心、街市乞丐固多、而土人之跣足鶉衣者亦復不少、足見土瘠民貧也、入夜微風、涼、

二十三日甲寅、晴、午正隨星使乘車往得拉羅店答拜白領事申正一刻、偕德威理亞乘車北行二三里、出城、

廿四

復行七里許、入一大花園、園名大都、每禮拜與禮拜五日開、其園甚古、周遍五里、花樹叢雜、豔冶馨香、中一樂亭頗高、樂工三十二人、紅衣紅帽、所操係西洋樂器、而音調稍差、四圍鐵椅木凳、行行、男女遊者甚夥、車馬喧闐、少時樂止、樂工列隊出、登小舟、絲竹復奏、順流而南、遊人傍岸追隨、半路而別、河不甚寬、長流渺渺、兩岸楊柳、翠色迎人、本地所售點心、有油餅、麪包、麻花、涼粉、炸糕及油炸果等類、宛然京都風味、栗子頗大、惟以小鑪鐵盤燒之而已、土人棺木係一長匣、窮人持服、只以白布纏頭、其墳塋亦與中土回民同、

二十四日乙卯、晴、巳初有布臘國領事官扎吶司來拜、其前驅者兵服白袴、紅鈷金綫、靠黑帽、上插黑雞翎、身佩長刀短劍、手舉長槍、下連銅刺、上置血字形王帽不甚大、是日見鄰鋪有出殯者、前舉一十字、二玻璃燈、後有三神甫誦經、棺不著蓋、四人以手提環、亡人著新服、以白布交縛其手、口含白棉、係奉天主教者也、未初持星使名片答拜扎吶司、乘車東北行四里許、登其樓、頗整潔、其人能法語、坐談片時而回、入夜全飈送爽、蚊雷

廿五

聒人、而晝間蠅仍羣舞、揮之又來、何惱人者之如是多也、

二十五日丙辰、晴、巳初、乘車出城、至碼頭、其繁庶如羊城、舟行二里許、登法國公司輪船、名賽得者、式與前在地中海者同、頗寬敞、長三十二丈、寬三丈、遂見口內火輪風篷約過百艘、岸上樓房鱗比、氣象一新、勝於二年前所見多多矣、午正展輪出口、西北行、逆風、船甚簸揚、

二十六日丁巳、早細雨、卯正晴、涼、浪大於昨、晚餐後因見俞惕盦多飲少食、彝奉四句云、先生一日酒勝我飲

三年、惟有加餐勸、杯中物可捐、

二十七日戊午、晴、風息水平、船行頗快、辰初過甘的島、希臘國所屬也、長逾百里、山頂白雪迷漫、終年不化、所謂銀沙鋪滿三千仞、玉幾圍周十二峯者是也、記埃及人呼一日哇亥、二日他乃恩、三日達拉塔、四日阿拉巴五日哈木薩、六日司業達、七日薩瓦、八日他麻呢、阿九日代薩阿、十日阿沙拉阿、十一日海大什阿拉、十二日艾他那沙拉、十三日大拉他沙拉、十四日阿拉巴大沙拉、十五日哈麻斯大沙、十六日賽大沙、十七日薩瓦大沙、十八日塔麻呢大沙、十九日代薩大沙、二十日阿沙林、三十日他拉的因、四十日阿拉巴因、五十日哈木三音、六十日賽的因、七十日薩巴因、八十日達麻呢因、九十日代薩因、百日米葉、問好曰那拉克薩伊達、今日曰那哈拉達、明日曰白歐克拉、昨日曰按比葉拉、老爺曰好阿格、太太曰賽達、是曰艾瓦、否曰喇、入夜涼生、大有秋風之感、

二十八日己未、早微陰、水深綠色、巳初晴、昨由英邦大店僱一洋僕、名費立克斯者、年約二旬、係義大利國人、

生于埃及、能英法語、性聰敏、一路照料行裝、靡不周至、聞埃及回民之棺匣、多係檀梨之木、甚爲堅固、葬時傾亡人于坎內、覆之以土、將棺帶回、以備他人再用、爲雙親持服一年、亦白色、不知中土回民之俗傳自埃及、抑或土民之俗來自他邦、皆不得而知也、晚餐得食西瓜、甚甘、入夜北行、稍西、順風、船始覺速、

二十九日庚申、晴、平早起束裝、卯初抵墨西拿、住船、即駕小舟登岸、路燈未息、行人稀少、步至倭番斯圭喇的街、武宜呢甲店、店不大、樓高四層、街道狹窄、泥濘難行、是島在義大利之西南、通名西西里、縱橫皆四百餘里、居民十餘萬、度數與中土之河南、山東同、是時雖值隆冬、花木吐秀、天不雪、亦無冰、島上多火山、山頂大石頻飛、火漿迸流、田畝頻年受害、而居民不肯他徙者、因土地膏腴、物產豐厚也、無如性多懶惰、不事工作、故貧乏者居半、嘗聞西人云、義人最美、而特嫌其不潔、蓋義人不勤澡滌、一月始沐浴一次、今見其幼女、率皆環眼隆鼻、粉面烏眉、天資甚麗、惟破衣赤足、殊欠修飾耳、申初率費力克斯街遊、北面臨河、舸艦連檣、東北山岡蒼茫

滴翠、有一大禮拜堂、甚古、通身石建、名曰喇呢木達布魯戞達的、高約九丈、深十九丈、寬八九丈、入內、見男女跪而誦經者六七、中設黃綢幔帳、陳設多珍、左右白石古像十八、正中十二石柱、列為兩行、其色青黃如鐵、回店因地近囂塵、湫隘不堪居住、乃移于賽力巴喇的街路北之韋兜亞店、院落寬闊、樓高五層、華麗淨潔、見其搬運行李、係以四輪長車、二人拽之、甚快、是日午正、有法國領事官于達來拜、

三十日辛酉、晴、早街遊、清風轉蕙、爽氣宜人、見有驢騾

廿八

牛馬、負載往來、大小與中土同、惟山羊成羣、有黃白紫黑四色、蘋果形長而色黃、其味如梨、又一果形如雞卵、前尖後凹、皮有黑點、如中土之李、瓜有冗刺、觸之痛甚、洗以熱水、其刺自化、其色三變、先白、次綠、次黃、熟乃紅、味甘、價亦廉、其名未詳、餘有栗、檬、梨、橘等類、所需器皿、與他國大同小異、惟撲滿一物、亦係以泥埴之、與中土無殊、未初陰而細雨、隨星使乘車答拜于領事、行三里、始抵其家、見其妻子、瀹茗食果少為周旋而歸、其房臨河、雲嶺相連、高低莫測、一路甚涼、

十二月

初一日壬戌、自晨至夕、時而晴暖、時而陰涼、時而大雨、時而惠風、一日之間、氣候不齊如此、得食白菜、波菜、茼香、菜、紅蘿蔔、蔓菁、芋頭等類、聞冬月初一日、地中海日蝕、遍海皆黑、然燈不明、竟壞輪船四隻、風篷三十餘隻、

亥初、于達來呈其外部派迎中國

欽差之委員由馬賽寄信、云請星使即乘所至之船前來馬賽等語、伊云此船今夜不來、翌午必至、是夜檢點行裝、

初二日癸亥、陰涼、早發行李于碼頭、以待輪船、未初、本

廿九

地官蒲萊棐來拜、未正晴、此地雖屆冬令、蠅蚊尚多、營營擾擾、晝夜相尋、申初、有土人男女老幼二十餘人來店、爭看華人、皆能英、法語、乃同登樓、步梯四十餘級、至頂、一望蒼海無涯、窺以千里鏡、遠見濃烟一縷、飛來、乃火輪船也、即辭眾下樓、料理一切、酉初、乘馬車行里許、至碼頭、復駕小舟、行二里、登法國公司輪船斯戞莽達、長二十七丈、寬三丈五尺、式與賽得同、係自土耳其國埔頭走黑海來此者、船主郭地陽、言語溫和、款待恭敬、亥初開船、出口甚平、

初三日甲子晴、北行稍西、遠望東鄙、山嶺連綿、即義國之西南界也、早餐、得食一物、英名阿的抽、其色青、芽瓣層層、似中土之百合、又如蓮花座、洋人皆以白水煮熟、或生食、醮以油醋、味似茭白、入夜極冷、風起船搖、

初四日乙丑、細雨、早見東面二島、不大、一名艾拉巴、一名莽代克里斯兜、西面大島、長二百餘里、上鋪白雪、下滿綠樹、山高故也、地屬于法、名曰開爾賽戛、係前法君拿破侖第一生產之地、旁一小島、名戛布雷喇、臨過時、見島上海燈樓、出花旗問話、船主取書核對其所問者、係願以電綫往馬賽送信否、與乘船者何人、本船亦繫花旗、對云、願送電信、乘是船者係中國

卅

欽差等語、入夜船搖、大雨如注、

初五日丙寅晴、辰初、抵法國馬賽海口、住船、有前駐中國之法國使臣哥士奇來接、下船、乘車行八九里、仍入前二次所住之得露大店、哥士奇去後、查收行李、申初、隨星使乘車行里許、至闍朗店答拜哥士奇、未遇、晚有本地二等寶星第四隊副將韋烈及千總傅達義來拜、二人知彝曾來此四次、暢談已往之事、臨行邀同觀劇、因公務忽忙辭謝、亥初、忽聞樓外樂聲一陣、出而視之、共兵百餘名、亂步而行、有唱者、有泣者、有疾驅者、有緩行者、行人皆擊掌而賀、蓋當時法郎西與德義志兩國鏖兵數月、其搆衅之由、因五十年前（西厤一千八百三十年即道光十年）夙怨未平、法君拿破侖第一將日耳曼諸國盡行征服、令各國兵將聽其指使、以助征討、法雖屢勝歐羅巴各國、而日耳曼勞兵費餉、已屬不支、嗣于西厤一千八百五十九年（即咸豐九年）、法助義大利及德義志征澳地利亞國、三國凱旋、議割澳地、以第呢奚米浪二地歸于義國、

卅一

德國自取邊界數地、法君以比利時國之陸克尚蒲與瑞士國之芝迺瓦二地界于法疆、擬欲取為已有、以固其圉、而德君不許、此一衅也、德君因此設防繕、修甲兵、操練軍馬、屯儲糧糗、細考法邦地理、西厤去年六月間、日斯巴尼亞國老王薨、因其天閹、雖有太子、究非已出、民以為恥、乃欲招選國主、請諸德、德君以日斯巴尼亞北界法郎西、遂令其兄子發達利克舍爾登日國主位、意在日後如與法戰、則日主即德人也、法有戒心、不許其事、德國大臣以戰事尚未完備、不可與法較、請姑從

之、德君聽其臣諫、其議遂寢、法猶恐之、乃與法臣計、飭駐德京之法臣貝楠得的者面告德君、并與盟之曰、嗣後德國子孫、不得登日斯巴尼亞之君位、及盟期、德君不答而退、乃向法使曰、從此兩國無事可為矣、法使以其語飛聞于拿破侖、德義志原名布魯斯乃由是合日耳曼諸國為一、以圖協力攻法、西麻七月十七日、法外部大臣萬孟請與德戰、即日發電綫、知照法國之各省軍營、剋期發兵、兩國各撤回公使、各發照會、通報歐羅巴暨阿美利加諸國、宣告兩國不日交戰、與諸國無涉、各不

三一

借助云、法君與其世子親領大軍、令兵部大臣婁白虎為前導、先抵美趾、晝夜輪車往來各省、徵調軍馬、至八月初二日、始齊兵二十四萬、當日午初、法兵過界、至色合柏爾城、遂失守、初四日、法三營將軍屠威領兵攻葦子柏爾城、大敗、全軍幾殁、惟屠威一人匹馬獨戰、痛受槍傷、後有將軍馬克謀宏兵至、救回色合柏爾城、初六日、德兵過法界、有將軍富斯愛率兵抵敵、法復敗、遂同馬克謀宏逃過海素汾城、至直立唐奚城外禮拜堂中隱避、此役殁于陣者、將官二員、兵馬死者不計其

數、初七日、德兵三萬、圍色合柏爾城、擒法兵三千、克復城池、初九日、婁白虎戰亡、令歸白生富斯愛馬克謀宏各營兵馬、齊集美趾、初十日、法京出示、通城預備火器、多進糧草、嚴兵固守、城上添造木房、城外各礮台添設大礮、以壯聲威、十一日、馬克謀宏在茀合曬地方與德戰、敗、十三日、德圍斯達泗浦城、城內兵一萬、勇四萬、被困五十日、晝夜進攻、法軍陣亡大半、房屋平毀無數、連日槍礮火飛如雨、人皆藏入地洞、後因鐵道不通、援兵不至、餉糈告乏、遂皆納款于德、十五日、德軍一面進攻

三二

直立唐奚、一面合圍美趾、直立唐奚失守、法君攜其世子逃至葦河洞城、白生率軍出美趾城、與德決一死戰、自晝至夜、德雖傷兵四萬、法仍不能取勝、乃退入守城、內外礮台堅固、兵九萬、勇七萬、槍礮火藥、足供一年之需、德軍圍至七十日、環垣高築土城、以大礮俯攻二十八次、後以城中糧盡、遂乞降焉、十六日、法君退至舍隆、因各處電綫鐵路、皆為德軍拆毀、援救罔應、二十五日欲去舍隆、走水塘、乃部署未定、而德軍四進矣、九月初一日圍攻舍隆、法兵復敗、馬克謀宏創傷甚重、初二日

法德大戰于水塘城、七晝夜、互有勝負、是役也、德軍六十萬、用槍礮百二十萬、至是俘虜法軍三十五萬、奪獲大礮四千七百門、槍三十萬桿、踞地二省、至初六日、法君欲與德議和、德君不允、當日午刻、法君手舉免戰白旗、欲見德君、乃先遣一官往送寶劍、以示相投之意、德君答云、不能與劍對語、即欲議和、可令拿破侖自來、未初、法君親詣德營、德帥畢駟馬與其大將何楠暗約、調軍三十萬、乘間竊發、與法軍八萬、復大戰于水塘城、法旋敗績、拿破侖遂被俘、馬城池官員兵卒、皆歸于德、初

三十四

七日、巴里聞各處失守、國君被俘、眾議改為民政、遂于是日擬定各官、巴里提督代理營務、所選各部、如吏部亢貝、得戶部皮格、禮部席孟、兵部傅羅、刑部柯梅、工部唐安、海部富立松、商部馬年、外部發福爾、外以岡比達為帥、內以屠額許操兵、而民主執國政焉、君后聞眾可仍居巴里否、眾云不可、遂攜世子逃往比利時尋、又入英吉利、初八日、巴里查點各營軍器、計存槍三萬桿、而火藥皆係沙土、十五日、派員往英乞代議和、英乃告德、德除索法三省地、兵船一半、及各營軍器外、須賠償兵

餉數十萬磅、合銀八千四百萬兩、英、俄、澳諸國、同議無法、十八日、德困巴里、拆毀鐵道電線、音信不通、發福爾親入德營、問其前言能改否、畢駟馬言不能改、乃歸、後又求德免戰數日、因此時巴里民選會堂大臣、畢駟馬先要法予邊界大礮台二、巴里大礮台一、德兵被俘者釋還、并償銀八千四百萬兩、法不能從其議、于是西南北三面憤起義兵、二十二日、在巴里東礮台大戰、法勝、次日又戰、法亦勝、德共傷兵萬餘、失大礮數門、噴礮十二門、旋戰于北礮台、法又勝、德軍退住衛灑與三克路

三十五

二舊王宮、日夜築土礮台以攻巴里、二十四日、義大利國因見法敗、乘勢進兵于羅馬、遂出天主教皇、以羅馬為都、蓋法君后係天主教、而教皇多賴其勢以轄人也、後借公論、令其移住瓦的甘城、而盡銷其權、二十五日、法東鄉兵來援巴里、遇德兵戰、德敗、時巴里儲備糧糗、足供三月之需、城外大小礮台二十三座、計礮八百零八門、城上計礮一千二百門、沿濠戰艘十數隻、各處埋伏地雷火礮、官兵二十萬、鄉勇四十萬、每日出城引戰、德不得入、三十日、夜半、法兵四面出城、探德兵地勢、于

南礮台外二十里遇德兵、戰、德敗、退入村堡、法兵追入、步戰、彼此傷兵數千、法奪回二村、十月初九日、有戴紅帽之鄉勇十萬名、為紅頭者、齊赴外部、偽以擊退德兵為名、欲藉改民政而作亂、遂調各部兵將擊退之、自十月初至十五日、各礮台日夜轟擊、德土礮台數座、而德兵移營漸遠矣、官出告示、云凡鋪出售、皆依官價、不得多賣、如麪包每斤三穌半、牛肉每斤一方零一穌、羊肉每斤一方、豬肉每斤一方四穌、此數日內、凡窮人無依者、准其入城逃避、而收養之、德兵退、皆放還、十三日、法

三三六

京東南、四路出兵與德戰、德敗、又奪回二村、西礮台放大火彈、自焚三克路鎮與舊王宮、德兵退、十八日、德兵五千至石頭洞村、村人與之戰、乃于道口築起土城、以阻德兵歸路、德放噴礮、房樓盡毀、德傷兵一千八百、乃退、法亦被傷數百、官賞洋圓一萬二千、以褒其忠勇云、二十一日、有將軍瞿克歐者、率兵十一萬、帶礮九十二門、分左右中三營出城、探德兵地勢、其中營往阿侯驛麻爾梅松各村引戰、自未至戌、彼此大礮噴礮、連放不止、法大捷、後遇德救兵、至不得前進、乃各行緩退、法失

礮二門、傷兵四百四十三名、德陣亡者二千四百名、其左營阻德過河、德乃自造木橋而渡之、不意馬隊過時、而西礮台連放二礮、擊壞木橋、兵皆落于水矣、各土礮台亦連放數百礮、而將軍白朗土者、追獲德兵一百四十名、其右營將軍韋努阿者、與德戰于三克路茂洞賽佛比陽、暨古皇河邊、無分勝負、日暮罷兵、各自守營、此時巴里城內、集捐鑄礮五百門、各家儉用、每日兩茶一飯、一人只准買肉四兩、其餘豬鴨雞魚及乾鮮菜蔬、皆無、雞蛋每箇六穌、各村鎮禮拜堂之銅鐵器皿、皆取以

三三七

鑄礮、城內造鐵道、以運軍器、二十九日、丑初、法東北方隊長貝喇嘛遣兵急走蒲日村、暗襲德營、遂入村、據守、各要路、築木柵、四面立土礮台、午正、德伏兵掩至、法兵將牆垣穿孔、槍礮齊施、德兵漸退、至東北大礮台、又被轟擊而退、午後、德又來兵二萬五千、帶礮數十門、連攻一夜、德仍未勝而去、此村距巴里十二里、屍填溝壑、血滿田疇、當時德兵在巴里城外、四圍築大礮台、下開深溝、為礮子所不及、各樹林中亦築礮台、掘大洞、兵藏于內、德兵來大銅礮數十門、重皆十萬斤、長一丈六尺、銅

礮子、長一。尺、重千斤、開花子、重九百九十八斤、圓子、重九百六十斤、內含火藥十四斤、錫礮子、重一百九十六斤、礮車用六輪、大盤重二萬四千斤、共值銀六萬五千二百五十兩、大礮每門值銀四萬六千二百五十兩、每放一次、火藥礮子、值銀三百八十四兩、開花子、每次用藥二百八十八斤、近因火道電線、皆被德兵拆毀、巴里乃以輕氣燈四外寄信、三十日、德兵三萬、帶礮三十門、由古南寺分路下山、復得蒲日村、法兵被俘者、四千名、三十一日、法外部遣告英俄澳義四國、乞代議和、即日

三八

派員赴德營、乞暫停兵、以便選舉各省會堂官、畢駟馬未允、午後有紅頭數萬、圍守提督公署、聲言要改紅頭民政、廷臣集議、示以翌日宣告、須通城人民保結、再為酌定、十一月初三日、巴里百姓保者五百五十萬七千九百九十六名、不保者六萬二千六百三十八名、改店未定、是日前往四國之員、各同使臣奉命而往德營會議、一為法國選舉各省會堂大官以立民主之邦、一為巴里辦糧、一為免戰二十五日、以為議和之地步、德君與畢駟馬駮云、法京糧糗告乏、不能久敵、待其譁潰、自然乞降、又有紅頭作亂、其敗可翹足而竢也、初九日、四國使臣、因議未果、乃請護照而行、未幾而南方之兵與德鏖戰于鰲立陽城矣、德兵被俘者二千餘名、失大礮二門、火藥二十餘箱、輜重馬匹無算、德兵逼近巴里、繼此又各傷二千餘名、此時巴里城四面與各礮台施放火器、晝夜戒嚴、十四日、南城外法兵退、德兵折回克河堆善皮呪二村、工部親點軍器、刻即製造大礮一千五百、噴礮五十、炸礮子二百五十、其餘鉛丸火藥稱之、又令將牛馬騾驢猫犬鴿鵲納官、分賣有定價、不論貧富、

三九

每人一兩五錢、持牌領肉、而車無代步矣、又兵部出示招兵、無論何人、其有妻無子者、自二十五歲至三十五歲入隊、有妻有子者、登陴守礮、無妻子者、二十一歲至四十五歲皆出戰、其十七歲至二十歲、願者亦可入營、此時共兵六十萬、大礮三千五百門、二十九三十兩日、東南戰勝敗無分、十二月初二日、法兵連奪五村、擒德官四員、兵八百二十名、大礮四門、槍無數、法兵死者九百三十六名、傷者四千六百八十七名、武官傷者三百四十二、死者七十二、德之傷亡者一萬有奇、因此免戰

六日、以便瘞埋、此次血戰、地周五十餘里、死屍枕籍、慘目傷心、嗣因德兵阻路、法兵只得退入巴里、以謀再舉、二十一日、法兵出城東北交戰、自辰至酉、奪回六村、德兵被俘者百餘名、二十二日、德兵折回轉戰、勇倍於前、法力不支、而退入城矣、失兵六百餘名、傷亡者千餘名、是日巴里西南教的洪城失守、傷亡各二萬有奇、而法兵被俘者一萬二千十餘日來、外省連戰、法又失二省四府、法共三十三省、自初戰迄今、計失五省四府數村、二十八日、法兵戰于巴里東南狄仁省、德敗退入五昌

罕

府、法兵追至、奪回五昌、德乃西退、得援而止、繼又戰于巴里北美梅府、德敗、傷兵七千、退入南嵎武官柯立尚追至、德旋小捷、而陣亡二千餘名、內王一將軍二、法之傷亡者相埒、又戰于巴里南、法敗、德王發達力克舍爾受傷、又巴里正東、每日小戰、法兵東進、以斷德之回路、三十一日、巴里東之荷泥花溪、努尚三礮台俱被德兵轟陷、德又築土礮台十二、放銅礮八十門、其力可及三十里、法兵連日仰攻、未能得力、本年正月初六日、城外西南山頂、德築大礮台十二、放大鋼礮一百二十門、晝

夜齊發、以攻礮台與城、兼放開花礮五六千于城內、大半落于思安江之南岸、擊死養濟院中之病人無數、又一礮子落于女學院、幼女傷者六、死者五、其血肉飛黏四壁、慘不忍言、又轟天主堂數座、傷死男女老幼數十名、又燒毀樓房數處、大花園大樹、銀花牲靈園禽鸞獸駭、誠為未有之浩劫也、按萬國公法、應于未攻之前二日宣戰、以便準備一切、今德未先通報、遽行大攻、殊屬有背公法、故法外部照會歐羅巴及阿美里加各國、聽其公論、十五日、巴里出示、每人只許喫麪包四兩、德兵

罡

至此已圍困一百三十三日、城內糧糗告乏、又因紅頭反間幾有譁潰之虞、加以每日房宇崩壞、死傷相繼、雖各省救援、亦皆敗走、衆議決一死戰、以圖保全于萬一、亦不得已之舉也、又巴里東北之山泥城、被攻五晝夜、每日礮子落于城內者、已積如山、二十一日、巴里城內各營出戰、自辰至酉、敗績回城、兵多逸去者、二十五日、（即華十二月初五日）因巴里城內有一百八十萬之衆、而糧糗不足半月、廷臣集議、欲往德營乞和、擬停戰二十一日、以便運糧、訂于明日、外部大臣前往決議

卷二終

三述奇卷三

鐵嶺　張德彝在初隨筆

貴　榮竹坪校閲

庚午十有二月初六日丁卯、陰、午正、哥士奇請星使遊、同乘馬車出店、行十餘里、繞至山頂、上有禮拜堂、高約十二三丈、廣數丈、深十餘丈、純以白石建造、頂立一金人、抱一幼孩、即天主母也、堂前臨大海、後依村城、名曰那歐塔達木得喇戛、譯言救人聖母也、下車步石木梯、共百八十級、入其門内、其式與他堂大同小異、惟上懸小船數十、長皆一二尺、左右畫軸千張、繪海船遭風顛沛之狀、皆水手之遇險得脫者所獻、與中土之供奉天后娘娘同、去此登車、行二三里下車、復步行數武、入一大園、園名高立巴那巴、花木頗多、雖屬隆冬、依然繁盛、枝葉被雨、清潔如秋、右有育瞽所、亦高大壯觀、後步石磴四十二級而下、左右兩行、式如拱手、中一瀑布、下流而成水法、上下鐵闌石路、平坦整齊、繼而登車、復遊十餘里、見校馬廠與酒肆、流泉、水法、花徑回環、鳥多人少、幽雅異常、下山一路、道途泥濘、樓房鄙陋、破牖頹垣、居民半類乞丐、回寓後、有地方官布蕾斐暨前四川主教法人范若瑟來拜、酉初、微雪、晚餐得食蘋果與梨、皆大於橙柚、戌初、傅達義復邀觀劇、固辭不獲、遂同慶靄堂乘車行二里許、入一戲園、所演率皆平易、惟大海汪洋、球星皓月、尚屬精巧、看戲者武將頗多、子正回寓、聞是日法邦外部大臣發福爾親至衛灑德營、與畢駟馬商議停戰二十一天、畢對云、如欲停戰、須依德營十五款、如左、

第一款

兩國免戰二十一日、自正月二十九日至二月十九日、各營自守、相距三十里、彼此界内可駐二國兵船、自停戰後所有拏去之兵商各船、皆當互還、惟有東邊三省、近德界之地、不在免戰之例、

第二款

免戰之意、係為法國辦理國政、並保舉各省會堂之大臣、在波耳多城公議、或戰或和、官民往來須領路票、到德營查明蓋印、方可行動、

第三款

巴里城外所有大小礮臺、軍器、村堡、廬舍，皆暫交德營掌管。城邊礮臺彼此分立地界，各選將官看守，不得屯兵。

第四款

巴里城上大礮移置城外礮臺，令德兵看守。

第五款

停戰期内德兵不許入巴里。

第六款

城内兵勇水手不許出城，亦不許擅動軍器，只准一萬二千持械，為鎮紅頭作亂。其餘兵將，德營另有拘留之地，以待會堂衆議定後，將所有照管城内將佐花名錄妥，投送德營。儻停戰期内未有和好，將城内已降之人送回德營，各將官准去寶劍存鞘在身。

三

第七款

護軍持械守城，或有反亂之事，只得用三千五百名馬兵、巡捕、水龍勇等，其鄉勇之首領出令，一概不准。

第八款

自免戰後，德營礮臺前有將軍為法採辦委員代謀轉運便法，或入鄉村，或往外邦各地，輸運貨物入巴里。

第九款

自歸礮臺、解甲及城上撤礮之後，一切照第五第八二款辦理。巴里轉運諸得自由，或在大道碼頭，或在江湖海内，惟不准占據德兵所守之地，亦不准在德兵所守界内採買，如德將有令方可。

第十款

凡人出城，各在法營領據，再至德營查考。此據惟保舉會堂之人可用，每日辰起酉止。

四

第十一款

巴里應出兵費三百四十萬兩，此銀當于十五日内付訖。

第十二款

在免戰期内不用契票，改交現銀。

第十三款

各物皆可轉運，惟軍器不許進巴里。

第十四款

免戰定後，在阿美教的洪或佛許爾等處，將自戰迄今

德之被擒者、開單呈送德營、德營亦將法之被擒者、開單交法、以便互易、至德國商船人等、亦如兵弁、送回德界、

第十五款

凡巴里與外省往來書信、不得封口、必先送至衛灑德營查看後、方可投遞、

法外部大臣、持所約十五款回巴里、與衆集議、定否未詳、

初七日戊辰、陰、午正、隨星使與哥士奇乘車、行六七里、抵造䐶局、樓高闊深、均約七丈、地置甎缸八、各深二丈、周丈餘、右横石箱十四、各周一丈六七尺、深九尺、所用材料、係鹻水與各種牛羊油、造法係以機器于箱中磨碎、運入缸内、加牛羊油、缸底連有熱氣筒、將䐶熬熟、定塊、每塊長約尺半、寬七寸、厚四寸餘、此係澣粗衣污布用者、去此、又行五里許、抵油作、亦一大樓、上有壓架六十、石磨四盤、串機二座、吹機四架、所用係胡麻與巨勝子、造法係以火機先串串機、用二石輪周各丈餘、厚盈尺、串畢、自運入石磨、磨亦甚大、磨罷、吹皮實自流下、以

五

麻布包成四方、邉約尺半、堆于壓架之中、壓架鐵鑄形如呂字、每架可置二十餘包、輪機動、則下壓油自流入桶内、壓畢、麻子成餅、厚六七分、匠人取而售之、可餵牛羊、每日得油五千餘斤、油色黄、貧民用以然燈、或以之膏車、及滑各種機器、去此、折回十餘里、抵一棧房、房係民建、純以石鐵造成、樓七層、寛約六丈、長逾里、以氣機上下貨物、靈便異常、看其氣機係二大鐵輪、前一水箱、作目字形、鐵輪旋轉速而力猛、不知吃若干馬力也、去此、繞行十數里、至其新礮臺、極長、不甚高闊、卻極堅固、直伸入海、左右皆水、下有巨石、百方、皆盈丈、酉初回寓、甚冷、是日有本地總督茹艾達暨千總蒲占葉來拜、晚有日本武教習畢路安攜二日本武生來拜、坐談片時而去、又是日途次見有法兵百餘、徘徊一處、抱肩蹲卧、狼狽不堪、蓋皆由印度埃及等國聚來者、因法兵已失十分之三四故也、法京被困之時、有大官乘氣球欲逃、不意行至半路、落于德營、奇甚、又前日來拜之武官名傅達義者、係奉命來此與兵購買鞋襪者、彼尚遊玩看劇、不以官事為重、斯時城雖被困、王雖被擒、而閭閻市

六

壓仍是朝朝佳節夜夜元宵鼓樂喧天車馬震地可謂燕雀不知大廈之傾也按德法雖經議定免戰尚未畫諾而此日紅頭又亂滿街喧閙經看街兵攔阻而紅頭縛其人于木板投諸河中擲石如雨繼用長杆插入水底而死以致人心惶恐後日夜嚴防少為安帖

初八日己巳微晴冷巳正隨星使往拜本地總督與主教范若瑟未初一刻至火輪車客廳同哥士奇登車東行二百五十里申初至拉薜村改乘馬車復至前所看之船廠管廠官偕入廠内見木架上懸未畢工之輪船

七

一隻長三十餘丈據云往中土去者回入機器局見所造者並無輪機車船器具因是時法國軍務緊急將所有銅鐵改鑄礮位長約七尺多由後腔裝藥者看畢登樓飲酒看船圖六七張酉正謝別出門見數粤人蓋在洋船為戛啦桑來此者土人前後追隨皆呼覩覩係以是二字為華言問好也戌正回寓近日街市間有武官驅車一輛上插國旂擊鼓往來乞錢以養受傷兵勇又有武官少婦胸挂十字小旂手持紅布袋迎人乞錢亦稱為養苦兵者是日法國發福爾與德國畢騶馬會于衛灑德營將所定十五款畫押施行係西麻一千八百七十一年正月二十八日

初九日庚午晴未初隨星使與哥士奇乘車行八九里至一處名曰巴蕾朗商係為通城集水處下車入鐵闌門左右四石臺上卧石獅揚爪縱身作奔馳狀左右各樓三層當中石牌以四十柱聯之通身白石建造前有瀑布後倚山岡面如山字正中牌上立三女皆赤臂跣足手持玩物下面碎石峻嶒水由中出瀉落小池暗入鐵筒分流各處石上立水牛四頭左右大魚各四搖尾

八

決蹯悠揚騰躍皆作奔出之狀遊人先登土岡行數武後步石梯八十級至牌下石闌入左樓門再步石梯四十八級則四壁懸碎石攢成大畫百張皆係千古野獸新奇形像筆墨難描又箱櫃百餘外有玻璃罩内放各種鳥獸裝飾得體躍躍如生下立長楄羅列古魚奇鳥彩羽錦鱗筆難細述中列玻璃罩匣數十内係昆蟲萬種第二層所别者係人獸禽魚之骨式與巴里之白骨樓同每層樓高四丈寬十八丈長逾七丈出此入右樓門其頭層四壁懸油工大畫三百餘幅二層中間懸百餘

幅左右二間列白石人像二十餘門外兩壁二石畫係馬賽二千年前與現今之景致江流山峙妙手通神去此至瀑布後登梯四十六步至石牌頂四望通城畢見此後花園紅紫芬芳亦頗幽雅西一水槽下流入園而為瀑布外有石牆頂作石槽高與園齊土人云其長二百餘里西北直抵他村是日男女老幼甚形擁擠得遇拉布當內船主郭地陽後乘車繞行二十餘里至海邊較前兩次景致尤佳道路修齊樓房密建日光入海紅如火柱將下山見一輪船碎於海燈鐵帽之間者土人

九

云係六日前誤觸石礁幸遊人三百一無所傷申初回寓有日本人山田正方者來拜以筆坐談令其以平段字書其名乃ヤマダマサカタ念曰亞馬大馬薩戛達令書德明二字係チメ已ト丿之乙其音未詳伊言所有武生現皆宿於此地馬賽大店內其公使已經西去波耳多城矣蓋當時會堂百官已立公舉名人遮爾者為伯理璽天德巴里雖已停戰而紅頭時時反亂故移會堂與外部於巴里西南之波耳多海口各國駐劄公使亦多因而移去焉是地距巴里一千七百四十里有

奇入夜微風涼

初十日辛未晴辰初隨星使同哥士奇殷柏爾薄郎等乘車至南海輪車客廳少坐登車東行少南過山洞七村鎮九行二百一十里巳正一刻抵杜隆莊改乘馬車行半里有本地水師提督之委員迎入都龍店內早餐樓高五層亦屬華美午初往拜提督貳狄婁入門有兵十名鼓吹相迎見畢排對護送行五六里入機器局登小輪舟其地臨海與莊右喇賽安村合而成口兵船密列兩岸多設礮位凡機器局與造礮局中作工者皆係

十

罪犯兼有德兵共萬餘人著紅衣黃褲其戴紅帽者在此一年或半年戴綠帽者一世並有以鐵鎖練于一處而作工者行里許先登兵船名曰馬蘭滿紀以鐵鑄長四十丈闊四丈深八丈重七千噸合中國一千四百萬斤有一千二百馬力登岸入造礮局銅鐵大礮炸礮噴礮長圓礮子院內羅列成山樓上四壁布滿槍刀列成類難盡述有四百年前之鐵礮長逾二尺粗合把亦由礮頂下藥據土人云自古已有是法奈代遠年湮無從考查今復由名人創造非新式也又有一種法邦新出

之槍名沙斯坡歐者稍亞於德義志之巧鐵槍一分時之工可放十子又入一樓係以舊礮改造螺螄槍處出門臨岸立一鐵造拽物機形如仄字高約十丈無論何等重物皆可拽之登舟上岸又一物名木勺鋪乃中土所謂之水雷係以鐵造形若扁罏可裝火藥三千斤沉入海心上飄小物中連電線無論大小兵船觸即轟碎又一鐵甲兵船甚大其名未詳或云可載兵三四千名又一隻合眾國船無事時可將後輪繫起乘風以省煤費岸邊有修船池四五各作斗形前橫鐵閘後三面以

十一

石砌上下石磴四十一級其小者寬七丈長三十丈深三丈旋駕小輪舟出石牆曰內門口行六七里登大兵船名曰吶滿的係前四日由呢泗地方來者長三十丈寬三丈高四丈兵六百名皆列隊鳴鐘以待鐵礮二十二尊長皆六尺亦由頂上下藥者船主云不知貴星使及諸位光臨有失迎迓請飲三鞭一杯以申敬意談次又云各口兵船之酒食皆取給于此辭去復乘輪舟至對岸風平浪靜四壁皆山哥士奇云此口水甚深廣帆檣之集於此者往來不絕上岸看一樓係犯人臥室小屋鱗次皆置木牀鋪被以便犯人棲止所作各種器皿排列出售遊人多給錢而不取物樓上有火機磨麪滿屋長箱一人可作百人之工又一存酒樓酒箱大於小屋運動皆有關鍵無須人力下樓見一修船處係一高台形如门字甚屬堅固無論何船可以水機拽上其力可知矣又一新造兵船名曰法邦者長逾三十丈闊三丈餘高數丈重四千噸合中國八百萬斤有五百馬力本價二百二十萬方合銀二十八萬六千兩又有數處皆以火機鑄鐵鋸木之所式與他處同又有礮車若許

十二

土人一一與看謝別後乘雙馬車行十餘里申正上火輪車即開戌初一刻抵寓是日往來一路左臨大海右傍山村田疇交錯山嶺峻嶒回時見落日臨海隱於雲間光如巨火忽方忽圓忽而兩半忽而三分萬古靈烏一時屢變可觀之至

十一日壬申晴巳正隨星使乘車往拜總督茹艾達坐談片刻而歸其公署自八年前興工去歲告竣白石建造宏敞可觀其陳設之華美可謂巧奪天工矣

十二日癸酉陰巳初細雨未正隨星使同哥士奇乘馬

車遊行八里許河干有禮拜堂尚未畢工土人云已造十八年矣再須八九年其工可竣所用五色石塊皆由義大利運來堂高九丈寬十丈深二百五十八步可容萬人所費法方千萬開合銀一萬三千萬兩精巧之極時有教士四名偕遊指講一切後出旁門入一小屋內有此堂之規模長逾丈高五尺係以白石雕刻雖具體而微與真逼肖蓋西俗凡興造房樓必先以石或木造成式樣去此行里許至其主教府其人名布啦斯服紅氅紫帶金花邊坐談待以葡萄糕紅色酒酒名什布啦

十三

味如松子辭去北行十五六里至一糖房石樓九層地極寬大通用銅器火機整齊潔淨上下羅列大箱萬萬先熬後壓清水淋出倒入鐵模而成塔糖其大者高約二尺周尺五色白如粉每日可得二百餘斤其黃糖皆來自印度每十斤黃糖可煉白糖八斤未刻回寓

十三日甲戌晴辰初起身乘火輪車西行巳正微陰至達啦斯村停車片時小食後過倭吶江七孔鐵橋午初雨未正止申初至賽達莊住車半時晚餐得食白鱔味似鱸魚石榴大於香瓜亥正抵都魯斯城改乘馬車行四五里入店店名艾達芋呢不甚寬闊尚屬淨潔記來時過山洞五中一大者長十二三里過村鎮四十六其名無須繁述沿路兵勇多有破靴敝袴背負紅酒罐槍頭插麪包者又一路左海右山後則右海左山忽又左右海汊當中鐵路兩岸鷗鴨戲水碧綠盈眸又方的陽城外鹽積如山又釀酒一種甚甘名與城同

十四日乙亥晴早起見店前正對官廨日中為市男女百人各來一車支棚挂帳儼成屋宇所售器皿鐵葥以及糕果肉菜等類往來瞻望者甚夥惟見婦女多長鬍

十四

鬚者午初起身登火輪車即開西行少北先見左臨運河右傍山田未初過大鐵橋又度二小山洞未正則左田右河繼而左右皆河又過一鐵練長橋運河仍右即時在艾根城少住午酌申初左河右山又過三小山洞共過莊村十四酉初抵波耳多乘馬車行十餘里至賢真詹街第二百八十號法人賴斯舉之別墅樓高二層房屋不多裝飾樸素前有馬廄車棚後有園亭花樹葱蘢景致幽雅亦有玻璃煖窖望街樓等又由馬賽僱一洋僕名陶木斯以便買辦日用之物按外國各城無牆

而此地似在城外、因街道整齊、市廛稀少、終朝闃寂、絕少紅塵也、由馬賽至波耳、多計陸程二千零十六里、

十五日丙子、陰晴互變、是日立春、為正月節、早餐見飯廳北壁懸一油畫、不甚大、所繪地如海口、樹木蒼茫、房屋隱約、河水蕩漾、山嶺峯峩、中一禮拜堂、外立五人、似欲參拜者、其工不奇、惟堂頂懸一真表、按刻擊鐘、晝下垂一繩、拽則作樂、如堂中禮拜然、晚見小兒放一風箏、如北京幼童所放之門簾四塊瓦、

十六日丁丑、晴、風和日暖、的是孟春、是日係禮拜之期、午後、男女老幼多扳牆攀樹、以眺望華人、該國自交兵失利後、人民禮拜尤勤、門首多插十字花旗、以明心、彝自航海以來、凡遇法人、彼必問景致之擅勝者以何國為最、彝則曰巴里、人之公平溫厚以何國為最、彝則曰法、眾皆喜聞、且云我國各主教神甫之仁心善意、海內皆知、即如在貴國救護溺女一事、想君已早知矣、彝云我國人民之多、居天下三分之一、苟有是說、則華人定少於貴國矣、今攘往熙來、比比皆是、足見此說之誣也、聞者默然、當晚皓月當空、明星在望、凉侵牀榻、春風襲人、亥刻陰、

十五

十七日戊寅、細雨、按其地之經度、與中國之科布多、庫倫同、而其天氣之暖、忽晴忽雨、無雪無冰、人不多衣、樹不盡凋、一似上洋之冬令、是日午後、有法人嚴布爾者與彝言、君來此已三次、以我國教化比之貴國、似稍遜之、彝詰其說、彼曰、我國男婦老幼相見、皆以接吻為禮、非為教化之國耶、曰、若以接吻而言、我國父母之哺嬰兒、往往有之、此係喜愛之意、不知貴國以接吻為何禮、彼曰、此係恭敬之意也、彝曰、若以此為恭敬、則不如我國之跪拜為合宜矣、再予之三次航海、雖不多見、少有所聞、以我國教化比之貴國、亦似稍遜之、彼請其說、彝曰、父母生子、原望奉養終身、不意貴國之人畢婚後、即分居而另立門戶、雙親雖老、視若旁人、子不侍父母、媳不奉翁姑、豈非少經教化者乎、其人大慚、面赬而退、又英人白婁安者向彝云、既來泰西三次、何不將各國有用之物、詳細記載、歸告眾人、令其勵學前進、彝曰、公曾往華一遊乎、曰、曾駐華八載矣、彝曰、既駐八年、則我國有用之物、亦必有所見聞、彼曰、所知甚夥、彝曰、諒必已告于眾矣、曰、尚未、彝曰、然則已稟之于君主矣、其人俯

十六

首無語、

十八日己卯、陰雨、因旅舍偪仄、王竹軒與張雲波移宿于對門郎柏爾家、戌初、郎邀飲、乃同俞惕盦步至其家、見其妻女與子、並其友畢羅蘇夫婦子女數人、皆係由巴里逃至者、飲酒食糕、相談甚得、見郎年逾古稀、鬚髮頒白、子女皆未及笄、其妻云其長子郎為廉弱冠出征巴里、四月未接家報、不知尚在否、言之慘然、泣數行下、郎擊其背始止、以此見父母愛子、天下通情、但不知子念父母否、

十九日庚辰、陰、早蒙星使延請法人名臘包耳者、以便慶靄堂溫習課藝、其人年約三旬、語言溫厚、每日辰初來、巳正去、所教係地理尺牘等書、每月館俸七十二金、又見對門石樓一所、門橫一匾、係小兒義塾、鎮日鳴鐘擊點、限時出入、頗為嚴肅、

二十日辛巳、晴、未初、同高引之、慶靄堂、薄郎乘車行三四里、至集新院、因內現存軍器、故扃其門、又北行二里許、至公花園、一望繁盛、甚為整齊、中一鐵架玻璃房、極其高大、地含火筒、旁列水池、其花木有數千種、皆來自

廿七

五大洲、多有未知其名者、枝枝豔麗、朵朵新奇、有高二丈者、有有花無葉者、有葉無花者、有花放葉上者、有葉長花心者、其葉有粗如指、細如綫者、有圓餅與舌形者、花房前一小河、人可駕舟而遊、鷗鷺成羣、金魚數百、見人皆追逐浮沉、似乞食狀、又一小木橋、彎曲盤繞、如龍爪然、隨處皆有鐵椅、可以坐憩、亦有鐵亭石閣、作樂之所、出此、至一禮拜堂、名曰賢米士愛堂、不甚大、惟左偏小屋立有男女老幼尸骸二十一具、係于十七年前民變掘出者、各處死尸皆已泥化、惟距城四里許所出之尸、皮髮筋骨皆存、衣服亦有黏留之處、形狀可見、有張口者、閉目者、抱肩者、扶胸者、形像不一、竟有彎骸俯首者、據土人云、乃死而復甦、欲出不得故也、各男女名姓、由何症而死者、司堂人皆能細陳、蓋墓前立有石碣、註明某人何年月日由何病而死、中有一家夫妻三子一女、係誤食蘑菇而毒死者、其老者百歲、少者幾月、皆係六百年前、或數十年前之人、堂之對面石塔高三十八丈、步石梯二百三十二級、至其中腰、盤頂四望、無涯山河畢見、塔頂尖形、直立、回時街市閒遊數里、過一大石

廿八

橋長約一里寬逾六丈河名路旺碧浪溶溶舟艇密密按波耳多城內道途平坦惟多泥濘樓房街接樸素整齊稍亞馬賽城周四十餘里居民二十三萬四千天時暖而多雨入夜微涼

二十一日壬午陰辰正風雨大作午初見法兵百名背包荷戈破靴敝袴結隊歌唱冒雨而行不知其從何處來者申初雨止戌正又雨因樓高四面無倚雨灑風吹聲音撼動與輪船行海相似其震愶亦可想見矣

二十二日癸未晴辰正微陰申初復雨又過步兵二百隊伍不齊入夜晴

二十三日甲申晴早見露結為霜水始成冰巳初暖則皆化午後同高引之慶靄堂與薄郎乘雙馬車行數里至一公馬廠係城中紳富養馬之地每月給銀若干此廠甚大地鋪乾草潔淨異常馬共三十餘匹中有尾大於駝而肥壯可觀者後有操馬房與前在英美所見者同去此西北入鄉周遊三十餘里田疇肥沃碧樹成行竹窗草屋景象清幽間有高樓幾處土人云皆富室之別墅因法邦久戰所有近城一帶樓房田畝率掛木牌

租售故有力者另覓桃源以尋安樂也未正回寓是日為禮拜之期登園角小樓一望牆外男女紛沓來看華人有小攤出賣栗橘其押賭者所畫六地係人心船錨梅花葉星與六點其意未詳後有英國領事官何恩達攜其子何益安來拜坐談片時去申初陰而細雨

二十四日乙酉終日陰晴風雨不定午初同俞惕盦乘車北行十餘里至一鐵鍊橋名賢安得類長逾三里高五六丈寬三丈餘分路三股除入水石座左右各五鐵塔每塔十五層每層五六尺不等玲瓏剔透鐵鍊橫諸塔頂左右各三十二條兩首石砌各長半里下臨沙堤中作月門各高三丈五尺又每對鐵塔當中亦作月門其上橫疊鐵板左右鐵闌皆甚堅固精巧土人云此橋造已五十二年今則鐵皆糟朽禁止行車申初回寓晚郎柏爾邀坐談見男女十餘人有郎之外舅年近八旬能英語又其妻之姊妹四人年皆四五旬者同飲茶與加非食糖果郎云三日後其外舅即攜眷回巴里蓋德法二國將定和議永息干戈奈巴里食用不足已食騾馬今則貓鼠亦將覓盡矣彝言貓性最喜捕鼠若貓鼠

共食、腹内恐不免騷擾矣、衆皆大笑、戌初回寓、

二十五日丙戌、早大霧迷漫、巳初晴、未正同俞惕盦出遊、步至河岸、一路人烟稠密、大鋪宏敞華美、一如巴里、又一大戲園、現改會堂、五層高樓、層層壯麗、四面各石堦八層、白玉石柱十二根、高皆四丈、又河岸石樓前、一銅鑄水法、係三女赤身竝立、各挾銅磯一門、由磯心出水甚湧、

二十六日丁亥、晴暖、午初有日本武生六名及畢路安來拜、遂留午酌、得食蘋果、皮如洋芋而味甘、又有桃仁栗子等、其味亦佳、

壬

二十七日戊子、晴、本地有種漆布、長數丈、寬二尺至八九尺不等、係蔴布上漆顏色花紋、與真花棃紫檀無異、亦有黑黃二色者、黑者間有方塊、周自八尺至十六尺、繪以五彩、金碧輝煌、油布長闊皆六七八尺、其色青黃白黑、以之鋪桌做雨衣、皆妙、鋪地漆布寬窄不一、厚而且固、色分五彩、花樣極多、乍看以為木造蓆織、或石砌紙糊者、竟有造成假蓆、或木與石者、與真畢肖、又種石紙、色亦五彩、與真太湖孔雀青金瑪瑙無異、木紙亦與松柏檀棃同、以之糊飾牆壁、真假難辨、戌初、郎柏爾請酌、同坐十男一女、皆紳富也、談及三綱五常、衆皆喜聞、且云敝國風土人情、較貴國不如多矣、彝言天下萬國、各有所長、取長補短、彼此有益、又問中國食物同異、彝曰中國平日所食、與貴國大同小異、惟燕窩魚翅海參、魚肚蠔蠣海蜇江鰩柱及麻油豆醬之類、在外少見、衆云、不惟不食是物、且未聞是名、望示其詳、彝乃一一細告、衆皆異之、亥初回寓、

二十八日己丑、早大霧、巳正晴、隨星使乘車往造烟局一觀、樓高而大、所造係絲烟、烟捲與鼻烟、其鼻烟色黑而粗、即華人所謂螞蟻烟、女工二千餘名、面前各置一表、可知一刻造烟若干、同時見一王宮古蹟、名曰戞連、大片石牆、高皆數丈、中有月門如城、凋殘頹朽、寂寞荒涼、土人云已千年矣、申初回寓、近日德法雖不交戰、而街衢隊伍猶多、然整齊者少、或一鼓引十兵、或十餘匹馬、各戶小孩五六歲者、亦著兵服、佩刀街遊、趣甚、

亖

二十九日庚寅、晴、午後同俞惕盦乘車、行十餘里、入一燒瓷局、樓院高敞、人工二千、以機器磨沙與土、其陶法

與中土同、瓷器大小形式不一、有印花者、係以暗花銅板塗色印於紙、將紙黏于瓷面水洗片刻、則花朵如畫、分毫不損、未正回寓、晚餐得食冬筍鮮蘑海參魚翅花生杏仁梨橘蘋果等、酒則紹興酒與三鞭酒、彼此坐談守夜、以待新春、樂甚、

同治十年歲次辛未、

正月初一日辛卯晴、寅正隨星使至大廳、向北恭叩

聖牌、行三跪九叩禮、早餐後同高引之乘車、北行里許、至一花廠、內有玻璃房數間、列鮮花百餘盆、如竹葉梅、大紅雀秋海棠馬尾草小芍藥玫瑰花酴醾凌霄芙蓉山茶等類、惟水仙一種、質雖同於中土、色則有藍赤者、有葉如百合、花似丁香、其色藍而味如椿、高約三尺、有葉如倭瓜、花似野菊、其色紫、其味香、有葉如艾、花似碎瓣梅、其色紅白者、有葉如水仙、花似玫瑰、皮黃心赤、可名為獨角蓮者、有枝如嫩松、花密如鈴、其色粉紅、高約半尺、有葉如刺芭、長枝盤繞、花同蝴蝶梅者、其餘不可枚舉、花之矮小者分畦而栽之、每畦上有玻璃罩、買者隔罩挑選、彝乃擇其罕而見珍者、買得八盆、令人持去、旋至

三三

一禮拜堂、堂名賢徐林白石建造、高約七丈、闊如之、深十三丈、牆垣多頹壞處、土人云亦數百年者、是日為禮拜之期、男女擁擠、數逾千百有二十餘、樂兵擊鼓吹號、俱有節奏、又至前所去之公花園、是日開骨畫二樓、先入骨樓、樓二層、所存係人獸禽魚之骨暨昆蟲石木之類、獸之奇者有一羊二頭者、又有一頭二身、係後分前連、前四骸左之右骸、右之左骸併而上舉、人之奇者有小兒一身二頭者、有二身連絡者、更有二三月胎內之小兒、長四五寸者、鳥有獨目生于頂上者、魚有穿山甲、有形似蝙蝠者、有如合豚魚而滿身尖刺者、有小口小目身大於磬者、蟲有蛤蚌螺螄大如西瓜、小如米粒、色分五彩、石有木變者、骨變者、有含花藏魚者、木有粗四五圍者、又一玻璃櫃中列阿斐利加之刀槍衣履數件、與乾草大瓜二堆、瓜如人臂、肥而且大、後入畫樓、樓亦二層、所存畫軸千幅、亂置當地、因前日失慎、大半罹回祿之災、有一大幅、所繪係一船遭險、別船來救、男女皆攀繩抱木、倍極顛連、看久似聞有人喧浪湧之聲、此軸亦被烟熏模糊、大半、土人云其價值銀二千六百兩、申

三四

初回寓、戌正同高引之俞惕盦慶靄堂與溥郎爽雙馬車、北行四五里、至格拉奚巷第二十四號、路盎戲園觀劇、臺座整齊、鋪陳華美、所演係義大利故事、不甚鬧熱、惟末齣山林樓閣、雷電奔馳、山崩地裂、水湧房搖、令人真假莫辨、亥正回寓、

初二日壬辰、陰、早有武官馬多文邀至本巷技勇營一觀、左右樓房中、一花園、列礮五門、有一銅礮、長六尺、周三尺餘、心分二十四細孔、藥由尾入、放出如驟雨、然左樓為諸生肄業之所、上懸各國地圖、軍器圖式、隊伍規模、下置紙筆書籍、以便講求各種槍礮形式、暨製造施放之法、武生共一百七名、鎮日學習操演、右樓為教習考課之所、前一大几、壁挂黑木牌、旁列木凳、令諸生坐、教習以粉畫牌、乃問某處有山、某處有水、我當何法對陣、何地扎營、或某處有城、我當如何進兵以及仰攻俯擊之法、諸生能對者為上、否則一一講解、是海國之重武備、不啻中國之重文教也、未初細雨、酉正微晴、入夜大雨、

初三日癸巳、陰晴不定、時落細雨、覺冷、戌初復同高引

二十五

之諸君至路盎戲園、所演與昨大同小異、惟中齣則有著花秋帽、金頂綠纓、黃袍鑲紅大褂者、有戴塔帽而著黑衫者、狀如魑魅罔兩、女子有著男衣而戴假面者、離奇怪誕、頗快心目、是園樂工五十名、臺上懸煤氣燈一百二十盞、臺下懸插共三百九十五盞、可容二千一百餘人、子初一刻回寓、

初四日甲午、早霧、辰正晴、午後有法國二主教來拜、一名巴見多、一名戛達類、與慶靄堂暢談良久、甚歡、後巴問彝係何教、彝曰儒教、問何不奉天主教、彝曰孔門乃中國之本教、故不敢改、問究以何教為上、彝曰某國人似當以某國本教為上、且二教多同少異、彼云二教所異者多矣、君不知天主生已一千八百七十一年、今之奉教者已有數國之多乎、彝言此說固是、然孔子已生二千餘年、並無主教傳播異邦、而今之崇奉者亦有數國之多乎、二人無言辭去、晚郎柏爾請茶、同座有伊堣女菊桂然者、年未及笄、乞教華言、遂以鉛筆書俗語二十句、告其音義、移時述對無差、洵乃慧中秀外、聰敏絕倫、以擬黑齒國之才女、殆不遜云、

二十六

初五日乙未，早大霧，巳初晴。按自去歲十二月十八日，為西麻二月初七日，係耶穌受四十日大難之始，例應停止宴樂，用無血齋四十日，而此地人民喫肉者多，甚有跳舞宴樂者，亦無著異服戴假面遊于街市者，每晚只聞一二人吹弄牛角而已。正高引之復約同往觀劇，辭謝未去。慶靄堂與殷柏耳云德善之父請于初八日往阿拉戛桑村一遊，彝乃登樓稟請星使，報可。

初六日丙申，早起大霧，見冰，巳正晴暖。近日門首經過馬步隊伍，稍為齊整，而其軍器衣裝仍多破壞。又聞自去歲十二月初九日德法議定停戰後，至今已逾二十一日，而法會堂咸議再戰，諸多掣肘，乃于是日令伯理璽天德遼爾擕外部大臣發福爾親往德營講和，經德君與畢馬議得十款，遼爾擕回會堂公議，計大僚五百四十六員，願畫諾者只百零七員而已。按所議十款如後：

三七

第一款

法國願讓與德東邊一省半地，計六府，一千七百六十三村，一百五十八萬四百七十四名口，一切法例契劵皆去，永歸德屬。即時兩國各派委員前往分立界址，所派官員係為兩國清分地界與財物等事，苟有不公不明之處，准其稟明國家。俟換約後，彼此各存地圖一張。惟東省之北拉佛爾礮臺仍歸於法，可將去歲九月間在柏爾林所畫者改色。

第二款

法應償德兵費五十萬萬方，年內即付一萬萬方，分為兩次，每次五千萬，餘歸三年分還，由換約日起。

第三款

三八

自民會願准和好後，彼此兩營定期將巴里城內外暨河邊各礮臺與西南十五府及思安江右邊各地之兵退盡，因法兵亦皆南退，應准巴里屯法兵四萬，以照管各礮臺所有東北方德兵所據之地，自換約日起，隨時付銀，隨時退兵。按照第二款，初次交五千萬方之日，先退附近巴里之地；二次付訖，即將北方一帶退盡江東及巴里東北之礮臺，亦然。至東方臨界之地，或待全數五十萬萬方交訖，或法國言明先交保據契票於德收執，德兵即行退完，若臨期未能全退，應出官利五分，由換約

日起每年照算

第四款

所有德兵存留之地不許取兵餉收地租法國供其日用

第五款

法國所讓之地其人民貿易如舊所立和約皆有一定之規妥為照料以益將來現在皆得任便自由或願歸德法何國或移去他邦德國概無禁阻其在所讓界內法國官員不得仍行拘人治罪亦不得代他人作主擅卌九理財產

第六款

法營被獲之兵尚未放還俟允定和約後急行解送法當預備火輪車前往德國議定解送法兵之費應按法國定例

第七款

條約定妥照前講和之現應在比利時國京都商定

第八款

條約定後各省德兵占踞之地盡交本地法官料理所有德兵食用均照德營總軍辦理德兵住留之地德營派員往收稅糧與法國互相清算

第九款

和好已定應照前規無論德官何權皆不得行令于法因現無德兵駐守

第十款

此十款應速呈波耳多民會妥為集議以取進止

初七日丁酉晴暖未初隨星使乘車至公花園風和冰解鳥語花香人之遊春者踵趾相接入骨樓復見一鹿五十頭大如驢角長盈丈一魚肚大於鐘目小於豆嘴約一寸四牙外露二分水細小如耳又一海魚肉翅形如蝙蝠鬚長頭小狀若老人其餘豺狼虎豹海馬斑驢金雞鸚鵡鷹鶻鵰鷗罔不畢具申初回寓

初八日戊戌晴卯初睡起同慶靄堂殷伯爾登火輪車西南行一百五十八里巳正抵阿拉戛桑村一路停車五次樹林青鬱阡陌縱橫至則前臨海汊後傍山岡兩德善之父早已掃徑以待乃同步行登山磴雖盤繞路極平坦左右環以木闌干峯疊秀曲徑通幽樓房點綴

松柏婆娑、緩步芳茵鋪翠、十里不遇一人、寂無音響、於山環處忽見木樓一所、極其高大、乃仿華房造者、頂似城樓、座如廟殿、石闌瓦脊、頗爲壯觀、數武外又瞥見一樓、高插雲漢、亦仿中華殿閣建者、惟頂作半球形、滿鋪黃金、如俄國禮拜堂、一路逶迤曲折、下山步至其家、見其內眷、談次詢及德善起居、彝乃告以平安、無須罣念、衆皆悅之、早餐同坐、有其鄰居父女二人、父名鞠智晏、女名格秘、飯畢、在院中少憩、後同車出遊、先抵湖畔、步沙堤里許、潮長日落、掩映波光、又至山頂、見一望海臺、純以鐵造、高十數丈、作半字形、登八十級、至中層、已四面畢見、村落不大、槐柳成行、鋪戶稀少、房屋整齊、下山步入鞠家喫茶、見四壁木槅、設有中華瓶罐碟盌瓷皆上等、申初告別、再三婉留、且云不知能再見于巴里否、彝言公務羈身、不敢逗遛、遂送至火輪車客廳、夫妻囑見德善告以一切平安、不得遠懷等語、言之悵然欲泣、即時開行、頗快、戌初回寓、聞自前日德議十款、法會堂終日議論紛紛、雖不欲和、無法自處、適爾發福爾遂于是日與畢駟馬同在衛灑畫押蓋印、後書一千八百七

十一年二月二十六日、衛灑立、

初九日己亥、晴暖、早起見天光清朗、微風習習、乃口占八韻云、好似清明節、誰知正月天、微風吹浪靜、細雨注花鮮、林內松垂翠、河邊柳散綿、田疇蔬菜遍、山嶺橡楊連、度數如回域、風光比蜀川、因何涼過越、卻竟暖於燕、莫訝時差異、方知地使然、周遊千萬里、冬夏日三遷、

初十日庚子、早大霧、辰初晴、記前所看之洋水仙、法人呼曰赭赤、若婦人懷孕、可卜熊蛇、係將一紅一白同置于水、白者先開爲女、紅者先開爲男、紅白齊開則爲雙生、是日頗熱、可著袷衣、晚在園內緩步、桃花吐萼、碧柳垂絲、而金菊地椹、三月蘭蝴蝶梅、皆已遍地矣、

十一日辛丑、晴、近日連接洋信二函、係一貧婦吳門麥氏者所發、內云巴里被困三百三十餘日、今幸逃此、又值夫故、無計謀生、懇求施助若干、以便度日、憶在北京見有乞丐向洋人討錢者、即叱退去、不意至此數日、即有婦人乞助、以是觀之、貧富何得以地限哉、

十二日壬寅、晴暖、見園中杏樹兩行、花如吐火、滿徑幽香、蜂蝶爭飛、十分春色、而遠近之楊柳榆槐、參差偃蹇、

碧綠盈畦、入夜則寒風襲被、惟有一縷鑪香、尚含煖意也、

十三日癸卯、晴暖、早起則花香鳥語、日麗風清、緩步尋芳、頗饒佳趣、午後同俞惕盦乘車街遊、見一種麻布甚長、寬逾五尺、灰質白花、極固、又一種存稿簿、長方、紙甚薄、書信寫畢、中夾油紙、刷水、置于簿內、再置于鐵夾板上、有活軸、轉則下壓、絕不費力、取出字皆印于白紙、而原信仍分毫無損、又近日牆外男女小兒爭討中華制錢為奇物、

十四日甲辰、晴、午後同俞惕盦街遊、見一大雜貨鋪、樓高三層、極其宏敞、每層當中與四壁羅列雜貨萬種、如紙筆綢布、鐵木器皿、婦女鍼黹、小兒玩物、以及瓷盆竹筐、鋼鑼皮鼓、無一不有、筆難盡述、每桌一人看守、客買何物、則守桌人同至大櫃、言明物件若干、價值幾何、則掌櫃者隨聽以筆登記、外書門票一張、上印某城某巷第幾號某鋪字號、何年月日賣去物件若干、價值幾何、若令持送、則票邊另書姓氏住趾、無論何鋪皆如此、大約夫賣貨而妻司帳者多、又各鋪自備車軸、每日按家

三三

去送、雖些須小物亦然、小鋪無車、則令夥計背提、所售貨物、門票逐件畫押、以明貨價已收、有不現給值者、則送貨人收訖畫押、其價逾十圓者、于收訖時必另貼一小長方票、亦為畫押、否則官罰、蓋票皆官出、不得不取償焉、

十五日乙巳、早霧、巳正晴、晚則月午風清、照如白晝、乃約德威理亞殷伯耳那、威勇及薄郎四人共食、羅列酒肴、同賀佳節、杯盤狼藉、歡飲暢談、亥正始散、當晚果蔬甚佳、得食海參、魚翅、燕窩、魚、鴨等類、櫻桃狀如李杏、春橘大如木瓜、酒如中土紹興、香烈醺人、

三四

十六日丙午、晴涼、巳初陰雲四合、細雨終朝、近日頻聞車聲轆轆、鈴響丁東、雖在午夜、其聲不絕、蓋前于十一日因兩國換約、有三萬德兵列隊入巴里、齊唱凱歌、由阿爾克得特立羊福大石牌樓直抵王宮後、埃及石柱、轉至馬達蘭禮拜堂、各街巷口皆有本國兵弁持械嚴守、以阻民人觀看、

十七日丁未、陰雨、申正微晴、亥初陰雨復雨、記本院有園丁夫婦戴姓者、殷勤灌溉于花園之北、偏種柳一圍、

周約四丈、頂上交枝而成棚、內設圓桌小凳、亭外四面、地分六畦、各作扇面形、每畦鮮花一種、如牡丹玫瑰金菊鐵梗海棠等類、畦邊鑲以地椹芙蓉、此外桃杏蘋果梨橘壽丹、行行夾道、頗覺可人、百樹交花、幽雅之至、

十八日戊申、陰雨、稍冷、午後哥士奇來拜、坐談片時辭去、見本地丐者之八音盒、長三尺、高二尺、寬一尺、外露一表、旁有關鍵、按節作樂、聲音洪亮、數里可聞、每箇價有值銀七八十兩者、丐者多由樂鋪賃出、每月給法圜十開二十開不等、終日背負穿巷遊街、欲乞錢則在樓前支以木架、轉其機關而奏之、願給者、則于樓上以紙包錢而擲、多者五六方、少者一二蘇、入夜微風雨止、

十九日己酉、晴暖、早有郎柏爾之妻來請俞惕盦、言其夫染重病、乞救之、診係春瘟、兩頦皆腫、遂畀刀圭一劑、令彝告以煎服之法、且言不可以風、翌日必愈、其妻拜謝、當晚同衆在園內柳棚瀹茗、微風敲竹、皓月映花、因口占云、萬个參差綠、重臺掩映嬌、一杯聊代酒、罷辱亦堪消、

二十日庚戌、早陰、細雨陣陣、午後往看郎柏爾之病、現

三五

已消腫、乃另給一劑、以去毒火、告以在室靜養為妙、郎云勺勾臘局之東主約去清帳、昨日未往、今早已疊令人催請、彝言可以煖布圍頦、以防風氣、否則再犯便難著手、郎與其妻連應唯唯、少坐、各飲加非一盅、回寓、申初晴、入夜復陰、

二十一日辛亥、陰雨、巳正晴、午後有房主之友來氏者、同一官兵名過斯橋者、面懇惕盦診治、且云久聞名醫來此、因貧苦求救、量不推辭、見其大指腫起不亞雞卵、惕盦乃給藥末一裹、湯藥一劑、告其煎法敷法、拜謝而去、晚因郎柏爾病愈、請惕盦與彝小酌、果有櫻桃蘋果地椹花生、酒則舍利、高釀酥芝、柏都等、同坐惟有伊甥菊桂貝菊桂然、兄妹二人、言其親友已同巴里矣、因德法早和、城中安堵如初、彼此暢談、甚得、深贊惕盦之能、察脈通神、為今時之和緩、其病若經本地外科療治、必使其腫出、割破見膿血而後已、不知幾月方愈、雖愈亦必留有痕跡、何能如此之速耶、可見華醫與西醫各擅其長、並行不悖、酒罷辭歸、

二十二日壬子晴、未初菊桂貝約俞惕盦黃道崇與彝

三六

同乘車行八九里、至婁亢街第十號、拜其教習高那昂、其人年約五旬、係患半身不隨者、鎮日坐一木椅、前後三輪、以手推柄、攸往咸宜、其師生相見、亦以接吻為禮、坐談良久、臨行求各書華字一篇、去此、復遊公花園、是日係禮拜之期、又因德法已和、人心安靜、街市往來、密若螻蟻、

二十三日癸丑、晴、涼、記西國男女喜養犬、多有以人名地名為名者、壯者可名卓安、漢利、牝者可名美麗、安呢、其來自巴里、即名為巴里、或犬主喜某處、或意在何人、亦可命名、酉初一刻、陰雲四布、微雨、花香、碧樹沉沉、寒侵几榻、

二十四日甲寅、細雨、未初晴、晚餐得食洋鰧魚、亦係扁形闊腹、緊肉厚皮、惟其烹調少異、以白水煮之外、加牛乳汁、香菜末、青果油各少許、雖不如蓴羹鱸膾之美、而食之尚覺清鮮有味、記泰西人家日用食物、如油、醋、椒末、鹵蝦醬油、芥末等〻皆盛瓶罐盒盌、鮮有買一二銅錢者、餘如鹹菜、醃黃瓜、豌豆、橄欖、蘿蔔、豎醬、魚蝦等、亦皆按玻璃瓶罐、馬口鐵匣出售、

卷三終

三述奇卷四

鐵嶺　張德彝在初隨筆

貴　榮竹坪校閱

辛未正月二十五日乙卯、陰雨、未初、同俞惕盦慶靄堂、乘車往拜那威勇之友侯爵葛戛斗、行十餘里、始抵其家、其人蒼顏鶴髮、年近八旬、一人獨居、有三四僕役服侍、其子女皆移宿于鄉里、居室華麗、光怪陸離、伊言自幼無病、身體堅壯、惟于戰陣、微受創痕、每日看書養花以自娛、性好古董、不憚窮究、論及集骨、帶往小屋一間、內放鳥獸蟲魚之骨、暨木石種種、其藏花亦玻璃小房一間、紅〻紫〻、丹青異香滿室、其書齋則古今書籍汗牛充棟、率皆〻蝌蚪奇字、後求諸人書華名以為記念、看畢辭歸、申初雨止、戌刻、經星使派彝同德威理亞往巴里儆居、囑以寬闊潔淨與伊外部相近、遂即治裝、子正起身、乘馬車行數里、過大橋、至火輪車客廳少坐、登車、丑初開行、一夜甚冷、雲寒風緊、涼比初冬、

二十六日丙辰、終朝陰雨、落地成冰、酉正一刻至都爾城、晚餐、按程今晚亥正子初應至巴里、因車行緩、須明

早方到、恐星使懸系、遂急致一稟寄至波耳多亥、初他
車始至、換登、後停至子正方開、一路威風凜冽、冷逼重
裘、四野雲垂、尤凉於昨、
二十七日丁巳、晴冷、卯初抵巴里、與德威理亞分袂、見
征客雖多、鮮有馬車、遂僱小兒一名、令持手箱衣包、步
至妥朗曬巷第六號王子顯承榮鋪内、相見甚喜、彼云、
去歲志孫二位星使未去時、已由電報聞君派隨崇星
使之信矣、在彼早餐、因當時巴里初定、旅舍大半歇業、
雖開亦恐内藏紅頭、遂于午初步至居福巷内第五號
霍福家借房小住、未初、同德威理亞乘車至賢卓智巷
第五號、拜費亞柏、係經法國駐京公使羅淑亞代託覓
房者、坐談少刻、即同乘車先至婁氏巷看房、樓高三層、
白石建造、頭層客廳極其寬敞淨潔、陳設古玩甚多、洋
琴五架、油畫數軸、中二軸據云價值銀二百六十兩、二
層卧室前一望臺、玻璃罩壁、三面鮮花數盆、正立一白
石女像、赤臂跣足、腰圍帛帶、手舉飛禽、後有蒼竹數竿、
曲沼一區、各屋亦皆寬淨、惟西屋設一金花坐鐘、面書
各國經度、高約五尺、下有卧立小兒四五、上絃則小兒

二

跳舞、可辨天下各國時刻分秒、各屋牆壁糊以雲緞、罩
以紅綢簾帳、褥墊亦皆華美整齊、院落不大、鮮花圍繞、
每月租值一萬四千方、此巷極窄、前後高樓在上、無可
眺望、距其外部十五里、去此、行數里、至芭菊街樓房一
所、不甚寬闊、距其外部五六里、租值每月一萬方、再行
八九里、至丹膽街第五號、石樓一所、高五層、每層八九
間不等、鋪墊齊備、陳設華美、器皿俱全、後接鄰舍、前對
花園、左近凱歌路、右臨思安江、撥窗眺望、無遮目處、距
其外部約一里、每月租值四千五百方、合銀五百八十
五兩、訂于翌午送信、酉初回寓、即將間數地趾距其外
部遠近、繪圖貼說、稟呈星使、
二十八日戊午、晴、午初同德威理亞、費亞柏步至丹膽
街、租寓已定、並告以如何安排修飾、房主欲先收租銀
三月、屢向辯駁不允、後德威理亞代改兩月、其妻猶沉
思良久始允、乃訂于次日開明一切物件、及將來某物
失損作何計算、畫押立據等事、酉正德威理亞邀晚飯、
同坐有其母妹戚友八人、亥初回寓、聞是日會堂公議
出示、遂散巴里各鄉民勇、又各營派兵四萬、攜帶火器

三

前往北衛、比迷、蒙葦、萊暨、綱馬山下四路、擬取回大礮四百餘門、因此四處皆係鄉勇看守、官兵到時、鄉勇阻其前進、將軍出令施放火器、眾兵抗而不遵、倒戈相向、將軍無法、暫令收兵、叛勇猶追逐不已、槍斃官兵數十人、武官被擒二員、一名臘公塔、一名雷猛多、亦皆以槍斃之、戌正叛勇下山、欲來巴里、一路民勇爭鬭、終夜喧鬨、彝飛稟星使、請仍在波耳多暫駐數日、俟軍務稍定、再稟移入法都、

二十九日巳未、晴涼、聞昨夜叛勇已入巴里、至王宮左萬洞坊之銅柱下、約千萬人、譁然鼓噪、聲言將吏兵二部大僚、并民勇將軍、巴里提督、按察司、皆改用其黨、各官畏懼、皆避往衛灑等處、巴里遂無主矣、叛勇行令官兵皆倒舉火槍、以示無與戰意、人心惶恐、畏其搶奪殺害、富者已經他徙、貧者無以自衛、王霍二家亦不日即逃去、彝恐大亂、無可避居、即擬出巴里、苦無車馬、萬難步奔、遂函稟星使、擬回波耳多、再為料理、正繕稟間、忽礮聲大起、急投信於信局、而信局已閉門不納、欲改送電信、而電局亦暫停止、欲往向德威理亞計較、據洋僕

四

云、江北各巷口、皆以車輪石木堆築礮臺、行人往來有暗號、不可遽往、只得函催送往、以候回音、不意其人回云、德威理亞因故他出、及至火輪車局、始知戌刻方有車來、欲留行李局內、以待海車前往、而海車之有無亦難預定、無奈先至霍福家謝別、後往王子顯鋪內晚餐、酉正一刻、步至車局、人多散去、幸有王子顯送至河干、恰遇一火輪舟、急行搶渡、行十餘里登岸、步行三四里至火輪車客廳、買票登車、與王子顯作別、當時沿途老幼男女擁擠喧譁、絡繹不絕、戌正開行、甚冷、亥初一刻至都爾城、駐車晚餐、子初復開、頗快、

五

三十日庚申、晴暖、午初一刻、抵波耳多、乘馬車回寓、謁見星使、面稟一切、星使甚喜、温語慰之、記由波耳多至巴里、計陸程一千七百三十四里、過山洞九、停車五十七處、各村鎮大小不一、田疇肥美、樹林陰翳、而山環水繞、風景夷猶、殊堪懷想、

二月

初一日辛酉、晴暖、記泰西一種鐵蒺、係以三鋼鐵、各長五六寸、搭成三角、上繞絲繩、陸續倒換、以之織手套煖

領睡帽小袖與襪等、皆甚活輭、熟習此工者、雖年逾七旬、亦有能閉目而織者、其大小尺寸式樣、毫無差錯、

初二日壬戌、晴暖、午後哥士奇來拜、有本地風蓬船主武禮和者、前來乞錢、自言船遭風險、無資度日、又聞本地會堂百官、皆移往衛灑、將改王宮為公署、各國公使亦皆移去、

初三日癸亥、晴、微風淡蕩、天氣清和、聞是日有巴里良民數千、于午正至萬洞坊民勇將軍衙門、與其頭目商議平定之事、紅頭不允、即時槍斃人民數十、眾皆驚散、此後風聲鶴唳、草木皆兵、各街口皆塞大礮、門戶難開、人多逃逸、

六

初四日甲子、微陰、早聞呂陽兵勇亦叛、見土人有種八連環、其解法與中土之九連環同、另種銅環、作凸字形、下一尖圈、連有小環、以能取下者贏、申正細雨、入夜束裝、

初五日乙丑、陰、巳初起身、乘馬車東行三四里、過大石橋、至火輪車客廳、少坐、巳正登車、即開、北行迤東一千零四十一里、酉初一刻、抵都爾城、一路田地沃饒、山河峻秀、過黑山洞九、中有連過者五、各距一矢之地、又過村鎮四十五、因車專為寄信者、其行甚速、故途次只停車十次、其住車之處、率皆通都大邑、至此下車、復行里許、入店名居凝瑞、在廠大路、路之北為舊城、路之南為新城、周八九里、居民四萬四千餘人、戌初細雨一陣、亥正大風、晴、

初六日丙寅、晴、是日為禮拜之期、街市遊人甚夥、廠大路之東、有陸雅巷、鋪戶淨潔、樓房一律、向北直行里許、巷口有樂瓦河、九孔石橋、高逾二丈、寬二十步、長七百二十步、石徑寬平、欄杆堅固、四角花園、兩岸樓閣、入夜則微風送暖、簾幙生春矣、

七

初七日丁卯、晴暖如昨、早餐後同張雲波、劉輔臣步至陸雅巷、觀集古樓、其頭層所存油畫千軸、已皆收去、據土人云、因被德兵打壞、又值養育傷兵、牆壁穿有大小圓孔數十、其梁柱門牖亦多損壞、烟痕大片、間有含槍礮子處、其二三層槅櫃行行、所列無非禽獸魚骨及奇石古木、亦有他國土產、又有中國之水旱菸具、羅盤、筆筒、石章、紙畫等物、更有賈益謙之大字名片、暨捻匪文

封、橫放葦城同善堂助葬局、票浬江娘娘廟、籤板與書板三四塊、登樓而望山水樓臺、橋梁花木、無一不在目前也、

初八日戊辰、晴、早大風、涼、記是日與店主沙婁叙談、伊取書一本與看、據云其友所贈、啟而視之、乃華人所讀之三字經也、為之講譯一通、伊免冠深謝、午初有本地老嫗攜一上海人年十五歲者來、云伊自童年因無父母、攜帶于此、曾學文一年、當兵二載、頗聰敏、現因家道貧乏、不能自存、儻能將此子帶回中國、則感激無既矣、

八

其人貌固與華人同、而華言一句不解、當晚風息、獨步廠大路、行數武、見一法兵低聲討錢、言欲回歸故鄉無力、又一老人年近七旬者、手提衣包、滿面灰塵、當逢四望問路于彝、奇甚、

初九日己巳、晴、申初、星使派彝持刺往拜本地之提督迺葛烈、其人年約六旬、坐談數語而歸、聞都爾城外設有製造花紅綢緞暨五色玻璃廠、皆甚廣大、工人有數千名、又本店櫃房後欲添設套間、係亦以白石建造、石塊大皆出自他山、稍嫩於巴里者、砌法係支架灌漿與中土同、晚在寓內遇已故蒲大臣安臣之友巴克爾與戴樂爾、彼此坐談極久、問及前在包斯頓所遇司那歐阿立安及李丈模父子、言各安居無恙、

初十日庚午、細雨、冷、卯初、起身上火輪車、辰初一刻開、午正雨止、東北行七百一十一里、酉正抵衛濃、晴、一路停車十八處、先過二大石橋、曾被德兵毀壞、闌杆缺殘、幸有鐵架支持、車則緩步徐行、各有戒心、又過美達蕾村、土人云周逾三十里、田畝膏腴、凡通國小兒之挑達者、皆發于此、令學農工、已有七百五十餘名、而工于其

九

事者、不下六百餘人、又狄斯葉莊後多穴居山洞、如中土之山陝、午初一刻至芒太鎮、早饘、去此急行、見麥囊村後各村鎮房屋多被德兵拆毀、牆壁頹倒、木石成灰、其被創之血跡、宛然猶在、至此下火輪車、乘馬車行六七里、宿于橘子街第二十六號、樓高四層、整潔樸素、窗外臨街、晝夜車聲震耳、後有小園、花木紛繁、草徑苔堦、布置精巧、當晚兵馬雲集、人語喧譁、因官兵不與叛勇戰、故調水師來此、藍衣草帽、不甚整齊、入夜氣爽風疎、烟沉雲斂、涼比中秋、

十一日辛未晴冷。見邇來法邦各處亦有賣馬肉狗肉者，甚至下等人不醻面，不整容，衣服藍縷，多生蝨蚤，更有以唾沫和菸而吸者；女子則首如飛蓬；小兒則坐于塗炭。如是則洋人之笑華人不潔者，其亦未之深思耶。聞近日紅頭困守巴里，兵難進攻。入夜陰雲密布，細雨濛濛。

十二日壬申陰涼，巳初細雨陣陣，午正一刻雨止微晴。忽聞有千軍萬馬經過樓下，其聲轆轆，不聞號令，但見旌旗蔽日，電掣雲馳，使地震搖，驚心動目。未初法外部副總理費得功來拜，其人年逾花甲，言語温恭，皤然一老翁也。十

十三日癸酉陰涼。晚見新聞紙云：本日午刻有紅頭二千西出巴里，過思安江，欲往大礮臺取礮，中途至古瓦莊，遇一名醫丁吉葉者出與講和，不意紅頭有一童子名吳愛文者將丁刺死。據云被伊刺死者此為第五人，其桀驁凶悍，殆亦秉於天性者歟。後官兵截戰，紅頭始為敗回。

十四日甲戌早晴冷，辰正陰而細雨。午初過馬步隊共四千餘人，行動稍覺整齊。衛灑通城所用甘水皆由他處灌入，聞是日叛勇三路出巴里，折斷水道，官軍迎至鷗泗地方對陣，而得伊斯義礮臺，叛勇敗退。又前日對門死一老者，停棺門首，前挂黑布簾，外設銀壺與所謂之聖水，旁立四巨燭，長各三尺餘。凡人經過，或免冠，或滌聖水，再以手指點胸肩與頭，作十字形。是日午後出殯，送者男女數十人，列隊而行，皆服烏衣，前有教師舉燭與十字架。

十五日乙亥陰晴不定。聞昨夜官軍與紅頭大戰而勝，十一被俘者一千二百餘名，是日經過，見每十紅頭縛以一繩，有官兵二十名舉槍以護之。記德法和約所讓一省半地，其一省名阿喇薩，半省曰羅林，地在法之東北，與日耳曼毗連。又賠款五十萬萬方，計銀六萬萬五千萬兩，分年歸還，當年先給一萬萬方，合銀一千萬兩零一錢三分，此銀應于七日後償清。無如法邦耗費一空，無處周轉，致將所讓二省之火車鐵道折賣，仍不足數，良可浩歎。

十六日丙子晴。未初隨星使往拜法外部大臣發福爾

申初回寓、後哥士奇來拜、酉正見樓下經過一殯、先二兵徐徐擊鼓、次一神甫舉十字架、中則四兵手提一棺、上罩法旗、左右六十四名步兵分為兩行、後隨武將數十、免冠步行、不知亡者為何如人也、

十七日丁丑、晴暖、申初復見一殯經過、死係一女、送者男女數十、皆服烏衣、又見王宮右小湖之四面屯馬隊營、其帳房圓形、不甚高、可容十數人、馬皆飲于小湖、晝夜人馬來往、使人寢臥不安、

十八日戊寅、晴暖如昨、未刻有法外部大臣發福爾主　十一
客使德布雷、戶部度支畢林陸續來拜、皆坐談極久而去、又法外部幫辦邦妥沽郎投刺、聞是日紅頭在巴里捉獲主教神甫百名下獄、

十九日己卯、晴、午正隨星使乘車往拜駐法羅馬教使齊日暨各國頭等公使英國來羊斯、土耳其國智米樂、後令彝持中外名片、代拜各國二等公使俄國教古葉、合眾國瓦是本、瑞士國該杭嗒、比利時國貝燕斯、丹瑪國莫力根、和蘭國全固葉、瑞典國阿堤瓦、智利國葛訥日、斯巴尼亞國武丈模、及奧地里亞國賀悅斯、其他如呢戛拉挂國辱敏方格、義大利國朱色門、薩瓦多爾國龔爾慶等、尚未來此駐節、申正回寓、晚有前在巴里代為僦居之費亞柏、携其妹費儀貝逃此、據云各持手槍、由礮臺經過險甚、巴里共有紅頭四萬七千、槍礮六萬餘具、頗屬利害、前日在納里一役、官兵追之過橋、叛勇所備炸礮、未得施放、不料官兵礮子誤觸彼此、各傷數百人、提督陣亡二員、一名裴斯旺、一名杜其良、所幸者現在紅頭內亂、互相殺傷、并下其頭目伍阿喜于獄、想不日可平也、入夜陰雲密布、細雨通宵、　十二

二十日庚辰、早細雨、巳正費亞柏携其妹又來辭行、欲回巴里、奇甚、見二殯、一官送、一車載、送者無多、蓋皆陣亡之兵也、午後微風晴、同俞惕盦街遊、遇前在巴里相會之合眾國人高富爾、自言七月前移此鎮、日搜羅新聞、現居哈襍巷第四號、詢之始知為倫敦新報局採訪使也、

二十一日辛巳、晴、早有陣亡之二提督出殯、前有神甫與聖徒三十餘人、左右官兵百餘名、後則伯理璽天德迺爾率文武大僚數十員、及仕宦男女百餘名、二棺乎

行昇入東首大禮拜堂停曆神甫誦經四面跪者男女三四百人各隨神甫祝禱忽而叩頭忽而俯首欲泣其慘痛之情洵足令人哀感也晚有高富爾之友白蕾斯來拜自言原籍俄國波蘭人現為法邦千總又有巴里官表局東培阿思之弟培亞慈來拜自言由巴里逃此欲往芝洒瓦在瑞士國之西南界距巴里東南八百二十里其地為法瑞往來通衢

二十二日壬午晴午正星使令持名片往探法外部大臣費得功之疾乘車行六七里抵其家見其二女並其 十四 外戚皆能英言坐談良久費始拄杖而出據云病已痊愈辱承下臨感謝不盡後言欲赴外部遂請同車送其入署而歸晚餐得食油炸扁魚甚鮮記西國婦女之已嫁未嫁者不有別于鬢髮惟其擇定有人及已出嫁者于無名指上必戴素金戒指以別之至鑲嵌珠寶者可隨意裝飾而用之乃無關乎嫁否耳環有戴者有不戴者各任其便至鐲釧則皆用惟左右腕各具一式不必成對也又老媪生鬚于此恆見之長皆三四分土人不以為奇乃云鬚由天賜以文其陋趣甚

二十三日癸未早細雨巳正晴未初隨星使乘車答拜發福爾德布雷畢林及美國公使瓦是本申正回寓聞此地亦有出賃古今野史之鋪並寄售筆墨脂粉有賃書者進門先叙寒溫漸入游語話久欲去始問欲賃何書故為尋覓不得乃攜手而言曰君為奴之妙人薄暮來取可也若如約而至其觸發心機當不至紙上空談而已也晚由外部遞到陣亡二提督之訃內云前日出殯未曾知照各國公使今定于翌午在大禮拜堂誦經超度懇請光臨為幸

二十四日甲申陰巳正隨星使乘車行里許抵大禮拜 十五 堂外立馬步隊千餘名堂高九丈闊八丈深十四丈內外橫有黑布簾幔中立一十字上懸耶穌木像兩旁立瓷燭十二隻高各五尺上下左右然燈千餘盞插國旗數十杆臺上設香案右坐主教馬比喇頭戴白緞帽形如山字身著白袍上罩青絨金邊十字披肩足登白花鞋又教師六七名頭戴黑帽形如凸字亦係白衣黑十字披肩未緣金邊著黑皮鞋臺下紅椅三行坐本國大員如適爾發福爾等後長凳數行坐各國公使以及外

客、再則小學生數十、木欄外設假木柩二、上覆黑帳、四圍列白燭長四五尺者百餘隻、前列亡者之甲冑刀劍、再後列樂兵四百餘名、樓上設有風琴大瑟、左右石闌、外立本地男女無數、初則奏樂唪經、其主教時而免冠、時而看經、其立坐無暇晷、觀者皆隨之、餘人時而遮書、時而呈帽、皆跪進、又皆北向十字、忽而請安、忽而問訊、其中亦有著黑彩白披肩者、皆教徒也、有三教徒以全壺金盤白布巾各一、跪而進水于主教、主教坐而澣其左手前二指、後步于十字架前、拈香、其合掌膜拜如僧

十七

道禮、又以提鑪焚檀、繞臺三币、闔室生香、回臺後、教徒跪進黑布鞋、紫地金花氅、更衣畢、有二對高燭一鑪、木香前導、主教步于柩前後、一烏衣人戴氊帽者手舉銀鍤、長約六尺、奏樂念經一通、其禮乃畢、究然一齣戲也、又第三次禱告天主前時、門外馬步隊鼓譟一陣、以助其威、以贊其忠、聞者罔不慘然、歸時沿路男女擁擠、寸步難移、回寓早餐後、未初一刻、復隨星使乘車西北行三十餘里、道途寬坦、田畝膏腴、中過馬利莊、見一運水臺、犖固如城、高三四丈、長里許、兩首二高樓、內含水機、

城下月門二十餘洞、即紅頭所欲折毀之水道也、又過有邦麻里村、樓房整潔、道路崎嶇、申初、抵賢日曼村、下車步至沙土老王宮、樓四層、高六丈、周八十餘丈、下築白石、上壘紅甎、外環水池、深闊約二丈、過石橋入內、四面皆樓、中一方院、樓之東北塗飾簇新、西南尚未告竣、乃入北面樓門、步石梯百零四級、每層四壁與櫝篋中所存者、皆羅馬古董、如石人、石斧、刀槍劍戟、甲冑服飾、金鐲耳環項圈、古錢、瓦壺、麻布等物、珍藏無空隙處、土人云、一切皆由宅旁得來者、宮對面一禮拜堂、石室清

十八

幽、後一花園、極其宏敞、奇花分畹、佳木成行、一路藤蘿楊柳、松柏蒼翠、滿目洵堪引人入勝、林內列有四輪鐵船三十餘隻、長約三丈、前闊後狹、係為戰陣過渡用者、園在岡面、東邊砌以巨石、邊橫鐵闌、旁羅椅凳、在上向東北望、則巴里在指顧間、相距約三十餘里、中有思安江與巴里通、由巴里來此者、亦可乘舟遣興也、沿江有丁香桃杏等樹、可作一幅畫圖觀耳、遊畢、入一茶園、食有櫻桃地椹、飲有舍利加非、桓盤片晌、煩渴之疾頓消、去此登車、由別路折回、途中稻田肥沃、犬吠雞鳴、炊煙

上升、別一風景、戌正一刻抵寓、知有瑞典公使阿堤瓦來拜、

二十五日乙酉晴、晚接洋信一函、外署中國欽差公署勛啟、不知伊誰所寄、啟而視之、係那威勇前所僱洋僕韋良之妻寄來者、内言自夫出後、一信未聞、不知仍在公署否、乞賜一音為感、内附信票一紙、以抵回函之費、入夜陰、

二十六日丙戌、自晨至夕、忽而大雨滂沱、忽而狂風呼號、雨未止而日出、雲不見而雨落、陰晴不定、雷始發聲、

十八

甚矣天時之難測也、晚餐得食黃瓜豌豆及扁豆、味皆鮮美、記西國菜圃之葉甚精、凡菜種于場畦、欲其生長速而莖葉嫩、乃按畦下藏鐵筒煤爐、分顆上覆玻璃圓罩、又灌不用糞、乃製糞攏成粉屑、以紙包裹、置于菜根之下、既使菜根沃其肥、而莖葉亦不沾穢惡、故在溫帶各國、菜蔬四季不斷焉、

二十七日丁亥、陰雨如昨、冷、聞現在紅頭黨中、有法人戴色里者、本係元帥亢貝達營勇將、因德法已和、稍有觖望、竟改名為鄧波斯紀、投入叛勇營中、參謀一切、可謂始終異轍者歟、

二十八日戊子、鎮日忽陰忽晴、午後有土耳其國公使智米樂來拜、坐談極久、申刻街遊、見本地糕點鋪中賣有蘋果餅、櫻桃糕、奶油牛舌、奶油捲酥及雞蛋酥等、甘脆異常、惟一種沙糖花、形如奶餅、染以五色、中含硇砂、極甜香、入口即化、記西國店肆門首不挂招牌匾額、乃將字號貨物橫書玻璃窗間、或簷前板上、鋪之大者、夜間留一二人看守、小者但關鎖回家、清晨持匙啟門而已、又鋪之曾經君后照顧者、必于門首樓頂飾以國號、

十九

如婦女城塔獅馬鶯牛之類、或裝飾國旗、以彰榮耀、

二十九日己丑、陰雨陣陣、申正、瑞士國公使該杭喏來拜、雨止步入樓後小園、見正面臨牆松柳幾株、中隱茅屋一間、玻璃窗壁、繞屋滿架薔薇、清香觸鼻、正中牡丹一叢、甚大、地作圓形、環以曲徑、豐草綠縟、百花馨香、其名率多不識、樓之左右、分二小院、亦係滿栽佳卉、嫩紅深綠、頗覺可人、雖樓前車馬馳驅、其聲聒耳、賴有鶯歌蝶舞、聊可解嘲也、

三十日庚寅、早晴、巳正、陰而細雨、記近日連過水陸各

軍數十較前稍為齊整是日午後忽大雨一陣馳風掣電駭浪迷空所過步隊四千各皆抱頭蒙目冒雨狂奔兵過雨止而晴

三月

初一日辛卯陰雨鎮日見眾兵往來皆肩抬牛肉肩荷草柴蓋由他處領來者又見步兵小帳亦三角形高約四尺欲卧者蛇伏而入晚食油烹蔹豆嚼之固脆味則鹹腥蓋所用者牛奶油也

初二日壬辰終日風雨交作當晨雞未唱時忽聞車馬經過樓下聲震如雷兩時之久始息不知有幾千萬人也記西國男子持傘專為障雨色皆黑紫而長大婦女則晴雨皆用色分五彩而細小裏面既不一色更有四圍垂穗長二寸餘者

丰

初三日癸巳早大雨午後晴同俞暢盦街遊遇一名醫名鄺貝者年逾六旬延入其家見其妻女並出其三部醫書與看每本長約二尺寬尺餘厚二三寸每頁圖印皆男女之臟腑經絡筋骨俱全其一切應用器具與如何用法皆有圖說又人身内外形像橫剖如何豎割如何皆有註解另有耳目手足百二十餘圖亦詳解某病如何治法自言曾在軍營療病鮮有不愈者由是有功於國得有寶星四枚現充醫院院總

初四日甲午晴涼見對門有姊妹兩人未詳姓氏年皆妙齡服飾一律鎮日倚門四望不知有何懷思也未初微陰記西俗男子雖當酷暑不揮扇不裸體不著紗羅不換涼帽婦女用扇不拘時候夏固因熱搖以生風冬季于赴茶會跳舞會等而仍用所用皆摺扇其舊式甚巨今則長不及尺造以綾綢象牙繪以五彩至蕉葉翅羽則不尚焉又除俄國因地近北極外他國男子雖值嚴寒不畏霜雪不披裘不著皮衣不換戴暖帽婦女則不然雖夏日驟涼亦可擁裘也

王

初五日乙未早陰午後晴記泰西各國有種啞談法係以手比字如以右手食指指左手之大指為A指食指為E指將指為I指無名指為O指小指為U又將左右手之大指食指作圈橫連一處為B右手之大指食指對曲作月牙形為C右手大指食指對彎成弓連于左手食指如弦為D右手之食指將指橫分左手之食

指豎連其中為F、二拳壘落為G、以右手急行橫擦左手為H、右手食指豎畫左手心一線、至尾稍彎為J、右手食指彎于左手食指旁為K、右手食指橫按左手心為L、食指將指並按為N、分按為V、又食指將指無名指竝按為M、分按為W、或兩手對插作花朵狀、亦為W、右手大指食指彎作半圓、連于左手食指頭為P、左手大指食指作圈、右手食指插入斜扶于大指為Q、又右手食指橫彎于左手心作鈎形為R、左右二小指上下勾連為S、右手食指直頂左手心旁為T、左右二食指橫交作十字為X、右手食指指于左手大指食指之間作丫字形為Y、右手托腮左手扶肘為Z、或將右手食指將指無名指小指齊倒插于左手心亦為Z、此乃舊法也、另有新法、甚為捷便、只須一手乃一拳斜立、大指在外為A、四指直舒、大指下曲為B、大指與後四指彎作月牙為C、大指與後三指作圈、食指直立為D、一拳正立、大指內曲為E、後三指直立、大指食指作圈為F、手橫出、後三指回曲、前二指平伸作ㄇ形為G、手橫出、後二指回曲、與大指交、食將二指平伸為H、拳立小指

外出為I、拳橫、小指外出為J、手立、後二指回曲、食將二指分立、大指按于其中為K、拳立、首二指分伸作八字為L、手下伸、大小指曲交、中三指齊出為M、手下伸、後二指與大指曲交、食將二指齊出為N、如是手上伸為U、大指與後四指作圈為O、手橫伸、食指外出、後三指微曲、大指橫于將指之上為P、拳下伸、大指食指出作几形為Q、手橫出、後二指回曲與大指交、食將二指攢成乂字為R、拳緊合、大指曲而豎出為S、拳微攏、夾大指于食指將指之間為T、拳上伸、食將指分立為V、中三指分立為W、拳橫出、後三指扣、大指食指外伸作鈎為X、拳上伸、大小指外出作八字為Y、拳上伸、食指外出畫乙形為Z、手上伸、五指攢于一處為&、其義係等也云云也、以上二法、啞聾人皆可用以接談、每成一語、必以大指敲將指作響為句讀、否則字皆連貫、其義難分矣、蓋外國字母不多、英國只用以上二十六字、一二字為一話、十數字亦為一話、如A音阿、又音厄埃、一也、IS二字音伊自、是也、FOR三字音佛爾、為也、STAR四字音斯達爾、星也、NATION五字連音內慎、邦也國也、

CHRYSANTHEMUMS、十四字連音克力三西墨斯、義乃菊花也、又INDISTINGUISHABLE、十七字連音因的斯丁圭沙布喇、義係亂也、難分也、如是似與番蒙文同、

初六日丙申、晴、見西國庖人所用器皿、多不與華同、無沙鍋瓦盆之類、大小銅鐵鍋、皆平底直牆、銅表錫裏、有鐵柄、扁而長、炒勺平底、亦有兩耳者、鐵罐如西瓜、中粗上下細、大小刀皆牛耳、湯勺與中華同、惟體深柄扁、鐵爐似櫃、上有鐵蓋、下一活屜、內盛煤灰、左右亦有活屜鐵門、為煖食物、有洗菜簍、編以鐵絲、形似燈籠、牛奶罐、加非罐、皆直筒如湯壺、其質皆馬口鐵、尚屬堅固明亮、用過者積無油膩、再烹調火候、以鐘表為準、則其分刻不得少有增損、凡雞魚鵝鴨、皆棄臟腑而不食、以其有毒、恐人生病、至食器、既異色、亦異式、則冷熱既分、味自不亂、如酒器因冷飲、故造以玻璃、其式有大小廣狹之分、色有紅白藍綠之別、至加非勺、勾臘與茶、皆熱飲、故造以瓷色、雖一致、惟式有大小耳、

初七日丁酉、晴、早隨星使乘車、往拜英國公使來羊斯、

巳正回、午後、費得功攜其姪費瑞來拜、坐談極久、見有將鵝翎管洋筆之用壞者、剖開改造筆頭、染以黃色、裝飾盛匣、每匣五十箇、合銀二錢六分、記西國男女不論冬夏、出門皆戴帽、入室即脫去、惟婦女赴白晝茶會不脫、男子雖入酒肆茅房、亦必脫去露頂、乃禮也、男女帽制亦殊、男帽造以毡絨、色惟黑紫與灰、女冠造以綢緞、色則五彩、婦女不簪鮮花、其綴于帽上者、皆布造、色極鮮美、與真畢肖、間有飾以假果者、如櫻桃地椹李子等、亦皆精巧、色相宛然、

初八日戊戌、陰雨、午後雨止、見樓下經過一車、內坐一男一女、正馳騁間、女扶男骰、男捧女腮、大笑親吻、殊向雅相、亦風俗使然也、

初九日己亥、早陰雨、巳正晴、午正、哥士奇同其外部總辦布日埃來拜、近日樓下往來騾馱驢車、絡繹不絕、所載多係柴草、因王宮右鄰一帶屯有馬步隊數千也、又行人多有帶大小犬者、步行則隨于後、乘車則卧于旁、乘馬者則蹲馬尾以足抱主之腰、馬雖奔軼如飛、犬仍安然無恙、

初十日庚子、晴、午初、法之民會官葛勒賽及麥里得同哥士奇來拜、未初、隨星使乘車行三四里、抵王宮右小特農園、先入一屋、內存先代轎輦與冰牀、雪牀共數十輛、皆甚華麗、又有娶后彩輿、極其高大、銅質飾以金銀、內鋪錦繡、茵褥重一萬八千斤、曳以八馬、其轎輦、冰牀皆與前在俄國王宮所看者同、惟雪牀專為踏雪用者、式係二蛇作篆文女字形、上卧一虎、虎腹空敞、人坐其中、以馬曳之、其速如飛、出此、步行半里、過屏門、入其先王路義第十六之故宮、清幽靜悄、所有畫軸、牀椅、及一切陳設、皆先代之故物也、傍門立王后馬裏愛訥之石像、工極靈巧、望之如生、詢知係二百年前被民殺害者、下樓、步數武、入一大園、樹林陰翳、花木參差、所識者、花如杜鵑、玉蘭、丁香、木筆、牡丹、芍藥、繡球、玉簪、鳳仙、木槿、辛夷、石榴等、樹如松柏槐柳橘橙榆竹桃李栗梨等、率皆葱蘢可愛、又有小河曲徑、邱壑橋梁、亦皆一一入畫、人之初入、多有迷途者、因馬后為農人女、在此特建草樓數椽、前臨小湖、後傍深林、鳧飛鳥語、別一洞天、王后每來此乘涼、躬造牛乳出售以自娛、樓前有一花塢、繞以藤蘿、四布濃陰、紅塵不到、屋內設有木盆、花草數種、甙沛甘雨、甙披和風、皆可尋芳攬勝也、戌初回寓、知有比國公使貝燕斯來拜、

十一日辛丑、微陰、未初、費得功請遊國王夏宮、未正一刻、隨星使乘車前往、見其樓臺殿閣、花木水法、陳列如前、無須再述、惟因德兵駐此樓內、陳設微少、油畫亦多被德兵割去、又本國民會移此正殿、改為官署、戲園改為會堂、大廳皆以木截成小屋、外挂一牌、云某號某司、專理何事、內設牀榻火鑪、窗壁尚皆整齊、酉初回寓、入夜大雨、

十二日壬寅、陰雲靉靆、和風吹噓、申正、同俞惕盦街遊、見王宮前三條大路、中路旁新設木房百間、羅列各種貨物、如刀匕、盤盌、鞋帽、紙花、小兒玩物、紙筆、點心等、又有賭博技藝、與前在巴里城外所看者同、因是日係其教某賢之生誕、故商集趕趁于此、見一屋中設一木盤、周二丈餘、上列木人數百、如鋸木者、鑄鐵者、栽花者、取水者、種種不一、上絃則人人走動、與真逼肖、當日遊人甚夥、酉正回寓、

十三日癸卯晴、未初、隨星使遊王宮後之小園、四垣環以花籬、前臨小湖、後依石徑、道路彎曲、花木整齊、遍地青草、割去上半、使遊者周行綠茵、不見石土、蓋西國有種割草具、形似轆轤、含有利刃、草逾三寸、則以此具雜之、當中軸轉、草自割齊、所餘不足一寸、

十四日甲辰晴暖、午後復去商集一遊、見一棚中橫以布帳、外露十餘顯微鏡、每鏡上橫小匾、云某處景致、如紐約、倫敦、色威、雅華、盛頓、菲達伏亞、司鐸、火木等、率皆描畫不差、惟北京一張、似是而非、所繪城內橫有長河、

三八

舟艇密列、鴨鷺浮游、兩岸槐柳成行、遠近樓房隱約、車馬馳驅、行人填塞、距河里許、一樓高矗、如鼓樓、又有一橋、如御河橋、雖畫工少殺、兩

帝京風景、不覺有感於懷也、

十五日乙巳晴、見王宮前右邊大道兩旁、新立造營房數百間、其造成者、已住兵丁數百、未畢工者、仍有土木工數十、在彼經營、晚在樓後小園、見添有奇花一盆、無葉、枝如垂盆、草花皆下垂、其色綠、朵極大、形如百合、瓣皆肥厚、花莖齊長、無子而續根、或折下插于土中即生、惜其名未詳、又近日晝夜過兵有百萬之多、其狼狽不堪者、數居其半、

十六日丙午晴、聞前夜兵至巴里、係先與黨中數人定計、暗行開城、不意謀洩、俟兵到時、紅頭連施炸礮地雷、所傷甚多、機事不密則害成、此之謂也、申初陰、入夜細雨涼、

十七日丁未晴、午後隨星使乘車先至宮後小園少遊、後步入大園、見一圓石牌樓、高約二丈、雕刻玲瓏、周三十餘丈、共月門三十二洞、正面四門、使人出入、餘二十

三九

八門、每門置一石盤、高五六尺、周丈餘、由盤之中心激水高至丈五上、觸牌頂正中一圓池、周六七丈、立一石人、由石人足下有水四面漾出、洵奇觀也、出此轉入小特農一路、道逢寬敞、左右椿橡兩行、高皆三丈、各樹交枝、作月門形、經人修治、挺拔整齊、遊人來此無須畏日也、酉初回寓、夜間槍礮齊發、震地驚天、

十八日戊申晴、凌晨猶聞槍礮之聲、闐闐震耳、聞茹良現在巴里、欲仿華文造字、教紅頭黨、以異於法國民會、未詳確否、是日為禮拜之期、街市遊人甚密如蟻、晚過

二醉人甲將乙推倒而反自擊甲被他人勸去乙始而大怒繼而欲哭終則大笑脫帽高歌而去其情態亦殊可哂

十九日己酉晴早見新聞紙云法國應賠德國之六萬萬五千萬兩軍餉皆已交訖此必虛言因現在法國盡力勦辦叛勇尚一文未賠故造此言以譏其貧也

二十日庚戌晴晝夜火器之聲不絕近日樓下過有數殯詢係陣亡武官勢與前所看者同惟每次只一神甫年近五旬著駝色氅披髮跣足手持小銅十字隨步誦

三十

經聞前日會堂招募在外閒散武將前來聽用是日來者數百只選數員餘皆令回故鄉因此咸懷怨望遂投入紅頭黨又昨接法外部來文內稱本國會堂現派全權大臣熱夫類專與貴大臣辦理中外交涉事件是日星使令人送名片往拜

二十一日辛亥晴午初哥士奇來拜熱夫類投刺答拜未初隨星使乘車先遊小特農後行二十里入大特農山岡重疊樹木蕭森橋梁環繞溪水瀠洄因口占四韻云海外探名勝天清氣正和野花紅落澗石蘚綠盈坡地僻人蹤少林深鳥語多遊來心意暢把酒欲高歌回時遙見巴里濃烟沖突烈焰飛騰似焚房屋數千間狀亦一浩劫也

二十二日壬子晴暖見園內白刺梅綠萼梅皆開杏桃地椹亦染春色又每晨夕過牛千頭蓋此地已屯兵數萬矣入夜復聞火器之聲亂其何時已哉記西國男女不論冬夏出門皆戴帽入室即脫去之惟婦女赴白晝茶會不脫男子雖入酒肆茅房亦必脫去露頂乃禮也帽制亦殊男帽造以毡絨色惟黑紫與灰女冠造以綢

三十一

緞色則五彩婦女不簪鮮花其綴于帽上者皆布造色極鮮美與真畢肖間有飾以假果者如櫻桃李子地椹等亦皆精巧色相宛然

二十三日癸丑晴近日法兵屢次報捷聞是日叛勇之首乘氣球逃去法兵奪獲大小銅鐵礮數百門皆運此排列古王宮前四圍闌以長繩有兵往來巡守

二十四日甲寅晴記泰西一種樂器名曰牛笛音束以七根葦梃前短後長長者四寸短至寸餘按管橫吹聲韻淒清又有三角響者係以鋼條造成三角每邊長約

三寸、闊逾五分、以四寸長之鐵條擊之、隨鼓敲打、音調鏗鏘、如方響、有鼓名丹布林者、如中土之八角鼓、周約三尺、邊高二寸、柳木鞔以牛皮、周含小鏡十四、扣以手指節、骨亦頗可聽、又有銅鼓名大木大木者、出自印度、形如西瓜、一面蒙皮、鑄以銅錫、擊以木鍾、而聲奏淵淵矣、午後和風拂拂、花氣入簾、春意盎然、洵可樂也、入夜微陰、又西國居室無平房、皆係層樓、不惟都城如此、雖村鎮亦然、每樓重數以多為貴、人但見其有高至八九層之樓屋、而不知屋下尚有一二重地窟也、故較之浮屠尤峻焉、

三圭

二十五日乙卯、晴、涼、是日為禮拜之期、法外部函請聽樂、未初隨星使乘車行數里、抵古王宮、登禮拜堂、共坐男女數百、率皆紳富也、主教神甫數人、皆免冠跪立叩頭、正面一臺設有風琴、一人鼓之、響遏行雲、有胡笳以和之、錯雜可聽、又一男名畢三、女名尚米葉者、對諷一曲、末一人立于臺上、手舞足蹈、高聲暢言一段、良久始住、有男女多人手持小紅布口袋、向人乞錢、給者多少任意、係為養受傷兵勇者、後又鼓琴一陣、酉初回寓、入夜陰涼、

二十六日丙辰、晴、見街市亦有磨刀剪者、所用如中土琢磨玉器之具、係一木架上橫鐵軸、中一圓石如輪、周約三尺、厚逾二寸、左右有繩、下連二板、磨匠坐于架後、腳踏二板、石自轉而磨厲、以須矣、記西俗女重於男、因女不吸烟、故凡遇婦女在座、男子不吸、以昭敬重、而婦女有故示體恤者、乃于晚餐後先出飯廳、以聽男子自便、又西人喜淨、早晚飲食之際、男女以及童稚、入座必先更衣、漱口浴面、飲食不得有聲、唾餘必盛以器、男女

三圭

寢必有衣、長與身齊、縫以白布、有袖無襟、從首套下、故遇華人之服白長衫者、必發狂笑、蓋以為誤著寢衣出戶也、又見華人之露頂出行者、俱以僕役目之、緣西俗僕役非因主遣外出、或未經告假、私自遠行、皆不得冠、

二十七日丁巳、晴、記外國富戶牀榻、多用檀桼、長約六尺、寬四五尺、左右闌高一尺、頭上者作花雲、高四尺、腳下者、或平方、或作雲頭、高約三尺、中一木槽、高尺半、中嵌銅條圈、共百餘箇、或五行、或七行、圈若盤香、皆倒立、中一行稍高、左右以次而殺、外蒙灰地白花麻布、上鋪

錦褥、厚盈尺、實以羊毛或雞鴨之冗翎、上覆以大白布二塊、細絨氈一二塊、長闊各約七八尺、左右後三面皆下包、厚褥前面惟頭層白布帶包長枕、枕與褥同、二層布與絨氈皆下挽一尺、睡者卧于二布之間、其長枕上又放方枕或一或二、周約七尺、內盛絲綿、外包回錦罩以白布作口袋形、此口袋與白布、皆六七日一換、牀之四角有小輪、可于屋內挪移、亦有以榆柳木造者、惟皆薄淺、或無銅圈、再次者以鐵造之、飾綠色油、長五六尺、闊由二三尺至五六尺、四鐵柱高三尺餘、外橫鐵條、中鋪馬口鐵片、鐵絲或麻繩、亦頗活軟、只鋪一褥、不甚厚、前後亦有鐵絲闌、高不及一尺、此牀亦有三折式者、攤之即為牀、折之即為椅、褥亦隨分三塊、厚皆四五寸、平放牀面為寢褥、牀折成椅、乃放二平者為坐褥、一立者為靠背、更有三折成方如匱形者、褥亦隨之、土人外遊多有攜帶者、以便舟車、小孩者亦多鐵造、式與大者同、四面有鐵絲闌、高約六寸、上有白布小帳、其餘幔帳、有塔形者、長方者、上連棚頂、下遍牀闌、長有一丈四五尺者、亦有木頂作雲頭形、上小下大、如洋鐘者、綢緞紗羅、

三三四

各隨時令、

二十八日戊午、晴、未初隨星使會熱夫類于小特農酉初回寓、按各國旗幟形式不一、今將見聞所及者記之、如美國之旗、有十餘種、其國旗長方、橫分十三層、六白七紅、其四分之一臨桿之上、半藍地繡金星三十七、蓋國分三十七省、每一星指一省也、其合會同心旗則長方正藍、周列三十七星、水師提督之旗、長方正藍、中列四金星、水師副將者、列三金星、作鈍角形、水師船主者、四角列四金星、中繡一船錨、其後隊水師提督有三種、係正藍、正紅、正白、各列二星、惟正白者星作藍色、水師參將者亦紅藍白三色、中惟一星、後作魚尾形、引水船者長方、藍鑲紅邊、中列三十七星、水師行文旗長方正白、四角當中分列五星、藍色、護送船旗、紅鑲白邊、三角形、病人船旗長方正黃、稅關船上者長方、縱分十六行、八白八紅、其正藍列星處改正白、上彎橫十三藍星、下飛一鷹、鷹口含一橫條、云合眾為一、鷹藍色、胸前復畫一旗、作垂桃形、亦縱分十三行、七紅六白、其平常遠行者、係一橫長條、前半正白、十三藍星、後半橫分十二節、

三三五

六白六紅、航海桅頂永挂者、一鋭角長條、前半正藍十一全星、後半上紅下白、俄羅斯國之旗長方、前半正白、斜横藍十字、後半横分白藍紅三色、其航海者、照式改一長條、前寬後尖、水師旗長方正白、斜横藍十字、水師提督亦然、惟係方形、商旗長方、横分白藍紅三色、瑞典國之旗、正藍色黄十字、字之上半右角臨桿處另一十字、横黄縱藍、左右鑲白邊、十字之四空、又各分紅藍二色、二鈍角、商旗與此同、兵船者、前與此同、惟後邊將十字横筆與旗之兩角改成三尖、如横山字形、水師提督者、鋭角形、下黄上藍、臨桿亦有花十字、其航海者長條、前一分係花十字、後三分則上藍下黄、末作兩岔如魚尾、諾爾衛國之旗、正紅色、中横白邊藍十字、其臨桿小花十字、與瑞典者同、商旗亦然、其航海者、式同瑞典、前亦花十字、惟後三分横分五行、中藍、上下先白後紅、其兵船旗式與瑞典同、水師提督者細長、後三尖形、水師副將者、正紅色、鋭角形、中横一畫、横分三行、中藍上下白、臨桿亦有花十字、壯日耳曼之旗、正白色、長方、中横黑十字、每畫又分五行、三黑兩白、惟其中行極寬、又十

三三六

字中心一黑邊圓徑、内一全鷹、頭頂王帽、十字右邊上半臨桿處、另横分黑白紅三色、中心又一白邊黑十字、其商旗則長方、横分黑白紅三色、丹尼國之旗、長方正紅色、白十字、商旗亦然、兵船者亦正紅色白十字、惟後改魚尾、水師副將旗式同兵船、惟旗角臨桿處、加一小白十字、航海常行者、正紅色白十字、長條小魚尾、水師提督旗、亦式同兵船、惟十字中心另一白方、上先畫一紅裏全王帽形、比倭瓜下一黄圈、藍心中又小黄王帽、三圈下左右二枝綠葉、繫以紅帛、托此黄圈與王帽、水師參將旗、正紅色白十字、作鋭角形、其尖又另分二小鋭角、韓博爾國之旗、正紅色長方、中繪白塔三頂、皆藍窗、下一石座如城、上有女牆、下一月門、航海常行者、正紅色細長條、白塔横畫、後改魚尾、布蕾門之旗長方、先臨桿縱立兩行、分十六方、八紅八白、後横分八行、四紅四白、航海常行者、細長鋭角、前分八方、四紅四白、後分四横、二白二紅、魯貝之旗長方、上白下紅、航海者、改三角長條、法郎西國之旗長方、縱分三行、前藍後紅中白、航海者改三角長條、水師提督旗亦如之、惟正方、後隊

三三七

者于藍色上加二星、副將者加三星、列成三角、英吉利國之旗、正藍色長方、其四分之一臨桿之上半、加紅色白邊橫斜二十字、如六出花、航海者長條、尖分兩岔、後藍前白、上一紅十字、商船者正紅色長方、其臨桿上半角作藍色長方、中二白邊紅十字、水師者正白色、紅十字、其臨桿上半角亦藍地二紅十字、與他旗同、桅頭常挂者、正白色長條、尖作魚尾、臨桿一紅十字、水師提督者正白色長方、紅十字、副將者式同、惟臨桿上角加一紅點、後隊者加二紅點、參將者如式、無紅點、改成魚尾、

三八

水師駐口者、正白色長方、中一藍長方、橫斜二白邊紅十字、日斯巴尼亞國之旗、長方橫分五節、三黃二紅、商旗亦然、水師者上下紅中黃、臨桿畫一紅地全王帽、帽下一圓徑、左白右紅、紅邊一全塔、白邊一紅獅、獅頭又戴全王帽、水師提督者亦然、惟將王帽與圓徑移于正中、式改正方、與的里亞國之旗、長方橫分三行、上下紅中白、上行正中一全王帽、圍以十二銀星、作橢圓形、帽下于中行正中、另一方旗、亦上下紅中白、圍以黃邊、航海者、長條銳角、上下紅中白、無王帽小旗等、水師提督

者與國旗同、式改正方、惟臨桿上角、另添三橫、二黑一黃、副將者亦與國旗同色、式改三角、其尖又分二岔、作从字形、義大利國之旗、長方縱分三行、中白左紅右綠、中心另一紅方、藍邊白十字、商旗亦然、水師者、于紅方上加一全王帽、水師提督者于臨桿綠色邊加三白圓光、副將者二圓光、參將者一圓光、航海者長條銳角、色與他同、葡萄牙國之旗、長方、左白右藍、中一紅裡全王帽、帽下一紅小方、四圍窄黃邊、臨邊左右上共七座小黃塔、當中又一小白方、中列五小藍方、作十字形、航海

三九

者長條銳角、色與國旗同、惟無王帽與小方、比利時國旗長方、縱分三行、中黃左紅右黑、航海者長條、尖分兩岔、色與上同、水師提督者于臨桿黑行上加四白圓光、式改正方、副將者加三白圓光、參將者加二白圓光、商旗色式皆與國旗同、和蘭國旗、長方橫分三行、中白上黃下藍、航海者長條銳角、尖分二岔、色與前同、水師提督者于上行近桿橫四白圓光、副將者橫三白圓光、參將者橫二白圓光、希臘國旗長方、橫分九行、四白五藍、其上半臨桿另成一方、藍地白十字、商旗亦然、航海者

正藍色、後一小白十字、水師者、十字中心加一金王帽、土耳其國旗長方正紅色、臨杆上半另一長方、紅地空白邊、中一白星、商旗亦然、水師者正紅中一星旁立一月牙皆白色、航海者、正紅長條、尖分二岔、突厄斯國旗、長方正紅色、商旗亦然、水師者中一白色撱圓、內含一星與月牙皆紅色、摩洛哥與的黎波里二國者、色皆正紅、墨西哥國旗長方、縱分三行、中白左紅右綠、商旗同、航海者長條、色亦如之、水師者中一飛鷹、口含一蛇、爪踏枝葉、水師提督者亦然、式作正方、呢葛拉卦國旗長方、橫分五行、中紅、上下先白、後藍、英屬加拿他旗、長方、上半正黃、下半二橫、先藍後紅、海的國旗長方、上藍下紅、煥都拉國旗長方、上下藍中白、閣斯達利戛國旗長方、橫分五行、中紅、上下先白後藍、秘魯國旗長方、縱分三行、中白左右紅、智利國旗、長方上白下紅、臨杆上角另一方、藍地大白星、烏拉怪國旗長方、橫分九行、四藍五白、臨杆上角另一白方、上繪大圓金星、有眉目鼻口、作人面形、莱杜里亞國旗長方、橫分十一行、五白六紅、臨杆上角另一正方藍地、一白星、埃及國旗、長方綠色

四十

中立白月牙、波斯國旗、長方、白地綠邊、中畫一獅、黃色、作奔馳狀、前左爪舉刀、藍色、背荷日、帶金光、日本國旗、長方白色、中含紅日、航海者、長條魚尾、前後白、當中黑、暹羅國旗、長方正紅、中一白象、義奎多爾國旗、長方、縱分三行、二白一綠、中列七星作水字形、航海者長條銳角、色亦如之、惟無七星、牛西蘭國旗、正白長方、紅十字、臨杆上角另一長方藍色、中橫白邊紅十字、每空各一白星、瑞士國旗、長方紅色、中一粗白十字、羅馬教皇旗、白色長方、中一大花、係二鑰匙交成乂字、上架一藍地金花帽、形似甜瓜、鑰下一撱圓、四面金邊、內分四鈍角、二藍地金獅者、二紅白各二行者、上下左右相錯、此下二枝綠葉、上彎長及鑰頭、鑰下有穗、帽與枝下亦有飄帶、皆紅色、水師旗亦同、商旗前白後黃、前畫帽與鑰匙、航海者白色、銳角臨杆、亦只此花、以上旗制、係五大洲常見者、其餘未詳、再各國旗幟、尺寸大同小異、各皆長方、橫寬七八尺、縱長四五尺、航海桅頂常挂者、寬一尺、長八九尺不等、皆織以綠麻、狂風久吹不碎、堅固之至、顏色鮮明、雖經日照、雨灑、永無改變、

卷四終

四十一

三述奇卷五

鐵嶺張德彝在初隨筆

貴榮竹坪校閲

辛未三月二十九日己未晴記外國一種文會其名未詳係約男女數十訂于某晚會于某處屋列長案按甲乙分坐會首擬題係問生澁艱難字之寫法如鱸露貓玃等字有能隨口述出筆畫無訛者為勝先問甲甲不對則問乙乙對是則乙立而甲坐另出一題問乙乙不對問丙丙對則丙立乙坐如是陸續挨問至尾其能久立者為全勝其奬賞有銀錢紙筆不等又聞昨早巴里火藥局失火轟火藥五萬餘斤傷死女工五百餘名蓋自紅頭反後貧民不得脱逃遂有投入逆黨者有被脅逼入者男皆當兵女則有造火藥者有縫布袋裝沙石以築土城與礮臺者有能文工書草露布者竟有荷戈而驍勇倍於男者奇甚

四月

初一日庚申晴見外國有皮球之戲具二球色黄而體輕以手足踢打旋轉不少停瀛郎善是技當庭戲舞上下高低無不拍合如獅子之解數宛轉環生趣甚按法郍自立民會後銀票號記皆改印女像以前所印其君那破侖之像皆吐而棄之其票由五方至百方千方近因國帑支絀有一二三四方者其紙長二寸寛三寸印皆浮藍或葱綠色

初二日辛酉晴未初星使復會勲夫類于小特農酉正回寓近見園内櫻紅杏綠結實盈枝華人有摘青杏食者土人以其酸濺齒牙甚為詫異衆豈知華童多有喜食者固因其酸而解醒與渴也而彼國食味亦有可異者即如以牛髓和雞卵加葱絲既腥且辣名曰御湯我華人嘗食不下嚥矣入夜風生花氣襲人

初三日壬戌晴午後遊王宮後園風和日麗水淨山明樹深鹿伏花暖鳥鳴而苔徑映日處見有蟋蟀盈寸其色灰其聲清徹然秋序華人有掘而取者土人異之有鳥如鶯其色灰黄其聲睍睆可為詩腸之鼓吹也盤桓片刻而歸是日聞巴里城巳克復緣德知法久戰所費不貲恐賠款不能如期以償故協助而速克之酉初微風涼

初四日癸亥晴未初星使又會熱夫類于小特農戍正回寓記泰西一種樂器名戛斯達那者如中土之拍板二小塊形如匙者或象牙或硬木為之結繩長八九分按以中指輕敲細拍聲調叶和日斯巴尼亞人于跳舞時多用此以代琴之節奏又銅鼓名凱塔得木者圓形如磬圍以彩穗支以鐵架擊以木棰又小鏡如中土古時之中軍帽名曰散鈸音與鈸同

初五日甲子晴熱未刻見有兵萬餘人隨行鼓樂而歸雖列隊而步伐不齊更有持匏飲紅酒者其被獲叛勇二萬餘人女皆載以大車男皆携手而行有俯而泣者有仰而笑者蓬頭垢面情殊可憐其始無非迫脅之窮民未必皆強暴性成而甘於作亂今俱伏罪受刑覩之不禁惻然

三

初六日乙丑晴熱未初隨星使乘車遊大小特農酉正回寓是日慶靄堂同殷伯爾與薄郎乘車往看巴里經薄郎往法外部領入城之據當晚未歸眾皆懸系入夜北望烈焰飛騰礮聲不絕蓋巴里雖克而紅頭仍拒城外礮臺數座故火器猶不時施放也

初七日丙寅晴未初慶靄堂同殷伯爾與薄郎回寓聞其將入巴里時他國人因城池新克多有爭觀者彼時槍礮頻發以致義國副使誤中礮子而亡故巴里下令雖有文憑亦不得出入往來慶靄堂等乘車至其王墓前馬隊營見槍礮子飛騰遍城其急如矢其密如星遂避于義大利街之閣朗店即丙寅年彝隨斌副使所寓之旅邸也店多受傷官兵食用皆無又值叛勇焚其王宮與兵戶二署其轟擊聲徹夜不止次日始驗據得出入險甚

初八日丁卯涼早大雨酉初雨止見馬隊二百餘人由巴里回被獲老幼女子三十餘名男子二百餘名皆携手步行前後縛以麻繩有馬兵解送入夜風雨尤大沛然通宵

四

初九日戊辰終日大雨聞去歲法王被俘後德民朝朝懸旗賀彩夜夜作樂張燈并德國之商人雖旅寓他國者亦皆朝夕宴賀遥頌德王之德而為德民伸慶當德兵圍困巴里時法于城內思安江兩岸各設氣球公司以便乘之出入窺探軍情往乞救援等用蓋氣球可以

騰空俯視，今製則高必六十丈，用照相鏡下映敵營，則其兵陣地形一一映入，并可攜帶電線以千里鏡俯視一切，隨看隨報，極其迅速。小說所云騰雲駕霧，其神奇殆不過是云。

初十日己巳，早仍陰，午後大晴。是日禮拜之期，市廛關閉。一日見本地整容鋪外挂小銅盆為招，西人雖不薙髮，而剪髮修鬚滌香水等事，亦須匠人為之。麪包鋪則窗外立一假麪包為招，其大如棵。菸捲鋪則于簷下懸紅色木菸捲一束，共五六箇，長一尺，粗皆盈把，更有做

五

假人手捧一二枚立于門首者。又外國男子二十餘歲，髭鬚漸生，例不芟剃，聽其鬑鬑。及至五六十歲以後，或漸將上唇之髭薙去，或將上下髭鬚盡行薙去，蓋謂年力就衰，無須生此有礙飲食也。

十一日庚午，晴。是日因巴里通城克復，礮臺亦皆收回，自申至戌，見馬步隊三四萬歸伍，有面目黧黑而步履彳亍者，有身體疲憊而卧于當途者。土人則施水施酒，施藥施錢，施菸捲施麪包者甚衆。又見叛勇之被俘者男女老幼有三四百人。戌正大雨二陣，雨止天晴，後復陰而細雨。

十二日辛未，早陰，午後晴。未初隨星使乘車北行三十餘里，至賢路義村。其地為國王夏日乘凉之所，花木叢雜，池沼回環，亭臺曲折，山石嶔崟，洵勝境也。當德法鏖兵時，德將王宮焚毀，樑柱無存，只賸破壁頹垣，荒凉無限。其民舍亦多傾圮。宮前高岡上有石燈樓，高五六丈，下有石橋長七八丈，皆墜落折斷，王氣為之黯然。左右有德兵所築土堆礮臺，四圍橫繞樹杈以阻法兵。後有京觀數十塚，皆德兵之戰亡者，立碣詳書隊伍姓名，以

六

為標識。申初回寓，復同劉輔臣街遊，步至巴魯街，見大禮拜堂內男女老幼跪而默誦者十數人，旁立一少婦懷抱嬰孩，係本日所生者，甫生未逾一日，即抱出戶，風氣之不同于此可見。婦旁一童著烏衣，舉燭長逾四尺，中立神甫，年近三旬，與之看經解義，後將聖水滌于兒頭，以棉拭之，拭畢登記于簿。少婦深謝而去。此初生入教之禮也。晚見馬步兵解送被擒之紅頭萬餘人，上火輪車，皆流于阿斐利加。其餘黨忽作亂者，皆黑布蒙頭，以槍斃之。聞紅頭不獨法國武官，間有他國人乘亂隨

入者、

十三日壬申晴、午後哥士奇與德威理亞來拜、皆坐談極久始去、又懃夫類投刺來拜、酉刻、見步兵二行、手執刀槍防護叛勇六百由樓下經過、五人一排、攜手同行、並未加以縲絏、叛勇經過之處、土人皆高聲賀彩、不解所賀何人、

十四日癸酉晴、早有一男二女來寓拆洗茵褥、其拆時、將褥中羊毛倒出、以く字形之鐵刷將毛刷順、待褥皮洗後鋪敘羊毛挂于架上縫之、則厚皆盈尺、每褥拆洗一次、工值計銀三錢九分申正、又過被獲叛勇一千四百人、近日巴里雖平、而昨夜有更夫被殺者六人、將軍馬克謨宏因而出示、每晚至十一點鐘、鋪門皆閉、違者治罪、官兵有留鋪內者亦然、

十五日甲戌晴、見本巷鋪中有綢幅不甚寬而極厚、色則兩面一藍一紅、不知若何組織也、申初又由樓下解叛勇一千二百餘人、中有女子二行、雖衣履殘破、面帶灰塵、其雄偉之氣溢于眉宇、夫鄉勇之叛由于德法已和、蓋和局既成、勇必遣撤、撤則窮無所歸、衣食何賴、因

七

之挺而走險、弄兵潢池、故叛勇不惟男子獷悍、即婦女亦從而助虐、所到之處、望風披靡、店則高樓大廈、食則美味珍饈、快樂眼前、不知有死、其勢將敗、則焚燒樓閣一空、奇珍半成灰燼、現擒女兵數百、訊明供認一切放火拒捕、多出若輩之謀、昨由會堂審斷其女中之主謀者、以槍斃之、餘皆發往牛夏列丹呢島充軍贖罪、按是島在赤道南二十度、澳大利亞西十六度、距法國西南二百餘度、地甚褊小、周約五六百里、天氣雖然炎熱、土脈尚屬膏腴、

十六日乙亥、終日忽雨忽晴、微風涼爽如秋、午初、隨星使乘車北行、迤東三十九里、抵巴里路過賢路義大橋、見其斷處接以木板、厚皆盈尺、長六七丈、橋之東樓房百區、鮮有存者、入巴里之西南班都門、路皆拆毀、叛勇在各巷口多築土石牆、几案牆、又有木筐牆、係以荊柳編筐、內盛零碎什物、堆壘成台、礮子雖入、含而不出、行十餘里至丹胆街、租寓一觀、申初、復乘車少遊、見王宮左鄙一帶空牆矗立、紅焰猶存、宮後埃及石柱下之鐵闌曲彎折毀、其四角石臺亦被轟壞、宮旁立伍力街之

八

市廛樓房長約里許者、率皆焚毀、亂石堆積如山、臘佩巷前萬洞坊之銘勝銅柱被礮擊碎、銅塊紛飛、馬達蘭禮拜堂前羅雅街之鋪戶焚毀無一存者、凱歌路北之石牌樓被礮子穿成巨孔、有叛勇所掘之河、築以石壁、將浚水之毡布覆于其上、以禦槍礮、瓦礫遍城、可憐焦土、酉正回寓、聞是日衛洒雨雹如豆、晚又解過叛勇二千五百餘人、有吸烟者、有唱曲者、蓋雖被擒、以示無憂懼也、可知天下風氣大抵相同、又是日男女入巴里城可以免持憑據、

九

十七日丙子、晴、見法國木器、雕刻極細、惟桌凳、櫃椅所雕花木、率多粗大、并喜雕赤身之男女、不知何所取意、午後街遊、遇前次同船之法商福葉、對語片時而去、入夜陰冷、

十八日丁丑、陰雨、涼、未初同高引之、薄郎乘車往巴里拜費亞柏、未遇、旋至丹胆街看視祖寓、原立對票、祖定兩月、自西歷三月十八日、華正月二十八日起至五月十八日、華三月二十九日止、如不用時、當于十五日前計之、為華三月中旬、預為給信、而祖期滿時、正值叛勇作亂、消息不通、現因信遲給一日、房主議罰、應另給兩月房祖、前兩月房祖一千一百七十兩、已經費亞柏代給、當告以前定之兩月、欽使未住、而房祖已付、無須更改、所以未能致信者、實因遇亂阻格、並非爽約逾期、無從議罰、當于今日起另祖兩月、伊不允、再三與之辯駁、乃允由五日前另祖兩月、自西歷六月初一日、華四月十四日起至八月初一日、華六月十五日止、如不用時、改于十日前給信、伊又言司閽每月工值銀六兩五錢、已付一月、雖未住房、應給兩月、正爭執間、費亞柏至、斥其無理、乃止、可見信義交易之說、未可概論、因另立祖據二紙、令其即日修理、以便遷移、戌正回寓、入夜微風、晴暖、

十

十九日戊寅、晴涼、未刻陰、近日櫻桃、地椹、玫瑰、葵花、萬紫千紅、觸處皆是、未正由樓下解去叛勇一千八百人、婦女有百餘名、雖被褚衣、而氣象軒昂、無一毫嬝娜態、後又于樓下經過、由巴里搜獲叛勇四十餘名、申初往拜醫官光月、見其妻女、伊令觀骨節臟腑等圖與真畢肖、回寓後又見解去步兵七百餘名、背負衣食、手無器

械詢之始知為干犯軍律者晚接法外部訃云巴里大牧師達卜瓦昨為叛勇所戕現定于翌午在巴里城内那歐他達木禮拜堂内誦經出殯懇請光臨往弔以慰其忠以彰其德

二十日己卯細雨辰初隨星使乘車北行抵巴里過石橋至思安江心大島之菊圃巷入那歐他達木禮拜堂堂高十數丈寬十丈深二十餘丈白石建造中立天主十字對面樓頂設大小風琴各一四壁挂以黑布上縫白布十字椅皆罩以黑布樓上女子數百樓下前三面

十一

坐各國公使民會百官暨土戶紳民等萬餘人凡民會中者皆胸挂小法旗堂中設假木棺三覆以黑帛四角然燭右邊木闌内有教徒二十餘人鼓琴拉笳朗誦其經聲韻清亮如聆梵音後則神甫拈香誦經未正始畢登車東行四五里至王宮旁立伍力街路武店早餐樓高五層裝飾華美廣廈可容千人上下僕婢二百六七十名在法京旅舍中可以首屈一指申正雨止仍陰冷酉初一刻飯畢回寓入夜大雨傾盆

二十一日庚辰大雨未初雨止有醫官光貝率其妻女並其友將軍巴鈞當之二女來拜晚餐後往伊家謝步見其妻左氏其女蘿阿及巴將軍之女柯蕾旭森等坐談令彝以華字還音寫各人之名寫畢告之惟蘿阿以洋筆描寫筆畫無訛

二十二日辛巳陰午後隨星使乘車往巴里觀祖寓修理齊整煥然一新惟中層玻瓈窗為礮子打碎尚未補換申初回寓路經賽武邨房屋鄙陋街道狹窄村外橫有鐵橋甚高上有火輪車道下作月門以便車馬往來也由賽武至衛洒一帶田疇遍植油菜土人食其葉以其子作油即名曰香油色白味淡

十二

二十三日壬午鎮日陰晴不定風雨交加見由巴里各礮臺運來銅鐵礮約萬餘門排列宮前四面有兵往來舉槍守護晚在園内閒步見樓下左右院内緣牆立有果架果名葛妻賓花似丁香葉如葡萄果如櫻桃先綠而後白再黃而後紅其味極酸每果内含四子皮外細紋十行有橢圓式者入夜束裝

二十四日癸未陰聞每年六月中旬彼教有巡行瞻禮一說法名普婁色奚湯主教多人裝扮遊街是日為西

麻六月十一日、又為禮拜之期、早聞各禮拜堂內、鐘鳴陣陣、斷續悠揚、市廛關閉、門懸大片白布、上插鮮花朵朵、辰正由大禮拜堂內、先出小兒男女數百、列為兩行、男童著烏衣、免冠捧經、亦有左臂挂白綢一條、長約六寸者、女孩著白衣、頭頂白花綠葉圈、手舉小書、逾十歲者著白衣白鞋、如泰西之新嫁娘、主教神甫行于正中、左右小孩有舉方旗、作巾字形者、或藍或白、或黏字、或繪畫、皆古時掌故、又有幼女數十、著白帽藍衣、或藕色衣、皆將出家而作貞女者、後則神甫貞女隨行、男服烏衣黑帽、女著黑氅白巾、又四教徒舁二長筐、內盛鮮花、沿途撒花鋪地、後有二教徒、提安息香鑪、前引左右步兵兩行、舉槍護送、中則鼓吹作樂、末一方帳、帳頂立大白雞翎撣、四員武官執棍、中立一老主教、著白衣、岸然道貌、後隨二教徒帳、再後則男女數百、皆入堂禮拜者、如是繞城而歸、午初、隨星使登車、道出衛洒鐵關門、未正、抵巴里、入丹胆街第五號租寓、酉初、行李始到、車欲入門、司閽者閉而不納、令人舁入、恐車壞其漆路也、少選、費亞柏丁敦齡來拜、見樓下經過二兵、挺一黃髮人、

十三

年近三旬、詢之、始知為剪綹者、現在法京底定、不過三五日、而街市已修理整齊、房樓已刷埽潔淨、道途不平者已墊之、花木損壞者已易之、初平大亂、漸復舊觀、功令之迅速、人力之勤奮、于此可見、

二十五日甲申、晴暖、午後、隨星使乘車、西北行二十餘里、出馬葉門、見高樓燒毀無數、地下鐵道、全行拆壞、至柏路旺園、欲入遊觀、被守兵所阻、旋至馬達蘭禮拜堂、由旁門步石梯三十餘級而入、中立天主母石像、懷抱一孩、即耶穌也、左右跪立帶翅女像四具、雕鑿精巧、當地跪男女十餘名、皆以手扶面、暗誦洋經、申初回寓、知有畫像工人席拉來拜、當晚買紅杏數十枚、細而長、味微酸、核似桃仁、地椹雖紅、味尚不甘、

二十六日乙酉、晴暖、午後、隨星使乘車西南行三十餘里、過邦麻晒街、至比斯的坊、有一大銅柱、極其堅固、叛勇欲毀不得、只被槍礮洞穿數十孔而已、去此回至萬牲園、園門鎖閉、復北行數里、往拜德威理亞、未遇、酉初回寓、記西俗人家之不用僕婢者、有不自炊火、而男女早晚餐于飯店、並拖兒挈女以往、謂從儉之一道云、

十四

二十七日丙戌、晴熱、未初、王承業德威理亞同其母來拜、坐談極久、又軍功藍翎提舉銜、廣東儘先州判王斌字芝友、福州人、候選從九品李鏞字輔廷、蘇州人、同來拜、二人皆隨福建船政監督法人德克碑公幹者、入夜微風涼、記西俗每日自晨至夕、男女往來、聯袂搴裳、不絕于道、兩人相遇、男子以脫帽為禮、亦有但舉右手向耳際一揚而不脫帽者、大率偶然簡略之意、至若互相握手、則較為親近、婦女亦然、惟不脫帽不舉手、間有答以鞠躬為禮者、又不論男女老幼之雙眸短視者、皆公然高懸眼鏡、街行遇人、不有摘去之禮、

二十八日丁亥、晴、午正、隨星使乘車往拜英美二國公使、未刻、陰雲密布、同俞惕盦乘車行十餘里、過恩安江、往拜德威理亞、見其母、又遇范若瑟在彼、對談片時、辭去、至王承業鋪中少憩、又往羅馬、巷答拜席拉、回寓後大雨傾盆、雷電交作、戌初雨止、又隨星使乘車行五六里、至意達廉大街、看變戲法者、其人名科來倭蠻、所變多與前同、惟後在座中借手巾戒指各一、拴于一處、旁取紅酒一瓶、自飲一杯、後將手巾放于瓶內、自染鮮紅、

十五

乃將旁一小木匣取與眾看、匣則妥封、割線開鎖、啟匣內又套四匣、及啟至第五匣內取出、則手巾與戒指、並皆未染、奇甚、又出一大紙匣、長三尺、寬二尺、厚約二寸、啟而視之、出油畫三張、次出骰子二箇、白水一釜、活鴿四箇、高冠二頂、鮮花一盆、末出一籠、高盈尺、內二黃雀躍鳴、奇甚趣甚、

二十九日戊子、陰、午正、同高引之乘車往拜王子顯、談次、忽來一澳門人、年十九歲、著洋服、通法語、華言已忘、姓名不復記憶、自云來此已五年矣、去此在馬達蘭禮拜堂旁花市、買玫瑰芍藥八盆、僱土人舁送、已給力銀二方、不意伊至公館又索二方、遂次遇彝、又索、責之始去、誅求無厭、何地不然、甚矣信義之難也、申刻復雨、通宵達旦、

三十日己丑、陰雨、未初、有花翎提督銜、權授浙江總兵官、船政監督德克碑偕李鏞來拜、又英美二國公使來答拜、申正雨止、酉初隨星使乘車往代薩賽麥界坊之拉該戴園中觀劇、坐有男女二千餘人、其所演之日月山水花樹樓船、時時變化、又幼女跳舞者六十餘名、皆

十六

著短翠裙、袒胸赤臂、又有假黃雀二十餘、火雞鸚鵡各十餘、黃白貓大六七尺者六隻、皆跳躍鼓翅、其聲與真無異、又小兒作黃雀半出卵皮者四五、搖首顧望、喔喔求食、趣甚、亥正一刻回寓、仍陰、是時功令、每月子初禁其街遊、故戲園皆改于戌初起亥正止、

五月

初一日庚寅、陰晴各半、時而細雨紛紛、時而紅日曈曈、酉初有前任法國水師副將德爾衛招飲于伊戚家、即時隨星使乘車南行十餘里、至杜韋巷第三十三號、伊

十七

巳拱候、導入、見其姨母弟妹、暨戚友三人、飯畢又來男女老幼六七人、亦皆伊之親串、少坐有鼓琴者、歌曲者、極其歡暢、因伊曾在天津有傾蓋之識、故特治此筵以伸其意也、

初二日辛卯、陰雨、午正、星使令持中外名片乘車答拜德克碑于敷灶巷第五號、未遇、回寓後雨止、復同高引之往觀玻璃局、樓房二層、周四五里、其玻璃器皿、皎如水晶、盤盌盂盒筒罐瓶碟、罔不畢具、瓶有高九尺周六七尺厚三四寸者、有假花瓷者、有冰紋五彩者、羅列滿樓、四壁大扇玻璃、使人一望無際、樓下筐籠堆積無數、帳房四處、賣貨三十餘人、皆耳挾鉛筆、手持紙片、所賣何物、逐件記清、賣畢同至帳房一處、送片一處、口報開清節略、送于隔壁畫押鈐印、另有他處照單收錢、又每屋三人登記所存何物、何日賣去何物、物旁標識此物何人買去、錢曾收否、如是每月算結、毫無舛錯、酉正回寓、入夜晴、

初三日壬辰、早晴、巳初陰、申正、隨星使乘車出馬葉門、至柏路莊園、見景致大異於前、水涸山崩、樓焚垣圮、樹

十八

木多鋸鑿痕、荒草平原、淒然滿目、回寓後、有法人鄭延來拜、坐談、聞言、久聞貴國人民呼泰西人曰桂子、不知何所云然、方祈明示、對曰、夫華人呼西人曰桂子者、實非桂子、乃龜茲也、蓋二千餘年前、中國當漢朝時、使者由西方龜茲國取得葡萄種、是中國葡萄來自龜茲、故華人咸知龜茲之名、然未知其服飾如何、當時該使亦未言其所見所聞、迨三四十年前、西人初到中華、國人不知何為英法德瑞美丹和日等、惟憶古傳云、西方有國曰龜茲、故以是名呼之、是為華人呼西人曰龜茲者

之來由然龜茲二字實音秋慈奈平人不知以訛傳訛故至今人民咸記字之本音呼曰歸滋也若謂何以不呼俄羅斯曰龜茲蓋自清初以來俄人來華皆改華裝故華人惟知有俄羅斯之名而不知其異裝異服也俄人來華不易本服與各西國同華人又未嘗不以龜茲呼之因泰西各國衣服相貌無甚分別無異華人之來泰西者西人見之間有以日本呼之蓋惟聞東方有中華日本之名而未嘗明辨其服色也是西人見華人之呼以日本與華人見西人也之呼以龜茲之義同也若

九

又謂于今數十年來人民既知有英法德俄之分何不改龜茲而以本名呼之是又與西人之不改呼華人之義同也按彼此立約通商數十年來西人既知中國曰大清曰中華何仍以齋那吉那什音芝那吉塔等名呼之且中國自古迄今四千餘年從無此名不知西人究何所本而以是名呼之耶法人聞之默然鞠躬辭去

初四日癸巳終日陰晴不定未初隨星使乘車至廠北巷拜德克碑未遇途次見萬洞坊之銘勝柱已被叛勇打壞所有爛銅皆以車載去重修是柱係其先王拿破侖第一戰勝他國將所獲之銅礮改鑄者也高九丈周四丈上下雕刻各國旗幟礮位甚為精巧不意敗壞至此有不令人生感耶其餘被焚之石土灰燼皆掃除清理以待重修聞現募匠役已有五萬餘人大興土木剋日完工自必煥然一新也

初五日甲午晴午後隨星使乘車行六七里拜俄國公使未遇復行十四五里至城內東北隅之述夢山花樹蔥蘢亭臺點綴二山連以鐵橋繞以小河中立石柱頗覺可觀盤桓良久採艾而歸以應端陽令節也申初回

半

寓知德克碑同李鏞來訪晚餐邀德爾衛德威理亞小酌得食櫻桃地椹李杏甜瓜味皆甘美賓主盡歡可謂不負此重五矣酉正陰入夜大雨

初六日乙未早細雨濛濛未初哥士奇來拜坐談極久申刻雨止隨星使乘車過思安江行九里許至園名曰陸森柏爾者周約七八里花樹小河極其幽雅正中石樓一所原為畫閣內存油畫數百現改紳會堂樓左方池中湧小泉後有石岡下卧一男一女抱腰接吻上立一人赤身背負牛皮重眉長鬚以目怒視式雖不雅而

雕工亦頗細巧、

初七日丙申、早晴、申正陰、此時巴里城内扼要之地、繁華之區、一律修飾整潔、至凱歌路左右之小戲場、法名加非商當、譯商當者歌也、加非館兼歌曲也、現皆開演、及小兒之竹馬鞦韆、亦多設列者、惟近日仍大索紅頭餘黨、聞法兵被俘者共四十餘萬、自與德定約後、陸續解回一半、現定每日送回三千五百、仍須兩月之久、始得全歸、

初八日丁酉、陰涼、未初隨星使乘車東行二十餘里、出萬三門、過賢門岱圍、樹皆鋸去、一望無際、又一礮臺與火藥局、紅頭曾聚于此、四圍牆頭鋪有沙石口袋、高約數尺、以禦槍礮、後至萬仙林、花樹可觀、中一小湖、湖心二島、接以小橋、花有鳳仙茉莉菱角菖蒲刺梅地椹榛櫻杏栗樹、有楊柳榆槐松柏檀橡、島之大者、設有酒肆、登樓飲舍利加非、開窗眺望、河水清澄、遊人觀覽、花鳥怡情、飲畢登車、走萬仙街、道路極寬、而樓房稍鄙、至十字街名托俞坊、中立二石柱、高二丈餘、柱頂各立一人、皆古時名士遺像、過此即前賢安敦街、有兵房一所、極大、樓高四層、叛勇曾經棲止、故被礮子打壞數間、酉初回寓、知有俄國公使及費亞伯來拜、

初九日戊戌、晴冷、聞法國兵燹後、餉需支絀、民會議定于明日由戶部向民間並鄰商稱貸、以八十二方為一百、每一百一年繳利五方、晚同俞惕盦慶靄堂隨星使步至凱歌路、見燈燭煒煌、遊人如織、入加非商當、登樓吃加非、飲高釀、聽歌曲、男女數名、裝飾華麗、有幼孩年甫六七歲、跳舞拍唱、盤架登高、靈巧之至、

初十日己亥、晴冷、因戶部被叛勇焚毀、現改凱歌路之大玻璨集畫閣為戶部、當日門首橫一白布匾、上書公助國利四字、外立男女數百、皆送錢者、酉正同俞惕盦邀王子顯晚酌、子初始去、聞法國各省地租、每畝值十方者、一年納三方、至于房稅、巴里城内外、每間值六百方者、一年納稅五方、值一千二百方者、一年納稅九方、鋪戶亦然、又有貨稅、如賣茶葉者、一年納稅五十方、先由海關收進口稅、再于各鋪取出售稅也、其重可知矣、且人家陳設器皿、無論貧富、值一千方者、一年納稅三十方、近因重修宮殿衙署、又將貨物重加稅銀、以敷經

費、街市有洒掃兵、每年按戶給兵十八方〻、計二方〻半掃
地一丈、願自掃者聽之、一日不掃、則官有罰、初犯五方〻、
再次十方〻、此役每名每年得官銀八百方〻、合銀一百零
四兩、聞法官欲貸二百萬萬方〻、是日竟得五百萬萬方〻、
中有巨商羅柴者、一人欲得百二十五張、票每票八十
方〻、共合一萬方〻、按官借數、則為一萬二千五百方〻、數年
償清、計利必多、得數千方〻也、若數日後票價增長、則每
張可多賣五方〻或十方〻、倘皆賣去、則可賺六百二十五
方〻、或一千二百五十方〻、如是、雖官項遲償、亦于己無礙

廿三

矣、又明年官中搖骰二次、搖出何人、先還何人、是數月
內即可獲利二十五方〻、夫法國之貸銀、原為賠償德餉、
一日不完、留兵不退、薪水皆法國供給、每日須方〻萬萬、
且所在之地租、房稅、皆為德取、故國家因所耗甚多、始
出息而貸款也、雖然、其兵額仍前不減、前營共三十六
萬、後營共九十萬、論者謂軍務既鬆、兵額可減、以節國
用、而法邦尚如是舉動、意者防出他故、抑或別有深意
在也、晚接法外部函、請後日未刻、在柏路旺園賽馬廠
看大閱、

十一日庚子晴、得食甜瓜、形似倭瓜、皮青白、肉紅子大、
味如黔省之醉瓜、又食肥果、味亦頗甘、果生小樹、葉不
甚大、狀如梨、黑紫、如茄而香、內含密子、粒粒相連、記法
京街市有老嫗以推挽之車販賣菜蔬及乾鮮果者、車
乃雙輪、放平即可以當几案、方便之極、
十二日辛丑晴、未正隨星使乘雙馬車、行十八九里、入
柏路旺園賽馬廠、一路車馬擁擠、幾無隙地、其被邀之
人、皆有憑票、臺之上下共坐二萬餘人、中坐統領遮耳
暨各部院會堂大僚、次則各國公使、臺前橫有鐵闌、各

廿四

將弁羣立中央、皆銀盔紅靠、黑褲烏纓、遙望馬步隊、甲
胄射目、旌旂蔽空、入座未久、忽聞放礟數聲、前後馬步
共過六萬、號稱十萬、每隊三千、俟兵過帥則歸立于中、
每隊後有礟三十門、騾馱十餘箱、車八輛、皆為載受傷
兵將者、末有軍器車十輛、三千大閱後、帥與各將齊立
臺前、舉刀向鼻以行禮、眾皆擊掌稱賀、亦有免冠者、是
日鼓樂喧天、聲如雷霆、亦奮武揚威之意也、酉正回寓、
沿途男女觀者如堵、
十三日壬寅晴、星使復與慶靄堂聘一教習、姓費名隆、

年逾五旬，法國名宿也，每日來此一點鐘，教以文法地理，每一禮拜館穀二兩六錢。又有合眾國人盧地者來拜，其人能八國語言，如英、法、印度、日耳曼、日斯巴尼亞、俄羅斯、意大里以及中國，其華言能說不甚了了，現為巴里義學之助教，年甫三旬，鬚髮皆白，言語溫恭，氣象嚴整，亦合眾國之一才士也。坐談少刻，辭去。當日凱歌路之馬戲園，開戌初，乃隨星使步去，所演多與前同。有二人頂斗大人頭，著黑衣長丈許，如囊而無袖，出時不過盈尺，忽而高起逾丈，漸高漸低，忽而相連作丁字形，

只留二骸，忽而翻滾，似魚浮水。又一人帶四大犬坐于椅上，後出三犬，步行如人，一高二尺，一尺半，一一尺，各著巾幗，其小者跳越玩耍，與真孩無異。令二尺高者以左爪牽一小黑犬，宛如西婦。又令四大犬一小白犬跳椅，由一至六在上一一跳過，自下穿回，往來數次，隨後穿圈越紙餅，與幼女跑馬同，圈餅各周二尺。又二小醜著靠身肉色衣，以粉塗面，頂立紅毛，先吹哨，作火輪車聲，後則二人彼此以手持腳，成圈滾行于地，極快。末一人一馬，人馬對立，以目怒視，繼而人向馬放手槍，馬則作受傷狀，曲身跛蹄，趣甚。至歡躍蹴踘等戲，多與中土同。

十四日癸卯，晴。申初，隨星使乘車出城，往柏路旺園一遊。先至牲靈園，園門未開，主人延入，引看各處，知新奇之鳥獸魚蟲多運往畢利時等國，祇有羊、牛、大鹿、野驢、駱駝、孔雀、鴿、鴨、家雞、錦雞、雉雞、金雞等，花木房屋大半毀壞，惟養魚玻璃池完好無恙。通園受礮子洞穿者二千五百餘處，道路崎嶇，葬人山積，有瘞于深濠者，有壘成土阜者，因屢遭火發，殺傷相仍，故到處烟痕火迹，為

之慘然。去此入柏路旺園，曲徑叢叢，層樓複閣，近日修理，輪奐一新。

十五日甲辰，晴。申初，陰雷一陣。前在衛洒王宮園內曾捉蟋蟀二尾，置于盆內，今由土中出小子六七十，先白後黑，長皆二三分，物化之感有如此。又見賣有各種鮮花，一葉如桃花，如繡球，其色三變，先白繼黃末紅，豔而香，高者二尺。一葉如竹，花如金菊，瓣密微香。一葉如百合，花似丁香，色藍而密。一葉似秋葵，花如牡丹，色淡而味濃。四花其名未詳，餘有佛茄夾、竹桃等，又玉簪花極

高、花壘成樓、嫩葉清姿、香氣觸鼻、入夜、微風晴爽、皓月當空、

十六日乙巳晴、午後、隨星使乘車、過思安江、至萬牲園、見禽獸花木失去者少、惟毀壞之處甚多、骨樓下新建木房三行、以便官兵棲止、登土岡、見一古松高數丈、粗六圍、枝張如傘、旁挂一牌、云千歲松、岡頂一鐵亭、高丈餘、路之左、密栽短樹、路之右、立鐵闌、闌外亦植短樹、周行數百步、亭在目前、無門可入、須再環繞數帀方至、蓋此路故作曲彎、不知者自然費步也、申正回寓、酉初一刻、陰而細雨、

三七

十七日丙午、鎮日陰雨數次、涼風颯颯如秋、見對戶小園、周約二里、繞以鐵闌、高五尺、盛栽花卉、密列鐵椅、中一樂亭甚高、上坐樂工三十餘人、簫笛之聲、悠然可聽、後一酒房、賣加非、舍利、糕餅小食、每日自戌初起、至子正止、忽而鼓樂、忽而歌曲、燈燭輝煌、其門如市、入者每人二方、合銀二錢六分零、非男女携手同入、則屏而不納、

十八日丁未、陰晴各半、時而細雨霏霏、未初、哥士奇來拜、申初、隨星使乘車行數里、至康活丹街、孟叟園、山水花木如前、惟多被兵勇蹧壞、去此、出城入柏路、旺園、繞行十餘里、花香鳥語、頗可怡情、後在瀑布旁之酒肆少憩、遊者如雲、見一少女、白冠白裳、詢悉新嫁娘也、伊旋登雙馬車馳去、又步至風磨房、一覯鐵輪闗鍵、亦皆損壞、酉正回寓、是日、蒙星使給王竹軒、張雲波、劉輔臣諸位延一法文教習、姓博名丹、年近三旬、敎以初學之法、每日敎一點鐘、館穀五方、

十九日戊申晴、記外國各大官、苟他人有要務相商、須前期一二日咨請、是日始得面晤、即小事亦必于一二時前告之、方可否則推以戚友堅邀、固請如是、不免私重於公也、戌初、王子顯約飲、同坐有俞惕盦、王芝友、李輔逵、暨二洋人、名字未詳、痛飲暢談、甚為歡洽、亥正回、

三八

又巴里市肆繁盛之區、皆無貼挂招帖之地、故在大道之兩旁、專設高亭、其式或方或圓、高約八尺、左右相間、各距一箭之地、或造以鐵、或砌以甎、周圍貼滿日間、既便觀覯、夜則然煤氣燈于亭頂之四面、更覺清楚、而歷歷可指焉、

二十日己酉，晴暖。晚隨星使乘車至王宮左巴蕾洛亞市，法言御前古董市也。周圍百數十間，每間玉石金銀羅列四壁。中設酒肆，高朋滿座，男女如雲。見一鋪中挂有紅白金鍊共三十二環，紅環十八，白環十四，大如黃豆，粗各二三分，上一黃金鉤，共重九錢八分，價值十三兩，按洋名白金曰布拉的納。

二十一日庚戌，晴暖。辰刻忽聞震動之聲，其猛如鼓。開窗視之，知星使紀綱劉成由第三層樓上失足落地，口耳出血，面色灰黃，俞惕盦以內科不精，乃急請洋醫調治，據云難以奏效。遂抬入車棚，停以小牀，蓋以綠毡。後有本地土官來驗，言其已死，乃去。午正，德威理亞請遊方坦布婁，法言甜水瀑布也。即時彝隨星使乘車行十四五里至馬薩大街，呂陽火車客廳少坐，登車即開，南行稍東百二十六里，一路田疇交錯，碧綠盈眸。停車十一次，所經村鎮，間有被兵勇蹂躪者。申初到，乘雙馬車行六七里至拏破侖第三坊，屯國店樓高三層，尚屬潔淨。前對古王宮，左右後三面村房，整齊清雅。內少坐，即步入王宮一遊，此宮係法之先王路義第七建造，在七

卅九

百年前，南宋孝宗之世。至明嘉靖年間，又經番西第一改式重修，韓立第四復增殿宇，共費法方二百五十萬，合銀三十二萬五千餘兩。拏破侖第一修理，又用六百萬方，合銀七十八萬兩。四十年前，陸義斐里改造，所費尤為不貲。法史內載此宮掌故頗多，如西麻一千六百八十五年（即康熙二十四年），其先王路義第十三降生于此，又路義第十五之子于此受毒。奧的利亞君主馬康達迺曾住于此，後被民弒。一千六百八十六年（即康熙二十五年），國君始許耶穌教人入法，在此畫諾。又老臣柯安第卒於此。一千八百一十六年（即嘉慶二十年），因羅馬教皇于此，又拘日斯巴尼亞王察立斯第四于此。二十四日，又瑞典君主克力斯尖被大臣困留于此。又數十年前，拏破侖第一出其妃周福音于此，因不生子也。又因被英國獲去，在此辭位。是宮不高，二三層而已，其式甚古，其工甚堅。地式前後形如風字，由旁門而入，有一屋高大，左橫緣網，右壁橫書洋字數目，中立三人，以皮板打皮球，球大如橘，往來用力極大，亦係賭具，不知作何勝負。去此入大書房，深百七十三步，闊十六步，樑柱皆五彩花石，四

卌

壁櫃橱、存書萬卷、中設一大地球、周約四圍、山川地勢、以及郡國城村、描寫甚清、左壁懸一表、洋名鄉地亞圓周六尺、正中畫日、外四地球、遠近不等、分春夏秋冬、圈外比天中為日道、內含十二星、俱象形、如獅、蠏、羖、牛、羚羊、雙魚、倒水人、牛身魚尾羊角獸、馬身人首射箭獸、蝎子、天秤、仙女等名、順數則倒水人主正二月、雙魚主二三月、羚羊主三四月、牛主四五月、羖主五六月、蠏主六七月、獅主七八月、仙女主八九月、天秤主九十月、蝎主十冬月、馬身人首射箭獸主冬臘月、牛身魚尾羊角獸

三十二

主臘正月、逆數則獅主正二月、陸續至蠏主臘正月、據土人言、此十二星並主年歲、現為一千八百七十一年、屬馬身人首射箭獸、後週行房屋數百間、極其整齊潔淨、其陳設古玩、率多收去、末入一屋、外立一鐵造聚寶新亭、油畫五彩、高約八尺、周二圍、後鑿字數行、云若揭日月、昭然運行、窮神闡化、永世作程、長春化館、永保周旁、漢陽葉嘉會坊敬造、時為咸豐七年六月朔日、屋內四壁、羅列中土漆物、古董甚多、棚頂黏有三畫、長皆丈許、寬各六七尺、上繡十八羅漢、四大金剛、工極精巧、旁

有小金字一行、云乾隆某年製、宮後有一大院、原名曰白馬、現改曰裁極豔門、前橫白玉石闌下、一小湖、湖心一亭、憑闌下望、鯉魚千百成羣、依藻銜萍、往來游泳、旁二布帳、出售麪包、以之擲水、則羣魚驟至而爭啖也、去此下石堦、入大院、復繞行里許、樹林陰翳、清雅宜人、回寓晚餐後、少坐、又乘馬車行二十餘里、入一大林、廣可四萬畝、周約百九十餘里、一路樹木叢雜、蔽日淩雲、巨石崚嶒、奇形怪狀、可謂天下第一叢林也、道途平坦、修治整齊、其衝衢有十乂者、亦有八乂者、又見一古王所

三十三

建之白石柱、高約二丈、末至一處、名曰神仙湖、周僅十尺、詢知山上泉之所注也、申初回寓、

二十二日辛亥、晴、早起、小食後、即步入王宮、後之美然園、紅明綠暗、蜂蝶引人、中一白石女像、赤身圍帛一幅、又一銅人、以弓打馬、氣象沈雄、據土人云、為世間工之至美者、過此、又有一園、中有丁字河、長十數里、水清無紋、鷗鳧來往、三五成羣、見鶯粟花高三四尺、金錢花朵大於錢、盤桓良久、忽聞鸛噪聲、與華同回寓、早餐得食鰍魚甚美、後乘馬車行十餘里、抵多蕭朗沙大林、人迹

踈絕、見一樹高二丈許者、曾被雷擊落枝若許、土人即以他木造拐杖小匣等物、于此出售、僞云大樹所落之枝、遊人買去、可作來此之證也、入一加非館、茅屋幾間、圍以鐵籬、野花妖豔、亦頗清幽、少坐、登車行十數里、未初一刻、至火輪車客廳、未正登車、即開行、過一小山洞、長約四五里、一路急驅、只停車三次、蓋非舊路也、山清水秀、阡陌交通、頗可賞心娛目、申初抵巴里、換乘馬車、回寓、聞昨經高引之率衆殮劉成于漆柩內、包馬口鐵、葬于法邦義塚、酉初陰雲密布、入夜大雨滂沱、記西國藥室、雖曰藥鋪、而無藥材藥料、惟見臨窗玻璨大瓶、羅列井井、其色或紅或綠、或藍或黃、入夜然燈、五彩耀目、蓋各鋪所售、皆造就之藥丸藥水藥酒藥粉、以及膏散、並無所謂飲片者、

三三

二十三日壬子、大雨凉、記法京四面二十七門、城垣內以土堆高一丈、外以石砌高二丈、寬二丈、濠深一丈二三尺、寬丈餘、城門鐵閘四扇、高八九尺、寬七八尺、每門守兵數名、凡人馬入城、驗而後放、蓋原為查帶私貨、今則兼訪紅頭餘黨也、

二十四日癸丑、陰、未初、同俞惕盦往拜王芝友于拉孟巷第十八號、強留晚酌、酒則舍利高釀、肴則自調華饌四五種、味皆鮮美、慵飲暢談、盃盤狼籍、申正謝別、回寓、戌初又雨、記西國浴堂之製、亦不一式、大者分屋二三十間、每間設浴盆、或一或二、式作橢圓、深約二尺、皆以石或以木為之、水由壁間龍嘴中隨意開取、一涼一熱、多少自便、浴畢隨將盆底木塞拔出、濁水自然洩去、價之至廉者、每人一方、備有熱布手巾五塊、加買胰皁、每塊三四五蘇不等、其極貴者、每人十方、預備一切、如香水胰皁等、更于盆中鋪大白布一塊、雖云男女分室、而夫妻則可同浴、

三四

二十五日甲寅、晴、午後隨星使乘車過大石牌樓、行二三里出馬葉門、復直行十餘里、一路樓房多被叛勇打壞、至得米石地方、有一石臺、上建弩破侖第一石像、高二丈許、亦被叛勇打去、在此北望、直道中凹、作弓形、遙見城中大石牌樓與王宮後之堞及石柱、連作巾字形、去此回行五六里、過大石橋、西行入宮院、莊房屋層層、園林處處、數十年前、係先王陸宜非里私第、而今盡屬

于官中有洲島、四面皆河、名曰格朗日阿達、松軒竹徑、花木尤繁、原有酒肆樂亭、以便遊人觀賞、自被叛勇拆毁、來者惟有悵望而已、申初回寓、

二十六日乙卯、晴、午後同俞惕盦街遊、步至蘭比都街之中大市、見鐵房形如俞字、四壁與頂皆置長方玻瓈、高約四丈、長逾二十丈、横可九十丈、内小屋行行、共數百間、有老幼婦女八九百名、出售禽獸魚蟲以及菜蔬果品、一切食物、無所不備、申初回寓、酉刻王子顯及王芝友來拜、記西國女子之嫁也、二十二歲以前、父母可

三三五

以主之、踰此則不待父母之命、不須媒妁之言、但彼此說合、便可成雙、惟法俗較他國稍嚴、乃不獨財產須同、三代更當相等、如是致有男子四五旬尚未娶者、然男女私交、不為例禁、因而姦生之子女眾多、乃專設有收養之處、名之曰育嬰堂、不惟養育、兼以敎讀、至十四歲、便可自食、或成一業、或作雇工、以及充當兵勇、未及十四歲之前、皆視姦生之父之力若何、每歲貼銀若干、為之等差、違則姦婦即可控官追究、孌童亦莫盛於法國、近十數年來、始經國家嚴禁、如查有二男一室而共榻者、例當監禁示罰、

二十七日丙辰、晴暖、未正哥士奇及德威理亞来拜、戌初同俞惕盦隨星使步入加非商當聽曲、所演與前大同小異、惟一小丑帶一白犬、令其坐立行走、著衣脫衣、戴冠免冠、無不如意、末以手槍擊之、犬臥如死、其人在旁高呼、令其起、令其食、皆不理、惟末言事畢矣、犬則吠聲大作、趨入後臺、趣甚、是晚坐于對臺樓上酌酒、清風颯爽、輕透葛衣、凉生樓閣、暑氣頓消、

二十八日丁巳、晴、見本地有種黑腴如膠、其力極大、專

三三六

為滌器用者、申正隨星使乘車往柏路壯園遊、道逢花樹、收拾整齊、密綠疎紅、宛然入畫、見林中一枝竝立二鶻、土人名為賊鳥、因其頻盜銀錢、藏于樹孔、奇甚、行十餘里、車馬往來馳驅如市、記西俗富貴人家、每日申酉之間、必乘車出遊一次、或走街衢、或入園囿、流水游龍、裠屐濟濟、中等人家亦必男女三五成羣、閒遊于市、皆須聯袂竝行、不得參差前後、故朝朝午後男女絡繹不絕于途也、又定例每日婦女必須街遊、苟男子攔阻、婦女可以控官、乃判將該男監禁若干日、以昭儆戒云、

二十九日戊午、晴熱、申初同王竹軒、張雲波等、乘火輪舟北行、過十五石橋、步入菊五葉巷、遊萬牲園、園尚未開、繞至賢貝那街、欲隔闌窺之、適有兵開柵引入、見木房收養受傷之男女叛勇有數百名、卧以木牀、覆以棉褥、問及可看禽獸否、據云門皆關閉、容日再爲邀看也、酉正回寓、

三十日己未、晴熱、記外洋彩帛、除呢氈羽毛麻布外、其餘綢緞紗綾、色皆不久必變、且多輕薄如紙、按西俗不用他人使過之茶酒具、恐其褻瀆、然名爲謙和、實則不喜已黏他人之唇也、晚餐後日落風清、涼生氣爽、乃同俞惕盦隨星使乘車往柏路旺遊、繞行十數里、入一小加非鋪、四面玻璃、前後曲廊、几案不多、幽雅之至、前一小木橋、跨于水池、花樹成林、芳草遍地、花有五彩蜀葵、鳳仙等、惟木蓮高如桃杏、葉似橘橙、大朵白花、瓣甚肥厚、清香觸鼻、坐飲少許、戌刻回寓、一路男女兒童之街遊者尚牽裳聯袂、絡繹不絕焉、

六月

初一日庚申、晴熱、見泰西有乳壺者、造以樹膠、上一細項、連以假乳頭、凡婦之無乳者、以之哺嬰、隨手運動、自能上下、又有連以玻璃罐者、俟小孩能坐時、盛牛羊乳、放于其旁、餓則持起自哺、又有吸膿器、形如乳壺、口連一玻璃盅、作吕字形、用時按扁樹膠壺、放盅于瘡口、膿自吸入、速而且淨、

初二日辛酉、晴、見本地一種冰水、係造以萬婁賓果與地椹、味色如北京之山查湯、加非館出售、每一小玻璃瓶加冰一塊、價值銀一錢六分三釐、橘汁每盅一錢二分、申正隨星使乘車往柏路旺遊、後在加非館中得一醉瓜、六人竟未食盡、回寓後知日耳曼公會巴徵里亞國副使呂達來拜、

初三日壬戌、晴、巳正星使令彝持片答拜呂達、未正復隨星使乘車往拜費亞柏、延入樓後小園少坐、花木不多、景尚幽雅、臨行星使贈彼團扇一柄、回寓見市售一種小畫、几旁坐一少女、披衣散髮、右手執筆、左手掩目、作悲慘狀、懷坐者地、卧者小兒、若許頂上多有雙翅、女神飛空下視、前後立德官數員、持腕扶几、似強逼寫字狀、此土人有意而爲者、女比法國、兒比法民、其狀喻德

國逼約講和庶民無法幸有蒼天保佑也

初四日癸亥晴早有土人持一造冰器與看器以鐵造如月牙形長約二尺中橫一鐵筒周逾尺半欲造冰則取下鐵筒盛以酸水暨物似硝鹽者後將小罐滿以糖果水料蓋皮封妥放于筒內橫于器上左右搖之一刻後則大塊冰出罐中糖水亦自凝成冰凌矣酉初同俞惕盦隨星使乘車往柏路旺遊至小加非館少坐命御者改行新路雖無高山大樹而花卉芬芳亦可引人入勝也亥初回寓凉

初五日甲子晴尤凉於昨聞洋女持扇若旁人借看回遞時能示人之喜怒如恭敬則持柄遞面不喜則持面遞柄惟橫遞則怒不可當也

三九

初六日乙丑晴是日為禮拜之期街市遊人稠密午正有薄郎之兄薄蘭來拜又有前次相會之英人周安夫婦令男僕同其女周嫣姒來邀赴伊家小酌亥刻步行八九里至馬立色大街第九十四號主人延入坐有美國高恩夫婦英國霍蒂母女共男女老幼廿餘人共桌而食秉燭傳杯可稱佳會子正辭歸

初七日丙寅陰晴倏變忽雨忽風戌初隨星使往看馬戲所演尚佳按法京堆撥木造似匣有人作假熊堆兵見之懼走伏于匣上熊將木匣撞倒兵反扣熊于其中主人來尋與鬬兵匿而放熊出熊怒未消不識主人乃盡力前奔抱肩亂嚙兵趁勢并扣主熊于匣內少刻開匣而主人沒矣只餘衣髮似被熊吞者可謂奇幻之至矣子正回寓

甲

初八日丁卯陰冷未初隨星使往觀鑄錢局見造有他國金銀寶星大小不一形似洋圓又有本國教中所用之金銀牌形如角字長六七分寬四分厚分餘所造皆用轉壓機大者長一丈兩首銅錘大約一圍小者長五六尺兩首錘大如瓜轉時只用二三人而大者需八九人其餘燒切銀銅與前次所看無異所造之錢多埃及與南阿美里加者登樓看集錢之玻璨匣櫃所存之錢增有二金錢仿造中土制錢面有同治通寶背有[illegible][illegible]二字亦有中土之元寶大錠看畢回寓記外國錢皆國家鼓鑄犯例私造者有極刑故錢無大小厚薄之分更無沙板水上飄之俗名

卷五終

三述奇卷六

鐵嶺 張德彝在初隨筆

貴 榮竹坪校閱

辛未年六月初九日戊辰細雨陣陣按別國公使駐劄某國其公署及所用僕役本地人皆不能干預儻有在外滋事或賊盜藏匿公署則該處官員不能親往緝捕必先行文于公使聲明其事懇其送出俟覆文至或刻即送出或令其派人往捕然後酌奪施行皆彼此恭敬友誼之意也又各國使臣公署每值彼此喜慶之事皆挂國旗以伸賀之若值彼此弔亡之期則挂旗于桿之半以示兩存之意似與挂劍絕絃之意同也未初一刻哥士奇來拜坐談極久申正同俞惕盦隨星使乘車行數里過橋至巴喇的牌松葉巷第又三十號大玻璃局一觀局名未詳樓房寬闊玻璃器皿大小不一假水晶瓶高有丈餘周二三圍者形如亞字或倒書高字皆通體瑩潔徹底光明又有以玻璃造成之假瓷假石色如翡翠瑪瑙與真逼肖乍看無有能辨之者又至第四十六號大瓷器店所有花瓶盅碟盤盌罐盒描畫丹青多仿中土之式又有以瓷造成之假古銅其色黃碧質輕於銅而聲之淵雅過之其餘如人物花卉顏色鮮明工亦精巧

初十日己巳陰申正隨星使乘車走立伍力街至宮旁巴蕾洛亞市見各廛羅列貨物尤多于前如鐘表鐲簪槍刀書畫衣冠寶石瓷鐵玻璃等巧奪天工真假難辨晚聞房後馬逼園開乃同眾往瞻其門首貼一帖云入者男納三方女納一方入內一天星斗萬盞燈光當中跳舞亭樂聲大作清妙可聽四壁花木路徑曲彎真水假山相映成趣又迎門石牆畫樹林一叢中有大路光影似真不知者在燈下遠望迢遞有數十里之遙當晚妓女結摩輕盈綽約宛如仙子臨凡而紈袴子弟之往來追隨者亦舉國若狂也入夜晴暖

十一日庚午晴午後同俞惕盦街遊步過凱歌路轉入莽殿街見一小鋪出售男女裝飾之物如襪褲巾帶手套帽花面罩領袖等有白布形如護膝纏有絨繩四根長皆二三尺問之乃幼女之假乳也因洋女以乳大腰細為美然腰可束之使小乳則不能縱之使大故幼女

假此以飾其觀、而及笄之女、乃有製就籐具、形如乙字者、暗圍腰間、襯以為美。

十二日辛未、早晴、巳正陰、大雨傾盆、近日街市出售果蔬頗多、如桃、杏、橘、榛、甜瓜、地椹、菠菜、白菜、黄瓜、茄、豆、無所不備、惟李有青、黄、紅三色、味不甚甘、梨色青、外堅而内軟。未正雨止天晴、酉刻步行十餘里、至立斯本巷第六十四號、拜高恩夫婦、其長女、次女、皆已于歸、其次子卓志現回美國紐約邦、義塾肄業、亥初回寓。知王子顯來拜。按西國兒童、不拘男女、凡八歲不送入學者、議罰

三

有例、故男女無論貧富、無不知書識字、而學堂之制亦善、有男學堂、女學堂、大學堂、小學堂、而各堂衣帽不一、其式如兵勇之號衣、成羣結隊而行、一望即知其為何堂者。

十三日壬申、晴、申初、同俞惕盦隨星使乘車遊柏路旺園、是日為禮拜之期、一路車馬如雲、將過小湖、而陰雲密布、大雨滂沱、遊人皆興盡而返矣。其男女步行者、因無處暫避、祇得冒雨奔馳、甫入門而雨止、可謂虛此一遊也。

十四日癸酉、晴、酉正、隨星使乘車赴凱歌路、行數里、過埃及石柱、步入其居洛里王宮後之葡羅籬園、所駐官兵昨始撤去、仍留數名荷戈嚴守、每日戌正閉門、觀者無阻、臨街左右高臺、仍有木房兩行、花木尚未修齊、池雖有水、不見暢旺、樹多有被鋸而去者、宮之正門、闌以木板、禁止行人、其東北二面、紅牆獨立、一木無存、其西南二面雖未被焚、而窗壁摧殘、金玉皆為瓦礫矣。此宮建于西麻一千五百六十四年、即明嘉靖四十二年乃為其先王葛達林米特夏所創、地基不大、建造樸素、至其王漢里

四

第四、踵事增華、頓改舊蹟、迨路易第十四、復加恢廓、蔚然大觀、迄今三百餘年、極其崇飾、殿深百丈、闊十一丈、高八丈、通身白石、晶瑩耀目、其中層樓複閣、邃室蜂房、盤盤囷囷、矗不知幾千萬戶、陳設華美、古董紛披、宮後即園、臺沼陂池、林木花卉、天然布置、清景宜人、宮前設有總藝院、院名魯瓦、四面有門、崇閎靡麗、與宮並峙、王割宮之四分之一為禁地、守以兵卒、其他四分之三、則許人民遊眺、此彝于同治丁卯年在彼所聞見也。一旦遭此兵災、比咸陽之一炬、凡物盛衰、各有其遇、至事過

境遷、豈不增人欷歔感慨耶、

十五日甲戌、晴、聞近日對戶之曲園、因天氣酷熱、聽樂人多、議長座價一人三方、不料連日陰雨、反減至一方、每夕燈燭輝煌、觀者如堵矣、記西國男女固有聰明愚魯之分、然咸以恥辱為重、終朝街市無有口角鬭毆、以及詈罵情事、倘被人欺侮、控官請理、其毆罵人者、雖情足理順、亦必因逞兇滋事而受押受罰、又座客談天不及織物、苟有叙及糞穢等物者、群相駭異、或有避席而行、不顧而去者、乃以此人何至不堪若是、總之師之于

五

弟、不施夏楚、主之於僕、不加唾罵、男女擁擠、不喧譁、不出惡言、朋友往還、更無毆辱詈詬之情事焉、又記左鄙比畫閣之大玻璨房、高逾五丈、深四十八九丈、寬一百餘丈、

十六日乙亥、忽陰忽晴、午後哥士奇來約往觀官鈔局、即時隨星使同高引之乘車行六七里、至班魁巷局、頗高大、所印之票用銅板鐵架法、與印新聞紙同、板係先以銅刻陽文、再以樹膠貼作陰文、後將樹膠懸於電氣水內、碎銅自然吸上、又成陽文板、雖數塊、只須一模、又紙內含有陰文板、用銅絲者、造法未詳、一切使用器件、咸造于此樓下、穿地為庫、以儲各國銀塊、洋圓樓頂有照畫房、以辨鈔之真假、男女工人計七百餘名、每日出大小銀鈔萬萬串、正回寓、記西國男女工人每日工作飲食、例有限定時刻、不得逾時五分、違可控告局主受罰、

十七日丙子、大雨、酉初止、往拜高恩、見其妻女焉、有一老媪皮氏者、奉耶穌教、所言多與佛教同、如人生以行善為先、男子應娶某女、女子應字某人、自有天定、善人

六

升入天堂、惡人墮落地獄、行善上天保佑、為惡報應循還等語、彝言為人行善、乃秉彝之良、然善欲人見、不是真善、惡恐人知、便是大惡、眾皆合掌稱快、亥初回寓、入夜微晴、

十八日丁丑、鎮日陰晴不定、見巴蕾洛亞市所售各種寶石頗多、惟金鋼石最貴、所飾之物、有耳墜、項圈、頭箍、戒指、表鍊、鈕鈸等、更有黃、白、赤金與銀造之小匣、小盒、工極精巧、鐲釧有質堅體重而內心空者、有如蛇皮錦者、鱔魚骨者、長皆盈尺、柔輭細輕、大小隨腕、又種燈表、

形如豊字、下有花石或鍍金銅座、上一暗玻璃圓罩、罩上四圍寫數、臨口一小玻璃筒、如烟筒、罩心然燈、下面平放一表、表下垂墜、亦有無墜者、旁立銅鍼、上絃則鍼不動、而燈罩轉、時刻不差、罩內燈係銅盌、油甌瓷餅、中插爔芯、長四五分、然之光亮、與爔燭同、此表每高一尺、座與罩粗、皆八九寸、式如爔臺、每箇價值三十方、合銀三兩九錢、

十九日戊寅、晴、早德克碑約俞惕盦至其家、詢及調治爲痧脹及霍亂癉疾等證之藥、因邇來法邦染是病者多而能愈者少、亦勤學好問之意也、晚飯後、殷柏爾約四五友人于其屋中、齊聲作樂、參差斷續、音調平平、子初始散、

二十日己卯、晴、是日係禮拜之期、因上禮拜日有雨、故是日街市男女擁擠、車馬紛馳、往來密於螻蟻、午正有郝第之妻攜其二女來拜、俞惕盦以香茗一壺飲之、皆言甚甘、近來官署之被焚者、如王宮、巴里府暨戶兵部、皆動工修造、漸復舊觀、凡漆石路之有缺凹處、亦皆修補平坦、

二十一日庚辰、晴、聞近日德人來法、多有被害者、前夜某村有一德人街行、被土人由窗中以手槍打死、次日德人聞之大怒、戕死男女數十以報復之、見鋪中出售巴里城圖、其被焚各處、皆以紅筆點畫、又各處燒毀形式、皆照成小畫、星點無遺、觀者能勿神傷耶、入夜微風、細雨淋漓、

二十二日辛巳、晴、申初、隨星使乘車、行十餘里、至夢馬大街、遊左右荷包巷、法名巴薩日上罩玻瓈棚、東西肆廛櫛比、百貨錯陳、見摺扇七股、飾以蛤蚌、面則白綾繪有花朵、工不甚細、價值二千五百方、合銀三百二十五兩、拐杖造有魚骨者、鯨角者、飾以珊瑚、孔雀石、每根價亦數百方、奇甚、

二十三日壬午、晴煖、申正、隨星使乘車、至柏路旺園之茵蹦列小湖、旁見岸邊有舟無人、下坡回首、有二篙工藏于石洞、登舟問以何往、告去中心島、篙工入洞、以紅紙書憑票一張、索錢一方半、開舟載六七人、水深四五尺、湖心二島、中連木橋、左邊者魚游雀噪、花木叢生、上一小木亭、形比篆書官字、望之點綴清雅、紅紫芬芳、右

邊者、亦多花樹、有木樓加非館、登岸少憩、見各間樑柱、以及左右樹杖、皆合有槍礮子若許、大者如蘋果、小者似核桃、樓房尚未修理、窗壁破爛、雜物亂陳、有一貧人只售涼水紅酒各數瓶、乾餑餑一匣而已、堤邊繫有一人自行舟、係下二鐵肚作魚腹形、中一明輪、輪上橫一鐵椅、人坐其上、以手轉舵柄、腳輪軸運動、極快、與自行車同、又二人自行舟、稍大、舟面中立小鐵桌、前後各一鐵椅、前者端坐、暗持舵柄、後者隨坐隨搖、椅動舟自行矣、記外國舢板小船各處不一、其製雖間亦挂帆、然皆

九

用槳而不用櫓、酉初回寓、

二十四日癸未、晴、記外國多以女為公平仁愛、自法國無君改民主後、凡大小金銀銅錢、以及鈔票、皆改刻印女像、頭戴二翅、立如馬耳、又街市各公所、皆于樓頂設立或一或三石女像、背有雙翅、如飛、兩手作指天畫地狀、以示公平之意、其王宮後埃及石柱四角之石像、係下一方臺上坐一女形狀、不一、高皆二丈、周各三丈餘、其義乃水陸公私得意平安也、未初、高恩携其三女來拜、

二十五日甲申、晴暖、午後、瑞士國公使來拜、坐談片時、申初、隨星使遊巴蕾洛亞市、見綠寶石大如指肚者、價書二千五百方、合銀三百二十五兩、又列有日本貨、如象牙耳墜、鈕扣等、內含蒼蠅、蚊、蠓、其銀銅耳墜、排扣、帽花、簪針等、多造有蝴蝶、蜘蛛、蜻蜓、蟋蟀、五彩鮮明、與真逼肖、

二十六日乙酉、晴、熱、午正、隨星使乘車答拜英、瑞二國公使、皆未遇、回公館、後哥士奇請看賢目耳曼大街之電信局、樓房高大、共有男工五千餘名、各國各省之銅線、以此為總匯之區、所用有原字者、有以點橫代字者、

十

惟一小桌、面似洋琴齒、上鑿字、用時以指按之、往來極快、又一種與四年所看者稍同、亦以銀箔紙寫字、裹于木軸之上、軸長五寸、粗如雞卵、旁另一軸、上捲長白紙、彼軸轉此軸亦轉、自將銀箔字傳印于白紙、筆畫色綠、清楚無差、另一屋內四壁懸銅綫數百、係各省者、又一種氣機、大小銅筒如鐘、似號、係于城內四面地中暗通鐵筒、由此聚信百封、填滿小筒、放入大筒、機關動、自有壯氣吹去、每一筒需時二分、申正回寓、微風拂拂、暑氣

頓消無須揮箑

二十七日丙戌晴酉初隨星使乘車出城至柏路旺園囿湖列湖欲駕小舟以遊水手告以無人弄槳乃有洋僕周賓福脱衣奮勇彝遂與之把舵湖周約數里二島橋連形似魚泡環繞曲灣荇藻飄浮風清浪靜如在鏡中遊也遇一舟稍大内坐男女老幼九人繞畢登岸入加非館吃葛隻賓後步至左島看木亭已被礮子打壞一路鶯啼花落氣尚清和戌初回寓入夜陰

二十八日丁亥陰午後大雨聞前于西麻一千八百七

十一

十年七月十六日即中同治九年六月十八日德京之民因德法起釁即懸燈結彩鼓樂喧天至本年正月十三日乃西麻三月三日因德法議和復懸燈結彩歡悦尤甚所謂喜溢于中樂盈諸外也去歲之樂即修我甲兵與子偕行者無其壯往今歲之樂即虚其彝鼎為君銘勲者無其欣悦德京兩次懸燈需用浩煩以致煤氣不敷多有懸中土燈籠者是夕燈燭煒煌城如不夜男女遊觀絡繹不絶車馬如雲笙歌達旦雖上元亦無其繁盛也

二十九日戊子晴是日為西麻八月十五即天主母升天之日又值拏破侖第三之誕辰往年是日燈火綿亘放花懸彩鋪戶關閉人民街遊以伸慶祝之誠不意是日並無花爆燈燭之樂只有多半鋪戶關閉男女街遊而已毫不鬧熱亥正大雨傾盆似其天主母怒其八分敬君而二分敬天又似三月無君天為之悲也又見新聞紙云恐是日拿破侖第三欲帶兵來此復位與德再戰以報前讎等語

七月

十二

初一日己丑晴午正哥士奇請星使看其地中離水道乘車行數里至其王宫左立伍力街下車掀鐵蓋而入蓋與地平同步石梯而下其道高約丈五寬二丈水溝深九尺寬一丈二尺左右堤各寬四尺其上行人臨溝有陽鐵轍上立方車可坐數人前二人執燈引路後四人用手推行此道與溝之上下左右皆以石砌甚為堅固曲灣環繞通城閭巷皆連家家汚水由鐵筒流入達于城外思安江口而入海乘車一路水滾聲音頗大地面車馬行聲如聞雷鳴于上中有電綫周達各處有工

匠百人修理、是道蓋亦被叛勇拆毁也、當日車至萬洞坊銅柱下、換舟又行數里、繞至馬達蘭禮拜堂旁、棄舟步梯而出、申正回寓、晚有合眾人車闊斯者約茶、偕劉輔臣行十餘里、至吶伍卜的商街大書院、入内見男女四人、談次飲加非與茶少許、辭歸、中途至居福巷口、忽一土匪將某人雨傘奪去、因彼此力猛、使傘兩分、某得其柄、酉刻烏雲密布、驟雨迷空、亥正止、

初二日庚寅、鎮日陰晴風雨不定、時暖時涼、午初一刻、哥士奇請星使早酌、酉初回、近日街市馬車羅列稍多、

十三

其價始歸舊例、蓋外國繁盛都會之區、大小車輛多至一二萬號、故價有定章、從無爭求增加之事、且御者必識全境路逵、熟諳執轡之藝、乃能充當、又各車帶有草料一袋、隨時隨地可喂、喂則套袋繩于馬首、袋口承于馬口、以憑咀嚙、其法極便、

初三日辛卯、陰晴如昨、午正往探盧的、因其患頭痛也、洋人多以中土百合油為頭痛之妙藥、乃贈一瓶、其人甚喜、聞德法交兵之始、法兵一百一十萬、德兵一百二十二萬、法兵無助、德兵有南北日耳曼助之、北日耳曼出兵八十六萬有奇、南日耳曼亦三十餘萬、德共得兵二百四十餘萬、倍於法兵、法以南日耳曼係其鄰邦、必不助德、今竟得助而勝、法之疎於計算亦可知矣、初德與南北日耳曼為一國、後成鼎足之勢、今三國復合而為一、是德不惟勝法、更得南北二國也、其助德之由、蓋圖報四十年前拏破侖第一征討之讐恨也、又德國原名布魯斯、至是改名德義志、更因疆土遼闊、乃改稱其王曰開色爾、係德言皇也、

初四日壬辰、陰晴各半、未初、星使赴法外部與熱夫類

十四

辭行、告以定于後日起身、往歷英國、酉正回寓、入夜大雨、記東西各國船隻計有數種、惟二種鐵礮船極其堅固、一名牛安賽者、係蹻輪、長二三十丈、寬四五丈、高數丈、通身鐵板、厚皆盈尺、其式上窄下寬、旁看如城、前後挂旗、中立烟筒桅、與中華者同、亦無橫杆、烟筒只一、粗逾五圍、羅列大礮、架以鐵盤、一名莫呢完者、亦係鐵鑄、蹻輪、長二三十丈、作橢圓形、船身入水、船面幾與水平、上無桅桿、只兩角二旗、中一烟筒、筒前一圓臺、不甚高、中藏大礮、兩船船身及所列礮位、四面運動、隨意咸用

火機、是敵礮雖著、不能傷人、

初五日癸巳、晴暖、午後、星使令彝持片代謝英國公使来羊斯、因其送有護照、薦書也、戌初、街遊、見埃及石柱前放一大千里鏡、長約丈二、粗逾二尺、支以鐵架、上有活軸、四面上下、轉動如意、以之看星、每人計費二鮇、當時天不甚黑、見西北一星、遠不甚亮、以千里鏡望之、乃星牙也、式大於月、光明於月、燦爍熒熒、金光四射、入夜束裝、

初六日甲午、晴、寅初睡起、點心、星使令彝與俞惕盦張

十五

霆波等隨往、餘皆留住于此、卯正起身、乘馬車至火車客廳、少坐、辰刻登車、即開、穿大小山洞五、皆不甚長、過村鎮七、如開盆村、薩皮葉莊等、亦頗荒涼、未正抵戛蕾海口、見樓舍稍多於前、而人煙稀少、下車即上輪船、船名王王、申初展輪、風起浪湧、男女嘔吐者過半、是時天陰、浪激如雨、酉正抵英國都法海口、下船見男女老幼擁擠數百、少憩、復上火車、即開、一路飛行甚快、經過各村、並未停車、穿山洞十一處、長有十餘里至二十里者、戌初至倫敦、易乘馬車、行十餘里、仍入前戊辰年所住之葛羅武那爾店、店主司米士夫妻、暨其影、計多人、相見甚喜、可謂他鄉遇故知也、入夜陰、

初七日乙未、陰霧、記英國一種朋黨、名曰佛来斯大爾、譯言林中人也、是黨無婦女、入者每人每月助錢若干、其中有病者、公請名醫與之調治、入黨三年後、老則公養、凡遇危險、互相救護、是日係西厤八月二十二日、為其黨首之生辰、黨人皆以綠色為號、有著綠帶者、綠衣者、綠帽上插紅雞翎、腰橫喇叭、如蘇葛蘭人裝飾者、共人數百、乘火車往水晶宮赴會、夜半始回、結隊歌唱、吹

十六

弄喇叭、聲音震耳、蓋店樓後即威克兜立雅火輪車客廳也、

初八日丙申、仍霧、午正、英外部總辦子爵安福益来拜、未初、隨星使乘車往拜法國公使、適值正使在衛洒民會故署、使迎入坐談片時、申初大雨一陣、雨後仍霧、晚餐得食李杏、皆大如桃、記外國客寓最大有窮奢極欲、可擬王侯之家者、寓資及飲食、每人每日必須三四五六七金不等、其大飯廳亦極華美、食物精緻、伺候周到、即不投寓者、亦可往餐、男女雜坐、與共舟同食無異、其

容之不欲在彼飲食者、即可租用本層樓之客廳飯廳、寓資既費、而僕婢亦須多用焉、

初九日丁酉、陰霧、早有前駐上海英國領事官麥華陀來拜、未正、法署使來回拜、少坐即去、申初、隨星使乘車行十數里、赴外部答拜安福、盍入內周遊樓宇、建以五彩花石、高峻宏壯、又答拜麥領事、未遇、申正一刻、上火車往水晶宮看烟火、樓內花木葱蘢、修理潔淨、上下種種貨攤、更多於前、中所去者惟大樹梃與生鳥、因其左鄙于前歲失火、而今重加修理、添有男女中廁、洗手屋

十七

等處、更于左右加列飲食加非館數處、後步石梯數級、見橫匾上畫一魚、又似二魚、各長二尺、共長四尺、乃此魚之頭入彼魚之口、連而成一也、眾以為奇、即步石梯下樓、另至一門、臨入各給什令一枚、左右列有十餘玻璃箱、式與法京牲靈園同、亦皆高大淨潔、魚身畢見、惟所存魚蝦無一新奇者、其所畫之奇魚、乃引人之餌也、看後步入角樓晚餐、用飯者亦須買票、每人二什令半、合銀三錢五分、桌凳羅列齊整、四壁玻璨光明、食畢開窗看烟火、是日男女老幼萬餘人、少者歌于途、老者休于樹、戌刻大雨一陣、人皆擁擠躲避、亥初開放花爆子初止、所放多與前同、惟在宮樓中與當院鐵架頂橫一鐵繩、長數丈、花爆將完、一人由樓前踹去、然中心之起花先轉後起、輪如皓月、看畢下樓、火車已開、候至子正一刻、別路車來、搶入、丑初抵倫敦、晴、

初十日戊戌、晴、午後法署使請看新設萬商會、即同俞惕盦隨星使乘馬車行十餘里、至戛斯街、入內地極寬闊、式作員字形、四面木建高樓、環繞層疊、間有花園、芬芳襲人、先一圓樓高十數丈、頂似僧冠、四面有門、中設

十八

英君主御座、樓上南面一大風琴、如合眾國包斯頓者、出南門、四面木樓皆二三層、高亦八九丈、各層羅列各國新奇貨物、如五行器皿、玩物、輪機、電氣、格物、種種筆難盡述、中懸大小油畫四千餘張、各皆註明何國人所畫、何物、何處景致、價值若干、其他各物、亦皆掛有牌票、上印鋪號價值、繞遍入園少坐辭回、記西國繪畫之事、競尚講求、然重油工、不尚水墨、寫物寫人、務以極工為貴、其價竟有一幅值萬金者、畫人若僅身之男女、雖赤身裸體、官不之禁、謂足資考究故也、故石人、鐵人、銅人

各像、亦有裸形卧立蹲伏者、男女並重此藝、婦女欲畫赤身之人、則囊筆往摹、詳睇拈毫、以期畢肖、至男子描摹婦女之際、輙招一纖腰裊體之妓、令其褫衣、橫陳對之、著筆、亦期以無微不肖也、

十一日己亥、晴、未正、萬牲園主請遊、彝隨星使乘車前往、其中禽獸魚蟲、羅列如初、惟新增一二種、有一猴名敖藍敖坦者、出于蘇門答臘、高約五尺、色紫、面黃、兩爪過膝、性極靈巧、行動如人、又一水鳥、名婁麻者、生近北極、身大如鵝、掌亦如之、通身黑質白點、大嘴長項、其聲如鴨、骸短、行動笨滯、又一鳥名美克者、不知出于何國、形如廣雞、短骸、色灰黃、爪朱冠、專喜食鼠、酉初回寓、入夜陰霧、

十九

十二日庚子、晴、是日係禮拜之期、街市遊人甚多、午後同俞惕盦步行至柴草市、遇有前經志孫兩星使給塔木菴及桂冬卿所延之俄文教習郭福滿、立談片時而去、後由荔榛街回寓、知有英文教習艾德林來拜、又聞其街市各酒肆、加非館、每于禮拜之期、皆應自早閉門、酉初開、在酉初前來者、非有憑票不許入、蓋云為其禮拜之時也、酉正乘車答拜艾德林、未遇、又亥初殷柏爾辭回巴里、

十三日辛丑、晴、早起淑裝、巳初由店起身、乘馬車行十餘里、至柴令克洛斯火車客棧、登車、巳正開、西行二百一十五里、申正抵立溫浦海口、改乘馬車、行二里、仍住前戊辰年所住之華盛頓店、一路麥含秀色、柳罩濃陰、炎風熾日、汗溼征衣、

十四日壬寅、晴暖、申初由店起身、乘馬車行三四里至塢頭、駕火輪舟行半里、登英國柏的莫城明輪船、長二

廿

十餘丈、寬三丈五尺、馬力九百、同船男女共四百餘名、戌初展輪出口、水平船穩、當晚四面陰霧、見日月無光、如赤色圓餅、

十五日癸丑、陰、水色黑而甚平、西行少北、見右面矮山綿亙、間有海燈、乃愛爾蘭之東南境也、中遇火輪風篷若許、未刻稍晴、申初至愛爾蘭正南坤奴城口外、住船、上下客人與貨物、畢、酉初復開、西行甚平、戌正又陰、細雨一陣、

十六日甲辰、陰晴各半、西行稍北、逆風、船甚簸揚、見二

等容人中老幼婦女赤足披髮卧于船面者數逾三百，而上下嘔吐哭泣者大半。美國地廣人稀，須農開墾，雖他種工役人亦多不敷用，故英國愛爾蘭貧民之攜妻帶子前往耕種傭工者每年以數千計，迨五年後其願入籍者聽。

十七日乙巳，仍陰晴不定，船蕩如昨，水色深綠。早餐共桌祇男客二三而已，女皆嘔吐，仰卧終朝。入夜細雨陣陣凉。記西國婦女之年逾二旬者，出門遠行，皆可隻身搭船乘車，既無僕婢跟隨，父母亦不攔阻，聞英、德、丹、和、義、瑞等國如是者尤多。

十八日丙午，陰，船仍簸揚，水色深藍，未初晴，遇風蓬一隻頗大，乃東行者，夜改順風稍平。記外國一種玩物，名曰布洛克斯者，係仿中國七巧圖所造，共木四十四塊，第一塊長八寸，寬四寸，厚五分；第二塊長八寸，寬二寸，厚亦五分；第三長四寸，寬三寸，厚作扁三角，左右各寬寸五；第四四寸見方，厚亦五分；第五係第一之一角；第六二寸見方；第七厚五分，上寬二寸，下寬四寸，左右亦四寸；第八作銳角形，下寬二寸，左右各四寸；第九三角形，每邊二寸；第十鈍角形，下寬四寸，左右各三寸；第十一亦鈍角形，下寬六寸，左右各四寸，厚各五分；第十二四寸見方，厚由一分至五分；第十三係第十二之半；第十四四寸見方，中一斜弦凸起，長約六寸；第十五四寸見方，上半左角二寸見方凸起二寸，中一斜綫長二寸五分，作左右各一缺角長方；第十六與第十四同，則二寸見方斜線不足三寸；第十七四寸見方，當中凸起四面各一鈍角，高二寸七分；第十八為第十七之半；第十九四寸見方，正中凸起二寸見方；第二十二寸見方，式與第十七同；第二十一二寸見方，式與第十九同；第二十二作鈍角形，下寬四寸，左右各三寸，尖厚五分，下至一分；第二十三長斜方，上寬一寸，下二寸，左長四寸，右長四寸三分；第二十四銳角，下寬二寸，左右各四寸；第二十五作直角句二寸，股四寸二分，弦五寸；第二十六等于第二十五稍小；第二十七等于第二十六，下寬二寸，左右各高八寸，下厚五分，頂至一分；第二十八式同第二十三，上寬二寸，下四寸，左右各十六寸，厚五分；第二十九長方，上下四寸，左右各八寸；第三十長方，為第二十九之半、第三十一、長八寸、寬一寸、第三十二、與第四同、第三十三、等于第五、第三十四、等于第五之半、第三十五、等于第六、第三十六、等于第六之半、第三十七、一寸見方、以上厚皆五分、第三十八、下半一寸見方、上一三角各邊一寸、第三十九、長八寸、寬一寸、頂作三角、亦每邊各一寸、第四十、作三角形、每邊二寸、第四十一、鈍角、上四寸、左右各三寸、第四十二、鈍角下六寸、左右各四寸、以上厚各五分、第四十三、寬一寸、長四寸、厚五分、兩頭稍切、旁看作二小直角、第四十四、等于第四十三加倍、西人亦以之擺成桌椅、牀凳房屋闌杆橋船車馬、盆桶魚禽等物、

卅三

十九日丁未、陰、西風、大浪、船復搖蕩、未正晴、風改稍北、記天下萬國旗幟、種種前所述者、皆係四海頻見、久與華通者、其餘五大洲中小國尤多、其名雖罕見聞、今既遇諸耳目、亦應記載、以便他人之航海者、如阿斐里加之居呢國者、長方、正紅、水師者中一白橢圓、內含一紅月牙、與一八角星、南阿美利加之三兜民勾國者、長方大白十字、四空二藍二紅、商旗亦然、水師者十字中心加一圓花、係四柳枝連二礮車、左右四旗、中一洋經、經上一小白十字、經後分列槍刀四件、水師提督者亦然、惟後半改成魚尾、平素航海者三尖長條、前半式與國旗同、亦無圓花、後則先紅後藍、巴西國者正綠、長方、中一斜方、黃色、內畫二綠枝、捆以紅綢條、枝中另一綠方、方中一藍圈、周列二十小白星、圈中一地球、闌以紅十字、圍以金條、綠方上一王帽、紅地金花、水師者正藍、中以二十白花排成十字、提督者、銳角正藍十六白花列成十字、加餘四白花于十字之四空、帕臘瓜國者長方分紅白藍三橫、白橫臨桿畫一圓圈、圍以綠葉、圈內周書帕臘瓜公合五字、內又橫書平安公義四字、下一黃獅、腰豎長棍、頂立黑錘、商旗亦然、水師者圓圈畫于正中、二枝綠葉移入圈內、以紅條捆成十字、上一紅花、無獅錘、亦無平安公義四字、提督者平方、色同、後改魚尾、中無圓圈、改一黃月牙、危的麻喇國者、長方、七橫分四色、二紅二藍二白一黃、商旗亦然、航海常用者、長條、後作魚尾、色亦如之、水師者中畫二綠枝、捆四旗、作凹字形、中一人頭形、金星、星下一平方、上半豎十三行、六金

卅四

七藍、下半白地、三山、當中者上出烈焰、薩拉瓦多爾國者、長方、九横、四白五藍、臨桿上角另一紅平方、水師者、于紅平方中立一長方、上平下圓、如倒書篆文官字、其中上半藍天、横列九白星、作橢圓、下半綠水、中一火山、長方、上又一紅王帽、作斜書盅字形、衛乃久喇國者、長方、中藍、上黄、下紅、中心圓列七白星、商旗亦然、水師者近桿上角畫二綠枝、捆以紅條、枝中一方、下半藍地白馬一匹、作馳驅狀、上半左黄右紅、二人一緻、方上一捆青穀、圍以黄布、航海平行者、長條魚尾、中藍、左紅、右黄、

三五

牌魯瓦國者、長方三段、中白、左右紅、商旗亦然、水師者、中畫二綠枝、捆以紅條、上架一金邊方、方中上半左白右藍、綠樹、黄馬、下半大紅、金銖一袋、方上另一綠葉扁圓、圜博歐立瓦國者、長方、中紅、上黄、下綠、正中一綠葉圓圈、圈中下邊藍地、横列六白星、中一紫山、左列房樹、右懸金日、餘皆白色、比天頂上横列、博歐立瓦公合六綠字、作半圓徑、又南海之搜賽伊的小島者、長方、三横、中白、上下紅、臨桿上角另一横方、豎分三色、中白、左紅右藍、三堆池小國者、長方、八横、三色、二藍三白三紅、臨桿上角另一平方、藍上畫横斜二紅十字、

二十日戊申、陰晴不定、風雨甚大、浪打入艙、使船亂抖、申正遇一火輪、名曰俄羅斯、乃東行者、入夜旁風甚勁、船更簸揚、

二十一日己酉、陰、船蕩如昨、巳初晴、稍平、入夜冷、記西俗、房中布巾、每日更新、换舊可謂潔矣、然用時不分上下、拭面揩身並及下體、皆此一巾、船中亦然、又靧面澡身、皆以涼水、解渴亦以涼水、故華人在洋船、飲用滚水熱水、皆不易也、

三六

二十二日庚戌、陰霧、未初大雨一陣、海水迷漫、聞英國于二十年前、因國費不足、設法重收房税、蓋外國樓房無牆、窗皆外向、乃定例、每家除窗之不開者免税、餘皆每月按數納錢、故儉省之人、高樓數層、祇開一二窗、多者四五窗而已、後因人民不服、皆言住似山洞監牢、乃改令凡樓舍之修竣者、納税、竟有高樓百層、廣廈千間、只留一椽、永不畢工、是雖住萬年、而絲毫不納也、由是觀之、公而不公矣、

二十三日辛亥、大霧、寅正、船因機器有損、暫停修理、人

皆驚起、彼此互問、有言船底觸碎者、有言已沉八九尺者、女子有恐懼而哭泣者、卯正復開、稍平、午後遇二火輪、皆順風東行者、

二十四日壬子、陰涼、西行少南、值東風西吹、船行頗快、巳初一刻晴、變北風、船復搖蕩、同行男女之臥而不起者大半、

二十五日癸丑、晴暖、水平船快、巳正、連遇風篷二、火輪三、皆西行者、午後、男女坐談、船面見玩物二種、一係木墩上立木棍、長約八寸、放于六七步外、人以麻圈大拱把者、擲之、套于棍上者勝、一係地畫數目三行、乃六七、二五九、一八三四、惟中行頂上另一小方、寫加十二字、下一小方寫減十二字、玩者立于十二步外、以木鏇長五尺者推木餅、餅大拱把、其落數多者勝、惟到上十字者加十、到下十字者減十、數人同玩、所得之數、陸續加減、中有數逾五十者止、

廿七

二十六日甲寅、晴平、微風習習、水色深藍、是日係禮拜之期、上下等客于巳初齊入飯廳、列坐、船主羅海免冠立于亞中講經、講畢、彼此齊聲朗誦數次、午正散、每值禮拜之期、船主先貼一告白于大艙門、云今日禮拜、定于某時在飯廳内誦經、屆時鳴鐘、聚眾、不願入者聽、當日同船男女有名馬爾士蒲魯斯妻、姒吳貞者數人、求以華筆書其名、刺醫生名勞智爾者向彝討錢、言以濟孤子、巳正、引水船來、午後見二噴水大魚、遥望不甚了了、小鳥結隊、逐船而飛、申正、因機器有損、少停二次、蓋此船往來大西洋、已十數年也、

二十七日乙卯、晴、寅初進美國東北界紐約海口、行數里住船、其有往牛哲希村者、皆登岸、辰初復開、行六七里停輪、有稅關扦子手與各人執照一張、令自書某人乘何船、由何處來、此所帶行李若干、貨物若干、旋有小輪舟接眾登岸、臨岸大房、行裝運入稅局、驗過、開鐵柵、則男女攜筐負笈齊出、是日共來三船、有數千人、擁擠甚亂、出門有土人代雇車輛、每人二圓半、合銀一兩七錢、令其入店、以付伊云無暇、祇得每人以十三英什令代給、合銀一兩八錢二分、行六七里、過有年坊、入十七條胡同、仍住前戊辰年所住之衛四德敏斯達店、店内主僕見皆甚喜、申正、有法邦署公使柏爾得米來拜、坐

廿八

談良久、戌初、有店後十六條胡同布拉克來拜、乃紐約邦之舊相識也、坐談甚得、並請入其家、見其妻與二子一女、僉云三載未晤、渴想殊深等語、伊夫妻鬚鬢皆白、其子女亦皆成立、亥正辭回、

二十八日丙辰、晴、午正星使令執名刺往拜紐城、城總署郝朗阿、乘車南行十六七里、走寬街、至皮爾巷、入其官署、適值公出未遇、往來街市、閙熱繁華、尤倍於前、未正隨星使乘車至八條胡同大通店內答拜法公使、回店晚餐、得食蓁菜、粗如鴿卵、甚甘、

廿九

二十九日丁巳、早大雨、巳正止、午後見有匠人會由樓下經過、原各種匠人每日作十點鐘之工、今衆約改作八點鐘之工、蒙官允準、定于是日聚衆慶賀、共過一萬六千、作樂舉旗、有乘馬者如將、餘皆似兵、列隊而行、各著新衣、腰橫白布一幅、又有馬克蘭司樸納暨羅智爾之猶子羅卓志等陸續來拜、皆前于戊辰年在包斯頓及那戛拉二處會過者、晚有同寓姓費名士者邀飲共酌三鞭一瓶、入夜晴、

三十日戊午、晴、申初隨星使乘車、行十八九里、遊正中園、一路花木如前、路途平坦、水秀山青、往來車輛絡繹、遊人甚多、湖心有舟、遊行里許、萍浮水面、鳥語林中、蜻蜓戲水、花氣侵人、回時見一聚水池、通身石砌、深約五丈、周五十洋畝、戌初回寓、是日頗涼、而土人喫冰者仍復不少、晚有哈米坦及法穆哈等來拜、亦皆舊識也、坐談良久而去、入夜陰、

八月

初一日己未、細雨、午正、乘車往拜稅務司莫爾斐、未遇、見各小巷亦多木道、木塊長方、似甎、左右石路、順種椿樹兩行、相距各丈許、樹下有池、上罩圓鐵蓋、周丈餘、紋似菊花、又如雀籠、有一樹如桐、子如豇豆、花亞芙蓉、夏開秋實、入夜晴、

卅

初二日庚申、晴、見寬街一雜貨鋪、敞廳寬闊無樓、左右兩行長几、分列貨物數十種、如手巾、表練、杯瓶、書筆等、價皆洋銀一圓、隨人揀選、晚有廣東人投刺、自署唐人湯亞金來拜、年約二旬、能英語、因隨福建醫生林連湖來此、為通使、緣林不解洋話也、記是時美國金銀不多、各邦仍用紙鈔、

初三日辛酉、晴暖、是日係禮拜之期、鋪戶關閉、男女街遊、自晨至夕、往來接踵、午後有羅智爾與蒲公使安臣之妻弟李文模來拜、談次、知蒲公使之長子蒲凌甘已娶妻、留住于此、其次子蒲良蓋亦在此地新聞紙局中執事、其妻李氏、原住堪布立址、現因遊歷名勝來此、而僑寓也、入夜微風涼、

初四日壬戌、晴、申初、隨星使乘車先入亞中園、盤桓十二三里、轉入翟魯木園、復繞行十餘里、至高橋旁之小加非館少坐、戌正回寓、一路山水清幽、風涼氣爽、黃花冷落、紅葉飄颻、見本地海車不大、四輪獨轎、以二馬馭之、可容八九人、御者坐于棚頂、車中欲給錢者、上橫一繩、拽則鈴響、御者自由孔中接去、入夜陰雲密布、西風欲雨、

初五日癸亥、陰、午後、乘車往華盛頓坊第十一號答拜哈米坦、又至東三十八條胡同第百二十二號拜蒲李氏、見其子女、茶罷辭歸、酉初、高引之黃道從慶靄堂王竹軒暨那威勇等由法京來此、談及巴里居停主人、始知十日前辭房時、東婦以面鏡迷有蠅屎、地氈糊有泥水、爐被烟薰、古董蒙塵、刀匙灰暗、燭盤油膩、皆須雇人刷洗、令賠法方二千、合銀二百六十兩、爭執再四、許以三百方、始允、合銀三十九兩、

初六日甲子、早陰、午後晴、未初、有法國柏公使來拜、再三強請星使仍回巴里、待星使允、乃去、酉初一刻、有南阿美里加阿真坦國公使戛希阿來拜、入夜復陰、記美國新聞紙多種、分售于街頭巷口、或持于手中、沿街叫賣、至于客寓、飯店、加非館中、皆設有專看新聞紙之房、內列長几、每紙束以木棍、堆積橫陳、任人坐閱、見是日賀拉新聞紙內一則云、某巷第六十八號、所住之人名貴里樸者、昨夜墜樓身死、蓋洋人窮極無以為生、或因他故、亦有自尋短見者、惟其死法、駭人聽聞、或登百尺高樓之上、自投以求速斃、或臥于火車鐵道之上、甘心斃于輪下、粉身碎骨、情形慘然、

初七日乙丑、陰晴各半、涼、申正、星使令高引之黃道從王竹軒率僕五名、起身回國、由紐約乘火車至金山、是時路初修成、長一萬零二百里、連行六日、晝夜不停、所經各處、多為紅皮野人所屬、而景致新奇、樹林稠密、並

無客廳眠食之處、所有廳堂臥室、中廁廚房、牀榻桌椅、盥盤器皿、車中備載、每日五餐、五味俱全、規矩與火輪船同、

初八日丙寅晴、午正、隨星使乘車答拜法阿二國公使、酉正同布拉克夫婦子女、乘車行十餘里、至六十四條胡同東口外大街、看集工局木樓宏敞、燈燭輝煌、男女擁擠、四壁喧譁、其上下新奇貨物、羅列萬萬、無非電氣輪機、五行器具、戌初同至其家、著茗少敘、謝別回寓、入夜束裝、

初九日丁卯、晴暖、早布拉克父子前來送行、巳正由店起身、乘車行十八里、過王子巷、至碼頭、登法國賢羅朗暗輪船、長三十七丈、寬四丈、馬力一千、午正一刻開行、跳板將挪、回尺許、忽二人來奔呼、欲上船、水手欲將跳板移回、船主嚇曰來晚、乃止、二人無法、緩步走回、出口旁風甚快、

初十日戊辰、晴涼、東行少北、風平浪靜、記泰西各國小兒多以白鼠為玩、者養以鐵籠、造以銅鐵絲、高約二尺、周三尺、上圓下平、小屋間間、放有食水、臨門懸一銅絲圈式比車輪、白鼠走上、隨跑隨轉、似與中華者同、喂以牛乳泡麪包、或大麥黃豆、收拾潔淨、囹圄之人、亦多養此以自娛、

十一日己巳、晴暖、水藍色、午後天陰、風起、忽旁忽逆、又冷、於昨波浪洶湧、船身搖蕩、人之嘔吐者過半、未刻大霧、申正晴、入夜復陰、見大魚三隊、長皆七八尺、者浮沉海面、

十二日庚午、陰冷、逆風無浪、船尚平穩、記洋人相面、以頭紋幾層、斷其年歲、右手為父、左手為母、紋密者貴、紋稀者賤、又講人之心思、七情六欲、不主心而主腦、由項後至二眼珠、分三十五處、如一主戀愛、二主喜子、三主專一、又主立意、四主因循、五主喜戰、六主損人、又主嘗味、七主私晴、八主允許、九主造作、十主自愛、十一主喜悅、十二主謹慎、十三主仁義、十四主溫恭、十五主誠實、十六主良善、十七主希望、十八主奇異、十九主處思、又主浮動、二十主聰敏、二十一主學效、二十二主孤獨、二十三主方法、二十四主體度、二十五主分量、二十六主梁法、二十七主所在、二十八主數目、二十九主次序、三

十主事體三十一主時候三十二主腔調三十三在二眼珠主文理三十四主比較三十五主辦理以上各數皆僕上下左右相排兩邊前不過耳又各有經絡通于腦髓

十三日辛未陰凉逆風船徽篏揚早遇風篷一隻係西去者午後見大魚躍水尾露于外四五尺申初甚熱過南北黑綠水交接處分綫甚齊本船醫生與本船僕役治病亦索馬金焉

十四日壬申晴順風船快入夜陰記外國二種捕鳥法

三十四

一以三塊長甎列成门字中斜立一塊支以木棍棍旁横放木丫置穀包與穀于斜甎上下雀踏木丫斜甎自蓋于门上而雀不能出矣一以篩羅支以木棍下放穀豆棍下繫一長繩人則拽繩遠立雀落篩下啄穀即抽繩而棍倒其篩自覆矣

十五日癸酉陰凉旁順風頗大船能于一點鐘之時行四十五里近日船上食物頗佳果蔬俱全棃橘甚好又有油糕形如月餅造以牛奶地椹味亦甘美申正細雨一陣入夜晴

十六日甲戌早晴順風船平水色淺藍午後陰水色變黑仍東行少南晚遇風篷三隻皆西行者記外邦一種小舟名曰堪努刳以整木寬約二尺長與他舟同一人坐于當中雙手舉槳槳長七八尺兩首作二長鏟以之左右搖弄極快又外邦救生船内坐九人左右共八槳齊行用力急比火輪

十七日乙亥陰冷順風風號水湧浪激艙面而船搖蕩矣記外國骰子亦以骨造數亦由一至六玩者只用二枚擲以木盒亦數多者勝又種玩物名曰巴塔多爾者

三十五

係一長柄木圈内織絲網圈周與柄長各尺半以之擊拱把鵝翎翎長五寸十數根束于一處下半包以皮布二人相距數武彼此對擊多中者勝

十八日丙子陰冷順風巳初大雨酉正稍晴晚餐食有梨糕餅係造以糖蜜與核桃杏仁等作大盤形内盛熟蘋果與梨亦有葡萄地椹等戌初忽由烟筒中出火高六七尺乃因木灰積厚故也火星點點亂飛入海如花爆然

十九日丁丑晴暖順風船快水色葱綠平静無紋早遇

風篷二三午初一刻抵法國西北界布來斯海口先見其渭斯島長十五六里不甚高林木亦少上立燈樓百里可望至此住船樓房點綴船隻不多礮船五隻內置大小銅礮一百八十門後有輪舟來接下船者男女二十餘人未初有德威理亞縠柏爾由巴里來迎申初開船出口北行見左右山皆不高稍轉東南長山一帶嵯峨撑空入夜風起浪湧船即簸揚由紐約又名新埠至布來斯計水程九千里有奇

二十日戊寅細雨早東南行迎面連山綿亙漁舟若許順風無波水色葱綠巳初至法之正北界哈五海口外住船待潮見左右山岡寬敞船在處如攔江沙前午初潮長進口東行南北礮臺不甚雄壯而固後入鐵閘門左右石牆路不甚寬長約半里過此入池寬似津河船轉二灣停泊下錨口內如此水池者大小共七處皆分類住船如兵信商客等鐵閘係為留潮而設潮長閘開以留水于池內當下錨時值午正一刻行李下後未正登岸乘車行三里許過木橋三至芭菓街羅羅店宿樓高四層不甚寬宏而潔淨其地閭巷曲彎崎嶇泥濘城

三六

周二十四里居民八萬由布來斯至哈五計水程八百一十九里

二十一日己卯陰早隨星使乘車行不及一里入一小花園名阿卦立雅園不大而花木叢雜步步幽雅池中有一水犬長約二尺形似海龍其色灰前後短足如分水見人即出而覓食毫不畏懼又一小山亂石層疊巧比天工山腹空而穿洞四壁列玻璨箱其中水色白黃分為河海所養之魚奇形怪狀共三十餘種其識者如鞋木白鱔鱘花比目海鷄烏賊牡蠣鰍魚大海蝦蘗海馬白魚蒼魚鰻魚鯿魚金魚大盈尺而三尾者少其不識者有形似蝙蝠者大片如盤者圓如饅首者粉瓣千重似菊花者名皆未詳去此復行八九里繞至山頂有白塔形如中土墳墓高逾二丈周約三丈上抹白灰下立石座土人云係某水師提督于數十年前沉于此海其妻建此以銘其功又一小禮拜堂內供天主母像懷抱耶穌左右懸挂油畫小船若許皆係水手所獻者當時有老幼婦女十餘皆跪而默誦車立山頂左望大海右看通城漁舟蕩漾炊烟上升花飛葉落陣陣涼風大

三七

有中秋景象又行十餘里山路崎嶇盤桓而下回店早餐午初起身乘馬車行六七里至火車客廳少坐登車午正開東北行六百八十四里停車四次過大小山洞十三長河四惟第三河有鐵橋長約里許經德兵毀壞尚未修補告成酉初抵巴里下火車乘馬車行三四里至馬達蘭大街旁端丹巷第八號多庫店宿樓高六層屋宇潔淨梯路曲彎修飾樸素入夜晴

二十二日庚辰晴涼記天下各國孝服之顏色不同如土耳其艾立亞戞巴兜西亞暨阿喇美呢亞四國所服

三十八

者皆蔚藍色埃及國係黃色或凋樹葉色艾奚歐皮亞者灰色至歐美二洲各國皆黑色惟古時法郎西各王后為其夫死皆著白色名之曰潔至孥波侖第一之死喪服始改為黑義大利國古時男著紫色女著白色今亦皆改黑色按以上各色其實皆有所指如白色之意乃潔也淨也蔚藍色乃天也吾人死後願去之處也黃色或凋樹葉色謂死為人生一世之末以比樹葉之凋殘也灰色指土為故人所歸宿之地黑色指人生性命之体雨晴雲昏之意也各國人死皆不哭號惟瞑目流涕作悲啼狀惟斯拉奚亞國不惟不舉哀反以嬉笑之言而慶賞之謂人死乃脫災難之苦地而入無極之樂境也入夜陰冷

二十三日辛巳陰巳正隨星使乘車行七八里至阿秀胡同第二十二號前任法國駐華參贊官孟貝樂之別墅看房樓高三層寬闊淨潔前有花園馬廄屋宇頗多右鄰臨街正對敞院若值夏令居住可以延爽披襟而冬季則四壁來風恐不甚煖遂辭歸

二十四日壬午陰雨戌初隨星使乘車行三四里過王

三十九

宮至義達廉大街入格朗戲園觀劇是園極大上下可坐一千六七百人所演者一人年近六旬意欲還童乃登山採藥正在松下尋覓間忽來一鬼身著紅衣遠看如火判鬼知其意乃使其鬚落黃面腴神足變一風流少年其人大喜且言久有一女愛而不得鬼遂領去見女女不允乃故遺一篋于園內有金剛石鐲釧耳墜等女見以為天賜喜而佩之方去照鏡見是男立于其後二人始和女父知而大怒携其長子出街尋獲遇之于途則對鬭而男有鬼助乃刺死女父女由是乃瘋尋亦

故去女卒升天男鬼皆經陰神捉入地獄是齣共男女二百餘花樹樓房跳舞歌唱與他戲同惟高山皓月長江石橋舟車馬獸花影天光及舊石柱粗二三圍高二三丈者以雙眼千里鏡望之真假難辨更有彩雲跡星荷風槐日仙女數十飛騰半空其中固有真人紙畫然久看之假水起波紙人亦動妙甚子初回寓

二十五日癸未晴午後同俞惕盦往訪王芝友坐談許久在店晚餐得食螺螄蛤蜊味亦頗鮮又見菜市賣有倭瓜大如鐘磬枸櫞重一斤四五兩者（四十）價值一方半合銀一錢九分

二十六日甲申晴見本地有汗衫褲襪手套披肩以及護膝等皆織以絨綿溫柔活輭能小能大價亦不昂又有小鋪賤賣信紙名片等信紙與皮皆印有五彩變體洋字任人挑選蓋字皆名姓之首一筆也名片大小不一有白色者有鋪粉者作成雲彩光睛分明婦女名片有染桃杏花色者字多任意用楷書或草書亦有將字變成花朵者平素名片可以擇字現印每百二方合銀二錢六分

卷六終

三述奇卷七

鐵嶺張德彝在初隨筆
貴榮竹坪校閱

辛未年八月二十七日乙酉細雨陣陣晚遇前戊辰年在金山店中會晤之美國人巴爾三談及十年前美國南北鏖兵顛末暨英國誤賣兵船致認賠償一節據云美國邦分南北自伯理璽天德凌崑即位後欲釋黑奴為民南邦諸省富紳均不情願因而起釁遂于西麻一千八百六十一年四月十三日（即咸豐十一年三月初四日）開戰南省因少戰艦即于次年由英購得火輪兵船一隻該船造於英國某船廠初無名祇以第二百九十號名之後名為阿拉巴瑪天下皆知係特備海戰之用且為外國建造明言不諱監造此船之人即前此託名定造礟船與來兜駕送帕勒模者（地在美國紐約省）繼知其人來自南邦乘輪船張僞制旗號駛入英國立文浦海口墨爾奚河（即阿拉巴瑪船所在之地）弁有人云曾聞其人告以此船將送至美國南邦以為戰具該船既經擬定所去之地美國使臣在倫敦偵得其實有據可指乃致書於英國外部云南

省非自主之國、諸大邦亦未齒於列國、今弄兵潢池、既為合眾之叛民、貴國何助逆而資之以利器耶、僕恐傳聞之訛、敢以質之、若如所聞、則此舉恐有干於萬國公法也、又美國公使所延之律師書狀云、事之違犯英國禁止外國入境招募之例者、莫甚於此、苟不究辦、則定章幾同廢紙矣、是美于此案理所必爭、斷難遁飾云云、而英之律師乃稱、凡船廠代外國製造兵船、並未謀同載運軍器礮位者、不為犯例、且查該船係自阿鄒爾羣島（地屬葡萄牙國）裝載軍火、非由英國運往、則與該廠無涉、英

二

國政府、于是年七月二十三日、始得確據、知該船實代美國叛省所造、美國律師于二十八日、聞得該船將于次日開行、遂即知照英國稅部、稅部于三日後方傳諭扣留、而該船已于是日早展輪出口矣、該船開後、又有艚船兩隻、自英國裝運器械礮位及阿拉巴瑪船之船主水手人等、順風開去、三船陸續行抵特希喇島（地為阿鄒爾羣島之一）乃在僻靜之處裝齊、即挂偽制旗號、駛出大海、當該船離英後、英國並不以其犯定章、違公法、而遣船追捕、乃與尋常代戰國造船、一例視之、美國當南北鏖兵之際、無暇向英論及、不意南省自該船到後、遂駛行各海面、所有美國商船、概行阻撓傷損、因而商賈裹足不前、諸物一時翔貴、迨西麻一千八百六十五年、五月二十六日、（即同治四年閏五月初四日）南省敗績、大兵告捷、美始責償于英、云某船被傷、計值若干、某船被劫、計值若干、商賈壅滯、諸物增價、核以原值、倍之計、增若干、共計銀錢五千萬圓、（合銀三千七百五十萬餘兩）英不報、美云償之可挽前日之失、不償亦不強人所難、倘他日有事、則加倍償還、當無容再置喙也、蓋隱有搆怨之意耳、延至一千八百七

三

十一年、（即同治十年）英外部大臣乃表奏云、美國所開諸款、似宜設法抵償、否則恐有邊警、英乃遣使告于美國、云本國非吝於償、奈所望太奢、棉力恐難如願、美云、本國非固於請、奈所失不貲、度支業經告匱、二國爭執不定、久之、遂同約日斯巴尼亞、義大利、瑞士等四五國公使、會議於瑞士國芝泥瓦城、眾以船值應償、貨物增價一節、未免牽強、遂議定償銀錢一千五百萬圓、（合銀一千一百二十五萬兩零）英迫于公議、竟如數償之、按公法內載、國有民變、鄰國可協助剿滅、不宜助逆反攻、又兩國交兵、局外者

不得容戰國人民船隻在境內設計傷敵、許兵民投効助戰、以及代造戰船戰具等事、局外商船雖可賣與戰邦、究不可以之載運軍火、即以空船停泊海界之外、或駛入他國海口、以便該國載運軍火等事、亦不可為、再各國船隻、無論官民、駛至海面各處、皆如其國之疆域、若被他國損壞、與擾其疆域無異、因有干于其國主權、俟和約後、則一一如數償之、記本店主一幼女年始四五歲、能歌詠、談吐語言清楚、令人可愛、又當院有一鸚鵡、終日大聲唱曰左右行止等字、音與人同、乍聞疑為過兵入夜來裝、

四

二十八日丙戌、晴、午初、隨星使與眾移居夢丹街第二十四號、共房三進、前後有門、後門在然古欒巷第三十四號、樓高皆三層、前面第一進房臨大街、住有居呢國公使、中進係仿回國造者、地下一層為庖廚、或堆積什物、地上二層中有石梯入門、不甚寬闊、再步梯而上、左右小屋二間、中一大間、石柱八根、地鋪花氈、東西傍壁二石爐、上列金鐘、瓷罐、鍍銀燭臺、柱下各一方椅、鋪回絨墊、後一間作半空球形、通身鐵架玻璃棚、下圍花池、高約尺半、寬一尺二寸、有橘梅十餘種、正中有鐵假花一叢、高約六尺、紅白分明、池右暗藏關鍵、拽之自有水法出于花心枝角、池前一圓座、周可坐十五六人、中立石几、其餘陳設整潔、無須繁述、玻璃圓棚左右二門通于後院、又正門與二小屋之間、左右二路、木梯絨氈、通入二層、其上共屋五間、四壁懸挂刀鎗劍戟、鞋帽籐牌、暨種種玩物、皆回國產也、後一玻璃小窗穿廊、遮以布帳、小亭在上、左右花木掩映、可以乘涼、末進後面臨街、第一層中係後門、左竪樓梯、右為廚竈及僕役臥室、其

五

上二層、共臥室一十二間、每間鋪陳器具與他處者同、房主人姓賴、名賽布、乃開埃及國蘇耳士河賴賽樸之弟也、每月租價二千三百方、合銀三百兩、

二十九日丁亥、微風、晴暖、午後隨星使乘車、行四五里、往戛必新街地利齋照相、此鋪在巴里稱為第一、其值甚昂、小者三十方十二張、大者由六十方至八十方、能以小改大、施以彩畫、長有五六尺、寬三四尺者、神氣畢肖、價則由二三百方至千方、去此往柏路旺遊花葉凋零、河水欲冰、其氣候似孟冬、申刻回寓、

九月

初一日戊子、晴、時因天氣漸涼、所有凱歌路一帶之馬戲旱船、與加非高當及馬逼園、皆行關閉、亦有移入鬧熱街市者、午後王芝友来拜、談及交友之難、彝言孔子云、三人行必有我師焉、擇其善者而從之、其不善者而改之、是人皆有益於我、貴在能擇耳、又古人云、聞君子議論、如食苦茗、森嚴之後、甘芳溢頰、聞小人諂諛、如嚼糖水、爽美之後、寒冱凝腹、王云、交友不分富貴貧賤、古人有言曰、與貧賤者交、不患其無恩、而患其無禮、與富貴者交、不患其無禮、而患其無體、彝曰、然、今以時勢觀之、不惟交友難、而涉世臨事為尤難、且為人一生所謂養心修己、謹言慎行、器量涵養、學問見識、各節不能盡善盡美、行動無一錯處也、彼此暢談、甚得、申正始去、入夜微風、

初二日己丑、晴、至今法伯理璽天德遜爾仍住衛洒、因恐巴里留有叛逆餘黨也、是日為禮拜之期、其妻邀人在凱歌路馬戲園中奏樂、入者每人助錢若干、因某莊于戰後房屋拆毀、地畝荒蕪、故斂錢以便賑濟、入夜陰、

六

寒風冽冽、落葉擊窗、

初三日庚寅、早大霧、巳正晴、午初德威理亞請遊瓷器局、即特彝隨星使乘馬車行十二里、至賽物村、村不大、居民將萬、瓷局寬敞、樓高五層、局主賀綠為德之舊友、年近五旬、言語溫和、請入頭層、見羅列各種瓶盤盌罐、瓶有高八九尺者、花卉五彩、畫工極細、又有大張瓷畫、山水人物、樓影天光、與真逼肖、桃杏蘋果、玉米葡萄、生柿桃、鮮荔枝、菊桂牡丹、玫瑰芍藥等花果、暨諸般鳥獸魚蟲、望之疑非瓷燒筆畫、小者玲瓏剔透、有薄如紙者、其燒法造法、咸與前在波耳多看者同、惟造薄瓷不能用手、設法以石膏作模、灌漿吸水、薄厚隨意、通局工人二百、畫工六七、皆名手、後至樓頂大屋、間間集各國出色瓷器、約有千件、以便摹仿而造也、見有中土各樣瓶盤罐塔、塔有高丈許者、今古約數百件、據賀綠云、本國五彩俱全、惟中國之羊肝色、曾經設法摹仿數次、不得、看畢、辭歸、至巴里、乃繞道行三四里、見路雖平坦、而樓房拆毀者尤多、酉正抵寓、入夜陰、

七

初四日辛卯、早霧、辰刻晴暖、記外洋望海樓或燈樓之

設、始于西麻耶穌降生前二百八十年、即中晉武帝泰康元年、經歐洲名士創立于埃及國阿來三宄呀海口外之法洛島、當時仿造者少、因世人尚未知其有益也、至西麻耶穌降生後一千八百四十四年、中道光二十四年、始出名士細參格致之理、設法建造、其工始精、各國始通行焉、其初造者曾費銀二十五萬兩、因各海口行船有礙之處、不便駕駛、乃于山頂擇地掘深二尺為根、周四丈二尺、圓形如塔、燈房高逾三丈、其下半二丈六尺、皆以石壘牆、厚一丈、漸減至頂、厚至二尺、通體堅

八

固、海中雖有狂風巨浪、不至有撼動之險、上分二層、頭層儲煤油暨各等用物、二層住人、周逾一丈、牆厚二尺、上一鐵盤、支以木架、燈房高及丈、造以鐵架玻璃、盤之四圍有鐵闌、玻璃燈作塔形、高盈丈、當中腰圍約一丈、高二三尺、玻璃厚寸餘、下疊五圈、漸下漸小、上疊七圈、漸上漸小、每圈玻璃皆鑲以三角面、一邊二寸、周共六寸、正中然油以使燈光四射、大而且亮、上下皆有石梯、每燈用三人專司、然燈、擊鐘之事、每人每晝夜在燈旁守四點鐘之久、換班時吹氣筒以聞、非接班者到不敢去、因燈有機器、機轉燈亦因之而轉、一分一週、人不小心照料、恐有貽誤、燈之大光者、能射五十五里、以示四面來船、知某處有險以避也、儻遇黑霧迷漫、燈光昏暗、則鳴鐘以告之、來者自知響處為險地矣、于今四海之危險處、多公設燈樓以保航海者、

初五日壬辰、晴、午後有丹國水師提督前任駐華公使拉斯樂福來拜、申初星使乘車往拜熱夫類、酉正回、向住法京、皆在繁盛之區、鎮日車聲轆轆、人語喧譁、今住僻靜、每日聞叫賣之聲與上洋同、晚隨星使及兪惕

九

盦步遊凱歌路、見新月半空、長逾三尺、

初六日癸巳、晴、午後隨星使乘車答拜拉斯樂福、申初復同兪惕盦往看王芝友、坐談間、忽來一人、年約二旬、自言係中土安徽鳳陽府人、姓陳名長生、六年前經洋人轉賣古巴為奴、今忽攜此來遊、似應乘機逃脫、其主自無法緝捕、蓋按萬國公法、並無買奴之例、故主人無處控告而獲之也、後果否能歸、未得詢悉、戌初熱夫類請星使晚酌、子正回寓、

初七日甲午、早晴、早餐得食魚鴨、味皆肥美、午後陰涼、

細雨陣陣、未初隨星使乘車往城外遊牲靈園、見禽獸魚蟲、未增房屋、亦未修理、繞行數里而回、記巴里專有小鋪出售種種飛禽以及貓犬、有一小黃貓售價十八九方、按時價合銀二兩四五錢、奇甚、入夜微風、雨止、仍陰、

初八日乙未、早陰、午後細雨、入夜晴、記法國有造假蜜臘、金珀、孔雀石、金剛石者、其顏色分量與真無異、又在思安河右岸芭巷內有大襍貨鋪名邦麻晒、譯法言極廉也、樓高五層、極寬闊、羅列毡皮、綢布、紗緞、錦棉以及

十

瓷鐵、紙木各種什物、極其絢爛、皆言不二價、貨真價廉、鎮日男女擁擠千餘、酉正接電信、知法國領事官李梅由華回法、是日未初抵馬賽、

初九日丙申、晴、早起得食蒸花糕、午後隨星使乘車入柏路旺、先至茵坡列湖、乘舟繞行小島、風清水秀、黃葉飄飄、後乘車行七八里、登瀑布小山、一望山色翠微、樹多凋落、水色清澄、涼風侵骨、下山入加非館、飲香賓、喫油糕、少憩、又步行二三里、蟬鳴葉響、野色生寒、酉初回寓、是日為禮拜之期、一路大小單雙馬車往來以數千計、入夜微陰、

初十日丁酉、早陰、巳正晴、記巴里各家穢物灰塵、每日糞除畢、放入箱罐之中、置于門首、或存廚內、按時有人趕大敞車搖鈴、經過聞者送出、傾之而去、沿路星點不遺、每車三人、路上間有風吹留聚者、亦皆掃去、式與華同、二轅雙輪、一馬拽之、其箱作元寶形、或斗形、高三四尺、後扇下有合頁、旁有鐵環、以便卸物、其運煤灰石塊甎瓦等物者亦然、至運樹與巨木者、細長無箱、軸轅皆粗、輪亦高大、乃繫之於軸轅之下、馬自一匹至十匹、皆

十一

聯行、

十一日戊戌、晴、近來街市果品尤多、如石榴、梨、橘皆大於瓜、波羅蜜有重三斤、大如西瓜者、蘋果有重斤半者、色尚未紅、又在馬達蘭大禮拜堂左右花市所售、有名柏歐凱者、朿有大小、花分優劣、值三四方者、夜則跌至一方、小盆江西菊值半方者、夜則跌至六穌、蓋朿花已斫其根、不易澆灌、故落價而易售也、

十二日己亥、晴、記巴里樓房之被焚者共九十餘處、如莽巴那街住房六處、大藥局四處、荇婁街拉蒲巷火藥

局一處、見第十字街高樓三處、踏蘭巷武學火藥局各
一處、麻薩拉佩街官房十處、又街道廳刑部寶星局府
縣議事廳、吏部、戶部、銀鈔局、教養駐房共八處、河內火
輪舟二隻、沐浴房一處、力立街住房十五處、宮外巴克
巷民房二處、衛內巷通衢皆焚、鋪戶共十數處、布當街
之米倉、洛亞巷滿共樓房二十六七處、中有銀庫、魯武
巷之書坊、前賢馬丹街樓房六處、口外石牌旁一大戲
園、樓房共數十間、玉仁王街、司丹街、陸蓋巷、賢馬丹巷、
共住房三十餘處、巴斯的坊八處、立伍力巷、鋪戶五處

十一

進巴里府共二十餘處、其他有地油局、水船市、花綢廠、
豬牛市、米店、魚局、暨火輪車客廳、禮拜堂、鐘樓、木廠各
處、其名未悉。
十三日庚子、晴。未初、李梅來拜、坐談時許始去。晚隨星
使步至王宮後堞及石柱旁、欲以千里鏡望月、因被雲
遮、未果。轉步、忽一人免冠向前、詢以何事、答曰甚餓無
錢。其人烏衣高帽、非貧窶人也、想係迷途之客耳。入夜
大霧。
十四日辛丑、早晴冷、巳初陰霧、午後隨星使乘車答拜

李梅、坐談片時辭回。記巴里各巷有推四輪小車賣果
蔬者、每種上插一牌、標明其值、賣者多係老年男婦。入
夜微風、涼。
十五日壬寅、陰霧、涼。申初、星使赴法外部、會熱夫類酉
亞回。近日頗冷、黃葉遍地、而秋聲作矣。聞前法君降德
時、二君相見、德君謙和、待以賓禮、官民皆免冠肅對。後
以火輪車送至日耳曼格色里城、居住城內舊有王宮、
頗壯麗。法君安居許久、後偕后往比利時、與英吉利二
國而僑寓焉。

十二

十六日癸卯、晴。申初、隨星使乘車往柏路旺遊行二十
餘里、入一小加非館少坐。時值初冬、館中廣設几凳、多
備酒食、男女遊者尤多、蓋此特園內有溜冰戲及賽自
行車等會也。回時一路車馬馳驅、男女步行者絡繹不
絕。中華南省每值新正、有女子遊街之俗、謂之走百病、
其法頗為有益。今泰西男女每月四次步行園囿、亦可
謂之走百病矣。
十七日甲辰、陰冷。午後有俄國前署駐華公使布策來
拜。晚會王子顯、知法國曾與羅馬教皇換約、立行教之

律例，共數十條，今擇其有益於他國者，登錄一十五則如後。

第一條，凡羅馬公私往來之牧師承奉制書詔書告示誡命印押批示一切非國家允准不可，又凡犯禁難行之事不准印刻發報，亦不得設用別法。

第二條，傳教之人職號有教宗公使牧師全權公使續辦司代辦司及一切別號，應有證據，其無執照者不得在法國傳教，無論何方，皆無傳教之權。

第三條，凡他國會同告示或羅馬會堂詔諭，皆不准即行刻入新報，須於出示前經法國官署察明合例與否，其事應公正誠實，以使眾服。

十四

第四條，凡傳教人在國內或各省主教屬地，不得私行聚眾，立約有官署明證方可。

第五條，傳教人之本分，皆主公平清愛，不准私受賄賂，即人有所獻奉，非合律規不受。

第六條，各禮拜堂應永遠公心理事，誠實待人，倘主教及傳教人等私受賄賂，或冒財產，或放大利，或作凶事，以及一切不法，有犯法國條例，或犯和約教規，應由官署大員究辦，否則恐有敗壞聲名、迷亂心志、改變天性、貽誤後人之弊。

第七條，傳教四方，皆有定規，人有犯教規者，會堂亦應公平保護。

第八條，傳教人與民人涉訟，應向地方官稟訴，轉申京中管教之官，迅速查明，如實按例完結，若原告不服，再轉呈公正大員判斷。

第九條，凡教門中與天主堂內之事，皆歸主教神甫管理。

十五

第十條，凡有私恩求免，或歸主教公議等事，一概銷去之。

第十一條，各主教在總堂議論教務，或修堂院，皆應有部中執照，其他堂院不得私行聚眾。

第四十一條，天主堂與會中之人，除禮拜日，不准另作別事，如作，亦必經官允准方可。

第四十四條，凡欲造小經堂，或人家自立私堂，主教應稟請地方官給照，否則不得私建。

第四十五條，教堂外禁止行其教禮

第五十二條傳教人在各處宣講不准論人過失訕毀別教

十八日乙巳晴早有教士范若瑟來拜坐談片時而去是日星使約德威理亞早餐得食魚鴨海參味皆肥美申初李梅來拜酉正陰而細雨記本公館之後門對戶有車馬廠車皆新齊馬亦肥大馬價有值二千方至四千方者賃則每匹一月四百方大車獨轅雙馬四座者值六千方賃則一月一千二百方小車雙轅一馬者值四千方賃則一月八百方

十九日丙午晴冷是日係西麻十一月初一日據天主教人云天主生後天有亮星懸于猶太界內有三名士見之往問國王知生聖人否國王大驚恐失其位遂於是日下令盡殺國內小兒故天主教以是日為一節名曰諸聖禮日又如中土之清明節掃墓獻花街市鋪戶皆閉男女街遊與禮拜日同

二十日丁未晴午後熱夫類來拜合衆人盧地作有中國話條一編每早來公館令彝删校是日六十課已畢乞彝作序辭不獲乃叙云

庚午孟冬余三次奉命隨使泰西得遇合衆國盧名士于巴里其人温恭慷慨精敏多才能英法俄意日耳曼日斯巴尼亞數國語言並曉華文著有華語便讀一書其字句妥協文理通順洵為學華語者入門之捷徑也惟冀是書通行天下庶不負盧公雅意云云

二十一日戊申陰未初王芝友李輔廷來拜坐談片時而去晚隨星使步遊凱歌路見左右兩行煤氣燈及鋪戶樓房之燈燭列成四行光輝照耀不啻火龍仰望蒼天色皆紅如烈焰燈之傍人家鋪戶門首窗壁者皆按月給錢若干與燈局每日申刻燈局令人肩荷火棍各處然著當晚在馬達蘭大禮拜堂旁花市買得黄菊一盆價值二方二蘇亥初回寓

二十二日己酉陰冷入夜狂風怒號冷氣逼人近日得食薄餅魚兎脯雞鴨寬胸等菜頗佳又是日有和蘭國人羅第三者邀飯其柬云十一月初四日禮拜六晚六點半鐘在衛福店敬具杯茗候敘祈賜回音店在驪肥巷第二十號彝以公務在身婉辭謝之

二十三日庚戌、晴暖、天清氣爽、惠風和暢、是日為禮拜之期、午後同俞惕盦、慶靄堂隨星使乘馬車至凱歌路、遊人擁擠、聽東鄙有鼓吹之聲、乃馬克謀宏在柏路駐園操演、馬隊五百、皆頭戴銀盔、其將弁盔後垂有黑馬尾、或紅馬尾、士卒之韉、黑地紅邊、將弁之韉、金邊寬皆三寸、又步隊二千、頭戴柿形小黑毡帽、插紅雞翎、將弁帽鑲金邊、翎有紅白藍三色、其有功者、旁另立一束白色、兵皆新衣、器械鮮明、隊伍齊整、元帥過則鼓號齊發、以壯其威、看後欲回、各巷口有兵阻止、遂由前賢教蕾

十八

街、轉過芙立藍街、至狄斯力坊、登大石牌樓、一觀牌樓名塔立羊、譯言得勝也、由旁門步石梯二百八十級而上、其頂長方、周百三十步、在上眺望、凡閭巷樓房、無不入目、登者每人給費、隨意多者一方、去此回本街、車過馬逼園、是園白晝不閉、燈下觀之、不知其周共幾里、乃叩門欲入、園工云、現在關閉、冬令無人來看、欲入當先往問東主可否、遂求給賞錢若干、因其主即住園旁也、後園主出、請入其家之前門、出其後門、入園、見各處燈罩鐵花、皆已撤去、細查其工、頗巧、假山、繪樹、一見了然、地雖二畝許、而道路曲折、山嶺崎嶇、令人應接不暇、而遊者在燈光之下、幾不辨其真假矣、看畢回公館、入夜陰風冷、

二十四日辛亥、陰、記法京加非館極多、飲者或只加非、或加牛奶、或加高釀、時一瓷盅、時一玻璃杯、杯高五寸餘、周三四寸、先進杯匙、與一小碟、內盛白糖四五塊、各長一寸二分、寬六七分、厚二三分、高釀酒一玻璃瓶、瓶高四寸五分、分為五層、瓶面造成尺寸、每九分價值二穌、飲者雜于加非多少隨意、另非算錢、未進加非與熱

十九

牛奶各一壺、二樣多少亦隨意、每杯六七八穌不等、飲後另賞僕人一二穌、共合銀五六分、又西俗女子不改原配、如甲女已字與乙、聘後乙外出不歸、亦無音耗、女可暫嫁與丙、後俟乙回、則將所生子女遺之丙、仍嫁乙以終之、

二十五日壬子、鎮日陰晴不定、早又接羅苐三二請帖、帖係白紙、寬二寸、長五寸、厚一分、印字精細、云擇於十一月初七日禮拜二、准一點鐘在賢教瑞巷第百四十七號、粵石塔耶穌堂、小女芙蘭娰于歸合衆國西省

葛爾根為妻、在彼受禮、恭請光臨、羅第三再拜、一云、西
省葛爾根娶和蘭人羅第三之女芙蘭娰為妻、擇于某
日在某處、夫妻受禮、恭請光臨、葛爾根再拜、當即稟明
星使、午後乘車行六七里至粵石塔禮拜堂、共來男女
百餘名、羅攜其女、另一老媼帶新郎、後隨男女對對二
十餘人、魚貫而入、入內皆坐、正中新郎著黑衣黑褲、高
帽、白手套、新婦穿白衣、白履、頭頂白花、白紗罩手、執白
柏歐凱、白手套、白緞鞋、教師正面登臺、夫妻竝立于前、
教師先朗誦一番、主客悄然、念罷下臺、立于二人之前、

廿

云某人娶某人為妻、非妻死不能另娶、某人嫁某人為
夫、非夫故不能別嫁、二人應永遠愛睦、百年偕老、行作
咸儆此經言、畢、男出一金戒指、與教師、教師貫于女之
四指、又遞經一本、與男、二人跪謝、後風琴鳴而樂作矣、
教師去、男女出後堂、攜手親吻而別、彝亦與羅葛父女
夫妻拉手、以伸慶賀、將出門、芙蘭娰令人邀至衛福店
小酌、辭不獲、有合眾公使瓦士本夫妻約同車、遂行數
里入店、見大廳設長几兩行、羅列乾鮮果品、糕點、魚肉、
香賓、舍利、冰奶、糖水等物、男女數十亂坐、彼此暢談、有

合眾十餘人、皆與彝前于紐約包斯頓各城會遇者、飲
至申初、乃與瓦公使夫妻同車而歸、至公署謝別、入夜
陰冷、雪天黯淡、
二十六日癸丑、早黑霧迷漫、午後微風、霧散、仍陰、近日
花市花卉不多、而能識者十無四五、惟見黃白菊花與
晚香玉頗多、
二十七日甲寅、晴、午後同王芝友、王子顯街遊、見皮貨
鋪皆開、羅列百種、價皆翔貴、有灰鼠皮一條、長約二尺、
寬二寸者、價值二十方、合銀二兩六錢零、未初大雨一

廿一

陣、入夜晴、
二十八日乙卯、晴、未初隨星使乘車行十餘里、再轉遊
述夢園、修理齊整、草木仍覺碧綠、勝於仲夏所見者多
矣、因紅頭曾據此為礮臺也、遊畢而回、陰雲漠漠、風起
颼飀、有巷名拉瓦業者、長五六里、市廛稠密、貨物雲集、
拉瓦業者、數十年前反勇之頭目也、今以其名為巷名、
未詳何義、
二十九日丙辰、早大霧、如倫敦迷蒙難辨、午後稍清、申
初有前院之居停主人現充居呢國副使賴賽布送與

星使波羅蜜一盆，高約二尺，葉皆肥勁，果大於瓜，色尚未黃。晚有王芝友、李輔廷來拜，坐談極久，去後大雨一陣，入夜晴。

三十日丁巳，晴。是日爲禮拜之期，午後隨星使乘車往遊柏路莊園，天氣雖冷，行人更多於前。記洋人亦食橄欖，皆以鹽水煮熟，放于玻璃瓶內，色仍碧綠，味不甚醎而澀。

十月

初一日戊午，早晴，午後陰。未刻李梅來拜，去後即同俞惕盦隨星使乘車往遊巴蕾洛亞市，貨物雖皆奇巧，其至奇者有婦女耳墜，造以金石，有式如小皮靴者，有如雀籠者，有如地球者，有如車馬猫犬者，有如黑人頭者，有如平果、桃、橘或花籃者，種種不一，工頗精細。回寓知有哥士奇來拜。

初二日己未，早大霧，午後晴，晚又霧，樓房迷掩，燈燭不明。記洋人亦多喜漁獵，近日見菜市有售山雞、火雞、沙鳥、渚鴨、野猫、野猪、銀魚與鹿等，又凡街市鬧閙之鋪，有借租三四個月以售山禽野獸者。

初三日庚申，終朝大霧，遠近皆暗，咫尺不見人。記巴里之凱歌路與其左右闤闠，皆當中走馬，左右行人，兩行人之路中有漆道，兩邊鑲以沙石，甚平坦。近日有匠人掘起踏碎，上覆黃沙，未知何故。當中馬路鋪以石子石塊，白晝澆水，夜以鐵車壓平，因雨後沖去泥沙而不凹也。入夜大雨。

初四日辛酉，陰雨，午後有哥士奇、李梅、德威理亞等陸續來拜。酉正晴，隨星使街遊，見天雖陰雨，地不泥濘，乃口占七絶云：冷雨終朝路不泥，車盈大路快輪蹄。遍城不辨燈多少，只見雲遮樹影低。

初五日壬戌，早陰冷，午正接法外部文，稱定于本月十一日，即西厤十一月二十三日，遞

國書於其伯理璽天德。未初大雪繽紛，旋晴，晴後復陰。酉正熱夫類偕德威理亞來坐談極久。

初六日癸亥，陰，午後往探王子顯，途次見皮貨鋪中有黑色熊皮一張，長五六尺，寬四五尺，價值三百方，合銀三十九兩。晚接電信，知高引之、黃道宗已抵上洋，不日北上。

初七日甲子。微晴。未初王芝友、李輔廷來拜。酉正同俞惕盦步至巴蕾洛亞市，見一蘋一梨，大皆如西瓜，問其價，則蘋果一十四方，梨二十一方，皆合銀不下三四兩，蓋皆來自意大里國，非法之土產也。入夜霜風凜冽，冷逼重襟。晴。

初八日乙丑。晴。微風。見各處水池及沿途流水之處，皆見冰七八分，而氣候誠冷矣。酉初接電信，知法外部大臣貴得功定于戌刻來拜。戌正貴至，德威理亞為繙譯，坐談許久，彼此講明遞

國書之禮而去。

初九日丙寅。晴冷。法京天氣之異於北京者，五六月之時，戌正日沒，至子初而天明；此時冬令，酉初日沒，寅正天明。花木早發，凋落亦早，蓋法京之北極出地度在北京北九度有奇。又數日前薄郎買小狗一對，黑色長毛，價值六十方，合銀七兩八錢。午後涼風颯颯，入夜陰雲漠漠，而雪大作矣。

初十日丁卯。陰。近因法邦金銀短少，各銀號公出銀鈔，有二方、五方與十方者，商賈皆不喜用。申初哥士奇來

五十四

持有其伯理璽天德遞耳頂擬片言，令彼譯以華文，以便接

國書時酬答如禮。哥云為時甚迫，無暇自譯，特請星使一助。伊持有英漢合璧字典二本，索紙筆，句句繙譯，星使隨以筆記之。繙羅語意不甚吻合，彝與慶靄堂在旁，伊不給洋文與看，星使勉為刪改，語多齟齬，至亥初一刻始錄清而去。

十一日戊辰。微晴。卯正彝捧

國書同慶靄堂與殷柏爾隨星使乘雙馬車至衛洒入王宮左蕾賽瓦店少坐。有哥士奇、李梅及德威理亞陸續來見。午初早饍畢，登樓換公服。未初貴得功著朝服，帶寶星，領銀盔銀甲烏尾馬兵十二名吹號迎接，前引登車。行二三里，抵王宮前大街左伯理璽天德理事公廨，見前左右排列馬隊六百名，衣帽整齊，正中一隊鳴金鼓而奏樂。當時陰雲密布，瑞雪繽紛。下車登樓，星使前行，彝手捧

國書隨之。樓頗宏敞，式似王宮，各門有兵排立，皆舉刀對鼻以為禮。步至二層門外少停，既入正門，行至中途，皆

五十五

以聖門鞠躬之儀盡我之禮距伯理璽天德四五步之
間三鞠躬見遞耳立于當中左右立者大官二十八員
皆著朝服戴寶星佩金邊紅帶遞耳著烏衣佩一寶星
年近六旬白髮無鬚身高四尺伊以星使鞠躬亦答禮
相距四五步前星使止步彝即舉
國書與星使星使兩手捧
國書高聲云
大清國
欽差大臣崇厚
奉本國
大皇帝命來此為呈遞與
大法國
大伯理璽天德
國書一件是問
大伯理璽天德好同治九年五月間因天津匪徒迷拐幼孩
懷疑滋事本國
大皇帝派大學士直隸總督一等毅勇侯曾國藩等秉公查
辦又降

卅六

旨令各直省督撫地方官隨時保護嗣經曾國藩等請將辦
理不善之地方官革職交部治罪刑部擬定將張光藻
劉傑發往黑龍江又將滋事犯人二十名正法二十五
名問軍徒之罪並
諭令各直省地方官曉諭居民毋再滋事本國
大皇帝說明自己之意務期
貴國在中國之人得以平安本國
大皇帝可惜此事惟望妥當了結之後兩國來往毫無傷損
嗣有
貴國署欽差羅淑亞同本國總理衙門想出妥結之法
本
欽差大臣與
貴國全權大臣熱夫類業經細商因
貴國大臣熱夫類有公平厚待之心所以此事妥結
欽差大臣將
國書呈遞與
大伯理璽天德並代本國
大皇帝道謝厚待之情惟望兩國和好更為堅固也請問

卅七

大伯理璽天德如有回書並有何話
欽差大臣可以代
奏本國
大皇帝
言畢、哥士奇將所繙法文原稿朗誦一遍、俾衆咸聞、誦
罷、璧耳旋將伊言立述畢、接
國書轉交內部大臣、接
國書左滿右漢、其文則
大清國
大皇帝問
大法國
大伯理璽天德好朕誕膺
天命寅紹丕基眷念友邦永敦和好同治九年五月間天津民
人因匪徒迷拐幼孩懷疑滋事先後派太子太保雙眼
花翎武英殿大學士直隸總督調任兩江總督一等毅
勇侯曾國藩等前赴天津秉公查辦又降旨令各直省
督撫嚴飭所屬地方官一律隨時保護嗣經曾國藩等
將辦理不善之地方官交部治罪於刑部議定罪名時

三十八

復從重將已革天津府知府張光藻已革天津縣知縣
劉傑改發黑龍江効力贖罪以示懲警至滋事人犯經
曾國藩等先後審明情節輕重當即正法二十犯問軍
徒者二十五犯並令各直省地方官曉諭居民毋再滋
事務期
貴國之人得以相安至天津之事變生民間朕與
貴國和好有年毫無芥蒂茲特簡太子少保頭品頂戴
雙眼花翎鑲紅旗漢軍副都統兵部左侍郎三口通商
大臣崇厚前赴
貴國代達衷曲以為真心和好之據朕知崇厚幹練忠
誠和平通達辦理中外事務甚為熟悉務望推誠相信
以永臻友睦共享昇平諒必深為歡悅也
國書收後、哥士奇又念其繙譯璧耳之言云、
大清國
欽差大臣所遞
大清國
國書朕接收欣幸之至
大清國

三十九

大皇帝看天津慘殺之事可惜務期將來再無如此禍患之
事
貴國大臣說明犯罪之人如何受罰本國心實不安本
國所望嚴行辦理防備惡人犯罪各國執政大臣第一
本分不但將犯罪之人嚴行辦理應將百姓怨恨情形
銷去若百姓一時執迷務要開導明白令伊遵行仁義
貴國執政大臣聰明必能明白傳教人實係行善有功
因從本國遠去勸人為善布散仁義道理如何有亂人
激變以致教士受害朕盼望

二十一

大清國
大皇帝諭告百姓傳教士實係有德之人若
貴國人民見地方官優待傳教士百姓也必敬重之朕
想
貴國人民愚昧如何將大國領事官打死洵屬獲咎不
淺今望
貴國執政大臣優待本國使臣領事否則伊等不能盡
其職分兩國往來有損此各國之通行公法也
貴國照此辦理兩國益敦和好則將來之隱患可以銷

除矣朕接
大清國
國書當即恭覆令本國使臣轉遞今請
貴大臣代奏
貴國
大皇帝本國實願永敦和好往來益密因此朕想
貴國如派重臣常川駐劄本國與在
貴國京都無異則兩國更為有益若
貴國允准朕望將來

二十二

貴國大臣亦如
貴大臣和平通達則益深幸慰尚望
貴大臣永矢在心敬問
大清國
大皇帝好
念羅星使鞠躬答曰謹照
大伯理璽天德之語回華奏明
大皇帝以達
天聽焉

哥士奇復譯法文、譯畢、彼此鞠躬、以伸欣慶。後星使退行數步、至中途回身再鞠躬、臨出門三鞠躬、而後下樓、登車、時鼓樂大作、兵舉刀槍對鼻行禮、遞書對答之時、亦係樂聲迭奏。是時雪止、男女老幼爭看者頗多、回店後、與賚得功、哥士奇、李梅及德威理亞等同飲香賓、飲畢少叙、彼此謝別、星使乘車順途答謝哥士奇、申正回巴里、入公館、晚餐後彼此暢談、子初方寢。

十二日己巳、早晴、午後陰、未正星使乘車往拜熱夫類、晚德威理亞來、呈送星使洋畫二本、長約尺半、寬七寸餘、紅皮金邊、外一紅綢套、藍緞裡、上有法都美景四大金字、一本係巴里通城及衛洒之宮樓園囿各名勝、雕刻極細、一本係法文講解一切。

三一

十三日庚午、陰冷、申初熱夫類來答拜、坐談極久、晚餐後、隨星使街遊、步至前立伍力街、入一小鋪、專售拐杖雨傘各種、如魚骨、牛角、竹籐及橘棃、檳榔、榆柳等木、惟桃木一根、長約二尺、價索十二方、合銀一兩五錢六分、回寓知有王芝友來拜。

十四日辛未、陰冷、滴水成冰、申初同俞惕盦、殷柏爾、慶藹堂隨星使乘車至柏路旺園看冰戲、冰雖結凍而不堅厚、據管園人云、俟三四日後方可、後繞至園外一小茶樓、樓外花木扶踈、在內同飲香賓一瓶、復入大園、至茵鱗列湖、湖水撤去、有冰不厚、四邊標以告白、云險、蓋恐人滑入水中也。回時一路車馬行人稠密如前、入夜微風冷。

十五日壬申、陰、因李梅擇于是日在立木日村娶妻、村距巴里約八百餘里、數日前請星使前往降光、當日卯正睡起、點心後、星使帶慶藹堂、鄭子善、劉輔臣、那威勇、殷柏爾等起身、乘火輪車往西、初王子顯約俞惕盦與彝、晚酌餞行、因星使定于本月二十五日起程回華也、同座有王芝友、李輔廷、暢飲甚歡、菜則火焗魚、鴨、羊肚、雞心、味美而肥、戌刻謝歸。

三二

十六日癸酉、早陰、巳正稍晴、王芝友、李輔廷邀俞惕盦與彝飯、同座有王子顯、菜亦火焗魚鴨、甚佳、談至申初始回、入夜復陰。

十七日甲戌、陰、丑初睡起、生火點心、食有羊肚湯與蒸餅、卯初星使率慶藹堂等回、聞李梅妻之父達雷福年逾六旬、當日兩家男女戚友共六七十人、房屋寬敞、款待殷勤、彝自前二次隨使外洋、已知寄送電信之靈便、然中外文字不同、寄之不易、前二次無急務、固未經思及、至此次、多有飛電之處、而寄用洋字、其價既昂、且從中諸多不便、因見外洋有因事秘而以數目代語言者、係以四數代一話、彝遂擬照其法而試仿造之、迨到法京後、又見西人亦有以此法編華字者、惜作而未成、彝乃由康熙字典中擇其字之常用者七千餘、按字編數、由零零零一至八零零零、字數核對無差、至是告成、竊

三十四

自叙曰、

寄電信以數代字之法、創自泰西、邇來西人之來華者、傳遞緊要消息、皆用此法、予去歲隨使法郎西、得見其稿、法頗良善、知有益于中外者非淺、特其篇幅較大、且部類不分、字畫多寡、悉歸錯亂、因恐郵遞用之、難免亥豕之誤、是以不揣愚陋、以大改小、删繁就簡、並註洋數、標其目錄于卷首、以便稽考、書既成、呈諸 節使、深爲嘉賞、命付梓人、爰以爲序、既蒙星使賜叙云、

電氣綫報者、用金屬浸於礬水中、作出電氣、再用銅鐵絲引之、此動彼應、若電光之速、瞬息千里、泰西各國人用以寄信、其法甚善、旋因遇有密事不宜宣露者、又作出數目號頭、排定某字、彼此各執一本、即隔數萬里、可一查而知、其法尤妙、若智者用之、另有不傳之秘、在初員外講習泰西文字有年、遊歷各國、嘗行大地一周、可謂有志之士、今將西人所製漢洋合璧電報書籍改訂、增添目錄、余細玩之、足稱善本、因題其書名爲電信新法、携至都門、刊印以公同好、將見四海會同、中外禔福也、

三十五

十八日乙亥、陰、巳初、星使乘車回拜熱夫類、酉刻、忽一老嫗持信一函、來呈星使、內云係德王之妹、請問能面會否、令慶靄堂問老嫗何故、對以求助、蓋討錢也、奇甚、不知此婦果係德王妹否、德王名蹱良、姓胡痕足倫、住薩克森、而此婦姓索克洛、名婁薩、在此住考力賽巷第二十五號、

十九日丙子、陰雨細、雨巳正、范若瑟來拜、午後、王子顯來送俞場盦與彝各英國棗餅一匣、糖餞橘皮一匣、酉

初、費得功與熱夫類來拜、皆坐談許久而去、晚往拜王
子顯、王芝友、李輔廷、送彼各箋紙對聯一幅、亥初回寓、
入夜晴。
二十日丁丑、晴冷、見法邦新出一種印書法、頗妙、速於
剞劂、强於聚珍、能將本人所書之字、摹印字體、不變其
法、係以白紙、刷雞蛋清、者長一尺三寸、寬約二尺、此紙
不宜黏手、著油用時、先放少許白木根沫、搖遍彈去、以
便易寫、寫用藥墨水、待其乾、再以沙布擦鉛板、鉛厚一
分、下連以木、木厚五分、長一尺六寸、寬一尺、板面擦有

三十五

粗紋、則撒白沙少許、以布抹均、次以温水濕紙背、反鋪
板上、覆以牛皮、用小木板來回推壓數次、去皮、再上白
水少許、再覆以皮、再壓如此七八次、起去白紙、則字皆
印于鉛面、字若不清、則上白藥水少許、擦以海沫、擦畢、
先以水洗、然後輕輕滚墨、則字皆顯露矣、滚墨器作甲
字形、木柄銅架、中横一皮物、小如筆筒、粗如鴨卵、長約
五寸、將墨刷上、隨推隨轉、墨稠如膠、滚墨後、即放净紙、
覆之以皮、以木板往來推壓數次、字皆印出、所用木板、
厚四五分、横寬五寸、長二寸餘、上釘毡布一塊、作橢圓

徑、以利手運、每篇印成、須以水洗板、再上墨再印、如此
印千萬篇皆可、如印完、不以水洗板、而上墨、則通板皆
黑、雖黑亦無礙、再以水擦、則墨去而字出、通套印全、則
以布粘沙土藥水各少許、擦之、皆去、墨水用完、有乾墨
則以蒸水化之、此板全分價值百方、如不曉印法、售者
自能一一告知、鋪設巴里城內姚格蕾巷第五七至十
號。
二十二日戊寅、陰、午後熱夫類命人送給路憑執照、並
請星使戌初晚酌、未正、王芝友、李輔廷來拜、對談片時、

三十六

申初大雪、是日為禮拜之期、俞惕盦邀往凱歌路左食
加非、飲高釀、見鋪中男女如雲、雖大雪續紛、而往來車
馬依然絡繹、戌初星使帶殷柏爾往熱夫類寓晚酌、當
時盧地約俞惕盦與彝酌茗、遂乘車往見其妻與二三
友人、坐談飲香賓、舍利、食雞蛋糕糖果等、亥初辭歸、亥
正星使回。
二十二日己卯、晴、午初星使贈熱夫類黄茶葉四大罐、
黑茶葉二小罐、象牙柄金面團扇一柄、自書數語云、
余自本國來法國、行程三萬數千里、兩月之內、裘葛屢

更因赤道黃道南北度數之分到法國後天時大致與本國同推查其故巴里居歐羅巴之中可謂泰西中土人習詩書禮儀嫻熟真善地也今聞熱大臣將來本國必過南洋特書扇以贈想貴大臣于舟中用之必稱妙也完顏崇。

又當日未初、星使同拜譚范二神甫、後遊柏路旺、乃贈小加非館一小影、上書數行、令慶靄堂譯成法文、書云、崇地山宮保出使來法國時遊柏路旺到此小坐愛其水木清華頗饒幽趣盛夏木蓮花放香盈几席澄懷默坐心與天遊今東歸有日特留此照以誌雅興辛未孟冬下浣題于夢丹寓樓

三八

未正、彝同薄郎乘車往輪船公司寓船中、初同寓、

二十三日庚辰、晴冷、巳初王子顯王芝友李輔臣同來送行、午正星使往衛洒拜貴得功、申初同、又拜哥士奇、並贈茶葉等物、酉正哥士奇來答拜、記法京有人撰小說唱本以售者、多有手執一本沿途自唱、男女圍而聽者多隨而行之、然每書必經官驗、其淫詞以及有礙于公事風俗者、一律禁止、

二十四日辛巳、晴、早起收理行裝、巳正細雨一陣、午後熱夫類哥士奇及盧地來送行、申正來二大敞車、載行李赴火輪車棧、酉初彝同俞惕盦乘車去往王子顯王芝友暨盧地郝福周恩高安各處辭行、王子顯夫妻以蜜餞栗子花生橘皮棗餅等兩咲之餽、高釀吃加非謝別而去、

二十五日壬午、晴冷、寅初睡起、點心得食倭瓜餡餃、卯初同眾隨星使乘馬車行十四五里入輪車客廳少坐、登車、卯正開、德成理亞送別、殷柏爾仍留巴里候法國回文、辰初天明、尤冷、午刻抵塔那莊、停車一刻、早饍、戌初至呂陽、一路天寒、車邊六扇玻璃大窗外凍內溫、呵氣成冰、甚厚、遍地積雪尺餘、星使令劉輔臣領眾僕役帶行裝先往馬賽、彝等隨乘馬車行數里、入音必雅街第二十號高來店、時有本地總督之委員畢訣代木迺來接、此店樓高五層、寬闊整潔、入夜大雪、

三九

二十六日癸未、陰晴不定、甚冷、午後有本地總督派員前來領遊各處、星使遂攜彝與那威勇乘車行六七里、拜其總督瓦蘭、整坐談片時、後往商會公所一觀、樓高

四層、白石銅鐵、蓋造甚寬敞、上面羅列玻璃大櫃數行、中懸東西各國綢緞錦繡五彩並瓷器畫工、又大册頁百本、中黏五彩綢緞萬種、繼入一綢緞局、亦有册頁、織工極細、花繪精巧、其至可觀者、係一疋金綢、上綉紅絨、云係王后初嫁之衣料、寬七尺、長丈餘、又有紅或藍或白質者、上綉五彩花鳥、顏色鮮明、後局東請看作房車行五六里、過橋入內、樓房狹窄、適值匠人午飯、乃覓一人、繳作少許與看、其織機式與中土同、不用火器、回店晚餐後、同俞惕盦街遊、樓房整齊、街道寬闊、雪厚盈尺、

四十

結冰甚滑、當日係西厤十二月初八日、為天主教天主救生之日、家家有將狹襪盛滿禮物、放入烟筒之俗、又高樓屢屢、橫有燈燭、男女街遊、絡繹不絕、酉初由店起身、至火輪車客廳少坐、登車、戌正開、那威勇別回巴里

二十七日甲申、晴、辰初抵馬賽、仍入前店、早餐間、有本地總督來拜、當下車時、伊派委員迎接、申正星使答拜、戌初殿柏爾到、

二十八日乙酉、晴、辰正、偕眾隨星使乘車行六七里至塢頭、登法國公司美公暗輪船、長三十六丈、寬六丈、形式與他船同、惟工料樸實、無華飾處、係于七月前造成、初次東駛者、未初開行、出口甚平、臨口左右立有新造假石高牆、極其堅固、其路曲彎、外人不知者不得而入、如鐵鎖攔江、沙記同船頭二三等征客男婦不過百名、頭等中有四日本人、皆係剪髮著洋衣者、

二十九日丙戌、陰冷、水色深藍、巳正寒風、微雪、午後雪止、浪湧、船即簸揚、男女嘔吐者大半、晚餐共桌洋人四五餘、只彝與一日本人而已、入夜風力尤勁、水激船面、金鐵皆鳴、

四一

十一月

初一日丁亥、稍晴、左右小山頻見、申初、遙見小山頂出烟一道、直沖霄漢、知為小火山也、地名石頭壘立、又二小山、相連中橫一石、作月門、後遇輪船二隻、皆西北去者、酉初至墨西拏船未停輪、但見兩岸燈火、密若繁星、晚與一日本尾張國人丹羽招陽筆談許久、出中外書籍多本與看、並問久聞貴國欽差因天津一事往佛、可成否、對云

國書已遞、事已妥結、丹云國事如此、可喜可賀、　卷七終

三述奇卷八

鐵嶺　張德彝在初隨筆
貴　榮竹坪校閱

辛未年十一月初二日戊子、晴、水平藍色、巳初細雨一陣、未正陰、是日遇大小風篷十六隻、申初暴風驟雨、船幸平穩、同船有日本四人、遊歷泰西、攜帶大木箱十餘隻、長皆八九尺、內盛各種機器火輪、其一人姓丹羽名炤陽、朝夕扳談、伊云貴國金嘉穗先生、蘇州人、在本處現任學職、曾聞之否、彝曰未聞、又云現在本國國學明倫堂課讀、今若駕詣尾張、其學官必款待之、又一人姓星合名常恕、年近二旬、出一書名高青邱詩醇選者、係梁公圖字美濃、亦日本人、因見乾隆詩醇有唐宋六家、自是以來七百餘年、其傑出于一時者、代不乏人、乃拔取其尤者以續之、于金取元好問、于元取虞集、于明取高啟、李夢陽、于我朝取吳偉業、王士正、共詩六百二十二首、中有姑蘇雜咏古今體六十四首、伊言此為詩學大成、蒐輯名家、先後輝映、洵屬藝林盛事、幸為我朗吟之、彝乃誦送王主簿之

一

平樂五律云、路出桂江東、鄉音想未通、蛇飛山苦霧、鵬運海多風、木魅長欺客、花蠻少學農、縣廳何處在、椰葉晚陰中、伊遂將字音記去、又一人姓丹羽名維孝字望楚者、出一冊頁求書、乃錄海國勝遊艸一首以還之、其人深謝、冊之中幅有伊國香露女史所繪菊花、冷豔宜人、佳品也、談次忽停船片時、以修機器之有損者、入夜晴涼、

初三日己丑、晴、巳正過堪地、高山積雪與浮雲相映成趣、地屬希臘、日本人伴正順問彝曾遊泰西三次、乃索再述奇一觀、伊云君未登扶桑岸而敘述如是之詳、足徵博合、其他處歷歷如繪、益見所論不虛也、彝言既仰皇上洪福、得履其地、其異於我者、固當詳為登錄、其與我同者、亦可畧見一斑也、是日水平色黑、申初一刻微風、陰冷、入夜稍晴、近日南行稍東、時際隆冬、嚴風砭骨、將何以消寒耶、

初四日庚寅、鎮日陰晴不定、水黑色、東風、晚變東北風、船行甚快、彝在巴里曾買佛手一握、清芬襲人、是日問

二

丹羽昭陽伊國有否、伊云本國名爲佛手柑無人不喜、而丈人尤愛不釋手陳于几案古色古香、伊賞玩良久、彝即轉爲奉之拜謝而去、件正順復出多書與看、記日本呼西國禮拜七日爲七曜日、曰日曜、曰月曜、曰水曜、曰火曜、曰木曜、曰金曜、曰土曜、其歷書外標弘治四年、辛未頒行、

初五日辛卯、晴暖、寅初抵埃及國波賽新海口外、住船待潮、辰初潮長進口、見左右新立假石高岡、長皆六七里、後一白石燈樓、高約八丈、旁一海汊甚寬、巳初住船、兩岸木樓不多、風篷火輪十數、中有英法土耳其三國兵船五六隻、當時下客卸貨、上冰煤魚肉菜蔬、土人男女持照像及新開河圖來售、客人多有下船散步者、景致無有名勝、不過沙明水淨而已、未正展輪入河、左望大片泥沙、爲蘇耳士之曲徑、右則清水無涯、爲滿薩蕾湖、直行五十餘里、酉初至湖邊太來巴的地方住船、飯後有男女十餘人鼓琴而歌、歌間日本人丹羽望楚題七絕一首云、儘似揚州月二分清歌一曲也銷魂、才清若解纖纖語、羡煞名花勝故園、後本船書手昂立約靄

三

堂殿柏爾約彝登岸一遊、皆辭而未去、亥正散、後丹羽昭陽折來云、昨惠仙品、放之枕函、魂夢皆香、無任感佩、但倉卒無物以酬爲愧、入夜陰、由馬賽至波賽計水程四千五百一十里、

初六日壬辰、陰晴不定、卯初開行、過堪塔拉莊、巳臘小湖、艾肥丹莊、麻立亞木村、巳正抵義思麥力亞莊前之悌木薩湖、一路間有草木、但見數行烏鴉飛鳴而去、有六七土人乘駝者騎驢者、南北往來于此湖心、左右立有木棍爲界、以便識認、不意誤行界外、水淺沙磨底響難行、幸有小輪舟以纜掀尾、轉入中心、甫進口水色黃、至此色碧而清、行十餘里、忽見東岸一尸失去骽足者、又二狐見船驚竄、未初入阿美大湖、水色深藍、南行、波湧如海、遇火輪二隻、中初至鹹湖、住船、因起颶風、路難辨識、管船小官與二英人垂釣、得魚五尾、長皆四五寸、鱗小色如鱖魚、入夜驟雨暴風一陣、近日天氣屢變、昨暖如春、今熱似夏矣、

初七日癸巳、微陰、卯正開船、因一夜擱淺、行動頗費機力、輪如含沙而轉、其聲甚澀、午初抵蘇耳士住船、上下

四

客人貨物、土人上船售貨、有中土桂花油紙摺扇、本地花油小照、金銀花鞋、玻璃珠香串等物、惟水烟筒甚奇異、係一玻璃瓶作胡盧形、中一小玻璃筒、上插大小白泥烟焗各一、瓶旁一樹膠筒、長約二尺、其口飾以蜜臘、價值十方、申初開行、水色葱綠、入夜大風、而船穩、是日同船有從土耳其京城孔士旦丁來之三日本人、年皆三旬左右、亦剪髮著洋服、一名岡田雄次郎、一名田井立吉、一名北川夾之作、由波賓至蘇耳士、除湖外、共八十五吉婁邁當、每一吉婁邁當為法國千碼、即中土三千尺、連湖窄計、共一百六十吉婁邁當、即中土二百六十一里、

五

初八日甲午晴、南行稍東、順風、船甚快、水色深藍、午正遇墨地里亞輪船一隻、名曰阿碧、長約二十八丈、寬五丈、亦係南行者、未初、船右見兄弟島、距四五里、又遇一法國公司輪船、名曰胡格立、長約三十丈、寬逾六丈、係北行者、

初九日乙未、晴平順風、未初改東風、稍北、水色灰藍、申正、遥望十五六里外有一英國兵船頗大、據同船英人蘇木斯云、可載兵一千五百名、可謂巨艦矣、其名未詳、又同船有新任日斯巴尼亞國駐紮香港領事柴凱阿夫妻、能英法日耳曼語、詞氣溫和、

初十日丙申晴、熱似中伏、前三次在七八月間、曾經此至蘇耳士、皆熱如今日、今由埃及至此、已歷二日、行一千七百餘里、始熱、足見紅海之氣候、冬夏亦稍有別、晚餐得食瓦隴子與鹿肉、

十一日丁酉、晴平、水色碧綠、午後有日本人向俞惕盦索字、乃口占二絕云、供職隨軺在海隅、寒暄再易效馳驅、人情物理能參透、大地皆然莫怪殊、其二云、輪舟機器妙無窮、竊喜東旋遇美公、浪破滄溟遊萬里、乘風與理少人通、又其自占四句云、天下本無事、庸人自擾之、莫妙是長眠、萬事皆已矣、又詠紅海燈樓七絕一首與日本人云、紅海燈樓遠望真、萬層駭浪指迷津、往來征客魂都穩、惟感當年創始人、後日本丹羽望楚和五首云、我亦清遊在歲餘、江湖載酒世塵除、異鄉風物都稱意、山美水明殊更殊、年少之豪氣未除、歐羅首尾壯遊餘、海東猶有中華在、為閱囊頭地理書、山川形勝看無

六

窮、到處風流我與公、同首遊蹤秋在夢、一帆高自海西通、風蕭蕭又月瓏瓏、殘醉認寒秋一蓬、此夜愁人無限意、等閒泊了蓼花東、冷雲掩月不分明、夜半冥蟀誤認津、數箇海燈星似影、紅珊瑚落碧波中、是日係彝賤辰、俞惕盦贈酒一瓶、伴以詩云、香火因緣幾世修、乘槎天外又同舟、今朝何幸逢華誕、願酌仙醪祝海籌、彝即酬之以詩曰、晨夕相從貺我多、醍醐渥荷覺顏酡、飛觴此日同君醉、頃刻河山萬里過、申初見左右島嶼綿亙、東為亞細亞之阿來必亞、西為阿非利加之阿北西呢亞、東名法爾三阿爾池、伊西名得哈喇阿爾池、伊遙望黑赤色、或烟雲所映也、水被微風蕩漾、其色深藍、晚餐得食薰鹿肉、甚好、

十二日戊戌、晴、早出紅海、東北行、午初抵亞丁、因水淺住船以待潮、有本地十餘黑童浮水討錢、口言大米賽、大米賽未詳何意、水中作戲、極靈巧、忽臥忽立忽仰忽坐、如魚如蟆、如蝦如蛇、又有十餘土人登船出售寶貝蛤蜊、白珊瑚、豹皮、鹿角、草包、涼席等物、當此船未住時、殷柏爾與柴凱阿窩帶票二十張、每票註明由某分時至某分時、俱捲置于帽內、願者來拈出一盧必、盧必者印度所用之英元也、每盧必重三錢三分、得洋元弱半、無論何時船到以下錨一錘之聲為則、在某分時、應于何票、則某人得盧必二十、彼時星使得票由六至九、俞惕盦由三十至三十三、慶靄堂由二十一至二十四、彝由九至十二、船至下錨、錘響恰在十分、彼此叫票、彝取出展示、時票相符、船中人齊聲賀彩、英人葉昂代收盧必、船主博昂向彝曰、公今幸甚、既得多金、欲娶妻耶、抑將別有所為耶、對曰、以之娶妻有餘、以之購書不足、其人一笑而去、申初潮長復開、行六七里住船、上下貨物、運送煤水、客皆駕小舟登岸而遊、晚餐彝以所獲之彩沽香賓八瓶、以酬眾人、皆舉杯向彝祝頌、飯後客有鼓琴而歌者、樂甚、

十三日己亥、晴、黎明即有土人前來喧譁售貨、辰初一刻開行、有引水人送出口外、開船之時、有回人年約六旬、到此應下船、又欲往新嘉坡、因無錢償船價、危坐船面、俯首而泣、眾議各出五方、共合百八十餘方、雖與原價不符、亦可代為緩頰、不料船主力爭其價、非九英金

磅不可、合二百二十五方、蓋末等客之無飲食牀屋者、由亞丁至新嘉坡每人船價二百三十方、今不過少付五方、而如此嚴拒、亦可謂無人心矣、他人由馬賽攜帶一狗、價只三十方、尚有食有榻、是人不狗若也、當日出口、水平如鏡、走印度洋、遙望亞丁山、雖出雲、而三四年來從無霖雨之沛、是地氣之偏也、入夜微風、時如季夏、皓月當空、四望無際、

十四日辛未晴、平、水色深藍、東行逆風、聞日本農人有另樣搏戰法、係以兩手扶頭、作兩耳形、為狐、直伸一拳

九

為槍、雙手捧腹為人、其意係人勝槍、槍勝狐、狐勝人、本船昨由亞丁買有生龜二十二、各周二尺餘、高約五寸、價各一方、

十五日辛丑晴、東行稍北、東風浪湧、船甚簸揚、午後見日本件正順一詩云、飛船東指去扶桑、針路複東歸故鄉、回首怪來天地小、西洋有處是東洋、自註余于五月六日辭京、航太平洋、赴米洲、阿美里加、未幾涉亞大羅海、西洋、抵歐羅巴、周遊各國有名都邑、今由馬賽航海歸鄉、閱時不過三百日、已一周世界、何行之速也、按伊所往邦國、雖與彝異、其路程與第二次略同、故錄之、入夜天陰、東風尤烈、

十六日壬寅晴、風浪如昨、水色淺藍、近日出紅海、東北行、天氣稍涼、據信行護送信人云、印度洋自十月至四月東風、自五月至九月西風、夾亞遙望亞東紅燈兩盞、燦爛如星、搖蕩南行、蓋亦火輪一隻也、其名未詳、更不知何國者、

十七日癸卯晴、風浪大於昨日、同船病者數人、而英醫羅阿坦之妻其病尤重、

十八日甲辰晴、船搖如昨、午後稍平、水色黑、遙見大風

十

蓬一隻、係西去者、

十九日乙巳晴、平、水深綠色、早見海面浮有紅物、長丈餘者六七條、寬皆盈尺、以千里鏡窺之、莫得其形、或云魚、或云菜、未知孰是、

二十日丙午晴、平、是日係西曆一千八百七十一年除夕、早晨羅阿坦之妻病故、停于牀上、著白衣、口含香水一小瓶、以避邪味、按船規人死歷一日、即拋入海、當時因距錫蘭不遠、暫停遠屋以待棺木、而船面木匠即造

大木匣內糊膠布、外數黑漆、旋有洋僕帶一粵人入內、挪移牀褥、事畢、而羅阿埴失去二金錢、不知何人所竊、船主疑為粵人、而伊誓以如果查出、雖死無憾、船主云俟到西貢再為處置、申初天陰、風起波湧、船遂簸揚、入夜將尸棺由前貨艙門繫上、置于小船之中、以布罩而覆之、

二十一日丁未、晴平、水色先藍、後變葱綠、是日係西麻一千八百七十二年元旦、早起、彼此道喜、英語哈辟牛伊爾、法語邦那內日耳、曼語卜婁希牛伊義、皆新喜也、

十一

巳初見左哥高山一帶、雲霧迷漫、申初一刻抵錫蘭住船、同船人之往印度、堪拏大等處者、約廿餘名、皆于此換船、改路、申正同眾隨星使駕本船三板登岸、仍入前店、一路波浪洶湧、船隻搖蕩、如前、酉初大雨、眾人下船後、將羅醫生之妻移葬義塚、英人服縞素送、而執紼者甚眾、是日在店晚餐、共桌四十餘人、食有西瓜、椰子、波羅密、黃瓜、蔓菜、白菜、魚肉等、又一種瓜如甜瓜、子如黑豆、味不甚甘、而异香、飯畢天黑、因四面花木水土五味支雜、嗅之如醋似糖如蔓菜、又潮聲、蛙聲、蟋蟀聲、犬吠聲、鬧之聒耳不休、登樓則蚊聲若雷、攪人不寐、入夜微風涼、比孟秋、

二十二日戊申、微晴、卯正隨星使乘車行十餘里、過鐵橋、入卧佛寺、鄙陋不堪、有二黃衣僧開門延入、正中卧佛、四壁繪畫卧佛事蹟、工不甚巧、去此又行四五里入菩薩寺、殿宇不宏、而整潔、有四僧開門延入、正中菩薩、四壁亦繪佛蹟、後入旁殿、登樓出貝葉經二卷與看、長皆盈尺、寬二寸、字以針刺圈點、橫橫當中二孔、串以黃繩、問其價、伊答情願持贈、乃收一本、給以十方、又行十

十二

餘里入肉桂園、入者每人出一什令、其告白禁止摘花損木、小狹成羣、出售肉桂枝、長皆二三尺、粗如大指、去此回店、一路花木繁盛、如椰、橘、榕、竹、佛茄、青香子等、其不識者甚夥、有葉如茨菇大於車輪者、花如黃米、葉如韭菜者、其他數種、筆難盡述、各處山岡水池迴環成趣、按周制固堪樂、災而如此濕潮、冬夏無分、恐外人久住、必生疾病、然以上皆天工、非人力也、沿途懸燈結彩、理佛事者、有出憑索費者、過車每輛二什令、入店早餐、店後小園有草茉莉、夾竹桃、木槿、芍藥、皆甚高大、惟有海

棠葉大如盆、景頗幽雅、店前變戲法者、其藏珠取水與北京同、惟一人赤背烏鬚、吹號形若胡盧、手舞足蹈、宛然一李鐵拐也、又一人手捧艸盒、中一烏蛇、旁人吹號、蛇則竪立、頭下鼓起、形似扁魚、時而鳴跳、時而繞于烏鬚膊上、終朝土人來售貨物、如珠石玳瑁貓眼銓石手釧戒指、鎖鍊梳篦、筆架小象、寶貝蛤蜊、草盒山耗匣等、有象牙其紋如雲片石者、乃其糟齒也、每塊長一寸六七分、寬二寸五分、厚三四分、其他有象牙盒匣盤筒等、工尚精細、又有中華日本貨物幾種、如雨傘紙木象牙

十三

摺扇、瓷器、木匣、草鞋、漆物等、價值頗昂、午後大雨、申初隨星使駕本船三板回船、時值大雨傾盆、遍體皆濕、上船後、因自印度來船一隻、相與換載貨物、上下抬卸、人語喧譁、終夜不息、故未閑、

二十三日己酉、陰、早見東一小島、勢甚峻嶒、碧樹叢生、樓亭各一、下面水力激石、浪起丈餘、左右三兩小舟、佳景可賞、土人售物與變戲法者、皆來船面喧譁、未刻上下貨物畢、申初一刻、展輪出口、無雨微風、水手船穩、當日早餐得食一果、如黃皮果而大如棃、味甘且香、實似桃仁、土人呼曰檬果、午酌有冰鎮西瓜、甚佳、晚餐食有波羅密、日本人不知其名、彝以筆告之、晚見丹羽昭陽墨畫波羅密一枚、似是而非、彝乃告其根枝何式、伊云弟畫雖不佳、然在客窗中偶爾拈毫、不過無聊之極思耳、今知布鼓龍門、亦聊以慰旅況也、

二十四日庚戌、晴、逆風、浪湧、船搖、人多嘔吐、見船頭新上四等客三十餘名、多有剃禿者、衣冠白紅二色、皆不著鞋、鼻孔橫有小環、手足十指皆貫金釧、或云西印度人、未知確否、

十四

二十五日辛亥、晴、逆風、西人論地球、直徑二萬七千六百九十二里、周八萬七千一百九十二里、對北極之腰線曰赤道、自東至西之綫名緯綫、赤道以北者曰北緯線、以南者曰南緯線、量緯線以赤道為主、自北至南之線曰經線、量經綫以各國京城為主、京東為東經線、西為西經線、地周三百六十度、每度二百五十里、每度計六十分、每分六十秒、自赤道向北二十三度半、曰北帶、向南二十三度半曰南帶、再向北二十三度半曰北圓線、向南二十三度半曰南圓線、全地分五道、自南帶至

北帶曰熱道自北帶至北圓線曰北温道曰北黃道再
北曰北寒道曰北黑道自南帶至南圓綫曰南温道曰
南黃道再南曰南寒道曰南黑道十度為一線南北三
十六經線東西一十七緯線地球每日自西向東一晝
夜一轉半球向日為晝半球背日為夜地有吸力故萬
物不墜因其動而有常是以毫無錯亂倘一息不行則
萬物反行傾倒矣地轉向東故每日日出于東而落于
西此一小周也又一大周蓋地環日而轉每年一周以
定四時在泰西每年一次在中土則自前冬至至後冬
至計三百六十五日二時七刻有奇其成四時之故因
地球每年轉日時以赤道北向日時以赤道南向日北
向日之時到處皆熱為夏對面為冬若地球稍與日斜
對之處均屬春秋又地球赤道近南極之地半載有日
而無夜近北極之地則半載有夜而無日此地形之大
略也

二十六日壬子晴旁風船行微快水色深藍記外國以
船寄物船行給票四張各長三寸五分寬七寸先印一
船後添送往何處何人名姓再則印就十二行云某船

十五

船主何名告白本船現在某處稱為第一堅固合式隨
時前往某處寄物帶信一路平安自有蒼天保佑今有
某老爺送往某城某人何物幾箱幾匣幾件本船業已
收妥登帳該物到某城時某人收到應給船費若干其
他加減花費隨時更改送到之後作為廢紙至于海上
危險各有天命特此告白末署某年月日何處按該行
所給四張寄物之人須存兩張其他兩張須先後陸續
隨信寄交收物之人以憑收取

二十七日癸丑晴早見北面十餘里之外有小島六七
峭壁凌空後改東行稍南見南面長山一帶相距亦十
餘里乃蘇門答臘也山色深淺綠色迎人時而白雲橫
亙只見山巔山麓倏忽變化奇景可觀未初大雨滂沱
酉初止入夜晴

二十八日甲寅晴暖水平如油早見飛魚若許又見巨
木塊塊不知何處飄來者未正大雨一陣繼而細雨申
正對面來英國輪船一隻彼此掣旗上下三次禮也又
見左右小島各一相距皆十數里左者如塔右者如龜
戌正雨止晴

十六

二十九日乙卯晴水葱綠色早見正東長山一帶不甚高相距約十餘里林木森森蔚然深秀乃馬六甲也聞有房屋點綴炊煙上升午後遇風蓬三大輪二皆南行者申初又見山岡一行迴環小島漁舟浮于水面白鳥上下飛舞申正見正北長山有一小島上建燈樓又一小三板中坐粵人十餘名後則四面島嶼錯列如在畫圖中也酉刻抵新嘉坡因有二船停泊酉正一刻始得傍岸搭跳後即隨星使登岸乘馬車行十數里過大東街鐵橋至前次去之歐洛卜店見左右新建樓房上下

十七

八十餘間整齊寬闊增有中土店夥廿餘名年皆二旬左右當晚正坐間來一華人年約二旬著艸帽單衫自云浙江人林姓其父曾任遊擊因歿于陣廕襲世職現食半俸家有老母幼弟因去歲其友糧商某約遊西貢以便購糧不意來此久不得歸不知其母倚門瞻望幾經寒暑矣又云黃浦胡璇澤現在此地為英國知縣曾為暹羅老王義子今王封為義弟贈有府第象旗其樓舍頗大古董甚多並許遊人賞之又十日前暹王來此英官排列鼓吹接待甚厚言其將去英法一遊又言英曾攻暹羅約王登船議事王去立于船邊立則左倒蹲則右欹問其船係鐵造者否英眾曰然然則如此非鐵船也何如此之輕耶英乃令其去而與之和當日店中旅客頗多夜臥雖有蚊帳而雷聲震耳不堪其擾只得秉燭而起談論古今掌故待曉則擊柝敲鑼頗有故鄉風味也

十二月

初一日丙辰晴巳初早餐後隨星使乘馬車行十五六里至坡坦立園一路平坦左右小房頗多皆竹作閣架

十八

蕉代陶瓦出售籐椅雨傘茄子黃瓜春筍冬筍蓁菜香菜豇豆菀豆菠菜白菜蔗子甘蔗等遇有單馬雙牛車數輛土人少粵人多男女老幼提筐負担絡繹不絕沿途山岡小河竹樹叢雜園中密植奇花異艸所識者如洋海棠向日葵梔子綫松木槿馬纓探春芙蓉美人蕉勤娘子雞冠鳳尾玫瑰繡球老來少等芭蕉橫生如扇松枝直長如塔兩岸有椰竹榆柳池種紅白蓮花朵大於盌而瓣碎雞頭米葉大如輪而花赤看畢登車而歸御者高歌土音吁呪抵店未下車而往大東街新蓮香

酒樓早餐，共菜八盤，酒味甚美。樓上四壁懸有許其光、陳其琨對聯畫軸，可為希世之珍。食畢回船，有哥士奇之姪哥斯吉來拜，坐談片時而去。時岸上土人出售蛤蚌、寶貝、涼席、巾扇、蕉子、甘蔗、椰子、波羅蜜等，又有換錢者，蓋去此以南用英法二國洋錢，以北用墨西哥鷹圓。本船上下貨物畢，申初展輪出口，北行稍東。戌正見右鄙二山，上建燈樓，船過時連放起火三四箇，係暗號以示危險也。

初二日丁巳，晴。丑正北行，逆風，水淺藍色。早見東面二小

九

山，形如饅首。申初微波。戌正因烟筒積灰著火，飛出落于布棚之上，燒成小孔，眾水手急以水龍噴之，旋滅。當時婦女皆震恐。日本丹羽昭陽因近日心中煩悶，便溺不通，求俞惕盦醫治，即與以清麐丸及鞠麯丸各少許，其人深謝。

初三日戊午，晴。北風，浪甚大，船搖無停晷。未正因北風勁，船行甚慢，乃令水手登桅頂，將橫桿直立，以殺風勢。忽一水手名龐那阿失足落海，同船女客致多哭泣者。眾人急擲救命圈于海，幸伊善泅，遂執此圈逆流而上。船即停止，下一杉板，副船主羅郎與三水手隨波上下，飛行七八里，始救出其人，面色稍改，水未入口，可謂死而復甦矣。彝因前在錫蘭、新嘉坡二處受寒，夜間嘔痢不止。

初四日己未，晴暖。水色黑而船穩。辰初抵西貢芹蒢河口，住船待潮。巳正一刻入口，一路草木蔥蘢，綠色盈眸。未正停泊。下錨後星使令殷柏爾持片往拜法國總督達辜路協，伊旋請晚餐。張沃生霈霖久見新聞紙云中國

欽差于某月日由法起程，當日船到，即令其夥計鄭姓者來

十

探，並約彝造訪一晤。彝辭以昨夜抱恙，不克應命，後又遣鄭款請再四，乃不得已而往。暢談次，其友楊深遠字雲衢者來，不期而會，相見甚歡，約同車遊行十數里。回見沃生告別，強留午酌，登樓見四壁畫軸陳設甚為鮮明。食有魚翅、海參、粥係赤小豆、苡仁米、赤茯苓、川貝觧合煮，可醫濕熱。食畢謝別，命人送歸。晚赴達總督之約，佳肴羅列，酒尤甘美。戌正回船，亥刻張沃生來船坐談良久。

初五日庚申晴、早張沃生呈送星使板雞、板鴨各四隻、糕、點四盤、橘、橙、波羅蜜二筐、早餐後、星使令彝往謝、送團扇一柄、小照一張、又往送達總督團扇一柄、象牙細花筆筒一箇、伊回敬棗糕一匣、加非與勺勾朧各數顆、種以木匣上罩玻璃、酉初一刻開行、中途至第六十七灣、因其狹窄、幾乎上岸、戌正出口、少停、復開、水平船穩、入夜涼、

初六日辛酉、晴、半、北行稍東、見西面長山起伏、相距三四里、乃安南邊界也、記是船船主一、副船主一、小船使三、管機官正一副三、學徒二、醫官一、水手四十名、燒火人四十名、男女僕役匠人等共四十八名、庖丁四名、入夜陰、

主

初七日壬戌、微陰、逆風、船稍搖蕩、午後、遙見西面輪船一隻、不甚大、南行、順風極快、酉初大雨、頗涼、記由法國海口至上洋沿路各站頭二、三、四等火輪船費、公司開有清單、其號碼由右橫看、所謂末等、係住于船面、無飲食者、計開于後、

由法國馬賽海口至

	波賽					義思麥力亞					蘇耳士				
	頭等	二等	三等	四等	末等	頭等	二等	三等	四等	末等	頭等	二等	三等	四等	末等
	[illegible]	[illegible]	[illegible]	[illegible]	[illegible]	[illegible]	[illegible]	[illegible]	[illegible]	[illegible]	[illegible]	[illegible]	[illegible]	[illegible]	[illegible]
由波至						[illegible]	[illegible]	[illegible]	[illegible]	[illegible]	[illegible]	[illegible]	[illegible]	[illegible]	[illegible]
由義至											[illegible]	[illegible]	[illegible]	[illegible]	[illegible]
由蘇至															

主

	亞丁					錫蘭					班驪立				
	頭等	二等	三等	四等	末等	頭等	二等	三等	四等	末等	頭等	二等	三等	四等	末等
	[illegible]	[illegible]	[illegible]	[illegible]	[illegible]	[illegible]	[illegible]	[illegible]	[illegible]	[illegible]	[illegible]	[illegible]	[illegible]	[illegible]	[illegible]
	[illegible]	[illegible]	[illegible]	[illegible]	[illegible]	[illegible]	[illegible]	[illegible]	[illegible]	[illegible]	[illegible]	[illegible]	[illegible]	[illegible]	[illegible]
	[illegible]	[illegible]	[illegible]	[illegible]	[illegible]	[illegible]	[illegible]	[illegible]	[illegible]	[illegible]	[illegible]	[illegible]	[illegible]	[illegible]	[illegible]
	[illegible]	[illegible]	[illegible]	[illegible]	[illegible]	[illegible]	[illegible]	[illegible]	[illegible]	[illegible]	[illegible]	[illegible]	[illegible]	[illegible]	[illegible]
由亞至						[illegible]	[illegible]	[illegible]	[illegible]	[illegible]	[illegible]	[illegible]	[illegible]	[illegible]	[illegible]
由錫至											[illegible]	[illegible]	[illegible]	[illegible]	[illegible]
由班至															

馬達啦	頭等	二等	三等	四等	末等
	[illegible]	[illegible]	[illegible]	[illegible]	[illegible]
	[illegible]	[illegible]	[illegible]	[illegible]	[illegible]
	[illegible]	[illegible]	[illegible]	[illegible]	[illegible]
	[illegible]	[illegible]	[illegible]	[illegible]	[illegible]
	[illegible]	[illegible]	[illegible]	[illegible]	[illegible]
	[illegible]	[illegible]	[illegible]	[illegible]	[illegible]
	[illegible]	[illegible]	[illegible]	[illegible]	[illegible]
由馬至					

戛戛大	頭等	二等	三等	四等	末等
	[illegible]	[illegible]	[illegible]	[illegible]	[illegible]
	[illegible]	[illegible]	[illegible]	[illegible]	[illegible]
	[illegible]	[illegible]	[illegible]	[illegible]	[illegible]
	[illegible]	[illegible]	[illegible]	[illegible]	[illegible]
	[illegible]	[illegible]	[illegible]	[illegible]	[illegible]
	[illegible]	[illegible]	[illegible]	[illegible]	[illegible]
	[illegible]	[illegible]	[illegible]	[illegible]	[illegible]
	[illegible]	[illegible]	[illegible]	[illegible]	[illegible]
由戛至					

新嘉坡	頭等	二等	三等	四等	末等
	[illegible]	[illegible]	[illegible]	[illegible]	[illegible]
	[illegible]	[illegible]	[illegible]	[illegible]	[illegible]
	[illegible]	[illegible]	[illegible]	[illegible]	[illegible]
	[illegible]	[illegible]	[illegible]	[illegible]	[illegible]
	[illegible]	[illegible]	[illegible]	[illegible]	[illegible]
	[illegible]	[illegible]	[illegible]	[illegible]	[illegible]
	[illegible]	[illegible]	[illegible]	[illegible]	[illegible]
	[illegible]	[illegible]	[illegible]	[illegible]	[illegible]
	[illegible]	[illegible]	[illegible]	[illegible]	[illegible]
由新至					

巴塔瓦	頭等	二等	三等	四等	末等
	[illegible]	[illegible]	[illegible]	[illegible]	[illegible]
	[illegible]	[illegible]	[illegible]	[illegible]	[illegible]
	[illegible]	[illegible]	[illegible]	[illegible]	[illegible]
	[illegible]	[illegible]	[illegible]	[illegible]	[illegible]
	[illegible]	[illegible]	[illegible]	[illegible]	[illegible]
	[illegible]	[illegible]	[illegible]	[illegible]	[illegible]
	[illegible]	[illegible]	[illegible]	[illegible]	[illegible]
	[illegible]	[illegible]	[illegible]	[illegible]	[illegible]
	[illegible]	[illegible]	[illegible]	[illegible]	[illegible]
	[illegible]	[illegible]	[illegible]	[illegible]	[illegible]
由巴至					

西貢	頭等	二等	三等	四等	末等
	[illegible]	[illegible]	[illegible]	[illegible]	[illegible]
	[illegible]	[illegible]	[illegible]	[illegible]	[illegible]
	[illegible]	[illegible]	[illegible]	[illegible]	[illegible]
	[illegible]	[illegible]	[illegible]	[illegible]	[illegible]
	[illegible]	[illegible]	[illegible]	[illegible]	[illegible]
	[illegible]	[illegible]	[illegible]	[illegible]	[illegible]
	[illegible]	[illegible]	[illegible]	[illegible]	[illegible]
	[illegible]	[illegible]	[illegible]	[illegible]	[illegible]
	[illegible]	[illegible]	[illegible]	[illegible]	[illegible]
	[illegible]	[illegible]	[illegible]	[illegible]	[illegible]
	[illegible]	[illegible]	[illegible]	[illegible]	[illegible]
由西至					

香港	頭等	二等	三等	四等	末等
	[illegible]	[illegible]	[illegible]	[illegible]	[illegible]
	[illegible]	[illegible]	[illegible]	[illegible]	[illegible]
	[illegible]	[illegible]	[illegible]	[illegible]	[illegible]
	[illegible]	[illegible]	[illegible]	[illegible]	[illegible]
	[illegible]	[illegible]	[illegible]	[illegible]	[illegible]
	[illegible]	[illegible]	[illegible]	[illegible]	[illegible]
	[illegible]	[illegible]	[illegible]	[illegible]	[illegible]
	[illegible]	[illegible]	[illegible]	[illegible]	[illegible]
	[illegible]	[illegible]	[illegible]	[illegible]	[illegible]
	[illegible]	[illegible]	[illegible]	[illegible]	[illegible]
	[illegible]	[illegible]	[illegible]	[illegible]	[illegible]
	[illegible]	[illegible]	[illegible]	[illegible]	[illegible]
由香至					

上海				
頭等	二等	三等	四等	末等
[illegible]	[illegible]	[illegible]	[illegible]	[illegible]
[illegible]	[illegible]	[illegible]	[illegible]	[illegible]
[illegible]	[illegible]	[illegible]	[illegible]	[illegible]
[illegible]	[illegible]	[illegible]	[illegible]	[illegible]
[illegible]	[illegible]	[illegible]	[illegible]	[illegible]
[illegible]	[illegible]	[illegible]	[illegible]	[illegible]
[illegible]	[illegible]	[illegible]	[illegible]	[illegible]
[illegible]	[illegible]	[illegible]	[illegible]	[illegible]
[illegible]	[illegible]	[illegible]	[illegible]	[illegible]
[illegible]	[illegible]	[illegible]	[illegible]	[illegible]
[illegible]	[illegible]	[illegible]	[illegible]	[illegible]
[illegible]	[illegible]	[illegible]	[illegible]	[illegible]
[illegible]	[illegible]	[illegible]	[illegible]	[illegible]
[illegible]	[illegible]	[illegible]	[illegible]	[illegible]

以上船價，因時更改，所差無幾。此係西曆一千八百七十一年九月初五日所立，即中華辛未年七月二十一日。

初八日癸亥，鎮日大雨，水黑色，狂風巨浪，船甚簸揚，一日只行五百餘里。

初九日甲子，陰雨，風浪如昨。申初雨止，稍平。亥正一刻抵香港，住船。正在酣睡間，忽粵海關稅務司包臘來云，帶有火輪礮船一隻，來接欽差到省，係奉瑞制軍麟所委，並交彝公文二角，云昨日由北京到省者。包去，即呈星使閱畢，將眠，有本船洋僕叩門，詢以何事，則云有人要面稟欽差。彝因星使就寢，面詰其人，係本地水師夜巡兵，姓朱名安。詢以何故，則云不知欽差將欲何往。彝告以旋旌上海，其人乃去。時天色漸明，遍船收洗上下貨物，人語喧譁，聲音震耳，雖眠亦不能安

枕矣、

初十日乙丑晴、早有粵省督撫藩臬府縣多官差人來拜、辰初包臘與淩風輪船船主哥嘉來拜、坐談片時、又有長樂初將軍善之二猶子志銳志鈞暨劉貳尹光炳來拜、早餐後、星使令彝持片往拜駐此英國總督懷達菲、未遇、遂乘肩輿登山眺望、一路花木葱蘢、紅緣芬芳、又回拜包臘與哥嘉于淩風輪船、船不大而堅固、銅礟二門、甚爲威肅、未初回船、

十一日丙寅晴、巳初同俞惕盦乘舟登岸、步至燕樂軒

二三五

早餐、食品甚佳、當日左有高達威烈輪船、欲往羊城、右有發斯輪船欲往日本、彼此上下貨物行裝、其聲嘈雜、至午正而發斯輪船開行矣、入夜陰、

十二日丁卯、微陰涼、晝夜下貨、未正始完、高達威烈移去、申正一刻本船開行、出口後、秋高氣爽、海不揚波、入夜晴、

十三日戊辰、晴涼、逆風、水葱緣色、午後入閩界、左右多山、水色變黃、遥見一桅西行、係由日本來者、入夜風勁、船微搖蕩、

十四日己巳、晴、風浪如昨、水全黃色、巳初見西面數小島、未正遇北來美國小輪船二隻、申初陰霧、而細雨、水葱緣色、又見左右數小島、申正一刻、出八百里横洋、又名窄海、入浙界、風浪尤大、

十五日庚午、陰霧、風雨、日光不見、度數難分、山無形影、而里數難計、午後住船三四之時、以繩繫一如錐之鐵器于水、水深六丈二尺、以之黏上淤泥、而查其色以辨現抵何處、船行雖慢、而搖蕩特甚、入夜冷氣難禁、

十六日辛未、陰冷、早過錢塘江口、遥見漁舟數隻、水色

二三六

黃、左右皆山、有白鳥飛鳴而過、後至黃浦江口、因水淺住船、終夜甚冷、船仍搖蕩、申正有英國輪船使人駕小舟來告、未初時有人前來問路、今尚未回、不知何往、

十七日壬申、陰、巳初潮長、進口、未初復停輪于江心、言係水淺、方可傍岸、以待潮退也、酉初泊于虹口碼頭、即有涂朗軒觀察宗瀛、楊雩香觀察詠春、來迎、後下船乘肩輿行二十餘里、入小南門、至蕊珠宮、又名也是園、臨門左有文昌殿、高聳華美、屏門內中廳數間、亦皆整潔、旁有假山、雖係匠智、巧比天工、時值隆冬、苔痕尚綠、小

河曲彎、水色澄淨、臺榭點綴、幽雅可觀、誠避暑之佳境也、

十八日癸酉、早大雪、午後止、有觀察涂朗軒宗瀛、楊雪香詠春、吳桐雲大廷、馮竹儒焌光、周琳素家勲、太守朱雲甫其昂、褚星齋蘭生、鄭玉軒藻如、司馬郭慕徐階、陳寶渠福勲、黄岳川鉞、刺史馮蓮士寶圻、别駕張翰卿志均、謝隱莊鵬飛、大令陳子莊其元、周次蓮纘祥、葛蕃甫繩孝、許寶臣之善、巡守全月亭灝元、裘介眉鶴春、輪船局文案謝子威鳳儀、馮祐生承緒、波斯領事官聶鼎與

卅七

法國神甫郎懷仁、步天衢、蔣超凡等陸續來拜、有面晤者、有投刺者、

十九日甲戌、陰冷、鎮日有廉訪金蘭生安清、方伯王竹鷗泳基、觀察劉芝田瑞芬、大令朱翼甫其詔、周孟漁世激、司馬張籽雲秀芝、别駕孫硯山和鳴、陸費寶卿森參戎、葉雲岩圻及薄郎、殷柏爾、税務司狄妥瑪、法國領事官梅讓、與通使阿麟來拜、

二十日乙亥、陰雪、午正隨星使往拜各國領事官、同寓知有孫硯農文田及副税務司辛盛等來拜、酉初雪止、

二十一日丙子、微晴、巳正乘肩輿往各署各館答拜、因特近新年、各閭巷市廛、增添貨物、繁盛之極、行人如蟻、同寓知各國領事官來投刺、

二十二日丁丑、晴涼、午後乘肩輿往西畫錦里答拜孫硯農、往江海關答拜狄妥瑪、辛盛、同寓見小河結冰厚約五分、

二十三日戊寅、晴、早乘肩輿各處辭行、是日係恭祀司命之辰、街市有賣年糕、松枝、元宵、小紙轎等物、入夜爆竹聲喧、與北京同、

卅八

二十四日己卯、晴、早起束裝、巳正乘小轎出小東門至河堤、駕小舟行半里、登中國輪船、船名怙吉、係上海招商局所造、潔淨整齊、與外國同、長約十八丈、寬三丈二尺、駐兵三十六名、花子銅礮十三門、堅固雄威、帶船官係提舉銜候補知縣薛梅溪培榕、午初一刻開行、出吳淞入揚子江、甚平、行五百十數里、亥初一刻至江陰口住船、入夜頗冷、又同船伴送有朱太守雲甫其昂、暨司馬程雪軒煜、

二十五日庚辰、晴冷、子正賦船、巳正過鳳陽縣曲山、未

初過焦山、鳥鳴上下、樹木蒼蒼、金山三面在陸、一面臨
江、廟宇重修、壯麗如舊、當時本船領兵千總演隊施放
槍礮、皆整齊驍勇、未正抵瓜州口、住船、有李叔彥觀察
常鎮、鹿大令伯元、及鎮江稅務司德璀琳等陸續來拜、
後、與朱雲甫及薛程二君告別、駕小舟進口、登如意船、
即開行二十里、亥正至七㘰河堤停泊、入夜甚冷、記由
江陰口至瓜州、計水程七十二里、
二十六日辛巳、晴、丑正開行、三十里至揚州徐凝門外
住船、有英太守傑、柳大令叔平承先、李次生修梅等來
二十九
拜、逢次有洋槍隊百名跪接、整齊威武、與京中神機營
略同、早餐後、星使乘轎進城、各處答拜、彝同俞惕盦入
城、步至多子街、見通城房屋新修已得十分之半、申初
開行、數里至東門之利津門、星使回申正復開、見岸上
三大土圍、周豎花旗、中立大纛、書曹劉朱三營、曹營列
洋槍隊百名、放三連環、起止甚齊、復行七八里至灣頭
地方、右列王營洋槍隊一千、槍聲整齊、衣冠一律、旗動
角鳴、齊行跪送、再行二十里至瓦窰埔停泊、入夜雪、
二十七日壬午、陰、早細雨一陣、丑正開、走少波湖、邊湖

與運河、原界以石堤、近因水大開口、湖與河連、巳正過
鐵牛灣至邵伯鎮、樓房密列、石堤鞏固、申初過貞廳祠
即露筋娘娘廟也、當時細雨、又過大小車路、共行百里、
至高郵、少住、復開、行一夜、
二十八日癸未、陰霧細雨、行百二十里、酉正抵寶應縣、
少住又開、入夜大雪、
二十九日甲申、微晴、行八十里、申初一刻、抵淮安城慶
安門外、少住、見臨門橫匾、顏曰星槎雲路、對岸一黃亭、
乃
御詩亭也、申正開、行一十五里至本頭、住船、有鄭子善之兄
鄭天中明保、至言由天津帶有馬兵二十名來接、現留
清江浦、酉初一刻復開、行一十五里過淮關、至板閘住、
入夜晴冷、
三十
三十日乙酉、晴、丑正開、行三十里、巳初抵清江浦、傍岸
後、乘肩輿行八里至王家營蔣三義店宿、有歐陽健飛
總戎利見、吳朝傑家榜、劉受亨觀察咸、及葛大令青選、
陸續來拜、
同治十一年、歲次壬申、

新正月

初一日丙戌晴、午正乘肩輿進城各處答拜、一路風和日暖、地氣上升、池冰破、玉園柳垂金、爆竹震耳、鼓樂喧天、人民歡樂、預兆豐年、未刻回寓、晚餐有蔣澍生太守宗啟、與星使同席、甚爲懽暢、

初二日丁亥晴暖、聞近日天氣、爲江南之正、向來雪少冰薄、是年冰竟著寸、雪亦及尺、午後有鮑小山廉訪桂生、路司馬崇閔、參戎鳳來、安遊閫瀛等先後來拜、入夜束裝、

三十一

初三日戊子晴、卯初起程、乘車過鹽河、見嚴霜遍野、犬吠狐村、行三十里、巳正至漁溝早饍、後有官派營兵二十名護送、又行四十里、入桃源縣界眾興鎮宿、此地風景勝於王家營多矣、晚同俞惕盦步入天后宮叩謝、往來航海化險爲夷、

初四日己丑晴、卯初起身、行五十里至仰化集早饍、見壁題一詩云、小睡纔交曉、征人又束裝、雄心三尺劍、舊恨九迴腸、鞭影搖新日、蹄跟沒曉霜、男兒須努力、前路正茫茫、又一詩云、山程未改石嶙峋、重歷征途感夙因、舊事空留鴻爪雪、新悲亂逐馬蹄塵、客懷寂寞憑誰訴、世路崎嶇要自珍、寄語鄉關好知己、天涯曾憶宦遊人、其寓旅況情景如畫、故錄之、去此五里過乾沙河、入宿遷縣界、行六十里、申正至順和集宿、入夜陰雲四合、微風欲雪、冷、

初五日庚寅晴、卯正起身、行五里、過運糧河、有永濟七十二孔長橋、橋已損壞、只餘石牆四十餘堆而已、今運糧河與葡萄河連、水不甚深而清澄可愛、過河行六十里至峒峿早尖、又行六十里出江蘇宿遷界、入山東郯城縣界、申刻抵紅花埠宿、此地有橋名國正、俗名五花、亦多毀壞、沿途景致宜人、如直省仲春天氣、乃口占二韻云、春到郊原風日麗、遙看草色近還無、村人鼓樂豐年兆、處處爭看耕種圖、因各牆貼有春牛耕種圖也、入夜頗涼、

三十二

初六日辛卯晴、卯初起身、行六十里、過郯城黃河、至十里鋪早尖、午後大風甚冷、又行六十里、入蘭山縣界、申正至李家莊宿、一路道途平坦、房舍整齊、入夜風息稍暖、

初七日壬辰、早微陰涼、卯正一刻起身、行四五里、過沙河、無舟、以人舁車過冰、行四十五里至沂州城外、早尖、後進城、入望淮門、出崇岱門、見人民喜悅、鼓樂喧天、街市有扛箱、官頭戴紅頂松枝翎、又有雙手小車、偏坐一女、旁立女僕、皆男扮女裝也、故作欹斜欲跌之狀、嬌態橫生、趣甚、又有結隊鼓樂、共遇六次、皆第一人手捧神像、黃錢金銀紙寶、不知所往、行四十里至棗溝頭、入山、行五六里、抵半城宿、是地不大、小巷一條、房舍鄙陋、舖戶無多、夜半聞黃道崇由上海來此、謁見星使、少坐即去、

二三三

初八日癸巳、晴、卯正起身、行四十里過河、有二十六孔石橋、又行五里、至青駝寺早尖、後行四里過雙后村、入沂水縣界、走四十一里至垛莊、宿于劉甲三廉訪第先之別墅、屋宇整潔、陳設古雅、畫軸頗多、此村較前二處頗覺豐饒、

初九日甲午、晴、卯初起身、行數里入蒙陰縣界、行五十五里至龔家城早尖、後入新泰縣界、行六十里至鰲陽鎮宿、道途寬敞、四鄙山峯拱衛、鰲陽孤峙、極其嶙峋、樓舍點綴、楊柳青青、似為行人而送目也、晚見店壁有詩云、黃塵掩面草婆娑、泰岱驅車一再過、雲既出山應作雨、水緣歸海不生波、塞花驛柳新詩少、店月橋霜舊夢多、讀書萬卷行萬里、東風作笑酒顏酡、橫山亂石太嵯峨、杖策疲騾緩緩過、莫謂道難輪易折、世情原是險峨多、輕車驅入蒙陰道、萬壑千邱眼底過、獨上高峯舒長嘯、繞輪惟覺白雲多、地入東蒙路轉行、舊村追憶古顓臾、連天皎潔峯如玉、撲面蕭森雪有珠、輪碾平沙聲歷碌、泥融石磴路崎嶇、年來況瘁煩車馬、敢謝王尊九折途、一天風雪雨輪忙、輾轉嶙峋亂石岡、已覺郵程勞馬足、那堪馭板下羊腸、路途遙遠情彌切、世道崎嶇味久嘗、喚取征軺限磈礧、醉鄉無處不康莊、其述行路之難、有不堪回首處、故錄之、

二三四

初十日乙未、晴、卯正登車、行四十五里至翟家莊早尖、又行四十里、末初抵楊柳店宿、一路道途平坦、車行甚快、當晚口占七律云、邇因洋務役多官、隨使西征亦壯觀、往返一周天地闊、後先三次海洲寬、遊人慣負征途苦、久客方知行路難、勞瘁不辭他國遠、

皇恩不報內何安、其二、浮海從來未設官、著名中外亦奇觀、
多遊邦國見聞廣、久歷風塵心地寬、酬世全憑經世略、
受恩容易報恩難、登山冀以舒長嘯、明日驅車抵泰安、
十一日丙申晴、卯正起身、入泰安縣界、行四十五里至
崔家莊早尖、又行五十五里、申初抵泰安府城、住南門
外南關店、一路山石嶙峋、沙泥淺水、諸多窒礙、惟至此
則道途平坦、人烟稠密、又近日走山路遇男女背香朝
頂者、前呼後應、絡繹不絕、
十二日丁酉晴、寅正睡起、卯初乘肩輿、有僕役秉燭舉

二十五

火把、隨星使入城南門之泰安門、出北門之仰聖門、登
泰山、行數里至關帝廟、換山轎、即俗所謂爬山虎也、土
名山兜子、頗寬敞、抬夫二名、肩荷橫行、甚穩、又行四十
里、登我
朝所修石堦、一萬四千六百八十六級、至碧霞宮拈香、一
路青石崚嶒、蒼松密列、泉水潺潺、山禽飛舞、左右石壁
有今古名人詩詞筆跡、無暇細記、石徑石闌、極其平坦、
寬高各丈餘、進香者以數萬計、一路設有茶棚兼賣粥
餅、果食、有老幼男女乞丐無數、小兒赤身、老嫗跪而叩
首、口內祝言不斷、有舉燈籠者、然火把者、羅列道中、以
討錢、又有老婦跪臥當途、面體不露、白髮蒼蒼之假人、
燈下難辨、沿途過下天門、中天門、飛之閣、萬仙樓、五大
夫松、牌、南天門等處、見碧霞宮殿宇寬宏、香烟繚繞、中
供聖母娘娘像、羅拜者擁擠、幾於無地自容、又行里許、
至玉皇頂焚香殿前、團石一堆、乃泰山頂也、旁有穿閣
幾間、四望無際、烟雲靉靆、問但見海面船桅二三而已、
去此回行數里、至東岳廟拈香、早饍後、步至蓬仙宮、一
小石廟也、中塑星使之尊甫麟見亭慶河督之像、叩謁

二十六

畢、下山、入城至岱廟拈香、廟極高大、四壁如城、殿宇宏
敞、前如北京報國寺、後如東嶽廟、碑匾牌額甚夥、中有
松名飛來鳳、溫涼玉、者皆蒼髯瘦甲、翠蓋陰濃、殿前有
扶桑石、影壁與天師神符碑、申初一刻回寓、又同俞惕
盦步入城南門、出西門之嶽晏門、見街市整齊、寬於上
洋者加倍、鋪戶密列、勢似羊城、近值山會之期、新貨羅
列、極其繁華、男女如蟻、頗為鬧熱、
十三日戊戌晴、卯初起身、入長清縣界、行五十里至佃
台莊早尖、又行五十五里至章夏宿、一路下坡滾石車

搖、甚為困頓、天氣漸暖、因近進香之期、自晨至暮、男女老幼、傴僂提攜、推車負担、乘馬騎驢者、以萬計、更有三五匹騾馬之大車數十、內坐老姉三四、同行者前人敲鑼、後者呼喊、以開路、晝則塵土迷目、夜則燈燭連綿、各村鎮及田野皆設蓆棚、出售茶水菸酒粥餅饅首、以及柿薯雞卵等物、

十四日乙亥、晴、辰初起身、行三十里至開山莊、出山一路下坡、左右土岡高皆丈餘、當中甚窄、只容一車、又行五里、田路平、而兩邊山岡仍高、再行十五里至杜家廟早尖、去此行二十五里、渡過黃河、登車過齊河縣城、又行二十五里至堰城宿、一路頗熱、大風揚塵、樹茂田肥、人民豐富、晚間街市有耍龍燈者、燈長四丈五尺、鐵架紙糊、節節活轆、五彩鮮明、下十人舉棍、前一人舉大珠、隨行戲玩、後十二人奏樂、前八名小孩、四男四女、手各持一雲燈、周皆八九尺、隨行戲舞、鬧熱可觀、亦有跑旱船者、男扮公子、女扮漁婆、樂聲幽雅、曲調可聽、莊外有三官小廟、係明萬曆三十六年建、內設蓆棚供佛像、桌凳花旗、木魚鐘鼓、懸燈結彩、人語喧譁、亥刻有五道

二十七

士著紅氅、誦經、正中者舉穀枝、焚香祝誦、人民安樂、五穀豐登等語、誦畢出廟、焚神庫錢糧、後則船龍出廟繞行通村、

十五日庚子、陰雨、辰初開車入禹城縣界、行五十里過縣城、至禹城橋早尖、午正雨止、仍陰、又行四十五里至平原縣平原二十里鋪宿、中途遇王竹軒率僕役數人由津來接、申初又雨、入夜晴、記近日入山東界、田疇肥美、衣履整齊、雄於江北、現值上元佳節、當晚燈燭輝煌、鼓樂喧天、通宵達旦、

十六日辛丑、陰冷、卯正起程、行五十里至曲鹿店早尖、後入德州界、行五十里、抵德州城南門之朝陽門外馬市街宿、各鋪懸燈奏樂、羅列古玩新貨、晚餐後步入南門、米市街見每八步懸五彩對聯橫幅燈各一、詞皆歌舞昇平、鬧遍城內外、燈燭以數十計、南門城上有關帝廟、感靈感應、祈禱豐年、萬縷香煙上沖霄漢、又有秧歌彩鼓各一彩、歌聲斷續、鼓樂丁東、沿街旂民男女老幼、往來如蟻、終宵金吾弛禁、是日因正道泥濘、故早尖後改走德州、

二十八

十七日壬寅、稍晴、卯初起身、行五十里、至柘園早尖、去此出山東界入直隸吳橋縣界、行五十里至連鎮宿、入夜雪、

十八日癸卯、早微雪、後大霧、寅正起身、入東光縣界、見城垣毀壞無餘、飯後入南皮縣界、共行六十五里、午正至泊頭宿、午後晴、

十九日甲辰、晴、巳正起身、行六十里至滄州南門外宿、逢遇高引之來迎、

二十日乙巳、晴、卯正起身、入青皮縣界、行四十里至興濟早尖、道路曲折、閭巷甚長、鋪肆密如城鎮、又行六十里入静海縣唐官屯宿、

二十一日丙午、晴、寅正起身、行七十五里、至梁王莊早饍、遇馬松圃大尹縄武、共飲、後行七十五里、午正抵天津縣北關外公館宿、中逢遇家兄永修由京來接、相見甚喜、又見他縣男女老幼、荷被提包、身著單衣、面有菜色者、以數百計、皆逃往津門以求食、晚接陳子敬觀察

欽、馬松圃太守縄武、宋澄川大令淵涇、既暨慶心泉志清

采廷青選、與津海關稅務司漢南之名刺、亦有面會者、

入夜微風涼、

二十二日丁未、晴暖、早起乘肩輿入城、各處答拜、及謁

制軍李少荃相國鴻章、見南門外積水如湖、巳正回公館、早餐後、午初起身、乘車行三十里至浦口宿、入夜微風、陰冷、

二十三日戊申、早霧、卯初起身、巳正晴、行五十五里至蔡村早饍、又行六十里至安平鎮宿、

二十四日己酉、晴、卯正起身、見霜華滿地、冷氣侵人、行二十五里至張家灣早饍、又行三十里至定福莊宿、遇

星使之族弟崇夢山樓、猶子嵩犢山申、少君衡階生平來接、對談良久、當晚因思再須一夕、即可入都、何樂如之、回憶此次往返十餘萬里、計十七月、其行甚速、乃口占七絕云、隨軺三次遊西國、往返曾經地一周、廿萬程途辛苦歷、明朝抵里話香甌、

二十五日庚戌、晴暖、辰初起身、行二十里、巳正入朝陽門、隨

星使覆

命、後家人父子、朝夕聚談、每話別後情事、猶爲之眉飛而色舞也、

卷八終

余嘗嗜披鄴架癖索書倉欲於故帋堆中搜奇覔異惟邃古荒遠渺而難稽迨閱山海經則奇之繼閱穆天子傳則又奇之後此尚有奇焉者乎歷代學士文人本奇才奇想摛為奇文大抵以子虛烏有者揚詡瑰奇識者鄙之謂非實遊其境親見其物未足云奇也前明鄺湛若先生走粵西徧歷猺洞為相思寨雲嚲娘上客於是就其山川之奇險風俗之奇異物產之奇怪著為赤雅閱者嘖嘖

一再復之謹以妃黃儷白之詞用肸飾於簡端曰夫文章與政事相表裏者也　在初留心時務通達政體適值泰西各國輪船通商

朝廷簡命使臣出使各國辦理交涉事件以固邦交　在初皆隨侍星軺與聞其政所至宣播威德俾我

皇上之震疊懷柔訖于寰中瀛外故其為文也非得之見聞者不紀有述必奇無奇不述是以風流文采裏贊於珠盤

玉敦閒

國體之榮辱係焉即政體之得失關焉蓋在初仗劍出門同仲升之投筆驅車絕域比博望之乘槎當其發軔津沽泛舟溟渤衝颶風則濤驚浪駭灑墨雨則水立雲飛海若前趨天吴後殿指蒼茫之島嶼瞬過黑洋駕迅駛之帆檣身經紅海熱諾河水程可計蕩節來思萬德海賓館宏開柏林至止於是入國問俗譯語通文開色者至尊之稱臘典為古學之祖夜偏長而晝苦短日為陰而月則陽錢摹美女之容酒重香賓之品天機活潑玩阿奎良之魚池器製精工巔克鹿卜之礮廠他如船以輪行歐德爾也車憑氣運司達班也木雕景致包格翡也草發馨香法呢葉也簫可傳聲德利風也藥堪療疾喀爾柏也至於錫名古米高唱三多既物曲之攸殊實僕更而難數又若政議在國亦議在民兵寓於農亦寓於匠騰驤試藝

馬戲呈能積累生財鴿票得彩兩間奇事半世奇觀君因窠臼翻新揮殘竹管余亦唾壺擊碎讀遍籐箋博物之編虞衡之志方斯蔑矣竊有感焉彼祭獺之儒測蠡之士非不披枕函鴻寶訪山洞龍威而崔君苗見士衡作硯亦拚焚張茂先譽太沖文帋爰驟貴余撫茲五集愧乏萬言勉傚蟲雕藉求驥附倘備芻蕘之採定生棃棗之光知　在初浮白開帙時亦應掀髯濃笑詫武衛班中尚有嗜奇之士異日再有奇文當樂與共欣賞也

嫩江匊農那蘇圖拜序

（前缺半頁）

字此舉前所未聞創始也彝由義學生蒙　文文忠公試於嘉興寺得入同文館同治乙丑

國家以西人來華者日盛我國亦宜有人前往採訪政俗識其風土人情故因公而得歷海

外各國者自此創始彝奉
旨隨斌友松郎中前往泰西遊歷
焉各國公使來華咸有國書
以敦友誼丙寅冬奉
旨派志剛孫家穀大臣前往東西各國呈特
遞
國書是東西往來繞地一周者自
此創始彝曾奉
旨隨之夫中原自列國時往来使聘
雖有專司爲命之官而所往
者無非魯晉楚齊各地即漢
唐西使亦祇今之印度而止
鮮有重譯梯航輪蹏萬里者
至我
朝始有使臣赴高麗琉球等國
然以水陸計之亦僅數千里
而已庚午歲因天津教案
奉
旨派三口通商大臣宮保崇前往
法國修好是中國專派大員
赴泰西一國者自此創始彝幸
得蒙
奏帶往焉各國既經換約遂多
有公使駐華

國家以各國有雄長最著之邦
亦宜專派大員前往以示和
好以通音訊以保商民光緒乙
亥春奉
旨派兵部少司馬郭前往英國駐
紮是中國
欽使之駐劄外國者自此創始彝
又經
奏調偕往計自設館以來出
洋四次彝皆躬逢其始噫
亦奇矣彝自為義學生
時以在初為號初即始也嗣後適屢遇創始

之舉用五初與始義相通
或早有此屢遇創始之說不
更奇歟因奇誌奇凡前三
次所未見未聞之奇此次復
逐日記之願海內士君子共
聞此奇得知天下時務之屢
變風景之日新不誠愈出而
愈奇哉時
光緒七年歲在辛巳仲夏張德彝
在初氏敘于養心堂

四述奇凡例

一海邦政俗近年諸星使著作如林久已膾炙人口余則不過竊其緒餘而已

一是書本紀泰西風土人情故所叙瑣事不嫌累牘連篇至於各國政事得失自有西士譯書可考

一是書原係逐日登記藉驅睡魔其文俚而不雅難免有道之譏閱者諒之

一所紀天文度數山川遠近里數不無訛錯然行人持此而往或不迷於所向也

一錄泰西往事以及製造之始(創)雖用西麻紀年而仍附以中麻者以便閱者考查也

一海外地名以‖識之人名官名物名以｜識之其還音雖本瀛寰志略各書仍有不甚吻合之處聊以得其彷彿云爾至中華之地名人名官名物名則不復識別

一歷次出洋雖辱承譯事而一切密勿關而不書亦全人緘口之意也

一前三次筆所述及者概不登入以免重複

一昔宋洪邁成容齋隨筆後有續筆三筆四筆五筆張端義貴耳集有二集三集古人編纂與時俱積原不必統隨一式余四次出差各就見聞筆錄故以述奇再述三述四述而名之

一所載有見聞不確失其事實者尚望高明正之

凡例　二

四述奇目錄

四述奇卷一

鐵嶺張德彝在初隨筆

貴　榮竹坪校閱

中國既與海外諸國通商，於是各遣使臣來華駐劄，修和好，保商民，以期辦事確切，通信迅速耳。光緒元年，我
皇上克紹丕基，載揚大烈，循來同之典，恢一視之仁，以華民出洋日衆，非有重臣旬宣，不足以資鎮撫。
特准齋
詔前往各國，以通和好。適值英人馬嘉理在滇被戕一案，乃奉
旨派花翎兵部右侍郎郭嵩燾爲正使，花翎三品銜候補五品京堂劉錫鴻爲副使，莅英吉利國。二年八月，經
欽差大臣奏派隨帶三等參贊官一員：江蘇候補直隸州知州黎庶昌純齋，貴州遵義縣人；三等繙譯官三員：花翎四品銜兵部員外郎張德彝在初，鑲黃旗漢軍人；戶部員外郎鳳儀夔九，正黃旗蒙古人；三品銜候選道馬格里清臣，英國蘇格蘭人；隨員：藍翎同知銜廣東候補知縣李荊門湘浦，江蘇揚州府甘泉縣人；提舉銜候選

一

通判劉孚翊鶴伯，江西南豐縣人；隨員兼繙譯官：候選通判張斯栒聽颿，浙江寧波府慈谿縣人；辦理支應官：候選通判姚嶽望彥嘉，江蘇常州府陽湖縣人；監印官：中書科中書黃宗憲玉屏，湖南寶慶府新化縣人；武弁：藍翎湖南候補千總郭斌，藍翎五品銜湖南候補把總羅雲翰，藍翎湖南候補把總周長清，藍翎五品軍功賀志斌，藍翎六品軍功紀端，藍翎七品軍功龔紹勳等。因
奏
硃批：知道了。欽此。

九月

十五日，星使
陛辭啟節，彝亦遵奉偕往。

二十八日乙酉，晴。卯別嚴親，未初登車，出崇文門，廣渠門，東行四十里，申正抵于家衛宿。入夜涼風拂榻，黃葉敲窗，已届深秋時矣。

二

二十九日丙戌，晴。早起郊外散步，見樹枝垂露，場圃浮雲，鳥啼曠野，犬吠孤村，心暢甚。早尖後，鳳夔九來談，至未正，遂同登車起程，行三十里，酉正抵張家灣宿。

三十日丁亥晴。甚暖。辰初起程。行四十五里。至安平鎮早尖。午正又行五十三里。一路車塵蔽日。風捲黃沙。道旁茅屋生烟。老嫗炊火。柴門積土。稚子堆山。申正至蔡村宿。

十月

初一日戊子晴。店雞報曉。殘月懸天。卯初登車。行二十五里過楊村。又行二十五里至浦口早尖。後行三十里。申正抵津。宿北浮橋人和店。

初二日己丑晴暖如早春。午正乘肩輿往謁合肥相國李少荃鴻章。都轉林授卿述訓。總戎鄭一峯國魁。觀察黎召民兆棠。劉崑圃東琳。及拜太守馬松圃繩武。大令武省三士選。貳尹嵩寶臣珊。王竹軒文彬。參戎鄭子善明惪。都閫張雲波錦隆。巡守隋采廷青選。劉輔臣國樑等。城內城外。閭巷繁華。宛如上洋風景。

初三日庚寅晴。早乘肩輿往紫竹林。拜津海關稅務司馬福臣。英國領事官孟甘。後至招商局寓船。回寓始知文武官員投刺答拜。未正發送行李。申正鄭子善王竹軒張雲波劉輔臣四君約聚會堂晚酌。酒肴羅列。酬飲暢談。戌初謝別。至紫竹林登日新輪船。船長二十五丈。寬約二丈。暗輪鐵造。極堅固。極整潔。

初四日辛卯晴。辰正開船。戌初出大沽口。風順船穩。遇招商局明輪盛京。暗輪永清。皆來自上海。記同船男女三洋人。一司彪夫婦。為合眾國傳教者。一葛樂滿。年逾古稀。英國遊士也。入夜逆風。微覺簸揚。

初五日壬辰晴。風息水平。午正過張山。遙見一英國兵船。聞係七日前錯行岸上者。後見左有二島。右則長山一帶。漁舟兩三。未初抵之罘。住船。見樓臺隔岸。舸艦迷津。司彪夫妻下船。適登州客人上下貨物畢。戌正展輪。出烟臺口。船平。

初六日癸巳晴。順風南行。西面頻見島嶼。迨午後則海水滔滔。一望無際矣。記同船華人二三十名。惟往九江之都門寶地山謙。往粵東之天津王月三秉璋。夢庚鴻達。稱蓮鴻鈞兄弟。朝夕聚談。甚是相契。入夜過黑水洋。風平浪靜。

初七日甲午晴。水平船穩。早遇中土風篷二。礮船一。皆北去。午刻西風驟起。甚勁。船遂搖蕩。戌初過茶山。亥正

至吳淞口外住船口占一絶云茶山飛過泊鱸鄉難得
舟平黑水洋七次乘槎經滬瀆少留仍駕鐵慈航
初八日乙未晴子正開行進口辰正抵招商局碼頭傍
岸未初乘肩輿行十數里至二洋涇橋源泰祥棧住屋
窄小尚新潔安置行李畢易公服至拋球場廣肇公所
謁見郭劉二星使回寓知大令莫善徵祥芝司馬陳寶
蕖福勲來拜
初九日丙申晴辰正郭劉二星使召飲同席者都轉全
眉生安清別駕朱子畬爾田及郭星使之弟京堂郭意
誠崑燾飯後往拜馮觀察竹儒焌光孫硯農文田並答
拜陳寶蕖司馬及莫善徵明府未正回寓有硯友朱靜
山格仁來拜坐談良久
初十日丁酉陰巳正王月三昆仲邀飲于寶善街復興
樓午後晴聞黎純齋劉鶴伯姚彥嘉黃玉屏四君到即
往拜回寓知馮竹儒觀察投刺來拜
十一日戊戌晴早乘肩輿答拜朱靜山未遇回寓知京
堂郭意誠都轉全眉生刺史李少珊鳳翊及孫硯農來
拜酉正孫硯農邀飲于復興樓同席有郭蓮孫雯吳壽

五

加二小字

芝壽之及陳寶蕖之猶子陳臧伯衍林皆六七年前舊
雨也
十二日己亥晴巳正乘肩輿拜觀察唐景星廷樞都轉
全眉生及陳臧伯郭蓮孫吳壽芝英國領事官麥華陀
合衆國領事官美爾師江海關正稅務司吉羅福副稅
務司辛盛繙譯勞德同事之英文繙譯官馬清臣與英
國威公使妥瑪派同前往之英文繙譯官英國愛爾蘭人禧
在明酉初孫硯農仍邀飲于復興樓同席有太守蔣薌
生鳳藻潘吟薌恩燕諸君至子正始散夜陰雨

六

十三日庚子晴早至廣肇公所謁見兩星使并拜郭星
使之弟觀察郭志誠崙燾午初馬清臣約在大中店早
餐後同往英國輪船公司寫船與其司事韋澤士登塔
萬寬輪船查定艙房妥議飲饌後回公館稟覆二星使
原召晚酌因陳寶蕖同時約飲乃往洋涇浜理事公廨
少坐謝別回寓知硯友嚴子猷良勲邀飲于復新園遂
往同席有葉雲樵樹芳蔣薌生及馬眉叔建忠眉叔係
李少荃相國派往法國學習律例者正飲間硯友金菊
人仁杰又邀飲于長春樓辭

十四日辛丑微雨、午初往西畫錦里拜張聽颿李少珊金菊人、後至公館謁見二星使、回寓知觀察唐景星、陳臧伯、郭蓮孫、吳壽芝暨麥華陀美爾師吉羅福勞德辛盛等、投刺來拜、

十五日壬寅陰雨、早乘肩輿至河邊駕新關三板、行三四里、一望戈船數十、火輪百艘、舳艫相屬、數里連檣、船檝之盛、前世所無、胸襟為之開豁、登合眾國阿什洛兵船、拜水師副將韓苐、坐談片時辭別、登岸有稅務司吉羅福邀飲、同步至香港路、登樓見其妻莊氏、飯後回寓、

知觀察郭志誠來拜、

十六日癸卯陰、早入公館謁見二星使、回寓知郭星使之猶子郭龍雲虎宣、舊友黃平甫達權之子黃詠清惠和來拜、酉初、朱靜山約在慶興園晚酌、同席有嚴子猷陳臧伯汪曉村丙勳諸君、

十七日甲辰陰雨、早至公館謁見二星使、料理行裝畢、回寓、候餞行客去後、時已申初、始早餐、匆皇之際、携裝駕三板登塔萬寬輪船、時又有二三舊友送別、酉初郭星使官眷行李到、彝率弁役點數入艙、戌正二星使率

七

諸同事及馬清臣禧在明上船、子正展輪、出口甚平、記此船係暗輪、長二十八丈一尺、寬三丈五尺、高二丈七尺、入水一丈二尺、馬力三百五十、船主英人巴洒得年近四旬、言語温和、

十八日乙巳陰、順風、水色早黃午綠、左右疊見山島、申正則海水瀰漫、一望無際、酉初細雨、繼而傾盆、狂風拍浪、船甚簸揚、奔騰砰湃、金鐵齊鳴、水手喧囂、令人終夜難寐、

十九日丙午、雨浪尤大、未初過臺灣、鎮日南行少西、酉正雨止風息、入夜晴平、

二十日丁未晴、辰正入粵境、過汕頭、左遇輪船一、係東往日本金山等處者、右遇風篷一、亦西往香港者、風順水平、縱橫挂十二布帆、遠望如樓似島、其行迅比火輪、申初西行少南、有英國鐵甲船名敖達仙額斯、長四十五丈、寬四丈餘、銜尾而至、我船見遂升旂、來船亦升旂、我船隨下旂、來船漸趨而近、兩船並行、相距可十餘丈、來船作軍樂、兵丁列隊升桅、我船復升旂、停輪稍待、則來船橫掠船首而過、遂撤隊下旂、揚帆駛去、夫彼此升

八

下折者問答也作樂列隊者示敬中國公使也升桅而
立者以示遠也停輪者以示讓也掠船首而過者趨而
迎也
二十一日戊申晴寅正抵香港住船巳正英國總督柯
乃的遣中軍歐克勒根投刺來拜請何時登岸以備船
接乃訂未初往拜去後有英國水師提督郎貝爾來拜
知伊在此帶有火輪兵船四隻尚有二隻在上洋今午
開輪回國未初歐克勒根至二星使偕黎蒓齋鳳夔九
與彝及禧在明馬清臣駕十槳小船行二三里隨行礮
九
臺升十五礮登岸紅衣兵列隊作軍樂舉槍對鼻以迎
皆示敬意也前任英國廣東領事官羅伯遜亦迎于岸
問候畢各乘涼輿登山行數里綠肥紅瘦花木如春至
總督署柯公年約七十鬢髮皤然文武官集者二十餘
人通名姓者有水師提督來德副提督柯倫卜按察司
時梅臘慈官學總教習司九爾助教佛格那五人坐談
片時酒罷令司佛二公引觀學院樓高三層生徒五百
餘名內華人四百數十名西人數十名學分五堂華人
課華文者三西人課西文者一西人課華文者一每堂

百名一師主之堂分十列而空其前每橫長案坐十餘
人以次向後層累而高前則師正坐相對亦有師中坐
而左右共分五列者使耳目所及不能遁飾學規整肅
生徒安靜觀罷回行至岸兵仍列隊作樂相送登舟隨
行又有英國鐵甲兵船威都拉麻中阿升十五礮過其
船亦作樂升旂以示敬酉初英國火輪兵船伊斯達里
代開輪回國臨行作樂音調迴殊詢悉不忍分離之意
也
二十二日己酉晴丑初突有英國商輪船名福婁嶺司
十
戛斯者由福州進口直撞船艄聲震如雷壞後窗丈許
幸船尾鐵厚未斷而小艇之懸挂船尾者竟成兩截原
訂是日午正開輪因修補遂延擱一日未初英總督偕
羅伯遜來拜談及本地牢獄乃欣然請往屬羅伯遜陪
行申初歐克勒根來接二星使率彝與馬清臣駕十槳
小舟登岸乘肩輿行二三里其監牢設正副司獄時正
司獄達格樂公出副司獄陶木森引觀各處樓高四層
每間鐵栅石牆極其堅固毡被木枕極其潔整有華人
五百一十四名西人四十名皆著白衫白褲斜印黑字

記號。罪重者住上層，一人一房，扃其門。罪輕者住下層。華人睡木桶，五人一房；西人睡鐵牀，三人一房。食則華人各飯一盂，鹹魚四頭，茶一椀；西人各麪包一塊，牛肉一片，加非一椀。罪有大小，繫獄久者三年、五年、七年不等。肉食稍加，少亦一年，或數月，或數日。每日按時作工，勞其筋骨，活其血脈，以免積鬱生病。罪輕者每早各梳麻若干斤兩，或編麻繩若干尺寸。早飯後，依序下樓，在院中各移石礎，舉鐵丸。礎長尺餘，厚廣各六寸，丸重二十斤。後入房稍憩，讀書。晚飯後同入一院，緩步排行半時，而後睡。其因故禁錮數日者，房設一鐵軸，令手運之，每日萬四千轉，有表爲記，不如數者減其食。女牢人各一房，外設浴室，日一就浴。獄設禮拜堂，七日禮拜，囚人環立聽講。有病館以處病者，令醫士掌之。又有收斂病故人犯堂，洗滌精潔，以松香塗地，不獨無穢惡之氣，即人氣亦清淡。法律極嚴，按時出入各處，皆循序而進，路狹亦魚貫而行，絕不紊亂。刑具有鎖有鐐，以械手足；有繩鞭，無板棍。其變詐反復、敗壞風俗者，則刺其頸作黑圈，驅而逐之，不准逗留香港。當日見女犯三十名，係犯

士

拐帶偷竊案者；男犯有一名刺圈被逐，又一名業經被逐，以刀削其圈，塗之以膏，仍來香港，因瘡愈成斑，復經巡捕查獲，執而囚之。又一名係搶奪幼女者，受五十繩鞭，皮裂肉爛，膿血盈背。其在院中者排列成行，跕立整齊，舉手加額爲禮。其禁錮室中者，在外揚聲喝之，皆當門而立，垂手向外，規矩森嚴。回船後，有前丁卯年同行之左協理現充臺灣稅務司柏卓安來拜，坐談極久。晚聞二船涉訟，經按察司審斷，令商船賠修補銀一千四百圓。

二十三日庚戌，晴，甚熱。卯初開行，出口甚平，左右頻見山島。辰初過驢耳山前一小島，周約二三十丈，距山里餘。西人欲立燈樓以明海路，請示我國，未允。同船新搭英德義法各國男女廿餘名。午後大浪洶湧，見漁舟數十，隨波上下，想皆來自瓊南萬州一帶也。是日南行少西，至午正行一百九十五里，在赤道北二十一度二十二分。

二十四日辛亥，晴，水平風順。午正行八百三十一里，在赤道北十七度三十分，左近巴拉賽小島，中國屬島也，荒僻無人，產人葠、珊瑚，均不佳。入夜大雨。因思天下土

圭

地之大，邦國之多。按史記所載騶子曰、所謂中國者，天下八十一分之一耳。中國名曰赤縣，內自有九州，禹之九州是也，不得爲州數。中國外如赤縣神州者九，乃所謂九州也。是騶子以天地包含之廣，不祇中華一州，惟未詳其名耳。如歐羅巴、阿美里加各洲，若華人自古有航海覓得其地者，當各予一名，則無須按洋字還音而呼之矣。

二十五日壬子，陰。午初細雨。午正行八百五十二里，在赤道北十三度。未初遙見正西小山數里、名曰瓦蕾啦

十三

山嘴，乃安南東南界也。申正雨止晴。

二十六日癸丑，晴熱。早起，清風拂面，皎日當頭，南行順風，如履平地。按尚書考靈曜云地常動不止，而人不知，譬如在大舟閉牖而坐，舟行而人不覺。是華人早有先見也。當日彝在艙中閉目靜坐，惟聞機器丁東，不見海水北流，又焉知船向南渡耶。午正，行九百三十九里，在赤道北八度十分。申初細雨一陣，復晴。

二十七日甲寅，早大雨，水藍色。午正晴，水黑色。行八百三十五里，在赤道北四度三分。南行少西。夜仍雨。記同

船英國克爾夫妻，茶商也。婦年廿餘，由香港上船，終日臥于船面。飲食有本船女僕供應，而上下樓梯，則需其夫擁抱，實不暈船，故作態耳。是日在大廳早餐，其位應在船主右第四，彼竟入首座，意必船主所請。至晚餐又改坐右邊第五之張聽颿座，聽颿移去對面，絕無遜謝意，其婦之矜貴亦可概見矣。

二十八日乙卯，早大雨，辰正微止。先南行，後轉西，左見小山一帶，碧樹葱蘢，後則左右山岡，蒼翠入畫。巳正見左山岡前一孤島，上立燈樓，名曰瓦斯寇，係四百年前

十四

始覓地來華之葡萄牙人名也。午正行七百二十里，至新嘉坡，在赤道北一度二十分。傍岸有中國帶揚武火輪礮船，提督蔡瑞菴國祥偕其弟副將蔡悅卿國喜及黃浦人現充俄國領事官、英國議事官胡瓊軒璇澤來拜。後英國總督卓威斯遣副將德格利、中軍巴比投刺來拜，言午後命車來迎。未初，黎蒓齋、馬清臣與彝隨二星使乘雙馬車行二十餘里，至胡公園，又名黃浦園。入內登樓，所儲珍禽怪獸頗多。見玻璃匣函羚羊頭一雙，角並存，皆向下三盤乃伸而上。魚鬚一，長七八尺，色如

象牙盤結堅固野牛角犀角鹿角各二魚腮一白蟻二以玻璃瓶盛水養之長約二寸有兩石卯藏之上鑿一孔通飲食剖卯乃得之謂之白蟻王也駝鳥卵十餘蛇卵如鵝卵者四石刻日本富姿山一座周不及尺工極精細瓷造果品數種中外書籍畫軸及華人贈送匾額對聯無數茶後下樓旁有鐵網小房內養駝鳥袋鼠彩鸞各二六腳龜一長三尺餘白殼龜二紫花斑文背中高如峯頭足色俱白又狗熊豪狗各一去此復行數里登山至總督署未下車升十五磴禮也樓三層寬敞整

十五

潔卓公年約六旬言語溫和後見其夫人及二女并按察司費力樸步談辭去乘車繞行廿餘里至前次所遊之堪甯磯臺入門有管臺副將尼車斯參將李蔭池迎出引看各處兵共一百三十名帶隊千總莫拉的後入官廳步坐飲茶酉正回船一路房舍雖增鮮有華麗者記此地居民西人二千餘華人十萬眾

二十九日丙辰晴熱早有英國管帶朱努兵船十總蒲蘭管帶麻格派兵船把總安遜差帖來拜辰初黎純齋約遊遂同乘車行十八九里在粵人所設新遠香樓早餐後遊酷地闊園薰風拂面花影迎眸鶯聲鳥語紅綠參差與前三次所遊無異回船後遣人持刺答拜二武官申初大雨雷申正禧在明與繙譯官必麒麟隨卓威斯冒雨來拜坐談良久卓公兼轄檳榔嶼馬六甲衛拉奚里三處巡行時及之而以新嘉坡為常駐之地酉初開行出口向南稍西入夜轉北因英國公司輪船取道檳榔嶼故改道而行

三十日丁巳卯初大雨滂沱水程難辨停輪步待巳正晴熱氣生西行步北見正北山岡長數十里乃麻來亞

十六

之西南馬六甲南界也鎮日水色深綠而平按淮南子謂南方曰南極之山曰暑門北方曰北極之山曰寒門所謂南極之山者必閩粵臨海之山也所謂暑門者必近赤道之地也不知赤道之南仍有溫帶寒帶及冰洋等處是真南極也彼所謂南極者中國之南極非天下之南極也所謂暑門者中國之暑門非天下之暑門也且南極無山即有亦寒門耳

十一月

初一日戊午陰早遇風蓬三四掩映而來如在畫圖中

矣南行少東見東南一帶山岡綠樹參差白雲環繞稍轉則左右皆山右邊樹木森列如垣隱有懸崖令人應接不暇乃衛拉奚里也行數十里左邊漸露樓舍炊烟上升辰正抵槟榔嶼與住船後晴熱郭星使令彝登岸覓華商王文慶以便寄信上洋乃駕小舟上岸步里許抵萬振豐鋪見王文慶年近六旬福建人也筆談間適有雲南大理府回民江麟鍾者自言來此二十五載以販賣金剛石為生又有雲南澂江府馬為麒字玉書者來自言在馬如龍麾下帶勇授都司職上年相隨入都
陛見後以仕途不易棄官為商邇來一載家道小康其地多產胡椒魚翅冰片海參等物茶後王文慶同其鄉人謝允協柯汝梅林汝舟王瀾德李邊坪萬全堂王文德及江麟鍾著短衣隨彝來謁郭星使惟王文德能英語一路樓房鄙陋路崎嶇且不淨與新嘉坡同有英國協尉夏熙奕者由衛拉奚里附船歸國有華商所送紅帛大折一面上書忠勤正直四字下書渡港眾商仝獻升有數十名鼓樂駕小舟以送之必有遺愛於人者申初大雨後細雨迷離若霧酉正開輪仍由舊路北行少西訖由新嘉坡至槟榔嶼一千一百四十三里地在赤道北六度北京西十一度二十分原屬麻來亞前於西麻一千七百八十六年（即乾隆五十一年）麻國王開文以之奉給英國地長四十五里寬二十七里居民六萬一千七百九十七名口內有閩粵商賈數萬山明水秀迤南皆高山樹木暢茂瀑布高十餘丈亦美景也聞邇來各處華商公立一黨名曰奚格那搜賽伊的譯言號黨也彼此保護與外邦福立美遜黨同然愚頑性成多未歸化有離華二三十年未歸者有生于外邦而未到中國者有歸英屬而不改裝者此輩若來中土無事則為華人遇事則曰英屬誠一隱患也如有領事駐紮能令歸英者改裝則華英判然方為有益是夕風

初二日己未晴水平船穩西行大山綿亙疊嶂入雲乃蘇門答臘之西北境也午正行六百八十四里在赤道北五度五十七分申初正南高山起伏翠黛千重四面白氣如絮倏忽萬變繼而大雨一陣酉正見正南一燈乃蘇門答臘西北界臨海三里外之小島燈樓也樓名比婁布拉斯入夜風浪暴起萬竅怒號船搖甚劇人不

堪之。

初三日庚申陰。西行少北。東北風甚勁。午正。行七百七十四里。在赤道北六度十四分。後改旁風。浪高如山。戌初。風雨交作。雷電奔馳。遂急停輪撤帆。奈風烈。不及撤。水手登桅力扯之。而墜傷者三人。殺氣怒號。通船驚起。蓋海面旋風也。粵人謂之颶風。海面盤旋。或千里。或數百里。舟入風中。隨風旋轉。不得出。常致傾覆。非風息。舟不能行。洋船每見旋風起。急以寒暑表之輕重。馭船之進退。氣輕而下降。則臨風將近。乃設法以躲避之。待氣重而上升。則去風漸遠。可以免患。東西諸大國。皆設有報風公司。以覘風力。凡風起處。疾者一點鐘行二百四十餘里。較電信頃刻千里者。則有遲速之別。如某國某處風起。急以電報通知他國。繼而彼此通知各海口。安排船隻。以為出入之節。次早另登新報。以便通悉。洵航海之惠政也。

初四日辛酉。晴雨不定。風浪如昨。午正。行五百四十六里。在赤道北五度五十四分。聞始皇時。宛渠之民。乘螺舟而至。舟形似螺。沉行海底。水不入。苟遇颶風驟雨。巨

九

浪狂濤。亦無患焉。今此船冒風涉險而不覆者。雖如螺舟之穩渡。仍仰賴我

皇上之洪福也。

初五日壬戌。晴。西行少南。西風甚勁。而船穩。波浪不起。萬里蒼茫。午正。陰雲四合。大雨。行六百六十三里。在赤道北五度五十三分。郭星使之庖丁柳樹仁患病數日。手面生紅顆。經本船醫官艾大勤驗其為痘。洋船最忌病證。痘尤甚。有患者。挂黃旂。禁舟人往來。上岸。醫院延病者別居。必留二十日。俟無傳染。舟人方得上下自由。此去錫蘭。兩日程。當換船。舟人皆恐。船主乃移柳樹仁于船面單屋。四圍遮閉。禁人走入。原與同艙各人。亦皆移開。不許前後上下亂步。以防傳染。病者原艙。灑藥水鎖閉。附近各艙門首。亦灑藥水。以阻病氣云。記英船規。頭等客每人准帶行李重三百三十六磅。二等者一百六十八磅。每磅合十二兩。多則每噸加二十金磅。貨物每噸五金磅。按一噸又為二十衡。即二千二百四十磅。合中國一千六百八十斤。又一衡分四夸。每夸二十八磅。金磅英錢名。

十

初六日癸亥晴水平風緩午正行八百六十四里在赤道北五度四十分未初遙見北面峯嶺崔嵬狀如冠幘漸行漸近祇見綠樹叢叢矣又行二百一十九里酉正抵班得高錫蘭島之東南境也住船有英國總督葛來戛里由二百里外戈倫柏地方遣副將談布同本地按察司路斯馬闊遊擊柯拉克投刺來拜問憲旌登岸之時以便備輿來迓又言本地定章過午不升礮俟詰朝午前放之以表恭敬乃訂明午以告之入夜雖云浪小然潮水觸石驚天撼地同舟無不震懾甚矣浮海之難也

圭

初七日甲子晴早起束裝辰刻施醫院接柳樹仁去逆次屋中皆灑藥水以散病氣巳初同張聽颿駕小舟行一里登英國公司北紹爾輪船照料行李午初一刻回塔萬寬隨二星使登岸有英國戶部司布萊斯以八槳小船前豎中國龍旂後立英旂來接臨岸升十五礮見談布路斯馬闊及柯拉克率兵列隊作軍樂迎候乃乘雙馬車行里許入前次所宿歐連大店眾文武英官來見名皆未詳後談布陪遊近地佛寺及牢獄遣土司姓

得希拉瓦名尼楚拉斯者前導其人年約五旬能英語著洋服頭頂玳瑁梳行三四里其獄與香港稍異大監八所女監二病館一罪輕者工作罪重者禁錮每房一人別為一所去此行數里看佛寺二一小者建于山阜盤曲而上乃荒祠也苔蘚滿地杳無人迹一大者為臥佛寺土名瓦路戛喇嘛印度言沙地廟也在沙地殿宇卑狹臥佛一侍者二像與北京者同殿旁白塔高一丈土司云內有金身佛骨塔前立石幢樹紙旛僧以黃布帷其身而袒其右臂出貝葉經與看用錦袱襲之有本

圭

地文有南印度文式皆大同小異刀刺圈點而已令其誦聲如華僧三人同誦微近喇嘛梵音而南無二字極明顯所奉清規不荅禮過午不食惟飲水與加非而已按土語名貝葉為塔拉戛哈名菩提樹及皮肉花為阿來戛吶達皮肉花樹如芭蕉花朵包于枝乂形若匙長逾尺寬六寸色淡黃開與蔥米花同長有尺半者此地有天生飲食渴飲椰子漿飢餐饅首果果形如饅首大於海茄色黃味甘樹高丈餘葉如棕樹回店午酌共桌三四十人同船者十五後登車各官送至碼頭列隊作

樂升十五磤登北紹爾輪船知眾僕未換船時本船醫官賀勒遜到塔萬寬驗二等客中有無病證因郭星使之衣工陳炳祥曾為柳庖送茶水遂亦留住醫院以防傳染俟病者愈併送英都二人費用由公司墊付俟抵倫敦再為照數償還申正塔萬寬開往孟買酉初本船開出口水平西行順風入夜搖動訖北紹爾甫造成四年係暗輪極整潔長三十九丈七尺八寸寬四丈四尺高三十六尺馬力六百重三千七百八十一噸可載一千零三噸零百分之四十一船主英人槐達年逾五旬

温恭和藹

初八日乙丑晴風光瀲灩鷗鷺不驚穩送一帆為數日未得之樂事訖古舟雖有追雲飛雲撞雷挾電之名而無輪機皆恃人力快者不過日行百里而已今有火輪機器能日行千里究不若雷電風雲之捷是古人徒取其名以聳人聽聞耳午正行六百二十四里在赤道北六度四十九分仍西行少北

初九日丙寅晴午正行七百五十里在赤道北七度五十五分晚與西人論地動天不動各節因思晉書所載古之談天者三家一曰周髀一曰宣夜一曰渾天前二家所言考之多所遺失惟渾天一家言天體狀如鳥卵天包地外猶殼之裹黃周圓如彈丸其形渾渾與西人舊論相符又謂周天三百六十五度東西南北展轉周旋半覆地上半在地下故二十八宿半隱半現更與西人舊論無異且渾儀始于唐堯計今已四千二百七十餘年是華人之深曉天文者早於西人三千年也今華人之多不識天文者因不察古人之遺制而深思其理耳

初十日丁卯早大雨雷巳刻雨止午正行八百二十八里在赤道北九度零五秒未初晴是日為西歷十二月二十五日相傳係耶穌降生日為西洋之一大節也有德國人法柏爾葛立模義國女韋樂勤英國婦吳司氏等鎮日彈琴作歌聲音清越亦逞申欣慶之意也

十一日戊辰晴西行順風午正行八百一十四里在赤道北十度十一分十二秒有同船二等客英人賴尼者由香港上船即帽華人不淨是日晚餐竟阻華人往來違者以麪包擊之僕役談鶴齡以告馬清臣詰之則曰

華人汚穢嘈雜令人寢食不安故怨之[illegible]今事不關汝
何必越俎馬曰予乃中國公使繙譯安得不問其人怒
出惡聲馬遂告知司事船主責之曰同船共濟不分中
外如再不悛到亞丁時送汝登岸可也
十二日己巳早微陰旁風浪湧船搖午正晴行八百七
里在赤道北十度五十五分當晚皓月當空輝揚萬里
同坐船面以賞之德人巴森問彝中國亦有大船否彝
云自古有之如二千年前漢武帝作昆明池周帀四十
里爲豫章大船可載萬人上起宮室此其明證也又問
亦有大戰船否彝云古亦有之如越欲與漢船戰漢遂
治樓船高十餘丈又隋朝楊素在永安造大船一隻名
曰五牙起樓五層高百餘尺左右前後置六拍岸并高
十尺容戰士八百人此又其明證也當時槍礮未出故
少沉海之虞今在江河用木入海則鐵木兼施上無樓
而內列礮將士宿于其中時勢使然也夫欲強兵水戰
不在船之大小惟要工堅料實將良兵勇則防海之能
事畢矣巴曰信然
十三日庚午晴旁風如昨午正行七百九十二里在赤

三五

道北十一度二十六分有來自孟買之英人吳阿齡者
年約四旬耶穌傳教士也因病去印度欲回英調養無
如氣息奄奄朝不保夕其妻司氏憂悶逢人輒問療治
之法或云時候不佳宜息心服藥或云體質孱弱宜努
力加餐其人仰卧不語面目枯槁至晚船主令人舁入
他艙以便靜養入夜大風天氣稍凉
十四日辛未晴水色藍而平午正行八百六十四里在
赤道北十二度十六分遥見正南長山一帶乃阿斐里
加正東蘇墨里斯之東北界也山名臘非勒長四十二
里以千里鏡窺之層石童童無蔚秀氣昨夜寅初一刻
吳阿齡病故船主令以白布包裹停于船面上貨艙口
外圍白布帳飭匠造柩四面鑽孔午後入殮腳下墜生
鐵一塊重二十餘斤擬申正葬于水宮其妻曰一日即
抵亞丁請暫留而瘞于土乞再三船主弗允告以生人
既死靈魂上天入水入土均無不可申初移棺于船旁
門中半倚船半臨海上罩國旂左右立黑僕正副船主
率男女客與衆僕婢整衣持經繞棺朗誦誦畢推之入
海復誦經而罷詢悉足下繫以重物者令入水而易沉

三六

也棺之四面鑽孔者，令水入而易化也。所遺子女各二，皆幼。小者懷抱，帶有印度一黑女僕，婦端莊幽靜，緘默寡言，其人故後，子女仍嬉笑，問之則曰乘車已升天矣。入夜清波微縐，皓月横空。

十五日壬申，晴。午正行七百七十七里，在赤道北十二度三十八分。又行一百四十六里，申初抵亞丁，住船。英人賴凡憎客如前。船主令登岸，改坐本行回國之別船，蓋由華至英，係一票也。戌初，英國總督葛昂額之中軍韓達爾來舟，言總督住孟買，遣伊迎候，原擬明早船到，故誤升礮等語。按亞丁與阿剌伯地勢毘連，瀕海一山，英人建立礮臺，三山盡處，東西各爲一山，横出海面，中闊十餘里，可以停泊。英人踞此，以爲紅海口外一勝地也。雨少晴多，山枯地瘠，一無所產，五穀菜蔬來自阿剌伯。按天下各處有生人即有食物，惟此地窮苦異常，若沙漠，如我懷州武德縣臨安府落容山之土，可作餅糕，炙熟而食，亦耗土醜人之福也。但不知能否果腹耳。入夜極熱，似初伏。

三七

十六日癸酉，晴。丑初展輪，出口，水平色綠。辰正入紅海口，過英屬格林島。聞數十年前，法人覓得此島，方謀占踞亞丁，探知聞於孟買總督，馳檄所部，率勁旅十餘人，夜至其地而樹旂焉。逾兩日，法使至，見之廢然而返。地不大，無所產，英國捷足先得，以控紅海之咽喉，誠扼守之要策也。過此，左右頻見山嶺，時隱時見。午初過阿剌伯西南濱海之木戛城，爲東岸海口繁盛之區，萬戶千門，遙望壁白如雪。午正行四百二里，在赤道北十三度十分。北行少西，東風甚勁。晚有英國茶商司悌文森者，出印度阿薩木所產茶葉與看，葉小色黑，船主令烹之，味似紅茶，苦而澀。是日係西歷十二月三十一日，爲歲盡日，西人間有感于懷者。入夜風息水平。

三八

十七日甲戌，晴暖，水微波。午正行七百七十一里，在赤道北十六度四十六分，西面見高山隔海，爲阿裴里加之阿伯西呢亞，蓋土番也。是日爲西歷一千八百七十七年正月朔，早起，免冠拉手，伸賀彝等，亦鞠躬而禮之。按西國之君，稱名不一，男主之尊者曰皇帝，次曰國王；女主之尊者曰后帝，次曰君主。英國現係女主，故以君主之號奉之，聞印度以是日推崇英國君主爲印度后帝。印度諸王會于北印度伊得列城。行慶賀禮。列象千餘。懸花結彩。西域諸回部以及布達喇廓爾喀布魯克興克什米爾之奉佛教者所轄之地。皆施放大礮。歌萬年曲。作鼓樂。放煙火。為印度一盛會也。暹羅王弁遣使稱賀焉。

十八日乙亥。晴。逆風頗勁。船亦簸揚。按四海總說。謂海水大抵綠色。惟紅海色淡紅。或云海底珊瑚所映。然此海水色忽藍忽黑。海底亦少珊瑚。有謂兩岸山皆赭色。故以紅海為名。未知孰是。又外國傳謂大秦西南漲海

二九

中可八百里到珊瑚洲。洲有盤石。珊瑚生其上。人以鐵網取之。想即紅海也。然紅海在大秦東南數千里。其方向又不合。願世之專輿地學者。折衷以釋疑也。午正行七百二十三里。在赤道北二十度二十三分。

十九日丙子。晴。早遇輪船左右各一。皆南去。西一小島。形如饅首。東望高山。綿亙百里。峯插入雲。午正行七百五十六里。在赤道北二十三度五十分。晚過呢大蓄斯平地。燈樓。夜涼似秋。彝屢次往來紅海。皆熱比中伏。不解其故。後詢知紅海闊五百餘里。南界阿斐里加。皆沙漠無人。日炙沙石爍烈。為南風所煽。薰蒸之氣。逼入海水。故多熱。此日炎威少殺。亦偶然耳。

二十日丁丑。晴。早過賽乃山。入蘇耳士灣。遙望左右山嶺連綿。島嶼甚雜。如送如迎。色皆黃白。午正行七百六十里。在赤道北二十七度三十分。入夜雖涼。而月升如火。大比車輪。金光赫赫。萬里無雲。想亦熱氣上騰也。

二十一日戊寅。晴涼。西北行五百一十三里。卯初一刻。抵蘇耳士。住船堤岸整齊。而路逕彎曲。已正。隨二星使同黎蒓齋鳳夔九諸君。乘輪車行十餘里。至蘇耳士鎮。

三十

下車步行。街道泥濘。土屋鄙陋。樓房亦不雅潔。入修葛思店。門牖扃閉。寂寞無人。非復從前繁盛。因十年前新河未開。此地為征客必出之道。今新河已開。口岸東移。而此鎮廢矣。少坐飲茶。後駕小舟轉四灣。抵挖河廠。一觀器具有損傷者。現已修理。尚未畢工。又行里許。登岸。步行回船。是日因候同行之孟買來船。未能早開。後接電信。始知來船遲開一日。

二十二日己卯。晴。早步遊。見左近立一石像。高丈許。其人為二百年前法人名瓦琛漢者。始知兩海。故立石以

表之。巳初，因來船未到，遂策蹇入城。一路微風淡蕩，山水清澄，胸襟爲之一暢。忽見信局挂旂，知英船將到，乃急回。來船名衛尼哈，大與我船埒。即時彼此換貨。凡客之赴阿來三咒牙者，皆改登衛尼哈，禧在明欲由鐵道乘輪車往阿來三咒牙，附船渡海，至義大利之布林的奚海口，再乘輪車三日，先抵倫敦，乃辭去。未初，我船開。申初，入新開河。酉正一刻，至鹹湖南口，住船。見右岸里牌上標明第七十五吉婁美當，計由河口至此，共行十吉婁美當，合中國三十六里。吉婁美當，洋里名也。

二十三日庚辰，晴。卯初開行，辰刻至鹹湖北口，遥見左岸河道公司，桿頂懸黑球，知他船已入河口，乃停輪待之。巳初，英國輪船那木坦長三十餘丈者，出河入湖，黑球下，我船遂開輪進口。午正，過義思麥利亞地，當新開河之中，其鐵道南達阿來三咒牙，北達蘇耳士。遥望樓舍較增於前，由蘇耳士曾募一引水者至此換人，船不停輪，甫見市肆，有小船迎至，係换班之引水人也。又遇一英輪船名該馬諾爾令者，交首而過，長四十一丈五尺。入河口，過法王后行宮，水路愈狹，兩岸沙山高五六丈，舟行距岸不過數尺，又多作迴灣，以殺急流之勢。申刻，遇法老輪船提格，係前庚午冬由法回華，駕過者，泊于西岸以讓路。蓋沿河西岸寬處，南北立牌，以誌停泊之所。酉正，過滿芮蕾湖，至南口下錨。由第七十五吉婁美當至第二十吉婁美當，合中國一百八十八里。

二十四日辛巳，晴涼。卯初開輪，行二十吉婁美當，合中國七十二里。巳正，抵波賽住船上煤。西岸樓舍倍增，人多物阜。東岸有壓沙機器廠，帆桅林立，水湧如潮。午正，開入地中海，甚冷，無風浪，而船搖。北行少西。未初，遥見正西一石塔，乃尼羅江東岔塔美達口外之燈樓也。酉刻，又見正西阿來三咒牙之燈樓，洎指迷之寶燭也。

二十五日壬申，早陰，水藍色。辰正細雨，後稍晴。遇南行大輪船一，其名未詳。午正，西北行七百八十九里，在赤道北三十二度五十一分。申初復陰，風起浪湧，船即簸揚。入夜尤甚。丑初，風雨交作，浪過船頭逾丈，艙窗進水，衣履皆濕矣。

二十六日癸未，晴。午正，行八百四十里，在赤道北三十四度四分。終日狂風作勢，波浪連天，雲釀成陰，日迷減

色蓋地中海之島與回環被風浪相激而洄漩愈猛也
入夜風轉東而船快波稍息而船平
二十七日甲申晴水黑色逆風甚烈浪湧如昨午正西
北行八百四里在赤道北三十五度二十四分酉刻陰
一夕風雨晦冥夜不安枕
二十八日乙酉晴暖行三百八十四里子初抵莫洛塔
放礮停輪亦船規也辰初英國總督司談班喜遣中軍
訥爾斯杜顴森投刺來拜並邀登岸一酌我船原定辰
正開行因有官兵百名帶眷回國總督遂令改于午正

二三

約定巳初登岸屆時訥杜二中軍以十槳小船來接迓
閽礮臺升十五礮有水師提督魯阿得總兵葛蘭達率
兵列隊作軍樂在岸迎候乘車繞行數里街市整齊樓
舍潔淨至總督署樓三層白石建造共數百間局勢雄
闊蓋古之王宮也四百五十年前又為歐洲各國合攻
土耳其回回之公廨未下車眾兵持械作樂排列路側
以及于堂如護衛狀既下車總督率文武廿(二十)餘員迎至
大廳敘寒溫畢導觀各間上下盤旋規模頗大有二議
事廳其一懸鏡陳古董其一掛線織大畫十六幅各長

丈餘寬六七尺花木人物獅象野鳥栩栩欲活另一長
廳藏古軍器懸挂四壁有槍如中土綫槍而筒畧粗刀
劍亦與中土製造相仿中列始製大礮一門鐵質中有
銅胎用繩絡之加漆于上石礮圓如斗者十餘門架槍
四狀如擡槍長丈餘後門納子小礮數十門皆三四百
年前之古器也中行桌上置玻璃罩四一為阿剌伯回
部初強時與莫洛塔番人戰敗所得刀斧一為回人所
用喇叭可回旋者一為七百年前教師所誦經卷一為
莫洛塔王印綬及册文其餘如盔甲旂牌瓷瓶瓦罐若

二四

許瓷皆花紋質粗而輕瓦色黑紅而潤自石級往來歷
數廳狀如甬道左右塑古軍士被甲執兵而立高皆不滿
五尺後導見其夫人年近五旬少叙入坐同席文武二
十四員酒食豐美樓下作軍樂以佐酒談次知島閒大
學院二小學館三十四監牢二其一專拘繫兵人因兵
與土人雜處不能免訟也飯畢陪遊左近一礮臺名賢
愛模因山纍石極其鞏固共礮一百二十門重十八噸
者六每噸一千六百八十斤計重三萬二百四十斤皆
表裏晶瑩形似禺字尾粗而口長蓋新式也每礮前置

礮子百餘若欲臨敵者然總督令演其重十八噸者四人運之鐵造輪轆轉動甚靈閘山頂尚有巨礮三門一重三十六噸其二各重二十五噸未及往看焉總督回署二中軍伴送回船時巳午正記此島在地中海爲赤道北三十六度北京西九十九度四十分義大利國之奚西里島南一百七十里阿斐里加居尼國之東六百里長五十一里寬二十七里積共一千零三十五方里初屬法郎西七十年前英人踞而有之爲地中海之第一重鎮横出洲地極其彎曲中設機器局造船廠各口兵船弁于此修治數十年來隨山就勢環列十一礮臺沿岸壘石層叠如城極其雄壯隨時改造工匠不息防兵六千鐵甲船三一名和斯柏爾一名代法芩安一名洛波爾居民十五萬法郎西義大利昂斯巴尼亞人居多土產牛羊棉花橘柚蔬菜倭瓜大如斗紅綠掩映風暖如春司總督年六十餘鬚髮皓白語貌温恭乃二十年前曾來廣東者因功授子爵五年前隨英世子艾達倭協守此島時值隆冬其世子往賢安呢地方避寒故未遇由波賽至莫洛塔計水程二千八百一十七里午正一刻開行出口逆風船即簸揚雨冷未初陰亥正大雨波濤洶湧浪躍船頭杯盤流動箱篋轉移撼撞之聲令人心駭

二十九日丙戌早涼微雨巳正止遥見正西小山一縷乃居尼國東境之柏昂山嘴也午正行六百九十九里在赤道北三十七度二十八分按居尼國土耳其屬國也地勢突出地中海境内東北一山横列海面下有伏洲僅中路可通巨艦洋船經過亦稱險境去此西行則北界法郎西矣鎮日西南島嶼不斷逆風巨浪使船搖蕩簸揚水上船面反激入艙令人終夜不寐過二小島名戛呢達者地小荒蕪不屬何國亦無人住

十二月

初一日丁亥晴午正行七百二十里在赤道北三十七度二十分早晚風浪如昨遇英輪船二皆東去順風南面隱隱高山乃阿扎利亞北境屬法郎西之阿拉吉葉也入夜稍平

初二日戊子陰晴參半早逆風浪小雨船穩午初則大風顛撲船復簸揚午正行七百二十三里在赤道北三

十六度五十一分申正遠望正北一山峯尖聳起如鋸齒然乃西班牙東南境謝喇冺瓦達大雪山也夜望北岸有二燈樓如星似月乃日斯巴尼亞戛拉那達省麻立亞及阿爾美立亞二埔頭也

初三日己丑晴冷早起遠望左右皆山晨氣清爽翠色接天風篷大小十數隻飄蕩海面風激浪白日射波紅出入波濤浩沓無際行八百三十七里未初抵支布洛達住船有英國總督聶庇爾遣中軍裴乃斯投刺以船來接遂登舟循行礮臺升十五礮上岸有副將色莫賽率兵作軍樂迎候同乘車行二三里入總督署見聶年近五旬白髮無鬚其通名姓者為按察司靠亦廉醫官戛爾頓談次聶言曾遊中土二年問係何處對以上海廣東請午酌固辭乃各進加非一盅後聶同乘車穿閭巷走四五里至城外看山勢乃繞山開道接連礮臺沿途亦有鐵門如城門石山崛起高一百三十七丈一尺長七里餘正看如饅首如且字旁看如僧坐蒲團兩面臨海巍巍獨立上下列礮眼密若蜂房看畢轉回入城過公署聶辭去令營總墨爾根都司狄倫引看礮臺一

三七

路街道整潔而窄狹因山就勢高低不一行三四里捨車步行見礮城環護山麓石壘堅固上下三層上一層列礮皆新製重有十八噸者礮子重有四百零一磅者下二層列兵房每兵房一連依山建樓以處兵丁家屬星羅棋布無處無孔雖兵房廚竈牆壁皆有孔以面海臨河故也看遍乘車又行二三里登山步行六七里道路彎曲寬皆丈餘石色黃白花木芬芳沿途各段有鐵柵欄有兵一名司啟閉官掌鑰匙穿山洞三看礮洞七洞高丈餘寬亦如之礮眼高八九尺寬逾二尺其礮之大可知矣聞自得此地日用石鐵匠萬餘人五年工竣上下共新礮五百三十四門舊礮大小無算其南面臨海壁立千仞不設礮所至者山西一隅而已兵共五千分七營礮隊五營守礮臺兵五百皆工匠為之槍隊一千五百人別為步營每營各設一學堂又大醫院一大學院一內藏書四萬數千卷看畢狄倫送回船時值酉初風起浪涌上下客貨後酉正一刻展輪出口西行水平天冷入夜微陰過山名賢萬森者乃數十年前英勝法[illegible]二國地也現仍屬日斯巴尼亞又燈樓一紫光耀目乃

三八

日斯巴尼亞西界、特拉法喇戛爾也、記支布洛達在赤道北三十六度八分、北京西一百十度十五分、長九里、寬里餘、面積一英里又八分里之七、計十七華里少弱、在日斯巴尼亞國之南境偏西、山與日斯巴尼亞之額麻肥斯彬山相望咫尺、中隔一洲、海水泛則別為一島。吉的阿婁河繞其右、南與阿斐里加之喜由達島及米卜斯亥達并橫出海中、對峙成海峽、為地中海之西口、即大西洋之門戶也。西曆一千七百四年、即康熙四十三年。英踞其地、繼而法郎西助日斯巴尼亞以爭之。日國君主貝拉阿誓以不得其

三九

地不回國。然屢戰不勝、因而致疾。時已二年之久、日官無法、暗告其故、與英情願罷兵、只求暫豎日旗于山頂、以悅其君主、冀得平安轉回。英如所言。貝拉阿見旗立、乃欣然而去。自是畫界、中隔空地二里、彼此不屬。英以為地中海口重鎮、乃鑿山開道、劃空山腹為礮臺、順岡嶺為營壘、自巔及麓、隨在皆可拒敵、號稱奇搆、至今猶設法駐兵、列礮、隨時改式無暇日。居民二萬五千七百餘名、內多日斯巴尼亞人。按例、日民不得在英界內生子、凡有孕者、皆移回本城。蓋生英界即為英屬、恐將來貽患耳。英人可娶日女為妻、然非報官奉令不可。當二國鏖兵時、日營立于對面小山、故今名其山曰日斯巴尼亞君主御座。由莫洛塔至支布洛達、計水程二千九百七十九里。

初四日庚寅、晴、涼。西北行。早過日斯巴尼亞西南境賢馬利推山嘴。巳正過賢萬森山嘴、乃葡萄牙國南境盡處也。始出地中海、入大西洋。西人以山盡處為岌、水流當岌、兩相激蕩、浪益洶湧。賢萬森山石嵯峨、橫截海面、舟行極為顛簸。而日斯巴尼亞西境地勢微削而向北、海水南趨。

四十

為地勢所遏、此數十百里間、渤湃騰沸、洋船以為至險。過此轉北、微風、浪小而船搖。一路見東南山不高、平坦有棱角。此後亦然。午正行五百九十四里、在赤道北三十七度十四分。酉初過立四本海口、遙見燈樓燦爛、即葡萄牙國都也。為德格思河入海之口。亥正忽起旁風、甚勁、船左右搖蕩、聲音震耳。

初五日辛卯、早晴。巳初一刻陰冷。午正行七百八十里、在赤道北四十一度三十五分。鎮日東北行、順風而陰雨晦冥、狂濤震動。申初過斗羅米細二河、為葡萄牙西

北都會。兼兩河為名。再北入日斯巴尼亞西北境。省名開魯
那。酉初一刻。過開泊肥呢斯太。遠見燈樓。水勢洶湧倍
甚。蓋日斯巴尼亞向北盡處。地勢深入。匯成一大蕩。與法郎
西壤地相接。中隔大山名壁拉呢。至洛亞爾江口。又袤
伸而出。中廣千餘里。海水奔騰而下。驅入蕩中。回轉奔
激。乃始折出南趨。故此海泆千餘里。稍一見風。則波濤
排山倒海而來矣。尤以開泊肥呢斯太為至險。開泊者
譯言尖處也。肥呢斯者盡也。太者地也。夜走必斯吉灣。
北行少東。

四十一

初六日壬辰。雨風。午正行八百四十六里。在赤道北四
十六度十一分。仍走必斯吉灣。東岸為法郎西正西境。
旁風震撼無暇晷
初七日癸巳。晴。水深藍色。逆風無波。而船搖。丑正。過法
郎西西北境。非呢戒省旁之禹商達島。當地勢斜伸入
海處。波濤尤為搖蕩。亦有燈樓矗立。光焰輝煌。過此。即
與英國寬倭省隔海相望。出必斯吉灣。轉東少北。寅正
停輪二次。驗水深淺。蓋走英國江也。巳初。陰雲密布。未
雨晴。水平船穩。遇風篷十餘隻。往來于左右。午正行七

百三十一里。在赤道北四十九度十一分。申正。遙見正
北有岸。前立紅燈。地名斯達爾塔盤。乃英國衛拉斯省
之西南境也。酉正。又二燈樓對立。地名波瀨。為英多爾
賽省之南境。南與法郎西北境蔡什省相對。為英國水
師屯泊之地。
初八日甲午。早大霧。水路難辨。丑初住輪。辰正霧散。引
水人至。遂開入呢得爾斯海口。呢得爾斯者譯言鍼也。
因沿海柱石林立。故名。有島曰艾洛衛。為英君主消寒
地。其行宮名敖斯本。洵為巡幸之勝境也。巳初又霧。船

四十二

因錯行。退回二十餘里。少住又開。行十數里。擱淺待潮。
時有禧在明及中國稅務司金登幹由倫敦來接。又有
本地稅務司費理樸來云。須奉敝國外部大臣伯爵德
丞相檄飭。敬迓中國
欽使。本日即到。應免查稅。又秘魯國領事官計羅慕船廠監
督那坦及前上海管理字林日報慕斯滿均來拜謁。午
初潮長復開。行四十餘里。見右岸高樓一所。甎石色紅。
寬四十餘丈。高十數丈。乃養兵房也。據云工料已費五
千萬金磅。按行價每磅合庫平銀三兩五錢。又古樓一

所不大，云係千年前建者。一路水静無波，山巒染碧，風清雲淡，淑景如春。男女往來接踵，爭看華人者甚夥。由昨午正至今未初共行四百九十五里，抵騷三浦也。地在英格蘭正南漢浦甕府南界，城周二十九里，居民七萬二千。入口左右兩河，左名泰斯達，北流，長九十餘里；右名宜勤，西北流，長六十餘里，皆不甚寬。土產牛肥蔬美，為英邦之一中等海口也。由支布洛達至騷三浦也，計水程三千四百四十六里。又由香港至騷三浦也，計水程二萬八千二百六十八里。船傍岸，有本地官紳來

四二

見。名多未詳，中有曾來中土者二三人，惟一能華語者姓周，名安思，言曾在上海新關供職。申正，照看行李，由火輪船移入火輪車，後與正副船主、醫官及同船各人告別，登火輪車，即時開行。是日係禮拜之期，早晚僅兩次開往倫敦。先北行，少東，酉初一刻過巴興多村，轉正東，酉正至倭景杭鎮，少住，再開，走柏克甕府，入米得賽府，共行二百一十里。戌初刻抵英都倫敦，一路田疇交錯，水秀山青，樓房宏麗，別一洞天。入柴令克洛斯火輪車客棧下車。有乞假回國之天津稅務司英人屠邁倫迎候，又有金

登幹之妻伍氏備車來接。官眷乘雙馬車行十數里，街市燈光照耀，萬點明星，車馬紛紛，氣成烟霧。至坡蘭坊第四十五號入內，少坐。禧在明、屠邁倫與伍氏辭去，留金登幹同席晚餐。子初，行李到齊，照料分送，稍為安頓，寅正始眠。金登幹，英人也，係總稅務司赫樂彬令駐倫敦，代中國辦運船礮，察覓學習稅務人員，與照料往來財簿者。星使未出都，函囑其卜宅，故代租此房，供奉一切。馬樓四層，每層間數不等，間間整潔，器皿齊備，簾帳陳設，牀榻鑪竈，雖樸素，甚為壯觀。東主侯爵郝士蘇格

四三

蘭人也。租金每月百零五磅，合庫平銀三百六十七兩五錢。男司事者有內總管一名，門丁一名，照料客廳一名，照料書房一名，照料燈火什物一名。女司事者有照料房屋器具一名，灑掃者二名，女管廚一名，女廚工一名。四輪雙馬車一輛，跟役車夫各一名。按坡蘭坊在倫敦新城之東南，北有敎斯佛街，南有荔捧園，東有班芝街，西有普蘭街，道路平淨，樓舍整齊，鎮日車則轂擊，人則肩摩，薄暮燈燭輝煌，渾如不夜。此猶倫敦之靜雅處也。

卷一終

四述奇卷二

鐵嶺張德彝在初隨筆

貴榮竹坪校閱

義

丙子十二月初九日乙未。陰霧。昨日使車未至坡蘭坊之先。威公使已再過相訪。是日卯正。二星使令彝懷刺往見于阿拉比瑪街第三十五號樂武斯店。晤威公使時。問郭劉二星使何時可來拜會。答云請少待。予即到。無勞駕臨也。辰初。威公使至。暢談時許。去後。致信英國外部大臣德爾貝。約相見期。申刻。隨二星使乘雙馬車

一

答拜威公使。酉初。接外部覆文。定明日未初會晤。記各國公使駐倫敦者共三十國。分為三等。頭等為法郎西、德意志、俄羅斯、土耳其、奧地里亞。凡五國。二等為瑞典、合衆國、丹尼、波斯、希臘、日本、秘魯、巴西、和蘭、義大利、閣斯達立戛、日斯巴尼亞、薩拉瓦多爾、葡萄牙、比利時、危的麻喇、尼戛拉桂。凡十七國。三等為阿眞坦、墨西哥、瀨叻徽部、多米呢喀、克倫比亞、義奎多爾、波利非亞。凡八國。內携眷者十九國。署公使者七國。皆以參贊官署理。其參贊官或一員或三四員。有以伯子男爵充選者。有文武隨員、醫官、教師、支應官及學生等。惟無繙譯官。因駐英京鮮有不通英語者。且東西各國官民。皆以能通英德法各國語言為常。各公館人數多寡。關乎國之大小而遴委焉。

初十日丙申。早。大霧彌漫。道騎不分。樓舍如失。巳初晴。英人傅立蘭來拜。係十年前于此會過者。又廣東新會縣人伍廷芳字秩庸者。原曉英文。三年前來此學習英例。今已考中律師。是日來拜。言月內由此走紐約金山。薙髮易服以回華。其人年三十六歲。言貌溫恭。未初。隨

二

二星使與馬清臣乘車赴外部。見德伯。同坐有外部侍郎潘斯茀。威公使。繙譯官禧在明。有雅梅寒暄敘畢。德伯云。君主現住敖斯本宮。俟六七日來京。再行覲見。且貴大臣暌戟初臨。亦須少息鞍馬。如欲游觀。請先告知。當派人前導也。茶罷辭回。夫外部者即總署也。英呼曰佛林敖非司。譯佛林外國也。敖非司衙門也。德爾貝丞相總理機務。副以侍郎四人。一潘斯茀。一丁得敦。一利斯德。一達頞拉。各國交涉事件分為四股。侍郎各司其事。如華股屬潘侍郎是也。侍郎各有協理一員以襄之。

十一日丁酉。早黄霧四塞，對面不見。外國雖不論地理風水，而間有忌諱者，如英俗與人同席戒遞鹽，因數百年前有主僕共桌而食，主欲用鹽，啗僕人遞也。又小兒出門有忘物回取者，禁其入門，父母必親為送之，其意不欲半途而廢也。巳正稍晴，克虜樸令其影計白利由良父森莊來拜，亦十數年前德國舊相識也。

十二日戊戌。早大霧沉沉，內藏毒氣薰蒸。按博物志內載：冒霧行三人，一人無恙，一人病，一人死。無恙者飲酒，病者食，死者空腹。焉凡冒霧出行，必先飲數盃酒，氣上蒸，以敵霧氣，理或然也。以告同人，咸以為是。未正，霧散細雨。威公使偕其夫人來拜。近日風勁天寒，四圍烟瘴空林荒草，始覺冷氣逼人。

十三日己亥。陰。早，戈登來拜，亦前兩次來此會過者，自言不日起身赴埃及受職。又德國公使伯爵閔斯達爾及前駐北京英國公使阿里格偕其妻女來拜，皆未晤。未正，同黎參贊、馬清臣赴外部，送

國書及陳詞鈔本。

十四日庚子。陰雨。午後，德丞相差人來拜。聞英都有文武集錢會，乃文武小官合開大襍貨鋪于敖斯佛等街，各家皆有憑票，見票賣物，不許轉售外人，所獲微利，除辛金日費，餘則均分，亦彼此省財之道也。

十五日辛丑。陰霧細雨，申初稍晴。有前同文館英文教習額畢廉來拜，坐談。因久記倫敦新聞紙局大小三十餘處，如培僕來福、陰蘭登克立堅、僕羅亞韋克力、牛斯父克撒米訥爾、墨寧阿倭太斯爾、格拉伏伊司、北太道威立、太木斯、四海新聞、田新、日電、早信、倫敦帶畫新聞、肥拉達戛爾典、太木斯歷寧、司丹達、尤寧司丹達、來閣奎音、艾扣、艾拉南、寬佛麥斯達、威立狄斯巴的及京報，以倫敦帶畫新聞、太木斯、尤寧司丹達、京報為最著。然各有所長，所叙不同，有官事，有商務，有天文，有地理，有雜學，有教務，有天下各國以及本國本城事故，又有如子不語、解人頤等書之資人笑柄者。各局或每日或每禮拜刷印萬萬張，廣為傳播，誠筆墨中一大生涯也。以上名目，有能譯其義者，有非四五字能達其義者，有因地名或人名及他義不易搜求者，姑還音以誌之。此外有小新聞紙五六種，名皆未詳。

十六日壬寅。早晴。午初陰雨。夜大風。記倫敦馬車。官有定例。有論里者。不出六里。一什令。多一里半。或三里。則加給半什令。出十二里。每三里加一什令。以上雙輪及四輪者一律。有論時者。在十二里內。每一點鐘。四輪者二什令。雙輪者二什令半。每多一刻。四輪者加半什令。雙輪者加八佩呢。在十二里外。無論一點或半點鐘。皆加二什令。多一刻則加八佩呢。車頂載物。每件二佩呢。多坐一人。加半什令。兒童不及十歲者。加三佩呢。無論按里按時。多待十五分之工。須加給八佩呢。以上官例。

敦約

五

每日自卯初至戌正。各宜遵守。其他時則聽御者自主。各車皆貼此例一張。御者給客一張。以便彼此照行。尤免格外討索。如彼此偶有爭辯。可扭稟附近官廳。由官判斷。如車有遺忘物件。御者查出。在二十四點鐘之內。送入附近官廳。若物主失去車票。不知車屬某行某號。則即時呈報官廳。告明所遺之物。及本人姓名住址。官廳即令于次早親赴巡捕衙門收取。乃量物所值。索費少許。如一月內無人報官取認。則物歸御者而已。

十七日癸卯。早起晴。卯正陰雨。大風。辰刻雨雹。巳正晴。

耶

午初又陰。有赫總稅務司之弟赫政來拜。未正。同馬清臣隨二星使乘車拜阿里格。金登幹。戈登。赫政。晚同黎蒓齋劉鶴伯步行五六里。至梅克蘭柏爾坊第六號。訪律師伍廷芳。伊言昨接陳星使蘭彬電信。令其不必回粵。即赴合衆。不為參贊官。當充總領事。郭劉二星使以其通英文曉風俗。欲留為繙譯。其人固辭。至晚復令往約。如不喜充當繙譯。可改隨員。伊仍不願。一因陳星使有信在先。二因車船票已買定。三因繙譯隨員月俸不過二百金。參贊始得三百金。余往合衆。如事機不就。即

六

在上洋為律師。亦可月得千圓。再英國律師可升授侍郎及大御史等官。是豈繙譯隨員可比也。彝等再三慰留。告以為

國家出力。無分彼疆此界。伊仍固却之。回時。一路冷風颼颼。砭人肌骨。知英君主由敦斯本而歸。地距倫敦二百八十里有奇。

十八日甲辰。早霧。未初微晴。有載生洋行夥計帕啦莫及天津水雷局司事柏專敬之兄柏愛慈來謁。云昨接專敬信。知憲旌已到。特來稟安。並請往銀城看樹膠廠。

是日跟役阿毛悶喜入市採買。途次忽遇一醉者，以肱戲擊阿毛之頭，帽既落而身亦跌。阿毛誤疑悶喜勢將用武，有四行人將醉者捉來，即令巡捕扭送官廳禁錮。令四行人及阿毛悶喜各書名姓于簿，令明早十點鐘赴美爾衙門對質。美爾者，鄉長也。英例，地方公事，皆鄉長治之。入夜雨。

十九日乙巳，陰霧。巳初，馬清臣携阿毛悶喜至美爾衙門，與四行人對立待質。據醉犯供，因飲酒心迷，誤打華人阿毛，六人供並未招惹。問官看各國律例云：按華律，發誓，當令持一瓷盤跪地，以手指天自明其心實未妄言，後擲盤于地使碎，再言：如所言不實，俟十二點鐘後，當得報應，有如此盤。蓋西國有執經對天發誓之俗，故造此以為華律也。馬云：此雖非華律，姑可從之。遂令阿毛悶喜跪地，如所言官云。此犯名布里，年四十六歲，鐵匠也。美爾以中國公使憩駕甫數日，土人遽敢妄為，今須從重羈管。罪應監禁四個月，以警將來。併刊布新聞紙，令協同保護使署隨從人等，辦法尚為公允。旋謝四行人各一圓而回。星使乃函致外部，代醉者緩頰，仍未

七

獲免。按西國通例，凡各國使臣有請于本地官署，皆須咨會外部，轉為札飭，不得逕行本地，亦不得遣屬官遽為申理。又英國號令，多以新聞紙宣傳，故美爾有刊布新聞紙等語。

二十日丙午，陰霧。申正，有三十年前隨英公使柏頓在南京換約之參謀現任提督馬闊蘭同副將伊里布來拜。入夜雨。聞倫敦通城公署共四十二，如樞密院、上議政院、下議政院、理藩院、博物院、官書院、武備院、京報局、印書局、船政局、錢局、電信總局、巡捕廳、國史館、戶部、工部、郵部、刑部、欽天監、內務府、倫敦府、美爾衙門、行印衙門、恩賞衙門、巡捕衙門、代理屬地衙門、御前水師衙門、稅務司、地租司、保險公司、御前收控所、欽犯獄、總理教導處、鐵道運河工程處，以上無須註解。如家部管通國內地事務，外部管各國交涉事務，兵部管陸路，海部管水師，印度部專理印度事務，商部理商賈，債部理國債，律例司修律例，凡此皆倫敦公署之大者，其小者尚有數十，未得細考。

二十一日丁未，晴。午正，隨二星使乘車往拜德爾貝未

八

遇。未初。麗如行東主堪布來拜。記英國亦有公侯伯子男五等世爵。始自西歷一千一百八十一年。即南宋淳熙八年爲英漢立王第二之世。迄今共公爵三十六。侯爵三十四。伯爵二百三十四。子爵六十六。男爵三百二十四。從男爵八百六十二。內英格蘭六百九十四。蘇格蘭一百零三。愛爾蘭六十五。外有女伯爵二。女男爵七。總計世爵一千五百六十一。

二十二日戊申。晴。記倫敦通城立有各會一百三十九處。如天文會。地理會。丹青會。歌唱會。生靈會。花木會。音樂會。醫學會。教務會。照相會。耕種會。機理會。哺乳會。算學會。書卷會。施醫會。理學會。兵友會。格物會。化學會。教讀會。救生船會。救遣回祿人會。救出監苦民會。救街市遭險人會。保養牲口會。救養子女會。養贍孤子會。養受傷兵丁會。養聾啞人會。養瞽者會。及經卷會等。每會皆有公社。高樓大厦。宏敞壯觀。各皆數千人。首領則世爵富室充之。按年分捐公款。如天文考有新星。地理察得新地。格物化學測出新理。花木訪見新種。或思新法。或擬新章。或訪新工新物新事。皆彼此知會。齊集辯論。精

九

益求精。樓門卯正開。亥正閉。內有爐竈。無牀榻。各人去留自便。留者看書吸烟。談天閱報。早晚點心茶酒。皆公平算價。不準蒂欠。僕役侍奉。不得欺侮。亦不得格外苛役。有犯規酒醉口角者。立即逐出。不得再入。

二十三日己酉。晴。聞英都于二三年前。各鋪作皆早開晚閉。工匠作十點鐘之工。邇因各行公議。皆改作八點鐘之工。鋪作改早九點鐘開。晚八點鐘閉。以省工力。自到此後。如綢緞木器瓷鐵陳設。以及飲饌各鋪。此皆送門票乞賜顧焉。

二十四日庚戌。陰雨。申正。外部來文。訂于明日申初覲見于卜靜宫。酉初雨止。二星使令彝同馬清臣乘車往樂武斯店見威公使。詢以何時由公館起身。及更衣處所。隨從人數。以免臨時有誤。往來道途平坦無垢穢。樓舍峻整華潔。又數街中輒有小園一區。環以鐵闌。蔭以花木。間有小池。而少亭榭。列鐵凳木椅。以便游者歇息。地由富室公建。特爲男女老幼晨夕往遊。蓋以所居層樓疊閣。無空院。則少呼吸通天處。恐氣鬱生疾。故闢此園。俾人散步舒懷。以暢其氣。每日園丁灑埽灌溉。園之

十

左右鄰皆有鑰匙出入自便別人喜遊者可向園主租
賃鑰匙每年出值一二金磅不等收積此款以便隨時
修葺焉
二十五日辛亥晴巳初同馬清臣乘車行五六里入賢
真睦斯宮見其內務府掌禮大臣席模爾問遞
國書禮儀對曰與各國公使一律同公館至未正一刻著
朝服捧
國書同馬清臣隨二星使乘雙馬官車有周長清羅雲翰
二武弁竝立車尾行八九里至卜靜宮樓宇崇宏即彝
前隨斌使臣所至者也下車守門軍官頂盔佩刀著金
花紅靠者導入升階三重至中堂止步鋪陳錦繡五色
迷離其外部大臣德爾貝御前大臣開爾倫掌禮大臣
席模爾暨威公使禧在明有雅梅咸在焉迨鐘交三點
堂前玻璃槅扇豁開德開席三大臣先入少頃轉出導
引進正門右轉復升階三重至一小室君主著烏衣頭
戴白綫花巾當門正立第五公主璧阿特麗姒著灰色
衣侍于後三大臣先入德爾貝立君主右餘立于左星
使入門鞠躬君主答以鞠躬凡三鞠躬至其前相距數
武郭星使中立劉星使後一步左立彝右立馬清臣後
立又退一步彝授
國書於正使正使捧讀其陳詞云
大清國
欽差大臣郭嵩燾副使劉錫鴻敬奉
國書特呈遞
大英國
大君主五印度
大后帝上年雲南邊界蠻允地方有戕斃繙譯官馬嘉理一
案當飭雲南巡撫查報嗣經
欽派湖廣總督李瀚章馳往會辦弁將南甸都司李珍國拿
訊又經
欽派大學士直隸總督李鴻章馳赴烟台與
大國
欽差大臣威妥瑪會商辦理威妥瑪以寬免既往保全將來
為詞一切均請免議中國
大皇帝之心極為惋惜特命使臣前詣
大國陳達此意即飭作為公使駐劄以通

兩國之情而申永遠和好之誼敬念
大君主
大后帝含宏寬恕仁聲義聞遠近昭著必能體中國
大皇帝之意萬年輯睦永慶昇平使臣奉
命悗惜之辭具於
國書謹恭上
御覽并申述使臣來意爲講信敦睦之據
述畢馬清臣旁進一步手舉英文一篇鞠躬云請誦繙
譯陳詞君主點首曰可清臣念罷退後郭星使前進一
步遞
國書於君主君主接過轉交德爾貝置于案上君主鞠躬
笑曰朕心甚喜接此
國書足見兩國實心和好之據當具文答謝
大皇帝並問
大皇帝好有雅梅繙以漢文轉告郭星使皆鞠躬答曰是後
三鞠躬退下樓別衆入後堂少坐待車其堂前對正門
後倚花園樓係白石建造鞏固如城玉墻金闕蔚然可
觀然比之德法各國又崇實而不尚華也宮前繞以鐵
柵院寬約數百步柵共三門門外有紅衣兵二名終日
執槍往來梭巡車至威公使及禧有二繙譯送出登車
回公館一路男女觀者甚多少息換公服乘常車往拜
德法美俄四國公使及威公使皆未遇聞當日申正英
君主又接見衛內穌艾拉國使臣羅札斯亦奉君命而
來者也是日覲見所乘官車係本國丞相御前大臣大
學士倫敦美爾各部院總理尚書及各國頭二等公使
之覲見朝會所乘者平頂箱式如坐墊中寬敞彩帛鋪
墊華美鮮明四面玻璃箱前御者坐處元寶形高二尺
寬尺半長四尺上罩綵帛鑲金邊垂金穗御者坐于正
中以二馬拽箱後垂二金線帶長各二尺寬二寸餘以
便二武弁或僕役並立車尾以手拽之當馳驅免墮落
按英俗御者亦戴且字形黑絨帽惟各國公使之御者
中圍一金帶寬寸餘按星使所遞
國書內云
大清國
大皇帝問
大英國

大君主五印度
大后帝好朕誕膺
天命寅紹丕基眷念友邦永敦和好光緒元年正月間
貴國繙譯官馬嘉理持有護照由緬甸至滇省邊境被戕
並將同行副將柏樂文擊殂朕特派湖廣總督李瀚章
前赴滇省秉公查辦並降旨命各直省督撫通飭所屬
地方官遇有執持護照之人入境照約妥為辦理經李
瀚章查明奏請將都司李珍國等分別治罪二年六月
朕又特派文華殿大學士直隸總督一等肅毅伯李鴻
章為便宜行事大臣前赴山東烟台會同

圭

貴國
欽差大臣威妥瑪將前案籌辦完結經李鴻章覆奏
貴國
欽差大臣威妥瑪以為懲其既往不若保其將來朕特降旨
著照所請將李國珍應得罪名加恩寬免仍諭令各直
省督撫遵上年諭旨照約保護並著總理各國事務
衙門擬定告示咨行各省遵辦以期中外相安昨馬嘉
理持照入滇邊境慘遭被害不但有關生命並致幾傷

麻

和好朕深為惋惜茲特簡
欽差大臣署禮部左侍郎總理各國事務大臣郭嵩燾前赴
貴國代達衷曲以為真心和好之據朕知郭嵩燾幹練忠
誠和平通達辦理中外事務甚為熟悉務望推誠相信
得以永臻友睦共享昇平諒必深為歡悅也
大清光緒二年九月十七日
二十六日壬子晴。英例。每新歲後。國主諏吉。親臨議政
院。集臣工士庶男女。詢以政事得失。諭眾公議。並刊示
上年度支出入之數。俾共核算。名曰開會堂。屆期。並請

共

各國公使携帶眷屬隨員前往助賀。本年開會堂日。為
西曆二月初八日。即本日也。先是內務府大臣席模爾
代外部大臣函請。巳正。遂同黎蒓齋馬清臣劉鶴伯隨
二星使著朝服乘官車前往。行八九里。沿途士女填塞。
候觀君主。巡捕彈壓。皁帽一望如雲。廬舍多有懸紅挂
彩者。會堂外。紅衣兵執槍排隊而立。使車至。兩手舉槍
對鼻為禮。入其門。護衛翼立左右。皆兜鍪。著金花紅靠。
黑褲烏靴。登其堂。見正面臺上設御几。距几數武。陳紅
錦榻。臺下世爵貴臣位于中央。女眷之尤貴者。左右夾

之右之上為各國使臣位次蓋泰西重右故也樓上以處隨使官員及庶僚庶僚之眷屬亦與坐焉貴臣皆官服外襲無袖朱衣其長曳地有五等爵者橫縫白羔皮長狹如版于其衩之左右公橫四幅侯橫三幅伯橫二幅子男均一幅各如其等至律師教士皆服青袍長亦曳地各國公使皆朝服係青毡褂前面齊胯後垂二燕翅作丌字形長約二尺胸前滿繡金花領袖及二燕翅邊亦繡金花寬約二寸青毡褲由跨至足立金綫一道寬亦二寸有寶星者挂于胸右多寡各如所賜有腰圍

十七

金帶者文佩劍武佩刀有右肩斜挂綢條一縷抵左胯旁結之寬約四寸其色紅黃綠紫各如所賞武職有以金版飾肩形如甲字而圓其首綴金穗下垂如組圓頭周約尺半寬寸餘穗長二寸中惟合眾公使著常服無他飾蓋民主之國上下不異以等威也免冠則與眾同惟土耳其波斯二國公使所服如各國而不免冠冠係黑毡帽結藍穗婦有頭戴花圈者金箍嵌以鉒石者皆露胸袒臂白色長裙曳地眾既集律師數人據案中庭鋪紙執筆以俟君至無何大太子衛拉斯王與其妃相

繼而入太子位御几右隔以屏妃所佩戴之頭箍項圈耳環鐲釧皆鉒石白裙鋪花露胸袒臂亦禮也亦敬也位錦榻在中央面向御几而坐少選君主臨護衛八人執儀仗前導仗長三尺餘以金為寶蓋或鏤獸形踞于其巔大丞相比千斯菲盆持長刀樞密大臣李亦門捧御冠四公主綠衣奴五公主璧阿特麗奴繡甲袒臂皆先入分侍御几之左右君主烏衣長裙緩步而入皆起立君主環向點首就坐良久肅然俄而會堂門開士庶擁進環庭外鐵闌而立敬聽御前大臣開爾倫啟白紙

十八

書代君主宣誦云諸爵紳士今重開會堂以備顧問而匡不逮此我志也上年集議會堂之先土耳其與賽爾非亞國芥得呢格婁國搆衅我甚以為憂深欲與盟邦從中調處賽國亦旋以調處之事來請我因之為土耳其言和土國公會意亦願從故我商請其暫時罷戰或祈求各國駐紮公使或懇各國特簡大臣從長討論共立大概章程務使各王國與遭亂各省均賴以底定弊政賴以革除方為盡善盡美我當時即派公使赴會妥議如此汲汲原冀歐洲永享昇平非欲冒犯土國自主

歎

非文　非久

體制。無如伊國會謂我與盟邦所定章程爲不協。未肯俯聽。事竟無成。今章程儼然具在。揆諸事理。實屬有裨。趂此罷戰之期。展限未滿。我國若與各盟邦實心實力共成善舉。未嘗不可使諸國和睦如故。凡此事始末案卷。即交汝官紳集議。若夫五印度伊得列地方。上年加我后帝之號。印度酋長黔黎同心推戴。深愜予懷。惟該處地方現遭荒[illegible]。在彼官吏亟宜注意所事。方能登民于袵席。允宜布告。咸使聞知。此次災患。喫重情形。不減於一千八百七十三年即同治十二年瑪他喇斯孟買兩大部被災尤廣。我必須設法拯救。并追究遭荒緣由。嚴示將來之範防。又現在德蘭司瓦喇民主國在南阿[illegible]利加政多失道。復與鄰境搆衅。使阿[illegible]利加南界之民。不能安居。我將何以處置。乃可奠定。爾下議政院諸紳所有教克斯佛暨堪卜立埠兩學院。擬修律條。以及增改虧空律。增修頒發創造文憑律。闔國監牢宜如何立法撙節。覈實辦理。俾省地方之累。均宜一一妥籌。至於增改估計英格蘭財產例。删減修改工作例。整頓各地方遷行理事之例。並擬修纂蘇格蘭街道橋梁。及贍養窮黎

十九

心

諸例。更請于愛爾蘭設立刑部。授該處各郡理事之權。以上應議各節。暨其餘未盡之條。爾諸爵紳士應各抒所見。殫[illegible]襄贊。以迓上帝鴻庥。誦畢。君主降御座。與長媳接吻而去。衆隨立起散出。申刻回公館。

二十七日癸丑。晴。午初。同馬清臣隨二星使乘車往拜各國頭二等公使及本國各部院大臣。共二十八處。皆公出未遇。按西俗。凡使臣未見國主之先拜客。詢問一切規模。謂之私拜。既見國主後再往拜。謂之官拜。又使臣遞國書後。須于三日內遍拜本國大臣及各國公使。與其夫人參贊隨員等。惟初次往拜。只投刺不會。俟他日有暇。再爲往拜晤談。前日外部送來各國公使一册。内開某國公使職銜。參贊繙譯隨員醫官教師學生武弁各若干。自公使以下。各員攜帶有無眷屬。有者若干名口。皆依次開列名銜住址。下至男女僕役。所司何役。原屬何國。一一倂註明。故近日往拜各處。可以按圖索驥也。

二十八日甲寅。陰霧。午正。復同馬清臣隨二星使往拜各國二等公使及本國文武大員。外部協理等。共三十

廿

寓　四者　撻

六處回公館，有教士里雅格來拜，伊曾住粵多年，通華文，現充敖克斯佛大學院漢文教習，亦海外之博雅士也。本日照式咨送外部，開列本公館隨使官員丁役名單一冊，再英國戶口，凡用僕婢皆有稅，惟使臣所用之人則免，亦不受地方官管轄，故須咨明存案。申初霧散，入夜冷。

二十九日乙卯，晴。係禮拜之期，遊人接踵，車輛無多，雖有亦緩步而行，禁其鞭撻。因倫敦之保養牲口會約定不得加力鞭馬，一馬應拽若干斤，不得逾其數，馬有疾即須療，不得再用，倘有不遵，一經巡捕查出，定即執訊受罰，蓋巡捕為美爾所轄，猶中國之團練壯丁也。工食由各行戶捐給。按禮拜日凡官衙鋪戶皆閉，是日官不治事，民不工作，馬不效駕，牛不負犂，所以節其勞也。禮拜之前一日過午即放工游息，故官府之吏役、局作之工匠、人家之僕婢、店肆之幫夥，莫不探視親朋，以遂其意，遊覽園囿，以暢其情，蓋七日一周，稍為停息，則氣必為之一振，心必為之一清，既免疲惰，偷安自無叢脞之處也。

三十日丙辰，陰雨未冷。初，二星使令彝乘車投刺，代拜呢夏拉挂及巴西二國之二等公使，義奎多爾、多米呢喀等八國之三等公使。中有一回國者，二不知移往何處者。酉正，復著官服，隨黎純齋諸君與二星使申賀年禧。邇來所有在英各官，皆彼此互拜，至各員名姓籍貫官銜，無須逐一記載。

光緒三年歲次丁丑新正月。

初一日丁巳，晴。辰初，同眾著官服，隨二星使向北恭拜
聖牌，行三跪九叩禮畢，馬清臣亦著官服向上行見
君禮。其衣係斂形，黑毡帽，邊鑲白鴿翎，黑毡褂褲，領袖各鑲金縧一條，寬約四分。午正，偕同事諸君隨二星使乘車往蠟人館一觀，所列人像與前三次來此所看無異。申初陰雨，酉正郭星使召飲，同席十座，暢談甚懽，入夜復晴。

初二日戊午，晴暖。午初，黎蒓齋、鳳夔九、張聽颿諸君隨二星使往遊萬牲園，彝同姚彥嘉往看新房，因此寓自上年十一月二十五日租定三個月，扣至本年二月限滿，須預為尋覓，以免臨時迫促。有房媒槐利爾同行，先

看三處俱不壯觀後看賢卓志巷大房一所樓高五層極寬闊陳設器皿亦整潔周備前臨花園後傍長衢計屋三十六間每年租價八百磅合庫平銀二千六百兩帷須修理兩月方能竣工申初回公館酉正劉星使召飲酒席如昨

初三日己未晴前二日倫敦京報内言大太子衛拉斯王訂于是日未正在賢真睦斯宮代君主朝會各國公使隨員及倫敦通城致仕與現任大小文武各官按西例朝會著朝服惟是日爲我

朝之忌辰故于未初著行裝同黎蒓齋馬清臣鳳夔九劉鶴伯張聽颿隨二星使乘官車前往入正門院立紅衣護衛二百舉槍列隊入門升階兩重上下距數武各立護衛二人皆古裝舉長矛至一堂有執鉛筆記人數寫名刺者繼入一堂則國使朝臣畢集正面左右二門兩點鐘右門開御前大臣丞相尚書及各國頭等公使先入二三等公使偕參贊隨員不以國之大小爲序而以到國之先後爲序魚貫而入見畢退數武對立而止後則本國官紳名士不論品級之大小隨到而入接踵前

進内則一大堂左右二門中設君座太子衣金花紅氅立君座前左立其三駙馬克立堅王著金花黑氅又左立國戚薩克隋麻爾戈多倭王又左爲堪卜立址公皆著金花紅氅再則德法土俄墨五國頭等公使及本國御前大臣丞相等右立二内務府唱名官手執木杖長五尺粗寸餘凡入者各授銜名與第一而第二唱之其銜名片白紙横長三寸縱約二寸横書名銜初見者紅其兩邊與背繼見則用純白公使惟書某國欽差而已二星使率彝等隨他國公使依次步入至太子前一一鞠躬太子答以鞠躬其語郭星使曰貴使之來甚喜接見也見過左行轉立對面本國一一見過左退數武轉身出左門而下樓時有與太子素識者亦握手致敬也申正一刻見畢太子退入内右門各國公使俱出外左門仍由舊路下樓登車回公館是日外國使臣見者五十二員本國大小文武五百一十二員按賢真睦斯宮者正朝也建自數百年前係白石營造年久多頹朽且體制簡易高只二層前與市肆毗連不甚開敞内尚寬闊太子居焉卜静宮者便殿也建自道光年間崇宏較

勝於此君主居焉

初四日庚申晴早威公使禧在明金登幹腐邁倫等陸續來賀年禧午正隨二星使往答拜繼至麗如銀行一觀在老城鍼綫街地面樓舍高大潔凈整齊兩面設櫃長六丈餘櫃上立鐵絲綱而有門櫃對面橫長凳櫃上放紙筆內列桌凳行夥計廿餘各司一事如換錢收鈔登簿計帳發匯兑寫匯票收錢稱錢打印合計寫帳等種種不一而管匯兑者數人各掌一洲如匯往上海則歸掌亞細亞洲者理之櫃邊鐵綱門上各橫一小匾如匯兑換票發錢收鈔發利息打對印等以免人多淆亂地下存金處鑿石爲洞如堅城或云國帑出入之所尤爲宏峻凡金錢交納累千萬兩不如制者以機器抉出之蓋英制金磅重二錢二分用之日久而磨損不無輕減儻置不問必致輕錢布滿闤闠而奸僞叢生市價難以畫一然人力選擇又慮煩瑣易啟爭辯故製機器爲之區別輕者官收而改鑄之每枚納稅三佩呢不繳稅則剪還之使不能用錢皆新鑄無輕重失倫之弊則人民使用自無挑選更換之煩也

廿五

初五日辛酉晴近來英人有謂大鐵甲毋船雖好而于海面江心轉移不便莫若身小礮大者四五隻合圍一鐵甲船可使碎沉遂創造二隻一名戛阿達一名達拉那長皆十二三丈寬二三丈船頭新式大礮一門重三十八噸造訖英人稱善信到中華李相國少荃鴻章飭令金登幹採買之當使車初到倫敦金登幹即請郭星使往牛喀斯地方看其演試時因國書未遞且往返須三日辭未往至是日因將展輪來華再請往閱于波自毛斯海口巳初遂同黎蒓齋馬清臣隨郭星使乘馬車行八九里至倭特陸火輪車客廳即登車車名司北沙譯言特備也蓋四路火輪車往來皆有定時每值事繁多或緊要則另加一行故名特備巳正開同車有金登幹所約之英國稅務司馬格蕾御賜進士現任太木斯新聞紙局使勒斯顏三人車向西南急行二百四十里停車二處曰極樂佛德曰樓蘭垓泗山洞一曰李坡午正抵波自毛斯地在騷三浦屯東九十里岸有土礮台不高作月牙形長數十里城周二十五里居民二萬一路田疇交錯綠色相連下車有法艾坤官

廿六

義利　達

輪船。船主柏拉派把總葛蕾以小輪渡船來迎。舟行數里。改登法艾坤船。回望波城。樓舍齊整。船艇無多。惟正西一鐵礮臺圓形。嵯峨獨立。三面臨水。高數丈。內列大礮三十餘門。同船又有金登幹所約英國水師提督兼管材料科司九阿管理火器博艾斯水師千總霍拉把總艾拉興斯坦。議政院紳士塔來喜賴萊宜。威法國水師提督侯爵費拉芮游擊布拉提賽。奧國水師提督男爵司百安。義大利水師副將薩的阿努巴。西水師副將狄木塔。把總董幹。製造船隻主人林達及其妻與其弟林亞。告假回國之中土稅務司休士額畢廉戴樂爾暨金登幹之妻伍氏。其他數人名姓未詳。未初開行。數里。因浪大。二船難竝。乃換小輪舟。改登我國礮船戛阿達。船主靖樂齡迎入。船身白色。不長而寬扁。船頭正中為礮眼。前看如張口蛙。船主浪維美。駕達那拉礮船緊隨于後。即時展輪南行。出口甚冷。行二十餘里。申初至四面敞處。住船演礮。大礮形似螺螄。長丈一尺。口粗七八尺。尾粗丈餘。其形式與用法俱新異。高低左右運動。以及刷膛裝子藥。皆仗水氣。無需人力。礮子形如且字。自

字。重各三百五十磅。火藥每袋重一百三十磅。礮左右各鐵轍二行。每轍上有鐵盤小車兩輛。一駕礮子。一載火藥。轍旁各二井口。下通船底。一儲礮子。一藏火藥。口上立鐵架。繫以綫繩。用時。二人在內將物捆成。二人在上。繫出置車上。以繩拽至礮口。礮後一鐵屋。前面三孔。以看礮之方向。左右有喚人關鍵。以令管機人駛船緩急進退。左右移轉。傳聲筒者。驅使兵役。繫大藥移礮身。藥綫盤者。前通礮門。窺定所指。以手按之。則礮發矣。屋後有船主望路臺。甚高。列有地圖兩盤。以考地勢。先請郭星使立臺上。看放一礮。聲不大而遠。繼入鐵屋。親升一礮。臺後為船面中界。左右各一珠子礮。礮身長五六尺。粗二尺餘。有一物如籠。內盛礮丸一百。放于礮頭。下有機柄。以手轉之。則礮丸出若連環槍。鉛丸外飛。銅帽內落。手不動則礮亦止。船尾左右。又二子母礮。銅身木架。長四五尺。粗二尺。聲與大礮同。當時達那拉船亦升六礮。後駕小舟回登法艾坤。遙望二礮船開去。俟火藥礮子等物配齊。即赴中土矣。酉正登岸。乘火車即開。緩行共停數處。如哈萬樓蘭垓泗李坡極樂佛德葦林垣

坤培各村鎮樓舍森列燈燭煇煌亥初抵寓

初六日壬戌陰雨按英例葬死之事歸官主之置地一區為塋兆有死者概由醫生開具病狀療治情形報官查核方令赴塋其地不得私埋他葬蓋憂民之死于凍餒困鬱及視疾之無人抑或醫治之不善也醫生由官考試不易中選中選者國主召見列於朝班故皆束身自愛無徇情受賂妄稱捏報等情其醫分內外科另有牙科能治牙亦能補牙

初七日癸亥晴未初偕姚彥嘉乘車入老城赴電信總局送電信內開中國欽差於伍秩庸去時往留不及現已奏派渠為參贊薪水與黎同請迅致伍君飛速回英如赴金山祈轉致鄺容階代催望示復外署中國駐英欽差寄至合眾國乞富埔駐合眾中國欽差容行館云云該局樓舍高大左右二所各屋數百間左為郵部右為電信總局見其司事司悌達坐談伊自牛倚闌地方攜有奇花異草數種屋中一盆樹高二尺上罩玻璃葉如艾似榕而葉上生葉名曰子母樹後總管司敏士引看見大堂中字盤數十電線千條有少女司收發者一千二百人男子各司其事者九百餘人按電學創自西厤一千六百三十二年即天聰六年當時雖經明人求得其理鮮有知用者至一千八百四十六年即道光二十六年始用電綫于英美德法惟民間私製而已商民薈萃之區書柬紛馳路遙事迫不延時日以之濟急人皆樂為後于一千八百六十八年即同治七年英議政院以電綫獲利甚鉅遂禁私設乃屬于官而索稅焉今通國有五大行京都一總局內外共五千五百四十分局用人一萬二千五百閒上年共發電信一千五百五十三萬五千七百八十封收稅金一百三十萬一千二百磅合庫平銀四百五十五萬四千二百兩酉初回寓知和蘭前任駐劄扎窪提督萬斛及前任駐小呂宋麻呢拉地方英國領事官司本薩投剌來拜皆八九年前舊相識也

初八日甲子早陰雨午後晴未初同馬清臣隨二星使往外部拜德爾貝彝先入見潘侍郎據云今日事繁不知能否面晤旋據德伯協理柏今坦云已與俄使有約又值會堂忽忙似不能見嗣後有事須前期知照以便亟覆去此行數里拜丞相比千斯弟益登樓坐談伊云

甚喜接見奈有事羈身未敢多留尚祈原恕回公館路兩旁白石平墊或煤油沙土漆成此往來步行路也中則碎石壓平或長方木塊築成此車馬所行路也道之廣者可容四五輛狹者二三輛極其平坦民居官舍規模相似結搆皆四五層石牆石柱護以鐵柵欄杆環于門外市肆臨街大玻璃窗貨物鋪陳洞見于外至禮拜堂施醫院客寓戲園及養濟院等處百尺層樓崇閎整潔數街如一式焉按英國丞相之進退視乎百姓之臧否眾官之黜陟又視乎丞相之去留一有不當則通國謝之復公舉賢能告諸君而代之丞相既易各曹長亦易由新丞相自置其人以期呼應靈便是進則羣進退則羣退亦西國異俗也

初九日乙丑晴早接容純甫星使　閱電信言伍秩庸不在乞富埔無處可尋午後俄國參贊官阿德柏爾來拜記英國君主五印度后帝威克兜立亞係前英國國王阜志第三之孫女堪特公爵之女生于堪興坦宮時為西歷一千八百一十九年五月二十四日（即嘉慶二十四年）至一千八百三十七年六月二十日（即道光十七年）渠伯英國國王韙良第四薨受遺命立為君主次年六月二十八日在西敏斯德堂登位年十九歲後于一千八百四十年二月初十日（即道光二十年）年二十一歲納日耳曼之薩克斯扣柏果色王阿拉柏為壻至一千八百六十一年十二月十四日（即咸豐十一年）阿拉柏王棄世君主年四十二歲生有四子五女長女生于一千八百四十年十一月二十一日名與君主同于一千八百五十八年正月二十五日年十九歲嫁與德皇太子威廉為妃長子生于一千八百四十一年十二月初九日名與君主夫同于一千八百六十三年三月初十日年二十三歲娶丹國國王克立謙第九之女為妃現封衛拉斯郡王次女阿麗奴生于一千八百四十三年四月二十五日至一千八百六十二年六月初一日年二十歲嫁與日耳曼海酒王為妃次子艾達倭生于一千八百四十四年八月初六日至一千八百七十四年正月二十一日年三十歲娶俄皇阿來三德第二之女美麗為妃三女懷來納生于一千八百四十六年五月二十五日于一千八百六十六年七月初五日年二十歲嫁與日耳曼克立堅王為

妃。四女綠衣姒。生于一千八百四十八年。三月十八日。至一千八百七十一年。三月二十一日。年二十三歲嫁與阿蓋公之子洛安侯騷仄蘭為夫人。三子阿色爾。生于一千八百五十年。五月初一日。現年二十九歲未娶。四子柳埔生于一千八百五十三年。四月初七日。現年二十六歲未娶。五女璧阿特麗姒。生于一千八百五十七年。四月十三日。現年二十四歲未嫁。又大公主生三子四女。太子生二子三女。二公主無出。二世子生一子二女。三公主生子女各二。四公主無出。此宗親之近支。餘皆未聞。

初十日丙寅。晴冷。午後有堪特柏里大主教。及前在上海英商阿麐。偕其弟阿齡來拜。記英俗。凡人買一切物件。無論物之大小多寡。一概管送。急者立即送到。否則不過申正。若申酉往買。則次早巳初送。蓋一日可送兩次也。大鋪有備小敞車或大棚車一二十輛。送貨人百名。按時四城分送。如買物找回一二佩呢。必以白紙小封感遞。一為免污客手。一為不露其係銅質也。

十一日丁卯。晴。未正。同馬清臣隨郭星使乘車赴外部。見德爾貝。同坐有威公使禧在明暢談極久。回寓後。有鄰居第五十五號懷達者來拜。年近五旬。會堂紳士也。談及泰西各國不立城郭之由。據云。百餘年前。原建城郭。自火器盛行。城不足衛。關閉固守。傷人更多。故毀去而增築礮臺。嚴防海口邊疆。練強兵。製利器。以禦敵人。苟不幸被圍被闖。有兵猶可各路驅逐。無兵則人民逃避。不至受其荼毒也。或謂立城為禦暴之策。如城上兵役城內巡捕。果能終夜嚴密巡守。固無意外之虞。[illegible]備一時疎防。不免有縋城之患。邇來敝國街衢。按段置巡捕。以為疏通道路。彈壓爭鬭。訪察奸究。照料行人。晝間往來本段。入夜亥正執前明後暗燈。按家推驗門窗。有未關鎖者。即喚出詢之。每竊盜發。則呼呵而巡捕至。巡捕鳴哨。則鄰近兵捕齊來。故街道靜而人民安也。

十二日戊辰。早晴。午後陰。合眾國參贊官霍彬來拜。入夜雨。記英國每年度支出入。刊發細數。編示紳民。稍有虛濫。則人共詰駁之。夫鉅萬帑項。[illegible]較盡錙銖。固非易事。然條列遍告。所以示公也。眾人皆知以通國之財。治通國之事。在上無所沾潤。官有侵吞不公者。民可申報。

額 麻 里 非 里

察明斥革，是官不能貪，尤不敢貪。且俸糧足領，以官為榮，以惡為恥，故亦不願貪也。再英稅繁重，如一馬歲稅三磅，一犬稅一磅，車旁樓上及指環瓷器有飾以前華御賜功號者，皆歲稅一二三磅不等。樓舍按間估其所值而納稅。近因市肆多用火輪機器作工，房皆粗，而所值無幾，故合機器與房而共計以收稅。如是民不怨其苛斂者，以國家所費逐款開示，昭然在目而無疑也。

十三日己巳，陰。記外國火輪車始于西曆一千八百零四年，即嘉慶九年今歐羅巴各國共置鐵道二十七萬六千三百四十八里，南北阿美利加共二十六萬五千六百二十里，阿非里加共五千五百四十一里，亞細亞共二萬四千二百二十八里，澳大里亞共八千零六十四里，統計五大洲共五十七萬九千八百零一里。惟合眾國者最遠，計二十三萬二千三百七十一里。其次為英國，共四萬五千四百五十里，內英格蘭三萬三千一百六十八里，蘇格蘭七千四百一十三里，愛爾蘭四千八百六十九里。又在印度有二萬八百一十四里，澳大里亞八千零六十四里。北阿美利加加拿他一萬九千二百三十六里。英國共計九萬三千五百六十四里。英國在阿非里加亦設有鐵道，多少未聞。三為日耳曼，共五萬一千三百九十九里；四為法郎西，通國共三萬八千一百六十九里；五為俄羅斯，共三萬七千五十里。其他如比利時、義大利、瑞典、和蘭、西班牙、土耳其、丹尼、瑞士等國鐵路，至長者一萬數千里。

十四日庚午，陰。未初，有紅衣護衛二百，樓下乘馬鼓吹而過，乃往賢真睦斯宮承應朝會者。即時彝著朝服，同馬清臣隨二星使乘官車再赴賢真睦斯宮朝會，入見其大太子及各國公使，禮儀如前。惟本國文武少，到四分之一。申初回寓，知有御前大臣提督侯爵賀爾得佛耳德及麗如行黜計倭拉勤色與阿拉伯司吶來拜。

十五日辛未，晴冷。巳正，同馬清臣隨二星使乘車往拜威公使會堂紳總哈米坦，後謁大太子駙馬海洒王及國戚薩克隋麻爾艾多倭堪卜立址公。按英俗，凡拜謁皇親國戚，皆不留刺，本府門丁舉門簿于車前，請本人自署其名，否則入號房自行掛號。凡公使所拜之官，不惟公使當拜，其夫人即公使之夫人亦當往拜，故郭星

歷

使每拜官之有官眷者。皆持郭太太三字名刺并遞焉。午初大雪。乘車往拜萬斛司本薩及大書院華書長德格樂。亦八九年前舊相識也。未刻雪止晴冷。酉初。郭星使召飲。同席有禧在明、馬清臣。暢飲甚歡。戌正。倫敦月蝕。

十六日壬申晴。記西曆每歲準三百六十五日。無閏月。亦分十二月。四月、六月、九月、十一月皆三十日。正月、三月、五月、八月、十月、十二月皆三十一日。惟二月則二十八日。無所謂晦朔弦望。每四年加一日于二月。謂之閏日。

十七日癸酉。陰冷。午後薩克隋麻爾艾多倭堪卜立址公司本薩德格樂及丹尼總領事米斯盤等來拜。聞英人于二千年前。皆羣聚密林。跣足披髮。臥草被革。茹毛飲血。樹汁漆身。遊獵于野。至漢宣帝甘露年間。英南界始為羅馬所有。繼而日耳曼、法郎西、和蘭人漸多流居其地。故今英人語言相貌。多與此四國者同。旋振興自立。始為一國。當時人民姓氏。固有羅日法三國之遺種。而土人尚無者多。乃有因地名為姓者。如林、河、城、鎮。有以顏色器皿為姓者。如青、紅、黑、白、蠟燭、盌盤。有以物件禽獸為姓者。如鶯、鈴、魚、狐。更有以本人所作之工為姓者。如鐵匠、裁縫、庖丁、木匠等。以後漸漸被化。姓氏有經官賜者。凡有功於國。多因其事為姓。聞其古時、兵將皆著鐵盔鐵甲。纏身不露面。則書畫其名姓于鐵牌面上。以便人識。中有善騎者。王喜。賜姓馬。則其人畫馬首于牌面。如數百年前。國王出獵。遭野豬之危。正畏懼間。一勇士急以衣帶裹左肘。迎豬使齧右手。以劍刺死。王得免。乃賜其姓為野豬。遂畫豬首于牌面。後世子孫追遠。皆欲畫一豬首于門首車旁。印于信紙。刻于指環。以及燒于瓷與玻璃器皿之上。以銘其宗祖之功。誇以為榮。至今尤甚。因而國家收稅。每年送紙單于各戶。問其前代曾否有功於國。將銘諸物否。其有而不願書者。隱而不對。願則照單註明。銘諸何物。每年按件官收一二三磅。竟有共納稅數十磅者。有私刻畫于物上者。被官查出。罰金加倍。

十八日甲戌。陰雨。三日前。英外部來有本國君主眷會請帖。白紙厚一分。寬五寸。長三寸。印云。內務府御前大臣昌拍連奉君主命，于本年三月初二日禮拜五午後三點鐘在卜靜宮脊會中喜接張老爺。滿服滿服者朝服也。當日申初，紅衣護衛二百名乘白馬作君樂樓下經過，乃往卜靜宮承應脊會也。脊會者，官可携眷往朝也。即時彝著朝服同黎蒓齋、馬清臣、鳳夔九、張聽帆隨二星使乘官車走海岱圍由卜靜街至宮右門入內曲折升階四重，路寬一丈，高約二丈，地鋪紅氈，左右列長凳，隔數武立半截白玉石人一對。至一大堂，左橫長案，立內務府官四員，按人收刺，註册，轉入明堂右門。君主正立，右立二內務府唱名大臣，左立太子妃、大公主、大太子、駙馬克立堅王及堪卜立扯公夫人等平列一行。左轉臨窗立各國頭二等公使夫人及各頭等公使。君主對面距數武橫一長闌，木質金花，高逾二尺。入者各國公使隨員先向君主鞠躬，繼而隨行，隨向太子妃等一一鞠躬畢，轉身立木闌後。本國男女不分品級，魚貫而入，惟朝見後轉身直出正左門而下樓。是日有千餘人，男子二三百，婦女七八百。男皆朝服，與赴賢真睦斯宮朝會同。女皆袒胸露臂，服或紅或白或粉紅或葱綠，服裙前霞腳，後曳地六七尺，飾以繡花，或挂鮮花，頭戴花箍、金箍、寶石箍、鈕石箍不等。有不戴箍而插鮮花數朵者，亦有左手執鮮花一小束者。項圍鐲釧有鈕石者、白金者、珊瑚者、翡翠者。履純白綾，無鑲嵌。謁見君主太子妃等，行屈膝禮，有隨屈膝以口啜君主右手背者。君主等皆答以鞠躬禮。其位高素相識者，太子妃及公主等有如其禮以答之者，有拉手者，總無交一語者。女子裙長曳地，隨行有主客郎摘取其裙，彼此相傳牽執以過，蓋恐傾蹶失容也。酉正一刻見畢，君主向各國公使鞠躬，率眾退入內右門。各國公使偕其夫人隨員等即轉出外左門，下樓沿路左右紅氈長凳，滿放婦女紅白皮披肩，蓋恐往來赤臂乘車冷也。出門登車，走荔棒街回公館。往來街市男女觀者如堵，皆有巡捕乘馬彈壓前導。是日赴會車皆經官指示由宮後轉來再向宮前轉去也。按英有官刊朝脊會規一册，彝因覓得之，譯其略如左：

前于一千八百三十七年六月，經內務府掌禮大臣奏明各國公使覲見及各公使夫婦帶見該國官民婦女赴朝會眷會一切禮節。奉旨依議。嗣經外部行知掌禮大臣。轉達各國駐紮倫敦頭二等及署理公使。一體遵行。

一、每于賢真睦斯等宮設朝會眷會。各國公使名士一行。稱曰正環。列在本國官民一行。稱曰公環之前。

一、各國公使之序。皆按品級年分行走。其參贊隨員名士。各自排列名次。緊隨該國公使之後。

一、每眷會各國公使夫人。及名人女眷列為一行。在各公使之前行走。其序照各國公使之等第。不得錯亂。蓋令公使夫人先入者。係為其得暇奏事而易于行動也。

一、凡官民或婦女經公使或夫人願行帶見者。須同走一路入一門。

各國奉派駐紮本國之頭二等及署理公使。與其夫人等覲見之儀。如下。

一、各國頭等公使及其夫人。于遞國書外。仍有覲見之權。

一、特簡公使及二等公使之已經覲見者。可仍請朝見。其夫人不能再請朝見。可由正環赴眷會。署理公使不曾覲見。固無再請朝見之權。可由正環赴朝眷會。其妻可乘眷會朝見。

一、署理公使由外部大臣帶見。其妻與二等公使之妻。皆由外部大臣夫人帶見。或由命婦及他國頭等公使夫人。或與該國夙好之二等公使及署理公使之妻帶見皆可。

一、外國頭二等公使之覲見過者。固可由正環赴朝眷會。其所屬參贊隨員及所識至近戚友。與該國大小官員名士。無論文武水陸之來此遊歷者。皆可帶赴。

一、外國頭二等公使夫人之覲見過者。于正環赴眷會時。亦可帶見他國公使署中女眷。或他國及本國官宦婦女之來此遊歷者。以及與該國和好之國。于此携無女眷而有來此遊歷欲赴眷會之婦女。亦可代其帶見。

一、署公使雖無國書。而因便於正使。于該國正使外出之時。亦可因而如儀朝見。其夫人亦然。因而朝見。視比正使夫人。

一、正使夫人或署使夫人。每欲于眷會正環帶見外人。須著意查明。于已嫁者之夫及未嫁者之父。能否經其正使或署使帶赴朝眷會。

一朝嵡會正環中人皆爲各國著名官宦，無論如何，若于該本國典禮朝儀不能入者，于此亦不得增入。

一各國正使及署使夫婦，于朝嵡會正環皆準帶見外人，于公環中雖有先行請示一說，似可不必。

一除以上所言駐劄各官外，餘如來此遊歷或僑寓之人欲入朝嵡會，須進公門，隨公環，與本國官民一律。

一一切規例，隨時皆歸掌禮大臣管理，故各外人之名及帶見或舉薦其人之名，皆須于二日前送交掌禮大臣，以便奏聞。如無妨礙之處，則居期自持二刺進公門，遞

卌三

其一與公案註册，迨入環臨見時，遞其一與內務府大臣，以便高唱其名並聲明引薦之名。但二人之名既書于一刺，則其舉引之人可不必同時朝見，蓋無論正環或公環同日朝見足矣。

一凡外國人之于公環朝見者，皆由該本國正使署使或本國人之自己入過朝嵡會而與彼熟識者帶見。

一凡外邦人之朝見者，不得口吻君主手背。

一按以前所列規章內，惟各國公使帶見初次赴會之外人應走正環，外人皆當進公門，走公環，因其于正環中朝見，並無正環中人之職分，故初次朝見後，于一年內若仍駐留，不得仍△隨正環，須入公環（蓋曾經赴會之）。

一各使臣公署內，如幕友、牧師、支應官、教習及他項名目各員，雖屬某公館，而無奉使之職者，皆走公環。

一總領事及領事官，皆無奉使之職，又非前來遊歷之人，則歸駐留本國外國人班內，須進公門，走公環。

又一千八百六十一年六月，內務府記載各節云：

卌四

一凡外邦男女赴朝嵡會走正環者，須隨行該本國公使或夫人之後。若該國公使或夫人外出，而由他國公使或夫人帶見者，亦須隨其所請帶見之公使或夫人之後。若由外部大臣或其夫人帶見者，須緊隨正環之尾，其次序又須按其本國公署前進。

一若一國公使未經娶親，或值其夫人外出，而有其國婦女欲赴嵡會，轉請別國公使夫人帶見者，須與該夫人同時朝見。若由外部大臣夫人帶見，亦須緊隨正環之尾，其次序當照本國公署。

一以上朝見之人見後，不得留立于殿內。

一朝嵡會居時，由掌禮大臣按例行文各國公使，請開列

本署應當入覲及欲帶見之人名單，以便該大臣發帖照請。

一、因便于君主站立不致人氣蒸熱，則各人見後，惟各國公使參贊以及夫人可留于殿，餘皆轉出。

一、二會日期擬定，即經掌禮大臣行知各國公使，以便夫婦偕往。

一、正環中男女以及未經覲見之男女，皆可于此朝見，其名姓須預爲行知掌禮大臣。

一、太子代設朝沓會，則朝會正環內各員，皆可往見。至沓會則各國公使夫人及本國命婦夫人等，亦皆一律朝見，與見君主同。

一、所有各會凡正環中人之名，皆經該本國首領口奏，或內務府唱名大臣代報。

一、命婦夫人于正環內皆自持清晰名刺，以便唱名大臣報與上聞。

一、君主之跳舞會及聽樂會，皆由掌禮大臣發送請帖。

一、凡外邦人之未經赴過朝沓會者，亦可發帖請赴跳舞會及聽樂會。

四五

一、各人車輛出入宮門之憑票，皆與請帖併發。

以上爲宮中規例，茲將所聞朝沓會之大概情形畧爲記之。

一、往年倫敦朝會，無非世職大員入朝陛見。邇來朝沓會通設，無論文武大小一概入覲，如世爵紳士、文職水陸武官、教士醫生暨名士巨商等，闔家男女皆許赴會，惟負販工匠人等一律禁止。

一、商賈之子女及一人之妻女，非經內大臣查清不準入，儻入後查出身家不清或品行不正，仍不準入，雖狀師牧師之妻女亦然。

一、婦女入過沓會者，可以終身永赴。如女子出嫁，寡婦再醮，雖可另行請人帶赴，然必經內大臣查明所嫁何人，按例能否入覲。

一、沓會每年四次，一在二三月，餘則多在五月，其期擬定，必見京報，由京報傳印新聞紙。

一、婦女每名一年只入一二次，雖係該婦獨入，必與其帶見之人同日。

一、凡人欲帶見一人，必先致信內大臣，言明欲帶何人並

四六

其出身履歷若何。

一、婦女將入眷會。須于數日前。先入內務府討二白紙片。自塡名姓住址。何人之妻。何人之女。并經何人帶領。中一片必經其帶領者畫押。然後送回內務府。以便開呈君主。又于一二日前。由內務府另討二片。自書名姓及帶見人之名。屆日入內。一交註册官。一交唱名官。

一、朝眷會之時刻。多在午後二三點鐘。其君主立一點或一點半鐘。人多則君主退入。而太子妃代之。

一、婦女朝衣。前托地。後長必七八尺。下車自行拽起。搭于左腕。臨入門放平。則有主客郎隨其覲見而牽執之。

一、婦女入內。必脫右手手套。以便隨見屈膝。以右手托君主之右手以口吻之。若太子妃代立。婦女只屈膝而已。

一、婦女入見君主屈膝。即隨退隨向各公主王妃及宗戚王公等屈膝。見畢轉過。主客郎即將衣尾交其手。

一、婦女于赴眷會之次日。當投刺拜謝內大臣及主客郎。

一、入見者不分品級。先到者先見。若經人帶見者。須候其帶見之人先入。

一、婦女朝衣尾或方或圓。長不得逾九尺。其色皆白。年老者。可易爲紅緣。飾以五彩。

一、婦女皆可頭上橫戴翎毛。其色白。或染成別色。如黃藍紅綠。已嫁者橫三枝。未嫁者橫二枝。至裙邊用金縧或五彩紗羅任便。

一、君主朝眷會。有時列于德布林行宮。每在午後九點鐘。禮節與在卜靜宮同。

一、太子朝會與君主眷會同。惟皆男而無女。亦每年四次。在賢真睦斯宮。禮儀與眷會同。男子年未二十者。非世爵非爲官。非著名學士。皆不得入。

一、男子赴朝會。見太子王公以及駙馬。皆對面鞠躬。或拉手。不得行吻手禮。

一、男女有出身不清。品行不端者。一經內大臣查出。即登京報。禁其再往。雖世爵大臣夫婦亦然。

一、每年在卜靜宮有二跳舞會。二聽樂會。凡男女于本年入過朝眷會者。皆得被召。

一、每年于耶穌復甦節前。有二大朝會。係其君主所列。凡入者。皆本國世爵宗戚。文武大員。

一、男女之已入朝眷會者。其君主在京時。須按季入宮一次。登名于簿。其已入太子列之朝會。太子妃列之眷會者。亦當前往馬伯樓宮列名。其他宗戚王爵。非有連屬。不能往拜。

一。朝會有時經兵部尚書爲首者。係專會水陸各武官。

一。凡朝會。文武皆著朝服。如金花金穗。紅黃肩帶。各等鍘枝。挂刀佩劍。遇國服及爲别國著素服。則各官圍黑縐紗一條于左肩下。寬二三寸。婦女于眷會中遇之。則改戴黑鍘。用黑手套。黑扇。併去所飾五彩花朵。

按入宮車票。兩面紅色。横寬三寸。長約二寸。上印某年月日。在何宮朝會。眷會。或跳舞會。聽樂會。該車出入不得攔阻等語。是日日本二等公使上野景範之妻。亦立各國頭等公使夫人之末。示優待也。

四九

又。上年經直督李相國遣游擊（花翎二品頂戴）卞長勝。守備王得勝。千把查連標。袁雨春。劉芳圃。楊德明。及軍功朱耀綵等七員。前來德國練學兵法。以其國武弁李邁協嚮導之。茲于數日前。有卞長勝。王得勝。朱耀彩三人。具稟申訴。自到後被其欺侮。刻已逐出營外等語。因奉二星使諭。令彝往查。

卷二終。

国家出版基金项目
NATIONAL PUBLICATION FOUNDATION

海上絲綢之路文獻集成

總主编 陳支平 陳春聲

歷代史籍編 46

主编 范金民

海峽出版發行集團
THE STRAITS PUBLISHING & DISTRIBUTING GROUP
福建人民出版社

本册目次

航海述奇四卷再述奇六卷三述奇八卷四述奇十六卷五述奇十二卷六述奇十二卷八述奇二十卷（四述奇卷三至五述奇卷五）

〔清〕張德彝撰

四述奇卷三

鐵嶺張德彝在初隨筆
貴榮竹坪校閱

丁丑正月十九日乙亥，陰雨。申初同馬清臣隨二星使乘車往拜德國公使閔士達，商發護照，以利彝行。因護照應由本國使臣發給，而所往之國之公使加蓋印章。閔言本國人可用，至貴國欽差（他公使）隨員前往，無須護照，只給一信，俟到敝國時，以之面示火輪車行及稅務司可也。去此至阿布者亦巷共公武會館。下車有總管道米呢、耆勞格廉二人迎接，引看各處。其樓舍高大，甚為壯觀。有客廳、飯廳、書房、賭場、烟廊、打球房、寫字房等，階間潔淨華美。是館開于西歷一千八百一十五年五月三十一日（即嘉慶二十年），專收更新黨中水陸武官之顯秩者。入會每人先捐四十磅，嗣按年捐七磅。入時須內外有戚友作保。每日辰初開，亥正閉。各人在內如家，可以朝夕閒坐、看書、打球、談天、論事。酒食點心，隨意[illegible]取，另給價錢。如請客，亦可借座于此。當時入者一千五百五十人。內有英國大太子及各國公使，故亦請郭、劉二星使入會，而不科錢。在彼點心茶畢，回寓。知有日本國繙譯官長崎道垂來拜，附投公使名刺一，禮也。按西規，凡公使隨員往拜他國公使，須攜本公使名刺為證。晚接德國公使信。

二十日丙子，早黃霧迷漫，巳正雨，未初有告假回國之烟台洋槍隊教習德人瑞乃爾來拜，詢悉明日起程旋里，乃約與同行。後又有上海保順洋行商人單達、元豐洋行梅塔蘭來拜。晚郭星使面諭，到彼宜拜何人，並查訪三人出營之由，如尚堪造就，即設法令其仍回原營，或入別營，亦可改隸水師，否則飭令回華。

二十一日丁丑，晴。束裝畢，戌初乘馬車行十餘里，至羅雅店，約瑞乃爾步坐步入司得根喜輪車客廳，買票登樓，見上下鐵轍兩行，蓋地面者繞行城內，樓上者馳往外省。待至亥初車至，即時開輪，東行一百六十四里。亥正一刻抵坤柏婁海口，下車登船。船名什乢甫拉，長八九丈，寬約二丈，明輪，乃和蘭國者。子初展輪東行，旁風，船微搖蕩。入夜雪冷。

二十二日戊寅，晴。行三百二十里，辰初一刻至和蘭國富樂興海口。早餐後下船步里許。入火輪車客廳。道路泥濘。又極崎嶇。房既少而船亦無遐於英法小海口遠矣。巳初車始至。登車即開。東行三百五十二里。一路田地下凹。水已結冰。日射沖融。遙望如江似海。其輪大莫與京也。未正。過和蘭萬樓村。入德國戛蘭垓力士鎮。東南行一百五十里。酉正至克倫城。下車步入德羅樂店。遇王得勝來迎。此地係前乙丑年隨斌友松到過者。

二十三日己卯晴。巳初。同王得勝乘火輪車。東北行三百四十里。午正至博洪莊。入都北店。會卞長勝朱耀彩。據卞云。長勝等七人來隨德人李邁協。其人原許沿途教以德語。迨上船後。伊佯言眾皆暈船。且在法船不能習德字。及到馬賽與德京。伊仍不教。且不同居。未入營之先。非伊自行遊玩。即約眾觀劇。妄費錢財。長勝較他人年長。屢諫不聽。又因伊管轄多隨私意。時而令著官服。時而令扮洋裝。長勝偶有不聽。因而有隙。王得勝朱耀彩亦皆怨其所為。故于石斑島營學習數月後。伊因舊恨。乃分于三人于此博洪廠學習雜技。窺其動靜。察其言色。似以其著有二品頂戴花翎。應居眾人之上。即李邁協亦必未在其意中也。王得勝舉止安詳。尚堪造就。至朱耀彩則一愚玩幼童耳。言畢早餐後往拜廠總巴蕾。少坐。陪入製造局。有工頭遮達滿者。引看各處。見機器廠樓與他處所看者同。冶鐵鑄鐵有數百人。旁有造鋼礮水雷處。伍勒富為化學長。霍慈滿為工頭。通廠大房千間。周約九里。看畢。巴蕾約入其公司飲茶。少坐回[illegible]。知卞長勝在此學木工。造有木匣三個。王得勝學化學。辨別鋼鐵及畫機器圖。當時已畫圖四張。集雜鐵數包。朱耀彩學鑄鐵。現造有小礮一門。長九寸。粗二寸半。較大礮具體而微。戌正一刻。乘火輪車北行四十里。至米籃村。換車。又行七十五里。亥初抵歐北教森鎮。會瑞乃爾。坐帶牀車甚佳。蓋各國火輪車夜行。有將坐凳直拽而成牀者。有由壁上拽下直放二折而成牀者。有由壁上開鎖橫放二牀如船艙者。更有作成牀榻無須拽放者。皆鋪回絨毡[illegible]褥墊。或光皮銅絲褥。亦有外垂簾帳。內鋪褥單毡被及頭枕者。用者外加錢若干。次早賞車僕少許。各國此等車價以英國為最昂。其他一牀不過一二金而已。

三

四

德國公使隨員李芬、其人年近五旬、為地學名家、曾周遊中土十九省、查看地勢、搜求煤鐵、畫圖著書四卷、不
二十四日庚辰、晴。見村起炊烟、場餘殘雪、田間草積、籬畔雞鳴、殊令人動故鄉之感。行八百一十里、抵石斑島埠。步行二三里、入客寓。會查連標、袁雨春、劉芳圃坐談間、問及楊德明、始知已染病數日。遂同下樓、見其人年二十八歲、形容憔悴、身熱頭暈、外似瘧疾、內實勞症耳。彼此敘及卞長勝等之事、僉云卞為人自大、不受西人約束、王雖精明、為卞所惑、朱則年幼無知、不能自主。午初一刻、乘~~輪~~火車北行四十里、午正抵德京柏林、下輪車。乘馬車行六七里、至韋良坊凱賓好富店。樓聳六層、

五

廳列千間、整齊潔淨、華美壯觀。未初、往拜現任駐華德國正使巴蘭德之兄提督巴蘭達、未遇。後拜告假回國之德國公使隨員范立尺土芬、其人年近五旬、曾周遊中土十九省、記所見聞、著書四卷、圖畫俱全、約二三年後日告成。回寓、接巴提督信、約明日巳正在石斑島閱操。入夜陰冷。
二十五日辛巳、陰。辰正、因時無~~輪~~火車開行、乃乘馬車行四十餘里、一路屋舍整齊、河結堅冰、路積殘雪、風景宜人。過一王宮、名沙老頓布士、為王母太子消夏之所。樓閣清幽、林木叢密。先拜哨官塔路達、乃巴提鎮之東牀也、年約三十、相貌堂堂。見即令人往喚查連標等三人換德國兵服、至頭戴口字形黑毡帽、身穿黑毡短衣與褲、腰圍皮帶、手抱長槍、橫立一行、赳赳有驍勇狀。隊長任[illegible]達先令其演急步慢行、運動四肢、及舉槍放槍各式。後脫毡衣、換鐵絲頭罩、前胸後背著棉靠、二人舉槍對刺、設法決其勝負。下樓至後院、令演練步越牆、跑山、爬樹等技。看畢、讚其教演得法、贈以二磅、任乃免冠而謝。去此、轉入前院、看演步隊、急馳緩進、左轉右退、一線雙分、步伐極其肅整。乃代星使謝塔路達教演華人之意。後登樓少坐、各飲加非一杯。申初回寓、接巴蘭達信、約明早面晤。申正大雪、冷甚。因思及卞長勝三人離
國萬里、學有成效、方不負
國恩。若三人皆回、不惟辜負李相國培養人材之心、且妄費車船各項。況王得勝又為三人中之翹楚者、倘使旋華、亦屬可惜。若責卞長勝不得驕傲自大、須念來此何為、可望悔過自新。朱耀彩飭其勉力勤學、可圖後效。若卞王二人前進、朱亦必不肯退後也。再四思維、莫若仍

六

留爲是想三人亦不顧回也現在三人所學既非急務又非來此本意須令仍回原營或投別營如巴不允再當設法改隸水師焉

二十六日壬午晴暖巳初往見巴蘭達年近六旬貌和語温先奉星使名刺弁謝照料華人盛情少坐烹茶談及卞長勝等據云因不守營規之小過原未欲分七人于兩地奈李邁協言在博洪廠有事可司故分三人于彼另學照相鑄鐵等藝或言其所犯者重余亦未經細查然無論何處學何事皆爲有益故令之去至今不知

七

所學若何詢以可仍回歸本隊否據云素聞王得勝行爲稍好而卞朱二人則皆強暴不遜愚見莫若使之回國且余既令其去若再召回未免顏汗若改入別隊又與小壻不便彝云既不可回槍營入礮隊可令改學水師當即力爲勸解令其改過自新巴曰如此尚可然余不與海部侍郎熟識彝云請惠一函帶見兵部侍郎問以可令伊等仍回陸營否如不可即請轉達海部巴曰善乃取名刺與彝上書中國欽差隨員因有要務相商懇祈面晤去此回寓早餐後乘車行數里至兵部據云左侍郎入值未回不知欲見右侍郎否曰見乃引上樓見右堂瞿尤歐將彝及巴之名刺遞給告以求見之意伊云俟左侍郎回時代請何時可見即爲奉聞言畢謝歸待至子正兵部覆以奉諭明日午正敬候駕臨

二十七日癸未晴午初乘車往見兵部左堂賈美開先將星使名刺奉給代達問候感謝之意言及卞長勝三人之事賈云仍回陸路似不甚便若改入水師尚覺易爲彝申謝盛意求賜薦書以便往見海部大員伊取名刺與彝上書往見之義謝辭出門乘車至海部見其尚

八

書石多士告以來意石云此非公務不爲難辦只請即早回英轉達貴國欽差惠余一函以便令伊等于四月初七日改爲水師學生現有日本八人來此不日學練水師同時入學亦好言罷謝歸晚有石斑島營二武官白克滿蔚立克來拜據云前聞李邁協言欲往中國充當武官教練兵勇尚堪勝任今後如有門可入即于本營乞假三年而往記柏林城街道與倫敦同但不泥濘雖鋪戶樓舍不如倫敦之盛而別有一番景象也人尚温厚内外無欺有一大園名狄爾者林木叢雜河帶斷

冰囿外古呢普提坊三年前新立一石柱高約三丈周十數圍頂立飛仙全身金翅上與巴里者同而石座如倫敦君主夫銘鑄以前與法塞丹三國交戰時所獲之礮稱曰得勝銘車不如英法之整潔輕快而馬更羸老者多焉

二十八日甲申晴暖巳正往拜巴蘭達值其公出未遇乃留柬于其家云昨日兵海二部大僚皆見已蒙允將三人移入水師訂于四月初七日入營令晚起身回英稟覆本國

欽憲因期迫不克守候也亥正由店起程登輪車即開行一夜大雪甚冷

二十九日乙酉雨辰初至多達門村換車即開辰正抵博洪莊遇卞王朱三人來迎入店談次細述一切再三勸勉告以諸君離家萬里當思跋涉不易既蒙相國派來學習須不負其栽培之意況

朝廷以水陸兵法為要務學成回華不惟效力

國家亦可光耀宗祖其有親老在堂者不免倚門之望一旦榮歸既慰親心而更悅親心也況經洋人帶同前來自應聽其指示凡事忍耐屈己從人三年後則天各一方彼此無所鉗制至其所教擇其善者而從之原無所苦將來學業有成定能海嶠揚名則仰事俯畜更無庸慮矣至花翎副將銜在華營固為可觀然在外國則不宜矜誇自大原為學兵非帶兵也故洋人向諸君視同一律而無貴賤之別諸君年皆富強正可有為今得改入水師務當極力勤學以冀將來成就且此次不行送回者皆仰賴駐英

欽憲之恩願深思之三人聽畢深謝更有垂涕者午正復登輪車未初抵艾森莊當時大雨兼雹下車有克虜樸乘馬車前來迎入店店名與地同少憩申正入廠有匠頭夏丹堂者引看各處見地大於前十倍鐵房萬間工匠二千餘人所造大礮有重八十三噸長三丈四尺粗逾丈者點放一次需火藥四百斤其他大小礮位以及鐵礮車軸輪等物每月用鋼鐵七千噸酉正回店克虜樸邀飲於其家乘車行十六七里山勢巍峨林木叢雜橋梁數四溪水結冰其家居山頂樓舍高大望之如在雲際前後長河環繞左右鐵籬花障水法布置精巧清雅

入晝至則先代星使申候詢知伊妻因病往羅馬就醫十一年前其子克斐尚在妙齡今則儀表軒昂英姿颯爽少敘寒溫入飯廳共席六男五女通名姓者男則顧泗舒滿郎司丹女爲施樂姒薩康娥盧得爾等餘皆未詳飯後少敘因晚留宿人各一屋帳幔華美陳設新奇即牙刷梳篦淨水面巾亦無一不備入夜北風催雪寒氣逼人

三十日丙戌大雪冷早起小食辭謝同寓更衣午初登輪車即開未正至鷗波沐地方換車申初開申正一刻

十一

入和蘭界戌正至富樂興海口即時登船係前二十一日夜間乘過者亥初開海水微波船即搖蕩同船男女嘔吐者頗多入夜雪止仍陰

二月

初一日丁亥陰卯初抵坤柏婁海口下船登車辰初開巳初抵倫敦謁二星使細稟一切甚喜記德國一里合中國九里因零數難算故以吉婁美當計之又金銀錢皆改新式如大金錢名攢其馬克者換二小金錢名在印馬克每小金錢換二大銀錢名分付馬克或換中銀錢名他拉爾者三枚暨小銀錢名馬克者一枚又銀錢名租艾馬克者換二馬克每一馬克換半銀半銅錢名分付几非呢者二枚或換名攢其非呢者二及在印非呢者一每在印非呢換名分非呢者二每分非呢換名租艾非呢者二及名非呢者一總之每大金錢換二十馬克每馬克換一百非呢銀鈔亦有由五攢其馬克至一二十攢其馬克者紙皆官造白質藍花橫五寸長三寸按德國之錢比之英國色稍遜比之法國體加重焉入夜微風晴

十二

初二日戊子晴記英制武可轉文而文不能攝武蓋人民及歲必令讀書所學之文非章句詞賦乃天文地理算學格物也學之有年願就文者各以所長赴考中則授職既入某署則終身不改故某署官員無不深悉某署之律例也願就武者于學成後入武學館講求水陸兵法戰策技藝學之有年乃赴考擇其尤者置諸行陣以歷練之然後授職而武可以補文者雖身披甲冑而胸有韜略也至文不能攝武者以其未習兵書難徵實用耳再仕宦鮮有驕傲者故雖太子世爵歷官與庶僚

同應對長吏亦馴馴執屬官禮焉其職輕而爵重者相見仍按爵位尊稱之以示恭敬義也

初三日己丑晴前于正月間星使接准粵紳唐德峻等稟呈咨請總署轉奏禁止鴉片烟繼接粵紳桂文燦温清溪等二稟力陳鴉片之害恰值英人現立一會曰禁鴉片烟會初到此即有多人面陳此義前二日有會首多爾德屬其友丹拿投書訂見期并錄送陳詞一道遂訂今日未正屆時星使率馬清臣鳳夔九與彝立于廳中會友六十四人至立于對面先是伯爵沙弗斯百里立誦陳詞言鴉片流毒中國英人皆捫心自愧四十年來屢請議院嚴禁因華民嗜此者多疑為甘受其毒且

中朝禁種罌粟屢不果行又疑情愿之心不實故議院至今觀望今特請明示鴉片是否害人中國聰明之士是否同愿願設法與英併力斷絕此種貿易云云丹拿里雅格及司九爾德三人復各陳一段意畧相同無非申言鴉片之害匪淺宜早禁止等語郭星使亦立答云感謝諸君雅意自當設法嚴禁不日奏明本國

大皇帝候

旨施行言畢眾人鞠躬散去又前日接外部德丞相夫人約帖云本月十七日由亥正至丑初在外部設茶會恭請

中國

欽憲暨參贊隨員諸位駕臨内大臣貢丁夫人約帖亦如之當日亥初彝同黎蒓齋馬清臣鳳夔九張聽颿著官衣隨二星使乘車先至外部見門内樓下紅衣兵一班作樂正中樓梯寬約二丈上鋪紅氈兩邊列鮮花為闌左右男女往來駢肩累迹登樓見德夫人旁立彼此一鞠躬入内見各國公使隨員及本國文武大僚男女數百敞廳三間崇宏闊大懸燈萬盞明如白晝人皆站立有對談者有瞻望者少選由旁門轉入飯廳正面橫設一案長四五丈寬八九尺陳列乾鮮果品茶酒點心以及加非冰乳梅湯後立僕役廿餘聽客指使取遞子正同公使復至貢丁夫人家樓舍高大華麗壯觀奈夜已過半客皆散去在内遇波斯公使夫婦坐談片時各飲舍利一杯而歸

初四日庚寅陰晴各半午後街遊見豬肉鋪中亦出售

粗細香腸。白水煮猪蹄及碎肉團等各值一二銅錢。其他頭蹄五臟。皆係貧民買用。猪油煉成。盛以水脬。論斤出售。鹹肉大片。與中國同。火腿二種。有醃成者。亦有烟薰者。裹以白布。其味頗佳。

初五日辛卯。晴涼。記英婦產子。皆男醫接生。蓋慮婦嫗無知。誤傷氣血。致不能育。乃以深明醫理者。保之于脫胎之始也。每產必報官。其死于胎內。或產下即死者。亦皆報官。官必推其致死之由。或責懷胎不善自保。或責產後不善養育。或責醫生收洗無術。是亦保赤之誠心也。

十三

初六日壬辰。晴。申正陰雨。來一英婦告門丁云。昨有華僕給對票一紙。因不識華字。姓名未詳。請即喚出。以便討錢。乃告之馬清臣。令其取票為證。後一小女年八九歲者持票至。驗係信紙。上書揖別未久。渴想殊深等語。索之得[illegible]髮鍾四。令往見女。自行了結。鍾四見之。即毀其紙。女乃逸去。

初七日癸巳。陰。早。鍾四乞同去了結。以其必非當去之處。乃給其一紙書云。欠汝十什令。今如數償之。切莫再來。少刻鍾四至。見其人書于後云。不再來。錢亦不要。此事可了之于官。按此等事。西俗不能入官。乃故言恫喝耳。鍾四畏懼。復叩求不已。乃令洋僕同往。飭如數還清。以免再行滋事。後洋僕來云。婦已外出。見其母一老嫗。已付據云。二人言語不通。故出此事。始知所負二磅葉已付訖。現有收執回繳。亥初。同馬清臣隨二星使乘車行六七里。赴世爵訥司寇夫人家茶會。男女百餘。屋宇偪窄。有人滿之患。擁入飯廳。飲茶一杯而去。又行十餘里。赴荀司米夫人家聽樂會。樓舍宏麗。如王侯宮殿。花園寬

十四

敞。五大廳合為一間。四壁滿列鮮花。清香撲鼻。正面設樂臺。前列金漆花椅。按色成行。男女仕宦有二三百人。會主引坐臺前。男女共歌六次。有隨意逍遣者。亦有奏技取值者。第三次有二女同歌一曲。各給百金。姊名尹麗奴。妹名尹臘奴。丑正歌罷。客下樓入飯廳。或坐或立。飲食聽客自便。食畢登車。寅初回寓。

初八日甲午。晴。酉正。鄰婦柯氏請鳳夔九與彝晚饌。因其長子柯拉理現在上海茶行貿易。故有是請。入內見老婦。年近六旬。語言温厚。其次子柯拉義。女柯美蒂。皆

少年之英發者少談入飯廳同席男女十人通名姓者只毛鷗色司馬隆夫婦而已飯後又來男女廿餘人彼此暢談吃茶飲加非有鼓琴者有歌曲者逾時始罷亥初回寓

初九日乙未晴昨接家部來函請遊博物院英名卜立地石米由自亞木午初同馬清臣張聽颿諸君隨二星使前往抵其署有家部幫辦甸伊柏記室米特佛威公使禧在明有雅梅暨名儒武阿丈等迎候導引地廣數百畝構屋千楹鐵作閒架鉛木代瓦瓴石為壁皆防大意也先看藏書處堂室相連重閣疊架自顛至址節節度書錦帙牙籤各有鱗次所藏五大洲輿地歷代書籍共七萬數千卷橱架按國分列其司華書者為德格樂前一大堂中橫案凳四面環以鐵闌男女觀書者二百餘人晨入暮歸書任檢讀但不令携去耳旁一所十餘楹存各國畫圖珍玩及歷代璽印之式璽圓如璧金石為之各肖其君貌于上印以紅黃蠟周約五寸由此遠進前行又數十楹羅列古蹟零銅斷瓦雜遝兼收其大者如石碑石柱石像石棺皆麥西猶太羅馬希臘諸國二千年前之物出此降階復升重門洞達街接百數十楹舉凡天地所有之鳥獸鱗介草木穀果山川之精英淵叢之怪異博物志所不及載珍玩孜所不及辨格古論所不及詳莫不棋布星羅各呈本然體質動物則取已死者存其骨植被以全體皮毛實以紙棉藥料屹立無異於生人之骸骨大小亦十數具焉再進又十數楹為古今天下各國所用之什物與一切兵器而本國之新製繼之夫英之為此非徒令人觀看以悅目怡情也蓋人限于方域阻于時代足迹不能遍歷五洲見聞不能追及千古雖讀書知有是物究未得一觀形象故遇之于目而仍不知為何名者往往皆然今博採旁搜綜括萬彙悉備一廬每于禮拜一三五等日開門縱令士庶往觀所以佐讀書之不逮而廣其識也以上不過畧述因為時甚迫無暇細載酉初回公館酉正[illegible]鳳夔九劉鶴伯赴毛鷗色家晚酌入內見毛鷗色夫婦及其女毛藕奴客廳少坐入飯廳同席男女二十四人中所識者惟柯蒽蒂母女而已飯畢登樓吃加非彼此彈琴歌曲子正回寓入夜大雨毛鷗色者倫敦鐵行之一巨商

也。聞在海岱囿曾鑄英君主之夫阿拉柏王全像云。

初十日。丙申。晴。未正同馬清臣鳳夔九隨二星使乘車行三四里。赴司柏的斯伍家茶會。伊爲英國名士。精於光學。乃與其師丁達〇請入內室演試之。夫光學者。所以明色之變也。其法四面遮閉黑暗。正面挂大白布一幅。對面立木架。上置高燈。射光于布。其光力與日光同。係以炭然火。置諸鏡匣。炭小如指之一節。銅筒如小杯而圓。光之由筒照于白布者。其大數圍如月。隔以方玻璃。猶一色也。以三楞玻璃映之。則光分五色。界畫井井。如紅黃白藍黑。故紅綢條于紅色中。其色不變。移入綠光。則變爲藍。移入白光。則變爲黃。又鍥水晶使稍分厚薄。轉諸鏡匣中。則其光善於變色。燒水晶使之熱。再浸以冷水。亦變色。勁力以握玻璃。亦變色。緩則無色。又以鹽煉木藝火。則人面及五色之物皆藍。以五色畫一車輪而急轉之。則第見其白。合五色粉而勻之。亦變爲白。看畢。回入中堂。陸續來男女五十餘人。皆本國名士。各擅所長。如精于天文者爲侯金嗣賀蔭德。精于地理者爲伊文士歐多恩李嘉賚武阿丈。精于製造者爲馬勤志丈思。精于算學者爲畢立佛夏理古洛色。精于電學者爲阿丹思花士德。精于化學者爲葛蘭敦。精于醫學者爲白羅斯席木菴。探冰海者爲阿蠻呢。能造火車鐵路者爲何格沙博識。花草蟲魚者爲阿拉滿遏多安賀克立胡格爾。又有葛羅佛之夫人。年約六旬。亦以博學著名。彼此談至申正。去此。往赴馬拉闊木家茶會。夫婦年各六旬餘。伊曾充提督之職。其父于二十年前。曾領兵赴粵。故陳設古玩多華產。屋既窄小。客亦不多。在彼遇前任外部大臣。現充議政院大臣葛蘭敦。聞昨在會堂。公論俄土二國之事。伊痛斥比干斯弟盆之非。當日三百餘人。右葛者一百二十人。左比者一百八十人。葛故敗。蓋堂中人分率舊更新二黨。葛乃率新黨之首領也。去此。往拜前任駐華之英國公使布陸司之兄。提督布洛司。坐談片時。茶罷而回。

十一日。丁酉。晴。申初同馬清臣隨二星使乘馬車過泰木斯江長橋。西行三十餘里。至立墀滿村大囿旁。拜公爵勒色喇。屋宇建于山頭。四望無際。樹木參差。花卉繁盛。入內見其妻。七旬老嫗也。其次子勒慈。其長子勒薩

宦

所遺之子女各一。皆八九歲。繼入內室見勒公。年八十有五。鶴髮童顏。髤頭危坐。身老心壯。言語溫恭。坐間又來男女六七人。皆左右隣也。各飲茶一杯。麪包幾片。臨別。其孫女勒阿娰請署名于簿。酉正回寓。知傅立蘭偕其友柯洛斯來拜。

十二日戊戌。早陰雨大霧。午後。勒公令其姪勒素前來投剌謝步。見倫敦幼女近多有編辮者。老幼婦女之步行街市者。多有口含炭塊。嘴前掛黑布一片。大於雞卵。以防冷氣（或毒氣）入口。而致咳嗽染病云。

十三日己亥。陰雨涼。戌初晴。同馬清臣隨二星使赴日本公使小茶會。男女三十餘人。皆各國仕宦也。坐談許久。公使夫人烹日本茗進之。各一小杯。味甘而澀。無清香氣。

十四日庚子。早陰。午正晴。申正。黎蒓齋邀看馬戲。其奇者。一人于池中列馬八匹。馬隨馳。其人往來躍其背。後佯跌。馬見皆驚。乃屈前股以頭撞之。不動。以口嚙其腰帶。人既起。馬即作圈奔逸如前。又一童年十四五歲。折腰屈股。能倒飲酒一杯。吃麪包一塊。又一人反立十二木椅在上翻身掉臂。足挂腹懸。以作戲。椅則兀立不動。亦精技也。

十五日辛丑。陰雨。巳初。同黎蒓齋禧在明馬清臣劉鶴伯鳳夔九隨二星使乘車入老城。先至官錢局。英名洛亞敏特。譯洛亞者國家也。敏特者錢局也。下車有總管費滿達迎入。其造法機器于前三次日記中有之。無須再述。試驗天平高四尺餘者與觀。雖加損毫髮。而輕重立見。天平大小十餘。皆罩以玻璃。蓋不（防纖塵之入。且）使侵以寒熱之氣也。夫人身之與百物。見熱則舒。見寒則縮。故熱地之人。其長也恆速。年二十而身軀已定。寒地之人。其長也恆緩。三十以前猶可增高。五金及木亦然。如挂鐘。夏行緩。冬行急。蓋銅練為寒熱所感。因而舒縮不定也。木器于冬季放之。恰合所置之地。入夏竟有大莫能容者。亦此故也。天平之輕重。不爽杪忽。然偎之以人。薰之以火。所衡之物。輒加輕者。因熱氣所中。其器舒長也。濡之以水。扇之以風。所衡之物。輒加重者。因寒氣所中。其器縮短也。銅質最畏寒熱。銀次之。鋼又次之。惟玻璃不畏。故以之罩天平。能使輕重不失其本。至辨別金錢輕重之

官厤

具。形制如匣。罩以玻璃。入钱數十枚。其間輕僅秒忽者自歸一區。重僅秒忽者自歸一區。無稍輕重者亦自歸一區。钱之流于器。如蚓之行。其聲如草蟲之趯。時甫半刻。千钱早已衡遍。故億萬新钱。分兩一式。去此。往觀官銀號。英名洛亞艾克司占之。譯艾克司占之者。兌換處也。洛亞見前。票皆各地異式。如印度者。白地黑字藍花。長六寸寬四寸。似稍大於本地者。凡回票皆撕去一角。號以年月。收存六年無事乃焚之。票收于鐵匱鐵櫥。房皆鐵門石壁。既不畏火。亦不畏賊。申正回寓。早餐後有回國省親之北京施醫院醫士德貞來拜。

十六日壬寅晴。是日為西[illegible]二月三十日。禮拜五日。係耶穌釘十字架之日。國人通稱好禮拜五日。凡富宦皆出外閒遊。不去者。以及窮民男女。亦著新衣。步遊街衢園囿之間。鋪戶關閉。匠役停工。各堂晝夜念經作樂。其議政院亦由昨日關閉。至下禮拜二日方開。酉初。有議政院紳士阿士柏里請聽樂于阿拉柏堂。因堂在海岱園前。正對其君主之夫阿拉柏之金像亭。故有是名。堂外圓形如饅首。砌以紅甎。四面皆門。高約八丈。周五十八九丈。內則長方形。比戲園。正面設天下第一大風琴。高二丈餘。寬亦如之。其鐵筒外見與內含者。各六十餘。粗者周七八尺。細者六七寸。琴下高臺左右。層層橫列歌者座千餘。正面前橫歌者座三百餘。後列樂工座百餘。臺下前三面。正中平座三行。後則凳座兩圈。再後小屋一圈。各容四五人。上則大屋一環。各容十座。其中間左鄙二間為君主御座。右二間為王公之座。再上則雜座三環。當晚作樂者百餘人。所演多琵琶胡笳二種。左立歌女。著白衣肩橫綠帶者一百五十名。右立歌女。著白衣肩橫紅帶者亦一百五十名。又正中左右。共立男子歌唱者千餘名。通堂容二萬二千人。而是日聽樂者。男女老幼不下一萬數千人。陣陣歌唱誦經。樂聲震耳。末則通堂男女齊立。一祝天主升天。再祝保佑君主。子正始畢。出門則男女蜂擁。車輛雲集。然靜悄無一爭先者。巡捕在旁彈壓故也。

十七日癸卯晴。往日行人往來。多有在樓下眺望華人者。昨日尤甚。幸有巡捕彈壓。尚覺安靜。今蒙星使各賞十什令以勞之。據云。照料一切。是其職守。至受賞一節。

容稟明上憲，準而後領。

十八日，甲辰。陰雨。見本地幼女梳髮新成一式，係將額前垂髮一層剪齊，長不逾寸，如粵東者。按是日係西歷四月初一日禮拜，又為耶穌復甦之日。

十九日，乙巳。晴。按耶穌復甦之日，皆值禮拜之期，故至次日人多倦于作工。二年前，經寶星盧柏克者商諸議政院云：禮拜日原係放假之期，耶穌復甦又是聖節，今兩日合一，則遊賞暢懷之心不滿，嗣後擬加一日放工，以舒其性。故是日稱曰盧公放假日，又曰伊斯敦禮拜

三五

一日。其義未詳。未正，同眾隨二星使乘車往看倫敦臺。英曰陶爾敦倫敦，譯陶爾者臺也，敦者之也。叙于西歷一千零七十八年（即宋神宗元豐元年），為王宮。石牆厚一丈五尺，高數丈，環宮瀦水為池，建礮臺以守護。閱三百年，至明洪武間，廢為拘禁罪臣之所，今改以儲軍械，并駐兵二千馬。是日因係放假之期，男女來觀者甚夥。入左門出右門。毋〔二十〕人一放，隨開隨閉。內有宮人引導，指示一切。登臺四望，鐵道樓房，如疋練之繞叢花，令人迷目。去此往看泰木斯江下道，見以前所列之鋪攤鐵架皆移去。六年前改為火輪車道，如山下洞，又如甕城。晚，郭星使約看馬戲，頗好。

二十日，丙午。陰。按西國樓舍不論幾層，廚皆建于樓下。近有名醫李車遜者，言廚在樓下，雜味薰蒸，不得外洩，恐人受病，今後宜移竈于樓頂，令其開敞見天，則惡臭自外去矣。故邇來新房間有倣造者。

二十一日，丁未。早晴，午後大雨。晚，同眾請二星使看馬戲。園在敖斯佛街，後樓宇寬敞，燈火輝煌。有女著肉色絨靠，腰下圍翠紗短裙，頭戴花箍者，蹈鞭繩往來如飛。

三六

又幼女跑馬，頻看上下，拱手回旋，體輕如燕，不亞天仙游戲。又有象八隻，一人持鞭，使其跪立跳舞，無不如意。又三虎圈鐵籠內，一人突入，虎則搖頭擺尾，聽人指揮。又四獅亦圈鐵籠內，一人入籠放槍，獅皆俯伏，圓目如電，吼聲若雷，令人可畏。亥正回公館。

二十二日，戊申。鎮日忽陰忽晴，忽而細雨。午正，同馬清臣隨二星使乘車拜客，順路至官畫閣一觀，名曰那慎那皮克久裏拉力，譯那慎那者官也，皮克久者畫也，裏拉力者閣也。高樓數十間，間間油畫大小百幅，皆前代

及當時名人所繪飾以全邊懸諸四壁各間皆有男女摹仿無不酷肖國家集此畫幅非爲美觀亦可出售價皆千百磅不等少亦數十磅。其不禁民來此學畫者與博物院准人看書意同蓋令人擅長一藝自無束手凍餒之憂耳。

二十三日己酉早晴午後陰雨未初同馬清臣隨二星使乘車行十數里入老城看盈島威監下車有家部幫辦席綸儀存記室米坦富迎入管獄官陸士導引各處纖悉胥告焉院極大中樓一所高四層內分四所內外光明。毫無塵垢共屋一千一百六十五間當時禁犯男女共一千零六十二名凡屋高七尺深十四尺廣十一尺。一犯居之有牖以通天空不以湫隘閉鬱其氣冬則以機器送煖分布各屋以禦嚴寒各有鐵牀鋪蓋一分鐵盆鐵盌各一以防損壞。其住第一層者織粗布以備做囚服抹布等第二層者編擦鞋麻墊等以便分置各間。第三層者撕[illegible]生麻及捻麻線。以備織編之用第四層住婦女司鍼黹以供各犯。初入獄者去舊衣換囚服易別識也親屬來探另有一室以鐵柵隔之獄官與犯

並坐。察其所言以杜私弊每日三餐麪包湯肉加非與茶皆足給。樓每重各立天平一具有以肉少爲嫌者則衡而示之。以昭平允每日卯初即起躬爲灑埽料理衣服。梳髮洗面務令整潔早飯後同入講堂聽經以一小時爲度凡聽經獄官必高坐臨之有不恭者斥之此後作工。至午酌畢在院按序而行。以舒筋脈。院當中種青草。四面以石墁圈三層。按所住樓層步行其上如環形。爲凶惡者另有鐵房作梅花形者一所。花心有高屋一間。獄官立而四望每犯各行一瓣之中按瓣隔以鐵闌。走畢而回。雖令其舒暢而仍防其不法也散步後觀書兩刻而後作工晚飯後少息同時滅燈令寢樓極下一層入地爲黑牢。由階梯委折而至牆厚一尺寸四凡三重。有犯監律者。收此數日。夜不給燭。飲食稍次毆官者以麻鞭鞭之其次則捶以木棍。非是不鞭捶也。越獄者以火槍逐擊之由此獄移彼獄者。以鐵索繫其右手加以鎖鑰。犯人兩兩相連。非是不施鎖鐐也樓頂有高臺矗立。登三百級至其上憑眺甚遠旁挂大鐘爲追看越獄之行迹者樓旁浴室十二所七日禮拜一澡濯去其

垢穢而免疫癘。有疾則别置養病樓。高亦三層。高朗潔淨。使卧輭榻。供以美食。醫既愈。則令坐機器凳上。稱其輕重。權其肥瘠。以驗血氣復充與否。然後復歸舊牢。病甚者。另入一室以便省視。因衣浣以機器。挂諸桅枷。推入火櫃烘之。櫃有編號。防混淆也。厨大而潔。列銅湯鍋周丈餘者四。庖丁十數名。皆著白衫白褲。養病樓另有鑪竈。一切飲食。皆經醫官斟酌派造。以防有礙病人。凡入獄。各就其所能。使執一藝。如織縫洗窩鐵木皮石。以及烹飪作樂等。無不學習。筆而無一能者。始令撕順粗

三九

麻。總之。凡獄中之物。一切衣食器皿。莫非犯人為之。凡操作之時。與食息相間。以調其勞逸。故獄人無論老少。莫不氣體充實也。看畢。各署名姓于簿。英例也。凡國家重地。有客往觀。必請留名。戌初回寓。按倫敦監牢凡九。曰盆島威。曰米勒班。曰牛該達。曰梅投普立潭。曰希的鋪立森。曰色立康的戛。曰扣巴斯甫伊自。曰號騷靠蓄愼。曰號騷的坦愼。前二獄為官監。家部主之。專收重犯。應禁五年以上者收此。九閱月乃解往海口獄。使就修台築壘諸苦工。限滿釋回。海口獄數未詳。次五獄為公

監。美爾及議政院紳士主之。收輕犯之應禁數日數月以至數年者。期滿即釋。後二獄惟號騷的坦愼專收待審人犯。號騷靠蓄愼則收孤貧子女之無教養者。恐其陷于匪彝。故巡捕捉入。飲食訓誨。令其改過自新。學藝有效。然後放歸。聞英格蘭有三獄。曰塔達木爾。曰坡蘭曰戛安。在愛爾蘭一獄。曰斯巴闊蘭。在海島者一獄。曰坡自茂斯。又英律無斬罪。凡抵償者。監內設木架。犯人項套長繩。立于活板之上。板撤則犯人縊死。後因此事不令衆見。恐人生疑。故改令縊于樓上。臨時頂立黑旗

四十

示衆。前二日。某村犯人。縊後繩斷。墜地復甦。再縊方死。人多不服。蓋繩皆本地官備。今擬令家部歲備新繩。分給各處。然通國之獲此罪者。每年不過二三名而已。數日前。盆島威監有犯人因瘋自縊窗上。又一人由樓上自墜未死。調養現已痊愈。夫倫敦九獄。立法皆同。待罪犯如此其寬。尚有自縊墜樓以求死者。足見錮禁之苦不比家居之優游自適耳。倘冤枉不申而治以非刑者。則每歲不知顛死者幾何人。枉死者幾何人。言之令人酸鼻。

二十四日庚戌陰。午後同黎蒓齋劉鶴伯鳳夔九乘車往謝毛鷗色。及拜司本薩。詢知其妻陶木森因病往上諾爾伍地方。在伊父陶岑家調養。後入海岱園一遊。鮮花破蕾。芳草生芽。冰雪初消。餘寒未退。宛然早春光景也。入夜雨。

二十五日辛亥。大雨。記英稅例。徵進口貨。不徵出口貨。據云。出口皆本國所產。若征其稅。則貴鉅難銷。不欲敗運于外。第就本土懋遷。獲利必微。無以勸藝植匠作而富其民。故俟其銷售回歸。始按磅納三佩呢之稅。不過二百四十分之三而已。由是樂於遠販者多。遠販多則銷售廣。農工之業自不待驅迫。而皆勤于作苦矣。通國民富。蓋由此也。

二十六日壬子晴。早見新聞紙云。前日有海豪奔街第二百五十九號米葉爾書肆夥計霍林阿因乘車送貨。手未執繮。致馬驚馳里許。被巡捕捉去。官定罰什令七枚。以充官用。申初有機器局主人牛姍持燈戲與看。英名馬支伊克蘭坦所照天地日月。山水人物。無不逼真。入夜大雨。

二十七日癸丑晴。未初。乘輪車行四十餘里至上諾爾伍鄉。拜艾德林。入內見其母。知其二子二女皆赴學未歸。相與午酌。後步行里許。拜包臘之父母及其妹包娳娜。坐間其鄰居男女幼童十餘來見。皆總角垂髫。妙齡神秀。去此。又拜十三年前在水晶宮所會司本薩之妻陶木森。并見其父陶岑。坐談少許。歸。後有日本井上馨者來拜。年十四歲。在倫敦學藝十年而返。以英國船礮火車之用。告於其國。咸惡之。屏不與語。且有指為私通外國而羣毆之者。迨英軍攻日本。力不能支。乃乞井上馨言和。擢戶部尚書。遂獻策更政令以從西洋。今又來英。稽求征稅之法。當日談及各國利弊。據云。敝國戶部于百年前弊竇甚多。外來必向收者進貴。否則雖十分交納。亦稱不足。如進則八九分亦代報足數。每月關發官項。率以八九代十。皆隱忍而不敢言。予深恨之。迨擢尚書後。力為革除。漸有起色。予仍不以為足也。今自大僚以至庶民。其洞明海外利弊者十無二三。予每諫勸。眾不我從。足見舊弊難除。即除亦不能速。雖云古人良法美意。然歷年加增條例。屢次更改。以致紊亂無緒。不深悉者遇事靡所適從率歸書吏主持官長毫無知識故百弊叢生伊於胡底即如律例司有時因某路或某途不合官長之意中心妒忌故作新章即後人按照新章又將句讀點錯向人索費否則為之議駁後因諸多齟齬設法另改一章此豈秉公辦事實為污吏增把持之權貪官開賄賂之道耳英制無書吏官員皆明所司之例苟有不公人可申訴是以欲作弊而不得也聞此者宜再思之

二十四日甲寅陰雨未初有實學名士葛立那蒲艾印歐萬巴倫皮爾柯英寶星索木森與威公使約遊格致書院英名普立提克呢克音司的究慎遂同黎純齋劉鶴伯隨郭星使乘車行半里至茘榛街下車迎入見樓上下羅列與十三年前看者同惟中堂横垂一棍作山字形上挂假人打鞦韆體大與真人同上絃則身攀足踏上下往來勝於臨凡仙子蓋腹中機關由電氣所使也繼看光學照一色變六角隨轉隨變千花萬朵五色繽紛又看影戲先由樓頂照映于臺上山水人物日月星辰與真畢肖出此再坐入水鐘亦與前同戌初回

二十九日乙卯陰申初隨二星使至官經書院英名洛亞音司的究慎聽丁達公冷熱氣論伊言天地氤氳本為冷氣其體最重火氣最輕以之入物可凌空而不墜可入水而不濡凡物注氣既滿其力必足能達遠能摧堅並以多物試驗之

三十日丙辰晴酉初同馬清臣隨二星使乘車行十數里入議政院聽論事登樓覘之各國公使隨員十數人與事外人多有詣此作壁上觀者樓正面列[illegible]新聞紙局使執筆記事樓下正面一臺上立一人稱曰司批克爾譯為堂言乃通曉律例嫻熟故事隨時為之彈壓也臺前設几案正坐司事三人執筆以記人言各官就案兩旁諸紳以次列坐凡集議之先紳士有詰于官即赴院挂號聲明所詰事由官吏則預籌答詞屆時俱至司批克爾乃按挂號次序傳呼出詰凡有詰問辯論者皆立起向眾言之言畢復坐然後他人啟齒不許攙言不如法則司批克爾扶出之論不能決則分左右袒以相從人多者勝所言即施行焉是日在坐數百人詰以雜事者凡數起後有人論及土俄兩國之事會堂首事哈

丁也。意主不與聞。而陸路總兵哈爾的則咈之。二人持論不下。逾半時之久。而欲發言者尚夥。時已子正。乃先眾散去。記英議政院或會堂曰豪騷帕拉蠻。分上下二院。上院稱曰豪騷皮爾斯。內近支王公五。國人稱大教師為阿赤比朔者二。公二十一。侯十九。伯一百一十四。子二十四。男二百四十九。國人稱教師為比朔者二十四。以上皆英格蘭所命官爵。加以蘇格蘭世爵一十四。愛爾蘭世爵二十八。共計五百。下院稱曰豪騷考門斯。內英格蘭五十三部。一百九十八城。三大書院之紳士。

卅五

被舉者共四百八十九。蘇格蘭三十三部。二十二城。四大書院之紳士六十。愛爾蘭三十二部。三十一城。一大書院之紳士一百零五。共計六百五十四。蘇愛二地之議院紳額少於英者。以戶口不多也。紳士由眾公舉富者居多。下院紳士為英國最要之選。號令政事每由此出。再上院核定。亦有倡議自上院而交議于下院者。然必下情胥協。然後奏聞君主。以見施行。否則飭下再議。若仍以前言為是。君主亦俯允所請。如君上辯駁的當。間亦聽從。總之。凡事紳士之官成之。國君統之而已。各城鄉鎮埠。按地分立紳士一二人。利病之當興除者。曲直之當伸辨者。隨時布聞同院而上陳之。每年自開堂之日始。爵紳皆集倫敦。至七月乃散。未散之時。每日官紳士應赴院商確一切。惟每禮拜六與禮拜兩日不往。各國公使。及本城人民願往者聽。堂雖靜悄。有時一人建言。而居樓上者仍覺不甚了了。其各抒見以議時政。常至連宵達旦。務期適於理當於事而後已。官政乖錯。則舍之以從紳民。故其處事力據上游。不使稍有偏曲。故舉辦一切。上下同心。蓋合眾論以擇其長。斯美無不

卅六

備。順眾志以行其令。斯力無不殫也。

三月

初一日丁巳晴。日本在英國買造兵船二號。其一告成。擇于是日下水。公使上野景範集眾觀之。因中華密邇扶桑。特邀使者與會。以示親厚也。午初。同馬清臣隨二星使乘馬車行二十六里。至波浦灘。下車登船。見日本公使夫婦隨員及英人男女[illegible]餘。其通名姓者。為造船工頭沙木特。創造船式李達。皆藝之最優者。船以其國為名曰扶桑。長二十一丈。寬約二丈。可載重二千三百

四十三噸。船尾雙輪。轉其一。則船于所止之處。瞬息可以轉身。無俟繞行之遠。所以利戰陣也。氣爐水鍋。別有新式。可省煤火。所以免煤乏之患也。加掛風帆。一小時能行三十里。不必專藉火輪。可佐煤力之不及。誠製造之精工也。按西俗。船下水時。盛酒盈瓶而碎之。以為命名禮。蓋倣宜（猶中受洗命名之意也）請女客斷其船繫岸之鎖。則船遂流而去。岸上鼓掌歡呼。若送行者。登岸入船廠。工頭設宴。同席男女十六人。酒饌豐美。食畢。賓主互相祝頌兩國君上。客皆立起。舉盃慶賀。是日因中國

欽使在坐。故亦全祝中國

大皇帝。祝畢。郭星使立起。以吉語酬謝之。按西俗盛宴。皆有主賓互祝之儀。以示恭敬。子正回公館。入夜陰雲漠漠。大風。冷。

三三七

初二日戊午晴。記英國各處暨屬地。銀號天平。皆頒自倫敦。有輕重或爽者。控告至官。則官錢局提其天平比較。別為頒給。每年官中潛派人員。前往所屬各處向市肆買物。暗察權衡協否。否則取而折之。量為示罰。給以新秤。或鎔鐵加其秤錘之上。以昭公允。

初三日己未陰。清風習習。寒逼征衣。巳正。有前在司柏的斯伍家所遇之胡格爾者。請遊御花園。遂同馬清臣、黎純齋隨二星使乘車南行二十餘里。至其地。伊引入園。名奇尤。周六七里。乾隆年間。為英主卓爾志第三所建。內有亭臺橋館。今皆毀去。惟一十層塔尚存。因年久而圮。禁人登臨。至君主威克兜里亞即位。乃增廣之。四面圍以甎牆鐵柵。內五大洲樹木花草。皆按地圖分植。松柏居多。扶疎盤結。萬尺凌雲。其他奇形巨體。老幹濃陰。諸多不識。玻璃大房六七。各列花卉千種。爛熳馨香。識者尤少。另房羅列天下所產木料。鋸片切方。粗細不一。所有花木。各有標記。著其名目。詳其功用。溯其所自來。縱令百姓往觀。以資博考而擴其識。園內工費每年用金磅二萬。合銀七萬兩。歸時伊折鮮花盈筐以贈。申正回寓。

（倖野于西歷一千七百三十七年。即乾隆二年。）

三三八

初四日庚申晴。大風冷。午後接信。知庖丁柳樹仁。衣工陳炳祥病愈。由錫蘭乘輪船到此。經馬清臣往接見。柳樹仁滿面烏麻。相貌為之一變。酉初陰。先雪後大雨一陣。戌初止。

裝藥二百磅

初五日辛酉晴。有戈登之兄戈頓，請往五雷治地方看洛亞爾森那，譯言御前軍器局也。午初，同黎蒓齋、馬清臣、鳳夔九、張聽颿隨二星使乘馬車至柴令克洛斯火車棧。登車即開，東行三十餘里，抵局。有監督楊思本、副監督顧訥、富暨戈頓等迎入。先看名人韋德海創造之魚雷。因其形似魚，頭尖尾銳，有鬐有翅，故名魚雷，實即水雷也。長八九尺，重一百十九磅。身分三節，相連。前一節有機竅，以銅為之，形若菊花，以定魚行之遠近。中一節內藏機竅，以定入水之深淺。後一節以實火藥，藥皆造以棉花及硝磺二強水，為其燃速而力猛。將施放，先以樹膠管注氣魚腹。既滿，則推入水中。魚行處水無聲而微波，因入水五尺不甚深，故魚迹可見。行僅里許，而藥發矣，烟水沸騰，如雲如霧。尾繫絲繩，故畢拽回。若以禦敵，則須入水十尺，魚形不露，水面無痕，雖敵舟遠十數里，頃刻可以駛到。兩演魚雷。繼放大礮，礮形如螺螄，重三十八噸，礮子重七百磅。內有小礮子無數，皆黏以松香，如瓜瓤然。空其底與心，可載藥數十磅。轟入敵陣，火藥發，則礮子炸，而小礮子齊出，如羣蜂飛舞，子數百步外，故名蜂窩。形如且字或自字，外有凸凹曲綫十道，深各五分，暗與礮腹綫道相合。蓋礮腹亦有凸凹曲綫各五道，使藥力急催礮子，曲轉一周方出，所以速而且烈也。藥不以粉而以顆，取其熱透較慢，不致暴而傷礮也。盛藥以羊毛袋而不以紙與布者，取其不著火，則一放再放之後，礮腹餘火不至遽著于藥以傷人也。裝子藥既畢，礮子後放藥二百磅。礮身左右有三小孔，則以螺旋鐵棍長尺餘者，貫入孔中，棍上數寸心空，放以銅條一寸，外塞以小鐵棒，蓋為試驗藥力之用。因藥發則其力直壓鐵棍，以擣銅條，視銅條之擣扁若干，即知藥力之大小。礮腹子離藥以徐出，斯氣漸鬆而力亦漸薄，故近底之銅條擣扁較甚於近腹者，而近腹之銅條擣扁又較甚於近口者。考驗既確，則上下之間用藥多少可以無悞矣。礮前里許有木架，橫繫電綫，旁通一室，與機關相連，機關上立一銅條。礮子過架，則電氣飛觸機關，而銅條落。由放礮至銅條落下之時，刻杪數計之，知礮子飛行之急緩。據云其舊式圖礮子每一杪時雖能行二百丈，然行速而不能及遠。按今式礮子雖一杪時祇行一百二十丈而行遲力能及遠既而往觀其工匠製造處莫非機器鐵爐雷鳴風激赫赫隆隆令人耳目為之紛亂其廠式與十年前所看者同惟地[redacted]舊開廣鐵房添增現共人工七千二百每年經費三百萬金磅合[redacted]銀一千零五十萬兩今礮重三十八噸者造成八十八尊重八十噸者五尊小者無數大小礮子羅列道旁不啻墉崇櫛比因廠大路遠往來咸乘小輪車每輛容四人尤覺輕快後至戈頓家午酌同席有其妻女暢談甚歡酉初謝歸亥正同黎蒓齋馬清臣隨郭星使赴兵部尚書布達家茶會遇各國公使及本地官紳男女數百在各屋往來蹀躞間有拉手問訊者敘寒溫者講學術者未入飯廳點心飲茶與加非少許丑正回寓雨

初六日壬戌晴晚劉星使請郭星使及彝等晚酌並在太子妃戲園觀劇園不甚大而戲頗佳所演係一人名辛壽者年近三旬好飲酒終日在醉鄉不理生人產鄰有富室丁庸者一日邀辛飲待其醉強畀以錢辛不受曰不惟無力歸還且月息亦無所出丁云至契何必言利只限汝十年後歸還辛遂受之亦未著意次日丁來其家[redacted]云既借錢當書約以為據遂取出繕就一紙令其畫押辛閱之一字不識求丁念丁詭云限期十年並不收利等語辛乃留之丁去後恰值伊甥女來即令誦之始知三年不還房地皆歸丁姓辛猶不介於意薄暮大醉其妻怒而逐之大雨傾盆辛去終夜未返妻與幼女皆驚疑暈絕良久始甦辛出門手執火槍信步入山夜半遇一鬼肩負酒桶見辛至置之地鬼不言而以手指桶繼而指肩開桶雙手作飲狀意似求辛代負登山開桶共飲辛會意乃置桶于肩鬼前行辛從之山甚高抵其地見白髮老鬼十餘蓋山臨大海鬼皆百年前覆海之水手也衆見辛敬之如神開桶暢飲甫一盃辛即醉臥山頂二十年方醒醒則鬚髮皆白衣化成灰身動衣灰飛去惟存汗衫短褲皮鞋色已成土立起四肢酸楚不易屈伸槍尚在旁持時柄木朽壞只餘鐵筒而已辛覺二十年如一夢回至故土廬舍皆改村人無一識者妻寡居十年後被丁庸賺為妻悔恨無及因思前夫雖嗜酒而心良善此人暴虐不仁遜於前夫遠矣當時見其夫

不識而憐其苦令入屋向火吃酒對談時許夫妻父女始認彼此痛哭哦而丁庸入令給涼麪包一塊即刻逐出婦云伊乃前夫辛壽也並未去世丁云雖然未故奈二十年前曾貸我百磅未償房地皆當屬我且有約據尚不當逐出耶辛曰若云前事約據尚在囊中並未畫押乃取而示諸鄰白紙色變灰黃即丁庸之筆跡也丁見俯首無語辛云亦可與淬麪包一塊即刻逐出眾聞之同聲稱賀而觀者亦齊鼓掌為之一快至所演日月雷雨山水村房花木陳設鳥獸烟雲一一與真無異令人真假難辨子正回寓

罣

初七日癸亥晴早同祝郭星使六旬大慶午後有威公使外部潘侍郎協理三多森稅務司金登幹等來賀晚同眾請二星使晚酌入夜雨

初八日甲子陰雨午後隨郭星使乘車各處謝步晚公請郭星使在葉大林大戲園觀劇宏敞華麗觀者男女千餘人所演天地景致無須再述惟一男年十九歲者歌一曲聲滿通堂若出金石另一女年十五六著粉紅衣者按拍而歌曼聲宛轉清響紆餘舉腕迴腰直欲作掌上舞也子正回寓

初九日乙丑陰雨為禮拜日巳初隣人柯氏母子約鳳夔九劉鶴伯與彝往克來司禮拜堂一觀堂不大潔淨整齊坐有男女百餘人教士霍拉者著有經解頗多端立臺上講誦數篇未初始畢延入客廳各進加非一杯未正回寓酉初稍晴

初十日丙寅鎮日陰晴風雨不定酉正鳳夔九約黎蒓齋劉鶴伯與彝暨柯家母子兄妹往婁爾席墨街第十五號龜背音樂學堂聽曲房不大坐可二三百橫列十餘行臺下列樂一班臺上男女幼童八人鏗鏘妙曲戛擊新聲玉潤珠圓聞者忘倦亥正回寓

罯

十一日丁卯晴有英進士金泗者請赴海伍立街學堂晚茶戌正同黎蒓齋隨郭星使乘車行十數里始至見金泗及其姊金姒與他男女老幼三四十人中有日本公使夫婦暨其隨員長崎道志餘名未詳各奉加非一杯後看顯微鏡鏡形如頁字高一尺粗五寸人由上看前對燈光下放玻璃片每片橫長寸半寬五分兩片合一內含小物四面糊紙中留圓徑以露內含之物如小

蟲花蕊。爪翅頭鬚。凡大一二分者。照皆盈尺。尚不為奇。惟一玻璃內含一點。小比鍼尖。照則人頭一百七十四。七孔分明。無迷糊處。又一點。照則大字一篇。清楚無訛。看畢。入其學堂。敞廳一間。周二十餘丈。眾客列坐當中。全立正面。宣講日月五星之光。據云月與五星皆無光。咸賴日照。惟日光華耀。普照乾坤。月雖大。其中無氣無水。似亦無人。中有大山。周四百餘里。高九十數里。蓋職司天文者也。講罷。又云。日本公使幹練。及其二子之聰敏善學中國。

欽差接人溫恭。而待幼童尤為慈愛等語。言畢。眾皆鼓掌稱賀。全指座中一瞽者云。其人姓欒名安。原為樂工。因獵被槍子誤傷二目。尚能彈琴作樂。品端術正。非他樂工可比。出此。入客廳。茶罷。登樓入其書室。以千里鏡隔窗望月。奈浮雲在目。見之不甚了了。下樓又請其女客二三。鼓琴歌唱。丑初。回寓。

十二日戊辰。晴。亥初。同馬清臣隨郭星使往赴兵部侍郎花爾提家茶會。入內見其夫人。本國文武大僚各國公使夫婦隨員。男女有數百人。屋宇偪仄。寸步難移。馬

四十五

清臣頭暈眼迷。殊覺不快。轉入正堂。遇其四公主。綠衣姒。及駙馬洛安侯。彼此鞠躬。繼而對立。公主問喜倫敦城否。覺天氣好否。郭星使皆一一答之。子正回寓。

十三日己巳。晴。冷。按倫敦斷案司有七處。曰林昆斯音。格蕾斯音。米得爾坦布。印納爾坦布。闊島奎印斯班赤。闊島考滿普立斯。及愛克紫克爾。當日巳初。有禧在明之友哈立斯者。律師也。來請往觀。遂同馬清臣劉鶴伯隨二星使乘車前往。行十數里。先至林昆斯音。堂不大。周三四十丈。高三四丈。正面臺上坐三刑司。臺下對坐

四十六

六律師。當日提審鐵行互控。兩造記號相似。真假不辨。蓋西俗各行。除本字號外。必另造一花印。以免混同。如冰行畫一白熊或冰山。苦酒行于三角形內著紅色。上畫一手。炮製止嗽藥行畫一象。專售止痛藥行畫一骷髏是也。出此。入律書閣。上下四面。置律書四萬冊。係天下各國及本國者。學律人日詣而習之。前面飯廳頗大。為諸生飲饌處。坐容四百人。又入米得爾坦布印納爾坦布及闊島奎印斯班赤三司。局式大同小異。惟前二司寬敞壯觀。後一司稍小。然亦清淨整潔。末入存案庫。

名曰豪騷坡布立蓄闥大樓一所。所有門窗戶壁以及槅架咸以鐵石造之。不雜寸木。所以防險也。所儲書卷有數百年前者。書以羊皮綿紙。毫無汚痕。新君嗣位。稟受大教師誡條。各國和約所定章程。皆藏于此。案卷皆編號分置。百姓有往錄看者。則司事即抽示之。既不禁止。亦不需索。可謂與人爲善矣。按英制。民間詞訟隸于美爾美爾。或不能理。或理而不服。則控諸議政院。以上聞。轉交刑司審訊。刑司之權最大。雖國主以及爵顯皆聽之。故英諺有云。君主不尊律例爲尊。至其推鞫之法如兩造不到案。則各請律師六人代質。刑司坐于台上。律師分坐台下。台上詰駁。則台下檢案卷。起立辨答。並無跪審刑訊之事。通國計大律師六百。小律師一千二百。皆考試律學而拔陟之。蓋恐愚民不能自達其情。故以律師代之也。律師代某人而勝。則勝者必酬以費。雖稱明規。亦可見天下各國律例。因貴而貧。弊爲尤貴也。各刑司不常駐此。隨時往來于英格蘭、蘇格蘭、愛爾蘭三處城鄉。就地訊案。免訟者之跋涉也。申正回寓。酉初。復同黎蒓齋、馬清臣隨郭星使乘車赴上議政院一觀。與下院大同小異。亦燈燭輝煌。整齊潔靜。惟君座設正面。官座列左右。聞當晚所論。係數年久懸未結之議。因英俗凡人病故。皆經官教士前往誦經。有言似可不必者。有言萬不可少者。聚訟至今未結。亥正回寓。入夜陰而細雨。

十四日庚午。陰。涼。記倫敦大小戲園共三十七處。除禮拜日關閉外。每日酉正開門。戌初演戲。夜半子正或丑初散場。終夜一齣。分三四節。各班所演不同。有唱而不白者。有白而不唱者。有演掌故者。有演小說者。有歌時曲者。有作時派者。有跳舞者。有賣藝者。有故作神仙山海禽獸怪狀者。有講笑話雜技以[illegible]兒童者。雖演國家事故。無論真假。一概不禁。每班初演報官。必經內務府大臣當場考驗。必無防礙國體。敗壞風俗。惑亂人心者。方許登場。某日某園。某班演戲。必于前一日印新聞紙以聞。每班只演一齣。朝朝不改。或半月。或一二月。始行移去。戲園多外作饅首形。內作且字形。前圓後方。正面作臺。臺下前橫木闌。內坐樂工一班。外則椅凳橫列成行。後有小方屋三四層不等。叠而成圈。再上敞屋一圈。

前三面有門出入按次各有路道不得混雜各處座價不同池座由四什令至七八什令第一層古屋由十什令至一磅再上每層由一磅一什令至五磅五什令每屋坐二三人敞屋散座由一什令至三什令再上至樓頂一圈則無座而立每人半什令或二三佩呢各屋各座皆識號頭觀者買票入門司事見票撕去一角領之入座持票可以隨時出入城中亦有小鋪專售各戲園座票其價稍昂大戲園值演好戲或有某著名優人須預買座票方得一觀焉

卷三終

四述奇卷四

鐵嶺　張德彝在初隨筆

貴榮竹坪校閲

丁丑三月十五日辛未陰涼距公館北半里許有名士戴蕾呂者善化學電學各藝已正請往觀其試驗遂同黎蒓齋馬清臣鳳夔九劉鶴伯張聽颿隨二星使步至其家屋宇不宏闊而玻璃筒罐木匣等具羅滿四壁先以銀納强水中銀即化爲粉入鹽少許則銀粉下沉澥去强水煉之則銀粉黝黑如碎牛角再以火吹之則復成銀據云凡物化形煉之皆可還原如以四兩炭灼火置于二斤重之玻璃罩中炭化灰後衡之重僅數分若封固其罩而燒之與罩同衡仍是二斤四兩蓋玻璃罩物最不洩氣故炭雖[redacted]化其氣仍存如以皮袋兜取其氣合灰煉之仍爲炭[redacted]燒炭室中其氣外散草木受之復成炭材燃煤爐内其灰下撲地土受之復毓煤胎鐵放久而生銹刮而煉之仍爲鐵嗣試電氣與前所見無異因劉星使偶抱採薪之憂彝隨先回惜未盡觀其藝

十六日壬申早陰午正晴未初隨郭星使步行八九里

至斯多理司門第八號中國稅務局訪全登幹坐談鎮江蔓船一案極久後取出中國貨物小照數張與觀係前在合衆國肥拉代第亞城街奇會中者瓷器杯盤綢緞古董羅列如雲亥正一刻車接回寓公館

十七日癸酉晴午後隨郭星使遍行城中拜客三十一處戌初回寓記倫敦通城屋宇皆按間數住人每人必占地若干方尺以便得氣而不染病按日有地方官赴各家查驗窗氣通否污穢掃淨否如房少人多必令添造或令遷移另覓前日劉星使偶患腹痛據馬清臣云此

二

鬱居一室所致也蓋西人謂天氣為養氣人口所出之氣與物鬱積之氣皆為炭氣人受養氣多則無疾受炭氣多則生病故須游行空曠頻見天日吸養氣以養五內即在屋中窗牖亦宜頻開以接養氣設有一人體素堅壯居廣廈足飲食而窗牖盡彌其隙不令一絲氣透數日其人必死以養氣胥絕所吸皆炭氣也深屋秘室關鍵已久乍入之而死者華人以為逢祟非也船艙地窖儲積米豆乍入之而仆者華人以為中毒亦非也皆炭氣之所致也火最食養氣故閉門爇睡不可熾火水最食炭氣故臥榻之旁不妨置水此理誠然嘗見都中富室居廣廈食珍饈朝朝歡樂而體弱多病至貧窶之人居矮屋食粗糲日日奔馳而身壯無疾彝幼體弱不時嘔吐瀉肚食不能多自十五歲入同文館每日往來約十六七里因而舊疾豁除神足體健飲食加增此亦衛生之一道也

十八日甲戌晴涼上年星使出京時值同事李湘浦赴部驗看故未同行迨驗看畢回粵束裝轉赴上洋領船費是日午正由上洋乘輪船抵倫敦謁見二星使申初

三

馬清臣同彝著朝衣隨郭星使乘官車入卜靜宮赴眷會各國公使隨員及本國文武男女共千餘人一一參見戌初始散

十九日乙亥晴未初同馬清臣張聽驄隨郭星使乘車至南堪興坦觀鮮花會英名洛亞活的克球爾拉搜賽伊的地在阿拉柏堂後四面高樓鮮花羅列千紅萬紫數里聞香男女雲集往來如梭各樓設有加非館酒果點心房當院石亭一座內設樂卒工一班亭下四面龍口出水鏗然而鳴音和絲竹四面鐵椅成行以便遊人憩

息樓左繡房一所女工百餘閘工頭老嫗云此房向禁男入因知中國繡工第一故請入觀其工果不如中國之鮮明精細而價甚昂酉正回亥（寓）初同馬清臣李湘浦隨郭星使先赴對戶葛里扉家茶會男女數百見其母女後于樓上步繞一周即出門登車赴海部尚書韓達家茶會見其夫人後樓上盤旋燈燭燦爛金碧煒（煇）煌男女千餘人下樓點心少許（食而歸）丑正回

二十日丙子陰雨申正雨止同黎蒓齋劉鶴伯張聽颿乘車行八九里過西敏斯德禮拜堂入水族院一觀英名洛亞阿奎良木鐵建大房周約一里上罩玻璃正面與左邊各一門入者一什令除禮拜日外每日巳初開子正閉入正門正面一臺演雜戲前坐樂工二十人再前列木椅二百三面圍以木柵入坐者每人一什令左右距數武水法鐵盤各一高七八尺周丈餘盤上出水高六七尺下種鮮花圍以鐵籬外列鐵椅四面便人止息每盤四角各設貨亭一四面木櫃出售雜貨如小照玩物鍼蒲首飾等盤對面各一小魚池左者養水獺右者養婦魚圍以布帳入看者一什令臺右設男女淨房

四

各一內有水盆面巾用者半什令外放水龍車二輛有一酒肆出售果（糕）點旁為一小戲園入者六什令臺對面臨墻石臺玻璃魚池一行臺高三尺池形如櫃頂與面皆玻璃深高各三尺餘橫隔截斷亦以玻璃寬約四尺盛海水峻石分養魚蟲二十餘種又雜貨攤一行出售玩物零碎器皿臺左臨牆又玻璃魚池一行共魚蟲十數種此前鱷魚一池周約二丈四圍鐵闌內大者七八尺小者八九寸共十二尾又香龜一臺上罩玻璃內共大小數十又一酒肆較臺右者稍大前列桌凳數行旁

五

有以顯微鏡看美國景致圖者據地不大圍以布帳看者半什令另有收存衣帽屋一間客有寄物者隨意給賞臺對面之二小魚池旁各一樓梯寬皆一丈高十二級上達拱樓蓋四面除臺外作敞樓一圈形如口字其上于臺右有大屋一間內養阿富罕黑人男女七名當其歌舞時入者一什令此旁由右面至正面羅列今古大小油水畫千幅魚骨蚌蛤螺螄百匣亦皆罩以玻璃標註名目出處又一小屋演蚕戲係一人養蚕蝨四枚入者一什令乃令其拽車推磨車磨與真無異大比菽

豆。據云，養已四年，每晚令伏于手指吸血一小時，其手有血痕腫處，雖屬精能，亦良苦矣。旁一小門，左放二獅子頭，罩以玻璃，飾以假樹，上通樓頂大屋一間，為打〔擊〕球處。轉臺之左面一帶，有大飯廳，作コ字形，上左邊長桌，以便吸烟吃酒，下右邊長桌，賣加非點〔糕〕心，中面橫方桌兩行，賣飯，可以憑闌眺望樓下男女往來，及演雜戲。後面二門，通小樓一圈，作口字形，列雅座，隔以幔帳綢帘，專售大餐，每頓佳肴五簋，湯果點〔糕〕心俱全，價則五什令，酒與加非另給，名曰達布拉多達。樓下臺左，看美國景致圖處。左右二門之外，相連一大圓室，中有大池，養海龍四尾。池前一大門，為通街之左門。左有雜貨攤，右有古人石像，池右與二內門之間，懸挂鳥籠，出售各種飛禽。此圓室上四面又有小樓一圈，即飯鋪後堂口字形雅座也。當晚遊者男女有數千人，臺上演狗戲、猴戲、歌曲、擊球等藝，有隨跳躍間，手搖雨傘，沿邊繞滾木圈而不倒不落者，有以木錘敲玻璃盅十二枚，和八音而成雅韻者。末場係樓頂懸一噴礮，有幼女名伊麗娰者，伏入礮膛，有人登梯以火燃藥，礮聲震而女噴出，落地無

六

恙。見者無不咋舌。有售雜技單，註明何時演何技，作何樂，及喂何魚，則耳目不致眩暈矣。當晚遇全登榦、屠邁倫等五六人。亥正回寓。子初復隨郭星使赴隔壁賓星賀拉斯家茶會，見其夫人二女暨他名〔仕〕宦男女數百人，敘談片時，入飯廳小食，飲加非、食冰乳。丑正回寓。

二十一日丁丑，晴。申初同馬清臣、鳳夔九、劉鶴伯隨郭星使乘車往芭木街荔枝店，赴合眾國已故富商席克斯之妻于氏之〔家〕茶會。婦年逾三旬，不知所操何業，日有百磅進款。在彼遇各國公使隨員及英國仕宦男女數百人。酉初回寓。

七

二十二日戊寅，晴。未初赴徐司得家茶會，見其妻女及紳富男女老少二三十人，備有酒食甚佳，坐談片時，登樓看其書室，羅列東洋瓷器漆器甚夥，有中土大瓷缸一口、豆綠瓷瓶一對、大瓷鉢一箇，皆二三百年古物也。按徐司得祖籍德國，妻父有世爵，故夫稱長官，而妻稱夫人焉。申正回寓。入夜微涼。

二十三日己卯，晴暖。申初同劉鶴伯隨劉星使乘車入海岱園、及賢真睦斯園，周遊數十里，由荔榛街回寓。一

路豐草綠縟。密樹濃陰。風清日暖。池水清澄。遊人往來接踵。車馬鎮日馳驅。每日卯初即明。亥初始黑（昏）。可謂日長如小年矣。然時雖孟夏。而涼似初冬。又是一番節候也。

二十四日庚辰。晴。未正同馬清臣鳳藻九隨郭星使乘官車赴賢真睦斯宮朝會。見各國公使及本地文武官員。冠蓋稱濟濟焉。申正一刻回。晚同張聽颿、劉鶴伯至草市看假冰嬉。英名斯該丁苓。入者每人一什令。地不大。屋式長方。周十八九丈。臨門左右有出售輪鞋及賣

八

酒與加非者。漆鐵墁地。三壁大玻璃。正面假山一座。前後倒映。屋不大而似大。上三面懸望臺如樓。寬約七八尺。正面彈琴作樂。左右列凳兩行。作此戲者。共男女及幼童十數人。鞋與冰鞋式同。惟前後立四小木輪。其輕快勝真冰嬉。時而攜手同行。時而列行齊舞。惟一幼女名班格者。每晚（日）亥初來此作戲。其翻身仰射。倒體回旋。飄灑超羣。便捷有出乎意外者。

二十五日辛巳。晴。因寓所偪仄（窄）。遂于對面緯幅巷第七號租定卧室五間。器皿俱全。是早黎蒓齋、劉鶴伯、鳳藻九移去。月值二十磅十五什令。戌初星使請威公使麥華陀、布魯斯、馬拉闊、金登幹、禧在明及阿什柏里等晚酌。華肴（饌）有燕窩、魚肚、魚翅、海參、江瑤柱、燒羊肉。洋饌有白煮魚、龍鬚菜、烹雞、烤牛。俱佳。丑正始罷。

二十六日壬午。陰晴各半。未初同黎蒓齋、馬清臣隨郭星使乘車至寶星懷多士家。見其夫婦皆六旬餘。有麥華陀及其友戴爾在彼迎候。懷名士也。深悉格物（致）之理。曾思出度量妙法。能量寸內萬分之一。辨別鋼鐵之性。勘礮子直行水面之理。少敘。各飲舍利一杯。辭去。又至

九

南堪興坦萬物樓。上下列天下各國今古物件。皆以玻璃匣盛之。惟中土瓷、玉、古銅、日本綢緞繡花為尤勝。樓上有男女畫學館。學者有百數十名。去此。郭星使率馬清臣回寓。彝同黎蒓齋赴寶星巴艾家茶會。亥初又同鳳藻九、張聽颿隨郭星使赴貢丁夫人家茶會。兩處男女各數百人。極一時之盛。

二十七日癸未。晴。午後隨劉星使乘車遊海岱園。見花紅萬點。樹碧千株。而紫芋香、白芍藥佳植尤多。時值孟夏。男女遊者如雲。富者乘車。貧者步履。每日午後各園

園有巡捕乘馬立于中途。彈壓指示。以資約束。園門中分左右。懸出入牌。以便車馬往返順馳也。申初回寓。入夜陰。

二十八日甲申。陰雨。按西歷以三百六十五日為一歲。英國每十年稽查戶口。註册編號。紀明年歲。營謀何業。田廬店肆。歲入租息。生涯工作。月得進款。皆按名細載。歲終獻册。君主受之。派員覆數。分編老幼壯弱。士農工商。各為一類。詳查死生壽夭。勤惰貧富。死夭者多。則命醫生察勘。或剔障蔽以通天氣。或疏溝渠以通地氣。糞除

十

道路。以免汚穢。修合藥品。以療疾病。人無業而貧者。不令沿街行乞。收入養濟院。而衣食之。日督作工以勞其體。因人畏勞就逸。轉致自勞而自賤。故莫不奮發以事工商焉。亥初雨止。仍陰。

二十九日乙酉。陰。艾德林邀看德露芝學堂。未初乘輪車行二十餘里。至德露芝村。堂建于七年前。經其太子與妃命。即以地名名之。層樓砌以紅甎。式作凹字形。內共屋百間。有書房。客廳。畫閣。飯堂。臥室。生徒五百六十名。分四等。頭等者十五歲以下。二等者十三歲以下。三等者十一歲以下。四等者六歲以下。所學為文字。化學。格物。測算。畫工。力學等課程。是日為各徒生演力之期。學堂前有大院。後有花園。院設布帳三。中一大者賣酒食。左右二小者列客座。男女老幼來者有數百人。生徒按等共演二十五次。第一賽移物之力。以能遠行者勝。二賽抛球之遠近。三賽踢球之遠近。四賽隨抛隨踢。以路遠數多者勝。五賽跑路三百尺。先到者勝。六賽跳牆高逾一丈。七賽跑一里。八賽躍高。旁立木牌。號以尺寸。以上頭等二等。九賽跳牆高七尺。十賽跑三百尺。十一賽躍

十一

高。十二賽跑二百五十尺。以上三等四等。十三則各等同跑三里。十四又頭等賽躍高。十五。二等者賽跑洋里四分之一。十六則各等拄棍躍高。十七。二等者再賽躍高。十八。頭等者跑一里半。十九。又頭等者賽跑三百六十尺。二十。各等同跑三百六十尺。中途橫有木柵。高約三尺。二十一。四等者跑三百尺。二十二。頭等者賽跑九百尺。二十三。各等同賽走四里。二十四。又二等者賽跑三百六十尺。二十五。係所有以前跑躍落後者。復聚集同跑三百六十尺。惜當日大雨。未得看畢。後繞入花園。

遇其總教習喀爾倭者，導引登樓，觀看各屋。一切修飾潔淨華美壯觀。看畢，請茶謝辭而歸。後同黎蒓齋、劉鶴伯、張聽颿隨郭星使乘車赴羅綸絲及貴丁二夫人家茶會，男女各數百人，殊覺鬧熱。子正回寓。

四月

初一日丙戌，雨。前于二十八日，有管帶學習水師官生監督、候選道李丹崖鳳苞，及法郎西人提督銜日意格，由福建船政局攜帶官生三十二人到倫敦，是日未正來拜。知分在法國學習者二十八人，為陳兆翱鶴亭、羅臻祿醒塵、李壽田叔芸、吴德章煥其、鄭清濂景谿、楊廉臣東清、梁炳年蔚如、林慶昇旭台、張金生麗圃、陳林璋詠裳、池貞銓玉如、林日章仲明、林怡游禾叔、魏瀚季渚、郭瑞珪璋如、劉懋勳嵩如、裘國安勱臣、陳可會亞平；學習法國律例者二員，為馬建忠眉叔、陳季同鏡如；留英國者十二人，為嚴宗光又陵、何心川鏡秋、劉步蟾子香、林泰曾階序、蔣超英錫彤、方伯謙益堂、葉祖珪桐侯、林永升鍾卿、黃建勳鞠人、林頴烈訒季、薩鎮冰鼎銘、江懋祉芷庭；英文繙譯官一員，羅豐祿緝臣。

十一

初二日丁亥，雨。午後同黎蒓齋、劉鶴伯、鳳夔九乘車往柴令克洛斯大店，答拜李丹崖、日意格、羅緝臣。申初，同馬清臣隨郭星使赴將軍馬拉闊家茶會。酉正回寓。按英俗，此等申酉刻茶會，女客多而男客少。會分三等：大會禮儀繁重，備有歌樂盛筵，客來多至百餘名，少亦五六十人；中會客由二十至五十不等，歌樂有無皆可，筵席稍殺；小會則請戚友十數人，相與坐談，飲茶、點心小食而已。茶會請客，男主不出名，不見客，女主出名，無專帖，在女主名刺之上右角書請某人，于女主名下書在家敬候；下左角書午後由四點至七點鐘；如備歌樂，則加書作樂。因客數不拘，來否任便，故不書候覆。赴此會者，婦女不華飾，不脫帽，作街遊狀，男子亦然，惟入門免冠而已。在飯廳設長桌，鋪白布，羅列各色點心、茶、酒糕、果品、加非、冰乳等。有僕婢六七人以侍。客有入門即飲食少許者，有將去方始飲食者。凡食品任客自取，茶酒加非則呼侍者以進。男女立而無座，樓上亦然，即有，亦女坐而男立。居時，女主立于客廳門首接待，拉握手問候。客之去留任便，欲去，見主辭否皆可。初會者必辭而後行。凡接帖

十二

已來者，過期，須于數日內投刺致謝。帖雖女主出名，不能獨請一女，必同帖請夫婦、父女、母女、兄妹、姊妹。如有子者另具帖，女多者另帖附之，不另送。大茶會，設更衣二所，以便男女脫卸冠服，飲食豐盛，供奉多係女僕。小茶會只備茶與加非、糕餅而已。在樓上置女主，前女主按數斟出，有男客為之轉遞。客入門，則僕導引上樓，因小茶會女主坐待于廳中也。凡婦女下樓吃茶或點心，固須男客相伴，飲畢，偕回。苟男客少，女主擇其尊貴者自行陪伴，或請別客之品位相埒者陪之。婦女下樓欲

十四

吃冰乳、鮮果，必脫手套，若只飲茶與加非則否。男客皆立近于几。女客不能搶步，男客無論識否，當代主家前席致問，所嗜何物，取而進之，旁立待飲食畢，撤器，反于几上。若吃茶後仍欲食奶油麪包而脫手套，則男客自然會意而進之。女主非年邁有疾者，不得終日永坐，往來酬應眾客，有女亦當協助。有歌樂者，客皆悄然靜聽，聲止則齊行喚彩，以邀主喜。午後茶會之事，姑述所聞如此。

初三日戊子，陰雨。申初，隨郭星使乘車往拜德國公使，未遇。申正，同黎蒓齋、馬清臣、張聽颿隨郭星使赴本街第十五號李槎森夫人家茶會。亥初，先赴本街第二十九號羅慈夫人及柴得弗苡巷馬格晛夫人二家茶會。凡請晚茶會者，帖與午後者同，時刻則書九點半或十點鐘。如備樂工或小戲，則加書奏樂或演劇。其樂工有善歌者，有善彈者，男女不過數名。客有擅其技者，亦可隨意遣興。演劇或數名優伶，或戚友，作三四齣小戲，臺設于大廳正面，前為客座。如客有國戚、王公、王妃及外國王公、王妃、大臣、名士，須于帖上加印或書會某，如

十五

請他等茶會、跳舞會及晚饌亦然。若專有樂工一班，非待其人入不奏，又必特作一陣，以示恭敬。凡請晚茶會訂期不在禮拜六，因近禮拜人多下鄉遊玩，或入堂唪經。凡大茶會、跳舞會，有兼備夜饌者，必另設一屋，特備茶酒點心，由九點至十一點鐘三刻，十二點則飯廳門開，內列夜饌。若有國戚、王公夫人，主人須介紹一二男女尊客。有外國名人在會，主人亦必將本國名人為之先容。夜饌備齊，則男主導女客下樓，男客必携所介紹之女客下樓。如無介紹之女客，則携女主下樓，另設一

筵，以示尊敬。廳小容客不足一百者，則男女主偕遠客先入，餘留客堂聽樂，飯畢，或登樓，或回寓，均聽客便。除至近戚友外，鮮有復上樓聽樂者。客去，亦不必面辭，須于數日內親來投刺致謝，以爲禮。

初四日己丑，陰雨。午正隨郭星使乘車往拜法國公使，未遇。亥初同馬清臣、李湘浦隨郭星使往外部赴丞相德爾貝夫人家茶會，客來者車馬填塞。子初回寓。記西人每有創造建置，皆商民集股，名曰公司。雖數千萬金，不難赴期而成。凡鑿山開河，製造奇器，創置新埠，罔不恃此。所謂眾擎易舉也。兩國交界處，火輪舟車亦多合成一機。如由英至法至德，三段輪車，一段輪船，只由英買票付錢于一處足矣。聞土耳其國向來興建大事，皆須動用國帑。數十年前，改效西法，建立公司，邇來不惟公司未富，且致欺風日甚。蓋數人合夥以業商賈，貲本或僅千百緡，苟非親身經理，輒被攘竊以去，誆騙遠出。況數千萬金之重，孰肯協力同心以共其事哉！夫土耳其二千年之古國也，不意險詐至此。今雖有實心欲向西人共事，亦鮮有推誠任信者。

初五日庚寅，陰雨，入夜大風，晴。記英俗，凡人無事者，或早饌後，或晚饌前，必步遊少許，一爲消食，一爲清神，皆在午未之間。又專有午後者，夏季由申初至酉正，冬季由申初至申正二刻。富室遨遊園囿，貧家步履街衢，其乘車者四季多由未初至酉初。已嫁之女原可一人閒遊，而宦家鮮有獨步勝地與繁區者。新婚或年少之人遊，必偕其子女或姊妹、僕婢等。男女相識者遇諸途，必待女先鞠躬，或點首，男子方敢答禮。若與女一面之識，只以手扶冠而已。如係至契，則免冠高舉以爲禮。二女相遇，無論新交舊好，皆位高者先點首。二男相遇，俱不免冠，只點首，或以手扶冠。若遇一相識之男偕一二不識之女，則免冠以隱示敬女之意，然不爲之相見。蓋男不能向不識之女免冠也。若二女同行，一女遇其相識之女，則與不識者相見。二女遇一男于途，非夫與子，不爲相見。男女遇諸園囿山林，皆男趨女旁，偕行數武。男女同遊，則女前男後，非老婦不得攜手並肩。夏日婦女乘車而遊者，有自御一種小敞車，由午正至未正。婦女于城內騎馬乘車，必有戚友或馬夫以伴。鄉間雖可獨行乘騎。若田獵又必有人同往。以防不虞也。

初六日辛卯。晴涼。亥正同鳳夔九、劉鶴伯隨郭星使乘車至坤娰門第四十八號赴李斯格夫人家跳舞會。因其女李麗娰年十五歲。學成出館。故設此會。一為面晤戚友。一為認識各家子弟相與交結。以冀將來得婿。蓋仕宦之女。自六七歲在京讀書。繼而下鄉。或往別國。學習諸國語言文字、地理、史鑑。以及雜藝。如音樂、丹青等事。須數年後學成。方得歸家。其家屋宇華麗。燈燭輝煌。男女千百。音樂喧天。共跳十數回。惟第一次與麗娰跳舞之男。

十八

自覺榮寵無極焉矣。丑初回寓。

初七日壬辰。大雨陣陣。記百年前英國無輪車、電線。時寄信皆用馬車。車至某處。御者吹角報聞。今頻見樓下經過二馬車、或四馬車。修飾極其華美。車箱內及棚上前後共坐十二人。御者著紅衣。後立一僕。亦著紅衣。沿路不時吹角。詢悉非為寄信。蓋仿古遊鄉者也。凡下鄉而遊者。皆富室約男女戚友十餘人。攜帶酒食前往。遊目騁懷。賞心樂事。如華人之踏青。英名皮各呢克。

初八日癸巳。陰。記英俗登車。必女先男後。女坐正面。男坐對面。若三女。則未嫁者先登。坐于對面。已嫁者後登。坐于正面。至則後登者先降。主客同車。至則客先降。乘車接客者。主坐對面以待。俟客登。則讓坐正面焉。

初九日甲午。微晴。是日英稱回滿代。為耶穌教魔鬼歸魂之期。其義未詳。通城市肆關閉。男女街遊。午正同黎蒓齋、劉鶴伯、張聽颿乘車北行十四里。遊阿來三宅牙宮。名雖稱宮。實為國人遊憩之地。創于數十年前。原為街奇會所建。會畢。改備各種奇物。令人玩賞。因地遜於水晶宮。遊人日少。不甚獲利。忽于西麻一千八百七十

十九

五年。宮遭回祿。于今重建。四面開展。樓高數丈。周逾二里。通身鐵石建造。極其堅固。正中設風琴樂臺。左右分列油畫、鮮花、珍寶玩物。有歌亭。有舞榭。有酒肆。有肉林。宮前有賽馬廠。宮在節檨山岡。路徑曲彎。流溪環繞。天下奇花異卉。蒼松怪石。靡不羅致。其間規模雖較前廣大。然比之水晶宮。猶覺少遜。入者一什。今當日遊者男女千餘人。日暖風和。山明水秀。殊令人心曠神怡也。申正回寓。

初十日乙未。陰雨。記英京通城。單馬雙輪車名韓森

者有號至九千九百數十者單馬四輪名喀普或佛囘者有號至一萬零一百六十六者此外雙馬常行大車及運送貨物單雙馬車亦不下萬餘輛再加紳富單雙馬車通城數逾四萬

十一日丙申晴亥初同馬清臣李湘浦隨郭星使赴對戶葛里扉夫人家茶會又眾善士欲代克英街顙耳施醫院募化一年費用擬在賢真睦斯宮前韋里斯堂設跳舞會爲特請中國
欽差爲首領以倡義舉入者每人一磅一什令當日彝買得一票子正同眾隨郭星使往樓房高大男女跳舞多囘寅初始散

十二日丁酉晴是日原擬公請二星使與李丹崖日意格羅縉臣三君晚酌適值英人佛培之邀往水晶宮看烟火遂于申初偕同前往入內四面遊覽見穹窿廣廈修飾倍麗於前作樂唱歌蓄魚養花懸油畫列百貨殊覺可觀入飯廳食畢登正樓下視遊人往來如蟻亥初開放烟火見起花火五彩光燄熊熊與前三次所看者同惟氣球燃于地上徐升半空散成數十大星光芒甚巨水池施放火蛇飛騰數丈互相往還左右水法亭後然五色燈花水泉滾起如百道飛瀑與火燄相間又爲其君主像眉目口鼻冠纓衣褶皆以火烟現之末爲文忩宮萬戶千門規模巍煥遙見火光中層皆環檻大木扶疏青碧之色葱蒨若活真奇觀也法以鐵條外挂硫磺火藥如京師上元所放花盒惟不能如此之精巧耳子正一刻囘寓

十三日戊戌晴見土人一種玩藝係一紙見方周爲八里內四分之一畫房一所樹二株餘三分中分畫樹八株假如有人生五子故後將有房一角分與長子餘三角須設法均割四分每人必得樹二株按其法乃右上角畫一房房下左右二樹右下角先二樹後一樹左半先直線分畫三樹再畫兩樹地位均分迨分時將有房一角割去則所餘三角作┘字形先割去當中一小┘字則所餘作冂字形再將此字均分三段每段自得樹二株焉

十四日己亥晴微暖申初乘車往金登幹處取北京總署發來包封係由告假囘國之稅務司英人哲美森所

抬二頭8

寄。又因前于三月十七日，劉副使奉旨改派駐德正使，乃經總稅務司赫樂彬由京發來電信，令金登幹帶領前庚午年與彝同事之英人博郎來見劉星使，以備差遣委用。伊雖隸英籍，幼居德國讀書，熟悉彼邦政俗，且効力于中土十數年，能華語，故特任之。當日謁見劉星使後，登樓訪彝，相見甚歡，暢談已往。

十五日庚子，晴。午初隨郭星使乘車往見金登幹，坐談極久，酉初回寓。飯後，同黎蒓齋步遊荔榛囿，風清日暖，佳木繁陰，芳草鮮花，繽紛可愛，男女千百，絡繹不絕，緩步而遊，無歌唱者，無嘻譁者，亦無傴僂提携奔走往來者。蓋倫敦有廣囿三，曰荔榛，曰海岱，曰賢真睦斯，其規模稍遜于荔榛、海岱，各周二十餘里，蔭以雜樹，有池沼而無臺榭。路有乘車者，有馳馬者，有步履者，界限分明。沿路左右設有鐵椅長凳，以便憩息。地由國主建置，遊者均往焉。因人住層樓，無呼吸通天處，恐氣鬱生疾疫，故特闢此囿，俾得散步舒懷，以暢其氣也。故凡禮拜六及禮拜兩日，市肆關閉，匠役息工，每見街衢圜圚之間，男女遊者倍多焉。

三三

十六日辛丑，晴。酉初同馬清臣隨二星使赴鄰人馬蕾家茶會，申正復隨往赴地理會晚酌。會首為英國前任駐華公使阿里格，桌作丌字形，前後坐人一百八十四，皆會友之曾經遊歷外方者。蓋英人好遊歷，而于地理求之最精，凡五洲四海，蹤跡所至，莫不測量道路之高下遠近，海水之深淺涼熱，審辨天地之寒暑燥溼，人物之大小剛柔，鳥獸蟲魚花木之奇異，無不勒書繪圖，自炫于眾，以求斷夫儒者之林，因而設會，集聚圖書，互相參考，亦文苑之快事也。當晚燈燭輝煌，酒食豐美，席畢皆起立，誦吉語，頌其君主、太子、王妃，以及本會傑士名人，其會之大旨仍不外乎地理也。亥正回寓。

十七日壬寅，晴。未初有粵東南海人何沃生來拜，年二十歲，為伍秩庸之妻舅也，現在議政院對面大醫院學醫。戌初，二星使請日本公使夫妻、參贊、隨員，及其前任戶部尚書井上馨與屠邁倫等十人晚酌，亥正彝同李湘浦、鳳夔九步至緯帽巷第三十六號赴布朗夫人家茶會，房小人亦不多，子初回寓。

三三

十八日癸卯，陰晴不定。早郭星使率眾往達爾貝地方看賽馬。係彝十年前到過者。亥初回寓。復至對戶葛里扉及他三家茶會。彝因牙痛。皆未隨往。記英國賽馬會每年由二月至十二月。每月多者二十餘處。少者亦四五處。統計一年共一百二十九處。以五月二十八日在達爾貝者為極盛。即本日也。

十九日甲辰。微晴。聞英例。凡人有外遇生子。曰無父兒。聽其母養育。任給名姓。取母姓。父姓。或他人姓皆可。後如其子才能出眾。富甲一鄉。故後遺產入官。無遺囑分給何人也。

卅四

二十日乙巳。陰涼。戌初同黎蒓齋劉鶴伯。李湘浦姚彥嘉張聽颿鳳夔九黃玉屛諸君赴利賽斯得爾坊阿拉罕布喇戲園觀劇。所演天地山川各景。無須瑣述。惟歌唱跳舞。鼓樂悠揚。燈變五彩。目眩神移。先三男二女扮作金木水火土五星。又一男一女作儺翁儺母擊鼓驅逐。想亦除夕禳除疫厲之意也。又一女二八妙齡。容華絕代。當場一曲。聲欲繞梁。末場係幼女百名。衣分五色。按班跳舞。依鼓隨琴。旅進旅退。其步履整齊。毫不錯亂。中一女年最幼。為眾中首領。跳則步步生蓮。如宵娘舞。雖凌虛仙子不過是也。觀之令人神醉。子正回寓

二十一日丙午。陰涼如昨。因倫敦達拉麻的會館。欲代米得賽施醫院募化。以助所需。乃在高米戲園邀請子弟演劇。善士以帖各請所識。入者每人七什令。當日隣人柯義悌送來一帖。遂于未初往觀。演一齣。分四節。樂工不多。歌唱平平。按英君主生于西厤五月二十四日。俗例每年由五月二十日至三十一日。各署關閉。官皆出遊。君主以是日在封印期內。故改于六月初二日。即本日也。伊國無朝賀之典。惟倫敦通城結彩懸燈。歌舞奏樂。朝夕車馬喧闐。往來士女雜沓。人多如蟻。寸步難移。戌初。外部大臣德爾貝因慶賀其君主生辰。恭請各國公使晚餐。酉正一刻。郭星使獨往。亥正德夫人在外部請茶會。亥初同黎蒓齋馬清臣鳳夔九劉鶴伯乘車前往。入內見郭星使。隨在樓上步繞一周。男女千百稠密如織。人氣薰蒸。非常酷熱。子正回寓。

二十二日丁未。天氣晴霽。風景可人。回憶自抵倫敦四月。日在沉陰霧雨之中。似此朝夕晴爽。洵為第一良辰也。未初隨郭星使往訪全登幹。坐談片刻。下午黎蒓齋

卅五

及英人柯義悌同約步入茘棒園前小園一遊。園雖不大。四面環以鐵闌。設木凳。建芳屋。點綴甚雅。密林垂蔭。夾道花香。可以消夏矣。園又南北分二。上橫複道。下通地隧。南者花木無多。北者珠翠繁勝。園之四面住家。各有鑰匙。外人有願入者。向園丁賃鑰匙。一年助資二磅。以為修理之費。

二十三日戊申。晴。申初同馬清臣劉鶴伯鳳夔九隨二星使赴本街第三十五號皮特爾夫人家茶會。男女數百。極其鬧熱。繼至甘那爾夫人家聽曲。屋雖大而座少。人多。以至擁擠。歌者男女四五法國人。女雖雪肌外露。體極輕盈。而聲不嘹喨。曲亦平平。子正回寓。

卅六

二十四日己酉。晴。酉刻合眾國公使請茶會。彝同黎蒓齋馬清臣隨二星使前往。見各國公使夫婦隨員及本國文武大員男女千餘人。中有合眾前任伯理璽天德格蘭達。係前于丁卯年隨使在伊國會過者。彼時充元帥之職。烏鬚白面。英氣凌雲。後因戰勝南省叛黨。公舉為伯理璽天德。八年任滿。退為閒人。立志周歷四海。廣所見聞。當晚相與叙談。見精神矍鑠。鶴髮皤然。身雖老而心猶壯焉。戌初回寓。

二十五日庚戌。陰涼。十數日前。外部約今晚赴卜靜宮聽樂。阿蓋公亦請是日茶會。昨日忽聞和蘭國后之喪。遂中止。友邦有大喪。國主為之素服停樂二十一日。睦友之義也。臣下私行宴樂則不禁。故當日申初同馬清臣李湘浦張聽颿隨二星使乘車行十數里至其第。見阿蓋公及其子洛安侯暨他男女數百。屋祇兩層而已。後有大花園。百卉繁盛。萬木陰森。綠茵滿地。曲徑通幽。每數十步。設布帳。列桌椅。陳酒果。聽客游蹤所至以飲啖之。樹下有紅衣樂工一班。鏗鏘錯雜。靜而不譁。惜當時細雨。未能暢遊為憾。公夫人年逾古稀。因病不能下階。乃請入坐談良久。伊子洛安侯侍立無倦容。克盡子職。夫孝逆二字。皆出人之本心。想天下萬國。男女體貌既同。心地亦必不異也。酉正回寓。亥初復隨往赴寶星阿柏斯訥夫人家茶會聽樂。男女數百。妝飾華美。樓房闊大。燈燭輝煌。聽列奧國樂工一班。來由義勒薩地方。名曰洛亞堤婁蕾斯莫義東群。男四女三。服飾稍異。曲調新奇。樂器與英法不同。有一種。大如中土月琴。先橫

卅七

七絃。後竪數扣。置小几上。撫之聲韻清幽。有高山流水之致也。子正回寓。

二十六日辛亥。陰暖。未初著行裝。同馬清臣、劉鶴伯隨二星使乘官車、往賢真睦斯宮、赴朝會。大太子各國公使隨員。本國文武百僚皆于左肩下圍黑縐紗一條。寬逾二寸。定制也。因前日飛來電信。經駐英和蘭公使通知外部。傳印京報新聞紙。故是日來者。衣服一律。馬申刻回寓。入夜晴。

二十七日壬子晴。申初隨劉星使往赴致仕水師提督何洛家茶會。人亦數百。中有伊友顧德者。通日影報。待人咸集。乃令其試演之。法用鏡大如楪。穴其中。小如豆。迎日光立于架上。架高五尺。距鏡尺餘。有小牙籤綴黑子。亦置架上。對鏡而立。鏡與籤皆有活機。可以低昂。據云。用時務令籤之黑子與鏡之小穴恰相對。能于三百里外見其影。然必日光明朗。立于高埠無障目處。方能為之。雖較電報稍緩。而兩軍對壘。中隔敵兵。不能飛越。欲使人繞出敵後偵探。以施圍裹抄襲之計。非此不能以達信。夫三百里外。既見其影。則拽活機。使鏡光閃動。

三八

大動為一橫。小動為一直。再小為一點。橫直與點相繼而成二十六字。字與字相合而成話。話與話相因而成句。與電信所用之橫點代字法同。惜當時日光明暗不定。未獲遂意看畢。辭歸。戌初有英國善創火輪船式名人李德夫婦請酌。遂同馬清臣、劉鶴伯隨劉星使乘車行八九里。至海岱園旁格婁賽斯得爾路。賢司的芬山房。入內見其夫婦。及其妻妹馬莉。屋宇崇宏。修飾華美。同席男女二十二人。分款華、英、德、法、俄、義、巴西、和蘭八國。酒食豐足。暢飲甚歡。中惟和蘭沙陵坦姊妹。善彈唱。名噪英都。時人皆傾慕之。

三九

二十八日癸丑晴。天氣暖如初夏。人始著袷衫單袴。巳正隨郭星使同馬清臣乘車入老城馬克巷。拜米斯盤及赴卜樂爾伊斯坦二家茶會。申初回寓。又令彝同張聽颿、劉鶴伯代往荷岑也赴拋球會。乘馬車行二十餘里。始至彼。地頗寬闊。周約四里。正面木房五間。中設御座。惟王公國戚世爵大員方得入。對面橫列大布傘二十餘。設椅凳千百。男女集觀者。履舄交錯。遇有德義日本三國公使及馬蕾阿什柏里與徐司得父女。中一敞院。四面圍以木闌。乘馬者十餘人各著異色短衣小帽手執木錘柄長三四尺分左右二隊為英格蘭蘇格蘭人院中放一牙球後立一人舉旂旂落則兩隊同馳互以錘擊球以力大將球擊出圈外者勝正值馳驅間忽一人落馬乃止當日木房内坐大太子太子妃及三公主與大員命婦數名旁一大花圃蕙徑桃溪花深樹密魚游雀噪日暖風清設有酒肆花亭誠遊賞之佳境也酉正回寓少憩復同鳳夔九劉鶴伯乘車行十數里赴教士霍拉家茶會男女廿（二十）餘人而已房雖窄（偪）小而四面山河花木景致清幽在彼少叙即回亥初復隨二星使赴鄰人懷達家茶會見其妻女與二子暨他男女數百人子正飯廳門開懷達導入勸飲主客皆懽觥籌交錯（飛觴醉月）靜而不譁丑初回寓

卅

二十九日甲寅晴記此時倫敦各紳富皆請茶會跳舞會聽樂觀劇亦有折柬而云（約者）由某月至某月每禮拜幾日午後由四點至七點鐘在舍拱候者

五月

初一日乙卯晴午正隨二星使及黎蒓齋劉鶴伯張聽颿姚彥嘉諸君再到博物院下車有德格樂禧在明及傅立蘭接陪（迎入）觀其所儲華書萬卷其中最要者則有十三經注疏七經

欽定

皇清經解二十四史通鑑綱目康熙雍正

上諭

大清會典

大清律例中樞政考六部則例康熙字典朱子全書性理大全、全。杜佑通典續通典通志通考佩文韻府韻府羣玉淵鑑類函圖書集成

卅一

殿板之四書五經西清古鑑等類其餘如諸儒語錄道釋外教各省疆域圖考府縣志書兵法律例之編琴棋書畫之譜示諭冊帖尺牘之式古今詩賦文藝之刻詞曲小說方技百家無不備具多按西式裝潢四面皮闊亦海外藝林之大觀也申初回寓戌正同鳳夔九劉鶴伯赴隣人柯羲悌潘特爾二家茶會男女各二三十人暢談甚懽入夜雨

初二日丙辰早微晴午後復陰（諒）倫敦西南白馬街有阿

賽年會館。自丞相以下凡文職大員皆署名其間，而各國公使亦與焉。按阿賽年，希臘國之都城也。為其所築，故以其名為名，而英之文教來從希臘，故以其都城之名名之會館。時館人請二星使入會，未初一刻同馬清臣隨二星使往，至彼下車，有威公使傅立蘭迎接陪上下遊覽。二公亦會中人也。樓舍高大，整潔，器皿齊備。書房左間，油畫百軸，皆古時名人遺像，神情畢肖，面目如生。右間藏書十架，乃歷年新報編成卷帙，會中人觀書飲膳，可以隨意盤桓，惟不能請會外之人，亦不能夜宿。每日辰初開門，酉初關閉，各歸所寓焉。

初三日丁巳，晴。酉初同張聽颿、劉鶴伯、鳳夔九先赴對戶葛里扉家茶會，繼隨郭星使乘車往赴阿蓋公夫人及索立斯百里侯夫人二家茶會。亥初回寓。又同張、劉二君先赴博物院之屬地會所設茶會，正中作樂，來者男女千餘人，遇有傅立蘭、長崎道至及馬蕾夫婦等多人。去此至邦普敦路第一百一十二號，赴精工集茶會。高樓五間，男女數百人。第一間設茶酒點心小食，第二間列名人費拉得由各處採來千種寶石，第三間懸吶爾斯名媛所畫之花鳥魚蟲百張，皆栩栩有生趣。第四五間羅列新創金石電氣燈數種，光輝似日，滿室耀人。子正回寓。

初四日戊午，晴。申刻同馬清臣隨郭星使赴詹柏爾夫人家茶會。酉正同張聽颿、劉鶴伯乘車行十數里，往遊客立滿園，係十年前到過者，燈燭樓臺較前尤勝。因天氣尚寒，遊人不夥。所演戲樂煙火甚屬平平，惟末場當院立一草亭，四面暗藏硫磺火藥，迨焚著時，一人穿皮衣者突入火滅，人出無恙，亦奇觀也。

初五日己未，晴。早郭星使約李丹崖觀察、日意格、羅緝臣禧、在明居邁倫及日軍門幕賓記室、法人高爾介早饌，同慶端陽。未初同黎蒓齋、劉鶴伯乘車出郭，花木參差，豐草綠蓐，蕙風和暢，佳景宜人。見紅衣兵一隊于河邊走馬，亦躐柳之遺風也。戌初同張聽颿隨郭星使乘車行六七里，赴哈爾的夫人、喀爾特夫人及世爵何蒂坦三家茶會。樓房高大，燈燭輝煌，樓梯廳室遍置鮮花，濃豔襲人，如遊香國，皆備茶酒果餌，待客飲啜焉。

初六日庚申，晴。巳初隨郭星使同黎蒓齋、馬清臣、鳳夔

九乘車過西敏斯德堂至議政院旁下車有培恩船廠
派人以小輪舟來迎登舟走泰木斯江三十餘里一路
長堤鋪翠水靜無波至格林泥芝村登岸乘馬車行數
里抵其地廠極大工匠千餘名製造鐵輪火機亦皆以
機器爲之鐵爐大者崇廣如璧臺其外關以鐵閘能自
闔闢煤亦按時經機器推入不須人力爐風煽以鐵扇
先入洞中歸總氣管繼而分布各爐以供其用爐之大
小共四凡火機鐵輪以及水鍋所需雜具大小長短銳
鈍方圓皆造自機器通屋横鐵軸小輪繞以皮條下通

三四

機具皆統于一大輪大輪動則諸輪皆轉輪轉則器具
行錘拽鏇割悉如所欲離去此回行十五里至東西印度
貨棧在彼午酌後乘車繞行三十餘里入各房看貨物
房皆鐵建高起二層按種分儲如羊毛糖酒等物酒存聚
積千桶望門百步糟漿之氣逆於人鼻此外則膴膴畇
畇田疇交錯旁臨江岸舟揖不多看畢謝辭登舟申正
回抵寓
初七日辛酉晴記倫敦九世爵王公之僕役皆著古服
短衫背心與袴皆紅色高襪逾膝黑皮亮鞋釘帶有以
粉而染髮者蓋百年前英有君主年邁髮白自恨其老
乃諭令通國老幼男女凡與君主面會者皆染白其髮
以使老幼不辨今大制雖改各國戚王公之府第僕役
仍用以示尊崇也晚郭星使令訪金登幹未遇
初八日壬戌晴午後街遊遇一老者免冠延入茶餌巷
魯義斯會館烹茶進酒款待甚殷問其姓云世襲伯爵
蒲樂敦也住上柏克來街坡特滿坊第五十五號飲畢
導引上樓屋宇宏敞餘亦華美整潔與前隨二星使所
看二會館大同小異亥初隨郭星使乘車往意敦坊赴
葛爾呢夫人家茶會樓閣崇宏男女聳雜還肘並肩摩者

三五

以千數百計少立即轉入左門下樓入飯廳飲茶一盃
子正回寓
初九日癸亥晴申初李觀察日軍門高爾介羅緝臣同
請二星使黎蒓齋馬清臣與彝等在立墀滿村晚酌乘
車行三十餘里過泰木斯江橋入立墀滿園草色青青葱
樹林陰翳鶴鳴鹿伏極饜清幽入斯達安戛特店白石
建造高大寬宏上下五層廳屋千間前臨溪河鮮花冉
冉後傍園圃林木森森少坐出後門步遊其園遇六七

鄰人店在山岡，四望無際。胸襟為之一豁。式與法國賢日耳曼同。繼而入內。共席十二人。魚肥酒美。雜餚（着）前陳。懽飲暢談。戌初始罷。回倫敦。一路燈燭燦爛。車聲轔轔。男女絡繹途間。時已亥正焉。

初十日甲子。天陰。同馬清臣、李湘浦隨郭星使乘車。晝赴世爵賀拉斯、趙力士、布拉奚、葛里扉夫人四家茶會。夜赴精工會、醫學館二處茶會。

十一日乙丑。晴。同張聽颿、劉鶴伯隨郭星使晝赴前任上海稅務司已故費士來之堂（族）弟費自賴及塞蘭兜與胡克爾夫人三家茶會。夜赴林池及蒲達呢夫人二家茶會、跳舞會。

十二日丙寅。陰涼。申初同劉鶴伯隨二星使乘車往赴布路克街第五十三號克拉列芝店席克思夫人之茶會。男女千餘人。有合眾國前任伯理璽天德及巴西國王與后。年皆六旬餘。衣冠與庶民同。亥正同黎蒓齋、馬清臣、劉鶴伯隨二星使入卜靜宮。赴君主跳舞會。進宮登樓。入大堂。高七八丈。周四十餘丈。正面立太子、王妃、公主、國戚。左右立各國公使、隨員夫婦。對面樓上奏樂。

下立通城世爵、文武大員。男女雲集。以千數百計。皆著朝服。與赴朝賀會同。跳時分為兩班。太子、王妃以下。位尊者為一班。各官男女為一班。樂奏則男女對面相向。互為携持。男以右手摟女腰。女以左手扶男肩。旋舞中央。每二三四五偶並舞。皆繞數帀而後止。惟夫婦不相偶。兄妹不相偶。必戚友相識者。男女始為偶也。跳則依樂移步。隨式動（轉）軀。步伐（武）整齊。毫不錯亂。蓋男女自幼皆習舞蹈人也。飯廳以長筵陳茶酒果餌。待人飲噉。丑初回寓。天已明矣。

十三日丁卯。陰涼。午正艾德林約午酌。看水晶宮大玫瑰花會。中設長案數丈。列花、罩以玻璃。千苞競秀。萬蕚爭妍。遊人甚夥。往來如織。蓋西人最善種花。凡玫瑰、月季。皆能作五色。大如牡丹。其他如杜鵑、芍藥、繡球、珍珠。亦鬧若堆錦。可謂得養花妙術矣。

十四日戊辰。晴。午後有印度回民布夏什者。來請郭星使往其家飲茶。辭而未果。令彝代赴。亥初乘車行八九里。至陸司坊第五十九號。入內見其夫婦。年皆四旬餘。其妻英人也。有鄰人男女六七。又有九印度人、一蠻喀

爾係佛教人、來自孟買。一孟果來自海大拉之一阿
立一阿亞立兄弟也、來自古阿立爾一巴哈蠻及他四
人、皆來自貢果、以上皆回教人、年皆弱冠、能英語、來此
學習律例者。又有土國原任水陸總理米達巴沙者、因
不得志、退歸林泉、現又因避亂而出遊四海、馬在彼少
談回寓、

十五日己巳、晴。酉初同黎蒓齋、劉鶴伯約李丹崖觀察、羅緝
臣在海豪班街第二百一十八號格朗薩隆館晚酌。正
中高樓一間、四面穿廊、羅列客座、華麗整潔、樓上正面
作樂、以助興趣。樓下中堂設水法花池、俱極清雅。每日
由卯正至戌正、男女出入如雲。戌正同張聽颿、劉鶴伯
赴奧特衛夫人家茶會、又赴及柯禮佛夫人家聽曲、男女數
百、歌者二男三女、曲係義法二國者、妙調新聲、宛轉清
楚。亥正一刻同馬清臣隨二星使乘車至韋立斯堂赴
蘇格蘭跳舞會、英名喀蕾斗年柏、男女之盛、甚於卜靜
宮、而巴西國王與后亦在焉。蘇格蘭服式與英愛二處
者不同、男女皆于左肩搭紅色棋盤紋毡一條、寬逾半
尺、而束其餘于腰旁。男子著黑絨短衣、不袴而靴、有以

三八

紅帶繞膝以下抵足、女子皆袒胸露臂、與他無異。鼓樂
喧天、跳至寅初始罷。

十六日庚午、陰晴各半。未初阿什柏里約黎蒓齋、張聽
颿、劉鶴伯、鳳夔九與彝午酌、共席男女二十二人、有日
本公使夫婦、菜亦具華饌、如燕窩、鴨舌、魚翅、全豬等、緣
二日前伊借中土庖丁為之調和也。魚肉肥美、酒果豐
盛、暢飲甚歡、食畢而去、行五六里至阿拉伯門、赴訥克思
夫人家茶會、房屋窄偪、人數不多、前臨大街、後傍海岱
園、景致頗佳。當日在阿什柏里家座中、有庫樸母女者、
當時約今晚亥刻赴其家聽樂。亥正乃同張鳳諸君乘
車至上布克巷第四十一號、抵其家、見其母女及他男
女百人。樂則一男二女、彈琴拉胡笳、聲調可聽。丑初回
寓、入夜晴。

十七日辛未、晴。申初同李湘浦、姚彥嘉、黃玉屏、赴對戶
葛里扉家茶會。亥初同黎蒓齋、馬清臣隨二星使乘車
入卜靜宮赴聽樂會。大堂南面一臺奏樂歌曲、有紅衣
樂工百名、前坐男女優伶人六名、左右立男女二百餘人
為和聲諧韻者。臺前列座三行、作月牙形、頭行中坐大

三九

太子妃左右坐巴西國王與后。再則大太子及他公主
王妃國戚等。後二行坐世爵大員夫婦。此後列座數十
行。坐男女仕宦千餘人。左右臨墻各高臺三層。坐各國
公使隨員。男女逾百。入座後。按人樂單一張。上印某年
月日。在卜静宫何時奏何樂。何人唱何曲。開列清楚。曲
畢。大太子及巴西國王等。皆近立臺前。向各優伶人敘話。
據云。各大戲園之男女優伶人間有仕宦子女暢懷遣興
者。丑初回寓。
十八日壬申。晴。按英俗。每五十年爲一節。名曰朱必立
早
肥斯的乩。是年又值一節。故各處多有犒勞工匠。奬賞
學生者。當日有丈士司悌義請赴萬泗堤村孤獨子女
學堂看視獎賞。凡英國義學養濟院施醫院各善地。歷
年各項經費。率爲紳富湊集。請國家倡首署名。隨時協
助焉。午初同黎蒓齋劉鶴伯張聽颿乘車。東行二十七
八里至彼。下車。有司悌義等多人迎入大廳。正面列座
一行。左右立男女數百人。少刻英四公主綠衣姒駙馬
洛安侯率三四大員命婦至。入內。公主駙馬正坐。大員
命婦坐其左。彝四等人坐其右。因西國尚右。以示優待也。

堂內教養孤獨子女。由三四歲至十一二歲者。六百零
一名。當日男童著灰色衣。女童著藕色衣。按歲分列十
隊。由公主前經過。中立一木墪。高盈尺。每隊擇其善言
者。令立墪上。暢言一節。有述堂內之規模者。有言孤獨
之苦況者。聞之令人慘切。言畢。齊入子女分列兩旁。後
公主擇其文學測算格致化學琴學之優者。各賞書筆
文匣等數十件。後登樓。入看各屋。如學堂。琴房。化學房。
卧室。飯廳。沐浴室。玩藝房。共樓五層。房千間。各人分處。
雖玩藝房中。亦各一木匣。蓋幼童不能終日習讀也。看
星
畢。入大飯廳。桌座上列一橫。下分四行。通作卌字形。橫
桌中坐四公主。左坐駙馬及他大員命婦。右坐彝等四
人。下四行對坐男女老幼四五百人。飯畢。對面奏雅樂。
歌吉曲。祝頌天保君主太子王妃。歌罷。洛安侯向眾立
談。贊揚此堂培養人材。咸賴人心好善。末則堂主立誦
善士助錢名單。有助數百磅者。有助二三磅者。座中人
皆有所助。堂周逾二里。四面花木參差。一望幽雅。臨行
各留著名于簿。戌初回寓。亥正同馬清臣隨二星使赴德
國公使署中聽樂。男女數百人。座列整齊。樂工男女八

名合鳴金石錯雜悠揚洵可樂也
十九日癸酉晴申正同黎蒓齋馬清臣隨二星使乘車
行二十餘里登康布墊山赴寶星王啟明夫人魯義思
別墅茶會樓在園中左右蒼翠鬱葱百花爭豔前面一
望開敞下臨巉岩有泉瀉出其間水淨苔青點綴幽雅
雖非石崇之梓澤亦司馬之獨樂家園也當時男女無
多少坐即回亥正同黎蒓齋鳳夔九隨二星使乘車至
格文園、赴巴西公使家茶會男女百餘人遇有巴西國
王與后在焉

星

二十日甲戌晴午正隨郭星使乘車往拜世爵司丹力
少坐即回申正復同馬清臣劉鶴伯隨二星使乘車行
十數里先至朗北宮、赴堪特柏里阿赤比朔泰達夫婦
茶會古樓三層入內見其夫婦皆六旬餘其他男女數
百人往來步于園囿之間蓋宮在囿中四面鮮花圍繞
也去此、又行二十餘里入富朗宮、赴倫敦比朔扎克三
茶會下車入內客多散去伊二女導引園內一遊亦係
古宮一所樸素無華園景之秀雅者以此爲冠叢林攢
翠夾路如屏古樹婆娑涼陰帀地左臨泰木斯江流水
引入故宮之前後繞以清渠到處觀魚此樂何極時雖
日暮益覺靜爽宜人耳遊畢強留飲茶戌正謝辭回寓
聞英國耶穌教大主教稱曰阿赤比朔者二掌教于南
者、曰堪特柏里阿赤比朔、掌教于北者、曰洛爾格阿赤
比朔南爲正、北爲副位皆尊於五等世爵堪特柏里與
洛爾格皆南北地名也又有所謂倫敦比朔者位次阿
赤比朔一等居處皆以宮名之每歲各領俸金二萬餘
磅、合銀七萬有奇實爲貴戚大臣未有之厚祿也

星

二十一日乙亥陰雨記英俗凡請午後聽樂之帖係由
市肆印成出售白紙厚一分寬四寸長約三寸所請之
人書于上右角請客之女主書于中心下面書在家二
字又下書月日、時刻及候回信書于下右角住址印于
下左角書樂字于其上若意在聽樂後改跳舞乃加書
跳舞二字于樂字後時刻多由申初至酉正在樂臺前、
按客數行行列小紅椅女主立于門首接迎客入皆自
行入座奏樂歌曲分爲二場有印成樂單上開頭二場
每節何人唱何曲作何樂頭場作畢則男女客皆下樓
入飯廳喫飲茶酒糕點食果餌客有聽一場即去者有待兩場畢

而後去者然鮮有聽半場欲去而亂客座者若請午後跳舞會惟將請午後茶會帖之樂字改跳字時則改由申正至戌初樂場改跳場樂单改跳单此等會客皆不多而茶酒果餌猶當預備焉

二十二日丙子晴亥正同李湘浦劉鶴伯張聽颿乘車行二三里至代萬矖街第一號赴貝拉毋女家茶會款待甚殷且留夜饌酒食肥美英國茶會跳舞會之盛每年由三月至六月中旬止此俗由來最古歐羅巴阿美里加二洲各國率皆為之凡人家店肆平時大廳截為數室欲請會則開門下槅通為一大間收陳設移桌凳位置跳場樂所雖大小公署亦莫不有大廳敞房以備盛會若以為公事之不可無也西人性好奢華凡富貴喜交結者皆樂為之一人子女待其長成雖無力亦必勉強支應設會結交以便子女得友相與往來則男可訪女女可覓男嫁娶咸賴於此因男女細心訪察各得所願則意洽情投鮮有作秋扇之歌者每會所費少者百餘磅多者至六七百磅合銀二千四五百兩

二十三日丁丑陰有麗如行東主寶星貝音斯請在格林泥芝村塔拉伐拉戞爾館喫魚飯酉初同馬清臣隨二星使乘輪車行二十五六里抵其地時值大雨滂沱另雇馬車行二三里入館同席共三十二人相識者有阿威二公使金登幹李德巴克蕾康貝益通名姓者有莫泗爾馬克林瓦勤朔李達蒲堤滿亢柏艾博恩拉蠻楊昂羅遜安得森阿克蘭賀辰伊揚達威森馬那拜達巴特三吳敏白艾立因地近泰木斯江水甘魚肥每入夏通城富戶多來此喫魚飯此館庖丁善於烹飪因而名傳遐邇當日茶酒果蔬皆佳魚共九色有一種小魚如薤長寸許極肥嫩煎以菜油數以椒麪橘水食之頗甘席撤貝音斯巴克蕾威公使郭星使皆立言數語彼此謝答亥初轉入客廳飲加非吸烟少敘子初回寓

二十四日戊寅陰晴相間申正同李湘浦劉鶴伯乘車登康布墊山赴傅樂爾夫人別墅茶會樓房寬敞園囿廣大樹陰繁密花草繽紛與日本公使夫婦鄰人賀拉斯父女相遇有老翁羅娀森者帶見男女多人攀談良久和藹可親分袂時索名刺問里居有依依不盡之態晚同李湘浦走老城敏興巷赴克洛斯倭克爾會館之約

因數日前有會中人法克吶爾者致書馬清臣言是日酉初請其代約彝及能圍棋者在館晚酌其人善各奕術于圍棋不甚了了故有是約因有前傳樂爾茶會恐不能早回遂于今早與彼電信云臨時不能即到請毋等候戌初至彼法克吶爾迎出導入進飲廳入座同席者二十六人炙牛烹魚酒肉肥美食畢由首座遞傳二銀罐形如籤筒高尺餘內盛櫻桃酒名曰樂武英克普釋樂武英者喜愛也克普者杯也義謂衆口同飲一杯以示友愛也第一人接而啟蓋抱飲一口覆蓋轉交第二人以次遞飲如此飲畢首座人立起以吉語祝其君主大太子太子妃以及會中各人衆皆立起舉杯懽呼後同入他室吸烟飲茶喫加非法克吶爾復前引登樓入看各屋宴業宏潔麗修飾整齊式與他會館同子初回寓

細雨涼

二十五日己卯早陰午後大雨一陣申初同張聽颿劉鶴伯乘車至海岱園左第五號赴計普森夫人家茶會亥正又同黎蒓齋馬清臣隨郭星使至韋里斯堂中赴世爵司丹力夫人茶會男女有千餘人在內少立下樓飲茶一杯而歸

二十六日庚辰陰午後隨郭星使往拜威公使申正回寓復令彝往見金登幹坐談片時亥刻同黎蒓齋馬清臣李湘浦隨二星使入卜靜宮赴君主聽樂會樂臺坐位如前無須再述

二十七日辛巳早晴午後陰因鄰人柯美蒂母女請黎蒓齋鳳夔九李湘浦劉鶴伯張聽颿與彝前往克拉法木莊赴其舅賀藹班家茶會晚酌彝以近日公務紛繁不克分身外出乃請黎鳳諸君申謝未往申初隨郭星使赴外部會德爾貝少坐歸時順拜俄義二國公使皆未遇酉正大雨而雹亥初復同姚彥嘉隨二星使乘車行十數里至坤娛門第一百九十七號先赴魏拉蕊夫人家茶會繼而回行二十餘里至凱文坊第一號赴徐司得夫人家茶會二處皆樓舍高大男女約千餘人燈燭燦爛酒餌豐盈客之下樓飲食者皆自就筵前立而哺啜惟中國欽差則主人親捧茶酒問所欲食而親遞焉以明恭敬之意也

卷四終

四述奇卷五

鐵嶺 張德彝在初隨筆

貴 榮竹坪校閱

丁丑五月二十八日壬午。陰雨。巳正隨郭星使乘車行十數里至堪興坦園前第九號拜日本公使上野景範。談次令其妻彈箏。其聲嫋嫋。斷續可聞。繼示其水畫。則鋪張點綴花木如生。伊言西人在其國多田獵者。而國有定例。非買憑票不得入山而獵。西人間有買者。每張值二磅。其無票而被巡捕查獲。則罰錢。西人不服。辯論至數月之久。至今未結云。去此。至班斯墊坊拜土耳其公使穆素樂斯巴沙。伊言華國莫耽安逸。須防北界強鄰。凡亞細亞各國。皆當和好會盟。同心禦敵。倘中土能效西法。國自富。兵自強。則敵人有戒心。而不敢竊發矣。再行八九里至和蘭園旁第八十號拜波斯公使王爵米爾薩馬拉闊堪那賽木拉木克。伊言英國始創火車。國人莫不騰謗而欲毀之。謂舉國牧御由此廢業。妨民孔多。敝國初建鐵路時。亦蜂起而沮撓之。豈知火車既興。生意更加茂盛。蓋無火車時。人貨之往來者少。有則商旅絡繹于途。火車不能及之處。濟以尋常車馬。故百物滋豐。且火車獲利。尤在運貨。大國貨物多。則生理必大。生理大則利息必倍。利息倍則稅課亦增。實為裕國富民之道。各城苟有變亂。聞報發兵。則朝發而暮至。疾風掃葉。摧落匪難。是有火車。兵行速而軍需省矣。再敝國無火車時。征客皆乘馬車。每遇盜劫之警。雖有保標一種。究與馬賊相通。自建鐵路後。人行萬里。自無意外之虞。即有急務。亦得即時興辦焉。

二十九日癸未。陰晴相間。未初。隨郭星使赴外部。見丁侍郎。談新嘉坡喀什噶爾及鎮江各事。酉初回寓。亥正。赴顧達滿夫人家茶會。樓房不大。華麗壯觀。男女無多。無(靡)不歡然相接。

三十日甲申。陰。申初。同黎純齋隨二星使乘車赴公爵騷仄蘭夫人家茶會。頗覺繁盛。亥正同馬清臣隨郭星使赴揚賀森夫人家跳舞會。男女三四百人。大廳洞開。正面作樂。旁立觀舞。三場中惟一場其名未詳。係男女八對。攜手往來。動搖赴度。或亂正以成行。指顧應聲。或徐行而順節。誠可觀也。夫中國奏樂。以舞為主。外國跳

舞以樂為主蓋男女之舞皆循聲而移步也夫舞為樂之容今以西式觀之又似樂為舞之體蓋無樂則不能舞而舞又非樂不能形容也

六月

初一日乙酉晴未初同黎蒓齋李湘浦鳳夔九乘車遊海岱山園逢遇阿什柏里遂下車同步入加非館飲茶坐次談及其家致富之由據云火車之行輪鐵迅疾輒生火焰車每被焚伊父阿士貝因而創造涼油使車行久而輪不熱遂獲厚利富甲一鄉英之富室如是者比比

三

皆然蓋英人創製各物而獨臻精巧者實賴官助以成之也凡人見物之不適于用或適用而意猶未快者則竭其心力廣其見聞不惜工本不避勞瘁遍訪寰區歷試諸法以務求其當或數年或十數年一旦有得則以告諸保製公司（保專管人之創造新物者）英名柏定得教非斯驗之果濟於用則給以文憑共保若干年禁止他人私摹其式其有奉明效仿者皆納貲於創造之人又恐他國私摹于是遍告鄰封官為主持凡有效仿而不納貲者則倍罰之故一物既成其利輒以億兆計否則幾經研求以發其秘他人坐享其成無所控訴誰甘虛費財力以創造一物乎如創造尚未卒業而有惴心者可先赴保製公司告以現創一物將成恐人竊用其法先納數磅請保若干月限滿持往考驗有用則給憑為據無用則作為廢棄如實有用而官不以為然者猶可訟諸刑司以聽審斷若禁外人私摹而官陰用之亦可赴控斷令國家認罰故人有一得之技雖朝廷亦不能以勢相抑故人皆勇于從事也

初二日丙戌晴亥初同馬清臣隨二星使乘車先赴義

四

大利公使茶會請男女客八九人任歌一曲有聲音嘹喨令人一往情深者有隨歌故作意態令人為之腸斷者去此往赴詹柏爾夫婦家變妝跳舞會屋宇高敞男女數百皆易妝人帶獸面男為女服如角觝戲又有舊交而當時若不相識者趣甚此等跳舞會英名番西柏譯番西者有趣也柏者跳舞場也

初三日丁亥晴未初同馬清臣隨二星使乘車入老城往觀瓦瓦斯礮局下車有瓦瓦斯等六七人接迎入內地基不大人工亦少有特為中國鑄成鋼礮五門按

洋礮向以生鐵與銅鑄之。後因生鐵脆而銅軟，易於炸裂，乃改用熟鐵，又因全體整鑄，不能勻稱，改而分層遞造。礮之制由是而精。瓦瓦斯又以熟鐵雖善，不如純鋼之堅且輕，乃復造鋼礮以求勝。當時祗有前膛，邇來各國爭尚後膛，仍苦易炸。瓦瓦斯又求得不炸之法，因而名噪海國焉。看畢，登車回行八九里，至賢布萊紫街，看李斯造冰局。大屋二間，橫置敞木箱兩行，各箱滿水，內懸木板搖蕩，旁圍鐵管通火機。一小時可得淨冰三尺立方者數十塊。法以藥𣿅水，注諸箱水中，使之益冷，旋以火氣運吹，則冰結成塊矣。此猶隆冬之時，屋內呵氣凝于窗櫺玻璃之上，頃刻即冰耳。出此，又行十數里，過西敏斯德橋，往看該斯施醫院。院因該斯捐建，故以其姓為名。樓舍高大，屋有千間，養男女老幼數百名，皆貧民之無力醫藥者。醫生數十人。病者男女各為一室，茵褥衣履、飲食藥餌，皆院中備給。其因老或艱於步履者，皆予以四輪椅，使其憑之而行。其病臥牀榻者，給以善書觀之。幼者以圖畫玩物娛之。涼熱有節，飲食有度。病愈則舁送別室調養，俟其神氣完足，然後令歸。是院歲

五

抬兩頭

費金磅數百，皆取給于富室。看畢，下樓，入講醫理房。中設長案，上置玻璃匣，羅列老少男女骨節臟腑，四面橱架林立，大小頭顱骷髏，百種肢體，橫陳血殷紅色，雖係蠟造，見者無不怵惕。戌初回寓。

初四日戊子，陰雨。亥初同李湘浦、劉鶴伯、張聽帆往赴貢丁夫人家茶會。亥正一刻，復同馬清臣隨二星使步至鄰人馬蕾家聽曲。男女數百，歌者六七人，彈者四五人，皆伊夫婦之舊交也。有一少男朱丈森者，偕其幼妹並立同歌一曲，曲名嫣然，細聲宛轉，雅韻嬌柔，眾皆擊掌稱賀。曲義似與王子敬所作桃葉歌同。夫桃葉者，子敬妾名也。嫣然者，丈森妹名也。此曲為嫣然所撰，故因以名之。

六

初五日己丑，陰雨。申刻，劉副使接北京總署來咨，知奉

旨改派駐德正使。

賞加二品頂戴。遂同往叩賀。記倫敦通城施醫院大小五十六處，治男子雜症者十六處，每午開門施治。其偶染時症及跌打損傷者，隨時准入。專治婦女小孩者九處，有每日施治者，有每一禮拜施治三四日者，或早或午。

約二小時之久。收養病人者四處，每禮拜三日巳初施治。在院者午正施治，外來者專治癆瘵痰喘者五處，有每日施治者，有每一禮拜施治三四日者，有由巳正至未正者，有由未正至申正者。專治癲狂者二處，每月前二禮拜一日治男子，後二禮拜一日治婦女。專治癰疾者一處，每日午正施治。專治瘡疾者一處，每禮拜三日治男子，禮拜四日治婦女，皆辰正一刻開門。專治瘋癱者一處，每禮拜一二三五等日施治，未正開門。專治眼疾者四處，每日有由辰正至巳正者，有由午正至未正者。專治皮膚病者四處，有每禮拜一三日午後開門者，有日日午正開門者。專治瘟疫者二處，治疸者三處，治臟症者三處，治癱疾者一處，治淋症者一處，治喉症者一處，治痿痺者一處，治瘰癧者一處，治婦女不潔之症者一處，治男女牙齒者各一處，治腳疾者一處，治各國水手者一處。以上皆日日開門，隨時療治。各醫院之收養病人者，尤為高大整潔，樓皆五六層，廣廈千間。故留隙地，栽花種樹，通水堆山，吸取天氣，以令病者舒暢。樓房皆巨室捐建，或就地醵金為之。各項經費率為紳富

七

集款，間有不足，或闢地種花養魚，或借地演劇歌曲，縱人往觀，收取其費，以資善舉。又有勸示通城仕商男女捐陳雜貨，如鐵莆書畫、筆墨紙張、首飾玩物、花木巾扇，以及銀瓷玻璃各種器皿陳設，聚集一處，請人往而觀之。當肆者皆富家少女，貨倍其值，往者必購取數事而後可。亦有設跳舞會者，茶酒小食，仍為商賈捐助。飲用值亦加倍，即以其所入惠病人。如是則捐來貨值為一倍，售去獲利又一倍，兩倍相並，則所斂者更足矣。此等善會，彝曾赴過三四處，首領多為世爵名人，故其國主宗戚、世爵大僚及各國公使、本國紳富咸往捐納焉。各院醫生固皆善人，即扶持病人者亦皆善男信女願為供奉者，誠義舉也。

八

初六日庚寅。陰雨。未初，同馬清臣赴本街第五十一號艾立斯夫人家茶會。亥初，復同黎蒓齋、馬清臣乘車行十數里，至坤娰門第三號赴寶星馬格立葛爾家跳舞會。屋小人多，擁擠甚熱。每赴茶會或跳舞會，彝皆內著單衣，外披皮氅，入門脫去登樓，以防其熱。蓋值季夏，天氣仍涼似中秋，而赴會登樓，又熱如盛暑，雖著紗衣，

間亦揮汗如雨。每一日連赴四家，而八更衰葛焉。

初七日辛卯，雨。申初，同張聽帆隨郭星使乘車行八九里，至荔榛園旁韓吶娥巷第二十號赴葛爾呢夫人家茶會。及第三十號狄本遜夫人家茶會。二家中隔四戶。而後面花園則通焉。樓舍高大，花木繁陰，男女數百。果酒豐盈。客有出此門入彼門，復由後園轉回者，如是往來如一家矣。去此，回行至本街第二十三號赴巴那爾夫人家茶會。出許多中國册頁畫本與看，不知何所由來也。由此又行二十二里，至南堪興坦安四樓坊第四

九

十四號拜寶星佛爾喜。其人曾于二三年前往喀什噶爾經亞古柏求其相助，與華議和，坐談良久而歸。時已子正。

初八日壬辰，晴。未初，郭星使令彝往見金登幹商論公事。申正，同馬清臣隨郭星使先後赴開泗迺斯盃夫人、泰德夫人及司帕苓小姐三家茶會。男女客人皆歡欣鼓舞。亥正，同劉鶴伯隨劉星使赴布拉布夫人家聽樂。男女數百，燈燭輝煌。每歌一曲，如聆仙樂也。丑初回寓。陰雨。

初九日癸巳，陰雨。申正，同李湘浦乘車行二十餘里，一路芳草碧色迎人。至埔特泥莊赴詹柏爾夫人別墅茶會。樓房古老，極其堅固。園圃雖小，花卉分畦。後有蔬圃，果木成林，蓄養雞鴨牛羊，頗有田家風景。而老翁夫婦對此亦足以自娛矣。臨風飲酒，款待甚殷。戌初回寓。入夜晴。

初十日甲午，晴。聞前丙寅春，彝由華往法，所乘法國公司之岡柏士輪船于前日沉覆印度洋。蓋其船于當夜子初將抵亞丁，錯轉山灣，悞碰礁石，船雖漏，尚不至於

十

立沉，乃令眾客收拾行李，以待天明。該船知後有貨船，即放三起花，他船亦以起花答之。天未明，他船到，以此路危險，不敢前，乃繞傍對岸。眾人甫登岸，而船已下沉，溺水手三名。一切行李信件，皆未得出。眾人步行沙漠，因天熱無水，又渴死二年老者。後貨船載眾至亞丁，以待法國他船焉。

十一日乙未，晴。記倫敦除官鈔局外，大小銀號共一百一十三，內兼匯兌四海稱總局者六十九，如麗如、匯豐、渣甸等。其由倫敦分在英格蘭各村鎮海口者共一千

六百三十四。內屬官鈔局者一十八。係在牛喀斯安坦。滿柴斯得。立温埔布立斯多柏明根。蒲蓄漠斯立伊自坡自毛斯。賀阿拉九處。在蘇格蘭大銀號十處。分于外者六百四十八。在愛爾蘭大銀號亦十處。分于外者四百一十六。其由倫敦分于天下各國京城海口者。共六百四十二。通國內外共計大小三千四百七十三處。各行不出私票。一切金鈔及金銀銅錢。皆由官局印造鑄煉。有金銀錢花紋稍磨。與原體不同者。官皆收回另鑄。有金鈔稍模糊不真者。官皆按號收存付內。至匯票及

十一

寄存錢票。皆本行自開。匯票橫長一尺。寬約四寸。橫印某行住址。某號。某年月日。經某人于某處。匯銀若干。見票即發。或見票于若干年月日後發給。蓋匯鈔到即取銀者。或與本數稍虧。故俟數日往取。以符原數也。至俟若干年月往取。不免于中獲利焉。匯票一次二紙。一甲一乙。原主發甲存乙。以防失遺。票同信到。接者即日赴該行照票。該行或即日發給。或于某年月日後發給。皆由是日計起。在銀行存錢。欲隨時抽用。有給利息者。有不給者。有則按年計算。應得若干。而在該行。乃按日按

月。到年一總。如原存若干。某日取若干。下餘若干。至一月共取若干。下餘若干。如此日月合計。到年自清。其取錢票。係一本數十頁。每頁橫長八九寸。寬三寸。票前四分之三。橫印字號。號頭。年月日。取錢若干。交某人。票後四分之一。橫印號頭。年月日。某取者。取時本主前後畫押。填滿某年月日。取錢若干。交來人何名姓。住何處。外有總帳一本。隨取隨銷。又有出差或遊歷。不欲帶銀。可存于一處。沿途取用。票長一尺二寸。寬七八寸。橫印字號。號頭。下書某人于某年月日。在本行存金銀若干兩。

十二

沿途取用。下則存錢人畫押。或印圖章。至他國某處欲用。則本人持票到該行。言明抽用若干。該行考驗花押圖章屬實。照數付給。票後書某年月日。某處取用若干。令本人于票帳之上畫押鈐印。英國無銀票。皆金票。由五磅至百千磅。票上雖無當時圖印筆跡。一概刷印。而紙皆暗有花紋字。亦真草橫橫內含暗記。人所不知。亦難摹仿。取用時。每令票後畫押書住址。其匯票與取錢票亦然。暗有花紋字迹。與金票同。各國金鈔。惟英國通行四洲。有時在他國使用。較本國值錢尤多。蓋以英金

色足而票實故也。

十二日丙申。陰。申刻[正]同李湘浦街遊。步至波鵰坦泥克園。其地周約數里。池沼亭軒。魚游雀噪。芳時佳景。花木繽紛。有玻璃煖房、點心[小食]茶房。入者有請帖憑票。署名姓于門簿。當日恰有艾德林所送請帖二紙。乃步入。内遇黎葩齋、劉鶴伯、鳳蘷九三君。因其鄰人第十一號布拉達溯夫妻子女所約也。

十三日丁酉。大雨。因前于五月十八日經司悌義約看育嬰學館[堂]内二童一女年未及笄者各立公主前暢言

一節。甚佳。惜未得獎。彝因各贈書一二卷。書其首。一云。光緒丁丑孟夏。經司悌義公約觀音番教爾芬學堂。見一幼童在大庭廣眾之中。誦詞清朗。聰穎過人。非神童不能如是也。因愛其才。特贈此書。其二云。前承司悌義公約觀學堂。規模矩矱。心折久之。見一幼童。所發議論詞語高超。常人無此見解。茲見其丰采絕倫。可為後來之秀。特贈此書。其三云。包爾安者。英格蘭女郎也。余與聽颿。應司悌義公之召。便道約觀育嬰學堂。其師範之嚴肅。已堪欽佩。而女之清詞麗句。尤為諸秀之冠。余見其敏捷能言。特贈此書

十四日戊戌。陰。午正。見六大敞車。各載幼童十數名。樓下經過。搖巾歌唱。歡喜非常。詢悉學館[堂]放假。教習領之遊鄉也。

十五日己亥。晴。酉[撤]刻。法克吶爾復請李湘浦與彝在克洛斯倭克爾會館晚酌。是日為其首領法爾南及乜達羅百紫柯齡武吶百立四司長換班之期。共席一百八十六人。酒食甚豐。食畢作樂。新任者五人立起出門。後

經三對舉旁者導入。與前任五人易坐。彼此飲酒取和。各立談一節。無非誠心行善。永保和美之意。言後入座。前任首領復立談一段。解任之事。繼而申祝君主及大太子等之福。因座中有外客十四人。俄而新舊二首領仝人遞過一紙。乃請彝代眾陳詞。彝以來時未經預備。言則不知何所當言。辭又無以副人雅意。乃不得已立而起。甫啟口。眾人高呼靜聽靜聽。待眾聲息。遂言曰。諸位閣下。彝[余]三萬里外之華人也。衣服既殊。語言更異。雖通貴國文辭。究屬辭不達意。語不明爽。恐貽諸公羞。眾復齊呼請言。彝乃曰。今蒙法君召予同敝友李湘浦來

此、與諸位仁人善士同席共飲、何樂如之、特同他十二位深謝新舊二首領、予二華人更謝法君召飲之盛情也。言畢、眾齊聲高呼喜耶喜耶。後新首領同彝等十四人立起、舉杯高聲呼曰賀來賀來、祝眾善人之福。繼而偕眾立起、舉杯同祝彝等十四人之福。蓋西俗、祝人者立、而被祝者坐也。後則節節作樂、有男女六七人陸續歌唱、以助興趣。子初席罷回寓。

十六日庚子。早晴、午後陰。亥初同馬清臣、姚彥嘉、鳳夔九隨郭星使乘車行六七里、至班斯敦坊、赴世爵邊德

十五

夫人家跳舞會。男女數百、樓房寬敞、四壁遍攢鮮花、異常香豔、燭光耀目、琴樂娛心。當其跳時、因思中國瘦腰纖足、長袖善舞、而外邦則露臂袒胸、無袖而舞、是亦中外不同之一端也。

十七日辛丑。晴。因布拉希夫妻請、申刻赴泰木斯江旁格林泥洒地方、在三彬小輪船上茶會。譯三彬即日光四射之意、也因伊夫婦曾駕之四海遨遊也。未初同馬清臣隨二星使乘馬車至柴令克洛斯客廳、而火車已開、遂乘馬車、東南行五十八里、一路山岡聳翠、二麥成熟。申正至彼、有兵船小三板一隻接迎、即上、波浪頗大。登三彬船、見布拉希之妻、始知客共百餘、皆已散去。且云、妾在倫敦每赴宴會、不克久陪、尚祈原宥是幸。乃令其妹與女及他二三戚友同席飲酒。後其女引導在上周遊。船不大而細長、艙屋階闥、修飾整麗、較他船殊勝。為伊夫婦游觀之具。二年前曾駕是船繞地一帀、行駛甚快。各屋懸列由各處收買土產小物千種。後有水師學船監督倭拉克爾夫妻、及幫辦柯義思、令請往看學徒。是地有二學船、一名阿爾色薩、一名柴斯特爾、亦皆

十六

布拉希家所造、今捨以濟貧。凡街市之貧兒無依者、收留船內、供其衣食、設監督教習水師、限兩年藝成、分派商船充當水手、俾得自食其力。藝不成者再留一年、仍無成效、則付諸改過房、拘禁作苦工。今幼童二百五十九人、小者僅十一二歲、大者不過十五六而已。每日卯初睡起、讀書、已刻早飯、午後學行船雜技、酉正晚飯、飯後令列隊步遊于岸。每歲經費六千餘磅、皆富室集款。駕小舟登阿爾色薩、幼童排班接迎、整齊嚴肅、有樂導之。前行四人為列、三繞座前、每過必皆免冠、旋各就座

誦經。教師高踞中央，撫琴節之，誦聲與琴聲相叶，音韻悠揚。看畢，入客廳喫飲茶後，辭謝下船，乘火車，戌正一刻抵倫敦。

十八日壬寅。陰雨陣陣。未初，同李湘浦往看蠟人館。所列男女人像與前無異，惟左鄙鑿一水池，周盈丈，旁一小兒年四五歲者，腹含關鍵，上絃擲水中，則伸臂舒骸，揚頭拱腰，宛如真人泅水。按歲時記事內載七夕俗以蠟作嬰兒浮水中以為戲，為婦人生子之祥，謂之化生。今觀此義雖不同，而嬰兒浮水，游泳往來，洵可娛目賞

十七

心也。酉正，同黎蒓齋、李湘浦、鳳夔九乘車行十八九里至杭北哈坊，赴霍拉家茶會。男女不過十數人，霍拉鰥居，令其姪女款客，相待甚殷。

十九日癸卯。晴暖。按英國以天文、地理、電學、火學、氣學、光學、化學以及重學、化學等為實學，雖云彼之實學，皆雜技之小者，其用可由小至大，如由天文知日月五星距地之遠近，行動之遲速，日月合璧，日月交食，彗星、雜星何時伏見，以及風雲雷雨何所由來；由地理知萬物之由生，山水之遠近，邦國之遠近多寡；由電學得電線，知天地間何物生電，何物可以防電；由火學知金木之類何以生火，何以無火，及何以防火；由氣學知天地間各氣之輕重，因而創氣球，造氣鐘，上可凌空，下可入海，以之察物救人，觀山探海；由光學知日月各星本有光否，及日他燈雜光之力，因而創燈戲，變光彩，辨何物之光最明；由格物化學辨五金之氣，識珍寶之苗，知水火之力，因而創火機，製輪船火車，以省人力，日行千里，工比萬人，穿山航海，掘地撹河，鑄鐵鋸木，造石織紡，無往而非火機，誠利器也。觀他國算命占卦、鎮物風水各學，又何為虛實？外國不講

十八

風水，知自進者國富兵強，能努力學習者亦豪富家昌，不以文章詞賦取人，既少貪贓，佞吏無不通文墨者。

二十日甲辰。晴暖。邏來阿來三究牙宮新由奧國街奇會中製來多物，為予未初有英人周恩斯婁貝慈請遊，遂同黎蒓齋、馬清臣、劉鶴伯、鳳夔九、張聽颿諸君，隨二星使往。至彼先看日本木房三所，形似中國茅齋，內置銅瓶石磬，幽雅宜人。諾爾衛木房一大間，形似松軒，四面窗牖，內無陳設，古氣盎然。繞遊三小湖，水清魚樂，林木青青。旁有放槍射箭、騎木馬、打鞦韆各戲。後入宮見

小屋内放一舟，長丈餘、寬三四尺，係合衆人柯拉白鷗歐者夫妻由合衆牛貝佛海口駕走大西洋四十七日抵英盆薩内海口，于今運此，令人看賞，入者一什，令看畢謝別。乘車行六七里至梧格林村，赴詩人司米喜家茶會，其人善教詩詞，各種書報圖解，排比滿樓，入内見其母與其女，張幄于場圃中，正設臺，前列大桌四行，彝等隨二星使坐于臺上，臺下男女百餘人，對面一人撫琴，衆和聲稱善者三，復飲茶點心，司米喜立陳數次，皆願兩國和好，一視同仁等語，後出幄入圃少遊，樹碧千株，花紅萬點，將登車，主人各奉圖書英書一本，彝得英人吳貝航海日記，亥初回寓。

九

二十一日乙巳，晴，天氣炎熱，似初伏，爲西曆七月二十七日也。昔魏鄭公慤率賓僚避暑，取荷葉盛酒，以簪刺葉令與柄通，屈莖輪囷如象鼻，傳喻之，名碧筩杯。近因天暖，見英人盛酒玻璃杯中，以麥梃吸飲之，亦避暑飲酒之一法也。

二十二日丙午，晴，午初，法克吶爾來拜，携有棋盤，周約三尺，高二寸餘，造以楠木，形如几，棋子小，數不足二百，蓋日本物也。棋式伊微明其法，言由書中學得者。

二十三日丁未，早晴，涼似中秋，未初大雨，雨後旋復晴。英人亢柏里約赴格林泥芝村看賽馬戲，乘車至彼，男女雲集，裙屐相綴，地近康衢，車馬填塞，富室築臺馬道旁，分棚列座，以便登眺，中爲御圍，監以官弁，惟公主王妃、國戚世爵及諸貴官方得入。蓋賽馬之戲，凡官紳士庶之馬，擇其雄駿相類者，使之并轡而馳，立棍于正臺前，較至棍之遲速，以分勝負，負者出銀物以犒勝者，由國内至四郊，就地作圍場，陸續分賽，惟有國主及其太子、王妃皆往觀之，所以激勸人之養馬，而爲通國名馬之招也，因而養馬之家草豆必足，廐棚必潔，多備圉人，時加刷洗，故英國良馬之多，視泰西爲最焉。當日馳馬兩環，勝者馬名卓安洇蟄闡，卓安者，馬主之友名，因馬爲其人所贈，故以名之，洇蟄者，倫敦城北村名，因馬由彼處所獲，故以名之。酉正回寓。

十

二十四日戊申，早晴，午後陰，隨劉星使同博郎乘車入米勒班監獄，一觀其樓房局式、收禁規模，與前觀之盆島威獄同，監犯男女一千八百人，據司獄云每人所做毯布器皿，皆售諸外，獲價至百什令，則分給其人五什令。其餘充公。歲入貨價，足數獄費一切支應，或且贏焉。在獄者禁不得交言。犯則減其食一次。按英國立法最恕，無殊死刑，惟謀殺叛逆者縊之，鬬殺擬流，誤殺過失殺、責賠家口終身養贍銀，或十年或二十年，各如尸身生前歲入之數，官為存寄，按歲支給其親屬，親屬死則餘銀入官充公。其他各罪犯只罰銀與收禁而已。收禁之限，皆核其罪之輕重，由司刑者臨時察例議定，由（自）數日數月以至十數年不等。瘋病者禁錮終身。恆犯監規不改者亦然。而食衣優給不減。雖有鞭撻之刑，常施於兇惡較甚者。申初回寓。

二十五日己酉，早晴，午後陰。申初，同張聽颿乘車行八九里，至韓立王巷第一百三十號，拜司悌義。入內，見其妻子并二女，坐談許久，各飲舍利而歸。戌初，隨郭星使乘車，往訪金登幹，亥正回寓。晴。

二十六日庚戌，晴。是日係劉星使生辰，原擬備席公祝，辭以七日茹素，閉門不出。酉初，同黎蒓齋、劉鶴伯、張聽颿三君赴皮夏的里街賢真睦斯飯館晚酌，燒雞、炰魚、甚佳。出此，入荔榛街第六十八號格朗加非洛亞茶肆啜飲茶，樓高摘月，人眾如雲。

二十七日辛亥，晴。聞數日前，劉星使僕人尹光街遊遺失摺扇一柄，次早有人送還。又今日隨李湘浦來能英語之粵人黎華亭申刻赴市買辦，遺失二十磅金票一張，步回原路，正尋覓間，一點路燈人問曰："君必失物矣。"不知所失若何，對以二十金磅鈔，其人取出遞給。黎乃酬以十什令，其人免冠謝去。洵為路不拾遺矣。

二十八日壬子，早晴，午正同眾著朝服，隨二星使向北恭拜

聖牌，行三跪九叩禮。申初陰雨。同張聽颿往拜英人尤斯入內，見其妻子，因其人曾往印度，乃領入旁室，指几上所陳小木盌一個、瑪瑙耳環一對與看，言皆由印度攜來者也。蓋英人有一技藝，必于眾中演試，以炫其能，有所儲蓄，無論珍玩、錦繡或草木泥器，皆羅列廳堂，客來則逐一指示，恐其目不及覽焉。

二十九日癸丑，陰。未正大雨。酉正，黎蒓齋約詹邁倫及張聽帆、劉鶴伯、鳳夔九與彝在賢真睦斯館中晚酌。樓

下大堂高敞方桌百張樓上雅座修飾華麗設有洋琴衣鏡盆花畫景上下人雖數百皆靜悄無聲規模整肅故聞香者皆停車焉

七月

初一日甲寅早晴午後大雨昔宋武帝女壽陽公主人日卧含章殿簷下梅花落額上成五出花拂之不去後人效爲梅花妝西國有種油綢膏寬三四分其色或黑或白不知上覆何藥光亮如油皮膚偶有小傷剪下貼之不日即愈近因大太子妃偶傷左顋貼以黑油綢剪作圓形如豆邇來通城少婦不論有傷與否多有效之以爲美者亦風氣之使然也

卅三

初二日乙卯陰雨亥正隨郭星使同李湘浦乘車往赴伊摸賽夫人家跳舞會男女有數百人看至子正回寓

按英俗跳舞會分二等有用請帖者有賣票者其用請帖者爲富宦所設有一家自請戚友者有仝請相識者共數種如武生會文童會水師會獵戶會等至賣票者爲善家公設以賣票之錢分助各處如禮拜堂育嬰堂施醫院養啞院養瞽院養老院以及義學村塾等會亦數種如美爾會募化會蘇格蘭會酉克省會衛拉斯省會色莫賽省會此等會票每張價由十什令至一磅或二磅富家好善者亦可買數張請客各會借地皆在公署大店及會館公司等處在大堂奏樂跳舞樓上各間預備茶酒夜饌入者或千餘或數百雖無下等人而中等者亦自不少故隱具規模使人不亂人雖齊入等次分明有條不紊貿易夫婦及外國商賈跳時皆不准立于首位各有居處故青年婦女跳畢一次或喫畢小食皆入本屋不得在外逗遛亦不得與同跳之男携手同行往來樓下舞堂之間當跳瓦拉自及戛大力時男女不得緊摟男不得高舉女右手亦不得拉入左腋既不得上下舉落亦不得代女捉裙英國婦女赴跳舞會鮮有手執花束者跳舞準及作樂單有備有不備者按跳舞單係一小花摺如册頁上繫小鉛筆橫印跳舞名目每人一頁男女對約同跳第幾班乃對書名姓屆時自來携手同舞樂單則厚紙一張寬半尺長八九寸先印何會某年月日再則樂共若干節每節作何樂末印住址及樂基班入者亦每人一張凡赴此等會者須將所

卅四

買門票帶至繳銷。入門自有人收取焉。至赴請帖跳舞會。其帖不必繳還。凡請客發帖。須在三禮拜前。帖式與請茶會同。惟加跳舞二字。凡會主除生童鰥夫無妻者皆女主出名。若鰥夫之女長成。則女出名。至官府會館請會。屆日雖有各女主在堂。惟眾男主列一總名。如光學會。或醫門會、眾等仝請某人。于某月日晚十點鐘。在某處跳舞。守候回示。以便按數備酒也。會小者可加一小字。或早字于帖尾。若一婦女欲請跳舞會。而所識者不多。可于其所識婦女之品高位尊者。求一人協助。則

二十五

于本主名下。加寫或印助請婦女名姓。及仝為拜訂等字。一人被請。可代其戚友討帖。又一人欲赴某家跳舞會而不得。可覓其戚友之相識者。代為討帖。跳舞會多由亥初至子丑寅卯之間。女主接客。立于梯尾大廳門首。相與問候。或拉手、或鞠躬。男女上樓入門。女先男後。不得攜手并行。女主必同男客中之第一品高位尊者跳頭場戛大力。一以為禮。更以為榮。如所請客有本國或外國公主王妃。或王公夫人。非待其至不跳。至則男主伴王妃。女主伴王爵跳第一場。以後王爵若欲與某

女跳而不識。令侍者至其前。以達其意。引至王前。禀知某夫人或小姐。王乃鞠躬。女屈膝答之。位尊者亦鞠躬。繼而王遞腕。攜以同行入場。除男主可請公主王妃與之跳舞。其他不識者皆不得請貴客。到時。男女主同迎于門前。男主攜王妃腕先行。王與女主在後。貴客與男女主拉手。男主鞠躬。女主屈膝。他眾客辟易兩旁。相識者互相參見。或鞠躬。或拉手。或屈膝。不識者。男女主相與引見。男皆鞠躬。女皆屈膝。蓋請帖言明會見某貴客也。又各男客可請女主或女與跳以為禮。而女客不能

二十六

自請男主與跳。因女尊宜自重也。其俗跳種甚多。不習者不知其式。今姑記其名。如城中跳舞會所跳舞者。乃戛大力、藍色爾瓦拉自、及撲拉嗒、在鄉間跳舞會。因地闊屋寬。又加當貝扣的連及斯爾洛之爾得勾倭蕾三種。至其名嗒來傀年麻租嗒及御前戛大力等。皆非上等所取。凡跳舞會之飲饌。與大茶會同。亦設二屋。小者備茶酒點心及冰乳加非等。為眾客隨時取用。大者備冷暈熱湯果品酒菜。屆時備齊。則男主請第一女客攜以下樓。後女主請各客男女之品位相等者。對對下樓。

女主後隨。有座者，女坐而男立。無座者則同立，而男侍女。凡某男伴某女下樓者，須同上樓，侍女坐或立後，男鞠躬。女亦答禮，彼此致謝。有即刻而別者，有立談數語而後別者。客皆陸續往來，鮮有見主辭別者，然去後必于六七日內投刺來謝。設跳舞會，將堂室廳閣一律移淨。于四面窗外支布帳，有臺者支高棚，以吸空氣，以進天風。堂正面作樂。凡窗帳中及臨牆處，多列鮮花，雖值冬季，亦于花中立冰塊，作塔形，以色燈映之，絢成五彩，而阻蒸氣。請者不量屋之廣狹，以客多者為榮，亦有限數至二百者，為小跳舞會，以免人多擁擠耳。每會門開，即有新聞紙局人執筆立于樓前，會中形勢、來人姓氏，皆一一記之。次早新聞紙出，備述昨夜某宅某會，廳堂之華麗，酒食之豐盈，來客之眾多，款待之殷勤，其姓氏皆按品位開列。亦有設會而約某新聞紙局人與之座，來者投刺于几上，其人詳記而去，待新聞紙出，主固願其誇示，客亦喜其表揚也。婦女赴宮中及平家跳舞會，衣皆一律，色白或粉紅，襯以真假紅黃玫瑰花。男子赴平家跳舞會，皆著黑鉆禮服；若赴宮中跳舞會，則服朝服，與赴朝賀會同。跳時須將所佩刀劍脫寄存他處。宮中跳舞會雖奉君主召入內，皆自覓相識，無人介紹，亦無人應酬。至太子與妃所設在馬柏立宮者，則與君主在卜靜宮所設不同，因所請皆世爵國戚、大臣名儒，故男女入者皆報名，彼此握手屈膝。太子與妃接待來客，與平家無異。凡各家設大茶會跳舞會，皆專雇一人曰唱名使，其人熟識官場男女，立于樓梯之中，客過則高唱其名，以便主聞。

初三日丙辰，陰。未初，隨郭星使同黎蒓齋、李湘浦乘車赴南堪興坦看印書處。印用鉛字活板，英文二十六字母，每字數百，列于架上。另一小案為二十六消息，每按動一消息，則一字戳自落，有隘中小木片承之，字字相綴，滿其隘中，則木片自出，而書板之一行以成。行既盈頁，斂而束焉，遂可付印。印書機器與印新聞紙同，摺疊亦以機器。一切器具形狀各殊，大致不外捷巧。聞其前任外部大臣葛拉斯敦嘗造書數萬言，一日而刷印畢，遍以贈人。夫鉛字板，經德人顧汀浦創于西麻一千四百五十年（即明景泰元年），今南堪興坦印書處猶懸其畫像以誌所始焉。

初四日丁巳，早晴，午後陰，未初隨郭星使乘車往拜日本、波斯二國公使及全登幹等共十二處，接見者五，戌正回寓。

初五日戊午，陰，未初同閔馬清臣隨郭星使乘車入老城看牛該達監獄，下車，有司獄司米士者引看各處。其房屋規條，與前看二監獄同，惟縊人處係小屋一間，地鋪木板，板下坑深三尺，坑上二活板如門，上立木架懸繩，作四字形。罪犯先以鐵鎖二骸，兩手抄起，頭罩布袋，使立正中，架旁有關鍵，罪犯頭套繩中，則旁人推柄，地門開，則人下落。後有各司獄及醫官查驗，其人果死，待二小時之久，卸下，殮以篾薄木匣，四面滿盛石炭，葬于監獄內另間房中。葬後灌水數升，則其尸骸自腐化矣。房不甚大，土地平坦，潔淨無痕，聞其內已葬人百餘名。然每年重犯之應縊者只一二名而已。又縊人屋正面上下皆窗，犯人臨縊，開放下層，以便外人看其腳落，則知已死。所以不令其上身外見者，恐人不忍看也。苟不令人查看，又恐人不知其死。凡大小罪犯，期滿釋放之時，皆留小照一張，

尭

註某年月日，其人所犯之案，以防將來。酉初謝歸，入夜晴。

初六日己未，晴，午後，英議政院閉門封印，定于英十一月初一日復開。君主在內口宣書詞云：諸爵紳士，今暫閉會堂，以便鄉遊息勞。我甚欣悅，深願與天下友邦鹹禾敦和好。然自歐洲東界滋擾以來，未嘗不想保平安。不幸竟未如願，當俄土交兵之始，我言苟與本國無害，自然彼此不助。至如何保護本國人民，前曾行文俄國，表明一切。而當時接覆，亦言願與本國永敦和好。今後如逢其會，當竭力挽回二國戰爭之患，令之如初，以俾各國同享昇平。若二國有累及我國之處，實賴諸爵紳士竭力保護。至南印度之飢荒，前于開堂時，業經述及。所可慘者，此次受災最重，莫過於麻達拉斯、孟買及麥索爾三地之人民，恐非一日所能止，究不知駐紮印度各官能消弭否。前經本國駐塔蘭斯瓦拉使臣奏報，彼處擾攘近今平定，其辦法恰中彼國各酋長之心。惟望今後凡在南阿斐里加之歐羅巴人，皆同心共濟，以免將來爭鬪之虞。深感下會堂紳士所捐公款，我言此項可備超拔官兵之用。再諸世爵前月所論辦理本國監牢、

幸

必須妥定章程、總宜撙節為是、尤喜教克斯佛堪卜立址二處學院、教習有成、善但願多出優材、以備器使、欲在愛爾蘭立總審堂及鄉審堂、仍依舊制。我知其有益、將來因蘇格蘭鄉審堂已有成效可睹也。今諸爵紳士步節勞苦、維願受天百祿、降爾遐福。

初七日庚申、晴。未正、日意格來拜。戌初、隨郭星使步入朗康店答拜、坐談極久、各飲加非一杯。出此、欲訪金登幹、彝言夜深人靜乃止。蓋時已子正矣。

初八日辛酉、晴。未正、隨郭星使乘車、行十數里、往看西敏斯德大禮拜堂。英名威斯敏斯德阿貝、建于九百年前、在後梁太祖開平之世。高十數丈、周遭一里。自顛至址、雖琢白石、工極精細。歷代功臣名士葬于此。外今惟見地臥石碑百餘、長皆五六尺、寬約三尺、字迹不真。堂內規模制度極其崇閎。左右置鐫功臣名士之石像數十具、坐臥不一、皆在石墊之上。墊前鐫其姓名、履歷及生歿時日。出此、順拜金登幹、坐談片時而歸。

三十二

初九日壬戌、晴。未初、同黎蒓齋、劉鶴伯、李湘浦、張聽颿、鳳夔九乘輪車、往水晶宮一遊、畢致如前。惟另一屋內藏義大利國古城畫五十六張、前圍布帳、顯微鏡內照、明燈。令其大小與真同。屋內作门字形、三面布帳、左右各二十鏡、正面十六鏡。城名朋卑宜、在地中海邊。微素微者外、距那柏里城不遠。城極富麗、為商賈之通衢、在西麻降生前一千四百年（即商朝陽甲七年）、地屬東方伊土魯堪、薩木迺及羅馬三國。居人為佛仙與佛尼仙二種、所建樓舍如戲園廟宇、精巧崇閎。街道園囿、整齊寬敞。至降生後七十九年（即東漢建初四年）、被微素微大火山之熱壓、所覆通城樓閣皆沈、無一得見。至一千七百四十八年春（即乾隆十三年）、經人陸續覓出、擴清街道、樓舍雖毀而石柱古蹟仍存。看其形勢、必五步一樓、十步一閣、複道長橋、直闌橫檻、竟被流火沈埋、雖非楚人一炬、亦可謂不測之災矣。

三十三

初十日癸亥、晴。戌初、同黎蒓齋、李湘浦、劉鶴伯、張聽颿、鳳夔九乘火車南行一百六十里。亥初、抵布萊墪下車、分住兩店。門對海濱、天然圖畫、房屋亦甚修潔。小憩片時、即雇馬車沿海一遊。秋風習習、涼爽宜人。約行五六里、殊覺飢渴、乃覓一酒肆而飲焉。店主母女、拔往報來、

殷勤周摯俱果腹而去惟車價太昂不免消形齟齬耳
入夜冷。
十一日甲子天晴是日為禮拜之期市廛關閉街道清
寂地為濱海大鎮天氣多晴朗倫敦之紳富多于此建
為别墅冬則來以避霧夏則從以乘凉現值會堂關閉
來者尤多早起同人往市一遊沿海廻環約十數里遊
人如蟻有沐浴者有聽樂者有斜坐而觀我朵頤者有
倚窗而望我丰采者有嘻笑者有尾隨者蓋濱海罕見
華人到此遊覽驟見異服異言能不舉國若狂乎所謂
少所見而多所怪也午後同遊水族院英名阿奎良木
蓄養蝦蟇魚蟲無一不備儼如水晶宮景象惟遜其高
敞耳地在岸邊通身鐵造梁架玻璃棚壁入內下行三
十步至一大廳周八丈列大玻璃缸六各盛金魚等數種
左右二門入右門直路長八丈左路長十六丈各寬二
丈左右各就山凹為匳外罩玻璃分三十餘槅涵水蓄
魚各盛一種奇奇怪怪如窺鏡影有蟹隆其背大如龜
有蝦奮其螯大如蟹其他如菊花比目種種與他處同
皆本地所產也有一水鳥未詳其名色灰如鴿短翅小

三三

爪長嘴白頭穿水啄魚但不能鼓翅高飛耳正面有山
石瀑布精巧獨絕雖是人工與真逼肖步入旁門上行
數武先一池養二水獺再進有横鐵闌闌內壁前叠石下水
池蓄二海獅甚猛晝夜吼聲若雷闐闐震耳在瀑布右
有作樂男女十數人吹笙引笛斷續可聞當日有本院
總管司敏士者引看各處聞此房建造費共六萬磅合
銀二十一萬兩出此沿堤步行四五里一路左右鐵闌
下横長凳岸邊列婦女洗澡布帳車甚多至一處名威
斯皮爾譯英言威斯西也皮爾堤頭也雖曰堤頭實為
遊人休憩乘凉之所係鐵架支起前探入海建于西麻
一千八百二十六年十月初二日即道光六年長一千一百
一十五尺高一丈六尺入水八尺寬一百四十尺分二
節前節長二百九十尺後節八百二十五尺其式如船
前方後圓左右鐵闌外伸闌下横凳四角中間設小玻
璃房六出售酒食書本玩物等後穿廊一行作半圜徑
外立鐵窗下横鐵凳前為樂臺中一亭四面列椅據云
臺上可容三千人臺前右一門下有轉角長梯另一小屋
旁門通水凡沐浴者下入小屋脫衣換著小褲由旁門

三四

抬三頭

下跳入水，當時臺上作樂，男女雜遝，簇擁來觀，衣履相躡。離去此，復步行二三里，左望高樓，右臨碧海，豐草綠蓐，佳景可觀。後乘車入城，周遊十數里，街道狹窄，房不甚高，而潔淨整齊，城式如凸字形，周約二十餘里，居民數千人。酉初微雨，亥正登車回倫敦。

十二日乙丑，晴。早起，同眾著朝服，隨二星使向北恭祝慈安皇太后萬壽聖節，行三跪九叩禮。記英制，祿雖不厚，然皆足給人，皆量才授官，既入仕途，終身不改，鮮有一人兼攝別署者。其因病或年老予告者，皆按年酌給俸祿，贍其終身。以貪墨敗者，則奪俸不齒於人，既為廢員，永不敘用。仕宦志在于名，故頻年以貪去官者少，其砥礪廉隅，亦可以想見矣。

十三日丙寅，晴。記英國錢造工極精，通國一律，非木模土範、刀鑿斧鑿所能仿彿，則私鑄之弊自泯。夫鑄錢必須安爐，安爐必須用地，而人占用尺寸之地者，無不報官納稅，作何生理，亦須據實稟報呈，故人雖欲私鑄而不得，金鈔亦然。無私銷，故錢不虞其乏；無私造，故錢不患其壅。錢身既輕，鈔亦穩實，則遠齎不難，故能通行于各屬。雖五印度風俗之異，新金山海路之遙，亦莫不遵用焉。

十四日丁卯，晴。記英都婦女之在酒肆、加非館為堂倌者，頭等一年三十磅，次者日給一什令，食歸本鋪，衣皆自製。每月得三十什令，計銀五兩有奇，較中華傭值固豐，而在倫敦反為至苦者。足見泰西之錢賤而人貴也。酉正，隨郭星使往訪金登幹，坐談時許而歸。

十五日戊辰，晴。辰正，劉星使偕禧在明、薄郎、劉鶴伯往愛爾蘭遊。申初，郭星使率黎蒓齋、馬清臣、鳳夔九、姚彥嘉往蘇格蘭遊，彝同李湘浦、黃玉屏皆送至尤斯敦車棧。戌初月食。

十六日己巳，晴。午初，同李湘浦街遊，至加非館少憩。閣主人云：英人有種忌諱，謂行人莫由梯下走，走則被壓，時運醜，不知驗否。申初，鄰人柯姓母子請茶，外有男女四五人，坐談甚懽。

十七日庚午，陰雨。卯初接電信，知郭星使在斯多克村染病欲回。酉初，同李湘浦、黃玉屏乘車行八九里，至尤斯敦車棧迎接。即時車到，見郭星使面色稍黃，因雨夜未睡，心有所思也。

十八日辛未，早雨，午後微晴。記西俗，同姓可以結親，如甲姓無子，只有一女，而家資萬貫，欲財產不改姓，則嫁與其姪，或他人之甲姓者。

十九日壬申，細雨陣陣。見英都兒童年七八歲者，街行鮮有不持書隨行默誦者，女童亦然。其五六歲者，嬉遊街市，所弄之物，無非鐵圈小車等而已。雖欲掘土拋塹，無處可得。往來無哭號者，無出惡語者，亦無跣足露頂者。

二十日癸酉，陰冷，始換袷衫，入夜微雨。西國造紙法與中國無異，上等之質以布為之，堅靭可久，故以舊紙改造，水泡不開，有草質者，用以包物。

二十一日甲戌，晴涼。是時通城樓窗關閉者十分之七八，富者遊鄉一二月，稍足自給者，亦必出門十數日，以便吸清氣而養生耳。

二十二日乙亥，陰雨。夜夢坐大廈中，忽聞鈴響一陣，出而視之，因簷前繫一銅鈴，僕立棚帳觸之動也。入內甫坐，而響聲如故，正詫異間，又聞人喚僕，僕喊問何故，因而驚醒。聽之鈴響如夢中，即呼閽者詰之，始知醉漢也。蓋是日為武弁郭雲翰之生辰，晚醉于酒，臥于客廳。閽者呼之不醒，執之不起，無法，始扃鎖于廳內。因門丁夜有鎖門之責，其人夜醒，欲出不得，急而拽鈴喚閽者與之開也。

二十三日丙子，早大雨而雹，大如豆，巳正晴。午後同黎蒓齋、李湘浦、鳳夔九乘車，繞荔榛園外鄉間，遊二十餘里，一路菜畦花塢，紅碧相間，細草芳潤，密樹葱蘢，心目為之一爽。

二十四日丁丑，晴。戌初同黎蒓齋、李湘浦、姚彥嘉、鳳夔九、張聽颿隨郭星使乘車往遊阿奎良木，新增飛鳥水族無多，遊人甚夥，雜戲多與前同。惟二幼女各騎一雙輪鐵車，英名韋婁希貝達，前大輪周丈餘，後小輪周約三尺，式如口字，女騎當中，手撥關鍵，高下回旋，側身揚手，決勝爭雄，亦陸地之飛仙也。登樓小食點心，飲茶，子正回寓。

二十五日戊寅，晴。嘗聞西人不重後嗣，積產數千百萬，臨終盡捨以建義塾及養老濟貧等院，措置既已，則自謂歿世無憾。詢其故，則曰，以吾一人之財，生千萬人養千萬人，誠為樂事。今吾雖有子，將來賢否不知，賢者即能守成，必致好逸偷安，毫無所學，不肖者既不能保全，因而傷身敗德，更無所學，莫若自幼使之貧乏，令其學成一藝，以贍其身，則美名或可望獲也。其意與范文正公相似。由此觀之，西人雖不重後嗣，亦保全後嗣之一道也。且云吾捨重貲以成善舉，雖千百年猶奉吾像於其地，又何樂而不為善哉。蓋西國通衢，多鑄鐵鑿石為功臣像，以旌其賢，而醫院學堂，多有懸油畫立石像，以銘首善之人焉。

二十六日己卯，陰雨。戌初，同張聽颿乘車赴司悌義之約，見其夫婦子女并其戚友五男四女，少坐，飲茶。後入客廳，看伊試驗所創之電線傳聲器，名曰太立風，係一筒中橫薄鐵，尾連二線，相距數里，甲對筒而言，乙置筒于耳，聲如對面，歷歷可聽。後父女撫琴歌曲，情韻悠然。丑初謝歸。

二十七日庚辰，陰晴各半。亥初，同衆乘車，至尤斯敦火車客廳，接劉星使及禧在明、薄郎、劉鶴伯，由愛爾蘭回。

記英國富室女費十倍於男，即如製衣一襲，動須數十金磅，服僅二次，即嫌不鮮，另易新式，其往來酬應，車馬酒食，月非百餘磅不辦。故女子擇配，必以男家富有為期，而男子又苦其供應浩煩，必待男女進款相抵，方能下聘，所以男有終身不娶，女有至老不嫁者。

二十八日辛巳，晴冷。午後同姚彥嘉街遊，入一顯微機器鋪，隔架層層，羅列各物，或以視遠，或以測微，或以觀天，或以度地，形式各殊，紀不勝紀。有一計里器，具形如瓷罐，懸之車軸，雖紆曲而行，往來周折，亦可知其里數，驗量地不亞於窺天矣。

二十九日壬午，晴。記英酉初請客喫茶，人不多，則備于飯廳，即在客廳，亦必在後間一角。數至二三十人，則放一大方桌，上鋪白布，照人數列加非盅于左，放茶盅于右，中置茶與加非各一壺，牛乳與乳汁各一罌，方塊糖與水晶糖各一罐，所備食物，如麪包片抹牛乳油、乳麪餅及加非糕等。各僕備妥退出，女主斟茶或加非，男客至契者代為傳遞。各女客飲畢，倚客去後，男僕始入收拾一切。至客至報名，樓上送茶，則為進爵僕之任焉。

八月

初一日癸未，晴。記倫敦各房之污穢，皆有鐵筒貫通入

地、由巷至街、由街至江河而入海、至糞土等物、皆當晚埽淨、盛于筐中、置諸門外、次早有敵車收去、故街道潔淨坦平、行人稱便、

初二日甲申、晴、戌刻、同李湘浦張聽颿步入倫敦巴威連雜劇館一觀、臺下行行橫設桌凳、座無號目、出售茶酒、準其吸烟、男女歌舞、所演場場如巴里之加非商當、有一人面塗粉墨、頭戴灰色大毡帽、身着黑毡貼身衣、足登皮底黑靴、前長一尺、手持拍板、隨歌隨舞、板底齊鳴、亦自然之節奏也、

四十

初三日乙酉、晴、街市小孩每見華人、則以歐愛馬呼之、譯歐助語詞、愛馬古女名也、昔有一人、其女友愛馬贈馬一匹、乃以其名為名、一日遇于途、女即呼曰歐愛馬、歐愛馬、意欲其駐馬顧問也、其見華人故以此呼之以為趣、又每聞其呼親親齋呢司及真江齋呢司、譯齋呢司華人也、親親真江之義未詳、

初四日丙戌、早霧、午後陰、申初、隨郭星使乘車、往訪全登榦、坐談時許、後往拜威公使、未遇、按英國之率舊更新二黨、英語率舊曰堪色爾瓦堤伍、更新曰立布拉拉、武普婁戈蕾奚伍、

初五日丁亥、晴、現因天氣稍涼、倫敦中等人家漸有由鄉里而歸者、申初、隨郭星使乘車往拜威公使及俄義二國公使、共八處、按西俗、客至不獻茶、故終日拜客、而唇吻乾燥、有待華客而進以酒茶者、其人必稔知華規、方能如其禮以待款馬、

初六日戊子、晴、巳正、有英人馬克那麻拉者來拜、據云、二年前曾來中土、當馬嘉理被戕時、欲往滇而未果、在粵與何桂芳區亞良相識、因其人知鐵性、相約設法開

四十一

壙、亦未得成、其父今尚在華、因知滇省鐵壙頗多、將謀往而充當領事官云、

初七日己丑、晴、戌正、鄰人柯拉理母子請茶、乃同張聽颿劉鶴伯鳳夔九而往、有伊戚友狄達層薩等夫妻男女六七人、席間張聽颿以鉛筆書暢飲數語于一洋名刺、後、不意層妻立以洋筆抄錄、字共數十、筆畫清楚端楷、如華童之讀過五六年書者、奇敏甚、

初八日庚寅、鎮日細雨淋漓、未初、隨郭星使拜客四處、順至南堪興坦印書處、旁集古閣一觀、內列大桌四行、

滿置玻璃罩匣內，存儲古時圖書，凡國家以及世家所藏者，畢陳于此。古圖粗拙，古書筆力厚重，如蟲鳥蝌蚪。皆以羊皮書之，有值金磅盈萬者，亦有值數千者。英人最好古，凡前代斷銅碎瓦、破履敝冠，無不珍惜，甚至數百年前之借券，亦視如拱璧，什襲藏之，供人玩賞。嗜古成癖，與我華人有同好焉。

初九日辛卯晴。酉初，同黎蒓齋、馬清臣、李湘浦、張聽颿、劉鶴伯、鳳夔九諸君，請李丹崖（觀察）、羅縉臣在本街朗康店晚酌。樓高十二層，房有千餘間，男女僕役百餘人，飯廳坐可數百人，酒食價甚昂。

初十日壬辰晴。未初，隨郭星使步入朗康店，拜李丹崖（觀察）、羅縉臣，坐談時許。酉初，英人杜額訥來拜。倫敦東北伊埔隋芝村人也，距倫敦三百三十餘里，居民五萬。談及村中義塾，據云向有六七，今增至十二。夫義塾者，所以補官學之不足也。人皆有所學，則理義自明。無論士農工商，各有本分，當為盜心不起。凡男女自五歲至十三歲，皆令入塾，有嚴師以督課之。如怙過不悛，則拘諸監牢，令作苦工，治以官法。近年因人各有所業，故攘竊之風少戢矣。

十一日癸巳晴。戌初，同張聽颿乘車至幽雅園聽曲。英名克文戛爾頓，克文者幽雅也，戛爾頓者園也。樓極宏敞，原為義大利大戲園，每值夏季都會人多外遊，戲園皆停演百日，故改奏樂歌曲。一切修飾，亦頗整潔。臺上列層階，樂工百名，謳者男女六七，皆義大利、西班牙（日斯巴尼亞）二國人。曲雖不曉，而聲調可聽。臺前列座三四百，外環木柵，左右穿廊通于臺後，三面設假山，中有長筵賣酒果加非等。入者左右小屋價皆一磅十一什令六佩呢，臺前每人二什令半，其往來散步于臺後穿廊之間者，每人一什令。子初回寓。

十二日甲午陰。聞英大太子衛拉斯王有登徒之好，暇輒微服冶遊，其妃怒，欲不與其共居。今雖少改，而昨日仍偕本宮一女官街遊，雇四輪佛回車，至半途欲下，女按常值給錢，御者不納，索五磅。女詰其故，曰：乘車者非太子而為誰耶。女仍不給，御者控諸美爾美爾，具稟請示。太子允給，御者復索賞十磅，官無法，乃如數付訖焉。入夜微雨，涼。

十三日乙未，陰。未初，同李湘浦、姚彥嘉隨郭星使乘車往看號騷靠畜慎獄，其中樓房規例與他監獄無異，共收男女幼童一千八百餘人。聞本日新收二名，一男孩名陶慕者，年七八歲，因偷麪包二斤，罰監禁六個月；一女孩名麥麗者，年十五六歲，因借名寫信，罰監禁三年。各犯小者讀書，大者作工。看畢，入客廳書名姓。酉初一刻回寓。

十四日丙申，陰雨。未正，有英都教門安友會中八人如布萊遂、阿蘭、計百森、甘布司、特芝、駱柏遜、迺賚、韓百里者同來，立陳數語，無非奉耶穌教、行善、兩國永敦友誼等語。郭星使如其詞以答之，坐談時許而去。按是會英名噎立理者斯搜賽伊的教伍弟倫，自皆耶穌教之賛克爾黨中人，約數千人，無一充兵者，蓋以戰爭為惡事也。此黨人皆頭戴寬簷高帽。

十五日丁酉，早晴，午後雨。衆著官服向二星使叩賀節禧。後同黎蒓齋、劉鶴伯、李湘浦乘車行二十餘里，至布立克斯屯路卜力柯司敦巷邦麻矖大雜貨鋪，樓高四層，工尚未竣，內售雜貨百種，如針綫、布疋、綢緞、毡絨、皮棉、錦繡、金銀首飾、紙花、翠花、紙筆、硯匣以及各種器皿、玩物、飲食、醬醋等，價比他鋪稍廉，故光顧者男女接踵。酉初，晴。郭星使約李丹崖觀察、羅緝臣、曆邁倫、馬清臣及彝等八人晚酌，劉星使以茹素不與焉。當晚暢飲甚歡，皓月團圞，令人有故鄉之感。

十六日戊戌，晴。酉初，同李丹崖觀察、劉鶴伯、鳳夔九、姚彥嘉、張聽颿公約黎蒓齋、曆邁倫在阿奎良木晚餐。當晚雜戲臺上有一幼女，頭戴花箍，身著肉色靠，腰圍碧紗短裙，斜立木板，長丈餘，寬五六寸，板上滾一木球，大如西瓜，女立球上，縱橫騰踏，旋轉如風，雨足不離球上，誠可觀也。

十七日己亥，陰晴各半。申初，同張聽颿街遊，見酒肆及食物鋪中出售鮮蛤蜊或蠣子，食者上灑椒麪、橘子汁，其味甚甘。

十八日庚子，晴。午正，郭星使令彝赴韓百里家致函，即乘馬車至威克兜立亞火車客棧，少坐，車開，東行三十里，過水晶宮，至克萊屯村下車，步行八九里，詢其寓所阿什柏爾屯堂，人多不知，知者亦云尚遠，後遇二嫗導至里許。乃云由此直行。可抵其地。又行二里。過十數戶。
幸遇一叟指其門內有大園。綠陰翠影。花木芬芳中高
樓一所。扣門而入。見其妻。云渠有事他出。少刻即回。望
少待。即請午酌。同席有其嫂吳氏。其女友義大利國人
敖莉姒與其二子二女。食畢登樓。其廳羅列中華古玩
甚多。蓋韓曾在上海領茶商也。至申初欲辭去而韓歸
矣。付之以函。少坐。同其夫婦乘馬車。至大車棧。申正一
刻開車。酉初至倫敦車棧。名倫敦橋。復乘馬車。行數里
抵寓。按克萊屯村東西分為新舊二村。中隔大輪車道。
街市寬闊。人民稀少。松亭草閣。樹木叢蘢。亦消夏乘涼
之勝地也。

四十七

十九日辛丑。早霧。巳初晴。見英都亦有典庫。奉官而設。
幌懸三大金球。作品字形。因人以質物為恥。櫃前以木
截槅。則彼此各不見面。人皆不喜與之締交。蓋以典商
非善事也。

二十日壬寅。早霧。未初晴。有英國製造耕田機器人郎
弟樓來拜。據云中國田多。宜用此器。以省人力。并呈器
圖一紙與看。見有刀與耙齒轉側迭相為用者。刀芟草
苗。耙起草根。用以分而曬之。有屈鐵為二十四巨鉤者。
鉤密排如人之肋骨。所以約已曬之草而聚之。又有單
刀雙刀或三刀以起土者。入土淺深。各異其式。諸具雖
各有鐵輪關鍵。而皆駕之以馬。可代十數人之力。有用
六鋼刀以起土者。兩端置大輪氣機。繫繩牽之。以自為
進退。一人司之。可代六馬之力。有引水器。機旁皮筒相
續。沉入水中。機動則可行水至數里外至高之處。有輪
機不燒煤而燒草者。輪自轉。草投大不須人為推送。其
輪機較輕者。單氣筒可代六馬之力。雙氣筒可代廿馬
之力。無論單筒雙筒。量地勢之大小。用以起土引水。極
省人力。可謂巧奪天工矣。

四十八

二十一日癸卯。早起黃霧迷漫。咫尺不見人。按使燕錄
內載。中秋天色陰晴與外國同。又東坡嘗聞海賈云。中
秋雖相去萬里。他日會會相問。陰晴無不同者。彝恐未
必然也。中國每值七八月。則暑退涼生。天氣清朗。邇來
倫敦連日陰霧。然出城十數里。則碧天秋水。爽氣宜人。
是相隔一二十里。天氣尚不能同。況中外相隔萬餘里
乎。其不能強之使同。可不辨而自明矣。

卷五終。

四述奇卷六

鐵嶺張德彝在初隨筆
貴　榮竹坪校閱

丁丑八月二十二日甲辰早霧午後微晴英吉利本國土地惟英格蘭蘇格蘭愛爾蘭三島英蘇相連處甚窄所謂地峽也其外屬地如島嶼與在別國邊境者大小共七十三處統計內外地土合七千八百四十萬七千七百一十七方里人丁共二萬五千八百三十六萬四千九百六十名口租稅共銀三萬五千六百六十一萬六千二百八十一兩適因訪聞畧知梗概除將英蘇愛三島先敘崖畧外特將其屬地大小總分八分大者即以其本名為一分小者以所在或以所近之地為一分或指在英之東西為一分今特筆之于書縷晰言之以便知其地域之大小以及人民土產租稅之多寡云爾如英格蘭長一千二百七十八里寬由一百八十里至九百一十里計五十二萬四千七百九十九方里居民二千二百七十一萬二千二百六十六名口稅額每年一千五百九十五萬一千六百二十五磅合銀五千五百八十三萬零六百八十七兩五錢蘇格蘭長八百二十八里寬由九十里至四百三十八里計二十七萬四千一百六十七方里居民三百三十六萬一千名口稅額每年一百八十萬零二千八百四十八磅合銀六百三十萬九千九百六十八兩愛爾蘭長九百里寬五百一十里計二十九萬二千七

百零七方里居民五百二十九萬七千七百三十二名口稅額每年四百二十萬四千七百七十六磅合銀一千四百七十一萬六千七百一十六兩三島共計地一百零九萬一千六百七十三方里居民共三千一百三十七萬零九百九十八名口稅額共七千六百八十五萬七千三百七十一兩五錢

印度通國南北約六千里東西約五千四百餘里計一千四百零七萬七百八十方里居民二萬三千一百零九萬六千六百一十名口西厤一千六百年（即明萬歷二十八年）當英義立斯貝奴君主在位英商始得航至印度正西臨海蘇拉地方貿易後陸續爭奪買占至今二百餘年已得印度四分之三大小與歐羅巴一洲除俄羅斯國外相等英屬印度地共分八府曰貢果曰歐達曰班扎曰英柏爾瑪曰阿薩木曰麻達拉斯曰森德百萬斯曰孟買今分載於後

貢果府在印度正東偏北赤道北二十四度至二十九度北京西二十度至三十度計一百四十萬五千八百方里分四十四縣居民六千零五十萬二千八百九十

二

七名口土產鶯粟花藍靛與五穀

歐達府在貢果之西北計九十四萬八千五百五十五方里分三十五縣居民四千二百萬一千四百四十名口土產與上同

班扎府在歐達之西北赤道北三十三度北京西四十度計九十四萬四千七百七十五方里分三十二縣居民一千七百六十一萬一千四百九十八名口因地在極北東臨戛什米爾西界阿富罕駐有英兵五萬勇十三萬土產無多

三

英柏爾瑪府在印度柏爾瑪與暹羅二國之西沿海作ㄅ字形赤道北由十度至二十三度北京西二十度計七十九萬七千零四方里分十五縣居民二百七十四萬七千一百四十八名口土產菸穀

阿薩木府為印度東北界赤道北二十六度北京西三十一度計四十萬七千七百一十八方里分十三縣居民四百一十六萬二千一百名口土產茶

麻達拉斯府在印度正南赤道北九度至十七度北京西三十九里計一百四十四萬九千七百零四方里分

二十一縣、居民三千一百六十七萬二千六百二十名口、土產無多、

森德百萬斯府、在貢果之西南、為五印度正中偏東、赤道北二十二度、北京西三十五度、計七十五萬七千八百七十二方里、分十九縣、居民八百二十萬零一千五百一十九名口、土產棉花、

孟買府、在印度正西一帶、沿海作乀字形、赤道北十四度至二十八度、北京西四十二度至五十度、計一百一十一萬六千九百一十八申方里、分二十四縣、居民一千六百三十四萬九千二百一十名口、土產雖少、為印度海口之第一大埠焉、

以上各府所產、如鶯粟、棉花、五穀、加非、藍靛、茶葉、羊毛皮板、樹膠、絲綢、菸魚鳥獸等、一年英收進出口稅、及田地房屋樹林人丁、信票電信、輪車鐵道各稅與鹽課等、約五千五百萬磅、合銀一萬九千二百五十萬兩、地共七百八十二萬八千三百四十六方里、其餘印度自存者計六百二十四萬二千四百三十四方里、英屬人丁共一萬八千三百二十四萬八千四百三十二名口、印度所餘四千七百八十四萬八千一百七十八名口、此外另有九處、雖屬印度、而遵英律、并有納賦者、如、

巴婁達、在孟買之東北、赤道北二十二度三十分、北京西四十四度、為印度正東界、英得其地于西麻一千八百七十五年、即光緒元年計三萬九千五百九十一方里、居民二百萬零二百二十五名口、稅無、土產同孟買、

阿芝米爾府、在赤道北二十五度半、至二十六度半、北京西四十二度、為中印度西北界、英得其地于西麻一千八百七十二年、即同治十一年計二萬六千一百九十九方里、居民三十九萬六千八百八十九名口、稅無、土產白米棉花、

貝拉爾谿、在赤道北二十度十五分至二十一度四十分、北京西四十度至四十二度二分、計十五萬九千三百九十九方里、居民二百二十二萬七千六百五十四名口、土產如上、賦稅一年三十八萬九千五百六十七磅、合銀一百三十六萬三千四百八十四兩五錢、

庫爾芝縣、在赤道北十一度五十六分至十二度四十分、北京西四十度至四十一度、為印度正南界、計一

萬八千方里、居民十六萬八千三百一十二名口、英得其地、于西麻一千八百三十二年、即道光十二年土產加非橘柚、稅無、

麥索爾府、長七百五十里、寬七百一十四里、在赤道北十三度三十分、北京西三十九度至四十度、計二十六萬三千九百二十五方里、居民五百零五萬五千四百一十二名口、在麻達拉斯省之中、英得其地、于西麻一千七百八十年、即乾隆四十四年土產米糖菸薑、芝麻梹榔等、稅無、

六

中印度羣城、合八十萬一千八百八十二方里、居民八百三十六萬零五百七十一名口、稅無、

海達拉巴府、在赤道北二十五度二十二分、北京西五十度、為印度中南界、計七十二萬方里、居民百萬、土產絲棉金銀、稅無、

木泥浦縣、在赤道北二十三度四十九分、至二十五度四十一分、北京西二十六度、為印度正東界、計六萬八千二百五十六方里、居民十二萬六千、稅無、

臘芝普塔那府、在赤道北二十三度三十五分、至二十九度五十七分、北京西四十度至四十七度二十分、為印度西北界、計一百一十七萬八千九百零一方里、居民一千零一十九萬二千八百一十七名口、稅無、

以上賦稅、合一百三十六萬三千四百八十四兩五錢、地共三百二十七萬六千一百五十三方里、居民共二千九百五十二萬七千八百八十名口、前後共計稅銀一萬九千三百八十六萬三千四百八十四兩五錢、地共一千一百一十萬四千四百九十九方里、居民共二萬一千二百七十七萬六千三百一十二名口、如是則印度所餘土地之能自行專權者、二百九十六萬、六千二百八十一方里、所餘人丁之能自行管轄者、亦只一千九百三十二萬零二百九十八名口而已、又英兵之駐于印度者、官有三千十一員、兵有六萬六千五百七十八名、土勇十二萬二千三百四十六名、

七

東海者、係英國以東沿海各屬地、大小共一十二處、如、錫蘭島、在印度國正南、印度洋中、赤道北五度五十五分、北京西三十四度、計二十二萬二千三百一十八方里、南北七百九十八里、東西犬牙相入、合四百餘里、地

形如爪字戓厶字。前于西麻一千五百零五年。為葡萄牙人所占。百年後又為和蘭所取。至一千七百九十五年即乾隆五十五年英奪其地。原歸印度麻府統轄。六年後另分一處。其地居民二百四十萬零五千二百八十七名口。首城曰克倫伯。自一千八百七十七年至今。造有鐵路四百一十七里。電線二千四百四十二里。立信局一百一十二處。每年地丁土產收租稅約一百七十餘萬磅合銀五百九十五萬餘兩。

香港計二百八十八方里。居民十三萬九千一百四十四名口。每年收租稅十九萬磅合銀六十六萬五千兩。

亞丁在紅海北口外。亞喇伯之西北。赤道北十二度四十七分。北京西七十五度。計三百一十五方里。自西麻一千八百三十九年即道光十九年英得其地。乃歸印度孟買府總督管理。另派小官駐紮。遍地大山。高由百丈至一百七十餘丈。土產雖無。為泰西東來之咽喉。立有信局二。電綫三十九里。居民英兵及各處游民貿易者。計二萬二千名口。租稅無。

喇班島在赤道北五度十六分。北京西一度二十五分。

八

計二百七十方里。與柏牛國之西北境毘連。因島上無人。遂于西麻一千八百四十七年即道光二十七年經柏牛國王獻之于英。現居民已四千餘名口。地產無多。惟煤礦極盛。由該島左右之柏牛蘇魯等國聚貨運往新嘉坡一帶。每年收地丁貨稅七千五百餘磅合銀二萬六千二百五十餘兩。

毛里細羣島在阿斐里加之東南。赤道南二十度。北京西七十度。計六千三百三十六方里。環島有大小六十餘島。共計三千一百五十方里。前後統計九千四百八十六方里。居民共三十五萬四千六百二十三名口。內二十餘萬為印度苦工雜種。土產甘蔗沉香等。立有信局三十四。電綫二百四十六里。鐵道二百三十一里。初于西麻一千五百零五年。為葡萄牙人覓得其地。至一千五百九十八年。又為和蘭所據。遂以太子之名而名其島。于一千七百一十年和棄之。而法取之。至一千八百一十年即嘉慶十五年又為英國所獲。首城名坡祿義。地丁租稅。每年八十萬磅合銀二百八十萬兩。

新嘉坡島在赤道北一度。北京西十二度。長八十一里。

九

寛四十二里計二千一十六方里居民九萬九千五百八十名口原屬暹羅國距麻蕾一里中隔長江後于西麻一千八百一十九年即嘉慶二十四年英買得之土産鉛膠菸米胡椒加非梹榔荳蔻皮革兕茶樹膠潮腦沙穀米甘蔗棒子等

檳榔嶼在赤道北六度北京西十一度二十分長四十五里寛二十七里計九百五十四方里北有大山高二百九十二丈二尺西麻一千七百八十六年即乾隆五十一年英得其地居民六萬一千七百九十七名口土産與上同

十

衛拉奚里正對檳榔嶼相隔一水寛約里餘地長百零五里寛由十二里至三十三里計二千一百零六方里居民七萬一千四百三十三名口是地本屬暹羅後于西麻一千七百八十七年即乾隆五十二年英據之土産亦同上以上三處毎年地丁租稅計三十一萬一千四百餘磅合銀一百零八萬九千九百餘兩

麻六甲為麻蕾西南沿海邉境南近新嘉坡北向檳榔嶼在赤道北二度北京西十三度計六千二百五十五方里居民七萬七千七百五十六名口是地為西國在南洋占得最早者初于西麻一千五百一十一年經葡萄牙人覔得之至一千六百四十一年和蘭逐葡人而守之後于一千七百九十五年即乾隆六十年英始戰奪其地今居民有六萬麻蕾人二萬華人土産胡椒甘蔗米菸茶膠加非檳榔樹膠牛角香料染料桿棍皮革沙穀米黒白鉛等毎年地丁租稅共三十三萬六千四百五十磅合銀一百一十七萬七千五百七十五兩

賽普勒斯島在地中海南北近歐洲土耳其而屬亞細

十一

亞赤道北三十五度北京西八十一度距蘇耳士新開河七百二十里長二百七十里寛一百三十五里計三萬六千方里大城名曰呢扣斯亞居民一萬六千土産上種棉花水果羽毛丹參鹽麥蕎麥等是地因本年初與土耳其定約而據時尚未久進款不定

梏林島在紅海北口内東近阿喇畢亞西向阿斐里加赤道北十三度北京西七十三度計六十三方里係歸駐紮亞丁官管轄因地本火山無土産水亦鹹苦一切飲食器具皆運由他處惟四季魚蝦肥美自西麻一千

七百九十九年即嘉慶四年英占得後築有礮臺海燈為駐
兵之地後因西南臨海地勢天成無論何風船皆可避
乃專改為泊船之處民數未詳稅無
蘇扣特拉島在阿拉伯海西近阿斐里加赤道北一十
四度北京西六十四度八分東西二百四十六里南北
六十里計一萬一千七百九十方里土產沉香枸子膠
棗與米自西麻一千五百年即明弘治十三年英國即與泰西
諸國互占其地後于一千八百七十六年即光緒二年英與
莫斯戛王訂約自是年以後不準另租他國非向英國

議定不得令他國人民駐紮大城名他麻立達居民五
十二百四十名口進款未詳
以上十二處地共二十八萬八千七百一十一方里居
民共三百一十五萬七千一百六十名口租稅共一千
一百七十萬八千七百二十五兩
西海者係英國以西沿海各屬地有三處如
牛佛蘭島在北阿美里加之東北赤道北四十九度北
京西一百七十度計三十六萬一千八百方里西麻一
千八百三十二年即道光十二年英得其地居民十六萬一千

三百八十九名口土產鰍魚水獺鹿與銅每年地丁租
稅共二十一萬二千三百磅合銀七十四萬三千零五
十兩
英吉阿那府在南阿美里加正北赤道北四度四十分
北京東西各一百八十度初于西麻一千五百八十年即明萬曆八年為和蘭人覓得其地繼而英法互相爭取至一
千八百零三年即嘉慶八年英始勝法而盡得之今分為四
東屬和蘭西屬衛呢足喇南屬巴西北歸英吉利計七
十六萬五千方里居民十九萬三千四百九十一名口

土產糖與木每年地丁租稅四十一萬磅合銀一百四
十三萬五千兩
英渾都勒斯府在南北阿美里加之間脛地東臨喀立
邉海西倚薩拉瓦多爾國南連呢戛拉挂國北界危的
麻喇國赤道北十五度北京東一百五十九度長四百
七十四里寬一百八十里計五萬七千六百方里西麻
一千六百七十年即康熙九年英得其地居民二萬六千中
白面人四百餘他皆黑面為本地土種中有大城曰北
萊泗土產松柏花梨樹膠藍靛膠毛橡汁金剛刺瑪瑙

石等。其他果蔬甚多。每年地丁稅額。四萬三千磅合銀一十五萬零五百兩。

以上三處。地共一百一十八萬四千四百方里。居民共三十八萬零八百八十名口。租稅共二百三十二萬。八千五百五十兩。

加拿他又名堪那大。爲北阿美里加之北半洲。東除葛林蘭屬丹國。西除阿拉斯戛屬俄國二小地外。計三千二百五十八萬。四千五百九十方里。居民三百九十一萬三千名口。共分八府。曰安塔榴。曰龜背。曰麻呢土巴。曰努瓦斯閣堤。曰牛布勒斯韋格。曰英戈倫畢亞。曰艾倭王島。以上皆在南界一帶。其北界在寒帶。島嶼沙漠。地廣人稀。寒凍不毛。總名西北府。統計大與歐洲除瑞典與那威比。東接大西洋。西臨太平洋。南連合衆國。北達北冰洋。在赤道北四十八度至八十度。北京東八十八度十五分至一百八十度。初于西麻一千四百九十七年。即明孝宗弘治十年 爲西人葛阿錸覓得其地。至一千五百二十五年。即明嘉靖四年 法郎西據守之。後于一千七百五十九年。即乾隆二十四年 經英奪占龜背府。四年後。與法定約。

十四

統歸英屬。土產金銀銅鐵。黑鉛白鉛。煤灰羊馬。木料皮毛。雞牛石板。金信石。紅粉石。雲母石等。每年地丁稅額。約九百萬磅。合銀三千一百五十萬兩。

歐羅巴洲臨近屬地共五處。如

莫洛塔與高搜二島。在地中海赤道北三十六度。北京西九十九度四十分。長五十一里。寬二十七里。計一千零三十五方里。原屬法郎西。後于西麻一千八百年間。即嘉慶五年 歸英。爲地中海停泊之衝衢。居民十五萬二千五百五十三名口。土產棉花五穀紅薯牛羊等。每年地丁租稅十九萬磅。合銀六十六萬五千兩

支布洛達。又名熱爾羅塔 爲日斯巴尼亞之東南邊界。赤道北三十六度八分。北京西一百十度十五分。前臨地中海。長九里。寬里餘。計十七方里少弱。居民二萬五千七百二十一名口。原屬日斯巴尼亞。後于西麻一千七百零四年。即康熙四十三年 歸英。土產菜蔬猴蛇與兔。每年地丁租稅。四萬一千二百磅。合銀十四萬四千二百兩。

海峽羣島。在赤道北四十八度二十七分至五十六分。北京西一百一十九度十分。距法郎西之西北臨海界。

十五

由三十里至九十里。有三大島。如哲爾奚阿拉得爾呢。高安西。此外小島有薩爾克顔爾木等。共計六百五十七方里。居民九萬零六百名口。土產乾鮮果、牛乳、油、五穀、紅薯、雞、魚與菸等。每年地丁租稅二萬磅、合銀七萬兩。

愛老蠻島。在赤道北五十四度三分。北京西一百一十九度二十九分。長百零二里。寬三十餘里。計三千一百六十方里。居民五萬四千一百名口。是島在英格蘭西北。蘇格蘭正南。土產鉛、鐵、石板等。每年地丁租稅五萬三千磅、合銀十八萬五千五百兩。

十六

海里匃闌島。在北海中。赤道北五十四度十一分。北京西一百一十度五分。計四十七方里強。地近韓柏爾原。屬丹尼。後于西麻一千八百零七年。即嘉慶十二年英戰奪之。居民二千名口。土產魚、蝦、羽毛、皮革等。每年地丁租稅九千九百磅、合銀三萬四千六百五十兩。

以上五處地共四千九百一十六方里。居民共三十二萬四千九百七十四名口。地丁租稅共百零九萬九千三百五十兩。

澳大利亞洲。為天下至大之島。在亞細亞之東南。東臨太平洋。西倚印度洋。赤道南十度至三十九度十分。北京東一分至三十九度六分。計二千八百六十三萬二千零九十六方里。居民二百七十五萬。內分五府。曰牛埽穗。曰威克兜立亞。曰坤似蘭。曰南澳。曰西澳。地面為鹹海沙漠。惟四面臨海。地脈肥饒。土產金、銀、銅、鐵、黑鉛、白鉛、錫、煤、水銀、茶、菸、糖、堿、葡萄、黍麥、牛、馬、雞、羊、棉花、皮革、牛角、羽毛等。初于西麻一千五百四十年。即明嘉靖十九年為葡萄牙人覓得其地。然開墾地少。後于一千七百

十七

七十年。即乾隆三十五年經英國航海船主庫克到彼泊船。始遍得其地。繼而掘礦開窰。設立一切。今每年地丁租稅約一百七十八萬磅、合銀六百二十三萬兩。

塔斯麻呢亞島。在澳大利亞南。赤道南四十一二度。北京東二十九度四十八分。計二十三萬五千九百三十五方里。居民十一萬。土產金與五穀、地薯、果品等。初于西麻一千六百四十二年。即崇德七年為和蘭人塔斯蠻覓得其地。後于一千七百六十九年。即乾隆三十四年英人庫克覓到。至一千八百零三年。即嘉慶八年英始派兵往守。繼而

人民至彼陸續開墾。今每年地丁租稅，約三十八萬七千磅，合銀一百三十五萬四千五百兩。

牛席蘭共三小島，在赤道南三十五度至四十七度，北京東五十度至六十度，式作乙字形，共計九十五萬六千三百四十方里，在北計五十四萬六千三百方里，在中計四十萬三千二百方里，在南計六千八百四十方里，居民共四十四萬五千五百六十六名口。土產羊毛、松柏、金鐵與煤。初于西麻一千六百四十二年，即崇德七年經和蘭人覓得，後一千七百六十九年，即乾隆三十三年為英人所占。今每年地丁租稅四百一十六萬八千磅，合銀一千四百四十萬八千兩。

肥雞羣島，在赤道南十五度至十九度，北京東五十九度至六十一度，內羣島有二百二十五，東西約九百里，南北七百二十里，共計七萬二千三百零六方里，可以居住人者有八，其威堤審塢及乃努阿審塢二島為最大，周各九百餘里，而城之至大者在歐乃路島，名曰萊伍喀。各島雖皆出于火山，而土產尚肥，如麪果樹、芭蕉、甘蔗、棉花、茨菇、椰子、藕、蚌蛤、海參、鹹魚、粟米等類。初于西麻一千六百四十三年，即崇德八年經和蘭人覓得，至一千八百七十五年，即光緒元年為英所取。居民共八百七十七名口。每年地丁租稅四萬七千磅，合銀一十六萬四千五百兩。

扎美喀島，在中阿美里加之東南，距古巴二百七十里，赤道北十七度四十五分至十八度三十分，北京東一百六十九度至一百七十一度，長四百二十里，寬一百三十五里，計三萬八千三百零四方里，居民五十萬零六千一百六十名口。初于西麻一千四百九十四年，即明弘治七年為和蘭人戈倫伯覓得其地，至一千五百零九年，即明正德四年為日斯巴尼亞人所據，至一千六百五十五年，即順治十二年英始戰守之。土產蔗糖、五穀、菸、煤、加非、檀香、沉香等。每年地丁租稅五十四萬磅，合銀一百八十九萬兩。

特爾克斯及開闊斯二小島，在赤道北二十一二度之間，北京東一百七十七度至一百七十八度二分，計二千零七方里，居民四千七百二十三名口。西麻一千八百四十八年，即道光二十八年英得其地。土產鹽魚，每年地丁租稅一萬磅，合銀三萬五千兩。

特立呢達達島，在南阿美里加正北，赤道北十度，北京西一百七十九度，長一百六十五里，寬一百二十里，計一萬五千七百八十六方里，居民十一萬一千名口。初于西麻一千四百九十八年，即明弘治十一年為戈倫伯覓得其地，後一千五百八十八年，即明萬曆十六年被日斯巴尼亞人所奪，至一千七百九十七年，即嘉慶二年叛而投英。土產椰子、加非、鐵、煤、糖、桃等，每年地丁租稅四十八萬磅合銀一百六十八萬兩。

安堤卦島，在南阿美里加正北，赤道北十七度六分，北京東西一百八十度，計九百七十二方里，居民三萬五千一百五十七名口。土產枸子、甘蔗、棉花、茨菇等，地丁租稅見下。

辛

巴爾布達島，在安堤卦北九十里，赤道北十七度三十五分，北京東一百七十九度二十一分，計六百七十五方里，居民八百一十三名口。土產蔡穀、胡椒、棉花，二島每年地丁租稅三萬八千磅合銀十三萬三千兩。

蠻仄爾喇島，在安堤卦西南八十一里，赤道北十六度四十五分，北京東一百七十九度二十分，長三十六里，寬二十四里，計四百二十三方里，居民八千六百九十三名口。土產五穀，每年地丁租稅六千三百磅合銀二萬二千零五十兩。

賢契斯兜佛爾島，在安堤卦西一百三十八里，赤道北十七度二十一分，北京東一百七十八度，計六百一十二方里，長六十九里，至寬之處約十五里，居民二萬八千一百六十九名口。土產甘蔗、硫磺、潮腦等，地丁租稅見下。

安圭里亞島，又名小蚍島，距賢契斯兜佛爾東北一百八十里，長四十八里，寬由半里至九里，赤道北十八度十分，北京西一百七十九度十分，計三百一十五方里，居民二千七百七十一名口。土產灰魚牛類，二島每年地丁租稅三萬二千磅合銀十一萬二千兩。

壬

迺威斯島，距賢契斯兜佛爾東南八九里，赤道北十七度十分，北京東一百七十七度十分，計四百零五方里，居民一萬二千一百名口。土產惟糖一種，每年地丁租稅一萬零一百磅合銀三萬五千三百五十兩。

斗米呢喀島，南距安堤卦二百八十五里，赤道北十五度三十分、北京西一百七十九度、長七十八里、寬四十八里、計二千六百一十九方里、居民二萬七千一百七十八名口、地本火山、所以耕種者、不過少半而已、土產棉花、加非、椰子、菸、糖、每年地丁租稅、二萬磅合銀七萬兩、

倭爾真羣島、在赤道北十八九度之間、北京西一百七十九度至一百八十度、內數島中有托爾托拉、衛伍貴、倭爾真高爾達、阿乃戛達、庫拉巴拉五島屬英、其他如賢專安、賢陶馬等、屬丹尼、其屬英五島、計五百七十六方里、居民六千六百五十一名口、土產甘蔗、棉花與銅及牛羊等、每年地丁租稅、一千六百磅合銀五千六百兩、由安堤卦島至此、大小八處、總名立倭羣島、英皆得于西麻一千六百六十六年、即康熙七年、

巴爾巴多斯島、在赤道北十三度十分、北京西一百七十四度、長六十三里、寬二十七里、計一千四百九十四方里、居民一十六萬二千零四十二名口、土產糖、城、每年地丁租稅一十三萬二千磅合銀四十六萬二千兩、

賢萬三島、在巴爾巴多斯之西二百八十五里、赤道北十三度十五分、北京西一百六十九度二十分、長七十五里、寬三十六里、計一千一百七十九方里、居民三萬五千六百八十八名口、此二島原屬葡萄牙、至西麻一千八百六十一年、即咸豐十一年、歸于英、土產甘蔗、茨菇、加非、棉花、椰子、米麥、魚蝦等、每年地丁租稅、二萬九千磅合銀十萬一千五百兩、

葛蕾那達島、距賢萬三西南二百一十里、赤道北十二度十分、北京西一百七十度十分、長六十三里、寬三十六里、計一千一百九十七方里、居民三萬七千六百八十四名口、地本大山、故多金石、地原屬法、至西麻一千七百八十三年、即乾隆四十八年、讓於英、土產甘蔗、棉花、椰子、此島與賢萬三之間、連有小島一行、計二百九十七方里、毫無所產、惟每春鯨魚甚多、每年地丁租稅三萬一千磅合銀十萬八千五百兩、

圖巴溝島、距特立呢達東南二百四十九里、葛蕾那達之東北五十六里、巴爾巴多斯之西南四百二十里、赤道北十一度十四分、北京西一百七十九度二十分、長八十四里、寬二十七里、計一千零八十方里、居民一

萬七千一百二十名口。土產甘蔗最多。地原屬法。至西麻一千七百六十三年（即乾隆二十八年）歸於英。每年地丁租稅一萬四千磅，合銀四萬九千兩。

賢魯義薩島，距巴爾巴多斯西北二百七十里。賢萬三正北七十五里。赤道北十三度四十二分至十四度八分，北京西一百七十八度。長九十里，其至寬處約六十三四里。計二千二百方里。居民三萬一千六百一十名口。初西麻一千七百六十三年（即乾隆二十八年）為法郎西人覓得其地，至一千八百零三年（即嘉慶八年）讓於英。土產多糖。每年地丁租稅三萬磅，合銀十萬五千兩。以上五島相距不遠，總名曰文倭群島。

巴哈瑪群島，在赤道北二十至二十七度，北京東一百六十五度十分。島之大而可住人者二十，小者數約四百。共計五萬二千一百四十六方里。居民三萬九千一百六十六名口。土產海沫、棉花、蕉子、橘子、甘蔗、穀麥、魚、龜等。初西麻一千四百九十二年（即明弘治五年）為戈倫伯覓得其地，後一千六百四十一年（即崇德六年）日斯巴尼亞據守之。至一千七百八十三年（即乾隆四十八年）歸于英。每年地丁租

卅四

稅五萬二千磅，合銀十八萬二千兩。

柏爾木達群島，在北阿美里加正南迤東。赤道北十三度至二十二度十分，北京東一百六十八度三十五分。大小有百餘島，可居人者十六，共計三百六十九方里。居民一萬五千三百一十名口。此島初西麻一千五百二十七年（即明嘉靖六年）為日斯巴尼亞人柏爾木達覓得其地。後一千六百零九年（即明萬曆三十七年）有英兵船赴哈特拉斯山嘴，經此遭風，因而駐兵占守。後英人陸續往墾。土產菸、菇、山藥、棉花、黑鉛、橘、桃、菜蔬、波羅密等。每年地丁租稅二萬七千磅，合銀九萬四千五百兩。

以上在澳大利亞二十二處，地共二千九百六十萬八千九百九十六方里，居民共四百三十八萬八千四百七十八名口，地丁租稅共二千七百二十四萬二千五百兩。

阿斐里加洲臨近屬地共九處，如：

古德侯堡地角，又名好望角，在阿斐里加正南，赤道南二十八度十分至三十四度五十分，北京西八十九度十分至九十九度三十分，西南倚西洋、印度洋，北界橘子

卅五

河。東臨巴素頭蘭與喀埔喇里亞。長二千三百一十二里。寬一千四百七十里。計一百八十萬方里。居民七十二萬一千。内歐洲白面人二十三萬七千。餘皆本地黑人。英名吁曰兇格婁。初西麻一千四百八十六年。(即明成化二十二年)為葡萄牙人巴爾索婁米由覓得其地。後三百餘年。丹英互占其地。至一千八百一十五年。(即嘉慶二十年)英始盡據為之開墾修治。共分六十五縣。土產金銀銅鉛。角骨毛皮。象牙魚刺。牛羊馬豕駝鳥銓石。酒穀麥黍等。地丁租稅。每年二百六十三萬二千磅。合銀九百二十一萬二千兩。

巴素頭蘭府。西北臨橘子河。東南傍夸蘭壩山。赤道南二十八度五十五分至三十度三十分。北京西八十八度二十分至九十度十五分。計九萬一千方里。共分四縣。居民十二萬七千六百名口。西麻一千八百七十一年。(即同治十年)英得其地。土產如上。每年地丁租稅一萬六千五百三十磅。合銀五萬七千八百五十五兩。

喀埔喇里亞府。為阿斐里加東南邊境。赤道南三十度至三十三度十五分。北京西八十七度五分至九十度。東南臨印度洋。北傍夸蘭壩山。西界古侯堡。計十一萬三千六百四十三方里。居民十七萬五千名口。西麻一千八百六十四年。(即同治三年)英得其地。土產米穀蕎麥西瓜。地丁租稅未詳。

那塔臘在阿斐里加正南迤東。臨海。赤道南二十七度十五分至三十一度五分。北京西八十八度十五分至九十二度五分。計十六萬八千七百五十方里。居民三十五萬五千(有奇)。初西麻一千四百九十七年。(即明弘治十年)為葡萄牙人瓦斯扣得戛麻覓得其地。至一千八百四十三年。(即道光二十三年)歸于英。土產甘蔗加非。藍靛胡椒。茨菇棉花。蕫菸米穀。象牙皮革。牛馬雞羊。駝鳥翎毛等。每年地丁租稅。四十七萬二千四百八十磅。合銀一百六十五萬四千六百八十兩。

格里夸蘭衛在古侯堡之北。赤道南二十七度四十分至二十九度三十五分。北京西九十一度三十五分至九十四度三十分。計十四萬九千六百七十方里。居民三萬五千名口。西麻一千八百七十一年。(即同治十年)英得其地。土產銅鐵與鉛。惟金剛石一種。較天下為最盛。每年地丁租稅、九萬七千六百五十磅、合銀十四萬六千二百七十五兩。

賽拉隆、在阿斐里加正南迤北、赤道北七度二十分至八度四十分、北京西一百二十九度至一百三十二度一十五分、計四千二百一十二方里、居民三萬七千一百名口、西麻一千七百八十七年（即乾隆五十二年）經土王奉為英屬、土產橡汁、樹膠、松香、皮革、椰子、花生、與薑等、每年地丁租稅、六萬三千二百磅、合銀二十二萬一千二百兩。

岡比亞、在阿斐里加正西、赤道北十三度三十分、北京西一百三十一度、計五百四十九方里、居民一萬四千二百名口、西麻一千五百八十八年（即明萬曆十六年）英得其地、土產黃臘、松香、皮毛、象牙、花生、穀米、每年地丁租稅約三萬磅、合銀十萬五千兩。

溝勒扣斯特、又名金堤、在阿斐里加正西迤北、赤道北五度三十分、北京西一百一十九度二十分至一百二十一度、計十四萬九千五百八十方里、居民五十二萬名口、原屬英丹兩國、至西麻一千八百七十二年（即同治十一年）統歸于英、土產金、銅、象牙、松香、猴皮、樹膠、漆油等、每年地丁租稅十一萬磅、合銀三十八萬五千兩。

喇溝斯島、在阿斐里加正西、赤道北六度四十五分、北京西一百一十三度二十分、計四萬五千方里、居民六萬零二百二十八名口、西麻一千六百六十二年（即康熙元年）經土王奉歸于英、土產黑鉛、藍靛、棉花、松香等、每年地丁租稅五萬磅、合銀十七萬五千兩。

以上在阿斐里加洲九處、地共二百五十二萬二千四百零四方里、居民共二百零四萬五千一百二十八名口、地丁租稅、共一千一百九十五萬、七千零一十兩。

大西洋屬地共四處、如、

阿三慎島、在南大西洋、赤道南七度五十五分、北京西一百二十二度十五分、長二十四里、寬十八里、計三百一十五方里、地本火山、初西麻一千五百零一年（即明弘治十四年）為葡萄牙人覓得其地、至一千八百一十五年（即嘉慶二十年）英占據之、始有人民居住、大山有高二百八十七丈者、地不可耕、惟設一船廠、故英只派千總一員駐紮于彼、一切需用皆由他處運販、人有二百餘名口、無非水手兵卒而已。出口貨有龜與雀卵。稅無。

發拉克蘭羣島在南阿美里加正南迤東，赤道南五十一度十五分，北京西一百七十四度，共百餘島，計四萬二千六百六十方里。東西有二大島，東者計二萬四千方里，西者計一萬八千方里。居民共一千三百八十名口。初西麻一千五百九十二年（即明萬曆二十年）為英人戴威斯覓得其地，先後經英法二國占據，至一千八百三十三年（即道光十三年）始盡歸于英。土產魚油、水獺皮毛等。每年地丁租稅三千九百四十磅，合銀一萬三千七百九十兩。

辛

南卓之亞島距發拉克蘭正南迤東二千四百里，赤道南五十四度，北京西一百五十六度三十五分，計一萬四千一百三十方里。居民、土產、租稅未詳。

賢海萊那島距阿三慎東南二千五百五十里，赤道南十五度四十二分，北京西一百二十二度二十分，長三十一里半，寬十九里半，計四百二十三方里。居民六千四百五十名口。地本火山，勢甚峻峭。初西麻一千五百零一年（即明弘治十四年）為斯巴尼亞人茹萬得努瓦覓得其地，他國未聞也。旋被丹國占據，始有人民。至一千六百七十三年（即康熙十二年）英奪取之，開墾耕種。土產羊鹿。每年地丁租稅一萬三千磅，合銀四萬五千五百兩。

以上在大西洋四處，地共一萬七千五百二十八方里，居民共八千零三十名口，租稅共五萬九千二百九十兩。

共計英國地七千八百四十萬七千七百一十七方里，人丁二萬五千八百三十六萬四千九百六十名口，租稅共銀三萬五千六百六十一萬六千二百八十一兩。

壬

二十三日乙巳，晴。午後英人許再思來拜，談及天下各國情勢。據云：一國苟欲自強，凡他國創造之物，必逐漸而踵為之，否則徒視其強，甘受其侮也，是亦不得已而為之者。即如土耳其，始亦不願效法泰西，因與俄墨強國為鄰，又與諸國換約，西人咸貿易其地，乃買造輪船二十餘艘。因輪船用煤，製造火器輪機又多用鐵，二者不能常假外邦，于是開礦；又以運價過多，乃造火車。如是事事相因，因為自強。然仍視上下之同心與否。于今土耳其諸物雖與西國相同，惜上未能明其理，下未能過其貪耳。

二十四日丙午晴。因英君主外出，未正有内大臣僚友潘福蔭邀看卜静宫，乘車前往。入内登樓，共歷七八所，如燕見親臣處、用膳處、朝會處、跳舞堂、御書房、更衣廳及客寢室等。惟國主寢室不得入。所謂客寢者，係友邦國王、后妃、公主等來遊住宿者。各室皆以雲花錦緞爲壁衣，色分紅、綠、黄、藍。几榻鋪墊與壁色相稱，藉地以五彩花毯，壁挂金架玻璃長丈餘、寬八九尺，油畫百幅，或長或方，皆繪古今君臣圖像與泚軍行樂之事。前庭懸英國君主威克兜立亞御容一，二十年前之畫筆也。鏤金爲格，裝潢美麗。棚頂鑿花飛金，挂大小各式玻璃燈，几榻皆飾金，有全體象牙鏤花者十數具，火爐亦飾金。陳設多瓷銅、石、翠之類，瓶、缸、甖、缶、輒金其口，鏤金爲座。游廊夾道皆實以古銅瓷器，有象牙船三，如吳粵花船，雕刻人物、帆槳，工極細。有九層寶塔數座，高皆盈丈，嵌空玲瓏。率銅、石、象牙爲之。有雜寶攢成花卉，罩以玻璃。有白石琢成裸身女子，或執巾帕，或手垂兩胯，全體畢露，幸盤膝尚無不雅相處。其他陳設器具，難以瑣述。酉正回寓。

卅二

二十五日丁未晴。記英國官制，各爲一途，不相攙越。外差如參贊、繙譯，仕至公使而止，撤歸給以半俸，終身自適。遇有他國使命，或重任之，斷不予以内地之職，因其不悉治法也。然外部遇事關伊曾駐之國，亦可約往商辦焉。

二十六日戊申，早霧，巳正晴。郭星使夫人因有身而病，延中國税務司醫官馬克蕾診治，給以安胎藥水一瓶、丸藥數十粒而去。

二十七日己酉晴。記英京居民燒火引柴，皆以膠黏，有攢木形者，有車輪形者。柴木長皆五六寸，約而成束。至園林之枯枝落葉，則無人拾取焉。

卅三

二十八日庚戌，陰霧，午後鄰人柯拉理約往赦斯佛街看大襍貨鋪，名曰騷侯巴薩爾，樓兩層，前後二門，小攤行行，貨物百種，如紙、筆、墨、硯、書卷、畫軸、紙花、手套、鍼線、剪刀、小兒玩物、零碎器皿、鍼、黹、首飾、糕點、茶酒等鋪。係善人開設，物價稍昂，所獲餘利，送助育嬰堂。故每日老幼婦女來者接踵。

二十九日辛亥，陰晴各半。未正刻，隨郭星使乘車，往行數里，拜瑞國公使、坐談極久、繼拜義大利公使及阿什柏里、皆未遇、戌初復隨步行八九里、訪金登幹、亥正回寓。

三十日壬子、早微霧、未初晴、郭星使令持刺代拜渣甸銀行主人札爾巔、值其下鄉未遇、聞數日前、漁戶由某處獲一大鯨魚、長一丈者、刻已運至阿奎良木矣、亥初同李湘浦往觀、見堂前掘池甚大、兩邊設高臺、以備人看、不意魚因失水、竟至餓死、當時人工盡廢、不知將來另作何用、或云不日將魚骨抽出、按式以鐵架支起、究不知其肉可食否。

三四

九月

初一日癸丑、晴、因印度受旱災、倫敦多有倡首募助、鄰人世爵胡阿斯致函與彝、遂贈五磅、申正陰雨、入夜雨止、涼、

初二日甲寅、微霧、記倫敦通城有男女官商會館八十九處、有立自百年前、或立自數十年前、館有以所司事務及創立之人為名者、有以地為名者、如水陸會館、技藝會館、務農會館、護衛會館、律例會館、遵古會館、遊歷會館、機學會館、龍舟會館、園囿會館、路途會館、筆難盡述、又有綠屋會館、椰子會館、新城會館、野苗會館、廟宇會館、義、皆未詳、每館有數百人者、有一二千人者、人數不拘、館規嚴密、樓房華美、與前文善社同、初入館者、每人納一磅至四十磅、入後每人每年各納費一次、由一磅至十五磅不等、以視館之大小、所定之規如何耳、如遵古會館、立于西麻一千八百四十年、（即道光二十年）在賢真睦斯街、第七十四號、入者初納三十磅、每年十磅、人一千二百、皆效法古人者、遊歷會館、立于西麻一千八百一十九年、（即嘉慶二十四年）在帕拉麻街、第百零六號、入者初給四十磅、每年十磅、人七百五十、皆曾經遊歷、地逾一

三五

百五十里者、龍舟會館、立于西麻一千八百六十六年、（即同治五年）在卜静街第十一號、入者初給二磅、每年一磅、人三百、皆喜賽舟者、合眾會館、立于西麻一千八百一十五年、（即嘉慶二十年）在帕拉麻街、第百七十六號、入者初納四十磅、每年七磅、人一千五百五十、為通城大員會集之地、喇卦王會館、立于西麻一千八百五十三年、（即咸豐三年）在漢斯坊第二十二號、入者初納十磅、每年五磅、人數不拘、皆善于射獵者、賢卓志會館、立于西麻一千八百二十六年、（即道光六年）在王子街第二十號、入者初納二

磅，每年三磅，人數不拘，皆精奕術者，侯格斯會館，立于西麻一千八百七十年（即同治九年）在費斯賴坊第八十四號，初入者納五磅，每年三磅，人三百，皆繪畫之士。其兼有婦女者二處：一為阿貝瑪會館，立于西麻一千八百七十四年（即同治十三年）在阿貝瑪街第二十五號，入者初納六磅，每年四磅，人六百一名；樂斯會館，立于西麻一千八百七十七年（即光緒三年）在荔棒街第三百一十六號，入者初納十磅，每年六磅，人二千。以上二館，男女皆精通琴曲，以及格物雜學者。

三六六

初三日乙卯，晴。巳初郭星使命訪韓百里，遂乘輪車赴克萊屯村，至其家，方知伊夫妻已外出矣，午後方回。彝遂街行二三里，道路寬敞，房屋整齊，男女往來甚夥。因邇來耶穌教人有仍依舊制者，有仿天主教在禮拜堂中陳設石塑者，欲分教為二黨，自是日起，在此設會六日，朝朝辯論，俾眾咸聞。入堂者各人一什令，半包買六日票者七什令半。人有不遠數百里而來者。當時彝在旅邸早餐後，步回，途次遇其妻，延入其家。據云伊夫已往倫敦，至夜方歸，如有要務，祈示，代為轉達。遂將來意告知。後約饌，辭謝，回倫敦。戌正黎蒓齋、劉鶴伯、張聽帆三君約觀劇，辭謝未往。

初四日丙辰，晴。巳正韓百里來拜，坐談許久。申初同馬清臣隨郭星使乘車拜客九處，有面晤者，有未遇者。酉正回寓。

初五日丁巳，晴。申初同黎蒓齋乘車往遊海岱園。時暑退涼生，木葉微脫，而遊人漸少矣。戌正李湘浦、劉鶴伯、張聽帆三君復邀觀劇，仍辭未往。

初六日戊午，晴。未初有英測地官莫紫達來拜。其人專司測地、建築礮臺、橋梁，以及挑挖溝渠等事。談及礮臺

三六七

形式，據云，因山築臺，固堅而不易摧，自山麓斜上至山頂，路皆築平，則升降可以馳騁，礮皆敞列而不覆以屋，則烟不自蔽。礮兵棲止之屋，皆鐵板作頂，垛牆厚盈丈，則守者無危，不至有鉛丸洞壁之患。穴山洞以儲火藥，則不至為敵礮所燃。兵房建于山凹，以山為障，則安憩得所，呼應亦靈。此亦不過大畧耳。蓋因山築臺，又須測量地勢之寬狹高低，有必須如是者，有隨勢更改者，不可執一而定也。

初七日己未，細雨。午初同馬清臣、李湘浦隨郭星使乘

輪車往克萊屯拜韓百里甫至伊以雙馬車迎入其家會其父韓布義年八十三歲精神尚健少坐看其花園燈房花木頗盛中有由華移植柿樹一株及自種橘樹二株亦由中土帶來者午酌食有橘糕梨餅皆佳後乘車出遊山光聳翠草色芸黃秋景宜人四望無極令人胸襟爲之一爽酉刻謝别回倫敦

初八日庚申陰霧記英京火爐皆燒煤塊其質甚輭體不甚重内含長絲如木變者燒不久而色變白如木炭然

三十八

初九日辛酉晴午初李丹崖請二星使及黎蒓齋馬清臣與彝等在立墀滿晚酌因郭星使未往彝亦辭謝酉初郭星使召彝同黄玉屏飯暢談至亥初始罷禧在明不日畢姻因而郭星使封金百磅令彝同姚彥嘉持贈代爲申賀焉

初十日壬戌細雨陣陣午初有前遇之格致家皮悌者請看新製電機遂同馬清臣隨郭星使乘車入老城至寬南街第百零五號其人導入有席拉倭爾與葛蕾二人爲正副理事指看各物一爲電氣然燈係木匣内含鬭鍵雖樓高數丈一手推柄則萬燈皆著又有治疾器具係木匣内盛電氣水六十瓶外連二銅絲各端繫一銅筒病者雙手握之他人手轉其柄則病者周身運動血脉流通其症自脱然而去矣又一木匣周四五尺厚約五寸内一圓木餅大與匣同餅轉電氣自生係用以然水雷者又一新製耳傳電信器與前在司悌義家見者同其製造廠在城外三十里地名銀城英語曰席拉倭爾陶恩譯席拉倭爾者銀也陶恩者城也原係壙地東主銀姓擇以設廠十數年來人工有二千之多鋪房羅列儼成一鎮遂以其姓名之曰銀城席拉倭爾約後日往觀

三十九

十一日癸亥晴午後同黎蒓齋張聽颿乘車出城遊十數里雲光慘淡風景蕭疎遥見一古松周約三四圍枝皆下垂距地不及一尺誠奇樹也

十二日甲子早霧午初晴同馬清臣隨郭星使乘車先至寬南街入電機公司會葛蕾同至茀音哲爾赤街輪車客廳即換登輪車開行二十九里至銀城下車經席拉倭爾迎入製造電綫廠廠頗大周十數里房有百數

十間。所造電綫。有長三千里者。係備海中所用。其銅條周盈指。外裹粗麻一層。再纏鐵絲六條。裹以粗麻繩六根。外刷黑松香。另罩油粉一層。凡造成者。粗有盈寸及三四寸不等。以視路之遠近。海之深淺何如耳。其纏麻繞鐵。刷漆罩粉。皆係機器造成。敏捷無匹。有另所專造印度樹膠。其樹汁如朽木。以水煮畢。切碎再熬。熬後入磨。漸漸成汁如飴。以之製造各種器皿玩物。如濕盈氣褥。輭繩雨衣等。皆能禦水防油。中阿美里加某國。有以之造錢（鈔）者。其質有柔有堅。柔者如筋。堅者如鐵。製者各適其意。酉正辭回倫敦。

十三日乙丑。霧。記英國自宰臣而下。各署皆總理一人。協理四人。司事數人不等。每日午正入署。酉正散歸。各署差役無多。房屋嚴密。牖壁無隙。每辦公務。門戶常關。僕皆外出。非呼不入。故無竊聽窺探之弊。總理協理。公置小皮匣十數箇。上有暗鎖。各持鑰鍉一把。遇事商辦。不令僕役傳話。雖些須事故。亦寓說帖封鎖匣中。令僕傳遞。則無洩漏之虞。如在署外相見。亦不談及公務。是外人欲聞而不得也。或云土耳其則不然。官講勢利。坐則僕役環而伺之。不必竊聽而自聞。即有扃門商議之件。僕役皆立窗外。更有蹲伏窗下者。雖欲不聞而亦不得也。

十四日丙寅。晴。午後赫政、厝邁倫來拜。坐談片時去。後隨郭星使乘車看房三所。有有陳設者。有無陳設者。租價由八九百磅至一千三四百磅不等。議迄未定。入夜陰冷。

十五日丁卯。陰雨。英京各緞號。皆有大書一本。長三尺。寬二尺。所有各色貨物。皆粘一條。寬二三寸。以便客來選擇。如有選擇不定者。則另剪一小塊。包以門票。上寓何名。寬若干尺寸。每碼價值若干。更有按件剪成方塊。上黏小張門票。註明名目。價值。尺寸。總訂成簿。隨時分送各富室。以便挑選光顧。

十六日戊辰。陰。有克虜樸之夥計郎四頓者。是日午正請入老城。看所造小輪車鐵道。屆時郭星使令彝往覓金登幹。回寓時已申正。未獲往觀。聞其工極精巧。一切車轍道路與真無異。

十七日己巳。陰雨。早郭星使接總署公文。知

國書及
敕書將到，即令彝往見全登幹，令其停發電信。入夜晴涼。
皓月在望。
十八日庚午陰。前三次在倫敦不及半年，一切多未詳
考。此次隨使八九月以來，細察英國風土人頗誠實不
尚虛文，有職役則終其事而不惰，有約令則守其法而
不渝，是非論之甚確，利害辨之甚明，辭受取與亦徑情
直行，不僞爲殷勤，不故爲謙讓，有約屆時必赴，一切以
誠實爲本，而以妄言負約等於隳節敗名，可謂嚴以處
卌一
己矣。
十九日辛未陰雨而霧。白晝然燈。見英泥水匠，亦用鐵
鍬，惟木柄不長，尾鑽方孔，用時右手按之省力。钁係左
右皆尖，形如丄字，長逾尺半。夯係一長木柄下一鐵錘，
形如凸字。篩係木邊中織鐵絲，長方形，長約五尺，寬二
尺，用時後支木架。抹子係一木板，長一尺，寬三寸，後交
短柄，形如扁丄字。一切與中土大同小異。入夜大風，雨止，涼。
二十日壬申晴。見單馬車名韓迺森者，有放一燈于頂
上，或二燈于左右者，燈方形，前三面玻璃白色，後一紅

圓光，蓋爲街市往來使人呼喚。喚車惟作吹哨聲，御者
自聞而驅至。
二十一日癸酉陰霧。見喂馬草不鍘，亦不束，係壓起切
成方塊，邊二尺，厚約一尺，分量未詳。
二十二日甲戌陰。午初隨郭星使乘車往拜日本公使
上野景範，見其夫婦坐談許久。伊出本國縉紳與看，標
曰官員名鑑。後出其妻之繡錦，花朵如生，異常鮮豔。未
正回寓。
二十三日乙亥雨。記西國綢緞花樣顏色日日翻新，每
逾三月後，欲買某色必無，如令定織，又非十二端不可，
價且加倍。
卌二
二十四日丙子陰雨（早）（酉正雨止，記）。英京跑海大車名曰敖呢柏斯，共
五六行，四面分行東西南北，以車箱下圍紅黃藍綠四
色分之。大者分頭二等，箱內容二十四人，頂上可坐二
十六人；小者箱內容十二人，頂上坐十四人。頂上者價
皆一佩呢，價按路之遠近，由一佩呢至五六佩呢不等。
有直行者，有繞行者，或總計，或分計，皆可。
二十五日丁丑晴。早同（艾德林來拜，申初）黎純齋、李湘浦、劉鶴伯、鳳夔九
廿八

張聽颿、姚彥嘉公具賀儀四色，送禧在明，以伸新婚之
賀。酉正禧在明約彝等在荔榛街達布多店晚酌，同席
有薄郎及其叔丈庫拉，暢飲甚歡，戌初回寓。
二十六日戊寅，晴。昨因劉星使之僕盛奎滋事，飭令回
國，遂于本日卯初令洋僕倭特爾伴送海口登船。申初，
金登幹偕告假回國之上海新關幫辦賀璧理來拜，坐
談極久。
二十七日己卯，陰。未初隨郭星使乘車拜客十二處。面
晤者四處，戌初同黎（蒓齋）、劉（和伯）君街遊，途遇赫政、屠邁倫，約
入格朗館中喫加非，坐談時許而別。入夜大雨。
四四
二十八日庚辰，晴。英國貨物最貴，每買綢料、器皿，須用
銀二三十兩，雖日用零件亦必須一兩數錢，如一雞鴨
魚蟹須銀一兩內外，一瓜一菜須銀一二錢。蓋天下各
國有錢貴物賤者，有物貴錢賤者。如英人來中土，為以
賤錢買賤物，所費無幾；華人往英國，則為以貴錢買貴
物，受損實多。英人來中土，可將本國金鈔帶至香港、上
海，隨時兌換，不惟無虧，間能獲利。華人赴英國，既不能
攜帶本國金銀錢鈔，必在上洋兌換金鈔，每損百分之
四五。用時又損去五六分。至買物，則所損不知若何矣。
以上往英國者。如往德、俄諸國，諸國在上洋無銀號，雖
有亦不妥實，必先以華銀換英鈔，抵泰西國時再換各
國銀鈔，所損不止十分之一。如往俄國，所損尤鉅。蓋自
上海換英金，後路經法、德兩國，沿途所需必以英金兌
換，入俄境，俄錢固貴，而以真金換紙鈔，紙與金埒，每兩
由上海匯至俄京，只餘七八錢而已。
二十九日辛巳，晴。或云西人不敬祖父，問之，則曰：人死
則氣散諸天地之間，無所謂鬼，惟其生時供養足矣。且
四五
祖父之歿，相距數十載，氣散已久，何所欲食？由是觀之，
是西人不有感念之心也。夫人賴母哺乳始能生，由父
教養始得成，無父母無以至今日，無父母何以有此生？
能思及此，恐不止掃墓焚錢而已也。
十月
初一日壬午，晴。是日為西曆十一月初五日，係百年前
英耶穌教燒天主教，放大兵佛克斯之期。午後見樓下
經過幼童著紙衣扮佛克斯，往來歌唱者數隊，詳見再
述奇第三卷。

二十九日辛巳晴。夫天下萬國人民。相貌雖殊。而初生之性則同。後被習俗所染。其性乃變。有善有惡。有賢有否。中國自古以孝治天下。故子女之供養父母。子婦之侍奉翁姑。而稱篤孝者。昭然可考。雖間有未能先意承志者。然詰以結褵後何以分居。親故後何不追遠。則無辭以對。至西國亦多以孝爲重。然結褵後多分居者。親故後有不追遠者。詰之則曰。人死魂魄分離。有所歸而不返。祖父殁後相距數十載。魂去已久。何所歆食。何所見聞。此說亦似有理。惜無霜露感念之心耳。夫人賴母哺乳。始能生。賴父教養。始得成。無父母何以至今日。無父母何以有此生。一念及此。恐不止埽墓焚錢及獻花圈而遂已也。西俗思慕故人。惟置鮮花一圈于石碣。西人之子女。皆能盡其孝思而爲人之媳者。鮮有奉其翁姑。蓋結褵後即另肘中圖。[illegible]

初二日癸未。陰雨。申初有醫生裘友實者來拜。談及造船鑄礮。據云。今中國雖設礮局船廠。必須西師教授。而所往者非上等精能之人。況一人司教。所學僅一人之技。莫若遴選青年聰慧者一二百人。分赴英美德法各國船廠礮局學習。則集思廣益。自有成效可睹。云現在中國已派三四十人前來英法德三國學習水陸兵法。至將來能否有效。不得預知也。

初三日甲申。陰雨。亥初同黎劉張鳳四君在柴市御戲園觀劇。有一女年十八九歲者。體態輕盈。歌喉宛轉。纔一曲。衆皆鼓掌稱曰。巴倭巴倭。譯言妙甚。可聽也。（夜雨並仍陰。）異

初四日乙酉晴。巳正

國書

敕書到。劉星使遂擇于初九日。攜黎莼齋劉鶴伯張聽颿啟行赴德。謹按郭星使奉

旨駐英

國書內云。

大清國

大皇帝問

大英國
大君主五印度
大后帝好朕前因
貴國繙譯官馬嘉理被戕深爲惋惜特簡署禮部左侍郎
郭嵩燾前赴
貴國代達衷曲茲據該侍郎奏稱行抵
貴國優予接待朕甚慰之因念該侍郎忠誠夙著現已授
爲兵部左侍郎即命駐
貴國都城爲欽差出使大臣弁特撰
國書寄交該侍郎面陳以表真心和好之據該侍郎於辦理交涉事件必能悉臻妥協務望推誠相信長敦和好共享昇平諒必同深慶幸焉
大清光緒三年七月初五日
又所奉
敕書內云
皇帝敕諭欽差出使英國大臣兵部左侍郎郭嵩燾國家慎固邦交每以講信修睦爲首務皇華遣使責任攸歸今
特命爾充駐紮英國辦理交涉事件大臣爾其仰體朕懷悉心經畫按照條約所載詳慎舉行遇有應行請旨
定奪者知照總理各國事務衙門奏聞辦理所有中國專設領事及隨行官員聽爾節制如有內地人民在外貿易者宜隨時保護約束俾各安生業無令失所敕中開載未盡事宜爾亦當度勢揆情持平經理爾其殫竭智慮克著宏猷無負委任如或措置乖方致滋貽誤國有常罰爾其慎之特諭
光緒三年六月二十五日
又當日未初有英鑾輿庫使那格敦請遊同乘車行六七里抵庫入內先看馬以八匹爲一廄皆良驥也毛色紅黃黑白不一鞍韂羈絡亦各異紅黃者飾以金黑白者飾以銀以示易別鑾輿高大如中國制輪蓋支柱皆金爲之前後各有全身海神二鱗甲執械若護衛者裿整皆紅帛爲之金穗四垂燦爛閃目聞其君主自即位後四十年來未嘗一駕其御輪時所乘者係一高輪車蓋上以金爲獅鷹以四爪持其四角其他八輛皆尋常官車惟略高大耳申正謝歸酉初陰黑大雨滂沱入夜雨止晴

卷六終

四述奇卷七

鐵嶺張德彝在初隨筆

貴榮竹坪校閱

丁丑十月初五日丙戌陰雨是日係西厤十一月初九
日為英儲貳之生辰又為原任美爾懷蓮卸任新任美爾
歐敦接任之期午後新舊二美爾同乘車遊城以誇榮
耀午初鄰人柯拉理約往賢傑羅禮拜堂旁第十五號
閣内綢緞莊一觀一路左右樓窗皆開内外男女滿立
至此共窗眺望者男女三十餘人過則車馬旗幟儀仗
扈從甚都旗垂金穗人著古裝美爾公服紅色長及足
遍簇金花後裾曳地踰尺袖底另綴小幅一尺亦嵌金
花項上挂鏤金雜寶一串無異中國朝珠侍者左捧金
冠形如四字右捧寶劍長三尺攢珠為鋏金冠以木桿
承之長四尺遍飾以金以其有地方之責故崇重之車
共十七輛修飾華美晚各署各鋪各戶門首然煤氣燈
作PW二字即英語衛拉斯王之省筆也街市遊人如
蟻稱繁盛焉
初六日丁亥陰午後有劉星使由上海調雇之衣工庖

一

丁及修髮匠三人到酉初同鳳夔九請黎純齋劉鶴伯
張聽颿三君在荔棒街柏令坦店晚酌與之餞行樓高
三層肴酒均佳按人由五什令至八什令有魚肉五六
種亥初回寓
初七日戊子陰雨記英制酌城鄉之大小各設官稱寬
司顴者百數十員稱教得滿者數員或十數員咸以美
爾一員統之寬司顴即里長教得滿即黨正美爾如所
謂鄉大夫也倫敦設美爾一員教得滿二十六員寬司
顴二百零六員皆由紳商士民公舉非富民久居其地
者不得與選皆不食俸薪凡舉充教得滿必曾任寬司
顴一年以上者舉充美爾必曾任教得滿七年以上者
美爾之任限一年瓜代賢能者偶有再留一年者接替
之期率每年冬月初旬其退位之美爾不廢為庶人仍
復教得滿之職焉
初八日己丑陰雨酉初郭星使約黎純齋劉鶴伯張聽
颿晚酌與之送行後二星使相與辭行送行皆辭謝閉
門未納
初九日庚寅陰霧辰初同李湘浦鳳夔九姚彥嘉黃玉

二　卷七

屏乘車.送劉星使及黎劉張三位于威克兜立亞火輪車
客廳.啟程赴德.酉初.郭星使約屠邁倫馬清臣羅緝臣
及彝等五人晚酌.暢談.已往.子初一刻.發下一帖示衆
云.
嵩燾奉告
諸位知悉.自上海登舟以後.劉副使日肆鴟張.立異樹
敵.嵩燾本以多病.又稍懷廉恥之心.不屑與之交相喧
鬨.貽笑外人.一切含忍.劉副使又時以受命軍機大臣
誇示
諸位.是以此間惟知有劉副使氣燄.而於嵩燾交派事
件.玩視嵩燾.劉副使又一切放縱.漫無約束.以致朝夕
隨同劉副使等外出.以事傳請.或無一人在家.似此十
常八九.茲幸劉副使前赴德國.此間氣象稍獲更始.請
與
諸位約.應行繙譯新報.須稍從詳.勿得放空一日.每日
照常辦理事件.即有加派.勿得藉詞放空一事.洋人以
飯後遊行為銷病之方.每日飯後亦聽出外一行.買備
什物.各從其便.要須更番出門.不可相率同行.亦不可

五

使出外工夫多於在家工夫.傍晚以後.非有公事.便萬
不可出門.兼須各自約束僕人.同守法度.嵩燾被口語
多矣.常苦無辭以謝衆人.決計求請銷差
諸位前程遠大.以後再有如劉副使情形.登列新報.無
論上下人等.均須查明辦理.斷不含糊
諸位自亦不待嵩燾告戒.徒以劉副使敗壞風紀.惑亂
人心.為害太劇.不能不一嚴加滌蕩.與
諸君共勉為善.特此奉告
初十日辛卯.鎮日陰晴.雨霧交集.巳正.同衆隨郭星使
向
北闕叩頭.恭祝
慈禧皇太后萬壽聖節.未正.隨郭星使乘車往外部見德爾貝丞相.
遇威公使及德義二國公使.
十一日壬辰.雨.劉星使去後.郭星使率衆入其屋檢點
器皿陳設.郭星使云失去小畫一軸.徧索不得.後問居
停主人.亦不得其詳焉.
十二日癸巳.仍雨霧.近日每早卯正即明.酉初即昏.又
英規男子二十一歲.女子一十八歲.謂之成人.有犯必

四

科罪未至成人者輕減下獄令讀書作工以自悔實以民命為重也

十三日甲午雨霧如昨有色浮街畫閣懸挂本年冬季畫會會首等請郭星使是日往觀星使因事令彛往逢遇屠邁倫偕往閣不大屋共五間懸挂水油各畫六百餘幅各列號數入者每人畫單一本載明某號何人所畫價值若干有横二三尺長一二尺者價二百數十磅其横不及尺者價亦三四五磅入夜雨止仍霧

十四日乙未雨按英俗無論男女拜謁留刺為酬應之

五

大節而接收遞送惟一家之女主是主婦代其夫投刺與自行投刺同故女可代父姪女可代伯叔孫女可代祖父蓋一家之内女權最尊至鰥夫與未婚者彼此無須投刺如有新知願與為友者往拜則留刺與其夫婦若不拜其婦則為無禮也一家新由某處回城或于外省海濱城鎮皆當往拜其所識一人外出往返皆投刺往拜其友外國雖有留刺折角以便易知而一男不得獨拜一家寄居之女客如該女係已嫁者則留二刺與其夫婦否則兼拜寄居家之男女主留時必折角言明係與某姓小姐或某姓夫婦者投刺必須親往不得由信局寄送送則不恭如無暇則求至契代投亦可男女遇于宴會有交談者切不可突然往拜必該女願為結納約其往來方可往拜女之夫或父雖未會晤往拜亦必留刺以為禮年幼未嫁者必經其母或其保母許過方可往拜男子被新舊交請赴各會無論往赴與否必後一日親往投刺致謝如誼屬至契或彼在鄉間則遲數日往謝亦可被請赴會之人須于一年内頻往投刺致候多者四次而已因英俗各家每年設會或一二次

六

或三四次如逾年不經被請自不必仍往拜謁婦女拜客者或歸自外省或前赴外省必往拜各戚友如在外未久或行未拜別則歸時不必往拜婦女名刺雖可令僕代投總以親往為敬婦女皆有門簿每晚查點以便答拜婦人名刺以寬三寸長二寸為定制已嫁者名刺印其夫之名姓如其夫姓丁名亥則印以亠丁夫人英國上等人夫婦有合印一刺者如亠丁夫婦亥字省筆書于姓字之前西俗也未嫁者與其母合印一刺如亠丁夫人丁小姐女多則印丁小姐等所以女名不印者不易

使人知也如其母已故則印于父兄名下如丄丁老爺
丁小姐其兄名丑則印丁丁少爺丁小姐刺之大小仍按女
式處女經戚友携往赴會因無名刺則書其名于帶領
之人名下婦女乘車拜客其夫鮮有相隨者到某家其
僕問所拜之女主在家否如不在家則留三名刺一屬
自己二屬其夫如其夫婦合印一刺須另與以夫之名
刺蓋婦女之名刺係專與女主其夫之二名刺係與男
女二主僕遞名刺畢彼僕鵠立門中待客去而後闔焉
西國無論貧富門戶常關非鈴響不開如婦女一人步

七

行拜客則自投名刺告以所拜何人入內與女主見後
臨行則留其夫之二名刺于廳內几上不必置于門內
籃中或面交女主或暗交彼僕其乘車者或待上車後
命其僕轉遞以達其意亦可若與其夫往拜一婦值男
主不在家臨行時則其夫留一名刺于男主若在家則
無庸矣女主有女則女客另留一名刺折其右下角折
角者指拜本家女主之意外人駐英多有折其一少半
者義與此同女主有子則女客當代其夫留一名刺總
之女不應拜一家之男男不應拜一家之女面晤者不
留名刺答拜不逾十日或面晤或留刺如式酬之上等
婦女答拜中等者則改留刺為面晤以示謙和中等婦
女答拜上等者則留刺不為無禮如往旅邸拜客則書
所拜之人于已之名刺右上角幼女拜未會晤之客
而無父母兄弟及保母跟隨者則以鉛筆去其母之名
以明未曾同來幼女拜寄居之友而與主人不識則書
其友之名姓于上角若與主人有一面之識亦可留一
名刺與其女主再來則否凡被請赴會觀劇聽樂踏青
者須于一日後往謝婦女初次赴會或經戚友轉請或

八

主人親請而與主人非舊識者除逾一日投刺外可于
下季另送一刺一為問候一為曾來赴會者如不答拜
則知其交疏矣婦女不可留刺與初會之女友須會晤
數次知有交結之心方可再行留與拜客留刺總在未
酉之間婦女因事往拜教師醫師律師等必將名刺投
遞轉稟以便晤面非此者主人在家皆無須投刺也
十五日丙申陰雨早乘車赴大信局與劉星使寄送關
防文件記英都街市有種司事兵係充兵受傷不能自
養者公保誠實可使令在某鋪門首而立仍著兵衣有

事者可使之送信寄物傳話一無差錯名曰考米賽賞錢視事之大小路之遠近由半什令至一二什令不等入夜雨止凉

十六日丁酉陰雨酉正星使約李觀察日軍門羅緝臣在荔棒街格朗加非洛亞店晚酌召彝作陪酒食甚好亥初回寓

十七日戊戌陰雨因星使于十九日宴客申初令彝同姚彥嘉往荔棒街賢真睦斯飯店告知凡請西人筵皆華洋參用也除所訂肴饌外如冷葷生菜鮮花加非冰乳糕點麪包牛乳白糖醯醋胡椒醬油菜油菜單以及各種瓷銀器皿輿庖丁侍僕等一概供給厨工每名七八什令傢伙器皿不計賃錢其餘每色合三四磅不等值不甚昂

十八日己亥陰雨按英俗凡戚友染病親身往探留名刺則書探候二字于上左角病家接後亦以名刺答之印以承問二字另加病人名姓于其上可以封寄以表收得來刺不克親往之意若其人病篤則謝刺暫停俟少痊再寄大痊則親往致謝加書蒙問謝謝于上角病

九

人答刺鋪中出售

十九日庚子微晴戌初星使請寶星毛克遂鄰人馬蕾寶星李德夫婦英商韓百里稅務司金登幹赦士丹拿十人晚酌子初始畢入夜大雨

二十日辛丑陰雨記英國一種寄錢法極屬便當快無遺失各信局備有寄錢帖係一白紙長寸半寬二寸印成由某街或某城某局付給住某街巷第幾號某姓名男女如甲寄乙一磅寄時信局出二帖令寄錢人于一帖上親筆加添某年月日寄與住某處某姓錢若干寄錢人某名姓其不欲出名姓而用花押暗號亦可其他一帖係局中人添寫于某年月日由某信局寄在某街某局錢若干後則該局收寄錢人所寫之帖寄往他局而寄錢人收局中人所寫之帖封于信內以寄之其人接信後即執帖赴局言明姓氏住址查與來帖相符即照數付給在本國無論由何處至何處不拘路途遠近價皆一律係十什令以内二佩呢十什令至二磅三佩呢二磅至三磅四佩呢三磅至四磅五佩呢如此陸續加增至十磅一什令局例惟匯金銀不寄銅錢在他國

十

有與英國銀行有分設者，皆能匯往，與在本國同價，亦不拘遠近，率一律。如在歐羅巴之德、法、丹、和、義、瑞、瑞、比等八國，埃及、合衆、中華、日本、土耳其、帕那瑪及阿斐里加與他洲英國各屬地，價係二磅用九佩呢，五磅一什令半，七磅二什令三佩呢，十磅三什令而已。

二十一日壬寅，陰雨。記倫敦二十六員教得滿所司係分轄地段而寬色額，又各按教得滿所分之地段而分理之。凡所轄地段教養之政，詞訟之事，以及工程興作，商賈貿易，教得滿均得舉治。上諸美爾轄下巡捕，英名搭利斯巒者，通城共設一千二百名，按段分巡。凡遇盜命爭鬬一切不法，即解送美爾（衙門公所），訊問可以暫羈人犯。訊得其實，則致諸其署，集教得滿寬色額等會辦，收禁罪犯。一切章程與官獄無異。罪之大者，刑司赴美爾（衙門公所）同鞫。按英都賦稅皆歸家部征收，惟美爾（衙門公所）歲收煤、酒、牛、羊之稅，以為經費，美爾教得滿寬色額等皆為家道殷富品行端正之人，不食薪俸者。巡捕口糧則分派通城商富焉。

二十二日癸卯，陰雨。記英國男子名刺，薄而不光，窄而

小，其名姓橫印于中，云某老爺，或加其名之頭二筆于姓前，如丁姓亥名，則印亠丁老爺，非為使人知其名，以便別其父兄子弟也。文職鮮有印其出身及現任何職者，惟醫生、律師、教士實學各生，凡于天文、地理、測算、格物、醫道、教理、律例等學三考俱獲雋者，皆印鐸德某，即進士之謂也。教理初次考取者，可印蓄五倫某，即教士之謂也。武官則印所司何職，如遊擊丙、千總丁之類。凡世爵寶星印洛爾及色爾者，皆尊崇之義也，不印世襲何職。男子名刺住址，印于右下角，若屬某會館，則印會館之名于下左角。武官多不印住址，左印屬何營何隊，右印屬何會館。字必端楷，不用古篆及他變體。女子名刺式見前。西國名刺不分尊卑，式皆一律，其別在紙之厚薄粗細而已。名皆減筆書于姓前。英國男女加老爺、夫人二字于名前，以便僕婢藉達主人聽聞，無論上拜下，下稟上，名刺皆一律。

二十三日甲辰，微晴。午後有葛蔞伍訥店主司米什請觀畢克發餅餌局，乘車行十數里至其地，樓高五層，極其閎敞。東主米德前導，周覽各處，其和麪、印餅、烤烙、收

儲皆以機器為之包裹裝封以及貼字號皆係人工計男女三千餘人據云自各國火輪舟車通行後商販較前增十數倍此局歲入約數百萬磅其他可知矣申初謝歸入夜仍雨

二十四日乙巳晴酉初同李湘浦鳳苞九在阿奎良木晚酌見其臺右樓上新到拉埔蘭人四名貌如蒙古身短髮黃著鹿皮衣鞋帶有鹿犬冰牀等數種入看者每人一什令按拉埔蘭在赤道北六十七度北京西八十九度十分為俄羅斯瑞典二國極北境界地極寒冷四季皆冰不產五穀土人惟食犬鹿而已

十三

二十五日丙午早雨午後晴英人（有）甘哲孫來拜談及倫敦東南一百三十九里密得衛水環流之地有礮臺曰凱整臺築以土因山為高礮皆露置不屋外濠深二丈四尺穴山以藏兵支穴以鐵板巨柱山低平不可穴則掘溝以伏兵溝深僅二尺難以蔽身又以樹枝編簍實之以土排數層于溝邊夾以木使兵丁得所障衛不至受礮此即中土之舊法也可見中外暗有相同或云西國教法亦足見其用心縝密也邇來西國互求妙法擇善而從是師心自用而以學習他國為恥者恐終無進益甘受其侮如土耳其印度埃及等國是也

二十六日丁未陰雨自到英國以來公私無酬應虛文如贄敬脩敬節敬炭敬別敬贐敬謝敬喜敬餞敬祝敬賀敬冰敬門敬綁敬奠敬賻敬等名一概屏除間有所送如戚友婚嫁外出餽以不腆之儀不過一二色而已至與醫生律師館師皆有定數嬰兒周歲無晬敬僕役送物亦無使敬

十四

二十七日戊申早大霧巳初變雨未正晴申初同馬清臣隨星使乘車往拜日本公使土耳其公使共十四處多有公出未遇者戌初回寓

二十八日己酉陰（涼）未初醫生安柏爾邀飲乘車至其家見其妻同席有波斯參贊米爾薩米裒堪日本隨員長崎道至食有烹羊炮鹿舉坐盡歡酉初回寓是日係禮拜之期各家晚饌皆早一為主人入堂禮拜一為僕婢散步閒遊也

二十九日庚戌陰雨記英規宗親世職文武大僚稱其君主曰賽爾（男補也）曰瑪達木（女補也）平民則稱以陛下君上國戚世

職及各大僚稱其太子曰亥内斯。譯言高位也、尊也、稱太子妃及各王妃亦曰瑪橽。稱别國太子則曰王太子，妃曰王妃。庶人稱太子曰尊千歲。稱太子妃曰女千歲。稱别國太子曰貴千歲。太子妃曰貴王妃。上等人稱公爵曰公。稱其妻曰公夫人。下等人稱公爵及其妻皆曰貴尊榮。上等人稱侯伯二爵曰某尊首。稱其妻曰夫人。下等人稱侯伯亦曰貴尊首。稱其妻曰尊夫人、貴夫人。稱他國者則曰某侯、某伯、侯夫人、伯夫人。凡侯伯子男之妻子等，向人稱其夫父曰我尊首。本人稱其妻曰我夫

十五

人。人稱公侯伯爵之長子子婦，與其父母同。稱其次子則加以教名。如姓丁名卓安，稱曰貴尊首卓安。稱其婦則加子名，曰丁卓安夫人。至契者稱呼，乃去其姓曰卓安尊首、卓安夫人。人稱公侯伯之女，必加其教名。如姓丁名律姒，則曰貴律姒丁小姐。至契與談，呼曰貴律姒小姐而不加姓。子男爵之子女，雖應有尊榮二字加于姓上，然鮮有用者。子男爵經上等人稱呼，則加其教名與色爾，譯言即尊也。如姓辛名妥瑪，則曰色爾妥瑪辛。庶人稱之曰色爾妥瑪，而去其姓。稱其妻與他世爵同。亦曰夫人辛，而不加其夫之名。蓋惟公侯伯爵之子媳加其夫名而稱之也。稱外國世子則加其教名而稱之。如名惟良，則曰惟良王。稱其妃亦曰貴王妃。稱外邦公侯伯子男爵夫婦，則曰公某、公夫人某。凡外國未嫁之女，只稱小姐而不用姓氏。稱本國大主教曰貴尊首。稱首教師曰掌教太師。至契者稱曰首教師。稱其妻曰夫人某。稱各武官加以職銜，如提督某、副將某。稱其妻皆曰夫人某，而不用其夫之職銜。稱美爾曰貴美爾。稱其妻曰貴美爾夫人。其他稱呼，率與華同，惟名姓倒置耳。

十六

三十日辛亥。陰雨。酉正，屠邁倫約在阿奎良木晚酌。酒食甚佳。前因鯨魚所掘大池，已灌滿水，仍養大江獺六尾。子正回寓。

十一月

初一日壬子。陰雨。遍因各處覓居，多未就緒，乃仍將此房加租一年，計九百四十五磅，合銀三千三百零七兩五錢。鋪陳糊飾，煥然一新。自到倫敦後，查各國使署，除日本外，皆自賃樓舍一所，規模各異，蓋一國與他國換

約通商遣使駐紮則永無停止之日雖兩國失和而戰
後另行換約彼此仍遣使如初是每年出租不如自建
之為得計也
初二日癸丑陰按英俗凡人創造一物不欲他人摹仿
則至得製公司言明某物納金令保年限由五六年至
二十年不許他人摹仿設貧人創物無力請保無力自
造可告富者令驗如效可給價以買其法百磅可獲數
千萬磅之利聞以前信票印得數百一張用時須一一
剪之後有人思得良法于二票之間以鐵刺孔便于撕

十七

用其法經官信局以百磅買去至今獲利無已
初三日甲寅陰雨倫敦有墨蓄曬會館墨蓄者蘇格蘭
東北境地名也曬者府也以蘇格蘭地名名其會館者
蓋所會皆蘇格蘭人也是日為慶賀六週年之期在茘
榛街賢真睦斯店設宴前經會中人世爵馬格理戛者
約彝往赴酉初乘車而往見蘇格蘭人共一百六十餘
人德法義等國二十四人座係正面一橫下列四行形
如卌字彝座在首行第五會首為立墀滿公時則燈燭
燦爛酒肉豐盈食間有彈琴者吹蘇笳者以侑酒末一

蘇人領四蘇幼童吹蘇笳以先行後帶白衣庖丁五名
各捧鹿肉一盤按行分獻乃會首由蘇葛蘭携來奉眾
者其味甚甘宴畢眾先立祝其君主太子太子妃宗親
國戚以及水陸軍營與本會再則立墀滿公及本會名
人位尊者各立陳一段皆言蘇葛蘭及本會各人能以
善心和睦等語眾以彝為二十四客人之首乃請立陳
數語代眾申謝言次節節作樂皆擊掌稱賀焉子正一
刻回寓
初四日乙卯陰雨英國各城美爾敦得滿寬色窺等官

十八

皆賢能殷富之民始被公舉夫所舉者既稱富民而舉
之者亦係富民官不復參預其事因所舉者係富民故
無貪黷之憂因舉之者亦富民故無賄囑之患因官不
預其事故無仰承俯注之難以民治民事歸公議有不
獲則合紳耆以圖之有不當則紳耆商諸美爾而改之
美爾所不能治乃達諸官府而制以官法官助紳力而
不掣紳肘是地方官好名不好利不以威嚇愚民故民
不畏官而敬官不畏例而尊例例雖有而不繁故官治
之較易

初五日丙辰，微晴，午正，英人甘哲孫復來拜，談及棉花火藥轟力之大，據云以巨木立栅，埋藥八磅于其下，然之，栅倒而木亦碎，以鐵條粗一尺者橫于地，用藥三兩轟之，則鐵條裂而爲二尋。又云軍營有渡水具，數十年前所用，係以鐵筩長八尺、粗六七尺者數十，橫浮水面，繫木成橋，易于携運，然仍嫌其煩重。今所用者，如臨江倉猝欲渡，則用鐵帶寬三寸者，根根相扣，接爲兩長條，一端釘于此岸，令善泅者拽一端釘于彼岸，雖渡萬人而帶不斷。如暇則用漆布小艇，縛小木橋以渡，謂之曰浮橋艇，係由底而上，皆漆布兩重爲之，夾以木板，使布不下弛，摺叠作大弓形，不甚重，可一人負之而走。

九

初六日丁巳，忽陰忽晴。申初，同唐邁倫乘車行十數里，往看農工會，英名阿格立克球拉收或喀特收，入者每人五什令。每年季冬，通國穀蔬豐登，牲畜肥壯，擇其最大最重者，集于此而較之，以奬其種養之工。各種耕種機器亦運此而羅之。地極寬敞，鐵架玻璃房，内四面高樓，物列萬種。牛有重六七百斤者，羊有重百餘斤者，白菜有重六十八斤者，胡蘿蔔、黄瓜長有二尺餘者。機器中有用以打稻者，係鐵輪關鍵，布稻其上，輪轉其穀自落，碾去粗皮，復碾細皮，筩各儲之，并其糠灰亦能簸揚使盡。有用以磨粉者，單磨雙磨不同，機動輪轉，既磨復篩，粗細亦各分類。是日遊人逾千。酉正回寓。

初七日戊午，陰雨。因訂明日在文恣行宫呈遞
國書，午正一刻，同馬清臣乘車至外部，見丁侍郎，適值公出，乃往見威公使，亦未遇，再轉回外部，始與丁侍郎獲晤，詢悉常服謁見，伊國無誦陳詞之例，即有無非口陳一二句而已。

十

初八日己未，微晴。未初，彝捧
國書，同馬清臣隨星使乘馬車行八九里，至輪車客廳，會威公使，并遇薩多立那歐國公使喀特爾，亦係往遞國書者，遂同乘輪車至文恣莊，君主遣雙馬車迎入宫門，下車見德比二丞相及席大臣，待至未正一刻，開門入正廳，見其君主，呈遞
國書，禮儀如前。未遞之先，星使捧云
大清國
欽差大臣郭嵩燾今特補遞駐紮

國書與
大英國
大君主後馬清臣繙以英文其君主接過
國書對云今見
大清國
欽差大臣在此駐紮不勝喜悦之至切願永有中國
欽差大臣駐此以示兩國克敦和好語畢威妥瑪譯以漢文
後即退出申初一刻午宴同坐有四女官宴罷別衆出
宫登四馬官車至輪車客廳少待登車即開酉初一刻
抵倫敦順乘馬車赴外部拜謝德丞相及丁潘二侍郎
入夜陰
初九日庚申微晴當劉星使出京時其側室懷孕年内（記外國各城鎮所用之水有不清澄
當生至此數月未接家報因問彝家信何來此之速對（而味苦澀者則于百里外擇其佳者而運之溯源而來
以往來皆由總稅務司赫樂彬及同文館總教習丁德（可以不舍晝夜俾在該處築水窖以機激起十數丈流
手之手乃請將其家報交彝寄送亦慰遠懷之一舉也（入城中雖百尺高樓可抵其頂各家牆含鐵管外露龍
不意郭星使聞此懷疑恐郭星使卑聞其事遂聞彝當（嘴用則捩之否則閉之水無變色亦無異味洵推注之
代寄幾函當時未作其非彝想星使查詢（良法也）而云同居不悦也
函囿在數日前郭星使公出全登幹曾持來華信一函

因無洋字不知係某星使之函彝告以係劉星使者甚
暫留以呈郭星使一覽全函既非郭星使遂持去時李
湘浦得見其事緣昨日黎蒓齋來稟加封朱石樵十二函
未蒸爲郭星使之戚與劉星使相善伊必函致劉星使
代遞因令蒓齋轉寄郭星使疑之湘浦即告以來函又
去星使怒責彝不報彝當即面稟其故星使申飭數語
而罷彝思爲人正大光明居心無愧雖通國毀謗亦不
懼也況當時不諱其人久必剖悉如前代名臣孝子豈
皆取重于人而樂爲稱道哉彝自前日馬清臣譯錯鴉
片烟論曾任其咎誓以杜口不言不意失心謹慎猶復
折挫多端亦無可如何之事也
初十日辛酉微晴如昨亥刻修髮匠鍾四醉歸敲門未
開拉鈴數次放入武弁責其來晚衆人罵打不已鍾四
上樓喧譁人皆驚醒彝乃著衣下樓見衆人怒目以視
以繩縛其二手鍾四哭訴我以手藝供奉役所當然而
衆武官呵叱甚於奴僕百倍稍不如意則陵辱難堪且
吃酒非我一人他人無論如何皆從寬不較我則孤身
一人無人照料實屬冤屈後星使聞之諭令李湘浦查

辦。

十一日壬戌，晴。早星使令責四十笞至五笞，板折乃止。記本地裱糊匠及油漆匠之工值，每一小時給八佩呢半，一日作八小時之工，共五什令八佩呢，合銀不足一兩。

十二日癸亥，晴。邇屆新歲及其天主誕辰，市廛多列新貨，如糖人、糖果、禽獸、匣盒等，工皆精巧，鮮美可觀。門首横挂招牌，白布紅字，上書新製天主誕辰禮物及新歲各種禮物出售。

十三日甲子，晴。英國樂兵有班食無口糧，一切皆由善 卅三
人供給。現屆隆冬，有善男信女于是日午後在夏伊堤戲園演劇，斂金以供其費。小屋每間二磅，座由二什令至八什令。醫生安柏爾折柬相邀，遂買小屋一間，于未初同鳳夔九往見，來人男女甚多，所演戲齣無甚出色處。酉正回寓。

十四日乙丑，陰。酉初艾德林請在西敏斯德大學院看拉丁戲。現值年終放館，擇生徒之優者，作戲一齣，裝扮如古拉丁人，詳見再述奇第三卷。亥正戲罷，有本堂助教殷克摸約茶款待甚殷。

十五日丙寅，終日黑霧迷漫，咫尺不見人。亥初同馬清臣、李湘浦代星使赴全泗學塾茶會。因近新年，由是日放館一月，獎賞諸生，當晚來人男女無多。遇日本隨員長崎道至，生徒共三十餘名，得獎者十五名，不過紙筆書籍等物。

十六日丁卯，早黃霧，午後晴。申初同馬清臣隨星使乘車拜客七處，皆未遇。

十七日戊辰，陰。邇因通城富室多由鄉外轉回，有樂工 卅四
一班六七人，在街市鼓吹一陣，挨戶討錢，係英人扮俄裝，所奏亦俄調，啾啾切切，斷續悠揚。

十八日己巳，陰。西俗于天主誕辰二三日前，各戚友餽送微儀，如糖果、玩物等與兒女，平行者彼此送一花帖，帖印五彩花鳥，中横金字一行，云埃美立克里斯麻司，譯即慈悲恩德聖誕也。鋪中售帖，大者寬三寸，長二寸，小者與名刺同，不書本人名姓，惟以信函封寄而已。入夜晴。

十九日庚午，大晴。又值其禮拜之期，遊人甚夥。未初隨

星使乘車往拜日本公使，少談而歸。
二十日辛未，微陰。有爲星使由上海寄箱二隻，内盛紙
張、衣料，計本月中旬當到，至今未接確耗。令彝往詢。辰
正乘車入老城，至李敦蘿街第一百二十七號，席其柏
滿運貨公司。據云約在今晚戌初，果至。共開運費九什
令十一佩呢，合銀一兩七錢。蓋倫敦設有運物公司數
處，各海口及火車棧亦有分股。凡由外國或外鄉寄物
者，無須親往收取，只將貨单寄交該行，言明車船脚資
已付未付，到時自能一一查清送來。外開一單，云火輪
車船脚若干、稅關驗貨酒資若干、船塢費若干、稅共若
干、馬車錢若干、稅局放貨单費若干、搬移人辛工若干，
皆有定數。

三五

二十一日壬申，晴。即西麻十二月二十五日，爲其天主
誕辰，各鋪關閉，男女著新衣街遊。酉正，隣人柯拉理毋
子約鳳夔九與彝晚餐，同席有醫生蒲阿特夫婦及其
族姪柯萬年，談飲甚歡。戌初陰，夜雪寸餘。
二十二日癸酉，晴。天凉地煖，雪化結冰，路逢恐馬滑蹄，經
官派人推車，抛撒鹽末以化冰。入夜陰，風雪一陣。

二十三日甲戌，微晴。午後接上海文報局委員黄詠清惠
和電信，云劉撇回李署。申初隨星使乘車往拜威公使，
坐談良久，酉正回寓。旋蒙召赴晚酌，甚佳。
二十四日乙亥，陰。未初全登幹來拜。戌初公請星使看
馬戲，亥正一刻回寓。大雪。
二十五日丙子，早陰，午後微晴，入夜仍陰。記英人尊稱倫敦
美爾曰洛得美爾。譯洛得者，侯伯之稱，貴也，以之稱美
爾，示尊崇也。又愛爾蘭昔爲自主之國，而德布
林亦其都城，今雖曰首府，而尊其美爾與倫敦同。蓋既
尊都城，故尊美爾，猶中國之尊京兆尹也。又其鄉埠之
小者，不曰美爾，而曰普洛佛斯，名雖異而權同。再小者，
名大曰麻之伊斯特蓄，猶中國所謂亭長也。

三六

二十六日丁丑，陰。聞英人阿木斯多昂者，新創一種活
鐵橋，長十餘丈，寬四五丈，中一高亭，左右飛梯層折而
上，圍以鐵闌，亭下爲行人往來。又其下設輪機二列，小
鐵輪數十，鎔鐵河底爲巨礎以承之，礎旁支以木柵數
丈。凡過大舟，以輪機鼓動河水，轉小鐵輪，則橋開合自
如，若一葉輕舟之移，爲時不及半刻，而橋頭之附此岸

者易置彼岸亦無鑿柄之虞用思之巧如此惜未得目覩也

二十七日戊寅晴為西麻一千八百七十七年十二月三十一日馬清臣前于十六日乞假往蘇格蘭省親是日午初回倫敦詢知伊父母年皆逾古稀依然強健安樂家鄉故清臣得以馳驅

王事也見倫敦男女亦有年近百齡者而街市往來無一用杖或秉賦之厚使然歟

二十八日己卯陰霧為西麻一千八百七十八年正月初一日國俗無禮節鋪不關閉人不休息惟彼此見面賀禧而已戌初金登幹請星使及同人晚餐同席十七人有赫政休士屠邁倫馬克蕾額布廉覺格爾哲美森賀壁理泰樂爾駱德皆乞假回國之中國正副稅務司也主人籍隸蘇格蘭肴蔬皆在彼烹飪遣人携榼而至味頗爽口食畢主人立言一節祝其君主少飲又同起立祝

大清國

大皇帝又少飲星使立答一段以酬其意後主人又立言二次一祝赫總稅務司一祝其同人情儀俱臻周至子正回寓

二十九日庚辰陰昨午有合衆國駐紮天津領事官廼德來拜伊言不日回華星使因得有花菜種一匣浼其帶呈合肥相國以考植物之性彝遂于未初乘車送往

十二月

初一日辛巳陰入夜細雨按英俗引見人亦有規模僑寓將及一載姑就所見而畧述之如二人一上等一中等其願否接見惟聽上等之命若二人皆同等必先問其至契者二女一上等一中等則引中等見上等男子無論何等若與無論何等女子相見皆聽女命在跳舞會主人多引男見女一為與之跳舞一為陪入飯廳凡男女既赴會男必願得女女必願得男進引見後女不願跳則辭之男不願跳則不得必陪跳一場方為盡禮男求戚友見女則可而欲見男反不易蓋不知渠意如何也二女相見因引未嫁者見已嫁者未嫁者為上等則引已嫁者見引見只將二人姓氏口傳一次無須反復如引中等女見上等惟言甲夫人乙夫人足矣主人

言畢則彼此鞠躬鮮有初會即握手者即有必上等先施而後可亦有故意握手以副主人之盛意者已聘未娶者之戚友相見則握手以示親近總之男女相見必待女子先施方敢與之相握凡客來拜會女主者無論男女初見舊識皆握手以為禮請晚酌者無論男女老少主人須設法引一男見一女以便同往飯廳入坐蓋請客俗禮必男女數同或一男間二女或一女間二男鮮有二男或二女並肩而坐者此等引見只在主人斟酌二人品位之高低相當否迨進饌時一為唱名而已

卅九

女子有飯前未經引見而座間彼此叙起者有飯後上樓吃茶而主人復為之引見者男子則飯前未經引見飯後則無須致意彼此自為叙談可也在申酉時間茶會花園會及叙談會女主必與各女客引見一男客以便偕伴吃茶點心散步遊覽或登山或渡水男子會意自然隨時追陪此等引見不但主人斟酌彼此等第又當窺女之洽意與否此等會中男女未經引見者可以彼此聚談鮮有因而締交者談畢女可向男鞠躬以示敬女向女則無此禮蓋男女交談非女鞠躬男則不敢

離也

初二日壬午陰雨聞英例凡人帶烟進口至少者八十斤再少則于納稅外仍每斤罰八佩呢

初三日癸未鎮日黄霧聞英人一種土疾名格達者多係豪富之人日食酒肉性耽安逸先自大腳脂腫起上移至腰肚間行動艱難通身擁腫內含物如石灰不知何物變成者數月必死此病如中土之痲瘋多係傳染不貪食不惜力者尚可幸免

初四日甲申晴記西人最喜種樹言其益有五一氣清令人少病二陰多使地不乾燥三落其實四取其材五可多雨不患乾旱故倫敦街市閭閻每二三里有園有林人家稍得半弓隙地莫不植栽美蔭郊原尤為繁盛盛暑之時步行者莫不得濃陰而休憩也

卌

初五日乙酉晴記倫敦周圍百餘里二十六敎得滿各轄四里有奇轄內皆有養老院育嬰堂以及義學醫館等一切經費或商人獨捐或抽租或醵金其樓房之廣大衣食之充足大致無殊各城鄉市鎮亦然敎得滿不親其事如治院事者有侵剋虐使等弊可赴控而董正

之君主時一臨觀或遣宗眷代爲查驗司事是否暴虐不公子民是否各得其所以示鄭重之意也入夜微風陰雲密布

初六日丙戌陰午後街遊步至敦斯佛街過一槍鋪正在觀望之際鋪首班廼得開門延入導觀各屋槍皆三尺餘後膛熟鐵爲之自膛而上漸狹至口僅半寸筒内作三棱綫彈子直出可以不乖所向據云能擊一千三百步問其值曰每桿二磅十五什令合銀九兩六錢鐵極純而工亦精雖裝三倍火藥然之不炸并言其局在司丹佛爾村距倫敦十四里共用工匠八百餘製造一切咸賴機器焉

初七日丁亥晴自到倫敦後每見國人奏樂誦經宴會雜戲皆先頌祝其君主影射之戲開場必出君主像結局必出太子像烟火之戲亦以君主像終之或云英君主無獨斷自主之權故民不尊重之今見如此詢知非畏其威乃懷其德而感其仁也蓋即位後每戰必捷國勢日強民皆安居飽食煖衣各得其所故咸以福德歸之也若似前代之兇殘無道則民皆怨讟恐無今日矣入夜霧

初八日戊子晴戌初星使請威公使夫婦阿公使夫婦暨其女阿蘿格外部潘侍郎御前大臣協辦盤森比芬及世爵李爾蕾夫婦等與比相掾吏柯顏萊德伯掾吏三達森晚酌子初罷入夜雪

初九日己丑晝晴入夜霧閒西俗請客晚餐其坐次不令同寅同事以及戚友並列一行大約識與不識者相閒而坐則互相叙話不至一人向隅矣其善于詞令者必列正中以便藉通款洽焉

初十日庚寅陰霧酉正李觀察請星使馬清臣李湘浦鳳蘷九黃玉屏姚彥嘉與彝在荔榛街格朗加非洛亞店晚餐主客盡歡亥正回寓

十一日辛卯微晴記英國男女婚配雖皆自擇然女子二十歲以前則聽父母之命過此則自主如男悅乎女女未及二十歲則請觀劇晚酌以及遊鄉皆須母女同請不能私約蓋母女步步相隨也往拜必同拜其母而留刺與其父或值令節或由外而歸或市售新物有所贈送亦必令其母知之久而窺女之心似有所屬男可向其父母跽而求之女過二十歲則背人私語相約出

遊、父母不之禁、款洽既久、情意相投、各告父母、互訪家私、稱始配之、其嫁娶之俗。届時。各下帖請其戚友入堂、或邀飲高會、更有于數日前出印新聞紙者、言某男與某女擇于某日時、在某禮拜堂結褵、特此布聞、恕不專帖。此二十年前舊例也、今則不然、以帖專請其同族至戚、及先為餽送禮物者、富者數百人、貧者數十人而已、按國家婚儀、皆有一二十男僕扶持新郎、其他只用一人、呼曰格路木司曼、譯言伴郎也、至日其人隨入禮拜堂、近教師臺立于新郎之右、手執新郎之帽、禮畢即與

二十三

冠戴、領入會房畫押、酬教師者由五磅至二十五磅、酬先生者一二磅而已。新郎先事預備者、淨面金戒指一枚、及贈新娘伴娘紅白玫瑰花捆、皆當早令人送至女家、又備新車一輛、以便由禮拜堂攜新娘至早餐處、再由彼至火車客廳、蓋訂期後、彼此即備辦行裝、届時早餐後、即乘車船他往遊覽、按舊規、或在本國、或遊別國、一二年方回、名曰度新婚月、今則仍在外數月始歸、另擇新室而偶處矣、凡伴新娘之女、或新郎或新娘之親近姊妹、届時新娘之父、偕眾先入禮拜堂、其父已故、則

叔伯與兄或長親皆可、後則母女同車、其父衣帽純黑、其母衣色不拘、新娘與女伴皆一色雪白、新娘執白花捆、女伴執紅花捆、新郎衣黑色、插鮮花一朵于胸前右襟鈕孔、女父率眾到、其他男女戚誼亦陸續到、女父立候于堂門之外、女伴立于門內、分列兩行、餘皆分立女伴之後、新娘母女到、女攜其父之右腕先入、繼而女伴隨入堂內偏間、女伴偶數如六八十二、自然駢肩而入、若奇數如五七九、必加三名幼童或幼女同行、以成偶數、女伴之列第一對者必新郎或新娘未嫁之姊妹、女

二十四

母隨眾女伴尾之、其伴伊母者、或子或姪或甥皆可、男女在堂中、不許攜手同行、若老嫗、可代為扶持、其他男女戚誼、對對行于新娘之母之後、眾入、乃以車往接新郎父子、到、乃直入、立于教師臺前之右、待新娘由偏屋至、立于新郎左、新郎與新娘之父及他各男戚、皆立于新娘之左、新娘之母、及其已嫁之姊妹、皆立于眾男之後、眾女伴、又對對立于新娘之後、凡新郎之親誼、坐教師臺左、新娘之戚誼、坐教師臺右、此外如有被請者、皆坐于堂中兩廈、教師登臺、新娘脫手套及鮮花、遞第一

女伴、然後齊跪、教師向新娘與新郎誦戒詞、誦畢、貫新郎所備之戒指于婦之右手四指、再祝、衆客和之、祝畢、教師下臺先行、新郎戴帽、以右腕携新婦同衆後行、入會房、新夫婦先畫押、後則新娘之父與其至近戚友各二三人為之畫押、畫畢、第一女伴代新夫婦分散贈與戚友什物、其贈女客者、一枝銀橋上繫白緞一條、長四五寸、寬七八分、贈男客者、一銀橡葉與櫟實四五、義皆未詳、各人收訖、以鍼插于胸襟、新娘若係再醮、則無謝物、無女伴、不能戴文君兜、或白花冠、只戴女帽一頂、衣

三五

則淡青或葱綠二色、仍帶前夫所與之戒指、其後夫之戒指、則貫于左手中指、舊俗于畫押後、戚友皆向新娘親吻道喜、今則彼此拉手而已、新夫婦緩步登車、由堂門至車下、以鮮花鋪地、新娘之母、另登一車、追隨到家或店、以便接待戚友、蓋有因屋宇窄小、另租客寓者、衆戚友出堂登車、不分先後、總以先抵其家者為快、因在堂未得與新夫婦叙談、故先至而暢談、以賀喜也、衆客到齊、羅列戚友所餽禮物、以共賞、蓋二家戚友皆當送禮與新娘、有關二家結姻、量其娶聘必早、即為餽送者、

有請柬未到而預送者、亦有臨期始送者、所送無非金銀珠寶首飾鐲釧金剛石項圈耳環表鍊瓷花綢扇、以及駝鳥翎而已、有因其另樹門牆而送器皿使用之物者、當時以大桌鋪黑絨、四面圍以鮮花、陳設各色禮物、各繫白紙一條、書送者之名姓、請柬之式、係某夫婦因小兒或小女某、或娶某女、或字某人、定于某月日時、在某禮拜堂内成禮、謹同請某人賜光陪伴、并請共席早餐、何處拱候、須于半月前發送、男女或抵其家、或至店中、式同、午後茶會、男皆免冠脱手套、女則否、未設筵之

三六

先、新娘之父或母、酌定某男伴某女、待僕報飯齊、則云請某老爺携某夫人或小姐下樓早餐、下樓第一對、為新夫婦、再則新娘之父携新郎之母、三則新郎之父携新娘之母、以後各女伴及男女各客、按等級以次同降、設筵之式、與跳舞會之夜饌同、有立者有坐者、立則量人數列方桌、男女圍立、不分上下、若坐、則置長桌、新夫婦竝肩坐于一端、或中腰、以上屋大者坐、屋小者立、無論何處、皆新婦坐于新郎之左、非上也、乃下也、因西俗尚右也、次則新娘之父與新郎之母、坐于新娘之旁、

新郎之父與新娘之母坐于新郎之旁其他男女排列成團各女皆在男右此早餐與午酌大同小異湯有冷熱菜多冷葷三鞭舍利俱全有鮮果不備茶食與加非坐則湯菜皆經僕人捧進立則置于桌上而自取之熱湯有以蓋盌盛滿另置一桌者冷葷則雞魚兎脯等類坐者備菜單飯布立者無湯菜進畢新娘坐分喜餅與眾英名衛定閒克譯衛定者新婚也閒克者餅也以乾櫻桃和麪而蒸之厚二三寸周約二尺味頗甘蓋入座後盛以銀盤旁置銀刀一柄至此新娘自切一刀後僕

三三七

人持下按客數分切每人一片舊俗係新娘嫁後將喜餅切片分寄戚友今則無矣吃畢眾客之品高位尊者一人起而立祝新夫婦以吉語新郎立言一段以謝眾人謝畢首客再立言數語以謝新郎此後新郎之父立祝新娘之父母彼此祝畢新娘即入卧室易行裝眾客入大廳以候少選新婦至眾客辭去其父母待其登車始灑淚辭別英國更有一種土俗係新娘易衣後將其所著白緞鞋請貴客或首女伴由樓頂擲下若新娘藏避除未婚嫁之男女皆可以米粒擲之其義未詳似與中土之鬧房相似又凡嫁娶三個月後新婦方能作主請客云

十二日壬辰陰戌初星使約李觀察馬克蕃居邁倫及馬清臣與彝等在菊立闌戲園觀劇戲名白猫義則未詳所演無非山水人物日月風雲而已有二人舁一木箱内盛四布人長各三尺餘先取出一人爲俄皇舉而言曰其人現在堪斯丹丁竭力爭强因土俄鏖兵俄欲滅土假道以行四海二則丞相比干斯弗益云十七日見此人于議政院蓋英會堂定于正月十七日開即本

三三八

月十五日也三則葛蘭斯敦手擧一斧云此人欲劃盡土國蓋其人自幼善修花木也自土俄交兵以來凡率舊黨人咸欲興兵助土而更新黨人皆袖手旁觀因葛爲更新黨首且知土國不助必敗故以欲劃盡土國之語刺之四則土耳其皇云此人現在本國盡力防護此後出俄土德墺各國王各騎真馬立于臺上中惟俄皇作黑熊臉怒髮衝冠似欲奔馳呑物狀末出英兵一隊齊云同心助土觀者多有擊掌者由是觀之作戲者鼓掌者皆率舊黨中人也子正回寓夫俄羅斯即漢朝所

謂大食國也本年土俄搆釁俄假救教民爲名實欲食盡土地于地中海黑海紅海印度洋等處可以暢行無阻。

十三日癸巳陰入夜晴英俗人死則沐浴其尸衣以生前禮服及斂遍體易白衣裈貧者木棺裹以氊呢富貴者棺槨三重一松木二鐵三紅木葬于官地無祭墓之事思憶所及則詣墓一觀挂鮮花一圈于碑碣而已其浴尸斂白衣與回教相似而葬以木棺又與儒教無殊足見風化之不同也。

十四日甲午晴英君主每年居卜靜宮僅三四月餘則駐蹕敖斯本及文恣兩行宮或遊覽蘇愛二島之山水勝境官紳則治事半年休沐半年每歲自初春開會堂至六月底即各散歸謂之散會堂其人或返鄉園或之他國或携眷屬逍遥海濱林深泉美之地現居開堂之期故倫敦通城紳富盡賦言旋矣。

十五日乙未晴暖爲西厤正月十七日午後開會堂因君主現住文恣行宮未臨故各公使未往入夜陰雲密布冷。

十六日丙申陰戌初一刻同鳳夔九姚彥嘉黃玉屏仝詣星使及李觀察馬清臣厝邁倫羅緝臣李湘浦在荔棒街賢真睦斯店晚餐亥初回寓

十七日丁酉陰英國新創一種夜照相法其人明於天文化學由鹽滷中查造一火力與日同光由喇叭形銀筩內含玻璃圈數十者射入照相處照畢即以燈光曬成按日光照相須八九日方成此法則須一時之工即可脫稿誠爲神速矣今荔棒街有照相人名萬達衡者照相每張二磅二什令計銀八兩弱

十八日戊戌陰涼見英人由化學悟得一種細絲係造以玻璃綿軟與蠶絲等質極潔淨其白如雪其用處未得其詳

十九日己亥陰霧記英例凡人造成一書必先呈倫敦博物院及敖克斯佛與堪卜立址二大學院各一本爲存稿經官察驗無違礙詞句及引誘誤人之處始許刊售凡書未經官驗者不得在本國出售然其書苟有傷風敗俗之處雖在外國被官查出本國亦必監禁其人而懲治之如是則壞人心術之書安能遍行于市肆

耶。

二十日庚子陰。午後金登幹來拜。坐談時許。申初一刻同馬清臣隨星使乘車往拜日本土耳其及義大利三國公使。

二十一日辛丑晴。巳正李觀察率羅緝臣請星使偕馬清臣赴滿紫斯得爾看製造機器鐵木玻璃局。未正代星使赴外部見潘侍郎。問鎮江蘆船核議覆文。去此見金登幹。申正陰。大雨一陣。

二十二日壬寅微晴。午初乘火車至上諾或村拜艾德林。入內見其母子與女少坐。同入水晶宮一遊。男女無多。景致如前。酉初回寓。

二十三日癸卯晴。酉正同李湘浦姚彥嘉鳳夔九黃玉屏乘車至尤斯敦火車客廳接星使率馬清臣回寓。亥初同馬清臣李湘浦赴世爵馬格理夏家跳舞會。子正回寓。

二十四日甲辰陰。午後賀璧理來拜。酉正李觀察率羅緝臣而歸。戌初鳳夔九約在司多利坊洛亞閣戲園觀劇。演戲平平無出色處。子初回寓。

二十五日乙巳陰雨。記英人放礮。比諸行船。蓋船行則測風以張帆。礮放則避風以合中。因風力大小均能推送彈丸以左右。故有風時須辨其方向。欲擊正南則礮口所向須稍偏東或西。放去使彈丸為風所逼則到彼自能中之。若逕向正南施放。安能中肯。此西人精于測量之一端也。

二十六日丙午。陰雨。酉正同李湘浦鳳夔九在阿奎良木晚餐。見雜戲中一人。腳踏皮球。周約七八尺者。走于木架之上。架寬半尺。作串或弗字形。環繞如螺螄。長共十餘丈。上通樓頂。下垂地。走上退回甚穩。又樓半空懸二繩架。長四丈餘。寬四五尺。作凵字形者。相距四丈有二幼童。一以二腳倒挂左繩。一以兩手順挂右繩。右者經人由樓中雙手前推。颺起飛接他孩之手。二孩相接一倒一正。形如H字。繼又由左颺回。送正挂者于右繩。眾皆惜其幼小為之咋舌。

二十七日丁未陰雨。午後有由中國乞歸之英人麥士尼為能字閎皋者來拜。其人素治鐵。現在四川華營充匠師。能華語極清楚。戴華帽穿華靴而著英服。亦奇觀也。

二十八日戊申，微晴，亥初同李湘浦、鳳夔九乘車。行十八九里，赴馬喀的夫人家茶會。男女百餘，中遇隣人懷達及林池母女等。子正回寓。

二十九日己酉，陰雨，未正英棉藥商人安山柏來拜，談及製藥之法。據云棉花彈紡後，蒸以氣爐，繼而泡諸強水四分之工，即提入銅礶，付清水池凉之，越日提出，以機器收乾，強水洗以清水，再以機器收乾，則藥已可用。然棉花泡以強水，性最易然，苟強水稍遺，能自生火，因而再以清水煮之。煮已，浸以凉水。後以機器碎棉，棉既碎，乃泡諸水槽，終日攪之，三日後，以口嘗無強水酸味，始以機器壓乾成餅。夫既經以清水凉水煮洗數次，而仍恐強水未盡去，乃設法試驗之。先以溼棉火藥盛滿鐵箱，推入火爐，火只緩緩熱入，鐵弁不烈，再放乾棉于溼棉上，然之，而溼棉不著火，知始造成而敢藏之。仍盛以銅匣，置水中，泡兩年亦無礙，用時稍曬，仍可用。乾棉與銅帽合用，其力較常藥加數倍。如以一指大小棉藥，然于巨木下，木即粉碎；裝水雷轟之，水則沸騰數丈；以

四三

之轟一寸厚鐵板，則直透鐵背，爆烈如花，且鑽地成穴。若不與銅帽合用，則無力無聲，與焚紙同。是棉藥與銅帽，如車與馬也，無馬車無所拽，車無馬不能行。蓋銅帽無棉藥不能轟，而棉藥無銅帽亦無力也。入夜雨止，晴冷。

三十日庚戌，晴，酉初星使約李觀察、麥阁臯、羅緝臣、馬清及彝等晚酌。亥初彼此團拜辭歲。後李觀察、李湘浦、姚彥嘉、黄玉屏四君互相吹笛歌唱，甚歡。

光緒四年，歲次戊寅，新正月。

初一日辛亥，晴，巳初著官服，同衆隨星使與李觀察向北恭拜

聖牌，行三跪九叩禮。畢，彼此團拜。後登樓同坐點心。又赴各屋拜賀。午後有麥士尼、為能及稅務司金登幹、屠邁倫、泰樂爾、賀璧理、愛格爾、駱德、馬根及休士等來拜。酉正星使約李觀察、羅緝臣、金登幹、馬克蓄、米司盤、賀璧理、赫政、屠邁倫及馬清臣與彝等酌，晚暢談甚喜。

初二日壬子，晴，記英國英格蘭、蘇葛蘭、愛爾蘭三處人丁總數及各國旅居商販人，計之共三千一百三十八萬二千九百九十八名口。男共一千五百三十七萬九

四四

十一百二十五名口。女共一千六百萬零三千八百七十三名口。計女多於男六十二萬四千七百四十八名口。又西麻一千八百七十六年。英戶口册內開新增者、八十八萬七千四百六十四名口、病故者五十一萬零三百一十二名口、嫁娶者、二十萬一千八百三十五名口、

初三日癸丑陰。戌初馬清臣請星使與李觀察、屠邁倫。及彝等、在西敏斯德橋安福義園看馬戲。園頗大觀者男女數千。臺下所演。無非越馬跳繩等藝。與上年所看者同、臺上所演、則日月山水、花木樓閣、層層變化、令人悅目。末場、先出法義墨美俄土六國皇王統領、各著本國衣裳、新齊華美、俄皇頭作黑熊狀、蓋示其無面見人也。又以黑熊爲獸中貪橫者以刺之。土皇連歌四曲、句句直斥俄國之非。再則土俄交兵、放礮奪城、鋒鏑刺骨、烈焰迷目、聲震江河、勢崩雷電、俄兵敗北。土隊窮追、繼而屍橫大道、血滿長渠。雖係人工假作、殊覺令人傷心。子正回寓、

罡五

初四日甲寅晴。涼、申初隨星使乘車、往拜威公使。初威公使曾于太木斯新聞紙內、刊中國五省荒旱、本國務須設法賑濟。故星使拜而謝之。酉正、李觀察請星使與金登幹、屠邁倫、米司盤密勒爾馬清臣、方益堂、羅緝臣、及彝等、在寓晚餐、

初五日乙卯早陰。午後晴。酉正鄰人墨蕾夫妻請飯、同席男女十六人、名皆未詳。酒肴肥美、款待良殷。亥正隨星使乘車赴德國公使閔士達家茶會、會見墨國太子魯多福、當夜男女有千餘人、樓閣崇侈、鋪飾輝煌、洵茶會中之勝會也。子正回寓、

卷七終

四述奇卷八

鐵嶺 張德彝在初隨筆

貴　榮竹坪校閱

戊寅、正月初六日丙辰、陰霧、戌正、隨李觀察馬清臣至賢真睦斯堂、赴地理會、有合眾人司丹力者、曾遍遊阿斐里加、于此述其所見、當時聽者二千六百餘人、有塞國太子魯多福、英國太子衛拉斯王、威阿二公使及各國公使、因阿公為會首、故先立起陳明司丹力講論之由、繼而司丹力立起暢論阿斐利加之人情風土、後英太子立陳數語、以贊揚之、亥初、散、復同李湘浦鳳藻九乘車入老城、至寬南街寬南店、赴蘇格蘭跳舞會、英名倫敦亨戛廉阿捜慎、男女千餘人、遇塞國太子、俄塞和三國公使、及倫敦美爾夫婦、與布拉奚夫人等、樓上奏樂、更番跳舞、時因天主教皇揞樸莬、故塞國太子不與跳列、丑正、經美爾夫婦及敖得滿哈達立約彝同李湘浦登樓、入另室夜餐、男女有十餘人、席罷謝歸、而東方白矣、

一

初七日丁巳、霧、戌初、星使請波斯日本公使夫婦、寶星貝音斯鄰人席泗名士司柏的斯伍世爵阿爾柏斯訥夫婦及阿什柏里戴蕾呂輿司多克斯等晚酌、波斯公使馬拉闊堪王之妃因病謝辭、亥正席罷、

初八日戊午、陰、未正、隨星使同馬清臣乘官車入賢真睦斯宮、赴朝會、是日各國公使隨員及本國文武官員如前、申正回寓、正酉復隨星使往見金登幹、亥初始歸、入夜雨、

初九日己未、雨、霧、巳正、金登幹偕德來拜、酉正、張聽颿由德國回、戌初、印度回人布克什夫婦請星使馬清臣與彝晚餐、同席男女十八人、有日本公使夫婦、波斯公使參贊與隨員、及波斯國王派來查辦事件大臣鍾滿坎除傅立蘭孫得森、為歐洲人、餘皆亞細亞洲人、賓主歡暢、子初回寓、

二

初十日庚申、陰、雨、邇來英人開礦裂石、穴洞轟山、俱用棉火藥加硝、較常藥其力尤大、棉火藥之價、視常火藥加倍、常火藥每斤一什令、乾棉藥每斤二什令六佩呢、潮棉藥每斤二什令一佩呢、

十一日辛酉、雨、霧、英人工貴之役、皆力作半日、息止半

日官紳則治事半年休沐半年然官不尸位而治國匠不偷工而物精亦調劑之得宜也

十二日壬戌晴暖戌正同馬清臣李湘浦隨星使乘車行十數里至格物納衕第四十一號赴司柏的斯伍家茶會遇葛蘭斯敦武阿文夏理古花士德胡格爾及馬勤等諸多名士相見甚歡

十三日癸亥雨爲西厤二月十四日先賢倭倫坦節通國青年子女各戲所愛其法有二古法届期男女各約同數如九男九女或十男十女各書其名于紙搏而藏諸兩篋男女各取其一如甲男拈出乙女乙女拈出甲男則彼此因而結婚亦不用媒妁之一法也今法届期各擇所愛者寄柬雖以微詞挑之而言頗雅馴此等信紙亦由鋪中出售上畫人物隱含情意有女摘花而男子奪取者有日午而男子送扇與女者如以奪花紙寄則云卿所摘花實不如我不信請試留之久而自知其香以送扇紙寄則云天熱無扇無風倘蒙錄用何樂如之等語雖云贈芍遺風仍不失爲香草美人之意也入夜雨止

三

十四日甲子陰雨亥正同馬清臣李湘浦乘車行七八里至阿苓坦街第二十號赴索立斯百里侯夫人家茶會樓閣崇宏燈燭燿燦男女千餘人甚爲繁盛有英太子妃公主駙馬奧國太子各國頭二等公使本國文武大員等丑正回寓

十五日乙丑陰午初著官服同衆登樓賀節戌初星使召賀壁理何沃生及彝等晚餐入夜細雨

十六日丙寅早陰巳正晴日本公使上野景範約是日戌初請星使與彝晚酌星使因抱恙未往彝亦遂致電信謝辭

四

十七日丁卯晴暖西人因以製物謀生然造一物必使著實得用有益於人方可廣行雖係些須之物亦然如邇來英人新造一種手紙寬約四寸長六寸柔輭不厚其色土黃其門票云零碎紙張或含有硝磺毒水或浮有火藥烟塵用者不免受病今特造此紙加以暖藥實爲有益云

十八日戊辰晴倫敦樓舍皆隨時修理一律整齊無坍塌倒壞堆積碎甎破瓦處無堆土掘坑處亦無載運舊

甎木料者、

十九日己巳晴、曆邁倫因假滿回華、巳正來寓辭行、申初隨星使乘車往拜法郎西、俄羅斯、日本、波斯四國公使、皆未遇、

二十日庚午晴暖、辰正同張聽颿、鳳夔九乘車至柴令克洛斯大輪車棧、與曆邁倫送行、待車開、同入加非館、飲加非一盃而歸、

二十一日辛未陰、細雨、倫敦各電信局所雇寄信幼童、皆貧家子也、每日有信則得有零資、無信則一無所獲、因而善男信女、擇于是日戌刻、在賢真睦斯堂奏樂歌曲、請人往觀、入者每人由二什令半至六什令、即以所獲而賙濟焉、戌初同李湘浦往樓之上下、有男女二千餘人、所作樂曲聲調鏗鏘、子初回寓、

二十二日壬申晴、記英俗無事不與中國相反、論國政則民議君聽、論家規則婦倡夫隨、論大字則自右之左、論書卷則自尾而首、論飲食則先湯後飯、先肴後果、論位次則上右而下左、貴主而賤客、蓋每見宴會、皆主居正中、而客分兩翼也、其故或由賦性使然、或因其地在

五

中華對面、故風俗制度顛而倒之歟、皆不得而知也、察晝夜時刻、倫敦較北京遲至八點鐘、如北京午正、倫敦寅正也、北京子正、倫敦申正也、

二十三日癸酉陰、按英俗、凡人所飼之禽獸、如雞鴨牛羊及豕等、皆不許蓄于城內、以免污穢腥臊、故每早不聞雞聲報曉也、

二十四日甲戌晴、記西國槍礮、皆日改其式、邇來礮之頭大尾小、如瓶、頭尾均稱如筒、及後膛堵門之具弱小者、皆廢、改鑄螺螄、或胡盧形、以火藥初然力大、故礮頭宜粗、而不易炸也、槍之身重口闊、或內無綫路、及用圓彈者、亦皆廢、改鑄筒膛漸狹、至口僅半寸、內含斜紋綫路、彈子形如棗、頭尖尾圓、而近尾處中空、蓋有綫路逼迫彈子出口、則不致旋轉、又恐彈子不遵路而行、于近尾處空其中、使受火藥之氣自然漲開、行依綫路矣、入夜微風冷、

二十五日乙亥早晴、午後陰、酉初安柏爾夫婦攜其子女來拜、坐談良久、戌正復隨星使乘車往見金登幹、少敘而歸、

六

二十六日丙子陰、雨、亥初、同馬清臣隨星乘車至格物訥街第十七號、赴哈爾的夫人家茶會、見英三公主懷來納及其駙馬克立堅王、當晚各國公使隨員及本國文武大員、男女共計千餘人、幸樓舍寬闊、尚不至擁擠煩熱耳、

二十七日丁丑陰、雨、未正、隨星使與李觀察馬清臣乘官車入卜靜宮、赴眷會、男女會者甚多、立至申正一刻始畢、

二十八日戊寅早陰、午後雨、戌正、同李湘浦張聽颿二

七

君乘車、先赴馬喀的夫人家茶會、入內少立、繼而繞行一周、由旁門下樓、登車行八九里、赴布拉奚夫人家聽樂會、作樂者男三女四、名未詳、皆義大利國人也、笳琴笛管、一洗凡聲、聽之令人忘倦、丑初回寓、雨止晴、

二十九日己卯晴、記倫敦道途、極其平坦整潔、其高岡車路不通處、中墁石堦、左右置以鐵闌、以便行人往來、有于闌後種樹栽花者、尤足助遊者之興也、

三十日庚辰早晴、申正陰、見西人收儲軍器、因恐地潮生銹、于宏敞屋中、按行支搭木架、上接屋梁、分為數層、排列懸挂、派兵專司[illegible]抹洗刷、門窗按日開放、以過風氣、不令霉溼損壞、自不致耗費帑金也、

二月

初一日辛巳大晴、亥初、同李湘浦張聽颿乘車行十數里、至柯來萬坊第三十一號、赴林池夫人家跳舞茶會、男女二百餘人、大廳正面設小臺、二男二女、同作小戲一齣、男為本家之友、一名楊日臘、一名戛的訥、二女一為林公之女林萋娃、一為其姪女林妻姒聲[illegible]、媚態橫生、觀之有趣、亥正一刻演畢、移去戲臺、客座撤去

八

地氈、改為跳舞場、當時主客入飯廳共食、後上樓鼓琴跳舞、丑初回寓、

初二日壬午晴、倫敦閭巷之間、終日往來男女、既無傴僂提携、亦無前呼後應、更無手提雀籠者、雖值盛暑、鮮有露胸袒背赤脚科頭者、

初三日癸未晴、申初、隨星使與李觀察馬清臣乘車赴外部、見德爾貝、談至申正一刻辭歸、入夜陰冷、

初四日甲申陰、申刻隨星使及李觀察與馬清臣乘車至海部、會其尚書施密斯、酉初回寓、亥正隨星使同馬

清臣乘車行六七里、至倸爾葦坊第六十四號、赴世爵毛克遂夫人(家)茶會、帶慶五十金婚、蓋毛氏夫妻、自結褵後、扣至今日、整五十年也、樓舍寬小、男女九十餘人子初回寓、

初五日乙酉、陰、記英俗拜客有時、清晨者、係在巳午之間、非至契同族、不能拜訪、午後拜客之層次、以交結之深淺而分、由申初至申正者、為恭敬、由申正至酉初(者)為遠近之間、由酉初至酉正(者)為戚友拜訪通用之時、禮拜日拜客、最為不恭、女固不為、而男子因平日無暇、多于

是日由申初至酉正、拜訪戚友、無不原諒、夫婦雖能同行拜客、而實在同行者少、有女長成者、可偕往、與同居婦女並識一友者、亦可共車、夫妻子女同車拜客者、都城少而外省多、婦女拜客乘車者、令僕敲門、問主人在家否、步行則自行拽鈴、問主人在家否、不得問主人何往、何時方回、既不在家、則留刺而已、在家即入內、候門丁開門後、前引登樓、至客廳、將入門、告以某夫人某小姐、以便通報主人在家、而仍投刺使之通報者、稱為鄙俗、人家僕婢應敲門而後入者、惟臥室及梳洗房、其他如客廳、飯廳、書房則否、來人至客廳門、丁開門先入、立于門旁、報客姓、客則自前見其主、如當時主不在內、僕即云、請坐少待、言畢、轉出關門、往尋其主、此時客人亦不得問主人何在何為、總之、客人不便與僕婢多敘、男子拜客欲見、入門即免冠、以手持入客廳、見主拉手、坐後、或置冠于几上、或執在手、別後出門始戴、本家男主可留其冠于門房架上、其他若留為不恭、蓋主人留冠于門者、意在示其在家也、至赴茶會、午酌、談天會、跳舞會及宴會等、則與此不同、又當留其外褂與冠于門房、

男子拜客、可持杖或傘入客廳、不為無禮、將見須脫右手手套、以便與之拉(握)手、問候、否則不恭、女主每早小食後、必告其僕婢、是日接見客否、否則有人來拜、僕婢不知主人之意、乃云往看我主在家否、迨轉回告以不在家、則疏遠之情露矣、女主將出門、適值客來、其僕當具實告、并云、可往請問能見否、來人如無要務、自留刺而去、來時如已有客在內、僕婢無須告以何人、亦不必請示願否接見、即一律引入客廳、富宦于每禮拜見客、皆有定期、乃印于名刺云、每禮拜某日在家、屆日、女主在

客廳以待客到門啟、則前趨一二步、與之握手問候、不必讓坐、已先落坐、客自坐于對面、相與交談、清晨來拜者、不進茶、不備小食、居鄉則男來進酒、女來進茶、城内午後接客者、皆備茶、如一家女主以匣日來人不多、則將茶烹熟、以銀盤置于座旁几上、客至則有人代進之、無人則親遞、次以小銀盤將糖塊及乳汁送上、請客自取、蓋吃茶觧有不置糖乳者、其小食有牛乳白麪餑餑櫻桃糕片或麪包片夹乳油幾種、畢則置盃于臨近几上、如旁有男主或男客、自然接去、主人不得問其再吃

十一

否、或喜此否、如專請吃茶、方可用此二語、婦女欲吃麪包抹乳油者、須脫去右手手套、以免著油、女主不欲自斟者、令男僕照客數以大銀盤奉上、按人進之、糖乳皆以銀罐銀斝盛滿、置于盤内、或另一僕以小銀盤托之、聽客自取、有小食者、同時奉上、用者拈一二片、否則手推盤邊、僕自會意、他國有進加非者、惟英以茶為貴、凡來客是女、則女主立起迎接、與之握手落座、來客是男、則不立、待其進前鞠躬、而交誼厚者、女方與之握手、疏者則以首頷之而已、客自行落座、客來十分或十五分

後、再有客來、則先來者當婉辭而去、先來者未去、非因故、主人不與之引見、但開叙二人名姓、婦女精明者、能使二人未經引見、而談于一處者、蓋主人不知二客願否認識、是否平等、故不敢輕為先容也、若二客來時、前後不及一二分、則女主與二客交談、不分遠近、到十分至十五分後、則先來者先去、後來者後去、蓋客坐至多十五分也、男客去、女主不立、亦不送、與之握手而已、女客去、尚有別客、則女主祇立起、與之握手、無他客、始送至客廳門、看其下樓、男主在家、應陪下樓、至門房、看穿

十二

外襲而去、來客無論二男或二女、彼此未經多談、則去時無須握手、鞠躬而已、如未接一語、臨行亦不鞠躬、若一男一女、女客先去、則男客無論曾與談否、必立起與之開門、而不躬送下樓、如女主請其躬送下樓、則女客將出門時、只鞠躬致謝而已、凡客去、將出客廳、女主必拽鈴、令人伺候、鄉間客至、多有御車者、故客去必請主人拽鈴、以便預備、若客坐近于鈴柄、即自拽之、一家若有親友寄居、當另備客廳一間、如無、須分定時刻接見、以免亂雜、若寓客係未嫁之女、經男人來拜、女主又當

陪伴、外客來拜、而與客寓相遇、主人亦可與之相見、新娘接見其在家之舊戚友、禮節與他婦同、嫁後一月答拜其未來者、由是絕交、來者須留刺與其夫、新郎之友來拜、無論識否新娘、皆須投刺求見、如婦女新認一女、而不識其父母、往拜時、女必與之引見、再來值其父母外出、必與之留刺、凡清晨拜訪、見其母不見其父、必留刺與其父、以為禮、

初六日丙戌、晴、酉初、同馬清臣、李湘浦、張聽颿隨星使赴鄰人懷達家茶會、樓舍樸素、男女無多、見其妻女與二子、坐談片時、下樓晚酌、酒食豐美、款待殷勤、入夜微陰涼、

初七日丁亥、晴、戌初、馬喀的夫婦請李湘浦、張聽颿與彝晚酌、同席男女十二人、名皆未詳、飯後、一男一女鼓琴一曲、音韻悠揚、聽之殊令人悅耳也、

初八日戊子、陰晴各半、早接禮部來文、內稱昨夜奧國皇父富連喜王薨逝、鄰國為之素服十日、以示傷痛之意、由是日起至十八日換吉服、未正、著行裝、隨星使與馬清臣、張聽颿乘官車、入賢真睦斯宮、赴朝會、申初回寓、

初九日己丑、晴、倫敦住戶養貓犬、死必瘞埋、而鮮有遺于道旁者、時值隆冬、亦無以蒲席裹孩尸而委諸溝壑者、其人心之純樸可想見矣、

初十日庚寅、晴、未初、戈頓來拜、談及施放火器準頭、據云、凡彈丸出口、隨行必往下墜、如初秒下墜一丈六尺一寸、二秒則四倍之、共墜六丈四尺四寸、三秒則九倍之、共墜一十四丈四尺九寸、故平日演放槍礮、須先試準應用火藥若干、則彈丸于一秒時可行若干里、施放

之時、若即將其口與所擊之處對準、則彈丸發出、定不能中、故必先測所向實擊若干里、彈丸至彼應墜若干尺丈、既得高角與遠界、則必中而無疑矣、然測遠之具雖有、不能遍給各兵、故須平日習以目力也、問以何法教習、則云、設一屋于彼若干里可見其形、若干里可辨其色、若干里可辨窗牖、若干里可辨簷瓦、又立一人于彼若干里可辨騎步、若干里可辨衣褌、若干里可辨面目、若干里可辨男女、如是遠視而演習之、則對敵不致妄發一礮、妄施一槍、自不致妄費火藥而誤戎機也、

十一日辛卯晴、申正接電信、知郭星使奉
旨兼駐法郎西國、總稅務司赫樂彬偕彝之甯友聯春卿芳
敬齋
國書、明日由上海開船、約三月中旬可抵馬賽、
十二日壬辰晴、涼、按倫敦紳富以及學士名人相接以
禮、鮮有驕傲強橫、以勢凌人者、僕婢亦皆循謹、雖尊貴
之謁者、豪華之供奉、亦無藐視張狂惡習、亦駕馭之得
宜也、
十三日癸巳晴、涼如昨、申初、同馬清臣隨星使乘車拜
客四處、皆未遇、戌初一刻、李湘浦邀飲在阿奎良木、遊
者太有千餘人演雜劇、頗可人、子正回寓
十四日甲午晴、英國教養子女、其紳富或自延師、或公
建學堂、都鎮鄉村、各有義塾、自數所以至數十所、其西
席自數人以至十數人、均按其地之大小酌行之、經費
有公捐、有獨捐、亦視其地之有無巨富為斷、貧而無力
就學者、皆收此受教、供其衣食、不聽他出、男有男師、女
有女師、一切循規導矩、法律嚴明、凡生子女皆報官、鄉
官歲核戶冊、已屆五歲者、即令入塾、故英國男女無一

不識字者、雖車夫匠役、每于工作暇時、鮮有不閱新聞
紙而廣聞見者
十五日乙未稍陰、午後、金登幹來拜、坐談時許、去後、同
馬清臣隨星使乘車、往拜波斯日本二國公使及貢丁
阿什柏里葛里扉斯與鄰人懷達墨畜等、酉正回寓、入
夜雨、
十六日丙申陰、未正、同馬清臣著行裝隨星使乘車、官
入卜靜宮、赴春會、衣香鬢影、仕女如雲、由申初立至申
正二刻始畢、
十七日丁酉晴、亥正、同馬清臣張聽颿隨星使乘車、赴
印度部尚書索立斯百里侯夫人家茶會、男女擁擠如
前、子正回寓、
十八日戊戌晴、未正、同馬清臣著公服隨星使乘官車、
再入卜靜宮、赴春會、申正回寓、亥初一刻、星使三公子
生、乳名英生、按西俗、收洗咸用男醫、而非華人所慣、乃
請裴音斯夫人代覓女醫一名、為之收洗、
十九日己亥陰、按英國、凡家道稍裕者、皆用僕婢、富貴
之家大約數逾四五十名、男僕如總管、跟役、頭等庖丁、

二等跑下進爵僕、上菜僕、出使僕灑埽僕頭等車夫、二等車夫刷馬夫飲馬夫馬鐙夫、二等刷飲馬夫下房灑埽童、下人上菜童等、女僕如上等服侍婢、二等服侍婢、伺候小姐髮鬟婢、上等乳娘、二等乳娘懷抱娘保母、上等收拾卧房婆、二等收拾卧房婆灑埽婢、上等洗衣婆、二等洗衣婆、上等刷洗廚竈婆、二等刷洗廚竈婆收置傢伙婢、收洗生菜婢、蒸烙房婢、淨擦燈燭婢、刷洗器皿婆、收拾小孩、玩耍屋婢收拾學房婢等、以上名數不拘、一年所須工值飲食衣服共約二萬磅上下、合銀七萬餘兩、外有園丁菜傭、隨獵使、撞牛乳女等、不在數內、中戶所用之僕婢、係管事僕、上菜僕跟役車夫馬夫、女跑丁刷洗廚竈婆灑埽婢服侍婢洗衣婆乳娘懷抱娘等、各一二名、次則車夫馬夫跟役、女跑丁灑埽婢各一名、再次則只女跑丁灑埽婢、各一名而已、僕役無專司啟閉者、故無門丁之稱、大戶係跟役與上菜僕之職、次則跟役與灑埽僕婢、再次則跟役與收拾房屋婆、下則女僕與女跑丁並理之、總管係代主人辦理一切出入款項與進退男女僕婢之職、不用者、女主自理、亦樽節之一道也、

十七

二十日庚子早晴、午後陰、未初大雪厚寸餘、冷氣逼人、星使令洋僕給裴音斯葛里扉斯安柏爾等十數家女主送喜卯、

二十一日辛丑陰、記英國幼童入義塾、而不安靜者、皆改入巨舟、舟亦善人施捨、在上仍行訓課、兼練航海各工、跳越爬登、各如所願、是其隨性用人、不欲一人失學無所成就、其用心亦良苦矣、

二十二日壬寅早晴午後陰、申初、大雪繽紛、申正、復晴、記倫敦城內無撮糞者、拾柴者、以及搜揀燒過煤渣者、因道途潔淨故也、

二十三日癸卯晴、記倫敦樓舍、皆鐵作間架、石砌牆臺、故前日茘棒街第二百八十一號手套鋪失火、惟房頂塌落、牆架依然鞏固也、

二十四日甲辰陰、亥正、同馬清臣李湘浦隨星使乘車至外部、赴德爾貝伯夫人家萃會、男女有千餘人、多有熟識者、

二十五日乙巳大雪、土俄交兵之始、德相(首相德爾貝)即欲發兵助土、一責俄國之非、一有益於本國、而英人多有旁觀以

十八

伺其隙者，故德伯于是日乞骸骨，經其君主俞允焉。（見德相見時勢掣肘　疏）

二十六日丙午，早陰，未初晴。記英國收藏火藥彈丸，自來火等，皆按期抖晾，以免轟震之禍。蓋凡物堆積一處，扃閉日久，必生熱氣，況火藥易著，熱盛自焚，故令之過風，以洩其氣，亦慎重軍儲之意也。

二十七日丁未，晴。法郎西本年在巴里設賽商會，定于西麻五月初一日（即三月二十九日）開門。中國經總稅務司赫樂彬與上海稅務司吉羅福等，偕華商數名前來。數日前，金登幹往巴里代赫樂彬租寓時，恰值星使接得兼駐法國電信，遂亦求其代覓居止。當日酉正，金登幹由巴里寄來電信云：現因開會在邇，巴里房少且貴，今有一所，不敢自主，請示遵行。因奉諭令前往商定，遂擬于詰朝前往。入夜雪。

廿九

二十八日戊申，晴。辰初，乘馬車至柴令克洛斯火車棧，登車即開。巳正，至都法海口，下車，登輪船，名蒲林斯展，輪出口，風勁且冷，搖蕩簸揚，嘔吐者大半。午正，抵戛蕾（法國）海口，下輪船，登火車，未初開，酉正一刻，抵巴里，換乘馬車，行十數里，至巴斯吉葉巷第二十六號樓中，會見金登幹及哲美遜、那威勇、宋得禮與德達那各稅務司，坐談許久。入夜微陰。

二十九日己酉，晴。巳正，經金登幹約得英法銀行主人阿色爾者，共車看房十一處，有偪仄者，有價昂者，有路遙者，有空無陳設者，惟一所在大石牌樓旁羅馬王街（前朝法國太子稱羅馬王）第五號，高大整齊，裝飾華美，間數足用，器皿俱全，半年租價三萬四千方，合銀四千七百六十兩，約于次日畫押租契。申初回寓，入夜陰。

三十日庚戌，陰雨。午初，阿色爾持租契，請金登幹與彝

卅

畫押，內云：

巴里戛希廉巷第十號英法銀行主人阿色爾與代中國

欽差租房人金張二姓，同立約契如左：

此房坐落在路瓦得婁木街第五號，裝修器皿俱全，廚房馬廄亦皆收拾整潔，一切照舊，並不更移，經某某親眼看過，定由西麻四月二十五日（即中三月二十四日）起，至西十月三十一日（即中十月初六日）止，計六個月零五日，租價三萬四千方，一時付訖，每月給門丁院戶共五十方，一切使

用器皿、如瓷鐵玻璃、以及木石綢緞各等物件、皆查對清楚、立簿二本、彼此各存其一、查物使費、歸房主人付給、住滿六個月、所有物件、除應有使用痕迹數種外、皆當如數交還、如租房人再欲雇人查對器皿簿、其使費應歸租房人付給、此房非經房主人畫押、不得另租他人、一切房稅各款、皆由房主人付給、

一千八百七十八年四月初二日立于巴里

三月

初一日辛亥、雨、申初同阿色爾乘車、走凱歌路、至路兒得婁（羅馬王）街、入第五號新房、查點物件、帶畫房圖、戌初回寓、當日金登幹代赫樂彬亦租定住房一所、約明日與彝會于布隆海口、入夜晴、

初二日壬子、晴、巳初二刻由巴里起程、乘火輪車、初一刻至布隆海口、登輪船、遇金登幹、即時展輪、水尚平穩、申正一刻、抵英國佛克森海口、下船、改登火車、酉正一刻至倫敦、謁見星使、呈上房圖租契、稟明一切、入夜微陰、

初三日癸丑、終日陰晴、雷雨不定、午正、金登幹來拜、請示如何代雇車輛僕役人等、星使遂令代雇雙馬車一輛、跟役灑掃僕各一名、

初四日甲寅、陰、戌正同姚彥嘉請星使與賀壁理、馬清臣、羅緝臣、張聽颿在荔棒街賢真睦斯店晚餐、食有鐵雀、銀魚、味甚佳、

初五日乙卯、晴、午後、有裴音斯、金登幹、安柏爾及威公使等夫人來拜、酉正、隨星使乘車、往拜金登幹、敘至亥初回寓、

初六日丙辰、晴、因明日係星使誕辰、酉初隨姚彥嘉、李湘浦諸君著朝服登樓預祝、後換行裝、入飯廳歡飲暢談、亥刻散席、復談至子正始寢、

初七日丁巳、晴、巳正同姚彥嘉諸君著公服登樓叩賀、申正、彝同馬清臣隨星使乘車、赴世爵魯特爾夫人家茶會、酉正回寓、戌初、公請星使晚酌、亥正、入魁蔭司戲園觀劇、

初八日戊午、早晴、午後陰、未初、米斯盤來拜、坐談良久、申正復隨星使乘車、往拜日本、波斯二國公使、皆未遇、入夜大雨、

初九日己未陰雨。酉初，同馬清臣李湘浦張聽颿隨星使赴鄰人葛里靡斯夫人家茶會，男女數不及百。戌初回寓。入夜雨止，晴。

初十日庚申晴。戌初，同李湘浦在阿奎良木晚餐。按合趙申國里俗粉米為繭，綠書吉語其中，以占一歲禍福，謂之繭卜。今見其雜戲臺前貨攤桌置小木房一間，外立二布人，一男一女，名曰問卜房。欲卜者擲佩呢一圓于房後孔中，房內機關動，則二人齊伸右手于窗內，繼而或男或女，取出一小紙捲，上印數言。按男人取出，必係惡言；女子取出，定為吉語云。按英國更新黨文人學士，固不信風水占卜之說，而守舊黨之鄉里愚民仍不遠乎古風也。子正回寓。

十一日辛酉陰。按英規，凡幼童子女已屆五齡者，官即令之入塾習讀。初學教以語言文字，年逾十歲，教以算術勾股開方之法，是謂小學。年至十五，其愚魯不能深造者，即令就工謀食；其資稟特優者，令之學天文地理化學光學格物醫學以及機器畫工等藝，是謂大學。大學院有二，一曰堪卜立址，一曰敎克斯佛。堪卜立址以光化各學為主；敎克斯佛以各國語言文字為主。通國大小文武各員，其出身必由此二學中試者，謂之正途。入夜晴。

十二日壬戌晴。按倫敦亦有人牙，雖無以買賣人口為生，有以代雇僕婢為業者，門首貼有招牌。富家用有總管，則所有僕婢皆歸其雇覓辭逐；無總管，則管事僕為之，而跟役車夫服侍婢乳娘多歸主家自覓。男主雇男僕，女主雇女僕，馬夫則歸車夫進退焉。

十三日癸亥晴。記英俗，凡僕人告退，或被主人辭逐，苟無大過，主人必給一紙保單，言其人姓名年歲并其身體若何，性情若何，一切所長若何，以便別處謀食。凡辭僕婢，須于一月前告之，付足一月或半月工值。其有違禁不恭者，亦可立逐。同伴口角，未經釀成事端者，主則不能因而辭之。按國律，主人無定給僕婢保單一說，而人之好善者，每不願令其失所也。

十四日甲子早晴，午後大雨一陣，申初晴，繼而復陰。聞卞長勝朱耀彩二人自入水師學堂後，仍不守分勤學，滋事妄為，經劉星使飭令回華，可謂不堪造就矣。入夜

仍雨、

十五日乙丑陰雨、聞英俗雇一僕婢、必先驗其歷來所得保單、問其服役何家若干年分、前因何故辭去、身體壯否、每年工值若干磅、若雇庖丁、則問手藝精否、曾治盛筵否、曾備若干人飲饌、皆考驗之意也、再僕人衣履主家管否、損壞物件、照價扣工值否、准其接待男子戚友否、皆須預言、以免將諉賴、

十六日丙寅晴、按英俗每禮拜日、准僕婢入禮拜堂一次、隔一禮拜、准入二次、係在清晨正午日落三時、彼此輪班外出、以免悞（誤）事、每一禮拜、准午後出遊一次、每月准乞假一日、富室僕婢、亦有升階、如收洗盥盞婆、可升為刷洗廚竈婆、三等灑埽婢、可升為二等頭等、男僕仿此、小戶用人無多、言定一年無過、增給工值若干、

卅五

十七日丁卯晴、為西厤四月十九日、係其耶穌受難之期、市廛關閉、工匠放假、街市遊人擁擠、戌正星使賜饌、同席有李觀察馬清臣羅緝臣賀壁理、子正始畢、

十八日戊辰早雨、午後晴、奉

旨兼駐法國文到、又值三公子彌月之期、同眾著公服登樓叩賀、

十九日己巳晴、西厤四月二十一日、為其耶穌復穌之期、市廛雖不關閉、遊人仍密、

二十日庚午晴、記英俗凡買一切物件、其總管管事庖丁跟役車夫上菜進爵等僕、皆有抽厘之規、係一磅抽一什令也、其抽法有二、一為故令增其貨價、一為勒令填寫花帳、主家知其弊、有自往償還者、有預為說明、凡物須開實價、不得抽給僕役者、雖然、仍為無益、蓋各鋪皆欲多得主顧、因而暗奉僕役、令之不興毀謗也、至賣日用零碎物件、雖無明抽釐之規、而暗開花帳以奉僕者有之、此風頗與中國相似也、

卅六

二十一日辛未晴、因

國書將到、又屆接收新房之期、星使令彝于次早起身赴法、料理寓所、俟聯春卿賚

國書到後、即具電信稟聞、

二十二日壬申細雨、巳正起程、乘火車、午正至佛克森、下車上船、即開、風雨交加、甚冷、而船平、申初抵布隆登岸、乘火車、戌正至巴里、乘馬車、入巴斯吉葉巷北達佛

店晚餐後至隔壁會哲美森、知赫樂彬于當晚酉初先到、聯春卿在後、遂即代租達拉布街第七十一號達拉布店、去此、至該店、待至子正一刻、春卿始賫國書而至、欲發電信、而信局已閉、乃暢談已往、共叙鄉情、話別回寓、甫就枕而雞唱矣、

二十三日癸酉陰、寅正、發電信、稟覆星使、巳正一刻、與全登幹阿色爾約于申正接收新房、屆時偕往查點各件、遂約春卿同行移入、

二十四日甲戌晴、早經全登幹代雇之馬車跟役及灑掃僕到、午後、同聯春卿乘車、往拜赫樂彬、吉羅福、全登幹、日意格、馬眉叔、陳鏡如諸君、

二十五日乙亥陰、早接電信、知星使于當晚亥初抵巴里、戌正、同聯春卿、馬眉叔、陳鏡如乘車至戛得呐火車棧、遇日意格、司恭賽格及華商王承榮、卓兆鼎、馬錦章等五六人、亥正、星使偕李觀察、馬清臣、李湘浦、姚彥嘉到、入寓晚餐、談至丑正始寢、

二十六日丙子晴、午後、全登幹來拜、詑法京風土、與英國稍異、各家門旁、專有小屋一間、係爲門丁攜眷居住者、灑掃房屋以及洗菜擦燈各工、皆用男而不用女、車夫跟役等衣履由主人供給、有春秋兩次者、有四季四次者、

二十七日丁丑晴、申初一刻、同聯春卿隨星使乘車、往拜赫樂彬、日意格、全登幹、皆未遇、入夜陰雨一陣、雷始發聲、

二十八日戊寅、鎮日忽晴忽雨、未初、同聯春卿乘車、行數里、入賽商會場一觀、房已造成、惟各國貨物尚未列齊、其地在巴里城右、分南北兩段、中隔思晏江、連以長鐵橋、綜計長四千六百二十尺、寬一千五百尺、江寬三百六十尺、江南者長一千零八十尺、東倚萊蘭克林巷、西傍馬代步街、南對土魯戛達婁坊、北臨江岸、向南正中大門、曰正門、西北角一小門、曰沙洛門、大門樓高八丈、前一月牙敞廳、周一百八十六尺、廳前大路通橋、左右則豐草綠蓐、花木清香、建有樓臺亭榭、酒肆茶坊、有中華、日本、居尼、波斯、埃及各國各式大小木房一所、惟中華者、建于東北角、木質大廳三間、前有轅門旗斗、威嚴壯觀、如外省公署、江北者長三千一百八十尺、東近

色弟蘭街、西傍布多那街、南臨思晏江、北倚武學路、四面七門、正東二門、曰岱賽、曰克立北、正西一門、曰拉普、四角各一門、曰葛蕾蘖蔔鋪、列思晏多葦葉、由正南過大橋、大路左右亦列山水花木、酒肆茶坊、再則鐵架玻璃罩棚一大間、高數丈、長二千一百尺、寬一千三百二十尺、四面九門、係正南三門、東西與北各二門、棚內直分三大段、每段又橫分三節、中段中節、為巴里府座前後二節、為泰西各國分列細小貨物處、左段三節皆為法國列貨處、又分成七十五方、每方陳貨一種、右段南

三九

節、為合眾瑞典、英吉利三國列貨處、內英占四分之三、合眾瑞典各占一分之半、北節為俄羅斯、比利時、和蘭、丹尼、德意志、葡萄牙、瑞士、希臘、暹羅、交址與中阿美里加各小國列貨處、中惟俄、比、瑞士三國、各占四分之一、餘則分占一分而已、中節為中華、日本、日斯巴尼亞及義大利、奧地里亞各國列貨處、內義、奧二國各占四分之一、中、日三國分占四分之二、棚外東鄙一行、各式樓房十五所、為英、義、奧、俄、瑞典、瑞士、日斯巴尼亞、和蘭、丹尼、葡萄牙、比利時等國者、及客堂、水龍局、電綫局等、北面大小三十二間、面西二大間、四小間、皆滿列法國輪機車輛槍礮等物、據云貨已運齊、明日開門、今夜開箱布置、明早寅初當齊行報竣、以便外人遊覽焉、

二十九日己卯、大雨、為西曆五月初一日、未正、開賽商會、乃於未初同李觀察日軍門、馬清臣、高爾介、聯春卿、馬眉叔、陳鏡如、李湘浦、姚彥嘉諸君隨星使著公服乘車往觀、入正門、登樓、見各國公使及安南戴紗帽著大領闊袖者五人、仕宦男女有千餘人、未正一刻、法郎西伯理璽天德馬克謀宏、至列隊、升礮、奏樂、舉槍、登樓、偕

四十

有英國太子及他國國王世子、齊步前廳正立、工部尚書楊武葉對立朗誦一篇、宣示開會之意、下樓步入貨場、各國貨物分列、鮮明整齊、如入五都之市、洵大觀也、男女如堵、累迹駢肩、以千萬計、華商皆戴葦帽、著藍布衫、貨則木器、瓷器、玉器、金銀器、銅錫器、凡奇珍異寶、罔不畢具、晝則各樓豎旗幟、暮則逐處然燈燭、城開不夜、舉國若狂、可謂海外之曠遇矣、

四月

初一日庚辰、晴、見巴里通城街道、較前更覺鬧敞、樓舍

加增數倍、一律新齊、鎮日車馬如蟻、爲海邦一大都會、通闤賽商、各國來觀者甚衆、各物價皆翔貴、而百倍於前焉、

初二日辛巳晴、午後、赫樂彬來拜、記法人使僕婢買辦日用食物、頻往某鋪、則某鋪每月給一小簿、書某日買何物、每件價若干、雖現錢買之亦然、主人必以誠實可靠、不知僕婢買後、鋪已按價給四分之一矣、如買十方之物、則給二三方、買百方物、則給二三十方、如此觀之、又是甚於華僕矣、然所以能如此者、實因錢賤物貴之故耳、

圭

初三日壬午晴、晚接法外部來文、訂于後日未初、在蕾立賽宮呈遞

國書、星使到法後、因兼駐兩國、事繁、需人襄理、遂令彝函致黎蒓齋、令其即日來法、是日亥正一刻、復令彝發電信敦促之、

初四日癸未午晴初、法國領見大臣墨勒阿來拜、備言一切禮儀、訂明午以車來迎、子初一刻、星使劄飭黎蒓齋來巴里、

初五日甲申陰、未初、墨勒阿以朝車三輛來接、彝著朝服捧

國書、同聯春卿、馬眉叔、陳敬如隨星使乘車、行三四里、走凱歌路、至佛卜三吶蕾街蕾立賽宮、下車入內、立兵一隊、作樂接迎、登樓、左轉、升階三重、入一小室、伯理璽天德正立、文武十員侍于後、入門、一鞠躬、距數武止步立、彝同聯春卿立于星使左、馬陳二君立于右、星使兩手敬捧

國書、宣誦陳詞畢、馬眉叔繙念法文、遞過

圭

國書後、法主立答數語、經陳敬如譯以漢文、後彼此一鞠躬退出、下樓、兵復奏樂相送、登車、墨勒阿伴送回寓、少坐、換行裝、同聯春卿隨星使乘車、往謝外部大臣、戌初回寓、敬按

國書內云、

大清國

大皇帝問

大法國

大伯理璽天德好朕誕膺

天命，寅紹丕基，眷念友邦，言歸於好，茲特簡現駐
英國都城欽差大臣賞戴花翎兵部左侍郎郭嵩燾，兼
為駐劄
貴國都城欽差大臣，并准其隨時往來。朕稔郭嵩燾老成
練達，辦理交涉事件，必能悉臻妥協，惟願
大伯理璽天德推誠相信，俾得克盡厥職，以與
貴國益敦友睦，長享昇平，朕有厚望焉。
大清國
星使誦詞云：
欽差大臣郭嵩燾欽承
簡命駐劄
貴國，適逢開設大會之期，萬國珍奇，梯山航海，萃於都城，
得以親逢其盛，喜慰實深，夙諗
大伯理璽天德武功治化，遠近咸聞，使臣奉
命，通兩國之情，而申永遠和好之誼，惟希體中國
大皇帝之心，萬年輯睦，同慶昇平，謹奉
國書，恭上尊覽，以為講信敦睦之據。
法主答詞云：
前聞中國
大皇帝欲特設
欽差大臣駐紮敝國，旋聞
簡派貴大臣榮膺此任，尤堪慶幸，從此二國永遠敦尚友誼，
貴大臣所有應辦一切事件，本統領無不竭力照料也。
初六日乙酉，晴。午後，同聯春卿隨星使乘車往拜駐法
各國頭二等公使及本國各部大員，戌正回寓。
初七日丙戌，晴。記法國前于西麻一千七百九十三年（即乾隆五十九年）由君政改為民政之國，為第一次。（至一千八百四年，即嘉慶九年）一千八百（那波倫第一又位，為由民政改為君政；一千八百四十八年，即道光二十八年，復改民政，為第二次）
五十二年（即咸豐二年）那波倫第三登位，仍改為君政。至一千八百
七十年（即同治九年），德法鏖兵，法主被擒，乃廢其位，又改民
政（是為第三次）。當時公舉大臣遞爾為統領，次年登位，在位三年薨逝，是
年五月二十四日，經國會七百人中三百六十人公舉前任
督師馬克謨宏為統領，三年任滿，上年十一月十九日，
又經七百人中三百八十三人公舉續任共七年，現年六
十九歲。按法國統領公費每年六十萬方，合銀八萬四
千兩，又薪俸每年三十萬方，合銀四萬二千兩。
初八日丁亥，晴。亥初，同聯春卿、馬眉叔、李湘浦隨星使

乘車入蓄立賽宮，赴伯理璽天德茶會，男女有千餘人，式與官家民家者同。

初九日戊子，晴暖。戌正，日軍門請星使暨衆人在格朗舉普臘大戲園觀劇。亥正，黎紱齋由德國回，談至寅初始寢。

初十日己丑，晴暖。記法國國政，其權不歸統領而歸國會，分為兩堂，曰上會堂、下會堂。上會堂共三百人，內二百二十五名為通國官府及各屬地所舉，其他七十五名經公舉。前二百二十五名限定每人在任三年，優者

三十五

續三年，品高者復續三年，至多九年，雖至公至正亦除其名。經公舉之七十五名，在堂永不別用，各人必確係法民而不逾四旬者方得被舉。下會堂共五百三十二人，屆時各縣公舉一人，若居民數逾十萬，準加一額。凡被舉之人，至幼者亦須二十五歲，其出名薦主亦必年逾二旬，方准列銜。入會堂者限以六年為定制。二堂每年同于正月第二禮拜一日開會齊集，無事則散；若統領有諭，衆須留堂至少五個月，閉時統領下詔定日聚會。總之，二堂同時聚散，堂中皆有興律之權，每立一例，

必上堂依允，下堂方能施行。上下會堂各官紳皆有月俸，聞本年上會堂共用四百五十萬方，合銀六十三萬兩；下會堂共用六百七十七萬五千方，合銀九十四萬八千五百兩。統領，上下會堂及鄉民所公舉，在位三年，如其勤能公正，可以加舉三年，多者九年而已。統領有同二會堂會定律例之權，凡例經二會堂議定後，統領為之宣布；重犯定罪，統領斟酌畫押；更有赦罪及超擢文武之權，然每施一事，必有大臣同行畫押，方著為令。下會堂諸人如六年內為統領不悅，可商諸上會堂以為

三十六

進退，衆以為可，于三個月內由舉薦堂另集新人，照數公舉。統領欲世傳而及民政，可以下獄；若僅有不愜衆意處，可以罷職，或自行引退。迨統領缺出，則二會堂即時另舉，以副衆望焉。

十一日庚寅，晴。未初，同李湘浦、聯春卿乘車遊柏路旺園，風清日暖，男女如雲，林木蔥蘢，水流蕩漾，洵遊覽之佳境也。

十二日辛卯，晴。午後乘車往拜盧的、高安、周安斯、郝富等，皆十年前舊相識也。走馬立賽埔街，遇前庚午冬在

馬賽海口旅邸相識之法武官傅達義、延入其家、暢叙
別後情況、款待良殷
十三日壬辰晴、暖、始著袷衫、午初、同馬清臣李湘浦隨
星使乘車、至戛得吶火車棧、有李觀察黎蒓齋日軍門
聯春卿馬眉叔陳敬如送行、未初二刻開車、酉初二刻、
抵布隆海口、下車登船、戌初展輪、天陰風勁、浪大船搖、
男女嘔吐者過半、亥初一刻、至佛克森海口下船、登車
即開、子初一刻、抵倫敦、有羅緝臣鳳藻九張聽颿黃玉
屏迎入公署、

三十五

十四日癸巳陰冷如秋、午後細雨、亥初、先同馬清臣隨
星使乘車赴索侯夫人家茶會、亥正一刻而歸、復同李
湘浦赴徐司得夫人家茶會、男女有數百人、在內少立、
子正回寓、
十五日甲午陰、雨、前日外部來文知照、以印度部尚書
侯爵索立斯百里改授為外部大臣、訂于是日接見各
國公使、未初、同馬清臣隨星使乘車、前往會晤、坐談片
時回寓、亥正、復同馬清臣李湘浦隨星使赴隣人墨富
夫人家茶會、歌唱者十數人、男女曲調幽雅可聽、子正
回寓、
十六日乙未晴、暖、申初一刻、同馬清臣隨星使駕官車、
入賢真睦斯宮、赴朝會、當日本國文武大小官員見者、
數逾一千、立至申正二刻始散、回寓後、有前年冬季在
香港所遇之英國領事官羅伯遜來拜、
十七日丙申晴、申初、同馬清臣隨星使乘車、往拜威公
使羅伯遜及前任外部大臣德爾貝、亥初、復同李湘浦
張聽颿隨星使赴布樂爾夫人家茶會、男女數百、擁擠
鬧熱、

三十六

十八日丁酉陰、雨、記倫敦通城市廛所售、皆為已成之
物、無鐵銅作房、無木石鋪肆、故晝夜不聞丁東之聲、街
既平直、樓亦一律整齊、不作凸凹之式、
十九日戊戌陰、雨、申初、同馬清臣隨星使乘車、行八九
里、赴教特衛及訥克斯二夫人家茶會、戌初、復隨往謝
金登幹及赴貝樂夫人家茶會、樓大人多、酒食豐美、子
初回寓、稍晴、
二十日己亥終日陰晴參半、風雨交加、酉正、李觀察姚
彥嘉由巴里而回、子初、同馬清臣隨星使乘車、赴海部

尚書施密斯及鄭人墨蕾二夫人家茶會，丑初一刻回寓。微風，大晴。

二十一日庚子，早晴，酉正陰，亥正一刻雨。同馬清臣隨星使著朝服乘車，入卜靜宮赴跳舞會。男女有數千人，跳舞八次。子正一刻畢，齊入飯廳小酌，丑初回寓。

二十二日辛丑，陰雨。記英俗國服，由司禮院出示通國，印于京報新聞紙，素服若干日。國家為別國帝后王妃太子公主素服若干日，亦由司禮院出示遍告各文武之赴朝眷會者。平人孝服日期，男女一律。為祖父母持服九個月，為父母、為兒女由半年至一年半，各聽之，然服一年者居多，服滿方得出門拜客。為兄弟姊妹持服六個月，內前兩月不得出門拜客。為伯叔伯叔母持服三個月，內十五日不得出門拜客。為叔伯祖父母持服六十日，為堂叔伯姑舅姨父母持服四十二日，為姪男女亦六十日，為堂表兄弟姊妹及他遠親皆二十一日。夫為妻持服，妻為夫持服，皆二年，內一年不出門拜客。妻為夫家及夫為妻家之祖父母、父母、伯叔伯叔母、兄弟姊妹、姪甥男女、姑舅姨丈及他戚友持服日期，彼此皆與自己者一律。為朋友持服，靈出則滿。僕婢惟給主家家長持服，日期多寡與本宅人同。孝服色尚黑，無論綢緞布毡，男女一律。惟男高帽頂圍素紗一橫，廣狹按服之輕重；女則頭罩黑紗一條。男女名刺四邊染黑，廣狹亦按服之輕重。凡持服未滿者，戚友皆往送刺，上書「問候」二字。一人服滿仍願結交入會者，須往各家送刺，上書「承問」二字，蓋示以服滿可以會晤戚友也。非接承問刺者，不得擅請入會以及相與往來耳。以上皆為民庶俗規，官無定律。持服日期之多寡，咸賴男女懷感之心。蓋官不因丁艱而開缺，士不因持服而停試，故官不為民預定也。

二十三日壬寅，陰。亥初同李湘浦隨星使乘車，赴教得渴訥太芝夫人家改裝跳舞會。男女數百，中有著印度、羅馬及本國古裝者，奇奇怪怪，令人觀之如戲。子初去此，順赴鄭人婁色爾夫人家茶會，少立回寓。

二十四日癸卯，早晴，午後陰。是日為西麻五月二十四日，為其君主生辰。戌正外部大臣索立斯百里侯請各國公使晚酌于其家，亥正侯夫人請茶會于外部。前日

函請星使赴宴、請李湘浦張聽颿鳳夔九與彝赴茶會、届時乘車前往、較平日尤為繁盛也、

二十五日甲辰陰雨、記昨晚各街結彩懸燈、光明如晝、男女往來雜沓如織、至于交沖之區、皆有巡捕彈壓、朝夕聞歌樂之聲、洋洋盈耳、夾道有賣香水者、少年子女、輒買而袖之以遊、沿途互相激濺以為戲、

二十六日乙巳陰、亥正一刻、隨星使赴鄰人巴那爾及敖爾悌二夫人家茶會跳舞會、丑初回寓、

二十七日丙午陰雨、因阿蓋公夫人病故、申初星使令　里

彝持刺往弔、並代赴艾立斯家謝飯、世爵巴薩呢家謝步、酉正回寓、值阿什柏里送星使燒猪兩口、遂于戌刻約眾晚餐、坐間、談及請茶會一次、須英金五百磅、合銀一千七百五十兩、此數無可再減、請否迄未商定、子初、同馬清臣隨星使乘車、往赴司柏的蘇夫人家茶會、遇阿威二公使、

二十八日丁未晴、申初、隨星使乘車往拜阿什柏里、逢次星使云、今早同姚彥嘉議定、擇于五月十九日請茶會、可即同馬清臣揀選應請人數、以便給郭太太印請帖、彝云、按西俗、凡請茶會跳舞會、固皆女主出名、然此次中國

欽差請茶會、可以稍為變通、不必拘定、星使云、我自作主、何必參議、且英人皆知我攜眷駐此、未為不可、彝云、因愚見所及、不敢不諫、曰試言之、彝云、在西國若如夫人出名、自然體制無傷、苟此信傳至中華、恐人嘖有煩言、不免生議、言畢、星使仰思良久、轉嗔為喜而避之

二十九日戊申晴、在格林泥芝村水師學堂中學習之中國武生嚴又陵等、請星使往遊、巳正、彝同馬清臣李　里

湘浦張聽颿羅維臣姚彥嘉黃玉屏隨星使與李觀察乘車前往、至彼、先入方益堂葉桐侯等十二位寓所、少坐、步入對戶學堂、見所用測量度數里數各具、皆與行船所用者同、亥初回寓、亥正一刻、復同李湘浦隨星使赴寶星邵務本夫人家茶會、遇各國公使及阿什柏里等、

三十日己酉晴、[illegible]暖、午正、有新立萬國公法會首領寶星屠威斯來拜、亥初、同張聽颿隨星使乘車、先後赴世爵哈爾的馬克來蘭二夫人家茶會、男女甚多、兩處相埒、子

初回寓、

五月

初一日庚戌晴、戌初、凱北巷第十八號得紫斯戲園主人褚達請觀劇、所演係百年前英人皮特海創造一種紡棉器、當時人皆厭其無用、待十數年後良工查得其器省人力而有用、通國遂仿造之、子初謝歸、中途至敎斯佛街第四號槐塔點心鋪、食鮮蠣子及蛤蜊湯、菜皆鮮美異常、

初二日辛亥晴、鎮日同馬清臣鈔寫駐英各國公使及所知識之本國大小文武官紳名姓住址、從中揀選應行請赴茶會者、共七百數十家、

墨

初三日壬子陰、未正一刻、同馬清臣隨星使乘官車、入賢真睦斯宮、赴朝會、申初一刻而歸、亥初、同馬清臣、張聽颿、鳳夔九隨星使乘車、至南堪興坦博物院赴茶會、按倫敦凡人之熟悉測地建造橋梁溝渠者、公立一會、是日係西曆六月初三日、為立會之第五十年、故于此設茶會以伸慶賀之意、樓宇崇宏、所列皆印度土產貨物、外有英人貝臘新創一種電氣傳音器、名係（太來風者）人口向皮筒言之、聲自傳數里、（或數百里、又一種名佛諾格拉第者、為合眾人艾的森所創、）係左右皮筒、中藏關鍵、人向左筒言後、必反捩機柄、聲始得出、一係壁上懸一方玻璃罩、內含一馬口鐵餅、作荷葉形、旁連皮筒、下垂屋中黑暗、人向皮筒言之、鐵餅自亮而出光、聲輕光色淡黃、聲重光色紅赤、惟此種、不知何人所創、名亦未詳、子正回寓、

初四日癸丑陰雨、申正隨星使乘車、行十數里、至葛蕃卓芝街第三十一號、赴世爵哈色里夫人家聽樂會、歌者八人、六男二女、皆義大利人、其聲清巧、其韻嬌柔、聽之令人心醉、雖鄭衛之音不是過也、酉正回寓、亥正、復隨往赴世爵馬克來蘭夫人家跳舞會、所來男女較前（來者）赴茶會尤多、

啚

初五日甲寅晴、巳初、隨李觀察暨諸同人著公服、登樓向星使叩賀節禧、申正（一刻）隨星使乘車、往赴貝拉夫人家茶會、戌初、星使召倫敦畫工顧（遵）（明）及李觀察、馬清臣、羅緝臣、與彝等晚餐、亥正（一刻）、同馬清臣復隨星使乘車至外部、赴索立斯百里侯夫人茶會、男女數千、擁擠頗熱、

初六日乙卯晴、申正同馬清臣隨星使乘車、行廿里
至漢泗坊第二十六號、赴費自來夫人家茶會、男女數
百、遇有已故上海稅務司費士來之妻霍氏、繼赴貢丁
夫人家茶會、男女稠密如前、亥正著朝服同馬清臣張
聽颿隨星使乘車、入卜静宮、赴聽樂會、一切如初、丑正
丑初回寓、
初七日丙辰晴、亥初、同馬清臣李湘浦隨星使乘車、至
牛賁街第十八號、思的得銀器鋪、看其新由日本運來
古銅玩物、主人司姓所請也、遇日本波斯二國公使、去
此、赴義大利國公使茶會、男女有千餘人、有各國公使
夫婦及本國官紳、冠裳相望、盛會也、丑初一刻回寓、陰
雨、
初八日丁巳、鎮日陰晴不定、亥初、同張聽颿隨星使乘
車、先赴鄰人墨蕾夫人家茶會、去此、行十數里、至包莫
姒坊第十二號、赴喀特爾夫人家茶會、男女有二百餘
人、遇安柏爾傅立蘭及長崎道至費自來懷達等夫人
年約四旬、通曉測算格致諸學、亦倫敦婦女中之一秀
士也、

卷八終

四述奇卷九

鐵嶺　張德彝在初隨筆
貴　榮竹坪校閱

戊寅五月初九日戊午陰、昨閱上年英國陸路兵丁册、
内開馬兵一萬七千二百七十五名、步兵十二萬八千
六百二十四名、礮手兵三萬四千九百二十四名、工匠兵
及守護糧臺運送軍火兵、共六千八百四十名、另本國
守兵十五萬一千四百九十一名、備調兵三十二萬零
二百四十一名、外駐守印度及各屬地兵、共六萬六千
六百七十八名云、近年多有不願充伍者、挑選缺額、
每致通融錄用、故健鋭稍遜於前、雖然、兵無妄報足額
者、操演亦無雇民充數者、
初十日己未、微晴、申正同馬清臣張聽颿隨星使往赴
寶星道模存夫人家茶會、樓閣崇閎、男女紛集、有千數
百人、廣廈長筵、酒肴羅列、鮮花四壁、香豔怡人、洵勝會
也、
十一日庚申、陰雨、午後、朱萬森夫婦來拜、酉初、雨止、仍
陰、記倫敦鋪肆出售使用之物、固皆造成、而一切食物、

如牛羊猪鹿雞鴨魚鵝等、亦皆宰成洗淨、蓋城中禁止屠宰、故街市無腥臭味也、至菜蔬果品、以及花卉糕點、亦各有房屋、并無擺攤鋪地、陳于街市之間者、

十二日辛酉陰、亥初、同馬清臣張聽颿乘車、行十數里、至海岱圍坤姒門第八十二號、赴世爵羅弟呢夫人家茶會、男女有數百人、子初回寓、

十三日壬戌陰雨、酉初、同馬清臣隨星使赴本街第五十一號、艾立斯夫人家茶會、入內、見其夫妻子女、款待殷勤、

二

十四日癸亥陰、記英俗、男女僕婢、皆早起晚睡、服飾一律整潔、至司啟閉者、尤宜敏捷、每日主人見客與否、皆須預知、以便心有主見、否則客至無所措詞、致使客延立門外、良久方出、始言主人外出、或無暇、皆屬不恭、若以抱恙推辭、致令戚友探問、尤為無禮、如實有病、可令實對、無須設法推却也、大家用一灑埽僕、一進爵僕、三四跟役者、客至則一跟役啟門、其他二三立于客廳、進爵僕引客登樓入廳、報知主人、跟役服燕尾烏衣、短紅緞褲、白綾高襪、黑亮皮鞋、灑埽僕與進爵僕、只服黑衣白領帶而已、一家如使一進爵僕二跟役者、每早跟役為男主刷衣烏鞋時、則進爵僕司門、若只用一男僕、則每早于未小食時、女婢司門、無男僕、只女婢二人者、每早服侍婆司門、以便灑埽婢收拾一切、苟無服侍婆、則令女庖丁每早由巳正至午正司門、以便灑埽婢畢工、蓋午前拜客者少、凡來扣剝啄者、多為收房税吏、或牧師化緣、及商賈或送貨物者也、每日午後由申初至酉正、一家用一灑埽僕、一進爵僕、三四跟役者、係二役跟車、一二役司門、其灑埽進爵二僕侍于廳內、一家用

三

一進爵僕二跟役者、乃一役跟車、一役司門、只一跟役者、則進爵僕司門、一役跟車、至一名跟役而無進爵僕者、當外出時、則女婢司門、總之英俗無司門專役、應客諸事、係歸各僕婢早晚輪班遞司其職、凡司門者、迨鈴搖、始啟街門、立于正中、來客乘車有跟役者、跟役拽鈴、門開即問主人在家否、不言某人拜會某人、客之無跟役者、車夫拽鈴、則司門人須趨至車前、待客自問主人在家否、蓋婦女拜客者、到時、令車夫下車拽鈴而後上、或車夫不下、亦可求往來幼童代拽、主人不在家則投

其刺於司門者、如在家、則下車走入、他僕引至客廳、未入門、問名姓、後乃大開廳門、口稱某某到、若主人不在廳內、則延客入坐、言我主人不時即至、若二客彼此不識者、同時入門、須齊引上樓、不得擅分先後、引一人上樓、而留一人于門內、至二客之名、不能齊出一口、報時須酌二客品位之高低、以區先後、若係一男客一女客、無論品位高低、須先報女客、係夫婦、或係兄妹、雖亦係一男一女、須先報夫與兄、係母女、自先母而後女、若一客已入、走至中途、門鈴又響、須急引客入廳、再趨下樓

四

而啟門焉、至傳報本國與外國王公世爵夫婦子媳之稱呼、既不同、則臨時須酌、如稱某御尊高王爺王妃、係皇帝子婦也、某貴尊高王爺王妃、係君主之子婦也、某貴尊榮王爺王妃、係外國皇帝君主之子婦也、至稱本國公爵之有子婦者、則云某貴尊榮太公爺太夫人、其無者、則曰某貴尊榮公爺夫人、稱他國公侯伯子男爵、皆與本國侯伯子男爵同、只云某公爺某公夫人、某侯爺某侯夫人、其子婦則稱其名與姓、如某世爵卓安某美麗夫人、至稱他國伯子男爵之子女兒婦、與平人以等、

客欲去時、廳中鈴響、僕即立待啟門、客之有車無役者、須代喚車至門前、有役者、役聞鈴響、即在門外以手招車、主家之僕見客下樓、即代為傳喧、蓋暗令其役開車門以候也、請客晚餐者、至則司門者引入脫外襲屋、他僕如進爵僕等、立于樓梯側、迨客出、導引上樓至客廳、將入門、請問名姓、報與主聞、有不專設脫外襲屋者、則門內分設廬幮、設大茶會或跳舞會者、皆設脫外襲屋、至則司門者引入、迨出後、他僕引至茶房、請問用小食否、食則入食、否則導引上樓、至客廳或舞堂、報名延入、

五

客皆命車何時來接、屆時各役待于門內、門外又專有喚車使、客下樓時、司門者自為傳呼、其有役者自往尋車、無則喚車使代為呼喚、如臨時客話延留、則令車趨而過、讓他客先行、以免擁擠也、賞喚車使或半什令至一二什令不等、平日貿易人來、司門者知主人必見、則約坐于室、若不知來者何人、則問見主人否、如見則持其刺以入、若女主不在客廳、須令女僕持入代稟、此人請見不過五分時之久、蓋言其人不敢多住、恐誤主人之事也、英國僕婢司閽大畧如此、

十五日甲子陰、申初、乘地下火車、行二十餘里、至賢卓安穌街、坤姒巷第三十四號、拜十年前舊相識薩德樂、坐談時許、其夫妻約駕輕車、同入荔棒園遊、樹林陰翳、河水清澄、雀噪鷗浮、別開幽境、

十六日乙丑陰雨、未正、薩德樂邀飲食、有煮魚鳧鵝、甚佳、後步入樓旁小園、草徑花畦、極其清雅、盤桓良久、在涼亭少憩、仍以前車送歸、

十七日丙寅早陰、午後晴、星使令鳳夔九與彝暫移樓上黃玉屏屋、以便預備茶會、申初、同馬清臣隨星使乘車、行七八里、至賢真睦斯坊第七號、赴世爵塔喇坦夫人家茶會、及本街第六十六號、世爵皮特爾夫人家跳舞會、子初、又隨赴本街第三號寶星馮恩坦夫人家茶會、

十八日丁卯晴、亥正、同馬清臣隨星使乘車、往赴寶星周義質及呂叔舍二夫人家茶會、遇有日本波斯二國公使夫婦、及傅里蘭徐司得等、

十九日戊辰晴、請茶會、自晨至暮、經男女工匠收拾陳設、由大門至二層樓、左右列燈燭、置鮮花、中鋪紅氈、樓

六

梯闌以白紗、挂紅穗、分插玫瑰芍藥及茶花、客廳飯廳皆懸鮮花燈彩、橫設長筵、一置茶酒加非冰乳小食、一置熱湯冷葷乾鮮果品、刀叉杯盤、羅列整齊、玻璃銀瓷、光華耀目、客廳對面、鮮花作壁、內藏紅衣樂工一班、飯廳旁馬清臣住屋二間、以木板橫支槅架、以便來者脫外襲之所、樓上第一層客廳、及鳳夔九與彝原住二屋、皆開門去槅、聯為一間、地鋪紅氈、壁挂燈鏡、窗外支帳、列鮮花臺、置五彩冰塔、第二層星使住屋五間、亦修飾華美整潔、懸花結彩、鼓樂喧天、門外支棚帳、雇巡捕六名、以便彈壓、一切由亥正至寅初、男女紳富士民來者、計七百九十餘人、

二十日己巳晴、辰初、送張聽颿鳳夔九登火車、赴巴里、午後、隨星使乘車、往外部辭行、酉正、星使令彝代赴本街第二十一號周大立夫人家茶會、遇鄰人懷達母女、戌正回寓、

二十一日庚午晴、巳正一刻、星使攜眷率馬清臣起程赴巴里、亥正、同姚彥嘉黃玉屏乘車、行六里許、至錫爛衚衕第十八號、赴寶星康貝夫人家茶會、聽樂男女有

七

數百人，頗覺鬧熱。

二十二日辛未，晴。申正，同李湘浦乘車，行二十七八里，過哈莫斯米斯橋，至洛安太乃斯莊，入斗丈曬別墅，赴費士來夫人家茶會。樓高二層，整齊樸素。園廣五六里，清溪繞于垣內，跨以石橋。樣樹濃陰，紅紫爭豔，水光橋影，隱現林間，誠佳境也。遇乞假回國之稅務司駱德，戌正回倫敦。

二十三日壬申，早陰，未正大雨雷。近見英俗一種與中國相反者：按中國對面以手招人，係舉右手，手背向己，八
四指齊行屈伸；英則不然，乃舉左手，手心向己，伸無名指于鼻前，往來搖動。

二十四日癸酉，晴，熱似初伏。申正，同姚彥嘉、黃玉屏乘車，行七八里，至海岱園南門第二十一號，赴貝立夫人家聽樂。酉初辭歸，順赴本街世爵皮特爾夫人家茶會。戌初回寓。

二十五日甲戌，晴。酉正一刻，毛色爾夫婦邀飲，同席男女十二人，酒食甚佳，菜有鰍魚，味頗肥美。亥正，同李湘浦、黃玉屏乘車，入老城，至美爾公署，赴美爾夫人所設之跳舞會。男女有千餘人，更番跳舞，鬧熱非常。子正，夜餐，款待頗爲周至。

二十六日乙亥，晴。酉初，同姚彥嘉、黃玉屏乘車，行十數里，至柴拉細營房，赴魁偉護軍營營總博那壁之茶會。英呼魁偉護軍曰葛蕾那的爾，夏爾自四面兵樓，高大整潔。中一大院，正面設大軍帳二，列長桌，置酒食，前設小帳房六，以便客人憩息，內有御兵奏樂。男女有三四千人。亥正，復同李湘浦乘車，赴堪興坦園普林斯坊第十三號杜爾賽夫人家聽樂，及本街第五十八號艾立九
斯夫人家茶會，子正回寓。

二十七日丙子，晴熱。申正，同李湘浦乘車，行五里許，至格物吶坊第十三號，赴歐特衛夫人家茶會。申正一刻，布立克森村史敏斯夫婦邀飲，係十年前巴里舊相識英人周恩斯之妻弟也。共席八人。戌初回倫敦。子初，復同李湘浦、黃玉屏乘車，行六七里，至上布魯克巷第四十一號柯歐樸夫人家聽樂，男女有數百人，琴笛悠揚，令人忘倦。

二十八日丁丑，晴。子初，同李湘浦、黃玉屏乘車，行五六

里至格物呐坊第三十號，赴布魯克斯夫人家聽樂會，樓雖宏敞，而男女極多，幾無一隙之地。

二十九日戊寅，晴。申正，同羅緝臣、傅里蘭乘車至水晶宮內館飯，赴墨里曬會館之約。首坐為侯爵馬克多福，左為波米國國王黎伯庫，右為波呢國國王裴蒲二，小國皆在阿斐里加之東境，人皆鐵面銀牙，望之生畏。其餘來者有男女二百餘人，皆籍隸蘇格蘭者也。食畢祝頌一番，繼而奏樂歌舞，子初始息，回倫敦。

十

六月

初一日己卯，晴。午初，由尤斯敦火車客廳乘火車，行八十餘里至瓦妥佛村，赴助善會。因建禮拜堂費用不足，經多人出鐵葥玩物，定日列于堂前，請人往買，售以重價，即以其所入而助之。當日為英人石勉士所請，届時先以雙馬敞車迎入其家早餐。地雖鄉僻，而樓舍整潔，陳飾亦頗瑰麗，樓前小園幽雅可觀。同席石姓夫婦與其二子二女，暨他男女四五名，皆未詳。食畢，步入善場，四面橫列長桌，分置雜貨，每段一女立守。桌後當肆立貨物百種，任人挑買。外鄉紳富來者百餘人，每人必觀取數事而後可。出彝乃擇其物之細小者，買得六七色，給以金錢三磅，其實所值不過一二十什令而已。申初，火車欲開，石勉士夫婦以馬車送至車棧，謝別。申初一刻開車，申正抵倫敦。

初二日庚辰，晴。巳初，送李觀察羅緝臣、李湘浦登火車，赴巴里。亥正，同姚彥嘉、黃玉屏乘車，至布連斯屯坊第三號，赴世爵博克樂夫人家跳舞會，繼至盆克來屯坊第八十三號，赴羅高介夫人茶會。二處男女甚多，傅里蘭皆與其會焉。

十一

初三日辛巳，陰冷似中秋。申正，同姚彥嘉、黃玉屏乘車，至盆敦坊第百零九號，赴吳瓦普夫人家跳舞會，及本街第四十七號世爵賀拉斯夫人家茶會。亥正，復同至海岱園魁蔭門第十四號，赴卜埃萬夫人家茶會。

初四日壬午，早陰，巳正晴。酉初，同姚彥嘉、黃玉屏赴本街第二十三號巴爾那夫人家茶會，旋接電信，即往柴令克洛斯火車客廳，接黎蒓齋、鳳夔九由巴里來。亥正，又同姚、黃二君赴隣人懷達夫人家茶會。

初五日癸未，陰，有毛色爾族弟毛薩爾夫婦請彝，酉正赴茶會于上吶爾塢村位素別墅、未初由威克俛立亞火車棧乘車至水晶宮、因當日設有犬會、英名多格收、遊人甚多、宮旁三大敞間、羅列駿犬各種、盛以木籠、內鋪五彩緞墊、細瓷水盆食盌、前後鐵網排列成行、凡獵犬、田犬、山犬、野犬、南方犬、北地犬、長毛短毛、大耳小耳、以及骸尾之短長、眼嘴之大小、毛色之黑白黃紫、共計一千零五十九籠、前挂一木牌、上書犬名與價、由六七磅至一千磅、蓋欲出售者書實價、其不欲出售而令人觀賞者、則以千磅號之、知人必不買也、觀者每人一什

十二

令、看後、在內晚餐、出宮步行、途遇包龍梅之父、延入其家少坐、酉正至毛薩爾家、雕牆峻宇、錦墊繡幃、陳設華美、若王侯居、園廣八九里、樹林葱鬱、亭榭銜接、樓前紅衣樂工一班、鼓吹奏樂、男客五六十、女客六七十、皆抛球射箭以為戲、戌初小食、瓜果甘美、酒亦馨香、亥正彈琴跳舞、丑初夜餐、客皆歡暢、丑正回倫敦、天已明矣、

初六日甲申、晴、涼、申正、同黎蒓齋乘馬車、出倫敦行二十餘里、至奇幽園、赴胡格爾夫人家茶會、男女無多、後散步園囿、風景宜人、其花木較前尤勝、

初七日乙酉、晴、申初、同黎蒓齋鳳夔九乘馬車、行二十餘里、至青斯墊山莊、赴副將巴都家茶會、樓閣雲連、金碧輝映、花瓷墁地、香木為窗、四面花木參差、臨風搖曳、男女數百、或坐于亭榭之上、或步于花塢之間、延攬光景、開豁胸襟、信可樂也、亥初回倫敦、

初八日丙戌、晴、記英國使用僕婢、其傭值之昂貴、較中國不只倍蓰、如總管一名、每年由五十至八十磅、灑埽僕一名、每年由三十至五十磅、男庖丁一名、每年由一百至一百五十磅、以上衣皆自備、其他如頭等跟役、每

十三

年由二十八至三十二磅、二三等者、每年由十四至二十磅、頭等車夫、每年由二十五至六十磅、二等者、每年由二十至三十五磅、頭等馬夫、每年由十八至二十五磅、二等者、每年由十四至二十磅、小廝一名、每年由七磅至十二磅、收拾下飯房童、及下人房童、每年由六磅至八磅、買辦與進爵僕、每年由三十至五十磅、以上春秋每給衣帽兩次、係高帽、鉆帽各一、燕尾長袿、背心、汗衫各二件、鉆褲二條、白襪二雙、白領領帶各二分、車夫跟役亦然、又各加給鉆氅一件、雨衣一件、白手套二雙、富

室則給紅緞背心、紅緞短褲、高白綾襪、至女婢、如平等女庖丁、每年由二十至三十磅、或由五十至七十磅、頭等洗廚婆、每年由二十至二十八磅、二等者、每年由十四至二十二磅、收拾瓷器婆、每年由十二至十八磅、刷洗傢具婆、每年由十十磅至十二磅、灑埽婢、每年由二十至三十磅、二等者、由十四至十二磅、三等者、由十二至十八磅、女主梳洗婢、每年由二十至三十五磅、女公子梳洗婢、每年由十四至二十五磅、頭等乳娘、每年由二十至二十五磅、二等者、每年由十四至十八磅、乳娘婢、

古

每年由十磅至十四磅、灑埽學堂婢、每年由十磅至十四磅、頭等洗衣婆、每年由十八至二十五磅、二等者、每年由十六至二十磅、三等者、每年由十二至十六磅、擠牛乳婆、每年由十二至十六磅、以上衣皆自備、各僕婢所用茶糖苦酒洗衣等、在傭值之外、另給者、每名每月茶葉一斤、糖塊二斤、有給物者、有折錢者、至于苦酒、男僕每名每禮拜一什令、或二什令半、女婢則皆一什令、洗衣錢、每人每月由一什令至二什令半不等、僕人火食、有按禮拜給錢者、如車夫一名、每禮拜由十六至二十五什令、并給住房一二間、爐竈一分、其他男僕、皆由十什令至十六什令不等、女婢每禮拜、則由十一什令至十六什令、男僕衣帽、有一年給二次出門衣、一作次工衣者、亦有每二年給三次出門衣、二次作工衣者、此外又有頭等園丁、每年傭值由七十五至八十磅、二等者、每年由四十五至五十磅、皆外給住房一所、頭等隨獵僕、每年由三十五至四十磅、二等者、每年由十五至二十五磅、亦各給住房一所、男女僕婢上工下工往來路費、皆歸主人、苟辭去、不因大過、主家未有吝惜此費

圭

者云

初九日丁亥、晴、亥正、同姚彥嘉、黃玉屏乘車、至海岱園坤姒門第四十三號、赴包艾夫人家茶會、繼至佩乃丈路第三號、赴尤樂夫人家茶會、男女無多、在彼遇威公使、

初十日戊子、早晴、申刻陰、亥正、同姚彥嘉、黃玉屏赴隣人懷達夫人家跳舞會、子正夜餐、丑初回寓、按西俗赴茶會跳舞會聽樂會等、固為賞心樂事、然邇來代星使晝夜連赴會場、雖云畧為應酬、而言語周旋、上下樓梯、

永立無坐、固已困憊不堪矣、幸前日鳳夔九由巴里回、
稍得分任其勞耳、
十一日己丑陰、未初、同黎蒓齋乘車、入荔棒園旁園中、
看花果會、花有紅黃紫白玫瑰大如盌者、另一種葉如
艾、朵不大、扁瓣、有白質紅邊者、有黃質紫邊者、其他種種
奇怪者極多、又月季茶花大如牡丹、杜鵑石竹五彩絢
爛、有若堆錦、紅紫芬芳、馨香觸鼻、洵異觀也、果則櫻桃
分紅黃紫三色、大如李、葡萄則青紫紅白四色、亦大如
李、蘋果梨桃、皆大如瓜、各種分置玻璃房內、男女遊者　十六
如雲、去此、至荔棒園漢中臥門阿貝別墅、赴狄本遜夫
人家茶會、戌初回寓、亥正、復同姚彥嘉黃玉屏乘車、行
五里許、至葛婁伍訥街第六十六號、赴阿什柏里家茶
會、子正回寓、
十二日庚寅、微晴暖、申初一刻、同黎蒓齋乘火車行四
十餘里、至惠拉敦園好斯樓別墅、赴都司莫蕾父女家
茶會、園廣十數里、北鄙木樓一所、局式新奇、陳飾亦頗
華美、樓前一湖、滉瀁無波、湖心一石臺、高約四丈、前後
花木環繞、壘石為岡、豐草綠蓐、洵選勝之區也、林中樂
工奏樂、湖內舟子行舟、來人男女三四百、遇懷達林池
狄本遜胡格爾等母女兄妹、先步小徑、後過高岡、乃旋駕
小舟至石臺、登五十餘級、至其巔、四望湖光瀲灩、山徑
蜿蜒、花塢通橋、古松偃蓋、令人心曠神怡、眼界為之一
闊、下臺、由岡循曲徑、過鐵橋、入幄、食瓜果、飲三鞭、畢謝
而歸、酉正抵倫敦、亥正、復同姚彥嘉黃玉屏乘車、行數里、
赴司特拉坦街第一號、世爵柯歐慈夫人家茶會、及本
街艾立斯母女家跳舞會、子正回寓、
十三日辛卯晴、按英俗、請鄉閭茶會、係于夏季、或在別　十七
墅、或在林園、其帖書請遊園會、時自申正至戌初、又有
兼請晚餐及跳舞者、係於請遊園會字下添寫戌初三
十分晚餐、亥初跳舞、更有加印遇風雨改日五字于下
者、其地廣能容多人者、則于所請男女名下添寫及同
伴三字、意在請其同家或寄居男女、非謂左右鄰居及
他戚友也、帖有印敬候回音者、則被請者當即函覆、以
便主家斟酌預備酒食、帖俱由鋪中印成出售、願往帖
式、係|喜允|所召于|時之|會、填寫則云某人喜
允某人所召、于某月某日某時之某會、辭帖式、係|甚

愧不能奉｜所約、于｜時之｜會、塡寫則云某人甚愧、
不能奉某人所約、于某月某日某時之某會、男女赴園
會、如欲携伴前往、須將名姓人數預爲寄去、到時、一一
與女主相見、此等園會、不惟預備茶酒小食、更備有弓
箭球鏇等物、如有湖河、須備舟艇、以便來者游賞、所設
飮食、鮮果居多、如蒲萄櫻桃蘋果梨橘等、有陳于敞廳
者、有支搭棚帳于林内河邊者、客人信步往來、或乘舟、
或射箭、或打（擊）球、或踢鏇、乘興舒懐、各聽其便、晚餐與跳
舞會相似、一切菜蔬酒肉、列于桌上、聽客自取、惟熱湯

十八

則僕人代遞、届時入飯堂、男主携陪女客之品位尊重（高品）
者、女主携陪男客之品位尊（高品）重者入内、女坐男立、男隨
時問其所携之女、喜食何物、一一奉之、男皆自取、飯後
願跳者留、不願者去、跳至天明而罷、此等園會、有在數
里者、有在數十里者、請主在各客必由之路火車棧、商
定多加一趟于申初或申正、因而傳知所請各家、車價
則客人自付焉、
十四日壬辰、晴、申初、同姚彥嘉乘馬車北行二十餘里、
至高門村檀木塔別墅、赴布魯克夫婦之園會、兼跳舞

會、園囿廣大、山水清幽、樓閣橋梁、錯雜相間、心目爲之
并爽、男女有千餘人、暢談歡樂、如長安避暑會、支涼棚、
設錦褥、膾鯉烹羊、可謂花天酒地也、跳則當貝瓦技自
戛大力藍斯爾鼓琴助興、舞于中庭、至明始罷、
十五日癸巳、晴、按英俗、大家每日申正酉初之間飲茶、
曰午後茶、除請客列在飯廳、平日皆設于客廳、伺候爲
進爵僕與二三跟役之職、買辦房中、預備茶壺、滾水壺、
糖罐、牛乳罩、茶盅、銀匙及麪包片、牛乳油等、當未進以
大銀盤之先、置小桌于女主座前、上罩花毯、銀盤置後、

十九

女主按人數斟茶、男僕另以小銀盤托茶一盅、與糖罐
牛乳罩、乳油麪包片等呈進、每樣用否自便、滾水壺多
銀造、支架燃酒、壺大不能置于盤内、另一僕隨盤舉入、
設于盤旁、僕進茶後、退出閉門、必待鈴搖來撤、女主如
不願自行斟茶、則滾水壺與茶壺不必送上、進爵僕按
人數斟出、他僕先以小盤托一分與女主、有客則先進
女客之位高品重者、其已嫁者當先、未嫁者次之、上茶
畢、將糖罐牛乳罩持下、隨手關門、不再入、照人數備茶
盅、爲僕人之職、有多備一二件者、恐他客至、又費周折

也、
十六日甲午晴、按英國使用僕婢之飲食、有按時給食
者、有按禮拜給錢者、其日給食物者、係富室頭等僕婢、
專設飯房、在總管住屋之外間、或眾僕婢之閒坐房、所
謂頭等僕婢、係總管買辦庖丁跟役進爵僕閨閫婢梳
洗婆灑掃婆與乳娘等、其他二三等者、在廚圍坐而食、
小户則在廚共食而已、早飯夏在辰正、冬在巳初、食在
總管前屋、則刷洗婆伺候、在閒坐房、則灑掃童或收拾
傢具婆伺候、每飯皆總管與進爵僕為首座、各前放刀
二十
叉盤各一、食有茶糖加非、牛乳火腿、牛肉餅、白煮猪肉、
熟雞卵等、共在廚房、則庖丁為首座、分散一切、食畢皆
伺候之童婆撤收灑掃、午初午飯、小户只給麪包牛乳
餅與苦酒、富室添有冷葷、如炮羊煮牛等、未正晚飯、係
大桌上鋪白布、每人置刀叉匙與玻璃杯各一、鹽盅小
勺置于桌之四隅、五味罐置于中央、冷熱葷及生菜皆
盤盤置于桌上、苦酒甜餅及乾鮮果品、置于桌旁、用時
座中一人取而分之、伺候人安置後、按位上熱湯一
盤、乃入廚同眾二三等者飯、迨頭等眾僕食畢、甜餅果

品、乃搖鈴喚人、上乳油餅、食畢眾起、則下等眾飯亦畢
矣、伺候人收拾一切、凡僕婢晚飯有庖丁為政者、有女
主為政者、甜餅有日日給食者、有每禮拜給一二次者、
男僕每人于午酌晚飯及夜小食時、各給苦酒一罇、每
罇十二兩、女婢每人惟晚飯給一罇、午酌夜小食皆半
罇、此酒多有按價給錢、以免醉卧者、亦有支錢不飲苦
酒、而飲燒酒者、有因已入忌酒會、存錢而不飲者、有專
為儉省而不飲者、又頭二等飲食、雖不在一處、無大區
别、晚飯後則晚茶、頭等僕婢一桌不鋪白布、惟于首座
廿一
前置一大鐵盤、內盛茶盅小碟茶壺糖罐及牛乳罌、
每人前置小刀小盤各一、桌心置麪包、牛乳油、李子餅、
油炸餻等、夜小食在戌亥之間、僕婢者不另備、乃
食主人所餘、有全給者、有酌給者、每人前置刀叉各二、
尊小匙、酒盅水杯各一、俱其夜餐准飲酒者、每一
禮拜各給三瓶或四瓶、所食亦冷熱葷及糖果糕餅等、
小户有不給酒肉、惟給麪包乳油者、無論富室小户、日
各五餐、早飯午酌晚茶、皆準食二刻、晚飯夜餐、皆準坐
四刻、是飲食亦限有定時也、

十七日乙未晴、未正、乘車至克英巷韋里斯堂聽樂與曲、為樂工卜路斯吉所請、因其女卜嫣姒年十五歲、初學歌唱有成、請人賞鑒、先找胡笳、繼歌一曲、曼聲宛轉、如在鈞天、申正一刻、又行三里許、至克拉之巷第三十二號、赴高爾丹夫人家茶會、酉正回寓、

十八日丙申晴、昨奉星使手諭一道、言氣鬱病泄、終夜板痛不眠、因而姚彥嘉具稟諫勸、彝亦具稟以安慰之、記英俗凡請酉初大茶會、預備茶酒小食、皆在大飯廳橫置長筵、上鋪白布、羅列加非、茶糖、糕點、牛乳、鮮果及舍利、克拉利、與三鞭等酒、此會專用女僕四五名、立于桌後、著黑綢衫、白布織花帽、白布圍裙、客有用地椹者（與）牛乳汁者、以五寸花碟小銀叉匙及擦指帕給之、更有用冰乳者、則盛以三寸玻璃碟、上插小銀匙給之、按冰乳之色不一、紅者造以地椹粉、紅者造以櫻桃、黃者造以橘子、或雞卵與牛乳、白者造以檸檬水或葡萄、糕點皆客自取、其他雖經女僕奉進、男客多為女客代取、其撤已用杯盤、皆男僕之職、而盛滿酒樽、又進爵僕之事、用一男僕者、若請小茶會、則以上各節、皆為女僕之職、

二十二

蓋使男僕司門以報也、飯廳三面、臨牆設位、其他桌椅陳設、一概撤去、以便寬敞、凡設茶酒小食、一切規模與跳舞會、聽樂會、看戲會無殊、至村（抛）球會、園會、或幄中、或樹下、備果尤多、如蕉子、甜瓜、桃、橘、葡萄、櫻（桃）、地椹、梨、杏、蘋果等、天暖、另放一几于筵旁、上列鹼水、紅酒、及布蘭的酒等、專備男客自取、而男僕為之伺候開瓶焉、

十九日丁酉晴、未正、同黎蒓齋乘車、行十數里、至富朗村泰木斯江之布來燕斯岸、赴庫樸兄妹家茶會、庫樸年逾六旬、其妹庫茉莉年亦五十餘矣、樓房不高而式古、陳飾亦頗樸素、前面臨江、樹作牆闌、園廣五六里、菜畦花塢、紅碧相間、庭前横列長筵、林中設有鐵凳、男女數百、或坐或立、攜手步行、或談或笑、舉杯共酌、眾賓為之懽暢、當日江內有賽舟會、舟長丈餘、寬三尺、體輕而易行、如華人所謂水車水馬、由一人至八人弄槳、二舟同時起行百里、先到者勝、後一輪船追隨、以千里眼查其遲速、左岸搭有涼棚、高臺數層、男女觀者如堵、酉正回寓、

二十三

二十日戊戌晴、（暖甚、）申初、同黎蒓齋乘車、行二十餘里、至吏

文普墊村喀那顛營、赴演槍會、會首副將郭素吉所設茶會、大帳中列鮮花、置几案、左右帳房亦皆整齊潔淨、營兵不多、打槍爲戲、對面山岡、相距里許、設有木鹿、自行往來、名曰跑鹿、能擊中者勝、男女來者甚多、戌正回倫敦、

二十一日己亥，晴、近日凉如孟夏〔秋〕、當日水晶宮作樂放烟火、艾德林來函約往、未初、乘大車至上吶爾塢村、入其家少坐、晚酌畢、同其子女步入水晶宮、正面樂臺有男女樂工二百、琴笛鈸箏、無不備具、操技者各擅其長、所放烟火、如起花水法等、亦堪眩目、

二十二日庚子，晴、晚有華工閩粵七人來控、言在英國拉多曬商船充當木匠水手、以及灑掃各役、由中國上船至此、一路船主欺侮暴虐、現欲辭去、改登他船作工、以回中土、不意伊竟不允、且不給所欠工值、特求拯救、實爲德便云云、遂同黎蒓齋軍門閣星使、候示遵行、

二十三日辛丑，晴、亥正、同姚彥嘉乘車、往赴布拉奚夫人家茶會聽樂、男女有千餘人、雖立亦無隙地、上下樓梯、甚爲竭蹶、入內、見主人後、勉强轉出、而汗流浹背矣、

晚接星使來諭、令黎蒓齋與彝寀辦、入夜陰冷、

二十四日壬寅，陰雨、申正、令洋僕趙安往傳二華工至、詢問一切、無如言語艱澀、只得飭令先回、明日親赴該船、再爲酌辦、

二十五日癸卯，晴、未初、同黎蒓齋乘大車、行二三十里、至西印度船塢、登拉多曬船、見其船主陶羅布延入客廳、進舍利而請曰、使君不以鄙賤而辱臨之、此固野人之幸也、詢及華工欲去之由、則云伊等在船傭工、自當遵守定規、苟有違犯、豈不容人管束、然本船非必欲其存留也、因官府有定例、凡本船雇用外國工人由某處携來、仍當照數帶回、蓋各處海口、每開一船、必以所需人數報官登册、回時官爲點驗、倘數不足、或有染病者、官必究問、此不令於伊等離去之故耳、按其國固有此例、然各船在本地不易雇人之備值少此華工者故該船主不欲其辭而姑以此對荅也言畢辭歸、黎蒓齋稟閣星使、入夜陰雨、

二十六日甲辰，陰雨、酉初、乘車行十數里、至高門村肥爾溪別墅、赴世爵倭特婁夫人家茶會、樓高地闊、花木甚繁、庭中張幄奏樂、男女往來游觀、樓之左右、各古松

六七

數株、枝幹皆分數層、上如虬龍仰首、五爪拏空、下如魔女蹲身、長裙撒地、誠奇觀也、戌初回倫敦、亥正復乘車至四海會館、赴談天會、為會首戴歐賽所請、來者百餘人、皆各國名士、議論風生、頗開茅塞、亥正回寓、雨止仍陰、

二十七日乙巳、陰、未正一刻、同黎蒓齋、葉桐侯乘火車、行四十餘里、至泰木斯江口葛林溪泗地方、登日本清輝礮船、赴茶會、日本公使所約也、其船為日本初次來英者、身不大而整潔、式與西國同、船主水手皆日本人

而西服者、伊國讀清輝二字、曰賽伊計、船面列鮮花、尾陳木案作月牙形、飲饌精良、果品鮮美、男女有數百人、宴畢辭歸、戌正回寓、又是日包婀娜母女請赴鄉茶會、辭而未往、

二十八日丙午、稍晴、卯初閩粵七人復來、哀叩救援、且云其船不日開赴印度、遂于未初率洋僕趙安乘火車至威克兜立亞船塢、登船見陶羅布、言眾工仍願辭去、陶云、伊等如實欲辭去、須索各人甘結、待余稟呈縣官酌定、刻下無暇、請後日光降小船、令其具狀、旋問及欠

款、則云、如經縣官允准、自當如數付給、彼時有一杭州人湯近新者、年十九歲、跪而供云、原在鎮江耶穌堂服役、後被粵人李亞蠻騙云、如欲隨往英國、自得飽食煖衣、何必在此苦守、一時懵懂、誤信其言、遂將各物賣錢同伊至此、不意月餘、未得一枝之棲、現已衣物賣盡、不能自養、特求恩施極救、遂問船主可將其人帶回否、伊云他人既已辭去、此人亦不能獨留、因皆同日上船、名列一冊也、酉正回寓、見黎蒓齋、正商議間、恰接電信、知星使于明晚由巴里回倫敦、

二十九日丁未、陰、酉初星使率馬清臣回寓、稟明眾華工仍欲辭去、星使諭以斟酌辦理、即早了結為是、亥初命代赴合眾馬斯歐夫人家茶會、有男女數百人、極其鬧熱、

三十日戊申、陰雨、午後彝乘火車、至威克兜立亞船塢、登拉多嚦船、令眾華工以漢字具結畫押、同交船主、索取工值、

七月

初一日己酉、微晴、巳正船主陶羅布携二華工至曹聲

稱眾工甘結，須請中國欽差蓋印，另具一結為憑。彝遂商諸黎蒓齋，另書一紙，言華工非因船主不公而去等語，伊仍不允，云此數人辭去由中華公署作保，與船主無干。彝未允，伊言姑呈此紙與縣官，如蒙允許，當即奉聞，以便令往取值，否則去留須由官定。申正羅緝臣由巴里回。

初二日庚戌，陰。未初同馬清臣隨星使乘車，往拜日本公使及威公使，繼赴合眾使署茶會。亥正復隨往赴索侯夫人家茶會。

初三日辛亥，晴。申正同馬清臣隨星使乘車，行四五里，至海岱園旁布來沿斯敦坊第三號，赴寶星博歐達夫人家茶會。

初四日壬子，晴。申初同馬清臣隨星使赴外部會宰大臣少談，回寓。晚餐後，隨星使往拜金登幹，亥正始歸。夜大雨。

初五日癸丑，陰。申正同馬清臣隨星使乘車，行三里許，至岱萬山坊第一號，赴貝杖夫人家茶會，男女無多，少叙即回。戌初大雨雷電。

初六日甲寅，陰。亥正同黎蒓齋、馬清臣隨星使乘車，行十數里，至坡洛渴坊第二號，赴刁卜立夫人家茶會，樓房偪仄，男女無多。

初七日乙卯，晴。未正隨星使乘車，行八九里，至海岱園左衛斯班街第一百一十九號，訪醫生馬克蕾。酉正陰，夜大雨。

初八日丙辰，晴。申正隨星使乘車，行二十餘里，至布蘭山檬樹別墅，赴郝立岱夫人家茶會。樓閣崇閎，園廣十數里，四圍植大樹千株，間以奇花異草。張大幄，設長筵，茶酒果餌，極其豐盛，男女往來，飲噉其間，皆醉飽而去。戌正回寓。

初九日丁巳，晴。申正同馬清臣隨星使乘車，赴柯阿特夫人家茶會，旋拜客五處，中得面晤者二處。戌初回寓。入夜雨，涼。

初十日戊午，晴。按英俗，紳富早餐皆專設一廳，小戶亦另分一屋，因晚餐門窗不開，必待詰朝，方為開啟灑掃。是菜味酒氣，終夜留于屋內，次日早餐雖食新蔬，仍吸舊味，既不爽口，且與脾胃有損也。凡一進爵僕一二

名跟役者、則伺候早飯為跟役之職、進爵僕不過照料
而已、用一男或一女者、早餐亦當按時伺候、人少者用
一圓桌、人多者用長桌、再多則用二三小圓桌、每桌鋪粗
花毯、覆以細白麻布、每人置飯布、瓷盤各一、刀叉各二、
每二人置牛乳汁罇、鹽碟、糖罐各一、牛乳油餅、有每人
置一塊于玻璃盅者、有一盤盛數塊、置于桌心者、有用
時僕人分進者、飯將畢、以大銀盤盛加非與茶各一壺、
糖塊一罐、牛乳一罇、按人數備茶盅(杯)、置于女主前、待女
主斟出、分送各人、其他置于桌上者、為小麪包、烤麪包　三十
片、乾鮮果、蜜餞果、蜂蜜片、煮雞卵、與油炸餅、雞卵、置瓷
盅上、盅長二寸、如二小酒盅連于一處、形如呂字、油炸
餅大如花糕、盛于平底玻璃杯內、上覆銀蓋、下有銀托、
旁一桌、鋪以白布、置刀叉匙、大麪包與瓷盤、菜則冷大
骰、煮牛舌、櫻桃餅、豬肉餅等、此置冷葷者也、又一桌置
雞卵包、大骰、油炸扁魚、烹羊腰、炸羊腓骨、白煮雞、攤雞
卵、燒鐵雀或鷓鴣等、皆盛以銀盤、形如手鏇、內含滚水、
以使不涼、此置熱菜者也、早餐皆在巳刻、屆時、進爵僕
列酒器、跟役進肴饌、備齊後、或鳴鑼、或搖鈴、通知大眾、

進爵僕至主前報信、則夫妻子女兄弟姊妹齊行下樓、
入座、進爵僕立于女主身後、俟女主斟滿茶與加非、以
盤托之分送、跟役侍于左右、按位送麪包餑餑及煮雞
卵後、進爵僕報各肴名、主人依次指要某色、進爵僕以
刀切之、盛于盤內、令跟役進之、迨將左右兩桌肴進畢、
眾僕散去(出)、閉門、聽其自取、如同座客多、或本家人眾、則
令進爵僕斟茶或加非、跟役分送、飯畢拽鈴、則各僕齊
入、待主人上樓、則撤席而灑掃焉、按早餐各僕服色、進
爵僕服燕尾烏衣、男僕服便衣、女僕服印花白布衫、白　三十一
油裙、白布帽、

十一日己未、晴、酉初、同黎蒓齋乘車遊海岱園、薰風減
熱、秋氣初凉、草木漸形黃落、時已日西斜、車馬往來猶
夥、

十二日庚申、早晴、巳正雨、午初、同黎蒓齋、鳳夔九、姚彥
嘉著公服、隨星使向北恭拜
慈安皇太后萬壽聖節、行三跪九叩禮、入夜晴、

十三日辛酉、晴、未初、有英國禁止買賣人口會二十人、
來謁星使、坐談時許乃去、按西國禁止買賣人口、則服役

者有僕而無奴、婚配者有妻而無妾、故人之子女無嫡庶之分。
十四日壬戌、陰雨。近因鮮花不多、曾種麥數粒于瓷盌、當時生芽盈尺、圍以紅紙一圈、英人見而奇之、詰其故、對曰、無他、時屆秋令、草木微脱、植此聊以自娛耳。按中國本有里俗、每值七月、以菉豆小豆小麥浸瓷器内、生芽數寸、以紅藍綵縷束之、謂之種生、衆聞而笑之。
十五日癸亥、陰雨。當日申正、英君主在浦蓄毛斯海口閲船操、武生林泰增請星使往觀、遂于巳初率黎蒓齋、馬清臣、羅緝臣與彝乘火車、行數十里、抵其地、下車登船、見戰船二十六艘、君主與各國公使議政大臣往來遊覽者四艘、旗幟森列、隊伍整齊、原定出口操演、因風大、未往、亥正抵倫敦。
十六日甲子、陰、早有金登幹舊書手伊斯得布陸克呈控金登幹辭人不公、請星使令其招回復用、或轉薦他人。未初、隨星使乘車、往訪金登幹、知其現住布來敦、未回。
十七日乙丑、晴。辰初、星使率馬清臣往巴里、未初、代星使持刺赴外部、見潘侍郎、問烟台條約、迄今未完、何日可定。據云、一因公事繁多、一因土俄鏖兵、是以延擱、而所以遲回不定者、惟洋藥與釐金二件、想辦之亦易就緒、然本國須與他國商議、德國巴公使刻抵法京、不日必來倫敦會商、遲早不敢預言、我等必誠心妥辦、務臻允協。回寓後具稟所聞、寄赴巴里。
十八日丙寅、陰雨。未初、乘車往見金登幹、出告以書手之事、金云、其人不堪錄用、亦不能轉薦他人。
欽憲令我代擬答詞、我恐不能得當、請同往見律師賀真商辦、遂同入老城、見賀真之夥計司得令、告以來意、且言此以簡明爲妙、司云、明日擬妥飭送。
十九日丁卯、陰、辰初鳳夔九起身程往遊都法、未初、金登幹持信稿至、内云、中國公署張奉
欽憲諭本月十三日密函收到、所云前在金登幹處充當書手一節、應毋庸議、亦不必再行瀆請等因、特此答覆。
二十日戊辰、晴暖。早接拉多矖船船主陶羅布信、據稱華人辭工一節、奉官允許、遂令洋僕趙安傳知各華工往見船主、取其所欠工值。申正、趙安携湯近新至、泣訴、

他眾皆領足工值、改入他船、惟遺湯近新一人、無處謀
食、仍請拯救、躊躇再四、無計可施、商諸同事、默無一語、
遂與其人半磅、令暫住數日、代謀一枝之棲、其人哭謝。
步回船塢、晚將一切情形稟聞星使。
二十一日己巳晴、是日葉桐侯、薩鼎銘、林鍾卿三人改
登兵船學練、而製辦衣帽以及川資、諸多不敷、因監督
李觀察現在巴里、乃向姚彥嘉暫貸二百磅、取存銀簿、
又值鳳夔九外出、惟姚彥嘉一人畫押往取、號商不給、
亦足見其憑帖取錢、認字不認人也。

三十四

二十二日庚午晴、晚接星使諭、令探巴公使何日來倫
敦、並諭以金登幹代擬覆詞、可即照錄寄發。
二十三日辛未晴、午後乘車至德國公使署詢問、據云自
公使以下、皆外出避暑未歸、申正安柏爾來拜、坐談片
時而辭去。
二十四日壬申晴、午初、鳳夔九由都法回、未初、乘車入
老城、訪米斯盤詢問德國領事官住址、據云不識其人、
且現值夏令、會堂不開、人多出外遊覽、雖知其住址往
拜不遇、恐徒費一番周折也、回後、即將所聞稟知星使、附稟

侯探巴公確信、再為稟聞、入夜陰、
二十五日癸酉陰雨、記英俗、無論貧富、皆有午酌、一切
由午正一刻預備、皆為跟役之職、進爵僕惟備酒醴、藍
查大略而已、桌面鋪白布、按人數各列刀叉二把、舍利
玻璃盅、與克拉立玻璃杯、各一、凡午酌飲湯與啖魚者
少、故銀魚刀叉及湯匙、皆不備、飯單有用有不用者、用
則疊起、置麪包于其上、否則每人旁置麪包一塊、不用
菜單、邇來英人午酌、有仿俄式者、有仍舊規者、按俄式、
不置盤碟、不供鮮花、不獻果、客有懷藏香水一小瓶者、

三十五

有以玻璃筒盛水插玫瑰花、一二朵挂于胸前者、其義
未詳、凡切成冷葷、皆列桌上、其他大塊熱葷、皆置于臨
壁小几、酒瓶亦然、皆男僕依次傳遞、其不按俄式者、係
將糖糕、糖餅、蜜餞、果乾、鮮果、及鮮花一二三盆、羅列桌
之中央、熱葷以大盤陸續分置男女主前、按人分給、冷
葷如湯羊肉、白煮雞、鷓鴣肉餅、白煮小牛肉、及醬羊肉
等、皆進爵僕侍立切塊、按人呈進、拌青菜亦然、用時、按
人先置叉匙盤各一、男僕以盤托在各座之左、請問用
否、桌旁楅架之上、置刀叉匙、玻璃酒杯、水甕、五味架、及

各種酒瓶、另一大木盤、上鋪白布、內置一銀籃、盛麪包塊、又一瓷盤、白布圍牛乳餅、另備涼瓷盤數個、以便客用、肴蔬用罷、喫餅果、末上麪包塊與牛乳餅、每日進爵僕在女主前報齊後、即入飯廳、偕眾男僕伺候、如按俄式、則男僕上第一菜、必首由男主右第一女、陸續繞桌傳遞、每一熱葷、必隨一生菜、熱葷未上、男僕于各人前置一熱盤、生菜將上、又各人前置一小瓷碟、第一熱葷、經進爵僕在旁割碎、男僕以大盤托至座左、用者以叉插肉、以匙盛湯、又一男僕以瓷盆盛生菜、隨其後、用者以木叉木匙撮取之、第一菜上、進爵僕進舍利武克拉立酒、酌而飲之、食畢撤盤、另上新盤、盛以二色之菜、如雞牛二種、進爵僕在旁分割、各盛數盤、男僕各舉一盤至座左而問、則擇所喜者留其一、第二菜上畢、進酒如前、迨第三菜上、則進三鞭酒、此酒通席不過二次、各菜上畢、撤大盤、換小盤、并小刀叉各一、以便用糖果糕餅、鮮果多用葡萄梨柿櫻桃地椹、乾果則核桃榛子桃仁栗子等、席畢則僕去矣、其不按俄式者、熱葷皆男女主分割、如雞牛二種、男前置雞肉一大盤、熱盤數個、女前置牛

三十六

肉一大盤、熱盤亦數個、熱盤皆經廚工預置竈旁煖洞、用時不致冷而失味也、女主先問首位、喜食某味、願食雞者、男主給之、願食牛者、女主給之、皆男僕轉遞、先進女、後問男、若恐男僕不明、則告以遞此盤與某夫人某小姐、熱葷用畢、則上糖果糕餅、此又先男而後女、若坐無外客、一切皆女主分給、男主女主位後各立一僕、以便安置食具、而每味必換者、恐淆其味也、如有孩童、則置小刀小叉小匙小杯各一而已、因不茹酒而令飲水也、當上糖果糕餅後、僕皆去、迨用畢男主未上樓之先、拽鈴喚僕、僕入則進爵僕檢點酒瓶、跟役灑掃一切、如只用一男僕或一女婆、每飯主人自收餘酒而藏之、亦省儉之一道也、

三十七

二十六日甲戌、陰雨、午正乘車復至德國公使署、詢之云皆未回、未正同黎蒓齋乘車、至倭特爾路火車棧換車即開、行百里、至卑爾吉村、下火車、有世爵盧森以馬車迎入皮克斐別墅、見其妻、及他男女六七人、乃鄉間小茶會也、樓宇不大、羅列各國盔甲器械頗多、園囿清雅、花木濃蔭、因雨未得暢遊、治酒款待、薄暮乃歸、入夜雨

霽。

二十七日乙亥，早陰，巳正晴，午後乘車往拜威公使，以使詢問巴公使來否，值其公出，未遇。回寓，有安柏爾及合眾人林樂知來拜。申初復陰，大雨一陣。

二十八日丙子，陰。記英國除官兵外，有義兵一十六萬八千，城鄉市肆住戶願充者，報名註册，每處千數百人或二三千人不等，皆紳士領之，自備號衣，官給火器。每禮拜一日操演，立的命中，自數十步至二三里之遙。優者酬以金錢一磅半，為衣費；怠則除名，責繳火器。每年西麻七月校藝，凡十有四日，勝者商人捐銀酒斝為獎，且貢數名於上，君主召集而親校之，擇其尤者六人，樹的三里，中者賞以末等寶星，復令與官兵合操，賞亦如之。有事則自保鄉閭，不復徵調遠出。本日係禮拜一日，在倫敦東南文普敦村，駐有義兵一千，即前于六月二十日所赴茶會地也，經副將郭壽吉邀往觀操，遂于未初乘車，抵其地，見兵以十人為一隊，火槍跪而施放，放畢立起，聞號復馳，其中的于二里外者，指不勝屈。演畢延入大帳飲酒，戌初謝別，回倫敦。

三十八

二十九日丁丑，晴。未正同姚彥嘉、鳳夔九、黃玉屏乘車，至柴令克洛斯街福林店，答拜林樂知，未遇。後獨至賢真睦斯閣司多立門第八號，拜訪金登幹，浼其代探巴公使抵英否。

八月

初一日戊寅，晴。記倫敦書肆林立，所售書籍，印有總簿，皆按字母排列，如某書何人著作，何年刊成，每卷裝訂或皮面，或布面，或紙面，式之大小，紙之厚薄，價各若干。頻往照顧者，皆奉給一本，以便擇所欲者往買。又有專售舊書者，所印總簿亦同。

三十九

初二日己卯，陰。記英國每年夏季，在敖克斯佛與堪卜立址二處有賽舟會（一在泰米斯江），由衛斯民至蒲塔呢，或由蒲塔呢至莫塔雷，各百里。敖、堪二學院生徒各分一黨，賽時士人臨水觀之。輕舟競渡，鷗鷺同驅，衣帽各異其色，以便觀者易辨先後。勝者得獎若干，未聞。

初三日庚辰，大雨。記英俗凡人臨危，皆有遺書，言其財產分給何人。無遺書者，官有定例，如亡人有妻與子女，則分其三分之一與其妻，其餘與其子女；無子女則給其近支兄弟姊妹及姪男姪女、只有妻而無近支者、一半與其妻、一半入官、無妻子者、分給近支、有子女而無妻者、分給子女、有子與孫者、各分一半、有父與兄弟姊妹者、全給其父、有母與兄弟姊妹者、與之均分、有母妻兄弟姊妹及姪男女者、妻分一半、母與兄弟姊妹姪男女等均分一半、有父與妻者、各分一半、有母妻及姪男女者、妻分一半、母分四分之一、其餘則各姪男女均分之、有母妻及兄弟姊妹者、妻分一半、母與兄弟姊妹均分一半、只有母者、全給其母、有母與妻者、則均分之、有

四十

兄弟姊妹者、按數均分、有祖父與外祖母者、各分一半、有堂兄弟姊妹及兄弟姊妹之孫男女者、亦按數均分、有祖母伯叔者、全給其祖母、有伯叔母及姪男女者、則均分之、有伯叔及堂兄弟姊妹者、則伯叔均分、有舅與姑母之子女者、全給其舅之子女、有姪與甥者、則均分之、有祖父與兄弟者、全給其兄弟、有兄弟之孫與姪女或甥女者、則姪女甥女均分之、有妻與兄弟者、妻分一半、兄弟均分一半、有母與兄弟者亦然、有妻與兄弟姊妹及已故兄弟姊妹之子女者、妻分一半、兄弟姊妹分

其四分之一、各姪男女亦分其四分之一、有兄弟姊妹、及已故兄弟姊妹之子女者、兄弟姊妹分一半、姪男女分一半、有母妻兄弟姊妹及已故兄弟姊妹之子女者、妻分一半、母分四分之一、所餘則各人均分之、只有祖父者、全給其祖父、妻死所遺、全給其夫、寡婦有翁姑或有子女者、分法與男子者同、是官有定例、而民無爭鬬也、足見彼邦政教之一端矣、

初四日辛巳、陰、記英俗、視男女之遠近、不論姓氏、而分血脈之相連與否、故夫妻同視彼此之父母兄弟姊妹姑

四十一

舅姪男姪女甥男甥女、皆一律無別、又兄弟與已嫁未嫁之姊妹同、兄弟之子女與姊妹之子女同、姑舅既同其子女、亦與已之兄弟姊妹同、已之祖父母與外祖父母同、姑舅既與叔伯同、則姨母亦與之無異、蓋謂姓雖不同、而血脈仍連也、故英國言語無伯叔舅父之分、皆稱曰昂克爾、伯叔母及姑姨母、皆稱曰安他、堂表兄弟姊妹皆呼曰克森、堂表姪男、皆呼曰乃弗由、堂表姪女、皆呼曰呢斯、

初五日壬午、陰、記英人用一跟役者、自不論其年紀若

何、身體若何、只要明白安詳而已、用數名者、則年紀之大小相同、身體之高下相同、其序又分三等、頭等者、又名二等進爵僕、不隨出門、每日午後聽門、同司進爵、早晚侍奉五餐、二等者、呼爲夫人跟役、因婦女朝朝拜客以及遊覽名勝、買辦物件也、其職係每日洗盤滌盌擦燈添油等事、三等者係終日往各屋搬送煤柴、磨洗刀叉、烏刷靴鞋、刷撣褲褂、收送信件、及早晚啟閉門窗簾帳之職、皆卯正起、司其所事、終日往來蹀躞、極其殷勤、待主人寢後、息燭閉門、時已在亥子之間矣、

初六日癸未、微晴、按倫敦往來行人、無一任意便溺房後牆邊者、園囿設有婦女淨房、街衢閭巷、設有男子屏蔽、造以鐵板、高五尺、寬一丈、前後二屏、形如[]字、中一牆、前後各分三槅、作王字形、入者互不晤面、牆下鐵板孔通地溝、牆上橫濕活水鐵桶、不時下沖、穢自順流入地矣、

四十二

初七日甲申、晴、記倫敦房屋牆壁禁止黏貼報單、鋪肆亦無報單可貼、凡新聞者、增添貨色者、皆上新聞紙、有送貨物價簿、門票於通城富紳者、戲園亦然、惟雜劇館每日所演、不能預登新報、乃雇一種貧民、令于胸前背後挂二長方木板、長三尺、寬二尺、各上貼報一張、鎮日負之遊行于市、有二三十名、呼曰三堆之、又英一種小食、亦名三堆之者、係兩片麪包、中挾火腿一塊、是比二板爲麪包、比其人爲火腿也、趣甚、

初八日乙酉、晴、巳正同黎蒓齋乘火車、至布萊敦、仍入前寓、早餐後、駕輕舟沿海游十數里、遠波蕩漾、一望平鋪、翠疊長隄、如開畫景也、午後入阿奎良木一遊、晚赴皮爾聽樂、皆闐熱如前、入夜陰、

初九日丙戌、微雨、巳正乘車行數里、入一古王行宮、樓高二層、羅列多中土畫軸佛像及鐵壺瓦罐瓷瓶木盌等、在上四望、雲連海氣、風帶潮聲、覽眺之餘、不覺令人感慨、未初回寓中、正乘火車抵倫敦、

四十三

初十日丁亥、晴、午後乘車至德國公使署、見其隨員何太吉、問之未接確耗、繼至金登幹處、亦云不知、

十一日戊子、晴、早新聞紙言、前日戌初、在泰木斯江外、有遊船一隻進口、時值陰雨黑暗、突被他船撞翻、溺死者七百餘人、泅而得生者、不過五人而已、欲知當日往

遊男女名姓者，皆須開送美爾衙門，以便撈尸往認。晚接上海文報局電信云：李署劉同文即日發遂，照繕寄星星使。

十二日己丑，晴。早新聞紙言：現撈得溺死者五百二十七具，置于格林泥芝村巡捕廳內，識者往認。戌初，接星使諭，言威公使訂于本月二十日由馬賽登船赴華，擇于十八日在巴里與之祖餞，令代繕英信一函，親身送往。

十三日庚寅，晴。早起至阿賽年會館訪威公使住址，巳初，執信乘大車，行四十餘里至高斯敦村，改乘馬車行十數里。一路樹林陰翳，溪水清澄。入見威公使夫婦，伊言是日不克赴約，改日亦難預定，即交覆函，令彝代呈申謝。因當時無車開往倫敦，遂同其夫婦入園步遊。登岡一望，叢林攢翠，夾路如屏。古樹婆娑，淳陰帀地，水淨魚肥，不覺令人有村居之想。後入室少坐，飲茶而別。乘馬車至客廳，登火車，申正回倫敦，即將一切具稟星使。

四十四

十四日辛卯，晴。午正，同黎蒓齋、鳳夔九由帕丁敦火車機登車，行三十餘里至黎汀莊換車，遇日本隨員長崎道至，又行二十餘里至阿拉得馬駟達村，改乘馬車行五六里，入巴多懸別墅，赴對戶葛里扉夫人家茶會。樓房一所，高敞整潔，園廣七八里，清溪繚于垣內，跨以石橋，有小樹編為翠屏，夾于道。奇花異草，風送清香。草地張幄，羅列飲饌，男女來者數百，多以擊球為戲，勝者主家贈彩，甚覺開懷。繼飲三鞭、舍利酒，食有橘子、葡萄，待至戌初，上火車，亥正回寓。

十五日壬辰，晴。早起同眾團拜，慶賀中秋。未正一刻，威公使來寓辭行，詢知當日起程，伊去後即以電信稟聞

四十五

星使。晚餐同李觀察、黎蒓齋、羅緝臣、鳳夔九、姚彥嘉、黃玉屏共席，暢飲甚歡。

十六日癸巳，早陰，未初一刻雨，入夜雨止，微冷，晴。按倫敦凡鋪肆欲歇業者，其貨照本出售，門外橫白布一條，云尚餘三日，或尚餘半月，或限于一禮拜內，或限于一月內。蓋言或幾日，或幾禮拜，或半月，或一月後即行關閉，故挂此招人來買也。然竟有終年永挂，現係末禮拜五字，或現係末月四字者，亦云奇矣，殆亦商賈誘人之計歟。

卷九終

四述奇卷十

鐵嶺　張德彝在初　隨筆
貴　榮竹坪　校閱

戊寅八月十七日甲午晴、記英國募兵之法、凡年至二十二以上願充者投告、由醫官驗其身體健壯、長及六尺、脛骨不弱、足不平底、則給貲為定、令歸告所親、送諸大營、覆驗若不如式、則罰醫官賠償定銀、又慮其出于一時憤激、乃訊其來意真實、則分哨教習之、教法係十人一排、先練手足緩行、欲其步伐整齊、急走欲其馳驅速快、站立欲其腳穩、運物欲其腕勁、以頭觸物、欲其撞之而仆、推之而開、兩手擒伏、欲其力堅能制、而使之不動、凡演習或口號或搖旗、欲其耳目習于觀聽、迨手足有效、則教以陟山跳濠越牆緣木各技、蓋累土為坡、趨之欲其息而不喘、繩挂木城、攀登之欲其身懸而不墜、橫木半空而超過之、由二尺漸高至五尺、欲其上騰身不觸物、掘濠于地、由二尺漸寬至一丈、欲其兩胯之張、足不失陷、如是二三年後、則授以火槍、使習攜持舉抱跪立反正、測遠近、辨高低各種施放之法、其馬兵由步隊選擇、蓋預防其喪馬而仍可步戰也、馬先予劣者而不予鞍、繼予鞍而予鐙、由騎坐以及馳騁、由馳騁以及超越、運用刀矛、施放槍銃、各技精熟、然後予以全分鞍鐙轡繩、凡馬步技藝、學習三年不成者、斥出、學成者、給以餉糈、三年為一屆、願留者或六年或九年、至多者二十一年、以其齒老體衰、勸令歸里、仍以原餉贍其終身、在營有所犯、輕者禁一禮拜、不准外出、重者降為二等、再犯則降為三等、蓋兵雖有頭二三等名目、餉仍無異、不過以示優劣而愧勵之、有犯則註之于册、由哨官時進營官查驗之、如再犯則改入他營、易人領教之、將其所犯事由、一併錄送、過仍不悛、則下諸獄、令作苦工、蓋有專獄以錮士卒也、其三年無過者、以黃絲作規形、施諸袂、加其餉糈、絲遞加至三而止、嗣有所犯、亦遞褫之、其已降為三等者、能知愧奮、亦可逐漸賞還優等、此英國營規之大概也、訊諸泰西別國、大率類此、

十八日乙未早陰、入夜風雨甚勁、記英國官病燒酒之害、禁之不果、乃特令以土產一木名恰斯者、與炒麥釀成一種黃酒、名曰比爾、其味頗苦、能養血氣、聽人沽飲、

以默寓轉移之術、人遂任意鯨吸、益自迷于醉鄉、往往
挹注盈缸、一飲而罄、日非數瓶、興不足盡、而奸儈陰投
鹽礬其中、使沽者愈飲愈渴、愈渴愈沽、故街市車夫及
貧家男女、多顴赤而鼻紅者、聞倫敦城外苦酒釀房極
多、大者四處、以大池爲釀器、以深屋爲酒缸、每釀輒十
數屋、揚其沫而凉之、然後注諸木桶、桶形如鼓、盛酒四
百磅、每年出售六十萬桶、以上皆銷諸倫敦一城、無外
出者、以是知英人之好麯蘖、不亞於他國人之嗜阿芙蓉也、
十九日丙申晴、記英國婦女之侍者、多爲嫠婦孤女、職

三

係伺候飲饌、聽門報客、服侍梳洗、收拾卧室等事、以上
只用一二女僕者、若有跟役、則伺候飲饌、聽門報客皆
非其職、
二十日丁酉晴、去歲劉星使未往德時、曾同郭星使入
御畫閣觀畫、劉星使見懸有天主母畫一幅、甚佳、問價
則七十磅、回寓後、劉星使令馬清臣代覓其畫工精而
價廉者、摹仿一幅、七八日後、馬友某薦來畫師顧達門、
言定工價二十磅、畫幅長四尺寬二尺、月餘告成、値雖
付訖、而劉星使已去、郭星使聞之、索觀、及見則亟賞之、

令二武弁舁至樓上、與内眷看而留藏之、顧云、既蒙獎
飾、情願恭繪尊照、不論畫工、只賜筆費足矣、星使聞之
喜曰、畫固所願、無如不耐久坐、顧云、請先以照相作藍
本、及取而觀之、不以爲可、請另照以爲楷模、次日星使
率馬顧二人往照、星使言頂珠須露否、則人不知爲何
幗、面不當正、亦不可太偏、迨照成、顧即持往摹畫、後請
率馬清臣往觀二次、著色提神、顧請星使著朝服、星使
以朝服近于追影、遂止、畫工竣後、適値御畫閣開、乃懸
諸其内、觀者無不歎賞焉、旋之溫普海口畫閣又開、遂

四

移于彼、懸挂四十日、後送入公署、問其價、係顏料費二
十磅、全木框六磅、星使共給二十磅、彼此各無異說、不
意前于六月二十日、上海申報忽印一段、題云、星使駐
英近事、按其所言曰、英國各新聞紙、言及
中朝星使事、每涉詼諧、近閱某日報、言英國近立一賽會、
院中有一小像儼然
中朝星使也、據畫師古曼云、予欲圖大人小像時、見大人
大有躊躇之意、遲延許久、始畧首肯、予乃婉曲陳詞、百
方相勸、大人始欣然就坐、予因索觀其手、大人置諸袖

中、堅不肯示、予必欲挖而出之、大人遂愈形踧踖矣、既定、大人正色、言畫像須兩耳齊露、若只一耳、觀者不將謂一耳已經割去耶、大人又言翎頂必應畫入、予以頂為帽簷所蔽、翎枝又在腦後、斷不能畫、大人即俯首至膝、問予曰、今見之否、予曰、大人之翎頂自見、大人之面目何存、遂相與大笑、後大人議頓科頭而坐、將大帽另繪一旁、予又請大人穿朝服、大人又正色、言若穿朝服恐貴國民人見之、泥首不遑矣、遂不果服、以上皆畫師古曼所述、而該報又言畫既成、大人以惟妙惟肖、甚為

五

欣賞、并欲延古曼繪其夫人云云、本月初旬申報寄來、值星使在法、見而怒曰、此言必顧達阿戲笑、故登新聞、然時實無此事、不知何故妄造斯言、或前往照畫時、馬格理傳錯言語、故有此議、即令馬清臣函致顧達阿以詰之、迄無回耗、昨晚奉星使來諭、令彝親往面詰、遂于本日未初乘車前往、詢知伊已携眷外遊、旋里尚無定期也、

二十一日戊戌陰、記英國水師另分一部、曰海部、有五大員、一總理、必由文職出身而兼樞密院者、二尚書、二侍郎、其出身三由水師、一由文職、又監督一員、由議政院轉調、升降與五大員同、皆歸國家黜陟、又司官十員、曰協理官、曰管船官、曰會計官、曰機料官、曰傳寄官、曰管工官、曰管礮官、曰管票单官、曰管火食官、曰醫官、其總理有定核一切之權、尚書一管行船、一管船廠、侍郎一管匯兌買辦、一管出入帳目、外有數官不歸海部者、曰海圖公所長、曰行會船長、曰天文學長、曰水師學長、侍郎與會計官同司出納、因而另分兩司、專理各處船塢事宜、第一司內管機器者一員、管各工料之加增者一員、

六

管理木料者一員、驗工及清帳者各二員、第二司內管煤者一員、管船廠帳者三員、管買辦帳及建造樓房者各一員、通國船廠之稱頭等者四處、曰的文坡、曰波自毛斯、曰查塔木、曰什爾乃斯、二等者四處、曰代他佛、曰格立枝、曰盆布婁、曰霍布林、外有屬地船廠十五處、曰支布洛達、曰莫洛塔、曰哈立法克斯、曰塔林扣麻里、曰柏爾木達、曰安的卦、曰扎美喀、曰阿三慎、曰薩拉倫、曰好望角、曰葵蔭塘、曰嘉新坡、曰艾斯吉瑪、曰席達呢、曰香港、四處頭等船廠、皆有專員管理、水師提督所轄、

係船隻水師及學船操演考查各事、更有管轄巡捕之
權、平時彈壓、戰時防守、雖不兼理船廠、亦可隨時訪察
而入告焉。

二十二己亥晴。記英國水師皆甘心投效、分為二班、曰
暫留、曰永存。暫留者為義兵充當、按五年計、每年操演
二十八日、其月餉與兵同。迨二十年後、無過則賞給養
老銀。海防兵雖非水師、而勢與兵船無異、必曾在水師
營八年、熟悉一切者、方得入選。按通國水師、共官四千
九百七十八員、共兵六萬三千三百五十四名、統計六　七
萬八千三百三十二員名。此外另有兩營水師、每營分
三隊十六排、皆在船上學習操演。實任武官共三百員、
候補及義士共一萬一千零九十二員、文武在各船廠
共二萬零六百員、在船操演各員、由布立他呢亞官船
學院中拔取。管機器者、由瑪拉柏婁官船學院中拔取、
其他各員、由考試取中。格林呢芝之水師學院、專學練
法、製造機器等事。凡充千把者、必由此考取。在波自毛
斯船廠、專有學習槍礮水雷之館、以便揣討攻克之法、
水師武官品級最高者為提督。凡商會總之年在四十
五以上者、可充此職。商會副總可充副參之職。外委皆
係年未及十八歲、而曾在商船充過二年者、當之。其在
布立他呢亞學習、以二年為限、皆年在十二三歲者入
選。凡外委及委署把總、每年皆在所隸各船考試、原卷
呈交提督、以備拔擢。以上各員、能施放火器、熟悉海道、
善引水、而能他國語言者、皆另有津貼。除本國水師外、
在各屬地者、如新開河、地中海、南北阿美里加、中國海、
東印度、澳大利亞、好望角及阿斐里加之東岸、每處當承
平之時、每處船皆八隻、為快船與礮船。外有商民自主兵船、專
為保護印度財產、名曰印度水師。又有澳大利亞及加
拿他船隻、係專為保護屬地者。

二十三日庚子晴。酉初、接郭星使來諭、問威公使何以
至今未到巴里、不知巴公使已到倫敦否、須即探訪。遂
乘車至德公使金登幹、米斯盤三處詢問、皆無確耗。欲
訪威公使、因時已亥初、遂回寓。

二十四日辛丑晴。原擬巳初赴高斯敦村、至其家詢問、
繼思可先到阿賽年會館一探、自知其實。至則知其前
于十五日晚并未起程、現住色苐巷第三號。即往見之、

據云公事紛煩、上船改日、問巴公使、則云昨午到此、定于明日赴巴里、我約于二十六日起程前往、遂請其將至巴里住于何店、及巴在英法住址開出、回寓後、即以電線報往巴里、申正一刻、乘車往謁巴公使、未遇、

二十五日壬寅、陰雨、巳正乘車行八九里、至賢阜安巷、第三號十四戛里小店、始知巴公使已起身赴法矣、回寓後、又以電線稟聞、

二十六日癸卯、稍晴、因由倫敦往巴里火車、每日早晚兩次、卯初睡起、即往探問、據云、尚卧牀榻、去否不知、斯

九

時火車已開、遂回寓、酉刻復往、問洋僕、仍云不知、後華僕出、始知行李尚未收拾、行期已改明日矣、

二十七日甲辰、晴、早往探問、據云今日行止不定、酉刻復往、始知又改初四日起程、及見威公使、問之、始信、入夜風雨、冷、

二十八日乙巳、晴、涼、記英國稅課、無人不征、無物不征、無事不征、即如准票稅、凡大小買販、樹藝畜牧、漁獵匠作、為官為商、律師教師、婚嫁葬埋、建造雇役、皆須領取准票、然後可、又有蓋印稅、凡商賈合同之券、出貨入貨之券、發銀收銀之券、析產領產之券、買地賣地之券、舟車保險之券、人命保產之券、回祿保財之券、皆由官驗蓋印、然後行、又有錢財稅、凡人歲入至一百磅以上者、每磅稅三佩呢、君祿官奉、亦不免、惟佃戶則稅一佩呢半、以恤其勞、房屋田畝、按其初買蓋印之稅而稅、歲以為常、每有一人一物而屢稅者、如商賈既稅之于合夥、又稅之于出入貨物、又稅之于收發金銀、又稅之于每歲所贏之利、層層剝削、類此甚多、每遇大工程大軍旅之時、則增稅、平時三佩呢者、增至四五佩呢、或七八佩

十

呢不等、雖然、皆按成規、奉有明文、告示、官收官用、人皆樂輸、貪墨中飽者、無所施其技也、

二十九日丙午、晴、頃據威公使言、訂于初四日前往法國、恐緣他故、改期、午後又往一探、不意伊竟定于戌正起程、因急以電綫稟聞、

九月

初一日丁未、晴、早起、往探威公使、知其已去巴里矣、記英之官學義塾、共分三類、曰大學院、曰學堂、曰書塾、凡男女幼童初學入書塾、繼入學堂、肄業有成、則入大學

院考中後言由某大學院出身頗爲人所敬重、通國以英格蘭之教克斯佛與堪卜立址之二大學院爲首、二處之學堂亦爲最多、官員亦廣、如教克斯佛大學院由大學士總理監督至提調助教等、共計五十二員、又考試官二十六員、監試官十三員、察學官六員、教習四十八員、學堂二十七所、堪卜立址大學院、官員教習數與教克斯佛大同小異、學堂十七所、二學所教者、係英文、華文英薩森文亞喇伯文賽拉的文希伯來文希臘文拉丁文印度文日本文天竺古文日斯巴尼亞文法文德文俄文義文天文地理教學化學道學醫學算學光學性學音學畫學詩學力學歌學壯學氣學術理學測學重學格物學寫字學華性學金石學草木學禽獸學古教學治理學教訓學藏畫學機器學泥瓦學律例學今例古例印度律萬國律羅馬例猶太例今史古史萬國公法及星軺指掌等（京城）倫敦大學院共大小官四十員考試官四十六員、監試官十二員、教習四十三員、學堂四處、曰克英斯、曰特立呢、曰德爾抗、曰西敏斯德、通國學院學堂名目未詳、惟聞大學院二十九所、學堂大小五百一十七所、學塾一萬八千七百四十五所、統計一萬九千二百九十一所、

初二日戊申晴、記倫敦街道排車、巡捕不索地方錢、既無重車載運木石甎瓦穀米草煤者、即有、巡捕亦不索道路錢、譬如官有定例、每車索一銅錢、諒民無不從者、即有不給者、巡捕亦鮮有攔阻謾罵、或抽草一束、竊甎一方者、

初三日己酉晴、戌初戴樂爾邀飲、乘大車、行二十餘里、至葉立整莊、入其家、見其夫婦、暢（談）少許、入座、雖非羅列珍錯、而山肴野蔌、酒冽魚肥、亦堪爽口、食畢、入旁室、飲加非一杯、謝辭回寓、

初四日庚戌晴、酉初一刻、同衆乘車至柴令克洛斯大車客廳、接星使率馬清臣回寓、時威公使同來、蓋伊雖于上月二十九日赴法、然因公務未結、而回華尚無定日也、

初五日辛亥陰、早星使向衆云、申報所言、我雖詫異、未甚追求、昨姚彥嘉云、前八月某日來電信言我有返棹一說、因申報出于六月二十日、是必傳至京都、致有此

回華之信、細繹申報詞句、諸多可惡、不知何人所撰、須立究之、言後、即令馬清臣往覓顧嬰問、

初六日壬子陰、未正隨星使乘車往拜潘侍郎威公使金登幹、皆未遇、戌初令彝見威公使、詢問起程日期、言尚未定、入夜晴、

初七日癸丑晴、申正再往見威公使、問之、仍云未定、適來三日、顧嬰問連上二稟、據稱現在倫敦繪畫為生、豈敢冒言妄瀆、今四海傳言、有關謀生之計、名聲既壞、則衣食亦難矣、今當極力追求、登新聞以究問之、當日將

十三

其辨白一段、一併寄來、按所云係昨見中國申報有言予繪（覆）郭大人小像一事、不知出于何紙何月何日、知者示知為荷、

初八日甲寅晴、暖、午後隨星使乘車、往拜金登幹、申正令彝乘車往訪威公使、至則知其甫接曾侯電信、本月不往、

初九日乙卯晴、申正李觀察請星使及眾等、在立墀滿村司達店晚餐、未正隨星使乘車至彼、同席有金登幹夫婦、米斯盤嚴又陵及前充同文館英文教習傅蘭雅、

肴蔬甚佳、酒酣耳熱之際、頗覺秋景宜人也、

初十日丙辰晴、適來星使令馬清臣兩次以電信致申報館、詰其原委、久無回耗、再問、并將答費寄與、始據云、其事譯由前四月日歐臥（禮）蘭美新聞紙、馬清臣即至該局尋覓、又據云、新聞係每拜一次、惟無是日者、問諸局人、皆云不復記憶、馬恐日期有訛、遂將整月買來看畢、亦無是說、晚李湘浦張聽颿由巴里回、

十一日丁巳晴、早星使欲令馬顧二人、各書一段于申報、以辨其誣、並令各填一段于齋呢斯太立格拉木及

十四

倫敦齋耶艾克斯普蕾斯二新聞紙、已正、令彝將顧嬰問覓至、伊擬成一底、照繕呈閱、星使以其短而不適、乃為之改定云、頃知上海申報內載星使駐英近事一則、或謂係由僕口傳出者、殊覺詫異、僕以聲名為重、安得甘受其咎、今特陳數語、以辨其誣、查申報所述、係中國

欽差在倫敦、令僕畫像各情、及畫成後、懸諸畫閣之事、所言諸多妄謬、間有譏誚、僕即竭力追求、查考原委、至今惜無所得、夫僕之畫像、係馬格理為之先容、帶見時、乞得照相為藍本、畫成後、請星使臨視兩次、星使極為稱許、

僕方感謝不盡，何至有揑造譏誚之理。且僕與星使彼此言語不通，概由馬格理傳說，馬格理來詰，僕茫然無以爲對，謂以全無影響之詞出自僕口，即馬格理含糊，僕亦斷不能隱忍，務請貴館刊此辯論，并望見此報者得知中國，此段申報傳自何人，刊自何日，立即示知，不勝感荷。顧達門謹啟。

至馬清臣一段係由星使主稿，以漢繙英，所言如左：

敬啟者，昨于法京獲見六月二十日申報，翻閱之下，不勝詫異。查顧達門爲

十五

欽差畫像係由僕所薦引，畫成後，
欽差甚不愜意，經顧達門再三修飾，
欽差始言畧得形似，迨懸于畫閣，見者亟爲稱賞，由是顧達門畫名噪于海外焉。蓋英人以
欽差初次來英，詫爲罕見，遂使顧達門之畫名頓爲增重。當其畫像之時，彼此言語不通，一切由僕傳達，若如申報所言，則僕從
欽差將近兩年，曾未見有此形狀，似此憑空侮慢，令僕何以自處。後由巴里回倫敦閱看此事之緣起，顧達門指天明誓，堅不承認，且在倫敦閱看新報十餘家，亦未見此一段文字。僕以此等譏笑之言，或因他人有意誣衊，故借畫相爲詞，或出自顧達門手筆，要皆無足輕重。蓋顧達門不過一畫工耳，輒敢肆口譏笑，自有人責其非，乃申報遽謂英國新聞紙言及
中朝星使每涉詼諧，而僕自隨
欽差來此所見新報，無不欽佩，絕不聞有涉及詼諧者。因思泰西各國，無不講情理，無不講律法，各種新聞之司筆墨者，亦多通達事理之人，故於各國駐劄星使，從不肯

十六

回有所譏笑。若如申報所載，甚非英人所樂聞也。今顧達門已有辯說，更望將僕此論載入貴報，稍正前言之誣。緣顧達門之得失不足與校，惟僕自覺其人由僕薦引，言語由僕口傳，此等誣衊之詞，實令僕無顏以對
欽差也。用瀝陳之。馬格理謹啟。

十二日戊午，晴。申初，全登幹偕戴樂爾來拜。按英國文武各官，皆由敖克斯佛及堪卜立址二處學院考取，無勞績，無捐納，故無正途異路之分。

十三日己未，晴。申正隨星使乘車，往拜日本公使，入內

少坐，後往拜波斯公使及全權幹，皆未遇。戌初回寓。入夜陰雨。

十四日庚申，陰。申初隨星使乘車赴外部，見潘侍郎，坐談時許。繼拜赫樂彬、吉羅福，皆值公出。戌正回寓。入夜復雨。

十五日辛酉，陰雨。記英人慮善途而惡勞，為人之至情，難善而易惡，為人之習染，乃設法教養，使就範圍。為子女廣設學校，給以衣食，教以文字、各藝、言語，有時步履有方，規矩極其嚴肅。有華樓閣，儲冊籍，遍揭圖畫者，有

十七

羅陳動植諸物狀珍異諸名色者，有聚萬牲而畜之，彙眾芳而蒔之，以為園囿者，有聚木材藥料，區其名目，別其功用，而燦列于廳堂者，有搆館舍，聘名師，主講光化電氣各學者，遠近棋布星羅，縱男女士庶觀覽摹效，以為學識之助。其各種機器，亦薈萃一區，運用演試，使人得審視之，無非令人集思廣益，以期學業有成。其有不束身循教者，特為官法以督治之。成人男女有犯者，繫諸囹圄，童子則拘諸改過房，罰作苦工，令操布麻金木諸技，以制有用之器，是監牢亦寓學校之意也。抵英以來，街市無閑人往來，鮮有面帶愁容、心懷憂慮而囚首跣足者。

十六日壬戌，晴。數日前，姚彥嘉稟星使言，眾欲請星使同照小影一張。迨下樓，告眾。又云奉星使諭，令眾隨照小影，并令張聽颿前往各處代覓照相鋪之地大而價廉者，訂于今日未正往照。姚彥嘉令各穿開褉袍、馬褂，屆時，車至門前，姚彥嘉又請改穿棉襖，戴立領，方覺壯觀。言次，張聽颿來云，該鋪尚未備齊，改于明日。眾遂散去。

十八

十七日癸亥，晴。午後仍著棉袍、馬褂，同李觀察、黎參贊、馬清臣、羅稷臣、鳳夔九、李湘浦、張聽颿、姚彥嘉、黃玉屏，隨星使攜四武弁乘車，行二十餘里，入一小照相鋪，名韋克爾者。屋既小，院亦狹，廣不足二丈，長三丈餘。橫坐一行，向日迎風，照八次始成。當照時，令眾人放袖，恐其色白，惜其不明放袖之儀，且不知紅黃藍綠等色照出皆白也。戌正回寓。

十八日甲子，晴。申正一刻，隨星使乘車，行數里，至爾柏訥巷第七號柯爾翔店，拜赫樂彬，講欲仿西式改鑄銀

銅錢、戊初回寓、

十九日乙丑晴、戊正星使同李觀察偕馬清臣往蘇格蘭遊、入夜陰涼、記英人雇用買辦、即一家之大總管也、非富室不用、其人其職係代主人雇覓男女僕婢、管理出入帳目、製買應用各物、按月報銷一次焉、

二十日丙寅陰、記英人之雇用服侍僕者、係富家男主及鰥夫、或年邁男人也、其職係刷掃衣褲、擦高帽、鳥靴鞋、早晚預備淨水與之剃（薙）鬚整容、伺候飲酌、隨時服侍一切、雖春秋不與衣履、而主人之所餘者、咸賞賜焉、

二十一日丁卯晴、記英人所用書童、亦非富家不用、其

九

職專為女主報客、又為客廳僕、客至、啟閉門戶、每午後司閽、接收名刺、并看守客廳門與書房門、同眾供奉日餐及入夜燃燈等事、

二十二日戊辰晴、記英人所用之進爵僕、為眾男僕之首、因其曾充頭二等跟役及二等進爵僕、而超陟之、必須潔淨懇懃、心能專一、因是多不用有妻室及有子女者、其人管理各種酒、與酒器、瓷器、酒皆收存地窖、掌管鑰鍉、存用記帳、或每日、或每禮拜、檢點算結、酒皆男主自行選買、有盛以玻璃瓶者、有盛以大小木桶者、如紅酒、苦酒等、每早睡起、由桶灌瓶、以使沉淨不混、男主若不另雇服侍僕、則進爵僕司其職、則所餘之舊衣鞋帽皆為所有、一家若用二三跟役、則除伺候飲饌外、須每早查看應用器皿滌淨否、所備几案整潔否、客廳書室羅列應用之物齊備否、窗簾帳幔捲或放否、新聞紙裁開否、火爐燒得否、每日未正至戌正司門、每晚查看已用器具收齊否、若主人只用一跟役、或跟役外出、則上下傢伙、燃滅火燭、亦為其人之事、其人如欲出門、或由

廿

午正至未初、或由亥初至子初、皆伊無事時也、

二十三日己巳晴、記西國庖丁、有男有女、而富室多用男工、且以法國者為上等、其一在于調和烹飪、其一在於潔淨洗滌、及安置肉房傢伙櫃、是必善于指示洗廚婆、管肉房婆、及所用之小廚工者、頭等者預備早餐、隨己意預料主人所喜而進之、午酌晚餐、必先以水牌開呈女主、請示有無更改之處、至僕人晚飯、則歸洗廚婆為之造做、有時請客、或有客人居住、則主人或令添雇廚工、或令由飯肆遞送、每晚飯畢、一切皆歸洗廚婆等

收拾灑掃、若小戶、廚工廚婆各一二名者須從中協助、上下菜肉、逐歸女主開買、廚伴多者、每日辰正入廚、廚伴少者、每日卯正入廚、自行料理。只一女廚、一女僕者、女廚卯初入廚、燒火備飯、飯畢、助女僕掃牀理被、司門應客、入夜事畢、須查看門窗關閉否、竈火封固否、煤氣燈及煤氣火道閉妥否、至亥初方能上樓而寢。

二十四日庚午晴。記英人所用總管、非富室不能有、而僕婢由五名至四五十名之多、除乳娘梳洗婢及庖丁歸女主雇用管轄外、其餘皆總管酌覓、火食房開單買辦為其職。上下白布、如被單、褥單、飯單、桌單、面巾、抹布等、或洗、或補、或須更換、以及瓷器、房傢伙、房、客人及僕人之卧室、皆歸其人照料。每日辰初睡起、查點一切、開櫃取飯時應用器具、辰正率眾茶飯、後開單買辦應需之物。迨主人早餐後、收存所餘糖果小食、入各室看胰皁、[illegible]燭信紙墨水預備否、衣櫥几案潔淨否、簾幔椅罩牀罩須洗否、地氈灑掃否、一切陳設擦洗否、未初率眾晚飯、預備主人晚餐晚茶應需各品。是富室之家務、皆歸伊之掌握也、間有因撙節起見、分交庖丁及梳洗婢

二十一

管理而不用總管者、

二十五日辛未晴。記英之富室雇用車夫、為分二等、頭等者御雙馬、二等者御單馬、主人拜客遊街、為頭等之職、聽戲赴會及上大車等、為二等之職、頭等者又有監察之責、看車房馬廄灑掃否、車輛洗淨否、鋪墊有土否、馬匹喂飲否、麩料足用否。用二車夫者、一日御三次、用一車夫者、一日御二次、早用一馬、午用二馬、夜用一馬、總以休息其力為上。馬夫之職、係刷喂馬匹、撢洗車輛、灑掃房廄、及隨主人乘馬出遊。

二十六日壬申早大霧迷漫、車馬行人不得進、午後稍散、同黎蒓齋街遊五六里、入一加非館、少坐、各飲茶一杯而歸、覺外衣微溼、因思抱朴子有言、與善人遊、如行霧中、雖不濡溼、潛自有潤、誠哉是言也、蓋善人同行、雖無明言指引、久而自循其軌、豈非潛自有潤哉。

二十七日癸酉陰冷。記英人雇覓乳娘、以其職輕而任重、第一要精明慈愛、溫柔信實、更欲其飲食得當、言語正清、方有益於嬰孩也、是以主人每擇其丈理順而口齒清者、有專雇上等貧婦、以其曾經養子、而知教育之

二十二

法，其看待較他僕婢有殊，早茶早飯與夜小食，皆令他婢送入其屋，晚飯午酌，與主人共席。乳娘無論為何等人，細事則本人料理，粗事皆歸諸婢服侍。有專雇女婢供奉乳娘與服侍嬰孩者。乳娘每日卯正一刻睡起，辰初給嬰孩洗澡穿衣，辰正早飯，夏日巳初、冬日午初，將大者放坐小車，懷抱小者與服侍婢出遊，午正回，令小者卧息一點鐘，未初為乳娘晚飯，未正一刻，再將小孩帶出遊兩點鐘，申正一刻回，為乳娘休息之時，乃將各孩帶入客廳，交女主看守半點鐘，然後携抱上樓，酉正為

二十三

嬰孩睡覺之時，備有澡盆冷熱水，為之洗浴而後睡，因多與乳娘共屋，乳娘看至戌正一刻。有服侍婢將小食送入其屋，食後為其鍼黹之時，給嬰孩裁剪補縫，亥正睡。是乳娘一日所司，或作或息，皆有定時也。

二十八日甲戌，早陰，巳正晴。記英俗有專為乳娘雇一婢，以便協助。子女多者，另雇一女，名曰看婢，須上等貧女，丈理順而口齒清者，雖未學養子，然必抱過弟妹者，方知保抱之法。每日卯初一刻睡起，即在乳娘屋灑掃一切，燒爐，備洗澡盆冷熱水，助嬰孩洗身穿衣，伺候早飯，清晨午後帶小孩出遊，不同出，則協助鍼黹，收拾玩物，或看其玩耍，伺候乳娘午茶夜饌，備小孩臨睡洗浴水，料理次日衣履，一切備妥，無事則睡，時已亥正。

二十九日乙亥，陰雨。記英人雇用之灑掃婢，亦分三等：頭等者之職，係管理上下白布桌單、飯單、果酒手帕、白布被單、褥單，及各卧室之白紗印花布、牀椅罩與面巾抹布等，隨時更換刷洗。每日卯正睡起，即灑掃客廳、飯廳、書室，與上下樓梯地毯，掃淨牆爐，燒火，預備女眷浴水，早餐後灑掃各僕住屋及門房，為眾掃牀鋪被，并入

二十四

書室，看案上紙墨足否，客廳盆景花卉澆灌否，晚餐時登樓，入各屋查點蠟燭、胰皁足否，面巾被單換否，入夜燃燈，放簾幔，及送各屋熱水一壺。每一禮拜，除撣塵外，各屋皆通掃一次，捲去地毯，以鹼水刷樓板，擦門窗亮鐵器，擦瓷爐等事。其二三等者，每日除隨頭等者灑掃各處外，于申酉之間，更有縫補之工焉。

三十日丙子，陰。記英國婦女所用之梳洗婢，有本國者、有外國者，有分頭二等者，有兼總管及保娘二職者。泰西婦女最喜修飾，故梳洗婢必梳洗精巧，善于鍼黹，其

專侍女公子者、不惟梳洗鍼黹、且陪伴出遊拜客、故又
有保母之稱、終日所司、係每早理衣服、備淨水、進茶點、
午後或步遊、或乘車、或騎馬、以及赴宴赴會之衣、皆須
為斟酌合宜、為之改妝梳洗、回時脫換衣履、收拾首飾、
查點某件應澣濯、某件應縫紉、某件應更換、皆細心經
理、至餵養猫犬、亦歸其職焉、此婢每日戌亥之間、為閒
暇之時、午後願出步遊者、有一二刻之工、准禮拜日、早
晚入堂二次焉、

十月

初一日丁丑晴、記英人雇用廚婆、分為三等、大家多用
二廚婆、一收食器婆、頭等廚婆之工役、堪與二等庖丁
比、為書房、乳娘房及總辦房、各僕婢造火食、并聽庖丁
指使、代做汁湯、小菜、二等者、洗菜與魚、及切割肉菜、其
廚房大者、并自烙麪包、其不用收食器婆者、則頭等廚婆
做糖餅、小食、烹茶、淨水、熬加非、拌生菜、整理果品、冷葷、
如下房童不用、則二三等者、洗刷廚竈、地板、桌案、安
置一切、并伺候眾僕飯、燒火燃燈、收食器婆之職、係刷
洗勺鑊、盤盌、刀叉、匙羹、并灑掃僕飯房、肉房、廚院、以上

二十五

各婆、每日卯正睡起、有因人多、專雇一婦、名青菜婆者、
蓋為切洗菜蔬也、
初二日戊寅晴、早接電信、知星使于酉正由立溫普海
口回、乃于酉初同眾乘車至尤斯敦火車客廳、酉正一
刻、星使同李觀察、馬清臣到、入夜陰、
初三日己卯雨雹、細如米粒、因李觀察昨接部文、奉
旨署理駐德明大、因其僕役無多、遂將湯近薦之、即令洋
僕將伊傳至焉、
初四日庚辰早陰、午後細雨陣陣、酉正同黎蒓齋、鳳夔
九、李湘浦、張聽颿、姚彥嘉公請李星使、羅縉臣、在荔棒
街賢真睦斯館晚餐、與之祖餞、彼此暢談甚喜、亥初回
寓、雨止仍陰、
初五日辛巳陰霧、亥初同黎蒓齋、張聽颿乘車、行八九
里、至海豪本街坤奴館看雜劇、館與荔棒街巴威靡同、
有一法女、年十七八歲、名嫋嫋者、先于樓頂橫懸鐵或
木條、六十二根、長皆四五尺、作一長目字形、伊竟能頭
下腳上、往返、走一百二十步、走畢無恙、面色如前、亦奇
技也、子正回寓、

二十六

初六日壬午陰、酉正郭星使約李星使日軍門高爾介傅蘭雅羅緝臣陳鏡如嚴又陵及麥士尼爲能與衆人晚餐入夜雨、

初七日癸未陰、卯初睡起、辰初同衆、乘車、至毕今克洛斯火車客廳、送李星使傅蘭雅羅緝臣及陳鏡如起程赴德國、日意格高爾介回巴里、

初八日甲申陰雨、記自同治乙丑、迄今四次往來英國隨時考其心意、十數年來亦有變更者、按今觀之、通國官紳、以行善爲念、而意在息兵安民者十居六七焉其廿七俗以理之是非、爲事之行止、非專恃強仗勢者苟理無不足、則明白暢快、與之反覆辯駁、使知事理之所歸、故公事不能以數人之見、遽定、蓋官主其諱、必紳允其議、然後施行、上議政院之會議、暢所欲言、無所畏懼、固有濫竽充數、唯唯諾諾、聽高位一人之言者、下議政院之論事、據理勢以互證、毫無避忌回護、我理既足、衆心相喻、則左袒者必多、紳不籌餉、官即不能發兵、如前土俄交兵、英相欲起兵助土、而紳民不從是也、

初九日乙酉陰雨、記英國金銀銅錢、皆經官鑄、分量一律、行使無挑換之虞、金鈔皆由官造、尤無關閉之患、各銀號所用錢鈔無異、各號人皆和藹、聽人取用、或錢或鈔、莫不順從、鮮有驕傲自大、故意刀難、種種狡獪、不順人情、而令人甘受其侮者、

初十日丙戌陰、巳正同衆著公服、隨星使向北恭拜
慈禧皇太后萬壽聖節、行三跪九叩禮、申正一刻隨星使乘車、往拜威公使與金登幹、皆得面晤、坐談、戌初回寓、入夜微風、晴、

十一日丁亥晴、未初同李湘浦乘火車、遊水晶宮、當日廿八設有猫會、木籠綢褥、與犬會同、猫有一百六十六頭、分十數種、長毛短毛、色則黑白灰黃、價亦號由二三磅至千磅、遊人甚多、在彼晚餐、夜看烟火、子正回倫敦、

十二日戊子晴、辰初送黎蒓齋至毕今克洛斯火車客廳、登火車往巴里、申正、艾德林同薩德樂夫妻來拜、坐談極久乃去、

十三日己丑晴、申初一刻同李湘浦鳳夔九乘車、往拜羅伯遜及葛里扉、皆得晤談、酉初回寓、記英俗請午酌多用說帖、發于五六日前、時在未初未正之間、客則男

少女多、大者爲擊（抛）球會、投壺會、或建禮拜堂、或蓋公署、立第一塊石基會、小則爲一家者、此請不拘禮節、因西俗嬰孩晚食皆在午後、故嬰孩亦可同席、男女老幼、新知舊交、已未娶嫁、皆可請、是日將客之姓名數目、告知門丁、客至、引入大廳、女主接見握手、男主見否皆可、客有不相識者、女主亦可酌量引見二三、男客免冠脫手套于門房、女客不免冠、不脫外襲、僕報備齊、則同下樓、入飯廳、男女不携伴、女主首座、男主末座、來客一男一女相間、與晚餐同、遲到者、自入飯廳、趨赴女主前、或鞠

二十九

躬、或握手、謙稱來遲乞宥、女主坐與握手、若係女客則女主立與握手、所用酒惟舍利與克拉判、每位列二刀、二叉、一果匙、二玻璃盅、一玻璃杯、葷菜不備、湯與魚、眾僕分進、肴酒後、即開門而出、至糕點糖果、皆主人自奉傳遞、客任取之、用畢、女主向第一女客點首作笑狀、立而携眾登樓、男主與男客皆留飯廳、少坐吸烟、而後登樓、凡午酌不備茶與加非、眾客上樓、女戴手套、彼此陸續告別、後五六日內、親來投刺致謝焉、

十四日庚寅、陰雨、帶雹、按英俗、聚會固多、而約人晚酌最爲上等、請人者固爲恭敬、被請者亦有光榮、非彼此至契、及交結要務者、無此舉、凡請茶會跳舞等會、皆女主一人出名、請晚酌、則夫婦同出名、請帖白紙、寬四寸、長二寸餘、書肆印成出售、其式云、某老爺夫人同請某某、于某月某日某時賜光、共席晚餐、守候回音、用者填寫、如丁請辛、則云丁老爺夫人、同請辛老爺夫人、或女公子、于某月某日某時賜光、共席晚餐、守候回音、住某街某號、請客多者、必于二十一日前發帖、一便客人斟酌能否來赴、早給回音、一便主人早得回音、以便另請

三十

他人陪位、蓋西俗請客、必一長筵、主客同席、又須雙數也、請客少而無位高望重及新知者、則十日前發帖、不爲晚、帖用印成者、或照式寫成者、或送說帖皆可、城內風俗、請一家、鮮有逾二人之數者、蓋子女不能與父母同席、而兄弟姊妹亦無三四人同時被請者、請晚酌多在戌正、客到須在十五分時之前、每客到、主人須格外款待、極力周旋、如女客屆時有不到者、須候一小時之久、若男客則不必矣、然位高望重、有屆時故意遲延者、知主人非待其至不敢入席、或必候一小時之久、方敢入

席也、總之、客到恰值其時為是、以便主人為之引薦見、酌
定位次、客到自囑車馬屆時來接、入門後、男客脫外襲
與帽、女客脫外褂于門房、有專設屋、為來客脫衣處、客
多則有對帖號票為憑、以便去時取用、男客赴席脫手
套、女客雖戴、臨舉刀叉亦脫去、客多者、進爵僕在未飯
之先、待于樓梯、客到為之報名、客少者、主家僕役不多
則引之上樓而已、如男女二客同時入門、進爵僕雖報
稱某老爺某夫人、而女客必先入客廳、男客次之、客入
廳、主人齊趨與之握手問候、女客坐、男客立、男客入門

三十一

見有相識者、不即時趨而握手、待見主人後、從客往見
之、女見女亦然、見男客、則對面與之點首鞠躬、男客必
前趨與之握手、或鞠躬、來客若多、主人不便概為引薦見、
惟薦見眾於位高望重者、客少亦然、蓋未入座之先、主人
須預酌客中一男一女、孰為第一位高望重、迨入飯廳
時、男主携女客之至尊者、女主携男客之至尊者、不令
夫妻兄妹或戚友及彼此相識者相携、又一男不携二
女、雖云男女客數宜勻、然男客能多一二為便、以免丁
夫必携辛婦、辛夫必携丁妻、若缺二三男客、則女客之

至尊者、請上等男客携下、其他尾而隨之、如少一男客、
則女主待眾客對對先行、已則獨下、眾客到齊、男主須
告眾男客、某客携某客、不任客意、蓋入座即携行之男
女並坐也、當肴饌備齊之先、進爵僕開飯廳門、登樓高
聲一呼、男主即伸腕携第一女客下樓、以次携手而降、
女主隨請丁老爺携壬夫人、丙老爺携辛女公子、如此
前導、即為引見矣、待對對去後、末則第一男客携女主、
男携女必以右腕、而不以左腕、亦右為上之義也、男主
所携之女客、坐于男主之右、男主立、待眾客坐而後坐、

三十二

主人位置坐次、第一不令夫妻兄妹甚近、第二臨近男
女、又須擇其性情相符、如喜談者依喜談者、謹言者向
謹言者、男主所携之女坐其右、女主所携之男坐其右、
女主首位、男主末位、陸續一男一女、男女相間、總之一
男左右皆女、一女左右皆男、桌之前後左右、四面環坐
一圈、其席式無論人之多寡、或四人、或二十人、皆一律
羅列、所用長方桌、活骰活面、可長可短、量人數于中橫
夾長板、因面下含有木架、作鼎字形也、桌上鋪花黏覆
以白布、桌寬四五尺、長十三四尺、白布必寬八九尺、長

十六七尺桌心一行、置銀樹花籃燭臺、以及冷葷乾鮮果品等、有于銀樹枝頭、另挂小籃、内盛糖果者、樹高三尺、燭臺亦高二尺餘、花籃高八九寸、盛滿鮮花、形如饅首、亦有于燭臺頂上中置玻璃盤、滿水插鮮花、四面燃燭、或四或六、有每座前置鮮花一小玻璃瓶者、其燃燈數、如一桌十六人、則燃白油燭二十、各罩以綠色荷葉形紙罩、葉中作孔以出烟、旁有銅梗、下連二圈、作剪形、夾于燭上、隨燒下落、其罩不須人移、燃大油燈、則于玻璃球筒之間、套一花紙罩、形如繖、用油燈桌長者四盞、

三十三

小者二三盞、其用罩之意、一為不恍目、一為光皆聚于一處而不外散、左右兩行白玻璃酒瓶、有帶柄者、有長脛者、有胡盧形及瓜形者、内盛舍利、豪格、克拉利各種、按座各置一盤、右置二大刀、一魚刀、左置二大叉、一魚叉、前横置湯匙一把、白布飯單一塊、方二尺、織成暗地亮花、疊成方中、或靴式、或菊花形、内裹小麪包一個、置于盤中、盤前右置高柄薄玻璃小酒杯二、其色或白或紅綠、一盛舍利、一盛豪格、或克拉利、另一簽筒形、或小湯盌形高柄杯、係盛三鞭酒者、又厚玻璃白水盅、形如

雪片凝沍其

茶杯者、晚餐雖不列于桌上、每置于旁几、以備客之不飲酒而飲水者、或飲克拉利、而加水以取味淡者用之、凡備鮮花果品少者、于二座之間置淳水一瓶、多者、則四座之間置一瓶、鹽碟亦然、菜單有長五六寸寬四寸者、四面印花、當中按次或印或寫各菜名、有長四寸寬二寸作冊頁形者、外面印花、中空一横、以便填寫客之名姓、内亦四面印花、中印菜名、客多者、人各一單、或二人一單、客少、則唯桌之首尾各置一單、足矣、其每人一單者、置客之面前盤後、鋪肆賣有菜單架、或瓷、或銅鍍金、

三十四

有作荷葉形、菊花形、以及飛禽展翅各種、挾立紙單于其上、大桌旁之小櫥、為設晚席之輔佐、亦必潔淨整齊、鋪以白布、四面不下垂、上置高燈一盞、大小瓷盤、茶盅各一行、再則大小刀叉湯匙、果匙、玻璃酒杯、涼水盅等各一行、英俗謂筵之大者曰俄國席、小者曰常飯、其式有件件經僕分而舉進者、有先置男女主前、一一經主人切割、使僕分送者、按俄式、櫥旁另一小桌、上置湯勺、切魚刀叉、及割肉之大刀叉、又他小櫥、上置玻璃酒瓶、如舍利、克拉利等三四種、至豪格、三鞭二種、因氣烈開

瓶即飲、否則無味、故置籃中、以冰塊埋之、使其涼而味
濃也、晚餐飲克拉利者少、故只備一二瓶、外有長方大
木盤二、一置生菜及拌生菜之海盌、柳木叉匙、又一小
銀籃、鋪以白布、盛麪包塊、又一三節瓷盤、置乳油餅與
牛乳油、一置食果之小花碟、及食冰乳之玻璃碟、洗脂
鉢、造以玻璃、大如中盌、形似磬、其色或紅綠、或藍白、內
盛香水、食果拭手巾、方一尺、有白質紅花者、有粉地黃
花者、食鮮果之小銀刀叉、食乾果之小銀挾剪、與食冰
乳之小金匙、暨五味架、係一銀籃、內立玻璃瓶罐五、高

三十五

各四寸餘、盛以菜油芥末醬油滷蝦與醋、有時置于旁
桌、如菜中有應用者、僕自隨之而進、聞數十年前、肴饌
多用銀盤、現改瓷盤（大者淨白金邊、小者五彩）、刀柄仍用銀鏨花或淨象牙、進饌
之大小長圓托盤、亦係銀造、左右二圓柄、今富室間有
一切仍用金銀盤碟、以誇耀者、按常式、菜皆經僕人以
大盤托遞、聽客自取、每肴必換食具一次、故入席須小
心謹慎、赴大宴爲尤難、如赴首上湯、富者備兩色、一清
一濃、僕人舉而進曰、請示飲用何湯、或舉湯名以告客、
須即時示之、次則上菜、先魚後肉、有時牛羊肉齊進、客

宜速爲酌定、以免遲延、有菜單者、主意固能預定、其無
者亦須自審也、用畢、冷熱葷及拌生菜、桌布一概撤去、
上五寸瓷碟、小銀刀叉匙、與挾剪、洗指鉢及拭手巾等、
以食乾鮮果品、冰乳、涼糕、乳油麪包、及乳餅、餑餑（小食）等物、
食法各有定規、湯則以匙盛之、不可捧盤對口、魚有用
另式銀刀叉者、有用一叉與小麪包一塊者、肉菜皆用
一刀一叉、鮮有用二叉者、鐵雀雞鴨有骨、不（鮮）有手持而
以牙嚙者、其他肉餅、肉糕、炒麪、醉魚、薑黃拌飯、拌生菜、
麪炸魚、皆用一叉而已、餑餑（小食）鮮果用小刀叉、麪包抹乳

三十六

油及乳餅乳豆腐、皆一小刀、白煮龍鬚菜、有用刀叉者、
有以手持其根而醮乳汁者、櫻桃李子葡萄小梅等、可
吐其核、置于盤邊、若核大、則先于盤內以叉切開、去其
核而後食之、至蘋果苹橘波羅密等、皆用小刀叉、蕉子
手去其皮、切而後插食之、蜜餞果皆用一叉、乳豆腐切
以小刀、置于二片麪包之中、以二指持之入口、乳餅亦
然、每飯先湯、次魚、次牛羊、次雞鴨、次拌生菜、後則乾鮮
果品、冰乳、乳餅、糕點、三鞭酒、終席共斟三四次、克拉利
舍利二酒、隨時滿之、食果時、僕雖按位進酒、女客只飲

一杯、有多飲者可問同携之男客、自然斟給、不便自取、食畢糕點、僕以小銀盤托小玻璃盅盛高呢牙茴斯計等燒酒進客、飲否聽便、此後僕皆出廳閉門、眾可閑敘、如備有生蠣子或蛤蜊者在進湯之前、按位各上一瓷盤、式分六槅、作梅花形、每瓣置一枚、中心空、雖為置皮之用、先置一銀鏟、長三寸、作山字形、左岔有刃、以便隨插隨割、另一僕進蕎麥麪包片抹乳油者一盤、客各一二片、一僕左執胡椒麪一瓶、右托橘子塊一盤、按位呈遞、食時先擠橘水灑椒麪于其上、而後鏟起割斷入口、

三十七

隨食蕎麥麪包半片、酒僕隨進豪格與查布立斯二酒而勸飲、食畢撤盤上湯、眾僕上燒酒、出廳十數分後、女主乃坐向男主右邊第一女客點首鞠躬、則彼此立起、他女客亦隨立起、戴手套、去飯單于桌椅之上、同登樓入客廳、當時男客男主立而不動、其坐距門近者、為之啟門、眾女去後、為之關閉、彼此近坐交談、吸烟飲酒、女客上樓坐後、僕進加非、放水晶糖、糖方塊、小如豆、明比水晶、繼而送入飯廳、奉眾男客飲畢、亦同上樓、第一者先行往會女客、男主尾而隨之、將出門、則拽鈴喚僕、以便入客廳後進茶及往飯廳收拾一切、凡赴大筵、茶後眾客陸續辭去、若客皆至契、而無位高望重之人、則茶後有鼓琴者、有歌曲者、有打牌者、有擊球者、客去無定時、每至亥正一刻、僕必上樓、報以眾客車齊、間有主人代客雇車、無代付車價者、客之僕役、主家不給以飲食飯錢、亦無客賞主家僕役之說、客去、先向主人握手、再與客之近者握手、遠者點首鞠躬而已、男主伴第一女客下樓、至存衣門首、女披外褂後、男主送之登車、如男主輩已伴客下樓、又有女客欲去、則男客中之與主家

三十八

近者、可代伴之下樓、客臨別、不致謝、惟于六七日內、親來投刺而已、按西國天主耶穌二教、臨飯有謝天一說、城中少而城外多、如座中有神甫教士、其人立而朗誦數語、亦有主家奉教心重、雖無神甫教士在座、而乃男主坐而默誦數語、者客皆垂首靜聽焉、以上請客晚酌之大畧如此、

十五日辛卯晴、為西麻十一月初九日禮拜六、係倫敦新舊美爾瓜代之期、又為其大太子衛拉斯王生辰、入夜街市懸燈、照如白晝、新出一種電氣燈、如西京雜記

所載、元夕然九華燈於南山上、照見百里、而此燈高懸、光明燦爛、亦映數十里也、按煤氣燈、其色紅黃如日、此燈之色、淡白如月、其光較煤氣燈爲尤勝、故一望通衢、更無陽關處也、

十六日壬辰、鎮日大雨、偕□閣前日劉星使由德回華、路經巴里、派法文繙譯官慶藹堂長常護送至馬賽海口登船、記英人平時晚餐、一切預備、與請客稍異、桌上白布及飯單每飯一換、洗淨熨平、晚飯先鋪桌布、按位置湯匙一、大刀二、大叉三、舍利與克拉利高玻璃盅各一、厚玻璃杯一、此杯男子多飲苦酒、及淡克拉利、婦女則飲舍利或克拉利加涼水者、魚刀魚叉、平時不用、以大叉與小麵包一塊代之、有日日食魚與湯者、有日日飲湯而隔日食魚者、平日不食小麵包、以木盤鋪白布、盛大麵包、旁一牛耳、以備首座割分之、間二人置一鹽碟、桌之中央、置鮮花一盆、果品有預爲置者、有飯後以進者、上湯時、按人數捧進瓷盤、及湯一盆、勺一把、置首座前、上菜亦然、菜盤左右放大刀叉各一、以便割分、旁㕑與長方盤所置、與請客同、牛乳餅如不切碎、盛以大瓷

三九

盤、外圍白布、左右置刀叉各一、臨時放首座前割分之、燈則或油或燭、或煤氣燈、皆可、至富室僕役多者、每飯亦飲三鞭、食鮮果、開菜單、亦用洗指鉢、惟用冰乳者少、供奉多按俄式、男僕將湯盤舉于案上、報飯備齊、衆人坐後關門、進爵僕盛湯、他僕按次分進、二僕進菜、一由男主右之女、遞至女主左之男、一由女主右之男、遞至男主左之女、末進男女二主、惟酒進自首座右鄰第一人、陸續轉至首座而成環、按俗例、先奉婦女、因人多故如此、以免遲延時刻、進酒必于一人之右、上菜必于一

四十

人之左、一爲斟之無礙、一爲取之得便、當飲湯時、進爵僕上舍利、先自男主右之女、湯畢撤盤、獻魚、魚若兩種、亦同上、按位請示、喜食何種、魚之食法、如油炸麪裹魚、油炸醬魚、醬汁魚、及白煮魚、大宴多用白煮魚、外加牛乳蛤蜊及雞卵等汁、此汁預盛于罐、置于旁桌、魚將上時、則傾于銀斝而進之、白煮鱖魚、必加清拌黃瓜片、在盤旁另置小碟盛之、凡盛熱葷之瓷盤、按數置于爐旁洞中、銀盤交庖丁、浸以滾水、以免用時涼而無味、每肴將畢、進爵僕在廳拽鈴、他肴自應聲而至、不致躭延時

刻。凡肴之成塊帶湯者汁盤中置叉匙各一，以便食者取用。其較或小者，只隨一匙或一叉而已。僕人進饌不惟戴白手套，且隨持白布一塊，整執食器，以使潔淨。每飯先湯，次魚，次菜，次三鞭酒。酒分二種，有甜而性柔者，有熱而性烈者。三鞭進畢，再進舍利與克拉利二酒。僕人請飲。每進一肴，有白煮山藥豆，有白菜花，有白菜及扁豆、豌豆等，皆另僕托盤按位分送。有醬汁者亦然。各食器用畢，撤下，盛以大筐，所餘皮骨盛以小盆，送入廚中洗滌。凡晚餐除湯、魚、青菜外，另備帶骨肉數種，如大

四十一

小牛肉、大小羊肉、雞鴨、火雞、鐵雀、鵪鶉等，分時而進，每座大者或割給胸肉一二片，或翅膀一二個；小者或一隻，或半隻。每上一肴，進爵僕滿斟三鞭一次，侍立于男主後，飯畢始去。各肴進畢，則上拌生菜，係一手持空盤，一手托青菜盆，按位請示。繼上水晶糕、冰乳糕，聽座客自取。至櫻桃糕、葡萄糕，則按位分送。蘋果餅、李子餅，必先切塊而後進。此皆每位先置花盤及小叉匙各一，後上白瓷盤及小銀刀一，末上牛乳餅、小麪包以終之。用畢撤去食器，以乙字牙柄鬃刷拭淨桌面，撤去桌布，每位置五寸花瓷碟一、玻璃洗指鉢一、小銀刀叉各一、拭指花巾一、三鞭、舍利、克拉利酒杯各一。如設有冰集凌，則每位置玻璃盅一、或玻璃碟一，各隨小金匙一。後僕托銀盤，內置十數玻璃盅燒酒一瓶，按位請示。後上鮮果，如上葡萄，隨盤置一小銀剪，以便自取。上玻羅密先切片而後進，隨盤置叉匙各一，以便自行插果盛汁，并隨沙糖一罐。繼上寒餞果，如李子、梨、杏等，隨有銀匙。繼上乾果，如核桃、桃仁、榛、栗等，隨有小銀挾剪。隨上果品，進爵僕隨斟克拉利與舍利。飲畢，將二酒各滿一瓶，置于男主

四十二

之前而去。時眾女登樓，男則吸烟飲酒，彼此暢談，繼而男主拽鈴，則進爵僕上加非，手托銀盤，置雪塊糖、水晶糖各一罐，熱牛乳一銀罁，按人數酌而進之。有置於案頭而自取之者，蓋僕役不多，進爵僕之事，多歸男主操之。各菜須先割分，按人數置盤于男主前。男主以牛耳刀割碎，以叉插入小盤，令僕分送。湯歸女主分盛，僕之接送盤者，立于主旁。坐無他客，則上菜以女眷為先，男子次之。迨男主等出廳，拽鈴喚僕，則眾男僕始入，各司其事而撤席焉。因西國以晚酌為盛典，故前後瑣言之。

十七日癸巳陰雨、記英國各處跳舞會之夜饌、其式率同、亦與午酌相似、列饌之地、有在大飯廳者、有在擊球房者、有在專設之午酌堂者、總以寬敞為要、必另有大屋一間、設茶酒、加非、冰乳、鹼水、以及糕餅小食、設饌屋之正面、橫大桌一張、長與屋齊、或一丈、或二丈、外圓桌四五張、置于窗下、或屋隅、長桌上鋪白布垂地、桌之四面每二尺之間、置七寸花盤一、內盛白方巾一塊、裹小麪包一個、盤左置三大叉一、大湯匙右置長刀二把、盤前偏左、置玻璃三鞭、舍利盅各一、桌之中行、置銀燭臺、鮮花籃、乾鮮果品、以及糖果小食小圓桌上、按式列食具、或四分、或六分、中置果品小食四五色、有備菜單夾于銀架之上者、每桌置數張、然有因省儉不備者、有言夜半匆忙、可以不必者、男子多不措意、而女子多于此些須之處考查之、茶會固按人數備食具、此則又須加倍、蓋跳舞後人多欲食也、另一像伏桌上鋪淨白布、有故意羅列食具、堆疊如山、以示其富者、凡設此饌、皆由午後預備、備妥閉門、至夜丑初開門、報知主人、請客下樓、入座、首上熱湯一二種、或用小深盤、或用帶把湯盌、

四十三

湯後食熱葷者少、所備冷葷、係白煮魚、帶油汁、菜、拌蛤蜊、菜拌熟雞、卵醬、羊肉醬、火雞加土伏醬、煮豬頭牛舌、白煮雞等、以上大而須割者、僕人伺候、已成小塊者、以盤置于桌面、聽客自取、三鞭、舍利、僕皆隨時進斟、每大跳舞會、男女數必盈千、因一夜往赴數處、故不盡充其量也、陸續往來、只用糕點、酒茶、鮮果、冰乳、鹼水、加非而已、雖然、一切肴饌、亦必按八九百人數預備、方覺豐足、飯堂能容二百餘人、客亦不能同時下樓、則按戚友之遠近、品位之高低、分起而降、此起陸續食畢上樓、他起陸續跳畢下樓、故飯堂每去一人、僕即撤去所用之食器飲器、另換一分潔淨者、以備他人肴饌、不時加添、無使缺少、堂門終夜不閉、止跳每在寅卯之間、客有來食者、一切仍須整齊、迨眾客皆去、始將諸件撤下、而收拾灑掃云、在僕人飯房、為樂工及眾男女僕婢等另設一桌、此則菜無上等、酒無三鞭、舍利、惟苦酒紅酒二種而已、迨眾事畢、而飲食必已至卯辰時矣、又此等跳舞會、所用男僕供其奔走者、或六名、或八名、或十名、或十二名、方足用焉、

四十四

卷十終

四述奇卷十一

鐵嶺張德彝在初隨筆
貴榮竹坪校閱

戊寅十月十八日甲午、陰雨、記英人漁獵、官皆限有定時、蓋禁民貪欲以保滋生也。如雉雞由本年十二月初十日禁、至次年八月二十日止。鹿由本年十月二十日禁、至次年六月初十日止。沙雞由本年十二月初十日禁、至次年八月十二日止。鐵雀由本年十二月初十日禁、至次年八月初十日止。水雞與鷸鷂由三月初十日禁、至八月初一日止。野鴨由本年十二月初十日禁、至次年八月十二日止。竹雞由二月初一日禁、至九月初一日止。山雞由二月初一日禁、至十月初一日止。鷓鴣由三月十五日禁、至八月初一日止。海鳥由四月初一日禁、至八月初一日止。野鳥由三月十五日禁、至八月初一日止。不准圍獵、違者罰錢。鱔魚由六月二十五日禁、至十二月三十日止。鱖魚、鱒魚由六月初十日禁、至十二月底止。按英國產魚之處頗多、限禁垂釣、率以五個月半為期、至晚者由十一月初一日為始。禁止網罟、率以三個月為期、至晚者由十二月初一日為始。總之每由十二月初三日至次年二月初二日、兩個月內、街市不准出售、違者罰錢。其無限定日期處、按例由本年十一月初一日禁、至次年二月初二日止。其他限定者、有由本年八月十五日禁、至次年二月初二日者、有由本年八月三十一日禁、至次年四月初一日者、有由本年九月十四日禁、至次年三月中旬、四月底或五月中旬者、有由本年十月初一日禁、至次年二月初二日或四月三十日者、有由本年十一月初一日禁、至次年二月初二日、三月底或四月中旬者。以上皆按天氣之溫涼、地勢之南北分也。龍蝦由五月二十五日禁、至六月二十五日。蠣子、蛤蜊等由六月十六日禁、至八月三十一日。在准網釣期內、每一禮拜另行禁止、多者二十四時、少者二十一時、由禮拜五夜子正禁、至下禮拜一日午正止。禁止之時、凡魚叉、燈籠、網竿等均不准出售。又凡鋪出售之魚、有日久不淨者、被官查出受罰。通國產魚之區、英格蘭共四十三處、蘇格蘭共一百二十處、愛爾蘭共二十二處、皆有小官監察。

十九日乙未、陰雨、申正同姚彥嘉乘車、行七八里、至賢卓志路第三十八號、赴李達夫人家茶會、樓房偪窄、男女有百餘人、

二十日丙申、陰雨如昨、午後威公使來寓辭行、記英人因酒有害、乃公立一會、曰忌酒會、入者每人助錢若干、今男女入者已實繁有徒矣、

二十一日丁酉、陰雨、巳正、星使令彝持刺、至柴今克洛斯火車客廳餞送威公使、申正隨星使乘車往拜金登幹、未遇、

二十二日戊戌、陰雨、酉正、在荔棒街賢卓志堂、爲貧病施醫院集費、經善男信女十數人作戲、有醫生安柏爾夫婦邀往、男女助善來觀者絡繹不絕、洵善舉也、亥初回寓、雨止、仍陰、

三

二十三日己亥、陰、記泰西各國交涉文件以及人民往來函啓、記載册簿、紀年皆用耶穌降生之前後若干年、今見英國官府所存案件書籍、紀有君主威克塊里亞若干年、是稍與中國相似處也、

二十四日庚子、陰、午後同馬清臣隨星使乘車、入老城、製買玻璃瓷器及地毯、桌罩、花氈等物、戌初回寓、知有金登幹、艾德林來拜、

二十五日辛丑、陰、亥正同馬清臣、鳳夔九乘車、行數里、至坡得滿坊第二號、赴多卜文夫人家茶會、按日耳曼舊俗、凡嫁娶至二十五年爲銀婚、再二十五年爲金婚、又十年至第六十年、則爲金剛石婚、届日、戚友咸來、至近者具儀以賀、是日爲西麻十一月十九日、即伊夫婦金婚之期、男女如雲、案上置有禮物八九種、如金花一朵、金刀叉一分、及金鐲、酒斝等、丑正回寓、

四

二十六日壬寅、陰、記西人奉天主教之誠、與華人之奉佛教相似、如佛教敬佛骨、天主教敬天主骨、更敬賢人骨、天主骨固難得、有人得賢人骨者、無不珍而藏之、存以修身、守以向善、間有兩造不平、對天矢誓者、以手按賢骨而言之、以明不背所言也、

二十七日癸卯、陰、申正、有英人馬爾金來拜、談及太立風電氣傳音之妙、據云、尚有一物、雖非電氣、亦可傳音數里、係二小筒、中連棉綫或麻繩、一人口向筒言、一人耳傍筒聽、雖隔十里、聞聲如覿面焉、

二十八日甲辰、陰雨、記英人之熟悉地理者、往往登山涉水、鬧石掘地、搜取奇形古蹟、出而售之、星使令彝尋覓是鋪、擇其至奇者數種、携來與看、遂于未刻乘車、入老城、詢問數處、至則皆無是物、

二十九日乙巳、陰、未正、復乘車至柴令克洛斯街、覓得一小肆、見樓内列大小石片、生銅生鐵、及海物魚蟲等百餘種、有海螺高周各二尺餘、鬈鬉五層、按層截斷、有石子石板劈開、内含獸骨魚身、以及萍藻昆蟲者、種種新奇、筆難盡述、按荊州記云、興安縣水邊有平石、上有石櫛石屐各一、俗云、越王渡漢、脫屐墮櫛於此、又宋文帝元嘉中、修江東太廟、得石一塊、文如竹葉、皆與此相類、

五

十一月

初一日丙午、陰、雨、霧、巳正、劉鶴伯自德國來、稟見星使、聞其前日在和蘭界内、臨入棧房、二行火車相撞、死四人、傷二人、幸伊安然無恙、實賴彼蒼之佑也、入夜霧止、仍雨、涼、

初二日丁未、陰雨、記英國各處水陸大員、凡製造、礮臺、船房、以及器械等事、前任所為、後任必踵為之、鮮有故責其錯、師心自用、因而妄費國帑者、故新舊接任、皆實交實收、絕無朦混、物經前任置辦、後任必謹慎收藏、隨時抖晾、以免廢棄銹壞、蓋以巨款錙銖累之、而視同泥沙棄之、為可惜也、

初三日戊申、陰雨、申初、隨星使乘車、往拜日本、波斯二國公使、酉正回寓、晚星使召劉鶴伯及彝等（晚饌）飯暢談一切、甚為歡洽、

初四日己酉、陰雨、戌初、同馬清臣李湘浦張聽颿乘車、至慶斯敦門第二十四號、赴周燕芝夫人家茶會、男女來者、皆左右鄰人、食有鮮桃橘子等果、丑初回寓、

六

初五日庚戌、陰、亥初、同李湘浦乘車、赴寶星賀恩慈夫人家跳舞會、樓閣崇宏、修飾華美、花山冰壁、香冷宜人、男女千百、鬧熱之極、班班跳舞、音樂連綿、按中國有字舞、有花舞、而西國有雲舞、有雪舞、式固懸殊、然論清雅以中華者為勝、論鬧熱以西國者為最、丑初回寓、

初六日辛亥、陰雨、申初、隨星使乘車、拜客六處、酉正回寓、亥初、同李湘浦乘車、行六七里、至坤姒門第二十號、

赴班克爾夫人家茶會、有男女數百人、遇鄰人馬蕾夫婦、擁擠鬧熱、子正回寓、

初七日壬子、陰雨、記彝四次往來西國、細察其人之性、喜爽直、惡含混、愛敏捷、厭遲延、每辦交涉事件、講論雖可揮灑自如、惟客氣之話不宜有、事既有理、足伸己意、如爲彼論所屈、則别思明爽、重與頡頏、苟摘其謬、雖明斥之無妨、不必茹吐伸縮、亦不可陰執一意、而陽爲他論以抵之、蓋西人謂辯駁道理、本非爭鬭、無論何人、理足自能聽從、若説理不出、即是無理耳、雖然、泰西大小多

七

國、強弱不一、仍不得概而論之也、

初八日癸丑、陰冷、巳正、星使召劉鶴伯、馬清臣及彝等早餞、戌正一刻、彝同張聽颿、鳳夔九乘車、送劉鶴伯于柴令克洛斯大車客廳起程回德、

初九日甲寅、早陰、午後稍晴、亥初、同馬清臣、李湘浦隨星使赴隣人馬蕾夫人家茶會、繼赴律司得夫人家茶會、子正回寓、

初十日乙卯、陰雨、亥初一刻、同馬清臣、張聽颿步赴鄰人艾立斯夫人家跳舞會、男女有數百人、樓上步立、後入飯廳、飲加非一杯、子正回寓、

十一日丙辰、晴、午後隨星使乘車、往拜日本公使、酉正、李湘浦、鳳夔九約餞在荔棒街柏靈坦館、酒食甚佳、盤有鱘魚、鹿肉、肥美而鮮、

十二日丁巳、晴、午後顧邁門來送西麻五月十七日即華四月十六日新聞紙名喀里斯遮爾訥者一張、星覽、內言當日畫閣所懸千幅、皆丹青絶美、妙筆如生、另有可聞者、乃顧邁門所畫之中國欽差像也、其所以兩耳皆露者、因中國懲治罪犯有割去一

八

耳之律、又紅頂爲華官品級之别、欽差欲其必露、故工竣後始爲填畫也、星使見而大怒、言顧邁門之弟、必屬該局、令彝次日往究、

十三日戊午、陰雨、午初、乘車往見顧邁門、據云、新聞紙所言、實非出自其口、伊弟顧邁曼現在代立太里格拉弗新聞紙局、與喀里斯遮爾訥局、既無交通事件、亦無往來信函、今既訪得此紙、自當追究其人、未正回寓、入夜雨止、

十四日己未、陰、未初、隨星使乘車、至外部、見潘侍郎、繼

而往拜俄國公使舒瓦洛苐、未遇、又訪全登幹、坐談片
時回寓、
十五日庚申、晴、頭品頂戴雙眼花翎
太子少保内大臣銜吏部大堂總理各國事務大臣崇、于
本年奉
旨派充
欽差便宜行事全權大臣、出使俄國、于八月二十五日、經
奏調隨往、當日午正奉到九月初六日劄、文内稱
為劄行事、本大臣奉
九
旨派充出使俄國
欽差全權大臣、便宜行事、于光緒四年八月二十五日
奏請調兵部員外郎張德彝差遣一片、奉
旨著照所請、該衙門知道、欽此、相應恭錄
諭旨、抄錄原片劄行該員遵照可也、須至劄者
抄錄原片如左、
再兵部員外郎張德彝、練達勤能、留心洋務、迭次
奏帶出洋、于外國情形最為熟悉、臣於同治九十年間、派
令隨赴法國當差、悉臻妥協、嗣經出使大臣郭嵩燾派

充繙譯官、隨赴英法、臣現與新任出使英法大臣曾紀
澤商明、該員歸臣差遣、此次臣前赴俄國、道經法國、屆
時擬即調令隨行、以資熟手、為此附片具陳、伏乞
聖鑒、謹
奏、
十六日辛酉、晴、巳正接奉郭星使劄、文内稱
欽差大臣兵部左堂郭、為
劄飭事、十一月十五日接准
欽差出使俄國全權大臣崇咨開
十
奏調該員前赴俄國差遣、并抄摺片、恭錄
諭旨咨行欽遵等因、到本大臣、准此、查該員趨公勤敏、練達
謹慎、足資委任、除咨覆
崇大臣查照外、合行劄飭、劄到該員、迅即束裝啟程、迎
赴馬賽聽候
崇大臣差遣、毋稍遲延、切切、此劄、
十七日壬戌、陰、午初、星使令乘車入老城、代為定買玻
璃瓷器、及地毯油布等物、及在上海鶴班街韋勤綢緞
店買白布面巾絨氈假貂等數十件、以其貨真而價實

也。戌初回寓。入夜冷風颼飀。寒氣逼骨。

十八日癸亥。雪。早起束裝。午後乘車各處留刺辭行。亦有面晤者。戌初回寓。入夜雪止。仍陰。

十九日甲子。陰。由未初至酉正。男女前來投刺送別。及面晤者。絡繹不絕。戌初。鄰人柯拉義母子約饌。同席有鳳夔九。子初回寓。

二十日乙丑。晴。戌初。登樓叩別星使。諭令到巴里後。探法公司船何日抵馬賽。須前一日前往迎接。并令查看公署房屋足用否。夜與同人告別。

十一

二十一日丙寅。雪霧交加。甚冷。辰正。睡起。載運行裝。巳正乘馬車。有鳳夔九、黃玉屏、武弁羅雲翰、龔紹勤送至柴令克洛斯火車客廳。巳正一刻。登車即開。一路大雪繽紛。厚盈尺半。未初。抵佛克森海口。換車登船。即刻展輪。水平船穩。申初一刻。至布隆海口。登岸。早餐後登車。申正開。戌正抵巴里。有黎蒓齋、聯春卿二君來迎入寓。入夜雪止。晴。

二十二日丁卯。晴。早起。查看房屋足用。詢知該公司輪船于二十四五日到馬賽。乃寄電稟聞星使。酉正。乘馬車至呂陽火車客廳。晚餐後登車。戌初一刻開行。一夜冬雪厚逾尺。

二十三日戊辰。晴。早過呂陽。雪微少而暖。午正一刻抵馬賽。換乘馬車。入前次所住得露大店。主人見甚親熱。酉初陰。入夜雪雨。冷。

二十四日己巳。晴。早起。查定房屋。午初。知法國公司輪船阿瓦進口。遂雇定車船。至碼頭。駕三板。行數里。登輪船。叩見崇星使及參贊隨員諸位君。甚喜。少敘後登岸。又遇慶靄堂常。由德國來迎。遂同乘車入寓。

十二

二十五日庚午。晴。記此次經崇星使奏派隨帶頭等參贊官。花翎二品銜候選道總理各國事務衙門章京邵友濂。小村。浙江紹興府餘姚縣人。三等參贊官。花翎河南候補知府蔣斯彤。丹如。鑲藍旗漢軍人。二等繙譯官。花翎四品銜兵部員外郎張德彝。在初。鑲黃旗漢軍人。員外郎銜工部主事慶常。靄堂。鑲黃旗漢軍人。三等繙譯官。戶部郎中桂榮。冬卿。鑲藍旗漢軍人。工部員外郎塔克什訥。木菴。正藍旗漢軍人。前充同文館俄文教習俄羅斯國人夏干。隨員。理藩院員外郎慶熙。錫齋正白旗滿洲人、主事純錫（感銘）鑲藍旗蒙古人、內閣中書陳允頤（養原）江蘇常州府陽湖縣人、光祿寺五品銜光祿寺署正俞奎文（惕盦）浙江湖州府德清縣人、學習繙譯、同文館九品官慶善（吉甫）鑲紅旗滿洲人、覺羅福連（遠峯）正藍旗滿洲人、供事、四品銜候選州同王錫庚（鵬九）直隸順天府通州人、五品銜候選鹽大使石汝鈞、（平甫）浙江紹興府會稽縣人、武弁、常有泰、李永春、齊樹銘、（又）俄國駐京公使派同回國繙譯官二員、柏百福、與璞志、

二十六日辛未、陰、卯正同慶吉甫福遠峯王鵬九石平甫齊樹銘帶僕役十四名、行李二百四十一件、起程、乘慢火車、赴巴里、崇星使訂于巳正、率眾乘快火車開行、酉正、住呂陽、彝等于酉正一刻抵呂陽驛車、晚餐、戌初、復開行、一夜雪冷、

十三

二十七日壬申、陰霧、未初、抵巴里、將行李寄存棧房後、同眾乘車、入達拉布店、早餐畢、步入公署、謁見郭星使、戌初、換公服、同黎蒓齋馬清臣李湘浦張聽颿聯春卿乘車、至呂陽火車客廳、迎接崇星使入寓、彝即入公署

稟知郭星使來寓、跪請

聖安、亥正隨二星使入公署晚酌、子正回寓、

二十八日癸酉、陰、午後同邵小村蔣丹如慶錫齋純感銘陳養原桂冬卿塔木菴及黎蒓齋李湘浦張聽颿聯春卿諸君往來答拜、

二十九日甲戌、晴、有前任駐華法國公使哥士奇乞假回國之中土稅務司賀璧理、哲美森、那威勇暨前隨崇星使充繙譯官現充本國遺產司委員殷伯爾等、陸續來拜、

三十日乙亥、陰、午後有合眾人盧的、高安、英人周安斯等來拜、戌正崇星使約柏百福璞志邵小村蔣丹如與彝等、在格朗舉普臘大戲園觀劇、一切景致山水日月星辰無須再述、子正回寓、雪、

十四

十二月

初一日丙子、晴、未初、將自己行李送至呂陽火車棧房、順道答拜盧的、高安及周安斯、皆未遇、申正回寓、

初二日丁丑、陰、卯初、乘車行二十里、至呂陽火車棧房、付訖寄存看守費後、雇大敞車四輛、載行李共二百五

十九件裝畢、行十八九里、至北路貨棧、將入門、買票六張、二大四小、填寫送人名姓年月日、送往何處物件名數號頭、貨車按輛入門、過稱分量處屋一間、不大、內坐一人、面前横稱、稱下關鍵暗通屋外、大門中活地板、車輛經過少駐、地板下壓、斤數自明、稱後、車入收貨房內、列火輪貨車百輛、二三人以二百二十件載滿一車、其餘另買貨票一分、載入他車、收畢、欲付脚費、棧主云如欲速到、請至俄都再付、未為晚也、申初一刻回寓、入夜雪、

十五

初三日戊寅、陰、卯初一刻、同桂冬卿塔木菴慶錫齋純感銘賡吉甫福遠峯王鵬九石平甫李永春齊樹銘及僕役十四名、乘馬車、至北路火車客廳、登車、巳初開行一夜、

初四日己卯、陰、丑初、至盧伍葉地方換車、又開入德界、辰初抵克倫鎮換車、早饍少憩、辰正一刻開、戌初、至德京柏林、改乘馬車、行十數里、入凱賓好富店、見李星使偕錢琴齋德培劉鶴伯薄郎、在內遂即回明一切禮儀、戌正一刻、崇星使偕邵小村蔣丹如陳養元諸君到、李星使迎入、向東跪請

聖安、由巴里至柏林、計陸程四千六百八十里、

初五日庚辰、陰、午後同邵小村蔣丹如慶錫齋純感銘陳養原錢琴齋羅緝臣劉鶴伯廕五樓昌賡韶甫音泰諸君、往來答拜、酉初、李星使請崇星使邵小村蔣丹如慶靄堂與彝晚餐饌、亥初回寓、

初六日辛巳、陰、巳正、錢琴齋羅緝臣陳鏡如廕五樓賡韶甫諸君約饌、亥正、同衆隨崇星使乘車、起程、行十數里、入火車客廳、李星使率錢琴齋諸君送別、少坐、登火車、子初開行一夜、

十六

初七日壬午、陰、行二千五百八十里、申正出德境、入俄界、地名威爾巴蕾、少停、換車復開、行一夜、冷、記西國火車、有慢有快、慢者分頭二三等、快者惟頭二等、無三等、由德至俄、車則不分快慢、以路遠客少故也、

初八日癸未、陰、微雪、行三千一百五十里、戌初一刻、抵俄京彼得堡、一路在德界田地肥腴、樓宇整潔、入俄則遍地沙漠、雪厚尺餘、居民多結草為廬、壘碎甓為短垣、雪地冰天、雞鶩并集、將近都城、雖有木建重樓、而門堂

固有整潔者，然亦僅矣。土人服飾，多與蒙古人同。白羊皮襖，頭護鈷毯，足登皮靴。土產惟松杉而已。或云：雪須明春三四月始化。當時下大車，乘馬車行十數里，至米奚婁萠斯戞亞街，入多洛布大店，樓四層，房千間，雖係鐵梁石壘，營造不精。即時有前任俄國駐華領事官現充官學華文教習孟第來拜。

初九日甲申，陰。巳初天明，申初即暮，一日夜長九時，晝長三時，亦良短矣。是日為俄麻十二月二十日，即西麻一千八百七十九年正月初一日。巳正，令彝送電信，走恰克圖報抵俄日期。入夜微晴。

十七

初十日乙酉，陰。記俄都樓高五六七層不等，式如西貢、新嘉坡之洋房，較英法不能相埒。土人除官紳大商外，多蠢笨愚魯，似新疆人。

十一日丙戌，陰。按英法馬車行動皆有定規，俄則不然，價可增減。如行十數里，索七八十考貝，或一盧布給以二三十考貝即允。近因國帑不足，一切改用紙鈔，由一盧布至一千盧布，然名實不符，每二紙盧布方抵一銀盧布。至金銀銅錢，名目分量大小如何換法，見航海述

奇第四三卷。

十二日丁亥，雪。早行十數里，至大信局，送官信。記俄京道路寬敞，遍地結冰，上浮雪八九寸，車輛難行，設有馬拖雪牀，牀身造以薄木，形如凹字，下面左右鐵梁各一，形如山字。御者坐前，行人坐後，平行者坐一二人，或一馬拖，或二馬拖，馳驅甚快。一馬拖者，名薩呢；二馬拖者，名爬拉。又有以三馬拖者，名推喀，每富室自乘之。

十三日戊子，微雪。因日近耶穌誕辰，見街市賣有小松樹，下襯十字木墊，令其不倒，上挂五彩花燈玩物。各家

十八

買立屋中，入夜燃燈慶賀，燈熄則兒童分散各玩物。俗與他國者同。巳正，隨星使乘車行二三里，至寓後大街看房一所，間數不足，修理未竣，遂未定。

十四日己丑，微雪如昨。是日為俄麻十二月二十五日，即西麻正月初六日，乃耶穌生誕辰，鋪戶市肆關閉，街市遊人甚多。按西國及俄國皆以二十五日為耶穌生誕辰，然俄國十二月二十五日，係西國正月初六日，而西國十二月二十五日，又為俄國十二月十三日，究不知彼此所定以孰為是。入夜晴，冷，皓月當空。

十五日庚寅、晴、是日為耶穌生誕第二日、鋪戶仍閉、午
後同夏干隨星使乘車、行七八里、至尼瓦江南岸英祖
界、土名昂格立斯喀亞喀那貝里、看第六十八號樓房
一所、高二層、共二十九間、無陳設無器皿、尚屬潔淨、閣
數雖不敷用、然登樓前眺長江、後傍通衢、眼界為之一
豁、亦居止之勝地也、租值未聞、
十六日辛卯、微晴、申初同慶靄堂夏干隨星使乘車行
十數里、看房一所、既偪窄、亦無裝修、酉初回寓、有英人
十九 胡柏爾之甥帕力士來拜、蓋倫敦毛色爾之友也、坐談
片時、并約十九日晚饌、入夜雪、
十七日壬辰、雪、午後隨星使同璞志夏干乘車、行十餘
里、看房一所、樓高三層、大如府第、亦無陳設裝修、每年
租值一萬五千盧布、同寓後、復同夏干乘車、行八九里、
至房主人家、見其夫婦、告以僦居之意、據云欲租須以
三年為限、每年一萬九千盧布、
十八日癸巳、雪、巳正一刻、同夏干乘雪牀、行十五六里、
至太諾洛芝喀大學院、訪前十五日所看尼瓦江旁第
六十八號房主人、現任副將韋什呢也格拉斯吉、其人
年近六旬、白髮微髭、告以僦居之意、據云、是房原擬自
居、既蒙中國
欽差欲住、情願租寓半年、議值八千盧布、并云、今午在此候
覆、回寓稟知星使、少憩、復同夏干往與彼議、跌至六千
盧布、外加裱糊修理一千、即時寓定租契、言明燈火薪
水、皆伊供給焉、
十九日甲午、晴、巳正、同夏干雇得包攬裝飾房屋人名
郝富滿者、領至新房、告以如何修飾、各間如何預備簾
二十 帳鋪陳桌椅牀榻器皿各件、估值九千盧布、因其所索
太昂、遂同夏干乘雪牀、行十數里、入桌凳鋪墊市、酌買
一切應用、未初、星使率桂冬卿慶靄堂乘車、赴外部拜
尚書王爵庫爾渣闊甫右侍郎梅林呢闊甫、酉正、彝乘
雪牀行十六七里、過大鐵橋、至尼瓦江北岸第百六十
六號、赴帕力士約、同席為喀塔里及馬及爾夫婦、皆英
人也、飯畢、約看馬戲、乘雪牀、行十數里、始至戲園、極大
式與英法同、所演亦與他國無異、丑初回寓、
二十日乙未、晴、係俄厤一千八百七十八年十二月三
十一日、亥正、有威立什土新聞紙局專管亞細亞股人

巴杜立池夫婦、代該局總管前任提督柯麻洛甫、在威的米爾斯戛亞街第十四號新聞紙局內、請茶會。屆時、彝同蔣丹如陳養原桂冬卿塔木菴及夏干乘雪牀前往、樓舍偪窄、男女有六十餘人。先一男一女、各歌一曲、音調與英法同、繼而二男一彈琴、一拽胡笳、如相應答。茶後、中堂設長筵、上陳酒饌、男女環桌立餐、末則各舉三鞭一杯、彼此相碰、同祝新年之喜。按俄語曰牛夷英格達爾、後巴杜立池對彝祝以吉語、寅正謝歸、一路燈明如晝、牀馬往來仍多。

二十一日丙申、晴。係俄麻一千八百七十九年元旦、為西歷正月十三日、午後乘雪牀看新房、順途謝帕力士、當日市肆關閉、遊人甚多。按俄國馬車雪牀價原不定、而是日索價尤昂、且云三百六十五日始有此一朝等語、乃優給之。

二十二日、丁酉、雪。記俄京車夫服飾、不與英法同、在紳富家者、頭戴回絨料方巾、或紫或藍、正看如口字、旁看如△字、足登皮靴、身著窄袖皮襖、或青或紺、腰繫不結帶、下垂如裙、次則著平頂小皮帽、大羊皮襖、足登皮靴、或毡襪。

二十三日戊戌、雪、早與賡吉甫同夏干買辦陳設器皿、午後入新房、照料修理牆壁門窗。記俄國一碼、即中國二尺、名曰阿什音、為伊二十七寸、每寸名曰倭爾匀弗、入夜雪止。

二十四日、己亥、雪。記俄京市肆門首、多有挂天主像者、像係綢畫、四面以銅鍍金、作閃光邊、則或銅或木、寬皆二三寸、大者長二尺、廣尺半、小者長一尺、廣八九寸。男女老幼之虔心供奉者、過必免冠、以手指左右肩、頂上胸前作十字形。各家屋隅亦挂一幅、如中土家家供奉司命、晝夜永燃油燈盞。

二十五日庚子、大雪、早仍同賡吉甫與夏干買辦簾帳鋪陳、未正、同俞惕盦先乘雪牀移入新房、位置各人居止、安排所需器具。按此房租定半年、係由俄麻正月初一日起至七月初一日止、（即光緒四年十二月二十一日起至五年五月二十四日止）入夜尤冷。

二十六日辛丑、大雪。早有由巴里所寄行李二百五十九件、以大雪牀送到、按件查收、毫無遺失損壞。此等雪

牀。造以粗木鋼條，形如口字，長八九尺，廣約四尺，高二
尺餘，拽以二三馬不等。申初，蔣丹如慶錫齋陳養原純
感銘桂冬卿塔木菴賡吉甫福遠峯諸君，偕武弁傘僕
役移入新寓，是日為俄麻正月初六日，據云，係耶穌初
生後，天現明星，是日有三外國國王訪入猶太而得之，
故天主教及東教皆以是日為節，鋪戶關閉，人民休息。
入夜雪花片片，淅瀝有聲。
二十七日壬寅，大雪已止，星使同邵參贊率夏干慶靄
堂王鵬九石手甫移入新寓。申初，有俄國禮部侍郎李

廿三

丈同孟第來拜，坐談許久，訂于明日午正入其溫宮，呈
遞
國書，并議覲見禮儀。
二十八日癸卯，雪，午初，有御前大臣戴威多甫頭等侍
衛顧得列策甫、掌禮大臣柯希那及孟第，以三御車來
迎，車皆四輪，裝飾華美，式與他國同，一以六馬拽，二以
四馬拽，護衛十名，著金邊大紅長袍，金邊餃形黑絨帽。
星使與邵蔣二參贊著朝服，彝等十二人著公服，午正
星使偕邵蔣二參贊同四俄官下樓，出門登車，彝等隨
出，有烏衣馬隊前驅，顧得列策甫乘四馬車為先導，星
使與柯希那對坐青色六馬車，邵蔣二參贊戴威多甫
孟第同坐四馬車，護衛乘馬者四名，立于車後者各二
名，車開，沿尼瓦江堤東行四五里，由葉爾丹園轉南，至
溫宮門，星使攜眾下車，烏衣兵駐馬，換紅衣兵二隊導
入內門，登樓，又有紅衣步兵四隊，列于左右，步梯百級，
入一偏殿，會御前大臣王爵郭理岑及大僚數員，在彼
茶酒小食畢，又繞行里許，過殿四五，名皆未詳，後由白
殿入大殿，即其俗所謂金殿，當下車後，星使即敬捧

廿四

國書，穿宮過殿，至此少息，迨正門開，星使先入，見其國主
阿來三德，距數武，相與對立，星使陳誦曰：
大清國頭等
欽差全權大臣崇厚，奉本國
大皇帝諭旨，來
貴國，一為通好敬禮
貴國
大皇帝，二為修約，
貴國前

欽差駐華大臣倭良嘎理所議平安兩國邊界及現任
欽差駐華大臣布策所議邊界通商各事本國均願妥為辦
理、請
貴國
大皇帝諭令外部王大臣、會同公平商辦、期於兩國有益、崇
厚更願
兩國邦交、益臻和美焉、
誦畢、呈遞
國書、按
國書內云、
大清國
大皇帝問
大俄羅斯國
大皇帝好
貴國與中國二百餘年來睦誼攸關夙敦和好朕誕膺
天命寅紹丕基中外一家罔有歧視茲特簡賞戴雙眼花翎頭
品頂戴太子少保內大臣銜總理各國事務大臣吏部
左侍郎崇厚前赴

二十五

貴國都城為欽差出使便宜行事全權大臣並令親齎
國書代達衷曲以為通好修約之據朕深知崇厚公忠體
國辦事和平於中外交涉事務最為熟悉惟冀
推誠相信優禮有加從此益敦友睦長享昇平朕實有厚
望焉
俄皇接過
國書、答曰、問
大清國
大皇帝好、今既奉
旨派貴大臣前來、不勝忻幸之至、朕當諭令外部王大臣、會
同公平商辦、言畢、星使退出、卲蔣二參贊復經引入見
後、同入一室午酌、申正、四俄官送星使、參贊而歸、至則
彝等迎入登樓、款果酒、四俄官飲畢、辭去、星使偕卲參
贊復乘車、至外部投刺致謝、當由溫宮回後、各護衛車
夫以及司閽武弁等來乞賞、乃以盧布一百勞之、亦獨俄
羅斯有此風俗耳、
二十九日甲辰、陰、巳正、同賡吉甫乘雪牀、行八九里、入
市、催送陳設鋪墊簾帳挂燈等物、酉初、同衆著行裝向

二十六

星使恭叩辭歲後入客廳團拜、戌初、暢飲甚歡、前于二
十五日、雇得四輪雙馬車一輛、門丁一名、負柴灑掃役
二名、又跟役一名、係日耳曼人、名葛蘭滿、能英法俄義
等國語言、尚屬勤能幹練、
光緒五年己卯正月
初一日、乙巳、晴、卯初、同衆著公服、隨星使及鄧蔣二參
贊、向東北恭拜
聖牌、行三跪九叩禮、繼而團拜、午後、隨星使同慶靄堂乘車、
往拜各國頭二等公使、申正回寓、記各國公使駐俄京
者、凡三十餘國、頭等者五國、曰英吉利、曰墺地里亞、曰
德意志、曰法郎西、曰土耳其、二等者十二國、曰合衆、曰
日本、曰丹尼、曰和蘭、曰瑞典、曰日斯巴尼亞、曰葡萄牙、
曰比利時、曰義大利、曰波斯、曰巴西、曰秘魯、三等者名
數未聞、各國公使之跟役服飾、與駐英法者異、頭戴皷
形烏毡帽、上插五色長翎、形如毛撣、身著皮襖、皮靴、腰
佩短劍、
初二日、丙午、晴、鎮日各國公使參贊隨員前來投刺答
拜、自入冬以來、尼瓦江結冰、厚至三尺、鋪雪厚亦逾尺、

三七

各埔頭搭船處、由此至彼、左右立松枝、當中開路、以便
行人往來、
初三日、丁未、陰、記俄皇阿來三德第二有三弟一妹、長
者寬斯丹的音公、生于俄麻一千八百二十七年九月
初九日、現年五十二歲、娶日耳曼薩克森阿勒丹柏爾
王之女阿蕾散多雅為妃、生四子二女、次弟尼扣拉公、
生于俄麻一千八百三十一年七月二十七日、現年四
十八歲、娶日耳曼歐屯柏爾王之女阿來三宅牙為妃、
生二子、三弟米沙公、生于俄麻一千八百三十二年十
月十三日、現年四十七歲、娶日耳曼巴屯王之女賽希
里亞為妃、生五子一女、其妹敎勒戛、生于俄麻一千八
百二十二年八月三十日、現年五十七歲、二十六歲嫁
與日耳曼威坦柏爾喀喇王為妃、是日為米沙公之女
阿那斯他奚亞于歸之期、年十九歲、字與日耳曼梅克
蘭柏爾王太子舒倭林斯齊為妃、年二十八歲、當晚亥
正、温宮設跳舞會、帖請各國公使隨員及本國王公大
臣夫婦子女往赴、亥初一刻、星使率鄧蔣二參贊桂冬
卿慶靄堂同孟第乘車入宮、燈燭輝煌、男女雲集、與英

三八

法同子正同寓自是日起三日内市肆門前插德俄二國旗各國使署則豎本國旗及德俄二國旗以伸明慶賀故本公署豎大清國龍旗樓前横插德俄二國及鑲黄正白二旗入夜市肆門首多燃星形六角煤氣燈有地面横列油燈一行者亦伸慶賀之意也當夜陰雲密布大雪繽紛

初四日戊申雪未止一刻駕雪牀行二里許赴信局送包封戌初步至對岸拜帕力士坐談片時而歸尼瓦江寬三里深鋪白雪明若銀河當夜雖獨步往來其上如 二十九 在瓊樓玉宇中遊亦奇景也

初五日己酉晴申初同賡吉甫乘雪牀行七八里直至猷飫柏甫園看冰嬉園不大周約五里在街道廳前設有橋梁山水十年前廳官頗割一半以便人民遊玩旋經富商租去入冬結冰則正面列座中設樂亭于每禮拜日由未初至申正開門入者每人半盧布任其嬉戲游觀又每禮拜四日由戌初至子初開門四面懸燈亭中奏樂入者每人一盧布是日為禮拜之期男女老幼有百餘人更有坐冰橇令人推行者馳驅甚快又是日係俄麻正月十四日為慶賀其郡主下嫁之第三日戌正俄皇帖請各國公使隨員及本國王公大臣夫婦在巴立帥大戲園觀劇屆時星使率邵參贊桂冬卿慶靄堂與彝著公服同孟第乘車前往行二三里而至一路車馬馳驅燈燭爛燦每大街口男女擁擠有巡捕彈壓指引戲園極大式與英法同惟樓上頭層正中大敞屋一間正面紅椅三十餘横列三行後厦設案挂鏡華麗整齊左右各小槅十五每槅容六人槅皆斜形向臺屋左各槅坐國戚王公夫婦子女屋右各槅坐英法德奥 三十 土耳其中華頭等公使日斯巴尼亞葡萄牙瑞典丹尼合衆日本和蘭波斯比利時義大利巴西秘魯二等公使臺前坐各文武大員左右與樓上二三層坐文武官仕宦男女老幼共五千餘人樓頂中懸萬燭玻璃燈一狀似花籃玻璃開花挂葉縷縷垂珠燭焰玻璃互相對映照更覺光明每層左右距九尺插十燭燈一架末層兩邮又加電氣燈各三則通堂光同白日如開不夜之城亥正一刻俄皇到由後厦入敞屋臺前奏樂百官立起轉身面向正屋高呼萬歲各國公使及各婦女皆立起面

向鞠躬、俄皇亦向眾鞠躬、而後坐、郡主著粉紅色衣、袒胸露臂、坐于正中、駙馬著黑毡襖褲、佩刀、挂寶星、坐其左、俄皇著大紅長袍、全緋玉帶、坐其右、後則國戚及御前大臣命婦等二十餘人、分坐兩行、即時開場、首齣甫畢、御僕捧盤向各座前進茶、後俄皇携郡主等退入後廈小食、眾人亦皆陸續步入飯廳、正面橫設長筵、羅列酒肴糕果、飲食各任其便、當時因燈火人氣醞釀、竟致熱似酷暑、旋二齣開、乃一場跳舞也、幼女百數十人、服短裙、色分五彩、分羣列隊、作綫成環、忽燕飛而魚躍、忽鴻翥而龍游、殊覺鬧熱可觀、子初戲罷、俄皇率眾立起、百官復轉立、三呼萬歲、各國公使及各婦女亦皆立起、面向鞠躬、俄皇及郡主駙馬亦向眾鞠躬、退入後廈、下樓登車、彝等隨星使于子正回寓、

三十

初六日庚戌陰、記俄京樓房、較他國稍遜、門窗皆兩層、各鋪戶牖俱小、而內極闊大、蓋為防避寒氣也、又有入門及降階數武者、申初大雪一陣、亥正晴、

初七日辛亥晴、俄國銀鈔每日亦有市價、時長時落、初到此、以一千英磅換一萬一百三十一盧布五十考貝、繼而一千磅換一萬盧布、至今則一千磅、竟換得一萬五百四十九盧布、又聞俄國南省、現患一種瘟疫、名曰普拉戛佩斯塔、係黑由手腕、傳至胸前則死、刻不容緩、傳染甚快、如中土之丹毒、于今死者載道、各國皆一律禁止俄人入境云、雖經俄皇派醫官四出、設法療治、而能愈者無幾、

初八日壬子晴、記俄皇阿來三德第二、生于俄麻一千八百一十八年即嘉慶二十三年四月十七日、為俄皇尼扣拉第一日耳曼沙爾洛公主之長子、六歲讀書、十三歲入營學武、十七歲授步營參將、十九歲授為大學院學士、二十二歲遊歷日耳曼、三十一歲授為通國武學院統領、總理、三十二歲授為管帶嶄戛斯兵大元帥、三十七歲伊父尼扣拉第一薨、次年八月二十六日、在南京墨斯哥即位、前二十二歲遊歷日耳曼時、聘日耳曼魯威王之公主茉莉雅為后、今俄皇六十歲、后五十四歲、生有五子一女、長子阿來三德公、生于一千八百四十五年二月二十六日、即道光二十五年二十一歲、聘丹國國王克立謙第九之公主達格麻爾為妃、次子烏拉的米爾公、生

三十一

生于一千八百四十七年（即道光二十七年）四月初十日、二十七歲、聘日耳曼舒威林王之郡主穆阿麗為妃、第三子阿來希斯公、生于一千八百五十年（即道光三十年）正月初二日、現年二十八歲、未娶、公主美鸝、生于一千八百五十三年（即咸豐三年）十月初五日、二十四歲、嫁與英國艾典柏爾公阿福來為夫人、第四子色爾吉亞公、生于一千八百五十七年（即咸豐七年）四月二十九日、現年二十一歲、未娶、第五子頗樂公、生于一千八百六十年（即咸豐十年）十月初三日、現年十八歲、未娶、大太子阿來三德公、現生二

三十三

子一女、烏拉的米爾公、現生一子、名皆未詳、

初九日癸丑晴、午後、星使往謁俄二太子烏拉的米爾公、及王弟米沙公、晚、英人帕力士代請赴俄人貝斯呢家跳舞會、子初一刻以車來接、行數里、過橋至對岸、抵其家、其人年近九旬、精神康健、樓房寬敞、四壁多懸油畫、計二百餘幅、其他陳設裝修、尤覺華美、男女有[illegible]三百餘人、奏樂跳舞、寅正設長筵、列酒肉、杯盤交錯、賓主盡歡、席罷、時已卯正矣、

初十日甲寅雪、戌初、英人喀塔立夫婦邀飲、屆時、乘雪牀、過橋、行三四里、至對岸五條街第六號、入內少坐、同席有喀公之妻母、食至亥正、同車赴瑞人冉森家茶會、樓房高大、華美壯觀、男女有數十人、暢談未已、而樂奏焉、僕役不時進茶進酒進果、極其殷勤、子正一刻回寓、夫冉森瑞典富商也、年逾五旬、每年冬季、夫妻在此僑居四月、每禮拜五日、燃燈設席、戚友咸集、歌舞終宵、至明始罷、

十一日乙卯陰、記俄國銀鈔、一盧布者、橫四寸五分、縱二寸七分、面印深黃色、三盧布者、橫亦四寸五分、縱二

三十四

寸九分、面印綠色、五盧布者、橫五寸、縱二寸九分、面印藍色、十盧布者、橫五寸、縱三寸、面印紅色、二十五盧布者、橫五寸四分、縱三寸、面印紫色、百盧布者、橫六寸半、縱四寸、正面土黃色、背面五彩、共分九行、中黃、左右綠、次紫、再次藍、臨邊則紅、其他未詳、又所有票、皆出于俄麻一千八百七十六年（即光緒二年）以後者、午後同俞惕盦步遊、遇一武官名柯喇伊吶伍斯吉者、英姿颯爽、年僅弱冠、能法語、一見如故、語言溫厚、入夜雪、

十二日丙辰大雪、午初、柯武官來拜、坐談片時、約午正在

本街第五十四號王爵高斯楚北家早饌、遂同行步往、見該王爵年亦妙齡、始知皆充馬隊千總（統領）也、俄名曰烏蘭樓、房華美、陳設充盈、各鼓琴一曲、頗有流水高山之趣、洵堪海上移情也、食次王妹高美蒂至、二八絕代姝也、能英法言、坐談數語、妙緒環生、席罷謝別、亥正、有俄世爵首領公爵布卜臨斯吉者、因俄兵由土凱旋（國）、中賀將帥在兵部請跳舞會、届時、星使同邵蔣二參贊率桂冬卿、塔木菴、慶靄堂往、聞男女有千餘人、亦誇耀武功之意也、

十三日丁巳、大雪（冷）、午後、日本（署）公使隨員高木報造來拜、約明晚戌正茶會、記俄京街市亦有小販列攤、出售果品、麪包、紙花、玩物等、惟一種乾果、係糖煮阜角（筴）、殊為罕見、

十四日戊午、雪、早見江面三鹿拽一冰牀、由西而東、馳驅甚快、詢知由北方拉鋪蘭而來者、按拉鋪蘭地近北極、兼屬俄、瑞二國、詳見第七卷、亥初、有俄人竇路利代提督布拉格伍歐夫婦請赴跳舞會、遂同駕雪牀行十五六里、始抵其家、男女二百餘人、多有在他處會晤者、主人款待良殷、丑初伊伴送回寓、知亥初邵參贊偕桂冬卿已赴日本公署茶會而先歸矣、

十五日己未、陰、戌初、星使請俄前任駐華公使布策、總領事官孔琪庭、官學滿文教習王西里、又名王書性、係（皆）前乙丑秋來此會過者、乞假回國之領事官威柏爾、參將裴賽斯吉及孟第樸志等晚酌、按俄國宴客之儀、大桌旁置小桌一張、覆以白布、列舍利白酒等數小瓶、小麪包、冷葷、糖果各數盤、客入飯廳、四面圍立、各任取小食、或酒少許、以便開胃、後入座、飯畢立起、將出門、向主人握手致謝以為禮、當晚亦如其儀而款之、（亥正席畢、）夫西人之來華者、姓名皆還音、有姓名皆還出者、有姓非一音、將姓音還出、而以後一二音為名者、如威妥瑪、威其姓、妥瑪其名、又熱夫類、本姓熱夫類、因其音多、故將姓音還出、而以熱為姓、夫類為名、其他如赫德、德貞、畢利幹、包爾騰等、皆以姓之前音為姓、後音為名也、且中外相隔萬里、雖係還音、究不能十分恰合、其所還出者不過重音而已、如威妥瑪本姓威得、名妥瑪斯、赫德本姓赫爾德、名洛柏爾得、因得斯爾三字音輕、故未還出、然尚

三十五

三十六

不離其本音、竟有因到華而改其姓者、當日所請七俄人、如布策、如威柏爾、如王西里、如璞志、如裴賽斯吉、皆只還其姓音、若孔琪庭本姓司戛尺果弗、孟第則本姓裴自矚洛弗、緣其改書之由、必因孔孟為中國之古姓耳、

十六日庚申雪、見尼瓦江冰厚三尺、按長方截出、收于窖內、以備夏季之用、按俄國樓房地基、較英國稍為開展、門內多有院落、冬月每日掃雪、奉官令雇車馬、大雪牀一輛、鍬夫二名、載之傾于城外江邊、此等雪牀造以粗木、形如斗而長方、高七尺餘、

十七日辛酉雪、酉正對戶冉森約饌、同席十四人、有種瑞典乾餅、厚二分、周盈尺、色黑有孔、面無芝麻、內灑茴香、嚼之如北京薄脆、飯畢謝歸、亥正鄰人奧國公使夫婦請赴跳舞會、屆時、彝同蔣丹如、桂冬卿、陳養原、隨星使邵參贊往、樓閣寬敞、修飾整潔、男女有數百人、跳舞奏樂、皆與他國無異、子正回寓、寢後猶聞樂聲、天明始息、

十八日壬戌雪、記俄國算盤橫用、共十一位、先七條、每位十子、係左右八黑子、中二黃子、後四位、則第一第四兩位、各二黑子、第二第三兩位、各十子、色分黑黃如前、算法係以前七位計盧布、後四位計考貝、亥初、本街第五十四號王爵高斯楚北武官柯喇伊吶伍斯吉約同車、赴米海洛弗斯吉戲園觀劇、行七八里、抵其地、樓雖不大、而所演法國曲戲、尚覺可人、子正回寓、

十九日癸亥雪、酉正一刻、有羅義約饌、伊係英國名士、來此遊歷者、同席有英公使隨員都司蘇萬、食畢同乘雪牀行十數里、入巴拉帥大戲園觀劇、因俄俗每禮拜日不禁奏樂歌舞、故是園惟于禮拜日專演一場、勝於平日、座價亦因而翔貴、是日係禮拜之期、故男女觀者甚夥、見俄皇坐于臺右小室、御戎裝、肩金穗、掛寶星、有將弁環坐其旁、是晚舞而不歌、名曰巴蕾塔、義亦跳舞也、伶人皆幼女、服五彩衣、有百數十名、景致尤覺奇異、一望千里、真假非目所能辨、如初場地近北極、雪地冰山、白熊水獺、雖係人工、動作與真畢肖、時值冬令、白幼女跳舞、衣履皆白、忽而入春、和風暖日、景象一新、幼女跳舞、衣履皆綠、繼而入夏、赤日烘雲、花芳樹密、幼女跳舞、

衣履皆紅纖、而入秋、風吹木落、千里寂寥、幼女跳舞、衣履皆黄、忽又入冬、山寒水凍、烟霧蒼茫、幼女跳舞、衣履皆黑、正跳舞間、大雪狂風、天地嚴肅、海浮凍塊、山作冰樓、大船遭險、四面觸冰、桅折旗裂、人呼拯救、觀者爲之驚駭咋舌、末則燈燭復明、通場作一大花園、花明柳媚、水秀山青、幼女改裝跳舞、依樂移步、隨式轉軀、又換一番景象也、子正戲散而歸、聞俄京各戲園、官爲建造、官爲管轄、當夜跳舞、皆係貧女、由四五歲入官學習、給以衣食、學有成效、則令入園、所獲工值入官、年限滿後、願出者聽、否則每年官給盧布五百、其每日工值、仍須入官、

三十九

二十日甲子、雪、未初有英國公使世爵羅弗特斯來拜、坐談片時、申初一刻、復隨星使乘車往拜合衆國公使司多弟端夫婦、接待言語溫和、記俄國二三十年前、當阿來三德未即位時、官民服色一律、官非公務在身不著公服、自即位後、凡武官皆戴官帽、佩腰刀、肩金穗、挂寶星、與他國武官服色稍異、故鎮日街市往來佩刀而行者、不下十之五六、一爲自誇榮耀、一爲恫喝愚民耳、

入夜雪止、仍陰、

二十一日乙丑、陰、風吹樓頂積雪、四面飛舞、密於天降、各房簷下牆角、皆挂馬口鐵走水筒、粗盈尺、簷下者作冂字形、牆角者作丿字形、上下接連者作几字形、近因天暖雪化、水滴筒下、接以木桶、然晝暖夜涼、夜間有結冰連于一處者、各家雇人樓頂撮雪、厚皆二尺餘、午後接北京電信、知星使于上月二十九日奉

旨補授都察院左都御史、遂同衆著公服登樓叩賀、

二十二日丙寅、陰、天暖雪化、街道如河、是日俄大太子請星使邵蔣二參贊、亥正入溫宮、赴跳舞會、亥初一刻、忽接俄禮部飛洛、今日停止、其故未詳、

四十

二十三日丁卯、微晴、俄工局官布蘭克之女布蘭嬉、年十七歲、在對岸芝木那奚亞大院學讀書、是日請彝同陳養原桂冬卿福遠峯及夏于諸君往觀、午正同乘雪牀而往、見學院總管伍阿新及總教習老女柯洛斯吉、年皆四旬餘、按俄京女學館有十處、伍爲總管、此阿係柯女創立、故伊充總教習、女生共四百十二名、樓三層、女分三等、每層屋左右數間、每間二三十名不等、教習

有男有女、初學本國語言文字、次學英法德義各國文字、次學史書測算天文地理、及繪畫音學等、房屋器皿衣服一律整潔、如桌凳有關鍵、可短可長、以便身體之矮其他可知矣、生徒每年備束脩、由八十至一百盧布不等、貧者查明免繳、當日入各屋、女皆立而鞠躬、屈右膝以為禮、繼而齊立誦讀、規矩亦頗嚴肅、將出門、各女復同行禮、後伍延入客廳、見其內眷、各奉白酒一杯糖果少許、飲畢、謝辭回寓、申正、又同俞惕盦陳養原夏千駕雪牀、至對岸六條街、往拜參將裴賽斯吉（里）、伊曾由俄南界走蒙古、順西路、入華南省漢口等處、而歸、遊歷所及、畫有暈圖、載有日記、其屋羅列中土男女衣冠鞋襪、以及藥材食物紙筆書畫金銀銅鐵石瓷瓦木器具數千件、壁懸李左二相國小影、及許多華人名刺、按其所繪景圖、係臨牆橫長几、左右立二木軸、長各尺半、含有機關、圖捲軸身、上絃後、圖在左軸、軸轉自左軸拽出、繞上右軸、如在右軸、亦自拽出繞上左軸、無須人力舒捲也、坐談片時回寓、入夜雪、

二十四日戊辰雪、為俄歷二月初二日禮拜五日、據云、耶穌未生時、伊母馬麗夢天神、告以將生貴子之日、故俄以此日為一大節、市肆關閉、人民休息、前于十九日、星使曾行文外部、約其訂期會晤、旋接回覆、訂于今日未正、又昨日禮官來函、約今日未初、見其三太子阿來希斯公、屆時、星使同邵蔣二參贊偕桂冬卿慶靄堂往、申初回寓、又數日前禮部帖請、今晚亥初入溫宮、赴跳舞會、忽于酉初來函、言國戚公爵司托洛果訥甫病篤而止、入夜雪止、晴、

二十五日己巳晴、早接蘀雨卞友梧函、（四十二）并寄冬中報二紙、查其敘有大段係顧蝦門為郭星使畫像辨別申報所言是非一案、題曰畫師辨誣、爰照原文錄之如左、

字林報於六月中抄錄西字新聞紀駐英郭星使近事一則、內記畫師古曼為郭星使繪小像時問答之語也、本館閱而譯之、意以為泰西新聞紙之例、常有意頗嚴正而筆涉詼諧者、其或虛或實、一望而知、閱者亦可付之一笑、即如沙斯國沙出遊泰西各新聞紙半資以為談柄、故即將是事貿然登錄、未復加以斷語、畧責言者之過、詎料本報郵至倫敦、經星使披覽後、心殊不以為

然、深責古曼以不應憑空捏造、深相汚衊、而古曼以并
無是事、特致書於倫敦日報館名倫敦中國新聞者力
辯其誣、於是本館亦始知此語之非出自古曼也、爰再
為譯錄如左、想星使閱之、必能釋然于懷矣、其書曰、
古曼謹致書於倫敦中國新聞紙局主人閣下、竊聞上
海華字新聞紙、紀星使駐英近事一則、或謂係僕具信、
因而譯出者、不勝詫異、細查華報所述、係指中國
欽差在倫敦時、候僕畫像各情形、及僕繪成後、懸于公畫館
中所述、各事、其中肆意毀謗、出皆情理之外、僕即四處
四十三
查訪、究係何處新聞館代僕設此妄論、已數日矣、而究
不能悉、夫僕之得以繪星使之像者、先托馬格里先生
引薦、未下筆時、又先與星使會晤兩次、第二次會晤時、
又先議定坐位如何、即以西法照相、後又請星使兩至
敝畫室、畫畢呈覽、星使甚為嘉許、僕亦深感隆情厚誼、
永矢弗諼、安有妄肆雌黃、憑空嘲謗之理、況僕與星使
接談時、悉由馬格里從旁傳述、初不料上海華報之過
聽人言、而僕遽遭馬格里之即持以詰責也、僕以聲名
為重、今乃以傳聞謬誤之詞為僕累、安得不以為論駁、

以明此心哉、萬望貴局、將僕書登列於報、倘有閱貴報
者、知華報所譯之件、為何處新聞、則請惠而下告、俾僕
亦得詳為查問、蓋似此情由、即星使不相詰責、僕亦當
詳細一查也、此佈、
初六日申報一節、題曰馬格里致本館書、
昨日本館、既由倫敦中國新聞紙譯畫師古曼辯誣一
書矣、又有
欽差(使)參贊馬格里致本館一書、極言此事之子虛烏有、請敦
本館錄登日報、但聞馬君於英國文字、實為出類拔萃
四十四
之才、而閱其原譯之文、殊有鄙俚不堪者、豈
欽差(使)署中繙譯往來之各文牘、類皆如此耶、殊不可解、即昨
登古曼之書、亦有寄來譯就華文、其中字句更多俚俗、
故經本館另照英文譯出、然後照登、今此信、本館亦照
馬君原意刪改成文、而備錄之、其書曰、
馬格里謹致書於申報館主人執事、僕在法國巴黎斯
城、獲見六月二十日貴報、閱竟不勝詫異、查古曼為
欽差繪像、係僕之所薦引、同見
欽差、繪成後、

欽差甚不愜意、經古曼再三修飾、
欽差始言有五六分形似、迨此畫懸于公畫館中、見者皆稱
之、於是古曼畫名因之鵲起、推原其故、實因英人以
欽差初次來英、詫為罕見、遂使古曼之畫亦頓為之增重也、
溯其繪像之時、古曼與
欽差相見、一切言語皆由僕傳達、若如貴報所言、則僕從
欽差將近兩年、實未見
欽差有此形景、似此憑空侮慢其令僕何以自處乎、嚮者公
旋倫敦、詰問古曼以此事之緣起、古曼指天明誓、堅不 四十五
承認、且在倫敦閱看新報十餘家、亦從未見此一段文
字、僕謂此等譏笑輕薄之言、或是他人有意誣衊
欽差、借古曼畫像為言、或經出自古曼手筆、要皆無足輕重、
蓋古曼不過一畫士耳、輒敢肆口譏笑、自有人責其妄
謬、乃貴報遽謂英國新聞紙、言及
中朝星使每涉詼諧、則僕自隨
欽差來此、後所見新報、無不喜佩
欽差、絕不聞有涉及詼諧者、因思泰西各國、無不講情理與
講律法、各種新報之司筆墨者、亦多係通達事理之人、
故於各國駐紮之星使、從不肯有所譏嘲、若如貴報所
載、甚非英國人之公心所樂聞也、今古曼已有一篇辯
說之詞、更望將僕此段議論、載入貴報、稍解前言之失、
緣古曼不過一畫士、其得失不足論、而僕自覺古曼由
僕引薦、由僕傳言、此等虛誣之詞、實令僕無以對
欽差也、用瀝陳之、
按申報所言前段內有譏刺隨使駐英繙譯之語、故卞
友梧欲函致該館以論駁之、乃先寄原稿與彝、問以可
否、彝即具書答覆、請其罷論、今錄其來函如左、 四十六
光緒年月日、隨鶴使者特致書申報館主人閣下、客冬
見貴館十一月初五六日申報內載畫師辨誣一事、閱
讀之下、不勝詫異、夫
欽使
奏派繙譯官、幾經詳擇、始膺其選、何至如此無學、不明中
西文理、竟使貴館訕笑、指為鄙俚不堪、辱承斧削、是奉
官隨使之諸君、遜於貴館之高才遠矣、頃接泰西來信、
始知顛末、蓋古曼原具信稿、經某繙譯官譯成後、
欽使復加鑒正、至馬格里之信、漢文係

欽使主稿、馬君照繙英文、是二信一由
欽使撰稿、一經
欽使點竄、皆非繙譯官之手筆矣、貴館不知原委、遽爾雌黃、
吳子讓在世、諒不至此、無非按照原文刷印而已、僕本
局外閒人、姑陳數語、願貴館諒之、
當日午後、同夏干乘雪牀行十數里、往拜德法義大利
及比利時四國公使隨員、行至革街、見河心冰面、立三
角尖形鹿皮帳一、高約一丈、底周二丈、外繫三鹿、拽一雪
牀、願乘者按程付值、帳之四面、攔有繩棍、入看者十數　四七
考貝、彝遂履冰步入、見冰上鋪草不甚厚、前立一男、中
坐一婦、年皆三旬餘、能俄語、婦旁另一幼女、年四五歲、
各著鹿皮衣袴、皮烏拉、當中柱下置生鹿肉一大塊、人
入看、乃持刀割片食之、以討賞、或云其人來自艾斯吉
木斯地、近北極、亦屬俄國、想即拉鋪蘭也、回時順拜巴
杜之地、因是日為俄麻二月初三日、值其生辰、乃約是
晚亥正至其家赴小茶會、届時同夏干往、人數無多、有
其友羅阿娥者鼓琹一曲、聲頗嘹喨可聽、繼而坐談、子
初回寓、大雪、

卷十一終

四述奇卷十二

鐵嶺張德彝在初隨筆
貴　榮竹坪校閱

己卯正月二十六日庚午、晴、芝木那奚亞大學院總管
伍阿新請午正聽樂、午初同邵、蔣二參贊、陳養原、慶靄
堂、夏干隨星使乘雪牀而往、伍阿新迎入大堂、正面列
臺、左右橫二大琴、臺下列椅二十四行、每行十四張、男
女老幼坐立者數百人、星使率彝等與伍阿新坐第一
行、先是頭等女生五十餘名排立臺上、二女彈琴、其他
和聲歌曲、又二女一唱曲、一拽大胡笳、外約二男、一唱、
一述名人詩句、聲音嘹喨可聽、繼而二等女生六十餘
名、三等女生五十餘名先後和聲、各歌一曲、往來共十
六次、末則衆女鼓琴、齊聲祝頌俄皇、聽罷下樓、伍阿新
引入客廳、坐飲三鞭、少叙謝歸、戌初、彝請星使、邵、蔣二
參贊、慶錫齋、紀慰銘、陳養原、桂冬卿、塔木菴、賡吉甫、福
遠峯在阿來三宅大戲園觀劇、景致演法與他國同、子
正回寓、大雪、
二十七日辛未、陰、亥初、鄰人王爵高斯楚比約彝乘雪

牀遊、遂同往、順江堤馳驅十數里、逆風飛雪、甚冷、子初、
復同夏干陳養原塔木菴乘雪牀行八九里、至達呢帑
斯吉街商會總局、俄名蘇多諾烏繈托呢班、赴跳舞會、
二首領阿努臣馬特威葉甫迎入、樓房高大、華美整潔、
設有茶室、飯廳、大堂正面、及茶室內角、各有樂工一班、
來者每人五盧布、當夜男女以二三千計、多有改裝異
服者、結隊跳舞、觀者為之眩暈、寅初、同入飯廳夜餐、二
首領約彝等另入一室、同席男女十四人、皆首領之眷
屬也、佳肴羅列、款待殷勤、食畢、謝辭回寓、時已寅正一
二
刻矣、雪、
二十八日壬申、陰、戌初、同夏干陳養原隨星使乘車、至赤呢賽
里馬戲園看馬戲、所演與前日同、惟末場另加一齣、名
曰華人慶賀新年、男女百餘人、著華裝、似是而非、一律
鮮明、對對舉旗執燈、到在池中分列左右、繼而幼童年十
大十數名、著白布汗衫、藍布單褲、彼此踏肩攜腕、揚面
曲腰、作成假象一對、及假偉人詹九五、又四人舁一布
亭、亭四角挂燈、中坐一人、戴烏鬚頂草帽、著寬袖金花
藍緞氅、亭以高凳支立、正面後則有男女孩童玩耍跳舞、
堆山壘橋、頗覺有趣、子初回寓、微雪、
二十九日癸酉、陰、有商會首領阿努臣馬特威葉甫同
請星使及彝等、當（本日）晚酉初在其總局晚酌、是局立于四
年前二月初七日、按俄曆、每年二月初七日、聚各大商
及他國寓此為首各商賈宴會一次、首領經眾推舉、一
年一換、凡來赴宴者、每人五盧布、查其恭請
欽差之由、一因中國初派
欽差駐劄、一因此次前來為辦界務商務各事也、屆時星使
三
偕眾乘車前往、下車有二首領出迎、引入小飯廳、內横
一桌、設酒餅小菜、各食少許、然後延入大廳、正面奏樂、
當中横一長桌、左右各五桌、作非字形、横桌為首席、四
面坐二十四人、左右每桌三面坐二十三人、計十一桌、
共人二百五十四、星使坐首席右首首座、馬特威葉甫
坐左首首座、中則郤參贊與彝等、及本城正副府尹并
阿努臣、各桌羅列鮮花酒果、奏樂二次後、阿努臣立而
舉酒告眾祝俄皇、即時奏樂、眾立、起舉杯三呼賀來、祝
畢而坐、食又奏樂一次、再祝俄后、如是三祝俄太子、四
祝通國、四祝甫畢、忽廳前二人喧譁、詢知因失菜單口

角、馬阿二公聞即趨往彈壓、令作樂以混其聲、此後每一肴進、奏樂一次、眾立起舉杯同祝中國

欽差、旋星使之言數語、無非願兩國永遠和睦之詞、并謝延請盛意、令夏千繙成俄文、眾立起高聲稱賀不已、前來相與碰盞、以明誠心和睦之意、每座奉菸捲一枚、吸罷、食冰乳青菜等、繼復奏樂、同祝本國軍旅、及外邦寓客、飯畢、星使偕部參贊慶靄堂謝歸、更衣往溫宮、赴跳舞會、留彝等在彼少住、遂有多人導看各屋、再入大廳、則飯桌撤去、改列八仙桌十五、椅一百四十、茶几燭臺各 四

三十、各桌置骨牌紙片、有打牌者聽之、亥初、樂臺前橫一大桌、設三銀盆、周三尺、高尺餘、上蓋鐵網、滿盛小塊白糖、左右列各種酒百五十餘瓶、每銀盆後立一老人、陸續以酒灌糖、繼而燃著、隨燒隨灌、酒盡而糖消、乃啟鐵網、置橘子波羅蜜各一盤于其內、以銀勺研調畢、各奉一杯、飲之、性不烈、而甘香、後樂臺上來男十二名、女十八名、衣服華麗、較俄人稍異、呼曰芝布希人、詢知其祖來由印度阿富罕埃及土耳其波斯等處、係為天下游民、實不知其所始、以貌觀之、似來自中亞細亞者、或云、有來此三四世者、有自幼到此者、故其語言混雜、不甚清晰、臺上女坐兩行、後則男立兩行、又前後各立一男、彈胡盧形月琴、如日斯巴尼亞者、先同歌、後二女歌、唧唧切切、調頗新奇、或云係俄國曲文、而聲韻則非、繼而二女同舞、伸臂搖腕、稍似中土、惟不時兩肩搖聳、弱態輕盈、隨舞隨叫、喉囀如鶯、觀之令人神移、後齊入小廳飲茶、詢知此夥、以中立之黑面白鬚人為首、喚一次、須三百盧布、茶後、上臺復行歌舞、子初、又下臺飲茶、或云、仍須上臺一次始罷、即時彝等謝辭而歸、子正、星使 五

偕部參贊慶靄堂回寓、

三十日甲戌、陰、未初、同蔣丹如陳養原乘雪牀往拜阿努臣、見女眷、談及昨晚二人喧譁、據云、是乃為俄國陋習、凡為官者、驕傲自大、易於動怒、始知一為守備、一為商人、在彼少坐、備有茶果小食、甚佳、去此、順拜馬特威葉甫、未遇、申正一刻大雪、

二月

初一日乙亥、陰雨、記由俄國至中華、路分南北、南路由俄乘火車走德法、繼駕輪船、過地中海紅海印度洋及

南洋中途無阻、兩月可至、北路由俄北京至南京一千四百八十里、由南京至呢（伊）什呢吶幣潤洛、八百二十里、皆有鐵路大車、次至排安約三千里、夏走瓦喇戛與喀麻阿埔河、冬乘馬車近河走陸路、再由排安過山至葉喀堤也立訥埔、六百里仍有大車、惟由此至恰克圖八千里、須乘馬車由恰克圖至庫倫十一臺、庫倫至賽拉烏蘇十四臺、賽拉烏蘇至嘎順八臺、皆須自行買車僱由五十至百金、僱馬雇夫、須用通使、由嘎順至穿哈爾八臺、因地曠人稀、人馬皆不易覓、過此後

六

八臺至張家口、雖云易行、如人多則須陸續前進、一因尋馱不易、一因車輛多買亦難也、由是觀之、則北路之不如南路多矣、計日亦須兩月云、

初二日丙子晴、亥初（一刻）同陳養元夏干乘雪牀往赴布蘭克家跳舞會、樓房不過數間、修飾甚爲華美、見其妻子與女及他男女、共百餘人、鼓琴跳舞、看至子初辭去、又至商會總局、赴跳舞會、亦經馬阿二公所請也、男女有數百人、女皆頭戴假面、老幼難辨、蓋下等人多也、入者每人五盧布、看至寅正謝歸、

初三日丁丑陰、禮拜、是日係俄麻二月十一日、自明日起、爲其天主受難四十九日之始、人民齋戒亦四十九日、茶會跳舞演劇限內概行停止、由前日至今日、在御夏園旁設大木房數所、內演鄉戲、入者每人由五十考則至二盧布半不等、每一小時演二齣、畢則已觀者出、未見者入、因而街市牀馬馳驅、絡繹不絕、

初四日戊寅、早晴、午後大雪、記俄京雖有齋戒四十九日之例、而茶會跳舞演劇、聞由上年改爲七日一禮拜而已、餘日仍舊舉行、據云因國帑不足、官理不善、以致

七

賊盜蜂起、所以改例令其演劇者、亦聊爲安養貧民耳、入夜雪止、晴、

初五日己卯晴、時因晝暖夜凉、街市積雪成冰、厚足（可）一尺、乃按段掃除、以大雪牀盛滿、運出城外十里、其不准傾于尼瓦江面者、國家以其污穢、將來融化、水氣薰蒸、恐人生病、亦保養生人之一道也、

初六日庚辰陰、記俄京巡捕、衣帽整潔、頭戴桃形黑漆帽、身著黑毡襖、腰横皮帶、佩短刀、按段往來巡防彈壓、遇路狹車多、亦從而指示焉、

初七日辛巳晴、按中俄邦交二百餘載、俄人見華人既少、即見亦只數次而已、自客冬隨使駐節以來、查其土民、尚屬温厚老誠、街行鮮有如英法人之追隨吁叫者、每遇幼童、多免冠、幼女皆屈膝為禮、以明恭敬華人之意也、

初八日壬午晴、昨夜俄皇弟寬斯丹的音公之子倭些斯勒弗寬斯丹的音呢扣拉尹威尺未冠而殤、午後星使偕慶靄堂乘車、赴其弟〔第〕投刺而唁慰焉、

初九日癸未雪、午後見俄皇姪靈柩舁入賢克抛拉禮拜堂、載以四輪亭車、亭高六七尺、周十八九尺、造以烏木、上罩黑呢、四圍垂以白紗簾幔、拽以烏馬六匹、送者四馬車七輛、馬有色不黑、而罩以烏紗者、

八

初十日甲申晴、聞因俄皇姪不祿、令宗室國戚及文武各官素服三十日、自前初七日起、係俄麻二月十五日、又是日為禮拜之期、靈柩在堂諷經、請各國公使往弔、因中華日本波斯土耳其四國不同教、故未函請、酉正、與人李柏渦約饌、係前在商會總局相遇者、按俄例、他國人娶俄女為妻者、所生子女隸于俄、故李夫妻皆入

東教、遵守齋戒四十九日、所備之筵、係蘿蔔湯、雞卵炒飯、油煎麪包、油炒酸菜、油煎鹹魚、拌豌豆等、味皆甜鹹、勉強下咽、未飲加非一杯、亥正回寓、

十一日乙酉晴、係俄麻二月十九日、為前二十五年俄皇受命即位之期、衙署市肆住戶、皆挂旗慶賀、午後慶靄堂請星使暨〔邵孝賢與〕彝等乘三馬雪牀、過尼瓦江橋、踏冰走十餘里、又過二鐵橋、一木橋、至三瑪甘島、一路玉山掩映、雪海迷漫、四望皎然、極其幽雅、房皆木作、閣架鉛代陶瓦、寬敞清靜、樓閣相連、皆仕宦之別墅也、時因天寒、

九

鮮有命車而至者、故闔人率高卧不起、入一酒肆、名為如意闊茀者、或云是館日間無人、惟每夜作樂跳舞、男女如雲、夏日尤勝、少憩、各飲加非一杯、申正回寓、聞島民多塔塔爾人、故貌與華人相似、按塔塔爾在亞細亞洲、占據極為寬博、東由日本海、西至達呢柏爾河、內包滿洲、蒙古、松花里及天山一帶、與庫堪坤、都斯布喀喇吉、瓦并黑海暨喀斯邊二海以北、俄羅斯南境之賽比利亞、與戈爾肥斯各地、總名塔塔爾、故西國稱旗人、亦以塔塔爾人呼之、

十二日丙戌晴午後、巴杜立池代副將柏格達努威赤請早餐、未初同夏干往、見其夫妻妻妹、及他男女三四人、所備之筵、如牛乳汁拌魚片、牛乳汁煮麪裹雞肉絲、尚堪下咽、惟醋拌山藥豆末蒸飯、味澀而酸、亦奇食也、以上各菜及前日在李柏滿處所用、皆在他國未曾食過者、飯畢、延入客廳少坐、申正回寓、見新聞紙云、昨午王西里之女王麗雅、因父女口角、開窗墜樓自死、時年十九、哀哉、卽時星使令塔木菴持刺往弔、

十三日丁亥、早陰、申正雪、記俄人買天主像、必捧送禮

十

拜堂、請神甫以聖水醮拭之、方敢供奉室內、燃燭焚香、而朝夕禮拜焉、是日夏干乞假省親、伊家在俄西之境利戛地方、距俄北京西南千里、西臨波羅的海、南近德國、原屬日耳曼、故土人名姓語言、多兼德俄兩國、土產釀酒數種、如櫻桃酒、地椹酒、茴香酒、橘子酒等、味皆甘而不烈、洵佳醞也、

十四日戊子陰、按俄人所奉之教、爲老天主教、一切規模、較他國天主耶穌兩教稍異、故稱曰古教、又曰東教、因其始自東方也、通國以君爲教皇、神甫留長鬚、著大領闊袖袍、望之似中土黃冠、

十五日己丑早陰、午後細雨、戌初一刻、往拜鄰人王爵高斯楚北、登樓、見其弟與妹、坐談良久、茶後、同乘雙馬車、順江邊馳驅十餘里而歸、伴送至寓、始別、王少而好客、亦彼邦之英傑也、

十六日庚寅陰、入夜大雪、記英法之棺、色皆一律用黑、外包黑毡、俄雖包毡、間或包緞、色則不同、如男用絳色、女用黃色、鰥夫用藕色、寡婦用藍色、幼童用五彩色、處女用白色、貧者木漆淺黃、孕而不生、生而不育者、皆

十一

白木棺、形如二槽相合、上淺下深、正看形如⊟字、旁看如▭字、富者鑲邊、飾以彩緞、中下四邊垂穗、四角下有足、飾金色、駕以四輪敞車、馬數不等、車馬皆黑色、車前行有教人一二對、或四五對、著烏衣、舉長柄烏木⌂字形玻璃燈一盞、後則幼童提鑪焚香者一對、末係神甫一名、著駝色袍、跣足科頭、手舉銅十字、至貧民則車載木棺而已、

十七日辛卯早陰、午後晴、記俄國地基、分二大股、曰歐洲俄羅斯、曰亞洲俄羅斯、其歐洲俄羅斯、又分爲大小

東西南及波羅的六俄羅斯并三屬地、

大俄羅斯北界北冰洋、南在赤道北四十九度、東在北京西、由四十九度至七十五度、西在北京西八十八度五分、絶長補短、計七百九十二萬七千一百八十二方里、分十九府、居民二千三百八十一萬四千六百名口。

小俄羅斯北在赤道北五十三度半、南在赤道北四十八度半、東臨大俄西界西南俄、計七十二萬二千零三十四方里、分四府、居民七百六十三萬五千六百名口。

東俄羅斯北在赤道北六十一度二十分、南在赤道北

十二

四十五度、東臨亞細亞、西界大俄、計四百九十一萬八千一百七十六方里、分十府、居民一千五百一十四萬三千六百三十六名口、

西俄羅斯南在赤道北四十九度、北在赤道北五十七度半、東界大小俄、西界波蘭、計一百四十五萬七千零七十三方里、分八府、居民九百八十二萬二千二百三十九名口。

南俄羅斯北界東西小三俄、南臨黑海、東界東俄、西界奧國、計一百五十一萬五千四百二十九方里、分五府、內含一海、曰阿搜蕪海、居民五百八十一萬九千三百零二名口、

波羅的俄羅斯東界大俄、西臨波羅的海、南連波蘭、北接芬蘭、計五十一萬五千四百二十一方里、分四府、内西境一府曰彼得堡、即俄北京、居民三百二十六萬九千四百六十二名口

其三屬地、如波蘭東界西俄、西通日耳曼、南接奧國、北亦臨西俄、在赤道北五十四度、計四十四萬二千四百三十一方里、分十府、居民六百零二萬六千四百名口。

十三

芬蘭東通大俄、西臨波塔呢亞内海、南接芬蘭灣、北界瑞典、計一百三十萬七千九百九十八方里、分八府、居民一百八十五萬七千零三十五名口、

闊戛布亞東臨喀斯邉海、西通黑海、南接亞細亞、北界南俄、計一百五十五萬五千五百一十五方里、分十二府、居民七千八百二十八萬一千四百四十七名口、

以上歐洲俄羅斯及三屬地、地共二千零三十六萬一千二百五十九方里、居民共一萬五千一百六十六萬九千六百一十一名口。

亞洲俄羅斯為一大省及一屬地、其大省曰中亞細亞、
東臨太平洋與歐扣斯克海、西接歐洲與喀斯邉海、南
界蒙古滿洲日本、北連屬地賽比里亞、計一千二百一
十萬一千三百五十五方里、分九府、居民三百八十萬
零六百二十八名口、
屬地賽比里亞東臨喀木查塔喀海、西界歐羅巴、南通
中亞細亞、北在北冰洋、為赤道北七十八度、計四千三
百四十三萬六千五百八十三方里、分八府、居民三百
四十二萬八千八百六十七名口、

十四

以上亞洲俄羅斯及一屬地計共五千五百五十三萬
七千九百三十八方里、居民共七百二十二萬九千四
百九十五名口、
統計通國地基、共七十五百八十九萬九千一百九十
七方里、居民共一萬五千八百八十九萬九千一百零
六名口、
十八日壬辰、早陰、午後晴、是為日俄麻二月二十六日、
為其大太子阿來三德阿來三宄威池之生辰、巳正星
使入宮投刺申賀、見各門結彩懸燈、挂旗慶祝、酉初[illegible]

十九日癸巳、雪、因農會請酉初晚餐、屆時、星使偕邵參
贊、同桂冬卿慶靄堂往、聞同席有數百人、惟華人備三
鞭酒、其他皆無、足見田家以勤儉為本也、前十六日、有
俄禮官達為多甫者、代伊威男爵夫人席槎呐伍斯吉
轉請星使亥刻赴茶會、星使因赴農會宴、令彝同塔木
菴代往、見其女眷、及他男女二十餘人、少坐、各飲加非
一杯而歸、
二十日甲午晴、午後據門丁沙隆云、本日辰刻見一人
由北岸奔至擺冰處躍下、當時無人知覺、今亦無人尋

十五

覓、亥初、同塔木菴陳養原乘雪牀行十餘里、赴閑薩高
伍斯吉夫人家跳舞會、見其女眷、及他男女八九十人、
相識者有十數人、樓房不大、修飾尚為整潔、看至子正、
少食而歸、
二十一日乙未雲、午後有農會長葛偈鄂諾甫来拜、坐
談極久、聞河東有舊木橋、今已糟朽、官派巡捕看守禁
止行人往來、不意當早有雪牀急馳欲過、巡捕阻之不
聽、竟致橋折、人馬下墜、冰雪滅頂、而葬于清淳世界矣、
酉初雪止、

二十二日丙申雪、亥初、同陳養原步至對岸冉家、男女老幼有四十餘人、少坐、飲茶小食、後有三男三女、入另室、改裝作戲、共演九節、節節可賞、忽笑忽歌、聞之令人解醒、子正回寓、

二十三日丁酉、微晴、記英法銅錢、今制比古錢體重而工精、俄則不然、今錢較古錢既小而簿薄、如古之三考貝、即今之五考貝、今之三考貝、不過古之一考貝耳、然前後相距、亦只二十年而已、在英法雖小村鎮、亦有地圖出售、俄羅斯大國也、墨斯哥南京老大城也、十年前尚有地圖、今則不惟無圖、即板亦漫漶而漸廢矣、夫

二十四日戊戌晴、記俄京一切精巧綢緞器皿、以及桌凳玩物、皆來自英法德瑞各國、聞欲定造一物、則云無此巧匠、亦無此等材料、是製造不如他國也、

二十五日己亥雪、記俄京開張大鋪、多日耳曼人或瑞法二國人、俄通國之人、多能德法語、故以法文為官話、以德文作商言、他邦來此遊歷者、不必定通俄文、惟能德法語言、足矣、

二十六日庚子雪、冷、午後同桂冬卿乘雪牀、往拜王西里、見其面目憔悴、形容枯槁、談及家務、則欲泣、有幼子將出門、王以口吻其頂者數次、以右手畫其面、作十字形、蓋暗祝天主保佑之意也、父母之愛子、天下皆同、不知子又事父母如何耳、

二十七日辛丑雪、記現在天長寅正一刻、明酉正一刻昏、較去臘已長四小時矣、當晚夏千由利夏同、謁見星使後、至彝屋坐談極久、出其父小影與看、鶴髮冰鬚、精神康健、詢知年已九九矣、贈彝櫻桃地椹茴香橘子酒各一瓶、按橘子酒、色黄味淡、地椹酒、色紅味濃、櫻桃酒色比緹齊而味甘、以上三種、醇而不烈、連飲三杯、不即醺人、茴香酒、色白瑩、饒風味、飲之令人神氣清爽、其性凉、據云、夏日飲之頗有益焉、

二十八日壬寅晴冷、記俄國春秋冬三時、天寒地凍、積雪結冰、男女出門、皆頭戴皮冠、足登複履、男披高領大皮裘、對襟無鈕、面或毡或呢、色皆烏黑、婦女披高領斗篷、面或絨或呢、色皆紫藍、有羊皮、有水獺皮、有狼皮、有貂皮、拜客赴會、皆脫冠履外襲于門內樓前、蓋樓前左右、專設衣冠木架兩行也、按韓詩外傳云、夫飲之禮、不

脱屨而即序者、謂之禮、跣而上座者、謂之宴、觀俄人之赴酌、謂其不脱屨、而遺皮鞋于樓下、謂其跣足、仍著皮鞋于足上、禮歟、宴歟、抑天時地勢之所使歟、

二十九日癸卯晴、亥初、同塔木菴陳養原步至對岸冉森家、見其夫婦、及他男女老幼三十餘人、少坐、飲茶食糖果、後有五男五女作打謎戲、洋名沙蕾按法丈分作三段、第一段、一富人散金、賙濟貧人、法言全曰敖爾第二段、一善女施捨廬舍、棲止病者、法言善人曰昂日、第三段、貧者富、病者愈、善男信女約眾、入肆飲食、迨菜上、十八專掌橘子一盤、法言橘曰敖爾昂日、蓋合言全與善人而成橘字也、頗覺有趣、

三十日甲辰早晴、午後雪、未初有英人柯大力約午酌、後同乘雪牀北行二十餘里、至石頭島、俄名喀美內敖斯他洛鼡、一路層冰嵯峨、飛雪千里、銀房玉樹、絕無纖塵、二小溪之間、有英人公設花園一區、夏日乘凉、冬于小木樓旁建二木冰嬉臺、如楊氏之冰山、一南一北、各作乙字形、二臺對立交錯、作乂字形、臺高二丈餘、斜下至地、寬約八九尺、由臺頂至道尾、結以冰塊、至平地則凍之以水、平坦光明如鏡、有小鐵牀、寬一尺、長二尺半、高約三寸、旁看形如口字、上鋪毡墊、來者手戴大皮套、足登厚毡襪、或坐或立、或反或正、以及仰臥俯伏于其上、由此臺頂溜下、一箭如飛、直抵道尾、另登他臺溜下、仍回本臺、鐵牀手套毡襪、皆本人自備、置于木樓、當日英人來者、男女老幼廿餘人、女子有一人溜者、而多跪于男子身後、以手扶肩而溜者、有與男子携手並溜者、有三牀連成一行、二男對坐、女在中而齊溜者、孩童有騎于男子背上者、往來馳驅、彼此歡暢、是亦另種賞心十九樂事也、戌初柯送歸、天地晦冥、寒風肅殺、冷甚、

三月

初一日乙巳晴、未初、隨星使與夏干乘車、行三四里、至對岸、入博物院、樓高四層、極其宏敞、所儲物件無多、除油水畫外、惟有銅鐵絳石小物而已、記張說梁四公記內載、黑谷北有黑海、毛羽染之皆黑、西有乳海、其水白滑如乳、查今時地圖、在歐羅巴德丹瑞俄四國之間、一海曰黑海、因其洋暗、故名曰黑、其水流出、色與他海同、既非墨水、安得染物、又俄羅斯北境接北冰洋、一海曰

白海、以其地近北極、冰雪不息、其色白滑、故名曰白、其
水清澄、亦與他海無異、究不知彼所謂二海、究屬何處、
尚望考求地理者察之、
初二日丙午晴、記俄京各銀器鋪所售、名曰銀器、其實
上等者、造以呢根及別色假銀、次則以銅鍍銀、如造實
銀器具、皆不敢允、詢知伊本國銀少、且呢根亦非本國
所產、來自日耳曼也、如按式造以實銀、則價不止倍蓰
焉、
初三日丁未雪、亥初同賡吉甫乘雪牀赴男爵夫人席
二十
槎吶伍斯吉家之茶會、男女有二十餘人、談笑歡洽、夫
人有幼女、名麗麗、年八歲、舉止莊雅、出言溫和、能英法
德俄四國語、能誦能書、洵絕域之神童也、亥正、保母請
睡、乃立起先向舅氏親吻、再向眾人握手告別、口云、好
夜、蓋西俗夜別彼此互云如此、意謂魂夢獲安也、子初
回寓、
初四日戊申陰、閒邇來俄人新立一黨、意欲改立民主、
按俄都設有管理通城巡捕、保護宗親紳富士庶之大
提督一員、去歲俄麻八月初四日、大提督梅森賚甫被
人刺死、月前、俄皇接一匿名帖云、不弒汝、必殞各大僚
之命、不意昨午現任大提督戴綸坦乘車街遊、在宮左
大園、忽來一車對面施放火器、幸著車旁、急令轉車追
逐、奈前車馳驅甚疾、轉瞬不見、當日各國公使聞信、咸
往投刺以賀焉、又午初有管理大禮拜堂總管副將博
格達努威赤、以車來請星使邵蔣二參贊塔木菴陳養
原慶靄堂夏干輿往看伊薩吉葉甫斯吉索卜大禮
拜堂、係前丙寅冬來此、瞻仰者至則啟門、正延入遍觀、
據云、是堂造已六十五年、共費二千三百萬盧布、堂高
二十一
四十七丈、周百丈、正面二青金石柱、價值四千盧布、看
畢登車、延至其家午酌、據云、伊妻昨宵躬自治庖烹飪
效華式、不知有當尊意否、星使亟稱之、主人大悅、席罷
飲茶飲加非、謝別而去、
初五日己酉陰、邇來天暖、街市掃除冰雪、地面漸露、石
子嶙峋、雖云不如英法平坦、較他國又差強人意矣、入
夜晴、
初六日庚戌晴、亥初、同陳養原福遠峯步至對岸冉家
少坐、有男女十五人作戲、七男七女、橫坐一行、一人立

于對面中央、約定各人賽玩一技、如彈琴、擊鼓、吹笛、敲鑼、拽胡笳、敲方響等、初則衆人齊作、繼而立者隨意令效行中一人所作者而奏之、如原作者忤不唱和、則罰取身邊之物、如手套、戒指、鐲釧、手帕、錢包、扇袋等、置于高帽中、往來數次畢、乃另請座客一人、任取一物、問屬何人物、主認去、則又罰作一事、有令雙手扶椅、請各人于其背上僞作書寫點畫、盡力擊之、有令跪而朗誦經文一段者、有令面罩青巾、猜身後來人名姓者、有令一人前坐、反披長衫、一人後坐、伸手入袖、是以後人之手代前人之手、以前人之口代後人之口、前人言、後人須仿其意以手指畫之、趣甚。

二十二

初七日辛亥、早陰、夜雪、記歐洲俄羅斯人分三大種、三小種、三大種曰衛里扣魯斯、大俄也、麻婁魯斯、小俄也、貝婁魯斯、白俄也、大俄在其中界、居民三千五百餘萬、皆爲墨國南境斯拉伍歐呢亞各省遺種、小俄在其中界之西南、居民一千一百餘萬、皆本地土種、白俄在其正西偏南、民居三百餘萬、爲泰西人遺種、三小種內、二種在波蘭及立素阿呢亞二地、統稱斯拉卧年者、九百餘萬、又近黑海一帶土耳其遺種稱曰阿爾麻年者、三百餘萬、以上三小種、又名曰游牧、亞洲俄羅斯除土民外、有游牧二種、一爲猶太人、共一百六十餘萬、一爲塔塔爾人共二百五十餘萬、其東北一帶土人未聞。

初八日壬子、雪、記俄京自巡捕提督被恐後、各街巡捕以及本署差官、隨時訪察、遇有談論國事、形迹可疑者、即捕獲入監、聞已拘繫一百六十餘名、原犯尚未追出去歲之事、亦未弋獲正兇也。

初九日癸丑、雪、記俄京冬季滴水成冰、寒氣凜冽、朔風

二十三

肅殺、墮指裂膚、一切肉食皆于秋季宰割、堆列敞屋大窖之中、五穀來自外邦、菜蔬雖有、冬亦運自別國、故一盧布可買肉一塊、而不能買菜一束、十斤肉只抵一斤米穀、是茹素難於茹葷也。

初十日甲寅、雪、現因天時微暖、地氣上升、故邇來連日大雪、落地即化、又俄國貧家多以鋪鉛馬口鐵作面鏡、較中國銅鏡價廉而光過之。

十一日乙卯、雪、按唐李肇國史補內載、天寶末揚州僧鑒真始往倭國大演釋教、經黑海虵山、其徒號過海和

尚、如果係今人所謂黑海、則俄羅斯、土耳其二國、亦當有沙門弟子也。倭國本為日本之舊稱、又惟日本有佛教、抑或所謂黑海（為黑水洋之誤歟）

十二日丙辰、晴。近因東教四十二日齋期將盡、在乃武斯吉大街右、高斯定都伍廊、滿列鋪攤、出售糖果小食、玩物（紙花）、瓷木鐵石零用器皿、以及紙花與鮮櫻枝。枝紅花白、冗毛如柳絮。蓋下禮拜係當時天主入耶路撒冷山之日、人以柳枝鋪地、今教中存為典實、故各家無論貧富、皆買櫻枝以代柳、東立神前而供奉焉。亥初同桂冬卿、陳養原赴本街第四十四號、巴立日阿艾甫夫人家 二十四 跳舞會、見其母子與女、來者百餘人、丑正回寓。

十三日丁巳、晴。亥正同蔣丹如、桂冬卿、陳養原乘雪牀行十餘里、至京勇營、赴杜尤次也甫夫人所請茶會。伊二子皆官武營中、設有公廨、當夜來赴者、男女六七十人、所設茶酒小食頗佳。有兵百名、著白衣、鑲紅邊、圭紅綫、內二十餘名作樂、七十餘名忽歌忽舞、歌則三四十名齊立、中三名、一打鏡、一擊大八角鼓、一另執一物、俄名婁西葦者、形如凸字、長八九寸、寬半尺、造以鐵、不甚重、上橫繫七大銅鈴、左右各繫十二小（銅）鈴、奏則彼此對擊、有時雙手隨擊而舞。另一兵舉一木棍、高（約）三尺、上橫綴黃銅月牙形三、自下而上、以次遞小、每月牙兩尖、挂銅鈴一、紅白藍色綢各一條、此物為土耳其大帥所秉、以為軍令、土名布邊尺義、自俄勝土後、獲得此物、用于本國隊伍、以銘武功云。其歌聲與英法異、如西藏喇嘛經、舞亦與他國不同。然觀其兵面目黎黑、身體粗笨、又與北番人相似。丑正謝歸、回寓少息、乜覓已見晨光熹微矣。

十四日戊午、晴。未初同俞愓盦街遊。近因天和日暖、街 二十五 道晴乾、乃武斯吉街及大海街一帶、男女步遊者甚夥。高斯定都伍廊前、添設貨攤、貧民手執各物出售者、亦復不少。俄都貧民率皆守分安命、竭力謀生、鮮有囚首喪面、赤身跣足、而沿門乞食者。

十五日己未、晴。是日東西兩教同稱曰柳枝禮拜日。本公署東數武即英人禮拜堂、由巳初至子正、男女陸續入堂諷經、本國各教堂亦然、鎮日鳴鐘、通城響應、街市車馬馳驅、行人接踵。

十六日庚申、晴。自巡捕提督被恐後、凡大僚有關于捕

務者出門皆有馬兵隨護以防不虞、

十七日辛酉晴、涵因天暖、尼瓦江面雪已融化、步者仍敢履行其上、童孩多在上玩耍、量知冰厚無憂也、入夜陰雲、

十八日壬戌陰、見俄都老嫗担負零碎物件以售者担長五尺作弓形、占地雖小、而不如長担省力多矣、

十九日癸亥陰、是日係禮拜四日、據云為當時耶穌濯足之期、由巳正至午正、各禮拜堂及本街英耶穌堂神甫洗足、男女唪經、

二十日甲子晴、冷、係俄歷三月三十日、西歷四月十一日、為耶穌被釘十字架升天之期、由巳正至午正、各禮拜堂男女唪經者尤眾、

二十六

二十一日乙丑晴、因明日為耶穌復甦之期、亥正、各禮拜堂開門、男女聽經、恭禱耶穌復甦、各國公使隨員及外教遊客、皆准入觀、予初彝同蔣丹如塔木菴陳養原夏千諸君、步入伊薩吉業幕斯吉索卜大禮拜堂、正面設耶穌佺頭二三等神甫數名、誦經禮拜、左右臨壁二高臺、坐外國男女二三百人、前面又一高臺、前橫耶穌木棺、後立一燈、插燭二十四、左右立教童數名、著闊袖烏衣、胸前背後有金絲寬約寸五、形如◇字、通堂男女數逾六千、五神甫年逾六旬、頭等者、披金氅戴金冠、形似倭瓜、手舉金十字、二等者、亦披金氅戴金冠、氅係紫質金花、亞于頭等、三等者、亦披金花氅、戴烏緞帽、形如口字、皆左提香鑪、右舉小金十字、并小燭一、不時步登左右二臺、向眾鞠躬、示金十字、誦至子初一刻、同登對面高臺、在棺左右立誦一陣、後將棺蓋舁過正堂、又朗誦少時、復登高臺、時值子正、放礮鳴鐘、通堂氣燈齊燃、

二十七

男女皆手持一燭、長八九寸、上下光明如晝、又彼此朗誦一陣、為慶耶穌復甦、誦罷、各神甫率教徒舉燭出正門、繞行堂外一帀、入後大神甫立誦正堂、其他對對分往左右、向壁上各神像鞠躬、見人則言可賀耶穌復甦、回後、誦至丑初少息、繼按常規、誦至寅正始罷、當夜堂外頂上四角燃大燈、通城各家門首亦燃燈、與慶賀年節同、是日為一大節、故終夜市肆不關、人民不寢、又堂前三面廊下、羅列木案、出售糕餌酒肉、男女蜂擁、以數千計、

二十二日丙寅，晴。禮拜午初，席楂呐伍斯吉毋女請早餐，因其祖籍波蘭，每值耶穌復甦後第一禮拜日，設饌約戚友來食，設長筵，列燻雞、火腿、醬牛羊肉、各種冷葷，以及各色糕餅、染紅雞卵、牛乳餅、乳油麪包等。主人舉盤問客所欲食，食畢進茶，臨行謝別。其至戚者，可與主人親吻，或以口啜主人手背以為禮。見市肆出售真假雞卵，造以糖麪，飾以五彩，以之送人，無論識否，婦女准相接吻，自是日起三日後止。當日係俄曆四月初一日，西曆四月十三日，各國皆以是日為大節，而俄國遵守 二十八
禮儀為尤盛，官府投刺拜賀，故星使亦遣員前往焉。入夜陰雪。

二十三日丁卯，陰。巳正忽聞放礮三聲，詢知俄皇于巳初步遊宮右御園，派有巡捕二名暗侍左右。逢次突遇一人，著官衣，年近三旬，耆趨而進，免冠鞠躬。俄皇以右手扶帽答之，見其神色可疑，俟其過，回顧時，伊已取出手槍，未及呼，已連施三槍，幸而脫。時左鄰民房門丁聞聲往捕，伊以槍中其左頰而仆，後經二巡捕將伊縛之，同時前面又一人向俄皇放槍，又被他二乘馬巡捕所獲，遂將二人下獄。前一人被獲時，自吞毒藥兩丸，即刻暈迷，入獄後灌以解毒之水，移時稍醒，憨睡而已。各處聞信，掛旗申賀。未刻接一官帖，內云俄皇無恙，無須枉臨惠問，容日覲見。夫俄皇被驚，此第四次也。其第三次亦在宮前步遊，經人放槍行刺，係俄曆一千八百六十六年即同治五年四月初四日，按日計之，比前次早兩日耳。聞昨日街市牆壁粘有匿名告白云：明日弒君，戮諸大僚。巡捕見而抹去，未經稟官。

二十四日戊辰，雪，涼。前日席楂呐伍斯吉毋女來函，內 二十九
稱有孤子韋戛呐伍斯吉，年六歲，無人養育，善拽胡笳，眾樂工設法賙濟，訂于四月初三日戌刻，公立樂場，在害在佩甫什阿夫斯喀亞模斯達買庫堂，請人助善，今特奉上三帖，每帖三盧布，并祈代請二位屆期同往，諒必悅從也。屆時，同藕舟、如陳養原乘車而往，男女有二百餘人，奏樂者拽胡笳、吹喇叭、彈琴、擊鼓，歌者二男三女，曲樂均佳。後小童拽胡笳，音調悲壯淒楚，聞者感泣，無不樂為輸納。亥正回寓。

二十五日己巳，雪。數月前，新聞紙云是日亥初，俄國大

太子在未奚婁弗斯戞亞街多洛布店對面樂堂設善會，入者每人十盧布，所獲以備休養苦兵，函請各國公使、星使助以二百盧布，蔣丹如、陳養原、慶靄堂、夏干與彝各買一票。聞該堂共備票二千張，半月前售盡，竟有不得者數百人。當晚星使率蔣丹如與彝等往，樓極崇宏，頭層四面穿廊，四角各小室一間，敞廳正面一臺為御座，臺左穿廊及犄角小室列長筵，出售茶酒果餌，臺右穿廊及右鄙一帶設高臺，層層列物，大者如車、琴、油畫、石人、座鐘、瓷瓶、衣鏡等，小者如金表、筆、鏑、荷包、靴、掖

三十

等，大小計一千四百零五件。臺對面設樂臺，樂工四十五，左右穿廊橫長案，列肉食，通樓上下懸花結彩，廊前四面列座，男女老幼擁擠如雲。子初，太子至，登臺少坐，四面遊覽而去，見者無須行禮，鞠躬各任其便。丑初夜饌，丑正跳舞，寅正散。是會每年一次，名曰大會，入者裝飾隨意，有蒙假面及著他國衣服者。通場飲食花酒以及燈彩器皿，皆巨商所助，食物器皿任人取用，惟酒與鮮花皆善家婦女易服出售，買者任便給錢，樂工僕役均不取值。羅列大小什物，皆諸善士所施，每件挂有號目，另備紙捲四萬，束以銅圈，每張長二寸，寬寸餘，中有一千四百零五張印號目，并一彩字，餘三萬八千五百九十五張皆白紙，印一喜字。堂池四角立四櫃，各置鐵絲轉輪籠，周四尺，寬五寸，各盛紙捲一萬，櫃後立二信女、一善男，籠軸不時旋轉，三人各以銅盤拭托出，每四紙售一盧布，展視有彩字者，按號對簿，驗明所得何物，次日取之。當夜夏干以十七盧布買六十八張，一無所得。蔣丹如買六十四張，得黃銅撲滿一，高二寸，周亦二寸，菸捲五百枚，木質紅緞包鑲駝鳥卵一枚，香牛皮小菸

三十一

捲盒一箇。陳養原買七十六張，得蚌嵌紙匣一箇。彝買四十八張，得藍玻璃拭筆缸一箇，孔雀石袖扣一對，耳墜一對，項扣一枚，鑲金匙一把，瑪瑙柄刀叉各一。太子每櫃買四百張，所得之彩未聞。

二十六日庚午，晴。未初，同蔣丹如、陳養原乘雪牀前赴米奚婁弗斯戞亞街樂堂，收取所獲之彩，所有裝修器皿一概收去，四壁空空，惟堂池羅列各物，前橫一案，後蔽木柵，有六人接票，按號付給，頗延時刻，酉正回寓。聞昨晚來人二千，獲錢四萬盧布，內門票錢二萬，紙捲錢

一萬、其他一萬、則由售酒花所獲耳、

二十七日辛未晴、記俄京稅務極重、無物不稅、值十枚盧布者、輸半盧布、稅索實銀、不收紙鈔、不收考貝、無實銀、則以一紙盧布三十考貝抵之、各國駐俄公使不須向外部議定、豁免限期者、凡物亦須納稅、議定者各國不同、其期有限以一年、有限以數年、其數限定若干盧布、如限滿算結、逾定數者、仍徵溢數之稅、每屆限滿、稅局致函、言限內豁免盈朒之數、彼此另立一紙、聞德國公使每屆七年瓜代、故與外部議定七年、免稅五萬盧布、數日前、葡萄牙總領事官德人米歟者、代對岸頭街第九號佛克斯函請赴跳舞會、亥正一刻、伊同彝往、有男女八九十人、作樂跳舞、款待良殷、子正回寓、佛亦德人、在俄京開張酒肆、有四十二區、佳醞著名、遠近爭購、亦一巨商也、

二十八日壬申晴、記俄京寄送物件與他國者、外裹以布、書人名住址、束之以繩、繩頭布口、皆蓋大漆、外有二紙、各書某年月日走何路、值錢保險各若干、送交何人、并何人轉遞、由信局蓋印、一存信局、一交收物人、又由信局出一保險單、歸寄物人收執、以便有遺追討、

二十九日癸酉晴、巳正一刻江開、即刻冰溜順流而西、至午初則一望汪洋、水平如鏡矣、聞昨早尚有踏冰往來者、午後經地方官以鐵鍊木柵將各埔口阻住、自前俄曆四月初一日禮拜、市肆關閉、工匠休息七日、至明日始行開門、一律工作、溫宮左大園中之木建鄉戲房、亦開演七日、至明日止、故邇來遊人極多、而兵民之醉臥當途者、數武輒見之、又德國使署于昨日設一善會、出售金銀瓷石、紙木綢毡、象牙翎毛、各種器皿玩物、鮮花糖果、酒食糕餌等、每件掛牌號價、價皆倍之、物皆德商所施、所收之值、以助在俄之德國貧民、塞德兩國公使函請往觀、未正同眾隨星使乘車前往、各屋設案數張、羅列各物、星使及邵蔣二參贊各買物數件、彝買小瓷瓶一對、四盧布、鮮玫瑰花二朵、二盧布、糖果一盒、一盧布、牛角取火盒套一枚、一盧布、星使邀赴溫宮左看鄉戲、木房五橫列一行、高大如樓、後有轉木馬圈、轉小船圈、皆似巴里者、是處因車馬填塞、距數武即有馬步巡捕彈壓、入正中木房、周約百丈、高七八丈、臺前正面

奏樂、外分六樀、每樀方八尺、設四座、價五盧布、再前列
木椅三行、每座一盧布、再則層層漸高排列小椅、每座
價由六十考貝減至二十考貝、頂上而立望者、每人十
五考貝、每一小時、演戲七齣、演畢、由南門出、甫來者由
北門入、當時所演、係一鄉民遊巴里、在凱歌路木樀晝
眠、夢駕磤彈、而上天入月、遇仙、携有美酒、仙飲而玉
山頹倒、其人乃竊其衣冠而服之、旋有衆人奏樂、以肩
輿迎入廣寒宮、謁見嫦娥、正暢談間、多人以木籠舁仙
至蓋目、仙爲俗子而捕之也、仙出籠、控諸嫦娥、繼而彼
三十四
此辯駁、其人語塞、嫦娥令强納其人于磤彈、命大鵬以
爪擲出月宮、甫出門、爪舒而磤彈落海、不意正抵龍宮、
乃入、謁見龍王、大悦、相與步遊、見宮室之富麗、花木之
新奇、又與霄漢不同也、未幾而醒、酉正回寓、當日自開
江後、往來小輪舟已見十數隻矣、按中國北省湖澤、冬
凍春融、此地長江、至夏始化、亦天時之使然也、入夜陰冷、

又三月

初一日甲戌、陰晴參半雨雪相兼、記前俄厤四月初一日、禮
拜、爲一至大之節、不惟官民往來拜賀、僕役皆有賞賜、
當日賞外部總理及尚書門丁各十盧布、僕役各五盧
布、禮官僕役五盧布、前任駐華俄公使布策僕役三盧
布、巡捕二盧布、送信人五盧布、送新聞紙人三盧布、送
電信人三盧布、房主二負薪人各五盧布、公署車夫四
盧布、僕役五盧布、門丁三盧布、燃燈拭地雜夫四人各
二盧布、共賞七十八盧布、按英法德美等國、皆無別家
僕役討賞一節、殆因國貧之故歟、抑或因地近亞洲而
然歟、不可得而知也、

初二日乙亥、陰、凡由他國寄新報到俄、皆經官寓目、查
三十五
其是否關礙公務、然後按家分送、間有以墨塗抹而後
送者、早見德國四月十二日新報、被俄抹去一段、不知
所言何事、蓋德俄二國陽和陰怨、幸屬葭莩、尚不至於
失和、或云、一旦德俄二皇薨逝、恐彼此不免生釁焉、且
德國新報屢有責言、直斥俄國官民之弊、故俄恐民知
而塗抹之、亦掩耳盜鈴之故智也、夫俄民在外貿易、苟
按信抄錄封寄、國家亦無法追究、由此觀之、防人不如
治已也、

初三日丙子、細雨、見俄國貧民男女置買物件、亦多將

筐匣頂于首上如埃及國人按尼瓦江無潮鎮日西流而偏北一帶仍有冰塊激流北岸有小三板截流橫渡渡者每人二考貝

初四日丁丑晴暖係俄麻四月十二日午初俄皇率衆官遊立瓦的亞島盤桓二十一日後往德國賀德皇五十年金婚之喜又是日係西麻四月二十四日為奧皇二十五年銀婚之喜故左鄰奧國使署自掛本國花旗以申慶賀亥正二刻英人達魯義卿代其姊倩梅爾請筆會遂同塔木菴陳養原楊遠峯乘車南行八九里過賓米吶 三十六 伍斯吉橋轉西至屯坦喀街路南第八十二號抵其家見梅爾夫婦皆年逾五旬有男女五六十人所備茶酒果餌甚為豐盈少坐有郝氏姊妹來長者年十七歲名郝森幼者年十六歲名郝今一彈琴一鼓瑟聲調和諧舉座歎賞後一男名杜魯者學演戲法取本家新紙牌二包請五女客各拈其一暗記某張仍還于內後杜一一取出舉向五女客視之無一訛者又請二女客各抽取若干張置于爐臺下時一取十五張一取十九張言明所取之數及所置之地或左或右杜再三問畢取出視之則甲牌在乙邊乙牌在甲邊矣又請一人抽取數張塔木菴木菴即取十五張交與其人再計之則四十七也末于桌上覆三杯杜以麪包作三小球放于上後取一球于手指而問曰杯內藏有幾枚有答以一二者有答以二三者啟而視之各如其言如此數次極為敏捷精巧又一少男名鄂坦利其斯吉者之歌一曲聲調清新唱畢小食時已子正即刻謝歸時而大雨滂沱矣

初五日戊寅陰雨記十數年前通國俄民約八千餘萬其三分之二為奴屬各世爵富戶按世爵數共十萬九 三十七 千三百四十至俄麻一千八百六十三年（即同治二年）三月初三日俄皇阿來三德慮其分勢乃下詔改奴為民蓋各奴原為主家耕種在奴被釋無依在主亦難招種乃經官定各地仍令耕作視為傭佃按年核其所入給以十分之四而償之第一年令奉主一百盧布以謝釋放又恐一年所獲無幾乃定當年祇奉二十盧布其餘八十盧布由官墊給限于四十九年內陸續償還又有御耕奴二千二百二十二萬五千零七十五名男一千零五十八萬三千六百三十八名女一千一百六十四萬

一千四百三十七名、亦于九月初一日下詔釋放、內二百萬名賞為佃戶、按年耕種、官給工值、俟四十九年後、其地皆歸自有、其餘二千餘萬名、按年照人丁稅數捐銀一次、至四十九年後、各歸自主、官給工值、如是則俄國所有可耕之田、官得五分之三、世爵富戶得五分之一、佃戶得五分之一、自釋奴後、各世爵富戶多致貧苦、因而觖望、數日前、俄皇于宮內拾一匿名帖云、汝莫以前日行刺為末次、雖去他國、終不甘心、且不惟欲弒汝、即他掌權重臣、亦視同几上肉耳、查其紙非宮外之物、

三十八

事遂寢、前日又訪得宮內供奉、多係黨中人、遂即逐之、昨日臨行、立向廷僚宣傳一切、并云刻下京城不靖、各懷私心、皆由地方官管轄不嚴、自我去後、須設法清理保護、當日巡捕營提督諭令通城各家雇人看守門戶、晝夜坐臥、出入皆須問明、日日報官、遇事鳴號聚眾以助巡捕、自示諭後、即派人訪察、有未經雇人看守者、初次罰五百盧布、再不雇、則罰一千、三次不雇、即將房主收監禁半月、故各家門首皆有一人、或老或幼、或坐或立、閽本房前後二門、雇二人、各給無表羊皮襖一件、每月每人工值十五盧布、本日星使再會布策、由未正談至酉初一刻。

初六日己卯、陰涼、晚有巴杜立池之友柯洛斯請茶、亥初、同蔣丹如、陳養元及夏干往、入內見其夫妻子女、茶後鼓琴歌曲、暢談極久、至子正一刻、復同入座、食冷葷麪包、茶酒加非等、款待良殷、丑初回寓。

初七日庚辰、陰、數日來雪化冰消、雪牀藏而馬車出矣、車箱窄淺、而箱軸中間之斂形轅鐵高、道路不平、行動搖蕩、乘者宜慎、御者多換戴凸字形烏絨帽、高約四寸、

三十九

自江開後、傍岸舊存之大小輪船、多有生火開去者、間有小輪舟往來江面、隔窗望之、長流染黛、微浪蹙鱗、又換一番景象也、按俄都在冰天雪窖之中、今見綠水潺湲、頗令人賞心悅目。

初八日辛巳、晴、記俄京鐵轍海車細長、式如美國者、每車以二馬拽之、上下各坐二十人、俄一里計華二里、頂上者一人三考貝一里、箱中者五考貝一里、其規較他國異、登者人給一票、方三寸、紙或黃或白、上印號數、由某處至某處、隨身攜帶、莫遺失、莫撕碎等語、終朝用票若

午則車主向御者照票索錢，亦防弊之一法也。車開時，一人收錢給票，一人按票撕去一角，人滿則外插紅旗，以阻人喚。各車皆造自英美二國，非土人之工也。

初九日壬午，晴。是日係俄歷四月十七日，為俄皇之誕辰，各家房簷樓頂以及車船，皆挂旗慶賀，晚則懸燈奏樂，終日人馬往來如蟻。

初十日癸未，晴。未正，星使三會布策，坐談極久。自上月天氣微暖，即有蠅蚊，凉而去，煖而復出，今則紅頭青翼，擾擾營營，眠皆不安于枕矣。

四十

十一日甲申，陰冷。按王子年《拾遺記》內載，李夫人死，武帝思夢見之。李少君言能致其神，啟帝曰：黑海北對都之野，出潛英石，其色青，輕如毛羽，寒盛則石溫，夏盛則石冷，刻為人像，神悟不異真人，乃求得之，命以刻作夫人形，置幃中，宛若生時。帝欲近之，少君曰：此石毒，可望不可迫也。夫黑海之北地，即今俄之芬蘭、瑞之諾蘭也。彝詭是石奇異，如果有之，誠至寶也。前丙寅夏，到瑞典時，云無是物。此次抵俄，見俄瑞人之深明地理者，問之，僉云自古無此至寶。東西兩半球之土地山河，凡吾儕所講求者，採訪幾盡，所著行程日記、格物類考及南朔地理，嘗搜各書，內載皆無此等玉石，究不知所記確否。果有此石否？今仍有石之相類者否？當時果實得之，又不知得自黑海北或他海北也，今姑誌之。入夜細雨凉。

十二日乙酉，陰雨，見男女步行，執雨傘者少，而著皮帽、皮衣者仍多。申初，星使四會布策，坐談極久。昨晚大塊冰雪自上流冲下，天明則通江皆白，如月前未開狀。南北臨岸復結冰二丈四五尺，惟中一線緩流，幸天不甚冷，不至江心復凋，火輪渡船因而停止。入夜晴。

四十一

十三日丙戌，晴，終日尼瓦江面南北岸，冊結冰三丈餘，正中一縷，仍大塊冰雪飄流，颯颯有聲。亥正同蔣丹如、陳養原與夏干乘車赴巴杜立池之友木拉里額斯家小茶會，男女四十餘人，多有能英法語者。一幼女名柯梯斯臘第，口齒尤為清楚。丑正夜饑，寅初回寓，而東方白矣。

十四日丁亥，晴。禮拜。酉正，陳養原邀巴杜立池夫婦在巴立帥大戲園觀劇，約夏干與彝往陪。通場男女扮俄國各省土裝，婦女有著皮小帽，紅氈或藍襯衣者，至其

跳舞景致、與前日所看大同小異、末場于中臺出水法、高丈餘、極其精巧、真假難辨、為他處所未經見者、子正回寓、

十五日戊子晴、早起臨江眺望、冰流盡而江面清、水則滔滔而逝矣、午後由對岸以輪舟携來一木埔頭、係為南北小舟客渡用者、木厚半尺、寬五丈、長二丈、上立小屋一間、以便客坐待舟、後傍岸偏西、又來明輪遊船二隻、

十六日己丑晴暖、未正星使五會布策記俄京煖屋燒 四十二
竈用木而不用煤、蓋土產無煤、雖有亦少也、作煤氣燈用者、皆運自他國、煤渣雖吸盡精油、仍可焚燒、惟歷時不久耳、間有用以然爐煖屋者、其色如灰、體輕而價廉、皆以蒲包盛送之、

十七日庚寅晴、連日臨岸列木埔頭五座、每座寬三丈、長七丈、中作穿堂、左右各屋一間、几案鑪竈俱全、蓋備遊客待船者、屋下如船、內有小屋間間、係為船工水手住者、有一東首傍橋者、修飾華美、為官埔頭、禁止閑人往來、有兵看守、

十八日辛卯晴冷、近來街市貿人多賣小束鮮花者、朵大如梅、六瓣、色藍如馬蘭、無香氣、其名未詳、每束其值二考貝、

十九日壬辰早晴、午後雪、未正同蔣丹如陳養原乘車行十數里、至乃武斯吉街西大加非館少坐、歸時以三盧布買得大鯡魚一尾、長約二尺、寬八九寸、食之肉肥味美、

二十日癸巳早陰、午後大雨、未正星使六會布策記俄 四十三
京通城惟三木道平坦可遊、車行極穩、在一溫宮後臨江、長三里、一在宮前偏西、長五六里、街名乃武斯吉、一在宮右、長里餘、者街名巴之帥麻斯怯、譯言大海也、各街雖間有激水筒、數日前天乾日燥、風起揚塵、不如英法之潔淨、閭巷皆墁以大小石子、既無激水筒、亦無噴水器、然較他國之路途不墁、污穢灰塵者、則此又加人一等矣、

二十一日甲午禮拜、早晴暖、街市遊人如雲、未正忽陰、大雨滂沱、一陣雷乃發聲、自本月初旬尼瓦江開後、各處冰消雪化、遙望草色青青、今則名園綠繞、曲徑香生、

非復從前景象也。

二十二日乙未晴。未初，阿努臣請蔣丹如、陳養原、桂冬卿及夏千與彝乘車往看官書庫，在乃武斯吉街阿宋三德戲園之左，周一里，高三層，建于俄麻一千七百一十一年，俄皇彼得羅元年，即康熙四十九年。樓係甎石，梯皆木質，規模整齊，與他國書閣無異。共存各國今古書籍萬卷，中國滿漢書亦數百卷。看畢謝歸。

二十三日丙申晴。未初，星使七會布策。是日為俄麻五月初一日，又為其立夏之期。聞每年是日，在京之西南 四十四 隅葉戛介林闊甫斯吉園內設雜劇茶坊，園外四面往來走車，亦初夏踏青之意也。申正同蔣丹如、陳養原與夏千乘車行二十餘里而至。一路見每一矢地立巡捕一名，二矢地立乘馬巡捕一名，每段又立乘馬協尉一員。各車往來有定轍，其路巡捕指示，不得錯雜；其禁止之路，立木柵以阻之。園門有巡捕查驗，步行者准入，單雙馬樣車准入，至街市所雇之車，無論大小單雙馬者，概不准入，蓋恐人多混雜，而彈壓不易也。園周八九里，四面往來車兩行，計有千輛，絡繹不絕，繞行不許改路，有中途折回者，雖公侯亦不得過。園內土脈溼軟，苔草初生。茶坊酒肆，棋布星羅。在外繞行二次，戌正回寓。聞是園入夜燃燈，至天明始罷。

二十四日丁酉晴。見街市有托長方木盤出售橘子蘋果者，每見人或休息，則一骽跪地，置盤于膝上。入夜大雨傾盆。

二十五日戊戌陰雨。近日微暖，街市多有抱玻璃罐賣橘子水者，罐高尺半，粗尺餘，每盌一考貝，色淡黃，味甘而微酸。因寓所租期將滿，巳正同夏千訪房主人韋什 四十五 呢也格拉斯吉，告欲續租一年，給以一萬二千盧布，一切如前，供給柴水。伊云無論一年二年，租價無異，總之不供柴水，每年須一萬二千盧布；若供柴水，則須一萬四千。再三訂之不允。回寓禀明星使，遂擬另卜吉寓。未初星使八會布策，坐談極久，酉初一刻始去。入夜雨止仍陰。

二十六日己亥陰。未初步至本街第六十四號，看房一所，樓二層，共房三十一間，尚屬潔淨，不供煤柴，無器皿，四一年租價六千三百盧布，租未定。酉正同俞惕盦東行里許，步入溫宮右彼得羅園，周三四里，四面環以鐵欄，樹木無多，碧草滿地，東北一土岡，上以碎石堆壘，徼生野花幾種，正南鐵架花柵一横，作彎形，左右木房各五間，作月牙穿廊，係出售果餌茶水者，現因天凉，遊人不夥，故各間尚如懸罄，西北巨石一塊，高丈餘，周約二丈，形如疋字，上立銅鑄前俄皇大彼得羅騎馬像，與真無異，馬揚首伸蹄，作馳驅狀，人則左手執韁，右手北指，若有所言，記俄語皇帝曰克薩爾，按俄克薩爾大彼得羅為克薩爾米沙洛威自之次子，生于西麻一千六百

四十六

七十二年（即康熙十一年），伊兄佛多爾薨而即位，當時俄雖為國，尚在已化未化之間，先本國自亂，至一千六百九十六年（即康熙三十五年）平靖後，始圖富強，乃由塔塔爾爭得阿索府，次年徽服遊歷泰西各國，學習格致諸學，由日耳曼入丹尼，在阿木思德丹潛投船塢，自名計謀滿彼得羅，乃學造船行船各法，至一千六百九十八年（即康熙三十七年）去丹入英，講求治法，繼欲往義大利，因聞内亂，乃返，迨安定後，乃覓得賢彼得堡（即俄之北京也），始行開墾地畝，修建宮殿，營造礮臺，遂建為都，蓋鎮撫西北鄰邦

也，次年與瑞典戰敗，然雄胆未喪，乃云，今雖勝我，實教我以勝彼也，四年後又戰，遂大捷，得芬蘭及茵戛立亞各地，凱旋而語國人曰，二十年前我亦野人也，所以能自強者，惟知勵精圖治耳，至一千七百二十五年（即雍正三年）病薨，時年五十三歲，至今國人仰慕，稱曰中興克薩爾祖格蕾彼得羅云。

四十七

卷十二終

四述奇卷十三

鐵嶺　張德彝在初隨筆
貴　榮竹坪校閱

己卯又三月二十七日庚子。陰涼。記俄國舊制，兵勇由農工招募，或已充兵勇之子弟，及他士民之情甘投伍者，報官挂號。屆時一概徵調。至俄麻一千八百七十一年，即同治十年。俄皇改定新章，通國民丁，除經醫查驗疲弱免充外，凡年至二十一歲者，按年報官充伍，不准寬免及代替各情。以十五年為限，係入營操演六年，留名回籍候調九年。每年仍傳操一二次。調時，擇其年富力強者，披堅執銳。年邁就衰者，防堵要隘，看守礮臺。幼丁至十七歲者，准其投營學習，年滿入圍考試，充兵而後回籍候調。或考授武職。凡回籍候調者，至三十七歲始予除名。有染病及任他缺者，酌辦。實任武職有告退者，雖無俸薪，亦必至三十七歲方准註銷。人民皆有充兵之責，故未及二十一歲者，禦侮乏人，亦可徵調。各處惟在哈薩克及芬蘭各屬人民，除苗蠻因身體矮小及性情柔弱不計外，仍因舊制，每五百挑取二名，至少以九萬或十萬為定額。平時東西中北四俄之步兵三十六萬四千四百二十二名，馬兵三萬八千三百零六名，礮兵四萬一千七百三十一名，開道搭橋等兵一萬三千四百一十三名，回籍聽調兵三十一萬零五百五十五名，共兵七十六萬八千四百二十七名，官三萬三千零四十三員。去歲有事於土，兵數增至一百二十一萬三千二百五十九名，官則增至三萬九千三百八十員。各兵在營六年，官給軍衣器械薪水芻草，無餉糈。有告假一二個月者，按月官給十二考貝。不告假而傭於暇日者，所得之值，納其半以助軍需，亦云苦兵。其正南東南西南近土耳其黑海及塔塔爾地方，有另種驍勇善騎者，通名哈薩克，色黑黃，貌比蒙古回回。此等人來由八府，每府挑定人數，熟習操演，以備不時之需。中二大府，一名庫班，專演一隊，為出征御林護衛；一名特拉克，專演一隊，為平時御林護衛。此等人不比中華蒙古，亦不比美國黑奴，乃一種游民。國家不收丁稅，故皆有充兵之責。共分三等：第一等為幼丁，學習由十歲至二十歲；第二等者為雄兵，入伍二十五年，至四十二歲准其回籍候調，第三等爲出營候調五年者、至四十七歲、始予除名、一切寬免、工商各聽其便、在營時、官發軍衣器械、薪水芻草一切自備、移營出界、雖給餉糈、亦只些須而已、其南界游民之名屯哈薩克者、國家不收丁稅、每年給雞畜之孤寡賞卹、哈薩克男丁八十一萬五千名、充兵者十二萬九千名、如沿黑海一帶、男丁十二萬五千名、充兵者一萬八千名、闊戛希亞一方、男丁十五萬名、充兵者一萬八千名、屯哈薩克男丁四十四萬名、充兵者六萬六千名、額拉哈薩克男丁共六萬名、充兵者一萬多名、賽比里亞哈薩克男丁、共六萬名、充兵者一萬名、賽比里亞哈薩克男丁、共五萬名、充兵者九千名、計俄國陸路兵官、共一百三十八萬一千六百三十九員名、

二十八日辛丑、早陰、午後晴、按俄國多產木麻、因籌濟貧之法、凡物由本國送往他處者、無論大小、皆令盛以木匣、包以麻布、方保無失、夫送物因權輕重、如是物件重、信局必多獲利、是亦爲貧謀食之一法也、

二十九日壬寅晴、記外國礮臺築法、精益求精、使人攻之不易、邇聞一種難攻易守之礮坑、係在應守之處、擇高地掘坑、沿坑架礮、設有活軸關鍵、以便左右旋轉、上下挪移、向口設一遠鏡、敵船闖口、則影入鏡、而坑內又有對鏡之鏡、影射入坑、則移礮向準敵船、即拽關鍵而擊之、是敵船中礮、不知何所由來也、若彼施放開花、則坐受其困、無法禦之、想西人不日必有妙法也、今彝思得一法、于此坑二三里外、另掘大洞、支以石鐵、中通隧道、苟有開花落入、人可急赴他洞、以免轟傷、蓋開花落地不即碎、須滾轉數分時、始崩裂也、

三十日癸卯晴、邇來天長、亥正一刻日落、正北偏西、丑初日出、正北偏東、當子初子正日入未初之際、遠望正北一帶、光散紅紫、海上騰輝、蓋日之精也、夫日將入曰晚霞、日將出曰朝霞、若斯則可謂夜霞矣、故夜行者無須秉燭也、

四月

初一日甲辰、早晴、午後陰、入夜大雨、見俄京市肆、出售乾果、無瓜杏核桃等仁、惟有生葵花子、榛子、栗子、與炒皂莢數種而已、

初二日乙巳、早雨、午後止、記俄國因地氊昂貴、于樓板

上覆以碎木一層、攢成花式、擦以黄蠟、光明無滯、每月
洗拭一次、專有匠役、工價極廉、
初三日丙午、稍晴、記泰西各國皆嗜茶、色黑味濃、英法
尤甚、飲則加以糖乳、然用時無多、間與加非并進、無力
飲者以加非苦酒代之、蓋茶貴於加非二三倍也、俄國
茶賤於加非十考貝、無論貴賤早晚皆飲茶、色淡味平、
飲時亦加糖乳、間有加檸檬片者、其味微酸、俄人飲茶
用玻璃罐、有帶柄而上覆銀錫蓋者、有無柄無蓋而執
五 以銀錫架者、架形如杯、平底直身、高約一寸、雕刻玲瓏、
旁亦有柄、新式可觀、
初四日丁未、晴涼、酉正有俄人之老李梯滿率二子來、
一年二十、現充外部書識、一年十九、現充水師外委、請
蔣丹如陳養源與彝遊萬牲園、俄名左洛几車斯吉薩、
遂乘車、順岸東行三里許、至温宫後大木橋旁媽頭登
輪船、有百餘人、開船轉回、由橋下穿過、東北行五六里、
登岸又步行里餘入園、禽有鷺鷥孔雀鴛鴦鴨鸛鶬鴉
鶯雞、獸有虎豹熊獅牛駝豬狗水獭、惟有海龍、中一大
者周兩圍、長一丈、又一老野豬、白毛不甚長、鼻粗口闊、

上下各出二寸、長一尺、皆向上彎、以致耳眼小如棋子、
其他無一奇異者、大加非館一、賣牛乳、木房四間、雜戲
敞臺一、甚大、左右奏樂、前橫長凳三十餘行、坐人二三
百、其人係來自各國者、去此臺八一小戲園、共演英俄
法三場、演英戲、係一人學三人話、一真人、二布人、男女
老幼無不肖其口吻、又一人立木棍于鼻準、長二尺、一
端置一白鴿、雙翅展而不飛、纔而橫連一棍、長半尺、後
陸續接連四棍、作弓字形、往來行動、鴿仍不落、演俄戲、
六 係三男作樂、一女歌曲、聲調甚爲新清、演法戲、係二男
一女、于大臺上作一小臺、正面中心一長方洞、前後懸
燈、中挂一畫、繪一男一女、各高尺餘、頭比真人稍小、畫
屢更而聲音笑貌不改、每歌曲說白、口眼皆動、蓋畫上
空其首、而人首適當其中也、妙甚、聞尚有小戲園二、先
後演至丑刻方散、因時已子初、寒風侵骨、遂即謝歸、途
次北望軒軒霞舉、而日輪已在吞吐間矣、
初五日戊申、晴、温宫東偏有一園、俄名立大呢薩、譯即
夏園也、周四五里、四面環以鐵柵、高丈餘、前面臨江三
大門、中石門不開、建作天主小廟、東臨小河、西傍教場、

後門近舊王宮、今改為學院、園内中路石人兩行、樹雖成林、而高大者少、西南隅一小池、水淺無魚、東面偏北、設有樂臺、加非酒肆、兩翼屋共廿餘間、内外羅列桌椅、容人數百、每日戌初作樂、子正始散、遊人如雲、亦俄都名勝之區也、與法之馬逼英之客立滿相埒、惟無入門費耳、

初六日己酉、晴、記俄京每届中秋、雪降結冰、則工匠休息、至次年孟夏、土木始興、邇來本街建造樓房者數處、甎厚二寸、較英法稍大、體亦堅、色亦潤、

七

初七日庚戌、晴、記俄京現雖稱夏、天氣凉似春秋、早晚尤甚、非挾纊不可、而富室率移居鄉里、或遊他國、名曰避暑、斯亦奇矣、又本街東鄙、大鐵橋面作Y字形、在北面三角中心建天主小廟一間、自江開後、每夜子正將北面二岔移開、至卯正關閉、以便大船經過往來、因橋心上下含有關鍵、故數萬斤巨鐵移動、無須人力也、

初八日辛亥、晴、午後同慶錫齋、塔木菴、純感銘步至對岸畫館一觀、巳正啟、申正閉、地頗寬敞、樓高四層、四面環列油水畫軸大小數千張、有男女畫工在彼摹仿、然筆黑粗俗、令人不耐、

初九日壬子、晴、未正、星使九會布策、酉正、同俞惕盦步遊後街、順河灣過其船廠、遇二水師武弁、名姓未詳、延飲高釀、辭謝之、繼由南轉東、過小橋、見二童立而垂釣、一約十歲、一五六歲、餌用蚰蜒、已得二尾、置于鐵罐、魚約二寸、色黑無鱗、分水前左右各一骨鍼、長五分、甚勁、見二魚張口昂首、乃予以三考貝而釋之、二童歡然而去、

初十日癸丑、早陰、巳正大雨一陣、午後晴凉、邇來見堤

八

岸園囿、亦有蜻蜓蝴蝶、色分五彩、頗覺可人、

十一日甲寅、陰冷甚、記俄人自呼曰魯斯、吉稱華人曰契達伊、自其音與契丹同、仍不外乎五百年前之舊稱也、入夜雨、

十二日乙卯、早陰冷似孟春、申正晴、酉初、同眾隨星使乘車入夏園晚酌、去此過大木橋北行十五六里、入巴立帥園、一路左河右湖、澄波渺渺、幽林古樹、濃蔭層層、竹閣木樓、在參差掩映間也、疊見園西臨芬蘭海、北近中再小平湖、東傍茂林、南通古道、車馬馳驅、絡繹不絕、沿途

有乘馬巡捕彈壓指示、傍岸設鐵椅木凳、以便遊者休息、觀之令人心曠、

十三日丙辰晴、記夏園加非館之飯價、係二盧布半、及一盧布二十五考貝者、肴饌佳美、人爭購之、俄京榆樹葉圓而薄、莢嫩而長、形似桃、聞各園樹皆不高、係一二百年者、因地脈雖腴、而天氣不暖、依然一暴十寒也、

十四日丁巳晴、近見各閭巷石子墁道、崎嶇不平、官府雇人修補、斟酌平整、洵以工代賑之一道也、按後漢竇憲伐匈奴、至勒鞮海、諒即今之波羅的海也、足見中華于一千六百年前即有人征俄羅斯入歐羅巴、惜當時無人講求地理、不知路程之里數及經緯之度數耳、或云勒鞮瑪即今之喀斯遏海、又名裏海、

十五日戊午晴、申初、蔣丹如約陳養原、福遠峯與彝由江邊駕輪船出口、西行六十里、至比德好富村、係前于丙寅夏來此遊過之地、下船登岸、步行里許、入加非館小酌、遇城中舊識男女四五人、後入村周遊、居人不多、景致幽雅、阡陌交錯、極目芳菲、丁香爛熳、芍藥妖嬈、有水法勢如瀑布、聽樂曲韻比霓裳、洵北徼之洞天也、戌正步回碼頭、上輪船、亥初柢同寓、一路天陰微雨冷、

十六日己未陰冷、現為西曆六月中旬、始見地椹、黃李、每枚價值三十考貝、合銀一錢有奇、想亦來自他邦也、至桃杏梨橘蘋果葡萄、尚未寓目、若在倫敦巴里、早已果腹矣、

十七日庚申晴、記巴立帥戲園西二三里、有一小園、名代米多弗薩、如法京馬逼園、而燈火景況遜之、規模大同小異、惟少跳舞場耳、正面一臺、所演與巴里之加非商當同、臺右順壁二行加非館、臺左有顯微鏡看畫木房一間、又一樂臺、後則拋球房及茶酒坊各一、臺前三面、闌以木柵、高約四尺、柵前正面長凳兩行、加非館冰水酒食館各一、又一樂亭、亭後臨牆、碎石疊砌成小屋四五間、為遊人攜妓飲酒處、左右曲徑通幽、花木甚少、入者每人半盧布、看戲左右小房各三間、每間價六七八盧布不等、臺下椅座價由二十五考貝至三盧布、每日酉正開、丑初閉、

十八日辛酉晴、記俄京貧民雖多、而無乞丐、間有討錢于街市者、無論男女、皆整衣淨面、手執青布一塊、方一尺、上縫黃布十字、向人指示、祝以吉語、

十九日壬戌晴、記英都墁木道、每塊橫用、俄則豎用、係連皮切成六角、四面連以木釘、釘粗一寸、長寸餘、木塊厚六七寸、楞寬約三寸、彼此各有取意、蓋橫木省料、立木耐久也、

二十日癸亥晴、聞當日申初俄皇率文武大僚、多員由立瓦的亞地方乘火車、回駐京西雜爾司闊野賽洛村之夏行宮、村距賢彼得堡四十餘里、村名釋言皇村也、

二十一日甲子晴、聞前日放槍行刺之人、是日官定絞罪、伊幼失怙恃、經官收入育嬰堂、教養有成、赴試得售、現任七品文官、據供、因國法太嚴、民受荼毒、總由君上不明、廷僚貪墨之故、并招出居址同住之人、不言名姓、國家亦未深究云、其他二犯、罪狀未聞、

十一

二十二日乙丑晴、是日係俄麻五月三十日、即西麻六月十一日、為德皇威良慶賀金婚之期、蓋娶后已屆五十年也、通國官民同心頌禱、因而駐俄德國公使率各德商于教色洛村租地、設宴奏樂、遙慶金婚、午後慶靄堂請星使邵、蔣二參贊、俞惕盦、陳養原與彝等乘車前往、過江北行、迤西二十餘里、一路橋梁絡繹、臺榭連綿、麥黍分畦、榆楊夾道、抵其地、大樓一所、高敞整潔、左列飯廳、右設茶坊、出後門則近樓一舉臺、左右曲徑、對面小土山、上建木樓三層、作臺字形、高七八丈、登而望之、山水清幽、一目千里、村東傍山林、右臨小湖、湖通芬蘭海、沿岸有浴室成行、鷺鷗出沒、舟艇往來、以千里遠鏡窺之、則山雲如盪胸前、海波如潮眼底、誠佳景也、各樓各廳各堂各室、皆豎德俄二國旂幟、亦頗可觀、舉臺左旁廊下、有寓俄之德國王爵某、設一抽簽善會、係一盧布買五票、物件無多、獲彩亦值無幾、聞所收紙鈔、為賑住俄之德國貧民云、當日院中奏樂三陣、酉正入樓晚餐、中列長筵三行、左右列方桌十四張、坐三百五六十人、樓外廊下臺旁、亦坐百餘人、樓內樂工四十餘人、對面樓上樂工三十餘人、彼此互奏侑宴、食畢、德國參贊官布朗立祝二次、眾皆立起懽呼而罷、亥初乘車而歸、一路涼風習習、見男女乘車而往者尤多、蓋入夜改設跳舞場也、是日不食者半盧布、食者四盧布、茶酒另給其值、入夜陰、

十二

二十三日丙寅晴、未初星使偕邵參贊桂冬卿赴外部、

會柯爾斯是日係俄曆五月三十一日西曆六月十二日為俄皇五十年前授德國提督之期時年九歲凡兩國之親厚者彼此授國主太子或世子以寶星武職以明敦睦之意是日德皇遣二提督前來贈以寶劍一口飾以珠寶鱗鋏光明故在皇村行宮奏樂而慶之此西俗也

二十四日丁卯大雨冷申正英人柯洛斯來拜坐談極久因問中國車馬始于何年彝云車始黃帝因造車故號軒轅始而少昊駕牛繼而陶唐駕馬後因騾壯於馬故今以騾代之由黃帝迄今已四千數百年矣繼云聞中國車皆圓頂不知平圓二頂以孰為善彝云中國平頂車本乎梁冀因人內坐不便故改之夫中國車式因平底故用圓頂便人坐內以上升至泰西車式因平頂乃做凹底便人坐內而下伸是平圓二頂各有所宜也入夜雨止

二十五日戊辰陰雨記俄京蠅蚊蚤三種極多體大易於撲捉又聞僕室中更有臭蟲焉

二十六日己巳陰冷似初冬而園林山阜之上仍有男

十三

女結隊乘涼者奇矣坐久生病恐不忍言受寒而仍誇過于暑也聞在鄉間避暑者近日多燒火煖房云

二十七日庚午早陰午後稍晴尤冷是晚在夏園內大路兩行共燃電氣燈十盞橫懸半空奈天不昏黑光不甚明遂從林角觀之儼然一小月也男女遊人較往日尤多焉

二十八日辛未晴記俄京道寬車少故大車四馬橫列行成御者有時坐于馬後車前有時步行在車之右異於中土在車之左也其木道六楞木下段段直排木板長丈餘寬一尺厚寸餘此下每隔三尺橫方尺松木一條左右與道邊齊因夏令多雨冬日結冰于此兩木之間空而集水以省木耳

二十九日壬申晴暖記俄商貿易在歐羅巴亞細亞走白海波羅的海及其南省沿黑海各碼頭與歐羅巴通商最著者為英德兩國俄之出口貨為穀麻麥木麻子芝麻繩纜猪鬃皮革羽毛魚膠犯嗎油烏桕油等由德法英美各國之入口貨為棉線絨呢綢緞生熟鐵細木器油畫紙畫各種機器以及精巧器皿陳設通國航海

十四

風篷商船、共二千五百一十二隻、内三分之一為希臘國船借挂俄旗者、本國之船、内六百二十一隻、往來外國、一千六百七十二隻、行諸本國沿海、外有大小火輪三百八十五隻、往來本國江湖而巡緝焉、

三十日癸酉、晴暖、午後出門步遊、見乃武斯吉大街之加非館、門外列木盆種橘樹、設綠油鐵椅几案、整潔壯觀、每日來人甚夥、竟有端坐終日、不索飲食、傭保亦不過問、又俄京下等婦女、無論冬夏、不戴帽、以花布或綢方三尺者、横折三角、罩于頭上、項下作結、亦奇裝也、

十五

五月

初一日甲戌、晴、始熱、似孟夏、近日盧布行價頗昂、因俄國前與土耳其麇兵、虧款甚鉅、竭力籌畫、擬于民間借貸、以九十三盧布為一百、按月五分行息、限定四十三年内、按號償還、所貸若干未聞、戌初、英人柯塔蕃約饌、同席一德人、一比人、年皆三旬餘、姓名未詳、當時驟雨一陣、坐談極久、子初回寓、

初二日乙亥、陰雨、早見新聞紙云、前法皇那波倫第三之子、自抵英後、勤學兵法、輪機、火器、學成中試、即入英營授職、去歲督師往阿斐里加、與蘇魯黑人戰、數日前、偕二武弁帶兵三名、入内偵探、不意黑人伏于山谷、旋被害、二兵戰歿、餘人逃逸、亦天命也、法國現雖改為民政主民心依然騷動、

初三日丙子、晴暖、俄國御者、因衣領高、帽簷低、乃將後髮薙去二寸、凡仕宦之御者、服色因與英法大同小異、其他雖值夏季、仍著大領窄袖長粘袷襖、祇易絨帽皮靴耳、

初四日丁丑、早陰、午後大雨傾盆、酉正止、涼、現因寓所租期將滿、星使令彝看定東鄙第二門第六十四號樓房一所、言明無器皿陳設、不供煤柴氣燈、一年租值六千三百盧布、由俄麻七月初一日起、即中五月二十四日先付定錢五百盧布、移入付一半、半年付訖、訂于初七日書租契、

十六

初五日戊寅、陰、早餐、食有燒雞燒鴨燒豬、甚佳、是日既為中國令節、又值俄皇之孫受洗得名之期、是以通城挂旗慶賀、聞其孫命名曰安得達阿、戌初、邵蔣二參贊請星使及俞惕盦陳養原慶靄堂與彝等在萬牲園晚

餐，肴饌不美，索價甚昂，供奉亦不周至，較夏園相去遠矣。食畢即歸，冷欲披裘，入夜大雨如注。

初六日己卯，陰雨。俄京鄉間菜蔬長不及尺即開花結子，亦天時之使然也。夏季暖日無幾，旋即土涸江封，必待長足而後花，則結實亦難矣。至五穀（按中國沃田有終歲而三收，有一年而再熟者，此則一年一收而已。）入夜雨止，冷。

初七日庚辰，陰，戊（冷）初，書祖契來人係一房主人，總管夏拉全，一都府書史司萊木，書畢彼此畫押，書史收雜 十七

費七十三盧布（按俄例，城內大小房屋出租，書契由戶部買紙一張，紙價按房租計算，每千分抽三十五，故此紙值二十二盧布五考貝，納一年房稅三十四盧布，書吏之理此事者，按租值取百分之一，為六盧布三十考貝，登簿筆資二盧布半，書契筆費二盧布，其人往來車費六盧布十五考貝，書以上各費之收條，外貼官憑票一枚（張）五考貝。）

初八日辛巳，鎮日狂風暴雨，冷似仲冬。巳正，星使十會布策坐談極久，晚由禮部來文，言奉君諭，以那波倫第三之子鄂森陣歿，殊為可慘，令廷僚素服十日，由昨日起。

初九日壬午，微雨，午後，俄皇由皇村回駐溫宮，各處挂旗迎賀。申初雨止。俄前與土麞兵，于今議和，凡受傷兵勇，皆收入醫院休養，現因經費不足，經外部籌畫，令通國各官及俄人之寓外邦為官為商者，各助盧布若干。各國駐俄公使，各助一二三百盧布不等。曾經璞志來請星使助以三百盧布。外部又在帕烏洛甫斯克村大園奏樂，設拈捲會，請人助善，遂于酉初星使偕邵蔣二 十八

參贊搭木菴陳養原慶靄堂及彝與夏干乘火車，西行六十里，過皇村，一路林木蔭翳，田野青葱，廬舍無多，人迹稀少。抵其地下火車，入園門，來者各人一盧布，內男女千餘人。正面一案，列雜貨零碎（星）小物，對面樂臺，樂工三十人，後坐埃及游民十二人，奏樂歌曲，聲調與去歲商會所聽者同。左有飯堂酒肆，用者自行解囊。右設二小圓臺，各立一男一女，出售票捲，一盧布買四枚，買得十枚皆白者，到正面案前以十白票另換一捲，彩否不定，無彩另贈一物，無非花朵糖食，蓋不使拈者徒手而

歸也、當日彝以十盧布買四十捲、一無所獲、至正案換四捲、亦空白無彩號、所贈係鮮花二朵、勾勾拉二包也、蔣陳二君亦無所獲、亥正登車、子初回寓、

初十日癸未晴、記在前往店對戶銀號官存五萬盧布、言明利息三分半、六個月合八百七十四盧布八十考貝、每月合一百四十五盧布八十三考貝、其息非按月算、蓋按年計也、按其定規、存一年者四分息、半年者三分半息、存零碎取用者三分息、半年一結、臨期付利、其零取計帳之法、係一頁分爲左右、日日分書某日存若　九
干、某日取若干、如是按月扣算以付之、

十一日甲申晴、在溫宮後順江堤偏東、近第二木橋、有鐵道一行、長約四矢、寬二三丈、鐵作八角輪形、塊塊接連而成、地面永鋪沙土、因路與車輪皆鐵、置沙以便往來琢磨、限定鋪若干日、去舊更新、因夏令多雨、沙含鐵銹、醫家用以療疾、頗著奇驗、其治法未聞其說、

十二日乙酉晴、近有長方大木船百隻、由他處載樺木入江、傍岸、木長尺半、出售不論斤數、疊起方七尺、每方五盧布、

十三日丙戌晴、見大街果肆、有䣛瓜（即甜瓜）西瓜、料亦來自他邦、或俄南省也、西瓜黑皮紅瓤、不甚大、售值三四盧布、合銀一兩有奇、時雖居夏、絕不酷暑、欺人恐食之亦無益也、

十四日丁亥陰、未初、星使偕邵參贊乘車赴外部、申正回寓、是日接祖新寓、遂朝夕前往照料、收拾灑掃、布置一切、邇因天時頻雨、見俄人傘柄有鉤、挂于胸前、不似英法人之拄于手也、

十五日戊子雨、記俄京街市有種寄送物件信函人、名　十
曰坡布拉呢、公立一夥、共人若干、官給憑照、每人每月得錢若干盧布、各人帽有號目、寄送保無遺失、城內者每封二十考貝、出城入他島者三十考貝、

十六日己丑、鎮日大雨傾盆、極冷、按宋明帝因體肥憎風、夏月常著小皮衣、今見俄都凡來自他邦者、無論身體肥瘦、皆五月而披裘也、

十七日庚寅、仍雨、午後忽晴、是日爲該教先賢宜萬之誕辰、英稱翟木斯、德稱尤漢、在江北比特洛烏斯吉地方、設有大會、奏樂歌舞、又值禮拜之期、人民來者以萬

計、

十八日辛卯、大雨、昨日先賢誕辰、赴會者、多因醉酒而歸、竟有至今未醒者、故各行工役停止作工、古人嘗云、酒猶水也、水可以濟舟、亦可以覆舟、今歡然而去、頹然而返、是亦不善操舟之咎也、

十九日壬辰、大雨、見俄京泥水匠作工、用橢圓形之木鍁、邊圍馬口鐵一圈、一因土柔、一因俄不產鐵、皆來自英、美各國、故銅賤而鐵貴也、

二十日癸巳、晴、連日料理新房、添補木料、絨氈、修飾門牆窗牖、至戌正工作始畢、煥然一新、迺由外口運進木柴、四面堆壘、寬與船齊、中分小路、以便搬（扳）舵弄槳、不意當午一船誤碰鐵橋、即刻下沉、木柴飄流江面、有數十小舟往來撈獲、

二十一

二十一日甲午、晴、巳正同蔣丹如、俞惕盦、陳養原諸君移入新房、仍與俞惕盦同寓一室、因見南壁空空、乃自書格言一聯懸之、觸目警心、庶免愆咎、

二十二日乙未、大雨、卯正星使偕郎參贊移寓、記此地之單雙馬車、擔前彎作橢圓、在軸頭擔梢之間、連一皮條、蓋防擔折而省馬力也、馬尾不剪齊、眼不罩擋、廐不鋪草、空屋一間、以其地近蒙古北番故也、

二十三日丙申、鎮日忽雨忽晴、甚冷、酉初雷作、暴雨一陣、後稍晴、入夜復雨、記俄京定例、凡移居者、須付本城巡捕廳錢、以便註册、當日該廳派巡捕來索五盧布四考貝、

二十四日丁酉、晴、戌初、星使招飲于夏園、當日晴和、又值安息之日、男女往來如蟻、嘗思天下五大洲之大、皆賴爕理陰陽、長養萬物、俄國苟無半年之見日、則庶彙不生、人將何以度活也、

二十二

二十五日戊戌、晴、見俄京雜貨鋪、售有專治蚊蚤臭蟲藥、其藥末與水色皆白、無異味、用則㳂榻灑滌少許、其價頗廉、買者無須當時付給、俟驗始收、驗之、蠅聞即墜、亦海上之奇方也、

二十六日己亥、晴、巳初、星使第十一次會布策、晤談極久、未正始去、聞有溫宮頭等侍衛欒柴波爾奚曾饋前任營官武拉寀甫五千盧布、訂于俄曆五月三十一日即上月二十三日如數清償、至日、欒至武家、少坐後、令女僕下

樓取梅檬水飲、迨女僕去、纛即懷出尖刀刺武劃、然而中女僕至、亦被刺、後即破開錢櫃、盜去一切、無一人知者、次日經人偵知、報官察驗、不知何人致死、問諸司閽者、據云、昨午惟有纛武官一人來此、各皆詫異、蓋伊素日品行端正、言語温和也、繼而詢諸侍衛公署、知伊于當日乞假旋里、即往捕獲、見伊右手有傷、初訊堅不承認、後始據供云、前後共借盧布萬餘、因無力償還、故出此耳、乃下諸獄、原擬今日公同審斷、因染病、改于後日云、

卄三

二十七日庚子晴、午後同俞惕盦街遊、見市肆每值禮拜、及他放假之期、人多閉門外出、有封鎖者、有由内門繫出一繩、蓋以火漆印以圖記者、

二十八日辛丑陰雨冷、巳正巳杜之池請蔣丹如陳養原桂冬卿及彝與夏干往之塔尼街理刑廳觀審、俄名比特布拉斯吉敎克什呢穌達、沿江堤東行十數里始至、見男女數百人、前後二門、官兵數名、舉槍看守、進門登樓二層、繞至大堂、正面大窗臨街、左右對面有門、堂長十餘丈、闊七丈、高五六丈、頂懸玻璃挂燈五架、正面臺高二尺、上橫長案、後列五椅、臨窗列椅凳一環、窗右壁懸俄皇像、下立一金物、三角形、高盈尺、每面有字、頂立君帽式云、此為官府憑執視同誥敕、右懸天主像、蓋謂神明鑒察、審斷宜秉大公也、臺前橫一小几、旁立一木墪、高五尺、周四尺、覆以金銀花綢、為神甫矢誓時用者、右有木臺二層、各高一尺、橫二木槅、每槅容六人、後一空巷、容立百人、左橫二桌、坐書記四人、桌後高一尺、坐律師一人、再後又高一尺、四圍木槅、前低後高、形如口字、坐犯人、臺對面列木凳四行、坐三十餘人、後橫一木牆、高三尺、為上等聽審人坐處、分為三槅、每槅橫列椅數十、當時彝等入此坐中一行、左右與後坐男女百餘人、有一兵頭戴盔、手舉刀、捧犯人出器入、置于臺前案上、隨之案前不動、原置布紙包各一、紙挾二箇、酒二瓶、皆經官封漆印、繼來官十數員、神甫一人、對面木牆前坐、犯人同鄉三十人、左坐書記四人、律師一人、午初、忽聽五堂入、衆人齊起、坐後、二兵由里妥甫斯吉襍卯克獄將犯人解到、舉刀引入、坐于槅内、正堂將犯人同鄉各名刺擲于匭中、次從内拈出十二、按名呼起、移于旁

卄四

座、次神甫下臺、立木墪旁、對十二人矢誓云、此案須秉公判斷、各人出保、一言一語、切勿懷私、言畢、五堂中末位起立、將犯供朗誦一番、後正堂審訊、犯人立、自述平生所為所遇、述畢、十二人中立言所述確否、後律師立言犯人應按律定徒罪、至末正、五堂及各同鄉人畫諾而散、又以上各節、經書記一一記載、聞其所定徒罪、係發往薩哈林島、作苦工十五年、地在亞洲俄羅斯之東南境、北鄰歐扣斯克海、南近日本、為赤道北五十一度、北京東二十九度十分、亦一寒苦沙漠地也、

二十五

二十九日壬寅、陰雨、午初、星使第十二次會布策、並會格爾斯與孟第、少坐即去、記俄國除每七日一禮拜外、又多該教先賢生誕節期、故匠役休息之日甚多、且皆嗜酒、每飲必醉、有連醉二三日方醒者、事必預日告囑、方可興工、否則諉以多詞、不能工作、雖命來取值、亦多推卻、其懶惰有如此、

六月

初一日癸卯、陰、近始覺夜稍長、亥正微黑、丑初已明、較北京仍短二小時、再上月二十七日初伏、本月初五日大暑、在中華正值赤日烘雲、炎蒸酷熱之際、此則雨暗烟沉、江寒欲凍、其氣候之懸絶、真判若霄壤矣、

初二日甲辰、陰、申初、有徽州偉人詹世釵字玉軒者、來拜、年二十九歲、前在英倫水晶宮所遇詹九五之兄也、高逾八尺、語言尚屬清楚、蓋早來英法、以巨體居奇斂錢、帶販華貨、現擬來此少住、仍回英國、能英法語、已娶英女為妻、生有二子一女、云、當日外部復在比德好富園設助善會、所獲錢鈔、以助兵餉、茲遣璞志來請星使、遂于申初前往、入者每人三盧布、官兵奏樂、水法齊施、來者二千餘人、星使助五十盧布而歸、入夜微雨、

二十六

初三日乙巳、細雨、前在英法見各藥莊、售有檳榔、問所自來、始知為印度之產、蓋亦以此種為消尅良品也、華人性多喜食、至此大索十日不得、市肆亦不知此為何物也、

初四日丙午、早大霧、午後稍晴暖、同蔣丹如街遊、見乃武斯吉街之禮拜堂、一家出殯、先烏衣黑馬金盔兵六對、再則烏衣人舉黑架玻璃燈八對、烏衣童提鑪四對、又三烏衣人捧六尺方黑布扁枕、上置死者生時所得

寶星緞領等物、末則棺罩黑毡、圍鮮花萬朵、以黑亭車載之、拽以烏馬八匹、車後步行者為其妻女及戚女三四十人、列行而進、

初五日丁未、晴暖、申正、隨星使乘車、東北行十數里至沙子街遊巴土尼紫斯吉花園、地基廣闊、布置清幽、蝶舞芳畦、人遊勝境、憶自去冬抵俄、已逾半載、諸處遊覽未有如今日之快適者、古詩云、邊地鶯花少、況絕域哉、戌初回寓、

初六日戊申、陰晴相兼、俄京各戶多雇雜夫如拭地擦屋汲水燃燈負薪刷梯等事、無論冬夏、皆服大紅布汗衫、桃紅布單褲、頭不戴帽、腳穿皮靴、天時極冷、出門始著無表皮衣、是生其地者、自不畏其寒也、因連日陰雨樓近長江、以致衣被溼潮、食物霉爛、

二十七

初七日己酉、陰雨、見俄京所產菜蔬、晚於他國、苑豆黃瓜未食其嫩而已老、蘿蔔不如英法之嫩而肥、西國白菜皆矮小少葉、食則或煮或烹、惟俄國入冬用作酸菜、食之味與華同、

初八日庚戌、陰、申初、星使第十三次會布策、晤談良久始去、記俄國地廣人稀、在歐洲之大小兩俄、人數雖多、較東西南北四俄亦只七分之一而已、然通國以大小兩俄所產貨物為盛、其正北及東北一帶較少者、一因地皆石田、一因天時寒冷、至南界各省、一因遊牧所居、一因缺乏水草、其在亞洲者、統為沙漠、五穀不生、通國居民之數逾五千者、惟十五城、曰賢彼得堡、曰墨斯哥、曰瓦爾索、曰歐代薩、曰吉善訥苐、曰立夏、曰薩拉多甫、曰威拉那、曰喀三、曰喈苐、曰呢扣拉也苐、曰堤夫立斯、曰土喇、曰喀爾闊苐、曰柏爾的曬苐、其勤于工商者多他國僑寓之人、倘有鄰衍吹律、寒谷回春、則物阜民豐、不至有向南垂涎之望矣、

二十八

初九日辛亥、晴、前因歐洲俄羅斯東南境教林柏爾城不戒于火、流離失所者有數百家、經俄京善士于是日在夏園公設拈捲會、一盧布買四捲、係以五百件零碎器皿玩物、賣一萬六千捲、合四千盧布、物皆善人施捨、入門者、晝間由巳正至戌正、每人二十考貝、後則每人一盧布、終朝奏樂、入夜懸燈、遊人以一二萬計、是會又名集花會、蓋通城諸名校書會集于此、故入夜遊人更

多也、
初十日壬子陰、聞俄人現在溫宮東設一掣簽會、係以
六百件金銀器共值二萬七千盧布、欲售五萬張票、每
票一盧布、街市多鋪出售、寬五寸、長三寸、白質藍花精
比銀鈔、自上月中旬由市肆出售、定于七月二十八日
掣簽、係一筩內存五萬票號簽、一筩內置物號簽、臨時
二人各由筩內陸續拈出六百、彼此按對註明、何號簽
得何號物、是前六百簽有彩、餘則空簽、遺于筩內廢棄
而已、聞又六百件內有貴重四件、第一件值八千盧布、
第二件值二千盧布、第三件值一千五百盧布、第四件
值一千盧布、其他五百九十六件、共值一萬四千五百
盧布、

廿九

十一日癸丑陰、入夏以來、天時頻雨、田禾患水、竟至不
能登場、農夫多有輟耒而歎者、按齊民要術、雪汁為五
穀之精、使稼耐旱、冬藏雪汁、器埋土中、浴種以此、則收
十倍、今俄國雪固無憂、而反傷稼、豈非天意之使然歟、
入夜晴、
十二日甲寅、午正見俄皇携文武大僚及命婦十數人
乘馬車至鐵橋西第一宮碼頭、駕三輪船出江口、巡視克
欒斯達碼臺、沿江各船挂旗、官員同立船面、免冠齊呼
萬歲、聞當晚由彼乘大車、駐雜爾司閣野賽洛村之夏
行宮、
十三日乙卯晴、未正、星使第十四次會布策談、至申正
而去、本年正月間、經星使
奏陳請在上海擇地、
勅建
天后宮、奉
旨允准在案、星使首捐銀五百兩、并知照駐劄各國公使、是
日同人公立知啟
敬啟者、
宮保奏請
勅建上海
天后神祠、以餘屋作為出使公所、業經奉
旨允准、籌款辦理、等因在案、現在
宮保首先捐銀五百兩、并知照各國出使大臣同行捐助、
凡我同人、自應量力輸將、以資集腋、至數目多寡、各聽

三十

尊裁即書銜下此啟

本公署部參贊捐百兩蔣丹如慶靄堂興彝各捐六十兩俞惕盦捐五十兩慶錫齋桂冬卿塔木菴陳養原純感銘各捐四十兩賡吉甫福遠峯王鵬九石平甫常有泰各捐二十兩李永春齊樹敬各捐十兩

十四日丙辰晴暖俄京亦有花肆見陜西蜀江西臘朵小棵短葉壯花肥茶花繡球及紅白丁香亦皆棵短而色頗濃豔

十五日丁巳晴記土人生近寒帶久慣冰雪不畏冷而畏熱邇來天雖晴暖較中土涼似中秋見街市往來婦女多著單衫且有露肩而稱熱者俄國北界天時甚冷夏不揮扇餘時服裘故炎帝當權亦無須招涼避暑也入夜微陰 三十一

十六日戊午晴係俄麻七月二十二日為其皇后誕辰各樓各船皆挂旌旗慶賀距城二百餘里之薩斯其布劃村設賽馬會乃乘火車前往馳者不多觀者如堵本國太子國戚多有在場者至晚通城門首燃燈光明如晝

十七日己未晴申正星使第十五次會布策戌初一刻始去見土俗遇人噴嚏旁人即言祝君之福與中土小兒噴嚏老人即曰百歲之意同

十八日庚申早晴酉初暴雨一陣後晴記俄通國大小官信局共三百四十一處上年共發信函六千三百二十四萬四千一百五十六封帶保險者八百六十三萬八千零八十四封說帖一百四十一萬九千零九十四頁包封三百六十三萬六千五百零八箇物包一百七十七萬一千二百九十五箇新聞紙四千二百七十七萬六千二百二十束 三十二

十九日辛酉晴午後陰未初星使偕邵參贊乘車赴外部會格爾斯申正回寓見俄俗每建樓房于未營造之先當地立一木杆上豎十字意在天主保佑匠人登高不遇隕落之險也入夜晴涼

二十日壬戌晴巳初星使第十六次會布策談論極久至申正始去近日日出寅初初刻日入亥正街市始燃燂氣燈

二十一日癸亥早晴申初陰大雨一陣是日為俄皇后

受洗得名之期，係俄曆七月二十七日也。各處掛旗。午後升礮。入夜燃燈，以慶賀之。在葉賴勤地方有花礮會，因后外遊，故止。蓋俄后久染嫉疾，自去歲已赴義大利國養疴也。

二十二日甲子，早稍晴，午後大雨，入夜止。記俄國錢鈔，民間用爛，官不收回，有以白紙或新聞紙糊其背者，更有前後油污，顏色改變，字跡不真，而碎成四五六七分者。

二十三日乙丑，晴。禮拜。當日因善人公設賑濟會于夏園，除本樂臺外另設二高臺，三平臺。二高臺，一係官兵奏樂，一係埃及男女作歌。三平臺則一奏樂，一歌曲，一演雜技。四面掛旗，前後車馬擁擠。入夜燃煤電二氣燈，各房亦懸五彩玻璃燈，樹距四五步，挂五色油燈一串，燈繩彎曲，遙望叢林之內，燦如明星。當晚男女以二二萬計，入者每人三十考貝。聞前日此園拈捲會獲盧布一萬。

三十三

二十四日丙寅，陰雨。申初，星使第十七次會布策，昨在夏園遇一波斯人姜喜慶者，能英語，談及山水園林之名勝，巡捕彈壓之嚴密，男女遊覽之安靜，伊云較敝國實勝百倍。敝國自稱已化之邦，長幼有禮，男女有別，每有善會之處，皆男人聚集，女固不去，實不敢去，官亦禁不令去。間有一二婦女混入，則男子必多呆眼窺探，甚有入遊語作狂態者。倘男女聚集如此之夥，即白晝亦必滋事。雖有官長彈壓，亦恐鞭長莫及，且不止此。敝國之王孫公子大員子弟，多以勢利壓人，即如乘馬馳驅往來街市，每將人物撞傷，被傷者聞係某人，則鉗口不敢言。如出言冒犯，及令悍僕毆打，勒索錢財，或送入官府懲治。更有打傷人命，並不抵償，搶奪婦女，終不釋放。如此良民受害，無理不公，弊病日深，一言難罄，言之令人懷慚，聞之令人歎息。

三十四

二十五日丁卯，陰。記在夏園及他名勝之區，雖遇暴雨，男女仍往來步行，是因頻見雨雪，故不畏其沾濡也。此時始得食嫩蠶豆，味與英法同，蓋時令使然，渾似山陝風景也。

二十六日戊辰，早晴。（是日俄武官在葛拉斯吶業賽洛）辰初着公服，同眾隨星使向東南蔡𨛦（旁改：村賽）馬。昨晚德國公使送傳單，請往。午正，星使率塔木菴慶藹堂與彝乘馬車、南行八九里、至火車客廳、少坐登車、未初開、西南行五十餘里、未正一刻抵其地、下火車、先乘馬車、遊行數里、地勢寬敞、木房幾所、秋郊細柳、古道蒼苔、後回客廳小食、待至申正、復乘馬車行十數里、一路左右兵房、木作間架、木代陶瓦、各門首多立高杆、上挂草編大餅帶穗、形式或方或圓、不知作何招示、兵多出門站班、舉手扶帽以為禮、至賽馬場、正北木樓一行、中一間微高而敞、左右雁翅、各小屋十五間、標識號數、坐各國公使夫婦隨員、以及本國仕宦、樓下紅絨

三十五

長凳一行、前橫木闌、坐紳富男女、南即馬道、一圈周約十里、圈內排馬車二三十輛、白衣樂兵三隊、觀者男女以二三千計、酉初升三礮、而俄皇至、登中臺、彝等隨星使坐臺右第五屋、繼而奏樂賽馬、第一次六人、為俄之國戚世爵、馳至中途、一馬肚帶開、而人墜、仍追隨于他馬之後、過中臺前之第一人、著紅衣、名姓未詳、第二次十人、為哈薩克武官、著黑羊皮帽、黑呢衣、中又一落馬者、其第一越過高五尺草牆者、係以乾草編成內含木棍得國賞如鐘表、爐臺等、共值三百盧布、馬會公贈二百盧布、第三次七人、先一人中途墜而復登、又一人越濠、深二三尺、寬八九尺、前橫土岡、高四五尺、寬亦如之、馬不越而旁逸、因被繩阻而墜、此次先過者得國賞值三百五十盧布、公贈二百盧布、第四次五人、一人跌于中途、其先馳過中臺者、得國賞值三百盧布、公贈一百盧布、第五次十四人、連過草牆二、相距四五尺、牆高四尺、內三人得贈、第一者得國賞值五百盧布、公贈三千盧布、第二者得國賞值三百盧布、公贈一千七百盧布、第三者得國賞值一百五十盧布、公贈八百五十盧布、此次有俄皇

三十六

姪年十七歲、乘黑馬、奈力憊垂頭、踟躕不進、故落後里許、五次馬馳路徑不同、皆隨時預備也、每次馳繞二番、以第二番先過者得贈、戌初賽畢、即乘馬車回火車客廳、登車、少待而開、戌正二刻回寓、入夜雷電大雨滂沱、冷、

二十七日己巳、晴、涼似仲秋、午後街遊、見大海街迤北傍江掘地深尺、安置電綫、粗二寸餘、繞于一軸、長七八尺者、架以二輪、周各二丈、專有一兵舉槍立于軸旁看守、不知起何處、抵何處也、

二十八日庚午、陰雨陣陣、辰初、著朝服、同眾隨星使向東南、恭拜
聖牌、行三跪九叩禮、申初、遇波斯人姜喜慶及其友席武果于夏園、坐次談及俄人禮貌、其友云俄之官兵巡捕見各國官長、皆舉手扶帽以為禮、至街市幼童幼女、頻見者雖不識姓字、亦免冠屈膝以為禮、由此觀之、是俄非以弱而畏他國、非以強而抗他國、實因彼此通商、互保子民而固友誼也、敝國則否、見他國富強、漠不加察、甘居貧弱、然未嘗人不多而地不廣也、土人見外人皆切齒怒而不言、退即妄言無忌、官府尤甚、究不知所怒者何、或云因其以力欺人、夫既知其有力、何不自強以圖復耶、予力不從心、徒深憤懣、倘假以權位、保數十年後富強可敵萬國、言畢怒髮衝冠、大呼負負而已、

二十九日辛未、陰雨如昨、未初、星使第十八次會布策、璞志約塔木菴陳養原與龔晚茶、同座三女、一老一幼、為其鄰居、其他一女年約二旬、名費仁奴者、璞之寓主(居停)人也、女係孤身、璞僦寓而與之同炊爨、共牀榻、亦儉省之妙計也、

三十日壬申晴、因前二次勸助保養傷兵、今有成議、在乃武斯吉街養兵院內誦經、請諸善人前往、午初、星使偕邵參贊塔木菴去、聞各神甫誦經勸善、下跪義女貞女數十人、皆服侍傷兵者、後一老嫗立言一段、語中肯要、有(可)感人心、多有泣數行下者、未初一刻回寓、戌初亥雨、丑正稍晴、

七月

初一日癸酉晴、(涼、)布策原訂未初來署、待至酉初(一刻)、伊致電信、偶抱採薪之憂、改于次日會晤、是日為俄麻八月初六日、即西麻八月十八日、俄俗為一大節、曰蘋果節、蓋此時蘋果成熟、各禮拜堂內神甫供獻天主、亦薦新之意也、因而家家茹素、處處停工、街市男女填塞、晝夜車馬馳驅、聞夏園萬牲園等處晚有新戲燈火、趨者若鶩焉、

初二日甲戌晴、未初、星使第十九次會布策、談至酉正而去、前記俄國徵進口稅極重、不收鈔票、而收銀錢、現聞稅過五銀錢者、又勒收全錢、按行價、每一銀盧布值一紙盧布六十考貝、每一英金磅值九盧布半、

初三日乙亥，晴。未正，星使第二十次會布策，坐談極久。見閭巷有賣蜂蜜者，頭頂柳木粗盤，中凹心，横以木板，上置蜜塊，下置蜜水，挹以木勺，每兩銅錢若干，味極甘。入夜陰凉。

初四日丙子，晴。記俄京諸事。雖邇他國，然街市樓房無坍塌摧折者，男女無披髮跣足、囚首垢面者，無喧譁吵鬧者，無堆糞土污穢處者。

初五日丁丑，晴。格爾斯請星使赴外部，未正，星使偕邵參贊、桂冬卿、塔木菴、慶靄堂往，申正回寓。

三十九

初六日戊寅，晴。未初，星使第二十一次會布策，談至酉正始去。晚遊夏園，遇土耳其人譚喜什武者，年近六旬，能英法語，言及泰西婦女攬權，伊云夫婦同心料理內外，亦有足取。敝國則否，雖云夫倡婦隨，竟有婦倡勒令夫隨者，更有逼迫致夫不敢不隨者。按定例，男過四十無嗣，准其買妾，今不惟二三十歲即買，且多買至十數名者。其妻柔懦者無論已，有因忌妒而施暴虐者，種種惡行，不堪言狀。有妻強而禁夫買者，有因而懲治其夫者，奴婢被害甚多，男子恐懼，禁不敢發，以致絕嗣，良可憫已。且官府不清，刑罰太重，弊端百出，賄賂公行，良民遭害者，指不勝屈。故前有俄國之敗，兵丁之困苦，田地之旱荒，人民之瘟疫，實為上干天怒，以致如此。今人心仍不向善，不知伊於胡底也。

初七日己卯，晴。現在天暖，都中無茶會、跳舞會，因于城外蕾斯呢闊爾泊斯島布立斯庫魯戈立普路地方之布拉戞婁呢也牢布喇呢葦館，設一小跳舞會，入者每人一盧布半，飲食另給其值。當日俄人柯拉吶武斯吉約往，遂于亥正同蔣丹如、桂冬卿、陳養原乘車北行二十餘里，過五大橋、村鎮二，沿途古木濃蔭，河水清澄，至則四面花園，懸燈結彩，大堂寬敞整潔，男女三百餘人，衣服奇異。有一女年約十五六歲，著紅衣，腰纏魚網，頭頂五枚紅海蝦，裙之前後又挂卅餘，跳舞輕捷，不亞鶻若驚鴻矣。寅初回寓，一路車馬仍馳，絡繹不絕。

四十

初八日庚辰，早大雨，申初晴。申正，星使第二十二次會布策，談至戌正而去。當午見俄水師數隊由窗下經過，前行樂兵，後則橫列成行，衣裝器械一律整潔，惟步履不甚整齊耳。

初九日辛巳晴未初星使第二十三次會布策談至戌初而去見街市有運大石者長一丈高六七尺寬五六尺架以四輪敞車輪小而厚檐粗軸細拽以四馬橫排一行運動毫不費力蓋路平坦而車堅固也

初十日壬午早晴午後陰雨未初俄皇率諸大僚及外部大臣格爾斯往黑海之瓦的亞莊避暑須兩月後方歸未行之先星使偕邵參贊已赴外部與格爾斯少敘亥初雨止

十一日癸未早雨午後晴按各外國無論貧富皆知勤儉凡米糧菜蔬煤土花木食用之餘鮮有棄諸街市填於溝壑者官府禁止拋棄一切故街道淨而氣味清人亦少染疾病

四十一

十二日甲申雨辰正著公服同眾隨星使向東南恭祝

慈安皇太后萬壽聖節行三跪九叩禮申初星使第二十四次會布策談至酉初而去按尼瓦江西流入海是日西風甚勁至晚江水漲高四尺原各碼頭由岸登船皆下行三四尺今則船與岸平矣入夜力風微弱天晴甚冷

十三日乙酉晴早起水勢稍亞於昨船微下落闊三百年前該處連日西風阻水不能外洩而漲致乃武斯吉街陸地行舟又三年前水漲逾岸臨江各家杜門不出者三晝夜當夜西風怒號極冷

十四日丙戌早陰雨陣陣不定未正晴晚在夏園奏樂燃燈入者每人三十考貝男女有數千人聞入款俾備恤孤云

十五日丁亥晴申初星使第二十五次會布策談至戌初而去近因連日西風見各國風篷之進口者羅列南北兩岸有三四十隻

四十二

十六日戊子早大雨午後稍晴酉正星使第二十六次會布策談至亥初而去鎮日西風甚冷記乃武斯吉街之小廟每日開門左右各立姏姆四五身著黑裙腰圍黑帶頭頂黑綢帽作圓字形各手捧小盤乞錢凡入門或在門首飲聖水者各給十數考貝不等入夜又雨

十七日己丑陰雨申初星使第二十七次會布策坐談極久近因頻雨天涼各家司閽者皆易皮衣御者亦多戴皮帽

十八日庚寅陰雨記俄皇溫宮旁門前一圓鐵亭高丈

餘、周四丈、中一圓臺、高二三尺、中空如井、乃一火爐也、蓋冬季天冷、每有朝會茶會跳舞會、以便御者羣集禦寒也、

十九日辛卯細雨、一日西風甚勁、江水漲高六七尺、大船吹橫、小舟躲避、水師衙門挂四紅旗、示衆防險、每刻升一礮、令各家樓下防備、若每十分升一礮、則當即刻移出也、當日各輪船皆生火、以備救人、申刻沿岸溝渠皆進水、竟至堦下深盈尺、聞北岸數處被淹、人民轉徙、至戌正風稍轉北、入夜冷、

四十三

二十日壬辰陰晴不定、西風稍息、江水微落、故本公署門丁車夫住屋皆積水深二尺、即時令人淘出、見本街各家樓下之被水者十數家、聞夏園樹木有被風吹倒者、有被風拔出者、其風力之大可知矣、

二十一日癸巳晴、係俄麻八月二十六日、為俄皇前在墨斯哥城即位之期、通城挂旗結彩、温宮左教場及夏園、各設彩亭、左右二官戲臺、設跳舞鞦韆傀儡木馬各場、衆兵奏樂、遐邇皆聞、酒肆十六處、每杯五考貝、飲者或坐或立、或歌或嘯、多有醉而歸者、

二十二日甲午晴、申初、星使第二十八次會布策、談至戌初而去、記乃武斯吉街、鎮日灑掃清塵、巡捕按段羅立、凡載重之車、不准行走、行人稱便、

二十三日乙未晴、申初、星使第二十九次會布策、談至酉正而去、現在日出寅正一刻、日入戌正、較北京仍多二小時、俄京街道、每有崎嶇不平處、雇人修理、雖值風雨、工亦不息、

二十四日丙申晴、係俄麻八月二十九日、為東教某先賢升天之期、市肆關閉、匠役停工、男女步遊、往來接踵、

四十四

沿街有賣蘋果梨李西瓜者、人爭啖之、

二十五日丁酉晴暖、為俄麻八月三十日、為東教先賢阿來三德誕辰、其名為俄皇御賜名、故市肆關閉、人工休息、各處挂旗慶賀、早奧國使署挂旗、良久旗未挂、人亦未下、驗之已亡、不知何病、午初、乃武斯吉街雁翅禮拜堂、有大神甫主教等、誦經奏樂、俄國國戚大僚及各國公使一併延入同祝、星使率塔木菴慶竊臺往中正同寓、其沿路不平之地、皆特墊長方木板以利行人、晚各處燃燈、夏園亭之演劇處尤為繁盛、五色迷離、遠近莫

辦、戌初大雨、遊人不避、雖不張蓋者亦冒雨而行。

二十六日戊戌、早陰、午後雨、申初、星使第三十次會布策、談至戌初而去、晚同蔣丹如慶龗堂遊夏園、少坐飲茶、同坐有俄人茹蒿者、年約二旬、因不能英法語、另覓二人代達、先請飲波爾多紅酒、繼請飲舍利酒、彝等再三辭謝、不意別時、竟代付茶值、堅却不獲、亦西人之罕見者、因歐洲無是風俗也、現近俄麻九月初旬、烟霏雲斂、天高日晴、淳風蕭颯、木葉彫零、不禁令人起思鄉之感也、入夜晴。

四十五

卷十三終

四述奇卷十四

鐵嶺張德彝在初隨筆

貴榮竹坪校閱

己卯七月二十七日己亥、晴、按俄國鐵路建於西麻一千八百三十五年（即道光十五年）、初由賢彼得堡至坡洛斯克、薩爾斯古址、賽婁、墨斯哥等處、里數無多、繼于歐洲俄羅斯一帶造成、增至三萬七千零五十里、其已造未成者三千三百三十六里、均係官民合辦、今官定加開鐵路一萬八千里、擇其要者先開、一在南俄賽比里亞及各煤窰一帶、計五千二百里、一在中亞細亞塔什堪各城、計四五千里、共七路、以南俄產煤各地為最要、係南通阿索伍海與黑海、用款共五千一百一十七萬七千六百二十七盧布、分為五十股、前西麻一千八百七十五年（即光緒元年）富商集得十股、其餘四十股則歸公司、現已集得一千四百五十九萬二千一百七十二盧布、每路開後、按出資之多寡、占居年數、大分有占七十五年及八十五年者、小股有占三十七年者、通國各公司之用款、計十五萬萬零六百七十九萬二千九百二十一盧布、按行價合銀五萬萬二千七百三十七萬七千五百二十二兩三錢五分、路長共一萬九千八百三十七俄里、即三萬九千六百七十四華里、每一里約用三萬六千四百盧布、合銀一千二百七十四兩。

二十八日庚子、晴、為俄麻九月初二日、因前買抽簽會票于當午掣簽、明日出售彩單。酉初、俞惕盦請星使、邵蔣二參贊及夏千、興彝等六人在夏園小酌、暢飲甚歡。亥初回寓。

二十九日辛丑、晴、申初、星使第三十一次會布策、因條章定妥、擬于八月初八日、赴立瓦的亞莊、見俄皇畫押蓋印、晚夏千買得彩單一紙、按號細察、見邵蔣二參贊、塔木菴、桂冬卿、陳養原及彝興、夏千各人一無所獲、

八月

初一日壬寅、晴、近日滿江風篷排列成行、昨夜東風至、明船皆駛去、水平如油、晚同蔣丹如、慶靄堂遊夏園、因新添一班幼童、歌曲頗佳、男女來者甚夥、竟將茶桌擁倒三次、喧聲達于園外焉、

初二日癸卯、早大霧、午後晴、記外邦畜犬與猫、皆飼以麩色牛乳、間有飼以牛羊肉片、鮮有飼米飯湯水者、昨由夏園歸時、有一長毛黑犬追隨于後、迨回寓、逐之不得、遂留之、經夏千命名鄂拉戞、蓋該國婦女之名也、馴熟可愛、似曉華言、而會人意、誠靈獒也、

初三日甲辰、早霧、未初晴、記西人每事訂時、無論何等人、毫不爽約、至俄京則不然、如赴宴會及他約、皆晚到一小時不為遲、工役尤甚、苟訂明日某時、必逾一日或二日、問則對以某日禮拜六、某日禮拜一、或例應休息、或因醉未醒、諸多推諉、雖大僚訂期會晤、亦有如是者、每言一點鐘、必延至四五點鐘始至焉、亦風俗之使然也、

初四日乙巳、晴冷、見菜肆出售玉米、體不大、粒不肥、每枚值二十考貝、詢知來自土耳其、遂買數枚、煮而食之、味與華同、惟不甚甘、

初五日丙午、晴、果肆出售蘋果、有綠黃紅三色、綠者酸、黃者甜嫩、紅者爛軟、惟色白而粉紅者、味甚美、液亦甘、入夜陰凉、

初六日丁未、陰雨、記英人呼茶曰替、法人呼茶曰代、俄

人呼曰柴茶柴二音相似、以其敗走北路故也、未初、有俄人許信斯吉來拜、談及茶名之始、彝云、茶古名集、或茗與荈、自陸羽盧仝以後、始作茶字、繼問飲茶究有何益、對以滌煩療渴、巴東有真香茶、飲之令人不睡、蜀茶能令人輕身換骨、古有僧、年百三十歲者、人問服何藥餌、對以惟嗜茶、至百盌不厭耳、許云、如是茶為仙品矣、奈予不能多飲、七盌即覺體輭、況百盌乎、

初七日戊申、早霧、午正晴、記俄國禮拜堂頂上作胡盧形、左右垂挂珠鍊、與西藏蒙古相似、至土人之相貌服飾廬舍、亦無不相似、因南臨北蛮東近西藏故也、至一切治法制度之與歐羅巴各國相似者、皆由效法而得耳、

初八日己酉、晴、酉初、同眾與星使祖餞、戌初、星使攜卲參贊桂冬卿慶靄堂啟行、彝同蔣丹如塔木菴廣吉甫乘馬車、送至墨斯哥火車客廳、戌正登車、戌正一刻開往南省、臨黑海之立瓦的亞莊、

初九日庚戌、晴、記俄京載物車輛之不輕捷、包裝之不整齊、諸處省工減料、遜於英法遠矣、

初十日辛亥、晴、近因天氣清爽、富室皆由別墅移歸、故街市車馬稍多、而男女步行者、亦覺鬧熱、見果肆售有葡萄四種、有白而長者、有紅而長者、有白而圓者、味皆甘、至紅圓而小者、味酸、紅黃李子皆長形如卵、紅者其色近紺、黃者尤脆、霜膚可愛、

十一日壬子、晴、未初、遊夏園、遇土耳其遊士蔣果寔、能英法語、談及鴉片之害、據云、鴉片之害、遊於本國百年前神豆湯、問神豆為何物、伊言南極南洋冰崖一種小黑豆、原名冰豆、土人煎以代茶、其味嗅之雖腥、飲之頗甘、猶太人歷其地、始獲之、病者服之立愈、然服後成癮、却之不得、逾服而身體逾弱、國家知其有損、嚴行禁止、惟藥肆準存些少、有保人方許出售、猶太人運往別國率閉關不納、運至本國、適值瘟疫大行、服者無不有效、因改冰豆曰神豆、價亦因而翔貴、當時男女老幼之飲神豆湯者、已有十分之一二、迨十數年後、雖無病者亦飲此而甘之、街行者、必腰佩神豆一小罐、以為榮耀、各家必列神豆幾瓶、豆湯幾罐、及煮豆器一分、以示豪富、各飯堂酒肆、罔不羅列、以備客至、有不飲主人之湯、而

專取自佩者飲之市廛設有豆湯局、神豆館、代售各種
豆瓶湯罐、竟有值數十圓者、無非造以金銀珠寶象牙
鯨角、甚為美觀、斯時人民之陷入此害者、加至十分之
五六、神豆每兩值一圓、豆湯每兩亦由一圓至二三圓、
蓋湯有假造、飲不充飢者、由是富貴淪為貧賤、貧賤至
于流亡、國家雖每年稅數萬金、毫無裨益、夫一國所貴
者、富國強兵、自此豆入後、國既未富、民亦未強、蓋飲湯
久則形容枯槁、日就頹敗矣、且飲者不惟平民男女、上
至官僚、下至兵勇、亦無不嗜之、每至閱武之期、到者時
六
刻不齊、隊伍不整、有明理者、面斥猶太人販運不仁、猶
太人云、凡人謀生、總以獲利為重、如貴國人不食、則我
猶太人自無法運售、設貴國商民販至本國、亦肯捨此
利途、改售他物乎、本國受害數十年、至亮連王即位、知
是物為害甚深、乃諭令朝臣會議、有言禁令彼國販賣
者、有言本國自往取運者、而無言及禁止國人飲用者、
蓋當時不惟王家子弟嗜此、即各秉權大臣、亦無不同
好、故朝臣多畏威而不敢言也、王遂降諭八條、嚴命通
國懍遵、其八條大義如左、

一、京師及各省郡縣城內、建房數百間、分左右二所、左
所住男、右所住女、名曰戒豆院、惟京城蓋千間、分上
下等
一、各縣由紳士地保稟報各處飲湯人數、至官員分上
中下三等、中下二等彼此互報於上等、上等亦彼此
奏報、
一、無論官民、有妄報及知名不報者斬、
一、自官民入院後、各處冰豆局及器皿鋪攤、一律禁止、
再有出售者、經官查出、抄取貨物入官、人則收監、嚴
七
行治罪、
一、凡報來人數、經官查清是實、則民入郡縣之戒豆院、
官入省城戒豆院、京師則官入上等、民入下等
一、各院派官三員、監理一切
一、官員入院後、大者簡人暫署、小者給假兩個月、兵勇
亦然、
一、入院後、官給飲食藥料、調治一個半月、放出後、仍不
自愧而飲用者、經官收入、再為療治、愈後、官則革職、
永不敘用、民則發往邊域作苦工、婦女入監半年、如

再犯禁者一律斬首雖國戚王孫不赦
自奉諭後各處採地建造樓房六個月各工一律告成
官治藥材僱用男女僕婢製備牀榻器具飲食水火分
歸各院當人數未報齊時其官民之知恥自愛者已有
十之二三通國人丁計二千八百一十六萬五千名人
數報足共收一千七百二十一萬二千三百五十八名
內男子一千六百一十九萬一千八百六十六名婦女
一百零二萬零六百九十二名彼時上中下三等官員
紳士地保因捏報或知名不報而罹死罪者二百二十
八
九員名出院後復行飲用者官千零二十九員兵民一
百二十九名婦女六十四名皆按律治罪人民樂服一
年後通國男女之飲豆湯者無一人而猶太人之販豆
者不待禁而自禁矣人民因而漸富身體亦覺日強各
院改為學校教養孤貧至四五年後國泰民安竟似二
百三十年前天豐王之樂世焉此百年前之事今國弊
尤甚於此非一言所能述也握手而別
十二日癸丑晴為俄曆九月十五日因天氣已涼遊人
漸少夏園萬牲園皆定于明日閉門鳥獸魚蟲之畏寒
者收入煖室溫池以育之當晚各園懸燈結彩遊人盛
於往日
十三日甲寅陰丑正接電信知星使安抵雅拉塔入寓
寓因地名蓋立瓦的亞大城名雅拉塔小鎮名也即俄
皇行宮處申正巴杜立池來拜談次見案頭筆硯舉視
良久乃云毛筆創造可得聞乎彝言秦始皇令蒙恬與
太子扶蘇築長城恬取中山兔毛造筆時在二千一百
二十年前即降生前二百四十五年也伊云西國用鋼
筆與鉛筆不知中國用鉛筆否彝言華人之用鉛筆者
九
自古有之惜後失傳如一千九百年前曹褒為漢禮儀
晝夜研精寢則懷抱鉛筆但不知為若何鉛耳
十四日乙卯晴記俄京水師公署後臺頂上置礮一門
每午自升一礮以示眾聞或云礮門映日有大鏡午正
光臨火生則響未知確否然天陰依然作響不知另有
何法耳
十五日丙辰早微陰午正晴近因天涼城內鮮有外遊
者故將岸邊各木媽頭一概撤去而往來輪船小艇亦
無多矣憶自江鬧雪化後因樓近鐵橋晝夜車輛往來

聲震如雷、現亦稍息、晚同蔣丹如俞惕盦陳養原塔木菴慶錫齋純感銘及賡吉甫福遠峯諸君小酌、慶賞中秋、見月色十分圓滿、為之眉舞。

十六日丁巳、早大霧、午後晴、記俄京車輛規矩、與英法稍異、終夜街市羅列、御者困則坐車扶馬而睡、無論冬夏、皆著長服、平等車夫、有年甫十四五歲者、惟富室多肥面長鬚、

十七日戊午、早霧、巳正晴、夜子正一刻、接星使由雅拉塔寄來電信云、八月十七日畫押、即時彝起著衣、敬書電報寄往上洋、蓋俄京電信局終夜不閉、信到即發、當夜天晴、見營垣各鐵筒、滴水有聲、因陰氣勝而霜露重也、

十八日己未、早晴、午後陰、酉初、微雨、記俄國産菸、價較賤於他國、小烟捲每百箇一盧布、其紙筒每百筒五考貝、若自買菸五考貝、即足裝百捲、計其值纔十考貝耳、由此觀之、其菸行獲利大矣、

十九日庚申、早大霧、巳正晴、未初、接星使由新肥洛坡村寄來電信、知前于十七日畫押、十八日覲見辭行、當日午正啟行、二十二日回抵俄都、

二十日辛酉、陰、記沿街各家門首窗下、以及當道、各家僕役按時灑掃、拔草鋪沙、每日有巡捕長巡察各處、苟有不按定規者、即敲門喚僕、勒令糞除、

二十一日壬戌、微雪、晚塔木菴福遠峯同約蔣丹如慶錫齋純感銘俞惕盦陳養原賡吉甫與彝、在巴立帥大戲園觀劇、所演跳舞戲場、極其鬧熱、山水花木、龍王山神、獅猴熊鹿、景致壯觀、亥正抵寓、接電信、知星使明日午初到寓、

十一

二十二日癸亥、陰、巳初、著官衣同蔣丹如諸君乘馬車、至墨斯哥火車客廳、待至午初、星使到、回寓後少息、于未正星使赴各處辭行、

二十三日甲子、陰霧、午初、星使又赴各處辭行、有多人投刺送行、記俄國載木笨車、大小皆用一馬、無論運一尺木或一二丈木、皆用此等車、蓋車身不整、可長可短、二輪四輪、可遠可近、亦賴道平故也、

二十四日乙丑、陰、酉初邵蔣二參贊與彝同請星使慶錫齋俞惕盦陳養原純感銘慶靄堂賡吉甫及塔木菴桂

冬卿與福遠峯在乃武斯吉街帕拉克因樓晚酌飯畢
在阿來三德戲園觀劇所演係三百年前俄王米曬事
蹟王暴虐不仁王子愚騃王病彌留襲位不受乃請轉
讓他人畢致樓房皆俄古製亦頗可觀丑初回寓
二十五日丙寅陰雨星使將由此至馬賽海口一路應
用之衣物收留其餘他物裝束已畢當畢送交火車棧房蓋
該行包送馬賽限七日必到絕不延擱現在俄都涼似
孟冬一切皮貨出售見海龍灰鼠貂貓各皮價與中華
相埒蓋皮產俄之南境或南至中華北京或北至本國
北京其腳費不甚懸殊也入夜雨止冷

十二

二十六日丁卯陰午正星使拜發
奏摺啟行部署使拜印旋星使率慶錫齋俞惕盦陳養原
純感銘慶靄堂賡吉甫登車蔣丹如與彝等送至瓦爾
沙爾火車客廳少坐未初登車一刻開行當時送行之
俄人有署外部大臣熱米呢總辦梅呢闊甫及孔琪廷
曾記古人詩云客中送客難為別夢裏還家不當歸之
句當送別時適思及此及復吟咏殊令彝生思親之念
不禁百感交集也未正二刻回寓申正微晴

二十七日戊辰陰俄京于四年前在尼瓦江東首南岸
立鐵呢街北口外造一七孔鐵橋長百丈寬六丈高七
丈南岸有一孔能移以便行船往來是日橋工告成取
名曰阿來三德共費二百萬零六百盧布南岸建臺念
經請各國公使及本國大僚往賀臺周八丈高五尺圍
紅布鋪花氈張布幔綠白色中設案陳十字架與經四
面插旗臺邊左右列椅午正彝同桂冬卿往車行十數
里至彼登臺見工部數員及各國使署十數員未初一
大神甫年近七旬者著金氅金瓜帽六員二等神甫年

十三

五六旬者著銀氅銀瓜帽六員三等神甫年四五旬者
著烏衣紫回絨高筒帽共率藍衣沙彌二十六名登臺
唪經至未正有一神甫提鑪四面放香并灑聖水繼而
眾神甫向南立工部各員及工頭向北立先一神甫立
祝俄皇俄太子及通國人民之福後工部各員與工頭
復彼此立言一段畢神甫率眾執旗擧十字先行男女
後隨步行過橋抵北岸有一敞院設白木長桌四行左
右立工人五百餘每人紅酒一瓶牛肉及大麪包各一
塊至此工頭又立言一段各工人齊聲呼好後各人乘

車、神甫先而各官後、齊行過橋而散、當時南岸臺前三面、及街之左右、與北岸通街各樓窗內亭中男女、以一二萬計、各處皆有馬步巡捕彈壓、靜而不譁、申正回寓、入夜雨、

二十八日己巳、陰冷、午後街行、復遇土耳其人蔣果雲、談及土國時事、據云、本國土地亦廣、人民亦多、惟國家治法不善、以致國勢日弱、弊病日深、無論官員大小、惟利是圖、各公署之差役、官府之門丁、鄉村之地保、皆橫行霸道、勒索錢財、欺侮良善、土國舊有惡霸土棍、以及

十四

販賣人口之弊、不意自與俄國戰後、又釀成拐帶婦女、逼良為娼、種種不法、洵為國家之害、官斯土者、當思設法封禁、嚴為驅逐、如仿泰西、一律監禁、限定年月、令其作工贖罪、其能改過自新者、限滿省釋、則惡習可以漸除矣、

二十九日庚午、西風甚勁、雨雪交加、極冷、落地結冰、變成地甲、查廣志內載、謂雲南郡四五月猶積雪皓然、代郡陰山五月猶宿雪、八月末復雪、夫雲南在赤道北二十五度、地已多雪、此在赤道北六十度、氣候尤冷、故背陰處終年積雪、謂之寒帶、誰曰不然、

九月

初一日辛未、早極冷、雨雪尤大、未初止而仍陰、入夜西風轉東、晴、近因天高地凍、木落冰凝、故各房生火、人易皮衣、凡又修蓋樓房者、晝夜並建、以冀速成、回憶往來所經泰西各國、村鎮城鄉、樓房道路、祇見興修、不見拆毀、故各街巷一律整潔也、

初二日壬申、晴冷、午後街遊、道路浮冰、厚約四分、俄外國樓高、得日光者少、故冰雪皆不易化、其向陽處雪薄便

十五

化、道亦因而泥濘、如連日雨雪、寒氣結冰、而雪牀又出矣、

初三日癸酉、晴冷如昨、見果肆有賣木瓜者、頗大、嫩色清香、與華無異、據云、來自義大利、每斤一盧布四十考則、

初四日甲戌、早晴、午後陰、未正同蔣丹如、桂冬卿隨部署使乘車、往拜各國公使、申正回寓、大雪厚逾三寸、入夜西風甚勁、

初五日乙亥、雪、記俄京官府處處搜錢、人固有稅、凡城

內住戶有外宿一夜者，每人須給巡捕廳十考貝，故前日星使赴黑海畫押，往來數日，迨回時按人索十考貝，此次星使率眾啟行，又按人索十考貝，計前後共取四盧布六十考貝。入夜風雪尤大。

初六日丙子，早雨，午後雪。戌初，塔木菴請邵署使、蔣丹如桂、冬卿福、遠峯輿、彝看馬戲，所演多與前同。有一人置一木桌于地，周約八尺，高四五尺，四隅各置三骰小圓桌，粗尺餘，高七八寸者一，此上又各置玻璃瓶一，盛以黃酒，四瓶之上，反正連疊木椅七張，其人自下陸續

翻身攀至頂上，出二小木棍，各長尺餘者，橫置椅骰，繼而在上仰臥、橫爬、倒身顛立，左手扶椅，右手上伸，身橫半空，故將椅子搖動，令人觀之咋舌。子正回寓，一路涼風蕭瑟，白雪皎然，乾坤不夜，天地無塵。

初七日丁丑，陰冷，午後細雨。此時北京日出卯正二刻，日入酉初一刻；此地日出卯正一刻，日入申正二刻，較北京已短一小時矣。未初，同蔣丹如、桂冬卿隨邵署使拜客五處，繼而街市〔遊〕見果肆有一種梨，長形不大，色如番瓜，分為八線，四黃四綠，味不甚甘。

初八日戊寅，早晴，未初陰晴風雨相兼，現因天冷結冰，江封在邇，故江面船隻漸少，沿街備有沙土成堆，係為地面結冰鋪灑，各家車卸沙土，以備閭巷門廷鋪灑，亦經官府勒令者。

初九日己卯，陰，午初俄人郭斯吉來拜，談及合眾人因軍旅不得吸烟，且禁用取火，乃造麩餅嚙之，攜帶亦便，誠妙法也。惜酒尚未思得良策，故載運甚艱。彝云中國古有鄭君釀酒法，酒成，以附子甘草內于酒中，曬令乾，如雞子大，一丸投一斗水〔郎〕，立成美酒。郭云善哉是法，吾

人當效仿之。未正細雨，西風甚烈，江水逆流，酉初竟漲起三尺餘。亥正一刻風息，水始順流而西，天大晴。

初十日庚辰，鎮日忽晴忽陰，忽而細雨，西風又起，水則西阻東流，以致水面擁疊，凹凸搖蕩，幸風不大，水長不高。巳初，同蔣丹如、桂冬卿隨邵署使乘車南行少東二十八里，至阿來三德村拜孟第一，路左臨江，右傍田木房，接連不斷，過木橋四，火車米糧貨棧一，路皆石子鋪墁，泥濘異常，房屋矮小，鄙陋不齊，糞土成堆，雞鴨飛舞〔雜處〕，土人多囚首喪面，衣履殘破，沿途巡捕尚屬整齊，馬車

經過，鵠立扶冠以爲禮。見煤木鐵廠、製造火車鐵軸與玻璃等機器局頗多，烟筒叢立。午正到，入內少坐，飲餘小食。因伊女染病，其妻未見。未正辭歸。

十一日辛巳，終日陰霧細雨，入夜尤甚。記俄京有四戲園，其至大者名巴立帥，專演法郎西、義大利國戲；一名麻林斯吉，專演俄戲；一名阿來三德，演德、俄二國戲；一名米海拉，演德、法二國戲。此外馬戲園一，小戲園六七，小曲館十餘處，演雜曲，男女不一。入者每人一盧布，坐者加五十考貝，不坐則在屋內徘徊，男女混雜。又有小跳舞館，不計其數。入者無論跳舞與否，皆飲酒一瓶，價極昂，其至賤者苦酒每瓶一盧布。聞以上五種小曲館及跳舞館，去者皆非上等人也。

十八

十二日壬午，一天陰霧，細雨濛濛。戌初，邵署使約蔣丹如、桂冬卿、塔木菴、福遠峯、王鵬九、石平甫與彝在大戲園觀劇。所演高山大海，花木樓臺，獸有犀象，行陸渡河，魚有鱷鯨，噓雲吐沫。或云戲場水法，係以碎玻璃代水，未知確否。子正回寓。

十三日癸未，早大霧迷漫，咫尺不見人。午後細雨，申初雨止，仍陰。邇來天冷，至是則草木黃落，閉塞成冬。當日未初，有寓俄德人開斯門來拜。其人有麯蘗癖，談及泰西各酒，無不遍嘗，獨以未飲華酒爲歉。彝乃出酒一杯與之。伊見酒色蟻綠，贊賞不已，繼而嗅之，乃云：此酒性烈，恐飲即醉。彝云：古人曰，酒猶兵也，兵可千日不用，不可一日不備；酒可千日不飲，不可一飲不醉。其人聞而大笑，及舉杯揚首，一吸而罄。不意飲後少坐，伊竟玉山頹倒矣。桂冬卿欲取醒酒石以醒之，奈急切不可得。至申正，伊忽立而欲歸，因步履尚艱，乃以車而送之。入夜西風頓起，晴。

十九

十四日甲申，早陰，午後雨。未初，同桂冬卿隨邵署使乘車往謁各宗戚王爵、太子、世子及禮官，共八處。記俄京住戶卸煤柴，皆無安置處，卸時經苦人以二木棍長五尺，中連草席一頁，寬三四尺者，搭之院落堆積，不甚雅觀。

十五日乙酉，早陰，午後細雨。近因天氣暖而不雪，故江面又未風蓬。火輪二三十隻。按俄京馬車，雖係鐵軸鐵軸，奈大候不足，人工不純，鐵不甚堅，道不甚平，以致馬行費力、輪轉損軸、邇因地面浮冰、故車多有折軸者、幸未傷人。

十六日丙戌、陰雨冷、早西風、晚東風、戌初雨止、大晴、明星在望、皓月當空、子正又起西北風、天即陰、而大雪、天明稍息、厚四寸餘。

十七日丁亥、早微雪、午正晴、記俄京加非館及小飯館、不如英法之整潔、老少羣坐、多有談笑喧譁者、而口角鬭毆、及語出不馴者、百無一人。

十八日戊子、早大霧、午後晴、雪結冰、厚七八分、街市車輛往來、皆紆緩而行、不敢馳驅甚疾也、亥初、葡萄牙國公使三多斯夫人請茶會、屆時、同蔣丹如、桂冬卿隨邵署使乘車而往、樓房寬敞、裝飾美潔、來者不過各國公使參贊隨員夫婦而已、子初回寓、入夜陰。

十九日己丑、大雪、酉初止、仍陰、記俄京茶會跳舞會規模與他國畧同、飲食甚爲簡約、隨時二三男僕捧盤、按人遞茶與小食、夜半按人進乾鮮糖果、至丑正客去大半、乃請所留者二三十人小飲、侑酒者不過果餌而已、與英國之設長筵備盛饌、聽人自取者、有霄壤之判、亦

二十

儉德之可風也。

二十日庚寅、連日大雪、厚逾半尺、故馬車藏而雪牀出矣、是日係俄曆十月二十二日、爲該國慶賀興隆匠役休工之期、昔俄曆一千八百一十三年、即嘉慶十七年俄王彼得羅、是日在俄東南界戛三地方、獲得天主畫像一大幅、四圍鑲嵌珠寶、光怪陸離、遂于乃武斯吉街、建一禮拜堂、起高樓、搆廣廈、即以戛三命名、供奉主像、虔潔皈依、後國勢日強、乃以是日爲聖節、按年慶賀、當日自晨至夕、有神甫多人率衆誦經、市肆關閉、人工休息、天雖降雪、而男女仍往來不絕。

二十一日辛卯、早晴、申初陰、同蔣丹如隨邵署使乘雪牀、遊乃武斯吉街、一路雪牀馳驅、撲面冰花飛舞、耳目爲之一新、日本近遣國人遊歷友邦、採訪一切、聞有六人來學各國巡捕律例規章、以便擇善而從之、昨于十八日、由英法抵此、俟採訪兩月後、再赴德奧瑞義等國云。

二十二日壬辰、晴冷、出門須著皮衣二襲、昨夜天雖極冷、室內有爐氣上蒸、故樓頂雪化下滴、早見簷前鐵筩

二十一

口垂冰條長數尺、粗一尺、記唐開元冬至大雪、簷皆為冰條、妃子使侍兒敲二枝看玩、帝問何物、妃子笑曰、此冰筯也、今觀此、則非冰筯、乃冰柱耳、

二十三日癸巳、早陰、午後大雪、按西規、製買物件飲食、送來如有不愜意處、欲换、須在十二小時之內、否則不收、

二十四日甲午、早陰、巳正大雪、按俄國人丁、共八千餘萬、無論男女老幼、每人一年各納五盧布、稅、異邦人之僑寓本國者、每人一年納三盧布八十六考貝、一年計

二十二

收四萬萬餘盧布、聞上年本國丁稅、收二百七十四萬八千盧布、外國寄居者、收三萬盧布、以人數計之、所收不足十分之一、究不知所收何如此之少耳、

二十五日乙未、早稍陰、午後大雨、天氣微暖、宿雪已化、雖不泥濘、更覺滑甚、聞日前一俄人于酒肆竊去熟雞一隻、被官捕獲、供云、委因餓極無法、乃罰坐監十三個月、或云、數月前、有偷六隻者、曾罰坐監一禮拜、是彼失於輕、此失於重、是俄律雖嚴、較英法究無定例耳、入夜雨止、

二十六日丙申、稍晴而冷、記四日前、水師衙門闕屋中設有牛乳牛油會、集各鄉上等牛乳乳油乳餅乳汁漿酪、羅列于此、擇其尤者、官給賞賜、未叔彝約蔣丹如往、入者每人三十考貝、門前左右豎旗、中橫紅綢一條、上書牛乳會、入一室、高三丈、寬五丈、深十餘丈、中列四行、各種乳油乳餅、乳有數日不壞者、餅有厚半尺、周三四尺者、隨列各種造做機器、像伙、最後上層奏樂、樂工二十餘名、下設加非攤、凡在會中者、各人胸挂一紅綢花、更有婦女扮作鄉間擠牛乳女者、身著白裙白衫、頭頂

二十三

白布小帽、亦可觀也、

二十七日丁酉、晴、戌正、桂冬卿邀往麻林斯吉戲園觀劇、在巴立帥園對面、外式稍狹、內極寬敞、臺前池大、上層頭等屋、每間容六人、後面有長凳一條、便人休息、其散步之廳堂雖小、而裝飾陳設亦頗華麗整齊、所演係俄三百年前事、俄被波蘭征服、有一小王子出奔、當波人追覓時、遇一老農名蘇薩年、伊生子女各一、子年未及冠、女字而未嫁、壻名索巴呢音、一門素稱忠孝、波兵以伊知王子所在、乃入其家、勸令導往、蘇初不允、繼而

慨然諾之、暗令其子急馳告警、蘇將行、伊女牽衣而泣、衆兵舉刀嚇之、蘇引衆兵步行一晝夜、入曠野深林、距王子已數百里、兵既力疲、又值天冷、大雪烈風、衆兵舉刀追問、蘇諒王子必聞信而逃、乃大聲急呼曰、王子所居、我亦不知、今領汝等至此、不過少延以今之逸耳、而衆兵怒殺之、當蘇之去也、其女晝夜哭泣、鄰人詢知其事、再三勸慰、亦料蘇必無生理、伊壻聞之、聚衆鄉人執械往救、後王子得志、追封蘇為義士、賞其子女及壻以地畝官爵、名傳至今、通場畢致、荒村曠地、遠樹長江、石二十四峯峭立、冰塊下流、風吹而雪飛、天清而月朗、至末場三人受封時、隊伍排列、車馬馳驅、旂幟飄宕、鼓樂喧天、樓中地上男女擁擠、前立後動、前真後假、人以萬計、詢（洵）可觀也、子正回寓、

二十八日戊戌、晴、記俄前任統兵大帥總理內大臣男爵梅庐闊第、于前日病故、享年八十有三、在乃武斯吉街賢彼得羅禮拜堂、喙經、當日申初出殯、先有四名馬兵、横排開道、烏衣舉燈人八對、再則三人舉一大圓扇、周丈餘、青帛繡本國雙頭鷹、後横列御前紅衣護衛六名、方帽御者六名、高帽金邊旁插烏花御者六名、又烏衣人五名、各捧一大盤、內盛梅公所得寶星紅帶花衣金穗等物、載柩亭車、拖以八烏馬、拽之車後步行男女數十、皆其親近者、再則古式高車二輛、王車一輛、皆紅衣金輪、拽以八黑馬、此後樂兵一隊、馬兵二十隊、每隊二十二名、騎馬礮兵四隊、礮車八輛、載受傷兵車二輛、前後行動、尚屬整齊、棺在堂內未出時、各街道口、皆有巡捕馬兵阻車經過、及出堂上車、因為當時名卿、才高功大、經十數國、威貴臣執紼、以明隆盛、沿路觀者如堵、入夜二十五雪、

二十九日己亥、陰霧、記俄國一官署曰世爵衙門、有三大僚管理通國功賞世爵、及各人所守功牌名號、三月前、被官查出虧短五十萬盧布、有一員逃脫、有一員自盡、名皆未詳、有一員名麥林闊甫者、前充內閣大臣、自言心迷失查、乃收入醫院療治、迄今百日無效、後奉命放歸故里、其所虧巨款、竟置之不問云、

三十日庚子、雪、申初止、仍陰、聞俄東省格洛訥歐城內、設三大信局、共人五十餘、昨日被官查出、妄報信數、舍

混錢財者三十九人、皆于是日逐出、又洛斯多第城經
巡捕拏獲流民及閑游無手幹而偷盜者共一千四百九
十六名、一概入監、

十月

初一日辛丑陰、記俄君于俄麻一千八百五十五年二月十九日、在南京墨斯哥登極、至明年俄麻二月十九日、為即位第二十五年、現定通國各城、無論官民、集其所捐之資、關單齎送北京、以之造銀旗一杆、一面飾以水晶、一面書二十五年之功業、以銘其德、又俄例、無論

二十六

文武官員、每歷任三十五年者、准其乞退、官給俸祿三分之二、以養終身、現在傳言俄君有旨、于明年二月十九日慶賀時、將各員之已歷任二十五年者、一律賞食俸祿云、酉初、狂風大雪、作勢怒號、通宵達旦、

初二日壬寅陰冷、卯刻小、風息雪止、見地面積雪尺餘、各家門首之壘成堆者、高八九尺、凡玻璃窗之向東北者、外面曚雪寸餘、皎潔不甚光明、可謂虛室生白矣、街市路燈玻璃罩之向東北面及頂上者、皆積雪、因通夜內燃煤大、內氣煖而雪化、外氣寒而結冰、隨化下垂長尺餘、粗盈寸、望之如纓絡、市肆多以滾水洗拭窗櫺、洵一塵之不染也、近因天冷頻雪、尼瓦江之上游、漸有冰塊流下、今早江心雖向西湧流、而通面皆白、惟雪與冰耳、未初、江面徹開細隙、水亦仍凝結無紋、申正東風起、仍雪、鎮日嚴風砭骨、雪花撲面、而雪牀往來之密、男女步行之多、仍不減於往日也、兩岸木碼頭與渡舟、三日前皆一律撤去、貨船鮮有進口者、其已進口者亦將貨卸盡而開去矣、當日惟見本國稅局一二小輪船、往來江面冲冰、戌初雪止、東風甚勁、戌正葡萄牙國公使夫人請

二十七

茶會、蔣丹如福逢峯與彝前往、丑初回寓、見江面冰塊已擁起如山矣、

初三日癸卯晴、早見江面冰塊塞滿、惟中心流動、颯颯有聲、戌初同蔣丹如桂冬卿赴布朗達家跳舞會、入夜陰霧、亥正一刻回寓、近聞英人多學俄國語言文字、據云恐不日由北印度與俄為鄰、不免陸路交涉也、

初四日甲辰早霧、午初晴、昨日江面南北臨岸結冰漸闊、今因風來自東北、故北岸積冰更寬、南岸反窄、中心冰塊順流而西、有圓轉者、有方形者、有橫亙者、有直行

者現在街道雪厚，鎮日有大車盛滿，運往城外，而擲于江河者。申初又霧。戌正，同蔣丹如、桂冬卿赴布朗達之友皮特洛甫母女家茶會。皮為俄南省人，來此寓于小海街巴里大店。來者男女二十餘人，遇有巴杜立沚夫婦。亥正飲茶，子正同酌，酒果小食款待良殷，丑正謝歸。雲霧四起，毒氣薰蒸。

初五日乙巳，霧。前俄麻十一月初一日，即九月三十日。俄皇諭令通國于本年內聚集民兵二十一萬八千，以備操演調用。賢彼得堡通城分十六段，聞在本公署左右一段

二十八

經兵部聚得七百一十八名，由醫官驗過，身體足壯，可遠行而受勞瘁者，二百零二名。德國因聞此信，亦奉官預派五萬名馬。按尼瓦江西口外之克龔斯達達大礮臺係一孤島，四面圍水，上有存儲兵丁軍裝器械庫。昨經官捕一賊，名姓未詳，據供偷盜有年，每年奉給守臺兵官五千盧布，蓋每晚駕三板至彼，由水閘潛入而盜。其所失數目，無所考查。又尼瓦江南岸大鐵橋東克立的達教卜什柴特倭銀號有夥計尤汗索甫者，作事明幹，在行數年，頗為東主倚任，近三四年，銀鈔皆經伊手出納。東主見各包封固，外印圖章，亦不疑猜。不意前俄麻十月底（杪）乞假旋里，適值用款孔亟，因而拆封，見內皆新聞舊紙，共失二兆五萬盧布。前日其人被獲，審供實偷三年，經官定罪，發往賽比里亞省土巴倭幕城。是日起解，不與他犯共車，行囊甚肥，且攜一法妓同行。過彼得羅村時，列筵聚眾，痛飲暢談，竟費盧布二百有奇，亦一豪賊耳。

初六日丙午，陰霧，江心冰塊仍流，較昨稍密。又值狂風怒號，江外撞壞大小風篷火輪舟十一隻，黑海歐代薩

二十九

地方亦沉輪舟五隻。記俄西南一縣，名貝亞里斯多格者，原屬波蘭，前于俄麻一千八百七十五年即光緒元年歸俄。其地專產野牛一種，較他牛身大力猛，毛色紫黑，俄名伊蘇布爾。昔年產八百餘隻，今一年竟增至二十隻之多。是地封禁，不准他人擅入，惟入冬俄皇往獵，然邇來鄉民多有偷盜者，雖欲禁而不得。

初七日丁未，陰霧。記俄南京墨斯哥設有總督二員，一正一副，專理通省事務，權與他國同。聞今春副總督薩梅斐楠者，曾與一店主人阿克薩吶瓦之妻相識，不意

竟拐去三萬盧布、另覓温柔、數日前被獲、解往南京對質、其人竟至手無一考貝焉、

初八日戊申、陰霧、近因天冷、見鄉婦所服之皮衣身長將及膝蓋、而袖長過膝、垂似象鼻、戌正、同蔣丹如桂冬卿乘雪牀東行十數里、赴王爵沙豪第斯吉家茶會、男女無多、坐談極久、其女年二旬、名沙阿麗、性敏慧、能英法語、自處小室一間、内集中土什物若許、名曰華室、子初回寓、

初九日己酉、陰、按英法德瑞各國字母數皆二十五六、三十 俄國字母係三十六字、既多而音亦長、話規亦繁、夫俄人本非一部、又非一國所成、如現仍為一國、而昔曾割地歸俄者、如瑞典德國是也、現不成一國、統歸俄屬者、如波蘭芬蘭是也、因而名姓又不一律、俄之土種姓氏、成凡婦女皆從其夫姓、而按話規改變一半入為陰類、如布伊策甫之妻、乃改稱布伊策瓦、沙豪第斯吉之妻、則改稱沙豪第喀亞、又俄國自去冬以來、城郭村鎮之遭回祿者共二十六處、所傷財產計八百五十五萬零五百十一盧布、人命傷否未詳、亦可謂浩劫矣、

初十日庚戌、陰、恭逢值慈禧皇太后萬壽聖節、巳初、同衆著公服、隨部署使向西南行三跪九叩禮、未初、同蔣丹如桂冬卿駕雪牀拜俄人時格梯利斯、入内見其夫婦、家甚殷實、款待頗優、先各進茶一杯、勺勾拉一盌、隨小食一盤、繼而桂花糖餅各一塊、舍利紅酒各一杯、又蜜餞果各一玻璃碟、有蜜餞蓁菜、味甚佳、每塊長二寸、粗寸餘、色淡綠、極肥嫩、談次出其生女甫十月者與看、頗靈秀可愛、問其名、曰敖勒戛、即俄國前代王后名也、戌正、復同蔣丹如桂冬卿隨三十一 部署使乘雪牀往赴巴杜立池家茶會、男女無多、談至亥初、謝歸、入夜微雪、

十一日辛亥、大雪、記在乃武斯吉街巴薩日玻璃棚小巷東首樓上、設一蠟人館、入者每人四十考貝、屋寬四丈、深十丈、四面羅列男女老幼、形式不一、工料似稍亞於倫敦者、中橫二大玻璃罩、左一女赤身仰卧、臍下橫花錦一幅、閉目作睡狀、而胸前喘氣、口内呼吸、久看不覺其為蠟人、右一女、亦赤身斜卧、腹以下、以窄幅鮮錦覆之、橫枕玉腕、垂頭看書、神氣如生、此上為另一層登

者每人加十五考貝右邊一行段段分列如賣靴給婦人捧腳試大小者賣酒彼此論價者密室男女私語一老人脫履立于門外由鑰鍉孔中竊聽者樓上幼女雙手拽少男登樓樓下一犬囓其褲者皆神氣逼肖左邊橫一大玻璃罩內仰卧一傷兵胸前被刺孔深寸餘血濺滿衣面目憔悴胸前喘氣甚緩目雖閉有時而開觀之惻然正面橫小臺坐一阿美里加墨西哥國弱女名席班兕者滿頰鳥鬚居然一丈夫面也乃語言嬝娜十指柔荑隨時鐵蒨動作嬌羞儼然女態據云隨伊父來此已逾三月留之以為奇貨令人鑒賞其父因而獲利焉此旁一門內一小室置俄國古時刑具并以蠟人做出受刑各態如一鐵抓作十指如兩手捧于一處以之捧女乳十指插入女作叫態又一人四肢皆縛背後垂割下鮮皮兩條寬各寸餘長尺半又一物如長几一人坐于其上手骸直伸綁木架上骸臂之間橫列鐵錐兩行似手腳動即被刺狀見上下已刺孔數十深皆逾寸其人面色青黃兩目呆視欲泣不得又三人縛于鐵樹樹下生火骸皆燒黑如炭有已死者有仍睜目如泣如訴者又有穿紅鐵靴者膝下瘇裂流油又有坐鐵牀者有戴鐵箍者筆難瑣述雖係蠟造令人不忍逼視酉初雪止入夜晴

十二日壬子晴冷江北岸一小輪船前日被冰撞損現欲移入船廠修理廠距此里許非通路不得沖往無如冰結已厚不能轉移乃令十數水手為之鑿冰竭一晝夜之力所開尚不及丈不知何日得通也入夜西風尤冷

十三日癸丑微雪早見江面滿冰一望皚然有二三小犬往來其上諒結已數寸矣是日係俄厤十一月十二日為其二太子妃穆阿爾生辰各處挂旗入夜燃燈以伸祝賀

十四日甲寅陰闇昨晚東城某巷有婦人吳氏者家稱素封鄰者阿土爾盤其多金遂生惡念夜半挾刃以入伺主人睡熟而連斃五命焉傾囊倒篋搜括一無所得乃懼罪而逃不知所往今日巡捕往驗亦無儲存之所惟于婦裙之複衣中藏有盧布票二百八十張一一排列以線紉之竟因此而罹殃非慢藏誨盜之咎也入夜

大雪、

十五日乙卯、雪現、值冬令、各家復設茶會、跳舞會、對岸冉森家、每禮拜五日仍設茶會、數日前、曾折柬而邀、遂于亥初步往、過橋迎風、雪飛入口、辨其味則鹹、蓋因近海、水升即降、未及變成淡味也、是會男女頗多、歌舞極其懽暢、丑初回寓。

十六日丙辰、雪、聞距此二十餘里、比特闊富東某村三人迷路、雇一幼童指引、同給一盧布、抵其地、三人反索其盧布、幼童不允、竟被刺殺、此日前事也、三人至今尚

三十四

未弋獲、按每春各戲園具稟請示各國以及本國紳富、願否租屋一間、願者每年付值千餘、于十四日內付清、即有尾欠、亦須書押為憑、如某日無暇往觀、可于清晨送信、則園主轉售其票、分戲值四分之三、於債主、蓋戲園每有名角、或演新戲、當日增價、是一年除往觀劇外、又有獲利者焉、亦惟俄京有此風俗耳、

十七日丁巳、微雪、戌正、同蔣丹如、桂冬卿、塔木菴、夏干隨郵署使在巴之師戲園觀啞舞戲、所演為印度郡主下嫁、男女由十一二歲至三十四五歲者、共二三百人、裝束各異、分東西南北中五印度、面色或黑或黃或白、遠望百里、水秀山青、日光暄麗、花木芬芳、值此冬季、連日陰寒、忽睹景象融和、令人心目俱快、惜戲文不解、查其大旨、郡主于歸、他女妒之、欲陷害而未果、因抑鬱而死、奈魂魄不散、前後追隨、半空飛舞、後值宴樂之時、風雨交作、一聲霹靂、宮殿皆傾、人盡覆壓焉、

十八日戊午、早晴、巳初大霧迷漫、申正、晴微陰、見江面冰厚、雪亦鋪平、行者可以徒步其上矣、聞今春行刺本城某提督一犯、旋在米拉斯吉城被獲、年二十一歲、名杜蘭

三十五

墊、給伊辦假護照者、為塔汗吶第、三日前、經刑司會議、杜擬絞罪、塔則發往賽比里亞窯壙、作苦工十三年、零四個月、其他男女百人、無干省釋、

十九日己未、陰霧而雪、滴水結冰、聞昨夜亥正、俄皇由庫爾斯克城、回至南京、墨斯哥、將進城、改乘馬車、順道入伊第斯吉天主堂禮拜、其侍衛武弁以原乘火車載行李穿城、走鐵路、至中途、忽地雷轟震、翻車三輛、鐵轍崩裂、幸未傷人、即時覓得掘地之所、人皆逃去、見溝寬二十五六尺、深六七尺、長四十餘尺、蓋以俄皇必穿城

蓋南北京往來火車皆有定時分若干趟也

而過也。當時通城男女驚喜交加，本地官紳皆往天主堂慶慰。俄皇日前四月初二日，為第三次被驚，今為第四次，所以不穀獲免者，實蒙天主保佑也。謝爾諸人厚意，但願盡絕根株，永延國祚也。

二十日庚申，陰晴相兼。聞杜塔二犯，雖經刑司定罪，昨據某提督以該犯年幼無知，奏請減罪。俄皇批准，杜改發往賽比里亞，遇赦不釋，塔改在監作苦工十年。入夜陰。

二十一日辛酉，陰。記西人出殯，與中國不同。足在前，首

三十六

在後，如人之前行也。又見瓦江之各木橋，長皆十餘丈，橫分十節，每節木造長方似船，江開則直連一行，上鋪整木；江封則分置北岸。故數日前皆橫列江邊焉。

二十二日壬戌，陰。按昨來電信言，俄皇由墨斯哥啟行，乘第一趟火車（蓋南北京往來火車皆有定時，共分若干趟也），于今日巳正到。巳初，通城集兵九千餘人，由墨斯哥火車客廳列隊一行，直抵溫宮。兵手著黑手套，身服灰黏大衫，腰橫黑皮帶，頭戴黃銅盔，頂上有立一飛鷹者，餘皆倒垂白馬尾纓，作门字形。惟樂兵染紅色，官皆乘馬，左右排立，待至午正。俄皇未到，時地凍天寒，積冰盈尺，漫空玉戲，冷氣逼人。兵皆撮手跌足，撫耳捶胸。立至申正始到，乃第二趟也。俄皇攜其姪，並坐雙馬雪牀，後隨文武大僚數十。男女觀者如堵，過則男皆免冠，兵舉右手摩耳以為禮。將入宮，眾免冠，高聲歡呼一陣。自早各處掛旗，通夜燃燈，以伸慶賀。

二十三日癸亥，晴。是時駐節俄京，以舉使居首。俄皇到後，代眾具疏入告。俄皇謝辭免見，故舉使轉告各節署也。午初，俄皇在宮左敞地閱兵，四面建臺，按間出賃，往觀者每間二十四盧布。

三十七

二十四日甲子，晴冷。聞前日掘地雷人逃竄無蹤，乃獲其房主一老嫗入監，供云其人年近四旬，白面黃鬚，數月前以二千盧布租定此房。問其姓，曰賽麻斯吉，來由東省薩麻利城云。其房距大車路不過二丈，地支以甎木，斷非一日一人之工，費用亦必不資。或云其人必係富戶，或一大官，不然，安能成此巨案。現按老嫗所供畫影圖形，各處訪緝，已獲百餘入監，未知孰是。入夜大風陰。

二十五日乙丑，陰。是日為東教先賢朱顏芝仙逝之期，

爲一大節，通國人民休息。俄皇每年于是日宴會各國公使、水陸武官，以及兵丁之曾得寶星功牌者，午正率衆在宮中禮拜堂内禮拜。酉初，晚餐，官坐樓上，兵列樓下，入夜鼓樂跳舞，天明始畢。

二十六日丙寅，陰。見本地馬匹，色多紅黑，而草黄者少，體雖較他國稍小，而雄壯異常。當大雪繽紛之際，往來馳驅，滿身出汗，蒸氣上騰，迨至某處止步，力不疲憊，如是不畏凍寒，洵良產也。莊子云：蹄可以踐霜雪，毛可以禦風寒者，其斯之謂歟。申初，接電信，知崇星使于本月十八日抵滬，二十四日啟程北上，走鎮江。

三十八

二十七日丁卯，晴。按西國各戲園之門内，設有存挂衣氅處，伺候男女有三四人，觀劇者脱外襲皮氅，其人收給憑票，客去隨意給賞。于俄京則給一二十考貝足矣。前日有華人往看馬戲，入門脱衣，不惟先討賞，且定索四十考貝，因而改脱他處，臨行給以二十考貝，其人鞠躬以致謝焉。

二十八日戊辰，早陰霧，午初密雪大作，烈風横吹，觸面甚痛。記俄通國電路，長十三萬七千二百三十四里，綫共長二十六萬七千三百二十二里，規模與他國無異。沿途按站設有分局，晝夜有人看守。聞上年所發電信計三百五十一萬二千一百零三封，得盧布四百六十三萬零二十九，内除公費三百六十一萬三千八百二十盧布，下餘一百零一萬六千二百零九盧布。該行半屬官，半屬公司，因奉朝命，每年所餘不得私行分用，皆作加增綫費云。

二十九日己巳，陰。昨見新聞紙内云：馬戲園現演華戲，係中國乾隆某年事，人皆力大魁偉，裝束新鮮，當晚同

三十九

蔣丹如諸君隨邵署使往觀。中場有一人放槍，極準，在十五步外立杆高一丈，上釘方木牌，周六尺，牌上反映一燈，牌下右角插花挂紙，以及各種玩物，每置一物，一槍必落。令一人立于燈下，頭頂鮮花或蘋果，亦放槍必著。其人放槍之法不一，有時立而正放，有時背而倒放，有時倒立曲身，以小顯微鏡照定，放槍于二股之間，無不拍手驚奇。代頂花果者，隱憂耳。至末場，有面黄髮黑者，似印度人，老幼共二十四名，各著白褲白衫，緣以紅布，小孩薙髮，有前後左右留三四塊者，技藝無他，係四

五人堆塔、六七人疊山、中一人較高於眾者。力極大、于其頭肩兩腕胸前背後盤立蹲伏橫插豎卧、共十八人、誠赳赳之武夫也。

十一月

初一日庚午、早霧、巳初晴。現因養濟院用款不足、經諸善信、訂于是夜、在吶艾喀河街巡捕橋西路北闊吶吶甫會館、設跳舞會、兼抽簽會。前日接布朗達夫婦信、代請蔣丹如、桂冬卿、夏干興彝往赴、遂于亥初駕雪牀而往。館頗寬敞、正面一戲臺、樂工三十四名、臺上設玩貨（四十）二桌、左右又二小方桌、各立一男一女、收錢賣簽、亦一盧布賣四簽、簽多空無號目、故買十數簽、鮮有得一彩者。貨物鮮有貴重者。此前一廳、出售茶酒小食、臺後有一大堂、四圍列椅二三百、中作跳舞場、來男女二百餘人、入者每人四盧布、丑初回寓、當夜雪。

初二日辛未、陰。按現在中土日出辰初一刻、日入申正二刻、此地連日陰雪、覺晝尤短、每日辰正二刻始明、申初一刻即昏、不知日之出入于何時也。天雖晴霽、見日甚低、正午惟樓高者可睹、甫未初即沒矣。

初三日壬申、陰、因雲低天暖、各樓積雪皆化、順簷滴水、街道冰雪亦化、石木外露、江面雪化、平明如鏡、疑江又開、行人往來仍不絕、無一裹足者、令觀者為之懸念。入夜東風、涼。

初四日癸酉、陰暖。記俄皇阿來三德第一、將法國那波倫第一及他二十小國戰退後、于俄厤一千八百一十二年、即嘉慶十七年、欲擇地建大天主堂、以誌其功。遂有名匠韋特柏爾者、思得一法、繪圖呈覽、俄皇大悅、擇地在斯帕婁山。堂高八丈、周數十丈。五年後興工、（四十一）俄皇立第一石于山頂、當時備用十兆盧布、山之四面買地、以供堂用。居民傭工分三等、第一等守堂、第二等供堂日用、第三等輸納地租、後一千八百二十五年、阿來三德第一薨、其子尼格老第一即位、停止各工、蓋自興工以來九年、已費十七兆盧布、而地基尚未立成、遂于一千八百二十七年春、將各監工人員遣戍治罪、而以韋為罪首、發往威塔戛城作苦工、其人原無染指、迨去後妻子一貧如洗、至一千八百五十五年、今俄皇阿來三德第二即位、釋韋歸里、抵家、悲喜交加、一痛而絕、當時興工之所、一無所存、俄皇仍欲建造、而當已死、乃另覓一人、依法經營、迄今二十四年之久、復用三十兆盧布、幸已告成、訂于明年開門、即俄皇即位第二十五年慶賀時也、入夜雪、

初五日甲戌、陰、記俄京有育嬰堂、名義來斯必者、地勢極大、收養無依子女、今已增至四萬二千之多、須添蓋樓房、而堂費不足、有俄皇三弟米海公之女戛他立那、倡立善舉、擇于本年十月二中旬、在米海公府設大會、現登新報、勸捐眾善、多寡任便、闔巨商有敬助什物者、有討半價者、即以所獲餘利而興建焉、彝因送畫二幅、扇二柄、以助之、入夜雪、

四十二

初六日乙亥、早雪、申初止、記俄皇前在墨斯哥受驚、犯人至今未獲、該處文武各官及巡捕等無一獲戾者、官亦不究、蓋該處巡捕、雖官給衣服、每月只得三十盧布、又經地面官折扣、每月實得五盧布至七盧布、所得不足養贍、遂改裝別謀生計、遇君主大官經過、暫為應差而已、至賢彼得堡之協尉、每月得二百至二百五十盧布、步軍校由五十五至一百盧布、巡捕由三十至四十盧布、因此地為都會、故較他城尚屬整齊、

初七日丙子、陰、記乃武斯吉街之蠟人館內、臨門新建一小室、寬八九尺、深五六尺、高七尺、左右二燈、四壁糊以紅帛、棚頂亦然、中一方桌、高三尺、上一小圓桌、高盈尺、上置一半身活女、年近二旬、裝飾華麗、其至奇者、只見其首與肩、乳以下則空空如也、女自言其出身年歲、令其歌則歌、令其笑則笑、究不知其由何法作出者、入夜東風冷、

初八日丁丑、陰冷、狂風大作、樓頂宿雪飄飛、尤覺密如

四十二

米粒、見大天主堂及他樓房之建以石者、通身變白、惟簷橫鐵花及柱頂鐵花仍黑、山川樹木、遠近迷離、如在玻璃世界也、入夜大雪、江面復白、

初九日戊寅、陰、記俄國一種賭具、名曰洛多、係紙片二十四、長五寸、寬二寸、面上畫分二十七方、橫分三行、每行九方、每九方雜書五數、由一至九十不等、外有木塊九十、形如小鼓、每上刻一數、亦由一至九十、又有小木餅、大如榆莢者、百數十枚、玩時人數無論多寡、均分紙片、如十二人、則每人分二紙片、置于面前、有一人領首

掌木塊、由袋中陸續拈出、每箇報上所刻之數、各人片上有者、即取一木餅蓋之、本人有、則以所拈木塊蓋之、如此、無論何人、蓋足一行之五數、為（勝）十二人輪掌木塊一周。

初十日己卯、晴、冬至節、此節外國雖無名目、亦言是日為至短、因不見何時日出日入、惟覺巳初天明、申初即昏、是日長只六小時而已、

十一日庚辰、晴暖、見新聞紙云、俄都樹木落葉、雁即南飛、雪遇冰開、雁即北返、邇來南省一帶見雁北飛、是今
四十四
冬和暖之兆也。又俄京通城有紫黑灰鴿千萬、鎮日結隊飛舞、啄食毫不畏人、蓋既少挾彈之王孫公子、亦無舉槍之遊手閒人也。

十二日辛巳、晴暖、聞墨斯哥軍營失去二萬六千盧布、營官言現有二兵逃逸、不知下落、或云錢即此官所盜、二兵即此官所使、未詳確否、姑記之。

十三日壬午、晴、聞墨斯哥通城牆壁貼有造反二字、不知何人所黏、官亦不究、又本城然捕、迫于街市拾得若許轟藥及造地雷之具、不知何人所遺、官弁不察、

十四日癸未、晴（暖）、記俄通國禮拜堂共二萬九千餘所、高大壯觀者五百、教士共七萬名、外有住堂者五百五十、內男子四百八十、婦（人）子七十、前俄皇彼得羅第一及喀薩林第二之世、費款（甚）鉅、統出官項、邇來除南北京城及各大省城之禮拜堂、仍照前章外、餘皆儉省、抽歸國用、各堂雖有人民生養嫁娶死葬之進款、仍不足用云。入夜陰雲淡淡、冷氣蕭蕭。

十五日甲申、晴涼、記俄京紳富男女之乘單雙馬車雪牀者、馬背蓋罩以絨網、以免馳驅之際、冰雪飛騰、各網
四十五
方數尺、有藍紫白綠各色、御者隨行呼喝、氣燄頗盛、平等之馬車雪牀聞而避路、英法則否、噫、亦近亞洲之故歟。

十六日乙酉、微陰、記俄俗遇施醫院育嬰堂禮拜堂需款、并不募化、多有倡首各家、先行施捨鐵箱玩物若干件、繼而勸捐巨商、或捐助什物、或賤價送入、擇于某處開設數日、名曰巴薩爾、預登新報、布告通城善人、并請所識戚友、屆日往買、售（值）精貴、以備所需、又有賣茶酒小食花朵菸捲者、亦由商賈施助、故邇來以帖約請者頗

多、各處局勢、大同小異、無須瑣述、

十七日丙戌、陰、聞前日一少婦某姓者、裝飾華美、乘雙馬雪林、在乃武斯吉街珠寶店、看得珠石數件、共值六千五百盧布、議值已妥、乃言可令一人隨我取錢、我夫係一治理瘋疾醫生、資財皆存伊手、主人云、我可隨往、乃同登車而至、延入客廳、云待我上樓取錢、蓋此房實一治瘋症之醫家也、婦登樓、見醫生云、我夫現染瘋疾、每啟口、即云珠寶錢財、不知何故、懇請療治、醫曰可、婦又云、妾不欲聞其所言、如有他路可避、或先轉回、醫云、

四十六

從此下樓可也、如查尊夫實係瘋證、可令其住此、隨時療之、婦深謝鞠躬而去、醫旋入廳、其人即言、適纔夫人所買珠石、在此敬候付錢、醫云、我并未買、且我貧醫、尚未娶妻、其人聞而急怒、醫仍以其言為瘋語、遂令人縛于木架、使之不動、按時療治、該鋪以其人連日未歸、各處尋覓不獲、後詢諸巡捕、始行接回、而婦已黃鶴一去不復返矣、入夜大風、雪、

十八日丁亥、微晴、亥初英國公使杜斐林請茶會、是時各國頭等公使之駐俄者、推伊為首、故當晚預備一切、與溫宮同、屆時、彝同蔣丹如桂冬卿隨邵署使往、樓房壯麗、入門登級、每兩步對立二紅衣侍衛、至正廳、先見英公使夫婦、左右立二侍衛、傳報人名、過正廳、旁一室、閎敞華美、男女羣立、轉後一室、橫設長筵、羅列刀叉盤碟、設茶酒小食及冷葷果品多種、式與英國大茶會同、當夜來者各國公使隨員及本國文武大僚夫婦、以一二千計、丑初回寓、

十九日戊子、雪、為西麻一千八百七十九年十二月三十一日、俄麻十二月十九日、因日本現改西麻、當晚請

四十七

茶會、亥正、彝同蔣丹如桂冬卿隨邵署使往、男女無多、少坐飲茶、其署公使名高木報造、土音讀曰塔嘎吉活、作隨員四五人、能法俄語者、一名長田銈大郎、讀曰歐薩大凱他妻、一名山木清关、讀曰亞麻謀塊吉尤戛達、能俄語者一名大前退藏、讀曰歐買太鄒、一名安藤謙介、讀曰安塊冐斯吉、以上各字筆畫與中國無異、惟介係介字、稍有不同、彼此筆談甚得、彝因口占一絕云、扶桑游客會俄京、握管傾談別有情、覿面千言憑尺幅、天涯道故勝班荊、子正回寓、

卷十四終

四述奇卷十五

鐵嶺張德彝在初隨筆
貴榮竹坪校閱

己卯十一月二十日己丑，陰。爲西麻一千八百八十年正月初一日。午初，命洋僕赴英、法、德、美、日、義、瑞、比等十數國使署，投刺賀年。衆亦陸續前來投刺答拜。入夜雪。記漢書晁錯曰：「夫胡貉之地，積陰之處也，木皮三寸，冰厚六尺。」查俄羅斯北境，地在寒帶，四季多凉少暖，故水結地凍，皆早於他處，自秋分節即冰，至寒露而益壯。想
一
其積陰之處，冰厚不止六尺也。北至第七十四五度，地少冰多，人既卧冰，而更食冰。再北至第七十八九度，則冲冲以鑿峨峨斯積，天地皆冰矣。聞數年前有英國總兵勒色者，携兵尋北極，乘船至第七十九度，已屬勉强，行抵第八十三度，復鑿冰行一千二百里，遇冰山矗立，無路可通，或崎嶇行一二里，凡一百四十餘日，不見日光。隨行兵多病者，計窮而返。始知致病之由，以無從得水果，因咎兵部不多儲水果汁，致敗其謀。後決計再往探之，以窮竟冰海爲期。伊言冰上亦有居民，鑿冰爲屋，以雪爲門，入則封之，食冰雪以解渴，獵魚獸以充飢，衣以鹿皮，亦薦其皮以寢。其取魚鑿冰，深至十餘丈，魚得冰竅嘘氣，則羣聚穴中，乃製鐵爲刃，累長竿以鈎之。用魚油爲薪，夜則然以爲燈。其居逐冰窟以遷徙，若蒙古之游牧然，亦窮荒之異聞也。

二十一日庚寅，陰。午後本街西首船廠主人約游，遂同夏干隨卲署使往。其地大周數里，鐵架大房數所，往來運物有鐵路，各處有兵官舉槍把守，然工少材乏，機器亦無大者，且皆來自英、美二國。所造船隻，無非鵃舠艑
二
艖之類，雖有一二鐵甲礮船，長不逾五丈，至艄艢大船，則售自他國。所用橡木，土産短小，其長而大者，皆來自義大利。酉正回寓，夜微雪。

二十二日辛卯，天雖陰而暖，樓頂雪化，街道積水露石。聞本街第四十八號有王爵杜爾夏魯吉者，生三女，其長女、次女曾經俄皇所幸，已字與人，其三女仍爲俄皇所寵。伊家有二門，其一門扃鑰，有巡捕一名把守，惟俄皇來，啟之。俄后在義大利養疾，邇來病體增劇，或云因此所致。

二十三日壬辰、陰、因二十五日為其天主誕辰、故是日雖係禮拜、而市肆多不關閉、在果新多街環廊內外、四面羅列鋪攤、出售松枝糖果紙花、以及各種紙木玩具、朝夕男女擁擠、道途泥濘尤甚、聞前日環廊木局失火、延燒棧房十二間、失去盧布四萬有奇、入夜大風雪、

二十四日癸巳、陰、按外國婦女、皆重纖腰、幼雖約以箍圍、而飲食不減、故於身命無傷、按後漢書內載、楚王好細腰、宮中多餓死者、夫人賴食以生、因媚上以儉食、腰雖細而命難存矣、中華婦女、多裹足、使之纖小、亦皆自

三

幼圍纏、鮮有長成而後裹者、以彝觀之、束腰裹足二事、未免近於矯揉也、

二十五日中午、陰、係俄曆十二月二十五日、為其天主誕辰、市肆關閉、休息三日、街衢閭巷、多有陶然醉者、當晚家家酒宴、處處絃歌、焚化松樹、亦達馨香之意也、戌初、大海街油畫會館、設小兒會、願者可將孩童攜往、入者每人三盧布、羅列玩具、變幻戲法、演畢、按名分散玩具、子正、孩童去後、男女留者、改作跳舞、至寅卯之間始散、又自子正至寅正、在巴立帥戲園、有傀儡跳舞、會鼓樂錯雜、男女有數千人、女皆改裝易服、頭戴假面、入夜大雪、

二十六日乙未、雨雪陣陣、記俄京一種飯店、早餐午酌、肴皆任人點要、晚餐係定價、有七十五考貝者、有一盧布或二盧布者、每人一湯、三肴、一糖小食、肴有牛羊雞魚沙雞野鴨等味、皆佳、

二十七日丙申、陰、聞前日墨斯哥城、巡捕窣看一屋、內有印成俄德英法文諜及告白、及造地雷器具物料甚夥、旋獲一工人、衣履殘破、搜得複衣內、有盧布一萬二

四

千之數、其僞為窶人可知矣、

二十八日丁酉、陰、聞俄皇三太子阿來希斯、現充水師提督、早與戶部大臣甥女某相善、後生一子、因而自行稟知俄皇、欲娶為妃、俄皇不允、阿無法、誓不再娶、乃將母子送往瑞士國、改姓曰博哈內、其子不知何以得授侯爵、在瑞一切用項、皆為阿所供給、蓋俄皇之不許者、以王世子之妃、須配他國之公郡主、不免有門戶之見也、

二十九日戊戌、陰、早見新聞紙內載、昨于某鎮火車棧

房因一人行李布包鐵匣小而甚重車役疑而稟官即遣人查詢令其開驗對云鑰匙失去官令鐵匠啟之其人聞而逸去旋被獲啟見所藏係火藥與地雷物料入夜雪

三十日己亥雪記俄美丹三國大海車又名班車皆走鐵路每車坐五十餘人拽以二馬一人執繮手扶軸旁關鍵之鐵柄欲止則預捩機關使輪不轉而馬自停矣途次欲上下車者必須捷便跳越前路遇人與車御者必搖鈴驚動以便預防避走聞是日連斃二孩一係避之不及一係母女乘雪牀大車將近欲橫沖鐵路而過不意大車忙不及勒婦甫躍下已將其女壓成虀粉婦因癲狂經巡捕另以他車送回事聞於官御者只收監四個月限滿釋放令謀別業而已

五

十二月

初一日庚子雪為俄麻一千八百七十九年十二月三十一日西麻一千八百八十年正月十二日按外國各家門首按街書有號目夜間雖有路燈辨識仍不清晰故俄京昨奉官諭于門左各挂玻璃小方燈一盞書以號目限十日內報齊入夜大風雪止晴

初二日辛丑晴為俄麻一千八百八十年正月初一日又明日為其三太子阿來希斯生辰俄皇昨令外部名請各國公使于是日午正入覲午初二刻部署使率蔣丹如桂冬卿與彝前往旋抵溫宮登樓見各國公使及本國文武官員按次列行俄皇外入問部署使曰自崇

欽差去後即吾子署理耶署使諾又云但願兩國事體妥商永敦和好署使又諾未正見畢出宮即赴各官府投刺賀年彼亦陸續前來答拜申初陰大雪

六

初三日壬寅陰記俄京各茶坊酒肆皆有官府告示客來飲食者夜不得過丑初否則捕之下獄蓋防偷盜不法人也因嘗有終夜不去借以議事為名而潛謀不軌者入夜雪

初四日癸卯雪彝因隨使三年報滿乃具呈銷差其略云竊張德彝前于光緒二年九月蒙前

欽差大臣郭

奏派充三等繙譯官隨同出使英國于是年十二月初八日抵倫敦仕所嗣于四年八月蒙前

欽差出使俄國大臣崇
奏調來俄派充二等繙譯官計自光緒二年十二月初八日抵英之日起扣至本年十二月初八日止三年期滿理合呈請
給資回京供職伏候
憲台批示遵行旋蒙
部署使批示云據呈已悉仰該員速將經手事件料理清楚候本署大臣給咨回京等因在案原擬本月中旬起程因同事諸君勉留遂定于明年正月初六日返棹　七
旋華

初五日甲辰陰午後有俄南省阿斯特喇汗人姓棨魯木巴拉堤音名澤利那歐者來拜能英法語年二十歲衣服與喇嘛同黄襖棨褲紅皮靴黄方巾蓋亦佛教人也地沿喀斯邊海近土耳其阿富汗波斯西藏等處故貌又與蒙古人同也

初六日乙巳微晴記俄國大學院八生徒七千二百七十五名書院二生徒二百六十二名醫學院二生徒一百五十二名雜學如各國語文格物化學測算光學等内男塾一百五十三女塾一百七十三生徒共五萬八千四百七十八名技藝學堂三十九生徒一千二百七十四名鄉學四百一十九生徒二萬七千五百零八名學校二萬二千八百二十七生徒八十三萬一千四百一十二名共計大小學堂二萬三千六百二十三生徒男女共九十二萬四千三百六十三名聞上年國款出一千四百四十一萬六千五百四十三盧布以十盧布為一英磅合銀五百零四萬五千七百九十兩按股分與大小各學塾以備修理建造各項雜費之用按俄國　八
人民最衆而讀書者較遜於他國前于俄曆一千八百六十年間（即同治初間）通國所招兵勇每百名祇得一二名能讀書者近十數年頗見長進每百名竟得十一二名能讀書者至芬蘭一邦原係自主今雖屬俄而聲教不與俄同雖非人人能讀書而不識字者無一人

初七日丙午極冷見街市行人鬚皆皓白馬身無論或紅或黑亦皆皎然似鶴蓋因天冷汗與呼氣凝而成霜也又土人最能耐寒當此凜冽之時滴水成冰而各家男僕仍著單布汗衫女僕仍著單布裙褂而已

初八日丁未陰、午後有俄人辛路斯吉者、持多件中華器皿衣服來售、以其皆為土產、見之甚喜、因思莊子所云、謂不聞夫越之流人乎、去國數日、見其所知而喜、去國旬月、見所嘗見于國中者而喜、及期年也、見似人者而喜矣、不亦去人滋久、思人滋深乎、彝此次隨使泰西、去國三萬里、屈指已歷三年、見此華產、固為可喜、然一念及嚴親倚門之望必切、幸瓜代行期在邇、尤可樂也、入夜雪、

初九日戊申、陰冷、按俄國天氣、萬物得生之時、每年不過一二月而已、餘則天高地涸、水落山寒、昔列子謂鄭師文鼓琴、夏扣羽絃、以召黃鐘、霜雪交下、冬扣徵絃、以激蕤賓、陽光熾烈、惜俄人不諳律呂、苟如師文鼓琴、則四時和暖、五穀豐登、可無肆饕食之誚矣、

九

初十日己酉、稍晴、冷、（法倫表）至二十四度、據俄人云、此地每三四十年、極冷一次、至三十度、則鳥飛下墜、獸走欲僵、凍死者十分之九、常年則冷至二十五六度而已、邇來街遊、須戴皮冠、祇露面孔、衣非重裘不能禦寒、而風吹宿雪、觸面極痛、久之并痛亦不覺矣、

十一日庚戌、陰、江面大鐵橋旁、新設小木房一間、由此斜開一路、至北岸、長逾二里、寬一丈、左右插松枝、中間掃淨露冰、南北岸小房前、各置平底木榻五六、過江不願踏冰者、坐之、有人推行、馳驅甚快、每人五考貝、

十二日辛亥、雪、自初四日彝即料理行裝、除一路急需携帶外、其他包固、以慢火車發往馬賽海口、交輪船公司寄存、近年俄國因故、亦抽厘稅、在南省某四五城設局、應納一盧布者、加稅半考貝、

十

十三日壬子、雪、按外國戲園、欲往觀者、須前期或當早買票、而俄國有包賣票者、其價稍昂、每遇新異戲文、著名角色、其人獲利尤重、買票稍遲、則不得其門而入、無論貴賤皆然、俄皇斥其所為、因諭所司、凡包賣戲票人被獲、先罰五十盧布、納訖、因禁半年、

十四日癸丑、雪、戌刻、塔木菴約在巴立師戲園觀劇、所演係甲乙二人同私一茶肆之女、甲已娶、乙未婚、女不知之、久則女喜甲而厭乙、乙妒之、潛至甲家、告其妻、伊有外遇、是晚值甲他往、其妻步入茶肆、踪求女棄其夫、另覓未婚之男、免致終身之誤、女始知甲已娶、因而惡之、

一日甲持糕餌一裹入茶肆覓女見與乙懽笑相偎甲奉糕餌女力却之中怒擲于地而詰之女言汝已有室勿再糾纏問其何以得知答以聞由其妻甲愈怒呆立者移時當甲與女口角之際有一囚首喪面之鐵匠竟攫糕餌而竊食焉食畢乃彈箏而歌曰人心亂兮覓其知意思不得兮吾有妙計至難處兮當解其疑力不及兮吾有利器往復高歌使之聞之甲知歌有隱義遂挽之出奉盧布二百而求計鐵匠納諸懷笑謂之曰且先轉家隨行自有妙策乃同行約三里許至一山壑鐵匠

十一

躊躇再四擲其箏于地由靴內出一匕首而與之曰唯此可雪不平甲持之急馳而歸鐵匠遂走歧路逸去甲抵家扣門而入良久聞女聲哀號甲旋挽女屍而出鮮血滿面觀之殊令人悽慘也予正回寓雪止仍陰

十五日甲寅陰按俄國寄物雖保險仍有遺失如欲追究須將原票持往按原報所寄之物共值若干盧布于每一盧布中付該局一考貝是亦利中求利之法也入夜微風晴冷

十六日乙卯陰按俄國水師三太子阿來希斯為總理提督一員為協理其公署內分六司曰軍需司曰兵丁司曰海圖司曰製造司曰考察司曰精神司製造司又分三股一船隻股一機器股一槍礮股除在聖彼得堡外另有分理水師公務處在賽巴斯土布城歐代薩城喀斯邊海阿拉海及阿木河之皮特婁坡勒伍斯克城通國水師官在本國擇兵及平日航海者共四千四百一十九員兵共二萬六千六百八十三名皆由沿海各縣考取按例充當九年內七年當差二年候調兵船共二百二十三隻分在波羅的海黑海喀斯邊海賽比里亞

十二

四處海船旗色係紅藍白三橫駛法本於和蘭用度與英國無異在波羅的海鐵甲二十七隻火輪四十四隻載運船六十六隻在黑海鐵甲二隻火輪二十五隻載運船四隻在喀斯邊海火輪十一隻載運船八隻在賽比里亞火輪十五隻載運船二十一隻以上火輪九十五隻共載大礮五百六十一門合十八萬八千一百二十馬力運船未聞惟鐵甲二十九隻內二十七隻為(分)三等頭等無桅船二隻一名大皮特爾鐵厚十四寸馬力二千二百載重九千五百一十噸大礮四門各重(三)

三十五噸、一名米呢音、鐵厚十二寸、馬力二千六百、載重五千六百五十噸、大礮四門、各重三十五噸、二等巡海船九隻、一名艾典柏公、鐵厚六寸、馬力二千、載重四千四百三十八噸、礮六門、重十二噸者四門、重六噸半者二門、一名芝那拉阿達米拉、鐵厚馬力載重礮數同上、一名阿達拉米池查闊甫、一名阿達米拉司皮里多甫、各鐵厚五寸半、馬力一千八百、載重三千三百九十六噸、礮四門、各重三十五噸、一名阿達米拉葛主格、一名阿達米拉臘薩來茀、各鐵厚五寸、馬力一千八百、載

十三

重三千四百五十噸、礮六門、各重二十五噸、一名克呢阿斯坡扎爾斯吉、鐵厚四寸半、馬力一千八百、載重四千二百九十一噸、礮十門、各重十二噸、一名賽瓦斯托坡、一名皮特婁坡洛伍斯吉、各鐵厚四寸、馬力二千六百、載重五千九百四十四噸、礮十八門、各重十二噸、三等護遏船十六隻、一名克來馬、一名洒特倫美那、各鐵厚四寸五分、馬力一千五百、載重三千二百六十噸、礮八門、重十二噸者六門、重六噸半者二門、一名坡爾威乃自、鐵厚四寸半、馬力一千五百、載重三千二百六十

噸、礮二十四門、各重六噸半、一名察婁代伊喀、一名魯薩拉喀、各鐵厚四寸五分、馬力八百、載重一千八百三十五噸、礮四門、各重十二噸、一名斯馬爾池、鐵厚四寸五分、馬力八百、載重一千五百八十噸、礮二門、各重十二噸、其他十隻、一名布婁美吶賽池、一名艾的吶洛格、一名庫拉端、一名喇塔呢克、一名喇瓦、一名烏拉干、一名坡爾木、一名斯特蕾來自、一名堤芬、一名威什綽安、各鐵厚四寸、馬力八百、載重一千五百五十五噸、礮二門、各重十八噸、又月牙船二隻、一名阿達米拉坡柏茀、

十四

鐵厚十八寸、馬力、六百四十、載重三千五百五十噸、礮二門、各重四十噸、一名諾伍果羅達、鐵厚十一寸、馬力四百八十、載重二千四百九十噸、礮二門、各重二十八噸、每噸合斤數見前

十七日丙辰、晴、午後夏千請卲署使及彝等乘三馬雪牀赴敖斯濟村遊、沿途樓房鋪雪、蹊徑結冰、可謂清凉世界也、抵其地、入一茶園、係數月前來過者、木臺現已封鎖、設有人字形冰臺、亦用小鐵牀下溜、堪以遣興、當時來人不多、在彼晚餐、薄暮男女來者始眾、蓋值冬令、

每夕在該店設有跳舞、至丑寅之間方散、中初回寓、

十八日丁巳、陰暖、聞近俄京有一省、現染喉證、一月之久、殤者已八千七百餘名、洵海外之浩劫也、未刻陰風怒號、大雪繽紛、冷、

十九日戊午、陰暖、樓頂雪化滴水結冰、聞是日巡捕在某街、捉得三男二女、當時女放手槍拒捕、幸未傷人、搜得造作地雷之物、巡捕獎以寶星、協尉各有升賞、即時諭令通城、大索數日、禁止攜帶手槍、

二十日己未、陰暖、記俄京有施醫院二所、各養貧民數千、惜未往一觀、聞有某王爵首捐廣募、擇地另建一所、可養萬人者、按神異經內載、北方存冰萬里、厚百丈、鼷鼠在冰下土中焉、其毛長八尺、可為褥、御風寒、彝到俄後、問無是物、或云北極冰多、厚而且遠、冰下無底、即掘見底、亦皆水而非土、故無是鼠焉、

卌五

二十一日庚申、晴暖、聞夏園與巴立帥戲園、初用電氣燈、今乃武斯吉街一帶、市廛亦多懸用、故日沒出遊、通衢明如白晝、行者無須秉燭也、

二十二日辛酉、陰、俄國除猶太人不准入籍、其他各教皆有、在波蘭各省、多奉天主教、沿波羅的海、多奉路德教、俄南境多奉回教、猶太人在俄西南一帶城鎮、皆為游牧、儼然行國、計俄國希臘教人一千四百一十餘萬、阿爾美年教人二十六七萬、天主教人七百二十餘萬、耶穌教人二百五十六七萬、猶太人二百六十一二萬、回教人二百三十五六萬、其他佛教大教等共二十六萬、共計男女二千九百三十六七萬名口、餘五千六百三十餘萬、皆東教人、

二十三日壬戌、陰、聞昨日某銀行夥計赴局送信、兜中有紙鈔十張、合一萬五千盧布、買票付訖信資、將出門、覺兜已空、鈔竟被人竊去、幸伊記得各張號目、已登新報、表明某號銀鈔、見者莫收、已成廢紙云、

二十四日癸亥、晴、俄后病久將危、朝不保夕、遂遣安車由法接回、是日酉初抵京、各家挂旗申賀、

二十五日甲子、陰冷、戌初偕遠峯約蔣丹如、塔木菴及夏干輿彝在米海戲園觀劇、所演係老夫婦年逾五旬者、祇生一女、已嫁而同居、婿既凹頭深目、折腰出胸、女亦蓬頭攣耳、頸有宿瘤、老夫婦日盼伊女生子、一日女

有孕，母亦懷胎，女思食熱麵包，伊父往買，嫗于中途奪而食焉，旋嫗生子，不欲人知，後婿見而諷之，因而翁婿不相能，經鄰人排解，遂如初，遂同請跳舞會，來男女數十人，有一女年及笄，肥項寡髮，印鼻結喉，皮膚若漆，望之生畏，跳舞故作媚態以惑人，觀者為之捧腹，子正同寓。

二十六日乙丑，陰，記外國麵包鋪，有種大爐，周約三丈，鐫作圓圈，內含關鍵，能自轉動，四面升火，始微溫，後漸熱，麵包宛轉自熟，永繼不絕，甚省人工。

十七

二十七日丙寅，陰，聞某家蓄一犬，能往鋪中買肉，蓋主人帶入某鋪，約每日以若干錢買肉，每早主人置錢籃中，犬自銜之而去，倘肉數不敷，犬必吠，抵家非主人取之不與，又俄人柯洛斯養一大犬，每出必追隨之，如拜客不令入門，即將巾帽棍傘與之，令其守候，待主人出，即搖尾而奉之，甚矣犬性之靈也。

二十八日丁卯，晴，禮拜日，按西國住房廚竈，固有青蠅，而不如俄國之多，雖值隆冬，亦來群集，適因天氣稍暖，則以廚中杯盤殘瀝、砧几餘腥，而營營之聲大作，麾之不去，殊堪憎惡。戌初，蔣丹如約桂冬卿、塔木菴、夏千與福遠峯彝在巴立帥戲園觀劇，所演時值盛夏，赤日烘雲，柳竹芭蕉，綠陰成幄，樓房形式，男女裝飾，毋毋旦皆仿埃及與土耳其二國，通場幼男少女以三四百計，番番跳舞，一律整齊，其領袖二女，應絃越節，敏捷輕盈，觀之令人擊掌，末場則迅雷烈電，驟雨狂風，水溢屋傾，真假難辨，子正回寓。

二十九日戊辰，晴，按禮月令，安形性而去聲色，或繕宮室而修囷倉，西國則否，每年隨時修造樓房倉庫，妥藏五穀器物，至于形性，專心推物利之精，如能創造一物，有益於人工地利，或較其已用者尤為精巧，則公私所獲，一生用之不竭，其著作實學書籍，則千古不朽矣。戌初團拜，暢談甚歡。

十八

光緒六年歲次庚辰正月

初一日己巳，晴，暖，辰正同眾著公服，隨部署使向東南恭拜
聖牌，行三跪九叩禮，繼而團拜，同賀新年，午後有孔琪庭及孟第等陸續來拜，記俄國出入款項，按一年所收各項，

如地丁税項及錢局信局電報房屋等各雜款共五萬萬七千零一十三萬八十三百餘盧布至所出各項如文武官員俸薪水陸兵馬船礮錢糧以及制造槍礮船隻修建房屋礮臺與各雜項共五萬萬五千六百一十萬零五千四百餘盧布以上所入僅敷所出者因設法各處搜括始得如是耳蓋二年前有事於土耳其一年所入祇五萬萬盧布而所出至六萬萬盧布之多庫藏支絀國家原有民債近年又貸外國銀錢公私債積至十九萬萬六千七百萬盧布故俄麻一千八百七十六

十九

年（即光緒二年）改用紙鈔先出七萬萬九千七百三十二萬張盧布次年又出二萬萬八千萬張盧布前十數年俄皇喀色林第二之世曾出二萬萬紙盧布至與法國鏖兵時鈔值落至一銀盧布易四紙盧布十八考貝兵息後值雖稍長仍三紙盧布易一銀盧布國家知其無益設法抽回乃設銀號兑换紙銀盧布二紙盧布或一紙盧布半易一銀盧布今民間仍有六萬萬之多遂以之而取利焉

初二日庚午晴酉正部署使召飲于豆兇街阿那館同席有桂冬卿塔木菴及夏干諸君酒食甚佳戌正桂冬卿約在馬林斯吉戲園觀劇所演山水樹木一望無際百卉芬芳真假難辨頃蒙部署使行文外部代請護照彝亦函致德法二國公使發給護照數日領訖有德國參贊布朗致管理德國邊界艾達昆地方游擊柯洛斯信一函彝一一具書答謝

初三日辛未晴見温宫後江面以木柵圈冰周逾四里中一木亭高二丈蓋為冰上賽馬也其期未開

初四日壬申晴酉正對岸冉森約饌同席男女二十六

二十

人有英吉利法郎西德意志合眾瑞典和蘭丹尼葡萄牙日斯巴尼亞九國人暢飲甚歡亥正謝歸

初五日癸酉雪乘雪牀赴所識各處辭別入夜束裝當早有北印度小國王臘木山得爾來拜伊不欲順英曾聚眾擊之不克今逃于亞細亞西北一帶遊歷俄瑞法德各國以圖報復據云印度與中國同教種鴉片以販華實迫於英非土人之本意也又云喀什噶爾復被中國收回甚佳該處回民既為中國叛逆又為印度仇敵中國生齒日繁何不移往新疆空地令其耕種今任其

往赴金山古巴等處謀生、殊非得計、如中國肎收鄰民
則印度之願入版圖者多矣。云云。
初六日甲戌、雪、早餐後叩別邵署使及蔣丹如諸君、未
初、乘雪牀、南行十餘里、赴衛奚里火車棧、蒙蔣丹如桂
冬卿塔木菴福遠峯王鵬九石平甫及夏子諸君送別、
未正開車、申正晴、
初七日乙亥、雪、未初至俄界威爾巴蕾少憩、驗護照、後
開行六七里、未正入德界艾達昆下車、訪游擊柯洛斯、
面致布朗之函、其人延入客廳、待以酒食、照料行李、情
二十一
意甚殷、申初復開、憶在俄境、銀沙鋪地、玉豔堆山、冷氣
逼人、肌生寒粟、入德界、始見炊烟、另換一番景象也、入
夜雪止、
初八日丙子、陰涼、將抵德京、宿雪漸薄、卯正入柏林、錢
琴齋劉鶴伯以車迎入公署、相見甚歡、暢談已、往旋謁
李星使、拜見徐仲虎參贊、官建寅及羅緝臣陳鏡如賡
韶甫蔭五樓諸君、坐談極久、午初街遊、天氣雖涼、河已
半化、積雪無多、見見遠爾園草色迷青、柳枝染綠矣、戌
正錢琴齋約在維良戲園觀劇、男女伶人裝飾美麗、曲
調翻新、精異於俄、耳目爲之一暢、
初九日丁丑、陰雨、劉鶴伯約在凱賽好富館早餐、晚徐
仲虎錢琴齋諸君、邀飲于文特登林敦街之波文倍奚
館、後在蘭姒園看馬戲、有二日斯巴尼亞人、年逾弱冠、
英姿颯爽、身體魁梧、各與一牛爭力、拽尾拔角、力比孟
賁、其雄勇可稱萬人敵也、又有溜冰及駕雪牀往返馳
驅者、皆仿俄人而演也、
初十日戊寅、陰雨如昨、巳正陳鏡如約饌、後乘車往拜
巴提督、未遇、酉初李星使召飲、亥初同錢琴齋劉鶴伯
二十二
賡韶甫蔭五樓乘車、赴丹斯旌人館、是日爲男女生徒
聚會跳舞、彼此互換鮮花、師長獎勵賓星之期、樓房闊
敞、男女如雲、子正回寓、
十一日己卯、陰雨陣陣、早興諸君告別、午正起程、登火
車、李星使偕徐仲虎錢琴齋與羅劉賡蔭諸君送行、未
初開、亥初抵克倫脫、饌後換車、亥正開、入法界、一夜大
雨、記出德京、微雪不見、阡陌交通、畇畇膴膴、蓋德距俄
都偏南八九度也、
十二日庚辰、陰雨、巳初抵巴里、有軍門日意格來迎、同

車入達羅卜店、午初、日意格約饌、同席為伊弟日意凱夫婦、及高爾介、未初、著公服入使署、謁曾襲侯、知已往倫敦公幹、見李湘浦張聽颿聯春卿諸君、暢談極久、晚張聽颿李湘浦約饌、甚佳、

十三日辛巳、雨、戌正、張聽颿約往沙塔蕾戲園觀劇、所演數十年前英法在印度孟買地方、攻擊土人事也、真馬登臺、火器齊發、燒毀樓房、男女逃避、驚心動魄、種種可觀、

十四日壬午、陰、巳正、曾襲侯來自英、即往拜謁、知此次

二十三

襲侯

奏調隨帶文武員弁之駐英法兩國者三、等參贊官二員、為鹽運使銜候選道劉開生、翰清江蘇常州府武進縣人、道銜候選郎中陳松生、遠濟湖南長沙府茶陵州人、三等繙譯官三員、五品銜都察院學習都事左子興、秉隆駐防廣州正黃旗漢軍人、內閣候補中書聯子振、興鑲白旗漢軍人、江蘇候補同知兼理支應官陳萃耕、志尹江西建昌府南豐縣人、隨員五員、員外郎銜候選中書科中書支應官楊仁山、文會安徽池州府石埭縣人、五品銜候選知縣李芳圃、炳琳直隸永平府灤州人、江蘇候補府經歷李登甫、貴朝四川成都府金堂縣人、候選縣丞曹一齋、全詠湖南長沙府長沙縣人、蕭介生、仁杰湖南長沙府善化縣人、醫官曾省齋、念祖湖南長沙府益陽縣人、候選典史供事王小峯、國治直隸天津府天津縣人、學生二名、候選縣丞謝智卿、先任王欽軒、世綬武弁四員、為丁華客汪席臣、鄒理堂、王南陵、又攜來法文繙譯官一員、法人法蘭亭、至郭星使

奏帶之繙譯隨員、係曾襲侯接任後、仍留隨駐英法者、為

二十四

馬清臣、鳳夔九聯春卿、李湘浦、旋赴各室投刺、拜見諸君焉、

十五日癸未、陰、未初、乘車赴輪船公司寫船票、係于本月二十七日、由馬賽海口開往中華者、因

欽差出使美日秘國大臣陳星使不日由日斯巴尼亞國走法英、同合衆現有參贊官陳楚士、嵩良隨員呂逸屏、祥陳南甫、桓繙譯官何慎之、飛鸞四人先至、住于凱歌路丹森店、又張聽颿于去冬三年報滿、復經陳星使

奏調美國、故同陳楚士諸君、待星使隨赴合衆、彝遂乘車

往拜諸君、坐談極久、戌初、乘車至北路火車客廳、少坐
登車、戌正開行、
十六日甲申、陰霧、丑正、行抵法國戛蕾海口、下車登船、
即時展輪、風浪頗大、寅正、至英國都法海口、改登大車、
即開、卯正抵倫敦、乘馬車入公署、先見鳳夔九、談至巳
正、後入各室、拜見陳松生、馬清臣、左子興、陳莘耕、曹一
齋、曾省齋諸君、午初、鳳夔九設饌、未初、晴、酉正、陳松生
邀飲于荔棒街之柏靈坦館、酒食頗佳、
十七日乙酉、陰、申初、同陳松生、鳳夔九乘車、行十數里、
二十五
至哈木斯代達村、拜舊鄰人柯蔑蒂母女、因伊子畢姻
後、另樹門牆、故母女移往鄉間、以圖撙節也、在彼少敘、
各飲加非一杯而歸、
十八日丙戌、陰、午後、同陳松生、鳳夔九乘車、往拜醫生
安柏爾及日本學習繙譯末松謙澄、談次、問及長崎道
到、據云已返旆扶桑矣、戌正、馬清臣約往闊達戲園觀
劇、所演名曰新舊愛、係二女、一不忘舊愛、一新愛重於
舊愛、悱惻纏綿、各有情趣、
十九日丁亥、陰、大風、涼、午初、乘車往拜金登幹、泰樂爾、

未正、鄰人懷達約午酌、同席男女十二人、酒食豐盈、酉
正、馬清臣邀飲于阿奎良木記院、原有女由礮中噴出
之戲、因曾受傷、奉官禁止技藝之類乎此者、如違、即行
封禁、其他如阿蓋堂等處、皆因男女游戲、天明始散、未
免有傷國體、聞亦封禁云、
二十日戊子、稍晴、英人皆云、好天氣、因客冬大霧迷漫、
咫尺不見人者、歷三月、多有病歿者、邇來霧雖少息、而
天仍頻陰、故有是說云、午後、金登幹、安柏爾、懷達等陸
續來拜、申正、與諸君告別、戌初、蒙諸君送至柴令克洛
二十六
斯火車棧、登車、戌正一刻開行、亥正、抵都法海口、即刻
下車登船、子初展輪、風雨兼霧、船甚簸揚、同船男女百
餘人、而嘔吐者過半、
二十一日己丑、陰、丑初、至戛蕾海口、改登大車、即開、辰
初、抵巴里、仍入前寓、未初、往謁曾襲侯、坐談極久、酉正、
李湘浦、聯春卿、聯子振設饌、舊雨重逢、可以藉伸積愫
也、入夜大雨、
二十二日庚寅、晴、戌正、曾襲侯接電信、知奉
旨派使俄國、接辦伊犂界務、即時召彝返俄、俟事竣再行回

華、彝固辭不獲、致將船票繳回、并請前赴馬賽將客冬由俄寄去之行李取回巴里、

二十三日辛卯、陰、前初六日曾寄信走恰克圖至北京報彝起程日期、以慰親懷、至是復寄電信、稟知留彝之故、在德國石斑島地方、有學習武弁楊德明、身染癆證、無力學演、李星使飭令隨彝回華、以便沿途照料、以茲留俄之命、即以電報稟聞、李星使再為酌辦、酉正一刻、由寓乘馬車、至呂陽火車棧、步坐登車、戌正開行、入夜頗涼、

二十七

二十四日壬辰、晴、巳正、抵馬賽、入馬賽大店、知數日前、經李星使日軍門同派蜀人李少伯識拉丁字能法語者、攜楊德明至此候彝、一同上船、是日李少伯接日軍門電信、令伊就居暫駐、楊德明候便回華、遂同彝登樓看視、見楊德明病證頗重、不禁為之酸楚、午後街行、天氣晴和、春風蕩漾、花柳芬芳、蓋地近海而暖氣盛也、未正、貨棧開、即持號票乘車、行數里而至、見其首事、給票取物、據云、由俄寄來行李、現已入號、請明午後遣人來取、

二十五日癸巳、晴、未初、令店僕持剌往取行李、查驗毫無傷損、申初、有華人田阿喜者來拜、夫田浙江人也、善雜技、年近五旬、幼來泰西賣藝、後娶英女為妻、生有二子、長子二十七歲、能英法德義葡五國語、華言一句不解、次子二十三歲、能英法德三國語、微曉華言、雜髮編辮、服飾尚未改也、田曾周歷各國、獲利甚鉅、且得有寶星賞號云、

二十六日甲午、晴、早起改書行李籍、為巴里中國欽差公署、未初、送至火車棧房、令以慢車送至巴里、

二十八

二十七日乙未、晴、早有福州船政局幫辦瑞典人顏朗者、因事乞假回國、適值同寓、約于申初一遊、屆時登車行數里、先看運水處、積寶樓、一路鶯聲燕語、柳暗花明、旋入大園、登積古閣一覽、左海右山、樹林蔭翳、憑闌遠矚、不知吞吐幾許雲烟矣、回寓、知李少伯已代楊德明覓得居止、即往看視、勸以安心調養等語、酉正登火車、開行一夜、

二十八日丙申、晴、巳正、抵巴里、早餐後、入公署、謁見曾襲侯、坐談極久、記法國文職大員、經統領派充者九曰

吏部、曰戶部、曰外部、曰商部、曰工部、曰兵部、曰海部、曰藩部、曰刑部。按本年戶口冊載，除京城文職計二十萬五千零八員，各家人口計二十九萬六千三百八十七名，僕役計四萬七千三百零三名，共計五十四萬八千六百九十八名口。

二十九日丁酉，晴。午後乘車往拜高安廬的暢談。已往邏來巴里車輛，多仿倫敦單馬輕車，名韓森者，仍用四輪，御者坐前，車門不分四頁，作一整扇，如荷葉形，須乘車者自行推拽之。

二九

三十日戊戌，晴。按泰西有總論美、英、義、法、俄五國一節，畧云：美人無話不言，英人無物不食，義人無曲不歌，法人無式不跳，俄人無所不貪，不知出自何人之手。歷歷詳查，名實似符，故錄之。

二月

初一日己亥，晴。曾襲侯訂于本月初五日亥初請茶會。今日軍門之弟日意凱及繙譯官法蘭亭同為料理，自是日起，灑掃鋪陳，內外整潔，氣象為之一新。

初二日庚子，晴。午初同李湘浦、張聽颿乘車遊柏路旺園，天暖雲稀，風清氣爽，往來車馬，撲面香塵。一路列樹成行，栽花成朧，在瀑布旁茶肆少坐飲茶，與遊人閒話，殊豁襟懷。按各國風景不同，在倫敦蕩棒園朝夕往來者，盡仕宦名人，此則分為三等，有各國駐節使臣、有富室巨商、有妓女伶人，是法俗不如英俗之正，亦可概見。然法人之洞澈天文地理，以及各種雜學，又為西人之冠云。聞當日巴里之品蕭名妓亦往焉。

初三日辛丑，早稍陰，午後晴。亥初同張聽颿赴合衆人蘇威呢家茶會，男女百餘，歌唱跳舞，丑正夜酌後回寓。

三〇

記法國人丁，共三千六百一十萬零三千餘名口。內天主教人三千五百三十八萬七千有奇，耶穌教人五十八萬一千有奇，猶太教人四萬九千四百有奇，別教人如回回等，共八萬五千有奇。各教一律看視，惟天主、耶穌、猶太三教，予以俸薪，給以經費。天主教之主教、神甫俸薪，共四千一百五十萬零八千二百九十五方，禮拜堂及學堂公費，共一千零二十萬五千四百方。耶穌教之教士俸薪，共一百四十一萬六千方，猶太教之教長俸薪，共十八萬八千九百方，耶穌猶太教堂公費，共八

萬方，一年教門，共用五十三百三十九萬八千五百九
十五方，按行價合銀七百四十七萬五千八百零四兩。
初四日壬寅，陰，酉刻，劉開生、楊仁山約在馬達蘭坊右
呂戛館晚酌，同席有李湘浦、聯春卿、聯子振，亥初回寓。
聞明日本署茶會，所請為各國公使、隨員、本國文武仕
宦，以及他國名士、富商，已發請柬八百，是夕仍有紛紛
來討者。記法國電線始于西麻一千八百五十一年，即咸
豐元年。今路長九萬六千九百六十里，線長二十六萬八
千五百六十里，設局二千八百九十五處，客歲一年所
三十一
發電信八百零四萬七千八百二十六函。
初五日癸卯，晴。酉正，曾襲侯召飲，同席有巴西公使夫
婦、居停主人夫婦、法蘭亭內眷、日軍門兄弟，肴皆華饌，
甚為豐盛。記本公署客廳寬敞，鋪陳華麗，對面有玻璃
大室，四面栽花，中一水法，飯茶廳二間，裝飾亦皆整潔。
當日因請茶會，廳設長筵，列茶酒、小食、乾鮮果品。亥刻，
侯夫人坐客廳正面，男女到者有千餘人，先謁襲侯，繼
而領見夫人，皆如禮而進，廳之左鄙有樂工八名，鼓樂
聲喧嘈熱，卯初始止。

初六日甲辰，晴。戌正，同李湘浦、張聽颿乘車，赴周安家
茶會，款待良殷。有法人魏艾門者，隨手變幻戲法，以手
帕裹一洋錢，請李湘浦右手持之，繼以一大玻璃杯盛
水，滿而不溢，復請舉於左手，令將帕覆于杯面，伊言鬆
手，聞錢聲落于杯內，迨啟帕，則錢在魏手，誠妙法也。子
初回寓。
初七日乙巳，晴。戌刻，同李湘浦、張聽颿赴英人休什家
茶會，彼此歌唱甚歡。記法國幼丁學習，歸國家管理，多
經天主教主把持。通國人分三等：第一在六歲以上，第
三十二
二由六歲至二十歲，第三在二十歲以下。第一等不能
讀者，三百五十四萬零一百一十名，只能讀者二十九
萬二千三百四十八名，能讀而書者十五萬一千五百
九十五名，能否不知者，三萬八千零四十二名，以上四
百零二萬二千零九十五名。第二等不能讀者，二百零
八萬二千三百三十八名，只能讀者，一百一十七萬五
千一百二十五名，能讀而書者，五百四十五萬八千零
九十七名，能否不知者，七萬零七百二十一名，以上八
百七十八萬六千二百八十一名。第三等不能讀者七

百七十二萬零三百六十二名，只能讀者，三百三十萬五千一百三十名，能讀而書者，一千三百零七萬三千零五十七名，能否不知者，二十一萬四千零五名。以上二千三百二十九萬四千五百五十四名，通國男女共三千六百一十萬二千九百二十九名。由是觀之，不能讀而書者，第一等計十分之九，第二等計十分之半，第三等計十分之三四。綜核通國人民，除六歲以上四百餘萬外，其不能讀而書者，計十分之三焉。

初八日丙午，晴。查西麻一千八百六十六年，即同治五年法國版圖，絕長補短，得五十四萬三千零五十一方吉婁美當，每一吉婁美當，合英里八分之五，不足中國二里。共計一百八十六萬七千三百二十方里。居民三千八百零六萬七千零九十四名口。至一千八百七十二年，即同治十一年與德戰後，里數減至五十二萬八千五百七十七方吉婁美當，合一百八十一萬七千一百方里，人民少至三千六百一十萬二千九百二十一名口，前後不過六年，已失地五萬零二百二十方里，傷人一百九十六萬四千一百七十三名口，足見戰爭之苦也。

初九日丁未，晴。午後同李湘浦乘車，遊邦麻曬雜貨肆，樓房閎敞，四面臨街，出售各國綢緞、氈毯、金銀木石皮棉紙貨，以及日本漆器、中華瓷器，罔不具備。樓凡四重，除羅列貨物外，有看新報廳、觀油畫廳、茶酒小食廳、筆墨繕寫廳，以便客人休息。男女夥計有二千餘人，車一百輛，馬一百二十匹，每日清晨午後通城送貨二次。如一年內未經用過，顏色不變，亦無傷損，准其退回，原值如數歸還。

初十日戊申，晴。記西俗，幼童初學跳舞，先演男女接見禮儀，繼而陸續學演撲拉喀、戛大力、瓦拉自三式。又有名丈達米、斯爾洛之爾得勾使蓄者，可謂愈出愈奇矣。

申初，往拜陳楚士，少叙回寓。

十一日己酉，晴。近數年間，法之國債積至八十六萬四千三百二十一萬九千方，又前由西麻一千八百一十四年，即嘉慶十九年至一千八百六十九年，即同治八年歷代共債一萬四千零六十四萬一千九百八十方，總計八十七萬八千三百八十六萬零九百八十方，合銀十二萬二千九百七十四萬零五百三十六兩五錢。

十二日庚戌晴，戌初同李湘浦張聽颿乘車往看斯蓋芓苓冰嬉，地式寬廣，樓房高大，正中一池，闊二丈，長四丈，四面鐵闌，鋪以漆地，出賃四輪冰鞋，男女擅此技者可以遊戲。正面設一戲臺，臺前奏樂，每日由戌初至亥初先為冰嬉，奏樂，由亥初開場演雜劇，至子正止。臺前列座，四面臨牆，又設散座，有小方棚為雅座，每棚容四人，來者每人一方，惟茶酒值稍昂。

十三日辛亥晴，由本日至十五日，在立沙勤努瓦街開市，出售由各省及各國運來火腿香腸。午後同李湘浦 三十五
聯春卿乘車往觀，行八九里始至，見左右列棚四百餘間，長逾一里，火腿形式不一，男女觀者如蟻。其後有器皿市，出售盆罐勺匙掃帚簸箕等物。申正回寓。

十四日壬子晴涼，記巴里道塗坦潔，遇石塊煤漆稍有不平，則有泥水石匠修補。現在街巷增多，鐵道海車亦復不少。因法邦改為民主，凡街名之有關君主字樣者，易以新名，如本街原名阿伍女居魯瓦得畏木，譯法言羅馬王皇街也（羅馬王法國前朝太子之稱也），今改為阿伍女克蕾貝，其義未詳。入夜微風涼。

十五日癸丑晴，法京馬達蘭街及義大康街一帶，加非館星羅棋布，每日由戌初至丑正，男子咸來飲酌，而妓女亦入肆招客，男女嘲笑戲耍，滿室春生，鮮有因而口角者。在江西一帶，廣設學校，各國生徒之來習者，多僑寓彼處民舍，按各街加非館之傭保皆男子，惟彼處多傭幼女，則青年之佻達者可與之締交焉。

十六日甲寅晴，前本署設茶會，因客皆學問仕宦之人，故樓上書房一切陳設不必移置，詎料是夕竟失丈具多件，襲侯令嗣之帽亦被人竊去，據云係一洋人脫而看 三十六
之，遂同攜上下樓兩次，後伊混入眾中，杳無蹤跡矣。何黠者之多也。

十七日乙卯晴，記前在王宮之石柱前，設有氣球船，騰空擊以繩鍊，高約十丈，可坐四人，每人一磅，升高四望，遠及百里，如在雲霧中遊。聞三月前因颶風暴雨，人力不及下拽，繩斷鍊折，飄落城外，幸未傷人。迄今尚未修理完固，故未添設焉。

十八日丙辰晴，酉正一刻，請陳楚士劉開生楊仁山曾省齋林旭臺慶昇左子興李湘浦張聽颿聯春卿聯子振

諸君、在立梧里街大魯武館晚酌、暢飲甚歡、記法國人民、前與德國鏖兵、生者一年共八十二萬六千一百二十一名、死者一百二十七萬一千零十名、嫁娶者共二十六萬二千四百七十六名、是死數較生數多四十四萬四千八百八十九名、至本年生者九十五萬零九百七十五名、死者八十四萬五千零六十二名、嫁娶者共三十萬五千四百二十七名、是生數較死數多十萬五千九百一十三名、由此觀之、戰爭無論勝負、均為荼毒生靈、倘得永慶昇平、則海內幸甚、生民幸甚、

三十七

十九日丁巳、晴、戌正、陳楚士約在西包得隆場看馬戲、地在舊賢周賽汾街北首、場極大、鐵作間架、玻璃代瓦、高八九丈、周八十餘丈、四面列座十層、可容六七千人、場形橢圓、中心池亦橢圓、周約四十餘丈、建鐵柱、四周作二十四面門、共十一、池之中央、另以繩牽闌成一池、周二十四丈、四面分立八人、監視繩鍊、防馬竄越、其在池內演技者、以古式御車接送、當晚所演池內者、與他處大同小異、惟池外有幼童八名、乘小馬往來馳賽、繼有幼女四名、御雙馬車、自執鞭、往來馳賽、車式與春秋時之戰車同、末場四男四女、各騎一馬、前馭雙馬、是一人御三馬、往來馳賽、同繞三次、以末次先過池邊搖鈴處者勝、

二十日戊午、晴、記法國火車鐵道、始建于西厤一千八百四十年、即道光二十年、當時車路無多、統歸國家開立、自一千八百四十二年、至一千八百五十八九年、改歸民行、國家隨時協助、由是以先立者名曰舊綱、後立者名曰新綱、因其式四面盤環故也、今通國道長二萬零三百五十七吉婁美當、內舊綱長九千五百三十、新綱長一萬零八百二十七、合計三萬八千一百七十華里、其道分為六路、曰東路、曰西路、曰南路、曰北路、曰中路、曰巴里歐呂陽路、該行一年所獲、共計八萬五千八百七十萬七千一百六十六方、合銀一萬萬二千零二十一萬九千零四兩五錢、

三十八

二十一日己未、晴、早起、料理行裝、戌初、同眾隨曾襲侯及官眷男女上下共二十八人起程、乘車至北路火車棧、登火車、戌正開行、入夜陰、

二十二日庚申、陰、丑正、至戛雷海口、改登衛吾輪船、即

時展輪、風雨交作、浪湧船搖、人人嘔吐、甚冷、寅正、抵都法海口、改登火車、即開、卯正至倫敦、入公署、早晚皆陳松生邀飲、甚佳、

二十三日辛酉、陰涼、細雨陣陣、聞倫敦大鋪賣貨、價值不定、如一物號值十什令、即時付錢、可減去一什令、一月後付錢、則照所號不減、書肆又有體恤寒士一法、如一編值十什令、買者不能即時付錢、一月後亦不能付訖、則改書價為十一什令、書肆按月往取、一什令畢而後已、

三十九

二十四日壬戌、陰雨、舊識英人毛色爾、生有四子一女、長子次子同在鄉學肄業、客冬連日大霧、聞長子染疫、本擬即往、因在家二子稚幼、且初染未必即危、故未往視、次日又聞病篤、迨第三日往視、則已赴泉臺矣、主人扃其室、以防傳染、禁他人入、毛惟立于玻璃窗外窺之而已、

二十五日癸亥、陰雨、雷始發聲、申初雨止、同李芳圃步遊荔棒園、天氣尚涼、樹猶未綠、而草色遙看已有矣、入夜復雨、

二十六日甲子、陰、戌初、曾省齋約往阿拉罕布喇戲園觀劇、所演係一苦人入山、拾一古表、經仙人告以日日上絃、諸事吉利、忘則有大變、初每日上絃、覺富甲一鄉、貴為王爵、桂殿蘭宮、嬌妻美妾、日在溫柔鄉中、甚為快活、一日忽忘上絃、竟被氣球載至北極、冰山雪洞、寒氣凌人、其人畏冷、旋吹至埃及、赤日炎天、地皆紅色、其人畏熱、又吹至中華、冷熱均勻、而地勢人情大異、正遊行間、忽憶上絃、甫上絃已、吹回本地矣、通場所演之冷熱溫三帶、山水之枯秀、花木之多寡、樓房形式之不同、男女衣冠之迥異、殊屬新奇、

四十

二十七日乙丑、陰霧、晚同李湘浦在倫敦巴威連觀雜劇、有一少男名甘模貝者、初上臺、披烏衫、著黑褲、甫歌一曲、變一水師武官、又歌一曲、變一白髮老人、繼而一農家老嫗、繼而一嬌豔少女、每曲一變、每變皆屏立處、毫不挪移、改換極速、亦奇技也、

二十八日丙寅、陰雨、午初、陳松生約早饌、後同乘車往拜日本繙譯官末松謙澄、遇伊國頭等參贊官富田鐵之助、其土音讀曰托米塔太自吶斯吉、又隨員何田熙、

其土音讀曰席拉木喀瓦達、筆談甚暢、酉正回寓、入夜風。

二十九日丁卯、陰、雨雹、酉正同鳳夔九乘車、拜柯美蒂母女、少坐飲茶、後至君主路第三十二號、赴塔喇柏夫人家茶會、男女五六十人、有二女、各歌一曲、清音妙響、嘹喨可聞、旋入後堂、有一小戲臺、請其戚友男女六人作戲一齣、所演係一女、與所歡已訂同心、後因事遠遊、逾期未返、女有摽梅之歎、不得已而嫁焉、偶處無猜、伉儷甚篤、無何所歡歸里、稔知其事、遂往拜之、女見悲喜交集、深悔已往、然不能重續鴛夢矣、一日通其意于夫、不勝扼腕、夫聞之、佯為欣悅、令二人再結絲蘿、女喜甚、急召所歡至、不意其夫出數語、致伊垂頭而去、從此不敢復問桃源矣、演後夜饌、子正謝歸。

四十一

三月

初一日戊辰、陰、聞倫敦諺云、有爾月食蝦蠏、按英呼蝦曰洛布斯特爾、呼蠏曰歐艾斯特爾、適遇有爾字之月、而許食之、故有是諺、如正月曰占牛爾立、二月曰費卜流爾立、三月曰麻爾尺、四月曰艾普爾立、九月曰賽普丹柏爾、十月曰敖克兜柏爾、十一月曰那歐文柏爾、十二月曰的森柏爾是也、是五六七八四月、為限禁之期矣。

初二日己巳、陰雨、按英法國仕宦男女之奢費、較他國顯而易見、然查之、又有從儉之處、如乘車街遊、赴會、當顯露豪富之際、而無前後僕從之盛、苟帶跟役、則與馬成四、無跟役、則與馬成三、迨自御、則與馬成二焉。

初三日庚午、陰、禮拜、未初、安柏爾夫妻邀飲、薄醉而歸、聞英上下會堂、早堂開門、邇因更新率舊二黨紛議、更換官員、迄今未定。

四十二

初四日辛未、陰、涼、見街市有蘇格蘭遊民二人、吹蘇笳、一人沿門乞錢、二人演技藝、置二劍于地、搭成十字、一人于四面一足跳舞、隨樂聲而往來、側身探臂、終不觸劍。

初五日壬申、陰、記英都茶坊酒肆、皆有雅座、修飾華麗、飲者鼓琴歌曲、可以談笑自如、惟奉官禁、不准男女二人專用一室、以防私姦拐帶等事、亦正風俗之一端也、入夜雨。

初六日癸酉、陰雨、記英國政教、較他國尚優、通城無妓寮羣處、諸校書皆僦屋以居、遷徙不定、男子之好狹邪遊者、可于戌亥子三時之間、或在阿拉罕布喇看戲、或在阿奎良木看雜劇、或在阿蓋隆跳舞、或在客丈戛頓聽樂、或在帕拉麻與艾宛色斯飲饌、于中擇其尤者、携手同行、或詢問里居、另日造廬而訪焉、近年政教日強、如阿蓋隆禁跳舞、艾宛色斯遭回祿、斯蓋丁苓假冰嬉各處、皆勒令閉門、其他如巴威連小戲園、呢麻勾加非館、雖准開設、皆限至子初完場、以示防閑之意、聞通城皆

四十三

有烟花之數、惟賢專斯梧、紫拉細匹馬離溝牛盈也四處、尤為蜂蝶所樂驅趨也。

初七日甲戌、陰雨、午後、有一英童、年十四五歲、來拜左子興、值其外出、乃入彝室、據案而坐、見有十三什令六佩呢、竟畀詞貸去、彝不認其人、亦未詢其姓字、迨子興歸、始知姓敦斯特爾、名第萊得立。

初八日乙亥、陰雨霧、見倫敦新聞紙、屢言現失某物、價值若何、有拾得者、請送某處、償錢若干、聞數日內、物皆歸於原主、蓋以拾他人之物、非分所應為、還而受其所償、是理所應得也。

初九日丙子、大晴、午後、聞英君主率二公主、由比國回住丈恣行宮、酉正一刻、曾襲侯約傅立蘭及彝等十六人晚酌、肴饌甚豐、食畢暢談、子正始散。

初十日丁丑、晴、按英法國俗、衣有污垢、皆送澣衣局、每禮拜一次、鋪中出售帳簿、長一尺、寬三寸、可用四個禮拜、共二十八頁、價六佩呢、每頁豎分兩行、每行橫印衣服名目、如汗衫、小衫、長褲、短褲、長襪、短襪、手巾、面巾、洗布、抹布、樽單、被單、枕套、椅套、袖頭、脖領、腰圍、領帶、桌布

四十四

飯單、指巾、桌罩、椅罩、燈罩、窗簾、牀帳、沐浴長衫、以及男子卧巾、婦女頭巾、孩童各衣等名目、物主按件註明、加書某年月日、左右分開、各執一行、迨六日後澣畢、按件填寫工值、送時核對無差、則再取待澣者。

十一日戊寅、晴、記外國糖分四五種、碎者如中土之紅糖、潮白雪花之類、碎方塊者、光明清淨、名曰水晶、以上為甘蔗與米穀所造、惟常用者、造以蔓菁、其色青白而質堅、雖溽暑而不化、其大塊如塔形、上尖下圓而平底、長二三尺、重由七八至一二十斤不等、鋪中出售、鋸成

寸方塊，厚三四分，按斤論價，所餘渣末價稍廉。

十二日己卯，晴。記英都大店大肆，皆有新造一種門扇，中含鋼條關鍵，前推後拽，皆能自閉，無須前拽後推也。申正，金登幹來拜。

十三日庚辰，晴。記倫敦車夫之御韓森雙輪車者，人既强壯，馬亦驍勇，故朝夕馳驅，無疲憊態。至御四輪佛爾輝車者，則遜於此多矣。

十四日辛巳，晴。記英人有一趣意，係甲與乙約，請乙說一字，如甲默寫不出，則甲衣為乙所有。後甲另問一語，如乙應對不洽，則衣仍屬甲。約定，乙說一字，甲故意寫不出。繼而甲以兩手撫脛，問我手在何處，乙曰在汝脛上。又將一手插入衣兜，問我手又在何處，乙仍曰在汝衣兜內。甲曰非也，在汝衣兜中也。因我衣已輸於汝，今既如此對答，則衣仍屬我矣。

四十五

十五日壬午，晴。早見新聞紙言，昨有以一馬運二噸煤，因負載過重，馬力不及，御者鞭之甚虐。經人勸卸半噸，不聽，旋被巡捕執之，罰四十什令，監禁一月。

十六日癸未，晚同曾省齋、李湘浦在堪特柏里園看雜劇。有一童女連歌七次，每次衣色更新，隨歌而舞，聲調朗爽，體態輕盈。又有六小犬，一人指示跳舞，排行列隊，整齊若人。

十七日甲申，晴。聞英國率舊更新二黨爭論，至今更新黨勝，乃立葛蘭整為相，仍有不左袒者，因葛喜靜而不好戰也。由是觀之，黨與之見，中外詎有殊情哉。

十八日乙酉，晴。因新嘉坡領事官胡璇澤病故，出缺，曾襲侯言及俄事就緒後，當奏派充新嘉坡領事官。彝以客遊三載，未能侍奉高堂，五夜自思，殊多負疚，且領事官責任綦重，新嘉坡政事又繁，碌碌庸才，實不勝任，遂稟請仍願乞假省親，俟旋里稍盡烏私，再定行止。

四十六

十九日丙戌，晴。酉正，陳星使率陳楚士、呂逸屏、陳南甫、張聽颿、何慎之諸君，由巴里到。彝隨曾襲侯及陳松生、馬清臣乘車，至柴令克洛斯火車棧，迎入本街朗康店。又前隨襲侯由華來法之繙譯官法蘭亭，現經法國派充天津領事官，是日伊夫婦亦到，遂與陳星使同寓，暢談至宵深始罷。

卷十五終

四述奇十六

鐵嶺張德彝在初隨筆
貴榮竹坪校閱

庚辰三月二十日丁亥，晴。午後，陳星使率陳楚士諸君前來答拜。記倫敦通城大信局十三，其總局在老城賢馬爾勤巷，分局五，一在葛蕃斯哲爾池街，一在隆柏爾巷，一在樂蓋坊，一在麻爾克巷，一在柴令克洛斯街，又中西局在豪貴街，北方局在艾苓屯街，東方局在東考門溯路，東南局在布拉克蠻街，西南局在卜靜門，西方局在味兒街，西北局在艾文朔街。

二十一日戊子，晴暖。酉正，彝請陳楚士、陳松生、陳南甫、陳莘耕、法蘭亭、馬清臣、張聽颿、曾省齋、曹一齋、李芳圃諸君，在荔棒街柏靈坦館晚酌，歡飲暢談，亥初回寓。

二十二日己丑，晴。午後，有乞假回國之廣東副稅務司葛德立來拜，坐談極久。記英國寄信，在本國各省各城各鎮各街，不分路之遠近，信資一律。如一函重不逾一兩者，一佩呢；不逾二兩者，一佩呢半；不逾四兩者，二佩呢；不逾六兩者，二佩呢半；不逾八兩者，三佩呢；不逾十兩者，三佩呢半；不逾十二兩者，四佩呢。若數逾十二兩，則由第一兩按一佩呢計。是一函重在十四五兩之間，票資須用一什令三佩呢。凡寄信而未貼信票者，則送至某處，向收信人罰錢加倍。若所貼信票與分量不符，則送至某處，向收信人倍罰所欠。除官府文件外，每封不得長過十八寸，寬過九寸，厚過六寸。

二十三日庚寅，晴。記英國有多物，整舊如新，名曰二手貨，如牀榻、衣履以及小兒玩具等物。人多不欲製買，恐係染病或亡人之物，則買之不利，而於衣履尤加慎焉。

二十四日辛卯，晴。午後，同李芳圃步遊荔棒園。因天時漸暖，故車馬紛馳，桐槐映日。有女同車，樂而忘返。見在阿拉伯全像亭後敞地，新設一加非館，地基不大，一層木房而已。四面廊下設座，堦前列桌椅數行，左右大樹青蔥，扶疎繞屋，濃陰密布，暑氣不侵。想熱客來此，不知滌去塵襟幾許也。

二十五日壬辰，晴。午後，有寓佛爾門街之土人陶坦漢來拜，據云，當土俄搆兵時，伊爲土國領隊官，曾充希臘國操兵官，皆得有寶星功賞。如中外搆兵，情願效力戎

行、助華爍侮苟有用時、祈代稟知

欽使、候召而往。

二十六日癸巳晴。記倫敦小貨肆有無力貼報單登新報者、則以鐵片鏨數目字以墨印于石道上者、斯亦不借字紙之一證歟。

二十七日甲午晴。在英國各處寄送新報之價、除總信局以五仟令包送一年外、無論路之遠近、每張半佩呢、重不得逾二兩、多則每二兩半佩呢、必係本國印成、未經裁開釘本者方送、或忘貼信票、或分量不符、迨送到某處、皆向收報人罰錢加倍、外面或以紙裹、或以繩束、必須兩端皆露、不得蓋以火漆、黏以膠水、以便信局開驗、是否新報、違者照信價議罰、其中挾有他項紙張者、罰亦如之、新報面除寫人名住址外、另加一言者、罰亦如之、有重過十四斤、長過二尺、寬厚各過一尺者、皆不送。

三

二十八日乙未晴。在英國各處寄送書卷之價、每二兩半佩呢、或忘貼信票、或分量不符、皆倍罰之、如有紙畫地圖小照、而非木架玻璃片者、皆可送、凡報單告白之類、亦可按書價寄送、若藏有函札、或皮面另繕言語、則以寄信論、外面或以紙裹、或以繩束、必須兩端皆露、不得蓋以火漆、黏以水膠、以便開驗、違者照信價議罰、除由官府轉遞、有重過五斤、長過一尺六寸、寬過九寸、厚過六寸者、不送。

二十九日丙申、晴。未正、曾襲侯率馬清臣乘官車、赴賢真睦斯宮朝會、申正、彝入老城哲爾池街、拜英人尤志登、坐談極久、其居近市、湫隘囂塵、晝夜車聲不絕、迥異其於爽塏者。

四

三十日丁酉晴。英國官造一種小束、長二寸、寬三寸、後面空白、前面右上角印就半佩呢信票、紅色、其信語無多者、用之不過費半佩呢、而紙價信資皆有矣、前面書所寄人姓名住址、後面書信語、及本人名姓住址、不准折捲剪劃、稍有更改損傷、官府罰一佩呢。

四月

初一日戊戌晴。按英例、凡文件之奉其君主者、皆免信資、其因公函致會堂某人者亦然、惟重不得逾二斤、亦不得封口、信票大小不一、有值半佩呢者、有值一女佩呢

者、有值一佩呢半者、有值二佩呢者、有值二佩呢半者、
有值三佩呢者、有值四佩呢六佩呢八佩呢者、有值一
什令二什令者、至五什令爲至極大。
初二日己亥晴、見新報云、泰木斯江之巴特奚地方、前
午潮落後、有三童見一木匣、飄落沙面、啟之、函一嬰首、
即捧送巡捕廳、昨早二木匠在以馬離滿嗎頭、見臨岸
置一木匣、啟之、函一無首之嬰尸、即舁入巡捕廳、據醫
官開木斯特與蘇衛喇驗得凶器、似爲刀鋸、經地方官
馬克洛以藥水浸其身首、并將其首照像、分送各廳、以　五
便查拏、嬰兒無罪、慘遭奇變、亦一異事也、
初三日庚子晴暖、爲西麻五月十一日、申初、英君主在卜
靜宮設眷會、曾襲侯夫人同陳參贊夫人乘官車往、君
主甚爲優待焉、
初四日辛丑晴、亥正、同陳松生乘車、赴義端坊、司高澤
夫人家跳舞會、男女數百人、入飯廳飲茶時、有一人問
曰、不知貴國飲茶、於人有益否、彝言多飲佳茗、五內清
涼、止渴、除痰、不睡、利水道、明目、華且久食能益思、伊云、
敝友某善飲、一日必四五壺、不知何以如此宏量、彝言

嗜此者、腹中必有病物、名曰芽瘕、故有甘草癖之號、伊
笑云、不知病物能消除否、談次、旁有一少婦立起、伊乃
向彝鞠躬、携婦登樓跳舞、彝等遂歸、時已丑正、
初五日壬寅晴、申初、卜靜宮眷會、與前日同、因明日本
公署請茶會、各樓挪移安置、鋪設整齊、背某酒肆乙甲
二人、共盜紅酒十瓶、飲次被獲、經美爾判定、甲爲首、罰
監禁兩月、乙爲從、罰監禁一月、皆罰作苦工、甚矣麴糵
之累人也、
初六日癸卯晴、亥正、本公署請茶會、大廳開敞、懸挂花　六
燈、羅列鮮花冰塔、飯廳設長筵、陳酒饌、有樂工一班、名
扣勒自特立木戛爾自者、著紅衣、戴扁圓帽、是夕、曾襲
侯率馬清臣立客廳門首、侯夫人、陳夫人坐于正中、彝
同鳳夔九立于左右、爲之引傳來人名姓、共男女千餘
人、鼓樂喧天、堪稱盛會、丑正始畢、
初七日甲辰晴、聞江邊嬰尸一案、其照像被鄰人所識、
始知其母年二十五歲、姓蒲立石、住柴拉細莊瓦拉屯
巷第六十號、捉後據供云、因愛兒女情切、奈貧無立錐、
恐難養活、以致淹女殺兒、女名洛拉、年三歲、兒名韋連、

年二歲、問女淹于何處、云亦在江邊、因潮飄流他處。尋之不獲。或云、婦係未嫁之女、審後、痛哭流涕、不知作何了結也、

初八日乙巳晴、記倫敦各大信局、除禮拜日、每日收信、由巳正至申正、其他各處之代寄信件者、皆由辰正至亥正、各街每隔三矢之地、設一紅鐵筒、高四尺、粗三尺。上有置信之口、下有取信之門、內含鐵鎖、送信者稱足分量、自貼信票、放入筒內、由寅初至亥初、每一小時、有人負袋持鑰、赴各筒抽取入局、分路轉遞不悞。

七

初九日丙午晴、聞上月二十七日、有婦人名詹柏蘭者、攜女阿呢、至大東方帕丁敦火車棧寄物房、送一木筐外書要物、寄至庫康莊交柯立池查收。主人接收稱重二十斤、車費六佩呢、迨母女去後、忽聞筐內有聲、啟之、見棉被裹二嬰孩、遣急足將母女追回、詢之據云因無力養活、故送交其父、經醫官韋瑪高驗係一兒一女、甫周月之孿生也。昨經官判、婦人監禁六月、罰作苦工、將阿呢及二嬰送往庫康莊交柯立池云。按婦年三十八歲、阿呢年十四歲、

初十日丁未晴、記英國寄信有保險之說、保無遺失。凡函札書籍、以及新報之緊要者、可加保險二字、令其格外小心、無論何件、價皆二佩呢一分、如寄有金銀錢者、信局專售一種保險信封、厚而堅固、凡保險之信、外面左角、書保險二字、局給收執、註明某年月日時、寄付某處何人查收、第若干號、分量信資各若干、如信面僅書保險、而無保險暗號、迨送至某處、罰收信人八佩呢、以代二佩呢、各局收保險信、除禮拜日、可遲至酉正、然逾時送往、亦收、價則倍之。

八

十一日戊申晴、按信由倫敦寄往某處、如逾期不到、寄信人可函致總信局監督、請其追究、則伊必計日核帳、按站搜查、有否必致回耗、此信往來、皆不用票。

十二日己酉晴、見一匠人名勞克葦、因拽馬尾、有違定例、被巡捕扭赴官廳、罰監禁六個禮拜。晚同張聽颿乘車赴坤如雜劇館聽曲、有一少女名艾麗如者、二八妙姝也、淡妝雅服、而姿態明秀、嫣然一笑、滿室生春、曼聲度曲、渾如燕語鶯歌、殊覺令人心醉、

十三日庚戌晴、午後、馬清臣、鳳夔九、李湘浦、張聽颿請

曾襲侯陳松生與彝等、在水晶宮晚酌、一切景致款式、皆與前同、洵觴詠之勝地也、

十四日辛亥、晴、風。記函札書卷新報由英發往泰西各國、阿斐里加、阿美里加、亞細亞各處、走路不同、日期不同、兩價值亦不一律、如往中國、每禮拜五日走義大利南界布林的奚、與走法國公司、函札重半兩價五佩呢、新報重四兩、書卷重二兩、價皆一佩呢半、每年四月初十、五月初一日、走美國、函札重半兩、價四佩呢、新報重四兩、價一佩呢、書卷不送、每禮拜一禮拜五日、走俄國、函札重半兩、價二佩呢半、新報重二兩、價半佩呢、書卷亦然、函札保險價不論分量、不拘道路、每封二佩呢、其未貼信票、及付錢不足者、送到罰錢加倍、每封長不過二尺、寬厚不過一尺、新報以紙裹纏束、不得蓋以大漆、黏以水膠、長寬厚與上同、但須兩端露出、以便抽驗、書卷亦然、惟不得長過二十寸、以上洋尺每尺十二寸寬厚過一尺、重不得過四斤、其他保險等規、與在本國無異、

十五日壬子、晴。記西國呼電信曰太立各拉萬、譯太立遠也、各拉萬寫也、義謂寄書遠方也、義大利有戛里留者、創于西麻一千六百三十二年、即明崇禎五年當時未能暢言及其法、而造其機、遂延擱二百餘載、至一千八百三十七年、即道光十七年始得通行各國、按英國寄電信、有用字母者、有用小橫與點以代字者、經合衆人莫爾斯創于西麻一千八百七十年、即同治九年法係橫用一點為E、二點為I、三點為S、四點為H、一點一橫為A、一點二橫為W、一點三橫為J、兩點一橫為U、三點一橫為V、先一點一橫又一點為R、一點一橫又二點為L、一點二橫又一點為P、二點一橫又一點為F、一橫為T、二橫為M、三橫為O、四橫為ch、一橫一點為N、一橫二點為D、一橫三點為B、兩橫一點為G、兩橫兩點為Z、二橫中一點為K、一橫一點又一橫一點為C、一橫一點又兩橫為Y、二橫中二點為X、二橫一點又一橫為Q、又其數係一點四橫為一、兩點三橫為二、三點二橫為三、四點一橫為四、五點為五、一橫四點為六、二橫三點為七、三橫二點為八、四橫一點為九、五橫為十、

十六日癸丑、晴暖、午正、陳星使率陳楚士諸君起程、走立文浦海口、乘輪船赴合衆、彝與同人隨曾襲侯來車、

至尤斯敦大車棧送別，未正一刻回寓。

十七日甲寅，晴。見西人男女雜居龍鍾，鮮有用杖者，而茶會跳舞會，多老婦作主，周旋一切，極其慇勤。聞昨晚有少年人名費紫日喇者，偷其祖母八磅，被獲，官判監禁兩月，罰作苦工。

十八日乙卯，晴。亥正，同陳松生、鳳夔九、李湘浦乘車至貝拉希斯帕克園第六十六號，赴舒特爾夫人家跳舞會。房屋不大，裝飾可觀，有假鴿飛舞花叢，小魚游泳池沼，一俯一仰，活潑生機，觀之令人舒暢耳。

十一

十九日丙辰，晴。亥刻，同鳳夔九、李湘浦乘車西行八九里，至光衛路第一號，赴馬喀的夫人家茶會。有男女六七人彈琴歌曲。主人奉客日本摺扇各一柄，上印是日何時何人歌何曲。天雖酷熱，扇動生風，即知歌者何人，所歌何曲也。

二十日丁巳，微風，陰。按電信分為三種：曰敎爾的那立，曰扣大，曰賽佛爾。按敎爾的那立者，寄用正字，其大意明爽，無隱秘也。扣大者，甲乙約定，寄此字而代他意，或以甲代乙，乙代丙，或以丙代乙，乙代甲，反正皆可，是智者設法，恐宣洩也。賽佛爾者，彼此約定，或以號數代語，合四數為一字，如一千二百三十四為甲，一千二百三十五為乙，或以單字代話，如此字可代此次、此任，他字可代他年、他人，或以自造之字代正字，如鎬代天，冰代地，牀代日，暗代月。以上扣大與賽佛爾二種，皆自行設法，繕成秘本，共事者各執其一，遇有要務則用之，即隔數萬里，亦可一查而知也。

二十一日戊午，陰涼。是日適國慶，其君主誕辰。巳正，兵部請在馬隊護衛所觀御林軍，彝同陳松生、楊仁山、鳳

十二

夔九、李湘浦往。入門，有四隊長導引，兵皆步隊，有二千餘，紅衣黑褲，一律鮮明，步伐齊整，金鼓齊鳴，四面巡捕把守。入門有票，觀者男女萬人。午初回寓。晚，各舖門首然燈，街市遊人稠密。亥正一刻，著公服赴外部茶會，一切如前。

二十二日己未，陰。聞昨晚伶人多有持潑水器潑婦女之行路者，經巡捕獲得賣潑水器者十一人，入官廳。其器英名蕾的斯托爾門多爾，今日經官判云，緝拏固非巡捕之誤，然此等人為獲利起見，查無定律可治，今姑

釋放嗣後有售此物用此物者、被獲重罰可也、入夜微雨、涼、

二十三日庚申、陰雨、申初、曾襲侯率馬清臣乘官車、赴賢真睦斯宮朝會、酉正回寓、亥正、同李湘浦乘車、行六七里、至賢司堤芬坊第二十一號、赴吶爾喜夫人家茶會、聽樂、男女有百餘人、

二十四日辛酉、陰、聞有印書肆邦阿者、前禮拜六日申正、仍用未及十八歲之三童作工、經巡捕查出、按名罰肆主十什令、按英例、鋪戶用十八歲以下之童者、每禮十二拜六日午前即令回家休息、蓋是日即禮拜六日、斯亦體恤之意也、

二十五日壬戌、陰、亥初、同曾省齋、李湘浦乘車行數里、至賢卓志路第二十六號、赴文翔喇侯夫人家茶會、去此、行六七里、至益敦坊第九十六號、赴色莫爾女公子家跳舞會、二家客皆數百、數樓舍宏敞、修飾一新、款待殷勤、可謂主人情重矣、

二十六日癸亥、陰、辰正、慶靄堂由巴里來謁襲侯、詢知隨常星使到京後、旋蒙總署派來襲侯麾下、聽候差遣、人電綫新報內言、俄后于是早薨、晚約慶靄堂小酌、暢敘別情、

二十七日甲子、陰、係西曆六月初四日、午後外部來文內稱、奉君主諭、因俄后昨日棄世、令文武官員自今日起、著素服二十五日、至本月十八日、（即華五月十一日）男女服色少易、至二十八日（即華二十一日）止、

二十八日乙丑、微晴、冷、聞昨晚牛門街巡捕、見一人年二十餘歲者、循牆而走、將雨傘擊破一家玻璃窗、即捕入官廳、供云、因數月無工作、難以餬口、十三特此犯案入獄、可冀一飽、官判監禁半年、罰作苦工、哀言可憫、聽之令人酸楚、

二十九日丙寅、陰、訖倫敦大坡蘭巷典鋪夥計義大利人蒲立羅者、年二十一歲、原為王謝二君買辦、以其勤能、蒙曾襲侯劄派為候補武弁、月俸三十六兩、戌正、送慶靄堂至柴令克洛斯火車棧、登車回巴里、

三十日丁卯、陰、訖前十八日、為西曆五月二十六日、禮拜三、係英國達爾貝賽馬之期、此場始自一千七百八十年、（即乾隆四十五年）今為第一百零一次、原定每年五月下

自禮拜四日、地基周三里、馬壯者載八斯兜安、每斯兜安重十四斤、小馬載七斯兜安零十一斤、今改每禮拜三日、地基增至四里半、壯馬載八斯兜安零七斤、小馬載八斯兜安零二斤。

五月

初一日戊辰晴、前日中國之偉人詹世釵、由他國到此、入阿奎良木、在鯨魚池邊支布幄、設木臺、令其站立、觀者每人一什令、自上年春季、院內來有蘇魯人十名、六男四女、皆皮黑如漆、髮短而冗、腰圍皮麻、頭頂翎毛、每十五日亥初開門、觀者每人一什令、男女歌則轉圈圍繞、皆嘈雜之聲、舞則揮骸搖頭、近侏儒之戲、繼而立的于二十步外、四男以手擲錐、錐長四尺、鐵頭木身、每擲必中。聞昨日以船送回那他海口、地在阿斐里加南境偏東、地屬英吉利、為赤道南三十度、北京西八十七度一十二分。

初二日己巳陰雨、按英本國送電信、無論路之遠近、價皆一律、首二十字價一什令、後每加一字至五字、價三佩呢、收送信人名姓住址、皆不計、惟新報電信價廉、每百字一什令、電信票大小不一、有半佩呢者、有一三四六佩呢者、有一什令者、有三五什令者、有十什令者、有一磅與五磅者、此票不外賣、送信時、計字若干、須錢若干、隨時付訖、按價貼票于紙、挂號登簿、給以收執、書某年月日、寄往某處、何人、字若干、信資若干、收執錢二佩呢、由局至收信處、路逾三里者、收信人須付路資三佩呢、六里六佩呢、苟逾六里、每三里一什令、每日收信之時刻各國不同、英國平日由辰正至戌正、惟禮拜日由辰正至巳正而已、倫敦電信局共四十二處、各街信局十六亦代收轉遞該局、不誤、凡信逾期不到、可持收執赴局追問、不日即有答覆。

初三日庚午、早大霧、午後晴、聞倫敦各養濟院、有男女老幼八萬五千一百九十名、內四萬六千七百一十名、由四城局作而來者、三萬八千四百八十名、由街市而來者、較去歲多四千二百四十九名、上月又收八百七十三名、內男子六百二十四名、婦女一百九十名、童穉四十九名。

初四日辛未陰、戌初、同李湘浦乘車、行六七里、至騷侯

坊第三十二號韋里斯堂、赴施醫院之助善宴、樓房高
大保奉豐盈同席共九十八人、首座爲伯爵葛拉斯高、
食畢、葛伯立祝其君主太子王妃之福、衆人旋陳詞一
段、無非行善救人等語、衆旋祝湘浦與彝、迨祝畢、彝立
陳數語以酬答之、後來三男二女、鼓琴歌曲以侑酒、亥
正一刻而歸、
初五日壬申、晴、因屆曾公澄侯老大人榮誕、乃公撰壽
屏一通、以代兕觥之祝、其詞曰、
恭介
貤封建威將軍
誥授通議大夫曾公澄侯老大人
誥封一品太夫人汪夫人六秩晉一雙壽大慶、
皇帝御極之六年、出使英法俄
欽差大臣曾劼剛爵帥、將爲
仲父澄侯曾公暨
德配汪夫人舉六秩之觴、自製祝詞、遍示僚屬、於是參贊
官劉翰清、陳遠濟、偕英法使館僚友、敢附祝嘏獻觥之
末、於兹生嶽降之辰、翰清拜手言曰、成天下之大功者、
必享天下之美報、歷觀載籍、如操左券者、不可勝計也、
憶昔盜發嶺嶠、毒流江海、
太傅文正公揚下武之耿光、贊中興之大業、神縴爲謀、
日中必彗、用能肅清江表、再奠寰區、成功過於武鄉、擢
奇儕於風后、當代第一、允爲宗臣、
宮保威毅伯、迅拔堅城、克摧強寇、聲施垂於竹帛、勳業
著於旗常、並美千秋、同垂奕禩、惟我
澄
侯曾公、隱同霧豹、德比潛龍、似介圭之不飾、猶止水之
無波、志樂琴書、性耽泉石、慕仲連之奇節、追元亮之高
風、固宜顯晦異跡、仕隱殊塗、然而愷悌仁愛、及物天資
粹於琥玉、剛氣冶爲南金、克承先志、勤勞王家、龍驤大
野、虎嘯豐谷、練鄉兵而御敵、屏渠衛壯士之歌、提空名
而視師、雕騎識將軍之略、人多固志、閭閻共樂其輸將、
軍有見糧、轉運不煩於供億、惟時湘鄉一邑、征伐遍四
方、強武冠海內、逆賊石達開、全力上竄、攻圍寶慶、意欲
潰我心腹、披其本根、惟
公以爲軍士有家室之憂、斯東南沮蕩之氣、奮臂一呼、
同心敵愾、選材官之三百、率君子之六千、駐守龍山、扼

其虎穴顧盼生風喑嗚激電黄公不戰之師元女先登
之策鯨呿噴浪則萬里倒回鷁首乘雲則八風御走遂
使枌榆烽息桔槔火平形機老全解嚴城之扉謝傅
神恬速展前驅之甲妖鳥已翼而未飛長蛇吐沫而遠
遁牖户先乎曲突囷圍即以安邉
公乃讓而不居為而不宰脫然高蹈不染一塵由是登封
岱嶽難鐫彤史之勲陟降雲亭莫紀赤環之績若乃高
懷月朗意氣雲飛似明鏡之無私妙能鑑物與冰壺而
俱澈智足解紛扶風豪士之歌梓里龍門之望蝸角無
爭鼠牙息訟挹其丰采則芬若椒蘭告以話言則甘如
芝醴況復求劍青萍探珠赤水傾心結客雅意憐才集
應阮之儔招龍淵之侶薦士行於范逵表平原於北海
文思晏晏世高儒將之規大雅愔愔人懷國士之遇輕
裘緩帶散髮抽簪管絃入耳則溪壑俱調風雅悅心則
烟霞並韻乃以端居多暇博攷藝林赤文綠字探宛委
之奇鳥篆蟲書發羽陵之秘睹墅一局清酒百壺斯乃
高尚之閑情抑亦畸人之餘事焉耳
汪夫人淑慎流徽温恭著範熟嫻內則之篇克勤中饋之
職勉樂羊之向學助伯鸞之高名有齊櫛縱式薦蘋蘩
嚴正始而著尊和首宜家而占順位凡茲懿德足備女
師
介石静臣二公子聲清雛鳳譽擅雕龍松筠風概金友
玉昆聯二難於雁序擢雙秀於鴒原或以清節自好表
乎百城或以循治所敷潤乎千里敦詩說禮多密静之
思奉職勤民著忠清之美斯人倫之冠冕亦
聖世之嘉祥用是積厚流光膺茲多祜
龍章錫羡躋一品之崇鶴算延釐叶三多之祝東王主歲是
為福德之宫南極舒光正在離明之位香山九老白樂
天有此高懷洛社耆英文潞公方斯盛德將見黄菊告
籙丹崔銜禾五百年為昌期八千齡為遐壽蒲輪徵召
九重頌平格之言几杖引年四海進升恒之頌
誥授中議大夫鹽運使銜道員用分發補用知府駐法二等
參贊官世愚姪劉翰清頓首拜撰
誥授中憲大夫道銜候選郎中駐英二等參贊官姪壻陳遠
濟頓首拜書
李鳳苞邵友濂黎庶昌蔣斯彤張德彝等同頓首拜祝

光緒六年歲在庚辰仲夏之月穀旦　穀旦
初六日癸酉、陰涼、記去歲英國有輪船名阿他蘭塔者、
沉於大西洋、淹斃甚眾、現有寡婦二十八名、孤哀子女
數百、貧乏無依、倫敦美爾于滿慎堂中、設一善局、欲借
公債二萬磅以濟孤寡云、
初七日甲戌、陰、今早有屠戶紀楠者以二磅半買病豬
一口、在敦木斯克地方宰而出售、被巡捕察出、扭赴官
廳、罰以二十三磅、記倫敦通城、周一千二百方里、其老城
其中周不足十分之一、百年前之舊城也、樓雖整齊而
廿一
街道狹窄、居住者多工匠、多貧棧、本有圍牆四面七門
曰祿德門、曰迺猶門、曰木耳門、曰爾得門、曰畢舒畢朔普斯
門、曰克立布斯門、曰額勒得斯門、今二城之間、尤有門
之舊址也、鎮日大小車輛男女往來、極其稠密、為歐洲
各國都城之至勝者、新城為百年來所建者、樓既崇閎
路更寬敞、居住皆仕宦富商、園囿接連、市肆繁盛、尤為
海外一大都會焉、至前載蔚多理阿門、坤奴門等、乃為
海岱園、茄棒園之門、非老城之門也、
初八日乙亥、晴、聞昨夜洛亞歐克火車棧、有水手計格

立模者、下車將出門、驗票人巴克爾、向其索票、其人固
言遺失、巴云、既無票須另給車費、其人不聽、竟欲闖過
巴阻之、被伊所毆、巡捕扭赴官廳、伊旋將車票由錢囊
覓出、官判罰一磅、監禁七日、
初九日丙子、陰、亥正、同李湘浦、鳳夔九乘車、行五六里、
赴格拉弗屯巷第八號艾達門夫人家茶會、後赴格物
訥坊、第五號計乃斯夫人家跳舞會、迎門設有冰山花
洞、涼爽異常、天明回寓、
初十日丁丑、晴、午正、曾省齋約王謝二君與彝登大車、
廿二
往遊文恣囿、抵其地、步入行宮、陳設畢致、興十五年前
無異、繼入囿、周遊十數里、青山綠野、古木疎花、爽氣逼
人、堪稱勝地、酉初遊畢、入一加非館晚餐、因天氣燠爍、
各飲法國韋斯水一瓶、其水產於韋斯地方、清淡無味、
能爽神清胃、療渴滌煩、渾如中華之柳谷泉也、戌正一
刻回寓、
十一日戊寅、晴熱、晚同李湘浦、曾省齋在敦斯佛館看
雜劇、有幼女名羅拉者、以巾蒙面、坐於臺上、其父向客
討物令其猜之、逐件無一不對、又一女名席麗幽者美

姿容、盛修飾、清歌一曲、宛轉關生、聽者無不歎賞、子正回寓。

十二日己卯、晴、申正、同陳松生、曹一齋乘車、行四五里、至外科學院、赴傅洛爾醫官之茶會、來人男女數百、樓高三層、極宏敞、四壁排列櫥櫃、內藏天下各國人骨與石、其子傅漢立、年六歲、領遊各處、接待良殷。

十三日庚辰、晴、巳初、英人戴歐賓請在泰木斯江看子弟水師、有二百人、衣服一律整齊、步伐亦頗嚴整、因是日為西曆六月二十四日、即其君主即位之期、演畢、同入 二十三 西敏斯德大禮拜堂、奉經祝頌、彝入官座、看至午正辭歸。

十四日辛巳、晴、見英國新出一種印字法、名曰海悅格拉蕭、極其簡便、墨色惟紅與藍、寫于紙上、有膠板一塊、盛以馬口鐵盤、大小與紙齊、厚約五分、以水拭溼、反鋪字紙于上、以手往來推壓數次、則字印板上、紙之原痕不退、再以淨紙鋪其上、亦往返推壓數次、字自印出、筆跡清楚、連印百張、亦不模糊、本公署由倭特魯行買用、問其法、秘而不宣、後經曾襲侯與王謝二君思之數日、竟得其妙、法雖不同、尤覺簡便、其造膠板法有二、一用牛蹄熬膠一斤、蜜糖半斤、合成、一用杏仁粉四分、白糖二分、牛皮膠少許、合成、其造墨法亦有二、一用洋紅少許、醋強鏹化、酒醋調和、一用洋藍少許、強水鏹化、酒醋調和。

十五日壬午、晴、亥正、忽接上月二十七日由恰克圖電路寄來家報、敬悉父現染病、令彝乞假回華、跪讀之下、五內如焚、伏思彝奉命隨使數萬里之遙、違定省三閱寒暑矣、雖時修安稟、藉慰親心、已於子職有虧、況嚴體 二十四 違和、朝夕需人服侍、歸里萬不忍緩、星使上憲雖有保留之意、而瓜代逾期、諒乞假可邀恩准也。

十六日癸未、晴、申初、又接本月十一日家報、由上洋電路寄來、驚悉父病危篤、遲歸恐難見面、讀未畢、神魂為之惶懼、遂具稟懇請銷差、畧云、竊彝前奉憲札、暫留差遣、原擬赴俄聽候驅策、詎於本月十五十六兩日、連接電報、內稱彝父患病沉重、勢甚危急、促令接電登程、遲則恐難見面等語、接閱之下、心膽俱裂、伏念彝於光緒二年冬間、奉調出洋、瀕行之際、父雖強作歡

咨正辭訓誡、而黯然離緒、已流露於隱微之間、非復前
居出洋景象矣、迨抵英俄以後、屢奉家書、知衰病日增、
思子愈切、彝雖萬分焦灼、猶以俄事方殷、未敢瀆請乞
假、茲接電報、已知危急、是彝一日不歸、父病一日難愈、
恐再遲回、則彝負不孝之名、於公事亦無裨益、公私兩
失、厥罪維鈞均、惟有仰懇
憲恩、准予銷差、俾得歸省、則親父有生之日、皆
憲臺再賜之年、五夜傍徨、不勝迫切待命之至、再彝應辦
公事、均已交代清楚、尚無經手未完事件、所有應領俸　二十四五
薪、及在京月支銀兩、請於啟程前一日停止、以符定章、
伏乞垂鑒、旋蒙批准、據禀親父患病、懇請銷差歸省、情
詞迫切、自應暫准銷差回京省覲視、所有應領俸薪及在
京留支二成銀兩、仰候札飭支應委員照章辦理、并咨
呈
總理衙門、暨照會赫總稅務司查照、此繳、
十七日甲申、陰雨、午後乘車至金登幹處、請代寄電信、
致赫總稅務司轉達起程日期、以慰親心、頃知六月初
五日法國公司輪船開赴上海、遂擇于二十四日往巴里、入

夜雨止、
十八日乙酉、陰、早起料理行裝、由倫敦寄往馬賽、午後
乘車入老城、赴法國公司輪船分局寫票、
十九日丙戌、陰雨已止、乘車往拜醫官馬克蕾、問此時
走紅海、必熱、當以何法防之、馬云、此時有風尚好、迨入
西厤八月、則酷熱無風、頗不易受、今當配藥一料、天極
熱時、每早以檸檬水沖服一包、以斂血氣、彝感謝而去、
申正晴、
二十日丁亥、稍晴、同硯左子興識有樂童五人、皆龜背　二十四六
堂中肄業者、一名蒲羅柏、一名隋達呢、一賀齡、一巴克爾、
屠樸、年皆十三四歲、每日來此、相與歌唱、吹笛拉絃、聲
調可聽、而子興和之、節奏毫無舛誤、心靈手敏、愧余弗
及、
二十一日戊子、晴、記電信由英國寄往他國者、其發收
信人名姓住址、皆按字計錢、每字不得逾十五筆、逾者
一字按二字計、其價不一、按水陸里數之多寡、如由英
至法、每話二什令六佩呢、至德、每話四什令、至俄、每話
九什令六佩呢、至中華日本、每話八什令四佩呢、惟走

恰克圖至中國、路遠而價廉、蓋須半月行程也、
二十二日己丑晴、記各國送暗號電信、皆以四數代一話、今英國電綫行、改為三數代一話、如送者仍以四數代話、電行則以二數分計、而需費更多矣、
二十三日庚寅晴、記英國信規、凡信送至某處、如其人業已他徙、或無其人、或住址寫錯、則信局將原信拆開、外加封皮、照送信人住址送回、并註明繳回之故、如內無送信人住址、則收入廢信局、英名代達蕾特敖肥司、存留三年、備人尋覓、逾期則焚之、

二十四七

二十四日辛卯晴、午後叩別曾襲侯、及陳松生諸君、戌初二刻起程、乘車至柴令克洛斯火車客廳、蒙同人送別、少敘登車、戌正二刻開行、亥正二刻抵都法海口、下車登舟、即時展輪、水平船穩、子正二刻至戛蕾海口、換舟登車、開行一夜、
二十五日壬辰晴、辰初二刻、抵巴里、入公署、見劉開生、李敎甫、楊仁山、聯春卿、聯子振、王小峯諸君、知慶靄堂已往俄國、
二十六日癸巳晴、記法國入款、上年收二十五萬七千五百零二萬八千五百八十二方、至本年收二十六萬七千二百一十四萬零五百三十方、合銀三萬七千四百零九萬九千六百七十兩、其出款、上年用二十五萬七千萬零四百七十五方、至本年用二十六萬六千七百二十九萬六千七百五十一方、合銀三萬七千三百四十二萬一千五百三十八兩、閒前于西麻一千八百七十年至七十三年、即同治九年至十二年與德鏖兵所費、初次用十一萬七千三百零一萬六千方、二次用七萬零二十二萬二千方、賠償德國軍需三千八百八十萬零七

二十四八

千方、巴里防堵用一萬六千九百五十一萬八千方、養贍兵丁家口用五千萬方、還德利息用三萬零二百零六萬五千方、保護德兵用二萬四千八百六十二萬五千方、德國征收零款用六千一百七十萬八千方、歸還借款用六萬三千一百一十六萬八千方、虧收稅額三萬六千四百一十八萬九千方、雜費用五萬四千八百五十六萬四千方、償還外款用五十萬萬方、共用九十二萬八千七百八十八萬二千方、合銀二百三十五萬零七百五十八萬七千兩、因用款支絀、于西麻一千八

百七十年、（即同治九年）借民債一十萬零一十三百四十七萬一千方、出賣軍器九千二百一十九萬七千方、修復巴里拍賣一萬二千零三十萬九千方、出賣庫存器械九千一百二十八萬八千方、借本國銀號一十五萬三千萬方、借東路火車行三萬二千五百萬方、二次借民債二十二萬二千五百九十九萬四千方、添抽雜稅八千三百九十一萬五千方、二次加抽一萬五千四百八十九萬九千方、三次加抽一萬五千二百零六萬五千方、額外抽捐三十四萬九千八百七十四萬四千方、共計九十二萬八千七百八十八萬二千方、合銀一十三萬零三十萬三千四百八十兩、

二十九

二十七日甲午、早大雨、未正止、入夜仍雨、法國前于西歷一千八百七十二年、（即同治十一年）新定兵律、民由二十至四十歲、充兵二十年、以銀捐免等項、一併禁止、已經官醫驗明、身體強壯、及未經自行報明、身有疾傷柔弱者、皆練習五年、操演四年、充本地兵五年、候調六年、外有恩例數條、除報病恩免充兵外、一孤子而居長者、一、一家之長子長孫、寡婦之孤子、或改嫁之子、或其父年逾古稀者、一、年長者兄弟可以同時招募、一、兄弟年隔一紀者、當先招其兄、一、一家長子已故、或陣亡及受傷、其次子及以上各等、皆一律恩免充兵、再學習雜技及打獵等藝、學生官學教習、雜技教習、畫工之著名者、紳士之報官傳教者、及生于教主所轄之地、而經牧師記名收留者、亦皆一律恩免充兵、又一家人口、為其人供養、或現有事業者、經官報明、亦皆恩免充兵、以上各節、各城有專任武官考查、凡幼丁子弟之報官已能何技者、經官考試相符、然後登簿、當義勇一年、後降名、聽其自

三十

便、而一年內衣食一切、皆須自備、凡初當兵者、能讀書能繕寫、俟練成武藝後、予假之期、多寡聽便、不得越兩年、前一千八百七十五年、（即光緒元年）法人之挂號充兵者、共三十萬九千一百二十四名、內除恩免九萬一千八百四十九名、當義勇一年者九千二百零四名、外其餘二十萬八千零七十一名、按例充當二十年、自與德戰淪陷阿拉薩及洛倫二省後、計減少人丁一千五百餘萬、近年軍費加增甚重、前一千八百六十九年（即同治八年）軍需總數、係三萬八千三百九十七萬九千八百五十

一方、合銀五千三百七十五萬七千一百七十九兩、至一千八百七十五年、即光緒元年增至四萬九千三百七十七萬六千三百二十一方、合銀六千九百一十二萬八千六百八十五兩五錢、所以較前多增一萬零九百七十九萬六千四百七十方者、因按新章增兵額故也、按其兵制新章、如步軍一百四十四旗、每旗除二器械隊外、各分三旅四隊、又獵夫三十旅、每旅分四隊、兼一器械隊、短衣兵四旗、每旗四旅四隊、一器械隊、快槍手三旗、每旗四旅四隊、先鋒一旗、分四旅四隊、內阿斐里加人三旅、馬軍七十旗、係鐵甲十二旗、龍字二十六旗、輕騎三十二旗、內前鋒二十旗、騎勇十二旗、又前鋒內有阿斐里加揵騎四旗、土耳其精騎三旗、礮營內大礮三十八旗、分十九營、每營十三隊、築橋兵二旗、每旗器械兵十四隊、工匠兵十隊、礮手五十七隊、掘地兵四旗、每旗五旅四隊、法國步軍實任官、一萬一千六百五十三員、候補者、六萬二千五百一十七員、兵共二十萬二千八百三十四名、官兵共計二十七萬七千零四員名、馬軍實任官、三千五百九十員、候補者、一萬四千七百八

三十一

十六員、兵共四萬九千九百零五名、官兵共六萬八千二百八十一員名、礮營官實任官二千九百七十四員、候補者、一萬九千一百三十五員、兵四萬二千九百八十七名、機器營實任官四百二十八員、候補者二千九百一十二員、兵七千五百九十名、官兵共六萬五千零九十六員名、機器營實任官四百二十八員、候補者二千九百一十二員、兵七千五百九十名、官兵共一萬零九百三十員名、雜隊實任官、四百一十二員、候補者、二千七百八十八員、兵六千一百九十二名、官兵共九千三百九十二員名、前後共實任官一萬九千零五十七員、候補者十萬零二千一百三十八員、兵共三十萬九千五百零八名、官兵共四十三萬七百零三員名、

三十二

二十八日乙未晴、記法國地共五十四萬三千零五十一方吉婁美當、內耕田二十六萬五千六百八十六、草地五萬零二百四十三、產酒料地二萬三千二百零八、林薄地九萬一千六百七十七、荒地六萬五千四百六十二、果木地八千五百四十三、樓舍道路江河、共占地三萬八千二百七十一、至每吉婁美當、合中國里數、見前、

二十九日丙申晴。記法國出口貨，前西麻一千八百六十六年（即同治五年）共值二十八萬二千五百九十五萬五千方，合銀三萬九千五百六十三萬四千七百兩。本年加至三十五萬六千九百八十九萬一千方，合銀四萬九千九百七十八萬四千七百四十兩。其進口貨，于十年前共值二十四萬八千一百五十五萬六千方，合銀四萬二千三百七十二萬一千三百四十兩。本年加至三十九萬五千零一十七萬四千方，合銀五萬五千三百零二萬二千三百六十兩。其出口貨之販往英、德各 三十三

國者，爲雞、魚、牛、羊、牛乳、雞卵、麥粟、米豆、大麥、白麪、棉花、菜蔬、鮮花、果品、紙花、綢花、男女衣冠、手套、絨襪、布疋、綢緞、生熟皮革、毡毯、羽翎、牛羊毛、山藥、豆、糖、爉、絳參、鮮花、鐘表、鋼鐵器、金銀器、樂器、木器、三鞭、克拉力、紅酒、火酒、油子、油子餅、菝葍等子種、及化學雜物、玩物。其運貨船隻，除漁船外，共一萬五千五百二十四隻，內重八百餘噸者，一百零五隻；七百餘噸者，五十八隻；六百餘噸者，八十隻；五百餘噸者，一百二十二隻；四百餘噸者，二百三十六隻；三百餘噸者，三百四十四隻；二百餘噸者，五百五十隻；百餘噸者，一千零十隻；六十餘噸者，一千一百五十八隻；五十餘噸者，三百五十隻；五十噸以下者，一萬一千五百一十一隻，共重一百零三萬七千二百七十二噸。又火輪貨船五百三十七隻，共重二十萬五千四百二十噸，馬力共七萬一千零一十，內二百五十一隻屬地中海，二百八十六隻屬大西洋。

六月

初一日丁酉晴。記法國上年共發信函三萬六千七百四十四萬三千八百三十七封，得銀九千五百八十九 三十四

萬四千三百零七方，此外又加包封大小三萬七千六百萬五千九百三十四件，得銀一千七百八十四萬九千八百六十方，共合銀一千五百五十萬七千六百三十七兩。

初二日戊戌晴。記法郎西國除本國外，亦有屬地及保護地，共計五十三萬六千九百五十一方吉羅美當，合三十三萬五千五百九十四洋方里，即三百零二萬零三百四十六華方里。以下各處統以吉羅美當計之。居民共三百六十五萬一千二百五十四名口。其屬地

在亞細亞者，如印度一省，周五百零九方吉婁美當，居民二十二萬七千零六十豆名口，地名蒲賓慎，得于西麻一千八百七十九年，即光緒五年 安南古省，周二萬二千三百八十方吉婁美當，居民五十萬二千一百一十六名口，得于西麻一千八百六十一年，即咸豐十一年 安南新省，周三萬三千八百六十四方吉婁美當，居民四十七萬七千名口，得于一千八百六十七年，即同治六年 以上亞細亞地共五萬六千七百五十三方吉婁美當，居民共一百二十萬六千一百七十六名口。

三十四五

在阿斐里加者，如賽乃戛一省，在洲之西北境，為赤道北一十六度，北京西一百三十一度，周二十五萬方吉婁美當，居民六十萬七千三百九十八名口，得于一千六百三十七年，即道光十七年 金海邊與戛貢河，在洲之正西境，為赤道北第五度，北京西一百一十九度十分，周二萬方吉婁美當，居民十八萬六千一百三十三名口，得于一千八百四十三年，即道光二十三年 布爾貢島，在洲之東南境，為赤道南二十一度，北京西六十度，周二千五百一十一方吉婁美當，居民二十萬七千八百八十九名口，得于一千六百四十九年，即順治六年 賢馬麗島，在洲之西北境，為赤道北三十六度五十六分，北京西百四十度，周九百一十方吉婁美當，居民六千一百一十名口。麻由及訥布貝斗達羣島，在洲之東南境，為赤道南十三度二十五分，北京西六十度十五分，周五百二十方吉婁美當，居民二萬零七百一十七名口，得于一千八百四十三年，即道光二十三年 以上阿斐里加地共二十七萬三千九百四十一方吉婁美當，民居共一百零二萬八千二百四十四名口。

三十五六

在阿美里加者，如吉阿那，在南洲北境，偏東，為赤道北一度，北京西一百七十度十分，周九萬零八百五十四方吉婁美當，居民二萬四千四百三十二名口，得于一千六百零四年，即明萬曆三十二年 戛大婁普羣島，在南北二洲中間腔地之東，為赤道北十五度，北京西一百七十八度二十分，周一千六百四十五方吉婁美當，居民十五萬一千五百九十四名口，得于一千六百三十四年，即明崇禎七年 馬蹄泥島，在南洲正北，為赤道北十四度，北京西一百七十九度，周九百八十八方吉婁美當，居民十三萬九千一百零九名口、得于一千六百三十五年、即明崇禎八年賢皮葦及馬格隆島、在北洲之東北、為赤道北四十六度十分、北京西一百七十度二十分、周二百一十方吉婁美當、居民三千八百名口、得于一千八百三十五年、即道光十五年以上阿美里加地共九萬三千六百九十七方吉婁美當、居民共三十一萬八千九百三十五名口、在南北太平洋之間、羣島羅列、總名蒲立西希亞、其屬法者三島、一曰牛喀來倪呢亞、在赤道南二十度三十分、北京東四十五度二十分、周一萬七千四百方吉婁美當、居民二萬九千名口、得于一千八百五十四年、即咸豐四年一曰賴阿的羣島、在赤道南二十二度、北京東五十一度三分、周二千一百四十七方吉婁美當、居民一萬五千名口、得于一千八百六十四年、即同治三年一曰馬爾奎羣島、在赤道南十度四分、北京東一百零五度二十分、周一千二百四十四方吉婁美當、居民一萬名口、得于一千八百四十一年、即道光二十一年以上太平洋羣島地共二萬零七百九十一方吉婁美當、居民共五萬四千名口、總計以上屬地、共四十四萬五千一百八十二

三十又七

方吉婁美當、居民共二百六十萬七千三百五十七名口、

其保護地有五處、一曰岡白鷗士、在亞細亞之東南、為赤道北十度、北京西一十四度三分、周八萬三千八百六十一方吉婁美當、南臨暹羅海灣、東界安南、居民一百零二萬、原屬暹羅國、前于一千八百六十二年、即同治元年法與暹羅定約、分歸自主、土極肥沃、產胡椒、甘蔗、絲棉、菸葉、鉛、膠、果品、金、銅、鐵、錫等、其他四處、亦在蒲立西希亞羣島中、如塔希的島、在赤道南十七度、北京東三十度、周一千一百七十五方吉婁美當、居民一萬三千八百四十七名口、歸于一千八百四十一年、即道光二十一年圖阿卯倪羣島、在赤道南十度、北京東三十度、周六千六百方吉婁美當、居民八千名口、歸于一千八百四十四年、即道光二十四年岡比爾島、在赤道南二十二度、北京東二十三度三十分、周三十方吉婁美當、居民一千五百名口、歸于一千八百四十五年、即道光二十五年土蠻及瓦委圖島、在赤道南十度十分、北京東四十六度、周一百零三方吉婁美當、居民五百五十名口、以上保護地共九萬

三十八

一千七百六十九方吉萋美當居民共百零四萬三千八百九十七名口法人在外貿易以布爾賁馬蹄泥及戛大婁普三處為大埠所有法人在以上各處者共計二千餘惟在吉阿那與伴嗒來倪呢亞二地者皆自一千八百五十二年（即咸豐二年）至一千八百七十二年（即同治十一年）之後遣人犯以上所聞如此

初三日己亥晴晚餐後告別同人戌初乘車至呂陽大車棧蒙劉開生聯子振聯春卿李敦甫諸君送別戌正登車即開行一夜頗覺涼爽

初四日庚子陰雨陣陣申初抵馬賽下火車乘馬車仍入馬賽大店酉初一刻以敞車送行李入船行熱似初伏 三十九

初五日辛丑晴巳初乘車行數里至碼頭登法國公司安那的輪船倖暗輪長一百二十四碼（一碼不足四尺）寬十二碼零七寸深十碼重五千四百噸載三千五百一十六噸馬力六百一律潔淨整齊即曾襲侯前由上海駕來者也巳正展輪出口風平浪靜

初六日壬寅晴水藍色平如油清風徐來天氣涼爽早晚遇火輪二風篷三皆南行者

初七日癸卯晴丑正抵那柏里住船卯初睡起雇舟登岸樓舍稠密式如英法有宮小似麥西者惟舊王宮與禮拜堂皆闊敞華美壯觀貧民男女傴僂提携往來不斷菜蔬果品俱全辰初回登大船按舟價往來二方車價一點半鐘一方半領遊人索謝十方給以二三方足矣當時有男女六七人登船彈唱乞錢亦有幼童投水摸錢者按是地在義大利國西南境為赤道北四十度北京西一百度十分地極肥沃居民九十餘萬為貿易之通衢偏西一大火山名撒韋徽白晝黑烟直上夜則烈焰飛騰亦妙景也辰正一刻開行出口甚平戌正過司枚羅百里島頂上亦有大山惟紅焰微小耳子初二刻過墨西那燈火連綿海天一色尤奇景也 四十

初八日甲辰晴風靜水平色深藍午後遇風篷一隻南行者火輪一隻北行者

初九日乙巳晴水平午正過堪的雅島地屬土耳其在赤道北三十五度北京西九十一度

初十日丙午晴記西國因航海通商設有商部及船政

學院、學成後、商部試之、優者令充船主、凡造船之家、無私請船主者、一船既成、商部驗其工堅料實、而後估其所值、定其行海年限、或十年、或二十年、不如式者、不準駕駛、違者有罰、商部又視其所載之貨、所坐之人、如貨逾其所載之數、人逾其所容之數、皆禁止之、違者有罰、其行海所用之水手、所帶之糗糧、必使足數、不如數者有罰、日給水手工匠之米鹽肉食、皆有程式、不如式者有罰、船主出海、船一切聽命、而日記其所行于册、其有爭辨等事、歸商部處分之、出洋官給驗票、往返皆有定期、違者有罰、

四十一

十一月丁未晴、寅正一刻、抵波賽住船、上煤下貨、畢午正、復開、入新開河、行百零八里、戌正住船、記新開河、故沙漠下游、尼羅江積沙上壅、歲淤數尺、波賽口外燈樓、原造臨海、今海潮積沙、已至八百餘步、故于口外入海處、兩岸累石為長堤、橫截海面、北岸長二百餘丈、南岸又數倍之、連如長橋、因沙地無石、用機器積沙壓成之、長方、約八九尺、寬厚二三尺、極其堅固、斯亦天工而人代之矣、

十二日戊申晴、寅正開輪、卯正、過義思麥利亞、未初一刻、出蘇耳士口、住船、頗熱、下貨畢、申正復開、走紅海、入夜順風、

十三日己酉、晴熱、水平無波、海道狹窄、兩岸山勢羅列、時見島嶼、距岸咫尺、蓋左為阿剌伯、右為埃及也、

十四日庚戌晴熱、水平如昨、巳正一刻、左右各遇輪船一隻、皆北行者、

十五日辛亥晴、南行、西風、船行平速、夜雖有風、而熱似中伏、客卧船面、尚覺汗流浹背、子正微睡（鬧）忽聽法人狄特鑾之長女、因酷熱、難禁、哭號驚醒、丑正、又有德人席阿甘之妻與妹、忽由艙內驚出、言有大鼠竄越牀榻、上下喧譁、寅正始息、至卯正、水手洗刷船面、又欲眠而不得矣、

四十二

十六日壬子晴、天熱、水平、左右山島、如送如迎、蓋紅海闊僅五百餘里、而島嶼甚夥、近年英得梧林一島、其小島多有未開墾者、地無所屬、故圖說無從列其名也、申初一刻、過喇布與阿拉巴二大島之間、出紅海、雖非赫赫炎日、而仍思飲冰也、

十七日癸丑晴、寅初抵亞丁、天氣雖較紅海減熱、然曉日初升、諸山紅紫輝映、色如胭脂、仍似日炙沙石、蓋地在赤道北十二度四十六分、所謂炎方火維之域、不知有冬令者也、住船後上煤下貨畢、亟酉正開行、走阿剌伯海、入夜稍覺涼爽、

十八日甲寅晴、卯初旁風、浪起船搖、午正甚熱、入夜大風尤烈、船內杯盤亂落、全鐵皆鳴、人之嘔吐者大半、

十九日乙卯晴、風浪尤大於昨、巳正、過斯高達拉島、出阿剌伯海、入印度洋、見一英國輪船由東來者、三桅皆折、身已半斜、行動甚慢、蓋昨遇颶風所苦者、

四十三

二十日丙辰晴熱、風浪如昨、雖當風揮扇、猶覺汗流、屠阿甘之妻因畏炎威、而晝夜哭泣焉、

二十一日丁巳晴、浪動船搖、午後稍息、因思三四日間、海路之遙、風浪之大、咸賴鐵船之堅固、駕駛之精能、始獲穩渡、按古書內載、王元年登蓮花峯見鐵舟、又安定縣有越王銅船、是以銅鐵造船、非創始于泰西也、

二十二日戊午晴、風浪雖有、而船行尚穩、巳正陰、午初大雨一陣、雨後晴、遙望左右奇峯羅列、翠嵐如畫、未知其為雲或山也、

二十三日己未晴熱、水平船穩、午初、過麻那怪島、遙望孤峯矗立、直插青霄、有飛魚如白鳥者、往來船面、可謂魚鳥親人矣、

二十四日庚申晴平、天氣稍涼、按水程船須東行稍南、辰正因南行過度、乃轉北三十餘里、始歸正途、

二十五日辛酉晴、卯正二刻抵錫蘭、住船早餐後、駕小舟登岸、步入歐連大店、少坐、旋回船、入夜上下貨物、卸煤炭、放水氣、黑人歌舞、令人終夜不寐、

四十四

二十六日壬戌晴、辰初一刻開行、出口甫數十里、因收拾機器、停輪一小時、託唐穆宋臨芳殿飲葡萄酒、常曰、飲此頓覺四體融和、真太平君子也、當日午酌、彝飲葡萄紅酒一杯、始覺五中暢爽、此酒產于法國、釀以葡萄、味酸而不芳、其性能養人、航海煩燥之時、飲之尤為有益、

二十七日癸亥晴平、早餐後、同船有法人沙邦瑞者、問曰、聞貴國教門所重者、惟孔門及佛道兩教、不知他教可得傳乎、答曰、中國各省、幾占亞細亞一洲之半、何教

蔑有、苟為善、斯愛敬之、不必界分畛域、沙曰、天主教何以屢被焚殺、答曰、天主教之流傳、意在廣修功德、其入教者、良民固多、而匪人亦復不少、或犯法、或負債、或結怨、于是窮無所歸、入教求庇、教士不分良莠、概為保護、于是匪人益無忌憚、每借教堂為名、肆行無不法、百姓積怨、因而恨及教門、故屢釀巨案也、在教士之本心、詎有意縱匪殃民哉、是不別良莠之故耳、若謂匪人入教、久而自化、然入教既非誠心、恐感格亦匪易也、沙曰、誠哉是言也、

四十五

二十八日甲子、早稍陰、巳正晴、旁風、船微搖蕩、因飲食不調、胃中微痛、入夜吐瀉不止、

二十九日乙丑、晴、早起吐瀉雖愈、身體頗覺疲乏、偃臥一榻、惟日數歸程而已、

三十日丙寅、晴暖、水平如鏡、鎮日左右見山、或遠或近、參差掩映、突兀崢嶸、洵天然之圖畫也、

七月

初一日丁卯、晴平、水綠色、中正一刻、抵新嘉坡、住船、傍岸後、乘車至唐城漆木街欽仙樓晚餐、頗佳、戌正回船、入夜熱、

初二日戊辰、晴、終日上下貨物、裝載煤水、訖此地果品甚多、有一種邦卜當者、大如荔、色紅、有冗刺、內一核、肉白色、味如杏、又有杜果者、大如龍眼、色黃、皮薄、內四小核、肉粉紅、味如橘、又有鏈果者、大如菜瓜、外有楞、色淡黃、皮如鱷魚、厚盈寸、內分三格、每格肉四五塊、白色、聞之如葱蒜、食之似蜜糖、

初三日己巳、早陰、辰初、啟椗、出口細雨、未刻、西風起、水微波、申正晴、

四十六

初四日庚午、晴、水平船穩、熱似紅海、值此酷暑、苟得大食國所貢之松風石、置諸客艙、則凉飇定生于几榻間也、

初五日辛未、晴、巳正一刻、進江口、午初陰、未初雷雨、申初晴、申正二刻、抵西貢、住船、即駕小舟登岸、步至宏泰昌棧、拜張沃生、霈霖、賀其子張夢樓振生己卯新貴之喜、遇何一山、桂林、及蔡毅若、錫勇、之堂弟蔡復其、迪昌、少坐、同乘車遊、見房屋加增數倍、禽獸園頗地闊敞、添有山猫與狨、另一新闢大園、花木甚繁、逢遇前丁卯

年同船之英人司樸納相見甚親，約明早餞。謝辭，晚在宏泰昌小飲，留宿，談至天明。

初六日壬申，晴熱。巳正張沃生留早餞，申初回船，申正展輪，亥初出口，入夜涼。

初七日癸酉，晴熱。早出印度洋，走中國海，時居孟秋，熱如盛夏，雖能安枕，仍覺暑氣逼人。

後

初九日乙亥，晴平。早見捕魚船數十，隨波上下，知距瓊南萬州一帶較近也。亥正至香港口外住船，清風徐來，披襟納爽，非復昨日之炎熱矣。

四十七

為

初八日甲戌，晴平。午後船面散步，有英國麗如行夥計戴勒爾者，相與立談甚暢。入夜熱。

初十日丙子，陰。卯初開行，辰正停泊，駕小舟登岸，乘肩輿至科古洋行，拜吳蔡闌光昭，旋登山，至寶羅書院，拜前充同文館英文教習、現任英國香港吡刎包爾騰夫婦，去此，赴上環街萬芳樓早餐，繼至鎮北街居安號，拜潘屋衢，堅請晚酌，同席有李若農學士文田、林翰園太守苑生、潘槐史、李玉衡、李逸樓、潘瑩川、陳儷琴、衛梅溪、葉鏡齋、曾月溪、曾容川、陳日樓、黃冀賓、黃欣譜、陸曉川、張貫成、招雨田、馮衍庭諸君，遂留宿。

十一日丁丑，忽陰忽晴。酉刻，黃冀賓招飲于居安號，人數如前，亥正謝別登船，入夜雨。

十二日戊寅，早大雨。卯初一刻開行，出口水平船穩，辰正雨止，仍陰，未初晴涼。

十三日己卯，晴冷逆風。晚同英人周阿森談及天文，頓開茅塞。按隋天文志內載耿詢造渾天儀，施于暗室中，外候天時，合如符契。又郭守敬作簡儀，為圓室一間，平置地盤二十四位于下，屋脊中間開一圓竅，以漏日光，

四十八

可以不出戶而知天運。查今西國觀象臺式亦與此相似。

十四日庚辰，陰涼。未初細雨一陣，雨後晴雲作峯，高數十重，而北面山嶺一帶，相為銜接，乍睹之，莫能辨其真假也。

十五日辛巳，晴。子初進吳淞口，丑正停輪，待至卯初復開，辰初泊于怡昌碼頭，登岸，寓洋涇橋長發棧。午後往拜劉芝田觀察瑞芬、莫善徵大令祥芝及稅務司赫政，途遇同硯楊誠之兆鋆，立談片刻。

十六日壬午晴、午後往拜陳寶蕖司馬（乘肩輿）、福勳孫硯農、文田黃詠清惠和楊誠之、（王子顯）回寓知有劉觀察莫大令及赫稅務司答拜、申正、誠之招飲于聚豐園、同席有丁小舫、吳子明、黃詠清、胡賀甫、

十七日癸未晴、巳刻、有陳寶蕖孫硯農黃詠清楊誠之王子顯諸君答拜、午正、黎蒓齋之猶子黎祝衡招飲于聚豐園、同席有孫硯農、陳養原、戌初、孫硯農招飲于復興樓、同席有陳臧伯、朱蓮叟、黎祝衡、

十八日甲申晴、午正、陳寶蕖招飲于養（四十九）和堂、同席有日本領事官、及吳仲英、恆劉筱舫啟彬王樹芬黃煥巖、莫善徵、飲畢、同仲英筱舫善徵三君乘車至靜安寺少坐而歸、順拜黎祝衡、陳養原、陳臧伯、

十九日乙酉晴、聞彝初次隨使泰西、所撰航海述奇、經申報館印出、不知稿由何人所寄、遂即函致該館、令登申報、畧云、曩者彝隨斌友松郎中、出使泰西察訪風俗、有隨筆日記一編、旋京後、因戚友索觀、乃將原稿奉給、并未修改、是編雖有名有序、無非一時自娛、初無笑及東梨之意、昨由泰西回華抵滬、聞已經貴館刷印、不知稿由何人所寄、殊覺詫異、憶十五年前學問（未嘗）未成、語言粗鄙、不勝慚愧、今既印售、噬臍無及、願觀者諒之、申正、莫善徵招飲、同席有陳寶蕖、吳仲英、劉小舫、

二十日丙戌晴、早起、招商局寫船、申初、王子顯招飲于復興樓、同席有葛蕃甫、繩孝洪九香、丁小舫、葉成忠、

二十一日丁亥晴、巳刻、赴各處告別、申初大雨、酉初、葛（蕃甫）洪（九香）二君、招飲于復興樓、同席有王子顯、葉成忠、丁小舫、子正登保大輪船、諸君送別、

二十二日戊子、早陰、寅初晴、寅正展輪、（五十）辰初一刻出口水平船穩、

二十三日己丑晴、風逆而水平、午後函致黎蒓齋黃玉屏張聽颿、報知抵滬安穩、布帆無恙、

二十四日庚寅晴、卯正抵之罘停泊、上下客畢、巳初啟椗、水深藍色、平靜無波、

二十五日辛卯晴、辰初、至大沽口、停輪待潮、巳初復開、巳正二刻進口、申初抵紫竹林、晚寓於北洋橋人和店、

二十六日壬辰晴、早僕人張祿來接、問及父病、據云自接電信後、浹旬始能坐起、元氣漸復、日飲薄粥一甌、彝

敬聞之下、心覺稍安、午正、往謁合肥相國李少荃制軍、鴻章及拜朱靜山、馬眉叔、長書舫、王竹軒、張雲波、張子敬、税務司德璀琳、戌初、張子敬、王竹軒招飲于清河樓、亥正回寓、

二十七日癸巳、陰雨、長書舫設早饌、午後謁合肥相國東辭回寓、知朱靜山、馬眉叔、王竹軒、長書舫、張雲波、張子敬諸君答拜、

二十八日甲午、晴、卯正起程、巳正至浦口、早尖、酉正一刻宿于莘村、

二十九日乙未、晴、卯初起程、巳正至河西務、早尖、酉初宿于張家灣、五十一

三十日丙申、晴、卯正起程、巳初抵于家衛、早尖、午正、進廣渠門、至崇文門、兒子棨驤率僕以車來迎、數刻抵家、登堂、見父危坐牀上、兩眼垂涕、欲言不得、彝跪泣聆父云、爾真來耶、抑或夢耶、彝聞尤覺淒楚、即答曰、兒真來矣、聞彝言乃止涕、繼以手扶彝肩、微作笑容、彝始起立、備述已往情形、闔家團聚、悲喜交加、彝回憶飄萍海上、忽忽四年、亦渾如一夢耳、

卷十六終

五述奇

光緒辛丑三月
沈藝書篆

余嘗嗜披鄴架癖索曹倉欲於故紙堆中搜奇覓異惟邃古荒遠渺而難稽迨閱山海經則奇之繼閱穆天子傳則又奇之後此尚有奇焉者乎歷代學士文人本奇才奇想摛為奇文大抵以子虛烏有者揚詡瑰奇識者鄙之謂非實遊其境親見其物未足云奇也前明鄺湛若先生走粵西偏歷猺洞為相思寨雲亸孃上客於是就其山川之奇險風俗之奇異物產之奇怪著為赤雅閱者嘖嘖稱謂可與山海經穆天子傳鼎立然而我

國家幅員遼闊兩粵之地距　京師僅數千里即苗蠻各種類早已改土歸流漸摩聲教亦未足云奇也　張在初觀察名儒學問豪士襟裹由同文館當差屢次隨出使大臣游歷外洋所著述奇有一二三四之目跟經躐史網海羅山糧許饋貧糉真益智茲以五述奇見示謏撰弁言蓋隨星使駐德義志國之日記

也余一再渡之謹以妃黃儷白之詞用
胼飾於簡端曰夫文章與政事相表裏
者也　在初留心時務通達政體適值
泰西各國輪船通商
朝廷簡命使臣出使各國辦理交涉事件
以固邦交　在初皆隨侍星軺與聞其
政所至宣播威德俾戒
皇上之震疊懷柔託於寰中瀛外故其為文
也非淂之見聞者不紀有述必奇無奇
不述是以風流文采襄贊於珠盤玉敦

聞
國體之榮辱係焉即政體之淂失關焉蓋
在初仗劍出門同仲升之投筆驅車絕
域比博望之乘槎當其發軔津沽泛舟
溟渤衝颶風則濤驚浪駭灑墨雨則水
立雲飛海若前趨天吳後殿指蒼茫之
島嶼瞬過黑洋駕迅駛之帆檣身經紅
海熱諾河水程可計湯節来思萬德海
賓館宏開柏林至止於是入國問俗譯
語通文開色者至尊之稱臘典為古學

之祖夜偏長而晝苦短日為陰而月則陽錢摹美女之容酒重香賓之品天機活潑玩阿奎良之魚池器製精工觀克鹿卜之礮廠他如船以輪行歐德爾也車憑氣運司達班也木雕景致包格翡也單蔎馨香法呢葉也箭可傳聲德利風也藥堪療疾喀爾柏也至於錫名古米高喝三多既物曲之攸殊實僕更而難數又若政議在國亦議在民兵寓於農亦寓於匠騰驤試蓺馬戲呈能積累

生財鴿票得彩兩間奇事半世奇觀君因窠臼翻新揮殘竹管余亦唾壺擊碎讀遍籐箋博物之編虞衡之志方斯茂矣竊有感焉彼祭獺之儒測蠡之士非不披枕函鴻寶訪山洞龍威而崔君苗見士衡作硯亦拚焚張茂先譽太沖文紙爰驟貴余撫茲五集愧之萬言勉傚蟲雕藉求驥附倘備芻蕘之採定生棃棗之光知　在初浮白開帙時亦應撫髯濃笑詫武衛班中尚有嗜奇之士異

日再有奇文當樂與共欣賞也

嫩江幼蓑那蘇圖拜序

五述奇自叙

庚辰夏仲彝隨曾襲侯駐英忽接電信知先君病篤遂乞假回都以侍晨昏壬午孟冬先君見背逮甲申春許星使景澄奉

旨出使德法知彝屢次出洋熟識洋務遂派爲隨使後以彝服尚未闋改派文嗣旃績文君者英文館肄業生也彝聞命之下不禁歎星使愛我之深而彝當奉派時所以未敢徑辭者亦自有故蓋思服雖未終而君親不得歧

視苟其隨使鄰邦稍展尺寸則事君即以顯親未始非計且如李丹崖星使鳳苞徐進齋參贊壽朋劉湘浦領事亮元聯予振繙譯興及吳漢濤廣沛嚴朗軒士琦蕭介生仁杰隨員皆墨經而隨使外洋者以彝例之實不相異故未辭也然星使既勿使前往亦可遂彝守制之願已迨星使赴節後彝迭遭兄嫂之變經營喪務心力交瘁不禁又歎星使有先知之明一若不得明言而隱以未終喪為辭益信愛我之深矣越三年乙酉彝服闋洪星使鈞出使俄德派彝為隨員彝於是赴德之行始果噫一飲一啄莫非前定況其大者乎彝前年欲行乃止以為此身恐無至德之日而今復能遊德抑何幸歟彝既感洪星使之盛意而回憶許星使阻勿使行勉我以孝使得終三年喪而尤銘感於肌骨不虞衽袖之淋浪也彝隨使既歸因思古人有乘槎尋

源事而其詳未聞蓋以未筆於書故不傳於後世爰出日記數冊示諸同人猶前志也雖字句樸陋文誼麤率而於當世君子留心外邦風土人情者或不無一助因紀五次隨使之由而爲五述奇之序旹

光緒一十有八年歲陽在元默陰在執徐如月鐵嶺張德彝在初氏叙於養心堂

五述奇凡例

一海邦政俗近年諸星使著作如林久已膾炙人口余則不過竊其緒餘而已

一是書本紀泰西風土人情故所叙瑣事不嫌累牘連篇至於各國政事得失自有西士譯書可考

一是書原係逐日登記藉驅睡魔其文俚而不雅難免有道之譏閲者諒之

一所紀天文度數山川遠近里數不無訛錯然行人持此而往或不迷於所向也

一錄泰西往事以及製造之創始雖用西厤紀年而仍附以中厤者以便閲者考查也

一海外地名以‖識之人名官名物名以——識之其還音雖本瀛寰志略各書仍有不甚吻合之處聊以得其彷彿云爾至中華之地名人名官名物名則不復識別

一歷次出洋雖辱承譯事而一切密勿關而不書亦金人緘口之意也

一前四次筆所述及者概不登入以免重複

一昔宋洪邁成容齋隨筆後有續筆三筆四筆五筆張端義貴耳集有二集三集古人編纂與時俱積原不必統隨一式余五次出差各就見聞筆錄故以述奇再述三述四述五述而名之

一所載有見聞不確失其事實者尚望　高明正之

二

五述奇目錄

五述奇卷一

鐵嶺張德彝在初隨筆

溯我中土當列國時即有互派公使一說然無常行駐紮者東西各國鄰邦百年來始行互派公使駐紮至今凡彼此換約通商者竟援此為定例而駐紮年限無定維我
皇清受命以來大一統之規宏無外之量自與東西各國換約後亦陸續
欽派大臣前往駐紮惟遞以三年為期
龍飛十有三年丁亥歲春
欽差駐德大臣許星使景澄以瓜期將屆且接電丁憂遂急奏請
簡派使臣接任至五月初三日乃奉
旨前內閣學士洪鈞著充出使俄德兼奥和國大臣等因
欽此是月二十九日經星使奏調五品銜翰林院編修汪鳳藻芝房江蘇蘇州府元和縣人為二等叅贊官六月十三日又經奏調四品銜直隸候補同知駐紮日本隨員姚文棟子樑江蘇上海縣人花翎三品銜候選知

府張德彝在初漢軍鑲黃旗人、花翎候選同知陶森甲
榘林湖南寧鄉縣人、五品銜候選知縣王大慶祉蕃直
隸永平府臨榆縣人、花翎五品銜分發河南通判洪鑾
禹山蘇州府吳縣人、吏部候補筆帖式承厚伯純滿洲
正藍旗人、花翎五品銜分發廣東鹽大使許寶蓮稚麐
浙江杭州府仁和縣人、等為隨員、候選詹事府主簿陳
其鏕駿生浙江湖州府歸安縣人、為醫官、又札調法文
繙譯官五品銜即選中書科中書黃致堯伯申江蘇寶
山縣人、供事五品銜候選按察司經歷徐毓麟良臣浙

二

江紹興府會籍縣人、直隸試用縣丞貝蔭泰彙如江蘇
蘇州府吳縣人、學習繙譯鹽大使銜張永熞小軒江蘇
蘇州府崑山縣人、武弁周行樂暢亭邵錫榮麗泉、十四
日奉札、即治行裝、七月初四日、星使
陛辭請訓、十九日啟節、約於九月初間上海齊集、連日戚
友祖餞、日無暇晷、至
八月十一日乙未晴、辰正、攜大兒榮驤、僕人劉順、同徐
良臣及其僕役王順登車、出朝陽門、東行四十里、申正
抵通州東門外、登如意船、一路道途平坦、五穀豐登、酉

正、行李到齊、入夜有風、甚涼、
十二日丙申晴、冷、辰正開船、順風行二十四里、午正抵
鹽城、雖云城、而無城、惟草舍數間而已、少住、復開、大風
甚烈、申初風息、暖、行五十餘里、亥初至楊家灣泊、土房
數間、人烟稀少、
十三日丁酉晴、卯初開船、風順、水平、一帆高張、頗為暢
快、申初河寬水淺、風狂浪湧、船覺重滯、緩行六十里、酉
初抵河西務、少住、復開、水平船穩、皓月已上、又行二十
五里至孟村住、

三

十四日戊戌晴、寅正開船、行七十五里、午正一刻抵楊
村、少住、復開、一路河水寬深、左右堤亦堅固整齊、不同
從前沙堤之易為水衝塌也、入夜無風、水平如鏡、皓月
團圞、一望無際、行六十里、亥初抵北倉住、
十五日己亥晴、寅正開船、行三十里、巳正抵天津城東
三岔口、因風大、船多擁塞、難行、遂傍岸、余同徐良臣率
榮驤乘車行十餘里至紫竹林佛照樓客店、一路樓房
高敞、道路整齊、人烟稠密、車馬如蟻、直不亞於上海洋
涇浜矣、又本店新建洋式樓房數十間、亦頗寬敞、臨街

數椽、工尚未竣、入夜凉、
十六日庚子、晴暖、巳正一刻、乘肩輿往謁合肥相國、順
便拜觀察劉獻夫汝蕖陳養原允頤羅績臣豐祿錢琴
齋德培聯春卿芳伍秩庸廷芳徐仲虎建寅刺史蔭五
樓昌大令宮玉甫昱那華祝三蕭雲菴瓚金固齋湯德
春濤海陳靜泉應宗、酉初回店、知劉獻夫徐仲虎那華
祝三君前後來答拜、
十七日辛丑、早晴、辰正、乘肩輿往拜稅務司德璀琳、及
張子敬文彥張雲波錦隆王竹軒文彬、午後錢琴齋伍
秩庸聯春卿羅績臣德春濤蕭雲菴金固齋張雲波張
子敬、陸續來拜、酉初陰、張子敬張雲波王竹軒約余率
榮驤在歸賈胡同後德順館晚酌、
十八日壬寅、晴、午後、蔭五樓宮玉甫徐仲虎德璀琳王
竹軒、前後來拜、酉正、張子敬張雲波王竹軒又同約在
耳朵眼和興樓羊肉館晚酌、同席有鄭天申明保郝晴
川慶瀾、皆舊雨也、
十九日癸卯、晴、申初、陳養原來拜、酉刻、郝晴川鄭天申
約余率榮驤在德順館晚酌、同席為錢二泉李青田及

四

張子敬張雲波王竹軒、歡飲暢談、亥初回寓、
二十日甲辰、大晴暖、早乘肩輿赴李相國處稟辭并拜
郝晴川鄭天申、未初、天申之猶子鄭體乾維厚隨往招
商局寫船票、順拜黃花農觀察建筦、
二十一日乙巳、晴暖如昨、早黃花農來拜、午刻海晏輪
船進口、泊於招商局碼頭、申初發行李、後即同徐良臣
登船住官艙、酉正陳養原招飲在電報學堂、同席為徐
仲虎、那華祝、張德山、亥初謝辭回船、有錢琴齋、黃花農、
鄭天申、德春濤、陳靜泉、張雲波、張子敬諸君來船送別、
坐談許久、辭去、
二十二日丙午、晴、寅正、榮驤叩別回京、辰正、海晏展輪、
未正抵大沽口、停輪待潮、同船遇硯友聯文泉湧、同奏
派出洋游歷人員禮部主政李體乾秉瑞、兵部主政程
鞠存紹祖、及新任建寧府景麗軒春、申正潮漲、展輪出
口、甚平、
二十三日丁未、晴熱、巳正、抵之罘、停輪、即有土人來售
石榴柿子栗子梨魚蝦蠣之類者、蜂擁而上、口內有輪
船三四艘、其一名北直隸、餘未詳、午初、北直隸輪往上

五

洋未正此船亦開出口微風而水平酉刻與北直隸相遇即時趨過亥正進黑水洋

二十四日戊申晴微風船即搖蕩早遇普濟輪船北行赴津繼遇沙船四漁舟三申正出黑水洋水色深綠入夜風息水平船穩

二十五日己酉晴熱辰初進吳淞口午初至金利源碼頭住船隨即換小舟行四五里至三洋涇橋登岸住長發棧樓房較前收拾整齊可住晚餐後出店步行數里見四馬路一帶車馬紛馳懸天張彩誠屬朝朝佳節夜夜元宵也

六

二十六日庚戌晴暖換著單衣午後同徐良臣步至三馬路永發棧訪乾興昌號李玉亭永崐少坐遂同步行數里見街道寬廣樓屋整潔較五年前又一景象矣

二十七日辛亥晴早起乘肩輿往拜稅務司好博遜暨至招商保險二公司拜朱敬山格仁馬眉叔建忠陶槼林森甲又至味蒓園拜張笠江勉畫園在英大馬路之北近靜安寺橋北一帶原是桑田今除賽馬場則樓房點綴花木叢叢異常幽雅又入城拜陳寶蕖福勲回寓

己未初矣戌初張笠江約在四馬路海天春第五號晚酌一切洋菜規模與泰西無異惟多洗面一事耳其請帖之式以紅紙注明即請某處某人至海天春某號一敘速臨勿卻為荷某月日某人具又帳帖式以白紙注明憑條即付海天春番菜洋若干外加小帳洋若干可開某地某公館某莊號照付光緒十三年某月日某人字以上皆以鉛字印成足見喫者既多而欠帳者亦不少也

二十八日壬子晴暖早同事王祉蕃由山海關到知此次管理文報局者為王心如樹森王念劬叔蕃王新之叔銘午後遂往招商保險二公司拜王心如王新之金利源碼頭拜王念劬皆得晤面少敘辭歸

七

二十九日癸丑晴戌正張笠江約在留春園觀劇鐙光燦爛觀者滿座戲亦頗佳丑初回寓

三十日甲寅微陰未正同良臣遊味蒓園臺榭點綴花木叢茸豐艸綠縟山水幽雅一切不亞於泰西回寓知王念劬三君來拜

九月

初一日乙卯陰如昨早陳寶蕖來拜坐談許久晚龔振之約飯在海天春同席者劉杏城大琮錢義山曾德甫陶榘林聯文泉

初二日丙辰陰早同事承伯純由京至晚曾德甫又約在海天春同席即劉錢陶龔四君惟少文泉一人

初三日丁巳陰午後乘肩輿往拜龔仰蘧觀察照瑗裴浩亭大令大中潘鏡如露劉杏城曾德甫酉初回寓知潘鏡如劉杏城來拜

初四日戊午陰酉正劉杏城招飲在聚豐園同席為潘鏡如陶榘林亥刻回寓

初五日己未陰微雨卯正赴天后宮迎候星使由蘇州來午初船到入廟拜謁後知汪芝房許雅慶洪禹山陳駿生貝彙如張小軒諸同事及周郎二武弁皆同船來滬因此承伯純王祉蕃徐良臣與余亦皆移居天后宮入夜雨止

初六日庚申陰涼至着棉衣鎮日自巳至申有觀察龔仰蘧馬眉叔潘鏡如王心如大令裴浩亭別駕蔡二源滙滄及文巡捕洪松琴貳尹錫璜武巡捕徐春山把長

德明并洋務繙譯徐蘭齋別駕黼昇諸君前後投刺來拜亦有面晤者酉初同事黃伯申由寶山縣到

初七日辛酉晴午後硯友瑞輯廷安同奏派出洋游歷官戶部主政繆柚岑祐孫及陳寶蕖程鞠存聯文泉陸續來拜各皆坐談極久

初八日壬戌晴午後有奧國領事官夏士總兵薩德理水師提督密納和國領事官楊震德國薩輕公司輪船船主也格泰來行主李德前後來拜申初有同事姚子樑由日本抵滬來拜子樑因由日本初回一切行裝皆宜整頓遂向星使前告假一個月擬乘下月之德船赴德

初九日癸亥晴冷自午初一刻有義國公使盧嘉德通使鄧文通美國領事官倪愛德繙譯易孟士俄國領事官聶鼎日本署領事太田昇平江海關稅務司好博遜造册稅務司夏德及瑞生洋行主補海師公通使同知何恭壽前後來拜

初十日甲子晴未初法國公使李梅領事官德尚廷繙譯祁理悃德國領事官佛克繙譯梅澤日斯巴尼亞領

事官濮儀喇繙譯渥利喊喇叅贊羅連地新載生行主
步邁司鉛通使同知余誂等來拜
十一日乙丑晴早有義國領事官格思德通使鄧文通
西洋領事官華德師繙譯畢禮納來拜
十二日丙寅晴早有朱敬山潘子宜志栩及新任兼充
比國領事官楊宸叅贊哈坡前後來拜以上皆連日隨
星使乘肩輿各處投刺答拜亦有面晤者
十三日丁卯陰涼早起收理行裝諸友送别午正發行
李未正駕小船行里許登德國公司薩軽輪船察點行

十

李下艙知繆柚岑因將游歷俄國已與瑞韓廷亦上此
船申初諸同事皆來陶榘林偕其夫人令子涵宇亦上
船酉正星使官眷到彼此分住各艙戌初晚餐此次星
使攜有如夫人一女僕二男僕二庖人二縫人一薙髮
匠一統計當時同船前往者上下共三十六人内住頭
等艙者三人住二等艙者一十五人住三等艙者一十
八名口又此船名洋音薩克森身長一百一十八碼零
八十五分寬一十三碼零九十六分高一百零八碼入
水十二碼半深九碼零四十五分重四千五百七十噸
零八十二觔馬力三千五百奉官准載二千八百七十
四噸零二十觔每日燒煤七十噸水手工役共一百三
十名船主也格洋音郃格爾年近六旬人尚温和每日
未初亥正有男僕六名奏樂一次以侑酒食通船有涼
煖氣筒隨時因地而貫通之以便各艙熱則得涼冷而
受煖也該公司輪船大小六十五隻皆十數年來新造
内至大者四千九百六十六噸馬力七千五百至小者
七十四噸馬力二百五十中有往美國紐約者波的莫
者巴西國者阿真坦國之拉蒲喇達者中華上海日本

十一

横濱者澳大利亞政新金山者由紐約赴波的莫者往
倫敦及英港荷喇城者各船大小四海往來皆有定期
由公司分派茲將該公司由本國往來中華日本各處
搭客船價開列于後

		布萊門
布萊門	一二三等	—
安衣騷	一二三等	〦十 〤十 〣十 馬
熱諾阿	一二三等	〢〇〇 〡〢十 〩十 馬
布林的西	一二三等	—
波賽	一二三等	〤〇〇 〢〤〇 〡〇〇 馬
蘇耳士	一二三等	〤〤十 〢〦十 〡一十 馬
亞丁	一二三等	〧〦十 〦〇〇 〢二〇 馬
克倫柏	一二三等	〡一〇〇 〦〩十 〢〤十 馬
新加坡	一二三等	〡〧〩十 〧〇〇 〣〤十 馬
香港	一二三等	〡〥〩十 〥〇〇 〣〥十 馬
上海	一二三等	〡〧〩十 〡〇〇〇 〤〤十 馬
横濱	一二三等	〡〧〩十 〡〇〇〇 〤〤十 馬
神戶	一二三等	〡〧〇〇 〡〇〩十 〤〩十 馬
長崎	一二三等	〡〧〧十 〡一〡十 〤〧十 馬

安士耳式騷朶也	熱諾阿	布林的西	波賽	蘇耳士	亞丁	克倫柏	新嘉坡	香港	上海
〦十 〤十 〣十 馬	〢〇〇 〡二十 〥十 馬	—	〤〇〇 〢〤十 〡〇〇 馬	〤〤十 〢〦十 〡一十 馬	〧〦十 〦〇〇 〢二十 馬	〡一〇〇 〦〥十 〢〤十 馬	〡三〥十 〧〇〇 〣〤十 馬	〡〥〥〇 〩〇〇 〣〩〇 馬	〡二〥十 〡〇〇〇 〤〩十 馬
—	〡〧十 〡一十 〤〥 馬	—	〣〥十 〢〇〇 〩十 馬	〣〩十 〢三十 〡〇〇 馬	〨〡十 〥〦十 〢〇〇 馬	〡〇〥十 〦〢十 〢二十 馬	〡三〇〇 〧〦十 〣三十 馬	〡〥〇〇 〧〦〥 〣〨十 馬	〡〦〇〇 〡〇〇〇 〤〣十 馬
〡〧十 〡一十 〤〥 馬	—	—	〢〥十 〡三十 〧〥 馬	〢〩十 〢一十 〧〥 馬	〧〦十 〥〡十 〡〩十 馬	〡〇〇〇 〥〧十 〢一十 馬	〡二〦十 〦〇〇 〣二十 馬	〡〤〦十 〧〇〇 〣〧十 馬	〡〢〦十 〩〇〇 〤二十 馬
—	—	—	〢〤十 〡〧〥 〧十 馬	〢〧十 〢〇〇 〨十 馬	〦〦十 〥〡十 〡〩十 馬	〡〇〇〇 〥〧十 〢一十 馬	〡二〦十 〧〇〇 〣〥十 馬	〡〤〦十 〧〇〇 〣〧十 馬	〡〢〦十 〩〇〇 〤二十 馬
〣〥十 〢〇〇 〩十 馬	〢〥十 〡〧十 〧〥 馬	〢〤十 〡〧十 〧十 馬	—	〨十 〥〡十 〣十 馬	〥〦十 〣三十 〡〤十 馬	〡〇〇〇 〥〧十 〢〇〇 馬	〡二〇〇 〦〇〇 〣〇〇 馬	〡〤〇〇 〧〢十 〣〥十 馬	〡〦〇〇 〩〨十 〤〇〇 馬
〣〩十 〢三十 〡〇〇 馬	〢〩十 〢一十 〧〥 馬	〢〧十 〢〇〇 〧十 馬	〧十 〥〡十 〣十 馬	—	〥〇〇 〣〇〇 〡三十 馬	〡〇〇〇 〥〧十 〢〇〇 馬	〡一〦十 〦〤十 〢〩十 馬	〡三〦十 〧〤十 〣〤十 馬	〡〥〦十 〧〤十 〣〩十 馬
〧〡十 〥〦十 〢〇〇 馬	〧〦十 〥〡十 〡〩十 馬	〧〦十 〥〡十 〡〩十 馬	〥〦十 〣三十 〡〤十 馬	〥〇〇 〣〇〇 〡三十 馬	—	〦〇〇 〣〥十 〡〥十 馬	〧〇〇 〤〧十 〢〇〇 馬	〡〇〇〇 〥〧十 〢〥十 馬	〡二〇〇 〧〇〇 〣〇〇 馬
〡〇〥十 〦二十 〢二十 馬	〡〇〇〇 〥〧十 〢一十 馬	〡〇〇〇 〥〧十 〢一十 馬	〡〇〇〇 〥〧十 〢一十 馬	〡〇〇〇 〥〧十 〢〇〇 馬	〦〇〇 〣〥十 〡〥十 馬	—	三〦十 〢一十 〡〇〇 馬	〦〨十 〤〇〇 〡〧十 馬	〩〢十 〥〤十 [illegible] 馬
〡三〇〇 〧〦十 〣三十 馬	〡二〦十 〧〇〇 〣二十 馬	〡二〦十 〧〇〇 〣二十 馬	〡二〇〇 〧〇〇 〣〇〇 馬	〡一〦十 〦〤十 〢〩十 馬	〧〇〇 〤〧十 〢〇〇 馬	〣〦十 〢一十 〡〇〇 馬	—	〣二十 〡〩十 〡〇〇 馬	〥〦十 〣〩十 〡〤十 馬
〡〥〇〇 〧〦〥 〣〧十 馬	〡〤〦十 〧〇〇 〣〧十 馬	〡〤〧十 〧〇〇 〣〧十 馬	〡〤〇〇 〧〢十 〣〥十 馬	〡三〦十 〦〤十 〣〤十 馬	〡〇〇〇 〥〧十 〢〥十 馬	〦〨十 〤〇〇 〡〧十 馬	〣二十 〡〩十 〡〇〇 馬	—	〢〤十 〡〥十 〧十 馬
〡二〇〇 〡〇〇〇 〤三十 馬	〡〢〦十 〩〇〇 〤〢十 馬	〡〢〦十 〩〇〇 〤〢十 馬	〡〦〇〇 〩〣十 〤〇〇 馬	〡〥〦十 〧〤十 〣〩十 馬	〡二〇〇 〧〇〇 〣〇〇 馬	〩二十 〥〤十 〢三十 馬	〥〦十 〣三十 〡〤十 馬	〢〤十 〡〥十 〧〥 馬	—
〡二〇〇 〡〇〇〇 〤三十 馬	〡〢〦十 〩〇〇 〤〢十 馬	〡〢〦十 〩〇〇 〤〢十 馬	〡〦〇〇 〩〣十 〤〇〇 馬	〡〥〦十 〧〤十 〣〩十 馬	〡二〤十 〧〢十 〣一十 馬	〩〦十 〥〦十 〢〤十 馬	〦〇〇 〣〥十 〡〥十 馬	〣二十 〡〩十 〩十 馬	—
〡二〥十 〡〇三十 〤〤十 馬	〡〧〢十 〡〇〇〇 〤三十 馬	〡〧一十 〡〇〇〇 〤〣十 馬	〡〦〧〥 〩〧十 〤〢十 馬	〡〦〣〥 〩〥十 〤〡十 馬	〡三〢十 〧〧十 〣三十 馬	〡〇〤十 〦〡十 〢〦十 馬	〦〧十 〤〇〇 〡〧十 馬	〤〇〇 〢三十 〡〇〇 馬	—
〡〧三十 〡〇〩十 〤〦十 馬	〡〧〨十 〡〇〥十 〤〥十 馬	〡〧〨十 〡〇〥十 〤〥十 馬	〡〧〥十 〡〇〣十 〤〤十 馬	〡〧〢十 〡〇〢十 〤三十 馬	〡〤一十 〧〥十 〣〥十 馬	〡一〤十 〦〩十 〢〩十 馬	〧〨十 〤〦十 〢〇〇 馬	〥〇〇 〣〇〇 〡二〥 馬	—

十二

横濱	神戶	長崎
〡二〥〇 〡〇〇〇 〤〤〇 馬	〡〧〥〇 〡〇〥〇 〤〥〇 馬	〡〧〨〇 〡一〡〇 〤〦〇 馬
〡〦〇〇 〡〇〇〇 〤〤〇 馬	〡二〥〇 〡〇〢〇 〤〤〇 馬	〡〨〢〇 〡〇〥〇 〤〦〇 馬
〡〦〦〇 〥〇〇 〤〡〇 馬	〡〧〡〇 〡〇〇〇 〤〣〇 馬	〡〧〨〇 〡〇〥〇 〤〥〇 馬
〡〦〦〇 〥〇〇 〤〡〇 馬	〡〦〡〇 〡〇〇〇 〤〣〇 馬	〡〧〨〇 〡〇〥〇 〤〥〇 馬
〡〦〇〇 〥〣〇 〤〇〇 馬	〡〦〧〥 〥〨〇 〤〡〇 馬	〡〧〥〇 〡〇三〇 〤〤〇 馬
〡〥〦〇 〧〤〇 〣〥〇 馬	〡〦三〥 〥〥〇 〤〡〇 馬	〡二〢〇 〡〇〢〇 〤〢〇 馬
〡二〤〇 〧〡〇 〣一〇 馬	〡三〢〇 〧〧〇 〣〨〇 馬	〡〤〡〇 〧〥〇 〣〥〇 馬
〩〦〇 〥〦〇 〢〤〇 馬	〡〇〤〇 〦〡〇 〢〦〇 馬	〡一〤〇 〦〥〇 〢〥〇 馬
〦〇〇 〣〤〇 〡〥〇 馬	〦〨〇 〤〇〇 〡二〇 馬	〦〨〇 〤〦〇 〢〇〇 馬
〣二〇 〡〥〇 〥〇 馬	〤〇〇 〢三〇 〡〇〇 馬	〥〇〇 〣〇〇 〡二〥 馬
—	—	—
—	—	—
〡〥〇 〡〇〇 〥〇 馬	—	—
〤〇〇 〢〤〇 〡〇〇 馬	〢〥〇 〡〥〇 〧〥 馬	—

十四日戊辰晴。巳正展輪，午正出口。水綠色。船平穩。記通船洋客無多，頭等者二男一女，二等者四男，名皆未詳。入夜微風。

十五日己巳晴暖。船微搖。水藍色。記由昨日巳刻至今日午正，共行四百六十四洋里。

十三

十六日庚午晴熱，至著單衣。戌初抵香港，船傍對面九龍鎮碼頭，係木造，長四五十丈，寬五六丈。臨岸樓房一所，頗寬敞，係四年前建者。船自到後上煤卸貨，人語喧譁，機器震耳，令人終夜不眛。

十七日辛未大晴。早駕小舟登岸，步行數里，見街市樓房與前無異。午初回船。申初德國領事官熙卜萊來拜，少談即去。申正開船出口，微風，船稍簸揚。

十八日壬申晴，旁風，船頗搖蕩。至午正行二百七十六

洋里在赤道北一十八度三十九分鎮日頻見蜻蜓飛舞白鳥盤旋地近瓊州故也

十九日癸酉早陰雨暖似夏五月光景至午正行三百四十六洋里在赤道北一十二度五十三分午後大雨酉初止仍陰

二十日甲戌早陰微雨巳初晴熱水平船穩至午正行三百五十三洋里在赤道北七度四十四分記同船又有本籍中國廈門生在暹羅新嘉坡現入英國籍之舉裝商人陳天助黃如雲皆住頭等艙識漢字能英語究

十四

不知其遇事將稱何國人耳

二十一日乙亥晴熱水平如鏡至午正行三百六十七洋里在赤道北二度三十五分午後左右見山皆不甚高左曰東竹右曰西竹戌初抵新嘉坡遥望岸上燈火成行似較六年前稍為繁盛傍岸後上煤下貨人語喧譁通宵達旦

二十二日丙子稍陰辰刻我國駐紮新嘉坡領事官左子興秉隆登船來謁星使並拜諸同事少坐即約余同汪芝房洪禹山黃伯申諸君隨星使上岸乘馬車行八九里至領事公署登樓坐談片時午酌畢辭謝回船一路房屋如前毫無增改惟有新設鐵道公車一輛而已酉初開船出口平

二十三日丁丑早微陰至午正行二百六十三洋里在赤道北三度三十六分未初晴鎮日涼風颯颯頗有秋意亥初遇兵輪四隻未詳屬何國遥望惟見明鐙四盞燦爛若巨星

二十四日戊寅早細雨一陣頗涼自卯初至申初右過蘇門達臘大島左過小島二三遠望綠樹叢蒙不辨有

十五

房與否至是日午正行三百三十洋里在赤道北五度四十四分入夜船搖

二十五日己卯晴熱微風雨水平其色深藍至午正行三百四十六洋里在赤道北五度三十八分

二十六日庚辰早陰涼風狂浪湧船漸簸揚巳初大雨一陣旋即變為細雨至午正行三百三十一洋里在赤道北五度二十二分申初遇一火輪南去以千里鏡窺之其桅頂魚尾小旗乃與國者

二十七日辛巳大雨滂沱至午正行三百六十洋里在

赤道北五度三十六分。未初雨止。未正抵錫蘭南界之班得高海口下錨。後水平船穩，迥異五年前之波濤洶湧。推原其故，蓋三年前興工，由岸前驅十七八里築石堤一道，寬約二丈，高亦二丈餘，形如抄肘，肘外依然波浪奔騰，懷內則水平如鏡矣。未正隨星使駕輪渡登岸，乘馬車行十數里，先看博物院。洋樓二層，寬闊整潔，惟所存禽獸魚蟲之皮骨以及銅鐵玉石各等古物無多耳。再行十數里，過肉桂園，入佛經庫。樓上所藏貝葉經卷無多，幼僧數名。其中有所謂方丈者，每日傳授經卷

廿六

其徒三十七名。去此轉入歐連尤文薩店午酌。酉初回船。

二十八日壬午。鎮日陰晴不定，時而大雨滂沱，時而細雨霡霂。子初開行，至午正共行一百七十六洋里，在赤道北七度五十三分。記有日耳曼宿克毋女三人者，前由新嘉坡搭船，買三等票登船後，船主以此次三等艙中無婦女可居之地，乃收入頭等艙，令吃二等飯，亦善舉也。亦由于照護本國之人耳。聞該婦本貧苦，伊夫故于新嘉坡，生有一子二女，現因無力，僅將二女攜回本國，留子於彼，求人照料云。申初晴涼。

二十九日癸未。大晴天暖，水平。至午正行三百三十七洋里，在赤道北九度三十四分。入夜微風，仍涼似中秋。

十月

初一日甲申。晴，微風而水平船穩。至午正行三百三十五洋里，在赤道北一十一度四十六分。連日水黑色，飛魚成羣躍水，逐浪間有飛入船艙者。

初二日乙酉。晴，微風如昨，暖似初夏。至午正行三百四十七洋里，在赤道北一十二度五十二分。申正因火機

廿七

有損，收拾鐵器，停輪兩點鐘。見海面浮小海蜇甚多，點點如螢火。洋僕以網撈起，其大竟如鉢。

初三日丙戌。早微雨，巳初晴，風起浪湧，船即搖蕩。至午正行三百零一洋里，在赤道北十三度四十七分。巳刻瞧見搜扣兜拉小島，因六個月前該公司在島旁撞失歐得爾輪船，今故稍行北繞以避之。未初大雨一陣，雨後晴，大風涼。入夜陰雨仍風。

初四日丁亥。晴皓日，狂風巨浪，湧過船面，而船仍平穩，因船體大，載物重故也。至午正行三百二十八洋里，在

赤道北十三度一十二分

初五日戊子晴風浪如昨辰初抵亞丁住船上煤上水土人登船出售駝鳥毛珊瑚寶石之類見水手偷珊瑚英人騙菸捲日婦竊戒指西人恐嚇之其勢如狼如虎強欺弱大欺小不循天理不按公法亦如是耳酉初展輪出口順風入夜浪湧船搖

初六日己丑晴大風船搖早進紅海左右時見山島至午正共行二百六十一洋里在赤道北十五度微風不熱有浪不搖戌初陰風怒號大雨傾盆船大簸揚嘔吐者惟黃伯申與周武弁子初雨止風息船平而冷

十八

初七日庚寅早晴午初船北行稍西見正南正西東南三面皆陰雲密布惟東北稍晴既而大雨一陣未初晴微風至午正行三百二十三洋里在赤道北十九度三十七分記同船有義大里國傳教士沈晏清者年老華裝貌尚良善來自湖南攜有二華童一名唐輪光一名袁永隆皆久入天主教者據云此去義國三年後當稱教士其同行又有奧國教士傅嘉賓者年約四旬亦來自湖南數日前同人張小軒失去摺扇一柄不意是日見傅嘉賓攜用因係雙款即向索還問由何人所給答由桌面持來小軒謂物各有主何得擅取此為華物必屬華人且在輪船飯廳為眾客共居之所苟見物可拾則不惟他人之物可拾即本船之酒杯刀叉各件亦可任意拾取矣其人默默不言而無慚色又前晚因倒煤灰鐵桶落在燒火人頭上碰裂腦海即時抬上船面醫官以綫縫其腦皮至能否再生不能預料也或云陸地有受此傷者曾將其頂骨剪齊覆以銀盤然後縫整頂皮竟得痊愈如初惜在此無是物耳

九

初八日辛卯天晴水平微風涼爽至午正行三百四十二洋里在赤道北二十四度四十三分未刻左見燈樓一座獨立海面既而左右連見大船四艘皆南去者入夜尤涼

初九日壬辰晴涼風勁波狂船尚平穩鎮日左右枯山水色蔥綠不深故也連遇火輪三皆北去者至午正行三百零八洋里在赤道北二十八度五十一分酉初抵蘇耳士少住即開入新開河緩行進口因是船懸有電燈故准夜行聞其引水由蘇耳士至波賽價係八千餘

馬克合銀不足二千兩
初十日癸巳晴昨見新開河口外左鄙亦建長堤數里如錫蘭者以防巨浪然不甚高右鄙岸上亦稍修理新房數間小樹兩行進口左右數里沙堤皆改石砌是日午未之間連遇英輪船三義兵船二英者去印度上洋義者赴斐洲巴威里亞申正因前有英船錯行堵塞河口遂停輪待至酉正始開戌刻至波賽下錨後沈晏清等五人改駕他船赴布林的奚本船上煤六百噸以供八日之需即時余同汪芝房隨星使乘舟登岸步行三四里忽一麪包鋪失火烈焰飛騰男女叫喊喧譁擁擠亂不可言一時鋪皆關閉巡捕鳴哨傳叫水龍兩點鐘之久火息人散街方安靖遂入茶坊少坐後同船入夜冷記此地之茶館如巴里之加非商當不收座費酒價稍貴歌者男女多義法二國人
十一日甲午晴暖卯正展輪西行稍北至午正行七十七洋里在赤道北三十一度五十九分
十二日乙未早陰午後晴西風浪湧船微簸揚至午正行三百二十八洋里在赤道北三十四度五分未刻仍

二十

陰入夜微雨
十三日丙申陰冷風浪洶湧兩船搖至午正行三百一十五洋里在赤道北三十四度四十一分
十四日丁酉陰雨丑正過奚西里灣船行轉北稍西自早至午東面頻見山島因地近義大里西南界也至午正行三百二十八洋里在赤道北三十九度三十三分因明日將到熱諾阿征客下船者多當晚樂工大作客皆歡飲夜半始散
十五日戊戌晴風冷早過高奚巴島地在義大里之西北至午正行三百三十四洋里在赤道北四十三度二十九分再行一百二十三洋里酉正抵熱諾阿進口左右長堤船隻林比岸上樹木叢隆樓房整潔住船後即有慶靄堂常以舟來接余即同眾隨星使駕舟登岸乘馬車行八九里至某街入德斯昂特朗熱店宿由波賽至熱諾阿計水程一千四百八十五洋里統由上海至此共八千八百五十洋里合中國二萬六千五百五十里熱諾阿地在北義之西南界南臨地中海省縣名同沿海多山不甚高其頂有燈樓高三百尺對海要隘築

廿一

有礮台、城分新舊、周二十餘里、舊處街道窄而樓房低、新處平闊、樓高華美、其地曾歸法國、歷代宮室禮拜堂甚多、工極精巧、文武學院、養濟院、施醫院亦皆宏敞華麗、不亞於他國都會者、局作亦多、造有回絨綢緞紙張胰皁等土產、珊瑚雲母石甚廣、出口貨更有牛奶餅、橄欖油、白米、掛麪、生熟皮革、各種毛貨及麻棉酒等、一年合值不下三百萬英金鎊、亦義國之一大海口也、

十六日己亥、陰雨、因行李重多不便、概行攜走、遂擬擇其要用之件、隨帶赴柏林、其餘仍留在船、令載至德國海口、以日計之、不致有悞、乃于巳刻偕汪芝房、洪禹山率各僕役、分別檢察、攜去者若干件、以小船載交火車棧、留船者若干件、寫單交船主、申初回店、早餐後、有德國總領事巴彥來拜、戌初繆柚岑約觀劇、在便興街園、名與地名同、園不甚大、容人數百、所演為印度古典、前三齣不甚鬧熱、末場男女跳舞、亦與他處同、子初回店、入夜雨止、

十七日庚子、陰、早上行裝、午正相率隨星使乘馬車前行、約八九里至火車棧、房少坐、登車、申初開、東北行一百一十九吉婁、（每一吉婁不足二里）酉初至墨塔拉村、一路山水曲彎、樓房點綴、過大小山洞六、莊邨四、其地碧草白雪、景緻新奇、又北行九十二吉婁、亥正至陸宜諾莊、晚饍、食畢即開、過此出義入瑞士界、東近馬料小湖、山高水秀、幽雅壯觀、惜在夜間、未得一覽耳、

十八日辛丑、陰、東北行三百二十一吉婁、巳初出瑞士入德界、至巴奚鎮早饍、又北行三百三十七吉婁半、酉初至福蘭佛城、停車晚饍、戌初復開、天氣雖冷、然地無雪、河無冰、一路村鎮尤屬整齊、

十九日壬寅、晴、先西北、繼正西、行五百八十七吉婁、辰初抵德京柏林、下車、許竹篔星使景澄飭隨員岳斐君廷彬、潘景周承烈、汪子雲洪廷、謝芷泉祖沅及繙譯官恩仲華光、與洋繙譯叅贊金楷理、洋供事芬瑞飛來迎、即時乘馬車行八九里、至萬德海街入公館、齊行謁見、許星使畢、分住房間、午正早餐後、安置一切、入夜陰、計由熱諾阿至柏林、共行陸路一千四百五十六吉婁半、合中國二千八百四十里、

二十日癸卯、陰雨、早行文外部、約於明日往拜、以便許

洪二星使接任辭別、請定時刻、舊雨韶甫賡音泰、自光緒初年經劉雲生星使錫鴻奏調來德、歷隨李丹崖星使鳳苞及許竹篔星使當差、不意於七月二十四晚被鐵道大海車又名公車者軋傷右骸、經醫院將膝蓋以上鋸去、以線縫整、現雖皮肉封齊、仍覺稍痛、先在本地按式造一木骸、重七斤、雖帶之可以行動、而伸曲須按關鍵、又由法京定做一皮假骸、用之較輕、行動稍便、而坐時雙膝不齊、又須改做稍短者、故須數日後方得出門、至入館當差、尚不知在何日、因于未初乘車往訪、知

二五四

其己娶德國谷蘭女沒氏為妻、年近三旬、已生一子、年四歲、一女、年二歲、女貌類父、子貌類母、各皆德裝、視之伶俐、見韶甫仰卧在牀、出其骸視之、長僅尺餘、瘦減強半、頭如饅首、其色粉紅、式既難看、亦不忍看、少話辭歸、入夜風。

二十一日甲辰、雨、未初、洪星使在大廳恭設香案望
闕叩頭謝
恩、接印禮畢、余同眾至星使處賀、酉正星使約飲、彼此暢談、亥初始散。

二十二日乙巳、雨、午正、許星使率潘景周、岳斐君起程赴巴里、余同眾先往叩別、暨同陶渠林、許稚慶隨洪星使乘馬車行七八里至萬牲園火車棧送別、少坐、車開、未正回寓。

二十三日丙午、雨、巳初、有德國東方大學院之華文教習桂竹君林、潘蘭史飛聲來拜、二君係前於六月初間經德國駐華公使巴蘭德特邀、同其參贊官阿恩德前於八月初旬到此者、言定每月束脩三百馬克、房屋自賃、飲食自備、每日酉刻入館教課一點鐘、按其彼此所

二五五

立之合同內稱每月束脩馬克三百圓、查我國自與各國換約通商以來、華人所知而僅見之外國銀錢、惟有墨西哥之多拉爾、且不知其名、而咸呼之曰圓、更不知其屬墨而稱屬美、邇來漸有知英有什令、法有佛郎者、然實見其物者尚少、而知德之馬克者為尤少、故其分量式樣罕有知者、當彼此立契之時、桂潘二君見寫若干圓、乃重在圓字、而未著意於馬克二字、迨到德京始知馬克之小、悔亦晚矣、又言定在館三年、往返路費歸德、如三年內辭卻則歸費自備、二君同阿到德後、阿乃

言二君在某處費用若干、除車船路費外、共用若干、皆由到館後束脩內扣還、此節於合同內并未言明、甘受其苦、由此觀之、凡吾人之與洋人交涉者、可不慎歟、然入境問禁、入國問俗、苟其深悉洋務、又安能受洋人之侮哉、

二十四日丁未、早晴、繼而忽陰、忽雪、雪後仍晴、水始見冰、然地氣甚暖、一路草色青青、小樹挺秀、戌初、慶靄堂恩、仲華賡韶、甫謝芷泉四君請星使及余與眾同事、乘馬車行十二三里、在喀爾街蘭滋園看馬戲、園頗宏敞、

卅六

其式與他國同、共演一十七齣、分二節、先十二齣、後五齣、其跑馬、拉胡笳、蹤顛繩、各技、男女所演、與他處無異、中惟二幼女名婁薩米爾者、盤杠打鞦韆、極屬雄壯、精捷、又馬十二匹、一色、能兩髁立行、尚不為奇、最奇者能穿火圈、闖火門耳、蓋亦預先練馬臨陣不畏火之一法也、亥正回寓、又當晚、陶謝二夫人陪洪如夫人另坐一間、

二十五日戊申、早陰、雨、未初微晴、巳正、前任支應官汪子雲攜眷起程、走法回國、柏林地在赤道北五十二度半、北京之北一十二度半、地氣既暖、天氣亦不甚涼、來此數日、間著棉襖、皮馬褂足矣、惟晷刻較北京稍短、每日申初天黑、辰正天明、

二十六日己酉、大晴、微風、未初、同承伯純、陳駿生、貝彙如乘馬車行十餘里、至恩德林敦街巴薩巷內臘人館一觀、門戶低小、路徑曲彎、所陳各種、亞於英俄二國、中有大廳一間、正面一臺、立德皇太子福來得立及丞相畢駟馬等各大員、對面一臺、三面列案、坐有德、英、法、土各國公使作會議、十年前德法議和之勢、二臺之間坐

卅七

有英國君主威克兜里亞、四壁排有古今老少文武名臣、坐立不一、其他有西湖景、加非館、亦不鬧熱、景緻平常、入門者每人半馬克、另一間入者三十芬呢、內係該國古時刑具、有燒人鐵爐、其式如轎、人立其中、頭出爐外、如枷、四面燒火、使人欲動不得、其他欽鐐枷號、以及斬人之具、皆與他國同、其空處又集有百年前之盔甲、刀劍、馬甲、冰牀之類、亦皆與俄國同、酉初回寓、徐良臣之僕王順、染病須入醫院療治、言定每月六十馬克、稟請不出公款、無可如何、良臣自出三十、其餘除星使外

每人各助二馬克半、

二十七日庚戌、鎮日忽陰忽晴、未初同承伯純、許稚慶、王祉蕃、黃伯申走赴萬牲園一遊、地勢頗大、周十餘里、四面三大門、賣票一小門中立十字鐵轉機、人惟得出而不得入、園中河池、臺榭點綴幽雅、尚未一律修齊、五大洲禽獸幾、全置法與英、法同、惟海馬、花驢、直利狐與犀、象、放一仿印度式建造之大房、內外通水池、與鐵栅闌圈、以便天暖放出、房頂作桃形、繪畫金花、紅質鮮明、可觀、高四五丈、周約四十丈、四面鐵闌、放獸中作空堂、

卅八

以便人看、左右象四隻、彼此形式稍異、能吹簫、跳舞、吸麪包、拾小錢、其一鼻之捲舒、較人之兩手、尤覺靈便、酉初回寓、晚接薩軽輪船來電、已到布萊門海口、因奉派往取行李、

二十八日辛亥、早陰、午初大雪一陣、亥初同洪禹山、率洋僕孟坨乘馬車行十餘里、至棧房登火車、亥正開、西行稍北、入夜冷、

二十九日壬子、陰、行一百八十五里、丑初至斯丹達邸、少住、換車又開、行五百十里、巳正至布萊門城、下車、早饍、地勢不大、略如通州、而樓房整潔、道途亦甚平坦、午刻另買票登車、未初開、仍西行一百八十五里、申初抵布萊門海口、又名卜蕾美奮、下火車、乘馬車行六七里、先至輪船公司、言明其事、繼步行八九里、至碼頭登輪船、見船主也格、問候畢、即將大小各件、由大艙轉繫上岸、隨到隨入火車、按件點明數目、除籐椅五張外、共計二百零三件、當時大雨如注、迨件件收妥、棉衣已濕透矣、時在酉正二刻、雨尚未止、路途泥滑、又值近岸無車、遂步行八九里、趨上公車、入火車棧內、晚饍、其地似一

卅九

村莊、船隻排列頗多、聞皆本國者、當時將籐椅運至棧房、而稅局不准攜帶、謂雖係公使之行李、且非犯禁之物、然須抽稅頭一十五馬克、余謂是物并非即需、亦可另走慢車、明春運到、不為晚也、戌正登車、即開、

三十日癸丑、仍雨、行四百二十里、丑正至漢諾倭爾城、少住、換車復行四百八十里、辰初至柏林、進使館、少息、巳正見星使、回明一切、當早頗冷、雨落地而結冰、甚滑、午正雨止、稍晴、

十一月

初一日甲寅、陰、聞有前庚辰春在馬賽所遇之華人田阿喜現因年老不往各國賣藝、乃率妻與二子在此開鋪、出售中華日本雜貨、每年通計亦頗獲利也、午後乘車行八九里至來百喜街第百二十二號進鋪、見其二子、長子田合通已娶和蘭女爲妻、次子田喜子年逾二旬、亦在鋪中、據云伊父母現在得蕾斯比城斑克巷第一號另開一鋪、令伊二人在此守理鋪中、男女六人、瓷貨極多、修飾華麗壯觀、土人前往買貨者接踵而至、

初二日乙卯、陰、記德京大街一種雜貨鋪曰半馬克店、二馬克店、三馬克店、乃出售各物、如雨傘、皮兜、銅錫鐵器、瓷器、玻璃器、油畫、木器、手帕、帽架、胰子、香水以及筆簖之類、大小百種、筆難盡述、按件任人挑選、價皆不過半馬克、二馬克、三馬克也、雖云價廉而魚目混珠、憑人眼力、且在他鋪中更有價既同而物較良者、

三十

初三日丙辰、雨、申初行李由卜蕾美舊運到、共三大敞車、一一卸下、分送各屋、幸物數相符、而箱隻亦少損壞者、然洒油污鞋、傷損皮服、瓷器破碎、霉爛物件、此又視乎人之收放如何耳、

初四日丁巳、早晴、午正、星使率靄堂入王宮呈遞國書、未正回寓、申初微雨、余隨星使便服至隔壁拜房東萬代墀、伊父萬德海曾任工部尚書、乃于城外建造此房、于今柏林地勢擴充、房圈入城、此街之名遂因人而名之、其妻美國人、年皆近六旬、朱顏白髮、言語温和、甚相得也、酉刻金楷理請星使及諸同事晚餐、乘車至其家、見其夫妻二子一女、皆能英法語、伊本德人、自幼改入美籍、充當水手、既入中土謀生、後經李丹崖星使札調來德、至今十數年、來年逾六旬、而家財數萬矣、其人精明幹練、善侍官長、有使人迫於不得不用之處、故歷來換任、罕有不稱其能者、戌正食畢、復來男女三四十人、中有英美六七人、齊入大廳、觀其鼓琴跳舞一場、辭歸、

三十一

初五日戊午、陰雨、邇來德國一種香賓酒、每瓶價值一十五馬克、合銀三兩四錢、因丞相畢駟馬喜飲是酒、于是改名曰畢駟馬香賓、記中外問候之語言、亦多不同處、在我國或久別、或乍見、彼此無非請安問好、常見者、按俗規、乃問睡起耶、吃茶否、吃飯否、尚未睡耶、臨別乃

言再見、或明日見等語、至外國則不然、或久別或乍見、乃問事體如何、身體如何、境遇如何、臨別則言以後望好、至常見者、乃隨時問好、早晨見問早晨好、午後見問午後好、晚間見問晚間好、白晝臨別、則言日間好、入夜臨別、乃言夜間好、無論何時相遇、罕有問及飲食者、問有問者、必以誠心詢問、而答者亦必實意對答、蓋問者當有實心招飲、答者必信定非虛意周旋、是亦洋人樸誠處也、

初六日己未、忽雨忽雪、戌初同承伯純、恩仲華、謝芷泉、

三二

乘車行八九里、至威克兜里亞戲園觀劇、園不大、觀者無幾、所演係英國六七富紳、一日閒談、謂不知至少若干日、可得周遊四大洲、有謂須百日者、有謂須三個月者、惟某甲謂祇八十日足矣、于是互相約定、果能往返八十日、則贏金鎊十萬、甲遂于某日率一僕偕一自備資斧之美國人某乙、于辰初起程、先抵埃及國、為斐洲、既駕輪舟至印度、為亞洲、正值印度王崩、國有焚妃殉葬之俗、妃年僅廿餘、當火房燒紅時、甲乙聞之、欲救、乃設法先飭其僕匿火房後、甲乙避於林中、初見兵卒護

衛、對對鼓吹前進、再則宮女兩班、服色不同、一白一青、披衫而袒其臂、着裙而露其脛、繼而四人抬三頭佛一尊、六臂佛一尊、末則老僧引一真象、馱妃至、後又隨有侍女三四名、至火房前、兵卒宮女共六七十人、分立左右、妃下象、向眾侍女宮女一一懷抱泣別、眾女即時各罩烏紗一縷于頂、以示悲慘、老僧既向妃明陳大義、且告之曰、如不焚、恐觸佛怒、怒則不祥、言畢、以烏紗蓋妃體、二兵抬起、將迨擲入火房、突一紅衣人自火內出、曰、孫王復甦矣、實即某甲僕也、眾聞而畏罪、齊行跪伏於

三三

地、趁眾哭泣匍匐之際、甲乙齊出、率僕放槍、將妃奪去、奔入妃妹家、國人追及、求之不放、國人不允、甲乃賄以千鎊、眾人始去、于是妃嫁甲、妃妹嫁乙、次日五人逃去、夜入深山、林木叢隆、無處投宿、乃卧二女於山旁石上、方睡定時、忽有白蟒千百由山下石上山巔、地面爬來、垂下、狀似覓人尋食、殊覺可畏、中二蟒、一自山頭下垂、口吸女臂、一由石下上爬、口啜女頭、二女驚醒哭號、倏有女神飛下、驅去羣蟒、甲乙始得攜二女率僕奔去、此女神乃印度人、因妃被英人搶去、後以之代妃焚葬之

宮女也。詼宮女死後成神，因素感王妃之恩德，故來救援甲乙。去此復駕輪船至舊金山，爲美洲入店後，座中一人因見甲僕携有麗如行金釵，乃誘之以酒，迨醉後將帑釵多張竊去，且假書收條一紙放詼僕皮囊內。醒後知覺，追之不及，不敢禀知主人，哀泣無法，只得向乙暫借千鎊以便支持一時。由此乘火車走新鐵道，東赴紐約。時值隆冬大雪極冷，至中途車少住，男客多人下車步行往來以舒筋絡。地在美之西北，原屬苗野人，皆紫色，腰下圍布一條，面塗五彩，頂豎鳥翎一束，色亦黑白不一。不意突有野人二三十登車搶去二女，甲乙即刺告官，招美兵二百伏于林內。甲乙率僕親往尋覓，以放槍爲號。三人遂攀山越嶺，踏雪履冰，處處搜尋，忽見澗中林內野人一羣擁二女作泣狀。甲放一槍，衆兵趨至，轟斃羣野。甲乙得携二女回，登火車即時復開。後至紐約入店，忽見一黑奴語音似舊金山之竊釵者，繼而甲僕與之拉手問候，乃有黑色染僕指，知其假冒黑人。遂竭力捽過，以吐沫擦其面，真形畢露，的係竊釵之人，乃飽以老拳。其人哀懇，將金釵一一繳還，蓋其人沿

三五四

路追隨，意在暗害甲乙三人，而連獲二美也。當夜詼僕因得已失之財，大喜不勝，乃收詼店一女僕爲妻。次早六人駕輪船赴英國立文浦海口，爲歐洲計，由紐約至立文浦船則應行十日。登船後，甲約船主急行，望八日內得到。船主謂是船老朽，且煤不敷用。甲謂可將船之四面木牆劈下燒以代煤，如恐損壞遺失，即將是船出售，我當照價付訖。言畢，付給若干鎊，劈下木牆，行七日將抵立文浦，船之機器忽壞，水鍋崩裂，船遂下沉。遙望立文浦海口燈火輝煌，樓房密密。六人浮於水面多時，

三五五

幸被他船救獲登岸，即時六人換衣登火車。次早卯正抵倫敦，斯時某丙在家，謂衆曰：甲乙一去至今八十日矣，論時尚少一點鐘，恐未能來也。正言間，鐘鳴七下，當鳴至第三下時，甲忽突入。丙曰：汝來何時，如是之洽耶。甲曰：吾早到矣，因見手套不新，另買一副，故遲延一點鐘耳。于是丙輸十萬金鎊，而甲成巨富焉。是戲共分六齣，景緻山水冰雪日月無不與真畢肖，筆難細述。亥正回寓。

初七日庚申。雪。未初乘車代星使持片往拜美國日本

之二等公使、義大里之署使、巴威里亞、賽來比亞等國之三等公使、英國總領事、英、法、俄、美、奧、義、日斯巴尼亞、瑞士等國之叅贊官、文武隨員、本國王爵畢馹馬父子、外部總辦司員、國王及太子之內大臣、命婦、禮儀官、測量官、獮狩官、農、禮、兵、刑、海、郵、工各部大臣及本城提督等、共五十三處、須片一百另六、酉正回寓、

初八日辛酉、晴、未初同王祉蕃至阿來三德坊看賽丹巴那歐拉瑪映影圓畫、外看一大閣、頂形如饅頭、周約四十丈、高十數丈、入門每人一馬克、緣梯而上、豁然開朗、別有天地、四望周遍百里、草木桑麻、村居烟戶、在遠山近水之間、則見德、法兵馬數萬人、或為伏兵隱于嶺後林間、或橫截山半、則為游擊之師、或重圍受困、烈燄迷天、敗者竄、勝者追、其落帽拋槍墮馬被創、焦頭爛額之輩、狼籍滿路、幾欲遠避其鋒、不知其為畫圖矣、觀畢下樓、折入一屋、立門外觀之、馬後舉免戰白旗、道旁脫冠俯首側立者、為法君那波侖第三、對立一將、乃德之畢馹馬也、另一閣內高車馳至、德兵舉刀迎立、乃當時法君被擒之勢也、酉正回寓、

三五六

初九日壬戌、早陰、旋即大雪、聞德太子自去歲染喉症、本國醫官治之無效、太子妃係英君主之長女、曾電傳英國名醫來德療治、以刀割之、稍愈能言、故於數月前赴義大里之三勒木莊調養、因該處天氣清和、地土溫潤、故耳、不意邇來又啞、人民慮其難痊、而甚憂之、因德皇現年九十有一、皇太孫雖年長可立、然生性好武、恐繼位之後、和局不終、日耳曼各邦、從此多事也、

初十日癸亥、早晴、午後陰、因明日係西厤十二月二十五日、為其天主降生之期、在此男女有餽送幼童幼女微禮之俗、故邇來十數日間、凡出售點心、玩物、花卉、什物各鋪、皆添新貨、羅列盈畔、每日由辰至亥、男女買辦者、街市擁擠如蟻、鋪門踵趾交錯、又在樸斯當坊及他地有寬敞之處、皆設有木房數閣、橫遮布帳、鄉民男女出售其自製之什物、玩物、糖果點心、履帽、衫褲之類、又有出售松枝大堆、長短不齊、以備人家買去、於明晚在上插紅燭、懸掛花彩玩物者、枝上之物、俟夜半燼盡、有子女者子女分之、無者戚友分之、察其意、蓋古時西國無日晷、以樹影定四時、且供樹為神、至是樹影至長、為

三五七

冬至、故有折樹入屋之俗、又當日接程李二君自法京來信、言昨日戌正由巴里登車、對時可到柏林、遂於戌初赴萬牲園、火車棧內少待、一行車過、并無華人、據管棧人云、亥正仍有車自克倫來、然時尚早、乃步入賡韶甫家、坐至亥初、復往、亥正車到、仍無華人、意其必在克城換車時、或因遺悮、或因疲倦而留宿矣、

十一日甲子、雪、知星使仍留慶靄堂、金楷理為叅贊、謝芷泉為隨員、賡韶甫、恩仲華為繙譯、分駐俄國者為慶靄堂、許稚夔、王社蕃、黃伯申、遂于午初約許稚夔、王社蕃、黃伯申、承伯純、陳駿生、貝彙如、徐良臣午酌、兼與許王黃三君餞行、彼此歡飲暢談、申刻始散、後同承陳諸君步至五道門、地在恩德林敦大街之西首、因有石牌樓一橫、五門、故吾人呼之曰五道門、是日鋪戶關閉、人工休息、惟見左右燈燭輝映、道路男女擁擠、車馬馳驅、步行片時、遂即回寓、

三八

十二日乙丑、微晴、是日鋪戶關閉如昨、土人呼曰第二禮拜日、戌刻有前任隨員候選鹽大使何毓蓀壽康由法京到、子初程鞠存、李醉乾、聯文泉亦到、始知前日因人約餞、未得起程、即時與之租店、在荅克闕、第五號、并覓地晚餐、安排一切、回寓時已丑正矣、

十三日丙寅、大雪、辰初、姚子樑乘德公司由上海到、因無空房、遂暫留余屋內、以待挪移、即請早餐、近日天氣甚寒、河始見冰、地始積雪、往來亦有雪牀、如俄都者、又西國以新年在邇、各鋪添設新奇貨物、更有山雞、野貓、野猪與鹿之類、似我國關東貨、

十四日丁卯、晴、巳正約程鞠存、李醉乾、聯文泉、姚子樑早餐、未初、乘車代星使持片往拜波斯、墨西哥、多敏髙、漢柏爾等邦國之三等公使、叅贊、隨員、日本領事官、與國總領事及本國內大臣等、共一十五處、

三九

十五日戊辰、雪、戌初與眾同事十五人公請星使及慶靄堂、恩仲華、賡韶甫三君乘車行四五里、入黎池沙闌戲園、看雜耍、前後三大節、共十一場、第一節四場中有二女同歌者、二人騎腳蹹車、洋名韋婁斯伊貝者、幼童六七一齊歌舞者、皆屬精巧可觀、中惟一女、年約二旬、腰圍小裙、四肢着肉色緊衣、打鞦韆、盤杠、拏頂、盤髮、折腰、種種曲伸顛倒、蕩漾、雖云神技、究不甚雅、第二節有

姊妹三年皆十一二歲者同歌英曲二丑玩胡笳琵琶而惹笑者皆屬平常惟一日本人名托與賴者踹輭繩係一繩由樓頂斜立至台長約七丈右手舉一綢傘由台步步踹上至頂則蹲而下溜至台飛速如電繼又反步退上至頂則急轉身直行溜下第三節一場啞而不喧演德國土人周年家門度日出行各事老年夫婦子女兒媳等飲食拜客出遊共男女二三十人乘火車入加非館過新年遊雪景殊覺鬧熱可觀是館寬敞台前見方如北京戲園式前三面有樓一層台下有池池有桌凳容座千餘賣茶酒准吸烟座分頭二等價則三四馬克臨行其管座存衣看門叫車等人客皆有賞數十芬呢至一馬克不等

十六日己巳早大雪午後止戌初晴同慶靄堂姚子樑許稚夔王祉蕃何毓蓀黃伯申乘馬車行六七里轉過五道門至福來得立街火車棧接迎劉芝田星使瑞芬及隨員方子涵培容汪子久奎綬董仙洲瀛學習繙譯吳挹卿宗濂胡蔭菊樹榮武弁馬子良立功由法京來戌正一刻十分車到迎入對面森特拉店即時謁見少坐辭歸是時天晴沿途始見星月滿天

卌

十七日庚午大雪巳正劉星使來公館請

聖安午初方子涵諸君來拜坐談片時是日為西麻十二月三十一日德俗家家入夜設酒請客飲至子初彼此道喜亦如華俗之過除夕惟其行禮則殊有拉手者對碰酒盃者更有接吻者當日酉正賡韶甫約諸同事晚酌外有德國男女六七人飲至子正彼此立起拉手碰盃慶賀新年既而男鼓琴女歌曲丑正謝歸

十八日辛未雪為西麻一千八百八十八年正月初一日又值禮拜之期鎮日鋪戶關閉街市男女往來如蟻未初代星使持片乘車赴皇宮太子宮各部院及各國公使處投刺賀年禧酉正與眾同事公請星使金楷理及慶靄堂姚子樑謝芷泉恩仲華賡韶甫晚酌共分三桌徹飲寡言亥初席散亥正復同慶靄堂許稚夔陶渠林王祉蕃何毓蓀黃伯申隨星使赴福來得立火車棧送劉星使及方子涵諸君起程赴俄子初車開入夜晴記當日席面有海參魚翅火腿江瑤柱紹興酒五種皆星使帶來者公攤每人二十三馬克二十六芬呢合銀

卌一

五兩餘
十九日壬申天雖晴而雪地寒冷似都門三九天亥正與諸同事至福來得立火車棧送星使及慶靄堂許推鑾王社蕃何毓蓀黃伯申率僕役如石膏等四人登火車赴俄子初車開按石膏係薩輕輪船之華僕星使因其年輕侍奉慇懃遂由熱諾阿攜來而僱用之
二十日癸酉晴冷記德國所用文字皆古拉典者不論真草筆畫皆彎曲不易辨非如現在英法各國之字開門見山清楚易認國人思改用之而畢駟馬不允想伊必率舊黨中人也又自德法戰後兩國雖立和約而人心終不和睦法人各懷報復之心而德人頻存交兵之念因而法國新報日張其勢或言兵數如何之加增或讚槍礮如何之精妙德則一語不露兵卒火器雖本國人亦罕有知其實者是亦人心不同處也德法既有違言德皇及畢駟馬諭通國學堂不得教法文國人不得操法語未詳確否如果屬實亦愚見耳夫既惡法且思爭法而更欲防法是通國人民皆習法語為第一妙策也入夜陰

卷一終

卌二

五述奇卷二

鐵嶺張德彝在初隨筆

丁亥十一月二十一日甲戌鎮日大霧暖因而雪化成泥通來連日大雪旁路石道漆道寬約一丈者積雪甚厚每日由人家鋪戶掃除間有凍結成冰者恐行路滑跌乃以沙土洒之至中間甬道寬皆二三丈不等或石墁或鋪漆雪厚則官有雙馬大敞車掀載入鄉至積久成冰處亦洒沙土以防馬倒現在冰化成泥官又派有兵卒處處以鐵鏟橫長二尺寬七寸木柄長五尺者在右推鏟至中央則載入大車拉去城外至其未鏟之地雖云泥濘而行者不有蹶跌之虞地本平坦故也未初乘車代諸同事持片往拜駐德各國公使參贊隨員及本國各部王大臣酉正一刻回寓戌初丞伯純陳駿生貝肅如約余在福來得立街第二百一十八號匡閣爾的亞園看雜耍園不甚大容座一千上下有飯廳茶房烟廊正中方池列茶桌椅凳帶賣飯食茶酒樓上頭等座每人三馬克戲單收衣在外而每處亦僅芬呢二三十而已所演三大節共一十六場其中賣藝者幼女居

一

多頭場一女年八九歲名奚拉者打鞦韆竄越極伶俐再則二丑作樂用自造之小胡笳小琵琶長皆五六寸聲調幽雅新奇又一幼女坐台中椅上一人蓋以黑布啟則渺無蹤跡法頗玄妙又五幼女比劍勢頗騎勇選入娘子軍當為上將又四男一女皆赤身著肉色靠肚下胯間雖靠肉而用五色緞繡金花視之稍雅此女年約二十打鞦韆立横棍上竟能背負一人項抗一人左右手執二人立其胯上隨行旋轉往來悠揚女無懼色其力可謂壯矣更有一英人名查根多佛者耍大礮彈重各由三十斤至百斤以手玩弄如彈丸是亦西方之一孟賁也又一踹軟繩者穿騎馬大皮靴兩手不横執木棍能在上往來跳舞竟不傾跌又樓頂懸一長方木架架之兩頭各挂一凵字形繩棍四人在上或立或挂往來蕩漾彼此飛舞接手捉脚半空騰躍互相更換似猴似雀觀之令人眩目末場係一女作夢見神遇鬼忽藏忽現二女懸於半空真假難辨亥正回寓

二十二日乙亥晴稍凉近來德國極力抽收民税上年畢駟馬在議院向衆謂菸須如鹽亦歸官賣衆未允蓋菸雖非必須之物然一歸官賣不惟價昂且菸梗及他種草葉之可以代菸者皆在其中矣又向衆議酒亦當歸官賣衆亦未允畢駟馬曰諸君善飲故不欲其價長然酒為害人之物官不能明禁而如此可以暗阻其醉漢亦可漸少若諸公不允吾自有法按德國酒税向來每一百啟羅（一啟羅合中國二十六兩四錢六分強）抽五馬克税乃自本年加至一十二馬克（合銀不足三兩）雖已運入鋪中者亦按一百啟羅照新數加抽七馬克

二十三日丙子微晴天暖雪化房簷滴水見是日德都新報内一段係一霸女招親女年三十歲名巴美婀自云住某街第若干號手存遺産馬克一百兆現擬出嫁男子必有名望及世爵年在三十七四十六之間且財産之數能與我數相埒而欲娶者不必即來親拜可先將本身小照送來查看願否接見當候回音其有故意戲弄非實心欲娶者當禀官嚴行治罪云云又法國亦有白鴿票聞上年在法都一女僕忽于途中拾得一票迨開彩時竟獲得十萬佛郎雖云已富乃將銀錢交主人收存依然與之傭工自此女得錢後陸續有世爵子

弟多人向之求婚，女皆不允，乃自謂曰：我不得此財時，并無一人來問，今有錢矣，即接踵而來，足見其非誠心愛我，乃愛財耳。該女竟嫁一早與同事之男僕為夫，因其貧時即行情愛，是真愛矣。二女之心不同，惟此貧女之心可嘉耳。

二十四日丁丑，早陰，酉初雨。德國自勝法後，改稱大國，乃竭力整頓一切，奈土產無多，進款不足，于是百般征稅，效彼英法，而又勝於英法，故凡民之困苦無力支持者，多逃赴美國。其稍富餘者，乃造物開鋪，雖出售些須之物，亦必將所費之稅款合於價內，故凡物無不極昂貴者。如一木棍長六七尺、粗一寸者，價則一馬克，合銀二錢零；印白紙名片一百，工料錢五馬克至十馬克，合銀一二兩零。聞田阿喜租地面房一層，臨街一大間，後兩小間，地下存貨房一間，租價每年二萬一千馬克，稅款一年共三萬馬克，零費一年合四萬馬克。又鋪中進款，每入一百，官抽六分，至開鋪稅則每年官於入款內又抽取十分之一，其他又有房稅、地稅、人數稅，種種不一。如是，則一貨連運腳合一馬克者，再加各項稅費，須

四

值至五六馬克，迨出售時，徵賸少許，則價至七八馬克矣。故在田阿喜鋪中，一日本圍屏價值十馬克者，運此售與洋人，竟至四五十馬克，物之貴否，良可知矣。

二十五日戊寅，陰暖，雪化河開。午後，有日本遊歷官陸軍步隊大尉福島安正來拜，能英德語，曾到北京兩次。

記德國一種薩克森邦發財票，如呂宋票、白鴿票之類，一年兩次，每次出票十萬，每張原價四十二馬克，經人代買每張四十五馬克。不欲買全張者，可買半張，或十分之一二三四皆可，每一分價合四馬克二十芬呢，經人代買四馬克半。一年出售兩次，每次放彩五回，第一回頭彩三萬馬克，二回四萬，三回五萬，四回六萬，末回五十萬。一次出票十萬張，共合四百二十萬馬克，照例每次官收二十萬，其餘四百萬分五回作彩。十萬票中得彩者五萬，不得者五萬。五回中初回得彩者既少，而彩數亦少，二回稍多，三四回又多，末回為尤多，故買票者咸盼末回得彩。按買票法，如初回買得第若干號，不得彩，可照數再買，再而三，三而四，買至五回，終無所得，則為失望。如至第二三回，買者尚未得彩，不欲留者，可

五

將原票繳回會首一無所失其在第二三回或第四回始行買票者亦當付錢二三倍或四倍一回放彩有所得其票到處皆可取錢如往本會收取折扣頗多而在銀行錢莊等處取之反得如數因各皆有利可圖也此發財票通城千種總名洛特立官之不行禁止者因其出入公平無誆騙滋事等因且每年官場由此所獲之利亦一鉅款耳

二十六日己卯陰雨不定記英法國人買辦物件無論人之貧富物之大小罕有自行提携者在此各鋪雖亦管送而小件自行執回者甚多故各鋪出售零碎物件皆備有小白木棍長約寸餘粗四五分作呂字形為客提携時拴於物上以免勒手

二十七日庚辰陰雨陣陣辰刻有莫仲武繩孫梅雪橋壽祺沈裴莊全午與吳挹卿隨劉星使由俄過此去法京當火車暫停更換時來公館探訪聞洪星使昨日遞

國書并聞仍留隨駐俄國者乃木菴塔克什訥學習繙譯李蘭舟家鼇與何毓蓀也記德國一種紅酒名諜喀者造以櫻桃味極甘雜以燒酒其味美如玫瑰酥

六

二十八日辛巳陰雨聞和蘭各行工人于數日前各推為首一人呈請會堂轉懇和廷設立保護工藝并優待苦工章程又德國列邦國會前曾議定凡水手船工并各項匠役或因作工受傷成廢疾或因遭險致命立有保護卹養章程此章自西厤一千八百八十八年正月初一日起前見各邦一律施行入夜風

二十九日壬午晴聞西國新報內有一則云天下各國中有三大國之臣宰賄賂公行行同市儈把持權柄肆勢凌虐者如邇來俄國某輪船駛走紅海實用煤三百噸乃報以五百噸所餘盧布若干盡入私囊有其屬下武官王族某人知其實且有憑據稟知內部判以妄報不實以小犯上收監六個月其人出監後因冤投入叛黨又被擒于今發往賽比里亞永軍不回又一日俄君諭內部大臣以某大員因功可賞二等寶星一枚盧布若干再某大臣因功賞肥田百頃其次賞磽田六十頃半月後俄君名見該大臣問及寶星盧布答曰不知迨問內大臣對以連日無暇未經付給次日竟交其人三等寶星一枚賞銀一半其人無法勉強謝恩至他二人

七

之田畝乃大官得磽田小官反得肥地大官爭論内部大臣乃云爾若不願恐六十畝亦難得矣蓋該武官一因未經向内大臣花使費更因小官係内大臣之戚友也現在俄國凡事必經内外二部之手其不花使費者應成不成而花使費者雖不當成亦成噫九洲之大四海之遙非孔方兄何以成事哉

十二月

初一日癸未晴現時值隆冬然街市鮮花鋪中所售各種花卉紅紫芬芳香味撲鼻如茶花杜鵑木槿菊花白紫芋香五彩水仙及各種洋花草本木本羅列滿堂不可勝數又天晴雪化遍地芳草青青長已逾寸豈地肥之故歟或曰該處天氣不能由是即暖恐數日後仍將大雪地凍河封依然冷作三九天也

初二日甲申晴記德京遆爾園中有河作乙字形寬處約五六丈窄處不及二丈彎曲長十數里入冬結冰官准男女在上溜戲乃左右沿堤豎木橫繩上下有門入溜者一人出費若干數亦無幾閒在寬處立旗奏樂每晨巡捕前往查驗冰之厚薄溜者可否准入并時時有人收拾鏟掃總之通城凡積水寬敞處皆立杆挂旗作溜冰場其水淺冰薄不均處皆灑水作冰是亦民間一冬季生涯也

初三日乙酉晴冷水復微冰午後同姚子樑承伯純陳駿生乘車西南行八九里出城過蕾斯英河至謀阿遏村布蕾美巷第七十四號訪潘桂二君一路樓房雖稀然無處不潔淨整齊聞二君共教三十二人年皆三四十歲者并不讀書學話而已中學官話者多惟有三人專學廣東話其故乃為將來去粵學充領事官也

初四日丙戌晴冷記德京街市熱鬧處設有一種代客攜物之人名曰的音斯蠻譯華言差人也頭頂曰字形紅帽簷下銅箍橫印第若干號行人有因故不能親送或自攜之物或須即送之信可令此等人攜送賞錢由二三十芬呢至一馬克不等此人給有憑票一張上印第若干號苟物有遺失可即執票赴巡捕房討取設若所送之物原值一百馬克該房自能照數賠償然凡欲其送物所值不得逾一百馬克蓋此等人皆由貧苦無能不有工役乃自投巡捕房報充攜物使官遂給紅帽

一頂印就號目其人當報時須先以一百馬克為質迨不願當時則照數領回若遺失他人之物官即以此錢賠之倘物之所值多於一百馬克官亦無法也

初五日丁亥陰冷申初微雪記德人燒火除木柴與硬煤外有一種煤塊造作榆葉形長五六寸寬二寸餘厚約寸半色不黑而紫黯既輕而力亦微係造以煤炭木渣及乾樹葉等每百塊價值七十芬呢至一馬克

初六日戊子陰冷申初大雪一陣聞邇來德國克倫城有寡婦歐本罕者年逾古稀富有百兆生無子女臨終

十

時乃分數十兆交地方官賑濟貧民每年所進利息交棲流所以便隨時撫養住房一所每年租款交施醫院以備製買藥料等項所用僕婢共十六名其曾經伺候十年者賞十萬馬克九年者九萬馬克如此按年下減更有義女阿蔑者亦得數逾二十萬云

初七日己丑早陰樹枝挂霰未初晴在扉拉哈木呢會館中是日公設善會醵金賑濟入門票每張一馬克五十芬呢會名日本彩場跳舞作戲票紙甚厚色則淡青橫長五寸豎寬三寸餘上印日本一男四女作舞扇彈琴狀其色深藍當日戌初開門次日寅初散四日前送來門票十張因而公助二十馬克當晚亥正余同姚子樑承伯純恩仲華謝芷泉陳駿生貝彙如乘車前往入門先一筒道左右設存衣櫥每件三十芬呢再入大廳正中寬敞高四丈長六丈寬四丈正面搭台奏樂樂工十二名皆日本裝台之左右對面高樓兩層前面迎廳分間便人坐看後則列座出售茶酒點心下面亦然尤覺寬闊又大廳四面多以布片遮護上畫日本樓房燈彩花木對聯漢字似是而非共來男女千餘裝飾不一

十一

有扮成土耳其人者日本人者惟一男著紅花女氅戴毡冠後垂辮子甚長一女著中華南省女衣戴花簪耳環等遠看疑是華人由亥正跳舞四五場至丑初改演日本戲乃日君見洋帥叩首鞠躬節節盡禮婦女舞扇飄洒可觀即刻回寓途中車輛往來尚有前往觀劇者入夜風冷

初八日庚寅陰早熬粥分送諸同事是日又為星使四十九壽大慶諸同事公祝壽禮八色午後無事步行數武入加非館少坐遇土耳其國隨員辛攸果叙及該國

外部據云敝國外部名曰外務司當初立時國人既不明立司之由而司中各官亦不達外洋之情故各事多有被其欺蒙而至陷入其網者國勢不振屢敗於俄敖氏不合頻起事端受英法之逼迫東北屬邦叛而自立百年以來司中各官依然暗昧不明每問及事體如何無非縐眉而曰難罕有深明大義知己知彼而能豁然了結者蓋其居心既不欲努力亦不敢多言也不惟不知他國彼此所定之約所辦之事即本國與他國所定之約所辦之事亦多茫然不識外國文字凡由外國送來之文件書籍往往張冠李戴雜亂倒置小官入司皆

十二

自他官舉薦凡能洋文及曾歷他國者皆嫉惡之反偽詭其詞曰恐其為敵國偵故不薦亦不錄其所收所薦者皆關乎情面或同族或戚友或同鄉或所屬不論年紀不講才能然其中苟有能通順本國文理者亦佳而竟有不能成文及不能舉筆者如此私心不顧大局不思自強伊于胡底言聞其人手顫色變兩眼幾乎垂淚余聞其言觀其色而心亦為之不快者良久

初九日辛卯陰午刻德人哲甯約午酌其人曾於數年前到過烟台旅順天津等處共桌男女十人年皆五旬外酒食果品皆甚佳申正謝別後隨步答拜福島安正少敘即歸知其人亦係奉官遊歷者官限以四年一年學德話三年為遊歷之期云入夜大雪

初十日壬辰陰未初桂竹君與阿恩德來拜聞德國正西之福蘭佛城有少女席達珊者梅裝杏眼豔麗一時有男名羅池阿者戀愛此女而無由得娶為妻遂奉請處鑄錢局三百萬馬克請改鑄三馬克一圓之銀錢名特蓄馬者百萬圓須將美女席達珊之面刻印其上以

十三

傳不朽故至今德銀錢間有不印德皇而印女面者即此女也申刻雨

十一日癸巳陰雨記柏林城規凡人執物街行必以紙包裹否則巡捕捉獲目為偷盗故各鋪各物皆有門票帶張雖乾鮮果品菜蔬點心亦皆有大小紙袋上印字號住址及所售各物之圖樣又街市閭巷間不准行人大小便違者被巡捕查得收監七日或罰十馬克是亦邇來二三年之新章耳其沿街設有大便房間詳見後入夜雨止

十二日甲午、陰雨、暖、按德國十數年來不惟寓兵於農、且厲兵於匠、凡幼童由十八至二十歲、須入營練習三年、無効則再學二三年、永無成則老不離營、其成者當昇平之際、任所欲爲、或貿易、或傭工、皆可、然每二三年必入營一次、曰温習、譬一鞋匠忽經營官寄到白紙一條、上云奉上諭入營温習、其人須即日投營、温習七天、每天領錢六十芬呢、又一省在德之西南、法之東北、德名埃拉薩斯洛特林根、法名阿拉薩斯洛林、其地原屬日耳曼、後歸法郎西、前于西麻一千八百七十一年即同治十年德又争回、土人語言德法混雜、德令土人學兵、統成一營、恐其鼓操變亂、數百分入一營、又恐違規滋事、一因語言不同、再因年逾三四十者已有事業、遽令當兵、實非所欲、至今乃將通省人民之年力精壯者、分入通國各營各隊、彼雖不願、然亦無可如何、祇得俛首聽命、莫得滋事、因此愚蠢之輩受苦者良多矣、

十三日乙未、陰雨、熱、至换皮襖而著棉衣、記外國有船隻保險、貨物保險、財産保險、房地保險、今德國又有人命保險、局一人欲求保險、以防死于非命、乃入局自謂

十四

己身值銀若干、局則令醫家查驗已否有病、身價符否、言定後、其人須按季赴局送保險利、譬如定保一千金、則每季送十金、一人入保後、該局乃不時使人暗行訪察其人病否、曾有不欲生之意否、如有、則該局又催醫家療治、抑或退銀不保、是固人間意外之舉、而我華人竟有投局保命、估價一千馬克者、亦奇矣、

十四日丙申、早雨、午正大雪一陣、未初雪止、少刻又雨、入夜雨雪交并、記德規、每值其正月中旬、必在王宮内設大朝會一次、男女數千、跳舞終夜、現其君年逾九旬、精神不爽、又值邇來受寒初愈、君后亦年逾七旬、行動艱難、不能久立、且太子亦在義國養病、故改于是晚西麻正月二十六日也戌刻在菊泥苐伊爾汗宮設一小朝會、四日前由外部送帖九張、請星使、汪芝房、金楷理、姚子樑、陶渠林、恩仲華、洪禹山、賡韶甫與余前往、其帖横六寸、竪四寸、紙厚色白、四圍金邊、上印王章、下印請某人于某年月日赴某宮朝會、戌正、余同汪芝房、姚子樑、金楷理、陶渠林、恩仲華乘車行五六里、入五道門、走恩德林敦街、東首下車入宮、其式與英之賢真穆斯宮

十五

相似亦入門登樓兩折至外廳會各國公使隨員立至
夾初遂排班魚貫而入各國二等公使及希臘者皆在
前暹羅者在日本前日本又在中華前其君后坐于正
面後一圈老少婦女坐者皆王室女媳德皇立于后右
臨内門入者先向君后一鞠躬右行三四步再向德皇
一鞠躬後則轉身入内門至圓廳廳高數丈頂上周圍
有樓有闌杆在上可以下視廳之四面有門所入者為
正門對面一長廳通飯堂左門通大門前半步步栽花
香氣觸鼻綠葉叢叢密不見壁右門通内宫圓廳正面
中設二椅為德皇與后座左右四圓桌圍列金椅為太
子妃公主郡主及王室宗戚座正中放一大琹周圍臨
柱置金椅一圈自正面德皇左右先坐各國頭等公使
夫人再則本國各大臣之夫人及各國二等公使參贊
隨員之夫人至各國公使及本國文武各員亦如此按
次而立於婦女座後對面長廳前一節放一圓桌四面
置金椅二三十為婦女坐右置金椅五橫共三四十為
官人坐再外右鄙又置金椅數十橫列四行為命婦宫
女等坐余等末入圓廳同日本暹羅人立于左鄙玻璃

廿六

門前迨至坐者立者諸事既畢忽朝官請余等步入長
廳前節同暹羅人坐而左鄙坐有婦女五名為當時着
名之女伶少坐鼓琴先是女伶巴蒂臘前往立歌一曲
既而散卜里又歌一曲正值琴聲喧譁之際忽朗官又
來云奉君后命請諸位往看
大清國
大皇帝所贈之壽儀乃步入長廳旁間見正面一檀木牀上
懸靈仙祝壽一幅前桌列五件玉水盛玉山子玉如意
與六方瓷瓶左右分立繡花圍屏八幅此外有他人所
獻之景泰藍大象二隻漆櫥竹椅木塔銅鑪等多件蓋
皆東方物也看畢轉回入座又聞女伶郝美色巴蒂臘
同歌一曲末則郝美色巴蒂臘畢姒姬散卜里與優伶
額斯得駱特來倭霍色畢柏堤八人同歌一曲後則男
女起立分排左右德后與皇及王室老幼陸續步入飯
廳既而各國公使及本國文武夫婦亦皆前往當夜人
不足千既不擁擠亦不甚熱廳長一矢橫設長桌杯盤
羅列食則五味盈簋酒則五色盈樽一切任人自取食
畢少立轉由左門出宫登車回寓時已子正記暹羅人

廿七

著西服、惟胯間多圍紫綢一縷、再當余等見德后時、德后云、聞得貴國江南地方遭水災、殊覺可慘、汪芝房欲答、未答、而前人已去、遂亦轉身入廳、余等亦即趨過、

十五日丁酉、早大晴、冷、未初稍陰、酉正復晴、皓月當空、戌初大雪一陣、又晴、是日係西麻正月二十七日、為德太子生辰、街市男女遊玩、駢肩累迹、車馬馳驅、絡繹不絕、各鋪挂旗、以伸慶賀之意、

十六日戊戌、早陰、午後雪、乘車答拜阿恩德、見其妻子、坐談片時、辭歸、見德京現在之洋白菜、凡紅黃綠白四色、菜式皆作圓球、大於茄盌、龍鬚菜色白、粗盈寸、長尺餘、菠菜無梃、小顆、綠葉而已、大葱梃長、葉扁、小葱無梃、葉細如髮、鬚長四五寸、老蒜白頭、亦編成辮、小白菜球大如栗、極嫩、蓁菜根大如茄、亦嫩、此外有白蘿蔔、紅蘿蔔、胡蘿蔔、大小顏色與我國同、惟一種黃連根、粗如胡蘿蔔、皮黃肉白、味苦而澀、上有小葉如菜而細、土人用法、乃刨皮切絲、用佐燒烤牛羊肉、此菜名曰拉巴爾柏爾、入夜雪止、天晴、

十七日己亥、早晴、冷、申初大雪、入夜晴、德京現在各果、

大

鮮果有葡萄、蘋果、橘、梨、波羅密等物、因天冷、包紙以鋸末埋於筐內、蓋多非本地土產也、乾果有核桃、栗子、榛子、花生、桃仁、葡萄等物、蜜餞有桃、杏、李、橘、櫻桃、波羅密等物、味不稍變、色亦如鮮、

十八日庚子、晴、丑刻睡起、喫點心、寅正與眾同事乘車赴福來得立火車棧、迎接星使由俄來德、卯正星使攜硯友聯子振興到、辰初抵寓、天始明、午後大雪、

十九日辛丑、陰、冷、河復冰、聞德規凡大員子弟及富商名家者、年至十一二歲、皆須送入武備學堂、俾之讀書、兼以練武、蓋學習有成、皆作將來之候補千總也、未詳確否、又前聞柏林城東有某甲夫妻反目、妻弑夫斃、迨移去後、他人即行遷入、毫無忌諱、查外洋亦有因忿怒、因情愛、因畏罪、因懷仇而自戕、而被害者、不知凡幾、然未聞有言髒房及冤鬼作祟者、是豈洋人無魂魄耶、抑或因人不信、即不敢作祟耶、又西國無巫婆、無妖孽、是豈不信邪者邪不干正耶、抑或因國政威明、而不敢逞其術耶、皆不得而知也、

二十日壬寅、早大雪、申初止、仍陰、見是日柏林新報有

九

一則云邇來天寒使華人之寄居此地者變其服式以禦寒其防寒之物乃護耳小帽也糊以黑綢上畫花朵四邊鑲以藍綢内黏鼠皮向來未見華人有佩帶是物者云云是誠坐井觀天之見耳不知是即中華北方之物非初創也初到此其前任諸君中即有謂耳帽風帽千萬不可戴以免洋人戲笑如是則所服之物無一與西人同者皆當更換矣且當華人初到泰西凡人見而無不笑者苟恐其笑則寸步難行欲使其不笑則辮當割去服飾盡改而後可余謂耳帽風帽皆堂堂華飾豈可因其嘲笑而不服耶且較他人之吸洋烟著洋鞋甚至娶洋妻着洋服留髮不剃而剪以雜髮為醜觀者勝萬倍矣

二十一日癸卯雪德京每晨必聞賣貨聲云三多三多繹華言沙土也馬拽敞車一輛内載沙土出售每一十芬呢五六銖蓋因廚工買以為磨刀叉鐵器之用或者人家因隆冬地滑多用以鋪樓前窗下及行人必由之地以免跌滑是亦鄉民冬季之一生意也

二十二日甲辰雪前于丁丑四月間有管帶學習水師官生監督候選道李丹崖鳳苞由福建船政局携帶官生三十二人到歐洲後内分法國學習者十八人留英國者十二人中有名陳可會者先經分入法國迨丹翁奉

旨派駐德後遂改入德營在司丹丁地方學造兵船光緒七年忽德外部來文内稱陳可會偷竊金表被獲經地方官審明是實判定收監一年半出監後免二年體面云云李星使令其送交使館查辦未允既引條約公法與之講論伊皆一一辯駁仍未允行文多次亦未答覆遂知總署轉札德使巴蘭德終無音信迨八個月後其外部始來文謂奉德君諭陳可會著釋放出監以敦中德友誼云云其案既可存更當行知駐紮各國使館以作警戒如此雖與德館無顏而與各館有益于將來也又按德例所謂免二年體面者係其人出監後一切正事皆不與聞既不能充職亦不得賣藝傭工言為眾人所鄙棄耳

二十三日乙巳陰雨暖申初立春入夜大風當日午後德人哲甯來拜談及馬戲之妙馬之馴良余甚稱贊之

伊因問貴國亦有此等馬戲否、余謂馬係龍種、上應星辰、玉腕銀蹄、嘶風踏雪、爲人行程臨陣所必需、無有以之作戲者、且馬爲四蹄之獸、使之立行如人、亦不甚雅觀、故無馬戲也、然我國古時有馬舞之事、如千年前唐明皇嘗置舞馬、因安史之亂、六飛西幸、廐馬星散、後有一馬爲田承嗣所得、夜宴賓客鼓樂喧闐、此馬聞聲起舞、圉人走告、以爲不祥、合笞之、笞愈甚則舞愈工、想此馬與現在馬戲中之馬無異也、寯曰、今西人處處設法謀生、使大小禽獸魚蟲作戲、不拘雅否、竭力求精、惟冀國人喜看、藉以獲利斯已耳、

圭

二十四日丙午、鎮日大雪、暖、見華人贈洋人之小照、有頭戴頂戴、黏冠鬆辮根、穿長袖大雲頭馬褂、不著衫襖、而腰結綫帶、跨長刀、不知是爲何等打扮、恐軍營亦無如是者、恐洋人之未經來華者見此形狀、必以中國武官皆如此穿戴矣、又見有與洋人以兄弟相稱者、按西俗惟父母同生者呼曰兄弟、其他皆否、然則華人與洋人交、無論如何相契、固不必如此稱呼、致使彼匿笑也、入夜雪止、晴、

二十五日丁未、早大晴、午後微陰、酉正、星使約諸同事在威克兜里亞戲園觀劇、即前於十一月初四日看過者、所演與前同、無須再述、惟是日男女觀者較多、子初回寓、記德有大戲園、雜耍館及馬戲園、西規凡男女皆帶冠、惟男子無論至何處、入門即當免冠以爲禮、婦女則不必、惟觀劇婦女亦免冠、以得嚴肅整齊、其大戲園內平日男女服色一切規模與他園同、惟每禮拜一日、爲其國王宗戚前往觀劇之期、不惟座價昂貴、且男女皆須著官衣、作赴朝會及宮中跳舞會狀、無論國君在否、皆示恭敬之意、每年國王助大戲園三十萬馬克、聞前年有女戲子名盧喀者、亦德人、留入大戲園演唱、通城富豪皆以先聽爲快、因而座價昂至一人一百五十馬克、竟有定票不得者、

圭二

二十六日戊申、早微晴、未初雪、先是午正、星使偕恩仲華聯子振穿蟒袍補褂、乘車入宮、見皇孫威拉罕、未正回、同人有謂不必認識他國駐此之參贊隨員、以及本國之文武員弁者、竊思奉使駐紮外國、原爲考查情形、辦理事件、苟孤身獨處、自然無所見聞、況語言不通、即

知一二、亦歸無用、嘗見北京各國使館、混如一家、前隨郭星使駐英、不時尚有他國公使隨員以及本地官紳往拜、至此將及兩個月、面晤者既無、而投刺者亦少、余之來此、本無考查辦事之職、亦不通德語、自無須與他人連屬、然德人哲寗阿恩德、日人福島安正、皆曾到過中國者、且福島安正、阿恩德、亦皆前在總署會過者、去歲醖邸在總署會各國公使、阿恩德亦在局中、今彼既聞名來拜、如不答拜、究屬非理、既往答拜、亦不為過、然與此等人相識、較他人之認識洋商與女戲子者、又勝多多矣、

一五四

二十七日己酉、鎮日陰晴、雨雪不定、本年我國河南遭水災、人民困苦、玆由申報寄來粤東善士陳竹坪與昌勸捐一節、本公館除星使、支應、賡韶甫、聯子振、張小軒外、叅贊捐三十兩、金楷理一百五十馬克、承伯純二十兩、余與姚子樑、陶榘林、謝芷泉、恩仲華、陳駿生、各捐十兩、徐良臣、貝彙如、各五兩、

二十八日庚戌、陰、亥初、有德樂部官在教坡拉會館中賣票、設跳舞會、男座票每個十二馬克、女座票九馬克、各使館送票請往捐助、至所有進款作何用項、則未之聞、當日本使館捐一百馬克、届時星使率眾往、並不鬧熱、亦未跳舞、王室亦多人未往、因是日由義來電、謂太子喉症加重、滿嗓腫不通氣、由項下鑽孔、順以鐵管、以便呼吸、至愈否未聞、當夜客皆少立而去、

二十九日辛亥、陰、申初、大雪一陣、見本地鋪中出售爉燭、多種、其長五六寸、粗約二寸者、有轉成麻花形者、色有紅白黃紫藍、其至細者、為白爉、繪畫五彩及花卉蝴蝶等、頗為精細、

一五五

三十日壬子、晴、因賡韶甫之右骰疮愈、已出醫院、欲了結其案、遂於昨午、經德之刑部司官帖傳當日面見其事各人、齊來使館、以便審斷作証、當時共來男女老幼七人、審至申初始去、該員騰清一切、回部呈堂、再行轉洛外部、審定明確、然後了結、所來作証者、有車夫及鄉民、其往來車費、飲食、皆由官給、至其人由來至去、共時若干、查其平日按時作工、應得若干、此款亦由官償、如該車夫當日共得七馬克零、戊正、芬瑞飛請晚酌、帶跳舞會、同席男女三十六人、食畢、一男子年近六旬者、起

立曰、今日盛筵、多承芬公美意、請同席諸位、共飲女主之福、于是座中男女三十四人、一一走至瑞飛之妻前、彼此碰杯相祝、又此先、芬瑞飛起立舉杯高聲曰、現值子初、正爲中國新正月初一日、請諸位同祝我友張君之福、于是男女立起、舉杯齊聲曰賀來、賀來、子正奏樂、男女跳舞、即時謝歸、

光緒十有四年、歲次戊子、新正月、

初一日癸丑、晴、辰正睡起、點心畢、著蟒袍補褂、同衆隨星使向東恭拜

聖牌、行三跪九叩禮、遂即團拜、巳初大雨、午正晴、有程鞠存、李醉乾、聯文泉、桂竹君、潘蘭史來拜、申初復陰、戌刻星使招飲、同席二十人、除諸同事外、有程鞠存、李醉乾、聯文泉、金楷理樓上有女客六、爲金楷理之妻女、銀行主人蒲拉圪之妻女、及陶謝二夫人、亥初席散、登樓同承伯純、聯子振、徐良臣、謝芷泉、陳駿生、貝彙如諸君暢談、丑正始眠、不聞雞鳴、而犬已吠矣、又當早接家信、知去歲十月廿七日兒子榮驤考取會典館謄錄官第十七名、

兲

初二日甲寅、早晴、午初陰、申正又晴、乘車答拜程鞠存、李醉乾、聯文泉、桂竹君、潘蘭史、賡韶甫、聞士耳其銀錢局有兵曰出入使、乃數名由官挑選、凡錢出入此局、皆經此兵役搬移、因其沉重故也、按此兵亦無非差役、而乙月有錢糧、乃充此差者、年餘必至殷富、且其人每出門入局、往来必有同夥多人、執槍舉刀、隨車保護、至其致富之由、保護之故、皆不得而知也、

初三日乙卯、晴、記西國火車行動極速、雖按站停止、亦僅躭延幾分時候、其二三等者、皆無中廁頭等者雖有、亦不能皆有、又其道路潔淨、行人不准隨便出恭、故男女之乘火車與行路者、間有不能明言之苦、今見古米貨鋪中不惟出售桌墊、雨衣、水鞋、篦子、木梳、氣褥、氣枕、以及小兒玩物、如小人、圓球、雞、犬、猴、猫之類、更有男女二種小便兜、其色黑、其形作雙口瓶、長約一尺、男子者上口圓周盈尺、四角釘白帶、瓶口套陽具、白帶結腰間、下口小、内含螺螄、兜中水滿得便一轉螺螄、水即洩出、婦女者上口作三角形、周亦尺餘、三角釘白帶、將口扣合陰戶、白帶亦結腰間、下口亦小、與男子者同、行走之

美

際、即可小便、螺螄一轉、水自流出、更有下口細長、直通褲襠襪旁者、是放水尤為簡便也、按德言古米者、英名印甸洛柏爾、法名羔池烏、乃印度所産之一種樹汁也、其色初白、既而黃、黃而後黑、熬成後不畏水、見熱即軟、其稀者乾則柔軟如筋、稍粗者如象皮、至粗者則如木如漆、西國以之造物極多、筆難盡述、要皆簡便得用耳、入夜陰涼、

初四日丙辰、陰、記東西各國語言、凡有名者、皆分陰陽與不陰不陽三類、然其所謂陽者實非陽類、所謂陰者

卅八

亦非陰類、問其故於土人、則彼亦不能明言其所以然、如以桌為陰、以凳為陽、實不知其何所取義、各國皆以日為陽、月為陰、理尚可原、惟德則以日為陰、以月為陽、據其土人云、日耳曼古時盡是游民、有男無女、茹毛飲血、穴居野處、身衣獸皮、以劫掠為業、飲食無定物、起居無定時、各皆兇猛異常、羅馬義大里法郎西皆屢爭屢敗、以致無力迎敵、亦無人敢敵、因設計送女子多人入日耳曼、遂皆愛如至寶、由是始知人道之樂、既而盡人體弱、乃為法國所得、日耳曼以北天時頻陰、見日之時甚少、故彼處之人每見日出、即跪拜之、其愛日也、與愛女同、因女為陰類、故亦以日為陰類、此真聞所未聞矣、戌正微風、晴、

初五日丁巳、晴、昨日午後、承伯純與謝芷泉出遊、伯純偶遺一物於某鐘表鋪、未之知也、當早來一說帖、謂昨蒙二位前來鋪中、遺有一小包、不知何物、望得便來取為要、某字號某住址、古云路不拾遺、今則肆不拾遺、然實迫于禁令也、查其官例、凡有拾遺被人查出者、以偷盜論、即不收監、亦當受罰也、入夜大風、

卅九

初六日戊午、陰暖、未正雪、記德京鋪店之大者、如客棧、銀號、綢緞莊、瓷器店之類、各皆門面三四五六間、工人逾百外、其他則皆門面一二間、門內並無橫櫃、一切出售之物、皆列面前、如北京之掛貨屋、古董鋪、然古董鋪中各物、大者固皆羅列在外、小者尚皆排列整齊、罩以玻璃、此地則不然、各物分置、任人挑選、且鋪夥無多、不過一二人、遇賣買忙時、則不能處處有人、似易于失物、而土人未聞有此等事者、豈人心尚古歟、抑或禁例之嚴歟、

初七日己未陰查各國換駐公使原為查訪風俗事體情形以便保護人民辦理交涉事件是不惟公使須通曉一切而隨員人等尤當歷練隨時見聞故各國公使署凡往來文件無不置諸公案聽衆觀看以便知曉各事情形如何辦法余自乙丑冬隨使外洋于今五次矣所知者惟一國之風俗民情所有兩國交涉事件茫然不知二十年來虛受
國恩每一思之慚愧無地所幸者出入十餘年游歷十餘
國不至無功有過以辱國體是可聊自解嘲耳

初八日庚申微雪記西俗女子出門與男子無異故凡通衢大市間女子之相率而來者自朝至暮鎮日如雲或步行或乘車或騎馬有濃妝者有淡妝者而男子往來其間殊無佻脫之行推原其故蓋非風俗使然亦非官禁使然實因日日如此視為固有故雖羣雌粥粥而無不淡然置之也

初九日辛酉晴現在德國崇尚武政與俄國同凡官兵武弁終日不脫戎服雖街遊拜客赴茶會跳舞會亦皆佩刀著號衣惟赴會者衣冠金繐尤屬鮮明入夜狂風怒號陰雲密布冷

初十日壬戌稍陰冷中國自古有空谷傳聲之學然非識字者不能學而讀書者又必值閑暇且喜雜學者始學之故至今未能置之大用前丁丑年當余在英時見西人創一種傳聲筒曰德利風用者無非于樓之上下房之內外彼此傳聲交談即如覿面已覺便當且無論識字與否有是器具即可傳音矣今見德國不惟都城四鄙雖各鄉各村數千百里外亦可傳聲如同面談現在官設總局各處有分局較電線為尤快且更便當蓋無須信局照鈔分送也其用法買此器置壁上外線通入分局各局有總簿由通城至各省或某宅或某鋪住址第若干號所用德利風為第若干號而各鋪各家門首窗外亦須書明德利風第若干號其欲交談者先向筒口吹氣既將筒口置耳邊以待風局答吹答吹到則告以欲向何處某號交談該局即將此筒接結彼筒即可向所欲言者暢所欲言而言之往來問答多寡任便至其價每年付局一百五十馬克官局器具不計費

十一日癸亥陰風極冷河又封曩者余在東西各國因

其人皆信實凡物皆不二價中外無欺且價皆號在貨面故買者惟須擇物不必問所值也不意此地竟有要十馬克而自減至七馬克更有要五百馬克還以二三百馬克即賣者是又泰西之人之不能一律者也入夜雪

十二日甲子晴冷記德國兵勢日強處處整頓因而稅務繁重人民困苦窮生異志者有之欺騙外人者有之故城外鄉間行人稀少處每有搶刦案件聞上年有一日本公使隨員夜在城邊林内被人戕害盜去金表鎖練錢包之類經德外部查辦不知如何了結

三十二

十三日乙丑雪冷記德國巡捕著烏衣戴銅盔手不執械通城馬步巡捕一律整齊步行者鎮日各在閭巷往來騎馬者對對遊於街市鄉間或立於十字街心以査車馬行人之往來因恐人民夜間滋事則又有改裝作常人或武官而暗巡者

十四日丙寅晴記德京亦有法語所謂加非商當者其俗較遜於巴里其樓上大屋一間作堂正面一台寬深各丈餘台下放桌椅三行可容六七十人台旁作匱房出售茶酒旁又小屋二間為飯房入門一馬克女堂倌三四人台上歌妓六七人一一歌一曲後分坐兩邊坐後又一一陸續歌曲台下樂工四五人一人彈琴二三人拉胡笳客既入座女堂倌即羣來獻媚或索資或索酒不一而足客有喜歌妓者亦可招下共飲於飯房惟歌妓不得入堂中每晚酉正起亥正止如無把握者在内少坐則所費不下十金矣蓋女堂倌或見客係外人或客心已迷其酒價即隨而倍增也

十五日丁卯大晴風冷記德京道途勝於俄而亞於英蓋石子墁者少而漆道尚多甬路左右皆以大石橫墁住戶門首間有墁鐵甎或缸瓷者則屬整齊矣

三十三

十六日戊辰晴風冷如昨記德國土產無多人工亦少凡粗工平行之物固皆出自本國其他精細貴工各物又多來自英法瑞士等國是亦勝於俄而亞於英法處也

十七日己巳晴冷記德京馬車分頭二等頭等者式同英法二等者皆德之舊式鈍笨而不壯觀頭等者一二人坐路近則一馬克三四人一馬克半路遠則一馬克

半與二馬克論時每一點鐘二馬克半二等者一二人坐近則六十芬呢三四人坐一馬克遠則一馬克與一馬克半論時因其行動遲慢故用者少廠中大車論時三馬克半一點鐘酒錢在外街市放車皆有定處頭二不准亂排又各放車處多設有鐵柱高三四尺周約二尺旁一鐵柄長亦二尺餘總形如卜字旁一木桶按柄水出以備飲馬

十八日庚午晴酉正與諸同人乘車至安那拉大車棧送星使偕聯子振金楷理赴奥京立斯本遮

國書聞德太子現在三勒木地方咽喉癰腫滴水不入氣喘不通鑽孔無用今乃以皮筒由轂道進肉湯以使不餓云入夜雪

十九日辛未稍晴暖雪化河開記華人之皮衣内皆滿皮䌷有出風毛者有加皮袖頭者皆直毛也西國男女則不然除皮斗篷外乃外露毛而内無毛實乃毡面棉衣帶皮領皮袖皮襟邊也如男子皮衣不拘海龍羊皮皆外捲領寬逾六寸袖口外亦捲出半尺餘前襟左右各鑲一條寬約三寸婦女更有裙邊亦外鑲一圈者其

三百三十四

意為體態耶抑壯觀瞻耶未能定之

二十日壬申陰冷酉正哲甯約在沙洛也街瓦拉罕巴戲園觀劇同座六人為聯文泉賡韶甫之妻及他二老嫗園不大坐人不及二千所演為德南邦巴威里亞山林土民之俗男女裝飾較北方稍異男子不著長褲膝下另一花籠女衣不甚長新舊衣前皆加一別色油裙男子跳舞男尤伶便隨跳以手拍臀擊股其聲與樂調相應惜歌者太少景緻亦無多不過木房林木而已亥正回寓入夜雨

二十一日癸酉雪午後雨記德京除單雙馬車外又有如美國之鐵道公車如英國之跑海公車通城此車亦各數百輛其各走何路東西南北以色分之白晝橫匾入夜挂燈色如正紅白黃綠以及鑲紅白黃綠車箱下及匾與燈亦皆著其應用之色車箱左右及横匾皆書其所走著名街市之名蓋使坐者易於辨認也鐵道公車一馬拉者内坐六人兩馬拉者内坐十人更有頂上亦坐十人者跑海車雙馬拉上下各坐十二人惟婦女不准坐頂上坐車者登車買票票亦分五彩如白紅綠

三百三十五

黄藍、至近車價十芬呢、至遠至三十芬呢、御者與車後照料行人、而賣票者帽邊亦各另圍一圈色與該路車號同、坐車者可任意下而不能隨便上、沿街角路道口左右立有鐵牌、形如甲字、高約五尺、分上下轍、牌面書以待車處三字、並畫一箭、左往者箭頭向左、右來者箭頭向右、坐車者登車、告以何往、則賣票者按路給票、其票每色百張、由十芬呢至三十芬呢者、陸續釘一小鐵板上、票每張橫寬寸半、直長一寸二分、上印第若干號、往來所走各地名、中印車費價、鐵板長六寸餘、寬寸半、賣一票、必先剪一小圓孔、然後遞與買票人、此票不得沿路遺失、蓋中途間有查人數號數、以防賣票舞弊者、查者突然上車、向各客索票一觀、隨觀隨撕去一角為憑、此後則聽便雖擲去亦無礙矣、隨行至各巷口要地、賣票者必高唱地名以報人知、當時有下者有上者、其鈴一響、遂即停車、後再兩響、則又開矣、每早八點鐘開、入夜十二點鐘止、各色車有起首開處、有臨尾停處、兩頭開車、彼車必待此車到方開、當停止時、卸馬以便餧飲、休息、鐵道車不能轉轍、故其車前後有門、前後可用車

三十六

簷有環、前後可以挪移、如南行、則開南門閉北門、北行、則閉北門開南門、按車規有帶孩或攜物者、皆須懷抱、如放座上、當另加座費、又車之前後皆有台堦、以及御者與賣票站立之地、二處皆可容立五六人、有因內座已滿、或厭裡煖而立于前後空地、亦可、車費與坐者同、此車御者不用鞭、馬匹行動自如、毫不費力、車快而平、極為便當、車四面皆有玻璃窗、白布簾、以之避日光、阻風雨、又可以之進風乘涼、隨時四望、又車之前後、御者立處旁一鐵柄、作丁字形、下通車輪、車欲停、推鐵柄、則輪不轉、而馬不能拽動矣、車重故也、柏林上等人多坐鐵道車、而貧民工役多坐跑海車、以其去處較多而價亦稍廉耳、

二十二日甲戌、陰冷、今日是禮拜之期、申刻、見隣居一家出殯、其載柩車及御者所服與馬匹皆黑色、式與他國者同、先是八人著烏衣、舉長矛、上繫烏紗一縷者、入內引棺出、置車上、既而分立左右、送者不下二百餘人、有著高帽而襟掛小綢十字者、有戴白冠、前釘一紅十字者、有舉刀者、有執火槍而口垂向下者、各皆五六十

三十七

人三人一排，步履整齊，分行于柩車之前後，惟起首係二人執兵旗，一人捧一烏綢方枕，另有樂工一班在車之前，執而不奏。末後二烏車，內坐婦女三人，皆垂首作泣狀。其棺式上高下淺，正看作⌂形，旁看作⌂形，色分黑白，外不包絨，裹緞，係以鍍金或銀或銅片鑲邊鏨花，亦甚精細。黑者價廉，白者則以新行而價昂也。

二十三日乙亥，稍晴，冷。德國以人民衆多，謀足兵以自強，因於各處設法保護人命，設有衙署曰保部，專司稽察水土、道路、房舍、飲食以及醫生、藥料，設有氣味無益於人者、食物已久食之有礙者，或工作不精者，皆設法禁止之、修理之、消除而整頓之。如某年鄰邦染瘟疫，凡車船之入德界者，皆於未下客卸貨之先，經土官往察有無病人，即無病人，亦以一種藥水名喀爾柏者先激車船各艙房，既激箱隻器皿，雖各人亦激之。據云是水雖人噴氣中不見之毒蟲，亦能殺之。又凡處男女老幼有傳染是疾者，或嗽喘有似是疾者，皆送出三十里外人稀少處養育之，愈，始准還。各官學義塾中諸生亦然，故當年四鄰有疾，而德獨無。

三八

二十四日丙子，早陰冷，夜微雪。記泰西各國，彼此毗連，火車輪船四通八達，不比中華各省運物維艱，乃見多物亦此國有而彼國無，如英有紅糖、黃糖，德僅白糖而已。又見本地一種鏇粉，不知出自何地，造以何物，色分紅白，甚薄，長八九寸，寬三寸，含有斜方暗紋，如高麗紙，作法未聞，惟泡以熱水則化，用涼水泡後切條，以怎醬拌之頗美，是亦在他國所未見過者。

二十五日丁丑，早雨，午後止，仍陰，東風頗暖，冰雪漸消，道路間皆成泥濘矣。德京加非館大小不下數百，有兼賣便飯者，然不賣飯而帶茶酒點心者多。點心多種，無非造以牛奶、雞卵、白麪、葡萄、櫻桃、蘋果之類，亦頗可食。每桌放盅字形三層荆條筐一個，上層粗如盅，中層如盌，下層如盤。每層盛點心幾種，價亦按層分三等，個數不定。聽客自取，迨飲畢時，堂倌聽客一言，或云未喫，或云共喫第幾層若干枚，則堂倌即照數算錢，亦不考查確否。大加非館亦高樓大厦，容座千餘。聞有大加非館名那相那，及開客者，每晚皆自八九點鐘至一二點鐘，妓女如雲，人之思訪天上書仙者，可即往而選擇之。既

三九

可携手同行亦可探索住址定期而往凡某妓之認定某館者則朝朝定入此館且其所認某座亦永不改移云

二十六日戊寅陰雨暖西國各王宮入冬皆有茶會跳舞會入會者除各國公使外則皆本國之大臣命婦邇來德國尚武升冀武將各奮忠勇乃諭令凡千把外委之妻一併准其入宮赴會故今無論貧富人家之女皆望得嫁武官能入皇宮赴會以為榮各武官亦以由此可得美妻更傳謂戰場殞命必有天仙引作婚配是練武者在人間既獲王宮美女之榮而為國陣亡更得升天常有美仙之樂亦幸矣然武官中有謂一生既有如此樂事亦足矣何必妄想耶是人心雖厚亦漸不易哄騙矣亥刻忽本公館女僕執小新報一張謂國王病篤朝不慮夕言之貌若甚慼者是亦可見人心之感戴也

二十七日己卯陰雨暖早九點鐘德皇腓良第一薨即時各街出售計聞并在各街巷口黏貼一頁長二尺寬尺半四面黑邊寬皆五分凡公署之豎有旗桿者皆挂于半中各鋪戶門首亦皆插旗旗上橫以烏紗一縷又

凡人家鋪戶之陳設懸挂以及出售國王之銅瓷相與畫像小影者即時有圍以烏紗者有圍以綠葉者蓋皆弔悼之意也又凡鋪之出售衣冠者如衫袿領套手套襪子之類羅列窗前一律改為黑色更有烏紗一縷寬三寸長一尺者壘成一堆係備男女套縫袖上之用以示著國服申刻接電知星使明晨到

二十八日庚辰陰卯正睡起辰初與衆同事乘馬車至安那拉火車棧接星使由奥國回聞德皇薨已日餘尚未入殮昨日國人皆可往觀今則非有憑票不得入現招著名畫工繪其薨後之相其太子現在義國三勒木莊養病昨經各大臣發電先報德皇之憂再報即位之喜按其定例王族著素服百日官弁六個禮拜平民十天大戲園停演四十二天小樂館十天乃太子回電謂即位不立新章凡停演樂著素服之日期皆聽人心自便如是則人民雖不欲亦著矣當日王宮一帶男女觀者如雲男子帽上肘邊皆套烏紗一圈婦女頭後皆垂以烏紗一縷長短不同以別貧富官兵數隊往來彈壓戢云王肚已自項下鑽孔灌藥水以使百年不化又按

西俗一國凡有慶弔大事皆由外部行文知照各國公使或謂此次所以不來文者一因外部事忙再因一國王薨人所共知無須知照也又按駐紮之例各公館自國王薨日懸挂半旗至出殯之日下旗至各公使須即赴王府各處挂號以明弔喪之意迨出殯之期前往陪送是夜大雨滂沱

二十九日辛巳微雨申初涼入夜風聞德君雖已入殮至今棺尚未蓋按其國例停靈一禮拜又皇宮一帶大街男女擁擠因有托盤出售國王像者或整身或半身高不足一尺造以塞門土如北京之不灰木價則二三馬克不等人民買而捧回者頗多又其太子於戌正抵柏林住紹德柏行宮

三十日壬午雪中國自與外國換約通商以來出口貨惟茶絲棉三種為大宗南省商民因而致富者有之不意十數年來洋人已得棉種與蠶以及種棉養蠶之法故中國絲棉二種出口之數日減吾華人不顧也多謂通商外國不為要務土產原為己用出口者少則國人用之價可不貴是豈明見哉華人咸謂西人以貿易為生然西國多因貿易而致富一年進口洋貨不下數萬金是一年中國銀兩之被洋人運去者尚不止此數也所幸者仍有茶葉一種一年可換金若干不意近來西人咸謂中國茶葉不淨燒烤不時收拾不當葉皆黑老日本印度茶葉皆淨而香收拾既妥路尤近而本味不失因而中國茶葉出口日少印度茶葉出口日多是西人亦獲茶種且得種茶之法矣將來若茶葉如絲棉之不易出口則華商窘矣

國家以愛民為心不知能設法為之挽回否聞前因日本人謂德國毯呢粗舊不佳即時德之領事將一切報明外部外部達知商部次日商部出示曉諭通國謂有驗可考如某年販往若干某年若干年少一年今後各商之在日本貿易者及各局作宜將毯呢一切精心製造竭力銷售以便挽回舊轍云云故近來德商之在日本者生意興隆如故矣

二月

初一日癸未雪中國飲食五味調和最為精良日本不講五味喜食果品涼菜乃近來創造醬油一種出售外

國、洋人喜之、每瓶重不足一斤、而價值一圓、亦不為賤、矣、田阿喜所設、雖云中國鋪、而所售之瓷、漆、紙、布、以及圍屏各貨、皆來自日本、因日本出口稅輕、貨價亦廉、運此出售較易、西國土產無多、自用不足、乃能設法製造、出售各國、各國貨物、不論高下大小、無不精緻整潔、雖收藏裝載、亦當一律、華人若不設法謀生、僅坐用他國之物、是將來出口無貨、惟有金銀而已、諺云、坐喫山攤海要空、誠哉是言、

初二日甲申、晴、冷、聞德皇臨薨時、畢四馬作遺詔、請其畫押、謂如不能滿書、請著一筆足矣、德皇謂氣雖不足、尚可著筆、乃竟整名畫下、因而畢、謂國王年逾九旬、仍能畫押者、亦天下第一人也、故今日專出新報一張、上印國王向來所畫及前日之押、并有各人所著讚詩多首、又自國王薨後、各新聞紙皆四面加黑邊、寬約五分、亦與國人臂套烏紗一縷之義同、

初三日乙酉、陰、冷、午後微雪、聞德皇薨後、光頭著官衣、先坐後卧、時時有人照影、故今各鋪多有出售、國王已故未殮之像、入殮後、棺不闔、由宮移入都木禮拜堂、停

四四

在中堂、木棺鐵裡、光亮如鏡、諭准人民入看、故觀者如堵、在內繞行、不得停步、惟是日因各國太子王爵前來弔祭、則人民不准入矣、又國王素喜藍色鮮花、因而民以藍綢做小花一朵、罩以烏紗出售、每朵十芬呢、男女買而插挂胸前襟上者甚多、亦哀慕之意也、

初四日丙戌、陰、冷、如仲冬、午正、德皇出殯、葬距柏林西五里紹德柏莊、先在都木禮拜堂誦經、各國王爵公使前往弔唁、由禮拜堂至五道門、甬路左右、每離四尺地、立一木墪、高丈餘、圍以黑布、頂上橫架松枝練作冂字形、在福來得立街十字路中、另立四柱、上罩黑布棚如棺罩、頂上中立金王帽一頂、另在墨爾街十字路、又立四大黑柱、柱上插黑旗、五道門石柱粗三四圍者六、皆圍以黑布、每柱前豎大黑旗一桿、高皆丈餘、門內左右建看殯木台兩座、各容人五千、每座價三十馬克、門外至遮爾園前得勝銘邊、亦設高墪、插旗懸松練、一路左右立步兵四行、馬兵一排、衣帽鮮明、裝飾一色、分隊衣無大別、帽作⧖、△等形、皆黑漆銅邊銅花頂、束馬尾一縷、色分黑白與紅、下垂作丿字形、又有戴黑皮困秋者、頂

四五

以紅呢作且字形袋、不豎而旁垂帽前、另立白馬尾一束、長約半尺、作乀字形、每隊前有樂兵一排、殯過則刀拔出鞘、槍舉對鼻、各隊陸續奏樂一陣、棺出堂後、首先御林軍一隊、頭頂紅帽金邊、前看如冂形、旁觀如𠃊形、再則礮兵一隊、礮車八輛、水師一隊、御前勇馬兵一隊、皆頭頂金盔、盔上落一鷹、作飛狀、身著銅甲、勢頗雄猛、樂兵一隊、乘馬攜而不奏、第一名係鞍前橫放二鼓、鼓形如瓢、周六七尺、再後則馬兵千餘、各隊人既一律、馬亦一色、後則宮車三輛、無非四輪高大、金碧輝煌、又大臣六員、各托一盤、內盛王帽刀劍拐杖寶星之類、後則八匹烏騅、拽敞車一輛、頗高大、內含鋼條、上置王柩、隨行搖擺如臥牀、棺形與法、俄庶民者同、亦外裹紫絨、周繡金樹葉圈八個、棺首立一金鷹、上插黑白紅翎三條、此後黑車三輛、內坐王弟王孫等、又各隊有旗、惟內三桿老旗、皆朽爛不堪、乃從前向他國戰場用過者、茲云此旗每兵入隊、始令親祭一次、其他非交仗不展、當日由柏林至陵寢、左右男女觀者、以數萬計、隨處皆有馬步巡捕彈壓、而男子爬樹上牆者甚多、

初五日丁亥、陰冷、因聯子振差滿、定於明日起身回華、遂於酉正約在恩德林敦街第二十七號柏爾加非樓上貝克飯館晚酌、與之餞別、亥正回寓、往來見街市各木鋻布棚松練旗幟、一律設擺未撤、故男女依然擁擠也、入夜雪、

初六日戊子、陰冷、記聯子振到德後、因與他人同屋、諸多不便、乃在房後租屋兩間、每月六十馬克、每晨鎖門入館、飲食自備、初領俸薪、即扣煤費、至本月不扣煤費、僅給二十天者、奈其歸心似箭、一切公文護照路費歸裝、皆前由劉星使處領訖、且終未奉有隨赴和蘭之明諭、遂將二十天之俸薪如數繳還、至是日亥初、同承伯純恩仲華諸君乘車至萬牲園火車棧、房內送星使率金楷理赴和蘭遞

國書、聯子振起程回華、亥正車到、車長人密、因各國人多來此看殯、今則事畢回國、故朝夕火車竟無空座也、

初七日己丑、雨霰、甚冷、德京頻冷而多雪、地面結冰、不利行人、古米鋪中出售一種鞋外鞋、造以古米、來自俄國、底以模成、形如豆瓣塊、踹雪履冰、著之可無跌蹪之

處、并有內包毡皮者、極煖、其價由三至九馬克

初八日庚寅、大雪、冷、德京冷而雪厚、地方官皆雇用貧民撮掃、內含養育之意、聞去歲共用八十餘萬馬克、合銀不下二十萬兩、而本年雪尤豐盛、恐所費不僅二十萬兩矣、

初九日辛卯、雪、記前在泰西知有一種免胎之物、英曰法國信、法名英國帽、或云以是物套於陽具之上、不惟女免受胎、即男子宿娼、亦免招病、昨在古米鋪中、其人取出與看、見造以古米、自內向外捲而成餅、周約四寸、長逾半尺、據云、用之較他料造者、尤為便當、此固男用以防女者、不意更有女用以防男者、其物亦造以古米、周約四寸、深不盈寸、形如銀盌、凡娼婦恐男子有疾而染已身者、先置此物于陰門、則無沾染之患、蓋古米之為物、經煖則輭、長短亦可隨意耳、

初十日壬辰、雪、聞德皇福來得立第三之喉症、現漸消瘇、惟仍晝夜咳嗽、又當其先皇韙良第一出殯時、太子及丞相畢駟馬、毛大格、皆未得送、又各大臣之捧盤者、捧出五道門、即將各盤轉交小官收去、而皆乘車繞赴

卌七

皇陵、以便于中早餐也、

十一日癸巳、晴、近來各樓頂積雪厚皆尺餘、當日不雪、而樓簷滴水如注、天暖故也、記泰西人謂上古之世、茹毛飲血、以遂其生、今既得知火食之法、五味調和、則飲食一道、自當講求、而體究之務、期多益少損、有利無害、以俾養生衛生、而得長生、是以製肴設法、審定火候、功夫極須精細、器皿亦當淨潔、如製何菜須幾時幾刻、製何菜應幾分幾杪、庖丁皆當留心、不容太過、抑或不及、肉有須生硬帶血者、菜有須熟爛如泥者、蓋肉有熟而不易尅化、菜有生而致人洩肚者、故皆求其得當、而後已、至進饌之章、亦須體究得宜、西國早餐午酌、均各平平、早則麪包奶油涼肉幾片、午乃鮮果酒茶熟菜一色、惟重晚餐、頗為豐盛、其首進羹湯者、因人當肌腸空洞之時、如遽以乾肴納之、則將撐腸塞胃、故必先之以湯、以使腸中滋潤、充滿為圓、再進各肴、佐以麪包、則入口順適、果腹充腸、肴饌既竣、則進鮮果藉作蕩滌之用、因肉麪菜蔬、無不以火製成、入腹多生火灼之氣、故進水果以消融之、然油膩與鮮果相遇、恐有腹瀉之處、中間

卌八

又必隔以乾餱糖果、使不即逢食物、既下、前後得宜、乃以加非、終之各人一盅、以佐人氣、一併消融、有謂加非力壯、乃和以牛奶與糖、使其力弱、則消補適劑其平、酒故多種、不得亂飲、湯後隨菜飲紅酒白酒與舍利、隨果始飲香賓、食畢始進布蘭的一小杯、其次序前後多寡、亦因其性有純烈之別也、其早晚三餐皆有定時、不能因事更改時刻、故食後未聞有停滯作患者、

十二日甲午、晴、各街甬路雪化、似泥非泥、左右樓前洒水、似雨非雨、行人諸多不便、是日德皇在宮中開弔、其規模與朝會同、惟各著素服、別無禮節、德京勢樣車尚無多、欲用須早定、至朝會等事之期、其價尤貴、蓋官場雖有定章、亦徒然也、屆時汪叅贊偕恩仲華欲往、令洋僕于通城車廠以德利風雇覓、竟無一允者、乃致書賡韶甫、向其友某醫官暫借一用、始得前往、是公使當包車亦所必然、而免遺笑於後人及洋人也、當日德皇因病未朝、

十三日乙未、鎮日陰晴、細雨不定、記德京學館頗多、雅子雛女、皆背負皮包、每早八點鐘入學、兩點鐘回家、禮拜日放學休息、每值其禮拜之期、余因公務得暇、于早飯後出門步行幾里、亦無非本公館之前後、有房後某巷之二幼女、年皆六七歲、一日遇諸途、走前請安問好、余乃各買點心少許給之、由是每於是日是時、竟於該巷口候之、遠遠望見、即行馳來、高聲問好、頗覺親熱也、

十四日丙申、陰晴各半、辰正、星使率金楷理由和國回、原和王久病不起、待至前日始經禮官致信、謂國王定于禮拜一日召見、卿今昨又來信、謂國王病篤、

國書當為代遞、星使因有急務在俄、故即起節回德、記前日房後某巷第若干號樓頂一層、不戒于火、即時以電綫德利風傳知通城、遂有水龍車馬步巡捕、一時蜂擁而至、巡捕立于左右巷口、攔人往來、救火人登樓拆毀樓頂、懸繫水龍、即刻撲滅、甚覺速快、凡人家之已入保險局者、遇火不得外移一物、蓋一移此須之物、則該局即不照所保之數賠償矣、又通城水龍局鎮日門首鵠立一人、頭戴油布盔、身著油布衣褲、手執板斧、得信齊人、乃先三馬拽一水龍車、再則二馬拽一敞車、內坐救火人八九名、竭力馳驅、隨行搖鈴、令人躲避、苟有驅避

不及而被撞，則水龍車夫無罪。

十五日丁酉，早微晴，巳刻陰，申正細雨，暖。近日土人有見面討要中國信票者，有專爲此而致信者。外洋本以聚萬國信票爲奇玩，婦女尤甚，而此地因人民之貧苦，有能獲得萬國信票裝潢成本出售者，獲利匪淺云。

十六日戊戌，晴暖。記本月初八日春分，爲西厯三月二十日，立春，天始温和，東風解凍，日亦漸長，酉正天黑，卯正天明。又外國各城街市甬路左右之樹及園囿中行人必由之徑兩旁之樹，無不亭亭淨植，整齊高矮一律者，蓋官場雇人按時割剪修理，不有枯枝曲梃、亂稍衺葉也。凡高樹左右搭枝處則又下面剪齊，作大月門形，如冂字，要之上無垂枝，下無凸根，使人行之爽快，視之適意耳。

十七日己亥，晴暖。本月二十日係西厯四月初一日，爲其天主復甦之期，又名曰兎蛋節。自數日前，凡鋪之出售玩物、點心以及胰皁等物者，無物不作兎蛋形，大小不一。更有作兎子抱卵之類者。玩物鋪則造以綢緞、絨毛，裝飾極細，小者如鴿卵，大者如駝鳥蛋。點心鋪則造以糖麪，盤破不一，其式竟有句句臘蛋，高尺餘，周約二尺者，裂開内一小孩作雛初出狀。胰皂卵皮作五色，更有彩畫花卉于其上者。問其用兎鼠雞卵之故，何所由來，有謂近日月圓，蓋因古有二女仙爭看月圓，得見月中有兎，故留是俗；有謂現在春季萬物叢生，因卵生之物最多，故用卵以寓茂盛之意；又有謂因天主復甦，用卵作節，以取生生之意。未詳孰是。入夜大雪，雷始發聲。

十八日庚子，晴。是日係西厯三月三十日，又其禮拜五日，爲其天主受難之期，英語曰古達萊賴代，各鋪關閉，人工休息，又各學堂放工十四天。酉正，程鞠存、李體乾、聯文泉約晚酌，同席爲陶槼林、承伯純、與余及賡韶甫夫婦、并哲甯，華餐洋式，甚佳。亥正回寓。

十九日辛丑，微雨。昨日爲猶太清明節，又因此兎卵節，戚友餽送幼童雛女煮熟雞卵以爲禮，一家有時子女二三仝得雞卵數十者，于是彼此賭擊卵爲戲。二人各放一卵于桌面，二卵對擊，其不破者勝。

二十日壬寅，陰。是日係西厯四月一日，又值禮拜之期，更爲其天主復甦之日，即其兎卵節，鋪户關閉如昨。此節不專在四月初一日、係每年立春（即中國春分）後、第一望日後第一禮拜日方爲是節、英語呼是節曰伊斯得爾、德語曰敎斯丹、據云是爲古時春神之名、又毋免德語曰海爾乃古時春神女使之名、故當此節亦用毋免者亦取生人繁衍之意也、

二十一日癸卯、早陰、午後雨、是日各鋪依然關閉、人家過節、呼曰敎斯丹禮拜二、近日陽氣上升、雪化冰消、街道一律淨潔、凡不平者悉挖填之、其漆道之破裂者亦修補完善、蓋通城道塗皆仿照英法之式云、

二十二日甲辰、早陰、午後晴、涼爽、來街市各鮮花鋪所售之奇花異草、種種羅列、筆難盡述、惟一種至奇者、高三四尺、葉大如扇、花紅而形如茨菰、葉大亦如之、葉尾隨梗出花心一條、長寸餘、如小黃瓜、據云來自斐洲、名曰安土立阿木、

二十三日乙巳、晴、涼、此時街道冰雪初消、地面稍乾、而每日午前即有水車往來噴洒、道多石墁、或用煤漆、是街本無塵、如此則更覺潔淨、乃樓上屋中每日灑埽、塵土頗厚、不知何所由來也、

卷二終

五述奇卷三

鐵嶺張德彝在初隨筆

戊子二月二十四日丙午、晴冷、德京闊熱大街共四條、曰樸斯當、曰來百喜、曰福來得立、曰恩德林敦、樸斯當街長三千四百步、北至樸斯當坊、南至胡郛浦巷中、自庫斐森街口北至樸斯當坊長逾二千步、樓房尤屬一律整齊、來百喜街長二千四百步、東自斯比台市、西至樸斯當坊、鋪房宏敞、出售貨物多上品、福來得立街長四千一百步、南自蓮絲坊、北至覲西街中、由闊豪街口北至恩德林敦街長一千五百餘步、鋪戶稠密、尤屬華麗鮮明、恩德林敦大街長一千五百步、東自橋邊蘆泗園、西至五道門、街極寬敞、甬路三道、正中沙土、左右栽樹兩行、列鐵椅、設點心小木房、以便行人休息、北石墁走笨車、南漆墁走轎車、王宮花園書庫軍械庫皆在街之東鄙、而大店飯館戲園魚池之類、亦多在此街、四大街惟樸斯當及來百喜二街准走公車、有鐵道、

二十五日丁未、晴涼、德國薩克森白鴿票、余亦隨眾買得一張、係第一萬二千二百零二號之十分之一、每月

四馬克半、四個月、共出十八馬克、是日竟報小彩、應得三十馬克、而其中經德皇會首及代買票人共扣去九馬克、下餘二十一馬克、獲得三馬克之利焉、

二十六日戊申、晴、近日德皇因病不能親政、諸事諭令畢駟馬毛大格商定後、經太子畫押、以便熟習國事、又新報傳謂畢王素與皇后不睦、近因辦公事時、擬將告退云、夾正與諸同人送星使至福來得立火車棧、登車赴俄、當日星使惟令恩仲華送至德俄交界換車即回、亦省路費之一法也、

二十七日己酉、陰、冷、又著皮衣、近因豫皖二省水災、德商亦有捐款、如克鹿柏廠捐一萬馬克、伏爾鏗廠五千馬克、刷次考甫廠及荷乞開司廠各二千馬克、力佛廠一千五百馬克、洋商米蠟五百馬克、記西國醫道極精、處處講求、知其有以死人追病根者、究未聞有以活人試病勢者、昨聞有某婦染瘧疾、入醫院求治、醫生療治數日後、乃竟每日給藥、使其熱至極處、得若干時刻、再給藥使其涼至極處、得若干時刻、久之婦體覺弱、恐被治死、遂逃回家、向其夫訴明其情、雖死無悔、在家八日、

二

竟得痊愈、亦奇事也、

二十八日庚戌、晴、冷、前丁丑夏、經李丹崖星使由福建船政局攜帶之武生中、有李叔芸名壽田者、曾娶瑞士一女名克隆布者為妻、生一子名洛塔爾、現年四歲、前年壽田回國後、該婦聞其病故、遂來本公署呈請養贍、誓不再嫁、因蒙許星使景澄擬定每月特給十五馬克、以便糊口、至是又來討索、經金楷理從中調處、以瑞士文與法國同、同人中有願讀法文者、遂從之學習、每一禮拜來六天、每天教四點鐘、每月工資六十馬克、學者為汪芝房、陶榘林、承伯純、姚子樑、當日為其禮拜一日、即自是日始、

二十九日辛亥、陰、冷、嘗見富足者不以物貴為慮、而空乏者則輒嫌物之價昂、人情如此、余初不覺也、前于己卯庚辰間、余在英俄兩國、蒙崇地山宮保與曾劼剛襲侯擢為二等繙譯官、每月領庫平實銀三百兩、囊中既足、初不嫌物之昂貴、此次到德、蒙洪星使派為隨員、每月應領之款名為庫平銀二百兩、實則內除每支三十兩及扣去二成四十兩外、每月僅得一百三十兩、由滬

三

匯兑至此前折後扣只得六百二十五馬克三十芬呢每一馬克實重京平一錢一分零至此領之欵敵庫平二錢二分用之則如京錢一千制錢一百而已囊中既絀不免多嫌物貴即如英國照一小影至賤者每十二頁亦須一鎊或二十什令合二十一馬克當時每鎊僅值庫平三兩五錢此時所值幾至四兩一錢矣此地照相至貴者無非一十六馬克亦只一鎊四分之三余且嫌其貴而擇其價值五六馬克者始照之是豈余前後異趨歟實所遇使然也

三月

初一日壬子晴德京每年春秋兩季有商會春季者在兎蛋節後數日秋季者在立秋後本年春季者始自二月二十七日西四月初八日通城各大商各攜所售之物少許會於來百喜街某廠羅列十日當時他國各商如瑞典和丹等國者皆來擇其尤者寫定某商何貨若干即時付訖所值帶運回國大商十日後則次等者繼會十五日各貨辦法與大商無异惟貨少而所值不多耳

初二日癸丑陰雨記柏林通城西南一帶樓皆新建高敞整齊式同英法惟空無人住者尚多鋪雖大而舊貨少或云各樓皆經官由法國賠償項下建造每年獲利甚大又東北一帶房屋既不整齊道路亦極狹窄且樓之頭層皆半在地下半在地上因天寒多雪乃布京之舊式也亦無異于俄京也

初三日甲寅早晴午後陰西國樓窗皆不糊紙亦不用蛤蚌不拘大小貧富無往不用玻璃擦以水布灰塵雖去仍不光明必以乾布細擦始淨殊覺費力都門有用燒酒擦者雖云省力而價不便宜今見土人擦以鹿皮既不費力而費亦無幾亦一妙法其實用鉛粉和水塗玻璃上俟乾擦去即明亮如新似較鹿皮更簡便也

初四日乙卯晴本公館後臨斯卜立河南岔現值天暖雪化河開頗有木艇往來載運甎木灰泥之類船寬一丈長五六丈深亦丈餘左右弄槳者或四或六或八不等其西駛為順流東行為逆流載重者亦令六七人拉縴一切與中華無異惟繩頭不拴木板而横牛皮一塊長約二尺寬逾四寸亦省力而不梗骨之一法更有手

拄一木棍長三尺者亦為省力也

初五日丙辰微陰而稍加暖德京樓房舊式頭層皆半在地下半在地面其故因天寒鋪雪地貴民貧如此可多卧室也近因德京擴充國勢日強乃奉官禁止頭層設牀惟准收藏煤柴之類以免傷人身體是亦保護生民之意也

初六日丁巳稍晴西國學業無不時時講求因而會館極多雖如中土之文會然非一種如天文地理格致化學花木鳥獸醫道光學繪畫音樂理學教學之類是也

六

乃按學設一會館凡有新法新章追求之理隨時講論人入聽者按月捐錢若干以充館費凡人之好學者必須入一會隨各人性之所好以便學有進益如喜天文者入天文會喜地理者入地理會是以各學無不蒸蒸日上前隨郭星使嵩燾初到英即有多會請往一觀而柏林此種會館頗多乃數月以來請往觀看者竟無一處

初七日戊午早晴入夜雨德國妓女分兩種曰官曰私官者任人嫖宿不禁私者係人家婦女不因淫而因貧每日街遊賣俏或日日入次等加非館中招人彼此情投則同入店中租屋一間繾綣而去現任本城總地方官係巡捕出身到任後即諭令通城大小各店不得擅租此等男女雖為風俗起見而婦女之為此者仍然不少不惟民家有此等女即大家之女亦有誘人入其家者然更有招宿一夜而不索錢者其故令人不解也又德國定例人有強姦幼女年未及笄者本國人收監五年他國者逐出

初八日己未鎮日忽晴忽陰忽又細雨德例無論貧富

七

之子女至六七歲皆須入學苟有抗例不遵者則其父母受罰貧民子女入學十年考有成效得出鄉塾者年已十六七其無力再入學院者則必出就業藉獲少許以益饔餐因此各城又特設有夜學使其未入學院者於薄暮暇時入内以學算學畫學各藝使其學有長進將來或可不僅與人傭工而能置之他用或其人本來聰敏不入此而廢去亦屬可惜此學不用束脩每一禮拜内六天每天酉刻開門亥正閉門在内學習四點鐘之久其勤者尚可回家温習考求是又彼國造就人才

之意矣、

初九日庚申、晴、德京即菜鋪、肉鋪亦極潔淨、猪羊牛肉、懸於窗前及兩壁架上者、皆大片與前後腿、玻璃大窗、瓷塊牆壁、地以水洗、桌列鮮花、人戴白帽、著白衫、藍褲、白裙、地無垢痕、室無異味、帶賣熟食者、如火腿、包以白布、其肉片、香腸、肉團等物、又皆盛以瓷器或銀盤、羅列窗前、亦趁以鮮花綠葉、雖舊亦新、又賣魚處、臨窗作玻璃池、內盛活水、則大小魚在內往來攸游、買者可由窗外擇其可者買之、

初十日辛酉、早陰、午後晴、現因天氣稍暖、各大小加非館、飯館、皆在樓前鐵闌內設列桌凳、鐵椅、以便客之喜四望者、隨便飲食點心、更有因院內寬敞、或以鐵棍支布棚、或設鐵架玻璃棚者、

十一日壬戌、陰雨、西國除地理會外、又有東方地理會、專講考查亞洲以及左右島嶼之地性土產、德京亦有是會、凡上等人之有意考求者、皆可入會、初入每人捐公費三十馬克、以後每年捐十馬克、為零費、該會館在福來得立街第百九十一號、又入者必有局中一人之薦書方得入、是日為西曆四月二十一日、該會在本城韃良街阿池台秋館中設大會、各國會中人之欲入者、皆于六日前買票、屆期未初前往、內設果席、以便彼此暢談、聞是日因出票甚多、不准携友、不請女客、樓窄故也、

十二日癸亥、晴、連日因德皇病篤、晝夜喊賣小張報單者甚多、蓋隨時傳報德皇之病勢如何也、紙每張寬一尺、長約八寸、

十三日甲子、早晴、酉刻陰、頗冷、記在樸斯當坊之西面菜奈興貝武義二街之間、新開一大客棧、店因地名、亦曰貝武義樓、高五層、正面五間、南北各六間、通身白石建造、前三面圍以白石短牆、牆上列白石花盆、院作凹字形、支以鐵柱、布棚、懸大電氣燈、前日開市、亦頗熱鬧、樓頂立國旗二、樓前橫懸樹葉長練二條、想亦求天公保佑之意也、

十四日乙丑、早晴、酉初雷雨一陣、雨後微晴、記柏林城于八年前東西寬八吉婁邁、當半合一萬一千步、南北長六吉婁邁、當零五分之一、合八千一百步、然東南西

北及正北、三面仍有空地無樓房處、今乃向北擴充三
吉婁邁當合三千八百步、東西增三吉婁邁當零五分
之一、合四千三百步、是南北共長九吉婁邁當零十分
之一合一萬一千四百步、東西共寬十一吉婁邁當零
十分之六、合一萬五千三百步、又南北合中國一十七
八里、東西合二十一二里、按德國一吉婁邁當合中國
不足二里、蓋一度二百里、合德國一百十一吉婁邁當
半、又一千碼為一吉婁邁當、一碼長三尺三寸、
十五日丙寅、陰、是日係西厤四月二十五日、為其先皇

十

韙良第一之父、前布國國王福來得立第三之忌辰、因
國人感念、故每年于是日鋪戶關閉、人工休息、不奏樂、
不歌舞、與禮拜日同、名之曰布斯搭哈日、義乃感悔也、
按德規、凡禮拜之期、惟點心、菸捲、肉食、菜蔬各鋪不關、
多因人所必須之物也、
十六日丁卯、晴、冷如仲冬、又著皮衣、外國菸捲有紙筒
裹淨絲者、長二三寸、粗如小指、有用菸葉捲成者、長四
寸餘、粗於大指、類分多品、味有濃薄、在他國有小菸捲
價一圓數枚者、大葉捲有一圓三四根者、已覺其貴、不
意、昨在此見有大葉捲、價值一千五百馬克、一百根者、
不知何等上品、每根竟合三兩有零、與他捲比之、亦盛
以木匣、捆以黃綾條、無非色稍淡、葉純淨而有光而已、
入夜尤冷、水將結冰、
十七日戊辰、晴、冷如昨、記二十餘年以來、周遊東西各
國、無論大小、惟見添造樓房、未有拆毀、而餘空地者、更
無傾頹攤塌抑或欹斜垂危者、故皆一律整齊、間有拆
者、亦必因房式不新、或因樓層不多、雖拆必仍重建、如
意裝修、而與他樓并式、自無賣折貨一說、當日街遊見

十一

貝武義街、二樓之間、拆毀一所、所有拆下甎塊、皆不下
扔、以使碎、乃由地至樓頂、或所拆地方、斜立一長木筒、
作匣形、寬六七寸、厚四五寸、所拆甎皆入筒、溜下、一人
在下、隨收隨擺、堆堆見方、亦覺整齊不亂云、
十八日己巳、晴、冷、大風、酉正、哲寓約飯、同座為姚子樑、
陶榘林、程鞠存、李驊乾、聯文泉、與賡韶甫、所食無他味、
惟牛羊魚肉、龍鬚菜而已、其酒甚佳、香賓酒共四種、有
當時者、有七年前、及十年前者、歷時愈久、則味純而性
不烈、雖巨觥豪飲、亦不致頭目昏眩也、

十九日庚午、晴暖、現因雪化天晴、每值禮拜之期、于申酉之間、在遆爾囿及五道門恩德林敦一帶往來車馬行人甚多、如英之葛榛街海岱囿法之凱歌路巴卜旺囿、惟上等人少耳、又現在樹皆發芽生、有一種小蟲似蚊而大加倍、飛起無聲、形類蜻蜓、屋中亦時見蒼蠅一二云、

二十日辛未、晴暖、俄國有波蘭人舒闊洛伍斯吉者、名畫師也、現畫成一幅、橫寬一丈、直長七尺零、係一女子赤身著白布睡衫、橫臥小牀、一手上曲作枕、一手下垂二骰、一直伸、一稍回、面作笑容、牀後壁上懸土耳其花毯、山水景緻幽雅、工極精細、牀上鋪粗花毡、牀下橫一熊皮、帶頭、皮上斜放靸鞋一隻、此畫業已出售、價值八萬馬克、主人尚未取去、姑先懸於恩德林敦街第十九號一空屋內、以備閒者前往觀賞、入者每人五十芬呢、其畫懸於正中壁上、四面圍以簾幔、屋窗遮避、內中黑暗、而使燈光斜射畫上、看之真假尤覺難辨、其各物如毡毯熊皮等、固皆處處與真畢肖、而人之皮肉筋骨毛髮、以及睡衫之紋縐、不惟乍看、即細看亦莫辨其真假

十二

也、又在畫之對面門上橫一大鏡、回首一望鏡中、使不知其是畫、則直以有人在牀矣、據云是畫于一禮拜後即繳還本主、入夜細雨、

二十一日壬申、早晴、未初細雨、聞英君主威克兜里亞前於十四日巳正由奧國印斯布地方乘火車到柏林、經德后率其眷屬接入紹德柏行宮、即時探視德皇病勢、午後乘四馬敞車入城、至王宮訪老皇后、十五日召見畢駙馬、十六日赴皇陵、弔其先皇、奠花圈、既閱御林兵操、當晚起程回英、此亦可見其兩國交誼之厚也、

二十二日癸酉、早晴、巳正陰雨一陣、午正復晴、德規城內禁止屠宰、禁賣餒魚敗肉、各生肉鋪之豬羊牛雞肉、皆在城北理司鐸地方什拉多第市殺宰、每晨宰畢、須經各官獸醫以顯微鏡一一驗過、按塊印以圖記、方准出售、蓋防其有病、有損於人也、又各鋪專售肉片、至頭蹄五臟、則遍城又有鐵房大市多處、以售貧民、

二十三日甲戌、鎮日晴雨不定、涼、德國本日耳曼合眾國、前于西曆一千八百零五年嘉慶十年、法君那波侖第一戰敗南日耳曼之奧地利亞、因而各邦分離、不有總

十三

統、不相聯合、各自爲政、奈各邦褊小勢弱、振作維艱、而
國不危蹙者五十餘年、至一千八百六十六年即同治五年
奥與布魯斯不睦、互生猜嫌、遂至鏖兵、奥爲布敗、布乃
屏奥不與會盟、由是以北列邦連合、推布爲首、散而復
合、是爲北日耳曼合衆國、至千八百七十一年即同治十年
布與法戰、布勝、取法之阿拉薩斯及洛林一省半地、由
是地既廣而勢日強、因而南方四邦亦歸附之、南北合
爲一國、共推布王爲帝、改號曰德義志、按日耳曼之名、
惟別國稱之、土人自古名其地曰德義志、至是始又統
名各邦曰德義志國、至其邦數共二十有六、内王爵者
四、曰布魯斯、周一十三萬四千四百九十三方洋里、曰
巴威里亞、周二萬九千二百九十二方洋里、曰威屯堡、
周七千五百三十方洋里、曰薩克森、周五千七百八十
七方洋里、大公爵者七、曰巴敦、周五千八百二十方洋
里、曰美克林柏爾水林、周五千一百三十七方洋里、曰
海斯、周二千九百六十四方洋里、曰歐勒敦柏爾、周二
千四百七十方洋里、曰薩克斯威麻爾、周一千四百零
四方洋里、曰美克林柏爾斯太里自、周一千一百三十

十四

一方洋里、曰卜倫隋、周一千四百二十五方洋里、是邦原屬
奥、今歸德、其公爵已卒、無人襲職、現經多人公守之、公爵者五、曰薩克斯美年、周
九百五十三方洋里、曰安那拉、周九百零六方洋里、曰
薩克斯庫堡、周七百六十方洋里、曰薩克斯阿屯堡、周
五百一十方洋里、曰瓦拉代克、周四百四十方洋里、侯
爵者六、曰里埔、周四百三十八方洋里、曰舒瓦拉茲堡
魯多斯達他、周三百六十四方洋里、曰舒瓦拉茲柏爾
森多爾翔森、周三百三十三方洋里、曰洛斯什來司、周
二百二十方洋里、曰純柏爾里埔、周一百七十一方洋
里、曰洛斯格蕾司、周一百二十二方洋里、又自主之地
三、曰漢柏爾、周一百五十七方洋里、曰呂貝克、周一百
零九方洋里、曰布來門、周九十七方洋里、又前由法國
獲得之地、總名曰立池蘭、周五千六百零三方洋里、統
計疆域、周共二十萬零八千七百三十五方洋里、人丁
男女共四千一百萬零、以上每一洋里合中國不足三
里、

二十四日乙亥、早雨、午後晴、涼、日耳曼自古無屬地、并
無人出外貿易、乃近數年來、因見英法各處佔地通商、

十五

獲利匪淺始在阿斐利加及南太平洋佔得海邊羣島凡大小共八處今詳列於左

圖句蘭在阿斐利加西界稍北南臨地中海周七千八百方洋里居民四萬大城曰立特鋪埔海口曰畏木建有礮台設三十黑人把守土產有粟米穀米生薑蕉子椰子古米蘇木松油象牙出口者惟松油象牙二種前年始定收歐羅巴進口稅

喀美魯恩在阿斐利加正西西臨地中海周一十一萬五千方洋里居民五十萬大城名與地同土產多種菜蔬及菸鐵椰子松油等亦由前年定章收歐洲貨物進口稅

斐洲西南德屬地又名呂得里自蘭在阿斐利加之西南周三十萬方洋里居民二十五萬地多沙漠曾得銅礦所獲無幾一千八百八十七八年間（即光緒十三四年間）又覓得金礦所產尚富

斐洲正東德屬地在阿斐利加正東稍南東臨印度洋周四十三萬方洋里居民八十萬土產漆鐵沿海多城商務極盛

開色蹕良羣島在英屬地牛奚蘭之東南周共七萬方洋里居民二萬土產檳榔穀米烏木山羊馬牛竹菸等

畢駟馬羣島在澳大利亞之東北周共一萬五千六百二十五方洋里居民二十五萬出口貨僅青磐椰子二種

搜婁門羣島亦在澳大利亞之東北周共五千七百方洋里居民八萬土產檀香蛤蚌極多

馬沙拉羣島在澳大利亞之北稍東周共一千四百方洋里居民一萬土產惟青磐一種

以上八處地基共計一百零四萬五千五百二十五方洋里居民共二百零三萬

二十五日丙子晴巳正立夏記德之要政有二曰國法曰政法其國法乃事之繫乎國家者內分五端一君民之權利二分邦列省設官三理財四武備五交涉外國是也其政法乃事之關乎民生者內分四端一保護人民財產二巡查審判三設立學校教堂四助民經理如郵政商會等凡便益於民而民之權力不能自達者則國家代為擘畫以成之是也按德義志總國之權乃列

邦會合之權非一邦所能作主者也至所辦者姑分十一款一外交事宜二水陸武備三公款與造紙鈔四理刑章法五本國及他國人民往來游歷護照六查驗新創書籍及各新報與民間立會等項章程七設法防範人及牲口病疫章程八清查移徙人民籍貫以及賑濟事宜九關係商務及工藝如保險公司銀行等章程并須發度律量衡之制與獎勵創始新法者十火車載運人口貨物章程十一郵政及電報事宜以上十一款皆為總國辦理者然其中第一第二第十一三款之全權專歸總國各邦不得與聞其他各款凡與列邦內治有相關涉者仍須參錯觀之因各邦內治不同現今各邦欲改一律尚多參差不齊云

七八

二十六日丁丑陰雨陣陣暖德國雖非民主仍有上下議院與英國同上曰國院下曰民院國院議員共五十九人各由本邦君主簡派各有代君議事之權因邦之大小不同而所派員數多寡亦不同民院議員有代民議事之權德國各邦共三百九十七區每區各舉一人共計三百九十七人每總國欲舉一事欲興一法必經國民兩院同議可否以人數多者為定雖云國院辦事之權重然民院亦可駁詰之隨時用款民院尤可稽查之每次議定後必經德皇與首相畫押方令官報新報印出曉諭通國自新報印行之日起限兩個禮拜開辦未及限時猶守舊令過限須從新章凡總國所立之法有與各邦不符者當遵總國而不照本邦列邦推立布王為德義志開色(譯華言皇帝也)每值開院徵集各員及閉院遣散各員咸由開色須諭進止須行新令亦由開色具名布告其修外國通使立約并號令水陸各軍進退武官及辦理總國事務之文官皆由開色主斷民間公舉議員由開色示期後則三百餘區同日舉行不得參差又必在公所辦理共聞共見以祛私弊凡充議員之人須在本區入籍已逾一年者方得入選各處惟男子之年逾二十五歲者方有薦舉之權婦女不與此外如有瘋癲棍徒貧乏不能自存而經公家賑濟者或身有虧款未經清理者以及犯罪未釋者皆不得有薦舉之權又兵官之在軍營當差者皆暫無保舉議員之權差竣後無論議院每年必有一次會議民院議員向例三年

七九

一換、現改五年、倘未到期滿、因上下意見不合、欲遣散之、必須開色允准、方可另舉、另舉之令既下、民間公舉不得逾六十日、新舉各員會齊不得逾九十日、均有一定期限、凡充議員者、不准私受賄賂、院中亦無津貼、遇事敷陳、已見不必徇舉者之私意、舉主亦不得再加駁詰、又凡人在德國列邦之內、不論入籍何邦、即為德民、准在各邦游行居住、雖非原籍、視與土著無異、列邦中不得私分畛域、任意驅逐、惟貧民流亡者、應送原籍賑撫、莠民不安本分者、亦送原籍管束、至該國各處應舉官民之數、如布魯斯邦、官一十七員、民二百三十六名、巴威里亞、官六員、民四十八名、威屯堡、官四員、民十七名、薩克森、官四員、民二十三名、巴敦、官三員、民十四名、美克林柏爾水林、官二員、民六名、海斯、官三員、民九名、歐勒敦柏爾、官一員、民三名、薩克斯威麻爾、官一員、民三名、美克林柏爾斯太里自、官民各一、卜倫隋、官二員、民三名、薩克斯美年、官一員、民二名、安那拉、官民數如上、薩克斯庫堡、官民數亦如上、薩克斯阿屯堡、官民各一、瓦拉代克、舒瓦拉茲堡魯多斯達、他舒瓦拉茲柏爾

二十

森多爾、朔森洛斯什來司、純柏爾里埔、洛斯格蕾司及里埔、七邦亦各官民各一、呂貝克、布來門、皆官民各一、漢柏爾、官一員、民三名、立池蘭、官一員、民十五名、

二十七日戊寅、陰、記德義志總國首相任既重、而權亦重、既為國院議員之首、又為各邦臣宰之首、凡開色欽頒諭旨、必待首相畫押、乃可下行、各部辦事、不得自專、因各邦之各部大員、皆有權自主、而總國各部則須稟承首相之命也、若相臣請假、或有他事遠出、則由開色派人代理、或一人或數人、皆可、其官制分為七部、曰內部、外部、海部、戶部、刑部、郵部、鐵路部、各部官員、皆由德皇簡派、各員俸祿品級、各邦均有定章、卸仕後、其不因劣蹟者、仍有恩俸、本員故去、仍有俸銀與其妻子、此德國官制之大畧也、

二十八日己卯、早晴、午後陰、暖、記布魯斯之土地、由小而大、西麻一千七百零二年間（即康熙四十年間）始得王號、後被法君那波侖第一戰敗、分為東西兩布魯斯、中有他國限隔、至一千八百六十六年（即同治五年）始復合併、中央各邦、亦歸統屬、推其勃興之由、乃歷代君主勵精圖治、

二十一

相承不懈、第一、練有常勝軍、第二、撙節國帑以裕財、第三、地瘠而民勤、故致此盛、自得王號後、事權統歸君主獨斷、至一千八百四十八年（即道光二十八年）欲改君民共主、乃延二年始定、設立議院、則其國政自是必經王與議院會商、至其民有自主之權、一節、數十年前僅行於各大城、以後乃陸續分張、遍行通國、布邦共分一十二省、曰東西布魯斯、周共二萬四千一百一十二方洋里、曰斑丁埔、周一萬五千四百零三方洋里、曰浦墨拉呢亞、周一萬一千六百二十九方洋里、曰樸森、周一萬一千一百七十八方洋里、曰奚拉西亞、周一萬五千三百五十五方洋里、曰撒阿森、周九千七百四十八方洋里、曰什里隋克活拉斯都恩、周七千二百一十八方洋里、曰漢諾倭、周一萬四千八百五十六方洋里、曰海斯那簑、周六千一百三十七方洋里、曰威斯發里亞、周七千八百方洋里、曰萊茵、周一萬零四百一十五方洋里、統計布邦周共一十三萬四千零五十二方洋里、此外不隸於省者有二地、曰柏林、（即京）德、周十餘洋里、曰侯汗鄒林、周四百四十一方洋里、內一老城、名奚格麻林、周不及十洋里、地之東西北三面、皆在威屯堡邦內、正南稍西、界于巴敦邦、為德皇祖籍之地、四十年前始歸布屬、本國內如欲添立新省、不能由布王一人主斷、須由議院應允、又瓦拉代克一邦、在日耳曼正北、威斯發里亞省中之東北、雖非布屬、前於一千八百六十七年（即同治六年）、始與布邦定約、一切地方事體、皆由布邦派人帶理、仍與屬地無異也、

二十九日庚辰、晴、風涼、記布邦公署有九、曰內部、外部、戶部、兵部、刑部、工部、農部、文教兼醫學部、商兼工藝部、九部之外有三院、曰按察院、會計院、耶穌教院、各部院與總國之七部、皆設於柏林、中惟按察院設在薩克森邦西北、來百喜省之來百喜城、又總國與布邦各部院、皆自理已事、惟外部合而為一、布邦各部院之設、尚書、始于一千八百零五年、（即嘉慶十五年）各皆掌其本署事務、然其制與總國不同、總國部臣無權、須聽命於首相、而布邦部臣皆得自專、如有事關乎數部者、則各部臣會議、各部官員皆由布王簡派、如布王須發諭旨、係屬某部之事、即由該部大臣畫押、其人擔此責成、倘無部臣畫

押、雖王諭概不奉行、布王歲入俸款一千二百萬馬克、凡其私款出入并王族一切事宜皆歸內部管理、至布邦各省亦分府縣、各有一官管理、又各有本地紳董協助、亦由民間推舉、縣之屬有鄉、鄉員由民自舉、大地巡捕、另設專官、其餘城鎮、皆聽民自理、官員畧分三等、有學問名譽者為上等、熟悉公事者為中等、供奔走差遣者為下等、凡有才具優長、身家清白者、皆得入官、在本國當兵過十二年者、照例補中下等缺、或未滿十二年、曾經受傷者、亦例准充補、凡入官之初、必先立誓遵守國法、凡官不准兼商、微官有因俸薄、欲兼辦他人私事以資津貼者、必須請示於本管上官、許然後行、此布邦公署文武官之大畧也、

二十四

三十日辛巳、早陰雨不定、午正大晴、是日係西歷五月初十日禮拜四、為其天主升天之期、亦鋪戶關閉、人工休息、與禮拜日同、又徐良臣之僕王順、自前月染病、屆今未愈、奈本公館有醫無藥、交洋人治、費大無款可籌、遂擬使其回國、即于當早辰正、令洋僕孟垞送、乘火車赴薩克森、

四月

初一日壬午、早晴、午刻陰、未正大雨、并落雹、大如綠豆、申正晴、酉正又細雨、入夜雨止、天仍無星、本公館西傍房東、東南北三面皆有敞院、院雖不廣、大而花木甚繁、布置可觀、正東一面為尤甚、頭層樓前敞廳一大間、廳前橫一白石橋、左右各石堦十九級、橋洞內通樓下小間、存煤處、橋對面一水法、係圓池中立一抱鴨石孩、水自鴨口出、高五六尺、四面花木有木筆、迎春、茶花、牡丹、紅黃玫瑰、榆葉梅、丁香、桃、杏、松、榆等種、現皆萌葉放花、頗覺芬芳豔麗、中惟桃杏釘于牆上、令其扁生、榆樹先發葉後生莢、且樹皮滋潤如椿樹、初到此不知其為榆也、南面除花木外、在西南角有台、可以眺望、蓋南臨小河、河之兩岸碧樹兩行、整齊可觀、對岸大道、多是高樓、河中舟艇亦多、北臨萬徳海街、左右二鐵栅欄門、其中花木無多、地以石墁、他處皆鋪以小石子、蓋正面為出入之大門也、又東面木牆外另一小園、中隔數武、園作長三角形、三面鐵闌、不令人入、所種雖無花、而草色青青、濃陰靄靄、其地左傍大街、右臨小河、因無人在上造

二十五

房、故官作此園以點綴之、使街道整齊、而壯人遊覽也、初二日癸未、陰晴不定、記布‖邦之鄉土人民、其籍內之人分三項、一先世本土著、仍隸本邦、一他國女子嫁與本邦之人、照例入籍、一他國人之自願隸入布‖邦者、凡隸籍內之人、須守三章之約、一守本國之法、二充本國之兵、三完納本國之稅、其應得之權利、有數端、可保人可在本國仕官、各有自主屋內之權、自登新報告白之權、自立工藝或商業之權、凡境內人民、不分貴賤、一律看待、惟王家眷屬姻族、并屬地舊主、例得從優、又布‖邦之人、可在德義志列邦、任意游歷居住、與本籍無異、列邦人民到布‖亦然、此又各人格外之權利也、凡民住鄉到三個月、即須照章捐納本鄉公稅、又名地方稅、以作清理道路建造橋梁等費之用、此項地方稅、與國家正稅同時捐納、以省周折、亦有由公會中派人收取者、其款目、如進項稅（按本人每年進項若干照章抽稅）、牛羊猪狗以及房租等稅、名目不一、街上作買賣者、如小攤亦有稅、地方稅惟當兵之人得免、有官職者、亦例得從輕、然有定章、不能任意輕減、凡本地應辦之事、如修道路、造橋梁及一

三十六

切公務、均由居民公舉人員辦理、地方官僅任督察、而已、一鄉辦公主政之人、亦係民間公舉、由省官須給諭帖、六年更換一次、苟有違例不公之處、亦可隨時撤換、凡遇因公用款、為數少者、即由公會中人集議而定、倘是巨款、則須另行公舉會議、本鄉公產因故欲出售者、須請示於地方官、公會中款絀欲借債、亦須請示於地方官、其城邑之制、與鄉閒不同、凡一切公務、可由居民自行主理、不論土著客籍、但有產業於其地者、均可會同作主、亦立有公會館、其中議員、亦由民閒公推、亦係六年更換、其被舉者、多係在本地有房產之人、其辦事之人、即由議員內公推數人、其中首領、又在辦事人內公推一人、其人既有一切議事辦事之權、更有巡捕歸其統轄之權、其各府官有查辦各城公會之權、而各府仍有議院、議員之多寡、按府中民數以定、各員皆無薪水、且須照例納捐、民閒舉定後、該員不得託故推卻、此項議員、半由城民公舉、半由鄉民公舉、鄉閒所舉、大半皆富商及田產多者、此法現僅八省通行、其他四省、仍照舊章、雖亦有議員由城鄉舉來、而其中大田主居多、

三十七

蓋西國鄉民之田地多者，必皆本地土著，自有石牆衛所，倚山臨河，勢大富豪，幾成一方之主也。至其各省公用，俱係國家發給公款，概由省中議院各員定議辦理。此項議員，多由各府舉送，每府至少須送一員，如一府民數較多，亦須多送。按一省所用之款有九：一賑濟貧民，二修治道路，三收生婆院，四養瘋院，五養啞院，六養瞽院，七農學堂，八農務會，九賑卹火災會也。

初三日甲申，陰，冷如初冬。記德國外部之設，所當辦理者，如與外國通商立約、失和開戰、并戰後議和以及電報信局，須與外國訂立合同等事，外部尚書歸首相統屬。一切外交事宜，均係相臣主政，部臣僅司奉行而已。遣駐外國公使分爲三等：頭等全權，二等駐紮，三等代理。領事亦有總領事、正領事、副領事之分，有係國家專派者，亦有就本埠商民中公舉者，即俗所謂買賣領事。至布邦之外部，向係德國外部兼理。此外列邦亦各有外部，一爲德國境內二十餘邦互相遣使往來，二則列邦君主亦有遣使外國之時，然必君主私交，不能與聞總國公事也。

三八

初四日乙酉，晴，冷。德國兵部所管之兵有三項：一陸軍，二水軍，三護軍。水陸兩軍皆是戰兵，護軍乃守護兵也。曩者陸軍分隸列邦，自合衆以來，列邦與布立約，概歸布邦主政，內惟巴威里亞、薩克森、威乜堡三邦仍自經理，而亦隸於總國，計所立約章四條：一養兵之費係總國公款，其三邦雖自經理，仍由公款開支；二平時與戰時，各軍皆以德義志開色爲全軍總統；三軍中律法悉由總國議院議定，列邦不得自主；四操練程式及器仗衣服，全軍悉照布規。又其當兵規條有四：一選兵章程：凡民丁及歲者，身材強壯無病，皆令當兵，先令拈鬮挨次序補，殘廢不中用者放歸，雖有殘疾尚可用得者，另行記名，俟有缺出以之充補。曾經犯罪者不准與選。患病未愈不能到營者，或獨子因親老而陳情乞免者，均准暫行展遲，不即補額。二當兵年限：凡隸於德籍者，定例自十六七歲至四十二歲，皆須當兵。新章又改至四十五歲爲止。二十歲後須住營操練三年，違者有罰。二十三至二十七歲，每年調操一二次，是爲備調之軍。二十七至三十二歲，謂之幫軍。各地皆有專官稽查民人

三九

之年歲者造冊移送另有官員專司挑選又凡學校中之學生及擅長一藝領有考单者准其往營一年自備資斧聽其自擇營伍其學校中之教習及禮拜堂之教士皆須往營六個禮拜以上四項作為額外亦有專官察驗保送其在營時一體操練然往營雖分久暫要使通國無一不當兵之人也三臨時調遣凡臨戰出征自營内正兵外備調軍及幫軍皆一律預備大事齊出小事分班備調軍分作四班幫軍分作五班以年分為班次如第一班不敷用調第二班仍不敷用則調第三班

卄

以次類推蓋此兩軍平時本隸軍籍臨時即按班次徵調倘有人現在仕途有要公者准其移入後班或本人實有事故者亦同此例至後班應調時雖有事亦不准推辭四德國軍額德國軍制現定為十八軍體軍體云者合馬步礮兵而言猶云全軍如一體也内有一軍體為布邦親軍其通國之兵數按西麻本年四月初一日即二月二十日官軍冊載營官及額外當差者不計外統計兵數四十二萬七千二百七十四人四月以後新章議定加增萬人臨戰調集計備調軍幫軍均增數倍共可得三百萬人所謂護國軍者尚不在此數内也兵部事宜凡軍政皆歸兵部每一軍體各有司官專理其事凡軍士犯法專歸按察司掌之其刑法與治平民者不同軍中禮拜堂有專設者亦有附於近地會堂者武備學堂係教習部所轄學成後可作營官另有一種學堂專教兵丁不准入仕學習後在營當差四年後作備調醫官有兩種一常在軍營當差者一為醫學學生平時照一年自備資斧之例戰時缺人仍必從軍者獸醫亦然民間供應兵差有四條一兵丁過境居民之餘屋皆當允

卄一

兵暫住空廄亦須准兵養馬惟自用之屋及開張生業者不得擅入倘有餘屋而不願讓出者捐貲可免一軍中馬匹如不敷用則民間之馬即當售賣悉照時價不得昂貴各營所需之兵食馬料亦臨時定有官價以免爭執一行軍或操練時踐踏田畝損傷禾稼者准其禀明地方官估價償還一礮台圍牆外不准蓋造房屋即平時亦須問明營主不得自便列邦向無水軍惟布邦有之今改隸於總國亦以開色為統帥一切調遣咸由開色主斷水軍中文武官亦歸開色簡派其總理水軍

事務者即海部尚書亦歸德相統屬按德國水軍埠頭現有兩處一曰克伊拉一曰扎埃達水軍分兩大邦一曰東海即波羅的海提督駐紮克伊拉一曰北海提督駐紮韃良海奮即扎埃達也水軍當差章程悉與陸軍相同其人多在沿海地方挑取或係曾為水手者又臨戰時開色亦有徵調護軍之權惟不當遠離國境耳

初五日丙戌晴微暖現為西厤五月初旬德京村野之間産一草名外麻色爾形如夏枯草味似茵陳亦五月間生至六七月即謝土人拾得泡以冰水外加謀薩酒與搜大水（水即蘇辣）飲之味似香賓香而不冽號曰五月飲德語曰麥得隆

初六日丁亥晴巳正同承伯純貝彙如陳駿生乘車北行十數里至六一森街看沙里代官醫院入內有醫官領看各處先看大房一落樓四層周數百間間潔淨以備病人養病之所此後一大院有花樹敞地以備病人步遊吸引清氣之所右鄙一樓為治外科處樓上横分三節頭節住男女小孩二節住男三節住女各節鐵牀兩排共三十架被褥淨潔牀旁有小桌孩旁有玩物

男女旁皆置水與書被褥皆白色各醫生亦著白衣病人患骸疾者多小孩至幼有五六個月者婦女至老有八十八歲者此外另一玻璃房牀亦兩排三十餘架係為病人已愈未愈者設左鄙一樓四層先一大間為講醫學處正面一座座前有桌他三面高台六層每層坐二十餘人以備諸生聽講旁一間為驗病房中一長桌桌上放一銅面長槽其淺如盤凡人染病須割骨開皮抑或破肚抽筋及病人已死未詳其病由者皆置此槽內割之左右有高台數層壁上挂黑漆木牌學者坐於台上治者立於中央隨割隨講有不能言傳者隨手以粉畫於木牌之上而解說之又一間為查病所凡人在內病故者于每禮拜三六兩日在此開解肚腹割破四肢查究病症凡死後先以藥水洗淨再以木板擊至此間內列二白木長案置屍其上如退毛豬是日為禮拜三日案上置有已故男女各一一係肺癰咳嗽一係攣生産後失于調理者男尸開膛取出五臟其肺已爛色變藍紫腹內取空後以曲鍼粗線縫其皮女尸不惟開膛且破頭取腦看畢一一登簿再以大盤托入另間置

于桌上以顯微鏡細看、長桌作弓字形、兩面可立百人、鏡在桌面、有輪有關鍵、可隨桌繞移、而不能取下、諸生在此細考而記載之、又一間係考血房、乃以顯微鏡細考各種血色、以及血內之小蟲、其血色不一、有黑、紫、赤紅、粉紅各色、此外多間、集存各種人骨及已産未産各胎、與所挖出之五臟、腦子等、惟各骨皆支以銅絲鐵條、餘皆盛以玻璃罐、泡以藥水、外面註明某年某月病症、看畢、謝歸、時已申正、

初七日戊子、大晴、暖、未初、同陳、貝二君乘車行十數里、至城北、墨阿筆地方之敖斯台隆囿、一遊囿地下窪、南面臨河、左右分兩院、中隔繞城鐵道、高橋、入門每人四十芬呢、步下石堦二十餘級、旁一水法、峻石六横、水由上而下流、參差有趣、再則左右花木、修飾整潔、有芍藥浮羅等、正面大玻璃房一間、高數丈、周八十餘、內又以木板分作數十間、大小不一、所存皆本國之水畫衣式、房模以及木鐵各種器具、出此、東行一箭之地、過鐵道橋洞、如城門、則又別一景、向正中二小湖、中有假山水法瀑布、連以小橋、左右前後、隨步隔以花木、東西各一

二十四

加非點心鋪、內外所置桌椅不下千張、彼此對面、又各一樂亭、每上官樂兵三十餘名、南面有賣花攤、大便所、造電房、鞦韆架、以及爬杆、盤杠等、來者幼童男女皆可在上玩耍、北面一敞院、偏東有埃及房三間、出售加非點心、又高房一所、內有圓畫亦埃及古典、當時修理未開、偏西木牆一行、牆下桌椅成行、亦數百張、正面一石房、高數丈、寬約十丈、步石堦二十八級入門者、每人一馬克、不數武、間即別有一洞天、觀者立石台上、台下亂房多間、懸晾衣服、排置物件、右邊另有白石高台、台上層樓石柱、如宮殿、對面樓房層疊、不知其幾千萬落、左邊有河、有橋、道路崎曲、花木樓房、高山峻嶺、一望無際、男女皆古羅馬裝、大領闊袖、方凝視間、忽見滿城失火、烈焰沖天、男女奔潰、哭者、跪者、跌倒者、落水者、牛馬衝突、禽鳥驚飛、守宮之兵、皆戴金盔、着紅衣、羅列盈前、兩耳隱隱然似聞雞犬亂吠、人語喧譁之聲、驚疑四顧、不知所措、徐定神細視之、乃一幅大畫、係羅馬之故事也、如此手筆、真可謂巧奪天工矣、西厤耶穌降生六十五年前、當漢明帝永平年間、羅馬國王廼婁無道、暴虐兇

二十五

殘因見都城樓房不新欲改式另造以傳名于不朽遂縱火通城火燒六日不息當火正旺時王乃親登宮樓鼓琴詠詩以誌城火之盛都人知其故憤怒欲叛王乃歸罪于耶穌教徒因悉捕而焚殺之愚民信以為實乃同聲稱快其後民終叛亂國王出奔為民兵所弒云又通園周二三里園中有樹截隔四面對望不見是亦不知園之大小也園中每日午前無人酉初始作樂燃燈遊者以一二千計

初八日己丑晴熱始換袷衣洋人事事精益求精便中求便前者興有煤氣燈已覺便當其光勝於油燈蠟燭十年前西國初創電氣燈以其價貴故于街市鬧熱處間有二盞現在不惟大街滿燃此燈雖鋪戶人家亦多用者蓋用多則工省而價廉也且此燈光色清皎煤氣光色紅濁也是燈可大可小隨身可以携帶鈕扣亦可作燈巧矣哉

初九日庚寅晴熱微風記布邦戶部所掌之事一徵收國稅二經制國帑舊時布邦戶部之事自合眾以來多歸總國辦理其出入各款皆歸戶部惟公家之田畝樹林概歸農部布稅分兩大綱曰人稅曰物稅人稅歸地方官徵收物稅另有關局布邦各部每年用款必先期合計應用若干並查照常年應得之款量入為出不使虧短此項清單合妥必交議院察核待其批准各部方可照行倘本年用款太繁而入款不足相抵亦須議院允准方得加稅每年預計用款係自本年四月初一日起至明年三月三十一日止為一年是為常例錢庫戶部有總庫其他省府亦各有庫一切收款入庫再由庫官發放每年出入各款又專設會計司以總其成帳目理齊必送議院批准始為銷訖凡國家公產與民間私產同一章程倘與民間田產相連侵占致訟則歸按察司持平公斷不得偏袒按公產指官道官河公署兵房之類而言此項公產每年亦有進款歸戶部徵收公產又有田畝樹林為一年入款之大宗此項又歸農部經收而與戶部無涉從前田畝樹林等歲入之款歸王室自用民間嘖有煩言後因另訂章程從中提出七百五十萬馬克作為布王俸祿其餘悉充公用由議院作主聞其前年所收如田畝共收二十九兆九十九萬馬克

樹林所入、共五十六兆零七萬馬克、田地租種之法、由官出示募充、以數多者為定、若拍賣、然樹林派有專官經理、並非租與民間、蓋日耳曼北地多沙、官地千畝、松柏成林、隨時有人修理、木梃皆直而高、一年所得木料與柴極多、富民亦多以樹林為業者、

初十日辛卯、早晴、熱、風未正、微陰、戌初大雨一陣、雨止仍陰、西國借國債之由、或因公款不數、或有興造、須用巨款、則借債以濟之、聞布邦現有國債三千一百六十四兆馬克為數、雖巨、然國家所有鐵路等產業、價值尚逾此數、故名為虧空、實則未嘗虧空也、凡借國債、必先由議院允准、議院為之細立章程、酌定利息多寡、及如何分還之處、然後舉行、出錢之人、國家給以憑票、如在一二年內暫借即還者、另出暫票、利息若干、即附刊於債票之旁、按月剪下、作憑持向銀行收取利息、以四年為限、過限不認、凡官中發出鈔票、允換現銀入庫、以虛票易實銀、是與借債無異、因鈔票全國通用、故亦不復出利、僅作允換論、此事權歸總國、列邦不得與聞、至管理國債、另有專官、其首事、即會計司之長官、而議院又

三八

必派員協理、聞從前布邦國債頗多、利息參差不一、數年前各項改為一律、均照四釐行息、國帑有餘、即收買債票、屆今暗中收回者、已不少矣、

十一日壬辰、晴、稍涼、是日係西厤五月二十一日禮拜一、自昨日至明日為彼教五月節、又為其天主復甦後四十八天、魔鬼降世之期、鋪戶關閉、人工休息、鎮日通城內外、所有花園、林囿、酒肆、茶坊、車馬往來、男女擁擠、皆極熱鬧、各家于數日前、因此節令、掃舍宇、淨樓梯、刷地板、擦玻璃、總之處處洗刷灑掃、內外煥然、如中土之臘月底、又有敞車出售楊樹枝、于是鋪戶有立一二枝於門首者、馬車有插一小枝于馬首者、有束于車旁者、據云是為北日耳曼之古春節、因此時天始漸暖、雪化冰消、天地交泰、萬物叢生、故插楊枝以示春意、至其南日耳曼春節、係在四十八天前、因暖氣由南而北也、又因是節、各學堂放工三日、

十二日癸巳、晴、涼、仍著袷棉衣、記德國戶部所管之事、其公款每年由兩議院酌定、自本年四月初一日至來年三月三十一日止、作為一年、凡預計之清單并已用

三九

之帳目、另有會計司辦理、總國產業有數項、一為新地之鐵道、二石斑道城所存公款一百二十兆馬克、係備軍需之用、三養育受傷人之恩俸、其存款自本數不計外、每年進項共二十七兆馬克、總國國債現有五百六十三兆馬克、歸會計司與議院所派之員會辦、通國紙鈔皆由總國頒發、列邦不得私造、按總國之進項有六、一即前開產業三項之生息、二書信局及銀行之利息、三匯票股分票及帝牌三種印稅、四進口稅、五菸酒糖鹽食物稅、六由列邦進項內提出之款、又各銀號皆歸戶部管理、其官銀號如代赤班克、固由戶部所辦、其他富商亦必稟明戶部、方准開設

十三日甲午、晴涼、記德國所謂國家自然應得之利、約有數端、一無主之田歸國家公產、一洛特立即白鴿票為籌款之妙策、除本國自行經理外、他國之票不許入境、民間如欲仿行、必經國家允准、而國家仍抽其利、一人物稅、估人一年若干進項、酌抽其稅、是為人稅、其往來貨物、亦應抽稅、是為物稅、按進項稅其實數不易知、則懸估甚難、此法雖行、仍不如按件抽收之容易、每年抽稅、須照議院預計之數、並照議院已准章程、國家亦間有不收稅之時、倘今年不收、即作罷論、不得明年補收、而使一年完納兩年之稅、致力重困、倘民不服本年征收總數、亦必本年理論、過期即不問、人稅一項、如本人嫌所估數大者、必在三個月內說明、國家如不自認誤估、亦必在一年內說明、各邦人稅辦法不同、惟在總國境內只收一次、一人往來兩邦、此邦收過、他邦不得再收、布邦東方各省、係由本鄉代徵代繳、官償其費、如中國包徵包解之法、西方各省及新得之地、皆由官派人征收、估計居民進項、另有專官、并選本地紳民會同公估、倘有不服者、必須呈出實據、人稅分為三起、本人進項稅為一起、生意稅為一起、田稅耕種者、地稅不耕種者、房稅花園在內為一起、布邦田地稅照各省簿籍攤派、其呈定之數、每年總計三千九百六十萬馬克、房稅凡人住房、就租價抽取百分之四、其租與人作製造局者、僅抽取百分之二、凡估定房租、以十五年為限、過期再估、其田地房屋若有變動、各省另有公署管理、隨時報明登冊、生意稅專指作買賣之人而言、分為六項、一大買賣、二中等買賣

三、小買賣、四、客棧及啙酒店、五、手藝匠、六、運送夫、其人為何等買賣、應有若干進項、官不能盡悉、令其同業之人互相估定、凡人之買賣、或新開、或關閉、以及更改例必報官、以定稅項、其開礦稅及鐵路稅、固在大買賣之中、而負担提携之小買賣、應在巡捕衙門領憑、先收一年之稅、本人進項稅分二名目、一人類稅、一平時進項稅、人類稅為向章所有、平時進項稅則近時新添名目、雖殊、其實一也、人類稅係自四百二十馬克起至三千馬克止、分十一級、第一二級係四百二十馬克至六百六十馬克、每年應完三馬克稅、第三四級、自六百六十馬克至九百馬克、每年應完六馬克稅、以上四級、近因國用饒裕、暫行寬免、人類稅由官派員並本鄉居民一同估定、其人不服、即由估者酌量、不得上瀆、平時進項稅、由本府派員與縣官同估、倘不服者、限以兩月內辦清、如完稅者與估稅人爭執不決、限於四個禮拜內上控省憲、過期即不准、又其物稅、約有三項、一契劵、二進口貨、三食物、其契劵稅又名印稅、名目甚多、歸總國者三項、一匯票稅、二買賣股分票稅、三紙牌稅、凡紙牌無

四十一

官印者、不准賣用、總國所收之稅、仍由列邦戶部派員經理、惟其收款歸總國公用、凡買賣契劵、應照原值酌抽若干、其印費有兩法、一為官署所造紙張、先已有印者、繳費領出、寫合同於其上、一買國家所造印花、黏貼劵面、本人寫名字年月日期于所貼印花處、又民間祖父所遺、或戚友所贈之產、亦必抽稅、按其親疏遠近、以為收稅之多寡、自一釐至八釐不等、匯票稅按匯數多寡以分等差、凡買股分票、國債票、白鴿票、皆有印費、又買賣人往來結帳、亦有印費、凡自別國運來及本國自造之帋牌、亦須加印納費、進口貨、不僅由外運來之貨、又有本國製造之貨、其貨類無異、而稅章有別、凡進口貨稅、皆歸總國辦理、凡自他國進口貨物、如為本國所必需者、其稅則與本國者同、并無歧視、倘本國出數已多者、須防他國侵吞己利、則于外來進口之稅、格外加重、從前布邦稅則、內外一律、其後改章加重外稅、乃係斟酌時勢而定也、如五穀、樹木、牲口、礦料、及各種布疋、綢緞、皆在加重之列、至紅酒、茶叶、加非、白米、香料、蝦油等、為日用必需、現仍照舊、內外一律、亦有不收進口稅

四十二

者、如棉花與絲、以其為本國所無故也、稅關之意、欲使於往來客商、故為之設立棧房、凡貨在棧房暫、留者不完稅、或此貨運入後無銷路、暫寄棧房將來仍舊運出者、亦不完稅、食物之用費、猶如中國之用錢、共有五項、一、酒稅專指高粱之類而言、他如紅酒、苦酒不在其內、每一百夸爾脫（每一夸爾脫合中國一升零）完稅一十五馬克、六十芬呢、二苦酒稅每五十吉婁、（前見）完稅兩馬克、三蘆菔糖稅、每五百吉婁完稅八馬克、四菸草稅、生者不完稅、熟者每百吉婁完稅四十五馬克、五鹽稅每五十吉婁完稅六馬克、專指食鹽、其他因製造所用之鹽、及糞田之鹽、例不完稅、

十四日乙未、晴、是日係西厤五月二十四日、為德皇第二太子罕里合婚之期、因在服中、未便知會各國公使、而街市挂國旗慶賀、及賣新聞喜報者甚多、并印二太子與妃之小影于其上、按德京內外大小花園、約有二十五六、現值夏季、內皆設樂場二三不等、每日申刻開場、至亥正止、夜夜燈光燦爛、男女如雲、故往往于車稀夜靜時、頻聞樂聲、頗足以破我寂寥也、

十五日丙申、晴、涼、卯正、星使偕徐良臣由俄國回、入夜風、記布魯斯本邦之議院、亦分上下兩院、議員共四百、彼此雖不在一處、但每年當開閉之時、兩院議員須同時會齊、同時散去、上院議員、王族十八歲以上、照例充補、有世爵者、亦照例世襲議員、又有布王簡派之人、可終其身為議員、下院議員由民間公舉、但公舉之法、畧與總國不同、係每一圖中、按照納稅高下、分為三等、每等各自舉薦、舉齊之後、再行會推一人、送院各議員在院、須就己意立論、不可聽人主使、國內新立一法、凡事必王與上下兩院議定而後可行、如欲變更舊法、尤必會議兩次、以昭慎重、且此兩次相隔、必在二十一天之外、取其時候從容、則民間籌畫更可周詳也、凡有一切章程、及每年用款、或借支國債、均須經議院先行審定、如遇緊要之事、議院各員、一時未能齊集、布王亦可下令暫立章程、候議員會齊、再行議定、凡新定章程、必由官報新報印出、自登報十四日後、作為開辦之期、十四日以前、仍用舊章、蓋恐民間未能一律周知也、一經議定之後、布王即可據照施行、至刑賞輕重之權、則全由

布王獨斷、與議院無涉、
十六日丁酉、晴、凉、記德義志國議院、擬定新建、採地在
五道門外稍北金人柱左、現立木架、尚未造成、周共估
地一萬一千六百三十八碼（每碼合中國三尺零）、查其圖式長方、
其南北橫長各一百三十二碼、東西寬各八十八碼、高
約百碼、樓四層、頂上四角另四方樓、中央一大圓樓、頂
式如棺罩罩頂、又另一方亭、將來告成後、必極華麗壯
觀也、其正面三門、左右各二門、正門如法京之賢馬丹
禮拜堂、亦門前六大白石柱、門樓三角形、似龕、內中四
四六
百十二座、列成七股扇面形、橫作十二層、正中一股坐
六十四人、左右二股各坐七十三人、再後二股各坐六
十三人、末二股各坐三十八人、座前正面中一橫桌、為
陳所議事件處、後一長桌、左右坐六人、為隨錄所言處、
此後一台、為陳言人立處、再則一橫三小屋、中間者為
陳事人坐待處、左右者為謄真陳詞處、屋外左右又各
十三座、為首相等坐處、再後臨牆正中三處、中為會首
坐處、左右為書手坐處、再右鄙一行十一座、為各黨首
聚議處、左鄙十一座、為黨人坐處、凡外人入院聽論者、
皆坐樓上、又布邦議院、在來百喜街西首、其勢稍小、地
形長方、惟北面臨街一門、內四百二十餘座、列成冂形、
又似凹字扇面形、座分十橫、中先分五股、左右兩翼又
各分五股、正面當中一桌、為陳事處、再一台、為講事人
立處、後為新報局人錄事處、對面十座、為大員聽事處、
凡外人往聽者、皆坐樓上、又德國議院、四百餘人、分為
九黨、內現有守舊順民黨三十六人、更新黨九十七人、
平產黨（使人無貧富之分）、又名叛黨十一人、新地人（即由法新得之地）
十五、老德率舊黨七十七人、官場黨三十八人、波蘭人
四七
十三、天主合中黨百零三人、不入黨者（乃不屬各黨之人）十人、
布邦議院四百餘人、分為七黨、內現有率舊黨一百二
十五人、合中黨九十七人、更新黨八十七人、出舊黨六
十六人、順民黨二十九人、波蘭人十二、寄居者七人、此
德布議院之大畧也、
十七日戊戌、晴、冷、記德國列邦、一切刑法律法、均歸總
國刑部總持其成、總國布邦各有刑部、名各不同、而理
事無異、查其刑部所理之事、一為官中刑法、二為民間
詞訟、此兩節應由總國定立劃一制度、然議法之權雖

操自總國、仍歸列邦刑部依照總國所定之法、各自辦理、其通行刑法問案章程、民間買賣及匯票律法、現在雖經總國議定編有律例全書、而總議院尚未核准、故目前尚未一律、凡掌理刑名之官與地方政治之官、分為兩途、截然不同、如收稅及本地政令歸地方官辦理、民間詞訟及罪犯定刑、概由按察司主政、如地方官與民間公舉之員意見不合、互相訐訟者、上達於省官、亦有專理官民互訐之按察司、斷其曲直、其他概不與聞、現定刑法、分為三項、曰重罪、曰輕罪、曰違背定章、犯重罪者、或死刑、或監禁作苦工、限在五年以外、犯輕罪者、或圈禁礮台城內、不准出城、及尋常牢內不作苦工者、或罰錢過百五十馬克之外、其違背定章者、或罰錢不多、或在管押所暫時羈禁、此外又有罰去體面之法、凡受此罰者、不同平民、革除應享之權利、年限久暫不等、又有交巡捕管束之法、又有將貨物充公之法、民間應遵之律法曰國法、總國雖已編定稿本、尚未經議院核准、故各邦仍自用其舊法、參差不一、然有兩項律法、先已議妥、列邦久已遵行者、即買賣律法與匯票律法也、

四八

就布魯斯一邦而論、民間所奉律法、現亦不齊、東方七省及西北數處、皆用布邦舊法、萊茵河東一帶及新地則用日耳曼舊法、萊茵河西又用法國律法、蓋此地前于嘉慶十年覰為法君那波侖第一所得、須行法法、其後地雖歸布、而律法仍舊也、

十八日己亥、晴、涼、記德國各邦刑名、均設按察司掌理、其所据律法并各種章程、悉照總國所定、以昭畫一、按察司一官、體制甚尊、上無統屬、雖君主亦不得掣其權、問案時、一秉至公、許眾民環集觀聽、惟問奸案不准閒人擅入、一則存罪人之廉恥、二則防風俗之傳染、按察司專司刑名、不准干與他事、訊明案由、照律科罪而已、其提人到案、及送犯入監等事、另有他員經辦、其按察院、又各有民員陪審、由民公舉、按德國按察院甚多、除總按察院外、又分頭二三等按察院、此外又有專為軍營及萊茵河行船等事而設之按察院、其總按察院設在薩克森邦之來百喜城內、其意欲令總國律法整齊劃一、而使列邦一律通行、其列邦頭等按察、如有判斷不公者、准民到此上控、二等按察院有用刑不當者、亦

四九

准在此上控、遇有叛逆大案、及輸情於敵、賣國得賄者、悉歸總按察院審斷、布邦頭等按察院、每省必有一處、或兩處者、要之為全省刑名總匯之地、凡二等按察院、有審斷不公者、可在此上控、柏林京城之頭等按察院、係為布通邦刑名重案總匯之所、其內另有一局、專管王族與民間爭訟之事、二等按察院、管理地方詞訟大件、并犯罪須定刑者、此院內分為兩所、一為民間詞訟所、一即理刑所、遇有重罪之犯、即有按察司三人會審、並請公正紳耆十二人陪審、此等審案、當紳耆陪審時、

卒

只能辨析其有罪無罪、或罪輕罪重、不得干與別項事權、倘在買賣鬧熱地方、則此院內另設一局、專理商民詞訟、係按察司并公正商董二人會同審斷、其商董二人由眾買賣公舉、三等按察院、管理地方小件詞訟、凡錢債數在三百馬克以內者、歸其審斷、倘逾三百之數、即須二等者辦理、奚雇工人役口舌細故、亦歸其料理、民間如欲預先存案以息訟端者、亦在此報明、其輕罪人犯及違背定章者、如罪止輕牢三個月、罰款在六百馬克以內、亦可經理、須有民員二人拈鬮陪審、又民間

欲遞公呈求息訟銷案者、則歸頭等院中管理、各按察司皆經考取而後授職、其俸薪按照當差年限、逐漸加增、國家不能有褫革之權、亦不能調任別部、如按察司被人控告、應候別員審理、或留或革、一從公斷、至署中訪事之人、亦須考取、考法與按察司畧同、該員訪查犯罪之人、呈報公堂、以憑提究、罪犯定案後、歸其承辦、巡捕及管牢之人、均須聽其指揮、另有管理檔案人、民間狀詞先送於此院內、所出憑單及批稟等、歸其掌理、一切口供、亦歸伊記錄、又有一種公差、假如官罰定三百

圣

馬克、即時往取、倘其人抵賴無錢可償、即將其所有雜物拍賣、此皆公差之事、署中出票提人、亦歸公差承辦、至鄉董一項、由本地公舉、不領薪水、遇有彼此訐訟、或為之勸解、或秉公判斷、總為省事息爭、免致經官起見、鄉董所定之案、官中亦認許之、

十九日庚子、晴涼如昨、記德國狀師一項、係代民伸理訟案、除三等按察院詞訟小件、不必定用狀師、此外不論何案、均非狀師不可、蓋恐兩造謊言叵測、故責成于狀師、狀師亦有考單、凡在一處按察院得過准充狀師

憑據者、即聽其在列邦中不論何院、均得替人辦理詞訟之事、凡頭等按察院所轄全省、境內必有一狀師公會、會中公舉數人作為領袖、儻有辦事不合營私作弊之狀師、會中公議驅逐、不准再充、又外國雖無私賄弊端、然于詞訟中有官定之堂費、係由總國定立章程、各邦按察院一律遵照、譬如因房涉訟、即照房價抽收二釐、他物以此類推、此項歸按察院管銀庫者派人收取、至審斷民間詞訟、按總國所立章程、不以呈詞為憑、而以訊取口供為重、故遇案必先問明兩造口供、確知案

卆二

由、至原告之呈詞、及被告之復呈、均作備閱而已、民因被屈而欲上控、必將前按察司所判、有何不合律法之處、確鑿說出、方能准理、又必限定在一個月期內、過期不得上瀆、凡案經按察司定後、公差即照依所斷辦理、如原斷罰錢若干、而其人無力清償、必果實有無力憑據、方得邀免、儻謊詞規避、即將該犯暫行管押、准公差將其家中襍物拍賣、以抵罰款、（此見前）然定章亦有限制、儻係日用必需之物、或一家度命之錢、皆不得拍賣扣抵罰款、又問案定章、必須兩造到齊、問明口供、令眾共

見共聞、方可加刑、以示審慎、而昭公允、在犯案地方、如有旁人目覩情形者、例應傳提作証、其人不得托故不到、若知情不言、則當罰錢、或收入輕牢、妄造謊言、查明重治其罪、罪犯定刑、例必有原告、倘犯事後無人告發、而由按察院訪事之員查出者、則訪事之員即為原告、如按察司定案不洽、原告被告皆准上控、三等按察院只有民員兩人陪審、倘犯人不服、准其上控、二等按察院既有按察司三人會審、又有公正紳耆十二人陪審、當無偏私之弊、茍欲上控、必須指出與律法不合之處、

卆三

又必在一禮拜之內、方能允辦、如因不完稅而被控者、則無須民員陪審、遇有市面倒欠、即由三等按察院封其餘賸之財貨器物、一為料理欠戶、一為保護倒帳之人、所有被欠各戶、由按察院傳齊、派一公正紳耆判斷、或就現存財產、照股勻派、或打折歸還、秉公定奪、按其舊制、罪犯一律收監、現特改正、欠債案內者不許押羈、又總國定章、每鄉專設一官、凡民間新生子女、限於一禮拜內報官、又限于兩月內報名登冊、男女嫁娶、亦必臨時報明、并須親友二人作証、人死限于兩日內報官、

三等按察院内、另一分局、曰保孤局、凡民間幼孩失怙者、官則為之擇人保護、一則保其身體、二則保其產業、係年至二十一歲、交其自理、如其人素有殘疾不能自守、則仍由保人經管、凡經官選派作保之人、不准推辭、如其人已保他孩、勢難兼顧者、既經推卻、官可另選、惟有罪之人不得派、及其民有遠出拋荒產業、無人收管者、官亦派人經理、又三等按察院内一局、專存民間田房等產、賣出買入、以及抵押回贖之案、其未經報明存案者、將來涉訟、未必得直、從前按察院并不代民存錢及他寶物、今則出售憑單、與國債票同、欵得此憑單、亦有一班官員經管、似即狀師之類、此項官員、亦須考取、遇事索費、皆有定章、以上所聞德國刑部按察院以及民間詞訟情形之大畧也、

二十日辛丑、晴暖、記德國巡捕應辦之事、或防備天災、或保護人命產業等事、以及查禁犯法之人、大抵分兩項辦法、一曰先事預防、一曰事後補救、凡人民違背律法、歸刑部辦理者、其協助之巡捕名曰協捕、如罪案不重、未達刑部者、則歸巡捕房自理、凡救護水災火災及一切天災者、曰救捕、凡防閑民間犯法、導民循照章程者、曰教捕、凡禁止民間敗壞風俗之事者、曰禁捕、凡巡捕辦公不限一節、蓋國家一切公事、無地不用巡捕、前開各節、乃係因事立名、并非各有分職也、列邦巡捕歸内部尚書總理、省中巡捕歸省憲管理、各地方巡捕歸鄉官管理、各城巡捕歸本城官管理、惟有大城數處、如柏林者、則專設總巡捕、又各鄉巡捕有兩種、曰官巡捕、曰武巡捕、官巡捕、即本地巡捕、武巡捕、係照軍營章程如兵者、又大城中另種巡捕之無營盤章程者、曰訪捕、德語名舒玆曼、其人便服、專司暗訪流氓匪棍、各巡捕固云協助刑部捉拏犯法之人、而又必聽按察院訪事人員調遣、遇事、巡捕須述明犯事之地、并派人看守、以待按察司親驗、凡巡捕拏人、例有按察司憑票、遇有臨時犯法者、亦可即拏、然必立時解送、路上遇有醉倒痰迷、或傷風敗俗之人、亦可即拏、但必次日送官、巡捕不許擅入人家、或擅取人物、如因公事、亦必有按察司或訪事官之憑票、然夜間仍不能入、雖電報書信亦然、民人犯法、雖歸按察司審斷、而因細故罰錢在三十馬克

以內及收三日暫監者則巡捕衙門亦可酌斷儻其人不服乃限于四個禮拜內准其上控按察司

二十一日壬寅晴冷現雖孟夏而涼似仲春記布邦牢獄有兩項曰暫監曰久監暫監又分兩項一為按察司者一為地方官者凡罪人在監日久隨時當由按察司往察倘有在內安分者例可減輕如原判十二年者改為九年大抵減去四分之一也另有一種做工所畧類暫監歸各省管理凡游民無賴者執囚其中限以作工名曰勤人監凡幼孩自十二歲至十八歲有犯罪者亦不照律懲治原其無知憫其未教也故另設一所以錮禁之曰約束監其未及十二歲者或暫入此監或由按察司勒交別家管束蓋慮其父母家教不嚴故也其費由省中開支公款又罪輕之人亦有不收監而交巡捕管束者限以五年其住處由巡捕酌定亦准巡捕隨時入室察看凡他國人在本國犯法者無交巡捕管束之權罪滿當即驅逐回國其不滿十歲者并不治罪逐回而已民間遇禮拜日不安息者巡捕應查凡鬧熱游戲之區亦當巡查彈壓以免滋事又若酒 加非等店均有

桒

限定關門之時店主皆應告明坐客有不遵者巡捕當罰凡打紙牌賭錢及妓館等處亦由巡捕管理凡人家雇用僕婢工役因不能當牲口一般看待故亦設有定章而歸巡捕管查有遺失物件于路上者可在巡捕處報明拾物者亦應送交巡捕處不送即以盜竊論倘民間滋事不遵法令竟致拒捕或有謀反叛逆等情巡捕應預先防備遇有此項亂民或別有戰事則各部聚集會議即照營務章程改派武官董理與平時辦法截然不同蓋此時凡新報及書籍皆須先由國家察核而後印行又平時准民立會值此用兵之際則按例禁止新章不許民間擅用火藥恐致害人故也此事亦歸巡捕訪察從前人民出行皆有執照今雖不用然巡捕當隨時考察盤詰來歷人民新移一處或暫住客寓必當報明巡捕即由寓主出名從前新刻書籍新報等必先交巡捕閱看然後發行現則聽其自便惟內中如有違背律法之處自應照章究辦凡淫書淫畫及一切傷風敗俗之事巡捕查着當即扣送按察司百姓立會皆可允準惟不準數會合成一大會而論國事苟有談論國事

五桒

之會、乃限定三天内將會中一切章程及會員姓名、送交巡捕、又凡百姓會集議事、原可允準、但若關乎國事、必於二十四點鐘之前、告知巡捕、倘違背此章、或會時另有犯法之事、巡捕則有遂散之權、歐洲現有一種人曰平産黨、前覩係欲均分産業、以使天下無富無貧、德國現定新章、欲除此弊、係由議院允準、暫行兩年、期滿再議、其辦法有二、一明禁、一暗化、其明禁者、不許黨人立會、不許聚衆商議、不許出書籍、登新報、不許向他人告幫、其暗化者、在各教堂學校、令師長示以此係愚人痴見、萬不能行、亦不可行、不得妄聽愚言、蹈此覆轍、又凡作工之人、國家由其工錢内抽一小數、并酌抽業主利息若干、以備將來養病養傷養老等用、如是則將来貧民不至有異心而生亂矣、又凡遇危險之事、或房塌、或舟沉、或水患、或火災、或有野獸瘋犬傷人、巡捕皆得隨地拉人協助、其人不得推辭、按救火一事、各大城皆有水龍公所、平時操練純熟、以備臨時之用、至各小地方、則由百姓自行醵辦、因不能專養此班火夫也、以上所聞事之關乎巡捕者、如此、

二十二日癸卯、晴、冷、按德俗通城富室官宦、皆已陸續下鄉、或至以北各國避暑去矣、故昨日老德后去柏林城南一百四十五里之卜蘭敦埔城、今日德皇亦南去五十里至樸斯當城矣、又各學校于春秋兩季、教師必率諸生下鄉一遊、故當早見有雙馬大敞車六輛、其中各載幼童三四十名、由樓下經過、各戴艸帽、衣色一律、潔淨整齊、隨行歌唱、甚樂、又至酷熱之時、各女學堂放工六個禮拜、男學館放工四個禮拜、如我國之放伏學、昨早辰初、聞謝芷泉得一子、今午登樓、因與賀喜、

二十三日甲辰、晴、冷、按德例、凡造房屋等事、歸工部派員經理、因而工部專設學校、以便公家造房得宜、以後民間造房、亦非由學校出身之工匠不用、故現在民間住房、亦頗鞏固壯觀、各府設有專官專司造房之事、名曰建造使、亦必精於造房者、方膺此職、興造房屋、必將房圖送巡捕房察看合式與否、大抵材料不許苟且、恐至塌倒傷人、房高亦有限定丈數、不得過高、地窖中不準作卧室、置厨竈、恐内中火爐為害、一切仍歸巡捕稽察、凡橋梁道路為人所往來者、亦歸巡捕查其大小合

式堅固與否、布邦東省、人民稀少、現方興辦開墾、其造房者亦必問明巡捕、而後興工、凡種樹林之處不得有火器相近、即如製造局等之有火輪機器者、凡道路左右之房、皆由地方官定立界線、以令一律整齊、舊路如有嫌太狹窄者、每建新房、概令退讓若干尺、以留寬步、

二十四日乙巳、晴、稍暖、記德國國家慮民日就困窮、乃思設法防護、凡游手好閒之人及嗜劉盤龍癖者、即由巡捕捉送做工房內、其本無手藝及實在無處傭工者、皆限其做工、至無故偷閒者、令做苦工、各鄉必有養貧院、凡饔餐不給者、必為之設法、如貧民有病、即送醫院調治、倘非本地人、應送歸原籍辦理、若其人在二十四歲以上、曾住過兩年者、即照本地人一樣看待、不得送出、免致兩相推諉、倘本鄉公款不敷、省官應設法協助、各鄉自公設養貧院外、又有紳富私立善會、以補其所不逮云、

二十五日丙午、晴暖、記德國樟腦亦在藥店出售、每斤價不足二馬克、其色亦白而亮、體硬而重如礬、其味既濃、燃之奈時亦久、

卷三終

五述奇卷四

鐵嶺張德彝在初隨筆

戊子四月二十六日丁未、晴暖、入夜雨、記本地萬牲園、在城之西南、南傍庫弟餘森街、北臨長河、西靠火車棧、東近達摩巷、自本月初間亦作樂、開加非館、館在園邊東北高處、大房二三十間、極其開敞、內賣點心、亦可小酌、前臨小湖、自有小山瀑布、台榭花木、點綴幽雅、左右隔三箭地二樂台相對、每上官樂工三十餘、彼此輪流奏樂、酉初開場、至亥正止、在兩樂台之間、東西立有鐵闌兩行、中間相隔二十餘步、中為游人往來之路、東面鐵闌後近小湖、西面鐵闌後即加非館、各於空地羅列鐵架長方桌百數十張、每桌四圍列鐵椅六張、各處滿燃電氣燈、白亮如晝、館役四十餘名、服色一律、胸前皆掛有銅牌號目、以便坐客招呼、其園價平日晝則每人一馬克、晚則減半、每禮拜日晝夜皆半馬克、又出售整年票、每頁十五馬克、若一家皆買、則為首者十五馬克、餘皆九馬克、票上雖有號數、而人面難識、究恐彼此借用、乃設極妙之法以防之、其法係令買票之人送小照

與園主將票貼于其下打以鐵印其人往遊入門示小照與門丁查小照與來人面貌相符則免冠請入其票十五馬克者色黃九馬克者色稍紅厚各分餘橫寬一寸五分竪長二寸三分上橫印萬牲園下則左印號目右打鐵印再下兩橫印云此票惟此小照本人用之至鐵印文係某年萬牲園憑按其一年係自本年四月初一日至明年三月三十一日又平日往遊者門外買票入門有人驗票其票紅黃綠色不定橫長二寸餘竪寬約六分

二十七日戊申晴涼入夜陰雨德國因瘟疫傳染前曾設法預防近來考究愈詳總國設一公署專管其事曰禦灾司管此項事務之巡捕名禦灾使布邦防疫等事歸文教部兼管另有一班格致家與教部尚書會商一切各省有醫會隨時會商有益於本地養生之事各府各縣另派醫生查看免使貧民疾病概由國家出給公費凡易傳染之症皆須告知巡捕巡捕應即照法使地潔淨如修治陰溝等類凡有病人家之孩不准上學恐衣服中傳染故也總國立法凡小孩不滿兩歲之前須

二

種牛痘至十二歲再種一次如初次種痘不出明年再種如仍不出須種第三次三次皆不出即俟至十二歲再種一切毒物須向來穩重之人方准其售賣各藥店須見醫生憑单方付凡死尸如欲運往他處須先領一護照儻未經醫生出結或地方官給憑者必待三日後方準入土凡葬地除公設墳墓院外如在新築塋院必閒明巡捕領有文憑乃可入土街道不可使有穢氣須時時洒埽人家屋內中厠并一切穢水皆由溝筒流至鄉間其未有溝道之處宜用車載赴鄉間然不可使穢氣外蒸亦不可運入河內以防魚害出賣各種食物不許攙雜别物恐致傷人小兒玩物須將顏料剔淨防其誤入口中人家糊壁之紙及器具上之漆亦須檢明因顏料往往有毒恐或貽害也燈盞內之火油須隨時擦淨恐致烘爆為患民間如有違背以上各條律例者即有刑章治罪凡殺牛羊猪等必有公地宰後必用顯微鏡察看皮肉無病方準出賣另有一班人專司其事覲又凡幼孩不及六歲寄養人家者恐食物不淨或有照料不周之處必經巡捕隨時稽察以防染病至醫家凡

三

外科與牙科、必有考中憑單、方可行醫、方稱醫生、其有考單者在本國境內隨處可行、未有考單而知醫道者、有人延請亦不禁止、惟不得以醫生自稱、凡出售藥料者亦必有考單、其承接他人舊店者不論、惟開新店者必由文教部派員察看地勢、應否添設、各店所賣藥料每年歸文教部照時定價、又各收生婆亦必有考單、方准收生、各省專設收生婆之學堂、又其地産私孩者甚多、恐其礙人耳目、或打胎傷生、或溺斃幼孩、因而設有養生院以養之、凡民間欲設此院及醫院、瘋病院等、必

四

經文教部允准、至官場所設之瘋病院及聾院、啞院等、則各歸本省官長督辦、是皆養生防病之善舉也

二十八日己酉、陰雨、記西人謂男子腦大、女子腦小、故婦女聰明者少、且敏慧之人其腦必清、甚至透澈、其魯鈍者必濁、甚至昏暗、凡人之悟心巧思皆出自腦子云、入夜晴

二十九日庚戌、晴、記昨日為西麻禮拜四日、向為本使館發包封之期、前晚燈下繙譯之暇、急修家信一緘、余雖上無親老在堂、而寡嫂、姪女及妻與三子、是八口之家、惟余一人是聽、故每月不得不寄家信兩函、以慰眾心、且囑咐一切也、乃當日午後忽傳奉憲諭、此次不發包封、且每月日期不定、是亦節省經費之一道也、又今早接家信兩封、其第二封竟被剪開、想包封係星使開拆、遂即持稟星使、乃云不知是何人所剪、想必由文報局也、當致書問之、又前由德致俄之包封、被俄國信局開拆、乃反致書中華使館、謂是信未經封固、故封面自開云云、是皆奇事也

三十日辛亥、早晴、未刻陰雨、東西各國之商賈、雖云童

五

叟無欺、然華人之駐某國、必能某國語言、方覺便當、凡買已成之物、故無須多言、然欲定造一物、須立合同者、又必處處講明、書於紙上、迨造成時、苟有不如意、或不相符之處、當初並未言明者、其人定不認、如定做鐘表、苟不一一先行註明、迨成就時、竟有壞甎舊面者、或者惟德人如此、其他國尚不致欺侮外人歟、且俟異日試之

五月

初一日壬子、晴暖、德京道路、向皆石墁、雖知漆道平坦

潔淨柰柏林頻冷下雪結冰平而且滑恐馬行不利不意數年前試造一條馬行其上竟無跌倒之虞故現今凡遇道路重修者一律改用漆墁本公館後呂祖街長約二里寬五丈中有鐵轍四條本皆石墁日久凸凹乃自上月初間興工自東至西去石易漆昨日告成遙遙一望其平如砥矣按其道南北臨房為人行者各寬丈餘本皆漆墁以石鑲邊當中甬路窪下半尺寬不足三丈石墁鐵轍以走公車及各種馬車其墁法掀去石塊後篩土灌水平墊一層厚三寸再用塞門土𨠬閣墊一層厚寸餘末則鐵轍左右各寬七八尺鋪以地油麪洋名阿斯法拉者二寸餘其色紫紅上以鐵熨斗烙之熨斗形如滚磨周五六尺橫寬三尺其內空懸有火鑪熨斗後一鐵柄作洋Y字形往來推烙三次則皆火煉成石矣鐵轍中三行墁以木塊松木每塊長半尺八寸見方皆先以烟薰就以使不裂每三十五小塊排成一大塊係橫五豎七內中串連鐵條塊塊放於二轍之間左右夾木捶平後以熟地油灌漿其色黑稠如膏灌畢復以熨斗烙一周則木之平硬亦如石矣

六

初二日癸丑晴記德國之教務與律法相表裏其辦法與俄法等國不同布邦於從教一事任民自便不論何教并不歧視惟國家所派之事民須遵行不得以所奉之教本無而與國家違抗推原其故蓋教中有息戰罷爭之意因有不肯當兵者也國家因以天主耶穌兩教為本故公家惟設該兩教之禮拜堂在按察院設誓既照天主耶穌兩教章程而一切禮拜停工及各節期亦照天主耶穌兩教章程因猶太教民每於禮拜六日停工及各節期亦與之迥異也凡耶穌教堂國家可以查辦其教師必德人為之其人須有考憑更須將其姓名申送省憲倘其勸人有礙於國家之事必當責罰其堂中產業及出入用度必由國家查察教堂一切事務歸文教部大臣總理其在各地方者或歸省官或歸府官惟縣官不有此權如有爭訟仍照民間一律不另立按察院天主教係羅馬教皇為主其散布教務于各處亦分界而治謂之的瓦采斯猶言一區也每區設一監督總其成其下有神甫分治布邦境內各區雖准由教皇派人亦必先邀布廷允准凡堂中公產由教中人公舉

七

數員料理例行事件、聽其自主、如有額外用款、則必須報明國家準許乃行、列邦中惟布邦不準私立教會、惟耶穌會各邦禁絶、因恐其每欲干預政事也、耶穌教在布邦有教總一人、立一總院、各省皆有分院、各府有教首一人管理教堂、各教師歸省院節制、凡教堂必有董事數員、亦由教中人公舉、猶太教名不一、國家皆准奉行、並不禁止、因其人數不多、一切不問、視若一善會而已、惟其每年大會時、係各教堂合爲總會、公中派員稽察其公舉教師及常年用款、亦皆報官、與他教有别、

八

初三日甲寅、晴、德京天氣頗凉、而蘋果橘梨四季常有、現在天氣雖不如都門之初夏、而百花開放、櫻桃地椹已達、草果等各鋪已多設列于窗下矣、又菜蔬鋪所賣黄瓜、竟有長八九寸、粗二三寸者、更有長一尺一二寸者、色淺緑、極嫩、

初四日乙卯、晴、酉正同承伯純、姚子樑二君、約日本人福島安正、井上哲次郎、德人哲寗、及汪芝房、洪禹山、陳駿生、貝彙如、賡韶甫五君晚酌、華筵洋式、彼此暢談、席畢、因廳前牡丹盛開、乃互相吟賞、甚歡、亥正始散、

初五日丙辰、陰雨、記西國醫學講求外科、不以開破已死無辜之人之身體爲不仁、由是治生人之病、亦多以開破之法療之、聞前者老德皇因身染髒症、傳染后之下體、乃經官醫割皮去毒、療治多日、至今雖愈、仍不能久立、又前本公館之書手德人芬瑞飛之妻、肚下素有淤血成塊、行動即痛、經醫生割破小肚、取出血塊、而後縫之、現肚痛雖除、而每逢勞動過度、仍覺乏倦云、凡生產艱難、交骨不開者、亦多以割破小肚之法收取之、而老少一無所傷、與他正產者同、亦奇矣、是日無公讌、故早晚僅同承、姚、陳、貝四君共桌、聊以點染端陽、

九

初六日丁巳、晴、德皇自去樸斯當後、各新報先言其精神復舊、乘舟乘車、寢食皆安、既又言其喉症復腫、滴水難咽、各醫官仍云病體無礙、邇來連日街市以小張新報傳其病勢、至當日聞其于午初一刻薨、即時各處停宴樂、萬牲園關閉八天、樓房插旗、人民著素、與前番同、各國公使雖往外部挂號弔唁、聞其并不知會、以道路遥遠、而葬期亦在邇也、又是日係西麻六月十五日、

初七日戊午、雨、記德國定章、凡人創作書畫樂譜戲單、

或雕刻、或刷印、一切奇異技藝、其初出時、皆不許他人
仿造、所以保護各人自有之權利也、如他人有與本人
商準、聽其仿造、亦所不禁、本人死後、以三十年為限、限
內應得利息、仍歸其子孫、此事總國與外國立有條約、
故他國人亦不能與之爭利也、
初八日己未、陰晴不定、記德國百姓理財之道、曩歸國
家代為料理、數十年來、改聽民人自便、然國家究不能
概置度外、且國家亦有與百姓會同之處、如鐵道輪船
之類、故於買賣一事、必須隨時斟恤協助、庶令其生機

十

活潑、而蒸蒸日上也、凡婦女小孩、國家為之保護、定有
限制、不准出力過度、因恐婦女難於生育、小孩不易長
成、是皆生聚之道、國家為工人一項、設立公會、以保護
之、有病者為之養病、有傷者為之養傷、意在暗防平產
黨人憤激生事、因此輩大抵工匠居多也、料理以上各
項之官、隨事分隸于各部、國家另於買賣人、製造人、農
務人內、選舉精明熟悉事務之人、立一理財總會、令與
各大臣隨時會商、蓋恐官場未能周知也、民間理財之
大畧有數端、一現錢、二礦務、三田畝、四樹林、五打獵捕魚、

五土產改造、六行銷造成之物、七一切往來之事、以上
各節、容後詳述、
初九日庚申、早晴、午後雨、當早巳初三刻、德皇之靈柩
在樸斯當城、由宮移入弗萊頓克禮拜堂內諷經、至午
正三刻出殯、太子韙良于父故後即理國政、俟六個月
服滿、再行即位、是日星使率芝房、仲華往、未正回、當日
凡官民往樸斯當者、火車官備、不索費、又德皇薨時、諭
以人民不必停止作樂、諭未明降、各處依然停止、昨日
新報內一則、竟云國主既有諭、不停樂、何必拘此成見、
而使人不得遊玩歡樂、以消此長夏耶、

十一

初十日辛酉、鎮日陰晴不定、涼、記德國民間理財之道
內現錢一節、分為四項、一存錢局、凡細民工作負販所
得、令其按日節省、官為存儲生息、無論零星細數、隨時
可以存局、每年利息三釐、永無倒欠之弊、是以民皆樂
從、二保險局、雖係民間集股開設、必由官定章程、又設
巡捕隨時稽查、按保火險、總國定有通行章程、又因恐
有意外大災延燒極廣、民間各局一時資本或難周轉、
布邦遂在各省另立火險公會以協助之、又有保雹險

者、田宅被傷、皆有公款賠償、至貨物往來、例有保險、其保人命險者、并非保其長生不死、大抵生前具錢存局、死後卹其妻子耳、牲口亦有保險、現在各處辦法參差、尚無通行定章、三、民間借貸之事、計分四項、一、各處當鋪、必由巡捕管理、一、各省設有公局、凡守分良民、準在局內借債、為興旺農工之計、一、銀號內可存錢生息、可借貸、可匯兑、夫既有此三便、則總國現與民間合股、因設一大銀號於柏林、為總局、各地另有分局、一、民間自相借貸、國家亦有定章、不準重利盤剝、不準借與幼童之上、無父母、年在二十歲以內者、四、民間招股之事、計分三節、一、凡買賣大者、如一人資本不敷、必須衆人合力相助、於是有糾股之一法、此雖聽民自行料理、而國家亦有劃一章程、令其遵守、每有股分局頭、必在本地公署報名、登列商簿、一、另有貧民輳集資本、設立一會、內專一人司理、乃買辦一切日用所需之物、概照公平行價出售、以免市儈擡昂剝削、會中各人皆有憑票、外人不得往買、似與前在英國所見者同、一、另一種股分會、係糾集多人、互相扶助、一人有正用、則衆人解囊濟

十二

之、在受者集腋成裘、在施者殊覺其惠而不費也、

十一日壬戌、早晴、午後陰涼、記德國開礦一節、官不禁止、聽民自便、惟所用之地、或租或買、必先報官、地在某處、廣袤若干、及一切詳細章程、工部當派熟悉礦務之官前往察驗、而後定、凡已開之礦、皆有礦稅、倘因開礦損壞他人之田地樓房器具者、必由礦主賠償、或因開礦生事、則凡有股之人自皆有關礙、各礦工人立一公會、抽其工資、代為存儲、以備養傷養病養老、以及死後撫卹遺孤之用、此即前所謂明養暗防平產黨人之意耳、

十二日癸亥、晴暖、記西人于富國富民之道、皆考求不厭其詳、如德之農圃漁獵等事、歸農部總轄、各地方官分理之、柏林設有農務總會、自省府以迄各鄉、就此四項所設公會極多、按德之田地曩多為世爵人家產業、既不許任意買賣、亦不得任意分散、田皆小民耕種、略似中國古時助耕公田之法、業主視佃戶如奴僕、國家既不喜此情形、且欲裁抑世爵之權勢、遂另立新章、勸令業主將田畝賤價出賣、即令佃戶買之、估田中一年

十三

所出之數照數加十八倍作為田價納之業主此後其田即屬佃戶然佃戶無力者多不能照章納價國家又曲為成全之為之專設一銀號貸銀與民先將田價付清令民分年拔還以二十年為限每年出利銀四釐有零以作銀號開銷當設此新章之時係在法君那波侖蹂躪日耳曼之後因民曾出力抵禦且求國家改立新章以蘇民困故有此舉此外另有官田向例亦歸民間出力助耕自改新章亦一律改作民田分攤與民令其管業並不收取田價另行派官辦理倘民有爭執不服

十四

者柏林又專設一按察院以理其糾紛凡民間整理農務必須有本故官在各處另設一種銀號貸錢與民而以抵押田畝為質又凡水道與農田最有關係其於田地有損有益大抵關乎水道之高低故各地方皆設考求水利之公會凡預防水災以堤塘為重是以又有公會專司築堤之事要之西人官民一心凡事精益求精故水旱之災不常逢也

十三日甲子晴記西國謂樹林與天氣相關能使調和水旱故國家為此派有專員經理非聽民自主也不惟境內大樹林為公產即民間種植者亦將買入歸官按其經理之要有三砍去一樹即須補種一樹一也未及時者不準砍去二也太密之處又必砍除三也凡河邊之樹可以保堤山坡之樹可以禦雨因樹隨地有益國家常注意于此故民間所立樹林公會國家尤獎勵之以使愈推愈廣考核精詳也更有管理農田林木之巡捕立有禁止章程凡有踐擾田畝傷損樹林并偷竊材料者皆屬犯禁既治罪復罰令出資修償有他家牛馬悞入樹林或至田地可即扣留待其償清罰款再行交

十五

還有在樹林內盜木被獲者即照所盜之價值罰出五倍仍復收監數月第二次犯者罰出十倍收監一年凡有野獸蝗蟲及他種小蟲之傷害田中禾稼葡萄者（西國葡萄無架皆小棵高二三尺種亦按畝分畦係以之釀酒者多）皆當設法驅除幸有一種吃蟲之鳥洋名未詳想即布穀也代人守田有功於農自當保護禁止傷害此德國保護田地樹木之大畧也

十四日乙丑晴記西人豢養牲口亦頗實事求是務使肥壯乃為得宜因而獸醫亦必精學其術馬為戰場必

需國家尤愛惜之官中專有養馬之地即民間之馬亦必善為料理倘官馬有佳種必借與民間以廣生育事歸農部管理故農部特延有能識牛馬性并精於調治者以備察看醫治凡充獸醫者必曾在獸醫學堂肄業領有考憑各省各府設有獸醫月領官俸民間牲口有病一經報官即往察治一處牛有瘟病即須遏絕不准運往他處倘火車由該處曾運一牛之後則不問其牛有病無病均須用藥水洗淨以防傳染總之一切牲口不論何病尚係傳染之症則必立時屠宰即疑其有病尚未確知者亦以早殺為是總國及各省皆有公款存儲以備賠償物主是亦官不強佔民物不勒索民財之義也

十六

十五日丙寅晴熱是日星使約蒲拉坨哲甯金楷理及汪芝房陶榘林姚子樑承伯純恩仲華陳駿生與余往遊樸斯當午初乘馬車行五六里至樸斯當火車棧即時登車東行稍南五十五里至樸斯當邨一路樹林陰翳小山小水景緻可觀十一點三十分下火車登馬車復行數里下車步入賢蘇乪希園其中花木叢雜水法石人布置幽雅水法有高四丈者緩步行三四里轉登石堦過一人工石洞正面卧一石女在此少立覓得馬車兩輛回行十數里至格理吮園內午酌館因地名楊柳成行樹下列几亦極有趣地由王賜房屋無多食畢步行五六里登巴貝斯柏爾山山并不高樹密路平山下即哈葦湖轉入老王行宮樓不高大而器具一律樸素姑不瑣述樓外花木芬芳景緻幽雅既而下山步入加非館少坐又行里許至湖邊登舟走代滎佛恩湖二里許轉回又駛三四里至乪色爾潜棄舟登岸時已戌初即時上火車戌正回寓

十七

十六日丁卯晴熱如昨記德例凡打獵者不准入他人田地以清界限故非富戶田產綿亙三百麻欣（每一麻欣合二千二百五十方邁當）不能為此豪舉民間因此不便往往糾集股分公開一圍以為打獵之地股外之人須出租錢方準入內打獵又凡打獵之人必向官中領一執照出費三馬克其無執照而打獵者受罰各種野獸如兔鹿野雞之類各有應獵之時非其時則禁止不得私獵違者責罰是亦頗得中國帝王之遺意也

十七日戊辰晴熱記德國捕魚之地或係官產或係公產皆是租與民間捕釣者此外又有民間私產聽其自捕然各種魚亦各有應捕之時非其時則禁止之如捕得小魚須仍放回入河待其長大再取近年國家與民共振興此事凡本國所無之種悉從他國運來以滋生之如昔年之賽魚會是也以上各節似與前在英國所聞者同

十八日己巳早晴暖未初陰凉記德國工藝分為兩項一係小手藝在家自作一係大手藝在廠作工凡總國

大

工藝歸內部管理布邦工藝歸商部管理各處工廠應選舉多人由國家挑取立一總會令與商部大臣會商一切各省各府另有精於製造之官幫助地方官專司查廠等事以前各項工藝之人私立限制秘不傳授以致藝術不能增廣現在國家設法破除此弊鼓舞而振興之即如一人創造一藝限定年數不准他人仿造等律是也

十九日庚午鎮日陰雨凉聞自德皇葬後各處作樂遊玩之處一律開演如前據土人云此等虛文恐今後概可廢去矣又前經星使行文總署咨調同文館法文副教習閻潤亭海明昨早接電知其乘法國公司阿瓦輪船到馬賽海口已由巴里起程今晚戌正一刻到柏林戌正余至萬牲園火車棧少待車至接入使館舊雨相逢暢談終夕閻潤亭携其四弟奇臣海誠自備資斧來此學習德文

二十日辛未晴凉記德國專有巡捕管理作買賣人此分兩種一係設店本地一係出外游行沿途賣藝故巡捕章程亦分兩種辦法凡居肆之工必先報知地方官

九

領有巡捕文憑方准開設儻未經領憑或恐其人地不宜或恐其人不安分當即由巡捕禁止蓋工匠一項或嗓音喧譁或身味不潔致有擾累近鄰之處是以巡捕必先查明然後發給文憑凡製造等廠所設鍋爐必由巡捕查明其地是否無礙於人方准設立已立之後又必隨時稽查防其炸裂為害凡工藝亦皆有考憑如行船之人或管機器之人應先將考憑交巡捕驗過方准執業凡開設戲園飯店酒肆當鋪及賣毒物火藥等店均必告明巡捕允准方可至出售估衣或充人牙薦雇

僕婢、或拍賣、或狀師、曾有過犯者、巡捕則禁止之、毋得為此行業、蓋此等事易於作弊、非正人不可、且防其貸由盜竊得來也、凡出外營生之工匠、亦必在巡捕處領一文憑、以一年為期、期滿更換、每次請憑、必完繳一年之税、領憑後、准在各邦任意游行、凡居肆之工、亦準出外游藝、或令人至他處、為推廣生意起見、但須一律請憑完税、按出外完税一項、係專指工藝而言、惟農人、圃人、牧人、或糶五穀、或賣木料、牛毛等、皆聽其出境覓售、不歸此完税之例、其戲耍樂舞等無益之事、苟有關乎風化者、巡捕亦可酌量阻止、昔者各行手藝、立有公所、乃為私心壟斷、阻遏新進之見、現在國家雖欲廢其舊習、而仍不廢其公所者、因見其不為無益也、蓋向來工匠頗有未經學藝而居然賣藝者、貽誤良多、故今仍留其公所者、欲以盡心教徒一事責成之耳、

二十一日壬申、雨、冷、泰西各國工匠、從前頗有聚衆鬨鬧、索加工資等事、因而國家立法嚴禁、現在此禁已弛、乃另設一條、凡工人須與業主先立合同、言定一切、自然可絕許多釁端、如工人與主人有齟齬之處、或由公所調停、或經本地公正紳耆理處、若無人公斷、當由本鄉判斷、倘仍不服、須于十天限內上控按察司、凡作徒弟學藝、亦必立有合同、倘限期未滿而逃歸者、可由巡捕查捉送回、凡幼童之不滿十二歲者、以其幹弱無知、不準在廠內作工、其由十二歲至十六歲者、雖準作工、仍有限定時刻、不許多作、以免童體有傷、又工人不滿二十一歲者、必自立一作工簿、請主人將其初到月日及停工月日填明、送交巡捕、凡工人要保其病險、乃每日酌扣工資若干、存儲公局、作為養病之需、此局或在本廠、或在本鄉、隨地不同、照例必設、又各廠所用工人、除扣其本人工資外、廠主須另於生息項內抽取贏餘、一併存局、作為公費、大抵照衆匠工銀總數再提三分之一、凡在有危險之處作工者、如挖礦、造房、或有鍋爐之廠、或輪船、火車等、則須各由業主預立公局、存儲公款、以備工人養傷及死後撫卹家屬之用、更有一款專備養贍工人之在廠年久年邁幹衰者之用、以上各章、皆為保護工人起見、德國創此善法、聞他國亦將仿行焉、

二十二日癸酉、陰、冷、西國以貿易為大宗、亦以工藝為根本、因兩國家振興工藝之法有數端、一設立學校、令人學習各種技藝、布邦現有三大學校、一在柏林、一在漢諾威、一在阿赤恩、一設立百工院、凡各國有益於工藝之器具書籍、不分古今、聚集一處、以便考求、即所謂博物院也、院中亦有教工匠之學堂、一凡有創一新法造一新器之人、國家發給文憑、俾得獨專其利、十五年以内、不許他人仿造、如欲仿造、須向本人講明、一工廠中製造有聲名者、准其自立一記號、禀明官府、不許他人假冒、此等記號、雖與中國貨鋪之以鶴鹿如意、劉海魁星等為記之意同、然其權利則與一國之記號無異、如日本以日為號、暹羅以象為號、緬甸以孔雀為號、美國以星為號是也、是皆他國所不能假冒者也、

圭

二十三日甲戌、陰、冷、著棉衣、記德國之商務、凡與他國通商者、歸外部及領事官辦理、内地通商者、歸商部及地方官辦理、商民與官場交涉往來、以通商公所為樞紐、各處公所、總歸商部管轄、其公所内管事之人、即在商民内公舉、三年一換、凡公所之在通衢廣市者、另一名目、因其中有產業、故其章程畧有不同、凡與他國通商、照兩國所立通商條約辦理、其於總國境内、列邦照本國商律辦理、本國買賣、每有市會、或一禮拜一會、或一年數會、凡設會時、所集貨物、照例減價、以便興隆商務、又因為商務便當、另設錢局、其中經手錢財之人、抽收釐數以為津貼、亦有一定限制、其匯兑銀鈔、必照市價、不得以私意低昂舞弊、至總國内之尺寸法碼、處處一律、或用邁當（每一邁當長三尺零）、或用啟羅（每一啟羅重不足二斤）、以此兩物為根本、凡商人所用之法碼尺寸、必有官印、其無官印者、即為私造、不得使用、凡酒肆内所用之酒杯、必刺字號、以杯之大小深淺、分酒價之多少、此項杯上字號、亦由官刺、又德國之錢法、向來列邦不同、自合衆以來、改定劃一章程、大抵以金錢為正宗、銀銅僅可零用、為數多者、不得概以銀銅抵金、惟國庫收税、或民向官場匯兑、則聽其便、不論銀銅錢及呢克爾錢（即俗所謂洋白銅）、亦必全收、不準挑剔、是皆體恤商賈、加惠人民之意也、入夜雨、

圭

二十四日乙亥、陰雨陣陣、冷、西國以民間一切往來之

事、最為緊要、故凡水道陸路、皆極力修理、平坦無險、以便舟車載客運貨、更使書信電報往來迅速無阻、泰西現以鐵道為重、因其輕捷便當、故民間所有、皆陸續買入歸公、凡開通道路、皆為要務、不論火車道、馬車路、皆準民集股自辦、如有民間產業在衝要之衢、例照時價買入、不得堅執不允、按民間產業本可自主、雖國家亦不得相強、惟道路係因公起見、且房地皆照所值償給、故不容堅執、有撓官工、倘嫌價少不服、準在六個月內上控按察司、再路成後、如有妨礙路旁居民之處、準其稟官給價遷徙、但以三年為限、過限不準、

三十四

二十五日丙子、晴、稍暖、記各國以航海通商為重、故凡船隻及行船之人、無不處處設法保護、夫船隻往來、亦猶車輛之有驛站、是以隨處設立碼頭、以便上下貨物行人、凡船往來、或泊碼頭、或行河中、各省各府皆專有巡捕稽察照料、列邦出海船隻、總國定有章程、其在別國境內、歸總國兵船一體保護、凡商船業主、必係德人、方準用本國商船旗號、他國之人不得假冒、又各船船名、必先報官登冊、以便保護、國家專為航海設立官署幾所、一曰覘風局、設在漢柏爾海口、專司探察天氣、此局與各國海口之局電線相通、故能預知風信、每日印出報單、令各船咸知趨避、一曰海務局、專為審查海中沉船等事、凡遇船沉後、查出船主大副等有錯誤不合之處、即可收回考憑、不準再充、倘此局辦理不洽、柏林有專管海務之按察司、儘可上控、每遇船隻擱淺、必先救出船上之人、并起出船上之貨、故又于海邊另立救生局、各船能容若干噸數、應裝若干貨物、本有定章、不準溢額、凡船主大副及領港管輪之人、必有考憑、方準承充、船上一切水手火夫等、按照總國定章、訂立合同、

三十五

其工費糧食等亦各有定章、此事亦歸海務局料理、凡德國內地行船、如一水通連數邦者、歸總國辦理、一水源委只在一邦境內者、即歸本邦料理、船行過路、不準抽稅、必停泊碼頭、方始收稅、亦照碼頭應需之數、不準多取、

二十六日丁丑、晴暖、記德國陸路分作三項、一全國往來之路、一本省往來之路、一各鄉往來之路、從前國家所開之大路、現在多歸各省經理、倘省費不足、仍由國

家發帑、以作修路之用、其次者、歸各府經理、鄉間小路、由各鄉自理、倘本鄉經費不足、則省中府中應籌撥協款、各處皆設巡捕查看道路、如有因循推托、不加修理者、即當查明商辦、各巡捕不惟管路、更管行路之車、凡車輪車軸、寬窄短長、均有定制、免致傷路、行車往來皆有定章、亦由巡捕管理、總之、西國巡捕、權既大而任亦重、凡處正直無私、并不舞弊、故無論何人、彼皆敢管、人亦無不聽從者、

二十七日戊寅、陰雨陣陣、記德國鐵道、向皆由民間糾集公司辦理、後因本重利輕、不甚推廣、衝衢要路、未能徧及、是以邇來國家借款、將要區之路、皆買歸官、以鐵道進款贏餘、逐年歸還借款、所有官民鐵道、均歸工部總管、惟官者官辦、民者民辦、官僅派員稽察而已、總國設有鐵路省衙門、專管鐵道之事、其搭客運貨、皆有定章、按國家借款不難、辦之亦易、近日所買之鐵道、利息贏餘甚巨、故自還債外、逐年添造新路、頗多、民間如欲開築新道、必先將股分招齊、迨資本充足、具結存案、國家驗得實在、方准開辦、倘察知資本不敷、即斥駁不准、俟國家允准、方可將火車所經之地收買、而國家仍須派員董察工程、以免將來遭險、各處火車搭客運貨之價、因資本不同、勢難一律、然亦須兩顧、不得太昂、如運兵士載難民、或係煤炭礦料及肥田之料、皆例當格外便宜減價、以利農民、

二十八日己卯、晴、記德國書信電報、統歸總國管理、惟拜晏及威敦堡二邦、仍欲與聞其間、以自全其國體、總國書信局與五洲各國立有公約、以便往來相通、其不與此約者、天下僅二三大國而已、一切送信章程及寄信之費、有約各國、均係一律、電信往來、大致亦與書信同、總國專設一局、管理電報書信、布邦則每府設一總局、各城村鎮之分局、皆歸其管理、國家設局經理、價既便宜、故不准民間再開私局、違者有罰、然定章專指遠地、并未言及城内、且禁止私運、係指封固信函、至說帖之類、并未言及、故今柏林城内仍有民設之局、朝夕運送者、各處鐵道每次開行、必有信局一車、托其拖帶、并不出費、此蓋總國之通例也、遇有新開火車公司、國家必先聲明此條、各信局經手寄信、不准擅行開拆、此例

極嚴但犯罪之人或倒欠之人其信與案牘相關者從權開拆亦可倘保險之信遺失應照定章賠償電報一節總國亦定有一律章程凡大地江海往來之綫皆在地底水中由電纜傳遞其餘均用電竿至德利風亦歸總國信局帶辦如民欲自設須先禀明官局如準亦可行也

二十九日庚辰鎮日陰晴不定凉記德國學校皆隸於文教部凡官學教習即係職官按月有俸民間自設之學堂雖不由官出費亦必派員稽察凡大學院歸文教部尚書管理其他大小官私各學校及學充教習之學校皆歸各處地方官管理按時派員稽察布邦定例民間幼孩不論男女自五歲起至十四歲止入學讀書且國家以教務學問為重故在各鄉皆有學校教堂并派人在內早晚教以天主耶穌猶太各教之道以使各人自幼即知所應奉之教及知其世代所奉之教也各學堂工課大致有七一教理二國語三算學四畫學五史記六地理七動植并地質學男孩操練氣力女孩兼習針黹其上等學校分為兩項一曰古學以臘典希臘文為主一曰時學以格致算學為主古學有成者升入大學校肄業分為四門一教二律三醫四格致并古文時學有成者亦可入大學校肄業惟專求格致一門其餘三門雖準兼學例不給考憑凡大學校必建於都會之地不但為推廣格致且教堂之教士官途之文官亦皆取材於此各學教習有正任亦有候補一切章程以及用款皆由正任各教習會議而定各教習會推一人主持學務一年一換肄業各生皆三年大考惟學醫道者必須四年因其理甚深學之不易也要之西國學校大小不下二十餘種如文會夜學前已述及其他各學俟有所聞當續述之

六月

初一日辛巳晴午後同謝芷泉閣淵亭乘車行五六里往看威克兜立闊勒木釋華言得勝柱也華人呼曰金人柱因其頂上立有帶翅金人也地在五道門西北里餘柱下地作井字形四面有路便人往來餘皆圍以鐵闌其中盛栽花木頗極幽雅整潔之至柱式作高字形由地至金人頂高一百九十尺由地至金人足二百四

十八級、據云為天下柱之至高者、柱下有一方石台、高十五尺、四圍各八尺、所鑿人物、皆係前德與法與等國交戰事蹟、護以鐵闌、台正面有門、入門買票、每人五十芬呢、償千里鏡、每個四十芬呢、寄存雨傘、每傘十芬呢、登五十八級、出旁門、係在台頂、周立花石柱、凡十八柱、粗兩圍、中央圓心、又以碎石攢成戰蹟、人馬花木山水、樓房五色俱全、入門再上、登一百九十級、至柱頂、四面鐵闌、凡十七金柱、闌上有網、以防遊人攀登暈跌、在上四望、不惟舉城畢見、遙望樸斯當王宮、亦在目前、再上

卅

雖有門有梯、亦關鎖不開、禁人上去矣、按其金人女像、高丈餘、赤足光頭、身披氅衣、背有雙翅、右手舉棍長四五尺、棍頭一小輪、旁看形如申字、左足踏地、右足後翹、向南作飛奔狀、看畢回寓、

初二日壬午、鎮日陰晴風雨不定、記前于五月初間、在萬牲園中生四小獅子、長約六寸、高三寸餘、不飼獅乳、以笨犬哺之、半月後能行動、則餵以牛奶、至今長已尺半、高七八寸、乃竟餵以大塊生牛肉矣、其形毛黃類犬、然口巨身長、尾垂耳立、勢頗威猛、雖非生在山林、恐亦未必馴良也、

初三日癸未、陰、涼如仲秋、見街市間一單馬車上一鐵籠、如京都盒子鋪門外之雞籠、亦分兩層上下、置大小哈吧狗約三十餘、其毛之長短、色之黑白不一、籠上四面立牌、書有字號街名、蓋一新開之狗鋪也、

初四日甲申、陰、雨、冷如孟冬、午後見樓下經過雙馬大車二十餘輛、車皆四輪、上有布棚、上各坐男女老幼三十餘人、詢之、蓋通城各行、如木鐵皮瓦等匠、歲必息工一二次、息工後、必相與挈眷出遊、是日乘車者、乃皮行

卅一

各匠及其家屬也、入夜雨止、

初五日乙酉、陰、冷、未初約闊潤亭、昆季、乘馬車行七八里至海瓦街第四號、看那田那帕諾拉瑪、障眼畫、亦係德法戰場、與他處亦大同小異、有在民房內外相攻、而烈焰冲天者、有交兵時、德兵作將放槍狀、而法兵有後退且哭泣者、舉白巾示求免戰者、通場法人傷臥者頗多、遙望四面山崩水阻、樹倒樓焚、不知有幾百地、遠鳥飛不下、馬行踟躕、尸橫田野、血滿溝渠、凝神視之、覺目中槍劍交敵、耳中礮聲隆隆、殺氣冲天、可畏可慘、幾疑

已身之在戰場矣、

初六日丙戌、陰雨、冷、聞西人謂生母懷孕之由、并非有意求子、無非行房歡樂所致、故事父母不必孝、事君則當盡忠、一身為國所養、故在軍中雖裂尸萬段亦無怨也、查洋人除私生者由國家養育外、其他皆由父母親自撫養至於成立、何父母無生子之心耶、如為父母者不欲生子、則生下即行溺死亦可也、且西國所製男女防胎之物甚多、男女行房亦皆可用、乃行房既不用是物、產下亦不溺死、是父母仍以生子為心也、試告以父母鞠養劬勞之理、則知無父母無以至今日、亦必謂父母無子無以終餘年矣、

初七日丁亥、稍晴、仍冷、泰西諸國最重教務、故所謂神甫貞女者莫不敬之、每入人家、必待以禮、然神甫宿娼、早有所聞、貞女之私通而出嫁者、未之見也、不意昨聞本公館洋僕孟優之妻本一貞女、前當許星使夫人在此染病時、曾來探望四次、一日竟於本公館跳舞堂中與孟優苟合、其事既為人所共知、彼此遂成夫婦、至曾遵例報官與否、則未之聞、

初八日戊子、晴、稍暖、記前日德國禮官辛文保來拜、談次言久聞中國

大皇帝　御寶與西國君主所用者不同、上月新報言計數二十有五、并言體質文字、然究未知其詳、請明以告我、余答之曰、中國御寶之用、自秦迄今歷代不同、我

朝奉

天承運、於斯萬年、所用　御寶之數實係二十有五、如章　皇序者則用白玉、璽文曰　大清受命之寶、方四寸四分、厚二寸、盤龍鈕、高二寸、章　繼繩者則用金、璽文曰　大清嗣天子寶、方二寸四分、厚八分、交龍鈕、高一寸一分、肅　法駕者則用栴檀木、璽文曰　皇帝之寶、方四寸八分、厚一寸八分、盤龍鈕、高三寸五分、薦

徽號者文曰　皇帝尊親之寶、白玉為之、方二寸一分、厚七寸、盤龍鈕、高一寸三分、頒　錫賚者文曰　皇帝行寶、碧玉為之、方四寸八分、厚六分、交龍鈕、高一寸六分、冊外藩者文曰　天子行寶、碧玉為之、方四寸八分、厚一寸九分、蹲龍鈕、高二寸三分、飭朝覲者文曰　敬天勤民之寶、白玉為之、方三寸一分、厚一寸五分、交龍鈕、

高一寸七分、鈴　誥敕者、文曰　勅命之寶、碧玉爲之、
方三寸五分、厚一寸三分、交龍鈕、高一寸八分、奬忠良
者、文曰　命德之寶、青玉爲之、方四寸、厚一寸四分、交
龍鈕、高二寸一分、章　奉若者、文曰　皇帝奉天之寶、
碧玉爲之、方四寸四分、厚一寸一分、盤龍鈕、高三寸五
分、布　詔赦者、文曰　皇帝之寶、青玉爲之、方三寸九
分、厚一寸、交龍鈕、高二寸一分、祀　百神者、文曰　天
子之寶、白玉爲之、方二寸四分、厚八分、交龍鈕、高一寸
三分、展宗盟者、文曰　皇帝親親之寶、白玉爲之、方二
寸二分、厚一寸二分、交龍鈕、高亦寸二分、徵戎伍者、文
曰　皇帝信寶、白玉爲之、方三寸三分、厚六分、交龍鈕、
高一寸六分、命殊方者、文曰　天子信寶、青玉爲之、方
三寸八分、厚一寸三分、交龍鈕、高一寸八分、諭臣僚者、
文曰　制誥之寶、青玉爲之、方四寸、厚二寸、交龍鈕、高
二寸四分、揚　國憲者、文曰　垂訓之寶、碧玉爲之、方
四寸、厚一寸五分、交龍鈕、高二寸、重　文教者、文曰
欽文之寶、黑玉爲之、方三寸六分、厚一寸五分、交龍鈕、高
一寸六分、崇古訓者、文曰　表章經史之寶、碧玉爲之、

三四

方四寸七分、厚三寸一分、交龍鈕、高二寸二分、從　省
方者、文曰　巡狩天下之寶、青玉爲之、方四寸八分、厚
二寸、交龍鈕、高二寸五分、張征伐者、文曰　討罪安民
之寶、青玉爲之、方四寸八分、厚二寸、交龍鈕、高二寸五
分、整戎行者、文曰　制馭六師之寶、黑玉爲之、方五寸
三分、厚一寸四分、交龍鈕、高二寸二分、詰外國者、文曰
敕正萬邦之寶、青玉爲之、方三寸八分、厚一寸五分、盤龍
鈕、高二寸三分、詰四方者、文曰　勅正萬方之寶、青玉
爲之、方四寸一分、厚一寸五分、交龍鈕、高二寸、謹封識
者、文曰　廣運之寶、黑玉爲之、方六寸、厚二寸二分、交
龍鈕、高二寸、當文保來時方午正、倏談畢已至酉初矣、
其人大喜、深謝而去、
初九日己丑、鎮日雨、冷、現時天短、亥初天黑、丑正一刻
天明、自前日奉諭、除星使房門外、各屋煤氣燈、皆於亥
正撲滅、以期節省、又聞土耳其國各種商賈匠役分頭
二三等、每等凡同時入門爲業者、皆互稱曰䶉貼、凡弟
䶉貼者、譯華言年也、同時學業、故言年兄年弟也、
初十日庚寅、大雨、記本公館自李丹崖星使任内、即有

三五

德人名杜約貝者，頻來出售瑞士鐘表，價不甚昂，貨亦甚佳，同人皆愛之。前因伊丁母憂，見其在高帽上圍青綢一條，寬約二寸，即為居喪之制。近有月餘未來公館，是日忽至，面目枯槁，頗有憂色，詢之，乃云伊女於數日前病故，現著反服，竟重於其母，帽上青綢寬逾八寸。星使因慰之曰：西國嫁女妝奩尤重，且平日衣食之資，亦為虛擲，今既夭逝，則目下可省，將來亦無須糜費矣。杜曰：我女若生，平日鞠養，固在意中，至將來嫁資，我雖貧，費之亦所深願也。星使又曰：中國重男不重女，因男可養生送死耳。杜曰：我國不然，男女一律愛重。據杜此言，則又西國不專重女之一證矣。

十一日辛卯，晴，稍暖。未初，偕臈潤亭昆季乘車行四五里，游五道門，下車後，忽御者追至，手持金錢二枚，蓋潤亭付車腳後，錢囊未曾扣緊，以致遺二金錢于座上，御者不敢匿留，故特送來。潤亭嘉其拾遺還人，賞二馬克，亦理所當然也。

十二日壬辰，早晴暖，午正大雨，雨後復晴。記德國東南巴威里亞省米痕城有一種啚酒，洋名必爾，華人還其音曰卑酒，係以鐵鍬頭為記號，故柏林通城凡酒店飯鋪門首畫有一白色鐵鍬頭，作凸字形者，即售此卑酒者招牌。

十三日癸巳，晴，暖。戌初，同汪芝房隨星使走遞爾樹林東南至圭呢斯坊，步入克洛勒燈園。其門向東，正對金人柱。入內先鐵架月牙燈門一行，高約二丈，分左右兩翼，正中又高數尺，頂上作王帽形，如亭。過此以南二十餘步，一樂台，上坐樂工十五，台前一水法，大石盤，盤上坐一石孩，懷抱洋琵琶，入夜燃燈，紋亦明亮。台左曲徑花編月門，門懸白玻璃罩燈，行行如捻珠，左亦曲徑三行，花本今畦，中挂氣燈，罩分五彩，樹間以及樂台左右前至燈亭羅列桌椅。燈亭之北，高懸電氣燈二，燈下栽花，圍以燈籬，左旁假花花蕊燃燈，右旁紅綠葡萄八枝，葡萄造以玻璃，內亦燃燈。再進則左右各鐵造印度棕或芭蕉一棵，樹下燃燈，花內果內亦皆燃燈。再進則白罩高燈四行，正北牆邊對樂台立一大鏡，高二丈，寬丈餘，鏡前一花池，池心一白石盤，周丈餘，盤心一水法，銅管作蘑菇形，水則四出下垂，如玻璃罩，高約二尺，盤四角有孔、水又下流入池、池邊又圍以紅罩玻璃燈、對鏡一望、似前面仍有燈景無數也、西旁臨牆正中另一樂台、南北木房兩行、前立欄杆、列花盆、內設桌凳、房外燈下亦然、對面樓上一戲園、容座千許、樓南北為茶房廚竈、每房犄角處亦各立白罩氣燈、半圍統計通園煤氣電氣燈大小不下八九十盞、地式不大、而燈光燦爛如晝、入門買票、晝夜每人皆一馬克、欲聽戲者另買座票、分頭二三等、白晝無戲無樂、出售飲食茶酒、堂倌共三十餘、戲樂皆戌初開場、戲亥正止、樂子正止、當晚游人極多、頗為熱鬧、亥正步回、皓月當空、清風颯颯、又一情景也、

十四日甲午、晴暖、記柏林當鋪、稟官設立、利息百馬克每月三十芬呢、一年為滿、凡當者須留名姓住址、年滿不贖、則當鋪為之代賣、共賣錢若干、扣除本利、所餘仍交物主、故屆期年滿、物主可赴鋪中取其物價所餘者、是亦典當之公道處也、

十五日乙未、晴熱、入夜微風、涼、本公館由大門內右轉登樓、梯之內外以及中廁、共有煤氣燈八盞、記去歲初

二五八

到時、尚燃五盞、故光甚明亮、凡入廁登樓、皆不致迷路、至一二月後、減去兩盞、祇燃三盞、向來各燈於十二點鐘始息、嗣後雖有諭十鐘滅燈、然未囑及各房、故梯旁及廁中、仍可自點以照行人、既而因恐多費、遂於每夜亥正將氣燈總管擰住、使各處不能自點、所幸外間樓頂內間門旁以及中廁各添掛一油燈、亥正滅氣燈後、接點油燈、上下亦亮、所省良多、至是日亥正忽又將外間內間所懸之燈盡行撤去、另掛一油燈於內外間正中之門框上、此燈光分兩枝、作人字形、光照內外門俱亮、光既分為兩枝、又各枝上下分為兩叉、通作仌形、并上下皆亮、是一油燈可代四煤氣燈矣、按此燈非精於格物測算及光學者不能製造、觀此則格致之道豈獨西人為能深究其理哉、特我華人不思耳、苟能細察、必有大過西人者、

十六日丙申、晴暖、微風、午後同承伯純、陳駿生往看蠟人館、見添有變戲法者、每一刻演一次、入者每人二十芬呢、屋不甚大、容座二百、正面小台一間、一人旁立、說解一切、演時四壁息燭、使屋黑暗、台上微亮、先置一白

二五九

石人頭連兩肩者于桌上、少間變成一活女人頭、眼唇皆動、能笑能顰、忽又變為一花籃、內盛鮮花、既將花籃取下示衆、此後捲上、旁邊布簾向內、一望則見大海茫茫、紅日幢幢半空、懸一女子、赤身圍短裙、上下往來、飛舞如仙、既而下投入海、波浪奔騰、景緻甚奇妙也、

十七日丁酉、晴、酉刻、房主萬代墀夫婦邀飯於浣溪別墅、申初同汪芝房恩仲華隨星使乘馬車東南行二十餘里、一路松林稠密、高皆二三丈、修理潔淨、亭亭直上、或云是林最大、為天下第一、中間道途平坦寬闊、整齊、左右頻見黃羊麋鹿、小湖長河、木廬點綴、幽雅可觀、至鴿籠塢村、因人倦馬乏、遂入加非館少息、登車復行十餘里、樹林蔭翳、花木叢隆、至其家棄車登樓、少談入座、共男女十四人、皆其內戚、中多美國人、食畢在樓前廳中眺望、樓在山岡、前臨大湖、花木繁盛、湖水清澄、舟艇無多、人跡稀少、既而下樓入園、環步出後門、即是湖畔、設有木亭、塢頭旁繫小舟兩三、在上少立、忽有六鵝浮來、由遠而近、向人展翅而鳴、作求食狀、萬君內姪取麪包塊向之擲去、羣鵝爭食、食畢陸續浮去、此後轉回坐

甲

喫加非吸烟、少敘、亥初謝別、登車、另路回行、既無樹林、而田地亦多荒處矣、

十八日戊戌、晴熱、記德國十年前列邦未合時、各處亦多私弊、賄賂公行、如門包使費等、與俄羅斯及他諸小國同、自戰勝法國後、列邦合一、乃凡處一律整頓、更新國勢、為之一變、因而私弊剪除、凡事一秉大公、人心悅服、然現雖稱強、凡處勵精圖治、治理整齊、其城內貧民亦皆潔淨、現值夏令、其幼童幼女由城外來者、雖多光頭赤足、衣服尚不襤褸云、

十九日己亥、陰涼、是日為西曆七月二十七日、俄曆七月十四日、聞在俄國為一大節、係其第九百次慶賀東教入俄之期、教堂既開、且在十字架前聲礮一百零一、以昭恭敬、竊謂礮凶器也、兩陣對敵、每聲一礮、不知傷人凡幾、天主耶穌既為一教之至尊、必亦有好生之心、恐未必因其敬以惡聲而默為保佑、則凡西禮之鳴礮示敬者、其皆近於示威耶、

二十日庚子、雨、西人喜紅茶、無論濃淡、味皆不佳、且加以牛奶白糖、尤失其本性、每因無事、緩步街行、必入其

里

加非館少坐館中所備者無非加非牛奶苦酒冰凌之類皆非素所喜食因而自持茶葉往烹聊以解渴按其價每盃三十芬呢今不用其葉只用其水價仍索三十芬呢

二十一日辛丑陰雨記外國之衚衕街衖不論曲直樓之高低不能劃一而其前面則必一律整齊道路平坦門外清淨中走車馬左右行人凡人家鋪戶未見有擅在門外掘坑堆土置石放物以攔車馬而礙行人者如準此鋪門首置何物則他鋪皆然從未有因花費不足即行阻止更無在窄道準放而在寬處反不許者街市車輛放置皆有定處巡捕隨時彈壓不要地方錢大車往來不要道路錢飲馬不要水錢官道左右既不準人私佔則地面巡捕自無擅行租人擺攤搭棚者以上各節固屬地面潔淨官法整齊然非新國之新章亦舊國之舊法耳

二十二日壬寅陰早隨伯純由公館移至庫弟餘森街第四十八號共屋三間一卧房一客廳一廚房先經賡韶甫興之租定每月六十馬克迨移入交房租時乃云租卧房客廳共六十馬克加廚房一間仍須二十馬克共應交八十馬克其所以然者蓋伯純不能德語且屋主知韶甫將去法國調養骰疾故有意欺之也乃即約韶甫至興之辯駁許久始定每月仍以六十馬克為租價外加賞錢十馬克又星使裱地圖但立有契據言及有字模糊責令賠償等語迨裱成時雖無大誤而紅字多因水透不清令其賠還乃云契據并未言及若欲賠償貧家無力請送官辦可也以上二事觀之凡與德人交事必先子細逐件言明方可免日後之唇舌否則難矣

二十三日癸卯陰涼見街市停車處及牆下溝旁不潔之處皆經巡捕洒以燒鏹醋末如紅土者以去其腥臊免人聞而受病是亦清道保民之法也

二十四日甲辰陰雨德京街市孩童頗多每日絡繹不絕多立於公館鐵柵外向內而望衣履尚皆整齊面目亦皆潔淨當日將所買點心隔窗示之各皆點首作要狀遂順手擲去彼此爭取英法等國無此等小孩也是亦國貧所致歟

二十五日乙巳、雨、凉、本公館東牆外、隔數武有一曲徑、現值天暖、每日午後有女孩二十餘、聚集玩耍、隨歌而舞、種種不一、有一種、係六七八九女孩不等、向內握手連成圓圈、外邊一孩隨走、以手拍圈中一孩、而呼曰姐姐我這裡來、該女即出圈向左跑、在外者亦即向右跑、二人遇于圈後、彼此拉手問候、曰今天好你好哇、你好哇、再見、言畢分手、各向圈口回跑、先到者入圈、其他仍照前作、如此陸續、倦而後止、按德文姐姐我這裡來係舒妻司特安閣木米塔、今天好、係古屯大哈、你好哇、你好哇、係威該自威司太、自再見、係阿爵

四四

二十六日丙午、細雨、冷、近見街市婦女、多有兩耳滿塞棉花者、問其故、或因頭痛、或因牙疼、用棉塞耳以禦寒云、

二十七日丁未、早晴、酉初大雨、聞德國亦多貪飲之徒、因各給有綽號、凡醉而喜攀緣者、曰醉猴、醉而喜眠臥者曰醉貓、貓亦分多種、有醉雄貓、醉雌貓之別、

二十八日戊申、早陰、辰初微晴、復陰、辰正同眾隨星使在大客廳向東恭拜

聖牌、行三跪九叩禮、酉初細雨、酉正星使率眾及金楷理晚酌、亥初始散、

二十九日己酉、早細雨、未初雨止、稍晴、記外洋番薯名泊太兒、原為南阿美里加之土產、百年前、有英某世爵由彼處寄家、告以種之可食、迨生出後、英人乃擲其根而食其枝葉、某世爵回英、始改食其根、以後傳行通國、至今東西各國皆食此以代麵、德國地多沙漠、不利于五穀菜蔬、因而改種番薯、據云使其枝葉霉爛沙中、則數年後沙可成土而肥潤矣、又是物經洋醫以化學考其入腹有益否、據云益於身而不益於頭、多食者性必鈍、德國正東近波蘭一帶、五穀無多、人皆食此物、故多愚蠢云、

四五

三十日庚戌、冷雨陣陣、現在夏季、正值百穀花木叢生之時、德京所有菜蔬無多、如蓁菜、白菜、波菜、芥菜、白蘿蔔、紅蘿蔔、葱、蒜、黃瓜、扁豆、蠶豆、豌豆、祇此數種而已、且中多有自他處運來者、價亦頗貴、如蓁菜一棵、價值三十芬呢、果品亦然、所有者、為蘋果、葡萄、櫻桃、地椹、橘、李、桃、梨、西瓜、甜瓜、榛子、杏兒、波羅蜜及兩三種紅黃艸果

形似葡萄、大小不一、味皆酸澀、名亦未詳、梨分二種、形似波梨、青者酸澀、黃者甜嫩、如白梨、李子色紅、長如棗、波羅密來由他國、每個三四馬克、

七月

初一日辛亥、晴暖、夾初大雨一陣、記德京作小買賣人、多用狗拉車、狗亦竭力前拽、隨車携有毯、或毡一塊、停車放毯於地、則犬卧其上、又人家畜犬者、較英法稍多、無論大小、皆項套皮圈、上挂銅牌、鑿以主人名姓住址、口上皆有銅罩、或鐵絲罩、以防咬人滋事、其無銅牌與罩者、巡捕獲得之、勒令罰錢、

初二日壬子、晴暖、聞數年前、德京有女名阿呢者、世襲某侯爵女也、貌美善歌、常入園中演戲、四年前、嫁武官司米塔爲妻、依然登台歌舞、肆無忌憚、司亦無可奈何、既而司死、女更放浪宣淫、既與優伶通、更與紈袴子弟相好、老德皇之孫、尤與之親厚、諸世家戚友、皆惡其不節、屏不與往來、老德皇未崩以前、知其子染喉疾、必不能壽、將來帝位必及其孫、因諭將通城婦女之與皇孫私好者、概行逐出、阿呢即在其中也、現在皇孫即位、女乃剪髮改裝、逃回柏林、從前女之衣冠、咸用一色、今則帽紅衣綠矣、然其前次被逐、巡捕廳中留有小照、或云伊雖剪髮改裝、終恐巡捕察出、仍被逐去也、

初三日癸丑、晴暖、記德國廢疾院、係由官設、所以恤養人民之有廢疾者、院亦寬敞潔淨、恤養有法、無論男女、或生而癡呆者、經其父母送入、或中年患顛狂者、被巡捕捉入、皆經醫官察其病由、設法療治、苟有愈者、院中亦教之寫字讀書、以開其心竅、冀將來足以自活也、

初四日甲寅、晴熱、自闊淵亭到德、後星使因其初次出洋、恐其法文生疏、語言不順、遂令前去巴里、自備資斧、租房延師、學習一年、當有進益、是亦星使培養人材之意也、當早余約其昆季早餐、戌初同陶榘林、徐良臣乘車送伊二人至萬牲園火車棧、迨火車開後、同步入萬牲園中少坐、各飲加非一盃、

初五日乙卯、晴熱如昨、自兩月前、天氣微暖、雪初晴、冰始消時、街市幼女、即披坎肩、露兩臂、短裙長襪、微露兩膝、乳媼亦皆換著白半臂、紅短裙、袒臂露骹、各家亦多他往乘涼、大有三伏之意、至近數日間、天益加熱、凡赤

臂著紗衫者更不可勝數然時已初秋樹葉漸黃而落矣。

初六日丙辰早微陰午後晴熱微風酉初同謝芷泉陳駿生貝東如約丞伯純在店晚酌遂赴克洛勒燈園觀劇所演平平惟幻作一陰暗欲雨之天黑雲往來閃雷交加真假難辨殊為奇妙亥正戲散入園看燈輝煌燦爛無煩再述當晚遊人男女頗多子初回寓又買票觀劇係在台旁每張一二馬克不等雨傘衣冠置于門外每件十芬呢

四八

初七日丁巳晴涼如秋矣酉正謝芷泉貝東約汪芝房洪禹山姚子樑陶榘林丞伯純陳駿生恩仲華貝彙如徐良臣張小軒與余晚酌席上皆紹興菜甚好記其帖云天上星期人間巧節若無盃酌如良夜何聊治七星奉邀一飲今夕共談風月不煩作乞巧文也未卜諸君子有樂興否一罇糟主人祖沅謹拜按一罇糟之稱因近由上海寄來食物中有米糟一罇借以自比也

初八日戊午陰涼記德京小畫鋪有出售秘戲圖者由官禁止不敢明賣凡買者入門低聲告之店主即取十二頁一包或兩包隨時收錢價亦頗昂不准觀面挑選以防巡捕查察受罰是亦西國敦崇風化之道也然每日戌亥之間在樹木叢雜及路燈照不到之處亦多有野合者即如房後小河兩岸設有木欄排樹兩行樹間橫有鐵凳容坐四人路燈雖有而樹葉遮掩光照不甚明亮此道為公館至萬牲園必由之路余回寓時常見有對對鴛鴦或坐鐵椅或騎木闌或相摟抱或相接吻種種醜態難以盡言也

初九日己未陰雨陣陣冷德京聾啞院樓房百間容人

四九

六百潔淨華美男女有別與前在美國所看者同其訓聾啞之法即前所述之以手作字其學熟者彼此問答極快是法創自法國其先一法係每字用兩手既又一法係每字僅用一手現由德國另創一法使聾人看他人唇齒之開合與舌尖之上下即知其意惜其教法未聞至所學者看書寫字以及各種學業大抵工于繪事者多即算法音樂地理史記針黹各學亦有精能者此院各大城皆有聞現在通國共有聾啞男女二萬餘人亦不為少矣

初十日庚申、陰、冷、現值秋季天寒、各家又洒埽庭除、擦洗玻璃一次至地上之毯專有修補拂拭之局、按時由各家以廠車載出城外修好送回、毯有大小、故工價亦不能一律、每塊一二三四馬克不等、

十一日辛酉、陰冷如昨、記柏林之鐵道公車、僱者亦准包月、價之多寡以路之遠近為率、按月折半、如一月往來二十四馬克、只用十四馬克、如十八馬克、只用一十馬克、買票一張、上貼本人小照、以免他人借用、惟孩童上學之包月車票、極為便宜、凡車價之至少者、一月亦

卒

須十二馬克、此只須三馬克足矣、此無車票、惟給銅片一頁、作荷葉形、寬長均不及二寸、上橫鑿字三行、云某路公車第若干號、

十二日壬戌、陰、午初、星使偕汪芝房、金楷理赴艾森莊克鹿柏廠中驗放礮位、記本公館後小河之南呂祖街、有長方空地一大塊、名馬凱塔坊、向作菜肉市、每禮拜二五兩日、由卯初至午正、鄉民男女以廠車運來擺攤出售各種菜蔬果品、猪羊牛肉、雞魚鵝鴨、雞卵鮮花草鞋、毛撢、木凳、鬃刷、米麪、荇藻之類、更有賣熟猪牛肉及奶油、奶餅、葷油香腸、羊頭猪蹄等、上月地方官將該地添造大房、以使列市整潔、自開工後、每逢禮拜二五日、令各鄉民暫行分列于附近三衚衕中之左右、其地東為麻袋布街、西為珍蒂訥街、中橫司太里在巷、其街與巷各長約三箭許、街則長約一里、左右密列男女如蟻、皆各家之僕婢也、至午正則齊行裝載廠車携去、即時有兵六七名前往洒埽潔淨、以車載汚穢下鄉云、

十三日癸亥、晴、戌初、忽本街第十號樓之中層失火、即時飛德利風來水龍車六輛、救火人十餘、鳴哨舉火把、又來巡捕多名、幸火不烈、即刻撲滅、水哨再鳴、則車人一齊馳去、輕便極矣、

垩

十四日甲子、情、涼、入夜陰雨、秋風颯颯、按德規、凡租房者、總以初一十五二日為定期、欲退租者、無論何日移出、必于初一十五告知房主、以便招租、雖月中移徙、亦必付足一月租價、因非滿一月、房主不能另租他人也、

亥初、星使偕汪芝房、金楷理由艾森甴、

十五日乙丑、微晴、涼、戌初大雨一陣、按德俗、僱用僕婢、可寓明姓氏住址、登諸新報、言現欲僱用何等人、約若

千年歲者、於某日備選、屆期必來二三十名、可先擇三四名、今日試用、再擇其尤者留之、自某日留用、將來欲不用時、必于十五日之前一日午前告之、因十二點以後即歸、下十五日算矣、所以先告之者、便其人另覓他主也、

十六日丙寅、鎮日陰晴不定、頗冷、戌刻大雨傾盆、德京照相處頗多、小者每十二頁價四五六馬克、大者八九十馬克、有印成索資者、有照後即時索錢者、惟一大鋪在來百喜街第百三十號、名沙爾衛特爾、高樓兩層、寬敞華美、照工精妙、清楚有光彩、大者二十五馬克十二頁、小者十馬克十二頁、欲照者、必先于三四日前說定時候、方可、因其照像甚忙、每日必有多人往照也、

十七日丁卯、晴、稍暖、外國酒種極多、其性有純有烈、味既不一、色亦各殊、其性烈者多白色與淺黃色、其性純而味香者、有白、有黑、有綠、并有金黃、淡黃、粉紅、紫紅之分、然一種皆一色、究未有一色酒中有別色花、如西門季元之二色酒、白酒中有黑花、斟於器中、花亦不散、中有肝石故也、

五三

十八日戊辰、晴、風暖、戌刻、同姚、徐二君、步入樸斯當坊新開店品茗、坐間忽見街之四面及本店石闌外、男女畢集、肅靜而立、少刻、過護衛四、由北而南、各騎烏騅、前馳、既又來雙馬小敞車三輛、第一輛德皇及某王爵、其第二三輛、亦皆世爵大臣、德皇及他五人、皆著戎服、過時、男皆免冠、女皆請安、齊聲歡呼、德皇亦以手扶帽簷、作答禮狀、

十九日己巳、晴暖、記德京酒肆飯店之堂倌、飲食衣冠、皆由店主付給、并無工錢、惟賴座客賞錢、為進項、故侍奉極為週到、我華人每飲一盃、吃一盤、賞錢每較土人加優、自樸斯當坊大店開後、因其內既開敞、臨街亦無遮蔽、故每出必在彼處少坐、凡飲食所值若干、皆聽其自報、因其向無誑言、故亦不復細問、不意近來每食一次、竟有多算至四五十芬尼者、亦奇矣、華人以誠心待彼、彼反以奸詐待華人、即小見大、國事亦然、可不防歟、入夜風、

二十日庚午、晴、現在大鮮果局、亦列有鮮榛子、金橘、西紅柿之類、本地蘋果亦分二種、細者、大如[illegible]、色味同中

五四

國、而其香尤甚、粗者雖大、色則半紅半綠、味酸而澀、更有與華果不同處、其皮厚、其肉脆、既係土産、故價極廉、土人有一食法、乃去皮切塊、以水煮熟、加白糖、味似熟棃、

二十一日辛未、晴、近來夜稍長、戌正天黑、卯初天明、午刻微暖、而早晚已冷、如九月初、街市往來之人、所著衣服不同、有冬有夏、蓋年老者、男著毡衣、女著帔肩、年幼者男仍單衣、而女仍赤臂也、又現值初秋、天氣本應加寒、且此地天時尤屬寒冷、乃全飆四起、槐花初黄、是亦與北京差十二度天時不同處也、

二十二日壬申、晴、凉、德俗雖無勾貨行、然見後街肉菜市、當各攤移去後、亦有手執布袋拾取菜葉碎木及爛紙等物者、可見其貧窮矣、

二十三日癸酉、晴、德京通城如一省、分八府七十四縣、如北京之左右翼分八旗八十八甲喇也、係巡捕總統一、曰普利斯伯理璽天德協尉八、曰豪普滿步軍校七十四、曰魯提南晝夜巡捕、皆三千、又救火兵七百六十六、氣機水龍四架、皮水龍十六架、

卷四終

五述奇卷五

鐵嶺張德彝在初隨筆

戊子七月二十四日甲戌、晴、西國謂中原文字為花卉字、因見其瀟灑美麗也、余亦謂天下各國、惟中國之字氣象端莊、結構嚴謹、邇來華人有見西國草字曲彎圈點、寫省筆力、因而輕楷法乃重草書者、是何意歟、夫外國之字不講字體筆法、自無字帖、亦無永字八法等書、既不重古人之筆跡、自無求時人之書法者、不知中國之字為極風雅之事、寫者凝神運筆、一氣貫注、而後神明于規矩之外、變化于繩墨之中、縱横跌宕、點畫有神、書味盎然、洵可樂也、且即書品可以察人品、故字有瀟灑、俊逸、蒼勁、圓潤、努張、木強、綺靡、輭弱之分、而人之性情自然和盤托出矣、然西國草書、不十分變其楷書之骿、且萬人一律、無大分别、不比中國之草字、幾乎各人一家、中有極難辨認者、如右軍前字作芀、東坡前字又作芀、古帖天字作乏、東坡之天字又作乏、是也、苟欲通用草字、則必另創一種、方得一律、天下通行、土耳其與西國換約通商、已百餘年、印度屬英、現亦數十年、本國

字皆未改、日本處處學效西法、迄今三十年、來字亦未變、況我堂堂中國耶、

二十五日乙亥、微陰、今日為彼國御林軍秋操之期、乃西麻九月初一日禮拜六日也、國王親閱、并請他國太子王公大臣往觀、至各國駐紮公使雖無請帖、而臨時外部來信、問有人往觀否、須用憑帖若干張、蓋每車必有憑票一張、方準入圍也、先是恩仲華得信、遂自書致外部索票二張、并約芝房偕往、他人皆不知也、星使雖知可往、而聞須乘馬、亦不願去、及票送來、星使始知乘

二

車、當早遂約金楷理同往、四人乘二大馬車、未正回、

二十六日丙子、晴、今日為西麻九月初二日、係十年前德法鏖兵、法君那波侖第三被獲日也、因自上月興工、在五道門內東至大橋一千四百碼、或一千八百步、每六十步設鐵柱玻璃罩電氣燈一盞、高二丈餘、柱形如旋、如節燈垂龍嘴下、如龍戲珠、每十字街口左右又立二柱、上橫鐵練、中懸一燈、又如二龍戲珠、昨日工竣、燈共百十六盞、當晚通街亮如白晝、遊人擁擠、車馬往來、終夜不息、人則肩摩、車則轂擊、可謂盛矣、

二十七日丁丑、晴、凉、德京車廠中車價、開首一點鐘七馬克、以後每一點鐘五馬克、單馬雙馬價皆一律、蓋單馬車少、雙馬中則必一強一弱、若用單馬、非強者不能遠行、雙馬則一弱者不過聊勝于無、故價亦不加昂也、

二十八日戊寅、晴、德京大小學堂共二百八十五、男女幼童共十五萬、其中為官教讀不具束脩者十萬五千名、此係官設者、其他私立學塾之數未聞、

二十九日己卯、晴、記德俗嫁娶之例、與他國無異、惟因其貧民既多、而生女亦眾、凡傭工之處既少、則多有非

三

失身不能自活者、故由下等至中等、由中等至上等、多有先失身而後嫁者、必有真夫方為真婦、又女子十八歲及笄、方著長裙、既著長裙、男雖與通、不為犯法、然謂其因貧失身、似又不然、嘗聞有招男一宿不索銀錢者、其身潔淨、又不似粵女之因有痲瘋、有意招男以移其病者、皆謂其淫性所致、則晝夜街市往來、更不似他處之野雞、其故不可得而詳也、

八月

初一日庚辰、晴、暖、記西國之丹青、有水畫、有油畫、凡天

文地理人像物式各畫務必與真畢肖此藝自古即為一學今尤重之故各國設有專館以期精益求精其教法先以鉛筆描畫繼以墨塗再加以顏色凡分配之法相生之道光之為理遠近高低之勢一切了了於心然後懸名畫于壁間使照摹之久而運筆嫻熟心與目應則照式改繪或大或小任意為之皆可自出心裁所畫無論事之真假使人望之必如實有其地而後佳學者大抵先畫山水次及人物最後則古今事跡皆須布置得宜更宜細究人身骨格筋絡之狀喜怒哀樂之態花

四

木天時樓房地勢以及各國歷代之人物衣裝器皿禮儀必求精妙傳神方為上品考時出題諸生照題意而畫隨心布置膺高選者可得上賞其畫在外出售不惟獲有大利且因此而得大名也

初二日辛巳早晴午後陰雨德國亦有棉花出售絲不甚長按塊每長七尺寬二尺厚五分重約六兩兩塊為德一噴達噴達者斤也每斤二馬克二十五芬尼亦有絲更短片更薄碎棉攤片背刷膠水如英國者更有由英運來者其塊大小寬厚皆與前同其絲亦長而色則白而青視之如麪如粉拈之有聲且澀想即前在倫敦所見之玻璃棉也其價每斤三馬克

初三日壬午陰晴不定聞上年夏間柏林樹林中正值天陰之際有男女二人在彼野合同時被雷擊死次日新報傳出論其二人致死之由乃不謂淫穢觸怒上天而謂二人卧處近樹樹招電氣故被雷擊云云

初四日癸未陰自到德後每晚頻聞恩仲華之跟役長四敲鐘擊鼓朗誦佛經如放焰口聲亂心思殊覺厭耳繼思自我國

五

欽差駐德以來八九年間男女病故者已六七人按華人故後不聞佛經其魂恐終不散幸有長四在此屢屢念誦得以超度其魂是亦長四作佛事之陰功也惜不知其念時備有餬食否長四所以能善此者因其在京曾以鋪排為業也所敲非鐘乃鐵鐺所擊非木魚乃木瓮亦可笑矣

初五日甲申陰辰初同承伯純陶榘林姚子樑乘馬車東南行八九里至淡泊豪富山莊看德皇閱本邦十八軍將中第六馬步兵共四萬地極寬敞平坦一望無際

兵列正南馬車十輛在東南角其由外部得票者前列兩横由巡捕廳得票者排列在後由内城至此沿途男女觀者如堵男携婦母繈兒擁擠沸騰皆有馬步巡捕彈壓指令分別左右成行至教場則非車不準入更非有票者不準入票皆横插御者帽簷之上横長四寸五分竪寛不及三寸黄紙上印黑字云準某人入門之憑票某年月日排車處亦有巡捕十數名往來指示車夫何地停止西面有酒肆臨牆設高台列桌凳男女坐上飲苦酒看操兵者甚衆巳初德皇率王公大臣百員乘馬由南而至先去各隊前後繞看一周既而立于正北稍東後聞巡捕喊曰車走于是前二行先行按路稍南而東第一輛住于德皇之右陸續兩行横列一排以後各車横列於後巡捕隨車至此遂處指示兵則按隊由東而西每隊至王前時將執刀兵舉槍皆對鼻前過則將喊曰落乃齊落執腰旁樂兵立王對面而鼓吹之兵過則此班隨去後來者排立而奏先過步隊既而馬隊後則礮車八輛分兩排每輛六馬拉礮手五名一騎馬二坐車前二坐車後裝載車亦八輛每輛二馬拉車箱長方以木造成外油灰色係載衣裝器械及飲食之類者按隊過畢復按營經過一周當日惜不操演兵馬經過不過潔淨整齊而已看畢各車皆向東入城未初回寓

初六日乙酉晴鄰家有已故李興之女李姒卿年始及笄十數日前忽染喉疾脖項瘇痛延本地醫生療治乃連拔去三牙飲以藥水更換三人竟致腮項齊瘇滿身發熱飲食不進穀道閉塞乃求張小軒轉請陳駿生一服即愈母女感謝無已

初七日丙戌晴早賡韶甫由法回銷假見其面貌光澤精神爽朗蓋法京天暖夏不似秋再以温泉洗浴故能如是也且新裝木骽極屬合式竟不杖而行矣

初八日丁亥晴凉酉初同承伯純謝笠泉陳駿生約貝彙如在樸斯當街飯館内晚酌既而至福來得立街第二百十八號匡闊爾的亞戲園内看雜耍所演多與他處同惟一人立一木架如衣架者上繫銅鈴十二串由大至小分十二音隨手搖擊自成宮商又一人耍六盤同時上下左右飛舞如蝶使狗跳椅躦圈打鞦韆伶俐

如人、又一人耍牛四頭、余謂此等蠢物不如犬馬之靈、乃使之跳舞站立、竟與馬同、俄以木桶置中央、使牛履其上、伸兩蹄于外、以示其能、既而一牛在前、一牛扶之而走、如狼狽之相倚、又以長板置木桶上、兩端各立一牛、使板自為軒輕、而無顛墜之虞、噫、此天下之蠢物也、看之令人忍畯不禁、

初九日戊子、晴、是日德皇在敏池柏爾地方閱操、辰初星使率金楷理往、申初回、聞此次共操三日、係馬步交兵、不論何時何地、彼此相遇、則對陣而戰、兵丁竟有受傷與落馬者、是亦可見西國操演之認真矣、

八

初十日己丑、晴、申初同承伯純、貝彙如游萬牲園、遇有日本參贊官夫婦、其服色雖改與西人一律、究竟衣之長短肥瘦、不能如西人之合體、身既矮而亦黃、行動更露痕迹、

十一日庚寅、晴、冷、柏林各家鋪戶、街門雖鎖、而巡捕皆有鑰匙在身、故凡遇有回祿、盜賊、以及逾時燈燭不滅或形迹可疑之處、巡捕皆可自行由外開門、突入察問也、

十二日辛卯、晴、五道門內中道南走笨車處、原係石子路、現經改為鐵道、係墁以方鐵、每塊厚二寸、二尺見方、軛面琢花、蓋恐馬行滑跌也、

十三日壬辰、晴、記德國規童院、係為幼童未及十八歲者而設、蓋幼童犯罪、不得與常人並論、在公堂不準加刑、于是設此院以懲治、而規模之、其法無他、院門扃閉、不使閒逸、鎮日按時讀書作工、初學與鄉塾同、繼使之學習技藝貿易等事、教訓數年、性情既移、則十民可九良矣、

九

十四日癸巳、晴、凉、連日天氣清朗、晝夜街市男女老幼往來尤多、無論貧富、皆欣欣談笑、罕有面帶愁容、心懷煩悶者、外洋稅重物貴、錢不易得、而民人仍能各自寬舒者、蓋無苛政無私弊、凡處正大光明、而不勒索也、又當晚戌初、星使與汪芝房步行六七里、過適爾園西入五道門、再行三四里、過王宮、一路燈光燦爛、男女擁擠、既而轉回、出五道門、南行四五里、至樸斯當坊、稍覺疲怠、遂入尤斯的加非館少坐、既出、欲乘公車、而各車過時、輛輛皆滿、無站立之地、祇得再行六七里步回公館、

十五日甲午、晴、早傳諭不賀節、不挂旗、戌初同承伯純、姚子樑、陳駿生、謝芷泉、貝彙如、乘車至來百喜街第十一號、棃池沙闌雜耍館一觀、地敞座多、觀者亦衆、所演甚好、如一幼女年未及笄、著肉色緊身衣、台上立一鐵棍、高約五尺、粗周四寸、置一小紅絨椅于棍頂、女則仰卧其上、雙骰上翹、以脚耍椅、耍二人凳、及大玻璃酒瓶高約四尺者、其耍如舞、凳椅酒瓶之動轉起落、與樂相和、又甲乙二男耍六椅、甲先仰卧台面、置一椅于骰肚之間、乙後陸續亂壘五椅于其上、隨壘隨登、至頂矗立、

十

玩耍飛舞、椅不搖動、又二幼女同著翠裙、執紅傘、隨舞而歌、聲調悠揚、態度嬝娜、又一男倒懸樓頂所繫橫棍之上、棍作凵形、其人倒懸、能吹簫、飲酒、吸烟、放手槍、既隨橫棍悠至對面樓頭、順鐵線斜溜而下、極為敏捷、又甲乙丙丁四幼女著紅衣、登場樂作、丙攀橫棍、打鞦韆、忽甲女倒懸其上、兩臂斜伸、作人形、乙女橫甲兩臂之間、作△形、再則丙丁兩女一懸乙女頭上、一懸乙女足上、共作人∏形、繼又變作屮形、變作夂∧形、甲女倒懸、可謂勇矣、樓頂橫棍距地十丈、倒懸其上、亦良險矣、又一人或立或跪、或仰卧、以兩手飛四瓷盤、三金珠、三瓷罐、上下飛舞、往來拋接、無一落空者、又以三尺餘之長棍立于鼻準、棍頭置一大盤、使之旋轉、同時左手耍一瓷面盆、右手耍一小瓷碟、左右輕重不同、既而頭上頂一二尺餘高之玻璃罩大油燈、忽蹲忽卧、更能上飛至八九尺高而落于手中、凡腕上、肩上、皆能接之、又能使倒上而正落於頂、隨意迎送、毫無偏倚、末場係柏林土俗男女老幼百餘人、與街市同、真狗假驢、種種可笑、筆難盡述、

十一

十六日乙未、晴、涼、西國新聞紙、猶我國申報、滬報、時報之類、報之大小不同、或大張、或小本、或數頁、或多篇、其所載之事、亦不同、有述本國事者、有述他國官事者、并有談商務、談雜學、及粹集時務、說笑話以諷官民者、或圖、或畫、筆難盡述、其出售時日亦不同、或晨、或午、或晚、或每月、及每禮拜、名亦不同、或用時日、或用人名、或用地名、或別取他義、種種不一、其所陳大都皆天下各國之政務、旁及學問時事、罕有言拐逃淫惡之事者、雖有時偶作戲謔之辭、亦無淫詞邪說羼入其中、蓋官禁使

然亦因出此等語則無人購覽矣凡官員士子商賈農工各以其性之所好購閱之以增識見其于政事學問之道蓋皆不無裨益云聞德國本國文字者現共有三千五百種他國文字如英法俄義瑞典和蘭等國者共有一千七百種統計大小五千二百餘種是亦德國工民之一大事業也

十七日丙申晴西國設有航海堂乃為商民航海戰舶交兵起見夫以茫茫大海渺無津涯行者宜知天地經緯度數天下海洋水道水之淺深與夫礁石沙島以及四時之風色潮汐之長消風篷火輪何以駕駛萬國公法何所當遵陣勢如何戰法如何封堵如何相撞如何槍礮如何施放水雷何以防禦凡司商船戰舶者概宜熟悉故入堂學習者必先知數國語言文字嫻於天文地理幾何算法各學而後方可此種學堂多有設在船上者諸生在船朝夕講求一切飲食服式與水手同初考上等者中二副再考上等中大副如果心靈手敏所學有成三考上等即可操全船之權而充船主矣他國之人來此學習三年往往回國即有充水師參副提督

之職者余謂其所學者固不無一知半解然即委以大權恐尚不堪倚賴也

十八日丁酉晴近因天時少雨樓房多有修理者正面臨街不塗灰而塗油其色白黑紅紫不等其貧苦之土工多著木屐係整木挖成者其與工所豎之木架高皆八九丈所用松柏等木亦如杉木捆不以繩而用銅鐵條取其堅固也

十九日戊戌晴冷今始知公館後臨河左右兩行樹皆栗樹也栗初結成其刺不多乍看如核桃嫩時皮紅有紋如木朝朝見有小猿以木棒擊取亦有上樹摘取者官弗禁也

二十日己亥晴戌初孫伯純姚子樑同邀余及陶榘林徐艮臣二君仍在前十五日所看之戲園內看雜耍所演與前日同惟仰臥耍凳之女改著白質金花緊身衣二人耍椅者將椅疊成品形能反身倒上其耍盆盤球碟者頸間頂一高帽中橫立一毡帽簷上立棍長三尺餘者棍上另一高帽棍上高帽既轉而使棍下之毡帽亦轉亦一巧技也

二十一日庚子、晴、記德京街市間有小便處大小不一、
亦皆鐵壁上有自來水下滾與倫敦同夜則燃煤氣燈
二盞極明亮壁式亦作∩形容立三人外有鐵牆遮掩、
內有鐵牆相隔凡小便亦得彼此相避也、
二十二日辛丑晴見本地紙貨鋪出售一種假象牙片
其薄如紙花紋顏色與真界肖質雖薄而微軟不比真
象牙之易折裂也訊之云造以草梃菜葉至其造法未
聞、
二十三日壬寅晴、記德國人民之敬慕君王可謂無以
十四
復加矣各鋪懸小影、立瓷相、或以銅土造像出售、不意
近日點心鋪中更有將三代君王造以餅餌者以糖作
頭以勺勾臘作身長約四寸面貌如生想民人心既仰
慕則食其身而甘食其頭愈覺甘矣
二十四日癸卯、微陰、柏林加非館出售五種加非一曰
柏林的即柏林土人所飲之加非也乃加非一盌糖三
小塊牛奶一小罐一曰什瓦兹譯德言黑也係加非一
小盃極濃糖兩塊無牛奶要者外算一曰喀勒達喀非
乃涼加非也有糖有涼牛奶夏日爲宜一曰美朗日乃
法式熱加非也、係熱加非一玻璃缸上加牛奶沫、外一
小銀碟、內盛白糖三塊、一曰謀喀亦濃加非一小盅與
什瓦兹相似、因來自土耳其故仍其名、
二十五日甲辰鎮日陰雨酉初稍晴現因天時漸涼凡
衣冠手套鞋襪各鋪皆改陳新貨新式衣冠、作以毡絨
綢緞、皮鞋或內貼白毡或外露毛皮更有毡鞋底亦毡
作、極輕且煖其襪則編以粗絨繩亦厚而煖夏季手套
皆作以薄皮或織以絲綫今用厚皮更有內趁鼠皮者、
又現因天不甚冷、婦女有著假皮領袖者、係以鴨翎爲
十五
之、其色黑白灰紫不等、
二十六日乙巳、陰冷、午後德國世爵方崑巴來拜、亦化
學之名家也談及女紅、方云久聞貴國婦女刺繡極屬
精細不知可否見賜一二以便觀賞、余因携物無多、遂
將所佩之腰子荷包一對贈之其人稱讚不已申謝而
去因憶前闇潤亭初到德時同人中有謂伊既蒙星使
咨調前來須備微儀餽送、奈潤亭所携之物既少、且皆
已身應用之物、無可用作禮儀者、幸同人中帶有紅緞
平金綉貨一匣與之潤亭償以馬克一百、合庫平銀二

十二兩零、以此觀之、凡吾人之外出者、所去何方、所司何事、則所應備之物、當三思而後行也、

二十七日丙午、陰、記法國素尚奢華、通都大邑為尤甚、其男子無論矣、凡婦女裝飾、日異月新、競麗爭妍、變幻靡盡、乃近見德京婦女又巧仿日本婦女之服、自首至足無不效之、日婦畫眉喜青黛、微彎、遠山一抹、德婦亦照式描畫之、甚至屋中器物、亦概用日本所製、惟以西婦學作東裝、亦如東施之效西施、依樣胡盧、終不能得其神似也、

廿六

二十八日丁未、陰晴不定、早涼有冰、因而棉襖、棉鞋、皆上身矣、鎮日黃葉飄飄、樹枝漸稀、入夜涼風颯颯、欲雪、現在酉初天黑、辰初天明、

二十九日戊申、陰、德國信局寄物之規、無論其大小、皆須盛以木匣、否則不寄、至寄送書卷、新聞、地圖之類、又必以布與帋裹之、而露其兩端、則既可寄而價亦廉云、入夜微風、晴、

九月

初一日己酉、稍晴、戌刻、與承伯純、陳駿生、貝彙如同約謝芷泉在敏兹巷第二十號、威克兜里亞戲園觀劇、所演係一武官遊歷美國、二十年不歸、其子女乘舟往尋、地在美洲以北、拔山涉海、卧雪履冰、遇紅苗遭地震、火燒未死、落水獲救、其後子女與父相遇、遂同乘船回國、所演景緻之至妙者、火山則烈焰飛騰、冰山則凹凸分裂、冰塊如山、海面飄浮、入夜雪白天黑、星光燦爛、熊吼山鳴、頗覺可怖、末場跳舞、幼女百餘、頭戴金冠、短裙五彩、樂聲震耳、燈光眩目、

初二日庚戌、晴、冷、見來百喜街之器皿鋪出售一切廚竈刀勺、瓷、鐵、玻璃、盃盤、盅盌、剪叉、鍋匙、以及木凳、桌椅之類、其臨街窗係大扇玻璃、寬盈丈、高丈餘、內有盛饌一席、刀叉、飯單、酒盃、鹽碟、無一不有、盤中盛以紙糊之燒鴨、牛肉、煮魚、火腿等、皆與真畢肖、以示往來行人、愛其式而俱來也、

廿七

初三日辛亥、稍晴、涼、記西國醫生非經官考上等、領有憑單、不得妄稱醫士、因而設有醫學院、諸生肄業、務使實事求是、然後出而問世、庶不至誤投藥餌也、按其所學、先講皮肉、血脈、骨節、筋絡、耳眼、鼻舌、津液、腦髓、牙齒

咽喉、五臟隔膜、縠道溺道、膀胱子宮、各形狀各地位、次講以上各經之功用、如呼吸消化、運血生精之類、又次講各種病症、及分配用藥、與夫泡製之法、又次講胎產何宜何忌、及收生之法、學中廣列天下各處人獸之骨、并一月至九個月之胎、以備學者參考、凡學醫者無論內科外科、皆當仔細講求、必待三五年後、方可使其獨斷獨行也、

初四日壬子、晴、冷、柏林老城內布萊街、第十五號、一大衣料店名魯多弗海爾撮、樓三層、極寬敞、其熱鬧與英法之邦瑪晒相似、出售綢緞、毡呢、絨毯、布疋、以及雨傘、幔衫之類、貨真價實、童叟無欺、店夥百餘、朝朝車輛盈門、買者婦女如市、

十八

初五日癸丑、鎮日風雨不息、前四五月間、見福來得立街瓷器鋪中、新列一種拌生菜大盌、形如缽、周二尺、深四寸、粉質花邊、本不足奇、惟其下三足、高二寸餘、有作黃瓜形者、並有海蝦、蘿蔔、蕉子等形、顏色鮮明、形樣如真、另有銀叉匙各一、其柄瓷作、亦作黃瓜等形、以隨盌式、其價每分五十馬克、合銀十兩零、

初六日甲寅、早微晴、未初大雨、聞金楷理前在上海時、在外宿娼、其妻因妬生怒、以己貌陋、遂亦與黑人私通、今其妻年老、伊乃藏有姘頭、因干西國例禁他人見之、則託言係貧家親戚也、

初七日乙卯、晴、本地信局、局式亦與他國大同小異、惟街巷收信處、不與英法同、係沿街每三箭地、或在壁上、或鐵闌邊、掛一鐵匣、高尺餘、橫尺半、厚盈尺、作房形、著藍色、正面門上畫信一函、左右各畫信車、郵夫喇叭一個、又左右各一橫門、長半尺、寬一寸、懸有活門、門內掛鐵齒如木梳、以備向中擲信、鐵齒雖活、然可入不可出、蓋防有人抽盜也、正面門內藏有鑰匙、局中取信人每日由卯初至亥初、每一點半鐘、負布袋挨地沿街收取一次、其人手執鑰匙、至則開門、取門內所藏之鑰匙、再開匣底門、置布袋於匣下、有則盡落袋中、取畢依舊鎖閉、故每日信件、無躭延遺誤之弊、

十九

初八日丙辰、陰雨、近來街上騎腳蹋車者日多一日、亦愈出愈奇、其兩三輪自行、或拽木箱送物、及前後坐兩人者、皆不為奇、竟有前二人各蹋一輪、車後左右又有

兩輪、上有一棚、內坐二人、前後共坐四人、以前二人代馬、左右進退、無不如意、自有此車、恐將來馬車漸漸稀少矣、

初九日丁巳、陰雨、聞曩者土耳其之銀號錢莊、時有關閉逃遁之虞、即土錢亦有私造等弊、官因設法防範、每開一鋪、必令其與他四鋪互保、以免關閉有害人民、其法由各鋪各刻一圖章、註明本鋪係由某街某號等鋪所保、本號如有逃閉、由他四號代償等語、將此圖章印於紙鈔之上、并由官給鐵鑄方牌、立於門外、上亦刻有

廿

本鋪係由某街某號等鋪所保等語、又有王諭一道、言國家鑄錢定制、重若干、大若干、式樣若何、通國人民不得使用他錢、如有私行鑄造或使用小錢者、作犯法論、治以重罪云云、自此法行後、迄今六十年來、銀號既少關閉、而錢亦無私鑄之弊矣、

初十日戊午、鎮日陰晴、細雨不定、申初大雨一陣、帶雹、大如米粒、今日為其禮拜之期、午後見庇婁街某家出殯、亡者係某信局司事之人、烏馬黑亭車、棺木黃色、左右四銅環、蓋上擺鮮花圈五個、車前行紅帽圈送信人

四十、再前則戴鏡形黑漆帽、簷旁插馬尾一縷、長三四寸者、為趕信車人三十六名、吹號作樂、其聲甚慘、車後又有故友二十餘人、前後各皆排行如兵、亦頗整肅、再後黑車五輛、內坐婦女、著烏衣、執鮮花圈者十數人、

十一日己未、陰雨陣陣、見本地各馬車、皆帶一小木桶、上拴皮條、不餧芻豆、內盛麥梃、節長五分許、雜以莧米、餵時懸于馬項、使自食之、更無須拌以麩料也、

十二日庚申、陰、記後漢華陀謂吴普曰、吾有一術、名五禽圖之戲、曰虎、鹿、熊、猿、鳥、體有不快、起作一禽之戲、怡

廿一

而汗出、身體輕便而欲食也、若得厄逆症、作虎形立止、惜不聞其於鹿熊猿三獸、又作何戲、而療何疾也、今聞西人有諺云、早睡與早起、使人聰敏、發財有力氣、又云、早飯後坐幾刻、晚飯後走三里、蓋皆養身之法也、

十三日辛酉、陰冷、德例、凡人子女至七八歲、父母必送入學、量其才力使趨某途、父亡母為主、母亡父為主、父母俱亡、則官主之、通國不使一人不識字、不知算法、凡幼童雖女之無父母者、官則封其遺產、聲明日期、沽其產之所值、其有借貸者、屆期債主畢集、以其產物折價

償還、臨期不到、則其券契合同、視為廢紙、若無債款、則將所折之銀收入銀號、生息作為讀書之用、其遺產無多者、則由官養、或戚友助之、如存款有餘、至成立後、仍交本人收領、此等子女、國家設有育孤堂、在內四時飽煖、晝夜讀書、其初學似鄉塾、繼如郡學、至十五六歲、即可放出、任其所向、或文或武、或工或商、以為異日餬口之途、故由此堂學出者、凡太學及大學院、皆准再入補學、以成其材云、

十四日壬戌、晴、現在天寒、男女多著毡面皮邊氅、昨見一女、兩袖與領皆鑲鼠皮三寸、前後開褉、長二尺餘、亦各垂鼠皮一條、寬皆二寸餘、前者如帶、後者如狐尾、

十五日癸亥、晴、西國教讀之法、所常講者、皆以敬信天主為第一、其文雖有孝字、然罕有教及孝字者、其他各書所叙、無非天文、地理、格物、化學、史記、商務、并無傳述孝子之故事者、夫既不明孝字之義、又安知盡孝之道、然亦不常見有忤逆父母、行同梟獍者、其故何也、蓋父母以子女入學為已事、分給產業、自樹門牆、為子女者、亦以所分產業、各自經營、娶嫁等事、悉不與父母相涉、

三十二

故彼此視若賓朋、父母貧無有思及子女者、子女貧、亦罕有累及父母者、

十六日甲子、陰晴不定、西國以貿易通商為重、故各國設有商賈院、使為此事業者、學習講求、精通一切也、其入院者、先學各國語言文字、次學數學捷法、次學各國律例、條約、土產、運腳、稅例等類、以及水陸程途、電信、價值、次學貿易源流、今古異同、歷代沿革、次學貨物品類、美惡真偽、如何辨別、遇有潮濕霉爛、何法可救、次學天下各國之斗秤、錢幣、次學登簿條規、清单則例、次學銀鈔、合同、保險、匯兑等事、他如地理、格物、公法等、亦在所當學、或二三年、或四五年不等、惟視其天資之聰明與愚鈍耳、

十七日乙丑、陰、此兩日間、樹葉飄落殆盡、窗前外望、為之一爽、戌正、同姚、陶、陳、洪諸君乘馬車至萬牲園火車棧、送星使赴俄國、記西俗夫婦自成親日始、各戴金戒指一、至老不去、惟鰥夫則將妻者移套本指、寡婦亦然、凡男女手戴雙金戒指者、即知其為鰥夫寡婦矣、入夜微風、晴冷、

三十三

十八日丙寅、晴、申初步至樸斯當街洗浴、過橋至呂祖街、忽遇幼童六人玩耍、各著笙形金兵帽、手執小銃、見余至、乃橫列成行、左手抱槍、右手扶帽、作迎接禮、余向之點頭一笑、六童候余走過、又前驅一箭之地、排列如前、如是者六、及余入堂、眾立門外、齊聲歡呼、而後散去、入夜陰、

十九日丁卯、陰、街上甚冷、屋中却煖、近日各飯店、酒肆、加非館之布棚皆已撤去、男女之戴皮冠、著皮衣、用抄手護者亦多矣、

二十日戊辰、晴、德京澡堂一切規模與英、法同、惟不設長盆、用白瓷甎塊砌成長槽、寬高各三尺、長五尺許、在内洗浴、尤覺寬暢、

三四

二十一日己巳、晴、西國什物器皿、不論大小、精緻整潔、或內外、或上下、或前後、必皆一律、并無省工減料者、凡油漆、彩畫、糊紙、雕刻、內外不一色者有之、不一式者有之、而其工料則同、故能耐久、不致蟲蝕損壞也、

二十二日庚午、晴暖、西洋婦女向以白紗、黑紗遮面、專為街市步行、以避沙塵、間或薰以獅澤、以避異味、不意近日年少婦女多有以紅綃抹面者、所謂變本加厲也、

二十三日辛未、晴暖、連日街市寒凉、霜露凝結、近日晴暖、霜化露開、地面潮濕、如初雨後、申初步至樸斯當坊、見男女擁立道旁、乘馬巡捕二三道中指點、少間德皇乘雙馬敞車由西而東、身著戎服、頭戴人形金帽、過時男子免冠、歡聲雷動、

二十四日壬申、晴暖、入夜頗熱、記續幽怪錄、韋固旅次宋城、遇老人向月檢書、固問囊中赤繩、老人曰以繫夫婦足、雖仇家異域不能易也、由此觀之、則我華人之娶

三五

洋婦者、月老之赤繩亦長矣、

二十五日癸酉、晴熱、入夜陰雨、德京車式頗多、有敞車、有棚車、皆不外乎四輪、兩大兩小、而御者坐處或前或後、或立中央、其棚門則前後左右、方圓高扁、均無一定、入夜雨、

二十六日甲戌、陰雨、昨見鮮花鋪中列有菊花、其色黃、白與紫、葉既不大、花朵亦小、如金銀花、適見英畫報、有倫敦于數日前在澹泊園中設有菊花會、所描各種菊花、雖未著色、而無朵不佳、英人頗得藝菊之法、儻使淵

明再世來游德國待到重陽必早駕火車飛去倫敦矣

二十七日乙亥晴記上月比國設有賽美會係集各國女子在彼比賽聞所選之前三名為蘇魁麗墨西哥人年十七歲婁姒比利時人年二十歲韋凝仙奧斯馬加人年十九歲各得贈銀三四五千不等不惟取其身貌兼取其品行語言云又前日英水晶宮有猫會毛或短或長色亦黃白黑灰不同是皆國富民安故也

二十八日丙子陰雨霧冷酉正日本福島安正約承伯純姚子樑與余晚酌同席三十人凡八國蓋中華日本瑞士丹麻巴西合眾法即西薩爾威亞也飯畢同入廳事坐談少頃安正執號票一筐請客各取一捲桌上列玩物各種如喇叭小鏡假猫瓷盒之類每件各貼一號碼拈得某號票者即取某件子樑得套飯单銀圈一個伯純得小漆盤一個余得團扇一柄繼又齊入飯廳看變戲法所變平平惟桌上左放紅酒一瓶右一玻璃盃皆以紙筒蓋上俄將紙筒揭開則瓶右而盃左矣乃斟一盃紅酒飲之再以紙蓋則瓶左而盃右且酒盈杯矣又向客索一金表包手巾內少刻巾空桌上置一木匣

捆以紅繩封以火漆先交下示眾既而剪開則匣中匣匣中又匣至第四匣乃請客剪開則表在其中又一且字形高帽中取出五彩紙匣十二個銀盅高三寸者二十紅酒兩瓶鮮花三十枝變畢又一人鼓琴歌曲頗為佳妙子正謝歸又同人張小軒素熟英國文字現經星使月助十金令其改學德文因于今日赴貝特巷小學房內學習每月學費一百五十馬克房飯在內

二十九日丁丑陰西國所製象棋有王妃馬塔衛所等名皆刻以木色分紅黃近見本地新創一種亦類象棋盤亦四方橫有長河惟中央及左右共三橋以木刻成將帥旗幟礮車馬步兵卒列三營色分紅黃黑用法未詳據云來自倫敦博物院

三十日戊寅稍晴午初有我國駐英叅賛官李伯行經方來拜星使叅賛及支應官并順步往會田阿喜去後叅賛即偕支應赴閙色豪富店中答拜又同人中有與李姒卿相熟者而星使之僕小劉亦與之厚是日彼此遇諸途小劉扭髮出惡語回公館後經人勸解爭端始息

十月

初一日己卯，晴。因明日為星使如夫人之壽辰，經支應通知參贊、隨支應、外代同人具知單，謂明日為　欽差太太生辰，擬具禮物恭賀云云。各人書一知字，禮歸恩仲華辦，所具何物未聞。

初二日庚辰，大晴，冷。先是支應親赴武弁臥房，令其登樓通報，言明眾人祝賀，既于午正約眾下樓食麵，六碟四盌，金楷理亦在座，爲今日又為陳駿生之壽辰。酉初，余同承伯純、謝芷泉、貝稟如約在五道門內喜樂爾飯店晚酌，食有鹿肉、竹雞等，亥正回寓。

三八

初三日辛巳，晴，冷，窗櫺熱氣結冰二分許。記上月十五日為西十月十八日，係前德皇福來得立第三之壽辰，又為前布王雖良第一受德皇之位之吉期，故屆日將宮中存儲其未即位時所用三桿大旗及他物皆覃以烏紗，此外街市鋪戶多挂黑旗，以明慶賀并追念之意。當日午正，柏林府尹率羣官見福皇后，恭誦陳詞，謂將擇地建碑，以誌福皇之恩，此舉民皆喜助，現已收得五百萬馬克云云。按德皇之功，惟老皇雖良第一為最，然人民反欲銘其子者，蓋老皇后業已昏聵，而福皇后既屬精明仁厚，且係英君之公主也。

初四日壬午，晴，冷。現在外國隆冬，樹葉落盡，地凍結冰，凡花宜入煖窖者，如玫瑰、月季之類，皆解去支棍，壓臥地面，上以樹葉覆之，葉大而浮，結成窩，其中自煖，花可不傷，亦一法也。

初五日癸未，晴，冷。現值冬令，地將凍冰，因於各街道旁皆堆黃土，以便鋪地，免人馬滑跌也。此時辰正天明，申正即黑，而街市之煤氣、電氣燈一律點齊，亮如白晝，所謂不夜之城者非耶。

三九

初六日甲申，稍陰，冷。申刻，陳駿生約承伯純、姚子樑、貝稟如、謝芷泉與余在福來得立街鋪中吃蠣子，甚佳。每十二枚一馬克六十芬呢。鋪不甚大，專售蠣子與酒。此時蠣子初到，凡出售者皆置一酒桶或大筐于門外，其中滿盛蠣皮，更有黏其皮于桶外筐邊者，意在招人來買也。食者佐以椒末、檸檬水，并熱麪包，及飲紅酒、白酒或香賓酒。柏林鮮蠣較倫敦者稍小而肉薄，然其味似尤鮮美。

初七日乙酉、晴、德京凡上等富戶官商、始能每日早晚兩餐、其他中下等者皆早起、辰正點心、僅麪包鹹魚之類各少許、未初大餐、無非或牛肉或火腿或煮魚一種與麪包加非而已、至酉正再點心、則麪包苦酒及葷食少許、如火腿一片、或鹹牛肉一片、或白煮雞子一個、勉強餬飽、亦貧苦所致也、故名其大餐曰迷達唉森、釋德言迷達者日中也、唉森者食也、日中之食也、

初八日丙戌、晴、涼、日耳曼為泰西最古之國、其規模稍亞於英法、近見男女竟有在人前吐沫、或在牆邊小便者、豈因古國而然歟、

初九日丁亥、晴、外國街市各家各鋪之門、皆編以號碼數、法不一、有往來直數者、有左右間數者、德京房多改造、故數目混雜、有一門兼二三數者、有三四門用一數而分書甲乙丙丁者、

初十日戊子、晴、辰正、同人除賡韶甫、恩仲華、張小軒外、皆著官服、偕汪芝房在大廳向東恭拜
聖牌、行三跪九叩禮、前日接電、知星使昨早由俄起程來德、是時猶在途中、當此

三十

皇太后萬壽聖節、不知能否行禮、想星使身受
國恩出為
欽差、當不忽視也、西例、凡有喜慶、皆懸旗以賀之、今日
皇太后萬壽、各國新報早已遍傳、其外部不來、姑置勿論、至我國之龍旗、則理當早掛、乃至申刻暗信傳知、始行懸掛、抑又何歟、

十一日己丑、晴、寅正睡起、卯刻擬偕同人赴火車棧迎接星使、奈昨日所定之廠車竟不果來、無可如何、遂偕參贊支應諸君羣立以待、辰初、星使偕街車回、按車價每接送一次七馬克半、前星使去時、因車未將送人帶回、支應乃扣給五馬克、想該廠必因此不願伺候中國公館也、抑或星使自僱街車而回、既屬便當、亦儉省之一法也、

十二日庚寅、晴、是日為西十一月十五日、本公館有洒掃女僕布洛克者、係自上年西十二月初一日上工、現擬不用、雖至月底方滿、然必于今日早半天告之、其人聞知、遇人即哭、蓋因不能得年賞耳、本公館各洋僕每年公賞一次、此女僕應得二三十馬克、余因其尚無大

三一

過擬、俟其去時、照例賞之、庶不至辜負其一年之勤勞也、

十三日辛卯、晴冷、河面見冰厚二分許、申初、見庫司分街某家出殯、亡者係一武官、沿途道口皆有巡捕攔阻車輛行人、先有步隊鼓吹前引、約三四百人、後則馬隊礮車五輛、亦百餘人、以烏車載棺、棺木黑色、左右銀環、蓋上亦置有花圈、棺後凡大小武官二百餘員、皆著戎服佩刀步行、最後王車一輛、又空車八輛、亦皆黑色、

十四日壬辰、晴、稍煖、前數日、余戲將所剩之點心麪包以水泡碎、置窗外台上、即有家雀廿餘、爭先恐後、須臾啄盡、今日以饅首一塊泡碎飼之、不食、試以中國穀米則食、此雀可謂知味矣、

十五日癸巳、晴、大暖、冰凍皆開、現見各糖果鋪、出售冰糖、桜桃、榛、鶯桃、仁杏仁等類、其物頗佳、其價亦頗昂、蓋多來自他國也、

十六日甲午、晴、早、聯文泉自比利時來、住賡韶甫家、當晚余同承伯純謝芷泉二君約伊在樸斯當街艾拉卜飯店晚酌、食有蠣子山雞等、天涼以來、本地亦有酸菜出售、與俄國所賣者相似、菜皆圓球、葉厚而肥、故皆切作細絲、使酸而賣之、

十七日乙未、早陰、午後大雨一陣、聞德國一老嫗、富有金繒、膝下無子、臨終寄書當事者、謂猫犬為獸之至苦者、所遺財產、願交巡捕廳、遇有猫犬飢餓受苦者、以之救養、他人有救猫犬者、賞之、至多以二十馬克為定數云云、亦奇事也、

十八日丙申、陰、此次星使所攜藥料無多、幸前任徽有所遺、仍不敷用、近因星使如夫人兩次懷孕、支應官患咯血遺精、庖丁又患橫痃之症、雖有駿生胗視、奈無藥料、昨日始行開單、由上海製買云、

十九日丁酉、陰、午正、德國開議院、乃西十一月二十二日也、星使偕賡韶甫同往、星使官衣、韶甫便服、竊謂入院無論同坐分坐、即或星使坐、韶甫立、皆不合局勢、雖係通事、但時尚著官衣、況彼亦四品頂戴也、

二十日戊戌、陰雨、金楷理謂中國事皆守舊、不求更新、不若西國設法講求、精益求精、舍舊謀新、有益於人、即如中國之醫道、西國數百年前亦復如是、因其無益、故

皆棄之現在西國醫法則精能之至矣余答之曰不然
前者華僕王順傳染惡瘡若有中國所製之藥或得一
活蝦蟆應手可愈乃送入醫院閱兩三月竟至不治又
前德皇喉癰年餘實屬陰虧而英德兩國醫官皆以喉
症療之氣愈上湧以致下體愈虧遷延多時終未獲痊
是亦棄舊求新之誤耳
二十一日己亥陰雨昨日經支應官以洋紙條傳知謂
今日午後六點鐘補行
萬壽公讌屆時余着天青馬褂官靴同衆至飯廳共座十四
人官服便衣各居其半入夜大風雨
二十二日庚子風雨陰晴不定記德京有一種冷葷係
鵝肝同猪油加香料與土伏覩煮熟凝結成塊切片食
之味極肥美鵝以斯他拉斯柏爾者為佳蓋大而且肥
也其地在新得法之敎賽斯省内
二十三日辛丑晴暖換皮著棉尚猶覺熱入夜雨本公
館門外之街道皆墁石塊每塊長七寸寬五寸厚六寸
近因南面一帶漸有凹凸不平之處乃以大車運新石
至以鐵鍬掀去舊石將地土鏟平加鋪黃土一層厚不

三三四

盈寸石則按次而斜排之旁有水一車係一高碧油桶
桶後有推柄作丁字形桶中無軸左右兩輪如耳石排
畢灑水一人以鐵夯按塊鍾之夯高二尺五六寸周盈
尺頂上左右兩耳以便兩手提執共六七人昨日辰初
開工酉初止工因工未完道中存物有礙車馬行人乃
兩首立二木牌上挂紅燈以為標識西例凡有修造如
礙行人必于木架或牆壁上懸燈以示行人否則受罰
修街補路無日不有蓋即所以養貧民也
二十四日壬寅晴陰不定頗熱記西人喜游歷且官派
者少而自備資斧者多類皆有志之士凡立意欲往何
處至彼則察其地式土產地理人情與國家與本身以
及商務何為有益于現在何為有益于將來何物運回
可獲重利何物販來易於消售何處有礦苗何地水陸
可佔人性勤否人工賤否按西人之所欲考察別國者
良多筆難瑣述迨回國後必一一報知本國而本國亦
必深信其言鈔錄收存以備考察因其所述并非彙集
泛言抄襲成文德人哲甯瑞迺爾李邁協方艮拔皆經
來華游歷直隸山東并東三省等處恐德廷必且聽從

三三五

其言、以期不負所往、今我國奉
旨游歷東西各國者八員、皆博學通曉洋務之人、二年後
回國、實有所見、考得其詳、將必有益於我國家商務人
民、是則余之所深望也、
二十五日癸卯、陰暖、見來百喜街銅器鋪中、立有新鑄
老德皇鞮良第一之銅像、高大與真人同、神氣畢肖、價
值二千馬克、
二十六日甲辰、陰、西國珍饈、以法國廚工為最佳、故凡
宴會以及飯店之菜單、菜雖造由本國、亦必書法名、以
為美、德因藐視法國、近凡菜單多改書德文、以示其庖
丁之能、為不亞於法國也、
二十七日乙巳、微雨、暖、外國家家皆有君王之像、或屋
中、或樓頂、或壁上、或院內、其像半身全身、或僅頭帶兩
肩、皆無一定、有油畫、有水畫、有石刻、有泥塑、有木雕、有
銅鑄、形狀各異、今見其排列三代君王、似有不甚合理
處、如今王在中、老王在左、王父在右、按西俗重右、是孫
列第一位、而祖立第三位矣、
二十八日丙午、稍晴、暖、德京東北二百四十洋里、臨海

三六

斯丹丁地方、佛爾根船廠、新造輪船一隻、為由漢柏爾
走大西洋至紐約者、長四十六丈、寬五丈六尺、高四丈、
入水二丈、艙房可容二百人、馬力四萬、是日船身告成
入水、東主石婁斗帖請往看、辰刻同汪芝房、金楷理隨
星使乘馬車行十餘里、至司丹丁火車棧、登車即開、午
初到、下火車、廠主以馬車接行十數里、入廠、村鎮稍大、
道上皆墁以大石子、不甚平、而泥濘、其廠頗為寬廣、北
臨波羅的海之條萬灣、南沿歐得爾河、臨水立木作架、
左右各懸一船、一已成、一未成、已成者下支木架、架前
順二木轍、斜探入水、轍上鋪蠟、船轍之間、又夾以木條
木塊以及繩鎖等、船後立二新木台、前者高一丈、後者
高丈餘、各皆懸綢結彩、橫以鮮花綠葉、台下樂工一班、
共十餘人、觀者男女如堵、午初一刻、本廠數人登前台、
男女各客十餘人登後台、正中一彩繩、前連船尾、後接
台欄、上繫花圈一個、香賓酒一瓶、午正一幼女名尼蓀
者、立台前朗誦祝詞一篇、歷序造船之由、船工之精、船
即以皇太后之名名之、乃敖古斯威克兜里亞也、誦畢
奏樂、女即手拽彩繩、暗有機關、則酒瓶即順銅絲斜下、

三七

直觸船尾、瓶既碎而酒噴出、人皆免冠拉手以慶賀之、考其意、必以酒祭天后也、即時關鍵動、則見大船順轍直行下海入水、人不喧譁、物亦無聲、看畢、廠主請下台、出廠、登車行八九里入大店、店名米伊活、譯華言樂館也、未正客齊、共二百四十人入座、列桌作Ш形、主坐正中、客列兩橫八行、酒食頗佳、每換一菜、樓上奏樂一闋、由此去柏林之火車、每禮拜六日、一快者申初開、慢者酉初開、車行既慢、且載有牛羊之類、氣味薰蒸、因此席未終、謝辭、登火車、申初二刻開行、酉正一刻回公館、

二十九日丁未、晴暖、記天下已化各國、治法不同、各種學問、有不設官學、聽民自行考究者、有設官學、使民必由其中考成、方為有學問者、且學內條規、雖後人接管、必守前人之轍、非經眾以為無益者不改、乃有官學雖設而枉廢國帑、罕有士子由內學成者、其故蓋其首尾不能一律、規矩不時更改、初設時、須備一切、照例齊全、後漸抽減、終歸廢弛、竟至學如懸罄、既無生徒入學、則房屋出租、是不惟官款抽入私囊、且官房獲有私租之利也、

十一月

初一日戊申、晴、東西各國公使之駐紮德京者凡四十、頭等者六、為英吉利、法郎西、義大里、俄羅斯、奧斯馬加、土耳其、二等者二十六、為中華、日本、和蘭、丹麻、葡萄牙、比利時、墨西哥、阿真坦、巴西、智利、希臘、波斯、克倫比亞、多米尼亞、瓜的瑪拉、魯美呢亞、瑞士、秘魯、日斯巴呢亞、海地、檀香太平洋小島、闊斯達里戛、薩拉瓦多爾、賽威亞、南阿斐利加、與暹羅、三等者八、為美利堅、路森柏、烏拉怪、歡都拉斯、戈倫比亞、呢戛拉瓜、瑞典及衛呢蘇拉地在美洲正北

初二日己酉、晴、各國領事官之駐德京者、凡三十二、內稱總領事者共十八、為英吉利、比利時、俄羅斯、葡萄牙、美利堅、賽威亞、烏拉怪、教朗日地在斐洲正北民主小邦、和蘭、波斯、闊斯達里戛、日斯巴呢亞、魯美呢亞、奧斯馬加、巴拉怪、衛呢蘇拉、秘魯、希臘、稱領事者十四、為法郎西、義大里、墨西哥、阿真坦、日本、巴西、瑞典、智利、土耳其、戈倫比亞、歡都拉斯、瓜的瑪拉、薩拉瓦多爾、巴歐立威亞地在南美洲中界稍西

初三日庚戌、晴、日耳曼現雖總稱德義志國、而二十六邦內仍有派員駐紮柏林、以便會議公事者十一邦、凡公使九、如巴敦、海斯、巴威里亞、卜倫隋、薩克森、威也堡歐勒敦柏爾各一員、美克林柏爾、與斯太里自共一員、布來門、漢柏爾、與呂貝克共一員、

初四日辛亥、晴、德俗天主生日、親友多以禮物互送、其子女者、因而大街新開糖果糖餑餑以及紙匣之鋪頗多、糖果係白糖染五彩、作蘋果、石榴、梨、橘、桃、杏、花卉、鳥獸、螃蠏、魚、蝦等類、皆極精巧、與真畢肖、糖餑餑多如槽

罕

糕、蜂糕、捲酥、喇嘛糕等、然糖料無多、味不甚甜、紙匣則大小方圓、橢圓、長方、種種不一、顏色五彩、有紙有綢、有縧有帶、蓋上花卉、人、鳥、或畫或繡、鮮美可愛、價亦極昂、有值五六馬克者、

初五日壬子、晴、酉初、日本領事德人伍富森約飯、屆時偕汪芝房、全楷理、隨星使往至其家、見其妻女、同席二十四人、有日本公使、叅贊、文武隨員等、菜味不佳、而精潔無比、物亦多珍貴者、如白煮山水魚、沾牛奶油、白煮鼈、土伏、沾牛奶油、紅悶山雞、中作麪糟、前後插雞頭與尾、乍看疑是雞臥銀盤、又冰集凌、係下一紅玻璃盆、內燃燈、盆上放冰造蘋果、橘子等、顏色與真無异、食畢少坐、亥正謝歸、

初六日癸丑、晴、外國女子、無論貧富、皆須于七八歲入學、讀書與男子同、故官中設有幼女學、女學與男學規模一律、亦先入鄉學、郡學、既而實學、其所學者與男子稍異、然其初學、亦皆讀書、寫字、學畫、學算、及史記、律例、地理等學、再以針黹、織綉、繼之、自此以後、凡聰敏者各專一藝、有講求格物者、有專心教務者、有由曲樂得顯

罡

者、有自繪畫著名者、有能多國語言文字者、其富家女子、更有入大學院、以廣其學問者、今以泰西時勢觀之、婦女無學、無以度其日、而所學不時、仍無以餬其口、蓋現在織紡縫綉各工、皆改用機器、以其價廉而工省、則女工盡棄、女工既棄、則貧婦愈多、因而凡店局鋪肆、多係婦女督理掌櫃、作夥計、作堂倌、作教習、作工役、更有作抄寫、傭繙譯者、是貿易一道、實為急務、即所謂時學也、

初七日甲寅、晴、記巴薩菴之蠟人館、于兩月前關閉修

理乃數日前先在福來得立街中之培蘭巷口外新開一館門外極屬壯觀門內先設一大玻璃罩內置假樹土山立一美國人一黑人作爭鬬勢用以招引行人今日余同姚陶二君步入一看價亦每人半馬克另入內間亦二十五芬呢房式雖新而一切皆由舊館移來不知者必因樓房既新其中各物亦必新奇是亦誘人來遊之一法也

初八日乙卯稍陰本公館後呂祖街中間有空地一隅原為每晨鄉民列市出售肉菜果品什物之處後因地

方官擬造大房一所冀與本城各市一律遂自本年夏初雪化冰消之際大興土木以木板圈圍立鐵柱上鐵梁本月工竣房作凸字形高約二丈前後各寬十二丈中橫鐵條上下分兩截下半正中一大門左右分十槅每槅玻璃窗五扇上半分九槅每槅鐵架大玻璃窗五扇左右各長約六丈上下亦分兩截下半有兩門中一大門右一小門左右分四槅每槅玻璃窗五扇上半分五槅鐵架玻璃窗與前後同房內又以鐵架分成六行前後臨窗大門左右各分十一間每間使一人主之售什物點心雜貨中央四行每行分二十二間每間亦使一人主之凡賣豬羊牛肉者歸一行賣魚及野獸雞鴨者歸一行賣鮮花果品者歸一行賣菜蔬米穀者歸一行賣肉者有架有櫃賣魚者有石池如槽西南角另有小屋兩間住人看守帶賣飲食市名第五市因通城已有市之如此者四按德言馬凱達扶因第也此房除禮拜日關閉每日早則卯初開午初關晚則酉初開亥初關所以閉三點鐘之久者以便賣者大餐歇息也天黑每間皆有煤氣燈正中有電氣燈四門皆有人看守房

中亦有人往來巡察買賣之人男女老幼循規蹈矩極屬安靜前日開市四鄰僕婢往買者甚夥

初九日丙辰晴現值其天主生辰在邇各鋪添增新貨如中國之新年鎮日街市往來男女尤夥衢巷寬敞處支滿木棚鄉民攜物出售其中玩物糕餅居多價皆甚廉

初十日丁巳晴德俗此節有用松枝之風因而各處堆壘小棵松樹下插木墊出售見本年松樹既多而松攤亦多重蒼疊翠羅列成林

十一日戊午、大晴、暖、西正約潘蘭史、桂竹君、承伯純、陶榘林、姚子樑、陳駿生、謝芷泉、賡韶甫、徐良臣、貝彙如、聯文泉晚酌、彼此暢飲甚懽、潘君有詩贈余、云天上樓臺夜渺漫、滿城燈火此憑闌、最難異域題襟共、欲借奇書對酒看、原註云君五使洋海著四述奇一書故國杯盤真有味、重簾風雪不知寒、飲酣呼出河干月、歸照尋詩據玉鞍、桂君亦贈詩云、雲散長空晴、天寒短景促、策馬來皇華、高堂燒絳燭、良會集羣仙、瀟灑脫邊幅、共登文字筵、奚必聽絲竹、談笑春風和、杯盤鄉味足、原註云是夕用京饌主人今張騫、五度乘槎木、案頭書一編、即是山海錄、原註云在翁五次隨軺著有四述奇等書酒闌為我言、往事羅胸腹、昔年使泰西、法人正驕黷、德君未稱尊、英后顏如玉、北俄啟亂萌、民心滋怨讟、迢遙二十秋、親覿興廢局、更訪華盛頓、地球環艫舳、羨君閱歷深、聲名動當軸、行見持旌旄、懷柔情久熟、賊子生不材、落魄甘雌伏、漫吹吳市簫、難擊燕市筑、乞食遊殊方、貽笑邦家辱、何幸逢諸公、拂拭加青目、已回黍谷溫、不待一陽復、原註云後一日冬至夜闌扶醉歸、窮途獲安燠、明獻南山詩、願作岡陵祝、

四四

十二日己未、陰、戌初英人婁歐夫婦約飯、同座主客共十人、內德人二、餘二女四男皆英人、歡飲暢談、子初謝歸、天雖不雨、而霜結成冰、道皆石墁、甚滑滑也、

十三日庚申、陰霧、余前當出京時、囑家中每月令大兒榮驥寫信一函寄德、以免遠念、自前九月十一日接得家中七月十八日信、至今八月之信尚未接到、晝夜思念、不知何故、上月兩次占牙牌神數、一曰天下事尚可圖、庸醫殺人其奈何、一誤再誤何為乎、一曰塞翁失馬不為憂、得馬翻貽長者愁、禍福轉圜無一定、須從倚伏究根由、雖當時不解所言、似必有事、惟不敢擅斷為何事耳、是早夢中尤念家信、忽經星使之僕喚醒、接得家中九月二十五日信、始知大兒榮驥自八月初五日起病、連延二醫皆馬姓、服藥無效、既延賡醫療治、至二十七日始汗、漸次向愈、觀此牙牌之數、一言庸醫一誤再誤、是暗指二馬、一言失馬不為憂、得馬反為愁、是明言不得使馬姓者醫治、何其神乎、

十四日辛酉、陰、細雨、賡韶甫現已痊愈、獨步能行矣、竊謂足折其半、原可收回、以全父母之遺骸、乃竟聽彼醫

四五

院留存罩以玻璃置于大廳玻璃櫃中以便人觀覽更便西醫考察亞洲人之足骨與歐洲者有何區别也

十五日壬戌微雨酉正承伯純謝芷泉陳駿生貝彙如同約余在舒曼馬戲園看馬戲地基不大通場支以鐵架頂上覆布四壁隔以鐵片木板其式與他處同座凳闌杆亦皆鋪以紅絨上下共燃煤氣燈百盞光明燦爛朗如白晝戌初一刻開場共演十五齣其可取者一馬噴沫而出繞池疾驅一人著肉色緊身衣立其背上或作商羊舞或作蝦蟆跳或作蜻蜓之點水或作蝴蝶之

異

迎風繼而男女兩人並轡而馳或美目流眄或薄怒宜嗔或回抱郎腰倒挂花間之鳳或輕舒妾臂如穿葉底之鶯人固善解風情馬亦忘其牝牡矣忽有三花面醜一仰一伏一蹲連成一圈沿池滾行作火車狀隨行有聲或鳴哨或放氣或作機器聲旋轉如風極靈輕快一英人登蹺高約一丈者能單足跳舞一一與樂聲相應又一日本人名歐頭喇者踹長逾三丈之銅綫于半空張一雨蓋隨行盤旋而蕩漾之往來穩而極快又烏騅八匹每匹肚旁挂有銅片號目由一至八馬雖亂行或横排或列圈或任便牽出一匹使之跳舞畢回入羣中數終不亂

十六日癸亥晴記柏林城中頭二等馬車既多又有五色鐵路公車及敖呢柏斯跑海車城中鎮日往來極為便當更有繞城火車鐵道周約七十餘里作口形南在城中北圍城外每一點鐘一周中途按站停車十九次皆通衢巷口也各處每十五分之久必過一次前于十二日午初同承伯純陶槼林送聯文泉回比國俟伊去後在萬牲園前買票繞城一遊每人八十芬呢

異

十七日甲子陰見雜貨鋪添設各種玩物極多造以紙布木泥大小不一惟小者工極精細如猫犬牛馬羊猴猪虎蜻蜓蝴蝶鶯鴿孔雀之類更有銀紙所造之小輪船火車公車樓房等無不與真畢肖蓋此等玩物係為松枝上挂者

十八日乙丑晴酉初陳駿生貝彙如約汪芝房承伯純陶槼林姚子樑謝芷泉賡韶甫洪禹山與余晚酌蓋為冬至前夕也飲食頗佳暢談甚歡亥正始散入夜微風雨

十九日丙寅、陰、見點心鋪新出一種小食、造以番薯糖麪、或團、或餅、味尚可食、又以是物造假棃李桃杏蘋果地椹之類、係備送節禮者、其價每斤三馬克、

二十日丁卯、陰、酉初、姚子樑約陶榘林謝芷泉與余在樸斯當街第十二號福來得立店中吃頓飯、其價每人一馬克半、菜有湯魚香腸牛肉小雞生菜以及鮮果糖餅等、頗佳、飯畢同至福來得立街北首大中店旁冬園內看雜耍、房與店通、高大亦與店齊、地式長方、容坐四千餘人、所以名冬園者、四壁列有花木、以便冬季人來玩賞也、按冬園、德人呼曰文特戛爾敦、房左右有門、正面為戲台、對面另一台、名曰太喇森、台上三面鐵闌、後通大店、左右木階、鋪以花氈、式又如橋、上列桌椅、容坐五十餘人、每座價三馬克、二台中間與左右橫列桌椅成行、其臨戲台一行、每座亦三馬克、次則二馬克、台之左右則一馬克半至半馬克、蓋離台愈遠則座價愈賤也、通園燃電氣燈、電氣亦由本園自造機器、另設園後小屋中、又園之左門內設有點心攤、出售冷葷茶酒餑餑加非等、要食何點、可令堂倌往取、戌初作樂開場、先

卌七

一幼女立四玻璃酒瓶于桌面四角、瓶上覆以四出梅花形木板一塊、如是者四層、再上又瓶上置瓶、此女立第七瓶之上、高已一丈三四尺矣、在上先玩四金球、或小刀四柄、往來飛擲、雙手扔接、繼而蹲於瓶上、以細棍長約二尺者八桿、每桿頂上轉一瓷盤、女乃立四棍于頭頂、立二棍于左右膝上、左手執二棍、右手扔換二金球、以一身之神力、分用于頭眼手腿之上、使棍不倒、盤不傾、金球不落、酒瓶不墮、其藝可謂巧矣、又一女直立四酒瓶于桌上、瓶口插一銀星、周約四尺、作六出梅花形、星上另立一瓶、女立瓶上耍竹圈、圈周四尺、星既旋轉、女腳隨之起落、雙手玩耍竹圈、或套頭、或套足、往來穿縮、極屬伶便、既而一男效雀噪、并能以雀聲隨音樂、後在房中懸銅線一條、長逾三丈、一女在上往來、或蹲、或跪、時而單足、時而倒退、并能隨行將手帕遺於銅線之上、而鞠躬拾之、既而橫行、隨行使線橫搖、作橢圓往來悠揚、如打鞦韆、所奇者、其左右無所扶持也、又房中橫一長繩、一男在上玩耍、竟能兩腳倒挂繩上、而上下旋轉如輪、繼又橫臥繩上、而旋轉之、樂工隨轉擂鼓為

卌八

時頗久、觀之令人心懸、其他幾場、如歌舞溜冰之類、皆不甚奇、無須瑣述、未正回寓、

二十一日戊辰、微雨、德京加非之價、最少者二十芬呢、其餘二十五、三十、三十五不等、最佳者五十芬呢、鹼水一瓶六十芬呢、如嫌糖少、另加三塊十芬呢、貴者十五芬呢、不意昨在冬園、一盅加非竟要一馬克三十芬呢、一瓶鹼水一馬克、紅酒半瓶三馬克、糖三塊七十芬呢、至戲將畢時、問堂倌共值若干、其人即以鉛筆在白桌布上一一寫出、共計九馬克七十五芬呢、余復一一加算、僅值六馬克零、問之、其人支吾不答、向索收條、持來看之、又開八馬克四十五芬呢、後至櫃前追問、半瓶紅酒何以開三馬克、掌櫃者始改三馬克為一馬克半、改總數為六馬克九十五芬呢、按大中店、乃柏林之第一大店也、必不肎欺侮外人、至東方人之住其店者、則欺否不得而知、此次之價、前後歧出、蓋必以華人不善計較耳、

卒

二十二日己巳、細雨、暖、見各處出售之松枝、一律賣去、雖餘三五棵、亦不陳設矣、當晚大小各鋪、多開兩點鐘、

時候、以便男女買辦過節應用之物、又因人皆有事過節、無暇觀劇聽樂、故各樂場戲園、皆關閉三日、至二十五日始開、

二十三日庚午、陰雨、是日係西十二月二十五日、為其天主復甦之期、鋪戶關閉、人民休息、凡通國各男女學堂、皆由前二十一日放學四十一天、至明年正月初二日、乃西一千八百八十九年二月初一日也、

二十四日辛未、陰雨、暖、脫棉鞋、換棉襖、記前幾次隨使駐紮英法俄等國、每年洋僕賞犒、或作正開銷、或歸星使賞賜、未有令眾分賞者、亦未有集眾錢歸星使賞給者、初到此、另有新章、支應向同事十六人每人索二十馬克、據云作為賞犒之用、前日又值賞賜之期、因人少醵錢無多、不敷舊數、欲多索、又恐眾人不願、故傳言請眾自賞、究不知除官項報銷外、星使自有賞賜否、察此地男女僕婢、亦屬粗俗、乃受賞後、不免冠不鞠躬、而與主人拉手道謝、

圭

二十五日壬申、陰、現在西國聖節已過、新年在邇、各鋪關門、凡節下應用之物、皆已收去、又改列新年者、除新

衣等外、另有花片、大小不一、式與前聖節者同、亦皆白質五彩、或畫花卉、或畫樓台、或山水人物、或鳥獸蟲魚、每下古語一二橫、各皆古典、并有寓意、無非吉祥祝頌之詞、而嫌怒反目含而不露者亦有之、其淡淡者、惟印令字一行、云望過好聖節、或望歡喜新年等語、

二十六日癸酉、陰雨、德例、凡人家男女小孩有患瘋疾者、皆須報官療治、否則被官查出、父母受罰、茲聞德正東司達薩布地方、本為法國之地、有民女阿呢者、年十七歲、早染瘋疾、未報、經其父母鎖禁七年、昨經巡捕查出、即時地方官率多人至其家、將該女攜入醫院療治、并將伊父送官責罰、

卅六

二十七日甲戌、陰雨、暖、本地亦有磨刀剪者、其式不與他國同、係一木架作亅形、中一大輪如車輪、臨柱一圓扁石、周約二尺、橫軸有皮條、前連大輪、磨時脚蹋關鍵、大輪轉則石亦轉、形如京中之琢磨玉器者、刀不動而石轉、隨手撣水亦頗速快、走街穿巷、口不叫喊、手無鈴鐃、惟至一處、置架地上、以錘敲架旁之木板、作擊柝聲、入夜風雨交加、冷、

卷五終

国家出版基金项目
NATIONAL PUBLICATION FOUNDATION

海上絲綢之路文獻集成

總主編 陳支平 陳春聲

歷代史籍編 47

主編 范金民

海峽出版發行集團
THE STRAITS PUBLISHING & DISTRIBUTING GROUP
福建人民出版社

本册目次

航海述奇四卷再述奇六卷三述奇八卷四述奇十六卷五述奇十二卷六述奇十二卷八述奇二十卷（五述奇卷六至六述奇卷一二）

〔清〕張德彝撰

五述奇卷六

鐵嶺張德彜在初隨筆

戊子十一月二十八日乙亥天暖陰雨如昨記數日前駐英參贊官潘子靜志俊致汪芝房信內述前往英國及印度等處之英屬地法國并阿爾吉列等處之法屬地之游歷官刑部候補主事孔楙遠昭乾在倫敦服毒自盡察其同遊者共四員他三員為兵部學習主事劉丹庭啟彤刑部候補主事李英儕瀛瑞工部學習主事陳熙堂爔唐孔與劉不睦平日受侮積憤成瘋服毒之

一

先曾吞金錢二枚幸人知覺醫治瀉出經人留住使館調理多日瘋癲已愈十之八九遂仍移住客寓不意於十四日前在客寓上層樓空房內服生鴉片而死來信所云如此其中細情不得而知夫同人意氣不合亦屬常事況游歷之役本可分道而行不必定在一處即因不諳方言無力獨用繙譯自樹一幟亦可請假回華定例二年為限即不滿差而歸亦無處分何至橫死於數萬里外作異域鬼誠可慘也況楙遠以底常改部曹不得謂之無學而因受侮於朋友積憤成疾以致輕生殆近婦人女子之所為乎并聞伊上有老父下有妻子電信到家不知家中何以為情吾憐其死吾歎其愚保身之道尚且未諳其他可知矣

二十九日丙子晴冷是日為西一千八百八十八年十二月三十一日見各銅鐵鋪中出售一種錫餅重四五兩價值五六十芬呢蓋德俗當晚凡女之未嫁者皆化錫入水中以錫化何形卜所嫁何等人見船形則曰將嫁一船主或水師官見樓形則曰將嫁一富宦見槍刀形則曰將嫁一武官形式頗多無往不向富貴中解說

二

者大致與中國婦女七夕投鍼乞巧之意相似又當晚由十二點至一點鐘各酒肆之苦酒皆任人牛飲不收價值男女街市往來醉漢雖多官弗禁也入夜雪寸餘

三十日丁丑陰晴不定頗冷今日為西一千八百八十九年正月初一日午後攜洋僕孟坨乘車代星使赴各處拜賀新年共數十處酉正回寓戌刻芬瑞飛夫婦約姚陶二君與余晚酌同席主客男女十人子初一刻回寓入夜大晴

十二月

初一日戊寅晴、記德京通城道路橋梁、菜市公所、一切修造添置不動國款、皆由城中住戶、按其入項多寡分捐、因此時柏林市面日大、四面開張道路、添修土者墁石、石者改漆、因捐款不敷用、加設公貸、向例每月利息八釐九釐、今則增至一分矣、

初二日己卯晴、冷、自一月前、柏林城內外凡空地皆圍以木板、立杆挂旗、以備天冷洒水結冰、男女入內溜戲、入門每人二十五芬呢、另有小木房一間、便人在內換穿冰鞋、此鞋鐵造、式作曰形、後有螺螄長短自將皮鞋後邊厚處鬮住、前一皮套、以捆脚面、其價每雙由八九馬克至十一二馬克不等、在冰場賃用每雙五十芬呢、現在天冷冰凍、則街市男女之攜冰鞋者多矣、

初三日庚辰晴、現值隆冬、各鮮花鋪中五彩花卉猶多、大鋪中尤以花朵攢輳多式備人送禮、或作扇面形、或作花瓶形、或作花籃形、或作菊花形、工極精巧、鮮明可愛、其價亦頗昂貴、聞有值一百馬克者、此花置玻璃窗內、竟有數日不變色者、不知有何妙法收藏也、

初四日辛巳、陰、記數月前、支應官以多燃煤氣燈、有費

國帑、因於各屋一律改燃油燈、昨日又吩咐洋僕之管各燈者、每夜每盞只準加油半瓶、意者恐人夜深不睡、有費精神也、

初五日壬午、稍晴、見果鋪中鮮果尚多、如蘋果、葡萄、石榴、櫻桃、橘、梨、桃、杏、甜瓜、西瓜、椰子、蕉子、甘蔗、波羅蜜等、外有奇怪形式不識其名、顏色鮮美、筆難瑣述、蓋皆來自他洲、非土產也、惟現值天冷、各果之皮嫩者皆不包藏、依然羅列窗下、亦天氣使然也、

初六日癸未、陰、洋人謂華人之足皆小而不大、因毋皆裹足也、斯誠愚見矣、不知中外足之所以大小不同者、外國鞋扁而長、任其生長、故視之大、中國靴鞋皆高而團、五指不甚直伸、則視之小也、且中國八旗以及滿洲蒙古皆不裹足、何其足不大耶、鄉閭農民之足長多盈尺者、因其鞋不講求、行路奔馳、毋雖裹足亦無用耳、

初七日甲申、陰、明日為星使五旬壽辰、而是日為其太夫人之忌日、因改前一日慶賀、設壽堂於大廳、巳刻同眾著補褂入廳叩祝、中惟星使與支應著蟒袍、小軒雖在制中、未過周年、亦著吉服入賀、午初吃壽麵、酉正晚

酌酒肉豐美皆支應所贈也

初八日乙酉大晴早起煮臘八粥分送諸同事亥正送星使赴俄因本月十二日為該國正月初一日例有朝會也嘗思天下萬國惟中國一字一音餘或二三四五音成一字或六七八音成一字華人不學其字而欲知其語言者強用漢字還音又往往意為簡省以便易記迭相傳述迨向該本國人言之轉至茫然不解矣如英金錢本名搬恩得華人呼之曰鎊德金錢本名攢此伊馬爾克華人亦呼之曰鎊至法金錢本名那劄里央或

五

彎他夫郎克華人亦仍以鎊名之英銀錢原名什令華人呼曰先德銀錢本名馬爾克華人僅呼曰馬法銀錢本名夫郎克華人呼曰方試將華人所呼之名向各該國人言之欲其解也亦戛戛乎其難矣今特一一滿還其音以使華人之未學其字者得知其本來面目也

初九日丙戌晴外國處處潔淨雖廁所亦油木坐桶旁有紙匣龍嘴洗手盆以及面巾胰皂諸物無不齊備內外挂燈朝朝擦洗本公館之中廁極為寬敞內外皆有煤氣燈自本年春季支應因以節省經費起見改二煤氣燈為一油燈又自前晚并油燈亦撤去按外國男女大便皆坐而不蹲華人無論南北有效之者亦有蹲于桶上者然入廁之人多不秉燭前往大便小便任意為之因而後來之人竟有污衣服而沾臀股者

初十日丁亥晴見本地一種治脚雞眼之物頗佳造以白絨或毡大如制錢中一圓孔一面搽以藥水色黃如膠用時以布條捆于雞眼之上旬日即軟而自消然是物須時時用之否則依然復生也

十一日戊子晴稍暖近日冰結既厚男女溜者甚多有

六

一人獨溜者有男女携手同溜者聞前日在某處冰場有男女二人不知其為兄妹抑或朋友女携一犬黃色當二人初溜慢時犬亦溜而隨之及二人携手急溜犬力不及因而口拽女裙不放蓋恐主人與男子他往也不意女溜不能止犬更竭力嚙而不鬆口竟將女裙扯下雖不雅觀而亦足見犬性之義也入夜雪

十二日己丑晴風冷午後步至橋南卜格拉芬閣第十三號拜芬瑞飛之友古呢哈夫婦年皆四旬餘入內少坐見其子念和年十九歲據云現已出學經官考過定

于三月後將投營學武矣、是皆遵守定例也、

十三日庚寅、晴、冷、午後同姚子棵步入迹爾囿看溜冰者、小河曲彎甚長、當中橫橋數四、余立橋上觀之、男女老幼往來溜動如魚、然皆直溜、毫無新奇之勢、前兩次微雪、道上泥皆爛滑、園內者皆鎔而成冰、橋上亦然、立上腳冷、即回、

十四日辛卯、晴、冷、早起見正東寒氣凝結、紅日初升、亮而無光、午後西望則一赤餅空懸而已、記前初八日星使慶五旬壽、汪張二君早已寄信上海、置辦一切、因而

七

無人倡首、三月前、余與姚陶承謝賡徐陳貝諸君擬成一局、各人意見不同、難歸一律、及紅緞買到、壽字作成、竟致分散、余因偕同姚陶承謝徐五君另成一局、屆期送壽禮四色、為百齡壽酒、壽燭、雙輝壽幛、全福吉羊如意、汪芝房亦送四色、係洋綢壽幛、鐵背成匣茄楠朝珠青雲直步、張小軒送洋綢壽幛一端、陳駿生貝彙如同送金爵百齡壽圖成幅、蓮花玻璃挂鐙二對、古瓷花罇一對、賡韶甫送射影燈一分、恩仲華、闊潤亭同送幛燭、仲華又自送八音洋琴一匣、陶夫人送面鏡、洋燭、橘子、平果、金楷理送白石座鐘一架、駐俄之慶塔許王何黃李七君由上海辦送幛燭各一、袍褂料兩副、游歷官程鞠存、李酴乾及聯文泉同送幛燭各一、

十五日壬辰、雪、冷、滴水成冰、今日係西麻正月十六日、金楷理因其五旬生辰、遂邀諸同人于酉初在五道門內恩德林敦大街烏拉飯館晚酌、承賡二君因事謝辭未往、菜少而美、有蠣子、火腿、竹雞、鵝肝、扁魚等、亥初回寓、入夜雪止、

十六日癸巳、晴、冷、金楷理生辰、星使及諸同人皆有餽

八

贈、星使送萬壽無疆瓷盞一個、宜興茶壺一把、孔雀石鎮紙一個、茶葉二瓶、姨太太送金銀刀叉匙一分、汪芝房送景泰藍瓶一對、帶匣、洪禹山送壽幛一端、綉貨四色、張小軒送花瓷瓶一對、恩仲華送綉花荷包扇套各一、陳駿生貝彙如同送繡紅樓夢一幅、細瓷茶杯四個帶匣、余同姚陶徐謝四君同送漆匣銅盤小盌瓷罐四色、承伯純擬自繪一幅相送、賡韶甫則送信一函祝賀而已、

十七日甲午、晴、暖、入夜微雨、落地成冰、中國夫婦之道、

以男爲主、西國則不然、男未娶、固交女友、女未嫁、亦結男朋、男將娶、女將嫁、各皆致書其友、割絶交情、男娶後、苟有仍欲與之相交者、須用二名片同拜其夫妻方可、問其故、乃言未娶之人、所交者未必皆佳、既娶之後、則不願此等人頻至家中吃酒閑談、且自己所喜之人、未必爲新婦所同喜也、觀此足見西人自幼不歸父母管束、故狐朋狗友、任其交結矣、又言交友多則費用廣、恐將來蕩産傾家、難以度活、其實則不然、蓋娶妻後一切由妻約束、不能自主耳、此節前未細載、再續述之、

十八日、乙未、陰雨、天雖暖而地仍寒、雨則落地結冰、各家門外、皆以鐵鍬鏟冰、或洒沙土以使不滑、凡大街行人走馬處皆然、公車鐵道因不凸而凹、恐其中淤泥結冰、車行不便、隨時有人持長柄似勺非鏟作凸形者而推挖之、

十九日、丙申、鎮日陰晴不定、天既暖而地亦温、小河凍開、冰雪皆化、西俗以戴手套爲禮、每值喜慶宴會、尤以白色爲上、黑色爲素、平時多用灰黄絳紫等色、雖髒不易見、然見人握手、又以脱手套爲禮、曩見凡往拜他人

九

者、入必左手戴而右手脱、執于左手、帽旁、今則改俗、乃兩手皆脱、執二套于左手、是雖不戴手套、亦必執有手套、方爲恭敬、赤手拜客爲無禮、平時與相識之男女遇諸途、欲行握手禮、其已戴者、以不脱爲是、已脱者、又以不戴爲是、蓋天時酷熱、手則有汗、恐污他人之手、與手套耳、或天熱、或天寒、皆不可與人拉手、惟行免冠鞠躬之禮足矣、

二十日、丁酉、陰冷、潘蘭史飛聲亦粤東名士也、年近三旬、所著詩文頗盛、兹由羊城航海來德‖、著有海山集一編、詞旨古雅、格調宏深、屬余題語、因書其後云、海西萬里外、不聞此調、如廣陵散矣、今讀此編、如鼓成連琴、令我移情也、戊子冬月、拜識于柏林行館、

二十一日、戊戌、早陰、午後雨暖、申初微雪、止後仍陰、中外服飾語言、固大不相同、彼此乍見而詫異之、亦爲常情、華人在此街遊、既無男女追隨、亦無出惡言者、然仍有令人厭煩之處、其男子之上等者、見則視之無言、次等者、或笑或言、褒貶無所顧忌、三等者、竟有高聲喊曰「蘭滋滿‖、德言同鄉人也、夥計也、更有呼布魯得爾者‖、德

十

言兄弟也、婦女則上等者目不斜視、間或傾頭耳語、次等者、或掩口局局而笑、或論華人之面貌衣履、至其三等粗俗輩、則吃吃作笑聲者多矣、

二十二日己亥、早大晴、申刻復陰、德京在北京北十二度三十七分、故天氣常寒、入夜尤甚、數月前由京寄來毡帽一頂、本月中旬、因街行涼氣颼颼入骨、余將戴之、同人中有謂出門莫戴、恐為洋人所笑、館中戴之可也、昨余于館中戴之、同人又有謂甚不雅觀者、余殊不解其言何所由來、竊謂毡帽皮袖頭、為本朝二百年來之

十一

舊制、十數年前、各省人戴此帽者猶多、雖文武大員、仕宦子弟、皆戴之、非匪類也、惟邇來數年間、因是物價昂、則由南至北戴者漸少、然東三省、北蒙古、西山陝、戴此帽者尚多、是仍不失舊制耳、在中國戴之、猶稱古老、而無人笑、乃在此反恐洋人笑、而以為不雅觀、亦可異矣、究不知其居心以何等服色、方可入洋人眼目、而不致笑者、豈必剪髮短衣而後可乎、

二十三日庚子、早微雨、午後止、仍陰、出遊、逢遇土耳其隨員道石青、延入茶肆、坐間談及各國出使、謂敝國公使之所為、言之令人不豫、敝國自古臣宰皆忠心報國、鞠躬盡瘁、以答君上知遇之恩、西國則謂文武皆當誠心保國、凡在內在外、各宜誠心供職、保護本國之疆土人民、不受他國之侮弄侵佔也、現在敝國之使臣則不然、既不存心報國、更不用心保國、平時無事、則有不惜國帑、而任意妄用者、有明為節省經費、而處處尅扣搜求、暗入私囊者、及一旦有事、又必遲延顢頇、抑或推諉後任、即使辦理、亦不過草草了事、不顧大局、聽其欺侮商民、強佔地土、毫不加痛癢於其心、更有兼代國家買

十二

辦軍械船隻、及他應用之物、而從中虛報、而致富者、亦有經官察出而追辦者、此等人皆以身在外洋、國家不易知覺、惟求飽食煖衣、以安其身、豈知當時雖無人評論、又安能逃董狐之直筆哉、所言如此、其貌若甚怒者、入夜微雪、

二十四日辛丑、陰雨、暖、上月由賡韶甫口傳、言有中段總巡捕來言、華人在樸斯當坊之尤斯的點心鋪中、放肆喧譁、厭人觀聽、令請約束等語、余聞之不勝詫異、蓋前四次隨使各國、不惟官員凡處謹慎、雖僕役亦罕有

在外滋事者、豈此次人少、反不如前乎、邇來余因無事
每午後輒至尤斯的少坐、此鋪前臨大街、在內隨飲茶
或加非、隔窗眺望、頗令人怡性暢懷、幾二十日、並未遇
一華人、與土人共桌、亦無異狀、視與國人同、窗外巡捕
往來、見之尤無傾頭耳語、致生議論者、究不知韶甫所
言真耶假耶、
二十五日壬寅、鎮日微雨、入夜雪、是日係西正月二十
六日、明日二十七日、為德皇生辰、當晚諭通城男女各
學塾中擇其至勤至敏者二人、賜在克洛勒戲園觀劇、
閑居時男女幼童往觀者、共二千餘人、
二十六日癸卯、大晴、前日德禮部來文、內稱本月二十
七日早十點鐘、德皇與后在白宮禮拜堂內聽經、聽畢、
在正殿傳見各國公使、隨員等、為此特請貴大臣偕參
贊隨員屆時前往、進第三門、出第四門、云云、當早睡起、
穿吉服、同汪芝房、姚子樑、恩仲華、乘車前往、宮在五道
門內恩德林敦大街正西、過橋稍南、自入五道門、一路
左右男女觀者擁擠如雲、經馬步巡捕彈壓、一律靜立
無譁、車過時、男有脫帽者、女有鞠躬者、幼童有舉帽齊

十三

聲歡呼者、又自五道門至皇宮內外、皆有官兵對對鵠
立、宮外者烏衣漆帽、宮內者戴∩形紅帽、紅衣白褲、各
捧槍鎚、見則舉起對鼻、皆恭敬之禮也、下車入宮、步石
堦登樓、左旋右轉、共步四十五級、入禮拜堂、堂身圓作
鐘形、白石建造、嵌以黑綠花石、高約五六丈、周十二丈、
四壁彩畫教中古人像、男女老幼三十餘、正面一白石
台、台上一石屋作龕形、中一桌、上供十字架釘耶穌像、
四面圍以鮮花、龕前二石柱、柱下各一小方桌、前挂紅
圍、上繡白十字、台下左右各列金椅三行、又左右二金
門、左閉右開、對面設紅椅七横、分三節、正中坐各國公
使隨員領事等、左右坐本國者、共四五百人、已正、德皇
與后率大臣命婦十餘人、由右金門步入、各人起立、皇
與后坐于台右、畢駟馬等坐于台左、堂頂立有鐵闌一
圈、闌內正面及左右立婦女多人、對面設一風琴、旁立
唱經男女八人、另有樓梯通於堂外、于是樂作、男女唱
經三次、既有烏衣教士三人登台、第一與第三者各執
卷誦經一段、第二者立右桌後高聲述經一段、繼而第
一者立左桌後、第三者立正中桌前、三人齊聲誦經一

十四

次、當三人誦經之際、又奏樂、多次、座中人于聽經之際、時起時坐者又數次、至午初止、皇與后先行、既而各人陸續下樓、轉入對門、即正殿也、殿頗寬敞、正面設一御座、皇立座左、后立座右、各國公使按班魚貫而入左門、先後步過皇與后前、各一鞠躬、畢、出右門、過跳舞廳上下三轉而後至宮門、登車仍由舊路回公館、一路男女觀者如前、更見各街各巷、官署人家及各鋪店、無不掛旗懸花者、戌初、畢駟馬在外部請各國公使晚酌、芝房代往、戌正、余偕諸同人乘馬車沿街看燈、今日又為禮

十五

拜之期、大街小巷、行人稠密、皆有馬步巡捕彈壓、往來分路、中途走車、車亦往來分轍、魚貫成行、十字街口皆有巡捕站立、車行有定途、如某街準走、某街不準走、不得亂行、由左而右、一切皆巡捕指使、無論何等車夫、無有不聽者、街市各鋪、以及官署禮拜堂、雖皆閉門、而簷前門外各燃電氣煤氣燈、有橫點一排者、有作洋W字形者、有通樓上下作一花塔形者、有門前圈作∩形者、有點紅燈而光射里餘者、有樓頂牆頭列有石罐因而就燃大油燈者、其他或星形、或王頭、或王帽、或菊花、或

竹葉式樣種種、筆難盡述、較前在倫敦所見者尤多、且各家各鋪、無不于玻璃窗內橫列燭燈六盞、雖小巷小戶皆然、故通城處處皆燈、真所謂火城也、又各鋪玻璃窗內皆供一半身王像、或石刻、或銅鑄、或油畫、或泥塑、皆後掛國旗、或立花幛、像下圍以鮮花、前列白燭多支、更有仿尊敬亡人之禮、而頭上頂一花圈者、聞當日男女嬉遊、至天明後始漸稀少、又各國公使署、皆懸旗、晚皆燃燈、英俄二使館所燃、尤屬燦爛、因問諸同人、答言本公館向無此例、且公館距皇宮頗遠、不懸旗不燃

十六

燈皆可、竊謂不燃燈尚可、惟我大清龍旗不當不掛、若謂距王宮不近、則對門之丹國領事與間壁之和國領事、何以亦皆掛旗、是不在距王宮之遠近、而在乎敦友誼重國體也、我國既與東西各國換約通商、則此虛禮亦何可廢、禮云入國問俗、以洋禮答洋人、亦不為過、是必隨處周旋、以免貽笑于四方、幸德國不比日本之按處追究、設彼國行文來問、又將何以對答、記日本國人岡千仞之觀光紀游內一則云、凡軍艦有軍禮吉凶節時、互通使問、符號約規、各國一律、中五月間、扶桑艦入

吳淞口、發礮廿一、祝皇帝壽、而礮台不應、發遣人問故、不見一將校、且道台問是事、直曰歐米軍艦無行是禮者、蓋中國不講軍禮、故各國亦外之也、中人開口輒曰夷狄殊類、不知禮義、自外人而觀之、為孰知禮義、其致今日之事、實有故也云云。

二十七日甲辰、陰、申正微雪一陣、記洋俗見人問候之言、時時有別、許久未見與數日未見及幾時未見者不同、而朝朝相見與見時之早晚、則所言又不同、德國約人晚酌畢、則主客拉手、各道麻拉菜達、義謂天主保佑平安消化所食者也、德人平日惟午後一大餐、故于午後見人亦多言麻拉菜達者、蓋度所見之人必已大餐、而為之代祝也、或謂此俗惟柏林有之。

二十八日乙巳、陰、嘗思身體髮膚、受之父母、固不可以不保養、而五官四肢為尤重、近見德人凡二三十歲曾在學堂學習者、或現在學堂學習者、必面有傷痕、方稱為勇、據云此係數十年之遺風、究不知始自何人、想必該國著名之人、前因鬬毆受傷、而勇名昭著、故後人因而仿效之、然驗其痕、皆在左頰、不斜不豎、皆係橫者、由一至四、長短粗細不一、細思其由、恐皆非學堂毆鬬所傷、必因前人所傷在左頰、故自行抓裂者、不然何皆在左頰耶。

二十九日丙午、早大晴、極暖、換著棉衣、未刻微陰、同人中間有晚間打牌為戲、以免穽坐無聊、其牌名麻雀、又名馬將、與尋常通行之牙牌不同、卻與北方之蒲樗相似、亦有由一至九之索餅万、雖無白枝紅人與老千、而有中發、或龍鳳與白版、更有東南西北之名、各皆四扇、此常例也、如欲加花、則又有東南西北王、總王、索化、万化、同化、春夏秋冬、蘭荷菊梅、福祿壽喜、漁樵耕讀、公侯將相、琴棋書畫等名目、又各皆一扇、以上牌名如此、其法繁瑣、無俟詳言、玩者每多不厭不倦、其味津津、余以是牌既為深閨之雅戲、亦小道之上流、遂尤而效之、初尚得勝、後則屢戰屢北、余在此等游戲中、向不用心、無非以之解睡魔、消愁悶而已、不意此牌竟須用意揣摩、知彼知己、窮心設計、測量四方、觀其局勢、類乎奇門遁甲、是枉費精神也、因而戒之、留此餘神用于有用之地。

十五年歲次己丑正月

初一日丁未、晴。卯初睡起、點心畢、同汪芝房、陶榘林、徐良臣乘馬車赴福來得立火車棧迎接星使由俄國來、卯正回公館。記去時街市煤氣電氣燈依然未滅、他燈尚少、望之清朗、左右兩行長短如龍。當時各鋪之出售食物如肉菜麪包之類、多有睡起收拾者矣。客棧酒肆亦皆開門洒埽矣。坐車已排列于街口、而鄉間貨車亦陸續趕來矣。迨回時公車、轎子車亦鬧矣、且客人男女甚多、因各處皆辰初上工也。辰正一刻同眾蟒袍補褂隨星使在大廳向東恭拜

聖牌、行三跪九叩禮。既而團拜。午後有桂竹君、潘蘭史及哲寧、芬瑞飛并告假回國之稅務司德人夏德、阿理文等陸續來賀年禧。入夜大風。

初二日戊申、細雨。記奧斯馬加太子魯多弗生于西一千八百五十八年八月二十一日、即咸豐八年七月二十三日、現年三十一歲。前于一千八百八十一年五月初十日、即光緒七年四月十三日、娶比國公主卽翡呢為妃。數日前太子赴距奧京五六十里之米伊岑圍場打獵、不意前早在卧室中以手槍自行轟斃、不知何故。

十九

當時飛電通知各國。昨日午後星使囑余代赴奧國公使處弔唁。至彼下車、入門置有到簿一冊、專為來人挂號而設。親筆寫畢、登車、見彼使館樓頂正中挂國旗於長桿之半、左右橫插二黑旗、一大一小。門外車馬甚多。酉初回寓。又昨日為中國新正月初一日、理當懸旗慶賀、及至申初、適余與同人論及、始喚洋僕通知參贊、支應及德文繙譯、始將龍旗挂上。此亦駐紮外洋各官之當留意者也。

初三日己酉、早熱、霜霧并下、陰晴不定、始微風、繼大風、風後細雨、雨後復晴、晴而又陰。申初狂風又雨、落雹如豆、雷電交作、忽又大雪。酉初雪止、仍陰。由辰至申、天氣屢變、不春不秋、不冬不夏、亦從來未有之奇也。酉正星使補陳初一日公宴、兼約潘、桂二君、凡十六人、分兩桌、亥正席散。入夜晴、尤熱。

初四日庚戌、晴暖。早乘車答拜桂竹君、潘蘭史、因謝並泉三年報滿、本月初八日銷差、啟行在邇、又值今日立春、遂同徐良臣請伊夫婦及其女公子早酌、樓上倍坐為陶夫人、陶相公、樓下為承伯純、姚子樑、陳駿生、貝彙

二十

如、陶榘林五君、承伯純臧疾漸已告痊、因昨晚公宴著涼、通身酸楚、今日雖到、惜不能入座、未初席散、未正大雪一陣、厚半尺餘、雪後晴、涼、酉初星使偕金楷理赴奧京吊唁、戌刻余同姚子樑、陶榘林、謝芷泉步入對門店中吃加非、少坐、繼在本公館前後步行一周、明星在望、銀樹成林、大似俄都七月天氣、

初五日辛亥、微陰、午後乘車答拜夏德、見其妻與子女、繼拜芬銳飛、未遇、記德京各加非館皆置白石面小圓桌、籐心木椅、無不潔淨整齊、又皆備有各國各種新報百張、任客傳觀、或向堂倌指名索看亦可、前日本地新聞紙局、聞得奧太子凶信、即以大字刷印一篇、沿街喊賣、各加非館亦每桌各置一篇、以便客覽、入夜雪雹一陣、繼而見星、

卅一

初六日壬子、陰、數日前、屢次往拜英人婁歐、皆未遇、前日來信、言每值禮拜二日午後自三鐘至五鐘、爲其夫婦在家候客之期、此蓋英俗、非德俗也、今日即其禮拜二日、申刻乘車往拜、見其夫妻、二子一女、皆五六七歲、座中已有一美國婦、年近五旬、名墨賽斯者、同飲紅茶吃黃糕、少間又來二女一男、皆英國人、彼此微敘寒温、陸續辭去、入夜雪、

初七日癸丑、鎮日陰晴雪雹不定、未正同陶榘林乘車答拜阿理文、未遇、阿斐利加西北臨海墨婁庫國王、因德皇即位、特派大官前來慶賀、前于十二月二十九日由海道抵布萊門、即日德皇派官以火車迎入柏林、住凱色豪富店、數日前、余在尤斯的加非館臨窗眺望、見經過敞車三輛、每輛坐四五人、身貌魁偉、赤面烏鬚、深目隆準、衣色綠白、闊袖無襟、腦後有兜尖形似斛、乃罩頭用者、一切多類埃及人、蓋即墨國使臣也、因與埃及同洲、想必同種耳、

卅二

初八日甲寅、鎮日陰晴不定、稍冷、昨夜大雪南風、各樹皆半白半黑、又樓房檐下垂有冰凌、前於初三日午後、雷電交作、同人多詫異之、謂二月始有雷電、現方正月初旬、何此地時令之不正如此、余曰不然、中外風俗諸多不同、天時地理亦多有異、外國望日亦間有月圓之時、此時爲西二月初旬、雷始發聲、亦與華歷有暗合處也、戌初、星使偕金楷理由奧國回、

初九日乙卯、雪、前經廣東制軍在克鹿柏礮廠定造二十四生者六門、二十一生者六門、十五生者四門、十二生者三門、七生半過礮九十六門、按以上每生乃德國半寸之別名也、然其長實不及中國半寸、華人還其音亦多不同、有曰生的、或曰桑的者、去歲十二月初八日、西正月初九日、廠人來禀、謂共礮百十五門、現在一律製成、候驗、約二三旬方可試竣、貴大臣欲派員前來驗放、或將全驗、或僅數門、敬候回示云云、當此廠來信時、正值星使壽辰、又值赴俄之期、未暇答覆、及星使由俄回德、又值新年、兼值赴奧弔唁、仍未答覆、今早問諸參贊、曰回信至今未答、去恐晚矣、

十三

初十日丙辰、早大雪、申初稍晴、既而復陰、仍雪、記奧國太子自斃、官報謂其心染癲狂、以槍自擊其頭、然邊遺有凶器、又有謂其自死之故、因前次墜馬頭暈、現不耐其昏眩、遂致自盡、其實不然、國中有男爵韋在朧之女韋素阿、現年十九、容貌極美、早與多弟有私、彼此情愛至切、因而多弟欲休其妃、冀與素阿同結百年之好、未敢禀知老王、乃即致書主教、主教以事關國體、遂將原書轉呈國王、王怒、謂太子位極人尊、豈容作此無恥、因而斥責、不準二人無法、各願以死相報、遂于前十二月二十九夜同時以槍自盡、此乃實情也、

十一日丁巳、雪、街市往來雪泥、雖有而天仍不冷、河未封固、行人多處、雪亦全化、今日又遇道石青于尤斯的、坐間問其隨使在外、曾著日記否、道曰數年前隨使英美多國、凡所見聞、曾按日記載之、其政事風俗、山川險要、無論其與我國有異無異、有益無益、皆據實筆之於書、未敢褒貶一詞、惟冀覽是書者得以考察、因多人索

十四

觀、遂即付諸殺青、不意印成後、竟有人謂余無學問無見識、而不為本國占地步者、查本國自與東西各國交涉以來、已多年矣、至今平民莫論、自大僚以至士子、其知洋務者寥寥、間有謂熟悉洋務者、亦無非稍知本國之大概情形、甚至祇知充當洋人買辦或崽子之規模者、若謂深悉公法以及各國情形、恐無一人、邇來十數年間、微有明達內外之事體者、因而分為兩黨、曰率舊、曰更新、然率舊黨仍有十分之七八、故凡出使游歷者、有所見聞、皆不敢率爾操觚、實陳一言、蓋恐有觸率舊

之顏、而與己之身分無益也、由此觀之、是凡出使不記日記、不向人實述所見所聞者、誠為有學問有見識而與本國占地步者矣、且如此人不同心、則將來敝國之被外國難為也、不知至何地步、

十二日戊午、雪、前駐俄隨員何毓蓀壽康、亦於本月初八日三年報滿回國、今早辰初到此、住凌克巷顏色喜店中、午初來公館謁見星使及拜諸同人、未正乘車答拜何毓蓀、未遇、當余晚餐時、適有陶榘林之子涵宇、謝芷泉之女阿巧、各皆五六歲、在余房中玩耍、因而掖與共桌同食、彼此說笑、相與嬉嬉、亦一樂事也、

十三日己未、早陰、申初微雪陣陣、天冷、河又封、記柏林城中凡要路通衢、皆有馬巡捕站立、其站立之例、天暖則兩鐘一換班、天涼則一鐘一換班、天至冷、則半點鐘一換、

十四日庚申、微雪、午初同徐良臣約何毓蓀早餐、歡飲暢談、酉刻星使與謝何二君餞行、囑汪洪陶賡恩陳貝張八員陪飲、亥初散、時因天暖、冰化、小河又開、

十五日辛酉、雪、未正同陶榘林謝芷泉乘馬車行四五里、至安吉坊看天文台、見管台官費司得、年逾四旬、頗為和藹、入銕栅闌、步登台上、但見房屋間間懸有大小月圖多張、其大者橫豎各九尺、有整月、半月、及月牙形、蓋此台專為望月并教天文生者、又列有測量經緯度器、造以鐵、作个形、高五尺、橫四尺、乃舊物也、又有電綫表及時辰表、皆經一一指示、嗣又步石梯入一屋、極暗、四壁皆雙層馬口鐵、棚頂活布可開可閉、中立一千里鏡、長約七尺、粗二尺、鏡下一小銕椅、椅旁有電綫通樓下時辰表等、鏡可往來挪移、人坐椅上望月、如有所見、即以手按電線、則樓下之白紙條即表明何時刻秒、以免忘記也、大千里鏡左右又二小者、每長尺餘、係為同時察看者、鏡四面挂古米布、以防雨雪、蓋棚頂不緊也、又步石梯二十餘級至台頂、屋以鐵造、形如饅首、周約八丈、高二三丈、頂上半節能轉、中有一線能開、轉運皆有鬬鍵、極為簡便、正中另設一大千里鏡、長丈餘、粗亦二尺、此鏡亦能四面轉運、或上或下、無不得心應手、惜今日天陰且雪、未得開棚一望、看畢謝歸、記是台作凸字形、圓屋在正中、通城天文台凡三處、除此之外、一在

樸斯當城、為至大者、一在敖斯台隆園、為新建者、

十六日壬戌、雪、記柏林通城凡十字通衢、行人多處、皆立一瓶柱、高八九尺、周一丈、以備鋪棧館肆黏貼紅單、聞此柱始自一德人名黎法思者、以萬餘馬克在各處買地一方、周逾三丈、砌石階一層、高半尺、中央立柱、任貼報單、便人觀覽、然貼者須先向柱主言明、用若干日、或包月、柱上估尺寸若干、附錢若干、因外洋街市牆壁不準貼黏也、其人自立此柱後、獲利三十餘萬馬克、現已出售歸官、至今人皆呼之曰黎法思柱、

十七日癸亥、晴、午初送何毓蓀至萬牲園火車棧、由法回華、記柏林城中街市間有木房、中廁兩間、內外白油綠邊、極爲整潔、為男女遺矢處、每間門首立一老嫗看守、入者每人一二十芬呢、賞守廁嫗五芬呢或十芬呢不等、此等中廁亦由人開設、聞上年其人獲利至三千馬克、亦一好買賣也、入夜雪、

十八日甲子、微雪、記張鐵夫海珊題擔糞圖曰、凡田有厚薄、土有肥磽、皆緣糞氣為美惡、糞以柔之、無疆騂、糞以壅之、無輕嬰、薄使厚、過使和、糞之利蓋宏哉、凡糞載於周禮、雜見于諸家種植之書、糞之類、或以馬骨牛羊猪麋鹿、或以禽獸毛羽、或以腐藁、以敗葉、以枯朽根荄、或以繅蛹汁、以溝瀆泥、或以人溲及牛豕溲、其類猥且頤、凡人溲為大糞、餘為雜糞、苗糞為蠶豆、為大麥、艸糞為翹蕘、陵苕、為苜蓿、為苜華、江南水田冷、宜火糞、江淮以迤北宜苗糞、凡製糞多術、有踏糞法、有窖糞法、有蒸法、有釀法、有煨、有煮、而煮尚矣、凡置糞處、或為池、或為廁、懼其露也、為之屋、懼其滲也、為之磚檻、凡用糞有時與法、用之未種先曰墊底、用之既種後曰接力、不得其時與法、則枝葉茂而實不繁、糞過多則峻熱而殺物、凡糞具、有畚、有帚、有杴、有朳、有瓢、有杻、載糞有划船、有下澤車、嘗試論之、人莫不生于至穢、搆精為人、蒸腐為物、積刀貝為富貴、饜肥甘為大官、水至清則無魚、人至清則無福、精液化人、穀化精液、土化穀、糞化土、果哉、文之所以從異者以此、凡糞蟲有蠦、有蛣蜣、近來德國處處講潔淨避氣味、而種田仍必用糞、理使然也、其法不一、共分七種、第一為人糞、通城有鐵管、一切尿糞觧水總歸一筒、流出城十里外某村而釀藏之、二曰馬糞、三曰石

膏、四曰丙養硫陽三、亦由石膏之類作成者、五爲馬廐中之墊草、及洗廐水、六曰土煤、係牛馬棚中不墊草而墊土、以作儉省、此土加有牛馬之屎糞、用以壯田、七爲秘魯運來之鳥糞、西國地窄人稠、致多出外謀生、然其在家務農者、官場亦當隨處設法協助也、

十九日乙丑、鎮日陰雨、天暖、雪化冰消、水滿溝渠、午後步至樸斯當坊、遇德相畢駟馬步行、頭頂曰形黃圈白帽、著金綫烏衣、佩刀、玉面隆準、鬚髮皤然、年逾古稀、精神益壯、其後隨有巡捕二名、沿途男女見者無不脫帽鞠躬、與見國君同、

廿九

二十日丙辰、雨、本年夏初、星使曾奏調護軍參領銜、福建候補同知延少山年、內務府鑲黃旗漢軍人、候選教職楊石漁楫、江蘇無錫縣人、同于去年十二月十五日由滬坿德國公司北燕輪船出洋、本月十八日抵義國熱諾阿登岸、即上火車、當晚亥初到此、住本公館內、又謝芷泉定于明日起程、由巴里赴馬賽、乘本月二十五日法公司船回國、當晚夫婦攜其子女到各處辭行、又星使原帶二女僕、一老一少、其少者早經遣回、老者趙姓、適因星使如夫人喜洋婢而厭華嫗、遂亦遣隨芷泉夫人回國、當晚趙嫗及芷泉之女僕金姓者亦同到各處叩別、余因各賞以五馬克、

二十一日丁巳、鎮日大雨、巳正、余同貝彙如率洋僕車載行李先至福來得立火車棧、買車票後、將隨身應用者留之、其他分入行李車、午初一刻開車、午正五分至萬牲園棧停車、換芷泉夫婦子女及二女僕登車、即開、當時送行者除星使、參贊外、爲姚恩承、徐陳洪、貝與余及陶榘林與夫人、并賡韶甫夫婦與金楷理、共十三人、

卅

申刻、楊延二君借用同人靴帽拜謁星使及諸同人、見後、各人陸續前往答拜、延楊二君不通洋語、登船諸多不便、幸同船遇有告假回國之稅務司德人魯師達一路頗爲照料、及船抵熱諾阿、伊勸以不必仍行乘船赴布萊門、可由此登岸、乘火車庶得早到柏林、據云其人離國幾二十年、程途一切亦多不甚了了、且伊告以諸物不必攜帶、隨後即到、故二君到此惟持有茶盃、爕壺而已、其他如衣冠、鋪蓋一切緊要應用之物、皆未帶來、究不知其人所代僱者快車、慢車、抑或仍令船載、何日

方到柏林不能預料也、

二十二日戊午、大晴、暖、未初同徐良臣先訪承伯純、步坐後、乘車赴樸斯當坊、沿途天尚清朗、及下車則大雪繽紛、有雹如米粒、乃急驅入尤斯的坐、飲加非、閒來一男二婦、二妙齡、乃夫婦胞姐與二甥女也、男年三十六歲、夫婦皆能英法語、其甥女一十三、一九歲、頗為温雅、最可取者、飲食不先下箸、必俟母與舅飲方飲、坐間不多言、不茍笑、別時請安言阿爵、以為禮、阿爵者、德言再見也、

二十三日己未、雨、聞奥太子卒後、奉諭國人著素服三個月、又德國官場穿素服二十一天、想凡與奥换約之各國皆然、又聞奥太子未殮時、經醫官剖首查驗、據云、其前半腦髓粉裂、因槍彈由右太陽穴處放入故也、細考係一小彈子由右太陽放入、自左耳穿出、按其情勢、似由自盡、非人刺殺、然其自盡之由、因腦髓深入腦骨、腦盤漸平、腦皮太寬、以致不時神亂也、

二十四日庚申、陰、雪、大風、聞有德人韋特爾者、稱天文、善星學、能辨風雲氣色、前按星宿步位、算出前二德皇之定數、頗驗、去歲又言西一千八百八十九年、（即本年）就星位推算未來各節、謂二月初九至十三日（即本月初十至十四）日政治多難、恐致興兵、（已過未驗）四月十五六及五月初十十一等日恐德皇有疾、（即三月十六七四月十一二日）五月二十六七、七月初十、八月二十、十月十三十六等日（中四月二十七八六月二十三七月二十四九月十九二十二等日）應有不順事自外來、七月二十二十六兩日（中六月二十六二十九日）應有喜事、現以星位而論、本年火星居首、金水並駕、足見德皇康健、惟土星不前、在獅形星宿之後、恐德皇有意外之虞、又本年太陽不淨、為瘟疫盛行之兆、再以各星步位觀之、應有戰事、血滿溝渠、以上所言、類乎中華之星士、不意西國亦漸入此轍、今姑記之、以觀將來驗否、

二十五日辛酉、雪、當早接謝芷泉由巴里寄來公信一函、其辭云、前二十一日早開車、夜九點半到克倫、晚尖換車、十點開行、不意管車人又向每人索五馬克、以為完税之費、即以護照出示、其人搖手、幸見同車一人亦出五馬克、不得已付之、行約一時半、車夫又有言、奈不明其語、渠意甚急、乃將行李搬運下車、又以為到税關

矣、豈知不是出護照、亦不是相與爭持、車夫大急、非特將行李著多人搬去、并將人亦夤之而走、當時左右鄰車并無一人、亦無行李、車燈亦熄、摸不著頭腦、不知何事、而弟婦及小孩等、均在睡夢中叫醒、男啼女哭、無異逃難、此時窘急情形、可想而知、只得隨渠飛奔、開門推之而入、車中已有兩人、甚覺挨擠、隨身自携之物、多帶甚受其累、勉強坐定、此車係頭等、上車即開、似等候甚久之狀、車中係夫婦二人、甚怒、惡言惡色、甚為可惡、出車票見示、同車夫婦答言不到巴里、向其索車票看、渠然不同、即疑走錯、極擬扯保險機器、既苦無錢、又苦不懂話、叫天呼地、亦無法想、不知要裝到那一國去、心中又一大急、至三時間、法國車夫又來、語言不懂、乃以手作勢、似換車狀、又將巧女叫醒、未哭、而德生又大叫矣、行過一個胡同、再上車、恐又走錯、再出護照車票見示、而車夫點頭、大約不錯了、而車又即開行矣、此時又不敢睡、亦不敢將行李打開取物吃、恐來不及又要換車、心中正不知一夜要換幾回車、呆坐至天明、車夫始來剪票、急向其以手裝樣問換車否、其人搖頭、始知不換

三三

了、始敢打睡、至八點三刻到巴里、最可笑者、當早七鐘間、車夫又來叫下車、并剪票、此時真如驚弦之鳥、又以為換車矣、即將各人叫下車先行、叫旁人幫拏行李、車夫不令搬運、乃以手比仿作飲食狀、係叫令下車點心、乃知為車夫美意、此時寒冷無以復加、一夜三換車、非特多花運費、人更受驚不淺、現在弟婦發熱頭痛、午後發寒、巧女著涼、全嘔肚痛、特己局促、若當再乘火車赴馬賽、再受辛苦、雖可上船、而船中有病、尤屬不便、蒙鏡如諸君強留、從緩、因改乘西三月初十日（即二月初九日）者、其

三四

歷陳行路之難如此、觀其一路之著急受累、令人心中念念不安、然余自乙丑至今、往來德法、已非一次、從未遇如此之受累者、並泉所以然者、蓋因不明其言語、且携有眷屬婦女小孩也、凡華人往來東西各國者、必以通言語為先務、而携眷者為尤要、外國男女無論官民、罕有不知他國一二種言語者、中國官場中能洋文者、除同文館外無幾、民間雖有、多由賤役出身、或因貧苦去外傭工而得、或在本地與洋人充當買辦馬夫之類、罕有自備資斧而學成者、此等人僱之、或不難、而用之

頗屬不易且凡出洋者既非自行遊歷豈有餘力以僱用此等人耶

二十六日壬戌雪酉正同豕伯純姚子樑陶榘林陳駿生徐良臣貝熏如公請延楊二君在福來得立街路北匡閣爾的亞園看雜耍其中可觀者先兄弟四人穿緊身肉色衣攀肩踏頂反復曲折極屬伶巧有變戲法者先一玻璃瓶淨水節節倒出竟成五色請客飲之味亦五種又一木盌大如鉢者舉出似鮮花一盌到台邊朵朵擲台下女客中既退台中盌口向下乃徐徐倒出白紙條寬七八分者萬丈堆高四五尺周一丈倒畢收紙條時堆中竟藏活鴨兩隻後向客中借且字形高帽一頂以木盌置其中及取出時已變為活鴿隨令一人執帽下台交還帽主不意其人中途跌倒將帽壓扁無法轉回仍交作戲者作戲者怒將帽撕碎填入礮口另放一礮彈既而點火礮響則礮彈飛入對面樓中隨有一帽飛挂樓頂再放一槍帽墜台邊奉還原主毫無損傷又台中立一方布帳高五尺餘周約十二尺內置一椅鐃鈸一對八角鼓一個請客中四人上台以繩縛作戲

三五

人之手足于椅上放下前簾則簾上伸出兩手簾下露出兩足四人捲簾入驗則捆處依然放簾後內又擊鼓拍鈸以至脫去外衫四人再驗上下結扣分毫未改又將客中一人以巾蒙面捆手領入帳中立于椅旁放簾片時捲起竟被脫去外衫問之其人亦不知何得脫去又一人善效獸聲名托爾安其人立于中央左坐一假女右坐一假男又左一橫桌上放一假猪桌旁一假虎右一橫桌上置大小四假犬桌旁一假驢人虎猪犬與驢式樣大小皆與真者無異男女說笑歌唱聲音有可聽處驢犬皆立耳出聲作喜聞稱讚狀既而猪豗虎嘯犬吠驢鳴一切聲音又無不與真畢肖此後一英男名司達爾一女名黎麗雅者男雄壯而胖女俊俏而伶男肚上立一銅架作十形梃高二丈粗拱把女則自下攀上往來曲腰盤腿打鞦韆作種種玩藝其肚亦可謂堅固矣又前人虎猪犬驢腹中皆通電光不時眼鼻皆閃現紅色其他有歌者舞者皆甚平平無須瑣述予初回寓

三六

二十七日癸亥雪今日為我

皇上大婚吉辰本公館雖無挂旗筵讌以及恭拜
聖牌慶賀之禮彝乃漢軍世受
國恩因而早起公服向東恭行三跪九叩禮遙祝我
皇上關睢正始有道萬年

二十八日甲子大雪繽紛連日下雪積厚尺餘凡行公車及車馬繁盛之大道通衢隨時有人以鐵鏟撮埽道邊再以鍬鍬撮入小手車中車綠色作匚形上一方槽周圍九尺前一小鍬輪後二短腿腿後二柄以之推雪入小巷其他各處又每日有工人數十成隊先以木鍬

三六

左右推至兩邊再以棕刷埽之堆起三尺餘寬亦如之又有大敞車逐堆取載入鄉其左右臨門兩行時時皆經本戶撮埽故通城街道雖有雪而無雪雪雖厚而不厚入夜晴

二十九日乙丑大晴記去年十一月二十七日到此之墨斐庫國使臣于數日前辭見德皇德皇覿面賞賜鈺石戒指一枚價值八千馬克手槍一桿亦為上等者其他隨從人等併各有賞德皇又有餽送墨王之禮儀擬由駐墨之德國公使面遞云

三十日丙寅大晴暖未初駕雪牀西北行十數里轉至拉太諾瓦街拜阿恩德走遼爾甫過瑪碧橋一路樓房點綴樹林長河瓊樓銀界天地無塵令人神清氣爽在彼見其子女少坐辭歸過遼爾甫時遇德皇與后于途各駕雙馬雪牀馳驅極速余向之鞠躬德皇亦以手扶帽簷答禮

二月

初一日丁丑早晴午後雪自謝芷泉去後陶椠林移入其屋經星使飭僱裱糊匠將椠林原住一間刷洗裱糊

三七

煥然一新昨午承伯純由庫第餘森街移回即住是間又前正月二十日接電知延楊二君將到星使即令徐良臣移入前承伯純所住之單間是間在馬棚之上兩面背陰窗無簾幔久不住人火爐矮小且地板以下敞棚一間寒氣透入覺晝夜皆冷也

初二日戊寅早陰午後雪暖柏林城中頗有男女鄉民負筴背筐沿街遊行出售木勺棕刷柳條筐雞毛撣以及面巾手帕綫帶之類其賣器皿什物者所值固不能多而賣巾帕等者竟有共值一二千馬克合一二百全

者入夜雪止晴
初三日己卯早晴午後雪今日為
皇太后撤簾歸政之期本公館既無恭謁叩賀各等禮節彝仍
早起著官服向東恭行三跪九叩禮從此
皇太后深宮頤養可釋宵旰憂勤而我
皇上文武聖神立政伊始將見億兆共慶昇平四夷讋服聲
教輿
歷祖
歷宗若合符節矣
初四日庚辰陰涼記自去冬至今各鮮花鋪玻璃窗內
依然紅紫芬芳草本木本種類不一中可識者為榆葉
梅茶花月季芋香等按時節因非萌芽開放之時乃竟
能如此紅綠嫣然亦賴其培植之善耳其花價極昂每
棵五六七馬克不等而芋香一小枝亦一馬克
初五日辛巳陰雪北洋大臣合肥相國去冬向克鹿柏
廠定鑄鋼礮多門兩日前由廠來信言所定之二十四
生的前見三十五倍口徑礮台用後膛鋼礮六尊每口徑
二百四十密理邁當每一密理邁當為一邁當中千分之一合三釐九毫零三絲七忽

三九

礮身長八千四百密理邁當其膛長七千六百八十一
密理邁當礮管連後門門等重二萬九百七十箕羅每一箕羅又名啟羅重約二斤每尊廠價九萬五千五百馬克礮台中柱
轉輪架六全副每重三萬三千三百五十箕羅每副廠
價四萬零一百馬克零星物件六全副每重二百零四
箕羅廠價一千二百一十馬克現在鑄成二門特請星
使派員前往驗放當日經星使派余同延少山姚子樑
貝彙如前往遂于亥初至萬牲園棧房登火車亥正開
東行一夜頗冷哈氣結冰
初六日壬午晴子初過艾拉貝莊河面鐵橋長約二里
寅初至漢諾倭村少停復開一路雪地銀山厚皆盈尺
過此路轉稍南由文司鐸邨至洛南鎮則積雪漸化再
由畢菲莊至哈安城但見積雪點點過此則點雪皆無
草色青葱矣卯正抵艾森下車有洋僕以馬車迎入店
中店因地名在內洗面幷食點心巳初廠派夥計尼達
以馬車接入廠北放礮處下車有專司放礮人葛洛森
及管機器頭卜達立待彼此拉手問候畢引至礮旁見
前橫一土岡高約二丈作冂形正中橫板作洞高深各

四十

丈餘、洞下有坑甚深、此後另一土岡、高亦如之、中亦有洞、二岡相距一箭之地、礮在橫岡洞前、鐵架上、左右有路、左通岡後、右通大路、及試礮力之機器房、余等先登架上驗礮膛、驗畢、看其入礮彈一、火藥二袋、套鋼圈、置鋼底上、門畢、由左路轉後箭地、登一土坡、甚高、坡右豎一高桿、將燃礮時、桿頂繫一繩球、以警臨近閒人躲避、坡邊立一人、口宣號令、曰放、則坡左一人掖銅綫、即見礮身後坐二三尺、而後前進一二尺、礮聲震、則彈子出、白烟一縷、彈落土洞坑中、共放九礮、每一放、有人將鋼

圈鋼底捧來呈驗、有無透氣之處、外有火藥渣滓石、其圈與底、皆放三礮一換、看畢、下土坡、卜葛二人辭去、經尼達引看集存礮式處、鐵房一大間、內存歷來各種後門日益精進之沿革、以及各種礮彈、又往看煉鋼處、其法有三、一、礮鋼、洋名梯格什搭爾、係用缸罐、粗高各二尺餘者、盛之入火八點鐘之工、倒出其色青白、一即二等鋼、洋名西門此買提音、係用方爐、周約三丈者、將煤氣吹入鎔化、開門以藍玻璃鏡窺之、其內滾流如水、以勺盛出、其色黃、三為粗鋼、洋名拜什苗爾、乃用以造鋏

路車輪圈架之類者、火爐高大、中懸一缸瓶、如胡盧形、者、內盛生鋏、將空氣吹入燒熟、倒入模內、其色紅、看畢時已未初、回店少息、未正、廠總管楊克來店約與早餐、因廠主柯祿百夫婦往遊埃及未回也、同席有前曾到過中國之德人門舒森、食畢、眾人辭去、定于申正入廠驗第二尊蓋礮與鋏盤、由地面移至架上需時也、申正一刻、尼達復來、以車接入廠內、驗法如前、九聲驗畢、乘車繞城一遊、當時大風頗冷、房屋行行、其矮小者、皆工人住家眷者也、有新建小戲園一所、係為工人閒暇尋

樂之處、又有學塾十餘處、皆為工人子女而設、城內閙熱處、街道狹窄、式如熱諾阿、而大鋪高樓少、居人亦多貧苦者、間有寬處石路、尚皆平坦、戌正回店、

初七日癸未、晴、此廠較十年前、更加闊擴、工人現增至二萬零、每名工價、按月百二十馬克至百五十馬克不等、午初早餐、未初乘馬車至火車棧、登車即開、申初至多達門村、換車復開、酉正至漢諾倭村、少停又開、亥初過艾拉貝橋、再過申豪森莊、為前德相畢駟馬之舊居、亥正二刻、抵柏林公館、由柏林至艾森九百六十里、

初八日甲申、晴暖、早起同延姚諸君、遞呈稟見星使銷
差、其呈曰、竊隨員等奉派赴克鹿柏廠驗收北洋定造
之二十四生的三十五倍口徑後膛礮二尊、遵即搭乘
火車于初六日清晨到廠、會同廠員于上午九點鐘時
驗收第一礮、畢後于下午三點鐘時接驗第二礮、查得
兩礮均係後膛新式、每口徑一百四十密理邁當、礮長
八千四百密理邁當、膛長七千六百八十密理邁當、均
與合同原載相符、每次配用實心平頭彈重二百十五
箕羅、配藥六十六箕羅、每礮開放九響、每三響驗換鋼
底鋼圈一次、其套合處查無火藥渣滓積留、察看兩礮
均係新造、並無銹壞情弊、驗畢即於次日回署、理合將
到廠試驗情形照實陳明、伏候憲鑒、
初九日乙酉、晴、天下五大洲、無不有猶太教人者、不惟
因其髮黑眉重、深目隆準、可知其為猶太人、即聞其姓、
亦足知其為猶太人矣、蓋猶太人向無定名準姓、百年
前布君大福來得立第二即位、以布邦猶太人衆、勒令
各人自定一姓、以稱布國之民、因是他國之猶太人亦
因之、

四三

初十日丙戌、晴、自去冬、各酒菜五味鋪中出售山雞山
猫、野猪、水鴨、竹雞、鵪鹿之類、窗內簷下、懸挂甚多、日久
未能盡售、邇來連日晴暖、猪鹿倒挂口內、皆含一小鐵
盌、以接淤血、至鋏雀等、日久腥臭、土人烹而食之、頗以
為美云、
十一日丁亥、晴暖、午後同承延楊三君乘車至巴薩巷、
看舊臘人館之新臘人、內中處處更改、入門即假石山
洞、各洞藏有古典、有老人、有幼女、有一人頭骨極大、未
詳真假、又畫軸人馬花木山水樓臺、分間懸挂、以燈映
之、皆寬大凸出、乍看疑是真者、另一間為印度景、正面
樓閣如宮、宮前一池、三面石闌石堦、水不深、其色綠如
與湖海相連、上下婦女二十餘、皆係赤身、有水中洗浴
者、有纔脫衣者、有洗畢坐卧池邊衣上休息者、有手攀
白鴿玩弄者、形態不一、其至奇處池前橫六龍、嘴真水
自內流出、水痕涔涔、水聲潺潺、真假相混、致疑畫上之
水亦真、一屋橫牀仰卧老德皇趡良、屍蓋以白紗、上置
一花圈、旁立丞相畢駟馬、作欲泣狀、一屋係少德皇身
著皮衣、背負火槍、立于冰天雪地之中、作打獵狀、一間

四四

係一送煤人擁女厨作欲親吻狀、女似不允、左手推阻、右手持一烹雞蛋鐵勺、蛋尚未熟、一半在勺、一半拋地、一間係一男一女擁摟接吻、牆頭一人怒目直視、作捉姦狀、一間係一小花園中四黑人歌舞、牆下花幛內一洋少婦横卧魚綱兜上、旁一男仰坐睡椅吸菸捲、彼此作看戲狀、是蓋西人在南洋、斐洲印度暹羅之景象也、一處作一家之後院、有花有石、中一水池、四小孩在內洗浴、或立或卧、或坐或蹲、房中一婦開窗外望、作招呼狀、以上各處無不活潑可觀、情像逼真、其他像有耶穌

阿當夏娃等、惟一賣花女坐阿當旁、以手支頤、手眼不動、看久嫣然展笑、始知伊是真人、其作樂處依舊、惟樂工改六日、斯巴尼亞人四男二女、每日由申正至酉刻、彈月琴拉胡笳以歌曲、旁一日本茶肆、女堂倌作日本裝、四壁懸挂及屋中陳設多日本物、又原設本國國王及各國名士大臣處、現改另一大間、別開一門、入者步梯十級、每人另給三十芬呢、係大畫一幅、作法與去歲在教斯台隆圍中看者同、彼則烈火焚城、此為洪水氾濫、人立台上望之、但見茫茫大海、遠則波濤洶湧、火山烈焰飛騰、屍骸樹木飄蕩、又值大雨傾盆、人有蹲伏山上者、爬卧山中者、以及哭者、驚者、叫喊者、種種不一、近則人鳥與猴有避于樹上及舟中者、象馬有自水中奔出者、樹有將傾而人欲下墮者、山有將塌而人爭奔馳者、凝目久視、覺山水皆有聲矣、此館去歲初開、每人一馬克、現減半、

十二日戊子、陰、冷、昨日延少山餽星使花翎一枝、藏香一對、漳絨馬褂一件、五彩絨綫一匣、楊石漁餽湖筆二匣、徽墨一匣、茶葉八罐、火腿四肘、今晚星使與二君接

風、約看雜耍小戲、囑洪禹山、恩仲華相陪、

十三日己丑、早陰、午後雪、涼、託延楊二君之行李、其走熱諾阿者、上月二十七日到、走布萊門者、本月初七日到、似皆非快車、查二君自上岸至柏林、如雇火車之類、皆經魯師達代辦、將下船、其人索去二十六金鎊、迨到柏林、又索去車費三百八十五馬克、行李費一百八十馬克、其人住鷗坦坡城、距布萊門不遠、忽于數日前來信、謂前往布萊門代為照料行李、費用二百九十馬克、路費四十四馬克、其人行李亦在布萊門、往來路費不

知其分計與否、統計其人收去一千四百二十餘馬克、并無清單開來、不知何項用若干、外國人從未有代人理事而如是含糊者、姚子樑由滬至德、雖遇有能日本話之英瑞二國之人、并未被其愚弄、是因子樑精明歟、抑或因其或因子樑曾經東去日本兩次、而不敢欺歟、抑或因其心地公平而不忍欺歟、不可得而知也、

十四日庚寅、雪冷、記西麻每年準三百六十五天、然按天文推之、一年必須三百六十五日零五點鐘、四十八分五十七秒、方足地球繞日一周之數、因此每四年在二月多加一日、曰閏日年、按其每年大小建、皆有定數、或三十天、或三十一天、惟二月皆二十八天、故德俗凡人于二月二十九日生者、每年歲數雖加、然必俟四年方有生辰、亦拘泥之甚者矣、又聞前日星使派周巡捕赴艾森廠學放礮位、

十五日辛卯、鎮日陰晴風雪不定、午後乘車至安那西巷第五號、拜美國道士戴緯、入內見其妻女、坐談少許、其母女皆詫異曰、華人何如是之溫恭乎、蓋伊在美國所見之華人、皆十餘年前由南省派去之學習幼童、及沿海各省在彼之華工耳、且人心不同、豈能皆顧大局、不失本國之體面、雖出使中、余亦不敢言其必皆自重、蓋洋人不多見華人、不辨華人之等第、竟有僕役在外冒充欽差叅贊者、亦可慮也、

十六日壬辰、鎮日陰晴雨雪如昨、記在北京、每值春秋冬三季、無論人之身體虛壯、若久在屋中、一旦出戶、或因光頭、或因衣薄、多致感寒頭痛、更有因而嘔吐、以及腹痛患痢者、不意在此、天氣頻陰、久在屋中、則覺頭暈氣悶、必須出街一行、呼吸涼氣、頓覺精神清爽、豈中外天氣不同、而此地獨以寒氣養人耶、

十七日癸巳、陰、是日係西三月十八日、聞布邦前于一千八百四十八年、即道光二十八年、當布王福來得立駐良第四在位時、國人擬立會堂、以減國王之權、國王不允、人民遂于是日作亂、殺害官兵、直至次日天明始息、官兵陣亡甚多、故至今凡陣亡兵丁之子孫、皆執花圈前往祭掃墳塋也、

十八日甲午、細雨、暖、記座右編有云、三姑者、尼姑、道姑、卦姑也、六婆者、牙婆、媒婆、師婆、虔婆、藥婆、穩婆也、今則

又有瞎婆，蓋與三刑六害同也。人家有一如此，而不致姦盜者幾希矣。若能謹防而遠之，如避蛇蝎，則于治家之道庶乎近焉。外洋雖無三姑六婆，而有四女一師，如貞女、善女、歌女、舞女及教師之類。凡人家有年幼子女者，一有此等人入門，罕有不引入荒淫，以致蕩絕家產、敗壞名聲者。

十九日乙未，晴暖。德京加非館甚多，而加非、牛奶、紅酒、苦酒及勺勺臘、美朗日之類，在本國較之往年無不昂貴。凡他處值一二十芬呢者，此處必賣三四十芬呢。餑

罒九

餑點心亦然。聞有性好節儉者以及作小買賣與行中夥計等人，每日行路忽值飢渴，則在點心鋪中買麪包或他餑餑一二枚，袖入館中，要加非一盌，泡于其中，藏匿而食之，亦是一法。

二十日丙申，陰雨，暖。記與國太子魯多弗之妃卻翡呢美而溫雅，太子以其水晶而厭惡之，且明告其友。一日同友登樓，突掀妃裙，露其私以示之。妃因羞愧而怒，即日起程他往，誓不同與太子。本與韋素阿有私，由是欲休卻翡呢而娶韋素阿。未經國王依準，遂以手槍自斃。

聞邇來又有德國海斯邦侯之子阿來三得于三年前經公舉為土德中間小邦卜魯戛里亞王，當時欲娶前德皇福來得立之公主威克兜里亞為妃，德國王室未允。前于西一千八百八十六年九月七日（即光緒十二年八月十日）因故退位，回住海都達木斯達城。因有某富室管事僕雷興爾之女雷富蘭者，善歌唱，能奏樂，年約二十，美而豔。阿來三得見而好之，乃不娶王室之女，前于西三月六日（中二月初五日）以巨萬資財在義大里國西北界近海之喀斯台拉城內娶彼女為妻。按以上二人所為而觀之，

卆

似皆輕財好色，不重德，不敦品，不念前人創業之難，不思父母鞠養之恩，足見其為數百年來始化之人，而非數千年來已化之人之後裔矣。

二十一日丁酉，陰暖。聞土耳其公使攜有書手甲、乙、丙三人，甲與公使工思利皆草魚禾人，不惟同鄉，且有瓜葛；乙與丙皆自他處調來者，而乙則又有勢力，人情口舌既利，才亦精能；丙乃敦厚樸誠，實心任事。甲本無能，因而鎮日優游賭博，談笑而已；乙雖有才，乃倚勢自雄，作否隨便，每日亦任便游樂自娛，故遇事咸歸丙一人。

晝夜鈔寫、頻致手痛頭暈、無人體諒、不特此也、即公使之僕役、亦不一律稱呼之、向甲曰司特、向丙則曰勒克譯土言司特老爺也、勒克書手也、供事也、夫土耳其亦天下之一大而且古之國也、乃猶若此、其他可知矣、

二十二日戊戌、晴、外洋男女、亦各有名姓、其名惟幼時任人呼之、及長則惟父母夫妻兄弟姊妹呼之、其充當僕婢者、則主人呼之、此外雖君王師長、不得呼其名、洋人姓僅一音者少、其在中國者、惟還其姓音以代名、即如赫德布策巴蘭德羅淑亞阿里格熱夫類是也、華人

五三

雖統呼之、亦無礙也、其洋字名片、雖印名而不全寫、如姓赫名德者、祇書赫ㄔ二字足矣、華人在外洋、將名姓皆還音、洋人即照音呼之、蓋不知其為名、而以為皆其姓也、余攷之禮、其檀弓篇云、幼名冠字、五十以伯仲、孔沖遠疏云、人始生三月而加名、故云幼年名、年二十有為人父之道、同等不可復呼其名、故冠而加字、年至五十耆艾轉尊、又舍其字、直以伯仲別之、據此、是一人之名、在本國惟君親官長得呼之、豈可令外國人人直呼耶、余前在英時、曾向李丹崖星使力辯此節、星使不謂然、即令同人中、亦有不以為然者、故至今凡洋人之談及李丹崖、馬眉淋、陳鏡如、慶靄堂者、無不以李鳳苞、馬建忠、陳季同、與慶常等名直呼者、如此、雖云名揚外國、千古不朽、自與張騫、馬援、蘇武、班超不同耳、

二十三日己亥、陰雨、連日天暖、雪化冰消、凡漆石木鐵各道、一律由人工洒埽潔淨、間有樹林河堤之土道、亦皆鏟平、蓋以沙土、地上之草、既皆青青、而樹枝活軟、亦有生氣、清風徐來、水波不興、真似江南二月天矣、

二十四日庚子、細雨陣陣、記我國之女后為主者、漢唐

五四

兩朝有之、而婦女之學問著名者、則漢有曹大家班昭、續成漢書、稱女學士、陳有袁大捨、唐有宋若莘若昭若倫若華若憲、閩閩南妹為不櫛進士、宋有女郎林妙玉為女進士、唐之薛濤為女校書、蜀之黃崇嘏為女狀元、女之為官者、南漢盧瓊仙為女尚書、宋孝武朝韓蘭英為女博士、明洪武間商勝為武定府知府、武官為晉王廞女貞烈、將軍陳女白頸頸為契丹懷化將軍、唐平陽公主起兵、號為娘子軍、明末秦良玉領兵、亦稱將軍、泰西諸國、自古迄今、雖有女主、而婦女無一為官者、學問

優長者頗多、而著名者未聞一人、
二十五日辛丑、早陰、酉初雨、前兩月在波羅的海瑞丹
二國之間、因颶風吹鯨魚一尾于岸、被瑞人捉獲、價值
萬馬克十數、日前運至柏林、備人觀覽、當日余乘車北
行五六里至教拉年布克街、係一空地、圍以木牆、左右
兩門、入者每人五十芬呢、內以木板鋪地、兩層高約一
尺、上罩布棚、正中一木台、高三尺餘、魚以鐵條支台上、
魚色黑黃、無鱗、皮有直綫、行行寬各二寸、相間深約五
分、通身長六丈三尺、寬丈五尺、高丈六尺、頭長二丈、嘴

五三

長丈八尺、上大下小、下唇滿鬚、長五六尺、眼近下唇、大
如雞卵、分水共四耳、後尾前各二、長各五尺餘、圓形、滿
肉、尾亦作人形、長約八尺、寬二尺餘、聞此魚到岸時、重
六萬一千五百斤、內五臟重萬二千斤、土人灌以砒霜
藥水、以使日久不生異味、不致霉爛、觀者每至數十人、
則場中人立于台上、四面向人講說一番、惜余未習德
文、未得知其詳也、
二十六日壬寅、細雨陣陣、如昨、中國拜禮、凡頭俯膝屈
手動、皆謂之拜、按周禮辨九拜之儀、一稽首、二頓首、三

空首、四振動、五吉拜、六凶拜、七奇拜、八襃拜、九肅拜、稽
首、拜頭至地、頓首、拜頭叩地也、空手、拜頭至手也、振
動、拜以兩手相擊也、奇拜、一拜也、襃拜、再拜也、肅拜、但
俯下手、即今之揖也、西國無稽首頓首之儀、惟屈膝跪
為重禮、無論男女拜親不跪、而君不跪、惟禮拜禱告明
誓、則跪、有所求於天主、或有求于人、皆跪、男求女親、則
尤當跪、其他男見君王官長家主、皆脫帽垂頭、垂手而
鞠躬、婦女屈膝、作我國旗禮請安狀、幼童男女見年長
者亦然、凡男女見親人、如夫妻父母子女兄弟姊妹、皆

五四

以接吻為禮、其平行者、無論長幼、男女相遇、以拉手為
禮、間有男先脫帽、女先點頭、或作半屈膝狀、而後拉手
者、亦有不拉手者、皆在乎親之遠近、彼此隔路相見、則
男脫帽、女點頭至二、男相遇、有彼此左手摩帽簷、而右
手對拉者、有彼此各以右手摩帽簷、而一語不發者、亦
在乎親之遠近耳、又凡人見羅馬教皇、皆跪、啜其足、命
婦見君主、隨請安、以口啜其手背者、是西國之禮、除婦
女作請安狀外、其他罕有與中國同者、外國雖有兩手
相擊一禮、然用之于賀彩歡呼、是仍與中國不同也、男

女有別、禮分輕重、中國尊婦人、始自唐武后、至外國不知始自何時也

二十七日癸卯、細雨如昨、兩月前賡韶甫具稟告假半年回國省親、昨經星使批准、遂定于下月初間起程、走熱諾阿駕德公司、至滬當早、余與餞行、吃春捲、并約延丞二君作陪、戌初延少山楊石漁約余與韶甫伯純在得來森訥街第七十二號顉爾恩斯戲園觀劇、所演係一中國人名慶床者、北京人、素以行醫為業、乃攜南京高茶葉來德販賣、因治愈一賣柳條筐之老人、其女與

五五

慶彼此情愛、遂嫁娶焉、按慶床戴青緞小帽、穿灰綢袷襖藍呢半臂、年二旬餘、一切景緻樓房山水花木城內鄉間、無不幽雅可觀

二十八日甲辰、細雨淋漓、西國婦女衣服講求時式、綢價極貴、有二十餘馬克一碼者、至賤者亦須二三馬克、上衣下裳一副、有值二三千馬克者、貧人一分、亦須三十餘馬克、昨見鋪中作成一件黑綢短袿、綢似葛而輭、四邊鑲以黑絲、價值三十馬克、蒲綢衣裳一副用綢三丈餘、價竟賤至二百馬克

卷六終

五述奇卷七

鐵嶺張德彝在初隨筆

己丑二月二十九日乙巳、細雨稍涼、外國凡君主生辰、通國人民朝夕慶賀、懸燈結彩、鼓樂歌舞、懸旗宴樂、有人問中國亦如此否、余曰、中國以皇帝萬壽為大典、然歷代制度不同、有當慶壽之辰、齋素講經者、有賜宴侍臣、使內職與學士聯句而慶壽者、有以壽辰為千秋節、宴百官於內廷、布告天下、宴樂休暇三日者、有因而恩赦罪犯者、有受金帛器服珍玩駿馬等貢者、有歲詔佛老說法者、有令百僚命婦一體進名參賀者、有置戒壇度僧尼資福者、有因而禁屠宰宴蔬食陳脯醢者、其制不一、至我本朝

大皇帝萬壽屆期、惟大內百僚祝嘏、在乾清宮賜宴聽戲三日、又在正日之前三後四日、凡文武入內當差者、皆穿蟒袍、各省督撫以及出使大臣屆期亦皆率眾僚屬向北恭拜

聖牌、行三跪九叩禮、蓋朝野莫不歡聲雷動、呼萬萬歲也、

三月

初一日丙午、細雨、現在天時將暖、西國婦女多喜服中國之繭綢、故各綢緞鋪多有列此綢于窗下者、德人問余此綢之由來、余告之曰、此綢古時無之、始自明末、今則山東各處有之、歲以為常、人多依此為業、其蠶散生野樹上、土人蠶時、必架廬林下、把竿逐鳥鼠之害、槲生者名槲繭、椿名椿繭、椒名椒繭、大如鳥卵、生深山叢條間者、視他繭特小、大如指上螺、名山繭、質更佳、歲凡三稔、又問此綢較他綢如何、余曰、此綢雖不如他綢之華美、然繭綢備五善、色不加染、黯而有章、一也、浣濯雖敝

二

不易色、二也、日日御之、上者十歲而不敗、三也、與羣衣處不已華、與統縠處不已野、四也、出門不二服、吉凶可從焉、五也、

初二日丁未、細雨、午後同貝彙如乘馬車入五道門、看阿奎良魚池、地址不如倫敦之大、無樂場、無酒肆、然人工精巧、較勝於倫敦、通樓上下三層、四壁皆以峭石堆壘、上下曲彎、如在山壑澗谷之中、隨行左右皆作玻璃壁、魚共百種、按種分槽、每槽寬約一丈、高亦如之、由玻璃內視、其背後立石、形式不一、上透天光、下有鋪石子者、有係泥土者、更有生成綠草黃花多種者、活水清澄、石下有孔通水上噴、在水內視之如烟、水則有涼有熱、因魚有來自北極、或近赤道也、魚優游槽內、如在江海、或游行、或步行、或生于石面沙中、如花木之不動而恰係活物、或無水而鋪沙石、或鋪沙石而旁有水池、初入門、走過一行、左右玻璃壁中存蛇蟒蛤螞處、即見一巨壑、深三四丈、有鸛雀鸚鵡葵花猿猴等飛舞其上下、則一水如溪、內有海龍水獺鱷魚四五尾、再繞多彎、則一山洞、海龍水獺忽在眼前、上望甚高、又見鳥獸飛舞景

三

致極奇、洞外有一小加非館、沿途有擺攤出售蛇皮紙掖、口袋以及蛤蚌螺殼等玩物者、入門每人一馬克、

初三日戊申、陰晴不定、嘗思天之生人、四海一體、何分乎東西、美斐二洲居其中、所產男女或多或少、不甚懸殊、惟歐洲產女多於男、而亞洲男多於女、其理何歟、昨閱褚氏遺書有云、男女之合、二情交暢、陰血先至、陽精後衝、血開裹精、精入為骨、而男形成矣、陽精先入、陰血後參、精開裹血、血入居本、而女形成矣、由此觀之、是西國男女交媾、陽精先入者居多、察其陰血後參之由、女

非無情、血來遲也、所以血遲之故、則不必明言而自知矣、

初四日己酉、晴、論天下之大勢者、皆謂中國宜聯俄圖英、不可結英圖俄、聯俄圖英者、爲財政計也、不可結英圖俄者、爲地勢計耳、然以時勢觀之、則不可、現在我國鐵道未通、水師既少、而陸軍亦無多、英現所圖者利、俄不惟利而更兼地、俄今虎視亞洲、如兕入牢、左右衝突、苟得其門而出、以逞所欲、爲今之計、是當結英以鎮俄、方爲上策、俟將來兵勢强盛、鐵路通而海軍足、再謀妥法、未爲晚也、當日未刻、韶甫至各處投刺辭行、

四

初五日庚戌、晴、午正赴萬牲園火車棧、與賡韶甫送行、韶甫自由同文館出洋來德、至今已十有二年、家有祖母與母、既無叔伯、終鮮兄弟、當劉雲生、李丹崖、許竹篔三星使之任、屢次請假回國省親、完姻、未蒙許允、及其祖母仙逝、伊爲承重孫、例應丁艱、請假回國、仍未許允、竊推三星使所以未允之由、蓋以華官初駐德國、一概創始、處處須人傳話、當時雖有金楷理等、究屬洋人、且歷時未久、後又值蔭五樓奉札回國、凡事不能賴其一人也、此次星使念其久未回國、因而批准六個月、然八九月間能否來德、未敢預定、恩仲華本年差滿、擬于八月起身、華人能德語者、唯此二人、如届時韶甫能來固妙、倘不果來、幸有金楷理在、伊隨使多年、人亦精練、尚堪依賴也、

初六日辛亥、陰涼、午後携陶少君至福來得立街一遊、回見呂祖橋東一舟、長四五丈、寬丈餘、滿載沙土、舟邊距水寸許、因躲避輪船、轉近南岸、不意旁觸他舟、稍歪、水竟入舟而沉、即時男女五人取出多物、搭板登岸、幸水尚淺、舟雖沉下、而首尾仍露于外也、

五

初七日壬子、陰涼如昨、近日屢見有老少婦女結隊出行、隨一敞車、載木箱、被捲等、赴樸斯當火車棧、蓋柏林城西稍南二百五十里、傍艾拉布河有村曰麻袋布者、有造糖廠、每年夏秋兩季開工、入冬停止、故四方鄉村婦女之貧苦者、皆于此時前往作工、半年後回也、

初八日癸丑、陰涼、記十年前有德人包格翡者、創造一種樺木所雕之景緻圖、工極精巧、凡山水、樓臺、林木、橋梁、舟車、鳥獸、無不與真畢肖、前在美法比和等國、皆得

有寶星其鋪設在米袋巷第四十七號其圖每頁大者橫七寸豎五寸價八九馬克小者橫五寸豎三寸價五六馬克最小者橫不足三寸豎約二寸價二三馬克

初九日甲寅陰涼去冬余思畫地圖五頁每頁一尺見方因當時天短無暇遂乞潘桂二君擇其所教德生中一人但畫經緯線度不必繪圖係畫畢時再行請飯觀劇以酬謝之既而覓得一人名林定浩余遂交去油紙五張先畫來三頁不惟經緯不均而且綫亦不直因而另交三紙告以畫法昨日始行送來五張且開寫一條

六

言前後八頁每頁畫工二馬克是可見其不敢以他物酬謝矣德國男子不念情義婦女不思貞節皆因貧乏之故亦皆由國家逼迫租税所致耳

初十日乙卯陰涼西國照相向皆製買乾淨玻璃塊及照時皆自行上藥然照相上藥各專一人不能兼工邇來有出售上成藥水之玻璃塊者因而柏林城中各照相館皆買此已成者用之既省人工更省藥費然則凡學照相者可以不必學此上藥水之一藝矣且可一人獨任其勞而省夥計之工費也

十一日丙辰陰涼西人洗浴有圓刷長柄刷以及麻線手袋等以便擦刷脊背腿腳茲將長柄改作彎柄以之刷背尤覺省力乃近來多有不用麻布馬尾而改用絲瓜瓤者不惟以瓜瓤作刷作手袋更以之作手套與鞋是皆國人設法以獲利也其刷袋之價未聞惟淨瓜瓤一縷價值八十芬呢

十二日丁巳天陰而暖見福來得立街蠟人館玻璃窗內有山水一小幅乃八十年前德之詩人名傑狄者所畫大有王石谷筆意云此是西人仿中土畫法之始

七

入夜晴

十三日戊午晴暖聞昨日午後某街有二女孩一七八歲一三四歲者門外玩耍正值公車馳來其小者步近鐵轍車夫見而搖鈴令躲奈小孩不知大者急往拉拽車已近在咫尺韁繩勒之不住上輪軸轉之不及迨馬止步小者已成虀粉而大者亦被踢待斃矣巡捕即將車夫送官移尸道旁招人往認至車夫治何罪未聞

十四日己未陰暖前初六日河邊所沉之沙土船次日即置一小挖泥機器于其上船旁浮一方槽船槽之間

另一横槽、架上鋏斗六個、不用火機、乃左右四人推柄
如轆轆、每斗轉上、自將沙泥倒入横槽、另一人以鍬撮
入方槽、槽滿則推傍船後、兩人又撮入一船、連日如此
挖撮、至今日沙始撈淨、遂于沉船旁傍一高船、中横二
木、兩首一在岸邊、一在船面、下以大繩兜船底、多人由
木上拽繩、前後拽之、終日、船始上浮云、
十五日庚申、陰暖、戌初同延少山至冬園看雜耍、共演
十數場、先是幼女七八歲至二十歲者百餘、皆著日本
服色、班班跳舞、鬧熱可觀、其他新奇者、如一男一女作 八
假矮子、且歌且舞、情狀逼真、一人蹯二竹杆高丈五六
尺者、手提長繩、令二小孩在兩腿間打鞦韆、既而二孩
由竹杆下上攀至其頭上肩旁、任意耍弄其人分毫不
動、蓋其站立堅穩也、又兄弟五人皆穿緊身肉色衣樓
頂懸鞦韆架五作𠕁形、中央三人依次舞耍、其兩首者、
不惟盤旋耍弄、且二人相隔約七丈、乃能彼此對換時
而單手、時而雙手、時而五人同在架上旋轉、如一朵大
菊花、又樓中横一鋏線、長約十丈、有兩女、一十餘歲、一
約二十歲、大者先騎脚踏車、行于線上、往来甚速、既而
小女蹲其肩上、坐其兜中、其兩腿依然能踏關鍵、而使
輪飛、幼女尤能線上推手車、行亦甚捷、亥正回寓、
十六日辛酉、陰涼、聞城外某村有貧民夫婦二人生子
女五、夫在鐵鋪傭工、婦在家出售零碎材料、藉以度日、
前日伊夫誤傷他人之物、官定收監二十四點鐘、婦誤
以二十四日、乃愀然、以無計謀生為憂、因而昨早賣去
鐵罐一個、買雞一隻、煮熟、令其子女食之、食畢與之梳
洗換衣、使睡、待睡熟、遂一一以繩勒死、婦亦自擬焚燒、
左右鄰居見烟自窗内出、闖入相救、知其事報官、官亦 九
令其夫暫回、見婦所為、怒向撞頭、經衆拽住、及官觧婦
去時、婦無愁色、且至所勒死之子女尸前往來親吻多
次而去、
十七日壬戌、早雪、辰正晴、巳正又雪一陣、雪後復晴、涼
而微風、近來屢見房後河面有野鴨對對浮來、蓋皆自
萬牲園中游出、以覓食者、入夜仍歸園内、又此時始見
黄雀燕子等鳥、蓋每值秋後天涼、則皆南飛義大里、春
後天暖、復皆飛回也、
十八日癸亥、晴、近日傍午天始稍暖、然街市步行、仍覺

涼風颼颼，乃各加非館、酒肆、飯館皆支起布帳，而設桌椅，成行矣。土人男女，亦竟有坐飲加非并苦酒者。

十九日甲子，晴。近因兎蛋節，自上月底，凡糖果、玩物、香水、胰皁、點心等鋪，皆添賣各樣假兎蛋，大小不同，造法亦不一。或以糖，或以勺勾臘，蛋皮或作龜背錦，或作柳條紋，或作葦蓆，或作竹葉等形，或造以胰皁，色分五彩，或造以紙，外畫花卉鳥獸，或木質外以油漆彩畫，或包綢緞，繡以襍花，或作盒而內盛糖果，或上繫縺，下垂穗，作荷包形，其內或藏香水一瓶，或香末一包。更有破蛋

十

內出小孩者、雛雞者、小兎者。小蛋如鴿蛋，大者如駝鳥卵，形式不一，工皆精細鮮明可觀。兎亦多種，或大或小，或紙或布，或糖或木皮，或帶毛，亦有彩畫者，或立或臥，或坐或蹲，或活頭，而腹內含有糖果、香水之類，或兎拉車而上載蛋若許，兎或吹笛，或看書，或戴眼鏡，或打雨傘，或大小環坐而飲酒，或携手同行，作夫婦狀，或草筐竹籃，或方或圓，滿盛兎蛋，或蛋居花中，而兎臥草上，種種不一。其價自五十芬呢至三四十馬克不等。聞前日某地方官送宰相畢駟馬以竹雞蛋一百，為讚其保護國民生齒日繁之意也。

二十日乙丑，晴暖。今日為西四月十九日，又為禮拜五日，乃其天主受難之始，因而鋪戶關閉，人工休息。自巳刻至夜半，車輛往來，男女擁擠，駢肩累迹，笑聲載道。路皆平坦，或石或漆，雖車無轍，馬無跡，而車聲轆轆，馬蹄登登，人鞋皮底行之石上，聲亦丁東，聞之震耳，使人終宵不寐。

二十一日丙寅，晴。聞他國人之孤身留德者，恐宿娼致遺種於異地，乃覓其女之貧而非娼者，與之約定每月

十一

給錢若干，不准另認他人，限定相交若干年月，如生子女，悉由男人携帶回國，不得收留于此。然德京地方官有保人會，亦有專員司理其事，雖係異種，亦不得携之出境。如余所聞，則該立約之人將來如生子女，不知能否任意携回也。

二十二日丁卯，晴暖。今日係西四月廿一日，為其耶穌復甦之期，鋪戶關閉，人工休息，街市鬧熱，與前日同。查外國雖分天主、耶穌兩教，而天主或耶穌之誕辰則同，皆記以月日，係在西十二月二十五日。至其受難復甦

又無定期、乃按月李推之、係每年西國立春（即中國春分）後第一望日後之第一禮拜日為其耶穌復甦之期、前禮拜五日為其受難之期、故上年二月初八日春分、（西三月二二）叶至二十日（西四月初一日）係其禮拜日、即為其耶穌復甦之日、至本年二月十九日春分、（西三月二十一日）至今日為其第一望日後之第一禮拜日、故為其耶穌復甦之期、由此觀之、其耶穌受難復甦日期、尚無實據可考也、

二十三日戊辰、晴、為其耶穌復甦之第二日、鋪戶依然關閉、人工休息、街市閙熱如昨、且此二日內、城中者下鄉、鄉間者進城、鎮日遊玩、故雖鄉村之加非館、亦頗閙熱云、

十二

二十四日己巳、陰雨、德京各戲園、除一二官園座價隨時增減外、其他皆與英法同、雖有定價、而有時因演唱已久、坐客無多、改價折半或七八折亦有之、又按德例、凡國中武官看戲、無論何時何園、價皆折半、蓋官諭如此、所以體恤武弁也、

二十五日庚午、晴、午後約延少山、楊石漁往遊萬牲園、一切鳥獸如前、無所加減、惟上年所生四小獅、不知何往、又有新生六小獅、僅四十餘日者、亦皆以大狗哺之、現因天未甚暖、凡熱帶所産之鳥獸、如孔雀、葵花鸚鵡、駝鳥、海馬、智利狐、犀、象、袋鼠之類、皆仍留房內、尚未放出、加非館雖設、而晚樂未作、故遊人不多、

二十六日辛未、陰雨、見本地建造樓房、不專用夯打地、係在四面牆下打木樁、木粗盈尺、長丈餘、其打法立一木架、作个形、高於木樁、架頂立一鐵輪、周約五尺、輪上繞粗繩、下繫一鐵盤、厚約四寸、周亦五尺餘、繩尾連四細繩、四人拽之、鐵輪轉則使鐵盤起落、以搗木樁、極快、我國北方用鐵夯打地、需人既多、用時亦久、若用此法、則人工既省、時刻亦不費也、

十三

二十七日壬申、晴、記柏林另一照相館、名艾立賓林、設在五道門內恩德林敦街路南第十九號、工料皆精整潔真切、每照成一頁、無論再印與否、價皆五馬克、再印每十二頁三十六馬克、小者一頁五馬克、印十二頁十二馬克、六頁七馬克半、

二十八日癸酉、陰冷、記柏林醫生專有眼科、無論其治眼疾與否、雖有人僅令其察眼力有病否、須用眼鏡否、

若用須買第幾號者即年老眼力尚強閲之無須用眼
鏡者皆須付門診錢十馬克
二十九日甲戌早晴申初雨雹記前于正月二十九日
接駐法諸友來函謂二十七日恭逢
皇上大婚吉辰法館諸君及肄業游歷諸君設爲蝴蝶之會
通宵宴樂極形熱鬧而謝芷泉何毓孫閻潤亭亦均入
會次日巴里新報即載使館慶賀之事又昨見申滬報
亦叙羊城慶賀大典各節乃廣東街市一連十日懸燈
結彩張樂諧音以申遙祝想見衢歌巷舞四海臚歡穗
十四

石士民無不頌
一人有慶矣又述我國駐日本公館恭慶盛典一則云正
月二十七日恭逢中朝
大皇帝大婚吉辰駐日本星使及各埠領事官皆穿蟒袍結
彩懸燈設筵宴客清晨各國欽差日本大小官員以次
具柬道賀當宴客時諸賓互致祝詞累牘連篇洋洋灑
灑更雇藝妓登臺演二十四孝諸劇歌聲舞態佳妙絶
倫并放烟火花筒錦簇花團令人目炫横濱神户長崎
亦大畧相似所製燈聯如麟趾螽斯化蜳周室龍翔鳳

舞喜溢天家皇猷與日月同光卜他年鼎祚啟象賢緒
統永垂億萬世帝德本乾坤並大看此日泰階迎仙仗
婚儀共仰九重天皆正大堂皇琅琅可誦也由此觀之
在英在美亦必皆有此舉中外官民同慶何樂如之此
等舉動原所以尊國體而見愛慕之忱若沾沾爲節省
經費悮矣
三十日乙亥晴記德國一種木耳名曰莫耳池因是音
亦與木耳相似其色黑葉小而叢又似磨菇而較硬據
云皆生樹下不生樹上其味雖如木耳而所產之地又
十五

似磨菇矣
四月
初一日丙子晴頗暖今日爲西四月三十日柏林壯之
敎斯台隆圃中除障眼畫加非飯館樂場外有大鍈玻
璃房一間内分多間存列衣式畫工什物之類現又房
外添設多間羅列新創各種節省人力與拯救人命之
各機器車船等數月之間一概擺齊今日午後德皇與
后前往觀覽德皇立陳數語開場爲首之人亦立陳一
段大義願本國人民多學創製各種利益之物皇與后

在內遊賞兩點鐘之久始去、場內皆懸旗結彩、國人見
皇與后、皆歡呼慶賀云、
初二日丁丑、晴、酉初金楷理約延楊二君與余在烏拉
飯館晚酌、酒食頗佳、坐間店主前來周旋、視之乃十年
前凱色豪富店中之帳倌烏拉也、其人本一庖丁、因其
勤能、改充帳倌、現竟自行開此飯店、地勢既勝、店亦寬
敞、珍饈味美、柏林稱為第一云、
初三日戊寅、晴、現在天未甚暖、而街間婦女皆換戴草
帽、馬尾帽、幼童稚女亦皆赤臂袒胸、著短衫短褲、男子
則皆依然毡衣毡褲、毡帽皮靴、又西國雖種牛痘、而土
人男女亦間有麻面者、
初四日己卯、晴、訖呂祖街之肉菜市、當土工告竣、正值
天涼、故房外四面亦祇掀平而已、現在天暖、則四面沏
甬路、造石堦、更自他處移植松槐榆栗等樹、高一二丈、
綠葉叢生、毫無損傷之處、考其種法、係按棵掘圓坑、周
約二丈、深一丈、篩去沙石、再行墊起、而後植之、其怕日
曬者、罩以青布作△形、松樹更有根外包筐、以防盤繞
他樹者、

十六

初五日庚辰、晴、訖德京男女畜犬者亦多、如英法街市
頻見貧民懷抱二三小犬、雖長嘴直耳者、問其價亦二
三十馬克、價亦昂矣、
初六日辛巳、早晴、午後大雨一陣、又晴、德京諸物昂貴、
大街各物、較各巷為尤貴、蓋官場以各通衢鬧熱、行人
稠密、因而房稅地稅人稅物稅、皆重加數倍也、如某物
在大街價號十五馬克者、入小巷、則十馬克或八馬克、
皆可買得矣、
初七日壬午、晴、熱、福來得立街第百七十八號一苦酒
館名蒲滿者、地基不大、樓高三層、上二層于每禮拜二
五兩日作樂、入夏小院支布帳、四壁懸燈、樂自酉正作
至子正止、出售苦酒加非點心、女堂倌十六、皆妙齡也、
夏著白衣、斜挂紅綠黃三色綢條、寬約四寸者、由右肩
至左跨、各人胸挂銅牌號目與名字、聞此等人與加非
館男堂倌同、亦無工錢、惟館中供兩餐、咸賴坐客賞錢、
皆每早十點入館、一點回家、午後四點再入館、至夜一
點方去、奈入夜作樂時、去者多下等人、故上等人多不
願入也、

十七

初八日癸未晴此時柏林菜蔬為胡蘿蔔白蘿蔔芥菜格達撇拉蓁菜波菜茴香菜生菜皆短小不大白菜不高而亦圓團如錘更有嫩葱葉長六七寸細似韮菜色亦深綠出售成捆夾初同姚陶二君至萬牲園火車棧迎程鞠存李黔乾聯文泉三君由奧國來住靈課巷店內

初九日甲申晴早程李聯三君來拜德例凡貧民生產收生婆錢由官給平日收生婆每收一胎工價六馬克守牀九日朝夕洗澡母子者百馬克守至彌月者三四五百馬克不等視人家之貧富耳另有一種女僕專伺候孕婦者工價計日不計月每日除飲食外給工錢五馬克

初十日乙酉晴外洋婦女老幼皆腰圍一物作皿形者束之使細內外蒙以綢緞或布中束以魚骨軟中硬而輕胸前兩襟各有孔一行聯以絲繩是繩之鬆緊關乎腰之粗細不意近聞男子亦有服是物者非為腰細乃使腰挺直也武官腰圍此箍者為尤多云

十一日丙戌晴德國雖有冷地乃鮮磨多而豐厚晾乾者少土人服之亦恐有毒故凡磨菇木耳之類必先煮以白水試以銀匙然後烹炒之

十二日丁亥早晴戌初大雨一陣前言因天暖男女著衣厚薄不同此地天時涼暖陰晴不定何以男子體壯而畏寒女子身弱反著單衣詢之據云男子經絡足故壯然肉乾油少如牛肉故不能禦寒女子氣血不足故弱而肉肥油厚如猪肉故天氣雖涼不易入也

十三日戊子晴前日經星使札派石漁駐德少山駐俄起程有期遂于今日申刻約鞠存黔乾文泉與少山共桌晚酌彼此暢談甚歡記西麻每年准三百六十五天然按天文推之一年必須三百六十五日零五點鐘四十八分五十七秒方足地球繞日一周之數因此每四年在二月多加一日曰閏日年然如此加數又較稍多故每百年復有應閏而不閏者總之其閏與不閏之定法凡前二數之能以四數分者方為閏年即如一千九百二千一二三百等年皆不能閏而二千年及二千四百等年又皆能閏至平時應閏各年皆係後二數能以四數分者即如一千八百八十四九十二九十六等年

是也、

十四日己丑晴、午後同延少山貝彙如至敎斯台隆一觀、入門右有小房一間、內係作冷氣之機器、觀者每人二十芬呢、其中四壁挂彩綢、中立鐵管粗拱把者四、入門既涼、手摩鐵管如冰、凡暖氣入屋皆凝結管上成冰、故管色白、再入旁間、列新式火車多種、有帶牀榻桌椅者、有前後開門而左右關閉者、其他大房中有大小鐵甲兵船、礮船式樣多種、渡船則造以油布、可捲而携帶者、入水覓物者之古米身套若干種、式亦不一、作信封之機器、係將紙半刀置入匣內、機器動則皆切折黏妥、有刷玻璃瓶具、雖亦毛刷、然機器動則數十瓶同時刷淨、毫無脂遺、大海險處有燈樓、現又創造一種飄燈、係空鐵球作◇形者、上燃電氣燈、下鐵鎖連焦石、其他有織布織毡各種機器、無往而非為省人力而設、加非館、飯店、樂場如前、入者每人半馬克、

十五日庚寅晴、克鹿柏礮廠、前于道光十三年（西一千八百三十三年）初立時、工人僅九名、至道光二十八年（西一千八百四十八年）工人七十四、至上年（西一千八百八十八年）五十五年之久、人工增至二萬零九百六十名、內住艾森莊者一萬三千六百二十六名、合其家屬計之男女老幼共七萬三千七百六十九名、其住廠主所備房間者二萬四千一百九十三名、通廠共爐一千一百九十五座、水鍋二百八十六、機器鍊錘九十二、重由一百至五萬箕羅、靚大小不同、火輪機器三百七十架、共馬力二萬七千、別種機器共一千七百二十四、鍊氣筒共三百六十一、每日用煤二千七百三十五噸、燒鐵六百噸、

十六日辛卯晴熱、今日為西五月十五日禮拜三、係本邦之一聖節、名卜斯大、鋪戶關閉、人工休息、與禮拜日同、此節由各邦君主自定、布邦者定自百餘年前、專在五月內第二個禮拜三日、亥初大雨雷、

十七日壬辰晴、見本地書舖店亦售天下各國舊信票、有按頁黏成一大張者、有釘成一小本者、任人挑選、價由五芬呢、十五芬呢至四五馬克不等、今見有盛百張于一信封內、號價七馬克者、

十八日癸巳晴、西人亦謂蛇有毒、而其糞與所經過之處皆無毒、必其努力咬過始有毒、蓋其上牙內有一泡、

泡內有毒水咬物則下牙觸上泡努力泡破而毒氣出矣入夜陰

十九日甲午雨昨日延少山在樸斯當街橋南喀斯巴澡堂洗浴遺金戒指一枚于池旁今日往問堂主即由抽屜中取出還之可謂拾金不昧矣少山因賞收拾水池人二馬克以酬謝之

二十日乙未晴現在天暖街市貧家子女亦多赤足者更有男子著舊衣或赤腳街市遊蕩拾取行人所棄之菸捲尾及零碎食物者

二十一日丙申晴早延少山至各處辭行爽正同諸同人送至萬牲園火車棧柏林街市鮮花鋪頗多然皆有屋無院現值天氣燥熱故每晚皆按盆排列門外來往男女老幼雖多然無偷竊摘弄等情蓋一因物各有主再因巡捕訪察嚴密故皆不敢耳

二十二日丁酉晴數日前樸斯當坊中央燃氣燈處去燈立木架造木台一座作□形高丈餘寬四面各八尺白色金邊其上立一白土塑成之女像高丈四五尺頭戴盔身披甲左手外伸右手撫腹頭向西稍南身後向來百喜街女像名貝婁里那乃西國古時女仙柏林城名之所由來也台下圍以鮮花松枝此外四角立旗桿十二每角三桿中高左右稍短其高者二丈餘每上掛一三角長旗各旗橫作紅白藍三色由此東南二里許順高呢格拉在街至安那拉火車棧一路左右各家鋪戶掛旗火車棧前以綢結門如亭如牌樓寬四丈高約三丈又自樸斯當坊北走高呢格拉在街約二里餘至五道門一路左右各家亦掛旗五道門左右分豎高旗十二桿門前左右順適爾囿之柏林大道豎高旗桿四排每排三桿與樸斯當坊同入門東向走恩德林敦街約三里至皇宮各家鋪戶掛旗各電氣燈二燈之中間橫繩懸挂中國五彩燈籠方圓長扁塔形扇形種種不一中逢在福來得立街之十字中央亦設一綢門式與安那拉火車棧同凡此皆為迎接義大里國王恩柏斗而設也當早巳正義王率其樞密及外部大臣到此德皇自安那拉車棧列隊迎走高呢格拉在街過樸斯當坊入五道門至恩德林敦街入皇宮一路觀者男女如堵二王及畢駟馬等車過時無不高聲歡賀通城各處

皆挂國旗，至二王必由之路，各處不惟挂旗，更在窗前列鮮花，鋪彩綢，以明慶賀之意。又因國人皆欲瞻望，在樸斯當坊及恩德林敦各加非飯館之座位，樓上樓下以及窗外，皆須二三日前買定，其價頭等者由六馬克至十馬克，其次者由四馬克至八馬克。鎮日街市男女擁擠，車馬馳驅，入夜尤甚。

二十三日戊戌，晴。丑初星使生女。巳刻，同諸同人與星使賀喜。午正，送李爵乾至萬牲園火車棧起程，由巴里回華。又姚子樑因産房正在其所住一間之上，遂移住斯台立武街第二十四號。

二十四日己亥，晴。天下猶太教人最多，而富者亦多。茲聞猶太人天下共有六百三十萬，內在歐羅巴一洲約五百四十萬，其餘在亞細亞洲三十萬，阿斐利加洲三十五萬，阿美里加洲二十五萬。在歐洲者今計，則在俄國者幾三百萬，奧國百六十四萬四千，德國五十六萬二千，魯麻呢亞二十六萬三千，土耳其十萬五千，和蘭八萬二千，法國六萬三千，義國四萬，英、葡、瑞、丹等國未詳。在猶太本地巴當斯太音地方者，僅有二萬五千云。

二十五日庚子，晴。記柏林城內戲園雜耍館凡大小二十餘處，如阿喀代米園在阿木費斯東戛本街第二號，容坐千二百人；廣澤園在阿木敦本豪斯坊第十一號，容坐千一百人；翡薩園在本布蓋街第二十二三號，容坐人千七百，立人一千，外有花園，夏季容坐人三千。以上三處皆為上等，國王間亦往觀演戲。有時座無定價，每遇歌妓優伶之著名者登台，坐立各價由五馬克至五十馬克不等，皆于二三十日前貼報單、登新報，其座票于十數日前往買已不易得。中等戲園如蓋呢園在阿木敦本豪斯坊，容坐千六百五十一人，價自一馬克至十馬克；羽斯皮拉園在石壘坊，容坐千一百二十二人，價自一馬克至八馬克；威克鬼里亞園在敏茲街第二十號，容坐千三百八十人，價自一馬克半至九馬克；得赤愛園在樹滿街第A字十三號，容坐九百八十人，價自一馬克至七馬克半；倭勒訥園在倭勒訥巷第三十五號，容坐千三百人，價自七十五芬呢至七馬克半；來興園在福來得立喀烏佛爾街，容坐千二百人，價自一馬克半至七馬克半；萊溪丹園在步路門巷第九號，容坐六百七十人價由一馬克至六馬克半福來得立躂良斯太堤什園在翔斯義街第二十五六號容坐千五百人價由七十五芬呢至六馬克次則森特拉園在阿拉他亞高街第三十號容坐千人價由七十五芬呢至四馬克額爾恩斯園在得來森訥街第七十二號容坐千四百人價由七十五芬呢至三馬克貝拉陽園在貝拉陽街第七至十號容坐千六百人價由七十芬呢至五馬克外有夏園燃燈二萬盞每年自五月至九月每晚自酉正至亥初作樂歌舞帶演小戲歐斯氏園在格洛斯第蘭佛特街第百三十號容坐千三百二十四人價自五十芬呢至三馬克克洛園在魄呢坊容坐二千五百人價由一馬克至四馬克外有燈園燃燈二萬盞容人六千樂台二場每年亦由五月至九月開園燃燈自酉初至亥初又有雜耍館二如匡闊爾的亞館在福來得立街第二百十八號桼池沙蘭館在來百喜街第七十七號各皆容坐千數百人價自一馬克半至四馬克馬戲園名蘭滋在喀爾街容坐三千六百人價自五十芬呢至三馬克其名舒鑾者在喀拉烏佛爾街地勢稍小座價一律此外小戲園樂館跳舞房甚多皆非上等人所可往者無須瑣記冬園前已述及

二十六日辛丑早晴申初驟雨一陣來百喜福來得立恩得林敦等街道皆漆墁朝夕車馬行人最多經地方公雇十六七歲之幼童頭戴灰色金箍曰形毡帽身著灰毡衫褲手執長柄掃帚鎮日往來掃除馬矢塵土冬季兼掃雪鏟冰聞每名月領工錢僅二馬克大半衣服飲食皆由地方供給也

二十七日壬寅早晴申刻陰雨一陣雷亥正晴義王赴樸斯當城遊自前二十二日至今朝夕街市行人稠密各加非館酒肆亦皆男女如雲座無空地鬧熱勝於新年也

二十八日癸卯晴同人有謂寒暑表無驗者言去冬冷至十五度不甚冷而至十度有風反覺冷何也余曰其所以冷者有風故也盖人賴身體熱氣陣陣外出以禦寒體壯氣足者不甚覺冷體弱氣微者見涼即冷理固然也其本不甚冷而遇風反覺冷者因熱氣陣陣外出未及禦寒而已被風吹去是雖不甚冷而覺尤冷也熱

氣凜寒與兩陣交鋒同營兵原可陣陣迎敵强弱不分及敵兵稍弱奈竄有别支營兵每出迎敵即被别支冲散故反覺敵兵强而營兵弱不同是理乎

二十九日甲辰晴柏林亦有媒人其家挂有招牌不惟代雇僕婢如收拾房屋扶持主人作針黹作庖丁梳髮洗衣看娘奶娘等更代覓男女之教各國語言文字者工價皆由雇家與被雇者自定無論若干媒人先收六馬克使費如主人不合意另欲更換在三個月内媒人不另要使費

三十日乙巳晴德例凡柏林城内遇年節喜慶之事皆歸城官管理用畢各物出售原價歸官雖國王有愛留者亦當償其所值聞此次義王來德城中所備者共費百五十萬馬克又凡他國國王來此德皇宴會後所用之刀叉盤鏇銀器傢伙皆分賞侍僕云

五月

初一日丙午晴暖德京魚鋪亦售全魚每尾小者二十五芬呢大者五十芬呢亦有水草其梃甚粗而葉扁且硬而稀每捆粗盈指價五芬呢平日不餧水蟲乃餧蟻子形如米粒或蓼花其色淡黄而輕乃自鄉間掘來者每包重約一兩價亦五芬呢

初二日丁未晴熱西俗男子不持傘則拄棍其棍長與傘同或竹或木或籐或魚骨其質不一凡手執處或作圓餅或作彎柄或鑲金或嵌銀或象牙花石硬木及鯨魚骨不等棍梃有帶刺者有帶小表者昨又見棍頭有帶小盒内藏錢鈔者有内含小燭入夜遠行或覓物而得用者種類隨時創造此可見西人處處設法獲利以為生也

初三日戊申晴熱本城官雇有一種車夫每日工錢及餵馬共八馬克天暖拉水洒街冷則撮雪撮雪者大敞車洒水者車上豎卧一紅油銕桶長五六尺粗亦如之車尾横一山形噴筒筒後有管通銕桶水噴出如驟雨横逾一丈大道往來兩次則遍便當之至

初四日己酉晴熱如昨德京菜蔬亦多來自他國現見鮮果鋪中出售茄子不甚大不知來自何處盛以小筐飾以綠葉每個號價三馬克可謂名貴矣

初五日庚戌晴熱微風連日天雖晴熱仍不及我北京

之中伏、午刻雖著紗衫、或單衫、而早晚仍須換裌襖、或馬褂、土人乃謂從來未見有如是連日燥熱者、因而男子街行頭暈心迷者頗多云、

初六日辛亥、晴、聞萬牲園亦有股分票、其中雇人收拾、看守、餵養、換水、燒火各事、以及雜項如起造房間、加添禽獸等、一年僅餵禽獸、須用二十餘萬馬克、為款甚鉅、故股分票之利息不易得、然此票買之亦不易、蓋一家出百馬克、買票則一年間老幼往遊、即無須入門費、是獲利已加倍矣、聞上年所入、每百馬克之股分票、每獲得十馬克之利云、

初七日壬子、晴暖、午後稍涼、德京花園林木固盛、雨雪亦多、而蚤蝨臭蟲蝎子蝎虎蜈蚣螳螂、蝴蝶蜒蚰蟢之類、一概無之、其故何歟、蓋天氣清而地氣淨也、街無纖物、日日刷掃、雖樹林園囿、亦洒掃收拾、使其一律整齊潔淨耳、

初八日癸丑、晴、稍涼、記德京車廠規模與英法異、廠不大、一人拴車十數輛、馬二十餘匹、車夫頭等者、每早交廠主七馬克、二等者交五馬克、每禮拜日各多交二三馬克草料、歸廠主預備、飲馬沿街有官設活水、不用投錢、各車每日午正換馬一次、免其勞苦、以保養之、亥初、偕諸同人至萬牲園火車棧、送程聯二君由熱諾阿附德船回國、

初九日甲寅、晴、記德人見華人衣服華麗鮮明、因問余男女服制有定否、余曰、五色衣裳古無定制、惟王者尚何色、則惟王服之、尚黃者服黃色、尚赤者服赤色、其他則隨人服之、惟歷來君王服黃色者多、至本朝始定、如紫藍、黑白、紅青、淺黃、茶青、灰色、淺藍、駝色、男子皆可服之、女子則更有服葱綠、粉紅、紅綠、藕、蝦、鵝黃、玫瑰紫等色者、其黃色、惟

大皇帝之輦轂用之、喇麻服之、然我國南北又微有不同處、按齊明帝紀、武陵王闡太后遺物、命留五時衣各一襲、五時者、謂春青、夏赤、季夏黃、秋白、冬黑也、江南沿六朝之遺、故今嫁娶新婦、猶有五時衣之名、

初十日乙卯、晴、星使買好牛奶哺女、每日一里特、早卯晚酉、各送一半、其溫法將玻璃瓶置水焗中燒之、及水滾數分之久、取出煮奶之水與奶分晾之、小孩餓時、計

其食量、取入吸奶瓶、參以煮奶水三分之一、與之食、飽後有餘者則拋棄之、不可再用、每一里特價五十芬呢、不論分量、乃三寸九分見方也、

十一日丙辰、晴熱、今日為西六月初九禮拜日、係一大節、德人名曰芬斯頓、英曰槐三達埃、謂天主復甦後第四十八日、或第七禮拜日、自今日起三日、鋪戶關閉、人工休息、英曰槐三達埃者、譯白禮拜日也、因自天主復甦、至今四十八日內、凡幼童男女之初入堂中受禮者、皆著白色衣冠也、

三六

十二日丁巳、晴熱、萬牲園中加非館左右兩場樂工、自天暖以來、每日午後自酉初起至子初止、共作四十節、現因天熱、屆時男女老幼往遊者極多、今晚戌初、余亦前往一觀、見男女坐者步行者、往來如雲、男子衣冠無大區別、婦女則有草帽、紗帽、馬尾帽、有翅者、無翅者、高者、扁者、前探者、旁伸者、黑者、白者、黃者、上圍五彩、或青或黃、或赤、或藍、或白、或黑紗一縷、有後垂者、有堆起如雲者、有襯駝鳥翎者、雞翎或鷺翎者、或綾花數朵者、假葡萄、或櫻桃數枚者、麥穗或地椹一捆者、又有但圍花綢一橫者、衣則五彩、或通身一色、或上黑下白、或上藍下白、或豆青、或淺灰、或粉紅、或月白、或米色、或印花、或有領、或無領、或胸前稍敞者、袖有故使縱起二三層作辰形而鬆以透風者、有袖短而敞作◸形者、有故作腰結細帶而實以綫縫、下垂前後左右者、有鑲裙邊者、有左右鑲作戰裙式者、有上下鑲直條作大襟者、有斜鑲一條作敞襟者、帶色不同、有寬七八寸者、皮鞋黑者居多、亦閒有黃色者、式樣種種、筆難盡述、楊石漁今日移與子樑同居、

三七

十三日戊午、早晴、午後大雨一陣、酉初雨止、稍涼、柏林街市車夫衣帽、皆一律、且皆自備、係黑漆且字形高帽、旁一黃菊花、下圍白縧一縷、寬寸半、衣則白布汗衫、外一紅呢半臂、再外紅青呢衫褲、紅領、鑲白邊、至廠中車夫、係戴黑緞且字高帽、黑漆菊花、黑呢長褂與褲、工錢係廠主付給、每日一馬克、出門一點鐘、車夫分儥錢五十芬呢、若在外十二點鐘之久、則分六馬克、

十四日己未、晴熱、見本街路北一石鋪、出售各種碑碣、柱子、闌杆、桌面等、皆係花石、黑、白、紅、綠不一、琢磨極屬

光潤、或謂其中有以塞門土壓成者、未詳確否、

十五日庚申、晴、熱、屢見街市有貧民懷抱白泥塑成德皇與后之半身像出售、大小不一、大者高二尺餘、價十馬克、小者高一尺、價五馬克、再小者高七八寸、價號三馬克、昨見樸斯當橋南某鋪懸以各國信票攢成之德皇相一軸、亦半身、高三尺、寬二尺、外罩玻璃、烏木邊框、寬一寸、價七十馬克、

十六日辛酉、晴、涼、星使如夫人之生奶既經止回、改哺牛乳、擬雇洋媼專司其事、經張小軒多次尋覓、來三四人、皆每月要工錢六十馬克、昨日始由鄉間覓來一名、年三十餘歲、言定月給工錢五十馬克、若真懃勞、則俟一兩月後再加五馬克、

三一四

十七日壬戌、晴、涼、俄皇之叔公爵名尼扣拉斯者、其次子公爵尼扣萊斯威池將娶蒙坦尼格婁國王之長女彌麗襍為妻、蒙王率其子達米婁前于四月二十三日（西五月二十二日）晚到俄都、俄皇列隊迎入暖宮、當晚宮中宴蒙王、時俄皇舉杯慶祝、有言俄之心腹至交、惟賴王一人等語、現在傳至柏林、德人聞之、不勝詫异、以為俄主此言、雖見諸官報、非等謠傳、然其中語義或有未盡、或有錯誤、皆未可知、否則是俄主深忌義德兩君之好會、與法京願結俄好之黨人所見相同、一時有怫於心、遂不覺其情見乎詞也、俄主而果為是言、則去歲德皇之赴俄、與將來俄主之來德、不皆成無謂之周旋耶、又俄之官鐵路票利息頗重、擬另行借貸、改重為輕、上月俄戶部大臣已向德之銀行議定、不意自俄主之言傳出、德人不悅、竟至停止、且言俄廷亦知數逾千兆之多、咸賴德國協助、今後俄若不向德國實心敦厚友誼、豈能再行借貸、不惟俄主向蒙王所言為可疑、即近日俄在西界邊疆竭力添兵把守、德國早經窺得其情、想彼歐洲各國皆亦必知也、且俄國本貧、而本年風雨不時、五穀不收、尤為窮窘云、

三一五

十八日癸亥、早晴、入夜雨、涼、西人謂歐洲各國語言文字之源、共分三種、曰日耳曼、曰羅馬、曰斯拉伍亞、（地在俄國中州）按其本乎日耳曼者、乃德義志、英吉利、和蘭、丹麻、與瑞典也、本乎羅馬者、乃義大里、法郎西、日斯巴尼亞、與葡萄牙也、本乎斯拉伍亞者、乃俄羅斯、波蘭、卜奚米亞

也、雖云數國語言本乎一種、然各國文字有變、而音亦有所不同也、

十九日甲子晴、涼、前因迎接義王在樸斯當坊中央所立之白石像、柏林各書行主人原擬公請官場設法妥置、以免遷移而壯觀瞻、官以彼處四通八達、往來公車馬車為最多、若置此像于彼、有礙御者之目、往來不得避讓、因此未允、既而國王買去、改置他處、價值若干未聞、今日始行拆去、

二十日乙丑陰晴不定、土人謂通城各處、惟萬牲園之

三十六

氣最清、故每早卯辰之間、亦多往內步遊者、又園中大加非館左右之樂台作樂、係每年自西五月十五日起至九月十五日止、然天時涼暖、或早或晚、亦不一定、或早數日或晚數日、皆可、每日皆自酉初、彼此陸續作樂四十節、至子初止、入門處賣有樂單、長尺二寸、寬半尺、前面上印一獸、或獅或象、每日不同、下印是日兩場樂工之名、因德國隊伍名色不一、而此園亦不能專雇何班、故每日樂工之服色、青、紅、藍、白不定也、其四十節之樂、節節何名、係經何人所創、統行印明一紙、每張價十芬呢、後印園規、〔十一眏見後六〕月聞此樂經加非館主所雇、每日每班七十馬克、每班三十餘人、合工頭八馬克、或十馬克、其他各人二馬克、蓋此樂所以歸加非館者、因人天晚來遊、不能觀看禽獸、而可隨行聽樂、因有樂則來人多、來人多則酒飯點心、加非、冰奶等皆可多賣也、故每日堂倌九十名、禮拜日百五十名、并聞前于某日因天熱、凡男女入園者共計九萬餘人、又加非館一年付園主地租錢四萬馬克、而天暖人多、一日竟進三萬餘馬克、平日至少亦三四千馬克、其獲利可想矣、

三十七

二十一日丙寅、早晴、午後陰、自前三月五日賡韶甫起程回國後、至今七十餘日、忽傳言其并未乘德公司船回去、現在克倫城開酒鋪為生、議論紛紛、無從查覈、不意今日柏林日報竟列一則、云本地新聞有一節、述及中德夫婦閒事者、不足為信、本館姑照錄之、確否不任咎也、據稱中國使署隨員賡音泰、即曾由公車躍下致遭意外者、前于此間娶一波蘭女為妻、甚美、夫婦相得、人所共知、當賡君之受傷在醫院也、其婦聞信不勝悲恐、急往省視、則已先有一女在、佔其服侍之職、其婦悻

悖而去、因得悉其與此女往來已非一日也、及賡君傷痊、夫婦仍歸于好、既值　中朝名賡君回華、別離甚慘、賡君給其婦二萬馬克、且約曰、或余重來、或卿偕二孩赴華、均候余信可也、乃其婦久待無信、不免疑慮、四處探聽、得悉其並未由熱諾阿乘船回華、且前在病院所見之女、較賡君早五日由柏林動身、已與賡君諧伉儷矣、于是其婦嗒焉若喪、不知所措、非貪其資財之富、乃念其愛戀之深耳、此事於律法家為新奇之事、亦願得而預聞焉、夫賡君出自蒙古王族、照例得娶四婦、然既三八在柏林與波蘭女成婚、且主婚署有案可稽、則自須從德國婚律、茍興訟事、中國駐德星使亦不得過問、至賡君所娶次妻、則全非其大妻之比、以其在何處并若何結婚、人皆不得而知、若其棄妻赴官控告、請斷離異、而官按照門戶身分、若其果已與另女成婚、則問官便勒令出養贍費、則其棄妻必可得鉅貲也、傳聞德外部將查辦此事、又中國駐比京之隨員聯君欲為賡君匡過、竭力挽回云、

二十二日丁卯、陰晴不定、有雨幾陣、甚涼、柏林牛奶鋪極多、其平用味薄者、二十芬呢一里特、至其所謂瑞士牛奶、經醫官驗過者、半馬克一里特、送以玻璃瓶、外加封條、大牛奶鋪、門外懸牌、上畫肥牛一隻、後院養牛一二百、凡不欲其送而恐另行温煖滋味改變者、可往鋪中飲其當時擠下者、鋪規每日擠奶三次、乃卯正、午正、酉正也、飲者每玻璃缸十芬呢、因各牛奶味不同、有濃有淡、有甜有鹹、初去者可各盌徧嘗之、及嘗定第若干號之牛奶、飲合口味、則日日前往、當永飲此牛者、至酒肆加非館之牛奶、一玻璃杯價三十五芬呢、味且不佳三九也、

二十三日戊辰、陰晴不定、忽而大雨陣陣、雷二三日前、風傳今日星使之女彌月、禮儀一概不收、余雖備有菲儀、未敢餽送、乃又聞惟收洋人金楷理之銀器數件、陶榘林之小洋車一輛、花被十褥等幾件、慶靄堂之八仙慶壽鈴鐺等金銀鍼黹之類多件、又汪芝房、恩仲華、張小軒皆餽以銀錢若干、收後改作賑捐、

二十四日己巳、晴、戌正大雨一陣、記德國銀錢一馬克、實重一錢四分、前銀價貴時、庫平紋銀每兩換六馬克

二十芬呢共合八錢六分八釐、每兩已虧一錢三分二釐矣、現在每兩祇換四馬克八十芬呢、重合六錢七分二釐、是每兩又虧至三錢二分八釐矣、又此時官領八扣、每兩領八錢、再由六錢七分二釐中加八折、則一兩庫平銀僅賸五錢三分七釐六毫、每百兩祇合五十三兩七錢六分矣、且匯價一兩四馬克八十芬呢、係初到此之匯價、按現在則每兩祇四馬克六十芬呢、爲更少矣、

二十五日庚午、晴、冷、因德皇堂弟王爵喀爾拉之子王爵里歐普生于西一千八百六十五年十一月十四日、爲中同治四年九月二十六日、現年二十四歲、聘布邦什里隋克活拉斯都恩省敎古坦布公之次女姒弟莫爲妻、生于西一千八百六十六年四月八日、即同治五年二月二十三日、現年二十三歲、定于明日爲西六月二十四日、在皇宮禮拜堂内聽經成禮、先于今日酉刻有王室男女、本國大員命婦、并帖請各國公使夫婦隨員等在廣澤園看戲、至晚星使率參贊一、繙譯二、隨員二、支應供事各一、着蟒袍前往、亥正回寓、

罕

二十六日辛未、晴暖、申初一刻、與諸同人着蟒袍、隨星使乘車進五道門、走恩得林敦街、過橋、轉南入菊泥弟儀爾汗宮西門、下車登樓、步梯盤旋、入禮拜堂、即前去過兩次者、各國頭等公使及其妻女等、或坐或立于池邊正面二三等公使及隨員領事、皆立于講經台左台下、左右分列紅椅兩行、地鋪大花方氊、有大員子弟年皆十五六歲、著紅衣白褲者十六人、沿氊立成一圈、其本國文武大員皆立于圈外、立至申正、則禮官以棍擊地者三、即時寂靜無言、則右門已開、而皇后與其母及他王妃、并德皇、薩克森王與他近支十餘人、對對走入、男坐左椅、德皇居首、薩王次之、女坐右椅、皇后居首、其母次之、先是皇后之四妹偕其三子入、皆著白衫白褲、藍襪黑皮鞋、一切與庶民同、見各人皆以接吻爲禮、遂立于皇后之後、既而新郎新娘走入、立于台前、新娘著白色、其他婦女或白或綠、或淺黃或粉紅、衣尾長皆丈餘、式與英國朝會者同、更有邊鑲貂皮染狸者、來時皆二紅衣童子執之、坐畢、置于椅後、至德皇及各王爵、皆披紅斗蓬、式與中國無異、當德皇與后等入時、各人皆

罡

向鞠躬德皇等亦點頭為禮即時樓上奏樂樂工唱經一陣及樂停則教師立于台上向新夫婦念經一段講經一節嗣又奏樂教師執經隨念隨交新郎新婦各一金戒指套于左手第四指二人跪受教師又以手撫二人之頭誦經一番當時宮外聲礮三十以賀而堂中禮畢樂停圈內各人如德皇與后等皆向新郎新娘啜吻以慶賀之此後樂復奏則德皇與后等對對出右門轉下入正廳正面設御座新夫婦立正中德皇偕眾左立一排后偕眾右立一排本國文武大員命婦齊立對面中留空地一條以便各國公使魚貫而過以行賀禮先則頭等既而二三等公使夫婦隨員等陸續一一走至中央惟向新夫婦一鞠躬乃出右門入穿堂少待坐立任便繼而本國文武大員命婦朝見畢魚貫而出右門過穿堂入大飯廳少刺德皇與后等亦出右門過穿堂則各國公使等分立兩旁德皇與后過又鞠躬皇與后出穿堂入飯廳則穿堂內門開乃大廳一間內橫長桌係為各國公使所設即入內立食少許飲香賓一杯後轉出少待復由穿堂回入跳舞廳各國公使及本國文

武夫婦皆臨窗鵠立數百人一排後新夫婦及德皇與后等皆至立于正面一橫新夫婦居中皇右后左既而樂奏一禮官舉棍領宮官十二員各舉一白爉粗拱把長尺餘者對對而入至德皇前鞠躬畢立于皇右于是禮官先請新夫婦攜手同行秉燭官對對前引繞行一周繞畢又請德皇攜新娘繞行一周后攜新郎繞行一周既而請新郎新婦各同近支王爵王妃郡主等分繞多次因男多女少中有未娶者故有二男左右攜女手同行走繞者前後共走十二周每走一周將行及繞畢皆同向德皇與后前鞠躬皇與后亦皆鞠躬點頭以答之按對燭前引西國古禮也引新婚夫婦入洞房也繞罷後德皇與后及新夫婦等一行出右門回宮後則各國公使及本國者亦皆陸續環繞下樓至宮門門外列兵一隊著藍衣每有王爵及頭等公使下樓皆舉槍對鼻奏樂一陣以送之登車出北門仍由舊路回公館時已戌正矣在五道門內一帶沿路左右排列男女觀者如堵又自昨日各街巷鋪戶人家皆挂旗以慶賀云

二十七日壬申鎮日陰晴不定稍暖柏林通城樹林園

圍以及街巷凡人足迹不到之處皆以青艸鋪地草密剳短長不及寸視之如綠縟當春暖雪化艸生之際其有稀而露土者皆以草種擴補之間有無艸之處即時栽種不及者乃由鄉間運青草片來鋪之此片係青草連土鏟起厚約二寸周四尺見方者艸根纏綿土故不漏闢此片亦由鄉民出售每方價值若干芬呢

二十八日癸酉晴暖柏林大街鋪之出售中華日本貨物者三四家而所售者中國貨少日本貨多除瓷漆器外又有圍屏畫軸手帕牙散燈籠刀扇弓箭風箏各種

四四

竹器及他玩物工皆精美昨見田阿喜鋪中新到有竹籃高二寸長五六寸寬三寸係以粗竹片寬四五分者編成每個價值五十芬呢又蒲帽如北京所謂之蒲包無非有頂作帽形每頂價亦五十芬呢在德國價為至賤而按匯價五十芬呢已合一錢三四分庫平矣日本貨之所以出口日盛者蓋國家不收出口稅既便民通商獲利更為富國策中之一法也

二十九日甲戌晴暖前二十四日言一兩庫平足銀合四馬克八十芬呢是一馬克本重一錢四分而充重二錢零九釐再加二折則一馬克竟充重二錢五分零八毫且四馬克即合庫平一兩有零則是四馬克本重五錢六分而今則當以一兩視之矣況近日匯價一兩僅四馬克四十芬呢耶德國物價十年前尚不昂貴自勝法後城中整頓一切因而房稅地稅人稅物稅等種種加增物價人工亦皆由是日漲其向值六十芬呢者今則八十芬呢向值八十芬呢者今則一馬克零前八十芬呢不過合一錢三分今八十芬呢幾合至二錢是前者物既賤而匯價亦賤今則物既貴而錢為尤貴凡出

四五

使外洋者其察之

六月

初一日乙亥晴酉初星使約汪芝房陶榘林姚子樑陳駿生貝彙如洪禹山與余及金楷理在五道門內烏拉飯館吃頓飯吃畢星使偕汪芝房金楷理在福來得立街吃啤酒予初緩步回公館記柏林地方官雇有掃街人每日辰初掃街一段每月工錢九十馬克街道本來潔淨既無碎甎破瓦亦無污穢雜物故每日惟將灰塵樹葉掃淨而已亦不甚費力也

初二日丙子、晴、西國男子皆服毡毯絨毛之類、不分冬夏、惟在所服之厚薄、婦女之富者、始著五彩綢緞、其他亦皆麻布毡絨、其故蓋毛貨為其土產、亦其人工之所長、其價故賤、蠶絲非其土產、人工亦亞於東方、其價故昂、現雖能織綢緞、且設法質以棉麻、覆以絲縷、而每尺之價、仍較中國加倍、日本服飾、本來不精、衣則闊袖無襟、如袋、履則木屐、行動殊艱、其當改也宜矣、乃近日男女衣裝、除鄉民皆改效西式、不惟衣冠與鞋效其式、雖星點無不切實效之、更處處材料亦必與西人同、是男子必服毛布、婦女必著洋綢、究不知日本更改之由為何、若謂其壯觀、日本亦產綢緞布疋、則不必仿效西國之用毛貨絨毡、謂其行動利便、則尤不必專用西國之材料、謂西國材料結實、日本豈不能織淨絲之綢緞布疋耶、查他洲各國之服制、亦有與歐洲各國同者、效自何年、既不切實仿效、故究有不同處、即如土耳其、其衣履雖同、而帽則紅毡藍穗、波斯亦然、帽則黑毡無穗、且見人無脫帽之禮、暹羅居官者、衣履與帽雖改、而褲則仍因舊制、圍腿如裙、美里堅一切雖與西國一律、然官民不分、主僕無別、是雖自主成國、仍有不忘其本處也、美國民主二百年來永無變更也、今日本處處效西法、不惟官民之衣冠、雖禮節年厤教務亦無不仿效之、未免太過矣、

初三日丁丑、晴、英人卜魯木者、年近六旬、向以教書為業、據云來此已三十餘年矣、三十年前、柏林城既不大、樓房鄙陋、道路凸凹、人民貧苦、且入夜鼠耗載道、嚙人腿腳、通城惟一菜園、中有樂亭、四圍置木凳、為人民按日休息遊玩之所、何如今日樓房之宏敞、整潔道路之平坦、齊淨人民之蕃衍、燈園戲館花園酒肆之多、水陸兵馬之盛、三十年間如此變更、誠為國運奮興、而亦賴君臣之一心耳、

初四日戊寅、稍陰、自上月二十日德報論賡韶甫回國一節之後、其他小報朝朝敘及、言雖不同、意則無異、是日午後有某新報館使來見仲華、謂近日各報紛紛議論賡君事屬謠傳、殊為無禮、其人既為中國欽差之繙譯、如此毀謗宣傳、自與貴公館有礙、且按其所述、恐為德人所不齒、今宜竭力辯駁、以斥其所述之非、

請即代稟星使、云云、仲華因登樓回明星使、星使謂本大臣到此時、其人既得洋婦、且生有子女各一、是此事自與本大臣無干、其人現在回華與否、本大臣亦不知、若果如報所言、則其人不獨為德人所不齒、更為人人所不齒、又何須辯駁、此事於本大臣皆無甚關礙、其人若為賡之密友、欲辯論之、本大臣亦不禁止、云云、其人聞而辭去、大致若允其所請、則必索筆資也、

初五日己丑、晴、德京藝植院在樸斯當街南首路西南、北長萬四千七百八十丈、東西寬八千二百十丈、周共四萬五千九百八十丈、專考各種水陸草木花卉五穀瓜果菜蔬、因而聚集天下寒温熱三帶者、設法種植、任人入看、以廣見識、今日午後、余偕賡如良臣二君前往一觀、現值夏季天暖、種植正盛、各種樹木成株、瓜菜成畦、中所識者、為椿柳榆槐、桃梅棃杏、蘋果胡桃、海棠菓子、及多種松柏、再則番瓜倭瓜韮菜、香菜莧米、撇拉兜絲、馬尾草、種種新奇、數逾千萬、筆難盡述、坡上圓玻璃房一間、周約十丈、內一圓池、植有蓮花芡實及茨菇等多種水草、外又一池、形如月牙、內植水葱番蓮等、又一長方玻璃房、高約三丈、橫逾六丈、寬二丈餘、內植棕樹、甘蔗、蕉、竹之類、每花草前立有長杆、挂小鐵牌、樹上亦各挂有鐵牌、書明此種何名、來自何洲、西面有玻璃煖房、行行、高皆七尺、內有甎台鐵架、排列花草之已長成者、又有高不及尺之木架、玻璃罩數行、每行長五六丈、寬七八尺、左右玻璃蓋、排作非字形、內係花草之已種未出、及始行發芽者、東南角一樓、高三層、內置各處運來木塊乾草之類、每禮拜一四兩日開門、又初入門左右列怪石子二堆、不甚高、周約三丈、不知來自何洲、色皆黃白、形雖圓而大小長扁不同、如螺如蝸、如卵如蛤、上植仙人掌百種、所識者、惟霸王鞭錘之類、其他有高八九尺者、直梃者、三楞者、方者圓者、有刺者淨皮者、花有紅有黃有大有小、梃有粗約二尺者、惟一種如太湖石、高五六尺、玲瓏可愛、此處日日開門、有人把守、并不索費云、

初六日庚辰、早稍陰、午刻大雨一陣、雨後晴涼、申初同承伯純乘車西行八九里、至沙洛屯伯村斯普利河畔薩茲烏佛爾巷第十一號奚門斯電燈廠一觀、入內經

其管事黎克特領看各處、廠亦頗大、式與製造槍礮廠同、亦無往而非機器火輪所造、燈有一千弍八百馬力者、至小者一馬力、可燃一大燈、弍十小燈、廠立未久、人工二百餘、戌刻回寓、一路走迤爾囿、樹林陰翳、河水清澄、橋梁數四、草色青青、心中為之一暢、

初七日辛巳、陰晴不定、酉正大雨一陣、入夜雨止、仍陰、聞此地由鄉間僱乳媪、其至賤者、除衣食外、每月工價三十馬克、如欲擇其人品清秀、語言端方者、則其工價由六十馬克至百馬克不等、

初八日壬午、陰雨、涼、今日高呢格拉在街之東方博物堂始經齊備開門、聞其管堂主曾以多帖來請星使及眾往觀、屆期帖未發下、德京雖無乞丐、然入夏以來、街市幼童雛女之赤足披髮、手執洋取火、黏蠅棍及小新報與野花幾朵、向人求買者、皆非實售其物之人也、按黏蠅棍、係草梃長尺半、上裹膠油、蒼蠅飛上即黏住不能去、每十二棍一捆、價亦數十芬呢、

初九日癸未、陰雨、涼、午後忽經支應傳奉星使諭、明早八點鐘、齊著公服、在大廳恭拜

聖牌、余聞之、初覺詫異、繼思余在本國中外歷事無多、又非正途出身、弍其中另有應行禮節、不敢多言、酉刻又經裁縫赴各處、并至姚楊二君寓、所傳謂非明日、乃二十八日也、余疑始定、

初十日甲申、晴暖、此地白米來自他邦、每担合銀九兩、中國白米自上海運至柏林、連木箱與水脚計之、每担合銀五兩、故星使上下十二三人口、每年所用白米、醬油、乾菜、醬菜、葷油及他應用之什物、各種按時皆由上海運來、一年四五次、每次皆由稅關來信、內言現由某處共來木箱若干隻、即令金楷理寫信、星使親筆畫押、令其免稅、至李程聯三君行李往來、亦皆請星使致信稅關免稅、前月三君差竣、本擬乘法國公司船回國、既而程聯二君商定改乘德國公司船、遂將行李復由法京改運至此、程鞠存及其僕馬忠者先後運到、皆經星使給信免稅、及聯文泉之行李到時、請發免稅信、星使以其繁瑣未允、文泉無可如何、遂令洋僕攜帶鑰匙前往、任其開驗、聞行李到後、稅局僅開一箱、見其中無非書籍紙筆之類、遂皆放過不驗、推其意、以來人亦係中

國官員、中國公使雖不來信、量其中亦必無犯禁貨物也。又上月星使由上海運來之白米若干担、皆受潮濕、霉爛頗甚。水洗再三、其勉強可食者、僅十之二三耳。十一日乙酉、早晴、午後稍陰。萬牲園之長年票、自本年四月一日至明年三月三十一日止。買者家中領首一人十五馬克、其他每人九馬克。僕婢乳嫗之倍伴十歲以內小孩進園者、狹既有長年票、則不另索入門票費。若同入者為男女教習、女伴男僕以及服侍病人者、皆須另買入門票。如自十月初一日起、買半年票、至次年三月底止、價則減半。十五馬克者、減七馬克半。凡買票者、須將小照送帳房貼票打印、以便每次進園照驗。此因遊客眾多、而管事人又不免有時更調、不得不如此煩瑣也。凡小照在馬骨鐵及玻璃上者、均不收。惟嬰兒之在襁褓與不能地行者、皆不需小照。又園中遇有格外之事、如大會等、有票諸君亦不得入游。然一年至多不過三次。再則酒食加非館告白云、凡早中晚三餐、或論噸或點菜、均可承應、價錢公道。應時新菜俱全。樓房寬敞、宴會跳舞均有地方。再下則園內栽花匠告白云、各種料理花卉之法俱能、如有照顧者、無論何等花卉、或種植或擺供、價皆公平。

十二日丙戌、晴暖。清早余令僕人買蘋果、櫻桃等一盤、內有小蘋果兩枚、大如胡桃、嗅之頗香、因置手中把玩、終日不釋。其皮既縱、而色亦黃、視之如香櫞、佛手。至晚往遊萬牲園、仍執一枚未放。同人見之、即曰：啊、可別使他們瞧見、招他們笑話。言間其來此已二三年者、亦隨而胡盧冷笑、大半意謂土人無此手執玩物嗅弄之俗、且華人有錢、不當執此不值錢之物。不知余喜其香而不忍遺棄之、正欲土人見而詫異、不知其為中國何物也。西國既無手串、香櫞、川柑之屬、然男女手執香水一瓶、或香末一包、或洋腦一瓶、或鮮花一朵插于胸前、隨行而聞嗅、以避異味者頗多、誰曰無之。豈必效土人執鮮花等物、方為得當乎。按出洋以不失國體、免人訕笑為第一。然數年來、其染于陋習、而致人訕笑訾議者多矣。即如此時之園中、攜妓同行、會中袖杏、懷橘、鋪中竊粟、偷糖、各等人想諫余者、不惟耳聞、恐已目覩矣。十三日丁亥、晴暖。柏林城內一河甚長、外通大河、東西環繞如鎖、寬窄不一、共大小橋梁七十有餘、其中石沏者少、鐵造者多、高矮亦不一、鎮日往來船隻之載運木料柴煤沙土石塊者不一而足、船載物之尺寸、雖有定制、而河水之漲落無時、因而凡堤低而橋平者、皆中心作吊板、板式兩頁如門、中央左右橫以鐵條鈕關、板後又各橫一長板、寬盈尺、面有鐵環、橋頭岸上立木屋一小間、內坐一人、著烏衣黑帽、專司其事、亦由地方官所雇、有船到而不易過者、則其人手執鐵鈎一把、長約二尺者、先勾鐵環、將橫長板掀起、下有關鍵、再將鐵條鈕

二五三

關抽出、則二門不吊自起、門式前薄後厚、作◇形、是前輕後重、起之極易、無須用力也、

十四日戊子、晴熱、去歲陶榘林雇一女僕、年逾二旬、名謝的娥者、于八九月間、腹漸如箕、似覺有娠、至十月某日、乃告假一天回家、產得一子、產後即來傭工、其子亦不知交何人養活、數日前、忽向陳駿生哭訴伊子病危、叩請為之療治、即時乘車同往、給灌回春丹一粒、鋪紅靈丹少許于如意膏、貼其臍上、遂即痊愈、現在抱入公館、置其屋中自養之、按時哺以牛奶、見其孩頗肥壯、雖七八個月、迥似一年者、按的娥猶閨女也、嫁尚無期、竟私行生產、是不獨學養子而後嫁、真所謂養子而後嫁者矣、處女生子、遍示館中各人、忝不為恥、西域已化之大國皆如是乎、余至今疑之、

十五日己丑、晴熱如昨、申初稍陰、酉正細雨、既而大雨一陣、仍陰、記古諺有云、不可以貌取人、誠哉是言也、人之品行善惡、豈盡行呈之于面、若謂貌美即為善士、面陋即為惡人、恐造物無是心也、茲見西國有以小照取人者、其法尤為非是、蓋得見其人、則察貌辨色、其品行

二五四

之善否、猶可得其一二、如不見其面、祇見其影、而擅斷其人之善惡者、斯亦奇矣、且人之相貌、有美而賤者、有陋而貴者、惟善相人者能知之、其祇見其影者、豈得因貌之不揚、而即以車夫匪棍之名目加之乎、不意同人中竟有如此云云者、然車夫有襲王爵者、棍徒有襲侯爵者、當未榮時、雖覿面見之、非善相者未必知也、至論西國照相之法、則固勝于筆傳、雖云照成妥相、星點無遺、然無論其照法如何、藥水如何、無非在潔淨真切而已、仍有瘦而稍胖、胖而反瘦、七孔四肢大小不均之癖、

西國男女照相有西國坐立之式我華人照時按中華坐立之式照之尚佳若在西國照聽其按西式擺弄迨照成則本來之面目已失其大半矣茍謂以小照即可度人則凡獨目缺唇歪口劓鼻者皆可以五官整全者目之矣蓋嘗見西人照相凡五官有不正處皆設法修飾而欲其不露也

十六日庚寅晴涼天津武備學堂諸生二三年來辦有成效李傅相欲擇其尤者前來外國礮廠礮台等處考察學習以補不足定以一年為限恰值旅順礮兵教習德人瑞乃爾告假回國因而傅相選取五名隨伊前來

五五

德國赴克鹿柏等廠游學一切計開候補把總商德全直隸天津縣人年三十二歲候補外委段啟瑞安徽合肥縣人年二十五歲候補把總孔慶塘山東曲阜縣人年二十九歲吳鼎元安徽合肥縣人年二十六歲七品頂戴繪圖學生滕毓藻直隸寧河縣人年十九歲前于四月某日皆啟程由滬乘德國公司薩克森輪船來洋亦由熱諾阿登岸改乘火車昨日到此住来百喜店今早已正瑞乃爾率衆前來謁見星使後瑞復執片拜余因十二年前曾在英德兩國會過也

十七日辛卯早晴酉初稍陰戌正細雨一陣涼考中外物件之價以數而論中國似貴於外國者多矣即如洗盃堂澡在京師四百文在上海及蘇杭皆七十文至百文在英僅十二佩呢法則二十蘇在俄數雖較多無非五十戈壁美亦不及四十仙惟德則百芬呢或曰中國所用者制錢即銅錢外國之佩呢蘇戈壁仙及芬呢等亦皆銅錢且數有少於中國者有與中國相似者何反貴於中國曰不知按時價京中當十大錢四百文合銀三分南省一百制錢合銀六七分而英之十二佩呢竟合銀二錢五分法之二十蘇亦合銀二錢零俄之五十戈壁及美之四十仙亦均合銀二錢零至德之芬呢數雖一百亦合銀二錢四五分外邦物原不貴而錢價貴所以錢貴之由匯價使然也且東西各國錢價匯兑皆無大區別因各國所用者皆無孔之金銀銅錢非銀塊如元寶松江滴珠錁錠之類也外國人之視一分或數釐之銅錢亦如我華人之視數毫不及一釐之銅錢也由此觀之外國皆以錢換錢中國以銀換錢獨受其虧

五六

二十年前當余之初次出洋匯價并不如此之貴日本現亦改鑄無孔之銀銅錢漸漸不受其虧所望我國當軸者將來設法變通當不使東西各國同獲其利也

十八日壬辰晴涼亥初陰據金楷理云瑞乃爾乃德國之一平等兵也其由兵上升則為巡捕為持槍護門兵而已竟自擅稱為中國總兵副將之職為人所不齒且其所知皆德國各兵所應知非將帥之所知者也以之教初學者尚可教大隊營伍則不可云云又外國凡人學習律法醫道教務之有成效考過二三次名列在前有學院文憑執照者皆曰多克得爾釋華言教習也進士也其他熟習格物化學算學天文地理以及繪畫等學者亦然中國舉人到此以多克得爾自稱者莫論惟金楷理不知其何許人也德既不認美亦不收雖能英法德諸國語言即算學格物天文地理亦皆稍通究不知其由何處學院學習惟知其自水手出身乃竟亦以多克得爾自稱不知何所由來也或謂伊所知者為西國平人之所習非文學博士之所為故作通事則可如會辦要件則不可

卷七終

五述奇卷八

鐵嶺張德彝在初隨筆

己丑六月十九日癸巳早陰申初大雨一陣雨後晴涼義王來德乃所以通聘問而敦友誼也故德皇深敬禮之按歐羅巴一洲大國六七小國十餘其他皆附庸之國也以大國言之俄法兩國相合德奧義英土五國相合小國如比和瑞士附于英德義奧丹麻附于俄法故西人稱為兩大同盟其局勢劃然中分如涇渭之不同流冰炭之不相容無事則相伺於無形有事則聯合而蠭起蓋即春秋時之摟伐戰國時之連橫約縱特其交結深固不易解耳日斯巴尼亞葡萄牙僻處於南瑞典諾爾威僻處于北未聞與德英等聯盟要之其意亦不肎附于俄法者也大抵俄法兩國皆窮兵好武之國是以各國無不忌之德處歐洲之中東鄰於俄西近于法當兩戰國之衝故其操心危而慮患深淬厲以自強既聯屬附庸諸小邦以立國于是有聯邦公會又傾心結納于諸大國于是有同盟密約蓋取諸古者同井相友相助之義施之於邦國者也其盟約大要則以奧與俄

鄰、義與法鄰、如奧被俄兵、義德助之、義被法兵、奧德助之、德若被俄法之兵、義奧亦助之、是故三國之交、天下之至密也、獨是德奧義陸軍雖強、而海軍不足以抗俄法、于是資英海軍之力以助之、英之助德也、在波羅的海、其助義奧也、在地中海、土握黑海之口、當俄之衝、為歐洲東形勢所繫、奧助之于陸、而英亦助之于海、此五國聯盟之大端也、比國介德法之間、與英隔海相為表裏、為歐洲西形勢所繫、故英之庇之也尤力、既定以為局外中立之國、無復一國加兵、瑞士和蘭亦視此例焉、

二

俄之與法壤地不相接、形格勢禁、宜若無能相救相助者、然法自挫鋒于德、勢弱且孤、欲結俄以自壯、俄亦欲資法之力以禦德而腹背夾攻之、丹麻扼波羅的海之口、與德逼處、而有宿怨、故俄倚以為東道主焉、然則三國之交、其意乃專為德也、今使俄與德鬬、陸戰于波蘭、水戰于波羅的海、奧與俄鬬、亦戰于波蘭、俄與土鬬、陸戰于巴爾坎山、在土耳其北布魯戛里亞與東魯美里亞之間東近黑海而水戰於黑海、德與法交鬬、則戰于萊茵河、義與法交鬬、陸戰於阿爾坡山、在義法之間南臨地中海北近瑞士國而水戰于地中海、此數地者、形勝險要之所在、利害成敗之所由分也、假如俄德有釁、奧必應德、法必應俄、法擬德之後、而義則擬法之後、義助德奧、英又助義、歐洲海陸皆戰場矣、惟英與俄鬬、則不在歐、而在亞印度之北阿富汗波斯之交、英俄陸地之戰場也、朝鮮日本之間、英俄海面之戰場也、論者或疑英之海軍能助德奧義土于歐、而德奧義土之陸軍未必能助英于亞、若是則五國聯盟、英獨有施而無報、而不知俄軍東出、未及抵印度、而德已率諸國之軍入俄之郛矣、不救之救、乃所以助英也、嗟夫、自五

三

國聯盟、俄法不能逞志于歐、始轉而圖亞、于是受其患者、獨在中國、法取越南、俄圖朝鮮、其心貪婪無饜、必又將侵犯我東西邊內之地、其將何以待之乎、吾尤怪夫中國之談洋務者、狃于公法有局外不偏助之說、以為兩國開戰、餘皆局外之國也、我必無求助于局外之國之理、敵亦必不能得局外之國之助、是豈知公法而外、有所謂同盟密約者、以臨戰相助為義、歐洲諸國、固無不有相助者也、將與一國開釁、尤必先與局外之國重申盟約、乃猶拘拘于公法之舊說、知其一、不知其二、彼

方協以圖我、而我以寡敵之、抑亦傎矣、今為中國計、宜與德與英義共訂密約、以禦俄法、英德諸國必樂從之、俄法有所忌憚、則必歛其謀而不敢肆矣、古所謂上兵伐謀者、意在斯乎、然兩國會盟必各有所圖、方肎立約、今德在亞洲既無所圖、而奥義更毫無所取、惟因英有印度之地、商務之盛、德亦效英、微有所謀、我國所可與訂密約者、英當樂從、德尚未敢預料也、至亞洲各國之可以與之訂密約者、惟日本、蓋唇齒之邦、日本亦必樂從也、

四

二十日甲午、早晴、申初雨、冷、夜大風、本月初四日、楊石漁具稟竊維各國往來之例、凡屬出使人員于初到所駐之國、由本國出使大臣行文知照外部、遇有朝賀宴會等事、所有應得之權利無不一體均霑、所以尊國體敦友誼也、楫自到德以来業經四月、乃本年五月二十六日為德王介弟婚期、外部柬來邀請各員觀劇宴會未列楫名、深可駭異、始以為署中公事煩冗未及行文報知、既而思之、一紙公文不過數言、即了、豈時閱四月之久、而竟無一日之閒、且陳隨員其鱇亦未與聞、其為該國有藐視中國之心、特借此人人所極不措意之處隱先嘗試以為減損權利之發端、毫無疑義、是知憲台之得與宴會者、非重憲台也、重中國也、楫之未與宴會者、非輕楫也、亦輕中國也、如不為中國使臣即不得享是等之權利、既為中國出使人員即不容不有是等之權利、此理顯而易明、凡粗涉洋務之人、苟有一知半能斷不至見不及此、誠恐憲台或視為無足重輕之事、一時存而不論、必至國體由此而日損、交誼由此而日疎、遇有重大事件、勢將無所措手、其端雖啟自該國、而議

五

者必歸咎于始事之人、則既為中國之憂、并非憲台之幸、此楫之所深懼而不敢自己于言者也、履霜堅冰、宜杜其漸、應請憲台行文該國外部正詞詰問、庶以後不至再有凌侮、以重國威而全睦誼、以保我中國使臣應得之權利、實為公便、伏乞批示云云、奉批、查各國使館參隨至多不過四五人而止、從未有如中國之濟濟多才者、彼于使臣而外請至六人、為各使館所無、實屬優待中國不為薄矣、迨本大臣遺書與商、復添一人、尤其情理兼至、凡出洋者樂預盛會、自是人情、而員數過多

不能令人普請則惟有輪替之一法俾皆得而寓目焉乃德國頻遭國邮盛舉罕逢今者介弟成婚大開東閣此亦不過酬酢之事有何權利可言該員以未與賓筵斥為淩侮一若邦交國體皆係于該員之身本大臣粗涉洋務併一知半解而無之實見不及此至于行文外部正詞詰問則本大臣膺此使任萬不能如此昏憒糊塗惟該員韋例架詞侃侃而陳形諸公牘且謂設有重大事件無所措手必歸咎于始事之人本大臣不求有功豈敢貽咎惟有將該員此稟咨送總理衙門察核應

六

否行文德國駐京公使詰問外部以藐視中國不普請使館隨員減損應得利權事由總署施行益形鄭重當亦該員所樂聞也云云十七日又具稟竊楫前因國體攸關恭陳管見仰蒙批示周詳捧誦之餘莫名欽佩惟楫固陋尚有所疑有不得不質之于閣下者查各館參隨多寡不齊中國員數雖多然于行文知照之日德外部並無異言既已允許於先即不當歧視于後彼于中國使員未曾徧請是不與各國視同一律安見相待獨優至同一使員而有請不請之分則於優待之中亦以

區別揆諸情理亦豈謂平在執事曲顧邦交慮其人數稍多或致糜費為之籌一輪替之法可謂斟酌盡善然此乃使臣節制屬員之權非彼國所得參預故彼既請而我輪替以往可也彼欲我不往而輪替以請不可也賓筵酬酢雖若無權利可言然履霜堅冰其來有漸此時減損中國不得與各國一律者不過在於宴會安知後來不遂漸減損不得與各國一律者不僅在于宴會乎蓋出使所謂權利原不過優待二字非有他也優待之例既弛浸假而使臣之行李不得免于稅關查驗矣

七

浸假而使臣之隨從人等不得免于地方官管轄矣其始減損一事以見其端其究必致事事減損而後已縱令後來者未可逆料而此時中國有一二減損於他國之處亦何堪令各國見之聞之乎楫前呈稟牘本屬因公起見思欲罄其一得以助高深閣下乃疑其有樂預盛會之心以寓目為榮此固非楫獻言之初衷至斥為韋例架詞則有怒楫之意矣楫乃指斥彼國之非閣下何為而怒之乎此則楫所未解也明諭又云國體邦交皆係該員之身一若罪楫以僭越者竊不能無疑焉夫

使臣一身係國之重輕斯固然矣豈一使臣以外豈可不念邦交不顧國體乎楫見出洋華人雖走卒賤隸皆知以國體為重蓋食毛踐土之義則然況於楫一命之士乎楫自問賦性戇直百無寸能惟此管窺不敢默而不言竊為一長之足取幸蒙採納送咨總署察核自當遵照靜候總署核辦也云云本日酉刻星使札飭楊石漁繳還委札撤差回國札為飭知事照得本年六月初四日該員呈遞國體攸關叩請行文詰問一稟當查西國公法從無朝會筵宴必應遍請使館隨員不得減少

八

一人之例即經明析批示又以稟內措詞輒以貽咎將來為責本大臣未便含糊復批示轉咨總理衙門察核各在案乃十七日該員復遞一函嘵嘵瀆辯無非以該員所論為是而本大臣所論為非甚至謂本大臣慮其人數稍多致糜費是誠何言豈該國請客預商于本大臣為之裁減員數乎種種措詞無禮本大臣亦不值與該員再辯查總理衙門奏定出使章程內載參贊繙譯隨員如不能得力即隨時撤回今該員如此固執已見忿爭不已其為不能得力灼然可見合行飭知札到該員即將前領委札繳還回華可也云云彝按所稟誠屬粗涉洋務其曾經屢次出洋游歷多國者尚不敢冒昧陳詞況甫經出洋二三月者乎查外國于朝賀宴會中請人原無定數惟量地具帖其欲請之人除公使乃按開去名單一一儘先照抄此單係公使初到時開交外部者幷無越此請彼之一說更無勒令增數指名使請之理至令其增添人數或指明去甲而添乙或帖到而擅改丙為丁皆主事者所妄為亦為欺主人之不明識孰為丙而某為丁也東西各國雖云大同小異而政俗究有不同故

九

當入國問俗不得視之一律英俄兩國遇朝會等事皆不徧請法國之所以不分何等一律帖請者民主之國不甚講求也又日本國亦徧請者因其國勢初改概無定規既欲效英又思仿法也中國遣使出洋之要旨原不在此以此區區立言是為小題大作且措詞未中肯綮即無樂預盛會之心終不免以寓目為榮為旁觀齒冷也噫

二十一日乙未鎮日陰晴風雨不定冷似京中九月天氣當日接楊石漁致汪芝房承伯純陶榘林陳駿生姚

子楙及余公信一函其辭云同舟數月情好肫肫忽唱驪歌可勝悵惘鄙人奉職無狀被遣回華伊戚自貽亦何足輕重惟區區愚忱尚有未能滿志於諸公者輒引春秋責備賢者之義以當臨別贈言何如楫曩在鄉國即稔聞鼎鼎盛名非庸俗可望肩背私心竊幸以為隨節出洋必於使事大有裨助非獨公使之福抑亦國家之幸豈知自本年正月奉調西來所見公使一切舉動實多悖謬越禮之端諸公皆坐視而不一匡救何也已往者如補行

十

萬壽公讌薄待游歷諸員縱家人以凌辱隨員任洋員以齮齕繙譯得諸耳聞姑置不論本年正月二十七日為

皇上大婚吉辰二月初三日為

皇太后歸政吉辰凡各省府縣以至英美各使館新嘉坡舊金山各領事署下至流寓異國之民無不歡心鼓舞張燈結彩相率稱慶獨柏林使館既不拜

牌亦不升旗外邦新聞紙嘖嘖稱述而使館寂無舉動六月初九日忽有白紙揮條約楫等於初十日拜

牌詢其何因則曰

兩壽此等情形直謂之目無君父可也使館經費及南北洋購買軍械款項發商生息原以濟公項中不能開報之項乃自公使到任以來未聞動支分釐雖以流寓異國之病人求給川資亦置不顧而謝芷泉竟至典賣衣服多方告貸始克成行然則所謂以息款濟公項之不足者果何取焉謝芷泉與何玉笙同于正月期滿奉批銷差回華而何玉笙與三月差滿之李蘭舟業經專案奏奬謝芷泉獨令向隅謂芷泉有欠款未清乎則所謂欠款者實以抵其被扣之薪水歸裝而不足且有無相通

十一

人之情也公使扣其應得之款另給一項易其名曰借貸乃又因借貸之私而扣其應得之保舉是何居心公等皆漠無所聞乎使館中日行公事惟芝房得窺其二三各隨員皆不得寓目焉若報銷冊籍則洪禹山一人為之凡譯署及南北洋公文有關外交製造之大者以及使館經費何項應准何項應駁雖在公館差滿三年亦莫窺其端緒然則使館中有一公使一支應足矣濟濟偕來胡為者其餘未盡事宜難更僕數畧舉其一二言之弟深患公等平日皆負聲望今乃噤同寒蟬絕不

闈於公使之前獻一言以寓規勸德國宴客一事無關榮辱鄙人豈不知之特藉此微端欲為公使開進言之路而公等或從此激發天良各思建白於使事不無小補乃甫經發端即攖震怒此固公使位高心汰不能進納讜言亦未始非公等平日觀望委蛇有以養其驕而成其貪也方今時事多艱風氣愈下我等食毛踐土悉載
天恩苟可効乎涓埃靡不懾乎權勢願公等崇尚志節以國事為重一旦肩荷鉅任庶有當焉鄙人行矣來日方長幸努力為相逢地也所言亦頗剴切因錄存之

二十二日丙申稍陰涼近日天氣陰涼間或細雨而在萬牲園中依然作樂男女步遊飲食者仍多天雖雨而執傘坐者為數尚二三百人且幼童稚女仍皆單衫露髆毫不畏寒而我華人之前往步遊者已著棉衣矣

二十三日丁酉晴稍暖自前五月間天氣酷熱因而晝不出門晚餐後乃緩步入萬牲園一遊有洋樂侑加非男女往來于目前如歌如舞頗覺舒暢然每見白髮龍鍾之老人耳聾目瞶步履維艱者二三天氣雖涼亦必

十二

日日來此詢之其來蓋迫於無可如何有女喜游不能不倍伴前來也女遇友攜手同行則老媼尚可稍息否則須與之繞行三點鐘之久亦良苦矣余未習德語但知法言乃園中所遇幼童由八九歲至十五六歲者無一不能法言惟言之生熟不同因學塾中生徒亦分頭二三等也

二十四日戊戌早晴暖戌初大雨一陣雷昨觀天長宣瘦梅君鼎夜雨秋燈錄內大脚仙殺賊三快一段其後批云懊儂氏曰人間最慘莫如女子纏足聲母之于嬌女也雖愛若掌上珠獨至纏縛雙趺如酷吏之施毒刑曾不能稍加顧惜主之督婢鴇之飾雛慘尤甚焉每聞此聲輒痛罵東昏侯寡恥鮮廉宜乎覆國纏已纖纖阿母意猶未足及步步生蓮花矣而豺虎猝來挪移傾仆直恨無彩翼雙飛耳愛女之家亦曾記此亂離時乎之三子者談笑不驚或手刃之或計賺之而且尺二金蓮其行便捷出入虎穴極紓極閒倘遇斯人當破產以購之一捧硯一添香一負劍粉黛中饒有英氣又曰縉紳家閨秀原不可尺二飛鳧使外觀不雅然亦何必過小

十三

彼媸者背曲肩駝、雖裙下解結極纖、亦非真麗、姸者體柔腰細、即裙下玉笋稍巨、何礙輕盈、要之以五寸六寸為準、庶合中庸、安得賢有司出示嚴禁、凡五六寸以外置不論、若五六寸以內、定求纖纖、而甦翹者、即以冶容誨淫論、魏明帝紀、截指適屨、刺肌傷骨、法國本有婦女割腳使細之俗、德人亦仿效之、十數年前、經畢駟馬出諭通國禁止此俗、現在德無此風、而婦女腳仍無大比蓮船者、因婦女骨節本細、不能大似男子之足、且身大腳小、或身小腳大、皆不雅觀、是造物生人有定、必使大

十四

小均勻也、

二十五日己亥、晴、風涼、恩仲華本年九月、三年差滿、其跟役長立、滿洲鑲白旗人也、因故告辭、欲先兩月回華、遂于今日酉刻乘火車至布萊門、登德公司船、于二十七日展輪赴滬、又瑞乃爾帶來武學生六名、因本月二十八日

萬壽、前來稟請可否隨班恭祝、星使答以不必云、

二十六日庚子、晴、涼、記外國造冰奶法、係用四格拉木（每格拉木重合二分零、五十格拉木為德一磅、八百九十三格拉木為英一磅）法呢葉（係一種香艸實、如豆莢、產于美洲熱帶、其味香甜甚濃、皮色如蜜棗、長四五寸者二十五芬呢、八九寸者三十芬呢）并牛奶若干、緩煮至法呢葉味出為止、用布一塊擠出汁、用楮攪之、再用新鮮蛋黃十六個、新鮮奶皮汁二里特（見前）、又四分里特之一、糖三十七格拉木、同擠出之汁燒之、并用楮不停攪、至將滾、即取下傾入深礶內、再攪至不熱為度、以免起皮、俟其極冷、傾入冰礶內、又造冰糕法、外筒內礶均須鉛錫或洋銕或純錫鑄成、要在能關極緊者、至其造法、先取極碎冰、如榛子大者一把、置于筒內、再加鹽數把撒于冰上、于是將盛奶之礶入筒、又將

十五

筒之四圍鋪冰、再撒鹽于四圍、使礶穩置於冰內、再將冰鹽次第撒之、使與礶口相齊、面上一層、務須以鹽為要、因無鹽不能凝結也、用鹽愈多、成功愈快、遂置之不動、俟一刻鐘之後、執柄轉之、而不可提起、於是輕將礶口揭開、用定作或木或竹扁而平者小刀一枝、兜底攪之、將其已凝之冰攪開、一手攪一手轉礶、愈快愈妙、萬不可將筒內之冰使其入礶、攪以和勻為度、即仍將筒口關緊、置之不動、再一刻鐘、再揭開攪轉如前、恐其蛋質未碎、不能與糖和勻耳、直至變稠如奶子汁而止、如

其凝得太快、必須以木刀鑿碎、而攪須緩於前、始終不
可提起、如其仍要凝凍太早、用以里特又八分里特之
一冷水、澆于冰內、于是仍以前之攪轉與鑿等法、至不
再凍為度、再用布一塊、蓋于筒上、少時即成糕矣、
二十七日辛丑、晴、本公館正東樸斯當橋、頗寬、左右鐵
闌內高起尺餘者兩行、各寬八九尺、鐵質石鑲、以便行
人、當中木墁、往來鐵轍兩行、鎮日公車馬車、往來如蟻、
近因橋面厚木微有朽處、乃將右邊掀起、修理換木、又
將橋南北兩首之右鐵轍、合歸左鐵轍、則公車往來一

十六

轍、不能任便、遂在橋左邊人行之高處、立一四方玻璃
燈、一面紅一面綠、有人在上守望之、綠向南而紅向北、
則南來者過橋、北來者止步、俟南來者過畢、燈轉紅向
南而綠向北、則止步者鞭馬、初到者勒韁、如是則晝夜
公車往來無差、因公車僻重、兩馬能拽而不能退也、
二十八日壬寅、大晴、卯刻睡起、點心後、辰正著公服、同
眾隨星使在大廳向東恭拜
聖牌、行三跪九叩禮、午後陰、酉正在飯廳公讌、列座十三、食
畢、尚未燃燈、星使率參贊支應步至樸斯當坊尤斯的

加非館吃啤酒、余乃乘車入萬牲園一遊、入夜大雨、
二十九日癸卯、早晴、午後陰、酉正大雨、雨止仍陰、德國
初興之時、民多困苦、然街市行人男女、以及各鋪夥計
工役、堂倌、車夫人等、衣服無不按式整齊潔淨、其泥水
油漆、火機、掃烟筒、各匠役、衣雖不淨、亦無破碎及補綴
者、其至貧人雖赤足光頭、衣仍不爛、氣味雖屬腥酸觸
鼻、衣固舊而少油泥、或謂其人非不懂補綴、而以補綴
為恥、故凡破衣、皆有專人收買、布則以之造紙、毯氈絨
呢、則皆用以墊物、然必皆洗淨翦齊、未有用整衣者、又

十七

柏林地廣人稀、樓房新蓋者多、窗固臨街、而窗外多有
小院、寬皆丈餘、外不砌牆、豎以鐵闌、高約四尺、中皆以
青草鋪地、或種樹、或栽花、隨時修理、整齊潔淨、鐵闌皆
一律黑漆、如有傷損及變色處、亦皆隨時油畫之、
三十日甲辰、晴、稍暖、萬牲園內加非館前、在二樂台中
間、桌雖數百、鐵椅千餘、人之往遊坐處、各有所取、有願
坐鐵闌邊、隨看往來行人者、有願坐樹後瞑目聽樂者、
有願坐池邊看水鳥花木者、有願坐岡上覽景望月者、
于是先到者擇地坐定、吸飲畢、欲步行、則可留衣物少

許于桌面或椅上、并將椅背掀起、使之傍桌、則後來者不得挪移、擅佔其座矣。晚戌初、余入園、遇恩仲華少坐、擬緩步同遊、仲華由其所買之物一包于桌面、余置馬褂一件于椅上、少去回時、見原處坐二男、衣物皆移于後面桌上、即覓原伺候之第四十七號堂倌問之、答以不知。令喚其頭目、答以無暇、因令他人尋至、細明其理、言若可擅將他人之物挪開、則以後我華人來此者、皆可移去他人之物而坐其座矣。其頭目唯唯、乃將二男移去。此不惟誕二男欺侮華人、而堂倌亦蔑視華人也。

六八

如係土人之物、堂倌自不敢移、即堂倌欲移、恐欲坐者亦必不令其移也。

七月

初一日乙巳、早晴、申初稍陰、酉正驟雨一陣。德國東海公司輪船由布萊門海口東駛、始于西一千八百八十六年六月三十日（即光緒十二年五月二十九日）、其第一隻名歐得爾、查彼公司船隻往來、第一年虧銀七十五萬馬克、次年虧銀五十萬馬克、其初年虧數較多之故、因歐得爾遺失在近亞丁之搜閣特拉島旁也。然虧款雖多、并不停止、且更欲設法擴充、因與國家議定、添造火輪之重三千噸、馬力六千至八千者多隻、兼走澳大利亞窩思輪船、以載貨為第一。自輪船多後、貨數日增、聞其于光緒十二三年間、所載出口貨約七十五萬平方邁當（每一萬當）（合三尺九拾七分零）、至去年已增至九十六萬二千五百二十六平方邁當、其由中華、日本運回者、初僅三十六萬零至去年則增至五十七萬三千九百八十八邁當、其輪船一事可謂蒸蒸日上矣。其出口貨之大宗、為鉄布、鐵器與酒及他一切什物、由日本運回歐洲者、為絲、瓷、木器

六九

及他零件、由香港、上海運回者、為皮革、絲、蓆、由新嘉坡運回者、為菸葉、香料、由克倫柏運回者、為椰子油與肉桂、由澳大利亞運回者、為皮革、毛貨。又陳駿生奉星使諭、每月俸薪自此月始、改加百六十金。

初二日丙午、鎮日陰雨、酉初雨止、風。本使館洋僕孟俛每月工錢百二十馬克、賁格百一十馬克、房主老門丁斑木百二十七馬克、五十芬呢、園丁梅爾六十馬克、洋婆馬麗、李娜、莫莉各五十馬克、房租每季三千八百五十馬克

初三日丁未、晴、稍暖、昨日戌初步入萬牲園、因天涼人少未奏樂、遂出其臨庫弟餘森街之旁門、入徐布加非館、樓房宏敞整潔、房外立鐵闌支布帳、亦甚好、遂坐飲加非一小盅、價竟五十芬呢、園內及他處小盌加非價皆二十五芬呢、不知此處因何加倍、其盅更小、味亦平平、并不濃、亦并不香也、

初四日戊申、晴、午初、星使偕金楷理赴英國海口看水操、兼與劉芝田星使瑞芬送別、酉正陳駿生名欽同座為承伯純陶榘林洪禹山貝彙如張小軒、彼此歡飲、亥初始散、又余因在萬牲園買有年票、遂幾乎朝朝往遊、其附近各家之富饒者、買有年票、闔家老幼亦屢屢往、其狹童多有見余者、遇則脫帽問候、作相識狀、不意前日一幼童年十四五歲、名傅艾格者、竟向余借貸、亦奇矣、聞德俗、各家子女、平日除在家兩餐外、雖他往遊玩、父母皆不給零錢云、

初五日己酉、晴、稍暖、德國兵律、凡民家幼童、年力強壯、入武備學堂者、在內七八年、學成後、可充兵官、亦可仕人他往、或為商賈、或去別國謀生、官皆聽之、在內學習語言文字、兵法章程、技藝測量、礮台防堵諸事、除禮拜日外、每早卯初入學、午正早餐、未正再往、申正散學、各家每年付學堂千三百餘馬克、以便為之置買衣冠、手套、預備飲食一切、諸生衣帽顏色一律、各皆新齊、余在萬牲園中屢遇狹兵四五、中一面貌聰敏、身體魁偉者、時由座前經過、招之即來、以手撫冠、兵家禮也、令坐、始坐、撫冠謝坐、坐則端坐、兩手扶膝、竟如兵官、毫無孩氣、問其名、曰布朗、問幾歲、曰八歲入學、現年十四歲、能英法語、辭氣溫恭、將來造就有成、恐未可限量也、

初六日庚戌、早陰、午後微雨、嘗思人之患口吃、唇齒不利者、氣疾故也、故語言則艱澀、歌唱則順遂、昨聞德人云、一家有幼女、年八九歲者、本口吃、遇急事為尤鈍、一日樓下廚竈失火、女因急奔登樓、呼母、見其母、急急欲言、不能出口、其母曰、何不歌耶、女乃歌云、願母即刻去下樓、廚房失火、不知何所由、如不急早去撲滅、恐怕延及樓上頭、其母聞至第二句、遂即馳下云、

初七日辛亥、晴、戌初、瑞乃爾約飯在五道門內烏拉飯館、同席為前丙子丁亥、聞天津武備學堂之教習德人

那珀、及前為中國代辦振遠、定遠、濟遠三兵船之德人、巴涉、酒食豐美、歡飲暢談、亥正始散、此館有鍍銀長方小鐵桌一張、高與他桌等、長約三尺、寬尺半、面上左一長橢圓銀盤、上有蓋、作凸形、內盛燒烤或煮熟之牛羊肉、右二小銀焗、各皆有蓋、一盛番薯、一盛青菜或扁豆、或豌豆或白菜花、皆以白水煮熟、雜以奶油、桌面下抽屜內燒火油、使肉菜常熱、是非火盌火焗、乃火桌也、其四腿下有輪、可在通樓八方運動、赴各席前臨時割分、極為便當、

初八日壬子、稍陰涼、戌初乘車赴教斯台隆園一遊、天雖細雨、而男女遊人、依然擁擠如蟻、前歲關閉之埃及派眼畫閣、現在修理一新、改作小戲園、每晚演三次、每次半點鐘、係由六點至六點半、又由七點半至八點、又由九點至九點半、園不大、台亦小、容座二百、左右及對面立處、亦容百人、座價一馬克、立價五十芬尼、戲固平平、無非幼女跳舞、然其山水景致、令人真假難辨、亦尚可觀、

初九日癸丑、早晴、酉初大雨陣陣、雷、柏林橋梁甚多、或鐵、或石、或鐵架橫木、現擬一律改建鐵橋、本公館西南阿貝什橋、係鐵架橫木者、南向石拉斯巷、北在闊乃里街、今將另造鐵橋、擇地稍東、使之北對福來得立蹕良街、南近呂祖坊、前自五月下旬開工、拆石堤、拔大樹、南北兩岸及舊橋之東邊、皆以木板寬七寸、長一丈、厚一寸者、橫排十板成牆、以免行人觀看、南北留門、以便工人出入、運動材料機器、近日以火機釘木樁、木長各八九尺、寬八寸見方、鎮日丁東之聲、附近樓房為之震動、又三面木牆、本來嚴密整齊、近因本年不能工竣、不惟牆頂蓋木、且鑲以鋸齒形之木板、花邊、既似真牆、而又壯觀、足見其辦事認真、無毫釐之草率也、

初十日甲寅、晴暖、柏林城內公車鐵道、往來盤環、已如蛛網、而不通之處、仍多、近因教斯台隆園之賽奇會開、觀者日盛、遂擬自庫弟餘森街之鐵道、接過闊乃里橋、轉西、走遞爾囿、直達教斯台隆地、本石子墁平、乃改煤漆、自上月初間開工、中央鐵道兩行四轍、造法係中立鐵轍、左右傍以石塊、長皆三尺、粗五寸見方、中灌煤油、極其堅固、轍外左右兩邊、烙漆亦殊平坦、前日工成、則

車輛往來其使多矣、
十一日乙卯、晴、午後風涼、戌初步入萬牲園、見皓月當
空、圓而且大、惟右一明星、距月尺餘、既而數寸、後乃入
月、至亥初則出月左、亥正離月尺許、至子初則相距二
三尺矣、蓋木星也、地面仰望其遠近如此、土人之在天
文台上坐守千里鏡者、當知度數分釐也、
十二日丙辰、鎮日陰晴不定、涼、西俗凡因事宴客、及席
將終、主人必先立陳數語、或慶賀、或稱讚、或敘事、言畢
客亦答之、謂之筵上陳詞、我國現無是俗、然前宋實有
之、乃題曰致語、又曰樂語、即如趙彥端餞沈宰致語云、
暄風暖景、方欣雛雉之鳴、碧草漾波、忽報飛鳧之引、兒
童知戀、草木含淒、顧蕞爾以自憐、念翻然而莫駐、恭惟
某官名流第一、間氣無雙、雖蟠雲夢于胸中、猶鬱麒麟
於地上、時和頌美、會桃李之無言、吏退詩成、信江山之
得助、逮春華之三變、方聖政之一新、民願借而報聞、課
當遷而奏可、車輪四角、徒多卧轍之思、軺傳一封、其若
賜環之召、某官盡故于新好、啟華宴于芳辰、撫嘉植以
賦角弓、聽鳴嚶而思伐木、歌翻金縷、帳花霧之冥冥、醉

五四

倒玉山、怨星輝之晱晱、某等叨持薄技、幸列下陳、上奉
清歡、敢獻口號、張正已餞某吏部致語云、天青月白、三
台正而少微明、秋至風高、九江空而渚鴻去、丹闕之鳳
思侶、蜀山之鶴離群、顧祖帳之鋪陳、攀華軒而餞飲、寄
一言于樽俎、分萬里之舟車、自古有行、此別為重、伏惟
某官孔門游夏、吳產機雲、初收釣鰲之鈎、便使屠龍之
扶魏、公善諫、房杜獨知、賈誼盡言、絳灌爭忌、自魯再逐、
居東五年、澤畔忘懷沙之吟、天涯無逐客之淚、忠氣貫
日、誠心格天、動仄席之綸音、先假途于蘭省、某官舊虛
徐榻、曾共李舟、朝開北海之樽、夜挽庾樓之客、花溪錦
里、念歸雖得仙巢、金馬玉堂、回望即殊塵世、我心匪石、
有酒如澠、臨岐雖贈千言、執手不如一酌、晁公遡宴楊
參政歸第致語云、朝廷大臣、既乘駟馬安車而去位、郡
縣長吏、當奉豢牛上尊以至門、是固國家之舊儀、亦表
閭里之盛事、恭惟某官仕宦而遇明主、富貴而歸故鄉、
名遂功成、蓋聞君子之大道、年高德卲、實兼天下之達
尊、雖在燕閒、所宜優禮、知郡敬以折俎陳于宰庭、鯁祝
在後而餲祝在前、敢忘本朝體貌之意、廩人繼粟而庖

五五

人繼内庶、幾諸侯奉事之恭、通判摳衣以趨、正襟而立、饋醬于大官、須進禮而示尊、侍坐于先生、願奉觴而為壽、某等創奉高會、巡考前聞、惜蘇藥城顛沛而不歸、喜孫文懿安榮之復見、輒興善頌、以抒輿情、翁塞翁餞江給事致語云、雁信催人、動日邊之歸興、鷺鷀留客、結濠上之歡遊、溪送清聲、山供秀色、松桂重迎秋景、芝蘭輕送薰風、已拂朝衣、難忘祖帳、恭惟某官紫宮新使、清鎮舊邑、潁陽之族望彌高、江左之家聲不墜、廣庭射策、妙年遂擢于甲科、直筆代言、真賞屢形于乙夜、孤剛去國、

三六

忠義忘家、地靈久借于稚川、天意欲還于魏闕、曹趣已入陳軺、載投倘非蓮幕之佳賓、敢屈枝垣之上客、仍邀五馬、添作三龍、未應亟悶于刀頭、將且盡歡于鼎足、小亭共樂、幸拚醉于南州、上國相逢、冀望風于東閣、敢無鄙句、聊助懽聲、

十三日丁巳、晴、稍暖、中國綢緞店、凡綢緞皆平鋪櫃面、乃此地凡買花紋綢緞者、店夥必雙手拱縱立于櫃上、作塔形、而使人觀之、蓋因其質多棉麻故也、夾初星使偕金楷理由英回、

十四日戊午、微晴、酉初驟雨一陣、本公館西福來得立蹩良街南首、臨河有一飯店、名阿貝紹者、平日男女前往飲食者頗多、不意自橋工興、木牆立後、樓前不敞、來人日少、店主乃設法在東南北三面木牆之上、刷白油、佔地橫長一丈、豎寬四尺、寫黑字為店名地名、以及號目、每上并畫一手、作指向狀、乃南者西指、北面者東指、而東面者則南指、或云該店在木牆之上寫字、須按所佔地之尺寸、付工作馬克若干、

十五日己未、鎮日陰雨、辰初許稚馨由俄到、洪禹山接

三七

入公館、余因設飯、與之洗塵、并約徐良臣、楊石漁陪、晚徐良臣邀稚馨飯、余同子樑陪、相別倏經年餘、早晚兩餐同席歡飲、亦樂事也、西人謂天下萬國文字分三大種、一即中國文字、西人目為板文、因其限定、如刊刻之板、永遠不能更改加增者也、一則土耳其及中國東北西北諸域之文字、西人目為膠文、因其話皆數字相聯而成一字也、三則希臘文為泰西文字之鼻祖、乃目為活文、因能隨時如意變通、毫無窒礙、日增萬言皆可、即如近日所設之電氣燈、塞門土、德利風、漲眼畫、氣車、氣

球等是也物既新創字亦新造也

十六日庚申晴自早通城各街鋪戶人家皆挂旗往來車聲轆轆行人如堵酉初與斯馬加國王到德皇列隊鼓吹由遮爾用火車棧迎入皇宮當其來時沿途男女瞻望者極多因而五道門內各飯館酒肆皆出賃站立之地價與前義王來時同

十七日辛酉早晴午後稍陰西國所製造之假珊瑚極佳現在工料尤精但不知此地何鋪出售詢諸土人對以候賀街第二十三號因而乘車北行十數里過翔溪
廿八
街入新候賀街將出城矣道路不平屋多樸陋鋪既小而貨亦無多既乃信步轉回由自前冬到此從未到過此邊眼界為之一新有幼童稚女百餘隨行于後人雖貧苦粗俗赤足披髮尚皆安靜不譁

十八日壬戌晴涼申初大雨雷昨因兩廣制台張公電請星使代覓鑛師遂由金楷理薦其友前在日本充當鑛師之德人爾雷其人遂轉覓得伊林畢盎布二德人立定合同等星使遂于是日酉刻約爾雷晚酌為之道謝并約許稚賡為之接風同席為汪芝房金楷理陶榘林洪禹山徐良臣

十九日癸亥鎮日大雨陣陣午後與王尤賓第起程回國德皇列兵鼓吹送至車棧德國因欲整頓風化曾嚴禁出售秘戲圖然聞近日賣照畫鋪中仍有暗賣此圖者其所照神情畢露種種醜態有非人心所能思及者工既精巧價亦極昂照畫勝於繪畫為仇唐手筆所不逮

二十日甲子大風陰涼申正晴瑞乃爾率六武生來辭行當晚起程赴艾森酉正姚楊二君約飯同席為許稚
廿九
賡陶榘林承伯純徐良臣與貝爾那母女四人裴斯良母女三人席罷鼓琴歌唱亥正謝歸

二十一日乙丑稍晴涼德人有一種玩藝係多人團坐一圈中空一座約定空座左之第二人先以左手任招一人其人當即趨入空座其人原坐之處既空則其座左之第二人亦即須以左手任招一人如此往來无而後已中有招而不來或應招不招或悮以右手招人者皆罰其隨身一物置另桌上如手帕戒指手套帽扇之類玩畢將所罰各物之上覆之以布一人由內順手取

出一物、交還原主、罰其另作一事、如唱曲、跳舞、蹲跪叩
爬及猜謎語等類、
二十二日丙寅晴、西國重醫學、業此者竭盡心力、惟日
孜孜、必先于化學精通、深明製煉之法術、然後潛心玩
索、游學于名醫之門、外症則刺割也、紮幫也、敷治也、洗
滌也、一一躬親、務必心靈手敏、內症則更聽以機器、辨
其聲音虛實溫寒、洞若觀火、庶得開方給藥、著手成春、
蓋惟上之人重視乎醫、故下之人亦不敢視為小道、學
有成效、則報官投考、優則官給文憑、俾得藉醫以餬其

卆

口、由是而稱醫官、其劣者概行斥退、以免為庸醫、悞傷
人命、既為醫、則又經官定章程、馬錢有定價、出診有定
期、又醫家有報章、凡人有病曾用何法醫愈、則必登諸
報中、俾人皆知是法之可用、若遇疑難之症、則亦登報、
以質高明、或一禮拜即出一張、或一周月而成一紙、業
此者必購歸觀覽、互相質証、以盡所長、以求學術日精、
然以余觀之、法雖美善、其內科究有不及我國者、因其
不以他國之舊法為法、藥位不全故耳、
二十三日丁卯、晴、稍暖、西國樗蒲共五十頁、內分四種、
為王、為后、桃形、菊花形、及海棠花形、各形皆由一至十
二、另一霸王戴綠帽者、賭法未詳、惟見一玩法、設若八
人、內七人各六頁、一人七頁、分到手、則查其中有數點、
成對、或王或后成雙者、即行摘出、擲于桌中、後則彼此
頁頁傳遞、遇有對則擲之、無則留之、陸續傳遞、八人內
必七人手空、而一人遺有霸王者、乃無論男女、罰畫烏
鬚于面、
二十四日戊辰、早陰、巳初大雨、雨後晴、晴又陰、涼、酉正、
金楷理約在烏拉館晚餐、同席為許稚麐、汪芝房、洪禹

圭

山、貝彙如、張小軒、柏林新創一種燒雞、如中國之炸八
塊、然非雛雞、係以缸把勺臨火、以醬油香料調和烹炰、
熟則連勺舉至桌前、按座分給、既有蒸氣上騰、內更戛
戛作聲、然味不甚佳也、
二十五日己巳、晴、風稍暖、萬牲園因連日天涼、游客無
多、于是樂改一場、樂工既減、樂亦僅奏二十回、戌正即
散、又因進款無多、電燈亦少燃、一行約四五盞、便覺黑
暗、堂倌亦減至三四十名、
二十六日庚午、早晴、未正大雨一陣、雷、記德國向來使

用之物、多來自他國、以英國者為最佳、現在德人漸皆
一一仿造、工尤精、價亦廉、乃國人之豪富講究者、仍以
買用英物為榮、遂致土人造物多借英人字號售之、反
多獲利、即如馬鞍一物、土人造之、將成、皆運去英國著
名鞍韂鋪中、使之刷印字號、畢再行運回、則國人皆以
英物目之、亦可笑矣、
二十七日辛未、晴、晚十點五十分許、稚䕫起程回俄、九
點二刻、余先至萬牲園車棧、坐待、此地鐵道係在房上、
入門大屋、間間棚頂、皆以瓶楦、工極精巧、甚於橋洞、為
賣票處、堆行李處、秤行李處、頭等及二三等客之加非
酒食館、男女中廁并洗手處、又有鐵梯兩道、一在左、東
西向、一在右、南北向、步梯而上、始至鐵道旁、上分兩邊、
中隔鐵柵、每邊設坐人長凳兩行、小屋兩間、一係火車
往來報信及管車頭目立居處、一為出售新報書籍處、
左右共鐵道四行、每輛車到之前一刻、此地鐘必先鳴、
余坐至十點二刻、計一點鐘之久、共過車二十六輛、中
有繞城者、往本國各處者、及往四方各國者、每輛第一
車前必有二大黃色燈、金光四射、形如龍眼、末車後又

三六

必有三大紅色燈、左右一綠色燈、是車之往來、一望即
知、又每一點鐘即過車二十六輛、其車之多少可知矣、
少坐、姚陶陳貝張楊諸君同稚䕫至話別、登車即開、
二十八日壬申、稍陰、涼、德國有油炸蘋果、如中國之高
麗蘋果、係大塊蘋果裹麪汁、以牛油炸成、大如饅首、外
洒糖末、其味仍酸、
二十九日癸酉、早晴、午後陰、恩仲華于本年八月三年
差滿回國、自本月初十日將慢車行李發走布萊門、乃
將鋪蓋一併捲去、遂移住于外、定于八月初間起程、因
德國公司船于初八日過熱諾阿也、余遂同承徐二君
于酉初與之餞行、暢飲甚懽、
八月
初一日甲戌、稍晴、涼、酉初微陰、記德京有馬車、分頭二
等、通城盤桓無定、遂繞城有火車、曰苓班、有鐵道公車
曰貴得班、有輛子車曰敎呢卜斯、以上三種往來皆有
定路、近又興一種鐵道氣車、曰司達班、車輛大如火車、
坐人較多、一連二三四輛不定、惟第一輛前有小機器、
或燒烟煤、或用電氣、雖由城內開車、而專赴城外五六

三七

十里内之各小村莊、春夏可遊之處、不與火車道通者、每行二三十里、價僅十芬呢、上車亦有票、與公車同、管車人亦與公車無异、惟衣色稍異耳、

初二日乙亥、陰晴不定、酉初同徐良臣步至石拉斯巷、乘公車西行、稍南至萬牲園後哈屯布街、下車入棧房少坐、係木房三間、三面座凳、四壁玻璃窗、亦極潔淨、正中一鐵爐、以備入冬天寒客坐待車之用、即時車至、登車西北行二十餘里、至哈蘭溪莊、一路道極平整、共分五行、一律石堤、種樹四排、中逢走人、左右鐵道兩行走

三四

氣車、再則走馬車、先行十數里、過一鐵橋、路雖稍窄、依然平整、再行十餘里、下車入一酒肆、肆名與地同、係正中木樓一所、高二層、頗寬敞、樓前花木成行、樹下列桌凳、樓後臨一小湖、樓在堤上、距湖尚有二三箭地、因堤高、乃分作三級、每級寬約一丈、闌以花籬、横以桌凳、再下臨湖一塊、作橢圓形、既有桌凳、更有打球放槍玩耍之地、湖小水清、舟艇三四、房屋無多、樹林蔭翳、酒肆木樓上亦内外設桌凳、在上眺望、頗覺心曠神怡、而在樓之前後樹下堤邊坐飲、亦甚有趣、惜天已晚、未能遍游、

遂同在樓上飲食、畢、登車、回公館時已子初矣、

初三日丙子、早陰、恩仲華至各處辭行、午後前去謝步、未遇、酉初、微雨、黼潤亭與其弟奇臣去法、已及一年、其兄法文既學有長進、即弟之初學亦得其門而入、遂于昨日辰正由巴里啟程、當晚戌正到、余因同陶槼林赴萬牲園火車棧、接入使館、亥初恩仲華亦由萬牲園車棧起程赴熱諾阿、即時復與諸同人乘車前往送别、

初四日丁丑、晴、柏林有一種酒、名沙沈立斯、其色金紅、味甜而香、據云此酒產法國南省、始由一教士在某山

三五

專採各種鮮花、自行醞釀、味美而醇、人皆愛之、凡講究者于飯後多飲之、以下菓、其價每瓶六七馬克、有仿造者、價僅一馬克七十芬呢、

初五日戊寅、晴、午後同陶槼林往訪潘桂二君于駝騾閣、坐談間、忽聞風鳴濤奔、聲調鏗鏘、詢之、乃同樓鄰女藍琣琦鼓琴也、既而伊母知有客至、乃開門延入、見該女梅花體態、楊柳腰肢、一二八垂髫女也、母令鼓琴、鼓畢、齊行擊掌稱賀、女乃嫣然展笑、皓齒朱唇、豔麗傾城、觀之令人心醉、母女款待殷勤、少坐謝歸、

初六日己卯、晴、柏林馬匹、無論駕車乘人者、皆極馴良、馳驅停止、任人意使、間有停駐近樹者、乃本車載有鐵錘一顆、繫韁于其上、以防馬囓樹皮、蓋恐被巡捕見而受罰也、又通城馬皆行動如飛、罕有須人鞭策者、蓋道路平坦、馬皆肥壯、而載物分量亦有定數、斷不使力不勝任也、

初七日庚辰、晴、戌初同陶榘林步至溫特扉巷、登氣車、行二十餘里至維莫斯多甫邨、一路道途不甚整潔、稍亞前赴哈蘭溪者、下車即有一酒肆、木樓三層、並不高敞、而四面花木參差、隱列桌椅、尚覺幽雅、惜已日暮、不能遠望、惟見前面一片燈光、遂信步前往、行約半里、乃一樂場也、正中木樓一大間、樓上左設廚竈、出售酒食、右一敞間作樂、為跳舞場、樓前正面一小樂台、坐立女樂工十餘、台下列桌椅百餘、今日值禮拜之期、男女擁擠如蟻、聽樂者、跳舞者、飲酒者、吃茶者、或坐或立、往來笑談、極為鬧熱、少坐即回、

初八日辛巳、晴、今日係西九月初二日、為十年前德法交兵、在賽丹村捉獲法君之期、因而通城各處掛旗慶賀、又各銀號亦皆關閉放工、街市遊人甚多、酉初德外部亞洲總辦裴爾來拜、其人能英法義三國語言、坐談許久始去、

初九日壬午、晴、申初同陶榘林陳駿生乘車行八九里、至朔溪街第十八號石瓦茲闊第水雷廠一觀、該廠不專造水雷、并造電氣燈及火車機器、地基不大、鍊樓三層、層層作工、鎮日鍊聲隆隆、入內有總辦畢洛克領看各處、據云共有三大廠、人工共三千餘、工價每名每一禮拜由三十五馬克至五十馬克不等、其造物之大機鐵器、以及造成之魚雷火車等、皆與他處大同小異、無須瑣述、酉正回寓、

初十日癸未、晴、五道門北駝騾閧中間路南、有演兵大學校、德名格利斯阿喀代米、樓高五層、寬敞整潔、前于初四日門首懸旗、改設照相盛會、每日自巳正開至申正閉、觀者入門、每人半馬克、未正潘蘭史約往、遂同桂竹君步入、買票登樓、敞屋多間、四壁密懸大小照相萬張、係通城各鋪輳集者、有山水、有人物、亦分五大洲、新奇可觀、筆難盡述、惟末間置一圓畫鏡、周逾丈、高盈尺、

支于架上、周圍小鏡三十餘、內中上絃、畫則自轉、四面列座、人坐其上、按鏡觀之、景致人物、張張不同、亦頗可觀、既出、齊步入巴薩巷內加非館中、各飲加非一盅而別、

十一日甲申、晴、見德京一種席上點心、名曰艾爾和痕、義亦雞蛋糕耳、惟作法不同、需物無多、乃以二三雞蛋加糖與牛奶各少許、調和成汁、入鍋烹之、則即時擁漲盈鍋、倒置盤內、則焦底向上、復洒沙糖一層、食者以匙挖之、外焦、裡嫩、其味甚佳、

三八

十二日乙酉、晴、西國瞽目為數較多、英法德三國者、皆不下二三萬人、養瞽院法國自古有之、當法君路義之世、雖有僅祇養贍、尚無教導之法、後有明人創以凸起之字、使瞽者以指摩而識之、先認字、既熟而後讀書、即可朗誦、較明目之人為尤捷也、泰西各國咸效其法、設院教讀其所學者、為本國文字、天文、地理、史記、政治、音樂、算學、以及詩曲等、亦幾與明目之人所學者同、且內有學問優長著名之瞽者、按其學規、每早卯正入學、亥初散、各人按時或學讀、或溫習、或作樂、或歌唱、或習別藝、按班皆有定規、婦女兼學針黹、德國所設院數未聞、惟此法亦成就失目之人、使其終身得以自活也、

十三日丙戌、陰雨陣陣、稍涼、西國橡樹頗多、橡子頗大、德人呼曰艾晒、以之造粉、沖飲如藕粉、無甚異味、名曰艾晒勺勾臘、據云童稚飲之、亦頗有益、

十四日丁亥、早大晴、微暖、申正稍陰、西人製造棉花火藥、已屬精巧、得用、乃近日又有人以製造火藥之料、改造作物之料、極其結實、雖厚僅二三分、而擲地不碎、按其仿造者、為珊瑚、象牙、密蠟、琥珀、硨磲、玳瑁、青金石、孔

三九

雀石之類、分量輕而不重、顏色則與真畢肖、雖無如火藥震烈之危、仍有遇火即燎之慮耳、

十五日戊子、大晴、暖、本公館除金楷理及洋僕不計外、上下共三十人、皆不共炊、計星使一桌、參贊支應與張小軒雖共桌而分給飯價、闞潤亭兄弟一桌、徐良臣與余共餐、陳貝二君共餐、陶榘林夫婦率子一桌、而承姚二君又各自爨、是三十人內除武弁僕役外、由星使至供事、已分設八竈矣、今日為中秋佳節、通館毫無慶賞之舉、惟星使于申刻邀參贊支應及張小軒同步入飯

店吃頓飯、以賞中秋、其他諸君各皆飲食稍豐而已、至晚既無聚會賞月之約、亦無自行舉杯以及看戲聽樂者、于是有獨坐吸烟者、有看書者、有玩牙牌者、有寫字者、有計算錢財者、更有早眠者、余因寂寞無聊、飯後天時尚早、遂仍步入萬牲園、坐于土岡橡樹之下、樹木叢隆、燈光燦爛、臺榭點綴、瀑布有聲、于是酌茗聽樂、仰觀皓月之團圞、俯察游人之繁盛、聊以解嘲、亦可樂也、

十六日己丑晴、見柏林男女衣莊、凡有新式之服、皆以籐架支起、立于玻璃窗內、以便行人往來見而買之、架之高寬、皆與真人無異、故衣套其上、立之亦與真人同、惟無頭脚耳、昨見樸斯當橋右鬧色敎古斯街口、一估衣鋪、窗內以籐架支中國米色摹本緞大棉襖一件、長不足四尺、寬腰闊袖、似非京式、不知何人賣給、衣既不新、而猶如此支立、蓋因中華之衣服耳、

罕

十七日庚寅晴暖、數日前慶靄堂由俄餽送星使西瓜數枚、星使因其不能久存、一時亦不能盡食、乃轉贈陳駿生一枚、食畢、駿生飭僕以瓜皮釀肉、次日釀成甚佳、星使聞知、索去少許、余雖未得目睹其肉、而隔窗嗅之、亦甚香也、一笑、

十八日辛卯、早陰雨陣陣、午後稍晴、外洋山水景致、自多新奇可觀、其樹色泉聲、固皆天然、而山容水意、則有出自人工者、鳥獸固皆天生、而草木則又不順其天性、變態萬端、粗者使細、細者使粗、高矮曲直、任人玩弄、雖草亦罕有鬖髿滋蔓者、必皆裁剪平齊、茸茸如絲罽、是雖云乍觀景致入畫、久之似覺毫不活潑、即如其所作之蠟人、誠勝扵木雕泥塑、乍看疑是真人、再看則不如真人之精神矣、

罡

十九日壬辰、陰雨陣陣、酉初雨止、頗凉、余因寂寞無聊、遂信步入萬牲園、意謂其樂必因天寒人少而止、乃方至門外、已聞樂聲鏘鏘矣、及入門、則見樂兵鼓吹、燈燭輝煌、惟游人極少、男女僅三四十、坐間遇恩仲華之友李巴冦和二人、齊出仲華來信與看、知其已于數日前安抵熱諾阿矣、

二十日癸巳、早晴、午後陰雨、酉正姚陶二君在本公館約飯、同席十八人、其中華人為潘桂二君、潤亭昆季及余與二東主、洋人為金楷理芬瑞飛夫婦、德國機器廠

主高貝夫婦美國造滅火藥水人狄樂坦夫婦及其二甥女柯瑪麗柯秘麗姊妹與現擬在華開設銀號之副總辦德人麥興夫婦其人原為東方學館之生徒現因華言有成故有是差彼此歡飲暢談亥初始散

二十一日甲午早大雨陣陣申初晴冷今日禮拜萬牲園內向于此日人多擁擠行坐不便故未經一往現以天涼人少遂于戌初步入不意兵樂竟列兩場遊人男女亦三四百惟見華人皆張目視之蓋皆局鋪夥計以及城外鄉民禮拜日得暇進城來游者也

四二

二十二日乙未微陰冷申初同貝彙如再赴藝植園見黃葉凋疎已入深秋景象因各瓜皆在架上現在葉落外露倭瓜有周約四尺厚七八寸者其他番瓜菜瓜等亦極肥厚而每個下皆以木耙支持因瓜重而梗細也既而步入集考四方草木樓樓高三層頗為開敞四面玻璃窗今日惟上層開正門內玻璃匣匱行行收存五大洲之水土草木瓜菓五穀菜蔬等或晾乾置匣匱中或以藥水泡盛玻璃罐內或平置或懸挂或置碟內或盛盌中或不能攜帶乃照樣描畫貼于玻璃屏上或以蠟仿造而置于玻璃罩內木有橫鋸成片者有豎切成方者凡數萬種每種有一小牌書明何名產于何處何日何人攜帶至此其中不識者固多亦有與華產同中見異者如松子大如西瓜更有一大松塔粗如西瓜長約八九尺內含小松塔如芡米皆南美洲物也靈芝則周四五尺蓮蓬則大如盌蓮花白色層層如百合高周各尺餘皆印度產也其他不識者尚萬稚內惟一花名居樂斯者產于他洲因路遙不易攜帶經少婦卜得衛者遊至彼處親睹是花遂以蜜蠟仿造之花共六瓣每

四三

瓣周盈三尺形似海棠色亦如之厚一寸而滿刺黃蕊藍心清雅可愛置于六角玻璃罩內是亦天下一至大至奇之花也酉正回寓

二十三日丙申晴德國牛奶糕頗佳法以牛奶一里特約一中盌白糖八十戈拉木約三四兩放于鍋內煮之俟滾時以八十戈拉木蠻達敏如團粉調之則成汁喜加酸香味者則加檸檬水少許或巴西草枝水少許倒于盌內涼則凝結成塊以匙割食之更有出售馬口鐵或瓷或缸模者形作魚花瓜果之類大小不一

二十四日丁酉、晴。申初同姚、陶二君乘車行十數里至某巷拜麥興、入內見其夫婦、坐談少刻、各飲加非吃點心。俄而二女來見、一四歲、一五歲、後其妻鼓琴一曲、甚佳。因伊擇于明日辰初啓程、由安那拉車棧赴熱諾阿會見巴公使、蘭德後即同公設銀行各人、乘德公司船來華、臨別頌其一路順風云。

二十五日戊戌、晴、涼。記法京繁華、加非館密列、入夜尤屬熱鬧、屋內窗外、燈燭輝煌、男女蜂擁、通宵如晝。此地加非館亦多、其大者亦多終夜不閉門、而堂倌晝夜分

四四

為兩班者。自晨至晚、往來皆上等人、至夜半以及天明、則男女來者、男皆紈袴子弟、女皆歌妓娼婦也。柏林初行張大其勢、居人始多、即有如此之酒肆茶園、不知將來至何地步也。

二十六日己亥、鎮日陰晴風雨不定、甚冷。中國以駝峯為八珍之一、直隸以北至蒙古、駝產多矣、其肉固有賣者、亦有食者、而罕有稱其肉美者、是此等駝峯非所謂八珍之一、抑或貧民不知其味歟。聞烏魯木齊有野駝獨峯、鬻之極脆美、想此獨峯始為八珍之一矣。然余未得親歷其地、一嘗其味。惟在英、法、德、俄等國萬牲園中多見獨峯駝、皆去自阿斐利加、究不知其峯肉如何、如有出售、當買割其峯、鬻而嘗之、以侑酒也。

二十七日庚子、晴、冷。西國洗浴盆式極多、其法愈作愈精。鐵質挂鉛、硬中帶軟、其平行有圓與扁圓者、有敞口如壺者、高皆六七八寸、周由六尺至一丈、又有式作冂形、或口形者、人可在內半身仰臥、抑或盤腿坐而得兼者。價皆一二十馬克、再有小者周四五尺、高尺餘者、係為小狭洗身用、價由一馬克至五馬克。大盆有作元寶

四五

形、高約二尺、周由六尺至丈餘者、價則由六七馬克至五十四馬克。又有價至一百餘馬克者、乃旁立一熱水鑪。鑪以鐵造、圓形、周約三尺、高六七尺、上多半煮水、下少半爨火、中有銅管、龍嘴通入水盆、用水多少任便。又有鑪頂橫插一管、下垂噴壺如蜂巢、浴者立其下、轉關鍵則水噴下、以之洗頭。有巳形筒架立于盆上者、機關動、則上者下灑、下者上激、旁者橫激、則可任意上下前後左右激洗之。又有作爪形者、水則四面噴激、作[illegible]形者每層銅管有孔、有關鍵、共七層、任便用一層、或多

層、或僅上層、中層、下層、或全層、水則上灑、四面激射、浴
者、用之既遍、且省力也、
二十八日辛丑、終日細雨陣陣、冷、天下五大洲、已化之
國數十、不拘大小國、國皆有信票、且能天下通行、惟南
北美洲及泰西各國、一切數目文字、皆用本國者、其他
文字不與泰西某國同者、國名錢數、須兼用之、數年來
日本亦創用信票、數皆幾錢、乃兼用漢字與英字、現竟
通行各國、中國尚無是物、雖有亦只赫總稅務司所製
幾種、惟能用在本國沿海各口、未向各國言明、故不能
外用于各邦、而每有信由華赴歐美二洲、乃用英法美　四六
三國者、是三國獨獲其利、爲我國當軸者、將來知其有
益、亦必設法使之通行也、又外洋有輳集天下各國信
票出售者、有作玩物者、于是街市花園、頗有幼童稚女
向余索中國信票、余無法、間以香港者與之、其不知、仍
係英國者、惟見有中國字、則寶之、其知者、繳還不收、或
謂如此者已有若干矣、不意邇來有多幼童、反以雙龍
信票示余、如是、足見西人覓得之速、四海往來之便、當
也、

二十九日壬寅、終朝陰雨陣陣、冷、英人眘蒂母女、婁歐
之友也、其二子、一在本國、一在柏林銀號、自前四月間
母女回英消夏、昨忽來信、言已回柏林、每禮拜二日爲
其在家見客之期、于是午後乘車往拜、見其母女、坐談
間、贈一玩物、言係自英帶來者、乃一長方紙匣、橫寬二
寸、長寸半、上罩玻璃、內橫分四槅、立紙三橫、式如爻卦
作形、其上第三槅內、又橫列八節、末節露匣底、前七
節分七色、爲紅白綠黃紫藍黑、內滚七玻璃球、每個一
色、七色亦與七節同、有能將球按色滚入第三槅內、列
成一橫者勝、惟下第一橫紙上、又附薄紙一片、曲彎不　四七
平、則球至其間、多致澀住者、是其往來滚流、使之入節、
尤屬不易、其物名曰安色爾、乃創是物之人之姓也、匣
後且貼一紙、云有能五分之久、將七球列妥者、本鋪特
贈五十金磅、定不食言、雖係玩物、亦怡情之一具也、
三十日癸卯、晴、稍暖、戌初、承伯純約陳駿生與余、乘車
赴北拉陽燈園觀劇、現因天涼、園不設燈、所演之戲、係
蠟人館中一工人、午後發倦、卧一小車上、夢爲官致富、
娶妻生子、既遊北冰洋、天寒冰凍、船不能駛、至明夏天

暖冰消、船開至某處登岸、遇一老媼乞錢、彼此敘問名姓、知為伊母、即欲跪認、旁人謂恐其詐、老媼遂悲泣而去、既而其人細思、實係伊母、乃獨步入山、四面號呼尋覓不見、惶急而醒、口中猶呼母不絕聲、及其生母聞聲趨前、驚問其人、四顧詫異、張惶醒後、心定始知一夢、而已身仍臥撮土車中也、所作之風日雲雪、及山海冰洋、樹林樓閣、等各種景致、皆不甚奇、其至奇者、乃合班男女、矮小、皆似童男、雛女、年由七八歲至十五六歲者、歌唱道白、聲音清爽、似尚年幼、然其行動態度、勝於大人、

四七

余異其何排演如此之妙、又何如此之能、既而詢諸同座之德人、乃知各皆年逾二三十歲者、係于十數年前、經一人覓集德國各邦所產之短身男女于一處而排演成班也、亥正回寓、

九月

初一日甲辰、鎮日陰雨、入夜大風、外國各雕刻、皆極精良、向以石銅為最、現在柏林新創一種木刻、工尤精巧、樸斯當街第百二十二號芬坦鋪、刻此木板景致人物、典故名人、刷印小本出售、每月一馬克、當早談鋪寄送一張前來呈閱、以招人往買、按所印、係古時俄王婚禮、男女老幼十四人、所著皮冠皮氅、綢緞袿裙、一切花紋、無不絲毫透澈、工之精細、勝於石銅、但不知所用何木耳、

初二日乙巳、陰雨、微暖、今日係西九月二十六日禮拜四、為該國猶太教人之新正月初一日、街市凡絨線氊氈、綢緞布疋衣冠鞋襪各鋪之關閉者、十有八九、蓋皆猶太教人所開設也、聞各鋪皆連關兩日、人工休息、以賀新年云、

四八

初三日丙午、天氣陰雨、與昨日同、酉正、祿伯純約飯、同席為陶榘林、陳駿生、徐良臣、洪禹山、貝壽如、張小軒、酒食豐美、彼此暢飲、亥初始散、菜中有新海蝦、長逾六寸、肉極肥厚、其前兩挾、較大蠏者尤大、尤肥嫩、每個價二馬克零、

初四日丁未、早晴、未初陰、記前于西九月二日（中八月初八日）瑞典國在其都城開設東方學會、入會者五百餘人、各陳所學、互相討論、即交換智識之法也、共開十二日、至西九月十三日（中八月廿九日）散會、當開會及散會之日、國王

皆開讌於王宮、以醼會中各國人士、當時有日本印度
暹羅諸國人、日本派往者三人、為文學士井上哲次郎、
日高真實、與千賀鶴太郎、印度人為巴婁達邦之律法
秀才杜魯乩、及其隨使那薩爾、暹羅人為袁森、他國者
未詳、井上哲次郎前日回柏林、乃于今日未正請陶榘
林、姚子樑、桂竹君、潘蘭史、與余及暹羅人袁森、印度人
杜魯乩、那薩爾、日本人日高真實、千賀鶴太郎、同午酌
于其寓、所稱為東亞洲會、蓋通席皆我亞洲人也、彼此
暢飲、酒食頗佳、食畢、潘蘭史起立、誦所著叙文一篇云、

卒

光緒十五年九月四日日本文學士井上君哲招其國
人千賀君鶴日高君真實及印度人杜君魯華那君沙
爾暹羅人永君遠臣集於德意志柏林行館為興亞之
會吾國奉使來德者兵部張君德彝太守姚君文棟司
馬陶君森甲刑部桂君林皆在而飛聲亦預筵醼之歡
壺觴既舉乃起而言曰夫瀛寰之大五洲所分而日月
正臨神靈鍾毓山川人物廣博繁盛我亞洲實為之伯
宜若龍興虎視囊括席捲雄乎宇宙矣乃者歐美東來
運會一變恃其忿鷙陰狡盤居于腹心之地逞其詭秘
猛捷眩懾于堂闥之間、萌芽於明季縱肆於今日以致
虢視南洋蠶食印度全洲波靡罔不欝其怒而不敢鳴
推原其故殆由我亞洲安泄嬉沓怠玩廢弛瞢于形勢
不相聯絡失自強之道也今日本更變國政竊採西學
發憤圖治有上下一心之勢我中國久已中興大業治
具畢張即於西洋一藝亦採彼所長而濟以已之長北
洋南洋之戍淮軍湘軍之雄不必犂絶域之庭而先讋
強虜之魄是以諒山一戰追奔逐北斬虜六千級使敵
人棄船西走延頸乞和安南泰然無復箕踞東向是我

垩

亞洲振興之由必自此役始也印度自後漢通中國唐
宋屢入貢暨元起北方定為蒙古别部駙馬帖木耳撒
馬兒罕威行西域諸部臣服最久乃肇釁于明末喪一
壓之地其後摧枯拉朽遂盡隸歐羅之藩暹羅一隅亦
幸以託中朝典屬而免鯨吞之禍然則揆亞洲大局固
無悶中與日印度暹羅各國也同洲之國當以同國視
之如兄弟如手足戮力同心共修國政以禦外侮務使
進可以經略歐美退可以自立于不敗則于興亞之道
庶乎近焉夫聖王之治貴于未亂兵家之勝貴于未戰

天下大事惟有志者可與有為今井上君熟覽時勢顧念同袍以海外聯縞紵之歡而諸君款洽情好破除畛域斯會為從來未有之盛鄙人譾陋惟願亞洲各國謀臣重將碩儒魁士一國數會一年數會互相討論以求富國強兵之道懷柔撫馭之方則智識日開人才傑出共致隆平之治永奠鞏固之基是當以斯會為嚆矢矣于是諸君舉觴歡呼曰飛聲之言其可念哉主賓既酣屬錄存以為序又井上哲次郎與杜魯瓦各陳數語大旨皆謂西國之物大半創自東方今西人講求精益求精吾人遊歷非為盡學其所能無非擇其所長以補我所短而已惟願亞洲各國同心共濟合而為一以阻外患等語余亦立陳數語曰余游歐西垂二十年見其日新月異能自強大我亞洲各國與之鬬智爭奇者當推貴邦然而欲弭外釁必先內睦我亞洲當何如聯氣同心以期昇平永慶耶茲井上先生作東方會于柏林集四國之人文作一時之雅集余得叨陪末座以知先生之心固不徒為杯酒言懽已也謹獻數語以誌佩并以誌幸陶姚桂三君亦各有所陳未暇瑣記惟其大義亦

五十三

皆無懸殊耳

初五日戊申陰晴各半外洋處處與中土相反即如中國謂染病者不得食牛羊肉蓋以牛肉不易消化而羊肉發熱也外國則謂病人宜食牛羊肉乃謂牛羊肉易化而能壯人猪肉非熟不能食又非多煮不能熟多煮雖爛而入腹亦不易化也

初六日己酉晴今日係西九月三十日為德國老皇后之生辰通城大小鋪戶人家及各官場皆掛旗慶賀街市遊人甚多亥初楊石漁起身赴巴里余同姚陶承陳徐闇潘桂諸君至福來得立車棧與之送別

五十四

初七日庚戌陰雨酉正同承伯純至阿拉他亞高街第三十號森特拉戲園觀劇園不甚大戲亦平常惟末場男女百餘皆扮成各種飛禽如孔雀仙鶴鷺鴒鴨鵝鴛鴦駝鳥等其不識者固多實皆萬牲園中所必有各皆頭作頭腿作腿背後插翅臂後作尾孔雀既能開屏仙鶴亦時展翅男作公雞女作母雞又六小孩身披黃毛作雞雛陣陣跳舞頗覺有趣

初八日辛亥早晴未初大雨未正同哲甯乘車入五道

門至皇宮右之格呢格黎兮比甸台克官書院一觀樓極古高三層約十丈造以鐵石蓋防火也內存天下各國今古書籍共一兆二萬部國例有人著作皆須呈進書院一部收存每日午後開門申刻關閉國人皆可入內坐看或借看然必奉有明文經官允准其未經官允者欲借看須押錢若干以為質各人皆有憑票寬二寸長寸半色分黃白藍綠以別官民凡官生及平民之奉官或押錢乃上書票屬何人第若干號其借書或看書亦有憑票係白紙書明年月號目住址姓氏用何書若

五十四

干部看書處為一大廳高六七丈周四十餘丈四壁列書由地至頂共數萬部中橫鐵闌一層四面有門有鐵梯以便上下收取書卷又地面近書處及四壁鐵闌上皆立有木梯因書架高其取送書舉手不能及者可登更上一層也當中地面列大長桌六行每行前後容坐六十人桌凳整潔按行橫有電燈此外大屋二間一存書目簿八百本皆按字母排列書名及著書之人名一存按義覓書簿二百本以便知書義而不知其名者考求之亦按字母種種分列如天文地理史記格物化學算學兵法醫學之類每類應有何書皆一一註明極屬便當周全去此三面高樓往來曲折皆螺螄鐵梯階階分國書亦按類分列泰西各國者固多而印度西番者亦屬不少日本書籍不滿三百部而中國書雖盈列四壁無非大清會典大清律例中書正考博古圖資治通鑑古文觀止四書五經本草綱目某州縣誌等類而已無甚奇異者又二間鎮日關鎖禁人私看乃各國千百年前之書帖印板中雖無竹簡蒲編而有木篇貝葉之屬寫者印者種種不一或羊皮或布片皆列于匣內罩

五十五

以玻璃每匣一角設一小木板書其中第若干號係何國文字經若干年于何時經何人覓得攜帶入院看畢步入巴薩巷各飲加非一盅謝別回寓

初九日壬子稍晴今日星使具摺奏升徐良臣貝彙如為隨員又因恩仲華三年差滿回華所有德文繙譯一缺謂查有學生張永熞本諳英文兼肄德文刻苦用工足與恩光相埒即令升補德文三等繙譯以資臂助云云因而徐良臣貝彙如張小軒皆著官衣登樓叩謝星使諸同人亦皆與之賀喜酉正陳駿生招飲慶賞重陽

同座為承伯純陶棨林洪禹山徐良臣貝彙如張小軒酒食頗佳亥正始散又當星使揩件未發時姚子樑具稟竊繙譯一項在出使中最關緊要誠以言語所係兩國交際由此而通兩國交涉由此而辦稍有舛錯貽誤匪淺其責任干係尤非隨員可比是以光緒三年出使大臣劉奏調同文館學生賡音泰蔭昌為繙譯官總署議覆揩內聲明賡音泰蔭昌二員查其在同文館充當學生年分較淺繙譯工夫視德明鳳儀慶常三員亦遜酌定作為四等繙譯官光緒七年總署奏請變通保獎

叁六

章程揩內復聲明同文館學生多係京職其於外國語言文字非習練精通不足以膺隨帶出洋之選蓋慎之又慎其意可見即以現在俄德兩館而論黃學生致堯在同文館肄習法文已逾十年其資格不為不深李學生家鏊雖年分尚淺然在俄館肄習俄文亦已三年報滿均以學生名目留洋肄業具見憲台慎重儲才之意至張學生永熞初到德館時未認一德文未知一德語於上年九月二十八日始入柏林學堂肄習德文眾所共知至今年九月僅及一年中間尚有間斷就使具兼人之才力亦斷難習練精通豈能保其辦公無誤且文棟每晤英人美人皆言德國語言文字之難甚於英法數倍泰西人雖久寓德京者亦罕能熟習言規一無舛誤是德文繙譯尤與他國不同今張學生以學習一年之期驟膺三等繙譯較之賡蔭兩員初到德館時年分不及更為遠甚即與黃李兩學生相提並論亦自有資格深淺之殊非所以孚輿論而重使事也文棟荷執事之知食公家之祿倘見及之而畏默不言上無以對國家亦下無以對執事諺云愚者千慮必有一得文棟係

叁七

為因公起見是否有當伏候察擇云云

初十日癸丑晴暖聞西國曾有某甲極富建造樓房亦極華美惟客廳甚狹其人好客友見而訝曰以君之俠義朋友之眾多而客廳如此之小其能容乎甲曰君不知知己方為至契吾友雖多而知己者少耳恐知己者咸集于此尚覺寬敞也此言亦頗有意酉正約徐良臣及闞潤亭昆李在北拉陽戲園觀劇一切如前無須再述

十一日甲寅晴數日前各大酒肆飯館前皆貼報單並

立木桶或木牌、于上滿釘蠣皮、蓋皆初到也、遂于酉初約陳丞二君在福來得立街小酒館內吃蠣子、因此館此時專售此物、皆極鮮美也、其價每十二枚一馬克六十芬呢、遂共飲白酒一瓶、各食蠣子十數枚、燒牛肉及白煮魚少許、亥正回寓、

十二日乙卯、晴暖、自去歲德皇拜俄皇後、屢見新報言俄皇將來答拜、有謂俄皇不欲來者、有謂雖來亦不入柏林者、近日始定于本禮拜內來德、已將俄皇之御用火車移入德轍、德官謂其車雖華美、然為日已久、恐在德轍遇有不虞、不知歸咎于何國、莫若預先收拾堅固、庶可安心也、其故、蓋俄俗亦惟知購買他國之物、而不知時加修理云、

十三日丙辰、晴暖、久矣西人不以東方妻妾之風為然、婦女聞之尤甚、不意近聞德國幼女頗有願充華人妾者、亦奇矣、告以此為其本國所禁、乃曰報以遊歷中華、無不可也、又告以中國飲食起居、無不與此相反、恐不易處、竟答以暫往一觀、可則終身妾侍、否則再返本國、另嫁他人未晚也、

十四日丁巳、早晴、未正雨、酉初約承伯純、陳駿生、貝稟如、張小軒赴冬園看雜耍、此園于本年夏季未演戲時、內外修理、煥然一新、四角假山、作以水法、隱以皓月、布以真花、橫以木橋、前後兩壁、畫以山水景致、大海高山、密林深壑、望之令人覺其寬敞、天雖寒而自暖、殊不負其名曰冬園也、台座各皆開展、價亦稍增、入而不坐者一馬克、其他由二馬克至五馬克、余等坐大中店後之高台、正對戲台、戌初一刻開場、共演十九齣、其新奇者為一變戲法、手執鮮紅玫瑰一朵、由內抽出五彩綢條一大堆、將紙條團于一處、又由中抽出花旗塔一座、共八層、每層插旗二十杆、且一層大一層、末出本國雙鷹旗一杆于塔頂、又一小雀籠內一碧玉鳥、其人雙手向上一舉、即不見、既自台後取出、請台下一人接之、其人上台接時亦倏不見、又一人扮水手、台上放一大桌、上立一木梯、高二十二級、其人先直步其上、既而反步而上、在上作登桅頂狀、四面眺望、用千里鏡吹喇叭、耍旗吹哨、又作歡喜狀、又一人先耍瓶盤球棒、既以棍長四五尺者、耍大圓木桌一張如盤、當木桌旋轉之時、棍下

又另接一棍長亦四五尺、又一人率四小女年皆八九
歲、在樓頂打鞦韆及正竄越悠揚極伶俐、其人乃隨打
鞦韆而穿紙餅放手槍、亦奇技也、其他跳舞歌唱攀杠
踊蹻等藝、皆在他處看過者無庸再述、子初回寓
十五日戊午、陰、雨陣陣、酉初、貝彙如約姚子樑及閻潤
亭昆李與余在樸斯當街福來得立飯館內晚酌、甚佳、
記德國木器及各木架邊框、多用橡木、不論粗細、既不
曲彎、亦不崩裂、各色油漆、永遠光潤、既不縮縱、亦不黑
暗、皆天氣冬不甚冷、夏不甚燥故也、

卆

十六日己未、晴、酉初、張小軒約叅贊支廳及金楷理、先
在烏拉飯館晚酌、後赴得赤愛戲園觀劇、聞數日前在
維木斯多堡邨酒肆樂場之間、因天晚路燈遠隔、不甚
明亮、又值天涼人少、竟有男女三人被劫殞命、至今兇
犯未獲云、
十七日庚申、晴、暖、巳初一刻、俄皇率其次子阿來三德
第三公爵卓志由吉拉海口乘火車至柏林第特爾車
棧下車、德皇領兵迎接入宮、街市鋪戶、間有挂旗慶賀
者、毫不鬧熱、較前義、奧二王之來大相懸殊矣、酉初、貝

彙如約飯、同座為余與汪芝房、洪禹山、承伯純、陶榘林、
陳駿生、徐良臣、張小軒、戌正、德皇請俄皇在盖呢園觀
劇、并帖請各國公使隨員以及本國文武大員夫妻子
女、遂于戌初同汪芝房、姚子樑、陶榘林、徐良臣、閻潤亭
各著蟒袍、隨星使乘車入五道門、至皇宮旁下車入內、
見園不大、容坐一千、池中臨台坐各國叅贊隨員、後則
文武多員、共三四百人、樓上頭層、正中一大間、坐德俄
二君、左翼半圈坐本國命婦母女、右翼半圈坐各國二
三等公使與其妻女、左右臨台四小間、左坐本國相臣

圶

大員、右坐各國頭等公使、再上第二、三層、則男女雜坐、
皆本國文武員弁矣、戌正、俄皇偕德后、德皇扶其寡孀
及俄太子與德王室近支王爵福晉等四五人魚貫而
入、横坐一排、德俄二皇居中、即時奏樂開演、樂工百人、
戲分兩場、第一場為德之小説、有一眇目著藍衣之日
神、有烏衣舉大斧之雷神、又有地神、江神及婚姻女神
等、更有面目猙獰之鬼怪、相貌獷悍之惡人、以及點石
成金隱身變化之仙人、各皆裝扮新奇、筆難盡述、其通
場戲文、不知何義、惟見黑雲朦朧、雷電燗灼、狂風驟雨、

赤日長虹、既而雲散風息、則見高山巨壑、好似混沌初開、又有大樹高樓、遙望如在天涯、又似天宮金殿、第二場、男女跳舞扮作波蘭與俄羅斯人、有一蠟人館、臨窗一幼女作觀書狀、上絃則能起坐動轉、外立一男、以其為真人、久看愛之、遂豎梯登樓、司事者知其情而不怪、乃讓酒使其迷睡、後念呪移其人之氣入蠟人、竟使立起如生人、再使其人醒、則彼此配合為景致、無他木房村落而已、予初戲散回公館、記頭場演畢、歇十分之久、二皇率各大臣命婦及各國公使入後堂飲酒晤面、陶栔林先登樓往、余等不知也、即余同姚徐諸君覓至樓上、見橫一長桌、所備者僅香賓加非、糕點幾盤而已、

六十一

十八日辛酉、陰雨陣陣涼、外國男女衣冠雖有官衣便衣吉服素服之別、然每見其朝會朝廷朝見入宮聽樂跳舞入園看戲聽經及他大典、如王后生辰、婚姻嫁娶各等喜慶之事、男女所服概皆一律、無大區別、不分大典吉期朝覲宴樂、非如我國有朝服蟒袍補褂官衣便衣戎服之分也、我國更有行裝、外洋無是說也、外國咸以華麗鮮明為第一、故無論何故、每遇入宮、必令著蟒袍、不穿外褂、是無論何事、皆目為大典矣、今後願出使外洋者、一切不必聽洋人指使、皆歸自行斟酌、量其事之大小、別以蟒袍補褂與行裝可也、如以蟒袍可不著外褂、取其簡便、是何言歟、國家袍褂之制度、豈如平人所服、可任意為之耶、

十九日壬戌、陰雨陣陣、微暖、晚四點半、俄皇率太子仍由前火車棧乘車回國、德人每日除食麪包牛奶奶油外、惟牛肉雞卵所用最多、故凡出售食用各鋪皆大匣或大筐列于門首、表明價值、更有專賣雞卵者、用者與之約定、或日日或隔二三日送一次、每次若干、其價既廉而物亦新鮮、其送雞卵者乃黑油小車一輛、箱上四面先寫鋪號住址、下畫公母雞成羣、皆極肥壯、而蛋亦頗大也、

六十二

二十日癸亥、陰雨如昨、酉正、張小軒約姚子樑承伯純、陶栔林陳駿生、徐良臣貝彙如、闞潤亭與余及其新僱之德文教習胡奎子、在對門店中晚飯、姚子樑因故早辭、承伯純臨時辭、小軒因肉食多、定一分、遂即令店僕送其早從之女教習米臘麗、當晚紅酒兩瓶、肉食四色、

皆甚鮮美。

二十一日甲子，晴。德京洗衣鋪處處有之，因土人無論貧富皆不自洗，更因高樓無院，無處晾晒也。此鋪皆在樓下，頭層半在地下，半在地上，人皆女工，終日水洗鐵熨，頗忙。鄉間更有大洗衣房，日日按戶往來取送，盛以大筐，以車裝運。各家衣有記號件數，有帳，故不致錯亂遺失也。

二十二日乙丑，晴。現過重陽，黃葉飄落殆盡，而街市并無掃取以作柴者，訊之，皆經官場僱人掃運下鄉，混入沙土，蓋以雨雪使之霉爛成泥，至明春則土既肥潤，而草木亦自豐盛云。

二十三日丙寅，陰。上月底倫敦新報有一則云：聞中國新章，凡出使大臣皆須裁減隨帶員弁，以節經費。按此舉誠是，惟中國官員之鑽謀出洋者甚多，新章一行，欲濫竽充數者難矣。或謂中國向來隨使人員不惟其才而惟其多，即如倫敦中國使館員數，并歐洲五大國駐英各使館人數計之，尚不敵其多。新章既定，庶幾選擇稍嚴，於使務可冀有益。不知法無足恃，恃乎守法之人，近年中國使臣隨帶員數往往多於前任者，非其本意也，實緣要路諸鉅公各薦其親友子弟，勢有所不能却耳。此次裁減，立意固美，然使要津薦路依然不塞，則亦何能持久而不廢哉？如是我見，姑妄述之。

二十四日丁卯，陰暖。酉初細雨。美國人狄樂坦每禮拜日為其見客之期，前日往拜，見其夫婦與二甥女坐談少許，狄樂坦令二甥女一鼓琴，一拉胡笳，琴旁桌面有一籠，籠內一碧玉鳥，不意琴與胡笳奏時，鳥與齊鳴，趣甚。

二十五日戊辰，陰。外國廳事皆設有凳椅，英、法俗客至皆以讓坐椅上為恭，德則不然，乃以讓坐于凳為恭，是亦西俗之不同者也。

二十六日己巳，陰晴不定。黃伯申自去冬到俄，後雖經覓有教習，從學法文，究非本地，且終無與交談法語者，即有，亦皆俄人，一時不能精通，故二年來似無長進。上月曾具禀星使，願往法京學習，以期速效。星使允准，乃于昨早由俄起程，今早接電，知其當晚戌正抵柏林，届時余遂由福來得立車棧接入使館。

卷八終

五述奇卷九

鐵嶺張德彝在初隨筆

己丑九月、二十七日、庚午、陰、夾初大雨、中國畫家、素有圖形妙手、為人寫照、能得神似、然不能盡人皆肖也、外國以鏡照相、則栩栩欲活、無有不肖者、惟因藥水印紙年久不免失神、形像模糊、又油畫一法、較照相同一靈活、而年久不退、對人下筆、較準五官步位、其價頗昂也、柏林照相店、有以墨畫小照者、給以舊照片、即可臨描、今見貝彙如持其尊甫康侯先生之遺照、陳駿生持其

一

元配莫氏之遺照、皆送店重畫、每幀價二十二馬克、寬四寸、長六寸、其舊片皆因年久失神、而重描者、不但形像絲毫不離、轉能將已失之神、曲曲描出、可謂寫真妙手矣、

二十八日辛未、陰雨陣陣、本地萬牲園定例、每年西九月十五日停止院中作樂、改于每禮拜日午後、自申正在飯館後大堂中奏樂、至戌正止、屆時亦高朋滿座、男女如雲、本年因入秋以來、天時仍暖、乃展限半個月、至西九月三十日始止、然天多雨而涼、故每日往遊者、仍祗數十人而已、

二十九日壬申、陰、外洋無招贅之說、必女嫁男、無女招男者、聞本城一老嫗極富、生女名鬧蒂、甚美、乃禁其出嫁、蓋一因家富、再因不欲女離也、然伊女願從與否、未聞、入夜晴、

十月

初一日癸酉、晴、近閱邸抄、知陶榘林延少山皆經劉省帥保陞知府、今日午正、同徐良臣約榘林與伯申早餐、一為賀喜、一為接風、陪客為姚子樑與闇潤亭昆季、現

二

在天氣漸涼、天將雪而地欲冰、于是沿街多設木箱以卸沙土、預備培墊冰雪、免人滑跌之用、張小軒俸薪改每月百六十兩、徐良臣百四十兩、貝彙如百二十兩、皆自本月始、

初二日甲戌、陰雨、涼、申正、先同黃伯申偕姚子樑步至純貝蕾烏佛爾街第四號、拜其女教習裴斯良、見其母與姊、皆能英法語、坐談片時、飲加非、食糕點、酉正一刻、金楷理約飯在烏拉館、即時辭往、至彼入座、同席為汪芝房、陶榘林、承伯純、姚子樑、黃伯申、陳駿生、張小軒、食

有山水逆流魚細如鱔而極肥似我國之銀魚惟其鱗不白耳

初三日乙亥陰涼西人雖不剃髮而亦剪髮刮面剃鬚故所設剪髮鋪華人剃頭彼亦能之惟不能編髮耳前在英法俄三國剃頭價皆一什令一方及一盧布在此則僅十五芬呢又足見其人工之不貴抑或掙錢之不易也亥初同承姚諸君送黃伯申至萬牲園火車棧登車去法

初四日丙子鎮日大風極冷為其禮拜之期申正步入萬牲園內飯館後之大堂堂極高大正面橫一樂台左右二高台皆容坐百餘人池中桌椅行行通共容坐千餘酉初即燃氣燈百盞滿堂明亮如晝樂亦官兵鼓吹陣陣今晚男女老幼往往來來為數不下三千云

三

初五日丁丑稍晴而暖西國亦講五行惟無木而有風曰金風水火土蓋謂彼此相合以成物而無相倚者方可謂之行按金之為類不一如金銀銅鐵錫其用或為通寶或為裝飾或為器皿且食物中有鐵氣其精液入血以壯人身水之有用動物以之止渴植物賴之滋潤江河湖海之利產魚鹽蜃蛤之饒其有益於人也多矣光與熱咸本乎火人身因風之養氣與血之炭氣呼吸交通以生火而致煖天氣因日之光照地上之水土風相蒸以致熱人身無火則血凝結天地無火則海水結冰凡物相磨相碰皆生火生熱不僅鑽木擊石也草木生于陰處者色多白得日光者五色始備夜視諸物同一黑色必至天明日升或燃火秉燭微芒皆露則火之用尤不亞於水也土用養萬物動物居其上植物亦生其上築宮室製陶器其用亦廣至所以列風于五行者意謂風即空中之氣人賴吸之以生草木亦被噓拂以長雨露雲霞隨風升降運行萬物而物必假之以鳴是以五行互相配合生化不已木本生物且藉五行而生故不列於五行云所聞如此尚望世之深明五行者考察之

四

初六日戊寅微晴暖外國文武官員不分品級惟銜名有別俸薪不同也各國駐德之公使參贊隨員人等為數較少德遇朝會等事亦不徧請其請與不請究不知其以文武何等為限制不意德廷以中國公館官數稍

多、聞乃限定惟請四品以上者、不知何人所言也、現近新年、德擬另修各國公使册數日前本公館開去名單、未寫官銜、惟分以叅贊隨員等名目、或云前日外部忽使其總辦裴爾來問各員究皆何等品級、本公館對以叅贊隨員繙譯供事、無往而非四品云云、

初七日己卯、陰、暖、地土濕輭、有如春令、前日姚子樑頰下忽生一小瘡、奈本公館雖有醫官、而無膏藥、今晚往訪洋醫療治、乃該地陋俗、各醫治病皆有定時、逾時或不及時去者、雖在家皆不見、今其門丁報入、許久傳出、

五

謂本醫每日專在巳申兩時、禮拜日午正療治、他時概不接見、按其門脈、初次五馬克、再皆三馬克、其馬錢則一次八九馬克、或十馬克不等、

初八日庚辰、晴、暖、去歲賭潤亭昆李住巴里之房主名布蘭金格者、年逾五旬、乃一未嫁之老女也、其兄嫂早故、遺有孤子名威里、年十二歲、極聰敏、能英法德三國語、伊本德人、因遺產在德、不便改籍、故必來德肄業、考取功名、遂擬于本年姑率姪來柏林、前于九月初八日到此、賃屋以居、潤亭昆李因與議定、從彼學習法德文、每月價六十馬克、其人自幼住法、在此諸多不慣、且鄙德人每日一餐、因嘲曰、德人所以目深口裂者、飢餓故也、語頗詼諧、

初九日辛巳、晴、暖如昨、西洋處處皆講求潔淨整齊之法、即如一飯、刀叉與盤、皆一菜一換、味不混雜、牛羊不亂也、肉剔骨、菓去皮、皆不用手、蓋取其潔淨耳、然雞鴨不去冗毛、木耳蘑菇仍帶有沙、竹雞野雞鐵雀等、又必俟其臭而後食、是則精而不精、淨而不淨矣、

六

初十日壬午、晴、暖、辰初睡起、食點心、辰正同衆隨星使著公服、向東恭拜

聖牌、行三跪九叩禮、本國龍旗、自是改長方式、與東西各國同、酉正公讌、戌正散、

十一日癸未、晴、中國拜客通名之具、古謂之刺、今曰名帖、名片、昔皆削竹刻木、繼而用紙、然皆不知始自何時、改于何代、歷朝雖亦用紙、皆係白紙、二寸至明朝劉瑾用事、百官門狀稟帖悉用紅紙、故京師紅紙價頓增十倍、且自奔競者踵事增華、又不僅紅紙者、如茅溏陽每謁嚴嵩、用赤金鏤名、縫紅綾作束、又張江陵盛時、謟者、

名帖用錦織以大紅絨為字上下繡金為蟠龍蟠曲之
狀今之名帖一律全紅不過紙有大小色有深淡耳西
國名片一律滿白色有光帽紙有厚薄亦無甚分別不
意近日法國婦女亦有用粉紅名片者蓋非取其吉祥
乃取其嫩豔也今日承伯純因病呈請銷差改為游歷
南洋回國
十二日甲申早微陰申刻細雨西俗犬馬之名咸以所
愛人物或地之名名之亦如我中國所謂冀北出馬則
名馬曰驥衛地出驢則名驢曰衛是也不意昨聞又有
名以所憎之人之名者如前法君弩波崙第一爭俄時
乃以俄君尼格之名名其馬又土國稱其君曰蘇勒坦
乃德國因不喜回教多名其犬曰蘇勒坦
十三日乙酉稍晴酉初霧來百喜街路南第二十四號
一加非鋪名喜卜立者屋地稍小而點心加非糖菓與
茶等價既微廉而尤新鮮潔淨堂倌皆白衫白裙不收
賞錢每客飲食何物則給小白紙票一頁長二寸寬寸
半上印鋪名住址及所售各色貨名堂倌隨時以鉛筆
號明件件所值共若干食畢客執票臨櫃付錢

七

十四日丙戌晴涼聞日本各國駐紮官分為四等第一
等為敕任官（即奉旨簡派者）第二等為奏任官（即奏帶者）第三等為
判任官（即札調者）第四等為在官人役（即雇用者）前本公館以四
品對外部不識外部知中國官員之品級否如其不知
則中國與日本同為亞洲恐即以四品為四等矣此不
可不與之辨白者也
十五日丁亥稍陰未初細雨德國有一種考取之官曰
多克得爾如中國之孝廉考者須大學堂之學生業已
考得如中國之秀才者方許考之其列優等者雖得此
名然必納德金數百馬克以酬考官之勞否則雖考中
亦不給文憑也且納金無定數惟視其所考之科乃定
如醫學律法等其富而無學者不能考故無足論然貧
而有學問者又苦於不能考是亦德之弊政歐洲亦惟
德政如此聞其貧而學問優長者間或有人助之使考
是亦成全人才之美意也
十六日戊子鎮日陰晴不定德國女襪有棉毛絲三種
皆鄉間婦女所織其長過膝價由五六十芬呢至二十
馬克亦不為賤矣

八

十七日己丑陰在來百喜街路北黎池沙蘭雜耍館西隔壁新開一加非館名與雜耍館同屋因兩面臨街式作丁形雖不大而甚敞金碧輝煌滿燃電氣燈燈頭皆作瓷花極為鮮豔惟物價稍貴耳

十八日庚寅陰雨陣陣戌初稍晴既而大霧西國自造電氣燈以來至今僅十數年初惟在通衢用之現則不惟宮室客寓官署高樓火車棧房輪船艙面用之雖小鋪民房亦用之便當故也其水鍋機器有供數百馬力者價值極昂其一馬力燃大燈二中燈六或小燈八者每架一千五百馬克不知銅線燈罩各件在內否至電氣挂燈銅質五彩玻璃或瓷花葉三四朵者價亦三百餘馬克

十九日辛卯細雨陣陣德例凡鄉塾郡學之教習亦必經官考取後再行學習有成方准充當因而設有教習學堂凡願入此學者必自十八歲至二十四歲方得入考其所考者為文理教理史記地理詩詞音樂等此學不比他館諸生朝往夕歸乃學者皆由館下榻每年脩金五百馬克館中備有飲食一切生徒分列二班按日

按時輪流用工每早寅初睡起寅正用工亥正就寢至所學者係道學數學作論寫字史記畫工鼓琴吹笛歌曲詠詩教導之法教讀之法以及禽獸草木之理每日午後更學打鞦韆以便舒筋裕力園中散步以消食水各等工課前後皆有定時及學成後考取名列在前者始可被選教授生徒是亦于教養人材之中寓慎重之意也

二十日壬辰晴涼西人男女皆須學琴故亦有琴師其教法按時刻論每一點鐘由六十芬呢至一二十馬克其琴日日用者須三禮拜一修其他亦須半年一修更專有修琴之人每修一次工價二馬克半

二十一日癸巳陰晴不定聞昨日午後一少女年約二八者衣服甚都距呂祖橋左不遠正行之際忽躍入水即時有四男携手投入將女救出女名未詳其因何故投水亦不知也

二十二日甲午稍晴有日本人西村謙古者年約二旬稍能英語自備資斧來德學習語言文字先是姚子梁聘其教德文既而承伯純維伊繙地圖還音陳駿生亦

令其敎德文、及地圖還音畢、伯紱又令其代覓人畫地
圖一大張、立有字據、言明工價二百馬克、兩月前、先向
伯紱預支一百馬克、向駿生支五十馬克、後乃言病、四
五日不至、再則來信言暫去英都一遊、至今不見其來、
前日伯紱致書駐此之日本叅贊吉川重吉、詢及其人、
答稱前者其人來信、言將回國、現則不知其所之、又此
地樸斯當街路西某瓷器店、售有一種舊式花瓶、係瓶
外垂花數朶、如玫瑰、菊花等、瓶高尺餘、駝色質而五彩、
花極屬可觀、價亦頗廉、承伯紱留賞之、及送到後、察其

十一

中一瓶、花之枝幹微有損傷、欲送回更換、恐其不認、遂
姑試之、持入彼店、言及花枝已折、店主云其枝折傷已
久、請毋退還、可代修補之、其後補就送來、竟與真瓷無
異、不知其補以何物、更不知其何不早行補就而待售、
按以上二節觀之、察日本開國至今不下二千五百餘
年、何東洋人之人心不古、詭詐一至於此、日耳曼開國
至今、亦幾乎一千二百年、何西洋人尚如是之樸實歟、
入夜晴涼、
二十三日乙未、晴、再記布萊街路南第十五號魯多爵

海爾擭大綢緞布疋莊、按其地基頗大、樓三層、頗宏敞、
綢緞布疋、回絨毯、氊皮綾紗錦種種、各有定間、守櫃者
三百餘人、衣皆一律黑色、另有櫃外隨處取送貨物者
百人、衣則一律紫色、胸前挂有銅牌號目、櫃上每賣一
物、皆上鋪一帋、註明何物、每尺值若干、共若干尺、共值
若千、来者欲買別物、則即令紫衣人抱已買之物隨之、
并于紙上註明抱物之人係第若干號、及數處買畢、其
人乃抱所買之物隨至外櫃、係臨門左右二櫃中各立
一黑衣人、外立一紫衣人、每抱貨到其櫃內者、按紙計

十二

算錯否、錯則令抱來之人執回本間、問原賣是物之人、
另行合計、妥後持回、不錯、則數票總計若干文、買者或
即時付錢、或待明早送到再付、皆可、買者言明住址名
姓、櫃旁紫衣人即為之包捆整齊、其當時付錢而欲攜
帶者、則他紫衣人又為之抱送車上、無論何時給錢、皆
有收條、亦件件細開名色、尺寸、價值、毫不錯亂、
二十四日丙申、鎮日陰霧細雨、現在天凉、敖斯特隆闢
開其中北壁另大房一行、仍開名曰烏拉呢亞、專講格
物光學之類、准人往看、入者一馬克、近有美國紐約人

艾的森者新創一種留音器洋名佛諾格拉甫機勢不大如手轉之鐵裁縫橫五寸長尺餘高四寸中橫一圓筒紫色似古米造者粗約四寸長亦四寸餘此筒絃動則當時屋中之聲或語言或歌唱或音樂皆即收入音既入筒百年不遺欲聞其聲則上絃筒動自一一述之與原音不差欲改音則換筒似與八音盒同因一筒便留一音也器旁通有古米管作人字形者二三聽者須將管之兩岔分塞左右耳內在廠聞欲多人齊聽乃在器旁通一大馬骨鐵敞口喇叭則聲自內嚮而外放極

十三

屬宏暢其人茲將造成者分送各國令人賞視傳揚以便出售初到此列入雜耍館內使人聽之現亦移置此內當日申初遂同承陳二君前往一觀乃另一小間內置二器于桌面所聽者一係女歌而鼓琴一係作樂無說話者及響時雖能辨其人音物音究竟不甚了了耳亥初回寓

二十五日丁酉陰英法等國在京城及各處送信皆有定價時刻亦準而不差遇有信面人名地名或號數微有不對之處即行拆開寄回本人或收入瞎信庫蓋謂送信人不暇細訪也德國則不然遇有人名地名或號數差錯之處無論如何必覓得其人面交而後已是亦德國信局之穩當處也

二十六日戊戌稍晴去年本公館後河內呂祖橋東曾沉沙土船一隻不意前日在原處復經輪船撞沉沙土船一隻至今尚未撈起按俗謂溺鬼必拉替身不知此船即前船之替身否也一笑

二十七日己亥陰涼德力風在英法等國惟官場中用之至柏林則通城鋪戶用者十之八九以其快於電而

十四

言如對面也雖云西國大同小異是亦彼此用意不同處也又時近仲冬天不甚冷地似陽氣上升艸色青青河水蕩漾頗有京師二月天氣

二十八日庚子陰賡韶甫四品銜候選知州也自前起程後七八個月杳無音信既未抵滬而其應行各地亦未見有傳聞誠不知其何所之也據金楷理云其人必沿途或遭兇險身故或犯案被捉收監皆未可知余聞之雖不敢作此想然亦殊為詫異耳不意當日伊忽具稟竊生前于本年三月間請假回旗省親已蒙允准在

案緣起身時右腿傷處生有毒瘡二個因歸心急迫未及介意不意連日火車震動竟至腫痛大作只得暫居旅店覓醫調治擬俟瘡口平復再行東旋迄今遲延數月其瘡雖消仍難轉動且精神益衰亦難支持川資等項尚虧欠至數百金不得已惟有暫回德國設法伏念生殘廢之身不堪驅使在京老母在外家屬大小人丁難以度命病軀又不能受道路之苦回華誠非易事當此時署中譯才不乏其人又無交涉要件況生虧欠滿身雖蒙恩諭令入署當差在生有何面目再進使轅又無款項可補虧空再三思計惟求撤去差使代咨總署准生在洋謀生倘有緊要交辦之事生亦可應命趨公效力上可畧報國家養育之深恩暨憲台栽成之厚德俟二三年後虧欠補清病體全愈再行回華實以生既成殘廢此時回華亦難謀生則老母妻子何以為養不得不籌一通變之法想仁厚為懷必當垂憐俯准所請不揣冒昧上陳伏候批示遵行云云奉批查該員行後幾及八月杳無蹤跡以致都中信來詢問此間復函詢都中即云病阻在途何難通一音信殊不可解既據稟請銷去差使即照所請可也云云

二十九日辛丑陰外國用武現所尚者第一槍礮再則劍與長槍及錐刺而已且長槍惟馬隊用之因交手仗少也然查其古時器械亦多有與中國同者如霸王鞭周圍出刺如蒺利稍子棍棍頭亦有刺弩弓不由上搬而尾橫一軸作「字形叉亦三股惟頭齊矛亦無纓其他弓箭與戟式皆同惟稍短小耳

三十日壬寅陰今日為西十一月二十二日當七十五年前有布邦著名之畫工沙俔創立一會共六十人凡人之善丹青明測量圖畫著名一時者皆可入會惟人數不得逾六十願入者可先投名候補館在蹕良街亦頗壯觀每二十五年聚眾慶賀一次本年為其立會後七十年此日係第三次慶賀之期定於當晚七點半鐘借墨蘭街路北昂立申館設宴作樂以慶賀之在會中者皆可從中買票轉請相識者德人哲寗會中人也遂以帖請承陳二君與余屆時伯純因故未往余同駿生乘車至彼入內登樓步入一大廳正面設一小戲台左右有樓左樓奏樂樂工二十右樓列椅兩行台前亦皆

列椅共坐男女百六七十人即時作樂台上演戲七場頭場演沙皃立會之始共六七人哲甯于中扮一年老者歌唱道白作商議狀其後六場皆不唱不言乃以真人作假人如蠟人狀一係布邦君主綠衣端坐旁立一女僕二係天主生後其母懷抱坐于正中左右三四老年男女鞠躬看視三為義國農夫飲酒乃一女雙手捧罐下倒一男仰首痛飲四係一老嫗危坐前立一稚子五係一人坐園中凳上右手執烟具左手看新報六則中立一白石像左坐一女右立一男手執刀具等乃沙皃塑石像也凡演則廳中熄燭惟台上燃電燈極為明顯台前罩紗台後列隨時景致如樓房山水花木等亦皆可觀惟人之四肢七孔能動而反使其不動者一刻之久是其演劇之長處也演戲之男女亦皆會中人演畢通場鼓掌稱賞不已既而人皆立起步入前堂少敘再回大廳則飲饌備齊矣共大桌五行每行坐三十餘人會首艾斯吉坐中行首座亦白髮銀鬚老人也駿生哲甯與余與之對坐酒食豐美有鹿肉鹿肝野雞山猫之類各皆懽飲暢談食將畢會首及他二三人皆起

十七

立陳詞無非稱讚是會立年之久人心永睦等語言間亦多人擊掌稱妙言畢又皆立起舉杯相祝先祝國主再祝會中及當日場中各人三則專祝座中之婦女食間又場場奏樂食畢則齊起步入前堂逾時則大廳桌椅移空改作跳舞場矣樂既奏則男女有對對入場跳舞者有坐前堂或吸烟或飲酒或吃加非及飲鹼水者駿生與余各飲加非一杯看跳舞兩場再同哲甯少敘既而辭謝回寓時已丑初矣

十一月

初一日癸卯大晴有英人某甲在此教讀為業因所入不敷所出欲回本國而又無從措集資斧乃懇請相識之英人二三代為設法其友乃議設一善舉曰巴薩爾覓定房地各出物若干并轉求相識之富戶商宦相助少許再各請戚友往買凡物皆照原值加倍湊集所賣之錢以助某甲回英定于西十一月二十二三兩日即昨日與今日也英人鞠圖義者會中人也帖請陶陳二君與余往買余與二君亦各有所助余並為之代約承貝闍徐潘桂諸君今日前往共買物若干無須枚舉其

十八

會係在樸斯當街第二十號入門買票每人五十芬呢乃大屋一間先橫二桌一賣茶一杯奎環一碟價共五十芬呢一賣糖果每包三十芬呢鹼水糖水每瓶每盅價皆二十五芬呢其他點心洽葷之類價皆四五六十芬呢不等此二桌後于屋角圍以小樹內藏一人守小紙包一大筐外立一女手執一釣竿謂圍內為魚池請人釣之每二十芬呢釣一次必有所獲然大小不定如小孩玩物及糖食胰皂等其實價亦皆不逾二十芬呢頗屬有趣再後則左右當中共置大長桌七張所列之

物為漆瓷銅鐵紙木玻璃綢緞麻布古米毡絨等價由四五十芬呢至四五十馬克出售各物者皆會中之婦女兩日皆在午後由四點至十一點鐘男女往買者擁擠如蟻聞此兩日物乃售去十分之九共獲馬克三千餘又會中出售一種彩票每頁五十芬呢以備兩日後物之未經售出者按票抽物分送蓋因會中人除出錢收買外不能私有也

初二日甲辰晴冷早見霜洋人好潔每月洗浴多次蓋天時地勢使然上等人皆以香水擦身下等人無力買香水雖間亦洗浴然近之仍滿身牛羊腥羶之味從未聞有帶生人之本味者又聞小孩有夜間遺尿者隨時皆以冷水洗之可去其病其法遇其遺尿即由睡被中抽出置入冷水洗畢再放入被中煖之

初三日乙巳晴入夜雨洋人好奇凡在遊歷觀覽之處多留其名姓以誌之德京凡通衢園囿之中皆設有行人小便之處不意人之入內小便者亦多以刀刺或用鉛筆書其名姓于鐵壁灰牆或木板之上不知其意在看衆人撒尿抑或使衆人向之撒尿也思之失笑

初四日丙午晴冷入夜微雪今春金楷理三年期滿經星使奏賞二等第三寶星當日札到同人中有著官衣往賀者有至其家留名片者亦有不著官衣于相遇時面賀者西歷現近新年凡鋪戶之關閉者皆另有人洒埽開門出售多種糕餅點心包以紅綠厚紙雖鮮明可觀然麪中糖少多用勺勾臘及桃仁橡仁之類食之毫無滋味

初五日丁未晴酉刻金楷理請星使及諸同人在烏拉館晚酌徐關二君謝辭未往淵亭前由巴里回德後為

其弟奇臣呈請星使派作學習繙譯自備資斧經奉批准咨行總署前日總署同文今日給札光緒十五年十一月初五日准總理衙門咨開光緒十五年八月二十一日接准貴大臣來咨內開據法文繙譯官闍海明稟稱竊繙譯胞弟闍海誠隨同抵德並同往巴里學習法文漸能通曉援案懇准派入使館作為學生自備資斧學習其到差日期可否即從十四年五月二十日到洋之日起算等情相應咨請覈覆等因前來查該繙譯闍海明因伊弟海誠學習法文尚有進境稟請派入使館

三十二

作為學生自備資斧學習自可准如所請至該學生計算資格應自接准本衙門覈准覆文之日起以示限制相應咨覆貴大臣查照飭遵等因到本大臣准此查此件核准覆文係于光緒十五年十一月初五日遞到該學生闍海誠到差資格應即從此日起算為此合行札飭札到該學生即便遵照隨同繙譯官闍海明駐德盡心學習以期無負栽培云云又前延少山由滬來德時攜有其友之猶子張西庚瀛到此月餘經少山稟請准其自備資斧留此學習當差批准後少山擬解囊定每

月送其家若干金在此助飲食費若干金以安其堂上之心并使不至飢寒有廢學業蓋實因其一貧如洗耳原稟卑職去年自上海起程適有素相知好之鹽巡檢銜張瀛順天府大興縣人甘願自備資斧同赴外洋學習洋務卑職竊見該員文理通順人亦樸實似尚可造之才因即結伴附輪於光緒十五年正月二十日同抵德國柏林京城謹按學生自備資斧出洋學習係使館向有之事亦有派入使館繕寫檔案者今張瀛遠涉重洋志在學習洋務卑職既與素識不忍沒其奮往之忱

三十三

為此稟懇格外恩施賞准援照成案札派該員張瀛留于使館學習或德或俄均不支領薪俸並懇備文咨呈總理各國事務衙門存案備查實為德便伏望批示札遵云云奉批據稟已悉該員有志學習誠屬可嘉惟總理衙門現議減定使館員數不得逾限以節經費而杜使臣濫竽之弊茲據稱該員情願自備資斧當不在此禁例似可邀准候咨明辦理再行飭遵云云今日又札前據隨員延年稟稱竊卑職去年奏調出洋有素識之鹽巡檢銜張瀛順天大興縣人情願自備資斧同赴外

洋學習洋務卑職竊見該員文理通順人亦樸實尚為可造之才業已帶同到洋可否懇請憲恩准將該員張瀛留於使館學習或德或俄均不支領薪俸等情當經本大臣據稟咨請總理衙門核奪在案茲准覆稱出使人員向由使臣奏調若參隨等官私帶之人輒請留館當差似此任意自專殊屬不成事體本難准行惟既准貴大臣咨以為業經相偕到洋甘願自備資斧於經費不致為難自可姑准留于使館學習嗣後不得援以為例以杜效尤等因到本大臣准此相應札飭札到該員即便遵照作為俄館學習供事務須盡心學習勤慎從公無負本大臣格外成全之意云云

三三

初六日戊申晴涼戌初有柏林東方學堂內華文學生林定浩因今日為其父生辰帖請陶榘林與余及其華言教習潘蘭史桂竹君往飲壽酒其家在柏林正南之順伯村豪普得街第九十六號地與柏林城樸斯當街南首相連入門登第三層樓見其父母兄弟嫂妹及他戚友男女老幼三十餘人房間窄小備客坐者僅兩間每間容立二三十人坐至戌正將各間之小桌二三鋪以白布每桌環坐四五人每人牛肉一塊煮白菜絲一匙香腸一節紅酒一盃麪包一片食畢其妹先鼓琴歌曲繼而男女各十一二人環坐一圈以銀洋一圓彼此暗遞互相藏匿隨時又彼此以手換手假作傳遞狀口中並喧曰銀洋在此銀洋在彼中立一人以目竭力四面觀察得其錢之所在則索之索着則得錢者坐而給錢者立索錯則仍立而另猜此後另玩一二種既不解其大旨亦無須細述丑初辭歸當日余同潘桂諸君各有所贈其屋既窄陳設平平及所來之戚友亦皆中等商民語言動作皆與他人稍異亦足見其小戶人家局勢之不大也

三四

初七日己酉陰冷星使以外洋官場皆以法文通行又聞德京以各國駐紮人員之品級為重而張小軒雖云勤學德文曾經奏稱足與恩光相埒究竟知字無多在官場講談正事語言尚未順口且其品級現只藍大使銜七品金頂欲加亦不能突至四五且伊丁內艱今尚未及一年雖未報官而揣其私心恐蟒袍補褂亦所不忍服也遂于今日發給闊潤亭五品功牌以便間或隨

赴外部等處其功牌照得法文繙譯官六品銜候選筆帖式嵩海明派駐德館職司傳譯遇有朝會酬酢時需與外國官紳晉接周旋查德國延請朝會每於各員官階品級多所吹求該員六品頂戴未足以壯觀瞻本大臣斟酌權宜堪以賞給該繙譯官五品功牌俾得隨時頂戴庶可利酬接而免參差除咨明總理衙門查照備案外合行牌仰該員即便遵照云云

初八日庚戌陰冷酉正伯純約在冬園看雜耍所演第一場係姓卜米色之由十三四至二十歲之姊妹七人各皆散髮著白色短裙台前橫立一行每前置一綠色長方桌各上放一鋼琴作皿字形乃木架橫釘鋼片數條條有短長音調不一各以雙皮小棰敲之聲調和暢可聞又各左右手執一銅鐘彼此陸續搖之銅有厚薄聲則輕重不同亦頗有趣此後二日本人各著緊身花衣一人仰臥胸立一梯高十九級他人自下步上耍舞燃燈正鬧熱之際梯忽散墜一邊所餘作ㄐ形人仍在上玩耍片時而下其餘則歌唱舞耍皆與前次同惟末場係男子七名幼女百八十四名由十一二歲至二十

卅五

歲分班裝扮衣色五彩形式不一當時台外各燈皆息惟台上正中一大電燈四圍百盞小燈作※形其光烱灼如日如星此前頂上及左右壁又懸數百盞蓋台上亮如白晝雖遠觀者無不星點畢見男女跳舞頗為熱鬧亦正散記此園座價名台拉賽者台也即正對戲台之高台也每座五馬克歐差斯特洛址者臨台一橫也每座四馬克埃斯他拉代者高台也左右斜對戲台之高台也每座三馬克佛久伊者池堂也每座亦三馬克蕾賽威太普拉子者池堂之左右敞地也每座二馬克昂特蕾者入門也入門坐于左右極遠處也每座僅一馬克

初九日辛亥陰冷如昨星使本擬初間赴俄數日前新報傳言現在俄都瘟疫盛行家家戶戶罕有無病人者且因此有鋪戶關閉工作停止者前日由俄來信言諸同人中惟李蘭洲無病其他如許稚蓉繳梁已愈王芷薌初染不重塔木菴亦然惟慶藹堂延少山二君所染最重于是星使電問須帶醫官來否先回電云慶延雖稍見愈仍請攜醫為感星使遂傳令陳駿生豫備一切

卅六

隨同前往、今早忽又來電請不必携帶醫官、病已稍愈、
無須再藥、當晚星使帶跟役雜髮匠各一名由萬牲園
車棧起程赴俄、余與汪洪二君前往送行、
初十日壬子、陰、今日為西十二月初二日、音瓦立坦街
所設格致博物院于今日開、德皇與后幸院、堂中設御
座、垂錦帳、鋪紅罽、左右列兩大中國瓷瓶、上插異花、德
皇與后到時、立于座旁而不坐、示謙恭之意也、皇座之
左為王公夫人座、再左為太學院諸教習座、皇座之右
為王公及諸御前大臣座、再右為東方學院各教習座、

五十五

當時請往者、為中華印度土耳其與埃及者、其他各員
及紳士則坐於堂下、于是內部大臣葛斯列先立起致
辭、言布邦二百餘年、始得此格物院、將來國中生徒多
由此出、愈見人才廣育之意、又此院總管起立言院今
落成、得國君與后降臨為榮、遂脫帽三呼、德皇與后皆
點頭、葛大臣復引德皇與后向王公夫人及各教習等
坐處俱一點頭、以示當禮之意、樓上樂作、各人隨德主
與后往觀各藏物、皆蟲魚鳥獸及開礦種植之物、因此
院為布邦自設、故不請各國公使、當日潘桂二君得請、

所聞如此、因據述之、
十一日癸丑、大晴、酉初、余請潘桂姚陶承陳徐貝諸君
并閻氏昆季及陶夫人與陶涵宇少君晚酌、分三桌、陶
夫人率涵宇在樓上、餘在樓下、彼此歡飲暢談、食畢乃
互相湊字成聯、集句成詩、樂甚、
十二日甲寅、微雪、德例、凡各家小孩生下三個月、即須
抱向醫前求種牛痘、若醫謂孩弱、則給憑單言明其故、
改至九個月、屆時仍弱、再展至一歲、無論如何、必須種
在兩歲前、每人必種兩次、兩歲前種一次、至十二歲再

五十六

種一次、其種法、係在左臂由三棵至六棵、種後皆在左
臂衣面縫一紅十字、以示其係種牛痘、而不令人與之
交手玩耍也、
十三日乙卯、陰、德京有官信局、通城通國、每函價皆十
芬呢、說帖一半、已屬便當便宜矣、乃在柏林城內另種
私信行、不設專局、亦不知何等服色人取送、惟沿街鋪
門閭有挂一紅馬骨鐵匣、高八九寸、寬半尺、厚寸餘、上
橫一口、匣旁有門、式作冂形者、亦有信票綠色、不甚精
細、信封口者五芬呢、不封者三芬呢、物件成包十芬呢

到時稍遲、終不有悞、更為便宜、且有益于貧民云、

十四日丙辰、微雪、天冷地滑、現在河水尚未結冰、而城內外凡平地無房各敞院皆已灑水結冰、圍以木牆、懸掛綵旗、招人往溜、故近日每在申酉之間、街市幼童男女之提冰鞋往來者、絡繹不絕、

十五日丁巳、陰冷、西洋洗浴名目不一、有熱澡、有冷澡、有擦澡、有煖澡、而又有一種香澡、乃盆中先放大白布一方、人卧布上、外有香料、方布包一個、泡入水內、不惟洗時水香、及洗畢則周身亦皆香也、更有放白麩或麩子與鹽各一斤于水內者、或謂用鹽以代海水、而用白麩或麩子、係由醫家所考、用以利皮也、

廿九

十六日戊午、雪已、初同承伯純乘車往拜日本參贊官井上勝之助、在魯安街第一號、未遇、聞其人之姓原非井上、因其妻父有女無子、遂作贅壻、而日本土俗、既招壻入已門、則即視壻如己子、且壻須棄己姓而改用岳家姓為姓也、同行至柏訥巷、拜日本試補交際官藤田四郎、其人年逾二旬、能英法語、

十七日己未、早晴、未初陰、入夜大雪、冷、英人婁歐夫婦居此、因夏時天熱、人多四出乘凉、雖在城內、恐人多應酬不易、有失客禮、遂專在春秋冬三季于每禮拜二日、為其見客之期、本年入秋以來、婁妻因身懷六甲、惟肎接會女客、故自二月至今八越月、未見、今晚忽接一函、內係彼婦名片、上先橫書某月日時、下書一女、蓋報生一女也、西俗無慶賀餽送之禮、余遂亦封一名片、下書P f 二洋字、亦即慶賀之意耳、

十八日庚申、陰冷、樸斯當街第二十號、住有英國琴師林土倭夫婦、年皆五旬餘、教有女徒三四十、每于禮拜二日酉刻、在其樓後大廳秉燭、令諸生各彈一曲、請客往聽、今晚約余前往、見坐客男女百餘、幼女鼓琴者廿餘、中惟一日斯巴呢亞女、年始十歲、及一德女、年方十四者、鼓操一曲、聲調尤佳、

卅

十九日辛酉、雨、自數日前陶檠林感冒咳嗽、傳言俄病由北風南吹至此、故通城男女染病者十之五六、不意今日余先覺周身寒冷、至晚則腰腿酸楚難堪、咳嗽多痰、因急煎午時茶兩塊、葱薑為引、戌初即卧、既而頭痛目漲、通身燒如烈火、至子正稍退、始眠、

二十日壬戌，陰，午初睡起，寒熱雖退，頗覺無力，頭不痛而目眩口苦，滿唇生泡，戌初仍吃午時茶加神麯三錢，食畢即寢。當日姚子樑、汪芝房、洪禹山、閻潤亭、陳駿生、貝稟如及陶夫人亦皆傷風咳嗽，頭痛牙疼，并寒熱交作云。

二十一日癸亥，陰，楊石漁自撤差後在德法稍為勾留，及欲整頓回華，囊中已有匱乏之憂，前月稟請星使恩施，星使置之不理，既而有函致余及陶、姚、承三君，假用五十金，并云俟到滬即當籌繳，因其自到德以至撤差，共積有八百金，星使曾給以文憑到滬取用也。余四人遂分集五十金，陳駿生並願贈十金，共六十金，同時匯往，作為餽送程儀。今早接其十九日由巴里來函，前奉賜覆，并承惠贐多金，本應即時領謝，惟因前曾函懇星使未蒙見覆，今荷諸君以一帋之來而慨然遠贈，恐於星使面上太過不去，弟處此潦倒之時，不得不作驚弓之想，當即函托子樑兄面商諸君，仍請作為借款，茲承子樑、檗林二兄來函諄諄勉以大義，反覺弟奉商之舉之不免出於見小，謹即拜領，一面部署行裝，俟到華再行函布諸君。視五十之款為數甚微，而自受者觀之，已不翅千金之重，蓋羈留海外與內地不同，苟區區者而不余畀，即不免為路鬼所揶揄也云云。

二十二日甲子，陰，西國天主生辰節在邇，本公館後沿河一帶數處小松棵已羅列成林，在樸斯當坊迤東臨來百喜街處小木棚亦已搭成一行，出售鄉間土物，其他各鋪如點心、香水、玩物、雜貨等亦各皆羅列，五彩光華耀目矣。

二十三日乙丑，陰冷，現在萬牲園中停樂，至西十二月二十九日方開，因天主生辰也。前日張小軒之女教習韓卿生作腮，請洋醫，醫不立方，而欲以刀割，韓不許，次日請陳駿生療治，一劑即消，今日韓問醫以不睡之故，醫云病愈即能安寢矣。

二十四日丙寅，陰，前日洗浴後步入堂前加非館少坐，見鋪夥忽掖壁上所懸之德力風筒向之一吹，繼云某街第若干號，即時筒又作響，其人遂言數語，言畢又以耳對筒聽之，聽畢又言甚好謝謝等語，問其所與交談之某街距此二十餘里，乃能即時言明一切，與面談無

異其簡便快速為千古所未有矣
二十五日丁卯陰冷見香水鋪新出一種沐浴香料名
巴斯達嗎克不知造以何物每匣八塊每塊寬寸四分
長寸二分厚約三分色白而輕嗅之無味擲入水中則
滚煮如石灰塊化則香由水中出著身皆香矣每匣價
二馬克
二十六日戊辰鎮日陰霧迷漫其味腥臭是日余與汪
陳姚陶貝闇諸君稍愈惟余與貝陶二君晝夜咳嗽陳
駿生吐血皆舊病也時症雖去而舊病引發因本月二
十九日冬至也而張小軒金楷理及星使之如夫人亦
皆頭痛眼暈寒熱交作矣
二十七日己巳早陰午後大霧氣味如昨近日街市各
鋪門首始挂有山雞山貓野猪與鹿等物因天不甚冷
故也點心鋪中盤盤羅列各種珍饈如雞魚羊肉馬齒
山豆之類造以糖麪與真畢肖每碟一馬克半乃雞一
隻魚兩尾羊肉一方馬齒數條或山豆數枚也
二十八日庚午稍晴天氣頓覺清爽現在街市熱閙如
我國之新年鋪中出售果品猶多如蘋果葡萄橘子梨

三三

桃蕉子西瓜柿子檸檬石榴椰子等更有鮮荔枝頗大
每枚價一馬克半
二十九日辛未陰晴不定潘桂二君在此地東方學院
至明年七月初一日西八月十五日三年期滿原定到
此一年後每月加束脩五十馬克而至今已逾二年毫
無加增别項亦無可令人高興處乃其學則有成效者
頗多皆已起程來華有學充繙譯者當領事者更有在
上洋開設銀行充當總辦者今此館預請蘭史冉留二
年每月加束脩五十馬克雖云嘉其學問優長稍通德
語教之便宜其實為省續請送往迎來之路費也且華
人貧苦者多咸賴在外謀生今擬每月加給五十馬克
亦必樂聞也中國維用洋教習每月百兩合四百八十
餘馬克然中國無物不賤一馬克可換三百制錢或當
十錢一千八九百且往來車船皆坐頭等潘桂二君往
來皆坐二等每月束脩僅三百五十馬克合銀不及八
十兩而外邦無物不貴每一馬克用之如一二十制錢
在此三年雖云處處儉省然房租食用皆迫于無可如
何不能十分節儉謀生于三萬里外所賸無幾亦無大

三四

趣味桂竹君早已辭卻潘蘭史現亦講明一切而未允也今記其來時所立合同以備查考

東語學堂合同

大德國駐紮中華欽差公署為現訂立合同事與前日本東京外國語學校教師桂林謹照德國外部來文之意訂立合同所議各條開列於後

第一條德京現在欲設東語學堂延桂先生前往充當教授中語教習訂明與本館阿繙譯一仝起程其路費由德國及布國發給于臨行時將路費約計大概由駐京欽差公館先付桂先生收領其輪船之費或付現錢或付船票均可

三十五

第二條搭乘火輪車船皆用中等客座

第三條桂先生應許在學堂充當教習以三年為期滿倘德國及布國該管衙門于期限未滿時欲行辭退仍給路費回華若期滿歸國路費亦由官給（車船之費仍按上條辦理）

第四條桂先生在學堂充當教習言定月給脩儀德金三百五十元（按外國月分）此項脩金將來可增至四百元但此節係由德國及布國該管衙門酌定

第五條桂先生于到德京後除禮拜日及學堂放假期內不計外每日午後入學授課四點鐘時此外有學堂相涉之公務亦願承辦以期速有成効

第六條脩金自桂先生起程之日為始又允於起程前數日預付桂先生一月脩金以便置辦行裝書籍等件

第七條除預付一月脩金外于起程前數日仍許預付桂先生德金三百五十元以補前項之不足惟此項應于到德後陸續繳還言明每月扣金三十元自本年西十月為始

三十六

第八條大德國駐劄中華公館允于每月月底（按外國每年十二個月計）在京交付桂先生家屬英洋銀二十元于起程之前按中國規式立摺蓋用德館印信付桂先生家屬執持每月赴館領取亦由本館註明蓋印以摺為憑

第九條上條言明每月在京付桂先生家屬洋銀二十元此項應在德國所領脩金內每月扣除暫以洋銀二十元合德金七十元計算每逾數月按時價低昂算明互相補還

第十條桂先生或于限期未滿身染重病應許回國仍

由德國及布國談管衙門付給路費（舟車座位均按第二條辦理）
以上合同各條繕寫德漢合璧各三分一分送至德國
外部查照一分存於德國公署存案一分交桂先生收
執此
大德國欽差駐劄中華便宜行事大臣巴蘭德與中國人
桂林畫押又由德館阿繙譯畫押以為德漢合符之據
并蓋用德國公館關防以昭信實
大清光緒十三年五月初七日
記潘桂二君在德教課之大畧係同于丁亥六月二十
四日起程八月二十三日到柏林九月十一日開館生
徒二十餘名內以律例學生為正學賈賣等人為附學
以三年為滿考試列上等者給以卒業憑據原定每日
教四點鐘因功課不多暫作為兩點鐘每日午後六點
起至八點止自戊子九月起每日加課一點鐘自五點
鐘起至八點鐘止其按定例放學日期係西年自耶穌
生日起放學二禮拜春季自耶穌復生日（在二月中旬年年不一定）
起放學兩個月秋季自西八月十五日起放學兩個月
其餘尚有西洋五旬節等均放學一日（俱在春季共四五次）洋教

習阿恩德係每早八點至十點鐘教課館中教課不過
語言而已并未讀書教習共有中國日本土耳其印度
阿剌伯波斯希臘阿斐利加八門皆以各本國人為之
又因以上各國地在日耳曼之東故名其館曰東方
十二月
初一日壬申陰雨今日禮拜為西十二月二十二日鋪
戶本當關閉奈天主生辰在邇凡鋪之出售節禮糕點
玩物者無不欲多多獲利故不惟門皆開而夥計更加
多道雖泥濘往來男女之提包攜筐者絡繹不絕早乘
車至文特扉街第三十六號答拜英人卜陸木其人年
近六旬来此三十餘年皆以教書為業而所教皆德之
世子王爵故一人在此獨居頗覺寬裕
初二日癸酉陰雨暖本公館自上月中至今同人染時
症之已痊愈者為余與汪芝房姚子樑陳駿生闞澥亭
金楷理其不發熱不頭痛而仍傷風咳嗽者為星使之
如夫人陶槃林陶夫人洪禹山張小軒及陶阿格其轉
為瘧疾者為貝粛如初染病者為徐良臣邇來十數日
互相染病其未病者已愈者及已病者除叅贊外幸彼

此探訪聞問、尚不失同局之大體、且同居一樓、相隔者間數樓層而已、如同人染病、不相探訪、亦難矣、

初三日甲戌、陰雨、暖、今日為西十二月二十四日、明日係其天主生辰、當晚家家預賀、故無論貧富皆買松樹一枝、大小不等、上插五彩小蠟、纏以金銀紅綠紙條、並挂綢紙造成之玩物、如車船房屋鳥獸飛仙果品花朵之類、樹下又羅列糕點、及各種玩物之不能繫於樹上者、至酉刻、則家家點燭、闔家老幼圍樹觀賞、燭盡賀禧、并有同時請客觀賞夜酌、臨別贈以微物者、蓋數日來凡男女之相識交結敦厚者、彼此必有所餽、有前日令人送去者、亦有臨時自行攜往者、至餽送之物、價由三四十芬呢至三四十馬克不等、其物則為糕點果品花卉、信帋、衣料、陳設木器、瓷罷玻璃金銀器、香水胰早、鍼囊、小匣、憲書、紙夾、香粉盒、照相夾、果刀、茶匙、筆架、墨盒種種日用之物、送物之多寡、亦視交情之厚薄、迨請客到時、又必羅列所得之物、以誇耀之、

初四日乙亥、早晴、午後陰霧、前任許星使所用之德人芬銳飛、當洪星使到後撤去、以便節省經費、而與之間

三九

或往來者、不過余與承陶姚三君而已、不意今早其人執奉星使一稟前來、字係英文、請余代遞、按該稟內稱銳飛現在吉拉海口克瑪呢亞造船廠當差、因聞中國現擬製辦鐵甲船若干艘、茲將本廠前在天津譯成之船式清單謹呈星使台覽、如使本廠製造、必能堅固適用、至將來事成、應用使費若干、即請示知云云、余謂此信原可代呈、然此次不惟公事不敢聞問、其關銀錢之事、既不敢問、亦不能聞、請轉交金楷理為妥、蓋星使與彼相契也、銳飛曰唯唯、由此觀之、是我國每在外洋製一礮、造一船、其中必有使費若干、不知西國彼此交結買賣皆然、抑或獨與中國交辦始有此弊、不可得而知也、

初五日丙子、早微雪一陣、雪後仍陰、天雖稍涼、氣尚清爽、入夜大風、今日街市各鋪除點心酒食菸捲加非等鋪開門外、其他依然關閉、各處男女老幼往來如蟻、皆換新衣、尤覺潔淨整齊、

初六日丁丑、鎮日陰晴不定、微風、冷、本公館有四層、上層星使用、下層僕役用、中層二處、其大者歸洋婆闋鎖、

甲

小者歸余等同事十四人用間有僕從入內往往二三擁擠不堪久待則須馳赴萬得海橋東土人開設之茅房在內大便二十芬呢小便十芬呢因而同事姚子樑戲作一稟云稟為籲請廣開毛廁以便撒污事竊本衙門從官十餘輩公用右邊樓梯下之毛廁一所極形擁擠而支應之家人時復盤踞其中各官咸為之退避三舍此右邊樓梯下毛廁之實在情形也至左邊樓梯之旁屋內另有毛廁一所則為憲台雇用之洋婢所獨占平時封鎖他人更不得其門而入此左邊樓梯旁毛廁

里

之實在情形也查本衙門只有毛廁兩所其一為支應家人所盤踞其一為憲台洋婢所封鎖其餘從官更何由得撒污之處乎方其食飽之時洋洋得意自謂將軍不負腹及至食消之後欲撒污而不得則莫不恨腹之累將軍矣毛廁前候缺之難較之冀望優差殆又甚焉此事纖瑣本不足上瀆憲聽惟迫不待緩之情形若壅不以聞亦難邀洞察不得已合詞籲乞憲恩大施方便可否酌撥經費若干添開毛廁以供從官撒污之處未敢擅便伏候批示遵行

初七日戊寅晴冷河始封貝彙如漸已告痊徐良臣亦只傷風大致皆可平復矣西人名其症曰因弗侖襍現在柏林通城染此病者三分之一為數不下十五萬據云此病醫書內載明西一千一百七十二年南宋孝宗乾道八年已見之考其來源係一種微蟲名米克洛卜者居人鼻耳毛孔鬚髮之間以顯微鏡照之可見因此蟲能飛故易傳染云云

初八日己卯稍晴不甚冷早起熬粥分送諸同人及潘桂二君蓋中俗所謂臘八粥也今日為星使壽辰前當

里

星使起程赴俄時面言當晚請諸同人吃麪屆時同桌十二人桌上橫列雞絲滷湯三大盌炸醬二小盌醃白菜二碟醃白蘿蔔二碟雖無壽酒而有壽麪于是有誇滷湯之鮮而熱者有讚麪條之扁而長者有吃一小盌者有吞三大盌者彼此狼餐虎嚥熱鬧之極

初九日庚辰陰涼近日支應洪禹山時症雖愈而牙齒疼痛尤甚前日延一牙醫來治乃敲去槽牙一箇馬錢三十馬克今日親至其家再令敲去一箇門脈減半

初十日辛巳陰暖今日為西一千八百八十九年十二

月三十一日各鋪出售飲食糕點花果以及賀年花片者皆開至丑正始閉至酒肆加非館則皆通宵達旦夜深則閭巷往來醉漢頗多雖無滋事之徒乃多喊唱歡喜新年者人家亦有請客以餞亥而迓寅者亥刻男女容齋先坐談至子初則夜酌此時有以食魚與猪肉為發財吉兆之俗故送年禮有以糖魚糖猪者更有猪背一袋外號萬馬克者其式大小不一大者盈尺小者二寸食至丑正則彼此碰杯高聲慶賀新年再則奏樂歌舞至寅卯之間始散

罣

十一日壬午大晴而凉今日為西一千八百九十年正月初一日各鋪除加非館於捲鋪酒肆飯店肉鋪魚行青菜鮮果點心等鋪開門外餘皆關閉鎮日男女街遊往來甚夥然上等人少屆日男女相識者寄送紙片慶賀年禧或用自己名片上書賀禧深望新年安樂恭賀新年等語或買印成恭賀新年等字而添書其名于下或送一面印成花卉人物之紙片而不列名者又有送印成之人物作百般可笑之勢亦不列名其上者更有書一二句戲語于其上以使接收之人閱視而狂笑者

今日本公館未挂旗又大小客廳一律關鎖同人中有相識之德法英美等國之人來拜者無法延入已屋少坐然各屋窄小既收拾不淨又有菜味於烟洋人觀之聞之殊自抱歉又因今日無風無雪天氣清朗未正參贊偕小軒及支應服官衣與便衣乘雙馬大車赴各處代星使拜年蓋前二年參贊未經親往而此次兼帶小軒使之閱歷也

十二日癸未晴余初到此恩仲華與參贊皆謂此地歷來外國新年星使皆令人著官衣赴各處代為投刺且

罟

攜帶同人各片同時併遞所以著官衣者因至王宮王府皆下車入號房親書銜名也又至他處亦有門丁親至車前脫帽擋駕者參贊遂代星使派余代往至次年余則先期集衆名片到日照例經支應吩咐單馬車帶洋僕前往至昨日余仍先集諸公名片待至未初無信詢之始知參贊親往及其回後余同陶榘林往問乃云毫不記前二年有此舉若諸君願往拜賀親身一往可也余同承姚諸君商議以在此不及一年即為差滿則拜與不拜原可然既為奉

旨攜帶之員、自當與各國公使參隨稍為聯絡、以固我
國家與各國交涉友誼之大局、且前二年曾經一律投
刺、至此則惟見星使參贊支應及新繙譯之名片、其他
不知何往、或因何故不拜、必使他人詫異而議論之、于
是公請陶榘林同閣潤亭於當日午後乘車各處投刺、
申初回、
十三日甲申、晴、不甚冷、酉初、星使之如夫人披粉紅銀
鼠訥勒庫、乘雙馬大車、攜洋僕赴稅務司夏德家吃茶、
戌初、本街第十五號忽失火、燒去門簾一架、遂即時由
德力風傳到救火車十數輛、各皆手舉火把、雙馬飛馳、
隨行鳴鐘、使人閃路、車到火息、齊行轉回、遙望火把一
行如龍、頗覺可觀、
十四日乙酉、晴暖、昨夜貝彙如自子初至寅正先寒後
熱、既而通身汗出如洗、早起極屬氣微、因而自立一方、
親入藥房、奈雖名藥房、一無所有、當歸之類、亦絲毫無
存、無法可施、惟有歎息、頗動思家之念云、
十五日丙戌、晴暖如昨、中華及日本人之來泰西學習
者、文以語言文字為首務、武以施放槍礮及越溝爬繩

四五

等藝為大宗、然學武藝者、苟能兼通天文、地理、測算、諸
學、是為尤勝、而學文學者、亦不止語言文字而已、夫天
文、地理、算法、史記、亦皆當學之事、非另一家也、至格物
化學、光學、醫學、律學、雖云另為一家、若能于所當學者
外、微知一二、亦不為無益也、乃有語言粗通、即以跳舞、
歌唱、溜冰、乘馬、鼓琴、御車、弄槳、打球、及拉胡笳、騎鐵輪、
與繪畫各事、為心所思念者、是猶年幼知識未開也、知
識開、則另有所思、亦險矣哉、各種學問、必年不及二十
歲者學之、既易記而更得其實、然東方人來外洋者、入
大學校、或較在散學約束稍嚴、功課稍勤、不致荒心游
嬉、亦未可知、至跳舞、歌唱各事、雖云不為吾人所當學、
亦為西人之技藝、如歌曲、鼓琴、繪畫三技、苟能超羣著
名、亦可因而致富、至溜冰、弄槳、亦為西人于冬夏操持
四肢之法、吾人于中所可稍學者、或因操練身體起見、
若為回國以之謀生、則惟溜冰、乘馬、弄槳、繪畫而已、
十六日丁亥、陰暖、河開、天未雨而地濕、陶榘林所雇洋
嫗謝芸、去冬所生一子、自知其屬何人、記其姓字、惟不
知其所之、曾請巡捕廳代覓、于今得之、狹貌雖似其人

四六

不認、不肎出月間養費、官謂既非汝子、須同入禮拜堂中發誓、其人無法、始認之、其人既認、則彼此歡愛如前、同眠一夕而別、不意竟又成胎、現在產期將近、故自辭去、入夜晴。

十七日戊子、晴、暖如仲春、申初、往拜英人婁歐、其妻横卧榻上、談間令乳媪出其月前所產之女、與看、著白衣、圍白毡、極其雄壯、據云初產時稱之、重九斤、亦可謂肥矣、少坐辭歸。德皇祖母老王后敎古斯達現年八十歲、按西算現年七十有八、早因年邁、龍鍾氣衰、殘喘彌因 罢
加染時症、串入肺經、遂于今日申正二刻薨逝、即時通城傳信、歌樂概行停止。

十八日己丑、早起、因天清氣爽、晴暖無風、遂乘馬車走遆爾園、入五道門、過恩德林敦、苐來得立來百喜各街、見五道門内往來車輛如蟻、皆係各國公使及本國王公文武大員之入宮挂號者、又各國公館領事寓所及本國官府鋪戶、皆挂國旗于桿之半、以鳴弔唁、街市行人雖多、惟不似其先皇薨時之人人悲慘、官既不皆臂圍青紗一圈、而庶民更無一人、且各鋪挂旗在大街多而間巷少、然各衣冠手套鋪、皆將另種黒色者羅列于窗下矣。巳正、回公館、即喚洋僕問有人赴王宮挂號否、已挂旗否、並令請示參贊、旋據傳言、外部信尚未來、似不必挂旗、至挂號各節、須俟金楷理來問之。十一點鐘金楷理到、未入門、先喝洋僕何不挂旗、僕即登樓旗甫挂、談僕尚未下樓、而外部官乘車持訃馳至、亦幸矣。貝稟如連夜冷汗、無藥療治。

十九日庚寅、早晴、午後陰、既而復晴。聞此次王室以及文武員弁皆著素服三個月、其中前六禮拜著黑色、後 罢
六禮拜稍減、則手套扇子改白色、青衣亦微加花彩、至戲園樂場跳舞館、皆自老皇后薨日起至出殯日止、共停四日。

二十日辛卯、微雨。外洋各處兵役、一切差工皆有定時、微行懶惧、即當責罰。現在天時陰晴凉暖不能預定、故昨經地方官諭令各街各巷、每早七點鐘洒土一層、以防天忽凉而地凍結冰、致使滑跌、有礙車馬往來。今早七點四分、經巡捕察出本街尚未洒土、即查明何人、罰三馬克、入官。入夜風。

二十一日壬辰晴午初德國老皇后出殯棺釘紅絨先自老王宮移入新宮禮拜堂内誦經畢載以八馬大車走恩德林敦街中心甬路兵馬前引德皇及文武大員各國公使皆走送至五道門後各公使回公館德皇及各大員皆登車乘馬由别路赴樸斯當莊又自王宮至五道門毫無儀仗惟各電氣燈罩圍以烏紗甬路左右立通城各館學生及通國殘廢兵丁兩行學生挨館兵丁按營分列成隊兵舉舊旗生舉新旗排立尚皆整齊嚴肅又今日凡大鋪莊皆關閉息工門首所燃之電氣

罡

燈罩亦皆蒙以烏紗巳初參贊同金楷理前往送殯僱車頗難車皆不按定價敞内者不論用幾點鐘價要四十馬克街市頭等者雖一送九馬克且須叫即上車頃刻不待二等者亦須六馬克

二十二日癸巳微雨陣陣未初潘桂兩君來拜少叙後同蘭史步入萬牲園今日為禮拜之期老皇后昨日送殯今日各處樂場奉官不禁而當日園中仍不奏樂是官雖不禁而自行不作亦哀感先王之意也在内吃茶時大雪一陣落地即消天氣稍凉是晚張小軒請汪芝房承伯純洪禹山陳駿生便酌乃先在東樓陪汪洪二君飲畢復至西樓陪承陳二君飲一主四客同在使館而劃然分席亦殊新奇何主人之不憚煩耶

二十三日甲午陰德國初強國勢雖張人民困苦者尚多故一切舊俗仍皆未改各家每日只一大餐貧者出遊多自帶點心糕餅且有自帶加非者昨聞德國一曲云人欲飲紅酒蒼蠅飛入杯法人見之即倒去英人捏出使之飛德人因貧全不捨連蠅咽下使壯肥語頗解頤然不免自薄矣

卒

二十四日乙未陰西例男女婚嫁必先報官届期同入禮拜堂中成禮昨聞德國另有一俗因日耳曼人不一教或天主或耶穌或猶太無論何教有男女願結夫婦者可入本城衙門報名註册花費一馬克是亦代民撙節之一法也

二十五日丙申早陰午後晴有日本參贊井上勝之助夫婦來拜井上惟肘上圍烏紗一縷其妻則通身皆黑頭罩烏紗黑手套黑鞋黑雨傘所服乃德老皇后之服也蓋前日出殯不惟本國王妃命婦等即各國公使參

隨之攜有眷屬者亦同入禮拜堂內聽經故其服皆一律黑色也其民間本無服服之諭而婦女之年老者多因感念老后而著素服窄烏紗其年幼之有錢者亦多服之因其喜着新衣而得換半個月之新式也可喜徐貝二君今皆不藥而愈

二十六日丁酉陰卯初睡起卯正二刻由萬牲園火車棧迎接星使由俄國回知前于十九日張西庚呈請撤差經星使批准定于明年正月回國記德人喜財進日尤甚其賣點心信帋之類者多將紙包作口袋形外面橫號數千萬馬克不知其意欲以誇富耶抑聊以娛目耶不可得而知也

二十七日戊戌陰申正承伯純攜一小包乘車往田阿喜鋪中買物下車將包誤遺車內及去時想及而車已遠去且不記其第若干號按德規車夫不得收留行客之遺物當日必須送交巡捕廳告以何等人手何時由何處至何處所遺者次早若本人往取言明路程時刻以及物之形式不差即得取回廳中繳有使費著車夫知其住址親身送還亦可故函正伯純同時小包已早交在門丁之手蓋車夫未必定有此心足見官場禁令之嚴也入夜大霧暖

二十八日己亥微晴暖本公館之俸薪皆每月朔各人親入支應房領取現因新年日近令早支應將各人俸薪封妥令洋僕分送內仍扣去煤錢八馬克二十芬呢至晚戌刻支應復將所扣各人煤費親身送還既不言何故亦不知何故惟有照收而已計所用之煤自十三年十月十九日到柏林至十四年正月十八日三個月皆前任許星使所餘者自十四年正月十九日至十五年十月十八日共燒煤柴合四千四百八十一馬克半又自十五年十月十九日至十一月十八日又用三百十五馬克半前後自十四年正月十九日至十五年十一月十八日二十二個月共用四千七百九十七馬克按月分之每月合用二百十七馬克九十五芬呢各人扣款自十四年正月起即如余一人正月扣十七馬克七十六芬呢二月三十二馬克三月十六馬克四月一十馬克八十芬呢五月十三馬克半六月四馬克八十芬呢七月九馬克八十芬呢八九十月亦然十一月十

一馬克二十芬呢十二月十三馬克十五年正二月皆扣十三馬克三月十馬克八十芬呢四月八馬克八十芬呢五六七月皆扣七馬克九十芬呢八九月皆扣七馬克三十芬呢十月八馬克二十芬呢十一月八馬克六十芬呢前後二十二個月共扣二百五十八馬克九十六芬呢合庫平足銀五十三兩七錢五分又自十四年正月至十月作為一年一人應扣百三十四馬克六十芬呢連諸同人如汪洪恩承姚陶陳謝徐張聯貝共計應扣至千六百餘馬克合庫平足銀三百四五十兩

叁三

按煤價十個月合用二千一百七十九馬克五十芬呢合庫平足銀四百五十四兩零據司其事者云十個月共用足銀七百二十五兩查此十個月內客廳飯廳皆未生火各住屋生火日尚無多而用數至七百餘兩想必廚竈費煤每月除所叫送之煤外必另買有煤儲在他屋也

二十九日庚子微晴西人尚武男女自幼操練身體平時乘馬賽跑耍刀使船打鞦韆踹輭木騎鐵輪拋皮球冬則著單衣為耐寒以及溜冰跳舞雖在學堂中亦有定時令眾玩耍以舒筋骨而受清氣聞德皇現仍每日以耍劍為戲本國新報議論紛紛有美其誕敷文德纘乎武功者有譏其位居萬人之上不宜雄心揮劍而須修德存心于政治者雖云德皇年幼現亦三十有一矣入夜陰

三十日辛丑鎮日大雨余自到德以來已逾二載自本地官紳以至各國駐紮之公使除新年往來換送名片不計外其他與星使往來者各國公館無一人至本地本來官有兼商商亦充官其來者皆小官關乎交涉財

叁四

物者如招在中國充當文武教習者辦礦務者造船者鑄礮者製鐵道者賣機器者諸如此類至德人之間或往來者亦只稅務司夏德銀商普拉地而已不知德人不喜與人往來耶因有交涉財物始行往來耶何與前在英法俄三國之迥異如是

光緒十有六年歲次庚寅

正月初一日壬寅大晴卯初睡起著蟒袍補褂辰正同眾隨星使在大廳向東恭拜

聖牌行三跪九叩禮畢互相團拜午初詢諸洋僕始得飭令

挂龍旗于樓頂、未初、同承陳二君乘車往潘桂賡處賀喜、同寓知三君已來答拜、酉正星使召飲、公宴同席十六人、為星使及諸同人與銀商普拉戕也貝彙如、因初愈未經入座、所食菜共七色、為蠣蟥一小盌、每盌三枚、其他則紅燒魚翅、燒鵝、燒猪、炒雞絲、酒鯽魚、紅燒鴨、猪肉餃子、一切仍照洋法、無餅飯、有黑白麪包、牛奶油、外有乾果、鮮果及蜜餞果各一盤、酒則中國紹興、德國香酒、食畢、各人普洱茶一杯、自到此、公宴凡七次、以此次為第一、酒既美而菜亦佳、故誌之

五十五

初二日癸卯、陰雨陣陣、申初往拜夏德、坐間其子執書數篇、言某處有錯字二三、詢之、蓋夏德有所著書、現將刷印、每一板初印、令其子校字、校出一錯字、酬以四五芬呢、由此亦足見德國孩童零錢之不易、酉正大雪、

初三日甲辰、陰、雪陣陣、落地即化、外洋瓷器學自中國、故名瓷曰宅那、其工隨時講求、今所造人物、花卉之類、亦極玲瓏精巧、惟其細瓷器皿、如瓶、盌、盤、罐、盌、碟、壺、盂等、畫工雖云可觀、然其骼仍輕而易損、至粗瓷、體更宣而不實、初盛湯水、其中颯颯有聲、不知者疑其欲裂矣、亥初雪止、仍陰、

初四日乙巳、陰、酉初、余同汪、承、陶、姚、洪、陳、徐、闍、貝、張諸君公請星使及金楷理在沙洛屯街柏林乃戲園觀劇、園大與他處同、容人二千、所演係四百年前和蘭曲、故乃國王被弟毒死、弟乃報后稱王、當時后子哈米蕾年幼、未知伊父身故之由也、及其長成、一夜出遊遇鬼、于逢即其父之魂靈、向伊訴其當日如何遇害、哈聞之大怒、急思代父報仇、究不知其事確否、乃在王前獻戲、令優伶照伊父所言者演試之、即演至王弟毒兄時、王與后皆戰慄驚走、哈既考得其實、欲刺殺之、一日哈在宮中與母后辯論其事、哈見有人步入、疑即其叔、乃悮將禮官刺死、禮官之女聞而瘋、禮官之子疑其被王所刺、乃執劍入宮、王見之、告係被哈所刺、然爾不得殺哈、前殺哈、按國例、亦當殺爾以償之、今寡人設法、令爾報仇、明午在園中、令哈與爾比劍、爾劍毒其頭、受刺者逾時即死、蓋王亦有殺姪之意也、屆時王設酒兩壺、一淨一毒、后雖同坐而不知也、二人比劍、先禮官之子被刺、王即舉毒酒一杯、賀哈之能、哈辭未飲、既而再比、哈亦被

五十六

刺禮官之子即告以劍頭之毒哈聞愈怒彼此奪劍哈
得毒劍禮官之子亦被刺且重即時跌倒又王后因渴
悞飲毒酒墜地而斃七孔流血因此哈明其情乃推其
叔仰臥勒飲毒酒飲畢即崩哈亦跌死通場事固可慘
而一切景致樓閣亦佳妙可觀子正回寓
初五日丙午陰德例凡猪與牛羊犬馬之病死者經官
查出皆送至柏林城北洛什蕾台里地方去皮煮肉以
肉肥田腸作機器帶皮作鞋靴骨作鈕扣其他老馬及
跌折不能用者皆准宰而食其肉故柏林城之東北多

五十六

有馬肉鋪其先為價甚廉每斤不及十芬呢現則增至
十五芬呢二十芬呢不等更因貧民多而肉貴有許多
老馬由英國運此宰而出售其肉者入夜晴
初六日丁未晴申正步入萬牲園一遊正值園丁餵虎
豹獅子之時係以綠油雙輪小推車一輛內盛肉片成
堆大皆由七八寸至一尺見方自左鄙推至右鄙于每
閒鐵闌內各以鐵义插生肉一塊餽之并擲入獸骨大
小二三塊其獸奪食之兇猛吼聲之惡烈其在山谷可
知矣所餵之肉似即馬肉然不知其係老馬肉抑或病

馬肉也
初七日戊申陰今日係西正月二十七日為德皇生辰
街市晝則懸旗夜則懸燈男女擁擠車馬往來熱鬧異
常入夜大風晴
初八日己酉早晴未初陰見一英人買物因不甚合式
往換店主言語謙恭大堆羅列任其挑選訖去歲一華
人買物及送來觀之工有不精處往換時該鋪雖認而
不換彼此口角後覓得巡捕巡捕不入勉強喚之言明
其情奈巡捕不惟不從中調處竟縱店主用惡語以手

五十七

將華人推出門外德人待華人英人之不同華人之忍
耐皆不待明言也
初九日庚戌晴酉刻陳貝二君名飲同席為星使及汪
芝房陶榘林洪禹山哲甯金楷理戌正席散亥正乘車
至卜樂木索第巷第一號赴司庇該夫婦家茶會司本
德人其妻係英人故當晚男女百餘而英人居其三分
之二彼此飲酒點心畢有歌曲者有跳舞者頗覺熱鬧
子正回寓
初十日辛亥晝見雪四寸餘入夜晴泰西各國信局皆

由各郵部互立明約、即如德法兩國、凡信件之由德送法者、信資歸德統收、其由法送德者歸法統收、因不必按件細算也、至信件過境者、如由法走德至俄、德則照貨物算、每斤抽收百分之一而已、

十一日壬子、稍晴、柏林各家各鋪、夜皆于亥正鎖門、凡本家人出入、皆自帶有鑰匙、無須拽鈴呼喚門丁、然各街巡捕、隨身皆有各門鑰匙、凡門中遇事、如盜賊回祿等、巡捕皆可自行啟門闖入、如本家人在外、未經攜帶鑰匙者、臨門不暇呼喚、亦可向巡捕借用、

五十九

十二日癸丑、稍晴、涼、午初前巷某學館教習出殯、有伊教成之生徒、年皆約二旬者八九十名、共坐雙馬敞車二十餘輛、每輛內四名、皆頭戴口形小帽、周盈尺、高二寸、顏色紅綠藍紫不一、又每車中豎花旗一桿、高皆八九尺、旗橫長五尺、豎寬約三尺、顏色花式亦不一、未詳何義、棺車在前、送車在後、行動亦頗齊整、

十三日甲寅、晴、涼、田阿喜由中國運來之芭蕉扇與涼席甚多、去夏已售去三分之二、此時天涼收待今夏、尚早、近日設法造作新式茶几、係以竹竿作架、以蕉葉或涼席作面、一二三層不等、形式亦不一、或方或圓、或斜放、三層作∞形、工極整潔精細、並可卸下、架面能分、便于收藏攜帶、價由十五馬克至二三十馬克不等、土人因其式樣新奇、稱為華產、買者極多、是亦可見田阿喜之善于謀財也、

十四日乙卯、陰、德京博物院頗多、上年在高呢格拉在街路北設一東方博物院、樓三層、極宏敞、內分設東方各國之土產物件、以便國人廣見、各院于每禮拜皆前二日不開、一因禮拜一便洒埽、各院皆有用款、而此院

六十

之費用、國家無法籌撥、今乃改于禮拜一日、僅開一天、便人觀看、因此日他院皆閉、即可借用他院之人來此照料也、又其東方學院、原為培養人才、以便前往東方各國通商理事、其中用款國家現亦勉強支持、將來如果無法、即行關閉、蓋德國銀庫款不盈餘、乃設法加租重稅、進項稍多、然其籌備武庫、一年尚須十分之六七、故他項用款、凡不十分緊要者、皆欲暫行裁撤也、

十五日丙辰、陰、涼、欲雪、酉初、金楷理請星使及諸同人在什當坊翔斯皮拉戲園觀劇、園頗大、樓三層、容座千

二百、所演係瑞士國將改民主之前、有某省總督、為人暴虐、民心不服、且國主亦昏、因而民多結黨、欲叛、有某甲善射、百步之外、星點能中、一日甲將持弓箭入黨、告其妻以打獵、甲之子年十三歲、欲隨往、其省城中某處立有高杆、上置總督帽、下有兵卒看守、凡人過者、皆須脫帽以示恭敬、否則執以治罪、甲因過未免冠、被執、總督問其不脫之由、答云人各有主、隨處便宜、不能專為一帽而免冠、總督謂知爾善射、今賜汝一橘、令爾子立于百步外、置其頭上、射之中、則赦爾自主自由、否當殺之、甲聞而泣、伊子乃言我父善射、非虛傳也、況既不畏、父又何懼、言畢、執橘於頂、立樹下、甲乃跪天禱告、既而箭發中橘、官民見之、齊聲稱賀、總督不得已、搜其身、另得一箭、問爾此箭何用、甲云若傷吾子、備此以射汝者、總督諭將甲發往某處小島、永軍不回、甲子逃歸、遂將甲以舟渡登小島、恰值某日有人行舟海內、不得出路、因見甲在島上、遂求指引、甲即登舟、引至彼岸、未及泊舟、甲先飛步馳道、其時正值總督乘馬獵於鄉間、甲見之、乃先求一貧婦攜其子女、迨總督到時、在某牆樹之

奎

間、跪求財物、如不聽欲去、即拽其馬不使行、仍跪求之、甲乃匿于樹後牆邊、總督到來、正值貧婦拽馬叩求之際、甲即一箭射總督墜馬、急步至其前、告以名姓而去、至家見妻子業已貧苦襤褸、彼此悲喜交加、總督死、人民樂共立總督、制下某將為總督、所有景致與真畢肖、無須瑣述、惟其暴風驟雨、海浪狂濤、聲勢之震烈、怒號聞之、觀之令人心怯、又其天晴、終朝日光射于山澗、早晚之不同、入夜月光清朗、微風使樹枝之搖動、水面之微波、更有真馬上台、馬之假作奔馳跳踢、種種可觀之至、子初回寓、

奎

十六日丁巳、陰、外洋所食禽獸與華人同、惟諸牲五臟頭蹄之類、除猪頭牛肚牛尾牛舌外、其他皆非上等人所食、故在船上皆擲諸海內、以飽魚鼈之腹、今見此地各肉鋪飯鋪、一切生熟碎骨爛肉、皆有定時賤價賣給窮人、故每午後三四點鐘、在飯鋪後門或肉鋪旁門、皆立有男女老幼一二十、以買賤肉賤骨者、然皆衣褲整齊、似乞人又似非乞人也、

十七日戊午、稍晴、往年冬臘正三個月、屢見大雪繽紛、

厚多盈尺因而朝朝官場派人搬掃一切車馬人工所費不下百萬馬克亦一鉅款也乃自去冬至今僅下雪二三次且河亦只封數日是不惟車馬舟楫之福亦彼國家之幸也

十八日己未晴午後同貝彙如出遊見墨林巷內畫店中出售一種新紙畫畫亦平常印成塗色景致多亞洲各國者中有京都正陽門大街圓明園以及福州打狗等處每頁白帋裱成橫寬尺四寸豎長一尺價則八九馬克合銀二兩零亦不為不貴矣

六三

十九日庚申陰不甚涼凡外國文武官員由所學何藝出身者則終身永供其職而不出其署蓋為其所學為何則永辦何事不惟事理通明且識見日增也又各官不拘大小皆不兼職故能一心視事云

二十日辛酉早雪午後止仍陰本公館之包封每次由柏林至上海准三十餘日合定日期不至誤事聞前次包封內有金表兩個經張小軒三次親入信局與之言明內物保險令信局查明定章外包何布如何捆法外打火漆印若干信資若干如數付訖意為妥寄不知竟走貨船而不走公司至三個月後始抵上海幸其中尚無緊要公文信件駐外洋通語言而司其事者須細考察也

二十一日壬戌晴記英法兩國都城內分左右貧富分居故雖走在極熱鬧處亦罕有人追隨說笑柏林則不然貧富雜處在街市頻有貧家小孩三五追隨喊叫更有男女不追而見乃戲笑指畫之雖非惡言究係戲語不知者看其神形已覺可厭而知者更覺其言之逆耳矣

六四

二十二日癸亥陰涼入夜大風據西人云彼國教士不比僧道任便皆可入門學法必須品行端正誠心為善者方可學習此業以備將來充當教士因此國中設有教士學堂凡欲入此學者必經神甫察其品行如何心誠與否然後薦入本人又必自書其來歷以及心中所向則管學者再三考察一切情實者納之然初到者皆使先在外堂隨時學長等十數人窺查之到日眾論如一確有可取始命移入中堂學習諸學練心養性按年考試其性善而質鈍才優而品劣者皆逐去之果其才

德兼優即入正堂以廣其學俟有成效則管學監督牧師等仍出題考試其列入優等者方可任教士之職至各人在內所學者為臘典猶太希臘文字經學地理年表史記更因英和兩國多屬地兼學二國語言文字以便前往傳教按以上觀之則凡西國傳教之人皆品行端莊學問優長心地明白處事公平矣乃嘗見有無論聰明愚魯概行收納遇事不論曲直一律袒護因而受害兩國失和者不知此等教士皆係學堂再三考試斟別者否如果係學堂考出者則不得謂其才德兼優心地公平矣

六十五

二十三日甲子晴入夜風見墨林巷北首一鋪出售戲場所用各種彩物如我國所謂之盔頭作各種人物禽獸花木器具無一不有無不精工既有天下各種人頭傀儡更有牛頭馬面一切果品如蘋果橘子梨桃波羅密等無不與真畢肖其紙作糕點外面洒糖者乃改洒白鹽末取其不化也有種布花白色以香水噴之則變鮮紅不知有何藥料其他更有以紙作成多種玩物如匣盒寶星等筆難盡述

二十四日乙丑大晴稍暖酉正一刻余具菓席請汪芝房洪禹山陶槩林姚子樑陳駿生貝彙如六君及洋人哲甯金楷理婁歐魯蒂司庇該芬銳飛柯林倭席爾特夫婦母女菜乃雞絲粉湯醬汁魚八寶飯高麗蘋菓紅燜肘子燉小雞杏仁茶荷葉餅燒鴨子及芝麻燒餅乾菓鮮菓蜜餞菓各四色酒則紅酒白酒香賓舍利啤爾酒玫瑰露彼此暢飲甚歡食畢余因立陳數語（當時一因在外國再因客多洋人故有是舉）其大致云昔自一千八百六十六年（即丙寅年如言華麻則洋人不明矣）余初次出洋當此二十三四年間余嘗具席邀飲以叙海外友朋之樂今日既蒙諸君惠然肯來不勝感幸之至余至德國已逾二年再八個月當即差滿回國因中國與英德兩國為友（當日座中惟英德兩國人）則我三國之人亦當交結為友今日人雖不多而賞心樂事良有以也俟余回國後尚望彼此重逢或余再到泰西或諸君往游中土豈非至樂言此舉杯復云今先謝諸君再飲諸君之福放杯後婁歐亦立答數語代眾申謝并祝主人之福此後齊入客廳吃茶與加非坐談片時陸續辭去時值子正

六十六

卷九終

五述奇卷十

鐵嶺張德彝在初隨筆

庚寅正月二十五日丙寅晴、午後步入尤斯的加非館、遇土耳其駐德醫官蔣旺豹、談及各處醫道之不同、據云治法既異、則某處人須某處醫療治、更須治以某處之藥材、方得速效、故彼此醫道不同者、每有公使駐紮、皆須携帶本國醫官藥料、以治本國之官役商民、然近來公使多不留心於此、每每疎忽、有名為醫官而實不明藥性者、有帶醫官而携藥無幾者、即如敝國之醫當奉命未起程時、余曾開單呈請製買藥料、因敝國治法用藥、皆與德國不同也、按余所開、皆係男女平時應用者、共值五六百圓、經星使刪去十之六七、所餘共值數十圓、及到此、幸有前任遺留幾種、收存藥房、買來各藥鎖存支應處、在此人染微恙、藥尚缺少、即染大症、余雖有法而無藥、亦屬枉然、且舊藥用盡、新藥求之不易、衆人無可如何、外覓德醫療治、稟報用錢若干、官不發給、余來此已逾四年、雖欲行醫、乃有心有手而無利器、是妄稱醫官、妄食官俸、殊覺慚愧、欲辭又不許、不知公使

一

是何主意、又當到此後、不足一年、醫藥本準作正開銷、而敝公館竟報稱共用千一百六十七圓、是敝公使陷余于險地、更不知所用以何為題也、言次長吁者久之、申刻同寓知哲甯等咸來投刺道謝、

二十六日丁卯晴、見土人種花、間有不用瓷盆瓦盆、而用木枝攢成之筐者、或以柳條、或以竹枝、或以蒲葉、形式不一、或方或圓、或橢圓、或八角、筐不甚高、高者三四寸、周皆二三尺、進日各鮮花鋪多以此筐栽成出售、更有在筐邊趁以綢絲一縷者、紅綠黃白不等、更覺鮮明可觀、聞每筐價至十數馬克、

二十七日戊辰微雪、外洋器皿式樣多與中華不同、因其有料、可令改式造作、于是有描畫式樣與之者、有將成件與之使仿造者、乃見其人每作一物、不惟不存留紙模、更將借給之件傷損、而後寄回、如是殊非買賣之道、不知其意以華人買物無多、故不留心耶、抑或以華人可欺、故將物件損壞耶、皆未可知也、

二十八日己巳陰暖、外國各家各鋪、不拘冬夏、門皆關閉、然鋪戶人之出入者固多、而在德京一樓罕有住一

二

戶者、出入之人既多、間有忘而遺門開放者、恐致誤事、因而通行一種氣管、作𠃑形、係中一空銅管、左右二鐵條、一釘門上、一釘楣邊、門開則管氣壓出、既而氣再灌入、則門雖不關而自關、極屬便當、

二十九日庚午、陰、外洋人工物料、較之中華無一不貴、然有較中國至賤至便當者、乃信件也、信價既廉、而到信時日不差、且少遺失、在本城本國以及本洲、皆莫論、如由柏林寄一函至中國、分兩不逾曹平三錢五分者、僅費二十芬呢、航海三萬餘里、合五六十制錢、或四五

三

百、當十錢而已、中國寄信由上洋至北京、尚須制錢一百、合當十錢一千也、

二月

初一日辛未、陰、去冬星使在俄時、于十二月十九日、延少山代張西庚呈請銷差、詞稱不服水土、西庚自謂已有鹽大使銜、在外當差三年、即可保得鹽大使、今既代請銷差、則回華後當捐鹽大使、以對親朋、然此款須少山解囊、不然、必待三年後方回、因留函致親朋、在此得有差使、今乃無故回華、恐為親友所疑也、少山無法、許

以七百金、始勉強允諾、內捐項五百、路費二百、故于今早辰初由俄到此、住使館內、

初二日壬申、晴、西國因人之志向不同、故所設學校不一、有專為志在干祿之人設立之學曰仕學、凡十八歲以上者、皆可入學、在內所學以臘典文為首要、其次則羅馬希臘之古文、本國及英法之語言文字、地理格物、算學、經學、以及官定各書、諸生分為三等、凡列入頭二等者、學就皆可出學、則官給文憑、改入太學、以冀有成而出仕為當、晚酉正、余約承伯純、陳駿生、洪禹山、貝彙

四

如、及張西庚吃薄餅、彼此歡飲暢談、亥正始散、

初三日癸酉、晴、涼、陶榘林之女洋僕謝苔因懷胎將產、告假去、後另覓一婢、年近三旬、方用數日、因其遺溺、月經于樓板、骯髒不堪、遂去、再僱一名、年逾五旬者、又因事繁勞累、自行辭去、榘林因謝苔勤能耐勞、乃即致信喚來、聞其養得一女、至是于彌月、尚少幾日也、

初四日甲戌、晴、此地之華商田阿喜、本浙江金華府永康縣人、現年五十六歲、自伊七歲因髮逆之亂離家、既而出洋謀生、迄今四十餘年、從來未回歸故土、曾娶英

女為妻生有二子長子合邇年三十一歲娶和女為媳現生二孫次子喜子年二十九歲未娶合田阿喜以年老多病田姓一莊人口頗多雖有親叔記其名而妄其貌現擬攜其次子回國拜祖掃墓以認同族定于本月十五日由布萊門海汾乘德公司回華今早伊父子前來求余代請星使賞給護照余因為之回明經星使允准并因其父子華語不甚通一切生疎并蒙許給帶致上海文報局信一函以便照料又貝彙如之令叔達夫現住杭州係紹興府經歷因其路經杭州亦具一稟令其帶遞以便臨時指南不致受人欺侮云

五

初五日乙亥陰涼近日河雖未封而各處小池冰皆凍固是以每日午後男女手提冰鞋往來者極多今日禮拜余于申初步入萬牲園見加非館前小湖中男女老幼滑冰者百餘中有本公館之庖丁及田阿喜鋪中夥計戴安卿往來溜行亦頗靈便

初六日丙子早雪午初止陶榘林因與張西庚之令叔相識不忍見其半途而廢乃代為稟求星使將原呈擲下札子撤回仍留在德當差至少山所給之款請星使代為收回如少山不領即請代作賑捐星使謂此事不便如此往返且文書早經發去計日當抵總署矣似難照辦云云

初七日丁丑陰申初往拜英人婁歐知其夫婦前于禮拜二日同赴倫敦既見其三子大者方十一歲同婢出遊問其新生之妹尚在襁褓者攜去否據云由此有乳媪哺之是亦西國之通俗耳

初八日戊寅早晴午後陰晴雨雪不定卯初承陶陳闞四君奉派起程赴艾森克鹿柏廠驗放礮位酉正汪芝

六

房張小軒同請張西庚在烏拉飯館晚酌又汪芝房添約余張小軒添請其教習此教習既不知此館出入之門及飲食亦有鹹甜錯置之處因其人曾未見過大局面也

初九日己卯早晴申正大雪盈尺德京醫院大小數處俗謂之施醫院按其醫治可謂施捨然從中仍有索錢之處故不得即名曰施醫院而可名曰便醫院或可醫院因在內療治諸多便當無力使其醫治亦可也凡貧民染病之不能延醫者即可往彼求醫其須留住院內

者既有牀榻男女扶持早晚更經醫生量給飲食其中雖醫藥不索費而一切飲食等則須付錢病人分頭二等頭等者每日五馬克二等者三馬克半且于入院之日即須付一月之費其人如不足一月痊愈乃按日扣算所餘繳還其不宜行路或不宜坐馬車及公車者則以院車接送另索車費如上月田阿喜鋪中夥計沈五因肺症痰喘入呂祖街醫院求治醫生謂其宜用院車往來否則痰沫吐于地面車中他人踏之當被傳染伊住院內二十四天索費八十九馬克按二等者二十四天應費八十四馬克又外加車錢二十馬克統計一百零九馬克合銀幾二十五兩其病至今未愈云

初十日庚辰早晴巳初同姚子樑張小軒至萬牲園火車棧送張西庚起身去巴里午初大雪一陣戌刻承陶諸君由艾森回

十一日辛巳晴通城名士率刷印書籍新報各局主人于今日亥初在賽倫代扉哈莫呢堂即前年赴日本跳舞會處中設跳舞會延請各國公使領事以及官宦富商前往各有所施以便賑濟印工之貧苦今日哲甯代請星使叅贊及余與陶榘林陳駿生張小軒金楷理屆時乘車至彼見正面台上羅列碧樹插假花對面樓上樂工兩班共五十餘名來者男女千餘跳者立于中堂飲食閒談者坐于三面廊下男女各執跳舞帖一頁以便互相約定跳舞何式等若干節因會中擬定有單何時跳何式也又給婦女各香水一小瓶或執手內或挂胸前入內坐東廊下哲甯引各局主來見後飲香賓幾杯坐觀跳舞卯正始散

十二日壬午晴西國有跳舞俗男女年幼者固皆以跳舞為歡而年老氣壯者亦多以跳舞為樂男子尤甚故每赴跳舞會必于中得跳一場方為不負所往其得與宦室名人之女一跳固以為榮否則與他家之美女得跳亦可間或不得已而與一老婦摟跳一場亦足怡情記昨晚在某跳舞會中一德人薩梅蓀者年近三旬現充墨西哥國領事官在余旁坐至子正兩眼四面搜察婦女雖多而一無素識且他人跳舞多場看之垂涎心急發燥坐立不定待至丑刻無可如何勉強求其微識之男與之引見一婦年逾四旬者相摟跳舞一場及其

回時汗流浹背面赤口喘而有喜色既感其友之義更感老婦之德也

十三日癸未稍晴午後偕友人步至林敦街突有一年三十餘者近前雙手扶友人之肩竟欲親吻余急以傘柄擊之其人帽落而去查其故蓋某君年近三旬面白無鬚戴皮冠身穿褐色皮襖玉色長袖皮馬褂胸鈕未扣兩襟外翻露天馬兩條必土人醉視誤以為少女耳然余四次出洋東西各國未見如此之無禮者此地遇土人欺侮外人不惟行人不理即巡捕應管亦不管在

九

倫敦恐不至於此即當時無巡捕行人必代為不平已扭送巡捕廳矣

十四日甲申稍晴如昨賡韶甫回柏林禀撤差使後住于沙洛屯埔莊洛溪楠街第五號不知伊作何度日近因使館事繁張小軒雖升充三等繙譯奈其所學德文將及二年仍多不能明曉因而星使思令韶甫仍入使館當差然不欲明召必使其謝罪自投以便按月扣其以前所費因先使陳君往勸既而參贊致書邀會於新開店後又改令前來使館面談今日未初韶甫來登樓至參贊處坐談至酉正始去尚無定局

十五日乙酉鎮日大雪落地即消泥濘如雨戌正一刻芬銳飛請赴跳舞會今日為西三月初五日因明日為其妻生辰故有此請余與陶陳二君各有所贈陸續來男女六十餘亥正入座夜餐分坐一大桌四小桌酒食頗佳食畢銳飛立陳數語客中亦有立而代衆先祝後謝者子正作樂跳舞丑初謝歸時值天晴皓月團圝明星滿天

十

十六日丙戌晴沙洛屯街第六十二號路西一大帋店名歡拉特者出售帋張種類極多其五彩平面花紋顏色大小厚薄無須瑣述惟有凸花者印花者假布假革假石假木假綢緞假玻璃種類既多無不與真畢肖更有金質金花者銀花者凸字不斷之花紋與中國相似者則一望如綾似錦殊屬鮮明可觀其大寬三尺長二尺每張價由五芬呢至一馬克不等按外洋論件每十二件則價稍減此紙不然乃每二十五張價按二十張算其故未詳

十七日丁亥早大雪午正稍晴申初大雨一陣入夜風

外國亦以猪羊牛雞鴨等、為應食之物、故皆養於籠圈之中、一切餵飲既有定時、而水料亦有定數、故其肉極肥嫩、可以指掐、然此等禽獸不經浮水走飛、故其肉肥瘦不均、橫切視之、則白油一圈、內包紅肉一團也、且其肉無論如何烹煮炰炒、華人食之皆少一種香味也、

十八日戊子、陰、新任駐紮英法大臣薛叔耘星使福辰駕法公司伊拉瓦的輪船于前日抵馬賽、明日到巴里、劉芝田星使瑞芬已在巴里迎候、于是洪星使亦擬赴巴里送舊迎新、敘談洋務、遂于今日午初偕金楷理自持靴帽衣包烟具、乘火車前往、

十一

十九日己丑、陰、中國稅務司夏德告假回國、帶有中國書籍若許、如圖書集成等、余留至伊家見大廳一間、四壁密列層層、不僅五車而已、其假期將滿、今日前來辭行、據云其華書一概售與本國官書庫、共得馬克二萬二千五百合一千一百二十五鎊、

二十日庚寅、陰暖、陶榘林之少君涵宇、年幼體弱、昨晚伊父帶赴跳舞會、天明始回、終夜未睡、且寒熱交作、今晚頓覺通身冷戰、急請醫生診脈、因未聞其病源、告以此病難治、于是母子對哭、榘林亦即焚香默禱、既而丞伯純告明其病來由、始立方煎藥、直至丑初、彼此始得安寢、

二十一日辛卯、陰暖、洋婢黎那年未二旬、未嫁女也、兩日前忽染病、面黃、因而送入醫院療治、據云其症乃天癸來而忽止、按華法治之極易、而洋醫竟鎮日以冰冰其下部、不知按何理法、該婢遂于今早殞命、除星使參贊外、諸同人各助五馬克、飭買棺木以葬埋之、死于非命、甚可憐也、

十二

二十二日壬辰、陰暖如昨、德京馬車分頭二等、街市排列皆有空處、頭二不得混雜、每早各車列定、皆經彼處巡捕裡外查驗、苟有髒痕損壞、未經刷洗撣掃修補、以及馬老弱有病者、皆須御回本廠、車髒者換車、馬病者換馬、否則禁止街行、

二十三日癸巳、晴暖、見近日德之新報嘲笑德皇、謂老德皇璉良第一曰克利斯閑色、譯有壽皇也、謂其子（今即德皇之父）第來得立曰威斯閑色、譯聰敏皇也、至其孫璉良第二則曰阿來斯閑色、譯遊歷皇也、因其曾去英法俄

義與土等國遊歷也又謂德國新聞一至大之洋行天下第一招曰畢駟馬洋行蓋自德皇去各國遊歷後各國皆來製買礮位是出外招攬買賣者皇也

二十四日甲午陰暖午後微雨一陣記前日在跳舞會中有二三德人皆謂德國現在勢強居泰西之第一人皆禮貌溫恭街市鬧熱宴會極多堪稱繁華盛世按所謂德國勢強者因自勝法後一力支持整頓刻刻操兵未向他國交兵能否必勝尚不能定故頻以強勝自居也謂人皆禮貌溫恭若果然又安有驅逐華人以及突摟華人而歐啜吻者謂街市鬧熱亦僅來百喜樸斯當第來得立興恩德林敦四街而已謂宴會極多余到此幾近三年未見茶會跳舞會如倫敦巴里之盛間或有之亦罕見有車馬盈門男女擁擠如蟻者無非男女攜手出門或步行或雇街車更有坐公車者由此觀之德之富強安在

十三

二十五日乙未晴星使屢于晚間六七點鐘偕參贊步至來百喜橋南吃啤酒向在路西第二十七號樸林子店中後改在路東第百二十三號略談店內因其所售之酒清純酒由某處某和尚所創乃俗呼其地曰和尚酒館當晚余同貝彙如入其內各飲啤酒一盅食烤羊肉水煮魚各一塊見其屋既狹窄桌凳亦皆鄙陋堂倌粗俗坐客多非上等因而食畢即歸亥初一刻星使由巴里回

二十六日丙申晴柏林街市現雖繁華新樓層層鋪戶密列然鋪開雖多而生意甚少故多賠而少賺因而大小鋪子窗外多有橫貼紅紙數條書云教斯威爾闊甫譯言清鋪貨也賤賣也是皆無力支持處也

十四

二十七日丁酉晴暖德國禮官完徽代夫婦于十數日前具帖請星使參贊及余與金楷理陶榘林姚子樑闞潤亭于西三月初四十一兩禮拜一日晚九點鐘在其署中茶會乃前二十日與今日也前一次因星使去法余擬候星使回時隨往姚陶闞三君遂先去今晚余同汪芝房金楷理隨星使乘車至趯良街入其公署見其夫婦年近六旬樓房宏敞男女尚多余隨星使少立步入他間一轉即回使館時在子初一刻

二十八日戊戌晴暖酉初星使招飲于烏拉飯館同席

為諸同人、內張小軒為明日赴朝會、因而沐浴薙髮、故
到稍遲、此館噸飯、平日一人四馬克半、今日因在单間
雅座、合一人六馬克、菜仍平平、二三色而已、食畢乘車
北行、過馬沙橋入來興戲園觀劇、通場不作樂、不歌不
舞、道白而已、不懂德文、觀之殊覺無味、且景致亦無新
奇可取者、惟見其戲台前簷橫一大圓扁、白質金字云
金他恩達那士爾自伊艾因斯努爾、譯言作效天工、似
與都中戲園內之樂奏鈞天等扁之義同也、
二十九日己亥、晴暖、德例每年新正必有一朝會、接見

十五

各國公使及本國文武大員、本年值有國服、乃展限至
今日、為西三月十九日禮拜三、不知來帖所請者何人、
未經發下、星使諭令同人中凡未經去過者、此次隨往、
亥初星使偕汪芝房、金楷理、陳駿生、徐良臣、闓澂亭、張
小軒前往、又因前曾告外部、以一切隨員皆係四品、當
時徐良臣本有五品銜、闓澂亭亦有五品功牌、惟陳張
二君、一係主簿、一係鹽大使銜、故星使皆准其借戴五
品頂服、挂朝珠穿蟒袍、又張小軒之太夫人前于十三
年十一月初十日病故、至十四年正月一日、小軒得信、

按其服制、若自十三年十一月算起、則至本年二月十
日已經服闋、若自聞訃之日起、則仍在制中、究不知隨
使外洋者、于父母之孝服、又當如何方歸定例、為人子
者又不知當如何處之、又今日星使本令貝彙如同赴
朝會、因其近日氣喘、上下樓梯不易、未往、申初余約承
伯純在威克倪里亞戲園觀劇、優伶景致一切與他處
同、無煩再述、亥正散、子初星使回、
三十日庚子、晴暖如昨、同人承伯純自到後、于戊子冬
患腹脹、去冬稍愈、而飲食氣力仍不復原、似是水土不

十六

宜、遂于十月十二日呈請遊歷英法南洋各島回國、星
使斟酌多日、乃傳謂滿差不及一年、何必急去、宜忍耐
調養、以滿三年、因而停止、至本年正月初十日、又經具
稟遊歷、至十六日尚無音信、詢諸支應、據云星使已准、
定于後日往法、俟回後方下批札、前二十五日晚星使
回、二十六日早面謁星使、二十七日領到咨文、仍未見
原批、乃即定于本日起程赴法、戌正余先携洋僕孟坨
將其行李運至萊來得立車棧、為之買票、亥初一刻開
車、二刻至萬牲園車棧、余下車、挨伯純登車、即開、送別

者除星使參贊當早投刺及金楷理張小軒當時未到
外為潘桂二君及姚陶陳貝徐闇洪等諸同人

又二月

初一日辛丑早陰未初細雨一陣稍涼日耳曼自二百
年前創造一種寶星共七十枚名黑鷲八角式寬長各
三寸內四角各一黑鷲四角各一翅作口形淺藍色八
角中心一圓徑內有FR二金字義乃弗來得立王也
每寶星隨有杏黃綢肩袴一條原定每年正月十八日
以之賞王公以及后妃功臣與友邦之頭等公使凡得

十七

此寶星者故後須將原物繳還以便轉賞他人然每次
所賞亦僅二三枚而已至今年改于西三月二十二日
即本月初三日也有謂因國服者有謂因老德皇之生
辰改者其實未詳此次將賞四枚本國者二一賞內部
大臣一賞駐法公使外國者二一賞英君主之孫卓志
其他未詳因此英大太子衛拉斯王攜其子于當早到
柏林各處多有掛英德兩國之旗以慶賀者

初二日壬寅晴暖戌正往赴琴師柯林多夫婦家跳舞
會男女二三百人內多英德兩國者看其跳至亥正請
眾登樓夜餐酒既多種菜亦豐美然皆涼者如牛羊雞
魚等外有糕點數樣葷素不一食畢復與多人坐談歸
已子正

初三日癸卯陰申刻同貝壽如步游萬牲園一路春風
風人天氣溫和草色芊綿樹皆發芽有及寸者聞德相
王爵畢駟馬于數日前告退昨經德皇允准改派前任
海部大臣現任步軍統領柯樸理衛為執政大臣或謂
畢駟馬之退因君臣不睦故也按德例國王不能專權
凡事必與執政商而後行此次德皇欲向合約各國商

十八

辦保護男女老幼工人之法懸為定例以得民心竟未
與之相商既行而後傳諭之畢有慍意且愧在位無權
是以退耳又有謂當老德皇躧良第一之世與法戰和
辦妥善後事宜屢次告退王以畢有大功勞為當時第
一名臣既不欲其去而又怒其屢屢求去乃給以書有
寡人在世不得告退云云語似不喜仍歸隆寵至先皇
弗來得立即位日既不多且君臣和睦同心未及告退
今見國王所為多不如意又恐失權是以先行自退如
得再荷隆恩如老王則其先榮既固而品位名譽亦不

得失云云、國人所言如此、未詳確否、然德皇現既准其
退位、乃封伊為魯恩布公、地在布邦正北之什里隋克
活拉斯都恩省、原一小邦、現作一縣、周四百五十三方
洋里、居民四千三百零、都會名與地同、雖云公、亞於王
然王爵爵也、此公亦曰爵、實乃地主、世代永守其土也、
德皇并加以上將軍等銜、亦足以固其先荷之榮、及歷
所獲之名譽矣、
初四日甲辰、甲細雨、午正晴、申初又陰、驟雨一陣、記前
次所赴跳舞會、去者當有所施、先聞星使謂去者所施、
可各聽其便、自行送去、既而傳稱助款須交文騐與星
使、併送以壯觀瞻、當早忽又傳言此款各人可免、統歸
星使獨助、蓋此等助善亦可作正開銷耳、至所助若干
未聞、
初五日乙巳、晴、記男女遇諸途、按英俗、必女先點頭、男
子方敢摘帽、因在街市間、不知該女願否識認、男子不
敢冒昧也、此地則不然、必男先免冠、女方點頭、是亦西
國風俗之不同處耳、
初六日丙午、晴、本街西首木橋改造鐵橋、開工已年餘、

十九

或謂須至本年底方得工竣、然去冬天不甚冷、河封不
久、故未停工、似本年秋季即可蕆事、則余未起程之先、
亦得履此新橋矣、至此橋改造之由、或謂前因德皇過
此、恠此橋獨係木造、殊不壯觀、故拆改者、或謂係管城
官之意者、
初七日丁未、早晴、申刻陰而細雨、柏林有一種飲物名
蠻代米勒什、譯桃仁奶子也、造以糖水煮桃仁粉、并無
奶子、一因西人喜喝牛奶、再因其色白如奶、故取是名、
其味香如杏仁茶、惟稀而不濃、用時涼熱皆可、每盅三
四十芬呢、不等、查我國之杏仁茶、本無茶、亦僅糖與杏
仁粉、是因華人喜吃茶、故曰杏仁茶、與西人桃仁奶子
之名、其意正同、皆擇其所好者而名之耳、且杏仁熬成
其色亦白如牛奶、則杏仁茶即可名曰杏仁奶子、而桃
仁奶子亦可名曰桃仁茶也、
初八日戊申、陰甚暖、申初往訪潘桂二君、過五道門時、
見德皇頭戴冀曰形白帽紅圈、身著藍呢褲襖、騎白馬、左
右二武官、皆黑帽紅圈黑呢褲襖、後一頭頂金盔者、緩
步相隨、將出五道門時、臨門官廳立兵二十餘、居中一

二十

名擊鼓、其他橫立一排、舉槍對鼻、德皇在馬上亦以手扶帽簷作答禮狀、沿途男女見者、咸止步停車、男皆摘帽、女皆請安、皇亦向之以手摩帽、又前日見皇子乘車過五道門、兵既如此擊鼓排立、而皇子在車內亦皆摩帽以答之、

初九日己酉、晴、英美兩國在柏林柯林比蘭街第二十二號立一公所、名曰柏爾林倭木佛爾英格立什安搭阿美里堪格倭爾內賽斯義、乃英美人之柏林棲止所也、凡英國美國男女之來此謀生以及傳教者、當無事時、皆暫居其內、其中一切用款、皆由兩國駐德公使及商民之已有事務者公助、聞本年英國公使助百馬克、美國未聞、琴師柯林多夫婦、英人也、定于今晚戌初在其樓後樂堂中請男女鼓琴歌曲、出售聽樂票、每頁二馬克、共集若干以助棲止所費、余同陳駿生各買一紙、戌正至彼、男女數百人業已滿座、共演十二場、中惟一日斯巴尼亞國幼女年方六歲、名傅麗達者、鼓琴一齣、洪亮清爽、頗堪入聽、

初十日庚戌、晴、頗暖、入夜風、聞薛星使由駐法國者九員、為陳敬如季同、吳挹清宗濂、顧延卿錫爵、承伯純厚、聯建侯豫、世益三增、左子衡運機、張讓三美翊、郭擇良家驥、駐英國者、為黃公度遵憲、馬清臣格理、那華祝三、許靜山玨、趙靜涵元益、楊叔平振鑣、錢念劬恂、王鵬九錫庚、王省三豐鎬、沈蒲梅翊清、潘景周承烈、胡馨吾惟德、張聽颿斯栒、

十一日辛亥、早雨、午後稍晴、酉正復陰、細雨陣陣、聞前日德人錢裴氏與華人田阿喜之長子田合通因故口角、田言裴既嫁華人、例應纏足、裴言田為德人而非華人、田言伊父係華人、伊乃英人（因伊母係英人）僑居于德、裴言如是則須剪辮、田曰我父命我編之、我父不在、當早已剪去矣、由此觀之、田合通順母背父之心早已立定矣、嘗見洋人娶華妻者、妻無權、生有子女、皆送回本國讀書、是其財產自皆隨之、華人則不然、凡娶洋妻者、皆妻有權、生有子女、歸妻管轄、既不服華裝、更不能華言、是華人毫無把握、則一切財產自不能攜回本國矣、中西公私大小事務之不平也如此、

十二日壬子、晴、涼、今日為西四月一日、德俗分半年、非

以正月至六月為半年、乃自四月初一至九月底為半年、再自十月初一至次年三月底又為半年、各鋪清理帳目、以及住戶租房、皆以此二月為限、凡街道噴水亦自今日始、

十三日癸丑、陰涼、余向在英法俄等國、亦曾以錢買錢、係以此國之錢買他國之金銀錢、無不真實無欺、不意昨接承伯純由法京來信、知前在五道門內代買之法國銀錢、竟有灌鉛者、是亦西國人心之不古歟、抑德京錢不易得、乃故作此以欺人獲利歟、

卅三

十四日甲寅、晴、涼、適因土俗雞蛋節將近、凡點心、玩物、什物等、各鋪皆出售各種雞蛋與兔、造以勻勾臘、糖、麪、胰皁以及綾緞、紙布等、形式不一、去歲曾經叙及、而本年所售者、其蛋中出雞及他鳥、固屬天然、而有蛋中出兔出狗、出小孩與武官者、尚不為奇、其至奇者、乃有武官頭立兩長耳者、亦與中土中秋節之泥人相似也、

十五日乙卯、晴、涼、今日係西四月初四禮拜五日、稱曰好禮拜五日、為耶穌被釘十字架之期、街市鋪戶關閉、人工休息、自晨至夕、通街男女如雲、現雖草青樹綠、河水蕩漾、有如夏初、然天氣清涼、日光不暖、而各加非飯館皆已支起涼棚、設桌椅于窗外、婦女換戴紗帽、草帽、手執摺扇、或舉布傘以之避日、是天不熱而人自熱耳、入夜微風、

十六日丙辰、晴、涼、洋人雖喜寶石、而以金鋼石為最、且喜見楞角而不喜圓整、故上等金鋼石皆磨成六十三面、次者二十三面、聞其磨翡翠等石、係用金鋼石沫、其色既非西人所尚、且料不易得、人工亦貴、故罕有由東方販運西來者、

卅四

十七日丁巳、情涼、今日係西四月初六日禮拜、又為其耶穌受難復甦之期、鋪戶關閉、人工休息、一如前例、德京物價之貴、如木板一塊、長尺三寸、寬一尺、厚六分、價則一馬克四十芬、呢合庫平銀三錢零、其他亦可概見矣、

十八日戊午、早晴稍暖、申初陰、細雨陣陣、今日為耶穌復甦節之第二日、鋪仍關閉、柏林城內西南一帶、街道平淨、樓房整齊、因而房租地稅、人稅物稅、無一不重、是故凡物無不價昂、即如頓飯、每頓無非一湯兩菜、糖菓

點心少許、大店菜好者、兩馬克半、其他皆一馬克半、菜皆店中大鍋造成、用者不能更換、換則另算、其東北一帶、住戶多非仕宦、樓房稍次、其噸飯菜既稍多、而價亦甚廉、大店者一馬克、他則有八十芬呢、或六十芬呢者、亦足見其掙錢之不易也、

十九日己未、稍陰涼、德例、凡鋪之由此移彼者、其貨物由此門入彼門、皆須按件另行納稅、故鋪之將移者、皆先貼帖賤賣、以免出稅、由是可知其稅務之重矣、

二十日庚申、晴、涼、戌初、赴德人司庇訥夫婦家跳舞會、男女二三百、看至子正回寓、其所備之酒食、有紅酒、白酒、啤酒、五月酒、檸檬水、鹼水、火腿麪包片、雞肉麪包片、鵝肉、酥餅、以及牛奶假冰糕等、其用法不與英同、并不列在一處、任人自取、及客齊後、有三女僕按人傳遞、先送茶與餑餑、後則酒與冷葷及假冰糕等、其送冷葷乃先按人送五寸碟一個、小方巾一塊、送假冰糕係五寸小玻璃碟一個、小銀匙一柄、小紅方帕一塊、至每樣要否多寡、皆聽人便、

二十一日辛酉、晴、涼、記自半月前、德皇立意恭請他國

會商保護男女工人之新章、昨於西三月二十九日、即本月初九日議成六條、德皇次日畫押、所議六條如左、

一、凡在地下挖礦、皆不得僱用婦女、其幼童傭工亦必在十四歲以上、凡機器與人之氣力有損者、皆不得用幼年之人、人工染病貧苦力弱年邁以及身故者、各廠皆須設法保護其人、或贍養其家、

一、人工年幼者、除在官工急務之外、皆須于每禮拜日歇工一天、然在官工緊要之處、仍必隔二禮拜歇工一次、

一、凡費心用力之工、皆不得使用年未及十四歲之男女操作、

一、男女年方十五六歲者、雖作粗工、于每禮拜日皆當歇息、而夜工亦不須作、每日作工亦不得逾三個時辰、稍多亦僅加添二刻、總之凡人作工皆不得逾五個時辰、雖添亦只一點半鐘、

一、凡幼女年不及十六歲者、每禮拜日皆不准作工、每日作工不得逾三個半時辰、亦不准作夜工、凡工之有危險及與人氣力無益者、婦女皆不得作、婦人生產者必于二十八天後、方准回廠作工、

一、以上各節、官須派員專理、按年所報各國皆須互換考查、而彼此皆須辦理無異、更須互相隨時斟酌、裁減加增、以便實獲其益、

二十二日壬戌、晴、涼、柏林城內、因車馬行人甚衆、半空電線亦多、乃禁止放銃與放風箏、有犯者、經巡捕拏獲、即罰十五馬克、按外洋雖有風箏、大皆數寸、其他皆係自日本販來者、大者亦僅二尺、

二十三日癸亥、晴、稍暖、午後、知賡韶甫來、聞係參贊所約、乃謂星使欲其入館認錯、然須自行具稟、言現在愧悔、仍求星使招還在館效力、當差至前次所領川資、無力繳還、願以上年保案抵銷、云云、不知韶甫遵否、見後、

二十四日甲子、陰、冷、柏林鋪戶多、而買者少、因而各皆號明價值、羅列窗下、以冀來往之人見其價廉而易售、然其中亦多誆騙處、即如一小照玻璃架、內有一美人小影、號價四十芬呢、及人買時、乃木架四十芬呢、而小照又四十芬呢、又如茶杯帶碟、號價三馬克、乃小碟又三馬克也、

二十五日乙丑、微陰、涼、記西國買物付錢後、鋪中皆給收條一紙、言所售何物、每物值若干、共若干、註明某年月日、下有鋪主花押印信、彼此用以為憑、買者既不能訛詐、賣者亦不能多索、前四次余隨使英法俄美等大國、因久以洋人信實、買物雖有收條、亦皆棄不在意、不意此次在來百喜街第百三十號沙爾威特大照相館、前後照三次、皆一一按價付訖、雖有收條、皆已付諸丙丁、今逾二載、忽又開帳索錢、是固余在外洋所未經過者、即西人亦必不以為然也、

二十六日丙寅、晴、午後、陶榘林接張聽颿由英來電、言曾劼剛襲侯于二十三日薨逝、聞信之餘、始而詫愕、繼而歎惜、即日英德兩國新報皆大篇讚其為國立勳、不幸早世等語、陶榘林與余各具聯幛及唁函、因吳挹清告假回國、尚未起程、懇其攜交敬詒君和昆仲、按榘林所撰輓聯云、首身求闕、紹前徽其仁似管、其博似僑、三代下論人才吾無間然矣、經遠馭邊、膺帝寵於俄、主和於法、主戰五大洲欽偉望天奈何奪之、祭幛四字為名震四夷、余之祭幛係公歸不復四字、唁函、昨閱柏林新報、驚悉令尊大人捐謝紅塵、棲神碧落、寸心駭悼、尺楮

難宣在賢昆仲至性過人孝思匪懈當此椿庭日黯結
無茁岀深悲惟念我侯憲名重四夷勞宣八署出則乘
槎碧海極珠槃玉敦之雍容入則拜
命彤廷樹鎖鑰金湯之偉望雖經綸未遑夫盡展而功德已顯
於當時六合咸哀千秋不朽尚望賢昆仲勉襄大事以
慰在天之靈是所至禱弟羈跡鷗洲未親鶴弔謹製素
幛一軸由文報局寄呈即希懸挂靈㕓聊伸愴念專此
敬唁孝履云云
二十七日丁卯晴稍暖早由總署來電知星使奉
旨授為兵部左侍郎余欲登樓賀喜問諸叅贊據云電信不
足為憑須待四月間公文到來星使具摺謝恩時再同
叩賀再問諸姚陶諸君皆言外省罕有不叩賀兩次者
于是集諸同人手版交巡捕上遞也
二十八日戊辰晴暖德京每禮拜日各鋪除茶飯館點
心鋪酒肆菸鋪及他飲食各鋪外概行關閉歇工昨于
西四月一日即本月十二日經其吏部出諭令後凡禮
拜日各鋪不關者亦須早由十點至一點鐘關閉以便
男女工人入堂禮拜

二十九日己巳鎮日陰晴風雨不定自去年至今英奧
和法比義等國之工匠因爭增工價東主不允齊自停
工者屢屢且因而滋事傷損人命焚毀房屋者亦多其
中煤礦人多勢衆不安本分者居其大半西四月三十
日為耶穌死後之悔罪節屆期鋪戶關閉人工休息與
禮拜日同不意近日新報傳謂泰西各國人工約定于
悔罪節後當添歇一日東主不允則皆自行停工如有
不從者當共攻擊之云云
三月
初一日庚午早陰未初細雨陣陣暖賡韶甫於上月二
十四日自擬稟稿交叅贊叅贊言此稿與日前所講情
形迥殊萬不可用如欲濟事則立言必合體裁今照從
前傳諭代擬淺明稟稿如以為可即照繕遞稟稿竊學
生上年三月間告假回華省親起程後因病阻滯資斧
告罄不得已折回柏林一時未能到館銷假故冒昧稟
請撤差當蒙批准遵行在案學生自回柏林數月於茲
現在病體已痊而生計異常支絀將欲別謀就緒深恐
有負栽培再四躊躇惟有瀝情稟懇俯准仍回使館當

差俾得勉圖報効至前領川資既未成行理應繳還惟實因病藥耗費目前累債如山無力措繳可否懇恩曲加體恤准作醫藥費開報或准由學生從容籌措之處伏候批示云云此上月二十六日事也賡韶甫得稿即行照錄于二十九日呈遞奉批查該員請假歸而不歸繼乃禀請撤差今復禀求當差先後種種矛盾實屬不成事體惟念該員在使館効力多年今既悔過祈恩姑准入館當差以觀後效至于前領川資既未回華即應措繳即應在薪水内按月扣還以重公款該員率請作

三十一

醫藥費開報此數年來該員醫藥之費已有千餘金不得謂少此次該員出外八月之久行踪詭秘總理衙門亦有所聞本大臣不能再代該員掩飾姑念生計支絀著於此後月支薪水分年扣還以紓其力云云

初二日辛未陰去歲瑞乃爾由津帶至克鹿柏廠學習演放礮位之武學生等居今一年期滿擬由該廠回華順途至德國礮台海口各處一遊以便增長見識兼知防守之大概因而瑞乃爾先來柏林赴德之兵海等部商辦一切前日伊投刺來拜余亦往來百喜店中答拜皆未遇遂同陶陳二君于今晚招伊在本公館晚酌一切皆係華產瑞乃爾食之甚喜云

初三日壬申陰夾初赴英人妻歐家跳舞會男女百餘先彼此交談坐立不一至子初于其客廳飯廳及書房共大小三間内横豎列桌十六張每桌圍坐四五六七八人不等以供諸客夜餐于是男女各擇相識者共桌酒食菜蔬頗多與晚酌同惟少香賓而多啤酒丑初食畢鼓琴跳舞余乃坐觀兩場回寓時已寅正

初四日癸酉陰暖細雨陣陣數日前聞克鹿柏廠來函

三十二

請星使率参贊隨員前赴賣嘖村看其試放礮位地在布魯斯邦之西界西臨艾木斯河東距柏林八百四十里北去艾森莊約百九十餘里今日午初星使偕汪芝房金楷理張小軒乘火車前往

初五日甲戌鎮日陰晴不定凡由德回華搭坐德法兩國公司船其一切水陸程時價孰省孰費畧述於下一由柏林至布蘭海汾火車頭等三十四馬克九十芬呢二等二十五馬克九十芬呢自布蘭海汾登輪船至上海頭等千七百五十馬克（八扣合千四百）二等千馬克（八扣合八百）

三等、四百四十馬克、（八扣合三百五十二）是頭等共用千四百三十五馬克、二等共用八百二十六馬克、三等共用三百七十七馬克、由柏林至熱諾阿火車頭等一百四十二馬克十芬呢、二等百零四馬克四十芬呢、由熱諾阿駕輪船至上海頭等千六百六十馬克、（八扣合一千三百二十八）二等九百馬克、（八扣合七百二十）三等四百二十馬克（八扣合三百三十六）是頭等共用千四百七十馬克十芬呢、二等共用七百二十四馬克四十芬呢、三等共用五百二十四馬克四十芬呢、德船由布蘭海汾走英之騷桑也至熱諾阿須十

三十五

日之久、風浪頗險、是以華人由德回華、頗自熱諾阿登船、以免暈嘔、其車頭等船二等、共用八百六十二馬克、十芬呢、下人車二等、船三等、共用四百四十馬克四十芬呢、一由柏林至巴里火車頭等百一馬克九十芬呢、二等七十四馬克七十芬呢、再由巴里至馬賽火車頭等百六方三十桑的、（合八十五馬克二十芬呢）二等七十九方七十五桑的、（合六十四馬克）總之由柏林至馬賽頭等共百八十七馬克五十芬呢、二等共百三十八馬克七十芬呢、再由馬賽搭船、頭等千八百四十五方、（八五扣成一千五百六十八方二十五桑的、合一千二百五十四馬克六十芬呢）二等千二百方、（八五扣成一千零二十方合八百一十六馬克）三等七百方（八五扣成五百九十五方合四百七十六馬克）是由柏林至上海、頭等共用千四百四十二馬克十芬呢、二等用九百五十四馬克七十芬呢、三等用六百十四馬克七十芬呢、又自柏林至巴里輪車有先坐二等、入法界坐頭等者、其價八十四馬克三十芬呢、如此乃坐此車至法京、再坐頭等至馬賽搭二等艙、共用九百八十五馬克九十芬呢、下人統坐二等車、搭三等艙、共用六百十四馬克七十芬呢、按以上兩途路費、由柏林走熱諾阿固

三十六

較走馬賽者百二十餘馬克、不知法國公司、久已往來中華、一切華規盡知、多處優待涵容、不以西規束執之、且用人內粵人居其三分之一、是從中又多與華人便當處、客人雖分頭二等、然僅價分艙分酒食豐富雖不共桌、無大區別、船面閒坐亦不分頭二、其行李應帶之數外、稍多亦不計較、是重客不重貨也、德船則重貨不重客、客分頭二等、則價分艙分飲食、既分坐立之處亦分、二等者不得擅行步至頭等所在之處、去則船主或僕役攔阻之、飲食不美、有肉無酒、飲則另外加算、處處

以洋規拘束之客、既如此分別、自旁人觀之、頭等者似皆富貴上等人、二等者皆為貧苦下等人、因而頭等客亦多、即以富貴自居、驕傲藐視、目中無人、以上為余所目覩、其通船上下、皆德人、我華人乘之、其不能德、英法語言者、尤多不便、且聞其待我華人、更不與洋人一律、即如前于二月初間、駐英參贊官李伯行、經方三年報滿、因在艾森克鹿柏廠中、另有公幹、遂順途由彼赴熱諾阿、搭德船回華、蓋以英法德三國公司通為洋船、規矩一律、必無不同處也、不意李君昨由天津致信與

三十五

其倫敦諸同人、力勸莫乘德船、謂伊所搭者頭等、上船後、不使與洋客共桌、獨坐一隅、既覺詫异、尚不為奇、莫奇於每飯多有菜蔬、惟洋人皆得食、竟不傳盤與彼、詢諸洋僕、答云、東方人不能與西洋人一律、既而查其船規、并無此條、問之船主、言及伊係李相國之猶子、船主始行賠罪、始移彼與他人共桌云云、按萬國公法、德船即德地也、凡外國人在上、一律優待、搭第幾等艙、又照船規按第幾等客待之、是皆西國之定例、亦余前八次往來中外、乘英法美國公司經過者、既未經如此看待、

亦未聞有如此看待者、何此船主聞其為李相國之猶子、始行賠罪、斯真奇矣、是亦為在外國所未見者也、德國又何如此之勢利耶、又凡客之行李、于應帶之若干斤外、每多一分、必另加算、此為最不便處、雖本國人亦怨之、即如前恩仲華及稅務司夏德回華、皆因加算載運行李水腳、與之爭論、以上皆德船重貨不重客之實證、然德國公司初立歷時無多、將來往返日久、一切熟悉、或有便通之處、亦未可知、

初六日乙亥、陰涼、夾正星使偕參贊等由賁嘖回前德

三十六

相王爵畢騮馬及其子外部大臣公爵畢泗莽皆決計辭退、優游林下、已經德皇簡派前任海部大臣、現任步軍統領柯樸理衛為執政大臣、貝的夏為外部大臣、查畢相德國重臣、身仕三朝、勛崇各國、其一身之去就、關乎泰西之全局、德國之國勢者誠非淺鮮、此次辭位之故、或謂刺下各國工人紛紛罷市、傳工德國亦遭此患、德皇曾召日耳曼各邦王侯會於柏林、議設善法以厚工人、不致重蹈覆轍、而畢相不以為然、曾將一切情形、詳細奏聞、而德皇以民瘼關懷、銳意向前、竭力阻撓不

用畢相之言由是辭退亦未可知但德皇即位未久雖勵精圖治究無事功可見且閱兵田獵等事朝東暮西所謂審機觀變慎思謹行者德皇究亦未逮苟無老成人孰為砥柱耶其與德國友睦者惟恐畢相一去或致離散之虞其與德國有隙者則深願畢相之去以為今而後可玩孺子於股掌之上怦怦欲動之心恐所不免嗚呼如畢相者真可謂社稷之臣矣按德皇英姿明敏惟意見時與畢相相左畢相主於富強德皇務存仁義君臣之間遂至不能相得其君不惛臣亦不愚然如此意不相投而欲其臣之恆心以事君豈易易哉

初七日丙子陰晴細雨陣陣西國有飲酒彼此碰杯相祝之俗而在英法等國却不多見非因至契相遇祝賀則不碰在德則不然無論何等男女既同桌共飲罕有不碰者俗人尤甚氣力粗猛往往碰破酒杯按土規客人損壞器具本出無心鋪中不能令賠而客亦不欲賠故昨日奉地方官諭謂碰杯固係俗禮然每遇碰破玻璃杯既與鋪主有虧而玻璃碎渣令人飲之入肚亦無益令後著即禁止云云

初八日丁丑早晴未初陰雨陣陣柏林東北隅孟比茹坊侯汗鄒倫博物院建于百年前原為王后克里堅之行宮地基不大房則一層無樓通身白石建造橫長式作𠂆形前門作月牙形四面玻璃窗房外雖無花卉而樹木叢隆收拾整潔道途平淨可遊房間既非時式亦不寬廣華美迨王后薨遂久鎖閉王駕不臨乃于三十年前奉老王諭改是宮為集儲前代王寶博物院每日午正開門申初閉門任人遊覽入門每人二十五芬呢然大門左右仍立二兵執槍把守作宮門狀房內按間分儲布邦歷代國王王后及功臣名將之遺物間有該王或后之蠟相自西一千七百零一年（康熙四十年）至今九朝按間分列其百數十年前當布王第來得立第一之世凡物無不樸厚如桌椅畫軸杯盤之類其後則漸見華美各間所存不同有綵𥱊刀槍皮靴手套汗衫手帕籐牌劍戟楦成之馬一匹皮氅兩件藍紫絨面飾以金銀其他最多者為拐杖烟具鼻菸匣三種形式不同工皆精巧菸匣方圓橢圓長方造以石木象牙蚌殼或瓷或金亦皆精巧可觀瓷器木器以及白石人相羅列多

種、皆非古董、內有中國日本者、更有中國長繐金嵌小帽一頂、油紙雨傘一把、近世則有各國寶星國書、中國頭等寶星一枚、予老德皇之
國書一捲、至老皇韙良第一與后兩大間、羅列無他、惟橫一長案、其上密陳其薨時通國各邦所進呈之輓條、顏色不拘、乃綢緞一縷、長二三尺、寛四五寸、下垂金繐、中繡輓詞數語、與中國輓聯祭幛之意畧同、四壁亦然、更有大花圈二三、今皇之父弗來得立第三之屋、亦列輓條之類、及其素用之小皮箱一只、并其成婚時皇后所

二三九

服之白衣白鞋、與他人贈送之玻璃酒杯二十四箇、以上各節、不暇細載、惟各件置于匣匱之中、罩以玻璃、收拾極其潔淨整齊、又迎門立一銀鑄功臣亭、亭高五六尺、四圍十六門、中各立一人、高盈尺、皆前與法國戰時之功臣像、觀者入門給錢、得一白紙憑帖、上印地名號數第若干、房外園中任人遊玩不禁、又房對面一禮拜堂、為英人耶穌教者、城中地貴、英人無力置買、因前皇后威克兜里亞、為英君主之女、乃于數年前賜其地而建造之、

初九日戊寅、陰雨陣陣、申正稍晴、邇因各國人工滋事、既爭工價、又爭歇工、西四月三十日為彼教懺悔節、亦與禮拜日同、乃各國人工多欲於節後添歇一天、彼此約定、各國皆然、東主不允、必皆齊行罷工一日、今日見新報內一則云、居日工人如有擅自停工不作者、該東主即將其人逐去、他處如有收用其人者、亦必于一月後方准雇用云云、蓋防其未然耳、

初十日己卯、晴暖、近年德國鐵道日見加增、本年鐵道公司单册內開、德國鐵道至西一千八百八十九年四

甲

月初一日、（即光緒十五年三月二十一日）共有二萬四千六百四十三洋里、較上年加增二百四十洋里、內歸官中管理者二萬一千九百零七洋里、棧房共六千八百七十三處、機器車共一萬三千一百零七輛、坐車共二萬四千三百八十六輛、可坐百零四萬一千五百人、行李貨物車共二十六萬二千二百五十輛、可載重二百五十七萬一千三百九十七噸、信車共千六百零四輛、機器共值五萬八千八百十三萬一千八百三十五馬克、坐車共值萬九千一百三十四萬六千零五十七馬克、貨車信車共

值七萬六千三百九十五萬四千四百二十八馬克。一年內共計行客頭等者百八十八萬零一百八十四人，二等者千五百二十九萬三千六百六十八人，三等者二萬一千八百七十二萬七千九百一十七人，四等者七千七百二十六萬八千六百零四人，武官兵丁票共六百六十九萬四千零八十七張。以上統計共三萬九千九百八十六萬四千四百六十人，共載貨物行李萬九千七百八十七萬九千九百三十噸。鐵道共值百萬萬七千五百四十一萬五千零八十八馬克，一年所獲之利共計十一萬六千六百六十二萬一千五百四十八馬克。所賣車票共三萬萬九百九十三萬二千五百三十四馬克，運貨物行李腳力共八萬一千零六十九萬一千九百零三馬克，人工費共六萬一千九百五十四萬二千七百二十三馬克，除去一切費款，下餘利銀五萬三千五百十五萬七千六百九十五馬克。一年內火車遭險共二千五百四十九次，死人五百六十二，傷人千四百四十七。

罡

十一日庚辰，陰，稍涼。記今日賡韶甫復具稟星使，竊自光緒十三年秋間因登車傾跌，折斷脛骨，醫治數月之久始克步行，外洋醫藥奇昂，雖蒙恩准酌支公款，而學生虧累已屬不貲。上年請假回華，復因病阻滯，不得已稟請辭差，閒居數月，債負愈多。茲蒙憲恩准予仍回使署當差，無以學生差資扣至上年七月續屆三年期滿，諭令開具履歷，以備照章請獎，感激之私，曷有既極。伏念學生竭蹶趨公，微勞本無足錄，加以身攖殘疾，何敢縈想仕途。昔之辭差實為冒昧，今之辭保並非矯情，敢乞矜察下忱，酌裁辦理云云。

罡

十二日辛巳，晴。今日係西四月三十日，禮拜三，為彼教中懺悔節，鋪店關閉，人工休息。城北教斯台隆園中大房內向列各種機器，今皆移去，自數日前改設鮮花會，入門者一馬克。午後遂同貝彙如乘車前往一觀。內以籬笆分間，奇花異草羅列千種，中所識者如玫瑰，花色分紅黃白紫，朵大如盌，高有三四尺者，其他則繡球、月季、茶花、丁香、婆羅、金菊、荷包牡丹之類。其不識者多種，如鞋形者、襪形者，色則黃加紅點，白質紫章，紅紫芬芳，筆難盡述，惜已置數日，多謝落者。是日男女如雲，園中

加非酒館、各座皆滿、另間屋中、更列有酒攤六七、凡人過者皆請飲五月酒一盃、意在使人知其酒美而招攬來買也、

十三日壬午、晴、外國城內禁止屠宰、凡雞鴨牛羊豬等、皆清早殺于城外、經官驗後、運入城中、分售各鋪、人家買去時在未申、及至烹煮燒烤、當已酉正、是由屠宰以至烹食、已越半日之工、西人謂肉食除魚蝦外、皆須宰後逾時食之、蓋禽獸初宰、其氣聚而肉緊、食之味不純、而嚼亦須力、必過二三時辰、則其觧而肉鬆、食之有味、

卌三

嚼之自易、方得適口充腸也、

十四日癸未、鎮日陰晴、細雨雷始發聲、昨日為西五月一日、前聞各國人工約于是日停工歇息、而柏林城內、街市安靜如常、惟聞城之東北某村有兩處失火、皆係人工因醉口角、并傷人命、蓋人工所約者非鋪店之夥計及他傭工之人、乃各大局大廠之人工也、然其工值、皆係作一日得一日、歇息則不得、故廠中人有願有不願者、因而同行不能同心、以致口角爭鬬、幸未釀成巨禍耳、

十五日甲申、陰晴、細雨陣陣、暖、嘗思我國自與各國換約通商以來、華人之充當繙譯通事者極多、初則分為二等、上等者無非神甫之門徒、洋商之買辦、其次則皆洋人之僕役馬夫之類、迄今三十年、或文或武、竟有三品二品官稱大人者、由此觀之、是人之欲當通事不難、然不知欲其確實繙譯則不易、蓋必漢文洋文兩皆通順、方能無錯失遺漏之弊、其洋文大通、而漢文不順者、在洋人一邊觀之、必謂其勤能、洋文既順、漢文必通、在華人一邊觀之、知其出身履歷、無須備責、然其口傳易

卌四

曉、筆寫則恐難明、其漢文通順、而洋文不甚明者、在洋人一邊觀之、謂其本非學習出身、不能十分透澈、在華人一邊觀之、謂其譯者成文、意必無誤、不知此等通事、使之買辦、攜之出遊、尚可無慮、若臨大事、如換約辯論等等、雖錯一字或文義稍不合、必至兩國不睦、互相爭執、竟有因而交兵者、其為患豈淺鮮哉、我

國家因知繙譯緊要、既代上官之口耳、即關事務之安危、既欲其充職、自當清其身家履歷、於是在京設立同文館、在粵亦設同文館、在滬設立廣方言館、招考旗漢子

弟、造就人才、以備有用于將來、設館始于同治壬戌、余蒙總署王大臣考入肄業、茲將在京八旗陸續考入及由粵滬兩處先後咨送入京諸生之曾經出洋、或歸外省差遣委用者述之、京中為鳳夔九儀、文嗣旂續懿蓀真善存、壽泉濤聯春卿、芳廷命九鐸聯子振、興聯文泉、湧金麗川、采金固齋、湯翢潤亭、海明世益、三增聯渥軒恩木菴、塔克什訥桂冬卿、榮賡吉甫、善慶錫安、全瑞輯廷、安恩仲華、光韶甫、賡音泰蔭五、樓昌廣東、為左子興、東隆左秋園、庚揚星垣、樞沈振之、鐸那華祝、三蔡毅若

四五

錫勇黎吉士、子祥上海、為汪芝房、鳳藻徐橘孫、廣坤朱靜山、格仁楊誠之、兆鋆王海田、宗福汪卓人、遠焜吳挹清、宗濂黃伯申、致堯至慶靄堂、常既未經本旗咨送、亦未經總署考取、乃自幼在宣武門內教堂中某神甫前學習法文、後經法國駐京公使羅淑亞薦入館中者、以上諸君皆聰敏勤能、中西通徹、將來為國宣勞、克立厥勳、當拭目以待之、

十六日乙酉、早晴暖、未正陰、雷雨一陣、昨日張小軒執看戲票十頁、謂係本地相識者所給、明日未初一刻在威克都里亜園中演戲、持票入門、喜坐頭等者付價二馬克、二等者一馬克半、大半為子弟白晝排演、聚錢用以助善惜明日禮拜、無暇自往、令分票與諸君、去否自便、當日接是票者為陶槼林、徐良臣、及閻潤亭昆季、令日去者係徐良臣、閻潤亭昆季率陶少君及潤亭在法相識之德人費里共五人、及其回時、知彼園竟向每人索五馬克、據云演戲中有張小軒在此初學德文所從之女教習姊妹、蓋伊母女原以裁縫餬口、又其姊妹幼時皆在牛奶房傭工、每晨各處担送牛奶、現改于每晚

四六

演戲一齣、增進少許、以便度日、此即小軒戲票之所由來也、

十七日丙戌、晴暖、午後出遊、至安那街、見一雙馬四輪大敞車、載木板二三百片、長約一丈、寬六七寸、厚五分餘者、輪為公車鐵道所夾、致折前軸、馬拽不動、因而公車之東行者停阻多輛、不能前進、當時車夫卸馬牽回本廠、請廠東設法挪移、該處巡捕即至車前、由兜中取出記事本、將木廠字號及何車於何時在此折軸一一寫明而去、蓋按其定規、此車在此阻礙公車共若干時

刻則公車共若干輛所應得若干錢皆須該木廠賠償也余謂此車前軸雖折而後軸未傷苟將一二公車之馬拴于此車左右未必不能動移是亦外國之固守成規也

十八日丁亥晴見本地一種漆油以之油紙布木皮五分鐘之久即乾其色淡黃其清如水嗅之頗香乾亦光亮如桐油不知造以何料粽刷用畢無須水洗亦不滯膩惟其刷乾後揉之落有白粉色如松香嗅之味即松香想其料中必有松香可即名其油曰松香油較桐油用之有三省曰省油省力省時即氣味亦勝於桐油也

罷

入夜微風稍涼

十九日戊子晴暖瑞乃爾由津攜來之武學生等現在賣嘖一年期滿因而武弁周行樂亦于當早轉回又現因天暖萬牲園中酒肆前之左右兩台每晚依然奏樂而男女坐立往來者亦皆稠密如前矣

二十日己丑晴暖外洋婦女衣帽時變其式見此時之草帽新式數種有如中國之毡帽者簷稍窄有四面寬窄一律者有前窄後高者有簷外鑲黑藍絨者更有艸帽大扁作蛤蜊形或雲頭形者其上或圍一綢條或嵌假花或鑲翎毛各種裝飾固有可觀亦有不堪入目者然無破爛骯髒者

二十一日庚寅晴暖前日承伯純由巴里寄贈陶少君鮮荔枝一匣并綢緞條一小包今日令洋僕由稅關取來索去免稅單見麻布包外火漆印皆另覆一層其色稍黃查其字乃柏林稅關也及剪開布包則綢緞條一包與一馬口鐵匣捆于一處而原包鐵匣及綢緞之兩紙上黏紅簽者另置一邊且鐵匣中之荔枝已剩四分之三矣

罷

又聞每次星使由上洋運來之米油等木箱必有一只開過者稅關每來信索要免稅單必言其中一只損壞查其意乃從中抽取一只暗行查驗耳不知兩國互換駐紮有此例否抑或外洋深知華人不喜辦別此等小事故意欺侮亦未可知中華看待各國一視同仁凡物無論大小既稱係某國公使者即不查問一律放行尤恐從中有所違理而暗加保護余前四次隨使外洋則不然如美法兩國雖華人在旁亦必開箱查驗俄則先驗明而後要免稅單不然則當按例納稅惟英

乃大度包容、不查不驗、多少隨意往來、實有兩國敦厚友誼之義、中外如此區别、深望當軸者察之、

二十二日辛卯、晴暖、入夜風、英法兩國公司輪船、向不走好望角、及蘇耳士河、開後由上海至馬賽至立汝浦、皆須四十五六天、今則減至三十七八天、德國公司僅行三十三天、至熱諾阿、即至布蘭海汾、亦只四十二三天、有謂其因加煤水急、致使船快者、有謂往來多年、得有便道者、其實不然、現在所用煤數同前、間有省時、其故、蓋機器更改精益求精也、前者水鍋換水、乃出滚氷

四九

入冷水、故水雖滚而力弱、以致輪轉不急、船行不速、今則添有水管、使海水先入存于鍋旁、迨噴出滚水、吸進海水、是海水于未吸之先已熱、既省火力、且助水力、故船行尤速也、

二十三日壬辰、晴暖、亥正大雨一陣、外國時辰表亮上等者、造以金銀、其次則銅鍍金、及呢根假銀、纔有造以象牙與樟腦并他物熬成之料者、然象牙易裂、樟腦易燒、皆不奈久、故用之者少、今另造一種、係鐵煉成者、按格物之法、鐵鎔煉、其色黑如試金石、而更光潤、敲之聲亦如石、其不知者、必信其為石、即以為金告之、恐亦信而無疑、其價甚廉、值與銅同、惟其色黑、而我華人忌用耳、

二十四日癸巳、晴、前布邦派駐漢柏爾呂貝克布當門三城之公使古蘇婁者、昨因聘娶猶太教女為妻、遂經外部奏請革職、查德國共三教、曰天主、曰耶穌、曰猶太、猶太教人多居其三分之一、皆以貿易為生、家道殷實、德廷既不欲其為官、而為官者亦不喜與為伍、民間私行往來、固不禁止、而為官者相與交結、即為同僚所恥、

五十

再與之結親、則尤為犯禁、德人之在本國、大有區别者如此、中國曰儒教、陸續由西方傳入者、為佛教、回回以及天主耶穌等教、凡華人之改奉外教者、我

國家并無歧視、同為赤子、黎民苟有所學、則不論文武、皆量才器使、夫既得觀光、自當從公竭力、庶不負

朝廷寬厚之恩、其充職斯乎時務者、尤當思之、

二十五日甲午、晴暖、午後出遊、見他國公使乘雙馬大敞車、跟役車夫裝飾華美、余謂如此排場、誠不負為公使、或曰、凡人所為、不能兩全、似此夸張、恐差滿回國、囊

中無幾、余曰固然、有顧大局而不失本國體面者、有專為肥己富貴而歸故鄉、買田置產安享榮華者、嗚呼、出使四方、以不辱君命為第一義、然則凡事之關乎國體者、可不深長思哉、

二十六日乙未、鎮日大雨、稍涼、天下各國語言不同、而相近者究有相同之處、今見英法德三國雖云相近鄰邦、而語言竟有大相懸殊者、即如五點半鐘、英曰哈夫爬斯特發艾佤、譯半點過五點也、法曰三格月唉得米譯五點與半點也、以上兩國者、似尚在理易懂、而德國

垔

乃言哈拉卜希克斯烏拉、譯半點六點也、初疑為六點半、繼知乃言半點之久即至六點也、

二十七日丙申、早晴、午後陰、今日為其耶穌升天節、鋪店關閉、人工休息、晚見萬牲園中男女如雲、更在兩樂台旁添設兩攤圍、以長桌出售苦酒麪包牛肉之類、堂倌往來奔馳無停晷、

二十八日丁酉、鎮日陰晴不定、頗冷、恩德林敦街東首王宮對面一大學院、內學生數百年皆二旬上下者、早晚用工後當回家飲食、奈距家遠者多往來須時、而左右飯店甚少、雖有價皆昂貴、遂有本學院內一生、因久學無成、遂在學院後偏東多羅的音街路北專設一飯館、名曰阿喀代米哂必爾哈蕾、譯大學院啤酒房也、地不大、樓二層、羅列桌椅、各間無隙地、堂倌三十餘人、皆著灰襖白裙襟袖及領皆鑲以綠色、每日早由十一點至午後三點半、出售家常便飯肉菜豐饒、每盤每塊皆較他處加倍、價則他處之半、甚至四分之一、一切新鮮潔淨、故每日諸生皆來此喫飯、擁擠無空地、外觀似非上等酒肆、而入座者無一下等人、

垔

二十九日戊戌、陰雨、涼、西人男女好遊、其年節禮拜及禮拜六等日、晚間在萬牲園中、為數最多、擁擠如蟻、屢有稚男雛女擠散哭泣尋覓父母兄姊者、則經堂倌抱登樂台、大者使立樂官之前、小者樂官抱立台邊、使樂兵吹號示眾、以便尋覓者認之、是亦便而且善之一法也、

三十日己亥、陰、外國街市一律新齊、潔淨、道路平坦、房無舊式、更無坍塌損壞未經修理者、其故蓋道路隨時修理洒掃、不留馬矢、不集泥土、不准拋棄氈紙布及他

零碎之物、洒埽皆有人工、有定時、苟誤分秒之工、經巡
捕查出、皆令罰錢、樓房皆不任人遺棄、無力修葺者、須
轉賣他人、又必矮者改高、舊者拆蓋、且門牆一經烟土
薰烏、或失其本色者、皆須雇工刷洗、著色上油、使之煥
然、一新、其鐵柵門闌、亦然、其門環與牆邊喚門丁之鈴
柄等、亦皆隨時刷擦光亮、違者受罰、牆壁砌以新甎、而
且整甎對縫、中不填餡、砌用新土淨水、故能持久不易
坍塌、更有火焚水沖不壞者、因其泥淨、故拆之亦不易、
昨見其拆下舊磚、僅有損壞棱角之處、毫不零碎、乃以
敲車運至城外、及捶碎墊于大道左右、壓以鐵輪、既平
且實、以便行人步履其上云、

四月

初一日庚子、早陰、午後晴、入夜風、德京貧婦在外傭工
者甚多、其有子女幼小者、或因夫婦同工在外、或係寡
居、或係私養、家中閉門無人照料、因而城中富室、恐此
等人被子女所累、無錢度日、乃在城東洛得答談巷第
三十二號、以募化善士之錢、造樓一所、分屋多間、名曰
勤得爾必瓦蘭薩拉他義、乃照料孩童也、其中亦有善
女服侍、有將小孩送入終年者、有按月者、亦有早晨送
入、晚間接回者、孩之父或母按月助錢、聽便由一二十
芬呢至一二馬克不等、其他院中費用皆由人家幫助、
亦一善舉也、

初二日辛丑、大晴、暖、酉初陰、柏林城西北沙洛屯堡地
方、一園名芙蘿臘、入門五十芬呢、地基甚大、四圍樹木
叢隆、中央栽種花卉、分畦排式、作洋字形、器皿形、五彩
芬芳、潔淨整齊、惟春夏盛植茶花、月季、紅黃白三色、玫
瑰高皆三四尺、朵大如芍藥、如牡丹、色頗豔麗、馨香觸
鼻、豐草綠縟、鮮花爭茂、極為可觀、正面一台、天暖作樂
與萬牲園同、台左一酒肆、高樓大廈、後有樂堂、高約四
丈、寬四五丈、長八九丈、左鄙一台、台下容座一千、堂後
通一玻璃房、高大與堂同、四圍與正中栽植芭蕉、棕竹
等、皆來自熱帶者、地鋪沙土、以便遊人往來、天涼則奏
樂于堂中、園中台右又設有放槍、跑竹馬、以及轉舟等
玩耍處、其放槍處係數武外、列假人禽獸等、給錢若干、
放若干槍、中則人之手中或禽獸口內、有物獻出、如糖
果之類、即為所贏、其竹馬轉舟、乃一架如傘、下懸木馬

或小舟六七、狹童或騎馬上、或坐舟中、一人在傘柄下轉關鍵、則馬或舟即四圍旋轉、與法京同、坐者一孩十芬呢、天氣清爽、男女遊者頗多、亦一消夏處也、

初三日壬寅、大晴熱、瑞乃爾在賣嘖所住房屬克鹿柏廠、今已事竣、房則改佳他人、瑞夫婦遂擬移居漢柏爾瑞、携其妻過此、兼至兵部商同各武學生遊歷礮台海口等處、今日瑞夫婦來拜、

初四日癸卯、晴暖、酉正、瑞乃爾夫婦請汪芝房、陶榘林賡韶、甫陳駿生與余及陶夫人、陶少君同在翔斯義街

五三五

弟來得立蹕良斯太堤什戲園觀劇、園大與貝阿良同式、則稍異、所演係一美國人名班、得古者、家財數萬、樓閣華美如宮、朝朝宴樂、夜夜笙歌、一日宴客男女數十、伊之庖丁刀那坦、悞將油胰代糖混入冰几凌、班即將刀逐去、刀與女廚馬木蘭、情投相愛、彼此泣別、又著名之歌妓夏烈、招來使歌、并云、如歌一曲、即贈若干圓、女不理、客中有令歌者、乃歌之、聲調幽雅可聽、女言視財如土、惟所重者情義耳、班思有錢終覺煩悶不快、是有錢不如無錢、且此女不重吾錢、更以我無情愛、則又不如死之為快、于是執手槍立園內、將自戕、忽見對面有刀那坦、亦執手槍作悲泣狀、彼此猜疑、互將手槍奪下、各述願死之由、刀謂被逐貧苦、如洗無以度日、且有負馬木蘭之恩愛、莫若一死為快、因而彼此勸解、班以貧富各有所苦、今後姑將財產給人、貧苦自安、次日班將戚友僕婢招至、言自願將財給人、于是男女環列敬聽、各懷妄想、及言所給之人、則刀也、各皆駭異、刀聞驚倒、馬乃雀躍飛舞、喜不自勝、繼而男女皆向刀馬親吻拉手、與之慶賀、種種諂媚之態、令人嘆息、此後班乃出洋

五三六

謀生、竟作水手、一日回至紐約、入其故宅、樓閣華美如前、刀馬裝飾鮮麗、依然一富翁也、然刀自得其產、後坐立不安、夫婦亦時口角、因謂有錢仍不如無錢之樂、至是見班至、乃謂公乃此產之本主、如能將前者夏烈所歌之曲述出、自當依舊奉還、班遂試述其曲、然中間一句再思不得、忽聞牆外女歌是曲、至班所忘之句、聲尤洪亮、似故意使聞者、班既得全其曲、遂將故產收回、按牆外歌曲之女、即夏烈也、夏實愛班之品貌、惟惜其財產浪費、當其外出時、夏乃處處暗隨、暗行協助、班皆不

知也、至是、班得其情、互相恩愛、而成夫婦、爲班自勞苦歷練後、始明守財度日之法、按此戲幷無其事、乃作者提醒富家子弟、不得坐守遺産、仍須學習歷練、方克長久、而世代顯榮也、戲樓後有燈園、較貝阿良者稍大、正面一台、前列桌椅、戲每演一齣、休息時則台上奏樂一場、樂工十二人、左鄙沿牆數間、出售酒食加非等、戲散則台上改演雜耍數場、無非男女歌舞而已、看戲畢、陶槼林夫婦攜伊子乘車先回、余等同瑞乃爾夫婦在樂台前夜餐、帶看雜耍、子正回寓、

二五八

初五日甲辰、晴、上年曾見鋪中置一種磨盤表、又名懶表、其實不知何名、乃一鍍金架、作井字形、下立四足、上則扁方、前露表面、中有法條輪軸等、背後垂一鋼絲、細如髮、下繫一盤、圓形、銅質鍍金、厚四分、周約六寸、上絃後、則此盤往來旋轉極慢、上絃一次、能走一年、是非表懶、乃助人之懶也、

初六日乙巳、晴、見本地菜蔬已列多種、如胡蘿蔔、紅小蘿蔔、白蘿蔔、西胡盧、涼水茄、波菜、芹菜、莧菜、生菜、豌豆、扁豆、黃瓜、水葱、青蒜、撇辣等、皆甚鮮美、又中國之花卉、四季開放、各有定時、上月中旬、為西五月初、見其鮮花店中羅列紅紫芬芳、識與不識者百種齊發、如芍香、牡丹、茶花、海棠、玫瑰、婆羅、水仙、鳳仙、玉簪、月季、杜鵑、菊花、木筆、荷包牡丹、綉球、葵花等、錦繡五彩、豔麗馨香、是亦東西天時不同處也、

初七日丙午、晴、聞數日前田合通因手存舊貨不得消售、按年空納貨稅、莫若照本拍賣、雖明虧十分之二、于費中然較年稅各款計之、暗中反覺無損、于是暫租閒房一間在恩德林敦街第二十號、每日按時拍賣其房

二五九

共租三十五天、租價則千六百五十馬克、合銀三百五十餘兩、此外又加人工費、報官費、燈火費等、共四百餘馬克、統計二千一百餘馬克、一月之工費用四百數十兩、亦足見其貨物之貴、人工之貴、而其房租稅款為尤貴矣、

初八日丁未、晴、入夜涼、今日為西五月二十六日、禮拜一、係耶穌死後五十天之節、鋪戶關閉、人工休息、聞今日午後、德皇在樸斯當鎮閒遊、自御其車、至轉角處、因鞭馬太急、遂至車翻、跌下、臉腿皆傷、幸不甚重、即時電

傳各處，通國皆知，同時即有小張新報印成，經紅帽人
手執沿街喊叫出售。
初九日戊申，陰冷，午後竟著皮衣，同人咸謂天時不正。
余謂現雖為西厤五月下旬，然柏林地在北京之北十
二度半，仍在外興安嶺之北，天時尚涼，宜也，非不正也。
入夜微風欲雪。
初十日己酉，晴冷。星使原擬俟總署將吏部公文賫至，
具摺謝恩後約諸同人喜酌，現因瑞乃爾在此，遂改于
今日酉正共桌，除諸同人外，有潘蘭史、桂竹君及德人

五九

李寶并普拉坨父子，瑞乃爾因病辭謝。酒食頗佳，亥初
食畢，坐談少許散。
十一日庚戌，陰冷。酉正星使之如夫人約普拉坨之妻、
日本叅賛井上勝之助之妻、瑞乃爾之妻、李寶之妻及
杜蒂母女并陶夫人晚酌，酒菜與昨同，惟屆時井上之
妻因在巴里，瑞妻因明早即赴漢柏爾，皆辭謝未到。
十二日辛亥，鎮日大雨，冷。早田合通送訃來，知其父田
阿喜于前日歿于上海，年五十有六。即日余將外洋名
片下書P C二洋字寄送田合通。按P C二字乃法言
布勒光兜蕾二字之減筆，亦弔唁之義也。查田阿喜六
歲離國，在外五十年，雖云故在本國，惜非故土。初賣藝，
繼貿易，所獲萬金之產，竟遺棄於外洋，蓋伊雖有子，豈
認中華為本國者耶。
十三日壬子，陰晴不定，冷。見本地新出一種表，其名未
詳，上絃走八天，表面下半缺一月牙，機鍵之輪隧擺露
于外，價尚不貴，其殼造以烏鐵。前見
十四日癸丑，陰冷。見鮮果鋪中羅列果品數種，然其來
自他國者多，而本地所產者少，如波羅密、哈密、香蕉子、

六十

櫻桃、桃、杏、地椹等。杏已熟，而色紅黃；桃色尚青；中惟櫻
桃價賤，三十芬呢一小升，重不足半斤；地椹大如胡桃，
一筐平列廿餘，價乃一馬克半，仍屬不貴；桃杏價皆一
馬克二枚，其貴可知矣。
十五日甲寅，晴涼。德國向以塞門土與白沙作假石甚
佳，其中究竟存有空氣，不能結實，奈久易於踈壞，因而
德人辛柏爾由格物中考求設法，將沙與水中之空氣
吸盡，以使水激不踈，火燒不裂，今日已初同陶、陳二君
及金楷理乘車至柏林城之東南角，埃里斯橋東昂蓋

烏佛爾河畔第十九號樓上、其造石廠去城甚遠、乃故將吸造之器按式造小在此、置于桌上、使人觀覽。屋不大、二間、桌上懸二銅壺、通以古米管、樓頂挂有水桶、桌下臨牆一大鐵輪、與水桶、銅壺皆通以鐵或古米管。水沙與土皆有定數、先一壺中盛水、一人推柄轉鐵輪、自將水中空氣吸盡。壺旁一玻璃管、描以分數、空氣淨否、自然表露。桌旁一圓筒、可以開閉、內含蛤蜊形明輪、輪齒外伸、筒外有柄、沙土按數稱足、齊倒筒內、一人執柄轉輪、自將土沙調均、既而開筒、撥入銅壺、將水亦由彼

卆

壺、移入此壺、再轉大輪、吸盡沙土之空氣、壺下有門、開之則稀泥漏下、以盤接倒模中、不必壓蓋、一日後自乾而凝結成石、無孔無隙、不啻天生。其模係木造、四片捆于一處而成方者。所造假石共三色、乃白、黃與粉紅、黃為本色、欲白則加粉、欲紅則加紅土若干、并以之能造石人、禽獸、工與雕刻同、其模則造以牛角、為其輭也。看畢回寓、時乙未正。

十六日乙卯、晴、稍暖。見萬牲園中又生四小獅子、其色草黃、視之如長毛犬、仍令母狗哺之、狗乳不足則餵以牛奶。按上年所生之四隻、現已大如猪羊、而食生肉矣、吼亦有聲矣。

十七日丙辰、晴、涼。近日德之工商兩部出示、今後國人借貸皆須本國互相借用、不得借外人者、蓋其國家既能保護、以致人民皆信而不欺、不似土耳其人甯向外人借而不敢向本國人借、而本國人亦不敢借與本國人者、因其國家既不作保、而人亦多欺詐、其有勢力者、即以勢力壓人也。

十八日丁巳、晴、稍暖。柏林城西沙洛也堡鎮有石洛洇

奎

園、距柏林約十里、由石拉斯巷坐公車至彼、二十芬呢。其正面王宮一所、作冂形、三面樓皆二層、不甚華麗、惟正面當中樓高、式如凸字。前橫鐵闌、院中植花一池、修理整齊、擺成形式。宮樓不深、前後四角皆有兵扛槍把守、禁人出入。宮外右鄙有門、入內先是種花之煖房、再轉過一穿堂、則至宮後右角、一望則綠樹叢隆、道路清幽、不知有幾十里數。右一大道、左右大樹兩行、右邊樹下每隔數武置一大綠油木桶、周四圍高三尺餘者、內植橘柚一棵、行約一里、左轉、則大道甚直、左右大樹頂

上接枝如棚、四面幽靜、如行高山谷壑之中、行不足一里、遥見正面一房、不甚高大、式如禮拜堂、乃德皇⿺走豈良第一之祖布王費爾的楠⿺走豈良第三之陵寢也、其名曰莫搜勒木查、其義係二千三百餘年前、當周烈顯王之世、有喀里亞小國（現為希臘一縣）國王名莫搜拉者、薨後、經其后建一陵寢、極屬高大華美、因而後世之王陵皆以其名名之、至其前、步石堦三級、至其廊下、再兩步入門、先小屋半間、正面四小石柱、房頂罩藍色玻璃、天光下映、使柱及四壁皆藍而潤亮、如青金、過石柱則方屋一間、

六十三

高寬與長各二丈餘、正面一小石台、台後壁上畫天主像、台前左右二白石榻、榻上各一石像、左為布王費爾的楠⿺走豈良、仰卧作睡狀、雙手撫胸、骸直伸、兩腳竝立、右為王后綠衣娰、亦仰卧作睡狀、頭稍左向、雙手交于一處、撫腹、骸直伸、而左腳搭于右腳之上、一切尺寸與真人同、工極精細、視之如生、皆頭向外、足向内、又初入門正中一池、下石堦一門、關閉、乃隧道、大與内間同、不甚高、乃停王與后之靈柩處也、禁他人入内、惟王室宗戚至始開、凡欲觀此陵寢者、須在大門外王宫左鄙房内

買票、每票二十五芬呢、票色粉紅、橫長三寸、寬二寸餘、紙厚一分、在陵寢前數武外、一人坐守木櫃、過者按人收票、插入櫃中、其不欲來此而僅步遊花木者、則無須買票、

十九日戊午、晴暖、如昨、本使館東、沿河敖古斯達街之道路、本係小石墁成、現因日久、凸凹不平、昨擬另墁、乃將舊石掀去、挖下一尺、先墊碎石五六寸、上覆沙土一層、後以火機鐵輪壓之、其輪凡三、前一後二、粗各兩圍、寬逾三尺、鐵厚二寸、輪上橫鐵板、上作小屋、内藏機器、

六十四

一人立于其中、手把關鍵、可使鐵輪來回滾壓、壓畢平坦結實、上則墁以石塊、石色青而堅、每塊長方有楞角、長七寸、寬四寸、高六寸餘、按塊排墁、畢、捶以小鐵夯、以使平均、再則灌以阿斯發地油、油凝似漆、以使石既不動、而地為尤平、乃將萬塊小石練成一方、不惟重車可行其上、且使水不下沉、春天地暖、不冐積雪、則無震裂之虞、按阿斯發油、其色不一、產于義瑞德三國、乃自石中覓出、研碎煉之、則成黑汁、光亮如漆、此墁道法、余向未之見、諒亦新法也、

卷十終、

五述奇卷十一

鐵嶺張德彝在初隨筆

庚寅四月二十日己未鎮日陰雨近日芙羅臘園中有
一美國之本籍德國克倫村人某甲年二十餘歲由赤
道南二十度北京東八十四度零之薩摩阿島中攜來
黑人七名年皆二十上下相貌身材似泰西人皮色紫
黑齒白唇紅如斐洲人身由臍下以黑白等色漆至膝
蓋之上本皆赤身又自臍下至膝上圍紅毡一條因天
涼又背負紅毡一塊皆以假髮罩首色黃而氄有作大

一

倭瓜形者有直束如草而蓬鬆者大似斐洲人矣然必
如此修飾方覺壯觀每日由申正至酉正歌舞一次晴
暖則在院中台上涼在堂中上台脫去背毡橫坐一行
左首一人擊鼓鼓不甚大如中土之秧歌鼓陣陣引唱
聲調如僧之唪經隨唱齊行以手擊腿捶背或自擊或
互相換擊頗有節奏歌畢立起結隊跳舞隨舞而歌仍
以掌擊背捶骸拍足敲臂拊拍有聲舞畢內一人耍直
刀刀連柄長三尺周身四面上下旋舞尚為可觀再則
四人耍棍乃二人各執一長棍長四尺餘二人各執二

短棍各長二尺四人四面分立互相對擊整齊有式如
都門之五虎棍桌上鋪其本土之花油布一塊盛粟一
個銅鍋一口乃一鍋下立四足如中土之火盆聞此七
人每人每月工價六十五馬克

二十一日庚申晴風涼柏林城內河道彎曲大坵如[illegible]
形其東南寬處約九丈餘西北狹處不及五尺其轉角
寬處有作碼頭以泊貨艇如木石甎沙煤柴之類岸上
置有提物之丁字形機器亦有于水面建大木房二間
以便男女在內沐浴者西人四季固喜洗浴天涼在屋

二

中暖則在海邊船上然其水必清淨方有益于人身此
河雖云活水且外國汚穢糞土髒水皆有管筒通於城
外城內隨時洒埽禁止遺棄河水當淨然地平水流極
慢于曲彎處不能不積有油膩灰塵天暖有時映日光
望之其色閃灼五彩如霞是此水亦未為淨矣此等浴
地究不知有人洗否抑或待天極熱人來洗時另有法
以清水亦未可知也

二十二日辛酉晴涼午後同汪貝二君往看水族院內
中一概如前惟有海參三個係由日本運來者盛於屋

角、玻璃池内、惜其地稍暗、看之不甚清楚、又其旁門闢
閉、左鄙一邊、拆修、圍以木牆、牆上又橫板一層、皆畫水
族、奇形怪狀、不一而足、將來修理一新、另增別種、當尤
可觀也、
二十三日壬戌、晴、風涼、聞闍潤亭昆季、有相識由法來
此讀書幼童、費里之教習某甲、昨日往拜其姑母、乃謂
切莫令費里與華人交結、因其無信義耳、凡吾人之在
東方貿易謀財者、不得已與之往來、亦僅面上虛情、其
實又何嘗以契友目之、由此觀之、凡東西人之來中土
者、其心可知矣、
二十四日癸亥、陰、涼、嘗思人之所學、成否遲速、皆視其
人之勤敏與否也、憶余自同治壬戌入館、學習三年之
久、每以漢繙洋、以洋譯漢、處處多須教習指引解釋、及
乙丑冬初次隨使遊歷、不足一年回國、後以為漢洋皆
通、自恃不恐、丙寅第二次隨使出洋、繞地一帀回國後、
反覺所學不足、尚多討問之端、至庚午及丙子兩次隨
使在外、共五年之久、回國後更覺所學無幾、至今竟處
處悚惶、自視不如初學之幼童、勇往前進、是不惟愚鈍、

三

而且懶惰之故耳、同人張小軒、年幼勤學、聰明絕世、漢
文本來精通、曾在申報館中助筆、又經在廣方言館學
得英文、至此數月後、乃即棄英學德、至上年中、于繙譯
數目中、雖間有不透之處、而星使令之買辦、竟能裕如、
上月星使令其繙譯槍名及通身各處之名目尺寸、恰
值其教習現在當兵、每日酉初往、子初歸、在彼借其所
用之槍、處處子細考查、究問、譯成大篇、精細無比、且每
夜歸來向人暢論槍身、精明透澈、聞之令人開心悅耳、
增長識見、是即勤學之效、故上年蒙星使由學生超升
三等繙譯、是亦為
國家拔取人材之意也、
二十五日甲子、早微陰、午後雨、自本月初、在萬牲園火
車棧後敞地、設賽馬會、四面圍以板牆、内設板房百間、
按間分槅、每槅只容一馬、共集千匹、有專為出售者、有
故意在此比賽以表其駿者、馬色各種、大小不一、價有
三千馬克者、地之中、院寬敞、墊以黃沙、作一圈、周二三
里、中途亦有濠溝、土山、木籬之類、有試馬或賽馬者、即
可在上順道馳驅、聞其馬有來自義、奧等國者、開設之

四

初、入門每人八馬克、既而五馬克、兩三馬克、至今則半馬克、其所以然者、因良馬皆陸續被人買去、或經主人攜歸也、

二十六日乙丑、陰雨、凉、未刻忽霹靂一聲、如迅雷、如地震、樓幾欲搖、既而電報新聞印成、沿街喊賣、乃城西南之石斑島村、火藥局外之六箱棉花火藥、因故轟裂、幸近村人少、無一殞命者、

二十七日丙寅、晴、稍暖、柏林有四輪雙馬糞土車、上一木箱、作斗形、寬三四尺、高亦如之、長六七尺、一人御馬、二人立于箱內、凡人家污穢拋棄之物、皆須積于一器之中、或箱或桶、置于院中門內、此車每日或隔一日、必來一次收取、乃二人入內、抬此盛穢物之器、倒于車上、其御車者、隨時於中揀選碎物之有用者、存在一邊、如木柴、布條、鐵片、紙匣之類、箱上有蓋、以免車行遺棄灰塵穢物于道上、此等雖曰貧民、然其衣褲仍皆整齊、此車按月每戶給錢六馬克半、各車旁亦寫有車主之名姓住址、

二十八日丁卯、早陰、午後微雨、數日前、本公館後對岸

五

呂祖堤多恩貝巷口、新設一加非小飯店、店因地名、名曰呂祖喀斯伊努、昨日酉初、星使偕汪、賡二君前往晚酌、因其價僅一馬克也、今日午初、余亦前往一試、見樓下低屋一層、約四五間、窗外環以鐵闌、內列桌椅一行、內外桌椅以及刀叉盤盌、無不粗舊、堂倌亦僅十四五歲之幼童、菜更鹹而無味、當時坐客無多、惟頭間三男、二間一男一女、其三男見華人、皆舉酒招呼、高聲喊唱、其一男一女、衣冠亦甚粗陋、余因少坐、食未畢、付錢即去、查其情勢價值、似專為車夫等人而設、

六

二十九日戊辰、晴、凉、星使所帶二庖人皆丁姓、蓋叔姪也、姪由叔薦、故至此、叔掌竈而姪佐之、自本月初間、忽星使之如夫人謂自來所造菜味不佳、宜改用其姪烹炒、星使傳諭如此、因而叔姪口角爭鬭、經武弁及他跟役與之調處、其叔終覺氣憤、至是稟假回國、星使允准、定過端陽節後、自布蕾海汾上船、外賞工錢一個月、如夫人賞五馬克、

五月

初一日己巳、晴、自巳初至午初一刻日蝕、申正陰、微雨

雹入夜大雨一陣本公館門前左右立二電氣燈向點其一以便出入且由栅闌門至正門尚有數武之遙而公館門前必燃一燈方足壯觀又栅闌外雖有路燈相離既遠而短樹成行枝葉稠密燈光不易射入仍必內燃一燈方可內外通明現因晝長夜短乃奉諭停點以為節省經費人之出入雖云黑暗亦僅一二時辰耳

初二日庚午鎮日陰晴風雨午初雷未初有二武弁來謁星使一係花翎候補千總福州礮隊教習吳陞廣東人一係五品頂戴礮隊幫教毛殿英湖南人皆由閩督

七

卞頌臣制軍派令上海信義洋行主人送入克鹿柏廠監鑄礮位并學聲礮之法俟所定礮位鑄成携帶回華二武弁登船後洋行主人即函致倫敦本行俟此船到德即令人將其引入礮廠前日船到有英人開武偕其友莫蕾由英至德帶其二人至艾森據彼廠總辦云留二人住賣嘖亦無不願惟不能德語恐無所學二英人遂帶來柏林使謁星使然卞制軍并無公文到來雖有信函僅言一切由該洋行辦理故星使亦無法從中涉手英人開武擬使其在此學習幾月再行入廠方覺便當問余識有德人能華語者否乃將阿恩德薦與開其住址使往自行商辦即時開武帶往會晤彼此議定每日學習一點鐘每月除四個禮拜外共二十五六天送百六十馬克

初三日辛未鎮日細雨陣陣德皇第二妹威克兜里亞生于西千八百六十六年四月十二日（即同治五年二月二十七日）現年二十五歲許配與德國東北界純柏爾里埔邦侯爵阿多第之第四子侯爵亦名阿多第者為妃阿多第生于西千八百五十九年七月二十日（即咸豐九年六月二十一日）

八

現年三十二歲時因婚期將近老皇后威克兜里亞既回住舊王宮侯爵阿多第亦來寓于宮後今日午初星使令余乘車前往王宮代為投刺乃在宮門外回事處畫押于門簿也

初四日壬申鎮日陰晴風雨不定涼入夜寅正陳張二君由外歸因開門力重作聲余在夢中倏聞霹靂驚醒雖醒猶在夢中似信步入其屋並未交談而見其脫衣燃火煮茶等事次早詢之則與夢中所見無異斯亦奇矣如謂凡人之夢魂魄必臨其地然則三萬里外忽夢

入故鄉者不知魂魄能飛急於閃電否明其理者當能知之

初五日癸酉陰涼早由巡捕呈諸同人手版向星使賀節當日既無一切禮儀亦無公宴彼此南北諸同人更罕有言及端陽佳節而互相慶賞者是洋人既不知是日為中土佳節而中土人亦幾不知是日係五月五日矣殊覺寂寞無聊幸有閻潤亭昆季約吃薄餅聊以解嘲

九

初六日甲戌晴涼自天暖以來每日在五道門外南鄙排列敞車多輛或一馬或雙馬車上有棚四面垂短簾有內左右列絨墊長凳兩行者有後列兩行而前又橫兩凳者每輛皆可坐人由十一二至二十餘專為人僱往鄉間遊玩其價頗昂聞半日由未初至亥正須二十五至三十馬克

初七日乙亥早陰涼酉初晴十日前洪禹山之長隨陳升與縫人因財口角縫人稟知星使謂其欠錢若干不還且自來至今朝夕在小的屋中吸鴉片烟逐之不去星使謂錢財事我不管當即以吸食鴉片一節辦之蓋向在公館禁食鴉片也遂將烟具搜出星使與禹山斟酌原擬送其回華後陳升稟願今後斷吸禹山遂使服斷癮之藥四日前禹山出門將其自用之烟具暗作記號防其偷吸及回時考查記號挪移遂飭其即日收拾以便與丁庖人同船回華故今晚亥初洋僕孟垙送二人赴布蕾海汾登德公司庇森輪船恰值瑞乃爾帶各武弁回津亦乘此船可隨時照料也

初八日丙子晴微風涼昨有英人屠遆之母來投片辭行今日未正往拜見其母子知其女屠蒂現許德國人貝婁為妻定于西十月十一日在此入禮拜堂成禮其母不日起程赴倫敦一為治辦奩妝再為請其戚友也少坐吃加非一杯辭歸

十

初九日丁丑晴稍暖記前四月初五日滬報內有論女子裹足毋實不慈一則云杞憂生之言曰身體髮膚受之父母不敢毀傷古之訓也自世風日下有剖心割股療父母之病以為孝者遂有忍心害理裹女子之足以為慈者積習相沿牢不可破今人入花叢尋香徑必先俯窺蓮步而後仰覷花容彼美相遭小人下達不知肴

目之妍媸、關乎天授、弓鞋之大小、悉本人為、宋書稱男子履方、女子履圓、唐史稱楊妃羅襪、韓冬郎有句云六寸膚圓光緻緻、皆古者不裹足之明證、惟輟耕錄言婦女纏足、道山新聞云、南唐李後主宮嬪窅娘、纖麗善舞、後主令以帛繞足、作新月形、相傳為裹足之濫觴、夫父母莫不愛惜其子女、獨至裹足一事、早則五歲、遲則六歲、莫不嚴詞厲色、大受折磨、以為移俏步蹴香塵、他日作婦入門、乃為可貴、倘裙下蓮船盈尺、則戚里咸以為羞、此種澆風、城市深於鄉曲、以故世家巨室、爭相效尤、而農人之女、樵子之妻、轉無此病、不知古來女子所謂娉婷者、以其腰如約素、領如蝤蠐耳、燕瘦環肥、其所以專寵六宮者、當別有勝人處、非因其舉止失措、行動需人、而後謂之美麗也、倘使蓮瓣不盈一握、裙底纖露雙鉤、而顰效東施、醜同嫫母、又安見淩波微步、使人之意也消耶、斯論也、切當事理、在昔先輩亦嘗有言之者、無如積習愈久愈不可破、今世吳俗有蘇州頭揚州腳之諺、蘇州頭者、謂其髻樣新奇、揚州腳者、謂其約束齊整也、古者婦女所重德言容工、今也不此之講、而惟評頭

十一

品足、以求其妍媚、其失已甚、況夫輕頭重腳、每下愈況、尤何解於昔人之譏、然值舉世之靡靡、苟有一人不如是、便屏諸粗鄙之列、為儕類所訕笑、故常百計矯作、至乞靈於木屐、以示其纖、吳俗而外、其以小腳相尚者、近數甯波、遠推粵省、粵省大家每生女、自其未離乳抱時、即束縛之、及長而如菱角、似筍尖、臨風欲倒、斯稱麗人、甯俗純用霸道、至有拔指爪之事、然其足短而不細、反形惡劣、雅人何取焉、更若晉秦諸省、民俗富饒、或傳其每年春日、舉行小腳之會、遠近婦女、皆偕進香為名、不期而集、一鞋之值、有費至數十百金者、暴殄財物、莫此為甚、往歲饑饉之災、安知不由自名、甚矣哉、習俗之誤人也、要之唐主為亡國之君、遊戲荒淫、何足據為典要、我　朝膺符受籙、誕誥萬方、男令薙髮、女禁裹足、法良意美、薄海之內、孰敢歧趨、乃裹足竟莫挽頹風、數百年來因循未改、試以事關閨閣、無足重輕、故耳、其實則殘肢骼束筋骸、隱傷天地好生之心、顯失父母慈愛之道、而且積習不革、成見難除、往往夫憎妻、姑嫌媳、勃谿釁故、恆由此肇、極其流弊、非筆能罄、統按今世五大部洲、

十二

除中國外、絕無裹足者、而滿俗為當王所貴、凡屬臣子、
宜如何恪守弗違、竊謂嗣後宜明申裹足之禁、犯者以
違　制不慈論罪其父母、庶使綠窗嬌女、金屋佳人、免
受此闗苦楚、并免終身怯弱之病、是亦除暴去殘、感召
天和之一端也、願與談王政者、進而商之、至將來更變
是俗、不由遵奉　本朝之法、而由漸知天下萬國無此
陋俗、自知是非、循理有違上天生人之德、而始改之、則
殊可恥矣、
初十日戊寅、早晴、酉初大雨一陣、恩德林敦街皇宮對

十三

面有一武庫、名催格霍斯、譯言軍器房也、每禮拜及禮
拜六兩日開門、任人觀覽、一自午正至申初、一自巳正
至未正、樓三層、甚高、白石建造、地基作回字形、每面長
約二十六丈、橫寬各約五丈、通樓造以石鐵、不見紙木、
蓋防火也、樓梯固砌以石、而樓板亦墁以花石、排列成
紋、頭層入門左右兩翼、左翼羅列今古大小銅鐵礮數
百種、有銹如自地下掘出者、有一排五門、長三尺、粗尺
餘、用時齊發者、有創始後門裝藥者、粗細長短、形式不
一、工料不精、粗笨生銹、似皆百年前者、大石礮彈、有大

周兩圍者、礮式車形、陸續更改、直至時式、如克鹿柏等
廠所鑄者、排列層層、筆難盡述、右翼羅列前德與他國
交兵得勝之地勢、乃刻以木、塗五彩、山水溝渠、田野村
城、無一不有、分毫不差、樹乃攢以鐵絲、艸則鋪以綠毡、
每地周皆四五丈、作成桌形、下支木腿、以便人看、桌式
皆隨地形、或方或圓、或六角、或撱圓、共十數處、兩翼正
中皆有門通中院、正面有石堦、左右兩翅如橋、高約八
九尺、步上通樓、橋下中洞、左右既設列器械、火槍、而橋
之對面院中、亦列以鐵礮、礮子之類、橋兩翅後亦有門

十四

與石梯、通于樓上、樓式作凹字形、左右分兩大間、中雖
空而四鄙彩畫德國歷代得勝圖、如法君那波倫脫帽
面遮免戰書等、前面橫分三條、豎截九節、中條行人、左
右兩條羅列今古各種戎服、鐵盔、鐵甲、鎖子甲、皮帽、皮
靴、刀槍劍戟、以及火槍、練錘、寶星、旗幟等、大者排列闌
以鐵欄、小者置于匣內、罩以玻璃、其中各物、亦有自他
國戰勝奪來者、再上一層、因修理未開、或謂將羣歷代
功臣相、未知確否、上下處處有人監守、禁人攜弄吸烟
吐沫、大門旁有收存雨傘手杖處、櫃上置一鐵筒、客之

賞錢任便多寡擲於筒中每日不知守櫃者均分抑或
用以助善
十一日己卯晴微暖今日為西六月二十七日禮拜五
據土人云幸此日不雨若雨當延至七七四十九天方
止雨之大小不定追問其由罕有能言者是亦與中國
之小暑一聲雷依舊做黃梅之諺相似也
十二日庚辰晴暖在德京凡令洋僕買辦大者賺錢小
者虛報是固僕人之陋習聞或自行往買鋪中竟問所
買之物須經洋僕手否若經其手則價須加添百分之
一若不令僕知得經僕人探得次日往取則言定之八
扣九扣既不能扣而所許之物色亦難如願照辦矣按
此亦與北京門錢相似
十三日辛巳早陰午後微風晴暖未初步行至樸斯當
橋邊行人男女頗多忽見一老人之毡帽被風吹落所
立之地距河堤尚逾十步風吹翻滾左右多人代為追
拾不及竟墜水中其人年近六旬面目飢黃衣服雖不
襤褸而亦鄙陋不堪乃竟手扶鐵闌兩目直視其帽浮
于水面而無一言幸旁一年幼者趨至橋邊求所泊貨

十五

船中人為之撈起
十四日壬午晴暖見萬牲園中新漆四雪猧圈於鐵闌
籠內係經木林堡城某甲所贈如中土之獅子猫毛雖
不甚長不遮眼不似中國獅子猫毛之披潤然其毛白
如雪潔淨馴善觀者呼之即至鐵闌下以手順其毛或
以指抓其項下脖旁皆聽之且作呼吸聲不比本公館
洋婆所畜之黑黃灰白等色猫大小廿餘樓上樓下晝
夜呼號見華人則趨避捉之則非嚙即抓按其世代所
食者皆中國之米飯魚肉也且猫犬之性最義罕有不
順其主者今觀此猫世代住于中國使館食則中國之
米麪而仍如此貌視華人猫尚如此其他可知矣
十五日癸未晴暖亥正大雨一陣聞前者吳毛二武弁
行抵布蕾海汾時稅關查驗行李其所帶之茶葉水烟
雖不多因當納稅而其靴帽紙扇等件亦向之索稅據
毛殿英云厚底靴到此用處少稅款較原值加兩倍自
當奉送乃雙手捧遞之因而稅關始不強勒不知洋人
來華我各海關亦如此否恐未必耳
十六日甲申陰晴風雨不定近日潘蘭史集有卌頁一

十六

本首篇為桂竹君之清文後則日本波斯印度土耳其希臘亞拉伯等國之文因屬余書漢文余即書數語云海西古稱多珍奇之物余皆弗取獨取此編乃地球墨寶非他寶所能及也

十七日乙酉晴酉正大雨雷德國所設之東方學院洋名賽米那爾斯茀王爾歐立安他里什斯朴拉荷恩係在恩德林敦街之東首東臨河西面鷺鷥小花園南傍杜木禮拜堂北近小巷樓高三層雖係石建而式樣古老牆壁似多灰頹者房間窄小裝潢亦皆樸素原為商賈會館既因狹窄改移他處內共學八國語言文字為中華日本印度埃及亞拉伯土耳其波斯希臘共教習十三各人屋一間大小不一內各長桌一覔兩行正面長桌頭橫一小桌桌後一椅為師座座後懸黑漆水牌一各屋教讀皆有定時其中教習有各本國者亦有德人代教者如中國者為桂竹君潘蘭史及德人阿恩德日本者為井上哲次郎與德人藍那希臘者為米左吉印度者為葉美山屹與德人高臣亞拉柏者為史理文與德人畢烈及哈得滿埃及者為哈三波斯者為德人

晏的斯土耳其者為馬呢薩典又一提調為薩侯一監督為莫里斯皆德人學徒共八十三名內學華言者十九名學波言者一名其他未詳

十八日丙戌早晴申正陰雨本公館之房主萬丹墀夫婦本即居間壁樓房一所自去冬將其房鎖閉專雇一人看守移住樸斯當鎮之別墅遇事來柏林暫住三得店謂一切自由用人便當較在家中儉省也三月前因病來住三得店中調養聞其于今早辰正歿於店中

十九日丁亥陰晴風雨不定雷日耳曼人自古雄猛好武善騎喜獵始而操戈繼而射箭既而放槍于三百年前國人即設有射箭會其技藝嫻熟者賞以旗號至火槍興遂改為放槍會數十年前因內外兵亂人心不定此會稍廢至西一千八百六十二年即同治元年國人復興此會于茀蘭佛城以後議定每隔二年一次地方輪流皆在西七月初旬內第一禮拜日至今為其第十次輪在柏林乃設于城北班高村擇于明日開會乃西七月初六禮拜日也自三四日前由美國來二百餘人與義瑞典三國亦各數十人皆赴此會賓皆日耳曼之流裔

也明早巳正會中人扮古裝由恩德林敦街走赴班高故自前日各街左右皆竪旗挂彩游人甚多極為熱閙因此沿街空處搭木台鋪店人家亦出賃座位閙其價由六馬克至三十馬克不等亦視乎地勢之大小遠近耳

二十日戊子晴大風凉巳初星使偕其如夫人及三洋婦乘車赴五道門內照相館中由窗內看槍會人経過聞此會不知自何處排隊進五道門東行過皇宮及二鐵橋走韃良王興新舊順豪賽街轉北直行赴班高計路七百二十餘碼合六里餘其先行者一人乘馬執大旗後則數人乘馬吹直筒喇叭長約二尺馬皆背負大塊彩綢四面剪破成條而下垂惟露口耳眼尾與四蹄再則步行城兵十數名皆肩荷長矛手執木牌寛約二尺長三尺餘外面彩畫鶯鳥式作◇形又一人舉獎賞旗領弓箭手二十名手執小鏈指方向者二名及執正鵠者一名鵠式與中國者同末則布棚敞車一輛作裝載行李及獵得之禽獸等勢旁并一人執棍提野雞山猫各一車後隨以弩弓手多名以上為日耳曼四百年

前射獵會之形式人之帽式不一或毡或布或高或偏作凸凸冖夕等形上皆插以翎毛衣皆長不及膝褲亦長不及膝色則五彩長白絨襪鞋雖皮做而前一長尖作◇形第二段為其三百年前者亦第一人騎馬執旗馬始無衣再則樂工數人吹笛鄉兵多名執長矛領首者佩刀執槍執獎賞旗者四人舉指方向鏈者一人又擊鼓者吹笛者執花圈者執賞物如斝壺等者各四五人再則吹喇叭者弩弓手放火銃者隨後搜營執斧戟長槍者各數人此時帽式稍改衣亦長寛褲襪如前鞋式隨腳皆作◇形第三段為西千六百三十至五十年者（即明崇禎三年至本朝順治七年）第一人乘馬執旗後隨四人舉長矛戴鐵盔穿鐵甲樂工一夥四馬拉四輪方棚敞車一輛內坐議事人四名披黑氅戴毡帽再則指方向者一人執三尖叉者二人執長矛者十人又四馬敞車一輛上載執賞旗之幼童六名佩刀執大叉者一人舉礟旗者一人四馬拉礟車一輛後隨礟手樂工及放火銃人各二十餘此時多毡帽式作凸形衣長有及膝者褲極寛大襪如前鞋則近時式矣第四段為西千六百五十

至八十年者、（即順治七年至康熙九年）首即樂工數人、吹彎喇叭、執賞物者四人、火槍兵一隊、馬兵數人、此時衣始整齊、上下一色、毡帽簷稍寬而頂稍矮、鞋襪如前、視之已大近時派矣、第五段為西千七百二十至五十年者、（即康熙五十九年至乾隆十五年）首亦一人乘馬執旗、再乘馬吹喇叭者一、後黑人二、幼童舉賞旗一、武官舉戟領火槍兵一隊、後一名掌弓背箭、掌鶯者一人、捧金瓶者一人、書手一名、後隨執鐵斧者數名、以上帽式多作餃形、式△形者惟槍兵、者作□形、衣雖長短不同、而色仍紅綠、褲則瘦、鞋襪與前同、第六段為西千七百五十至八十年者、（即乾隆十五年至四十五年）首即礮手一名、四馬礮車一輛、鼓手一名、乃二鼓平列上枷木板、左右二人以手提環、後一人以兩棰擊之、後又樂工一班、樂器與現在者相似、書手一名、執正鵠者一名、槍手多名、以上衣裝與前者大同小异、第七段為西千八百至八百三十年者、（即嘉慶五年至道光十年）首則一人乘馬舉旗、後樂工吹喇叭者多名、指方向者一名、馬步兵各數名、執賞旗者一名、此時帽式通作月牙彎弓形、衣式與時兵無异、又西人之髮自來不剪、後編

三十

小辮、至此以後雖剪、而仍垂肩、再射會由是始定、每二年一次、又以前各旗皆無定式、或方或尖、或長方、或雙尖、畫鶯畫雄、或綠雲或淨面、亦皆不一其色、第八段係西千八百六十二年、（即同治元年）日耳曼之第一正射會、興在弗蘭佛城、首則一人乘馬舉一長柄方牌、上書一千八百六十二年弗蘭佛第一次射會、後則四馬拽一長方車、車頂如華車、下則四柱、無衣、車中正面一椅、上坐女君主、前二侍僕立左右二柱下、車門外另立一人舉方旗、上畫一鶯、車下四面垂綠綢、尾拖而不見車輪、車之四角、另四人乘馬、皆戴皮冠如倭瓜形、衣則寬袖長袍、上罩銀鼠披肩、內一捧王冕、一掌寶劍、一舉十字、一執君王寶杖、形如九連環、後隨槍兵一隊、又九匹馬、內惟頭匹身罩綠綢、第九段第一人乘馬、馬身罩綠綢、手執方牌、上書一千八百六十五年、（即同治四年）布萊門第二次射會、後四馬拽一車作船形、前立三人、皆頭戴鐵盔、作□形、身披練子甲、內一掌劍、他二各執一三尖旗、旗上畫一鑰匙、船中立桅挂帆、下立婦女多名、後坐國王、遙望如唐元奘船、下圍綠綢、車輪不露、則行動如水船

三十一

前挂鐵錨、桅頂有斗、有魚尾長旗、又船前後各一人乘馬舉旗、裝飾與船上立者同、第十段第一人乘馬舉牌、上書一千八百六十八年、即同治七年、威音第三次射會、馬身亦罩彩綢、後一車、四馬拽之、上各騎一人、車形似船、如輦、四輪、前作船頭、後一四柱彩亭、正面坐奥王、前後坐立多人、為亨戛里、即馬加人、及被擒之土耳其人、又車前一人乘馬、戴旁視∞形氈帽、身穿灰色衣、佩刀、著皮靴、為奥國提督、後一人乘馬、著綉金花鳥衣、戴冋形氈帽、白褲皮靴、佩劍、為奥國侍郎、前四乘馬者、皆著短衣白褲皮靴、帽式與提督同、惟少彩飾、其在車上者、裝飾不一、馬加人之皮帽作冂形、土耳其紅氈帽作□形、又各人髮皆百年前之古式、或披散垂肩、或總後編辮、第十一段第一人乘馬執牌、上書一千八百七十二年、即同治十一年、韓諾倭爾第四次射會、後四馬拽一車、四馬夫皆著緊衣、光頭披髮、車四輪、車上後立二圓塔、作介形、二塔中横一月門、門上一小台、台上立一虎、左右二高牆、各前又一節長牆、臨檐正中一小牌樓、左右二月門、作凸形、牆内坐立男女多人、車旁馬兵一隊、各皆四百年

三十三

前之裝扮、鐵盔鐵甲、女帽長尖、後垂小穗、作凸形、第十二段第一人乘馬舉牌、上書一千八百七十五年、即光緒元年、在斯圖戛江畔第五次射會、後四馬拽一車、馬匹車夫皆與現在鄉間同、車四輪、長身木質、如船、車尾一敞亭、如龕、内坐王后、龕前一棚、上六樑、下八柱、皆纏以鮮花、左右四柱之間各挂花圈一個、内坐侍女二三、棚前坐一人、手舉長竿、頂上拴鮮花一捆、花圈一個、下飄綵綢、兩縷、車後隨人一班、皆德國各邦之古裝、形式不一、或舉長矛、或荷鐵鋤、或背筐與負笈者、衣則五彩、帽則氈皮、奇奇怪怪、筆難盡述、第十三段第一人乘馬執牌、上書一千八百七十八年、即光緒四年、在居斯多萊第六次射會、馬罩花綢、綢前後綉四小旗、旗作□形、每上一獅、戴王冠、前爪撫一鐵錨、此後又二馬拉一車、作船形、下圍綢不露輪、行動飄灑、如水船、尾坐一女仙、掌舵、中立一桅、上有斗、挂旗與鮮花、下立多人、船頭坐一白髮銀鬚老人、左手執扇、右手舉杯、稱曰萊茵江神、頭戴花圈、其他各人皆戴飯形氈帽、第十四段第一人乘馬舉牌、上書一千八百八十一年、即光緒七年、在敏慎城第七次射會、

三十四

後四馬拉一車、如長凳、四輪作腿、四面垂彩綢、車上正面立一屏障、如籬笆、作ユ形、上坐女主、屏前一節短牆、飾以鮮花、內立二人、白髮長鬚、身披毡氅、手持拐杖、牆前立鮮花松樹兩行、長約三四尺、臨檐一月門、門中立一幼童、車左右隨四人、皆乘馬、著鐵盔甲、掌劍、佩鞘、鞍左右拴二皮筒、作口形、內藏二手槍、此乃三十餘年前日耳曼鏖兵之打扮也、第十五段第一人乘馬執牌、如前、上書一千八百八十四年、（即光緒十年）在來百喜第八次射會、後四馬拽一車、如牀、四面圍綢、挂以鮮花、一橫作

三五

山形、車上木塔三層、中立一方塔、塔頂立一飛虎、前爪執兩錘、塔下四角立四人、著寬袖氅衣、如僧、前插二大旗、中坐一女王、車四面隨四人、乘馬執刀、前二古裝大毡帽、上插翎毛、後二戴高皮帽、扮如呂祖人、第十六段第一人乘馬如前、牌上書一千八百八十七年、（即光緒十三年）在萊蘭佛第九次射會、後四馬拉一車、四輪、檐下圍綢、上作假山、山上中立一女、披花氅、左手執口形鐵牌、右手拄鐧、前豎一方旗、為各邦合一之旗、上畫雙頭鷲、後立一樹、上挂各邦之旗、左右隨人數十、皆戴時式灰色毡帽、上插雞翎、身穿灰色毡衣、斜披彩綢一條、背負火槍、第十七段第一人亦與前同、牌上書一千八百九十年、（即本年）在柏林第十次射會、後四馬拉一車、車尾支一帳、作廿形、中立一女、前立四武官、左右隨乘馬武官數員、步兵親軍兩隊、裝飾今古不一、末則樂兵一隊、打扮與第十六段相隨之人同、此會中各車長皆丈餘、寬六七尺、輪高二尺、獨檐、又各女皆係優伶、經官招來裝扮者、自巳正過至未初始畢、沿途左右男女觀者如堵、巡捕彈壓、排列肅靜整齊、

三六

二十一日己丑、晴、前日房主萬丹墀之妻符氏來訃、與星使、汪芝房及余與金楷理言、今日午初、在城東南角齊爾池塋地旁之馬達蕾禮拜堂內停靈誦經出殯、屆時星使偕金楷理往、其人年逾六旬、生無子女、而家財萬貫、不知將來入官抑或遺贈他人、且其塋地壯觀、如陵寢、以後無人祭掃、置之而已、是亦西俗使然也、

二十二日庚寅、晴、昨日吏部公文由總署寄到、本日辰正、星使恭設香案、向東謝
恩、既而諸同人著蟒袍補褂、為星使叩喜、午後陰晴不定、

細雨陣陣未初同貝彙如乘車東北行十數里至斑高一路左右人家鋪店皆于窗外門前懸旗挂彩男女往來如雲車輛如馬車公車以及布棚轎車皆往來絡繹如蟻沿途皆有馬步巡捕彈壓指路此槍場或會場極大周約三四里式作曰形四面圍以木板長牆前一大門後二小門前後分二場中横五小門欲遊二場者入門買票五十芬呢僅觀一邊者三十芬呢再入中門者又三十芬呢前場入門正面即放槍處乃木造平台一横長約半里深逾一丈房後敞地寬由百邁當至三百

邁當牆作土岡前竪木牌號有邁當之數至遠至三百邁當射中則號數落而白烟升凡入會放槍者皆頭戴雞翎或他雀翎一束為號右鄙一大木樓極高長二十楹內中作樂列長桌賣飲食樓前正中一高亭四面有馬道登者一人二十芬呢亭四面玻璃窗關閉遊人自外觀之內中羅列德國所造各種銀器亭四角距前地各一樂台每日酉初樂兵在上奏樂對面臨中門横三點心加非館各中奏樂歌舞寬敞壯觀此外在放槍棚前有信局酒館對面臨門左右有小加非館男女中廁

并羅列會中各車一行又田阿喜鋪中租地立小木房一間出售華產以上前場之大概也入中門則木房行行有加非館酒館樂場跳舞場照相鋪蠟人館點心鋪西湖景小戲園雜耍館打球場鞦韆場賭錢場騎木馬場練船場船頗大容五人周圍八隻中有機器燒火輪轉則船行如在狂風巨浪之中搖蕩簸揚非經練過者不敢坐也一屋中放一牛黑質白章身大如驢乃二體合一成六腿一尾一頭頭上則雙耳一鼻三孔一口寬作八形眼乃三而二睁一閉其閉者罩以小布一塊啟

而視之殊不壯觀據云生已年餘食飲與他牛同一屋有阿斐利加黑人二名先歌舞繼而以鐵勺盛油棉燃成火團食之一處立一杆長約二丈下繫一木人杆旁一鐵角由角至杆頂涌有關鍵係為人試氣力者試者以木錘擊鐵角能使木人飛上杆頂打一鞦韆者為能且能使木人飛上十次者杆主奉一鐵質小寶星以銘其勇賭場有斜立一木板板上插以各種大小裁紙刀賭者以二十五芬呢賃周約五寸之鐵圈七個或五十芬呢賃十八個以之于五步外擲于板上有能將圈套

于刀上者、即贏所套之刀、又有放大木板于地、板旁一案、列小物若干、每上號一數、板上畫周尺餘之圓圈數十、圈中亦各號一數、與案上所置之物之數同、賭者以十芬呢、僨白紙餅五枚、餅大與鋏圈同、乃立木闌外、距板尺餘、向板上擲之、能以五餅覆滿一圈者、即贏圈中所號之物、其物亦無甚貴重者、無非小刀鋏筆之類、其他尚有二三賭場、未得細載、外有看蟒處、看他洲捉來之飛禽處、種種不一、筆難盡述、每處入看一次、由一二十芬呢至三四十芬呢不等、當日遊人甚夥、且按日戌

卅九

初放烟火、觀者尤眾、酉初回寓、

二十三日辛卯、晴、暖、因此地設射會、有自日斯巴尼亞來之樂工一班、皆著灰色衫褲、毡帽上插鳥雞翎一束、今日邀在萬牲園、昨日登諸新報、故當晚園中男女擁擠無隙地、樂工聲調尚屬幽雅可聞、又因射會中人皆以頭插雞翎為號、遂在場中有人出售雞翎及山雞尾等、因而男女老幼、雖非會中人、亦多買此翎毛插頭上以為榮、

二十四日壬辰、早陰雨、酉初稍晴、涼、近在萬牲園中、沿途樹旁屋角、設有木桶或筐、高三尺、周兩圍、油以黑色、極整齊極潔淨、外挂一白牌、似係敬惜字紙之意、實則不然、乃為淨惜道路也、專勸遊人凡有零星無用之件、不得撂棄滿地、望皆擲入桶中筐內、道既潔淨、且省人收拾也、

二十五日癸巳、晴、戌初雨、聞昨晚在射場中、有某甲在加非館中坐飲、旁有兄妹共桌者、少坐即去、及某甲去而付錢時、竟失去錢囊、蓋其中有千馬克紙鈔也、某甲急出追之不及、問諸看門者、據云早僱雙馬車飛去矣、

卌

告知巡捕、巡捕問記其相貌否、曰知、乃自兜中出小照一本、問其中有此二人否、某甲看即指出某某男女、巡捕遂電達四城巡捕廳、照相捉拏、蓋此兄妹二人曾犯此等案件也、今早在某城被獲、至定何罪未聞、

二十六日甲午、晴、涼、五道門內皇宮前、有禮拜堂、名曰杜木式、既古而樸素、且瓤石亦多朽爛、因欲改建新式、以使壯觀、國人能繪事者、各獻其能、因而德皇女友之夫勒石兜者、繪圖獻之、德皇喜賞馬克一萬、即諭令工部設法仿建、達諸會堂議事人、不允、謂此係公事、堂中

為此已費若干若國主喜其相識之人之圖則此堂可
請國主出費建造云云因而停止
二十七日乙未晴今日為西七月十二日禮拜六班高
射會收聞此次是會之設不惟壯其雄威任人觀看更
為裕民生財也即如鐵道公車向來日獲百馬克者因
此竟日得數十且向來往來者十數輛為此乃增至數
十輛至百輛是于此一禮拜內所獲之利可知矣其他
如馬車轎車及他作小買賣者亦皆得有嬴餘也
二十八日丙申大晴暖近在萬牲園中頻遇一人著洋
服而貌似亞洲人或謂伊為朝鮮人今晚與其人坐近
詢之乃日本蝦古島中人也年三十三歲姓田中館名
愛橘自備資斧來此學習物理筴算到已二年亦有志
之士也
二十九日丁酉晴暖西國所用中國各物以茶絲為第
一近聞德國亦販運中國頭髮來此用作假髮等類蓋
取其黑而長也且在戲園中用處為尤多云
三十日戊戌晴未初同潤亭昆季乘車往游弟洛蘭游
人不多其後傍河作高台前有石闌後列鐵椅在上少

坐篷船往來河道曲彎綠樹青田清風朗日望之如津
沽風景令人有思鄉之感申正一刻台上奏樂樂工四
十五皆年未二十之幼童也工頭年近五旬樂亦與他
處同聞其每作樂一天工價七十五馬克共聽五節各
飲加非一盅戌初回寓
六月
初一日己亥晴熱早晚仍可袷衣而土人已云熱似中
伏亥初稍陰雷電未雨微風現在外洋處處黜樸崇華
凡人能于格物化學中思得新法令其獲利致富者甚
多故人之學此者無不晝夜考求細究其理苟有所得
經官查驗確實有益准其施行則既不負所學而一生
亦喫著不盡矣西國車輛種類之多記不勝記凡馬車
轎子車運物車火輪車各國大同小異無煩瑣述前創
興鐵道公車先以馬拉又用小火機于車頭現又有一
種電氣公車其初行乃試用于村鎮埠頭尚未設于都
會行動極速如火車按其式地亦鐵轍路旁立木杆如
電線杆杆頂亦連電線車中座凳之下藏有電匣前後
二輪纏有電線車頂前後立有鐵條作丌字形上連杆

上之電綫、其製如此、其理未詳、
初二日庚子、大晴、當早天熱如初伏、午後微風、竟涼似中秋、未正、遙聞霹靂一聲、房微搖動、即時各街喊賣新報、乃仍係石斑島地方之火藥六箱、因故轟裂、幸未傷人、
初三日辛丑、晴、涼、聞昨夜亥刻、一少婦在濟爾林中被害、項下刺一小刀、身受一手槍、仰臥于地、衣服青色、華美新鮮、胸插玫瑰一朵、經巡捕查其錢包中、匿有金戒指一個、乃已嫁之女、度其意、蓋因夫外出、入夜另覓佳偶、以獲餘資、而可飽煖也、

三三

初四日壬寅、早晴、既而大雨一陣、又晴、見土人餵馬、因無高粱黑豆、乃于草節外加良米粒、頗肥大、有長至五六分寬四分者、色亦金黃、其大可知矣、
初五日癸卯、晴、涼、晚遊萬牲園、其門外排列頭二等車輛甚多、見有二三輛二等車中、環坐車夫四人、以樗蒲為消遣、蓋車既排列成行、除人家車外、皆須依次招雇也、
初六日甲辰、早晴、午後大風、既而陰雨、午後步入包爾加非館少坐、見三德人、年皆五六旬、白髮蒼鬚、衣冠齊整、中有飲加非者、有食冰奶者、乃食畢以舌舐碟、亦德國貧苦之故態也、
初七日乙巳、陰雨、冷、德國婦女亦有太太姑娘稱呼之別、其已嫁者、既有正夫、有無子嗣、皆稱曰太太、其未嫁而生有子女者、苟因不知而誤以太太呼之、則怒因無正夫、不得以太太稱之也、
初八日丙午、鎮日陰晴風雨不定、記西一千八百九十年五月二十八日、即本年四月初十日英京時報中一節、題曰中國遣使論、經駐英繙譯某甲譯成漢文寄來、據云中國駐英使臣、現已更換劉瑞芬奉調回華、赴廣東巡撫任、派代者為薛福成、曾任寧波海口道台、因此而知洋務者也、查中國遣使歐洲、僅十五年、駐英欽差已見五人、駐他國者其數更多、然中國遣使之意、與他國不同、凡留心時務者、不難判別也、中國遣使各國、謂為代辦則可、謂為使臣則不可、何也、歐洲遣使一節、何等鄭重、雖各國章程不同、今昔情形有異、究能不失出使初意、蓋欲其聯絡邦交、疏通聲氣、采訪所駐之國之

三四

情形也、中國則不然、據熟悉中國情形之人之言、凡交
涉事宜、均在北京會議、會議之人則擇老成持重之大
員、在一踽蹐齷齪之公所、與他國使臣會商、無論與約
章相符與否、凡他國使臣有所請、必以否字答之、從來
不肯即說可字、倘他國使臣作氣出恐嚇之詞、則必下
氣怡聲、敷衍之、決不肯一定可否也、和約雖訂妥、尚百
般推諉、不即奉行、其責成均不肯任、各了已事、止顧目
前、不顧日後、此華人所奉為箴規者也、奉此箴規而行、
不特總署謹慎遵行、即出使使臣亦不敢逾越半步、余

三五

請試言十五年以來、中國所派來歐洲使者、約十餘人、
統而論之、可以見中國遣使之意矣、非特專為駐英使
臣而言也、查駐英第一使臣郭嵩燾、品崇學優、性雖急
躁、而接人溫和、故我英人咸敬重之、第二任為曾襲侯、
似係萬人中之超羣軼倫者、今已逝世、可置勿論、第三
任為劉瑞芬、甫經回華、劉大臣在任時、平安無事、與曾
侯任內不同、未始非劉大臣和平辦理所致也、新任薛
大臣、於洋務不及劉大臣熟悉、蓋劉大臣曾任上海道
多年、常與我西人交接也、或云薛大臣曾著條陳洋務

一卷、力主與俄會盟、而置他國于無足重輕之地、然此
條陳未見刊出、不能臆斷、其在此所辦事宜、妥當與否、
只好靜俟而觀之耳、雖然、中國於出使事、豈無益哉、向
例係派正副兩使、以兩人辦一人之事、東方各國皆然、
因欲其互相稽核也、如每見華人常懷兩表、或問其故、
答曰、以此表較對彼表也、倘兩表並行不准、則亦不顧、
大都華人用心皆如此、我英國昔年曾派公使二人赴
日本、一名愛爾慶、一名金加丁、抵日本時、倭王詢誰為
副使、愛答曰、惟余一人、并無副使、倭王笑曰、金加丁當

三六

在暗中幫助也、中國初派郭劉二人來英、亦即此意、不
久知不可行、即改派劉駐德國、留郭一人獨辦、從此以
後、不派兩使矣、此係漸知辦理交涉之驗、然終不明遣
使之要旨也、所有中國在外之使臣、在其本國并非顯
官、即簡派出洋、亦不甚鄭重、其選派之際、亦非如歐洲
各國慎之又慎者也、如英派都飛冷剛身郎、德派哈璀
法派恭斯唐等是也、中國所派者、在西國僅能充當領
事之職而已、蓋西國派使、必擇其人地相宜、實係具有
使才者、中國但擇有官職情愿出洋者、並不問其果識

英德法俄等國一切情形否、亦不問其辦理交涉有裨國事、能壯國威、能為友邦政府及各國同使所敬重否、總署每得一人、不論張二李四、但視其任將滿、即遣赴華盛頓、或百爾黔、一如本國中之升遷調補、毫無分別、意以為居官已久、閱歷必深、當無往不利也、若永遠如此、恐出使大臣視出洋為升階捷徑、不久即可封疆、即可管部、即可入總署、至國威使事、皆不及問矣、此習不改、中國之勢、江河日下、翹足可待、或有駁余曰、爾謂中國辦理不善、其所損果何在乎、曾侯豈非中國使臣耶、在洋所辦之事、非有益於中國乎、余答之曰、中國使臣、不止曾侯一人、遣使外洋、不止英國一處、除曾侯以外、予曾聞有他人為中國辦一事乎、且所派者官職較小、不敢直言上達、恐招尤怨、亦不敢自陳所見、致遭擯斥、所說無非逢迎意旨、所辦必須遵照舊章、縱使其政府不諳情形、動輒貽笑、而使臣雖知、亦不敢贊一詞、他國使臣豈皆如是者乎、他國使臣既奉使于外、無不各處聯絡、廣為交接、以資采訪、務將所駐之國風土人情、虛實強弱、詳達本國、而且隨時指導辦理之法、力駁不協

三七

之謀、事後不畏謗議、事前不避嫌疑、非其使臣別有胆識過人、蓋係使臣當為之事耳、不如是、其國主與其政府、亦不容其苟延遷就也、中國使臣則不然、其所辦之事、與他國使臣不同、其所奏之功、亦與他國使臣有別、所駐之國之情形、不敢實告其政府、但擇政府可聽者言之、政府命令、亦不敢違、偶有献替、其大皇帝與政府亦不聽從、此其習俗使然也、獨不知身為國家之耳目、而手足為受束縛、不能運動、何以辦事、茍係大官素有胆識、言聽計從者、則無此弊矣、如曾侯深悉本國政務、氣直敢言、雖其政府不甚信從、視他人畏首畏尾者、相去已甚遠也、凡此職卑膽小之使臣、自奉國命以來、其意即在積蓄多金、為日後衣食計、蓋中國無事無弊、即無事無利也、出使他國、無別利可圖、惟于薪俸中撙節支用、故中國使臣、向不與人有觥酬交錯玉帛相將之事、又聞曾有華使三人、於采辦合同中舞弊、均已被累、調回參革、至有一人老死窮島中、其餘稍似廉潔者、不敢妄求、卻不顧國體聲名、專事儉省、聞各處中國使館、皆為他國出使同僚所不齒、實因華使及其眷屬與參

三八

隨人等、皆以各嗇為事、其飲食起居、多有令人聞之駭異者、可見中國不明遣使之本意、故有此等事耳、為今之計、中國宜遣爵位尊崇、家資充裕之大員出使、則各國使臣亦願與並駕齊驅、無如中國不知出使之意、有專指不知出使之事為最鉅、奈之何哉、降而參贊隨員、一舉一動、亦關國體、故‖歐洲各國皆選有身家身分之人、中國則毫不講究、充公使者、仍如在本國做官、三年一任、期滿時調回推升、所帶之人、多係貧苦親友、或賄賂營謀、或大力推薦、并非為國家辦事、亦非閲歷時局、

卅九

不過借以積蓄薪俸、無論有功與否、聞三年後、可另有獎賞、則使臣回國時、又可免其滋擾也、雖然、中國出使豈無進益哉、如頒發離任國書一事、離任國書、各國皆有、惟中國偏不遵照、辦理、日來劉大臣首次遞離任國書於我國君后、君后以為敦好之實據、余甚願中國漸知敬禮他國使臣、大皇帝隨時接待、則更善矣、查中國皇太后聽政時、自不便接見各國公使、今大皇帝親政、既常召見本國臣子、何獨靳於他國使臣、必不令一瞻仰耶、況中國皇帝不同‖日本舊王、自視為天神者、一見又何妨乎、況同治年間、已辦有成案、不得謂事屬創始、苟必拘執不化、吾恐各國將懷疑怨、亦必不肎優待中國使臣矣、

初九日丁未、晴、冷、酉初細雨一陣、竊以我國自與外國換約通商以來、凡有用者、如語言文字、學習矣、火輪兵船、駕駛矣、火槍鋼礮、買辦矣、礮台築造矣、隊伍操練矣、電綫安置矣、魚雷製用矣、電燈燃用矣、惟火車鐵路、現雖在臺灣開平二處建造、究未遍用于通國、然恐此舉亦為將來所必不能已者、夫既知其有用于將來、莫若

卌

綢繆于未雨、苟能知其大畧、則于造用之時、庶可稍免他人之欺侮、余因于到此之後、遂陸續覓其書之講築道造車之法、用道行車之規者十數部、以便我華譯漢考求、恰有‖德人包爾將赴天津謁見李傅相、余乃具稟及書、求其一併代遞、想傅相接書後、當可在武備學堂或電線學堂中另開一館、令其譯出學習、以備異日之用、是則私心所深望也、具稟云、敬稟者、竊德彝翹詹光範、屢爇心香、遠遂軺車、莫親面命、引領嚮風、傾忱隔海、恭維少荃伯中堂勛兼文武、德被華彝、出將入相、垂四

十年、有逾郭令公之威望、航海梯山、横七萬里、羣詢文潞國之起居、冀贊九重、儀型百辟、鈐閣驤詹、襲軒靡鏧、德彝五度出洋、愧庸愚之一介、寸長未展、徒荏苒以廿年、自知朽木難雕、未堪供匠門之用、久已陶甄均被、顧長叨廣廈之歡、肅稟恭敂爵祺、伏乞鈞鑒、德彝謹稟、敬再稟者、自中朝有開造鐵路之議、外洋各國、互相傳述、無不樂觀厥成、德彝竊覩當今時勢、中國鐵路萬不可少、雖暫時從緩、終亦不能不辦、惟此舉剏行伊始、明其事者尚鮮、必須借鑒於泰西成規、以資先路之導、德彝

里

在德三年、訪搜鐵路各書、并無英文、祇有德文者十餘種、蓋泰西鐵路章程、本推德國最為周密也、德彝既未習德文、不能自譯、惟有上呈鈞座、以便另飭熟悉德文之員、擇要譯出、或可上助藎慮於萬一、德彝又以為此舉不獨築路甚難、即路成後行車章程、亦極多周折、其間需人孔多、斷不可冒昧從事、似當仿電報學堂之例、專設鐵路學堂、以為儲才備用之地、所費計亦不多、而收效甚大、後來鐵路日推日廣、不獨執事者咸得其人、且可自行築造、無須借材於異國矣、愚昧之見、是否有

當、伏候采擇、茲謹呈上德文鐵路書數種、計共若干本、伏乞賜詧、再敂鈞綏、德彝謹又稟、

初十日戊申、晴、冷、聞吳毛二武弁因在此向阿恩德學習德語、無甚進益、遂經克鹿柏廠遣人來此接赴賣嘖、故前日來此叩辭、今早起程前往、

十一日己酉、晴、聞前日石斑島火藥轟時、人房未傷、惟一送牛奶車之馬、震折一足、各新報皆謂火藥屬於國家、誤傷民人之馬、致不能用、國家宜即按價賠償云、

十二日庚戌、晴、聞樸斯當坊之新開店、每月房租六萬

罣

馬克、雖帶售酒食點心、而來買人少、天涼尤甚、其所以能久開而不閉者、因外人來柏林者、多住其房、亦多在其樓下喫飯及飲酒點心、故其價無不貴、而堂倌更浮冒以欺人也、

十三日辛亥、早陰、辰正大雨、雷、巳初晴、西國設有教政學、乃教以教法政事也、按教法所學無多、僅論教會如何辦法、古今國王之諭旨與教皇有何干涉、各國官員在教堂中有何權勢、以及教師應如何管理從教之人也、至政事則論古今國政之異同、蓋羅馬之法、為西國

律法之源查其損益隨時變更再則賦稅之例整頓地方之法審案辯駁之策出使外國之職通商貿易之道考查人丁之事以上一切院内諸生朝夕討論曾經考取者則入官署効力一二年學其所司再考有效即補職任

十四日壬子晴暖記星使自到此以來所用之米皆隨時由上海運至合運費計之較本地者尚賤然米置厨房僕役何嘗小心收存每次拋棄霉爛十分之半院地屋角無往而非白米因而庖丁買雞十數隻意在使其啄食遺粒隨時飼之可使肥嫩且較肆中已宰者價尤廉在中國碎米剩飯為雞犬之美食不意此地雞與人同不吃米飯專吃麪包番薯土人喜飲凉水喝牛奶想雞之性亦猶人之性而養之者亦必欲其吃牛奶以實其肉而壯其力也

四十三

十五日癸丑晴暖戌初皓月當空明星在望同貝霈如乘車至教斯台隆圍旁烏拉呢亞電學場中小戲園内看講月入大門每人半馬克再入戲園門一馬克半其中男女坐觀者數十台上垂簾而中空懸彩畫畫後映以電燈使畫不大而自大台右立一人隨時講論計共換挂五次先講月之全體再則月之山壙惟高山沙漠無木無水更無動物三乃講日月地球之行動四講日月蝕五則講月上望地亦一圓球如月于是觀者如坐月中極為有趣惜當時不解德語如明其所言則更悉其梗概矣

十六日甲寅晴暖今日為西八月一日英婦自伊女許配德人貝婁後上月初旬即去倫敦為之置辦奩妝不意貝婁自十日前染病杜女往守今日卯正身故其母午初回抵柏林因而母女同為已許未嫁之婿著烏衣孝服百日云

四十四

十七日乙卯晴熱入夜大雨記去歲同姚陶潘桂諸君與日本印度多人宴會于一處既又同照于一頁因而名其會曰亞洲同人會姚子樑曾作記一篇今得見於廣州新報特錄之題為亞細亞同人會照相記其詞曰亞細亞與歐羅巴實一洲也非有大海為之限隔而西人強分之為二是不察地形者也昔魏默深釋佛經之南贍部洲以為兼亞細亞歐羅巴而言其云南贍部洲

中有四主東方人主即震旦也南方象主即印度也北方馬主即蒙古哈薩克也西方寶主即大小西洋也是故歐羅巴者亞細亞之西境未足並峙而為一洲也夫以地形言之印度在南洋小西洋之間正當赤道下距南北二極度數適均故釋氏以印度為中國而以天時言之南北二極之下皆為冷帶印度在赤道下為熱帶惟震旦正當溫帶天時適中故自古皆稱震旦為中華焉是以虞夏殷周之君周公孔子之聖立帝王之極而為儒術之宗者其人皆產於震旦佛西方之聖人也產於印度今大小西洋所奉天主天方之教其教主亦皆產於印度蓋震旦者天之中也印度者地之中也古來聖賢奇傑皆出乎其間而大小西洋無聞焉則即就西人所分為二者言之歐羅巴之不足抗衡於亞細亞亦明甚矣而何以數百年來天地之氣運忽若為之一變歐羅巴諸國遵陸而東者有若俄羅斯航海而東者有若荷蘭有若葡萄牙有若日斯巴尼亞有若英吉利有若法蘭西其所據亞細亞南方之地為南洋羣島為五印度為緬甸為越南北方之地為錫伯利為西域回部

四五

舉昔時佛經所云象主馬主南北諸國悉隸屬之於歐洲獨我中華　大清巍然卓立於震旦之地而北西南三面亦已與他族為鄰所稱為輔車者東洋中一日本而已此亞細亞全洲之人士所為傷心而扼腕者也夫以我中華疆域之廣人民之眾物產之富非歐羅巴全洲所能及何嘗不可大有為耶日本雖小視英吉利三島則猶過之胡為不能如英之強耶印度地非小弱而受制於人以美利堅往事推之當有如華盛頓者出而恢復其故地而何以至今寂寂無所聞耶吾嘗觀歐洲諸國有大小相維之誼焉有同洲相恤之情焉國雖眾猶一國也是以有相助之盟約有均勢之公法其弱小者亦得托庇於強大之宇而不加以兵所謂局外之國也假若隔海異洲如我中華與美利堅者窮兵於歐洲吾知其一國被兵而諸國必合縱以為之禦何者同洲之情誼則然也我亞細亞諸國獨不明乎此情不相協也誼不相孚也坐視同洲之傾覆淩夷漠然不加喜戚於其心印度以西如阿富罕波斯阿喇比從未有一介之使自通於　中朝者蓋歐羅巴小而能強其類聚也

四六

亞細亞窮大而失居、其情渙也、其類聚、故能近交而遠
攻、其情渙、故不免於土崩而瓦解、傳曰脣亡則齒寒、易
曰震不于其躬于其鄰、此獨非亞細亞同洲之過歟、故
吾謂必亞細亞合全洲為一而後可以使歐羅巴之海
軍不敢越紅海、歐羅巴之陸軍不敢越烏喇嶺、亞細亞
勃興之機、其庶幾矣、夫美利堅後起新造之國也、猶能
拒歐羅巴而自立、而況於亞細亞乎、今者亞細亞遠遊
之士、觀乎歐羅巴、而會於德意志之柏爾靈城、相與太
息時艱、商建奇策、抵掌促膝、自旦及暮、蓋欲以人力濟
天地之窮、而揚抑亞歐兩洲於一堂之上、不可謂非有
心者也、越日乃命西士合照、為圖以誌此會、圖中凡九
人、湖南陶森甲榘林、漢軍張德彝在初、滿洲桂林竹君、
廣東潘飛聲蘭史及余、日本人二、井上哲次郎、日高真
實、印度人二、杜魯華、那沙爾約、而未來者蒙古承厚伯
純及暹羅人榮遠臣也、圖既成、余為之記、會之日、大
清光緒十五年九月四日也、
十八日丙辰、晴、暖、萬牲園中有自他洲運來之獸、原名
直卜獵狐、又名奇拉甫、蓋皆由原產之地之名、以還其音
也、星使著有奇拉甫考一篇、今錄之、其文曰、奇拉甫產
阿非利加、加讀格阿切音乃叶頸足特長、量以工部營造尺、自踵
至肩九尺八寸六分、自肩至首七尺五寸二分、共高十
七尺三寸八分、有昂頭天外之概、自肩至尻六尺九寸
五分、後足略短、故其身前仰後俯、首如馬、亦如駱駝、額
端雙肉角聳起、鹿身牛尾、尾末垂黑毛、宛如麈尾、可捉
蹄似馬而分雙歧、性慈善、有智、不殘害生物、處叢林中、
惟食其葉、人豢養之、乃飼豆粟、西人云、即中國所謂麒
麟、聞者嗤其妄、案明史榜葛利國、麻林國、忽魯謨斯國
並貢麒麟、而阿丹國傳言麒麟前足高九尺、後六尺、頸
長丈六尺、有二短角、牛尾鹿身、食豆粟餅餌、形狀與此
正同、惟丈六尺、有二當合頸足並言、明之阿丹、在天方
境、即今之阿剌比、與阿非利加洲接壤、是中國史書已
言之、非西人獓說也、西京雜記云、五柞宮前梧桐樓下
有石麒麟二、是秦始皇驪山墓上物、頭高二丈三尺、亦
與明史說合、竊意漢時九真貢麟、俱是此獸、阿剌比人
呼為葱拉非、西人轉音為奇拉甫、以英語讀奇字當如
直以切、法語當如日以切、德語當如格以切也、光緒

庚寅夏洪鈞識

十九日丁巳晴德例通國人丁南北不同大抵十年考察一次男女老幼共若干各人所習之事業工藝若何一一登册呈報官府凡男女初生接生者必須報官註册至婚姻嫁娶亦皆呈報以備日後有事官給判斷倘國中人民生者少而死者多則官須考查其故民之貧苦何所由來皆當設法救援使之興旺

二十日戊午晴西國不講陰陽堪輿人死亦無殃書然男女亡後必請醫生驗明死由何病給以憑據方能葬埋否則經官查知必然受罰是故保守人命之一道亦與我國之察驗殃書同也

兕

二十一日己未晴執德國設有實學分上下兩院共生徒四百餘分十三班每班各學年餘共需十三四年方得出院由上院首班考出可免三年當兵而入太學肄業由下院考出雖首班亦不得入太學而可入技藝等院且不免三年當兵其在內所學者為耶穌教道本國文字臘典文字英法文字數學地理格物國史化學重學畫學誦詩等每日除聽講背誦外間歌唱以怡情耍鞦韆以裕力至温習寫作則須在交功課後或在院中或在家內燈下為之又其中教習二十每日按時輪班教讀講解凡學問優長考選入院者皆試用一年然後授職

二十二日庚申晴數日前柏林設有醫學會各國醫生之來者六百餘今日戊正在大中店扉爾哈莫呢館及萬牲園三處設跳舞會帖請會中各人所識之戚友以及駐此各國公使隨員等其帖今日午後始到未往竊思天下各國皆有醫以療病惟東西之醫截然兩途西醫內外兩科不得云一律盡善故其行醫之法東方不必學其學醫之法則可學蓋西國設有醫學學習多年歷經考試果有實效方給憑單准其行醫其人始敢稱曰醫生東方則不然即如土耳其國者凡學醫術之人或自行看書幾個月或就人學習不及一年其師尚未言可以行道即自掛招牌以附醫生之列從中享興金掙馬錢以便養家度日誠與工人匠役無異其中頗有妄投藥餌誤看病症以致殺人者夫一帖誤投三更命盡雖非出自醫者之本心然清夜思之亦當有學業不

卆

足之數也、間有因命運旺、一時所謂名醫者、又多剛愎自用、虛憍之氣、逼人眉宇、無論病人貧富、輿金定數倍倍加增、且病人之症候緩急、不能預料、而醫者每故意遲至、朝請暮到、則曰請家極多、艸率療治、乃曰怱忙不及、往往有病重刻不待緩、死生須臾、而醫來太晚、無從挽救者、雖非有意故殺、亦與誤傷人命者同、如此陋習、彼國嘗經禁止、然其學問依然不精、故有熱症投以涼藥、寒症投以熱劑、虛者瀉之、實反補之、已不細察、自以為是、即有數家共相斟酌、亦罕見二方相似者、故彼

垚

國之醫、至今所學不一、不能概有把握也、有謂西國剖視病死之人之屍、察其五臟六腑、追究病源之法為善者、然我國之人、無論何等、死後豈忍殘割、故謂不必學其行醫之法、僅可仿其學醫之法、須由官設醫學、授以中國醫法、用以中國藥料、使諸生精學、一切細探病源、確立脈案、人必知其強弱、藥必知其底蘊、入學數年、然後甄別考取、其學業精能、一切通達者、方給以文憑、執照、准其行醫、如是則醫道必興、而枉死城中亦可少有冤魂、人定勝天、是所深望也

二十三日辛酉、晴、數日前、由美國來一種新馬戲、名曰柏費婁逼拉斯外拉達衛斯他、坐落在柏林城南班開街之曠地、原係戲主冠第者、善騎馬放槍、于二十年前往遊東印度、獵水牛、遇土苗、回後將其所遇、一一排演成齣、攜回土苗多名、皆經教化良善、此來共二百餘人、內野苗三十餘、美國女七八名、水牛二十頭、馬百匹、站地甚廣、人住帳房、牛馬蓄諸木林圈中、正中空地一塊、周逾二里、西南北三面設木台、列座多層、南面者有木棚、西北兩面者敞、西南另一小棚、內樂工二十餘、座價

壵

由一馬克至四馬克、每日演兩次、一自申初至酉初、一自戌正至亥正、入夜滿燃電燈、明如白晝、此場四面圍以木板、懸挂美德兩國旗幟、遙望如營壘、今日午後攜闔奇臣及德狹呂柏閑往觀、共演十七節、凡登場演戲者、或騎馬、或步行、齊行列隊、由東轉北、至正南橫列一行、使人畢見通夥人共如此之數、種類共若干、此即第一節也、內有美國女子騎馬者四人、抗槍、幼女年十三四歲者一、名野苗身染五彩、頭戴翎毛者多人、中有二婦一雛、女服飾與男子稍異、皆騎韉馬、所演有騎馬套

野馬者、獵水牛者、野苗射箭搶劫者、縱火燒房者、野苗
歌舞者、其中至奇而可觀者、乃一人向空擲球、幼女于
一箭地外放槍、槍槍皆中、女更反身放槍、隨放以鏡照、
球之所在、亦無不中者、且自己隨放槍而連擲三球于
半空、亦皆射中、其技藝之精、放槍之準、可知矣、
二十四日壬戌、晴、稍涼、記北京紈袴子弟、多喜養鴿者、
名目不一、有玉翅、玉環、鳳頭、銀尾、點子、花脖、鐵環、玉烏
等、色僅黑白與紫而已、不意昨在萬牲園中、見有大與
華鴿同、而色則迥異、有紅鳳頭而背翠翎者、有黃毛綠
尾者、種種新奇、筆難盡述、蓋皆來自阿斐利加及南北
兩美洲也、此等奇鳥、苟能按對攜至北京、當獲利萬倍
也、
二十五日癸亥、晴、涼如昨、本公館園中有木筆兩株、本
年春季花開頗盛、其後綠葉亦繁、不意近日復開十數
朵、綠葉紅花、豔麗可觀、為向所未見者、天氣使然耶、抑
天意使然耶、
二十六日甲子、陰晴不定、戌初驟雨一陣、聞德國所設
之太學、入學諸生、必由實學干祿二院考入、內中應讀

五十三

之書籍、應用之器具、無一不備、學業分四種、曰經典、曰
教政、曰智性、曰醫道、其志在奉教者、學經典、蓋天主耶
穌兩教之經文、舊者本乎猶太文、兼以亞剌比賽里亞
扉呢几（地皆在亞洲西南界）埃及諸國文義、互相參考、新者本乎
奚里呢文、更須通曉古今猶太及各名家之經解、經卷
之源流、傳教之法、教堂之式樣、古今之地輿人物、本教
與別教各國有何關涉、一切講求、學有實效者、即可考
授教師、至智性、乃總名也、于中所學者、亦不一而足、一
如話學、不僅學各國語言文字、更考各處文字之由來、
各國書籍文法、疆輿、風土等、二、如性理、講生人魂魄之
根本、知覺之由來、何以得見、何以發現、三、如性情、講意
由何生、如睡夢、醒思、記忘、以及七情六欲、四、如氣力、光
電等學、論造化之理、天之七政、地之轉運、各物之生機、
人身之運動、一切關涉之理、五、講善惡禍福、六、講論天
理、七、講天工人力、萬物之美、山川河海、飛潛動植、天生
之美、樓房臺榭、賴人力何以壯觀、繪畫音樂、詞賦曲文、
何以幽雅悅人耳目、至教政醫道二學、前曾述及、無須
瑣記、以上學問深奧、必由實學頭班上院考出者、方可

五十四

入此肆業云、

二十七日乙丑晴、德京有代養孤子及私子者、由初生至十二歲、小者哺以牛奶、大者供飲食、教讀書、訓禮節、帶遊玩、各事與家人無異、價則每月由一十五六馬克、至四五十馬克、聞洋婢謝呇所生之一子一女、因伊貧苦、其價僅一十四馬克、至他國僑居于此者之子女、幼小價必二三十馬克、

二十八日丙寅晴、辰正、偕諸同人著蟒袍補褂、隨星使向東恭拜

聖牌、行三跪九叩禮、酉正、公宴、順為潘桂二君餞行、一切食物、皆張小軒買辦、屆時龍蝦未到、因而小軒離座馳往催取、乃小軒未回、而龍蝦早送到矣、

五五五

二十九日丁卯晴、申初大雨一陣、後仍晴、按德例、凡人家子女無人撫養、而有父母遺產者、皆由官派公正之人理其財產、俟其成立而後止、所派之人、稱曰圖托爾、必須公正明白、按年官亦不給使費、因其本係富紳也、

三十日戊辰晴、西國凡物不拘定法、隨時精益求精、以冀工良物美、物既得其實價、亦因而廉、于是官場設有技藝學、志在何方者、專學其術、學者共分十二科、曰五金科、論五金之由來、冶煉鎔化之法、以之造物之法、曰陶煉科、論製石灰、陶甎瓦、煉玻璃等法、曰玉石科、論取石搜玉之法、雕刻琢磨之法、曰營造科、講瓦木油漆各作精工之法、曰配置科、論造各種輪機關鍵樂器之類、曰取火科、論製強酸、柴炭、松香、火藥、硫磺、煤油、電氣等、曰雜物科、論製硝粉、白礬、青礬、金鹽、顏料等、曰織紡科、講製絲棉絨毛織紡漂染之法、曰屠宰科、既講屠宰生物之法、更論皮革毛骨油髓蹄甲之用、曰刷印科、專講一切印法、活板、銅板、石板、木板、陰陽紋及作圖相紙人玩物之法、曰飲食科、講磨麪、釀酒、作粉、作醋、作果汁及蜜餞鮮果之法、曰糖法科、講以甘蔗蘿蔔果品菜蔬各種造糖之法、以上各科、皆有專人講解、學者非聰明心細者不得入學、久有成、技藝精通、即可入為領事云、

五五六

七月

初一日己巳晴暖、德國公司船價、由布萊門至長崎者、自本年多行減落、茲將新改之價詳載于後、

布萊門
安武騷
熱諾阿
布林的西
波賽
蘇彝士
亞丁
克倫柏
新嘉坡
香港
上海
橫濱
神戶
長崎

等	布萊門	安士耳或騷桑屯	熱諾阿	布林的西	波賽	蘇耳士	亞丁	克倫柏	新嘉坡	香港	上海
一二三等	—	}	}	—	}	}	〣〦十 〤〥十 馬	〣〇〇 〤〥十 馬	〡〇〦〥 〦〥十 馬	〡〢〦〥 〣〡十 馬	〡〢〥十 〣〡十 馬
一二三等	}	—	〡〦〥 馬	—	}	}	〦〣十 〤〥十 馬	〦〣十 〤〥十 馬	〡〇〣〥 〦〥十 馬	〡〢〥〥 〣〡十 馬	〡〢〥十 〣〡十 馬
一二三等	}	〡〦〥 馬	—	—	}	}	〦〡十 〤〇〇 馬	〣〡十 〤〢十 馬	〩〦〥 〥〣十 馬	〡〡〦〥 〦〥十 馬	〡〢〥十 〦〥十 馬
一二三等	—	—	—	—	〡〡〥十 〡〣十 馬	〡〩十 〡〡十 馬	〦〡十 〤〇〇 馬	〣〡十 〤〢十 馬	〩〦〥 〥〣十 馬	〡〡〦〥 〦〥十 馬	〡〢〥十 〦〥十 馬
一二三等	}	}	}	〡〡〥十 〡〢十 馬	—	}	〤〣十 馬	〥〥十 〣〥十 馬	〣〡〥 〥〡十 馬	〡〇〦〥 〥〥十 馬	〡〡〣〥 〣〡十 馬
一二三等	}	}	}	〡〩十 〡〡十 馬	}	—	〤〥十 馬	〥〡〥 〣〡〥 馬	〡〩十 〤〦十 馬	〩〥十 〥〡十 馬	〡〡〦十 〦〥十 馬
一二三等	}	}	}	}	}	}	—	〡〣十 〡〡十 馬	〥〡〥 〤〡〥 馬	〦〦〥 〤〦〥 馬	〣〡十 〥〡十 馬
一二三等	〦〤十 馬	〦〇〥 馬	}	}	〩〇〇 〡〡〇〇 馬	〣〦十 馬	〣〇〇 馬	—	〡〦〥 〡〣〥 馬	〤〦〥 〣〤十 馬	〥〥〥 〡〥十 馬
一二三等	}	}	〡〢〣十 馬	〡〢〣十 馬	〡〡〇〇 馬	〡〇〦十 馬	〤〡十 馬	〡〡〡十 〡〤十 馬	—	〡〡〇〇 〡〇〇 〦〥 馬	〡〦十 〡〥〥 〡〢〥 馬
一二三等	〡〤〣十 〣〥十 馬	〡〤〢十 〣〡十 馬	〡〣〣十 〦〥十 馬	〡〣〣十 〦〥十 馬	〡〣〇〇 〣〥十 馬	〡〢〦十 馬	〥〡十 馬	〤〡十 〡〣十 〡〣十 馬	〡〡〇〇 〡〣〥 〩十 馬	—	〡〣十 〣〥 〥十 馬
一二三等	〡〥〣十 〩〥十 馬	〡〥〡十 〩〡十 馬	〡〤〣〥 〣〡十 馬	〡〤〣〥 〣〡十 馬	〡〤〇〇 〣〡十 馬	〡〣〦十 〣〦十 馬	〡〡〥十 〦〥十 馬	〦〤〥 〤〥十 馬	〡〩十 〡〡〇〇 馬	〡〣〥 〣〥 〥〥 馬	—
一二三等	〡〥〣十 〡〇〣十 馬	〡〥〡十 〩〩十 馬	〡〤〣〥 〩〇〇 馬	〡〤〣〥 〩〇〇 馬	〡〤〇〇 〩〇〇 馬	〡〣〦十 馬	〡〡〥十 〦〢十 馬	〦〣十 〤〥十 馬	〣〣十 〡〣十 馬	〡〦〥 〡〇〇 〦〥 馬	—
一二三等	〡〥〣十 〡〇〣十 馬	〡〥〡十 〩〩十 馬	〡〤〣〥 〩〇〇 馬	〡〤〣〥 〩〇〇 馬	〡〤〇〇 〩〇〇 馬	〡〣〦十 〣〤十 馬	〡〡〥十 〣〡十 馬	〣〣十 〥〢十 馬	〣〣十 〡〣十 〡〥十 馬	〡〦〥 〡〇〇 〦〥 馬	—
一二三等	〡〦〣十 〡〡〡十 〤〣十 馬	〡〦〡十 〡〇〣十 馬	〡〥〣〥 〡〇〡〇 馬	〡〥〣〥 〡〇〡〇 馬	〡〥〇〇 〡〇〡十 馬	〡〤〦十 〩〦十 馬	〡〢〥十 〣〥〇 馬	〣〣十 〥〢十 馬	〣〣十 〡〡〇〇 〡〥十 馬	〡〦〥 〡〇〇 〦〥 馬	—

横濱	神戶	長崎
〡〤〥十 〣〦〥 馬	〡〤〥十 〣〦〥 馬	〡〤〥十 〣〦〥 馬
〡〣〥十 〣〡〥 馬	〡〣〥十 〣〡〥 馬	〡〣〥十 〣〡〥 馬
〡〣〇〇 〩〤十 馬	〡〣〇〇 〩〤十 馬	〡〣〇〇 〩〤十 馬
〡〣〇〇 〩〤十 馬	〡〣〇〇 〩〤十 馬	〡〣〇〇 〩〤十 馬
〡〢〇〇 〦〥〥 馬	〡〢〇〇 〦〥〥 馬	〡〢〇〇 〦〥〥 馬
〡〡〥十 〦〦十 馬	〡〡〥十 〦〦十 馬	〡〡〥十 〦〦十 馬
〩〦〥 〥〦十 馬	〩〦〥 〥〦十 馬	〩〦〥 〥〦十 馬
〣〦〥 〤〤〥 馬	〣〦〥 〤〤〥 馬	〣〦〥 〤〤〥 馬
〡〣十 〡〡〇〇 〡〣十 馬	〡〣十 〡〡〇〇 〡〣十 馬	〡〣十 〡〣十 〡〣十 馬
〡〦〥 〡〇〇 〦十 馬	〡〥十 〦十 〦十 馬	〡〣十 〣〥 〦十 馬
—	—	—
—	—	—
〥十 〡〦〥 〡〦〥 馬	—	〥十 〡〦〥 〡〦〥 馬
〡〇〇 〦十 〤十 馬	〥十 〡〦〥 〡〦〥 馬	—

以上空處皆仍照舊章未改。又按今年市價，二十馬克二十五芬呢為一鎊，八十芬呢為一方。

初二日庚午，晴。記德京既有為人保命局、為物保險局，昨聞更有為人保險局，亦按年捐錢若干，苟遭危險受傷，則得錢若干，以致賡韶甫云：可惜從前未入此局，否則此腿被折，亦當得償數萬馬克也。令人掩耳。

初三日辛未，晴，熱。前當野馬戲到此，後遇洋孩呂柏開于萬牲園，談及此戲，問余往觀否。余答以去。伊言亦願前往，奈父母不帶，惟給座錢一二馬克，如去時可否隨往。余允之。以後屢次催問，并言至其八月十一日放學期滿則不能去。遂于上月二十三日西八月初八日與之同往。余坐頭等座，其座價余并代付之。以後屢遇其父母于萬牲園，并無一言道謝。蓋夫妻惟一子，子欲乘放學期

內看新戲父母不忍阻止又恐多費錢文不自領去乃使其請隨華人同往是皆德人貧苦所致也

初四日壬申晴熱如昨午初約潘蘭史桂竹君乘車赴桂呢格蕾武街第二十一號阿斯喀呢晒店中早餐為之餞行歡飲暢談申刻始散

初五日癸酉晴稍凉戌初驟雨一陣德京地闊新房甚多各處皆留餘地作花園草場以便濁氣易散有益於人大者人可在內往來并設鐵凳便人歇息然內中隨處分有定畦入者不得亂步且皆隔以鐵欄高皆逾尺小者四面鐵欄當中或種花或鋪草乃禁人走入隨時有人收拾灌溉孩童犬馬有擅行放入者受罰本使館前沿河堤有草地一小塊作長三角形周不足兩箭之地其中楊柳垂青豐艸綠縟頗極平坦清潔可觀聞當早有一小犬闖入經巡捕查知罰其主人三馬克又其逓爾園中樹林蔭翳河水清澄道路平坦整齊潔淨樹無枯枝地無荒草落葉蓋因本城官場按年例費六萬馬克故隨時有人收拾清理也

初六日甲戌晴凉酉正汪芝房因其四令弟蘭楷鳳梁

五十九

中式本科進士朝考一等得翰林院庶吉士前經同人賀之故于今日請星使及諸同人在烏爾飯店晚酌同席并有潘桂二君蓋兼與餞別也亥刻回寓

初七日乙亥晴冷同人有謂出洋日久即染洋習者余謂不可概論先聖有言入國問俗惟一人在外凡處循理不偏不倚不傷國體能合其中者亦足矣然在外又有迫于不得已者如與人不照洋法則洋人不解吃洋飯不用刀叉則不能入口諸如此類不得謂之染洋習然其在外娶洋妻改洋裝者固不足道而吸必於捲飲必啤酒以及蓄髮剪而不剃指甲剪而不留如是方為染洋習我華有因忌染洋習而故作華態及強向洋人說中國話者狀似瘋癲貽笑于人者又未免太過矣

初八日丙子晴冷如昨早潘桂二君前來使館辭行聞前治杜蒂壻病者乃伊舅賴丹也賴亦德之名醫也當伊病時初覺腹下稍痛賴即以刀割開謂三日後當愈而三日依然賴謂病源當不在此于是改割胸下又三日仍痛如前賴殊詫异謂此病源准在腎旁須再割之伊懼而不允賴乃勉強割破割後一夜竟至殞命是亦

六十

洋醫求病源之妙法也一笑
初九日丁丑陰晴不定德例兵水當兵不能領兵雖胆壯驍勇履歷有年頻立戰功得有升賞亦位至千總而止蓋武官任重必實有所學方可勝任于是國家設有武備院以招有志者入內肄業及考驗有成給以文憑始可授職院雖名曰武備而其中所學與實學院同更加武藝兵法御馬操兵各學果係稟資聰穎才藝超羣一切嫻熟經官拔取則須另習上等兵法如測量圖畫用兵地理各國兵法古今戰蹟趨避險阻探敵虛實開

夳

道渡水創造舟車備用電線通信調遣種種所學不一而足其兼習水師者又須學習測風防颶躲石使船用兵聲礮探沙治水量已防敵看星辰測度數辨方向認海口辨船隻認旗幟演陣圖避水雷如此學演必經三十餘年諸多系遠方得按步上升至將軍提督元帥之職庶幾善戰多謀云
初十日戊寅陰冷近日天時陰晴不定寒熱不調晾物雖有風而反潮足見此時天氣之寒冷地氣之潮濕於人無益故近日德醫宣告各處謂現在水須滾過百度

方可飲用否恐受寒蓋西醫療治皆謂按時令須飲何處之水方有益於病人也
十一日己卯陰涼辰正潘桂二君由安那火車棧起程回華余同陶榘林姚子樑徐良臣關潤亭乘車前往送別見其所敎之德生多人在彼辰正一刻開車入夜晴稍暖
十二日庚辰早晴涼戌刻陰亥正大雨雷雨後大風西人皆以仕宦為榮乃可入王宮凡處皆得上等地位意在主貴而非求富也夫既授職為官無不實心任事國

夳

家既量其才而用之已則亦即以所能者事之無論在國在外無不隨時考查策謀以圖有益於國人蓋有益於國人即有益於國家也聞土耳其國則不然在京者無不旅進旅退飽食煖衣事不求實委諸書吏因而賄賂公行祇求肥己在外省者勢比王侯作威作福視民如奴永以借官肥己為念派駐外國亦如在京內食供職毫不考察時務既不能言亦不敢言惟冀限期早滿得命名回是錢囊既滿即時并可升官在外遇有要件乃推諉後任以己任中不經手難事為幸云故土國現

雖多處仿照西國而其中仍多被官舞弊至今無一得
體國勢依然不振殊可慨也
十三日辛巳晴曩者土耳其之郵政乃通國設驛站專
往來限時以馬送遞摺奏文書遇要件或改專差飛送
雖經官設究有遲滯之憂至民間私信則由民設信局
按處分別寄送每有浮沉無從追究曩時西國亦然設
站專送公文不寄私函究屬按時無誤勝於土國者數
十年前官場會議以此法便于國而不便于民因而改
在通國城鎮村莊凡係商民聚集之區遍設信館統以
官員經理公文私信莫不通傳因有歧視人民信函無
論遠近往返無誤取資既廉爲時亦速是法稱善各國
互效之近日日本亦已仿行其一切經費即出自往來
之信資公文往來資以津貼每年除支銷外所餘巨款
悉歸公用當各國更改其法時有謂驛夫流亡恐滋盜
賊者乃水陸遙遠除火車輪船携帶外其他各城按門
傳遞仍用其人信件既多需人亦廣各人既皆熟手專
有所司故至今各國平安無不稱便蓋信既得通而于
中獲利也多矣

六十三

十四日壬午陰記柏林前十年并無所謂頭等車以及
鐵道公車等近今五六年來頭等車多於二等車其公
車按所見之數已及一千其第一雖未見而其第二號
至第九百八十九號皆經見其往來四百號以前者稍
矮小僅容十二座且顏色式樣與以後者稍異耳
十五日癸未大雨西國無樂可化民之説惟云聽人之
樂可知其人之性情然余往來東西各國十數年之久
頻聞其聲細考查之亦有正淫之分乃土人不講耳其
樂之正者聲亦莊重聞之令人悦耳而心定其淫者聲
自輕浮聞之令人悦耳而心移其人之所以不分者蓋
賴人心尚誠心之所向惟視樂之優劣以及樂工之精
否而無暇異念旁思也按其樂器亦造以金石絲竹之
類調亦五音六律與中國相似西國大小各學塾本有
唱詩和樂之學每禮拜堂中亦皆鼓琴然學得此等音
樂亦僅樂之大略因而國家設有音樂學凡欲窮其理
者皆須入學肄業又必先通其法方可入學其理極深
更須自幼專心庶幾有成學中樂器俱全使生徒有所
揣摩各專所學能一人兼通數器爲尤妙及各器齊奏

六十四

聲調分明不紊、或幽雅、或激烈、始動聽也、

十六日甲申、晴、余因至本年九月十八日三年期滿、遂擬從早具稟銷差、如蒙批准、以便隨時收拾一切、蓋在此三年之久、諸物難得一時收妥、物雖無多、然僕役早經飭回、一切皆須自行料理也、所具稟詞、竊於光緒十三年六月十三日蒙憲台奏調隨帶出洋、於是年十月十九日行抵德京、奉派兼駐德俄、計自入館當差之日起、連閏扣至本年九月十八日三年期滿、並無經手未完事件、理合稟請銷差、並請照章發給歸裝路費銀兩、

六五五

以便隨時起程、如抵滬時津河已凍、即由陸路進京、仍回總署供差、合併聲明、為此具稟、伏候批示云云、

十七日乙酉、稍晴、德國公司船價雖落、而于客人之行李仍不稍為含混、聞桂竹君之行李除應帶之半立方邁當外、多一小木箱、竟添要六十馬克、合規平銀十三兩零、

十八日丙戌、陰雨、冷、聞昨早十點鐘、在儞呢格霍武街阿斯喀呢烟店中、有二客一男一女、不知何故、男將女以手槍打死後、自亦由窗孔墜樓而死、即時經官收殮、其他未詳、

十九日丁亥、陰雨如昨、記德京所用之水、皆來自城東十里之岱凱郝、乃一小湖、積水深十六邁當、旁有水廠、頗大、共設機器多種、蓋先將湖水激上、既而流入各處、去泥、篩石、去其異味、俟水淨可飲、則歸高牆水道、先流至沙洛屯堡城、再灌入柏林、總水管而後分流各小管、則通城街巷大家小戶皆有水用矣、其水屬官、故皆足用、而且一律清澄、不分苦甜鹹淡者、工精而水淨、意在使人飲之無病也、

六五六

二十日戊子、晴暖、午後哲甯來拜、坐談極久、言不日將往法俄等國一遊、明春方回、特來告別、又前所具銷差之稟、奉批准其銷差、餘照章辦理、并仰繕呈履歷以備屆時請獎云云、又蒙星使面諭、以本年多一閏月、津河封凍較早、且聞山東直隸一帶河水沖決、陸行深虞險阻、在此三年當差素尚勤奮、自當稍事通融、可於八月杪即行搭坐德或法國公司船回華、十月初旬抵滬、津河尚不至凍、自不必再走欣州、清江浦而由陸路進京等語、

卷十一終

五述奇卷十二

鐵嶺張德彝在初隨筆

庚寅七月二十一日己丑晴暖竊謂天地間食用之物如鳥獸五穀果木菜蔬雖云天生亦須人力為之栽培養育其辨天時查土性畜養飲餵療恙孳生種植灌溉上糞培土防蟲去蠹一切善法皆非人所能生而知者必學而後知之也泰西諸國專設有農政院以使農民學其成法以冀食物肥饒而人民致富其所學者先以地之所產考其原質土性如何宜植何物次則灌溉栽種之法何種應用何糞何種宜水何種須晒天時不同又當如何改法其他如量地辨土種五穀植菜蔬栽花卉養果木守樹林鋪草地飛禽走獸設法何以孳生使之何以肥壯養蠶吐絲養蜂釀蜜各法醫治鳥獸之法使用各種耕種割收機器之法兼學建造田廬法畫圖法以顯微鏡察物法以及格物化學等總之農藝事宜不下百種筆難盡述惟人工勤則萬物盛工既精則物自淨物既淨更有益于人矣

二十二日庚寅稍陰涼未初約徐良臣及關淵亭昆季同坐氣車往遊哈蘭溪至彼步遊少許較上年添有茶館酒肆兩處樓房宏敞四面圍以鐵欄花木繁盛亦頗幽雅乃遊人不多在彼晚酌後即乘火車回公館

二十三日辛卯陰涼如昨入夜微雨西國愚民之藐視華人者何國蔑有而未有如此地村人之蠻野者即如前日閻關二君往觀治水廠土人竟舉鐵鍬擲鐵鏟高聲喊割辮子亦可異矣

二十四日壬辰陰涼近日貝彙如面色帶黃咳嗽痰中微見血絲延洋醫至看畢先謂病不甚重惟肺尖右邊稍損然現在無藥可治僅可多食牛肉麪包喝牛奶肉汁以養之能愈固好否須待爛時方可下藥次日又云柏林水土不服天氣寒冷須早離去否恐患成肺癰治之不易惟其咳嗽尚有藥水可醫于是連日晚間飲其紅色藥水少許咳嗽漸輕依然終夜不寐

二十五日癸巳晴英婦杜關氏之兄關艾洄夫妻昨由倫敦到此乃駐英公館之鄰居亦十年前在英舊識也因請余在伊家相會戌初共桌晚酌彼此暢談已往子正回寓

二十六日甲午、晴涼、記柏林加非館甚多、分上中下三等、由本使館至五道門及皇宮西南者尚佳、再遠則雖中等中人亦多欺侮無禮、即如數日前有華僕某步遊稍遠、因渴入一小加非館、內共男女四人、少坐、二女即謂此華人為妾等素識、留欠若干馬克、今日當還、于是將其表與錢包齊行奪去、僕不允、與之爭喊、二男亦即作勢恐嚇、當時幸有巡捕走入、將搶去之物索還、送登公車。

二十七日乙未、早晴、未初陰、既而大雨陣陣、德京官醫院無多、專為療治貧苦人而設、公醫院既多、而富室男女之有病往醫者亦多、蓋西人謂一人生病在家調養無人扶持、莫若往住醫院、即有善女伺候、極屬周到、可冀速愈、前者本使館之洋嫗送入醫院、三日即死、又對樓店主林英上月因患癰疾、送入七日亦死、不知是因病難治耶、抑或命使然耶、又數日前陶槼林所雇之女僕謝苔染病、先經駁生胗脈、謂主血虧、奈藥不全治、恐無效、于是槼林欲送其入公醫院、伊先謂病已漸愈、無須前往、次又哭求莫送、因恐療治不痊、入不復出、但今

三

病重、無法勉強送去、院中索費五十二馬克、管治一個月、以後不愈、則院費歸其本人、蓋德規凡人家僕婢染病、皆歸主人給資、因此院中治有包治票、百張每張價十五馬克、每年正月十五日出售其票、因專為人家僕婢而設、故凡一家買有此票者、遇僕婢有病、送入療治、無須再給醫資也、其意謂一家之僕未必有病、苟有病、則主人省錢、無病則院中獲有餘利耳。

二十八日丙申、晴涼、前日見柏林新報內言沙洛屯堡莊沿河第四號區拉斯田車廠代中國製造

御用冰牀兩架、現已工竣、一在本廠、一在城內葉歐爾根街鋪內、潔淨安置、便人觀之、定于西九月十三日裝運來華、蓋即明日也、遂于今日午後約同陶槼林鬧瀧亭乘車前往、見其式與前在賢比得堡俄皇宮中所看者同、惟色改紅質金花、上加金頂、前二鐵條之間改熊為龍、四面所畫皆仿華式、如臥龍牡丹之類、甚佳、惟盤腸不橫而豎、蝙蝠無耳無眼、似是而非、內中鋪墊皆用大花黃緞、工極精細、下有脚凳、前一鐘柄、以脚踏之鐘即自鳴、蓋為喚人行止也、左右玻璃門窗、正面玻璃窗下

四

撱圓扁槽槽前邊舍一金表後藏一小玻璃鏡左
右各立香水一小瓶中空以便置痰盂等物也前二鐵
條之間插一檐作丁形條頭有環拴繂繩以便二人前
推後挽也其價每架八九千馬克運至中國共合二萬
馬克合庫平銀四千餘兩

二十九日丁酉晴本公館之樓房東主早擬出售故自
到此後幾乎日有男女前來看房至是賣去馬克六十
萬佳此房者限以半年移去係自西九月初一日至次
年四月初一日乃本年本月十七日至明年二月二十
三日也又昨日由總署來電言前日奉　五
旨派許景澄仍爲駐紮德俄奥和國出使大臣欽此許星
使來電謂臘月中由滬展輪計在明春正月杪到此於
房屋大爲不便洪星使爲之籌畫急向房主商酌幸得
展限三個月至西七月初一日乃明年五月二十五日
則新房可由許星使自行尋覓矣

八月

初一日戊戌晴暖未初陶榘林約遊特蕾鋪兜郎地在
柏林城之東南臨河先由呂祖坊坐整綠公車東北行
約十里至雅努葦子橋車價每人十五芬呢下車步入
橋旁一門買票登輪舟每人二十五芬呢男女百餘皆
坐船面凳上即時鳴鐘展輪東南行河初窄兩岸整齊
再過三橋河稍寬兩岸低木房數四青草盈畔望之如
西貢之江灣後則河道寬敞兩岸花菜成畦木艇排列
又迥似春申江上矣申初抵彼男女登岸者大半岸上
樹林蔭翳路逕平坦整齊沿河中一大道左右茶坊酒
肆六七中皆有樂台跳舞場以及賭場與出售玩物處
先入沿河一館地極寬敞前望河水清澄景致幽雅各　六
飲加非一盅後入一館臨河立一鐵轉心台步上六十
六級眺望令人悅目暢懷河中一小洲上有加非館奈
四面圍以密樹四望無甚可觀處末入一館登樓少坐
各喝湯一盤吃羊肉一塊遂回

初二日己亥陰洋人金楷理因余將差滿回國向余索
字以作記念因口占云浮雲過眼劫餘灰我掛歸帆第
五回海外人才堪屈指爲君滿飲碧筩杯并註其後云
五次出洋又賦歸去西國朋從如金楷理先生者殊不
易遇臨別索詩因拈此以報之聊誌鴻雪因緣而已

初三日庚子、晴涼、午後洪禹山送團扇一柄、上繪牡丹一枝、題云富貴不還鄉、夜行笑衣錦、贈君此高紈、繪出繁華品、何以壯行色、臙脂染豔濃、清風助歸帆、聊當餞郊飲、

初四日辛丑、晴、午初星使招飲、同座為汪芝房、陶榘林、賡韶甫、陳駿生、徐良臣、張小軒、金楷理、酒食豐美、歡飲暢談、申正謝歸、戌初、貝彙如約在冬園看雜耍、所演多皆熱鬧、中有一人領十一犬、皮毛顏色短長不一、各著戎服、立行、內一黑毛雄偉者前行作兵頭、其他排隊在後、鼓樂作、則時而順進、時而逆退、時作方城、時擺三角、極其整齊、式與西國隊伍無異、又一人領鱷魚二尾、先隨樂聲揚頭舞爪、擺尾前驅、既而以長板橫置木桶上、兩端各橫一尾、作卅形、使板自為軒輕、而無顛墜之虞、亦奇矣、昔韓文公因鱷為民患、作文驅之、孰意後世異域竟有以之作劇者、亦昌黎所夢想不到者也、亥正回寓、

初五日壬寅、晴、記前與土耳其隨員蔣觀長談及彼國之外部、據云百年前、當土與西國換約通商、始立此署、名曰夷務司、後因故改名、與他國者同、曰外部、又土規凡人在何處當差、皆將其官署銜名刻于自家門外壁上、以使人知、其高祖某、當夷務司初設、即行投入當差、當時人皆不知是司為何司、何國所設、而且惡其夷字、因此雖在內充當首職者、亦處處躲避、不欲向人明言、其高祖謂司為國家所設、正大光明、在內充職、豈可不書其名于門外、及三十年後、人心漸明、漸知是司之設、為官之書其名于簷下者、亦漸多、更有不在司內而借書其名者、不意當時該司官長謂其高祖位卑、不宜鑿書、其高祖初聞而笑領之、繼而嘆息之、其隨筆有句云、夷務從公己卅年、忽教門外廢鐫銜、尊官不敢題名字、虛賺朝廷重養廉、此又謂詩、其所詩非吾之所謂詩也、

初六日癸卯、晴、戌初、徐良臣約在黎池沙蘭園看雜耍、所演節節皆妙、其最新奇可觀者、為三水獺、能擊鼓吹笛、彈琵琶、放手槍、吸菸捲、而且嗚嗚作聲、似歌唱狀、此等蠢物、行動蹣跚、竟能登場作戲、不知其主人何以如此善教也、

初七日甲辰、晴、酉初、賡韶甫約在樸斯當街弗來得立

飯館晚酌同座為鬪淵亭昆季及其洋妻子女食畢淵亭昆季同約在柏林內戲園觀劇所演不甚熱鬧景致皆平淡無奇子正回寓

初八日乙巳晴暖未正汪芝房約遊先坐公車由呂祖坊行數里至諾倫多第坊換坐氣車西南行二十餘里過哈蘭溪莊至三胡柏特村係一小河沿河設有酒肆寬敞清雅列座行行圍以籬笆花木在上少坐遙望對岸樹林蔭翳河水清澄河心一小洲左右泊有小艇二三既而步行六七里至一地名渾達鬪里一路松柏密列地多沙石行之如在高山巨壑之中時因天晚惜未入村一遊乃在林中少坐乘車仍回前莊入酒肆晚酌得食鮮魚甚美後坐氣車回柏林

初九日丙午晴德國兵官服式固皆一律氈襖窄袖身長逾胯氈褲細長步兵著皮鞋馬隊著皮靴衣外又有肩號袖號領上胸前亦皆有號帽式點形既各不同褲腿左右亦各有號是不惟各邦之服色有別及馬隊步隊礮隊先鋒獵兵巡捕醫官獸醫書手傷兵等人莫不有別茲將所見所聞者條述如左

九

步隊襖色深藍對襟黃銅扁扣紅領高二寸紅袖頭袖口上翻橫釘三黃扁扣亦有漆鑲一窄邊其色黃白藍不同褲黑色兩腿左右各豎紅氈一條寬約五分其由第一隊至百四十四隊襖褲色皆一律惟其肩號不同式作⬠牌形寬三寸長半尺二頁釘於左右肩頭色分紅黃綠白與淺藍其上有號字母與王帽者有號數目者中惟第百零八隊襖改深綠色領與袖頭皆黑色下鑲窄紅縧一縷肩號本色亦鑲以窄紅縧拜晏邦者襖褲皆淺藍色領與袖頭肩號皆紅色又其所謂之御林軍老王軍古槍營王后營者皆領前橫白縧二條長各半尺袖上或橫二條或豎三條亦皆白色每中釘一黃銅扁扣拜晏之御林軍亦然帽分官帽便帽其官帽由御林軍至大營第二隊及第八十九第九十二第一百第百零一第百十五十七十九二十三等隊皆黑漆桃形頂束黑或白馬尾一縷四面下垂作个字形帽前畫一金或銀鷹其他其他頂無馬尾立一金錐形如亽形拜晏者亦然惟帽前改鷹為二獅拱一王帽第百零八隊者帽改黑漆扣盌形前立黑馬尾一束下垂不甚長

十

各前橫有半月形黑皮一片可名曰遮光每上又橫銅練一條練寬環長用時拉套頦邊以作絆便帽式作扁瓜形上用袂鈷下一鈷圈內襯牛皮色與襖同襖藍則帽藍領紅則圈紅圈前釘一小圓花如豆花樣不一詳見後

獵兵襖深綠色褲黑色御前獵兵與營中獵兵第一至第十一及第十四隊之肩號袖頭與領皆紅色惟御前者領有二橫絛袖有二豎絛皆黃色獵兵之善槍者與營中獵兵第十二十三十五各隊之領袖肩號皆黑色

十一

內鑲窄紅邊惟善槍者肩號正紅領袖皆外鑲紅寬邊領前橫二黃絛袖橫三黃絛各上一扁圓扣拜晏者襖褲皆淺藍色領袖肩號皆淺綠色其官帽式與步隊第百零八者同拜晏者式與步兵錐頭帽同便帽更皆一律與步隊同

馬隊襖淺藍色惟第二十三四隊者深綠色褲皆深藍色左右各一紅絛稍寬內第二十四隊者白色領袖肩號之色不一分紅黃黑白紫與粉紅鞊色與襖同三面鑲邊色與領袖肩號同內惟御林馬隊及營兵之第十七十八與二十三隊者領有二橫條袖有二豎條皆白色其官帽便帽皆與御林步隊同又有名鐵甲馬隊者今不服鐵甲乃著白襖黑褲褲豎紅條領則中白兩頭或紅或紫或黑或黃或深藍淺藍與粉紅上鑲長絛二橫色與領兩頭同袖頭亦然中惟親軍與御前者領前左右各橫一白絛袖外豎二白絛上釘金扁扣肩號白色四面鑲窄邊色亦與領邊絛同鞊色與領袖者同三面鑲邊亦然官帽銅質或黃或白前鑿飛鷹頂立尖錐前垂遮光以養眼力後垂一尾用護脖項旁看如馬首

十二

正看似鷹頭中惟親軍與御前者頂上立一飛鷹便帽式皆與步隊者同惟上皆白色下圈或紅或紫或藍或黃皆與領袖上各色同

輕捷馬隊洋名胡薩爾褲皆黑色左右豎條或白或黃襖色不一分紅藍紫黑棗紅與淺藍對襟胸前橫絛八條或黃或白脖下者長盈尺漸下漸短至七寸肩號亦絛一條或黃或白長五寸寬五六分中惟護軍與第三隊襖皆正紅蓋德仿馬加兵服式也鞊有金黑者有黑鑲黃邊者有鑲紅黃藍黑等色鋸齒邊者官帽染貂高

五六寸、圓直如磬、毡帽頂、長八九寸、左垂如袋、色分紅黃紫白淺藍、棗紅、正面前豎白馬尾一縷、長六七寸、下垂如蠅拂、中惟第十七八九隊者稍短而斜立、不下垂、帽前皆有銅花、簷邊各橫銅練絆一條、便帽式與步隊者同、色有全紫、全黑、全藍、而下鑲黃縧兩條者、有上紅下藍者、有上藍下紅、或黃者、有上黑下紅、更有上深藍而下淺藍者、

長槍馬隊、洋名烏蘭、襖色深藍、胸襟左右外折、其式如瓶、作□形、各邊釘圓扁扣、五、或金、或銀、襟色與袖同、為紅、黃、紫、白、褲皆黑色、左右豎紅條、肩號作帶柄扁勺形、其色有正黃者、有紫、或紅、鑲黃邊、或白邊者、淺藍或白鑲黃邊者、鞋皆深藍、鑲邊色與領襟同、中惟護軍第一隊者、藍襖白襟、而紅領、前橫二白縧、第二隊者、紅領前橫二黃縧、第三隊者黃領、黃襟、領前橫二白縧、又營兵第十七八隊者、襖褲皆淺藍色、襟領皆紫色、褲豎兩條亦紫色、領前各橫二縧、一白一黃、肩號正黃、鞋皆全黑、第十九隊者、襟領皆紅色、領前橫二白縧、肩號紅鑲白邊、上鏨王帽飛鷹、其他則數目與字、亦有淨面者、再則

十三

拜晏兩隊、襖褲與鞋皆深綠色、領襟鞋邊、肩號皆紫色、惟鈕扣與肩號邊分金或銀、其官帽黑漆、上方下圓、如瓶似盂、正作□形、頂上亦黑漆、惟瓶脖四面色與各隊襟領之色同、帽正面上號金銀花、或鷹、或星、下有遮光、中橫銅練絆、瓶口左角束白馬尾一縷、較胡薩爾者稍重、亦下垂如麈尾、便帽式與步隊同、其上色分藍綠與白、下圈則分紅黃紫藍與白、此營之服式乃德仿波蘭者、故其名曰烏蘭、

薩克森御林馬隊、善槍馬隊、襖褲皆淺藍色、褲左右兩條白色、領袖、白者、邊鑲藍縧二道、黑者邊鑲白縧二道、肩號鈕扣皆金色、肩號作甲字形、御林者鏨王帽、善槍者淨面、官帽皆黃銅鏨花、高盈尺、尖形如塔頂、束白馬尾、左右下垂如蠅拂、便帽與步隊同、上皆淺藍、下圈或白、或黑、隨其領袖、鞋皆全黑色、

拜晏駿馬隊、襖淺藍色、領袖肩號皆紅色、褲黑色、鞋淺藍色、紅邊、帽與御林馬隊同、營馬隊襖褲與鞋皆深綠色、式與烏蘭同、領襟袖及肩號鞋邊分紫紅與粉紅三色、帽亦皆與御林馬隊同、

十四

礮手、分行營守護兩營、然衣帽無大區別、總之襖多深藍、褲皆黑色、豎紅條、領袖皆黑質紅窄邊、肩號或紅或白、惟大礮守護第一二隊者、上繡三尾火球、領前橫二黃縧、袖豎二金縧、其行營中第十二二十八三十二隊及守護中第十二隊者、襖皆深綠、領袖皆正紅、肩號亦深綠、外鑲窄紅邊、拜晏者、褲亦藍色、袖橫三黃扁扣、其官帽分二種、與步隊同黑漆桃形、前有金花或鷹或星、上垂馬尾、或黑或白、其他無馬尾者、上改金錐、為一金球、扁而大如杏如棃、惟拜晏者、行營帽垂紅馬尾、守護者、頂上仍立尖錐、其便帽皆與他隊同、上皆深藍或深綠、圈則黑鑲紅窄邊、或正紅色、

工兵、即掘地搭橋開山平道之兵、襖褲與帽色同礮隊、惟領袖上之橫縧、皆銀色、帽上或垂烏馬尾、或立銀尖錐、前改銀花、或鷹或星、通身亦用銀扁扣、肩號亦然、皆正紅色、內第十二隊者與礮隊第十二隊同、亦領紅衣綠、又拜晏工兵與造鐵道兵、褲皆藍色、

運糧械車兵、襖深藍色、領袖肩號皆淺藍色、黑色褲、左右豎紅條、拜晏者亦然、惟褲亦藍色、其領首者、領袖各

十五

橫二銀縧、中惟第十二隊者、襖色淺藍、領袖皆黑色、內鑲紅窄邊、肩號亦淺藍、外鑲窄邊、其官帽與攏兵同、惟領首者、前垂白馬尾、拜晏者與御林馬隊同、頂垂烏馬尾、便帽式與他營無異、其色上深藍、下淺藍或上淺藍下黑、圈兩上下鑲紅窄邊、

跑報兵、衣帽皆與御林馬隊第二十三者同、惟襖鞾皆深綠色、褲黑色、肩號甲字形、綠色、外鑲金邊、官帽垂烏馬尾、前改金花、領袖二橫縧亦改金色、便帽上綠下紅、准多遮光一頁、

樂兵、襖皆按隊分色、或正紅、或正黑、褲皆黑色、豎紅條、帽則便帽、惟薩克森者、馬隊襖皆淺藍色、領袖黑色、肩號甲字形、金色、礮隊者、第十二、襖深綠色、襟與下邊皆鑲紅窄邊、領袖紅色、鑲金邊、鈕扣皆金色、

受傷兵、皆藍襖黑褲、紅領銀扣、肩號或藍或白、藍者鑲紅窄邊、中繡記號、或字或花、拜晏者、襖褲皆淺藍色、紅領無肩號、襟袖鑲窄紅邊、褲豎紅條、咸戴便帽、上藍下紅、前橫黑皮月牙遮光、

醫生、布拜二邦者、藍襖、領袖外鑲紅窄邊、各橫二金縧、

十六

肩號甲字形鑲金邊、布魯斯者黑褲、拜晏者藍褲、皆豎紅條、薩克森者藍襖黑領黑袖頭鑲紅窄邊、肩號黃銅甲字形、黑褲豎紅條、帽式與步隊同、惟帽前金花各異、

抬取傷人兵襖皆深藍、布拜等邦者領袖肩號皆紫色、薩邦者領袖黑色、下鑲紅繂一條、肩號深藍、四邊鑲紅繂、各皆牌形、布薩等邦者黑褲、拜晏者藍褲、左右皆豎紅條、其官便帽與醫生同、惟薩邦者金花、拜邦者銀花、便帽無遮光、布魯斯等邦者皆戴便帽、無官帽、上藍下紫、前有遮光、

丈

伺候傷人兵襖皆深藍、褲皆黑色、左右豎紅條、各邦者領袖肩號色與襖同、邊鑲窄紅繂、惟薩克森者領袖黑色、肩號藍色、亦皆邊鑲窄紅繂、官便帽皆與醫生同、

獸醫兵襖皆深藍、無肩號、領袖皆黑色、邊鑲紅繂、拜晏者褲藍色、他皆黑色、左右皆豎紅條、帽與醫生同、惟拜邦者銀花、他皆金花、或星或鷹、彼此不同、

管支應兵襖皆深藍、布拜等邦者領袖亦皆深藍、外鑲窄銀邊勺形、肩號亦銀色、美克林堡斯太里自者領袖亦深藍勺形、肩號改金色、拜晏者褲藍色豎紅條、他皆黑色豎紅條、帽與醫生同、梅斯者金花、他皆銀花、其官便帽皆有月牙遮光、惟拜邦官帽者長方形、

書手襖深藍色、布拜等邦者領袖皆深藍、外鑲紅窄邊、各橫二白繂、勺形、肩號皆銀色、薩邦者領袖肩號皆深藍、領袖鑲紅窄邊、肩號鑲銀邊、拜邦者褲藍色豎紅條、他皆黑色豎紅條、帽與拜邦管支應同、前皆銀花、

按察司係專在營中理案者、或名管理罪犯兵、襖皆深藍、一切與書手同、惟布拜各邦之甲字形肩號皆藍色、鑲銀邊、薩邦者改正金色、有遮光、

九

守銀庫兵襖藍色、領袖鑲銀邊、甲字形肩號銀質金邊、拜晏者藍褲、他皆黑褲、皆豎紅條、官帽與管罪犯者同、前有金花、便帽藍色、下鑲銀邊兩橫、

管衣服兵襖褲帽皆與守銀庫者同、惟帽下與領袖皆鑲紅窄邊、甲字形肩號改紅質金邊、

管營房兵帽襖褲皆與管衣服者同、惟便帽下與領袖皆鑲淺藍窄邊、甲字形肩號改淺藍質、鑲金窄邊、

管棧房兵各邦襖褲帽皆與管營房者同、惟便帽領袖皆鑲金窄邊、甲字形肩號改正金色、

管藥房兵、帽襖褲皆與管栈房者同、惟便帽下及領袖
皆鑲紫窄邊、甲字形肩號紫色、拜晏者銀窄邊、他皆金
窄邊、帽花鈕扣亦然、
管病房兵、帽襖褲皆與管藥房者同、惟便帽下及領袖
皆鑲二藍麻花絛邊、甲字形肩號、斜紋二藍質鑲金邊、
帽前皆金花、
修槍兵、薩邦者、便帽襖褲皆與談邦醫生者同、惟無官
帽無肩號、他邦者便帽襖褲皆灰色、領袖與帽下皆鑲
紅窄邊、褲之左右皆豎紅條、

十九

做馬鞍兵、薩邦者藍襖、領袖黑色鑲銀窄邊、黑褲豎紅
條、便帽上藍下黑、鑲銀窄邊、他邦者、襖褲帽皆灰色、惟
領袖與帽鑲白邊、褲亦豎紅條、
巡捕、衣帽式樣、雖與馬步各隊同、然各地服色不一、帽
式有別、因亦按地考詢、復一一述之于後、
步隊巡捕、官帽黑漆饅首形、頂立方金錐、前鑽金花、遏
光上橫金練絆、便帽上深綠、圈淺藍、上下鑲二窄紅邊、
襖深綠、領襟淺藍、外鑲紅窄邊、領前中橫一金絛、袖頭
本色外翻、鑲窄紅邊、邊下釘扁金扣一橫、肩號牌形、正
紅、釘以金扣、褲黑色、左右各豎三條、中紅稍窄、左右淺
藍逾寸、
馬隊巡捕、官帽與親軍馬隊同、亦銀盔頂立金尖錐、前
鑽金花、遏光上橫金練絆、便帽襖領色皆與步隊巡捕
同、惟袖頭外翻淺藍、式作⌂形、中豎金絛二寸、肩號甲
字形、紅質窄金邊、褲黑色、左右豎淺藍窄絛一條、靴亦
深綠色邊、鑲淺藍、藍上覆以窄紅一條、
營巡捕、衣與馬隊巡捕同、惟肩號改牌形、深綠色、外鑲
紅窄邊、不乘馬、褲條改紅色稍寬、官便帽皆與步隊巡

廿

捕者同、
御前馬巡捕、襖深綠色、領袖與靴皆同馬隊巡捕者、惟
領前橫二金絛、肩號淺藍牌形、上以金絲綉王冕與R
W二洋字、褲色正白、官便帽亦皆與馬隊巡捕同、惟盔
上立一飛鷹、
王后親兵巡捕、襖褲皆白色、領袖紫色、肩號牌形、正白
鑲紫邊、靴紫色邊、鑲白絛兩道、官帽與御前馬巡捕同、
便帽上白下紫、
布魯斯瓦拉代克立池蘭三處之巡捕、衣及便帽皆與

營巡捕同、惟官帽黑漆金花、上垂烏馬尾、與步隊兵同、
拜晏邦者襖深綠色、紅領紅袖頭、領前橫金一條、袖頭
中豎金一條、肩甓牌形、深綠鑲紅窄邊、褲黑色、左右豎
紅條、官便帽皆與營巡捕同、
薩克森者黑襖、領袖淺綠色銀扁扣、黑肩甓圓頭牌形、
鑲窄淺綠邊、褲灰色、左右豎淺綠條、官帽黑漆銀花銀
練絆、黑皮遮光、正看如桃、旁看如喇嘛帽、作𠘨形、便帽
亦黑色、如法國兵帽、前插一小絨球、旁看如𠘨形、
威ㄓ柏爾與巴敦者襖褲皆與布邦同、惟威之官便帽
與布同、巴之官便帽又與營巡捕同、僅以金花為別耳、

圭

海斯者深綠襖褲、紫領紫襟、袖頭深綠鑲紫窄邊、領前
橫二銀縧、袖上豎三銀縧、釘以銀扁扣、肩甓係銀縧盤
作帶枝三出梅作𠃋形、官帽銀花烏馬尾、式同工兵者、
便帽上綠下紫、前帶遮光、
美克林柏爾水林者襖藍色、領袖肩甓皆淺藍色、鑲紅
窄邊、領前袖中各有銀縧一縷、褲深綠色、豎紅條、帽同
布邦、惟金花鷹改為星、
美克林柏爾斯太里自者、襖藍色、領袖肩甓皆淺綠色、

褲灰色、豎紅條、帽與運糧車兵同、惟官帽藍漆金花、前
垂烏馬尾遮光、仍黑皮、便帽上藍下淺綠、帶皮遮光、
歐勒敦柏爾者、襖褲皆藍色、領與肩甓皆正紅、袖藍色
鑲紅窄邊、中豎金條、式同營巡捕者、褲豎紅條、無便帽、
僅官帽式與斯太里自者同、亦藍漆、惟前有遮光、而後
無護尾、
薩克斯威麻爾者、襖深綠色、領袖肩甓皆鑲窄紅邊、袖
釘一銀扁扣、肩甓繡銀王帽與CA二洋字、褲色灰、豎
紅條、帽與巴敦者同、惟上立銀尖錐、前改銀花、便帽深
綠、下鑲二窄紅縧、
卜倫隋芝者、襖深綠色、領袖黑色、鑲紅窄邊、肩甓正紅、
褲黑色、豎紅條、帽與巴敦同、惟便帽上深綠下正黑、
阿那拉者、襖深綠色、領粉紅、鑲綠窄邊、袖頭深綠鑲粉
紅窄邊、肩甓粉紅鑲白窄邊、褲黑色、豎粉紅條、帽式與
威麻爾同、惟便帽下改粉紅、
薩斯阿ㄓ柏爾者、襖色深藍、領袖與褲皆黑色、領袖鑲
窄紅邊、褲豎紅條、領前橫一銀縧、袖立兩銀縧、肩甓牌
形藍色、亦鑲窄紅邊、帽與海斯同、惟便帽下改黑色、上

圭二

下鑲二窄紅縧、官帽銀花改一星、
薩斯庫柏爾者、襖色深藍、領袖肩號色皆淺藍、鑲窄銀
邊、領前橫一銀縧、袖邊釘三扁銀扣、肩號綉王帽及洋
E字、褲黑色、左右豎銀條、帽與威麻爾同、惟便帽上深
藍下淺藍、
薩斯美年者、襖褲官帽皆與卜倫隋芝同、惟肩號改黑
色、鑲紅窄邊、身釘銀扁扣、便帽又與威麻爾同、
里埔者、襖深綠色、一切與威麻爾同、惟肩號繡金花王
帽、官帽與斯太里自同色、改黑、便帽又與美年同、
屯柏爾里埔者、衣帽皆與布邦同、惟肩號無數目、褲灰
色、豎紅條、官帽金鷹改星、
倏拉茲柏爾魯多斯達他者、襖與礮營第十二隊同、惟
領鑲窄黑邊、肩號正紅、褲灰色、豎紅條、金雖官帽及便
帽皆同步隊者、
倏拉茲柏爾森多爾荊森者、便帽襖褲及領、顏色皆與
魯多斯達他同、袖黑色、鑲窄紅邊、肩號正黃作自字形、
官帽與守護礮營同、金花上垂白馬尾、
洛斯什來司又名呂斯阿拉者、襖領與魯多斯達他同、

袖外翻作⌂形、紅色邊鑲三扁金扣、無肩號、褲黑色豎
紅條、官帽與拜晏同、金花改一星、便帽與薩克森同、前
立一黃球、
洛斯格蕾司又名呂斯陽格者、一切與洛斯什來司同、
惟便帽與拜晏同、有肩號牌形、正紅、
德例、每值天時雨雪、各兵皆服灰毡外褂一件、窄袖、身
長過膝、各營所別、惟領前橫縧一條、色同襖領、亦紅藍
紫綠不一、其他肩號鈕扣、亦皆與其官襖上者同、
又記德國武官之服色、固與各營兵丁同、然各官之領
袖、鈕扣、帽花、肩號、腰帶及刀柄之垂穗等、各邦各營亦
有區別、凡武官自兵頭以至將帥、領皆大紅、鑲窄藍邊、
內襯金或銀縧七道、寬共盈寸、更有襯下前面左右另
橫金或銀縧兩道、作冂形者、亦有釘以金或銀大圓餅
周逾寸者、各上皆鑽以本邦記號、如鷹、馬、王帽、獅子旗
幟之類、襖色或藍或綠、袖頭外翻、多紅色或黑縧等色、
亦皆鑲以金或銀縧七道、或橫或豎、釘以金銀扁扣、更
有上下另橫金或銀縧四道者、
腰帶、寬約二寸、兩首垂總、長約半尺、布魯斯者、銀帶中

橫黑線兩道、總帶中間作結、薩克森者橫二綠綫、海斯者橫三紅線、威屯柏爾者橫二半紅半黑線、拜晏者橫二線節節分藍銀二色、帶總中作二結、形如胡盧巴敦及阿屯柏爾者與威屯柏爾者同、美克林柏爾者、金質橫二線一藍一紅、胡薩蘭者銀色中粗兩首微細、中有三節、寬各寸餘、雜以藍或黑綠色、又自左首至左二節中間繫二銀絛、絛頭各垂一總、長約寸餘、刀柄之總、形式多種、大致總長二寸、粗二寸或三寸、有上作兩結、一大一小、相隔寸餘者、有如此而細小者、更有小結與帶連以扁環者、有僅作一結者、有總上一結而臨帶連作兩結者、有帶總之間結兩大結作胡盧形者、各邦各隊所用之顏色不同、花樣亦異、如布邦之步隊、礟隊及先鋒工兵營者、織以黑白線、上小結作榆葉花、下大結作狂濤紋、拜晏者織以藍白綫、上小結作微波紋、下大結上下藍中橫白色一縷、曲彎似鱔魚、海斯者織以紅白線、上小結作仌紋、下大結作斜方小錦紋、薩克森者綠白二線織成、上小結作夕紋、下大結作浮雲紋、威屯柏爾者、織以紅黑白三色線、上小結作W紋、

二十五

下大結作攢星紋、美克林柏爾者、織以黃藍紅三色線、花樣與威邦同、卜倫隋芝者、亦織以藍白線、上小結作仌紋、下大結作巜紋、至獵兵營者、布薩二邦皆織以銀黃綠三色線、上小結中橫二銀黃絛、下大結作井字紋、美邦者、織以金綠二色、花紋與前同、惟結與總皆稍細、小馬隊、守礟隊及運糧隊者、皆大小兩結連于一處、作胡盧形、而上小結色與絛同、如布邦者、結總黑白色、絛紫色、拜晏者大結與總藍白色、絛亦紫色、薩克森者、結總白綠色、絛紫色、威屯柏爾者、結總紅白黑色、絛紫色、海斯者、結總紅白色、絛白色、卜倫隋芝者、結總藍白色、絛紫色、其他各大員者、絛窄、結小、總稍細長、色則或金或銀、加以紅藍黃綠白紫等色、然既有正綠、亦有正灰色者、樣今百種、筆難盡述、

帽花、其官帽前所鑿成者、乃邦國之號、非為營官專定之號也、其獵兵、善槍營、運糧營、御林馬隊及鐵甲馬隊者、皆一銀餅作輪形、環邊有仗神力以護君國及一千六百六十年等洋字、中一小圈內一飛鷹、圈下又樹葉一枝、作橢圓形、又七股翎扇形、或雀尾形者、八四在小

二十六

圈外大輪之前、四在大輪之後、大致又作八角形、御林步隊者、金鷹平展翅、頭頂王帽、胸前挂一銀星、左爪執錐、右爪掌劍、拜晏者、金色、左右兩獅抱一長圓球、球中畫以本邦旗幟等、球上一王帽、兩獅亦頂王帽、下橫一帶、如凵形、橫書永用忠誠四洋字、薩克森者、一八角金星、中一長圓球、球上一王帽、球下樹葉兩枝向上環抱、皆銀色、威也柏爾者、金色、乃中一長圓球、球上立王帽、左立一獅、頭頂王帽、右立一鹿、各伸前二爪作對抬狀、下橫一帶、亦有字句、其義未詳、巴敦者、金色、係一鷹展翅、馬身垂尾、以前兩爪扶一長圓球、球面亦鏨本邦旗幟、下橫一帶作Ш形、其上洋字義未詳、海斯者、金色、一獅站立如人、前二爪執樹葉一枝、下圈其身、作橢圓徑、美克林柏爾水林者、式與薩邦同、惟球面所鏨者不同、美克林柏爾斯太立自者、式與前同、惟少樹葉王帽、中作圓球、球面所鏨者亦異、卜倫隋芝者、一八角銀星、中一圓圈、圈內紅色、畫一銀馬、馬旁立一柱、柱座金色、柱頂綠色、圈四面又出四角、形如魚尾、藍色、星下橫一銀帶、兩首垂金繐、中書海腔二洋字、阿屯柏爾者、銀色、八

三十七

角星、星內上一王帽、帽下挂一方旗、鏨以十字小花等、阿那拉者、亦銀色、式與阿屯柏爾者同、惟帽下旗作形、左鏨深淺八橫、斜覆一豎、式作彡形、右鏨半飛鷹、其義未詳、洛斯者、銀色、八角星、內上一王帽、帽下一長圓球、鏨以鳥獸、球外圍以樹葉兩枝、作橢圓徑、胡薩蘭馬隊者、銀色、一骷髏人頭、頭下橫二骸骨、搭成十字、頭上橫一絲、上鏨洋字、其義未詳、條拉茲柏爾者、銀色、式與洛斯者同、惟帽下球面鏨以一飛鷹、其他多種、形色未詳、至各邦各營大小員弁使帽前之小花、皆一小圓餅、周不及寸、共四十餘種、有如以線釘成菊花、分二十瓣者、有作大小三圈者、有外一圈中一十字者、有菊花瓣不外凸而內凹如蛛網者、色分金銀黑白紅綠藍黃、有正綠者、有白含紅圈者、有銀圈紅心者、有紅心外套金藍或銀黑二圈者、有白或銀地中一紅十字者、有藍地白圈中一紅十字者、形色種種、數行難罄、一時述全、目睹亦難分辨也、

肩號、其官衣者、皆作甲字形、大元帥者、銀繐銀圈、圈中一斜金十字、副帥者、銀色、中三金斜方、作品字形、將軍

三十八

者、銀色上橫二金斜方、正提督者銀色盤中一斜方、副提督者、正銀無斜方、總兵者、銀圈銀總、黃質中號金數目、左右二金斜方、副將者、金邊銀總、紅質中號金數目、下一金斜方、叅將者、銀質銀總、金邊金數目、千總者、紅質金邊無總、中號金數目、左右二金斜方、把總者、藍質金邊無總、中號金數目、下一金斜方、外委者、白質金邊無總、中號金數目、礮隊官者、全金無總、長槍馬隊之放礮官者、金邊無總、或紅心、或藍心、上號金數目、營差官者、黃質金邊無總、中豎一黑色絲、外裏白線、作丰形、醫

廿九

官、正者、銀地金邊金總、中立一棍、外盤金蛇、作串形、副者、藍地金邊金總、中立蛇棍、與正者同、頭目者、藍地金邊無總、造軍器官者、黑地金邊上一金F洋字、獸醫官者、黑地金邊、邊又以黑線作節、如蛇、中畫一王帽、一國號、展翅鷹、管糧台者亦然、但白地銀邊、皆無總、其便衣及外罩肩上者、式雖扁長、乃皆四股絲編成、形如英米或松塔、即如大元帥者、銀絲金邊、黑或藍線作節、一絲往來四股編成、不見頭尾、寬共二寸、長約五寸、面上釘一金斜十字、副帥者亦然、惟面上釘三金方塊、將軍者、

上下二金方塊、正提督者、中一金方塊、副提督者、淨面無方塊、總兵者、銀絲黑線作節、下墊黃緞、正面上下二金方塊、中號數目、副將者、銀絲藍線作節、中號數目下一金方塊、下墊紅緞、叅將者、銀絲綠線作節、正面號數目、下墊紅緞、千總者、仍作圓頭牌形、銀絲四豎黑線作節、曲彎作ww形、外鑲窄紅邊、上下二金方塊、中一數目、把總者、鑲藍窄邊、中號數目、下一金方塊、外委者、鑲白窄邊、面號數目而已、樂官者、抱肩作半瓢形、金或銀邊、面分十五行、或正或斜、其色或金與紅、或銀與紅、或黃

三十

與紅、或黑與紅、工頭者、無總、樂官者垂金或銀總、外罩領、式外捲作☒形、正中一扣、或金或銀、左右各豎一絲、長寸餘、絲下各橫長方一塊、寬一寸、長二寸、絲色各邦不同、布魯斯者、中黑、左右白、拜晏者、中藍、左右白、薩克森者、中綠、左右白、威也柏爾者、中黑、左右白、海斯者、中紅、左右白、美克林柏爾水林者、紅白黃藍分四節、美克林柏爾斯太里自者、黃質中分藍紅各四節、長方塊皆紅色、惟威邦者黃色、

補記、衣袖、作馬掌者、官紅衣、袖外翻銀邊、上一白絲盤

作胡盧形、再上覆二銀馬掌、兵則藍衣紅袖頭、豎二黃緣、旁一金弍黃馬掌、測量官、正者藍衣黑袖頭、鑲紅窄邊、釘二金扣上一三尾金星作[illegible]形、副者衣亦然、惟豎三金扣、上一一尾金星作凸字形、凡扶持傷兵者、皆在胳膊上半圍白布一條、寬約三寸、上釘一紅十字、幫助者圍紅布一條、監仗者圈白布一條、教師則圈藍布一條上下鑲白邊、

初十日丁未、晴暖、早謁星使叩辭、申正星使來送行、亥正星使偕陶榘林、徐良臣、起身赴俄、余同汪芝房、陳駿

二三五

生、貝彙如送至萬牲園車棧、

十一日戊申、晴、未正姚子樑約余與其二德友、乘火車南行數十里至司代立村、下車步行四五里入一小園、名曰庇洛闍、乃四五十年前布王萬來得立蹕良第四時將軍伍朗談之故宅也、地勢不大、有小湖、樹老花謝、又值秋風颯颯、景致無甚可觀、正面入門即加非飯館、館前有樂台、土人云、每禮拜日作樂、若值酷熱之天、亦一避暑地也、在內晚酌、坐客無多、亥正回、

十二日己酉、晴、午正金楷理在凱色豪富店約飯、同座汪芝房、陳駿生、及杜蒂母女、戌初、洪禹山約余及汪陳賡三君在萬來得立街之匡闍的亞館中看雜耍、其館修理煥然一新、更覺開敞、所演無非男女歌舞、其中最可觀者、一幼女約十三四歲、立于台邊連歌十二曲、隨歌寸步不移、手足不動、而衣裝隨換十二次、裝既不同、曲亦各異、其法頗妙、不知有何幻術也、

十三日庚戌、陰微雨、早金楷理來送別、帶辭往柏林西得來斯也村、探其女入學、酉正張小軒約余與汪陳二君在東方博物院對面店中晚酌、戌刻芝房又約余及

二三六

陳張二君在阿拉他亞街之森特拉戲園觀劇、優伶不多、戲亦平平、亥正回寓、入夜大風冷、

十四日辛亥、陰涼、西國講求格物、年甚一年、其學無非數學、力學、化學、以之論生死物之原質、如何而化、論生物之性、生物之用、生物之理、生物之地、以及今古生物植物之別、所考精深、非獨學所能、因此官場設有格物院、備有一切器具書籍、并所學之各種物件、如木石鳥獸昆蟲之屬、以便隨時考求、按其所講之生物、為數不下十三萬種、統分十二類、如飛禽、走獸、蛇蝮、魚族、足蟲

無足蟲、蜘蛛種、蟹類、海星、蚌屬類、水瓷類、植物為數亦八萬餘種、石類亦二三千種、學者當各專一類也、晚姚子樑送別遊鄉

十五日壬子晴、午正陳駿生約飯、同座為汪芝房、洪禹山、張小軒、貝彙如、申初回寓、西人凡事講實、不講虛、重財不重義、不論戚友之情誼、惟論需時之短長、蓋人皆以掙錢度日、不得妄費工夫也、故無論何人有所使用、皆須按時給錢、用人者不言求請、而謂雇用、被使者不言効力、而謂傭工、是無論男女、皆惜分陰、雖父子兄弟

二三三

母女姊妹、亦不肎為之代効微勞也、我國沿海地方、近日多染西俗、尚未蹈此一轍、亦大幸也、夜收理行裝、并入各屋辭行、

十六日癸丑晴暖、早發行李、午正由本公館乘馬車起程、至樸斯當火車棧、下車入客廳坐、當時送別者為汪芝房、洪禹山、賡韶甫、陳駿生、貝彙如、闊潤亭、闊奇臣、張小軒、及陶少君、涵宇、興周、郃二、武弁洋人為哲甯、呂備司庇詼、井上哲次郎、婁歐夫婦及杜憐母子、與女彼此坐談片時、向眾揖別、登車、未初開行、頗快、惟至大村鎮少停、未初一刻過萊茵河大鐵橋、未正一刻抵克倫城、下車入店晚尖、換車、未正三刻復開、入夜涼、車開後談行出債頭枕、其價一方、由德至法坐頭等車者、惟余一人、當前抵某村停車時、有人托盤出售點心酒果、加非、等、余因稍覺飢餓、遂取小麪包一個、炸腸一塊、問其價、曰三十芬呢、余即遞給一五十芬呢小銀錢、不意此托盤者接錢馳去、且向第二托盤者言華人弩用之物、共值三十芬呢、尚未付訖、余即向之辯論、最可笑者、正言間突來一年老德人、將麪包及炸腸搶去、再欲討索而

二三四

已開車門將開矣、此皆德人貧苦之所致也、

十七日甲寅、早陰霧涼、卯初至睡夢莊、停車、稅局查驗行人隨手攜帶之小件行李、于是各男女皆提包負笈、入局置于櫃上、按件開驗、局中人并持燈入車于各榻下座旁搜查、問諸余、告以來意、即免、當時余因下車小便、中廁門外設有洗手盆、余遂洗之、問其價曰五十蘇、卯正復開、巳初抵巴里、一路在德界田地少沙漠多、幸松柏楊柳尚叢密成林、入法界則山水花木景致可觀、且房屋亦覺稠密、至此下車、有承伯純、黃伯申、聯建侯、

豫、顧延卿、錫爵世益三、增及郭秋萍、家驥諸君、以車接
入本國公館旁威克多修溝街店内、飯後換衣、步入公
館拜陳敬如、季同潘景周、承烈張讓三、美翊及聯世承
郭、諸君、酉正、承伯純約伯申與余在里池流巷第百零
四號飯店中晚餐、店因地名、菜品甚佳、其價早餐一人
二方半、晚餐一人三方、并隨有紅酒一小瓶、盖頓飯也、
屋亦整齊寬敞、伺候慇懃、去此乘車至里柴街第四十
八號大馬戲園、園名西巴歐、得裹木、即十年前所看過
者、數年前此園不戒于火、現在修葢擴充、尤屬整齊、座
分四等、由一方二十五桑的木至五方、地勢寬敞、座容
三萬人、每日演二次、白晝由午初至申正、晚則由酉初
至亥正、池中因地廣、乃大圈内含一小圈、當一二人演
耍時、竟有目力所不能及處、共演六場、中有小孩騎小
馬者、八往來對對馳驅耍舞、一人領一大馬一小馬、大
馬所作、小馬皆一一效之、雙馬古式戰車六、乘上各立
一女、服色各異、互相繞圈馳賽、能捷足當先者勝、其他
二場、無非男女乘馬跳圈越繩諸技、無須瑣述、惟末場
則小戲一齣、乃古時法、一礮台被人奪去、有一少女名

三五

日迺達者、經天賜寶劍、領兵取回、後此女又被英兵捉
去、以火焚死、法人感其勇敢保國、因立石像、作乘馬舉
劍前冲狀、以銘之、場圈寬闊、布置村鎮、如真、至其焚女
一節、係正中立一高台、共三層、頂上中立鐵棍、綁女于
上、四面圍以柴木、烈焰飛騰、觀之慘然、場棚四面原懸
有紗畫一圈、在下望之、樓房似有若無、至此放下、則四
面皆露樓房、形式不一、乃使看戲人作看焚人之人、左
邊者、面前無房、而對面樓中則滿人、坐立不一、右邊者
左望亦然、實因當時圈外各燈皆熄故也、看畢至園外
各飲加非一杯、子初回寓、
十八日乙卯、陰雨陣陣、凉、未初、聯建侯約在凱歌路之
智慧閣旁看圓畫、即前于同治丙寅年、所看之漲眼畫、
洋名巴訥拉瑪也、惟其中改懸前同治辛未壬申年間
德兵圍困巴里圖、土人觀之怨德、而外人觀之亦慘、法
也、去此步入對面智慧閣、洋名巴蕾得林得斯特、立玻
璃房一遊、其式如英之水晶宫、但地勢較小、正中一台、
奏樂、樂工十數名、左右設加非酒肆、前則奇貨紛列、男
女遊人甚多、看畢、乘馬車行數里、至榜努衛街瑪戛立

三六

店、譯瑪戛立者、法言菊花也、在彼晚酌、為聯建侯、顧延
卿、張讓三、潘景周、世益三、郭秋萍諸君所約、同席為承
伯純、黃伯申、樓房華美、燈燭輝煌、歡飲暢談、魚酒皆佳、
亥正謝歸、
十九日丙辰、陰晴不定、涼、晚陳敬如約余及承伯純、潘
景周、郭秋萍在其別墅飯、酉正乘火車行五六十里至
衛席內村、改乘馬車又行十數里至蕾斯達街第三十
九號、入內見洋夫人甥女及鄰居男女五六人、少談、入
座食、畢、吃加非、打球、亥正謝歸、大風、冷、

二十日丁巳、晴、涼、未初、聯建侯約登艾菲鐵塔、塔因人
名、艾菲者、法的讓村人、生于西一千八百三十二年、（即道光十二年）自幼學習十數年、至五十五年、（即咸豐五年）學業有成、
于是凡建造鐵橋等、多能設法堅固、省工、法廷擬于一
千八百八十九年（即光緒十五年）在巴里設賽奇會、遂擇地在
賽茵河旁、商得瑪街、艾菲乃建鐵塔于中央、塔作人
字形、高三百邁當、合不足百丈、地周四萬八千方邁當、
共鐵重十兆吉婁戈拉木、合二十兆磅零、自一千八百
八十七年正月（即光緒十二年十二月）闢工、用人三百、至八十九
年三月三十日（即十五年二月二十九日）工竣、塔分三節、頭節高一
百二十五邁當、二節亦然、塔下四腿各有鐵柱入土數
丈、緩柱各有鐵梯、寬三尺許、圍有鐵闌、健步者可沿梯
而上、此外由地至第二節四角上下各有鐵練繫小屋
一間、動以三百匹馬力之輪機、四小屋係二升二降、每
間十六邁當見方、容八百人、每一點鐘可上二千人、頭
層頂上敞屋一間、周二千四百方邁當、在上即可眺望
通城、分間設有加非酒肆、容六百人、第二節頂上另屋
一間、四面有窗、因高故也、內容四百人、設有酒肆、點心
鋪、刷印新報局、飛信局、備有紙張、上印塔圖景致、凡人
之登塔、欲表其能者、可自書數行、費錢無幾、可自塔上
飛送各國、上又擺攤出售塔圖、塔表等書、由第二節至
塔頂、另有小屋一間、雖可升降一、因太高再因地窄、當
時禁止外人乘坐、塔頂作高字形、上有電燈、光照百里、
凡人登塔者自入門、駕屋上下、皆有使費、自開場後、每
日晝夜男女登塔者不下數萬、半年之久、除工料外、獲
利甚鉅、今日余等駕屋至第二層、點心、眺望、後回公館、
晚餐、畢、又同行數里、步入大清公所一觀、係一花園、四

圍密樹正中大房五楹前三面穿廊玻璃窗設有桌椅茶座房仿華式建造乃當年賽奇會中之中華酒肆及會散經中國使館贈送法廷將房移此因取是名惜當時天涼遊人不多在内少坐各飲加非一盅而返夜入使館各屋辭行

二十一日戊午晴酉初世益三約飯酉正同承伯純乘馬車至呂陽火車棧有陳敬如潘景周聯建侯張讓三世益三郭秋萍顧延卿黄伯申諸君送别即時登車行人男女如雲戌初開入夜冷

三九

二十二日己未晴暖巳正一刻抵馬賽海口下火車乘馬車行十餘里入格朗店早尖申正登法國公司輪船美拉斑式與十年前所乘之適格船同長四十丈寬四丈入水三丈重三千三百二十噸馬力六百船主蒲歐年近四旬尚屬温和同船男女百數十中有法駐天津領事白藻太夫婦及英駐蕪湖領事滿斯扉夫婦子女申正一刻展輪出口水平船穩稍涼

二十三日庚申晴暖水平如鏡計由昨日申正至今日午正共行二百四十四洋里在赤道北四十一度十一分巴里東七度二十九分下餘一千一百五十六洋里至阿來三得記同船有天主耶穌傳教之男女十一人内耶穌男教士之往關東者二人為包文斯戴呢斯往湖北者四人為柯林布狄木爾萬文克庫里天主女教士之往廣東者四名為石鄂威梅斯那戴斯桂戴斯巴往西貢者一名為亞汗

二十四日辛酉晴熱水平船穩至午正行三百十三洋里在赤道北三十八度二十二分巴里東十三度十二分未初過西奚里島遇風蓬火輪多隻亥初移洋琴于船面燃電燈搬椅凳通船男女跳舞一場亦頗熱鬧子正始散

四〇

二十五日壬戌晴熱如昨水平船穩至午正行三百一十洋里在赤道北三十五度五十五分巴里東十八度三十二分未初微風水有縐紋戌初遇二火輪係北去者據云亦皆法公司名未詳

二十六日癸亥晴稍涼至午正行三百十二洋里在赤道北三十五度十四分巴里東二十三度五十八分下餘二百二十一洋里至阿來三得午後熱水微波而船

穩中正遇輪船一隻係北行者遙望惟見煤烟一縷屬何國何名皆未詳

二十七日甲子晴暖寅初抵阿來三得口外少停復開進口辰初下錨左右樓房宏敞整齊舸艦迷津較二十年前另一景象矣土人上船出售珊瑚串珠檀香油皮鞋景圖之類上下客貨畢午初展輪出口水平色先碧綠既變混黃隨行右鄙頻見山岡皆埃及界也前後遇大船多隻亥初抵波賽住船即時登岸步遊樓房樸陋如前入曲館少坐當晚無人歌舞僅與國男女十數人作樂每二場按人取錢一次多寡聽便一人二三蘇足矣吃酒飲加非須問明所值再行付給否則加倍索取

里

渡船一人用半方

二十八日乙丑晴暖上下客貨及煤水畢丑正二刻展輪入新開河未正至第四十幾牌寬處少停待來船和之吉蘭英之阿斗瓦那威夏多貝那得伊来比斯五商船駛過復開申正過義思瑪力雅入鹹湖隨行復遇大船六七名皆未詳亥初至蘇耳士停輪上下客貨終夜聲喧令人不寐

二十九日丙寅晴熱子正開走紅海左右屢見山岡至午正共行一百三十七洋里在赤道北二十七度五十五分巴里東三十一度十六分下餘一千一百七十洋里至亞丁入夜尤熱然有微風似不比前八次之酷熱水雖微波而船仍穩

三十日丁卯晴熱換單衣水平如鏡至午正行三百二十一洋里在赤道北二十三度二十四分巴里東三十四度二十八分

九月

初一日戊辰晴大熱至九十一度至午正行三百二十一洋里在赤道北十八度四十九分巴里東三十七度二十五分酉初風稍涼船微簸揚同船三等客中有法國去諒山之演小戲人一夥男女十數人自前日定于當晚在船面排演一場按人討錢多少任便乃在廚旁以各國旗幟搭棚作台左邊沿船闌挂華英法日四國旗作壁通船燃電氣燈台前横凳戌正二刻演起共二場歌舞平平無甚新奇處船客給一方至五方不等船主亦備有冰奶檸檬水等亥正戲散男女復鼓琴跳舞

里

一番入夜仍熱
初二日己巳晴熱水平船穩至午正行三百一十洋里在赤道北十四度二十五分巴里東四十度十分未正過高貝鄒沽及大小哈露什二島此後左右遥望時見山岡入夜出紅海倏覺清爽
初三日庚午晴卯初一刻抵亞丁停船見山上房屋稍增綠樹點染土人上船出售駝鳥毛羊鹿角等本船上煤下貨畢酉初一刻復開出口微風有浪而船穩
初四日辛未晴不甚熱至午正行二百十九洋里在赤道北十二度十四分巴里東四十六度十二分下餘一千八百八十五洋里至錫蘭島之克倫伯申初見尖嘴大魚一行長皆五六尺船東行稍南魚則跳躍南向出水尺餘者千餘

四三

初五日壬申晴稍熱水平船穩至午正行三百洋里在赤道北十一度二十分巴里東五十一度八分入夜凉客中男女移琴船面奏樂跳舞歌唱極屬熱鬧亥正一刻始散
初六日癸酉晴熱水平如鏡船微搖至午正行二百九十六洋里在赤道北十度二十六分巴里東五十六度五分入夜陰
初七日甲戌丑正大雨一陣既而晴熱水平色黑至午正行三百二十洋里在赤道北九度二十分巴里東六十一度十七分
初八日乙亥晴熱水平如鏡至午正行三百二十三洋里在赤道北八度二十九分巴里東六十六度三十三分酉初微風船即簸揚戌初客中男女歌舞一場按人給錢蓋以津貼水手也

四四

初九日丙子晴熱水平船穩至午正共行三百二十二洋里在赤道北七度五十三分巴里東七十一度五十九分午後同船法人樂梅示余東印度文一篇字亦横書筆畫曲彎因思天下各國之書其横行或左起或右起者多惟我國及附近各藩屬者則下行而右旋至滿文雖亦下行而又左旋是其格式誠非一律矣按各字之形惟漢字正大端方其他無往而非蝌蚪象形如蟲似蛇觀之令人難辨
初十日丁丑晴熱水微波未初一刻抵克倫伯停船抛

錨遂同承伯純乘他舟登岸步入敎廉塔店見店前牆垣房屋折去栽樹立木棚媽頭此店前臨海極爲閙敞店後樓房亦多加增整齊少坐即乘馬車往遊前兩次經過之廟至佛齒塔廟中見有劉芝田星使瑞芬所獻之白綾綉幡四幅余亦書其善士簿以九次經過錫蘭島云云去此回店戌初晚餐食畢少坐乘小舟回船按小舟價每人半什令噸飯每人三戈貝馬車按時亦有定價入夜風涼

十一日戊寅晴子正一刻展輪出口風順挂帆浪微湧船亦微搖至午正行一百三十五洋里在赤道北五度五十四分巴里東七十九度二分下餘一千四百二十九里至新嘉坡

卌五

十二日己卯晴平至午正行三百三十三洋里在赤道北五度四十九分巴里東八十四度二十九分晚閒同船義婦梅的英以帕蒙眼鼓琴聲調亦頗幽雅可聽鼓畢各皆擊掌稱賀

十三日庚辰晴平至午正行三百二十一洋里在赤道北五度四十九分巴里東八十九度四十九分酉正陰驟雨一陣涼記英國愛爾蘭人卜達滿夫婦乃往上海製造機器者不識西國之土伏耳亦猶我國鄉民之不識海参江瑤柱也

十四日辛巳陰子正一刻風起浪湧船即搖蕩寅正風息水平無波至午正行三百十洋里在赤道北五度二十八分巴里東九十四度五十一分船東行鎮日南面遠近山岡成行間見樹林排列乃蘇門答臘也申正微風極涼爽戌正一刻有同船德人萬代丹姊妹四人歌曲既而本船水手等廿餘裝扮東西國人并裝作熊馬駝鳥等末則四人提一小船內坐四名擊鼓打鐃繞船魚貫而行極其熱閙此後乃耍傀儡頗與北京者相似鼓琴歌唱至

卌六

十五日壬午丑初始散本船備有冰奶糕點當演畢一場後求人給錢以賑寡婦孤獨早晴熱寅正一刻大雨滂沱船慢行連鳴哨者多次因天色迷漫路途難辨也卯正雨止陰晴不定至午正行三百洋里在赤道北二度四十四分巴里東九十八度五十二分同船有前自克倫伯上船之華人楊雨亭名芳者乃雲南臨安府建

水縣之回民也年四十八歲以販賣珠寶為生據云在錫蘭島中斯普拉瑪地方產珠寶極盛在克拉大喇莊住有大商極富又緬甸多蛟地方臨河產有石油現亦屬英獲利甚鉅酉初過麻六甲見海面銀魚向船泳躍甚夥

十六日癸未陰子正二刻至新嘉坡口外停船卯初復開進口辰初泊岸見前一法公司名伊路達者來自上海係早兩點鐘到此者當本船上煤下貨時余即乘車持潘蘭史薦書至泰路喀雅爾街南生廣貨店拜胡硯
罡
農昌亭綺山兄弟至彼知硯農昌亭兩君早回羊城綺山亦由省城初到少坐在彼早餐後同乘馬車至胡家園一遊午後回船驟雨一陣此地華人鋪店種種加增較盛於前矣申初一刻展輪出口微風水面微波船即簸揚涼

十七日甲申晴涼逆風浪湧船頗搖蕩至午正行二百五十七洋里在赤道北四度九十分巴里東百零三度二十一分餘三百八十八洋里至西貢記西國官定船規凡載士男女乘船皆無船脚惟飲食每人日付數方

而已酉初大雨滂沱船行稍慢戌初雨止仍搖

十八日乙酉晴涼狂風巨浪船大簸蕩男女暈臥者大半未初因氣筒有損停船收拾片刻復開申初風息浪平遙望小山一縷乃安南界也酉初抵西貢口外稍停引水人登船酉正復開進口緩行戌正傍岸上煤下貨徹夜不息天不甚熱蚊聲如雷記土人書西貢曰柴棍亥正陰

十九日丙戌晴巳正登岸步至宏泰昌訪張沃生觀察霈霖知其五公子樹屏振德中式己丑科舉人因向賀
罡
喜後同其夥友范德有乘馬車行十數里至提岸埠土人呼曰幣欲一路樹林陰翳房屋無多至此地皆華商樓房鱗比遂入南美樓早餐後回宏泰昌少坐復同沃生乘車入萬牲園等處一遊禽獸未增園地闊充花木甚繁酉正晚酌同席為其夥友蔡復其與昌余勉之文朝范德有及在西貢華民稅務衙門充當通事之上海人梁福慶亥正回船細雨微涼又按西貢法國總督定例凡華人街行皆有憑牌當余下船時船主亦有憑單一紙以免巡捕考查

二十日丁亥晴寅正開船辰正一刻出口風浪如前日至午正行八十八洋里在赤道北十度十八分巴里東百零五度二十六分餘八百二十七洋里至香港竊思天下之衣食不外乎桑麻菽粟是天生之定物也乃桑麻之外又有冰絲可以成繒火毛可以織布菽粟之外又有竹米可以救荒榆麪可以入饌不意西國又有玻璃可以成棉印度則有饅果可以充飢是又出乎桑麻菽粟之外者矣

二十一日戊子晴鎮日風浪如昨至午正行二百五十七洋里在赤道北十三度四十七分巴里東百零七度

四九

二十八分同船一法人向余談及食物乃云凡豬羊牛類當擇其可食者食之不可頭蹄皆用因其味惡不鮮肉惑不淨也余曰中國亦然攷古時富貴之家講求食物有一羊僅割下唇肉一片餘皆棄置者其故蓋以羊之美全萃于此其他腥臊不足用也是亦擇食之至奇者現在此風不行因奢濫之至也其人聞之詫愕者良久

二十二日己丑晴涼風浪較昨稍平至午正行三百零一洋里在赤道北十八度三十三分巴里東百零八度五十六分申初陰細雨陣陣昨見安南人喜食檳榔乃以蠣房灰染紅色以櫓葉無論男女滿口咀嚼吐汁鮮紅如吐膿血令人觀之不雅因思有謂京師人嗜此品雖不染以灰色以葉乃雜以砂仁荳蔻竟日細嚼唇搖齒轉惡狀可憎殊不知飯後微食少許既能消食并去口味其有益也良多嗜此物者并非別有肺腸甘之如飴也西人飯後微食芋香糖亦即此意至如睡起不刮舌不刷牙飯後不漱口舌牙積胎厚至一二分黃如雀糞每向人言惡氣噴出觸鼻鄉民莫論其他如此裝作者不知本人知否是誠可憎者也

五十

二十三日庚寅晴巳初抵香港停船後乘小艇登岸在瓊香樓早餐既至舊沙宣行訪張冠卿未遇申正回船入夜細雨冷記西國糖分四種曰甘蔗糖曰果品糖曰萊根糖曰獸身奶骨糖于是作有紅糖白糖潮白頂冰以及冰沙末有粗細味有厚薄西人問余以中國糖之由來余謂中國古時僅有餳乃煎米糵而成者至甘蔗先用其漿既熬成膏至唐始遣使至摩揭陀國取熬糖

法、因有糖霜紅糖之類、由宋以來、始得各種名糖、大致與西國同、

二十四日辛卯、晴、冷、微風、巳初一刻展輪、出口逆風、船即簸揚、至午正行二十八洋里、在赤道北二十二度二十一分、巴里東百十二度十五分、餘八百四十二洋里、至上海、船東北行、鎮日西望山嶺綿亙、漁舟不斷、記洋錢之用在我國自乾隆初年以前、粵中已有多種、曰連、曰雙鷹、曰十字、曰雙柱、皆來自外洋、其後又有花邊、來自墨西哥、鬼頭、或公頭、來自英吉利、蓋西法有印國家號記于錢面者、有肖其王像于銀面者、史記所謂安息國以銀為錢、錢如其王面、王死轉效嗣王面是也、後又改呼其有王頭者曰番面錢、以畫像如佛、故又號曰番佛、由此觀之、是我國沿海之用洋錢也久矣、邇來日本仿鑄、我人亦用之、且各洋圜紙鈔亦皆通用、是洋人以銀餅換銀錠、換貨物、于中獲利匪淺、想我國將必設法鼓鑄、不令洋人盡獲其利也、

二十五日壬辰、稍陰、涼、風浪如昨、至午正行二百六十洋里、在赤道北二十四度二十九分、巴里東百十六度十六分、午正一刻過廈門、入夜風浪尤大、記東西各國、凡官定之律例、稅則、條章、以及與他國所換之條約、并萬國公法、恐人不知、無不正大光明、刷印成本、宣示眾人、因而官民在本國、去外國、待國人、視外人、各知所本、何為循例、何為犯法、無不遵守定章、官吏既不敢從中舞弊、更不能任其舞弊、不比土耳其等國、一概珍藏、不令民知、雖大小官員司其事者、亦罕有實明其理、故使官吏作弊、任意舞弄、不合新例、率引舊章、不行者能使行、可行者使不行、其稅則民既不明、官吏亦任意勒索、故至今民多困苦、而官吏私囊充之又充、其國既可慮、其民尤可危也、

二十六日癸巳、早陰、涼、風浪稍亞於昨、至午正行三百二十五洋里、在赤道北二十八度十五分、巴里東百十九度二十九分、午後晴、仍涼、入夜船稍穩、記前在地中海同船有土耳其商人顏世楠者、敘及出使一事、據云伊父前曾隨使外國數十年、因為人正直忠誠、不隨時派、為上憲及同人所忌、後遂告退、以樂餘年、至伊學業有成、其父不令為官、而為商、又言當其父隨使數十年

閒、使風日下、或在外洋娶妻、或娶而携回、或娶而遺留外洋、或領回而復逐去、或領回而不敢仍回故鄉、或改裝易服、或歸入外教、或遺身異邦、或得綽號、或誆騙妓女、或私通外國、或使外國外部給付節規、或自行妄稱、或在外賒欠、回後經人致書外部、或管支應因虧而監追、或素以販賣人口為業、而更名三次、或因外人輕視而改名、或為官製辦、致有賺錢、或以舊物充新物、或以爛物報重價、或事犯而抄家、或無事而陞官、或因而巨富、或因偷物致收監十八個月、或因故而致失目折股、

叁三

或携百箱回國而販賣以致巨富、種種不一、難更僕數、憶邇來數年、不知又出何等人物之不顧大局有傷國體者、此等事件向人言之、殊覺慚愧、然用人如此有傷國體、殊可慮耳、余謂以前既有如此各節、以後自當隨時選擇、矣其人聞之、笑而不言

二十七日甲午、微陰涼、丑正因機器有損、停輪收拾、卯初一刻復開、巳初至吳淞口住船、即有小輪船來接行客、并將各人行李提出上畢、即開、午初至上海碼頭、傍岸下船、乘車至泰來棧住、

二十八日乙未、晴暖、早起檢點行李、午後乘肩輿至文報局、拜王心如松森、王新之叔銘、沈昂青瞻雲、朱靜山格仁、又至江海關拜稅務司裴式楷、酉初回寓、入夜風雨、涼、

二十九日丙申、陰冷、欲雪、早起下樓大便、因而著涼肚痛、即時改著皮衣、竟患腹瀉、亥初睡、時吃午時茶麥牙加姜片少許、半夜稍汗、

十月

初一日丁酉、天晴、仍涼、午後桂竹君來拜、坐談少許即去、余鎮日腹瀉、飲食無味、幸早飲紅糖燒酒一盃、腹稍止痛、晚惟稀粥一盂而已、

叄四

初二日戊戌、晴、稍暖、腹不瀉、亦不痛、然身體輭弱、早晚仍食稀粥、午後陳次雉太守同書、銓部觀政鄂小農英希、昭甫都轉麟、吳蓉齋恩華、李子材家楠、王念劬叔蕃、前後來拜、

初三日己亥、晴暖、午後張叔平觀察鴻祿、姚子讓文枏、王心如、沈昂青來拜、

初四日庚子、晴、早起喫粥後、勉強支持乘肩輿答拜陳

次旌、鄂小農、希昭甫、王念劬、姚子讓、未初王新之、朱靜山、裴式楷前後來答拜、

初五日辛丑、早晴、乘肩輿先至老麥加洋客店拜鳳夔九、儀繼、拜吳蓉齋、李子材、張叔平、酉初桂竹君約在復新園晚酌、依然、飲食無味、少坐即回、入夜雨、

初六日壬寅、陰、稍暖、酉正、朱靜山約在一家春番菜館晚酌、同席為陳次旌、食畢復乘肩輿至天仙茶園觀劇、亥正謝歸、

初七日癸丑、陰、涼、未初姚子讓約飯其家、又自酉正至

五十五

子正、有王念劬、鄂小農、希昭甫諸君陸續約飯、及吳蓉齋約在三雅園聽文班戲、

初八日甲辰、晴、早由巳初至未正、王新之、李子材、承伯純諸君前後約飯、皆少坐辭謝、酉正余邀陳次旌、王念劬、沈昂青、王新之、李子材、朱靜山、希昭甫、鄂小農、桂竹君、承伯純諸君在海天春番菜館晚酌、彼此歡飲、子正始散、入夜陰、

初九日乙巳、陰、早鳳夔九來拜、既乘肩輿往拜桂竹君、聞海晏輪船進口、遂往招商局寫船票、

初十日丙午、陰、午後上行李、亥正同承伯純登船、時有沈昂青、王新之、桂竹君送別、坐談許久始去、

十一日丁未、晴、卯初一刻展輪出口、水平船穩、記同船客皆華人、洋人僅白藻泰夫婦、

十二日戊申、晴、涼、水平如昨、午後同白藻泰夫婦在客艙坐談、少刻其妻喚洋僕斟香賓一瓶、斟畢待飲、彼此舉杯相祝、

十三日己酉、晴、涼、丑正抵之罘、住船上下客貨、畢巳初復開、出口微風、冷、既而狂風大作、巨浪濤天、船則搖蕩

五十六

簸揚、戛戛有聲、行二百餘里、至酉刻、因風力太猛、船力難敵、遂泊于廟島後以避之、

十四日庚戌、陰、冷、風稍息、卯初展輪、亥初至大沽口外四十里停輪、即時津海關小輪船來收取信件、白藻泰夫婦亦即隨駕進口、入夜猶風、

十五日辛亥、陰晴不定、微風頗冷、現因口內水淺、船多停於口外下貨、必待一二三日、貨淨船輕方得進口、余同承伯純遂于巳初乘杉板船入大沽口、至塘沽下舟、登岸早尖、待至申正乃乘火車至津、酉正一刻下火車

坐東洋車行數里渡河、再乘車行幾里入佛照樓、知大兒榮驤率僕人趙喜來接、住此已四日矣、

十六日壬子、晴、知銓部正郎升吉甫允寶坻山刺史謙、因奉派隨使俄德與和、亦于昨晚由京到此、亦住此店、戌正送二君登豐順輪船、彼此暢談許久、子正回店、入夜陰涼、

十七日癸丑、早微雪一陣、繼而陰晴不定、巳初乘肩輿往謁李傅相、并拜黄花農、張雲波、張子敬、王竹軒、即時三君約飯在劉老吉、

十八日甲寅、晴、早乘肩輿往拜劉獻夫、羅稷臣、金固齋、聯春卿、蔭五樓、德春濤、陳靜泉、德璀琳、白藻太、回店、知劉獻夫諸君前來答拜、晚王竹軒、張雲波、張子敬約飯在晏芳樓、同座有郝晴川、繼戎、慶瀾、鄭天申、協戎明保、李青田刺史世銘、當早承伯純先行起程入都、

十九日乙卯、晴、早乘肩輿先至府學拜傅蔭庭、揖繼拜錢琴齋、郝晴川、鄭天申、李青田、回店、知傅蔭庭、黄花農諸君前來答拜、

二十日丙辰、晴、辰正起程、乘車行三十五里至蒲口早尖、再行二十五里至楊村宿、

二十一日丁巳、晴、卯正一刻起程、行二十五里至蔡村早尖、再行二十五里至河西塢宿、

二十二日戊午、晴、卯正起程、行三十六里至馬頭早尖、再行四十五里至于家衛宿、時因道途不靖、連日早行、幸有營兵護送、得以無虞、

二十三日己未、晴、巳正起程、行二十里、由廣渠門進崇文門、午正到家、夫妻父子相見、暢述三年中情事、恍如作一場大夢也、

卷十一終

光緒甲辰元日

六述奇

歸安金紹城

六述奇弁言

聖清繼統聲教覃敷東西朔南重
譯偕至輶軒之使特簡重臣近
數十年海禁大開輪舶飈馳冠
蓋相屬膺是任者絫歲得代
率有述作裒然成編梓行於世
凡所以紀歲月詳道里俾後之從
事斯有所稟承於抑亦藉以覘
國勢焉
在初星使與余同官夏曹居譯署
最久足跡徧歐洲今春自倫敦
歸適海以議商約駐滬得相見

握手道故，驩如也。間出巨册相示，皆紀載事實，比綴見聞，務詳務覈，起丙申訖庚子。其後所述尚未錄副，先顧為六述奇查。在初以述奇名編，有再述、三述、四述、五述，業已膾炙人口。茲又有六述奇之編，瀏覽既竟，屬一言以弁首。海不文，曷敢妄作。顧維昔年于役柏林，經過五載，時會舛迕，幸克蒇使事，例得有紀其山川風俗政事民情。余亦有星槎彙記及奉使案卷摘錄，暨庚子海外紀事諸集，因回滬後為議約事，公務紛繁，無暇清理，尚未敢出而問世。以視在初之編小大不遺，紀載詳明，瞠乎後矣。是書所纂雖不外日用飲食之恆，而於風俗之變遷、宗教之離合，再三致意，吾知其用心苦矣。閱者毋第喜其為海客談瀛，庶不蹈買櫝還珠之誚乎。

光緒丙午年二月前皇華使者

愚弟呂海寰序於上海差次

六述奇自叙

余生於燕凡所謂秦晉齊楚魯衛吳越之邦舟車所及亦僅緣邊一區而境過情遷迺成鴻雪夫地之視天彈丸耳中原之於地一隅耳約之郡邑均之一身眇然一塵耳一身之飲食起居一剎那耳以一身欲括海外之政教風俗燭其微翔其實非旦夕之功也雖然政莫大于禮禮始飲食詩詠乾餱日用起居之閭里巷瑣屑之事其于政教也譬諸江河之有尾閭如疏通濬瀹莫要於此者政教將於是乎覘通塞焉余成六述奇仍前五記之例由此志爾

光緒庚子仲夏張德彝識于

養心堂

六述奇凡例

一海邦政俗近年諸星使著作如林久已膾炙人口余則不過竊其緒餘而已

一是書本紀泰西風土人情故所敘瑣事不嫌累牘連篇至於各國政事得失自有西士譯書可考

一是書原係逐日登記藉驅睡魔其文俚而不雅難免有道之譏閱者諒之

一所紀天文度數山川遠近里數不無訛錯然行人持此而往或不迷於所向也

一錄泰西往事以及製造之創始雖用西厤紀年而仍附以中厤者以便閱者考查也

一海外地名以‖識之人名官名物名以|識之其還音雖本瀛寰志略各書仍有不甚吻合之處聊以得其彷彿云爾至中華之地名人名官名物名則不復識別

一歷次出洋雖辱承譯事而一切密勿關而不書亦金人緘口之意也

一前五次筆所述及者概不登入以免重複

一昔宋洪邁成容齋隨筆後有續筆三筆四筆五筆張端義貴耳集有二集三集古人編纂與時俱積原不必統隨一式余六次出差各就見聞筆錄故以述奇再述三述四述五述六述而名之

一所載有見聞不確失其事實者尚望　高明正之

六述奇目錄

六述奇卷一

鐵嶺張德彝在初氏隨筆

環球五大洲、已化各國、互派公使駐紮、以聯邦交、而保商民、夫職掌行人、而不諳該國之語言文字、雖有繙譯、究覺口耳不靈、遇事傳言、或遲速不宜、或辭意未盡、往往坐失要領、交涉因以紛歧、願欲使樽俎折衝、敦槃生色、不綦難乎、嘗考泰西各公使多有通兩三國語言者、中外換約以來、聘使既通、尤重舌人之寄、然諳練彼此語言者、恆不多覯、西公使之能華言者、僅英之威妥瑪、法之李梅、即我使臣之能西語者、亦僅前駐英之曾惠敏公及駐法之慶靄使而已、光緒二十有二年龔仰蘧星使照瑗三年瓜代、因病奏請

簡派使臣李傅相密保羅稷臣觀察、堪充使材、羅公係前福建船政局肄業生、曾隨李丹崖觀察督率諸生來英充繙譯官、繼隨李傅相出使俄日等國充參贊官、遂於十月十九日奉

旨二品銜記名海關道羅豐祿著賞給四品卿銜充出使英

國大臣兼義比國大臣欽此

二十九日、余經羅星使奏調、派充參贊、同時奏調各員

約廿餘人、參贊官布政使銜候選道林怡游和叔福州府侯官縣人、布政使銜分省補用道羅臻祿醒塵福州府閩縣人、繙譯官三品銜直隸補用直隸州知州陳恩燾幼庸福州府閩縣人、監生楊書雯仲卿湖南長沙縣人、隨員四品銜直隸州用直隸候補知縣羅熙祿夢祖福州府閩縣人、工部學習主事沈瑤慶荔虎福州府侯官縣人、直隸候補直隸州知州曾兆鋹叔吾福州府閩縣人、福建候補同知沈蕃藕生浙江嘉興府秀水縣人、候選布理問吳煥聲少序浙江杭州府餘杭縣人、四品銜候選通判任敬和謙齋江蘇常州府宜興縣人、分省補用縣丞羅忠彤小荷福州府閩縣人、舉人林桂芬琴蓀福州府閩縣人、江蘇試用巡檢王崇厚少山安徽安慶府懷寧縣人、江西試用府經歷唐俊竹溪浙江杭州府錢塘縣人、總理衙門供事五品銜候選鹽大使尹壽齡元輔江蘇鎮江府丹徒縣人、五品銜分省補用知縣袁承惠仁圃直隸順天府通州人、學生五品銜同文館七品官于德濬心泉山東登州府海陽縣人、六品銜同文館八

品官王芸香圃直隸順天府寶坻縣人、五品銜候選縣
丞羅之彥、伯蘇福州府閩縣人、候選塩大使魏濂、蓮叔
福州府候官縣人監生嚴璩、伯玉福州府候官縣人監
生吳尹昌、旭霄安徽廬州府廬江縣人、以上皆隨駐英
倫者、至由駐新嘉坡者、為補用知府林祇曾、筠台福州
府候官縣人、浙江候補縣丞余文㷀、丹署安徽徽州府
休寧縣人、江蘇試用縣丞魏炘、星叔福州府候官縣人、
廩貢生洪錫昌、惠余安徽徽州府祁門縣人、十一月初
一日星使陛辭請
訓、初五日啟節、約於明春二月初、在上海齊集、余自初三日
奉到札文後、即治理行裝、連日戚友祖餞、至

三

光緒二十三年、歲次丁酉正月
二十八日戊午、晴、午初率三子榮驤、榮驊、榮驥及僕役
來福許立起程、乘車道出崇文門東便門、行二十五里
至于家衛、早饍遇同事吳少庠、王香圃二君、未初同行
三十里至張家灣宿、
二十九日己未、晴冷、寅正開車、行六十里至安平鎮、早
饍、又行六十里、戌刻抵楊村宿、

二月
初一日庚申、晴涼、寅初啟程、行七十里、巳正到天津、住
春元棧、時值春寒、途次所經阡陌間、冰雪冱結、比近浦
口、則南望滄田、渺無涯際、奚津沽河隄上下及北門內
附牆一帶、蓬廬鱗比、皆七八年前難民之流寓者、過東
門入租界、洋樓毘連、其整潔不減滬上、
初二日辛酉、晴涼如昨、早間舊同硯那華祝三黃伯申
致堯來拜、午後乘肩輿答拜、那、黃兩君並至府學拜會
傅蔭庭、楫大儀門拜張子鏡、文彥酉正黃伯申約在第

四

一樓晚酌、樓三層、正面五間、內分多間、裝潢華美、陳設
壯麗、洋菜皆法式、盤餐豐腆、味亦頗佳、樓東孫寶善即
前隨崇宮保使俄之庖丁也、伊本津人、由洋回華後、先
開洋澡堂、繼設叫貨行、獲利既鉅、復建此樓、現共庖丁
九人、堂倌五十人、雜役十餘人、讌會之所、為天津冠弁、
聞伊在滬瀆蘇垣皆有生意、積貲累萬、儼然素封、余嘗
謂生財有道、載諸聖經、倚頓陶朱、何難力致、第經之營
之、惟視其人之得法與不得法耳、
初三日壬戌、晴、午後乘肩輿往謁王夔石制軍、順拜丞

敬雨霖黃花農建筦聯春卿芳廕五樓邑四觀察德春
濤海陳靜泉應宗稅務司安格聯德璀琳及此次同事
任謙齋並伊弟子梅敬敷又學習電報之同文館學生
郭獻臣家珍文清軒廉萬翰卿林同寓知黃花農任謙
齋張子敬那華祝諸君投刺來拜
初四日癸亥早陰涼午後稍晴乘肩輿往拜那錫侯晉
李蘭舟家鰲劉輔臣國樑回寓知王制軍差人投刺來
拜既有承敬雨聯春卿廕五樓德春濤傅蔭庭劉輔臣
前後來拜各皆面晤暢談往事戌初張子敬劉輔臣同

五

約在裕泰洋飯店晚酌饌品西式華味器皿截菜中外
混淆遠遜第一樓之一律法式且裝潢陳設皆華物舊
而俗名曰洋餐洵不足以娛賓也
初五日甲子晴暖午初廕五樓招飲在武備學堂同席
為際子雯昌廷立齋魁陳靜泉德春濤彼此暢談甚歡
未正謝歸知有那錫侯李蘭舟劉荔孫榮惠來拜因聞
招商局三新輪船咸於昨午展輪由滬來津出招牌傳
知各店謂初八早直行開往上海遂即致函任謙齋并
約袁尹二君來店商寫船票酉正聯春卿約余率三兒

在第一樓晚酌
初六日乙丑早陰午初晴午正承敬雨約在第一樓午
酌同席為那錫侯際子雯張燕謀翼申初回寓星使猶
子羅季新忠銘來拜屬帶信函匯票藥料各一件昨往
購船票因新裕艙間已滿擬改乘新濟酉正劉輔臣約
在歸賈胡同德聚湧館晚酌同座有李青田樹銘張子
敬兩君
初七日丙寅陰涼酉正李蘭舟黃伯申同約在第一樓
晚酌同席為隨使美日秘之理藩院員外郎壽格平廷

六

刑部主事王杉緣樹善及在北洋當差之通判張丹榮
慶桂巡檢陳雲史振墊并同事吳少序
初八日丁卯早晴午後陰昨聞新裕新濟新豐永平富
平永平海晏德生盛京豐順重慶景星海定通州連陞
等船皆已掛口新濟各艙亦無隙地遂改購新豐船票
或云七十二灣中尚有三十餘里冰厚盈尺又有謂尚
有冰凌者旋令店主往探迺知各船雖已進口而半途
為載木商船張家口擱淺所阻申刻新裕德生永平三
輪泊岸餘船皆住塘沽酉正李青田約在義昇成飯館

晚酌、同座有劉輔臣、張子敬、劉小竹、長英夾初謝歸、先是正月二十四日、總署接星使滬電稱二月十一日乘法公司放洋、余到此、知各船於初四日始由滬來津、遂將到津無船抵滬逾期如何、亦遵等因電詢星使、晚間接文報局李汝才景枚來函、據云星使准於十一日放洋、在津諸公不及隨行、已將購定船票留在滬上

初九日戊辰、早大風雪、冷似初冬、巳正雪止、未初稍晴、入夜仍陰、尤冷、聞今早新裕雖開、水淺仍未出口、故他船亦皆泊於三十里外、未得駛入、又於午後致書羅季新、將匯票繳還、

初十日己巳、大晴、極冷、見冰、聞當早惟新裕、永平二船搭客出口、他船皆因載重水淺、不易內駛、或云現將卸貨、俟船輕易行、明日午後當必有望也、晚有張丹榮來拜、少坐即去、

十一日庚午、早陰、午正晴、令僕役來福乘馬回京、因待船至申刻無音、遂信步至杏花村關帝廟中訪隋青選奉以茶點、坐談許久、皆二十年前事也、回店知東文繙譯陶杏南大均來拜、晚有舊同事姚子楳文棟由京來、

七

亦住此店、彼此暢敘、已往、

十二日辛未、晴、早張家口傍岸、午後答拜陶杏南、張丹榮、申初陰冷、利運、桂陽、順和、新豐齊到、知新豐艙房仍餘不多、無法遂約諸同事齊發行李、酉正登船、余率二兒榮驊一艙、吳少序、王香圃一艙、皆上艙、袁仁圃、尹元輔及任謙齋偕其少君丹崖、鳳藻、皆原定上艙、乃婉請住中艙、僕人許五雖定中艙、竟使臥在鹼塊之上、按招商局定價、由津至滬、官艙一人十四兩、上艙十二兩、中艙十兩零八錢、往本局寫票、不折不扣、余等經店主代寫、九五扣、已覺便宜、迨上船訊諸他人、竟有以十一元寫十二兩票、及以八元寫十兩零八錢票者、箇中詳情、令人難測、

十三日壬申、稍晴、子初大兒榮驤偕三兒榮驥叩別回京、卯正本船上下貨畢、即開、巳正行近塘沽、見有溫州穗生、重慶三船擱淺、斯時水深僅由四尺至六七尺、本船亦即下錨、午後大風、極冷、酉正風息、仍涼、

十四日癸酉、陰涼、卯正穗生展輪北行、本船欲開而水仍淺、申初潮漲、重慶、溫州北開、本船南駛、申正遇新濟

八

北行、酉正一刻過塘沽、見景星圖南海晏三船、皆泊於
此、戌初出大沽口、復因水淺停輪、陰風怒號、極冷
十五日甲戌晴、涼、丑初展輪過沙、橫水微深、而船搖、午
初遠見正東一船北行、其名未詳、未正過成山、遙望層
巒疊障、上出重霄、雲影天光、隱約閒不啻蜃樓海市、左
右漁舟三兩、隨波上下、水現深綠色、舟平如砥、大有比
日中流自在行之樂、酉正過烟台、亥初左遇一輪船、亦
南去者、我船即時趨過、
十六日乙亥陰、早南行、東南風浪湧、船搖、眾莫能興、余

九

獨無恙、迨早餐、僅余同香圃及一王姓年老者、酉正因
機器有損、停輪修理、少刻復開、晚餐惟余一人、其他或
卧或嘔、聲音逆耳、氣味薰人、入夜余仍不時緩步船面、
以吸空氣、夜渡黑水洋、依然狂風巨浪、
十七日丙子、風雨交加、浪小、船行稍穩、巳初遙見西面
一漁舟浮沉乎波浪之閒、巳正大風、船搖如昨、連日有
沙鷗十餘追隨舟尾、上下迴翔、啄食拋棄之物、船西南
行、東面遇一輪舟、亦駛來上海者、本船又即趨過、午初
過茶山、轉西稍北、左右見岸、午正二刻進口、未正二刻

泊於金利源碼頭、知海晏景星二船、皆早一刻泊岸、余
即時下船、寓二洋涇橋全安棧、春元店主所薦也、樓房
高大、皆洋式、第朽爛不潔、久欠修理耳、晚餐後、持張子
敬薦書至三馬路逢源里同和棧、文茂昌拜王竹溪、嘉
禮坐談良久、同寓、
十八日丁丑陰、冷、午後乘肩輿往拜劉康侯觀察、麒祥
文報總局委員王心如樹森、王新之叔銘、李汝才景枚、
江海關稅務司雷樂石、同寓後有王竹溪、鳳夔九儀、李
汝才及辦理英義比文報委員謝筠亭、上松前後來拜、

十

聞新裕輪船前於十一日午後抵滬、星使於初十早登
法公司船、同事于心泉當日未能隨星使放洋、尚留在
此、遂約由他處移入此店、以便同行、又劉康侯送菜席
一桌、即邀諸同事及鳳夔九晚餐、杯盤狼藉、主賓暢敘、
盡歡而罷、
十九日戊寅、鎮日陰晴不定、稍暖、午後王心如及翁緝
臣太守熙孫前後來拜、申刻答拜翁緝臣謝筠亭、知余
等八人及二跟役之船票、皆奉星使諭令謝君寫定、戌
初王竹溪約率小兒榮驊在六馬路中市天福園觀劇、

園開敞照洋樓建法并無房柱阻礙眼光戲亦頗佳惜
因著涼腹痛少坐謝歸

二十日己卯陰午後張隱南鴻及雷樂石來拜酉正謝
筠亭約余及諸同事率小兒榮驊在四馬路聚豐園晚
酌酒菜甚好得食廣東鮮茄

二十一日庚辰早陰巳正至法國輪船公司見其首事
阿拉班訊問由馬賽至倫敦之火輪車船價順路答拜
張隱南未遇未初大雨酉正張隱南約在一品香晚酌
樓房寬闊整潔惟菜之品味稍亞於天津第一樓耳記

十一

青蓮閣上海一大鴉片烟館也樓三層大廳五間烟廊
十八間共列烟牀一百六十二架房租每日五十六圓
一日賣洋烟與茶共值一千七八百圓閣東一年約賺
銀萬餘兩堂倌無工錢全資客賞每日反交櫃四十老
錢名為押帳實充燈油費云

二十二日辛巳大雨陣陣雷始發聲午初王新之來拜
未正步至法國輪船公司添寫車船票申刻雨止戌初
王竹溪約在聚豐園晚酌酒饌芳美酬酢甚歡亥正謝
歸入夜風

二十三日壬午陰丑初睡正矇矓之際忽聞陣陣吹租
細氣哨聲疑有輪船進口既而鳴鐘兩陣醒見窗紙透
紅詢知五馬路天義戲園不戒於火沿燒五家寅正撲
滅一片高樓忽成灰燼幸未傷人早起大雨滂沱午正
雨止有李芳圃炳琳劉敬臣坤來拜皆十年前之舊同
事也入夜細雨淋漓

二十四日癸未晨屢逢陣雨昨早法公司總辦因事差
人邀余當於巳正前往據云前帳尚欠百金須即補繳
余答以致書羅星使戌前次經手人照數核給伊謂郵

十二

函往返動擱兩月利息誰償余以此間尚有謝公代理
支應當可商辦因馳告謝筠亭迨筠亭至該公司詳詢
迺知當日錯算少收百金并非前人欠付然彼此仍未
議妥辦法今晨巳初余又往見該總辦再三駁之謂前
款既非謝君經手更須問明前次購票之人始可設法
照繳伊聲稱無論如何此項苟不清付當扣留二等票
一張不得上船余以此事與己無涉汝自致書謝君詳
陳顛末伊可憑原函照稟星使戌當先付此款云云答
之歸聞筠亭得書即付以規平百兩迺少刻又將原款

纖還竟謂帳目并未錯短真奇談也法公司此番交涉是否矯詐無庸置議獨是舉措輕率一何可哂已正發行李用小船運至法公司對門碼頭待至申正輪渡未到乃以木舟載交大船酉初雨止天晴見星

二十五日甲申早稍暖陰晴不定未初細雨未正偕諸同事率榮驊帶隨手箱篋由店至法公司碼頭登黃浦小輪船時有王竹溪謝筠亭李汝才送別又遇慶藹堂之猶子同時登船係往法京學法文者申正展輪酉刻抵吳淞登阿拉班輪船談船長一百三十碼零百分之七十五寬十二碼零百分之七高十碼零百分之二十五重四千零八十噸又十一分載重一千九百四十七噸馬力三千二百船主鞠沙倪年近四旬人尚溫恭計客共男女頭等十八人二等二十一人三等十二人

二十六日乙酉陰卯正展輪辰初出口水平船穩午初過寗波戌初細雨戌刻過福州鎮日左右頻見島嶼漁舟并有沙鷗廿餘追隨于船尾

二十七日丙戌陰鎮日水色翠綠平靜如油計自上海至香港共七百三十一洋里由昨日辰初至今日午正

十三

共行三百七十九洋里在赤道北二十五度一分下餘三百五十二洋里約明日未刻可到入夜熱

二十八日丁亥丑初大霧船即緩行不時鳴哨以警他船之往來者一免彼此碰撞再告以本船并未停輪也早起步登船面見黑霧迷漫咫尺不見人船恐錯行海道度數難辨卯正停輪不時鳴鐘以告他船謂有船在此下錨也天先陰而後晴極熱至脫皮衣換袷襖雖有日光而霧仍不散落如細雨申初稍霽申正大晴天水始得辨清申正一刻展輪水平如鏡迤行不及一刻大霧復霈水路難辨即時停泊或謂廈門已過距香港約七十餘洋里入夜天上明星在望而海面浮霧厚八九尺亦奇景也本船刻刻鳴鐘戌正對面來一船大小不辨惟聞哨聲如牛吼乃隨行諒地躲避察其聲似緩行自南而東去者

十四

二十九日戊子陰而霧散卯正展輪西行先見漁舟蕩漾繼而左右皆山未初抵香港下椗後偕諸同事駕小舟登岸步至中環興隆街口海旁第五十四號容記洋貨店訪梁浩田廣全收取星使在羊城製辦之錫器兩

箱、當斯時也、綠樹陰濃、燠熱如夏、因在彼少息、酉正約在萬香樓晚酌、同席有其影計林張二君、酒饌頗佳、給奉甚殷、亥初謝歸、亥正一刻船開出口、平、

三十日己丑、晴、熱、易單衣、由香港至西貢九百二十洋里、至今日午正共行一百八十二洋里、在赤道北十九度四十八分、下餘七百三十八洋里、記同船新搭一廈門人名黃沙、年二十五歲、據云伊父黃亞𦈢、現在西貢販米為生、字號新合裕、已入法籍、生有六子、仍改華籍、沙生西貢、能安南語、幼學法文、既來廈門、習漢文語言、溫恭、字畫清秀、今攜妻來西貢、將在美荻地方開設當鋪、云其人神觀爽邁、相貌奇偉、亦華商中之特出者、未正過海南、入夜微風、船稍簸揚、

三月

初一日庚寅、早晴、未初細雨一陣、雨後仍晴、船南行稍西、鎮日西面連見山岡、戌行乃安南東北界也、水平黑色、至午正行三百六十洋里、在赤道北十四度三十九分、戌初因船錯行、停輪片時、乃緩緩退回廿餘里、覓得正路、始復暢行、記同船四日本人、其至大者僅二十餘歲、皆能英法語、一係日本駐義國參贊官、名高杉東一、一往法國學律學、名岡田朝太郎、一赴比國學商務、名福田德太郎、一到孟買正金銀行、名高道竹雄、

初二日辛卯、晴、平午初遙見西南一島上立燈樓、地名賢羅格角、據云、此時如不見是島、則西貢之午潮退、不得進口、須待明晨矣、至午正行三百十二洋里、在赤道北十度十九分、下餘六十六洋里、未正抵西貢進口、左右綠樹叢蘢、所識者棕鐵而已、兩岸荒地開墾頗多、皆改稻田、申正泊岸、將近岸、聲一礮、船進是口之定例也、口內輪船惟德國多、至二十餘隻、本船上下貨物、喧鬧聒耳、自宵達旦、

初三日壬辰、晴、辰正登岸、訪張沃生觀察霈霖、入內見蔡復其、皆三十年前之舊雨也、少坐、先乘馬車遊花園、園中鳥聲千種、花隨四時、風景頗佳、屋內設鐵檻、增馴象、文豹各一、象牙垂地、豹皮斕斑、與余在他國所見者同、遊畢、約在大店早餐、未刻謝別、回船、見男女老幼客添百餘、申初開船、將出口、復聲兩礮、酉正一刻出口、平而熱、

初四日癸巳大晴極熱至午正行二百八十九洋里在赤道北六度二十分下餘三百五十九洋里隨行頻見飛魚成羣游躍於波浪之間

初五日甲午陰未初抵新嘉坡傍岸閒大雨一陣旋偕眾同事乘車至中國領事公署拜總領事張弼士振勳筆政沈鼎之銘司馬劉葆森玉麟及林筠台魏星叔余丹署洪惠余諸君同坐啜茹少敘寒暄即乘馬車馳驅數里後在公署晚酌同座有粵人吳夔甫名丕球者現列華商第一英廷准其在此入座議事亥初謝辭回船

廿七

亥正一刻船開出口甚平

初六日乙未晴至午正行一百八十八洋里在赤道北二度四十四分下餘一千三百八十二洋里入夜腹痛水瀉遍體燥熱口覺無味

初七日丙申晴早起經本船醫官給白藥末三小包以涼水沖服乃止痛止瀉者至午正行三百三十六洋里在赤道北五度二十九分

初八日丁酉晴至午正行三百三十四洋里在赤道北五度五十二分入夜大雨雷自昨日余早晚服藥兩包痛瀉頓止記余前數次隨使東西各國率皆數萬里外其地或極寒或極熱未嘗不服水土惟九次往來過此皆患水瀉之疾其所以然者非因久食洋菜驟易華餐所致實乃此地水性烈而肉食亦不合余之口胃耳蓋燥渴思飲多飲既瀉而少飲亦不免也

初九日戊戌早陰巳正大雨午刻稍晴移時復雨至午正行三百四十二洋里在赤道北五度五十二分連日早晚惟飲饘粥一甌今日口中始有津液

廿八

初十日己亥晴水微波而船搖至午正行三百四十四洋里在赤道北六度三十二分下餘二十六洋里鎮日右見山岡蔚然水色深綠未初一刻抵錫蘭之班得高進口停輪港內商輪輻湊景物依然法公司往來原不換船近改每次有船自澳大利亞又名新金山駛會于此客之直去馬賽者換船否則仍坐來船北至孟買再西赴亞丁經蘇耳士到馬賽此程須多行五日其換船與否多歸公司定奪前在上洋接星使買定船票中有二人不換船者迨登輪後商諸帳館伊謂既係同行不宜兩致遂以紅筆塗抹統改換乘故到此於申正將行

李提出概上渡船余先執票坐小輪舟至彼船船極大名澳大利亞蓋法公司初開此道即將第一船之往來者取地名名之入見帳館往來斟酌多次惟云頭三等艙皆無二等艙僅餘五牀適諸同人亦到余告以故遂俱返原船而大件行李皆已移去余謂如非需用即令該船帶赴馬賽必無遺失因時已酉正運回不易同人以為可余擬向該船言明而于心泉欲取回三件尹元輔尋覓一件至彼告知管行李人心泉取訖余又代為具結回船後知元輔尋件仍在本艙按客之未得移去者除余等十人外另有葡日瑞士瑞典者七八人

十一日庚子晴熱巳刻澳大利亞及去上洋之法公司亞臘二船開未正本船開出口風靜波平水深藍色

十二日辛丑晴天雖熱而微風頗覺清爽至午正行二百八十五洋里在赤道北九度八分下餘六百四十二洋里

十三日壬寅晴爽如昨按熱帶不結冰現各處僑居之洋人及往來各船所用者皆係人工所造味較天然者稍遜至午正行三百零九洋里在赤道北十三度五十

一分

十四日癸卯晴船北行東面隱隱見山海面漁舟三兩水色葱綠連遇往來輪船六七名皆未詳午正一刻抵孟買（英名邦貝地在印度正西界赤道北十九度零）先是本船貼一告白大旨謂孟買瘟疫流行已逾半載故者甚夥本船到後望諸貴客除專來此地者下船其他請勿登岸以免傳染至迫於無可如何必須上岸者本船亦不敢阻惟祈自行小心可也故船到下椗後不放旁梯禁止土人上船售物凡有舟艇駛近本船者皆以水激之使去未初信船到彼此換收信包布袋既而議定凡有客買票搭船者須待明早登船經醫官驗無防礙方得入艙又英國在此設有精神官（另等醫官之稱）定于明晨巳正來船查驗通船各人有無病症以便電達下站其中苟有似染此症者俟到馬賽須移赴三十里外之小島留住一十五天每日飲用自給須費一鎊云按此次未得換船亦似有憾私衷蓋前九次乘槎皆未經此既不換船可得登岸眺矚藉拓眼界不意竟為時症所阻心實悵然輪機甫停憑欄遠望地則平坦無山微似上海而樓房數點迥殊

闌闠雲連口外二燈樓一紅一白口內二土礮台毫不壯觀景不新奇遊興因而頓止入夜燈光無幾不似他處之燦爛如星者幸本船不上煤水貨物清風涼爽終夜得眠

十五日甲辰晴巳正精神官携男女二醫生上船先令本船之夏桑水手庖丁烙麪包匠及華工之傭役鐵木匠燒煤人等共計百數十前後排列兩行醫生令解汗衫按名自首至腹以手捺按驗羅旋至吸烟房按本船坐客名單不拘頭二三等一一入右門出左門醫生看舌診脈而驗之通計亦百餘人各女客皆在飯廳內經女醫驗視午正驗畢幸通船無一染時症者頭二等客中雖各有一年老患病者皆舊疾也至新搭船客中亦有經本船醫官驗而不准入艙者未初開行出口水平如鏡其色深藍

十六日乙巳晴水平微風殊涼爽至午正行三百三十二洋里下餘一千三百二十洋里在赤道北十七度三十一分記邇來各處所患之時症洋名普拉究

十七日丙午晴稍熱至午正行三百二十九洋里在赤道北十六度六分記同船共襁褓物有五晝夜呱呱使人轉側宵分悅悅不寐

十八日丁未晴水平無紋至午正行三百二十六洋里在赤道北十四度十三分晚見男女十餘在船面環坐成圈同執一作結繩彼此隨手轉換其結隨轉隨歌中立一人四面以目追繩竭力窺察捉得繩結則坐者與立者互換如此玩戲倦而後已

十九日戊申晴熱午初船右遙見一大兵輪係東去者至午正行三百一十七洋里在赤道北十三度四十四分下餘三百四十八洋里

二十日己酉晴熱如昨早右見枯山一縷未初抵亞丁住船後無上下客依然禁止土人上船即時上煤上水人物喧譁亥初始畢遙望岸上房屋稍增輪船大小亦不下數十子初展輪出口水平稍涼

二十一日庚戌晴早見左右皆山入紅海水深藍色浪微湧而船不搖至午正行一百六十五洋里在赤道北十三度三十九分下餘一千一百四十五洋里前日聞土耳其與希臘釁兵希敗傷人千餘或謂因此恐歐洲

亦將起釁、蓋英法德俄各有協助之心、惟所欲助者、各不相同耳、英德原屬至契、今因南斐洲之土地、亦漸不睦、云昔騶衍稱中國外如赤縣神州者九、有裨海環之、人民禽獸莫能相通、大抵皆臆度之詞、方今列強屏陵幾徧五大部洲、其勢力較戰國爲尤烈、世變之亟、可以考鏡矣、又因時症、本船出告白、請男女各客將所著之布衣內襯、以布包妥、每一禮拜交侍僕兩次、便使汽機蒸熏一過、以去病味、

二十二日辛亥、晴、船微簸揚、幸來北風、尚不似前幾次之溽熱如盛暑、至午正、行三百二十八洋里、在赤道北十八度十九分、未初遇一輪船、亦北行者、即時本船趨過、申初風勁頗涼、

二十三日壬子、晴、天涼、至著袷襖、至午正、行三百二十二洋里、在赤道北二十二度五十六分、逆風、船簸揚、男女多有暈臥者、同船有英人匹夫匹婦、偕其二子者、久居印度、初回國、去馬賽不知英法金銀行價、更不知在馬賽何店可住、乃請教於余、亦奇事也、

二十四日癸丑、晴、涼、水綠色、仍風而船穩、至午正、行三百一十五洋里、在赤道北二十七度二十四分、下餘一百八十洋里、自午初即見左右枯山綿亘、又見二輪船、一南行、一北行者、入夜風息、水平如鏡、

二十五日甲寅、晴、早涼、丑初抵蘇耳士、停輪、卯初、有本地醫官來船查驗各僕役及工匠水手、恐時症傳染故也、卯正信船到、取送信包、本船又自埠中購得菜蔬菓品魚冰等、以供七日之用、巳初展輪進口、緩行、因左右沙堤高而阻風、甚熱、又換單衫、頗覺乾燥、未正一刻、抵義思瑪里亞之鹽湖、聞本船納進口稅、每噸合九方半

一人十方、引水人工錢在內、申刻復來二英船、皆係本船昨日趕過者、一名碧年修臘、一名安土耳城、入湖後即有小輪船迎迓通信、安船乃轉入河口、碧船停輪、蓋凡船之由病鄉駛至各處者、皆懸黃旗、雖住船而不准人登岸、以防病氣流傳、因安船來自他處、故得即行進河、碧船下錨距本船不遠、其上亦多英人、彼此相識、乃以搖旗交談、其法與電信暗碼同、亦軍營隊中說話之一法也、入夜頗冷、碧船稍大、較本船長三四丈、艙中上下燃燈三橫、每橫約百盞、不啻光明世界、且船面前後

兩霧奏鮫人之樂作鴛鴦之舞極形鬧熱戌初南來一船北來三船皆前挂大電燈遠望如日月光之閃爍亥正本船及碧船皆燃大電燈前後長輪入河

二十六日乙卯晴冷辰初出河至波賽住船又添市牛羊肉菓品菜蔬甚多因此船供四百人之飲食也既而碧年修臘及西敏斯德二輪船亦到辰正本船上煤巳初上畢刷洗船面巳正碧船先開待至亭午本船亦開見接岸所築假石長堤竟被波浪沖損幸左右水尚不接而距海口外不遠水仍平定出口逆風微波而船不搖載重故也聞新開河長八十七洋里廣七八丈深約三丈疏鑿之功近古罕比其利當在鄭國渠之上至午正行二十四洋里在赤道北三十一度三十八分下餘七千四百八十六洋里申初浪湧船搖尤冷晚餐得食枇杷

三五

二十七日丙辰晴北風極冷鎮日波浪洶湧船則簸揚無甯晷水頻激過船面乃船頭忽而沁入或船尾忽而翹出故輪雖轉而無力至午正僅行二百七十二洋里在赤道北三十三度二十二分頭等客共五十七人今日早晚餐僅八九人同事諸君卧者固多而嘔吐者亦有二三焉

二十八日丁巳晴卯初過干的大島為前土希交兵處辰初風息水平船始暢行無阻天亦即暖男女行客始多至船面互相顧問促膝交談至午正行三百十洋里在赤道北三十五度四十分

二十九日戊午晴暖水平至午正行三百二十八洋里在赤道北三十八度七分未初過墨西那左右山島連綿遙望樓房整潔水秀山青南為西奚里山名艾帖那終年積雪不化望之如長空垂白練下產硫磺亦極豐盛北為義國山名克勃洛頂亦有雪兩山對峙奇景也入夜陰

三六

三十日己未陰涼至午正行三百三十八洋里在赤道北四十一度十三分下餘二百三十八洋里未初左過闊爾奚戛島屬法國右過薩爾的尼亞島屬義國二島之間水微波幸船不搖否須繞行闊爾奚戛島外較此遠百餘里然此中礁石頗多非熟海道者不易駛也遙望島上房屋點綴多白色者連遇風篷小船二一載樺

木一載他貨皆順風揚帆泛行殊快因明日到馬賽為
法公司之末站自放洋後一路平安諸客咸感船主情
義殷摯乃公作誦詞一章贈之通船頭二等客陸續畫
押戌初細雨一陣

四月

初一日庚申晴涼卯初抵距馬賽以北約二三華里之
阜里攸地方轉入口內下錨地係二島左名波米谷右
名拉兜奴彼此相距不足一里中間接以石堤作凡字
形山不高石皆白色明淨無林木僅碧艸如茵黃花數
點而已其上人跡頗稀望中見陋室四行白樓兩行咸
作養病所名稱三等店蓋與船上客同分頭二三等也
外有小禮拜堂一間辰初來一醫生將由孟買上船男
女各客皆覿面驗過無病乃偕船主上岸報官至眾客
准否下船未定又凡由孟買上船各人所臥之枕褥以
及各人之便衣寢衣皆運至右岸矮屋中用熱氣薰蒸
以去病蟲既又來四著白衣白帽老人抬一激筒向各
艙激藥水以去病味船主醫官登岸三次始聞令傳此
二十四點鐘明晨卯初開行聞前此一船極大者因有

時症留此十六日頭等客住白樓飲食一切每日竟索
二十方按時價合銀不足六兩如此強留英人多謂法
之不仁且多言而無信云

初二日辛酉晴寅正一刻展輪卯初抵馬賽未傍岸即
有馬賽大店中人上船迎請（係前三次住過者）卯正停泊下錨
店人以車來接手執襆物登車辰初入店沃盥畢早餐
午正隨身行李及前由澳大利亞輪船帶來各件齊行
運到約眾同事酌量分清需用者隨身帶之其他皆走
慢船計十人中擇其必須者三十一件走慢船者四十
三件內有自上海為星使攜帶之書籍錫器靴酒等共
十六件酉正同眾出店緩步數里肩摩轂擊闤闠雲連
較十年前尤屬繁盛刷皮鞋塗黑色亦設有專鋪乃左
右座分兩行各截成槅刷者跪槅前并代刷氈衣襖褲
工價三四蘇酉正晚餐得食櫻桃亥初先發行李既乘
馬車行八九里至火車棧因車夜行車旁有推小方車
往來喊賃方枕氈被者每分一方用者給有憑票一紙
上印第若干號賃錢付訖無論至何站客自下車遺留
車上自有人收去亥正開車行一夜

初三日壬戌、晴、卯正一刻至呂陽換車、辰初復開、自昨見各車棚頂架懸大書一本、裝潢華美、厚寸餘、係講泰西各處景致、車船道路、鋪店棧房等之最著名者、因無事、取下一觀、內一圖乃馬賽山頂天主堂、旁之鐵道、氣車三年前造成、由地至山頭一百六十碼、一輛走二分工、車價一人二蘇、沿路山水幽雅、草色青青、芋香藤蘿盛發、田地亦皆蕃茂、酉正至巴里呂陽棧、下車即坐馬車行十數里、至北路棧、偕同人瀹茗、戌正登車、有世益三聯文泉來訪、皆執友也、坐談片時別去、亥正開車入夜極冷、

初四日癸亥、陰、丑正抵戛蕾海口、下車即登英輪船、船名恩波來斯、長二十餘丈、寬三丈、明輪式、與前幾次坐者同、亦售酒食點心、惟添有女客艙、用者外加一鎊、男煙房、而大艙內仍設鐵盆數十、以備客人嘔吐者、丑正三刻展輪、天雖冷而風幸、船不甚搖、而波浪依然不時打過船頭、同船男女三十餘人、多英國者、內二人年皆三十上下、一名梅多爾、一名費士本、皆鉅商也、初見叙談溫恭、後約喫加非點心、英稅關新規、客人行李不能即隨上車、須待驗過、方得分送各城、梅費同言如此、晚到恐有悞、諸君莫若喚本船二三人令先將華人行李覓積一處、俟稅關到時告以并無菸與茶葉、不必開驗、即請放行、寅正至都法海口、傍岸、稅關上船、告知一切、伊即以白灰畫暗號、概准搬出、登岸後又經梅多爾向車行言定、頭二三等各一間、貼帖不租他人、坐待運上行李、間費士本又送熱茶一杯、糟糕一塊、食間旁看水面泊岸輪船二艘、小船三四、皆風吹浪湧、搖蕩異常、又左右山頂多古行宮、皆千年前羅馬人之衛所也、卯初車開、辰初抵倫敦維克都里亞棧、因使館無人前來、梅費二君又代吩咐車輛、查點行李、內缺兩件、棧房人云俟兩點鐘後到來、當即送往、余遂將住址地名寫給、時值大雨、辰正到使館、叩門多次、立至巳刻、門丁始披衣出而開門、登樓覓得房間、搬運行李、午初雨止、所缺二件行李送到、車夫帶有號簿、收到畫押、僅索車腳二先令、行李每件二本士、午正大晴、天冷、至著棉衣、早餐後分班謁見星使、繼拜先到諸同事、見馬清臣黎賞格理、亦舊雨也、暢叙已往、知其三子、一在喀什戛爾、一在福州、一在

南斐洲其女已嫁現住距倫敦九十里之開拉他邨龔
星使移住朗康店今日為其誕辰遂偕同人前往叩祝
未見
初五日甲子鎮日陰晴不定詢知羅星使前於三月十
四日到馬賽十五日到巴里十八日到倫敦四月初二
日未刻在文澂行宮遞
國書又龔星使前於三月十三日移住本街朗康店星使
自前年九月忽患嘔吐帶血既而音啞語言不清先延華
醫療治月餘無效改延英醫辛卯辛醫係馬清臣之舊
同窗當時由伊所薦診脈後為之僱二女僕朝夕服侍
看守禁用華藥治幾一年時而稍輕時而尤重其人獲
得馬錢千餘金毫不見愈至上年七月間同事唐竹溪
浙江名醫也札調到此即請服用丹造丸及他藥至十
二月稍好開口能言且一二人扶持可行數武殆本年
二月一因鬱結未舒兼之飲食無節而舊症復萌嘔吐
帶血啞不能言遂又改服洋藥奈中外醫治兩歧有謂
係腎病者有謂為肺症者故至彼此久治罔效有言恐
其疾革朝不慮夕者有言如不氣怒安心自養尚可延

壽一二年否則震怒肺裂而刻不容醫者邇來中外藥
概不用飲食難咽或咽即吐惟啜牛奶幾匙而已病已
膏肓如能生入玉門尤為幸事現擇明日啟節坐英輪
回華又今日午後窗友陳安生貽範王晼南汝淮來拜
初六日乙丑早晴午後陰微涼龔星使病篤幸有少君
懷西心釗隨任服侍擬乘英公司澳大利亞並約定沿
途如有意外之舉不得棄諸水濱即時成殮攜帶回華
故自此凡衣衾棺槨概行隨帶以備不虞今日巳刻起
節離店乃四人以厚褥舁入雙馬大車駕赴倫敦東之
阿拉巴船塢該船明日展輪想吉人天相不藥自愈定
當平安抵滬也
初七日丙寅陰晴不定午後舊同事現駐法國參贊官
王鵬九錫庚赫樂彬之弟赫政中國倫敦幫辦稅務司
金登幹来拜記西國補牙一法固屬精巧究有費錢既
多仍歸無用者聞龔星使前於到英時口中尚遺二門
牙擬補滿以利咀嚼逮牙醫某甲見時乃謂敲去滿補
為妙星使從之遂以金補兩次初次不合式口動輒墜
耳雖不落而嚙之即痛該醫竟謂疼痛無礙久自合口

而無別法、故終不能用、計前後共費一千餘鎊、亦不爲
菲矣、
初八日丁卯、陰晴如昨、西人興用脚踏車、十數年來、皆
壯年男子騎之、或以代步、或以遊騁、此次來倫敦、則見
男女騎車者甚夥、甚至幼童稚女亦皆騎之、更有車前
坐人、車後帶一木箱、以去各處送貨者、惟女子爲騎車
故、著短裙、前後剪開襟、行動極快、且與公車并馳、邇來
新報嘖有煩言、謂婦女因騎車著短衣、有敗風化云、
初九日戊辰、陰涼、入夜大風、倫敦城東鄙稍南一帶曰
老城、樓房高大、閭巷窄狹、新城之利貞教斯佛兩大街、
皆與之接連、數年來自利貞街東北之柴苓十字街口
以東、及教斯佛街東首之賀樂本街以東、皆街改寬直、
道修平坦、或漆或木、樓則宏敞、一律整潔、街中心每箭
地立一電燈、高逾丈五、故晝夜車馬馳驅、男女肩摩、亦
不亞於巴里之義大里賢馬丹等大街矣、
初十日己巳、早晴、午後陰、申刻驟雨一陣、記倫敦街市、
舊有非字形鐵壁、爲男子溲溺處、近見各大街中央添
設男女中廁、乃建在地下、地面先立石堦、高約半尺、寬

二三三

丈餘、長四丈、兩首作橢圓形、堦上左右各立一门字形
鐵闌、高各四尺、左右各長丈餘、後寬七八尺、兩闌左右
皆挂白質藍字鐵瓷牌、分註男女字樣、其女中廁未便
往觀、男中廁則由前步下石堦八級、內分兩途、以便出
入、地亦石墁、中立一非字形鐵壁、爲溲溺處、左右各先
一小間、左間爲看守中廁人住、右間爲行人淨手處、內
橫設木桌、列四瓷盆、旁置胰皁、面巾、用者出費二奔士、
此後左右各分五槅、每槅寬逾二尺、深三尺、如船上之
中廁、惟後牆不設木箱、乃臨牆距地二尺設一白瓷盆、
半在牆內、半在牆外、形似胡盧、如瓢、凡出遺者坐其上、
尿屎自順水流入地下、盆左挂白方紙、成刀、牆既砌以
瓷甎、地亦墁以缸甎、門窗一律、各處無不整潔、又此地
洞高約七尺、地面有厚玻璃作棚、故天光透入、內中毫
不黑暗、
十一日庚午、晴涼、戌初、王鵬九約余與尹元輔及小兒
榮驊在來賽斯特爾坊恩培爾園看雜耍、園頗大、外三
門宏敞壯觀、內式與阿拉罕布喇園同、容人千餘、整齊
華麗、燈燭輝煌、每晚共演一十四場、余等到時已演至

二三四

第三場之半、按其第一第二兩場皆歌曲者、第三場係二美國黑人、一名韋良、一名倭勒克韋之、面色稍黃、骨格同西人、倭乃稍肥、面黮亮如漆、白眼白牙、口大唇厚、色赤如猩、隨舞隨歌、張大其口、斜裂其唇、瞪眼露牙、翹臀舉腿、故作態態、種種可笑、第四場係一男、年近三旬、名屠魯樸、四女名未詳、長者十七八歲、幼者十四五歲、各著淺藍靠身自臍下至兩胯、著深藍銀邊短褲、台上繫三丩形横吊棍、當中者稍長、彼此相距一丈、台面離地尺餘、横鋪絨繩大網、作盔形、以備不虞、男女在上戲

二三五

耍打鞦韆、與前在柏林看者同、惟二長女倒懸左右棍上、二幼女竝倒懸當中棍上、彼此往來悠揚、幼女竟能或倒或正、悠入長女之手、飛動極便、身輕若芻靈、觀之令人目眩神馳、第五場僅一人、名佛里呢者、歌曲無甚趣味、第六場則大戲一齣、典故係一島、距法國不遠、名克里斯兜村、中一女名莫爾賽、早經但太斯者聘定、後被談女之情人傅爾楠娶去、娶時、通村男女慶賀跳舞、極鬧熱、但太斯探知、告官、乃同繫傅爾楠、及當娶時唪經之神甫于犴、神甫年邁、自知將死、乃掀窗破壁、悄喚

傅爾楠入彼屋、告以故、并給以地圖一幅、言在某處某桃樹下埋有珠寶一匣、另交鋼刺一把、傅爾楠去、神甫死、守監人至、查伊氣絕、乃盛入一大布袋中、守監人去、傅爾楠潛入、移屍他處、自入袋中、天未明、二守監人執燈舁袋出獄、拋入地中海、傅得泅近小山、搶駕小舟登岸、覓路入山、以刺拔樹、掘地、獲得寶匣、下山猝遇其妻、互出非望、遂以珠寶賄買得回里門、一時騰踊、富埒王侯、鄰居男女咸執儀往賀、賓客闐門、鼓吹跳舞、興盡而罷、通場男共廿餘、幼女逾百、各皆古裝五綵、新奇總之

二三六

日月雲星、山水花木、樓房景致、遙望無不與真畢肖、第七場係四小丑、裝扮狰獰、著白衫白褲、頂立直毛、白臉紅嘴、筆畫黑眉、雙目灼灼、如鬼耍弄歌舞、招笑百端、第八場則六人各着肉色靠身、横列四桌、在上翻滚耍舞、健步如飛、第九場台中立一布圍、周一丈、高五尺、一人名羅柏爾者、先著本衣至台前、立陳數語、隨入圍內、更衣每次不用二秒鐘、出則像貌衣裝齊改、或男或女、或老或幼、換法精妙迅快異常、而動作語言亦各不同、每次將去、當面摘帽、脫衣、本形畢露、是使人不疑其假也、

第十場三人打鞦韆一人俯卧半空口繫兩人在下旋轉其人牙齒之力可知矣第十一場十四紅衣紅褲之亜喇伯人先一人直立腰横二人左右腿與肩上各斜立二人頭蹲一人頭上人又腰横二人左右膝上各立一人兩手又托一人仰卧兩腿盤繞其脖十三人叠立作似喜字形是各人固皆須著力而第一站立之人誠一孟賁也第十二十三兩場未演第十四場係一幼女歌曲未看即謝歸時已子初

十二日辛未陰前由馬賽偕諸同事上下十人来倫敦隨處節省未敢妄費宵晝兼程馬賽既未住巴里亦未逗留沿途并未打饍點心一次而已及至倫敦之坐馬車搬運行李之費仍請同事分數自備其他所用皆子細開報并各憑单收條一律呈交乃經支應傳謂星使以由馬至倫之行李費不便作正開銷當請諸位公攤因先來諸君皆經自備耳余即向諸同事言明湊齊交上以後遍問先到諸君咸謂并無其事或云并不記得者

十三日壬申晴本街南首朗康居右于去冬新開一小

三十七

戲園名瑪堤内每日申初開演申正二刻散今日園主帖請星使與余及羅夢祖羅叔羹往觀列座池中第一横園不大容人二百所演小戲第一場係啞戲按規行動而不歌起首一鄉間幼年夫婦男名皮艾洛在外傭工其妻在家執炊縫紉彼此頗恩愛一日大雪夫歸出錢交妻甚喜夫言存錢買牛耕地妻謂養蠶吐絲既而列桌放菜將欲食忽聞敲門聲夫婦皆驚啟而視之乃二年幼賣藝者因雪冷迷途求食借宿問其姓名答曰阿萊崑皮夫婦憐之准入爇火使烤供酒温肚促膝罏前遂相款昵竟至彼此换愛各人之妻乃暗約同寢夜半阿由皮妻身邊竊得鑰匙吹哨唤己妻同于暗中開櫃盜錢囊逃去迨于昏黑之際皮覓阿妻皮妻尋阿時二人突遇互相詫異秉燭徧索無人錢櫃明開始知二人盜錢潛逃夫妻無法追捉不及對哭互勸始行整頓度日并甘自操一切房間雪景皆甚可觀按西人之戲文多非實有其事此場乃比皮為螞蟻阿為螞蚱入冬大雪蟻可隱匿蚱則無窩而求宿於蟻蟻反被竊足見人心不古善不易行也另一場為變戲法者係一英人

三十八

名狄本實共演三次惟中一次乃先由台下請座中一男客登台坐於正中又向客中借一金表遞交台上客後給一信筒請客封表其內執之再向客中乞一小菸捲然火吸之無烟急折視之非菸乃紙牌二頁捲於其中狄曰客戲我也以我好賭也既由客中借且字形高帽一頂以繩繫懸棚上乃言我將移表入帽中請客一手高舉封就之信狄遂一手扶信一手指帽曰過即開客曰表尚在內否客曰不知曰請折封視之表竟羽化而信中存者乃菸捲中之絲菸也繼言表已飛入帽中

三九

令當奉還繫帽下視之內盛非表乃一長包狄曰似非表乃鐘也其包三寸見方長約五寸包以白紙綑以藍絛請客以刀割開內仍包紙綑繩連割六次末則一大麪包乃言惜表不在內當即以此物償之表主接去以刀開視表在其中亦奇矣不知何以烤烙包裹取送如是之速耳又言表既取出恐帽中仍有他物後竟由中提出皮鞋二雙瓷盌一對紙扇等物一堆殊覺精巧敏捷看畢謝歸

十四日癸酉晴稍暖羅叔羹忽謂衆曰此次費用太繁欽差不能多僱洋僕樓上無人伺候可請諸位公僱一人以備洒埽買辦於是有謂不能英語難於使用者有謂自有跟役不用洋人者更有言此項本皆作正開銷且羅夢祖自僱幼女僕伺候他人願者亦可何須公僱叔羹無言因作罷論

十五日甲戌晴熱早晚仍涼聞英人新造一種來福槍鏡鏡安槍上高出二寸槍下亦有鏡與上鏡相映如千里鏡人匿於石木之後用鏡測量以制敵無須昂頭露面為敵所窺其技創自英參將韋懔佛談參將試用之

四十

初施放九槍七槍皆中正鵠二槍竟中於正鵠中心之黑圈的內此等驚人絕技洵戰陣中之利器也

十六日乙亥晴熱恰似京中四月天未初賢猩木斯宮設朝會余同馬清臣林和叔羅叔羹陳幼庸隨星使往入宮一切規模如前立至未正右門開隨各國公使魚貫而入至御座前行禮畢轉立對面太子衛拉斯王年已五十有五鬚髮稍白精神矍鑠以左排立者為二三太子及王叔堪諾公今日本國文武數逾一千見時太子與之拉手問候者大半申正見畢太子率諸王公退

入内門、各國公使退出左門、下樓登車回使館、往來近
宮一帶男女觀者蟻集、
十七日丙子晴、未正、英君主在卜静宮設男女朝會、星
使率馬清臣羅叔羹羅夢祖曾叔吾沈荔虎著蟒袍補
褂往、中正一刻回署、前經龔星使帶來在馬克心礮廠
學習鑄礮之學生二名、一係安徽合肥縣人謝邦清、年
三十歲、一係直隸天津縣人宋芝田、年二十三歲、學已
二年、未識有無成效、今日星使出題令余試之、謂如以
題義較深、即可改題、題係英文及算學、謝所能者言該
里
數句而已、宋能默寫、以英譯漢、文不甚通、算學亦僅加
減乘除、遂皆改題、逮各寫畢觀之、諸多勉強、
十八日丁丑晴熱、午後星使交余礮學書一本、令擇題
再行考試、余乃選得馬克心廠所創快礮一段、試之、宋
得答論半、謝則不解、又造礮法一頁、則宋寫而謝照
鈔之、至謝之所繳、知者乃畫圖并專種礮身之尺寸規
模、然亦未寫出、僅畫一圖而已、
十九日戊寅晴、前於二月初間、戶部左堂總理各國事
務衙門大臣張樵野堂憲奉

旨派爲頭等欽差大臣、前來倫敦賀英君主即位六十年之
大慶、憲使于二月二十四日出京、抵滬後坐輪船東駛、
過日本至英屬地維克都里亜海口、改坐火車至美國
紐約、前於十七日起節來英、約在二十五六日到倫敦、
已在斯特蘭街賽西店中租定樓房十間、而隨從人衆、
不敷分居、昨日來電屬在鄉間代賃一區、須容二十人
者、先經林和叔在諾爾烏邨覓得容十五六人者、管飲
食、設牀榻、有僕婢、一切與店同、租價每人每一禮拜三
吉呢、因恐價昂、今日星使復令余同林和叔覓代租房
里
人、去鄉間另看一二處、擇其價廉者租定之、未初同代
租房人卜艾坦坐火車先至青斯屯山莊、下車步行三
四里、看一所花園、廣大樓房宏闊、惟祇租房、他概不管、
且至少須租兩月、每月房租二十五吉呢、去此再乘火
車行數十里、至騷斯扉鎮、下車行二三里、另看一所房
間、不多、無花園、每月房租二十吉呢、看畢步回車站、少
待、仍坐火車回倫敦、到使館回明星使、合其所值、遂擬
租定諾爾烏邨者、
二十日己卯晴、本使館前墨堤墨街第六十五號、一小

鋪名普蘭貴者不能釘瓷而善黏瓷補瓷盤舊如新不漏水不怕熱余帶有花瓷大盌一枚未經收妥碰落一塊持往令黏問其工價曰三先令按其盌原值不及四本士於是告以此盌不必費神戔戔微物今特奉送其人深謝喜溢眉宇

二十一日庚辰晴走慢路之行李四十二件昨日進口至倫敦今早轉運行瓦達森來信言稅局開驗一箱內有菸葉犯禁恐他箱仍有別物欲概行開驗望即設法使其免察余遂同明星使致信外部轉達稅局

二十二日辛巳晴嘗思天下五大洲人之相貌不同于是各國之制度亦異即如洋樓按華式裝潢不壯觀而華房照洋法陳設亦不合體衣服亦然洋人改華裝或華人服洋服皆不似土人之行動自如而更令人觀之詫異然其盡行改扮者尚可如法之神甫改華裝日本官場中人著西服是也至其改不盡改而稍改一二者各國之苦工匠役商民間或有之罕見有仕宦富家如是裝飾者不意我華人竟有頂戴挂珠著蟒袍補褂而兩手戴白皮手套以入王宮者按西規戴白手套為至

四三

恭至敬按中國制度並無此例見君王尤不如此究不知服之不衷從華例耶抑從西規耶尚望服此手套者明白解之

二十三日壬午早陰冷午後晴今日即西厯五月二十四日為英君主生辰各使館皆挂旗以慶賀之申初同沈鶴生吳少序步至馬力貴路路北看蠟人高樓四層開敞整潔惟中尚多修理之處闌以布帳或致黑暗或闌阻不通未獲暢遊且羅列蠟人雖夥然多鵠立不甚活潑較十年前在貝格爾街所看樓雖高大而景致頗不如前者按蠟人造法始自百二十餘年前有瑞士國柏安城人柯爾特斯者精於格致各學為創此藝之鼻祖後為其甥女鄭萊淑氏所紹其成先是柯爾特斯率甥女由瑞士移居法京傳習數年至西歷一千七百九十四年即乾隆五十八年柯爾特斯故鄭萊淑嫁杜泗鷗者為夫故以後凡此蠟人館皆名曰瑪大木杜泗鷗譯法言杜太太也法君拏波倫第一賞其能同時各官富室亦多追隨仰慕之杜因不勝其擾徙居倫敦先列其蠟人於斯特蘭及布拉西斯二街任人觀賞至一千八百

四四

三十六年、道光十五年移至貝格爾街、大啟爾宇、列男女老
幼古今名人之相、規模大備、各肖其真、于是觀者爭先
恐後、數十年來、由母而子而孫而曾孫、杜阜安世傳其
藝、獲利無算、阜安年十四即能塑米蘭王等像、尤屬精
巧絕倫、至一千八百九十二年光緒十七年始移至此、廣建
大廈、恢宏其業、增列蠟人數至三百七十四焉、
二十四日癸未、稍陰、見西人創造一種麪糢、名曰斯提
發斯特、釋言黏得結實也、不知造以何料、與麪惟嗅之
稍有潮腦味、乃能久用不濕、不生異味、不變別色、誠屬

四十五

得法、其價、大玻璃瓶粗五六寸高三寸者、帶木蓋與鬃
刷、每瓶一先令、小者減半、
二十五日甲申、陰雨、陣陣、張星憲前於十八日由紐約
坐美國輪船巴里斯走大西洋來英、約在二十五六日
到騷桑屯海口、星使派余同林和叔、陳幼庸、羅夢祖、任
謙齋恭迎憲駕、午初同乘馬車至倭特路火車棧登車、
即開、一路細雨淋漓、花木繁盛、菜蔬分畦、腴田連阡、未
初一刻抵騷桑屯、下車步入來得立店、知金登幹先到、
坐談片刻、查定房間、因店勢稍小、樓房不多、遂步入街
前西南店、樓房高大、闓敞壯麗、復即租定多間、戌初、美
公司進口、余同林陳諸君及金登幹乘馬車至碼頭、恰
值船到、尚未傍岸、同時本城美爾蓋坦阿得滿艾瑪牛
率書手那得爾亦到、各著官衣皮領、紅帶、手執金圭銀
角來接、迨船停泊、後登船、美爾等先見、陳詞誦仰張星
憲、亦立答數語以表謝忱、繼而余等叩謁畢、知所帶各
員中多舊識者、覿面畧道闊濶、後即登岸、上馬車送張
星憲住西南店、其他分住兩店、記此次隨張星憲來英
國者、頭等叅贊官為候選道梁誠鎮東、二等叅贊官為

四十六

戶部郎中瑞良鼎臣、刑部郎中顧肇新康民、候選道陳
善言靄亭、三等叅贊官為兵部員外郎曾廣銓敬詒、隨
員為兵部郎中錢紹楨銘伯、禮部主事閻迺竹成叔、羅
鳳華筱豪、候選道陳昭常簡持、李經翊李仲、分省補用
直隸州知州馬廷亮拱宸、山東候補同知許應驤仰周、
候選同知彭思桂名南、廣西試用縣丞李熙敬謙叔、西
學醫官曹志沂詠歸、供事分省縣丞蕭佐廷輔堂、武弁
陳吉勝、
二十六日乙酉、晴、昨日英廷得信、即由他車帶來御用

火車一輛、其式與余前隨郭星使赴文恣行宮者同、今日午初登車、即開、凡由倫敦來接各人、皆另索車費、且因係專車、價更加倍、未初一刻抵倫敦、有外部差人以君主御車接入賽西店、羅星使跪請
聖安、至申正、羅星使辭出、余等魚貫而入稟安、稟辭、酉初回使館、

二十七日丙戌、早微雨、午初雨止、稍晴、既而陰晴風雨不定、酉刻羅星使請張星憲及眾叅隨在本街朗康店晚酌、亥正隨星使乘車入卜靜宮聽樂、一切皆與前同、惟歌者三男二女、各皆聲音宏亮、長調短調、宛轉玲瓏、聞之令人怡悅、

二十八日丁亥、晴、前由馬賽運來之行李、今日申初經瓦達森行以敞車載至、隨有稅關一人、其四十二件內皮木箱支多傷裂者、且余之大木箱改換、稍小開視、失去盛香油醬瓿老米之三馬口鐵箱、其他各小木匣亦皆毀壞、以至綠豆冬菜粉條混雜一處、火腿皮靴亂置、并攙有乾艸舊棉花等、余欲不畫收條、據稅關人云、此與本局無涉、即請詢諸瓦達森行、余遂畫押使去、

四七

二十九日戊子、陰雨陣陣、未正張星憲及瑞顧諸君來拜、本使館各人站班接送、余屢次來倫敦、早晚步行于市、土人見之、惟下等粗人小孩有以親親中國人呼之、罕有牽衣扯辮及出猥褻之語者、不意久住此、及初到此之華人、雖頭戴二品頂戴、亦匿其辮於衣內、詢之、答以近年如此、且有著洋皮鞋、並多處破格雜用西裝者、其不顧大局如此、

五月

初一日己丑、晴熱、入夜大雨雷、記天下各處文字之大概相似者、統分為二、第一為亞洲者、如中華、日本、高麗、安南、琉球者相似、其次則滿洲、蒙古、西藏者相似、再則印度及其西南各邦者相似、第二為歐美二洲者、英國與美利堅者同、秘魯、智利與日斯巴尼亜者相似、瑞士、比利時與法郎西者同、其他和蘭、瑞典、丹麻與德義志者相似、又日斯巴尼亞、葡萄牙與義大里者相似、其他如斐洲及亞美歐三洲之各小國者未聞、

四八

初二日庚寅、陰雨不定、嘗思東西各國之銀圓、雖大小不同、而互相較定、彼此匯兌、無大虧傷、現惟中國用銀

不能與各國并論、而且行價隨時漲落、即如按時價英
之二十先令重約庫平二兩二錢、乃換華銀至八兩之
多、其中所虧者大矣、由此觀之、是西國錢價既貴、因而
物價為尤貴矣、英之銅錢一本士合北京當十錢四百
有零、倫敦平日賤賣之果品菜蔬、如菠菜一本士十二
兩、黃瓜四本士一條、菀豆三本士十二兩、扁豆四本士
十二兩、苹果橘子每個二本士、櫻桃八本士一升、杏子
一本士半一枚、以上各價、苟按京錢合之、則雖欲買者、
亦裹足不敢前矣、夫金幣日昂、而銀幣日賤、舉中國之

卌九

利權、西人從而操縱之、吾恐羣雄眈眈、實偪處此、苟不
思抵制之法、將日削月朘、伊於胡底、可慮也已、
初三日辛卯、晴、聞昨有英婦柯樂克者、坐火車遊歷義
國北界、由米籃鎮赴柏洛那村中、遂遺一錢囊、內盛四
千餘鎊、迨至薩索瑪周莊始經知覺、即時發電各站、其
囊係經某站車行僕役名費拉里者拾得、立交該處巡
捕、巡捕乃電達柯婦、并不開視而寄繳之、是亦西國拾
金不昧處也、何期道不拾遺之治、乃於斯見之、
初四日壬辰、晴、羅星使原擬今日約錢銘伯諸君在本

使館晚酌、因聞張星憲將赴水晶宮看烟火、昨晚令余
往探、知各隨員同往、遂改于明晚、而將明日之公讌移
於今日、届時乃樓之上下分坐、有酒有果而無飯麪、惟
粥、菜有魚翅海參、雖按福州做法加以椒末與醋、亦頗
可食、
初五日癸巳、晴、巳正、同人畢至客廳投帖賀節、既而彼
此互拜、旋往賽西店叩賀張星憲節禧、亥刻卜靜宮設
跳舞會、外部奉君主命請張星憲及各參隨、亥初、余同
林和叔、羅叔羹隨星使乘車先入賽西店、見張星憲少

卆

坐、後同梁鎮東、瑞鼎臣、顧康民、陳藹亭、錢銘伯、馬拱宸、
隨張羅二星憲登車入宮、一切規矩如前、無庸贅述、子
正回使館、
初六日甲午、晴熱、記天下海之最深者為地中海、洋名
美的得來呢安、水深二萬代色木、（每代色木足英六尺）次為裏海、
洋名喀斯邊、深九千代色木、洋之至淺者為印度洋、洋
名音顛、深一萬八千代色木、大西洋洋名阿特蘭的克、
深二萬七千代色木、至深者為太平洋、洋名帕奚菲克、
深至二萬七千九百三十代色木、

初七日乙未、早霧、午後大雨、申正晴、酉刻復陰、既而驟雨一陣、倫敦街道現改擴充、然行人稠密、車馬繁雜、平日既不如德法二國者之潔淨、迨雨後尤屬泥濘污穢、不如柏林之隨時有人掀掃推撮、使人行走多矣、

初八日丙申、晴、午初、余約瑞鼎臣顧康民曾敬怡馬拱宸在本使館早餐、飲燒酒五加皮、食炸醬麵、雖非良醞佳餚、聊以表家園滋味、且久食洋餐者視此當勝於燒烤牛羊也、

初九日丁酉、陰雨、冷、倫敦男女騎脚踏車人既多、即設

至

有專售此車之鋪、其價每輛由九鎊至十四五鎊、且設有學堂教練、學者一月亦須一二鎊、此車乃兩輪包以古米、手扶之處當中立有小圓玻璃燈、以使沿途行人躲避、手邊又一小銅鐘、晝夜行時遇人阻道、即按而鳴之、此車習熟、勝於匹馬、且蹄扁小、更無須設廄飲餵、方便多矣、

初十日戊戌、陰雨、頗冷、倫敦點心加非鋪極多、加非價由二本士至六本士不等、味差不多、亦有糖塊牛奶、其貴者僅加非稍濃、牛奶另備一小罐耳、客人付錢向交堂倌、外有賞錢、今見有客自到櫃付錢者、更有如柏林之堂倌寫價單交客赴櫃交錢、而不用賞錢者、

十一日己亥、早陰、午後晴、稍暖、倫敦亦有如柏林之半馬店、即名曰半先店、無論大小銅鐵木革紙瓷玻璃各物、或器皿、或玩物、價皆半先令、零半本士、鋪雖不大、而朝夕往市者絡繹不絕、其鋪之距本衙門不遠者係在敖斯佛街路北、第七十號、名曰布蘭帶、蓋通城鋪之如是者頗多也、

十二日庚子、晴暖、前日接信知許星使景澄于昨早率

至

金楷理由柏林啟節、今日戌初二刻到倫敦、酉正隨羅星使乘車至賢柏洛火車棧、少待車到、見後以馬車迎入賽西店、既而投刺稟見、亥初回使館、

十三日辛丑、大晴熱、巳初許星使來拜、酉初隣居餵猫街第二十四號之醫生巴瑪諾請茶會、余偕曾叔吾吳少序尹元輔率小兒榮驊步往、屋窄人多、立聽客中男女歌唱一場、既而下樓入旁間各喫加非一盅、辭歸、戌初同尹元輔袁仁甫約王鵬九蕭輔堂晚酌、彼此暢談甚歡、

十四日壬寅晴熱著單衣申正乘車西行十六七里至福朗睦路第七百四十二號拜賚士本入內見其夫妻三子二女其長女年僅八歲頗覺伶俐坐談閒喫茶點酉正一刻回使館

十五日癸卯晴暖戌正同林和叔沈耦生任謙齋乘車至豪樂賁維阿得火車棧送許星使率金楷理回德入夜涼記泰西大國中德法雖不如英富乃巴里柏林二城罕有如倫敦之男女小孩尾綴嚷嚷以討錢者蓋英都地廣人稠聊生不易且在此謀食者不僅本國人故其家貧落拓煢無所依者殊多每值冬季雖有棲流所一宿堂等處然因去晚人擁遂至羣羣橫卧其外沿江一帶男女老幼每至數百高枕石堦僵卧綠縷倫敦入冬草不變色天寒地冷齒欲相擊乃甘諳其苦雖然其中並無囚首垢面赤腳裸身以及衣服襤褸者更無哭泣喧譁歎息呻吟者是殆能安命耶抑或官法森嚴之故耶不得而知矣

二五三

十六日甲辰晴出洋以能外國語言為便當記同事中之已能法言者為林和叔羅醒塵能英語者為羅叔羹陳幼庸楊仲卿王香圃于心泉其他任謙齋自學林琴蓀羅小荷同向女婢學吳旭霄向洋書手寇克思學惟沈荔虎羅夢祖嚴伯玉羅伯蘇皆移住在外或城內或鄉間坐與同屋食與共桌朝夕學說有志之士不及三年即當有成也

十七日乙巳早大雨陣陣午初晴數日前英國五雷治官礮廠帖請張羅二星憲及各參隨於今日往看張星憲因昨看賽馬稍倦羅星使遂僅令余偕馬清臣會同賽西店諸君前往午正余先乘車赴賽西店會瑞顧陳曾錢陳馬彭等同由店後步入柴答十字街車棧買票遇馬清臣少立登車未初開未正到有安得森胡樂凱曆阿樸三人由車棧接入廠內客廳各人登名於簿即出坐小火車周行數十里隨入各鍊房中看造魚雷槍礮子礮車鑄鍊煉鋼等礮式分新舊現造至大者長十碼重百噸其新法乃改鑄成後身繞鋼條三十層條寬三分厚一分銅礮鑄成不入水而置菜油中泡之無烟火藥色深黃長條如綫粗分餘燃時用有專火他火觸之不著故無意外之虞造車輪用整瓦總之鑄鍊鋸木

二五四

大小各工無往而不用機器礮廠周九十餘里匠人一萬七千工價每一禮拜用三萬四千鎊一年約須三百萬鎊看畢回入客廳吃茶少坐謝辭三人送至車棧酉初上車即開酉正回倫敦

十八日丙午晴英國著名油畫師巴恩斯者善畫山水景致專畫在蘇格蘭君主屢幸各處君主太子曾經賞買現集大小三十餘幅大者周十四五尺小者周七八尺價由十鎊至二百五十鎊不等今在維克都里亞街衛斯民司得宮店客廳中羅列印帖請客往觀共列十

五十五

日每日由巳正至酉正前兩日其人以帖來請遂於今午約同沈鶼生吳少彥于心泉三君前往各畫以大顯微鏡觀之山青水秀佳氣清暉艸木將動魚鹿欲活洵寫生妙手也入夜大雨

十九日丁未鎮日風雨陣陣極冷至著棉衣記西國於二千年前當羅馬希臘兩國盛時亦供有神佛娘娘人皆尊敬而禮奉之察其數似較封神演義者尚多其神名雖不能枚舉今姑述其崖略如天神天后又稱保佑婦女娘娘日神月神娘娘風神雨神天明娘娘兵神兵神娘娘海神火神酒神商務神土産神精神神情神娘娘貞潔娘娘等是也且敘明各神之父母為何神是較封神榜為尤精細自天主教盛興漸不尊重至今雖云虛謬不設此等廟堂然其名則仍存每於詩詞歌曲中用之以使詞調風雅筆陣清新也

二十日戊申陰晴不定入夜大雨英君主維克都里亞現年七十有八前於西曆一千八百三十七年六月二十日道光十七年五月十八日即位至本年六月二十日即明日為其登基六十年之慶賀大典名曰代阿門朱比立義乃鑽

五十六

石禧年也所以稱為鑽石者以其年久堅固也本國因而慶賀天下各友國亦各派專使或王公或大臣前來恭賀各國咸有所贈送我國

皇太后頒發陳設十件為

御筆耀彩騰暉字一軸榮光二字

御筆海國長春一軸松鶴石水有詩一首云虬枝蟠護慶雲聯寶葉繽紛瑞采鮮更喜鳴皋傳逸韻蓬萊高處迓羣仙　徐郙敬題

元瓷寶鑪成件

九鳳朝陽通玉如意成對
蘷龍獻瑞脂玉插屏成對
蘷龍獻瑞脂玉鑪瓶盒成分
八仙慶壽五彩瓷大瓶成對
歲歲平安玉盒成對
龍鳳漢玉雙璧成件
白地五彩瓷瓶成對
皇上須發陳設十件為
名花獻瑞粉瓷瓶成對
名花獻瑞綠地五彩瓷瓶成對
蘷龍獻壽白玉鑪瓶盒成分
周彝成件
灰燵綿綿脂玉洗成件
青綠圓罇成件
白玉盌成對
八吉祥青花白地瓷壺成對
大富貴圖繡幔一對
四時花鳥繡屏四扇

叄

以上二十件、于今日午後、經英外部用車恭賫入宮、又今日各國親王或專使暨其叅隨幷派往各海口迎送各親王各專使之武官、均齊集於卜静宮或英主所設待客之行館、以備明後兩日之典禮、
二十一日己酉、陰晴不定、涼、今早在賢波羅大教堂及衛斯民司得教堂中行教會謝天禮、皇族皆便服親往聽經、各國親王專使之願到者聽、酉正一刻、英太子與妃設家讌于瑪洛班王邸、皆著便服、隨從文武各員宴於卜静宮、

叅

二十二日庚戌、鎮日陰晴不定、如昨、而稍暖、巳刻、英君主由文迻行宮坐大西方火車來倫敦、在巴丁屯車棧改坐馬車、彼處紳士呈進頌詞、歡祝君主之福、未初入卜静宮、隨從入宮者、為大公主德國萬來得立皇太后、維克都里亞二公主、霍斯屯王妃海萊那四公主罕里王妃碧阿蒂麗娰及王宮各執事、幷護衛兵官、未正、君主率各公主太子太子妃等在宮午膳、各國親王專使皆著朝會禮服、在內膳房午飯、隨從文武各員讌於宮西園中、申初一刻、君主在跳舞堂內先名見各國親王、

內廷侍衛站班、禮官唱名、繼由印度部大臣帶領引見
印度各王、外部大臣帶領引見各國專使、戍正二刻、君
主及太子太子妃、皇族各親王公福晉等在晚膳殿讌
會各國親王并各頭等專使、內部各大臣亦皆陪侍、當
宴會時、親軍營兵在宮院奏樂、各國隨從文武各員及
本國各內大臣、家部大臣、皇族之隨侍并命婦等、宴於
宮園內、宮門及四面皆有護軍巡捕彈壓、宴後君主再
入跳舞堂、於亥正先名見各國專使、印度各王、英國駐
紮印度帶兵官、及君主統屬德國護軍帶兵官、至名見

五十九

來英祝賀慶典之各屬地大臣及其夫人等、由藩部大
臣帶領引見、各國親王及各專使隨從之文武各官與
婦女、則由各親王各專使自行帶領引見、又因此大典、
人民歡樂、通城街道、一律修齊、樓房潔整、簾幔更新、各
街各巷、無論鋪店人家、不拘大小貧富、概行懸燈結彩、
掛旗置花、以表同慶之意、一切形式不同、燈有油燈、蠟
燈、煤氣燈、電氣燈、有日本五彩花紙燈、有五色玻璃圓
罩燈、有以五色桃形小玻璃罩排成VR二字者、排成
1837、1897、二洋數者、周皆七八尺、排於窗外鐵闌上、或

大罩或小罩、有沿街橫排一行者、有簷下一條者、有門
前或窗外一圈者、有以鐵管盤成王冕者、君主頭相者、
六角金星者、更有管外黏碎花玻璃作紅藍白三色大
國旗者、作長春綠葉托王冕者、銀月內含VR二洋字
者、以上各鐵管通身鑽孔、通以電氣或煤氣、向空燃之、
風吹不息、按VR二字、乃維克都里亞蕾几那二話之
減筆第一字、義乃維克都里亞君主也、又1837、1897、
二數乃西歷一千八百三十七與一千八百九十七年、
義指即位至今之六十年也、至各處結彩、或窗前或簷

六十

下、有遮闌杆以紅藍白三色布條者、有專用紅布者、有
用黃綢者、旗則或掛或插、式皆長方、色乃不一、或國旗、
或商旗、或兵旗、或教旗、豎樓頂、立闌邊、掛簷上、懸窗前、
大小不一、五彩鮮明、有以二十餘小旗綴成一縷、由樓
簷繫至闌杆、作人字形者、有立五小旗橫排闌杆上者、
有臨街由左樓至右樓橫懸三四或五大旗者、置鮮花、
有層樓窗外羅列成行者、有以鮮花堆成王帽者、VR
二字者、通城彩色羅列如錦、凡大小送貨車及轎子車、
站街車、鐵道公車、咸插一小國旗於車頂、或馬頭、各鋪

午後皆閑人工休息男女老幼熙來攘往咸著新衣樂
聲載道隨行歌者及作樂以討錢者無往而非天保君
主今晚即有燃燈者因國有樂事街市行人較多車皆
漲價三日鐵道公車及轎子車因非一行有每座加一
本士者竟有無論遠近每座半先令者單馬站街車及
車廠中雙馬車亦皆不遵定規而由一先令加至六七
八先令或由一鎊增至十數鎊不等又今日午後張星
憲在卜静宫内呈遞
國書内云
大清國
大皇帝問
大英國
大君主五印度
大后帝好茲值
貴君主在位六十年之期舉行慶典嘉祥丕應遐邇同驩因
念中國與
貴國友誼夙敦尤深忻慰特簡總理各國事務大臣尚書
銜戶部左侍郎張蔭桓爲頭等出使大臣恭齎國書一

空

通禮物等件前往
貴國敬謹呈遞以伸欣賀之忱該大臣忠勤久著聲望遐
孚朕所信任惟願
大后帝賜之優待俾能盡職從此
實祚益隆邦交永固兩國共享昇平之福朕實有厚望焉
大清光緒二十三年二月十七日

空

卷一終

六述奇卷二

鐵嶺張德彝在初氏隨筆

光緒二十三年、五月二十三日辛亥、微陰涼、今日巳初一刻、英君主詣賢波羅大教堂受賀、各國駐英公使及各參隨皆有帖請前往、巳初、羅星使率羅叔羹、羅夢祖、羅伯蘇一車、余同陳幼庸自備一車、皆著蟒袍補褂掛珠前往、沿途左右排列營兵、每箭地對立巡捕二人、中道肅清、禁止私車人馬往來、兵後鋪前男女肩摩、觀者如堵、而安靜無喧譁嬉笑聲、巳正抵賢波羅教堂前、下車登臺入座、堂形如亞字、高四十餘丈、寬三十丈、前面突出作凸字形、中寬十丈、左右各十丈、堂門關閉、堦下一直道、石徑寬六七尺、堂前圍以鐵欄、高約五尺、作弓月形、左右有門、院鋪黑沙土、正中近欄立有君主白石像、高與人同、頭頂王冕、身披大氅、立一方臺上、臺下四角坐春夏秋冬四女神、堂門前左右堦上先立白衣黑小帽教徒百餘、其後又各立唱詩使二十餘、年皆三四旬、烏帽烏衣白背心、堦下左右設樂臺、各上立樂兵三四十、衣冠顏色不同、二樂臺中石徑上另一小臺、領樂

一

官、光頭、披粉紅氅、手執短棍、背立臺後、面向堂門、其後排立各主教牧師教士等、各著彩衣、面向堂外、中惟大主教首牧師等手捧金棰金尺之類、是皆教中之圭也笏也、堂門左右皆以木為臺、高一丈八九尺、層層壘座、式如階砌、鋪以紅毡、號以數目、由一至二百五十、左臺坐各國公使參隨夫婦子女、右臺坐各國專使之隨從男女、來者皆由外部給有座位憑票、上印第若干號、下車即由臺旁後面登梯、轉前覓號入座、各國公使坐前三橫、餘皆列後、愈後愈高、各車亦有憑票、主人下車、皆經巡捕指令由堂左小巷趨赴君主維克都里亞巷、一帶堂前鐵欄外右鄙立樂兵一班、每隔數分鐘鼓吹一闋、堂前大街道作篆文冂字形、正面即樂談喜街、街口新設紅門兩扇、午初聞放礮聲、知君主出宮、當斯時也、雲散天晴、日照頗熱、少頃紅門開、乃馬步兵陸續隊隊進口、至鐵欄前、馬隊左馳堂後、由池朴賽街進向雖良王街一帶、按班鵠立以待、水陸步隊除礮兵外、多排列於堂之左右道旁樓下、水師百名、各屬地兵百餘名、如印度、錫蘭、馬六甲、扎美喀、金邊、呢格、香港等、香港兵僅

二

八名、戴金頂毡冠、灰布短衫、緊褲皮鞋、腰圍黃皮帶、手
擎火槍、其餘各兵、形貌不一、或黑如漆、或黃似泥、或短
鼻厚唇、或兀髮高顴、十六輛宮車皆高大開敞、金碧輝
煌、或兩馬、或四馬、御者跟役皆黑帽白襪、紅襖紅褲、到
時凡各國專使橫排堂左鉄闌外、其他橫排堂右鉄闌
外、每面八輛、式作兩翼、君主到、又聞放礮聲、乃敞車八
馬、馬皆覆以紅質白花衣、御者一、牽馬者八、各皆黑高
帽白高襪、紅緞短襖短褲、御者旁坐一蘇格蘭侍衛、車
箱後坐二印度護衛、君主正坐、頭罩烏紗、身披黑氅、手

三

擎白綢小傘、對面陪坐者、為公主太子妃、皆白色衣、車
由鉄闌右門入、至正中駐馬、大主教登小臺、呈進紅書
一卷、同時鼓風琴、奏樂歌頌、禮畢、君主車出左門而南、
馳向堂後、既而十六輛宮車依次隨去、後又過親兵馬
隊及各屬地之馬步隊、過畢、街口紅門開、客車陸續轉
來、登車由堂之左右各閭巷分馳、未刻回寓、少坐、復聞
放礮聲、知君主已入宮矣、記英君主之巡幸、自出宮至
進宮、先自南而東至教堂、再由堂而北、過江稍北轉西、
再過橋、仍西而北入宮、是在新舊二城之間、周行一十

八里、其轍迹扁形如魚、宮在尾上、堂在唇下、凡君主兵
馬必行之路、因道平恐滑不利於馬、皆以黃沙洒墊一
層、晚間街市彩燈齊燃、明如白晝、各大街自戌初至明
早寅正、禁止車馬、男女駢肩累跡、往來如蟻、雖不喧譁、
而有暗向人身激香水者、吹洒五彩如豆大之圓紙餅
者、金吾不禁、君主還宮、在御膳廳備有貴客午酌、各客
隨從人等、均在花園廊下、戌正一刻、君主在御膳廳設
家宴、又今日礮共六十門、兩營礮兵、經總兵歐阿連管
帶、在海岱園教場、於君主出宮及還宮時、皆聲礮慶賀、

四

外有御前蘇格蘭官一員、兵二十名、在彼協助彈壓、君
主至教堂時、亦經倫敦臺上之御前礮隊聲礮、屆時皆
由暗號官以得律風自王宮傳知海岱園、由教堂通知
倫敦臺、至今日君主游行受賀、所有前引後護之皇族、
各親王王妃、各國親王專使暨內廷大小文武各員、并
水陸馬步各營之前後次序、繁列如下、老城公會紳士
車二輛、宿衛第二隊之守備一員、馬兵長四員、御前水
師兵百名、帶礮六門、執國旗官一員、宿衛第二隊之先
鋒營兵一排、御前礮營之騎馬樂兵一隊、御前丁字營

馬礮兵一隊、宿衛第一營輕騎親軍第一第二隊之樂
兵、宿衛第一營輕騎親軍第一第二隊兵、御前戊字營
馬礮兵一隊、輕騎親軍第三第六第七隊之樂兵、輕騎
親軍之第三第六第七隊兵、御前庚字營馬礮兵一隊、
輕騎親軍第一第二第六隊之樂兵、輕騎親軍第一第
二第六隊兵、御前癸字營馬礮兵一隊、胡薩軍第三第
八隊之樂兵、胡薩軍第三第八隊兵、御前戊癸字營馬
礮兵一隊、胡薩軍第十第十五隊之樂兵、胡薩軍第十
第十五隊兵、御前癸癸字營馬礮兵一隊、長刺軍第十

二十七隊之樂兵、長刺軍第十二二十七隊兵、御前癸巳
字營馬礮兵一隊、大將軍之中軍一員、君主水陸礮營
之中軍各一員、倫敦團練大臣、團練參謀各官、大帥三
員、倫敦老城之刑法官正一員、副三員、屯兵營派隨駕
之管帶教斯佛省胡薩兵參將子爵瓦籥堤亞、鄉勇營
派隨駕之管帶太子諾爾孚礮隊副將子爵庫克、義兵
營派隨駕之管帶團練義兵二等副將伯爵阿勒布瑪、
以上三員拉轡而行、此後係各國親王與各專使之隨
員、司馬官及各執事、皆乘馬三人一排各人官銜姓氏

如下、布邦第一隊輕騎親軍營都司柏恩、隨韓國頭等
專使之都司柯文的士、隨中國頭等專使之副將馬貝、
隨檀香島專使之都司伊倭洽、守備那皮爾、陸路提督
敖爾斯達達、公達武之副將卜拉巴遜、守備杜鄂森、隨
土耳其專使之冷溪親軍都司蘇爾提斯、副將潘蓀庇、
三等陸軍提督那色爾巴沙、守備安倭貝、隨美國頭等
專使之副將哈朗巴、隨順布里佩王之都司文斯婁、隨
埃及墨哈梅阿里罕王之副將喇爾慶、伊薩貝、隨海斯
第來得立查里王之男爵柯達威滋、隨薩克森美甯根

王妃之男爵萬路得、隨薩克森庫柏爾太子王爵之守
備魯克思本、隨什來隨霍斯屯王英第二駙馬克里堅
之副將伊里瑤、隨薩克森衛瑪爾王之中軍阿的喜、隨
薩克森庫柏爾王賁里樸之中軍伍明、隨卜魯夏里亞
王之副將司蓄得、隨芒坦吡格婁太子之副將茹魁志、
都司哈爾保、隨波斯阿米罕王之提督郭爾多恩、副將
喀里木汗、隨丹麻查里王與妃之副將諾里斯、隨皇孫
約爾克公之提督韋音頓、副將劉克思、參將戴凱貝、隨
魯克森堡公子王爵之副將卜樂昂、男爵葛倫斯田、隨

烏坦堡公阿拉柏之提督畢汾海副將蘇萬千總伯爵丹淞申布隨三太子寬諾公之長使副將艾一乜額外馬官千總費澤拉隨薩克森公王爵苐来得立之副將郝阿男爵雷瓚仙千總梅滋子爵歐培隨教坡投公之副將邰樂斯隨巴威里亞王路柏爾之提督賈的那守備費和睦千總努庫巴總司代田隨俄國親王賽里公之中軍辛庇策隨瑞典親王尤仁呢之中軍貝方仁隨丹麻太子之守備艾倭爾隨薩克森庫貝兼賠薩公之大臣萬舒恩隨布邦王爵阿拉柏之提督杜朴拉副將

七

葛禮蓀隨俄國親王色爾芝公與夫人之副將倭特斯隨布邦王爵罕里興福晉之海軍頭等提督考美蕾隨暹羅太子之副將薩爾托勒斯二等副將休木隨日本有栖川威仁親王之守備畢尤門隨那百里王之伯爵柯林敦副將尼達木頭等中軍提督特襍斐中軍都司威頁吶呢守備梅格里崎隨太子衛拉斯王之長使提督蒲樂彬副提督兼馬官艾里斯副將馬官萬泰之叅將青斯克守備郝樂佛千總葛萊維隨海斯公之中軍何明隨奥國親王公爵費丹之伯爵鄧庇副將吳阿多

伯爵鄂斗敦守備男爵卜鑾中軍李德隨英大公主德皇太后苐來得立之世爵哈里斯副將倭勤爾各國使館水陸各武隨員之乘馬隨行之名次如下美使館海軍都司郭蘭衛法使館陸軍都司子爵邦達維斯日本使館水師遊擊石保日斯巴尼亞使館都司羅貝斯德使館水師守備鞠立堺法使館陸路提督哈格鑾俄使館陸路副將葉墨洛甫美使館陸路總兵麥拉斯奥使館陸軍總兵親王伊斯他斯英君主之英蘭愛爾蘭布邦輕騎第一隊之武官為游擊阿呢木都司戈拉什守

八

備男爵李蓮蓀二等守備司土尼滋叅將佛鏗罕印度御營派来隨駕官太子中軍叅將世爵巴塔新各國專使之乘馬者為高麗大臣閔泳煥魯麻呢亞將軍滿奎檀香島大臣達木安坐車隨行各官第一輛雙馬車為賠斯大里戛國伊格來希阿巴敦邦卜伍洛爾智利國蘇柏喀素希臘國衛文第二輛為巴拉怪國馬山秘魯國喀洒乃婁色爾威亞國米扎托維池中阿美里加國梅的那第三輛為烏拉怪國尼苘瓜的麻拉國庫路斯墨西哥國賽里斯巴西國柯立斯第四輛為中國大臣

張　羅馬教皇大臣桑朴賽堤比國黎膺親王查里
和國子爵林德恩第五輛為美國黎得日斯巴尼亞公
爵索土美爾土耳其莫呢爾巴沙第六輛為侍英太子
妃命婦蘇苐蒽德國太后內大臣子爵賽根多福英太
子妃之內大臣闊拉威英君主之內大臣伯爵金多爾
第七輛為內大臣伯爵喇索木光祿寺大臣品柏婁及
芒特勾美里公德國太后內廷命婦哈自菲塔臣堡王
福晉宮寢命婦翟美遜第八輛為內廷命婦布克柳池
公夫人巴坦堡公主愛那公主阿麗姒阿拉巴尼公主
愛瓅姒第九輛為寬諾公福晉巴特里斯亞巴坦堡親
王阿來三德栖斯威豪斯田公主維克都里亞寬諾公
阿色爾薩克森美甯根公主福多爾第十輛為安那公
主阿里柏爾寬諾郡主瑪格蕾阿拉巴呢公巴坦堡公
夫人英公主緣衣姒庫堡公主碧阿蒂姒第十一輛為
薩克森美甯根太子妃泰克公順堡里埔公主阿多福
海斯公主苐来得立第十二輛四馬車為卜路夏里亞
王妃漢諾爾王妃苐来得立丹國王妃查麗姒泰克公
夫人第十三輛為梅克林堡斯特來立茲公布邦公主

九

漢麗約爾克公夫人英衛拉斯郡君維克都里亞第十
四輛為梅克林堡斯特來立茲公夫人海斯公夫人俄
國色芝公夫人佛艾苐公夫人公主緣衣姒第十五輛
為阿拉巴呢公夫人寬諾公夫人薩克森庫貝兼閣薩
公夫人巴坦堡王妃英四公主碧阿蒂姒第十六輛為
薩克森庫貝兼閣薩公洛恩侯夫人英三公主緣衣姒
那百里王妃海萊那德國太后苐來得立乘馬帶隊官
三員為上駟院副將娀格守備潘森貝倫敦美爾後則
兵隊為護軍營兵屬地馬隊第二親軍之前隊督隊官
一員為上駟院都司賴格各國親王公侯等乘馬前引
者三人一排為埃及王爵墨哈梅阿里罕巴沙暹羅親
王馬希柏艾男爵阿明根泰克王阿來三德泰克郡王
苐蘭溪泗泰克郡王阿多福波斯親王阿米罕佛艾苐
公侯汗婁海蘭根堡太子洛恩公什來隋霍斯屯王爵
阿拉柏又王爵克里堅維多爾卜魯夏里亞親王泰克
公順堡里貝親王巴敦堡王爵路義斯芒坦呢格婁太
子達尼婁薩克森庫貝親王費里朴薩克森衛瑪爾親
王賀爾門安那親王亞拉柏海斯親王苐來得立查里

十

丹麻王爵查里俄國色里公烏屯堡公阿拉柏魯森堡世子公爵卓志薩克森庫貝陸薩太子瑞典親王佑鎮日本親王有栖川威仁敎坡爾塊公什來隋霍斯屯親王克里堅薩克森公王爵弟來得立敎古斯達約爾克公巴威里亞王爵盧柏爾暹羅太子丹麻親王瓦得瑪俄國色爾芝公布邦親王阿拉柏布邦王爵漢里海斯公奧國王爵費的楠公義國那百里親王印度輕騎護軍一隊總統陸軍元帥子爵吳喜禮此後則君主八馬御車陪坐者爲太子妃阿來三德拉什來隋霍斯屯王妃英二公主海萊那車右乘馬隨護者爲太子衛拉斯王埃達倭三太子寬諾公阿色爾車左者爲内廷親中軍堪卜立址公卓志車後隨護者提調總兵梅蘇護軍首領魏文明國主旗護軍隊長閔衛祥上駟院卿白蘭公御前金杖提督伯爵郝埃蘇格蘭金杖使洛田侯苑狩使伯爵柯文悌上駟院大臣總兵艾瓦上駟院御前洗馬叅將戴威森御前洗馬總兵馬克迺御前銀杖使第一護軍叅將駱凱太子洗馬總兵柯拉克行營侍衛步隊護軍副將敎理蕃内長使御前司馬叅將畢芝行

十一

營裨將馬歐仁御前馬館監督六員第二親兵後隊御前馬隊愛爾蘭執法官韋祥閒當君主駕臨坦卜巴街地入老城現有城門遺阯時倫敦美爾執法官及本城敎得滿紳董會首等均出迎迓美爾獻城劍於君主此劍爲管理老城之權君主接受一覽即復遞還此後美爾等馳赴倫敦府署此署洋名蠻慎蒿斯前迎候至君主在賢波羅敎堂前一切儀注人等係第一班爲文柴斯特大主敎洋名比翔衛斯民司得首牧師洋名的音衛斯民司得敎士洋名喀南等第二班爲約爾克總主敎洋名阿赤比翔堪特百里總主敎倫敦大主敎賢波羅首牧師倫敦副牧師洋名阿赤的昆敎士同事各人洋名喀南斯來西丹査里牧師洋名普來本大立斯二等敎士洋名買諾爾喀南斯唱班使洋名非喀爾觸拉拉協助唱班使洋名阿希斯丹非喀爾觸拉拉賢波羅諸生洋名池得倫當奏樂鼓風琴時齊歌天佑君主之詩既而牧師敎士等同頌曰上天有靈佑我君主神其鑒諸誠心恭祝再則倫敦大主敎頌曰誠心鳴謝上天之恩當我君主即位六十年來賜我以福天心默佑貧富咸得安樂聖經遍誦萬國昇平惟望天恩日隆君主黎民永受無極末乃堪特百里總主敎祝頌數語畢又齊歌曰地上之人歡

十二

聲告天、畏心敬上、聖經有言、誠心向善、上升神前、天地魔鬼奉賴心虔。教堂禮畢、君主回宮、經過倫敦府署、復經美爾夫婦以禮迎賀、後即行過倫敦橋、騷斯瓦街、轉過衛斯民司得橋、由墨拉巷入宮。以上王室男女咸用教名相稱、故多重複。

二十四日壬子、晴熱。因慶賀君主大典、前日過午、各鋪咸閉、至今晨雖開、午後仍閉、以便人工遊玩。古者國有大慶、惠必及下、英俗其庶幾乎。申初二刻、君主在跳舞堂受兩議院呈進頌詞、後即召見各府縣及各城美爾邑官等。各官出宮、咸在園中小酌。宮中禮畢、經內廷各官及親軍護送君主還文溫宮。登御車後、先在園中閱護軍操、繼過寬斯的究珠山、有經倫敦學部所選幼童萬名、立彼恭祝。迨君主駐車時、有官代遞頌詞、後君主至車棧、乘大西方火車、先過司畏鎮、有將軍率各地方官列義兵隊迎迓、并呈遞頌詞。火車開、再過宜敦村、又有該處學堂義兵列隊、學堂及地方官皆呈遞頌詞、後過文溫橋之太木斯江保險局、君主又接頌詞、過喀斯山、則營兵聲礮慶賀、末抵文溫新莊、地方官亦遞頌詞。戌正三刻、太子、太子妃、偕各國親王專使并酌定隨員

人數、在閣文園義大里戲館中觀劇、到園時、經律法大學士引導入座、眾人齊立、歌上帝保佑君主、去時復奏上天保佑君主之樂。

二十五日癸丑、早晴熱如昨、酉初大雨、各處所插挂之旗幟、燈籠概不摘撤、遂至旗成一縷、紙燈墜落矣。正二刻、卜靜宮設茶會、太子與妃代君主接見各國親王專使及他文武大員。

二十六日甲寅、晴。記前日君主巡幸所經各街、無論大小人家鋪戶、皆在窗外二尺以木按層建造座位、其臨街近者、不向外佔地、僅撤去玻璃門窗、屋中設座幾層、以使街之左右整齊一律、其空地多處、有建至二三十層、每橫容四五十人者、各樓皆自第二搭起、頭層外立木牆、七八層樓由二層至樓頂、自屋內至窗外、雖一小間、每層亦容十數人、木架皆方圍以紅布、飾以彩綢、更有綴鮮花一縷者、樓頂升旗、木牆著色有正紅鑲黃邊者、有藍紅白三色作三横者。在樂談山、衛斯民司得等各衝衢、又左右兩行對峙、以金頂紅旗杆、每兩杆之間橫懸鮮花一縷、作冂字形、總之處處無不鮮明整潔、不

以幽雅清靜為奇、而以華麗壯觀為勝、即如賢波羅教
堂左一大貨鋪、橫八間、高七層、每層大玻璃窗、拆去貨
物移開、每間設座四橫、容人五十餘、雖樓頂之上亦坐
一二百人、此等座位自半月前即在通城多鋪中寄賣
座票、在本房外亦掛牌、或黏紅條、云此房座票在某街
第若干號某鋪中出售、票價自一吉呢至一百吉呢、每
一吉呢為一磅一先令、一百吉呢為一百零五磅、按時
價合庫平銀七百三十餘兩、惜未得見其座位若何華
麗、若何點綴、乃至如是之居奇耳、

圭

二十七日乙卯、晴、今日英君主在司庇台海口閱水操、
請各國專使、并各國公使及本國文武官員紳董前往
同閱、備有專輪火車、各人皆於巳初離倫敦、十餘日前、
羅叔羹謂余曰、看水操一事頗苦、早起路遙、飲食雖有、
時刻、不能自由、是饑渴不時、涼暖不定、可請不去、余聞
而感激之、故昨晚概未預備、不意今早辰正二刻、余於
魂夢間、經羅叔羹驀然喚醒、言請同往看水操、余以此
刻睡起、戒備隨行、恐兩刻工夫辦之不及、遂辭謝、仍請
叔羹前往、

二十八日丙辰、晴暖、本使館樓五層、設有中廁四、其樓
下僕役者莫論、惟第四五層者人既多、而第二三層之
僕役亦多入此出恭、且華人大小便不按洋法、遂至腌
臢、昨經同事回明星使、滌除潔淨、坐板水管門鎖一律
更新、乃奉派林琴蓀管帶第四層中廁鑰匙、唐竹溪、楊
仲卿同管第五層中廁鑰匙、欲出恭者往領、出畢送還、
中廁門外并貼諭云、奉憲諭、查四五層廁所汙臭異常、
皆因各人大小解不照章程之故、茲特令洋僕洗刷乾
淨、并著其按禮拜洗刷一次、如再有人蹲着出恭、立着

共

小解、并大小解之後不將尿盆倒淨、隨手將機器水管
拔去汙穢者、罰兩先令、以為洗刷之費、其各懍遵勿違、
二十九日丁巳、晴、未初二刻、君主由文惁宮回卜靜宮、
中途過堪興坦城、鄉民呈遞頌詞、入宮後自酉初至戌
正在宮後園中設茶會、各著便服、洋名墨爾得蕾斯、譯
早晨衣服也、酉初、星使率羅叔羹、羅夢祖一車、余同曾
叔吾、陳幼庸、沈荔虎另備一車、皆著行裝入宮、轉出後
門、進花園、園不大、周四五里、遍地青草、絲縟四鄙、臨牆
皆高樹、中亦有樹點綴、窈而深、繚而曲、使人路不易辨、

中央一小湖、湖邊一亭、內坐樂兵一班、湖左一小島、左右接岸、有橋、湖內有小舟、御前紅衣船戶伺候、客可使之弄槳游行一周、對宮門一大白布紅邊軍帳、右豎國旗、君主及太子、太子妃、公主、王族皆在內、內列陳設、桌椅鮮花、君主坐右間迎門椅上、其他坐立不一、帳左連一小間、內備御膳、再左向北一帳、外豎蘇格蘭旗、內坐蘇島樂兵一班、對面向南向東列五大白布帳、內橫長桌、設酒食茶點、御前紅衣侍衛伺候、男女客可隨意向之索取涼熱酒食、任便、正東宮門外設白帳一橫、分三

十七

大間、內列鐵椅數百、便人歇息、草地樹下、坡上堤邊、亦然、樂兵各班接續鼓吹、君主乘車園內盤桓三次、客立左右、見則客皆鞠躬、君主點頭作接待辭別狀、各國專使到則步至帳前、經禮官帶領引見、此無定時、亦不按班視到之早晚、至戌初、君主出帳、經印度侍衛扶持登車、各國專使及他立路之左右、依然向之鞠躬、作敬送辭別狀、樂兵乃齊奏天保君主、君主入宮、客則陸續登車、戌正回使館、入夜大雨滂沱、

三十日戊午、陰晴不定、或謂北方人出恭皆善蹲而不能坐、然南方各店之中廁、咸以木板架起、兩邊著腳板、下坑中放有屎缸或桶、既無可坐之處、屎亦無他處可撒、即如上海之長發、泰安、名利等棧、皆大店也、四方貴客之寓所也、何亦僅設此等中廁、是南方之中廁皆如此式、抑或專為北方而設、不得而知也、且南方人出遺曰登坑、或曰蹲坑、又何不曰坐坑、昨日羅夢祖溲於坐板之上、陳幼庸不知也、告知林琴蓀、查出無法、一笑而罷、又此中廁以後不准僕役在內出恭、乃今日琴蓀、夢祖所僱用之二洋婢同時入廁、關門嬉笑、不知何事、問

十八

諸琴蓀、答曰不知、

六月

初一日己未、晴、記倫敦男女專司代人僱覓僕婢者頗多、亦稱一行、名曰唉珍悉佛爾色爾文茲、義即僕婢之代辦也、凡欲僱僕者、可致信其人、或親至其家、其人即出一帋、上印十一問、僱僕者當按問註明、如一問須何等僕婢、或跟役、或門丁、或打雜、或庖丁、或侍婢、或乳娘、或看娘、或梳頭婢、諸如此類、二問欲僱僕者何人、何名姓、三問僱僕人之住址、四問何時可使往見、或早或晚

幾點鐘、五問僕之年紀、欲由若干歲至若干歲者、六問工錢每月若干鎊、七問其教門、或天主或耶穌、八問本宅人口若干、九問共用僕婢若干、十問何日方用、十一問此外另有何專欲者、無則曰無、有則或欲身高、或欲曾經出外、或欲能德法語言、或須能效法國庖丁之法、末印其人之住址名姓、及此紙之第若干號、何年月日、傭工者得事後十五天、付謝代辦人錢、謝數多寡、按工價算、如每月十四鎊者、二先令半、二十四鎊者、三先令半、三十四鎊者、四先令半、三十五至三十九鎊者、皆六

廿九

先令、四十鎊以後、每鎊三本士、本宅欲辭去一僕、必一月前告知、如欲其即去、須預給一月工錢、適見本使館洋僕卜洛安之謝錢收條、長八寸、寬四寸、白紙印字、亦極精緻、上印名姓住址、并云本局世代傳流、至今五十餘年、下言某人使在某宅、收使費若干、某年月日、再下另黏一紙、橫長寸五分、寬一寸、印收條第一萬六千二百八十七號、外寫收若干、下畫押、紙後印薦人之規條、無須細述、惟末條云、如某人服役某宅逾二年、再來本局覓事、本局不收使費云云、

初二日庚申、晴熱、巳初、張星憲率梁鎮東、瑞鼎臣、顧康民、闊成叔、李季仲、劉葆森、曹詠歸、起節赴法德俄三國遊歷、現值西曆六月底、天頗長、每日丑正日出、亥初始黑、故各鋪皆辰刻開門、酉正關門、問以何不多開一時、以便貨得多售、答曰、何必多開、天長早閉、以省人工、凡人知曉各鋪開閉之時刻、自於早晚飯之間買辦齊備矣、且買物者多係婦女、而婦女每值午前無暇、一為梳洗沐浴、句當家務、再為早餐等事、酉刻以後又無暇、或備入宮朝會、或為赴宴會、茶會、跳舞會、以及觀劇聽樂

卅

等、故每日惟在未申之間、趁乘車拜客之際、沿途可得購買也、

初三日辛酉、陰涼、記倫敦街市牆壁禁貼紅條報單、其沿街往來傳報者、向皆胸前背後掛二木牌、各長二尺五寸、寬一尺六七寸、上黏報單、間帶圖畫、近見有以鐵條過肩、作二叉如从形、於上另豎一牌、大與胸前背後者同、兩面黏報、牌立頂上、往來遊行、使人易見、聞此等傭工一日僅得一先令、又此等人呼曰三堆之、乃戲謔名也、蓋西國有種點心、名曰三堆之、係兩片麪包中夾

火腿或醃肉一片、今以此兩片木板中夾一人、比而名之、趣甚。

初四日壬戌、晴、涼。羅小荷為星使節省經費起見、乃不多僱洋僕、其洒埽者每晨除掃客廳書房及星使一層外、僅埽羅叔羹、羅醒塵、羅夢祖、羅小荷各屋、其他各間、或自僱人、或自掃、或不掃、聽便。入夜大風。

初五日癸亥、陰晴不定、風。記倫敦賃車廠、名曰米佽斯、管帳人曰卓布麻司特爾義、乃散工主人也。車價按時有定章。如煖車不開者、名卜路木坐車、馬者、計時不到兩點鐘、價六先令半、兩點多不到兩點半、八先令半、過兩點不到三點、九先令半、過三點不到三點半、則十一先令半、過三點半不到四點、十二先令半、過四點不到四點半、十四先令半、過四點半不到五點、十五先令半、過五點不到五點半、十七先令半、過五點半、算一天價、則一鎊。聽戲八先令、赴晚局不過子正、亦八先令、赴茶會不過丑正、十先令半。雙馬者按時加倍、如六先令半者改十三先令、八先令半者改十七先令、九先令半者改十九先令、十一先令半者改一鎊三先令、是也。赴跳舞會過次早丑正、則按時加一倍。其能敞能閉、或半敞者、名蘭多、又名維克都里亞、其價單馬者比煖車每點鐘加一先令、如煖車六先令半者、此則七先令半、八先令半者、此則九先令半。雙馬者加二先令、如煖車之十三先令者、此則十五先令、十七先令者、此則十九先令、如此類推。以上車價、酒錢在外、下鄉者另行商定、車夫飲食、餵飲馬匹、皆由僱者出資。凡僱車除按時外、亦可按日、按禮拜、按月、按年、價值另商。外要跟役、每名不按計、皆五先令。

三五

初六日甲子、晴、風涼、至著棉衣。記倫敦老城、周僅六百六十八方畝（英一畝合六畝）、居民三萬七千七百零、係南至太木江、東至倫敦臺、西至坦卜巴街、北至諾屯弗拉訣街、前于西厤一千八百八十八年（即光緒十四年）、因樓日多、人民日眾、四面村莊毘連、閭巷貫通、遂合作一大城、周共七萬五千四百六十二方畝、南北各九洋里、東西各八洋里、周約三十四洋里、通城大小街衢共計七千零、居民共四百二十三萬一千二百有奇。

初七日乙丑、晴、風涼如昨。倫敦城既擴充、因而分作九

三六

方、地名同者頗多、故凡人之住址、或印名片、或寫信函、
皆須寫某方某街某巷、第若干號、第一便人拜訪、而免
四面考尋、更便於信局清分、免至錯誤、所分之九方、曰
東方、西方、北方、東南方、西南方、東北方、西北方、東中方、
西中方、中惟東中方地、本老城、中為郵政總局、三面通
連東西與北、樓房閭巷、最屬稠密云、
初八日、丙寅、晴、微風涼、各國鋪店、皆出售專種貨物、或
綢緞布疋、或鍼黹絨線、或銅鐵、或瓷瓦、或玻璃、或木器、
英都亦然、不意近見倫敦許多大鋪、玻璃門面十數間、

廿三

高樓六七層、出售貨物萬種、除綢緞布疋、鍼黹絨綫外、
又有男女衣帽、綾花紙花、腰帶錢包、面巾手帕、絨襪皮
鞋、地毯花毡、罩面蚊帳、皮革玩物、銅鐵刀勺、叉匙銀器、
盆罐鍋壺、玻璃瓷器、燈臺箱籠、鐘表囊袋、面鏡衣鏡、鐵
木牀椅、圍屏桌凳、眼鏡手套、以及雨傘旱傘、紙筆烟具、
樂器畫軸、掃箒簸箕、刷子撣子等、鉅細精粗、筆難盡述、
是一人欲購多件、既入一鋪、不必他求、日用所需、無不
備具也、
初九日、丁卯、晴、稍暖、午初、送王鵬九起程回巴里中正、

同沈鶴生、吳少序、率棠驊赴水晶宮看烟火、先乘馬車
至維克都里亞火車棧、買來回帶入宮門票、登車即開、
行三十五分、至彼下車、登樓局式、如前惟羅列貨物、更
覺繁盛、種類極多、無須瑣述、在內步遊一周、男女擁擠
甚夥、坐食茶點、待至亥初一刻、放烟火、宮前石堦一帶、
橫列木座、層層每座、半先令、左首堦前、設一木台、上坐
樂兵一班、起花五彩、垂下鮮珠、或金魚、采藻、或綠葉紅
花、有藕色、有絳色、紛披空際、如錦如雲、燦爛輝煌、金光
射目、忽而宮前花木間、有二人隨樂聲跳舞、各著白汗

廿四

衫白褲、紅背心、繼又騎脚踏車者、左右兩行馳來、衣色
五彩、行動與真人同、按其架必鋏造、光則火藥琉璜、究
不知其手脚車輪之行動、係由機關抑或人力、黑暗之
中、實不易辨、宮前正面立三大鋏架、高皆三四丈、左者
懸一六角金星、中一轉花、作✡形、右者懸一四𩾣金花、
作卐形、中心及每𩾣各一轉花、轉花既轉、金花亦轉、且
每𩾣隨轉、時而細長、時而橫寬、各皆二丈、見方正中者、
橫寬三丈餘、豎長二丈、中一君主像、左右列王冕金星
年號等、此燈光現、則樂兵奏上天保佑君主之樂、于是

坐者皆起立、以昭恭敬之意、末則由銕架頂橫垂金花一排、作瀑布形、交正一刻、放畢、即時登樓、搶上火車、男女擁擠、中有醉漢喧譁、嬉笑無禮、為向在外洋未經遇過者、

初十日戊辰、晴、暖、申初同羅叔羹隨星使乘車西北行十數里至海蓋路、豪立別墅、赴卜代扣茲男爵夫人家花園茶會、老婦年近六旬、其夫年約四旬、其本姓未詳、惟娶妻後改從岳家姓、其家極富、現充議院紳士、家居蓋苐山頂、由上可望倫敦、園周百畝、入內見主人後、信步遊賞、曲徑通幽、花木繁盛、豐艸綠縟、馨香觸鼻、木房點綴、雀噪鹿鳴、亦頗幽雅、花有玻璃煖房、牛馬有圈車輛有場、步至望倫敦處、惜烟霧迷漫、以千里鏡觀之、猶不甚了了、前面敞地支有布帳、設長桌、列酒食、樹下則列圓桌銕椅、他處亦間有列椅凳者、並支有布傘、以便客人休息、各圓桌上列香賓、舍利、點心、菓品、並有侍僕廿餘任人吩咐、飲食聽便、左鄙山坡有平坦長方地一區、設拋球玩具、余隨星使先坐樹下、飲香賓、吃葡萄、後坐拋球場前傘下一觀、其地一箭長方、以白土畫四址、

二五

中橫一綑、高三尺、以分東西界、玩者四人、各著白褲白汗衫、手執一綑拍、作形、連柄長二尺餘、綑拍周亦二尺餘、古米空白球十二、四人分立、如此∴彼此互相接拍、何為勝負未詳、惟見能對拍往來多次者、觀人擊掌稱賀、其拍去碰橫綑者、不接左右出界者、不接此玩、洋名蘭太呢斯、玩者皆須年壯力強、看多時、步至車場登車回寓、又今日所往男女人數不易知、因地頗遼濶、樹多障翳、所得見者三四百人耳、又自園至車場、按樹拴有紅繩引導、並懸牌畫手指、云由此至車場、車場中亦設布帳、列啤酒、點心、以供車夫跟役等、其山之所以名蓋苐者、即百年前欲轟議院之蓋苐黨人所鵠立觀望處也、

十一日己巳、晴、暖、西國本有一種擦油藥水、其色淡白、名曰本三闥拉斯、雖云可用、其味頗劣、昨見有英蘭人查斯田者新創一種擦油漿、其色白而稍黃、如脿如脂、盛以鐵盒、每盒一先令、名曰奎拉伊亞、用法凡擦皮物以乾絨布擦綑緞、以溼海沫油下、頗快、毫無异味、

十二日庚午、晴、熱、近見大貨鋪中因種類太繁、每女看

二六

管一種照顧人多到櫃交帳往來無暇乃創造一種滚球交帳法係在門内半中設一臺二女坐其上管帳看貨各女旁頂上懸一鐵絲網袋袋上連有鐵絲網路轉通帳臺袋粗拱把路作橢圓寬逾五寸每袋中一木球大於橋空心兩半作盒形每售一貨開清賣何物價若干即將客人所付之錢裹兩納諸球中推入網路自然滚至帳臺二女開球查明應找若干復連帳扣入球中推入網路少刻滚回落入網袋該女取球開視無差則錢帳併交客人便捷之至

十三日辛未晴暖自到此後屢為小兒榮驊尋覓學館至前日始經馬清臣之書手寇克思覓得利貞街北首之百藝學堂英名普立太克呢内共學生大小六百餘其總辦名霍格幫辦名米士艾所授課程則天文地理格物化學算學英法德國語言文字并製造機器木工等學余之欲榮驊學者僅地理算學英文語言今早巳初余率榮驊同寇克思步入學堂先見提調伍鐸言明所學按規束脩一年分三節每節五吉呢如能首先齊付乃減去三吉呢此後引看各舍其學製造機器者做

三六

有小輪船機器兩分極屬精細學木工者做有小桌凳門窗等更有將長方木鋸作曲彎長條形如∽字好似一板彎成且木形不平如魚腹中厚而兩邊尖工亦頗巧此外有諸生打鞦韆操臂處其學泅水處係一長方缸瓦池長一箭寬二丈深一丈池邊有木架高八九尺學生可由上躍入其不能者亦有教習每日僅准沐浴半點鐘看畢謝歸伍鐸即領榮驊見英文教習巴爾婁其課程即自今日始

十四日壬申晴暖如昨同事王于二君原由總理衙門咨送隨帶外洋學當繙譯自到此僅與星使面見一次迄今兩月餘并未有漢洋文給令繙譯忽於前日行文總署謂二君西文西語尚未精通未能遽入學堂現擬延師課讀由淺入深再行酌量送入學堂云云中由羅叔羹代為覓得在倫敦正南稍西太木斯江之南距使館約二十餘里之克拉代木路第三百三十八號義塾名洛安豪斯教習名武達言明在彼學習下榻供飲饌束脩每月每人八鎊二君俸薪本每月百兩因此按月扣除五十兩作學費各家只准留支二十兩在此各領

三七

新水三十兩、合四鎊零、以備日用、今早傳諭、令於午初移去、兩君遂檢點行篋、備車前往、申初、余隨星使乘車行十數里、至太木斯江北岸之律例學堂、赴庫官所請之茶會、此堂洋名米得坦布樓、高式如教堂、甎砌頗古、下車入門、轉入大廳、正面一臺、有人奏樂歌曲、臺下橫列金椅、容人二百、出此轉過下樓、入園、園不大、臨江設有樂兵一班、布帳內設長桌、列酒食、帳外艸地、亦置圓桌、列鐵椅、客則或坐或立、然而女客多坐、者男女來往、數約二千、每人樂單一本、少行、點心畢、步石梯入書庫一觀、四面上下羅列今古律書萬卷、內有專人看守、凡入門觀望者、看書者、皆須書其名姓於門簿、四面書槅前、設有長桌椅凳、以便學者觀看鈔錄、當此茶會男女叢集之際、尚有六七人靜坐觀書、出此、因時已酉正、未得步入古教堂一觀、遂即出門、登車西行十數里、馳入艾爾里園第十六號、赴世爵皮爾森夫人家茶會、入內登樓、見其夫婦、畢、轉出旁門入園、綠樹紅花、無須瑣述、設有樂兵、布帳、菓酒點心、咸與他家者同、繼而回入大廳、內正面一人鼓琴、前陳金椅十行、容坐逾百、聽男女

各歌一曲、後謝歸、

十五日癸酉、晴、熱、亥正隨星使乘車行七八里、赴美國公使海峩夫人之茶會、至彼登樓、見其夫婦、樓下樂兵一部、樓上宏敞、修飾華麗、男女擁擠、立談片時、下樓復乘車西行十數里、至上布魯克街第五十六號、赴世爵徑斯瞰夫人家茶會、其樓上正間北面、設一小木臺、高盈尺、前列鮮花一橫、臺旁一琴、臺前橫列金椅三行、容人數十、先一男立其上、道白清唱、口齒伶俐、句句令人捧腹、又以雙手玩一小琴、琴形六角、周約尺半、中連皮筒、作燈籠形、兩端以木作六角、每角一音、角面有孔、孔上有蓋、往來鼓氣、隨韻以指按蓋、聲自吹出、其人以之效聲、粗細如意、如雞鳴聲、犬吠聲、蟋蟀聲、吉了聲、風琴聲、銅鐘聲、洗耳靜聽、真偽難辨、又一女歌曲、式歌且舞、喉音宛轉、中兼能改聲變調、乃竟改一日本曲、一中國曲、連歌三曲、後主人請星使將談、女攙扶下樓、入飯廳夜餐、四面分設圓桌、圍列金椅、桌上羅列菓酒冷葷等、食畢、星使仍扶伊上樓、少坐辭歸、

十六日甲戌、晴、英規凡人創製一物、皆須報官呈驗、是

否可用、官驗否則繳回、可則官保一十四年、不准他人倣效、其人則須納費一百二三四五十鎊、不等、然此物本人呈報不易、又有專管代報之人、代為畫圖聲明一切、另有使費、不過一鎊、十四年後、再求保護、當照數續納費款、此官所名曰印詔衙門、洋名帕坦敖非司、又凡人造物、皆有本行記號、如造鍊器者畫棲剪之類、造假冰者畫白熊、各專一家是也、此等記號洋名特蕾瑪克、凡欲專號者、亦須報官、納款三四鎊不等、不准擅用、此官所洋名特蕾瑪克來至斯特來琛敖非司、義乃貿易記號冊記衙門也、此事報官、亦另有人代報、以上兩節、不惟國家按年收款甚鉅、且更專養一班人也、

三十二

十七日乙亥晴熱、亥止一刻、隨星使乘車行十數里、至貝格蕾伍坊朗代斯巷第十六號、赴前任英國香港總督包安夫人家茶會、樓房不大、華美整潔、見其夫婦皆年近六旬、男女客人無多、包極温厚、給奉甚殷、由到至去、請下樓點心酒菓者三次、臨行握手送別、詞意款洽、入夜微陰、

十八日丙子晴、倫敦人眾、本地麪肉不能足供、即如羊肉來自英屬地南牛英蘭島本南北兩島中間之堪特百里縣、地在澳大利亞洲之東南、距赤道南四十三度、平野茂林、產羊極多、乃宰後凍堅、包以白布、刷印字號行號住址、船送來英、地在倫敦之西南、相距三萬餘里、該肉行字號曰克里斯哲池即本地城名、其行號乃畫一地球、蓋日四分之一曰日蝕、記圖義乃謂地面之屬英者已有四分之一也、

十九日丁丑早陰、午後大雨、前經龔星使咨調之槍礮廠學生謝宗二人、每月各領薪水八十兩、此款不歸出使項下、而由總理衙門撥給、自他日考後、薪水照發、星使乃行文總署請示、二人仍否留學、忽前日傳諭、謂二人學業有成、即當回國、今日來領行裝、謝學已滿三年、可得保獎、領得歸裝三百兩、船資四百二十兩、宗則尚欠一年零十個月、乃僅領船費而已、

三十三

二十日戊寅陰、前經龔星使咨調之學生羅豐祿、號新甫者、福建汀州府上杭縣人、在此學習英文、每月薪水由三十兩加至五十兩、至本年改百兩、迨羅星使接印時、該員尚欠三個月、方滿三年、星使謂今後薪水不能

發給、如肯自備資斧三個月、可給保獎、新甫無法、乃請每月借用三十兩、俟領行裝時扣抵、至是三年報滿、今日稟見、帶領行裝、聞領得船資四百二十兩、行裝二百一十兩。

二十一日己卯、陰、余自京中為星使帶有大清會典六十部、盛一大木箱、代買內興隆官靴十雙、盛一木箱、到滬經謝筠亭交帶他人餽送星使之紹興酒十大罈、兩小罈、各皆盛以厚木籠、又接留叔吾一函、内稱欽憲有定購錫器數箱存在香港中環容記洋貨行中、祈到時將此信往提、代攜到英、應需水腳、憲必奉趙也云云、比至香港、取共兩大木箱、前後共計一十五件、分量頗重、中途將抵馬賽、因所帶分量逾數、輪船加索八鎊半、經余及同人措付、有收條、到此之次日、即將此節告知羅支應、請代稟星使、半月無耗、又前于四月二十八日由馬賽以慢船運来之貨、船火車人腳費共二十五鎊十八先令、亦即將來帳交支應代回星使、迄置不理、請問者再、始言憲諭緩議、五月中、詠行来信催索、當交支應、良久無音、詢之則曰欽差無暇、未便強稟、六月初三日、

詠行來信又催、支應仍置不問、余亦聽之而已、不意竟致洋人屢索不得、乃致書馬清臣、求其代催、馬清臣交原信與余、余即面交支應、此五日前事也、昨日往詢、恰值支應晚餐、細嚼爛咽、許久始言尚未回明、余因再三催之、遂答以飯後往稟、至亥正来言、欽差謂此款付給二鎊、其他須眾公攤、并言欽差前由上海寄發六十餘件、（不知何物亦不大小輕重若何）知僅用二百四五十兩、在船上亦因大眾行李加重、只用八九鎊零、（是見并未公攤）云云、至星使之一十四件、終不明認、且以上兩款皆有收條帳單、而歷來隨使之行李、亦罕有自付船腳者、余因再三含忍、商諸同来眾同事、遂按分公攤、彼此借貸輳齊、交馬清臣代付焉。

二十二日庚辰、陰晴不定、倫敦通城所用之自來水、不分甜苦、一律清潔、水鹼亦薄、各街閭巷通以水筒水管、各家每日共用若干、皆有尺寸號碼、分毫不差、立有公司、共分八處、或云詠行股分共約一千四百萬鎊。

二十三日辛巳、鎮日陰晴不定、如昨、西人謂人身之皮肉五臟、皆七年一新、人身之強壯疲弱、皆繫乎保衛之

如何其善調攝者隨換堅固故能延壽云
二十四日壬午晴數日前羅叔羹至王吳二君屋中謂
將修理房間改煤氣燈為電氣燈吾人居此諸多不便
統須自覓寓所移出欽差亦將自行移去此事不惟國
家費款甚鉅我且從中更多勞累也因而彼此傳言議
論紛紛中惟羅林曾陳魏沈諸君各皆守口如瓶至是
經林和叔至各間傳諭限以十日自七月初四至十四
日令各搬出別無一言
二十五日癸未晴熱申正公讌星使率余同沈藕生任
謙齋吳少庠楊仲卿王少山在樓上一桌餘在樓下分
四桌菜四盌為櫻桃肉燉猪肉白煮雞炸魚塊冷葷四
碟為茶雞子鹹肉片腰子片雞肉條乾鮮四碟為黃梨
橘子洋糖餅洋糖塊飲黃酒末各切條湯滷麪一盌頗
鮮
二十六日甲申早晴辰正除羅醒塵嚴伯玉外各著蟒
袍補褂隨星使在大廳向北恭拜
聖牌行三跪九叩禮午後陰晴風雨不定涼酉初同沈藕
生吳少庠任謙齋尹元輔至柴苓十字街大車棧隨星

三十五

使恭迓張星憲由法國節旋仍住賽西店今早本使館
懸龍旗晚燃電氣燈係篆文二長壽字環一圓福字
二十七日乙酉鎮日陰晴風雨不定酉正約顧康民瑞
鼎臣錢銘伯晚酌炒菜四簋飲五加皮酒吃西胡盧餡
餃子彼此暢談甚歡按倫敦現有各蔬菜為蠶豆扁豆
胡蘿蔔白扁蘿蔔頗似京中大紅蘿蔔白菜如甕黃斥
微少菠菜僅賣葉而濃厚見有西胡盧長二尺餘粗周
盈尺
二十八日丙戌晴申刻星使請張星憲及參隨等在本
街朗康店內晚酌林和叔羅叔羹坐陪本使館亦升龍
旗點電燈記在太木斯江口有中國山東人王姓者居
彼以販賣華貨及鴉片等類為生并出借錢債利息極
重聞羅新甫借彼四十先令每七日利息五先令一個
月不還則本已暗回矣
二十九日丁亥陰晴不定風先於半月前傳言星使之
女公子於本年十月出閣至是經曾叔吾寫知單云十
月初洸羅使憲大千金出閣同人公擬按照月薪每百
兩鳩份五兩寄華託辦單到祈即題知並請於七月領

三十六

新時照交以便辦理是荷此次知單除羅姓伯叔兄弟及魏姓母舅不計外自林恭贊至林武弁共輳銀一百五十兩

七月

初一日戊子早晴戌初大霧戌正匯豐銀行請張星憲及梁鎮東顧康民瑞鼎臣陳藹亭馬拱宸曹詠歸并羅星使林和叔羅叔羹陳幼庸馬清臣與余在太木斯江邊薩烏埃店中晚酌同席英人有金登幹赫承先本行六人為總辦喀美蘭司事巴安斯周恩斯鄧金森其他二人未詳廳極閎敞左右壁各懸一黃龍旗廳外陣陣奏樂菜單面上亦印金質藍龍旗桌式長方正面中坐喀總辦左右坐張羅二使憲對面中坐巴司事左右坐馬清臣顧康民左首中坐周司事左右坐林和叔陳藹亭右首中坐鄧司事左右坐瑞鼎臣與余餘皆中英隔坐酒食頗佳酒有香賓百安菓有甜瓜葡萄與桃末一三層冰樓高二尺餘名曰中國塔塔下藏有冰乳人工既精乳味亦美食畢巴安斯立起舉酒一祝英君主再祝中國

三三七

大皇帝繼而喀美蘭亦立起舉酒祝張星憲之福巴復立陳數語言中英交涉友誼之日厚并稱頌張星憲之精能言畢梁鎮東代張星憲立起答謝後羅星使亦立陳一段先謝款行之優待并祝諸司事之福此後齊入前廳各飲加非一盅少敘謝歸時已子正

初二日己丑晴熱記倫敦馬車之多其兩輪與四輪者皆號至第一萬六千餘或謂每日駕馬出街者兩輪車準四千五百乘四輪車約四千乘車夫之領有考憑者萬餘名每日所賺不下一萬二千鎊云午後赴賽西店與張星憲及顧瑞諸君稟安送行

三三八

初三日庚寅晴辰初同林和叔羅叔羹陳幼庸沈藕生任謙齋林琴蓀羅小荷唐竹溪楊仲卿尹元輔袁仁圃于心泉王香圃陳安生王皖南隨羅星使先至賽西店稟見張星憲及顧瑞諸君繼至倭特路火車棧巳初張星憲率梁鎮東等到即登車巳初二刻車開即時同赴騷桑比者為羅星使林和叔馬清臣陳幼庸任謙齋閣張星憲於午初至彼登美公司午正展輪赴紐約

初四日辛卯晴聞王于二君所去之學堂內諸生另操

體學多種、一曰賽跑百碼、一曰布袋走、乃人身置布袋中賽走、一曰跳高、一曰賽騎脚踏車行三洋里、一曰賽抛皮球、一曰賽跳遠、一曰賽奪力、乃一繩兩首各人若干而互奪之、一曰匙盛雞卵跑、乃以長柄匙盛一雞卵、右手擧之賽跑、其雞卵不落者勝、一曰三腿跑、乃二人一高一矮、綁其一左腿一右腿於一處、作成一人三腿、如此多人賽走、先到者贏、一曰前後賽跑、乃善跑者後立數武、與不善跑者齊跑、先到者勝、蓋諸生用工皆有定時、每當閒暇之際、教習由以上十種內擇令賽其一

三十九

是亦一刻值千金之意也、

初五日壬辰、晴、泰西報章之設、自近代始繁、所以流通公論、詳著近聞、其效至宏、其例至賾、入國觀政、畧具於斯、英新報創自西歷一千六百二十二年、（即明熹宗天啟二年）其都鄙鄉邑之間、星駢棊列、出報積數千百種、售報計數千萬紙、其為煩衍、當不下於古百家之言、雖辭旨不同、亦得失之林也、聞嘗攷倫敦現售各報、大小共計一千九百九十九種、種各不同、有論官事、雜事、學問、商務之別、及帶畫帶圖、單篇雙頁、四篇一冊之殊、時亦不同、有每日一次、早晨一次、晚間一次、及每禮拜自一次至三次者、更有半月一次、每月一次、兩月一次、每季一次、半年一次、全年一次者、且各報之名亦異、或指事以名之、計時以名之、或即報館主人及地名以名之、更有取他義為名者、然其名有可譯者、有僅能還音者、茲將各報按名按時、詳錄於篇、以備吾人之考鏡焉、其每日及早晨與晚間者、為日紀報、商務日報、日日細報、日日新報、日日郵傳報、日日電報、晚間新報、空谷傳聲報、晚官報、晚間五穀生涯報、晚報、貨財新報、貨財郵傳報、錢糧報、

四十

貨財時報、地球日報、倫敦稅局進口報、賢揯木斯公報、倫敦日日經紀股份報、財帛報、早晨通報、早晨郵傳報、每早船隻報、清晨指南報、早報、帕瑪郎報、獵戶報、憲報、商賈總報、船隻商務公報、船隻商賈總會報、笑話錄報、解頤報、星辰報、泰晤士報（即時事報）、衛斯民司得報、日報、每禮拜二次者、皆在禮拜二五兩日、如城報、兌換數報、德布林城（愛島都會）報、埃甸堡城報、倫敦官報、巡捕廳官報、每禮拜三次者、皆在禮拜一三五三日、如鎮市滙價報、撮要時報、每禮拜一次者、係在禮拜一或五日、如金報、

庫序報、帳目報、消息報、海軍馬隊報、紅條報、斐洲論報、
斐洲情形報、斐洲時務報、代理事務報、奥妙報、稼穡報、
阿得翔武事報、阿得翔官報、阿丹書庫報、再報、會盟報、
教會報、照相專藝報、技藝報、人工報、英美時報、漁翁報、
回音報、建造報、軍械報、水陸官報、保險報、斯文公所報、
橫行報、名見報、澳洲報、澳洲商報、鈴鐺報、鈴鐺使者報、
蘇格蘭城邑報、麪食糖菓報、伊斯蕾神武報、麪包行報、
麪包行時報、洗禮報、貝樂法新聞報、甾賓報、商賈新報、
脚蹬車報、博明根神報、博明根郵傳報、商部報、黑白報、
黑白教民報、保險存案報、書籍報、書坊報、孩童笑話報、
靴鞋報、博歐貝報、博歐貝小説報、幼童報、通國幼童報、
孩童朋友報、英蘭孩童報、倫敦紐約孩童報、泥水工報、
卜拉佛訪察報、卜露爾保人報、卜露爾日知報、酒家報、
甎瓦泥器報、英與各屬地苦工報、英與各屬地手民報、
英與各屬地水銀貿易報、英外糖菓生涯報、官署月報、
英屬澳洲報、英國糕點報、英國釀蜜報、飛箭報、股份報、
英貨出口報、英國雞鴨鵪鶉等報、泥水人工報、照相報、
英國醫藥報、英國刷印報、英國商務報、禮拜一日英報、

四十

坊者郵傳報、建造新報、建造會報、天下建造報、木匠報、
金銀報、田家報、匯兑報、加那達官報、喀爾的甫禮拜報、
喀色禮拜六日報、專辦菓席報、猛將笑話報、化學新報、
天主教家報、天主教郵傳報、天主教新報、天主教官報、
天主教時報、商務會館報、化學商務報、百舌報、歡喜報、
樂善好施報、化學藥商報、象棋日紀報、耶穌教年紀報、
耶穌教專報、耶穌教百姓報、耶穌教地球報、教堂鐘報、
耶穌教郵傳報、耶穌教善士報、耶穌教誠心報、墟場報、
耶穌教百萬教報、耶穌教帶圖報、耶穌教合心報、僚友報、
天下耶穌教報、天下耶穌教堂報、教堂官報、教堂家報、
教堂福音報、評論教堂報、教堂女士報、公平報、年紀報、
教堂時報、本國傳教報、天下菸葉菸捲報、城内人民報、
都會報、錢糧傳驛報、文職謀席報、文職官位報、文官報、
文官比賽報、通政報、醫道報、號筒報、製造車輛鞍韂報、
商報、煤炭生理報、煤炭總報、遊歴印度美洲各屬地報、
笑話帶畫報、家鄉笑話報、通商案件報、麪包糕點會報、
通商官報、天下通商報、貨物報、承辦人報、協力同心報、
承辦人事紀報、五穀官報、草舍園圃報、天下牛奶房報、

四十一

鄉閭釀酒報、州縣會所報、各處公廨事紀報、牛奶房報、
州府紳董報、倫敦傳驛報、公署傳單報、冉報、公廨大報、
畜牛及製牛奶人報、打球報此報四至九月按禮拜十至三月按月金報、
打球場報此報惟五至九月出印、脚踏車報、脚踏車新報、自由報、
騎脚踏車報、脚踏車總報、預備牛奶人工報、戲曲時報、
達勒比租賃樓房報、修理房屋報、傭工僕婢報、布商報、
婦女家務報、天下戲曲報、德布林城自由報、教會時報、
織印漂染報、傳教郵傳報、儉省補紩報、電機報、電學報、
電氣事件報、電綫報、訓養時報、機器日記報、機器總報、
管理水汽機器人報、水汽機器報、英蘭報、英國公會報、
英國信船報、英國工作報、探訪報、產業報、歐洲信船報、
戲場鬧時報、每禮拜報、自家牧師報、人家報、人家補報、
一家團圓報、自家醫道報、戶口報、嗜好報、農夫畜養報、
田戶報、田莊報、農夫官報、天下農夫報、田畝報、快樂報、
戶部報、歲入報、漁戶官報、天下錢糧報、新事報、朋黨報、
漁戶官報、網魚官報、飲食養身報、曲徑報、交結往來報、
自由補報、毋忘報、禽鳥報、自由法度報、嬉戲報、麻日報、
規矩會報、規矩會補報、皮毛鍬羽報、園丁報、園丁官報、

四十三

藥品報此報由七月至九月按禮拜由十月至次年六月按月、審察報、船隻略報、
來日報、陳設裝潢報、園圃報、園圃栽種報、園工帶畫報、
天下園工報、天下煤氣報、幼女報、幼女看娘報、奇貨報、
安康報、薄紙君子報、厚紙君子報、宗教訓言報、順潮報、
格拉斯高新聞報、格拉斯高郵傳報、擊球報、擊球場報、
時刻如金報、銅錢比金報、公義夥伴報、一本士小說報、
精工書刻報、雜貨油鹽報、雜貨郵傳報、愛爾蘭皮革報、
詳思報、雜貨官報、租典田地報、受托保人報、市井畫報、
宴樂嘉賓報、蓋公醫院報、韓慈每禮拜電報、梳髮總報、
梳髮報、船隻日期報、安樂家鄉報、鐵器機器報、精神報、
做帽工人報、身體家居報、家居閒談報、凡例報、製造報、
中外郵傳報、本國循環報、家鄉度日報、愛爾蘭時務報、
家鄉記錄報、家庭小說報、家鄉歡樂報、巡捕廳新畫報、
家鄉新聞報、四海郵傳報、鴿子信報、手套襪子工料報、
畋獵犬馬報、各醫院報、持家箴言報、獵戶報、小說畫報、
水木作畫報、教堂畫報、家庭圍爐閒話畫報、倫敦畫報、
郵傳官畫報、倫敦畫報、戲笑新畫報、天下銀錢保險報、
器具機器報、自主不俗報、印度報、印度古米報、百工報、

四十四

養育孤獨報、保險公司報、保險記錄報、探聞報、搜羅報、
萬國公報、錢債股分報、股分大報、倫敦保險報、翻轉報、
愛爾蘭天主教報、愛爾蘭腳踏車報、煤鐵總報、鐵商報、
鋼鐵生涯報、鐵貨傳聞報、鐵貨報、鐵貨總報、日知錄報、
五雷治礮礟并水陸軍營報、金銀珠寶報、種園工藝報、
猶太報、天下猶太報、馬販報、煤氣燈報、婦女腳踏車報、
消閒錄報、技藝會報、傀儡小畫報、公義報、昇平公義報、
溝渠記載報、溝渠官報、甘樸商務報、工夫報、婦女公報、
婦女伴侶報、婦女續報、婦女評論報、婦女畫報、外科報、

婦女事件報、代理田地報、田畝水地報、百靈報、洗衣報、
洗衣新聞報、律例報、律例時報、律例續報、李德禮拜報、
引導報、皮革報、皮革生意報、一生篤信報、天下學問報、
得憑單備辦伙食報、得憑單備辦伙食續報、跑馬場報、
性命報、火光報、閃電報、立文浦新聞報、立文浦郵傳報、
立文浦報、六畜報、總市報、總市船隻名目報、時派會報、
本處官場報、鎖鎖報、倫敦報、倫敦合眾報、倫敦中國報、
倫敦中國電報、京都各省樂器報、禮拜日法度學堂報、
倫敦商民報、倫敦五穀報、倫敦日記報、夫人報、製造報、

倫敦讀書報、倫敦流言報、倫敦裁縫報、滿柴斯得時報、
專月報（此報出由四月至十一月）、稀奇書樓報、世人報、直言傳信報、
出口機器報（此報惟出于二三八十四個月）、機器市報、鈴鐺報、馬埃報、
海洋機器報、婚姻報、嫁娶新報、嫁娶郵傳報、善法時報、
吉祥報、天下手工報、肉市報、商賈法則報、法度記略報、
方法時報、醫學報、醫院醫道報、京都官府報、天下礦報、
礦報、京都布帳教堂報、磨工報、磨工公報、玻璃為生報、
英國玻璃商報、錢財生理報、錢市報、莫拉維亞傳教報、
啟明報、月光報、樂堂報、萬樂報、樂器生涯報、樂器新報、

樂工報、我君主書庫報、本國金石藥水商情報、天性報、
本國音樂報、說論本國報、天生博物報、預核國帑新報、
新歲報、水陸兵報、新衛所報、撮要新報、備辦用物人報、
天下新聞報、代理新報、英蘭北界耕耡報、鹽查記錄報、
金塊報、北方報、觀察報、乳養報、油染人工報、日閒叢報、
陸路往來報、油行生意報、油商報、老少報、眼鏡工人報、
吾人互愛報、吾人家鄉報、吾人空計報、外來報、夥伴報、
吾人畜犬報、田家閒話報、紙張刷印報、紙貨報、紙匠報、
聖會議論報、紙作報、紙匠大報、紙貨記載報、提醒我報、

紙貨生涯報、議院辯論報、議院記載報、戲耍報、當質報、
皮爾遜小說報、皮爾遜禮拜報、牙科報、一本士詩人報、
一本士帶畫小說報、人民朋友報、戶口報、禮拜人丁報、
裴理生涯倒莊報、炮製藥料報、皮特滿減筆報、公主報、
仁人報、音學報、小照摹畫報、照相新報、瓦窯報、家禽報、
照畫手藝報、種花木人報、鉛匠裝潢報、異教報、古瓷報、
天下古法報、巡捕記畧報、巡捕評論報、邦國報、君主報、
治國法報、濟貧法報、藝植報、郵政保險報、練習機器報、
今日信實報、公主小說報、印書人報、食物粮艸買賣報、

四十七

刷印石印報、天下刷印報、土產各市報、鞍韁車輛局報、
刷印石印裝釘出售報、眾人意見報、噴池報、賽馬細報、
賽馬隨時報、賽馬提報、賽馬畫報、天下賽馬報、刊發報、
刊發記載報、學生教習報、火輪車船報、出入口船隻報、
火車郵傳報、火車程途報、火車新報、火車官報、磐石報、
火車大報、火車日記報、火車指南報、火車續報、火器報、
火車時報、戴木甯探訪報、賴諾新聞報、李阿土新聞報、
李達萊酒報、天下田莊報、賢猩木斯國帑報、賢波羅報、
禮拜六日報、保養身體報、決斷爭端報、蘇格蘭人民報、

文部學堂報、學舍報、學堂男教習報、女教習報、會長報、
瑣事錄報、自行協助報、鞋與皮料報、放槍時報、結社報、
智理叢談報、要事當知報、事蹟撮要報、突然報、倫類報、
教門大旨報、細事要畧報、成衣匠報、狀師報、狀師大報、
有可讀者報、南斐洲報、南美洲報、惜寸陰報、旁觀者報、
玩耍吉兆報、玩耍畫報、玩耍時報、天下玩耍報、玩物報、
玩耍專報、玩耍郵傳報、戲耍反映報、詼諧報、笑話總報、
賽馬癖報、司大佛省報、製造刷印玩物報、兌換經紀報、
戲場報、紡車報、寄賣書籍玩物報、信票報、天下文玩報、

四十八

文房四寶生意報、文學報、股份經理人報、禮拜之日報、
輪船報、司特樸每禮拜報、每禮拜國事報、禮拜日電報、
成功報、禮拜日僚友報、禮拜日學堂時報、教習指南報、
禮拜日學堂報、禮拜日時報、海關報、游水報、戶口冊報、
世界報、成衣匠報、天下成衣匠報、天下技藝報、木料報、
木商報、飲食節儉報、節省總報、節儉日記報、律例時報、
織莊報、織機繳貨報、織莊傳聞報、織莊日記報、小事報、
每禮拜時報、菸報、菸商報、今日續補報、載運報、確實報、
專地時報、商務報、商務時報、商務傳聞報、賽馬為生報、

賽馬新聞報、左右世界報、決爭報、担承殯殮報、協合報、
通國金石商報、通國官報、乾坤報、世界虛浮報、黌宮報、
黌宮總報、備辦筵讌報、義兵報、義兵營官報、西澳洲報、
預防報、每禮拜甲乙丙丁賽馬報、雜事報、七日小說報、
戒葷報、獸醫報、棧房與布商報、金銀珠寶及鐘表商報、
戰事報、每禮拜國帑報、每禮拜軍務報、每禮拜登冊報、
七日報、禮拜堂人會合報、船隻駛行報、每禮拜郵傳報、
每禮拜國人生死報、每禮拜搭船報、短信報、禮拜電報、
每禮拜信比日光報、禮拜傳聲時報、官場消息報、酒報、

四九

官文報、每禮拜天氣報、西方報、菓子酒五穀酒生意報、
酒家報、酒商報、衛斯民司得預核國貴報、斐洲評論報、
輿人報、婦女報、婦女生命報、婦女記事報、毡毯材料報、
輪轉報、工作報、五雷治官報、語言活計報、工人影計報、
天下刷印生涯報、天下教民報、天下笑話報、幼女時報、
援救營幼年兵卒報、天下快船報、俏公報、國寶源流報、
其按月者如一丨、丿鋏道報、管帳人報、斐洲消息報、
叅謀報、專藝報、農工節省報、集善行錄報、園圃人工報、
廣見報、剖明報、英國教會報、天下六畜報、保養六畜報、

天下援救營報、歐洲美國會報、家庭朋友報、人類總報、
外科大報、及教報、賣奴報、吸烟報、考古報、修造樓房報、
人工總報、上控報、判訟報、大船報、兵數報、放洋登岸報、
阿蘭塔報、技藝報、教務報、畫工報、真言報、英外交際報、
地中海報、星學報、內外報、製作報、提醒報、澳洲灌溉報、
兵弁日報、東方報、打燕報、小孩報、樂工報、已往嬉戲報、
洗禮總報、洗禮報、希望報、銀庫報、銀行報、入教受洗報、
耶穌經報、憐恤報、忠信報、時派報、經屬報、洗禮郵傳報、
弓鈴月報、打球報、同心報、書價報、護兵報、伊色列族報、

五十

福音經畫報、養蜜蜂者報、帳目長紅報、男孩笑話月報、
埃典堡新報、耶穌醫院報、布海米亞報、吹鼓手新聞報、
吹鼓手日報、弓鈴小說報、英蘭男孩報、今古音樂論報、
男女孩伴侶報、男孩須看報、通洲火車報、古董寶物報、
輪車鋏道路程報、卜拉翔鋏道節略報、大英國報、碓報、
英國圍棋報、遍傳福音報、英國知識報、小民報、工役報、
英國快馬報、英國音樂報、英國博物報、信女報、英曲報、
英國耶穌報、指引廉節報、本國工匠報、零星報、堡障報、
蝴蝗燈蛾報、各等教堂報、本國女工報、同窗報、人人報、

加拉非教之經臺報、一千九百年戰報、喀賽報、新報報、
茅廬艸舍報、世界國報、英史黠黠報、家庭報、杜蕾經報、
杜蕾詩報、百智叢錄報、昇平與戰時名人報、美洲畫報、
拾遺報、新經紀事報、本國鐵道報、人民教養報、本地報、
本國報、君主倫敦報、鐵道時刻報、沙斯庇爾報、震耳報、
駱彬森報、土俄鏖兵報、禮拜六日日報、詹柏爾博學報、
天下說文報、海上說文報、天下地圖報、野鳥報、人工報、
天下庖丁報、才智品性報、天下史報、世界突報、百舌報、
世間駭聞報、水路羅經報、耶穌家報、中斐洲報、論教報、

百年畫報、詹柏爾傳聞報、查樸滿新聞報、小孩朋友報、
世界小孩勸善報、賑濟報、整頓賑濟報、鼓掌報、小孩報、
一局棋月報、小孩神甫報、小孩快馬報、柯爾的藝植報、
小孩教堂報、小孩紀事報、小孩伙伴報、兒女報、教士報、
小孩保人報、小孩畫報、傳教中華萬人報、教中人情報、
傳教自前報、耶穌教民報、傳教自如報、愛爾蘭教民報、
教中事務報、教務拾遺報、教務前進報、木鐸報、教友報、
教中好事報、教士須知報、論各教士報、經典報、和睦報、
教堂教民報、教門新聞報、內外教堂報、引導報、屯居報、

教務會報、教門雜報、報傳教人報、教堂樂報、教會月報、
蘇格蘭內外教門報、教門禁酒報、禮拜日教堂教讀報、
教堂自新報、天下教堂報、教堂司事報、預先報要事報、
教堂工人報、評論古典報、教堂人工傳聞報、腳踏車報、
傳教郵傳報、教會戒酒報、教會郵傳報、狄克思英書報、
庫克五洲遊歷時日報、德布林醫學報、埃典堡醫學報、
庫克遊行報、庫克家禽報、珊瑚傳教報、縠山報、日新報、
四海為家報、鄉民工役報、扶持教門報、水晶報、救世報、
外洋奇異報、自家衣裝報、水汽機器報、牙醫報、早日報、

旭日報、露滴報、英國手藝報、英國閨閫報、遍傳福音報、
學業報、土器報、晚學諸生報、先人誠實報、自家交結報、
電機報、臨時報、英國畫報、英蘇愛婦女總報、蟲學月報、
蟲類報、月月報、遍傳月報、遍傳總報、講解報、家庭郵報、
忠信報、真言報、講解時報、鄉農總報、名望報、女教士報、
家務報、自醫報、人家須讀報、農家報、庫款報、救火人報、
向前報、半月報、圍爐佳話報、水火報、外國語言入門報、
誠信進堦報、蘇格蘭自理教堂報、自理教務報、自主報、
評論自理教務報、俄國自主教務報、論禮拜日自由報、

朋黨報、短篇朋友報、朋友禮儀報、訪友報、蓋洎周流報、將來報、女孩伙伴報、女孩自讀報、縉紳報、縉紳時事報、園丁報、園丁畫報、煤氣廠報、格拉斯高醫學報、撮要報、牧童報、地理日報、地理總旨報、前進報、好音報、心種報、嘉音報、青年撮要報、善心教徒報、叙論新約報、美意報、善言報、新約統報、新約郵報、宣傳新約報、新約傳揚報、仁心報、新約飛報、木工畫報、新約刺刺報、福音善士報、彰明報、事比芥子報、大西方鐵道報、教民畫報、尋技報、城内報、賀恩得民閒報、教師畫報、御前盟約報、懶惰報、

五三二

廉節畫報、印度新聞報、印度婦女報、保險郵報、新書報、嬰兒新聞報、靈巧技藝報、勸善教化報、指引保財者報、管理保險報、保險公司報、保險錢財報、伊搜貝孩子報、保險鐵道報、萬國醫學報、愛爾蘭月報、保險報、稽查報、愛爾蘭教堂報、愛爾蘭武學報、愛爾蘭織機報、猶太報、猶太快報、猶太消息報、猶太小孩報、鼓琴人報、款式報、倫城小説報、大英快馬報、萬事指南報、教導報、深思報、手藝心思報、手眼報、爽快報、協助語言報、大道田疇報、平安預報、安康預報、慈心預報、包租僱賃人報、居家報、

居家朋友報、居家賓客報、居家閒話報、國家報、勸世報、居家度日報、家人理財報、婦女理家報、理家報、度時報、照相生涯報、英外藝植報、修飾手藝報、學業報、山林報、以疾醫病報、以疾醫疾世報、醫院報、英國建造學業報、牙醫會報、化學會報、倫敦博物學堂報、僕婢報、田翁報、工程官報、農家會館報、銀行規例報、傳教外國青年報、艸木生靈會報、海軍報、博學努力會報、羅剎拜青年報、照相初學報、教養青年報、預規青年報、大路報、君王報、法學生徒報、邱園花木報、婦女知己報、知識報、工匠報、

五三三

婦女鍼黹報、婦女財產報、婦女新聞報、計樸森律例報、呂克喜婦女新報、婦女月報、律例撮要報、律例生徒報、世界畫報、如鐙報、律例郵報、青年衣冠報、織編活計報、得暇時報、律例報、李池居家報、李池巧工報、拾遺小報、守法月報、得意報、得自由者報、博廣報、倫敦自家月報、一生篤信報、家室境界燈光報、活水報、本國耶穌教報、情愛指南報、李品闊月報、去界讀書報、音樂報、女帽報、本處傳教報、英法二京時派報、倫敦城内傳教報、捷報、倫敦牧師報、倫敦時派記錄報、倫敦言行報、石爐月報、

倫敦言行補遺報、倫敦音學報、倫敦文學報、計算速報、
都門各省屬地總報、倫敦福音會報、盧昂滿學堂新報、
盧昂滿新報、倫敦成衣人報、陸那爾月報、馬密蘭新報、
擣蒲語言報、射影燈報、啟明報、多生不若長生報、琴報、
樂蓋月報、醫學志略報、英外醫生報、英國教民孩子報、
今日男女報、保守商賈報、居家守法報、傳教新聞郵報、
英蘭安樂報、廉節法策報、守法新報、評論天下傳教報、
京都時事報、教堂内房報、官場時報、佈告天下福音報、
教堂總月報、天下族譜報、慈心悲苦報、以疾醫疾月報、

五十四

世界傳道報、四方傳教報、時務報、教門月報、家鄉月報、
通國音樂會月報、教門會盟月報、小説月報、樂師月報、
醫藥二學會報、天文會月報、官場閒叙月報、郵船月報、
阿得翔月報、五雷治村月報、木拉威亞牧師報、母女報、
福音月報、英外經卷會月報、英外土產月報、音樂大報、
天時月報、藥料月報、清晨太平報、音樂生涯報、晨星報、
協助為母者報、為母者理財報、墨蕾倫敦太晤士總報、
墨蕾蘇愛二島太晤士總報、母件報、母友報、音樂郵報、
拯救樂工報、樂府報、音樂太晤士報、音樂時報、小友報、

米粒衣服報、各國教堂報、各國民情報、國風報、行船報、
邦國節用報、天生食物報、天性清濁報、天性報、今古報、
水師兵册報、天下水面網罟報、新教堂報、新愛爾蘭報、
第千九百年報、新奇音樂報、新報、晝夜報、北美洲報、
北英齊家報、講經典故報、考查音律報、錢幣報、目疾報、
天文臺報、橄欖枝節報、既作即作報、保護報、障眼法報、
循規報、四出報、講論直前報、前進報、本國幼童雛女報、
藝植報、本國孩童報、本國泉湧報、本國果敢報、一文報、
本國後生報、本國點點報、本國日新報、倭爾克本國報、

五十五

本國大報、本國新聞報、自家紙報、帕瑪新報、聖會新報、
本國遊蕩漂流報、本國内外工作報、外而外報、以外報、
為父母者報、真正藥料報、神智大道報、曲徑報、五車報、
日日珍珠報、皮爾森新報、人之道理報、本草報、理學報、
英國印花報、音學報、音學郵報、骨相報、畫軸報、影相報、
影相法報、影相總報、大小琴樂生涯報、學畫報、家禽報、
繪畫妙法報、捧腹畫報、詩家舉隅報、萬家囊報、教友報、
平民醫學報、學習影相報、為師可法報、傳道者郵傳報、
祈禱實信報、長者教堂報、學業者報、壓榨報、論中論報、

守本報、光明結黨報、君女小說報、改正傳聲報、噴飯報、
福音觀望報、各省醫學報、百姓安康報、收割報、化外報、
世界火車報、火車須知報、火車管機器人報、解人頤報、
赫曦報、李查柏新報、感化保護報、應酬指南報、報使報、
論教門論報、收割所餘報、玫瑰蕊香報、瞻禮日學堂報、
報使鄉報、圍爐閒話報、格物學堂報、人物論報、播種報、
賢尼扣拉報、時式小畫報、學館家庭報、合地球跳舞報、
學中日報、學堂月報、學堂新聞報、格物技藝報、及時報、
格致閒話報、施樂得月報、學徒新報、小兒教門經典報、

五五六

學徒自報、學堂新報、司其布訥新報、巡哨報、矛盾新報、
以字解音報、王家公事報、議院報、天下貨船報、減筆報、
確實證據報、有可讀者報、節用流傳報、銀環報、姊妹報、
文學聲價報、遊行日期報、司丹力月報、南美洲牧師報、
司特蘭新報、司特蘭樂報、拐杖雨傘報、播者報、蹺步報、
騷斯衛牧師報、繩墨報、畫館報、甘蔗報、日光報、節氣報、
禮拜之日報、家庭禮拜報、禮拜日新報、禮拜日朋友報、
輔佐禮拜日學堂報、禮拜日學堂教習報、日照報、糖報、
瓷刀抹子報、教習所向報、縫工報、裁縫總報、教習新報、

教習幫手報、教習月報、節省月報、自行節儉報、醫法報、
律師學堂報、自明福音報、今古物件報、深思報、惟一報、
戲園雜耍報、將來物件報、醫道須知報、瓦池爾國會報、
世界昇平喜音報、深心勞碌報、舌熱如火報、屯畢新報、
經理古學進益報、長老總會報、協力同心報、種牛痘報、
戒葷報、獸醫報、獸醫之術報、善言提醒報、教人忠信報、
琵琶報、教兵報、瓦滋學問報、道旁言報、魏斯廉教士報、
守望報、言言報、小狹轉瞬報、小孩時式衣服報、神道報、
自家成衣報、成衣畫報、衣服制度報、幫眾報、作工者報、

五五七

魏敦婦女報、閨門針黹報、魏斯廉教堂規模報、文恣報、
魏斯廉崇信教規報、魏斯廉禮拜日學規報、幼年時報、
魏斯廉教務報、城西衣式報、婦女暗號報、婦女家門報、
振冀報、親見報、婦女莊田報、幼年專教報、議論幼年報、
更新黨報、年輕人報、幼年信道報、幼年音學報、沖齡報、
幼年準繩報、印度女室報、聖會實情報、幼女報、少婦報、
動物博士報、動物生理報、每兩個月一本者為石印報、
顯微會報、教爾甫騷人報、軍士續尾報、御前大學堂報、
每三個月一本者、為學習稼穡報、教訓廉節報、臘漿報、

愛爾蘭忠心報、阿拉盤爬山報、德布林報、倫敦四季報、
綱紀報、兵數報、亞洲報、藥王報、英國律例報、內外科報、
商務通傳報、婦女性情病症各學報、城邑教會規模報、
治家格言報、建造教堂報、小堂案件報、嗜癖報、屬地報、
治家總報、埃典堡報、罪犯報、教養報、電板報、嬉戲畫報、
英史報、歷練報、外國教堂報、考驗朋情報、精熟世系報、
古風報、華友報、巧妙無疑報、本土技術報、萬國五倫報、
赫德水陸兵報、印度上控報、印度教堂報、百骸功用報、
太木斯要領報、神禽報、猶太報、猶太耶穌報、博古會報、

五十八

農部報、英外往來水土報、印度技藝報、萬人骸性論報、
才幹報、書吏規章報、使電章法報、滿柴斯得地理會報、
種植會報、亞洲會報、尚古會報、種園會報、律例四季報、
記載會報、維克都里亞大學堂事務報、心思報、錢譜報、
正大光明報、本國傳教報、判案報、律例總報、救生船報、
蘇格蘭教堂紀錄報、惟知有物報、水師冊報、女教師報、
本地會議報、本地雍睦報、循還國運報、四外教士月報、
官兵冊報、歐洲古僧報、本國四季報、吾人姊妹在外報、
考察猶太報、教門原本報、郵政局報、算學報、禁酒畫報、

地學博士由淺入深報、畫圖日進報、氣象學會四季報、
倫敦生靈會前進報、耶穌教堂報、顯微學報、海軍官報、
地理會四季報、女紅四季報、四季新聞報、四季天時報、
印度教士四季報、生死嫁娶四季報、水面言報、黃書報、
內外勸世會報、稱論教堂報、蘇格蘭四季報、賢馬丹報、
聖骨匣報、水師擱淺報、初學經典報、播種時報、蝴蝶報、
律學生徒報、守護先鋒報、自製女帽報、禮拜之日會報、
魏六郎報、其半年一本者、為按年保險大全報、朝廷報、
再考藥材報、打獵月份報、印度文武報、顯微鏡會館報、

五十九

牛乳商會報、鋼錶規條報、婦女學院報、學堂考試總報、
埃典堡建造會報、倫敦目疾醫院報、藍書報、跑馬場報、
御前紅書報、郵政袖珍報、其按年一本者、為銀行年報、
建造學堂報、學堂事件報、機器袖珍報、甲乙丙錶道報、
有形者年報、古人曆日報、漁翁日記報、指引電學年報、
英外聖經會年報、英蘭生死嫁娶官年報、洗禮袖珍報、
魏斯廉教會年報、阿赤爾保險年報、指引南斐洲年報、
阿斯庇那沿海年報、義兵礮隊袖珍報、英國照相年報、
澳洲袖珍月份報、倫敦生死及致命各由報、保險年報、

貝格來威亞年報、二酉堂年報、藏蒙戲年報、兵丁年報、
直言無惑報、指引鐵路股分報、御製憲書報、勸戒年報、
英商年報、各國年報、英國僚友報、小孩年報、復甦年報、
英國保命報、建造包辦價值報、藏寶庫報、倫敦生意報、
醫院博施年報、英國教堂年報、官場年報、耶穌指南報、
愛爾蘭藥材會報、英蘭外科學堂報、各工人局、敝年報、
工人泥水袖珍報、堪卜立址大學院報、喀賽周年畫報、
堪特百里牧師報、蘇格蘭福音指南報、世界福音年報、
藥行年報、小孩年畫報、教堂國會報、都門各種善施報、

六十

教堂人日錄報、通城日錄報、倫敦記略報、文職袖珍報、
文職年報、牧師指南報、牧師名數報、屬地官署數目報、
學堂教習報、煤礦指南報、各屬地年報、機器工人年報、
上下議院報、勅建印度房圖學館報、巴里庖丁袖珍報、
倫敦庖丁袖珍報、教會年報、國法年報、道達上議院報、
道達議院報、三合會游人指南報、紡棉指南報、棋癡報、
府縣城邑報、府縣戶口報、打球拋球指南報、打球年報、
外邦教士人名報、下議院及審案堂報、五爵報、牙醫報、
諸侯畫報、五爵畫報、五爵交結報、黌宮年報、農家年報、

修理工匠報、倫敦人地記畧報、太木斯江人地記畧報、
巴里人地記畧報、狄卜樓年報、外國值事報、畜犬者報、
外國承辦報、英愛二島教訓報、英國婦女年報、戲文報、
外國行號報、外國菸葉生涯報、曲戲音樂報、降生節報、
布商報、杜爾杭大學院報、東方販貨報、各出口商貨報、
埃典堡大學堂報、電氣生涯報、機器工人報、園囿年報、
英京書籍報、埃賽堂年報、股分經紀報、園中栽種年報、
戶部年報、文人年報、世爵世系紋印報、地方管轄年報、
君子袖珍報、計樂柏教士指南報、小舟總數報、外部報、

六十一

煤氣日記報、煤氣與水報、踢球年報、歐美二洲客寓報、
踢球總報、女孩自已年報、葢公醫院年報、解人頤年報、
花園畫報、擊球年報、稅關年報、帽匠年報、會議律會報、
愛爾蘭稅務年報、榧子年報、印度文武報、印度部官報、
保險藍書報、保險存案報、萬國號碼報、萬國事略年報、
萬國商賈製造報、愛爾蘭醫生報、奉官備辦酒席年報、
愛爾蘭教堂報、奉官備辦酒席指南報、李立槐打球報、
鐵器商報、蘇格蘭節氣會報、朱第年報、倫敦醫業年報、
藝植會年報、動物生理會年報、袖珍搢紳報、會館年報、

建造工價袖珍報、英外船隻保險報、都城鄉鎮商務報、
倫敦時務會所報、倫敦牧師年報、沿海及航海生涯報、
倫敦施捨年報、賴達日知錄報、小舟保險報、倫敦年報、
倫敦四季報、已往賽會報、歷年賽會報、教堂小本畫報、
沿海生涯撮要報、沿海考查事務報、醫學保生袖珍報、
習練醫學年報、教導醫學報、醫生註册報、醫徒註册報、
律例年報、律法指南報、律師袖珍報、巴克爾教堂年報、
貿易出洋年報、天文會報、牧師講經報、刷印新聞年報、
欒門袖珍報、挖礦袖珍報、教門袖珍報、英蘭教堂官報、

六十二

欒門年報、滋生猪會報、節用會年報、刷印裝釘傳單報、
教斯佛大學堂年報、教斯佛大學堂名册報、行船年報、
埃典堡青菓報、英國紙商報、航海年報、日日記事珠報、
各國帋匠報、卜的日記報、博物會年報、倫敦郵政局報、
郵政局總理報、官年報、各城保生會報、倫敦測算會報、
屬地律例報、考察靈魂會報、事業指南報、各學塾年報、
王后及婦女日知報、預言来事報、油畫匠報、造紙局報、
銕道工人日記報、教導音學報、格致前進報、學校年報、
倫敦賑濟指南報、愛爾蘭大學堂年報、保身防恙會報、

賢安得路大學堂年報、賢卓志醫院報、蘇格蘭踢球報、
賢巴索洛茁醫院報、賢陶瑪斯醫院報、司米士日記報、
件件手工報、天下印書報、本地手工報、暗律師指南報、
南美洲進口貨報、承辦建造泥水工價報、暗律師年報、
精博政事年報、文房紙筆鋪報、上下議院問答事略報、
股份總司年報、司土布商賈年報、埃典堡外科醫藥報、
禮拜日學館教習名册報、禮拜日教門會報、工藝年報、
教習袖珍指南報、陶木森官場人名報、外科醫學會報、
埃典堡接生會報、倫敦接生會報、特恩布船隻名目報、

六十三

特里呢的學堂報、人民聲價報、防瘟會報、官例大概報、
立文浦與滿柴斯得人民名望報、下議院歷年人名報、
彼此交涉年報、滋生馬種報、栽花指南報、四海行船報、
駱芝諸侯世代報、寄信保險註册等事報、各地人丁報、
皮爾郵局寄送報、樂畫等學會報、英國猶太人曆日報、
射箭會年報、造船修船學館報、維克都里亜大學院報、
邰樂爾十內抽一清單報、上下議院定規報、格物會報、
倫敦大學院年報、倫敦大學院人名册報、兵部官册報、
魏斯康教徒日記報、魏斯康教徒指南報、治水統紀報、

懷太格萬國報英愛二島人地記略報照相生意年報製煉油與顏料報棉毛織紡日記報五金生意日記報蘇格蘭監督教會年報藥材生意年報薩達器年歷報薩達器天文日知錄報星宿歲時吉凶報諸侯世系報都尉世系報男爵世系報耶穌誕辰祝祭報汽機會報英愛二島格物博士年報政治年報誰與誰報每冬報植物會總報文學會總報知學會報名人聲望帶相報萬生日記報以上大小新報價值無須細載惟每日一篇至一年一本者價由半本士至二十鎊十先令窑

卷二終

六述奇卷三

鐵嶺張德彝在初氏隨筆

光緒二十三年七月初六日癸巳晴午後步入利貞囿一遊地在倫敦城內之西北周四百七十畝地勢作人面形左額眉上為萬生園分地百畝作三角形右額眉上為巴普堤斯學院南面正中為藝植園徑橢圓如鼻準北連玫瑰山共分地五十一畝園西有小河流分三义長逾十里碧波盪漾烟艕逍遙園右南北大道如砥寬約三丈惟准遊人步行往來南通阿樂斯得巷北接萬生園及阿拉柏路周四面圍以鐵欄周十二門大道左右自北而南先則細草如茵茶園二三綠樹陰濃木亭點綴繼而段段曲徑左右設鐵欄欄內羅列各種鮮花按色分畦畦式不一或方或圓或三角或扇面五彩芬芳蘢茸蕪茂並有玉石花盤成對各周丈餘高數尺上植花卉垂纍如籃隨行左右高樹成行頗涼爽幽靜樹下橫列長鐵凳人可坐息其上外有鐵椅數行置人看守凡欲坐者向守人買票每票一本士其人帽邊橫書管椅人三字花木左右大道一帶亦有人往來巡守

一

以防游人摘花踏草及口角爭鬭等事、凡有男女成羣嬉笑喧譁、抑或狡童聚集淘氣、則巡丁即攔阻恐嚇、或令停止、或使分散、指示東西、無不聽者、蓋園囿皆有定規、違者受罰也、巡丁衣冠稍異、帽邊亦横書看園人三字云、

初七日甲午、晴、熱、西國郵政、極屬公平便當、設有信函送至某處、而其人業已移居、則住是房者可將信面住址塗抹、改寫其人所遷之處、擲回信筒、則信局仍管轉遞、不出本國則不另加費也、

二

初八日乙未、陰、暹羅國地濱南海、東則法屬越南、西則英屬緬甸、國小而弱、屢為英法所陵藉、非竭力自強、終召瓜分之禍、其王幼時、才智過人、沉幾觀變、迨即位後、勵精圖治、因時制宜、西學西法、概行仿用、其長先曾遣太子至歐洲遊學、現擬親來遊歷、凡西國之政治學問藝術、向所習聞者、躬親而目驗之、遂定西巡半年、既不畏航海梯山之勞、亦不慮博浪柏人之險、乃託朝政於王后及心腹樞臣五人、前於四月中、携其子女五人及文武多員、坐英船放洋、先歷義法奥俄丹麻瑞典等國、兹抵倫敦、駐蹕該國使館、今晚亥正、該國公使請茶會、帶見其國王、亥初一刻、余隨星使乘馬車行十數里至阿什本坊第二十三號、下車登樓、其屋不大、而修飾整潔華美壯觀、該王年近五旬、身中、面黑微鬚、衣裝與西人同、無甚區別、僅胸前挂二寶星耳、因無專立之處、故無引見之儀、能英法語、往来向人交談、行動如庶人、毫無威嚴莊重之度、乃奮發為雄、遂使彈丸之地自立於強鄰逼處之餘、亦足多矣、少立即回、入夜細雨、

初九日丙申、晴、涼、今早在富利街第二十八號第三層

三

樓看定住房四間、厨房一間、一切器具自備、先索每一禮拜房租二鎊五先令、後減至二鎊、問可住幾個月、對以大率兩個月、約于十二日見該房主兼立租劵、

初十日丁酉、晴、現值七月、大暑已過、天氣漸涼、而倫敦人之稍有餘資者、亦皆陸續移居鄉鎮海濱避熱、而吸涼風、故此三月内房多而租賤、蓋住房人外遊兩三月、家中住房苟得賃出、則三個月之遊費可由此租款中得之、英京房價之貴、較北京者加數倍、如昨日所租四間空屋、七日二鎊、合當十大錢二百一十吊、京中四間

中等小房、以之可租一年、
十一日戊戌、陰雨涼、聞星使明日攜眷移住老文悤莊之緣柳別墅、洋名葦婁泗、地在倫敦西北、距城約六十英里、余遂同沈吳袁尹四君擬於十三日遷往富利街、鎮日檢點行囊、入夜頗覺乏倦、同人亦然、惟聞肴諸公依然安樂自如、陳幼庸、林琴蓀、羅叔羹、嚴伯玉自晨打麻雀、次日寅初始散、究不知諸公將移何處、從未見有言及找房者、惟屢次問余等覓得房否、
十二日己亥、陰、未初星使偕夫人率公子小姐及猶子 四
小荷、伯蘇、內弟魏蓮叔、親家陳幼庸、蘭兄曾叔吾、同行移去、又今早見星使、言擬明早移出、星使謂開工尚早、再遲幾日亦可、須向叔羹商之、蓋因叔羹精明強幹、善英言、明英例、修房一事、皆由其從中辦理、故留住此監察照料、至星使之兄醒塵、為人明練老誠、亦暫留此、係眾人皆去、再移與星使同居、前日叔羹宣言曰、如有不搬者、當踢開房門、將其行李令洋僕抛擲街心、失去不管云云、如此催迫、想必早向房主商妥、工亦估定、而開工在邇也、午後余同沈藕生等至富利街寫租契、其人

乃言非住三個月不租、余謂三個月亦可、惟租價須改按月八鎊、彼竟不允、遂罷議、
十三日庚子、晴、早任謙齋與唐竹溪同搬去沙爾洛巷第十七號、羅夢祖與沈荔虎早住瑪里蘭路第五十二號學話、至是林琴蓀、王少山亦皆移去同居、
十四日辛丑、陰雨陣陣、早飯後步至不慰街覓得第十三號第三層樓中住屋五間、飯廳一間、廚房一間、牀榻桌凳一切應用器具俱全、先索房租每一禮拜四鎊、繼落至三鎊半、後改三吉呢、遂寫定租契、擇於十九日搬入、房主名巴的斯妥呢、祖居義大里、現入英籍、 五
十五日壬寅、晴、館中傳言此次修房、係經瓦木作估定修費一千五百五十鎊、彼此約定加租二十年、修費統歸房主、開工之期既未聞、而其事之確否亦未聞、外國專有一行、名曰色爾威約爾、係能察房之地基木架、應如何修理、可保若干年、估工之人須照其所言辦理、工竣後其人查驗、如果屬實、即行畫押、稍有不如前言之處、則須一概重修、聞其察估一次、工費二鎊、
十六日癸卯、陰、記英都當鋪、係門外懸三大金球作品

字形、凡當物皆以十三個月為限、利息每二先令每月半本士、逾二先令如二先令零四五六本士、即作為四先令、故鋪中每收一物、總寫二先令有零、罕有寫整數者、且來物所值不及二先令、而當半先令者、每月利亦半本士、又各當鋪門首、於每禮拜一六兩日、男女頗夥、因各禮拜日、鋪皆關閉、人工休息、則皆衣冠整潔、朝夕游玩、故貧者多於禮拜六日贖回、禮拜一日再當也、然如此打扮者、婦女居多、當物限滿十三個月、於拍賣時、當鋪故號小價自行買回、而另賣之、其所拍賣之錢、鋪中扣除應收之利息、其餘交還物之本主、亦尚公道也、

六

十七日甲辰、陰、午後同吳少序安步當車、至教斯佛街一遊、突見路南一小鋪樓窗出烟、即時巡捕傳電報知水局、倏爾東方一車、喊叫吹哨馳至、載有紅油高梯、救火兵六名、皆頭頂桃形銅帽、足登高皮靴、身著油布緊衣、車到、即立梯至樓頭第三層、有兵二名捷足先登、踢破玻璃窗、冒烟入內、安置水管、少刻水自房內噴出、不及兩刻之久、火熄而烟消、其所以不向外搶取物件者、因有保險也、不以帳簿為要物者、因無欠款也、雖有亦皆浮帳也、零星帳也、左右鄰居之不有恐懼者、牆壁結實、火不能透也、救火速快、定不致延燒也、

十八日乙巳、鎮日細雨淋漓、西人謂多食豬肉生痰、因而喫豬肉者無多、然西人之無痰者、不僅此也、乃謂每日必緩行萬步、筋絡血脈周身運動、則所食者概得消化、成血無所遺留、亦自無痰、且西人每日必走數里、其平日傭工無暇者、則于每禮拜六及禮拜日、必行動游玩、故男女平日不有痰、而患痰症者更少、

七

十九日丙午、晴、巳正同沈吳袁尹諸君僱一敞車、載各人行李少許、移入不悶街第十三號、彼此安置一切、房主夫婦接待良殷、按在倫敦城內租房、當此夏末秋初之際、租價較廉、然在城外鄉間、無論何時、租價概減於城內、如租小樓一所、住房十數間、一切陳設器皿俱全、且樓外有院、以及花園、菜圃、牛圈、雞籠等、租價每月約三十餘鎊、其空房須租人自備一切者、則租價一年亦僅三十餘鎊、按其租房之規、租者惟自備牀布、枕套、及他物之在此房內所無、抑或雖有而不合式者、廚竈等處器具不敷而添買、准于租價中扣抵、房中之物、或遺

失或損壞皆須照數賠補房外之菜蔬鮮花果品皆任租人自用惟不准出售耳
二十日丁未陰晴不定時飛細雨記倫敦窮人小店有四種大小規模不同皆於申正放入次早卯正放出一曰蠻代洛痙葛斯義乃寄寓也二曰婁屯詹柏爾義乃婁屯開設之卧房也以上二處宿一夜價皆三四本士入門有牀無被三曰薩勒瓦甚晒勒特爾斯義乃救貧遮避所也價僅二本士其中尤苦然皆潔淨無雞毛火盆之醜態四曰倭爾克葛斯義乃作工房也宿者不索錢而在內必須作工或披麻四斤或劈木若干或碎石

八

末若干筒有不作者店主即可告官官場審驗如係故意不作則罰坐監七天聞各中仕宦子弟之因賭或他故而投宿者亦多焉
二十一日戊申鎮日陰晴風雨不定倫敦各鋪凡出售衣服鞋帽布疋綢緞毡毯紗羅綾花絹扇之類者一因西國婦女衣式頻改再因天寒則夏季應用者難賣天暖而冬季所備者無用乃於每年正七兩個月清理貨物減價出售雖少獲利而存貨得出得以所賣之錢再買他貨不致存累而斷本屆時各在玻璃窗上或橫或斜黏貼白紙條字則紅黑不一如年年出售大減價夏或冬季本鋪貨物概行減價夏或冬季所餘各貨賤賣十天或若干禮拜本號夏季或冬季應賣各貨價皆減半按年清貨發賣現今出售所餘各貨夏或冬季淨貨房現值末禮拜更有寫尚餘幾日者蓋意皆催客早來照顧也又各鋪減價時於正月曰冬季七月曰夏季
二十二日己酉晴數日前馬清臣染喉症不能多言畏震動聲今早至其寓所留一名片上書英字云敬來探

九

訪望早痊愈蓋西俗也記英德美三國皆產鋼鐵聞德國一年產鐵二千七百八十八萬七千噸美國二千八百萬噸英國數至八千五百萬噸美國產鋼三百萬噸英國者較美國多十萬噸以上皆上年所報之數也
二十三日庚戌細雨陣陣戌初同沈吳袁尹諸君携小兒崇驊乘車至庇喀的里街埃及堂看雜耍地不大容人二百臺前橫椅行行價則臺下者每座五先令再則三先令極後者二先令樓上一層站立者每人一先令戌正開場先一人名戴萬者變戲法手執紅白藍薄紙

三頁燃燈焚後乃自掌中抽出紅白藍色細綢三條長皆數丈繼而兩手團綢作球展開再視變成英旗敏捷之極又向坐客中借一金表隨以白紙一頁折成喇叭形另請一人上臺舉以左手交金表於右手請擲入紙筒內後將英旗捲塞一手槍中向紙筒發之請其人手摸紙筒問有表否曰表輒失取出視之非表乃英旗也變者謂此表當飛回主人懷內請摸之如無有我當為君取之言畢表主上臺變者即由其後衣兜中取出不僅金表乃更以紅綫繫諸一白兎項上奇甚此後立白

十

紙一片於燈前變者旁立右手伸入紙後以指作影戲如猪羊牛象雞鴨鼠兎以及男女小孩活動伶巧無不與真無異第二場作射影燈法由馬斯金者所創不僅影能射大而人馬車船皆能行動如英君主之六十年慶典兵馬巡行車輛馳驅又德法交兵牆倒礮發兵亡馬竄霎霎如在目前法乃燈後小照千頁隨照隨轉也第三場係一人名羅柏滋者身披黑氅頭頂一青布寬帽圈式類都中草帽乃立臺中寸步不移每次僅伺內將帽形改折氅式改披轉面向外則另成一人改變二

十餘次皆非平人如法君那坡崙第一及某詩客某將軍等無不畢肖第四場乃小戲一齣為倫敦高喜坊第十九號推得小客寓中寄居之畫師高樂得及守財虜皮特爾樂工鄂芬協并店主夫婦與店僕各操本業各施本態或在已屋或在客廳各人往來出入言語諧謔令人解頤臺上雖不見有兩人相遇而使觀者必度他人另在別間其實不然通場雖係六人乃皆一人裝扮也第五場如俗所謂一人班臺前正面懸一小鼓左右橫大小鑼鈸各一串對面樓邊左列小鐘右置喇叭臺

十一

左另一方小臺上設風琴琴上立鼓鼓左右二號筒及大小鐃鈸等琴前立架挂鑼乃一人名柯拉瑪者鼓琴手按腳蹈按譜奏樂能使臺前者樓邊者琴上者琴前者匏革木金各器齊鳴響泉韻磬簡簡箏箏洋洋盈耳蓋皆賴電氣也旋將通場燈熄於黑暗中彈琴擊鼓作雷電風雨聲末場另作小戲一齣乃世爵司台達之妻已故後與寡婦道呢相識往來擬欲娶之一日在女家適有巫覡卜來達者至其人善卜能拘鬼通神預知一切司欲卜婦女中何人為與彼最有情愛者意必道呢

也、于是、放桌堂中、桌面置一木牌、卜坐桌後、向之述二十六字母、述至何字、木牌敲桌有聲、即為某字、連述五次、五字合成、則司故妻之名也、司聞之懼、少頃、卜之杖動、卜曰、魂魄尚佃而未去、可試之、乃置三木板于桌上、前立兩扇為門、作一小屋形、立木杖于屋內、閉門、後杖自屋頂拋出、且杖立地上、步步自行、如人拄之、卜曰、此司妻也、卜執杖交司、司不敢接、卜曰、汝妻在內、願聽之否、司曰、願、乃放一胡笳于屋內、未幾、淒清作響、即其妻平日所喜歌者、司欲入視、卜不許、司以頭觸門、門上有小玻璃窗、竟自內伸出一手、將司之假髮頂攫去、回首再看、窗中露面、真其妻也、司乃驚怖暈倒、醒後、卜遂從中作媒、使司娶道、二人深謝、乃罷、以上戲無甚奇處、蓋板動杖走、及胡笳鳴、亦咸賴電氣耳、至小屋中本無人、而出手露面、皆前在柏林看過之人頭露于桌面之法也、子初回寓、

二十四日辛亥、早晴、申初陰、雨陣陣、頗涼、記居停主人巴的斯妥呢、現年四十七歲、曾在倫敦四新報局中代筆、兼精論馬各書、故善相馬、凡馬之步力如何、過目即知、一時伯樂之名藉甚、英蘭各處、朝朝賽馬、何處所賽何馬、彼即擇其尤者、與人賭之、因而每月所獲頗豐、又其妻乃續娶者、其前妻本一寡婦、名柯利、攜有一女隨嫁、此女現雖呼其人為父、乃仍以本生父之姓柯利為姓、當柯利生母故後、復遺有子女各一、其繼父續娶後、其妹嫁其繼母之弟、是其繼父既稱岳丈、又為姐丈、其妹既為女、又為內弟婦矣、是亦西國之五倫攸斁處也、

二十五日壬子、陰晴風雨不定、因英君主壽考之長、在位之久、日前外部來文、請星使作頌詞、相祝、星使因頌之曰、積善必有餘慶、上蒼降福、方長萬壽無疆、永恃聖人、御宇守法、保邦禦侮、歌功頌德、未央天佑、君主令沈荔虎楷書之、今見方以備雕刻云、

二十六日癸丑、晴、數日前、星使屬譯英文新報一篇、題曰中國變時論、著者名道顯古、不知何許人也、其論曰、中國者、東方一病國也、他國仕商中人、紛然相詰曰、中國將有意療治耶、抑將束手待斃耶、余答之曰、前充京都同文館總教習丁公韙良、當悉中國歷來政事、及與英俄德法交涉之情形、環顧泰西各國中、惟法國極有

開疆拓土之心、曩者、法被英國逐出加拿他與印度、今則欲佔安南為屬地、其意欲就東路擴充、為尤妙、近又設法強佔暹羅而未果、國帑虛糜、大失所望、如此妄為、恐終歸於無濟也、嘗讀各國史記、其欲創業立國、而所行悖於仁義、未見有成者、現在法廷注意于斐洲東南之瑪達戛斯嗒島、力與俄國連橫、故尚無暇計及東方耳、至於德國則不然、自西歷一千八百七十年、（即同治九年）各邦合眾後、始稱大國、於今商務已成、所少者屬地也、所佔斐洲之地、土產無多、因而虎視中國、亦勢所必至

十四

耳、久矣夫俄之欲南開海道、竟被英國所阻、以至於今、乃得展其賽比里亞之鐵道而通東方、然則英當與俄合、而英俄更當與中國彼此推誠相信、蓋以中國土地之廣、貨可售而財可得也、按現在情形、他國皆有以強凌弱之心、而英獨無之、中國人眾、足為英商販貨之地、他國咸忌英之獨獲其利、因而法美皆增進口稅、德與日本又販價廉之貨來華、與英爭利、然英以中國銷貨之路廣、故與中國善交而無擾累之心、日本現為東方水師之至強、而陸路亦有可取者、如欲瓜分中國、日本

不能無言、由此觀之、中日莫若聯盟、合為一氣、策之最善者也、況中日人類本同、苟不協力同心、終恐各有脣亡齒寒之患、無如華人因循成性、不若日人存心講求、會悟敏捷之善、於自強也、果能兩國合縱、則日本必有益於中國、夫中日既合、他國亦皆易處矣、昔者德皇嘗言將來白種與黃種之交兵、貿易彼此爭雄等語、誠有先見矣、中國日本各當綢繆防範、勿以為讏言也、夫中日兩國最宜設一弭兵會、遇有爭辯之事、即由本會判斷、如邇來英美兩國爭漁磯之事、同一釋然、是亦旁觀

十五

者代籌之上策也、今而後、假令各國依然與中國修睦、不思用兵、亦非中國之福、使能長保其自主之權、何則、不思變法、即不能自強、是亦人所共知者、且中國制度之亟須變法也久矣、故其國內一切、皆宜竭力自新、溯自中國因鴉片案兩起釁端、嗣後髮捻之叛、以及雲南西北一帶回匪之亂、四次耗費軍需、國帑因而不繼、凡為君者、必壯年即位、則萬幾自主、權不下移、乃同治光緒兩朝、皆沖齡踐阼、大權漸分、故自咸豐以後、欲求如康熙、乾隆、道光之勵精圖治、其輔弼皆非庸庸者流、不

可得矣、其時如能幡然自悟、極意挽回、則此次與日本交兵、未始不可操必勝之權、以雄視各邦也、國事至此、猶欲拘守成法、不思及時變更、難矣、以時勢觀之、中國現行之法、乃大謬不然之法也、緬甸、暹羅、安南、真臘及朝鮮等小國、向皆遵從中法、今乃概行改用西法、則中法之不足恃、中國亦可恍然悟矣、中國時務之最要者、首曰設立國教、并立教官、夫中國朝廷僅以一年祭天一次、視為具文、豈足為通國教門之領袖、以教化一國之人民也耶、且所秉何教、必須斟酌出之、或儒教、或佛教、抑或道教、夫道教奥妙虛誕、沙門自守清淨、似乎不足為法、至於佛教、寂滅避世、亦與中國理事之人不宜、如欲以儒教為國教、則孔子以前、遵奉上帝之言、可仍奉之、若然、則教師當自君上選派于四方、按教之由來本乎天、足可使人一心、皆如兄弟、夫髮捻之所以從之者眾、亦因其信兼別教、為首者七日一禮拜、誠人畏天、勇敢自豪、日本之教、向與中國無異、乃能遣使泰西、留心訪察、遂立意國教更新、故前者中日交兵之際、日本並無僧人在營、日兵戰死、亦未見有超度魂魄投生之

十六

事、但知堅守忠心保國而已、回教科舟經、有臨陣唪經叫頌壯胆之規、現在東方各國已無此舉、惟每值緊要攻打之時、誠心遵聖經、守君命足矣、其次曰滿漢合一、乃滿洲人與漢人不相歧視也、相傳清初時勸令漢人薙髮、明將吳三桂投誠、約法三章、一凡漢人歿後仍准歛以明朝服式、二凡宗室婦女不准與漢人結姻、三凡滿人不得取中狀元、清朝皆允之、所惜二百數十年來、依然如故、毫無變更也、漢人之有學問者、每自命儒教之高、俯視滿人為夷狄、滿人雄壯精捷、藐視漢人懶惰而無爭戰之能、滿漢各官、各存私見、互相猜忌、故官場制度、迄今并無進益、漢人不喜外人治理本國、故現在會匪蠭起、意在傾覆本朝、當國家極盛之時、立法甚善、有不洽於民者廢之、漢人有不得不順從者、以上各情、姑置勿論、總之漢人宜視滿人如一家、斯得耳、今滿漢畛域之見、正如數百年前諾爾曼人（地在法國北界、于西歷一千零六十六年佔英、即宋英宗治平三年）之治、安格路薩克森（英國別名）人也、可知英國之治理、實亦土人及外人各參其半、今英國朝廷猶操德國語言、無異中國大內之說滿洲話也、華人盡一

十七

恩之天下各國凡無會堂者全權歸君則國之安危一人獨操其權曩者中國之興衰全賴乎君之明否或謂今上溫和極意中興現在年約二十五歲久經太后恭王李鴻章保護教養熟讀英文因而望其能善君位然為君者久居大內妃嬪左右身體易弱莫若效其列祖列宗操練壯身之法或騎或射是也如能洞悉其國之利病固屬要圖而能隨時派人訪察四方尤為上策西國君王如德俄等主既巡行本國更游歷他邦中國大皇帝能仿而行之不尤善耶國君盡知其臣之品行才

十八

具為第一奈中國官員皆喜攬權爭利國家永遠遷延不改為官治民之權太重一切不守國法夫既不遵國法惟官自由則其致富為極易斷案如同買賣從中並無律師宣傳國法臬司州縣多不以國法為然而以己法為法賦稅亦無準憑往往浮收舞弊各官僕役成羣皆無工資乃任其醜態詭詐妄為以致賄賂公行勾結敗壞要挾勒索一至於此然有可轉機者恃學問以致之耳夫考試人才必須加以格致算學律例史記洋文各學亦必拔取真才而無冒替等弊則官心庶幾一變

矣中國稅章亦須更改其各地各物皆當一律平允赫樂彬總稅務司所辦一切至美至善為人所稱夫鴉片之為毒物人所共知中朝既無禁令列入稅章即應准於某地專種如孟買等處情形亦可厚獲其利矣至種罌粟地之多寡亦須有限制之法如中國南省以田禾為重改種罌粟有損無益即其一端也欲使中國變弱為強易貧而富有數策焉講求學問一也禁止裹足二也准教師入內地以及建鐵路設電線三也此皆由根本施治勝於購礮位建礮台買礮船并時式之巡船等

十九

舉多多矣試觀德義志與日本之所以能強者前事可師耳按中西各國不同之故皆在乎學問之講求與否也中國當立教部專為整頓督理學問宜派神甫入內充當提調更屬有益匪淺如此變法則漸漸人皆自知其當學者猶不止此更求夫精醫學淨監牢立住戶防災公所設武備學堂雜藝學堂鼓舞人工土產改鑄銀錢准閩廣人之四出作苦工者移入雲南四川等省以及保護華民之外出者以上各節中國亟當一鼓作氣振瞶發聾為維新之治譬諸垂絕立起沉疴是則有心

人所引領而望者已、以上所譯、悉本原文、並無修飾增改之處、直書無隱、惟閱者鑒之、

二十七日甲寅、陰、見本地鮮果鋪所羅列者、有蘋果、洋桃、紅白葡萄、梨、杏、桃、橘、甜瓜、石榴、蕉子、波羅蜜、以及紅黃綠三色李子等、形狀多類華產、亦皆余前數次在此所經見者、惟一種小李、大如葡萄、色紫紅、味稍酸、英名達木森、每斤二本士、另種名未詳、形如雪梨、周三寸、長三寸餘、色赤紅、味頗甘、貼價六本士一斤、而一斤亦僅六枚、合當十大錢二吊四百文、

二十

二十八日乙卯、陰、英規凡人家修理零碎物件、僱鍥木油漆、泥水、裱褙等工、皆須向之言明一切、使其估定價值、否則按時核算、乃連該工人由鋪至宅、及由宅回鋪、共走若干時刻、咸計之、如逾兩點鐘之工、卽為半天、苟工程較大、另有監工之人、工竣後、各工匠報明按日所用時刻若干、曾作何工、監工人畫押開帳、本宅則卽照付、或謂于未開帳前、如本宅先給監工人二先令半、多者五先令、則其人自能為之少計三分之一云、

二十九日丙辰、陰雨陣陣、聞龔仰蘧星使前于五月十六日平安抵滬、小駐天后宮、因病勢加劇、請假三個月、就醫調養、方幸吉人天相、生入玉關、不意於六月二十一日昧爽時、騎箕而去、誠可惜也、

三十日丁巳、大晴、暖、記英國一種胰脂、色黑紫而透光、如膠、名曰皮爾鋪主姓也其鋪設在新敖斯佛街第七十一至七十五號、門面三大間、樓高五層、極宏敞華麗、高大淨潔、如王宮、造胰廠在城外埃斯倭村、據云亦極寬廣、所用工匠及鋪中夥計、共約六百餘、此胰始於西歷一千八百七年、卽嘉慶十二年為眾胰中之上等者、人久用之能

二十一

光潤面皮、去塵垢、有益無傷、并可以之薙髮、而代水洗、自一千八百五十一年、咸豐元年至八百九十年、光緒十六年在各國賽會、共得寶星二十、其初設時在本國及各國飛貼報單、共用二十五萬鎊、以後每年用十萬鎊、其紅條不惟在沿街之牆壁、卽凡人目力所及之處、無不有之、如各公車內有貼小油畫一張者、有彩畫於四面橫玻璃窗上者、或係一小狹橫臥水盆作泣狀、下寫一橫云小孩不見此胰、不覺舒服、或係一老嫗左手提幼童之耳、右手執巾、地置盆水、盆邊放胰一塊、下寫一橫、云這

個髒孩子、義皆指此賟之利用也、至各點心鋪、雜貨鋪、
香水鋪、油酒鋪、酒肆、飯館、米店、菜鋪、以及器皿什物鋪、
凡往來人多各鋪店內壁上、無不橫懸一牌、云皮爾賟
脂、通城各火車棧及四出沿路各火車棧、皆橫一大木
牌、刻以皮爾賟脂四字、又鐵道沿途左右田地間、距道
一箭之地、外立一柵欄形鐵架、高丈餘、上橫皮爾賟脂
四鐵字、其貨除本鋪出售外、發往通國各城各鋪代賣
者、十之八九、該行不為小矣、

八月

初一日戊午、陰、涼、數日前、同沈、吳、袁、尹四君、齊率小兒
榮驊乘車至萬生園一遊、內中禽獸魚蟲、與前無異、未
見增減、惟在園中添有加非館、點心鋪各二、一切價較
園外者稍貴、象性馴良、又值天暖、皆放院中、一人執鞭
看守、以備馱人、象背負一紅墊木牀、左右容坐四人、因
象起卧不比駱駝、故象之左右立二木梯、各高十級、作
八字形、欲坐者先至旁一小屋買票、每人二本士、登梯
坐後、則象奴趕行院中、緩步往來里許、回時象自走立
二梯之間而止、步坐者婦孺居多、又獨峯駝亦備人坐、

三二

乃左右二人、價亦二本士、
初二日己未、早陰、午後細雨淋漓、申正雨止、仍陰、現在
菜蔬、仍有黃瓜、扁豆、白菜、蔓菜、紅白蘿蔔、白菜花等、昨
見攤上置有嫩苞米、長約四寸、色淡黃、每個四本士、又
因天暖、各加非館帶賣一種雜拌鮮果、如橘、杏、桃、李、蕉
子、葡萄、櫻桃、甜瓜與梨等、切碎泡以糖水、味尚鮮美、洋
名康柏湍斯甫路、義乃集湊佳果也、按盤出售、一盤不
足一茶杯、價則四本士、
初三日庚申、晴、入夜大雨、現在倫敦男女之騎腳踏車
者既多、且專設有此等車鋪、間又見街市有種氣車、式
與坐車同、惟前無轅、不需馬駕、乃在座下軸邊、藏有關
鍵、或集天氣、或燃火油、上坐二三四人、前坐者手扶鐵
柄、主使前驅後退、或行或止、左右轉旋、行動較馬似快、
惟停車尚不能十分遂意、故用者尚少、西人處處求精、
每創一物、必期利用、將來苟得行止如意、恐街市間不
聞馬蹄聲矣、
初四日辛酉、早陰、午後大雨滂沱、入夜雨止、涼、記英例
房稅、凡住房一所、租價在二十四十鎊之間者、每鎊一

三三

年納稅三本士、屬舖店者、每鎊納二本士、價在四十六
十鎊之間、住戶每鎊六本士、舖店四本士、價逾六十鎊、
住戶每鎊九本士、舖店六本士、由六十一鎊至千萬鎊、
每年納稅皆准此數類推、房稅於人家者重、舖店者輕、
是皆鼓舞商民之意也、
初五日壬戌、陰雨陣陣、入夜大風、倫敦各舖、凡人買物
告以發寄他處者、皆管包裹裝收、自書人名住址於其
上、即如瓷或玻璃各器皿玩物、以及鐵木物件、皆代做
木箱、至書皮綢緞、則又包以薄紙油紙、外加厚紙、再以

卅四

絲繩捆妥、極屬便當、
初六日癸亥、鎮日大雨、雷霤而道無積水、蓋通城溝渠
毘連、統歸大海也、又英規、陸路兵丁准留鬍而不留鬚、
水師則或滿留或概不留、其為整齊一律壯觀、抑為他
故、詢之土人、罕有知者、
初七日甲子、陰晴不定、見糖果舖中出售一種糖餅、周
寸半、厚三分、圓式、頗類圍棋子、色有深紅淺紅金黃淡
黃白與藕色、每上印一人頭、下字一橫、為自君主以下、
如太子及他世爵王公并各名士中一人之名姓爵銜、

其意係為恭敬耶、抑或玩嬉耶、不得而知也、
初八日乙丑、陰、雨風陣陣、極冷、前日午後居停之女
麗麗名女在廚中、因取架上之盆、誤將華人之盌碰碎、因
而居停夫婦齊云、事必有三、蓋謂此等損壞物件之事、
同日當有其三也、不意當日不及兩點鐘之工、其男僕
倭特爾竟跌碎一瓷盤、女僕安呢亦撞破一玻璃燈罩、
其言果驗、斯亦奇矣、記此等俗諺、頗與我國相似、
初九日丙寅、鎮日風雨交加、入夜雨止、仍風冷甚、記西
國之紅條報單、向僅印字黏貼、無非多加上等、至好、天

卅五

下第一等字、以便宣揚、以廣招徠、近日英人以如此傳
報不甚醒眼、莫若將本行應售之物、著色繪出、使往來
遊人見而注目、于是大張印成、長六七尺、寬四五尺、彩
畫人物禽獸花木果品鱗介昆蟲、大小高低、必與真者
無異、即如梳頭舖、畫一女婢立少婦後理髮、牛奶舖畫
一村女蹲肥牛旁擠奶、戲園雜耍館、亦畫名角所作各
戲、隨有山水樓臺郛城景致、筆端模影、無不宛肖、貼於
高樓牆壁、望之鮮明奪目、頗足動人、
初十日丁卯、晴、冷、記倫敦各酒肆加非館、向有賞堂倌

酒錢之俗現除各大飯店仍照舊規外其他多經堂倌開帳條與客客則執去櫃上付訖故皆無賞費更有鋪中橫懸玻璃木牌註寫諾歐格拉秋的斯阿撈得等字之告白者義即請勿賞錢也查堂倌開帳交客自付之法始自德國于今此地凡男女朝夕照顧絡繹不絕者亦多仿之如綢緞布店米糧果店油鹽酒店及書筆紙墨茶葉糕點等店是也其所以喜用此法者率因鋪大貨多種類不一樓層比屋各貨分有專地各地守有專人其夥計雖有數十人或一二百人然各有專責仿用此法第一免夥計作弊錯失再免夥計時刻離其所立之地有誤主顧也

十一日戊辰晴記在本巷迤東不遠騷斯閧第三十八號一猪肉鋪出售生肉極其潔淨新鮮價亦頗廉帶賣香腸白煮肉猪頭猪蹄腰子肝肺以及麪包番薯等每日早晚買者甚夥東主名葛蕾夫婦各年近五旬聞其生有七子三女其幼者僅一二歲大者讀書於散學後亦能四出送貨則無須另僱他人亦儉省之一道也似此等小貿易其營運之法無殊中土

十二日己巳白晝陰入夜雨記西人駐華隔牆不喜聞叫貨聲竟有以鞭錘驅逐賣物者近見倫敦沿途叫號賣物者頗多朝夕不絕然多用車載而無肩挑者有頂於頭執於手而無提籃者如賣煤賣牛奶鮮花生菜果品新報等且賣報者聞於禮拜日清晨夜半而仍喊叫者在本國不厭聞而在中國則厭聞其傲慢之心亦可知矣

十三日庚午晴冷記本房東夫妻與女本三姓人按華規女隨母改醮自當稱繼父曰父生母故繼父續娶亦當稱繼母曰母乃此處三人互相呼之以名亦奇矣本係三姓而強作一家故不時口角又其妻年近四旬語尚溫和惟性嗜啤酒且染一怪症每遇事稍不如意即痛哭流涕不知來自何經究非英人之上等

十四日辛未大晴因地球繞日天下各處晝夜時刻不同茲見英人合定以倫敦正午為準各國著名各地早晚之時刻由此推計之如在非勒特爾非爾城（在美國正東近海為賓夕爾勒尼安邦之都會又為河口）為午前六點五十九分在紐約城為午前七點四分在鹽背海口（在美洲英屬地加那他正東）為午前

七點十五分、在包斯頓（美國東北麻沙朱色士邦之會城，又名摩士敦）為午前七點十八分、在葡京力士門（又名曰立斯本）、為午前十一點二十三分、在愛爾蘭會城德布林、為午前十一點三十五分、在格拉斯高（蘇格蘭中界偏西近海）為午前十一點四十三分、在日斯巴尼亞京城馬德里地、為午前十一點四十五分、在蘇格蘭會城埃典堡為午前十一點四十七分、在法京巴里為午後十分、在比京不魯搭拉斯為午後七分、在洛特達木、（和國西界近海）為午後十八分、在羅馬（義國新都）為午後五十分、在和京亞摩斯德爾登、為午後二十分、在

瑞士京北爾呢為午後三十分、在德國瓦爾敦巴爾邦都會斯都德戛爾、為午後三十七分、在德國巴威里亞邦都會慕呢克、為午後四十六分、在丹京克噴海根、為午後五十分、在佛羅棱薩（義國舊都，又作弗洛蘭斯）為午後五十五分、在德京柏林、為午後五十四分、在奥國不威米亞部之都會巴拉加、為午後五十八分、在英屬島莫洛塔（在歐斐二洲之間）為午後五十八分、在奥京維也納、為午後一點六分、在瑞典京城斯德哥爾摩為午後一點十二分、在開埔塘城、（斐洲南首臨海）為午後一點十四分、在希京阿森斯

為午後一點三十五分、在土京君士但丁、為午後一點五十六分、在俄京賢比得堡、為午後兩點一分、在俄南京墨斯高、為午後兩點三十分、在蘇耳士為午後兩點、十分、在也路撒冷（即猶太古城耶穌陵墓處）為午後兩點二十一分、在印度都城加爾各搭、為午後五點五十四分、在印度孟買為午後四點五十二分、在南印度麻打拉薩海口、為午後五點二十一分、在北京、為午後七點四十六分、在澳大利亞洲正南阿得蕾海口、為午後九點十四分、在澳洲正南偏東梅拉班海口、為午後九點四十分、在英屬地加那他東北卜萊屯島之希達呢城、為午後十點五分。

十五日壬申、晴、辰正著行裝至使館、偕同人為星使賀節、既而團拜、旋下樓更衣、各回寓所、酉正公讌樓下兩桌、樓上一桌、同座為星使及余與沈藕生、吳少序、任謙齋、王少山、酒肴如前、惟待淨面後另上燉猪肉一大盌、看之極肥嫩、惜已飽餐、未得下箸、戌正席散。

十六日癸酉、晴、西人處處設法使人行動便利、初到此、即見男女之騎脚蹬車者、若許掉臂游行、不用車馬、已

覺費用一勞而永逸、迺近者又見教斯佛街第二百七十一號利特爾鋪中新創一種油地鞋、造以鋼鍊、前後兩輪、旁一木棍、長約二尺、棍頭有皮帶以備結於膝下、鞋底如船、前有皮套、後有關鍵、此間路逢平坦、著於脚上、行動輕快無虞、然于街市之間、恰值急馳之際、遇有車馬行人、往往退避不及、所謂輿不及還轅、人不暇施巧、亦可慮也、至其價值分量、如婦女者長由八寸至十寸、輪周一尺四寸、每對重六磅零、男子者長由十寸至十二寸、英尺十二寸合華尺九寸輪周一尺七寸、每雙重八磅零、價則男女者一律、其不著色者每雙三磅十五先令、彩畫鍍金者四磅半、

三十

十七日甲申、晴、前日路遇廣東人沈姓者、年近六旬、向余討錢、遂取一先令與之、回使館訊諸同人、知其兩次蒙前任星使賞給回華船票、皆經賣去、又據房東云、伊於每禮拜日沿街向人討錢、竟得一磅有零、平日老城英商有用華字者、招伊描寫、亦得少許、故較本地貧民得錢尚覺容易云、

十八日乙酉、晴、倫敦市廛、每遇拆修樓舍、及掃撮糞土、亦有小孩男女拾取碎木雜柴、由此觀之、迺知外洋名勝之區、此等貧民之窮態、亦所不免、彼震其富強、而謂英蘭無乞丐者、固未嘗身臨其境、一為寓目耳、爰誌之以告世之采風問俗者、

十九日丙戌、晴、嘗考獸類中長生者莫如鹿、以其鋌走乎深山窮谷之間、孕育乎豐草長林之際、故能遂其生、若人家所蓄者、如猫與犬、其餵養得當者、亦僅生十數年、多至二十年、罕有逾此數者、不意昨聞在英蘭中界偏西紫栖府之柴斯特城有某中蓄一花猫、現已二十八年、尚能食肉撲鼠、而在德國巴威里亞邦之呢芬布行宮內、蓄一黑猫、現年四十有二、可謂壽猫矣、

三十一

二十日丁亥、晴、入夜雨、記英人故後、訃聞不載官銜履歷、而于新報多有敘及者、昨見某新報內一則、云世爵魏克住柴拉喜坊蟬窩巷第二十三號、距生於一千八百一十五年某月日、享年八十有二、患病已久、一二日較重、乃故於昨晨八點鐘、魏公幼充千總、屢擢領事、派充專使、前於八百六十六年駐紮漢諾爾、八百六十七至八十一年駐紮丹麻、八十一至八十四年駐紮葡國、

又前於一千八百七十二年奉命代太子衛拉斯王弔唁瑞典國王察里第十四云云、是亦中外之風俗不同處也、

二十一日戊子、晴、記倫敦有二大表局、為歷來經華人照顧者、二局皆為德國猶太教人開設、所售者皆瑞士產、一名韋勒、一名哈爾布、一在蒿本十字街、又名哈屯園之第一百十一號、一在蒿本十字街第六號、二局貨皆大同小異、惟韋勒者貨多不二價、哈爾布者貨少而價稍廉耳、

二十二日己丑、早陰涼、午後細雨一陣、記倫敦郵政局通城共用萬人、除總局外、有收信分局及沿街紅信筒、共計一千五百、每年所送信函為數不下二千五百八十兆、新報書卷等九百八十五兆、說帖四百八十八兆、由此觀之、則國家所獲信票之利可知矣、

二十三日庚寅、晴涼、換著棉衣、英人寇克思約於午正在伊姐尹里夫人家午酌、巳正同坐地道火車西行五十餘里、至黎池滿村下車、步入其家、見伊姐年逾五旬、并二甥男、年皆二旬餘、房雖不大、華美淨潔、前對邱園、隔窗遠眺、景致怡人、午正入座、酒食頗好、伏謁甚恭、食畢少坐、酉初謝歸、

二十四日辛卯、晴涼、倫敦乞丐較前既多、而種類亦不一、其掃街乞錢及持鮮花、線帶、火柴等物討錢者、似皆與前幾次來此所見畧同、今又見有一種、或男或女、或夫婦、緩步街衢、歌曲以討錢者、更有徒手悄隨身後者、其他又有手搖琴者、彈胡笳者、然皆衣履整潔、既不高聲喊叫、亦無吁爺醜態、似較亞洲者不甚令人心慘、

二十五日壬辰、晴、記倫敦通城大小銀號共計四百五十五家、多在老城、茲將各號名住、分錄於後、如斐洲銀行、在線針街第四十三號、阿夏臘銀行、在尼扣拉巷第三十五號、苐蓄車銀行、在賢海瀾坊第二號、阿來三德銀行、在狼埧街第二十四號、阿蘭銀行、在葛蕾哲街第十七號、阿真坦銀行、在尼扣拉巷第十五號、英輿銀行、在狼埧街第三十一號、英舊金山銀行、在敖斯田巷第十八號、英埃銀行、在柯萊門自巷第二十七號、英外銀行、在比翔談街第一號、英義銀行、在賢海瀾坊第九號、阿木斯特朗銀行、在老卜洛街第三十四號、澳洲銀行、

在躂良王街第二號、阿代蕾銀行、在寬喜山第七十九號、阿非利加銀行、在堪南街第百十三號、新荷蘭銀行、在線針街第四號、英克倫柏銀行、在狼埧街第六十號、英北美洲銀行、在柯萊門自巷第三號、英中日銀行、在普林寺街第三號、君士但丁銀行、在大溫紫色街第十九號、埃及銀行、在老卜洛街第二十六號、英國大銀行、分三處、一在線針街、一在柏苓屹園、一在福立街李楠銀行、在狼埧街第四十一號、蠻他里亞銀行、在阿卜哲巷第二十二號、牛騷斯衛銀行、在老卜洛街第六十四

三五四

號、新錫蘭島銀行、在君主維克都里亞街第一號、詹森銀行、在阿卜者赤巷第三十二號、維克都里亞銀行、在阿萊門自巷第二十八號、北坤姒蘭銀行、在里敦霍街第百三十八號、魯麻哌亞銀行、在大溫紫色街第七號、蘇格蘭銀行、在洛斯柏里街第四十三號、他勒帕喀銀行、在線針街第四十三號、巴克萊比宛銀行、在狼埧街第五十四號、卜立丹斯田銀行、在線針街第五十五號、巴爾菱銀行、在比朔談街第八號、畢格斯他弟銀行、共分三處、一在西斯米扉街第十八號、一在牛市第六號、

一在外國牛市阿達木森銀行、在柯萊門自巷第三十三號、柏爾貝銀行、在蟬色里巷第三十號、南美洲銀行、在木耳談街第二十四號、米攸秋銀行、在樂談十字街、卜魯克銀行、在狼埧街第八十一號、拜倭特爾銀行、在君主維克都里亞街第百零七號、麥加利銀行、（英名查特爾達）在線針街、石蒲蕾銀行、在洛斯百里街、柏爾特銀行、在寬喜山第八十號、卜朗銀行、在阿卜者赤巷第二十五號、京省銀行、共分八處、一在線針街第三十九號、一在埃炌路第百九十五號、一在樂談山第二十五號、一在

三五五

克英街第三十五號、一在敎斯佛街第百二十五號、一在峩坡術第五十號、一在庇喀的里街第三十五號、一在牛營屯箭道第四十七號、柴艾克銀行、分兩處、一在倭特路坊第四號、一在狼埧街第三號、柴拉得銀行、在弟立街第一號、京都銀行、共分十一處、一在線針街、一在老班得街第三十四號、一在土屯哈木閭爾路第百五十九號、一在樂談山第四十五號、一在司婁恩街、一在埃得衛路第二百十九號、一在蒿本路第三十四號、一在君主維克都里亞街第九十三號、一在佛爾街第

百號、一在西歐巴路第四十四號、一在老開安路第二百八十號、美樂班城銀行、在比朔談街第百一十七號、克立代斯代銀行、在狼圾街第三十號、闍克斯銀行、在柴苓十字街第四十三號、寬安銀行、在色婁莫爾屯街第二十七號、新錫蘭屬地銀行、在堪南街第九十二號、澳洲商賈銀行、在比朔談街第一號、蘇格蘭商賈銀行、在狼圾街第六十二號、屬地銀行、在比朔談街第十三號、西達吡銀行、在柏爾勤巷第十八號、寬搜立代銀行、分二處、一在線針街第五十二號、一在西斯特蘭街第

三六

四百五十號、巴里銀行、在線針街第五十二號、庫克銀行共分五處、一在樂談十字街、一在斯特蘭街第四百四十五號、一在庇喀的里街第三十三號、一在柯蕾哲街第九十九號、一在敎斯佛街第八十二號、鄉匯銀行、分兩處、一在柯萊門自巷第十一號、一在克拉文街第三十三號、庫自銀行、在斯特蘭街第五十九號、考克斯銀行、在斯特蘭街第五十號、克來的銀行、在狼圾街第四十號、克立晉談銀行、在下白十字街第一號、根立第銀行、在苓池巷第二十二號、代樂喜銀行、在比朔談街

第百二十三號、得池銀行、在狼圾街之卓志院第四號、得樂門銀行、在柴苓十字街第四十九號、多卜利銀行、在妥根萬斯院第六號、里歐扎洒婁銀行、在木耳談街甲字第二號、英蘇澳銀行、在狼圾街第三十八號、澳洲費得拉銀行、在韙良王街第十八號、日耳曼銀行、在老卜洛街第三十四號、吉來銀行、在狼圾街第五十八號、格林銀行、在狼圾街第六十七號、高斯令銀行、在福立街第十九號、格麐來銀行、在巴連門街第百五十五號、格蘭銀行、在老卜洛街第六十一號、敎頭滿官銀行、在

三七

叢莫脫街第二十六號、海狸銀行、在賢稈木斯街第十六號、喜樂銀行、分三處、一在西司米扉街第二號、一在牛市第二號、一在外國牛市、喜格銀行、在倭特路坊第十四號、倈二銀行、在福立街第三十七號、倈勤特銀行、在白壹街第十七號、匯豐銀行、洋名香港上海銀行在狼圾街第三十一號、何金森銀行、在利貞街第三號、波斯官銀行、在敎斯田茀里亞街第十四號、歐年銀行、在狼圾街第三十三號、愛孟克銀行、在老卜洛街第九號、開色爾銀行在寬喜山第二十一號、倫敦萬國銀行、在老卜洛街

第五十號、克英銀行、分二處、一在帕瑪街第四十五號、一在寬喜山第六十五號、庫勒布銀行、在寬喜山第十六號、印度蘭墨埉銀行、在印度大街第四號、賴自銀行、分七處、一在狼埧街第七十二號、一在福立街第百八十九號、一在斯特蘭街第二百十五號、一在賢猩木斯街第十六號、一在貝格蕾伍路第三十四號、一在哈艾街第十三號、一在哈墨司米士路第四十二號、馬爾勒銀行、在狼埧街第六十八號、維克都里亞蘭墨埉銀行、在清薩穆院第十七號、倫敦巴西銀行、在妥根蔦斯院

三〇八

第八號、倫敦墨西哥銀行、在里敦霍街第百四十四號、倫敦各洲銀行、在狼埧街第七十九號、京縣銀行、共分四十二處、一在狼埧街第二十一號、一在阿得談街第百三十四號、一在衛斯班林、一在卜立克斯屯路第三百六十九號、一在坤姒校場第六號、一在汗里達街、一在克來屯哈艾街、一在格林泥趾哲赤街、一在克英街第十二號、一在罕訥倭坊第二十一號、一在海蔦本街第三百二十四號、一在厄坡爾街第四號、一在噴痰味路第二百六十六號、一在孛義路、一在琪斯威哈艾路

一在阿樂伯門第六號、一在巴哈木哈艾路第百二十八號、一在伊谷麻勒衖第四號、一在代普佛布洛街、一在哈克呢阿莫思路、一在哈婁路第三百三十四號、一在蔦簍衛路第四百九十號、一在堪興坦哈艾街、一在清斯蘭哈艾街第七十四號、一在衛斯民斯得橋路第百六十五號、一在牛英屯箭道、一在敎斯佛街第百零九號、一在蒲特呢哈艾街、一在色賓坊甲字第二十四號、一在斯塔佛卜洛衛街、一在西哈木斯苔西首小巷、一在文伯敦哈艾街第四號、一在西印度澳路第五十

三〇九

二號、一在上諾爾塢嵗斯斗山、一在寬諾街第一號、一在翔爾的池街第百八十號、一在萬字窩哈艾街第百號、一在波羅海街、一在維克都里亞街第百七十三號、一在五雷治褒姒街第七十一號、倫敦內地銀行、共分十五處、一在鬪恩山第五十二號、一在扎美喀路第九十三號、一在布拉茀里亞路、一在代達佛哈艾街第四十一號、一在牛蓋街第九十一號、一在沙斯百里大街、一在土里街第九十號、一在西司米扉街第六十號、一在貝斯邢格林路第四百八十八號、一在查特蔦斯橋、

一在買安路第九十一號、一在婁爾路一在翔爾的池哈艾街第三十一號一在托屯杭闊路第二百三十七號一在槐沙貝哈艾街第百十號倫敦汗夏的銀行在狼頊街第二十七號倫敦合本公司銀行、共分十二處、一在普林斯街第五號、一在帕瑪街第六十九號、一在查特爾萬斯街第八十九號、一在大樓街第九十四號、一在老卜洛街第五十五號、一在婁爾路第百七十八號、一在波羅哈艾街第二十八號、一在克拉萬路第二號、一在詹色里巷第百二十三號、一在里頓霍街第百四十四號、一在哲赤街第五十五號、一在格婁賽斯特路、倫敦西北府縣銀行、在老卜洛街第五十八號、倫敦各省銀行、共分四十四處、其在某街有號數者四、一在洛斯百里街第七號、一在埃得衛爾路第百六十三號、一在老堪塔路第五十六號、一在埃賽路第三百八十八號、其他四十處之僅有大地名者、為清斯蘭安訥里色賽克斯、堪寗城、梧格林、蕾杉木瓦勒杭格林、哈克呢布拉希斯、牛英屯格林、埃蠻屯李義格林、牛克洛斯訥來屯斯敦喀特佛、卜樂木斯台貝冐哈木邱園牛騷訥

卌

嘖得森、棃池、滿騷斯訥、色比屯、色勒屯、太丁屯、索安屯、溪斯、推冐哈木、瓦勒薩木投、五雷治、海百里、葦子坑囿、霍恩賽、南妥屯、哈木司坦斯、司丹佛、山牛營屯、米查木妥屯、哈木格林、泥趾、倫敦里倭珮（地在巴西）銀行、在木耳訥街第五十二號、倫敦舊金山銀行、在狼頊街第七十三號、倫敦及西南各地銀行、共分九十五處、其有地名號數者、一在芬者赤街第百六十八號、一在利貞街第二十七號、一在巴特溪囿路第三百五十六號、一在福立街第七十八號、一在貝喀木哈艾街第五十五號、一在帕爾克街第六十八號、一在魏淩屯路第四十六號、一在卜立克斯屯路第二百七十五號、一在霍婁衛路第四百零三號、一在柏鷗路第九十號、一在阿訥里路第百三十五號、一在里卜立之街第八號、一在敎斯佛街第四百五十一號、一在海訥哈艾街、一在冐的什塘路第二百三十號、一在東印度澳路第百九十三號、一在份什百里街第八十二號、一在苐勒木路第二百零二號、一在牛冐路第二百四十八號、一在騷桑屯路第四十六號、一在槐沙貝路第百八十號、一在倭勒倭爾斯

卌一

路第二百六十號、一在卜立克斯屯山第二百五十六號、一在哈木斯苔哈艾街第二十八號、一在上堪寗屯巷第二百十四號、一在倭爾威街第三十三號、一在大坡蘭街第五十六號、一在翔爾的池哈艾街第百二十五號、一在芬池蓄路第百三十五號、一在班比丁街第七號、一在卜立克斯屯路第四百六十五號、一在慶斯路第百四十號、一在牛克洛斯路第百三十八號、一在色色蘭大街第十號、其僅有大地名者、如阿克屯哈艾街、克拉伐木扣蠻韋斯投、山巴拉哈木、普特呢哈木衛、佛來斯山、伊凌大道康伯衛格林、賽毋哈木土丁哈艾街、克拉伐木徽克慎南諾爾塢哈艾街、俄克斯卜里之路、司特里他木、柴斯葦萬字窩吉樂本阿的斯扣木路、克賴屯、芬斯百里囿、佛來斯諛、哈婁路、漢屯、牛克洛斯、文卜屯、柴勒西、歡賽俄斯闥路、阿莫思特司特、老格林、哈克呢、巴特西、囿哲赤安達、芬池里、東芬池里、羅艾屯、墨爾來克牛巴爾遖、色屯、瓦哈木、格林布偷代斯百里、瓦哈木斯投、萬絲帶西、堪典坦、西諾爾塢、葦子屯格林、查爾屯、哈爾屯、坡蒲拉爾、司特里哈木、扣凹、巴爾乃斯

瓦凌屯、巴爾青喀特佛、德來之佛來喜、哈墨爾司米士、庇木里溝翔爾的池哈木斯苔、倫敦衛斯民斯得銀行、共分十五處、一在洛斯百里街第四十一號、一在柏婁哈艾街第六號、一在蒿本街第百十四號、一在斯達佛坊第四號、一在衛斯民斯得橋路第二百六十九號、一在俄伯爾街第九十一號、一在海蒿本街第二百十四號、一在哈木斯苔路、一在芬池里路第百零六號、一在賢搓木斯坊第一號、一在白堂哈艾街第百三十號、一在維克都里亞街第六十二號、一在堪典坦哈艾街第九十四號、一在斯特蘭街第二百十七號、一在邦普屯坊、一在教斯佛街第百十二號、一在葦子畔林、馬威銀行、在狠埧街第七十五號、倫敦四海銀行、在斯特蘭街第四百四十九號、倫敦約克府銀行、在索莫屯街第七號、倫敦澳洲銀行、在老卜洛街第二號、馬格理格銀行、在查爾巷第二十五號、商賈銀行、在堪楠街第百十二號、滿紫色立文浦二城銀行、在闍恩喜街第七十五號、中地銀行、在立敦霍街第九十號、英蘭衛拉斯會城銀行、在格蓄斯哲赤街第六十號、墨里斯銀行、在利貞街

第八號、那他銀行、在立敦霍街第百五十六號、官銀行、分十一處一在喀木敦塘哈艾街第百八十九號、一在老卜洛街第十三號、一在比翔普斯路第六十八號、一在格婁烏諾園第二十一號、一在柴苓十字街第九號、一在埃勒珍大街第二號、一在高斯衛路第三百六十一號、一在噴呑味路第二百八十六號、一在賢馬麗路、一在諾亭溪哈艾街第百五十八號、一在敖斯佛街第二百七十六號、澳洲官銀行、在比翔詼街第百二十三號、印度官銀行、在線針街第四十八號、新錫蘭官銀行、

在老卜洛街第七十一號、補水官銀行、在閭恩喜街第三十五號、英蘭各省官銀行、分九處、一在比翔詼街第百十二號、一在貝克爾街第五十三號、一在瓦夏的里街第二百十二號、一在俄伯爾街第二百十八號、一在喀里街、一在克朗衛路第八十八號、一在阿得詼街第百八十五號、一在南敖得里街、一在芬池來路第百二十八號、蘇格蘭官銀行、在尼扣拉巷第三十七號、羅四銀行、在閭恩喜街第八十號、帕爾斯銀行、分十六號、一在狠埧街第七十七號、一在巴爾捜婁米尤巷第四號、

一在哈艾路第三百三十三號、一在斯婁恩坊第十四號、一在厄斯閭路第二百零一號、一在吉樂本哈艾街第七十四號、一在利貞街第二百二十九號、一在哈艾路第百三十八號、一在卓志巷、一在維克都里亜路第三十號、一在喀木敦塘哈艾街、一在布洛達街第二十三號、一在霍婁衛路第八百二十號、一在諾亭溪哈艾街第七十四號、一在堪興垣哈艾街第八十八號、一在克拉伐木哈艾街第五十二號、駱巴自銀行、在狠埧街第十五號、愛爾蘭各城銀行、在色洛格莫屯大街第八

號、普來斯閭銀行、在閭恩喜街第五十號、坤姒蘭官銀行、在普林賽街、李武斯銀行、在克來門自巷第二十七號、黎查森銀行、在色浮街第二十五號、羅紫柴銀行、在隨蹄音巷、坤姒蘭大銀行、在芬哲池街第一號、蘇格蘭大銀行、在比翔詼街第百二十三號、俄商銀行、在狠埧街第三十二號、司米士銀行、在狠埧街第一號、呂佛爾銀行、在狠埧街第三十九號、薩苗銀行、在老卜洛街第六十號、司閭達銀行、在喀文的什坊第一號、賽大銀行、在狠埧街第三十八號、巴里會合銀行、在弟蘭者池街、

第五號、杉克銀行、在牛市第十四號、都勒倭銀行、分二處、一在闊恩喜街第六十七號、一在歐班街第二十九號、南斐洲司丹達銀行、在克來門自巷第十號、司堤衛銀行、在大卓志街第二十一號、瓦村銀行、在里敦霍街第二十七號、槐塔銀行、在狼埧街第八號、澳洲會合銀行、在洛斯百里街第一號、倫敦會合銀行、分十一處、一在妥屯杭闊路第九十七號、一在普林賽斯街第二號、一在柴苓十字街第六十六號、一在苐蘭者池街第百十五號、一在騷斯倭街、一在克來敦街、一在蟬色里巷、一在司婁恩街第七十四號、一在比翔普斯路第六十七號、一在蒿本坊、一在阿蓋坊第十四號、蘇格蘭會合銀行、在闊恩喜街第六十二號、槐大里銀行、在衛斯班林日英會合銀行、在老卜洛街第二十一號、蹕良銀行、在比尺木巷第二十號、日本長崎銀行、在比翔普斯談街第八十四號、

二十六日癸巳、晴、本地亦有勾貨者、乃左腕提一布袋、右手執一短棍、棍頭插一倒曲鉤、勾起紙張布塊、另以手取下、放入袋內、不似北京業此者、取攜便捷、

二十七日甲午、暢晴、暖、入夜風、倫敦現賣生熟栗子、生者每斤二本士、熟者一本士、其熟法、係一鐵鑪、圓周三尺餘、高約二尺、鑪頭一鐵盤、置生者於其上、往來烏烙、皮裂即熟、大小與中國者同、惟味不甘香耳、

二十八日乙未、晴、入夜風、倫敦現有菊幾種、聞係來自東方、花僅白、黃、粉紅、木紅四色、雖浮金點玉、而冷豔無香、朵有大小、亦無獅頭鳳尾之別、無非團團繡球而已、西人養菊、培溉整潔、獨惜其未得佳種、且僅愛其色、而未識其品、即如花隝所售、蓓蕾新鮮、皆為點綴筵席插瓶陳設、未聞有賞是花者、苟有人焉、愛菊如陶淵明、萬里不憚、搜羅異種、廣擷奇英、藝植之法、悉仿東方、將見紫分異國之精、墨染秦川之妙、非僅江紅海綠、嘉卉盈畦、乃異色清香、自覺勝於他花多矣、

二十九日丙申、早陰、午後細雨陣陣、見鍼綫鋪中出售一種絨線、獸毛織成之假貂狐狸鼠皮及水獺海龍麥穗羊皮、無不與真畢肖、視其毛、極屬豐滿、真假難辨、觀其鞹則非皮、而成粗布矣、惜其幅細而長、寬僅二寸、價頗廉、每碼僅由二三四本士至一先令不等、緣外洋男

女長服除、俄國外、入冬雖有皮衣、然罕有滿鋪皮裏者、蓋衣多製以毡絨毛貨、內襯棉花、且身袖皆瘦、固已煖矣、皮則無論真假、衹在袖頭領邊襟外鑲一窄條、藉以壯觀云耳。

九月

初一日丁亥、晴、暖、午後、步入加非館少坐、遇土耳其隨員蔣洛玖、談及世態不古、人心易變、據云土耳其亦二千餘年之舊邦、凡世家子弟向皆多學明理、溫恭儉讓、奉教尤虔、不意現在鄉民仍守樸誠、而仕宦中人反多

罢八

奸佞、其來外國者、雖未反教、而語言中頻露羨慕他教之意、即如敝國公使之弟、在本國讀書出仕、隨行往往口誦詩文、及到此未及半載、心性輒改、竟向土人惡言侵及教祖、亦奇矣。

初二日戊子、早霧、未初霧散、仍陰、記馬力賁路第百八十一號一大澡堂、堂名賢馬力賁、樓四層、極闊闊、男左女右、分頭二三等、小屋三百餘間、間間潔淨、牆皆鏡板、板如船艙、刷以淺綠色油、每間內正面橫一白石長盆、盆下一腳凳、旁一木凳、鋪以白布、壁上懸明鏡、旁列木梳鬃刷一分、另有弓形鏌鉤三條、為掛衣置帽者、浴盆邊上置長柄刷身鬃刷一柄、小便瓷盆一具、盆尾有冷熱水龍嘴、內外臨牆皆有關鍵、用水多少任便、頭上懸有噴水洗髮之鏌壺、近盆左鄙有喚人電氣鈴、此頭等洗浴房也、其二三等者稍亞於此、洗者入門買票、隨票給厚薄白布各一塊、至浴房前、伺候者收票代放冷熱水、淺深溫涼則聽所命、放畢關門、客則游泳自如矣、又有泅水澡池大小共五、乃男者分三等、女者分二等、男子頭等者長逾四丈、寬二丈餘、上下皆瓷墁、水深六尺

罢九

其色清澄、溫而不涼、下水有梯、池上四面排有小屋間間、備人脫衣梳洗、一切應用器皿俱全、小屋之上四面另有闌杆、正面闌杆外橫一木板、高距水面一丈四五尺、願由其上躍入水中者聽、樓頂垂大電燈三、伺候有人、洗者買票與盆堂同、婦女者亦然、惟池稍短而水深僅三尺耳、其二三等者亦稍亞於此、無須瑣述、外有蒸氣洗澡房、式與盆堂相似、僅有蒸氣關鍵之別、至談澡堂之各等價錢規矩、如男子盆堂頭等者熱水六本士、涼水三本士、二等者熱水二本士、涼水一本士、蒸氣澡、

不分頭二等、價皆一先令、男子洇水池堂頭等者、一票
六本士、總買百票、每票五本士、二等者一票三本士、總
買百票、每票二本士、三等者一本士、票雖多買不減價、
學校生徒總買頭等票一百、則每票四本士、二等票一
百、則每票二本士、至搭飯學堂者、洗澡洇水票價統歸
三等、婦女盆堂及蒸氣澡價皆與男子者同、婦女洇水
池堂、頭等者六本士、總買十二票、每票五本士、五十票、
每票四本士半、二等者四本士、總買五十票、則每票三
本士、女學堂生徒總買百票、每票二本士、婦女二等洇

卒

水池堂、專有定期、係在每禮拜二四兩日、由申初開門、
亥初關閉、男子洗澡、開閉堂門時刻、每年自四月至十
月、每日皆由辰初開門、亥初關閉、惟禮拜日白晝不開、
僅由戌初開至亥初、至正二三冬臘五個月、皆自辰正
開至戌正、禮拜日不開、又每禮拜六晚至亥初三十分
方止、周年如是、洇水溫澡、每年由四月初一日至十月
三十一日止、因天寒故也、婦女洗澡開閉堂門時刻、係
每年由六月初一日至九月三日、皆辰初開門、其他八
個月、皆辰正開門、又自四月初一日至十月三十一日、

皆亥初關閉、其他五個月、皆戌正關門、又通年禮拜六
日、皆亥初三十分關門、禮拜日不開、凡洗浴者、自脫衣
至出門、不得逾一小時、又堂中另有洗布房、係一大間、
為洗浴者用畢各布處、工人男女各三、二水池、一當地、
一臨窗、髒布到、乃先擲入臨窗池中泡之、繼而取入橫
銕洗器內、器形如轆轤、周約六尺、長四尺、布放滿器、自
轉、逾時洗畢、取置當地池中滌之、後再取出、每五六塊
疊成一捲、落入擫颶器中、器則銕造、如磨而內空、周約
七尺、深三尺、中立銕軸、將布盛滿、旁有關鍵、拉則自轉、

垩

轉則內外收風、少刻布皆半乾、乃取出舒平、挂於烘布
架上、架高寬各六尺、木框中橫五銕條、每上搭布五六
塊、旁另小屋一間、容架十二、架框有環、架下有輪可任
便推入抽出、屋有熱氣、不久布乾、乃拽出取下、按分疊
起、送入櫃房、以備隨票給客、倫敦城大現將四面各村
圈入、此堂所建之地、即前之馬力貢村、係在倫敦城之
西北角、按此堂之設、并無東主、專為貧民起見、由通村
各家鳩資建造、聘請公正之人管理、故洗布房中亦准
貧人自来洗衣、另有水盆、衣架、熨斗、木桌、以及擦衣等

器每一點鐘無論洗衣若干件，僅須付水錢一本士半。其時亦自辰正至戌正。又此堂于耶穌誕節、好禮拜五日及各放工之日皆不開云。

初三日己丑，鎮日陰霧，暖。午後步至馬力貴路，見一殯由南而北，亡者為一郵政局人。載棺以車，無執事之繁縟。馬用黑色，車箱四面玻璃，棺包黑緞，左右四金環，蓋上及四角共置花圈十餘。車左右隨行送信人約五六十。靈車後又坐車三輛，內載婦孺。霧車經馬力貴路入里深溝街，則左右送信人止步免冠，立成兩行，迨送殯車過遂散去。其所以免冠者，乃一為弔唁亡人，再為恭敬生人也。車左右隨行者頭戴紅窄邊紅青毡帽，身著天青紅窄邊衫褲，肩荷白布長袋，故知送者為送信人，因知亡者為郵政局人也。

初四日庚寅，陰，暖。亥初雷電交作，驟雨一陣。記倫敦亦有剪綹，聞在城中斯特蘭街之北、敎斯佛街之南有地名賽奮代阿斯荅者，因中央空地周圍七巷，作七出菊花形，地似鄙陋，居民混雜，剪綹每萃居於此，故行經其地者咸有戒心焉。

初五日辛卯，鎮日陰霧，暖。記由倫敦匯銀至中國，上海係規平，北京則公砝平。其寫票法，係在櫃前備有票稿白紙一疊，橫長一尺，豎寬三寸三分，印就應用各字，色分黑紅。匯錢人先在黑字邊自行填寫某年月日、匯者何人、住何處、匯往何地、收者何人、匯若干、或兩或圓等、限期見票即取或幾年月後取、兌價若干（如二先令七本士半公砝一兩）、共合所值若干（如見票即取六十兩則合七鎊十七先令半）。後則行人在紅字邊自寫第若干號、經何人合定、何人驗過，下寫所收何錢，或鈔或鎊或對帖，末寫收者何人。是亦匯錢當知者也。

初六日壬辰，陰涼。午後微霧。記倫敦街道無往而非石木與漆，極屬平坦整潔，然雨後泥濘竟厚寸許，不知何所由來。通衢馳道有馬糞，小巷中不惟有馬糞，且污穢之狀、拋棄之物狼籍於道，途較巴里、柏林二城又不如矣。

初七日癸巳，陰涼，微霧如昨。記前在柏林英人婁歐家，坐中一人向婁君談及談國公使，言其為人惜財如命，每用一錢，雖係正款，其吝嗇之狀不堪言喻。即以各同事之俸薪而論本應每月朔期發領乃必延至幾乎一旬之久領款既不多其不知節儉者始則彼此借貸繼而出賣衣衫猶不止此恐典押等事亦必有之公使非不知也其所以遲遲者或有所圖不得而知也夫貪利不顧大局有傷國體者甚矣可慨也其人言畢少坐即去余因詢之婁曰斯人為誰所言又為何國殊駭聽聞婁笑而不答既而言曰人心各殊品類不一伊所言之國自在天壤間君亦姑妄聽之何必窮原竟委耶余默然太息不意昨在此復聞有如此云云者何前後之相同也如是

五二四

初八日甲午晴涼記英例一切城內稅則皆歸郵政總局管理如凡坐車左右畫有本家祖遺記號者詳見四述奇每輛每年納稅二鎊二先令別項用者則按項一鎊一先令如在信帋戒指盤碟酒杯之類是也此外另有車稅四輪車或雙馬或多馬每年二鎊二先令四輪一馬者每年一鎊一先令兩輪者每年十五先令凡出賃車輛不論雙輪四輪一馬兩馬或多馬每輛每年皆納十五先令

初九日乙未陰而細雨陣陣同事羅醒塵現年五十有二前自光緒三年由福建船政局隨李丹崖星使來法學習後歷隨各任星使駐紮法俄等國此次派充二等參贊適因不服水土呈請回國現經星使批准定於本月十六日坐德公司赴滬余遂擇於十一日酉刻約在利貞街之特拉喀代婁飯館晚酌與之餞別伊因公私繁冗謝辭

初十日丙申早陰霧午後稍晴繼復陰記英例人家畜犬除牧童用以護羊聾者用以引路者外每犬之生過六個月者一年納稅七先令半又凡男僕衣服之用金銀鈕扣者每名每年納稅十五先令至火銃除兵丁應用者外其用以護身打獵者每桿一年納稅二先令

五二五

十一日丁酉早霧午後霧散仍陰冷外洋牛奶油亦分多種有清有濁有白有黃味則有香有不香者據云餵牛以草則奶色白飼以蘿蔔則色黃惟貧民另用一種牛油代奶油每斤價僅四五本士其色黃而無味視之與奶油同其名曰麻扎林然此油為官所禁苟有以此代奶油賣者被人察出告官則罰四十鎊云

十二日戊戌、早大霧、午後稍晴、冷、記英都御者後坐之單馬雙輪車、名曰哈喀呢、每中僅容二人、其僱用之定價、如在四洋里內、行不逾二里者、一先令、逾二里、則每一里或半里、加半先令、半途因故不坐者、不及一里、一先令、逾一里、則每一里或一里四分之一、亦一先令、論時、不逾一點鐘者、二先令、半逾一點鐘、則每十五分、加八本士、若中途因故不坐、亦不及一點鐘者、二先令、半逾一點鐘、則每十五分、八本士、其餘車費、不拘論時論里、凡在四里地外、每多一里、一先令、行李不論大小、每件

二本士、多坐一人、六本士、小孩不及十歲者、三本士、僱車等候者、在四里地內或外、無論論時論里、每十五分鐘、皆八本士、凡僱車論時者、須于上車時言明、至所謂四洋里者、係在柴岑十字街、為城中心、自彼四圍、不出四洋里、皆為城內云、

十三日己亥、陰、入夜雨、見本使館之修工、延至今日始開、至如何修治、其詳不可得聞、記外洋政策、日新月異、然亦有自古至今不改者、即如吹牛角、數百年來、於軍營中用之、始自何年、未詳、至律例學堂之用吹牛角、以喚諸生晚餐、據云於今已七百年矣、且所用之牛角、亦多數百年前之古物、不知確否、古時并有聲磁喚眾者、乃經左右鄰居稟官、求免、毋使震驚老幼、遂行停用云、以上一節、亦彼都世代傳流之古跡也、

十四日庚子、晴、記倫敦除郵政局送信人外、乃于街市另有跑信人兩種、一名巡捕廳使、係著便衣、左腋下拴有鐵牌、長圓形、白質黑字云、經巡捕廳所准、第若干號、其人各處遊行、遇人有急務、或送信或送物、可記其號數、將信或物交彼執送、每一洋里、脚力四本士、苟有逃

走遺失、即赴巡捕廳言明其人之號目、代為尋覓捉捕、一名縣中郵使、專有公司、名曰縣中郵使局、由郵政局總辦所准、共養幼童千名、年皆不及二旬、衣服一律黑衣黑帽、銀鈕扣、帽橫銀圈、鑿以局名號數、肩挂皮囊、備載信件、遇有即時須送信物者、可至該局僱用、凡行不及半里者、四本士、逾半里而不及一里者、六本士、逾一里不及一里半者、九本士、以上工錢、公車及火車費在內、間有逾以上里數者、詳見局中工例簿、除送信件外、另有使費、若時逾五分、則每五分一本士、要回信者、外

加六本士另一法係該局設有電綫或得律風人家欲專用該局中人隨時作僕役即取電綫通於門內壁上釘一銅牌如表面有銅針下横使車捕火四字局與本家立定第若干號每遇事或喚跑信使或叫車輛或喚巡捕或因失火求救即將銅針移指某字之上按之該局得信查明號數立即照辦其價叫車費每輛由辰初至亥正二本士由亥正至辰初四本士送紙信或電信至附近信局者每日由辰初至戌正二本士再由戌正至辰初及每禮拜日皆四本士代買新報二本士凡用

五十八

此電線者一年須出電費一鎊又用此童僕者或按日按禮拜按月皆可工價須向該局商定否則論時除公車火車費外每一點鐘八本士凡令所送之物原價不得逾二十鎊逾此數則該局不保又該局出賃雨傘用者每柄六本士無論認識與否須先交六先令作押質次日不用互相繳還又前種跑信使凡貧民之欲充此役者須先向巡捕廳報明所識者何人及某宅共四處則該廳先差人訊問與此人識否此人品行如何可靠與否必待所報四處概皆作保方允充當云

十五日辛丑晴倫敦開設代人收存器具局頗多洋名佛呢迦的婆西多里斯即華言器具棧房也凡人有桌凳牀榻以及他等器具或因樓房窄小或因本人外出則入該局賃屋若干運物收存按禮拜按月按季按年皆可所費不多蓋西人喜遊或謀於四方如此殊覺便當也

十六日壬寅晴辰正一刻乘車至倭特路火車棧送羅醒塵啟程回華星使先登車兄弟一揖諸同事亦與之揖惟陳幼庸係姻親羅叔羹為猶子皆同車至騷桑屯

五十九

海口面送登船巳初一刻車開又明日為星使壽辰同人公具壽幛一軸金悶表全架壽酒十二瓶壽燭雙輝此次壽幛上下款由同事所擬上款係誥授資政大夫憲台大人千春雙慶下款則駐英參贊隨員學生供事武弁某某全叩祝至上款應否用號下款應否如此余不敢妄參末議又昨日林參贊來信通知言大眾擬於十六日下午五點鐘花衣補褂預祝星使壽十七早九點鐘仍花衣補褂拜壽云云酉初余入使館同眾在客廳分四起向壽幛叩祝畢分散

十七日癸卯，晴。巳初，復偕眾登壽堂叩祝，如昨。午正，齊入飯廳吃壽麪，桌列四大盌，為紅燒豚肩、白煮雞肉、椒麪燒海參、清湯煮魚丸；五寸碟六，為洋糖餅、洋鹹肉、雞肝、猪肚、炸紅麪丸、炸白麪丸；微飲紹酒，各人滷麪一碗。酉正晚酌，分四桌，每桌列四鮮果，為橘、李、蘋果、梨；四乾果，為洋糖塊、乾葡萄、蕉子塊、波羅密片；外趂瓜子四小碟；攢盤四，為胡蘿蔔片、醬肉、菠菜、猪排骨、黃瓜、雞子、扁豆、雞肝、菜十色；為肘子、假鴨、金銀肉、魚丸子、醋溜腰花、椒麪海參、轑炸雞、甜蓮子、燉雞肉、蜜製肉；點心四色，為克什包子（即今早在壽幛前所供者）、脂油糖餅、牛油酥、瑞士捲。四桌陪坐進酒者，為羅夢祖、羅小荷、羅叔羹、羅伯蘇及星使之三少君儀元（忠詒）、儀朱（忠諶）、儀周（忠詠）。彼此飲談，樂極，樂至極處，有以手招者，有招之以目者，陸續不約而散。早知不有粥飯饅首湯麪，故無須久待也。

六十

十八日甲辰，早陰霧，午後細雨淋漓，頗涼。記昨晚飯前，包封由滬到英。飯後，羅叔羹執有上海文報局委員李汝材來函，乃向館外寄居各人宣言曰：（此時星使之寶眷、兄弟、猶子及曾、陳、魏、林、嚴各戚友皆已移回）滬道節省經費，今後諸君家報概不能由包封遞寄。于是羅小荷支應、魏蓮叔收發，遂齊和聲曰：今後各人自寄，我等不能照管。余敬聆之下，不勝詫異。查歷來出洋各人自星使以至僕役之家信，悉皆附入包封，無論由外洋寄往何省，至上海後，再由文報局代為分寄。曾記有定章云：出洋人員往來書信，向由文報局轉寄，其信資由收信之處付給。間有家居遠鄉，信難直達，須由他人代收轉送，其信資亦即由代收之人代付。然往往有因須代付信資，竟將信件推諉不收，以至浮沉中途，竟作洪喬之誤。推原其故，皆因代付信資。

六十一

查此項每年所費無多，縱令由文報局發給，作正開銷，是亦國家體恤國人遠出之意也。至李汝材來信所言，係七月杪滬道信到，以南北洋文報只准轉寄各國大臣公文，寄費作正，由道報銷，此外書信概不准附入包封轉寄。其書信何人交寄，即向何人收回寄費，以歸簡便而節經費等因。從八月初一日起，凡有書信遵交郵政局另寄，已與筠亭商妥，信資歸筠兒暫墊，美嗣後使憲寄各口官場書信，乞用印封寄，資可免云云。不知伊曾具禀星使與否，同人亦未奉有星使明諭，乃叔羹竟武斷至此且言出使各國一律竊謂此信果確其出使大臣之體念屬僚者必將曰諸君從我離家數萬里或有父母兄弟或有妻子族人兩地馳思望信幾同望歲所有郵寄分送各費所需幾何雖不能作正報銷本大臣皆可代付也如是而實僚猶不歌功頌德者吾不之信

十九日乙巳早微霧午後稍晴入夜暴雨一陣冷記英在本國內往來寄費隨信付訖重一兩一夲士逾一兩不到二兩一夲士半逾二兩不到四兩二夲士逾四兩不到六兩二夲士半逾六兩不到八兩三夲士逾八兩

卆二

不到十兩三夲士半逾十兩不到十二兩四夲士餘類推每多不逾二兩皆加半夲士其信件之不先付錢貼信票者送到時信資加倍其已付仍不足者送到應補之數亦加倍凡信件除由公署外發或由他處寄交公署者外皆不得長逾十八寸寬逾九寸厚逾六寸

二十日丙午早陰霧午後雨記倫敦各大鋪店凡朝夕照顧之人多者皆專僱一人衣帽鮮明顏色異衆青黃赤白藍絳不等鎮日鵠立門前伺候婦女上下車及代喚車執雨傘提物件等事門內各間亦專有一人查看照料指引有客入不知欲買之件在何所伊即為之向導即在本屋亦必領至櫃前其人特服禮服與他夥不同各鋪收錢之法不一在小鋪中買畢將錢即交賣物之人其他有寫小紙一片連錢自送櫃房者有交客送往者有自執一帳簿賣畢或僅錄一篇拆下交客到櫃付錢而自留號目賣價於簿首者有寫兩篇一篇交客付錢而自留一篇者亦有不自留而交客收存者有兩篇皆交客到櫃付錢後櫃房打印自留一篇而交客一

卆三

篇者又每賣貨開帳畢即呼曰合則其照料者至櫃前以鉛筆按價申算無錯畫押以明查過以上各法蓋一為內外清楚再為買賣物人及收錢人三造各有憑據也至各鋪櫃房之多寡視乎鋪之大小其式皆一小木房周十尺高六尺前三面上半置玻璃窗後面有門正面玻璃下左右作二小月門高各半尺以便彼此遞收錢鈔帳單一人坐內置有錢匣筆墨戳印等此房鋪之小者一大者層樓上下統計不下二三十鎮日男女往來擁擠上下升梯亦足見生意興隆矣

卷三終

六述奇卷四

鐵嶺張德彝在初氏隨筆

光緒二十三年九月二十一日丁未晴記英都信局出售一種大說帖四面半尺見方沿邊施膠膠側有鍼刺小孔一行字寫當中疊成兩折以舌舐邊自然黏封外書姓名住址即比寫信不用紙而書於封筒内也收信者順鍼孔撕去三面則展開依然四方此說帖價每頁一本士半兩頁兩本士半五頁五本士三法丁七頁八本士八頁九本士戓以九先令買九十六頁此封内亦可多加紙片物件然分量不得逾一兩否則須多貼信票與寄信函同

一

二十二日戊申鎮日陰晴不定頗暖記英都信局所售之小說帖横寬三寸豎長二寸紙分厚薄價亦稍異厚者一頁三法丁兩頁一本士一法丁三頁二本士四頁二本士二法丁五頁三本士六頁三本士三法丁七頁四本士一法丁八頁五本士九頁五本士二法丁十頁六本士戓五先令一百頁薄者一兩頁價與厚者同三頁則一本士三法丁四頁二本士一法丁五頁二本士三法丁六頁三本士半七頁四本士八頁四本士半九頁五本士十頁五本士半戓十一先令買二百四十頁另有雙折如册頁者係為致書要回信而復回信者不便出信資則用此帖乃自寫左半頁答回信者撕去左半而寫於右半無須再貼印花其紙亦分厚薄厚者一頁一本士半兩頁二本士半三頁三本士三法丁四頁五本士五頁六本士戓五先令買五十頁薄者一頁一本士一法丁兩頁二本士一法丁三頁三本士二法丁四頁四本士二法丁五頁五本士二法丁戓十一先令買一百二十頁此帖正面上横印帖名左角印半本士印花按規正面惟准寫戓印收信人之名姓住址後面寫信任所欲言但不准加黏信紙倘因住址字多須外貼少許者長不得逾二寸寬不得過九分

二

二十三日己酉早晴暖午後稍陰入夜雨涼記英國信票現共大小十七種顔色不同式樣稍異無須瑣述其價則半本士一本士一本士二法丁二本士二本士二法丁三本士四本士四本士半五本士六本士九本士十本士一先令二先令半五先令十先令二十先令以

上信票除寄信用外亦可以之貼付電信所值中惟一二三六九本士及二先令半者皆可用付內地稅務如收條合同契紙兑換憑單等是也（後詳見）人亦可以信票還欠債苟為數不多不便匯兑則按數封信票寄之設如甲欠乙一先令甲以信票如數寄償之乙若不用信票可執入信局換錢國家又從中抽稅僅給十一本士半蓋英例每一先令半抽半本士也

二十四日庚戌早陰霧午後霧止仍陰記二年前德人駱岑創造一種射光照物器洋名駱岑蕾司義即駱岑所製之射光也以之照物能洞見其底蘊醫生以之由衣外照病人可見通身筋絡骨髓以及血脈五臟善地學金石者可持以考察礦產稅關可用以驗貨物察行李凡中所藏纖細靡遺現在初創價固尚昂將來如電燈德律風之類用者日多價則日廉以後不惟偷漏私運者無從作弊即人之一身亦將肝膽畢照無所用其消沮閉藏矣

二十五日辛亥微晴按英在本國寄送新報亦有定規凡未經官塲批准目為新報者寄則按分量如書其業

經允准者寄費每捲一張者半本士多張齊寄者寄費不得逾寄書之數其長不得逾二尺寬高各不得逾一尺重不得逾一十四磅

二十六日壬子稍晴而涼今日為西十月二十一日前於一千八百五年（嘉慶十年）英王卓志第三之世英與法日二國交兵戰於日斯巴尼亞國正南稍西支布洛塔海峽迤北之特拉發勒戛爾地方世爵迺樂森於是日受傷陣亡息兵後國家欲銘其功乃在倫敦城內柴岑十字街中央立一鐵柱頂立其像高與人同衣冠較今稍異腳下四面闌杆柱圓式周約二丈柱下石堦四層由地面至迺樂森頭頂計高十二丈石堦四角立四石長臺每上臥一鐵獅大於生者臺高一丈長丈餘寬五尺英國海軍因而立一盟會名曰水師盟義在效其忠勇報國也乃每於迺樂森陣亡之日公具花練花圈獻於鐵柱之上以示祭奠記曰以死勤事則祀之以勞定國則祀之英人此舉允合昭忠之旨矣午後余偕袁仁甫前往一觀見樹葉長練四條各由鐵獅旁上繫柱身至頂盤繞如龍又四大花葉圈周各八尺許套於鐵獅項

上柱下男女往來如蟻并有土人沿途喊售延樂森傳及倫敦泰晤士新報之摹本

二十七日癸丑陰涼上月十一日時務報第三十八册内有南皮張尚書戒纏足會章程敘一則因所言切得受害當戒之情茲謹錄之其敘云今世士君子為中國謀富強討安危者會中國民數率皆曰四萬萬人烏乎中國果有四萬萬人哉山澤民數陰陽不齊以男女各半為通率禹迹九州之内自荒服狹鄉極貧下戶外婦女無不纏足者農工商賈畋漁轉移職事之業不得執一焉或坐而衣食或為刺繡玩好無益之事即有職業者尫弱傾側蹒跚卻曲不能植立不任負戴不利走趨所作之工五不當一（機器紡紗織布局司機者一人常管數機須終日植立奔走纏足者不能為也機器繅絲局其司盆者亦須久立纏足者亦不便）與刑而廢之幽而禁之等是此四萬萬人者已二分去一僅為二萬萬人男子二萬萬其吸洋藥者南北多寡相補大率居半又十分去五僅為一萬萬人此一萬萬人中其識字讀書有總慧術智者十人中止二人又十分去八僅為二千萬人以中國幅員之廣而所資以出地產盡人巧上明道術

五

下效職事旁禦外侮其可用之民僅如此裁足當日本之半甚矣其危也古之欲強國者先視其民一曰眾其民二曰強其民三曰智其民今日智民在興學強民在戒煙眾民在使男女皆可資國家之用興學之舉　朝廷屢有明詔矣戒煙之舉余於撫山西時設兩局力行於省會官弁吏士戒者日多余去晉後旋即廢罷今江湖諸省政令不如山西之易行惟先於書院之士挑練之兵新募之勇行之其餘俟以漸變化之耳若禁纏足之議則同治初年南海桂君文燿嘗上疏言之而未行也梁君卓如合南北之賢者數十輩倡為此會並為之說其意美矣其言創此事之不仁亦已痛切矣然特言其拂乎天理也請更言其害於家病於國者不任職事家食自窘一也貧者困於汲爨抱子富者修飾愈甚疾病愈多終身若負械而行不能自脫家政廢醫藥繁二也水火兵亂不良於行不能逃免三也尤酷者人子之生得父母氣各半其母既殘其筋骸痺其血脈行立操作無不勉強日損無已所生之子女自必脆弱多病噫吾華民之稟賦日薄軀幹不偉志氣頹靡壽命多夭遠

六

遡歐美各洲之人病實坐此試觀八旗滿蒙不纏足廣東沿海不纏足其人氣體之強即勝各省信而有徵四也洪範六極以弱終之今以洋藥弱之於既生以後而又以母氣不足弱之於未生以前數十百年以後吾華之民幾何不馴致人人為病夫家家為侏儒盡受殊方異族之蹂踐魚肉而不能與校也夫遠不合古聖人禮經服舄之制近不奉　今聖人會典衣飾之法而甘自同于雕題鏤耳之蠻俗以自處其類周禮所謂怪民王制所謂異服孟子所謂戕賊漢法所謂不道兼而有之

七

此其可怪殆有甚於吸洋藥者矣且夫父母非不慈其子也為其戾俗則難嫁也是故俗之所染可以勝禮俗之所錮可以抗令今欲請諸　朝而禁革之則必有以知務沮之者然非齊之以法則私禁亦終不行然則為之奈何曰記不云乎化民成俗必由學是惟志士仁人日以強華族化游惰足民食之義提倡海內期年之外十九省之廣感發必多父兄儆其家薦紳曉其鄉其俗已動於學然後以法從之於是各約同鄉京官合詞上請於　朝重申順治十七年　聖諭懲罰之條罪其

父母夫男並著為令自光緒二十年以後所生之女凡纏足者不准給封為命婦又纏足之婦女為人所欺者以良賤相毆論如是則此俗革矣吾不惟傷此中華二萬萬婦女廢為閒民傪民也吾甚懼中華四萬萬之種族從此蒐瑣疲薾以至於澌滅也今年七月初五日湖北湖南兩省人服官廣東者潮州府知府李士彬韶州府知府陳武紳等二十二員聯名公稟乞余下禁婦女纏足之令於兩湖事雖未能猝行人心之憬悟振奮已大可見是此會之效也諸君子既為此會以救二萬萬

八

之婦女何不更舉戒煙會以救一萬萬之男子除此兩害雖不能比於抑洪水驅猛獸其功當不在韓昌黎之下顧梁君更播吾說於十九省以吾之所懼者動之昔光緒二十三年七月南皮張之洞書錄畢因而誌曰竊思中國纏足一事千數百年久成錮習牢不可破我
朝定鼎之始即已降　明諭懸厲禁惜當時官吏奉行不善遂復貽害至今數年前余在德國時已見滬報中論纏足之害者兩節余曾錄之於五述奇具徵我漢族亦漸有惡裹足之見丕變之機此為起點邇來沿海

各省多有設會者惟冀此會四方盛行得掃千禩之痼習是所深望成效可期當拭目俟之

二十八日甲寅鎮日陰霧冷記倫敦寄送新報外裹之紙亦由信局發售乃白紙長一尺二寸寬五寸其價凡印以半本士印花者每張三法丁兩張一本士一法丁三張一本士三法丁四張二本士二法丁五張三本士六張三本士半七張四本士十四張八本士如此每七張加四本士或四百八十張二十二先令十本士其印以一本士印花者一張一本士半兩張二本士半三張

九

三本士一法丁四張四本士一法丁五張五本士半六張六本士半七張七本士半八張八本士半十六張一先令五本士二十四張二先令一本士半如此每多八張加八本士半或二百四十張二十一先令三本士

二十九日乙卯晴涼數日前沈藕生接家信知其夫人前於八月初十日逝世予是同事中除星使之弟羅夢祖猶子羅小荷羅叔羮羅伯蘇不欲應酬外余乃同吳少序任謙齋楊仲卿王香圃于心泉尹元圃袁仁輔公具祭幛一懸逕寄上洋交其世兄和甫藉申輓意蓋誼篤同舟禮不可廢也曾叔吾林琴蓀陳幼庸沈荔虎魏蓮叔瞿巖伯玉吳旭霄唐竹溪於今日又各具奠敬三五先令至王少山云已致信上海另具菲儀矣

三十日丙辰早陰霧午初晴記倫敦信局售有帶印花之信封其印花改橢圓形色分紅藍係用鏨花銅戳蘸色敲印信封左角居中君主面形凸起仍白色外圈上半係陰文一本士印花五字乃白質而字或紅或藍下半係陽文網花則又白花而質或紅或藍前日所述之裹新報紙上之印花亦然此等信封之印半本士者分

十

二種印一本士者分三種印一本士半者亦分二種至其所分種類無非紙之厚薄式之方長每二十枚一束價雖稍增而連紙計之較省即如一本士之三種乃薄紙長者一先令九本士厚紙方者一先令十本士長者二先令二本士餘可類推

十月

初一日丁巳早雨午初雨止黄霧迷漫咫尺不辨午後雖見日而無光曚曨霧中紅餅一團而已上年由同文館派來肄業者四人為陳安生貽範丁炳如永昆朱乙

尊敬棻王晩南汝淮中惟晩南聰敏勤奮口齒伶俐所學算法亦頗嫻熟自到此後星使獨考試其一人五次幸皆按題測算無差今早星使又自洋書鈔十二題限自申初至酉初交卷使余監之未至酉刻速成十題其他二題一因算用法國度數一因星使落寫角度故皆未算速執卷往見星使知于申刻已乘車回西山別墅遂將試卷封固函交陳紉庵代收余始回寓晚餐蓋星使前所租之老欠恣別墅自七月十二日至上月十二日兩個月已滿遂携眷移回使館其猶子內弟親家盟弟等亦皆同時搬回前日房已開工星使乃另在城西租定一所携寶眷并內弟猶子於昨日移去其他各人將待開溝截水管而無水可飲無火得用之時方各分移是亦各自節省之一道也

初二日戊午鎮日陰霧如昨記倫敦寄送書卷亦有定規其常價每重二兩半本士每捆書卷長不得逾十八寸至寬者九寸至厚者六寸重不得逾五觔凡板印或石印之報篇亦可照書捆送惟寫板字者則又須按信送書卷寄時或用紙裹或用不封之信筒皆須易於抽出以備察驗如裹紙內有所寫印亦須敞而不封至書之兩端雖准捆縛而其繩結必須鬆而不緊以便易於拆驗

初三日己未早大霧咫尺不見人涼而地濕車皆白晝然燈至酉刻因霧太重燈燭無光通城馬車奉諭停行一點鐘蓋恐傷人故也戌初霧稍薄始聞轆轆車輪旋轉聲以及行人往來皮底丁東觸地聲又羅叔羹前於八月電約其內弟陳紳齋常緡陪其夫人坐法公司來英上月三十日叔羹即去馬賽迎接今早到此因使館興工乃借居餵猫街第十五號

初四日庚申早霧午後大晴稍暖記倫敦郵政局寄送物包之定規凡物件不能如信函之可竟投入信筒必須送赴信局稱其分量照付郵費其價重不足一磅者三本士不到二磅者四本士半不到三磅者六本士不到四磅者七本士半如此遞增每多一磅加一本士半至重以十二磅為止每物損壞遺失自當賠償然所寄之物實值僅二鎊者無須外加使費

初五日辛酉晴暖記倫敦郵政局信件物包保險之定

價凡値五磅者二本士値十磅者三本士十五磅者四本士二十磅者五本士二十五磅者六本士三十磅者七本士三十五磅者八本士四十磅者九本士四十五磅者十本士五十磅者十一本士

初六日壬戌早微霧午後晴凉又倫敦郵局定例凡信物之由京寄往本國不通信道各處者亦管代送倫敦二百五十三信局皆收其價執重不足一磅者每一洋里內脚力三本士加重一磅加脚力一本士半有須坐車之處車費亦須預付然一切皆須向信局商定先以

十三

信票付足各處自皆照規分送

初七日癸亥微霧而晴雖見日光頗凉記英在本國送電信之價乃前十二字六本士以後每多一字半本士付錢時或交錢或自貼信票皆可

初八日甲子晴霧如昨記英國各電信局亦以電綫寄錢其價不逾一磅者四本士兩磅內者六本士四磅內者八本士七磅內者十本士至十磅則一先令然為數至多者亦僅十磅多則不寄如由此局至彼局仍須轉他局者不論遠近本人須預付九本士費

初九日乙丑鎮日晴霧曚曨日輪隱現不定記倫敦電報局定規凡幼童入局學習五年後年不及二十一歲者仍不准入考其及歲入考者乃考收發電信及局中一切規模并其應守各職以後再考則考暗碼等法迨列等第後遇有工資之缺出陸續傳補

初十日丙寅陰辰刻即起點心畢著蟒袍補褂偕沈吳袁尹四君乘車西北行二十餘里登西山至南林第十六號住所為星使僦居之别墅入內會諸同事少坐待星使喫粥下樓乃齊入客廳分三排面北恭拜

十四

聖牌行三跪九叩禮畢星使上樓更衣此客廳不大整齊潔淨北面臨窗設桌上立黃牌牌前列鮮花四盤然紅蠟一對今日行禮未到者除馬格理及肄業諸生外為曾叔吾陳幼庸沈荔虎羅萝祖此房後有小花園園後為土人義塚本園亦有隧道相通余等行禮畢始見萝祖趨入天雖寒冷而赤背披汗衫乃謂遂纔往遊義塚今自隧道中來也午正一刻入座得食雞丁海參魚丸肉塊及滷麪甚好頗有家鄉風味宴罷入書房少坐即乘車回寓所

十一日丁卯、陰、涼、外國寄信、不准封錢、信票雖可代錢、亦僅四五本士、多則不便、因而郵政局自造一種錢帖、由六本士至十先令、白質藍花、橫寬八寸、豎長二寸五分、此帖隨信寄送、不惟通國、即英洛他、支布洛達、香港、印度、牛佛蘭君士但丁、以及英各小屬地、一概認用、極為便當、其價除原值外、另索紙與印費少許、如一先令一先令半者、每頁皆半本士、由二先令至十先令半者、皆一本士、十五先令者一本士半、一鎊者亦一本士半、如此類推、此帖以三個月為限、其收帖人有逾三個月方取者、則該信局須另收些須代存此錢之費、

十二日戊辰、陰、記倫敦城內又有信局代寄錢項一法、通城各信局一律照辦、除法丁不寄外、其價在一鎊內二本士、兩鎊內三本士、四鎊內四本士、七鎊內五本士、十鎊內六本士、如此寄錢者、須至信局將錢若干交明、再自寫由某處某人寄與某處某人、然後該局給一長方白紙、填寫某人至某信局取錢若干、本人即將此紙隨信寄去、信到後、可即赴臨近信局中執票收取、以上各法、洵屬有益於民、民既省費、而國家更獲小利焉、

十五

十三日己巳、陰、霧、記英國因幼童、雛女、工匠、僕婢等人、雖有錢而無多、苟欲積存、又無妥地、于是國家設法代其收存、并使微獲利息、其法准存入信局、蓋各銀行所存皆鉅款、遂名此舉曰信局代銀行、通國各信局應存之數、至少者一先令、然一人一年至十二月三十一日所存不得逾五十鎊、雖多年續存、總數亦不得逾二百鎊、按年二釐半行息、苟一人分處積存、總數至五百鎊、可集於一處、作為借款、另由信局領票、則利改三釐、別有一法、乃一人可將其財產概交信局收存、每月利息極重、無論壽之短長、死後本利一律停止、雖有妻子、亦不能收回、此錢代存一生、名曰贍口銀、或曰養生銀、

十四日庚午、鎮日雨霧迷漫、暖、記信件由各處往來英都之日數、如至阿代來海口在澳洲東南界臨海三十四天零、至阿來三德五天零十一點鐘、至亞丁十一天、至阿三思希臘京城五天零六點鐘、至阿勒吉爾斐洲北界稍西兩天零十八點鐘、至安堤卦島在大西洋南文多羣島中十四天零十七點鐘、至阿森縣島在斐洲西大西洋內二十八天、至敎克蘭在新錫蘭三十三天、至巴哈瑪島在古巴之北十四天、至巴西亞在巴西國正東界十

十六

七天、至巴爾巴斗斯島、在安堤卦島之南十一天零二十三點鐘、至巴他威亞、在扎窪地二十七天、至柏爾鎮、在瑞典正西界四天、零十二點鐘、至柏爾木塔、在大西洋十五天、至北路、在地中海八天、至孟買十六天零十二點鐘、至包斯頓美國九天零十二點鐘、至開路、埃及京城六天、至卜林的細兩天零十二點、鐘、至開蒲塘、在斐洲西南角十九天、至卜立斯貴、在澳洲正東界三十九天、至卜伊諾賽爾斯、在阿真坦國東南界二十四天、至代拉卦海灣、斐洲東北界二十六天、至加爾各答、在印度正東界十九天零十二點鐘、至喀婁、在秘魯正西界三十一天、至君士但丁四天、至石高溝、在美國正北通海九天零十二點鐘、至康沽、在斐洲正西二十六天、至賽布勒斯、在地中海亞洲土耳其正南界十一天、至香港、三十三天、至克倫柏、即錫蘭十七天、至支布洛達四天零六點鐘、至代瑪拉臘、在巴西東北英屬地吉阿那十三天零二十點鐘、至勾森柏爾、在瑞典西南界一天零二十二點鐘、至格蕾塘、在澳洲南界偏東二十一天零八點鐘、至哈瓦那、在古巴西北界十二天、至霍諾魯路、即檀香島二十天、至艾斯蘭十天、至扎美喀島、在古巴東南十五天零二十一點鐘、至庫拉器、在印度西北界二十天、至立馬、在秘魯西南界三十天、至麻的拉島、在斐洲西北四天、

十七

至麻達拉斯、在印度東南界十八天零十二點鐘、至莫洛他四天、至蠻達蕾、緬甸蒲甘都城二十八天、至麻呢臘、在斐婁賓羣島內三十二天、至莽特威兜、在烏拉怪國正南界二十三天、至墨里特斯島、在印度洋馬達戛斯戛島東二十三天、至美勒班、在斐洲正南界三十五天、至墨西哥十四天、至孟特里亞、在英屬地龜背正南美國正北九天、至某薩木比、在斐洲正東四十九天、至那百里兩天零三點、鐘、至那塔、在巴西國正東界二十三天、至牛佛蘭島、在龜背東九天、至紐約八天零十二點鐘、至諾瓦斯扣的亞、在龜背之東南九天、至歐坡兜、在葡萄牙西北界三天零兩點鐘、至巴里九點鐘、至敖他瓦、在龜背正南安他立歐之東北九天零六點鐘、至龜背九天、至帕那瑪、南北二美洲中間脛地十九天零八點鐘、至賢海來那島、在斐洲西南十八天、至鄂代薩、在黑海俄之西南界三天零十二點鐘、至坡爾那布扣、在巴西正東界十五天、至蘭棍、在緬甸怒江口東二十四天、至柳得洛呢婁、在巴西南界十九天、至檳榔嶼二十四天、至特里呢達達、在巴立威亞國中界稍北十三天零二十一點鐘、至瓦勒巴萊搜、在智利國西界四十天、至三多斯、在巴西東南界二十三天、至長崎、走蘇耳士四十三天、走美洲英屬地萬庫瓦爾三十二天、至三西巴爾、在斐洲東界二十一天、至希達呢、在斐洲東界三十

十八

八天至舊金山十二天至新嘉坡二十六天至蘇耳士七天至上海三十六天

十五日辛未雨霧如昨道頗泥濘今日係西厤十一月初九日為英大太子衛拉斯王埃達倭之生辰處處挂旗入夜懸燈慶賀較其君主者稍遜又在倫敦凡各府第客寓飯店酒肆皆於樓下有暗室存酒曰酒窖聞在城西某店之酒窖中住有大小無主之猫若許鎮日晦昧不見天光耗子無多饑渴受寒不意樓上店主卧室所畜之貓於每夜十二點三十分迨店主睡後則口銜

廿九

肝肉往來盤桓於樓下窖中尋覓同類而飼之夫惻隱之心猫亦有之豈獨人也歟哉

十六日壬申鎮日陰霧微見日光記英國電報局人之工價前於西一千八百八十一年（即光緒七年）所定乃首領一年一百四十鎊以後按年加五鎊多至一百六十鎊止頭等電工一年百鎊以後按年加五鎊多至一百三十鎊止二等電工一年七十鎊後亦按年加五鎊多至九十鎊止三等電工初定係每禮拜十二先令第二年十四先令第三年十六先令止嗣改一年四十五鎊以後每年加五鎊多至六十五鎊止至一千八百九十年（即光緒十六年）首領改一年一百六十鎊後按年加八鎊至一百九十鎊止頭等電工一年一百十鎊後按年加六鎊至一百四十鎊止撤去三等僅留二等一年一百四十鎊後按年加六鎊至一百一十鎊止邇來又經管理電局大臣屠威節改定首領及頭等電工者如前惟二等電工者改一年五十二鎊後按年加六鎊至百零六鎊止

十七日癸酉陰霧本年五月英君主即位六十年慶典

卅

所收禮儀祝詞共計大小六百一十三色本月月初概由宮內移入康衛路南堪興坦博物院之北閣應懸者挂之應列者設烏木桌以陳之日日開門便人瞻望入門納費每人一先令昨日余偕沈吳諸君乘車前往迎門羅列者為向來所陳之印度土產再兩轉則豁然開朗長閣一條極闊敞左右列物挂有號目物前横木闌禁人摩挲中路行人亦必左進而右回以免往來擁塞沿途有人彈壓隨時啟請曰順途而行其中第一號為太子衛拉斯王埃達倭所呈之油畫一軸高丈六七尺

横亦如之。上畫太子竝其三弟寬諾公、阿色爾乘馬領兵自樹林內突出圖。畫精妙，景致寬曠，翱翔郊郭，人馬如生。第二號為德太后、英大公主福來得立所呈之王冕形壓紙，具上有維克都里亞自一千八百三十七年即位至八百九十七年等字，或係金鑄，或係寶石攢成。第三號為二太子艾典堡公、阿弗萊三太子寬諾公及他宗親王公等公奉之金剛石長項練一挂。第四號為太子妃阿來三德率子女四人所奉之寶石五塊一大四小攢成之項針一柄。第五號為俄皇與后所奉鑽石

項針一柄。第六號為德皇與后所奉之銀瓶一樽。第七號為德國公主霍混洛所奉之金字花玻璃大鑪屏一扇。第八號為梅林堡斯台里自公爵良（英君主之妹丈）所贈之經卷一本，金皮以鑽石珠寶鑲嵌。第九號為君主之堂弟泰克公與夫人率英國絲綢會中各女首領所奉之大絨氈一方，周約四丈，其色深紅，四面花邊，中一圓圈黃色，周約五尺，內有君主維克都里亞等字。第十號為英四公主碧阿特麗姒之姑巴坦堡王妃所贈之針繡桌罩一方。（以上十號皆屬王室宗戚，故列在前。）第十一號為法蘭西前朝得巴里伯爵夫人所奉之花瓷瓶一對，各高尺半。第十二號為義國太子所奉之用陳宴席桌中銀花架一個。第十三號為德國巴比公夫人所奉之青石一方，上鑿德文祝詞金字。第十四號為波斯國王所贈之寶石鑲嵌金架自己小影一頁。自第十五號至二十四號為

大清國

大皇帝所贈者（詳見前）。又自第二十五號至三十四號為

皇太后所贈者（詳見前）。第三十五號為韓國王所贈藍地金字繡花鐘鼎文屏八扇，各寬六寸，高約四尺，古銅尊成對。第

三十六七號為日本皇所贈之繡工山水景屏一扇，漆㮰一架。以上為各友邦所贈。第三十八號為御前各大臣命婦同奉之金剛寶石項練一條。第三十九號為君主御前侍僕五百九十一名同奉之金剛寶石望玉手鐲一支，中作王冕，左右四花為玫瑰（洋名婁斯，指英蘭）、蝴蝶花（洋名沙木洛，指蘇格蘭）、薊（洋名奚斯，指愛爾蘭）、蓮（洋名立立，指衛拉斯），蓋四花皆為四地所産，中列王冕者，以王領此四地為主也。以上為君主宮中各人所奉。其後自第四十號至百四十七號為本國及他國之官商男女并各屬地王爵所奉，中惟第

六十號至第六十七號為張樵野星憲所奉之乾隆
御筆歲歲平安一架藍花大瓶一口硃砂刻花大盒一對硃
砂刻花小櫃成對五彩大花瓷盤一個檀木雕花寶石
鑲嵌小橱成對子孫萬代瓶成對景泰藍卐卐不斷小
花屏風十二扇皆極華美壯觀其他所奉各皆一二件
且多零星之件無甚可取如摺扇瓷碟背枕茶盅地圖
拐杖雨傘小照木椅金表等是也再自第百四十八號
至六百一十三號為本國及各屬地之官商人民所奉
之頌詞各僅白紙一方長寬各尺餘顏色飾邊橫書英
法拉典印度等文中惟新嘉坡商總許德順等所奉者
乃黃綾一方書以漢文各篇頌文隨有或筒或匣造以
鏨銀花皮以及雕花象牙不等文懸壁上筒橫文前羅
列極屬整齊閣中列座出售加非酒食男女魚貫往來
極一時之盛
十八日甲戌陰記英國電報局定例各工人應作之時
刻白晝八點鐘入夜七點鐘歇息飲食在內有時因事
繁多須費工夫者則與次日換班者對折總之一人一
晝夜不得作逾十六點鐘

五十三

十九日乙亥陰見街市駕車馬匹現因入冬新毛漸生
不使舊毛自脱乃先前自脖下後至尾邊中由肚邊至
蹄先用刀剃去迨下身生足再剃背上者蓋不欲通身
一時受寒也
二十日丙子早陰午後微霧記現在倫敦魚鋪出售者
大小多種皆列于白玉石槽之上所識者為扁魚鰱魚
銀魚鯉魚龍蝦蝦米蛤蜊蠣子等外有薰魚鹹魚以及
鹹水煮螺螄然皆海產不比他國河魚養之水中活而
鮮美雖槽上置冰而每由鋪前經過腥臭觸鼻以故魚
膾之屬罕有佳品令人動張翰思鱸之感
二十一日丁丑微晴冷日前赴星使所居西山別墅之
便道係先自馬力貴路坐馬公車東行三里至尤斯屯
路中間哈木斯台路之南首（車價一本士）改坐紅色銕道公
車北行轉西約二十里至阿爾池路（其價二本士買來回票三本士回時
須將紅色原票繳還換一黃色回票）下車在酒店之左轉店之右有銕道
氣車因登山路高省馬力也直行八九里至驗斯小林
或高門村（價皆一本士）又銕道公車每輛坐四十四人乃上
坐二十六内坐一十八其所換之回票下印云此票專

五十四

為交換回路之憑、并不額外索費、車奔雙馬、行向高處、二馬力不及拽、乃一人另由旁廐牽出一馬、轡帶銕環套於車左馬旁、行至平處、不必人掖、馬自止步、習慣故也、馬亦明其所司之職分也、

二十二日戊寅、陰、因天氣倏涼、小兒榮驊早晚上學受寒、昨晚發熱不食、熬午時茶加姜片飲之、未見汗、今早請唐竹溪胗脈、立方、草藥七位、為羌活、建曲、桑葉、防風、焦查、前胡、赤苓、外加生姜一片、卧時煎服、夜半見汗、又女房東聞之、先来探問、至酉正、乃為之熬玲瑺麥碎米粥一盂、加灰斯几酒一大匙、糖若許、帶女僕捧至、溫語慰之曰、早睡多蓋、喫此粥、宵分見汗自愈、余與之握手致謝、此粥為倫敦人著涼常用者、且幼童雛女之入學者、每早多喫此粥、專為助氣煖身之用、另一發汗成方曰隋司皮立教呢特佛埃扣勒得、華言逐寒甜硝酒也、

二十三日己卯、陰、倫敦城大逵徑縱橫、無異蛛網、除四面路寬處之銕道公車外、雙馬轎車洋名教木呢柏斯者、為數不下二千餘輛、共馬一萬四千餘匹、因馬不能鎮日馳驅、必須按時更換、以便餧飲歇息也、聞每輛於每禮拜須獲一十六鎊云、

二十四日庚辰、陰、霧、又雙馬轎車因路多而行亦多、僅以紅白藍黃綠五色塗於車身分之、仍不足用、于是有另在車頂御者座後以銕棍立紅油布雨傘一柄者、有在車頂右角立一油布小國旗者、更有立一八出金花者、種類不一、無暇瑣述、蓋有此幌、使人一望即知其所去之東西南北某街何巷也、

二十五日辛巳、陰、霧、涼、見利貞街馬蹄模巷口加非館中新出一種牛肉餅、頗可食、如中國之肉團、乃碎肉以醬汁佐料調成作餅、厚半寸、方形、周不及八寸、上下四邊烙熟、則外焦而裡嫩、食時洒以蔻末、頗香、價每塊二本士、

二十六日壬午、早大霧、午後見日、紅暈無光、繼而復陰、烟霧晝暝、前於六月底、經曾叔吾寫知單、謂十月初浣星使大千金在家出閣、同人公湊禮儀一百五十兩、至今星使知否未聞、而届期賀禧一節、自當日迄今凡三閱月、并無人敘及、昨午任謙齋忽來、謂聞得今日係星使小姐出閣之期、明日星使在寓所備喜懿福州諸同

事咸往叩賀余謂既知日期理宜前往惟不必定食喜麪也今日早餐後偕沈吴諸君乘車前往至彼樓房壯觀幽靜如府第同令持稟道喜其人下樓言同明了不見了少刻羅伯蘇進客廳似非奉星使所命前來者既不向衆問候亦不言奉家叔命來與諸君道乏且在家出閣尤不敢當等語乃僅向一二人稍叙寒温道喜一事似與彼無干涉又上月為星使祝壽後見衆人毫無申謝之言恐閩俗凡處實受不講虛禮耳

二十七日癸未早微霧申刻忽大霧晝晦屋内然燈前日午後在牛談街之北阿得斯談街之東哈木賽巷内製造女外氅之博朗行因煤氣燈管轟裂失火地在老城巷窄房密多係商局自一點鐘燒至五點半鐘其地十萬碼見方共閭巷街市大小二十一焚毀樓房一百五十所間數未詳内大製造局如金銀絲帶傘帽衣服衣料地毯熟皮皮貨賸皁雀翎等共計五十五處其他小貨鋪數未聞通城共去水龍四十四分救火人數百奈地窄樓高救之不易幸各處所用女工二三千人無一傷命者白晝故也據云所燒貨物約值一百萬鎊連樓房什物計之當共值五百萬鎊

二十八日甲申天雖陰霧幸而不濃前日失火之處擬往一觀遂於未初偕吴少序乘車往至彼見臨街各巷口皆横繫長繩外立巡捕二三四名不等攔阻閒人非有本屬某行某鋪者不得入余等僅立巷外遥望鐵架聳立間間仍有堆積物紅綠五彩悉被烟薰灼不知其為何鋪者

二十九日乙酉鎮日黑霧迷漫白晝然燈酉刻稍爽聞在哈米斯台路有婦名博妥蕾者係某學堂教習之妻平時琴瑟頗篤前日忽飲酸鹽殞命留致其夫一書謂汝不能設想我心如何煩累此等苦難無顔以見戚里云云官場驗屍斷其自盡之由為魔鬼所迷夫西國不信鬼而又斷其人因鬼而死殊令執筆者疑之

十一月

初一日丙戌陰霧我國前在英蘭正北偏東得爾哈木與約爾克二府之間牛喀色安太音地方埃勤隋邨之阿摩斯當船廠定造兵輪一艘其長三百九十六英尺寬四十六英尺深十六尺九寸重四千三百噸内盛大

小礮位及噴礮共三十六門現在船殼造成定於明日
午後下水乃經礮主夫人出名專帖請星使外附空帖
十頁以備填寫隨帶各員名姓星使遂派馬清臣林和
叔陳幼庸吳少序同往其地距倫敦二百七十四洋里
須於今日未初起程乘火車戌正始到屆時星使因故
未往
初二日丁亥早晴午後陰霧數月前因四川水災來信
勸捐星使即匯去規平銀二千一百餘兩電交總署並
未敘明內係何人捐款意必星使樂善好施慨捐巨款

廿九

洒九月分同人領俸薪時忽經支應按人扣去十兩二
十兩不等星使既無明諭而支應亦不明言其所以殊
難索解
初三日戊子陰霧入夜雨前於七八月間當羅醒塵未
遞呈時即有林和叔欲告不服水土假林琴蓀擬告會
試假至上月林和叔言呈已遞星使面諭係往義比兩
國事蕆後再行回華林琴蓀言呈子亦遞因星使夫人
患肝氣小姐咳嗽公子出疹皆請琴蓀療治因其善醫
道也現皆痊愈呈子尚未批下云云又前經龔星使調

來之醫官唐竹溪亦于上月呈請不服水土同文館學
生丁炳如因病告假回國皆立經星使批准現定於本
月十三日由騷桑屯海口坐德船回華今晚酉正余偕
沈鵜生吳少序尹元輔諸君率小兒榮驊公請唐竹溪
丁炳如在教斯佛街坨里奴飯館晚酌與之餞別彼此
暢談酬酢甚歡亥正回寓
初四日己丑早陰霧申初雨記教斯佛街路北第三十
二號一大加非飯館名苐拉斯喀悌又名冬園兼售酒
饌多品並按時奏樂以侑酒地基頗大樓三層式作冂

卅

形約容二千人入門圓樓一圈中空上有罩棚樓上賣
飯樓下前面八柱分八門作一圈前三門對街門滿用
玻璃隔斷此圈內列桌椅賣酒食點心圈外即樓下列
座賣茶酒加非正面設樂臺樂工十二人圈左另橫一
大間列座仍賣酒食其樂每日午後自一點至三點鐘
奏十節為午酌也再由六點至十一點鐘奏二十節為
晚酌也酒食俱全亦皆芳美其價較各著名大飯店為
廉而酒食豐腴亦不亞於他處也且入夜通堂電燈萬
盞燦爛輝煌光耀如畫人坐樓上舉杯四望笙樂聒耳

五彩射目、自當怡性騁懷頤指如意也、
初五日庚寅陰雨入夜大風早見樓下一坐車一貨車、
不知何故將貨車拽馬之皮繮扯斷彼此車夫並不喧
譁口角即有巡捕前來問明各人名姓住址號數取出
記事小本一一以鉛筆記之據云二人到官供明其故、
兩造須循理自結或賠或不賠不然則歸官斷、
初六日辛卯大晴涼現值晝短申正天黑辰正天明故、
街市各鋪皆自申初然燈以待應關閉之時關閉而各
處匠役亦皆秉燭作工以足八點鐘之常例又各鋪之
刷洗油飾門窗者無論何時皆於日暮關閉後僱人修
理蓋免誤白晝之生涯也、
初七日壬辰鎮日陰晴不定今日未刻星使率馬清臣
赴文淴行宮呈遞
國書蓋前於五月間英君主同敬中國
大皇帝鑽石小影一頁而我
皇上答書致謝也午刻星使偕唐丁二君與之餞行令余同
林和叔曾叔吾林琴蓀沈荔虎陪坐羅夢祖代東巳正
余偕唐竹溪至西山別墅丁炳如因病未往未正入座

圭

酒食頗佳申刻席散回寓、
初八日癸巳早晴午後霧冷記倫敦現將四面各村連
於一處統稱倫敦今老城居中比為一府四面六十六
村仍因舊名而分為縣一切歸倫敦美爾為首領而各
縣又另有美爾另有規例章程又因城大暗分十方以
便人知某街在何方某縣乃以老城為正中以東為東
中以西為西中環此三中則為東南西北東北西北東
南西南今姑將各縣名按方分記之如正中為倫敦老
城東中為芬斯百里西中為豪樂本又名葛本格東為白鷗與
坡蒲拉爾斯苔鋪泥桃爾哈木蕾萊木葛斯葦泗地木
柏木里沙達衛南為柴勒溪西為貝斯倭特爾賢卓志
哈墨斯米司罕諾倭坊諾荸溪巴丁也諾爾烏馬力賁
伊淩奶子橋北為堪頓塘哈木斯台郝克思也伊苓也
海百里堪的什塘東北為貝斯那格林哈克呢哈莫屯
戴樂斯屯慶斯蘭歐得佛西北為堪薩格林賢班克思
祁樂本賢專蘇葦洛泗也瓦拉哈格林東南為康百衛
柏爾門賽卜立克斯屯克拉代木戴特佛洛色爾希斯
德蕾芝格林泥址開窜也即貝斯來杉木瓦拉倭厄斯

圭

哈查木牛飲屯巴喀木鵠立芝（又名野潞）五彌勒倭騷斯倭牛克洛斯西南為巴特爾溪卜洛木屯厄勒斯闊爾特弟勒哈木庇木里溝巴爾森格林堪興坦衛斯民司得普特呢

初九日甲午晴倫敦通城所用牛奶皆由鄉間以大車載運入城後各鋪按家分送每早現自卯初至巳正頻聞小車聲放罐聲車皆兩輪或馬駕或人推敞箱在檐下有輪而無軸箱中立一罐銅錫不等高約四尺上細下粗形如塔底周約四尺上有龍嘴箱外左右挂大小

橢圓平底錫罐數十至大者盛二戛倫（一戛倫合四排音他）至小者盛半排音他（一排音他合中國八兩）至各家門首或置窗下或挂樓前鐵闌上待昧爽啟門自然取入而無偷竊攘奪之虞

初十日乙未晴涼倫敦樓房舊式高皆二三層且沿街鋪面僅一層鋪後住房始高起二層現在城之四邊依然未改城內亦間有與舊者今定新章凡樓房之舊而應修者咸改建高至四五六層且土木之工日新月異舊房既不壯觀而新樓於樸素中仍欲華美整潔無如

倫敦烟霧太重不居何色久而自黑也

十一日丙申早晴午後陰霧記在敖斯佛街東首路南蟾色狸巷內有藏寶庫一區英名賽蒂的坡西義乃妥當收藏處也亦係商人醵金開設專為人有至寶或平日不願收放家中或因外出不欲攜帶無論多少皆可送此收存地基不大且在地道中門外支金花鐵棚棚下橫鐵闌入門步下石堦二十級另一鐵柵闌門門內正面鐵巷十二皆不甚寬長各一箭每巷外先立鐵門一扇厚約半尺門內又一鋼柵闌門與柵闌皆有雙層

暗鎖各巷內正面懸大玻璃鏡俾人在內動作在外者一望而知每巷左右兩壁皆鋼鑄方隔大小不一豎分十層橫分三十二三四五六七節不等每隔深二尺外有鐵門厚逾三寸隔板厚亦二三寸每隔內置一扁方漆長鋼匣匣之長短寬窄與隔內相稱隔門雙鎖鑰匙兩柄存物人與管庫人各執其一其寶貝多者賃大匣少者租小匣其租價論年而不論月匣分五等長皆十八寸其高四寸半寬五寸半者一年一吉呢高四寸半寬七寸半者一年一吉呢十先令高寬各七寸者一年

二吉呢高九寸寬十一寸半者一年三吉呢高十三寸半寬十一寸半者一年四吉呢高二十三寸半寬亦如之者一年五吉呢巷內鋼地鋼棚中垂電鐙一行二十盞巷外牆壁壘以鋏石亦極光潤整潔異常堅固此巷總名音訥爾衛斯堤比攸義乃內巷也巷對面即入門石梯之左右有客廳兩大間又名錄事房裝飾華美棚懸電燈三大盞牆挂畫軸面鏡陳設桌椅坐鐘備有紙筆客可在其中議事閒談廳正面更有小暗室六間每中僅容二三人內亦備有桌椅紙筆蓋為男女客中存

三五

物者有避人之言或繕寫約契皆可入此室中議辦二廳外地中立一方鐵闌高三尺周約二丈五尺由此步下石堦九層為鋼屋儲寶處英名斯脫朗陸木華言鞏固屋也其內路如船中左右列屋頗類船艙大亦如之共計二百餘間其門牆棚壁及地板無往而非鋼鑄門外四壁皆白瓷甎砌成中截花瓷一橫頗覺光潔門外屋內皆垂電氣燈此屋租法凡有箱匣收存者其大三尺餘見方者一個月五先令兩個月七先令半三個月十先令半年十五先令一年一鎊半其不及三尺見方者一兩個月其價皆與前者同惟三個月乃八先令半六個月十二先令半十二個月一鎊一先令遺命亦可代收第一年五先令以後每年二先令半終身者一鎊一先令又頭層巷內大小鋼匣共一萬二千餘件此庫每日開門由巳初至酉正惟禮拜六日係自巳初開至未正白晝四五人在內伺候有守柵闌門者掌櫃者管鑰匙者入夜亦有人各處巡察極屬嚴密

十二日丁酉陰霧冷記昨夜寅正忽有樂工樓下奏樂夢中驚醒傾耳聽之幽雅異常作畢兩節即去半點鐘

三六

後復聞其聲順風悠揚自他處來今日訊諸土人據云是為倫敦舊俗每於天主降生節前三個禮拜各禮拜六夜樂工逼城盤繞奏樂待至十二月二十五日正節之期則樂工於前奏樂之各街市閭巷中按戶討賞現在城內尚少四面鄉間甚多且有歌曲者竟有繞富家之樓四面歌唱以冀屆期多獲賞賚云

十三日戊戌陰卯刻睡起點心畢辰正偕沈吳表尹四君乘車至倭特路火車棧送唐竹溪丁炳如起程回華又羅叔羹之內弟陳紳齋亦同坐德公司回滬其他往

送者為林和叔、曾叔吾、林琴蓀、嚴伯玉、吳旭霄、

十四日己亥、陰、記倫敦每屆冬令於天主復甦節三禮拜前在伊㕘屯縣額坡爾街路西之公設稼穡堂英名阿格立柯秋擺、設一農政會又名賽畜會、英名喀持收屆時四鄉商農各將培養牛羊猪之至大者、雞鴨鴿鵝之最肥者、以及果品菜蔬之極美者、更有各種耕種并造作飲食之機器、或新創、或改式、概行送入比賽、羅列五日、備人觀看定購、第一日太子先入閱堂、擇其尤者奬賜之、以示鼓舞、他人往遊者、第一日入門五先令、後四日皆一先令、本年定於西十二月初六至初十日、即

昨日至十七日、今日午後、余偕沈吳尹袁四君乘車北行二十餘里至該堂、納費入門、先穿一巷、左右雜列玩物及數種小機器、如切肉末者、割肉片者等等、過此巷則入堂、堂方形、四面層樓、中罩玻璃天棚、棚下中央分四行、每行左右立木欄、不甚高、內三行地鋪乾艸、橫排牛三四百頭、皆頭向木欄、碩大無朋、色分黑白紅黃、有長角者、有無角者、每前懸一牌、載明來自何處、屬何人、生幾年、重若干斤、價若干、曾得第幾等奬賞、其業經售出者、於牌下另書一紙、言賣與某地何人、中有生僅一年零八個月而重至三百斤者、另一行放羊百餘隻、色分白黃、毛有短長、身大如驢、平背如牛、僅腿短耳、其長毛棉羊與華產無異、惟尾細如猪尾、短毛者如骨重年、毛短而絨厚、身白頭黑而無角、據云來自杭卜晒府、其肉極鮮嫩、四面樓下列各種大小機器、及出售酒食點心處、四面樓上左右仍列各種機器及菜蔬果品、蘿蔔紅色者長二尺、周尺五六、青色者長一尺、周二尺、白菜有厚盈尺、周四尺、大可合簣者、胡蘿蔔有長尺餘、周拱

把者、其他豌豆、蠶豆、皆晾乾盛布袋中、豌豆頗大、中土罕見、其中惟見甘蔗一籃、英名閣勒拉必據、云三年前來自印度、于今始明種法、漸登菜譜、種於西三四月間、出售每斤六本士、蒜頭有大如茄者、番薯有大如中國紅薯者、果中蘋果與梨有大如瓜者、左樓下二門、另通兩大間、一內列桌排放已去翎毛之雞鴨鵝鴿火雞等、各皆肥大無比、一內放猪、皆極肥壯、有臥不能立者、其皮或黑或白、尚皆潔淨、入者另付六本士、通堂所列物件菜蔬果品等、主人皆備有紙報一本、或數篇、印其名

姓住址所售各物之價值用法或菜蔬果品并子種之價值種法且各帶有圖解印工既細彩畫裝釘亦頗華美隨時奉送遊人以廣招徠又大門內巷左一門通有小院陳列各種玩物什具如手帕表練菸捲盒信紙信封鉛筆墨盒等件無須瑣述同時來者男女擁擠不下千餘看畢出門遇雨因候車遂步入對戶加非館其構檬水加非價廉而物豐奈味不濃厚類乎鄉井所售者酉初同寓入夜狂風驟雨陣陣

十五日庚子鎮日陰晴風雨不定午後同吳少庠步入加非館少坐見一人喚來加非一盅抹奶油麪包四片隨吃隨喝隨割自携之蘋果片片而兼食之侍加非喝罄麪包吃畢而三大蘋果亦皆食盡矣是誠泰西吃法為余歷來所未見過者入夜大晴皓月當空光鑑毫芒亦為倫城罕有之天氣望之令人心曠而神爽也

三九

十六日辛丑陰霧涼西人嘗謂鳥獸和睦相交互受其益即如雞入牛圈刨掘牛糞蟲啄擾牛之蠅牛見而感之乃故翹一蹄以便雞得周歷其身而搜捕之烏鴉頻落羊背羊亦喜納之皆此意也大多仁義之行雞犬雖皆人家所飼然而無辰葛某家一公雞為他雞所不容犬頻怒視逮後此雞離羣獨處飢渴頓踣犬頗憐之乃至今餘已食而同宿一窩猫犬同居而非契友曾有小狹洵氣繫一藏鍊壺於猫尾繩結太緊猫尾幾折無法得脫屢向犬哀之犬初不顧繼生惻隱之心頓得一法咬斷猫尾壺既墜而猫亦愈猴與雞時為密友天寒共寢猴蹲伏于羽翼之下互受其煖馬最喜山羊而與猫犬雞鵝亦善猫犬臥其背上雞鵝山羊皆可伏其肚下蹄旁既得彼此互換煖氣馬更因而不受蠅耗之擾而猫雞亦各得零食也以上各節中國亦間有之可見交友固貴能擇其善者而人心亦須鑒此遇事自忖當有勝於禽獸也

四十

十七日壬寅陰雨入夜大風英規凡人或因體弱或因病篤或以殘年垂盡將卜窀穸所遺財產自當預先斟酌分畀如妻女子孫兄弟姊妹叔伯姪女或族支或戚友抑或施捨助善于是於某年月日自書一篇言家產共若干擬于死後分與寡妻若干子若干女若干或并給姪甥各若干其無妻子者或統與宗派或與某戚友

或送施醫院或給育嬰堂總之無論如何分法咸任本
意此篇即前所言之遺命寫畢畫押另錄一篇乃送入
色墨賚萬斯公署收存作證（此署專管通城一切雜稅租產以及人之生死娶聘
概須報官署中存冊百年可查）其原篇或自存或交所托將來監分之
人或送入藏寶庫中代存皆可其人死即報官官則傳
齊遺命所指各人照單分給罕有敢爭者國法使然也
十八日癸卯稍晴風午後偕沈吴尹袁諸君乘車西南
行約十餘里至布洛木屯街看教拉托里天主教堂其
地基之大小堂樓之形式多與義法兩國同至其工程

卌

精妙地方清靜亦與中國之菴觀寺院同上而樓頂下
而地面砌堦以及牆壁與柱無往非花石建造琢磨光
潤柱之高者二三丈圍四五尺所供天主母天主及他
古賢之像亦皆玉石雕刻抑或五彩刺繡高大與真人
同神氣畢肖工殊精細因而思及華人之奉天主教者
協洋人譯著新舊兩約全書往往同斥釋教之供木偶
泥像如謂不宜供奉偶像也而此堂中有石像繡像在
焉是不宜供奉偶像一語非其本意矣其本意為何子
細查之是其僅言木泥二字下欠解釋也其所以當解
釋者乃木泥不能經久必以石雕抑以金絲絨綫繡成
方可傳於後世也天主教人聞之亦必以為然也
十九日甲辰陰雨冷西人備物致用不惟精益求精更
於一用中另求別用即如煤氣四十餘年前創造作燈
光亮異常勝於油燭是僅用其光也邇來數年又設法
用其力乃以之作爐小者可以煮水大者更可以烹炒
煎燉是又祇用其力也近又反煤之本而用其熱乃屋
中大爐天涼不燒煤而滿盛不灰木殼殼形如空核桃
四面有孔用時內然煤氣則殼皆變紅如煤約燒一小

卌一

時撤去煤氣殼乃永熱如火屋自長煖矣是不惟省煤
且使屋中潔淨不有灰塵不生異味也
二十日乙巳鎮日陰雨而稍暖記教斯佛街之圪里奴
加非飯館東主計第義大里國人也其例菜定價早餐
一先令半或二先令晚飯二先令半菜頗豐飫亦有雞
魚鵪鶉鋏雀火雞火腿筍麪牛羊肉之類並有鮮果生
菜冰乳點心等侍奉殷勤菜味亦佳較他處者勝加倍
他處至賤者五先令而此地僅二先令半他處未必多
賺而此地亦未必稍賠全在東主之所為善與不善耳

入夜微風、晴、
二十一日丙午、白晝微晴、入夜狂風驟雨、雷電帶雹、午
後、余因步回使館、看各屋之工作、忽於爛堆中拾得字
紙若許、中有本年七月十一日第三十五冊時務報一
本、內有黃君鵠生論中國婦女纏足之害一篇、題曰中
國纏足一病實阻自強之機、并肇將來不測之禍、說所
言禁革之法、姑不具論、而所叙婦女纏足之害最詳、近
數年來屢見吾人論及、則此俗之變或有轉機、茲特錄
之、其說曰、中國有亙古未有之奇病、一曰纏足、纏足之

卌三

緣起、不可悉考、而莫盛於本朝、本朝又莫盛於今日、始
惟城市為多也、繼而漸達於鄉僻、向惟富貴之家競尚
也、今而徧及於貧寒、井臼不能操、步履不能適、一經束
縛、遂成廢人、遂有專工纏足之婦人、詡詡然曰我善纏
足、小女兒至七八歲、則脛骨已硬、足指已粗、雖纏而不
能極小也、及四五歲而纏之、襁褓甫離、即加桎梏、筋酥
骨脆、血淚交零、而女母及婢媼之為女纏足者、方欣欣
然有喜色、以為此女足小、他日為門戶光也、其喪心病
狂、傷天害理、一至於此、詎能以口舌爭乎、亦有年已長
成、雙趺未束、為婢為妾為妓、身屬他人、遂有貪淫好色
之徒、遣萬惡奸媼為之矯揉造作、先以猴骨等藥輭其
骨、再用斑猫等物爛其膚、血肉淋漓、腥臭四徹、筋斷骨
弱、寸步難行、乃能使六七寸之足、跟改作金蓮三寸、其
殘忍刻毒、幾於人神共憤、而施者不皺眉、受者不敢怨、
聞者見者、習以為常、中國四萬萬人民、婦女居其半、婦
女因裹足而成廢疾者、尚不止居其半、其在窮鄉僻壤、
粗蠢之婦女纏足者、尚復無夛、至於大族名門富家商
賈、及中人以上之資、其婦女之聰明賢智足為內助者、

卌四

則其受纏足之害為最深、蓋幾幾乎求一二不纏足者
而不可得、精頹神喪、血枯氣衰、門戶難持、呻吟可厭、為
之夫者、終身為所累、安有餘力以相其夫、是纏足一端、
固專害中國賢達聰明之婦女也、且數千萬賢明之婦
女、皆成廢疾、不能教子佐夫、而為之夫為之子者、亦只
可畢生廝守宛轉牽連、無復有四方之志、故自上達下、
自內達外、因循頹惰、得過且過、無意自強、是纏足一事、
到天下婦女之足者患猶小、喪天下男子之志者患無
窮也、自秦倡君權、愚弱黔首、漢崇黃老、高談元渺、以愚

之唐奉佛教諷令舍身以弱之終成六朝五季之亂生民無復孑遺雖洪水猛獸之殺人猶為顯禍也纏足之害戕生伐性以弱天下即以愚天下使天下婦女自投桎梏自入網羅俛首降心甘入九死之門而不悔其禍較洪水猛獸佛老而尤大尤酷尤深所以至今不禁者是誰之過歟且無事之時纏足者雖生猶死值有事之日則纏足者決死不生已見於粵捻之亂矣東南十省小足婦女一遇賊無不死者什九皆赴井飲刃投繯服藥先期自裁即或有路可逃生而有死之心無生之望蓋不纏足或猶尚可逃一纏足則更無可逃也此時財盡民窮伏莽會匪編於海內敵國外患迭起相乘萬一或有變端則中國萬萬纏足之才智婦人竊恐皆無生路矣不寧惟是而已父之於女也夫之於妻也子之於母也族屬諸姑親戚也華人因親及親相連如骨肉此時此情此景危機苦思地慘天愁宛轉啼呼殆如羊豕人以為未必然而不知足小難行一有亂則決無生路乎纏足之禍至於此極然則有父母斯民之責者思欲保全民命無論日後之纏足急應禁革即當日之已經

四五

纏足者亦應設法解除乃能盡去拘攣同登仁壽今請定一解足之賞曰纏足天下弊俗此後之纏足者當懸厲禁以禁之矣惟昔日已纏者尚不知幾千萬人筋斷骨傷受創過甚則聽之而已其將纏甫纏已纏而未受傷夷尚能解放者果能翻然悔悟解脫韋纏誠可謂賢明之婦矣請由鄂粵錢局精鑄銅錢千萬枚每重一錢圓邊無孔面刊賞字幕刊賢字准解足者隨在報明地方官發給賞錢置諸衣飾間以自標異解足者賢而得賞彼不賢不賞者當知愧矣並請定一纏足之罰其辦法有二先下一令曰纏足一事殘虐無理必應嚴行禁絕以全生命而正人心自某年某月日為始各直省官民人等所生之女一概不許纏足如果自甘汙賤仍蹈積習獻媚取憐閨闈闇昧之中亦不加以深責惟他日夫貴子貴例請誥封此等纏足婦人自暴自棄不准再受封贈云云此令一行則富貴人不禁自止矣惟有一種惡鴇蟻媒賺買他人兒女為之梳頭裹足百般殘虐以重價售之為妓為妾則傷人性命即在纏足之時其為害尤速請定一強人纏足之禁有告發者無論男女

四六

初犯則黥其面再犯則截其指則貧賤之人無論如何貪利雖有而不敢纏矣西人天足會用意甚重用心良苦然華人大都一笑置之或以為多事或以為妄言或以為無益勸懲或以為大煞風景皆所謂少而習焉長而安焉隨所性而遷焉忽焉而不自覺不知此一端實中國五千年未有之大害亦全地球十萬里僅見之奇殃也知其害之酷矣受病之深矣則將設法以禁之乎或又曰是纖瑣之事安可以形之筆墨行之公牘出之語言噫是中國自秦以來漢唐以後自命騷人雅士之

四七

所為而不知古聖王之治天下至纖至悉一夫不獲時予之辜況數千萬賢達之婦人皆畢世沉淪而莫救乎況痛苦顛連相隨入獄者再閱百年尚不知其幾萬萬人乎世有采此言而用之而行之者則一紙風行立時禁絶宏功大願將與須彌爭高與東海比深與日月同其悠久矣予日望之

二十二日丁未晴暖入夜風記洋人飲茶不講品位顏色不論清香濃淡惟求濁黑苦澀而已邇來英人乃在印度學種各種頗稱其意故中國茶葉之西來者日少

雖有既非所喜價且較昂現在倫敦茶葉共分九大種如印度茶五種內多因地而名第一曰錫蘭茶分三色淡而無味一狄木巴每斤一先令六本士二奴瓦拉每斤一先令十本士三的扣亞每斤二先令六本士第二曰印度茶分兩色味苦色黑一常用茶每斤一先令四本士二阿薩木每斤一先令七本士第三大日凌茶亦分兩色味甜色絳一特勒埃每斤一先令十本士二山茶每斤三先令第四國夏勒茶無夕而濃每斤二先令第五雜攙茶分十色一節用每斤一先令二僕婢每斤

四八

一先令二本士三硬水每斤一先令四本士四次碗每斤一先令六本士五柴市每斤一先令八本士六同心每斤一先令十本士七午後每斤二先令八會合每斤二先令四本士九上上每斤二先令八本士十官茶每斤三先令中國茶四種第一工夫分五色一家用每斤一先令八本士二上等每斤二先令三春頭每斤亦二先令四待客每斤二先令四本士五野茶每斤三先令第二小種改名君國每斤二先令六本士第三雜攙分二色一福州君眉每斤二先令二烏龍每斤三先令第

四緣茶即熙春又名火藥珠每斤二先令六本士

二十三日戊申稍晴前二次記英規老人遺命茲見西十二月八日日電新報內一則載有三人之遺命今特一一記之以見其遺分之不同一御前外科軍營醫長世爵馬計能于上年某月日由有遺命至本年十月二十八日病故享年六十有七所求代理遺命者三人為水師提督霍塘總兵梅蘭醫官韋良以上三人各贈五十鎊并贈霍提督各種名酒一窖贈其友世爵樂泗百鎊其女管家哈爾衛一生每年百鎊死後伊女哈瑪麗接領迨其死則止贈其妹馬多贖五百鎊并一生每年二百鎊其已嫁之姐李的雅五百鎊并其甥男踶良甥女米贖阿賸各二百鎊姪女安贖艾瑪愛贖亦各二百鎊贈埃典堡城蘇格蘭禮拜堂中各教士之子共百鎊大學堂二千鎊專為奬賞諸生之學習地理格物以及各國語言文字者其餘若干鎊概交柏齡坦會館收存以備奬勵格物醫道天文地理病學諸生以上所遺之數共計二萬五千五百六十七鎊二則例生喀倭里前於西九月十五日病故享年七十一歲西八百九十五年四月日寫有遺命交其長子喀卓安存款共計一十五萬零二百八十八鎊統交本縣多恩堂收儲月收利息待其死後即將款內五百鎊分與伊妻伊斯貝拉以及一切珠寶首飾并每年給領八百鎊如再醮則即停止與其次子喀倭特三子喀埃蠻其女喀瑪貝并其叔喀汗里其姪與其次子三子之子各一萬二千鎊其餘盡歸其長子三伯爵齊那故於西本年正月日享年六十有九前于八百九十五年二月十四日立有遺命交其長子齊卓志共存銀行四萬九千六百二十四鎊死後由內撥二萬五千鎊交其不襲爵之四子均分并約其姪副將喀賴得門婿胡阿都殷悌愛三人臨時監理至前經太子所賞之二銀琖及所得之鑽石寶星五枚銀燭阡二十二把并他金銀各器與所餘之金鎊概給長子卓安以上所叙三人之分法不同如此聞更有共留若干鎊故後分給子女各若干然必自故日計三年後方照遺命而分者種種不一各聽已便按英規一人故後如無由遺命則妻在者分三分之一長子三分之二無妻者即統歸長子次者雖因貧乏而成乞丐亦不

顧也

二十四日己酉陰而細雨陣陣現在敎斯佛街南笛音巷之洛亜的戲園内演新戲一班係上月中旬由美國舊金山來此者數日前班頭卜林園主李斯力折柬公請今晚往觀遂於酉初偕沈吳袁尹四君乘車至彼園不甚大容坐千人臺前樂工十二戍刺開場所演華戲一齣名曰天神與猫男女優伶實皆美國人而裝扮粵人之在舊金山者乃一巨商名胡慶伊子胡祺年五六歲惟有看娘名花桂其姪女阿妖年未及笄而甚都某年十二月三十日晚胡遇名醫王士攜其子王森雷于門外王既通醫道更兼星學於是胡求王士預卜其子胡祺次年之運王先首肯既而察書測算移時乃縐眉向胡言恐明年即有遺失之險胡聞之懼而惻惻欲涕乃全家跪天默禱并囑花桂留心看守次日即元旦彼此拜賀新年入夜有人奏樂經過花桂令胡祺抱猫穩坐門前勿動因胡祺喜抱一小黑猫永不釋手也即時花桂馳去巷外觀玩鄰居為設煙廊人秦芳芳極窘迫見胡祺獨坐門外遂急抱去匿於樓下地板中意在胡

垩

富俟其覓時言可代尋追抱回必得謝贈得此鉅款不惟飽食煖衣更可捐官而坐轎施威也胡失其子驚恨欲絶晝夜哀哭忽忽若迷不意越日王森雷訪知胡祺所在乃乘間搶出急奔之際秦芳追至一刀刺死復將胡祺抱回另藏他處王士見其子死不知何人所害王胡相遇互相悲泣潸潸淚墮翌日王士焚香禱告求神紙馬焚畢猝聞隔壁地下猫叫孩哭嘔啞不休隨聲尋去暗地攀登幾乎躓蹶者再幸將胡祺覓得抱回面交胡慶而秦芳不知也王素知秦芳不法早經疑及至是既知胡孩為伊所竊則伊子亦必被其所戕抵夕遇秦於途乃牽衣促坐好言紿之故作泣態述所遭逢既求代覓兇手更求為胡尋孩秦乃慨然允諾言次王因念子心切隨泣而呪罵兇徒謂天道憒憒不久自現報應當在目前耳秦聞而惡之復起禍心乃隨言隨由襪内暗取牛耳一柄同時王亦擬殺秦言間亦自袖中抽取鋼刀王先舉出摟住秦芳嗾明其故背砍一刀斃命又阿妖原許聘與王森雷因森雷被害遂哀痛至於瘋癲胡慶失子後屢次拷打花桂花桂悔懼無法抱衣逃去

垩一

此戲雖係洋人裝作而一切打扮態狀男女無不與粵
人同此後洋戲一齣分四節乃一貧醫之呆婢愛醫生
欲嫁之而醫生亦嘗以此言戲許之迨醫生覓得佳偶
涓吉成禮婢竟嗚嗚飲泣抑鬱而死男女各優伶所作
頗好亦多可笑之處亥正戲散此戲亦有戲單出售外
加一紙係論作演此戲之由于此篇中所論者觀之足
見中外人情之不同其論曰此戲為佛那公所排凡吾
人之未歷中國者由此亦可知其風土人情夫舊金山
之老城為華人所居四面雖有白面人環住而中間竟
成華鎮人數不下二萬內多廣東者男多女少且多由
中國販賣豬仔而至遇事皆願自行調處不歸洋鬼子
報官且呼本地藍衣巡捕曰街市佛因而自立公所六
處曰行禮拜廟宇頗多皆曰菩薩堂此等外國人以孝
字為大德愛父勝於妻處子最重貞節上等幼女與男
子交談為無恥嫁娶皆歸父母主之纏足愈小愈貴華
人最忌猝身亡故在外因信有國人在旁魂魄便可攜
帶回國有人死在門外為不祥故一人自盡於仇人之
門首即為報復讎冤此奇怪之風俗華人之由本國走

五十三

太平洋而帶入美洲者良多一時難述觀此戲者即可
知其梗概云云
二十五日庚戌鎮日黃霧迷漫同事袁仁圃因所帶茶
葉無多此地所賣者雖不佳而與所帶者攙混烹之可
仍不多失本味且價雖貴而分量足與北京者相較尚
不甚昂遂同至利貞十字街茶店姑買一斤試之其價
中國茶用紙包每斤一先令半印度茶不惟賤半先令
且盛以紅漆金花馬口鐵匣其故蓋欲多售印度各處
者不惟得使本國人之買賣興隆更欲使本國人之在
印度種茶者生涯茂盛也
二十六日辛亥陰平日見土人食有一種小白菜團大
如核桃疑其為白菜初生然不甚嫩英名斯樸老自釋
其義乃苗也芽也昨見街市出售乃老白菜梗上所生
白菜圓形周遍二尺如棰其下梗長三尺粗三四寸如
棰柄柄之四圍密生小菜團為數不下八九十亦另種
青菜也其價每斤一本士
二十七日壬子陰記前日袁仁圃所買兩種印度茶葉
連日煮嘗之原帶者雖屬次品尚有清苦帶香之本味

五十四

印度者味甜而澀飲之令人欲嘔嘗思天之生物遷地
弗良故花木果品咸關乎氣候之寒熱與土脈之肥瘠
往往有南北不宜移種者雖由煖地所產仍移煖地栽
種猶必視其土之宜與不宜總之栽種雖生初年尚無
大異次年稍變至第三年則迥非本色矣茶本中華南
省種也數年前英人僱華人携秧至印度教土人以栽
種掐收各法雖云盛收而至今味已如此恐將來因天
時土地不宜將變成另種樹葉矣
二十八日癸丑陰涼亥初三刻冬至節已正余偕沈吳

五五五

任尹袁諸君乘車至西山別墅換著花衣補褂隨星使
向北恭拜
聖牌行三跪九叩禮賀長至節同時在場者為林和叔羅
叔羮曾叔吾林琴蓀魏蓮叔羅伯蘇及余等六人行禮
畢吃點心乃江米麪團外裹洋糖形似元宵而無餡義
取長至團圓蓋閩俗也
二十九日甲寅陰霧倫敦著名優伶部立斯者現年四
十八歲為人慷慨好施無論同類中人及城鎮遠近罕
有不聞其名而愛慕致敬者其人現在美丹巷阿代廓

戲園中演戲昨於二十三日晚七點鐘伊自會館回至
戲園將入門忽被同班人名蒲林斯者以尖刀刺死即
時巡捕捉獲兇手收入白鷗街巡捕房次日入監昨日
其人出殯車輛甚多花圈無數通城男女往觀者擁擠
如蟻據云該犯如果瘋癲自當收監不放否必定以縊
死之罪至已判定何罪未聞
三十日乙卯大霧冷下月初二日係西十二月二十五
日禮拜六為其天主降生之期乃西國之一大節自本
月初各鋪加添貨物如綢緞布店紙筆墨店書鋪畫鋪

五五六

玩物鋪什物鋪等皆增列玻璃窗內如射影燈假金魚
小車小馬火車小船刀槍礮隊盌罐壺碟桌椅牀榻大
小千種或瓷或鐵或木或銅或紙或布或錫或玻璃筆
難盡述價由一二本士至一二十先令不等食物鋪點
心鋪亦各添賣新式糖果餑餑以之作成牛馬猪羊雞
犬猴猫之類大者盈尺小者一二寸更有盛以瓷盒小
壺玻璃罐者馬口鐵或紙木匣者種種油畫光彩射目
又有白絲織成方孔小襪內中滿盛糕點糖果金花五
彩由外可見其內因方孔如網也英俗小孩皆早睡乃

於二十四日晚待小孩睡後置此等小襪于孩旁次早孩醒見而詫異之父母乃告以昨夜天主降生蒙賜此襪云云以上各物價皆由三四本士至八九先令蓋皆為人購買贈送戚友之子女者也各鋪另有慶賀此節及新年之花片式與德法者同無須再述亦皆于二十五日前分送以明記念不忘之意青菜鋪亦添賣松枝以及紅豆如天竺之活立枝（義乃聖善也）并小白豆長葉之迷色頭枝飾以上三種前於各日記皆經陸續述及無須瑣記

十二月

初一日丙辰鎮日大霧冷英規於天主生誕各鋪各工除火輪車船鐵道公車輴子車街市馬車及送牛奶小車依然操作外其他皆由二十五日休息三日今日即西二十四日禮拜五至戌刻街市各大鋪關閉餘皆與禮拜六日同且門扇敞開羅列貨物直至夜半男女買辦絡繹不絕凡餽送禮物往來換送賀節花片者皆至今日止因各信局亦皆息工三日也

初二日丁巳早大霧午後天氣稍清本使館修理將畢奉星使諭諸同事皆於本月十一日移回申初房東夫婦約余與沈吳袁尹四君暨小兒崇驊午酌乃燒火雞一隻賓主僕婢一十三人未能食盡其大可知矣外有白蒸聖節糕洋名普勒木卜丁義乃李子糕也以酒燒熱割分每人一塊食之甚佳亥初鄰居羅柏滋夫婦請過節男女客共二十餘先彼此鼓琴歌曲至子正互行賀節禮有握手者有接吻者有道天主聖誕平安者既而登樓夜餐食有火雞牛舌皆冷葷也拌生菜醃黃瓜節糕酥餅英名提普奚閙克酒有紅酒白酒舍利勒木

等果則葡萄香蕉平果金橘營備臻至伏謁甚恭食畢下樓吸烟少坐謝歸時已丑正出門大霧咫尺不辨幸經羅君派人伴送嘗謂人情風俗五洲不同乃進而察之其用意竟多暗合者吾華椒盤柏酒餞腊迎年所以慶室家之好而聯戚友之歡者事雖不同其意則一吾觀於此而知禮俗之不外情理也

初三日戊午陰倫敦各鋪出售米穀豆麪有按升斗者有按斤兩者其他油煤等類亦然其買者或親身前往或寫信吩咐送來時即行收入罕有較量尺寸分量

者總之通國出售各物之用尺寸分量者不惟彼此推誠相信且各皆不敢暗行虧短抑或自造尺稱升平其故在一切斗斛權衡皆由官造隨時有人暗行訪察也

初四日己未陰入夜風雨涼聞昨在法國近敦吉城之蕃桑塔村設墟市有耍耗子人名拉伊者於一琵琶桶內置耗子大小百餘其人躍入桶中掩蓋後即聞內作喁喁聲嘎嘎聲觀者無不懸念恐被耗子噬爛其身無何桶蓋啟而拉伊現雖有耗子往來於其胸背之間而毫沒所傷乃譸張為幻而謂隨時調聲念咒俾耗子口

五九

閉不噬此等惑人之術在中國固不為奇而在泰西既為人所不信亦為余之六次出洋所未見過者

初五日庚申早晴午後陰雨入夜大風暖倫敦一城所分各方及縣各有一大禮拜堂居首即如本使館一帶屬賢馬力貢是也各中一人管定租稅等項一人總理外有小官六員分理堂中各事以上各人皆由本方公派料理本方住戶之事又各處工作雖云今日開工然其因昨日酒醉未醒或因度日稍有盈餘者皆依然休息不出

初六日辛酉鎮日風雨陣陣暖入夜暴風驟雨涼向在京中每遇我國貧民之向洋人討錢者余頗恥之今到此不意除掃逢乞丐外又有以綫帶木梳鉛筆火柴等類為名而向人乞錢者有手不執物而悄聲哀懇者更有追隨求賜所吸將盡未盡之菸捲者

初七日壬戌鎮日陰晴風雨不定本使館自七月初間議及修理以來至今幾至半年其修費之多寡詢諸星使及醒塵叔羹兩參贊有言統歸房東者有言各半者有言房東八成而本使館二成者究不得知其詳惟聞

六十

一切歸叔羹總理通樓上下如何修理各工頭概聽叔羹指使至修成後各人改住房間星使雖云向叔羹小荷商議而仍歸叔羹主使因各間之所在大小如何星使皆不知也因移回之日在邇遜即往一觀見前後樓梯牆壁欄杆油飾樸素尚屬鮮潔樓下六間頭間外客廳二間大飯廳皆未改修第三間加添木櫃兩頂為馬清臣辦事處第四五六間添設澡盆油飾中廁棚門歸叔羹夫婦住頭層樓六間頭間作洋客廳二門為華客廳三間為星使簽押房四間歸林武升住第五六間為

星使藏書處、第二層、六間內一間作女客廳、四間為星使住房、一間歸女僕住、帶茶房、以上三層、門窗油飾粉白、棚抹白灰、牆糊五彩金花厚紙、華美壯觀、第三層八間、中惟林琴蓀一大間、截作兩間、添住羅伯蘇、吳任二君同住一大間、歸曾叔吾、魏蓮叔一寬間、歸羅小荷、第四層八間、唐竹溪舊居一間、歸吳少序、王于二君前住一間、歸兩供事袁仁圃一間、歸魏蓮叔、以上兩層門窗刷洗、屋外牆壁亦然、各屋內棚刷白色、牆糊印花或紅或黃或藍色粗薄紙、各間門外貼有紅簽、言某參贊某隨員某供事、以示星使派定也、正看間、會叔羹隨星使登樓、至各間門外一觀、告以某間屬某人、星使皆曰唯唯、余見各間不有貼任謙齋者、詢之、始知謙齋自請帶其少君丹崖外住、以便學習英文云

六十一

初八日癸亥、陰晴不定、早起熬粥、送諸同事各一甌、今日為西厤一千八百九十七年十二月三十一日、午後到使館、自僱洋人刷洗玻璃、洒掃地板、鋪陳安置一切、共用兩點鐘之工、索費八先令

初九日甲子、陰暖、今日為西厤一千八百九十八年、正月初一日、禮拜六、各鋪開張、與平日同、僅於覿面時、各道新禧而已、別無禮節、然在英本國規矩不同、蘇格蘭一島乃天主生誕不為節、鋪皆開張、工不休息、至新年則鋪關、工息、為一大節、與我國同、

初十日乙丑、陰微霧、林和叔前因不服水土、稟辭回國、因星使不能法文、乃約俟同往義比遞呈
國書後、再行啟程、茲因去彼尚無定期、且有他故、遂仍請批准、定於明日偕其夫人坐德公司回滬、昨日來此辭行、今日余往送別、連日陰雨、街道泥濘、據土人云、每年此時、自當大雪繽紛、未有如此陰而不甚冷者、

六十二

十一日丙寅、早起黑霧迷漫、尺寸不見人、原擬辰正乘車赴倭特路火車棧、送林和叔啟程、屆時車廠來信、謂霧重難行、遂未往、繼聞火車亦因霧厚、辰至巳正一刻始開、午後晴、未初同沈吳袁尹四君率小兒榮驊移回使館、惟樓上第三四層之陳設、諸多錯亂、內有任意換去桌椅抽屜者、扯去油布者、總之初來時先到者挑選一次、至是修房、於平日留心者又暗行更換一次、此亦中國人之與蠻貊之邦不同處也、

卷四終

六述奇卷五

鐵嶺張德彝在初氏隨筆

光緒二十三年十二月十二日丁卯鎮日陰雲黯黲而欲雨英國地狹人稠所產棉羊不足食用乃多販自屬地克倫比亞與新西蘭按克倫比亞在赤道北五十度北美洲正西距倫敦四千五百餘洋里新西蘭在赤道南四十度澳洲之東南距倫敦一萬三千餘洋里計程輪舟當駛半個月或五六十日何以羊肉載運到此依然挺直毫不腐敗臭惡蓋宰後剖膛洗淨纏以白布置在一屋以機器作冷氣凍之此器當與前在德京所見者同載有專船艙內亦以火機作冷氣速到倫敦海口仍有冷房以存儲之各鋪躉買亦僅市其一日所能消售者多則恐冷化而肉腐也苟無此法烏得歷此遠程此法之由來當亦不外乎格致耳

一

十三日戊辰陰雨聞前於初八日星使行文德館咨調許竹篔星使如夫人之弟朱聽濤貴申來英學習以四等繙譯候補其人年不及二旬秀外而慧中現因許星使卸任回華故擬來此學習云

十四日己巳微晴前因李汝才致羅叔羹之信義不甚晰余因致書滬友究其實義昨接來信云汝才致叔羹之信係指郵政局寄本國各海口信件而言假如福建人家信由星使包封寄至上海應由文報局另交信局不能再入星使包封以省寄費而與外洋信札往來無干云云乃羅叔羹及魏蓮叔皆毅然謂今後包封不管帶家信如欲令帶當亦納之倘或遺失不與包封相干以上一節不知星使知否得便當請示之

十五日庚午稍晴暖路仍泥濘各國國家皆以衛生為要政倫敦所分各方立有專司內設正副監督書手與察使等九人統名薩呢他里音斯佩克多爾義乃葆衛身骵人也每日按時在本方各巷暗行考察人家鋪戶之樓房有無應修者門外石堦淨否以白土刷否洒掃否燈火得當否天氣地道通否污穢否氣味正否人居之宜否凡有不宜不當者令修改之違者受罰無論上中下戶罕有不遵者

二

十六日辛未陰館中自羅叔羹創議樓上第三四層各屋禁燒煤火改用蒸氣一勞永逸以便節省經費其法

係以鋏管粗三四寸者、自樓下厨旁上達各間屋内、乃沿牆下距牆與樓板各二寸許、横一鐵管、各屋不同、有四面皆有者、有兩三面者、有僅一面者、更有沿牆疊起數層作弓形者、每晨燒火煮氣、巳正始煖、午正極熱、至申初則氣息而管涼矣、不能晝夜皆煖、亦不能屋宙餘煖、是其人之畏寒者、須早晚著皮衣、午正著薄棉襖、一日之內、一室之中、而氣候不齊、人之身體不同、有喜煖者、有不畏寒者、而此管每日欲其不煖不得、欲其多煖亦不得、限定六點鐘之時、涼熱聽之、豈若煤火可以使

三

其力之大小、時之短長、一如人意耶、且所燒之煤、名曰扣克、係造煤氣燒後之渣滓、其色不黑而體輕、每噸價僅十二三先令、較爐中應燒二十六七先令一噸之煤、所省者多矣、

十七日壬申、陰、英政府因恐市廛出售之飲食等物、或材料不真、或氣味變異、有損於人、於是通城各方專派人稽行考查、凡物之攙雜者受罰、人有病容、詢明其故、則勒令療治調養、尤注意於工匠貧民、爲王制曰、五穀不時、果實未熟、不粥於市、木不中伐、禽獸魚鼈不中殺、不粥於市、衛生之政、由來尚矣、中土戶口蕃庶、而衛生之道、不甚講求、往往瘟疫流行、夭札相繼、有臨民之責者曷審諸、

十八日癸酉、陰、記英都懸迷色頭於門楣之俗、自十二月二十五日始、懸十二日、其男女相遇、摟而接吻、僅二十四五六三日、以後限內門雖懸有是物、凡上中兩等人、多有厭其俗者、更有雖在正日、亦祇向親近之兒女啜吻者、

十九日甲戌、陰、英俗于新年後、無論自有子女與否、多

四

有約戚友之子女前往、集作小茶會、備有糕點鮮果茶酒加非之類、今日爲西正月十二日、不悶街房東夫婦約于申正往觀、見共來幼童稚女廿餘、乃一人鼓琴、衆孩或歌或舞、並不喧譁、頗有意趣、少選另種玩藝、名曰真訥拉剖斯、特華言報信也、乃先一男孩出立門外、敲門、一人立於門內、問何事、男孩則立意喜悅某女孩、即對曰、有信請傳知某小姐、其人再問應付若干腳力、男孩答曰若干、其人即請該女孩出、男孩遂摟女孩、按所應付腳力之數與之親吻、親畢、男孩入、女孩在外照式

敲門送信請男孩倡予和汝倦而後已看畢點心少許謝歸

二十日乙亥陰霧前記英俗凡有子女之家皆自天主生誕之期在屋中立一松枝大小不等上懸玩物糖果之類至正月中旬前後自擇一日約戚友之子女前往分取耍物舊鄰居羅柏滋夫婦請於今晚戌正率小兒榮驊往觀見除本家三男二女外約亦廿餘人先乃鼓琴歌舞後則男女携手環立當中先跪一女孩四圍者向之隨舞隨歌其詞曰覓男郎選男郎選得拽入立中

五

央一啜乖再啜乖三啜乖啜畢仍回圈裡來當時即擇其所喜之男孩拽出與之三啜乖而後入圈繼而男孩又跪選女孩更唱迭和倦而後已至子初將松枝移入飯廳客分遠近主人陸續以帕蒙孩眼領至樹前令自行由上摸取一物然欲其摸得何物立意仍在主人主人座旁另有一筐置物之或重或大枝上不易懸挂者領孩近樹主人乃自筐中另取一物舉其手使之持去人少物多竟有蒙取兩三次者看畢飲舍利一杯食果餔少許辭回

二十一日丙子早黑霧迷漫咫尺不見人屋內然燈午後稍霽申刻星使携眷自西山移回館中改然電燈早經修妥因星使今日移來此燈遂自今日始各屋共若干盞起其關鍵大現光明按星使或叔羹之意以改用此燈取其清朗便當不用火然不有黑烟屋自潔淨然在此燈下寫字觀書不慣者反覺稍費目力耳是燈各間皆一盞惟羅叔羹屋內外五盞并可上下挪移尤覺光亮異常

二十二日丁丑早霧如昨午後稍好前者同事沈藕生

六

面請星使設惜字紙鑪星使喜諾今聞星使商諸叔羹據云外國用新報拭穢我國又何如此之愛惜且此鑪無處可設即使置諸樓外小院中一旦不戒於火樓房有傷恐此賠償不菲因而停止

二十三日戊寅早稍清爽天雖不陰而日無光天際烏輪僅現紅暈午後大霧樓房遙望模糊莫辨矣羅夢祖星使之胞弟也到此充當隨員每月俸薪九成因無所司事遂出居外舍以求安逸自如昨日忽其房東來電謂伊患重病洋醫謂恐不能過二十四點鐘星使即偕

叔羹往探知其病係血経受毒右腿臃腫粗周二尺不痛不癢屋雖寬敞而病氣薰人雖未必不能過二十四點鐘若竭力療治當延時日云

二十四日己卯陰霧閩俗今日祭竈夜初星使送各同事酒麪一盤詢之并無取義惟在福州各家今晚咸以鯉乾煮粉條為食因在此無鯉乾無粉條故以小魚麪條代之聞當星使囑令庖丁作麪時庖丁聲稱此來係為作飯不管作麪乃竟置之不理星使無法遂使男僕在樓上茶房煮之不意第一煱煮成漿糊次煱仍因麪

七

多水少乃用涼水沖洗一番再煮方熟食之其臭焦其味腥似當有閩省家鄉味也

二十五日庚辰陰霧今日羅小荷往探夢祖知其病稍愈飲食漸進為之設想在此雖有兄姪而位居欽使參贊支應公務匆忙閒去探詢亦不能久與共處雖有妻子而相隔重洋不侍奉左右稍曉英語飲食有所欲而難言晝夜獨卧零丁淒慘是亦遠涉重洋旅居卧病者之苦境也按其治法每日除服藥外又用滚水蒸棉布裹腿以使消瘇此布半點鐘一換幸有女房東按時服侍雖云該婦慈善究不如己之妻子言語既通而侍奉周致也

二十六日辛巳鎮日陰霧不定午刻微見日光記前在德國各人俸薪不分幾成鎊價亦不如是之貴已覺費用維難至此俸薪既多少不同鎊價亦貴至七八兩尤為窘迫其九成十成者手中寬裕自然舒暢如羅叔羹俸薪九成又兼此次承修使館所住三間自然踵事增華煥然一新羅小荷俸薪亦九成其住屋雖不如叔羹者之華美而電燈高懸上下如意桌椅加增坐卧舒泰

八

曾叔吾十成于是地鋪漆布添製皮椅陳幼庸每月不惟十成且兼在德監修船隻公俸六十兩又外加十兩故其屋中門外皆鋪花氈電鐙綫長不惟可上可下更可懸諸門外挂近牀邊華美周備一如洋式其他各七成者祇得照舊安置刷洗洒掃求其潔淨而已

二十七日壬午天雖陰而稍覺清爽記倫敦通城各方因恐居民有不明律例章程者于是公派一人充當律師名曰索里希妥爾義乃暗律師也遇有案件則律師指示之律師無公署而本方各戶罕有不知其住址者

入夜雨

二十八日癸未陰雨道途泥濘昨見倫敦新報內一則言前晚某街一婦出售鑽石戒指一枚物料真實本值十數鎊乃僅索一鎊半一人見其便宜遂還以一鎊該婦允售即令以紙包妥錢物兩交不意其人至家拆視竟非原物金石皆假由此觀之亦足為貪便宜者戒云此固中國貧民之故態而竟流傳於數萬里外亦奇矣

二十九日甲申陰霧酉刻星使約眾公讌菜酒頗好乃白菜悶魚翅洋醋墩海參炰油雞丁白煮雞肉菠菜熬

九

粉腸壓桌紅肉一碗無飯麪點心末乃各人米粥一甌因廚工精火工足故其味濃而甘

光緒二十四年歲次戊戌正月

初一日乙酉大晴巳正偕諸同事隨星使向北恭拜

聖牌行三跪九叩禮禮畢互相團拜旋喫點心每人元宵五枚頗佳今日為元旦令節理應挂旗至午正尚未懸挂星使既不知同事亦不問余令洋僕稟知羅叔羹乃現見龍旗至申刻始見扯起

初二日丙戌早白霧迷漫咫尺不見人午後霧息稍晴記初到此有二女僕姊妹也大者十八九歲名阿里斯小者十五六歲名巴得其母曾經伺候華人現仍為華人浣洗衣裳二女工價極賤初歸陳幼庸林琴蓀曾叔吾諸君令使伺候洒掃兼授語言後乃竝歸羅小荷一人于是逐日早來晚去往往入夜一二點鐘方走小荷閑門習話彼此工勤令人羨慕至上月外國新年小荷因其勤勞各贈小金表一枚上月底星使禁用女僕二女因工期未滿至二十九日猶在小荷屋中戀戀焉入夜細雨淋零

十

初三日丁亥陰記本使館歷來司閽者二人皆潔淨殷勤去歲四月到此雖有門丁二人乃皆鄙陋似非久任此職者因而屢次更換至臘月初則僅一老僕司一打雜小童臘月底老僕辭去故值新年無人守門內外亂置雜物湫隘囂塵如破府如民房令人觀之毫無興旺氣象使館體制攸關乃竟以轉舍視之竊所不取

初四日戊子陰戍初同沈吳袁尹四君率紫騂乘車西北行八九里至芬池里路入韋陵也堂聽曲英國副將司平士所請也堂式長方長逾五丈高三丈寬亦如之

油飾彩畫、鮮明華潔、正面一臺、中設大琴、左右環列鮮花各數盆、臺下先橫長方桌四、每上列假花一盆、淨水一瓶、曲單六頁、此後倚背長凳四再、則木椅行行、容人數百、當晚男女滿堂、入門者二先令、余等列入首座、其開堂售票者、皆第三營之馬隊武官、為首者即司協戎、坐後親來致候、請各飲加非一杯、歌曲三十六節、或男或女、內多清客、其曲既玲瓏宛轉、樂亦裂石驚波、子正回寓、

初五日己丑、陰、聞上年西九十月間、倫敦碧玉鳥之來

十一

自德國及本國新育者、為數不下四萬、乃不即時分鋪出售、而有專人先行按法教養、如鼓風琴使其效音而鳴、作假雀飛舞、令其迴翔、學習洗浴、得法、其顏色有不純者、并以黃色染塗之、屆時教成、唱聲和調、顏色壯觀、而得列入超等者、竟價至五六鎊、其他平常者、僅一二先令、

初六日庚寅、陰、前日陳幼庸接電、知其尊人庸仲君於初二日仙逝、又因其太夫人與其夫人現皆患病、乃即日具呈銷差、回籍守制、抑或賞假四個月、俟將家務安置妥、當再行來英、星使概未批准、乃云回籍守制、原屬孝思、第有經手未完事件、礙難准行、自當照章由差據實具奏云云、

初七日辛卯、陰、記英國古禮、有至今奉行者、如前於西歷一千三百三十年、（元文帝至順元年）當英王埃達倭第三之世、於每晚十點三刻十分、關鎖倫敦台時、乃先經著紅衣黑絨帽之夜巡首領、手捧鑰匙、步至守兵房前、兵佯不知而問曰、誰、伊乃高聲答曰、要護送鑰匙者、守兵遂喊曰、護兵出、于是高帽護衛四名內、二名舉槍、一名提

十二

一古式牛角燈籠、一名協同關鎖內外各門、五人經過各處、凡立有守兵者、皆向鑰匙舉槍為禮、以昭恭敬、鎖畢回時亦然、逮至守兵房外、各守兵復問曰、何人之鑰匙、其人答曰、我國王者、各兵聞之、亦皆舉槍致敬、繼而捧鑰匙之夜巡、高聲唱曰、上帝保佑國王埃達倭第三、（現改曰君主維克都里亞）後、眾守兵亦齊聲和之、朝朝如此、類乎演戲登場、夫六百年之故典、今尚凜遵不廢、吾人之好語更新者、盍深長思之、

初八日壬辰、陰冷、大風颺塵、五洲萬國大小教門頗多、

茲將人所習聞各教之人數、大畧記之、如天主耶穌及東教、共四萬七千七百零八萬零一百五十四人、儒教共二萬五千六百萬人、火教、英名辛度伊色木、共一萬九千萬人、回教共一萬七千六百八十三萬四千三百七十二人、釋教共一萬四千七百九十萬人、道教共四千三百萬人、割教、英名什音投伊色木、共一千四百萬人、猶太教共七百一十八萬六千人、多神教、亦在亞洲英名剖里太伊色木共一萬一千七百六十六萬一千六百六十九人、

初九日癸巳、鎮日風雨、前往不悶街第十三號、初祖時、言各間燈燭、廚竈煤火、皆由房東預備、先言每禮拜租價三鎊半、余還以三鎊、伊謂望每禮拜給三鎊三先令、每日多備些煤可也、余因僅住一兩月、遂未與之立合同、不意竟住逾五個月、迨移出後、忽來信言袁尹兩君所住屋中地氊、雖名曰氊乃麻線所織既薄且舊踏破沾污、須賠三鎊、房須刷洗、工價十五先令、煤火共用四鎊、前後應付七鎊十五先令、至前所碰碎之碗、不能賠、余乃再三定日向之辯駮、伊謂碎碗為華廚之錯、不應放在該處、余

十三

謂華人自以廚中應放器皿、不知何處應放、又何處不應放也、且放在錯處、房主自當使令挪移、如謂其不諳英語、何不告我、後遂商定彼此不賠、惟償煤火及洗掃工價共四鎊十五先令、次日忽又來信、謂所定之數、其妻不允、余答以來信之義不解、須來面叙、少刻其妻至、余言初次租房及此次之鎊數、皆經與其夫商定、其妻狡展辯論、余不答、遂去、繼而夫妻同至、余乃暢言大義、以理評之、其夫言所定之數、我已允之、不再多言、其妻無法、強而後允、余遂給帑、登明一切、令其夫婦畫押付清錢數乃去、

初十日甲午、晴暖、記英之圜法、前在航海述奇中業經述及、茲更詳其所略者、如小銅錢名法丁者四、為一大銅錢、名本士、六本士為一小銀錢、名賽本士、二賽本士為一中銀錢、名先令、二先令為一弗洛林、二先令半為一哈伍克勞安、五先令為一大銀錢、名克勞安、十先令為一小金錢、名哈伍色伍蒢、二小金錢為一大金錢、名鎊、又名色伍蒢、二十一先令亦為一金錢、名曰吉呢、此錢現不鑄用、時則以一鎊一先令代之

十四

十一日乙未，陰，入夜風。記英國之權衡，雖由官定，通國一律，然各行用法輕重仍有不同，亦如我國之糧、煤、艸、木、棉花、茶葉等稱各有差。如其粗稱名阿外都拜斯衛，係一觔十六兩，乃十六得拉木錢為一敖安斯兩，十六敖安斯為一磅觔，十四磅為一斯投恩，二十八磅為一夸特爾，四夸特爾百十二磅為一很得徠衛，二十很得徠衛二千二百四十磅為一噸。其細稱名阿坡台喀里斯衛，用稱金銀珠寶之類，分量稍輕，如二十四格蕾恩為一佩呢衛，二十佩呢衛為一敖安斯，十二敖安斯為一磅。至其藥行之分量，乃二十格蕾恩為一色克布，三色克布為一得拉木，灡義乃也八得拉木為一敖安斯，仍十二敖安斯為一磅。

十二日丙申，晴，風涼。記英國稱草之分量與稱米穀者不同，如長乾草三十六磅為一捆，老乾草五十四磅為一捆，鮮草五十磅為一捆，十六捆為一里得。

十三日丁酉，微雨。戌初，同沈、吳、尹三君攜榮驊乘車赴阿蘭布拉戲園觀劇。此園重加修理，改理喜得坊之舊門為入次等座客門，柴苓十字路之新門為入上等座客門。余等入其新門，見裝潢華美，電燈輝煌，各座絨墊靠背亦極潔淨壯觀。開場後，先演雜耍十節，其中最可觀者，一為一男一女各著藕色靠身絨衣，騎腳踏車一人獨騎，則或旁騎，或倒騎，或蹲，或立，或一腳踏而手不扶，或雙手扶而腳上翹，或反騎，或僅騎一輪。兩人竝騎，女則或伏男背，或騎男頸，或偏立男跨，或反摟男腰，種種新式，行動如飛，既不跌倒，亦不墜落，輕捷之至。二係一人領十猫，橫伏一排於一長桌上，毛則或短或長，色分黑、白與黃。先以架支扁方木墊一尺，見方高約五寸者四，彼此相距各四尺餘，猫乃一一往來跳過，快慢形式不同。此後立十二酒瓶于木板之上，各瓶相距一尺，猫則先各由瓶上走過，或快或慢，亦不一律，繼而越瓶，有二瓶并越者，有隔瓶而越者，更有在瓶下左右往來穿繞者。又一長板，左臨猫桌，右支以棍，上立一木輪，橫豎各尺餘，寬約三寸，猫有緩步至輪下即回者，有至半途而回者，惟一猫急趨竄至輪上，猫隨馳而輪隨轉，其勢如小鼠踏輪，惟此乃猫在輪外耳。另一長板上立开形方木門八，猫皆一一往來，其上有緩步者，有急趨者，

有跳越者、有走門上者、穿門中者、過門下者、不入門而
由左右繞過者、種種不一、亦頗有趣、再則人立當中、猫
由其腳下往來、前後穿繞、步履整齊、如兵、此後一犬拽
一小車出、内坐一猫、猫下車、跳棍穿圈、或後腿翹起走、
以前腿、或前身立起而走、以後腿如人行、如馬戲、作畢、
登車、犬即拽回、繼而犬車另載一長毛白色小犬至、人
即取出、使其直立、或在掌上、或在指頭、遙望疑非真犬、
乃作畢、擲諸台上、犬即登車馳去、末乃猫踏轉繩、繩長
一丈、粗如胡桜、先一猫跳上、步至左首、轉回至中、途遇

十七

另一猫前進、路窄且在半空、兩不能讓、乃各出聲、悄伏
以待、待時許久、忽先來者躍過他猫、始得步回繩頭、跳
至桌面、因此猫躍過、他猫亦即步至左首、迨轉回時、中
途亦遇一猫、仍彼此不讓、乃互相嗷嘈、作口角狀、作聲
良久、後來者無法、乃緩步退回、此猫隨退、他猫前行、至
繩頭、則齊行竄下、各歸其所伏處、趣甚、按此乃繩作前
臺、桌為後臺、三猫繩上所作、誠演成之一齣也、三乃一
人與一假男一假女、携手同行、二假人頭、能左右回顧、
腿能緩急邁步、能吸烟、能搧扇、能說笑、能歌唱、又一老

鸛、飛落凳上、能歌且能說、究不知以何法作成、而男女
聲音不同、雀聲惟妙惟肖、其他七節、無非作樂男女歌
曲、以及打鞦韆、攀杠子、耍木椏、翻觔斗等藝、皆前在他
國看過者、無須瑣述、至此少息、乃偕諸君轉登前樓各
飲加非一盅、下樓則大戲開、係一巨商裝如印度人、名
魯西者、携僕阿立遊山、路迷、誤入野獸王之行宮、然宮
中寂寞無人、風颼日冷、正躊躕間、突見他舍有火、于是
圍爐笑語、相慶得避風寒、無何身煖、復覺腹餒思食、言
未畢、遽見嘉肴旨酒、羅列滿前、玉椀金甌、備極豐美、主

十八

僕詫異、莫知其所自來、四顧無人、而盤餐尊酒、香氣觸
鼻、主既坐、而僕亦欲坐、僕將坐而椅不見、椅既不見、而
桌面隨之亦空、主正怪僕欲坐之非、倏又來山神一隊、
像貌兇惡、裝飾新奇、魯見雖懼、而無法、勉強問其何來、
一神答曰、無他、欲知爾所欲耳、魯曰、我等所欲者點心
而已、神曰、在此、轉瞬之間、列滿桌面、珍饈滿而山神去、
繼而四小神現、共抬一大餅、放諸桌心、阿立取刀割之、
乃自餅中突出一小神、即時羣神畢至、互相戲弄、魯與
阿立居無何、神鬼酒食桌椅、一概羽化、空空如前、魯乃

率僕信步入園、冀有所得以充飢、時值隆冬、冷氣襲人、乃見園中鮮花一叢、趨視之、玫瑰也、正驚訝間、花仙羣降、數共百餘、咸著翠裙花縋纖腰瘦項、翩然妙麗、分隊跳舞、有短裙隨跳左右提起、作大蝴蝶者、其色不同、黑紋亮鏡、粉紅淡青、有白紗短裙、佩以玫瑰、花色亦不一、中惟一胸插紅玫瑰者、貌既嬌麗、舞亦輕捷、魯以現值冬季、花不易得、因思摘一朵與伊女阿美、然花之香豔、朵朵可愛、忽見紅者色尤競秀、乃急自花仙胸前摘下、纔入手、他花皆不見、惟野獸王在前、徧體黃毛、其狀如

九

猿、頂生兩耳、則又如狼、後一小獸精、雙手捧一彎刀、獸王云、我遇爾以酒食、爾仍竊我上等第一朵鮮花、罪自當死、限爾一刻之時以備之、魯聞之懼、面如死灰、乃訴其故、而哀之、獸王言、既云有女、如能前來代爾領罪亦可、魯無法、姑領之、率僕回家、會其三女、阿美率僕作泰以待魯、魯入門、其長女次女即索玩物、魯乃給玫瑰花與阿美、因而泣曰、此花重比我命、爾其寶之、眾聞不解、細問、始知其由、于是其長女次女同斥阿美之非、不宜向父索要鮮花、阿美言、此誠我錯、我當代父死、言次嚶

嚶啜泣、魯聞亦潸潸以涕、再三勸慰、不聽、乃使阿立偕之去、至彼、四望無人、忽拾一紙、書云、此即阿美棲身之地、錯愕良久、不知何所由來、既聞鞊鞻鞾聲、則獸王至、阿美見其像貌猙獰、驚懼欲絕、默然良久、乃勉強致笑、王戀其美、問曰、汝來是本意否、對曰然、曰既有誠心、自當寬恕、阿美因念其貌雖惡、而其心仁、必不致我于死地、正思間、阿立領眾花仙入、各捧鮮花糖果等、復又分班跳舞一場、花仙去、阿美眠、夢其父憂悶染病、相見哽咽不能成語、醒後獸王至、問遂纔所見花仙羣舞喜悅

十

否、現仍憎其陋惡否、阿美答曰、不意尊王如是之慈愛、獸王喜曰、既不懼、當嫁我、阿美聞之失色、目瞪舌撟而無以對、少選、嗚嗚泣訴所夢、謂與伊父但得一見、自當速回、獸王曰、汝若去而不返、我當思念至死、阿美為其苦言所迫、乃言以王情誼厚、本不欲離、惟思父心切、洶若沸鼎、不得不歸耳、獸王曰、既然、亦屬孝衷、限汝八日、晚來、恐不得見矣、言畢、即交阿美戒指一枚、曰、明日即見汝父、但思來時、以掌磨此戒指、則即到、魯商在家痛其三女之去、朝夕思念、寢食俱廢、其長女次女皆佯作

悲狀、而實喜其妹之不歸、不意一日阿美率僕突入、父女見之、對相酸辛、餘則各皆歡喜啜肳、紛集顧問、阿立代述一切、其二姐不信阿美言其屬實、并稱讚所見宮室之閎闊、衣飾之麗都、碓思得之、言次、忽當地突出一箱、各皆驚訝、其二姐囑阿美往開、阿美從之、中所盛者、皆新衣珠寶、指環臂釧、華美異常、二長女潛至箱邊、思竊其物、不意伸手取時、內皆紅白蘿蔔、其父曰、是物誠為給阿美者、汝二人奚敢取耶、數日後、魯商愈、阿美欲去、魯商不允、阿美再三辭說其情、魯終許之、冀日遂發、

主

掌磨戒指、不時即到、入宮不見獸王、各處尋覓、始見其病臥在地、獸王見阿美至、乃曰、我以汝終不來矣、今既來、則我雖死無怨矣、阿美曰、切莫死、當彼此同生以樂餘年、言次、魯商至、阿美言將嫁此獸王、魯商不願、阿美不言而向獸王鞠躬、獸王急起摟阿美而接肳、摟抱之際、獸王輒成一豐頤廣額之美少年、既而天仙率眾花仙入、謂阿美曰、伊本一獸、因爾恩愛之誠、故使改成人形耳、于是率眾攜手入宮、盛陳嘉禮、除眾花仙跳舞外、有護衛兵卒、舉刀執戟、極屬鬧熱、一切景致、山水花木、天雲日月、無不畢肖、且與前在他處所見者、大同小异、無須再述、惟其樓房、多似亞洲者、大戲演畢、另有五女登臺歌唱、連歌三曲、三換衣裝、曲既清妙、衣亦鮮潔、看畢回寓、時已子正、

十四日戊戌、早雨雪交加、頗涼、午後雨止、仍陰、前兩日因星使夫人壽辰、具有公啟、云正月二十二日、為欽憲太太壽辰、凡我同人、悉隸宇下、理宜備禮申祝、特此布達、單到希即題知、是幸、公啟、除陳幼庸尚在百日孝內未列名外、自參隨至武弁、共二十五人、各書謹知、中惟

圭

羅夢祖書另送二字、今早復由羅小荷傳信、言其現有一件、他件趕買不及、請仍列入公中、為感云云、記所具壽儀、為壽幛一端、壽燭雙輝、珠邊金表成對、英蘭壽酒十二瓶、

十五日己亥、稍晴、記本使館之電燈、隨燈既有開閉之關鍵、而樓中又分股、各有關鍵、各股總關鍵、歸武弁林文彧管理、前樓梯之兩盞無事不開、後樓梯及樓下者、雖開而不滿開、且每夜十一點鐘即息、其他各間、除星使與羅叔羹者外、無論有無公事、皆限至十二點鐘、其

不欲睡者、須自繼燭、日日皆然、而今日為我國元宵佳節、眾以為必不至十二點即息、至晚、除星使、叔羹、小荷、伯蘇、各在本屋、或夫妻子女、或與別人慶賞元宵、其他諸同事、有環坐暢叙佳話者、有把酒談詩者、正歡暢間、倏爾燈息、于是大煞風景、暗覓火柴、尋取蠟燭、有上樓者、有下樓者、有進屋即卧者、有笑聲啞啞者、有登樓梯以舒嘯者、有揮筆書所欲言者、是亦鬧熱中之不鬧熱不鬧熱中之鬧熱時也、噫嘻、

十六日庚子、早細雨、未初雨止、仍陰、記英國舊例有永不變革者、如自六百年前、當英王堧達倭第一之世、于每年錢局鑄畢金銀錢後、經金銀行中為首之人由各錢堆中信手拾取十枚、盛一匣中、此匣有二鑰匙、皆歸金銀行人掌管、至年底約定日期、戶部官員、金行首領、齊至錢局、眾目共睹、開匣考驗、金銀成色分量、如果名實相符、則聯銜奏聞、不然、則須錢局解明不符之故、前後收匣開匣以及試驗、皆與錢局無涉、亦不得有局人混入、迄今猶遵守定章云、

卅三

十七日辛丑、微晴、大風颼飀、甚冷、見倫敦一種碧玉、名曰包那木、產於英屬地新錫蘭、土人毛狸一種、視為吉祥石、以之琢佛像、作矛刺以及首飾之類、英人取來用作菸捲匣、裁紙刀、鐲釧、戒指、項圈、耳環等物、以為時式餽送戚友嫁娶之上等賀儀云、

十八日壬寅、早晴、午後雨、申初雨止、戌初一刻、乘地道火車行四十餘里、至哈婁村、改坐馬車、登山行數里、入慶斯陝店、赴武官余爾威所請、哈婁山舍之晚酌、入者每人三先令半、酒菸在外、同座百四十人、首座即余君、尾座為卜老安、店房木建、寬敞長方、正面一臺上設一琴、對面壁懸中國龍旗及英之國旗各一、以表中英和睦之義、菜尚可食、乃西紅柿湯、白煮鱖魚、及牛羊雞肉、火腿等、食畢、奏樂、或歌曲、或演說、極一時之盛、至子初、因末次火車凡來自倫敦者四十餘人、遂皆辭歸、

十九日癸卯、陰、記英之尺寸、雖有分別、亦由官定、其量各物者、乃一十二賴因、分為一因赤、寸十二因赤為一夫特、尺三夫特為一碼、英碼名兩碼為一伐、色木五碼半為一普歐勒、十普歐勒為一弗路旺、八弗路旺或一千七百六十碼為一邁拉里、至量布疋者、雖與量他物之

卅四

長短同然不論尺乃二因赤零四分之一為一內拉四
內拉為一夸特爾四夸特爾為一碼
二十日甲辰陰聞邇在克來整邨之白馬路附近每晚
人之聚集看鬼者頗多據云有人曾實見之乃一日晚
間遇一鬼往來園內踽踽獨行因尾之察其貌係二年
前已故本房之原主偶欬作聲鬼急殄滅由此觀之是
其人死後猶戀其財產也按西人不言鬼而乃見鬼且
又何以知其為鬼殊不可解
二十一日乙巳陰記洋人作工以堅固為尚本使館之
三五
電燈去冬工竣自上月二十一日至今日僅一個月竟
有數間屆時電光不現必有損壞之處夫外洋物件貨
真價實何獨華人製辦者不能持久雖云貨有上下等
即試所用者下等亦不至僅用三十日遂有損傷或因
監工者至今工價尚未付訖之故歟不得而知也酉初
偕眾同事著花衣補褂至壽堂預祝一切禮節與上年
同入夜微雨
二十二日丙午陰巳正復偕諸同事入壽堂叩祝如昨
午正入大廳吃壽麪酉正晚酌此次分三大圓桌酒食

較前稍豐菜尚適口惟仍無粥飯麪及饅首耳
二十三日丁未陰記英之堆積分量如米穀之類乃十
二敎安斯前覲為一派因二派因為一夸爾四夸爾為一
戛倫八戛倫為一布什係二千二百十八方寸等於八
十斤淨水三布什為一薩克等於二百四十斤淨水十
二薩克為一查勒頓七萬七千四百平方寸等於二千
八百八十斤淨水
二十四日戊申鎮日陰晴不定記英之升斗既以之量
米穀又以之量乾鮮果品如榛子胡桃落花生平果櫻
三六
桃地椹等而更以之量牛奶苦酒之類至其分量乃四
吉勒英兩二為一派因等於一斤四兩淨水兩派因為一
夸爾四夸爾為一戛倫等於十斤淨水又二戛倫為一
佩克四佩克為一布什等於八十斤淨水八布什為一
夸特爾等於六百四十斤淨水而三十六布什又為一
查勒頓前覲各種貨物不同因而斤兩之名目用法亦异
然至大之數仍歸一律也
二十五日己酉微晴同事任謙齋晝夜咳嗽胸左疼痛
前數日求林琴蓀診視謂係感冒雖立方而無藥蓋此

次並未携帶藥料、館中雖有數種、亦十數年前經各星使所遺、缶藥性已去、余乃贈渠甘露茶兩包、乾姜數片、兩次飲之無效、今日往探、并送冬菜一包、以佐饘粥、見其面目憔悴、兩眼無神、據云咳嗽吐痰、色有黑紫、且口味腥臭、誠恐肺葉有損耳、

二十六日庚戌、晴、風涼、見加非館中新售一種麪包雞子、名曰瓠尺得埃、各華言半熟烹蛋也、乃麪包一片、上托熟雞子半枚、外洒鹽末少許、不知如何作法、價係三本士、又有兩片麪包中夾煮熟鹹肉或牛舌一片、名曰婆台得哈木安滕三堆之、華言麪包夾熟鹹肉或牛舌也、價亦二三本士不等、佐以午茶、亦頗有味焉、入夜陰風怒號、甚冷、

二十七日辛亥、陰涼、昨午任謙齋因病來署、請星使准其暫行移回、以便調養、羅夢祖雖住在外、其於使館仍留一屋、內雖僅存箱籠、亦不敢請、乃請居樓下前經宋謝兩學生所住之屋、星使恐其所報病勢不實、今早巳正、特延英醫辛印為之診驗是否重症、該醫診畢無言、謂已到門脈之時、遂携謙齋赴其家、以便裸衣用筒管

三七

聽驗病勢如何、容再報聞、入夜細雨、

二十八日壬子、陰雨、冷、記英國賣紙亦分刀蔞、然蔞不曰蔞而曰捆、洋名里木、張紙曰什伊他、乃二十四張為一刀、曰快爾、二十刀為一常捆、二十一刀或五百一十六張為一印板捆、

二十九日癸丑、晴、福州亦有熬粥之俗、乃不在十二月初八日、而在今日、名曰拗九、二字取義不解、惟聞俗傳木連僧夢其母在陰司饑苦受罪、故於是日熬粥奉其母、外加芝麻、以免他鬼奪食、因而是日閩省各家熬粥、多有女捧甌以奉母者、亦孝思也、今早星使送各同人一盌粥、乃白米加蓮子花生、調以洋糖、較都門之臘八粥迥異、

三十日甲寅、晨驟雨帶雹一陣、午後雨止、稍晴、繼而復陰、前日酉初、余同沈吳尹三君率榮驊步至坡蘭路之地道火車棧、又名京都火車棧、買來回票畢、下梯至道旁少待、車至、因車鬧甚急、沈尹二君未得搶入、車向西北繞行三十餘里、至阿的森路、地屬西堪興垣、方下車、後管車人言、五分鐘後另有一輛車至、在坡蘭路已向

三八

棧房人留言候二輌車至再請二位登車余等遂在彼
立待少刻車至並無華人又經詼處棧房人云一點鐘
後當再有車到如有華人必即領入馬戲園余等轉過
天橋步入敖倫庇雅馬戲園又名巴爾那與貝立乃二
班主之名也園之地式長方極寬敞較他馬戲園大加
兩倍三面有門正門在哈墨斯米士路左門在阿的森
路右門在卜立斯路初入門雖在樓內乃仍在園外三
面走路一圈電燈輝煌左右節節排設貨攤如水晶宮
出售各種什物如首飾鐘表衣裳手帕玩物紙筆之類

三九

三面並設加非酒館六七一切桌椅亦頗華美潔淨守
攤及各館堂倌皆二八妙齡也賣座票者四處座價由
二三四先令至七先令半不等再入內正面平設三門
為作戲賣藝等人上下場處再前為一大池內又分三
圓池二方場再前三面作橢圓形前面臨池小敞箱戲
園中小屋間間皆日箱詳見前二十七每中容坐六人正面中間先分
上下圈一十二級各坐人三百此上又大敞箱六每中
容坐七八人再上御座三間以備君主宗親駕臨此外
皆步步登高二十六級橫排木椅有光面者有帶墊者

在手價之貴賤也統計園中容坐六千六百六十八人
其大可知矣所演各戲大小不同大者如賽馬賽車等
皆走大圓池小者如馬戲等走小圓池各種賣藝者皆
在二方場內每演必五處同演觀者頗費目力大有接
應不暇之勢有時三處相似者亦有五處不同者共演
五六十齣除大小馬戲外又有雜耍無非打鞦韆蹈軟
繩等皆前在他處看過者毋庸瑣述子正回寓知沈尹
二君既未得搶入遂即步回

二月

四十

初一日乙卯稍晴冷昨見沿街三女各著藍紅綠三色
布氅胸前背後各縫白布一方胸前者書云某街某鋪
新製何等餑餑背後者書云君主御用義乃嘗備上用
也蓋英規凡人新創一物必先呈君主君主喜而獎之
其人即于門外招牌及門票等件咸書伺候君主四字
以為榮

初二日丙辰早陰霧午後晴記前在德國庫平紋銀一
兩領四馬克八十芬呢重合六錢七分二厘雖通館所
領皆九成猶時有匱乏之慮今則庫平一兩乃僅領二

先令半英之先令與德之馬克分量相埒是一兩庫平衹得三錢五分凡閩人之領九成十成者莫論其他之領七成者其苦不待言矣

初三日丁巳早晴午後陰冷申正細雨一陣上年七月初間瑞鼎臣將去時謂在德國買有雜件一箱到來即請星使為之寄往北京星使許諾初九日該件到來同時星使另有木箱兩隻內係餽送張星憲及顧瑞兩參贊各天球一座地圖一部百美圖一部以上三木箱拋置至今前日瑞鼎臣來函問及余遂往見星使據云擬係定造之鐵甲告成時帶回余謂鐵甲何時工竣星使曰年內余謂鼎臣來信催問且以所買之物必係到京即用者星使聞之縐眉曰可另有便處寄否余曰若託金登幹轉寄交赫樂彬亦為省費之法星使笑曰諾弁云即請往訪金某告明其事

初四日戊午晴冷午後羅夢祖移回知其腿疾尚未封口乃改住前羅醒塵所住一間其本住一間將箱籠桌椅移出依然鎖閉未初乘車至老君主巷第二十六號訪金登幹

初五日己未白晝晴入夜風雨交加按中國庖丁循譜造餚饌其法不下三十種如煎煮烹炰燻炒燒烤熬煠烝炰熄燉焙燴餾悶涵嗆燔烙烘煨沖拌炙爁種種五味調和品色不一無非為其馨香甘旨而適口果腹也英國則不然凡肉及菜皆不外乎燒烤煮烙苟有汁料五味如牛奶肉湯椒末鹽醋等皆於分盤後多少任意加之雖非淡而無味然亦肥而不饞也

初六日庚申大晴今早金登幹遣人來寓箱面問余何箱屬何人余不知也問諸羅叔羹乃言我不曉得不關乎我的事幸前當裝箱時洋僕在旁微知一二余弁以毛筆登明各姓以便總署分送

初七日辛酉鎮日陰雨入夜雨止風起前日醫生辛印來信具有考病憑單一紙言謙齋病係癆症宜多吃牛奶雞子洗浴調養倫敦天氣不宜當於數禮拜內移去暖地或早東歸為是云云星使招謙齋至告知一切弁准其移回惟其少君仍須外住謙齋謂余言其少君必同來方得早晚服侍屬余代懇星使余乃向星使言其子一人在外奇惹是非亦與使館無宜莫若准其子亦

移入有謙齋約束之不准上樓可也星使亦曰唯昨日
其住房期滿即當移入前來請示可否當時星使公出
迨回時傳諭謂已向梦祖叔羹商議其父子皆不得移
回如其住房不留病人可即遷居前梦祖所住之房該
女房東亦頗慈善并親筆將其住址開交謙齋令渠往
租賃

初八日壬戌晴記西人吃麪包多抹奶油取其香味似
與蒙古人同茶園出售饅作新式以取壯觀其式不一
有刀割小方塊者團作圓球者模作戳花圓餅者捲片
成螺螄形者聞昨在倫敦城北有送殯多人同至某處
加非館中吃茶點館中竟將奶油作棺式以獻斯亦西
人好奇之一端也

三三

初九日癸亥鎮日陰晴風雨不定極冷早聞貝克佛行
將三木箱以車載去午後往探任謙齋見其面色稍好
眼漸有神問其何不遷移據云本房主非不留病人實
因每月除留支外所得無幾兩人度日所費頗鉅所以
欲移回者蓋可省此房租也且夢祖住房之租價較此
房加倍苟移住他房則無力餬口矣言之貌若甚感者

余愧不能從而援手為之憮然

初十日甲子鎮日陰晴風雨如昨英規人家蓄犬不論
大小種類皆須項套皮圈嘴罩籠頭皮圈上嵌銅片一
橫鑿以主人之名姓住址籠頭製以銅絲防其傷人嚙
物且不准獨出每出必與主人相隨街市遇有犬之無
項圈或籠頭者巡捕當即捉去以防傷人害物收存五
日有人往認自當償其所費其戴有項圈嘴套而無人
攜帶者巡捕捉得可由信局寄交本主而本主亦須償
其所費其犬過五日如無人往認則好者存留待售有
病者害死因此前於西歷一千八百六十年（即咸豐十年）經
同人樂善舉以報官奏明君主在倫敦東北角巴特溪
圍旁創立一局專為收養無主之狗名曰多格侯木譯
言狗家也內中倡首挂號助善者為君主太子埃達倭
堪卜立址公其他數十人婦女居多至本年局中總理
為坡蘭公副總理八人亦皆世爵外有司事及支應人
等或男或女無非助善之人聞該局上年進款為本局
募化外人捐助賣犬所得外人罰款寄存猫費（凡人外出其猫亦可寄養于此）賣骨灰錢等共計四千九百三十五鎊一十六

三四

先令五本士二法丁、其出款、為用人工費、飼犬各物、麩包、牛奶、牛肉、乾草、冷水、藥材、工人飲食、煤氣、税務、報單印費、寄信、電費、紙筆墨費、衣服皮靴、巡捕工錢、以及修理房間等費、共用四千七百餘鎊、凡按年捐助者、君主十鎊、其他男女捐助、多者四五鎊、少者五先令、一年共得五百四十九鎊八先令二本士、外有隨意資助者、由一先令至一二十鎊不等、局門除年節日不開、乃每年由十月初一日至次年三月三十一日、皆由巳正開至申正閉、餘皆展至酉正始闗、隨時任人入內、或為尋覓

三十五

或為挑買、按局規、凡客之不投真名片、及入內無所欲為者、皆不納、客人在內往来、工人指引、不得討賞、覓狗者、須言明前於何月日在某處遺失、狗係何色、何名、不確者不給、凡犬入門、皆細查、苟有瘋癲及他傳染等症者、皆勉強防收五日、然其病或重或受重傷者、仍須即刺焚燒、以免貽害他犬、凡買狗者、須誓以慈善之心、毫無虐視之意、因該局出售、原為豢養、故凡人之講性學病學毒學以及施醫院中人、販賣犬人、并面貌不善之人、皆不賣給、又凡欲寄存、或求代蓄、或為養病者、皆不

收、此該局大畧章程也、余于今日午後偕沈吳袁尹四君率榮驊由維克都里亞火車棧、乘火車繞行半點鐘、下車出棧門、東行兩箭地、路北一大柵闌門、即狗家也、入門見英人、投刺、其人登簿、給憑帖一紙、請交管第一巷者、其人領看各處、地基不大、分四小巷、巷巷貫通、每巷左右分二十八槅、每槅截以柵闌、內鋪乾草、前洒乾麩包、并水一盂、各槅犬皆分類、有一槅內僅獵犬一二條者、有小犬十數條者、中惟大狗雄猛者二三、而小犬之如京中哈叭狗者則無一焉、此時通局共犬大小六

三十六

百餘隻、另一間存熟牛肉、一人在內、以刀切片、按時分飼各犬、又一小院、有水池、按時按槅放入、驅使懽跑洗浴、其燒狗房一大間、先一甎砌長方小房、高六尺、長一丈、寬約五尺、前後有門、可上可下、內一長方銕籠、上下分兩層、容犬一百、房左置藥氣管、暗通房內、其法舊係用繩勒死、或以藥悶其氣、現改用鴉片烟精氣薰之、使睡而後燒之、銕籠下有銕轍、用時將犬放入、推籠入房、閉門後、撥開闗鍵、藥氣自入、少刻犬睡、復將籠拽出、移傍火爐、抽出各犬、推入爐中燒畢、撮骨於他處、是犬之

被焚、不啻在夢中也、聞其骨灰係按觔售與農家糞田云、看畢、管局者送出、仍坐火車由原路回使館、入夜狂風徹曙、大晴、

十一日乙丑、早晴、天氣清爽、酉初陰雨、繼而大雪崩騰、極冷、記昨在養犬處見有男女多人在彼按槅細看、挑取迨看畢至車棧待車時、遇男女二人買得一笨犬、身長二尺、高約一尺、腿細長、耳直立、臉既長而嘴亦長、顏色黑白、臉分陰陽、黑白各半、此等骨格皮毛、殊不可人、問其價、曰十先令六本士、且由此攜入倫敦、車價亦與人同、

三七

十二日丙寅、早雪、未初晴、仍冷、酉初同沈吳袁尹四君率紫驊乘車赴阿奎良一遊、其中景物與二十年前無大區別、雜耍演十二場、亦多前在他處看過者、中惟三場尚屬新奇、一係在臺正中立一洋畫金木架、高約八九尺、寬七尺餘、四圍金木邊框、各寬九寸、畫變四十次、乃前挂臺幔、每次拽起、則架中山水花木樓臺殿宇、男女老幼、犬馬飛禽、人身與真人無異、衣裝今古式樣不同、其神氣態度、似非鬼斧神工不能如許奇妙、實則人皆真人裝扮、或立或坐、或蹲或卧、數刻之頃、神不移、體不動、而目更不轉、是又真人作假人之能事也、亦賴電光遠射、使觀者不易辨耳、一係臺中立一白布方罩、高七八尺、四面寬各五尺、罩中立一白油木墪、高二尺餘、四面各寬約四尺、有一男一女一孩、皆披白布氅、光頭赤脚、週身塗以白粉、三人入罩、少刻布罩掀去、則三人或立或卧、或蹲或坐、作漢白玉雕成之石像、亦數刻之頃、目不轉而骸不動、使人觀之、與真無异、如此變作二十餘次、每次皆摹仿故事、蓋非任意造作者、一係臺前一長方水池、長四丈、寬二丈、水深數尺、一人身前後圍布塗以石油、燃著後由樓頂墜越水中、逮泅至池邊上時、油火息而不傷、亦奇技也、

三八

十三日丁卯、鎮日陰晴不定、中國食品膾不厭細、先刀匕而後烹調、且切法不一、或塊或段、或絲或片、或末或丁、皆取其易熟易爛、易得佳味、而易於咀嚼也、英廚迥異、乃雞鴨魚鴿、皆全身入鍋、牛羊雖不然、而亦大塊、皆待作熟而後按盤割分之、菜蔬亦然、肉則大塊、大片菜在倫敦無多、且西國無熬炒法、故不切絲、咸以牛奶水

煮白菜成塊、菠菜作泥、蘿蔔扁豆切條、于列食時隨牛羊肉塊擺成一盤、是亦華英食品不同處也、

十四日戊辰、稍晴、冷、近日街市各單馬坐車、皆在馬項下繫一小銅鈴、隨行打玲、互警往來車輛行人、以防轉彎或於烟霧中兩車悞撞、抑或傷人、想必奉官諭也、入夜微雪、

十五日己巳、早晴、午後陰、申初雪一陣、西國婦女之服飾、不時更變其式、原以自求適體悅人眼目、然有改之殊不壯觀者、先是衣之兩肩、故意重疊兩堆、高大如鬣粟、使人服之作聳肩狀、已屬難看、又見入冬以來、婦女之項圍雞翎或他皮毛一條、長約五六尺者少、乃改服一高領、高過半尺、形類扇面、立于頸後、遙望頗似北京肩挑賣沙鍋者之高領、既屬不煖、亦不華美、究不知於意云何、

三九

十六日庚午、陰晴不定、冷風颼颼、砭人肌骨、午後步至利貞街、取小照、突遇一人、年約二旬、近前摘帽鞠躬、言不知尊寓有用人處否、如欲用人、情願效力、因現在妙手空空、飢寒不能度日、深望恩施、余答以寓中現無用人處、因隨取一先令與之、其人鞠躬深謝而去、查其人面無菜色、衣不襤褸、而所以如此哀求者、謀生不易也、倫敦人浮於事、游惰者因難餬口、而無專長者亦不易謀事耳、

十七日辛未、陰、斯特蘭街魏凌比巷內萊色木戲園之東主兼班頭伊武英帖請星使與余今晚觀劇、戌初隨星使乘車前往、入內登樓、入坐臺左官箱、中園不大、容人數百、式與他園同、共演兩齣、皆八十年前倭特路莊之小事、兩齣一短一長、其短者先演、係談莊一老兵名卜斯得者、當年八十有六、膝下子媳已故、惟賴其孫女諾喇服侍、一日一兵往拜、坐談吸烟間、老兵倏爾哭泣、諾喇即跪旁請問其故、老兵曰、吾之烟具碎矣、蓋西國有種烟具、造以不灰木、細桿大鍋、故易折毀、來兵見之、

四十

即將其自帶之木節所造者贈之、老兵易泣為笑曰、此烟具真至寶也、真結實也、既而敘及向年英比之交兵、時值諾喇于桌旁作針黹、老兵立桌後、以拐杖烟具菸包手帕等、鋪陳當年兩國之營陣、隨說隨擺、隨將諾喇之針線等物、概行亂置營陣之中、趣甚、再看來兵之槍

坐于椅上把玩、或作舉執法、或作施放法、不意悮按鬭鍵、後膛立起、老兵驚訝、曰此槍被折毀矣、來兵笑曰此乃新式後膛槍、藥彈裝自後膛也、老兵詫異、曰由此裝藥、槍不倒發耶、來兵去後、老兵移他椅、忽而閉目伸腿、發譫語、作臨陣交兵狀、呼號數聲、無疾而終、扮此老兵者、班頭伊武英也、老人之態、種種作出、觀之令人擊節稱賞、此後演其長者、乃倭特路一茅店主人名馬斯亞者、於十五年前某月日、大雪繽紛、厚逾四尺、適有波蘭猶太教人某甲、自乘雪牀投宿、其雪牀俄式、于兩檐頭

四十一

馬項之上、橫有彎木、上繫銅鈴、行動丁東有聲、其人極富、攜有皮袋、滿盛金錢、馬斯亞見而禍心生、入夜刺死、焚其屍、縱其馬、而毀其車、鄉人罕有知者、然當時人皆知因大雪波蘭人過此、故以後每遇大雪、咸稱曰波蘭人之大雪天、馬斯亞由是驟富、經同鄉公舉伊為該城邑長、某冬該處大雪、有二老人、一名韓四、一名吳洛特者、并一少年名柯里堅、同於馬店中閒坐、二老言及大雪、乃謂此即波蘭人之大雪天也、少年聞之不解、二老即將前事詳述、并言究不知其人何往、抑或遭害、少年

曰、十五年之久、其事不犯、亦奇矣、正敘談間、馬自外歸、滿身皆雪、其妻喀氏率女賽藕色、即與之脫靴換鞋、掃烤衣服、備辦酒食、老幼懽悅、馬乃張筵留二老飲、暢談之際、二老忽謂今日大雪、乃波蘭人之大雪天也、馬聞而不答、乃默默若有所思、繼而心神恍惚、飲食於邑不下、二老疑其有疾、怏怏辭去、自是馬則不時喃喃作如夢語、且耳邊頻聞馬鈴玎璫、詢諸妻女、皆曰不聞、其妻不曉的細、為之延醫、醫亦不知其病由、惟曰受寒急當發汗、馬曰爾焉知我心、立即逐去、如是忽病忽愈瘋狂

四十二

數月、一日嫁其女與柯里堅為妻、先自櫃中取出金錢一皮袋、皆法國拏波崙也、即前波蘭人之遺物也、倒於桌上、內有散者、有紙裹成爆竹形者、統計千餘、合法銀錢二萬餘方、自以年逾四旬、膝下無兒、僅此一女、金錢俵散他人、恐生禍端、莫若盡給柯里堅、似當無慮、屆期列筵、告戚黨、并請鄉官及他男女老幼數十人、馬向鄉官言明、欲給柯里堅金錢一千零若干作為奩妝、眾人聞之、咸訝其多、于是該官寫就嫁娶給錢之憑書、令馬夫婦及其女與壻畫押、迨馬舉筆時、耳聞馬鈴之聲、因

而頭暈手顫勉強寫成當斯時也衆皆歡喜歌舞馬則不言不笑目瞪足耎忽坐忽立痴呆無神至晚欲獨卧他所將門鎖閉乃恍惚將寐忽夢犯案被捉係於黑暗中三官上坐左右立執槍護兵四書吏一馬立當堂再審不招中坐者謂書吏曰汝能使其昏迷否書吏曰能于是立其背後兩手於其頭上往來指畫數次馬即垂頭似睡官遂問伊以何年月日何時何處以及何故謀害其人曾用何法屍匿何處馬皆一一招承并立起比作一切說畢仍坐原處如睡書吏復立其背後雙手於

四三

其頭上往來指畫多次馬即醒書吏亦以鈔錄所供馬無法再辯不得其罪始定其家男女戚友歡樂終宵次早往喚馬醒其門堅扃久叩不開經柯里堅踢落關入見馬癡卧如死繼而直目下牀既不更衣蹀躞狂奔口作譫語不知所言者何少選裸卧椅上其妻女跪於左右哭泣無何舉頭視之馬已逝矣通場樓舍景致無須瑣述惟裝扮馬斯亞者仍係班頭伊武英其所扮之相貌既非善良行動亦殊可惡足令觀者為之切齒按其人忽作龍鍾之老翁忽扮貧殘之光徒其登台裝演之技亦可謂精能矣亥正二刻戲散步入見伊武英少敘謝歸

十八日壬申稍晴英規凡人生得子女皆須於四十二日内報官註册有忘報者罰四十先令至例應報官之人第一為嬰兒之父母親身口報畫押其次則或收洗婆或奶娘以及房主或當產在旁之人如本家戚友等皆可雖代報者亦須畫押為憑云

十九日癸酉晴聞昨在馬廐街第十八號房中私設賭場被巡捕察拏内有輸贏帳目一百八十二篇其為首

四四

者名伍爾斯經官判定或罰二百九十五鎊或坐監十一個月其罰鍰之輕重亦可知矣

二十日甲戌陰晴不定涼西人蓄犬以戚友及各國君王后妃之名名其犬斯已奇矣婦女梳髮其式屢更乃犬之修飾亦屢變其毛長者頂上梳髻飾以花絛至其唇邊鬚之長而濃者時而與之編辮時而以彩繩結作梅花現竟有以膠水於左右拈成二錐名曰御製鬚式（法皇拏波崙第三首創此式故有是稱）不更奇耶

二十一日乙亥早大霧午後陰晴不定入夜風英例凡

人生得子女、或有保養之嬰孩、皆須于生下三個月後、抱往種痘、其不種者被官察出、或經旁人告發、罰鍰皆二十先令、

二十二日丙子、早雨、未初晴暖、入夜仍陰、倫敦所分之各方、或縣、雖大小不一、而一方內之巷坊街衖、皆不僅有數十處也、即如馬力賁一方、共有六百餘處、官中雖有糞土車、不能同日撮取、因而按地排定、一禮拜內六天、某日撮取某處、故各鋪店人家、屆期皆須早行湊堆一處、以便其人以筐撮倒車中也、車式係長方木槽、與

四十五

柏林者同、無須再述、

二十三日丁丑、大晴暖、亥初驟雨一陣、雨後風涼、西國雖以富強著、然其都會村莊街衢閭衖、亦不能一律、不無陋巷也、至所謂陋者、樓仍二三層、道仍平坦、第屋小不潔、一樓分僦多家、童稚門前坐臥、因首垢面、衣履不整、窗簾不淨、堦浮塵土、路遺穢物而已、究無破屋圮垣、泥坑糞堆、腥臭不堪、令人裹足不前也、

二十四日戊寅、鎮日陰晴不定、暖、英例一人病故、須報官註冊、至其應報之人、第一為故人親近之人、臨死在前者、抑或至尾守病者、第二為故人之戚友、第三為房主、或鄰居、第四為理喪安葬之人、報官皆須於五日內、乃口述一切、同時并將醫生之藥方脈案、以及醫生所言其人身故之由、一併交官備查、口報各節、并須畫押作據云、

二十五日己卯、陰晴不定、如昨涼意浸人、西俗雖不奉神、而每遵古制、以某神某聖之誕辰為節、迄今英國三島、仍各奉一聖為主神、如英蘭奉賢卓志、蘇格蘭奉賢安得路、愛爾蘭奉賢帕特立克、今日為西三月十七日

四十六

禮拜四、為愛爾蘭賢帕特立克之誕辰、凡愛爾蘭人皆在胸前襟邊插一青棵、似蒿非草、葉作三出、梅花形、大如豆莖、細如豆苗、長盈寸、名曰沙木洛、蓋此棵為該島春季第一發芽者、聞亦運至倫敦出售、本士一棵、毫無香味、或謂買後遇有葉四出者、主大吉云、

二十六日庚辰、晴暖、前誌外國衣鋪、凡男女新式之服、皆用籐架支起、架之高寬與真人同、故衣套其上、立之亦與真人無異、惟少頭腳與手耳、近見倫敦各衣莊籐架改式、衣服其上、不惟上置蠟人頭、且袖添兩手而下

添皮履立於窗内望之與蠟人館中者了無異相矣其賣假髮者亦兩肩著衣上置蠟人頭髮皆按時式梳成貌或儀采軒昂或姿容豔絶必期貌髮相稱頭下一木鑿通有關鍵上絃則鎮日其頭四顧以便往來觀者得覩其髮之前後左右也

二十七日辛巳陰晴不定暖酉初雨夫公使之必帶名醫藥料也前數次日記中言之屢矣且攜帶藥料不僅為治不服水土感冒風寒等症也本使館之裁縫於半月前患騎馬癬近日改成海底漏不能坐立鎮日仰卧

四七

館中既無醫官亦少藥料乃自行買藥療治或自入院内求醫皆無效屢求星使致書施醫院并求賞醫費皆未允

二十八日壬午陰晴不定如昨王香圃於本月初間因用工思慮心火感患目疾兩次來信言教習代延英醫療治業經數次未見稍愈今日申初余乘馬車行二十餘里至克拉伐木路第三百三十八號洛安學堂中訪之見其教習吳達夫婦香圃以布遮左目謂醫生每日前來給以藥丸藥水令服洗各三次謂其眼珠有病一時難愈談至酉正辭回

二十九日癸未晴記倫敦鮮果自去冬至今所有者為蘋果葡萄蕉子石榴梨橘波羅密等中惟蘋果丹橘價最廉青菜為白菜菠菜蘿蔔扁豆葱蒜等外有野菜多種或我華所不食或中土所不產者一為大黃梗洋名盧巴爾卜乃紅梗黃葉其味酸苦一為苦土蘿蔔洋名霍爾斯蕾的什長尺餘有根有葉皮色如山藥粗亦如之去皮食肉其味辛辣一為羊蹄菜洋名簑蕾勒高不及尺葉如菠菜而團其味酸一為蒲公英洋名丹代連

四八

其葉與花與都門一帶者同惟稍肥壯耳一種形如北方白菜大比黄米極肥嫩而甘洋名池闊里一種根如山藥葉上生如春筍白葉紅梢尖頭有碎芽如花葉厚如白菜其味尚甜洋名斯伊開勒一種如京城之生菜棵小梗葉叢生葉細長如玉簪其味稍苦洋名麻爾什一種細長白葉如蓋韮肥嫩而味亦稍苦洋名巴爾卜現在黄芽新出每條一先令龍鬚菜一綑十餘根亦一先令豌豆每磅一先令料皆煖窖中物也

三月

初一日甲申早大霧午後霧散稍晴聞土耳其定例向
來出使人員俸薪不准留支因恐在外費用不足儉不
中禮有傷國體也既因匯價日漲始准留支二成現乃
奉其公使明諭勸令各人留支雖留數過半亦准總之
不論旅況如何容或簞食瓢飲衣服襤褸當質乞竊概
置不問留數逾多公使逾喜其故因經費不足也夫土
國大國也公使重寄也至令利盡錙銖不顧大局殊堪
齒冷也
初二日乙酉陰雨陣陣冷數日前倫敦柏扉樓助善會

四九

人馬蓄格等折柬請余偕四五同人于今晚往賢專蘇
路之羅爾滋店中聽樂看雜耍戲初約沈吳尹三君帶
榮驊乘車同往至彼多人迎入上座廳房不大來者男
女二三百正面設臺共演三十餘場其男女歌舞假人
說話皆屬平平中惟一變戲法人名李喜迺者先以三
紅綢方巾結作一纏既而團成圓球盛於玻璃杯中少
頃取出不惟三巾解結且變成紅藍黃三色者又以二
亮鋏圈各周二尺餘者疊置一處中夾藍紙一頁時時
隨作隨行舉起示眾作畢又舉而前後示眾無非藍紙

環以亮鋏一圈耳此後平置桌面取一細竹竿長二尺
餘者以之敲破藍紙由內挑出五分寬之白紙一條隨
抽隨揮蟠繞成堆長逾百丈揮畢其人挽袖雙手團條
紙于一處正團弄間忽由中取出一兔置桌上兔左右
閒嗅而不跑其人移去紙條乃左手搯兔耳右手摩挲
其身轉瞬間兩手分開變成兩兔一白一黃不知何所
由來誠奇技也又一人名柯立爾者以刀割紙切布其
法頗奇刀長似劍鋒刃犀利乃將大篇紙布搭于刀刃
舉而一麾則飛落兩片兩片齊搭一麾則成四頁四頁

五十

繼成八頁又請一人掌托番藷一枚其人舉刀劈之藷
成兩半而手不傷再置一番藷於腦後項上舉刀劈之
亦然咸賴其人之手力否則險矣後另請二人立臺上
相距七八尺各橫舉一刀其刃向上每上套一紙圈圈
周一尺紙寬一寸二圈之上橫一木棍粗拱把其人立
後以刀斫棍棍折落而紙不傷再將紙圈併刀取過舉
而一麾則切開矣拾起再搭刀上一麾則飛成三節矣
其手力大而準如此當看時各贈加非一盅又堂正面
插有中國龍旗與英國國旗搭成十字示睦誼也末場

衆人立起齊歌天佑君主，既而會首柏公立陳深謝余等賜光，余立起立答謝其優待之美意，子正回寓，一路涼風颯颯，天尚清朗。

初三日丙戌，早雨，午初晴，既而大雪，雪後復晴，申初又雨帶小雹，如米粒，入夜雨止，仍陰。裁縫醫病一事，聞前於二十九日往求小荷，仍無使去之意，裁縫憂悶欲死。前早余見星使，備陳其病，星使言早已允其前往，何至今尚未去耶？其病之重，不知何名，由何所得，且此事歸小荷管，余謂無論如何，使其前往療治，如不愈，請即送其回閩，以免遺骸在外，尚望促之。聞今午方使去，女僕因患他症，一併送往云。

初四日丁亥，大雪繽紛，烈風飂戾，冷。西國向不講天象讖緯、風鑑吉凶之術，乃近有英人褋得祺者，著一種歷書，按年一本，頗講星學，按月按日，不惟預知本國之天時，更知天下之地利。如西三月（中二月初九至三月初十日），謂火星過日東之水星，離土木二星，相映之光，主葡萄牙、肉國債將與鄰國有事，又主英人多自戕受害者，官場將又爭論教養之法。其他如某日陰晴風雨，或雪或雹，或涼或暖，其言頗驗，英廷不信，亦不禁，而其書一年亦得出售千萬本云。

初五日戊子，陰雨，風冷。倫敦刷掃烟筒亦有專行，工價由一先令半至三先令半，烟筒灰有多寡，如廚竈與客廳有長燒與不長燒也。按時各處送其門票，茲見門首送來一頁白紙，長三寸，寬二寸，印云：帕拉帶斯巷第五號杜艾樂掃烟囪，向已開設五十二年，歷來人工齊備，處處小心，刷掃決不偷工，有欲僱用者，祈亦知按次按年，皆可平日請將此帖黏諸廚壁，以便隨時提醒而免不虞云云。

初六日己丑，細雨陣陣，冷。西國婦女之衣式頻改，而堆髮之樣亦時更，曩皆梳光，或編辮，或捲繩，腦後盤繞成餅，光潤整潔，尚屬壯觀，今則不然，短者故令蓬鬆，長者疊作高髻，乍看疑初睡起，殊覺難看，不意國人駐此者，其髮亦隨而變，本應薙光梳洗，乃竟有不剃，留長二寸，左右偏分，梳開如非字形，乍看疑其讀禮，其實則不然，自輕自賤，殊令人代懷慚愧耳。

初七日庚寅，陰，稍暖，連日陰冷，屋中雖有氣筒，奈窗壁寒氣逼人，久坐手木腿酸，入夜抽筋。細查各間氣筒之多寡不同，沈、王、吳、楊、袁、尹諸君與余有兩面者，有僅一面者，且皆一層。其他諸君者不惟三面、四面，且鐵筒三四五層不等，故各間涼暖亦不一律。且改用氣筒，雖僅樓上兩層，屋亦大小不下二十間。所燒之煤渣，其色灰暗而髒輕，一日僅燒一袋，每袋盛淨煤二百觔，此祇八十觔。大局出售，每袋僅八本士。由此觀之，一日所費合銀不足三錢，節省經費之心亦良苦矣。

初八日辛卯，稍晴暖。數日前隨星使所看之戲，乃五十年前事，一切裝飾禮儀亦皆曩日之規模。祖病而孫女跪旁泣問，近乎孝矣。男由外歸，妻女左右跪而進履。華人之妻女罕有如是之卑者也。今西規則不然，孫視祖如鄰居，而夫侍妻乃幾乎奉若嚴君矣。僅隔四五十年，一變乃至如是，再過四五十年，其夫婦之禮將伊于胡底耶。

五三

初九日壬辰，晴暖如昨。記英國婦女之衣式頻改，不意其形體亦數十年一變。即如曩者英婦女競尚輕盈嬝娜，柳腰垂肩，書畫歌舞，有文姬辨琴、道韞咏絮之致。爲乃自君主維克都里亞即位後，改尚雄壯魁偉，豪略平肩，騎射蕩舟，有吳宮教戰、木蘭從軍之風焉。究不知其肩之或垂或平，治以何法。聞邇來復有厭武喜文，變回垂肩一說，未詳確否。

初十日癸巳，晴涼。英例因天主遇難復甦之節，各學塾皆放學，日期多寡不同，有僅一二日者，有至半個月者。昨聞雜藝學堂總管米晒致信諸生之父兄，言歷因天主復甦之節放學若干日，以便孩童游息，換吸天氣。本年本館擬領諸生之願出者，赴近南海之海菱島，地與幼童相宜，房屋、飲食概行妥備，在彼乘舟游玩，呼吸海氣，不無益。定于四月七日（中十七日）禮拜四，經伍斯柏路領由倫敦走哈晼赴海菱，一切使費及火車價合一禮拜一名須備十四先令。其欲住至十六日禮拜六（中廿六日）方回者，外加二先令半。孩之年不及十二歲者，一名少算二先令半，則當備十一先令半或十四先令。因擬帶人不多，其欲令其子弟前往者，望早賜回音云云。蓋届期大小男女各學堂教習皆帶學生出遊，惟所往之地不同耳。

五四

十一日甲午晴記英國庖丁工作既精廚竈亦淨且截菜登盤列几亦無不整潔齊備惟其氣味似少新鮮耳蓋英國地狹人稠所產不供所需于是凡豬牛羊肉多來自他國及各屬地如京都臘月間之關東貢品本地雖有而城內禁止屠宰雞鴨亦皆殺自外村且不開膛而留淤血翎雖去而冗毛仍在不加洗伐魚皆海魚自名曰死肉故一切生肉罕有今日所購即係今早殺宰者欲其鮮美也不亦難乎

十二日乙未晴午後風見正月二十七日上海申報一則題曰割辮會據云南洋新嘉坡叻報屢紀割辮會一事深堪詫異茲節其大畧云去臘相傳華人暗約黨類議于歲除日各將辮髮割去并登錄西報議論紛然有謂辮髮為不雅觀者有謂辮髮久而不洗即覺臭穢難堪者有謂辮髮貽害甚大如機器房中執役者一時不慎致辮髮為機器所絓不免有性命之憂者有謂髮辮或被車輪牽扯致受輾傷者甚有言此物似禽獸之尾者有謂如鎖練之狀者以華人而詆華人可謂極矣嗣有向其詰駁者謂吾輩華人數百年相沿如是今一旦

五五五

將辮割去則華不華而西不西尚復似何景象于是黨中人復會同集議欲將其髮全留不薙且刊登西報言效西人之狀留全髮而短之改服西國之服較為美觀云云此議不知倡自何人服飾既變不知改隸他籍否一時從而和之者均少年喜事之輩大約未經閱歷故不免見異思遷耳

十三日丙申早雨霽午後晴記外國凡遊歷之官民各口之領事駐紮之公使參隨皆不負其所往乃隨時考求天文地理風土人情地勢土產凡有益於其國與民者或近在目前或遠在將來無不詳細報知國家國家收得並不拋棄隨時考察酌覈其實有益於國或民者無不照行雖商民有所見聞者亦准隨時禀報無論如何總以保國為心聞十年前有土耳其國官十數員奉派游歷東西各國其中無一人能英法語者迨返國時各以所見報官其所報者多屬泛泛數篇而已中惟東游美日等國名韋合從者著作數十卷土廷以為能擢授顯秩發往海口監造鼓鑄銀銅錢其人本屬鄙夫至使銅攙鉛而銀加銅人皆不用按其所報皆實非其人

五五六

所知所見、乃咸賴伊姪能英語各處搜羅鈔錄者也、十餘人游歷、枉費國帑、無一有裨於國與民者、不諳西語、不曉西情、欲其實有所得亦難矣、

十四日丁酉、早雨、午初雨止、陰晴不定、入夜冷、近利貞交道口東西教斯佛街一帶綢緞衣莊之大者極多、因而鎮日婦女往來擁擠如蟻、于是沿道邊貧民之提筐賣鮮花捆、及托盤賣玩物者頗多、極屬熱鬧、其賣花者喊曰本士一束、玩物亦多本士一件、有紙作雞卵、以指按之則雛雞飛出、小布人、左手扶帽、以指按之則摘帽作行禮狀、小皮狗連以古米氣筒、以手按筒、犬能自行、其他有馬口鐵花蝴蝶、青蛙猴爬竿、蛇繞竿、小書、地圖之類、甚多、工尚精巧、

十五日戊戌、陰、習俗之移人甚矣、近朱者赤、近墨者黑、有不期然而然者、乃變本加厲、竟有初到外國年餘、即不喜與華人並坐、謂其身味難聞者、更有因華人吸漢烟即行開窗、謂其味不比菸捲之香者、如此更變、三年差滿回華、恐本國之地不願蹈、而家門亦不欲入矣、虛矯之氣、令人難堪、

五七

十六日己亥、大晴、記西國會社極多、種類不一、原皆男子、近來設有男女某會、更有婦女同設某會、無非為人怡情悅性、博學多識、聞昨在俄國喀斯安城、（地在歐洲東俄之正西界）新創一會、名曰不拉手會、為首者係一本地著名狀師、其規模之大概、乃會中人相遇不拉手而叩拜、在婦女前尤必恭敬叩、則崩角在地、遇美女有鞠身以手攙扶者、乃叩者即以唇輕啜其手以為禮、彼謂華禮太重者、盡即此觀之、

十七日庚子、晴、因明日為其耶穌受難之期、（西四月七日）見加非館黏報售一種熱十字善餅、其餅周五寸、厚五六分、以模作成、上有十字、雖現烙極熱、食之其味僅甜、似與他餅無異、

十八日辛丑、大晴、熱、午後風、今日為其耶穌被釘十字架之期、名曰好禮拜五日、鋪戶關閉、人工休息、與禮拜日同、聞昨在某皮貨店、有葛洛諾者入內市物、見女影索婁古貌美、乃突前問曰、准我一親尊吻否、女不答、葛乃捉女腕推臥椅邊、強把其臉而連啜者再、因女不喜葛、遂奉十先令作求恕禮、女不納而告官、女謂因被強

五八

擄頸痛寢食不安乃經官定罰葛三十五鎊以償致女
頸痛之懲云
十九日壬寅早大風雷雨交作午後雨止陰晴不定今
日禮拜六大鋪依然關閉小鋪仍開入夜各禮拜堂開
門禮拜唪經耶穌復甦天涼以來各加非館售有牛羊
肉餅及牛肉麪盒價皆二三本士不等用時現烙雖不
比中國餃餡然趁熱食之亦頗適口也
二十日癸卯早細雨中初雨止陰晴不定入夜風頗涼
今日本係禮拜之期又名曰耶穌復甦禮拜日鋪戶關

五十九

閉人工休息為一大節自上月底已見各點心玩物鋪
中出售卵形各種糖果餑餑玩物等工極精巧式與前
在德國看者同惟不知其專作卵形之來由詢諸土人
亦多不知有云此俗始自法國肉節內持齋（西人齋戒以無血者為素食）戚友餽送雞卵以為禮以後因仍改變以假作真
按持齋一節惟老東教有之（詳見四述奇）不知法國天主教
于今尚有此規否
二十一日甲辰鎮日陰晴風雨不定鋪戶依然關閉記
各地土語多有反乎本義外人聞之往往錯悟其義即
如前者買橘問所值答以三個半本士不知者必謂其
為三本士半其實則不然乃一本士半而說成三個半
個本士也
二十二日乙巳早雨午後微晴各鋪開西國建造樓房
皆用新木凡拆毀舊房并不擇其可用者仍之或修補
而用之故住家移去房未折時先於門外黏帖云木料
火柴出售蓋即一切窗門樓板也
二十三日丙午晴按華人之頸腰皆聽自然至肩之平
垂咸賴乎猿母之裹縛下拽其臂則肩垂否則平聳而

六十

高罕有至八九歲尚設法使變者英國則不然倫敦各
女學中凡女身之不如時式者皆隨時法治之如女孩
之脖軟者乃日日教習以手撫肩使其挺脖垂頭而頸
骨得直欲使肩圓而不垂者乃自背後橫棍令其兩臂
上抄手得摩棍則肩自上聳其腰不直而胸不挺者教
習亦雙手背後推肩使其自行直挺腰不細者乃繫一
綫之一端于鐵牀結一端于腰間使女自行前拽隨拽
隨緊久自箍細如此日日操練以冀長成及笄則體格
脩短合度也

卷五終

六述奇卷六

鐵嶺張德彝在初氏隨筆

光緒二十四年三月二十四日丁未陰入夜雨天下產物多有種類同而形狀顏色大小迥異者即如昆蟲有蜣蜋一種英名比特勒昨經蟲學家高德曼者由各地搜羅大小三萬餘送入南堪興垣博物院以供眾覽據云其中至大者產於南美洲長六寸五分寬四寸兩殼白質黑斑項下四短腿後兩長腿鼻左右兩鬚長逾二寸嘴前兩門牙外伸如鉗長約寸五寬三四分牙頭

一

彎尖外如刀背內作鋸齒其牙雖利不傷人亦不害物母蟲身小牙弱迨母蟲生子於枝梢後公蟲乃量於所生子之一二寸外牙鉗扣于枝上懸身左右悠揚以鋸之或即鋸斷或鋸將折待風吹斷枝梢落地朽爛乃穿地為穴覆蛋叢生以居之另種洋名邦巴的爾義乃礮手蜣蜋也較前者稍小牙不作鉗乃含有爆槍遇仇敵即自口中噴出毒氣如雲似烟隨作雷聲以震之又有名亥坡賽發勒斯者義未詳式如中國土狗長約二寸前後兩殼四腿爪尖作鋸形泰西產無是物僅得其一曾償土人一十二鎊云以上所記固屬管見一斑然即此可知西人之於所學無不廣搜博考此格物之學所以日精也

二十五日戊申陰戌初同沈吳尹三君帶棨驊乘車往遊阿奎良雜劇多與前同中堆兩場可觀一係臺中置一木牀四隅支柱上有布帳一人攜來一大木箱長四尺高寬各二尺餘由池中請二客上臺驗其箱之四面內外上下畢旁來一男扮鬼形者執一白布袋長五尺亦請客內外搜驗繼將鬼形者盛於袋袋口有繩以之

二

結其人之項上亦請客細纏打結并封以火漆印以圖章後置其人於箱內左右雙鎖四面縛以粗繩兩人舁置牀上即時來一女令登牀立木箱前牀帳垂下一人在旁放一手槍牀帳拽起則箱前立者非女矣乃原以布袋裝入之鬼形男也再將木箱抬下解繩開鎖掀蓋拉人出視之布袋中乃放牀帳時箱前所立之女也驗其繩結以及漆印皆與前同毫無損傷更改之迹不知其如何換穿布袋改入木箱且能如此之速耳一為提繩戲稍似我國者乃臺上另作一臺臺後懸障眼畫花

園景致、幽遠可觀、所提耍之男女人、較真人稍小、然行動歌舞、四肢七孔皆能運動、自然真假難辨、惟二人乘氣球起至半空、墜落至地、其聲輕而不震、又二醉漢被一巡捕捉住、而二人各皆用力外拽、竟將巡捕分作兩半、中露木板、蓋故作此以示人也、子正回寓。

二十六日己酉、晴、記英國地窄人稠、土產無多、察英蘭所產、僅能供用五個半月、蘇格蘭者供其土人食用、尚足十個月、而愛爾蘭者亦僅得供其人之一半、按三島土人所食、如不供由他國、而咸產自本國、則須地一千九百一十萬畝、乃本國之地、三島統計、僅有一千零二十萬畝耳、茲將其一年由各國及各屬地進口各貨之大概記之、如鹹猪肉來自美丹兩國及屬地加那他、共五百六十四萬一千二百四十百磅、（英國百磅有專名、曰痕得蓄委特）大麥來由俄美土魯四國及加那他、共一千七百零五萬五千百磅、牛肉来自美利堅、阿真坦兩國及坤姒蘭、牛西蘭二屬地、共四百一十二萬八千二百百磅、奶油來自俄瑞丹和奥法六國、共四百二十九萬八千九百三十百磅、奶餅來自美和兩國幷加那他、共二百七十

萬零五千八百八十百磅、喳咕（又名扣扣）來自德法葡萄牙巴西伊奎多五國及屬地西印度羣島與錫蘭、共五十二百六十四萬七千三百二十百磅、生加非來自德法中美洲、美利堅、巴西、智利及克倫比亜等國與印度之孟買、麻大拉薩二屬地、共七十五萬九千零五十百磅、乾葡萄僅來自希臘一國、共八十二萬四千五百三十百磅、雞卵来自俄德比法丹五國、共一千六百八十八萬二千零八十百枚、羊肉来自阿真坦、和蘭兩國以及牛西蘭、澳大里亞之牛騷衛斯二屬地、共三百三十九萬二千八百五十百磅、橘子來自日土義三國、共五百零九萬零三百九十百磅、番薯來自比法德三國及英港各島、共八百九十一萬零九百七十百磅、葡萄子乾來自日斯巴尼亞及亞洲土耳其、共六十五萬八千三百八十百磅、羊來自阿美兩國及加那他、共三十八萬二千八百四十隻、糖來自德法和比四國及西印度屬地、共三千五百六十七萬三千五百六十百磅、茶葉來由中和兩國及香港、錫蘭、孟加拉三屬地、共二萬萬九千八百九十萬零二百餘、（內由孟加拉、錫蘭二處皆一萬萬四五千萬斤、中國僅一

十七萬八千八百斤菜蔬來自日法和三國及斐洲西北與英港各島共值二百四十一萬一千二百三十鎊麥子來自美俄阿三國及澳洲與加那達二屬地共計六千八百六十六萬九千四百九十百磅

二十七日庚戌鎮日陰晴不定記去冬星使忽辦文札飭令楊仲卿去新嘉坡當繙譯謂若劉寶森玉麐署理領事則每月俸薪加領一百四十兩否則仍照領每月一百二十兩用印後久未發下兩月前又面諭若願去新嘉坡則改每月百兩并不勉強去否聽便仲卿恐至彼百兩不敷用遂辭不赴至今早遽爾傳諭謂令仍去新嘉坡一切概照去冬所定即日叔羹代買德公司二等船票仲卿亦即遵諭收理行裝

五

二十八日辛亥晴今日為西四月十八日禮拜一男婦學堂開館數日前由總提調致信諸生之父母或保養之人附送章程一頁其詞云諸生凡患傳染病症者於放學後不准進館雖愈亦必有醫生之憑單言其不至傳染者方得來學又學生無病而其家或所住之房內有一人或多人患病者亦不准入館以防傳染茍有醫生或房主之信言明無礙亦可入館其他有違此章者概行逐去不收學生之病愈入館者皆須另著一種衣服至勒令不准入學之限期如熱症兩個月出疹子一個月出水痘半個月期滿入學仍須照章改穿衣服此外隨有印成答信一頁該生或房內有無病症即請遂節填寫或臨期令該生帶來或次日寄來皆可按其印成之答信內云敬啟者當貴館放假期內某生所住之房及所游之處皆有或無傳染之症如在本處傳有雜症自當急行奉聞而留該生在家療治云

六

二十九日壬子陰涼聞三日前在柴苓十字街火車棧有官婦邰樂爾者手提珠寶匣當車未開時向車票房買票置其匣於地買畢曲身提取匣已不羽而飛夫萬目共睹之區竟被剪綹人竊去據云其匣紫皮鑲嵌銀花內盛珠寶頗多中有鑽石寶星翡翠蝴蝶針及金練串珠等共值三千餘鎊

三十日癸丑早陰酉正驟雨一陣人事之不齊也由家而國而天下其勢之永分而不合者多矣其大者莫論至小者如本館諸同人其隨星使先半個月到英者自

為一派，于是後同余到者又為一派。前至者無論在館出門，多將辮藏領內；後至者辮則永垂衣外，如在本國。迄今一年之久，通館僅二十餘人，乃皆仍因舊制，藏者仍藏，露者仍露，永不合為一局。由此可知人心不合，欲其同舟共濟也亦難矣，況大事乎。

又三月

初一日甲寅，晴。記西人之好古好奇，竟有不可思議者。如昨在司悌文叫貨行中拍賣法皇那波倫第一之遺物，為朝衣一件，賣二十鎊；筆跡一頁，四鎊十二先令半；那波倫小影一張，木架係以其棺木所造，價由十鎊增至七十五鎊。其至奇者，乃法皇頭髮一縷，亦賣一鎊，究不知此髮有何證據，而確知其為法皇者。

七

初二日乙卯，稍晴，涼。羅夢祖自去冬誓言今春必定回華，現值腿疾初愈，聞今日星使發給俸薪，至本月初四日止，起程之日聽便。星使供其飲食早晚，令與小荷及武弁共桌。

初三日丙辰，微晴，如昨。本使館第五層樓有小屋一間，專設收儲書籍、銀器，到此後星使諭令楊仲卿接收管理，不知其當時收點與否，至是啟程在邇，始行察考，見失去銀燭一對，刀叉匙三十餘件，大板聖武記一部，隸釋一部，曾文正公全集五本。

初四日丁巳，晴。早星使與楊仲卿餞別，陪坐者為吳少序、羅夢祖、魏蓮叔、嚴伯玉及羅伯蘇。按所失之銀器，仲卿言聞某氏云從中某甲有所竊取，請余為之關說，令其交出。余未允，又言回明星使，星使令其具稟，議論紛紛，直至丑刻始息。

八

初五日戊午，稍晴。巳初，楊仲卿起程至騷桑屯海口，坐德公司赴新嘉坡。至小屋中所失之銀器、書籍，星使既無明諭，仲卿亦無所言，究不知如何了結也。近日天稍暖，始脫皮襖，換棉衣。

初六日己未，陰，酉初細雨，涼。同人吳旭霄住屋門外，橫鋪自置洋毯一塊於樓板，長五尺，寬三尺餘，花卉五彩，工頗精細。數日前伊雖移住學堂，其毯仍留門外，不意前日失去，乃聞不知經何人移入星使簽押房內云。

初七日庚申，陰。去冬本使館所用之老洋僕卜蘭里因病回家療治，至是痊愈，據云共欠伊工價衣服錢合十鎊。朝朝來見叔羹，討索欠款，今午又見其人于門內，問之來此已六次矣。

初八日辛酉，早雨，午後微止。倫敦各報館每年設一讌會，聚各國報館首領，并請各國公使。今日係西四月二十八日，爲其聚會之期，原請星使，因有事，令余代往。戌初乘車至江邊薩外店，入維克都里亞廳。戌正入座，男女二百，首坐爲俄人魏司里斯吉，筵開琥珀，酒泛葡萄，賓主聯歡，殊形欵洽。食畢，多人立頌陳詞。中一美國老嫗名李查爾者，亦立陳一段，各頌詞大旨無非咸欲天下永慶昇平。丑正回寓。

九

初九日壬戌，早雨，午後雨止，仍陰。記英人之創造氣車者，名戴木樂，因遂以伊名而名其車，曰戴木樂謀托爾。謀托爾者，即英言氣車也。現在式樣非僅街市僱用之棚車，更有敞車，可坐多人者，亦有車主自行驅使者。其至慢者一點鐘行四五洋里，至快者十六洋里，半價值每輛由三百六十鎊至三百八十鎊，按時價合銀三千餘兩。

初十日癸亥，早微雨，午初止，入夜風晴。現在地氣上騰，各園囿中大有草色青青、柳色新之象，桃杏芋香亦皆放蕊矣。聞近漢柏爾之戈朗布村有婦名梅哲森者，現年四十三歲，自前於西一千八百八十一年（光緒七年）十二月十七日昏迷睡去，每日飲食經人撬牙灌下。至昨日因近鄰失火鳴鐘，一驚而寤，計共睡一十七年。立起時面色依然，神氣爽健，并詳記十七年前之事云。詢諸英人，據云如此呆睡者亦曾有之，究不知其爲何種病症耳。

十

十一日甲子，陰雨。倫敦各戲園演夜戲，皆於午後戌刻開門，凡買賤座者，多早到，待于門外。人雖男女一二百，既不擁擠，亦不喧譁，皆兩人一橫排，立於廊下，因有廵捕在旁彈壓，無論男女，皆不敢爭前一步也。

十二日乙丑，早雨，午後風晴。邇來男女之騎脚蹬車者日見其多，車鋪亦多，于是又專做有婦女騎車之衣出售。先見有二人前後騎一車者，昨又見有夫婦並騎一車者，依然兩輪，前後一大一小，乃左右當中共四蹬軸。二人步履既齊，脚力亦均，行動極快。

十三日丙寅，鎮日陰晴不定。記倫敦大店屋價之大概。

如小間一牀者一夜三先令半兩牀者五先令半臥房兼梳洗房者每日十先令半客廳每間每日十五先令臥室加客廳修飾華美者每日二十一先令臥室兩牀兼客廳飯廳一律裝潢者另議客之不在店中飲食者屋價稍增

十四日丁卯鎮日陰晴細雨不定外國住店之貴伺候之僕婢無論住客使令與否凡睡在店中者每日須一先令半其所以然者女僕每日洒掃鋪牀倒穢水換淨水收拾一切為所必需也

十五日戊辰陰雨陣陣涼記城中澡堂洗浴除電氣澡

十一

土耳其澡稍貴外其他無論涼熱價一先令或半先令乃在店中屋內擦洗下身者半先令入堂洗浴冷者一先令熱者一先令半

十六日己巳早雨午後晴按天涼屋中煤火平時每屋竟日所用之煤柴共計小者約半先令大者亦不及一先令間在店中燒白晝一天者二先令半僅於夜晚者一先令

十七日庚午晴記店中飲食價值如早餐由辰正至午初有茶或加非或勺勾臘及一二冷熱肉食者三先令半僅有煮雞子及蜜果汁與麪包片者二先令中飯由未初至申初有湯魚糖果冰乳者三先令半僅有冷熱肉一塊加生菜奶餅者二先令惟有湯與麪包奶油者一先令半晚餐由酉正至戌正三十分菜四五色星點而已外有冰乳奶油麪包生菜等五先令晚茶有煮雞子等者二先令除茶或加非外加冷熱肉或魚一盤者三先令半男女孩每日六先令客之僕婢亦然

十八日辛未陰雨陣陣雖云西國政俗每多改良而英

十二

國古制相沿不少概見如前英王擢木斯第二於西歷一千六百八十五年（康熙二十四年）即位王祖籍蘇格蘭因奉天主教國人不悅遂經蹕良第三逐逃法國按英規兵不論在何處每飯皆舉杯祝國王之福壽護軍之佳賢擢木斯宮者向不祝後奉蹕良王之諭惟蘇格蘭兵在彼值班須舉杯以祝蹕良王之福蓋因蘇軍本擢王黨如此乃故使其歸心也蘇軍無法不敢違背乃當祝時置洗手盂于酒杯前意使祝詞過水至法則仍歸祝擢王之福是口祝蹕良而心祝擢木斯也既而蹕良探知

遂又諭令禁用洗手盂、現雖三島歸一、而在賢瞿木斯宫之護軍、仍僅蘇格蘭者舉祝他軍不祝而他軍用洗手盂不禁、蘇格蘭者仍禁之、歷二百餘年至今無人言改者、

十九日壬申、晴、午後同沈藕生散步街衢、逢遇二人、以木盤托鮮花幾盆、進前求買、余謂現值他往、其人應曰、俟回時請買可也、余則姑妄應之、待緩步六七里往返、幾三點鐘之久、回至本街、遂見其二人竟立候於門外、因購高樁玉簪及他花共三盆、價共三先令半、

十三

二十日癸酉、陰、記英國有種代人看孩處、英名克蕾池、即可名曰小孩白晝店、凡少婦之在外傭工者、生有子女、留家無人看守、則可淩晨送入、薄暮領回、使其代養一天、于是婦得專心操作、不至為子女累也、店中備有小牀、飯桌、椅凳、玩物等、僱有乳娘、看娘、按時哺乳、或餵飲食、或使睡卧、或令玩耍、一切舒服得當、有時勝在本家、而較親娘尤覺憐愛處、此店每日辰正開門、戌正關閉、是皆婦女上工息工時也、凡小孩由半個月至幾歲者皆可送往、其能自食者、亦有湯肉糕點、惟此店與各鋪同、亦於禮拜日關閉不開、因凡是日婦無工作、皆喜自行哺養也、每日使費亦視孩之大小、由二本士至六本士不等、按少婦傭工者生產、奉官定章、產後必四禮拜後方准出門作工、然洗衣熨衣兩種工作罕有遵守者、

二十一日甲戌、陰、入夜風雨交加、涼、凡天下已化之國、無不尊敬其本教之先聖先賢、心雖相同、而意竟有大相反者、如中國歷代孔門弟子之入聖廟者、人即尊敬而避諱其名、既不能呼、亦不敢取其名為己名、西國則不然、歷代耶穌門徒之名、人因尊敬之、乃因尊敬而按例男女必取其名為名、是不惟呼之而更用之、盍其意蓋欲人既取其名而即欲遵其行也、

十四

二十二日乙亥、早陰晴、風雨不定、酉刻晴、今日為西五月十二日禮拜四、倫敦柏費婁善會中人有名賀辰者、數日前故去、因其遺產蕩然、妻子貧苦而食耗繁多、遂經會中人公擬在倫敦城東北哈斯敦村賢馬麗路之寬斯的秋申那堂中、公請子弟男女歌舞奏樂、賣票集錢以供賑濟、有相識之英人羅彬森者代會中為首各

人請余偕四五同人前往助威、戌初余同沈吳尹三君率榮驊乘火車北行十五六里、至彼多人以馬車迎迓、又行數里、入堂坐於臺下頭横正中、男女約三百餘人、由進門至入座、各皆擊掌歡呼、坐後各奉加非一盅、菸捲一匣、共演二十一場、一切與前在他處所看者大同小异、演畢、主人肅立、率衆祝余華人之福、余隨起立陳演數語以謝之、因時已子正、無火車、乃以馬車送回使館、

二十三日丙子、陰、記耶穌門徒固非一處之人、男女名亦頗多、其命名皆有取義、兹將吾人所習聞者譯其二三、如阿來三德義士也、查里斯勇也、壯也、卓志佃戶也、弗來得立平安也、妥瑪孖也、雙生也、賚良雄猛也、罕里紀綱也、埃達保護也、以上皆男名、至女名、如阿麗媛公主也、緣衣媛勇士也、馬麗苦也、辛也、維克都里亞得勝也、教古斯達生也、伊里斯貝媛供奉天神者也、

十五

二十四日丁丑、陰、入夜大雨、記倫敦各店向禁住客畜犬、以防污穢房間地毯、及吠聲驚人、然富者仍可向店中商定、另置一處收養、聞其價係每日二先令、

二十五日戊寅、早陰霧、午後晴、入夜陰而驟雨、記外洋各邦國城鎮之名、其所自來皆有本義、如英蘭義乃釣魚之地也、蘇格蘭游人之地也、愛爾蘭則西方島嶼也、倫敦船城也、法郎西曩有日耳曼法郎克人一班流寓于彼、故有是名、和蘭濕地也、瑞士有小城即此名、迨叛與自立、遂以該城名為國名、亞細亞日升處也、歐羅巴日落處也、阿美里加于柯倫柏覓得後、日斯巴尼亞復派人名阿美里扣者於西歷一千四百九十九年即明弘治十一年至彼登南岸、遂取此名、華盛頓叛英自立首將之名也、阿斐利加自古羅馬人佔据其南界、繼經希臘人呼以是名、澳大里亞南方也、因在赤道以南也、

十六

二十六日己卯、陰、法國照相人白葉者新創一種電光、以之照相、既快而尤清楚、前日到此、在牛貢街第四十七號賃屋、列其所照、請人賞觀十日、以便喜其技者照之、前日來帖、請余往觀、遂約沈吳袁尹諸君同往、乃屋一大間、四壁懸挂、其大有長六尺餘者、有著色者、有凸起者、大小千張、雖不明其理、視之精妙可人、亦出類拔萃之技也、

二十七日庚辰早陰入夜雨西國向有紙片畫花可以
熱水反印熱瓷之上觀之與燒瓷無異現又出一種紙
片畫以錦文花鳥人物亦用熱水反印玻璃之上亦頗
華麗其法名曰里索格拉斯義即石印也蓋西國向有
以五彩玻璃攢成之大片錦繡花紋以及人物鳥獸等
工價極貴今此法乍看與前法同而其工價竟賤至千
倍其至賤者寬一尺長半尺價僅四本士至貴者寬二
十九寸長十四寸一先令八本士有帶邊框鑲嵌金花
長十九寸寬二十寸者僅六本士更有長十九寸寬祇一
寸者價反一先令六本士亦視乎費工與否耳

十七

二十八日辛巳晴入夜風涼馬力貴街第二百號住有
法國牙醫符拉林夫婦林和叔原攜眷在彼租住迨伊
去後同人沈藕生曾使其補牙故與之相識夫婦使一
女婢名阿尼年十八歲係三個月前僱來者不意前在
他處與人野合到此時懷孕已五越月矣半月前產期
將近乃自投醫院據云至彼次日即產一男院中保養
兩禮拜昨早將孩送交伊母代哺今午復回此傭工如
此情形主人既不相忌而本人尤不為恥蓋皆視為人
情也

二十九日壬午鎮日陰雨英歷任議院紳士外部大臣
葛蘭斯整于今早卯初仙逝距生於西千八百九年十
二月二十九日（中嘉慶十四年）享年八十有九為人學問優長
深明公法律例公平梗直性喜昇平屢為國家宣力保
護商民其住址地名蒿艾屯即時電達各處先由君主
自文德宮電致葛女始哀慟葛大臣既撫慰葛夫人其
他各世爵大臣及議院紳士并各友邦公使皆致函弔
唁云

四月

初一日癸未陰雨如昨今日為西五月二十日因英君
主生辰在邇按例外部請茶會外部大臣家列謨請各
國公使晚酌因葛大臣之故早晨新報云茶會停止蓋
以人心惋惜不願歡樂惟請各公使晚餐依然又因葛
大臣殤逝通城各處多升半旗以示悼歎之意

十八

初二日甲申陰鄰居醫生葛洛斯者年逾耳順聞伊於
昨晚亥刻行至攸斯屯街倏遇一人自其塊中將表扽
出奈用力太猛表則遠飛不知被何人拾去葛喊巡捕

其人無所得、馳去不遠、被巡捕捉獲、帶入官廳、判定收監三個禮拜、蓋該處四通八達、行人至彼、自當留心防範也、

初三日乙酉、晴、數日前、星使為夢祖行文總署及北洋大臣、謂因不服水土、呈請回國、仍歸直隸候補、乃定於明早啟程、余同沈吴任尹袁諸君公請、今日申正一刻、在敎斯佛街苐拉斯喀悌館晚酌、與之餞別、屆時同往、設桌樓上、電燈千盞、鼓樂鈞天、歡飲暢談之際、殊覺逸興遄飛、入夜頗熱、

初四日丙戌、晴熱、巳初、羅夢祖起程、由倭特路車棧坐火車赴騷桑比海口、乘德公司回華、星使及閩省諸君送往、楊仲卿去後、其屋令林武弁移入、是下三層統歸星使矣、此次夢祖去、其住室空閒、任謙齋欲移回、不許、入夜風、

初五日丁亥、晴、今日係西歷五月二十四日、為英君主之生辰、時年七十有九、白晝各處升旗、入夜懸燈、街市遊人甚夥、一切咸與往年同、無須再述、又聞昨在文怨莊經巡捕見一車夫名庫柏爾者、以棍擊馬首、口咬馬耳、即行捉入官廨、判定收監兩月、以為虐待生靈者戒、

初六日戊子、晴、二年前、美國人韋明敦者創造一種印字機器、名曰太朴來特爾、義乃活字印寫也、較他膠板等為尤清楚敏捷、無須先聚排而後刷印、乃隨按隨即印成也、造以鋼鐵、基式長方、豎長一尺、橫寬尺半、地面列圓餅四十三、每上除二十六字母外、為數目句讀等、餅下連有銅絲、自下向後上翻、如洋琴頂通關鍵、點字處後面上橫墨軸、再橫轉紙軸、用者指按一字、氣自通於墨軸、印在紙上、其熟者用時勢如鼓洋琴、聲似發電信、其能印紙之至大者、長十四寸、寬十二寸、此具近始盛行、設有專鋪、每分值價約二十四五鎊、

初七日己丑、微陰、見街市間有單馬大車、上有木棚、如屋、前後有門、左右有窗、簾幔備具、亦頗整潔、前有牀榻、後有爐竈、頗類如意船、雖稱英之游民、殊似粵之蛋戶、據云此種人名曰几朴斯伊、祖籍印度、有流寓於此數代者、人作小生涯、間有為人占卜者、

初八日庚寅、早晴、入夜雨、今日為西五月二十七日、係倫敦西南廿餘里艾鋪松村賽馬之期、極屬鬧熱、前於

丙寅春、余曾往看、閱此三十年來、一切吹豆、激水、擲花、
各俗皆已奉官禁止、每次多人以所跑之馬勝負為賭、
閱此次各人素知馬之輕捷善馳者、皆未獲勝、又有人
無意露其囊中有鏹、被旁人窺見、竟於空處突被兩人
推倒搶去、其二人被獲與否未聞、

初九日辛卯、微陰、西國向有教幼童稚女跳舞學堂、然
所教者僅跳舞會中之四五種、至各戲園場中之跳舞、
乃另為一班、故另設有學堂、倫敦者名曰藍訥爾太太、
蓋教者皆婦女老嫗也、此中專教幼女由六歲至十四

主

五歲之貌俊而伶俐者、學時各著短白裙、散髮、露臂、長
襪過膝、而不著鞋、屋中地不鋪毯、屋角有琴、四壁立大
玻璃鏡、牆邊釘有活長棍、如梢子棍高齊女肩、以備初
學者一手扶之、以防跌倒、所學不僅側身偃地、有翩若
驚鴻、矯若游龍之妙、乃時而伸一臂曲一臂、時而立一
腿翹一腿、時而立以一腳之大拇指、周身擎自一腿、忽
而左瞻右顧、忽而前進後退、抑或橫行、抑或斜步、忽而
垂頭、忽而仰首、或莞爾而笑、或嫣然以嬉、種種態狀、固
非聰敏過人、而身體柔氣力強者不能學也、學成此種

技藝、如果出人頭地、一日亦可獲十數金云、

初十日壬辰、白晝微陰、如昨、入夜風雨大作、前言衣莊
綢緞莊多做蠟人、裝束立於窗內、招人照顧、現各綢緞
店不僅出售絲棉各料、兼備衣帽雨傘磁鐵器皿之類、
昨見教斯佛街一萬大綢緞店、將其西南角臨衢巨室
三椽外立丈餘見方之大玻璃窗、內做假水土岡豐艸
絲縧假樹垂陰、坐有男女、立有童稚、水面飄一小艇、內
坐一男一女、中放食物、筐備列刀叉勺碟、女擎紬傘、狹
坐推車、作戚友鄉游狀、按此種游玩、英名花嗒呢嗒義

壬

乃怡性飽食也、人既如生、景亦頗佳、其中一切物件、整
齊新鮮、皆該鋪出售者、故鎮日往来游人之止步于窗
外者頗夛、

十一日癸巳、陰雨、見攸斯屯街中間路南一捨食房地
基不大、內僅飯房廚房各二三間、專於每年十冬臘正
四個月冷時施捨熱湯牛肉麪包加非等一切人工物
料、皆由善人施送、或錢、或肉、或麪包、或加非、皆可、此房
創已五十餘年、門外石磨鑿字一橫云、我曾一餓人、想
創此善舉者必一乞丐出身而致富者也、

十二日甲午陰雨陣陣午後總署來電知和碩恭親王前于初十日薨逝因即行文外部本使館亦自今日始升半旗一十五日用誌哀悼循西禮也又聞本地巡察保身官舒戟者於三日前見在慶斯里德國海梅誨糕點鋪中牽入病牛一頭次日偕醫往察見二人宰割牛肉備做肉團香腸等因其肉有黴腐病肺雖將廢肉揚出其餘切片擦以鹽與硼砂酸冰待一二時後病痕皆去然此肉經人食之必至生瘡傷肺遂將鋪東捉入官堂訊明後判定收監六禮拜并罰十鎊十四先令半不願受罰則加禁囹圄一個月

十三日乙未早大雨午後稍晴申正又驟雨一陣帶雹雨止仍陰記英俗凡遇嫁娶生辰以及耶穌誕節亦有餽送禮儀者然非至契者不送雖送亦僅一二件與中禮之品色貴多為數必雙者迥異至此次英君主即位六十年之大慶各友邦皆有餽贈以昭敦睦然亦祇些須聊作記念從中亦無使費酬勞至臣宰所奉則片紙祝詞而已詳見前

十四日丙申陰雨陣陣倫敦各馬步礮營每年於西五月間擇其技藝嫻熟者在稼穡堂洋名見前設一假戰戲英名洛埃亞米立他里土那門義即御前武弁比式也使人觀看賣座集錢以便賑濟兵家之老弱殘廢鰥寡孤獨此次定由西五月十九至六月初四日即上月二十九至後日也數日前諸同人約定同往一觀余遂致信該堂匯錢定座堂中每日晝夜分演兩場白晝由未正至申正四十分夜間自戌初至亥正十五分座價晝夜一律皆四先令五先令七先令至十先令今日午後遂偕沈吳袁尹諸君率榮驊乘車前往其地去歲原為賽

牛處今皆拆去改如馬戲園當中池作形三面有門池邊正面一層列椅五橫每座十先令再上一層正中三椽設御座對面上層正中坐樂工一班其他四面上下分列各座皆四五七先令者觀者男女滿堂數逾三千所演第一場係一武官乘馬舉刀跑繞一百碼道作形出門三十碼先立一假黑人再十五碼立一棍高五尺上繫一銅環周逾半尺再三十碼轉至左角又立一假黑人再十五碼蹲一假黑人再十五碼地置一皮球大於西瓜其能砍落三黑人之頭挑下銅環并

隨跑以刀尖觸動皮球者勝、觀者既擊掌稱賀、而官亦有賞、池中先立一人、于各人未跑時唱名、言某某武弁共跑十五人、而其中刀不觸球及砍蹲黑人之頸不落者僅三人、內得賞者三、第一得一金盅價值三十一鎊半、一銀盅值十鎊、第二得一銀盅值五鎊、第三得一銀盅值二鎊半、第二場乃池中立棍高約四尺、棍頭以綫繫一檸檬、武官乘馬舉刀跑過、能將檸檬以刀削半者勝、演者亦十數人、中獲賞者四、第一得五吉呢、第二二吉呢、第三一吉呢、第四馬鞭一把、第三場係於池地埋

三五

木一塊、長一尺、寬四寸、厚一寸者、半尺入土、半尺外露、武官乘馬舉長矛隨跑、能將木片扎起者勝、內亦四人得賞、賞物與前場者同、第四場係騎驊馬賽跑、第五場乃人著靠身白絨衣、式如裸體、騎驊馬越木牆、迨越時人反下馬、而隨馬旁躍之、越過後隨跑隨抱馬背而竄騎之、有時馬跑而反騎之旁跨之、或蹲馬背、或伏馬尾、種種便捷輕利、亦頗可觀、第六場賽跑礮車、每車駕以四馬、車前後坐四人、馬上騎二人、一人騎馬前引、池左右各以木凳限出地基、寬僅容車、式作形、二車齊

在池中按式繞跑、彼此既無牽阻、遠走二凳之間、不使凳動者為能、第七場馬步兵六隊、裝飾今古不同、有著鐵盔鐵甲者、戴毡帽而後垂小辮者、披髮垂肩者、衣有紅綠者、一色者、咸按時式、列隊往來、行動亦頗整齊、第八場演礮隊、礮車四輛、隨有兵卒一人領隊、立於正中、喊走、或快或慢、喊止、喊轉、喊聲礮、喊換輪、蓋輪皆活置軸有關鍵、此輪有損、可即換他輪也、礮車四輪、前二輪架藥箱、後二輪架礮、是車與前檐兩分、中連以環、向前向後、旋左退右、卸挂既極輕捷、而號令行動收放亦極

三六

靈便整齊也、第九場、兵著白色靠身衣、作假赤身人、騎驊馬隨跑、互相推奪、有將他人扯下者為能、第十場、武官對對乘馬躍木牆、牆高三尺、爭先恐後、馳驅極快、第十一場、兩隊馬兵在池中往來疾走、盤繞按式前後左右、毫不錯亂、末場乃演數十年前英國戰取斐洲西南界上芝呢阿之北年城、土人黑色、英人扮之、對面搭有窩棚、立有假樹、彼此對敵、或擊或伏、步步前進、勢與戰場同、槍礮齊發、震耳隆隆、有受傷者、無論英人土人、皆以白布綳兜作形者、舁回療治、極屬鬧熱、演畢、樂奏

天佑君主坐客齊立陸續出門登車酉正回使館

十五日丁酉微晴今日葛蘭斯璧大臣出殯先自其邸以黑車載入衛斯民司得教堂停靈唪經其棺造以鉛鐵外包木槨不甚華美式與平人者同僅多銅環鑲嵌而已至午正誦經畢經大太子及他世爵提環出堂葬於堂之北角與他各著名功臣葬式同

十六日戊戌陰雨聞印字機器亦有傭工之人其價按時每一點鐘二先令六本士按日一天一鎊一先令按件僅謄清原稿者每頁一本士半鈔多篇者每篇則一本士鈔寫信件每篇八本士鈔寫減筆信每頁四本士蓋以減筆改寫本縣寫者須明字字筆畫之變法價故稍貴耳

十七日己亥早大雨傾盆午後雨止頗熱申刻牙醫約至其家看留音器洋名佛諾格喇夫乃一木架高三尺餘者外罩紅毡內藏關鍵架上亦有關鍵架下橫一軸外出有噴聲筒敞口如喇叭彎長一尺口粗亦如之或曲或樂各留一蠟空筒內筒周五寸長四寸蠟厚三分各上標有曲樂之名欲聽某樂或曲即選其筒套於軸頭架下上絃則軸轉軸轉而筒自隨轉軸旁有齒筒觸齒則聲自噴出與八音盒同音調較前在柏林聽者尤覺清利洪亮蓋他時創始今方齊備也西人製器進而愈精往往類此

十八日庚子晴同人曾叔吾年四十有五矣自去冬竭力欲學英文迄今字母辨清聲音調准遂立志移住在外乃於今早搬住上格婁賽斯特爾坊第四十八號向柏爾迦母女學習每月六鎊飲食在內

十九日辛丑晴熱昨見新報一段言在賢那歐子莊有農夫某甲其表妹嫁而寡甲與之通上月甲娶新婦而其表妹已有孕三越月甲恐產後須認為已出之子女至花使費乃以馬前子將其表妹毒死案犯被捉定以懸吊死罪按此藥鋪中出售與鴉片烟等同必有醫家憑單方得買用而用亦不多惟田間往往用以殺蟲故農家購之較易聞此藥若一人服用僅大如半米粒者則腹痛身仰必使腦海彎至腳根良可慘也

二十日壬寅陰雨陣陣聞英規凡民婦之一胎產雙生者國屬常有苟遇一胎生三子者則必報官而君主有

賞至所賞者二三吉呢而已我華一産三男視為熙朝人瑞亦得奏請奬賚云

二十一日癸卯鎮日陰晴不定暖入夜風見有日本醫生高峯讓吉者按西式以日料創一種消食藥餅日名他晧的阿斯他賽色純白厚二分周七八分乃十數片盛以小玻璃瓶一切規模視與本地者同各藥鋪既出售人亦購用之而不疑是殆關乎東主之名望如何耳我華醫雖有靈丹妙藥又安得出售于海外耶

二十二日甲辰早陰雨未初晴涼記前自光緒丙子年

二九

同事張聽颿攜其少君乳名阿寶當年十五歲到倫敦即送鄉居學習英文按聽颿之意必欲其兼學洋文得有進步而光宗耀祖也待其英文有成兼學醫術十餘年間自娶英女為妻生有子女聽颿連隨數任皆不知也至光緒二十年薛星使任滿聽颿致書令子同歸子未允聽颿不欲獨行遂遷居海邊獨居二年之久既知子已有室乃屢次促其攜眷回華至上年始同回滬父家居晝錦里而子媳孫女皆住洋店父欲子亦移入華房子不遵父慫乃謂如不移來須仍回外國今而後爾英視我為父而我亦不以爾為子昨聞阿寶攜其妻與子女已到倫敦將入英籍由此觀之其攜帶幼童出洋者可不慎歟又按英例凡外人之欲入英籍者必在英國留住五年且臨時必有四英人作保方准改入聞阿寶曾請馬格理作保馬未允至其改籍姓字改否未聞

二十三日乙巳晴暖英規凡人病篤之怕車聲往來震驚者准在樓下街道鋪草以免車聲隆隆其草數日期多寡皆無定限亦不必報官用者向艸商講定共用若干噸鋪放起撮皆歸本行每噸價約三四鎊此草久經

三十

車馬往來積有屎糞塵土以之糞田頗宜逮令撮取時則草行又賣與農家使其自行收取是草行於獲利之外當另得少許也

二十四日丙午陰冷記英國醋以酒造而以啤酒轉酸者多此等造醋之人亦須向巡捕廳領有憑單乃按年納稅一鎊云

二十五日丁未陰涼西人肴饌以牛肉為第一于是有指人挑選之法以免食之受病不消據云公牛肉好則紋鬆肉紅而油黃母牛肉紋稍緊色不甚紅而油亦稍

白總之凡牛之水食不足或太老不堪烹煮者油必少肉色黑而瘦且老牛在排骨中必串有硬白如脆骨者一道凡肉之經指按而即起者必鮮按而慢或不起者其肉必非上等

二十六日戊申陰涼英俗凡馬匹之欲出售者皆以麥梃或他草結於尾後作髻外國馬尾皆剪短所餘不及一尺有此草結則𢌞似右立一髻左垂短髮矣亦有上立一把如刷而下以草編成辮者

二十七日己酉陰涼如昨西國用炭不僅爐火凡玻璃瓷鐵器皿之存有油膩惡味而不易刷洗者乃先洗以沙土與鹼後以炭末擦之惡味自消以細炭末刷牙亦然牙胎去惡味消牙既白而氣亦清其他魚肉或因天熱或因時久而致腥臭欲其味清鮮如初乃待煮時置三四塊炭大如雞卵者於肉下熟則味鮮而炭質依然毫無損壞其法頗妙云

三五

二十八日庚戌陰冷記西法之使鋼鐵不生銹乃以樟腦五錢攙以豬油一觔攪後去其膩皮再攙黑鉛使其色黑如鋏一切鋼鋏器以此油刷滿一晝夜後再以麻布擦乾可保一年無銹此法屢經試驗洵屬利用又凡鋼鐵利器之貴重者皆裹以白鉛片或鋪白鉛片于所置匣內皆免生銹

二十九日辛亥晴暖聞土人有驅逐蒼蠅法乃用白木苦質十二兩紅糖四兩胡椒末二兩攙勻放一淺碟內另一法係黑椒末半匙紅糖一匙牛奶汁兩匙攙勻亦置一碟內放在屋中不久蠅皆飛去再一法乃以涼苦茶混紅糖盛于茶船內放在屋中蒼蠅聞之亦當遠避究不知此法從何考驗而得也

三六

三十日壬子晴入夜雨見土人新創一種不藥而能治人之患不眠之疾者其法係每值睡時先平身仰臥於牀後含一木質空烟具于口緩氣吸之至少亦須吸六十次至百次係覺眼倦而有睡魔即棄烟具于旁閉目則自睡矣法頗簡易究不知能否有驗耳

五月

初一日癸丑晴暖同事沈荔憲之猶子印蕤字蟫男者年二十三歲不知于何日來由何處至此與荔憲同居學習英文茲見星使給有札子謂每月暫給新水銀三

十兩、俟其學有進益、再行加增、想星使栽植人材之意、將来必與、許星使如夫人之弟一律每月百金也

初二日甲寅、晴、今日為西六月二十日禮拜一、亥正隨星使乘車入卜静宮聽樂、男女入宮者約千餘人、太子王妃等到後、衆隨列座、規模如前、無須再述、其男女歌曲者中有初學之女名阿蘇三者、聲調幽雅、轉篝敲玉、娓娓移人、有最著名之婦名諾的喀者、歌聲雄猛、虎嘯龍吟、闌之令人掩耳、而衆以為精、亦奇矣、

初三日乙卯、晴熱、本年總署會同戶部續借英德商款、

三十三

合同内載中國國家應飭駐英出使大臣遇有會商等事同銀行各商董商辦、昨由倫敦匯豐銀行函稱、所有西歷一千八百九十八年周年行息四釐半金債股票五千張、定于本月初五日送來使館蓋印、以後每禮拜均送兩次等語、因而星使札派同人監印、分成三班、每班四人、第一班為余偕沈藕生、吳少序、羅小荷、第二班為羅叔羹、林琴蓀、魏蓮叔、羅伯蘇、第三班為陳幼庸、曾叔吾、王少山、嚴伯玉、

初四日丙辰、晴、明日為端陽節、星使因恐監印股票時刻有礙、遂改公讌于今日酉正入座、一切與前同、無須再述、又前所議設之字紙爐、復經沈藕生告羅叔羹、以現擬四五人醵錢公設、遂經允許、

初五日丁巳、晴、巳正賀節、彼此團拜、午後由匯豐行送來每張百鎊之股票三千、因印工未到、遂點數察收封鎖、按此次股票共計七萬二千二百七十五張、內二十五鎊者一千五百張、五十鎊者一千五百張、百鎊者六萬六千八百七十五張、五百鎊者二千四百張、統計共八百萬鎊、

三十四

初六日戊午、陰雨、涼、巳正來印工二男一女、男係一印一收、女則為之折紙、印器與印書者略同、惟印不平放、乃橫置於側、印上一圓鐵餅、周二尺餘、刷色其上、餅前一滾軸、印對面一平方架、以備放紙、架後一推柄、作丌字形、人立柄後、先一推、則滾軸由圓餅著色滾下刷印、再一推則印成、當拽回推柄之際、乃圓鐵餅轉而滾軸上蓋、滾軸一過鐵餅、則餅面中心色薄、鐵餅一轉、則滾軸再經過處其色厚也、每一點鐘可印四百張、女之所以折紙者、因印位中央、折紙少半、以便橫置方架前也、

因刷印安置一切、遲延時刻、午正開工、至戌初共印二千五百張、下餘五百、轉交第二班羅叔羹給以英文收條一紙、

初七日己未、鎮日陰晴不定、堪特百里大主教譚布與其夫人於西六月二十五日暨七月初二日午後由四點至七點請茶會、即今日與十四日也、未正同曾沈二君乘車東南行十數里、過朗貝橋、走者赤街、入朗貝宮、晤其夫婦、旋登樓、由後花廳入園、緩步一周、見院中樂工一班、男女賓客來者頗多、因恐落雨、酒果點心設于

三五

樓上、臨行各食地椹少許、戌初回使館、

初八日庚申、忽晴忽雨、冷縈驊因上月天氣時涼時熱、於二十六日倏患喉症、次日經寇克思薦一英醫住房後餵貓街第二十一號、名查蒲滿者、連診三日、藥水或服或漱、白點稍退、而腫轉甚、因思華藥已到、乃以下鄉調治等語辭之、今早開來醫費一鎊十一先令六本士、合每次十一先令六本士、按時價每次合庫平銀幾乎五兩、詢諸他人、乃言英醫馬錢多寡不同、其學業精名望重者自貴、而所請之人若係官宦富家、則尤貴、故有時一文不取、亦有一次索四五六七鎊者、至本月初一日、連服華藥三劑、遂愈、

初九日辛酉、早雨、午後稍晴、冷、英國小戶住房亦生臭蟲、茲聞有消滅之法、係以小刷刷石腦油於牀架四面、其蟲自除、然于牀褥及牀架之各曲彎處、皆須搜遍、因此蟲多喜宿於窩隙之中也、石腦油洋名那夫榻、價不甚貴、一本士者足供一牀之用、另一法係用精油洋名普路弟斯庇里十二兩、樟腦二兩、松香油四兩、五金鎊酸洋名關婁奚伍色卜立美一兩、共四種混合一處、擦

三六

於木器孔隙之外、是蟲亦能即除云、至其靈驗與否、尚未查悉、姑誌之以備採用、

初十日壬戌、陰雨陣陣、冷、今日亥正布來茵斯比坊第十五號譚特敦夫婦請茶會、屆時余偕沈吳二君至其家、見其夫婦樓房不一、裝潢華美、男女擁擠上下樓梯、不易在上少立、遂下樓各飲香賓一杯、食地椹數枚、而後回使館、入夜晴、

十一日癸亥、晴、三十餘年前、英人開樂悌所輯列國歲計政要一書、詳敘各國勢利權衡、元元本本、殫見洽聞、

亞洲各國者雖有錯誤不備之處而歐美兩洲者則條分縷晰強弱分明覘國者頗可採擇也十年前曾經美國人林樂知譯成漢文其規模體例有條而不紊能令閱者一目瞭然迄今雖已歷十年之久天下國勢不無變更政術不無歧異然欲再譯則即照式更名易數亦不甚難也本月初旬總署來電請星使派員補譯是書遂擬札派余與羅叔羹陳幼庸嚴伯玉口譯曾叔吾沈藕生林琴蓀吳少序筆述魏蓮叔羅伯蘇諸君鈔錄校對茲據叔羹琴蓀兩君面稟星使謂情願一力擔承彼

二十七

此口譯筆述每日可繙十頁三個月以內即可告成因而星使各給一札札云案照光緒二十四年五月初四日奉　欽命總理各國事務衙門電開英人所輯列國歲計政要聞係每年一編希查明先將本年刊本派員照繙以後仍按年譯寄譯費准開報江等因奉此查列國歲計政要一書係英國地輿會書記葛爾德所輯每年一編扣至西歷本年業經刊行至第三十五次從前上海製造局雖經譯過一次中間人名地名隨便譯寫前後互异毫無義例識者病之且所據英文原書已係十數年前之老本與列國現在情形盡成枘鑿不足以資考證近日澳門刊行知新報雖有重譯之舉而每次祇附數葉成帙無期拭目難俟況恐前本譯成後本又出在我方詡為新書在人已棄為陳迹且其事極為繁難融會揣摩以求脗合良非易易當其心目俱勞手腕欲脫人人視為畏途原書計一千一百六十六頁（合中國五百八十三篇）譯成華文便至十有餘冊其中有說有表有圖如非分員專責計日程成必難概事茲准前因查有本署參贊官羅道忠堯精通英國文字律例參使東

二十八

西各洋於列國情形瞭如指掌隨員林舉人桂芳中學淹貫文理優長四國周知留心時務堪充總理譯務之選應即責成該道等專司繙譯每日以十頁為率限三個月全書告成學生魏濂羅之彥管理謄錄校對武弁林文彧管理繪圖該道等務須一志專心兼營並進隨譯隨繳以便發鈔彙寄書成之日優給譯費以獎其勞合將新購本年刊本一部札發除分行外為此札飭札到該道等務須各專責成計日程功勿稍曠延致負委任云云

十二日甲子陰涼英俗遇新月初升則向之免冠鞠躬蓋謂如此敬禮月當佑其明日必有所得也是亦與京中遇流星急索結之義同耳

十三日乙丑晴近因初夏街市韓遜雙輪馬車多於棚頂覆布一方其色或白或藍或紅或綠四面垂縫所以使乘車者觀之涼爽現在雖屬夏令天氣較熱仍須著袷襖袷褲也

十四日丙寅晴風記每日來此打印之三工人二男一女皆屬滙豐銀行其工價無論有無工作婦女每一禮

三九

拜一鎊男工四鎊是一禮拜六天男工合每日五兩零婦女合每日一兩四五錢西國工價之貴可見一斑

十五日丁卯晴時維夏五暖送薰風男女多換戴草帽婦女衣改淺色薄綢亦有全白者式樣無甚新奇鞋固皆皮做其色黑黃昨見有著綠皮鞋者迨其行動令人觀之不甚入目又現在地椹櫻桃多而價廉沿街頗有提籃叫售者

十六日戊辰晴記此次金鎊股票紙厚分餘長一尺五寸寬一尺二寸零正面四邊圍以皮球花朵一圈內中左印德文右印英文皆敘明一切章程後篇印按時取利之憑票每頁橫長二寸餘豎寬一寸票之鎊數既有多寡則外印花圈之色亦有別如百鎊者大紅五百鎊者紫色五十鎊者金黃色二十五鎊者淺紅色印工亦極精細

十七日己巳晴英規凡人借貸買賣所立之契具合同皆須報官蓋印國家收有印費兩造即以此為憑據將來如有欠債不償以及爭執買賣等案官亦賴此判斷當時苟未報官遇有口角爭訟官則不理而謂無據可

四十

察至其印費乃無論十鎊或少於十鎊皆一先令故其由一先令至百先令不一其式或圓形或桃形或石榴形種種不同此次國債票經滙豐行報官每頁印有圖章於上右角其大周不及三寸印色亦紅其五百鎊者印五十先令百鎊者印十先令五十鎊者印五先令二十五鎊者印三先令此次借款共計八百萬鎊英官印花費除二十五鎊票中多收五百二十五先令不計外共收八十萬先令合四十萬鎊又合庫平銀三百萬兩官中處處有稅由此一款即得若干其他可知矣

十八日庚午。晴。熱。記英國肉團亦分多種。做法不同。有
以地名者。有按肉名者。一如柏洛那肉丸。乃用醃猪肉。
牛肉。肥瘦各若干。再加小牛肉與猪肉瘦者又若干。齊
行剁碎。調以椒末與鹽。雜以甜菜。薄荷各少許。盛入洗
淨腸內。以針刺孔。煮之一小時。後提出。晾於草蓆上。乾
之。用者。或涼喫。或再煮。或燻之。皆可。二教斯佛肉丸。乃
用猪肉。小牛肉瘦者各一斤。肥者各半斤。剁碎。後加碎
麪包一斤。綦菜。薄荷各一兩。又葱。蒜各少許。概經切碎。
雜以椒末。荳蔻與鹽。斟酌分量。合每重一斤。用一雞卵。

四一

清。觳分攪。攪畢。齊倒麪包。藪中潤之。繼而肉麪混于一
處。做法。食法皆與前同。三烏賽斯特爾肉丸。一切做用
法與教斯佛者同。惟多加肉桂少許。四羊肉丸。多用羊
腿。加羊油一半。蠣子。鯗魚。各少許。齊行剁碎。做團。以油
烹之。五小牛肉丸。做法亦與教斯佛者同。惟除去綦菜。
薄荷。加以火腿油耳。
十九日辛未。晴。亥正。隨星使乘車至克爾森巷第三十
二號。赴美國名士萬瓦家茶會。入內。登樓。見其兄妹。後
轉入客廳。其正面臨牆設一小臺。臺上下左右皆圍以
鮮花。紅紫芬芳。清香觸鼻。臺上右角橫一洋琴。臺前橫
金椅。行行。共演雜耍二十五齣。其中男女歌者頗多。皆
屬泛泛。無甚新奇。中惟頭場名曰日本技藝。係一英人
扮作日本古裝耍演球棒等。與中國者同。第二場。一幼
女名莫克色爾者。年約十歲。連歌三曲。隨歌而舞。聲調
幽雅。身體輕捷。第三場。一人名卜托木者。手鼓琴。口作
哨。如歌似簫。悠揚可聽。少坐。下樓。步入園中。夜餐處乃
一大白布帳。分作問間。羅列桌椅。帳與樓通。雖在園中。
似覺仍在樓內。每桌中心立蕉樹一棵。葉稍樹梃皆垂

四二

電燈。燦爛異常。飲食湯菜。果品酒肉。俱備。伺候僕役廿
餘。極屬熱鬧。食畢謝歸。
二十日壬申。晴。亥正。同曾叔吾隨星使乘車入卜靜宮
赴跳舞會。子初。齊集男女一千五百餘人。樓上樂作。太
子。太子妃等由正門魚貫而入。坐于正面。跳舞四場。而
後散。齊入飯堂。飲香賓一杯。食糕點少許。下樓登車回
使館。
二十一日癸酉。陰。冷。前日羅叔羹、林琴蓀因恐繙譯不
能實踐前言。遂同具禀星使內云。職道等遵即試譯討

照原書十頁譯作華文或萬餘字以及二萬餘字而考究地名人名表式尤多費時且譯此與譯報不同須于簡明詳洽之中照我華書體例而又不背於原書職道等數日以來口不停述筆不停書夜以繼日統計所譯每日僅有十頁之半斷非三個月所能蕆事云云因而星使批云據禀悉譯書一事必募手追本大臣深悉此中甘苦且又計日程功尤為心手交瘁是以原擬書局宏開以收羣策羣力之效惟前據面禀列國歲計政要一書由該道等兩員每日可繙十葉三月以內即可告

四十三

成實為踴躍從公力肩難鉅深堪嘉尚故本大臣特札專辦并允優予譯費以示鼓勵今據禀陳試譯數日只能及半恐三個月不能蕆事等語殊與從前面禀之語不符惟此書務期速成而該道等所禀情形亦復屬實自應酌添譯員分國分理庶不遲誤除另行札委外查該書英國共三百零九葉法俄兩國各六十二葉合成四百三十二葉既經該道等開編照譯即應責成該道等將此三國次第譯出每日五葉計八十七日可竣儘三個月以內一律告蕆此次計日程功應譯葉數并告

竣限期形諸公牘自無中變食言之理倘有餘日續譯他國尤為異常出力本大臣仍不惜優賞以獎其勞也云云

二十二日甲戌、陰、冷、記昨日星使派陳嚴二君、分給札云前次業經札派參贊羅道忠堯隨員林舉人桂芳照譯在案據繳按日課程難期迅蕆合行派譯員分國繙譯冀可速成查本署二等繙譯陳牧恩燾游歷英法德美各國精通中西文字學術前閱所譯英文游歷東三省記條理秩然學生嚴縣丞璩留心時務中外文

四十四

字優長堪充譯選合將新購本年刊本一部札發分譯惟既據陳繙譯面稱每日能譯四頁嚴學生面稱能譯三頁該員等務即按日程功隨譯隨繳以憑發繕彙寄書成之日一律優給譯費以獎其勞除分行外合亟札飭札到該員即便遵照尅日譯功勿稍曠誤以重譯務而專責成云云、

二十三日乙亥、陰、涼、嘗思火葬一說惟佛教有之、不意外洋近亦漸有此舉、蓋西國醫學諸人曾謂尸骸入土、穢氣上升、生人觸之、易染疾病、苟焚而後葬、庶免此患、

西四月間、聞美國石高溝城一婦姓韋喇者、為人博學、詩賦純粹、即以火焚為是、當其病篤、立遺書囑以死後火焚、葬其灰燼、逮伊病故、其子即遵所言焚尸葬灰、意在不使污穢觸人、竊恐焚尸之穢氣甚於土內升出之穢氣、生人嗅之患病尤易也、且當焚尸之際、有仁人孝子之心者、皆不忍觀也、奚足取哉、

二十四日丙子、晴、倫敦正西稍南附近太木斯江地名布拉倭、有一船廠、曾造重一萬二千噸名阿必安之兵輪一艘、前於初三日下水、因地窄、船大、船入水而水擁

四五

起、沖壞橫橋、以及左右堤岸、當時觀望之人極多、因而落水者百六十餘人、男女老幼得救者僅十數人、幸因橫橋老朽、該廠于左右立有告白、禁人站立、否則被淹、各人本家皆當該廠賠償也、

二十五日丁丑、陰涼、申初、賢妥瑪街之蓋斯醫院、因獎賞學生、兼請茶會、届時余偕沈吳二君乘車前往、入內穿過十字大廳、入後院花園、園不大、中有樂兵一班、奏樂、赴會者男女頗多、既有二生導觀各處、先入博物堂、係一大長間、臨門羅列各種獸骨、以便考查人獸骨節之別、再則老幼人骨、層層安排、洗白如雪、再後係陳放以蠟及他物作成之各物、人頭人腦、有高有平、有前凸、有後擁、以別人之聰明魯鈍、以上皆置左右牆邊窗下、中一長桌、其上跪臥四人、第一由項後揿皮一層、則見肉與油、第二揿肉一層、自見經絡血道、第三再揿一層、筋骨出露、末則骨隙割淨、則見五臟氣血之所通、此外又有橫臥仰臥、以辨周身之氣血骨節、左右玻璃槅內、列滿人之頭骨手腳五臟、無往而非為辨其經絡血脈、如耳眼通於何處、何以視、何以聞、何以思想、淚何以來、

四六

手足指何以動、周身痛癢酸楚、關乎何處、工極精細、處處與真畢肖、次入驗病房、內支木案六七、每上置有尸骸、有乾而僅存筋骨者、有初死未驗而插皮筒於陰戶、以使氣通而不至臭者、去此入講病堂、電匣舒筋等處、咸與他院同、再登樓看男女養病處、皆二十年前來此看過者、無須瑣述、下樓步回十字大廳、內列長桌左右二方、圈容立千人、桌上所備者茶點而已、乃各飲紅茶一盅、辭謝兩生而歸、聞此醫院係百年前經書客蓋姓施捨所建云、

二十六日戊寅陰。聞昨在英蘭中界約爾克府之栗子城有人名朱爾志者控告其父擅娶孫女為妻供云伊在外傭工迨回時知其父已娶其女其父現年六十有六其女僅二十二歲其父云汝之未與汝女共寢也僅三禮拜耳余則與之恩愛當在汝前也官場無法定罪遂判將朱爾志收監兩月在內不作苦工云西國不認父之前妻所生子女為兄姐不認父之續娶為母不認隨母再醮之夫為父此等風俗伊於胡底總之西人於倫理二字不甚講求又烏知夫父為子隱子為父隱之道乎。

二十七日己卯晴熱。酉初乘車赴狄本森夫婦家茶會余二十年前舊相識也登樓見其夫婦與女問候畢出後廳門入花園設有椅凳中一婦名柯喇蘭者耍鴿子戲係一木籠養黃白鴿六令之踏鞦韆登木梯騎小脚踏車皆與人同且撫弄不遠飛殊馴良可愛也末則橫一木板上列小盌小碟各六盌盛水碟盛穀六鴿齊出橫列一排啄水食穀讌會一場藐然一物乃能通靈教授之方抑何神妙乃爾看畢登樓食地椹少許謝歸

二十八日庚辰晴熱如昨。中國國家取民有制一視同仁政至善也乃體恤民情而知恩者鮮相沿已久易轍殊難故一收鋪稅而眾商罷市一收房捐而民謗沸騰外國賦稅煩興多方搜索而民不以為苦蓋歷遵成憲視為固然孟子曰徒善不足以為政徒法不能以自行其信然歟邇來英國男女之騎脚踏車者日眾于是官定新章火車本有行人應帶之行李惟此車不得列入車費當與人同亦與前所述及之犬無異也

二十九日辛巳晴熱。鸚鵡性慧能言自古有之然皆隨

便學其主人所常言未聞有設法教言者茲聞西國有教言之法乃晚間置籠悄處不使聞車馬以及孩童喧譁聲籠上覆布欲其學何語則向籠緩聲清楚言之不數日自能見人述其所聞者至其養法乃餵以水泡麪包及餅或壓碎之番薯以及芥菜蘿蔔子種并核桃等鳥性喜淨愛洗更須煖養云

三十日壬午晴暖風入夜陰雨。繙譯列國歲計政要一書業經續札委定而謄錄之人不足因而星使面向沈王吳沈四君商明每人每日能繕若干字是沈鶴生允

寫五百。王少山能寫二千。吴少序寫一千。沈荔宪亦允寫二千。又所用紙張洋名奚拉倭里楠。義乃銀竹布。因其白而潤也。

六月

初一日癸未。稍陰。涼。洋人亦有預占天氣之俗。據云如昨日天晴而今早露厚。示明日當依然清朗。否則無風而必雨。晚有紅雲預兆晴天。然或早或晚紅雲太高則又為風雨之先兆。孰謂西人不曉占驗耶。

初二日甲申。陰冷。記英人感冒亦有成方。如牙痛。乃將毛毡或棉布少許。滴以芋香油兩點。塞於疼之空處。其痛自止。此法亦與吾人之滴如意油同也。

四九

初三日乙酉。鎮日陰晴不定。涼。記英國有種米麪包。造法係白米斤半。置水六升。用温火煮五點鐘之久。隨煮以器攪而研之。熟後成漿。再加白麪四斤。發麪少許。置火旁煖之。待其發起。以之烙麪包。白與麥麪同。可得二十八或三十斤云。

初四日丙戌。陰雨。涼。記西人吸烟。始於日斯巴尼亞人。三百年前流傳至英。當君主伊麗斯貝姒之世。爵喇來由美洲攜至。人始知有此物。至西歷一千六百十年（明萬歷三十八年）國人雖漸吸用。而官場尚少。時因國王翟木斯第一厭其味。曾云不喜看人以嘴作烟筒。今則自君主以下。舉國用之。蓋相習成風矣。

初五日丁亥。陰。涼。阿真坦國駐英二等公使賓敏桂斯前日病故。今日入禮拜堂誦經出殯。帖請各國公使及他戚友前往弔唁聽經。巳正。隨星使乘車西南行八九里。至者赤巷。入喀美賴禮拜堂。堂不甚大。正面有臺。中供十字。有三神甫。著黑氅。鑲銀邊披肩。或十字。四沙彌著烏衫白小褂。臺下橫凳多行。男女百餘入座。後棺由該使館以車載至。有七人自車舁入。置臺前木架上。架細長。高四尺。棺首向門。而尾向臺。棺上四面滿覆花圈或十字。既而琴聲作。則神甫唪經。樓上隨琴另有多人時而和誦。時而停止。神甫則時而請安。時而跪誦。如此良久。末乃下臺。環棺而立。時而唪經。時而向棺撣聖水。或舉提鑪而洒香烟。既似佛教之轉咒。又似回教之出堂禮。畢。七人舁棺先行。神甫等及男女客皆隨後魚貫而出。置棺車上載去下葬。客則陸續登車。各回寓所。當

五十

堂內誦經時男女聽經者時坐時立時跪而以手扶面
作泣狀致敬盡禮敦西教也又今日英外部大臣索侯
父女在其別墅請茶會由申正至戌初地名哈特扉距
倫敦六十洋里備有專火車四輛去者兩輛一在三點
二十八分一在三點五十分回者兩輛一在六點三十
分一在七點來回車票每人先令五枚此次共請九人
星使令分兩班以免擁擠爭車不便於是叔羹少序少
山隨星使為一班余偕藕生琴蓀叔吾小荷為一班申
初余同藕生諸君乘車東北行七八里至君王十字街

五十一

車棧買票登車即開申正一刻到車棧距其家里餘備
有車輛迎接一路草木豐盛清雅宜人至彼下車入正
門走中堂出後門入園見索侯及其長女握手問候畢
右行二三箭地樹林陰翳道路整潔平坦而寬可行車
遙望其道尚長左右樹木蒼蒼密列不知地共幾千萬
畝轉回步至樓後則名花馥郁落英繽紛旁設布帳備
列茶酒點心在內各食地堪少許出此轉至樓前行數
武步石階六級而下則景致迥異於前石階左右各立
布帳長皆數丈內各橫長桌羅列點心酒果其前則花

卉分畦間有籬笆木架另一花臺上坐樂工一班于彼
盤桓里餘遂轉回登樓內多古玩樓亦古樸乃二百年
前女君主伊里斯貝姒之行宮也有粵人雕刻象牙樓
二層高約三尺周逾七尺工極精細有匾額有對聯樓
中有桌椅陳設樓外罩以玻璃罩據云係乾隆年間英
使馬喀呢携來者此外玻璃匣中有君主之草帽絲襪
筆紙等皆二百年前之古物也看畢下樓艸地列有鐵
椅少坐細雨一陣遂步回火車棧少待車到騰入即開
戌初回倫敦下火車覓馬車不得乃有土人周安遜夫

五十二

婦讓與同車載回使館因其住近海德園也
初六日戊子晴稍暖昨見火車棧貼有招牌收買舊假
牙者不知何用詢諸他人據云聞有牙醫買此用過之
牙改配他人之牙以省料者有買去壓碎以取其中之
白金針者然其牙牀必本係白金或黃金者方有此針
而所值亦無幾耳
初七日己丑陰涼有三十餘年前在上海等處貿易之
英商喀什呢者前于同治二年西千八百六十三年回
國現住距倫敦十八洋里之扣巴木村因其年邁不利

遠行乃於今日函請星使與余至其家午酌午正二刻由倭特路車棧開車未初一刻至彼備有馬車迎入其家一路阡陌交通二麥成熟此地村落不大房屋無甚壯觀者行八九里下車入內見其夫婦二子及其岳父母婁那夫婦少叙登樓淨面畢入座午酌知其人現在上海有房地買賣每月僅房租收七千圓其妻年方三十餘乃續娶也故其岳丈岳母較伊尚幼食後出樓入園老樹叢蘢紅紫芬芳四望無際亦不知有幾千百畝景致無奇惟其地勢寬闊左右兩處中橫大道深下丈餘其上通以鐵橋乃過橋繞行里餘繼入花廳瀹茗進佳果少坐謝辭戌初以雙馬大車送入車棧登車即開戌正一刻回倫敦

五十三

初八日庚寅陰昨日七萬二千二百七十五顆印用畢又許竹筼星使請假回華由俄至德坐德公司走美北上昨日開船明日過騷桑屯酉初星使率武弁前往約余明早往會以便齊行登船送別

初九日辛卯陰雨陣陣巳初乘車至倭特路車棧登車巳正開此輪名曰船輪乃專為客之將坐德船而行者也頭等來回票每人一鎊二先令如有德公司之憑票則十五先令午刻抵騷桑屯至江堤下車詢悉該船須未正二刻方到口外遂轉同步入西南店見星使在彼早餐未正同乘馬車至江邊登德公司小輪船同船男女之將往美國紐約者廿餘人在上少坐船開出口遙望公司大船已到船名未詳因逆風小船緩大船一週始泊其旁搭跳板步入大船斯時大雨滂沱海天無際先見許星使如夫人之弟朱貴申繼而羅星使下艙晤面叙至申正二刻大船鳴鐘催客羅星使始來船面余即入謁禮畢同登船面叩別步回小船即時兩船齊開酉初雨息小船傍岸急乘馬車至火車棧少待車到登車即開戌初回使館

五十四

初十日壬辰陰雨陣陣冷中國古禮凡尊長辭世其子之孝者必將其父母生平所喜之物殉之意在先人之遺物不敢自取亦不忍視他人取之用殮於棺內猶之先人自用也且係先人素喜之物隨葬入土先人有靈亦必喜也聞英國亦間有此風究不知其隨殮之本意為何如耳

十一日癸巳、陰雨、冷、記在倫敦凡人故後出殯、必其至親至契、且經本家帖請者方往、鄉間則不然、必先聲明葬後在某處備有酒食、則附近鄰居始多往送者、聞昨在牛喀斯地方、有男名賴木者、貧苦無聊、故後遺有妻及子女五人、于出殯前、經義友會施給十鎊、以備其妻子度日、乃竟於葬後幾乎告罄、聞其所用、該婦呈以收條、係執事辦棺殮人六鎊三先令、茶寮三鎊七先令、蓋當日送殯人多、雖衣履整潔、皆工人、非戚友也、酒食是議、何風俗澆薄乃爾、

五十五

十二日甲午、陰冷、西國油畫水畫之精、其寫生傳神處、往往惟妙惟肖、每見所繪男女聚集等畫、必多調情接吻者、不僅畫軸、即宮室及飯館之牆壁亦然、然于街市往來、不見有男女嬉笑放言狎褻、令人觀之不雅者、推原其故、乃知西人之於男女、以愛悅為宗、而以苟且為恥、其俗使之然也、

十三日乙未、晴暖、見沿街所售一種香紙、夲士一條、長尺半、寬四分、其色紫黃、面上印字一行、云法人董叟所製、在巴里唐彥巷第八號發賣、凡人屋有异味、或病人房內、皆可點用此紙、以薰潔之、臭其味、如作黃色冰乳之南美洲、草想必係以此草研入紙料、抑或泡水而混入紙料中耳、

十四日丙申、晴暖如昨、今日為西歷八月一日禮拜一、乃一大放工之期、鋪仍關閉、人工休息、戌初余偕吳沈諸君步遊利貞囿、花木景致與上年無異、惟見艸地及曲徑中、多集大小紙張、而張張有油有麪渣、蓋各富家現皆遠遊避暑、中等者今日亦咸下鄉、惟下等工匠諸人、乃於午後攜眷終日遊玩于園囿之間、時坐時臥、時而步行、帶有麪包、奶油、火腿、牛舌之類、飢而食之、以當晚餐、天晴氣爽、曛暮月升、倦而始反、亦寠人之樂境也、入夜風微涼、

五十六

十五日丁酉、晴熱、北京有填鴨使肥之法、此地亦有肥雞之術、據云磨米成麪、以牛奶煮熟、後加粗糖拌勻、白晝分次餧之、不久即肥、

十六日戊戌、陰晴不定、火車每輛不能僅坐一人、各處人品又多不同、夫既男女混雜、則須設法以防爭鬬搶劫、傷人、失火等事、以及行人猝病、并各種案情、按火車

所用之舊法係在車之上下各一氣筒各中藏有暗哨一通管車人屋一通管機器處大氣筒又各有小筒通各車各筒頭有弇內舍天氣弇面有柄遇事拽柄則弇開弇開則天氣入筒而哨鳴各車頂上亦置有暗號由管車人屋中望之可見至近日新創之法乃筒中含以小練并通各車亦有練凡遇事欲停車者即扯本車之小練則使管車人及管機人皆聞而車停矣西人防患未然其周密有如此者

十七日己亥陰涼西俗無論城內鄉間一切塵土污穢碎物既無處可存亦不欲存恐其腥臭薰蒸與人有損故皆逐日以車載去納諸溝壑雞性本喜掘刨啄食零碎西規既因潔淨不存此物雞則無所可刨于是蓄雞之人有餵蛋皮者有餵牆壁棚頂拆下之舊灰片者未詳何故

十八日庚子陰涼如昨中國不講格物化學而收存衣物亦用於梗樟腦防阻蟲蛀不知其理何所求得西人亦用此法乃將樟腦塊或香草盛布袋中置於毛布之間蟲自遠避又毛布毯氈之已生蟲者乃用於或樟腦水竭力刷洗可以避蠹云

十九日辛丑陰雨陣陣涼西人謂沿海所蓄之羊其肉嫩而潔蓋因海邊草鹹羊食之賴其鹽力而肉血得淨也又獸身亦有精血如雀卵之白其肉之色淡不甚紅者白多故耳

二十日壬寅陰雨如昨記西人喫白菜必煮兩次蓋謂白菜中含一種油人食之既無益而與別種青菜兼食更有損故必換煮一次而頭次水已將其油煮去大半也此殆西國不用熬炒而僅清水煮之故耳抑或西國白菜不與中國者同故其性亦殊歟

二十一日癸卯陰冷記西規晚餐必以湯為第一凡喫乾或鮮豌豆湯者必加胡椒乃謂胡椒性佐胃而舒筋如此可防肚內生風而傷食云

二十二日甲辰陰西人謂茶能治頭痛以茶性有助神之力也腦得之則血筋之動者即止又烹茶用水之正滚者因茶有油水滚力足以提其油也若第一次以極滚之水激之則茶之精油皆出第二次再煮則僅苦味乃其肉中苦質耳

二十三日乙巳、陰、冷、蛭蝓之為害、於田畝花菜為最、據英人云、除害之法有二、一、將白菜葉烤輭、刷以奶油、或他油膩、置於花菜左右之蟲多處、數點鐘後、則葉下蟲滿矣、二、于夏秋之季、置蘿蔔數片於花或菜下、蟲集其上、則不能逃、皆善法也、

二十四日丙午、大晴、暖、記英國拜客赴會有定規十九條、一、凡至契必午前往拜、衣服不必太奢、二、預拜請晚酌、茶會、跳舞會者、須在午後、又須距會期不遠、三、因故前往安慰勸解者、衣服自當樸素、四、平日循理拜會、須

在午後、坐間有別客至、須即告辭、或與來人相識、或主人強留、則不去亦可、五、拜謝茶會等、須在一個月內、六、如本人遠出、以信封寄名片亦可、七、如住距會主不遠、則親身往拜、或令僕役前往遞片皆可、惟須將片折一角、八、拜客入門、須在墊上擦鞋底、以免在客廳中露於鞋底有泥、為不恭、九、新客來拜、男客則女主坐而向之點頭問候、女客則女主始立、十、拜客入座、須免冠、手執之、主人請置一邊、方可置于身旁座下、十一、拜客後、到者須坐女主左之空座、十二、女主接男客、既不必立、亦不必陪送至屋門、十三、客將去、則拽鈴喚僕開門、至可否伴至屋門或街門、皆酬乎客之尊貴、情之厚薄與否、十四、鈴響客至、即喚僕以聽門、十五、引見此客與他客、須清唱其名、更須以可聽之言言之、如此乃我舊識之契友也、此乃我之舊學伴也、此乃我家之世交也、十六、入客廳、切莫舉目亂視、以免他人疑之、十七、當拜會時、莫脫手套、十八、小心待客、凡言語間有不妥可疑之處、皆設法避去、十九、婦女名片不帶住址、記曰、禮者所以定親疏、決嫌疑、別同異、明是非也、又曰、禮不妄說人、不辭費、又曰、禮不踰節、不侵侮、不好狎、準情酌理、雖蠻貊之邦行矣、

二十五日丁未、晴、熱、記英俗請赴茶會等亦有俗規二十條、一、凡茶會、跳舞會之請帖、至遲亦須發於一個禮拜之前、二、赴會者入門、先見女主、次覓素識之人近之、三、如欲引見朋友與會中人之位高者、必先達知男女會主、四、赴會必著公服即燕尾衣、五、永戴手套、六、手套外不得戴戒指、七、首飾不得過分太奢、八、不得永與一人跳舞、九、向所識者交談等事、須一律看待、十、須恭敬年老

者十一、待奉茶點、固當慇懃、而不要繁瑣、十二、若跳舞之人多、不得場場跳舞、十三、赴人多之會、臨去不必向人辭別、十四、凡大茶會跳舞會、臨門必設一桌、左右二匣、以收名片、十五、會中不設蒲樗骨牌等賭具、十六、人固不喜玩紙牌、如欲玩之亦可、惟須言定若干、以少為妙、而免爭鬭、十七、男女主人皆須隨時看待各客、而眾中之生疏識人最少者、尤當注意、十八、會中不議官事、不論教務、已有所好、須自隱藏之、十九、男女跳畢一場、須引女入座、二十、女入座後、不便即離、必旁立待女之別友來請跳時、離之方覺周到、

二十六日戊申、晴暖、英例、凡人嫁娶、皆須自本人素入之教堂、或他教堂之敘明其事者、由京城或本省之大主教、英名阿赤比渺處、領給官憑一紙、其事不僅兩造商定、官場亦必報妥、向平之願、非草草可完者、官憑領到、使費約五十鎊、另一法、名曰俗憑、凡人之成丁與未及笄者、經彼此之父母或保養之人允許、即可在新郎及新娘之曾經入過三個禮拜之教堂內成禮、其事經堂主或代辦之人調停、使費二鎊十先令、此婚禮從儉之法也、

二十七日己酉、晴熱無風、記英規、凡男女商定嫁娶、報明後、須在平日各人所入之教堂前黏貼報單三次、敘明一切、以便人知、堂中書手專理其事、費款至少者一先令半、堂中禮畢、新夫婦入別室註冊、并經堂內教師及此次嫁娶作証各人畫押、間有另給新郎官憑一帋者、此憑費價二先令七本士、官例一本士票稅在內、堂中一切事宜、統由教師指示、而教師之使費不等、視乎事之大小、故所有各節使用、必經新郎之友從中辦理為最佳云、

二十八日庚戌、晴熱微風、巳正、著蟒袍補褂、同眾除沈荔完未到外、隨星使向北恭拜

聖牌、行三跪九叩禮、未初、公讌、入夜、驟雨一陣雷

二十九日辛亥、晴熱如昨、西國馬種、既壯而大、且養法極精、故其色不雜、黑白紅黃、無不純一、其神駿而良壯有價值二三百鎊者、驢亦有值一二百鎊者、壯馬之佳者、他人欲孳其種、賃用一次五鎊、

七月

初一日壬子，晴暖，微風。西人謂鳥之四肢，較他肉柔嫩，以其曾經用力故也。鳥之翅用之以飛，腿則用之以走，筋肉勞力，故而嫩也。更有謂其左腿嫩於右腿者，因其頻右腿立而左腿翹也。

初二日癸丑，晴暖。聞在瑞士國東北界蘇立池地方之帕瑪東醫中有療病女名鮑茉婁者，年十八歲，當其病篤彌留，牀禱時受洗。按天主教規，凡小孩生後若干日行受洗禮，入堂時，有孩家誠實戚友三人代孩發誓，若係男孩則二男一婦，女孩則請二婦一男，三人代發信

六三

天五誓，其誓詞未詳，〔其誓詞〕并謂孩之父母如若早亡，自當保其成丁，守法，否則長成及歲，仍歸其父母云云。因該女幼時未經受洗，故當日經大教士蒲喜努同其戚婦及其情人温圖悌行受洗禮，并許其嫁温為妻，因當瀕危之際，温立牀旁，含淚欷歔。既而教士使女受傅油禮，此禮之義，謂尸盛棺中，遍體傅油，則得易出，想與佛教之超度及華俗之入殮以水，開光同意也。禮畢，病女勉强轉側，扶枕而起，與其新夫接吻，後雙眸俱合，鬼仆而僵。是規者，西規也，儒、釋、道、回四教皆無有也。

初三日甲寅，鎮日似陰微晴。按英國嫁娶官憑一節，當英王題良第四之世，曾有定例，乃凡人之欲不入教堂而得嫁娶者，須于三個禮拜前稟知本地管理嫁娶官憑之人，届期新郎新婦或同去，或分去，註册。註册聲明後，于成禮前一日告知管理官憑之人，次日同赴其署領憑。領時禮儀無他，僅官向新夫婦問答數語，並誓以彼此立意永為夫婦，亦白頭偕老之意也。此等使費無多，僅數先令而已。按成規，必有戒指套於新婦左手之四指，此則不必，既領有官憑，即為循例云。

六四

初四日乙卯，天氣如昨，稍暖。記西國新婦之衣冠，色尚白而無定式，因式樣頻改，且各人所喜者不同，衣皆新製，必新婦親至著名成衣鋪，言明所喜。其人必按時式裝潢，而肥瘦短長合度。新郎僅著禮服，無他更改。屢至陪新娘各女儐欲製新衣，必先詢明新娘之衣何式，而後製買，以免雷同。

初五日丙辰，晴熱。記英規進堂成婚之禮，乃届期所請男女賓客先到，分立經臺對面，繼而新郎隨其母及兄弟姊妹，或戚，咸至，立于臺前待之，再則陪新娘之女儐

到分立堂門内之左右即時新娘隨其父進堂先行各白衣女儐雙雙隨後至經臺前與新郎並立女左男右立畢陪新娘之第一白衣女即接新娘之手套手帕鮮花等代執之以便新娘接戴戒指及行一切禮儀此禮皆有守當之婦指點無誤其教師費用之多寡視乎新郎之品位如何書手每名五先令其他管壘伺候者各人少許至堂費若干皆有定規而願多給者亦可此西國婚禮之通行者也

初六日丁巳晴星使原奉駐英兼比義兩國到此後屢欲前往未得至是始定今日赴比都呈遞國書隨帶各員為羅叔羹羅小荷武弁林文彪又因比國操法語兼調阿摩士船廠監造候選縣丞盧守孟隨往昨日給札派余代理今日巳正偕諸同人除沈荔完外送星使至柴苓十字街火車棧登車即開

六十五

初七日戊午晴再記新夫婦入堂當在臺前禮畢新郎即以左臂挽新娘之右腕先入號房畫押然後出堂新夫婦同車婦左夫右回寓早餐其他男女各客陸續登車雙雙不得錯亂其中承約早餐者即追隨新夫婦之車後其稍疏遠而未經約請者則驅車各歸里門又當日新夫婦及陪伴新娘各女儐之車御者及跟役皆著高帽禮服且胸前襟上各插白花一束以示區別婚禮之簡即此可見

初八日己未晴又記新夫婦回寓早餐如客多則新夫婦分坐長桌中間之左右桌之兩首坐新娘之父母否則坐男女兩家客之年長者各一飲食將畢則客中一年長者立陳數語以祝新夫婦并公飲二人之福既而新郎立起答謝因此時無人注意于陳詞故無須修飾繁瑣要言數語足矣食畢不待斂器收拾而新夫婦之行裝備妥即刻登車出遊或遠或近或數日數月以及一年咸視乎二人之品位資財若何至其所遊之地如在本國則多去英蘭西南臨海之寬倭代文脑等城抑或葦得島景致幽雅火車往來亦便其欲遠游者則多赴德法瑞士等國者又比遊洋名豪呢木恩義乃蜜月也新夫婦情愛親密之第一月也

六十六

初九日庚申稍陰涼前當星使啟節時謂惟電信須原

封寄送比京蓋秘本歸星使携帶也余固告洋僕以來信皆送余手不意凡由大北行來電乃皆仍交伯蘇而伯蘇竟閉門半日始行轉發不知何故也

初十日辛酉陰涼記英俗凡男女嫁娶有一種分送戚友之喜糕洋名衛丁凱克義乃新婚糕也按其做法乃乾麪奶油各四觔糖二觔荳蔻芋香各三錢雞蛋三十二小乾葡萄四觔甜杏仁一觔香橼一觔蜜餞橘子檸檬各一觔卜蘭的酒六兩以上各件備齊先以手揮奶油成汁繼而將糖洒入俟一刻後將雞蛋白另盛一盌

六十六

內攪使起泡倒入奶油糖中再半點鐘後則先將雞蛋黃倒入再將乾麪荳蔻芋香攪入待火爐器具備妥先倒入卜蘭的酒再放入葡萄香橼等一切攪畢桌面置一木圈圈下墊紙三層滿擦奶油後將材料倒入圈內連圈置爐上烙之至少亦須三點鐘之久方熟云中國婚嫁無論南北禮皆有龍鳳餅於納采納幣時用之繼則分送戚友所以敦睦誼重嘉禮也今西俗亦有新婚糕之舉何所由來殆不可考要之禮雖不同用意則一安得謂東西俗尚之不可互證耶

卷六終

六述奇卷七

鐵嶺張德彝在初氏隨筆

光緒二十四年七月十一日辛酉陰涼倫敦西南隅有地名厄勒斯闊爾特者譯言伯爵府也其地四面鐵軌叢集中間隙地狹隘耕耘不足營造不宜五條鐵道形似雙勾八字各中隙地中長而左右短式作小字形前于西歷一千八百三十七年（即道光十七年）經同人醵金購其地用設賽奇會其當中一畦如小字中筆長二千二百餘尺寬約二百尺左右兩畦如小字左右二點長各千

一

尺寬五六百尺左點通中豎以一橋右點通以三橋皆在鐵道之上橋寬敞平坦點綴殊佳該會場地雖褊小雅有布置凡臨鐵道及街衢處四面環立油畫高約二丈許山林花木臺榭田莊真假混淆工極精妙使遊人步至畫前尚不知目前若干里遠也入門共五處中畦上下兩門上者在西堪興坦火車棧下者臨里立路左畦亦兩門下者傍西邦普屯火車棧左旁者臨倭韋路右畦祇一門在右旁臨北埃恩得路各進門費每人一先令如購地道火車來囘及入門票價稍廉場中修飾

踵事增華每年惟自西五月開至十月因冬令天寒霧
重不便遊觀也又本年内列多印度房間土産因而名
曰印度會場今日午後余偕沈吴諸君率縈驊乘車往
遊至倭韋路下車乃左畦之左鄙也入門步數武左旋
為福晉閣内列新式輪船多種大小不一大者長一丈
寬尺餘一切機件形式與真畢肖精巧絶倫循途轉入
公爺閣内列俄與瑞典之五彩綢緞平平無奇出此一
敞院曰君主廷左右二酒館中一樂亭内坐樂工廿餘
人亭後一小湖勢蜿蜒如卧龍沿湖鐵闌環置電燈千
盞湖中有氣艇繞游一周每人三本士入夜燈燭輝煌
尤饒逸趣湖左右二橋左名珠壁立右名維克都里亞
左橋之左湖心一小島島上懸氣球以十二馬力之汽
機使之上騰千尺可載七八人坐者每人五先令湖濱
三面又曰珠壁立園則紅綠分畦階砌藩溷右橋之右
湖邊一鐵塔英名貝勒衛斯得爾譯言望天塔也高二
十丈造用鋼鐵百五十噸式與巴里賽會場中之塔相
似頂作中國塔形上一鐵盤容一百五十人上下既有
鐵梯又有升梯二各中容人六七上一次須時三十秒

二

登臨眺望畢見園中景物上者每人半先令塔之四面
花卉芬芳與左鄙者同另名曰維克都里亞園湖後正
面鐵架玻璃房一區名曰君主宫横約五十丈深十丈
中鑿水池盛植花木有芭蕉棕竹之屬左右首各有小
樂臺名曰怡性處臺上各坐日斯巴尼亞國男女樂工
十餘人絲竹叠奏幽雅可聽蓋為遊人步入少憩坐於
花木之間以乘涼怡性也四面有門左通維園右通珠
園二門外各一酒館前面三門中對湖前樂臺左右對
珠維二橋後門通一橋曰長橋過橋即小字中筆一畦
其橋下乃倫敦西路鐵道也下橋右轉有鐵架房一環
作扁圓形周約二千尺總名御廷房分兩層外明内暗
其外更有遊廊便人往來内外間間分列東西各國及
英國奇巧貨物男女商多英人左右及後面有四大間
一曰中閣四壁上下皆作印度房式列印度貨又三間
皆曰御閣專列義奥德美國貨其外間各有加非點心
鋪一所南北斜向後間臨橋為巡捕屋水龍屋環房中
之敞院曰御園周約七百尺中一樂亭上坐樂工二三
十名緣亭列有鐵桌椅備人點心歇息外則花卉分畦

三

或圓或方、左右分十區、各作扇面形、由房左中閣穿出、接有戲園、名曰皇后園、正面五門、門前一箭道、左右首二酒肆、戲園用地周八百餘尺、新演一齣、曰表揚水師、正面懸山水布畫、如海口、一村三礮臺、海邊并有燈樓、形勢頗似德之帕諾拉瑪、障眼畫座位層層與馬戲園同、座與布畫之間、相距百尺、水汪洋如注、地勢雖狹、而真水與假水相連、大有海天相接之概、風雲靉靆、島嶼蒼茫、望之渺無涯涘、其中村鎮樓房、人烟稠密、雖以千里鏡窺之、亦不辨其真假、幾千萬落演海戰、大小鐵甲

四

兵輪十二艘、咸照英水師巨艦之最強者製造、其名如闊凌武、班步武、堪百擋、亹百爾等、船雖長僅丈餘、而一切規模與原艦無異、船面羅列大小礮位、無不備具、又有水雷船、文書船等、晝夜分演兩場、共作七節、白晝第一節曰昇平水師、乃十二船先魚貫一行、既而對對兹行、再則彼此往來穿行、後又連成一串、末則分作兩班、極屬整齊輕快、第二節、船分兩隊、佯作交兵狀、各由左右臺後駛來、對面聲礮、互相冲突、各按兵法、不分勝負、第三節、演水雷、水面浮一木靶、二水雷船陸續分擊之、其能中者勝、觀者鼓掌稱賀、第四節、曰永慶昇平、乃各船編綴花旗、正面一帥船、他船往來列陣、每自帥船前過、皆升旗三次以示敬、入夜、滿園然電燈、岸上樓房燈火照燿、船上艙中亦然、燈所演與白晝異、勢作海面戰場、第一節、即第五節、乃夜間一戰、船自他處駛回、未及進口、被他國巡船追及、向之連發數礮、該船竭力閃避、幸得駛入正面礮臺後、第六節、一水雷船駛入、相勢以擊三礮臺、竟被岸上由搜察光中窺見、即以礮轟之、未著、該船於擊毀口內一敵船後、尤能躲避礮臺之火、且發暗

五

號喚船來攻、俄頃眾船齊來、有升旗者、下旗者、燈有明者有暗者、往來搜尋、升有隨行、嗚哨而傳令者、第七節、作攻擊狀、礮聲隆隆、各船施放小礮、礮臺上亦開大礮、兵船復以開花礮轟城、水面船碎、城中烈焰熊熊、礮臺失陷、火光燭天、又因天地昏暗、礮臺設有電燈、光射海面、以便照尋敵船、左礮臺塌後、右礮臺即舉降旗、于是礮聲息而各船燈火齊明、滿懸國旗、以彰得勝、樂奏天保君主、船皆凱旋、此戲所演、能令觀者如身臨戰場、目眩神駭、至其船具體而微、其上無人、而十二船能於池水

中四周泳游、不失次序、且能自行、然燈、放礮、鳴哨、升旗、
無他、咸賴電氣耳、演時白晝自三點半至四點半、入夜
由八點半至九點半、座價由六本士至三先令不等、出
此、同行、過中閣、出御廷、穿御園左行、入御閣、出左門一
長院、曰英蘭美景院、周約一千二百尺、四面矮屋參差、
高者兩層、皆古式木造、別有景象、院中兩大間、第一間
曰侏儒戲館、乃美國人所演、矮人男女五六、高皆不及
三尺、其為首之老婦名色木者、尤矮、高僅二尺、往来自
備小馬小車、御者及僕役皆侏儒也、戲共四場、第一場

六

演男女真假恩情、第二場矮人歌舞、跉跦蹀躞、鶯囀鸞
咽、亦頗有趣、第三場色木述其遊歷列國、各王與后如
何接待、第四場以幻法作假人、皆留在他處、屢見者、玆
不贅敘、第二間稍小、則茶寮也、室左別有三區、一為義
國曲館、一為演留聲器處、一為藏南海島中男女三四
人、備人觀覽、并列有該處土產多件、不外骨殼海石之
類、其他各間、有名沙圃者、出售香水脂胰、且使二幼女
妝飾翩然、立諸門外、以廣招徠、又有要自行人者、有照
怪狀小影者、如人面可照于狗身、人身可變牛頭之類、

有出售新式以樹枝樹梃編成之桌几椅凳、及花園小
亭等物者、有揪地毯行、設其天氣揪機及火輪揪機者、
有出售新式爐竈、隨有二女庖爊火烹炒者、其他無甚
新奇、無須瑣述、又此院中有東洋車五輛、雇黑人身著
日本衣拽之、坐馳一周、三本士、過此入一長斜院、勢袤
伸如股與足、周約二千尺、名曰樂境、先則正中小樹兩
行、對植廿餘棵、左則花園幻景、白石砌路、夾道紅花、右
則房間一排、第一間曰電氣戲館、容數十人、內正面懸
瑞士阿拉普斯山旁景緻一方、周不及四丈、山林村市、

七

橋梁、舟車、造以鍊木甎石、望之真假不辨、惟水流潺潺
有聲、則真水耳、所演名曰一日景、始則天明日出、午後
微陰、繼而大雨雷電隆隆、雨止天晴、入夜月升、景頗可
觀、其晝夜陰晴、咸賴電氣、觀者一人三本士、第二間曰
日本御前技藝館、所演第一場乃一人仰臥、腳上置一
鍊盆、重三百六十斤、又上下左右連疊數盆、高至一十
五尺、一女登盆而上、頂立中央、倏忽盆墜、女頭竟落入
腳上大盆中、其他二三場、如踹轉繩等、皆他處看過者、
第三間為放槍場、正面距箭地勢作山村景緻、有假鹿

山猫等往來馳騁放槍得中者贏旁一加非館再則一大間曰黑人營演者男女三十餘皆來自北美洲苗蠻之地一切曲文聲調樂器跳舞皆令人聞之掩耳觀之目眩喫火一技亦前在柏林看過者另一房内一人以鉛筆畫小影頭大與真人同工不及一刻價則一先令對面一雜耍館未及一觀此地中央立一大鐵輪名曰支干梯輝勒義乃至大之輪也周二百八十四尺重約九百噸地立八柱架鐵軸軸粗一丈每邊作仌形軸兩首各小屋一間輪共四圈左右各一大一小扶條鐵棍

八

四十餘外出如菊花小圈之間横連以鐵棍而小圈與大圈亦連以鐵棍二大圈之間周圍横繫小木房四十長各二丈三尺寬丈餘四面玻璃窗内有桌椅分頭二等每中容人三十重各四噸半二小圈上掛有二鐵練由地下通入鐵架後屋中機器機器兩架每架五十馬力機器動鐵練行則大輪轉大輪轉則小房隨之上下人之欲坐小房隨輪眺望一周者頭等二先令二等一先令右面登臺買票入房左邊出房下臺頭等者桌凳華美各間出售千里眼皆有一人伺候轉至極上高三百尺四望東南見水晶宮西南見色當山西見文恣行宮北見哈婁文卜來二塔正東見倫敦各官署入夜輪中滿然電燈此小房租用一日者半吉呢茶酒點心飯館可送此下鐵柱四面羅列小攤出售玩物此園由入門至輪前入夜電燈層層顏色紅綠不一輝煌有致故名曰樂境輪右敞地小樹兩行共三十餘棵左右花池及加非館直行至西堪興垣車棧門則中畦直徑之盡處也回行右轉過閬苑橋橋下為中行鐵道橋平與地接步行其上更不知下有鐵道也過橋入一園曰西園

九

犬牙相錯周約二千八百尺則其右一畦也此園開敞景緻無多僅豐草綠縟花木芬芳而已橋右距數武一區曰天下一家乃屋中置一大籠内畜牝牡獅猴虎豹熊羆等共二十餘人在其中摟抱接吻互相親愛不爭鬭無吼聲夫獸莫猛於虎豹而一馴至此是將來蠻貊被化頑梗胥捐所謂天下一家者其庶幾乎或謂此獅熊虎豹多非原種童而豢之長而馴之以故聚族而居不生猜忌然則將東東西各國人民互相往來久而種類相混偶居無精殆不難一視同仁歟未可知也出此

山頭有往來自行車、占地五百尺、一車可坐六七人、道
路凸凹、往來咸仗擁力、亦三十年前在瑞典看過者、對
面先一加非館、繼則演由聲筒處過一段花草地、有飯
館二區、再則一局中人之會館、此處對面另有二酒肆、
又一處名曰育嬰堂、次一處曰麻加帕諾拉瑪障眼畫、
皆未往觀、此地中有樂亭、旁植小樹兩行、由此右轉登
大橋、長四百五十尺、名曰穿廊、其間左右列屋肆、設各
國貨物種種新奇、筆難盡述、過此橋則又入小字中筆
之御廷矣、乃步入飯館晚餐、畢、乘車回使館

十

十二日壬戌、早陰、戌正大雨一陣、記倫敦每冬、固有茶
會、然男女擁擠、酬酢之儀、殊無取焉、主人既覺繁累、客
亦多勉強周旋、不足以暢達主賓之歡、由是另有幾種
小茶會、乃邀戚友男女十數人、或二三十人、賓主同玩、
以樂終宵、各會名不同、如書卷茶會、照相茶會、奏樂茶
會、猜名茶會、緘口茶會等、凡請奏樂茶會者、須女主善
鼓琴、客到後各給紙筆、主人則一彈再鼓、客則各書所
奏係何曲、屬何樂譜、鼓畢查驗各紙、其能多知者得贈、
猜名茶會、係一女正坐、餘人排立于其後、乃陸續以紙
書一名女之名、如謝道韞、曹大姑、王昭君、洪良玉、木蘭、
薛濤等、問曰我為誰、坐者猜之、是則曰是、非則曰非、若
猜中則坐者立而易他人、其能多猜不錯者、有所贈、至
其緘口茶會、乃廳中設桌行行、每桌對坐男女各二、以
紙牌為戲、設若十桌、則四十人掣籤入座、十桌以首桌
為主、各桌坐齊、待首桌搖鈴、則齊玩牌、彼此緘口不語、
約四五分鐘久、首桌再搖鈴、則即停手、後查各桌何人
于此五分時內得副最多、乃按副數之多寡、前後升降、
如由第十桌升第九桌、凡升至首桌者、皆得一憑牌一

十一

次、查畢、再行入座玩牌、蟬聯而下、比至夜半、主人請眾
夜餐、為止、于玩畢時、又總查何人曾屢升至首桌、及何
人曾屢降於末桌、乃分贈三等、則首二桌與末桌也、
十三日癸亥、早陰晴不定、午後細雨淋漓、風、倫敦鼠極
繁盛、于是有專司捕鼠之人、聞邇來五個禮拜內、在英
都各船澳由往來船中共捕得大小二十萬零二千七
百八十二頭、據南美洲某船船主云、本船載運五穀來
英、沿途白晝滿船鼠行成羣、自經捉鼠人搜捕後、蹤跡
頓渺矣、竊謂鼠依人而行、故輪舟帆船皆有之、人坐船

必欲其新造輕快、䑐則不然、乃擇其船之五穀豐盈者、
方寫船票也、芸窗無事、因信筆書之、
十四日甲子、早晴、午後微陰、既而細雨陣陣、早接星使
昨日寄諭、內云抵比後奉
旨飭辦編譯事宜等因、欽此、尚祈諸公仰體
聖意、勉為其難、無任盼禱、此聞、
國書於初九日呈遞、初七日傅相豫先致電比主、道意、故
相見時有加禮、暢談歷半時許、兩訂本晚讌會云云、又
接來電、謂今日酉初抵倫敦、屆時余偕諸同事往接、入
夜風、

十五日乙丑、稍晴、涼、記英規、凡新夫婦于成禮後、皆須
同送名片與其所識之戚友、各戚友咸以吉詞書諸名
片及說函以答之、迨夫婦出遊旋里、別樹門牆、新娘即
可備人來拜、然不必專候在家、凡親朋投刺者、皆當即
早答拜、以表交誼、而于片中擇定所欲結納之人拜之、
其不願結納者、既不答拜、以示絕交、倘未及答拜、而仍
有茶會來請、皆可婉言辭之、
十六日丙寅、晴、涼、又新夫婦遊回後、于彼此素日所識
各男女中、擇定仍願夫婦與之相識者、則酌定日期接
待、或每禮拜某日、或月中某日、凡初次到者、須以喜糕
與酒奉之、客又必以吉詞祝新夫婦、新娘接客、值新郎
公出、則不能獨會、必有其母或姊妹或他人相陪、并須
代申新郎公出不能敬候等語、蓋男子迫於差務、不以
失迓為非、而女子既有室家、亦以遠嫌為是、觀於此則
知別嫌明微之禮、中外無二致也、
十七日丁卯、晴、記英人之非天主耶穌兩教者、遇有婚
配、而遵例領有憑帖者、則在無論何教堂中、皆可成禮、

惟禮節經句稍有加減更易之處、各管堂人皆明悉一
切、其有不知者、則管堂人指引之、
十八日戊辰、晴、熱、西俗、小兒生後、皆應入堂受洗禮、不
拘日期、多擇在年節鬧熱之時、受洗禮若何、乃神甫誦
經洗浴一次也、其規不同、或照本堂之禮、或遵教會中
禮、入堂時小孩之名及其生日、皆須報明登冊、一切規
例、詢諸管堂之人、堂費無定、視乎事之大小、擇期既定、
屆時孩之父母及教中所謂之神父教母皆到堂、奶娘
抱孩、孩衣固當鮮潔白色、各人亦皆著禮服、禮畢、教母

必送小孩一物如銀匙刀叉小盌之類以祝長生并給奶娘微物以爲禮

十九日己巳大晴熱記倫敦有種加非館行名曰英國茶桌者亦係集股而成鋪設多處與ABC行同聞昨在發吝墼街之英國茶桌加非館中經女堂倌郭蘭竊去櫃房數文案犯經官場議定今後凡女堂倌于伺候客時皆須著其應著之衣不得著行路衣以免身有暗袋云

二十日庚午晴熱如昨午後偕沈吳袁尹諸君乘車往遊萬牲園今日係禮拜二日男女遊者極多內加非館四五區亦頗擁擠禽獸如前無所加添惟一種電魚來自斐洲殊新奇養於鏡槽中粗拱把長尺餘色黄形似鱔魚據云以指觸之即生電焉

十四

二十一日辛未早微霧午後大晴熱英規凡人生有子女皆須報官註冊在四十二日限内投報者不索費逾限者罰七先令半生過半年則官不准報銷出英籍故凡一孩生後或其父母親報或房主鄰居以及收生婆等前往代報各城皆有官署名曰註册局應報者有數端如所生或子或女生于何日乳名爲何孩之父母何名孩父以何爲生報信人并須畫押註明籍貫住址及註册之日以便官場遇事考查云

二十二日壬申晴凡小孩之生于英國者業經報官註册於六個月内其由受洗所得之名須於受洗後七日内復經前次報官之人再赴註册局報明當時須自管堂人得有憑單費款二先令七本士（官稅一本士在內）註册局查明憑單另索書名費一先令

二十三日癸酉晴記外國男女之名皆取教中神聖之名以爲名中華則不然吾人所以避神聖之諱者尊敬之意也故有聖諱廟諱家諱之别至西人命名無所避諱意在取其名即以効其行也故自君王以至庶民自鼻祖以迄耳孫皆可同名也至其名數男名約二百二十女名約一百六十既不能任人自取則必其父母于名單内向神甫商擇之

十五

二十四日甲戌晴熱微風記倫敦臺又名白塔在倫敦城中偏東南傍太木斯江前英王踰良第一所建也係在西歷一千零六十六年當宋英宗治平三年占地一

十三英畝、臺高九十二尺、四面圍牆寬一丈六尺、皆以石築、係古作官監內中古之名人王族被害者頗多、牆上設有兵房、牆下圍有濠溝、寬約二丈、入門有吊橋、隨時可以灌水以防逃竄、牆下另有牌門、罪犯或生或死、有時自此冲出、現在圍牆仍用住兵、其內則安置整潔、備人遊覽、每日自巳正二刻至申正、開門遊者入門買票、按處遊畢、有人收票、惟每禮拜一六兩日無使費、今日午後、余同沈吳尹三君率榮驊乘車往遊、入內登樓、先觀寶物房、房內正中置一三角形大玻璃罩、頂尖座

十六

方、滿列君主金冕、金杵、嵌以珠寶金鋼石、并金盤金罍等、四鄙臨牆、有長方木架玻璃罩匣、內列各等寶星寶帶之類、轉入他門、則一小禮拜堂、不甚華麗、建以木石、為古諾爾曼之式、再入一樓、石梯狹窄、黑暗、上僅石屋一間、即古之囹圄也、四面石壁多有罪犯以刀刺其名於上者、據云古之國王王后及王子等於此被困受害者不一、其他層樓所儲、第一為英國古時人馬之鋼鎧盔甲、再則英國及印度各種今古大小刀槍器械、各皆排列整齊、或排壁上作菊花形、或插架上、行行分別、悉皆磨洗、光明閃爍、左右架前隔以繩或棍、人行當中、皆有定路、是由入門至出門、魚貫而行、人雖眾而不擠、再上至臺頂、式如京西之五塔寺、聞古時國王亦有自上越下而死者、院中羅列古礮、多門、并有古時王后受刑斬決之處、中置鎧具、四圍闌以鐵鍊、各處皆有兵丁抱槍往來梭巡、至各守門人、皆宮中侍衛之年老有功者、充此散職、以終餘年、

二十五日乙亥、晴、熱、微風如昨、碧玉鳥之性最靈、聞昨在美國米詩千邦監中有罪犯米爾者、蓄一鳥、名之曰

十七

佩的、朝夕教養四年之久、竟能使唱美國之秧季兜得曲、釋言秧季者、美國人之綽號也、兜得者、懶漢也、句句清楚、歌聲與幼女同、不僅此也、且能跳籬笆上小塔及騎小腳踏車等技、或謂該鳥經人以二百五十鎊購去云、

二十六日丙子、晴、涼、京中各會如秧歌、五寃棍等技、凡曾經御覽者、皆用黃龍旗、英國亦有此俗、凡出售飲食器皿車船等廠鋪之貨、曾經君主用過者、即於門外招牌及貨票貨匣上、皆印刻本國之馬獅圖、有經太子王

妣等人用過者亦于招牌貨單上大書以曾經上用等語

二十七日丁丑晴記英規凡英人坐英船在上生有子女者該船船主須記明一切條該船駛到甚處當即以信將其生期及教名報知倫敦註册局重丁口也

二十八日戊寅陰冷記英俗男女固皆戴戒指然其戴處不僅在第四指也在他指上者蓋皆有義也如一男意欲得妻則戴戒指于左手二指如已配定則戴于中指已娶因戴於四指苟永不欲娶乃戴於五指女之未經擇配者戴一鑽石戒箍于左手二指如已聘定則戴於中指已嫁者戴一金戒指於四指苟終身不願出嫁則亦戴於小指所以示別也

二十九日己卯晴暖聞西國新婦戴戒指之風由來尚矣據云始自羅馬人按其規于未娶之先有戚友會於女父家互議嫁娶之憑書議定後則女之嫁奩財産或即時付給或臨期送交同日喜樂讌會一場新郎即贈一戒指與新婦以為質新婦戴於左手四指蓋義謂四指連心今而後夫婦同心永世不忘也

三十日庚辰晴熱聞西俗戴戒指於左手四指之意乃訛傳左手四指脈管通心故至今名其四指曰嫁娶指而各神甫亦皆因而遵守之然詳考其原大義總不外守教按英國古時嫁娶之禮乃新郎將戒指先套于新婦左手之大指曰聖父之名移于二指曰聖子之名又移于中指曰聖魔之名末則移于四指之上曰阿門譯華言正心所願也以上前三句義不甚解蓋皆其教經中言也余按其經文譯之存以待攷

八月

初一日辛巳晴熱如昨英人遊歷中華例由英外部來文咨請護照茲聞有英人屈渾者自行函請護照星使即日發給推星使之意或因其人由俄至北京路皆洋人素經之地不關緊要竊以為此端不得擅開恐此後英人視為可行即援以為例于是自請護照者紛紛而至苟皆與之幸而無事則已若有事詢諸英外部彼必答以不知無案可稽如何了結事雖甚細不可不慎也入夜微風

初二日壬午晴英國男女婚配不用媒妁之言某男悅

某女、某女愛某男、自訂交至議婚、彼此情愛、皆不明言、惟心心相印而已、即如男悅某女、餽送摺扇首飾花品等物、必遞以左手、以示愛慕之誠、女若接以左手、即為心領其敬愛之意、苟接以右手、則明示推却、該男自不必仍行思慕矣。

初三日癸未、早微雨、午後雨止、仍陰、邇來兩三月間、每有信函札件、星使皆令袁仁圃在中國客廳鈔寫、昨日又奉星使面諭、凡鈔寫官件、皆須將門鎖閉、以免他人偷看云云、由此觀之、則某衙門人不知某衙門官事者、不為奇也。

二十

初四日甲申、鎮日陰而細雨陣陣、涼、英規、一人病故、其子女、或房主或同居之人、須於五日內入註冊局報官、又當其人死時、在旁如有外人、亦須同往稟報、至所應報者有七、乃其人身故之日、故人之名姓、籍貫、年紀、何職、何業、故去之由、報信各人畫押、書住址、及報信之期、不僅此也、更須醫生具一憑單、敘其病症、并留經診脈看至何日、報官者執此轉交包辦殯葬之人、其人再呈官府察驗、苟無醫生憑單而擅行葬埋者、一經查出、則官罰十鎊、蓋防有死于非命者也、又一切報官交憑單等事、皆無使費、按此憑單亦與我華城門驗殃榜之義同耳。

初五日乙酉、微陰、涼、記凡英人之坐英船、于中途病故者、亦與生產者同、待至某處、該船船主即行寄信倫敦註冊局報明一切、又英俗、一人病故、家人須即以黑邊報單報知本家各人之在外者、或因事忙、而人多其居住附近他人者、并可求為代報、俟一切事定、擇期發引、在某教堂誦經、葬於何處、既登新報、并送訃聞、請戚友聽經會葬、或僅至教堂、或送至塋地、蓋交誼有親疎之異也。

二十一

初六日丙戌、早稍陰涼、午後晴、記歐洲古時農家以牛易物、嗣因其法不便、乃割牛皮一塊、成牛之圖樣、并印己之姓名、往購所需之物、至交易已成、而當時不須此牛、則收其皮塊為質、迨後可持此皮以領牛、故古時之錢起於皮塊、而錢之古名、在臘典文中亦謂之皮、千年以來、始陸續鼓鑄金銀銅三品、至英國、初以銀銅等質造錢、數百年前始鑄金錢、至西歷一千六百年、明神宗萬歷二

十三年始造金錢大小五種、銀銅錢大小各六種、且于牛
渡之時、大書院將所存古銀器集鑄銀錢、其大者每塊
值二十先令、至一千八百七十年（即同治九年）以後、圜法始
定、凡以前之錢、未經官場收回改鑄者、人皆視為玩物
而珍藏之、按現在所鑄各錢之名、皆有所本、即如法丁
（本音法爾應）義乃四分之一也、四法丁值一本士也、本士（本音
佩呢）本乎臘典盤訥斯、義乃布也、幣也、用以為質也、先令
（本音什令）本乎德言矢凌格、義亦錢名也、苐洛林乃古金錢
名、本乎義國肥歐里努、義乃蓮花、因錢面鏨有蓮花、故
以名錢也、克老安義乃王冕、亦因其上鏨有王冕、故以
為名也、又其名本法古金錢名、色五倫義乃主也、首也、
以其位居銀銅各錢之上也、鎊（本音慝得）者、義雖一磅、實
則本乎蘇格蘭之錢名而名之也、吉呢亦金錢名、蓋取
其金來自斐洲西南界近海之吉呢地方也、
初七日丁亥、晴、記英國各城之訟案、有案情重大而非
本城地方官所能判斷者、每年由倫敦律法大學士英
名駱爾得禪賽勒爾派員各方代審三次、如我華欽差
查辦事件大臣、節麾所蒞、該城阿得門預備公館伺候、

二三三

一切、如有重案、自呈該員審斷、苟皆非要件、則該城之
美爾即于次日餽進白皮或織絨手套一副、以示本城
無案可讞之意、蓋古法也、詢諸土人、既不知其始自何
年、亦不知其何所取義、惟循守舊規云爾、
初八日戊子、晴、涼、月前星使購一鐘形布帳、置於本街
公花園中、為乘涼坐息之所、星使喜讀英史、手不釋卷、
因恨自讀不快、乃僱英人之善讀者、每日午前在公花
園布帳內背誦兩點、鐘每一點、鐘工價三先令、蓋各執
一卷、同坐帳中、其人誦而星使聽之、乃謂聽一日勝於
自讀十日、一月勝於一年云、
初九日己丑、晴、涼、至著棉衣、記英規、凡為人送殯者、皆
戴黑色手套、而喪家仍備大小十二副、以便來人之未
戴者、至送殯之車、則本家者隨殯車、至近之親族次之、
其他戚友者則尾隨之、俟葬畢乃本家者先回、其他仍
按來時先後之次序、中惟至近之親族須仍回本家少
坐而後去、
初十日庚寅、晴、涼如昨、按英規、凡讀禮之家、于窀穸後、
各戚友皆須往拜其家之人、以示關懷致慰之意、凡宗

二三四

戚皆於半月內第一禮拜親往至契之親友又須於半月內第二禮拜親往以上皆須晤面少談而後去至交誼疏遠者皆於一月內前往不必會晤僅投刺致候而已

十一日辛卯晴冷記英之糕點有蘋果餅一種作法用白麪一觔切碎牛油六兩攙均鋪平再用煮熟蘋果一觔半雜以芧香或肉桂末及檸檬汁與鮮奶油各少許後傾置麪上外用白布包起置水中煮一點半鐘之久或於蘋果中再加橘汁一二匙食之其味尤甘云

三十四

十二日壬辰晴涼如昨記英國另種蘋果餅曰包斯頓（美國城名）蘋果餅作法用蘋果十八剝心去皮切碎加肉桂一片芧香二枚檸檬汁一匙攙勻後以水少許置鍋中以微火煮之迨煮熟先洒白糖末若干匙繼以馬尾篩篩之篩畢加雞蛋青一雞蛋黻四牛奶油四兩荳蔻半觔碎檸檬皮二匙檸檬汁少許概行攙妥包以麪餅置鐵稱中烙一小時則熟或謂乘熱食之其味尤美

十三日癸巳晴冷聞前日一少婦被戕先是該婦與某甲善某甲曾厚遺之所費不貲婦繼又與某乙善因而厭舊喜新遂乃嫁乙而甲仍時訪之續舊好婦因久而無奈乃於某日約棍徒候於門外迨某甲叩門羣前詢問甲答以來拜某某眾問該婦為爾之何人甲對以舊友門開甲入羣尾隨之甲見婦婦佯不識乃言我為已嫁之女何故來訪眾亦因出惡言甲始而詫異繼明其情乃先取手槍擊婦死眾擁甲鳴官官傳同居老嫗對質老嫗言所聞者僅爾多人我未下樓安知其詳官謂某甲當時自保性命迫而用槍自當無罪云云按中律殺人者死而原情減等容或有之若夫勢迫行兇致傷人命究不得以無罪論也中西法例之不同如此

三十五

十四日甲午鎮日陰晴不定記英人煮肉皆有一定火候如煮火腿須六點鐘三十分若二十斤乾牛舌須四點鐘醃牛舌須二點半或三點鐘羊膊須一點三十分雞須二十分大公雞四十五分閹公雞則三十五分鴿子須十五分且謂凡肉煮熟按時已足苟仍留湯內則失其本味云

十五日乙未陰巳正同人團拜賀節其未來者為沈荔完巖伯玉在使館內而未入場者為曾叔吾林琴蓀王

少山、酉初公讌、入夜晴、記英人喫燒炙牛羊肉、多有喜
其半生者、名曰恩得爾、得恩譯言未十分熟也、至小羊
肉、小牛肉、與豬肉、又須十分熟、而又不可過熟、方可食、
因肉有易消有不易消者也、

十六日丙申、晴、涼、英規亦有鄉紳、名曰竹樂爾、凡一樓
為首之人、苟有學問、曾經考試者、皆列註紳冊、每遇同
鄉或同坊有案、則官派該處十二人入堂會審、有不願
往者、則餽送巡捕五先令、使其揑報外出、即免此役、或
謂西人事多秉公、無行賄之弊、然耶否耶、惟其賄賂皆
有定數、人所共知、而處處明行耳、

三六

十七日丁酉、陰晴不定、金風司令、天氣漸涼、即遇晴霽
時、亦不能如前之清爽、早晚烟霧迷漫、對面里許、即依
稀不辨矣、聞英婦哈米屯著治家三章、其三句云、作各
事於其時、置各物於妥處、用各物於得宜、語簡意賅、當
作格言讀、

十八日戊戌、晴、暖、記英人一種小牛頭餅、亦有作糕者、
乃煮牛頭一點半鐘、用作晚餐、食畢、將所餘之肉割下
成片、再以原湯煮骨三點鐘、然後提出、使湯凝結、待至
次日、括去面上浮油、後煮二雞蛋五分鐘、晾涼、以刀切
片、鋪于盤底、再上層層鋪以肉片、凝汁、加以椒末、檸檬
汁等、蓋以瓷碟、置火旁烙之一點鐘之久、上下自然凝
結一處、次日倒出、割而食之、味亦頗佳、聞今日羅叔羹
由比國回、

十九日己亥、陰、暖、記倫敦又一種牛尾後膝糕、乃買牛
臂三觔、切膾、削去皮筋、滌潔、以刀斫碎、加以葱末、椒麪
與鹽、盤面先鋪葱料一層、再鋪肉一層、層層鋪滿、末入
蘑菇汁及紅酒各二兩、蓋妥、後置火邊烙兩點鐘、方熟、
苟不用蘑菇汁與紅酒、則買大蠣蠔四五、水煮半熟、切
邊去皮、層層隨肉放入、烙時其汁流入肉中、則糕味尤
鮮云、

三七

二十日庚子、陰、記英人一種雞蛋火腿餅、作法先切麪
包一片、厚適二寸、四面以馬口鐵圈割圓、周盈尺、再以
鐵圈小兩倍者、于中央壓下一寸、即以小刀挖出、後以
葷油炸黃、晾乾、刷火腿半斤、加醬油二兩、置火上少煎、
再洒以椒末、檸檬汁各少許、盛入麪包中心凹處、再上
覆以煮半熟之雞子一枚、熱而食之、此餅洋名帕的、

二十一日辛丑、早霧、午後稍清、仍陰、入夜暖、記英國燒
鴨之法、先將一種菜葉、洋名賽之者、其味辛香如薄荷、
葉厚有絨、如枇杷、切碎、雜以拌麪、鹽末、半煮葱及牛奶
油各少許、填入鴨腹、後則吊於旺火爐前烙之、四面刷
油、不使焦、待鴨肚鼓起、蒸氣轉回向大、則鴨熟矣、據云
大鴨須燒一點鐘、小者僅用半點鐘、按其鴨腹填菜之
法、亦與中國燒鴨填荷葉無異、皆取其香味耳、
二十二日壬寅、陰、聞英人燒鵝之法、與燒鴨畧同、一鵝
剮洗潔淨、備葱二兩、切絲、蘋果、番薯各若干兩、切碎、麪

三八

包渣一盌、牛奶油一塊、大如核桃、紫蘇一兩、成末、生雞
蛋黻二、椒麪、鹽末各少許、雜置一處、調均、填入鵝肚、切
莫填實、以防各菜發漲、鵝尾敞處插以銀鍼一、防其轉、
再防填菜外出、燒烤一點半鐘、烤熟、盛盤、後佐以醬油
與熟蘋果泥、食時多寡、隨意調之、
二十三日癸卯、陰晴各半、又英人一種麪包糕、用未發
麪之麪包二兩、切片、後入燒熱牛奶半升、于其上待牛
奶浸入麪包、再加以雞子一枚、糖末四兩、弃芋香末少
許、攪於一處、置鍋內、或蒸、或烙、咸用一點鐘、熟後登盤、

割而食之、夫食品甚細也、比而書之、無乃瑣甚、然牛脩
鹿脯、內則詳言烹飪之條、是知五味調和、有不容忽視
者、以上數品、余皆得食之、爰效其法、筆之於書、以見英
人食品之不同、而吾人之願嘗異味者、亦藉以效其烹
炙云爾、
二十四日甲辰、陰、細雨陣陣、聞英有婦女十一誡、一眼
珠藍、莫作嬌瞳睛黑、莫怒視、二脚小、莫服短裙、三齒白、
莫大笑、齒陋莫不笑、四手腕秀、能彈琵琶方可彈、手腕
粗少伸而已、五喉音粗慢、聲說音雖清秀、亦莫高聲、六

三九

善跳少跳、不能莫跳、七能唱莫故推、不能可直言、八自
以貌美、莫多睡、九欲人敬、須自重、十欲得益、須自謙、十
一、欲自喜、須先使人喜、
二十五日乙巳、細雨如昨、涼、記倫敦城內地土、多不屬
國家、而屬民人、且屬世爵名宦者多、故各方多以世爵
名之、即如本使館所在之地一方、本屬坡蘭公、故名曰
坡蘭坊、英人有地產者、即以空地一方出租、九十九年、
每年租價若干百鎊、任租者建造樓房、或出賃、或自居、
無論何等房屋、九十九年後、統歸地主、

二十六日丙午陰人有吸鴉片喫墨粉（鴉片精）飲洛達木（鴉片酒）或食甜物而致暈迷者聞西國有療治偏方喝濃加非或洗熱澡即能醒而行動云

二十七日丁未鎮日陰霧記西人論由海面得見平地之遠近高低如地高五尺在二里九十五分外可見高十尺在四里十八分外可見高二十尺在五里九十二分外可見高百尺在十三里二十三分外得見高千尺則在三十三里四十一分外得見是地愈高見愈遠也測量之精不可思議

二十八日戊申細雨淋漓記西人論脈謂每一分之久應得若干至皆有定數不關人之強弱如在胎內者一分鐘應見一百五十至初生者一百三四十至第一年內應一百十五或一百三十至第二年內應一百或一百十五至第三年內應九十五或百零五至以後由七歲至十四歲皆九十至十四歲至二十一歲皆七十五或八十五至二十一歲至六十歲皆七十或七十五至凡年老者皆七十五或八十至云

二十九日己酉白晝陰霧入夜大雨記西國啤酒之盛

二十一

謂一年各國釀成者共計一百七十七萬萬夸（英二升為一夸）內德釀五十萬萬英蘭愛爾蘭共釀四十七萬萬九千萬美釀三十二萬萬奧斯馬加釀十三萬萬五千萬零比利時釀十萬萬五千萬法釀八萬萬四千萬俄僅釀四萬萬云

九月

初一日庚戌陰雨記倫敦城于七年前周共四十四萬三千四百二十一方洋畝居人約五百六十三萬三千八百零內英蘭人約百萬愛爾蘭人二十八萬蘇格蘭人十四萬德人八萬猶太人五萬亞斐美三洲人四萬五千法人三萬五千波蘭人二萬和人一萬義人一萬瑞士人七千倫敦一城之猶太教人多於帕來斯太音（地在亞洲正西東臨扎耳丹河南近埃及西傍海北接喀西米亞江）天主教人多於羅馬一城

二十二

初二日辛亥早微霧午後雨聞在賢波羅教堂坊庫克傢伙棧管事人郝愛斯者遺有鉅產五十萬零一千二百三十三鎊十一先令二本士遺言分贈六十九同事夥伴內三十八人各五十鎊三十一人各二十五鎊凡

僕從之曾經服役五年者各二十五鎊并括在書手學堂商賈游歷學堂布商會館及贍顧工匠會各五百鎊西人坐擁厚資而未有室家者比比然也乃妻孥既乏而遺產未聞有賑濟族黨親朋者既失敦宗睦族之義更無親疏厚薄之分故曰婚姻之禮廢則夫婦之道苦而風俗日漓矣

初三日壬子早大晴暖午後大雨滂沱記西國自天主降生後每百年為一森秋立義即百年也每足百年必在十二月三十一日入夜十二點鐘現在已過第十八森秋五冉兩年至西一千九百年十二月三十一日子正（即光緒二十六年十一月初十日）則為第十九百年史所稱十九世紀是也

三三二

初四日癸丑陰記歐西古歷每年三百六十五天零六點鐘名曰茹連麻至西一千五百八十二年（明神宗萬歷五年）經羅馬教皇卓志第十三改定時麻名曰葛蕾勾廉麻今則俄國仍用舊麻他國皆遵新麻聞英國改自西歷一千七百五十二年（即乾隆十七年）云

初五日甲寅陰雨涼記西國現得透肉照相法據美國石高溝邦某醫生云生人易照僵屍則難蓋血脈停止而光不易透也

初六日乙卯陰雨陣陣暖記歐西晝夜分時據云始自猶太者希臘人其學本於亞細亞洲土耳其東南界之巴比倫人（地在亞剌伯與希臘之間）分晝夜各十二點鐘始自埃及係在降生前二百九十三年（即周赧王二十二年）又云係當時在羅馬奎里訥斯廟中初五日晷求得者至降生前一百五十八年（漢文帝後元六年）羅馬創造水漏鐘又古時英國量時之法乃用白蠟一支每一點鐘之工然三寸合一晝夜然六尺（英每尺十二寸）自鳴鐘創于降生後一千二百五十年（南宋理宗淳祐十年）

三三三

初七日丙辰陰雨如昨記天下各處論日之始為時不同歐洲北方各國多以日升為始希臘東南界阿森人又以日落為始猶太人亦然其他各國則皆以夜半為始入夜雨止熱

初八日丁巳陰暖酉初風既而細雨陣陣記天下各處年月之不同如阿森正月在西六月歐羅巴土耳其之瑪閙兜咒亞種人之正月在西九月羅馬古之正月在

西三月現攷時麻波斯正月初一日在西八月十一日回教正月在西七月墨西哥古麻正月初一日在西二月二十三日

初九日戊午晴暖西國產番薯之多者惟德國去歲歐洲共產六千八百九十二萬六千噸內德產三千四百四十八萬一千噸法產二千一百萬噸英產七百零六萬五千噸比產二百九十五萬噸夫德產既多而用尤廣除作食物外更以之釀酒酒名汗卜魯其力與味皆與舍利同

初十日己未晴涼入夜風記英國船隻鳴鐘時刻之法晝夜由十二點至十二點同如十二點三十分一聲一點兩聲一點三十分三聲兩點四聲兩點三十分五聲三點六聲三點三十分七聲四點八聲四點三十分又一聲五點兩聲五點三十分三聲六點四聲六點三十分五聲七點六聲七點三十分七聲八點八聲八點三十分仍一聲九點兩聲九點三十分三聲十點四聲十點三十分五聲十一點六聲十一點三十分七聲正午或子正十二點皆八聲其在船上之一日係自午正至

三三四

子正

十一日庚申陰入夜雨聞俄國丁口雖衆僅有一萬八千三百三十四醫生合男女老幼六千人中一醫生德國合三千人中一醫生法國合一千八百人中一醫生英國合一千六百人中一醫生俄之醫生雖少而無礙蓋人多康健少病每得上壽也俄地在北而人強壯者則賴乎天時與地氣有以致之各國醫生皆經考有憑單故其數可稽彼醫無專科官不考驗且多不從師而自學為醫者豈可同年而語耶

十二日辛酉白晝陰入夜晴記天下已化之國共計四十有四其治法分三等曰專制曰君民共主曰民主專制之國七為中國俄羅斯土耳其墨洛扣波斯暹羅與高麗君民共主之國十四為日本丹麻英吉利比利時奧斯馬加魯麻呢亞日斯巴尼亞薩爾威亞希臘和蘭義大里德義志葡萄牙瑞典民主之國二十三為巴西阿真坦柏里威亞厄的麻拉海衛徽都勒斯閣倫比亞美利堅法郎西冦斯達里喀伊奎多爾尼喀拉卦海的墨西哥烏魯怪薩拉瓦多爾秘魯智利教蘭芝巴拉怪

三三五

瑞士三多敏晌威乃隋拉此外則斐洲中部及南界尚有數小邦番族蠢蠢不齒於列國

十三日壬戌陰西人論天下人壽絕長補短合每人三十三年人內合生六年者四分之一生十六年者半之而生六十五年者百人內僅一人綜覈宇內一分鐘死六十七人合一日死九萬七千七百九十人一年死三千五百六十三萬九千八百三十五人生者一分鐘生七十人合一日生十萬零八百一年生三千六百七十九萬二千人

十四日癸亥晴入夜大雨記西人論日之短長謂即日之升落推測而知如於日升之時加倍算之即知夜之短長於日落之時加倍算之即知晝之短長設若卯正日升則夜長六個時辰酉正日落則晝長亦六個時辰也

十五日甲子白晝陰雨陣陣入夜大雨傾盆記西人謂地球赤道之半圓徑長二千零九十二萬六千二百零二尺合西國三百九十六萬三千二百九十六里南北極之半圓徑長二千零八十五萬四千八百九十五尺

合西國三百九十五萬零七百三十八里南北極緯線一度六萬九千四百零七洋里赤道緯線一度六萬八千七百零四洋里地球分量重六千萬萬萬兆噸

十六日乙丑早晴巳初大雨早送壽禮為海屋添籌壽幛及壽燭壽酒升蟒袍補褂等入夜大晴皓月當空天氣較暖記英民男女之與人傭工為僕婢者統計二百萬合每人每年工價絕長補短各人三十五鎊

十七日丙寅晴風涼早起見本使館高懸龍旗不知何人所命巳正同人著蟒袍補褂入壽堂叩祝午正齊入大飯廳喫壽麪麪係前於十二日切成蒸熟晾乾今日屆時再煮依然挺直不亂閱者廚工之精能亦可知矣晚餐仍在飯廳橫列三桌陪坐者為叔美小荷伯蘇星使之四少君乃齊坐正中一桌並無斟酒揖謝之儀極屬簡便菜與前幾次者同惟多白飯一盌非八寶飯乃一寳飯係脂油蒸米面灑洋糖其味頗甘

十八日丁卯晴英國生齒日繁而生女乃日多於男如前於西一千八百九十年生女一千男多五十至近年男較女僅多三十又其中私生者從前男多於女六十

近僅四十其嫁娶所生者從前每千男多於女十七近
祇十五而已
十九日戊辰鎮日陰雨戌初尹元輔約在沙弗太斯貝
街帕來斯館觀劇園大容人二千燈燭輝煌男女雲集
頗熱共演十九齣不外男女歌舞拉胡笳騎脚踏車等
劇皆於他處看過者惟中有三場此次所演尤屬精巧
可觀一為日本人名闊喀音者賣藝乃身上立一細木
棍長盈尺棍上橫玻璃一片長八九寸寬三寸片上中
央立一白色高玻璃杯杯上另橫一片如前上下二玻

三六八

璃片之八角先繫紅穗八縷每片左右首各置一白玻
璃杯繼各置四紅玻璃杯此後于棍下墊一白球如雞
卵球下另豎一棍長亦盈尺計高已三尺餘乃或在身
上或頂上或頸旁或手上往來飛擲騰挪不稍傾動技
亦奇矣又一場為土人所演乃木房一大間二人燒火
鑄鉄掌作車輪車箱先二人各以椎擊輪之扶條棍其
聲鏘鏘音節可聽後則一人擊車箱聲類洋琴一人敲
車輪之鉄互聲音簡簡似鐘二音和奏參差宛轉悠揚
有致再則二人各以剪自爐中取馬掌置鉄砧上以椎

擊之不惟火星四出而且敲聲幽雅有節有韻丁東未
已而木房忽變居然廳事矣陳設華美頗類富豪二人
同時亦變則見一男一女服色鮮明于是男鼓琴女跳
舞女身之柔又迥非以前之鉄匠敧身作字偃地為花
細腰柳折兩腿平分能上能下式作兩人鼓舞閒房又
變回糟朽黑暗車輛火爐羅列如前而二人裝飾亦改
舊衣如前矣再一場為射影燈洋名比歐格拉夫共二
十餘頁較前所看者高大潮水漲落火車往來人馬行
動各皆有聲與真無異子初回寓

三六九

二十日己巳晴記英都醫生馬錢多寡不同視病人之
品位及所住之房租以為索費之增減其定價如房租
每年在二十五鎊以內者馬錢由二先令半至五先令
在五十鎊以內者由三先令半至七先令在百鎊以內
者由五先令至十先令半入夜加倍路逾二里則由一
先令半計里遞加留守者每一點鐘二先令半以信問
答亦要馬錢與定數同治僕婢亦按定價與治主人之
病同蓋西規僕婢延醫主人付錢也收生由一吉呢起
專請者加半倘有因症不易治本人及來醫互無定見

于是另請一醫與之商酌、此醫稱為商酌醫、其馬錢初次二吉呢、以後每次一吉呢、

二十一日庚午、早晴、午後陰、入夜風涼、記英國男女年老、亦有至近戚友祝賀之俗、至所餽贈、戔戔微物而已、即如雨傘、手杖、表鍊、茶壺、筆架、墨盒、小影架、菸捲匣、裁紙刀、玻璃杯之類是也、本家不設宴、僅備酒點、客與茶會同、另一規乃本家備一大餅、或糕、按其人之年紀、上插五彩小燭若干、其燭粗如小指、長約三寸、待客到齊、然燭、各以吉詞相祝、少選熄之、刀割壽餅、每客一片、更有因戚友之遠出者、乃封函而寄送之、或謂此規多有行之於子女者、亦冀其長生之意也、

四十

二十二日辛未、早晴、申刻陰、暖、今日係西歷十一月初五日、禮拜六、為曩昔英人蓋佛謀焚議院之期、（詳見再述奇）市有窶人子、以小車載傀儡人、往來作歌者頗多、聞各國猶太教人、除在英義兩國、按年增數、如前、外他如俄、奧、德三國、則增數年盛一年、咸慮其為患、或忌其謀財、將設法驅逐云、

二十三日壬申、早陰霧、午後晴暖、偕沈、吳、袁、尹四君乘

滎驛乘火車西行兩刻、下車步數武、入邱園一遊、雖花木凋謝、而河水清澄、遊人甚衆、禮拜日也、每日未初開門、現值日短、申正二刻關閉、此園地周共七十五方英畝、內有三玻璃煖房、其大者名棕房、建於西一千八百四十五年、（即道光二十五年）共費三萬三千鎊、橫長三百六十二尺、寬百尺、高六十六尺、通用鐵架玻璃、沿壁四面熱氣鐵筒三排、粗皆盈尺、內植棕竹、椰、枸、棉、菸、芭蕉、加非、檳榔之類、皆熱帶種也、四面四門、左右有盤旋鐵梯二、高五十二級、步上可在房之半中、四面遊覽、其他稍小、

四十一

除栽植棕竹外、羅列菊花、行行、高皆四尺餘、色則丹黃、紫白、淡青、淺紅、紫面黃背、黃梢白尾、花朵頗大、扁者如盤、圓者如球、極屬豐盛、雖佳色清香、不如華產、而杜陵秋興、已不禁悵觸矣、其三則又小、中有圓池、滿盛活水、石邊鐵管、水自往來、養有金魚、植金絲荷花及茨菰浮萍之屬、此房作形、左右兩門、臨門植有海棠、玫瑰、荼花、木槿等朵、亦大出、此步遊則豐艸緣縟、秋露沾濡而已、各房有人看守、園中亦有人巡察、衣冠式與他園同、旋聞園丁宣言曰、請出園、蓋時已逾申正矣、即時出至

火車棧、酉初登車、即開、中至鋏匠營地方、換車兩次、酉
正回寓、
二十四日癸酉、早陰、午後稍晴、記西人論萬物移動之
力、謂每一點鐘人走三洋里、合一秒走四尺、馬走七洋
里、合一秒走十尺、馬跑二十洋里、合一秒跑二十九尺、
輪船駛十八洋里、合一秒駛二十六尺、風篷行十洋里、
合一秒行十四尺、河水漫流三洋里、合一秒流四尺、急
流七洋里、合一秒流十尺、風一點鐘吹七洋里、合一秒
吹十尺、狂風走三十六洋里、合一秒走五十二尺、颶風

走八十洋里、合一秒走百十七尺、槍子飛一千洋里、合
一秒飛千四百六十六尺、聲一點鐘傳七百四十三洋
里、合一秒傳一千一百四十二尺、天光每一秒走十九
萬二千洋里、電每一秒走二十八萬八千洋里、
二十五日甲戌、陰霧、暖、雲中間或見日、僅露紅暈而無
光、記倫敦凡然煤氣燈者、該行或即其家、或於鋪中、煤
氣總筒頭之側、懸一尺量表、隨點、表針自動、每一禮拜、
該行查驗一次、按表計價、每尺若干、共計若干、表面三
盤、每上十數、一明針、一暗針、第一盤指由一萬至十萬、
第二盤指由一千至一萬、第三盤指由一百至一千、算
法以三盤暗針所指之數、減明針所指之數、所得為正
數、譬如三盤明針、一指七、二指一、三指七、共合七萬一
千七百、暗針乃一指六、二指六、三指三、則共計六萬六
千三百、以此數減上數、則得五千四百、為正數、即為一
禮拜內該樓上下共然之數、乃五千四百尺也、
二十六日乙亥、鎮日晴、霧不定、今日係西十一月初九、
禮拜三日、為倫敦新美爾莫烏爾接任遊城之期、午正、
由其議客辦公處名極樂堂者、坐車遊老城一週、酉正

回、倫敦府、英名曼慎葛斯、其前引為巡捕、商會、水手、樹
林黨、護臺兵、水龍會、樂兵、步隊及僕役等人約六七百
名、內多古裝、後則古式宮車三輛、先一四馬車、後立三
僕、中坐美爾夫人、再一雙馬車、後立二僕、內坐法官四
員、三則六馬車一輛、內坐美爾及其二協理、車式與君
主同、裝飾華美、四面玻璃窗、前一御者、騎馬上車前、另
坐一人執鞭、又每二馬旁立一人、左手執口環、衣以五
彩、金碧輝煌、隨行鼓樂喧天、極形鬧熱、沿途左右各有
巡捕彈壓、士女觀者人山人海、戌刻在極樂堂請本國

文武大員及各國公使晚酌、今日又為太子衛拉斯王埃達倭之生辰、街市懸燈、人民歡樂、聞此美爾一年俸薪三千鎊、然助善讌會等事、一年必賠四五六千鎊、故膺是選者、必其人品行端正、心地公忠、家與王侯埒富、慷慨好施、方能勝任、富商大賈每願充之、為一時榮耀也、

二十七日丙子、早陰、午後霧、暖、英國一種健脾養胃麪、名曰茯苓木脯、譯言健人散也、麪似北京之涼炒麪、據云久食能長記性、壯筋骨、穩牙、養血、補力、增神、小兒早晚食之、尤屬有益、此麪易消、其胃弱食不易化者、服之最宜、食法、每一二匙加糖、冲以滚水、或以生水煎之、皆可、每斤盛以馬口鐵匣者一先令、四斤一匣者三先令九本士、外有成糕者、一瓶重一斤、九本士、加扣扣者每匣一斤二先令十本士、加糖成汁、可飲者每瓶六升一先令、鋪設倫敦西南巴特溪莊朗巴路、

二十八日丁丑、陰、霧、歐美自民主興立以來、因而人心變易、多以貴賤平等為言、以致民權尊而民氣伸、立有均財黨、欲令國家將貧富進款一概攤分、其黨著書立

說、以惑時聽、無君黨又因之而起、前月奧后游歷瑞士、即被無君黨人所刺、頃德皇韙良第二偕其后游埃及土耳其、無君黨偵知其行至阿來三德、乃密遣人埋炸藥、幸為駐埃義國領事所發覺、蓋無君黨行刺者率多義國人也、按此黨始自俄國、乃謂國家政教概宜改變、與之更始、故俄皇數世皆死於其黨、又泰西君主頗有外國游歷之行、不欲以供億儀節屢煩東道、輒紆尊弛貴、自稱為某爵或某爵夫人、以示微服出行之意、其地主雖明知其為某國君若后、即不必以君后之禮待之、但視同五等而已、故奧后前在瑞士自稱為和恆寗蒙子爵夫人、英君主嘗稱為巴謨洛爾子爵夫人、其淩膺子爵夫人亞石子爵則德國皇太后及比國國王所自號也、

二十九日戊寅、陰、霧、暖、記倫敦通城內外四面街市中、凡於貧民工役多處設有四輪仰臥車、其形細長、英名安卜蘭斯代慎、譯言醫病帳也、遇有因病或跌倒不起者、即時巡捕舁入車中、天涼且覆以毯毡、用二三人挽送附近醫院療治、車設共八處、一在舒特爾斯山、二在

布魯克斯拜司路、三在土亭格婁伍街、四在溪格蕾伍路、五在北媽頭、六在南媽頭、七在西媽頭、八在老堪特路、

三十日己卯、陰霧如昨、倫敦醫院、大小約一百三十餘所、如治癱症者一名福立院、在卜朗普敦坊、治癆症者六、如卜朗普敦院、在卜朗普敦坊、倫敦城院、在溪堤街、音佛瑪立院、在麻格蕾街、那慎那院、在克拉文街、倫敦北院、在莽倭楠街、魯艾亞拉院、在西的街、小兒科者十六、如貝勒格蕾伍院、在格婁賽斯特爾街、阿來三德院在奎印坊、柴音院、在柴音路、艾葦里那院、在騷倭橋路、賀爾瑪翟斯的斯院、在司台普呢闢斯衛路、倫敦東院在沙達衛坊、養病如家、在婁爾賽丹哈木街、醫院比家在美達瓦勒街、專治小狹脊腿病院、在賽舊歐克斯街、東北方醫院、在哈格呢路、病狹醫院在格蕾敎爾曼街、另一分枝在安該街、維克都里亞院、在奎印路、另一分枝在布洛斯太爾街、賢馬格蕾自院在阿訥來伊衕衕、帕丁屯格林院在哈婁路、治牙科者三、如福立丹他院在賴奚斯特爾坊、國人牙醫院在大坡蘭街、另一分枝

四六

在代萬晒巷、醫雜症帶施藥者二十二、如巴特爾溪院在哈艾街、布魯木斯貝里院、即在布魯木斯貝里大街、卜洛木屯院、在卜洛木屯街、奶子橋院、在奶子橋、倫敦東方院、在韋樂蕬街、司伊的院、在瓦特苓巷、發苓敦院在巴爾蕾達比勒丁街、克蕾爾麻爾開院、在司丹侯街、福音斯貝里院、在卜路爾街、伊斯苓屯院、在額坡爾街、東方院、在李曼街、阿代來自君主院、在坡拉爾路、京師醫院、在佛耳街、帕丁屯院、在司塔爾街、洛亜開恩特院在格林泥址街、洛亜庇木里溝院、在卜靜宮路、色蕾院在大都倭爾街、賢潘夏斯院、在尤斯頓街、洛亜倫敦南院、在賢卓志十字街、桃兒哈木蕾院、在司太樸那埃街、西方醫院、在洛柴斯特爾路、西方總院、在馬力貴大街、衛斯民司得總院、在翟拉街、治瘟疫者十二處、如東方醫院、在侯墨屯街、布魯克院、在舒特爾斯山、佛恩太音院、在婁爾土亭街、倫敦院、在立文浦街、高爾發爾木院在達爾他佛木街、帕爾克院、在盧伊沙木街、東北院、在賢安呢路、東南院、在老堪特路、西方院、在西格蕾伍路、西北院、在哈伍斯多山、北方院、在文池墨山、西南院在

四七

蘭多路、治管瘡者二、如賢馬爾克思院在斯伊的衕衕、
高爾敦院在布立之路、療治一切者二十、如芙蘭池院
在沙浮台斯百里街、蓋斯院在賢妥瑪斯巷日耳曼院
在達拉斯屯街中大北方院在豪婁衛衕衕、義大廉院
在大敎爾門街、倫敦院在槐厦貝路、倫敦田坡蘭斯院
在哈木斯㫖路、米得賽克斯院在墨的墨街、西北城院
在桃安路、呂闊來芝院在坡究戛街、倫敦侯木帕奚院
在奎印斯坊、美特婁樸立田院在青似蘭路、西倫敦院
在哈墨斯米士路、攸呢倭爾細的闊蕾芝院在高爾街、

四八

坡樸拉爾院在東印度船塢路、洛亞福立院在蓋斯音
路、賢巴所婁伍尤院在司米斯扉衕衕、賢馬麗斯院在
堪卜立址街、賢妥瑪斯院在阿拉柏安班州街、細滿斯
院在格林泥址坊、治心疾瘋癱筋骨等症者五、如專治
腦病之卜立堤什院在尤斯頓路、治痒吊瘋癱醫院在
坡蘭巷角、治心瘋醫院在索侯坊、那慎那院在坤姒坊、
西邊院在韋勒貝街、專治難症者四、如卜立堤什院在
司特蕾達木街、洛亞院在樸他哤奚斯街、賢賽普連院
在格婁伍街、賢卓安院在大敎爾門街、治婦女雜症者

一、為洛克院在哈洛路、養瘋院一十七、如阿賽勒木院
在厄拉斯烏街、貝司來木院在朗貝斯路、巴爾明奚斯
院在闊恩達街、布魯克烏達院在色蕾街、達蘭他院在
達爾大佛街、另一所專治小孩者亦在此街、漢衛拉院
在米特賽克斯街、立伍斯丹院在青桑蕾街、賢駱克思
院在歐勒達巷、司兜恩院在大達佛街、萬自倭斯院在
米特賽克斯街、其他如班斯代克蘭溪查特木特蘭特
喀特哈木克来百里闊洛呢哈赤等七處、皆名與地同、
治目疾者五、如森特拉勒院在格來仙路、倫敦南城院

四九

在賢卓志十字街、衛斯民司得院在躄良王街、洛亜院
在卜隆福宜街、西方院在馬力貢街、專治足疾者三、如
那慎那在大坡蘭街、洛亜院在敎斯佛街、斯義的院在
哈屯園、治天花者五、如阿他拉斯安的綿喀斯他里亞
以上三船名、專收治將出天花者、泊於太木斯江中、西
近大達佛地方、英例凡出天花者不准留住城內以免傳染其他二處帶種
牛痘者一名高爾發木院、在大達佛街、一在貢訣山院、
名與地同、治皮病者四、如卜立堤什院二、一在尤斯頓
路、一在司丹佛街、西城院在大坡蘭街、賢卓安斯院在

賴奚斯特爾坊、治嗓鼻與耳疾者五、如森特拉勒院二、一在格蕾斯音路、一在勾勒頓坊、倫敦院在大坡蘭街、美特婁普里田院在格拉弟也街、洛亜院在福立斯街、專治婦女各病者六、如洛亜院在倭特路、橋路婦女院在索侯坊、柴勒溪院在弟勒哈木路、格洛伍諾爾院在文三音坊、牛攸院在尤斯頓路、薩瑪里坦院在馬力責路、治分娩者三、如卜立堤什院在安代樂街、倫敦城院在溪堤街、東邊産母家、（凡婦女之因故不能在家生産者皆可入此生育之故設此名、）在靠墨沙勒路醫院之盛、於斯可見、而布德行惠之意亦足多矣、

卒

十月

初一日庚辰、陰、霧、記倫敦之樓房、凡欲出售或出租者、皆於樓頭窗外、斜懸二牌、搭成八字、以便左右行人觀看、其牌橫長三四尺、豎寬二尺餘、黑質白字、書云本房或一層、或全樓、或出租、或出售、或空屋、或陳設器皿俱全、要者請問某街第若干號某局可也、蓋房主不出名、專有代管之人、名曰代理租賃局、英名蒿斯埃真通城、此局頗多、其欲買或欲租者、至該局告以欲看某房、該局給以憑單、執單至彼、拽鈴延入、守房之人、或男或女、導觀上下、看畢、買租與否、告知該局、租買議定、使費由房主付給、彼此商妥、按分抽釐、多寡不同、賣者付一次、租出者付二三四年不等、每次收租若干、付給該局幾釐、有百分抽一者、有抽五六者、故該局亦頗獲利也、其有房間修妥、陳設牀榻、僕婢俱全、除自居一層、餘則零碎租賃、如居者亦於街門橫楣玻璃上、橫懸一牌、書云阿帕特門自義、蓋房間也、租者按禮拜、按月皆可、或令預備三餐、或使己僕自作、抑或隨時自便、總之、較在客寓稍覺便宜也、

初二日辛巳、陰、霧、暖、記英人耕地用一種海雀糞、名曰瓜那歐、鳥名未詳、糞力極厚、販自南美洲西界智利國、産於沿海小島、島共百餘、每島周不及數畝、而淵邃極深、每上所積之糞、有至二十丈、重約四千萬噸者、土人置買、爲産竭力保守、每年挖售一二十萬噸、所值由五百至一千萬銀圓之譜、是亦土人一種孳利生涯耳、

初三日壬午、鎮日陰、霧、微雨、聞西國拯救溺水人之法、乃撈至地上、先鬆其衣、後使俯卧斜坡、胸墊木塊或他

圭

物使頭下垂以淨肺水并將其身倒抖幾次再用巾帕或綫縧縛拽其舌每一分之久以手往來推按其脅下二十次使作喘氣狀並使其兩臂緩行伸屈于腰間頭上以使肺動繼而用物暖其脚再拽其舌塞其鼻按下結喉竭力向其口內噴氣乘間并隨手扼其胸以出天氣一點鐘後待其能喘則徐臥其身于暖牀并以小匙灌熱水或酒少許使之靜養以吸新氣云

初四日癸未早大霧屋內然燈午後稍霽申刻復陰在敎斯佛街東首見一雙馬貨車因馬驚撞壞韓遜坐車兩輛并軋斃一人年近五旬者詢諸土人御者應定何罪據云并非故傷僅收監幾年而已中外刑律之不同也如此

初五日甲申微晴涼申初隨星使乘車至巒帶縧街第十六號拜前任英駐香港總督包安雙袖龍鐘年逾花甲去歲赴其家茶會僅伊一人為主此次會晤竟有老夫人矣該婦年亦五六旬不知其前夫為何人而此時老鰥夫與老寡婦白髮蒼蒼鸞膠再續當亦是美滿姻緣也

初六日乙酉陰記西國亦有俗所謂之偏方如燒或燙傷治法有二一乃覆以焙鹼末蓋以溼布一乃擦以雞蛋青與橄欖油或胡麻子油攙白土或糖或橄欖油與檸檬水皆可又受暑頭暈者抬至樹陰下頂澆冰水使其頭立而莫垂久而自醒至療治瘋狗毒蛇嚙傷之法於傷處之上先以繩縧結緊以免毒氣上行嘬其傷處而後以熨斗烙之或直以利刃割之并給飲卜蘭的或灰斯几酒少許以壯其氣云

初七日丙戌陰記英國造紙處在英蘭共一百八十行分二百二十一廠共機器四百一十八架在蘇格蘭共五十一行分六十一廠機器百十一架紙料多來自外國即如木皮等販自瑞典義大里并加那他一年約四十八萬七千七百五十噸合值二百六十一萬七千七百九十鎊埃斯巴爾投（草名）售自日斯巴尼亞國突尼斯邦阿吉利亞邦及特黎波里邦（以上三處皆在斐洲北界北近地中海內前二邦屬法藩部後一邦屬土耳其）一年進二十萬零三百噸合值八十萬零五十鎊碎布來自法比德義和五國一年共販一萬六千六百二十噸合值十六萬一千八百七十鎊其他

各料由別國運來者一年約二萬餘噸共值十一萬三
千鎊每年兩島各廠所造紙張共計八十萬噸價值未詳按
英國造紙如此之多乃既販賣與他國而又躉買他國
者蓋彼此所造品色不同因而互相貿易也至英國進
口各色紙張係來自日本瑞典及和德美比法俄奧丹
義等十一國幷屬地加那他一年約共六百三十三萬
二千四百四十百磅靚合值四百四十一萬二千四百
四十鎊本國紙張之發往各國者一年約一百零六萬
三千七百百磅合值一百六十四萬八千七百九十八
鎊凡樹林瀑布多者造紙最易英則工價奇貴故物之
由數萬里外運來者計其船價反較廉於本國千里之
運費云
初八日丁亥陰雨涼記泰西各國長橋最多其至長者
為英國蘇格蘭之台江橋長九千六百九十六尺其次
為蘇格蘭之佛斯海口橋長五千五百五十二尺再則
和蘭墨帶橋長四千八百二十尺俄國倭勒戛橋長四
千七百十五尺德國葦哂橋長四千三百四十六尺又
托木橋長四千一百七十二尺以上皆其至大者其他

卌四

長逾千尺者尚多
初九日戊子晴涼西人謂人之靈性主乎腦之大小即
如德國首相畢駟馬之腦重至一千八百六十七葛林
英分量名每一葛林重約二釐其他前代名人如庫威爾者重一千八
百三十葛林皮陸安者一千八百零七葛林柯安者一
千六百五十葛林石宜樂者一千五百八十葛林單特
者一千四百二葛林總之聰明人之腦髓必重在一千
三四百葛林上下也
初十日己丑陰雨涼巳正偕沈荔完任謙齋嚴伯玉不
到外餘眾隨星使在大廳向北恭拜
聖牌行三跪九叩禮午正二刻公讌如前記英人柯安端謂
食番薯有益於人者惟其肉厚煮之既易熟後毫無漲
縮肉乾而味甘者最能養人其肉鬆內含水質者煮熟
無味充飢而已
十一日庚寅陰雨涼巳正偕眾乘車至柴苓十字街火
車棧送星使携叔羹小荷盧繙譯及武弁林文彧赴義
都呈遞
國書午初開車聞泰西各國之食雞蛋極多者為英德兩

卌五

國、而兩國又以英國為最、即如上年、英國共用十二萬萬零五千萬個、共值四百萬鎊、內多來自法國、德國所用、為數不及十萬萬、而價亦約四百萬鎊、內多販由奧俄兩國、其價昂貴者、路遙故也、

十二日辛卯、鎮日雨霧、陰晴不定、亥正驟雨一陣、記西國有試死人之法、如疑其人未死、可用鏡對其口、久則玻璃自潮、以證其人未死、或用針刺肉、死者針孔不閉、亦不見血、抑或將其指向日光照之、人已死者黑暗、未死者鮮紅、

五十六

十三日壬辰、早大霧、屋內然燈、巳正霧散、午後細雨淋漓、涼、記英俗如稅務等事、遇有新例不合商民之意者、該商專行可定期集眾會議於海岱園中、官不禁止、議畢、禀官設法更改、屆期人約千百、列隊而行、執有旗幟衍號、等每遇此事、沿途左右男女觀者密若堵牆、工匠雖不敢滋事、仍須巡捕隨處彈壓、如十年前、倫敦街市車輪有稅、商民不服、于是集眾會議、商匠中竟有頂套車輪、頭頂車頭、以及手執兩扶條者、趣甚、

十四日癸巳、早霧、午後陰、入夜晴、聞昨經醫官穆樂爾察得樹之招雷、或電氣易著之樹、據云、邇來十年、聞通國橡樹被擊者五十六、杉木二十、松樹四、其他罕有被擊者、且椎樹高逾十丈、最能避電、故行人遇雨、務須擇樹而立焉、

十五日甲午、晨氣稍爽、既而陰霧、午後細雨、記東西各國書庫所儲書之數目、不惟國人知之、而各國皆知、且欲人知以示其富、如法京巴里那香那庫內共存二百五十萬部、英倫敦彌似奚阿木（即倫敦博物院）內儲一百六十萬部、德國巴威里亞邦之木泥合城內存一百萬部、德

五十七

京柏林亦存一百萬部、美京華盛頓之公書庫內儲六十八萬部、包斯頓城之公書樓存五十六萬部、德義志薩克森邦之來百喜城內儲五十五萬部、其海西邦之達木斯達達城內亦儲五十五萬部、阿薩斯洛林邦之司特拉斯堡城內存五十二萬五千部、丹京哥卑納給（又名扣噴亥根）御書庫內儲五十萬部、奧京維也納之御書庫內儲四十五萬部、英蘭敎斯佛城內亦藏四十五萬部、俄京賢比得堡官書庫內存四十四萬部、德國威也堡邦之司得達戛城內存四十三萬部、薩克森邦國丁根

城內存四十二萬五千部。義國舊都佛羅棱薩（又名洛蘭苐）內存四十二萬四千九百部。日斯巴尼亞京馬德里地官庫中存四十一萬部。奥國京加里邦之卜達珮斯達城書樓內存四十萬部。美國石高溝城內存三十八萬部。哈瓦城書院中存三十萬部。德國巴敦邦之西代堡城內書樓中儲三十萬部。美國紐約邦之闊斯多官庫中藏二十四萬部。義都羅馬之瓦堤堪庫中藏三十二萬五千部。

十六日乙未。早微晴，午後仍陰。記各國君主之祿，多寡不同。如英君主每年三十八萬五千鎊，外有私產地租等又若干萬鎊。奥皇每年七十七萬五千鎊。巴威里亞王每年二十八萬二千四百鎊。比王每年十三萬二千鎊，外有私產如地畝、船行、客棧等，又若干萬鎊。丹王每年四萬五千五百五十五鎊。希臘王每年五萬二千鎊，內加英法俄三國共供四千鎊。和王每年五萬鎊，外有私地租若干鎊，并宗戚養廉、宮殿使費又一萬二千五百鎊。義王每年五十七萬一千六百鎊。瑞典王每年十一萬五千一百零五鎊。葡王每年一萬二千六百八十

癸八

八鎊。德國開色爾每年七十七萬零六百五十四鎊，外有私產如衛所、樹林、地租等共若干萬鎊。俄國薩爾每年約二十四萬鎊，蓋私產甚多，除賽比里亞之金銀礦外，又有田地樹林不下一百萬畝。日斯巴尼亞王每年除族中應得一萬二千鎊外，另收二十八萬四千鎊。法國總統每年六十萬方，外加零費六十萬方。瑞士總統每年五百四十鎊。美國總統每年五萬圓，副總統八千圓。土耳其色勒坦每年約百餘萬鎊。

十七日丙申。鎮日陰晴不定，忽而微霧夾和大雨傾盆。

西人謂各國生齒日繁，自古未有盛於近六十年者。然地狭人稠，在國中不易聊生，于是自西一千八百三十一至九十三年（即道光十一年至光緒十九年）六十年間，英人之僑居於外者八百六十萬一千，德人之外居者五百三十六萬，義人之遠出者四百萬，其他各國人之移居異地者共約八百六十九萬三千，前後統計二千六百六十七萬四千人。其中往美國者百分之六十三，往南斐洲者百分之十三，往英屬地者百分之十一，往他國者百分之十三。又當一千八百三十一年，人之操英語者三千

癸九

五百萬、今乃增至一萬萬二千萬、是六十年之久、竟加至八千五百萬之多、的為人數加增之實據也、

十八日丁酉、陰、入夜大風、倫敦街道皆中走車馬、左右行人、官律嚴肅、違者議罰、平日固無敢違犯者、雖雨後道途泥濘、其飲馬、調馬者、無論馬屬何人、或王公、或富官、皆不敢擅走邊道、故違定律、且以無倚勢欺人之陋習也、

十九日戊戌、鎮日陰、風細雨、入夜狂風尤烈、記天下各處時刻之不同、係手經線每一度差四分、故十五度則差一點鐘、英國以其格林泥址村之觀象臺、或天文臺為準、格村以東者快、以西者慢、如格村正午、則其東之巴里午正九分、柏林未初欠十分、君士丹丁未正欠四分、賢比得堡未正、蘇耳士未正十分、孟買酉初欠十分、加爾各答酉正欠七分、香港戌正欠二刻四分、美拉班亥正欠一刻五分、肥雞羣島（在格村對面東西一百八十度之間）子正、格村之西者、如三維芝島丑正、皮特開安島寅初、舊金山寅正欠十分、石高溝卯正十分、紐約辰初五分、牛佛蘭辰正二刻、西拉婁安（在斐洲正西界）午初十分、支布洛達午初二刻十分、馬德里地午初三刻、

二十日己亥、白晝陰、入夜大風、記西國之四季、皆在中國之二分二至時、如本年西立春日係三月二十日丑正、（即中二月二十八日春分、惟時刻稍差）西六月二十一日亥正立夏、（即中五月初三日夏至）九月二十三日未初立秋、（即中八月初八日秋分）十二月二十一日辰初立冬、（為中十一月初九日、惟此節中之冬至係初十日、不知其錯為何耳）

二十一日庚子、早晴、午後陰霧、入夜風雨交作、記寰球土宇、除五大洲外、島嶼之大者廿餘、如牛之呢亞島（在澳洲東北）周三十二萬五千方里、人共六十九萬、柏爾呢歐（在安南國南）周二十九萬方里、人共百八十四萬六千九百、麻達戛斯戛爾（在斐洲東南）周二十二萬八千五百七十方里、人共三百萬、蘇門答臘（在柏爾呢歐之西）周十六萬八千方里、人共三百五十七萬二千、英蘇二蘭周共八萬三千八百二十六方里、人共二千九百七十一萬、賽來卜斯（在柏爾呢歐之東）周六萬六千七百五十方里、人約四百萬餘、扎窪（在蘇門答臘之南）周五萬零二百六十方里、人共一千七百五十萬、薩哈運（又名唐太、在日本正北）周四萬七千五百方里、

人共二萬三千五百、新錫蘭（又名牛西蘭在南太平洋）二島、南島周三十六萬二千二百三十六方里、北島周三十四萬零六百三十一方里、共人七十萬三千四百、古巴（在北美洲之東）周四萬五千七百人、約二百萬、日本（英名呢分）周四萬二千方里、人共二千七百二十五萬、牛佛蘭（在北美洲之東北）周四萬零二百方里、人共十八萬、蘆森（在臺灣之南）周四萬方里、人共四百五十萬、艾斯蘭（在北冰洋）周四萬方里、人共七萬二千四百三十八、海的（在二美洲之腰地之東）周二萬九千八百三十方里、人共三十九萬三千二百、塔斯麻呢亞（在澳洲之南）

窒二

周二萬五千六百三十五方里、人共十四萬五千、錫蘭周二萬四千七百零二方里、人共三百萬零零八千四百四十六、愛爾蘭周三萬一千八百七十四方里、人共五百一十七萬四千八百三十六（以上方里皆洋里）、按以上各島較之英、僅天下大島中一中等島耳、乃富庶甲於各島、且凌駕五洲、儼然雄國、昔湯武以百里王天下、漢高祖明太祖以布衣成帝業、是知國之強弱、不專在地之廣狹也、

二十二日辛丑、陰、暖、入夜風、昨閱新報內一則、言鄉民某娶再醮婦者、婦帶有先夫之女、年將兩歲、後夫不喜、於某日午後殺而埋諸院中、五夜捫心、惶悚不安、更思有犯教規、必干天怒、詰旦乃著衣赴巡捕廳自投、昨日審定夫婦同收囹圄半年、不作苦工、因該婦知情、同有惡念也、

二十三日壬寅、早陰、午後雨、記外國雖有尊卑之分、而無長幼之序、祖孫父子兄弟之友、概以友視之、且族人除近支外、無堂叔姪堂兄弟之稱、而九族五服更不論矣、相隔幾輩之友、通以某先生稱之、所別者僅在名字之減筆、如一人名李恆佑、則書忄亻李、其子名李垣、乃書土李是也、

窒三

二十四日癸卯、陰、雨、涼、西人既以光陰為貴、而尤以錢財為重、不講親朋之虛情、故無暫時之借貸、鋪店尤甚、昨在利貞街之墨堤墨巷口之ABC加非館中、有某甲者、日日未申之間、前往飲食一次、該鋪之識某甲無疑矣、乃昨日其人因有自携甜餅一塊、借其刀叉一用、該鋪竟索二本士、

二十五日甲辰、早晴、午後陰、記倫敦巡捕分兩班、日京

師者曰老城者京師者歸家部管轄一切錢糧半由君主半由通城房租項下抽稅其抽法凡一房出租若干鎊則由每鎊抽收五本士各巡捕除於應得各項稅務外又有各項車輛准行票（每輛每年二鎊）車夫准行票（每人每年納五先令）并掃烟筒等人之憑票及各街道江河應得之款項統計一年為數頗鉅足供萬名之用通城武弁甚多其總巡捕廳設正監督一俸薪一年二千五百鎊副監督三一年俸薪各一千三百五十鎊正書手一俸薪八百五十鎊副書手三各五六百鎊不等老城者歸美爾管

六四

一切錢糧先由美爾紳者等一年籌給三萬餘鎊其他亦由本城租稅等項抽收歐西巡捕之制以倫敦為最善其餉項亦最鉅云

二十六日乙巳白晝微晴入夜風雨交加冷氣颼飅砭人肌骨天氣倏變亦偶然耳記西國下等婦女不以私生子女為恥故街市童稚多係有母而無父官兵與賀女又多有名而無姓于是有借姓者有即以名為姓者聞前晚亥初在諾桑比坊經送信人見某號門階下遺一嬰孩衣內匿一說帖云此孩至下禮拜六日彌月望仁人君子憐而拯之妾尚有三孩奈無正夫養育妾不忍加害惟求拾得者善視之俾遂其生既無名姓亦無形迹可察惟襁中縫有 AH 第三十六號等字究莫測其誰何也當經巡捕抱入作工所使奶婆洗浴哺乳即以所由拾來地方之名諾桑比為姓并給教名羅柏爾為名是又一種有名姓而實不知其父母為誰氏者風俗之淫靡即此可見一斑矣

二十七日丙午鎮日陰霧酉初一刻偕諸同事乘車至維克都里亞火車棧接星使由義國節旋英俗天主誕

六五

節重於新年因是節在邇各鋪皆添置新貨種類增華窗内屋中鮮明射目并另黏招帖云天主生節禮物蓋戚友互贈至契之子女也禮物式樣極多如人房花木禽獸車船書畫壺盅桌椅牀榻各種玩物或用真毛或係假羽或綾或布或紙或木或瓷或銅或錫或鐵油漆彩畫涮金鍍銀工皆精細竟有視之如生者更有各種糖果麫猪麫魚五彩斑斕筆難盡述因而街頭士女熙熙攘攘駢肩累迹營營終日不憚其勞於以見倫敦之富庶焉

卷七終

六述奇卷八

鐵嶺張德彝在初氏隨筆

光緒二十四年十月二十八日丁未。鎮日陰風，入夜風息，仍陰。記英、俄兩國重熊。泰西雖産此獸，而販來自北美洲較多。熊色有二，他處所産皆黑色，惟北冰洋大島格林蘭（地在北美洲之東北）所産者白色，因而名曰冰熊。凡産此獸之處，土人亦多獵以為業。俄之南北二京、英之倫敦多用熊皮鋪車及鋪地板之牀下爐前，因其革堅，用作鞦韆、套包、鐵匠圍裙等物，以肉為食。北方人謂其味鮮於猪肉，并醃作鹹肉，販運各國。其掌亦視為珍饈，且云御膳席中當列超等熊油。俄人以之烹菜，勝於青果油；英人以之養髮，更用以療治風疾。是其掌與油均屬貴品，西人所見者與華人無異。

二十九日戊申。陰風。記東西各大國凡邊疆臨海者，皆設有救生善會，以救淹溺之人。英國御前救生會始於西歷一千八百二十五年（即道光五年），沿海共計救生船三百隻，迄今已救得三萬餘人。法國救生會創於一千八百六十五年（即同治四年），沿海救生局共八十三處，每五一局則官為建造船塢。德之善會亦創於是年，共有善局一百零四。美國共有二百三十三局，不知始自何年。聞其所費，每年不下二十九萬鎊云。

十一月

初一日己酉。陰霧。記西國手套之飾，始自波斯、羅馬婦女，戴之以為美觀。其在英國，至君主安呢之世，西一千七百二年（康熙四十二年），此物始經暢行，背繡綵花，嵌以珠寶，其價極貴。每值新年，互相餽贈以為禮。手套製以羊羔、母鹿及麋鹿之皮，在英之夾克薩木與烏斯多克等處作工最佳。一副手套可團置于一戒指或一核桃殼内，其皮之薄、其製之精，可想見矣。

初二日庚戌。陰雨風。記駐英肄業同文館學生丁永焜，現年三十一歲，髫齡即在粤東同文館習英文，旋考取繙譯生員。光緒十六年由粤東咨送京都同文館肄業。二十二年五月，經總理衙門派赴倫敦，擇學一藝。抵英後，昕夕講求，致成癆疾。客冬因病請假回籍調理。本年夏間，接其胞兄永銓來信，知生于上年十二月到旗，療治無效，竟于本年三月二十九日病故。丁生賫志以終，

身後蕭條可憫因偕諸同事具禀代請卹典昨早親遞
星使禀詞云為已故學生勵志勤學積勞病故代懇恩
准給予卹典事前駐英學生四品銜兵部候補員外郎
丁永焜係駐防廣州正紅旗漢軍繙譯生員在同文館
肄業十二年貫通英文於天文算學尤能竭慮殫精研
究奥理光緒二十一年奉總理衙門奏派出洋自到英
後專習鐵路工程專門之學旦夕攻苦以致咯血不肯
少休升至頭班前座進境之速英人同學者皆謂為中
國士人刻苦精進非歐西所能企及其後咯血不止經

三

學堂教習同學諸生再三勸導始暫回使署調理猶日
手一編時勤温習醫者勸其輟學靜養病可安全而該
生以為授
朝廷作育之恩荷　欽憲栽培之雅今學業既有門徑不肯
中止半途病榻坐卧猶時構思研求愈深心神愈耗病
日增劇海外醫藥又復不宜不得已請假回華就醫船
上風浪顛簸屢瀕於危甫抵粵垣於本年三月二十九
日病遂不起身後蕭條不堪言狀行路悲惻聞者酸心
查前駐英畫圖學生五品銜四川試用縣丞楊淦積勞

成疾請假回華就醫舟次病故經前出使英國大臣曾
於光緒五年奏請議卹奉
硃批楊淦著照軍營病故例議卹欽此欽遵在案今丁生事
同一律情尤可憫現當講求西學振起人材之時如該
生之砌學隕身者實不可多得如蒙恩准援案奏請賜
卹慰幽魂於既往勉勤學於將來亦鼓勵群才之一道
所有丁學生病故代懇予卹緣由理合據實具陳云云
初三日辛亥晴記倫敦堪興垣王宮在城之西偏海岱
園旁堪興垣園之西地基不廣樓房渾樸建以瓴木高

四

僅二三層本居民諾汀哈木別墅西歷一千六百八十
九年（康熙二十八年）國王蹕良第三以二萬鎊購之于是君主
安呢國王卓志第一第二皆經前後居住之迨今君主
維克都里亞之祖卓志第三始移入賢擢木斯及卜靜
兩宮時在西一千七百六十年（乾隆二十五年）此宮遂賜其四
太子今君主之父公爵埃達倭居之按卓志第三遺有
九子四女長子卓志生于一千七百六十二年（乾隆二十七年）
後即王位為卓志第四薨于一千八百三十年六月二
十六日（道光十年五月初七日）無子次子弟來得立生于一千七

百六十三年（乾隆二十八年）故于一千八百二十七年正月初五日（道光六年十二月初八日）亦無子三子克拉蘭斯公鞮良罕里生于一千七百六十五年（乾隆三十年）後嗣兄位為鞮良第四在位七年薨于一千八百三十七年六月二十日（道光十七年五月十八日）亦無子四子克恩特公埃達倭生于一千七百六十七年（乾隆十二年）娶薩克森鬧堡（現為德之一邦）王里歐浦之妹已故來寗根（現為德之一邦）王之妃維克都里亜為夫人故于一千八百二十年正月二十三日（嘉慶二十五年）僅遺一女即今君主維克都里亜生于一千八百十九年五月二十四日（嘉慶二十四年）至一千八百三十七年六月二十日（見前）時年十八歲清晨在此宮奉其伯父鞮良第四之遺命嗣位迄今在位六十一年花甲重周年已七十有九矣其宮先經君主往來駐蹕繼住各公主現歸三公主綠衣奴云

五

初四日壬子陰西國鑄礮由小而大既而由大縮小即如數年前礮之至大者為克鹿柏之蠻斯特爾鋼礮重一百三十噸礮子重二千六百斤轟遠十五洋里有奇阿摩斯當鋼礮重百十一噸礮子重一千八百斤用火藥九百六十斤轟遠十四洋里以上兩種大礮費用既鉅且不能連聲百礮故二廠因而廢之改鑄今式即如阿摩斯當礮之重二十二噸者轟遠十二洋里且使對陣不聞礮聲按轟遠十二三洋里為今時各礮力之所能雖使礮口高起四十五度其致遠之力亦不稍減更有格林各快礮為急救利器礮機僅一旋耳倉卒之間彈如雨下竟有一分鐘可放六百出者且礮骵極輕兵可以皮帶背負而行其製精良軍中不可少也按大礮之費如克鹿柏之蠻斯特爾每尊價合三萬九千鎊每聲一礮須費九百五十鎊云

六

初五日癸丑陰霧而細雨淋漓聞有美國人專斯也者紐約巨商也貿易興隆獲息倍蓰遂致巨富乃高其閈閎制擬宮室簾幕皆錦綺為之壁上則古瓷名畫玉椀金甌光映几案朝夕脂香酒氣盈溢四堵一旦不戒於火家産蕩然無存因而困窮煩悶癡臥成疾經人舁入醫院藥之無效上月身故乃即其所自卜之宅兆而安厝之據云其墨搜勒木占地周三四里建以漢白玉石共費四萬餘鎊按墨搜勒木者西語寢陵也向惟君王

葬處用之今名此人之墳亦曰陵因其巍巍闊大耶抑誇其曾經豪富耶不得而知也

初六日甲寅稍晴數日前有前駐南海等處英國領事官何爾衛來拜乃三十年前在北京會過者約於今日未初在阿倫岱會館早餐地在漢諾倭坊同席有上海總領事瞿木森及二十年前在此相識之英人戴歐奚又名權山（因其人曾至日本志在東方故得是名）主賓歡飲暢談酉初一刻始散

初七日乙卯微晴涼未初星使約德人漢乃根（即前甲午年之在高陛船者）在賢瞿木斯會館午酌並召余及羅叔羹作陪食有炒雞蛋羊排骨燒野雞拌生菜皆甚佳妙飯已另入他室少坐漢辭去申初回使館聞昨在霍勒叫貨行中拍賣古董內有前法王魯伊第十六（西一千七百七十四年中乾隆三十八年即位）之御用鼻菸匣一枚蓋塗碧色瓷油精潤透光竟叫賣至一千二百五十鎊又一五彩花匣亦係當年古物價則陸續增至一千一百五十鎊究不知此兩匣為何等至寶而價值萬金也

七

初八日丙辰稍晴如昨記英地四面臨海土人不時講求水性于是有精於泳游者皆歷誌之一以張其習水之能再則激勸于將來也如海面洗浴其由岸遠泳先僅八十碼百餘碼已稱其能矣至西一千八百九十年（光緒十六年）有名諾托者於十三分五十二秒鐘竟泳行千碼其泅水者至一千八百九十六年（光緒二十三年）有邰爾者于二十六分八秒鐘泅行一洋里其投水至深者亦于是年有一人名阿拉森者于一分鐘入水八十尺零八寸五分其水中久住者於一千八百八十六年（光緒十二年）有賚伊呢者能住四分二十九秒零四分之一列子曰人有濱河而居者習于水勇于泅其信然歟

八

初九日丁巳早陰申初大霧西國自文化大興以來雖謂男女人人識字而仍有多寡不同者即如葡萄牙百人中不識字者六十七義大里百人中五十二波蘭百人中三十九俄羅斯百人中三十六奧斯馬加百人中三十二希臘百人中二十五比利時土耳其皆百人中一十四日斯巴尼亞百人中八愛爾蘭百人中七芬蘭百人中三法蘭西英蘭和蘭亦然蘇格蘭德義志皆百人中二瑞典瑞士丹麻則百中僅一人爲余嘗徧歷歐

西知其民之智愚視乎識字之多寡而因以察其國勢之盛衰夫英以海隅三島而雄視全球德以歐陸一方而稱強列國識者謂其無人不學無藝不興故士農工賈之心思技能每日新而月盛其長駕遠馭非偶然也入夜黑霧漫漫尤重

初十日戊午早大霧午後晴記西國胰皁種類極多不僅鵞油香胰也其香有紅玫瑰白玫瑰芋香桂花等百餘種臭其味有清香者濁香者有不甚香者更有異味而西人列為上等者其色則青黃赤白黑五彩鮮明其質有透光者有不透光者其式有扁圓有腰圓有四方有長方有扁方亦有圓球塊皆不大周約六寸厚不及寸有僅按塊者有裝潢帶匣者亦極華美其常用者價則每塊由一本士至二三先令不等竟有價至一鎊半者究不知造以何料而珍貴若此得無另有妙用能使耄耋者轉而為童顏歟抑或憔悴者易而為舜華歟未可知也外有粗胰用以洗物其色或黃或白切作四方長條周約七寸長則尺半每條價係六本士半論磅則每磅二先令聞英蘭一年所用粗細二種為數不下四

九

萬萬磅云

十一日己未晴記外國屬地最多者為英國故英人自誇云繞地一帀不離英地因全球五洲無處不有英地也試由英蘭鼓浪西行經大西洋至北美洲正東稍北諾瓦司閣的亞地方之哈里法克斯海口登岸西行過加那達至北美洲西北界克倫比亞西南之萬庫倭爾島再乘船泛太平洋西行至香港轉南至新嘉坡再稍北至檳榔嶼自此有兩途一西南行走印度洋至斐洲東南界之墨里堤危斯島仍航海西南行至斐洲正南凱浦濤安海口再轉北稍西走大西洋至斐洲西南之賢海蕾那島末則北駛走北大西洋轉東則回抵英蘭矣一自檳榔嶼走印度洋至錫蘭至孟買至亞丁後北行至紅海口亞斐二洲中間之珮立木小島再北行出紅海入地中海西行過墨洛塔島過支布洛他轉北稍東亦抵英蘭又謂英國日永不落因地球四面南北皆有英屬地此地日落則他處日升抑或正午也

十二日庚申陰霧記西國亦有象棋名曰柴斯棋枰四方縱橫各分八方共六十四方對面兩營各佔十六方

十

棋子皆立方內臨邊一横中兩方中左立王右立后王左三方后右三方內立教師義士礮臺各一此前每方各立一兵對營亦然棋子木作象形高皆寸餘王與后皆僅一冠冕教師一帽義士則一馬頭礮臺一座如塔兵則一小帽而已其走法王僅四面步步而行后則遠近任便教師斜行遠近如意義士乃斜跳一方礮臺則横豎直行可遠可近兵直走第一步可越一方後則按步對面有人既不能行亦不准吃左右斜向有人雖可走吃若無人則又不能斜走此其大致也攷其法與中

十一

棋畧似或謂學自中國而未得確實法效耳聞土人有各在所居不覿面而著棋者乃互以電信或得律風通知何子行何步亦奇矣

十三日辛酉晴涼今日係西十二月二十五日又值禮拜之期爲耶穌降生之辰鋪戶關閉人工休息申正舊鄰居羅柏滋約飯其人現移住綠林村距倫敦東北三十餘里未初乘馬車至慶斯十字街火車棧即時買票登車未初十一分開過四車棧行約二十分至彼下車步行里許至其家一路樓房新整連亙渠渠細艸鋪茵喬木成林見其夫婦子女談至申正入座食有火雞牛肉等殊佳食畢引看各屋房舍高大修飾華美酉正瀹茗雖不味芳如蘭而色黃清淡迥非平日英人所飲者坐談移晷握手興辭柏滋父子伴送至車棧

十四日壬戌早陰霧申刻細雨陣陣入夜大風冷見冰凌鎮日鋪戶關閉如昨記英俗凡借貸之券可以賣與銀行假如甲欠乙千鎊言定三個月或半年後歸還甲不用錢則收券以待之苟遇急需可售其券于銀行該行買價高低有二一按行規利息幾釐二按月限之多

十二

寡並視欠錢者爲何如人子金或四釐或五釐扣去外又甄别欠錢人或著名或有事業或名姓可考而事業無多則買有按五六釐至十釐者一千鎊按六釐乃僅得九百四十鎊英人謂售券行息雖虧六十鎊然於此三六個月內以九百四十鎊營運所獲之利必逾百鎊也此券既售諸銀行至還錢之期甲乙當同去畫押清帳云

十五日癸亥早陰霧風雨午後大雨滂沱入夜陰風怒號冷甚記英都會館極多洋名克樂卜二百年來所立

者共一百三十餘處各中人數有無定者有限定者由一二百至五六千不等有男子專會婦女專會亦有男女同會者有初入會須捐費者由一先令至四十吉呢不等亦有入會不捐者惟各人按年皆有例捐以供館費為數由五先令至十餘吉呢更有初入會及常年皆無所捐而僅挂號稱屬某會館者此等會館略如飯店必會中人方得在內早晚餐以宴樂嘉賓也各館名目不同黨朋各異然罕有累及國家者無滋事之虞無非常之舉其宗旨在增益學問興地利阜民財以保其國家否則亦不外同人雅集怡性騁懷聯袂椅裳溫恭和睦未聞有口角爭鬭之事各館之名及入會之人雖不能枚舉茲特擇其尤者筆之於書以廣見聞如阿貝瑪為男女閒談處阿來三德為上等婦女聚會處阿勒牌為赴瑞士等國賽爬山者聚會處阿米迺威為水陸大員之人品端方者聚會處阿爾茲為精文藝及勤學問者會談處阿色爾為男子閒敘處阿倫岱為文學工藝兼優者會敘處阿賽年為顯官及人之能文學格致者清談處教授謀拜為坐氣車人閒聚處敖色爾為人之

十三

著書撰報者雅敘處巴尺洛爾為人之不欲娶妻者聚會閒談處巴得威音為會中人宴樂敘談處巴得氏屯為打獵乘馬等人聚會處巴斯為體操泅水等人聚會處布得勒斯為眾宴樂敘談處布魯克斯為不守新舊兩黨之人聚會處柏答屯番阿爾他為喜精工奇物圖畫之人聚會處卜立的什柴斯為棋友雅集所喀美朧為繪畫照相等人聚會處喀來斗年為蘇格蘭上等人聚會處喀爾勒屯為真守舊黨人聚會處喀瓦里為馬隊官員聚會處賓西為守舊黨人之善書官政者聚會處柴勒溪阿爾茲為凡有職事之人聚會處扣扣特立為會眾雅話處寬斯的究深那為官場講國法之人聚會處西的喀爾勒屯為守舊黨人聚會處西的里卜拉為更新黨人聚會處西的敦倫敦為商賈銀行人聚會處西戛爾為會眾談讌處西的敦倫敦柴斯為棋友聚會處閣卜敦為販無稅貨人聚會處考婁呢亞勒為各屬地人聚會處賓克里自土苓為騎腳踏車人聚會處寬色瓦的伍為守舊黨人聚會處寬司木普里坦為互相聚會交談處伊斯印的亞位乃代色爾威司為印度

十四

水陸文武聚會處、埃克三特里克為會衆怡性騁懷處、克立池乜為喜音樂之人聚會處、代萬𠇍為更新黨人宴樂聚會處、埃悌為真更新黨人聚會處、發爾墨爾斯為講藝植耕種人聚會處、茀賴肥射爾斯為漁友聚會處、埃勒丹為文學人聚會處、佛克斯為獵狐人聚會處、戛爾立克為講戲文人聚會處、勾勒佛爾斯為打小球人聚會處、格林路木為男女講戲曲樂器畫工者聚會處、格林帕爾克為講樂器之男女聚會處、格雷沙木為商賈銀行聚會處、格婁烏諾為閒敘不論國事者聚會

十五

處、格婁烏諾克來森為婦女清談聚會處、戛爾自為新舊護衛官聚會處、格恩為善射假鴿者聚會處、合令乜為乘馬于二百碼外弋禽者聚會處、伊勒柴斯特爾為人無事消閒所、海岱囿為文人雅聚處、伊斯綿為公私水陸學堂人聚會處、朱呢爾阿米乃威為水陸兵官聚集處、朱呢爾阿賽年為不談國政人聚會處、敖爾連斯為樂山水人雅敘處、朱呢爾寬色瓦的伍為守舊黨人聚會處、朱呢爾寬斯的秋深那為真守舊黨人聚會處、朱呢爾喀勒乜為真守舊黨官人聚會處、麻喀巴彥斯

及馬力貢克力談皆為講擊球人聚會處、麻拉玻婁為會人閒聚處、內申那拉里柏拉勒為真更新黨人聚會處、朱呢爾乃威安米里他里及朱呢爾攸乃太色威斯皆為水陸官員聚會處、洛搜賽伊的為講律例者聚會處、倫敦婁英為講弄槳人聚會處、內申那拉斯柏丁為擊球驊操等人聚會處、內申那拉為耶穌教士聚會處、迺威安米里他里為水陸兵官聚會處、歐得衛勒克木為會人暢聚處、牛敖斯佛安堪卜立坻、牛攸呢倭希的敖斯佛安堪卜立坻及攸乃太攸呢倭希的四館皆為

十六

敖斯佛興堪卜立坻二大學堂人聚會處、牛瓦戛班為文人聚集公讌處、牛維克都里亞為婦女閒會處、呢攸為會人聚集閒談處、呢木洛為打獵拋球等人聚會處、歐麻喀亞木為會人讌飲處、歐芘為喜觀劇人聚會處、敖斯佛安堪卜立坻繆吉喀為喜音樂人會集處、開乃為講孳生犬種之人聚會處、帕來斯帕瑪及芘喀的里三館皆為文人閒聚處、普蕾勾爾斯為喜戲曲之人聚會處、普蕾斯為新報主筆者聚會處、普立木婁斯為守舊黨人聚會處、普林賽斯拉餽斯自安太呢斯為喜擊

球湎冰等人聚會處、奎印斯為打球踢球湎冰各練體操等人聚會處、拉萊伊為善使舟之人聚會處、蘭拉為乘馬拋球等人聚會處、立佛耳目為真更新黨人聚會處、洛亞倫敦牙特洛亞太木斯牙特二館皆為賽使快艇人聚會處、洛亞搜賽伊的為文學格致圖畫等人聚會處、樂斯回斯特為牌友聚會處、洛亞倭特克勒爾為善博弈者聚會處、賢猩木斯及賽克斯的皆為博古人聚會處、賢卓志斯為萬邦名人聚會處、賢卓志斯柴斯為棋友聚會處、賢司悌芬斯為守舊黨人聚會處、坡蘭為不關公事、閒散之人聚會處、三得苓哈木為打球拋球人聚會處、薩威志為文學音樂曲文等人會集雅談處、薩威勒為會人閒聚讌樂處、奚賽木同上、什音蒿斯為踢球騎車人聚會處、司坡自為放槍練技人聚會處、司米斯扉為講孳生畜類人聚會處、塔赤得蒿斯為閒人不講國事者聚會處、特拉衛勒爾斯為游歷人聚集處、特爾弟為賽馬人聚會處、攸呢倭希的教蕾的為文學及醫學婦女聚會處、攸乃太色威斯為水陸千總以上各武員聚會處、維克都里亞為會人聚集閒談讌樂

十七

處、魏苓乜為武弁聚會處、槐特芙立亞斯為文學記事人聚會處、槐特霍槐子文大木二館皆會人閒聚交談處、恩普蕾斯來的斯靠安堤庇歐呢爾三館皆為婦女閒會處、来特爾斯為寫新報人聚會處、阿勒勾諾茲為男女讌會處、攸里克為講才學人聚會處、攸年為名人閒會處、攸乃太為真守舊人聚會處、玆以上各會館規例不一、大抵公餘暇日、藉以宴游、凡在會中人、隨時皆可入館、或一二人晤談、或獨坐看新報、披閱書籍、抑或自備早晚餐、及請客宴會、悉聽其便、至各館人入會之

十八

法、詳見後、

十六日甲子、稍晴、記英島四面臨海、土人多講泅水使船諸學、設有會館四十餘處、總名牙特克樂卜、義乃快艇會館也、各館又另各有名、沿海岸邊設船塢、會館亦設於附近、凡人之初入會及常年各有捐費、亦各有首領、聞其第一會館名曰御前快艇幇船會、設於西一千八百十二年、即嘉慶十七年、會館船塢皆在考埃斯邨、地在騷桑屯口外正南威特小島正北界、初入會者捐百鎊、每年捐十一鎊、會首為大太子衛拉斯王埃達倭、其他陸續立于八百二十年

後即道光初初入會及常年捐款二三鎊至六七鎊不等會首皆世爵或武官云

十七日乙丑陣陣細雨涼倫敦官民商賈之富者無論男女每喜自御車立有會館名曰佛音漢四轡在手也又名扣池英御車也每年春秋賽馳兩次皆自會館齊入海岱園再由此出城至鶴齡屯及荷洇囿等處車轍馬跡範我馳驅日暮而後歸然此會凡單雙馬者皆不入必駟馬高車棚上箱中容坐男女十數人者車棚頂前坐車主夫婦或父女或兄妹或戚友自御而行屆時男女觀者如雲相為評騭車馬之優劣與夫馨控之技能以為樂云

十八日丙寅陰涼英國之公書局及官書樓自西一千八百五十年即道光三十年始經議院議定興立以便人民觀讀當年通國初立者三百五十餘處其後按年陸續加增至今倫敦城內共計六十餘處各有管理之人男女不拘每日開門自晨至晚皆六七個時辰中多禮拜日不開者而亦有於禮拜日午後開四五點鐘者各局樓儲書萬卷玉軸連雲牙籤壓架悉以公諸同好蓋欲人

究學術增智慧廣見聞也

十九日丁卯陰雨如昨申初乘車至庇喀的里街東首路北敕建大學堂中觀油畫此堂英名洛亞阿開代米專講各種學問高樓懸有油畫之類每年於五六七三個月開門人之往觀者白晝一先令申酉時則六本士至欲入內聽講學藝觀書皆須致書與管堂人現在堂中無事乃將古人名畫由王宮及各官商富家借集二百餘幅懸挂樓中招人觀賞今日先帖請相識之人往觀備有茶點自明日至西三月十一日即明年正月三十日止每日巳初開門酉正關閉入門者一先令買盤票五先令按此次所懸各畫皆和蘭人名藍蒲蘭者大手筆也其人生于西一千六百六年即明神宗萬曆三十四年伊父則磨倌也伊母則烙麪包者之女也其在昆仲行則第五也生不喜讀書而好繪事年十四入學無成遂改在萊頓學畫三年再入和京訪諸名家專心致志以求其精至六百二十七年即明光宗泰昌七年初畫第一幅則賢波羅在囹圄中之故事也名由是大噪遠邇傳揚卒年六十有三所畫男女肖相大小不一雖皆古裝而寫真傳神工妙罕比迄

今人猶寶而藏之云、

二十日戊辰、陰雨、入夜大風、今日為西歷一千八百九十九年正月元旦、又值禮拜之期、鋪戶關閉、人工休息、記東西各國民主之制、自古有之、非自美國始也、即如希臘國阿堤喀省之阿三思都會、曾於二千六百年前、當周桓王之世、即自立民主、羅馬於二千四百年前、當周敬王之世、亦自立民主、日斯巴尼亞之安都喇城之民主、始於一千二百年前（即唐德宗貞元年間）、大國之曾改民主二十年者、為英吉利、係由一千六百四十至六十年（即崇德五年至順治十七年）、其改而又改者、為法蘭西、初次由一千七百九十二至八百零四年（即乾隆五十七年至嘉慶九年）、二次由八百四十八年至八百五十二年（即道光二十八年至咸豐二年）、第三次始自八百七十年（即同治九年）、其永改至今者、為瑞士、始自一千二百九十一年（即元世祖至元十二年）、開國自立民主者、為美國、始自一千七百七十六年（即乾隆四十一年）、其他南北美洲各小國之改為民主者、多在西一千八百年以後、其詳備載歐西史乘中、

二十一日己巳、早陰霧細雨、午後稍晴、酉初狂風驟雨、

入夜尤甚、現在春冬之際、倫敦鱗介之屬、所售多種、蠣蠔有本地產者、有來自義大里者、英產淨皮黑色、義產粗殼層層灰黃色、價皆本士一枚、蛤蚌有長有扁、皆淨殼而薄、昨日食有蚶子、價則二三本士一升、雖不似北京者鮮而肥、亦在外洋僅見之一種美味也、

二十二日庚午、陰、記在德貿易華人田阿喜之子田合通、娶西女為婦、生子女五人、蓋居室已九年矣、前歲田合通回華游歷、返德後見其妻有私、書合通問之、其妻答以汝去外國、我在家中所為、與汝無干涉、合通不悅、彼此口角、因而分離、子女五人、皆被誘婦攜去、余聞而奇之、茲見西例有云、男女于未嫁娶之先生有子女、無論及歲與否、皆為本國之民、若女嫁外國人、即銷本籍、苟于未嫁之先生有子女、當嫁時如已及歲、仍屬本國、尚未及歲、則銷本籍、又私生之子女、無論生於何處、其母為本國人、則屬本國、按此例、則是婚媾而生之子女、隨父籍、私奔而生之子女、隨母籍、其母若因嫁改籍、而不知其父為何人者、則子女不改籍、

二十三日辛未、陰、聞自本月初間、歐林皮亞馬戲園復

開每日白晝開臺自未正晚自戌正後臺除馬匹外又羅列奇人異獸多種于是旁門早開一點鐘款觀者入門多加六本士今日酉初偕沈吳二君坐火車前往下車即園門買票入內轉進旁門其後臺地極寬闊正中四面鐵欄分列大小象及獨峯雙峯駝各十四犛牛水牛無毛馬各一三角小牛三頭花驢五南美洲綿羊四印度牛二各皆有人看守照料此外四面分作兩層第一層設臺高四尺節節分槅羅列各種怪人便人觀覽一俄人名茹肉現年二十四歲滿頭生毛紫黃色如狗

二十三

長皆三四寸洋人以狗面人呼之一美國倭海阿邦人名闊肥現年四十六歲二十七年前因病不飲不食致四肢有皮無肉病愈雖能飲食而四肢依然枯瘠西人因呼以綽號曰全骸活骨謂其無肉也一本奥斯馬加人隨父母改入美籍之賀爾滿現年二十二歲上身力極大胸能展寬至尺半以鐵練纏腰且能使之崩裂肚能展寬至一尺八寸又能凹下如洞一印度蘆克諾歐城雙骸人名拉盧年二十三歲一頭兩身本身長成另一女身小而胸下相連兩手撫肩兩腿下垂長不及膝

氣通神通惟不同長耳美國一女名專安臢年約二十六歲粉面黑髮皓齒朱唇細腰纖手鶯囀鸞咽儼然閨秀也乃烏鬚長逾半尺觀之無不捧腹者詼氏雖自稱某女實則再醮婦也美國人特里鋪年二十一歲生而有肩無臂以足代手寫畫俱佳此與余二十年前在比國安土耳所見者無異英女伊格義年十五歲髮冗而重長雖尺餘而團成一球周逾二尺厚約半尺其色紫黃形類倭瓜又似前在柏林所見之胡盧沽島（詳見五述奇）中人者美國紐約人莫里斯年四十歲遍身皮如印度

二十四

古米能伸能縮雖面上之皮拽之可長四寸美國吞劍人符立兹年二十五歲能吞劍及槍刺之長尺半者英愛爾蘭人千總莫爾費現年三十三歲自十九歲驟長高至七尺九寸法女馬步年十七歲高僅二尺重十八磅能數國語言美國女郝安呢年十九歲視其膚有紅藍紫白四色共計五百九十花紋其兄郝富蘭亦然殆所謂被髮文身者耶北印度教立薩城之孿生女一名拉的喀一名都的喀現年八歲其形兩頭四手四脚惟腰脊相連氣雖通而分口飲食各能語言每行動須互

相商定奇甚俄國小人皮特爾年十八歲高僅一尺八寸五分重約六磅行動與常人同南洋婆羅洲大島之野人一名威耶歐一名蒲盧他耶歐年皆逾八旬披髮長鬚身高不及四尺而力極大曾住美國三十年語言依然不解貌似俄近黑海之柏爾呢歐人美國人包安年五十八歲生而無腿兩脚之前半露於臀前膀邊手拄木塊匍匐而行頗速曾入學讀書竟娶妻生四子云美國幼童冠池蘭年五歲萬言應對無所不知似年逾耄耋曾經滄海周知世事者真神童也訃布未詳何許

二十五

人亦不悉其年紀語言不聞身骿高大尖頭巨口大耳高鼻面色黑而稍黃乃三十年前經水手巴訥木者由新嘉坡拾得攜至紐約因不知其來歷遂呼曰伊為誰斐洲人阿勒畨搜年約二旬每日以鐵器玻璃之類為食西人呼曰人駝鳥美國紐約人馬克希年約三旬能成包成捆吞針閒或帶線美國婦駱蕾塔年二旬餘能玩花蛇及黑毒蛇長八九尺者四俄人薩母森孔武有力能舉三千五百斤并能以拳斷鐵碎石美國紐約女濮賴斯年約二旬三男六百餘斤疊卧椅上女能以一

掌舉起其他有頭能頂石者有黑人高八九尺者更有日本女三名埃及女一名皆不知作何技藝者各人臺前橫有小匾書其人名籍貫並各所能及有何新奇之處此後四鄙臨牆橫列四輪紅車極大上有鐵籠內盛各獸如獅猴虎豹豺狼貉鹿黑熊白熊羚羊海馬袋鼠駝鳥花驢猪羊之屬出後臺前門即係正臺門外環作橢圓左右排列雜貨玩物攤及加非酒攤共數十處如香水胰皁手帕剉環木盒小瓶鎖鍊戒指糖果點心之類不一而足正臺前亦作橢圓形三面分五門按座位

二十六

之等第門外橫牌書以第等若干價之門入門有看座人照應裁去半票按號入座至所演者分兩大段前一段共分十三節每節又分四五齣不等統演不足六十齣不外男女蹓轅繩乘馬跳圈耍象騎猪玩貉獺耍熊羊等技雖甚可觀余則以為數見不鮮矣惟其中新奇者有二一係地立一鐵柱粗拱把高三丈外環鐵道八圈式作盤香形道寬二尺地置一球形鐵盒圓徑周七尺造以薄鐵四面小孔如漏勺一人團卧盒內旁一人將兩蓋鎖訖球則自行滚繞八圈而上至頂再由頂上

滾下至地他人開鎖啓蓋則人出矣一係地立木臺三層每層高二尺寬約五尺作凸形乃一人領三色馬七十匹曰紅曰黑曰黃自乘白馬立諸臺頂中央他馬按色環列三層正中白馬作何式他馬咸隨樂聲效之或跳或舞抬單腿舉雙腿進退橫斜或臥或立無不整齊一律後一段分十六小節兩大節其十六小節無非賽馬賽車越牆跳溝玩狗耍猴等技茲不瑣述至兩大節內第一節乃美國紐約景緻真假混雜障眼法也正面布畫大海山岸碼頭有輪船有杉板有釣魚者有泅水

卅七

者岸上樓房鎮市男女老幼貧富不一畫前一灣真水浮有真船接以真岸搭有跳板真人泅水真人往來天水一色服飾一律觀者望之真假混一不知者當不辨其若千里遠也第二節演美與日斯巴尼亞于本年西七月三日（即前五月十五日）在古巴之三的阿溝海口交兵美船獲勝之戲戲分兩齣一在中夜一在早晨景緻作法與前在印度會場看者畧同先是黑夜山影渺茫有燈樓守口旁有礮臺美兵輪來闖封堵礮臺放礮轟之美船退日之水雷乃出隱于口內繼見岸上樓房猝然火

起烈焰飛騰美之船隊旋由海灣駛出至中途聲暗號經封堵巡船察知被獲少刻美船米里麻開礮臺窺其來意知將沉塞海口遂即放礮于是美船與礮臺互相攻擊美之麥因船先轟米里麻船後沉副將霍布蓀率多人駕輕舸逃去斯時天將昧爽滿山青草綠樹極屬開敞既而美巡船咸肅咸駛近海口放無聲礮見日船隊將逃去海面放礮擊之日船既沉美各船遂猛力齊進日船或沉或轟末則山頂高懸美旗而罷觀之誠一場海戰也

卅八

二十四日壬申陰數日前孫茘軒（多鑫）顏仲山（梓慶）二君由美國遊歷到此住大坡蘭街之坡蘭店來拜今日戌初同沈藕生約在協里那歐飯館晚酌歡飲暢叙亥正回寓聞去歲西國游士石瓦喀者曾行至北冰洋第七十一度地近柏爾克大魚河此等至冷之地為溫帶中人從未到過者西人探幽致遠多類此

二十五日癸酉陰雨陣陣涼記英吉利書籍舊者價廉新者價貴土耳其書籍則反是或謂英國新法實學日增板字清楚無訛裝潢華美堅固土耳其不講各種學

葉、新書雖出、購閱者少、且紙多粗薄、印工不精、字既錯落、間或模糊、裝潢亦頗簡陋、故新書不如舊書、而價不得不廉耳、

二十六日甲戌、微雨、午後約孫顏二君同遊萬生園、入園南轉、高廈一區、四面銕架玻璃箱中、各盤一蛇、長皆丈餘、粗盈尺、花紋顏色不一、共二十餘種、其他各種禽獸水族、現因天寒、皆閉置屋内、其騎駝駕象之處亦皆停止、看畢、入加非館少坐、見其壁上懸有小牌、書云申初後方准吸烟、詢之、則以三點鐘前多有婦女在此小酌也、

二十七日乙亥、稍晴、記西國所用一種膠、曰中國膠、洋名齋那賽叫、製法即用小玻璃瓶滿盛魚膠、慢將燒酒斟入、充滿空處、後置瓶於微火中、待魚膠化盡、膠酒混一、即可用云、

二十八日丙子、大晴、入夜風、記西國君主之在位最久者、為法君路義第十四、在位七十二年、太子路義第十五在位五十九年、英國歷朝君王在位均約二十四五年、惟當代君主維克都里亞十八歲即位、現年八十、在位已六十一年矣、

二十九日丁丑、陰雨陣陣、酉正約孫顏二君遊阿奎良、一切如前、遊人不多、所演雜耍數十齣、中有新奇者二、一係一女年約三旬、能肩荷手提大小銕礮彈六、共重八百斤、又能倒懸梁上、手提口銜人與銕彈、共重亦八百斤、一係於臺左右立二螺螄銕道、高三丈、繞五圈、道寬二尺、圈周四丈、二道相距約三丈、頂上互連一木板、寬僅尺餘、一人先在臺上騎脚蹬車、極輕捷快利之妙、忽大輪、忽小輪、忽單輪、忽雙輪、或正騎、或反騎、或倒退、或横行、更有時騎一圓方各半之輪、末乃騎一小輪自臺前步上右銕道、繞五圈至頂、轉左騎過空懸之三丈木板、至左銕道頂、繼而繞下五圈、回至臺左、亦奇技也、

又星使夫人魏氏現年四十四歲、自前七月患病、久經林琴蓀診治、至是病篤、琴蓀束手、因面請星使電達駐德呂鏡宇星使處、求派醫官來診、前日發電云病急、求借醫官望賜回示、旋接覆電、謂即晚啟程、明晚到倫、今晚亥初、經羅叔羹由維克都里亞火車棧迎入本街路南躴騋店、知來者醫官為徐星階際平、升同文館英文

學生德桂馨林、入夜晴、

三十日戊寅、早晴、午後雨、徐德二君來拜、星階診脈、會同林琴蓀斟酌立方、彼此涼熱意見不合、用藥兩歧、恐難奏效也、記西國鍥鐘之至大者、在俄故都墨斯科鑄於西一千七百三十六年、乾隆元年重二百五十噸、其次亦在墨斯科、重百十噸、第三在俄之諾伍郭洛城、重三十一噸、第四在奧國木拉烏亞省之歐拉米自城、重十八噸、第五為倫敦賢波羅禮拜堂內者、重十七噸半、第六為奧京維也納者、重亦十七噸云、

三十一

十二月

初一日己卯、鎮日風雨交加、涼、記倫敦各會館、有專請本國君主及太子王公、各國公使名人、列名入會、以為榮者、然本國人之入會、頗屬不易、因館規慎重、必擇其品行學問兼長者也、按其入會之法、設若一人擬入某會、必經會中二人作保、因會友千百、不能同日到齊、亦不便、因此特招、遂先書其名姓於門牌、令朝夕會友來者、咸識其名、可否准其入會、館中備有黑白牙球各若干、旁置一空匣、俟三個月後、開匣查驗其中所得之球、如每十球中有二黑球或四黑球、則其人不得入此館、不入他館亦難入、至用黑白球之義、凡會友之羨仰其人者、擲一白球于匣中、知其人品行不端或學問不優者、擲一黑球、開匣後、其人得入與否、僅視黑白球之多寡、初不知各球係何人所擲、蓋免將來議論喜怒也、又因會中人有定數、缺出方得續補、竟至一二十年尚無空額、更有世代入會者、因某會著名、掛號者每多擁擠、乃有小兒初生、即往掛號、冀至廿餘歲底可補入云、午初送孫顏二君啟程、前赴巴里、

三十二

初二日庚辰、鎮日風雨如昨、記西國鑄鐘、不用鍥、乃銅一分、鉛三分、敲以鍥槌、而其聲宏、又聞俄舊都墨斯科城克來木林禮拜堂內、另一大鐘、周六十七尺四寸、重四十四萬三千七百七十二斤、不知鑄於何年、久陷深坑、至西一千八百三十七年、道光十七年俄皇尼扣拉斯第一之世、始經掘出、壘牆懸之、為一時之奇物、又倫敦城賢波羅禮拜堂之大鐘、惟皇族有非常之變、始鳴之、因其地高、聲烈通城可聞、午初約徐德二君來館便酌、具華餐、聊以敦鄉誼云爾、

初三日辛巳稍晴英國用橡木造船建屋以其堅固寬長性能耐水也此樹英産固多而在格婁賽斯特爾府之笛音地方（地在英蘭正南界）為尤盛巨樹成林國人視為富産迄今樹之古而高大者在英蘭西南界門茅斯府之牛坡莊生已四百年本粗二十八尺六寸迨翦伐後樹皮共值二百鎊木本值六百七十鎊另有至古者係在英蘭中界偏東諾廷哈木府之克里布斯屯囿中地屬坡蘭公樹生已千五百年其至高者在該府之衛勒貝教堂前亦屬某公爵故號曰公爺杖高十一丈一尺其粗有周七百碼者亦在該處樹下剪枝作門開有車道其他又有名七姊妹者高九丈上分七幹因有是名樹生若干年於木紋驗之蓋樹本一年一生中心故一年外環一圈木心共若干圈計知其已生若干年也

三十三

初四日壬午陰雨陣陣按星使夫人病狀口燥舌黃氣喘不接胸次內外發熱睡臥不安大便不通飲食不進骨瘦如柴不能坐立微睡即作譫語林琴蓀謂係內火半年來多進涼劑無效迨徐星階診脈謂係上焦虛火中有痰而下寒宜先治寒去痰氣通則火消當用熱藥療治立方時互相商酌藥用半涼半熱星使商諸琴蓀終畏其味熱而不用

初五日癸未鎮日陰晴風雨不定前日與諸同事具帖公請徐德二君于今日酉正晚酌二君謝辭又英之橡木必生已七十五年至百五十年者方成料據云用以造七十四門礮之兵船須擇其生逾七十五年之木二千棵一切工竣共值千鎊今之鐵艦工料價值尤鉅可知矣

初六日甲申陰晴不定入夜雨武弁林文彧接家信知其母陳氏于前十月一日病故現年五十六歲因而同事諸人多有至其室弔慰者聞英人謂橡樹之實或不實與五穀之豐歉同又四五百年前當薩克森人踞守英蘭時因尚不明耕種而人以橡子為糧云上古穴居野處食艸木之實后稷始教民稼穡樹藝五穀五穀熟而民人育考之歷史知華夏文明之化已在四千餘年前當其時歐洲一隅尚未開闢今則兵強國富虎視殊方拓地開疆權力日盛吁亦可以觀世運矣

三十四

初七日乙酉早雨午後雨止仍陰星使之大少君儀重

二少君儀元、咸在近水晶宮之上諾爾塢地方踢開路代萬晒爾學館內讀書、儀重僅學英文、儀元學英法兼拉典文、數日前、因母病篤、接來省視、現以病勢稍減、遂擬令伯蘇送回學舍、而伯蘇不識路徑、復約余同往、申正由維克都里亞火車棧登車、即開、酉刻抵水晶宮下車、轉至宮旁、步行二里至彼、見其教習三森夫婦、少坐、各飲茶一盅、辭回、

初八日丙戌、陰雨、記英國橡樹之用甚多、不僅用其木以造船與蓋建樓房也、其皮可以作藥、或煖生松柏染房及淹皮局亦取其皮、并鋸末待用、無遺、燒其枝作炭、用灰渣以淋洒以刷地、樹根用作刀棰柄、橡子則用以飼鹿豕、或舂碎以餧雞鴨云、

初九日丁亥、陰而風雨、記外國千里鏡、係和國滋溪蘭城作眼鏡人詹森所創、由千里鏡而得顯微鏡、自此二器興、後則天際之遙、秋毫之末、目力所不能及者、皆得見之、其功亦大矣、然當其因物造物、殫精竭慮、竟有因而失明者、千里鏡興自西一千五百九十年、（明神宗萬曆十八年）三百年來、精益求精、今日所用各式、較諸創始者、固屢

變更矣、西人之好學深思、遠勝於土耳其之因仍怳惕也、

初十日戊子、鎮日陰雨、狂風、暖、入夜雨止、萬花筒、洋名喀里多斯扣撲、經英人世爵卜魯斯特爾興造于西一千八百十五年、（即嘉慶二十年）玻璃五彩、花樣極多、固玩物也、迄今氈毯之錦紋、玻璃瓷鍈之花樣、多仿而製之、

十一日己丑、大風、晴、記英國甎塊之興、始自一千八百年前英王阿弗來之世、（即漢成哀之間）造法係將黃泥以木模成塊、晾乾後、按塊墊以木灰或草壘作方堆、然後燒著、半個月後、火熄而磚成、亦有於堆下作爐而燒者、砌法水混沙灰、加以牛馬之毛、砌成極其牢固、牆雖薄而拆之亦不易也、

十二日庚寅、微晴、涼、記西國得律風之名、本於希臘二字、得律者遠也、風者聲也、謂其能由電氣遠傳聲音也、其音不僅傳於咫尺間、雖數百里外亦能傳之、前者英君主住蕪艾特島之敖斯本宮、地在英蘭正南、距倫敦一百洋里、能聽騷桑屯之機器聲及倫敦之歌曲聲、又前於西一千八百七十九年、（即光緒五年）有諾爾威池（地在英蘭）

正東界人與倫敦人交談良久、相隔百餘洋里、聲調清晰、無殊面談、雖美國人之口音、亦竟辨得、

十三日辛卯晴、五洲至廣也、所造之物至不同也、往往有遷乎其地而弗能為良、鼎乎其器則不相為用者、如東西各國之紙筆與墨是也、以中國毛筆用洋墨、及以外洋鋉筆用華墨、皆滯、毛筆寫洋紙尚可、而鋉筆寫華紙則破、華墨落洋紙則浮、洋墨入華紙則沁、無他、用非所宜耳、由此觀之、則東西之服飾、東西人著之、各有所宜也、可知矣、

十四日壬辰晴、昨日呂星使來電、名德桂馨即回柏林、原擬昨晚起程、經星使強留一日、謂與之餞行、今日午正約在苐拉斯喀堤館早餐、命余同羅叔羮、沈鞠生坐陪、食畢步入沙苐太斯百里街、入沙苐太斯百里園觀劇、園不大、容座千餘、所演名曰紐約美景、男女優伶皆美國人、戲分兩節、頭節中有中國新年、扮有中國四男三女、衣裝似是而非、沿街滿懸五彩花燈、鋪店有中國酒肆、二男女歌舞、尚稱鬧熱、其他無非男女調情、嫌貧愛富、通場幼女數十、妖美者二三而已、景緻一切與他園者大同小異、無須瑣述、看畢回使館、戌正送德桂馨至維克都里亞火車棧、登車即開、赴坤柏婁島口、地在英蘭正東太昧斯江口外、昨日徐星階亦亟欲旋德、經星使強留三兩日、故今日未約、

十五日甲午晴、記天下國都之大、以倫敦為第一、居民四百二十三萬一千四百零、法京巴里次之、居民二百五十三萬六千九百、德京柏林第三、居民一百六十七萬七千四百、奥京維也納第四、居民一百三十六萬四千六百、日本東京第五、居民一百二十一萬四千二百、俄京賢比得堡第六、居民百零三萬五千五百、中國北京第七、居民百萬、土京君士丹丁第八、居民八十七萬三千六百、美京華盛頓第九、居民二十三萬零四百、又天下海口之大、以美國紐約為第一、居民一百八十萬、一千八百、羊城第二、居民一百六十萬、

十六日乙未晴、午後英國上海總領事扎美森來拜、坐談良久、當早徐星階擬方、畢星使屬琴蓀斟酌、琴蓀謂服之無損、亦無益、可試煎之、記倫敦樓房約共七百一十萬所、以人數計之、每所內應住五人零百分之四、其

房共值六萬萬七千三百萬鎊、巴里者共值二萬萬八千六百萬鎊、紐約者共值二萬萬七千一百萬鎊、

十七日丙申、晴涼、早徐星階立方後、星使示諸琴蓀、琴蓀謂此方則不敢言其可否、于是置之未用、又因四五日大便不通、琴蓀請用番瀉葉、入夜不睡、口渴發燒、氣粗發譫語、因而星使及琴蓀、小荷、蓮叔等皆坐守通宵、夫秦緩良醫也、扁鵲亦良醫也、使秦緩與扁鵲遇、調陰調陽、各執一見、竊恐病入膏肓、未易言愈也、察英人之學醫者為數不下三萬五千、互相講求、精益求精、然其治內科之法、究難深信、星使夫人之病、曾請三洋醫診視、內有英君主之御醫世爵包威勒者、頗擅巧良之目、亦未能講明實症云、

十八日丁酉、陰雨、今早徐星階所擬方中加苦杏仁泥二錢、陳皮錢半、防風一錢、六神麯一錢、全紫蘇三錢、甘草五分、薄荷八分、入夜星使夫人始得稍眠、而內熱口燥依舊、記西國由君主以下、多以木林為產、如英、德、俄三國之君皆有此產、為數不一、聞英通國地之種樹者、共有二百萬畝、（英一畝四周四千八百四十方碼）統值二百萬鎊云、

三九

十九日戊戌、陰雨陣陣、暖、今早徐星階診脈驗痰、謂積痰稍開、立方後、經星使與琴蓀再三斟酌、去藥位、減分量、始定、記倫敦通城有地道火車、鐵道公車、空轍氣車、轎子雙馬大車、單馬雙輪四輪站街車、晝夜車聲轔轔、往來馳騁、絡繹不絕、其都市殷賑、士女遨嬉、已可概見、其官宦富家乘堅而策肥、又有自養單雙馬車者、據土人云、通國每一千人內當有養車者一十五、是不惟國家闢土地、充府庫、而人民亦多擁厚貲號素封者、論語曰、百姓足、君孰與不足、不其然乎、

四〇

二十日己亥、陰、早星使延前在天津之英醫貴自爾來診視、乃言症係外感傷寒、奈前經治錯、故致如是、然當竭力療之、詢以現因體弱不敢用藥、又當如何、對以須飲牛汁湯以調養之、是所見者似與徐星階無異、故擬改用專方、至申刻、星使夫人氣絕者兩次、初次醒後發譫語、二次醒後發笑狂言、不知何故、記英國施捨賑濟、如施醫院、養老院、育嬰堂、教讀學堂、作工房等、為數不下數千百處、或謂通國一年須用一千萬鎊、咸賴善男信女之樂善好施云、

二十一日庚子、陰涼、昔人謂言為心聲、其或善或惡、而相傳竟成諺語者多矣、如三百年前日斯巴尼亞侵擾太平洋之喀裹來因羣島攻佔蒲那瑚島後土人驚懼、復恐戰登庫薩里島、當時土人不知日斯巴尼亞在何處為何國也、幼童之在學堂者、經教習示以地圖、既知其名曰西班牙、于是諸生每遇身患瘡疾、皆以西班牙名之、他人不解、咸以為異、其後始知其名之由來、乃本怨恨之心而發也、而是名竟于一二年內傳遍馬爾沙現屬德國吉勒柏爾現屬英國及喀裹來因一帶、東西二千洋里之羣島、故至今各地皆以西班牙為瘡名云、又星使夫人鎮日酣眠、氣衰痰盛故也、徐星階方中有車前子、川萆薢、半夏、陳皮、大棗、亭力子、蜜炙桑白皮等、琴蓀見而畏之、

星

二十二日辛丑、鎮日陰晴不定、倫敦設有日本社、數日前談社析柬來請、今日由亥初至子正、在庇喀的里街之勅建丹青大學堂內設茶會、主席者日本公使喀投夫婦等、亥正乘車前往、帷構闊闊、男女千餘、中間大堂作客廳、左間設酒食、右間樂兵十名奏樂、照射影燈二三十頁、皆日本樓房園囿、山水名勝、旁立英人榷山遂篇為之演說、看畢、飲加非一杯回寓、聞星使夫人今日之痰清、小便通、而色仍紅、星階于正方外又加亭力子、炙桑白皮各若干、

二十三日壬寅、稍晴、今早星使夫人唇生白點、琴蓀見之大驚、曰此乃口糜、疾不可為矣、再請星階觀之、曰非也、乃腹中寒氣上升、耳口雖乾而潤、且舌苔變紅、津液足而痰隨水出、點點水道通則大有轉機矣、于是暢然立方、並告用蒸氣水煎服、

星

二十四日癸卯、早晴、午後陰、今早星階診脈、見口燥舌乾、內熱氣戩、依然如昨、殊詫异之、飯後始知昨晚未服藥、故終夜僅眠一二刻也、徐仍立方、暗加桂枝、白朮二位、記英國古用牛角鑲金作酒杯、角尖有螺螄、摇下則於打獵時吹以呼犬、又因古無玻璃、乃用油紙及牛角片於窗櫺、以透光而禦寒、今則僅用作燈籠罩矣、刀叉柄又間有用牛羊角者、至其鎔化之法、聞亦用火烙或置滚水中云、

二十五日甲辰、陰、涼、星使夫人昨夜安睡、并欲吃粥、昨

日星階並請以熱物熨肚因麩子不易得故用番薯蒸熟置布袋中以其氣可透入不比湯壺之類也今早五方明加桂枝白朮兩位詢諸琴蓀乃緝甫曰此藥可畏耳記英國官銀鈔之暗記以極細之顯微鏡窺之其細心者始可辨識然而造假票者仍能竊仿之今則此等暗號國家銀行隨時更易以防偽冒

二十六日乙巳早起陰雲靉靆午初細雨同事曾叔吾寄居上格婁賽斯得街第四十八號居停貝爾洒老夫婦膝下一子二女子名虛素以油畫為生次女名瑪綃

四五三

現年二十三歲叔吾現年四十二歲原配係郭遠堂中丞柏蔭之女已故五年遺有一子名宗鑒年十九歲現在天津武備學堂伊自移居數月以來從瑪綃習英語朝夕相處兩情頗愜因擬聘以為繼室今早來館面稟星使星使允之其鸞膠重合之期約在明春三月間也未刻星階診脈胸仍滿而口尚燥因知昨晚未服藥入夜未得安眠星階遂即以公私多事稟辭回德星使初未之允星階力辭再三星使謂果爾可令陳緇譯偕往俟在德一二日事畢再同轉來倫敦星階即曰唯唯因而陳謝叩別少刻又據小荷言星使令陳幼庸發電再留三兩日星階聞之五中焦灼復強懇小荷善為之辭當時星階悶甚詢諸幼庸則答曰不知至酉正一刻始奉諭准行即時收理行裝戌正余乘車至維克都里亞車棧送星階登車戌正二刻開

二十七日丙午早陰午後晴數日前英國前駐天津羊城等處領事官瓦特爾來拜未遇既又來信言渠友現充愛爾蘭都會德布林之特里尼的大學堂中教習某甲喜聞貴國京音語言久知閣下在此奈弗克親來拜

四五四

晤可否以留音筒傳去如蒙俞允自當定期前來不勝感謝之至云云余答以片言小節願效微勞前日復函定於今午待至午正瓦君攜利貞街之柯拉墨樂器鋪中人抱器前來遂在客廳中口向音筒敬謹朗誦

聖諭廣訓第五章一節誦畢再轉關鍵則原聲轉出分毫不差據云此筒當行七百里今晚即抵德布林是人未到而音先達矣聞前日星使夫人之未能安眠者因星階方所加桂枝白朮仍未敢服也今晚依然心熱不睡又因四日大便不通復向余乞番瀉葉入夜陰雨雲霧寒

風凜冽
二十八日丁未鎮日陰雨冷昨日為西二月七日英國
開議院君主宣詞云我國與諸友邦和好無間我兵遠
征得爾威什黨賴世爵蒋池諾爾及所帶各員之武畧
戰勝教木都勒鑾地在埃及蘇丹之南西勒江西岸并將喀里法所屬
概行征服英埃兩國兵將如此驍勇精強不勝為之欣
悦我國各員現同埃及開代伍辦理各處善後事宜凡
佔據克當特島在希臘國之東南各國擬定公立希臘王次子
王爵卓志為王其所頒行安謐該處各詔為兩教人民
所歡迎俄皇所擬弭兵一節誠為各國之要務我亦當
斟酌從之奧民咸嘆其后前遭意外之厄宣名各國會
于羅馬阻遏無君黨之謀我曾派使前往雖不能盡從
會中所議然按此案例中宜有應行商改者尚望斟酌
辦理邇來西印度之屬民驟遭颶風所傷人命及失去
房產甚多其中被災最烈者早經該管地方官與本國
國家及他各屬地施錢賑濟矣喜聞好望角之會堂議
定按年公捐以助我國之水師我印度國有時症傳染
之處心甚憂之初起之地疫氣雖減而南北印度依然

四五

盛行必當設法醫救並防流行他處所幸該處五穀豐
穰商務稅務興旺此始願所不及也所擬本年應用各
項皆經竭力計算撙節不日當即須發至現在所擬整
頓倫敦內政章程另設學部考察英蘭及衛拉斯各處
上中下三等學堂章程再行整頓英蘇律例之異同使
地方官設法協助租廣之貧民買房章程使愛爾蘭人
精於耕種得法謀生以及停止教堂納費章程倫敦自
來水減價章程整頓限制股分公司章程禁止飲食中
攙雜他物章程酌定放債章程整頓人工章程以及整
頓地主章程等不日當即須發願爾諸爵紳士各抒所
見殫心襄贊以迓上天鴻庥孟子曰民事不可緩也傳
曰仁人之言其利溥哉英君主之諭可謂得臨民之道
矣
二十九日戊申陰雨如昨昨早幼庸來電謂星階不來
請示如何星使回電言仍候同來今午又來電言星階
隨後來勉燾啟程矣星使接電恐星階終不來遂急約
余明早前往催請明早八點三十分開車乃先買票以
免遲誤酉正公讌鮮果肉菜一切草草而已戌刻陳幼

四六

庸回、入夜收拾行李、
光緒二十五年歲次己亥正月
初一日己酉、大晴暖、卯正即起、點心畢、辰正同衆隨星
使向北恭拜
聖牌、行三跪九叩禮畢、星使面屬數語、登樓更衣、即乘車馳
至維克都里亞車棧、下馬車、知火車於十分前已開矣、
遂轉回使館、回明星使、改今晚八點五十分再往、戌初
星使夫人卒、享年四十有五、其四子二女哀聲震耳、次
女悲號、至十二點鐘、令人慘不忍聞、即時偕諸同事慰
四七
唁星使、未見、少刻星使遣人來問、明早可升半旗否、余
對以公使私喪、無下半旗之例、懸之恐英人詫異、乃止、
蓋各使館非因國事不得升旗也、
初二日庚戌、鎮日陰雨、入夜大風、星使夫人雖經久病、
而一切衣衾、自便衣至鳳冠、霞佩、龍袍、龍裙、朝珠、補服
及鳳靴等、皆未預備、先由英鋪中覓來紅緞龍袍兩件、
皆不如意、且謂平金全能剋木、不宜於用、于是自利貞
街李柏笛東西各國貨物鋪中、雇來女成衣八名、鋏裁
縫兩架、經中國成衣指示、共做單裌棉衫襖裙褲上三
十三件、下二十一件、至朝珠一事、鳳靴一雙、皆以彩紙
仿糊之、其鳳冠係林琴蓀畫做、補服、霞佩、龍袍、龍裙、以
及靴上之鳳、皆約曾叔吾內弟貝虛素彩畫之、又棺木
定做、不能即成、尸遷于鋏牀、牀下鎮以冰塊、因明晚方
得入殮也、晚見新報內一則云、今早來電、巴里中國使
館之叅贊官聯湧于昨晚申刻被同文館之法文學生
伊里布以手槍貫耳擊斃、後又二槍、一擊壁上、一擊門
邊、繼乃自向頭上連施兩槍而倒、慶星使及館中各人
聞聲、下樓至聯臥房外、見聯已氣絕、伊亦仰臥、手執洋
四八
槍、氣息僅存、即招巡捕、代延洋醫、醫未至而伊已死、至
彼此因何仇怨未詳云云、覽閱之餘、殊深詫異、繼思聯
文泉之為人、公正溫和、學問優長、則又不勝為之悲慘
而惋惜之、
初三日辛亥、鎮日風雨交加、按西例、每禮拜日禁男女
工作、以便休息、違者有罰、所做衣衾各件、仍須一日方
能蕆事、因係中國使館、乃得強留四女工、平日每人工
價一先令一點鐘、今日加至三先令一點鐘、緊急縫做、
至戌刻始畢、館中同人無善青烏者、不能涓吉入殮、今

早電達駐法隨員吳煥其德章為之選擇、戌初回電、言亥正大吉、昨早定做棺槨、今日午後將棺送來、以二小木凳高約一尺者、停于中國客廳之西首、鐵押房門外、頭向正東、棺係定做、較英式寬大而直、如京内之行材、長五尺八寸、寬二尺、脚下稍窄、高二尺半、木厚不及寸、工頗精細、棺内四圍皆置黑漆布、防水漏也、七星板上又覆蓋兩層、即時先鋪木渣厚二三寸、再于四周飾以紅洋縐、底上又鋪錦褥一、棺前二尺許置二長桌、上鋪一大紅綾褥、褥下横白色七星帶二、紅褥近棺兩頭横

四九

白綾長枕各一、臨窗桌上置白綾棉枕二三十、雞鳴枕一、錦被一、戌刻樓上裝裹、又聞哭泣聲、亥初樓梯上下滿然、白燭、亥初二刻由樓上舁下、星使之四三二三少君先行、大少君捧頭、小荷叔羹左右扶肩、星使與魏蓮叔左右托腰、伯蘇抱脚、後則二三女公子及叔羹夫人隨泣哀而下、入客廳置紅褥上、頭墊雞鳴枕、舒直四肢畢、包以紅褥、捆以白帶、入殮棺中、四面凡空處皆填以棉枕、蓋以錦被、後覆以七星等蓋、一切安置妥協、即有鋪中人來釘蓋漆縫、再則棺前設靈桌、供靈牌、然紅燭、上祭席、星使率其子女姪男姪媳等、先後祭奠畢、星使立于前、其四少君跪于右、二女與姪媳坐立于左、余偕諸同事、分兩班入内叩奠、禮畢登樓、時已子初矣、

初四日壬子、陰雨、陣陣、倫敦鋪店其開設非一家股本者、門横長匾皆書某號公司、而多有加限制字樣者、即所謂有限公司也、譯英語曰立米台達、蓋東主分股而有限制、然此中頻有拖累錢入一人之私囊、故英政府現訂新章、以整頓商務、入夜風、

初五日癸丑、陰、聞英國殮法、於人故後、洗浴畢、赤身著

五十

白布大衫一件、兩手撫胸、以殮、至各國猶太教人、則赤身入殮、一絲不著、意在赤身來而赤身往也、入夜細雨、頗冷、

初六日甲寅、陰涼、今早余特具青緞金字祭幛一懸、誄詞曰雲軿西駕、官弔四色、又偕諸同事十九人公具四軸、為青緞、淡青亮花摹本、金質藍花錦、綠質金花綢、白綾、寫字為禮經婦式、家法女宗、帷軒景改、翟茀恩崇、又在牛喀斯爾地方阿摩斯當廠監造快船委員陳鎮培、譚學衡、黎弼良、楊聯甲、林國祥、程璧光、盧守孟等公具

祭幛二軸、文係鍾郝遺徽、瑶島驂鸞、綢係米湖二色摹本、又自前日經裁縫及女僕晝夜趕做男女孝服多件、及靈前紅緞圍桌等、至今日亥正工竣、因擇定明日開弔也、入夜大雨、

初七日乙卯、晴、申正、余與諸同事公具祭席一桌、分三班拈香祭奠、星使陪禮、又靈前橫白帳懸輓聯三副、星使輓云、調護悔乖方、縱令元相多情、清俸祗營齋奠、泉臺逢稺子、始識童烏早慧、仙身已證蓬壺、小荷叔羹兄弟輓云、慷慨登舟、為叔父分憂於內政、淒涼陟屺、聽諸

五十五

昆失恃之哀音、魏蓮叔輓云、看夫婿高詠皇華、三萬里外相從、勤操內政、乃春盤初獻、遽病返真、忍拋卻稺子嬌兒、倍益香山悲逝、感念女嬃關情、常棣十餘年來、託芘愛等同根、詎瀛島遙依、竟成永訣、悵此後同驅登岸、那堪正則秭歸思、又今早由船廠來者、為林、程、盧三君、奠畢即去、

初八日丙辰、早陰、午後晴、由倫敦至柏林往來頭等車船票係五鎊十八先令十一本士、上月廿九日買得、本月一日星使夫人仙逝、未經用著、前日致書東西鐵路公司及查塘都法海口鐵路公司之副總辦佛布斯、言明其故、可否退回、昨接覆函、言昨奉手書、深悉一切、請將原票送交維克都里亞車棧原買票處、自將所值奉繳、并望將此信一併示知、以為憑證云云、今日申刻、余乘車前往、收取竟得如數繳還、是誠英人之公允處也、入夜復陰、

初九日丁巳、鎮日陰霧迷漫、箭地不見人、英規凡有故人、不論貧富、靈柩在家、皆不得逾一禮拜、倘因骨肉親族之人在外、必待以親視含殮者、亦不得逾十日、倫敦

五十六

城西北隅有耶穌教堂、名堪薩格林者、堂分左右、左為本教人禮拜處、右為他人停靈處、欲停三五七者、另有小閒停一二年者、地下有窖、置之如厝、惟住戶不准停留多日、蓋恐氣味傳染、致生瘟疫、既與本房無益、更為左右鄰居所不喜也、星使夫人之柩、本擬送回榕城、故無須出殯、而暫停館中、或謂欲留日久、須向地方官請執照、然若往請、則有失公使自主之權、欲不請、又恐鄰居強迫使移、正籌維間、恰值棺木鋪謂棺雖已成、槨則一時不能急就、遂令其據實稟請地方官、限日若干、昨

日來信、言已請准停七七四十九天、叔羹往問德公司、云由騷桑屯運柩至滬須七十鎊、今日往詢日本公司、謂送至閩城、須九十鎊、德公司期在本月十八日、似覺稍促、日本公司係在二月八日展輪、日期從容、一切可得周妥、且其船價、商之亦可稍減也、

初十日戊午、自早陰晴不定、申正大霧、屋內然燈、街市車馬頓停、酉正稍霽、記英例洗屍之禮、蓋謂人死則通身氣管皆鬆、穀道自洩、故必滌洗而後殮、喪大記有抗衾而浴之禮、浴水用盆、沃水用枓、浴用絺巾、梠用浴衣、是古有洗尸之禮也、又因地窄人稠、屍埋土內、多則惡味上升、恐生瘟疫、不宜於人、于是議院新定章程、乃鑄鐵箱、大與屋同、置尸于箱中、四面燒火、以火氣烙之、不及一刻、則尸化成灰、涼後取出、集瓷罐中葬之、倫敦通城、現設兩鐵箱、雖有定例、其不願者仍聽之、竊謂此等舉動、固為衛生起見、殊失仁人孝子之本心矣、

五十三

十一日己未、陰、風涼、記西國之珍珠、多來自東印度之孟買、錫蘭一帶、及波斯海灣、在英國則產於衛拉斯府之寬衛河并蘇格蘭正東臨海之泰埃等處、此等蛤蚌、皆伏于海底石上、其殼光平者無珠、粗且生鬚者多珠、因其愈老而珠愈多也、其採取之法、每七年一次、取時人則鼻通皮筒以吸天氣、腳下墜石、胸挂皮兜、由小舟以繩繫下水中、睜眼尋覓、凡有所得、皆收入兜中、每日入水四五十次、每次約得十數枚、因在水中停留至多五十秒也、取畢、堆積岸上、覆之以沙、十日後、蛤力衰而自開、沙土滌去、則珠寶現、取下、濯以鹽水、去垢見光、而後鑽孔、按蛤之富者、可得大小珠逾百、然其珠或光不足、或通腹空、空者十中之八九、珠之為寶、必視其體之大小、圓長、色潤光足與否、英國賣珠、有時按兩而不按粒、聞百年前、每兩值價由半鎊至鎊半云、

五十四

十二日庚申、稍晴、風涼如昨、昨見星使夫人靈前立一木棍、長約六尺、粗二寸餘、外裹白紙、距頂上尺餘、圍紅紙一圈、寬約一寸、未詳何用、詢之、據云、閩俗凡人年逾五旬、而妻故、則故者為有福、于是其夫祭奠時、橫其棍于前、起時橫行、執起而豎挂之、名曰齊眉棍、星使夫人雖年僅四十有五、而星使本年正值五旬也、

十三日辛酉、微晴、涼、法國伯理璽天德佛爾前於西二

月十日薨逝，談國駐英公使擇於今日（西二月二十二日）午初、在來西斯特爾坊法國諾特達木天主教禮拜堂中唪經、恭請英國國家及駐英各國公使、參隨往聽、法國官商之在英者亦皆公服敬臨。星使無暇、令余偕羅伯蘇前往。乘車至彼、入坐正中左排。既而英大太子埃達偰率他公爵等至、坐于右排首座。先是鼓琴、樓上男女合聲朗誦。又二神甫一跪一立、在正面臺上桌前面向十字而默禱。數刻後、立者息而跪者坐、換袈裟、戴∩形白冠。沙彌燒提鑪香烟繚繞、神甫捧經坐讀數句、樓上復鼓琴高誦。一陣畢、沙彌舉十字架、下臺前行、神甫免冠換白氅、後行、轉出旁門。眾客自英大太子陸續離座魚貫而出、將行、咸與法公使握手而別。時將未初、回使館。知有赫承先來拜。

五五

十四日壬戌、晴。倫敦鮮果現有蘋果、葡萄、香蕉、波羅蜜、梨、橘等。惟一種小春橘、周逾三寸、厚不及寸、其色金紅、來自義、法等國。裹以薄紙、外加金銀箔、盛以木匣、飾用金花五彩。匣厚寸餘、周約四尺、內平放五行、共二十五枚。法名蠻達蘭、敖朗日、譯華言官橘也。其味頗甘而香。價則每匣二先令或一先令十本士。

十五日癸亥、早大霧、午後晴暖。記英王宮殿之名、不取富麗堂皇之義、而多以人名名之。如卜靜宮、本係公爵卜靜故宅、前王卓志第三（西一千七百六十年即乾隆二十五年後）後購而宏敞之、即以卜靜為名。又現在太子所居之處、不曰宮而曰房、乃公爵馬爾鉢婁前于西一千七百十年（康熙四十九年）所建。至一千八百十七年（嘉慶二十二年）乃為國家購去、而仍以原主之名名之、曰馬爾鉢婁葛斯。葛斯者、譯言房也。按英文宮曰帕蕾斯、其字雖有華樓美廈之義、然國主所居既以為名、則平人之居似不宜用、英則不然。大主教之第亦皆曰宮、如阿丁比宮、卜洛木蕾宮、朗貝宮是也。又有本係王宮、後賜柯蕾伍蘭公夫人居住、而仍名曰宮者、如嫩色赤宮是也。學堂而名曰宮者亦有之、如庇卜勒斯宮是也。遊玩之所亦名曰宮者、如水晶宮及阿來三德宮是也。

五六

十六日甲子、晴涼。倫敦官署有名非本義、呼之令人不解者、如倫敦美爾府曰蠻慎葛斯。蠻慎者住所也、葛斯則統稱一人之住所也。又專管民間生死嫁娶租借之憑單印稅者曰色墨賽特蒿斯、乃三百年前、攝政大臣色墨賽特欲建未成、百年前、官雖完成之、而不名署中所司、竟名曰色墨賽特房、兵丁習樂之所、名曰廼勒爾霍勒、譯言廼勒爾者人名也、霍勒者堂也、蓋其地本係世爵廼勒爾之別墅、國家購買、即名曰廼勒爾堂、律例學堂二所、一名彌得坦布、譯言彌得者中也、坦布者廟也、一名陵崑斯音陵崑斯者英地名、或人名、音者茅店也、其取義皆未詳、尤奇者、則巡捕衙門內暫存行人遺失物件詳見四述奇名曰司閼特蘭牙爾得、義乃蘇格蘭院、亦不知何所取義、

五十七

十七日乙丑、微晴、冷、倫敦糕點、每多任意呼名、雖知其名而未嘗食者、究不識其為何物、如一種槽糕、又似油糕、內有橘皮小葡萄者、名曰色勒他那、攷其本義、土國稱其皇曰色勒坦、后曰色勒他那、或其糕始自土耳其抑或土后所嗜、因而錫以嘉名、未可知也、又一糕如槽糕、下含葡萄、上抹白冰糖一層、厚約二分、扁形如饅首、名曰艾斯達瑪代喇、按其義、艾斯達者冰凍也、瑪代喇者南美洲巴西國之河名也、意者糕面之糖如冰、因取遠方之河以為名也、又有麪球如蓼花、而名發麪核桃者、他如皇后餅、御用糕、獵戶餅、沐浴糕等、名色極多、筆難盡述、

十八日丙寅、鎮日陰晴不定、涼、早見樓頂霜極厚、記西國無避諱君工之名、一說如英君主名維克都里亞、因而國中婦女既以維克都里亞為名、更有維克都里亞火車棧、維克都里亞街、維克都里亞堤等名、昨見新創一種繡工機器、銅質鋼針、形如此式、而下垂、針孔在下、穿以絨繩、其理似與錶裁縫同、亦以木架綳紗、描

五十八

妥花紋式樣、繡時、坐而置架于胸前、左手按繩、右手執針如持筆、以大中二指執其中、以食指步步按上頂、每按一下即繡一針、極靈快利、見有繡成之瓜果花鳥頗佳、但不敢必其刺繡精工、如中華女紅否耳、此器每件七先令半、而亦名曰維克都里亞、不知因何取義、斯亦奇矣、

十九日丁卯、陰晴不定、如昨、氣候尤冷、自去冬、敖斯佛街路北新設酒飯店、名曰司台樂爾門、面寬敞華麗、處處玻璃、內設小桌行行、鋪陳精潔、器具鮮明、門外立司

闈一人、服色異眾、堂倌掌櫃皆二八妙齡也、加非與茶之價同ABC點心、稍貴而精美、肉菜價不甚昂、惟須按單指索、如北京應時小賣之法、聞此鋪之同名者、通城現共十二處、東主皆一家云、

二十日戊辰、微晴、同人任謙齋因病稟請銷差、稟詞云、竊卑職於光緒二十二年十月蒙奏調札飭出洋、遵於二十三年四月初四日馳抵倫敦、差次派充駐英隨員聽候隨辦事宜、體質尚健、嗣于二十四年正月間患感冒頗重、月餘始痊、是年秋又患喘疾、時發時愈、計自駐英至今已屆兩年、步履雖未甚艱、而精神頻虞不逮、現交春令、木旺肝疾有時陡作、每至夜不成眠、伏思在洋要差、卑職以病軀從公、深恐貽誤、為此懇恩俯鑒下情准其銷差回華調治、以冀痊可、查職子鳳藻曾隨差次自備資斧、充當學生、惟重洋內渡、舟次需人、須帶同行藉資服侍、現在一面部署行李、一面仰請憲台照章發給二等船價一名、三等船價一名、共庫平足銀計六百三十兩、俾覓搭公司輪船回華、實為德便、肅稟具由、祇候批示云云

五九

二十一日己巳、白晝晴暖如昨、入夜微風涼、按英律、貧民男女禁在街市乞錢、其無能或惰於工作、而願手持賤貨沿街喊賣者、英名貨客耳、義亦叫貨人也、此等人須在巡捕廳領有憑單、無論所售何物、皆按年納稅兩鎊云、

二十二日庚午、晴暖、入夜復涼、記西人每創一物、又必因而擴充另造別物、倫敦現在腳蹋車勝興、男女賽騎、昨見敖斯佛街某車鋪中、一半扇活棚獨座車、乃一雙腳蹋車也、其式前一小輪、後二大輪、二人騎上、各以腳蹋鬭鍵、車自前行、是不煩馬駕、不須御者、誠致遠奇物耳、車前懸東大書云、敬為阿富汗國王製造、晉楦元性好畋遊、以體大不堪乘馬、又作徘徊輿、施轉鬭令迴動無滯、惜其製已不可考矣、

二十三日辛未、晴、記英郵政局定例、凡在本國各地不論遠近、每函重不逾四兩者、郵費皆一本士、此外每多二兩、加半本士、凡信之未貼信票者、送到時罰資加倍、如一本士者罰二本士、又信之已貼票而不足數者、則按所虧而罰亦加倍、如本應一本士半而僅貼一本士

六十

迨送到時、乃罰一本士、信之大小亦有定制、一封長不得逾二尺、寬厚各不得逾一尺、除送公文或投送官府者不計、

二十四日壬申、晴、今日星使夫人外榔告成、送置樓下客廳中、長六尺、寬高各二尺二寸、式如中國躺箱、惟正面稍高大、造以紅木、英名麻活戛呢、厚約三寸、膛内加鉛一層、厚分餘、外塗以油色、如檀木光澤可鑑、外面四周起綫立柱、套邊、其前後作回形、左右作▭形、蓋上亦然、邊柱皆凸起七八分、四角上下各包一假銀三角花

圶

葉、前後左右八空方中各一假銀環、環下亦墊花葉片、周約二尺、蓋上四邊共十四假銀螺螄釘、前後各二、左右各五、長約二寸、直立作亞形、蓋面上下二空方中各釘一斜方花片、周二尺餘、亦假銀製者、當中空方内釘一⬠形假銀牌、周逾三尺、中鐫漢字一行、係

皇清誥封夫人覃恩一品夫人羅府魏夫人靈柩、按此牌洋名什伊勒、係古英武將所用鐵盾之式、繼而凡名將立功而得勇號及欽賜姓氏者、皆鐫于牌面、迄今世家之前輩得有賞賜者、世代皆銘此物于車門、戒指、信紙等各處以為榮、且專有官衙管理此銘、他人不得妄用、竊以星使之用此式也、必因英君主曾贈以維克都里亞小男爵之勇號也、至此號之洋名、係迺特考蠻得爾敖維克都里亞敖爾得爾、

二十五日癸酉、晴、記星使夫人之棺榔、做于衛勒貝克街第五號戛爾斯適音鋪中、該鋪屢為曾襲侯之妹與妹丈陳松生（遠濟）及龔星使（照瑗）製造棺材者、聞此次棺榔所值、論木料、棺十七鎊、榔四十二鎊、鉛裡一鎊半、銀環鑲嵌共七鎊、匠役往來工價六鎊六先令、其他漆

圶二

裡、七星板子、蓋木凳等、共二十餘鎊、統計已將百鎊、

二十六日甲戌、晴暖、記英國房租稅、如用作糧房鋪店加非酒肆等、一年租價自二十至四十鎊者、每鎊納二本士、逾四十鎊至六十鎊者、每鎊納四本士、逾六十鎊則每鎊納六本士、住戶則由二十鎊至四十鎊者、每鎊納三本士、逾四十至六十鎊者、每鎊納六本士、逾六十鎊則每鎊納九本士、

二十七日乙亥、晴暖、記英例、凡出售菸捲鼻烟之人、亦須由巡捕廳領憑單、按年納稅五先令三本士

二十八日丙子、晴、記英有犬稅、凡人家所畜、無論何色何種、每年納稅七先令半、犬生不及半年、及在田地用守牛羊並牧童所用、或瞽者用以引路者、皆無稅、然牧童農夫畜犬、必領有豁免之文憑、其稅乃免、是雖無納稅之實、而所領文憑、仍需小費、其稅斂之煩如此、

二十九日丁丑、晴、英例、凡人攜帶槍銃、亦按年有稅、因獵在秋冬之季、遂自本年七月三十一日至次年七月三十日為一年、無論何等大小火銃、或打獵、或防身、或習武、每桿須由巡捕廳買憑單、納稅十先令、前者任謙齋稟請銷差、經星使批准、因法公司于二月初一日由馬賽展輪、今日戌正率其少君起身、余同沈吳尹于四君送至柴令十字街車棧、亥初登車即開、

三十日戊寅、晴、英例、獵戶須領憑單、其領在本年七月三十一日以後、十一月初一日以前、至明年七月三十一日者、費三鎊、由當年七月三十一日以後至十月三十一日者、費二鎊、滿期再加十四天者、另領憑單、費一鎊、收存飛禽野獸人之憑單、亦至七月三十一日止者、費二鎊、發售異味人之憑單、按年二鎊、聞嘗攷之於史

自秦創丁口之錢、漢行算緡之法、三代取民古制、已蕩然無存、其後隋責有司以增戶口、唐括土戶以代逃亡、唐及五季、宋初有食鹽錢、中唐北宋有青苗錢、宋有手實法、金有推排民戶物力之制、明萬曆行一條鞭法、至

國朝始定丁銀併入錢糧之制、賦出於田、田定於額、凡品官士吏百工閒民、甚至里宅貨肆錢業銀行、苟非家有田產運貨行商者、終身不納一錢於官、於是歷代苛徵、一朝豁免、以視歐美各國之賦稅煩重者、奚啻天淵、吾願食茅踐土之人深長思之也、

卷八終

六述奇卷九

鐵嶺張德彝在初氏隨筆

光緒二十五年二月初一日己卯早大霧午後晴記英例凡釀啤酒出售每次所售數逾四戛倫觀半者亦領憑單按年納三鎊六先令一本士鋪中零賣啤酒帶賣蘋果與黎酒者按年憑單三鎊半其准開六日及早行關閉之憑單分請各三鎊同時請則各二鎊半又零賣而不准在鋪中飲用之憑單按年一鎊五先令此單內載凡零賣日用各鋪賣給一人一次不得多至四戛倫半蓋酒本犯禁雖准出售而官乃設法遂節勒捐於稅課之中寓防範之意焉所謂准開六日者乃一禮拜內准開六日也早行關閉者乃限定每晚開至十一點鐘也如欲於禮拜日亦開及每晚欲開至十二點者則又須另請憑單另納使費矣

一

初二日庚辰早霧午後晴按昨日所記乃專售啤酒者至零賣他酒每售為數不及二戛倫並准買者在鋪隨時飲用則一年憑單費三鎊半如僅於禮拜日不開或僅每晚早關門則官場按二戛倫酒價在憑單費中減去七分之一若禮拜日既不賣每晚亦早關閉則減去七分之二至零賣他酒不拘數目而不准買者在鋪飲用每年憑單費十鎊半不准買者在鋪飲用且每售不及二戛倫者按年憑單費二鎊半此等鋪中所市各酒皆釀以花果不易醉人火然不燒者英統名曰歪因

初三日辛巳鎮日黃霧迷漫涼星使夫人靈柩定於後日巳刻出堂同事諸君咸擬往送昨早星使謂余於初五日代守使館照料一切諸君往送特備馬車十輛每輛坐四人車外黏有名單已向小荷商定今早小荷以名單呈星使旋因車價太昂改用五輛于是星使以墨筆圈出四人為姻親陳幼庸同鄉林琴孫隨員沈藕生學生陳安生其他皆令小荷前往辭謝

二

初四日壬午晴不甚涼午後星使率子女姪媳等設席祭奠畢有六英人將棺由樓上客廳舁至樓下客廳盛入槨中上螺絲釘銲蓋口停于中間近窗頭西脚東上置假白公雞一隻四面遮以圍屏此雞經陳幼庸覓得雞冠造以紅毯翎毛剪以白布眼係造以玻璃其狀與真畢肖價則九先令

初五日癸未、陰冷、此次星使夫人靈柩回籍、星使派魏
蓮叔羅伯蘇作為買辦、藥料、順護靈柩、帶領其四少君
及二三小姐、率女僕同回、巳初、星使著孝服、執齊眉杖、
率子女下樓、入客廳、同時來十英人、帶鋏架長桌一具、
四足有小輪、移柩于其上、繼由客廳推至門内、巳正、車
齊、十英人将柩抬起、撤桌、開門、肩扛、置入四馬廠車中、
脚前頭後、假難置于柩左車側、同時星使率眾登車、外
仍請馬清臣、曾叔吾、盧梅亭、嚴伯玉送往、共乘一車、余
及他同事、皆著行裝、送至門外、殯車緩行三十餘里至
阿拉伯船塢、地在倫敦之東南、賢喀色萊因來木蒿斯
東西印度米勒倭勒維克都里亞各塢之外、外通大海、
内連太木斯江、棺舖在彼另備一鉛裡大木箱、十二點
半至彼、将柩自車上移入木箱、裝妥、以天稱繫入日本
公司讚岐丸之大艙、此船日人呼曰薩奴几麻路、船上
備有午酌、食畢、星使率應回各人回使館、羅叔羹昨日
感冒、因丙夫婦與女皆閉門、未經目送、
初六日甲申、陰涼、巳正、星使起節赴義都、偕馬清臣、林
琴蓀、盧梅亭同往、余同沈藕生、曾叔吾、羅小荷、嚴伯玉、

三

送至柴苓十字街火車棧、午初開車、記倫敦郵政局送
信人之定例、係由十八歲考入、陸續補缺、傭工至六十
歲止、其工價乃每一禮拜十八先令、以後按次遞增至
二鎊、合每月英金八鎊、其工薪良不薄矣、
初七日乙酉、陰晴不定、微風涼、記英國人工物料之貴、
如近日星使刷印訃聞、白紙兩開、半長七寸、寬三寸半、
外有封筒並謝帖一頁、共三百分、價則五鎊、合庫平銀
幾至四十兩、以上為備送華人者、外有送洋人各帖、白
紙横寬六寸五分、竪長四寸三分、兩折如册頁、四面黑
邊寬二分、文係漢洋合璧、左漢右洋、漢文與給華人者
同、惟扶柩回籍改回國二字、洋文用法文書、云哀啟者
元配
皇清誥封夫人福州本籍羅太太於一千八百九十九年二
月初十日禮拜五疾終倫敦使館、享年四十有四歲以所
少計一歲者大半給洋人照洋規也
大清欽差駐英大臣維克都里亞小男爵色爾緝臣羅豐祿扶淚頓首訃聞以
上亦三百分、工價係七鎊、
初八日丙戌、微晴、冷、記倫敦大市有五、第一為魚市、名

四

碧吝斯談特設在倫敦橋東太木斯江邊米得賽克斯堤上石樓四層占地四萬方尺此市始自二百年前每早開市自卯初至辰正每一禮拜由陸路來魚數百噸通年合共值二百萬鎊每晨有官名美特爾者察驗凡魚之臭壞或因他故不堪人食者人則議罰貨須拋棄第二名冠文夏爾敦為花蔬鮮果之大市始自三百年前至一千八百三十一年（即道光十一年）復加擴充修葺整齊占地長約二十丈橫三十餘丈四面石柱平臺當中玻璃罩棚甚高左右石屋兩行間間為存貨處棚下中心

五

又有小玻璃屋兩行為平時出售花蔬果品處棚下地皆石墁四面石堦此外左右仍有鐵架玻璃房三四皆白晝貨到收存處於每禮拜二四六日自丑正開市至巳正止通城各鋪多備大車馳往躉貨此市在倫敦城中近斯特蘭街之貝斯佛巷其地四面通達故車可四道並進也第三名美特畧普立田大肉市設在城中近萬勒貴街之司米斯菲得街建于西一千八百六十八年（即同治七年）鐵架玻璃棚橫六百三十尺長二百四十尺高三十尺費用四十萬鎊每日亦卯初開市第四市名

牛喀特在倫敦城內偏北伊答也方之扣噴哈根街專售牲畜如猪牛羊之類設自一千八百五十四年（咸豐四年）占地三十二英畝罩棚一切共費四十餘萬鎊第五名立敦活地在倫敦橋北近老城之立敦活街設立未久專賣肉品如雞鴨鵝鴿鵪鶉之類古者日中為市致天下之民聚天下之貨交易而退各得其所倫敦孤懸絕島在西海之壖戶口最稱繁盛凡日用必需之物多仰給於外來故舉國趨重商學以致萬國之民聚五洲之貨其都市殷賑非偶然也

六

初九日丁亥鎮日陰晴風雪不定冷英例凡出售糖果餑餑每次數逾二夏倫者按年憑單費五鎊五先令其零賣不及二夏倫者按年憑單費一鎊五先令初十日戊子早陰午後大雪陣陣冷英例凡未經黏用之信票如有霉爛毀壞及誤手破裂者皆准兑換新票其特往換票之處有三一在郵政總局每禮拜二四兩日由午正至未正禮拜六日由巳正至午正一在城中東北大温柴斯得街管理房租地契局此局英名音蘭蕾韋牛敖扉斯一在管理房租地契各分局除禮拜日

每日開門由午正至未正換時皆無使費又船隻保險
票英名麻林普里希斯當普久存霉爛者亦可往改新
票亦在管理房租地契局中于每禮拜一三五三日由
午初開至未正換時先由司官處請一憑單後於即日
或六禮拜內憑單取票逾限作為廢紙至用否使費未
聞入夜微風晴
十一日己丑稍晴極冷冰結寸餘英例凡有生涯即有
稅于是按日謀生者有日稅如零賣各種酒者一日二
先令半僅賣果酒者一先令賣啤酒者亦一先令賣菸
者四本士菸酒兼賣者分算又在渡船上出售菸酒者

按年五鎊一日者一鎊
十二日庚寅早飛雪帶冰珠午後雪止仍未爽晴氣候
頗冷又聞開設典當者憑單按年七鎊半沿街負包賣
布綫麻帶者英名珮得拉爾係由巡捕廳領憑單按年
五先令製造樗蒲出售者按年憑單費一鎊酉初一刻
星使率馬清臣林琹蓀盧梅亭由義國旋署
十三日辛卯晴冷英人工於謀利設有保命公司國家
亦從而稅之如為數不逾十鎊者一本士不逾二十五

鎊者三本士其逾二十五鎊而不過五百鎊者則每五
十鎊抽九本士若有零餘不論若干皆按五十鎊計數
逾五百鎊而不過千鎊者則每一百抽一先令有零餘
亦按百計數逾一千鎊則每一千及零餘皆抽十先令
其僅保遇險或因險喪命及遺失或毀壞家產者納稅
皆按一本士
十四日壬辰陰冷微風間雨細雨淋漓倫敦城西南隅
卜朗普屯方有博物院四總名騷斯堪興坦今日未正
余偕沈麴生吳少序帶榮驊乘車行十數里至格洛衛

路下車入柵闌門先一敞院植有花木步石路數武再
入門樓二層建以銕石玻璃窗棚無露木處蓋防火也
地亦石墁橫豎藏有銕汽筒粗拱把上覆鏨花鏤空銕
片以通煖氣蓋禦寒也隔箭地列有椅凳為觀者休息
也第一節羅列各種不灰木仿製之今古臺榭塔柱石
級以及人像禽獸器皿盞千百年前羅馬等處多於白
玉石上雕刻人物也第二節四壁懸今古以綫織成之
花毯山水人物五彩精巧中有值五千鎊者壁間悉罩
布幔以避灰塵其前四面廊下列細長玻璃罩高五六

尺、長亦如之、寬約二尺者、內置今古金銀器、珠寶象牙
及軍械等、正中堂內設高桌玻璃罩四行、每行八張桌、
大如牀而高於牀、長方玻璃罩如牀帳、先兩行、各中層
置中國瓷器、瓶罐居多、更有一扁罩、內分十二木盤、每
盤內置菸壺三十、瑪瑙、翡翠、瓷、玉、炭胆及玻璃套花形
式、大小種種不一、各壺下有綾托、托與盤似皆華製、且
菸壺及他瓷瓶、罇罐等、旁皆置一紙簽、書以薩樂亭公
處、償來者、惜不知此薩姓為何許人也、其他兩行、則皆
本地之瓷與玻璃等器、第三節列雕刻銅木器、并缸瓦
九
器、如盤碟壺罐等、顏色黃綠、頗似燕京之缸瓦盆壺、綠
畫無甚奇異、第四節、列今古細絨織花器具、第五節、列
古時雕工、有古棺木兩具、一值百五十鎊、一值三十二
鎊、因工有精與不精也、第六節所設、為今古木工車輛、
第七節為各種今古樂器、第八節為著色玻璃器、第九
十兩節、一為茶酒點心房、一為格物書房、四面樓如燕
京戲園、羅列今古油畫、居多他有西國綉貨、鋘器、瓦器、
水畫、古表及講書房、藏書處、遊人男女、逐隊隨行、指畫
而不喧譁、每節五有巡捕、彈壓照料、監察、是處占地東

西七百五十尺、南北七百尺、樓占地東西五百一十尺、
南北四百五十尺、此樓為四院中之一、地基不甚廣闊、
其本名曰美因比勒丁、譯華言第一處也、每禮拜一二
六日、皆由巳正開門、亥正關閉、入門無費、禮拜三四五
日、為學生學藝之期、每日由巳正至申初、入門每人半
先令、男女欲在內摹畫物件、當時尚在學堂者、無入門
費、餘則按日、亦與遊覽者同、入夜暴風驟雨、尤冷、
十五日癸巳、微晴、較昨稍暖、城西南隅蒂勒哈木路第
十九號油畫師安德森、請于昨今兩日由未初至酉正、
十
觀賞油畫、又附近者赤巷第一百四十九號之油畫師
司特來敦夫婦、亦同請於昨今兩日由申初至酉正、茶
會、兼看油畫、今日未初偕沈吳二君帶榮驊乘車先至
安家、其屋不大、列大小油畫廿餘、而所畫男女老幼無
甚奇妙處、少立辭出、復乘車轉至司家、外有鋘柵闌、車
可驅入、下車步石堦六級、叩門、司夫婦延入先小屋、兩
區一客廳、一飯廳、雖不華美、而清雅整潔、酌加非畢、引
登旁所屋、仍不大、列油畫大小十五幅、該畫師善繪山
水走獸、其中最可取者有三、一係冬季雪景、犬在門外

以爪撫門作躑躅踟躕之狀、趣甚、一條一獵犬卧主墓旁、題有句云豢養多年恩澤厚、卧旁尚冀喚名來、一條淺水一灣、有大樹、有蘆葦、其側三牛飲水、牛角不同、行式亦不同、牛動、有小浪、有水紋、抬頭唇下滴有水珠、遠觀精妙、獸物如生、真傳神筆也、

十六日甲午、鎮日陰晴風雨不定、記倫敦車輛憑單乃街市單馬雙輪或四輪者、每駕每年十五先令、其他車之四輪或多輪而僅用一馬一騾或一驢駕者、皆按年一鎊一先令、用多馬駕者一年二鎊二先令、汽車加重

十一

不逾兩噸者、須於按年憑單外另加兩鎊、重逾兩噸者、加三鎊三先令、其有僅用在十冬臘三個月者、則所加之數減半、

十七日乙未、晝陰、風、入夜雨、按英例、凡出售金銀器者、按年亦有憑單、如所售之件金重不及二兩、銀重不及三十兩者、憑費二鎊六先令、逾其數則五鎊十五先令、當鋪之收典金銀器者、另有憑單、一年五鎊十五先令、修理金銀器者、亦有憑單、費數與典當鋪者同、

十八日丙申、晴、大風、記英國學校分四種、曰大學堂、曰學館、曰學塾、曰義學、設有大學堂者十數處、如敎斯佛、堪卜立址、倫敦、德布林、都爾哈木、維克都里亞、衛拉斯埃的因堡、賢安得路、阿柏的音、格拉斯溝、及愛爾蘭者是也、其中以敎斯佛與堪卜立址二處為最古、皆五百年前創設者、學館共九百、最古者如文柴斯得爾、立于五百年前、宜屯立于四百年前、樂格拜立于三百年前、聞本年英蘭一島幼童初學者共計一百九十二萬八千四百九十三名、及歲者共三百四十九萬四千四百九十六名、學塾共有一萬六千七百一十二、至義學則

十二

不索學費、且供衣食、其本家願有所助亦可、多寡任便、雖一年奉交一二鎊或一二先令、亦屬公心慈念、此學共立有四千三百四十七所、入內學習者二十九萬八千七百二十四名、其中更有加晚學者、意謂每晚鋪戶關閉、人工休息、男女得暇、則不論年紀種族、皆可入內學習、男則講商務格物正心修身之類、女則更習庖廚成衣洗衣諸技、除大學堂外、各學諸生所讀者為文法史記等書、並講算學地理針黹女紅、兼授德法等國語言文字、及度日節儉之道、現在通島敎習共計九萬二

千八百五十名學校之興庠序之盛乃知其文明進步良有以也

十九日丁酉晴涼記英人所食一種無花果餅其作法係牛奶汁一盅紅糖兩盅攪勻後加雞蛋四枚肉桂丁香末各一小匙水一盅白麪四盅切碎無花果半斤碎乾葡萄兩盅混勻傾入擦滿奶油鑊內置于微火悶爐中烏烙兩點鐘即熟食之亦頗有味云

二十日戊戌晴倫敦鑄錢局設在陶爾奚勒地方附近倫敦臺建于西歷一千八百十一年（即嘉慶十六年）地極闊大

十三

所用工匠七千餘名一年共鑄大小六千六百萬圓金銀銅錢共值六百六十五萬四千四百一十鎊

二十一日己亥陰記曩有英國慶斯屯公之本府馬夫塔特爾薩者前于西一千七百七十三年（即乾隆三十八年）在格婁伍諾坊創立馬市市即以塔名名之按期拍賣而賽勝負之賭亦多于此中聚集出售票據至一千八百六十五年（即同治四年）乃遷至卜崙樸屯路四面石樓兩層當中空院罩以鐵架玻璃棚此院橫寬約八丈直長十丈石地鐵闌鞏固整潔臨地四周皆馬廄樓上除議事處羅列各式車輛出售按倫敦馬匹價值凡良馬之高由十三掌半至十四掌半者（英惟量馬論掌每掌四寸）價則由二十至二十五鎊稍壯者三四十鎊耕地者三十五至四十鎊載重者五六十鎊打獵者八十至百五六十鎊最良者價加倍至用以賭賽者值竟至數千鎊云

二十二日庚子鎮日陰晴不定入夜微雨暖記倫敦鐵道公車始自西一千八百八十六年（即光緒十二年）迄今共有一千零九英里上年往來行客共計七萬萬五千九百四十六萬六千零四十七人按西人每創一事察其有

十四

益必日見加增至今倫敦公車鐵道已歷十數年而僅有千餘里者蓋此行雖有公司而置買地畝房產不比火車公司之易因國家未曾給有專權也開火車行買地奉官如擬買某處房地則兩造互僱估價之人彼此所估相差無幾自然易定苟所差太多則改歸官定公車則不然欲買房地主人或不欲賣或索重價無官作主勢不能勉強也

二十三日辛丑陰晴不定記英國婦女帽上裝飾現以駝鳥毛為第一皆來自斐洲此地太木斯江口之倫敦

與賢喀薩萊因二船塢公司同在江邊克他勒爾街設立棧房此房占地四英畝層樓四壁計共六十三萬尺行行木架分槅木厚盈寸每槅寬四尺長六尺高約三尺正中懸有黑牌白字號碼由一至三百數十綑毛顏色不同有淨白有正黑有灰色有黑尖有白點種類殊多有粗有細有短有長價亦因之不一此綑論分量以至輕者為貴通棧可儲二萬餘噸共值三四百萬鎊云入夜雨

二十四日壬寅鎮日風雨陣陣稍冷現在東西各國所用金銀各幣乃鑄無孔之圜質悉名曰錢且彼此體質相似分量相同故互相兌換使用所差無幾不致大有虧折今將各國銀錢與英錢合定之價比而書之惟中國之銀兩按英鎊合成無論兌換何國罕有分量相埒而僅傷匯費者此外如阿真坦之多勒爾值英十本士與斯馬加之克老安值英十一本士四分之三巴西之米立值二先令二本士八分之七美國之多勒爾值二先令智利之珮搜值三先令七本士零四分之三丹麻瑞典之克老安皆值一先令一本士三分之一埃及之

十五

皮阿斯特爾值二本士半法國及比利時之方（又名弗郎）皆值九本士半德國之馬克值十一本士四分之三希臘之得拉勒馬值八本士半和蘭之弗洛林值一先令八本士印度之盧必值一先令五本士義大里之利拉值九本士半日本之圜值二先令墨西哥之多勒爾亦值二先令波斯之土鑾值十先令六本士秘魯之搜勒值三先令十一本士二法丁葡萄牙之米立值四先令五本士四分之一俄國之銀盧布（非紙鈔）值二先令一本士日斯巴尼亞之佩斯他值八本士零九分之一土耳其國之皮阿斯特爾值二本士零八分之一巴里威亞之巴里威亞諾值一先令九本士色爾威亞之的那爾及魯麻呢亞之來伊皆值九本士二法丁

二十五日癸卯稍晴入夜大雨歐西各國曾因彼此錢幣成色不同不便流通于是法比義希臘瑞士五國會合議以彼此之錢式分量銀色必期一律僅錢之命名不同而已至俄羅斯色爾威亞卜魯真里亞魯麻呢亞日斯巴尼亞五國雖亦約合而未入會又各國銀銅錢雖未約合而多有大致一律者如法比瑞士三國之方

十六

與桑的木皆與義大里國之利拉及森堤細米希臘國之得拉勒馬及來普他色爾威亞國之的那爾及帕拉日斯巴尼亞國之佩斯他及桑堤謀魯麻呢亜之來伊及巴呢卜魯戛里亞之當牙及司托堤因其斯等無異且瑞典丹麻兩國之錢不惟分量銀色一律而名亦相同南美洲各國多為日斯巴尼亜之分種故其用錢亦多相類云

二十六日甲辰陰雨陣陣入夜風記英人鞋式今古不同聞有至奇者如千年前當諾爾曼人為英王時所用

十七

之鞋或綢或皮色則黃藍紅綠西歷一千一百年前王躂良第一之世鞋長二尺前半填物上捲如羊角一千五百八十餘年君主伊麗斯貝姒之世英人凡品高位尊者鞋長皆三尺脚前二尺作尖上彎以金鎖束于膝前且有小鈴繫之當法君路義第十四時西人鞋後底高至六寸至一千六百三十三年（明崇禎六年）英鞋始改今式皮靴之用于降生前九百七年（即周孝王三年）創自希臘英人自來以布裹脚至一千七百年（即康熙九年）始用襪云

二十七日乙巳鎮日風雨涼記英俗凡少女未及歲者或披髮于背後或垂一二辮于左右其已及笄及已嫁者髮皆束于頂上作髻聞當英王罕里第七之世凡女之未嫁者皆披髮于後已嫁之婦皆編兩辮于左右其髮不長者乃用羊毛或馬尾續之以為美觀尤奇者古有世爵夫人司九阿伊里斯貝姒等皆落髮而戴假髮以肴倩人梳髮之費蓋自古仕宦家婦女之髮皆有僱工梳挽之人髮髻之式一年更改多次屆今為數不下一萬八千七百六十餘種且工價極貴致有一月僅僱梳兩次者現在上等婦女依然僱人梳挽且因赴朝會

十八

跳舞會等尤須僱人梳挽以彰美富而壯觀瞻也

二十八日丙午早陰雨雪雹兩陣午後大雨未刻晴涼英人飼馬亦有定規乃乾草大麥為定食別種粮艸可加添而不可代用定餧之草麥兩種草料之多寡視乎馬之大小費力之輕重如田家所用生成之馬一日須餧四十觔內草二十八或三十觔大麥十或十二觔抑或壓成碎豆三觔莢米八觔外草三十觔亦可凡欲馬之輕捷飛馳者須餧以艸麥加豆其費重力者須加莢米冗草餵之無力馬之老羸而使用過度蹄腿兼勞者

則當夏秋兩季放游草地一兩個月，氣自復元，無須加添豆料，而專心調養矣。田地之馬，由五月初至九月底，白晝作工，僅于午刻稍餧穀料，入夜則放吃青草足矣。至駕車及乘坐之馬，除因故照前法，于夏秋之間放吃青草一兩個月外，切不可令食野蔓，而必按時餧之。一日分餧三次，穀必壓碎，食之易消。瑞典、大白蘿蔔切碎，雜入草料中餧之最宜，而紅蘿蔔餧之則無益。飲馬水須鮮淨，而不宜太涼。

二十九日丁未，鎮日風雨交加，入夜尤甚涼。記英人謂

十九

建馬廐地須乾而潔，房須高而頂上透風通氣，至少寬須八尺，長十尺，馬得空地以便在內往來。地當墁以小甎或圓石塊，上鋪麥梃，無論如何，務使地乾而馬潔。且其中須多得天光，防生蟲蠅之屬。每晨洒埽刷洗一次，因馬喜潔，背負淨被，無不安樂自如也。

三月

初一日戊申，晴，風稍暖。申刻陰雨陣陣。西國以天下人之面色分五大種，曰白、黃、紅、紫、黑。白者名閼喀西安（本字俄南界喀斯邊與黑海中之閼喀色斯山），為歐羅巴及亞細亞偏西一帶者，共約五萬萬四千五百五十萬人。黃者名蒙勾里安（本字蒙韃），為亞細亞洲之中東南北者，共約六萬萬三千萬人。另種黃面人名哈米堤克（本字亞當夏娃之次子哈木名），在阿斐利加洲北界，共約六千五百萬人。紅者名阿美里加印的安（本字克倫柏之初得美洲西印度），在南北阿美里加洲，僅有一千五百萬人。紫者名普歐里內斯伊安（本字普歐里內奚亞）或馬來安（本字馬蕾二皆南洋羣島總名），在南太平洋一帶羣島，共約三千五百萬人。黑者名呢格婁（本字呢格爾）或柏斯擢斯蠻斯或卜什蠻，或班圖或霍坦土特（以上皆斐洲人種類名），在南阿斐里加一帶，

廿

共有一千一百十五萬人。統計天下人共十四萬萬四千零六十五萬。

初二日己酉，早微雨，午後晴，冷。倫敦自攢印機器盛興後，不惟用印報單、鈔錄信件，雖往來公文亦用之，僅簽名用親筆耳。此行人工皆幼女，送入行中攢印，每篇不及七十二話者，工價三本士，令攜器出行作工者，按日十先令半或二吉呢一禮拜。

初三日庚戌，晴，涼。日本自兩年前創立輪船公司，名曰日本郵船會，共船十三艘，各重六千噸，其名曰備後丸、

博多丸、常陸丸、因幡丸、鎌倉丸、河内丸、佐渡丸、讚岐丸、丹彼丸、若狹丸、土佐丸、信濃丸、神奈川丸、按班半月一次專往來由橫濱及兵庫過香港、新嘉坡、檳榔與錫蘭、蘇耳士、波賽、馬賽、倫敦、安土耳、此行不走上海、按其由香港至倫敦、阿拉伯塢之船價頭等四十鎊、二等二十七鎊半、三等十五鎊、行李頭等者一人准帶四十方尺、二等者三十方尺、由倫敦至騷桑比之火車頭等准帶二百四十磅、二等二百磅、必于開船之兩日前送往箱隻、留用艙內者長不得逾四尺、寬二尺六寸、高一尺二寸、倫敦日本公司、在芬者赤街第九號、又小狹船價不及四歲者一名無費、多則每名四分之一、逾四歲不及十二歲者折半、凡公使領事教士等往來船價皆減百分之十五、買來回票者、限用一年、價則每百減二十、中途添買者減一十、限改半年、行李保險由香港至英京、每百鎊十五先令、人命保險每百鎊一鎊、其往來日本、香港另有船走上海、福州、烟台、天津、牛莊、海參崴、仁川、基隆、琉球等處、按月按禮拜或三個禮拜一次、此外又有赴美國及赴新金山者、皆按月一次、

圭

初四日辛亥、早雨、午後雨止、仍陰、入夜復雨、而暖、嘗思電報傳書、速於置郵、何啻千百倍、夫人而知之矣、惟是植杆引線、所費不貲、風雨雷雹、皆足阻隔、且平時則巡視修理之費、偶有兵事、復虞敵人斫斷、是至便之中猶有不便者存、近日義大里電學名家馬格尼本葛爾文、席爾士、何爾孟猩格蓀、成法（葛爾文謂電氣行于空中如光之有浪、席爾士以銀屑鎳屑盛于玻璃筒、可驗電浪之遠近、何爾孟猩格蓀因創無線電報、惜傳遞不能及遠）創為不用線之電報、只于兩端豎立直杆（杆愈高則所傳之報愈遠、杆高平方與傳電之遠成正比例、如杆高二十尺傳一英里、高四十尺傳四英里、高八十尺傳十六英里、餘可類推、法人將于巴里鐵塔上試之）、藉真空傳遞電浪之力、便可寄報、數日前在英法海峽試演、兩端相距百里（豎杆一百五十尺）、傳電之速（每分鐘十五字）、與有線者無異、而且風雨無阻、字畫清晰、可謂神乎技矣、其器兩副、聞只值英金百鎊、較之設線傳報所省殊多、

初五日壬子、早陰雨、午後雨止、仍陰、西國水畫油畫之著色、業已活潑如生、乃猶嫌其不潤、二年前經美國人創得一種氣筆、名曰埃婁格拉弗筆、以鋏造、形如毛筆、而內空、大者長五寸、粗周寸半、小者長四寸、粗周一

圭

寸用者座旁置一抽氣機器圓形銅質如礅長約二尺前通一柄下有四小輪後一木板板下亦有關鍵以脚踏之銅器自然往来抽氣或云可得四十觔壓力銅器中另連古米筒上通筆管筆頭上有孔作撱圓形周盈寸用盛水或油顔色於其中孔上手指捏執處亦藏有關鍵畫時以指按之氣自通而顔色亦即自筆頭噴出蓋筆頭形雖尖而無尖繪畫用筆而筆不落紙所噴之色輕重自如色既精潤而工亦敏捷其描畫須兩日者以此噴畫則僅用兩點鐘其筆頭作形其價大者

筆七鎊半銅器一鎊十七先令小者筆五鎊半銅器一鎊十四先令半外玻璃吸氣表一為置銅器旁察氣之有無輕重者其價二先令半

初六日癸丑陰午後乘車至格洛衛路入大博物院一觀此院自西歷一千八百六十二年同治元年經下議院議定擇地另建一處題名洒秋爾拉奚斯托立譯華言聚集天地間所生之物俾人增長見識也地在前月中旬所觀博物院之西中隔埃克西比愼路前於六十四年興工八十八年光緒六年告竣共費三十五萬二千鎊次年四月十八日開門便人游觀除耶穌各節外日日開門在正冬臘月由巳正至申正二月至申正二刻三九兩月至酉初二刻十月至酉初四五六七八月皆至酉正內禮拜日雖開僅由未正或申初至申正酉初酉正及戌初皆視乎日之短長也此院共占地十二英畝樓占四畝餘八畝在樓之東南西三面作花園豐艸綠縟花石點綴任人步游樓之地式長方横六百三十五尺長二百七十尺正面看作曲形中間二塔高八層二塔中間為正門東西兩角二塔各六層其他皆四層旁看作

凸形乃頭二層皆長方第三層作山字形第四層僅前面一横四塔高者百九十二尺他約百八十尺樓高約百十尺樓由格洛衛路退入百尺而又由地面凹下十餘尺自街路至正門接以八字形石橋左右各長百二三十尺寬由十數尺至二十尺中墁粗石便車往來左右墁細石便人步履樓上下建造非石即鐵八面窗皆大扇玻璃橋下横洞以通園之東西游者登橋入門為一大堂長百七十尺寬九十七尺高七十二尺即地面上第二層也花石墁地正面一三尖橋石堦作仌形以

達樓上、寬共五十七尺、左右各寬二十尺、高約四十尺、
由正門內至石橋前、列玻璃方罩八分兩行、各高八尺、
寬四尺、見方、每中置有假石、青艸花木、以列藥料薰製
之家雞、野雞、野鴿、竹雞、烏鴉、碧玉鳥、雪鴟鴞、以及兎鼠、
鱷魚、弁其胎卵、因所產南北度數不同、氣候亦異、故其
種類大小、顏色不一、中有日本雄雞一尾、長九尺、堂左
右臨壁、各小敞屋十間、各第一間中、皆有玻璃罩之長
匣、立櫃內、置全骸人骨、大猴、木狗、河豚、蝙蝠、與馬骨、以
辨各骨長短之殊、行動用力之別、又有各種獸牙、以別

三十五

其咀嚼草肉魚蟲之不同、各第二間內、列各種鳥獸角
爪、以別鳧水飛騰、掌爪之異、穿山甲指如人指、其他各
獸之足蹄爪掌、有大小、軟硬之分、其毛亦粗細短長不
同、獸角如牛羊羚羊者、空犀角則內有筋細如毛、鹿角
則又按年生枝、各第三間內、列各種禽鳥、有身大翅小
不飛者、有翎毛軟如綿者、有翅小而用作分水者、有身
小翅大亦不飛者、又各鳥之骨色既異、而其卵之大小
皮色亦不同、一年所生之多寡、地方亦不一、有在地面
者、土內者、水中者、各第四五間內、咸列江河中各種魚

類、各第六間內、列蠆尾、昆蟲、螯蟹多種、蓋之方圓軟硬、
有毛無毛、大小厚薄、顏色黑綠灰黃不同、第七間內列
殼蟲千種、第八間內列花草之雖花而不實、不花而生、
不種而長、生寄生、有葉無色、無葉而青、獨梃無花、花生
葉上、即如青苔、石耳、海帶、蘑菇、木耳、仙人掌、霸王棰等、
此間正中、橫立巨木一片、據云原樹產於英蘭中界之
苐來斯諾地方、其高二百七十六尺、粗九十尺、數年前
樹倒、鋸由此片橫經十五尺、周亦九十餘尺、自中心至
皮共一千三百三十五圍圈、則知此樹之古亦千餘年

三十六

矣、各第九間內、列花木之有子不實、而賴根生者、如棕
蓮之類、各第十間內、列草木之有刺、生絲或毛者、以上
十間、列物萬種、每上皆有紙簽、誌其何名、產於何處、或
生自何地、攷證精詳、筆難備述、正面三尖橋左右有門、
入內、左右先有男女中廁各一、再內一方堂、寬九十丈
尺、深七十七尺、名曰本國土產、四壁正中、羅列通國所
產之水旱魚蟲鳥獸、以別英國與他國經緯度數不同、
而所產者或同或异、堂四角立四櫃、每櫃八抽屜、內二
中滿置各色大小蝴蝶、二中密列各色大小鳥卵、此堂

左右另二大間、各前橫分一槅、後豎分六槅、總寬各二百尺、深一百八十尺、右者、前橫槅列玻璃桌櫃、內置天下各海所產珊瑚、海沫、海絨、以及各種海底生物、而立於石面泥中不動者、其色紅白黃黑紫青不一、可見度數涼熱之不同、後豎槅內第一中列大小玻璃罐、以藥水泡魚百種、奇形異狀、顏色藍紅、第二槅中列各種昆蟲之有節無脊骨者、如蜘蛛、蠏蚌等、第三槅四壁分列各種鱗介、如鱷魚、蛇龜之類、正中長桌玻璃罩、列各種雀巢、第四槅、列各種魚、之有硬殼或硬尾、不比蝦蠏而能鳧水者、第五六槅、皆列殼蟲之腹動者、如蝸牛、田螺、蚶子、蠔蠣種類、并各蠏蛋、以表魚蟲之別、以上各物、大者以物楦之、小者以藥水泡之、不能收存者、以筆摹畫之、左者、前橫槅中列鱗介骨、後六槅、第一中列各種小魚骨、第二三中列蠏蚌等殼、第四中列禽獸魚蟲各圖譜書籍、第五六中皆置珊瑚海沫等、又初入正門左右先二間、一為管院人、一為管會人坐處、進數武、又兩處、一為出售書籍處、一為巡捕坐處、再後又兩處、為收存游人衣冠傘杖處、此中左右兩大門、曰左右翼、各長二

二十七

百七十八尺六寸、寬五十尺、各有桌櫃玻璃罩、左翼專列天下各處飛禽、大小不一、名難備錄、此內西首北面一門、下通地面一層、專存天下各處之魚、大者以鋏支骨、半作假皮、以使人知其內外如何生長行動、小者以藥楦成、罩以玻璃、大小亦數千種、右翼專置天下各處覓得古有今無之人與禽獸鱗介魚蟲花木、或骨或皮、或枝或葉、形狀新奇、皆所罕見、雖象鹿猴猪、亦各六七種、或耳大或鼻長、或角直或蹄大、咸與現在各地者不同、再自大堂正面人形橋前、或左或右、步登石堦十數級、至中央、再登二十級、正面坐一石像、乃振興生物一學之英人達爾文、其人生于西一千八百九年、（嘉慶十四年）故于八百八十二年、（光緒八年）故置此以銘之、由此左或右轉、又各十數級、至第二層、此上正面有加非點心鋪、再後有公所、飯廳、及樓上傳風筒點心鋪、前左右二窄巷、各皆玻璃窗棚、長百三十尺、寬二十尺、地鋪花氊、右巷列阿斐利加之羚羊野獸多種、左巷列桌一行、各上置一長方玻璃罩、如中國之盆景、內有假花小樹、每上落十數錦翠小鳥、顏色形象不同、皆善鳴者、由此直行近

二十八

牆、復分左右兩翼、右翼列天下萬獸、走者、飛者、胎生者、卵生者、名目極繁、左翼滿設玻璃罩長桌、行行排作非字形、各中羅列天下各地之金石玉類、有整塊者、割開者、琢磨者、切片者、帶鑛者、含金者、變煤者、成鉛者、木變者、魚變者、內含獸骨者、蝦蟖者、種種千萬、五彩眩目、兩翼中間、另有石堦、如橋以達第三層中央空處、又一石像為世爵班克者、其人生于西一千七百四十三年、（乾隆八年）故于八百二十年、（嘉慶末年）著作化學格物甚多、步石堦而上、僅左右又分兩翼、右翼中列玻璃桌櫃、陳設天下 二十九

五大洲及各島之老幼男女骷髏、并臨牆立楅、層層排列人頭及腦髓、有真有假、并有彩畫者、面色骨格裝飾不同、髮有短長冗硬、黑黃灰紫之分、腦亦有大小厚薄、以別哲愚之異、下皆註明何地何種、俾易於攷覈、左翼列天下萬種草木、瓜果、蔬菜、亦有真有假、有繪畫者、有以蠟作者、各皆註明產於何地、水土涼熱、其色如何、性味如何、此上第四層乃小屋、間間為儲雜物者、樓上塔內、先有風扇、以吹樓中所存各物之氣、而換清氣、頂上存水、以備不虞、以上所述、談院之大畧如此、

初七日甲寅、陰、記西人墨蕾考天下海洋之至深者、如大西洋深二萬七千三百六十六尺、太平洋深三萬尺、印度洋深一萬八千五百八十二尺、南冰洋深二萬五千二百尺、北冰洋深九千尺、又大西洋周二千四百五十三萬六千方洋里、太平洋周五千零三十萬九千方洋里、印度洋周一千七百零八萬四千方洋里、南冰洋周三千零五十九萬二千方洋里、北冰洋周一百七十八萬一千方洋里、

初八日乙卯、陰、據英人云、天下人之能英語者、前於西歷一千八百一年、（嘉慶六年）共有一千零五十二萬人、至一千八百九十年、（光緒十六年）增至一萬一千一百一十一萬人、不及百年、已加九千零五十八萬之多、由是八年後、至一千八百九十八年、（即本年）竟增至一萬一千七百萬、是僅七八年之久、又加至六百萬之多、然則英語傳習之速、恐將來必成天下之官話、按英人稱此種語言曰藹來藤、譯華言禮舌也、言傳此話者禮讓之舌人也、 三十

初九日丙辰、晴、午初、同沈留諸君送星使率羅叔羹盧梅亭至柴岑十字街車棧、登車赴比都、星使

國書聞英人云我國占据地方雖屬不合恐他國之罪更有甚於我國者全球海宇咸以地多為大國如法國十三年以來竟加增至二百七十萬方洋畝我國僅添二百六十萬方洋畝而德國之地較十五年前亦加五倍今天下仍有二千萬方洋畝之金地待人摘拾惟尚未及其時耳

初十日丁巳晴英國三島四面臨海網魚之處亦多而以格里木斯碧（地在英蘭東界稍北屬凌崑府）為第一據云每年通國所用之魚值價約八百萬鎊昔青齊官山府海擅魚鹽之利而國以富強援古證今可以知海國之利所在矣入夜微風暖

十一日戊午晴暖記英國銕道至一千八百九十六年（光緒二十二年）共計二萬一千二百七十七洋里股本共計十一萬萬二千七百六十萬零五千鎊當年十二個月內行客合按季買票者共九萬萬八千零三十三萬九千人共收車費三千九百十二萬一千鎊收運貨脚費四千六百一十七萬五千鎊收各項零款共四百八十二萬三千鎊前後統收九千零十一萬九千鎊往來人數條分計之其按時按月者共一百二十六萬三千八百六十三人此外日日乘坐頭等共三千一百三十六萬二千四百九十八人二等共六千零三十七萬二千七百八十二人三等共八萬萬八千八百六十萬四千一百五十三人所收車票費頭等者三百十三萬三千鎊二等者二百零五萬八千鎊三等者二千四百七十八萬鎊按時按月者二百九十一萬五千鎊外收行李包捆車輛馬狗等行車費五百二十二萬五千鎊郵政費百萬九千七百鎊商貨運費二千五百九十四萬零一千鎊牲畜運脚一百三十四萬三千鎊煤石銅銕等運脚一千八百九十三萬一千鎊其用款如工費五千零十九萬三千鎊飲食三千九百九十二萬六千鎊車脚物料一千五百六十六萬鎊火輪機器一千三百萬鎊保守銕道八百一十六萬七千鎊修理用四百二十六萬四千鎊租項三百一十四萬九千鎊官稅二十七萬一千八百鎊賠項二十七萬一千鎊救治傷人用十一萬八千五百鎊公會等費二十八萬八千鎊至按各次所行之路共計一萬萬九千三百六十六萬一千洋里

貨物車各輛共計一萬萬五千七百七十四萬洋里夫英蘭地狹而其火車公司一年出入及餘利各款尚如此之鉅彼夙稱為廣土衆民地大物博者將來苟得鐵路盛興其官民所獲之利可知矣

十二日己未陰雨涼西國玻璃之淨以英製為第一其用亦至賡不僅作鏡杯瓶壺盤盌玩物及海燈之類而已也聞在立文浦海口某玻璃局造有玻璃箱櫃玻璃樓板樓棚更有玻璃烟筒高百零五尺通用玻璃塊每塊一尺見方

卅三

十三日庚申陰涼記天下電線之在海底而屬英國者五分之四計其長不下十五萬海里共值三千萬鎊由歐羅巴走地中海至阿美里加者共十四條內屬英者四條往來信件之走英綫者十分之九天下海電綫統計一千三百餘處共長約十六萬二千海里各處長短不一其短者不及一海里長者逾二千六百海里其中屬英者不能枚舉姑畧誌之如長不及五海里者英有七百六十一處逾五里而不及五十海里英有二百二十三處逾五十而不及一百海里者英有六十五處逾一百而不及五百海里者英有百五十五處逾五百而不及一千海里者英有六十四處逾一千而不及二千海里者英有二十九處逾二千海里者英有八處

十四日辛酉白晝陰晴不定入夜雨天下各國懲治死罪之犯其法不同然留全屍者有五如奥斯馬加和蘭皆明縊巴威里亞漢諾爾薩克森皆暗以機斬法蘭西丹麻比利時皆明以機斬義奎多爾歐敦堡皆明以槍轟英吉利美利堅皆暗縊布魯斯暗以劍刺俄羅斯或明縊或劍刺或槍轟不等日斯巴尼亞明以鐵領勒之

卅四

瑞士或明以劍刺或明以機斬或暗以機斬各府不同紐約暗以電氣擊之卜倫隋邦暗以斧割頭以上所謂明者乃在市曹庶衆之中暗者係在監內也（詳見四述奇）

十五日壬戌雨西俗男女皆自行擇配意在夫婦之間情投意合可冀百年偕老也然而中途不睦彼此分爭或因他故經官斷離其自控休離者尤多聞英國法堂每萬件案內休妻者五六十法國百三十德國百六十丹國四百美國四百五十瑞士亦然

十六日癸亥早微雨申初晴曾叔吾續絃一事定于明

日完姻、數日前帖請屆期賀喜、瑪貝父母亦同具請帖
云、小女瑪貝許字曾兆錕為妻、擇於四月二十六日卿明
日未正在衛勒斯巷賢安得路禮拜堂中成禮、懇請屈
駕相陪、禮畢舍下候光、敬候回示、于是星使肴以英文
RSVP四字答之、義乃弗克親臨先此賀喜也、其他
諸同事有答者、有未答者、至所餽送之禮儀、乃星使送
官紗一疋、摺扇一柄、扇套一個、羅叔羹及小荷伯蘇林
琴蓀、魏蓮叔盧梅亭林武弁公送酒十瓶、幛一軸、四字
為擅帳青廬、陳幼庸送八音鐘一座、玻璃鏡一柄、看戲
千里眼一個、繡花團扇一把、沈荔虎嚴伯玉同送金領
扣一枚、余偕沈藕生吳少序王少山陳安生朱乙尊王
皖南于心泉王香圃尹元輔袁仁圃吳旭霄公送喜燭
雙輝、喜幛一端、四字為百年偕老、余復外送綉帕一方、
荷包成對、王皖南另送繡花團扇一柄、又定於今日在
其住所先行華禮、曾經面請余同沈陳嚴三君前往、申
初至彼客廳、正面設香案、燒紅燭、鋪紅毡、左鄙另設一
堂、上懸三代牌位、新娘披紅鸞頭罩紅紗、先拜天地、後
彼此交拜、轉拜祖先、再拜父母翁姑、後叔吾為之掀去

二十五

蓋頭、一切禮畢、叔吾換著行裝、同乘車至柴苓十字街
車棧、迎候星使由比國回、同時來接者為馬清臣沈藕
生沈荔虎吳少序王少山羅小荷諸君、酉初星使到、叔
羹下車即向少序少山言大人吩咐你倆同車、余登火
車見畢即同藕生覓車先行馳回使館、
十七日甲子早陰、午後晴、未初余偕曾叔吾著公服乘
車先至禮拜堂、繼而吳少序陳幼庸王香圃尹元輔于
心泉袁仁圃嚴伯玉吳旭霄及沈荔虎夫婦攜其子姪
陸續亦到、坐于堂內臺前左首橫凳前三行、本國男客
皆坐後幾行、婦女坐右首橫凳、曾叔吾立於臺前偕右、
未正新娘之父母姐弟及二陪儐入門、琴聲作、則由臺
上十二沙彌著白褂雙雙前導、一教士著黑氅後行、將
至門乃教士轉身前行、沙彌轉身隨後、以引柏爾迺攜
其女瑪貝入堂、陪儐一對隨之、新婦之姐在次、其母與
弟又其次、新娘著白色花冠、白色裳、手執白花一束、二
陪儐與其母姐皆著印花白衣、手執鮮花、襍色、至臺前、
沙彌登臺分立左右、教士立正中、新婦立偕左、其父立
其旁、其弟立其父之旁、其母坐右首橫凳第一行、教士

二十六

向新夫婦對立、羣立誦經一陣畢、教士向新夫婦言既彼此情願結婚、自當一生恩愛無悔云云、新夫婦少跪、立後、教士使互携手向之、各按經念數句、二人皆一一效誦之、既問是否實心、各答曰是、遂將正金戒指由新郎手中戴于新婦左手無名指、此後齊聲唪經、教士轉跪十字架前、新夫婦登臺跪、其後經唪畢、齊立起、教士復向之宣言曰、彼此既誠心願作夫婦、則彼此朝夕所思、所言、所欲、皆要同心、莫存私願等語、共又數十言、言羅又羣相唪經一陣、而禮畢、後乃同入旁舍、新夫婦及其父母陪儐畫押登册、當新夫婦立臺前時、其花捆交伊姐代執、又凡誦經時、土人男女皆忽跪忽立、想必循教規也、此後新夫婦下臺、一對一對出堂、共車先行、繼而陪儐及男女各客、又對對登車至其寓所、互向新夫婦握手道賀、彼此飲酒點心、閣羅叔羹沈耦生林琴孫王少山、羅小荷同至賀喜、少坐即去、至酉初新夫婦更衣同登車赴維克都里亞大車棧、前往臨海卜萊屯地方、少住、以度霍呢木恩（義見前）也、又當新夫婦由禮拜堂與此登車時、或戚友、或鄰居、多有向之拋米者、亦土俗也、

十八日乙丑、早陰、午後晴、記西國之紀年月日時、固不用天干地支、亦不分黑道黃道、然按土俗亦有分成日破日者、如每年五月創辦事件為不祥、數逢十三亦不祥、日則每禮拜中各日皆成日、船行尤以禮拜日為吉期、啟椗鼓浪、最稱順利、中惟禮拜五日為破日、作事諸多不宜、凡人睡起、牀被固皆撣掃、另為鋪蓋、乃聞有因忌是日之不吉、不另收拾、僅掃去塵垢、鋪平被褥而已、由此觀之、華人所忌者西人不忌、西人所忌者華人亦不忌、究不知東西各國何所忌諱者為是、竊以凡事率真、百無禁忌、自無所謂吉與不吉矣、

十九日丙寅、稍晴、暖、酒之害人、自古以為戒、而歐洲嗜酒之流弊尤深、其沈湎敗德、更有甚於鴉片者、英蘭一島、按年因酒癲狂者十分之一、因而自戕者亦十分之一、因酒醉死者千餘、因酒而失業者不知凡幾、蘇格蘭愛爾蘭二島之醉死者、各二千餘、又英蘭人之因他故自盡者、四十年前、一年約一千二三百人、至八年前、為數竟增至二千四百五六十人、內男子三分之二、婦女三分之一、

二十日丁卯、早晴、午後雨、申刻復晴、入夜風、西人謂割玻璃不必定用金鋼石、無論何等鋼具、泡以松香油化潮腦、皆可用之、如玻璃片上小孔、可以圓銼、銼大粗稜可用平銼、銼齊、大扇玻璃可以表內鋼條鋸之、

二十一日戊辰、大晴、記英于西一千八百九十四年八月一日（光緒二十年七月初一日）新定遺產稅、乃一人故後、其遺產或在本國、或在別國、除其業經分許他人者外、所餘不逾五百鎊、則稅之收法、係不逾百鎊者無稅、逾百鎊不及三百鎊者納一鎊十先令、逾三百不及五百者二鎊十先令、除典當外、其他欠款及葬費等、皆不准扣算、至一人之遺產數及五百鎊、則收法乃按實有之數、百中抽一、逾五百至一千、百中抽二、逾一千至一萬、百中抽三、逾一萬至二萬五千、百中抽四、逾二萬五千至五萬、百中抽四分半、逾五萬至七萬五千、百中抽五、逾七萬五千至十萬、百中抽五分半、逾十萬至十五萬、百中抽六、逾十五萬至二十五萬、百中抽六分半、逾二十五萬至五十萬、百中抽七、逾五十萬至百萬、百中抽七分半、逾百萬則每百抽八

三十九

二十二日己巳、微陰、西國著名畫工杜倭來者、物故已數年矣、現將其真跡萃於牛貴街第三十五號樓中、聘人往觀、數日前、費士本寄來門票三頁、今日申初偕沈吳二君前往、見油畫二十一軸、大小不一、中有可觀者三大張、一名耶穌離堂、乃在堂中審定後將釘十字架上也、畫高二十尺、寬三十尺、四面金邊寬各一尺、前于西一千八百六十七年（同治六年）開筆、至八百七十二年（同治十一年）完工、畫乃正面遠望高樓大廈、耶穌著白氅、頭戴荆棘圈、緩步行于正中、自樓上下至耶穌之前後左右、站立坐卧、男女老幼、或兵或行人、肩荷十字架者、舉刀者、執槍者、哭者、笑者、驚訝者、怒目直視者、遠近不下數百人、神氣形容無相類者、一名耶穌入耶路撒冷城、乃耶穌在埃及長成、修道後轉回猶太、騎驢入城也、土人男女手舉花枝、歡呼迎迓、人亦數百、此畫大與前幅同、一名谷中淚、高十四尺、寬二十一尺、畫之本義未詳、惟見谷壑之中、男女千萬、遙見耶穌著白氅、肩荷十字架、一手前伸、作招呼狀、行動如在海面雲霧中、其他無暇詳載、看畢回寓、

甲

二十三日庚午、微陰如昨、記英國又有收受遺產稅、如
房地財物器皿珠寶等值價逾二十鎊者皆須納稅、收
時有當時之稅、收後又有收後之稅、惟係夫妻父母子
女收受者皆無此稅、其他納稅之數不等、如兄弟姊妹
以及姪或甥、皆納百分之三、伯叔嬸母弁堂兄弟皆納
百分之五、伯叔祖母及其子嗣皆納百分之六、至故人
之他戚友則須納十分之一、
二十四日辛未、早陰、午後晴、英規白紙名片、男子年幼
者、片不大、橫二寸、竪一寸、僅印名姓不用先生字樣、已

四十

娶者片稍長、橫二寸、竪寸半、于名姓前加印先生二字、
婦人片尤大、乃橫二寸五分、竪一寸八分、印夫姓及夫
名之減筆字、且于名姓前印夫人或太太等字、幼女不
自印片、乃印于母名下、不印名、僅印姓、前加小姐二字、
凡承襲世爵者、男僅印何爵、女印何爵夫人、大員文職
祇印官銜、武職乃名姓前加官銜、如將軍某某提督某
某是也、
二十五日壬申、晴、英俗、住家接見戚友、來拜者多婦女、
而男見者少、其故蓋男子白晝無暇、或供差、或貿易、或

作工、或他事、故拜客者亦多婦女、然接待亦有定期、非
其日往拜、而不見、不為失禮、凡所定接見之期及時候、
皆印婦女名片之尾、如每禮拜二日、或每月第二禮拜
四日、由三點至五點、或在三四點之間、且逾時不候、按
其寫法、先印在家、再則第二禮拜四日、在月二至四、其
義即每月內第二禮拜四日由二點至四點在家拱候
也、
二十六日癸酉、晴、涼、記英俗、來客亦有賞主家僕婢一
說、然須暗賞、而不在主人面前、抑或使之聞之為妙、既

四十一

莫忘賞、亦莫多賞、總以合宜得當為是、至所應賞者、女
客賞女僕之服侍者、男客賞進酒僕及他小价之伺候
更衣者是也、
二十七日甲戌、晴、涼、同人任謙齋率其少君丹崖、當修
理使館時、即自住本街東、距使館兩三箭地、另一南北
衚衕名查爾洛特者內路東第十七號、房主一老媼率
三女、姓葛拉對、不惟狡詐勒索、且賴三女另有生涯也、
林和叔前曾住彼、被其勒索賠償移去、先是老媼教丹
崖英語、繼一同居、少年英人名司騰候者乃為之薦入

利貞街第三百九號剖里台克尼學堂、其人不屬該學
堂、而屬隔壁之歐坤堤年會館、後又引入該會館閒玩、
自是丹崖不自稱姓任、而稱姓扎克森、名卓志、此節料
謙齋必不知也、去冬、謙齋見房主母女行止不端、遂自
行租定肥自洛艾坊第二十七號房一間、寬敞而價廉、
屆期告知老媼、老媼謂晚告一刻、須加給一禮拜房租、
蓋其定規須告在十二點鐘以前也、謙齋忍而付之、迨
搬時、母女又謂屋中物多灰塵、費工刷洗、須賠十先令、
謙齋無法、亦與之、老媼母女以其可欺、而移居他處、遂

四十三

懷嫉恨之心、至本年正月十六日、不知如何、丹崖自該
會館中竊得一小馬口錶匣、內盛不及二十鎊、當晚即
有人領丹崖宿于葛家、與葛女名浦洛灡者同牀、次早
即十七日該女索去十二鎊、并將錶匣乞去、後即以錶匣為
憑、報入巡捕廳、同時司騰俟偕會館幫辦倭勤克爾亦
入官廳報盜、即時巡捕將丹崖由十三號捉去、倭雖稱
幫辦、亦年不及二旬之一少年耳、午前巡捕廳來信、言
有華童名扎克森者、自謂屬貴使館、望來一認、星使令
余同馬清臣至馬力責巷內巡捕廳、見丹崖及本國二

男二女在彼、二男者司與倭也、供以所失約二十鎊、曾
記匣中有十餘金鎊、餘皆銀錢、二女者葛氏姊妹也、供
以匣自扎手所得、馬云所失二十鎊、自使其父照賠、余
謂此童當領回使館自行懲治、巡捕曰可、然須俟未正、
由馬力責街巡捕廳中領之、未刻、羅叔羹偕謙齋前往、
先照賠二十鎊、後將丹崖領回、鎖入樓下小房中、星使
問余似此當如何辦理、余答以理應咨送回華、星使以
為然、十八日早、忽傳星使諭令謙齋一併回國、余聞而
詫異、即登樓見星使、言任某來此已及二年、並無過失、

四十四

下餘不足一年、可否仍留、以全其萬里隨使之差、星使
謂不然、我定要他回去、他為張樵野所薦、我並不認識
他云云、余再三求之不得、曰既然、可否使其自行具呈
告退銷差、以全其體面、星使謂既經代求、可以許之、并
令余為代買車船票、先欲其即坐二十三日之德公司、
為日太促、遂與之改買二月一日之法公司、謙齋父子
應于二十九日晚啟程、二十八日早始奉諭將丹崖放
出、余因令僕許立為之理髮並代檢行李、當丹崖鎖留
使館時、蒙星使日賞麪包一塊、謙益又挽庖丁每日給

菜少許。至二十八日早，共收十日，厨工索一鎊合一日二先令，并索水燭費十先令，謙齋皆如數付之。又自認賠二十鎊，後該會館來信，附帳一篇，內開所失之物，多種共值亦不下二十鎊，星使亦令照數賠之。此次謙齋之去，原請星使多放一月俸薪，未允，乃蒙外贈百兩，合十三鎊零。計連船價，共得七百三十兩，幸謙齋自行節儉，並買三等票，連賠款及沿途經法國、上海各旅費，約計到家，僅贍不足一鎊，合銀五六兩，亦良苦矣。若按例坐二等艙，其中尚欠百數十兩，不知又當如何。謙齋以此行着急，不知如何走法，苟有遲悞，為害不淺，問策於余，遂將自倫敦登車過巴里至馬賽，何時上下船，何時換車，何處少待，一路如何，有何使費，至馬賽入何店，詳寫一篇與之。以上為兩月前事，于今訪明，姑誌之，以為將來攜帶幼童出洋者鑒。

二十八日乙亥，晴。西人考究昆蟲學者，謂蒼蠅在夏季三個月共生卵四次，每次八十，是一母蠅一季之久，當有子孫二百零八萬零三百二十個。蓋蒼蠅一日即長成，兩日即能生育也。又以顯微鏡窺之，有小蟲寄生于

四五

蠅背，而蠅被所害。然小蟲背上另負有種小小寄生之蟲，是小蟲又為小小蟲所累，天之生物，亦何奇耶。

二十九日丙子，晴。倫敦老城內克英巷正面有老城巡捕現審公所，名曰極樂蘿，譯言金堂也，建于四百年前。自西一千七百八十九年（乾隆五十四年）以後，屢加修葺，雕刻琢磨，工頗精細，然烟霧薰蒸，至今已百年前之古樓矣。堂之地基作冂字形，正中大堂為倫敦美爾辦公讌客處，每年一次，男女千人。左翼樓梯曲折，為油畫樓，博物樓。此後于一千八百七十一年（同治十年）又增建藏書處，現儲七萬部。又有觀書屋，看新報處，皆每日巳正開門，亥初關閉，任人觀覽。現在畫樓早開，懸掛名人新畫，不日將閉，今日午後余偕沈、吳、尹、袁諸君乘車前往，男女觀者甚眾。所懸大小油畫共百餘幅，除山水樓房人物鳥獸而外，其烟霧迷漫妙處，令人不解者，亦有數幅。惟見畫中有一人着紅絨襖者，其絨不惟遠看與真畢肖，臨近視之，亦真假難辨。一女披髮正坐，膝置樂譜，左設樂器，雙手撫書，仰首望天，若有所思。又三小孩，二大者拉坐一小者，曲身階下，懷抱一狗，各皆神氣如生，丹丹青

四六

中一幅橫寬四尺豎高二尺半繪成河水一灣點綴杉板貨船渡舟小艇甚多岸上正面紅瓦高樓一所望之棱角畢現疑是雕刻者然筆墨之痕已臻化境乃葡都里斯本城中景也去此轉入博物樓地不甚大所存皆羅馬埃及三四百年前之古物無甚新奇者有自羅馬地下掘出之瓷瓶鐵盌并石棺瓦器等埃及則石碑石柱之類本國者為古書小刀耳環馬鐙瓷盤鼻菸盒刺馬錐并小帽皮靴等皆數百年前物各與時式迥异女鞋後底有高至四寸不用皮乃立一鐵架作丫形者亦

有底上前橫皮帶如木屐者其新報屋四壁羅列百種新聞紙任人披閱男女坐立頗多無喧譁之陋習其右翼為現審公堂惜時已戌初未及步入一觀亥初陰雨一陣

三十日丁丑微陰亥初使館旁鏤獨鬮第二十四號英人司蒯爾請茶會屆時余偕沈吳袁尹四君步往男女鼓琴歌曲各臻其妙惟屋小人多熱甚少立下樓各飲香賓一杯回寓

四月

初一日戊寅早陰午後晴申初偕沈吳尹三君乘車至埃克西比慎路閱視騷森夏勒立博物院騷森夏勒立者譯言南樓也因在西秋爾拉奚斯托立之南也相距箭地此樓長方上下三層正門向東門內羅列各種機器以木摹仿製無毫釐差如開山鑿洞抽氣洩水挖煤取鐵等器並作出地勢山形四壁玻璃櫃中收各種礦窰工人所用之器具燈籠等此後為挖金銀礦鎔化五金煉鋼鐵各機器再則紡線抽絲淨棉織布造紙印紙寫字鈔字切車票擡信封剎穀耕種灌水造瓦掘土鋸

木割木各種機器并有庖廚刷洗及造煤氣電氣各具又有以鐵造物各器如鑄槍大輪車轍等不一而足過此則廣廈一區內存今古各種火車形式（內至早者始于西一千七百二十年為康熙五十九年）其他各種機器器具亦皆自創始至今用法形式之別或用天氣或用水火之力此後為今古各種大小輪船機器單輪雙輪各式（內至早者始于西一千七百八十八年為嘉慶五十三年）為數不一筆難盡述去此登樓分三大間第一間先列各種電綫機器再則各色船式風篷火輪鐵甲兵船信船貨船渡艇礮船大小不一用木仿造單以

玻璃、每前横有木牌、書以船名年分尺寸分量馬力多寡、其礮船有建于一千六百七十及七十五年者、（康熙九年至十四年）上下列礮兩層、共五十門或六十四門、重至一千九百五十三噸、以後有列礮至百二十門者、然皆篷船而非火輪、屋之正中桌上置一英國至大之鋏甲、名曰諾僧布蘭、一千八百六十六年、（同治五年）建于彌勒佛地方、重一萬零七百八十噸、長四百尺、馬力四千、一分鐘走十二結、（洋名諾特即一洋海里）其他有重一萬四千一百五十噸、長三百八十尺、馬力一萬三千、一分鐘走十七結半者、

四九

又有英、代、德、義、志、日本、墨西哥、土耳其等國、在牛喀色所造各兵船、再則英及天下各國之運貨船、入第二間、內列各種航海輪船式樣、如大東方、長六百八十尺、重二萬三千噸、（詳見航海述奇）又一鋏輪船名大英者、建于一千八百四十年、（道光二十年）長二百八十九尺、重三千六百噸、馬力一千、一分鐘行十結、其他大小百餘、工極精細、雖屬摹仿、而全體備具無遺、旁另一小間、內列各式快艇、第三間存各式飛浪船五十九、又有一千八百八十年造於格拉斯溝之俄皇快船、名里瓦的亞者、重一萬一千八百二噸、馬力一萬零五百、此外有中國、日本、印度各本地之舟艇船隻、式樣不一、後列各式蔓船、有長三百尺、寬百尺、深四十二尺五寸者、再後列大小各式燈樓、至末則各式漁船、及古年之小渡船、另一長間、中立玻璃罩長桌、四壁立玻璃門大櫃、內列英産大小魚類、無暇細載、戌刻回寓、

初二日己卯、陰、聞月前于心泉所從英文教習羅豐利之幼子、年十六歲、忽謂左脅下肉中作痛、經伊舅某醫驗之、謂腹中有病、須割開診視、送入攸呢倭西的大學堂醫院中、以刀剖開、乃內腎旁肉中含有沙石一塊、周盈寸而有尖、遂致刺痛、即以刀剪挖出、刀口縫妥、居然無恙、據院中各醫咸謂左內腎宜割去、否則將來仍恐生病、疾者未允、故置之、

五十

初三日庚辰、晴暖、倫敦下議院、外人亦可入聽其議事、欲往者、須先致書或面請於院中議紳某、言定于某日欲坐何處、以獲入門之憑票、院中備有客座六十五、言事座中另備有四十二、凡有入客座之票者、平日皆在兩點三十分、惟禮拜三日在十一點三十分鐘先步入

賢司悌苓堂內齋集、其有言事座中者、皆在兩點、三十分入森特拉喇前堂之西首會齋、另有婦女座、設在婦女樓層、亦須寫信、或面請門票入院之門、係在俗名宮庭中、英名閣爾特牙爾得、

初四日辛巳、晴、以國名物、中外皆然、因其產自某國也、即如西國名瓷曰中國、名火雞曰土耳其、亦猶中國之名礮曰佛狼機是也、考其名之所自來、乃前明正德間、有航海大船直至羊城、稱佛狼機國人、即今之法郎西也、所進之礮、因以其國名名之、

初五日壬午、早陰、午後細雨一陣、西國墨水、雖有黑紅藍三色、然不因典禮而有區別、其書札表判、無論何事、皆用黑色、我國墨分三色、乃大有分別、藍墨惟國服與鄉會場中用之、他皆不敢用也、乃近日見星使批改信稿、發傳諭條、咸用藍墨、或謂因在朞服期內、然在京都、無論何人何等孝服、皆未有用者、閩省或有此規、未可知也、

初六日癸未、陰、西歷耶穌降生前五十六年（漢宣帝五鳳二年）羅馬將軍朱力奚色爾第一佔据英蘭、始鑄其頭於錢

垂

面、以後世代鑄否不定、至降生後一千五百三年（明孝宗弘治十七年）英王里察爾第三之世、始鑄王頭於銀錢先令面上、至今仍之、

初七日甲申、陰雨陣陣、聞英錢之用、至西一千二百十六年（南宋寧宗嘉定九年）、始成國寶源流、以前凡人工使費、多以米穀代之、酉初、赫樂彬之少君赫承先夫妻在寓請茶會、乘車至彼、見其母妹妻子、少敘即歸、入夜風、

初八日乙酉、陰雨涼、我國自前年在牛喀色厄盤太因地方阿摩士當廠定造海圻、海天二快船、本應去歲告成、乃因故遲延、海天上秋下水、現始完竣、該廠雖管包送星使、復札派陳幼庸、黎弼良押赴北洋、該船備妥、于前日駛至坡茲墨斯海口、乃函請星使于今日未初船上午酌、並約余及叔羹、昨日余曾專函辭謝、星使率叔羹、幼庸往、該船本定今日讌會畢、即展輪東渡、迨星使回、聞昨日該船遭風、機器有損、須待修理完竣、方能開椗、此船新造、行不及百洋里、微遇風波、機器即折、不知一旦於海洋臨敵、緩急馳驅之際、又當如何也、至陳幼庸此行、不惟公幹、于天津北京、更得暫回榕城、料理家

垂六

務、及補行喪禮也、
初九日丙戌、陰晴不定、涼、今晚十點、三十分、英君主在
卜靜宮中設跳舞會、禮官帖請余與曾林二君、星使因
在朞服期內預辭、屆時余偕曾林兩君乘車入宮、待至
十一點一刻、太子與妃率皇族男女二十餘、魚貫而至、
樂奏天佑君主、太子與妃等登臺立待、樂奏畢、少坐、後
皇族男女同他國王侯並頭等公使夫婦先跳一場、繼
而他國及本國官員婦女跳舞、前後共跳六場、至丑初
二刻始畢、于是太子等先行、後則各國頭二等公使夫
五十三
婦母女隨之而行、轉入大飯廳、人多擁擠、乃少立、各飲
香賓一杯即回、
初十日丁亥、早晴、申初雨、英人古時食肉麪用手、故至
今凡炸羊排骨後、仍裹白紙一條、剪作菊花形、乃古以
手持而免著油也、且現在通行之禮、凡將食、必先洗手、
食畢又必洗指、皆猶古俗也、至西一千六百四十年、明莊烈帝崇禎十三年、有寇斯埃者、始用刀叉以代手云、
十一日戊子、早大雨滂沱、未初晴、戌初曾叔吾邀諸同
人晚酌、即時辭謝者為陳安生、于心泉、朱乙尊、今早辭
者為羅叔羹、臨時辭者為林琴蓀、羅小荷、共設兩桌、一
桌首座為叔吾夫婦、一桌首座為其岳父母、酒食豐美、
肉菜頗佳、酬酢間、陳幼庸突至、訊之、蓋該船原定初九
日修妥、即開、乃至今尚未告竣、大半須于十三四日方
得展輪、食畢、幼庸先去、余等少坐亦即謝歸、
十二日己丑、鎮日陰雨不定、而冷、倫敦城中正南偏東、
太木斯江南岸之騷斯倭卜立芝路、有救火總局、英名
夫艾爾卜里該特、義乃救火兵也、前設一臺、方式、高數
丈、層層四面有窗、頂上小屋有人輪班守望、局屬倫敦
五十四
府、分局六十、報烏籌筩六百餘、周管一百十八方洋里、
共用兵官七百五十員名、每年費用十三萬鎊云、
十三日庚寅、早霧、午後陰雨陣陣、涼、倫敦街市閭巷多
於道邊立一報烏籌筩、筩係鐵質、作⌂形、紅色、高三尺
餘、周約尺半、頂上正面玻璃一小方、內有關鍵、直通附
近之救火分局、有不戒於火者、無論何人、皆可以拳急
觸玻璃、玻璃破、則分局知、該局即派救火車載水龍兵
官等馳往、聞救火車既到、無論用否、其遭火之本家皆
須付使費五鎊、以後他局陸續有到者、又分時刻之前

後而付四三二鎊不等、又其報烏籌筒之玻璃、有無故擊破者、官罰五鎊、其因貧不能受罰者、則收監一禮拜、乃頻有因貧無食、而故為擊破、以便暫飽七日者、

十四日辛卯、鎮日陰晴風雨不定、涼、聞英都錢局之紙鈔、凡發出者皆新票、一經轉回、即行按號釘本入庫、不再外發、故凡因事究查者、悉有存票可考、大抵由局發出之鈔票、罕有不於七十日內轉回銀號者、

十五日壬辰、陰晴細雨陣陣、今日為西五月二十四日、係英君主之誕辰、未正三十分、有印度醫生穆里克者

五十五

因此令節、偕他印度多人之寄居倫敦者、同在利貞街賢瞿木斯堂中奏樂歌曲、請各所識之人往聽、以誌慶賀、居時乘車前往、堂雖高大、而來者男女老幼不下二千人、竟至立無隙地、先一印度人名巴拉啟者、立歌一曲、音調新奇、繼而英國哈爾的姊妹各歌一曲、又二義國人、一名司闊麻、一名卜拉特、鼓琴吹管、聲調亦頗幽雅、周旋少許、即去、出門轉過庇喀的里街加非館中少坐、始覺清爽、蓋堂中人眾、熱氣薰蒸也、

十六日癸巳、早陰、午後晴、冷、赫樂彬夫人借牛貴街內格拉弗屯巷之格拉弗屯畫閣中、於今夜自亥正三刻至明晨丑正、請跳舞會、星使率叔羹先往、余獨乘車繼至、入門步入大堂、見赫夫人母女、其中男女擁擠、陣陣跳舞、音樂喧天、地極寬敞、燈燭輝煌、裝潢華美、有大花籃攢以紅白黃紫四色鮮玫瑰、堂中正面左右二門、入左門一直徑內、列桌椅五彩鮮明、再前則臨窗設長桌、陳酒果點心、其跳舞燥熱者、可來此撰名點、要入右門、曲徑下樓、轉入一門、則豁然開朗、乃大飯廳也、共列橢圓桌廿餘、每桌可坐十人、見星使與叔羹各攜一英婦

五十六

坐食、余亦獨步入座、飲酒喫魚鍊雀、白煮雞等、食畢先回使館、時已丑初、又此樓所以名畫閣者、因其四壁懸掛名畫大小千軸、白晝准人入內觀賞也、

十七日甲午、陰晴不定、頗涼、倫敦騷斯堪興坦博物院之第四處、係在南樓博物院後、中橫音庇亞音斯的秋路東、臨埃克西比慎路、西傍奎印斯門街、北近普林斯寬色路、院名克洛斯樓、地基頗大、南北佔地五百七十尺、東西七百尺、樓兩層極高、雖名博物院、而羅列古物處僅左右兩行及中央一排、故名克洛斯樓、釋克洛斯

者橫也過也由此至彼也其式作H字形前面樓房為格物學堂故正中一高階大門後面樓房為音樂學堂博物院在左右故左右樓角另二高門左一行又名曰印度院因所存皆印度物入門即木雕樓塔窗棚工極細皆來自南印度特拉萬扣爾等處再入門則有以木仿造之瓦樓石房宮廷鋪店之類係皆來自西印度之木勒坦及北印度之寬普爾等處此後為自西北印度之班扎布等處運來木雕廟窗玲瓏異常並西印度之沽則喇地方二百年前之木房及以木摹刻之石陵王

五十七

宮等再則上下樓共分二十三間各分段落下樓第一間列北印度阿格蠟之古王墳及二百年前之王宮并瓦墳銅柱白玉石柱等皆數百年前物也第二間列玻璃罩高桌內置以草木仿作之印度米穀菜市車輛舟艇以及棉毯布疋等第三間列印度織棉器具以及綉花平金之物第四間列印度男女衣裝并以蜻蜓翅飾綉之物第五間列印花布及花毯織以印度古戰場過此上樓第一間為第六間列印度今古銅器畫軸第七間列印度珠寶金銀器皿及印度監犯所織之花毯第

八間列印度古今軍械第九間列印度玻璃瓦器第十間列印度雕刻之象牙肉桂器皿玩物以及畫軸地氈等轉入橫樓第十一間先立一香木雕窗再一講經臺高丈餘旁看作丘形香木雕刻飾以烏木象牙乃自埃京開路運來者此外存有斐洲北界各地之木質器皿皆甚粗陋第十二間列土耳其之繡品第十三間內列亞喇伯之銅器中有銅鐙式如瓶飾以金銀又土耳其古講經臺之象牙門一扇并綵石鑲嵌之物如瓶罐杯盤等皆六百年前古式也第十四間內存四百年前之

五十八

波斯地氈第十五間列波斯之織貨繡貨并其書籍等第十六間內列波斯五金器中有三百年前之銅罐六百年前之刀劍第十七間內列波斯六百年前之古瓦並玻璃缸瓦瓷器第十八間內玻璃罩大桌七各中專列中國瓷器大小數百內多白質藍花者第十九間列中國漆銅器并繡品第二十間列中國雕刻玉石象牙及玻璃紅木器冊頁畫譜摺本書卷甚多壁上懸有十殿閻羅及男女蟒袍襖褂朝裙披肩等再則日本盔甲兵革馬鞍漆器等第二十一間存日本木塔木橋另一

中國燈極大旁書云中國皇帝贈送周賽芬皇后者旁一日本竈王龕工作頗細第二十二間內先玻璃橱六咸置日本雕刻之物再則玻璃罩桌十內列日本瓷瓦器四壁懸挂日本繡貨第二十三間內列日本織貨及木或象牙之今古杌簏再則日本銅器正面有一銅鑄菩薩坐像高丈餘過此入右行又名西行分四大段皆講格物化學等如生活理煉物理金石地產算學性理奇气之理天文電氣之理器具物件極多筆難備述至下樓將出右門一帶所列仍皆亜洲物末有中國算盤天平元寶錁子並制錢當十錢各兩串未正到此看畢回使館時乙戌正矣

十八日乙未陰晴不定聞西國造玻璃之料多用沙與鹻英名喀立按鹻生於草木之灰其創造之法得之偶然據云數百年前有商船遭險于賽里里（地在亜洲土耳其之西南界臨海）登岸見有艸灰欲在地上燒火不意灰燒沙化混成琉璃顏色五彩惟不透光至三百年後其製次第求精而光明乃透惜未詳其始作俑者果何許人耳入夜大風晴

十九日丙申晴稍暖倫敦騷斯堪興坦博物院另一分局在倫敦東北角貝斯那格林方之堪卜立址路院因地名立于西歷一千八百七十二年（同治十一年）鋟架長方樓高三層基地寬一百三十尺長二百尺其廈中空四面環以樓上罩玻璃棚頂今日未正偕沈藕生吳少序尹元輔袁仁圃乘車至彼進門見左右及正面俱有石階可下皆入臨地第一層步至中間左右二梯以上末層蓋入門即中層也中層中堂寬五十尺長百八十尺左右列玻璃罩桌兩行分四十楇羅列本國新式玻璃釭瓦器及本國與東方各國之今古靴鞋或皮或緞或木或綢形式不一據云本國各件皆三四百年前物由地中掘出者中堂左右高五級各寬四十尺長二百尺為中層左鄙者羅列飲食各品設玻璃罩桌二十三行雜然前陳不能枚舉大抵水類之可飲不可飲與夫各種鹽糖醬汁油醋等再則麥麪米穀豆菜番薯乾鮮果品水鳥飛禽牲畜野獸魚蟲鳥卵牛羊奶奶油奶餅奶汁牛舌等或真或假出產各國食之何者有損何者有益更有各國各種酒茶及菸葉加非扣扣勾勾臘等五

色盈眸右鄙者列獸身應用之物共二十六行統分五種如各種羊毛毛綫毡呢絨毯厚薄不一而有如綢似緞者再則人髮皮革蠶絲綢緞鳥之翎毛及以翎毛織成之布牟蚌殻珍珠魚油黄蠟海絨象牙暨他魚獸角蹄筋骨造成之物如香水胰皂皮壺蠟花膠水等造自本國來由他國種種不一再登樓至頂左鄙羅列各國今古陳設更有桌椅牀榻等再則本國及東西各國之瓷器五金器玻璃器漆器珠寶器象牙或木雕刻之玩物器具前後壁上懸有大小油畫水畫二百餘幅無甚新奇者轉回下層臨地屋似稍暗左鄙中設點心加非鋪對面羅列多日本物有小木房一間中坐一假日本人旁有木佛像木轎畫軸小影等右鄙列本國及東西各國之瓷瓦器惟壁上立一瓷畫高八九尺寬約四尺花朵水紋鮮明可觀類中國水畫其他零星小物無甚壯觀蓋其地雖不出城而居民上等者少故此院所儲亞於他院者多矣戌刻回寓

二十日丁酉晴午初金登幹夫婦來拜坐談許久始去未初同王少山羅小荷隨星使乘車赴賢猩木斯宮朝

六十一

會未正開殿今日御座前侍立者首為大太子次則太子額駙法艾福公班福三為二太子埃典柏公阿弟來四為三太子寬諾公阿色爾再後則太子之子與王弟等除各國公使參隨外本國文武官員覲見者約二千人遂由未初立至申正始畢白晝朝會幸皆士大夫步履輕捷無甚延遲茍皆命婦則不惟步履徐緩且其鬈後長尾于未面君王前有人鋪平之見時拽走之見後禮官抽起之而本人又接提之如此繁縟恐旁觀侍立者當不僅三四句鐘之久也

卷九終

六十二

六述奇卷十

鐵嶺張德彝在初氏隨筆

光緒二十五年四月二十一日戊戌早霧午初晴倫敦新立一會館名阿爾适克勒釋言勤人工重商務也會首為伯爵色弟義協理一名考安猶太敎人也定于今午開門並在水晶宮陳設勤工賽會特請三太子寬諾公及其福晉前往午酌並看各種工藝及射影燈又名活畫燈該會首等又專帖請星使及余往陪巳正乘車至水晶宮見凡太子應到各處皆攔阻閒人往來且步

一

行之路悉以罽毯貼地一切預備極屬整潔嚴肅午正太子與妃到門外有兵一隊鵠立以待下車後考安之妻趨前先奉福晉鮮花一束尊敬上貴之禮也余隨星使及會館首領協理與美國公使寇特夫婦左右分立入門彼此握手問候畢步至風琴樂臺前正面設一木臺式如橋蒙以紅毡上設二椅太子與妃及色弟義登臺對立色伯袖出一篇高聲敬陳立會之由申謝太子與妃駕臨云云言畢太子立答數語謂是會之立殊有益與國民今日辱蒙相招敬抒謝悃去此先看新創一

種印字機器乃一鐵架高寬各五尺餘形如蒲扇上下關鍵藏有割刀含有電氣正面列有電印之二十六字母並句讀之類左置一盤右存鉛條各長三寸餘寬半寸厚分餘一人坐架前運動機器自將鉛片割齊移至中央再以手按字母隨按隨即電鑄于鉛片邊上鑄成一横自行流入架左盤中隨時有人取去横排印書機邊頃刻一篇鑄畢約兩刻鐘百篇印成敏捷之至太子與色弟義頃間臺上宣詞至此已大篇印就分贈各人矣由此步入一屋少坐後轉登數級出門豁然開朗乃

二

一横廳横設長桌羅列鮮花銀器玉椀金甌華美馨香光映几案正面玻璃窗門外有廊榭地在宮之正中樓上前對放烟火處景致清幽一望無際未初二刻入座共二十人正面中坐色弟義左右為太子與妃羅星使美公使夫婦及他世爵男女對面中坐水晶宮總管游擊畢格思左右為余及考安並他世爵夫婦左右兩首為副將伊哲垣夫婦佳餚旨酒備極豐腆食畢色弟義寬諾公考安陸續立起舉杯先祝君主太子福晉之福太子謝名午酌考安言是會初立蒙太子與妃光臨榮

耀無極此後離座婦女出前敞廳餘立屋內談敘吸烟申初下樓入活畫閣坐後息燭所看各畫多與前在他處者同惟末張乃今午太子與妃在宮外下車時景物也其作畫之巧亦誠速矣出此送太子與妃登車余隨星使亦謝別回倫敦

二十二日己亥暖晴聞倫敦新聞紙創于西歷一千六百二十二年（明熹宗天啟二年）其人名博特爾每禮拜一次名曰禮拜新報因報中頻論國政主筆者往往被誅故數年後停止至一千七百二年（即康熙四十一年）後當君主安尼之世新報乃大興主筆者名士極多因文學蒸蒸日上遂名其時曰金世英言句勒頓埃支其泰晤士時報自是創始至今幾二百年報中議論公允敘事確鑿因之萬國傳觀現在每日出報一分鐘印一百六十張每日售六萬張其價每張三本士按季十六先令按年三鎊又其舊者釘本出售一禮拜者二本士一年者七先令半二百年來世代相沿永垂不朽洵浩大生涯也

二十三日庚子晴熱莊子有云龍生馬而馬生人此寓言耳西人面孔似猴由來德人喇麻克謂人為猴種二十年來英人杜爾文亦謂人近猴類蓋猿猴通身骨節與人無異性且極靈現在斐洲南界用猴種甘蔗晝夜用猴看守雖不能言而恰有不言之益云

二十四日辛丑晴熱如昨新嘉坡署領事劉祿森（玉麐）丁內艱半月前電禀星使請假回籍守制今日始知早經星使派定叔羹前往代理委札由琴蓀主稿小荷門繕就面交叔羹且定于明早起程今日巳刻余偕沈吳袁尹四君同邀叔羹在弗拉斯喀悌館中午酌又前在阿摩士當廠定造之海圻快船告成今日午正三十分該廠請在倫敦東太木斯江口外什耳乃斯村邊之卜拉克斯台克灣午酌發電謝辭該船係于明日鼓浪北行押送者為林國祥楊聯甲其他各員亦皆差竣陳鎮培已乘英船回華譚學衡程壁光盧守孟皆擬乘坐日本公司輪船云按羅叔羹所領委札云四月十一日代理領事劉電稱丁艱因關繫緊要亟應選員查有羅道才具敏練人品端方精通英文律例交涉事宜堪以代理

二十五日壬寅晴暖巳初一刻羅叔羹起程坐法公司

赴新嘉坡又前早見新報內一則言在柏林養病之華人於前日以手槍自斃乃赤身仰卧牀上頭垂枕旁右手執槍反向心口旁有致其住房東主法文一函云病恐難愈以死為是有擾尊寓迫不得已佃此以明感謝之忱按其人乃同窗世益三增之弟世巽亭敏也前者聞伊在巴里染病後去柏林調養至是突發此念究不知其病由為何然其父母在堂妻子在室不因大故而冒在數萬里外自捨其命者必無其人也年正富強為此慘烈之舉殊可憫也

五

二十六日癸卯晴英國有種火車乃一輛通聯有分列椅凳者有從中另分小間如船艙者並有帶售酒食者修飾華美座亦寬闊名曰蒲拉蠻車蒲拉蠻者創造此車之人之名也每於專輛多用此車欲坐者須早買票且臨時至車棧又必照對一次外加一先令因車輛不多座有限數雖業經買票必照過並付一先令者方有定座否則雖有票而不准登車

二十七日甲辰晴熱英規腳踏自行車與馬車無異其騎行者皆須馳驅於中道之上其不騎而扶行者須將車置中道邊而人走邊旁以兩手扶行之昨見利貞街一人手扶車而行於中道旁之行人路上為巡捕捉住議罰五先令足見其法律之嚴而巡捕之勤也

二十八日乙巳晴熱西國戲園座價昂貴較中國北京者每座加四十餘倍其故不僅因樓房璀璨燈燭輝煌也蓋園中執事各人之工價按禮拜所得較中國戲園中人按月所得者恐加由數十倍至一二百倍耳即如作戲之班頭每禮拜得由二百至八百鎊理事人由十鎊至二十鎊正管臺人由八鎊至十八鎊副管臺人由

六

三鎊至六鎊樂工領首者由八鎊至十四鎊各樂工由一鎊十六先令至兩鎊半賣票人由二鎊至四鎊跑信人由一鎊五先令至兩鎊管列景致一切之頭目由一鎊至一鎊十五先令他皆由十四先令至一鎊賣戲文者由十先令至十五先令收拾刷洗者亦十先令至十五先令雖立門外代人喚車之幼童每禮拜尚得由七八先令至一鎊合紋銀由三四兩至七八兩其處處奢費也可知矣

二十九日丙午晴熱亥初倫敦地理會在格洛木街

之廼秋爾勒奚斯托立博物院中請茶會、入門繳還請帖、後見眾會首夫婦樓之上下、男女數千人、多擁擠不便游覽、在内往来盤桓一周、入後廳飲加非一盅、乃出門登車回使館、

五月

初一日丁未、晴、冷、戌初、大卓志路之文藝學堂請茶會、接見者為總管蒲理思、並其女蒲麗姒、戌正、隨星使乘車至彼、乃高樓三層、男女雲集、内客人走入者十一大間、緣樓梯及各間四壁懸掛油畫大小百餘、遂隊隨行、

七

不得止步、惜未得細觀、有五間内羅列各種摹造機器之器具等大小百件、另一間列電氣傳音筒二具、名曰伊來克特婁芬音寬内慎韋色堤阿特爾義、乃通戲園之電氣傳音筒也、據云置此一具於几案邊、欲聽何戲、即將小筒拽攀耳旁、自聞所唱、與在園内同、惟不得面覿歌者之面目耳、樓中奏樂、人氣薰蒸、另兩間設茶酒點心、遂入内喫冰乳一碟、少立即回、

初二日戊申、陰、冷、今日未初、在下議院講中國事、余偕陳安生乘車至宮庭中銅人旁下車、入内轉至中堂挂

號、後步登數級、出門為堂、中對面樓上、名的普婁麻的樓、譯言公使座、或客座也、共列座四行、余坐第一行正中、旁坐前英國駐俄頭等公使司闊特、其他皆不識、正面樓之前兩層坐新報館使二十餘人、各執鉛筆隨聽隨錄、兩刻一換班、背後玻璃窗一排、内坐婦女、左右四行、容人百餘、樓下堂中正面一座如龕、内坐首紳、其前又横坐三人、各皆黑氅闊袖、頭罩假白髮帽、左右垂肩、長短不同、視乎品位也、再前設長桌、列書籍案件、桌頭横一金杵、長約四尺、頭似九連環、左右列座十二行、坐

八

人二百餘、今日報問答事件者二十餘人、先是首紳一一點名問答、中亦有未到者、此後首紳退入、有人將金杵移置桌下、于是更新黨中世爵狄勒克立陳萬言、大旨謂與中國辦事須有定法、再則前游中國之英商世爵貝來佛立陳數千言、大旨要英德美與日本協力使中國變法、三為現任外部侍郎世爵卜得立立陳一段、謂中華自保須無傷於英之商務為要、四則前英外部侍郎世爵葛蕾亦陳萬餘言、大旨謂須待中國自請方可協助、言畢、他人改論麻大戛斯戛島之事、地在印度洋西臨斐

南洲東界聞之無甚關繫遂回

初三日己酉晴稍暖午刻外部大臣沙侯在哈特菲別墅請茶會一切如前無須再述惟今日天朗氣清惠風和暢故赴會者除各大臣命婦外太子衛拉斯王亦到聞昨晚阿摩士當廠不戒於火房間貨物器具工料等所失不下二十餘萬鎊云

初四日庚戌晴聞比利時國王立歐普第二之第三女柯萊門太音昨日抵蘇格蘭東界巴勒木拉城拜謁英君主該女現年二十六歲或謂其天資聰敏學問優長應分鉅產屢次經人請婚不允自願落髮為尼云

初五日辛亥晴至午正飭洋僕覓武弁始懸龍旗酉正公讌同星使共桌者為余與耦生少序少山伯王各座前一紅帖皆書某姓老爺惟星使前者寫主人二字不解何所取義今日酒食頗佳鮮果有檸檬果片一碟糖果有勺勺臘一碟皆甚適口

初六日壬子晴涼西人亦好古玩聞前日在克拉斯的地方拍賣英將軍洒勒森及法皇那波倫第一之遺物如洒將軍之金邊鞋扣一對賣二十六吉呢左手套一隻賣二十八吉呢法皇象牙小影一頁賣二十吉呢手杖一桿鑲嵌銀花鏨有筆迹花押賣八吉呢

初七日癸丑早陰午後稍晴而涼英有世爵班克洛甫者現年五十八歲能法文自幼喜歌唱二十歲時初在柏明漢城登臺演戲繼回倫敦在衛拉斯王及柴市兩戲園中排演因而名噪一時八年前倡演所存極富而樂善好施前年英君主賜以KB小男爵之稱以彰其善當伊二十六歲時娶韋洛屯之女瑪麗為妻其中情節新奇有令人聞之詫异者媒妁乃該女之子也蓋該女未嫁養子子學有成而勸母出嫁耳

初八日甲寅晴倫敦凡大小園囿門外咸有告白曉示園規俾衆遵守如花園門懸告白有云禁止游人帶狗入内以防騷擾不潔等語海岱囿中有車道惟准各色官車在内往來凡街車及各種買賣貨車皆不得入臨門告示中曾有二句云除王室宗親外他凡四馬六馬者概皆禁止據云數年前有某律師故以六馬駕車入囿甫入門即被巡捕捉獲對質時讞員謂既係律師尤不當作此故違定章其人答以並不犯例官言汝不知

六馬車不准馳入乎曰知之惟示中所禁者六公馬而我所用乃毋馬耳是故無罪蓋英語統呼馬曰霍爾斯其實今有公毋公馬曰霍爾斯毋馬曰梅爾故自是以來告示中此句乃改云凡四馬或六馬及用他各種牲口者概不准入云云

初九日乙卯晴英俗有十三人同桌筵讌之忌每謂十三人共桌食畢其先起座者不久必死蓋當日耶穌共桌十三人耶穌先起而被釘十字架也邇來凡英人之不信此等俗規者公立一會即名曰十三會館一切人所忌諱不喜者皆故行之以示其非為不祥故該館讌客每皆一十三人云

初十日丙辰晴英國婦女之負苦者每餬口於四方或遠適異國或近赴他省往往被人引誘陷入別途因而倫敦善士公立一會名曰協助遊人會總局在貝克爾街第三號凡欲外出而無人伴送或至彼處並無相知者皆可至會掛號自當指明應行之路以及至彼往覓何人自保無失而得其所欲云

十一日丁巳微陰未初有二十年前相識之英人韓闊

十一

夫婦約午酌現住坤姒門第百二十五號乘車至彼見其夫婦少敘入座同座男女十六人中有前在薩烏艾店晚酌共桌之新報會首俄人魏賽里茲凡酒食豐美食畢謝歸又出使美日秘國大臣伍秩庸星使率參贊官周芝儀自齊繙譯官鍾紫垣文耀供事徐少懷起前于三月初十日由紐約乘輪赴日斯巴尼亞都城呈遞國書至五月初二日由瑪德里地至巴里昨日啟節來英今日酉正抵倫敦届時乘車赴柴苓十字街火車棧迎迓同時前往者爲藕生少序小荷元輔心泉在彼少候星使率武弁亦到少頃火車蒞止主賓相見畢兩星使同車馳去余等亦均回使署伍星使原擬住薩烏艾店無如倫敦夏令恰值客商會萃之際凡著名大店無不賓旅盈庭者入夜始知伍星使在賽西店勉僦三椽暫駐行旌云

十二日戊午晴早赴賽西店拜伍星使及周鍾徐三君時伍星使及隨從諸君亦來答拜戌初羅星使約伍星使並周鍾徐三君在花喀的里街普林賽斯館中晚酌余同林琴蓀陳安生陪坐樓房華美酒食豐渥伍羅二

十二

星使皆善英文于是羅星使口操英語暢所欲言伍星使則用華英一二字攙答之迨斟酒舉杯時羅星使向伍公高聲祝曰艾侯普攸韋寬堤牛音色賚倭爾敎伍敎爾色伍倫釋言望君長受朝廷恩遇也伍星使答曰賽木尧攸乃言願君亦然也左右佯僕聞之咸嘖嘖稱羨不已羅星使又云倫敦著名飯店四十有一弟將一一飲嘗之此館闊闊而麗都當居第一今同閣下初讌于此亦樂事也云云宴罷入旁舍茗談移晷一揖興辭入夜陰而欲雨

十三日己未微陰酉刻同沈藕生林棊蓀吳少序王少山尹元輔公請周鍾徐三君在弗拉斯咯悌館晚酌賓主聯歡殊形款洽食畢羅星使請伍星使及三君觀劇記在外洋往來各處擬住大店若當鬧熱之際須先以電信租定何等房屋若干間談店祖無論將來往住與否皆自接電之日起算

十四日庚申陰晴不定數日前有倫敦城東七十餘洋里衛爾莊住之英人卜克森夫婦帖請在家茶會並寄奉往來火車票兩張未初先由坡蘭路火車棧坐地道火車至比翔普斯談車棧下車步至對面立文浦車棧待至未正二刻登車即開申初二刻至彼備有馬車數十輛每中坐五六人男女共二百餘內有德美日本三國廿餘人乘馬車行十數里至山頂下車入內見其夫婦皆皓然白首年逾六旬木樓一區極宏敞在上少游樓中陳設樸素備有茶酒點心先飲加非一盅下樓入園地頗廣闊花木葱蘢林中有女儐三十餘人橫坐三排彈琵琶鼓月琴各十五六人宮商合奏音調可聞另一大白布帳設有長桌備陳鮮果冰湯爰索蟠桃一枚冰乳少許食畢時已戌正遂即謝歸

十五日辛酉陰雨昨見英國歷代兵圖其三百年前之軍裝衣褲鬆肥胸掛火藥七筒左肩荷槍左手執火繩右手舉槍架架上鐵叉作丫形下一鐵錐以便插地此一千六百年（明萬曆末）之舊式也一千七百年（即康熙三十年間）槍改火機至一千八百七十年（即同治九年）以來始改時式一切衣服靴帽利便多矣縱觀歐西近百年間其製造以屢變而益精其兵以歷久而愈強進步之速有足多者未刻周芝儀來拜坐談許久

十六日壬戌、陰、倫敦城東北隅、懷紗被路有通國至大之醫院、名曰倫敦醫院、建于西一千七百四十年、（乾隆五年）地基正面五百五十尺、後面五百二十尺、左四百七十尺、右亦五百五十尺、內正中及後面皆有花園、列有椅凳、為病人閒玩之所、此外三面高樓四層、東南一角另有醫藥學室、周圍占地六百五十尺、每層大屋毘連、有藏書及看書房、諸生聽講堂、剖屍處以碎屍骨肉五臟考病處、收儲骷髏及各種骨肉皮經之染病處、或真或假、存備考驗、有存病處因病症不同、每自骨肉中挖出、

十五

有能動如蟲者、有須熱氣養生者、于是件件盛置玻璃罐中、或泡以藥水、或置于熱氣櫃中、又有煉病處、乃以電氣將挖出之病煉而成片、以查其形、至療病處、大致與他院同、但較他院豐富、尤為整潔、旁備廚竈、中廁推車升梯、飯廳、臥房皆極便當、病人臥牀共大小七百八十六架、牀有簾帳、小桌等、服侍善女百餘、每人臥房一小閒、並另備有客廳、飯房、休息處、看書處、以及養病房、凡有所需、無不周備、此院四面臨街、前為懷紗被路、後為敖斯佛街、左為特爾訥巷、右則伊斯曼街、今日午後、

由鄰居葛洛斯醫生邀往一觀、未初同坐坡蘭路地道火車至彼、改乘馬車復行里許、入特爾訥巷、款關而入、經總管某甲導觀一切、先看學堂、繼看各處、上下環繞一周、酉正回署、閱該院上年共收內科病人男女老幼四千九百十六、外科病人六千七百零六、其中故去者一千零四十八、痊愈者九十九百四十三人、

十七日癸亥、陰、巳初同沈、吳、尹子諸君隨星使、便衣至倭特路車棧、送伍星使率周、叅贊等啟程赴騷桑比海口、乘德公司船旋美、記倫敦各街衢經地方官僱人按

十六

段撮馬糞、各著號衣、黑白不等、帽上列有號目、手執長柄大銕鍬、遇有糞則以鍬左右推至中道邊、行人路旁石階下隨有糞車沿途撮去、此等人之工價、每禮拜英金十六先令、

十八日甲子、陰、昨見新報中一則云、車主告車夫與毋馬交媾、據云窺見車夫伏臥馬臀後往來拱聳、恐係妄為、迨傳至法堂審問時、先供以小便、既而實招、遂判定收監七個月、是誠天下事之至奇者矣、

十九日乙丑、鎮日陰晴不定、前于西歷一千八百八十

八年三月（光緒十四年二月）美京華盛頓創立萬國婦女會至九十七八兩年七月間（即光緒二十三四兩年之六七兩月）英京倫敦復立會兩次茲又續立第三次邀請東西各國婦女之學問優長者集會於此互相討論會中人分十一班為教法班學業班勤工班計算班交結班理財班待人班正心班文學班合和班女規班每中領班者一二三四人至十人不等附班者又各二三四五人或十人議事處有三為衛斯民司得城官會堂寬倭開慎名會公所及賢馬勤思城官會堂每中執事人數第一中七十五第二中二十五第三中一十七會中首座言事者共四百八十人其他前後入會者老少婦女共千五百餘人會中為首可發言辦理一切者五人一總統為伯爵夫人阿柏的音（蘇格蘭人）幫辦四為美利堅席梧娥芬蘭子爵夫人崧蟠柏英蘭韋麗遜法蘭西馬蒂茵又各國之向有公會其著名之婦女被請者如美國五加那他三德國三英國三丹國三和國三牛錫蘭三瑞典三其他各國各屬地之向無公會而被請者如法國二瑞士一比國一義國二俄國二奥國二諾爾衛一維克都里亞一南

澳大里亞二西澳大里亞一坤姒蘭二他斯麻呢亞島（在澳洲東南）一波斯一阿真坦一帕來斯台音一中國一其各國人名無須枚舉惟中國者係經星使札派沈荔宪之夫人劉氏按札文有膠庠早列門蔭襲官夙閑禮經閨閫深嫻女訓堪以派充等語自昨日起荔宪在使館附近另租房屋以及每日車費皆作正開銷今日為西六月二十六日禮拜一在衛斯民司得官會堂中開會早晨由十點半至一點鐘先集會各婦女再由兩點至四點半會聚被請各婦女届時沈荔宪夫婦偕嚴伯玉乘車前往因荔宪夫婦不曉英語故也其會堂樓閣崇閎遂層羅列金椅襯以紅玫瑰裝潢極屬華美而老幼婦女千餘羅綺芬芳紛紛籍籍備極一時之盛其總統阿柏的音夫人首先立陳一段云吾甚感同氣者有今日之會抑吾又感其不棄菲微使主是席者今五年矣五年前未與會之國亦自今陸續戾止是又予之所竊喜者然予益願已立會之各國能先拓此會未立會之各國將從此創行使教化愈推愈廣匡予所不逮予于斯會亦惟力是視焉夫會者云何曰使天下婦女得以

時聚聯彼此之情形、化裁變通、盡善盡利以育才也、育
才之基、基于童稚、童稚之賢愚、視乎女學之興廢、始則
以養、終則以教、親切迫近、人各推行、將使天下國家繼
繼繩繩、人才輩出、歷千百紀而不絕者、惟於斯會賴之、
言畢、引各人見禮、衆亦各將立會宗旨以及辦法曲盡
已意、依次發明、沈夫人遂循序起立言曰、自我來英二
年于茲、諗知西人之視我中國婦女、一若無所建白也
者、夫未深知我中國也、我亦不暇以全國之事論、即就
我家事言之、使西人略 知我中國及中國之婦女與其

十九

所建白于國與家者、我先太夫人林文忠之次女也、佐
我先太夫文肅任廣信、撫士卒守危城、瀝血作書乞援
兵、殺賊數十萬、江西全省賴以存、類是者我國史亦不
絕書、我不必藉此述祖德也、欲以其所建白者藉証于
西土之婦女也、至于家政內外、我
國家經典煌煌、古有明訓、中饋之任、操自婦人、其教之成、
非由父母、則自家塾、學會之設、中國固未之前聞也、我
欣蒙我
國家派與是會、幸領齒牙餘論、將以大畧情形申報我
國家以供採擇、即以答伯理璽天德及會中人之厚意焉、
亥初、騷色蘭侯夫人偕阿柏的音夫人在賢程木賽斯
坊司地佛爾府請茶會、樓閣重重、點綴芳麗、男女紛至
沓來、擁擠鬧熱、丑初始散、自明日始、每日各處朝夕段
段會論、茲三四題、茲五六題、如教養小孩小兒所當學、
改化幼犯、女所當學、婦女才藝、女子醫道、婦女所當為、
女明自主、理家救貧、待人以誠、天下合和等、所擬各題、
直至西七月初五日、即本月十八日二因事概行完畢、客將散
歸、乃于午刻由總統約衆會友在我托佛方喀脩百里

二十

閣中午酌、彼此話別、是亦倫敦十日間之一盛會也、
二十日丙寅、陰晴如昨、微涼、申正、韓腊夫婦請在白堂
坊之那慎那里柏拉會館中茶會、來皆婦女會中諸客、
各國男數百、樓本高大、外並支有布帳、備有酒食、亦頗
芳美、內立小孩一班、搖鈴作樂、清音陣陣、藉佐歡飲暢
談、西俗凡大讌會、必設音樂、所以娛賓也、
二十一日丁卯、陰、戌初一刻、在賢程木賽斯街第六十
三號洛亞搜賽伊的會館請晚酌、居時隨星使乘車前
往、共桌六十八人、首座為世爵馬爾康、再則約爾克大

主教哈斯百里伯世爵卜隆肥星使坐第五馬清且第七余第九酒食頗好食畢首座及星使與二三人各立陳一段無非頌揚君主長春推美會館久立等詞余座旁為曾在福州充當英文教習前任英國水師副提督德勒色年逾六旬言語溫和因星使前經其人教讀稱讚星使聰敏能學不已去此至高爾街入攸呢倭奚的大學堂赴茶會樓房寬敞內外燈明如晝男女千餘擁擠無隙地少立即歸時已丑正又當寅刻雷雨一陣旋晴霽如初

主

二十二日戊辰晴暖未初同陳安生步入藝植園一遊園之義與德國同惟會外人不得擅入其入會者一年助資五鎊隨時任便往遊間可携同一二戚友苟不經會中人親帶則須執有憑票一紙一票准二人同入而入門時又必註冊自書姓名園中玻璃煖房雖大而欠修飾且所植無非果蔬菜僅有各種花木多與邱園者同惟水池中蓮花一叢結有蓮房四枚此在他處未經見過者

二十三日己巳白晝陰寅正大雨雷星使因夫人服期未滿凡宮中跳舞聽樂等會概行預辭今日寅正三十分卜靜宮中聽樂禮官發帖請余一人届時著公服乘車前往一切奏樂歌曲與前同茲不贅敘

二十四日庚午早陰午後雨記俄境西北臨海與瑞典毘連之辣坡蘭地方地寒而人貧土俗亦與他處較異據云其婚禮尤屬簡略乃當婚娶之期新郎隨其父母偕數戚友齊至女家中一友故作引線人入草舍先向女父進酒女父納之乃即時成禮同飲一盃以祝新夫婦之福而新郎又必贈新娘以不腆之儀僅一二銀器

主二

玩物而已當晚合巹張筵賀喜粗糲而外飲以水酒互相歡然後則夫婦同住岳家略似我國招贅者一年後夫婦如欲另居則岳家給材料自建茅廬又諏處接見之禮有別至親者以唇啜唇稍疎者啜腮其他則皆啜鼻是亦歐洲之殊方異俗也入夜風

二十五日辛未風雨陣陣涼倫敦通城各街巷啤酒店極多英名曰巴爾每晚飲者男女滿座大抵皆下等人如車夫僕婢工役等是也酒店門外多有置一推車上列煮熟螺螄蛤蜊等肉每碟五六七八枚不等旁有醬

油鹽麫、胡椒末、蓁栟水等多瓶、任便取用、價則每碟一本士。

二十六日壬申。陰涼。中國幼女無街市步遊之風、即偶有之、亦罕與少年男子任便玩耍交談、肆無忌憚者。至倫敦則不然、每日戌正以後、鋪戶關閉、人工休息、則街市之間、幼男少女、對對成羣、交談嬉戲、於禮拜六、禮拜兩日尤多。或彼此談心敘事、或諧笑舞蹈、竟有將女子推倒、而隨卧其上者、有牽拽接吻者、縱無褻語惡言、手不亂舞、目不傳情、而恩愛之意、恐早默會於中心矣。雖云幼童稚女、兩小無猜、而實皆十七八九至二十歲者也。夫男已冠、女及笄、翱翔于市、習為故常、吾恐濮上桑中、有甚於芍藥相贈者。

二十三

二十七日癸酉。鎮日陰晴不定、涼。現值西六七月間、天氣清爽、正值城內人多除茶會、跳舞會外、又多下鄉游玩。倫敦有種大車、名曰扣池古作郵政車、四輪、駕以四馬、車箱坐四人、頂上四圍欄杆中橫座凳、亦可坐四五人、車後立二人、紅衣白褲、車旁掛一布袋、內有長喇叭、每到收信之地、則吹以喚人、現則改用游鄉車、一切格式不變、馳驅極速、行至人多擁阻處、依然吹喇叭以警人閃避。車價頗廉、如去漢浦屯老王宮者、一人往來僅七先令半。每日午初開車、酉刻回倫。

二十八日甲戌。晴暖。未初、韓䐇約在那慎那里柏拉會館午酌、共桌二十二人、內多他國來此赴婦女會者。聞昨午英君主招會中各國男婦之將啟程回國者、咸在文慫行宮午酌、與之餞別、故韓有今日之約。酉初回使館、入夜微風。

二十九日乙亥。晴暖如昨。英例、小孩五六歲皆須入塾讀書、不送者、父母受罰、其法誠美善、律以政教、不可謂無文化矣。然其國下等婦女之不習閨訓而蕩檢踰閑者頗多、街市間竟有突然而前曰、汝非我之情人耶、亦有撫肩而問曰、汝不欲娶我為妻乎、更有言此人年貌頗稱我心、何不同往結褵耶。雖然如此云云、其人確非娼妓、亦實無欲嫁之心、無非藉以笑謔而已耳。

二十四

三十日丙子。晴暖。英國地近寒帶、原不產波羅蜜、前于西一千六百九十年即康熙二十九年初、由南阿美里加運到、先在斐洲西北臨海之奚拉婁安屬地栽植、地在赤道北八度取其熱也今則歐洲各國咸用煖房種之故其價不甚貴每年由西八月初至九月底果市盛行為富家晚餐之佳品據云以瓷盤盛置桌上迨用時將其梃葉割下另行栽培仍可生果度必不能如本生之鮮美也

六月

初一日丁丑晴熱外國一種果餔名曰捏立係以果汁加糖熬成倒入模中晾涼取出如肉湯凝成者色有紅白黃紫因汁有橘桃地椹櫻桃波羅密者也其味頗佳初皆用果按法自造繼則創一種果汁小瓶出售用時僅加糖熬之而已此法固已省切果擠汁等事近又造成一種果餔料乃以果汁與糖作成切塊厚一寸寬二寸五分長約二寸外有紙匣每匣三本士牛用者指造餔之果名買之作時衹以滚水泡開倒入模中足矣是尤便捷也

初二日戊寅晴熱聞英規因天下各國律例不同凡他國人之僑居英地病故者其所遺財產皆須察照該本國之例辦理云

三五

初三日己卯晴稍涼申刻韓閣夫婦請茶會屆時乘車至彼見其夫婦廳中坐立男女數十先奉各人冰乳一碟糕點少許後二女客各謌一曲聽畢少立謝歸

初四日庚辰晴熱聞數日前城西有中等人某甲家僱一幼女年十八歲者照料其一子一女子八歲女六歲一日當某甲夫婦外出女領兩孩出游近河男孩落水回家後女孩問女僕以汝因何推我兄溺水女僕不答次日出門則女孩亦落水死迨某甲夫婦回探明其情遂鳴官官謂查其情兩孩為伊所害無疑然無確據是為隱罪遂判定收監十五年是乃西國斷案之法也至夫婦出門數日不歸遺交子女與一幼年女僕照料蓋亦西俗耳

初五日辛巳晴熱酉初狄本遜家請茶會一切與前次同無須再述惟園中改僱三布海米亞（地在奧國西北界北接德界）女作樂二長者彈月琴年幼者玩一具未詳何名乃新創造者其製係一木板長約三尺寬八九寸上立木棍粗如筆管者三十餘長短不同至長而粗者約三尺至短而細者五六寸女戴毡手套按棍以兩指上下抹之

三六

自成音調，而與月琴和陽阿新譜，惟識曲者詳之。戌初稍涼，即辭謝回使館。

初六日壬午，晴涼。酉刻，林琴蓀忽奉札委代理參贊。札由琴蓀主稿，羅小荷閉門繕寫用印，與上次羅叔羹者同。十日後得見札稿，内稱查有舉人林桂芳品正學優，才長識卓，留心時務，辦事精勤，堪以代理云云。

初七日癸未，晴涼。中國小孩腹中存有積痞，每炒煳米燒煳麪與之食，以便尅消。英人亦循此理，藥鋪出售一種燒麪包，名曰卜蕾查耳扣，譯言麪包炭也。買者按匣，每匣三本士。

三六

初八日甲申，晴而涼。見本地一種木柴，名曰克勒什得代艾爾烏達，譯言劈碎火柴也。乃劈碎半朽老木，稍加以油，意取易著而火旺。長約半尺，粗盈寸，每束數十根，一束足供一火之用，價則半先令十二束或十四束。或謂此中由拆修木道而劈賣者多。

初九日乙酉，早陰冷，申初稍晴。西國亦造假髮，以備戲場及人之禿頭髮短或少者用之，長短粗細、黑白紅黄俱全。男子者形如瓢，乃用一種麻布，按行織髮于其上，左右分梳，式與真髮無異，價值頗昂。星使大少君買得一頂，色不甚黑，價則四鎊四先令，合庫平銀三十三兩零。

初十日丙戌，早微霧，午後陰晴不定，暖。記英例：國人漁獵皆有定時，以便蕃滋。如山雞由十二月十一日至次年八月十九日，山鶴由三月初二日至八月三十一日，公鹿由正月初一日至七月初九日，花鹿由九月二十九日至十二月三十一日，狐狸由四月中至十月底，雉鳩由十二月十一日至次年八月十一日，山貓由四月

三七

二十一日至次年八月十一日，水雞由十二月十一日至次年八月十一日，鷇鳥由三月初至七月底，鷦鶉及他各野鳥皆然。松雞由十二月十一日至次年八月中，鷓鴣由二月初二日至八月三十一日，野雞由二月初二日至九月三十日，水獺由九月初至次年四月中，狗吐魚由九月初一日至次年二月初一日為下網期，十一月初二日至次年二月初一日為垂釣期，白點魚自十月初至次年正月底，各種淡水魚皆由三月中至六月中，蠣子由六月中至八月中。因英蘇愛三島度數不

同、故各漁獵日期稍差、又每值禮拜及其各節、雖在准行漁獵期內、依然禁止、本意非本教規、乃因逢此節期、人工休息、恐人多漁獵、害生尤重也、王制曰、獺祭魚、然後虞人入澤梁、豺祭獸、然後入山林、鳩化為鷹、然後設罻羅、是知漁獵以時、古有明訓、而英例適相符合、斯亦奇矣、

十一日丁亥、晴熱、記天下各教紀年之不同、更有自立國而紀年者、如上年、為天主耶穌兩教之一千八百九十八年、為畢三太音（地在土國南界、為古之西羅馬教類、俄之老東教）教之七

廿九

千四百六七年、為猶太教之五千六百五十八九年、為羅馬開國之第二千六百五十一年、為教林庇亞（屬希臘類）（佛教）教之二千六百七十四年、或稱第六百六十八、教林庇亞之第五年、為墨哈美丹或亥支拉（回）教之一千三百十五六年、為日本之二千五百五十八年、為美國背英自立之第一百二十二年、竊以中國若按儒教紀之、當為孔子降生後二千四百四十九年也、

十二日戊子、晴、微風、頗熱、數日前星使率二少君約林琴蓀觀劇、今日酉初、復攜二少君約林琹蓀、吳少序及林武弁、在藝植園內晚酌、夏日觀景、本屬相宜、園中僅細草如茵、而階砌之間、殊乏名花點綴、既非桃李之芳園、亦非宴遊之勝地、況肴饌皆星點無味、酒亦淡薄、價更翔貴也、

十三日己丑、晴熱、入夜陰雨一陣雷、記英人喪服之制、于今不比往年之重矣、男子尤甚、男子孝服無他、惟帽頂與臂上肩肘之間圍以烏紗一縷、紗之寬窄、關乎孝之重輕而已、男女日期相類、姑記其婦女者、如妻為夫服、頭罩烏紗、長三四尺、身自乳下亦滿烏紗、如此一年

三十

零一日、或加服半年、然後去紗、通身黑衣而已、女為父母在制一年、前三個月周身鑲以烏紗、再三個月烏紗稍減、第三三個月通身著黑、第四三個月則通身半黑、姊妹服期半年、前三個月著烏紗、後兩月通身著黑、末一月則改半黑、母為子女著反服一年、前三個月著烏紗、後六個月稍減、末三個月著黑、姪女孝服三個月、前兩月著黑、後一月改半黑、孫女孝服九個月、前三個月著烏紗、中三個月著黑、後三個月半黑、堂表姑舅兄弟孝服皆三個月、烏衣而已、

十四日庚寅晴熱夜雨一陣館中敬惜字紙鑪前經同事沈藕生力求羅小荷代稟星使屢次敦促延至年餘始得設立于是我華人有誠心敬惜者有不在意中依然拋棄者不意近見掃地洋僕反由污穢桶中拾撿代收鑪內亦奇矣想其人未必深悉惜字之本意惟見華人有如此作者亦仿行之耳

十五日辛卯晴熱英商立德夫妻久住重慶其妻善華言著作甚富去歲回英住賢猩木賽斯街之帕爾克巷內第七號小客寓中今日申正請茶會乘車至彼登樓見其夫婦小屋一間客亦無多男女六七而已據云定于十七日起程回中國

十六日壬辰卯初迅雷驟雨一陣雨止仍陰涼曩嘗訝異西國男女腿不畏寒察其故乃知孩提之童不拘冬夏自膝蓋至腳上皆不著衣而露于外蓋男孩著短衫短褲短襪至十歲雖著長褲隆冬亦僅兩層而褲腿敞垂女孩著短裙短褲短襪至十四五歲始著長裙高襪隆冬亦無所加且各作工男女天雖至冷亦僅著汗衫背心兩臂外露中國男女自幼冬季皆著棉褲棉鞋外

二十三

露者惟頭與手而已所謂童而習之率以為常非必西人之獨健也凡人之性情才智要皆習慣自然其後乃一成不易況起居服御之微者乎

十七日癸巳陰涼英國拌生菜有時加以龍蝦肉與煮雞子片者乃拌以一種酸汁名曰拌生菜汁係以牛奶汁菜油芥末與醋四味調和作時必各色點點加添用力攪搦方得調勻且須多寡得當其味方鮮故必精其技者始能嘗其美因有人創造一種調成者出售玻璃小瓶作胡盧形按節分作記號一節足供一席之用大瓶六本士小瓶三本士一小瓶尚可分用三次較自行調和者利用多矣

十八日甲午晴英人譚貴理者在巴里設一照相館于賢比得堡街第九號專晃大張設有巧法凡人無論識否徵聞其名輒致書云本館晃相之法極佳大與本身同謹願奉照一張望代傳揚並附錄他人誇讚之信件一篇願賜顧者可將小影送去迨晃成時乃先函達謂相已晃成不知鏡架喜何邊框隨有價單一帋言何等金邊若干鎊如不願配框架務請先匯八先令前來以

二十四

充寄費云云，則是不索照費而暗得照費矣。西商工於謀利，多類此。

十九日乙未，晴熱。俄皇尼扣拉斯第二之弟儲位卓志公爵生於西一千八百七十一年四月二十七日，現年二十八歲。十數日前薨于俄京，今日俄國駐英署公使在衛勤貝街第三十二號本使館教堂中唪經，帖請各國公使。叅隨前往聽經。午初，余隨星使帶支應武弁、翻素褂，惟星使佩掛忠孝帶，乘車馳往。至彼，有神甫引入房，閒不大，正面一臺，臺上三小門，壁上繪畫男女神像，正門開，內一方桌，上供十字架，燃蠟燭，設經卷，左右二門關閉。內儲神器，堂中不設座位，客皆對臺而立，為數無多，共男客三十餘，女客四，不陳音樂，左小門旁立四沙彌，皆著烏衣，臺下正中一小方桌，上立十字架，神甫立桌前，戴紫絨斗形高帽，身著香色闊袖袍，外披黑毡氅，橫嵌銀緣寬約半尺，上下二銀花，一圓一長，胸前左右垂二銀邊帶，各寬半尺，長四尺餘，左右立二門徒，皆光頭，披小黑氅，各上一銀花，右邊者左肩垂一銀邊帶，長約二尺，左邊者服無帶。至午正，二門徒捧銀盤，奉各客白蠟一支，

三三三

粗如大指，長約一尺者，點著執之，先是沙彌和聲朗誦一陣，繼而神甫、門徒先後接誦，後則右門徒手執提鑪隨神甫至各神像前焚香烟，而默禱，再登臺，入中門，至十字架前跪誦，當誦經時，俄人之奉東教者隨跪兩次，如是誦畢，門徒向各客取回蠟燭，熄滅後復和聲唱誦一陣而後散。

二十日丙申，鎮日陰晴不定，稍涼。記倫敦通城ABC行加非館，現共開設一百一十四家，每中各用女工十數人，各人衣服自備，館中每日給有兩餐一茶，工價按

三三四

禮拜，掌櫃管事者每禮拜一鎊，泡茶煮加非熬勺勾臘者十六先令，收錢者亦十六先令，堂倌各十先令，廚工作肉餅、煮雞蛋、炰奶餅、熬肉湯等類者各十二三先令不等。

二十一日丁酉，晴。西國不信鬼，于是倫敦立有無鬼會，會首為英人墨蕾，據云：凡人見鬼者，皆肉目中有病故致所見者奇異，然闠樓閣中往往竟有奇形作祟者，人皆畏之，故此等房舍租價頗廉。據云附近使館某氏樓客廳懸有黃衣女油畫一幅，甚古，乃頻見屋角門外一

黃衣女往來蹀躞作悵惘狀乃貌與畫上者同于是罕有敢問津者某甲素胆壯豪爽無餒卻一日謂去樓廳一眠見怪當以手槍轟之戚友諫阻不聽固欲前往其友某乙謂既乘興欲去我當陪之然我胆怯須卧他房以待當夜二人分卧甲則不睡而假寐睨之至夜半無所見遂出廳扣乙門乙乃驀然驚覺而問曰見鬼乎畏懼乎甲曰非也實因久待不勝煩悶特來談天耳二人坐叙許久乙倦遂甲去甲秉燭出門遙見黃衣女立廳門外甲曰何物鬼魅敢爾即放手槍鬼則隨聲而沒款就捉之搜覓不得然甲終不敢再入廳門乃與其友連

三五

牀卧至天明啟關偕去

二十二日戊戌晴熱入夜微風記天主耶穌兩教皆誠奉一神曰上帝曰耶穌凡教中他各門徒之傳教有方者亦皆敬之稱曰賢（本音賽恩特義亦聖賢也）于是英蘭於眾賢中供其一曰護國賢卓志蘇格蘭者曰賢安得路愛爾蘭者曰賢帕特里克

二十三日己亥晴英國國旗之色前者未詳聞至西一千一百九十年（南宋光宗紹熙元年）英王里察第一因會眾攻取耶路撒冷（耶穌陵寢處）始定白質紅十字名曰賢卓志十字至一千六百六年（明神宗萬曆三十四年）國王瞿木斯於四月十二日因蘇格蘭會盟一國乃諭將蘇之賢安得路十字加于旗上蘇旗係藍質白斜十字于是英旗改藍質中一紅十字上覆一白斜十字共作八出菊花形式如下米繼于一千八百一年正月初一日（嘉慶六年）國王卓志第三因愛爾蘭亦與英合一國按愛旗係白質紅斜十字名曰賢帕特里克十字遂將愛旗附諸英旗乃統作藍質中一紅十字上覆紅白斜十字各一仍作八出菊花

三六

形式如下米是即現用之英旗名曰攸年扎克釋言水手協和也因英國三島四面臨海以使船為首務也此為國旗凡本地及各屬地之英人皆屬此旗且可隨地隨時負之豎之

二十四日庚子晴英廷又專有御旗英名洛亞司丹大式乃長方分四小長方臨桿上一方及外邊下一方皆紅質橫三金獅作走狀前右足上抬他三足踏地頭回轉外向尾則上揚至背是本英蘭隊中旗含有軍官保國之義臨桿下一方為藍質金琴銀絃乃愛爾蘭隊中

本旗外邊上一方金質立一紅獅作上爬狀後左足立地他三足上舉頭前向尾後捲乃蘇格蘭之軍旗現在三邦合一故旗連一處如此

二十五日辛丑晴按英之御旗多為君王臨陣之用伊古以來先後改式四次當西歷一千零六十六年（宋英宗治平三年）英王𨔵良第一之時式僅長方紅質橫二金獅至一千一百八十九年（南宋孝宗湻熙十六年）里察第一改橫三金獅一千三百二十七年（元泰定帝泰定四年）埃達倭第三因勝法而改稱英法國王遂改旗作四長方臨桿第一及臨邊第二皆藍質列五朶法白花作⚜形名曰苐略得立斯其他臨桿第二及臨邊第一皆紅質橫三金獅迨一千六百三年（明神宗萬曆三十一年）挂木斯第一即位因蘇愛兩邦聯合乃將埃達倭第三之旗分列于臨桿上長方及臨邊下長方臨桿下長方列愛之金琴臨邊上長方列蘇之紅獅（顏色形式見前）至一千八百三十七年（道光十七年）今君主維克都里亞即位始改今旗（詳見前）

二十六日壬寅晴熱巳正偕眾隨星使著蟒袍補褂向北恭拜

聖牌行三跪九叩禮當時未到者為沈荔甕嚴伯玉未初公讌星使前紅簽仍寫主人二字酒食無多各人滷麪一盌麪極細滷頗濃彼此恪恭歡洽暢談時許各飲香茗一杯而罷

二十七日癸卯晴記外洋之黑旗義乃無矜憐不饒命故海賊多用之綠旗主安黃旗主病白旗名曰免戰旗英言苐拉高伍特路斯兩軍頻用之敵兵有執白旗者互不傷害義在有所交談通信懸插白旗乃義請免攻以救人命房地之類紅旗為叫戰旗又為險字旗故火車道中遇執紅旗者則來車須即停止或非行車之時或係對面開車時也

二十八日甲辰晴英國御旗本為君王之用而鋪店亦有高懸于樓頂者蓋鋪店之曾經君王御臨或飲食器皿衣冠車輛等之曾經御用者皆可請內部衙門之名柏爾多伍格林克洛斯（譯言綠桌布衙門不知何所取義）者轉奏君王如蒙允准則即懸挂以為榮

二十九日乙巳晴暖午後同沈藕生遊萬生園今日係禮拜六日又值天色溫和男女老幼之前往遊矚者駢

肩累迹、絡繹不絕、鳥獸之來由四海五洲者、加增多種、彨彨其毛、翽翽其羽、格磔鳥吟、嗥鳴獸吼、名稱既耳所罕聞、形狀亦筆難曲繪、園內亭中有紅衣樂兵二十餘名、青鳳緣公、八音迭奏、前後緩步觀畢、遂在樂亭旁之加非館外布傘下酌茗品茶、聽樂兩觀往來之遊人、是日也、天朗氣清、惠風和暢、久坐能令人心曠神怡、入夜陰雨、微涼、

七月

初一日丙午、早細雨空濛、午後雨止、仍陰涼、記英國由人工之進款、名曰音得斯特立、釋言百工也、百藝也、統計全年共入不下十九萬萬八千四百萬鎊、按時價合庫平銀約一百五十八萬萬七千二百萬兩、其中造作進款、共八萬萬二千萬鎊、商務進款七萬萬四千萬鎊、種植進款二萬萬五千一百萬鎊、轉運進款（指火輪車船）一萬萬二千三百萬鎊、礦務進款六千萬鎊、英國地窄人稠、而日益富強者、民勤故也、

三九

初二日丁未、早細雨陣陣、未初稍晴、涼、英人貝斯佛、游歷中華、著有日記、前于三月中印成、曾送星使一本、遂自四月中由星使口譯、林琴蓀筆述、至上月譯畢、派沈藕生、吳少序、王少山繕寫、供事以蠟板刷印、今日又約琴蓀幫譯他書、（聞係泰西百賢傳）琴蓀辭卻、請改派曾叔吾入夜、風大、晴、

初三日戊申、晴暖、午後偕沈吳二君乘火車赴邱園一游、樹林陰翳、細艸如茵、天氣清和、游人雲集、步入小湖正面之藝植樓、樓三層、四壁左右羅列玻璃櫃、排作山字形、各中收存四方寒熱溫帶之花木果品菜蔬、真假不一、有以綾紙木蠟仿造者、有在玻璃瓶罐中泡以藥水者、種類新奇、筆難罄述、在內繞行、頗熱、汗流浹背、而出、酉正回寓、

早

初四日己酉、晴、今日為西一千八百九十九年八月初九日、乃英議院散值之期、午正律例大臣入院、代君主宣言曰、諭上下議院諸世爵議紳知悉、我英與各國邦交敦睦如故、俄主所設弭兵會、現已會議畢、雖未能遂節悉如初願、其所議成之事、亦不為無補、中有設判斷局一節、凡各國有齟齬之事、先歸此局判斷、我謂如此、各國可少用兵、又熱諾瓦公共條約、推廣辦理、即不得

已而至用兵、其交戰時殺害人命、亦必減少、我與法國總統立一條約、分清斐洲北邊兩國畫界、去歲秋間我英與埃及兵在洒勒江邊平埃內亂、法人忌我成功、大有佔地之意、故此約必不可少、我又與俄主立一條約、訂明兩國百姓在中國承造鐵路章程、我收到南斐洲僑寓英民奏摺、所陳皆求我保護之詞、因該國待之甚苛、擅減英國居民權利、南阿斐利加立國之初、約明英國百姓在其境內一視同仁、我故准其立國、今該國顯食前言、英民在彼不能相安、必至滋事、若一滋事、則與

四十

我南阿斐利加屬地興旺之機、大有窒礙、我特令政府與阿斐利加民主國商辦是事、正在商議、尚未完結、我又接印度屬地奏報云、去歲饑饉之後、農事商務漸次復元、惟前數禮拜至今、西中兩印度苦旱不雨、恐與秋收有礙、我已派地方官到彼留心察看、果有荒象、須於未成災時先謀補救、該處自去冬以來瘟疫未息、我心甚為歉然、諭下議院諸紳士知悉、英國海軍陸軍所需經費、諸紳士竟能一一如數籌備、我不勝感激、再諭上下議院諸世爵紳士知悉、現在尼格爾公司所佔地方均歸英國國家管理、實于政府治理之權、邊界防守之略、兩有裨益、倫敦地方歸工程局管理、我甚欣然批准、我望倫敦居民從此能得工程局實益、與本國各處有工程局之城鎮無異、蘇格蘭定例局章程、愛爾蘭勸農勸工章程、倫敦自來水公司章程、更改抽租章程、勘驗食物藥物章程、我均批准、續修學堂章程、並推拓學堂權利章程、爾上下議院所議准者、我望于學業大有益、協助工匠置買住屋章程、爾上下議院所議准者、我望于工匠大有益、我更禱祝上天佑爾等所議政事無不

四十一

有益於百姓也、律例大臣宣畢、立而言曰、我宣畢君主之詞、請諸君散、俟本年十月二十七日、（即本年九月二十三日）再行會議、

初五日庚戌、晴、英例凡有子女年及五六歲者、皆須入學讀書、其立法之意、固美矣善矣、然西人不以財産留遺子孫為尚、故長成後各須自謀生計、第恐人人不皆勤奮、生計亦豈易謀、于是倫敦無業遊民所在多有、雖不至赤身乞丐、而翱翔街市、饑寒交迫者甚多、聞英蘭一島共有流氓不下二萬云、

初六日辛亥，晴熱。聞西國博學之士，現在評論各教，多有以孔門儒教為至大至正，生人所當遵奉者。竊查天主、耶穌、回、佛四大教之祖，悉皆出自雅洲。天主、耶穌兩教既得西傳，今復轉而東傳；而儒教又將西行，是兩大洲各國將同守此三教矣。將來必有大同之舉，第不知當在何年耳。

初七日壬子，晴。上月星使擬約林琴蓀、帶林武弁同赴比國西北臨海之教斯當地方消夏，聞前于初二日奉到總理衙門來文，經奏准比都分設使館，去歲星使原

擬奏派四人：一代理、一隨員、一繙譯、一供事。傳云代理為羅叔羹，繙譯為盧梅臣。至是叔羹已去新嘉坡，梅臣業經回國，乃經改派林琴蓀為代理，林武弁為隨員，帶陳安生為繙譯，定于初四日偕同支應齋往，以便租房安置一切，于是三君皆收檢行裝。不意駐英比使聞而不允，以其品位僅稱舉人也，因而停止。前日星使先令武弁去教斯當租店，今日巳正一刻率陳安生前往，擬在彼暢遊數日再赴比都，向其外部商辦。又原擬約沈藕生移住樓下，為之照料兩少君，今改林琴蓀早晚教讀。

初八日癸丑，晴暖。倫敦因人烟稠密，樓宇崔巍，數街之間必有小園一區，以暢達清爽之氣，通城更有大囿十餘處，是不獨令城中衞氣生，更得衞氣散也。其至大者，一如巴特溪囿，周百八十五畝（下皆洋畝，詳見前），值三十一萬三千鎊；二卜洛饒囿，周七十八畝，值十一萬九千五百鎊；三克里搜囿，周五十三畝，值九萬五千鎊；四康柏衛囿，周僅十四畝半，是地為四鄰公贈，價未詳；五陝柏立弟伊拉囿，周二十七畝半，值六萬鎊；六辣文斯閣爾特

囿，周三十二畝，值五萬八千鎊；七哈木浦斯代溪洄囿，周二百四十畝，值四萬五千鎊；八海岱囿，周三百八十八畝；九堪興垣園，周二百零一畝；十利貞囿，周四百七十畝；十一維克都里亞囿，周二百四十四畝；十二邱園，周七十五畝；十三格林囿，周五十六畝；十四倭特路囿，周二十六畝；十五文卜列囿，畝數未詳；十六倭木塢囿，周百九十三畝；十七賢猩木斯囿，周九十一畝；零十八騷斯倭克囿，周六十三畝。以上各地所值未詳。

初九日甲寅，晴。倫敦園囿廣闊，其最著名而游人眾者，

為利貞海岱兩囿、利貞囿在城西北、前曾述及、囿中更有萬生藝植兩園、藝植園四面有道、車人往來無多、現為出賃練習腳踏車處、囿中南北直道分兩節、其南長二洋里、滿栽花木、曲徑通幽、沿途設有椅凳、其北豐草綠縟、樹木成林、有水法亭、加非館、更有小河、泛舟最宜、水濱有小艇可賃、或僱人、或自弄槳、皆可、海岱囿在城中正西、每日卯初開門、夜半關閉、南北東三面共十門、西與堪輿坦園連、中隔色品坦湖、專有走自備單馬小車及腳踏車之路、係南自貝斯倭特路之維克都里亞門北至南堪輿坦之阿來三德門、其他另有乘馬遊行之路、鋪以沙土、沿途共列綠油木椅數千、賃坐一日一本士、按季買票五先令、設有樂臺、夏季每晚官兵奏樂、每禮拜日奏樂則由午後起、臺四圍有座、賃者每人二本士、東邊由司丹候門至白玉牌樓、有花徑一條、長約數里、分畦栽植、五彩芬芳、其旁為車道、凡單雙馬車必自備者方准入、每當夏季六七月間、每日由申初至酉正三十分、婦女乘車娛遊、暇日往來四軌、絡繹不絕、左右男女步遊者亦然、至准車輛出入之門、為阿普斯立

四五

門、維克都里亞門、阿拉柏門、阿來三德門、康柏爾蘭門、大太子門、太子妃門、格婁烏諾門、司丹候門、白玉牌樓、色品坦湖長形、可行舟、小艇出賃、價係每點鐘一先令、冬可溜冰、白玉牌樓左右設有男女存衣處、以上兩囿之遊人、亦與利貞教斯佛兩街同、利貞囿中上等人少、而海岱囿中罕有衣履不甚鮮明、壯觀者濫竽其中、實則並無定規、第以富貴逼人、貧賤者自不禁裹足不前耳、

初十日乙卯、晴熱、倫敦城內街道、兩路左右臨行人道旁石堦下、每隔箭地、設一鐵閘、如篦、十齒、一寸見方、橫寬約二尺、豎長九寸、下通地溝、以便雨後洩水、夏季天熱、恐地溝穢氣上蒸、衛生有礙、地方官隨時派人按閘抛撒藥水、藥麪水色清澄、麪色淺紅、其藥料不外鹼沙與格魯林石灰及堪的斯流質也、

四六

十一日丙辰、晴熱、按西規、各家房院各有自主之權、理與中國無異、然在此鄰居不得互相有礙、如牆壁高則與鄰房遮光、或烟筒矮恐烟入鄰屋、凡此等不宜之處、受碍者皆可告官、

十二日丁巳、晴、按英例、夫婦之財産、原可互相使用、七八年前、因夫用太耗、而妻告官者、屢見叠出、遂自西歴一千八百八十二年、（即光緒八年）經官改定分用之例、與合夥生涯者同、夫婦有先故者、已産有遺命給何人、則何人領取、無則入官、

十三日戊午、晴、倫敦工作鋪店、每日收工最早、夏日尤甚、各方附近、皆有園囿、于是男女往遊、戌亥之間、則艸上樹下、林中凳邊、雙雙廁並、大都野合鴛鴦、令人不堪觸目、當斯時也、園囿中固無上等人往來、而氓之蚩蚩、邂逅相遇者、竟無野田草露之嫌、男女慾壑無厭、莫此為甚、

十四日己未、早陰、未初驟雨一陣、酉初偕林琹蓀、曾叔吾、沈藕生、吴少序諸君、至柴苓十字街火車棧、迎迓星使、酉正一刻、星使率林武弁到、知留陳安生在比京、租賃房屋、安置一切、並聞調有福建水師學堂學生盧學孟、字幼恭、以其能法文也、

十五日庚申、晴、外國船面晝夜皆有二副、前後守望、以防遇船等事、共分七班、第一由午正至申正、二由申正至酉正、三由酉正至戌正、四由戌正至子正、五由子正至寅正、六由寅正至辰正、七由辰正至午正、二人輪班、其今日午前者、明日必在午後、今夜休息四點鐘者、次夜必歇八點鐘、所以每日申酉戌三時、皆分作兩班者、不令某人永在某時、以便更番休息也、又連日雖云晴熱、而天氣僅似我國之夏初、無須著紗羅夏布、惟袷襖單衫而已、

十六日辛酉、晴、英俗男女結婚、皆無媒妁之言、而自作執柯、似乎夫夫婦婦、宜無反目之虞矣、乃往往婚媾以後、或因夫有外務、及奢費家財等事、經妻告官而斷離異者、此等控案、經官斷離、按定例、六個月後、方准男再娶女再嫁、故亦屢有離後不久、思戀綦切、不追前郄、依然自成夫婦、而告官銷案者、

十七日壬戌、晴、記數日前、本使館旁餧猫街、有一雙馬貨車、正行間、一馬跌倒不起、車夫馳回本局、帶來艸梃一車、墊于馬之身下、繼而獸醫至、先以手撫肚揪腿、後取藥水一瓶灌之、少刻以皮帶拴馬腿拽之、馬終不起、遂以敞車將馬載去、以上一節、自馬倒至載去、皆有二

巡捕將件件情形并各人名姓住址及貨局字號一一
以鉛筆書諸記事本將來如有告官案件此巡捕之所
記即証據也
十八日癸亥晴涼記泰西各國人之好飲燒酒者第一
屬俄人其次則德人再次則法人第四屬奧人第五方
屬英人其他比和義丹皆不足論故朝夕沉湎於酒者
亦以俄國為第一也詳見四述奇
十九日甲子晴大熱未初羅伯蘇由閩坐德公司船回
倫敦見其攜帶箱支多件雖未採辦藥料而與星使及

四九

羅小荷林武弁之鞋帽食物等皆足供四年之需今日
誠熱始早晚亦著單衫
二十日乙丑晴熱如昨記外國各種果酒味甘而不烈
暢飲無宜且不足以解酒癖沽價既貴非奢侈之家不
欲飲故歐洲各國用是酒之多以法國為第一義大里
次之而奧斯馬加則又次之德俄兩國不足論詳見四述奇
至英國飲是酒者為至少蓋英人素崇儉樸每多以商
務謀生為心耳
二十一日丙寅晴熱記英人一種簡易天氣表又名天
氣瓶係一玻璃瓶割去細處之半盛以淨水或顏色水
四分之三後以指堵其口而倒懸之移去手指時天氣
清朗水則平而不滴天氣潮而欲雨乃由瓶口出泡漸
垂漸大重則墜且不僅一泡乃一泡墜而他泡出陸續
不絕其故因天氣陰溼則無力撐持點水之重也
二十二日丁卯晴暖今日始知羅伯蘇于昨早起身赴
比都蓋代理木質關防雖經林琹蓀竭力仿摹僱人刻
妥而彼處樓房尚未租定故派渠往換安生而同盧學
生料理一切云聞英人探病有三戒謂戚友患病往探

五十

第一骯髒時莫往第二出汗時莫往第三腹空時亦莫
往蓋當此氣弱皮鬆胃開之際皆易傳染病氣也
二十三日戊辰陰雨陣陣涼記英國國旗凡英人皆可
執用故凡鋪店多有按期懸掛者且有一種公車手車
前豎一小旗為號其旗橫長尺半豎寬一尺其色前曾
敘及然有將十字上下仍用白質左右用藍質以示英
蘇愛三邦合一之義又有大旗四分之一臨桿處作三
十字之國旗其他三分統用紅色官亦不禁也又有大
鋪店樓頂多立旗桿平日懸本行旗者旗式不一或長

方、或細長、或頭作尖形、橫書該行字號、字多黑白兩色、而質則紅藍黃綠不等、更有店屬何國人開設、即掛何國國旗者、

二十四日己巳、陰涼、午後微雨、記泰西各國平日飲啤酒之最多者、以德為第一、而英次之、比利時則又次之、然按各國所用之酒與各國之人數比較、則多者較少而少者反多矣、即如德國、一年用十二萬萬二千零一十四萬二千戛倫、以通國人數分之、一人僅得二十三分、比國一年用二萬萬五千六百零八萬戛倫、為數較

奎

德極少、然以該國人數分之、一人用至四十分、是比人酒量之大、較德人加倍、故按酒量觀之、比人又當首列矣、

二十五日庚午、鎮日陰晴不定、現在天下各産茶處為中國、日本、印度、錫蘭、扎窪、帕拉怪、（國在南美洲東南界）據西人云、前于西歷一千八百八十八年、（即上年）茶葉之出口者、中國二萬萬九千萬斤、印度九千萬斤、錫蘭一千九百萬斤、日本四千萬斤、帕拉怪一千萬斤、扎窪七百萬斤、東西各國茶葉之進口者、英國一萬萬八千四百五十萬磅、美國八千萬磅、俄國三千七百萬磅、加那達二千二百萬磅、澳大里亞二千萬磅、其他各國共計一萬萬零六百五十萬磅、

二十六日辛未、早陰、午後大雨、星使因繙貝斯佛游華日記告竣、派沈藕生為校對、吳少序、王少山為謄錄、星使又將口譯西國百賢傳一書、派曾叔吾、沈荔兜、嚴伯玉每日輪流筆述、乃于今日未刻攜小荷及二少君請琴蓀、荔兜、叔吾、藕生、少序、少山及林武弁在藝植園中午酌、聞亦在各座前桌面放一紅帖、各皆書以某翁、如

奎

林琴翁、沈荔翁、曾叔翁、吳少翁、而星使之少君亦稱以羅儀翁云、

二十七日壬申、晴、此次星使攜帶之武弁林文彧、本係天津水師學堂學生、考升三管輪、現得藍翎五品銜、儘先把總、其人身體細小柔弱、暈船、氣力不足、管輪、羨慕文職、今日星使札派為三等繙譯、伊遂急匯銀款、先捐監生、再捐縣丞、以備保升知縣、又林琴蓀自得叅贊、及聞有派比都代理之信、亦即匯銀八百兩到京、請人代捐直隸州州同、分發試用、

二十八日癸酉、陰雨、昨晚駐德英文學生樂中祿達仁
到此、今早来拜、午後前往答拜未遇、又自本年二月星
使夫人靈柩回閩後、其留此之二少君皆歸林武弁照
料、每日自睡起至睡後、時刻不離、今日午後、武弁帶羅
二少君街游、買有洋喇叭、樓上下吹弄、聲音宏亮、聞之
有感、因而口占一絕云、四十年前聽此聲、中秋夜半夢
頻驚、而今棖觸離人感、回首滄桑局又更、
二十九日甲戌、陰、記加非產于熱帶、聞數年前天下共
產十二萬萬四千九百萬磅、產于巴西者八萬萬一千
二百萬、產於美洲各處者、共二萬萬五千三百萬、斐洲
及東印度者、共一萬萬八千四百萬、至東西各國所用、
乃美國二十一萬五千磅、德國十萬五千、巴西等國共
七萬八千、法國六萬五千、和國四萬一千、奧國三萬六
千、比國二萬五千、瑞典亦二萬五千、義國一萬四千、英
國一萬五千、俄國僅八千零、日斯巴尼亞、葡萄牙兩國
共五千云、
三十日乙亥、晴、西人好大喜功、遇有所能、必設法創造、
使之新穎出眾、冀得揚名於四方、不僅國家賴以增光、

五三三

而創造之人、亦享其榮耀、西國以建造樓臺塔銘、至大
至高而鞏固壯麗者為能、即如法京文扉鐵塔高九百
八十四尺、美國華盛頓銘高六百二十尺、英國朗克晒
府之卜拉克鋪勒臺高五百一十八尺、法國克倫城之
克倫教堂高五百十二尺、法之婁恩教堂高四百九十
二尺、德之司特拉斯堡教堂高四百六十六尺、埃及之
石王陵高亦四百六十六尺、羅馬之賢皮特爾教堂高
四百三十三尺、倫敦之賢波羅教堂高四百零四尺、法
之養濟廢人院高三百四十四尺、倫敦之大鐵輪周三
百尺、
八月
初一日丙子、晴、熱甚、外國商船水手、不專在一船傭工
者頗多、彼此訂立合同、有往來一次者、有僅去某海口
者、其專去某處者、到則另覓他船招僱、然不能一時即
有、于是貧苦流離、寄居不易、英國善士因在太木斯江
口設立樓房一所、名曰斯特蘭者爾搜木譯言外人家
也、一切與小客寓同、四方貧民流落於此者、皆收留暫
住、供其飲食、代覓船事、居此者每日雖亦付費、而價則

五三四

極廉樓中他項用款皆由善人施捨東西各國使館亦各有所助聞泰西各國按年捐助至少者十二鎊日本曾助百鎊暹羅印度等國亦有之然其中收項不能專養一國之人其住逾兩月尚無船隻招僱則又須請該本國之公使或領事協助蓋各國公使領事皆有保護該國人民之責也去歲有二百餘華人皆經該處收養然為日無多皆得被招他往上月十四日酉刻來一英人帶三華人請見星使因星使初到無暇令余傳見據云現有華人十八名皆来自比瑞等國因此時出口船

五十五

隻無多伊等留住卑處已逾兩月現因無力收養懇請大人栽奪禀知星使當屬余詢其每人每日應用若干下樓問之答曰一日二先令回明星使乃言自明日始施恩賙濟五天共合九鎊以後則不能多捨因本大臣並無施捨之分云云余向伊等述明所言伊謂卑處幫辦現赴他處消夏既蒙恩賞五天即請代書一紙轉寄幫辦為憑余以既經星使首肯即照所言書之似乎無礙錄交其人執去登樓再回星使星使答曰唯唯叙及各國所助星使亦曰唯唯自是十餘日不來取錢欲為

寄去又不知其住址上月二十六日往見星使乃言小荷早經登簿（其實尚未發下）知已送給矣又該處兩次來信要我見莫非前次未說明我只施助五天其餘多一文不花耶又當日何必寫那字帖他若不信我則一文不給矣因我捐助乃額外之事我能永遠養此貧民乎余謂該處来信請見恐非為此節既有信謂賜一觀知其所在即可送往星使謂凡信到我手一覽後則拋去不知所之夫星使不明示我而事經我手總須即早了結無法先致書水手家英名賽洛爾搜木詢問回信言請轉

五十六

問雅洲人家英名埃什亜的扣木再來信始知在商務街外人家又發信問前來三華人是否屬該處今午来電言未正來使館晤面余以莫若親去交清以免囉唆遂向小荷領來九鎊乘車東行二十餘里至彼見其幫辦繼領見其總辦先言各國捐助如何養贍法余謂羅大人之意曾經一再言明二君必早聞知矣今特來奉上九鎊祈給收條二人齊言本處並不以此九鎊為重因久仰貴大人之名望故欲一見兩次奉書不答亦無泌也言畢先交一白紙收條謂蓋印收條明日寄奉少

坐話別、申正回使館、

初二日丁丑、鎮日大雨雷、巳刻陳安生由比都回、記西人謂贈友以刀主割斷交誼、故雖子女向父母要小刀、亦必還奉一銅錢以為解疑、贈人以白鞋亦屬反目、婦女吃飯菜刀落地、主有男子來拜、兩人同照一鏡主不祥、牀上竝置兩傘主憂、午後、外人家蓋印收條寄到、即交支應、

初三日戊寅、早陰、午正大雨滂沱、申刻雨止、仍陰涼、記英人局騙、時或遇之、其機詐更甚於中華、聞前者有人登新報、謂能使人身體長高二寸、願者祈於十日前賜信、并隨匯使費五先令、屆期自將妙法奉聞、於是男子思長者少、而婦女願高者多、自新報登後、其人竟收得數十鎊、至是日乃按人送樺木兩塊、各厚二寸、信內言此木輕軟、請墊于腳跟鞋內、則尊體自高起二寸矣、趣甚、

初四日己卯、晴涼、記在繆細亞木街第四十一號、地在倫敦博物院前、卜婁第鋪中出售之烏鬚藥水甚佳、名曰御用染髮藥、因西人不僅染鬚、並喜髮改當時所尚之色也、此藥與現在中國屆臣氏所售者不同、極屬簡易、而且奈久、僅一色水、而水色白清如燒酒、不知用何藥料、雖云共備五種、能染五色、為深黑、深紫、淺紫、金紫、金黃、而水皆一律白色、瓶有大小、價分二先令半、三先令半至五先令、或十先令半、據云藥水于不用時、不得多見天光、多見則藥力減、用時僅倒少許于碟中、適用足矣、蓋用多恐染肉皮、然亦無礙、洗以胰水一日必退、用法係以小刷塗抹、初用者須連刷三次、其色必現、每次須隔一點鐘、以俟其乾、且每刷必至鬚根、以免一鬚兩色、染黑紫二色、刷後必著天氣為尤快、或出門或坐屋內開窗皆可、每七日一次、以染新生者、更有妙法、染後先洗以脂胰熱水、再洗以淨熱水、則無論鬚髮皆能油光、余曾買試之、刷一次、乃先紅而後紫、繼而變黑、至今半月、其色依然、誠妙藥也、較在中國洋人所售之烏鬚藥價廉而易用、不可同年而語矣、

初五日庚辰、晴而微風、頗涼、西國以作樂、歌舞、繪畫皆為專門學業、然欲學一藝、所費良多、如在大學堂、英名攸呢佛希的、考藟芝內之描畫、雕刻館、學畫摹仿由造

成之物至生動之物、皆有定章、學成之遲速、關乎學者天性之頑鈍慧敏、館門每日由早九點三十分開至午後五點、惟于禮拜六日開至三點、學畫造成之物、男女同室、學畫生物、則分間學畫生物、各間備有模式、赤身者每日、著衣者每禮拜三日、館中預備桌座畫架、其他皆自備、束脩按月、則每禮拜學三日者一鎊十一先令半、學六日者三鎊三先令、一年或分三節、英名特爾木、四個月為一節、按節學者每禮拜六天者七鎊七先令、三天者四鎊四先令、僅學半節者每禮拜六天則四鎊

五十九

四先令、三天者減半、又有專講半年者名曰賽甚、或春夏或秋冬不定、半年之工定日有工課講求攷究、來者束脩十八鎊十八先令、其長久學者、每月教習出題作論、講著色布置調和光影之類、每年第二三節中、有教習於每禮拜一四兩日之申正講論剖屍法、以使學業最精者、學之內有二十次專講骨節筋絡、並隨時以剌成之模式解說、一切至尾考論一次、名列超等者有獎賞、其入館專聽講者、一人一鎊十一先令半、又按其三節、第一由十月至十二月、第二由正月至三月、第三由四月至六月、因七八九三個月、為倫敦消夏茶會放工時也、

初六日辛巳、陰、西人謂紅黃二色多鉛、而有毒、人或舌舐或服之、近肉皆無益、即如偶有割破之處、則黏紙止血、其紙總以白色為第一、苟用紅或黃色者、鉛毒若隨血運入經絡、則將來生瘡或生他病、皆屬可慮、邇聞英人某甲夫妻不睦、夫欲害妻而無法、因其妻不喜出門、遂竭力修飾客廳書房、糊以黃紙、並請問醫家何藥使人久聞即死、其人並買而暗刷之、其妻不知也、兩月後

六十

竟毒氣歸心身故、繼而事發、其夫經官科以縊罪、入夜陰風怒號、冷、

初七日壬午、早陰、涼、申刻稍晴、記天下各國里之短長不同、總按英之碼數合之、英一碼合京尺二尺八寸、英國一里一千七百六十碼、美洲亦然、奥斯馬加者八千二百九十七碼、丹麻者八千二百三十八碼、德義志者八千一百零一碼、和蘭者一千零九十四碼、義大里者二千零二十五碼、諾爾衛者一萬二千一百八十二碼、葡萄牙者二千二百五十碼、瑞典者一萬一千六百九

十碼瑞士者八千五百四十八碼日斯巴尼亞者一千
五百二十二碼俄羅斯者一千一百六十七碼印度者
二千碼法蘭西及比利時兩國之吉婁邁當一吉婁邁當合一千
法邁當又一邁當合英三十九寸合英一千零九十四碼其他南美洲
及二洲中間各國如墨西哥阿真坦伊奎多爾巴拉怪
烏魯怪尼格拉卦克倫比亞厄的麻拉巴西秘魯智利
海地卜里威亞韋年蘇辣者皆未詳又西人考察水之
分量性質輭硬既殊輕重亦異以輭硬論常水性硬而
水性輭水性硬者每硬一分以之洗滌則四十戛倫水

空

加費腠皁一兩水性輭者用以洗滌煮煎蒸氣最宜馬
日飲七戛倫牛五戛倫羊與豕皆一戛倫以輕重論冰
一尺見方輕於淨水一尺見方冰凍則每百分中必漲
八九分冰厚一寸能撑一人厚四寸可撑礮兵及小礮
厚五寸可撑八十四磅之礮厚十寸能撑羣人厚至十
八寸則堅凝之質載火車而不重矣雪之初落者一尺
見方重約五磅半落地一小時後則重十一磅黃道以
北之雪其體重初落者一尺見方即重約十四磅至二
十二磅迨一二日後則重至二十八磅云　卷十終

六述奇卷十一

鐵嶺張德彝在初氏隨筆

光緒二十五年八月初八日癸未晴涼記英國國教曰
耶穌教然通國崇奉者又另分十數門茲特逐日詳誌
於後第一曰魏斯廉門乃有教士魏斯廉者深明教理
細察教規以一切教法不洽遂于西歷一千七百三十
九年乾隆四年另設教堂更改禮法別立一黨即以伊名為
黨名現在通國該黨教堂共有八千三百九十一入黨
者男女二百一十八萬一千四百二十三名口教士共

二千四百一十各城宣講者一萬七千五百六十八人
又每年各教士在倫敦或他處會議一次以便整頓教
規云

初九日甲申晴涼如昨記耶穌教第二門曰美索的斯
牛寬內克慎義乃正教新會也當魏斯廉故後六年有
人以教禮虛繁且受聖餐不得專自一等人于一千七
百九十六年嘉慶元年另立此門至今人尚無多僅在英蘭
中界稍北之朗克晒曜克晒二省及英蘭北界一帶共
有教堂五百七十五教徒三萬九千六百七十四教士

二百零六、各城宣講者一千二百零三、
初十日乙酉、晴而冷、記耶穌教第三門、曰普立米的伍
美索的斯兹義、乃遵古也、無論貧富、凡換戴白領帶者、
皆可宣講、因按教規、教士皆服白領帶也、此門始自百
年前、當時尚未明稱一派、至一千八百二十年（嘉慶二十五年）、人教
始經聚衆創議、而同門者已有七千八百四十二人、教
士四十八、隨處宣講者二百七十八、至今七十餘年之
久、人數已增至十九萬七千一百八十二、教士一千零
八十八、隨地宣講者一萬六千六百一十七、每禮拜日
（二）
學堂教士共六萬一千一百、學生共四十六萬五千零
八十九名、
十一日丙戌、早晴、申刻陰、亥正大雨、記耶穌第四門、曰
攸乃台美索的斯特第五哲爾池、義乃合衆自由也、各
自分羣、自行管理、教士經各羣按年輪流請行教禮、現
共有教士三百九十七、隨處宣講者三千四百零九、倡
首助教者三千六百九十、入門者共八萬二千三百零
七人、每禮拜日受教之學生共二十萬一千四百六十
七名、

十二日丁亥、陰雨陣陣、涼、星使謂在此久居、恐其兩少
君受病、須赴鄉村近海處吸受清氣、遂於今日午初携
其兩少君坐火車赴坦卜里址衛勒斯地方小住、地在
英蘭正南稍東、臨海、距倫敦三十四洋里半、記耶穌教
中第五門、曰拜布克里斯堅、義乃特守經言也、自西歷
一千八百十五年（嘉慶二十年）、有教士名歐卜廉者、率多人
創立此門、現在英蘭西界人之稱是名者極多、共有三
萬四千二百六十一人、隨處宣講者一千九百、周游宣
傳者二百八十二、禮拜日學堂中教士共九千一百三
（三）
十二、學生共五萬六千九百一十七名、
十三日戊子、白晝稍晴、入夜陰、記耶穌教中第六門、曰
衛勒什喀勒威呢斯堤克美索的斯特、前于西歷一千
五百六十年（明穆宗隆慶三十九年）、有喀勒威音者創立此門、故
以爲名、然當時未得盛興、至一千七百四十三年（乾隆八年）、
雖經懷得斐者續立、仍未得暢行、延至一千八百十一
年（嘉慶六年）、始得大傳于衛拉斯省、教之大旨、乃謂人一
生之福分于未生之先已由天定、現共有禮拜堂一千
三百三十七、傳教者十五萬一千八百八十二、入門者

三十一萬二千一百八十九人、學生共二十萬一千三百一十二名、

十四日己丑早陰、午初大雨、甚冷、未刻雨止、入夜狂風、晴、記耶穌教中第七門、曰康格來夏㮣那里斯兹、又名音的盤頓兹義、乃合眾為一也、係各人皆有理事之權、各處視同一家、主教教士等每年經人舉選兩次、選時各人投名片于鐵匭、法與薦民主同、此門始自西歷一千八百三十二年、道光十二年、現在通國共有禮拜堂及講經處共四千九百一十九、上下等傳教者共三千三百三十七人、入門者共一百六十三萬六千一百三十二人、

四

十五日庚寅鎮日陰晴、風雨不定、星使原擬午正公讌、以便戌刻携兩少君觀劇、因庖丁辭以不能齊備、遂改酉初、午正星使自鄉回倫、未刻賀節、團拜、酉刻公讌、一切粥菜與前同、無須再述、記英都藝植園與柏林之每日任人遊玩、不索入費者迥異、蓋此園中有會、入會者付二十吉呢、永可往來其中、隨時亦可同人前往戲游、玩戲筵宴、凡會中人又另有入門票若干、以之分送戚友、自行持往、自填日期、惟每禮拜二六兩日、准會外人往游、各納入門費一先令、平日開門皆在巳初、禮拜日則自未正、

十六日辛卯、陰晴風雨不定如昨、記耶穌教中第八門、曰巴普提斯他義、乃真洗也、耶穌教之聖洗禮、僅經教士以水點頂而已、此門乃改凡人不拘年紀、必誠心奉教時、方赤身浸水以成禮、又凡教經以外各舉皆不奉行、其他一切禮儀咸與第七門同、至西歷一千八百九十七年、光緒二十三年、通國共有教堂二千九百四十七處、教士二千一百零六人、入門者三十六萬四千七百七十九人、

五

十七日壬辰、白晝晴、入夜驟雨一陣、記外國街衢潔淨、非必國人皆好潔也、實因法嚴而迫之使然耳、即如有人在暗地大小便、苟被巡捕捉得、則有錢者罰以四十先令、否則收監一二禮拜不等云、

十八日癸巳、晴、風兹又聞有設法誆騙男子者、乃先登新聞紙、謂將創印一種教門新報、惜未得定名、如有人能賞擬嘉名者、願酬贈百鎊、未及一月、凡教士神甫及

他誠心奉教各男女多擬一名寄往任伊選擇其人乃將各人來函一律答云閣下所擬之名誠善奈與雷同者有五如能先付五鎊自當錄用尊處既有此使費則他四處亦不得相強其餘百鎊自當如數奉上各人皆以獲利為心雖先失五鎊之本將來可得九十五鎊之利也于是先送五鎊者男女多人其人竟于五十餘日內騙來四五百鎊各送錢者久不得回音親往探詢則黃鶴一去不知所之矣

十九日甲午白晝陰晴不定入夜驟雨一陣倫敦富庶

六

比戶可封殷實者不少概見更有車馬衣服佯作富豪出入富官家為謀利計者或設法局騙或借勢妄為機詐之圖往往然也英人郭克思云伊友某甲家號素封廣交遊友朋頗眾一日看破人情究不知所交各友確否皆誠信之人于是邀其至契者十數人晚酌食畢起立向眾言曰今日請諸君駕臨之意無他現在因故手乏之二千鎊知諸君皆為至契親比同胞尚望一助言畢各人皆成木偶相視無一言繼而狼奔鼠竄有竟去者有暗逃者座中僅餘二人乃齊立答言既蒙不棄引為同心自當各助千鎊某甲聞之深謝不已後則大笑而言曰此次請諸君非為借貸實欲查驗交結之心也今而後知之矣惟我三人為至契耳已去各人有聞知其情而復來追隨探訪者某甲皆謝絕之

二十日乙未鎮日陰晴細雨不定記耶穌教中第九門曰簀克爾義乃悚然振興之人也又名搜賽伊的教伍弟蕾恩自義乃朋友會也始自西曆一千六百四十九年（順治三年）當英民主時之教規凡宣講教言者不能自行任所欲言必群坐一圈閉目靜待悄然良久俟爾一人

七

立起高聲宣講則所言者稱為神命凡教師亦不由人派立亦必由此法呼名派升則稱其人必善上帝派充為師現在英蘇二島人之入會者共一萬六千三百五十四學生共三萬九千名愛爾蘭者另為一班名道雖同而不與英蘇者聯屬其中人數未詳

二十一日丙申早晴午後陰貝拉佛遊歷中華日記前經星使竭力繹成再經琹蓀竭力修飾復催吳王二君竭力鈔寫藕生竭力較對袁尹二供事竭力以蠟板刷印急令跟役楊仁聰裝釘且令琹蓀擬信稿以便寄呈

總署其書今日告成當譯時未經逐句詳譯今日視之
仍有詞不盡意者且篇紙不齊字多模糊遂擬另行刪
印想栞蓀諸君又多一番忙碌矣
二十二日丁酉白晝陰晴不定入夜風雨交加記耶穌
教中第十門曰木拉威安哲爾池義乃木拉威亞地方
之教堂也按木拉威亞乃省名在奧斯馬加國正北界
與布魯斯毘連大抵因此教始自該處故以為名又名
曰攸乃太達卜蕾仄莱安義乃同盟兄弟也創自何年
未詳其主教各人亦無定缺皆隨時神派通國共有會

堂四十二處入會者三千三百二十一人禮拜日講經
者五百七十人學生四千四百三十五名
二十三日戊戌早細雨午後稍晴既而復陰亥初大雨
滂沱雷旋晴記耶穌教中第十一門曰攸呢他立安斯
義乃協合也不知創自何人亦不知始自何年惟教規
不信三人一體僅奉耶穌現共有講經堂三百五十九
教師三百五十二會長一十二會中人數未詳
二十四日己亥陰晴不定涼記英喪服之期雖有定章
亦可任便自行加減按其制男為妻服妻為男服皆二

年女著烏衣加縐紗邊一年零九個月餘則滿黑其帽
罩烏紗僅一年子女為父母服一年女衣加紗邊一年
半後則正黑四箇月半黑兩箇月父母為子女反服亦
一年服與子女者同父母為嬰孩著素服三箇月或半
年兄弟姊妹服亦半年內紗邊三箇月正黑兩箇月半
黑一箇月祖父母及孫男女彼此皆半年亦紗邊三箇
月正黑兩箇月半黑一箇月叔伯嬸母與姪男女彼此
皆三箇月乃正黑兩箇月半黑一箇月結親之叔伯公
文皆正黑三箇月叔祖一箇月嫡堂姑表兄弟亦皆一

箇月或四十二日及二十一日皆可至壻之於岳父母
媳之於翁姑應否著服未聞其制觀於此則知中外喪
服之義大相逕庭矣
二十五日庚子早陰入夜大雨滂沱雷倫敦耗子之多
未見有如使館之甚者雖晝夜馳驅于地面桌邊而不
害物廚竈邊尤多聞前日僕役許立買有蓁椒數枚竟
被鼠嚙碎三四其故未詳或因天時地土之不同歟何
此蕞爾微物竟能喫此質堅性烈之食耶
二十六日辛丑鎮日陰晴風雨不定未刻星使率二少

君乘馬車赴黎池門村司達店中少住、因其地山水清幽、花木叢隆也、並將腳踏車兩輛帶往、以便兩少君在彼操習遊玩、記倫敦亦售有撲鼠架、有與京中所賣畧同者、有欲其生而不欲其死者、亦造以木板、式如匣、木厚三四分、長約八寸、四面二寸、見方、左右兩門、未開時其式如此凸、已開則如此凸、內含鐵鉤、挂肉皮、兩門有柄、鉤連木柄、鼠入內曳肉皮、鉤動則門閉、而鼠不能出矣、余數月以來、捉得數十頭、皆盛以紙袋、釋放于他街巷之無人處、按如此捉放、其故有三、一鼠亦生物、不忍見其死、二前日倫敦婦女會、有保護禽獸之命一條、三按公法、鄰邦罪犯不得收留、本館為中國、鼠為英犯、故須赦回本地、而使其國懲治之、小窗無事、因戲書之、

十

二十七日壬寅、陰雨陣陣、西國醫家謂人之消化飲食、咸賴血力、人若洗浴、則周身之血因熱而外向、其內行入胃者少、故于洗浴前切勿多食、食多恐不易化、其體弱恐力不足、而欲先食少許以助力者、亦必擇其易化者為佳、

二十八日癸卯、陰晴不定、巳刻、星使約林琴蓀與小荷至黎池門村司達店中早餐、酉刻、法人虛素約余及林琴蓀、沈藕生、吳少庠、王宛南在弟拉斯喀悌館中晚酌、余與少庠皆辭謝未往、迨林沈諸君回時、知其首座為和蘭人卜拉木、雖經虛姓帖請、而卜姓付錢、西國未見有如是者、記倫敦土俗、當六七月間、天氣清爽、花木繁盛、于是請茶會等樂事頗多、名之曰倫敦季、至七月秒、則各富家商宦皆赴他處閒游矣、同事馬清臣夫婦亦鎖門赴法、不意昨日該街巡捕報來、謂前夜有人鋸鎖撬門、幸未得開、遂即派人于門外往來巡守、今日午後馬清臣旋寓、知一物未失、特賞巡捕一鎊、英國富國、而穿窬之盜亦所時有、甚矣飢寒之迫人也、

十一

二十九日甲辰、天氣如昨、頗涼、午後星使率二少君自黎池門回館、記星使此次帶來之男僕跟役、為陳炎楊仁聰、成衣為鄭加城、雜髮匠為吳榮升、庖丁為鄭其、十五人中惟吳榮升最勤謹老實、而終年素食、僅具菜蔬而已、閩人咸以蔡福呼之、余初不解其改名之由、意必因其吃菜不吃肉、而有菜蔬之福、故以蔡福呼之也、繼知閩省有種匪徒、聚眾誓不茹葷、不吸烟、不吃酒、與哥

老會畧同、官中捉捕、以菜匪呼之、吳榮升即其黨中人也、雖不明呼以菜匪、而呼以蔡福字、固不同、音實無異耳、察其為人柔弱無能、乃愚鈍無知、誤入菜匪、及問其食素之故、則謂死後無罪、可以升天、苟此等人被獲、殺之亦誠冤矣、

三十日乙巳、陰雨陣陣、記英國耶穌教中第十二門、曰普賴毛斯卜蕾仄來安、義乃同心兄弟也、又普賴毛斯為英蘭西南之海口名、或此門之興、始自該處、未可知也、教中之人、屆期會在各家、事辭多與友會同、中又有與合眾為一及真洗二門相似處、至其始自何時、及其教徒與教堂之數、皆未詳、

九月

初一日丙午、陰雨如昨、記倫敦火車棧房大小一百五十餘所、分東西南北各路、以及城內城外之地道、今姑按名錄之、如阿的森路、阿得該街、阿得斯該街、貝克爾街、比翔該街、比翔普斯路、卜拉克第立阿爾布洛木屯、格婁賽斯特爾路、卜崙斯百里額爾斯賭爾特芬池蕾路、柴苓十字街、高爾街、法苓屯街、胃甯屯街、蠻璘蔦斯哈艾街、慶斯十字街、馬爾克巷、瑪爾柏婁路、木耳該街、賢卓安斯林、木牛門、諾丁山、諾丁山門、坡蘭路、坤姒路、帕爾森斯、格林普蕾得街、賢翟木斯、圍洛亞歐克、坦布賢馬麗姒、南堪輿坦、司韋斯學堂、維克都里亞、喀南街、瓦勒哈木、林西布朗普屯、西哈木斯台、槐沙貝葦斯斑圍司婁恩坊、西堪輿坦、吉樂貢埃之衛爾路、以上四十七處、皆係地道繞行城內、及駛赴鄉間者、比翔普斯該街、白鷗路、柏爾代路、堪卜立址、溪泗代得佛路、倫敦扉大都法街、立文蒲街、哈克呢道、安斯芬者池街、萊滿街、老礮臺、沙兑翔爾的池、瓦平、阿得該街、巴色那、慶斯十字街、格婁布路、以上二十處、皆係去城東及大東方者、班斯百里、白鷗路、布洛得街、卜鷰代斯百里、喀木丹塘、喀南百里、涿克代木、大都法街、達司屯、爭克琛、哈喀呢、哈格斯屯、夾百里、伊凌屯、哈墨屯、米得美圍、翔爾的池、歐得佛、慶斯十字街、以上十九處、皆去城北及大北方者、巴特溪、圍希的驪斯、倫敦埃來苓安、喀色大都法街、格婁伍諾爾路、牛克洛斯、開甯屯、老堪得路、洛色希斯、坤姒、珮喀木、南柏滿賽司、鐸克衛、維克都里亞、巴丁屯

以上十五處皆去城南城中及都法大西方者柏樓路巴特溪囿卜拉克苐立爾橋康伯衛牛歐路司那歐山竢來芬安喀色霍勒賁外阿得維克都里亞瓦勒倭斯樂談山賢博洛斯以上十二處皆東南去茶塘與都法二海口者卜拉克倭係專走太木斯江畔者牛克洛斯喀南街代特佛倫敦橋司帕路倭特路慶斯十字街以上七處皆去東南方者喀木屯路芬池富路堪的什塘賢潘克拉斯米大籃衛斯民司得橋維斯得安達以上七處皆走英蘭界內者柴勒細大都法街西卜即步屯

十四

鼎寗屯阿的森路帕丁屯維克都里亞以上七處皆走城西及大西方者攸斯屯吉樂賁堪的什塘奎印斯囿倫敦路以上五處皆專通西北方者倭克斯霍倭特路坤姒路攸斯屯坊以上四處皆走西南方者芬者池路賴木萬斯倫敦西南倭特路賢潘克拉斯維克都里亞芬者池街比翔普斯談倫敦西北攸斯屯坊西印度塢司台普呢爭克琛沙達衛卜拉克倭路以上十一處皆四通八達者

初二日丁未陰晴不定記倫敦鋪店門首匾額其財東係一人者書其名姓父子或兄弟者則先書其姓後書率子或率眾子及後書偕兄弟或偕諸兄弟其股東不僅一人者乃書一人之姓及同夥二字按英文同夥乃安康巴呢也近見後尾更有加有限二字者蓋向來鋪中獲利按股均分苟因虧帳歇閉則欠款由股中富者償還貧者聽之而已故有富商大賈當晚錦被而眠異晨則一貧如洗矣此例似屬不公遂于二十年前經官定例凡集股開鋪者各股所攤均定限制獲利固當彼此均分而遇有虧帳亦須一律償還以免向隅查歐西

十五

近年所設之公司多加有限二字有限云者限定股本之數雖遇虧折不至於股本之外另加攤賠也是知公司以有限為最宜西人每樂從之

初三日戊申稍晴而涼記英國耶穌教中第十三門曰薩勒瓦慎阿爾彌義乃拯救之兵也數年前有將軍兼充教士名卜四者創立此教專勸貧民工匠充當義兵並以烟酒為戒教長等次以副叅游都守之名分之一切經費俸薪皆由募捐是不惟勸人守教自新而更講武以保國現在本國共有義兵一千三百三十一隊將

官三千一百十二員、外有武官七百員、遍國勸化流氓工作、又二百六十二員勸化娼妓從良、更有九千零七十八員在四十五屬地勸化、訓導通國貧民、現有化成樂兵者一萬零四百三十五名、其總教堂在倫敦西北角之林斯代特街、名曰康格蕾斯葛勒、譯言聚會堂也、建于西歷一千八百八十二年（光緒八年）、為通國堂之至大者、可坐四千五百人、每日午後開門、竟日宣講、意在勸化、朝朝聽者甚衆、其餘堂數未聞

初四日己酉、微晴如昨、記倫敦各飯店皆預備各國各

十六

種午酌晚餐應用之酒、詳登酒簿、任客選用、間有以店中所備不佳、或由他鋪購往、或攜帶自行收藏者、按定規、堂倌代開一瓶、工價一先令、蓋飯店多自酒中獲利也、故賣頓飯之價、有因客不用酒而外加半先令者

初五日庚戌、微晴涼、西國之人心、姑無論其如何、而一經律法相繩、竟使上不勒索、下不訛詐、上有所言、下亦敬聽、未始非治人之善道也、聞昨在某街有武其姓達其名者、僱工修理地溝外、僱一人之通明修法者監工、迨修時、監工之人屢責工匠之非、于是工人索費辭工、乃控諸管理溝渠之公署、英名帕立什談署、派人稱保安監巡、英名薩尼他里因斯珮克托爾者、至武家察驗、乃云所擬修理之處、皆錯、務須如此如此、方屬合宜、武聞之下、唯唯而已、於是按所云者改修、其原所擬者僅需十鎊、今遵諭改修、則費逾十鎊云、

初六日辛亥、早微霧、午後霧止、仍陰、數日前、見利貞街一鋪中出售禦火布、乃鋪中臨窗懸掛綢緞簾幔、或旁或下、然以煤電燈而不著、亦奇物也、不知此布造用何料、原擬往訪、詳究其理、昨午經過、不可復見、未詳何故、

十七

其物或無効耶、抑或官場禁止耶、不得而知也、

初七日壬子、早大霧涼、英規每多禁人為非之條、凡事之有損於人者、皆干禁例、乃聞前于某處當男女雲集鬧熱之際、竟有自樓上擲燒紅之銅錢于樓下者、貧孩爭搶、于是有燙焦手指者、有畏熱而蹈于腳下者、如此行為似當禁止、且當受罰也、

初八日癸丑、陰、午刻星使攜二少君乘火車至文慈莊宿、莊因文慈行宮而名也、又前同文館派赴俄都學習之學生李虞臣宏模、三年報滿、擬乘日本公司回華、遂

于四日前、由賢比得堡坐英船走芬蘭海波羅的海過德國呂貝新開河、由漢柏爾駛北海、昨日入太木斯江口下船、住于心泉學塾中、因係山東同鄉也、今日午後來拜、遂留晚酌、

初九日甲寅、晴冷、星使傳諭約林琴蓀、曾叔吾、沈藕生、沈荔虎、吴少序、王少山、嚴伯玉、沈頲清、羅小荷、林武弁、于今早赴文恣莊午酌、並遊文恣宮、亥初皆回、惟留琴蓀在彼密議公務、林武弁則伴二少君消遣、又星使延英人卜拉喀者、每早來館與星使談論工課、由是凡與其人往來者、皆知其為中國使館參贊、往來信函、即用使館住址、未詳何故也、

十八

初十日乙卯、晴、昨晚李虞臣登日船回華、今早展輪出口、未初林琴蓀由文恣莊回、戌刻羅小荷偕其弟婦羅即叔羮夫人之在來西悅目戲園觀劇、子初一刻回、聞其戲極閙熱、且倫敦通城閭巷左右、燈彩輝煌、夜遊無須秉燭、夫兄弟婦同車往來、亦頗有趣也、

十一日丙辰、晴、午初星使率二少君及林武弁由文恣莊回、西國禮拜堂、不比中華之菴觀寺院、僅為住持僧道喇嘛尼姑、而不以勸誘焚香行善為事也、西規平日多有男女默誦叩禱者、禮拜之期、早晚尤盛、各堂鳴鐘開門、紅男綠女、老幼雲集、各皆虔心禱祝、改過自新、不意竟有男子向華人乞繡帕、謂于禮拜日入堂、以之招弄女子、由此觀之、人心豈能一律耶、

十二日丁巳、晴涼、記西俗亦有以所遇為吉凶先兆者、如走過木梯之下、及墁地白石之上者、皆不祥、右腳先入教堂主吉、鳥飛入屋主病、白鴿入屋主死、烏鴉飛過房者一隻主悲、兩隻主喜、三隻主死、四隻主生、黑貓由窗內窺主不祥、見一白貓主吉、衣上有蜘蛛主富、放一蜘蛛生主使人康健興隆、凡人初作事、不宜自禮拜五日始、作者不祥、遷移不宜在禮拜六日、主住不長、見新月在右肩主吉、向囊中盛錢、恰見新月亦主吉、

十九

十三日戊午、晴暖、早見二三英人在樓頂作工、詢之、知星使于座旁設得律風、以便在英四通八達、數百里外皆可傳語、無異面談、並另有氣筩可以之聽戲聽曲也、駐法隨員吴朋三壽全因三年差滿告假來英一遊、午刻來拜、又今日為西歷一千八百九十九年十月十七

日、英國因現與斐洲東南界之脱蘭斯瓦民主屬國搆兵、特開議院、英君主宣詞云、諭上下議院諸爵紳、本年議院散直未久、而即開議者、蓋因國家有緊要之事、不得不求諸君贊襄而助理之、近日南斐洲不順于我、我政府擬將儲備之兵、派往按照、律法應宣告上下議院會議、南斐洲以外各國、均稱安謐、再諭下議院諸紳、近與南斐洲有事、國家亟宜籌餉、俟應籌款目列出、請諸君議之、至明年國家應用常年款目、屆時再議、又諭上下議院諸爵紳、英國內政應議款目甚多、均俟屆期再議、本日所特行開議者、乃格外緊要之事、我願上天保佑諸君集思廣益、所議皆克成功也、

十四日己未、晴、未初、約吳朋三往遊水晶宮、見有賽犬會、因而遊人男女頗多、此會每年一次、皆在西十月十八、十九、二十等日、會首為開乃拉、會館開乃拉者、譯言狗窩也、凡人家所蓄新奇之犬、皆可送此比賽、賽畢分列等第、給有獎賞功牌、共分兩場、每場列鐵窩十行、窩形如椅、椅面鋪毡墊草、犬卧其中、有拴以鐵練者、亦有不拴者、約千百頭、吠聲震耳、上下步遊一周、入加非館

少坐、點心畢、出宮登車、即開、酉正回使館、

十五日庚申、早大霧、辰正一刻、星使率林棨、孫嚴伯玉、林武弁乘火車赴勒格畢地方遊、地在倫敦西北八十四洋里、設有著名學校、甚多自古名儒、多出於此、記英人亦有以夢中所見為吉凶之先兆者、如夢看出殯、主婚娶、夢婚娶、主遭險、夢鳥、主犯罪、夢月、主女思、夢日、主大吉、

十六日辛酉、陰、未初、星使率眾回館、明日為星使五旬大慶、數日前由新嘉坡領事處寄來壽禮一箱、七人公具、共值一百五十金、署檳榔嶼副領事謝夢池榮光之大少君謝竹琴延勳、恰值在此遊學、乃代具壽幛、鐘表及藍絨袍料、共值十九鎊、合銀百四十兩、本館諸同事公具金表、壽幛、鉞獺灰絨袍褂料、舍利酒二十四瓶、菊花帶、細瓷盆八件、壽燭一對、申正送上、傳云現在朞服期內、不設壽堂、余偕諸同事上稟預祝、林武弁回云、不敢當、又曾叔吾夫人自具花鏡一面、大鮮花籃一枚、循西禮也、

十七日壬戌、鎮日黑霧迷曼、箭地不見人、窗內霧氣吹

入如烟午初偕諸同事下樓恭祝武弁傳云不敢當凡同人之候領壽麪者待至午正無信予是在此者自備飲饌寓館外者則皆馳去未初林琴蓀偕武弁同請星使率二少君在賢瞿木斯堂午酌戌刻沈荔兕嚴伯玉同請星使與二少君在愛麗娰戲園觀劇沈荔兕夫人亦在座焉

十八日癸亥大霧如昨記英國耶穌教中第十四門曰普蕾斯拜特連義乃長老教會也現在明分者共有三百十三會會中無主教惟各中一長老主持之教規一切無甚區別僅以同心傳揚爲本意有講經堂十四入會者十六萬二千零四十四此外另有經堂數處入會人一萬三千共有教士三百二十三出外傳教者十八施醫道者十一女教士二十二此會始自二百年前迄今内外入會之人共計二十萬云

二三一

十九日甲子稍霧巳初一刻星使率曾叔吾林武弁赴李子城看製造廠地在倫敦西北約二百洋里昨與同人談及西人之跳舞謂男女摟腰撫肩雙雙馳騁似不雅觀然細思之當跳舞時步武疾徐踊躍先後或如鴛鴦蛺蝶或如流水迴風變幻離奇各合樂之節奏即比以中國古禮綴兆進退之儀文亦奚以異且其于未跳之先及已跳之後男女咸有送迎交接之禮當跳時儀容整肅不事輕佻由此觀之是皆藉以行樂也當時既賞心而悅目更活絡以舒筋心無異想意在暢情不至神疲力倦似覺有益無損也夫英國禁止妓寮而于人家會場食則男女共桌舞則男女同場坐則男女並肩遊則男女同行處處不露媟褻狂蕩之態而咸以禮貌行之豈若華人之行樂每於金粉隊中趨之若鶩遂至惱入迷樓沉於欲海呼朋引類耗費不貲連宵達旦疲倦不堪心不舒而血氣耗身體弱而精且竭迷途不返苦境難離是樂在一時而害在畢世其樂安在哉反不如西人之取樂擇其有益而無損者行之也望吾人之欲養性陶情隨時取樂者察之

二三二

二十日乙丑陰本使館之西南在貝克爾與教斯佛二街之間婆特灣坊有堂名司坦衛者平日作樂歌舞每禮拜日早晨有人賃作講論處約數十人專立一會屆期聚集談時事論學問然會中所聚既非上等名人亦

無別國公使聞星使自數月前亦入該會去則辰正前
往午初始回
二十一日丙寅晴申刻星使由李子村回記英俗若四
人相遇咸欲握手問候不意忽然搭成十字主不祥一
盅內不得放兩匙放則主死畫軸自墜亦主死見樓梯
有針須即拾起不拾者主一日不順上樓脚急欲跌者
主將賀戚友婚姻之喜街行忽遇車載空酒桶則當時
所欲所思必能如願吃飯代人鏟鹽主不吉盖助人以
鹽義為助人以煩悶也遇洒鹽為不吉若即手拈少許
由左肩拋去可解

二十二日丁卯鎮日大雨傾盆暖中國婦女重節孝而
賤淫妒故演各戲以教人警人西國男女之間最重情
愛故大小戲園所演故事或真或假無往而不講情愛
者于是男子有因嫉妒而死者有男女因情而同時自
盡者從未見演孝順翁姑隨夫殉難守貞守節強姦順姦
害夫背夫等戲者盖西國兒媳無侍奉翁姑之禮其他
各節因多見而不為奇也亦不欲以之警人也
二十三日戊辰早陰午後大雨暖記英都茶稅每磅四
本士扣扣粗者每磅一本士百磅二先令炮製成末者
每磅二本士鼻菸其百分內含十三分濕潤者每磅三
先令二本士不及十三分者每磅三先令十本士菸絲
粗者百分內有十餘分潮濕者每磅二先令八本士不
及十分濕者每磅三先令菸捲每磅五先令黑葉捲成
繩作螺螄名黑人頭者每磅三先令十本士其他各種
乾葉皆每磅三先令五本士英國菸茶之稅可謂重矣
入夜大風晴

二十四日己巳晴未初星使招同事諸君在賢撘木斯
會館午酌座仿英人列成丁字上橫正中坐星使左右
為余及林琹蓀曾叔吾沈藕生吳少序沈荔虎林武弁
嚴伯玉陳安生下竪直列左右為于心泉樂中祿吳旭
霄謝竹琴袁仁圃尹元輔二兒鑅驊星使之二少君大
少君羅小荷各人座前飯單上放紅紙一條星使者書
主人其他皆書某翁如林琹翁曾叔翁惟余者寫張德
翁小兒鑅驊者亦寫張仲翁星使之大少君者寫十九
哥二少君者寫忠詒哥小荷者寫羅小翁菜則清湯白
煮魚燒牛烤雞平果餅果則平果葡萄白棃無花果酒

為舍利香賓食畢各飲加非一盅申正一刻回使館今日未到者為朱乙尊王香圃王宛南王少山皆因信發遲過也

二十五日庚午陰酉初星使率二少君往住犁池門入夜風雨交加或謂西人喜動不喜靜好武不好文亦不盡然如其打彈拋球賽馬溜冰泅水賽船等類正其讀書學業之餘隨時嬉游取樂以暢其情以舒筋脈皆有取義也蓋學久必怠又必擇其有益無損者而玩好之以順其氣而舒展精神此等讀學養氣之法恰合論語

二十六

所謂游於藝者朱註游者玩物適情之謂也禮云藏焉修焉息焉游焉是非必朝夕吚唔呫嗶手不釋卷也必有以養其天機暢其神志也由此觀之西國風俗多有暗合中國之古訓者豈若吾華人之好遊騁者不揣其有益與否而任意為之如玩摴蒱雖云靜而終日凝坐筋脈不舒玩竹牌雖曰爽而喧囂忿爭精神徒耗玩骰子呼盧喝雉手擲目注血氣自傷打攤壓寶勞心焦思尤甚以上皆賭之害也其他或嫖或飲花酒或吸鴉片日夜流連既入迷途又染烟癖不僅傷財而更傷身是吾人之喜更新不尚實學而祇求外面者之所好乃皆今之古者而守舊者之所好乃皆古之今者也苟吾人皆遵古訓則更新者自然反古而守舊者亦必更新矣

二十六日辛未早細雨星使率兩少君由犁池門回早餐後復去哈婁地方一游因多古蹟也夜住推池訥木莊（地在倫敦西南十一洋里）午後微晴申刻霧戌刻小荷再偕弟婦往觀紐約美人戲此戲即余于上年十二月十四日看過者設在沙弗太斯百里街園名與地名同西俗演一新戲在一城中朝夕演之必待觀者人少而後移改他

二十七

城查此戲未聞始自某年月日而自去冬十二月至今已十閱月矣依然朝夕觀者如蟻足供本班本園之所賺演者不煩而聽者不厭豈中國之劇所可同年而語也

二十七日壬申陰酉正星使回隨使駐德供事翟雲超樹珊本有右目外斜之疾因聞德醫眼科能使其正遂于前月赴柏林福來得立街旁之眼科施醫院中療治其治法乃令仰卧牀面頭蓋昏迷藥帕初蓋臭其味手腳尚知欲動一分鐘後則無所知矣德醫即以刀匙將

右眼珠挖出眼珠左右有繫復將左繫割斷以鑷作結再即放入其人已醒爲時不及二刻查眼斜之故左繫長而右繫短故眼珠不能正視今將左繫割斷打結則左自短而右因拽自長矣治畢蒙以白布待三十日後方得使用乃在院中養息二十八日院收飲食費迨出院時合賞僕等共用百餘馬克至今二目依然完璧惟右目外視覺稍費力耳

二十八日癸酉晴前次王少山經皖城李某由南省販來之繡片因價昂出售不易且不合西人之用遂經退

三八

還此次于數日前又經販來銀器一木匣如菸捲匣名片盒帶版西國婦女所用壺中茶葉漏之類工頗精巧不惟形式與西國者同且內亦含有鋼條啟閉如意雕鑿精細福壽二字居多足見中國工人尚肯用心摹仿製造亦不讓日本人獨步也惟華人仍多守舊以實居心故銀厚髹重不善取巧因而價昂其菸捲匣開價一鎊半而此地之工至精者不及一鎊幸此上刻有福壽等字爲一時新奇之品而得易售耳

二十九日甲戌終朝陣陣大雨暖入夜風奧國已故太子魯多苐之妃司蒂苐牘比王里歐浦第二之第三公主也一千八百八十一年光緒七年出嫁八十三年九月二日生一女名美麗斯碧姒稱曰阿池多柴斯譯言公主也現年十六歲至一千八百八十八年光緒十四年太子因故以火銃自戕詳見五述奇太子妃現年三十六歲昨日見倫敦日日電報內一則云奧國太子妃將改嫁奧國伯爵羅呢業爲夫人約年底成婚夫婦將僑寓倫敦該妃並先宣傳諭先告退奧國太子妃之稱而仍留比國公主之號云羅呢業現年三十八歲據云彼此相識而情

三九

愛始自上年太子妃坐船游歷阿達里阿的海此海在義奧土三國之間南通地中海

十月

初一日乙亥鎮日陰風怒號入夜雨暖泰西各國凡商貨進口固皆有稅然征客中凡行李帶有應納稅者亦須報明而究有若干之準人攜帶者即如英國准人攜帶酒不逾半升菸不過半磅然此例各國不同茲將所聞者述之如切成之菸絲足供一路所需乃已經拆開菸鋪之包者按稅規每磅法國合九先令義國則合文

先令半德日奥皆合不及一先令分量稍重則須納作
小買賣之准售憑單税菸捲在德法兩國准帶一路足
用者日斯巴尼亞准帶不過二十根義大里准帶一菸
盒葡萄牙可帶已拆之一木匣酒可帶一小瓶且須拔
過瓶塞者義大里准帶不逾兩吉勒（每吉勒合英升中四分之一）藥
料之在沿途須用者法國收税德國惟丸藥收税葡國
除一瓶外皆收税軍器犯禁至玩物手槍之類德法比
葡皆按分量納税日斯巴尼亞須由啟程處向日國領
事納費領憑犬各國多無税惟葡萄牙則按所值收税
英吉利哪爾喊概不准入口

二十

初二日丙子陰雨暖入夜風余向知英都住房爖火之
法無非清晨掃淨鋪紙墊柴上放新煤而已乃聞節儉
之家另有省法係掃淨後鋪厚紙一方剪與爐槽四面
齊上置新煤塊高竝鐵闌煤塊要小大比核桃否則大
塊放前小塊置後亦可煤上另放粗紙或鉋花或木柴
以上覆以昨日所燒未盡之煤渣攙以新煤少許自上
然之乃火燄下燒烟則上升陸續燒透上下一色如此
一爐可燒八九或十點鐘之久無須撩扎以及加添新

煤足煖一間不惟房主省費而僕婢亦覺省工蓋爐下
無須多掃火中不須多攙間或須攙亦僅攙上而莫攙
下因攙下則火烈不能奈久而易盡是求省而反費矣
不知英民誠皆效此齋家之道否
初三日丁丑陰雨由同文館派來英肄業諸生皆於本
月十三日三年期滿陳安生朱乙尊王宛南同於上月
呈請回國今日經星使先將乙尊之稟批下批云據稟
閱悉查該學生前於光緒二十二年選派出洋先入西
斐學堂學習算學測量繪圖格致上年八月間學堂功
課畢業復經派往倫敦最著名之鐵路工程處巴禮公
司學習建造鐵路迄今已届三年所有勘路測繪估工
一切理法均臻嫻熟得有該公司憑單學業精勤理法
兼賅足備辦理鐵路工程之選殊堪嘉尚現居肄業期
滿仰支應處照章發給川資歸裝以便洛送回華前赴
總理衙門聽候考驗差遣勿稍延緩切切此繳
初四日戊寅陰雨午後同文館總教習歐理斐來拜因
其自本年二月告假一年也倫敦犬戴嘴套之例始自
三年前大旨謂恐犬性或因烈或因瘋嚙人受傷也傳

二十一

云、上月有婦女若干、遞呈下議院、謂他國皆無此例、且狗戴此套、其嘴不能滿張、從中必當受病、請議撤此例、數日前由議院議定、出諭上新報、准其概行摘撤云、

初五日己卯、鎮日陰晴風霧不定、入夜雨、西國男女之講情愛也甚矣、男女互相致信、于名下畫斜十字、有由四五至數十者、義乃一乂字、為親吻一次也、又信票斜貼于信封之上角、亦主親吻之義、雖生前情愛如此之切、而其真假難知、心地不准、嫁後不幸一旦為文君、即不能守柏舟節、其不念故情而轉思新愛者多矣、

二十二

初六日庚辰、白晝如昨、入夜大風、前記將與奧太子妃訂婚之羅呢葉、本為亨加里之名族、然于四年前始得伯爵之稱、伊叔羅梅倰、原為亨加里之顯官、自前于西一千八百六十七年、同治六年亨邦復興、創立會堂、羅梅倰援為戶部大臣、繼擢首相、四年前封伯爵、因而近支子姪咸得此稱、羅呢葉前在亨邦充職、上年告退玆云、此次再醮、一切妝奩之費、統出奧皇之私囊、西國男女婚嫁、固有品位相當之說、然而寡後再醮、後夫位卑而不以為恥也、平人無論矣、世爵無論矣、乃王后公主之再醮者、亦不僅此次為創始也、即如法皇那波侖第一之后綠衣娰、改嫁伯爵尼柏格、其人亦非貴族、自古太子世子娶民女者亦有之、如奧斯馬加皇查里第五之姪弟爾的楠娶民女魏色麗為夫人、世子胄安娶郵政局主人之女黎蓮為夫人、俄皇之弟娶女優為福晉、詳見四述奇是也、

初七日辛巳、晴而暖、今日係西十一月初九日、為太子衛拉斯王埃達倰之生辰、又為新任倫敦美爾接任之期、上任美爾穆爾年近七旬、今日接任之美爾牛特恩

二十三

現年五旬餘、午後美爾巡城、有英人特勒斯瞞特約在第立特街第百九十一二號樓上一觀、按其巡行之法、係自午初十五分由克英街極樂堂中南行、走奎印街、過騷斯倰克橋、入騷斯倰克橋路、稍西穿馬沙溪路、至賢卓志教堂、轉東向北走、柏婁埃街、過倫敦橋、仍北行、走蹕良王巷、稍西過倫敦府、即滿蒿斯璨、入普林賽斯街、再過洛斯百里格蕾杉木巴興霍勒等街、後轉西走佛耳街、再北入蕾得十字街、仍轉西稍南走巴爾比干街、入洛昂巷、至衛斯司米扉坊、自此南行、過極樂斯柏爾街、

歐勒貝里街、樂誒山、又轉西入第立特街、過坦巴爾、（城門）（舊基）入法堂、英名洛亞閣爾多伍哲斯堤斯、見律例大臣、英稱洛得池伊甫哲斯堤斯、去此向西稍南、走司特蘭街、轉正南、入諾僧布蘭街、沿太木斯江之維克都里亞堤東行、至布拉克第立爾橋邊、稍北轉入維克都里亞君主街、再直北、過奎印街、入克英街、仍回極樂堂、此行周不及三十里、亦僅倫敦老城內百分之一耳、凡其必由各街、無不懸花結彩、挂旗、樓皆開窗、橫鋪彩綢國旗之類、各皆男女滿座、座皆出賃、價由二三先令至一二

二十四

鎊不等、街市男女老幼、往來如織、擁擠異常、咸有馬步巡捕彈壓、沿街有喊賣美爾巡街圖及紙條手撣五彩紙星者、余偕吳少序、率縈驊另入一間、乃左右兩窗邊支木臺高尺許、上鋪紅毡、列木椅于其上、自上俯視往來行人、以及左右對面各樓、皆在目前、屋中一桌、備有酒食點心、待至未刻、忽見巡捕令左右觀者分排兩橫、中道肅靜空寬、繼聞鼓樂丁東而至、先是乘馬烏衣巡捕一隊、列作三橫、前引、後則紅衣護衛一隊、御前馬隊樂兵一班、救生船一隻、船下四輪、駕以六馬、中立十二

人、白衣舉槳、為救生兵、以上皆由勅建救生學院中借來者、再則木架行工人一夥、步兵一隊、樂兵一隊、大藍或紅旗八、各橫寬一丈、豎長七八尺、左右分行、每桿執以二人、中行雙馬或四馬車四輛、內坐木架行主人等、此後烏衣步兵一百、紅衣步隊樂兵一百、救火兵一百、今古救火車三輛、百年前郵政局車一輛、新式氣車一輛、紅衣步兵一隊、四輪大敞車一輛、式如牀、四面圍以花綢、駕用四馬、車上正中一木臺、上坐女神、頭戴金盔手執三股長叉、前立古裝水陸兵數名、後立時式水陸

二十五

兵數名、車前後斜插國旗四桿、再則車行工匠一夥、步樂工一班、四馬大車三輛、內坐車行主人及院長牧師等、蘇格蘭樂兵一百、大旗四桿、水師樂兵一隊、又大敞車一輛、式與前同、上立多人、係表今古工人之裝束、籠桶行工人一夥、樂兵一隊、花旗六、雙馬車二輛、內坐桶行主人、武備學堂小孩樂兵百名、又大敞車一輛、式與前二輛同、上立裝扮英各屬地之兵、共數十名、（以上三大車式與前在柏林看者相似、詳見五述奇、）又小孩紅衣樂兵一隊、救火兵一隊、救火車二輛、愛爾蘭步兵一隊、絲帶行工人一夥、雙馬

車二輛、內坐行中主人、樂兵一隊、後扇行工人一夥、雙馬車四輛、內坐行中主人、後紅衣兵一隊、四馬車二輛、各坐武官四員、又乘馬樂兵一隊、四馬駕朝車一輛、內坐前任美爾穆爾、金衣馬兵一隊、烏衣步兵一隊、六馬駕金車一輛、內坐新任美爾牛特恩、侍僕執刀掌劍隨行左右、末則紅衣護兵一隊、過畢、特君引下樓、招四巡捕前引開道、步入法堂少待、見新舊美爾會畢、律例大臣特君為之引見、握手問候、立彼復看各兵隊車輛由堂前陸續經過一番、美爾話別登車、後隨特君齊步至萬勒貴街、入阿威牛店午酌、時已申正、食畢謝別、酉正回使館、按今日所見人馬車輛殊多、記不勝記、姑將目前經過者書之、以見其繁盛耳、

二百六

初八日壬午、陰雨陣陣、記英人燒火另一儉省之法、係不倒煤灰、乃每晨由存煤處取煤渣之多寡、與所遺之灰相埒、使水混于一處如泥、以之抹于爐背後、或置新煤面上、則終朝火燒溫煖、且熄後所餘生煤不多云、入夜雨止、仍陰、

初九日癸未、陰、南斐洲脫蘭斯瓦民主小國、本為英之藩屬、英呼其人曰布爾斯、乃因故自上月初六日電致英廷、以阿的美當英、未答、既而開仗、十三日開議院、籌定兵餉一千萬鎊、後仍關閉、英陸續以船載兵前往、須至下月底到齊、邇來新報宣傳英兵屢敗、一因兵少、再因山多、交仗不易、又聞英各屬地如加那達、新金山各處、亦皆奮勇派兵前往助戰、現在天主誕辰節近、各點心鋪出售李子聖糕、昨見新報內一則、謂在李英點心鋪定造李子糕一萬塊、送至斐洲、以供英兵、按此糕至小者周一尺、高四寸餘、圓頂如饅首、價則每塊一先令、計一萬先令合英金五千鎊、約華銀幾至四萬兩、亦不為菲矣、

二百七

初十日甲申、陰晴不定、早星使率多人起程、坐火車往遊晒廍城、地在倫敦西北一百六十五洋里、該處製造大小鋼鐵器具局廠甚多、記英例、凡人外遊須護照者、皆向外部請領、先函達外部、設之護照司、信到後必于次日由午初至申正寫就護照、每張不論上書若干名姓、皆須使費二先令、須人代領代辦者、外加代辦費一先令半、不能親領而須寄往者、當來信請時、須將應用

之信票一併寄來、以上請法、係專指英人之在國內者、至英人之業已在外、欲他往而需護照者、則不必函請外部、可由所居之地附近之領事教士處請之、凡人領得護照、須即自行畫押其上、以免身臨他處被察而成廢紙、又請護照之人不能自行直請、須另有薦証憑單、或由本國銀行主人舉薦、或由無論何處之英國美爾按察司、教士、醫官、狀師、律師、給以憑單、皆可、其憑單寫法字句無多、式與信同、乃寫住址、日期、下云屬何地之何人今為某人作憑、其人名姓確係英人、請發護照、前

二十八

往某地、以利遄行、末則畫押、又凡英人之往俄土兩國者、于未啟程前、須將護照交該國駐英之領事查驗而後行、

十一日乙酉、晴、而黃霧陣陣、煤之作球而燒者、不僅在中國北京也、其所以作球之故、無他、因煤碎離以黃土使其黏也、更因爐式使然也、茲聞英人有因節省日用而作煤球者、其作法乃碎煤與鋸末共一斗、沙土二斗、黃土一斗半、以水混于一處成泥、攪勻後或手團作球、或模壓作塊、俟乾後、雖不能以之生火、而當煤燒旺時、置少許于其上、既助火力、亦可多耐時刻也、

十二日丙戌、晴、未刻、星使率眾由晒扉回、戍正、復攜林武弁赴比都、華人之不知自愛也、亦甚矣、聞駐某國之肄業生某甲、早經娶妻生有子女、乃在外與一洋女情投、自稱侯爵某某、不意被駐彼某星使聞知、辯明新報、該女始退而不嫁、更有恭贊、舌人自稱某地王族者、愈奇矣、

十三日丁亥、陰霧、上月杪、新報中謂于某日金星將與地球相撞、無驗、前又云自昨日酉正至今日卯正、當有

二十九

流星、共長百百萬尺、或一千萬洋里、寬十萬洋里、自西北飛向東南、惜鎮日陰霧迷漫、無所得見、至晚電報傳云、昨夜在紐約見五十二、在奥京見七十四、

十四日戊子、陰、英國果蔬之貴、較中國者不僅加三四倍、竟有加數百倍至千倍者、平日酸桃、麵黎、按枚皆五六本士、已合京中當十錢兩吊多矣、昨見出售有杵頭柿子、每枚八本士、合錢三吊六百、至香爪一箇、竟錢值一先令、合四吊八百矣、

十五日己丑、陰、朱乙尊定于本月二十三日坐日本公

司同華、遂于今晚申正約在柴市潘乜巷第二十八號口美的飯莊晚酌、余因自上月底患咳嗽不爽、乃令小兒榮驊往陪、

十六日庚寅、陰霧、涼、朱乙尊、陳安生、王宛南、皆自上月呈請回國、至本月三日批准朱乙尊、回華、陳安生者雖未批下、乃傳諭由此充當繙譯、每月俸薪百零五兩、王宛南因據格致教習云其所學程度尚欠年餘、于是呈請再留一年、延至今日、始傳謂不能照辦、繳還原稟、令改寫與乙尊者同、又林武弁本係每月百兩朝夕與星使共桌、聞自改繙譯後、雖每月增至百零五兩、而兩餐則改歸自備矣、

早

十七日辛卯、陰晴不定、倫敦汽車、准行街市、官定有例、乃雖名曰汽車而行動需人車、重不得逾四噸、行動不得有烟汽外噴、天色黑暗、亦須左右插燈、隨行上下轍與馬車一律、遇有阻止行人車輛、亦須鳴鐘搖鈴、抑或吹哨、此車行動不得太速、一點鐘不得逾十四洋里、車重由一噸半至兩噸者、一點鐘至多准行八洋里、重逾兩噸、則一點鐘行不得逾五洋里、

十八日壬辰、陰晴不定如昨、朱陳王三君學滿三年、因而總署改派四名、為柏峻山銳國幹臣棟恩崑峰厚六定成保成、于九月初五日駕英公司由上海展輪、今日駛入太木斯江、泊于阿拉柏碼頭、酉正一刻到倫敦住于高爾街第六十四號、即陳安生初到此之教習薩爾家也、戌正星使由比國回、

十九日癸巳、陰霧、涼、巳刻柏峻山等來拜、按年西八月初九初十十一三日、在布來乜地方之普来斯乜囿中有射箭會、男女百餘、亦以射中紅鵠、或射至遠及至高者為勝、其靶圓形、周約六七尺、中作紅心、外圍四白圈、式與京中射鵠者同、惟不懸掛、後以三木棍支立之、弓以木造、繩弦皆不勁、箭亦短細、翎長僅七八寸、人于百碼外射之、頗不易得準的、亦男女賞心樂事之一端也、入夜微風、晴、

四土

二十日甲午、稍晴、酉初、星使起程赴哈里代克斯城閱看綢布製造廠、地在倫敦西北一百九十四洋里、未啟程、先令王少山以白紙寫篆文持節使者羅豐祿七字、周各盈尺、蓋該局設有新法、各種花樣、當時即能織就、

訣局將為星使隨看織此七字于綢上也、酉正、余約柏峻山、國幹臣恩崑峰六定成晚酌、特備滷麪、因其四十餘日未得華餐、主賓話舊、藉慰良宵、幸甚、

二十一日乙未、陰涼、近日英兵在斐洲、因敵在山上、攻之不易、乃用炸礮轟擊、遂得獲勝、兩次敵國電問英廷、以用炸彈有違公法、英對以我能造、故用之、汝國如能造、亦當用之、且去歲美日交兵、亦然、何謂不應用耶、由此觀之、公法之有用無用、賴乎國之強弱耳、

二十二日丙申、陰、未正、星使由哈里代克斯同記英國

四十一

量地之尺數、乃謂地周分三百六十度、每度合六十海里、統計共一萬萬三千一百三十八萬五千四百五十六尺、以六十乘三百六十、得二萬一千六百、再以二千六百分一萬萬三千一百三十八萬五千四百五十六、則得一海里之尺數、乃六千零八十二尺零百分中之六十六、按英一海里等于六千零八十尺、或一千一百五十一地里、又英之一發色木等于六尺、一百發色木等于一開布來因斯、一開布來因斯等于一海里中百分之一、

二十三日丁酉、陰、午正、星使約朱王二君在賢猩木斯會館便酌、與之餞別、申初、朱乙尊起程、令榮驊乘車送至芬哲池火車棧、酉正、薩威芝會館請星使晚餐、星使因泰西以歌舞作樂、皆為一種學問、同座必有善此學問之人、于是飭令學生王芸往歌、學生柏銳隨去吹笛、王芸因目疾固辭未往、柏銳初到倫敦、遂即隨去、想當眾人暢飲酩酊之際、聞笛聲而酒醒、必皆狂喜、而無人歌唱、亦大可惜也、

二十四日戊戌、晴、午初、星使率兩少君攜林武弁坐火

四十二

車赴司鐸克屯城閱看製造廠、地在倫敦正北稍西二百二十洋里、記天下大洋之深廣、如太平洋周六千七百六十九萬九千六百三十方洋里、深二萬七千九百三十尺、大西洋周三千四百三十萬一千四百方洋里、深二萬七千三百六十六尺、印度洋周二千八百六十一萬五千六百方洋里、深一萬八千五百八十二尺、

二十五日己亥、微晴、早餐後答拜柏國恩六四君、西人處處搜求設法獲利、外國以新報為大宗、種式極多、觀者極眾、各人喜看一種、或國事、或商務、或學問、或教務、

于是設有一種擇剪新報局、局中各處各種新報皆有、欲看何種告之該局、則按日于各報中凡有論及其事者、皆一一剪下封送、此種剪下之報、名曰克丁、譯言割下者也、價則由百頁至千頁至萬頁、多合一銅錢一頁、極屬便當、雖云費而實省、蓋一人不能一日買遍千萬張也、

二十六日庚子、晴、記西人以狹童學業、不得終日埋頭兀坐、使之目瘦腰直、有傷身體、而宜隨時暢其心志、舒其筋骨、以使氣力充強、免致鬱成疾病、于是無論大小

四四

學校、咸設體操、蓋每日諸生寫讀、飲食、歇息、皆有定時、而于午後在園或院中闊處、又加以體操、是體操既有定處、亦有定時、至所操者、或鞦韆、或蹴踘、或拋球、或躍背、或賽跑、以矜足捷、或比跳、而顯身輕、以上雖係酣嬉舞蹈、肆意喧譁、而所習皆不外乎規矩、蓋藉以操練四肢筋骨、舒和也、到時師長發號、則羣生依次入堂、而又井然秩然、彬彬乎舉筆執書、而用心學習矣、如此時而用功、時而嬉戲、與古人息焉游焉之意暗合、

二十七日辛丑、霧、酉初星使率二少君由司鐸克屯回、記倫敦自腳踏車暢興後、國家立有定例、謂此車比馬車人比御者、行動皆須小心、以免傷人、各車皆前立一燈、自日落後一點鐘亮至日升前一點鐘、行路例與馬車同、若對面遇車、須向左避、如欲走過、須自右開、苟不騎而步行、規模亦與馬車同、無論大道、如何平坦、與否、皆不准走大道左右行人之路、火車棧房有人暫佃行李之處、有佃腳踏車者、若所值價逾十鎊、須當面言明、否有遺失損壞、則車行皆按十鎊賠償修理云、

二十八日壬寅、鎮日黑霧迷漫、尺外不見人、白晝然燈、

四五

王宛南行李收妥、雖未買船票、而路費已領、定於冬月初六日乘日本公司回華、今日忽由林琴蓀傳謂不日人請星使閱看煤鉛各礦、擬暫佃宛南以便隨帶協助談論礦情、因宛南所學者礦務、而星使于此道尚未深悉也、

二十九日癸卯、白晝陰、入夜大雨、英例金鎊紙鈔一律使用、付錢者付以紙鈔、收者不得勒索金錢、銀錢零用、不得數逾兩鎊、銅錢零用、不得逾一先令、大半因體重不便携帶耳、

三十日甲辰、晴涼、法人虛素夫婦久寓倫敦、以補牙為生、兼充新報訪事人、包租樓房、餘舍出賃、于是識有前隨使吳挹卿、宗濂、林禾叔、怡游、及前于丁丑經李丹崖星使、鳳苞、由福建船政局帶來法國學習之官生、現駐巴里充當管帶學習水師官生監督吳煥其、德章、因三君皆通法文也、彼此交結稠密、自前冬虛素即謀集股至中國開礦、開客寓、造鐵道、并設製造紙布等局、早經吳挹卿在南省為之籌畫、往來信件頗多、去歲夫婦至上海一次、謀事無成而回、或謂其人又將起身矣、且聞吳煥其在巴里與虛素約、謂自在本國權勢廣大、何等大事皆能作主、乃欲每月得工費百鎊、立定五年、無論事成與否、須共先付六千鎊、虛素謂事成與否不得預料、且所集股份尚不及此數、殊難允從、因而改用他人、至改用何人未聞、

四六

十一月

初一日乙巳、鎮日黃霧迷漫、記英人之忠於國家、義於國人也、殊堪嘉尚、聞自英與南斐洲開釁後、各屬地皆誠心助兵助餉、不必國家勒派、因而各富官商民亦皆自願助餉、且見新報內載云、如果軍餉不足、各貧民咸願押賣所有以助之、按此次交兵之國、並非至切之仇敵、苟係鄰邦大國、則國人之願助兵餉報仇者、更不知凡幾矣、又法京定于明年設立賽奇會、英國巨商之買定房間地基者、業經若許、迨開會時、英之君主太子皆擬前往慶賀、不意前月法國新報忽載一段畫、有英主小像、議論國政、嘖有煩言、英人見而怒、法國外部大臣因而諭令禁止出售、且自陳于新報、謂前言並非法廷官場之意、兩國友誼敦厚、責令焚毀云云、雖然、英國巨商之租定房間而立意不往者、聞已七家矣、並聞英君主太子亦有不赴之意云、

四七

初二日丙午、晴、總署新派四生自上月經教習薩爾擬定應讀何書、開單呈請星使飭買、共值三四鎊、今日買得、四生來領、星使謂將親筆代各生書名於各本、且令各將名姓以洋字如何拼法寫出呈上、蓋星使之洋字筆法遒勁純熟、洋人雖不尚書法、筆力而亦為英人所讚仰也、

初三日丁未、陰雨、暖、按英國租用得律風一切綫筒以

及門內壁上之機器、皆本行預備、人家用者、每年每分十鎊、使館商局官署用者十七鎊、房中另行分枝、牆上者一年一鎊、桌頭者一鎊五先令、聞此次星使所租者、除門內懸挂機器外、另分四枝、乃星使之簽押房、臥房及馬清臣與林武弁屋中也。

初四日戊申、雨暖如昨、記英國各大學堂、皆附近於園囿曠場、諸生皆已及歲、故于常式骵操外、又加以兵式骵操、更有于夏季天長、領諸生下鄉登山、作兵隊扎營狀、隨有教師列隊步趨、號令嚴肅、步伐整齊、用槍各法、舉放提攜、亦皆與營兵無異、其餘如躍馬、放槍、擊劍、角觝、以及超躍木牆、跑登土崗、跳絕澗、升雲梯、爬山巖、騎驏馬、築行營、推敵壘、其技藝精熟、竟有輕於燕、捷若猱升者、以上詳見四述奇　蓋西國各大學堂內諸生、雖云有闤闠齊民、而大員子弟、金張貴胄、王謝名流、亦在其中也、男子學文、亦當知武、講武尤必習文、雖自幼未入營伍、而于學業之時、已寓武事于文教之中、故一旦有事、于軍中不至茫然無所措手、則庶不以從戎為苦矣。

四八

初五日己酉、陰雨、在德學習之同文館學生楊小川晟三年報滿、乘日本公司回華、經過太木斯江口、泊岸一日、因而午後來拜、坐談許久、邀之晚酌、辭、查日本船價、頭等艙較他國價廉二十鎊、而比他國之二等艙僅多十鎊、至其二等艙較他國二等者價廉十五鎊、聞其頭等艙、按前日朱乙尊所搭者、極其狹窄、一艙疊橫兩牀、牀下不能容小件行李、僅能置一椅于牀前、又昨接李虞臣來信言、日人伺候洋人、伏謁甚恭、而待華人則殊草率、艙閣窄小、飲食無味云云、由此觀之、日本之頭等即他國之二等、艙且小於他國之二等者、至其二等、想即他國之三等也。

四九

初六日庚戌、稍晴而冷、記外國新創一種聽聲器、洋名伊蕾克特婁風、義乃電氣傳聲也、雖另為一局、乃又與得律風連號、因兼用其線筒也、至此種機器之一頭、係空筒作Ψ形、左右二小盅形者、合人之兩耳、賃用一份聽器四份、每年賃價十鎊、以之可在家中任聽各大戲園之戲、樂堂之樂、以及教堂之唪經、因而星使賃用一份、置于得律風之四處、聽時將聽器接結得律風之線筒、告以將聽何處之戲或樂、後將聽器舉對兩耳、則所聞自與面前無異然則星使于書房閒坐以及睡夢之餘皆可聽戲聽樂矣不惟星使也如二少君羅小荷林琴蓀皆可往聽也林武弁房中自有一份更可任便矣按此種聽法固屬便當有趣惜惟聞其聲而不見其人耳

初七日辛亥微晴記英例凡人于行路拾得之物除原主外他人皆不得妄認拾物者以之換錢他人雖知其物係拾來者亦不能阻止失物之人訪得拾物之人索之不還可以告官然按常例拾物須登新報言明拾得何物有能言其式樣記號以及失物之日月地方者來取其往取者酬謝與否任便雖無所謝而拾者亦無怨言住戶窗外間有貼告白者云某人曾經遺失何物有能送來者酬謝若干云

初八日壬子微晴頗冷頗似京中九月天記英例一人偶遭火車公車馬車電車意外之險因而致命則其人之妻抑或子女皆可告官令該車行賠補日用又凡兄弟姊妹及他近支人之賴遭險之人養育者亦可告官苟有實據官則按例判令賠其養銀別無償命等罪入夜雪寸餘

初九日癸丑陰冷聞星使自本年四月二十一日前赴水晶宮勸工賽會後即經該會館協理考安請星使入會並請往游國中著名各製造局廠以便英華商務盛興稱曰因得斯特立阿士爾譯言周游百藝也至所去各處皆由考安選擇指引一切原定自西正月始逾因星使得暇自往游歷數處考安不知也迨伊聞知欲阻不得于是向星使言定以前所去者不歸該會所請乃改約自今日西十二月十一日至明春正月初五日西一千九百年二月初四日止另游一週星使遂于辰正率曾叔吾沈荔虎及兩少君林武弁坐火車赴柯文特里城遊地在倫敦西北八十洋里屬傣爾維克府入夜雪水面初凍

初十日甲寅鎮日微雪入夜大雪繽紛積二寸餘冷似都門三九天英例女兒出嫁父母給奩資金鎊若干此鎊不入女手而收入銀行女則按月收取利息以作日用妻故利歸夫取夫婦皆故利歸子女妻故在外如有欠款查其帳為日用必須者則夫償苟係妄為則取銀行存款償之云

十一日乙卯陰晴不定冷未初星使率衆由柯文特里回記英例姐丈不得續娶小姨其故無他盖姐出嫁奩資若干已入甲家妹再嫁父母不得不仍給奩資若干如是則資財皆入甲家矣因官場不欲財產多歸一門故靳之

十二日丙辰陰晴不定如昨巳正星使率陳安生王宛南嚴伯玉及二少君坐火車赴五文浦海口及李子村游海口在倫敦西北他村在海口之東稍北皆距倫敦百八九十洋里現因天主誕節在邇通城大小各鋪如

叁二

珠寶首飾衣冠綢緞皮革器皿什物書籍畫軸飲食玩物花片等盈千累萬種類不一筆難盡述無不于大玻璃窗内貼帖挂牌印云克里斯麻司普蕾森自譯言天主誕辰禮物也其所貼挂之帖牌亦無不五彩華美作出奇形怪狀招人觀覽并有致書富貴之家請往照顧者

十三日丁巳稍晴冷記本使館所用電燈專屬一局邇因局中機器有損自月前來函言每日修理須自酉初至戌正或至亥正或至子正氣不得放請暫自備燈燭當於天主節前三兩日修妥也因而每晚各屋燈火自備至前後樓梯四五層以及往来人所必由之路皆由支應預備殘燭剩𤒹或紅或白計僅五六支現在每日申正天黑當星使在館每晚居時尚有微光人可上下出入迨星使攜二少君外遊而支應每晚亦有要事公出則人之欲在樓中上下往來者皆須自行秉燭僕役手舉油盤上下亦皆執燈亦良苦矣

十四日戊午白晝陰霧入夜晴中國隨使文武多員以及肄業諸生多有以著洋服便于往來街市不致土人

叁三

追呼親親齋那曼及扯辮拉衣撇擲碎物者然既改洋裝須有洋髮其出售假髮鋪中亦賣戲場所用各種各色者乃做有假蓋髮華人將辮盤于頂上以此髮蒙之則望中頗類西人矣面目雖差而洋人亦必以日本人目之此髮每頭在倫敦價值四五鎊他由德京購來者價則不及一鎊工精色黑而且結實由此觀之則倫敦人工物價之昂貴可知矣

十五日己未陰霧倫敦各飯館以及人家平時請客之大致皆起首四碟無非鹹魚一二種醃青果西紅柿小

紅蘿蔔、牛奶油、先用佐麪包少許、繼而湯一盤、後則陸續而來、魚第一爿、而牛或羊肉、炒麪或餡餅、末爲雞鳥肉、帶生青菜、又隨牛羊肉有煮熟青菜、如番薯、白菜、菠菜、菜花、扁豆、豌豆不等、爿後則冰乳或糖點心、糖果等乾鮮果、隨有淨手玻璃或鍍銀鉢、到此三年、人家莫論、而飯館噸飯價由一先令半、二先令、二先令半、五先令、七先令半至十二先令、其至貴者菜亦無大區別、無非屋閣寬敞、華美器具精潔而已、賤者屋閣稍小而亦潔淨整齊、規模一律、且湯菜反覺豐腴、竟有大鋪價昂而菜更無味者、徒取外觀有耀而已、

五十四

十六日庚申、陰霧、使館東富利街與大堤池蒂益街之間、一布疋毡氊雜貨鋪名霍拉者、鋪東霍拉于今春病故、無子女、妻在不能給第、而妻老不能料理、于是定于本月二十一日禮拜六關閉、一切貨物按類分列、請各鋪前來量貨估價、有欲概行收買者、有按類抽買者、估定所值、封交鋪中、擇其所估之價最優者售之、略與京中當行同、

十七日辛酉、陰、戌刻、星使率陳安生諸君由立文浦回、

兩國交爭、因兵將受傷之苦、前在義國熱諾瓦海口、各國立有紅十字會、專赴各戰場拯救傷兵、現在英與脫國開仗、彼此各有所傷、紅十字會中已有前往者、茲又有世爵夫人狴赤心者、本美國人、前嫁英世爵狴公、現寡居、仍住美國、因而倡首募化、特買輪船一艘、名之曰施醫船、帶醫生十數名、義女數十名、艙屋修潔、容卧傷人三百、共費金鎊二千、該夫人攜領前往斐洲、前日由美國駛至太木斯江口西印度塢、英君主贈旗一桿、昨日西十二月十八日禮拜一、欽派二太子寬諾公夫婦于午初駕火車至彼、代君主贈旗、登船後、二太子左手舉旗、立陳一段、代君主及本國兵將人民深謝狴夫人及諸夫人小姐之善舉、既而狴夫人立而答謝君主太子福晉、並望各人之善心克竟其用、以救兩國之傷兵、君主之旗足使此船增加榮耀云云、英美二旗並懸桅頂、此後小酌、同桌者男女百數十人、食畢散別、聞該船定于明日展輪、

五十五

十八日壬戌、陰、倫敦城東北角維克都里亞園旁闊里路之伊爾拉提墨爾禮拜堂之教士阿琴森來函言現

至隆冬、又值兵勇出征南斐洲、此地寡婦孤子之寒冷飢餓、嗷嗷待哺者甚多、特求善人君子施捨少許、或錢財、或衣食、不論多少、不拘新舊、感激無既云云、因匯去十先令一票、以助賑濟之舉、

十九日癸亥、陰霧微雨、外國靴鞋底皆牛皮兩層、本屬堅實、然街道沙石、底仍易毀、小孩及工役者尤甚、因而英人鑄造一種鐵釘、形式不一、名曰伊克里普斯布特安得舒普婁太克多爾斯、譯言保護靴鞋滑跌者也、乃一頁厚紙三折、釘共二十塊、每塊厚三分、大小不一、大

五五六

橢圓者二、中半月形者二、小半月形者八、長三角形者八、其中大者寸餘、小者半寸、鑄以模、面有凸凹紋如木梳、價則一本士而已

二十日甲子、早陰、冬至節、巳正同眾著蟒袍補褂、隨星使向北恭拜

聖牌、行三跪九叩禮、當時未到者為沈荔亮、嚴伯玉、據林琴蓀云、因有孝服免、備油炸麵團、未初雪一陣、後仍陰、見果鋪出售一種乾果、名曰布拉西勒、巴西國名本音產自巴西國、硬皮黑紫色、白肉如桃仁、杏仁、形似橘囊之一角、正看作橢圓形、當中割開作三角形、味亦甘香、皮外有點紋、又似乾石榴、聞係木本、販至此地出售、每磅四五六本士不等

二十一日乙丑、陰、未初大霧迷漫、聞于申酉之間、因路難辨、竟有三處火車遭險、一係大西方之火車、在司撈地方兩行相撞、一係都法海口來車乃橫豎對撞、一係喀來倪年一行出轍、翻倒于中、軋死者十數人、男女老幼受傷者數十人、又因明日禮拜、後日為其天主誕辰、于是各大鋪一律關閉、人工休息、

五五七

二十二日丙寅、微霧、陰、上月英武官席滿陣亡、君主特派太子及各部大臣男女前往弔唁、並安慰其夫人、昨日馬隊將軍羅柏滋起程、入宮名見、乃君主親駕迎送于宮門、又因現在國人出征、天主誕辰之宴、君主特令停止、

二十三日丁卯、晴、暖、今日係西十二月二十五日、為其天主誕辰、鋪戶關閉、人工休息、邇來星使帶二少君及他三四同事、各處游歷、凡製造局廠、各有所餽、輕重不等、如腳踏車、綢緞、毡氊、衣料、刀叉、菸捲、玩物、種種不一、

星使所僱每一禮拜十金鎊之英人自稱黍賁式慕賓卜拉克、于前數處亦皆隨往、以便代作陳詞、不意其人于多處索求衣料、搜收小刀之類、星使聞而賤之、回後辭卻、其人謂有老母在堂、貧苦無所得、切求再留一月、以資養贍、

二十四日戊辰、細雨、涼、記附近使館有大鋪六、第一為皮特騐賓森、在利貞與敎斯佛二街十字路口、四面皆鋪、而此鋪佔其兩角、極為寬大、樓四上、由利貞街左鄙之喀斯胡同南向至十字路口、轉東入敎斯佛街、至大坡蘭街口、右止、再由口左東向至堤池苐益街口止、其對面者由十字路口東向至阿益巷內止、南向至阿益坊口外止、各樓雖在地面、街道相隔、而樓下有樓、有隧道上下曲折、可以互通、第二名四萬、由利貞街南首轉東至庇喀的里坊、再轉西入庇喀的里街、通作橢圓形、三面有門、樓亦四層、第三在敎斯佛街路北、名一萬、亦由此胡同至彼胡同、乃後在卜立安街、旁為貴步街、三面有門、樓四上、第四、五、六三處皆在妥廷哈木闊爾路東首、曰貝克爾、曰舒卜蕾、曰梅步、三鋪一行、中隔閤巷、

五十八

北自攸斯屯街過騷斯巷、妥廷哈木巷、格拉苐屯巷至攸尼倭細的街、各樓五六層、橫皆二三十間、後門皆在高爾街、以上各鋪入門皆極華麗、五彩芬芳、鮮明奪目、上下曲彎、不知有幾千萬層、處處有人指引所售貨物、凡人家所需者無不備具、由綢緞布疋皮革絨氈、金銀銅鐵、瓷瓦木玻璃、翎毛紙絹籐竹、古米樂器、電汽什物玩物、種類千萬、書不勝書、各用男女工人三四五百、大小馬車百輛、皮特騐賓森并有驢車腳踏車、以分送各貨、且各鋪樓頂備有加非茶點鋪、以便主顧歇息、無須他往也、

二十五日己巳、陰冷、冰結路滑、因恐馬匹跌倒、經地方官使二人一拽敞車一輛、內盛小石子沙土、一人在後隨行、以鐵鍬撮洒之、聞英兵在脫蘭斯瓦至今尚未出界、土人守禦極嚴、且英槍能擊一千四百碼、而土人所用者擊一千六百碼、英賴水師礮位、故能互有勝負、然該地國小而貧、人雖強而礮雖精、終恐不易持久耳、入夜細雨、

二十六日庚午、陰霧、暖、冰化、而街道泥濘、申刻雨、入夜

五十九

風、昨見新報一節、載云、某甲因愛某鋪女影、屢次寫信申其愛情、而該女無回信、某甲慚愧、因欲自盡、幸被人救活、巡捕領某甲父子及救解各人至公堂、某甲實供不諱、公堂官眾聞而竊笑、其父亦恥聞所言云。酉刻總署來電、准林琴蓀代駐比利時。

二十七日辛未、早陰、午後大雨、入夜大風。林琴蓀本甲午科文舉人、同事二年餘、惟聞其呫嗶暢讀、今日晚餐後、忽聞其唱二簧、聲調清雅、亦我國文人學士之豪性處也。又星使之兩少君自邇來游歷多處、後不知其所見之機器格致、微知一二否、惟見其上下樓隨步歌唱英曲、四肢作跳舞狀、較前進益多矣。

卒

二十八日壬申、晴、稍暖。昨又見新報一則、云某巷某家早有某鋪送菜人至樓下交與女廚、主人查其為時已逾三刻、尚未他往、因而告官、巡捕帶至官廳訊問、時其人供稱並未帶表、閒談忽忘時刻、官判罰錢四先令。外國閒書畫軸多述男女交結、雖以情愛為宗、其實皆不免描摹春意耳。

二十九日癸酉、晴。今日係西歷一千八百九十九年十二月三十一日、又值禮拜之期。倫敦自西一千八百二十六年（道光六年）經世爵戴威臘弟等公立一萬牲會、名曰租敖婁支喀搜賓伊的、專講禽獸昆蟲各學。八百二十八年（道光八年）始設萬牲園（又曰萬生園）。其後入會者須入園親覽一切、以長學識、于是入會有費。園中設有會中人坐談、休息、飲食之所、現在多有名為入會、實為便于游園者。其費有定章、初入者一人先納五鎊、以後每年三鎊、須于正月一日付訖、或齊付三十或三十五鎊、亦可。八月三十一日後入會者、不得以一年論。會中人入園可外帶二人同遊、其二人于入門時、須自書名姓于簿。又每人得有禮拜六與禮拜日憑書兩本、周年于此兩日、無論何人、皆可往遊、以書為憑、然其禮拜六日之憑書、當日若本人既偕二人入園、則此書不得併用、而多去兩人。會中每人每年又各得綠色憑票二十一頁、以便分送戚友、每票一人、不拘何日、皆可往遊。子女之憑票淺黃色、以一綠色票可換二淺黃票、或二淺黃票可易一綠色票。此票若當年未用、次年猶可用、願者亦可以一憑書換二十憑票、然換者須在當日逾期不換。蓋如

空

何用法、皆須預先致函、以便會館于正月一日照各來信分送也、會中人有外出者、其夫人即可受此一切利益、苟係隻身一人將出外一年或多年者、須預先致書會首、以便移其名姓于外出篇內、并免交年費、會規人名簿出售、每本一吉呢、園中禽獸昆蟲論、每本一鎊、另種象牙憑牌出售、一牌准二人入園、其價十鎊、人之欲入會者、須致書會中首領、會館設在汗諾倭坊第三號、館中會晤、在每月第三禮拜三日後之禮拜四日、集眾議論格致各學、館中每月聚談兩次、專為整頓一切現

夳二

在會首為貝達佛侯、協理為司克拉得、入夜陰風陣陣、冷氣颼颼、

十二月

初一日甲戌、陰霧迷漫、白晝然燈、入夜細雨淋漓、今日為西歷一千九百年正月初一日、酉正、曾叔吾在本寓約飯、同座為其岳父母內弟及其夫人、另有兩英人名字未詳、歡飲暢談、亥初謝歸、又當晚林琴蓀請星使與二少君並林武弁觀劇、又稅務司金登幹之次女嫣安定于本月初四日出閣、上月中金夫婦具帖來請、云正月初四日兩點鐘三十分、小女嫣安與教士李志偉在海岱囿西北、蘭坱色門克賴斯特禮拜堂中成禮、禮畢、在查里喀爾特園第十八號、恭請光臨舍下、并候回音、金登幹夫婦仝拜訂、接後、余先致書金登幹夫婦云、幸奉來函、屆期自當親來道賀、此候近安、西俗既經函請、自當有所餽遺、昨日余遂具摺扇一柄、平安荷包一對、並致書伊女（皆西俗也）云、懇請列入妝前、戚友諸君同祝嫁後一生安樂無既、藉表寸心、茲奉上華扇一柄、荷包一對、即祈哂納、今早其女回信道謝、言多承厚意、送此盛

夳三

儀、曷勝感激、先此敬謝、并蒙祝以吉語、且至期允賜光降、屆時再當面謝也、

初二日乙亥、鎮日陰霧迷漫、如昨、而微暖、入夜風雨交加、見星使舊簽押房現改臥室之鐵牀前、立二曲律黃質紅字紅邊、較京師八旗及戲臺上用者稍小、乃長三尺餘、寬盈尺、織以絨綫、字則持節使者羅豐祿字周尺餘（即前于十月二十日王少山所寫者）聞係前在哈里發克斯城某廠所送者、詢廠當面織成、須時不及兩點鐘、足見機器織繡之速矣、

卷十一終

鐵嶺張德彝在初氏隨筆

光緒二十五年十二月初三日丙子，早陰霧，既而細雨。倫敦戲園座位約分八等，價之多寡，關乎園之大小。其第一等名包克斯，義乃箱也，華人呼之曰包箱，似其音義。俱合係在臨臺左右，分列小屋三層，各一間，容人三四，多則五人。臺前左右另各一排，兩三間不等，價由一吉呢至四五六及十吉呢。第二名司妥喇，義乃廄也，欄也，在臺前池中，横列七八九行，每行設座廿餘，多者廿六，或廿八，每座價由七先令半至一鎊一先令。第三名巴勒闊呢，義乃臺也，又名得蕾斯色爾克，禮服圈也，或格闌色爾克，大圈也，係在頭層樓上，三面環列四五横，每横設座三四十至六七十不等，每座價由六七先令半至十五先令。第四名額頗爾包克斯，上層箱也，又名額頗爾色爾克，義乃上圈也，又名法米里色爾克，家眷圈也，在第二層樓上，環列三四五横不等，每横二三十座，每座價則二三四五先令。第五名恩立仄爾伍，義乃無限也，在第四等之後，座數不分，價皆二三先令。第六名庇特，義乃底也，穴也，座數不定，價亦皆二三先令。第七名昂扉悌阿特，義係圈場，在第三層樓上，三面座數不定，價由一先令半至三先令。此上另一層為第八名，曰戛勒立，義乃敞闊處，觀者無座而立，人數不拘，每人一先令或二先令半。以上八等，前三等皆可預先買票挑選座位，其第四等以下，皆臨時買牌，座價既分等，因而出入門亦分等，毫不紊亂。前三等皆下車入正門，驗票而後分路，後五等男女之欲在某等者，即立某門外，亦不使亂，皆有巡捕彈壓，男女不分，層層排立，先到者在前，且得好座，或得立欄邊，但須在門外多立幾分鐘耳。届時門開，魚貫而入，門内有櫃，付錢如數，給一銅片小牌，上鑿字母號數，各有定位，亦不得爭鬧。有不願早去立待門外者，乃先以半先令僱一貧狹代立，戲將開場，園門迨開，則自到換去，該狹是既省力，且得坐立在前也。

初四日丁丑，陰霧細雨如昨，冷。未初，星使帶二少君，率沈荔寬、陳安生、林武弁所以不稱繙譯者，因在外伺候一切，不亞于大管家也去烏爾斯特閑特敏斯特柏明根三處遊覽各機器工廠

一

二

未正二刻、余乘車西行十數里至海岱園北面蘭坡色
門前之克賴斯特禮拜堂、入内遇馬清臣夫婦、赫樂彬
之夫人及其少君赫承先夫婦、此次女家之客坐臺右、
男家之客坐臺左、一切禮節與前曾叔吾者同、惟教堂
稍大、客稍多耳、新婦陪儐六、中所識者爲金登幹之長
女及赫樂彬之次女、酉初禮畢、出堂登車、復行四五里
至其家、入内先見新夫婦、賀喜、再見金登幹夫婦、對立
少敘、轉入他間看禮物、當中一長桌及四壁羅列共二
三百件、皆兩家之戚友所贈、如銀器、畫軸、玻璃瓷器之
類、各上繫有送者之名片、信函、見有羅星使所送之灰
色庫紗一疋、平金扇套一個、出此入飯廳、因男女擁擠
五無隙地、遂即轉出、登車回使館、
初五日戊寅、早晴、午後陰、林琴蓀起身赴比都、送者爲
曾叔吾、沈荔宬、嚴伯玉、羅小荷、聞星使前日游某處造
錢局、隨觀鑄造、俄頃間竟將星使之玉容鏨鑄銀錢之
上、相貌分毫不差、與曾爲英君主鑄者無异、
初六日己卯、鎮日陰晴不定、微暖、記倫敦一種小鋪、出
售戲本及代各戲園雜耍館賣座票、此鋪名曰悌阿特

三

賴布拉里斯、義乃戲園書局也、又名踢𨶹埃珍、自乃代
理座票人也、通城共有三十餘處、各處皆有電線皆通
得律風、欲買何等座位者、即以電信或得律風通知附
近某鋪、該鋪又即以得律風達知某戲園、如第若干號
業經本園或他鋪售去、則彼此皆須即刻答知、則買票
者或改號數或改日期皆可、聞各票之經該鋪代賣者、
每頁皆貴加半先令、爲該鋪代賣所獲之利焉、
初七日庚辰、天氣如昨、記倫敦大小戲園及樂館共六
十餘處、城内戲園二十八、如阿代勒扉園、在司特蘭街
第四百十一號、容人一千、阿韋牛園、在諾僧卜蘭大街、
容人八百、𨶹米的園、在草市潘比街、容人七百、𨶹爾得
園、在司投恩坊、容人六百、克文頁丹園、在博歐街、容人
一千三百、克里太廉園、在庀喀的里十字路、容人六百、
達悌斯園、在賴喜斯特爾坊、容人八百、得祿里連園在
喀色蘭街、容人九百、丟考伍幺園、在賢馬丹巷、容人六
百、該阿悌園、在司特蘭街、容人七百、戛爾立克園、設在
柴苓十字路、容人六百、格婁布園、在牛喀斯爾街、容人
五百、悌阿特洛亞園、及賀爾麻翟司堤斯園、皆在草市、

四

各容人一千二百、來喜阿木園、在韋凌屯街、容人一千一百、來立克園、在沙苐斯百里大街、容人六百、敎林庇園在葦池街、座數未詳、敎珮拉考米克園、在司特蘭街、容人六百、普林騷衛拉斯園、在考文特里街、容人七百、普林賽園、在敎斯佛街、容人六百、洛亜里悌園、在笛音街、容人五百、薩外園、在司特蘭街、容人七百、賢瞿木斯園、在克英街、容人八百、沙苐斯百里園、在沙苐斯百里大街、容人八百、司丹大爾園、在比鞙普斯談街、座數未詳、司特蘭園在司特蘭街第一百六十八號、容人七百、

五

台立斯倭達威二園、亦在司特蘭街、各容人五百、城外戲園二十餘、所謂城外者、奈倫敦無城路稍遠耳、如柏樓園、在思達佛街、色蕾園、在太木斯江南、卜拉克苐立爾路、布里他呢亞園、在蒿棵斯屯方、卜立克司屯園、即在卜立克司屯方、卜洛碓園、在代達佛坊、美特婁拋園、在康柏衛方、坤姒園、在柯婁池方、達樂斯屯園、在達樂斯屯方、埃來番園、在牛堪路、晒克斯皮爾園、在克拉伐木方、大苐勒哈木園、在苐勒哈木方、格蘭園、在伊斯凌屯方、李梨棵園、在鋏匠營方、墨爾屯園、在格林呢址方、阿來三德喇園、在牛英屯方、堪興坦園、在堪興坦方、極樂班園、在基勒貢方、帕克斯特園、在蒿婁衛路、新巴威良園、在槐沙貝路、新司丹大爾園、在比鞙普斯談街、以上各園皆容人五六七百不等、樂館戲雜耍館、城內外共十四處、雖云樂館而較其鬧熱勝於戲園頗宜他國人之不知戲文者、如阿勒罕布拉園、在來喜斯特坊、堪卜立址園、在冠墨沙勒街第百三十六號、閶林泗園、在鄂坡爾街、堪特百里園、在衛司民斯得橋路第百四十三號、洛亞園、在夾蒿本街第二百四十二號、敎斯佛園、在敎斯佛街第十四號、安排爾園、亦在來喜斯特坊、米得賽克斯

六

園、在得路立巷、美特婁普里田園、在埃址衛路、帕來斯園、在堪卜立址交道口、帕拉甘園、在麥安路、騷斯倫敦園、在倫敦路、蒂梧里園、在司特蘭街第六十五號、倫敦巴威良園、在庇喀的里交道口、以上各館約皆容人四五六百不等

初八日辛巳、早陰、細雨淋漓、未初晴、記在南堪興坦之阿拉柏堂、乃另一奏樂處也、係每禮拜日奏樂、入者座價不一、其地基作橢圓形、內正面立大風琴、琴前一月牙形樂臺、容坐樂工二百、臺前一卵形平地、曰阿來那、義乃場也、中分走路作卌形、于十二空中容人七百

九十四、此外左右與前三面除七條上下道外、分座十層、層層稍高、共坐一千三百四十人、再上包箱三圈、其頭層三十六間、第二層四十四間、第三層四十八間、三層愈上稍小、共計一百二十八間、容人約五百餘、再上則散座八圈、共容人一千七百八十六、統計此堂上下坐人及樂工共四千六百二十餘人、亦可謂廣廈矣。此堂之由來詳見四述奇

初九日壬午、晴。記英外部、設在道寗街、每日開門由午正至酉正、內僅大臣一員、每年俸金五千鎊、幕友三、無俸新候優差大臣公出可以代辦協助幕友一、如上終身協辦一員、設若大臣換遒部各員皆可換惟此員不換俸二千鎊、兼議院者一員、俸一千五百鎊。又幕友三、無俸如前協助幕友三、俸係一千、一千二百、一千五百鎊、正書手一、俸一千二百鎊、幫辦書手一、七百五十鎊。科房正書手二、俸各一千五百鎊、副書手七、內第一俸一千二百鎊、其他各九百或一千鎊、幫辦書手六、各俸七八百鎊不等、又各頭等錄事、俸由二百至六百鎊、二等者一百至二百鎊、管檔房者、俸由七百至一千鎊、幫辦者俸則五百五十或六百五十鎊、檔房書手

七

一百至五百鎊、管條約處者、俸由七百至一千鎊、幫辦者五百五十或六百五十鎊、掌例者、俸一千二百鎊、四海繙譯一員、洋名敖連特、特蘭斯來特爾、俸數未詳、管執照路票書手一、每年二百五十鎊、傳旨使八員、洋名奎印斯美森者爾、前五員各四百鎊、後三員各二百五十鎊。

初十日癸未、晴。酉初、星使携二少君及沈荔宪、陳安生回、聞此次除星使所得各物外、二少君各得有鍍銀脚踏車一輛、為英之極上等而極貴者。酉正王宛南約在

八

其所住之碧玉特巷第二十二號晚餐、英城便飯、另有佳味也。戌正劉葆森、陳幼庸乘德公司由美國來。

十一日甲申、陰涼。舊聞西域回回紀歲無正朔、以望見新月為月初、三十天為一月、無小建、無閏月、十二個月為一年、一年準三百六十天、今見猶太人亦以見新月為月初、即如明日為其五千六百六十年五月一日、明年正二三四月十二日為其六七八九月一日、五月十三日為其十月一日、六月十二日為其十一月一日、七月十三日為其十二月一日、八月十二日為其五千六

百六十一年正月初一日其所以前後不同者惟有大
小建耳盖猶太亦與西域毘連也按其十二月月名正
月曰提力士二月曰埃斯彎三月曰克伊斯蕾伍四月
曰太貝特五月曰賽貝特六月曰阿大爾七月曰呢三
八月曰伊阿爾九月曰司伊彎十月曰塔莫斯十一月
曰阿布十二月曰埃烏拉
十二日乙酉陰涼如昨巳初星使帶二少君攜曾叔吾
嚴伯玉去騷桑也遊不知星使由何處得來一耶穌頭
小照大與生人者同今早自鋪中配得金邊木架此像
九
在此庶可懸諸客廳書房等處不知將來星使回華在
本宅又將懸挂否也
十三日丙戌陰晴不定酉正星使帶二少君及曾嚴二
君回倫敦城外戲園稍小座之多者不及七百戲亦可
觀而座價頗廉如包箱僅一二吉呢司妥喇四五先令
得蕾斯色爾克二三先令巴勒闊呢一二先令庇特一
先令戛勒里六本士城内外各戲園樂館之賣座票處
曰包克斯敎扉司每日開門皆由午正至酉初又凡觀
劇者之坐包箱司妥喇巴勒闊呢得蕾斯色爾克男子
皆須禮服戴高帽著燕翅衣戴白手套婦女敞胸露肩
不准戴帽雖坐庇特者男亦須高帽婦女雖不袒露胸
肩亦不准戴帽因近上等客也
十四日丁亥白晝陰入夜雪酉初星使帶二少君及劉
葆森陳幼庸林武弁赴滿柴斯特爾城遊自上月星使
出遊各處每多人聚集宴會後皆須立有陳詞至在何
處當作演說皆須預定故星使皆欲早先寫成自行讀
熟臨時誦之歷來各處陳詞多經馬清臣或卜拉克代
作昨夜亥正星使忽令馬清臣代作一篇待至丑正馬
十
始親身送來說解一切去後天將明矣星使稍眠復去
他處應酬晝夜忽忙亦良苦矣
十五日戊子早雨未初雨止仍陰霧按脫蘭斯瓦在南
斐洲南界偏東北臨英吉利南斐屬地東傍葡萄牙東
斐屬地及蘇魯蘭東南沿那達河南接阿蓮渚又名數連至
邦西連英屬地貝川那蘭地基東西寬四百英里南北
長約七百英里地本壙曩于西歷一千八百三十年道光
十年始經土人班圖種徙居之其人面棕色髮短而鬈顴
高而頰尖經蘇魯蘭酋長轄治至一千八百三十五年

道光十五年漸有和蘭農民遷往此等人英呼曰布爾義乃鄉農也隨時驅逐土人和民日繁乃叛和自立民主繼因貧乏不能自存而內亂至一千八百八十年光緒六年歸英藩屬當時互立條約而彼此之齟齬已萌于此矣蓋所定二十款中之有關繫者為第四款內載脫國苟非經英皇批准不得與天下各國及其南方自主之國並東方各邦訂立條約惟阿蓮渚一國不在其內如有既蒙俯允者亦須先將約稿照繕一通呈遞英皇察覽若六閱月內不經發還即不准行又第十四款云除本洲

十一

人外他國人民眷屬皆可前往遊歷寄居並准造房立廠開設行店無論本人於該地經商抑托人代理貿易所償賦稅均當一律約中并聲明脫國應尊英為上國迨一千八百八十四年光緒十年續約則無此等字樣近因脫國堅執續約為言謂既無尊英字樣即為平等英則力辯兩約意旨皆同因之遂起爭端此兩國開釁之由也故誌之

十六日己丑鎮日陰雨涼倫敦街道平坦非石即木或漆理應無泥然倫敦為懋遷一大都會貿易為首富商碩賈盛集其中因而車輛各種較他國亦為最多乃雨後竟浮灰色沙泥數分特此官場派人在大道先以車拽斜滾棕刷由道中左右分刷另有人用丁字形大鍬鏟或大棕埽帚推臨道邊小巷狹窄不容斜刷則僅用人八九成行以鏟刷推分左右再有大敞車上置斗形長方木箱高三四尺沿街各處撮取聞此泥去處有三一洩入地溝二填深坑三則灑入田地以代糞其地溝通城一律貫通極寬且深各家污穢皆走此溝而入海

十七日庚寅陰雨陣陣涼西人喜飲茶而價昂聞英之

十二

鄉民及城內之貧戶茶烹第二次色淡而無茶味乃放鹼少許其色自黑飲之聊代初烹又其俗謂飲茶遇有葉梃不日必有客至于是取出置左手背上以右手拍之隨拍口中隨述禮拜之日述至某日葉梃飛墜則某日當有客來其意誠與中國者無異

十八日辛卯稍晴英規舊房拆賣有包買者鍬歸一行碎木作柴甎則無論整碎統歸甎窰以之磨碎成土另造新甎土貴故也

十九日壬辰陰京中同文館總教習歐理斐告假一年

回國、前日來信、邀余與榮驊在苐拉斯喀悌館雅座午
酌、午初至彼、同席者為陳安生、王香圃、于心泉、柏峻山、
國幹、臣恩崑峯、六定成、盖皆同文館中人也、王宛南因
學功緊要未到、彼此歡飲暢談、申刻始散、申正星使携
二少君帶劉陳二君回、入夜風雨交加、
二十日癸巳、陰暖而泥濘、英俗另有與中國相同者、乃
啞吧交談、以大指為好、小指為不好、義所由來不得而
知、然中國以大指為君子、小指為小人、亦未詳其本義
之所由來也、

二十一日甲午、陰、未初、英國博物院管理東方書籍兼
華文教習德格樂約在其家午酌、届時乘大車東行十
數洋里至德雷治村、下車有德公率其二子一女迎接、
步行二三里至其家、地名學堂花園第五號、入內見其
夫人、余先贈送摺扇一柄、平金荷包一對、褡褳一個、少
坐、齊入飯廳、彼此共桌、賓主酬酢、暢談甚歡、食畢、德公
父子導入德雷治學堂內看油畫、高屋一長間、旁一小
間、上下懸畫大小二三百軸、山水人物、皆為名筆、中有
值一二千鎊者、工精神足、筆難盡述、看畢轉出、步入車

棧、少刻車至、握手謝別、酉刻回寓、亥初星使携二少君
帶曾嚴二君去布立斯他城遊、入夜大雨一陣、
二十二日乙未、陰、入夜風、英脫搆兵、緣因前曾叙及、兹
將英國得佔南斐洲之始及該地歷來沿革、撮其大要
續記於此、英之得南斐洲也、係前于西歷一千八百十
五年、（嘉慶二十年）當法皇那波倫敗績後、各國以斐洲正南
開埔一隅割而歸英、按英言開埔、義乃地角、或海角也、
地本壙野、黑人無多、既而英復得迤北之地五十萬餘
方里、開埔西北為德之屬地、霍屯托自英雖垂涎而苦
無由侵削、乃于一千八百四十六年、（道光二十六年）稱師東北
取那達、（地亦布爾屬）地周不及五萬方里、阿蓮渚即在那達
之西、全境約十一萬方里、阿蓮渚之東北即脫蘭斯瓦
先是阿蓮渚于一千八百三十四年（道光十四年）立國為民
主、迨一千八百四十八年、（道光十八年）脫蘭斯瓦亦自立（見前）
按阿蓮渚、英言橘子也、又河名也、此河橫於阿蓮渚與
開埔之間、該邦故取是名、又脫蘭斯瓦者、英言脫蘭斯
過也、瓦拉亦河名也、此河界于阿蘭渚與脫蘭斯瓦之
間、義指由阿蓮渚北渡瓦拉、即脫蘭斯瓦也、按南斐洲

一帶、雖云沙漠荒僻、天時不均、然土產極為充牣、如鴕
鳥、牲畜、象牙、林木、鑽石、五穀、甘蔗等、而金銀煤鐵各礦
為尤富、故以商為國者、不能不意存蠶食也、
二十三日丙申、陰、亥初、日本署公使在庇喀的里街勅
建水筆著色繪畫館中請茶會、男女三四百、亦頗鬧熱、
大廳數間、所懸金邊水畫千軸、皆丹青名筆、見有一幅
上畫冬山、孤秀樹林叢立、山後火起、烈焰飛騰、野獸群
竄、第一係一母獅口銜一小獅、帖耳垂尾、神氣如生、子
初回使館、

十五

二十四日丁酉、細雨陣陣、申初、星使率二少君偕曾叔
吾、嚴伯玉同記倫敦澡堂之兼泅水者、共十六處、英名
倫兜隨明巴斯、一在柴勒溪方慶斯路第百七十一號、
二在哈木斯台方芬池里路第百七十號、三在慶斯屯
方蘭喀斯特爾路、四在朗貝方衛斯民司得橋路第百
五十六號、五坡普拉爾在東印度塢路、六洛仄爾奚斯
在婁爾路、七美特婁普立田在霍克斯屯方晒柏代簑
奚的路、八帕丁屯在貝斯倭特方坤姒路、九武文洛在
武文洛街第二十號、十衛斯民司得在大司米士街十

一、十二、皆名賢卓志、一在卜靜宮路第八十八號、一在
伊來斯屯街、十三、賢馬力責在馬力責路第百八十一
號、暨十四、十五、皆名賢潘克拉斯、一在槐特扉街、一在
克英街第七十號、十六、賢薩烏爾斯在拉伍英屯街、英
國四面臨海、男女皆善泅水、且兵重水師、故欲人人皆
通水性以當兵、其不能隨時赴海邊者、設有此等澡堂、
則藉洗浴而練游泳也、
二十五日戊戌、微晴、午初、星使攜二少君帶劉孫森陳
幼庸赴倫敦城東游蕉裏廠、酉初回、英廷自與布爾交

十六

兵以來、一切朝會、大茶會、跳舞會、概皆停止、又因船隻
馬匹、多歸官用、運貨較難、一切肉食米麪菜蔬果品諸
物無不昂貴、即如煤向來一袋八本士、或一先令、現竟
增至二先令、
二十六日己亥、陰雨陣陣、記倫敦賽畫處、聞有十三、如
勅建水畫畫工結社在帕瑪街A字第五號、每年正五、
六、七、臘五個月懸賽、于每二月收選所畫之精妙者、添
挂、以彰其能、然一人不得逾三幅、勅建水畫畫工學社
在庇喀的里街第百九十一號、每年三月懸賽、凡畫工

之精能者皆可入社惟總數不得逾一百油畫畫工會
亦在庇喀的里街每年十一月懸賽會中人共一百零
一各畫工皆可入勅建英國畫工會在色浮街每年三
冬兩月懸賽觀者入門費一先令勅建強水畫工會亦
在帕瑪街A字第五號懸賽無定期而必在前半年畫
工被選者一人不得逾六幅新畫閣在利貞街第百二
十一號每年由五月至八月懸賽畫軸雕工由十二月
至次年四月陳賽令古工藝入門者一先令得得蕾丹
青工藝會閣在庇喀的里街埃及堂每年懸賽兩次一

十七

自二月十二至三月二十七日一自六月初十日至八
月初極樂堂工藝閣前見日日開門任人游觀無入門費
每日開由巳正至申正水晶宮畫閣每年五月懸賽觀
者無另費德雷治學堂畫閣前見每月除禮拜日日日開
門無入門費女畫工會館每年正月懸賽丹青畫工會
在班得街第百七十五號時畫館每年正二月閒懸賽
雕刻銅版畫會在柴勤溪方之韋凌屯坊第十六號懸
賽月日未詳

二十七日庚子細雨陣陣未初星使約前九龍稅務司

告假回國之英人慶丕在賢揑木斯會館午酌因其明
日坐德公司船回華也名余作陪食有蠣蠔甚鮮星使
體胖不善飲酒于是通席飲滾水一壺以代酒申正回
使館

二十八日辛丑早細雨午初星使携二少君帶陳安生
乘火車赴多堪特蘭地方各廠游地距倫敦二百洋里

記西人用藥既得其品復求其精即如鴉片既列入劇
藥中知其有毒故用者非有醫家文憑不得購乃邇來
復由鴉片中搜得其精名曰麻非用為醫家之妙品按

十八

其功用能安睡能止痛能發表然其毒為尤烈每用不
得逾一釐八之一或四之一多則胃腸中毒必至戕生
用法係一機針初作彎形既改細針入玻璃管如外科
探膿之套針今竟興用細如毫髮之空心針玻璃管帶
度數表以測用藥之多寡用時先以左手拇食二指將
皮綳緊右手執針徐徐刺入僅三四分不得透入脈絡
否則危險立見較甚於吞鴉片時久而無法得救者嗚
呼鴉片之為害也蔑以加矣敗人之名傾人之家耗人
之精促人之壽雖云有此四害然于用者尚得遲延年

月、徐受其苦、至麻非、若悞用、能使人傾刻頹然、而仆、肢
體如冰、氣絲不屬、而魂赴夜臺矣、此種毒物損人之壽、
竟如是之速、總之、鴉片麻非、皆不亞於鴆羽、咸為戕賊
生人之物、而吾人竟依然視性命如鴻毛、視家財如糞
土、而朝夕樂用之、殊可慘也、今惟望吾人猛然醒悟、早
渡迷津、不用鴉片、聊治一時之疾、不用麻非戲醉、歷來
之癮、得受天賜之福、得享彭祖之壽耳、
二十九日壬寅、白晝陰、入夜暴風驟雨冷、記倫敦設有
種小飯館、英名悌路睦斯、義乃茶室也、通城五十餘處、

九

皆集股開設者、雖云小館、而亦層樓容人一二百、平時
賣加非茶酒點心、午後由酉正至亥初、賣噸飯、價則二
先令或二先令半、各中女堂倌二三十、裝束一律整潔、
且有樓上奏樂者、菜亦頗佳云、
三十日癸卯、陰、未正、星使率二少君及陳安生同、酉正
公讌、今日為西歷一千九百年正月三十日、英開議院、
君主宣詞諭上議院云、我前次宣詞諭爾上下議院諸
爵紳、論及與南斐洲失和一事、惜至今尚未了結、除該
國外、則各國邦交依然和睦、南斐洲民主國阿蓮渚自
主國侵佔我屬地、我不能不征而正之、宣告諸爵紳後、
爾等即同心相助、且陸兵極為奮勇、水師亦登岸出力
協攻、與古史冊所書無異、第士卒陣亡者眾、我心實深
憫惻、我皇國所有各屬地協兵協餉、均能公忠體國、我
心甚喜、我深信各屬地臣民咸能協助我南斐軍務、戰
勝攻取、以迄肅清、用敢以告我諸爵紳士、我與德皇訂
立條約、商辦太平洋中之薩木爾東戛羣島、間有數案
轇涉美國、美亦允從畫諾、我屬地之在澳大里亞者、凡
有五處、欲合為一、將來發其所上條陳、煩諸君公議之、

十

我屬地能自治其地、我心甚慰、至屬地合一、不獨屬地
獲益、其有益我皇國者亦匪淺鮮、我屬地兵弁在南斐
力戰、極有胆氣、洵為節制之師、至各屬地之土兵、亦有
願告奮勇、請臨前敵者、我雖未能概准、然其忠勇則實
堪嘉尚、印度藩王因南斐洲之役、協兵協餉、忠於朕躬、
即忠于皇國、我甚愉悅、中西兩印度去秋雨澤稀少、田
禾草場均有荒象、洊至成災、極為惋惜、我政府與藩王
現皆設法拯救、以免哀鴻、至該處疫氣流行、雖不盛於
去年、然亦不減、我殊抱歉、另諭下議院諸紳曰、本年度

支預算毋不日即當領閱。惟因與南斐洲交戰，兵部軍餉必須加增。凡用大兵一次，則武備之未修明者畢見。整頓儲備用款必多。諸君幸勿震悚，蓋大國欲籌自主，責承綦重，須養重兵，則須糜巨款。現在各處強國不惜重費，大修海軍，所以我國籌辦海軍，亦切勿稍鬆懈，再諭上下議院曰：外交用兵，本年費用不少，若修明內政，更糜鉅帑，恐不相宜，故可緩者則緩之。特有內政多條與籌費無與者，是宜急為公議，為改正有限公司律例、佃戶律例、教堂律例、蘇格蘭學政條例、愛爾蘭納地丁條例、衛拉斯第二等學堂、工藝學堂章程、借債章程、工廠造工章程、養顛院章程、工人住屋章程，即請次第會議，并前派查鐵道用人時有失險之事，現已查畢，呈繳條陳，不日亦當領出發議。至往南斐洲交仗將士，不享公舉議員之優例，實為偏枯。諸君請籌一法以昭公允。當此時局艱危，我盼望上天默啟諸公會議，妥協上迓天庥。

壬

光緒二十六年正月

初一日甲辰，陰。巳正，同眾著蟒袍補褂，隨星使向北恭拜

聖牌，行三跪九叩禮畢，團拜。今日著行裝馬褂者為沈荔虎、陳幼庸、嚴伯玉，其他不薙髮長寸餘及穿洋皮快靴者如曾叔吾、沈荔宪、陳幼庸等亦四五人。昨聞天下各洲鐵道之總數，共有三十五萬四千三百一十四洋里，內歐洲一十三萬洋里，南北美洲共十九萬一千零十洋里，斐洲五千五百三十洋里，雅洲（按非洲前于五述奇中改用斐字，現已通行矣。還音本無定字，今復將亞洲改寫雅洲）一萬七千六百三十洋里，澳洲一萬零一百四十四洋里。各處火車每年所獲之利，除一切使費外，幾乎對半。如歐洲者一年收二百五十兆，費一百三十五兆；美洲者收二百十九兆，費一百五十三兆；斐洲者收五兆，費三兆；雅洲者收十七兆，費九兆；澳洲者收八兆，費五兆。

初二日乙巳，陰。西人既稱精能，而猶太教人于謀畧尤為超等，且致富者頗多。英人考安者，猶太教人也，自上年四月內開工商會館，請星使在水晶宮午酌（詳見前）後，彼此往來甚厚，繼而倡請星使游覽英國各製造局廠。該會館之設，本欲通國各廠入會，奈會館初立，入者無

圭

多、于是考安登諸新報、謂伊將隨引中國公使往游通國著名各廠、以使該廠名傳雅洲、生意興隆、而公使身臨其地、亦與該廠增榮、其注意在凡廠之欲星使前往者、必求其人、既求其人、則須入會、蓋初入會者須費至二三百鎊也、由是各處製造局主爭先恐後、紛紛入會、聞有某廠主不欲入會、而不求其人、以公使既擬游覽各廠、則歸公使自主、于是自行稟請、乃求馬清臣轉星、稟到半閱月無回信、馬則兩次請示、星使皆答以再說、容再斟酌、該廠敬候月餘無法、遂具三百鎊入會、其後不數日、星使即親身往觀矣、由此觀之、考安之為人也、誠精能矣、其法之設也亦早矣、

二五三

初三日丙午、早陰霧、午後雪、入夜大雪繽紛、半尺有餘、倫敦冬季雖寒、而厚冰不易得、男女皆喜滑冰、因而設有滑冰樓三處、總名曰司開丁菱、有用機器自結真冰者、有用漆物作假冰者、滑真冰用鋼條鞋、滑假冰係于鞋底插四小輪滑動、與真冰同、亦皆高樓敞廳、淨潔華美、所設三處、第一在阿蓋街第七號、名曰弘樂爾、國人滑冰宮、鋪用真冰、每日由巳正開門、至子初入門、費不分、男女皆三先令、第二在衛斯民司得方約爾克街、名曰聶阿格臘、美大瀑布名詳見再述奇滑冰廠內有樂臺奏樂、入門費早晚不同、由巳初至未初、每人三先令、申初至酉正五先令、戌正至子初、仍三先令、又入內不滑冰者、早晚入門皆二先令半、凡論季買票者、每頁十二吉呢、不滑冰者折半、第三在奶子橋、名曰普林賽斯會館滑冰處、係專備該館同人作滑冰之戲、館中共一千五百人、願入會者每年男子十吉呢、婦女八吉呢、

初四日丁未、陰、記倫敦油水畫閣共設若干、于上月二

二五四

十六日業經述及、茲續聞有十四處、特補錄之、如兜確畫閣、在牛貢街第百六十號、每年由正月至七月湊懸名畫百軸、觀者入門一先令、阿格牛畫閣在歐貴街乙字第三十九號、每年春季專懸賽本國各學堂之水畫、法國畫閣在帕瑪街第百二十號、專賽油畫、每年五十兩月開門、入者一先令、古庇畫閣在利貞街第五號、周年懸賽本國及和蘭各學堂者、韓諾倭畫閣在牛貢街第四十七號、每年春秋兩季懸賽本國及各國之油畫、開門由巳正至酉正、入門一先令、樂美樹畫閣原名多蕾在

牛貴街第三十五號周年奏樂懸畫備人觀覽入門者一先令格拉甫也畫閣在格拉甫也巷每年由五月至七月懸賽新南衛拉斯（地在澳洲東南界）畫閣之畫法郎西人之畫及古日本畫馬克林畫閣在草市第七號每年四月懸賽本國及各國者洒慎那畫閣在特拉法勒戛坊每禮拜一二三六日開門由巳正至暮入者無費惟于禮拜四五兩日入者半先令學生仍無入門費洒慎那小影閣在賢馬踄印坊地與前閣毘連一切規模亦與前閣同英國技藝閣又名郃特畫閣在彌勒斑街一切日期規矩亦與前兩閣無異勑建水畫館在庇喀的里街之柏淩也閣每年正二三月專懸古時名人之畫入門者半先令又由五月內第一禮拜一日開至七月底改懸時人之畫入門者一先令徒司畫閣在草市第五百十六號每年于三五十三個月懸賽入門皆一先令入夜細雨冷

初五日戊申早陰午後黃霧一陣申初霧止仍陰記英俗于天主誕辰前所用之李子餅又名聖餅或糕其作法及所用之料乃乾葡萄三兩小黑葡萄乾三兩索子

三五

葡萄三兩糖餞棕櫞一兩香料或荳蔻少半匙生脂油三兩切碎乾麪包三兩研成細末乾麪三兩（如無麪包則麪加倍）雞蛋六個攪均紅糖三兩卜蘭的或他燒酒一盅黑葡萄洗淨乾葡萄須去核切碎棕櫞切薄片以上各料攙雜一處後加雞蛋與酒先用奶油將瓦盆內抹均以使光滑不澀拌成之料置盆中須較盆邊矮下寸餘因麪包受潮必漲也盛畢于盆上蓋白布然後置淺鍋中以滾水煮五點鐘取出去布將糕倒出欲食即食否則以布蒙之可存三個月賴天時之涼爽如我國之臘八粥也

初六日己酉陰巳刻馬眉叔建忠來拜星使並與諸同事由白紙洋片上印老爺道台馬眉叔聞其來此係招洋人集股山西開礦即時星使約其午酌並定明晚觀劇因彼此皆二十年前經李丹崖星使帶來水師學堂之舊同侶也（詳見四述奇）記倫敦蘇格蘭院又名遺物司之定規係凡行人在馬車或公車上遺失之物各車夫及管公車之人見之皆不准私收而送入此司失物之人往取言明何物則司中按所值二八或三七成收費如

三六

金銀錢鈔、珠寶表練之類、所值不逾十鎊者、乃每鎊收三先令、他物所值之不及十鎊者、每鎊收二先令半、物值逾十鎊、則加收若干、由司中之官酌定、按件所收之費、皆分賞送物之車夫、或管公車之人、遺失之物、所值雖不及一先令、而司中收費至少者一先令、各車夫于收工後、遇有行客遺失之物、須于二十四點鐘內送入附近巡捕房、由巡捕房送交遺物司、凡物于司中存留三個月後、如無人取問、則原物賞給車夫、或管公車之人、其中或有緊要公文之類、司中當另設別法

廿七

初七日庚戌、微晴、涼、記倫敦城內大飯館曰當斯托蘭、其著名者共三十六處、有定價賣頓飯者、其早晚餐及午酌夜飯（即看戲後所食者）、各價不同、有任客照單點菜者、彼此價亦各異、如大街第一嘉肴樓在亥高本衚衕、點菜、阿文代樓在庇喀的里街甲字第六十八號、其早餐四先令、晚餐十先令半、夜飯四先令、點心二先令、點菜亦可、凡入內晚餐及夜飯者、皆須著禮服、柏克當樓係在庇喀的里街第七十七號、早餐四五先令、外賞堂倌半先令、晚餐十先令半、賞堂倌一先令、點菜亦可、不備夜飯、晚餐著禮服、御用加非樓、在利貞街第六十八號、早晚餐皆點菜、夜飯五先令、賽西店在維克都里亞堤邊、早餐四先令、晚餐六先令、著禮服、寬悌南塔店在利貞街第一號、早餐三先令半、晚餐六先令半至十先令半、點菜亦可、柯里太廉樓在庇喀的里交道口、其西廳中頓飯早餐二先令半、晚餐五先令、大廳晚餐三先令半、女客飯廳竈前飯堂男客加非房及美洲烟房皆點菜、覺多洒樓在賢猩木斯街、來得爾巷、晚餐五先令、或點菜、柯里太廉東樓亦在庇喀的里交道口、早餐四先令、晚餐十先令半、夜飯五先令、飲食之間奏樂、晚餐夜飯皆須著禮服、弟洛蘭泗樓在函薄街第五十八號、點菜、弟拉斯喀悌樓在敎斯佛街第二十六號、早餐二先令半、晚餐五先令、皆在樓上一圈樓下池中、曰冬園、點菜隨時奏樂、談伊悌樓在司特蘭街、飯價公平、戛堤斯樓在司特蘭街第四百三十五號、點菜並零賣加非薰香、大店在特拉法勒戛坊、早餐由十二點三十分至三點鐘、三先令半、晚餐由六點至八點鐘三十分、五先令半、戛悌安婁得薩諾館在司特蘭街第百六十一號、萬本

廿八

樓、在亦萬本衚衕第二百十八號、大廳內、除禮拜日、早餐、點菜、晚餐由五點三十分至九點鐘、三先令九本士、近竈屋點菜、樓閣高大、可賃作茶會、罕斯克蕾森店、在罕斯克蕾森街、早餐三式四先令半、晚餐七先令半、點菜亦可、晚餐禮服、哈柴茲樓、在庇喀的里街、點菜、隨時奏樂、義大里店、在老康卜屯街第五十二號、早餐僅一先令半、晚餐二先令半、鬧特訥館、在格里克街、飯價未詳、洛昂斯店、在牛賣街、早餐三先令半、晚餐七先令半、點菜亦可、墨呢冠館有二、一在利貞街第四十六號、一

在沙茀斯百里大街第十九號、樓極廣闊、華美異常、在其萊內桑斯(義乃中興也、復新也、蓋數百年前西人樓閣裝潢概皆仿古、乃自五百年來處處修飾更新、其所以取是名、謂其華美隨時派也、)廳中、早餐三先令六本士、晚餐五先令、點菜不得在五先令內、此中隨時奏樂、在加非堂及近竈屋、皆點菜、多寡不拘、在其音特洒慎那堂中、(義乃萬國者也、天下人皆可入座也、)可設筵請客、容座由一百五十至四百、飯價每人由五先令起算、連酒則由一鎊起算、在其伊吉普慎(義乃埃及者也、式仿照埃及也、)樓閣中、容座由三十至一百五十、價與前堂同、更有路義第十五殿、(一切修飾陳設皆仿法王宮者、)

圓堂(式作圓形)、巴里堂、(造仿法京者)銀堂、(四壁銀花白玉石)及麻簑呢廟、薩外(指福立美遊黨)等名、皆可賃作議事處、奏樂堂、跳舞會等、店在維克都里亞堤邊、早餐五先令、晚餐十五先令半、點菜亦可、夜飯五先令、隨食奏樂、設有專廳、備人請客、皆禮服、亦須早定座、帕夏呢館、在大坡蘭街第四十四號、點菜、歐倭屯樓、在維克都里亞逼勒丁斯街第三號、點菜、談樓魚飯出名、普來威達立館、在寇文他里街、早餐二先令半、晚餐三先令半式五先令半、普林賽斯館、在庇喀的里街、早餐四先令半、晚餐五先令半式十一

先令、晚餐著禮服、極出名、須早定座、特婁喀代婁館、在沙茀斯百里大街、早餐三先令、晚餐五先令式七先令半式十先令半、夜飯三先令、以上點菜皆可、專僱法廚工、隨食作樂、有雅座、婁麻諾斯館、在司特蘭街第三百九十九號、三餐皆點菜、司閨茲樓、在寇文他里街、三餐皆點菜、辛樸森樓、在司特蘭街第百零一號、三餐點菜、設有棋局、賢翟木斯館、在庇喀的里街第二十四號、早餐二先令半、晚餐二先令半至五先令、點菜亦可、每禮拜日一點至三點鐘、六點至九點鐘奏樂、他威斯托克

店、在砅阿薩斯街、專備男客、點菜、魏立斯樓、在利貞街第二百二十九號、點菜、韋良槐里樓、在堪興坦園坊、第五十至五十三號、點菜、韋理司館、在克英街、晚餐點菜、早餐夜飯皆四先令、半夜晚皆須著禮服、以上各處皆有電信暗號、並通得律風、有號碼四方照顧者、皆可隨時飛信定座也、

初八日辛亥、晴、冷、雨水面微冰、記英人嗜飲啤酒、工匠尤甚、昨聞在英蘭中界稍北、得貝晒府之晒卜路邨、地產煤鐵、工匠稍多、通邨計人男女共六千二百四十、乃每一禮拜、竟飲至一千五百夏倫、觀終日酩酊、飲酒如水、家丁不顧、或謂羣居醉鄉、毫無禮義、皆可視同畜類、而不以人待之、且此邨即可名之曰啤酒大歡邨云、

初九日壬子、微陰、霧、冷結冰、倫敦朝會每年二次、皆在賢猩木斯宮、為大太子衛拉斯王及三太子寬諾公立代君主、名見、第一次在西二月、第二次在五月、每次皆在未正、凡國人之欲覲見者、須先在賢猩木斯宮前御馬院禮官公署、英名洛得詹柏林斯教扉司中投名挂號、其初次者、無論男女、更須經官察明其人之身家品學名望、呈覽君主、准否朝見云、

初十日癸丑、早黃霧一陣、然燈、巳正霧散、仍陰、記英國寶星十五種、總名曰敖爾得爾、第一名阿拉柏美達喇義、乃阿拉柏賞牌也、阿拉柏英君主夫名始自西歷一千八百六十六年、同治五年以賜在海面勇敢救人者、頭等長圓形、周四寸餘、厚二分、金質鋪深藍瓷、正面鏨起減筆 V A 二字、及一錨、合成一處、作形、皆金色、外圈古銅色、寬約一分、鐫以特賜海面英勇救生八金字、星上一冕、形似倭侲、繼而陸地奮勇救人者、亦以此賞、惟改紅瓷、去錨圈邊、改鏨陸地英勇救生六金字、二等係銅質、式樣文字與頭等同、其式如此第二名曰巴斯義、乃男爵也、創于西歷一千三百九十九年、明惠帝建文元年延至一千七百二十五年、雍正三年始行製造、至一千八百十五年、嘉慶二十年分作三等、一曰迺自格蘭克洛斯、二曰迺自孜蠻得爾斯、三曰迺自康巴年斯、大義皆與巴圖魯勇號畧同、逮至一千八百四十七年、道光二十七年始行賞用、乃金質白瓷十字、四頭作魚尾形、十字中心鏨以英蘭玫瑰花、愛爾蘭沙木洛白花、蘇格蘭堤斯勒綠葉、及三王冕環

一圭壁、外環一圈鏨以臘典成語、上半紅瓷質云特倆几攸榍音雲下半藍瓷質云伊分的安義乃三邦合一也、圈外又纏以桂葉兩枝、自上向下左右抄環、又十字四夾縫空中各一獅子、其式大率類此此外金鎖跨帶亦有分別、第三名曰克撈恩敖因的亞義乃印度皇權也、始于一千八百七十八年光緒四年男女皆賞、形長圓周亦四寸、金質、當中以鑽石珍珠藍寶石等攢成減筆VRI三字作亞形、義乃君主帝后維克都里亜也、此外珠寶各一圈、繫帶淺藍、左右白邊、其式如此

三五三

第四名的斯丁圭什得色爾威斯敖爾得爾義乃特賞超羣、其品亞於統轄印度寶星、始于一千八百八十六年光緒十二年形作粗十字、或横竪雙銀錠、周約五寸、金質白瓷金邊、當中紅瓷、乃一金王冕、纏以桂枝一圈、背面亦然、惟王冕改減筆VRI三字義見前、繫帶紅色、左右藍邊、其式如此第五名戞爾得爾義乃襪帶也、其製所本詳見後、始于西一千三百四十八年元順帝至正八年、當英王埃倭第三之世、為極古者、形以亮銀作八角、中心一紅瓷十字、繫帶深藍、另有金鎖連以金龍銀星玫瑰花等、外一襪帶、帶上綉以法文敖呢蘇瓦吉麻里邦斯、義乃惡念自慚也、其星式如此、第六名音顛安派爾義為統轄印度、始于一千八百七十八年、光緒四年專賞人之功勛有關印度者、式作玫瑰一朵、五瓣分寫印度等字、中一紅瓷圈、上鏨維克都里亜帝后七金字、圈內鏨君主頭相、繫帶正紫色、其式如此、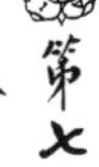第七名洛亜雷得克洛斯、義乃御前紅十字、始于一千八百八十三年、光緒九年以賞在水陸戰場醫院中療救扶養受傷兵弁之婦女者、式作紅瓷十字、金邊、周四寸餘、中心一君主小相

三五四

十字四角、上刻費斯篤信也、左刻插立悌仁慈也、右刻候鋪誠望也、下刻1883、一千八百八十三年也、背面中心刻王冕及VRI三減筆字、繫帶深藍、左右紅邊、其式如此、第八名曰洛亞維克都里亞敖爾得爾義乃維克都里亞御賜寶星、始于一千八百九十六年、光緒二十二年為專賞伺候君主者、其形式顏色未詳、第九名曰賢米晒與賢卓志上為一天神名、下為英蘭神名始于一千八百十八年、嘉慶二十二年先專賜有功于艾歐年羣島地近希臘西界者、既于一千八百六十八七十八等年即同治七年至光緒三年擴充其例、凡

其功關屬地及外國事務者賞之係一白瓷星光分七岔鑲以金邊每岔作魚尾形中心一十字背面有王冕十字金龍繞以藍圈刺有敖斯皮色木美里歐立埃威等字義乃吉祥先兆也繫帶藍色豎有紅條外有金鎖係獅子十字及S.M. S.G.等字本義未詳其式如此第十名賢帕特里克（愛爾蘭神名）始自英王卓志第三係西一千七百八十三年（乾隆四十八年）乃一八出銀星周約五寸星中一十字字上鐫以愛爾蘭沙木洛一朶每瓣上刺一金王冕外纏一圈藍地上鏨金字云怪賽派當必義乃孰分之蓋指英愛兩島合一不得分離也繫帶天藍色外亦有金鎖等其式如此第十一名司他爾敖伍音的亞義為印度星始自一千八百六十一年（咸豐十一年）專賞有功於印度者分為三等名與第二巴斯寶星同造以亮銀周四寸餘當中凸起其光閃爍繫帶淺藍白窄邊其式如此第十二名堤斯勒（蘇格蘭花名）始于一千五百四十年（明世宗嘉靖十九年）式作一斜金十字上覆一銀星中心二綠瓷葉拱一金堤斯勒花外一綠瓷圈上刺金字云洒謀米因卜內賽奚義乃傷我者我亦傷之佩

三十五

帶深綠色外有金鎖連以堤斯勒花等其式如此第十三名維克都里亞安得阿拉柏乃君主與阿拉柏王也始于一千八百六十二年（同治元年）為專賜婦女者式作長圓外一圈小金花分布七銀葉中心鏨君主夫婦頭夫右婦左繫帶粉紅其式如此其第十四名曰維克都里亞克洛斯義乃維克都里亞十字也始于一千八百五十六年（咸豐六年）專賞在前敵忠心勇敢者係一銅色十字中心上一圓圈內含獅子下一月牙鏨字一橫曰佛耳瓦洛爾義乃賞其剛銳也凡水陸大小兵弁之得此寶星者外有卹賞十鎊其式如此

十一日甲寅陰巳正羅叔羹之夫人攜其幼女帶洋女僕阿里斯坐英公司赴新嘉坡小荷及林武弁送至碼頭臨別不惟小荷洒淚而林武弁亦因而目赤記英國一量地里或行船里長六千零八十尺或二千零二十六碼零三分之二英國火車山洞之至長者在賽倭安鎮（地在英蘭西南界格婁賽斯特府）長四英里零六百二十四碼其次逾三英里者三二英里者五一英里者三十三大島四面臨海山多可知矣

三十六

十二日乙卯微陰巳正星使帶劉孫森曾叔吾陳幼庸
並二少君坐火車赴蘇格蘭之格拉斯溝與牛喀色二
城游覽各廠先是同事沈荔完面稟星使謂攜帶妻子
侍婢在此費用不足今後職名不拘或升參贊或仍充
隨員皆可惟月得薪俸三八二百四十兩方可星使聞
而縐眉云雖同鄉世交而照章無此辦法稟呈差滿批
准回國後又請其夫人少君侍婢之川資照章隨員無
家眷船費當前派其夫人入女學會時曾允給隨員俸
薪至是批發兩個月共四九三百六十兩雖女隨員補
給仍以九成其待同鄉之誼不為不厚矣

二二七

十三日丙辰陰霧倫敦魚肉果菜雖云四季不絕而有
專于何季最佳以及何季最貴者如牛肉四季不缺惟
夏季者不佳羊肉當小羊肉盛時不佳蓋本國者在三
月至九月其餘皆來自牛錫蘭等屬地也扁魚夏季者
最佳他如大扁魚蝦蠏等四季皆鮮惟比目魚于二三
四月者不佳雞鴨中惟家雞于五月最貴菜如蓁菜番
薯菠菜龍鬚菜皆夏季者鮮美果品如平果葡萄橘子
及各種乾果亦然又于巳初至倭特路車棧送歐理斐
率其二子回華
十四日丁巳早陰酉初大雪狂風冷記英人論食物之
易化及不易化者按魚類其不易化者為鱸魚蝦米鹹
海魚比目魚海鰻鮭魚螃蠏龍蝦青花魚及螺蠼等易
于消化者為蠣子扁魚煨鱔鱒魚黃尾鱎撻沙魚家禽
野味之不易化者為鴨兎鵝山猫火雞白嘴鴉易化者
為家雞竹雞鹿肉雉鳩沙錐水鴨肉之不易化者為醃
肉猪肉（烤者尤甚）脂油鹹牛肉小牛肉易化者為羊肉小羊
臓腑小牛頭腿牛腦子菜之不易化者為黃耆白菜蘿
蔔生芹菜苦蘿蔔胡蘿蔔生菜防風煮番薯紅頭菜甘
藍菜其易化者為龍鬚菜烤番薯蘑菇菜汁葱蒜米飯
水芹菜果之不易化者乃杏仁栗子果核黃杏無花果
波羅密乾葡萄小葡萄子葡萄甜瓜與桃其易化者為
香蕉櫻桃青梅榛檬枸杞黎李地椹也

二二八

十五日戊午鎮日陰晴不定涼街道雪化泥水厚寸餘
記天下五大洲及各羣島語言文字之不同多至二百
餘種察西國文字之始乃先經衛呢斯人（地在義大里正北稍東界）
創作諧聲法一音一義入耳即明乃字母數十按音顛

倒拼話、極屬便捷、希臘人繼仿行之、僅作字母二十有八、以後臘典羅馬亦皆次第學作、故今歐洲語言多出自臘典、大同小異、皆不離乎本旨、惟俄國畧變希臘文、為三十二字母、亞剌伯亦作字母、而印度字母多至五十、暹羅字母亦二三十、中國上古結繩而治、今斐澳二洲之野人猶用其法、聞古之歐人記事、亦有用手帕作結一說、中國上古蒼頡作六書、多象形、埃及古篆亦然、而墨西哥、秘魯、智利等國此法尤盛、惟美洲北境之紅皮土人迄今聲教未開、猶以畫代字、極屬新奇、按其地

卅九

分段落、有土酋掌之、酋與民俱作狗或作雞、乃大者為酋、小者為民、大篇如此、殊類燈謎、觀之令人不解、有費心神、即或解之、亦令人噴飯耳、

十六日己未、鎮日暴風驟雨、涼、記倫敦賽馬會一年兩次、第一次于西五月二十八、三十、三十一、三天、係設在水晶宮、門由巳正開至戌正、入門者一先令、座須預定者價二先令半、五先令至十先令半、宮中備辦上等噸飯者、名羅柏爾館、席菜頗佳、每人七先令半、另有烤炙房、英名格立勒路木、可喫烤牛羊排骨之類、隨有煮白

菜等兩種、費僅二先令、第二次在六月初十、十一兩日、係在李池門村中老鹿囿地、距倫敦九洋里零四分之三、入門費亦一先令、設有看臺、臨地前兩圈、第一日每座十先令半、第二日第一圈每座十二先令半、第二圈仍十先令半、再上每座五先令或二先令半、草地中每座三先令半、車輛入內者按馬每匹五先令、四匹馬者一鎊半、車須前後魚貫而行、不得亂馳、御車馬入號中餧飲者每匹二先令半、聞此會每年王族、太子、王爵、妃及福晋等必有往觀者、

卌

十七日庚申、早晴、巳正狂風驟雨一陣、午初大晴、入夜風涼、記英君主卜靜宮朝會、每年設在西二三月間、時在申初、凡婦女之欲入宮覲見者、亦須在賢猩木斯宮旁禮官署中留名、以備考察、後呈請君主批准、按赴朝會之車價、單馬者先兩點鐘九先令三本士、以後每點鐘三先令半、雙馬帶跟役者先兩點鐘二十九先令、以後每點六先令、其他更有二三吉呢半者、

十八日辛酉、鎮日陰晴、風雨不定、戌初一刻、星使率曾劉陳三君及二少君回、星使受寒不爽、記倫敦每年有

賽狗會兩次第一次亦在水晶宮中乃設于西十月十八十九二十三日入門費一先令其他一切見前賽馬會第二次于西六月二十二三兩日設在藝植園中此會係經婦女所設名曰婦女狗寓會按英語係藹的斯凱乃阿搜什伊慎收入門費每人五先令所收之費以一半分助救牲會內此會洋名洛亞搜賽伊的佛爾辰普蕾文慎敖伍克路埃拉悌秃阿呢麻勒斯義乃勑建禁免戕牲會也

十九日壬戌陰入夜風雨交加涼英國古無瓷器自君

四十

王以至富室皆用金銀盤各盤皆有記號可以知其今古故現在王宮府第及各衙署會館如卜靜宮極樂堂曼琛萬斯金匠會館等每于設會宴飲皆壁上懸列金銀大盤燦爛輝煌皆數百年前之古器也倫敦金銀器行自古至今以鏨豹頭為記惟國君御用者鏨一獅子為記年歲記以二十五字母乃中除一J字用由第一字至第五字及由第六字至第二十六字每年改用兩字如第一年用AG次年則用BH如此類推字之形式如中國之真草隸篆各體又每二十年一改造器局主人之記號用其名姓之起首二字納稅記號鏨以君王之頭以上記號之可考者始自西一千七百零二年康熙四十一年時為君主安呢之世年歲字為ɑS二字此種字英名餽音特瞎爾丹得義乃怪體也至一千八百九十九年即上年乃用ɑC二羅馬字

二十日癸亥早陰暖午後風雨陣陣星使因前日受寒晝夜喘嗽記西國瓷器始興於一千七百九年康熙十八年經德國薩克森邦梅森城之諳燒煉人卜特格者創作當時雖名曰瓷然其體質粗輕不實類乎瓦器上釉後其工人攜秘法逃去他處

四十一

于是德之各邦及和法等國皆摹仿之至一千七百三十年雍正八年英人亦得其法初在巴歐城不久在柴勒溪達爾貝浦萊茂斯等十數處亦皆造之自古至今一切瓷器各處皆自有記號或刻或畫形式新奇如𥫗字⚹平忄⊠△※⊠其他可識者或字或王帽以及鳥馬樓房刀錨等然皆不知其何所取義耳

二十一日甲子鎮日陰晴風雨不定巳刻見雹大於米粒記英國王冕之式大制類乎倭帨又似古之英雄帽聞現在英君主維克都里亞即位之冕係前于西一千

八百三十八年、道光十八年君主御製、其上一切珠寶、係自各舊冕及他物上摘下集成者、式乃先一紫絨冠、作形、外一金銀質珠寶鑲嵌之十字罩、又作如此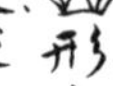形、十字頂上先立一以五十四塊紅鑽石攢成之圓球、球上另一長方大金剛石、帽口處先圍銀鼠一圈、襯以黑毛點、其總式如下皮上下珍珠兩圈、下者共一百二十九粒、上者稍大、共一百十二粒、二圈之間、正面碧玉一塊、長方、後面另塊稍小、前後兩塊碧玉之間、左右各小碧玉三塊、鑽石四塊、葱玉四塊、又在小碧玉之上下

四三

襯以鑽石十四塊、八塊葱玉之四圍、共鑲鑽石百二十八塊、在碧玉葱玉之間、每空以十塊鑽石排成I字、十六空共計鑽石百六十塊、圈上十字罩下四空中、先共鑽石碧玉各八塊、于每鑽石與碧玉之間、橫一鑽石花練、名曰費斯也盧必、計共一百四十八塊、十字罩下正面中間紅寶石一大塊、長圓形、四面圍鑲鑽石七十五塊、又作長方形、其他左右與後三面亦然、惟中改葱玉各一塊、稍小、所鑲之鑽石、因粒大小不均、故數亦不同、乃一鑲一百三十一、一計一百二十四、一共一百三十二、

又在四空中、每二碧玉之間、立一寶石花、作如意或火字形、法文名曰芙署得立義、蓋蓮花也、每上紅寶石四塊、嵌以紅鑽石八十五六七塊不等、又由四鑽石鑲寶石之長方處向上、為十字罩、櫟其上共以七百二十八塊紅白鑽石攢成櫟葉、以珍珠作櫟實、總之、其上共計紅寶石一、大碧玉一、小碧玉十六、葱玉十一、小紅寶石四、大長方鑽石一、亮鑽石一千三百六十三、紅鑽石一千二百七十三、平鑽石一百四十七、滴形珍珠四、大小珍珠二百七十三、此冕重共三十九兩五錢、

四四

二十二日乙丑、晴、星使因髀胖、上下樓不便、自羅叔蕤夫人去後、擬移住樓、令馬清臣挪上第二層、馬清臣謂須將地毯起去、樓板四壁咸以藥水刷洗、方肎搬上、蓋前曾襲侯星使之妹丈陳叅贊松生遠濟夫婦、皆由癆症故于二層屋內、此次羅星使夫人又故在是屋、故當概行洒埽、以免傳染、蓋癆病傳染、邇來始經察出、因患病人肺經產種星點之物、似蟲非蟲、隨嗽吐出、其質極小、以顯微鏡窺之方見、而仍不得辨其形、此物如穀種、病人吐出、凝滯于樓板或毡氊之上、乾後飛起、雜于塵

垢之間、雖三四年後、苟經人吸入口中、嗡歸肺腑、則依然滋生成病、故謂其與穀種同、故謂此症亦能傳染也、入夜微風、冷、

二十三日丙寅、晴、酉初、有駐德學生吳吉甫（永焯）來拜、係吳蕙吟堂憲族孫、來此學習英文、執有呂鏡宇星使一函、遂即引往前胡同坡蘭店中、記西國婦女之服飾、自古迄今、其外式大制雖改、而內則依然、其褲短而襪長過膝、恐其垂縮、乃以花帶束之、此帶英名夏爾得爾、帶寬半寸、富者亦修飾華美、襯以珠寶、然帶頭扣以銀環或銕圈、有時因扣得疎忽、抑或步履用力過重而致扣開遺落、外國跳舞會亦非自今日始、如前于西一千三百四十年間（即元順帝初年）、當英王埃倭第三時、一日宮設跳舞會、因太子衛拉斯王適見地一襪帶、不知何人所遺、拾起舉示、以冀失主往認、當時左右人多掩口而笑、太子怒曰、生惡念者其自慚愧之、蓋謂己無惡念、而他人之生此念者、他人當自羞愧也、由是遂勅作襪帶寶星、以賞人焉、（一切詳見前）

二十四日丁卯、陰雨陣陣、午後、薦吳吉甫入高爾街第

四五

六十四號薩爾家塾中、與國柏思、六四君同學、戌初、劉蓀森、曾叔吾、陳幼庸、王究南、羅小荷同邀余與沈藕生、吳少序、沈荔完、王少山、王香圃、尹元輔、吳旭霄、嚴伯玉在利貞街賢卓志館晚酌、此館前後有門、亦頗崇閎、後門在庇喀的里街內、除大廳外、雅座間間寬敞整潔、是館前日未經敘及者、因其不甚著名也、

二十五日戊辰、陰雨如昨、酉初、林琴蓀自比都到、即為星使診脈、據云無大關礙、著涼而已、記倫敦街道歸工部局管、如官欲用地、不得勒令住戶搬挪、蓋凡人家鋪戶租賃樓房、皆先議定共租若干年月、如官欲開敞道路、或因他故須拆毀樓舍、則必詢明住房之人、按月應費若干、須得若干、共若干年月、皆須官場賠給、苟嫌所索太鉅、則須待其限滿而後遷移、

二十六日己巳、微晴、聞英之維克都里亞十字寶星、自興用以來、僅當年賞勞一人、係前于西一千八百五十六年（咸豐六年）、當英法合兵助土攻俄時、忽一俄之炸彈落某銕甲船面、有學習海軍官（此官英名米得什伊普曼、乃官宦幼年子弟之入水師學習者）盧克思者、見其彈雖烟氣尚騰、幸未觸及崩裂處、

四六

伊既不逃避、且謂彈炸船必損壞、人則或殞命或受傷、
皆未可知、莫若一人當之、苟不炸則通船兵弁之幸、若
果炸、亦祇我一人之命耳、意定、遂乘其勇烈之性、將彈
抱擲海中、纔入水即炸、船中人一無所傷、君主聞報嘉
其忠勇、賞此寶星、伊為通國得此寶星之第一人、而亦
僅此一人、殊覺榮耀、其人現授水師提督云、
二十七日庚午、早陰、午後晴、戌初復陰、大雨一陣、林琴
蘇起身回比都、記伊苓屯方額伯爾街之稼穡堂前見、每
年不僅設牛會及演兵戲、乃臘月牛會與演雜劇、連至

正月、二月設狗會、二三兩月設馬會、五六兩月演兵戲、
十月設擠牛奶會、此外更有三月桌椅牀榻會、四月皮
革會、六或七月藥料會、九月糕點果汁會、十月雜貨會、
十一月啤酒會、以及脚踏車會、除各會期及夏季外、又
每晚戌正排演黑醜雜耍、樂奏鈞天、以供附近男女往
觀云、
二十八日辛未、陰雨陣陣、亥初送沈藕生、王少山二君
至倭特路火車棧、登車赴騷桑屯海口、坐德公司船回
華、記英例、人民當兵、弁不勤、令凡幼年子弟有願投營

者、經官醫驗其身體高壯、氣力充足、後官乃即行登簿、
給一先令作定錢、其有偶因羨慕兵衣華美、或因一時
奮勇、或被他人引誘、投効入營、其後或自悔、或被父母
申斥、而告退者、須奉官十二鎊作罰款、雖已操練數年
而告退者亦然、蓋謂教習費神而給衣食也、
二十九日壬申、陰雨如昨、戌初馬清臣夫婦約飯、酒食
饜飫、亥正謝歸、記在英國立文浦、西印度等埠頭、皆有
小巷夥居華民、一切茅店、酒肆、賭局、烟廊、雜貨鋪俱全、
凡華工水手至彼、往往被人引誘、逃去他口、因而得法

容或有之、但多有致妙手空空、貧苦無依者、更有可恥
可惡者、乃貨物售與華人、價反加倍、亦奇聞耳、
二月
初一日癸酉、晴、戌初、陳安生、于心泉、袁仁圃、柏峻山、國
幹臣、恩崑峯、六定成、仝約余與吳少序、王香圃、尹元輔、
吳旭霄及榮驊在盤屯巷第二十八號睹美的館晚酌、
記英兵自與南斐洲開仗後、屢勝屢負、前日戰勝渡河、
奈無地紮營、遂經退回、繼而英兵共到二十萬、鏌甲戰
船若干艘、運礮上岸、經將軍駱柏爾卜蕾傅蘭池督兵

攻擊連三日大勝奪回蕾的司米斯城救出被困英兵
多名因而今日倫敦通城大街小巷鋪戶人家咸插國
旗于樓頂窗前以誌慶賀大小車輛有插小旗于車棚
上者有拴紅白藍三色綢條于鞭上或馬耳旁者行人
亦多有以三色綢條叠成小菊一朵挂于胸前襟邊者
沿街更有托盤售此三色菊花者幼童群群二三百鼓
吹街行陣陣歡呼通宵達旦
初二日甲戌細雨淋漓戌初星使約余及吴少序沈荔
宪王香圃尹元輔吴旭霄嚴伯玉及榮驊在庇喀的里
四九
街賢瞿木斯會館晚酌祖餞星使現雖飲食如初而仍
畏寒乃派羅小荷率林武弁代陪是晚惟吴旭霄洋裝
因謂食畢將有事他往也亥正回使館
初三日乙亥陰閽有倫敦名醫康貝者前與冠文閣少
婦馬麗雅治病竟至私通初次少婦愛二次喜三次乃
悔告知伊夫某甲某甲怒而鳴官至如何判決未聞
初四日丙子微晴午初至維克都里亞火車棧送吴少
序尹元輔吴旭霄嚴伯玉及沈荔宪夫婦帶其少君女
婢走法國至義大里熱諾瓦海口登德公司漢諾里船
回國為避七日地中海之風浪也
初五日丁丑陰晴不定吴吉甫自到此後一因暈船成
疾再因不慣洋餐往往終夜不寐屢次來此叙其苦情
余聞而憐之于是先一次約其便酌今日復約其晚餐
旋差人去各國使館及所識各英人如赫承先金登幹
等家送片辭行
初六日戊寅陰晴不定如昨酉正劉葆森約在大坡蘭
街坡蘭店中便酌店雖小而有烟房客廳冬園等亦頗
軒敞記前于二十三年十二月羅星使咨呈總署内稱
平
為咨呈事竊照光緒二十三年九月十七日承准貴衙
門咨開光緒二十三年七月十五日准　欽差頭等
出使大臣總理各國事務尚書銜戶部左侍郎張大臣
咨稱隨使出洋學生到洋後或從師誦習洋文或入學
堂肄習專門之學應由出使大臣酌量分派惟薪費一
切未經明定章呈無所遵循外洋肄業之費每月自二
十鎊至十鎊不等加以筆墨書籍等費若概從該生等
應支薪水一百兩內開支所餘無幾不敷旅費且恐因
節省經費起見自安簡陋轉失出洋肄業本意應查照

分赴英法俄德四國肄業學生一律辦理以收實效嗣後隨使學生應由該生原支薪水每月一百兩內提出五十兩以為從師束脩飯食筆墨書籍等項之費不敷若干由出使大臣核實支發年終彙報該生等原有留支贍家銀兩者統限以二十兩為率不得加多庶在洋用費不至拮据得以專心肄業等因查留支贍家銀兩舊章本係不得過十成之一近來學生逐漸通融竟有留支十成之三四者稍減匯兌之虧而諸事拮据殊為非便來咨所擬條為造就諸生學業起見相應咨行一

卒

體照辦可也等因承准此查張大臣前在英國曾經將釐定出洋學生薪費各節與本大臣商議意見相同所有前承貴衙門咨送之同文館學生王芸于德濬二員業經本大臣自本年六月初一日起按照新章每月定發薪費五十兩留支銀兩即在其內仍不得逾按月二十兩之數以示限制其從師束脩飯食筆墨書籍等項即在提出五十兩數內領用如有不敷核實支發年終彙報核辦在案承准前因理合具文咨呈云云雖有以上往來咨文迨王香圃稟請銷差呈領歸裝川費乃仍按五十兩發給兩三次以總署咨文之意求小荷代達三日前始以百兩補足又留于心泉搬回使署當差二月初應領俸薪而亦以五十兩與之心泉謂小荷云在學堂每月除領五十金外尚有早晚兩餐如此則反須賠墊矣小荷佯作不解仰首思之良久始云不錯當代為稟明云云

初七日己卯陰晴天色如昨鎮日收理行裝戌初韓牖約飯辭謝未往新嘉坡署領事等具稟三年報滿并未呈送履歷及具領歸裝川資等乃除留星使之經羅叔

卒一

羹與其內弟魏辛叔外其他如楊仲卿余丹疇林筠台概行批令回華

初八日庚辰微晴早發行李至倭特路車棧接尹元輔信知伊等于初五日酉正抵熱諾瓦惟沈荔亮夫婦與其少君于初四日在巴里換車誤登他行不知所之申刻英君主由文莎行宮回倫敦乘輴車走教斯佛街及利貞街屁喀的里街入卜靜宮沿途左右人家鋪店皆懸旗迎迓兩邊男女林立觀者如堵牆

初九日辛巳晴申初英君主由卜靜宮駕四馬敞車走

維克都里亞街、教斯佛街、利貞街、申正至坡蘭街、經過本使館、再走馬力貴街、回宮本街自躴躿店至小花園、左右各家插挂國旗、窗外橫紅綢花布虎皮等、又左右橫三繩、中懸大小國旗五六七不等、通街自午後男女擁擠如蟻、既不喧譁、亦無誶語、有時齊聲呼喊、無非慶賀欣歡、馬步巡捕彈壓、街東排車、車前排人、街西樓前亦排人、中留空路一條、男子多舉小旗、婦女亦襟插綢花、先是紅衣乘馬護衛五對前引、既而御車過、君主正坐、對面為大太子妃及四公主、車後另隨護衛二對、前

五十三

後十四員皆手執槍、腰跨刀、宮車過則左右男免冠、女請安、君主向之左右點頭、本使館上懸龍旗、二層樓大客廳前有鐵闌、圍以紅絲綢、橫插兩小英旗、看時林武弁與星使二少君之女教習胡克小姐立正中、左右為星使之二少君、楊跟役及郭成衣、其他叅隨學生供事皆立其後、晚接信知沈荔寃夫婦于初六夜亥刻趕回熱諾瓦、初七日早開船、亦云幸矣、初十日壬午、晴、午後至高爾街第六十四號拜柏國恩、六、吳五君及其教習薩爾父女、與之辭行、薩爾謂伊子卓志現年十七歲、身體魁偉、高逾四尺、去歲奮勇投營、在南斐洲臨敵、脩不知懼、身曾受傷、不日息兵回國、當受重賞也、少坐復去、劉葆森、馬清臣、曾叔吾處辭行、十一日癸未、晴、記倫敦英國博物院之雅洲所藏蓄中國瓷器極多、瓶罐五彩、亚白、以及盆盌共數百種、其他玻璃罩中之寶物有

懋勤殿雙龍印盒、碧玉雙龍柄、三寸見方、厚八分、篆云十全武功之寶、青玉雙龍四爪柄、四寸見方、厚寸餘、篆云萬壽山清漪園、灰玉一龍柄、寸半見方、篆云自強不息爲

五十四

玉一豹柄、寸三見方、篆文亦自強不息、碧玉鴛錦雲章、篆云（循連環 連環循 環循連）乾隆戊辰春月御製、

御筆楷書兩頁、云不見養遇非與五更相提並論也、註云、老五更者多矣、或謂上中下壽、或謂工商農、而不及五更、或謂明天地人與五行之事、或謂取象三辰、五星、或謂知之、又有象牙闌防、瓷玉菸壺七十餘、瓷盤百餘、今古不一、象棋、樂器、烟槍、烟具、女鞋、草鞋、緯帽、小帽、種種不可枚舉、申刻率香圃、榮驊叩辭星使、十二日甲申、晴、辰初睡起、點心畢、收拾隨身行李、辰正

偕王香圃與榮驊率許立吳榮升乘馬車至倭特路車棧送行者爲曾叔吾夫姊劉蓀森陳幼庸羅小荷陳安生于心泉表仁圃國幹臣柏峻山恩崑峯六定成吳吉甫沈蟢南林武弁巳初登車一刻十分開車行極快午初一刻抵騷桑屯因行李給有號目小票下車至稅關按票收取後登小輪船上梯時有人執簿按人點名午正展輪行數十里改登公司大船普樂仙又名柏文森未初開行出口甚平水黑色入大西洋

十三日乙酉鎮日陰晴不定涼船微搖至午正行三百三十洋里在赤道北四十度四十八分柏林西六度三十五分共遇大小往來輪船七艘夜過碧斯礮海灣地在法國之西日斯巴尼亞之北

五三五

十四日丙戌晴暖早間舟微搖午後平至午正行三百四十一洋里在赤道北四十一度四十分柏林西九度三十一分連日南行水皆黑色

十五日丁亥晴南行稍東東面見山遠見漁舟三兩白屋數椽綠樹蒼茫遙望如數叢沙草巳初北見燈樓乃葡萄牙國西南界之賢萬森地角也過此轉東遇輪船四午初風逆船漸簸揚至午正行三百三十三洋里在赤道北三十六度四十六分柏林西八度七分自未刻狂風巨浪水打入窗入夜尤甚因路窄水逆流船故簸揚夜出大西洋入地中海

十六日戊子風雨交加冷卯初過支布洛達英屬地也詳見述奇四午初雨止稍晴午正大晴仍東行共走二百三十三洋里在赤道北三十六度二十七分柏林西三度三十五分北面見山日斯巴尼亞正南界也左右共遇風篷火輪十二雖波濤洶湧而大船平穩乃遙望他船依然搖蕩

五三六

十七日己丑晴東北行水平船穩水色深藍至午正行三百二十九洋里在赤道北三十九度三十七分柏林西一度五十一分東面二島甚長自巳至酉絡繹不絕南之大者爲義國之薩爾的呢亞北之小者爲法國之闊爾兾喀入夜風起浪湧船則搖蕩簸揚共桌晚餐者二三人而已夜半扶牆步入香圃艙中見其嘔吐瓷盆將滿遂雙手捧出肘臂倚艙板而行爲之傾入廁中迨出門以活水洗滌時偶一失防幾乎跌倒送回艙內伊

則作嘔依然、航海暈船之苦、亦不堪之境也、

十八日庚寅、晴、狂飆號怒、奔濤澎湃、黑水白花、一望無際、午初西面見山、為法界、至午正行二百九十一洋里、在赤道北四十五度、柏林西六度四十六分、仍東北行、未初東面青山一縷、頻見郵鎮燈樓、乃義國西北界也、未正逆風尤冷、而船平、申初抵熱諾瓦、申正進口、子正船尾傍岸、口內船隻甚多、惟見水面岸上、山巔燈光行行、燦爛輝煌、如明星密列、終夜上下客貨、使人喋聒不堪、

五七

十九日辛卯、晴、暖、見本船左傍英船新嘉坡、右靠德船埃木斯、巳初率香圃、榮驊駕小舟登岸、步行里許、有土人遞片、上印云萬國店走使通事喀布婁、係以導人游覽為生者、伊能英法語、乃代僱馬車、導遊十數里、入一搯銀絲作、男女工人六七、做有盤籃瓶罐之屬、工頗精巧、午初回船、賞其人二方、按上岸船價、每人半方、車則每點鐘二方、未正復登岸、乘車盤環十數里、繞至山內、看該處之著名塋地、名曰康樸歐三投、譯華言賢葬院也、一路山徑環繞、層疊而上、不知幾千百份樓房、幽雅花木叢隆、道路平坦、潔淨整齊、有公車、有電氣鐵道車、此院傍山、正面作樓、兩上每層石上石旁鑿坑、前立白玉石柱、每棺佔地一長方、樓前平地兩方、周各里餘、排排葬人、立有石碣、樓對面及左右有白石穿廊、作凵字形式、與樓上同、前面開敞、亦立石柱、地下及後面石壁之中、皆葬人、富而著名者、或男或女、皆葬于樓上或廊中、各前立有燈架燭台、並有白玉石像、雕工極細、大小不一、甲於泰西、其坐立悲喜、神氣酷肖、男女衣服之各種、毡毯綢紗、看之其縐紋透出、與真無異、亦名勝之一也、土人男女多有在墓前獻鮮花、點油燈、燒黃燭、跪而哭泣、垂頭默祝者、門外出售院圖景致、並有小攤專賣鮮花、蠟燭、燈油、以及火柴等物者、畧如中國開廟之期、酉初回船、晚餐間三德船同時陸續奏樂、使連日暈船嘔吐者、中心頓覺一爽、

五八

二十日壬辰、早大雨、涼、未初雨止、申初展輪出口、水波不興、先綠後深藍色、大晴而暖、記同船住頭等艙之英人有阿代爾夫婦、為招商局帶平安船者、現在回上海、馬凱朧者、現去東沽造鐵道、巴爾者係去東山充礦師、

雷克係渣甸行帶船者、現去香港、莫雷係印度茶商、現赴克倫柏、今日復有渣甸行總辦馬七萬者上船、余自倫敦帶有字紙灰一布袋、乃于酉正經本船大副駱明倒入海中、

二十一日癸巳、晴、東南行、東北見山、至午正、走四百六十九洋里、在赤道北四十一度九分、柏林東十四度五十五分、下餘七十六洋里至那百里、未正右鄙頻見島嶼、申初北見大山、酉正抵那百里進口下錨、左右大小輪船甚多、土人駕杉板上船、出售土產、婦女歌唱討錢上下、貨物畢、亥初二刻開行、出口甚平、

五九

二十二日甲午、晴、水深綠色、南行、西見山島綿亙、為義之西奚里島、午初走美奚那海峽、東為義之西南境、西為西奚里之美奚那、左右山不高、綠樹叢中白房數點、過此改向東南、至午正、行一百八十三洋里、在赤道北三十三度三分、柏林東十五度三十五分、未初東不見山、西面猶綿綿不絕、入夜逆風、船搖、

二十三日乙未、晴、東南行、風狂浪湧、波起如山、至午正、走二百九十八洋里、在赤道北五十五度零五十六分、柏林東二十一度十一分、未正水平船穩、水藍色、

二十四日丙申、早微陰、巳初晴、至午正、行二百九十八洋里、在赤道北五十五度五十六分、柏林東二十一度十一分、未初暖、換棉衣、申刻遇二風篷、相距不遠、彼此男女行人互相搖巾致意、且聞人喧犬吠聲、

二十五日丁酉、晴、舟平、水淺綠色、東行稍南、遙望南面漁舟幾許、北一輪船、午初少住、引水船來、復開、至午正、行三百十三洋里、在赤道北三十三度三十五分、柏林東二十六度十一分、未刻至波賽口外、停輪舸艦迷津、中有日本如狹丸、酉刻開入新開河、夜過鹽湖、頗暖、

六十

二十六日戊戌、晴、辰初至寬處稍停、讓英輪歐西阿那過、巳初又讓德船十巒貴過以上二船皆南來者、巳正至蘇耳士、停輪、後土人上船賣魚螺菸橘等、午初一刻復開、正午出灣、東南行、水先平如鑑、既而逆風微波、酉正進紅海、舟左山盡、舟右仍見枯山縷縷不絕、又連見二燈樓、皆埃及正西境也、

二十七日己亥、晴、熱、換著單衫、水平船穩、東南行、至午正、計由蘇耳士行三百二十九洋里、在赤道北二十五

度七分柏林東三十五度四十五分
二十八日庚子晴平至午正行三百三十四洋里在赤道北二十度二十分柏林東三十八度四十六分晚遇一德公司船名未詳係北行者
二十九日辛丑晴平如昨仍東南行午初東北見島至午正行三百三十七洋里在赤道北十五度三十八分柏林東四十一度四十一分午後東面連見小島六七戌初南又見島亥刻連遇二輪船皆北去者船桅挂燈或二或三高下皆有定規各國有別或前者高後者高以及當中者高船頭挂一紅燈為所向之一邊

三十日壬寅晴早出紅海東行稍北地為亞丁海臂北面見島水藍色巳初水改綠色左右枯山排矗巳正抵亞丁住船見水面浮白方木塊岸上礮臺兵丁操演以礮轟之附近木塊若干碼內禁止他船往來以防悞傷因亞丁現有瘟疫本船挂黃旗禁客登岸上煤上水畢申初一刻啟椗由阿喇邊之南轉進印度洋東行稍南

三月

初一日癸卯晴舟平東南行水藍色至午正行二百七十七洋里在赤道北十二度五十九分柏林東四十九度三十九分
初二日甲辰晴平東行辰刻南見斐洲東之搜和他拉島（現屬英國）至午正行三百二十九洋里在赤道北十二度五十三分柏林東五十五度十五分
初三日乙巳晴平水藍色至午正行三百二十九洋里在赤道北十一度三十分柏林東六十度四十一分
初四日丙午晴平如昨至午正行三百三十六洋里在赤道北九度五十八分柏林東六十六度十分記通船洋僕之能奏樂者八人每日兩次一在午初一在亥初每次四五六節不等每值水平船穩當亥初奏樂時則男女客集船面跳舞以娛暇日
初五日丁未晴平近日仍東行稍南巳正遇一德船西行彼此升旗致意至午正行三百三十一洋里在赤道北八度二十六分柏林東七十一度三十二分酉正遙見北面山岸一縷有燈乃印度正南境也
初六日戊申晴水平如油午初北面遙望有山至午正行三百二十三洋里在赤道北七度三十分柏林東七

十六度三十三分、記本船共用華工四十八人、為廣東寧波江蘇者中有工頭名黃進有燒火人袁姓兄弟者廣東人也幼者名袁煥年二十二歲前由熱諾瓦頭上患病經本船醫官療治以冰氷頭無效昨日身故殮以鐵匣置諸船底言明携至香港船中印有華字報單言經工頭并醫官報明于某月日某工人因何症病故所遺之物箱籠若干財圓若干驗明封妥船主畫押用報該公司及該本家云

初七日己酉晴丑正抵克倫柏巳初登岸乘車游卧佛

六三

寺後入客寓午酌一路道塗修整房屋加增亦有鐵道公車以及日本人力車未初回船記該處一切舟車經英官立有定價挂有告示木牌其能英語識英字者或免被欺蓋印度人專欺華裝及與之言語不通者也未正一刻展輪出口南行東面山岡接連戌亥間連見二燈樓皆錫蘭島地也

初八日庚戌晴舟平轉東行至午正行三百洋里在赤道北五度五十分柏林東八十四度

初九日辛亥晴仍東行至午正行三百三十一洋里在赤道北五度三十五分柏林東八十九度三十三分酉刻南面遙見電掣金蛇亥初逆風甚勁

初十日壬子晴舟平至午正行三百十三洋里在赤道北六度柏林東九十四度四十三分船東行未初南面見山為蘇門答臘夜入馬六甲峽

十一日癸丑晴舟平仍東行午初南面見山一行漁舟幾許午正左右皆山水淺綠色未正抵檳榔嶼登岸拜副領事官謝夢池至其寶樹第畄午酌同座有楊善初

六四

銘湯酉初回船酉正一刻開行尚未出口驟雨一陣入夜晴

十二日甲寅晴平東南行巳正東見山岡綠色甚長為馬六甲地至午正行二百六十七洋里在赤道北二度三十八分柏林東百零一度二十分午後舟左右頻見島嶼

十三日乙卯晴丑初至新嘉坡口外住船寅正天明進口卯正傍岸羅叔羹差人以車來接入公署早餐後街游申正大雨一陣酉初回船見上有英國作戲人六男五女名曰蘋果班未詳何義酉正開船出口平

十四日丙辰晴平至午正行二百四十七洋里在赤道北四度十七分柏林東百零六度十九分東行轉進中國海入夜稍涼

十五日丁巳晴平至午正行三百三十三洋里在赤道北八度五十五分柏林東百零九度二十三分午後風起浪湧船即搖蕩簸揚天漸涼而換著袷衣矣

十六日戊午晴水微波其色藍至午正行三百六十六洋里在赤道北十四度五十五分柏林東百十度三十二分

十七日己未晴平至午正行三百三十七洋里在赤道北二十度八分柏林東百十二度四十一分戌初東見島嶼有燈樓名曰戛卜洛克距香港三十洋里

十八日庚申晴丑初抵香港進口傳輪卯正傍岸巳初駕小舟登岸至容記拜梁浩田少坐辭出至桂香樓午酌申正回船入夜男女鼓箏歌唱令人不能成寐

十九日辛酉晴卯初開行出口水平船穩北行稍東西見連山綿亙遠近漁舟百餘至午正行一百八十八洋里在赤道北二十二度三十九分柏林東百十五度五

十分申正遙見正北一帶迷漫如雨再行一刻乃晴天變入白霧本船雖未緩行而每三分鐘一鳴哨未及酉正霧過天晴戌初又霧

二十日壬戌仍霧早過臺灣午初霧止天晴至午正行三百三十四洋里在赤道北二十六度五分柏林東百三十度三十九分記此船長四百九十八德尺寬四十八尺深四十二尺馬力五千船主名韓滋人尚溫未初陰入夜雨冷改著棉襖

二十一日癸未陰辰初左右陸續見島嶼左一島上立燈樓距上海百十三洋里時過東海走黃海午正一刻又一燈船距上海二十洋里未刻又雨冷申初雨止入吳淞口住船經醫官查驗諸客有無病症後各帶隨身行李登本公司小輪船酉初開戌初至江海關右碼頭下船乘車住三馬路鼎陞棧

二十二日甲子陰雨冷午後王竹溪謝筠亭來拜酉初令榮驊攜店夥去碼頭取行李

二十三日乙丑晴早沈藕生王少山來拜未初乘肩輿往拜沈藕生王竹溪謝筠亭

二十四日丙寅晴早孫荔軒多鑫孫蔭庭多森兄弟來拜午後進城至湖心亭喫茶
二十五日丁卯陰雨涼早餐後乘肩輿往拜袁海觀觀察樹勛大令汪懋琨瑤庭兼答拜孫荔軒兄弟
二十六日戊辰晴酉初王少山帖約吃酒辭未往戌初蘇在廷趙翰墀儒林約在桂仙園觀劇甚好
二十七日己巳大晴申刻沈藕生約遊新園張園愚園酉正謝筠亭約在聚豐樓晚酌同桌為余易齋思貽李仲平毓森洪蔭之述祖王少山楊仲卿亥初謝歸
六七
二十八日庚午晴早袁觀察汪大令來答拜酉正蘇在廷約在舊太和樓晚酌同席七人為吉李諸君
二十九日辛未晴暖早沈藕生約在其萃樓吃麪戌初蘇在廷約在鳳仙樓看髦兒戲
四月
初一日壬申晴早張叔和鴻祿率其少君笠江來拜午後乘肩輿往拜稅務司裴式楷回寓知楊仲卿來拜
初二日癸未晴早餐後乘肩輿答拜張叔和楊仲卿王少山順拜邵筱村曰濂入夜收拾行李

初三日甲戌晴早上行李午後微陰未正乘車至金利源碼頭登海晏輪船申刻細雨陣陣
初四日乙亥晴卯初開至江心原擬即時出口因本船二副昨夜花酒吃醉改用他人未初其人來即開未正出口申正過佘山浪起船搖水色先黃後綠
初五日丙子晴船平水色早綠巳初改黑入夜微風甚冷過黑水洋
初六日丁丑晴平水淺綠色午後左右漁舟山島甚多未正過天山島
六八
初七日戊寅陰丑初至大沽口外三十餘里因水淺下錨辰初潮漲至十三尺而仍淺未開午正什子手至上船各處查驗未初小輪船駛來即携手下行李登上即開行不及十數里亦因水淺停輪是時水面風吹浪湧甚冷而小船艙內竟熱似蒸籠待至酉初水深至七八尺始開入大沽口酉正至塘沽下船入興和樓晚饍戌初登火車即開亥正抵天津寄寓春元棧知三兒榮驥率僕役來福趙興來接
初八日己卯陰卯初令許立去塘沽取行李聞現在北

京有人立會曰義和團、奉洪鈞老祖為神、入會若干日、練習拳勇、誦呪、即能有神附身、該會稱曰上體、能擋鋒刃、能避槍礮、會分兩黨、曰乾字、曰坎字、乾字者以黃布紥巾、黃布纏腰裹腿、坎字者戴紅巾、以紅布纏腰裹腿、其所謂上體諸神、為托塔李天王、孫臏、呂布、馬謖、王平、孫悟空、猪八戒、宋江、吳用、濟顛、許仙、濟小塘、皦承光之屬、均非典祀明禋、半屬荒唐附會、設有斯人、而千百年前、既不知何為槍礮、胡以能避槍礮、當時既不解避槍礮、而今附諸凡人之體、反能避槍礮、斯亦奇矣、此皆年幼無知、

六九

而為封神榜、西遊、水滸、濟公傳、升仙傳各無稽之小説所誤、今縱有神附體、亦無非蛇狼狐狸刺蝟之邪氣、夫邪道惑人、例干法禁、且紅巾黃巾之害、已為前車之鑒、後車之師、唐賽兒白蓮教等、皆歷歷在目、想秉國諸公、有嘗胆卧薪之慮、具懲羹吹虀之思者、必不令其滋蔓難圖、流毒無窮也、且在輦轂之下、現僅初立、不過作俑於一二無知之輩、附和之人不多、即早驅逐、庶不至釀巨禍于將來也、今日所聞者如此、燈下無聊、姑妄誌之、

初九日庚辰、早大風、陰、巳正驟雨一陣、既而細雨淋漓、極冷、聞海晏船于昨夜亥正始進至塘沽、午正行李到、酉初雨止、乘肩輿往拜張子敬劉輔臣、入夜仍雨、

初十日辛巳、晴暖、張子敬、劉輔臣、李青田、王煥亭、文書同約飯、早在第一樓、晚在歸賈胡同聚盛成、是日文琴軒廉亦約飯、祇得辭謝、入夜收理行裝、

十一日壬午、晴、微暖、寅正睡起、卯刻乘車至火車棧、辰初開午初抵馬家堡、僱車進正陽門、未正到家、夫妻祖孫父子兄弟叔姪相見、甚歡、三載離蹤、恍如一夢、此境已屢嘗矣、

七十

卷十二終

国家出版基金项目
NATIONAL PUBLICATION FOUNDATION

海上絲綢之路文獻集成

總主編 陳支平 陳春聲

歷代史籍編 48

主編 范金民

海峽出版發行集團
THE STRAITS PUBLISHING & DISTRIBUTING GROUP
福建人民出版社

本册目次

航海述奇四卷再述奇六卷三述奇八卷四述奇十六卷五述奇十二卷六述奇十二卷八述奇二十卷（八述奇卷一至卷二〇）

〔清〕張德彝撰

光緒戊申

八述奇

袁樹勛拜題

叙

同光以来出使絶域者海上相望槖筆萬里外言海外奇事犖犖可數然翔實資考鏡有名於時匪所易得郭曾薛洪尚矣其它爬梳皮毛盛推外國所有無關宏恉者恒目炫而耳聾也張在初都護往年銜

命歷聘歐西時國際交涉未甚繁密都護以導揚德意餘暇采風問俗著之於篇名曰述奇都如干册是篇其終卷也都護品端正有學問故所揭載得彼國要領昔張騫使西域還具為天子言其地形所有烏孫昆莫之屬狼乳烏銜肉之異言醰醰其有味其後騫封博望侯

顏師古曰取其廣博瞻望今都護奉使所歷過博望萬、而廣博瞻望後先一轍若傳為家藥者然豈不異哉雖然班孟堅有言盛德在我無取於彼自奮聞外國道以尊貴吏士爭上書言外國奇怪利害妄言無行之徒絡圍求通使不絕寖至中國罷敝輪臺哀痛貽仁聖之悔古今內外得失之故不重可思歟抑吾聞外國使人之在吾國也吾國政事洪纖鉅細偵之殊悉苟有得則風馳電掣朝聞而夕歸之往、吾國人所未知而彼已騰播若吾國使者則韜斂客館碌、靡所短長有故則奉

朝旨惟謹其甚者已俞都盧海中碭極湯衍魚龍角抵之戲發揚唱導騰笑於人國報滿則異言異服揚、然以歸嗟夫戊戌庚子以後外交多故憂患迭生外國駐使視往日有加若奧若義若比若和前此未有也重以鼓吹立憲王公貴人持節攷察不絕於梯航使都護丁此時尚翺翔其間至是邦必聞其政其必有異乎人之求之者與又豈第如斯篇所謂述奇已也

宣統元年己酉春萊陽王垿拜撰

八述奇自序

瀛寰五洲邦國數百欲盡知其國政民風僉云難矣小國之邦鎮風氣尚有此疆爾界之異同矧大國乎矧環球各國乎偶入一國之一鄉一邑即謂其人情風俗舉國皆然如語云百里不同風獨未之前聞乎余此次奉

命

使英順途專使日斯巴尼亞共歷三年七月餘時與彼國之搢紳先生往來周旋之間之有所見聞輒為劄記若云居一國專記一國事則宜以英為綱然僅以歐羅巴諸國論其分居一洲如我國之各省風氣即殊政教每多相類蓋政教如水著鹽漸而得味得味則翕異為同

哥倫比亞剏造美南歟後美人多歐洲流裔美亦歐矣迺於逐日公餘搜羅采掇苟有所聞考察之信不厭繁難不辭瑣屑彙成是編由前七記之志也前記謂如彼今又謂如此者非詞之矛盾抑事有變遷耳是編不敢云盡得其國政民風然信而有徵語非鑿空扣槃捫燭之譏吾其免矣夫

光緒丙午二月張德彝在初甫書於海上天后宮

八述奇凡例

一海邦政俗近年諸星使著作如林久已膾炙人口余則不過竊其緒餘而已

一是書本紀外國風土人情故所叙瑣事不嫌累牘連篇至於各國政事得失自有西士譯書可考

一是書原係逐日登記籍驅睡魔其文俚而不雅難免有道之譏閱者諒之

一所紀天文度數山川遠近里數不無訛錯然行人持此而往或不迷於所向也

一錄外國往事以及製造之創始雖用西厤紀年而仍附以中厤者以便閱者考查也

一海外地名以‖識之人名官名物名以——識之其還音雖本瀛寰志略各書仍有不甚吻合之處聊以得其彷彿云爾至中華之地名人名官名物名則不復識别

一歷次出洋雖辱承譯事而一切密勿關而不書亦金人緘口之意也

一前七次筆所述及者概不登入以免重複

一昔宋洪邁成容齋隨筆後有續筆三筆四筆五筆張端義貴耳集有二集三集古人編纂與時俱積原不必統隨一式余八次出差各就見聞筆錄故以述奇再述三述四述五述六述七述八述而名之

一所載有見聞不確失其事實者尚望　高明正之

八述奇目錄

八述奇卷一

鐵嶺張德彝在初隨筆　潘士魁校

光緒二十七年歲次辛丑余在京十月初四日奉
行在旨記名道張德彝著賞加三品卿銜充出使英國義國
比國大臣欽此十一日午正拜發謝
恩摺子滿漢各一分
安摺二分二十九日奉電
旨著以副都統交軍機處記名遇缺儘先題奏
十一月初五日拜發謝
恩摺子二十八日巳正至永定門內天橋南
天壇前甬路下外務部帳內祇候至未初偕聯春卿顧康民瑞
鼎臣紹仁廷陳夢陶舒春舫諸公跪接
鑾輿二十九日卯初入內午初進乾清門隨禮邸晃相及他
在京各大員入
乾清宮
陛見跪聆壹是二十八年正月二十六日丑初入
朝請
訓二月初一日奉

旨順遂專使日斯巴尼亞國遞
國書賀加冕初三日早入內進
乾清宮西閣啓簾入跪謝
天恩免冠叩頭著冠起立進至墊前跪聆
聖訓奏對良久
諭俾跪安罷立起退至原位跪稱奴才張德彝跪請
聖安啓簾退出
上年十月二十四日開用木質關防兼奏調隨帶各員
駐英參贊為外務部候補主事陳懋鼎徵宇浙江試用
道周鴻遇稱翰隨員為內務府候補郎中衡光子中候
選主事王芸香圃候選知縣尹壽齡元輔刑部筆帖式
聯治瑞亭內務府候補筆帖式繼善旭生詹事府主簿
白埅厚之江西候補府經歷陳名慎默之駐新嘉坡總
領事候選知府鳳怡夔九隨員內閣中書孔慶瓛季璡
繙譯官江蘇候補知縣余文燦丹曙專赴日斯巴尼亞
之隨員為戶部候補員外郎衡璋芝圃禮部候補主事
瑞光熙臣太常寺筆帖式耆昌艾亭札調學生為分部
主事李經濤分省同知高恩洪分省州判樂達義分省

二

試用縣丞譚學斻江蘇試用典史呂廼章江蘇試用布
理問蕭永熙外務部譯繕電報生慶奎文生員林軾垣
醫官文生員郝鳳鳴供事分省補用知州陸寶庠即選
知縣劉恩誥候選巡檢楊逢甲武弁六品功牌陳亞炎
也奉
命以來與駐京各國公使互相往拜戚友朝夕祖餞料理行
裝收拾筆研夜以繼日幾及分陰
壬寅二月
初八日己亥晴卯正挈眷起程乘車至正陽門外東車
棧諸戚友及英日兩國人送行握别登火車辰正開午
初過津未刻抵塘沽下車遂上新裕輪船酉初一刻辰
輪戌正出口平
初九日庚子早晴酉刻大霧汽笛時鳴為警來船終夜
不息船且微摇
初十日辛丑早陰晴不定巳初霧未正止逆風船微簸
揚同行上下四十餘人僅余與衡子中王香圃能早餐
入夜大搖又稍擱淺乃試水纔行
十一日壬寅陰辰正又霧雖至黃浦口外不見燈船不

三

知所向、遂停輪以待霧散、申初開行數里、復停、申正再開、戌正抵金利源碼頭、登岸至官亭、與各官出迎者一談、乃乘肩輿入天后宮、呂鏡宇海寰、顧緝庭肇熙、袁海觀樹勛、汪瑤庭懋琨、翁緝夫熙孫、趙菊曾有倫、謝筠亭上松、李汝才景枚、劉乙笙元楷、李嘉樂光亨、張柄樞辰前後來拜、皆坐談極久、

十二日癸卯、陰、竟日惟盛杏蓀宮保宣懷、黃花農廉訪建笎、杜枝園司馬仁幹、廖楚才叅戎得勝、劉資英協戎冠雄、江海關稅務司好博遜、張笠江勉燾、趙翰墀儒林、前後來拜、張趙二君談最久、要皆舊雨也、

四

十三日甲辰、細雨陣陣、涼、早坐馬車在城外答拜數處、午後、瑞熙臣王香圃持名刺代為往拜各國領事及稅務司諸人、余改乘肩輿進城、答拜四處、回寓、知有毛實君慶蕃、馮孔懷國勲、徐星階降平、龔芷南寶琛、鄭渭江清江、沈蔚文炳儒、來拜、中夜大雨、

十四日乙巳、陰雨、涼、張子豫桐華、張叔和鴻祿、慶西園錫、廣三觀察及楊仲卿太守書雯來談、後日本總領事岩崎三雄、俄國領事闊雷明、奧國領事柯次臘、義國領事聶臘濟、凡英國副領事慈必佑、并正金銀行長鋒郎、實相寺貞彥、陸續來拜、

十六日丁未、陰涼、早張晥九兆蘭、吳竹樓筠孫、程仲五卓山、江南稅務司裴式楷、三井洋行山本條太郎來拜、午後、乘馬車答拜各國領事及各洋行與稅務司、酉初、顧緝庭名歆於味蒓園、

十七日戊申、微風、陰、午後晤劉我山奉璋、張弼士振勲、徐雨之潤、章菊農恒澂、孫紹彭羲、申正袁海觀約飯於洋務局、

五

十八日己酉、陰晴不定、微暖、早督僕役收拾行李、酉正、呂鏡宇約飲於僑寓、同席者張晥九、吳竹樓、劉我山、暢敘、已往蓋皆十年前之學朋僚友也、入夜、徹晴、

十九日庚戌、晴暖、午正發行李、申初乘肩輿至法公司碼頭、登德國輪舟、有呂鏡宇、顧緝庭、袁海觀、慶西園諸君送別、陪談良久、酉初啟椗、戌初抵吳淞口外、即乘德公司巴晏輪船、各人分艙安置一切住、入夜、陰涼、

二十日辛亥、陰雨、冷、巳正二刻、信船到、收畢、午正、信船回滬、巴晏展輪、初尚平穩、而黑水微波、入夜、雨止、霧雷

二十一日壬子、陰、涼、鎮日微風、皺浪、幸船大不甚簸揚、午正行三百二十一洋里、當赤道北二十七度二十一分、格林尼址東百二十一度十九分、

二十二日癸丑、陰晴不定、浪小、船平、午正行三百五十六洋里、當赤道北二十三度四分、格林尼址東百十七度六分、下餘一百七十三洋里、前後共計八百五十洋里、夜停香港口外、

二十三日甲寅、陰、早開進口、卯正泊岸九龍、辰正一刻、差王香圃執片往拜駐港英國總督葛䟫良、知其現去澳門、申刻有武官執葛片登船謝步、

六

二十四日乙卯、晴暖、早潘蘭史（飛聲）上船來訪、談極久、乃前在德京之舊友也、午正一刻船開出口、甚平、

二十五日丙辰、晴平、午正行三百十九洋里、當赤道北十七度四十六分、格林尼址東百十一度十七分、

二十六日丁巳、晴熱、至著單衣、午正行三百二十五洋里、當赤道北十二度三十五分、格林尼址東百零九度四十一分、

二十七日戊午、驟雨陣陣、浪撳船平、午正行三百二十五洋里、當赤道北十七度四十六分、格林尼址東百零八度七分、入夜晴、

二十八日己未、晴平、早見東南小島二三、乃中國海正南柏尼歐麻六甲中間之那土那阿南曼島也、島之大者長僅百八十洋里、午正行三百三十六洋里、當赤道北二度四十八分、格林尼址東百零五度十二分、下餘百三十五洋里、前後共計一千四百四十洋里、亥初至新嘉坡口外下錨、

二十九日庚申、早陰霧、寅正開行進口、卯正傍岸、有署總領事吳壽珍士奇等登船迎迓、並請振裕園早餐、辰正一刻、英署總督卲樂爾以車來接、遂攜鳳夔九前往坐談許久、去此轉赴振裕園、園屬華商李清淵父子、子名浚源、父生麻六甲、子生新嘉坡、兩世未回故土、富甲王侯、雖未改裝、而僅能土語與英語、午後天晴、乘車一遊、酉正鳳夔九約晚酌、畢回船、

七

三月

初一日辛酉、晴、極熱、早吳壽珍、鳳夔九、孔李璡、余丹曙、楊鼎三來送、少談即去、辰正展輪、出口甚平、午正行四

十九洋里當赤道北一度十九分格林尼址東百零三度六分零入夜大雨雷

初二日壬戌晴午正行三百三十四洋里當赤道北五度三十分格林尼址東百度十分下餘十五洋里前後共計三百九十八洋里未初一刻抵檳榔嶼住船即有領事官謝夢池榮光率梁璧如廷芳何惠荃晋梯以小火輪來接登岸乘車至其公廨晚酌酉初回船酉正啟椗出口甚平

初三日癸亥晴午正行二百二十洋里當赤道北五度四十五分格林尼址東九十六度四十六分

初四日甲子晴午正行三百零四洋里當赤道北六度十四分格林尼址東九十一度四十二分

初五日乙丑晴午正行三百十五洋里當赤道北六度八分格林尼址東八十六度二十五分連日天氣晴爽同船男女早晚或玩樗蒲或玩牙牌或擲灰布餅或拋繩結圈（詳見四述奇）以破岑寂

初六日丙寅晴午正行三百二十洋里當赤道北五度四十四分格林尼址東八十一度四分下餘百二十七

洋里統計一千二百八十六洋里酉正過盤得高地角戌正至克倫柏住船終夜上煤喧譁聒耳

初七日丁卯晴極熱巳正開行出口水平如鏡午正行二十二洋里當赤道北七度一分格林尼址東七十九度三十分自香港至新嘉坡船皆南行稍西繼而轉北而正西由此則西行稍北矣

初八日戊辰天晴水平逆風涼甚午正行三百二十二洋里當赤道北七度四十九分格林尼址東七十四度九分亥刻船面左鄙一帶水手以各國商旗懸之兩邊作壁中間開敞燈燃樂作通船頭等男女跳舞甚懽比初始散

初九日己巳晴平如昨午正行三百三十六洋里當赤道北九度一分格林尼址東六十八度三十七分同船有英人男爲貝克爾女爲何爾碧者既非由一處搭船亦非素識遂日共卓而餐拉肩而坐攜手談笑歡愜適於夫婦男女論交西國通俗無足怪也

初十日庚午晴水平清爽午正行三百三十一洋里當赤道北十度十六分格林尼址東六十三度十分入夜

船面猶以旗爲壁用㑩二等男女各客跳舞亦天明始畢

十一日辛未晴午正行三百三十洋里當赤道北十一度十四分格林尼址東五十七度三十九分輪船行海艙內向難納風以故由新嘉坡至蘇耳士地近赤道或紅海蒸熱致人昕夕汗流口不知味卧不安牀西人遂設法由電燈而得電風式爲一物扁圓形周三尺外圍銅條內一銅造四出梅花瓣微彎略比船尾攪水器豎挂艙角繫有銅線下通造電罏物旁有關鍵用則開之梅花旋轉涼風四扇既過外來熱氣復散內生蒸氣使人坐卧以安飯廳向安風扇洋名朋噶詳見四述奇用時操縱需人今則通廳承塵俯懸大銅花八朶周各六尺外無銅罩花作八出關鍵在艙邊開之花轉清風下來襲我襟袖血和肺斂飲食以甘烟房一横首尾各懸花一男客飲加非吸捲菸亦安逸舒暢誠事半功倍之術生物也

十二日壬申晴午正行三百二十八洋里當赤道北十一度五十八分格林尼址東五十二度七分卯刻北過搜匃特拉島英屬國晚南過圭爾大斐角在斐洲中界上東北臨亞丁灣

十

十三日癸酉晴熱午正行三百二十一洋里當赤道北十二度三十六分格林尼址東四十六度四十一分下餘百零六洋里統計二千零九十六洋里戌初抵亞丁下錨衆土人上船爭售貨物如花錫羊角山羊皮駝鳥翎類鐙下人多亂雜有剔選者議直者雖頭等客人亦不免攙于二三等客中排前擠後移時不知所之者更當多人取物入手時忽出水手舉棍驅逐土人恐刻即收拾下船不則受鞭撻夫貿遷土人並非商賈原冀獲船客微利今如此被逐則所失已多各國公司船惟於雅斐兩洲諸口每施如此辣手迨過波賽至歐洲各口乃皆買賣公平互不欺騙恫喝依然街市之間矣譬强凌弱凡人之屢經各國者自知

十一

十四日甲戌晴丑初開入紅海順風涼爽鎮日忽遠忽近左右頻見島嶼午正行一百四十四洋里當赤道北十三度十九分格林尼址東四十三度三分

十五日乙亥晴北行少西逆風浪湧船力瀛水且穩心神清快爲十一次往來未曾有者午正行三百二十六洋里當赤道北十七度五十五分格林尼址東四十度

五分、戌正二十分月蝕將既、子初十分復圓、海天無翳、
視綫遼闊、地近高度、蒙氣漸清、仰見地影中月、不黑而
紫黃、影後仍露月形也、
十六日丙子、早微霧、巳正晴、依然逆風大浪、而船平、午
正行三百零六洋里、當赤道北二十二度零、格林尼址
東三十七度二十一分、
十七日丁丑、晴、風浪如昨、午正行三百十三洋里、當赤
道北二十六度五十二分、格林尼址東三十四度三十
二分、下餘二百十九洋里、前後共計一千三百零八洋

十二

里、自早東面隱隱見山、過午則左右突兀、皆童山、
十八日戊寅、晴、逆風頗涼、卯初抵蘇耳士河外、停輪、辰
正本地醫官上船、驗盡載客有無染患瘟疫、巳正、展輪
進口、緩行、午正行八洋里、下餘七十九洋里、共計八十
七洋里、未正在小湖遇法公司百喜、酉初至鹹湖、搭客
男女廿餘、皆自開路來者、
十九日己卯、晴冷、丑正至波賽口外、停船上煤、卯初開、
向西行、見北面新築障水長堤甚固、午正行五十二洋
里、當赤道北三十一度五十分、格林尼址東三十一度

三十七分、入夜細雨、
二十日庚辰、晴涼、逆風微波、午正行三百三十四洋里、
當赤道北三十四度十八分、格林尼址東二十五度四
十分、申刻左過克來達、一名堪的亞長島、山頂積雪未
消、繼右見二小島、三島屬希臘國、
二十一日辛巳、晴、浪湧船搖、午正行三百三十五洋里、
當赤道北三十六度四十一分、格林尼址東十九度二
十八分、因不日抵熱諾瓦、又名日逎伍、余將率眾下船、
乃晚餐備有錫塔花塔、高皆二尺、強薦以銀盤、內然小
燈、照澈紅綠鮮明、下以冰糕作水輿地、上立中國龍旗、

十三

遣僕按座傳送、請食、是亦船主敬客之意也、
二十二日壬午、陰、是船大副安篢者、身高六尺、極為雄
壯魁偉、人亦謙和、倏于七日前自火艙嬰熱症、乃于船
面結構板屋一間之、以期涼爽、船醫百治無功、迄今辰
刻奄然而斃、午正行三百三十一洋里、當赤道北三十
九度五十二分、格林尼址東十四度四十三分、下餘六
十二洋里、前後共計千一百十四洋里、申初左右見山、
酉初抵那百里、下錨後大雨如注、先經船主率醫生登

岸報明安黄病故繼同義國醫官同船驗死者畢乃通
驗各船客之有無病證亥初始允是船撤下黄旗衆客
登岸
二十三日癸未終日陰晴風雨不定巳正船面奏樂由
下艙舁上安柩覆以國旗移入小艇載運上岸同船多
有送花圈者因亦送一分藉表邦交未正展輪出口微
搖冷甚聞安大副之病因船醫既不能詳言而本地醫
生亦爲説异遂定于上岸入教堂唪經後將剖屍公驗
云
二十四日甲申陰風怒號船頗摇蕩午正行三百九十
洋里當赤道北四十三度三十五分格林尼址東九度
三十二分下餘五十六洋里前後共計三百四十六洋
里午後右見山岡申正抵熱諾瓦酉初本地醫官上船
驗畢撤去黄旗始允他人下上即有日斯巴尼亞國總
領事詹珮上船來迎爲之照料行李并代租定羅馬街
之伊搜榻店余遂挈眷率陳徵宇衛芝圃瑞賢臣青文
亭劉紫封下船駕小舟登岸乘馬車入店他人仍乘德
船已晏赴倫敦戌刻詹珮夫婦偕子女請余與内人及

李兒榮驥孫女佑英在的乃格婁街之樸里的阿馬園
觀劇甚好子正回寓
二十五日乙酉晴早乘車拜德日兩國領事午後乘車
遊看康樸三兜塋地一切景物詳見五六述奇聞其地每𡈽縱六尺
横二尺直一百四十方義小銀錢名稍亞法國者石壁上寬長與土
地同者十方堂中石像有直二千方者
二十六日丙戌晴申初送内人及李兒與孫女坐火車
赴倫敦晚餐得食枇杷不甘而酸
二十七日丁亥細雨陣陣辰初偕陳瑞諸君乘馬車至
普阿阿卦火車棧對高樓立有哥倫伯白石像甚偉工
亦精緻辰正二刻上車即開西行少南一路左海右山
山勢高低石類顔色絡繹起伏班駁陸離花木五色筆
述難既過長短山洞數十澗壑溝河鐵橋數四共行二
百三十餘英里合三百五十吉婁每當見三述奇未初至義
法交界倭爾堤彌格里亞鎮易車早饍坐閒因覩往來
兵之著藍衣袴帽垂雞翎者俚歌以識感曰吁其嗟烏
歲在庚子拳匪倡亂官民枉死生靈塗炭彼俄與德兮
掠淫一何慘兮走狗烹兮義兵復以爲餐兮申初登車

入法界過尼司河山嶺峻秀樓房華美較之義國別一景象內阿埉地方產青石作長方凸冪地光潤異常過此則左右皆山相距稍遠中間樹林陰翳田畝分畦戌刻至都隆城少停復開轉西北行戌正一刻至馬賽下火車坐馬車入馬賽大店計由義法交界處至此共行三百英里合四百五十吉裏每當零

二十八日戊子晴風涼早接電知內人等安抵倫敦記馬賽大店在諾埃勒街第二十六號為馬賽街之至寬至繁者道路之潔整樓閣之崇閎較四年前尤勝亦添有鐵路電車往來雙轍夜半不停不聞馬蹄蹋蹋只聞輪轉隆隆熱諾瓦遜此繁盛

夫

二十九日己丑晴風冷似冬初須著棉晚餐一種魚名卜的多蕾似鮎而肥短長約八寸圍則三四寸極肥嫩而無刺烹法僅以油煎食加檸檬汁少許苟依中國烹法味必尤美而鮮也

三十日庚寅晴冷如昨亥初有駐日代辦使事王杉綠觀察樹善差來迎接之洋文參贊英人科登到見時詢明一切定于初三日啟程赴日都

四月

初一日辛卯微陰冷今日為彼教天主升天節法語名阿桑斯秧鋪戶掩門人工休業竟日街市行人男女老幼如蟻

初二日壬辰早微雪既而雨酉正雨止自余到此店樓正面懸中國龍旗今日希臘國三太子尼扣拉來寓此店亦赴日國賀加冕者中國旗旁遂加希臘旗旗色九橫五藍四白臨杆上角白十字一十字中心王冕一兩旗皆店所備蓋馬賽法之大海口各國官宦往來之通衢店備國旗隨時懸挂誇張榮耀也

支

初三日癸巳晴微風尤冷戌初由店起身乘火車始北行稍東後轉西過迺因斯村再過那爾卉鎮則轉正南一路緣海左右多山惟因天墨色外望不宜間聞過山洞聲而已

初四日甲午陰冷丑正過法文得蕾海口入日界柏歐海口易車即開西南行緣途山高澗深山雖不枯而岩間有草木亦不豐茂石皆朽片成灰敗不堪用苟有平坦可耕之地民皆開墾分畦此鄉房少而小石片築成

斯實陋室行逾百里過白色樓那村地稍坦豁肥沃房舍稍多而高僅一二層平頂白色遥望如垜及者由此南行稍西漸有桑榆麥高二尺不分隴尚無穗樓房道路畧覺可觀雖不如他國之整齊一律而人行車過之路無不整潔平坦辰正抵白色樓那海口地在日之北界稍西西臨地中海下火車即乘馬車行約七八里至嗄他陸那坊入寬的南他店細雨紛如店小而高亦六層房間低窄特整潔與他處同店左臨大街右對一敞院周里餘四面石鑲環種栗樹中設電燈石徑平坦尋

十八

為行人往來地為日之大海口諸所街道樓房亦不亞馬賽自入界至此稅關皆奉國諭免驗行李放行計由馬賽至柏歐約二百五十英里合四百餘吉婁每當又自柏歐至此百二十英里合一百八十吉婁每當統計三百七十餘英里其鐵道電車極多往來前後皆頭皆尾與德之鐵道公車同詳見述奇五而寬長加倍此外之鐵道公車雙馬海車半車車式無异他國土人喜食羊乳羊紫紅色毛比牛馬角尾皆小腹下垂二乳如瓜到此半日屢見土人羣羣驅行緣街擠售其值未知引羣之

羊項挂一鐵鈴如北京行之末駱駝且因天寒陰雨羊背皆覆青氈一方土人有戴紅氈長帽作柳罐形者後尾下垂雖為小帽乃暗中一黨名曰喀他里尼司大斯意在別其本朝君權而自立民會者也酉正雷雨止入夜晴

初五日乙未晴微暖日之金錢名伊薩貝立那每圓市銀錢名珮賽達者二十大小與法方同其質亞於法而強於義按時價一鎊尚易三十二三枚外有二枚一圓者曰杜卜蕾珮賽達五枚一圓者曰温杜盧每珮賽達

十九

易銅錢名仙者一百此錢太小無使用者惟有五仙一枚及十仙一枚者五仙者名曰興勾三的某斯十仙者名的斯三的某斯其錢兩面一為國旗一為王頭自前民主時改鑄一為女神一為一獅獅模不佳頭類狗故至今土人呼十枚者以大狗五枚者以小狗店之壁薄而作兩層門窗皆兩扇不用時推入牆內用乃曳出極便捷亦日國之別一法也其溺器造以玻璃有蓋極厚而重未正乘車南行里餘臨海立有哥倫伯銅相銘石柱高四丈銅人上立左手外伸東指再行二里餘下車

登山步行百步至其間緣邊設有酒館小屋櫛比左望藍海無際口外築有石堤作雙臂環抱勢大小火輪風篷數十泊于環內是為船塢右則白色樓那通城山岡上下白房一片如雪是處故名白色樓那米喇嘛譯為山海樓房畢見處也再向上轉行百餘步有古樓一名曼瞿什宮乃八百年前白色樓那邦自主公爵住所也建于山頂以為敵人箭射不及之地于今房雖存而牆壁朽爛坍塌僅用此兵上年曾以之拘夥謀焚毀官署之叛民下山坐車轉北數里入一公園樹林花卉樂亭水法假山小島臺榭橋梁四層小瀑布人工精巧一切潔淨整齊與他國者同惟一小島四面河水清澄金魚長八九寸者游泳聚圍中設有加非館小食酒鋪園臨門左右各石房一行左豢獸如獅象兕熊類右蓄禽如孔雀錦雞鸞鶴屬供人遊覽每一禮拜官兵在內奏樂兩次入夏遊人甚夥出此往觀賽物堂白石高樓一所如倫敦博物院而小乃數年前用賽本地製造各物處現改作畫閣入門正面一樂堂式似英之卜靜宮內者正面高臺中設風琴左右設樂工坐臺前椅列千餘備聽樂者坐樂堂外左右相距半箭許各有白石堦二十八級作曲臂形寬各丈餘遂步上左邊石堦右轉共有三門闢中門內一大間四壁懸油畫大小百餘皆名筆因時促無暇竟賞遂下樓出門登車復繞行十數里遊其新舊城老城古房狹路新城樓高道闊平坦淨潔所種楊栗及未卜其名之似棕似蕉各樹皆僅四十年回店後有本地總兵喀陸那來拜稍談辭去酉正二刻乘馬車至火車棧戌初二刻開甚快北行稍西復轉正北入夜陰

初六日丙申陰涼西北行寅正至薩拉勾薩城少停復開仍西行稍北共走四百英里合六百吉婁每當午正抵日都馬達力日外部遣二年前駐華參贊安敦備車迎入維克土里亞第一號努埃婁店并有王杉綠率繙譯譚培黃履和迎候一路饒山嶺澗壑然石不成山木不成材房小絫以石土山坡間作紅黃灰白色其可耕者皆分畦栽種近都城碎灰石山少而土山仍部屬成行平頂土黃遙望如長城之帶夕陽地勢平坦茅屋鱗次沿途雖有人馬車路而多凸凹泥濘店樓四層屋大

小六十牆壁門窗陳設裝潢皆舊式中多葺補較他國之中等店仍不如也

初七日丁酉早晴復陰午初驟雨一陣晴申初二刻偕陳徵宇王杉緣譚繙譯同安敦乘馬車赴外部拜尚書麼多華土禮官沙爾庫坐談頃刻轉入別閒見其侍郎戛巴也諾坐談約一小時兩處所敘無非問一路平安由何道而來請恕預備不周此地一切不如他國惟天色常藍等語日君奉天主教其老王佛爾曼兜第七卒於西一千八百三十二年道光十二年無子長女伊薩貝臘立為君主下嫁表兄傅蘭西斯勾在位三十五年生子即阿芬搜第十二當君主死後國大亂先換朝代更改民主至一千八百七十四年同治十三年阿芬搜第十二借兵爭定始得即位娶奧斯馬加之郡主柯立斯蒂那為后生二女長茉爾賽今二十二歲次苔來薩二十一歲阿芬搜薨于西一千八百八十五年十一月光緒十一年十月遺腹未卜子女乃公議立長女權為君主方五歲王后遂發誓暫行垂簾攝政待其及笄儻得子則即歲而繼姊六越月至西千八百八十六年五月十七日光緒十一年四月初四日阿芬搜第十三生遂立之今十七歲加冕登基王后歸政君主茉爾賽以阿芬搜生辭位嫁族兄博爾貢改稱王妃其所謂因王祖之喪禮節稍減者是緣老君主伊薩貝臘之夫傅蘭西斯勾于數日前卒也老君主年六十二昔西千八百三十三年九月道光十三年稱君主時僅三歲八百四十三年冬道光二十三年及笄加冕至八百六十八年九月同治七年八月因夙多醜行且向其子阿芬搜第十二言汝提督蘇拉那歐之子固非王子也王聞之慫遂去法都阿芬搜第十二卒其后柯立斯蒂那乃不安于室每出必須壯年魁梧之官護從車接軫馬聯騎也聞曾向彼之御前侍衛埃司考蘇臘者發誓密約所約為何外人無由知之

初八日戊戌晴今日為西歷五月十五日巳正著蟒袍補服賫國書率陳參贊譚繙譯并安敦坐官車此車經官包用十天價五百珮賽達行三四里王宮門外下車入登梯十數級左轉復十餘級入一大廳向右再進一步別一敞廳內立各國專使大臣參隨約百餘少立內門閒禮官先引教皇美國法

國專使先後入覲此次不論國之大小以到此城之先後為序繼引余入見
王母正立王立其右余步至前一鞠躬王母問初到此
耶曾來歐洲幾次駐英幾年一路平安是皆英語余遂
向答之又問手捧者貴國
大皇帝之國書耶余即雙手呈遞接後對鞠躬退出旁門少
立復入一門見其長公主茉爾賽夫婦先向一鞠躬後
以英語彼此寒暄數語握手而退出後門下樓至宮門
登車旋客館早餐後乘車往拜其王公文武大員之典
司此次加冕禮者并拜各國專使及駐紮之公使計數
十處王爵處皆不留刺而令自書名于門簿戌正一刻
王杉綠約晚酌同席有安敦科登記其王宮與別名結
構勢似英之卜静宮稍古老入門沿路左右凡臨門轉
角之處皆立有古裝侍衛手舉長矛有經其前者舉矛
築地作聲均須以一俛首之禮答之宮外立親軍一隊
直遞收國書時亦奏樂賀之我國
國書左滿右漢文曰
大清國
大皇帝敬致書於

大日斯巴尼亞國
大君主加冕盛典肇舉隆儀凡在友邦同深慶幸中國與
貴國修好訂約睦誼久敦近復日加親密茲特派記名
副都統張德彝為專使大臣親齎國書前往
貴國呈遞以致欣賀之忱藉為永好之據該大臣忠
誠夙著練達老成為朕所親信惟望
優予接待俾克敬慎周旋蕭將使命並祝
大君主福祚延長從此我兩國邦交彌篤同享昇平是朕所
厚望焉

此次各國之派王公充專使者十一國德英奧丹義俄
希臘瑞典暹羅芒納哥葡萄牙以上皆住王宮或部院往來火車皆日備大
員充頭等者九中華日本教皇波斯和蘭法美摩洛哥
土耳其充二等者十五阿真坦比利時巴西秘魯智利
巴威里亞克倫比亞伊奎多墨西哥巴拉怪瓜的麻拉
闊斯大里夏薩拉瓦多爾尼喀拉卦烏拉怪不列等者
三卜拉夏里亞魯麻尼亞色爾維亞以上皆備住客棧備飲食往來火車自備
初九日己亥晴暖午初乘馬車續拜數十處並拜前駐

北京日國公使格洛幹見其妻暨子女同居贈送其女
瑪麗雅鮮花兩束禮也酉刻日王令外部送寶星佩帶
戌正宮中宴各國專使余著花衣補服帶寶星率陳黍
贊瑞隨員乘車入宮登樓轉步百級入一大廳會衆專
使少立後國王王母大長公主長公主及他王族近支
王公夫人命婦等廿餘魚貫而入余數十人左右立國
王等自大廳步入飯廳余等同本國禮官及外部大臣
諸人兩兩隨入及門每人得一座位次序單比入見內
直設一長卓中心左三座為王母大長公主教皇專使
右中三座為國王及長公主再則教皇專使為首座其
左坐美專使為次座長公主左坐法專使為三座余坐
大長公主右為四座（此即前日招見之次序）以下各國男女左右
兩邊分坐卓之兩首又各三座統計男女百零二卓心
橫鮮花一行寬二尺高七八寸紅黃白紫藍花多種可
識者芋香茶花玫瑰玫瑰大如牡丹其香觸鼻宴時官
兵奏樂食則牛羊雞魚火腿鵪鶉青菜龍鬚菜清湯稠
湯冰乳冰凡凌波羅蜜鮮果糖糕多品酒七種色分紅
黃白紫與綠玉椀金甌芳烈噴溢未飲加非畢皆起步

三十六

入旁間迭相立談國王能英法德國語言話至于正國
王等向衆一鞠躬衆分兩行亦一鞠躬國王等在先余
等隨後走過兩大間國王等入正門余等即入旁門下
樓梯出宮門登車回寓去時入大門轉走數大廳今出
旁門仍歸前路因宮樓上下千間四通八達也自數日
前通城預備一切點綴府第公署鋪戶舉樓頂豎旗門
前懸燈形式不一層樓窗外鏤闌邊或挂彩綢或鋪花
綴多有仿日國國旗式橫以二紅一黃三色者此前更
有飾以鮮花一縷作鎖形者闌上有橫電燈多盞玻璃
罩作五彩花者近王宮四面凡大街道口多添設木質
假石牌樓極精巧鑿花含燈并有壁上積水下流作瀑
布者各巷左右層樓燈皆四行或六行每當半箭地左
右各植假樹一造以綠布紫麻高約二丈作棕蕉竹柳
之屬枝葉逼真兩樹間各橫紙攢綠葉紅黃花一縷每
花中含電燈一白晝假花紅綠繽紛入夜電燈燦列輝
煌因此大典每日本國及各國男女老幼之來此者日
以數千計故日日自午後至夜半男女往來雜沓抽身
則寸步難逶出語則喧譁聒耳至天明人聲稍息而車

三十七

馬蹄踏轆轆之聲作、臥室近街衢、通宵不能眠、今日人工報齊、街市遊人更夥、入夜煌煌火城光綵射目、亦歷年在泰西未見過者、

初十日庚子、晴、日國議院建、以早白玉石高五六丈、其式外長方而內扁圓、今日未正、國王臨院誓眾、帖請各國專使及公使往聽、未初余偕陳叅贊與安敦往、至彼下車、步石堦十四級入門、先直行不及箭地、登數級而右轉、纔步數武入一門、再登數級、再右轉、仍步數武、旁入一門、始抵大廳、廳作橢圓形、正面橫一臺、高三尺、寬二三丈、長丈餘、鋪以花氈、前三面立木闌、左右立二古人石像、臺中另一長方小臺、高不及尺、鋪以氍毹、上置二金椅、為王與后坐、小臺前右一長卓、覆以金花綵緞、上置瓜形金王冕、頗大、旁一寶劍、玉柄金鞘、長約二尺、卓右另一小卓、上陳一銀十字架及他紙筆等、此卓前一椅、坐首相、後三椅、坐他辦事各員、小臺左先二大金椅、為二大長公主瑪麗雖與烏拉里亞坐（二皆先王妹、一適巴咸里亞王太子陛堆、一適法國奔邦撒侯之子王爵昂士阿）、後又二大金椅、為長公主茉爾賽與茜來薩坐、小臺後正中一門、為王入之正門、

前挂紅幔、左右立二御前護衛、白褲烏衣金紅坎、手拄長矛、大臺左右二門、皆垂紅簾、內各橫椅六行、左坐各國公使、右坐各國專使、余所入者右門也、彼此列座、左右相向、乃左者面臺右、右者面臺左也、臺前正中一小梯、左右立二金獅、步下則一小圓池、容座數十、共分四長扇面形、因堂圓故也、每中分七橫、每橫列座由三至九不等、四扇面中有路三條、七橫步步登高、至末層中間一門、以便當坐何座者出入、樓上敞屋十九間、橫作半圓徑、今日各國王公坐近臺第一二橫、頭等專使坐第三橫、二等專使坐第四五橫、不列等者坐末橫、除圓池外、上下皆坐本國文武大員及他男女官宦、時及未正、臺上首相後二員先立起、各誦一篇、少待、由正門走入、頭戴古式紅絨帽、左豎白翎一束、身穿白緊褲、紅緞金邊乾字短襖、手舉金棰之護衛兩對、乃一對分立門左右、一對下臺分立金獅旁、繼而前引文武多員、對對直入、下臺入圓池、移時大長公主入、再則長公主入、俄而國王母子入、立小臺椅前、向三面鞠躬、通堂官眾齊立、歡呼萬歲、少坐、後王立起、手舉一紙朗誦、大致謂現

及王位竭力保國愛民一切實言否必天誅誦畢通堂又歡呼一陣無何國王率眾王族轉回眾亦由別門陸續擁出當國王未到時人固喧譁王入歡呼後依然人聲嚌嘈官役嘶嘶作聲止之不息迨王舉紙誦一二句後始覺肅然出此乘車馳行六七里至賢傳蘭奚斯大教堂堂極崇閎建以白石工甚精細入內地基作亞字形正面高臺畫像設天主位其前橫坐本國世爵大員臺下中橫一卓為教主立處卓左右各斜設金椅一行作燕翅形右坐國王王母等左坐各部大員其後另列大椅數行右坐各國公使左坐各國專使再前左右二寬處或作長方（為亞字中央中道之左右）緣邊先各設金椅三行左者坐各國專使王公右者坐神甫教士等其後又橫列椅多行坐本國上下議院各員再前左右各分六楄分坐文武大員再前為入門之左右乃列椅坐外來之人樓上前面奏樂後面一圈立男女官民憑闌眺望當時陣陣奏樂至申正二刻教主入堂六人舉一六柱黃布帳教主立其下頭戴∩形高帽身披大氅皆白緞金花率門徒沙彌十數人服色不一有著銀氅光頭者有著

二十一

烏衣上罩白線織成十字坎作四出梅花者再則王室男女入末乃國王進至臺前免冠而立教主立卓前誦祝一番忽跪忽立樂聲隆隆樓上亦兼唪經禮畢國王王母等左右向眾一鞠躬而後出堂眾亦隨散聞當國王出宮時突有一人年二十餘者至王前遞紙一頁恐係刺客即被捉獲訊追係窮窘多學之人慕愛長公主苔柬薩因成詩一首獻上以冀上賞而得公主為妻也又街市各鋪下層關閉上層開窗男女憑闌瞭望凡國王經過各關隘處皆搭木臺座列行行臺高十層蒙以雜花布臺上有棚臺前臨地圍以紅黃二色（義見前）布棚前亦挂花綵座有號目價頗昂貴沿街各處左右咸有馬步巡捕彈壓見官車過皆以手扶帽簷以為禮

十一日辛丑晴暖日廷擬在城北萊堤婁園中為前王阿芬棧第十二立石銘定于今日申正二刻國王下第一塊基石帖請各國專使公使夫婦子女及本國官員婦女往觀屆時乘車前往見所擇之地後倚小湖前對茂林今先臨湖設一木臺高五尺周約十丈平鋪花氈中列金椅一行左右立布闌上以十六桿長丈一紅

二十二

質金邊王帽形大帳臺前數武外以三木棍長丈餘者纏以鮮花支架作个字形中以一繩一練繫青石一方厚八九寸寬長各尺半下一方坑深尺五四面寬各二尺坑上四圍鋪紅氊以便人行臺右一卓為畫押寫字處再前立紅地金花圍屏兩扇屏前另一卓上供天主像此外盆盆鮮花列成一圈作對月牙形再外隔數武分設木坐臺八左右各四亦作抄手形如此()各上列座六層容人百餘上罩布帳下則分圍紅紫黃藍四色布布前三尺橫以鉄闌在各鉄闌道口立一官指示座位號數鉄闌外環立木國男女之有憑票者來人在林中大道旁下車有樂兵一班鼓吹鏗鏘步行半里左右排立兵官至臺前進圍處有大員指請左右分行蓋外國者登右臺本國者登左臺也然四臺仍有區別乃各國專使坐第一二臺餘坐第三四臺湖中輪艇往來載人遊覽對岸林中男女觀者紛集兩岸男女老幼統以五六千計先是教主至著高帽花氅隨行門徒四五沙彌六七中舉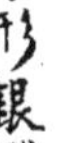形銀燈者四舉黃紙所糊似燈如傘粗一圍高四尺者一未詳何義舉立天主桌前繼而王族及

三五

各國王公至末則國王母子至官民起立免冠齊呼萬歲王登正臺向衆一鞠躬少敘後下臺立木架前王母立其右教主率衆唪經繞架一週隨行以小瓶向木架甩聖水再則王領王族各人于桌面簽押寫名字繼將此紙盛一鉄匣內封固先放坑中屆時王母曳鉄練王曳線繩將石繫落坑中放妥繼王衆各倒土泥一罐入坑禮畢登臺少坐步出回宮下石及王去人皆歡呼數次聞所擬立之石銘係傍湖立二抄手石廊廊分二十空內外共石柱七十二廊之兩首各一石臺後者頂作王冕前者各立一飛仙左臂前伸右腿後翹兩廊中先一八角石座每角石堦八層再上改十二角石堦三層其式如此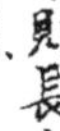末則長方石臺二層王像立其上光頭乘馬馬前左蹄高抬王左手牽韁右手執冠垂伸鞍後此前正面石堦半圈分五段高各十四級每二段中一石臺上立一石獅此圈左右又各石堤一行作乀形上立石闌每角立電燈一至其高低寬窄尺寸未詳惟聞王像與馬皆較真者稍大云　夾初日王請在里亞戲園觀劇里亞者御前也園甚大樓五層容人二千局式與他

三六

國者大同小异樂工百餘、臺對面樓頭層、正中三敞間、
坐國王親族及各國專使王公左右各三小間右坐各
專使夫婦叅隨、左坐各國公使等、再前左右各分九隔、
坐本國文武大員官眷、又前臨臺層樓五間坐命婦娼
妓之著白氅斜披紅帶者、所演係法人某所編據云二
百年前某城有富室某甲為人不良、戲謔名人某乙之
女某乙聞知怒約甲林間鬭劍、詳見述奇乙不敵甲被刺、
甲攜僕逃、乙之子女尋得大痛徹心不知何人所害、後
聞為某甲、遂著素衣四出緝訪蹤跡、踽踽獨行野鶴孤

三十四

雲、棲無定所、叅久訪不得、後改戴黑面罩入鄉探偵、一
日偶適某村聞甲在一園會中、乃竄牽而入竊視、果其
人也、遂急脫面罩、喚出某甲、拔劍互鬭、不分勝負、甲懼
他往、不知所之、乃多日後、覓在別鄉、揚誘三女各皆妙
齡都雅、因知乙之季女外出、遂慨旋故里某乙素行好
善、人皆尊敬之、鑿甚土人醵金在街中立一白石像以
銘其德、甲不知也、一日街行見之詫異、看石臺下之字、
始知乃某乙之石像也、因戲令僕往邀石人明日晚酌、
問其願否、僕懼不前、乃自去約之、不意石人竟點頭作

冐允狀甲大恐、茫然無色、急步馳回、次晚、當其偕三女
歡飲時、忽報款門、僕去即來、魂魄喪失、齒欲相擊、強言
石人來矣、隨言爬匿桌下、自隙睨之、甲怒舉燈操劍自
往、未及門、見石人立、拋劍奔回、耳聞地板橐橐、石人緊
隨其後、至桌前、石人申斥其罪、甲跪求免、石人不允、終
將其魂拈入地獄、戲分四節、一切景致甚好、子正演畢、
國王起立、上下歡呼、王出園、眾隨散、
十二日壬寅、晴、申正二刻日王帖請閱兵、屆時率叅隨
乘車往在城邊大道南面、設布棚高臺五座、正中一臺

三十五

王坐、右二臺、各國專使公使坐、左二臺、本國官員坐、對
面另一臺、為本城府尹等坐、一路沿街左右男女滿立、
排齊、咸有馬步巡捕彈壓、登臺少坐、營兵奏樂、國王乘
馬著戎服率各國專使王公及本國文武大員到、登臺
後、隊隊先過步兵、再而礮隊、再而馬隊、統計萬餘、其隊
伍之整齊、兵服之新鮮、器械之閃爍、馬匹之肥壯、無須
瑣述、每隊中一國旗、過時人皆向之免冠以昭恭敬、戌
刻過畢、國王領眾乘馬隨後、國人歡呼、王既免冠左右
向之點頭、所立官民亦皆向之脫帽鞠躬、戌正回店、晚

餐、夾初二刻、復率眾入王宮赴茶會、男女千餘、宮殿雖大、而間間擁擠、寸步難進、先在正殿見國王、王母、及各公主等、對立少敘、後由別間轉出、時己子正、即刻登車回寓、街市彩燈煌煌、男女遊人尚多、

十三日癸卯、陰、聞京有種玩戲、曰花戰、乃男女對擲鮮花以為戲、扔者示以羨慕、接者感其愛恩、彼此點頭展笑、兩不猜疑、今日為其花戰之期、國王帖請、酉刻往觀、先是學部請申正赴畫閣看歷代名人行樂油畫、乘車行數里、至一白石高樓前下車、步石堦十級、入門左右

立宮兵兩行、再入一門、至大堂、正面一臺、橫列金椅為王坐、臺下列椅多行、作燕翅形、右第一行坐各國頭等專使、第二行坐二等專使及各參隨、後則各國公使等、左前幾行坐本國文武大員、其後坐樂工一班、歌女一排、少頃、各國王公及本國各王爵陸續先入、兵樂奏三陣、後國王、王母、公主等入、王乃免冠、左右向眾一鞠躬、登臺入座、王坐正中、左坐王母、大公主、右坐二公主、大駙馬、其他坐後一行、既而堂中絲竹鼓吹、女歌一曲畢、學部大臣步立臺下、演說一通、大義謂此閣極古、而著

名、共存名人油筆千張、皆歷代聖主名臣、文士武將、及他男女之貞烈豪傑、千載百年、我君一見、恍如覿面云云、說畢、國王起立、前行眾隨、徐步入各間觀望、油畫書容、男女老幼、古裝時派、愁悲喜怒、閒坐默思、種種不一、精妙如生、看畢出門、登車、馳行八九里、至城邊曠處、雖云寬曠、乃依然大道、左右密林也、中設木臺三行、作川字形、臺上有棚、四面木闌、各皆彩畫鮮明、左右者長各五六丈、寬丈餘、右坐各國專使、公使、左坐本國文武官紳、中行分兩節、前長後短、寬各二丈餘、前者長約三丈、

後者長二丈餘、前坐本國大官男女、後坐國王、母后、大長公主、長公主並其近支、與各國之王公等、各臺飾以綵綢、惟當中王立者前竪國旗、後立五彩鮮花牌樓、每兩臺之間為車道、寬容兩輛、聞共有大小花車百餘、皆富官家者、各車用鮮花裹滿輪轂與箱、更有以白花將車箱作成小船者、以五彩花作成茶壺者、古鼎者、蓮花一大朵者、礮臺形者、作小亭四面、繫以白鴿六七者、種種新奇、筆難盡述、每中或坐少女三四、或坐男女四五、各帶鮮花成筐、國王及他臺上之鮮花、皆官備、不時有

人大筐舁來、以便拋擲、眾花車排成圈、在三木臺中道上繞行、隨行互相扔花、以為戲、國王先則朵朵擲之、後竟全筐倒之、至戌初日已曛、暮紗月在天、國王始去、眾亦散、隨行彼此仍有向車扔花者、計此次共用鮮花不下萬萬斤、所扔者不能朵朵入車、其墜地者、叢叢雜色、滿鋪如錦、馬踏車軋、亦可惜也、

十四日甲辰、陰、風涼、日索每一禮拜有種鬬牛戲、地在城邊寬處設一大場、外方內圓、外看石樓層層、內則一圓圈如馬戲園、當中沙土鋪地、先用紅黃色土作三大

三十八

圈、暗指本國國旗、內又鋪以綠土、上用黑白土作雙頭鶯頭上橫有UNA VARA二字、義乃萬壽無疆也、此外木牆一圈、高約四尺、圈外周立石階十層、層層坐人、嫌石涼有人出賃棉皮墊、長尺半、寬九寸、厚寸餘、賃價每個索一珮賽達、四面四石門、如橋洞門、兩邊與上有石闌、其正面與左右者通場外、對面者通牛馬圈及鬬牛各人之所、在石階上有鐵鑄高樓二層、周各一百二十八間、鏤柱鐵闌、每間列座三層、容人十五、樓頭層正面三大間為王坐、對面三大間中奏樂、樂工四十餘、二層各間闌

前挂紅黃紫綠各色羢氈、屋前支布帳、為遮日光也、樓頂豎國旗、今日申正、王請往看、屆時乘車至彼、登樓入座、後國王王母及他近支并各國王公劉坐正面三大間、樓下石洞門前立護衛三十名、各擧長矛、王屋右各間坐各國專使公使夫婦子女、左各間坐本國大員命婦、其他上下咸坐本國文武官眷、通場坐者統計男女不下二萬人、樂奏一陣、後各鬬牛人先按班由對面石洞門內走出、繞行一周而後入、人共四五十、各著五彩金銀繡花緊身短衣、頭頂△形黑帽、腦後黑髮挽作小

三十九

結、地在歐洲界、人身黑髮、先四人各騎駿馬一匹、前引纖而四馬宮車三輛、各中坐二人、後隨空手鬬牛人八對、乘馬鬬牛人四對、掌劍者亦四對、執雙花刺者六對、再則伺候人十名、各皆青衣白褲、整齊鮮明、末乃備曳死牛死馬之馬三排、共六匹、每過王前、乘車者下車免冠鞠躬、乘馬步行者皆向之脫帽一鞠躬、再奏樂、畢即挂木牆上紅氈數塊、長寬各約三尺、先在石洞內以刺長一尺者刺入牛肩、迨其痛極放出、遇人急以角觸、鬬牛人乃互以雙手提紅氈招之、總以招牛來撞、躲閃伶便、不使撞

著者為能六七人往來閃紅布招牛中一人竟被觸倒幸未受傷招牛人凡躲避不及者即跳過木牆以避之而牛亦有隨行躍過者險甚又牛追人不著見石洞門前排立護衛乃舉頭往觸護衛橫矛相迎矛竟被觸折者二牛痛急撞人不著致以蹄掘地後則一人雙手執花刺招牛往撞正值牛來時能兩手齊插二刺于牛肩者為能如是三人連插六刺作✕形則牛血已滿半身矣再後一人乘馬手執長槍馬首蒙以紅布自洞門出招牛撞馬肚趁其撞時能以槍刺入牛肩者為能牛角

插入馬腹馬有五臟墜出者有血滿馬尾者竟有一牛撞死三馬者亦慘矣末則一人左手執紅布右手掌劍招牛來撞當其垂頭前撞時其人將劍由肩刺入直插牛心牛心裂愰行一二步即倒而斃亦有劍剌稍斜牛鼻出血乃緩行許久始倒者牛倒即有人引三馬出以繩綑牛頭曳入石洞後其刺牛心者驅至王前討賞王即由樓上擲下一包無非錢囊鈕扣之類所值無幾其人拾起鞠躬而去聞此等捨命虐獻國人以刺牛心者胆量勇壯為第一故其人每次須掙七千珮賽達其他

則一二千至數百不等每剌中一劍或二花刺國人男女皆鼓掌稱讚余及他國專使男女多掩目不忍觀原擬看周一場知其大概則足矣不意此次因國王御臨定刺八頭希臘專使看畢第二場即去余因服色與各國不同去則易露特至第六場演完因久坐覺冷遂出門登車回店晚餐亥初國王請入宮看燈兵隊進宮登樓繞至正殿極寬敞前對宮門外鐵欄殿正中設寶座三級高共二尺中立二金椅為王與后坐椅左右立四名仙相及四銅獅前外各撫一球殿前玻璃窗外有臺

上鋪花毯同時各專使男女步立臺上宮樓正面作凹字形前橫鐵柵欄左右二門中一空院見馬步兵各舉一長柄燈柄長四尺燈大於瓜或紙罩或玻璃罩隊隊鼓吹自大街由左門入至宮前繞至右門出兵共數千燈行整齊中有四馬曳一燈車乃四輪平板上一瓜形王冕周盈丈滿挂白玻璃罩內然電氣燈遙望銀光爍爛眩目可觀看畢入殿同眾橫列一排國王等走入向眾一一周旋王母后及長公主皆先謝國禮既而少敘國王亦謝國禮并問喜觀鬬牛戲否余答以甚喜看其

人之勇敢、王言不以其為殘虐耶、余云由此使國人發奮殺敵保國、王聞微笑少刻、王先行、余等隨後另入一大間、立長桌前飲酒點心、既而各向王前辭行、王等復問何不多住、幾時啟程等語、予正回寓、

十五日乙巳晴、早派王參贊譚繙譯送國禮入宮、繼差黃繙譯送衛芝圃者艾亭赴支布洛達海口上德公司回華、午後收理行裝、戌正乘馬車至火車棧、有王譚二君及安敦科登等送別、登車即開、先西北行、既轉東北、入夜冷、至著皮衣、

十六日丙午晴、午正二刻至法日交界漢代葉換車、早饍、未初復開、入法界西北行、戌初至波爾多海口下車、入店住、店名得米努樓、傍車棧、既整潔閎敞、於征客亦極便、當計由日京至漢城四百英里、合六百吉婁每當、又自漢代葉至波爾多一百五十英里、合二百二十五吉婁每當、入夜尤冷、

十七日丁未陰晴不定、巳正登車即開、東北行甚快、酉初至巴里城、內東南之黐蓮車棧、下火車乘馬車東北行、過河至大北車棧、晚饍、亥初上車復開、北行、至阿棉

四十二

郵轉西北行、至卜路旺鎮後、改東北行、

十八日戊申晴、丑初抵戛當下車、上輪船、船名都伍、丑正展輪、水平天冷、寅初一刻至都伍海口下船登車、有曾叔吾陳安生羅小荷來接、寅正開、辰初抵倫敦柴芬十字街火車棧下車、有馬清臣及他參隨人等迎迓、坐馬車入使館、計由波爾多至巴里共三百七十六英里、合五百吉婁每當零、由巴里至戛當二百七十五英里、由戛當至都伍六十五英里、再由都伍至倫敦一百二十英里、

十九日己酉晴、午正接印、向東稍南設香案、恭拜

聖牌、繼而拜印、皆行三跪九叩禮、午後查看使館上下一遍、羅稷臣因病久不內住、門窗關閉、塵垢極厚如古廟、遂飭傭工人洒掃刷洗、修補安置、添買窗簾牀榻瓷錶諸物、至桌椅地毯門窗樓板之霉爛折磨損壞者、一時不能修買、容日另辦、晚接電、知振貝子後日到倫敦、

二十日庚戌晴、未初坐馬車至坡蘭火車棧、登地道火車西行、至巴丁屯地方換車、再開仍西行、共六十餘里、至斯洛弟村、地近文逖行宮里餘、下火車坐馬車行約

四十三

二里至一所樓房拜羅稷臣蓋伊因病使館久欠修理
厭其骯髒閙全由滬放洋遂移居于此以便靜養進內
少坐另入别間見其鬢髮皆白右耳重聽右目失明坐
談間其鼻之右孔仍垂濃血據云伊現請三洋醫一內
科一外科一眼科每日各來一次各人馬錢十三鎊少
叙辭回聞其鼻於初次割挖時原冀即愈不意割後見
孔上另有别症須再割如不割恐將來病傳入目入耳
則治之不易稷臣未信先電招福建醫生林東垣祖榮
來英調治數月不效竟至耳聾目痛再招洋醫謂再割
未晚惟割時須用眼藥割後能否再醒不敢預料稷臣
既恐其夫人及諸世兄亦皆畏懼請不治是故遲延至
今奈其氣已微弱設不恐怕亦未必能敵藥力也晚令
馬清臣陳徵宇陳安生赴都伍迎接振貝子
二十一日辛亥陰申初乘馬車赴外部見其尚書侯爵
藍斯墻少坐回使館令各參隨去維克都里亞火車棧
備接振貝子亥初余著花衣補褂赴賽西店恭設香案
恃至亥正振貝子到跪請
聖安禮畢坐談極久後請貝子爺在店晚餐中國菜子正回

四四

使館訖此次振貝子帶共參贊二人為觀察黃子元開甲
梁鎮東誠楊朗軒來昭陶杏南大均李幼三經楚外務
部員外郎汪伯唐大燮唐蔚芝文治繙譯官三為參將
吳盈之應科主事劉子生式訓縣丞潘劍雲斯熾隨員
一為同知楊待清立濱供事一為徐佩之樹瑾又經奏
派中國駐英税務司金登幹為參贊故一切房車各事
皆歸其人經理預備
二十二日壬子陰雨陣陣記自光緒已亥九月十五日
經倫敦新立之阿爾遮克會之會首伯爵色弟義率其
協理考安同請羅稷臣周遊英國各製造局廠連遊數
月中有從優接待者亦有平平作常人往觀者不意協
理考安從中處處舞弊既收各廠入會之費遊歷詳觀六又
索羅稷臣各處車舟飲食各費去冬經人告發色弟義
自烘一概不知遂至累及稷臣幸當時往來車船房飯
諸費多經自付乃仍須自請律師從中公斷其所請者
為司比森與郝爾得自來已費筆資千數百鎊至今仍
交馬清臣百鎊備其去後之費云
二十三日癸丑陰雨如昨英老君主維克都里亞生于

四五

西五月二十四日官場咸於當日筵宴祝嘏令君生辰
雖在冬月九日其筵宴乃仍因舊制于是月涓吉以慶
賀之今日為西五月三日戌刻外部大臣藍倏請晚酌
席設藍斯當府（即藍倏住宅名也向在外部今移此詳見四述奇）樓房高大華
美油畫書籍甚夥大廳亦綦開敞乃中一長桌周坐七
十四人為各國公使及本部各大員并他人之曾經外
出者廳前官兵陣陣奏樂酒食豐美酬酢甚歡食畢藍
倏立起用法文敬陳數語再同衆舉酒恭祝英君壽後
衆公使中領首者復立答一段再偕衆舉酒同祝英皇
之福此後吸烟吃加非繼而齊入書房立談片時子初
回使館
二十四日甲寅稍晴冷倫敦天時向于西五六月間必
極清爽温和不意邇來連日陰冷至著皮衣或謂倫敦
在赤道北五十一度三十分尚在蒙古買賣鎮之北賴
有大西洋之熱水自南北美洲之間西印度地方向東
北流來以致温煖係千年後熱水改道恐英將冷比俄
都矣乃前于西五月八日即中四月一日西印度温窩
犖島中賢皮爾城（在赤道北十五度）中培洌火山崩裂熱氣減

四十六

少故此地較涼此股熱氣須待地火回轉水力加熱此
地方得四季如初快須六個月後否則六年以上雖經
地理會中人所云如此效否未定究可慮也
二十五日乙卯早晴酉初雨戌初備席恭請振貝子及
各參隨繙譯供事并本使館諸君晚酌貝子爺因未遞
國書不便出門謝辭上下共列五桌彼此歡飲暢談子正
始畢聞在馬蹄泥島之北界一帶自培洌山崩後皮爾
城等概成灰土瓦礫人之遭險喪命者或被土埋或被
轟裂男女老幼共計三萬餘其他受傷者得逃無家者
皆流離失所飢寒待賑因而各國公私設法救濟聞美
總統盧貝義大里王安柏倪各施千鎊德皇送萬馬克（合五百鎊）
美會堂募化二十萬圓英屬地加那他募得五萬
圓法捨七十五萬六千二百九十九方麩十萬加倫肉
四萬加倫檸檬二萬五千加倫其他應用之食物共二
萬七千加倫丹王三太子瓦代瑪代化二萬三千五百
方馬蹄泥救生會湊集百萬方待救之人既多據云各
處化得之錢足供半年之需以待其得地棲止而可自
備飲食且各國醵金在彼立醫院療治傷病又英皇自

四十七

送四百鎊英后五百鎊太子與妃送二百五十鎊其他
各公侯世爵各銀行各製造公司及通城各善士共湊
得三萬二千八百三十八鎊半統交倫敦美爾聚齋匯
寄又立文浦海口美爾化得二千三百三十五鎊歸伊
另寄云
二十六日丙辰晴前日英外部來文定于今日午初呈
遞
國書屆時余著花衣補褂手捧
國書乘馬車入賢櫂木司宮既值英君午正設朝會又值
巳正二刻振貝子遞
國書登樓入大廳會各國公使少立俟振貝子自內殿門
出余即步入三鞠躬至英君前止步雙手捧
國書頌云
大清國欽差大臣張德彝欽承
簡命駐紮貴國伏查先后帝御位六十餘年治功顯著德化
懋昭當時中英兩國已極輯睦使臣此次西來又奉
溫綸諄諄以固洽舊交為諭茲特恭達宸聽今年六月正
值大皇帝加冕吉期而南斐洲軍事現亦和局告成凡茲

四八

二事天下各國同深欽仰使臣躬逢其盛實不勝欣幸
之至頌畢遞上
國書英君接過答云敬悉
大清國
大皇帝好循讀貴大臣所遞
國書仰見
大皇帝眷念邦交知人善任本君主同深欣幸今年斐洲軍
事言歸於好值遠加冕之前渥蒙貴國
遣賀殷拳尤為感佩維願兩國推誠相與和好益敦國
祚綿長昇平同享余心實有厚望焉聽畢三鞠躬退出
見振貝子請安後轉入大廳與各國公使齊立少刻英
君出立王座前各國頭等公使入立王左一排振貝子
亦立王左在太子及各王爵之前余隨各國二三等公
使按到英之先後魚貫而入見後轉立王對面繼而本
國文武大小官員一一入覲共計千餘見畢國王回入
內殿各公使轉出未正二刻回使館按見禮各人一鞠
躬王向各公使立見惟與頭等者拉手其他二三等中
有與素識而契厚者間亦握手本國者王坐見間亦有

四九

坐而與之握手者、各公使皆立待國王見畢、國王去而
後去本國者、乃皆隨見而隨出也、按今日所遞
國書謹錄如左、
大清
大皇帝問
大英國暨四海諸轄境
大皇帝
大護教兼五印度
大皇帝好
貴國與中國睦誼夙敦、比復言歸於好、茲因駐紮
貴國出使大臣羅豐祿任滿、特簡二品銜三品卿銜記
名副都統張德彝為欽差出使大臣前往
貴國都城駐紮、並令親齎國書、以表真心和好之據、朕
知該大臣諳練老成、通達時務、辦理交涉事件、必能悉
臻妥協、惟願
推誠相信、俾盡厥職、嗣後與
貴國邦交永固、共享昇平、朕有厚望焉
光緒二十八年二月初六日

辛

二十七日丁巳、晴、午後振貝子來拜、入夜雷雨、記前由
阿爾遜克會借羅稷臣之名、于各處誆騙金鎊之英人
考安本猶太教人、素以出售鐘表碎件囊釘等為生、數
年前虧本共欠人八千餘鎊、告官查斷、除抄家估價外、
尚欠五六千鎊、官不實信、飭其將來自償、伊遂將猶太
教之本姓改為英蘭人之姓、曰高蘭、自設會得錢後、暗
將欠債還清、在外既無所欠、無人控告、官亦無所究斷、
于是復改其姓曰考恩、此蓋蘇格蘭人姓、故當時人皆
知其為蘇格蘭人也、事發後始經人查得其情、猶太人
多富、善理財、如此亦可謂詭詐矣、
二十八日戊午、早陰、申刻晴、進閱華報、華人自謂蠻野、
外國文明、恐未必然也、茲將在各大國所見者、摘引數
端以記之、美國諸處欺侮華人、姑莫論、他如英國向華
人擲番菽傷耳、巡捕不理、法國妓女誆騙華人、莫論、而
在大街強曳華人、巡捕不理、德國男子摟華人親吻、巡
捕不理、俄國雪牀載華人過冰江、加倍索錢、巡捕不理、
在北京前于辛丑春、有人自黃牆內以繩繫瓶出、打紙
鳶、瓶墜牆外、恰落一義國婦人前、竟屢次行文外務部、

壬

強索其人（人在牆內雖當時有人乘馬飛入東安門至南箭亭恐亦未必能得其人也）地方
官無法乃提一賣油炸果之貧人處決完案以安其狹
窄慘虐趁勢欺人之心嗚呼各國不能各人文明敬勸
吾人莫將中外分作如此之大區別
二十九日己未微晴涼辰初乘車至倭特路火車棧送
羅稷臣啟程去騷桑比海口坐德公司膠州回華同行
者爲其夫人其文郎儀元忠詒儀朱忠諶儀張忠訥第
二女公子并其猶子羅小荷忠彤伯蘇之彥儀程序和
賓谷忠寅內弟魏蓮叔濂教讀關韻斧鳴珂已刻回使

五十二

館本國太子及各國頭等公使皆不能突然往拜自遞
國書後即致書各處請定時日繼而陸續答復中惟德國
公使答稱現在修理樓房餘地狹窄不淨俟工竣再當
奉聞今日申初乘車至沙洛比坊第一號拜美國公使
仇德坐談良久
五月
初一日庚申細雨陣陣涼午初乘車入賢瞿木司宮拜
見英國太子衛拉斯王卓志此宮四面皆樓當中空院
各門立有紅衣護衛舉槍把守太子朝房在西南角樓

名約克葛斯入內先見其侍衛長恭將色爾畢格少坐
太子下樓同入別間坐談片刻辭出記太子生于西十
八百六十五年六月三日（同治四年五月初十日）現年三十七歲
八百九十三年七月六日（光緒十九年五一十三日）娶太克公之
女瑪麗爲妃生二子長名埃達倭年八歲次名阿色爾
年七歲回使館早餐後往拜俄羅斯日斯巴尼亞和蘭
日本四國公使各皆坐談許久中惟日本林董見尤親
熱蓋數年前在北京之舊相識也
初二日辛酉陰自巳正至申正往拜義奧法土四國公

五十三

使英俗兼愛畜類虐之者罰有等巡捕屬諸暗察新報
連見三事一老嫗失黑貓鬧爲鄰婦蹴斃指名控諸官
罰半鎊二某馬車載物重甚輪轉略遲御者即以小刀
刺馬尾被捕坐監三個月三二童子戲以練規猴頸擲
水中滅頂沐之出復擲之經捕見官恕其年幼只罰十
五先
初三日壬戌陰戌正請貝子爺暨梁汪二君吃餑餑閒
因賀加冕派來專使者共四十一國如奧斯馬加王爵
佛的楠巴威里亞王爵里歐浦倭爾坦堡王爵阿拉伯

比利時王爵亞喇貝丹麻太子弟來得立法蘭西水師
提督者爾衛德義志王爵漢立與妃希臘王爵司巴塔
與妃海斯邦公爵盧得威義大里公爵杜斯達與夫人
路森堡邦子爵單森布梅林堡邦總兵韋廷果木那扣
邦王爵周賽甫司台里自邦公爵福樂地蒙坦尼格婁
王爵達尼婁和蘭男爵色堤那魯麻尼亞太子計洛木
與妃葡萄牙太子喀洛斯日斯巴尼亞王爵克爾洛斯
俄羅斯大公爵米晒薩克斯庫堡公爵阿弟當薩克森
王爵卓志瑞典太子格斯達甫美利堅將軍李穠夫婦
中國振貝子土耳其提督圖爾堪尼喀拉欣外部大臣
歡猩自日本彰仁親王小松宮高麗王爵李載覺埃及
王爵阿里巴沙埃西歐皮亞大臣馬庫南渾都拉斯大
臣魏當自賴貝里亞男爵司悌音暹羅太子瓦芝那伍
墨西哥大臣埃司堪端墨洛扣大臣阿得薩代烏拉桂
大臣庫埃斯塔色爾威亞將軍皮兜威赤烏干達大臣
喀太其婁波斯王爵杜當三西巴大臣阿立
初四日癸亥微晴酉刻乘車至宜敦坊第三十號赴英
前任香港總督包令夫人家茶會樓小人多樂工六人

五十四

鼓琴吹笛亦頗可聽遇赫宮保夫人母女立談甚久下
樓盤香賓一盞回使館
初五日甲子晴早挂國旗戌初一刻請振貝子梁鎮東
黃子元楊朗軒陶杏南李幼三汪伯唐唐蔚芝吳盈之
劉子生潘劍雲楊待清徐佩之外務部學生恩崑峰厚
柏峻山銳國幹臣棟六定丞保并南洋公學選派出洋
肄業生曾筠圃宗鑒李澤民福基胡仲英振平趙炳生
興昌自備資斧學生羅怡重忠誠沈彥侯成鵠王石孫
慶驥徐超侯建勳沈叔玉寬金翬伯紹城金仲廉紹堂
金叔初紹基及本使館之馬清臣夫婦子女曾周尹三
夫人與各參隨學生供事諸君樓上下內外共列十二
卓歡飲暢敘子正始散
初六日乙丑晴法公使設一集物善會于昨今兩日請
人往買各善男信女施捨之物得資振濟傷兵與會者
入門票一價六先糕點票一二先半今日申正余乘車
至海岱園堪興坦門外第十二號法公使館入見三層
樓上下四面近牆羅列長卓分肆金銀珠寶綢緞紙木
瓷漆玻璃諸物男女應用之器皿首飾小孩之玩物余

五十五

僅在頭層環繞一周、各卓各所、立有仕家婦女、竭力周旋、巧言詼諧、令人虞其訕笑、多出錢以購物、直一先者、竟索四五六先、余買菸捲合子一、瓷身布人一、小細竹籃二、玻璃酒罐一對、小畫一冊、約共值不及一鎊、竟至四鎊七先、酉正回使館、

初七日丙寅、陰雨、冷、著皮衣、猶太人善理財、然多奸詐不實、處即如倫敦東鄙司台普呢區一帶、大小共鋪一千一百零一、中售牛乳、乳油、加非、椒麩、芥末者、屬猶太人五百四十一、屬耶穌教人五百六十、內各貨之攙雜假料者、猶太人居其半、且椒麩芥末之攙假者、皆猶太人、其所售之牛乳價竟落至三四佩呢二升、或一夸（一即加倫之四分之一）、乃使耶穌教人迫於無法、亦隨落之、以上為醫官陶瑪斯所考得、據云真正清純牛乳、豈三四佩呢所能售、猶太人之設法爭利、實為引誘他人不售真貨耳、

五六

初八日丁卯、陰雨、亥正偕內人金氏入卜靜宮赴朝會、金氏因初次進宮、由外部大臣藍侯夫人帶見、此次改在跳舞堂中、以其寬敞也、入內登樓、轉入他間、由堂左

入堂右一長間、會各國公使、各公使婦女在前、余等在後、其他各大員命婦、皆已排坐堂中左右臺上、少刻、樂作、英皇與后、太子、太子妃及他近支王公與妃等、入立于正面臺上、各國頭等公使夫婦子女見畢、女坐王左臺上之前兩行、男立臺下、各國專使王公大臣及妃與夫人皆坐、與立于皇右之臺上、臺下、俄而各公使之妻女、一一先由右門步入、至皇與后前請安畢、登坐左鄙臺上之後三行、繼而各公使父子復一一步入、至皇與后前行鞠躬禮畢、步立左門、左右臺邊再則本國仕官婦女、有下堂中左右臺者、有存立堂外別間者、乃班班入長間、亦一一自右門入、過皇與后前請安、後退自左門出、陸續千百見畢、樂奏天保國王、皇與后等立起、下臺直行、各國專使男女隨後出、前左門各國公使男女出、後左門另入別間、少立、待英皇過、鞠躬辭別、後分入他間、男女羣立、茶酒點心畢、分路出宮、各自登車回寓、時值丑正、

五七

初九日戊辰、陰雨、聞前日在俄國近巳土木城之耙堤村、有幼女年十五歲者、其名未詳、由女學堂回家、在過

衢大道正行之際、突遇三男、彼此拈鬮、其得有字者、當
姦此女、該女喊救他人、趕至竭力爭執、始將三人逐去、
按華例是為強姦未成、自當捉以治罪、西國則謂此為
賽爾喀西亞（地近黑海屬俄國）之古俗、名曰捉髮、由此觀之、豈
強姦順姦而成婚者、謂之古俗、我國堯舜之世、無是風
也、
初十日己巳、陰雨、猶昨、冷、西國通俗男女老幼、皆得上
書於其君主、月之初、閒居倫敦城東北角包爾路幼女
羅愛喜上皇后書云、敬陳于我王后之前、早擬上書、惟

五十八

年只十三、誠恐有觸慈顏、惟我皇加冕大典、舉國同歡、
尤望屆期幸邀觀瞻、甚足喜者、文路城美爾密泰前來
學堂贈我眾女生極好寶星一、上鑿王冕、不日茶會、熟
放獎賞、惟我皇我后小女從未得瞻、欣于四年前曾在
布立斯妥觀我先君主之聖容、未審此寶星上之聖像
符否、今後當朝夕祝禱、此次加冕、願我皇與后、壹是順
遂、諸事平安、女父昨讀新報、內言我皇加冕之期、賜我
通城苦民以嘉飧、惜愛喜小疾、弗克承此榮光、然女父
曾謂皇恩深重、使多良醫施治貧民、小女微病、當無妨

也、惟望我皇與后、福壽孔長、治我黎烝、幼女羅愛喜謹
陳、前于十三日、英后由文忞行宮命其婢好代為答復、
云、娜麗姑娘奉皇后諭、賜書羅愛喜小姐、多謝可愛之
小信一函、覽之不勝欣悅云、
十一日庚午、早陰、未初雨、入夜晴、涼、英君于二十一日
（西六月二）早在西敏斯德大教堂受加冕禮、二十二日
午後遊幸江左各大街、于是在國君埃達偉第七與皇
后阿來三德亞由卜靜宮往來必由之路之各空地、及
兩樓之間一樓之前、或樓上、或樓下、均以木板搭臺、板

五十九

厚二寸許、蒙以紅布、層層列座、或置椅、或鋪墊、限地尺
餘、貼以號數、凡屬前面臨街、或左右臨街、及他人之房
院者、皆遮以短垣、或著色、或蒙布、圍弗鮮明整齊、座上
無樓簷樹木遮蔽者、皆支絲棚、此各坐落有東主自備
者、有計日租賃者、租價數十鎊至數百鎊、或千鎊不等、
視地之寬窄高低、容座多少、得宜與否、座直由一鎊至
一二三四五十鎊、外有樓上按窗出賃者、層樓出賃者、
有藉此請客、預備茶酒小食者、價則一窗容人二三、亦
數十鎊、聞在賢禮木司街一家頭層樓前僅三窄窗樓

內茶食概無預備經人租賃兩日得六百三十鎊直他可知在海岱園旁一小樓非英君所經之地二美國人租住兩月每禮拜百五十鎊洵不菲矣

卷一終

八述奇卷二

鐵嶺張德彝在初隨筆　潘士魁校

光緒二十八年五月十二日辛未晴英君加冕期近通城大小街巷鋪店人家樓前皆燈懸彩結安旗挂花燈式不一或電氣或煤氣有作ER二字及王冕或一巨星者有五彩玻璃罩簇成花者橫懸數行者本使館亦以鐵管通電氣作中外禔福四大篆字橫列樓前彩紬悉挐國旗用紅白藍三色有金蒙鐵闌者有糾結成紋成花者有花氊花紬圍石柱者有紅氊繡ER二金字

及王帽者種種鮮明燦爛筆難盡達家家安旗有左右街接下行仰望如幕者有用鮮花堆字與王冕者有懸挂欄邊窗上者又有戲園以鮮花堆作牆壁柱簷飾滿樓前遥望如花閣者國君所經之街緣路左右每隔半箭許立紅棍一二丈餘兩棍之間連以假花一縷燈含花内隔棍五立一木臺如塔上矗木杆繫以幡旗之類又一巷左右各建一花牌坊或鮮花或紬緞要皆華麗可觀惟在懷德堂帕勒木街又名白堂街近外部地橫一木牌坊高逾三丈形如門字又似石門兩柱方徑二尺

每面挂以麥秧、頂上及左右飾以紅綠馬口鐵、頂上橫
有洋字一行、曰加那他穀倉、蓋英國日用之豆麥多來
自其地也、
十三日壬申、晴、亥初、偕內人乘車、先至花啥的里街、地
理會館中赴格致茶會、凡會中人皆披紅氅、入內見會
首夫婦、老幼男女數百、茶食平平、各間陳列光學化學
各物、不煩覼縷、少立即乘車至康衛街生理博物院赴
地理會之茶會、入內見會首馬康夫婦及他男女數人、
年皆五六旬者、內共官樂場設酒食兩處、樓上下男女
一二千、擁擠熱甚、在內畧繞即出、再乘車至格婁伍訥
園日本使署、入見林董夫婦、遂領見其彰仁親王、知隨
來有福島安正、三宮義胤、長崎道至及柴五郎、皆三十
年來之舊雨也、樓中修飾華美、旨酒嘉肴、星羅棋布、樂
工奏曲盈耳、洋洋復見各國公使及本國各大員攜眷
屬如藍侯夫婦其人、子正還使館、
十四日癸酉、晴、英巡捕廳出示、值加冕期、戒人民亂行、
用肅國君暨官界往來之路、晨鐘八點、凡乘馬車之赴
西敏斯德者、須即趨往應占之地、八點三十分、凡步行

二

者、皆須立齊不動、九點、凡乘車擬占由西敏斯德回宮
之路者、須即趨往應占之地、九點三十分、凡步行在回
路者、皆須立齊、又當遊城之日、在太木斯江北、凡乘車
者、八點站止、步行者、八點三十分立齊、江南則自倫敦
橋至白堂（見前懷德堂）、凡乘車者、須九點站止、步行者九點
半立齊、到處皆有馬步巡捕彈壓指點、屆時自當肅靜
整齊、
十五日甲戌、陰雨、涼、亥刻、偕內人乘車至生理博物院
赴屬地會之茶會、男女擁擠如初、其他同前、子初還使
館、
十六日乙亥、晴、戌刻、曾叔音夫婦約在阿拉罕卜拉園
觀劇、計十三齣、雖係雜耍兒（北京俚語即雜劇也）、而最趣者、甲一
男二女在對臺樓上反身仰面、向臺發槍、臺上木牌一、
牌上橫白玻璃泡三重、其數九九、槍巧中、又臺上高置
洋琴一、槍發琴響、宮商合拍、于是臺發百槍、成一曲、又
一女達立擎火柴、一男發槍以燃之、就而取以吸菸捲、
甫半、復交女手、乃退遠發槍擊滅、女始終無怯容、乙男
子二十餘、幼女數十、皆作日本古裝、衣式不一、五彩鮮

三

明分隊跳舞至於合羣往來毫不羼亂惟情景衣冠半屬似是而非耳兩臺上設一長桌一人放六猴一猫一葵花鳥于一邊猫戴花猴著男女彩衣彼此耍舞賣藝或單或雙所异者鳥不畏猫猫不捕鳥未悉其何法教演使之迷失本性猴之靈巧通人性雖不能言所作各藝與人同如著衣解衣反正上梯爬梯打鞦韆拉胡琴吸烟飲酒營營伶便剖悉宮商處處與人了無異相了與前在柏林所觀八十日繞地一周之戲相似（詳見五述奇）共分四節演四處分春夏秋冬天氣之寒熱溫和土地

四

之饒瘠人民之貧富無不分明第一阿斐利加沙漠窮荒土人貧苦日炎如火樹少房低二印度土地肥沃人民富饒山青水秀花木芬芳樓房峻麗衣服華美復有幼女百數十衣分四種別顏色區長短赤臂袒胸因其常俗披藍紗鬈者翩翩飛舞衣襟飄起雙腰外露無異赤髁乃著附身肉色褌耳三澳大里亞天氣溫和房式民風皆類郊外不甚繁華四加那他雪地冰天光搖銀海皮衣東髁玉筋垂樓男女駕冰牀間有用鞭羊者嬉於冰上如北京俚語謂溜冰者四處地多屬英故每節土人必歌天保國王而作仰頌英廷之態其他度曲擊杠（北京俚諺）舞刀各藝皆他處曾見者無庸再及子正還使館

十七日丙子早晴稍暖酉初陰雨一陣倫敦公車通城往來頗稱利便余曩幾次駐此亦偶乘之因上中下三社會人皆可坐也而同人多非之今閱代里美拉新報（譯為日報）內一則云英后之第丹國王爵阿勒達瑪英皇之姪希臘王爵卓志曾同乘公車街市游覽所經之路由福立街達江岸復西轉由教斯佛街達雲母石門而南

五

走帕爾克巷至寬斯的究慎山舍車步向卜靜宮一路上下易車皆與人俱乃鮮有詫异者何也

十八日丁丑微晴涼西徽斯德區美爾浦洛濱夫婦在藝植園邀午後茶會由三點至七點届時偕內人攜孫女乘車入利負園至園之南門外下車入門一徑直趨右一小布帳外立美爾夫婦見畢而前大道左右行行置椅正面玻璃煖房一中植熱帶花木如竹棕芭蕉之類池種蓮花芡實茨菇各物房前右設大布帳三內外羅列桌椅備有茶酒小食再前左右林中設樂兵三部

衛拉斯歌女一班外有帛上繃邦球地上拋球打木球
飛皮球諸戲又有小湖花窖其地容于四點鐘內隨意
游賞或飲食或弄球或觀花或遊水或聆曲或聞樂或
步游或靜坐一任自然酉初還使館
十九日戊寅大晴暖英君連日各處臨幸以示護國愛
民自月之初九日（西六月十四日）在阿得朔地方患病官傳謂
其腰骨痛十一日小愈移入文淴行宮靜養昨日因病
較重回倫敦雖傳言加冕不至展期而是晚察為腸膜
熱火在右胯前之大腸頭上洋名阿噴的希提斯經御
醫黎斯得巴爾婁司米士塔拉伍臘慶海衛等五人驗
視無外商定醫法力請割治不則殊可畏君曰可故今
日午正二刻入宮海衛進睡藥塔拉伍施刀剖右胯前
與腎囊之間開流膿血若許洗淨敷藥縫口幸英君雖
吐瘀畢醒後不覺甚痛繼乃靜臥隨時有老年命婦輪
侍醫官臘慶通宵守候是疾不能數日痊遂諭加冕改
期停止倫敦城內一切燈彩烟火各城鎮仍一律舉行
此信一傳電報德律風各局猝無時間不惟即日使通
國皆知更欲各國並屬地咸聞因之各國專使公使及

六

他各官男女皆入卜靜宮旁門小閘內登請安簿街市
男女擁擠互相探詢停止御前大臣潘卜祿公等之宮
中御讌并諸家大茶會亦因之不辦裴柯太太薩孫太
太及藝術會在藝植園中所訂今晚茶會余既未肯赴
約諒亦必停辦也
二十日己卯晴暖按英君之證或云十年前經醫考出
係由人食物後入腸入胃消化其助人精血力氣者皆
分運周身粗者下降轉輸大腸末運穀道其少腹旁別
垂一小腸如袋長二三寸自外度之當在右胯之上髀
骨之下難消之物悞墜入久則漲滿病生若經醫剖割
宜向左靜臥七日庶起立無虞前者曾襲侯之四子患
此證延洋醫剖割中有海帶菜凝結漲滿剔出縫固創
口適曾侯任滿啟節回華未可久留臥僅三日抱起縫
口綻裂致死夫此證既露即宜割治免致漲破難醫又
須側臥七日俾割處復原英君雖健甚亦必七日中安
寢氣足不生他病方可無虞若欲精力如舊少須百日
或半年或一年始卜長生故羅馬教皇得倫敦信即電
飭在英各神甫教士晝夜祝禱天主保佑英皇云

七

二十一日庚辰、晴暖如昨、昨日加冕展期之信傳出、今
日各國專使之擬去者強半如巴威里亞王爵里歐蒲、
比國王爵亞喇貝、奥國王爵佛的楠德、國王爵漢里伏、
國大公爵米晒、庫堡公爵阿第蕾土耳其提督圖爾堪、
皆已陸續起程振貝子擇於二十五日赴比日本親王
定于二十八日赴法德俄國走賽比里亞鐵道由琿春、
營口等處回國惟印度各拉扎（義為印度王稱）因屬英迺暫駐、
各屬地之兵亦然、

二十二日辛巳、晴熱、戌正請振貝子及梁黃汪唐諸君、
在使館晚酌、邇因英皇加冕、倫敦各街巷搭蓋之臺座、
豎用四方木柱、横以寸厚木板、飾以五彩氈緞綢呢、捆
縛不用繩、皆束以鐵條、丁以長丁、徑二三寸、長五六寸、
者極堅固、一切工料貴自數百鎊至一二千鎊不等、座
值在江北由五吉呢至八吉呢、以南則由十先至四鎊、
臨窗頭層樓四十吉呢、他皆二十五吉呢、五月朔日前、
尚照定價、後則日漲、不止加倍、自聞加冕展限凡買定
座位者皆向座主索錢、而座主有慈者、慫者、慷慨者、有
謂無須爭論而設法平分者、有謂待數日、如不補行、必

八

奉還者、有欲還九成而留一成以償工料費者、有因本
來不易而一成不還者、有因主人豪富而一概退還者、
如柏克蕾、薩伍艾等客棧、及庫克哈卜也各行、與紫苓
十字街火車棧前之座主各設座四五千、概皆退還、意
謂將來補行加冕大典、必仍來照顧也、西敏斯德堂前
座五千、乃按座還回十分之九、論者謂按座票所印云、
由某甲收到若干鎊、為買定何字第若干號一座、以便
於一千九百二年六月二十七日坐觀國王加冕、如此、
則應儘數退還、然座主不能預料此等意外事、則又可
不還、惟賢瞿木司街隆貝行之座票後、印有買座之錢、
不得因故退還十字、有此十字、遂不退款、有不平者、索
之管座人、言屆期我自清晨到臺伺候、即請在所買之
第若干號座上、鎮日静坐、仰觀天色之清朗、俯察街市
男女車馬往來之繁盛、亦足以暢性怡情、庶不至枉費
若干鎊也、無賴之語、令人噴飯、

二十三日壬午、晴、申初入宮請安、登簿探詢病勢、據云、
雖難遽瘥、然日見痊可、不惟飲食有加、且能吸一捲菸、
承問謝謝、昨記各處設座原為別種生涯、至各醫院本

九

皆善心因而善募乃此次亦設座特為賺錢以助院費
是則犒募與設賣物會同如賢卓爾志賢陶木斯與西
敏斯德三醫院除人工物料各費外各餘萬餘金鎊賢
卓爾志院設二千座售一萬二千餘鎊費僅二千贏一
萬加冕既停遂致書買座者明言歸還座價暗斂一切
費款巧言激發使人欲收而止其書末云奉繳座價收
否聽便因此買座中十分之九已答云不收所費頗以
助善等語是則要人樂於施捨也至紫荅十字街設座
五百半皆地高價廉收費無幾聞僅七百五十鎊其如

十

何辦法并座值還否未聞又設座各處雇定西二十六
七兩日伺候之人當日雖未供役皆索工錢蓋謂從前
若非雇定自當為他處傭工兩日躭延損失定要償也
入夜微風陰
二十四日癸未陰數十年前英侯爵哈特佛者住倫敦
曼荼斯得坊最喜油畫骨董存儲甚夥值約五百餘萬
鎊長子席墨現稱鴨毛伯次子洛柏外妻生聰敏勤學
心地良善特佛愛之以非嫡出不能領姓以母姓為姓
曰瓦蕾斯立志自奮去法多年娶法女為妻學問有成
回英入考為官英政府以其忠心好善賞以色爾世爵
哈特佛臨終時以油畫骨董并所住樓房一所遺洛柏
此為私產非其長子所應得之產也（英例遺產盡歸與長子他無所得）
瓦蕾斯無子女故後其妻將產贈官國家遂將樓房及
中存各物作為公產派人管理隨時雇人看守洒埽整
理日日開門任人觀看現歸色爾司闢管理前日來帖
招請今日往觀因禮拜日人少清靜也是樓按日未正
開門戌初閉門余于酉初乘車至見高樓三層備人遊
覽者兩層潔淨整齊內有巡捕容之往來上下皆有定

十一

路不得亂行頭層四壁懸油畫大小百幅二層羅列古
銅瓷器並各國古時之刀槍盔甲內有中國日本者各
一分大者丁懸壁上小則盛以玻璃卓罩約千餘種然
無甚新奇者
二十五日甲申晴振貝子擇定今日巳正率眾啟節赴
比利時辰正一刻余偕陳徵宇周揖瀚曾叔吾三叅贊
暨馬清臣等乘車先至賽西占謁貝子爺少坐同乘宮
車（係英廷所備）入紫荅十字街火車棧遇外部侍郎巴令坦
及赫承先諸人巳正車開聞倫敦城外阿得朔地方兵

營前定犯罪各兵于加寬之期斟酌赦宥一節昨奉王
諭以現雖患病展期須仍奉行故于西六月二十四日
即本月十一日明日二凡監期未滿在監循守規矩安分聽命者一
律寬赦又于二十六七兩日各監晚飯皆加錢一倍格
外豐饒酒食肥美又前于西十七日一中十一日英后代國君
在阿得朔閱兵馬步三萬太子著戎服乘馬皇后與妃
乘車到時午正聲礮奏樂迎接皇后登臺各大員命婦
見畢皇后立云今代國君祝爾各營國旗誠賴汝等謹
禱上天保佑此旗以及爾眾雄兵言畢兵則按隊自皇
后前過隨過皆向皇后行禮皇后與太子之將至將去
兵樂皆奏天保君王官民陣陣歡呼亦曰天保君王與
后自英君病後凡人聚會及各教堂無不祝禱天保君
王并有羣圍老君主維克都里亞及君主夫阿拉柏二
石像跪禱天保君王與后者且聞其他各城亦然
二十六日乙酉雷雨陣陣外部大臣藍緩夫人柬請余
與內人全氏及榮驤于今晚亥正二刻在本宅茶會帶
晤他國專使并本國寬諾公等屆時乘車前往其樓前
三面牆頭滿然煤氣燈樓後園中亦然鐙奏樂惜爾時

風雨交加燈多吹滅樓雖高廣而人多擁擠立無隙地
丑初還使館
二十七日丙戌陰涼今日為西七月二日午初英后與
太子在兵部後校場內閱印度兵前日外部發三紅柬
來請往觀是地東則兵部南臨外部西倚賢糧木司圍
北傍春園寬敞平坦西面立兵奏樂東北兩面設木臺
兩行分甲乙丙丁戊五段每臺十橫每橫容座四五十
不等臺皆木搭層高一層鋪以紅氈東面丙丁戊三臺
坐各專使王公頭等公使及本國王族暨各大臣命婦
北面甲乙二臺稍寬坐各國二三等公使夫婦子女叅
隨及各專使之叅隨并領事與本國之文武官員巳正
偕內人與陳安生乘車往由春園入登北面乙字臺上
第二級第五百一十十一十二號三座兵約二千向東
橫立五行戎服色分紅黃藍黑纏頭布色亦紅白黑藍
有別旗幟既分五彩兵之面色亦黑黃不同兵官纏頭
式樣更不一律蓋皆來自印度東南西北各方也午初
太子着戎服乘馬偕寬諾公等先至繼則皇后太子妃
及他王妃公主等乘車至皆有親兵侍衛隨車執槍舉

斧前引後護兵即奏天保君王樂四面官民亦皆歡呼先是皇后偕太子妃等自東至西向南向北在五行兵之前後穿行一次回後東五兵又自南轉東轉北而西隊隊鼓吹蛇行一次乃陸續五行接成一行轉畢仍行行分五立定復鼓吹一陣皇后太子等先後出春園回宮中刻紫草布馬克林畫館請看畫工賀斯得新畫英君與后之朝會一幅寬八尺高六尺餘看之不甚新奇而初學作畫簪纓齊萃眾男女之儀容態度神肖亦妙筆也此外大小數十橫幅中惟一山景山水幽遠滴翠送青萍藻交縈河流成帶竹樹蒙翳黛色參天觀之令人心曠神怡別一幅山場流水之旁大小犬十長毛長耳色皆黃白神氣逼真如仰而吠者俯而飲水者回頭舐毛者作驚疑狀者兀然不動者垂尾嗅地者似怒者憐喜者按幅價皆數百至千餘鎊所以請來觀賞者冀得照顧也

二十八日丁亥陰晴不定初到此致書各國頭等公使請定時日往拜惟德公使復以修葺樓房工竣自當函請昨函約于今日酉初屆時乘車往拜坐談極久見其

四壁油飾裱糊煥然一新原色墨賽公是晚請茶會因國王病停止聞英君病住卜靜宮北樓頭層玻璃大窗八扇外望可見庇喀的里街及花園樓臺等其寢室右為皇后臥室左為新建之澡房國王病通國人憂王族甚憂皇后尤憂邇來皇后恐生意外心雖憂慮強作舒容接待內外之王公大員命婦以及答覆本國與各屬地之臣民當割治時皇后未在前以後則時時在旁問候安慰代讀信函奏章故國人以奶娘麽麽媽比之太子與妃住別宮亦時來問安并代答各洲各國之來電聞自英君病後至今宮中共收各處電信萬餘

二十九日戊子晴酉初偕內人及榮驥乘車赴戶部尚書席斯庇夫人家茶會樓後小花園設卓椅羅列飲食樹木蔭翳幽雅怡情亥正印度部大臣在本部請茶會帶迎見太子與妃及寬諾公等屆時余偕內人往入內登樓三層見世爵哈未比夫人畢轉行半圈余男女擁擠寸步難進遂繞回至第二層東樓窗下立此部四面皆樓作口字形樓三層層高二丈餘由內望之長約八九丈分七窗寬五六尺分五窗各窗嵌玻璃可開可閉

上下乚形樓梯凡人必由之路左右及樓梯之石闌盡飾鮮花石闌上則朶朶滿鋪屋中兩邊又棵棵排立玫瑰丁香居多五色迷離馨香觸鼻各窗外左右闌內更立有芭蕉棕竹各品樓外是院而非院乃頂上罩假天天色深藍大小遠近零星散錦四面內外上下電燈萬盞燦爛輝煌使人仰望星光閃爍不辨天之真假樓中層正面開窗內設御座上支方彩棚坐太子妃及他王妃公主郡主夫人等樓下院中對面設一長方臺飾以綵綢鮮花正中左右皆有木梯臺前立印度兵兩行作

八字形前達正門後分兩翼至臺前臺左官兵陣陣奏樂第三層樓正面大間横桌備有茶酒小食當時各國專使公使參隨夫婦及本國文武大員并印度各武官男女不下萬餘待至子正樂奏天保君王太子至先有前引數對鼎則二官退步導入登臺立正中椅前繼經禮官唱名使各印度官依次上臺謁見乃由右步至太子前一鞠躬畢退由左下見畢太子下臺步出正門樂奏天保君王于是衆人有上樓覓酒食者有尋路出門喚車者時已丑正十分

六月

初一日己丑晴耆爾喜伯爵夫人上月柬約五月十六本月初一初四日在鄉間之別墅茶會去倫敦城西三十里名敖斯特里園申初偕內人携孫女乘車往園廣甚周約十數里四圍甎牆牆外行時許始入門林木森森有河有橋綠艸茂縟牛馬羣羣繞行里餘至一紅甎高樓前下車步石堦十二級入院行數武入門為一大廳卓椅列左右設酒食見伯爵夫婦畢即延入座喫茶小食并鮮果賓客塡門接待頗為款昵食畢出廳前横

一大間左右多小間陳列各物豐盈有中國日本瓷器細緞之類不勝枚舉惟中國之蟒袍女褂多襲懸於一處不甚雅觀飯堂有大銀盆一圍六七尺刻鏨極細係備用冰酒者出樓後門下石堦十數級步草地游行花木間老松翳日細草鋪如林中安排椅凳并樂工一班再行里餘小房三楹別設茶酒小食并鮮果桃李甘美房前又設布帳二三中安卓椅使人休息飲食酉正轉回入高樓出大廳話別登車戌正還使館

初二日庚寅晴暖因英君加冕之典倫敦城及通國各

鎮暨各屬地、預備烟火燈燭、以之耀國禮、徼民懽、費款鉅甚、預備者亦不僅一行、自英君抱病、斯禮停止、各行所失夥矣、聞裴印一行、乙備有彩燈一百四十三萬四千盞、三角煤氣燈八萬四千盞、水晶電燈一百五十盞、獨頭電燈八千盞、已備妥者、都百零二賀勒瓅里、其官所銀行等、共百五十處、烟火六百八十七處、南斐洲及他各屬地、所備烟火、共值二千五百鎊、分送本國、駐各國之公使領事、諸人之烟火共五百八十、噸電氣煤氣、雖尚未用、而工料所費不匡云、賺少賠亦幸矣

十八

初三日辛卯、晴、英俗國君加冕届期、皇與后應肆筵餉邇城之子女、失怙恃者、皇抱恙、太子偕妃因而代臨、于贊程木司宮右、英君舊居之瑪柏樓府、選邇城男女年及十齡、無殘疾病證者一千二百、屬水手女、衣藍色、兵丁女、衣紅色、由方德齡醫院來、戴白帽、衣絳色、由馬麗王后哈木斯代牛坡市、諸處各學堂醫院育嬰堂來、衣亦互別、幼童之衣亦不一、各堂各院各著一色、要皆潔淨整齊、巳午之間、各坐布篷敞車、至分班入府、先任為童子戲、届時計名入座、食畢、立起同謳一曲、祝王永壽之敬詞也、曲終、出座、列成隊伍、少頃、府門闢、太子與妃携其二子、埃達倭阿勒柏、一女、維克都里亜、至、羣童歡呼祝禱一陣、繼乃列班、由太子與妃前走過、為兵式、太子令各班分立樹下桌邊、賜食橘、掬食時、太子偕妃往來以觀、俟眾食畢、出府回宮、羣童復朗聲恭祝一陣、城外四方、共選萬一千五百餘人、亦按日分地、太子偕妃餉之、禮與城內同、

初四日壬辰、晴、熱、倫敦女僕老幼約萬餘、英后召眾喫茶一次、各賜胸針一枚、針之珐瑯頭鏨王冕一、下橫A R二洋字、譯為王后阿來三德亞也、後鏨洋文為王后所賜四字、又各賜勺勾臘一匣、匣匣面鈐一千九百二年王后阿來三德亞、因加冕賞作記念、印識、聞昨日午後、先擇年幼者五百名、在豪路衛路百藝院中、上賀皇后之加冕、下慰其一生之苦衷、申正、各女戴白髮、蓋著白油裙、雙雙走入、其大堂宏敞、牆挂國旗、長桌飾以鮮花、隨食皆有悅容、食畢、立起、齊聲歡祝天保君王與后、繼乃公發電奏謝、彼皇后之恩、此外萬名、聞亦按日擇地分賞云、

十九

初五日癸巳、陰涼、德萊芝大學堂（地名與學堂同在倫敦城西二十六里）帖請、即日在畫閣前花園中茶會、酉初偕內人率小兒與孫女乘車往、小雨如酥、漸甚、滑路不欲步、入園中、乃往來畫閣內、德格樂（見四述奇）夫婦與女奉以茗飲小食、并地椹等、勸進良殷、男女來者多冒雨行至布帳飲茶、雨久不止、因謝辭回倫敦、

初六日甲午、陰雨陣陣冷、倫敦城中少西有幼科醫院、在大教爾門街第四十九號、建於西麻一千八百五十二年、現安牀二百五十二鋪、年費一萬九千鎊、院中首善法艾甫公爵夫婦、為集款計、邀聚善男信女在藝植園內設雜物會（此會洋名巴雜爾）、請人購買、用助院費、名為御前加冕善會、並請皇后首先開會、會場則正門外豫植白帽白衫幼女一班、乃賢馬里貢義學中者、人百餘、后至歌曲慶賀之、門內一三級月臺、上構彩棚、下薦紅氈、中安金椅、左右木椅數行、右息各國公使夫婦、左坐各屬地之男女、如印度等、臺下至對面煖窖路作申字形、彎曲長合十萬零七千四百八十尺、正中直路止人行、滿布綠油椅、十字中心樂臺一、上坐樂兵一部、中路左右距數武、各連布棚二十一所、所售物各不同、如鮮花、果玩、物錫、果香水、畫軸、女衣帽、書籍、銀花、玻璃、瓷器、竹籃、氈罽、並別類襍貨、及義奧俄美印度南斐洲各國之皮木寶石繡片綢緞等棚、外羡地另有茶并小食加非館、及射箭、歌曲、變戲法等場、就中皆仕宦婦女出售照料、一切各棚飾以鮮花彩綢、异常華美、中路左右每邊隔半箭地立二三丈長之木棍、一共三十對、乃由各棍頂繫白布帳、下遮至各小布棚頂、後式作冂形、每二棍之間、橫挂燈綵、綠葉紅花、尤為鮮明、近煖窖處并有男女中廁、信局、寫字房、換錢局、巡捕房、存衣房、救火房、及各會首之待客帳房等、申正先來黑絨勺形帽、紅呢金花襖、高皮靴之鳴號兵四名、分立臺前左右階下、各執一蛇圈金號筒、每上繫一繡金紅方旗、四周約六尺、上有國王埃達倭之識華字（即上月十二日所述之E R二字也）、少頃先聞門外羣女歌聲、繼而號兵鳴號、正門開、則皇后率公主、寬諾公及他近支王派入、至臺上左右立起、向一鞠躬、王后等未坐、即下階由臺右步往各布棚前遊買零件、看變戲法等、各公使等隨其後、至左鄙第三十五號买

廿

廿一

一人懷抱小猴乃猴手捧石印會中各人子女小影一
本請余買其書厚不及寸祖帋裝釘問其價曰一鎊余
即接來照付其他各物之價可不問而知矣繞畢皇后
出門余亦喚車回使館今日皇后往來所經之路係三
點十五分出卜靜宮經過本街沿途各樓開窓挂旗角
道左右排車男女拱立擁擠如蟻除當皇后過時男免
冠女搖巾齊聲懽呼外一律肅靜無譁此會共設三日
除被請各票外凡去者第一日由申初至酉正每人一
鎊後則五先次日終朝五先第三日終朝二先半另有
歌場第一日酉正至亥初欲聽者一人十先半次日自
申初起各人一鎊會場票在內第三日亦自酉正至亥
初一人十五先會場票在內會票已付者至此另付十
先半以後則五先又場中王后座臺通場各電燈各案
卓椅以及歌場一切咸由善人施捨借用至各棚中貨
物亦皆善人化來者聞另有人捨洋琴一架拆彩出售
其票每頁十先馬車一輛亦拆彩出售票則每頁五先
云

初七日乙未晴涼英國以拋球一戲爲通國少年之上

等樂操倫敦城西北角有敞地周十數里名世爵拋球
場正面建高臺備人觀賞每值拋球他人亦可于中請
茶會今明兩日爲場中練技日韓格夫婦柬請于彼甲
字帳中第四車由四點鐘至六點半茶會申正偕內人
準勞驂與孫女乘車至見正面高臺及左右木臺皆粉
白黛綠滿座如雲對面無臺而高支布帳富豪車馬亦
皆密排當中拋球耍技觀者恐亦不外乎買票也此外
三面敞地設大長白布帳數處分甲乙丙丁等字每中
橫排長桌兩行共三四張作𠀌字形每桌可容八座雖
云客多座少而陸續往來有稍坐者有見主人即謝辭
者故客永不滿而座永不空也見韓君夫婦讓坐喫茶
一盅謝別出帳步行二三里見各帳後設有爐竈煮茶
熬加非作冰乳擺糕點堂倌既伺候怱忙而遊人男女
亦往來如雲也又昨因皇后經過本街在本街與利貞
街交頭之處乃以繩橫懸一旗繩左拴廓康店旁石柱
右拴教搜教堂頂石闌上當日街市男女極多有幼女
司翦喜者英屬地加那他人也立教堂前皇后未到前
一刻忽狂風鼓旗搖蕩旗大風裂搭墜堂闌一段長丈

二尺寬尺半自堂頂至地高四丈洽落女頭崩裂而死其他婦女之受重傷者三或傷頭頂或傷脊背或傷雙膝即有巡捕以病牀舁入米得賽醫院傷不重者六七人亦皆走去求治迨各巡捕初將一切收理清楚而皇后至矣聞該女係隨姑母并他女戚來此瞻仰加冕之盛現住某店他女皆去善會場中惟伊立此待望倏遭此險而殞命亦可慘也或謂此女之殮葬使費及其一生之進款幾成他人之醫費并所應得而不得若干日之進項皆須店堂兩處攤賠究不知當均攤耶抑或孰多孰少耳又聞昨在善會場中有印度某王爵以千八百鎊買一珍珠簪一美國人以二千鎊為其女買一碧玉項圈

初八日丙申晴。柔黄曾叔吾以母病呈請回國前日與之餞別今午送伊至攸斯屯大車棧將自立文浦海口坐船走美回華或謂英后心地慈善視醫院病孩為尤重當其出閣四年後西一千八百六十七年同治六年忽患身痛病因而有感於醫院患病之人更念各病孩在醫院不比在家一律舒服病初瘳即飭送賢巴搜婁繆賢

卓爾志兩醫院各病孩書籍玩物多種並誓以將來即位加冕時當購買物善會以助院費以是故有前日之行然自前誓立善舉以來乃屢次不傳音信矣令宮僕執玩物糖果之類一筐送入醫院分賚各病孩繼而親往探視各院病孩之如是受恩者多矣中有足見善心感動天性者如西三月二十三日皇后親幸阿來三德醫院親將玩物糖果付各病孩按名慰問乃有一孩年將四歲者皇后與之溫言勢同己兒逮去時孩乃手挽后頸而親其吻此即孩之本性不知皇后之尊發自本心欲親其頰以示親愛而后比生母也某嫕好見此孩著紅襖因謂視之如皇后御林旁善女即答曰此乃眾孩平日歌唱之曲名也后云如是願聽之于是暗號傳知眾孩齊聲高歌后聞甚喜蓋通國人民自幼皆知以保國尊主為心故各街市每孩童一歌非天保國王與后即皇后御林等曲各處奏樂末場亦必天保國王也

初九日丁酉晴暖英自光緒二十五年九月與南斐洲和種特闌斯瓦人綽號鉢爾者開仗屆今幾至三年先經將軍駱柏爾即鄰居第四十七號率提督祁臣訥在彼爭勝二

大城後回國至他各處皆交祁臣訥設法爭服雖云小城村鎮然善勸威服較兵攻大城為尤費力祁為人精明溫厚頗獲本營及敵軍之心至前四月中始經土人倒戈投誠一律肅清所定條約大旨謂敵軍投誠所有軍械皆當獻出今後敵軍投英當聽英皇號令而尊英皇為主條約定後所有前被英軍擒捉配往他處者即由英國運送回籍凡投誠者各人名下之產業按律給還其應享之權利均與英民無異本地學童仍准習讀該種人之語言文字如在公堂之上有應用該種語言文字者亦准通用英廷當助二百萬鎊以便整頓諸土人于前交兵之際被毀之產俾其再得謀生其既降復叛而再來投誠請罪者英國仍准來降惟須削去一生干預政事之權各為首逆犯之罪應照本地律例經公堂判斷應得與否仍須從寬惟犯死罪者不赦以上前于四月底辦定約于二十七日宣示通國茲又續定兩條一英國允准土人收藏軍械以衛已身一英國不得在該處加抽地稅以償戰費又前於二十四日在卜靜宮內發賞各兵官寶星二十八日英君加陞祁臣訥侯

三六

爵兼南斐洲兵馬大元帥并由己囊賞五萬金鎊以酬其勞各國聞得議和之信與德等國先發電來賀上月初三日禮拜英皇與后清晨同入賢波羅教堂祝謝上天垂佑英斐早定和局祁臣訥于上月中由南斐洲坐歐畧塔瓦輪船來英昨早辰正抵騷桑屯海口經地方官迎迓即上火車未初到倫敦帕丁屯火車棧有英太子及各親王將軍等帶官車接入賢璀木司宮沿途派兵列隊極屬嚴肅整齊男女觀者如堵所列之隊除本國之馬步水師礮隊外有印度加那他澳大里亞斐洲香港威海衛新嘉坡新錫蘭肥雞島等各屬地之兵衣冠五彩面色黑黃青白不同未正宮內午酌除祁臣訥及其屬下各武官外由將軍駱柏爾哈米屯傅蘭迪及朝中各大員共計八十桌長六丈三尺寬三丈七尺四壁懸前在廼勒倭特路維克都里亞都爾奈等處戰勝之圖以表今日南斐獲勝之書筵畢祁臣訥謝辭乘車去貝勒格蕾伍坊入其友樂阿立家宿并奉國君諭待御醫言可會晤時當即召見云

初十日戊戌早微霧午後晴暖英君病體日見痊愈體

三七

壯神足據御醫云割口不日生平康健如初不宜久在
宮內須去海面一游以受清氣遂擬坐前老君主頻駕
往蘇格蘭之火車（知其堅固）南行至玻茲茂斯海口下車乘
維克都里亞阿拉柏輪船駛赴英蘭西南角之溪里小
島至啟行之期及外住若干日皆未定惟船隻火車現
皆備妥并聞輪船與考斯海口連有電條以防不虞又
邇來日日御前五員醫官同行畫押報英君病勢如何
于外以安民心因其病漸愈乃自前日改隔日一報或
謂其病得愈如此之速將有于西八月初九十四兩日
之間（中七月初六至十一日）補行加冕之禮者故各屬地之兵皆
暫留不走西敏斯德教堂中所備一切陳設儀杖以及
由文懋宮遂來之圭杵金爪金冕禮服等概行遮蓋不
撤派兵看守云亥正余偕內人乘車赴狄本遜夫人家
茶會亦二十五年前之舊相識也入內見其夫婦與女
讓入旁閒喫茶後步出後門下石堦入園樹下坐樂工
一班正面樓上滿懸五彩燈樹上挂花燈地面花閒密
列玻璃燈上下燦爛熒然射目往來步遊亦頗有趣惜
惜天涼少待謝歸

二十八

十一日己亥晴熱前任外部侍郎十年前派駐美國使
臣潘斯菲兩月前故于華盛頓在彼教堂禮畢美廷以
兵船送其靈柩來英蘭東北至其故土司斗科城其家
擇于今午在教堂行禮殯葬英廷亦定今日午正在賢
瞿未司宮內堂中嗱經弔祭昨日外部發帖來請午初
著素褂乘車前往堂不大正面一臺供十字花燭等前
立教士一左右立紅衣沙彌九烏衣白褂教徒十二臺
下左右列座四行右兩行前坐太子寬諾公及藍侯夫
婦禮官等再則本國大員左兩行通坐本國貴胄男女
樓上正面坐各國公使左坐婦女多名右設風琴隨歌
奏樂先是鼓琴眾徒羣誦一陣繼而教士高讀一篇眾
徒再唱六節教士再念數語眾徒復和唱四節當誦讀
時坐者忽跽忽立不定如是再念再歌一陣而後散未
刻還使館亥正率陳徵宇陳安生陳默之赴庇喀的里
街柏凌屯閣內名藝畫堂茶會堂中寬敞油畫萬幅大
小不一男女千餘擁擠頗熱鼓樂喧天隆隆聒耳酒食
芳美香溢四堵
十二日庚子晴英皇病躰漸愈遂於昨日午初偕皇后

二十九

率公主維克都里亞（西國祖孫父子同名甚多不諱）丹國王爵查里與妃國君奶娘并藍坎侍衛六名由卜靜宮後門乘車緩行至維克都里亞火車棧登車即開去坡玆茂斯海口坐宫輪船赴溪里島至去歲他處及出遊若干日皆未聞惟當日自出宫至海口皆未明傳故沿途人多不甚知覺申正偕內人小兒與孫女乘車西南行十數里至紫勒溪區特拉發勒戛坊入喀賚蘭別墅赴葛蕾太太家茶會帶賽中國哈吧狗該婦本前駐華參贊葛伍訥之妻葛故未守柏舟節而再醮者也樓後花園當中敞地一方三面立綠油棍拴狗廿餘皆各戚友携來比賽者毛有長短色有滿黑者滿白者草黃者絳黃者黃白花者黑白花者長耳短嘴犬名新奇或人名或地名無往而非北京者男女百餘多至余前詢問一切請定甲乙在彼遇赫夫人母女馬蕾布朗等看畢樓中另備茶點乃主人特奉一杯其色清淡味芳如蘭問所從來答稱携自北京什襲已久今烹少許以表待華客之誠也戌初還使館

十三日辛丑微陰申正赫夫人請赴海德園內湛興坦

二十八

茶園中小茶會申初偕內人率榮驥與孫女乘車入園樹下分列桌椅上置茶酒小食男女無多微風飄灑紅花綠蔭河水清澄坐飲之際使人心曠神怡戌正倫敦新瓦戛貴會館館名之義乃違行四方棲無定所也首領子爵羅柏滋色爾貝斯佛（即前到中國者）等公請新錫蘭（地在赤道南四十度西近澳大里亞屬英）管理大臣司埃敦及他國名人本會會友共男女二百八十在庇喀的里坊克立透連莊晚酌十日前折柬來請屆時乘車至彼先見羅貝二君其客廳極宏敞外間設澳大里亞樂兵一班內間設長桌一橫五竪作皿形橫桌一行二十五人正中首座為世爵多愛樂其右為司埃敦其左為伊母耳右為余再左為貝斯佛如此陸續坐有定地食畢先息通堂汽燈一人在門內以電光向眾照相一張橫二尺竪尺半即時洗就裝潢明燈示眾亦頗清楚當照時請余坐正面者立起以防不顯又各座前置一紙帖絨繩繫小鉛筆一帖印藍字言某照相館出售每頁五先帶架者十先喜要若干即請註明貴姓住址云云照後多愛樂先立起暢言數句恭頌國王之德繼而羣立舉杯讙呼祝王之

二十九

福、樂奏天保國王、須臾司埃敦演說一段、大旨、一謂英各屬地宜同心保護父母之邦、即如英特交兵、賴各屬地協助、旦得爭服、以曠英之屬地、再謂今晚男女來此盛會、同慶議和之喜、舉杯恭祝彼此之福、此後貝斯佛立起陳說、謂英人以貿易為重、各屬地之人、皆須同心前進、努力爭雄、不得使德美兩國偏獲其利等語、末則多愛樂復立起演說大義、亦叙努力通商各情、當各人言至令人喜聞緊要之處、無不鼓掌敲桌歡呼稱妙、此後外間樂兵去換男女多人鼓琴歌曲、聞亦皆新錫蘭加那他等屬地之人、余聽一曲謝歸、時已子正、

十四日壬寅、晴、冷、英國國　加冕之期、欽賜貧民一飯、想必定例也、此次英君原擬照辦、奈忽患病、加冕無期、然此節為人民所望、遂前于本月初一日（西七月初五日）舉行、命太子太子妃公主郡主及各王公夫人等、分處賞賜、以悅民心、王先斟酌各處所費、賜以金鎊、簡人代辦一切、當日共集男女五十萬、各有請帖、人多不得坐、于一堂、乃分宴二十九區、每區又分數處、如巴特溪一萬九千二百五十人、分五十處、伺候者二千七百六十、上賜一千零九十五鎊、柏門賽二萬五千人、分四十二處伺候者三千六百、上賜一千五百鎊、貝那格林二萬一千人、分二十三處、伺候者二千九百、上賜一千二百六十鎊、康柏衛、二萬八千八百十二人、分五十一處、伺候者四千二百、上賜一千八百鎊、紫勒溪九千人、喫地未分伺候者一千三百、上賜五百四十鎊、牛鶯屯四千五百人、喫地未分、伺候者六百四十、上賜二百七十一鎊、西敏斯德二萬一千人、分三十處、伺候者三千、上賜一千二百六十、鎊、代佛爾一萬一千九百八十四人、分五十

一處、伺候者一千七百二十、上賜七百零八鎊、萊拉木一萬四千人、喫地未分、伺候者二千一百、上賜八百四十鎊、汾斯百里一萬九千人、分三十二處、伺候者二千七百、上賜一千一百四十鎊、格林尼址九千五百人、分二十七處、伺候者一千三百、上賜五百七十鎊、哈克呢二萬四千人、分四十五處、伺候者三千四百三十、上賜一千四百四十鎊、哈磨斯米一萬二千人、分二十二處伺候者一千七百二十五、上賜七百二十鎊、哈木斯沓三千四百二十人、分十七處、伺候者四百九十、上賜二

百零七鎊、萬勒貢九千人、分二十處、伺候者一千三百上賜六百鎊、伊苓屯四萬人、分二十處、伺候者五千七百、上賜二千四百鎊、慶斯屯一萬人、分三十四處、伺候者一千四百三十、上賜六百鎊、狠狽斯二萬零一百十八人、分三十處、伺候者二千九百十五、上賜一千二百鎊、魯伊哈木一萬二千人、分二十七處、伺候者二千、上賜七百二十鎊、帕丁屯六千零四十九人、分二十處、伺候者八百六十四、上賜三百九十鎊、坡蒲臘二萬四千四百七十二人、分四十處、伺候者三千五百、上賜一千

三十四

五百鎊、賢馬立木一萬零二百七十二人、分十八處、伺候者一千四百六十六、上賜六百鎊、賢潘克思二萬四千人、分三十五處、伺候者三千四百三十、上賜一千四百四十鎊、羿爾的池一萬五千人、分十二處、伺候者二千一百四十、上賜九百鎊、騷斯倭三萬人、分四十七處、伺候者四千三百、上賜一千八百鎊、司代樸尼四萬四千人、分八十三處、伺候者六百四十、上賜二百七十鎊、卍字窩一萬九千人、分處數及伺候人數未詳、上賜一千一百四十鎊、五里治一萬人、分二十一處、伺候者一

千四百、上賜六百鎊、倫敦老城一千人、同坐一堂、伺候者一百四十五、上賜六百鎊、各處所食菜雖不同、然亦無大區別、按其菜單、係燒牛肉、煮牛肉、燒羊腰、燒小牛肉、牛肉餅、火腿、鹹肉、麪包、番薯拌生菜、醃黃瓜、李子餅、酸果餅、紅果糕、橘子、平果、啤酒、姜酒、檸檬水、食畢各領加冕盜盅一個、菸與菸捲一包、勺勾臘一匣、祝頌詩一篇、按以上英君共賞三萬鎊、貧民五十萬分坐八百十五處、伺候人共七萬一千四百五十五、共用牛肉三十五萬斤、羊肉十三萬斤、小牛肉七萬斤、火腿鹹肉共五

三十五

萬斤、大麪包二十五萬斤、糕餅共一百二十五噸、生菜一萬一千筐、黃瓜四萬三千條、西紅柿或番茄二萬五千斤、番薯四十萬零四百八十斤、奶油六萬二千五百斤、啤酒三萬六千加倫（鼓形大木桶名）、薑酒十五萬瓶、檸檬汁七萬五千斤、蕾里什甜水五萬瓶、飯桌各處者統計直排長逾二百六十洋里、其中各物、有經他人施捨者、如巴斯行捨啤酒、戴呢行捨番薯二百噸、槐達行捨檸檬四萬瓶、古多行捨蕾里什五萬瓶、即特五行捨勺勾臘五十六萬匣、御菸行捨菸二十五萬包、卜萊溢行捨祝

頌詩五十萬篇杜勒也行捨加冕杯五十一萬五千個
各處皆有樂工歌女一班以侑各人歡飲伺候者内多
助善之人各處人皆辰正聚齊午正各王或妃或公主
或公侯或夫人等每至一處皆宣王諭言王與后本當
親幸宴爾群黎不意因病阻止殊覺可惜今特派本爵
前來惟願各人暢飲喜食以盡一日之歡當日各桌頭
皆高竪國旗手將坐之時及已食之後各皆齊立歡呼
恭祝天保國王各巡捕及各助善之人皆得有國王與
后之小影一張以作記念一日所費統約三萬七千五
百鎊除國君所賞三萬鎊外尚欠七千五百鎊歸倫敦
美爾施助云
十五日癸卯陰涼未初二刻偕内人率榮驥乘馬車至
慶斯十字路火車棧登車即開申初至哈特扉村赴前
外部大臣沙侯（見再述奇）家茶會下火車備有馬車多輛行
數里入哈特扉别墅登樓見沙侯并其女握手問候畢
出後門入花園步涉往來看魚賞花雜色叢叢長莎瀫
逕著茗飲酒爽肌怡人（其他一切詳見四六兩述奇）待至酉正二刻
復坐馬車至火車棧少待開車戌初還使館因來人多

倫敦城内者往來不能同時故特備專車八輛以使從
容不迫也
十六日甲辰陰涼著棉衣前在柏林所識英人層悌之
女在彼已許配德人貝婁為妻未娶而貝故（詳見五述奇）數
年前改嫁英人羅哲爾羅現年八十三歲鬚髮皆白數
日前夫婦來拜今日申初偕内人乘車西行十數里至
堪興坦園路第四十八號答拜見其夫婦坐談良久引
看鮮花煖窖花種頗多外門置有四籠養鳥如鴿叫聲
亦如鴿惟色土黃項套黑翎一圈問其名曰凌得伍義
乃烏環鴿也不知産于何地亦奇種也再看馬號車房
馬五匹車兩輛馬肥車輕潔淨整齊樓不高僅兩層而
客廳飯堂書房打球房無往而不華美陳設中有中國
今古瓷器漆器皆一一指示其人蓋一富官之苗裔也
夫大於妻五十餘此等嫁法舍有他意不待明言也戌
初還使館
十七日乙巳陰斐洲沙漠多有國亦小教皆回回或火
教惟在該洲東界稍北一小國名阿貝奚尼亞係天主
教不知奉自何年泰西同教各國亦不知其來由乃傳

教士至其地原為傳教不意其所奉者本天主教是誠
俗所謂一家人不認一家人矣昨因英君加冕該國亦
派專使來賀其使臣名拉斯麻扣南前于西六月二十
五日中五月十三明二為祝英君速愈乃在西敏斯德教堂中
獻一十字以表其誠
十八日丙午陰涼前于西七月十二日即本月初八日
在倫敦城內紫勒溪區公署內奉英皇諭筵宴瞽民老
幼一千二百餘桌凳器皿與他處一律惟因各皆無目
不善操用刀叉遂專備各人猪肉餅葡萄糕麪包奶油

三十八

地椹橘子等飲者為薑酒加非檸檬水平果酒同時鼓
吹侑酒者亦皆盲目人也坐齊後聲傳公主綠衣娰到
各雖無目亦皆面向堂門望之公主入齊立而歡呼一
陣因公主代國君親臨也公主至堂中立宣國王之意
衆又舉杯恭祝國王壽食畢賞各人櫻桃地椹各一筐
句勾臙一匣小菸捲一包彼此再行歡呼而後散又聞
前日御宴貧民在哈磨斯米一區竟用燒牛肉八十五
司晩安每司晩安重十四斤自丑正三十分燒至戌正始熟多人
終夜分切以供次日之需云

十九日丁未晴冷聞前初七日午後公主綠衣娰駙馬
阿蓋公在巴特溪園閱看男女學生二萬五千名來自
四十學服色分四十種堂堂不同一律梳洗乾凈衣皆
新鮮無油膩乃按學列隊自公主前過男免冠女請安
各舉一小國旗過時搖擺歡呼各隊領首者皆先立陳
數語敬謝國王之恩以及公主臨幸之榮阿蓋公代答
一段鼓勵諸生并謝各人之敬愛云
二十日戊申陰晴不定英君原定于加冕禮成後請各
國專使駐紮公使并本國大員在戛喇園觀劇園極大

三十九

容人千餘官定在臺對面正中樓上租屋十間改成一
大間容座一百五十以坐英皇與后近支王公公主王
妃夫人以及各國專使公使夫婦左右又共租二十間
以坐各國文武參隨領事等人暨各屬地與外部各員
正面屋後大廳并入門樓梯左右㦸飾以鮮花廳中橫
列長卓預備酒食以便當戲歇演時國君率衆飲用臺
前官定各間固皆飾以鮮花其他雖未經官定亦皆飾
以假玫瑰以使通場視之一律其所以用假花之故蓋
奉王諭謂真花香味吸透天氣而使空氣靜重不便呼

吸也到期演劇概皆著名優伶除官定座外仍准出賣
座票其價因而翔貴屋價向係八鎊八先者漲至百鎊
百先半鎊半先者改二十鎊二十先雖原價一先之樓
頂站位亦增至一鎊一先現在加冕有期仍請與否未
聞
二十一日己酉晴聞前因國君加冕特命堤苓車行代
雇車夫五十名御宮車載各國專使往各處必人安詳
不喜喧譁戲笑且善御韁馬了然通城道路者工直未
詳前于五月二十四五兩日振貝子所乘者即英官場

四十

所備之宮車也御者及隨役皆著紅衣褲白高襪黑皮
鞋染白髮戴金箍且字形高帽白皮手套
二十二日庚戌鎮日陰晴不定大風畧暖聞前于西七
月二日即上月二十七日英正在水晶宮設大跳舞會
往者買票聚錢分振各醫院當日太子與妃及他近支
王族領首此等樂地倫敦婦女多願去以為榮雖傾囊不吝也西人之不喜娶妻亦緣此場設
宮中木墁地周積逾一萬二千方尺容二千人跳舞跳
場左右改設大廳兩間內備酒食陳設器具華美鮮新
多有仕宦婦女于中請客者

二十三日辛亥早陰晴不定巳正大雨一陣復晴前于
十三日外部來文云照得今年本國大君主舉行加冕
典禮承各國政府簡派大臣前來道賀不意君主忽病
各該大臣等離英時不得親自致謝實不勝抱歉之至
查本國大君主現已體氣日充加冕典禮不久想可舉
行惟一概從簡原議之一切禮節概不舉辦屆時各國
政府毋須再簡專使前來即由各該國簡派駐紮本國
之各項公使代行一切除欽遵飭令本國簡派駐紮各
國之公使等前向各該國政府奉達歉忱云云昨日復

四十一

來一通內稱伏查本國大君主加冕典禮現定于八月
初九日中七月初六日補行所有大君主不願各國政府再簡
專使前來之處業經本大臣欽遵訓條于本月十七日
覲照會在案現又欽奉大君主訓條謂補行加冕典禮
時若中國欽差專使大臣貝子銜鎮國將軍載振及其
參隨各員等適在英國願隨班行禮則西敏斯德教堂
內當為代留地位惟不以中國
大皇帝欽派專使接待仍以王爺之禮相待云云
二十四日壬子稍晴微風涼英人卜代扣茲者四年前

曾請至其家赴茶會者也詳見述奇六其人娶老妻成巨富
善養馬近年在倫敦城西北角委該路設一大場畜馬
百餘匹每年請人觀賞便出售帶獲小利藉以自娛各
國人多以馬種良養法善買去牝牡配對孳息并有師
其馬廄畜養者十日前來柬請于本月十九二十一及
今日午後三點往觀車行十數里至艸地數頃南北設
木房兩行約百餘間如()形逐間潔淨鋪墊草懸餵艸
無庸瑣述正面中橫敞廳一大間木臺三級層層橫椅
容人三四百廳前橫木闌一行闌廄之間為馬道馬百

四十二

十四匹黑紫艸黃三色居多若者單馬套車若者雙馬
套車若者一人騎行若者一人拽行皆自廳前經過三
五次忽快忽慢忽馳驅忽跳越示馬力之各得其宜每
至廳前少停便客觀閱稱讚來人各一簿上印由第一
號至百數十號馬種馬名馬齒牝牡顏色善於何藝或
專套車馬或套對馬或單雙馬皆可或善走或善馳秉
性如何逐皆註明廳旁立一高桿每試一馬則桿頂懸
一白牌上書馬名第若干號客可按號於簿上察之今
日末天來人男女數僅百餘看演八次後步入廳左布

帳飲茶一杯辭歸
二十五日癸丑晴西方各國遇有喜慶之事不講餽送
禮物雖送亦僅些須而已惟雅洲各國送者良多如前
當英老君主即位六十年大慶我國送至二十件朝鮮
三件日本兩件皆貴物也其他義法等國所送無非卓
罩一方或小瓶一對而已昨在日斯巴尼亞國亦僅英
俄兩國各贈寶星一枚他國皆無所送至此次在英因
賀加冕歐洲各國皆無餽贈惟聞日本親王帶有日皇
所贈乃鍍金大瓶二用精能畫工彩畫多年始竣者皇

四十三

冠菊花寶星各一如此送法頗近西規印度翟埔爾地在西印度東界之
拉扎馬哈由本地携來珠寶甚多在所住店內置二大
鐵箱晝夜有印度兵執槍守護聞其中至貴者一假象
周身滿飾珠寶價重連城又印度某地拉扎奉一母獅
以賀加冕由孟買以輪船運來不惟備生牛以餵獅且
備米糧以飼牛也
二十六日甲寅晴辰正率眾向東南恭拜
聖牌行三跪九叩禮戌初公宴共擺八卓各洋僕亦皆招齊
同眾華僕另擺兩卓聞英君加冕之費原定十萬鎊內

前者改期已有所費今再舉行則原數不足于是加籌
二萬五千鎊云
二十七日乙卯微晴早日本福島安正來辭行言將由
此去印度遊歷記倫敦四面寬處電氣公車亦多前于
五月二十五六兩日因值銀行放工之期男女行客計
有十九萬四千八百一十九統一禮拜共坐人百零二
萬五千四百總一年計之約合五千五百萬人此車因
國王加冕并未增價而獲利殊多輛子車雖增座價乃
所獲不覺增減惟鐵道公車自西四月一日至六月底
共收九萬五千一百七十二鎊較上年四五六三個月
所收反少二千九百一十九鎊其故未詳由此觀之西
國車輛之生涯亦大矣
二十八日丙辰晴涼聞上月初間英太子失一澳洲鸚
鵡遂出示于各新報謂有能尋得送回者酬以二鎊十
數日後有某甲捉得送入約克宮太子喜改賞五鎊嘗
思人之尋錢諸多試步而入天下皆然如華人沈姓者
（詳見四述奇）現年八旬五十年前來此未謀正業乃聞被洋
人雇用閒自討錢上月某日故于窮人宮（英京養濟院名）管宮

首善先來書謂其人病故現已入窆葬費一鎊願否施
助聽便由此觀之是非定然宜要也余因其華人遂寄
去一鎊不意送後一日即又來信言前者伺候其人之
善女當授十五先如是豈非得步進步耶
二十九日丁巳陰晴不定戌正驟雨一陣聞我國直隸
一帶曾于四月七日午後天色黃漸紅漸紫黑約半時
許室須燈燭照物成青綠色移時雷雨一陣天始開朗
又初四日英蘭某村陡然風雨大作雨後眾見水面浮
黃粉以為奇後經格致家攷驗始知此粉屬硫磺初五
日德國某邨午後天忽降雨色殷紅點點沾衣如血亦
經格致家以器盛雨以顯微鏡察之非雨非血乃紅色
蟣也按以上三事察中美洲東之培洌火山前于四月
一日崩裂烈燄上沖琉璜紅蟣皆自此山噴出是必狂
風由西而東先過英蘭至德再至直隸躰重者先落故
琉璜在先紅蟣次之至直隸則僅烈燄黑烟矣事固屬
奇凡人不知其由不行細察而多以天心示警測以災
祥知此兩端者俗諺自改革矣
三十日戊午微晴涼各國新報之設有用之處固良多

然為害之處亦非淺按紙上所言有直述者妄説者借以鼓勵者激諷者誇張者陷害者勸解者安慰者使人長見識者更有令人漸改肝鬲者種種情由筆安得述

倫敦新報千種推泰晤斯時報為第一所述皆當時四海之實事多關乎國政民風于是凡為官好學之人無不觀之乃前者該報竟使片言而動八國之師一電而壞承平之局者當前年拳匪倡亂擾及帝都兇燄方熾之際英之泰晤斯及日日電報咸由駐上海採訪人飛達倫敦謂駐京各國使臣均經被害該兩報皆經據電登錄而日日電報并云各公使於未遭害之先預將妻子自行戕斃當各使臣遇害情形殊覺可慘但見道路染血加以西婦被匪所辱各情尤覺不堪言狀云云各國聞此兇耗無不怒髮冲冠因各派雄師冀為使臣雪恨當德皇遣兵登舟時面諭中有諸軍此行既抵中國斷斷不可再存仁愛之心是必寧殺勿寬以雪國恥等語迨至北京城門既開始知除德使外各皆安然于是八國之師分佔內外兩城日本佔正北為地最寬兵官不擾代之除暴安良英佔外城東南美佔正南偏西兵

四十六

官皆安詳治理無甚欺淩其他五國有倚國勢者有兵費不足者有國不大而貧者有以國王有諭不存仁愛為心者於是焚殺掠淫并南征北剿踴躍搶劫京城內外及直隸四面村鎮無辜赤子旗民各家之飽受苛殘財產損失人命傷亡豈堪言狀以後既知此報所傳悉屬子虛上海泰晤斯報自愧不實乃立論自洗力數他報訪事主筆之非斥為無中生有妄報驚人之信等語該主筆見而控之兩造各執一詞聞昨由陪訊人員議定謂泰晤斯報所言雖屬無罪惟不當加以毀罵以致辱之過甚斷令罰銀百兩餘免深究

七月

初一日己未早微雨午初晴復陰涼昨見新報內一則言木泥池大學院有柯訥第者新創一法將已印之紙放入漿水中洗去黑墨能使紙白如初造據云此法行後凡造帋者可于每百分中省五十五分力而就中獲利之數如之

初二日庚申陰英國將軍戈登前為中國南省帶兵英人呼曰中國戈登又因戈登斐洲陣亡立石像於柴令

四十七

十字街之畫閣前六月間又經富官醵錢以銅錫別鑄騎駱駝像一鑄成軍以油布先罩賢馬丹禮拜堂前土人不知為誰也咸異之至上月二十七日午後始遂罩特拉發戛坊水法前經堪卜立址公撤去罩布人乃知為乘駝之戈登

初三日辛酉鎮日陰雨涼英皇與后擇於今日申初十分由玻茲陀斯下船坐火車酉初一刻至維克都里亞車棧改坐敞車走格斐伍諾坊過海德園酉初三刻入卜静宫意在經此寬街大道俾人瞻仰奈彼大雨未能如願國君加冕初六日舉行緣街瞻望座舉復辦乃西敏斯德教堂旁之座前貼告白有座價一二吉呢者皆售盡之語他如議院街價皆漲至由七吉呢至十二男女買座爭先恐後現賢翟木司街一帶每座價值四六八十及十二吉呢者皆不易得帕拉瑪街之六吉呢以下者亦皆售盡今國君既回恐座價為尤貴蓋買者既不嗇吝而賣者因時昂價兩無爭也

初四日壬戌陰晴不定聞倫敦城外十數里謀敦村者土俗新夫婦一年內彼此恩愛無一惡言者通村公舉

報諸本村之首世爵某富家某世爵夫人即率眾男女設會讚美之并贈以醃猪肉半隻謂不腆之禮聊表同里之情耳

初五日癸亥鎮日陰晴細雨不定涼英君明日加冕在西敏斯德教堂預備一切其往來之時刻及所經之路係早十一點出卜静宫東北行走瑪拉大路賢翟木司園十一點十五分過御前馬隊校場入白堂街轉南走議院街賢馬格當街并教堂寬街十一點二十五分入西敏斯德之西門一點鐘禮畢仍出西門走教堂寬街轉北直行仍過賢馬格當等街至白堂街轉西一點十分走柴令十字街闊克斯玻爾街帕瑪街轉北一點二十分過賢翟木司街再轉西走庇喀的里街一點三十五分過海德園東南角轉東進老宮門走寬斯的宪慎山一點四十分入卜静宫按西敏斯德教堂之門自早七點開至九點半門閉後無論何人或坐車或步行不准入至各人入堂皆有定路如入西門者須走奶子橋韋勒比坊韋勒比彎貝格當伍坊上貝格當伍薈侯伯坊格斐伍諾園維克都里亞街或卜静宫路其入教士

院及笛音寺院者亦然、其入鋪艾子角者、須走奶子橋、韋勒屯坊、貝格蕾伍坊、伊格來斯屯街、貝格蕾伍路及倭爾維街、婁柴斯特爾路、文森坊、佩之街、米勒班街與阿冰鏊街、入北門者、可由阿普斯里門或帕克巷、半月巷老班街、柴艸市及柴苓十字街、而後入御路、走白堂等街、其來自太木斯江以南、而入西門或笛音寺院者、須走倭克西橋、倭克西橋路、司特蘭街、柴苓十字街與白堂街、入鋪艾子角者、須走狠猲橋及米勒班街、所以然者、堂門開閉有定時、來者有定路、直行以免阻滯而

平

違時刻也、各賣座處凡人之坐車步行往入座者、率皆限有定時、以使街道清靜、如由白堂街至西敏斯德教堂一帶、明早八點三十分禁車行、至九點禁人行、再由白堂街至海岱園角、九點三十分禁車行、至十點禁人行、狠猲橋一帶、自今夜八點、除有憑票入堂者、其他各車盡行阻止、西敏斯德橋一帶、明早五點禁車行、九點禁人行、別橋則不阻止、其他處攔阻行人、如賢裡木司園北隅堪卜立地方及白堂之御林馬隊路、九點阻行、在瑪拉街之瑪柏樓院、考克斯柏爾街之帕碼以東、

及庇喀的里之柏克蕾街與哈米屯坊、十點阻行、凡街巷之關乎御路者、皆設柵欄、欄阻車馬行人、國君往來各路、左右備有醫藥椅榻所六十四所、以防男女老幼之因擁擠患病者、隨時設法療治、明日御路左、右各看臺、今日始行、晝夜修理、點綴懸燈結彩、而街市遊人男女往來之稠密、又如上月十九、二十等日矣

初六日甲子、晴、涼、數日前英外部寄來請柬二、各橫長半尺五、寬三寸七分、左右緣邊中不足四寸、粉紅色、上先印第若干號、再則西敏斯德教堂下一王冕、再下云

圭

一千九百二年國王埃達倭第七及王后阿來三德亞之加冕、請中國欽差大臣暨欽差夫人前往、入由北面唱詩堂、二緣邊各寬七八分、左印北面唱詩堂入由十字橫畫北首之西北門、因此堂之地基作十字形也、右印此柬不得他人使用、後印教堂及所行所入之路徑圖、柬下左角鈐有中閣大臣諾福公之圓銅印、別有巡捕廳車票一張、印地圖號目、并往來應行之路及安車停留之地、御者手執、以免誤行而阻于巡捕、辰正余偕內人乘車往、由利貞街南首入御路、走柴苓十字街過

白堂街、議院街等、一路地鋪黃沙、以防馬跌、左右則本國及各屬地之步兵、成行排立、整齊嚴肅、緣途當中、每半箭許、皆有馬步巡捕彈壓指示、各看臺及各樓窗內皆男女滿座矣、入堂門、步木梯三十二級、至十字橫畫右邊樓上、設有籐心白木凳十五橫、如階級然、每橫坐人廿餘、下兩橫坐各國二等公使夫婦、再上坐三等公使及參隨領事等人、堂作十形、高數丈、本無樓、此時特將西南北三面、以鐵以木截作兩層、乃每面又分作三面、正看作凵字形、旁看作E形、因堂內寬闊、如此造作、

五十二

既多設座、更面面得見也、東面正中、如我國之戲臺者、為經臺、正面橫卓、供耶穌、左右二門、掛彩簾、地鋪花氈、卓前左設二藍緞椅、一老木椅、二跪椅、洋名發斯秃勤、形如椅而無腿、其背非為受人背、乃為跪後雙手撫之、如叩首也、堂地滿鋪藍絨、十字中央、別一方臺為寶座、臺高尺餘、分兩級、臺上設二大古金椅、面向經臺、又經臺上、在坐椅跪椅之左、臨壁一石櫃、罩以花綢、上立大金盤五、金斝壺四、盤大周逾六尺、近經臺左右、亦各截作兩層、每層列椅行行、容人百餘、左鄙下層、坐太子妃、

及他國并本國之公主郡主王妃夫人等、皆坐南向北、上層及右鄙兩層、皆坐通城美爾暨他文武大員夫婦、乃面向西或北、與西或南、因地勢不直、座列⅃形也、經臺左鄙、再前為正南面、前對方臺、橫列絨椅十行、第一行大椅、坐太子與寬諾公等、後坐公侯伯子男爵二百餘、經臺右鄙、再前為正北面、亦前對方臺、橫列絨椅十行、第一行坐命婦一排十餘、後坐公侯伯子男爵夫人亦二百餘、上層又木椅行行、容座千餘、內多文武官員之妻女、其右木截二層、下層坐各國頭等公使夫婦、上

五十三

層即余等坐處、面向東、右轉臨西門、正北一面、亦截二層、通堂坐者、男女數逾六千、凡堂中男女服飾、與朝會同、惟王族及各公侯伯子男爵、男女皆古裝、男皆內著時式官服、外披紫絨斗蓬、兩襟及下邊、皆鑲銀鼠、寬約二寸、斗蓬上另覆銀鼠披肩、帶黑縧、長約二尺、婦著各種白鬢、赤胸袒臂、亦披斗蓬、而式非斗蓬、乃自背後兩肩下披一縷、上窄下寬、作◯形、長約八尺、亦紫絨製、鑲金縧銀鼠邊、項後仍覆銀鼠一長方、寬約一尺三寸、長尺半、兩肩掛處、另作紫絨一圈、外垂四條、作⋔形、條長

二三寸、寬各九分、男女各提一芘紫絨冠、式同王冕、又似倭欣、惟無金星寶石十字之類、僅一金圈飾以白瓷球、大如荸薺者四、六、八、九、十不等、亦按品級也、帽簷下鑲銀鼠一圈、寬約五分、女冠小周、僅盈尺、戴之覆髻而已、大主教與主教、披花氅、如我國僧道之袈裟、餘教士教徒、有著紅衫黑大半背者、（中國俚語挂拉兜）有著黑衫白長背心者、皆於堂西門外迎候、鐘未十點、男女到齊、十點半、太子妃輩至、十點四十五分、寬諾公率太子輩至、將午初、執方戟捧寶劍者二人先入、登經臺、戟立臺左、劍橫卓上、少待、教士輩排班入、後則禮部、內部大臣、掌英蘭蘇格蘭、愛爾蘭三旗之大臣、再則韋令坦公、舉英、蘇、愛三邦合綴之御旗、管理寶物大臣雙手捧方墊一、上有紅寶石戒指二、劍一、君派執傅油盞棍之爵臣四、管私印大臣、內閣大臣、愛爾蘭大法官、堪特百里大教師暨約爾克大教師、由十點至是時、樂譜五成、至第六成、執皇后御物者入、（英名蕾夏里亞、乃王之特權也）是為伯爵庫斯佛、執一象牙圭、上刻鴿一、公爵哈里斯執懿圭一、上帶十字架、公爵駱斯百爾捧皇后鳳冕、均跟役代為執帽、并各有

五十四

戎服武弁二、執杖相隨、繼則皇后入、不冠、胸敞、臂袒、著白緞平金裙、披紅絨金花銀鼠邊斗蓬、拖長逾丈、中則卜克立墀公爵夫人、執曳、左右則世爵八人、襄執、而公爵夫人之衣尾、別有跟役執曳、后之左右、隨有敖斯佛比朔、諾爾衛比朔、後隨寢宮命婦世爵夫人四、妤婕宮婦又各四、此後為執國君之御物者、乃伯爵喀凌比、執賢埃達倭旗、阿蓋公執御圭、上帶十字架、又金刺馬距一對、伯爵勞敦及公爵魯新各捧其一、公爵葛拉芬執鈍劍一、伯爵羅柏滋執第二劍、子爵吳斯立執第三劍、禮官英蘭諾洛艾王、蘇格蘭來安王、愛爾蘭額斯特爾王及柯蘭蘇王、皆著古戰袍、執桓圭、與冕倫敦美爾著朝服、紅氅、佩劍及城符、下議院一員、朝服、執黑棍、再則前引大臣十二員、後又倫得立侯、掌國劍、馬柏婁公捧賢埃達倭王冕、色墨賽公捧日輪球、陸堪伯舉帶鴿圭、倫敦大主教捧經、文柴斯特大主教捧聖酒、艾里大主教捧聖餅、以上各員均有隨侍代為持冠、十一點四十五分、國君入、戴紫絨宮帽、作口形、戎服、罩紅絨繡金氅、尾長約丈、左右勳爵六人提曳、左隨杜哈木大主教、右

五十五

隨巴他與衛拉斯大主教後隨勳爵文武大員廿餘各
司其職執有金棍銀棍諸物門內左右豫立執事十人
執旗掌劍為信官支應等再衛隊武官八員護衛二十
名當皇與后入門時經本堂人唱祝讚耶路撒冷耶穌葬處詩
王與后皆直入登經臺各命婦于君坐臺右各椅分
坐宮官于臺左右之階上餘各員分立各所皇與后
少坐乃跪壓前椅上默祝數語起而轉立正東後大主
教主教大法官內大臣及總管地方各官分立于西南
北三面齊向堂內眾人高唱云謹請諸君靜聽今將本
國實當繼位之王媄達俵引至眾前諸君既來恭賀願
否一律奉行于是通堂歡呼上帝保佑媄達俵王用達
樂從意也遂譜樂一成既主教等將所奉之聖經金盤
聖酒各件捧置經臺上皇與后改坐南向北凡各勳爵
之手捧御物者皆至臺前交主教轉放之經臺惟劍則
不獻于是皇與后再跪二大主教立誦祈禱文一鉅篇
一主教讀祝文一篇一主教讀遵天道愛民如兄弟文
一篇此後誦聖經皇與后率眾人立再讀信教道文一篇
眾仍立讀畢別一主教立東北角講經臺講解一段皇

自登臺即免冠至是始仍戴其紫絨帽同后坐于南面
通堂眾皆隨坐皇前右立杜哈木教主後立捧劍各大
員左立巴他與衛拉斯教主及各內大臣后之左右各
立一主教其曳皇后鸞尾及各命婦皆立于後正北坐
大主教左右立各主教經講畢大主教立起步至皇前
問曰我王願立誓否曰願于是王手執書一本大主教
復問曰我王願否誠心發誓按照議院法律及地規例
以治英愛及各屬地之民王曰我誠心立誓概行遵照
大主教三問曰願否自秉主權按例以慈心懲治一切
曰願大主教四問曰願否遵上帝之法執守王權信經
內之真言敬守耶穌聖教願否謹守英蘭教堂之規及
英蘭按律所定之理法教法以及治法願否保存各主
教教士等照例定給之權利曰以上各節誓皆照行言
畢立起至講經臺旁跪於階上手按聖經誓曰今日在
此所誓各節自當照作永遠存守惟望上帝佑我言畢
主教捧來筆墨英皇口親聖經受筆畫押後皇與后皆
跪聽大主教誦聖詩誦畢又祝云自來上帝以油傅作
明君聖僧賢人以教化治理愚民今上帝派治此地之

唉達倭、謹傅以此油、保護聖明、使為此地之主、更願其
體健神聰、敬畏上帝、享壽無窮、言閉、教主手撫油盤、祝
畢、作樂唱詩一次、唱有上帝佑王、王得長生、永壽無終、
各辭唱閉、王起立、內大臣去其絨冠、脫其紅氅、引至正
中、坐于前王唉達倭之古木椅上、東向、座前置跪椅、坐
定、四爵臣將金花長方綢蓋各執一角、罩王頭上、惟時
本堂首牧師由聖卓上取下金盤暨匙、傾油于匙、呈主
教、主教先以油敷王頭、乃曰、自古君王、教士名流、皆經
抹油、今故以聖油傅君頭、再敷王胸、乃曰、以聖油抹君

叁八

胸、復敷王掌心、乃曰、以聖油抹君手頭至胸及左右手、
成十字形、敷後并云、索婁曼經教士薩多及賢人那坦、
皆抹油而成王、今亦抹君以即位、奉天之命、位稱君父、
稱國主、來此以治斯民、言訖、國君跪、主教復祝云、我教
耶穌、為上帝之子、上帝傅之以油、稱為當時人中之聖、
今以聖油傅我王之頭及心、畀之以權、助以上帝之靈、
而使人民富康、奉之以誠、願我王公正聰明、奉教虔敬、
久治此榮耀之邦、永享昇平、祝畢、王起、回坐古椅、移去
綢蓋、王改服金襖、腰束金帶、本堂牧師取剌馬、跪授內

大臣、內大臣執跪王前、向王足後比作安插狀、既、仍放
之聖卓、其世爵之掌國劍者、遞于內大臣、內大臣轉遞
主教、主教接置聖卓、因祝曰、吾衆敬聆、謹求上帝、保佑
國王唉達倭、佩此劍弗枉用、但為天使、以賞善罰惡、言
畢、他城各主教同將此劍奉遞國王右手、其主教復云、
現由我衆奉交此劍、王其寶諸、國王立起、內大臣為之
佩帶、國王坐、主教又云、請掌此劍、鎮止罪惡、保護教堂、
養育孤寡、復興物之殘弱、保守物之已興、懲治勸化不
善者、成全已改過者、統望振作威德、誠心奉教、在位一

叁九

生、永遠無已、國王立起、釋佩劍、置之聖卓、回坐古木椅、
某世爵爰取下國劍、去匣、執立王前、王立起、提氅尾官
遞金氅于本堂牧師、加諸王身、內大臣為結鈕、王坐、主
教遞日球十字于王、繼祝曰、受此長服與十字日球、乃
上帝賜以知識智慧威勢權衡、著此長服、示以公平、服
此外氅、示以救援、迨視此日球在十字之下、則知地面
之人皆屬上帝、既而王交日球十字與牧師、送置卓邊、
主教再取戒指、為王納於右手無名指、隨祝云、授此戒
指、以明君位、以守教規、今日肅然受此君位、承襲天業、

永保榮華無極、此後牧師取十字圭與鴿子圭交主教
王著手套、主教先呈十字圭于王右手、隨祝云、受此御
圭、以明公正、再以鴿子圭交王左手、又祝云、受此慈愛
無偏之圭、一切教導施行、概由天助、鼓心毋怠、懷養公
平、懲治兇惡、以正平之道、訓導人民、言已、至聖卓前、一
擧王冕、即安卓上、乃云叩謝上帝、今日賜我王埃達倭
以全金之冕、一（王聞此語鞠躬）冠于其頭、張其威儀、以振通國、
國王迺回坐古木椅、牧師捧王冕、隨主教至王前、主教
轉接、為王冠之、即時作樂、通堂歡呼天佑國王者再、同

卒

時公侯伯子男世爵亦皆冠其冠、主教又祝曰、敬秉天
意、遵守天道、康健勇敢、祿壽永茂、繼而通堂復行歡呼
祝頌一次、牧師取經于卓、交主教、主教轉遞國王、并云、
我國仁君、今奉上此經、為天下什襲之至寶、內皆上帝
之默示、即人間之定律、言畢、通堂高聲祝嘏一次、詞句
甚長、祝已、主教復轉向衆曰、今各教士世爵萃集、成此
大典、衆遵天命、奉此君王、互存忠心、太平安康、永樂盛
昌云云、王乃逸坐十字中臺上之座、二主教及他掌劍
世爵輩、隨侍左右、復作樂、唱詩人隨唱一長篇、既、主教

扶國王即位、各世爵大員、凡執掌御物者、立於臺下左
右、大主教乃立王前、曰、今後固守宏基、奉天之命、由我
主教等贊成、我等愈近聖臺、愈見尊位之鞏固、我等為
天使、循理扶王即位、自當永垂萬紀、如日之升、上天明
鑒、是後太子王公輩、行朝拜禮、先是大主教跪王膝前、
他主教跪于左右、陸續各報職名、大主教曰、堪特百里
大主教弟來得立等、必以忠誠報效王前、以及英蘭並
愛爾蘭承嗣各王、至奉命管理之地、自當誠心保守、與
教堂同敬求上天垂佑、言畢立起、口親王左頰、而後下

奎

臺、繼太子免冠跪王膝前、其他王爵亦免冠跪已、坐次、
先後報名、太子報衛拉斯王兼公爵、為王一生忠心髈
臂之人、永懷尊敬、奉以篤誠、生死永保本國、敬求上天
垂佑、于是太子及各王逐一立起、先以指彈王冕、再以
口親王左頰、此後公侯伯子男班首逐一上臺、跪王前、
禮節與太子同、再唱詩一節、畢、鼓吹作樂、通堂又齊揚
言曰、上帝佑埃達倭王長生、埃達倭王、我王壽履無疆、
國君禮畢、皇后立起、跪聖卓前、約爾克大主教祝云、上
帝為百善之根、羣衆敬求保佑我后、體健安康、願我后

懿德虔敬為遹國之規模上天垂佑福壽長生皇后復
送跪于聖卓與古椅之間四世爵夫人各執金花蓋帳
之一角大主教傾聖油少許于后冕乃祝曰傅以聖油
以迓天麻永保無疆皇天眷佑繼納戒指于皇后右手
之四指祝曰受此戒指為信實之憑上順天心永保興
隆祝畢雙手為后加冕祝曰受此貴冕歡樂且榮上天
恩惠永保貞吉后既加冕世爵夫人亦各戴其冠繼而
大主教將介圭交皇后右手帶鴿象牙圭于左手祝曰
皇后阿來三德亞修以六德恭敬虔誠上帝施恩品位

六十二

尊崇二主教扶　后登十字中央之臺過皇前時皇后
向之請安既入座主教復讀勸濟文云謹請聖明光照
四方作循天理便民頌揚世上良民富者當施存有盈
餘用享長年復鼓風琴樓上和之以詩主教又云凡我
禱祝之人來此勢等焚香舉手示眾如晚間祭享爾時
皇與后皆將圭杖交侍官步登經臺脫冕跪椅上主教
由臺後賢埃達倭殿取麵包一盅聖酒一盃盛以聖盤
奉遹國王王交主教供之卓上主教又云以此供奉誠
謝上帝埃達倭王蒙派得供其職繼由內大臣捧金寶

一定重一磅跪遹國王并聖帳一方國王轉交主教供
諸卓上皇后亦供聖帳一方金馬克（德金錢名）一枚畢皇與
后皆移跪二藍緞椅前主教復立言數節一為同教之
人祝禱二為勸眾誠心奉教三為自請恕罪四人能悔
過則上帝赦罪言至耶穌已卜將死之前夕稱謝後將
麵包割分眾教徒曰食之此即我為爾眾所失之身念
之莫忘等語時主教皆手舉聖盤割開麵包及手撫麵
包又言及夜餐後耶穌舉盃與眾曰飲之此為我新約
全書之心血用以救護爾眾及他改過之人者永記遵

六十三

此而莫忘等語時主教復親手舉盃并手撫各盃之有
酒者皇與后復移跪聖卓前主教奉麵包與王曰此即
耶穌賜我王之身知其身魂永生接之食之記其死為
救我誠心謝其慈仁再則本堂牧師奉以酒盃並云此
為耶穌之血用以守護我王其身魂長生不死飲之記
其救我謝以虔誠禮畢皇與后頂冕執圭退登座主教
又云上帝在天普視地面今日賜以麵包我恕他人上
帝赦我并非引誘驕慾實係救出凶惡其權在天豈僅
萬年繼復誦禱一篇歌祝一篇畢主教又有上帝之心

一視同仁、尊敬上帝、并主耶穌、永存虔誠、永遠隨護諸
語、既掌劍各世爵及主教輩、先引國主入南門、次引皇
后走北門、同進賢埃達倭殿中行禮（所行何禮未詳）。禮成、皇與
后皆披紅絨氅、戴冕執圭、文武各官前引、循舊路出堂、
于時鼓吹作樂、內外歡呼震耳。各人亦由原來之路出
堂登車、沿途左右各營兵丁依舊鵠立、巡捕彈壓、整齊
無譁。惟每過一車、左右看臺上之男女皆免冠搖巾歡
聲載道。抵使館已未正、值驟雨一陣。是晚通城街市人
家、鋪戶、公所皆懸五彩燈、成千絫萬、爍如列錦、煤電油
蠟、無罩有罩、玻璃罩、花紙罩、十字、王冕、金星、國旗、橡葉、
ER二字、鐙形各種、悉數難罄、尤繁華者、第一在老城
內美爾待門、倫敦銀行一帶、次則特拉發戛坊及帕瑪
賢翟木司、庇喀的里、利貞白堂各街、江面各橋、沿江西
北兩岸、逐樹懸挂五色陸離、貫珠纍纍、銀海為之生花、
因夜間男女游玩壅擠、官定是晚戌初二刻至翌晨丑
初禁車馬來往、其路上行人須右首向外、如行車之上
下軌、并禁緣街叫賣出售物件、飲食及暗用小激筒、雜
錋、銅嘯、紙片、紙星等類、免致傷人滋事云。　卷二終

八述奇卷三

鐵嶺張德彝在初隨筆　潘士魁校

光緒二十八年七月初七日乙丑、微晴、涼。聞英君昨由
卜靜宮涖西敏斯德大教堂、車馬分三起、甲起國戚前
引有樂兵兩隊、馬兵護衛、生衛步隊、御前護軍等、第一
車梅林堡公夫婦、堪卜立地公、長公主阿麗娰、第二車、
希臘王爵安得祿、祝爾芝巴坦堡公主艾莉娰暨王妃
綠衣娰、第三車巴坦堡王爵墨里斯、柳浦阿來三德與
夫人藕哲甯、第四車阿蓋阿巴尼二公夫人魯麻尼亞
太子與妃、第五車舒隋芝霍斯田王與妃維克兜里亞
敎古斯達克立堅寬諾公、郡主芭蒂夏、第六車寬諾公
夫人郡主瑪戛當海溪公、司巴他公、第七車丹國太子、
司巴他公夫人布魯斯王爵漢里夫婦、第八車得福公
夫人富艾蒂公夫人、郡主維克兜里亞丹國公主墨達、
隨有御前馬護軍兩隊、乙起太子前引有太子馬隊護
衛、第一第二車皆御前大臣命婦等、第三則宮車、太子
與妃乘之、亦隨有馬護軍兩隊、丙起英皇與后、前引為
將軍高文思領馬隊護衛、水師提督朱其門領水軍一

隊、後車四、皆各世爵內大臣及命婦之伺候王與后入
堂行禮者車後、印度各王爵勳舊及各武官、乘馬綏步
前進、再則義兵、繳隊、鄉勇、水師、印度兵屬地兵等、按部
而行、各有將帥副叅游守、前韋後督、又馬步御林護軍、
及各王公乘馬列隊、分班前導、末則宮車、王與后乘焉、
車後寬諾公及他各勳爵王公將師、侍衛、內大臣等乘
馬帶馬步御林軍擁護、前後一律嚴整、八馬駕王宮車、
六馬駕太子宮車、馬皆一色、車左右隨行宮官、平金紅
襖、執長矛者四、御人金衣黑絨帽、左四騎馬上、右四韋
馬環步行、他車或雙馬、四馬、色黑、王之車遍飾金花、頂
上立王冕、

初八日丙寅、晴、涼、英君加冕日之早晨、余曚矓之際、聞
繳聲隆隆、在西敏斯德堂、時亦然、今知為聲繳之禮、日
出四點三十分、倫敦臺四十一、海岱圍營中二十一、是
為請君安、午初、王出宮、倫敦臺四十一、海岱圍營中二
十一、午初一刻、君至堂門、如之、午正五分、君加冕、倫敦
臺六十二、海岱圍四十一、是為賀喜、午正三刻十分、君
出堂、一點四十分、君進宮、兩次礮聲亦如之、前後聲礮

計四百一十二、

初九日丁卯、晴、英君加冕日、調馬步兵及水師、繳隊、應
差共一萬四千分紮六處、堪興坦園三千、利貞圍四千、
巴苔溪圍一千九百、鷴泗樓鎮一千一百、狼狽宮二千
七百、賢卓志斯校場一千三百、其大小武官有五千一
百員、

初十日戊辰、晴、數日前、騷斯倭鎮府署首紳賴得滿上
書於王云、禮拜六日行加冕禮、次日禮拜、此兩日若各
鋪皆休息、與貧民不便、懇王施恩、另旨遵行、內廷回信
準如所擬、此日民有不便之處、自當聽便示知、凡有關
礙各閭巷、禁止關閉、以表國王之仁愛云、

十一日己巳、晴、聞英王冕上所鑄之金葉、乃地椹葉、官
員衣上所繡之金葉、為橡葉、（地椹葉主威嚴　橡葉主平安）其聖酒與
麪包、皆始用于千九百年前、麪包洋名衛佛爾、即華人
入教時所謂之喫教餅、聖油係五百年前始自猶太、又
刺馬距為前英王埃達倭所創、故此時仍有一對金者、
與王比佩之、其古木椅、即前王埃達倭用以即位者、其
椅下有烏石一、蛊據云本為蘇格蘭各王于即位時坐

之者六百年前英蘭奪來故于每王加冕時置諸椅下坐之并云天主降生二千年前有扎高卜者遊倦枕此石夢登天梯見天神故王之即位不當者坐之石必作聲為警云

十二日庚午白晝晴入夜微雨涼英君加冕之數日前有海艾街第十六號住房之老嫗莫爾廿年百零三歲者奉書於后云曾經仰瞻前君主維克都里亞及前五卓志第四之加冕于今尚望稍得餘年能見埃達倭皇第七及阿來三德亞后之加冕何幸如之至本月初四日后令宮女柯諾麗代答云柯小姐奉諭送與莫爾廿婦茶葉一匣茶盃一個以作加冕之記念皇后并頌莫婦長生瞻此盛典云云聞該老嫗竟于昨早身故

十三日辛未晴暖按例國君加冕後數日在英蘭正南司比台海口外英決水面閱看兵船前于五月中曾調集若干隻後因加冕無期遂多分駛各處戍守海口茲去巡行至今乃由附近各處湊集大小新舊兵輪一百十五艘近北岸先列四行再南另四行兩長兩短第一行二十艘中一空地為國王維克都里亞阿拉柏船停

留之處其左右為各國派來賀喜之兵輪內有日本之高砂（土音塔夏撒句）淺間（土音阿薩騎）二艘皆新式者第二行二十三隻皆國家派雇之商輪為載各國公使夫婦子女及本國大員夫婦子女者兩短行各十餘隻亦然正西另橫兩小行各五隻亦皆商輪統式作▥形其他輪渡大小往來甚多數日前具帖來請余及金氏與榮驤內稱八月十六日即今在司比台閱兵船請于早晨七點四十五分由倭特路車棧乘車至騷桑屯海口坐喀賽之輪船前往蓋由倫敦往者甚眾凡有請帖者皆叙明何時走何路并車費若干且車眾不能臨時買須三日前由他處買辦車之往來在各棧先後十數輛有快有慢又官備輪船不僅一艘故帖上言明請登何船以免亂上人數來均今早卯初睡起點心辰初偕內人帶榮驤及馬清臣陳安生乘馬車至倭特路車棧登車即開巳初一刻抵騷桑屯下車上船船雖式舊而極大亦英公司PO行者巳正二刻展輪出口東行過敖斯貴老王宮及新樹林（雖名曰新然已四百餘年矣）午初船上早餐男女數百至外達島北之考斯（即前英主往養病處）小海口外遙見英君之

維克都里亞阿拉柏船在彼午正至司比台乃在四行兵輪間緩行穿繞一週作弓字形末至各國兵船之南商輪行內下錨地在御船之東南前對日本船左右與後皆商船時乙未正在上午酌各船桅頂滿掛花旗兩行單桅者作入字形雙桅者作八字形以明慶賀繼而御船自考斯駛來兵船同時各聲礮若干作敬接之義御船亦在各行之間緩繞一週每行近一商船在上之官民皆歡呼一陣申正二刻御船游畢傳于所定之處後各商船陸續生火展輪駛回本船亦開緩行在上桼黙酉初至騷桑比船行雖慢因進口稍未著意應轉未轉船頭觸岸碰碎巨石一去船頭亦傷當時男女咸立船面以待上岸因而跌倒大半婦女居多座椅亦多滚倒者船傍岸搭跳板齊步至棧房分路登車少待即開戌正到使館

十四日壬申陰雨涼昨晚坡兹茂斯海口（地近司比台在其東南）大小閭巷人家鋪店滿懸燈彩與倫敦同水面兵船皆自亥初至子正關放五彩起花爆竹火球火箭花雨雹星等水陸觀望之男女以萬計又看兵船者除經官請者外欲觀者亦可買商船客票每張十先其在岸上者以坐馬車為第一每輛價由十先至鎊零一先昨晨由倫敦至騷桑比之火車價人出一鎊皆頭等也

六

十五日癸酉雨英國司比台或坡兹茂斯海口南正面對法之哈伍海口此口北為坡兹茂斯迎南為外達島東南面之賴達莊兩面臨海淺處有鐵礮臺三作∴三星形臺式皆圓上窄下寬直徑寬約七丈高出水面約五丈臺四面橫分八圈每圈節以黑黃二色節節見方圈圈錯置以使遠望者不易辨其礮眼也其式大概如此▲三臺中之北面者名司比台稍東者名霍斯正南者名諾爾曼勢極雄壯至建自何年未聞

十六日甲戌陰雨陣陣聞前當英君患病時宮中晝夜伺候扶持之二女僕一名韓姒一名傅萊哲迨君病痊出宮赴考斯之前一日上乃親口面謝各賞一物皇后與太子妃亦各賜多物又通宮男僕兵衛等各得一銅質加冕寶星云

十七日乙亥晴前者英君在教堂所用之王冕圭介寶劍金盤等皆前一日始由倫敦臺中以宮車取來自臺

七

至堂車之前後路之左右咸有官兵守護入堂後雖交堂中牧師教士嚴密收藏而堂外四面依然列兵晝夜把守巡察自加冕後堂中一切不移自初九日起除禮拜日外限七日准人入內瞻仰進門買票存集來款別作善舉入者前兩日每人五先第三日二先半後四日皆半先每日巳刻開門酉正關閉來者男女當門未開時在外與在戲園同不得成羣壅擠乃排串而立入則魚貫而入出亦魚貫而出出入皆有定路不准止步亦僅隨行一望而已聞第一日入共五百三十三人進一百三十三鎊五先次日五千三百六十一人進一千三百四十鎊五先第三日一萬一千八百零六人進一千四百七十五鎊十五先第四日二萬零四百六十九人進五百一十一鎊十四先半第五日二萬三千七百六十五人進五百九十四鎊二先半第六日一萬六千三百二十三人進四百零八鎊一先半第七日一萬八千六百五十人進四百六十六鎊五先以上統計來者九萬六千九百零七人進共四千九百二十九鎊八先半來者女多男少不僅城內之人竟有數十里外者至末

八

天閑門時尚有欲觀而徘徊于二三里外者二千餘并聞第一日有老嫗年近八旬者囊中僅餘二先半錢因來自遠方姑亦給票放入

十八日丙子晴三十年前英國各世勳及駐英各國公使每入朝會皆坐宮車其車鋏條高御者前坐長高方凳罩以彩緞下垂作⌂形侍僕拉立車後雙手曳皮條御者并侍僕各戴餃形長黑帽短襖短褲高白襪亮黑皮靴其各世爵者尤屬華美工既精細彩畫亦以上色凡本家之世號旌旗劍戟之類無不顯著于左右車頂四角飾以該爵應戴之冠翎近來概行改用雙馬烏車矣自今春因國君加冕大典將行各世爵咸將舊車重新一爲以重大典再爲皇家賞視也聞在賢禮木司街有胡珀爾製造官車鋪前于西千八百三十年曾爲伯爵柯拉萬製造一輛以備入朝今即與之更新現復爲瑪柏婁公造成一輛價值七百鎊按時價合庫平五千六百兩

十九日丁丑白晝晴入夜雨忒謂英君加冕之期遊人眾多爲時且早凡城內鄉閭者皆不得在家早餐故凡

九

在熱鬧街衢出售飲食各鋪皆須盛備兩日所需、尤可
利市三倍、聞在庇喀的里街之畢洒斯特店內、每日預
備食物、足供萬人、并備精美食物竹盒、可裹兩千人之
用、每中盛物足飽十二人、以便臺上觀者不離座位也、
至其所儲肉食之數、如牛肉三萬三千六百斤、牛舌三
千個、香腸十斤、冷葷千斤、糕點三千斤、牛肝等千斤、鵪
鶉千一百錶、雀一萬二千、火腿五百盤、牛肘一百、雞五
千、冰乳兩萬分、特邀厨工一百五十、嘗倌六百、刀叉杯
盤五萬分、所備者如此、至所售者如何、未之知也、

十

二十日戊寅、陰、入夜雨、教斯貢舊宮、為英君之私產、地
在外達島之東北隅、原為老君主維克都里亞所喜住、
自去歲君主薨于是宮後、遂封閉、今君不忍居之、昨于
加冕之期、新任度支院大臣巴樂佛奉諭將教斯貢宮
內各樓房庭院、除歷來君主所住各間外、皆作為水陸
各官之身體殘廢、以及因病或因受傷而體弱者退職
居住之所、便其休息調養、以樂餘年、
二十一日己卯、晴暖、英俗每年四月初第一禮拜某日、
有場賽馬大會、名曰德爾貝、乃百年前世爵德爾貝所

創也（見航海述奇）按歷來講求善養之法、何以使其體壯善
走、馬廄如何淨潔整齊、皆為養馬者之常規、無須瑣述、
惟此專備賽跑之馬、畜法異眾、乃晝夜需人餵飲刷洗、
按時而操練之、如每早卯初二刻、喚醒、然燈、餵以淨料
兩把、繼而遍身覆蓋毡、拉出馬號、至辰初主人乘之急
馳三四里、畢、看馬人拉之慢行一小時、以使馬得清肺
血脈運行、後再疾走三里、以生肌肉、時值辰正、緩行回
廄、則廄中一切已洒埽收拾矣、拉入後、餵以雀麥與艸、
至巳初則刷洗之、速洗即擦、以免受病、後由巳正至未

十一

正、皆使休息小睡、申初拉出遛行、以生元氣、申正拉回、
再使小睡、酉初餵飲、後主人擦掌撫其周身、察有病否、
察遍無病、乃備妥一切、使睡終宵、至明晨卯刻、再行喚
醒、如此純心善養、以冀將來一跑得獲千萬金也、
二十二日庚辰、晴暖如昨、聞本年德爾貝場賽馬獲勝
者六匹、第一名東喀色爾、贏七千五百十鎊、售以一萬
四千鎊、第二名班多爾、贏一萬七千五百一十七鎊、十
先未賣、第三名教門得、贏二萬八千四百六十五鎊、十
先出售一萬二千鎊、即時轉售至三萬一千五百鎊、第

四名敖爾木贏三萬二千五百二十六鎊、未賣、第五名茀苓佛克斯、贏四萬九千零九十六鎊、售以三萬七千鎊、另一匹名西敏斯德公者、雖未賭錢、亦賣以二萬一千零五十鎊、以上非各馬主對賭、乃馬主與旁觀者賭、而各旁觀者又彼此互賭、如白鴿票、雖不識馬之好歹者、亦可賭、當時得失由十數先至數百千鎊者亦有之、其他詳情容再述、

二十三日辛巳、晴、西人于格物化學中、逐處冥搜、冀出新材奇法、先得名而後獲利、聞有英人卜曼倫敦之一營造師也、創為電線傳送圖畫、減筆字摹真筆跡、暨人之小影、達於電報局、經驗不差、此法若盛行、其人必成巨富

二十四日壬午、晴、戌初細雨一陣、雨後仍晴、倫敦客店、向皆樸素整潔、地毯罕有用價逾三先一碼者、邇來不惟店數增至百餘、而且處處奢華、樓房高大、鋪陳裝飾、無不鮮明悅目、地毯咸用十八先或一鎊一碼者、杯盤卓椅等件、亦皆窮極上等、乃本年春季生意括据、貴客滿住無多、竟有店較上年少獲三四萬鎊者、或謂英京

十二

固一極大商埠、僑居人衆、而其客少之故、一因老君主之喪、再因天花之傳染、并因兵事未已、多不進城、至西五六兩月、為英君加冕、客始漸多、按各店之用人、電燈、煤火、稅費、終年無論住客多寡、永當一律靡費、照常囊昔之投寓者、若上等、僅擇一潔淨卧房、飯廳、客廳、烟室、足矣、乃自各店互奪生意以來、竟將客之身價抬高、現之投寓者、必挑撿各房、概須高大華美、壯觀、倘不照樣供給、則此棧即須冷落一邊、然光顧者又不肯慷慨破費、自軍興以來、進項較減、諸物昂貴、昔之飲十五先一瓶之香賓者、茲祇飲苟斯凡米酒及搜大鹼水等類而已、雖云如是之迴迫、惟見大店日增、而無一關閉者、其實情不得而知也、

二十五日癸未、晴暖、聞有義國熱諾瓦人濮洛布者、新創一種泅水救生衣、造以印度古米前中關樸、易於穿戴、脚下墜以重石或鐵、平時泅水半身可立水面、衣外有兜、以盛燈籠、火柴、飲食、號筒以及備抗大魚之器具等、初次試于該處湖中、其人酉正投水、子正始行浮出、據云、伊將在彼朝夕試驗、俟一月後順流至法國哈坻

十三

海口水中句留兩禮拜、然後來英海邊濱洞便人觀看、以張其名

二十六日甲申晴。聞前于英君加冕之期、不惟在各遊人稠密處備有治病棚以防人之跌倒暈迷以及著涼受熱等、且在西敏斯德教堂中備有收洗胎產之器具人工兩分、其故蓋有二世爵夫人當時已懷孕九越月者、恐在堂哌哌產下也。西俗無忌人亦強壯、更賴道途平坦、車不震動顛仆也。在中國少婦懷胎四十天即不敢遠行、愈後愈覺羞、各見人臨產人多閃避、況在大庭廣衆之中乎。苟此二婦恰值國君加冕之際、紅血蕩流、嗷嗷座上、不知通堂如何作法、羣往扶持耶、抑或羣相驅避耶、殊難預料。

二十七日乙酉。鎮日陰晴、細雨不定。記倫敦郵政局自去歲四月一日至本年三月三十一日一年內、共收大小四十萬萬件、共進千四百四十六萬五千八百七十鎊、內除費用人工路腳一千零四十六萬六千五百一十九鎊外、合賺三百九十九萬九千三百五十一鎊。又所收信或說帖中有因人名住址不清不能送到者十兆、于中又有有財物而無主人名姓住址者三千七百八十二封、更有八萬五千六百四十封之未保險者、共失去實金一千鎊、匯票六千鎊。各信局現共僱用男女十七萬九千二百人、內幼女三萬八千名。各工人中女之患病者頗多於男、大概計之男在十之六、女則十之七。在倫敦城內女病速瘳於男、鄉間女子不惟多病而且病多日久。上年女工中出嫁者二百一名、其至大者二十七歲。由此觀之、是信局中之女工出嫁較他處傭工者稍遲云。

二十八日丙戌。陰雨。聞邇來智利國新定一例、乃凡在戲園及他游玩之地、皆不准出售各種烈酒、及在火車棧與車上亦然。沿街遇有酩酊之人、即捉收囹圄、限由三個月至五個月。又凡一家之主或父或夫有因酒醉不善養育妻子者、則其家中不居何人皆可具呈控告、審實則收監罰由三個月至一年不等。

二十九日丁亥。陰雨陣陣、暖和。蘭國向有代人娶妻之俗、屆今未改、稱曰普洛克奚（義即代辦）、聞在南北美洲中閣大西洋近巴拉怪有和屬地庫拉搜小島、人名黎得爾

者原定上月中旬完姻奈屆期黎在紐約因故未回遂經土人𨕬格倫者在彼代娶後攜赴紐約移交黎得爾氏云𨕬格倫係一鰥夫曾經代充新郎已五次矣是亦另種生涯也

八月

初一日戊子陰晴不定西人好潔最講衛生之術泥垢飛揚氣味薰蒸於人呼吸無益行動不宜于是各國洒道清塵之法咸用機器車噴淨水藉隨塵囂前者有謂改用海中鹹水能驅炎氣可結泥為土久則地面堅凝雖有大風不至攘塵既得窗明几淨亦無撲面之虞是為清道之中仍寓衛生之意然城距海遠水來不易未得興用聞近日美國人孜得以煤油洒道可以壓塵為日既久日光曝炙則細泥反相凝結堅固如石蓋煤油質本黏膩調和土壤一經日晒其性能凝然其氣味薰人不知格致家曾考察其味久嗅與人有益否耳

初二日己丑晴風暖西國郵政規則極嚴罰亦最重聞昨有賣魚人艾格滋悞粘三枚用過之半本士信票經局驗出遂按每半本士罰十鎊十先總三十一鎊十先

因其無力交納改收監三個月英例大小罪犯出監須以嗣後如何度日以何為生報諸官不則再犯加倍科罰又有出監一犯韋良斯者在街剪綹被捉定罪收監三個月因前次出監未報巡捕廳加罰九個月共收一年

初三日庚寅晴暖蘇格蘭都會格拉斯勾之定規凡遇死胎皆有接辦殮埋之人使費十先為買槥及腳費至葬地另付掘坑人六先聞數日前在布拉埃街夜半有二猝步行間見三人抱一木匣匣外包布隨行閃避形迹可疑二猝走近三人拋匣于地而去二猝驅前啟匣視之乃六死胎且多霉爛處二猝驚駭馳報巡捕逮巡捕到時匣已空矣不知何往天明見地有新挖處掘視內有五死胎他一胎落牆外當日捉得五人內接辦者三掘地者二一因接而不埋一因應埋未埋各罰收監三個月

初三日辛卯晴前者英君因加冕贈各國公使夫婦及賜本國文武員弁兵卒之有功勞者另種寶星以作記念星分三等大半頭等者金二等者銀三等者銅其式

圓扁小於洋圓而稍厚前鑿王與后面背鑿王冕及E
R二字并加冕之年月日工不甚精花邊式同欄板今
早見新報內載此種寶星現錢局鑄成國家出售其好
臉面者可買而佩帶之其制分二大者橫長直徑二寸
小者一寸其價金質帶匣大者十三鎊小者二鎊十二
先六本士銀質帶匣大者十先小者無匣一先銅者帶
匣不分大小統一制每枚三先又英國金銀錢之鑄以
新君埃達倭第七之面者第一鑪將鑄成分為兩等頭
等係由五金鎊至一銀本士二等者係自一鎊至一銀

十八

本士有好奇而以先得新君第一鑪錢為快者可致書
鑄錢局按等而買其價頭等者每分十鎊六先二等者
每分二鎊十七先六本士帶匣外加五先
初五日壬辰晴英國自前一千八百九十九年十月十
一日（光緒二十五年八月二十五日）在南斐洲開仗至本年五月三十
一日（卌四四月日二）議和共用兵官大小四十三萬五千八百
八十九員名內陣亡者官五百十八員兵五千二百五
十六名受傷及因病身故者官五百五十四員兵一萬
五千六百一十四名統計官兵共亡二萬一千九百四
十二員名外有因傷或病現仍在南斐洲醫院中療治
者官二百九十一員兵九千四百二十二名
初六日癸巳微陰暖英皇與后前在西敏斯德堂中行
加冕禮時堂中本有贓典學堂當時諸生于國君入堂
時乃齊聲唱曰威瓦蕾克斯唉達瓦得斯譯乃埃達倭
王萬壽也皇后進堂亦唱曰威瓦蕾吉那阿來三德拉
譯乃阿來三德亞皇后萬壽也至沿街燈彩中之E R
二字亦即埃達倭君之減筆也以上為當日匆忙未得
一一注意記載者今有所聞故不厭其繁而瑣記之因

十九

亦英君加冕日中之一節事也
初七日甲午稍晴陰初有盜一錢以上皆棄世或三人
共盜一辰事發即死之律西國律最嚴重而無殺絞之
刑蓋其所惜者寸陰所重者錢財也每日無寸陰不足
以掙錢故定例皆以罰錢收監為懲治頻有先判罰錢
若干不願則改收監若干年月日因在監不能掙錢度
日須自忖量也聞在海德園中當上月花盛時不惟失
去若許朵且傷損不易補種之花甚多不知其偷者誰
昨經便衣看花人于酉初見一人掐去仙人掌花一朵

詢之名郭思遠乃利貞街北克英巷中飯店主人義國之商民也巡捕由馬力貢街捉入官廳官謂伊既開設飯店必係偷花裝潢客座誠心偷盜作此賊行着罰五鎊否則罰住監一個月

初八日乙未陰倫敦城內除地道火車外現添有隧道電車一行東西鐵道長約二十里東至老城內銀行叢集處之線鐵巷口西至新城邊之晒柏布什街道名電車筒因路狹而直故名曰筒俗呼秃噴斯狄埔譯言二本士筒也坐車不居遠近價皆二本士也沿途段段有車棧欲坐者入門買票至第二門有人立守一高鐵撲滿坐者擲票于其中即有人開門入一升梯在內坐立任便管梯人關門梯則下繫至地道旁開門即登車車式與火車同惟稍細而長每輛分三節各節容人十六前後兩節皆橫排兩行中節乃左右豎分八椅每椅坐二人鐵道南北兩軌往來皆每二分鐘一輪每輪連車八九輛沿途停輪者十處每至一處停止不及一分有上有下各車前後有門下者出車入升梯即時上繫至棧房二門內下梯出門任便他往無人盤問極屬便當

車每開時管車人皆報云此去某街某巷以免坐人臨時詢問有延分秒乃預先提醒也此道自三年前開辦上年工竣始開往來屆今未及一年獲利頗鉅車極潔淨華美內然電燈兩行禁止吸烟吐沫車道兩旁與頂皆撐砌以瓷甎尤可取處較地道火車無煤烟氣味道旁上下更無灰塵也昨見新報內一則云二本士筒車中一年內男女之草率遺落物件頗多計茴斯凡酒二十五瓶大小菸捲十三匣烟具一百八十個婦女遮晒傘三百把男子雨傘二百六十四把其他經本行黏報出售者為眼鏡一百五十副空錢包一百六十六個

初九日丙申早陰涼酉初大雨雷英文參贊馬清臣前自同治初間即來中土南省以行醫為業曾在南京娶華女某氏為妻生有三子一女光緒丙子同隨郭星使來英時（詳見四述奇）其妻已故三年後續娶法女鞠氏復生三子一女其妻自六月底患血症因暫遷住卜來敦海邊以避暑天而吸清氣在彼病體愈重經血不止延名醫治之無效今早清臣來電謂其妻于昨夜丑正一刻病故享年四十有一余即覆電以弔慰之馬本蘇格蘭

人聞定于本月十四早先送柩訣處教堂内誦經後運
去蘇島以卜窀穸
初十日丁酉陰雨陣陣涼二十六年之舊識英人墨蕾
夫婦原住本街現居距文恣宮不遠之艾夏木邺文恣
宮總管郝木斯為墨友數日前墨來信約今日早餐後
同遊文恣宮已正偕内人率小兒與孫女至倭特路車
棧買票登車午初五分開午正一刻抵艾夏木墨以馬
車迎入其家見其妻夫婦年皆六旬同以蓄犬自娛十
二年前伊由中國攜來草黄色哈吧狗一對至今已孳

卅二

生至十二條各皆馴順淨潔而夫婦亦即視之如子女
未初早餐畢同坐馬車南行數里出其里門入格蕾園
又數里至英王卓志第三之銅像像係赤身披氅騎驊
馬頭向北右手直伸北指馬之前右腿亦前邁人馬之
身較真者稍壯立一亂石臺上臺壘石十層高逾二丈
此地頗高西對宮門中大道一條其直如矢長逾九里
極寬而平坦淨潔左右共古榆一千六百株樹後有鐵
欄欄外為官囿内蓄雉雞兎鹿禁止狩獵此道名陸昂
倭克義乃步行長逵也車至銅像前轉西直下至宮前

鐵闌門外復右轉行約二里入門下車登樓會郝木斯
夫婦少坐引觀各處因新王即位處處刷洗更新陳設
加增其他地位無甚搬移古油畫大小千幅多因日久
烟塵迷晴現雇人擦洗按色補點傅油以張光彩步至
正中飯廳時先見樓下花園曰義大里園五彩芬芳階
砌藩溷再遙望宮前直道令人心曠神怡游覽畢回入
其屋吃茶點心少敘謝辭墨蕾夫婦以車送至火車棧
酉正登車即開戌初到倫敦
十一日戊戌晴涼英蘭牛馬廐村管地人麥喀第者曾

卅三

仿美法以石油洒地用壓攘塵乃先擇地三百碼長每
十碼洒油一戛倫觀始自去歲西四月一日當時天極
乾燥乃至今年餘並未添洒油水而地永平淨不起微
塵是年餘之久每一碼見方地僅費半本士銅錢較他
日日洒水所省多矣又日本人中川正存者上書求助
據云客歲蘇格蘭格拉斯勾有萬國博覽會因能英德
語遂自行往赴本政府亦曾補助之在彼會後隨一二
日本人開雜貨鋪奈事業不振正存手存無幾且染疾
病兩月資金全盡來此日本公使領事各有所助而仍

不足以餬口，今請貴館大宮各位富仁慈之資急救
他人之貧，冒陳此書，望憐窘窮之境，誠惶誠惶，頓首九
拜云云。因即付給少許，從之使去。
十二日己亥，晴，冷。前于初八日西九月初六日為倫敦諸生在
伊苓比讌會收領國君加冕寶星之期，稱曰紅字日，英
音蕾得蕾特爾代，義乃古俗凡遇喜事，皆用紅墨寫字，
因是日為各童之喜事，故即曰紅字日也。幼童紛計五
萬一千，內本城各學堂者二萬，其他三萬一千，以四十
輛專車由他處接來，下車皆由火車棧排隊高歌步入

阿來三德宮外園中名宮非宮水晶宮同與。清風徐來，水波不興，
豐草綠縟，百鳥齊鳴，湖邊列讌，湖內駛艇，岸上并有跑
竹馬、跑旱船及他多種玩藝。官兵鎮日奏樂，食畢，美爾
將寶星按名分賚諸生，于是齊聲歡祝，視寶星如拱璧，
紛紛籍籍，歡喜而散。
十三日庚子，鎮日陰冷，時而細雨淋漓。三年前余在此
始見有電氣坐車三五輛，列在柴苓十字街，出賃或與
馬車同，而價亦同，惟行動較馬稍快。今到此，街市排列
備人雇用者無，惟有富家自備，或由鋪中賃用者，式改
細長，車上有座而無棚，間有亦半棚，大半官定每一點
鐘准走十洋里。街市往來頗多，并准入游園，園雖云車
頭有哨喚人躲避，然倫敦行人稠密，恐誤撞傷人等事，
終必有之，現雖未聞傷人，而誤行或違例者甚多。如前
在倭爾賽斯得啞爾地方，一電車疾馳一點鐘約行四
十洋里，巡捕追趕不及，發電前站待電到，而車已過，弁
發電仍未捉得，究不知其為何人。昨在堪卜立址路有
瓦達者使電車一點鐘行十二洋里，被執，因前有案，官
罰六鎊。有卜魯慈者在巴斯路使電車快，與瓦達者同，

被執，先罰五鎊，因當時不招名姓住址，加罰十鎊。又有
費伊勒者在色墨比街使電車一點鐘馳三十洋里，官
罰十鎊。更有三人同駕一電車馳驅於鄉間大路，因躲
牛誤撞入樹梃，幸人皆跳出，而車頭已成虀粉。
十四日辛丑，陰晴不定。辰正二刻，率王香圃坐火車，巳
正至卜來敦，改坐馬車行數里，至帕米臘大街第十五
號，乃馬清臣賃居所也。入內見清臣及其子女，繼引入
別間，其夫人之靈柩在焉，向之一揖，出坐客廳。午初，有
輿櫬并二坐車至，六人入內舁棺移車上，輿櫬先行，余

等分坐兩馬車、行數里、至諾爾屯路之薩克蕾哈爾特
天主教禮拜堂、先送靈柩入內、停止面臺前、支以木架
上罩黑絨白十字一方、後則馬之子女及馬與余等、前
後對對而入、坐左右凳上、背後坐有先來之男女三四
十蓋、雖與喪主不識、届時亦可入內聽經、再則一神甫
一門徒四沙彌、臺上唪經、忽立忽跪忽而請安、對面樓
上鼓風琴、并有二人隨時朗誦、臺下各人亦時坐時立、
末乃奉喪主及同來各人一白燭、燃着右手、舉薦之步
項、神甫下臺前行、沙彌隨後、繞棺兩週、先以木枝向棺
洒聖水、再以提鑪向棺搖放香烟、禮節如此、其義未詳、
蓋與洋人之視中國喜慶喪儀同也、禮畢、經人收去白
燭、遂離座、對對出堂、清臣約去其住所吃酒、辭謝、乃携
香閣步至海邊格朗大店早餐、申初上火車、酉刻還使
館、其棺暫留堂內、定于未正載入火車、酉正過倫敦、換
車、亥刻再開、明早到蘇格蘭、聞往送者僅馬清臣率其
長子、按西禮送花圈、余乃定做一圈、差人送至尤斯敦
火車棧、面交清臣、令置棺蓋上、
十五日壬寅、稍晴、中秋佳節、早掛國旗、酉初約衆參隨

二十六

學生及自備資斧諸生晚酌、并賞華英各僕役上下共
攞十卓、歡飲暢談、亥正始散、記前于西七月二十七日、
中六月十三日 二 英君因加冕下諭一道、畧云明晨為朕加冕
之期、其事因為莊重之典禮、今願宣示爾民之在本國
及僑居在外并在印度者、前當朕病勢沉重之際、爾衆
同憂、朕深感佩、惟以朕躬不豫、典禮未克如期舉行、因
爾等慶賀情殷、殊慮與爾不便、而能安心靜待、良堪褒
奬、至爾百姓誠心祈禱朕躬速愈、朕亦感激、現蒙天佑
幸占勿藥、待以精神復元、踐此天授之重任、而繼承大
國之主也、八月八日埃達倭具、
十六日癸卯、晴、冷、前者世爵席門因憐惜畜生起見、乃
致書各報館、以傳知于通城、其大旨謂時值盛暑、凡富
宦多外出以乘涼、而遺其猫於空居、無食待斃、殊可慘
也、夫貓馴獸耳、性命關乎一家之主、主人將離、須預定
主見、或使速死以免飢渴之苦、或送入養猫所以便長
生、養貓所有二、一在佛的楠街第三十六八兩號、名曰
勅立收養無主猫所、或自送往、或盛以猫匣寄交亦可、
一在阿蓋坊之格登草舍、名曰保養猫會、送者不用木

二十七

匣而用條筐亦可車費半本士云云

十七日甲辰晴涼聞今早辰刻倫敦正北稍西諾桑也𪊲爾府之開特淩城見雪厚寸餘又上禮拜六日將軍祁目諾在倫敦西南衛拉斯府之葦石鋪城以大小寶星分賞前在南斐交仗出力之各兵弁通城懸燈結彩觀者輜軿紛集往來男女如雲官場設于包威斯行宮圍內祁目諾乘車有伯爵包威斯夫婦及世爵考寗光夫人相陪到時男女迎立左右免冠搖巾歡呼慶賀祁乃立陳一段其大旨云吾人之武操自當日益月新各知操練以備戰爭其最要者無論何人或居本土或在屬地凡驍壯操練者遇事投營為其本分拒敵守護吾人世代生育之國更當永存在心云云夫忠孝節義四字按西國義字闕或有之節字不論孝字雖有亦僅講在一時故為子者不念無父母無以至今日為夫婦者亦不思無子孫無以終餘年意在自顧彼此無所倚賴也至忠字通國皆以忠為心然尊敬君仰慕君而不講報答君惟以守護邦土為念故不以家為家而以國為家也

十八日乙巳早黃霧迷漫午後稍晴涼海岱圍南邊對阿拉柏堂之阿拉柏金像亭銘建自光緒初閒當前君主維克都里亞之世由地基至亭頂高一十八丈曾費至十二萬鎊二三十年來金色隨敗金像見迷其他白石亦有損壞蒙有灰塵自前月官定修理搭架支棚工估八千鎊需時半年方竣又西國養馬入夏多套以線織之耳罩以防蠅今見貸車及街市備雇各車之馬首又多戴以草帽者帽式前空後敞如扁喇叭因而新報中有云本年夏季蒼蠅之所以少者因不得吸啄馬汗故多攜眷他移云

十九日丙午大晴仍涼兩月前當英君加冕之期各國人之前來觀望者多宙宿于大店以張豪富斯特蘭街賽西大店中住有葡萄牙人傅利達夫婦前于西七月十八日（中十六 十四）明午後傅妻自飯廳回入已卧室見有不識之人在內問以何幹答曰誤為已屋懇祈寬恕婦云斯亦奇矣非拋下手中之物不使去其人即擲手巾于地而出婦見巾中有物追喊下樓適有店僕迎來阻其行其人曰非我也他人也祈放去店僕不聽捉入帳房

搐其晚中、有鑽石項圈一、戒指三、鐲釧三、金帶扣一、金表二、表練一、鑽石袖扣、髮針等多件、共值千餘鎊、其人名雷音、係一畫戲臺景致匠、住西敏斯德橋路第五十五號、遂送入白鷗街巡捕廳、懲以收監五年、倫敦大城每日新報中所述偷盜、搶劫、殺害之案也多矣、

二十日丁未、微晴暖、俄國有種不遵國教俗規之村夫、名曰多闊柏爾義、乃剛強壯士也、近百年來生齒日衆、于是俄廷與教堂同行立法而強治之、衆雖入教、乃仍視教堂爲無物、彼此平行、互稱兄弟、不受制度、心無官長、不吸烟、不喫酒肉及他各越分者亦不食、前于西一千八百九十八年（中光緒二十四年）請離俄而遷入他國、俄廷允准、于是千餘移入土國以南屬英之賽普勒斯小島、繼有四千餘并由闊喀色斯（地在俄南界南接土耳其東臨喀斯邊海西爲黑海）來之二千餘、統約七千五百移入加那他、三四年間聚集甚衆、尚皆安靜、此等人既不喫肉、更將人所飼之六畜、如馬牛羊等皆放縱山中、因一切毡呢之類皆造自羊毛、亦不忍以之爲衣、現在加那他之麻呢土巴地方者、因被教士拘執、強使入教、恐將蠢動滋事云、

三十

二十一日戊申、晴、英蘭一島、現有私設學塾一萬四千三百一十九、官學帶飲食粥糧者五千七百九十七、統計二萬零一百一十六、按舊章凡幼童入學、皆至十三歲出學、今改至十四歲方准出學、且無論貧富之子女、皆須送入、其能自養者入私學、貧乏者入官學、蓋私學教習多上等、官學教習則中等、故凡英民之能飽食者、皆願送入私學、以冀子女學業有成、而得列入上等也、按其官學用款、出自各本地之税租、如英蘭官學所費、一年共計一千二百八十四萬八千五百二十六鎊、内六百三十四萬九千八百一十一鎊出自租税、他皆募化者、

二十二日己酉、微陰、倫敦隧道電車、昨報云半年之工、共搭客二千二百八十七萬九千三百三十四、共進十八萬五十一百一十六鎊、除人工費用外、計賺八萬二千六百鎊、當國王未病之先、因奉加冕、街市鬧熱、于一禮拜内搭客竟數至一百五十萬、又自此車開行以來、至今共搭客七千九百萬、共用工人二百七十五萬、其地筒中之所以清爽者、乃每夜傳車後、即設法關門、向

三十一

外扇吹也此車現在每一點鐘往來各二十三次擬至
本年耶穌降生節前改增一點鐘往來各三十次云
二十三日庚戌大晴暖西國無拍花（北京諺語拐小孩之謂）迷拐之名
亦無迷拐之案昨見新報中有題曰偷孩者非偷乃借
用也倫敦街市禁有乞丐男女因貧討錢者必執一業
仍似傭工或作小買賣狀或執帚掃街或手攜物少許
如火柴鞋帶野花類名晋婁賈甚那拉貝各爾義為公
認乞丐（伊既自顯人亦明知也）新報所載乃一貧婦名蓋里向為
公認之丐婦因執火柴沿街乞討施者無多昨於某巷
見一男孩獨坐門外語之以如能隨行當給銅錢少許
孩遂隨之婦乃先買餑餑一匣食之復交火柴一匣執
立其旁使行人目為伊子憐而多施捨之經倭什巷巡
捕察出被執審孩名柯樂佛年八歲由巡捕送回婦收
監五年

三十二

二十四日辛亥晴暖前于英君加冕時有南斐洲中間
巴婁兹小國國王賴瓦尼來慶賀昨於西八月二十三
日赴騷桑屯海口駕德公司回國前在此兩次見英皇
與后及太子坐車遊覽通城之燈彩并閱司比台之兵
輪一切火車電車氣球等無不樂求耕種製造之法各
皆學求一二各等禮法亦學効之如前日赴讌著禮服
乃自言到本國後定例國人凡赴公讌須著禮服又買
買多物如火槍器具花帽皮靴并綢緞雨繖之屬以便
回國分贈十二妃嬪夫巴婁兹彈丸之地蠻貊之邦也
英之所以一律看待而不以大國自居者蓋以天下各
國其小者當時雖弱不敢必其將來之不能勝於我也
且英初勝特及各小邦仍以自主友邦待之別有深意
存焉又比國王母前日病殂昨英外部來文謂奉君諭

三十三

官場為著素服三禮拜公文暨封筒周塗黑邊寬三分
表其敬故人友誼敦厚之義
二十五日壬子早霧巳正晴暖前于西七月底有瑞典
人名安之者擅駛空諸學凡專此學者洋名曰埃洛諾
渠曾以百鎊另造一種氣球經其郡主音芝布名之曰
細林達立（譯義未）安之率二友于前禮拜二日騰起每一
點鐘駛行三十洋里當日午後落于俄地衛立計城距
賢比得堡南八十洋里
二十六日癸丑晴波斯國王前在法京于西八月二十

九日赴朗布地方、拜見法總統盧貝、還至車棧、因車尚未備、妥波王稍倦、遂坐敞廳凳上、與三等客同、總統無法、陪坐以待、次日天暖、波王在店午酌、乃脫去外褂、僅著汗衫、食畢以袖拭嘴、佻達如是、不知禮節、他國君王未必爾爾、波王在巴里、多收土人書、有兩函語頗新奇、一云現年七十有五、餘年無幾、不勝羨慕王衣之珠寶、如肯割捨一粒、則使餘生用之有餘、一云前者當王到北方車棧、按鄙意所往瞻仰者、非王之尊顏、乃所帶之若干箱隻也、因聞各箱所盛皆金、譬若沿途遺失一箱、使我得之、則助我另設一大洋行矣云云、

二十四

二十七日甲寅、晴、昔英國募幼童當兵、派兵弁之能言者赴各城勸募、大致謂其父母不必懸念、在營諸事勝於在家、有人教導學技藝、長見識、守規模、知法律、且在營十四年或二十一年、必有積蓄、可以別謀生意云云、今別增一法、官出小書十二篇、敘入營之規、年分、年紀、軀格、糧餉等事、書存通國各信局、凡幼童之立意當兵者、由信局取之、至家遍讀、酌斟、如實情願、再赴信局領印就投營呈子一張、自寫或信局中人代為填註、其確實歲數、軀格、欲入馬隊、步隊、或礮隊、寫畢、送交本城招兵官、官驗其氣力、身軀、性情、皆宜登冊、候傳、更有捷徑、若素識某人在某營、因立意投之、即親往登冊、到即入隊操練、可免久候官傳、其入營之規、必年在十八、二十五之間、身軀至短五尺四寸、腰圍寬須三十三寸、旁及氣力、性情、一切經營官醫官考驗合格、派歸何隊、令之發誓畫押、謂自今按例當兵、忠心報國二語、初入營須由家中攜往者、只木梳一把、胰子一小匣、靴鞋、綫襪各一雙、汗衫一件、手巾一二匣、數日後隊官查其可以造就、由官放給號衣、按營分色、或紅、或黑、或藍、或白、尺寸均合體、既著此服、自覺榮耀、是為國君忠義之僕、所得為袷襖二身、(西式長不及腓)一薄一厚、薄者麻布、厚者洋呢、氈褲二條、官帽一頂、皮靴二雙、法蘭絨衫二、皮手套二副、絨襪三分、皮掌一個、手巾二條、繫褲皮帶一對、刀叉匙一分、薙髮刀、木梳、頭刷、衣刷、靴刷及他去銅銹淨皮帶烏靴藥等各一事、凡鈕扣、皮帶等、皆須隨時自行刷洗、使之潔淨光明、零碎小件有須修補者、自行料理、不得報官、大件費重、不及一年須修補者、報由官鋪修補、其

二十五

費則官於每月月餉內零星扣抵、俾其人不覺費多、此外每年應得者袷襖一件、褲二條、靴二雙、每二年得長襖一件、又按本國天氣、別有應得者氈護腿一雙、厚襖一件、護肩一件、應領之軍器火銃、槍、刺、鉛丸、皮袋、行李皮帶等、凡初入營、工課無多、早食前練一點鐘、早食後練兩點鐘、午後再練一點鐘、所練步武、用槍各法、此外更有當學者、收拾器具、潔淨整齊、收執皮袋、捲持長襖、皆須敏捷、隨時兼學書、讀、算法、并爬越各技、蓋營中學堂諸生、宜時習測算文字、必能算、能讀、能書、可應考試

而後已、尤穎者、兼學史書地理、并他國語言文字、蓋每日午後操練畢、不願入城游玩、而立志勤學之兵也、簡人每早有自行爲靴刷掃襖褲諸事、若于當晚豫行料理、出營游玩者聽之、即于四點理畢出營、至九點、或九點三十分回營、以上各節、學習三閱月、槍法、步法、爬越等技嫻熟、始入隊、與他兵伍入隊、即應差、差有按日輪流者、有專行派委者、因人之聰明魯鈍、其緊要必應之差、爲守護、由早十點、至次早十點、合晝夜二十四點鐘、須有力耐勞者、又視乎各營兵之多寡、以輪流、人多八

九日一次、少者一禮拜、所以守護各官署也、其四面臨街、則抱槍周行、僅前面臨街、抱槍左右往來、計一處一日三名、輪流各步行兩點鐘、休息四點鐘、晝夜一律、甲走畢、乙接班、休息則入署中小房一間、名護兵房、可讀可書、吸烟、小睡、并飲食、惟衣帽暨靴、均不准脫、倘要事來傳也、此外別有輪當之小差、如每禮拜洗樓板、擦玻璃諸事、此差在早餐前、可免早操、每早又有輪派者、爲洒掃房間、生火、飯後擦洗盤盌器皿、安置一切、凡差各有專冊、既不能亂派、亦不得偷閒、除正差外、有散差、且

在本身口糧外加津貼、如一營或一旗、有馬夫差役等、不下三十名、學堂副教習一二名、各處書手二三名、裁縫、皮匠、畫匠、木匠等數名、大城內、又有營汛公署之書手、司電報人、跑報送信人、看守書庫人、花木園丁、以及修補道路、建造房閣等工人、充武官差役馬夫者、月加十先、其他多少不同、視各工藝之輕重、乃每日由四五本士至一先、應此散差、既免操練守護之重差、且外加津貼者、蓋皆挑選兵之聰敏精能、學成各藝、而不忘者也、學軍樂須年在十四五六、其衣食錢糧與他兵同、學

擊鼓吹號兼絲竹諸器以備戲園花園跳舞會茶會諸所樂場雇用因之額外得錢在營年久武藝樂工皆熟可升樂師樂器聲價不同絲竹自勝於金革凡精於某器以贍家者頗夥英之營房高廣木地板玻璃窗每間容宿十四或二十名左右列牀中一長卓上懸吊槽內置盤盌備吃茶飲湯飲加非又有五味架內盛菜油椒麪芥末醬油滷蝦鹽醋各物牀皆直列卧時頭觝壁牀各距四尺旁各木架一備立槍壁上大鐵鉤三以挂行袋大襖槍雖腰帶各事鉤上鐵架一備箇人度衫褲靴帽書籍之類左右四尺界內壁間亦可懸畫及小影各間備有公用之掃帚布刷鬃刷水瓶煤箱鐵鏟夜然煤氣燈亥正十五分兵睡乃熄復有大間醋面房浴房冷熱水盆池布巾均備廚房一所各兵按月輪流充庖丁隨軍鋪專賣各雜貨如啤酒乳油乳餅鹹肉菸捲類價皆極廉又有衣工鞋匠各鋪兵之能業是者亦因之額外得錢更有怡性房書籍新報可觀象棋打球可戲惟按名每月捐三本士用償新報各費營中日三飯早七點四十分午一點晚茶四點三十分每名給肉十二兩

三十八

或牛或羊麪包一觔早領一日麪包及加非加糖與牛乳一大盌午牛羊肉或煮或炮或為糊湯加番薯麪包乃用早食餘者晚茶加糖與牛乳一大盌麪包自備蓋每日除官給外設不足或欲別添食物皆購之隨營雜貨鋪類如生菜乳餅啤酒等直甚廉兵之應差外出者隨時為之存留一日畢既可自行攜帶路近亦可為之一送每遇黎明操演官加給加非一盌

三十九

兵登册分隊雖限如干年仍可有故告退如三月內有不如意自行請退須本人或戚友代賠營費十鎊出三月不惟賠款極鉅官亦不能隨意任其去留苟其人操練有成官必挽留使滿所定之年數凡充兵至少七年多則十四年多者二十一年限內于役外國雖逾限亦不合同兵在本國學練有成逾五年者亦可告歸備調或旋家或適他處謀生然必隨時須備調遣以補足登册以素之年數出營候調各兵因一年有傳操演八次及國若被調出征各節故每一禮拜仍得三先令之養廉[illegible]若有限滿不欲出營或已援為兵頭外者亦屬亦可蒙[illegible]續留至二十一年限滿別有恩賞養老銀

兵之因受傷等情撥歸養老者每年恩賞三鎊如已當差七年一年可得二十一鎊已十二年營差者一年可得三十六鎊此英國募兵養兵之大畧也

二十八日乙卯陰凉聞二年前有印度勾阿人（名未詳）在加爾各答城庫克珠寶店陽為買客于選擇間吞鑽石值七百鎊者一當時被獲送官查其嗉含有小皮袋而鑽石未見遂定收監二年限滿釋放乃乘舟赴孟買出售庫克店所失之寶石被人察實送官復審定收嚴監三禮拜是又歐人懲治盜賊之法

四十

二十九日丙辰陰晴不定冷聞義王母后麻格里他現住瑞士堪司坦斯湖旁（地在瑞士正北稍東東界日耳曼）一日乘車獨遊塔格爾威也村正值馳驅之際倏被巡捕攔阻謂本村失物頗多御者竭力婉言欲過巡捕不允隨手鳴哨猝來巡兵若干后亦無法述明來歷巡兵愕然辯駁良久始放過（母后微服改稱幸他國無知者）是又見西國巡警之權重法嚴也

三十日丁巳陰風颯颯涼月前日斯巴尼亚國王母后柯立斯蒂那將去德之巴敦迎其母路經巴里少住適禮拜之期晨入馬達蘭教堂瞻禮禮畢教士持匣于王母前化振濟王母忸怩無言回顧公主阿斯土里亞囊亦空空幸公爵達拉巴夫人在旁急出金錢一枚王母遂投入匣中又半月前德皇幸臨福蘭佛乃以已用之菸捲分賞營兵其菸捲較街市者稍長而粗乃專供御用他處無售之者其直每枚約一先六本士苟鬻於市當直五先零德皇每街游時遇有孤獨子女輒與之言若應對得體亦有些物爲賞用作記念

九月

四十一

初一日戊午稍晴百日前南斐洲東北界摩非京之酋長麻洪者（土人同教）皆送英君新生之支立狐（或謂即麒麟見六述奇）二頭英萬生園遣陶木森赴蘇丹地方之閣爾兜番莊迎取始按站人牽北行繼以火車載至埃及傍新開河之伊斯麻里亞村次日入輪船中木籠內船名孟巴薩初上船二獸不食逮過比斯吉海灣風浪巨時蹟蹶不起恐其憊而斃及水平船穩漸飲食上月中旬至英蘭太木斯江口車載入園內巨室比來餵草飲水始同他獸牝牡二獸今高九尺五寸乃自到後日日量之日長

二分五年後其高大可知矣、入夜雨、

初二日己未早雨已初雨止仍陰冷、夫偷竊者貧者卑鄙之行也、然亦有富而生盜心者、每有所至意本非竊、而瀕行不免陰納少許物於懷、醫書謂之少陰之性、西人亦有之、聞前英相兼外部大臣德爾貝生性好竊、一日自赴司特蘭街鏡鋪、購看戲千里鏡、多不如意者、臨行終放一枚于衣兜、鋪知其故、不問不索、至期帳討所直、德詫異、令鋪夥入而詢之、夥指謂卓上鏡、言前于某月日時候、爺由本鋪帶回者、德沉思少時、大笑償如數、

四二

初三日庚申陰涼、著皮衣、午後、英前任朝鮮總領事官禧在明來拜、二十六年前舊交也、坐談良久而去、今見新報內登伊苓屯區之屠戶畢樂思者妻死買棺、因小退還、浼地鋪做大者用之、殯後前鋪主辛卜遜控于官、官斷棺小應令改做、既未使改做大者、則前之小者仍應屠有直當償、屠謂此棺於我無用、則我由此種二手貨賣與何人耶、官勒令遵斷、遂退堂、

初四日辛酉陰冷、廊康坊之禮拜堂自兩月前因石闌墮地傷人、遂立架于臨街三面、將重修、架上橫挂木牌書某廠修理、但僅修外面、中則于每禮拜日仍然瞻禮、故在堂外門架之間左右與上皆橫木板、護人出入、禦諸灰塵甎瓦、石堂名曰教搜、譯為眾靈魂、不知此堂之門係為生人出入耶、抑為眾魂出入也、自立架至今尚未作工、外洋迷信與中國略異、其建築則不講風水、必無力陳方向不宜、時日不佳、致工頭懸梁自縊者、

初五日壬戌陰冷、見新報內載希臘王太子司帕塔侯昨日試乘電氣車由塔土艾村走峭壁入阿森（希臘都城）、車極快、法不精、致失馳墮于八尺之深溝、拋太子于車外、眼邊口頸受重傷、同車某官薩瓦受傷尤重、太子妃之馬車隨後、電車落溝聲震馬逸、幾墮山下、此西國少年好勇所致也、

四三

初六日癸亥鎮日陰晴不定、冷、半月前有柏斯佛村屠郭丹者、送病猪肉于倫敦肉市、官察出判收監三月、或罰百鎊、又艾賽地方有屠查里者、亦因售病猪于市、定罰四十鎊、或收監兩月、有謂比來達爾貝一帶人之眼毒或患病或身故者、多因食猪肉餅、故各處猪肉皆細察、以防受毒、英名此毒為樸投美安、義乃食物不潔也、

毒也
初七日甲子稍晴記西國人工不惟禮拜日休息且作
工日有定時而各鋪之土及夥亦不令竟日立立有公
會備坐具如鋪夥之數椅背刻字他人不得借坐會中
人或暗察有越坐者罰是為培養工人心力之意
初八日乙丑陰雨昨馬清臣寄一謝帖白質橫三寸縱
二寸強四周黑邊寬二三分內又銀邊一層寬亦三分
中橫印馬格理率闔家恭謝垂問弔唁之誼別一頁較
小外皮四周銀邊寬四分內又黑邊一條寬二分其中

四十四

上印紫藍蝶梅三朵暨一綠葉此花洋名外歐蕾下橫
印以便愛念四字花屬法國其妻故法人且西國亦不
以藍為吉色也兩頁內僅銀邊左印用以記念馬夫人
鞠氏故于九十二年九月九日在倭武城帕米臘街之
第十五號九月十六日葬于柯庫布來鎮（地在蘇格蘭南界偏西）
之敦得蘭楠教堂前右印二句云中年故去心已如灰
如夏之塵土燒盡之燭
初九日丙寅晴暖入夜雨英與南斐麼兵時一老嫗有
五子盡投營英皇聞知寄五鎊并信一函云賜汝五鎊

以樂朕之加冕昨日英皇遊鄉見一人形如槁木彳亍
而行問以何疾曰癆症上即派御醫治之並遣曾侍君
病之女僕侍之因其人家貧既無妻子終鮮兄弟也不
意病革數日而斃上復遣人為買棺木代卜窀穸又賞
德威芝村麻呢喇街第三十號居人名吳德戕者金心
銀邊寶星一枚嘉其在太木斯江畔拯救老少五命
初十日丁卯早大霧午後霧消仍陰聞英君于今早巳
正由北柏爾威（地在蘇格蘭西南界臨海）坐專車酉初一刻抵倫敦
慶斯十字街火車棧取道尤斯敦街坡蘭坊漢訥倭坊

四十五

及庇喀的里街而入卜靜宮其前赴海口一切護駕皆
免此次回宮亦諭僅用車棧各人司其所司不得喧譁
所有歡呼兵衛皆不用惟巡兵二三乘馬隨車而已
十一日戊辰晴暖記東西各國皆得以寶星互贈君王
或互賜臣工英例文武官不得擅佩他國之寶星必經
駐倫敦所賜寶星之國之公使代為行文外部轉奏英
君如允給諭旨文憑方可佩帶又凡戴寶星固皆正面
向前或謂自新君埃達倭第七即位後凡維克都里亞
老君主所賜之寶星皆當面向內而背向外佩之義謂

母子不便竝立也、

十二日己巳、陰、數日前、伊苓𠃍區有人名柯洛里者、御一韓色木車馳疾、觸倒電燈車、翻跌傷腿、巡捕捉入官廳、審其人曾竊𨋢子車一輛、馬兩匹、此車亦竊來者、當日午後、在花喀的里街、見道旁一韓色木車、御者不在、而有一賣新報孩立馬前、蓋車主因故暫離、令之代守、伊乃擲一銅錢予孩、曰我去、工夫未久、遂即登車馳去、倉卒不及知其是否車主、更不記車主之相貌、因其裝束與車主同、竊馳至無人之地、竟將號數六改八、經官

四六

後審定、先收監三年半、滿後加收巡捕房二年、

十三日庚午、早晴、午初細雨一陣、雨後陰晴不定、申初、瑞典文士倪斯妥來、素髮垂頤、神觀爽邁、坐談、問謂前隨志暹兩星使至敝國京城、有三參贊、一聯芳、一鳳怡、其一不記姓字、彼時往日無多、而相得甚歡、聞聯君升外務部侍郎、已作書致賀、諒早接到矣、小兒現充貴國山西格物教習、閣下想必喜聞也、啜茗兩杯辭去、

十四日辛未、早大風陰、午後雨雷、天下各國風土人情、有迥異者、有相同者、有跡同而義异者、如中國江海船上有鼠方得興旺、是目鼠如財神、西國雖不信讖緯、而大小各船、亦必有鼠方敢遠駛、不則慮遭險沉裂、是又目鼠如福神矣、

十五日壬申、晴、聞現在倫敦達特木爾帕爾克爾斯特坡特蘭柏爾斯他四大監牢、別改新章、凡男犯之年不及二十一歲者、別歸一班、不與他犯同居、特名曰幼犯、專延老人教讀、喜兵學者依時教練操身、并令學木匠、為出監得謀衣食、舊例女犯在監皆作工、劈麻、現改作針黹、既自成衣褙、并給男犯成衫褲之類、是不僅不睡

四七

編牀不鎖溺桶而已也、

十六日癸酉、陰涼、幼童伍達倭者、年十五歲、曾拯一十八歲童出水、三年間救活多人、仁慈會首巴斯特特贈以一銅寶星、此會洋名休曼搜賽伊的、國君聞知、賞入水師、童奉父命稟辭、上復由內庫賜錢若干、薦于雅樓銀器局習業、又前于西七月十五號晚、在羅蘭樹有二巡捕被羣土棍圍困、幼童名蓋佛爾者、馳至附近官廳報信、圍乃解、兩日廳官特贈二鎊、總管亦有所贈、昨日經堪興坦通區之巡捕官民又公送帶練銀表一枚

十七日甲戌、雨、微霧、上月初、在極樂佛區之某拉呢的教堂前、為該區前在南斐陣亡軍士三十一人立石碣、堂中唪經時、祝禱來者為議院參議卜路得、立及子爵米得比、勲爵訥自佛等、其論資助陣亡家屬一節、咸謂必竭力維持、永遠接濟、以盡鄉誼、以慰幽魂、且不獨被陣亡者、并兼憐病沒于醫院者、以病亡多於陣亡也、卜君并述一事云、當渠在南斐當的司米士營次、接據該處醫院稟稱、一少年軍士故于熱瘟症、當其彌留之際、猶知託醫院女僕寄語乃母、勿悲傷、渠係沒於王事云云、

四八

十八日乙亥、早大霧、冷、午初霧稍散、遠日光、少頃復陰雨霧、申初晴、戌正雨一陣、雨息仍陰、英君前有曾充水師提督并海部尚書、後即位者、故至今海部僅有四侍郎兼副提督銜、御前委員往來文件亦不言及尚書提督、蓋仍以國王為水師總理也、又凡文件之與臣民如勅書文憑之類、之須國君畫押者、乃請書於頂上起首處、

十九日丙子、陰、西國醫術、百年來益精、欲細考人之筋骨血脈而不得、遂有深夜害人、冀得而剖割之、英于五六十年前、有人名博爾克與海爾者、于黑夜遇獨行之人、自後猝以兩手握其口、使不能聲、繼扼喉以斃之、由是博爾克之名成為諺語、乃凡事之不欲人知、或欲緘秘不言者、皆曰博爾克之法、又小孩旁夕欲出、則父母紿赫之曰、出則博爾克與海爾將捉汝、不懼耶、嗣經巡捕嚴防、雖無是舉、而又設法掘墓盜屍、英德等國因加禁止、現准剖醫院病故貧苦無家之屍、而考學之、

四九

二十日丁丑、晴、冷、昨聞英德等國禁止掘墓盜屍、不意美國復有之、乃多人誓立一會、彼此掘盜、互秘不洩、并將看守墳墓之人及附近夜巡、賄令不查、醫館收屍、既有工餽、并將屍身所服之冠裳衣履、約指釧鐲、及所嵌之金銀齒牙、皆市錢均分、盜屍之人、是不僅得有盜屍之工費、更有所貪也、聞在音的阿那一小邦（地在美國正東稍北）附近都會各村、邇來四五年間、被掘墳墓不下一千二百、且有幼女艾蓮多之父、親見女屍在醫院浸以藥水、不勝悽慘、有人報官、官竟無法而不深究、

二十一日戊寅、陰、昨接美商馬格沁來函云、逕啓者、近

讀新聞報知英人賫惜德業因傷故于立文浦海口按
賫惜德亦耶穌教人乃以耶穌教堂拜木偶為非思抑
制之挈其子赴立文浦著論立説以詳其意其子為地
方官拘去罰監禁三月渠被一天主教教徒毆傷（天主教堂中多洪天母子之像）
主竟至病殂此事若在中國則外國必將調
派兵船并勒令將地方官撤任速拏兇犯置之大辟倘
中國不能照辦礮船必將轟擊夫賫惜德所奉與其所
詆者不過畧有差池耳然且足以致其命是則各教士
之散處中國窮鄉僻壤欲地方官一一保護殊屬不易

若何吾英人不斠量其情耶且賫惜德與兇手皆基督
教人既屬同類而猶不能使之不釀衅端試問在不同
教不同類之中國傳授西教欲使不生衅其可得乎矧
中國幅幀之遼闊有時鞭長莫及也
二十二日己卯陰微霧涼西國有車船往來票名圈兒
票英語為窔立斯特如由倫敦過海抵巴里復由巴里
旋倫敦限期不同或數日或數月或一年價亦不等逾
期即成廢紙車船各站剪收票中各段皆須繳之總局
核銷然有豫計屆期不自用而轉售者亦有自覺無用

彙交車棧收票人者昨海邊某車棧收票人符伊士因
屢收票不交局轉售之他人局中查出報官審定收監
年半作苦工
二十三日庚辰鎮日陰晴不定甚冷英民敬慕前君主
維克都里亞之容擬在卜靜宮前議立石像以志不忘
像直估二十萬鎊并擬由宮前至特拉發勒戛坊闢大
道於約爾克公石墻處更建石坊仿巴里凱歌路也款
由各屬地集十萬鎊餘由倫敦美爾鳩集
二十四日辛巳晴暖英例國君加冕後定日幸通城一

周因改期遊幸遂亦停止月前禮成君病新瘥非經議
及遊幸且補行加冕倫敦新舊二城人民未得全行瞻
仰君容而各種買賣復有賠累者國君爰定于今日遊
幸倫敦美爾狄木賽備于午正恭請國君與后及他王
族近支在極樂堂午酌同請各國頭二等公使及前任
各美爾并現任各阿得曼哂里夫諸紳董夫婦文武官
員名士鉅商之相識者男女共八百餘數日前柬約柬
中印字本年十月二十五日禮拜六在極樂堂敬備國
君與后臨幸午酌已邀恩准茲請中國欽差大人朝服

午初進堂相陪是幸倫敦美爾率各同事頓首今早巳正三刻余著蟒袍補褂佩寶星乘車往一路凡國王經過之街皆挂旗懸燈結彩地被黃沙左右兩行排兵兵後立男女密如蟻聚行約十里入老城近極樂堂一帶路仄人稠修飾愈繁華兵立尤齊密馬步巡捕往來彈壓堂前支布帳左右立兵門內支大布棚中道甚寬鋪以花氊左右短木牆二牆後列層座以次疊高坐男女不下二千皆買票為瞻國王者由此行數武正北一門通大堂不入乃轉東走箭道沿途地鋪紅毯左右鮮花

五十二

櫛比再轉北入藏書樓書移去改為長廳正東紅氊木臺一高數寸月牙形上列金椅七中坐美爾夫人英語為美爾當斯左陪大阿得曼艾里斯內是時美爾往迓國王故使其夫人偕艾里斯代之接待來人對面七間樓前橫漆椅五行坐婦女百餘樓上中間奏樂左右六間坐男女多人來者由箭道轉入先一人代報名姓官銜一人舉棍前引至臺前又一人為之宣報美爾夫人立與來人握手問候然後退立臺之左右禮與國君朝會同自午初至午正二刻樂奏共十二章末闋為上帝保佑國王各國公使等及

本國文武大員到齊左右分進大堂入座余等轉回箭道入北正門堂極闊敞地基長方正東橫一長臺兩級高尺餘臺上長桌一桌後正中二金椅上挂遮簷坐皇與后左右各三椅坐太子太子妃及公主等臺下橫分兩截由臺下至北門為一截東西設甲乙丙丁四行長桌每桌兩面坐人共六十八余同各國公使皆坐乙字右面余坐第十六座四行長桌因在英君后座臺前故東西各二行中道分寬以為王路自北門向西至閣前設戊己庚辛壬癸六行長桌每行坐人六十六閣前另

五十三

橫一行坐人四十八閣上分列六桌每桌坐十四人六桌後紅衣官樂工一部北門內南面壁上外出一臺立歌女十餘通堂上下挂旗結彩地鋪花氊桌上四壁及王座桌前無不羅列鮮花電燈千盞芳麗輝煌坐至未初遙聞礮聲隆隆國君與后至樂奏天保國王未下車美爾夫人恭呈皇后鮮花一束禮也此花洋名柏歐開下車過布棚入北門美爾手舉珠匣寶劍城官捧金圭前引國君與后行太子等及美爾夫人隨之由乙丙二桌之間至臺上桌前止步所經過處人皆立起向之一

鞠躬，國君與后既立定，美爾立臺下正中，阿得曼書記官、協理官、暹邏宫晒里夫左右分立，恭行叅見。先是，城官與美爾各將劍圭轉交應執各官收繳，乃書記捧讀奏陳數語，無非謹謝臨幸恩之義。讀畢，交美爾，美爾跪呈國君，君立而答云：汝今為倫敦士民款待於予，街衢點綴如此華麗，民又如是歡喜相迎，具見忠君愛國之忱，朕與后皆不勝快慰。汝于朕加冕時及病愈後所遞頌詞，朕兩閱之餘，心殊感切。朕蒙彼蒼俯念民祝，病豁得痊，自此以後，但願我英各屬地國運興旺，居民樂業，予

五十四

當與汝相祝禱焉。誦畢，國君遞交美爾，美爾跪接。後夫婦引皇與后入座，美爾率衆亦入座午酌，與晚餐迥異，各人惟熱龜湯一盤，其他皆凉菜，或白煮，或醬汁，如雞魚、牛羊、火腿、生菜、果品、小食、牛舌、雞子、滷凍、麪包、香賓、舍利、紅白酒、檸檬水等，羅列滿桌，任自擇食。將畢，一人稱克賴爾者（義乃宣告之人也）高聲言曰：恭祝國君之福。于是人皆起立，舉杯向國君一飲，樂奏天保國王。繼而南壁臺上少婦阿巴尼者歌一國曲，歌畢，又恭祝皇后、太子、太子妃等福，末祝倫敦美爾及通城黎庶之福。比後皇與后立，美爾夫婦引入便間少坐，遂出堂還宫，各人亦陸續出門登車。計自入座至食畢，樂奏十一章，末闋即上天保佑國主。申正回使館。今日英君游幸之路，與時午正出卜静宫，走帕瑪街、特拉發勒戛坊，轉入老城，過登喀南街、司特蘭街、福立街、樂談得街、賢波羅教堂坊、堪南街、滿慎堂、普林賽巷（以上皆係東行，稍北），未初至格蕾哈木街，入極樂堂，申初出堂，走盤艮王街，轉南向西，過倫敦橋，走柏洛埃街、波羅路、賢卓志十字街、西敏斯德路，過西敏斯德橋（以上皆前未走過者），次再走卜立之街，過西敏斯德

五十五

教堂、議院坊、白堂街、瑪勒街，申正二刻入卜静宫。又國君經過各街，懸燈結彩，樓上樓下設座，與前加冕日同。在議院坊專設官座，恭請各國公使叅隨夫婦瞻國君與后之車經過，余因時刻不及往，乃陳徵宇偕陳安生、尹元輔及兒子榮驥攜孫女乘車，未初往，酉正回。按其請柬淺粉紅色，横寬五寸半，竪長四寸，上印王冕，下一千九百二年十月二十五日國君埃達倭第七與皇后阿來三德亞遊幸，恭請某某在議院坊官座甲字行柵（按字分行也），此帖他人不得借用云。

二十五日壬午、細雨陣陣、因英君病愈、倫敦比翔擇令
日請國君與后率太子在賢波羅教堂中禱謝上天、并
請各國公使夫婦聽經、數日前送來柬二正、紅色、橫三
寸豎二寸、上印金章、下印賢波羅教堂一千九百二年
十月二十六日禮拜日早晨十點鐘為國君挨達倭第
七病痊、申謝上帝、請于十點三十分入座、入南正門坐
惴爾座（惴爾者唱聖經人也）旁、一大官字、蓋此色請柬專約各國
公使及本國文武大員者也、堂東向、極崇敞、外長方、中
容人坐處如胡盧、正面高臺三級、臨牆橫桌上供

五十六

耶穌十字、前陳鮮白菊花四瓶、臺右別一高臺、其上二
金椅、王坐右、后坐左、其後別漆椅一排、坐太子太子妃
等、臺下左鄙二椅坐命婦、再前至中節左右各樓一層、
闌以紅氈如臺、為他王爵王夫人公主郡主及各國頭
等公使并倫敦美爾比翔等坐、此前各椅兩排、為各國
二三等公使夫婦坐、極上樓一層坐男女官民、右邊盡
頭處風琴一座、再前敞處為胡盧上肚、偏右坐樂兵一
部、他則層層列座、共坐男女千餘、依門內外排立步兵
護衛兩行、巳初二刻、余偕內子乘車往、入南正門、坐中

節右鄙西首、斜向英皇、午初英皇至、唱詩奏樂、各人起
立、先一沙彌著黑衫白氅者雙手舉一銀十字前行、繼
門徒教士等兩兩同、美爾手捧珠匣寶劍前引、皇與后
入、從人向之一鞠躬、後隨太子太子妃、倫敦比翔大教主
本堂的音（大牧師）與王族近支王公夫人公主郡主等坐
齊、一人唱曰跪、于是國君與后及本教各人皆跪、一教
士朗誦數語、誦畢各皆立起、復鼓琴唱詩一大篇、唱後
復講說、或跪或坐、或唱或誦、共數次、至未正始畢、國君
率眾出正門、一切豫備與來時同、他人陸續出正門左

五十七

之鐵門、申初回使館、今日英皇著兵馬元帥之戎服、皇
后著滷蝦色氅白花冠、太子著水師提督之戎服、
二十六日癸未、陰冷、前日英皇入極樂堂午酌、當其出
卜靜宮時、海岱園營聲礮四十一、游回入宮、亦聲礮四
十一、轉入老城時、別由倫敦臺營聲礮六十四、其備差
之馬步水師護軍等計三萬零三百一十四名、各舉火
銃長槍劍刀手刺、惟御前水師帶礮六門、咸自天明辰
正二刻按段排立、衣則黑紅藍駝各色、一律整齊鮮明、
其隨護之馬步員弁皆午初一刻在宮前排隊鵠立侍

國君往來之路及左右附近之閭巷橋梁皆按時禁止車馬行人與加冕日同

五十八

卷三終

八述奇卷四

鐵嶺張德彝在初隨筆　潘士魁校

光緒二十八年九月二十七日甲申陰霧倫敦老城一帶百數十年前國君令美爾自行管理乃代收租稅按年供給國帑兵費至今新舊兩城巡捕衣服一律帽稍有別老城舊有城垣城門繼乃牆皆毀去僅留門一於坦布巴爾坊用作古跡地在司特蘭街之東富利街之西太木斯江之北岸貴特爾巷之南首是為目今倫敦通城之中心上年擴充道路舊門有礙乃將石逐凷拆下標以碼數依原式移建他處以表存留古迹歷來國君入老城至門美爾以門鑰進開門引入拆牆後雖不須開門仍進鑰以為禮以故日前君入老城美爾乘馬披紅氅捧寶劍先赴坦布巴爾迓君君至乃下馬頓首跪呈劍君接劍微笑曰謝謝蓋既經諭令管理賜有圭劍以示有權圭高四尺鑄以金銀式同佛門之九連環劍長亦四尺匣博三寸滿嵌珍珠故曰珠匣寶劍君進城呈劍則歸權於君之義君既接劍遂分道前驅鵠立極樂堂外君下車授劍受而捧之前引入堂

一

二十八日乙酉陰英君前幸老城時經過特拉發勒戛
坊肴理事廳官馬傀戛世爵立車前數語頌祝君聆畢
立右手執一篇答云予巡幸國都禮宜親受吾民祝嘏
汝理事廳各員所獻頌詞忠告可嘉予與后聞之實深
欣慰汝謂凡地方事宜有關民生者予無不格外成全
此言允矣汝等現理各事中之最關予懷者英國恤貧
民若經理是事尤以倫敦及各大城為獨要汝祝頌予
及王室諸人予特致謝汝謂前者予膺大恙幸蒙彼蒼
默祐轉危為安願予得永臨斯土撫循斯民當與汝共

二

矢之過諾佛衛立有江北各美爾書手等祝頌數語英
君答云爾倫敦居民及來游人等聚於斯歡呼相迓予
心感焉倫敦地面遼闊經理地方諸事惟汝是依予惟
祝彼穹蒼庇佑爾眾指示程途斯民永享太平安居樂
業蒸蒸日上也又至某處英君答倫敦迤南眾美爾曰
予之子民處此屢日情形甚為艱難爾眾能力為整頓
正契予懷也

二十九日丙戌陰霧如昨冷聞前於二十四日晚倫敦
美爾接奉內大臣德格樂代國君致謝之諭云逕啟者
遙奉皇諭致謝貴美爾等今日下午極樂堂之優待并
諭以國君與后同喜巡幸一周深見員弁庶民之忠誠
亦賴閣下之善理特此奉聞云云

十月

初一日丁亥晴前于禮拜一日巳正英皇乘馬皇后坐
車涖兵部後校場閱操馬兵合五千皆前戰于南斐洲
者閱畢國君立宣一節云汝等今自斐洲回國予為爾
君主又為爾眾統帥故特來相迎此次戰爭為日既長
事尤不易余自爾等離英後一切攻戰情形罔不分外

一

三

留意予今稱揚爾等蓋亦爾所應得耳爾等大振衛軍
隊之名凡曾在隊中任差者莫不以得與其列為榮予
雖不幸未得親臨如予弟今得與爾等伍亦予所深幸
將來諸事有關衛軍隊者予必甚留心并望爾等永遠
如此精練俾曾在隊中効力者將來追憶時亦為之有
榮且將與前此之人互相角勝而益求精也予今日所
閱衛軍隊甚快予心兵隊之中欲求一較勝於此者恐
不能得弁兵人等雖于從征斐洲時歷盡辛苦然并未
忘如何排演陣式今日之步伐即不能謂為較勝于平

日要亦可以相提並論、予得觀此衛軍隊、予甚以為榮、
所不滿意者只以蘇格蘭衛軍隊不得及時來英一同
排演耳、説畢、各兵皆免冑致敬、嵩呼而祝國君名、各統
帶午膳宮中者五十員、
初二日戊子、陰、倫敦加非館、其著名而一行開百數十
家者、如ABC行（義乃汽烙麪包行也）、司來特爾行、英蘭悌太布
行（義乃犢奶茶）及萊陽等行、不下千數百家、又加邇在利貞
街新開之日本遠東茶屋（英名伊斯特發爾）、裝飾華美、半歐半
雅、奏樂賣茶點小食、小堂倌六七、皆日本裝、其實日本
女僅二人、近又有擬在倫敦開蘇格蘭茶鋪、堂倌雇本
地幼女、扮作蘇地山民、以招客云、
初三日己丑、陰涼、英后阿來三德亞丹王克里堅第九
之長女也、英君加冕後、上月回丹麻少住、聞其在丹都
扣噴哈根時、往來頻赴尼波格海口、每登岸式游至岸
邊、輒在一老嫗攤買果少許、前日回英時、不見老嫗、詢
之邑長、稱嫗已故、現為伊女守攤、后憐然、喚女至前、平
問畢、乃賞若許、粗果並云、俟再來過此、時當多買之、
初四日庚寅、陰雨、陣陣、聞前在極樂堂美爾所供之午

四

酌、乃自七日前即雇庖丁一百二十名、共用龜三十五
尾、熬湯三百奓（英二升曰奓）、烤牛肉二百四十五斛、是不惟
供堂內八百人之午酌、且供堂門內左右坐看之二千
餘男女之小食酒菜也、當日之菜單裝丁成本、寬半尺、
長六寸、包以假羊皮、白色、外印金花五彩、如王冕國旗、
國號、獅馬及英蘇愛三島之花號等、內首篇印君與后
像二篇、又印五彩、上橫列君與后之名、下垂一帳、印年
月日某處午酌、飾以英之國花、帳左稍下印美爾及二
晒里夫前輩所受國封之旗幟銘號、後四頁皆以金花
印作一圈、首頁圈內印酒菜果品各目、二頁印上天保
佑國王之國曲、三頁印祝君與后及美爾之福之次序、
四頁印老城自美爾以下各執事之名姓、其預備一切
人工物料、共費一萬五千鎊、照當時鎊直合中國庫平
銀十二萬兩、
初五日辛卯、微陰、聞日前英君與后巡幸老城、有外科
醫生四十五、善士官民一千一百三十、並賢安布蘭會
中信女一百九十六、于國王巡幸之一帶、分駐一百一
十三處、以便扶救療治人之遭險患病者、當日男女擁

五

擠排立致暈倒者、共一千二百一十三人、病重舁入醫院者九人、

初六日壬辰、鎮日陰晴不定、涼、歷來英君與后、有巡幸倫敦之典、然自英君卓志第三于西一千七百六十年乾隆二十五年即位以來、至今一百四十一年之久、罕有同行巡幸者、故前日國君偕后入城、為萬民之所歡悅、自君主維克都里亞即位以來、五十餘年、未見國王入極樂堂、故此次亦為英爾諸人之榮、當日國君與后所經、無不歡呼、將過賢妥瑪醫院時、人叢忽見二幼童舉二旗、各黏有上帝保佑國王大金字六、國君微哂而告后、乃同視二良知稚子、齊向之點頭、以顯榮之、君與后回宮後、宮門已閉、宮前仍立數千人、歡呼不已、逮君與后及太子太子妃開窗露面于樓前敞廳、向眾點頭致謝、始陸續散去、

初七日癸巳、雨、街市預備售座、有自四月間搭起、今尚未撤、以為將來君之巡幸所必經也、不意此次取道不遠、所環繞僅倫敦三十二區之中心一區、因而賠累者甚多、有賠至八九百鎊者、然在附近王宮與極樂堂一

六

帶之通衢小巷、樓房內外上下所備之座、獲利頗饒、直且不昂、如帕瑪街附近、經諾爾福公爵所設之座、價由一吉呢至五吉呢、老城內、地蜃人稠、諸鋪戶人家、多將臨街窗門以木板彩畫遮避、用防擁擠損傷、即有設座者、亦頗局促、直僅五六先、至昂則七先半、前于禮拜六日、聞有英蘭禮拜堂之教士馬悌因者、年三十八、因挽藏火藥一筋被提、意謂賢卓志教堂前不宜搭座備人觀望國王、故擬以火藥轟之、至判定何罪未聞、

初八日甲午、晴暖、西人好奇成癖、聞昨在某叫貨場中拍賣一斐洲人骷髏骨、有漆至四十鎊購去、置于客廳作陳設、又西歷一千八百四十年即道光二十年、英國當時所用每枚一本士之黑信票、計一百一十九枚、粘于一帋、今因為難得、乃於前禮拜六日、竟賣百鎊、合華銀八百兩、計自道光二十年距今僅五十八年耳、

初九日乙未、早大雨、未初晴、英君病瘳後、初幸滿安島、此島向無國君到過、西前十月二十日、賜地方官世爵蓋樂一小影、其下自書名、今與前君主維克都里亞影並懸壁、西前十一月八日、在勅建針藥學堂中設會

七

羅列刺繡針黹請人往購以助賑、國君助男子衣服五
十九件、太子三百件、太子妃零碎針黹一萬二千件、公
主自做綉枕一對、
初十日丙申、大晴、暖、巳刻率衆恭隨繙譯學生供事等
卅餘人、向北恭拜
聖牌、行三跪九叩禮、晚筵八卓、今日為西十一月初九、英皇
誕辰、總皇今早抵倫敦、疑為伊舅氏祝壽也、(英總威誼詳見五六)
(述奇)客歲法陸軍創用教投某獨自行車後、英即派自行
車(又名汽輅)會中副董梅脩往彼考察、旋將一切用法章程、
詳陳兵部、請設自行車隊、其法乃招集有車者投効、既
願投効、須備一輛或數輛、聽候調遣、迨大閱時、或自行
管駕、或派人代管、均可、是車益處頗多、而用以巡警偵
探、為戰時所必需、且尤有益於先鋒營、兵部如所請、分
飭各營、一躰照辦、足徵銳意維新、力整戎政、現投効者、
已有百餘車、主此項兵隊、號衣擬仿用陸師將弁之戎
裝、惟扣帶須改示區別也、兵部新章、投効各車用一日
酬三十先、就中應用之石油、亦由官給、其武弁擬由曾
充當民兵差使人員揀選、俾資駕輕就熟、汽車之用、剋

八

已通行、是車又用以載旗報、氣球、電燈、小礮軍械、大千
里鏡、并他應用物件、極便、
十一日丁酉、早陰、申初細雨、倫敦美爾于每年西十一
月初八日更換、稱是日曰美爾日、前於初九日公舉第
一晒里夫薩繆勒為美爾、定今日上任、昨晚老城內各
閭巷懸燈結彩、今早美爾著古裝、自午初一刻由極樂
堂繞至法律司、未正再繞行數里、申正回極樂堂、(一切禮節)
(詳見述奇六)戌初、堂內請客晚酌、數日前柬約、白柬金邊、印
字云、一千九百二年十一月初十日晚六點鐘、美爾偕
衆晒里夫在極樂堂恭請中國欽差大臣晚酌、請著官
衣、并臨時祈攜此柬入門為據云、酉正、余官衣乘車往、
入老城、一路巡捕彈壓指路、至正門外、支大布帳、順鋪
紅毡半圈、或同卜靜宮門外、左右如穿廊、入內向北轉
東、走箭道至藏書處、乃改在正北、立一三級長臺、高二
尺餘、正面立美爾夫婦、左立男一行、十餘人、中多前任
美爾、右立婦女十餘、中有前任美爾夫人、後立幼女、年
皆十二三歲者十名、各著白衣白鞋、頭戴鮮花圈、手執
鮮花一束、繫以白絛、臺前階上、分立協理遷達二官、臺

九

下左右已坐立男女數百、來者由箭道轉北數武止步
待著黑鷺執細長棍者一人照請柬唱銜名、始向北直
行、登臺與美爾夫婦攜手問候、畢則分立其旁、凡來貴
客及人之品高位尊者唱名後、皆有二著紅鷺執長棍
之人前引、且左右坐立之男女亦皆鼓掌稱賀、所請之
各國公使、僅余及日本林董、希臘梅他克薩、本國大員、
為首相、律法大學士、度支院使、倫敦正副比郏及英蘭
銀行總管、惟首相於下議院首士巴樂佛到時、有著烏
衣吹細長喇叭者四人隨吹前報、男女鼓掌歡呼震耳、

至戌初、男女八百餘人到齊、貴客六七十、皆立臺上、其
臺下人先出藏書處、走箭道轉北入大堂、按號入座、俟
報坐定、乃吹喇叭、與執長棍者兩兩前引美爾夫婦先
行、其後臺上各客及幼女十名、亦兩兩隨之出藏書處、
即轉北入大堂、樓上奏樂、先坐者起立、美爾領眾自東
鄙北行、轉西而南而東、繞一周後入座、隨行各人或鼓
掌或握手問候、以示親睦、余亦到處向之點頭握手答
之、各幼女則入他間晚飯、此次飯堂長卓式異於前、乃
在中[illegible]設一長卓如梳背、共坐一百二十二人、前

十

列六長卓如梳齒、共成皿形、每卓對坐三十六人、梳背
為甲、六齒為乙、丙、丁、戊、己、庚、美爾夫婦坐南面正中第
三十二三兩號、其左由第一號至第十七號坐律師等、
第十八十九兩號坐副晒里夫夫婦、再由第二十號至
三十一號、坐正副比郏及前任美爾夫人等、其右由第
三十四號至四十五號、坐前任美爾、首相、學士及各國
公使、余坐第四十四號、第四十六七兩號坐正晒里夫
夫婦、自四十八至六十四號、皆坐文武大員、對面自第
六十五至百二十二號、皆坐阿得曼、東鄙一段橫五卓、

每卓對坐三十六人、皆各處紳董夫婦、至梳齒之乙字
一卓、坐正晒里夫之友、丙字坐各新報館人、丁戊兩卓、
坐新任美爾之友、己字坐文武官員、庚字坐副晒里夫
之友、西鄙一段橫六卓、每卓對坐四十四人、皆為本城
各阿得曼之友、此西別二窄卓、一坐十八人、一坐二十
四人、樓上仍設六卓、各坐十二人、統為美爾及晒里夫
之友、樓下卓式又如此、再西樓上一層立樂工
一班、美爾夫婦背後一臺、立烏衣執棍人、即克賴爾見前、臺下
左右分立巡捕及吹喇叭之人、各卓羅列金銀玻璃瓷

十一

器五色燦爛金碧輝煌有平果梨橘波羅密哈密瓜葡萄香蕉諸品以佐酒酒計九種為紅酒白酒噴池含粒霍克香賓墨賽阿坡里那立周哈呢卓面每二人中間設鮮花一瓶有南美洲紅蓮及黃白紅紫大朵菊花菜單樂單刷印成本食中有龜湯羊牛雞魚牛舌火腿生菜冰乳各品食間十名女孩先由他間登樓排立對面小臺上食畢十女孩移立美爾座後既美爾起立演說一段後約衆齊立舉杯恭祝國君之福隨奏天保國王之樂此後又同祝君后太子太子妃等之福少坐後前任美爾首相大學士比莿晒里夫諸人各陸續立陳一段短長不一說者共十人所言之大旨皆不外乎忠心保國公心待人水陸兵強商務興旺之意每一人將言左右先吹喇叭衆遂禁聲再則臺上立之第一舉長棍人將請某人演說于是美爾立起聲請演說其人始立而言又美爾前立一金斝長柄高尺餘滿盛佳釀美爾雙手捧起舉向其右者一點頭右者與之掀蓋美爾捧吸一口畢以巾抹斝口覆蓋後右者接過轉向第二人點頭第二人為之掀蓋右者捧飲一口抹斝覆蓋後第

十二

二人接去轉身向第三人高舉點頭如此一一遞飲通堂飲畢而後已斝名勒維英克樸釋為愛盅傳飲者披此愛睦也樓上共奏樂八節各人演說畢已亥正二刻貴客散去闌開飲後尚備歌曲跳舞直達天明前禮拜六日與今晚各美爾晒里夫阿得曼輩皆古裝美爾披紅皮氅項圍金扁練或有披黑皮氅戴金練者練式不一間亦分品級地位餘則或著藍短襖外鑲貂皮風毛或著黑氅頭頂貂冠

十二日戊戌陰午後細雨淋漓倫敦老城自一千八百年前當羅馬佔踞時即稱貿易繁盛至今一切規模多賴經始雖屬某國而不經管轄當諾爾曼朝踶良之世并給勅書至今寶藏之用作自理之憑據城中首紳古稱坡特里伍繼經諾爾曼改稱貝里夫至西麻一千一百八十九年（南宋淳熙十五年）始改曰美爾其第一充美爾者為費祿文任職二十四年故時當國君卑志之世為一千二百十四年（南宋嘉定六年）始改按年更換然亦有連任二年者有換後一年復被選舉者至一千三百五十四年（元至正十三年）始經國君娭達倭第三諭惟倫敦老城美爾加

十三

稱洛爾得美爾按其義乃自主也諸侯之銜也阿得曼之設始于一千二百四十二年（南宋淳祐二年）奉國君罕里第三諭按年選舉逮一千三百九十四年（明洪武二十六年）又經國王里察第二改定選後一生永守斯職按二晒里夫與阿得曼之官名皆前古薩克森之知縣稱曩者美爾以下各員咸由官派至國君埃達倭第四即位之初年乃改令美爾自選于是定例皆于夏至之日揀選九月二十九日新美爾立定進署任差此日洋名米晒瑪斯釋言秋季也新美爾於十一月初八日上任次日遊城入法律司見大律師領受職訓因是日老城懸燈結綵故俗稱洛爾得美爾代義乃美爾之日也

十三日己亥晴倫敦之美爾華人咸目為府尹雖係值年首事紳耆而其權大任重理民情管學堂收稅則助國帑供兵費一年雖收五十餘萬鎊而所費之數埒之凡富商精明公正之人經城民公舉為阿得曼後依次升晒里夫由正晒里夫升美爾一年任滿無劣跡不轉升則仍回為阿得曼以終其身美爾以下阿得曼二十五中曾充美爾者十二老城周僅六百五十英畝分成

二十五區每區派一阿得曼管理外有城紳二百零六分派二十五區多少不一按地之大小事之繁簡又牧師一百一十二管理一切律法條章所以然者地基雖小路窄樓高或云平日夜間住人二萬六千九百零八每禮拜日夜則住至三十五萬白晝往來及各樓中約足百萬蓋通城大行貫市最多也

十四日庚子早大霧午後晴極樂堂在慶斯巷為美爾公所又在康錫與躔良王二路之間有樓曰曼璨房為美爾公館自上任之日即行移入新任美爾薩縲勒本住本使館之南第二十號其人極富係猶太教人久在香港上海福州三處設有石油廠凡充美爾皆須富豪一年雖有萬鎊之俸薪而任滿必虧若許蓋人不以賠鈔為累而以受任為榮也

十五日辛丑陰英國文官之品位冣尊列於太子及近支王公之次者為大法官（以名律師）英名洛爾得禪賽勒爾博學律例凡秉公處雖國王亦無權譴責遇事亦能律國王以罪聞前者有深明機器格物某甲以數年之工創一鑄新礮之式畫圖註解呈送兵部如用其法國家

當賞萬鎊酬勞數月後兵部擲還其呈謂其法不善不意翌年五里治礟廠鑄新式礟法同某甲其人具呈於大法官上控國王其所以不告兵部者蓋兵部為輔國王為主也經大法官判謂其法無論何人所創用在是人呈送兵部之後即為違理云老城別有總律官英名里閣得爾亦本城公舉

十六日壬寅陰微霧而風西國種牛痘始于英前于西厤一千七百七十六年（乾隆四十年）英君卓志第三特有醫生桂訥爾者見擠牛乳之人皆不生天花閒因牛出痘

十六

而擠乳人手亦出少許久經詳考乃明其理先以同村貧民試之驗遂報官施行始則國人亦多以其漿出牛身惡其不淨而阻撓之既見無害遂通行今成定例國人無論貧富子女皆勒令種牛痘兩次不種者罰初次在十歲前二次在十歲後蓋以種一次于十年後其力淺恐天花復出再種二次則可保終身矣因西國有一生出天花二三次者當時俄善其法將用之而民不從俄皇容色林第二之后諭請英醫之善種牛痘者往于是前任倫敦美爾狄木斯代之祖狄本賽應名皇后先令種已及太子公主等以示有益無損國人信服始遵諭狄本賽回時俄廷遇之極厚且封以男世爵故至今狄木斯代承襲俄國男爵

十七日癸卯微晴倫敦本有剪綹盜賊一切與他國無異日見報章茲聞有混于行客之中善竊行李者竊法不一頗為奇巧或男或女著外邦時式華美衣裝頗肖貴介專候車棧擁擠之際施厥伎倆其法有站在車棧附近行李繁多之搭客旁乘火車始到開門賃車行李紛紛起卸搭客及戚友等下車接迓寒暄忙亂間預將

十七

大堆中貴重之行李望定遂出兩三先賞車棧管行李之丁役偽作忽猝向之指所望定之行李言此乃余物復指賊夥一人之裝類御者云伊乃余僕前來收取行李者言間偽僕即搶進數武車棧丁役趕將所指之件移交過來須臾攜之登車而去此種人多有自養馬車者待失主覺二人早遠遁矣此等無恥輩遇莫當時若為物主識破即卑詞道歉免冠認錯蓋其裝扮類世家使人不疑也又法乃專騙婦女搭客或來自鄉閒者搭客抵棧後大都將行李暫存車棧行李處取據收條候

領此等辦法當海邊避暑時最多係搭客交代明白走
出車棧後乃突有溫和少年人或光頭或戴車棧丁役
之小帽右手執筆左手擧一紙片或票此即預備影射搭客之收條者
以手輕拍客之肩或背曰懇求恕我我甚抱歉適才所
付之收條內有錯誤此頁方係老爺或太太者請調換
之并乞原諒因此刻公事异常忙碌也婦女誤認該少
年確為車棧行李處之書寫等人故不相疑而將實票
換給迨取時始知其偽且賊夥于換票後即將行李取
去又法係設法造一種大底衣包呼為啞吧袋其物較

十八

常用者大乃一空套外面書有名字袋底兩分如門內
有關鍵運動開關自便手提此物亦比搭客偷視某衣
包無人看守即乘間將其空袋罩上曲身稍一撫弄則
袋底完固提起馳去雖由失主面前經過亦不之知也
又法乃手杖或雨傘棍內空心含有關鍵棍頭繫有齒
剪式如夾鉗棍柄稍按則剪開以之專竊零星細輭如
小皮袋之類係待搭客外出或出遺或點心或行動或
打鐘乃由車窗探入而挾竊之又法係佯作搭客手提
皮袋臂打絨毯西人行遠路必備此物以蓋膝尾隨貴重行李並肩而

行乘人不備即將其毯罩上賊夥走來突將毯與他物
擁抱而去又法係三人一夥當黃昏陰霧之際趕一快
馬車裝扮賣青菜或馬販模樣暗擇四輪馬車之載行
李纍纍者尾之俟至道途擁擠車停候開時乃兩人由
暗地下車一人搶至行李車前以惡言向該車夫挑釁
一人跳騎已馬項上適對行李車後正值前面二人口
角則騎馬項之人乘間竊移有時因停工久而至竊成
空車者有時故使車跑而與行李車相撞待口角時依
前法竊之又法係當火車將開未開之時有某富客上

十九

車將隨身行李安置畢賊亦公然上車作搭客他人若
出車買新報等在外勾留賊即竊物而遁更一法係偵
有富貴遊客將行賊乃仿式作珠寶箱以影射其人者
待其人上何車賊亦混入同車以便趁時以假換真也
統各法觀之盜賊資本亦不菲矣
十八日甲辰微晴涼昨日禮拜比利時國王柳埔于巳
刻登車入賢古杜教堂為已故王太后與王后誦經祝
禱午正禮畢升車回宮當日觀者男女雲集御車經過
比京銀號時突一人放手槍轟中第三車車旁玻璃粉

碎車中為御前巡捕官烏得莽伯及將軍某甲、烏伯微傷其面、左右共怒、捉得、欲扯其皮、啖其肉、巡捕馳至、強由眾手奪出、于是眾乃齊聲高呼、曰我王長生不死、訊刺客于客廳、身帶槍彈若許、兜中并有比王小影、賃居布晒街第二十一號、遂搜出槍彈四十四枚、無君黨日記一本、此黨洋名安那爾赤斯特（義係叛逆）、自供為義大里國人、名盧璧努、入無君黨、其所識者為某甲某乙、原擬同義弒其國王、塽麻紐聞比王本日進堂、欲先刺殺之、想拔槍擊第一車、不意一犬嚙衣襟、俄延一秒、遂擊中第三車、是亦命也、惜是功將成于他人也、

十九日乙巳、陰涼、聞前在比都行刺之義大里人、係生于那百里海口、年四十餘、先在本國步營、得至外委、因寓有叛亂之書、被革收監五年、出監後逃往法德、遂來英、據云半月前尚在倫敦、以賣書為業、連入搜倭坊（地在敖斯佛街）之無君黨會、致失其業、飢餓殆斃、經義國駐英領事資助、得至比都、曾立意弒英王、候達倭未得手、遂改擬弒義王、以囊空、始取捷徑赴比、審至戌正、始收入賢計葉獄、判定何罪未詳、

二十日丙午、陰冷、代萬晒坊下議院紳士郭斯比之夫人請、由四點至六點三十分茶會、酉初偕內人率孫女乘車往、入門、先至旁間用茶及小食、繼登樓見主人、稍敘寒暄、進內見男女數十、坐立不一、客中婦女有請鼓琴者、歌曲者、迨主人歌一曲畢、辭歸、又舊牛賁街南首有加非館、名瑪珀樓、茶舍者、樓一層、間數不多、異常潔淨、女堂倌伺候慇懃、餑餑每耑四本士、加非一人一先、其價較ABC行加十倍者、以糕點稍精美、牛乳加非稍濃、別間陣陣鼓琴拉胡琴耳、

二十一日丁未、陰、英國現在英蘭約克晒府之西來丁一帶、擬以電力代蒸汽、如得法、可免蒸氣如雲烟之迷漫、除高大烟筒之叢立、其地人丁約二百七十萬之譜、大小製造廠二萬五千、煤窯三百、各處汽機之力、共計得百萬馬力、其法係設電氣總局、由總局分運電力至各廠窯、總局須用地一千七百方畝、用款先須二百萬鎊、地之上下一切綫桿等在內、各處所用之電力多少任意、雖縫紉之機器及鐵道公車、均可分用、此舉本意擬將電氣批分各處公司、再由各公司分售各用所、然

由総局逐躉亦可、惟價稍昂耳、按二百萬鎊之股本、可得十萬馬力之電氣、以供各行、又足專駛六大輪船、開足汽鍋之馬力、創始經費甚鉅、即電線一事、已費其三分之一、先擬在附近哥斯卜立地方之米爾肥村立総行、倘得暢興、則在美斯來瓦泗水格蕾等處分設煤窰、每不喜以蒸汽轚物、此則祇將礦口埋一地綫、再接一綫達礦内、將来所用壯馬千匹、皆可放歸艸野矣、

二十二日戊申、陰、冷、昨聞英國將有改用電力之議、兹又聞有以電力振興水利之舉、謂在各運河亦可用電力拖船、其法有二、一河岸設絞轆機器、通電氣於船上之螺螄、一法岸上設小火車一輛、每次可拖數船、將在西来丁之通埠造馬車鐵路百英里、尚有延造三十英里之議、総局電力足可驅此公車、其價之省、製造廠中每點鐘一馬力之電一本士、一法丁鐵路公車每點鐘尚無須一本士也、現多創辦電果能大獲厚利、將來各工廠皆將漸次變通矣、

二十三日己酉、陰、霧、冷、倫敦天氣、余所經者、皆冬月暖而正二月涼、現值西十一月、連日陰冷、如北京之隆冬、或謂數十年來、每年冬月皆溫和、若近日之冷、再延數日、恐大江亦將封固矣、然余聞數十年前太木斯江屢見冰結、如西麻一千六百八十三年康熙二十一年因冰甚固、在江面支棚、設鬭牛會、一千七百八十九年乾隆五十三年江水封固、船不能行、江面行人擺攤售物、一千八百十四年嘉慶十九年亦經列市、支帳搭棚、兩岸如一家、一千八百二十六年道光五年因江水凍平、有人設法賭錢、于江面眾寬處、色本灘地方、有能將四馬大車由此岸駛至對岸者、贏一百吉呢、更有在江面中心、設一印票攤、凡敢踏冰過江者、可由此攤以一銅錢買憑票一張、面上加印買者人名姓、逮登彼岸、以示其勇、此等賣票者、一日竟能得至六七鎊、又因冰凸壅塞橋洞、層壘日厚、積久竟將橋翅擁塌云、

二十四日庚戌、微晴、聞前任美爾狄木斯代經眾公舉為本城禅柏連為專理美爾署中事務之官稱其俸第一年二千五百鎊、在任五年、每年加一百、任滿加至三千鎊、到任時經人照規問曰、能否在署永守斯職、答曰能、再問以能否在署專一不理別事、再答曰能、此雖到任之俗規、然必

如此照行而後已也入夜雨
二十五日辛亥陰雨數月前有英人歐爾齡者在混屯
地方創造一種無綫電報現又創得無線得律風是皆
賴電力而行然現所創者乃沿街高桿木架鐵線之類
概不用而僅藉地氣為引電之路凡發信接信之人祇
連鐵線于臨近信局之煤氣管或自來水管則足矣且
此等線路安設既不難而與各種樓房均無阻礙各信
局偕用郄格諾馬蕤尼之法在兩首立木桿電氣由此
桿射入空氣藉空氣傳之彼處法初設僅通五英里現

廿四

能達至二十五英里強且此法之速當發百字之工按
郄法僅傳六字而已現共湊集股本一十七萬五千鎊
用以設立公司製造機器將来出售近處所用之全副
得律風機器每副僅取四鎊按年納國捐一鎊若用傳
遞墨爾斯號碼之電機價則近者十鎊稍遠者十五鎊
出捐亦均一年一鎊其水陸各營所用便于攜帶之電
話即得律風機器現皆製造云
二十六日壬子鎮日陰雨泥濘今春有美人狄武祿者
在阿奎良雜耍臺前演一種旋風路名曰陸平仄陸鋪

義乃避出結扣也係一木道寬盈尺高三十尺上下繞
圈式作如此⏝且左右相錯中有空處其人騎小腳踏
車自臺旁窄路撲下輕快如飛乘其下撲之力即由此
邊繞上竄過空處而由彼邊繞下統需時六秒當其轉
下時頭雖向下而飛轉之速力能吸之不墜此雖動人
引觀之末藝然上下飛馳不墜于停止之地亦無過不
及無不賞作者測算之工上月復在水晶宮之北水塔
旁仿旋風路式鑄一旋風汽車鐵道較高大車四輪座
容二人車式較街行者小亦上下旋繞極快而無險無

廿五

出轍之虞男女年壯者咸喜乘之
二十七日癸丑陰霧聞上月有倫敦巡捕廳之庚字分
内一巡捕名米士艾者著作竹枝詞一小本刷印出售
乃呈第一本與國君奉有君諭宮官代回一函言國君
甚喜接收其書云云總巡捕聞而怒將責其何不預先
稟聞乃擅呈國王然亦不能懲治也
二十八日甲寅鎮日陰霧白晝然燈暖街市車之能往
來者霧高故也聞近日英人某在畢斯萊地方新創一
種大槍能使臨陣無險名海斯考卜人立木牌後不看

槍口連發三十五兩中三十四槍式稍異他槍其不看槍口能命中者于槍把處置一筒高出槍口如千筒口懸小鏡一由鏡得見所欲射之處兩軍對壘可無須用礮執此新槍身首均可藏匿僅露手指若受傷亦祇槍筒手指不至于頭顱且槍彈之力已盡用於所中之槍筒無力再傷人命兩軍交鋒可無多殺之慘不惟有助於兵家且可推廣弭兵會之良意

二十九日乙卯陰雨英兵各府每秋有比槍得賞一事賞自國君與后共計三百五十事就中以中國瓷杯為第一槍把在二百碼外聞今年在某府得上賞者發槍七十中六十九其餘發槍之多少得中之數不一賞亦有別

三十日丙辰陰月前英國教士山墨樹者來拜渠云曩在福州興化縣傳教二年能興化語既為華人所喜彼亦喜中國特來請命准入華籍言語強躍神氣鶻突恐有他故此人頗為華人乃要請六條令人詫異雖近瘋癲出此亂言然中國入教愚民恐未嘗不作此想夫各國傳教無非勸人為善罕有引人違國法變禮節弗心乎忠孝若山墨樹所陳六條一華人奉教後凡不尊孔聖不供祖先者不得律之以罪二凡入教之華人皆不得勒令助登簿助善如城隍出巡盂蘭盆會等三奉教華人皆不准勒令執械當兵四凡奉教之華人涉訟皆不得以慘刑逼供五凡入教之華人見官長皆不須叩頭請安惟見皇帝僅跪一膝六凡奉教之華人皆准前往各處傳教屢來喋喋聞之厭耳乃閉門不納昨日接倫敦耶穌教會函知渠前在福州因故被撤今查其病狂將遞回本籍云

十一月

初一日丁巳陰雨中國幅幀廣生齒繁婚禮大畧同而規模各異各省都會之禮節多有不能行之州縣鄉鎮者西人筆記所見僅歷一二城即以中華通國皆爾余甫至倫敦見婚禮有撒米擲鞋之事亦以英之三島皆然乃聞英蘭東界之諾浮巳浮二城若一家有二三姊妹長者必欲嫁在幼者之先蓋幼者先嫁吉期宴樂時必使其隻身舞于田莊也客中苟有與之攜手跳舞者則將有繾綣聘娶之意矣英蘭西界亦然是日此女又

必著綠襪以示未嫁又英蘭東界無倫敦之婚糕別作
牛肉大餅曰嫁餅英蘭西南界代萬晒府于宴會之期
必有糖果一盤調以牛乳香料為婚果蘇英蘭正南之
這爾奚島人教堂婚禮成旋家未入洞房于屋外壁上
勒石一方雇石工先鑿以二心相連下則新夫婦之名
姓暨嫁娶之年月意謂俾擧國皆知英蘭西界葦特晒
府新夫婦由教堂受禮回室通村男女紛集門前各執
一馬口鐵器如茶壺水罐等棰擊之令其發聲宏遠聒
耳終朝稱曰婚樂他城更有屠户以刀砍骨為聲當奏

三八

樂者至英蘭北界一帶又有於新婚之次日新郎之友
咸贈石一筐不拘若干新郎盡縛負之遊行于各大路
通衢俾从目攢視尾其後專人防石墜遺須新婦趨至
與之接吻始止然新婦每多羞澀罕肎解圍者可謂惡
作劇矣惟英蘭西北界柯柏蘭府一種羅馬古俗較雅
新夫婦在家行禮時新郎以金錢一囊綫步新婦前曰
今將世寶贈卿卿遂向陪嫁娘輩倒之若輩以綢袋代
新婦接收又北方各製造局別一種土俗同局有婚娶
者假滿入局之第一日鳴鐘午茶時齊執鐵棰敲擊鐵

砧等物聲鏗鏗愈震耳愈為樂以申慶賀斯與葦特晒
等處風俗同一無謂是僅英蘭一島婚禮其不同已如
此
初二日戊午陰雨聞前于西十一月二十五日（即上月廿六日）
在某城有丹男霍安娶德女博爾格為妻成禮不在教
堂而于獅子籠籠巨甚圈獅五頭教士海班中立奉經
新夫婦跪聽雖有弄獅人執雙手槍大皮鞭鎮嚇而此
三人者可謂忘身矣籠置于滷水所樓閣寬敞弄獅人
以獅籠成婚四字傳出引人往觀人多好奇來者肩摩

三九

踵相接也賣票入款新夫婦竟與弄獅人預約勻分新
夫婦得一百一十鎊老教士亦有所獲焉
初三日己未晴入夜陰倫敦養孤院英名美投劄里添
阿賽勒木義為京都安身地聞其一年所收之幼童雛
女出天花者二千零二名病死者二百五十七名送入
醫院療治者一千七百四十三名一年用款共五十萬
鎊又院中報稱上年染患各病者數至四萬零三百六
十一名故費用亦至八十六萬七千六百零七鎊云
初四日庚申鎮日陰雨而霧英國大小輪船皆有女僕

每月往來得客賞頗多、即如由立文浦至紐約者、一月獲至二三十鎊、據云婦女慷慨、勝於男客、然文武官員之旋由印度者、賞賜又厚於婦女、且富商之求凰未就者、有時眷女僕而娶之、船主之未娶亦有不憶引綫而自招女僕作細奴者、

初五日辛酉、晴、冷、見冰、現東西各國都會咸喜電話傳信、如面談、日本東京雖有大數、未聞、美國紐約合萬人中有百五十、巴里七十一、舊金山七百零五、倫敦僅有四十七、其最者為瑞都司鐸閣木、合萬人中有九百八十、各卧房、客廳、及商家、貨鋪、無不連有得律風、雖洗衣小局、亦與電話局相接、各街巷口設有分局、欲言者付小銅錢一、不僅能向本城人、即向舉國無論何城之人、皆可暢所欲言也、便甚、

初六日壬戌、微晴、冷、河水結冰、英例、民間及歲童子皆應入學讀書、否則罰、法良善也、然貧富良莠不齊、聞上月某日巡捕捉得兩犾、一名李荼滋、一名卜林、代年皆十歲、同由哈丈街潘丁布鋪竊得擦布兩捲、訊之、知其別糾六犾、夥同出入學堂時、入鋪竊物、并預約不得一物者、鞭之、令入某鋪、辭則踢之、入不攜一物出者踢之、以已物代竊者、亦踢之、原律以各收監一年、經各犾之父出保、攜家教訓、乃釋、又某日在歡喜路之糖果店中、有羣犾偷物、巡捕獲二名、年各十二三歲、一名博得曼、一名那十、各衣兜有糖果并小玻璃碟等、訊明何鋪、繳還、判以各責十二樺板、又二小犾一九歲、一七歲、因偷茶葉六瓶、香水一瓶、牛乳一罐、乳餅半觔、胰皂兩匣、馬鬃剪一把、布袋、麻袋各一、巡捕廳欲送還各物、不能訊出所由來、亦僅責每犾十二板、

初七日癸亥、陰、霧、冷、倫敦各博物院臚列者、不僅木石甎瓦、銅、鐵、鉛、錫、玻璃、缸瓷、綢緞、毡氈、今古大小各物、其金銀珠寶多別置玻璃扁匣內、牢以自製專種暗鎖、非他人所知、前于七月杪在南堪興坦博物院、察出珠寶匣開、失去古製之金耳環九枚、金表二個、火柴匣二個、項圈二副、項鎖一分、十字架一個、項戴鑽石一串、功牌一個、即時電報通國、偷人至今未獲、

初八日甲子、早晴、午後陰、天下各教中人、以猶太者最富、善於理財、精於貿易、在中國惟聞河南有兩家名姓

未詳、歐洲各國俄德英最多、俄德嫉其富妒其能、竭力驅逐、遂如孤雲野鶴、棲無定所、怨言載道、涕泗橫流、英則反是、且任用之、思深法善、如任倫敦美爾一年、俸薪雖有萬鎊、而讌會各事所賠甚鉅、或云不下五萬鎊、是不惟留其人、并留其財、不使為國之漏卮也、且耶穌不勸猶太、猶太不勸耶穌、兩教各不相擾、畧如中國之儒回兩教、苟歐美各國皆不分教門、一視同仁、則彼此往來貿易、豈不與中國共享昇平哉、噫、

初九日乙丑、陰冷、申初細雨陣陣、泰西各國街市無口角、茶園酒舍、叙談無高聲、男女無論何等相見、罔弗禮貌溫恭、雖當忿懥、彼此仍謙遜、無惡言、君諭臣、官示民、均用請字及蒙喜願等字、喜怒不形於色、待外人不阿諛、而言語和睦、聞不厭耳、若土國人、沿海各地、無論見外國何等人、皆諛之、戰北以來則無論官民、多有極力諂媚外人者、可恥哉、

三十二

初十日丙寅、陰冷、倫敦人數之稠、車輛之夥、官場收稅之豐、車行獲利之厚、稽其一年車稅冊、可概知矣、城內各火車一年載人六萬萬一千八百三十七萬九千九百、四外載來者一千一百一十二萬八千二百、輪子車、共載五萬萬三千萬、鐵道公車共載三萬萬九千零六萬零七百七十、地道火車、汽車、車（即筒）共載二萬萬六千三百九十三萬三千三百八十九、街市馬車共載三千萬、各家馬車共載一千萬、太木斯江輪渡共載一千萬、統計水陸載人一十八萬萬九千三百四十六萬二千二百五十九、

十一日丁卯、陰、倫敦城西男中騷森屯路有皮特曼學堂、創自西千八百七十年、（同治九年）似屬商務、專于英德法日語言文字、并減筆新法及按字印法、現學者男女千餘、年底大考、於今晚戌初在利貞街北首坤娛堂分放獎賞、放畢并邀名家男女鼓琴歌曲十六場、月前學堂總管畢爾來拜、預約幫放獎賞、并約安生、元輔二君同往、酉正余偕二君步至堂內、見其總管五六人、少坐、轉前登臺、見臺前及三面樓上坐共男女千餘、臺前左右有燕翅梯、臺邊沿欄列鮮花百盆、臺上前面正中置卓一、陳考憑銀銅寶星錢鈔等、後列三座、皆絨椅、中坐男

三十三

爵孟克遜、左畢爾、右則余、後列椅三橫、坐男女客、先是
孟克遜立陳一段、大旨謂學堂人數之廣、各學所教之
有益、并各人所學之勤、繼而畢爾復演說數語、後孟畢
易座、畢立唱名、各人按名由臺前右梯上臺、余則立遞
獎賞、中有僅給憑單者、有憑單并一二或三寶星者、二
三至十鎊者、共賞一百三十六名、聞有寫識筆字能于
一分之工寫一百六十語者、毫無差錯、散畢、轉回臺後
小食、余喫舍粒一盃、辭回、
十二日戊辰、陰冷、在柴草市潘屯巷考美的小戲園、初
演新戲、今日未正開臺、數日前有班中美婦艾拉木者、
柬邀往觀、附有包箱票一紙、屆時余偕陳安生率孫女
至園、小而容人一千、戲分三節、通場僅六女一男、大廳
一間、外有花園、無非紅綠情意、房間整潔而已、戲創于
法國人名、皆法國者、戲名罷子、洋言猶斯義未詳、戲之
大略、地與人係穆阿三母女之別墅、穆阿三年甫十九、
乃并一女一寡婦同欲嫁席米業、席年三十四、遂擇其
情深確有愛心者之穆阿三娶焉、看畢謝歸、此類小戲
園包箱價尚由一鎊十一先半至二鎊二先三鎊三先

臺前池座亦七先半、戲非吾所喜觀、然男女裝作之情
態、喜怒哀樂、皆似實係其人者、亦優伶之靈敏也、
十三日己巳、早微晴、下午大霧、箭地不見人、白晝然燈、
英蘭耶穌降生節、盛於新歲、物直本昂、又值本冬頗冷、
凡火雞鵝鴨皆不易得、本國既少、而由加那他諸處販
來亦不多、今抵耶穌誕辰距二十餘日、價已漲起、屆期
不知漲貴至何地位、即如鵝每觔六七本士、本國火雞
每觔一先、外國者九或十本士、山雞每對四先半至五
先、本國山猫三四先、外國者二三先、兔每個十一本士、
鵪鶉每個八本士至一先三本士、竹雞每隻九本士至
一先、雞每隻二先半至三先半、愛爾蘭者稍賤、每隻亦
一先半至二先、時價二先合一銀圓六本士、合二角五、
貴可知矣、
十四日庚午、陰雨陣陣、耶穌降生節在邇、由半月前街
市大小各鋪修理一新、漆人工加新貨、尤盛于衣服綢
緞、皮料、糕點、玩物、書紙、銀器各鋪、蓋戚友情人屆期皆
用餽贈禮物也、否則亦必送花片一、書紙鋪備有新式
花片千種、上印花木人物、吉祥語詞、玩物鋪、糕點鋪、皆

備新式百種羅列玻璃窗內招人照顧蓋此二種為專送戚友之兒女者精巧華美戚與德法國者同天涼陰雨泥濘而利貞教斯佛兩街婦女往來如織多係選買禮物者

十五日辛未細雨陣陣入夜大風天下各大國之人各受一種麯蘗之害如俄人喜灰斯几英人喜佩蕾德人喜啤爾法人喜萬露（又名紅酒）聞法國男女更多喜一種酒名阿卜桑代者其釀法先舂各種花葉香草如泥如茴香艾子白芷根珍珠菜之類浸濃酒中八日後依法蒸之色成碧綠再加茴香酒少許則酒成此為的真香艸阿卜桑代也然其價且昂法人依法而釀者少遂以次等舍粒加之薑黃藍靛染成綠色更有加以藍礬者此酒法國酒行蒸供民間日用數頗廣又有由瑞士運來者一年不下三四百萬夏倫（每夏倫合中國六斤四兩）癖酒之人既多或謂數十年來人受此害傷身較速是以法國戶口年見其減其明徵也此酒初次功用當西麻一千八百四十四年（道光二十四年）法在阿直爾（地在斐洲北界）用兵之際隨營醫官始准兵丁加少許于所飲酒內用除暑熱班師後

三六

法人均成此癖飲者皆用玻璃小盃不能痛飲大都飲時必加糖水少許或將糖塊置漏匙內酒化之其不善飲者猶有咳嗽或覺口有異味其性既烈異味留舌間亦久而回味甚佳多喜飲之

十六日壬申早晴午後陰涼倫敦白堂坊設有教色斯會館會中人皆講游歷著作會首為色爾杜艾楠今晚戌初讌客月前會中人席妥瑪東請居時渠引伊第三子席金以車接入會館入內少坐轉進飯廳桌作丁字形四面坐人五十二正面橫坐五人中為會首杜君余坐其右席坐余右酒食平平食畢會首立起舉杯率眾先祝國君福未幾復演說數語繼有客名包敦者座在杜左亦立陳一段大旨皆讚人之游歷著作以表此館之有益更助吾人之見識云云言畢齊出飯廳入別間坐談亦正興辭是地東臨太木斯江岸西通柴苓十字街其名白堂者英語為懷德霍勒因有大石樓一所高數層工極精通樓石皆白色橫長占地甚廣乃一三百年前之朝房也街之西首在柴苓十字街中立有前英君查里第一之銅像乘馬立石臺上人馬與真無異前

三七

于西一千六百二十五年明光宗泰昌六年當英司九阿朝王即位後立此像至千六百四十九年順治六年年及四十有八因其兇殘民心不服將叛公議弒王於白堂爾時人民變亂像遂拆去後有人售銅蔡捲盒于市謂係王像之銅于是人多購而什襲之迨一千六百六十年順治二十年三太子查里第二即位始知前王之像久經埋藏至是現出以重價購回復立之銅盒固非王像之銅買者棄擲入夜風雨交加

十七日癸酉陰雨溫屯夫婦于今日申正至戌初請茶會酉初余偕內人往樓小人多擁擠極熱立聽客中一男二女歌曲畢前引下樓用茶及小食後謝歸光緒初年香港英國總督開乃第之妹即溫屯之妻也年近六十上月始嫁溫屯為夫茲見溫觀其貌似尚未及四十也

十八日甲戌陰暖聞法人喜飲阿卜桑代酒因成癖而喪命者罄楮難書酒性之誘陷人甚於鴉片初飲能提周身之精神飲者以為髒壯心思更覺明爽異常遂耽焉多有以之作藥冀增精神者暨酒量日增飲食日減

由病而瘋癲由瘋癲而殞命遲早輕重不同據聞病之形態有致人慘惜者有令人絕倒者初發先失口胃次覺渴燥頭暈耳鳴聽視日衰甚至飲後反覺心神不定煩悶而腦力全失昏迷狂癲諸症接踵而起甚先病形不露僅覺筋肌顫跳身髒日弱髮落齒搖形容憔悴皮皺色敗夢寐驚悸神魂顛倒厥後痿痺不起矣此皆可致人慘惜之其瘋癲一証有某甲目光昏花藍色紬衣不以火焚不能見當法國設賽會時某因吸呂宋烟竟燒毀三十八人之衣被拘又有嗜齧食人肉者法俗男與男久別初會亦多接吻示親近乃與契友親吻而竟咬其顱肉一片更有病重將己身之肉大嚼殆盡而斃又有精神恍惚疑有仇人刺刺防害法人之素習電學名包義患酒癲疑人將用電氣害之移居鄉間夜臥于六尺深溝蓋之浮土按電學家謂電氣入土即消也偶至巴里因避電害著銅衣重三百八十五磅外罩木板七塊近身處填以新報等物頭戴鉛盔彳亍於市因被拘五年前俄君游法時一人自他省至巴里頭頂極大燈籠身披藍袿以墨水淋書十字於上據云特來告俄君以法國實情

者、蓋意將行刺也、被捉未久、即得瘋癱不仁之症而死、或云雖少飲以防其困、究于身體有損、且元氣乃先天之本、嗜酒者子女無不身體羸弱、天資遲鈍、客歲法人多癆症及他肺症、未非是酒之流毒也

十九日乙亥、晴、微風、聞倫敦患盜狗、失狗者日多、一日城西一帶、狗盜尤劇、其盜狗因某人豢狗、日日引狗街遊、探狗所喜、暗作其物或食誘狗、間亦自携一雄狗或雌狗、是為狗困、狗盜亦裝束如富室、狗市在城之東北克勒布路、每禮拜日售黑狗、白狗、紅狗、黃狗、織狗、淨狗

卌

大小狗、由一先令半至一鎊、為狗價之差、每盜狗一、留狗數日、冀失狗者倩人覓狗、得酬狗直、或無人尋狗、或巡捕嚴防、盜狗始貨狗於市、憶余前在英時、使館鼠極多、余不忍殘害、特買拍匣、餌誘之、得即盛以紙袋、袖至街市園囿無人處放之、乃同事某某二人同出諷語、謂余出售活鼠、聞之滋訝異、蓋倫敦無有蜜唧唧、亦未聞鼠有何用、不知諷所由來、乃今日始聞設狗市之克勒布路旁貝斯那格林路角、設有鐵籠以售鼠、每鼠四本士、專賣獵犬主人者、惜爾時余未之前聞也、

二十日丙子、陰、耶穌降生節近、各鋪售禮物糖果以匣、糕點以盒、玩物器皿、分紙筆書本、以包諸綢緞布店、時式應用各色度、以尺寸剪成束、以紙條上書尺寸價直、買者任意揀選、免臨時量裁、費工夫、足徵買者之多、因此郵政總局告登新報、凡寄送花片信函包裹、均不得過下禮拜二日、即二十四日西十二月二十三日

二十一日丁丑、早晴、午後陰、聞澳大里亞洲近因天旱、乃以糖水拌糠草飼馬牛、竟有人用之解渴、口病良已、傳作良方、蓋一人舌下生瘡、諸藥罔效、遂飼馬口渴、連

卌一

飲兩口、舌下痛甚、次日瘳而飲食利、糖水之力何以消瘡、當詢之化學醫家、

二十二日戊寅、陰、現值歲杪、學塾皆大考、于耶穌降生節前考畢放學、一禮拜或三禮拜、各處規矩不同、聞在哈婁地方、放學前一日、諸生會于學內、排坐若干橫對面、置高卓一、諸生以次歌一曲、須立卓上、左手高舉蠟台而歌、卓下左立一名、手舉一叉、右立一名、手舉一打球排子、如歌者聲弱或曲不合體、或曲不終、須自卓上爬下、作田雞形、若應歌而力辭、罰飲鹽水一盃、候埔屯

之韋凌坦學堂居期諸生聚集奏樂各操一技或琴或鼓或管或笛或琵琶或胡琹合聲齊作均與戲園臺前同初入此學者須立歌一曲四面圍以燈燭所歌如不佳樂器既不隨衆且齊行作聲以淆雜之洛蕾土地方學堂別一法乃于酉正諸生會齊脫去長衫挽汗衫袖過肘或跳舞或以掃帚毛撢等打小皮球以為戲倦而後已瑪柏婁村諸生多住學堂中放學後回家各抱一扁方頭枕蓋數十年前諸生往來所坐馬車座皆平板有嫌其板硬者以此枕墊現車雖有墊而此風不易要

無非相對拋擲戲弄而已其又埃比村學堂放學後諸生各著新衣如武官巡捕水手等各以手巾或布袋盛鹽沿街向其所識者售而討直是地饒富室諸生父母亦以多買鹽為樂有時諸生聚至千鎊同交學長其人即以此錢讌衆為所備者不恰衆意衆乃特毀壞之俾其人因虧賠累其次則文柴斯特城初入學堂者令一生手執瓷盤問曰汝與創立此學之人係一家否無論答以是否皆以瓷盤拍其項曰我不信設若盤碎而頭殼不傷乃又曰我信矣是二者尤可哂也

二十三日己卯陰霧暖著棉衣在敎斯佛與利貞二街十字東之阿蓋巷舊有亨格樂馬戲園內圓樓三層高七丈樓中圓池周一百四十尺池四周餘地寬各丈餘正面臨門三層各有廳房後面樓下有後臺樓上有廚竈飯廳樂堂諸所地基頗大樓內層層彩畫中央棚頂畫作紅日初升其修飾裝潢華美光潔費至萬鎊而生意平平入不敷出四年前關閉空至本年改為溜冰所洋名司開丁帕来斯譯乃溜冰宮也馬戲之池移去四面木圍盡灌水以冷氣結冰厚二寸每日刮冰二次因

溜冰人多鍥鞋齒利久則冰面如鋪雪冰不光溜不便也專役刮冰服白衫藍褲轉圈以鍥鏟橫寬四尺直長尺半者剷之樓上四面倚欄設小卓椅來人坐觀帶吃茶及小食卓列鮮花鋪以彩布後臨壁設長卓椅凳備男女閒坐並買糖果句句臘各物到處整齊潔淨每一禮拜除禮拜日皆本局或會中人外餘六天每天分三截巳正至未初申初至酉正三十分戌正至子初三十分入門直晨溜冰者二先半坐第一層樓觀者二先二層樓者一先午後溜冰者三先坐頭層樓者二先半二

層者一先半、晚間、涵冰者二先半、坐頭層樓者一先半、二層者一先、涵冰買一季票者一人八鎊、二人十四鎊、三人十八鎊、四人二十鎊、買一月者一人三鎊、三先一禮拜者一鎊、一先、一季內每禮拜涵三晚者二鎊半、涵六晚者四鎊半、年底小孩放學時、買票一個月者二鎊半、出賃冰鞋每次每雙一先、初學者晝間經教習教練者五先、入夜三先、每日奏樂十六場、樂工十二人、間奏跳舞樂、則男女可携手同涵、以作跳舞茶、或加非、及小食、每人一先、午酌由午正至未正二刻、每飯二先半、零

點亦可價則另算、晚餐由酉正二刻至亥初、每飯五先、零點另算、其中會十二人、為貝達佛公夫人、康樸敦公、賴代在公、法木斯公與夫人、李布斯代公、萬森公夫人、貴士本駱頦司、葉戴拉庫、葛婁伍、諾戈萊楠得、

二十四日庚辰、陰霧、近日各肉鋪皆漆新、貨或羅列、或懸挂、飾以綠葉鮮花、大鋪有在壁上簷前懸挂羊百數十頭者、有排牛肉七八十方者、猪肉較少、野猫、山雞、野鴨、火雞、雞、鴨、鴿、鵝、海味如魚、蝦、蛤、蜊、螺、螄、螃、蟹、蠣子、龍蝦各物、并雛子鴨子、乳油乳餅、全行羅列、皆經巡捕暗察是否新鮮、有無病物、以免傷人、聞昨荼培街第六十九號寬衛肉鋪賣牛羊肉三百三十六觔、巡捕查非鮮肉、捉入官廳、判罰十鎊二先、又哈文街第二號譚思理肉鋪賣六十觔膠滑人食不易消化之肉、官訊明、律罰二十鎊、

二十五日辛巳、陰霧如昨、近見街市賃車及停街車之馬、毛皆自背下左右薙去、現非天熱、披毡負韁、仍恐受寒、乃僅留背上一片如蓋、不解其故、詢之、此等車行、皆馬棚狹窄、馬亦受涼、其馬或行遠路、或引重物、卸後

有汗、不能存留背上、必下流至腹、如不下滴、久積則凍、馬反受寒也、

二十六日壬午、微晴、風、明日耶穌節、今日各鋪即休業、人宜街游、反因大風而冷、皆坐家飲酒、吃百果糕、即李子餅直蠣子盛來、因文柴斯特、騷桑比坡、滋茂斯三海口、人患一種熱症、洋名太弗艾、各新報宣傳、遂戒食蠣子、據英巨商甘安云、自新報見後、每日僅售十分之三、是三日之工、少得千鎊、一季當少賺十萬鎊、商人販賣者、所虧無幾、僅少賺耳、惟產蠣之處、土人賴此獲微利者苦

矣約計各處不得獲利者六七百家老幼當不下數千人新報之速可畏哉

二十七日癸未稍晴暖今日為西厯十二月二十五日耶穌節昨夜城內人民飲樂終宵今日午前街市無人至午後其不喜遠遊或無力遠遊者皆在園囿江邊夫妻子女往來游玩以怡性其出城遊者或騎脚踏車或男女數人坐汽車或雇敞車或賃四馬大車由前日達今日共坐火車赴布來敦海邊者九萬三千二百人往東南者共七萬五千七百五十五人正西者共五萬二

千零五十人其專游水晶宮者亦二萬七千餘人又此日俗名箱子日蓋各工役如點燈人送信人掃烟筒人送新報人各鋪送貨人不下千千萬萬至各主顧家討賞得錢入箱因名各家僕婢亦得主人節賞焉

二十八日甲申早大晴暖午後微陰入夜風因明日又直禮拜今日各小鋪雖開祇半日現蠣子上至居近海邊者多向內地按筐送蠣子與各戚友以為禮自新報見後罕有敢送者蓋恐反滋戚友也據倫敦巨商佛戀云上禮拜共售十萬枚當新報未見時每日售三四萬新報出後猶每日售五千三千一千今則一枚不得售矣四日前由漁船運來六萬行中今存五十萬不下二千鎊直只有包收以待腐臭而已

二十九日乙酉陰大風冷聞昨堪暖路第百五十七號雷大曼鋪中經衛生監督察出兩盆霉爛雞子汁并一一百四十二壞雞子送入太木斯官廳判罰十一鎊三先或收監作一月苦工又喀布街第百十一號束威鋪中老嫗被人查有一百零八壞雞子乃官定罰九鎊三先是西國之講衛生不僅街衢潔淨也

三十日丙戌晴冷英雖屬耶穌教仍有天主教者聞在英蘭與衛拉斯二府共天主教士三千五百六十五紅衣大主教洋名喀爾的那阿赤比賴者一副主教洋稱色弟拉千比賴者一十五在蘇格蘭有大主教二副主教四通國三島共有天主教人一千零五十萬查猶太教與天主耶穌老東三教雖異其源究屬一家乃在歐洲中南一帶猶有謂猶太教人迷拐小孩殺害以其血祭天等語華人之奉佛教者與西教迥異則謂其挖取小孩心眼之謠傳不為奇矣

十二月
初一日丁亥早晴未初陰雨西十二月二十五日
㘅灶明二英后在阿來三德拉特勒斯特飯館名昨在
南斐洲陣亡各兵之妻與子女晚飯共二千餘人名帖
前于二十四日印發每頁前印君后小影後印云一千
九百二年十二月二十五日午後兩點鐘在西的路之
阿來三德拉特勒斯特館君后阿來三德拉備飯誠心
願爾寡婦子女歡過聖節上帝保佑以樂來年各人往
來車費皆官備憐其貧也所備之飲食燒火雞烤牛肉
牛乳煮白菜煮番薯百果糕碎肉餅拌生菜葡萄橘子
平果香蕉棗桃糖果對扯花紙爆香茗加非扣扣檸檬
水此外經郎特立行代送各人勺勺臘一匣懷德來行
除助修飯館內外又送各小孩布人一個其祠候上菜
換傢伙及他一切執事者二百七十五人內分ABC
加非館之女堂倌助善者其寡婦子女之屬馬隊者一
百七十六御前礮隊者一百五十四御前機汽營者四
十一步隊者四百九十八餘皆各屬地者外有樂兵一
班隨食奏樂時有世爵李卜屯首座以代君后食將畢

四十八

君后來電旨云願爾眾客飲食歡樂上天保佑來年順
利誠心祝賀誦畢各婦無不感激君后之仁心慈念而
欲泣食畢李卜屯立起演說云今日之會吾人皆當記
念不僅感謝皇后之仁凡各人所屬之君與國皆不當
忘也因國與君失去其至忠至勇之人故有今日之會
云云言畢眾婦垂淚不止繼廼率眾公具一電答謝君
后去時又經君后賜各人一花片上印新年順利安樂
吉祥各語
初二日戊子早晴午後陰今日為西十二月三十一日
戌初帶孫女赴代文晒坊第十二號闊斯敦夫婦家小
孩茶會共幼童雛女十七八名外有男女六七人先則
眾孩玩耍孩分兩班一在屋內一在屋外第一日猜字
乃屋外者互相商定後向屋內言一字如提手旁屋內
者聞而齊出手是屋外者各置一物于掌上走向屋內
若屋內者猜曰托則眾孩馳回另設一字否則另猜或
一字曰竹字頭眾孩掩口而入則猜曰笑或雙手齊舉
口左則猜曰笛是也耳則補句一人先言一句似是而
非向眾設法問而補明之譬如言茶壺即位天下太平

四十九

即詢曰識此茶壺否曾經見過否有荅以不識茶壺惟知有君王者、則説者鼓掌曰是矣、言猫想吃魚、卧在冰上、繼而問曰、此何猫耶、知此猫否、有荅以非猫乃王祥者、為是、又玩奪手帕、乃衆狭坐一圈、中立一狭、坐中一狭拋手帕、他狭接之、如被立者奪得、則立者坐而拋者立、如此陸續拋奪、惓而後已、畢事時近亥初、遂同下樓、入飯廳夜餐、飲熱湯、喫涼魚、火雞、糕點、鮮果、飲柏爾兜、香賓、加非、各品食畢、各狭玩對扯花紙爆、扯開後内含細小玩物、如紙帽、竹哨、銅片、寶星等、彼此戴帽吹哨、玩耍片刻、將復上樓、余率孫女謝歸、英國惟蘇格蘭土俗、不重耶穌節、而重守歲、鋪戶休業、人工將息、入夜有携酒果、分賫戚友之禮、乃執赴所識、至契各家、雖夜半已寢、亦必喚起、呈飲酒一杯、果一枚、又當晚未嫁女有占婿之俗、暗室然小燭、一女對鏡、以窺久之、目迷、以為鏡中所見者何等人、則將來必嫁何等人矣、獨至井上俯視之、水中所見者為其必嫁之夫之先兆云、德國亦有是俗較此稍异詳見五述奇

初三日己丑、早微晴、午後陰、入夜雨、今日為西歷一千

五十

九百三年正月初一日、街市鋪店一律皆閙如平日、按猶太教之禮拜日、既與天主耶穌不同、新年亦異、前于西十月初二日、中九月初一日為猶太教新年、日斯巴尼亞與葡萄牙兩國之猶太人呼此節曰洛什阿沙那、英德兩國呼曰洛什阿收那、此名所由来、乃自猶太雷堤克斯經之第二十三節、其首段詞句云七月朔日乃爾安息之期、兮其鳴觱栗以誌聖會之齋集、爾其拼除俗務兮第獻爾蒸嘗以祭上帝兮云云、按其教規、于六月底先懺悔十日、期满之第二日、始迎新歲、平素不入教堂誦經祈禱、故視元旦為第一聖節、而極尊重之、按其古禮所傳、及其所謂先聖者遺言云、七月朔日亦為創造世界之期、故須吹羊角、聚衆遠衆齊集後、教師高聲宣言云、今日乃創世之日、相傳至今、謂乃上天更置人間禍福生死年歲豐歉之日、是以先賢戴艾廸之門徒傳授伊斯烈之子云、於是日祈禱、可免災禍相侵、又于除夕日落後、先入教堂禮拜、回家晚餐、重行祈禱、并遵古俗食羊首、以誌追念先賢伊薩克之意、然届時喫羊首者少、而食蘋果片抹蜂蜜少許者盛行、其故未詳、吹角一

五十一

藝吹者既以為榮而必揀選會中之精能者肺氣足壯能勝其任蓋羊角乃一直筒也吹要聲音洪亮音調不同且聽者皆須站立否恐震動五内其聲之雄健可知矣據云古時猶太曾藉此吹傾翟里抽之城牆地在代得海北即路撒冷之東北現僅一村　今日吹羊角之故典頗多曩者猶太國王加冕以鳴羊角為樂而軍中亦多用之但近世之鳴角者大都意以贖罪吹角人皆以大白肩巾裹首凡十三歲以上之幼童必用此巾裹首後方准入堂祈禱屆期有人因病不至者則吹角人須至其家吹之據云可

利其全家平安無病又各人皆自昨晚戒食至今日鬪角聲後于未申日落之間方得食物其俗乃先贖罪後迎年再後則戒食及大懺悔諸節大都祭祀祈禱認罪各事而已其表文云我猶太人獲罪於天甚於別民五中羞愧深於列國拚絶懽樂喪失厥心云云戒食懺悔二節詳見後

卷四終

八述奇卷五

鐵嶺張德彝在初隨筆　潘士魁校

光緒二十八年十二月初四日庚寅陰霧猶太人戒食節名曰阿頭門義即贖罪為希布來之最重者前於西十月初十日中九月初九日自日落前起至次日落日後止二十四點鐘内星食點水均不進口凡不忠不信者當此之時諒不敢有不良之心也日昨倫敦東西一帶猶太人多其教堂不專祈禱之用故將學堂及會館數處皆假作暫時教堂之用云

初五日辛卯早大雨雷雹大如黃豆午後晴猶太人懺悔節自九月九日晚五點十八分日落後各人即入此不飲不食之祈禱悔罪節洋名攸木齋坡爾鋪與工人均休業咸赴教堂負白巾以誦經其在波蘭俄羅斯兩國者奉教尤虔至有在教堂中終夜靜坐不稍移動如和尚叅禪翌日清晨大衆齊集同守禁食迨日落乃鳴羊角以成節按彼之意謂先生者非聖人將來必生一人使天下一家無災病兵兇山水奠定五穀豐登云

初六日壬辰陰雨數日前由日斯巴尼亞之瓦蘭溪亞

代呢亞二城販來蘋果橘子極多、往年此季上等橘子
一筐七百一十四枚、價則十先、或十二先、現僅七先半、
由加那他運來琵琶桶蘋果亦多、價極廉、往年一桶價
一鎊、現祇六先、
初七日癸巳、陰、細雨大風相閧而作、鬧昨在沙貝巷第
五十號郝樂肉鋪官查出壞猪腿二剮、碎作團、食人有
損、判罰五十鎊、又特樂康邨邨夫馬爾勒因牽一病牛
赴倫敦市易錢、官察出、罰五十八鎊八先、夫人既重衛
生、在乎自衛、然貧富不齊、哲愚不等、官不能處處察考、
遂于飲食中先設法預防之、亦保養通國人民之一法
也、
初八日甲午、陰、雨、早熬粥分眾人并洋僕、共四十六盌、
考英兵分三類、戰兵、守兵、義兵、戰兵可赴他國、守兵不
出本界、義兵雖准出外、僅能到各屬地、然守兵與義兵
之自願隨征外國者聽之、各兵皆須在營二十年、有因
病或他故、在營五年或十年者、亦可滿二十年辭、仍強
壯、仍願在營二十年者、經官驗明、仍留、回家者報明住
址、官有賞、日給一先、或一先一二本士不等、在外陣亡

二

病故、或因受傷患病回國、于一年內亡故者、妻與子女
國家皆有恤賞、每月多少、閱乎人口之數、又別有一會
曰忠義會、英名帕特里歐堤克、凡陣亡兵丁之孤寡、亦
皆設法養贍、近因優待亡兵、乃將其回家一年身故之
限展為二年、前當英后賜罪午酌所傳、皆係一年內者、
今既改章、故出示補傳、其在二年內身故各兵之妻、自
行報官、以領月賞、
初九日乙未、早大晴、午後微陰、涼、四年前所記之倫敦
拯救隊、現更擴充、募化進款、因多、而賑濟養育之費亦
鉅、其上年總帳各項人數、如所設賤飯鋪、價廉而向食
潔淨、專售窮人、一年往食者、共三千五百二十六萬三
千三百九十一人、暫宿店價廉、木牀鉆被與褥、亦皆整
潔、一年往宿者、共一千五百六十六萬一千八百九十
二人、代覓工作之流氓、共十二萬二千一百一十一人、
罪犯出監後、無處可歸、收留者、共五千七百九十人、極
救無家之婦女收養者、共二萬五千一百二十九名、貧
苦人家經訪察設法賑濟、使之過活者、共二十五萬五
千八百二十七家、窮人染病、使人前往扶持者、共一萬

三

零九十一人入夜大晴明星在望
初十日丙申早黄霧迷漫街市丈地不見人跡燈未初
細雨後天稍清爽今日為西正月八日戌初倫敦美爾
夫婦在公署中請小孩男女自六歲至十四歲之改裝
跳舞會因余帶有孫女現年九歲月前以柬約欲否前
往候回信并問年歲屆期改何裝余致書謝謂願携往
註明年歲仍服本裝云即是眾中之新奇者繼又寄來
夜餐票三頁其色左白右紅横寬二寸五分竪長寸半
上印千九百三年正月八日倫敦府小孩跳舞會九點

四

三十分美爾夜餐各語今日酉正二刻余同內人率孫
女乘車入老城城內往來車輛極多各處立有巡捕彈
壓指示至公署之旁門下車順樓牆地鋪紅毯搭有布
帳入門登樓轉入大廳前直行美爾夫婦率他阿得曼
等立左鄙金椅前對面有人執棍唱名引導一切多與
前在極樂堂同來者過美爾夫婦前男孩向之鞠躬握
手女孩與之請安與見君主禮同各孩見過皆順步入
大廳余等與日本公使林董率其孫女皆立于美爾夫
婦之右見所來幼童雛女共一千三百餘裝束不一有

歐洲各國今古官民兵丁鄉農工役有德國闕色（見五述奇）
瑞國賣牛乳人本國宮廷侍衛及律師乳娘庖丁堂倌
美洲西印度人斐洲黑人埃及人印度女日本女中國
男女五有戴項貂尾而身著女裙紅氅者有戴旗女帽
身者花裙藍氅而唇畫八字烏鬚者有著紅裙月白綉
花女褂而頭戴日本女髻者有戴緯帽著藍蟒衣灰布
戰裙者有裝作西國女仙者有滿身鮮花肩荷竹梁名
曰一籃花者有裝作他洲苗野赤鬚赤髮者滿面黑毛
者奇醜之態筆難盡述見畢齊入大堂美爾夫婦坐於

五

正面矮臺金椅上余等坐其右其他世爵婦女坐其左
樓上奏樂一切款式亦同極樂堂既而當中四人横提
木棍直立一行樂作小孩繞圈跳舞形式不一亦多新
奇處至亥正計共一十六場臺上各人立起美爾相金
氏林董相美爾夫人余相特立伯爵夫人美爾夫婦先
行其他依次對對隨入左門登樓入正飯廳美爾夫婦
正坐右則金氏與余及孫女美爾夫人左則林公使并
伊孫女再次則皆臺上各婦女桌形長圓坐人二十有
四左右四小桌所坐皆美爾戚友之品高位尊者各小

狭男女皆經人引入右門至他間樓內飲食火雞煮魚
醬雞牛羊肉牛舌海蝦火腿生菜糕點鮮果香賓鹼水
各品卓上亦列鮮花及對扯花紙爆食畢攙扶下樓入
堂坐臺上復看小狭跳舞兩場時乙子正遂謝歸是會
洋名朱咸逦勒勃勒釋言幼年跳戲也是日林公使之
孫女亦著本國服色
十一日丁酉陰細雨陣陣申正偕內人帶孫女乘車東
南行十數里至安斯婁園第五十號赴特拉希夫人之
女叚斯譚夫人家小狭改裝跳舞會入內先進飯廳見

特夫人母女繼而立食茶及小食少許後登樓看眾狭
跳舞幼童稚女百餘裝束無須再述其與昨日不同者
各狭背負一帖上書其人名姓及所裝束為何地人又
男女各客一帖上書請于男女各狭中各擇所喜者一
名書其名姓裝束于其上以便公賞寶星跳舞六場後
小狭分對走入內間各領糖果一小筐出旁門由大廳
左門轉回再則一女執筐向各客索回其帖將入他間
擇其中書名冣多者分賞寶星法與公舉者同許久乃
回至旁間對眾唱名給賞所賞之二女狭一係作印度

王妃一則作瑞典鄉女二男狭則一作宮中舉矛紅衣
侍衛一作法國武官其寶星銅質金色形如制錢看畢
下樓再入飯廳喫冰乳果羮各數匙謝歸時乙戌正
十二日戊戌陰西厤上年十二月十七八兩日有各善
男信女施捨小狭玩物布人等以備于耶穌節分給各
醫院義學中之男女小狭各物聚齊先陳列於阿拉柏
堂于此兩日備人觀覽大小共計二萬八千件外有雖
係玩物而兼可使用者數百件以給其狭之稍大者更
有無名氏特捨新鑄之六本士小銀錢一萬一千二百

個司妥瑪者特捨對扯花紙爆二萬七千個布人中之
大而著衣者四千
十三日己亥晴甚冷聞蘇格蘭都會格拉斯勾人木商
麥格來向在緬甸京城蘭古恩售賣木料為生數年来
集財甚富遺有一十五萬金鎊其人將死留有遺書云
留三分之一與其妻其二分一半賑濟格拉斯勾之貧
人不忘其生產地也一半賑濟蘭古恩之貧人不忘得
產地也所有金錢皆須分給雖為貧苦之人不給教中
人及福音會中人以稱其心云

十四日庚子、晴、冷如昨、入夜微雪、河結冰、京師有以臘八粥塗樹、冀其多子、如古人嫁杏者、而英之英蘭西南界、如代萬晒格婁希色西爾佛色墨賽府等、正月初一日晚、亦有將樹枝浸入酒瓶、名曰酒灌果木園、因地產賽得爾蘋果酒、初一日樹醉、卜將來蘋果豐盛也、數十鄉民一人抱賽得爾酒一大瓶、他人各執一銅鍍器、如鐘勺壺鑊、往見園主、先歌一曲以致賀、云醉盡蘋果樹通鄉盌色白而酒色黃、盆子造以好楓木、啤酒成由大麥、香浸君樹以我等酒、因此一浸、定芬芳、歌畢秉燭入

八

園擇各樹一枝、浸入酒瓶一次、并將各樹杈置麪包與鹽少許、隨灌酒、各人搖鐘以棰敲所携銅鍍器、又歌曰、蘋果樹、蘋果樹、我等黃酒如甘露、生而長、長而生、大帽滿、小帽滿、大布袋中亦盈、數吹呀猴子們（英俗指平果樹）同心祝爾饒裕、二歌俚鄙不堪譯出、仍之以存真也、

十五日辛丑、晴、冷、都門乞丐每於封印後塗面改裝、赴各鋪討錢、昨聞英蘭北界約克晒府有種下流人、于新年之日亦塗面改裝、作斐美等洲野人、頭頂鳥羽、身披麕聚、遍城各家排闥直入、為之洒掃刷洗、撣塵去垢、以為戲、入門不語、彼此互作營營聲、收拾畢、本家備有酒果小食、少食即去、此等游戲、中國不視為暴客耶、各地風俗雖有相似、用意究不同耳、

十六日壬寅、晴、冷、聞英蘭極北各煤窰中工人輪班、三個月一換、冬季一班、曰耶穌降生節班、平日挖煤鍍桶上下井中、專有一猴、換送空桶、至西十二月三十一日所繫之末桶、或正月初一日之第一桶、各工人贈此猴一耶穌降生餅、釘挂桶邊、俾易見、否則亦有給錢少許

九

者、又於西十二月三十一日、蘇格蘭土俗、凡貧家子女於是日以布作兜、挂胸前、沿街成影、赴各家討取蕎麥麪餅、乃隨行歌曰、臘月三十一、特洛洛立（土語無義）請賜白麪包、黑者則不必、繞行一日、兜滿回家、可供三日食云、入夜微風、尤冷、

十七日癸卯、晴、冷、昨日藩部傳云申報僑居司、謂少年婦女之僑居南斐洲者、苟無戚友照料、或不經僑居會（見六述奇）保護、恐無益而有險、按僑居會歷來保護婦女之他往者、現往南斐洲者、亦由該會保護、國家深為嘉許、

自耶穌節後國家設法協助凡助每人一鎊約每月費至百鎊

十八日甲辰晴冷如昨街行東北風皺面冷如都門十月天英規男女幼時嬉戲不同屬身體性情無益者禁之地非鬧敞日光能臨而使人爽快者止之凡踢球拍球拋球各藝之需力者必得學堂驗明年逾六或七歲腦氣生足之幼童又隨時訪察違則罰故孩童游戲各得其當然各國養育教訓之法非一德國幼童操體練武袒臂推舉鍊球屬和國則拘執太甚游戲處處有定

十

章禁破格冬日涸冰夏日在臨北海之石文呢根地方挖沙玩耍亦有一定格局義國最兇烈如二人對劍暗中行刺喪心分離致人死地各游戲之名雖云童戲多有因之殞命者通國男女小兒皆不以死為心故無君黨多出自義大里法俄兩國則經父母教養游戲之法由長傳幼有益無損大要相同他如日斯巴尼亞之天主教各國神甫將古時游戲各法著于冊勸令小孩仿行而于身命無損丹瑞之間司堪的那威亞一帶小孩戲物無多夏季或栽種小樹或戲弄碎瓷及馬口鐵之盤盌類入冬遍地冰雪以小冰牀載小孩大孩在後隨推隨涸尚有趣北美洲加那他之北埃斯奎墨克斯地方極冷苦入冬冰雪尤厚小孩更無戲物乃在撥俗曰蒙古包前挂一物如鵠因晝短然油燈羣孩以皮囊身纏頭以海馬牙作箭以手代弓拋射之亦極歡樂由此以觀各地自樂其樂亦可概見矣

十九日乙巳晴而霧昨由英商部傳云由各海關報來謂上年十二個月中自他國坐三等艙來英之貧苦人共十九萬九千八百六十八人較前年多來五萬零百

十一

十八人除此下船後或來倫敦或他往者外尚有充水手一千五百餘人自西麻一千八百九十四年至上年按年互為出入計之合一年多來萬人亦可徵英國商務之盛矣

二十日丙午鎮日白霧迷漫咫尺不見人街市燈無光入夜雨聞英國伯爵喀那文夫婦於上月由法京李茲店携行李至北路火車棧有首飾一小綠皮匣蓋有暗鎖以皮帶綑入衣包內交行主登保險簿車至夏當改乘午後輪船至都伍復坐火車戌初抵倫敦馬車接至

柏克蓄坊第十三號住宅、行李到、衣包、未綑皮匣已開、匣内兩層、其上層物直五千餘鎊、皆失去、計戒指十二、金鈪八、胸口針十、女金表二、以上各皆鑲嵌珠寶玉石之類、中惟一戒指鑲重三十米粒、珍珠一粒、重三喀拉半、每喀拉四米粒、重鑽石一串、共直八百鎊、乃至貴者、即時報巡捕、用德律風傳各處、夾正巳里通城巡捕廳、火車行皆知、祕為訪察、無著。

二十一日丁未、晴。聞前于西十二月十三日、即上月十四日、明在暹羅都城曼谷之獨溪園中有售各物善會、國王及各大員、咸在彼擺攤、然燈結彩、鼓樂喧闐、陳列佛象為多、英武官葛倫靡買綉花手帕一串、四十鎊、一玻璃酒盃上鏨暹羅字二、鎊、貴由公主售也、是皆効西法耳。

十二

二十二日戊申、陰、而微霧、稍冷、入夜微雨、暖、倫敦新舊城内、因路灰人擁、僅有雙馬跑海公車、名敖木呢柏斯、俗僅呼曰柏斯、嗣於四面寬處、師美法之鐵道公車、名特拉木衛、二三年前、又師德之電線公車、名衛希克勒、此二車、雖快於馬車、究不便于城内、四年前、初創電汽自行車、名曰謀土爾喀、今春初到此、已見售此車專鋪、

而街市乘坐者約十之一二、近在庇喀的里敖斯佛等街、又創用電汽公車、容八人者、容二十人者、敞棚者、帶車箱者、惟車頂不坐人、防險也、是車較鐵道公車稍小、較電線公車又甚速、惟不數見爾、聞車行現定造容二十人者二百輛、工竣後、可通城暢行矣。

二十三日己酉、早大霧、稍暖、巳刻微清明、申初復大霧、數武不見人、前二十日大霧、半由窓隙吹入屋中、迷漫似烟、今日霧雖厚、而屋中如常清爽、蓋二十日霧低、今日霧高也、聞義俗諸生立有手槍會、散學不回家、即至他處操練、比賽準頭、故每日諸生入學、皆携手槍、學中按時有斠操、亦有較槍者、致多誤傷、故傷、現在學規禁止、然童心不改、合前後兩節觀之、義人之不以身命為重可知矣。

十三

二十四日庚戌、陰、聞義國柏魯那富戶馬那拉者、於數日前與子口角、遂立意死後一切産業、子不得承受、乃拍賣各物、易得四萬餘鎊之紙鈔、納於牀褥下、卧其上、自焚而死、次早其子始知、鈔皆成灰、苟得各鈔之號數、尚可少獲遺産、否則無一文矣、今日係西正月二十二

日，即前歲（即西千九百零一年正月二十二日）英王薨位日，午正，通國各營聲礮慶賀。

二十五日辛亥，早晴，申正仍霧。嘉慶年間西人在中國傳天主教者分兩黨，曰翟隋滋，曰倪迷尼堪斯。翟黨義取基督，倪黨義取先賢倪迷尼喀。天主教規拜天不拜君親。翟黨人豪勇精能，首曰將軍，謂作事雖兇暴，但有益於將來者即為之，甚至弒其君以為將來有益於國，所謂精能者。中國祭祀祖先，凡入教者暫順之而不勒禁，冀從教者衆。倪黨則定守教規，必要以腳踏祖父墳墓石碣之上，以明其誠。因之兩黨不睦。倪黨稟教皇，至令禁翟黨入直隸，僅在江南一帶現入中國傳教。別加兩黨，在直隸曰拉雜里斯他，在兩湖曰苐蘭希斯堪斯。

廿四

數日前英皇與后由三汀杭鎮地方回倫敦宮，中午酌畢，酉正赴文恣行宮。因昨為其先君主忌日，早英皇與后率太子與妃及他王公夫人入宮內禮拜堂，坐聽教士唪經，祝先君主之靈。西教不拜君親，而行跪拜禮于教堂，其面謁教皇求親跪，美女乃勒禁入教華人跪拜祖先。噫！如英皇之所為，謂之不變國俗斯可矣。

二十六日壬子，陰雨，入夜風。昨日戌正，海德夫婦同請在阿勒巴瑪街第十三號阿勒巴瑪會館晚酌，同席男女十六人，有日本公使林董夫婦。肉菜無多，與他飯館之三先頓飯同，惟外加香賓舍粒耳。詢海德女阿蓮何不來，渠云今日客皆已娶嫁者，不宜來陪也。

二十七日癸丑，早陰，午後雨。昨見新報內一則，幼女被擊，乃一水手名哈爾得，因前日在慺爾什街拳擊幼女葛爾伶之背，被捉。女年十七歲，供云曾與哈爾得同宿三餘月，因哈懶不作工，遂別去；繼而哈乃欲以將娶為妻，喜而仍往同宿，哈依然懶惰，飲食不給云云。官罪哈而釋葛。余到英以來，見新報所述男女同宿如此者多矣。女皆無罪，女不賣身則無食，賣字不恥，貞字不知。西土民風有如是者。

廿五

二十八日甲寅，陰，風冷。倫敦城內太木斯江以南貧人甚多，在康柏衛區之阿拉巴尼路有捨牛肉湯處，洋名格蕾蘇普，其趙譯言大湯廚。據云此廚定開半年，自十月中至明春三月，每丑寅之間，遠近來之囚首垢面、舊衣破鞋婦女兒童極衆，各提盆罐碗壺，大小形式不一

劉開時有二十巡捕彈壓每四十名一班按班開門廚
甚大先有大缸五內盛四百五十加倫每加倫合英一百六十斤者
四盛二百五十加倫者一外機器銅鍋四每中盛八十
加倫又有隨時備用之小鍋三每中盛六十加倫居時
由大鍋分入使之熱湯可養身亦開胃口每日熬法用
牛頭七牛蹄百十二磅牛骨髓百六十八磅番薯三百
八十八磅葱二百二十四磅紅蘿蔔百七十磅大蘿蔔
百七十二磅蒄豆四百四十八磅鹽三十磅胡椒末四
磅半芋香十一磅豆麪九十磅一日乞湯者不下七八
千人所施日多一日曩備六千二百二十加倫今增至
二萬一百加倫一禮拜費約八十鎊乃賴廚中首善名
胡韜德者隨時募化云

十六

二十九日乙卯陰雨陣陣狂風怒號倫敦城內東南一
帶貧民無工作婦女多飢苦入錢不易一寡婦養子女
四乃以布裹婦女衣中所用之鯨魚刺每一百四十四
條工價三法丁合一銀圓不到百分之三又一寡婦養二子子一眇
乃縫碎皮作工每一碼半先令合二錢半又一婦攜一瞽女縫
褲度日每條二本士半合一錢零又有做小孩鞋傳縫皮底
鑽鈕孔者每十二雙二本士半或三本士做火柴匣自
備漿糊每一百四十四個二本士半做布人臂膊自備
針線每一百四十四對一先令僅合半圓英國百物昂貴貧民
之苦可知矣

三十日丙辰大晴西麻正月二十七日為德皇威良第
二之生辰其母英君姊也昨晚酉正舅氏為甥設筵遙
慶於文宓宮同席太子太子妃丹國太子與妃及他公
主夫人王爵德俄兩國公使丹國公使夫婦計二十八
人宴畢英皇立起演說以壽德皇德國公使立答數語
以祝英君英君即時升電賀德皇

十七

光緒二十九年歲次癸卯正月
初一日丁巳大晴早懸龍旗巳正偕衆恭隨繙譯向北
恭拜
聖牌行三跪九叩禮禮畢團拜互賀新禧寄居倫敦者多國
語言既殊而規矩與教復異即以婚嫁徵之倫敦東北
角之司疕鈀靡討多波蘭貧民其婚娶在希臘教堂成
禮屆時上等賓客先入教堂坐于新郎應坐之座後到
者餽以微物請其靜聽繼而四人背負紅綢引面遮口

紗之新婦入以避新郎注目進堂立定隨新婦之人口稱與之梳髮乃加鳳冠于項後則教士由一銀盆內抓蛇麻一把向眾頭上洒之再將神像捧於新夫婦前使觀面禱神聖保佑并然短燭各執其一各飲酒三杯彼時隨新婦之女客佯拉女鬟乃交其衣尾於新郎于是新婦之左手始交新郎之右臂彼此互換戒指而禮成又西德爾貝路有一清真寺正面僅一小玻璃窗畫一星一月義指長壽地鋪大毯壁書亞拉伯經空屋無座在英國只一回教牧師名奎良木數日前一印度人結親各人入寺不脫帽而脫鞋于門外新婦裝飾與英人相似惟面不遮紗新郎著淺繡金花紅綢襖頭纏紅白綢他人皆著英服頭戴冂形紅毡帽牧師披闊氅頭纏花布立新夫婦前操亞拉伯言問曰彼此成親是否各出本意連問三次新夫婦皆答以是乃請諸客畫押作證此後稱述回教先聖之名而夫婦之稱乃定繼而誦經末則男客各吃新郎之饋并左右腮兩次而禮成寄居倫敦之德國猶太教人亦多能英語者頗少彼教人在教堂成婚禮係一大牧師頭頂冂形高帽著寬氅繡

六八

金花偕十二人立于地中新婦列隨有六人偕新郎立於牧師對面上罩一長方花布帳四角四友各舉一桿牧師即讀婚例致令新郎及新婦之戚畫押新郎乃執新婦之手曰汝為我妻彼此互換金戒指牧師舉酒一杯為之祝禱畢令新夫婦各飲一口繼而新婦向新郎繞行三次新郎向新婦繞行兩次後新郎舉杯擲地使碎萬分義指夫婦永偕萬分不分也逮新夫婦出堂眾人合聲唱曰去之夫婦受天之祜

初二日戊午晴西國衣服不時改式因之材料花樣亦時有更易于是倫敦凡皮毡綢緞衣料及已成之衣服女冠各鋪皆于正六兩月減價售一次俾免貨滯本虧正月者曰冬季六月者曰夏季每季貼招賤賣若干日貨之至老或尺寸不足者其價日減以求速售有原號一鎊至末天減至十二三先者又聞大鋪影計除衣服外房櫥飲食皆歸鋪中工價每一禮拜多者二鎊（按時價合銀約六兩）十出售各物由何人賣去管事者給有憑條記以酬售若干錢按月總算每一鎊酬以二本士

初三日己未早晴申刻陰入夜風雨交加雷倫敦汽車

六九

武電車價極貴每輛由五百至六百五十吉呢（合六百八十二）按時價合不下五千五百兩據云價雖如此而較馬車尚甚廉也馬車每輛由一百五十鎊至三百鎊馬兩匹由二百至五百鎊鞍韁兩分由五十至百鎊廄中晝夜背負之鈷套等共由十鎊至二十鎊統計每輛應由四百至一千鎊此外又加地租房車馬稅及車夫工價一年須三百鎊再加飲水麩料等一年又須三百六七十鎊是馬車倍貴於汽車且汽車僅用一人外加電氣火油之類費無幾將來通城汽車必盛於馬車

廿

初四日庚申早晴午後陰申初驟雨一陣入夜晴英國古無鐘表時合中國之土圭測景之法皆用日圭看時刻故至今凡老花園及樓房中多有日圭古蹟鑿於石礎牆壁之上且隨有成語如光映影轉晝夜無限又時比人命忽短忽長或彰或殤又日圭所指一刻不甚寬苟失一刻試思其工若干日晷之最古者在英蘭正北坑柏蘭城之白鷗行宮始自西歷六百七十年（唐咸亨六年）又在瑞珂晒府之賽特村有小山向南一面立石四塊各隔四英里以其影看時乃一山日圭也又在諾福府之三汀杭城內有英君埃達倭之日圭（英王之有此名者共十其第一係在九百零一年）係靠南牆外另立一石牌形似座鐘前一方面上插一針左右與下三面寫數乃左寫六七八九右寫五四〇三下橫十十一十二一二牌頂刻字一橫云我之時刻賴君指示厥後日晷之變格乃寄諸時計

初五日辛酉晴涼外國人不惟於平日各節處處求便求精而水陸軍中尤日求善法陸路既有氣球窺軍情近聞在海底又得探敵船之策乃一甚巧之法法國新創在海底船腹中能使三里外之敵船映入桌面布上如繪察其所向可即定于某地某時放水雷余所聞如此雖未目睹其用而將來各國必仿而盛行也

廿一

初六日壬戌陰冷英國水師諸生在船操練每日飲食皆有定章如卯正扣扣一大盤辰正早飯麩包十二兩猪肉三兩加非加牛乳一大盌午正晚飯牛肉九兩煮生菜少許酉初點心麩包八兩果汁二兩將睡時各乾麩包四兩

初七日癸亥陰英國各公署之司員皆按本署所辦何事考其所學考列前名者即為正途隨時傳入按所考

者、如第一為臘典文、本國及法德、義、俄、等國語言文字、天文地理算法等、再則所專學者如格物化學醫道律例、水陸兵法公法商務、教門教讀、製造、以及雅斐兩洲之文字語言、惟外部則不然、不惟考其所學、更須經人保薦、察明其身家品行、蓋以與外國交涉情形最關緊要、其人必須忠誠謹慎、以防從中舞弊洩漏機關而賣國求榮也、

初八日甲子、陰、西人謂清氣養神清血、換氣以口、苟不患口膈之病、辭亦必虛氣自鼻入、走管入肺、而自煖、且隨走去滓毛塵垢、氣自清澄、氣自口入、既短而無用、肺中氣盛不足、血自不淨、肺存濁氣、譬如器積淤泥、終歸無益、入夜窗上稍開、以進清氣、亦妙法也、

初九日乙丑、晴、現因天寒、通城貧民之無工作者、各區皆有或數百或千餘、統計逾一萬、經善士所設拯救隊及工人會等竭力周濟、不使飢餓滋事、近日頻見若人列隊街行、或數百或千餘、隨有馬步巡捕數十、四面彈壓、前行者奏樂、聲調淒慘、此後或舉紅旗、或舉黑旗、其義未詳、隨行左右有執馬口鐵撲滿者、向人乞錢、于是

有沿途施捨者、有自樓上擲下者、多寡不拘、聞一日竟得數十鎊、足供每人一飽云、

初十日丙寅、早晴、午後霧、入夜暴風驟雨、聞倫敦美爾夫婦、于西去歲十二月三十一日午後、讌老城貧家子女七千四百名於極樂堂、不惟各孩在內聽樂飽餐、且各得贈點心一筐、其筐共載二十五敞車、每筐內盛豬肉餅、耶穌糕、李子餅各一、茶葉、糖果各半觔、捆筐共用花繩五洋里長（合三萬零四百英尺）、裝車共用十二人、四個時辰始行裝盡、當晚食將畢、美爾亦立陳一段以鼓舞之、眾孩歡聲稱謝而散、

十一日丁卯、陰、倫敦耶穌節餅、或李子餅、又名百果糕、向皆各家自造、材料頗多、去冬諸物直昂、挑仁尤甚、且既做即須一大鍋、所費甚多、故各家咸計人數而買若干斤送禮、買鋪造之餅、每斤二三先不等、聞通城各鋪出售共十萬零五千卤、大小不一、由一斤至三十餘斤、統約二百五十噸、在敖斯佛街僅胡柏爾一鋪售出萬卤、以上皆倫敦一城所用、此外運往澳大里亞、南斐洲、印度及他各屬地、並俄、義、瑞士諸國者、自西八月間即

向外販運每日約在二百上下共計一百三十餘日為數不下三萬盅此亦英人一時之一大生涯也聞就中有一大盅直徑二尺半高二尺重一百九十八斤直十鎊半其寄賣盛匣歐洲每匣二先新錫蘭三先南斐洲七先半

十二日戊辰晴暖申正微霧聞賽西店去歲一年共進二十二萬五千零四十三鎊除一年所費及繳零款共餘三萬六千二百一十七鎊除按百分內抽五分半歸舊股抽三分歸新股外餘一萬四千九百五十三鎊仍留店中使用

二十四

十三日己巳晴未初稍陰倫敦鋪戶人家白晝亦皆閉門英例禁乞錢間有貧苦殘廢之人憑歌曲討錢然不能敲門討要乃在街心歌唱隨行左右望之其欲捨給者自由樓上擲下現因貧民無工作者極多前曾見有數百街行巡捕彈壓以乞錢者近又見有男子三五成羣街行歌唱討錢此等人係不欲入丐大影戲按章不能入影不得而知也其所唱或經或曲亦不知也遇有挪移搬抬物件者隨時亦可僱用此等人

十四日庚午晴倫敦新任美爾約飯例請各國駐英公使赴否自便聞前者美爾獨未請魯麻呢亞國公使公使怒致書詢其由美爾答以其國待猶太教人不仁故不請公使無法在英辯駁乃報知本國其實乃美爾之錯蓋美爾雖為猶太教人而其請飯係照官例非私情也彼公使若行文英外部告其非理有礙邦交咎必歸于美爾矣此次不惟公使未經告理而彼國亦未追究是亦關乎國之大小強弱也彼國猶太教民更夥此機會勒令國家改定多條新例保其利益一切與他教人同

二十五

十五日辛未晴聞英人之學習水師兵官者皆須呈薦按例必在十六歲以上者先送登舊大船學四季合一年零三個月其家一年交官七十五鎊衣服等費年約五十鎊凡上船各童不惟衣須一律箱篋亦令相同完此四季考畢授以領催再登他船游行外國每年其家仍須付官五十鎊待其升至游都食官俸方行停止供給云

十六日壬申晴聞昨有由美洲加那他正南麻呢投巴

府經官派來一人名石艾柏者招雇農工彼處曰地開墾有四十人創首各領官地由一百六十至六百四十畝不等種三年後償本石來此代各地主雇三百或四百農工約共一萬六千人各人飲食住所歸地主每年工錢由四十鎊加至五十二鎊

十七日癸酉晴前日在稼穡堂洋名阿格里柯邱霍勒人設犬會名曰克樂苐自收攜犬來此或出售或比賽犬身與眼爪之大小毛與腿耳之短長色之黑白紫黃種類不一價亦極昂第一為布勒混義乃血獵犬也色紫黃短毛大耳高腿價號五千鎊第二為達麻田其種產在奧國南界達麻堤亞地方故名其色白質黑點短毛小尾大耳長嘴價亦號五千鎊第三為柏爾蘇艾係俄種其色黃身細毛長嘴尾亦長而腿高價號一百五十鎊第四為日本西班牙乃長毛黑白花小哈巴以其初產于西班牙又來自日本故名號價二百鎊大小一千六百條共值二萬鎊往觀者入門票價及賣去若干皆未聞

十八日甲戌早微雨酉初大雨入夜雨止仍陰昨記之布勒混狗身大耳大性頗靈異者英人用之尋人蹤跡如將所欲尋覓者之隨身一物如衫褲鞋襪之屬與之一嗅即能按其所嗅之味而追尋之以意度之各人氣味不同隨行皆有遺味故狗能辨別然被尋者亦有法防之嚙破中指滴血于地狗追至滴血之處則止步不前想係氣味淆混之故達麻田狗中身長腿行動極速能隨跑於車下四輪之間故又名曰車狗柏爾蘇艾狗身細腿長馳驅輕快其性極馴能察地勢捉物且善獵狐云

十九日乙亥陰涼亥正二刻偕內人乘車至庇喀的里街代萬晒爾樓赴代萬晒爾公夫人茶會此會為本年倫敦第一大茶會蓋該公夫人為現在通朝各世爵夫人之首領故設茶會亦行倡首也樓房宏闊如宮修飾華美樓下奏樂樓上旁間備茶點酒食長卓設兩處來人男女千數百密擠如蟻盡官場中人登樓見代公夫婦後步入別間少立下樓時已子正

二十日丙子晴今日為西二月十七日英廷定于未初開議院屆時英君與后率太子往誦念宣詞於上議院

并請各國公使夫婦往聽午初余偕内人乘車走利貞街過柴州市見在柴苓十字街及白堂議院等街皆左右排兵中以黄沙鋪地兵後立人男女如堵馬步巡捕往来彈壓兩邊各樓臨窗亦挂絲綢賃人瞻望一切多與國王加冕時同凡國王經過之地皆自午初禁止電車游人行走堂中正面一三級長方小台上鋪紅氈中設寶座為君與后坐左右二椅為太子與妃坐左面横排四椅為皇叔等坐臺下右鄙一方池内層層列座坐各國公使對英君座列長杌兩行末一横桌上陳公文案件此外左右各列長凳五行皆坐上議院之公侯伯子男爵夫婦此層地鋪花氈杌凳咸罩紫呢綿墊再上四面敞樓一圈正面與左右坐各國公使夫人命婦對面坐下議院中數十人及新報館中十餘人下議院人多而此中容坐無幾容立之數亦不多故皆計定坐立之數衆中拈鬮得座者坐得立者立其拈得白紙而不得入者亦無法車共五彩宫車六輛前四輛各以紫馬四匹載行内坐前引大臣御前侍衛及内大臣等第五輛以四匹烏騅載行内坐宫官嬪好第六輛載以青馬

卅八

八匹内坐君與后末初皇叔夫人等先到坐寶座左邊一行繼而太子到坐寶座右椅上國君與后率各官于一點三十分出卜静宫一點五十五分過白堂街末正入議院進裏冰閣換禮服乃紅呢銀鼠氅尾長八九尺换畢轉入堂門先二官擧棍退步前導繼而宫官對對再則一官雙手捧寶劍一官對手托一長方小綉上置王冕君與后入各後二紅衣童執氅尾于是通堂人皆起立君與后登臺向衆一點頭各皆向之一鞠躬君坐右而后左寶座左右各一門他人入左門君入自右門君少坐對面大門開走入下議院紳董數十立於横桌後既而國君執一篇坐讀云君主諭上下兩議院爵紳曰我國與各國現皆和好如恒前以魏尼蘇喇國（地在南美洲正北偏西）開羅我國船隻酷待我國人民我國不得已特將彼國海口封堵旋即開議一切以息争端現在已有成議所有封堵彼國之各海口即可弛禁此則朕言之欣喜者也至此事之各案卷業已陳諸案上矣我之北美洲屬地與美國之阿拉斯喀（地在北美洲西北角）壤地相連屢以疆域未曾劃清時啟争端現為息争起見已議立條

卅九

約訂將此事歸公正人判斷業經蓋印經予批准矣又
土耳其各省之在歐洲者其蠢動情形甚可慮亟須設
法整頓整頓之法須妥慎周密切實可行此層朕已與
土皇及土之臣工言之矣柏林條約簽押之各國有何
整頓善法可以條陳土皇請其照辦之處現在與俄正
值商議予願所議各節足以濟事並望我亦得以竭力
相助至此事之各案卷亦將發交汝等閱看我與土國
政府議將毗連亞丁之邊界派員會同劃清雖經竭力
商議而迄未有成言之殊深抱歉現仍催辦甚力調征
木辣阿布杜拉（地在南斐洲）之大軍在義之蘇梅里蘭屬地
歐比亞海口（地在斐洲正東）登岸中有馬兵一隊係在橘子河
及脫蘭斯瓦一帶招募成軍現在不久即將前進義國
政府于此一事實屬真心相助予願經此一番舉動後
歸我英義保護之種族可期安枕無憂矣南斐洲事大
有起色令人可慰藩部尚書章伯綸前赴彼處查勘一
切功效甚著身歷其地即可與彼處經略大臣米勒訥
各屬之執政大臣及巨商碩士等討論一是凡棘手之
事或從此可以了結猜忌之心從此可以泯滅矣干奴

（地在斐洲西南界）土酋擅開兵釁予故不得已派兵征剿我軍
現已進踞其都呢猩里亞劃界一事予從此想可開辦
安然無虞矣至此事之案卷亦將即行發下矣予之紹
繼印度皇帝之稱也已于代樂喜（地在印度西北界）地方詔告
大眾而受各親王之祝賀矣各王等忠心為國時時以
朕為懷言之實深感激此次舉辦慶賀適值旱象告終
各處農商又復十分富饒為數年來所未見是則予言
之而不勝欣喜者也又諭下議院院紳曰本年所定度
支冊不久即將發交汝等核閱雖所定之支用各款俱已
格外撙節然我國幅幀既廣所費不能不多也既又諭
上下兩議院各爵紳曰愛爾蘭農地情形已經迭次頒
例整頓現擬再議一例俾竟前例上次所頒興學條例
現擬擴而充之行于倫敦都城停止津貼糖商之約已
在比京批准將來如何可以實力奉行之處以及如何
籌集款項以為開斐洲新地之用均當設法辦理倫敦
海口之便利與否關係全國如何經理之處將與汝議
須一例禁酒之例蘇格蘭須有之現議更改俾臻妥善
予願此議不久即成為例估價條例如何更改幼童工

作如何照顧牛乳等項如何禁止攙雜治理收受另款仍生利息之銀行之條例如何更改收受仗義捐款公會如何再行設立均須設法辦理予謹祝彼蒼亦爾程途佑爾蕆事念畢立起向眾點頭而後出院回宮眾亦即散

二十一日丁丑晴英國白星洋行新置大輪船一隻名賽得力者昨由立文浦海口駛赴紐約船載人可三千頭等艙一百六十客廳飯廳在內二等艙一百四十五三等艙四百二十據云船長如倫敦之紫草市帕瑪二

街寬似利貞街船面分九處由船底至船面高比倫敦至高之樓船中所備飲食一日三餐足供一小城內一萬五千人之用即如前者往來不足二十天共用牛羊肉三萬五千斤猪肉五千斤牛乳五千斤糖萬斤加非二千五百斤茶葉七千斤啤酒萬瓶雞三千隻鴨子六百松雞二百細鵪鶉七百番薯二十五噸亦足見英美兩國往來行客之多矣

二十二日戊寅晴入夜風鼠莫多於倫敦新房莫論矣本使館老房也數年前嘗余住此時已見白晝鼠游行樓板卓櫃間昨聞斯特蘭街北一帶鼠患尤烈布拉墨司丹孩等街日落後婦女皆不敢步行往來因鼠成羣有害于人也斯特蘭街之蓋伊堤飯館一屋中儲有卓布二千每被鼠銜出千餘酒窖中酒瓶有時經鼠拽出七八碼外以三四十瓶搭成窩洞并不時咬斷電燈據人云所損物件直共五千餘鎊且蓋伊堤飯館向來興隆每日晚餐之客必有二三千餘人今則無矣由以上觀之其鼠之大而多可知其他處之鼠偷食傷人損物嚇猫害狗甚多筆難盡述且云鼠不宜殺苟害死一個

必有十餘前往奔喪亦奇聞也

二十三日己卯晴入夜風數日前因現在倫敦無工貧人太多城中各地方官會於春園議論設法俾之得所乃議定三條一派百工官一員二國家須早開官工如開墾荒地種樹成林修補大路等三城邑各官須向國家會商每開一工以用人愈多愈妙更須設法阻止他城之貧民混入倫敦云二年前如此無工之人雖多僅十萬五千零乃今年竟增至十一萬四千六百四十六人

二十四日庚辰、鎮日陰晴、細雨不定、外洋新報、監督俄人魏賽里斯吉請于今日申酉之間、在君主門園第四十一號會晤俄國公使賁宥多弟、酉初乘車往、入內、遇他國公使男女多人、見俄國公使拉手問候、并與他人少敘、戌初回使館。

二十五日辛巳、鎮日陰、風怒號、暖、入夜雨帶小雹一陣、聞本年為羅馬教皇即位第二十五年、慶賀之節、名曰朱比立、（見六述奇）宮中懸花結綵、共辦一十二天、係自西二月二十日至三月三日（即中正月二十三日至二月五日）、當日天明先在賢皮特教堂行其所謂之彌撒禮、午正宮中接待各國前往慶祝之天主教人、數逾六千、多比國人、教皇既登座、名見各國貴客、各人餽送禮物頗多、共收金冕三頂、洋名悌阿拉、式與國王者異、作◯形、據云各冕皆須人工一年方竣、又三冕共直八萬金鎊、外有金鎖匙等、統計所直不下百萬鎊、此等朱比立禮、猶太教以五十年為一節、羅馬教堂向以百年為一節、後漸減至二十五年。

二十六日壬午、鎮日陰晴、風雨不定、午初率馬清臣及

三三四

衛尹白三隨員乘車入卜靜宮、赴朝會、曩者當女君主維克都里亞在位時、朝會歷在賢猩木斯宮、見時君主立、各國公使率參隨同入、今改於此宮、登樓入正殿旁間、各公使與參隨分立午正殿門、開、各國頭二等公使依次一行而入、見畢在君左倚窗橫立一行、繼而各國參隨依次魚貫而入、見後仍羣立對面侍衛後、再後方為本國文武員弁隨入隨出、此次國君改坐金椅、君座太子及他公侯立君左、座後禮官立君右稍前、以唱名、立至未初二刻、見畢、君起立向眾點頭出殿、申正驟雨小雹一陣、入夜晴。

二十七日癸未、自晨至夕陰、風怒號、極冷、入夜風雨交加、英人麻辛多什者、前赴斐洲西界呢猩里亞地方、搜覓珠寶、前日來信言、尋得産鹽之地甚廣、挖出熬成合十五先一噸、該處原不産鹽、歷由遠地販往、每年需鹽甚多、價亦極昂、今得此則與英人之利益豈淺鮮哉。

二十八日甲申、陰晴不定、涼、英廷現擬在帕瑪街白堂左之樓房改建兵部衙門、正面平樓四層、左右二高樓各七層、式作凹字形、現在開工、三年方竣、通用坡蘭地

三三五

方白石每塊長六尺、厚一尺、重五或六噸、通樓四面牆壁須用三萬噸、因石細、乃不鑿而以鋸、鋸之向用手鋸、每塊須八點鐘、纔用機器、舊式者鋸一點鐘三十分、新式者鋸四十五分、現創一種鑽石鋸、每塊僅用十分之工、是自一日之工減至十分、速而且省、矣鋸亦鋼造、直徑七尺、鋸邊隔一尺含鑽石一塊、助鋸齒之力、誠不在多也、

二十九日乙酉、早晴、巳刻驟雨一陣、雨後復晴、美國都司甘的之馬戲、余前在柏林曾看一次、見述奇五兩月前甘來倫敦、定入正西和蘭園西阿的森路之教林飛亞園見述奇六中排演、數日前柬請、今晚往觀、遂于戌初偕內人率榮驥暨孫女坐車往、至甘的迎入、登樓入正面客堂、堂寬敞、橫列金椅一排、後立小椅十餘、戌正一刻開場、亥正二刻畢、所演較前迥異、馬共二百餘匹、惜無水牛、西印度土種男女數十名、更有小猿三名、其他有美英闊薩土耳其馬步兵乘馬輕捷、放槍極準、隊伍整齊、礮車六馬曳、號令嚴肅、行動偶止、御車聲礮、刷膛套車無不精利敏爽、兵登城牆、乃一名雙手橫舉其槍、一名登槍上牆、如此陸續極速、末名則遞槍與牆上者、牆上者接槍作下爬之式、雙手提槍下垂、牆下者即攀槍而上、至甘的年適耳順、乘馬舉槍、旁一人提筐、內盛三寸小瓷碟、乘馬隨之、池內馳驅之際、其人向上連拋五碟、甘則連放五槍、碟皆擊碎墜下、末場為三年前在古巴美與日斯巴尼亞交兵、美兵勝、扯去日旗、而豎美旗、槍礮齊發、其聲隆隆、聞之頗令人有感、既而甘的延入其房、進各甘酒一杯、少敘辭歸、

二月

初一日丙戌、陰、倫敦人數日眾、地漸擴充、于是四面毘連各村鎮、盡與倫敦混作一城、現周共一百一十六方洋里、民居四面共五十萬、住樓大小五十八萬所、一年租值統計三千六百萬鎊、城勢不見方而長、式如艾葉、太木斯江在當中、彎曲如葉梃、南北西三面皆寬、西面如葉梢、東面江寬如葉根、四面犬牙相錯、計足前里數、王宮在城中江北偏西、故城之西半一帶樓房率多華美、街道寬敞、整潔園囿亦多、富宦城中江北偏東臨江一小圈地為老城、樓雖高大而街道局促、住戶少而

商行多城之東南臨江左右皆船塢、戶多船家水手魚商、樓房皆不甚高、其他南北各處多住中下等人、樓房雖少破敗、而高大者少、街道時寬時窄、雖平坦、然較城西各街稍欠潔淨、

初二日丁亥、陰冷、英都地廣人稠、治理不易、因見老城美爾管轄得法、遂于西一千九百年十一月初一日即光緒二十六年九月初十日由上下議院議定、倫敦通城分作二十八區、各區即以本村之名名之、亦各設美爾阿得曼及他議事判案各人、一切辦法、咸與老城無異、總名都城會邑、至各區之名、係巴特溪、柏門賽、貝那格林、芬斯百里、康柏衞、柴勒溪、代特佛、福樂、航格林、尼址、哈墨司米斯、哈克呢、哈木斯代、霍勒貢、伊芬比魯、伊哈木、坡蒲、辣爾堪興、坦狼、狽泗、帕丁屯、漸爾的、池騷斯、倭克司台、普呢、司鐸克牛、影屯、賢馬立本、賢潘嗒斯、西敏斯得、五里治、宛自倭爾斯、又各區美爾等亦由各區公舉、

初三日戊子、鎮日風雨陣陣、涼、倫敦所分各區大小不同、人丁樓房、為數亦異、姑分記之、如巴特溪在城中稍西、太木斯江南、周二千一百六十九方洋畝、居民十六萬八千八百九十六名口、樓房一萬四千九百二十二所、按年租價共估九十萬六千二百三十五鎊、按每鎊公抽六先十本士以供本區公費、設美爾一、阿得曼九、柏門賽在城中稍東、太木斯江南、周一千五百一十六方洋畝、居民十三萬零四百八十六名口、樓房二萬一千二百六十三所、按年租價共估九十萬零二百八十八鎊、按每鎊公抽七先九本士以供本區公費、設美爾一、阿得曼九、貝那格林在城中稍東、太木斯江北、周七百五十五方洋畝、居民十二萬九千六百八十一名口、樓房一萬五千七百一十四所、按年租價共估四十五萬七千五百一十九鎊、按每鎊公抽七先一本士以供本區公費、設美爾一、阿得曼五、康柏衞在柏門賽之西南、周四千六百一十四方洋畝、居民二十五萬九千二百五十八名口、樓房三萬七千一百八十七所、按年租價共估一百二十一萬一千七百四十九鎊、按每鎊公抽七先以供本區公費、設美爾一、阿得曼十、柴勒溪在城中偏西、太木斯江北、乃與巴特溪對岸、周六百五十方洋畝、居民七萬三千八百五十六名口、樓房九千

五百九十所按年租價共估七十九萬九千二百零八鎊按鎊公抽六先三本士以供本區公費公設美爾一阿得曼六代特佛在柏門賽與康柏衛之間而偏東周一千五百七十四方洋畝居民十一萬零五百一十三名口樓房若干所按年租價共估五十九萬四千零十四鎊按鎊公抽六先一本士以供本區公費設美爾一阿得曼六芬斯百里在貝那格林之北周五百八十八方洋畝居民十萬一千四百七十六名口樓房之必出租者一萬六千零七十六所按年租價共估九十四萬七千四百七十四鎊按鎊公抽六先一本士以供本區公費設美爾一阿得曼九福樂航在城正西太木斯江北岸周一千七百零一方洋畝居民十三萬七千二百八十九名口樓房一萬八千五百所按年租價共估六十七萬七千八百九十七鎊按鎊公抽七先七本士以供本區公費設美爾一阿得曼六格林尼址在代特佛之南偏東周三千八百三十七方洋畝居民九萬五千七百五十七名口樓房若干所按年租價共估五十一萬七千三百二十鎊按鎊公抽六先四本士以供本區公費設美爾十阿得曼五哈克呢在芬斯百里之北稍東爲城之東北角周三千二百九十九方洋畝居民二十一萬九千二百八十八名口樓房三萬一千三百三十四所按年租價共估一百一十六萬五千三百七十七鎊按鎊公抽六先八本士以供本區公費設美爾一阿得曼十

初四日乙丑鎮日風雨如昨哈墨司米斯在城之正西邊福樂航之北周二千二百八十六方洋畝居民十一萬二千二百四十五名口樓房一萬七千所按年租價共估六十八萬四千零五十九鎊按鎊公抽六先半以供本區公費設美爾一阿得曼六哈木斯代在城之西北邊周二千二百六十六方洋畝居民八萬一千九百零二名口樓房一萬二千零九十六所按年租價共估九十三萬八千五百五十二鎊按鎊公抽六先二本士以供本區公費設美爾一阿得曼六霍勒貴在城正中太木斯江之北東傍老城周四百零九方洋畝居民五萬九千三百九十名口樓房六千九百二十八所按年租價共估九十一萬一千六百七十四鎊按鎊公抽六

先六本士以供本區公費設美爾一阿得曼七伊苓圪在苓斯百里之北偏西周三百零九十二方洋畝居民三十三萬四千九百二十八名口樓房四萬五千五百九十所按年租價共估一百八十五萬零四百八十一鎊按鎊公拍六先以供本區公費設美爾一阿得曼十堪興坦在城中偏西西接哈墨司米斯周二千一百八十八方洋畝居民十七萬六千六百二十三名口可租之樓房共二萬五千九百六十八所按年租價共估二百二十一萬五千九百零六鎊按鎊公抽五先十本士

四十二

以供本區公費設美爾一阿得曼十狼猾泗在城正中太木斯江之東南康柏衛之西北周四千一百六十一方洋畝居民三十萬一千六百七十三名口樓房四萬二千二百六十二所按年租價共估一百八十六萬零八百七十鎊按鎊公抽六先七本士以供本區公費設美爾一阿得曼十魯伊哈木在城之東南界南臨城邊周七千零十一方洋畝居民十二萬七千四百名口樓房若干所按年租價共估七十五萬鎊按鎊公抽六先十本士以供本區公費設美爾一阿得曼七帕丁屯在

城正西稍南北臨堪興坦周一千二百五十六方洋畝居民十四萬三千九百五十四名口樓房一萬三千九百零六所按年租價共估一百四十五萬二千八百零五鎊按鎊公抽五先八本士以供本區公費設美爾一阿得曼十坡蒲拉爾在城正東臨邊南傍太木斯江周二千三百三十五方洋畝居民十六萬八千八百三十八名口樓房二萬二千九百五十七所按年租價共估七十八萬一千五百八十四鎊按鎊公抽八先八本士以供本區公費設美爾一阿得曼七

四十三

初五日庚寅白晝陰晴不定入夜大晴賢馬立本在城中稍北南近霍勒賁周一千五百零六方洋畝居民十三萬三千三百二十九名口樓房一萬七千零二所按年租價共估一百六十九萬三千七百七十八鎊按鎊公抽六先一本士以供本區公費設美爾一阿得曼十賢潘喀斯在賢馬立本之北稍西周二千六百七十二方洋畝居民二十三萬五千二百八十四名口樓房二萬四千四百四十三所按年租價共估一百七十九萬七千三百一十五鎊按鎊公抽六先一本士以供本區

公費設美爾一阿得曼十[illegible]在城東中衣本斯
江南稍東周一千一百一十九方洋畝居民二十萬六
千一百二十八名口樓房三萬四千二百三十六所按
年租價共估一百一十八萬四千五百九十九鎊按鎊
公抽六先四本士以供本區公費設美爾一阿得曼十
溯爾的池在城中東北芬斯百里與貝那路林之南西
臨霍勒賁周六百四十八方洋畝居民十一萬八千七
百零五名口樓房一萬三千一百所按年租價共估十
七萬三千七百一十鎊按鎊公抽六先五本士以供本

四十四

區公費設美爾一阿得曼七司鐸克牛影屯在城正北
界偏東南接伊佘比與哈克呢周八百六十八方洋畝
居民五萬二千四百二十七名口樓房七千六百八十
九所按年租價共估三十四萬二千一百一十四鎊按
鎊公抽之數未聞設美爾一阿得曼五斯台普呢在城
東界溯爾的池之南太木斯江北周一千七百六十四
方洋畝居民二十九萬八千五百四十八名口樓房三
萬四千七百四十三所按年租價共估一百四十萬四
千三百六十九鎊按鎊公抽六先六本士以供本區公

費設美爾一阿得曼九宛自倭爾斯在城之西南角周
九千一百零六方洋畝居民二十三萬二千零三十名
口樓房二萬六千九百六十一所按年租價共估一百
五十二萬七千零六鎊按鎊公抽六先八本士以供本
區公費設美爾一阿得曼十西敏斯得在城中央南臨
太木斯江東靠老城西傍堪興垣北接霍勒賁周二千
五百五十五方洋畝居民十八萬二千九百七十七名
口樓房若干按年租價共估五百萬鎊按鎊公抽五先
九本士以供本區公費設美爾一阿得曼十五里治在

四十五

城正東太木斯江南即前所比言之葉根處也周八千
二百九十六方洋畝居民十一萬七千一百六十五名
口樓房十萬八千零九十九所按年租價共估六十四
萬七千一百八十四鎊按鎊公抽七先六本士以供本
區公費設美爾一阿得曼六
初六日辛卯晴外國火輪車之第一輛機器車重由一
百七十噸至二百噸故沿路橋梁皆須極堅固現電機
盛興用之車輛相宜聞法國今擬將大輪車撤去機器
車頭改於每輛坐車中置一電匣歷來坐車每輛重約

八噸雖加電匣而分量依然既去二百噸重之機器則沿路橋梁可省人工料費車亦輕捷尤省時刻盖沿途無須添水加煤也煤水既省則各站無需人工者多矣

入夜陰

初七日壬辰陰雨陣陣前所謂倫敦各區之按年租價內公抽之款乃按一所樓房一年出租若干鎊于是由中按鎊公抽若干先此項在房稅地租之外不歸官而入本區工部局萊名撥婁考安熙收數雖多而用處亦雜如學堂教堂醫院書院街巷路燈修理街道溝渠淨

天氣清地氣預備巡捕衣帽錢糧賙濟貧民如各家兒女按官例皆須於六七歲入學讀書其無力者則代籌學費病者領入醫院代付藥費出天花者經醫官報入公局則送至鄉間或至海邊船內往來一切費用皆代付歿者無力買棺及無葬地則既代買棺復代買葬地并出一切載運葬埋各費也

初八日癸巳晴倫敦通城既分二十八區而各區又自分段乃有一教堂即為一段各區自設電燈局管理葬埋所公書院任人入內觀看鈔寫澡堂帶洗衣處雖按

人索錢而較他處價皆減半詳見六述奇各區自有公所名曰米尤呢希巴逦勒丁或濤恩霍勒義皆城邑公堂也按月公會二三次皆有定期定時各官除美爾阿得曼外有議事人三四五十不等咸稱曰寬希洛爾義即議員或議士此外又有專理一事者如理財者估價者管塚地者管澡堂者察工者察人之身骵氣力者察房地者收公稅者管理事歸議院者管碼頭者察街道者察燈火者察貨車者察大道者察花園者管書院者察驗食物者更有書手帳官等總之一區理事各人大小不下一百云

初九日甲午陰冷見今日倫敦日傳新報內一則題云王爵走私乃俄國某王爵夫婦由德回俄上車時管車人察其形迹可疑電傳下站緝巡第一站在艾庫痕城考察未獲至第二站威巴倫地方查得該王爵腰圍細絲帶五斤經稅局勒令加稅五倍始准夫婦啟程前進外國事事實辦處處皆然亦關乎實有其力上下一心而已

初十日乙未晴近聞俄人莫克晒斯吉者本善蟲學現

創一法使有益於花木乃挾皁礬手樹梃免耗樹根吸養之力而能使樹梃高生樹葉加綠而結實茂盛其細法未詳究亦不外乎格物化學耳

十一日丙申早陰午初一刻率陳安生王香圃聯瑞亭繼旭升乘車入卜靜宮赴朝會前次朝會因國君初即位改新章各國公使與參隨分兩班且各參隨皆與本國人同有名帖交禮官唱名此次仍因舊制公使在前而參隨隨之頭等者仍依次排立君左二三等者同各參隨皆立對面不知何故前次共人七百餘此次加至

四八

九百零由午正立至未初始畢申刻細雨陣陣涼

十二日丁酉陰雨英國水師用款昨經海部尚書擬定於西曆一千九百零三四年各年須費至三千四百四十五萬七千五百鎊較上年多費三百二十萬零二千鎊又所擬添造船隻費須一千零十三萬七千鎊較上年多用一百零七萬九千鎊水師兵卒擬加練十二萬七千一百名較上年多加四百六十名此外又添火夫六百二十五名水手三百七十五名今後凡各水手之身體強壯者皆須加練機器燒火等學以便隨時隨處之用且各武弁亦須學練使用機器各學以備不虞

十三日戊戌晴聞二十年前有英富官倭特路者樂善好施因思男女工人之貧苦無力多賃房間老幼群居易於生病遂在鄉間買地分所築小房每所兩層上下三四五間不等一家夫婦子女之三四五口者居之較之與他人共居一所賃僅一二三間者潔淨便當多矣且房後或以木牆圍一小院在內可以栽花曬物處處可得自由其賃價較他房減半亦貧民之所樂居數年前又有世爵婁敦以工人居住鄉間房雖賤而早晚

四九

往來仍須出火車費莫如在城內建造大所樓房按層分間有公廁所每一二間加廚房一小間按家口人數分居房直既加賤且房主代雇工人洒掃收拾于是在太木斯江西議院之南沿江米勒班街舊有米勒班監牢爲官折去因買其地及左右一帶建樓房現已一十七所總名曰諜得兌令義爲循規住所各所均以著名工匠之名名之如郝戛爾樓甘斯柏樓是也其地價共四萬五千二百零二鎊蓋房共費二十萬六千九百五十九鎊房間足供四千四百三十人住租價每間每

禮拜四先半鐘十二先半四刻前于西二月十八日中正一月旴二十年後英皇與后便服坐四馬敞車由卜静宮幸其地以示憐念貧民之意當日在瓦克籭及丹敦那兩街凡工民之賃此樓者皆窗外橫懸紅白綵綢壬車到有本區工部局總辦馬都夏率人迎迓馬幼女喀色蓮呈獻皇后淺紅玫瑰一束以表恭敬人民皆歡呼君與后入內步行一週末至一所住係一木匠其妻女由內接出幼女愛蒂敬呈皇后紫羅蘭一束將出樓門君與后各畫押於門簿始登車由舊路還宮此類門簿凡於緊要之處皆有人之前往遊覽者臨行皆須書其名於簿一以張其光耀於將來一若有物遺失亦可計日計人追究云

卆

十四日己亥晴半月前阿木斯當船廠主人那歐布夫婦柬請余與金氏子今日戌正在其家晚酌戌初偕內人乘車至伊屯坊第六十九號樓頗寬敞整潔陳設多中華日本物伊夫婦曾東遊也男女客陸續來十人未詢名姓少坐下樓入飯廳酒食豐美勸進良殷亥正食畢登樓各飲加非一杯少敘謝歸

十五日庚子晴亥初偕內人乘車入卜静宮赴君與后之女朝會此朝會前君主維克都里亞時皆於白晝午後既不奏樂君主亦永立而不坐此次柬請亥正乃至子初三刻君與后始出立于座前各國公使夫婦子女叅隨過前君與后仍立逮本國婦女過則坐向各人點頭還禮矣君座對面樓上奏樂見畢樂奏天保國王于是君與后前行眾陸續後隨轉入別閣茶酒小食又與曩之入宮聽樂聽曲者同丑正還使館

十六日辛丑晴黑種人之面黑如鐵如漆者在南美洲及斐洲之土人皆然聞有德國醫生某甲久歷斐洲之投匈蘭地方據云其人之原質不黑初產下其皮色與歐洲者同二三個月後皮變稍青再十天則成栗皮色四個月則深黑如漆矣查其大凡必因其皮肉嫩外表遂為地氣所易白人至彼久住而皮色不改者因其皮肉生就氣力足而能敵其氣也

圭

十七日壬寅晴西俗晚餐最忌十三人共桌不意昨晚有人在霍勒貴街白玉堂請客逮入座數之適十三人主人即具柬別招一友以足十四人初舉箸忽座中一

客之家人執電信來請、因係急務、其人謝辭馳去、依然十三人共卓、皆不樂而散。主人約定改日復請、屆期人數無誤、乃值月底三十日、且係禮拜五日、按月計之、月底不祥、禮拜五日亦不祥、客皆不坐而去。(以上詳見四述奇)

十八日癸卯、晴。余前在德京觀劇、演有八十日繞地一周之戲、亦僅人心設想而作、并與其人之曾經走過者、今見新報中一則、題曰四十五天繞地一周、並將所經各地之名及所需之時日開出、統須四十五天零五時。由倫敦西北行一天零三點鐘至坤姒塘(城在愛爾蘭正南海口)、再駕船走大西洋、西駛五天零十二點鐘三刻至美國紐約。由紐約坐火車西走十一點鐘至明地里阿(地在加那他之南界臨湖)、再西走陸路四天零四點鐘至葛庫瓦(在北美洲西北界西臨太平洋)、由彼坐船西行十天零十點鐘至橫濱、再坐船西南行一天零十二點鐘至長崎、仍坐船北行三天至海參崴、由海參崴南行兩日至哈爾賓、再西行兩天零十八點鐘至滿洲、再西北行三天零十二點半鐘至俄國伊爾庫斯克、再西行七天零二十三點鐘至俄舊都墨斯高、由彼再西北行水陸兩天零二十三點半鐘、則回倫敦矣。雖云繞地一周、乃近寒帶之一小圈耳。

十九日甲辰、鎮日陰雨、入夜大風涼。西人之好奇而不守定規亦過矣。聞昨在倫敦東邑蕭地方有新夫婦及兩造男女各客自本家入教堂、由教堂回家、皆不坐馬車而騎腳踹車、又在巴爾慶地方之霍里特里呢提教堂中、一水手行成親禮、男客十二人亦皆水手、出堂時、同將車馬卸下、且由車內將新夫婦拽出、使其攜手步行、以博一笑。

二十日乙巳、晴。時值天暖、田地當耕種、各鄉佃戶多致書于倫敦各善會、會首招雇各無工之人。各地主雇用農夫之定規、地主備給住房院落、攜有妻子亦歸地主雇用、每一禮拜工錢十三先、加工逾時加一先半、地主讓地三十碼、以便自種、加房租所省共合五先、地主每日給半戛倫(前見)賽得爾酒(前亦見)合二先、准在院中畜養猪羊雞鴨、合省二先、儉省柴火合一先、總之一禮拜連工錢及所省各項、共一鎊四先半。

二十一日丙午、巳正陰雨陣陣、申正雨止、仍陰。西人講求格物化學、精益求精、以之造物、有益無損、于是由此學製造鐵櫃諸物、既防回祿、亦防盜賊、乃近日德國穿窬宵小、亦緣是學造物、為破他人已成之物、倫敦城北一帶所獲德人甚多、皆由本國來此、以充堂倌侍僕、爲名、入夜偷盜、法既便、所用器具亦精巧、而各偷皆明此學、且知造鎖開鎖之法、即如數日前、有三德人偷開某鄉政局之鐵櫃、乃先置一養術氣吹筒于櫃前、不用暗燈、而用小電燈、且置一二年前新創之熱氣于櫃頂、或櫃旁、此種熱氣極烈、至硬之物、遇而即軟、鐵門既化成孔、則開之易矣、另有一種火爐、內置長圓鐵一齒、舍以

五十四

不灰木、旁置一疾風筒、圍以焦煤與炭、火燒鐵熱、塞入孔中、隨行無阻、此後插一吸氣筒于一孔中、以吸櫃中之氣、他人向別孔中塞火藥、此孔隨塞、他孔隨吸、火藥吸足、然之轟、鐵門即不自開、而門亦必毀、此後將剌針插入、則各門皆開、此針洋名猩米齒、此法無成、則塞硫酸鹽于鎖孔、以毀鎖、巧法種種、各鐵櫃鋪因知其破櫃之策、現又別設妙法、以防其毀、是無異一國徵出新式、則他國必設法以勝之、

二十二日丁未、晴、倫敦理事長官駱立擇於今日西三月二十日戌初三十分、在賽西店宴客、名曰理事廳會、半月前、駱立柬請、今日戌初、余著官服乘車往、入店正門、在院右下車、進樓門、轉下石梯五層、共百餘級、入大廳、見駱立、待少頃、陸續到齊、共三百五十四人、屆時旁門開、入飯廳、廳極大、四面牆壁皆鑲以彩石、高約七丈、寬六丈、長八丈、四壁有電燈棚、頂復垂大玻璃電燈八、左鄙有樂臺、上坐紅衣樂兵十二、樂奏陣陣、對面壁中橫有鐵闌、內亦寬敞、容坐數十人、蓋此廳在地下、廳上不知仍有樓幾層、其工之大可知矣、廳內長卓列作梳形、如此、

五十五

正面梳背一橫、坐四十一人、對面八空、內每空坐二人、共十六人、豎九齒、每齒左右各坐十六人、齒頭各坐一人、合每齒坐三十三人、外客僅余一人、他皆本國上下議院世爵紳董及水陸帶兵大員、并各區正副美爾等、駱立坐梳背正中、余坐其右為首座、再則上下議院爵紳、水陸大員、并倫敦正任及前任美爾等、通場坐齊、駱先立起、眾亦隨立、謝天賜食、繼而齊行舉箸、菜饌頗佳、酒、香賓、舍粒、柏爾都、萬卜朗等、冰乳、兩次鮮果、有葡萄平果、香蕉、波羅蜜、飲加非、後各進一帋袋、內盛大小菸

捲各一對、于是駱立立言請諸君吸烟、再則請衆舉酒、
一祝國君與后、再祝太子與妃等之福、樂兵隨奏天保
國王之樂、此後立誦陳詞者十四人、每一人將立則駱
座後一人高聲宣言、請諸位靜坐以聽某某演說、逮聽
各人言畢謝歸、時已子正、
二十三日戊申、晴、暖、倫敦穿竇現既多、德義志與坡蘭、
人所用器具頗多精巧、前已述及一二、茲又聞有幾種、
如木樣、長只二尺、可拽長至二丈、割護窗護牆鐵板器、
頭作山字形、中一鋼鑽、左右利刃、後有鐵輪轉柄、執柄
轉輪、則鑽輪兩邊刀亦隨轉、少刻即一圓餅割下、牆壁
通矣、洋人屋門、睡時自內關鎖、乃將鑰匙遺插其上、乃
有一種鐵鉗、以之探入能使鎖上鑰匙轉而開鎖、此外
另有鋼鑽器具多種、皆無定名、至其剌針、乃形似腰刀、
可短可長、并備有帶鈎及各種細硬可大可小之鑰匙、
以便臨時試用、

奎夫

二十四日己酉、晴、西國舊俗、兩人因怒擇日彼此比武、
或以劍對刺、或以手槍對擊、必有一傷而後已、此種鬭
械名曰丢埃、前見聞現在中國之俄人因槍劍無多、乃別
創一法、係二人拈鬮、其拈得寫死字者、須由薺齊喀爾
至哈爾賓坐火車往來一次、如果仍活、或臂腿不傷、則
其仇敵反相慶賀之、蓋此條鐵道新造、處處工不精而
料不實、每行一轍、征客必有損傷也、

奎夫

卷五終

八述奇卷六

鐵嶺張德彝在初隨筆　潘士魁校

光緒二十九年二月二十五日庚戌晴暖亥初陰入夜風雨交作西國雖各處更新英之于舊俗古風無損於人者依然照行順輿情也且使人得新不忘舊即如各城縣皆無判定里案之權故每年四季由倫敦派按察司赴各處審斷之其有重案者由駐預備一切否則首官送白手套一副亦不勞著手之義此種陋規雖爲古俗數百年來亦未嘗改正又定例各城公舉一官曰成法官英名晒里夫專判通城案一年任滿賠項鉅甚即如四季按察司臨皆供給之任此職并無俸祿必豪富公正之人圖其榮耀也然有富而不願者稍富而願者每年經衆紳者酌定二人署其名於一紙請國君剌定所謂剌定者乃捧遞紙之背面與君請以銀針剌孔剌畢翻看孔近何名即爲奉國君用針派定此六百年前舊例今仍之

二十六日辛亥陰而微雨亥正二刻偕內人乘車入海部尚書伯爵寮樂斐夫人茶會其中一切與他處同在內繞行一周頗覺擁擠幸不上樓遂登車回寓時已子正英國以海軍爲重僅一海部全年經費二十七萬九千六百鎊分司十六曰文件繪圖運兵槍礮存礮總計置買醫驗測量修造工程水師學堂教務存兵水師窺探伙食復分六股造船股機器股修船澳股器具軍械股書手股會計股

二十七日壬子晴英國當天主耶穌兩教未興人之崇奉他教時亦有比邱老僧隱於高山古洞聞五六百年前在英蘭北界約克府之東北茼他毘地方有野猪被獵戶剌傷馳匿老僧洞中獵戶追至索猪老僧斥其殺牲獵戶怒而殺老僧既而懺悔因其地東臨北海西通埃斯河乃誓在海邊漲潮處橫栽木樁一排栽成後鳴角三次以誌其非九百年來此風猶存每年一次必有悔咎之人據云所吹之牛角已五百年前之古物矣

二十八日癸丑晴聞前日在牛蘭坡街之桃岸戲園初演一齣名曰暗門第一場人即不喜觀尚有人勉強擊掌稱讚冀其演而有成至第二場乃致多人嘶嘶作聲合其罷演園主趨至臺上高聲請衆息聲靜觀衆乃依

二

然喊叫羣行立起出座各至園門收錢處按票將座價取回而散

二十九日甲寅晴聞英國鄉閒一種古俗蘇格蘭東界佛法府之賽爾地方農家仿古希臘埃路席斯廟之俗秋收五穀時割穀者于割畢末刀之莖穗縛作人形飾以花卉稱爲穀神割穀人排隊高歌舁穀神至地主家以慶豐收地主因犒勞之

三十日乙卯鎮日狂風驟雨間帶小雹倫敦鼠之多有害于人防不勝防聞前日倫敦東南隅立丁比坊哈艾

三

閑居住之卜鹿克夫婦生一女甫月餘夾初乳小孩臥被中孩睡後夫婦扃門息燈攜手出游夜半歸則孩之左半臉及頭上皆被咬去死矣鼠之鉅可知卜夫婦之待兒女可知

三月

初一日丙辰陰雨陣陣西國大菸捲葉分良否等遂分上下然性多烈幼者既不能吸而婦女亦不敢吸遂創紙裹菸絲之小菸捲長約二寸周半寸力柔味香婦女及幼童雜女皆可吸之然攙雜他物無益於人而尤有損于年幼迺來醫家云十年前一城中間有一二幼童吸之今則各城不待尋覓吸烟者數已逾五百童子吸此平日不覺無益患病則因吸此烟而難療曼柴斯得城（見航海述奇）現立禁吸小菸捲會一萬六千餘人幼童亦有入會者會規童子苟欲吸此烟至少須俟二十一歲此會禀于議院議定新例人之未十六歲者概禁吸烟違者罰十先有賣與送者佚罰一鎊至二鎊云

初二日丁巳陰雨聞昨日本城巡捕廳判定盜狗犯均監禁二年著名之犯華人李姓盜狗曾被捉二十次所

四

盜之狗原主用費取回其無人認取者皆由巡捕送入狗家（詳見六述奇）或謂此狗家自開設四十二年來共收過大小狗八十一萬一千零十條上年共收二萬四千二百六十一條較前年多收二千八百六十九條其中經原主收回者一千六百一十一條售出者三百六十四條

初三日戊午陰雨如昨英人之好古同我華人聞有世爵喀米𡇒之書房遺產因無子嗣亦無遺書遂經官定拍賣今五天第一天即昨內有六百年前之金邊抄本

教書一卷。按本所論，皆當時著名修道教士之列傳。每本首篇畫有所述之人之小影，工極精巧，并知當時各人之衣冠。既奇而所留鬍鬚之形式亦異。其價由二百四十鎊喊起，經多人疊次加添，至六百一十鎊始賣。

初四日己未。陰雨，冷。英皇與后自設兩次朝會後，乃同于前日三西十三明由倫敦啟行，分幸各處。君游幸立文浦等各海口，后偕其內苐王爵查里斯于昨日戌正安抵丹京。將下車，有后父丹王克里堅率俄國老皇后及他王族近支并文武大員與駐丹之英使參隨等親來迎迓。英公使先親奉英后鮮花一束，後父女共車馳驅入宮。當日街市左右男女立聚如蟻。

五

初五日庚申。陰雨，冷。聞在索色庇叫貨場中昨日拍賣喀米晒之遺產，中有古銅錢數枚。一枚本士係九百年前英君艾仄蕾之世鑄，君當時與丹人聯絡，故此錢尤不易得，竟有人以六十一鎊買去。據云此等古錢甚多，每一禮拜拍賣六枚，須至明春方賣罄。并聞其他五枚中有古英堪特地方之巴得蕾王之本士，叫賣五十一鎊，餘皆未詳朝代，價皆一二十鎊。或云僅古錢六枚賣得一千一百二十鎊。遺產既富，不有遺書國家所獲之多可知矣。

初六日辛酉。微晴。聞前于禮拜六日晚，居貝斯里巷在外傭工之婦名薩臘，禮拜息工，入夜出游，八點鐘時天陰黑暗，悞走埃斯佩代小河。河淺而水急，乃順水走地溝，至音佛麻里坊。此地溝上舊有養病院，由此而前則入喀爾河。時又值暴風驟雨，水流愈疾，雖高聲呼救，而行人甚少，設有人經過，當此風雨交作，亦不易聞。婦以手摩溽溝中地牌，雙手扶牌，畧息，復竭力同行。水急而流逆，力不及，遂止，擬扶牌待天明。其步入小河及遇風雨，皆不為奇。至奇者，歇息之頃，突有被水沖來鼠數百，既觸足即順衣上，兩手僅能護其頸與臉。天明逆水爬出，始見天光，至辰正方有巡捕見此婦橫卧堤邊，衣碎零星，滿身傷痕云。

六

初七日壬戌。微晴。西國當天主、耶穌兩教未興之先，土人多奉火祆教。于今英人雖奉耶穌、天主兩教，而仍存有焚火祭日之遺規，非誠心祭日，留此作樂，示不忘古也。此日名曰貝田（義即火祆），在愛爾蘭行於西六月二十一日蘇格蘭各高山地方、行于西五月一日、入夜燒燭山頂并有典禮若許、在蘇格蘭東北近海之柏爾埃艾及墨來、雁斯等處另有祭日之俗、謂係數百年前之古典、其法始由祆教老僧燒一物曰克拉威、乃將一吧嗎油桶分鋸為二、各半盛以村人共助之油柴、屆時燒以火炭、苗高五尺、城中若人舁之繞城一周、隨人數百、奏樂排隊而行、如佛教之城隍出巡、末將此桶置一古時祭神石臺之上、迨油柴火焰將盡、乃有若許少年巫環桶朗誦呪文、并他禮節、亦頗鬧熱、又在英蘭東界約爾克

府之槐特庇等城之山洞中、村民株守、世代相傳、亦頗機密、竟傳流至今、謂係六百餘年之古禮、不燒則不祥云、

初八日癸亥、陰、西人之財產、如有地畝、乃不以之種五穀收田租、而多以栽松柏為利、其樹直挺如杉木、隨時修理、生長極速、聞去冬有地主博那慄者因若干畝之松樹長成、雇一義國鋸工名喀希那里者同往樹林估其工價、日暮喀獨回博家、向博妻索一日工費、問博何不回、答以不知、其妻坐待終宵、次早約六七戚友攜博所畜之犬、命鋸工引入林中尋覓、行間犬忽棄眾異路而馳、鋸工仍欲引眾直行、奈犬狀奇異、似覺確有異味在前、于是眾擬改隨犬後、鋸工無法、亦姑跡之、犬奔至一窄凹處、以雙爪掘樹葉青草堆并壘次回首視眾、作求人以手協助狀、少刻屍露、計受刀傷十處、眾遂捉鋸工報官、聞官場審明、因搶劫害命、定罪一生為奴、并不償命云、

初九日甲子、晴、聞英國一種古俗、令人捧腹、繁華大城皆行之、即如倫敦西北百里地名海葦扣木、屬卜靜府

每年新美爾到任、皆以鍊稱稱之、一年任滿將卸任、又稱之、前後合其所稱之分量、則知其一年曾經勞累與否、此雖俗規、而人皆視為典禮、

初十日乙丑、晴、倫敦美爾薩木尤之長女廼麗定嫁同教雷威為妻、擇于今日未正在倫敦府署中、埃及堂內成禮、半月前伊夫婦以銀邊銀字白紙柬請、其上印云四月七日禮拜二午後兩點四十五分、在本署埃及堂內、小女廼麗與雷威成禮、恭請中國欽差與夫人駕臨美爾夫婦仝拜、繼又寄來座位憑單二紙、前于初四日、

余先具誰花女針黹成分摺扇一柄、綉花女手帕一方平金卓罩一塊、統以定做大玻璃匣盛妥、送去、今日未初一刻、余偕內人乘車往、下車登樓入堂、即前玫小独跳舞處堂北面當門以四金柱支一白緞方帳、洋名喀吶庇、又名楚巴、四面沿邊繫以白色鮮花、四角亦垂以白鮮花、帳左右各列金椅十六行、每行容人十六、有人看票引導入座、各進猶英合壁禮節一本、猶太文類乎西藏者、雖橫念而右起、故此本亦自右啟、與我國之滿漢合壁書同、男女數百、其外國者僅余與日本公使林董夫婦、余坐帳右第二行之首座、林坐帳左第二行之首座、其他諒皆本國者、按西規、今日必在教堂成禮、至猶例不必入西那勾圭堂也、而頻在新娘之父母家、因美爾薩木尤係猶太教人、故今日即在美爾府中、蓋美爾在任一年、府即其家也、先是教童十數名在帳前樓上鼓風琴三通、隨而歌曰、謹謝上天、吾儕居樂土、登歡喜地、敬天為主、天生我、我屬天、同與棉羊伍、草田上、天仁愛無岸無邊、忠信真實、世代連綿、此後猶太教士五人由外步入、立于帳下、一正、四副、各著寬袖黑氅、頭頂黑圓絨冠、作

九

口形、其正副無大區別、正拉畢僧也、僅腦後由領下垂紅綢兩縷、時屆申初、新娘之母携新娘先行、新郎之母陪新郎次之、再則陪護幼女六、兩兩行于後、新郎著青毡燕尾禮服、高帽、按猶規、自新郎至教士及各男客、皆不免冠、新郎之母服藕色、新娘之母服淺灰色、新娘并他六女皆著白色花冠、縞衣雪履、各手執鮮花一束、惟新娘者白色、他皆粉紅色、由外兩兩步入、新夫婦入帳向教士對立、新夫婦之母立帳左、六幼女立帳前、美爾父子立帳右、既而正拉畢高聲宣云、貴新夫、貴新婦、上天愛人、吾人互愛、吾今宣言教規、汝等靜聽、現當別樹門牆之時、感動五中、使汝彼此意合而情投、在此帳下循行教禮、敬祝天父、今後佑汝、新郎汝當套戒指于新娘之指、祝爾恩愛如此戒指之圓環、無尾而永連不斷、更比此金之色、愈煉愈足、愈久愈光、言畢、新郎納金戒指于新婦右手食指、隨祝云、謹遵摩西與伊色列之例、自戴此戒指、汝我夫婦為始、教士又手舉禮書向新夫婦曰、汝彼此和睦、二人共居、如在一舟、舟泊港口、避風避浪、歡樂佳耦、言畢、復問新夫婦曰、願否真心和睦、各對

十

曰願、于是教士唱云、上天保祐、造生萬物、相形生人、并生葡萄樹子女叢生、如樹之富、夫妻偕老、三星在戶、唱畢、副教士遞酒一玻璃杯與新郎、新郎接飲一口、轉遞新娘、新娘飲後交回新郎、（此禮類乎中國合巹禮）新郎乃擲諸地上、脚踹碎之、蓋義謂夫妻情愛、連綿須待碎由復合為一方止、因玻璃碎永無合時也、此後教士復祝禱一回、新夫婦及其父母姑舅輩別入他間畫押、畫畢入大廳、會男女諸戚友、互相拉手慶賀、出此入對面大間、中橫大長桌、四壁列窄桌、上陳戚友贈送禮物數千件、銀器

十一

居多、再則登樓小食、酉初回寓、又當教士誦讀時、亦合掌當胸、與釋教同、

十一日丙寅、晴、見今日新報內一則、題云、教皇失望、蓋英君埃達倭不日將由地中海坐船赴義國羅馬暫駐三天、歷來英君主維克都里亞極尊敬教皇、每至必謁、此次英君初加冕後到義、教皇李歐第十三意其必先來謁、而英君竟擬俟拜義王後方往謁見、故教皇大失所望云、又聞義王將派宗室公爵賓斯塔往那百里接迓英君同赴羅馬云、

十二日丁卯、晴、聞前日有摩婁扣（地在斐洲西北角）色勒坦（王也）派費滋總督偕駐摩之英公使駕兵輪由坦之爾駛至支布洛塔專迓英皇、到時礮臺聲礮十九、以明接待禮、又當日談處巡捕捉一無君黨人、審時實招不諱、乃與國人攜有六轉手槍并手刺一把、據云欲刺英君、

十三日戊辰、晴、倫敦城廣人稠、貧富不鄰里、且各處分類而居、英人卜斯云、通城窮人六種、一穿窬、二明火、三無恥匪類、四頑梗不化、五船隖匪、六流氓匪、倫敦老城居中、臨太木斯江北岸、而老城之北及稍西一帶貧苦

十二

居多、第一在霍克斯氾街等處、為穿窬盜窩、霍勒賁街稍北、為明火窩或強盜窩、在代文路與賴木蒿街之間地極污穢、亂子尤多、再北數里至康貝路、皆為頑梗不化之愚民窩、穢街陋巷、一切不潔之水及物、舉由窗傾拋、直比臭溝暗渠、老城以東數里近西印度隖一帶、先為無恥匪類窩、再則為船澳賊窩、老城正西將出新城、在堪興坦坊一帶、亦為頑梗愚民窩、在太木斯江之南正東傍岸、南近五里治區地名得斯投、為流氓窩、街道骯髒、男女雜居、飲食如獸、得斯投者、譯言低賤穴也、由

此而西數里至色勒坦巷、北向老城、再西稍南數里至萬宇倭斯街與瓦得蕾巷、諸處皆為無恥匪類、玆頑棲不化窩、今日為西好禮拜五日、鋪戶關閉、乃耶穌復甦節也、

十四日己巳、晴、聞今年耶穌節鮮果之由外國販來者、盛於往年、昨日倫敦鮮果市、橘有二十萬桶、共八千萬枚、内由斐洲西北加拿利島來者過半、又由加那他屬地運來之平果亦二十三萬桶、是亦人多食眾之證、入夜微風冷、

十五日庚午、陰、申初急雪一陣、雪止陰涼、英君自西三月底（中三月初三）乘維克都里亞阿拉柏船、先至本國愛爾蘭少駐、南駛、前于初五日午初過喀維婁角、申初抵葡國西南界之大沽斯海口、停輪、即時由礮臺聲礮二十一、為接待禮、葡王喀爾洛斯登船迎接、稍敘寒暄、後齊上岸、計用宮車六輛、前五輛坐兩國文武大員、二王共車末輛、馳入葡京立斯本住阿珠達王宮、爾日由海口至葡都街之左右窗門、諸所懸燈結彩、男女瞻望如蟻、馬步巡捕彈壓、兵隊護衛、安靜無譁、

十三

十六日辛未、晴涼、聞英君在葡宮休息三日、前于初八日晚宮宴、英葡兩國國旗交挂一處、為兩國親近交顉連横之義、食畢、葡王立起演説數語、謝英君之辱臨、皆操法語、繼而英君立言、深謝葡王之優待、兩國同願共享昇平、彼此會盟、今古無异云云、亦用法語、初九日巳正、英君往幸愛爾蘭人之白衣尼姑院、有駐葡英公使夫婦迎候、各尼皆著白色、英君入座後、先一愛爾蘭幼女謹呈英君鮮玫瑰一束、捆以紅白藍三色紬條、暗指英國國旗色也、隨進而祝曰、永感君恩、眷愛人民、愛此菲儀、表眾忠心、英君接花微笑謝之、繼飲百年紅酒一杯、麪包一凷、此後首尼鼓琴、作天保國王之樂、樂畢回宮、午酌後、立宮窗内閲兵、英君賜其兵官一小照、自書其名于背、并諭賜葡國外部大臣及大禮官寶星各一、是皆敦睦邦交之義也、

十七日壬申、晴、又聞前于初九日申正、葡王請英君看鬭牛、與余前在日都看者相同、當日二王換著戎服、葡王著英戎服、英君著葡戎服、亦親近之義也、英君今為第三次遊葡萄牙、又五百一十八年前之是日為葡王

十四

阜安第一與英吉利會盟之期、至初十日早二王同入商務會、彼此互誦陳詞、大旨咸謂兩國連盟、今盛於古葡都新開大街一、衆商請以埃達傢第七為名、以誌英君來葡之盛、申初葡王送英君登舟、口內輪船百餘、皆掛兩國國旗、同時聲礮二十一、維克都里亞阿拉柏船上備有午酌、葡王率衆在上兩鐘之久、下船時、英君陪送到岸、後英船展輪出口、礮臺聲礮二十一、并有許多兵輪送過埃斯庇呱角、在葡國西南界英君到葡以來、各處歡呼皆用英語、賀拉至是葡王送回登岸、國人歡呼則仍用葡語威瓦矣、二語皆譯為歡樂頌、英君用英語、頌國王用葡語、禮也、

十五

十八日癸酉、晴、酉初微雪一陣、入夜風涼、聞英 前于初十日酉初由葡啟椗、飛駛二十二點鐘、于十一日未正抵支布洛塔、初到及停泊兩次、聲礮、總督懷達登船迎國君、申初上岸、君著兵馬大元帥之服、是處於數日前即洒埽預備、燈懸彩結、沿街與在倫敦加冕同、左右列兵人民呼萬歲如雷、途遇二老兵、一名葛阿林、一名司高、乃駐車呼前、好言安慰、并問二兵得寶星之由、既與之拉手言別而去、入公所、商務會首莫斯里先立陳數語、移時國王答謝、并云願各人誠心守護此地等語此後由坦之爾來之摩使覲見、酉正回船少息、戌正一刻復登岸用餐、當晚各街左右懸挂五彩中國紙燈數千、

十九日甲戌、鎮日陰晴不定、微雪兩陣、落地即融、涼著皮衣、聞前于十三日早、有日斯巴尼亞王特派之將軍歐貝根駕彬森兵輪于巳初到支布洛塔、代日王致意於英君、彼處新建第三船隖、水師提督阿克蘭請國王

十六

置其第一石基、午初君著水師提督之服、登岸、阿克蘭隨至放石之處、放畢至水師衙門午酌、并留名于門簿、出門後、君栽松樹一株于園內、以誌其功、晚在園中設茶會、君諭各自由、勿拘泥、于是男女往來、咸謂各人親愛視君如父、終夜街市繁盛、歡呼歌舞、昨台見摩使時摩使立陳一段、謂摩王聞英君之遠幸、特派專使前來致意、並望英君得臨卑國、何幸如之、惟願日後兩國友誼日敦云、英君答謝曰、摩君之美意不勝感激、惜去歲未得與摩使親晤、春見葡兩國和睦、敬祝摩王之福、不日

將覲華一函以伸謝悃云、

二十日乙亥、晴涼、聞前十三日禮拜、辰刻英君在船唪經休息、終朝、十四日申正一刻著戎服登岸、懷達等亦著戎服迎迓、乘車三輛登山、馬兵巡捕前引、沿途左右列兵守護、先看鑄造局、繼看名埃達倭第七之礮臺、礮皆新式、并云將立金牌于此、誌國君臨幸之榮、隨行各處駐防兵之子女咸歌天佑國王之曲、去此改乘馬、山高路狹故也、復看司普爾賴萬得爾愛立及歐哈喇各礮臺、蓋遍山上下皆礮洞也、詳見四述奇 酉正二刻君回船、

二十一日丙子、晴涼、記英君前于十五日巳正一刻登岸、閱兵官車所過沿街、左右男女免冠歡呼、向車擲花、君左右顧盼、點頭笑謝、車至南面寬處、適午初、山上聲礮慶賀、兵五千由君前按隊走過、繼復聲礮、奏天保國王之樂、兵過畢、轉至懷達夫人母女車前拉手問候、樂兵頭臘伊洛之妻賽訥拉口親君手以為禮、午後回船、酉初復登岸至公署喫茶、上賞挺無君黨人之巡捕及車夫輿伺候各人一寶星、回船後國君賜宴男女數十人、極歡暢、

二十二日丁丑、晴涼如昨、聞英君前于十六日午正由支布洛塔開船赴墨拉塔、當晨輪時、通山聲礮歡呼、又國君昨日深讚懷達庖丁調和五味工藝之美、而有賞、并交游擊阿格牛百鎊、以賜彼處之貧民、

二十三日戊寅、鎮日陰晴、微霧不定、聞英君船前于十七日酉初過阿吉爾地在非洲正北臨海為阿支立亞都城現屬法國 凡泊彼處之英俄義法及日斯巴尼亞各國之兵輪、皆挂英旗、各聲礮二十一、岸上礮臺共聲百零一礮、

二十四日己卯、微陰涼、英君不日將抵莫洛塔、自數日前、該處官民即預備一切、海口以內特造各種古兵船多艘、分列左右、極壯觀、其船第一為六千年前之諾阿方舟、第二為五千年前之中國樓船、似在有巢蟻人之巢 第三為四千年前佛呢奚亞之槳船、第四為二千五百年前之希臘槳船、第五為一千三百年前之賢波羅槳船、第六為一千五百年之羅馬每邊三行槳船、第七為千年前之諾爾曼三槳船、第八為五百年前克倫柏之拼塌船、第九為四百年前罕里第八之哈里大船、第十為新造之埃達倭第七兵輪、他數艘未考、是處新築水堤、將請

英君洛第一塊石基石長五尺寬三尺、石下小匣現造
成、匣為銅鑄、內襯橡木、匣外別以紅銅鑲嵌作王冕圖
章等、此外應用之金鑰匙、銀抹子等亦皆備妥、
二十五日庚辰、微陰、涼、今日戌初、倫敦美爾夫婦約飯、
題曰耶穌甦生節筵、洋名伊斯特爾班賀、酉正二刻、余
偕內人乘車往至倫敦府署、登樓見其夫婦、少立、後步
入埃及堂、桌設一橫九豎、作皿形、共坐男女三百六十
五人、美爾坐正面中央、余與金氏坐其右第二、第三座、
其第一座為達威森世爵夫人、其左第一座坐其夫人、
第二為堪特百里之阿赤比朔、再則布臘、瑞士兩國公
使夫婦、對面樓上奏樂、燈燭輝煌、食品華美、香風滿座、
樽酒聯歡、食畢、舉杯先祝國君之福、再祝君后、太子、太
子妃及他王族近支之福、亦奏天保國王王后之樂、再
後多人立起演說、互相致謝、亥正食畢、步入別間、各飲
加非一杯、謝歸、
二十六日辛巳、微陰、涼、聞前于十九日早在莫洛塔島
岸上、沿街各處即懸花結彩、水陸兵卒列隊迎候、天氣
晴爽、辰正接無線電、知王將到、一切備齊、巳初一刻、先

九

各兵輪、到繼所派往迎之十四隻水雷船到、今列口內
左右、巳正、英船進口、礮臺兵船皆聲礮、樂兵奏樂、教堂
鳴鐘、人民鵠立、免冠歡呼、上著頭等水師提督服、立于
船面、停泊後、是處總督柯拉克、水師提督董威及他各
武官登船進見、午正、上駕小舟、左右快艇載兵兩行護
送上岸、入古王宮、午酌、申初、在賢卓志堂中召見各官、
酉刻回船、戌正復登岸、在宮晚餐、後入戲園觀劇、入夜
各處懸燈、燦爛如錦、當國君上岸時、中途左右立有數
千幼童、雛女齊聲高歌、恭祝多國一統之福、（指英蘇印度斐洲及各屬也）又因明日為彼教之禮拜五日、例應齋戒、羅馬教
皇乃特電致莫洛塔之阿赤比朔、以明日敕免教民齋
戒、因英君在彼、使眾得盡一日之歡云、午後、英國駐華
公使薩道義來拜、因腿疾告假回國也、坐談極久、
二十七日壬午、陰、涼、前于二十日早、各教堂鳴鐘、巳正
一刻、國君上岸、水陸列隊、聲礮相迎、王著兵馬元帥之
服、乘馬車先至較場閱兵、兵一萬、經提督雷音管帶、兵
隊行動整齊、閱畢、入老宮少息、于午刻復入賢卓安教
堂中遊觀覽、此堂最古、極華麗、惜前經法皇那波崙搶劫、

柒

卷六

中存古物、現不甚多、據云尚值二十五萬鎊、阿赤比翔率從教徒迎入、瀏覽古畫、畢、將上車、君與阿赤比翔握手道謝、去此入水師衙門、午酌、中正閱水操、帳中小食、吸捲菸、酉正回船、戌正復入老宮晚餐、亥刻在馬格琉園中放烟火、看畢回船、當王駕小舟往來、各水雷船及他船皆然燈兩行、排列稠密、視比通衢、聞今日戌正英君后由丹國回倫敦、

二十八日癸未、晴、午後乘車答拜薩道義、聞前于二十一日早忽風狂湧浪、高漫岸、將倫君登岸所鋪之紅氈濕遍、中正風稍息、君登岸、入賢波羅教堂、比翔馬堪吉迎入少坐、轉入巴拉喀園、中步游、入礮臺帳中、喫茶、戌刻登本國兵輪布洛瓦晚餐、水師提督董威等陪坐、通船懸結紅白藍燈彩、本國旗色也、亥正食畢、君立船面命文武三百餘員見、繼而奏樂歌曲、變戲法、大小文武各操其能、君甚喜、稱謝不已、入夜回本船、二十二日為其禮拜日、早船上唪經、午後上岸、入老宮、與總督夫婦喫茶、并在園中栽新樹一棵、用作記念、

二十九日甲申、陰雨陣陣、聞前于二十三日、在莫洛塔

卅二

天氣清爽、自辰初、水陸文武各官率水師八千、在碼頭排隊迎接、巳正、國君上岸閱操兵一萬、君入座、兵齊聲歡呼、三陣隊伍整齊、君頗稱賞、閱畢回船、君落石基定時申正、乃自未初、即有舟艇自各處載男女至所建水堤落石處、對面入所設之三大布帳、申正、國君登岸、經各官引至落石處、正面一臺上立本地幼童數百名、到衆齊聲歌祝天保國王、繼而副水師提督哈美向國君舉誦落石銘文一通、畢、將此文及水堤圖與新鑄銀錢等呈國君、請置匣內、鎖以金匙、交哈美先放匣于坑內

卅三

後、君落石于匣上、乃高聲唱曰、上天保佑石基妥洛、即時四面官民男女老幼齊聲祝賀、酉正君回船、此堤係轟開堅石、深約十尋、（英六尺為一尋、洋名發色木）左右立人工假石、重共四十噸、其兩堤各寬五丈、堤頭設有燈塔、

四月

初一日乙酉、鎮日陰晴不定、入夜雨、聞英君前于二十四日早巳正由莫洛塔徒輪、申正一刻至西蒭里島之東面蒭拄庫斯海口住船、因天色不佳、須至亥正啟椗北駛倫敦、鐵道公車費款之鉅、土定坊一帶者長十七

洋里半費九十八萬一千四百八十七鎊、老堪特路與牛克洛斯街者長十九洋里半費七十萬三千三百五十鎊、倫敦南邊者僅三洋里費一十三萬三千鎊統計三十九洋里零四分之三共費一百八十一萬七千八百三十七鎊每一洋里合四萬五千七百三十一鎊

初二日丙戌早雨午後晴入夜仍雨英君前于二十四日亥刻由奚拉庫斯開船二十五日未正過麥西那峽在西奚里之東一帶有鐵甲兵輪四艘水雷船二隻前引鐵甲兵輪七艘水雷一隻後護過此北行偏西

卅三

初三日丁亥晴上月二十六日陰雨迷漫巳初英君船到那百里英義各船排列聲礮迎接樂奏義國國樂義國公爵阿卜路吉及英國駐義公使富蘭溪先登船覲見繼有葡國公爵卜拉甘薩奉葡后命請英君過船午酌又有本地將軍水師提督及德國太子等謁見各官見後改著水師提督服佩帶葡義德三國寶星轉登葡國阿美里亞輪船拜葡后於上午酌後登薩扉爾兵輪答拜德太子登里古里亞船拜阿卜路吉公未登岸至博物院一觀當日彼處霪雨淋漓岸上泥濘並不鬧熱入夜雨止晴

初四日戊子白晝微晴酉初陰雨上月廿七日那百里天氣清朗英君在彼勾留一日未初英公使在船隨君午酌申初上岸步入喀色達園一游聞數日前倫敦一人入酒肆吃啤酒飲過半瓶忽有物閉塞酒頸不暢探之得一死鼠飲者遂病兩日方愈告官酒肆受罰六鎊共分四股乃罰滿酒瓶人四鎊起首洗酒瓶之婦一鎊零四先鈴主鋪夥各八先罰有等差以其過失有先後也

卅四

初五日己丑鎮日陰晴細雨不定申正乘車至君主門街第百十六號赴特喇細夫人家茶會客無多少敘即回未正二刻偕內人率榮驥乘車赴藍侯家茶會客多擁擠子正還使館上月二十八日英君在那百里早登山巔看賢馬蹄諾博物院與礮臺後登葡船同葡后早餐晚在賢喀婁戲園觀劇男女客三千二十九日為西二十六號乃禮拜日晚戌正英君在船宴英義文武從員本月初一日巳初一刻英君登岸礮臺聲礮百零一兩國文武迎入馬蘭大車棧巳正車開紅男綠女萬千

争睹齊聲歡呼、君在車中向之點頭致謝。未正三刻抵羅馬車棧、四面懸紅藍花毬、以綠葉下垂金銀縷、兵隊立左右奏國樂。義王維克多著兵馬元帥服、率從公侯大員排立道旁迎之。申初英君下車、亦著兵馬元帥服、彼此欣然握手問候、畢登車緩行。當日由車棧至王宮凡宮車必由之路、兩邊共立精兵二萬五千、樓房頂上窗內人皆立滿、兵排道旁、觀者立于兵與房壁之間、擁擠排立無隙地、人皆新衣、兵亦整齊、五彩衣冠、盈眸燦爛、各家門窓懸彩紬絨氈、車至皮阿薩坊、有特派王爵

二十五

庫婁那者、立彼以代通城官民歡迎、立陳誦詞一章、以申恭敬、車停時、男女人民之至車旁向之握手者千餘、此後少行、至奎里那宮、下車登樓、轉入正殿、王后海蘭率各王爵夫人、公主、郡主、命婦等內立、英君至前、口親王后之手以為禮、少叙寒暄、繼至敞樓前、扶闌外眺、街市人民瞻望歡呼、英君向之鞠躬點頭、謝其熱心接待、同在宮內晚餐後即寢、因當日天熱、終日未得稍息也、大羅馬巡捕遍來捉獲新到之無君黨人四百餘、訊之、皆無弒害君王之心、無非欲在街市擾亂、使兵官倫辦不齊、而顯義無誠心接待、則英義因之不睦云云、雖西律以為無大罪、而亦收監矣、

初六日庚寅、陰雨、自英君到義都、日街市鬧熱、男女擁擠、凡欲觀英君經過者、宜賃座、即一小間窗外鐵闌內一人亦須二十鎊、大小客寓各國游人居住無空室、因英君心地仁慈、感動拉典人心、各以先得英君小影為快、初二日早、英君携二花圈赴義王陵、義名萬神堂、入內免冠、分置二花圈于今王之祖埃瑪牛第二與被弒之今王之父安柏兜墓上、英君在各陵前肅敬少立、出

二十六

堂登山一覽、後回宮、晚筵設于宮中跳舞堂、桌作冂形、坐英君于正中、義后坐其左、義王坐其右、義王之右為英公使富蘭溪夫婦、男女坐百餘、皆義達王族貴介、亥正二刻、義王請在阿真堤那戲園觀劇、屆時英君攙義后、義王攙他王妃、登正樓臺前、鼓吹一陣、後英君轉身向義后一鞠躬、義后又向左右各女客一鞠躬、于是通堂男女歡呼、子初戲畢、還宮、當晚王車往來沿途左右兵立把守、戲園座價一旦翔貴、漲至每人四十鎊、初三日義達請英君閱兵馬步親軍、護軍及礮隊、共二萬自

寅初各營即鳴哨齊兵、卯正由各營集于較場、辰正一刻、忽礮臺聲礮、報國王出宮、乃英君與義后共車、義王乘馬于車旁、後隨王公等、沿途左右排兵樂奏天保國王、至較場停車、各兵隊隊由車前過、極整齊、午初閱畢回宮、申初二刻、英君著兵馬元帥服、佩帶寶星、出宮乘車、先至本國使館、繼至瓦的堪宮拜教皇、一路聲礮奏樂、舁于前宮門前、教皇内大臣薩池的候立迎車、到急前為之啟車門、請下車、左右鵠立、从員及教士輩入門、宮官引入一廳、名薩辣柯蕾門堤那、義乃賢柯蕾門之廳也、又有多官迎迓、將入正門、見教皇拱立以待、乃同行步入内閣、暢叙刻許、宮官又帶領英君隨員進宮英君一一呼名引見、教皇畢、步出、教皇送至廳門、酉正回宮、今早因英君閱兵、街市車價漲至每輛每一點鐘四鎊

初七日辛卯、陰雨涼、初四日巳初一刻、英君曾由義啟程赴法、義王陪至車棧、彼此用力握手話別、示親密、英君并遣義王金鎊一袋、作濟貧之用、車將開、英君猶自窓中探出伸手、向義王謝別、初五日寅初入法界、巳正一刻至的商城、地距巴里不遠、駐法英公使門森率其參隨迎候、天陰雨、人仍多擁立、冀瞻君顔、兵排一千、護守車棧、馬步巡捕往來搜察、門公使并从法官入見、畢、車復開、未正一刻抵巴里柏路旺火車棧、總統盧貝著民服（民主故也）立候、迨下車、彼此握手問候、竝肩出棧登車、車棧四面懸花結彩、排兵鼓吹、諸事與他國同、既聲礮、百姓歡呼、馬車由車棧過揭勝石門、走凱歌路、沿街左右緣椅座價曩皆一蘇（法銅錢名）、遂增至二方、隨車左右馬隊護衛二百、申正至佛卜賢諾蕾街入英公使署、各官站班、樂奏天保國王、門公使夫人迎君與總統入門至大廳、各世爵夫人母女皆口親君手以為禮、少立、總統辭歸、半點鐘後、英君復乘車至埃里賽堂答拜總統、酉刻回使館、又當日在英君所經各街及附近英國使館一帶、皆懸花結彩、至有以五彩鮮花纏柱、香氣襲人者、入夜各街兩旁縱橫滿然電燈、遊行如龍、更有以燈作王冕者、作字者、如天保國王、國王長生、樂接國王、長生無極、埃達倭長年、有賣鈕扣上鑽英君與后之相者、說帖紙上印英君相與旗者、有賣日本手帕上印英君相

者、更有新印曲本題曰埃達倭、我老兄者、埃達倭初到者、埃達倭來巴里者、埃達倭探訪艾米岐者、凡英商所開各鋪、自君到、皆閉門息工、外城各英民亦多來巴里瞻仰、按英使署備國君休息所、大廳三間、四壁黏以花緞、三間分紅黃藍、寢室亦用金花紅緞、牀帳如之、牀旁懸英先君維克都里亞相、裝潢陳設燦爛華美、與倫敦之宮多同、晚餐于使館、陪者門森夫婦及隨君各員與本使館中叅隨夫婦、坐後肅靜無陳詞、雖君膳亦僅牛尾湯、牛奶龍鬚菜、白煮魚、燒牛肉、悶雛雞、烤羊肉、白煮雛雞、拌生菜、煮豌豆九色而已、亥初盧貝親約英君同入法國大戲園觀劇、通園觀者男女千人、皆官宦子、正英君回使館、

初八日壬辰、大晴暖、申正偕內人赴韓闐家茶會、酉正回使館、前于初六日辰正法廷請英君在萬森莊閱兵、閱畢回城、入巴里邑紳會館、懸花結彩、修飾尤華麗、會長戴維前引入大廳、君與總統分坐二金椅、戴維先立君前敬陳數語、謝君駕臨之幸、君亦立答片言、謝其優待、繼而合館恭進一自製金酒杯、杯式條當中一杯、左右各一鮫人俗名婦魚媳為柄、滿香賓請君飲、瀕行、英君留名于門簿、用法文以光耀之、去此入柏路旺囿看賽馬、登臺、君中坐、總統坐左、其夫人坐右、賽馬第一場獲勝者名柯里蘇馬、恰為英名專布因之人、皆竭力高呼慶賀、第二場勝者名詹安馬、名褉爾、英君贈一金杯、直二萬五千方、英君遂步入阜古會館少坐、戌初率門森乘車至埃里賽堂晚酌、英君著水師總帥服、將入門時、向法國國旗免冠行禮以示敬、至大廳見總統夫婦及他男女各官宦、君扶總統夫人、總統扶門森夫人、陸續入

飯廳、男女共廿餘、廳外奏樂、其菜單所開、首牛尾湯、次白煮龍蝦、白煮鱒魚、紅煮小鮮麑、烹雛雞、涼鵝肝帶汁、土伏悶雞、紅悶野鴨、拌生菜、煮龍鬚菜帶牛乳汁、白煮小豌豆、橘子冰凡淩、杏仁糕、鮮果小食等、酒七種、食畢、總統立起舉杯祝英君與后及各王族福、再祝英通國昌盛、復陳數語、謝英君來法、英君亦立答數句、深謝法之優待、并願兩國邦交益睦、後舉酒先祝總統夫婦及其闔家福、再祝法通國興旺、祝畢、樂奏天保國王、亥刻總統與英君同車先游各街、兩邊之燈光輝煌、花彩胜

目者未入樂堂、少坐聽曲、乃回使館、初七日、為其禮拜
之期、午初、英君步至大古吏巷入英使館之教堂内聽
經、聽畢回使館早餐、未刻、法外部請午酌、君帶門使往、
客共一百、皆駐法之各國公使、參隨、食畢亦各宣陳詞
一段、前任法國駐英公使亢本、因有服未到、食後、君特
遣人名來暢談、許久、君謝歸使館、少息、後步入花園中、
集有英國幼童一百五十、排立迎候、君至、齊歌天保國
王曲、君乃親種小栗子樹一棵於園、用作記念、戌初、英
君在使館設宴、請總統夫婦、男女共八十二人、座扶法

三十

同埃里賽堂、其菜單、甲魚湯、乳汁拌苡米、炒鱒魚片、烤
羊肉、燒雞肉、俄國悶雞肉、炸肥肝、燒鵪雀、拌生菜、煮龍
鬚菜、文恣宮糕、小食、水果等、酒亦九種、昨日、英君特贈
百鎊、以濟巴里貧民、
初九日癸巳、微晴、昨日巳初、法總統坐敞車至英使館、
將下車、英君著水師戎服迎出、相握手少敘、同車馳赴
昂瓦里火車棧、後車皆英法文武、沿途左右排兵、車棧
裝潢、懸花結彩、列兵奏樂、棧旁別設一廳、專備諸臣見
英君、英君到、軍營聲礟、樂奏天保國王、將上車、英君免

冠、向法國國旗行禮、復轉向總統握手、深謝法國國家
及巴里通城厚意、總統答以幸臨敝國、招待不周、惟望
一路順遂、英君再向各官握手話別、登車、陪至海口者、
門森、法水師提督傅尼葉、將軍柯路瓦、副將沙柏、午正
車開、英君猶立窗内、手扶帽簷、向眾行禮、英君在巴里
每次出入、法人大都免冠歡呼、酉正車到嘎堡海口、地在
法西北界、礟臺聲礟、臨海車棧、亦懸花結綵、地方官及他水
陸各官均早來迎、當時彼處知府走前立陳數語、謂深
喜君駕幸臨、與老君主維克都里亞屢來法國、同尚望

三十一

君在巴里諸事如意安樂、英君答數句畢、出帳步下石
堦、駕知府所備槳舟、登本國維克都里亞阿拉柏船、此
船送英君至義後、于此迎接也、是晚英君在船設宴送
別英法各官、兵奏樂、食畢各官辭去、船停終夜、今早
辰正展輪出口、未正抵坡滋茂斯海口、上火車、申正至
倫敦維克都里亞車棧、太子率百官迎接、酉正入卜靜
宮、英君此次之專赴三國、皆有寓意、余之按日詳記、一
以徵各國之交涉、與英與各國之友誼重輕耳、
初十日甲午、白晝微晴、入夜雨、聞俄國舊都墨斯哥環

城外鶺極多、土人于春夏間、多貨其羽毛為業、有柏林一鋪、電定八萬鶺、專用妝飾女帽、彼處農家痛恨殘害飛禽、因之無物食毒蟲、有損田事、俄國直北臨白海之阿蟾訣地方、乃著名禽族毛羽出口之地、并有專種水鳥之羽毛如獸皮、為婦女領帽外襞用、又有雉鵠各鳥羽、每季出口千噸、如此慘毒、各國多不避之、

十一日乙未、陰晴各半、涼、是日為西五月七日、乃倫敦日本會第十二次循年公宴期、會首公使林董上月杪柬請在梅頭埔店槐桃樓、戌初、余偕内人乘車往入見

二十三

林公使夫婦、及他日本、英、美諸人、立談斯須、轉入飯廳、卓式一横八縱、作[illegible]形、共坐男女二百三十、林公使横卓正中坐、金氏在右、余坐金氏右、林夫人在余右、其左皆英之世爵夫人輩、卓面裝飾華美、陳日本方圓瓷盆、盆種松綾藤蘿各樹、至高者尺半、頗覺幽雅、酒食豐且嘉、食畢、立祝英君與后及太子太子妃、并日皇及本會各人福、是後多人演說、皆與他處會相似、末各飲日本清茶一杯、贈各人小瓷杯一、作記念、子正回使館、

十二日丙申、陰、亥正偕内人乘車入卜静宮赴朝會、規模如前、惟老幼婦女之朝見者不下一千、子正始畢、各國公使夫人及本國命婦輩皆坐、而各國公使并本國執事各官皆立、腿覺酸楚、女服白色者多、間有黑及粉紅而無品藍及他色者、年老有挂杖者、短視有戴眼鏡者、各婦隨過、隨有禮官唱名、不報明氏、或某人之妻女、只報某夫人某太太某姑娘、

十三日丁酉、早陰、午後霧中、初大雨滂沱、雷酉刻雨止、仍陰、聞前歲英在中國及南斐洲所用之兵費、經戶部報出、内除所收税款七千五百一十五萬鎊、如茶葉合

二十四

六百零一萬四千鎊、菸捲合三百九十六萬七千鎊、酒共三百二十八萬鎊、糖合一千零八十七萬六千鎊、煤合三百三十萬四千鎊、米麵共二百三十四萬七千鎊、苦酒合五百三十二萬四千鎊、人丁税共三千九百八十八萬四千鎊、果餳等共十五萬四千鎊、外、核其總數共用二百一十七兆鎊、在中國僅用六兆、在南斐洲則用二百一十一兆、

十四日戊戌、白晝微陰、入夜大雨、西國向以接吻為禮、現聞漸廢、然仍有暢行、而每下愈況者、半屬男女情人、

幼男雛女及心存曖昧事而使人無從索解之徒其戚規凡婦女入朝會茶會時不得連吻兩次妨損妝粉也凡婦女相遇皆不接唇乃致吻頷及顋額角眼皮頭髮以表至親平安美國更有新規乃僅吻左下唇之下致臉旁及眼毛以避傳染病症用彰衛生云云

十五日己亥陰涼有時微雨洋人凡事精益求精日尋新法昔人創無線電報近美人柯林創一種無線電話又名得律風昨試於美國荷村江面兩舟相距五百尺各有器具并司問答之人桅頂挂銅絲浸水有銅盤五十丈

五五

能傳所言此次試用靈通今後各港口將別有一種生涯矣且陰霧時左右船来亦可互傳方向也

十六日庚子晴而涼聞英君昨日啟程幸蘇格蘭都會后與偕行乘火車西北行三百九十三洋里酉正二刻抵埃典柏城乱倭里棧下車住達勒齋宮今午正君在豪里路宮設朝會申正君后設朝會將于明日游通城十八日游格拉斯高十九日巳正二刻南旋酉正二刻回倫敦英君此游乃加冕後之初次

十七日辛丑陰聞英人男女寄信其忽畧草率糊塗粗畧字畫不清住址誤書指不勝屈更有信面無字或僅書致吾兒某某者此類信件包封布包木匣一年內留存郵政總局者不下二千五百萬件且較五年前多至五十萬凡信包有住址而筆畫不清者送信人再三設法訪尋不得則拆而加封寄歸原主郵政總局之加費人工紙筆年至五萬四千鎊寄信及物件者因草率有所失而信局亦因此間有所獲以往往信包經拆內無寄信人名姓住址故也

十八日壬寅微晴中國豢哈吧狗往往嚙去半尾冀將

五六

來尾短毛長蓬蓬四出以為美觀西國亦有之亦于犬生一月後嚙之以其能負痛也聞某巷某甲家犬生三禮拜其鄰某乙嚙尾經巡捕察出以為有傷生靈各罰七先六本士凡攜犬入英者須報明擔保前于禮拜五日英人某由法布隆海口登第克森輪船行李中筐一云係一犬并未報官船主不允官廳往察開筐視之乃一古米犬也趣甚

十九日癸卯鎮日陰晴不定微暖酉正二刻十分英君與后自蘇格蘭回由慶斯十字街火車棧經本街行人

左右立不避。宫車過，男女搖巾摘帽，高聲歡呼。君后點頭，君亦免冠爲禮。戌初，余乘車至博凌屯賞看博物會。廣厦六間，分設五十處，皆時人新創，如電燈、電報、照像、化金各物，法之新奇，不外格致。更有新集古人之物，及印度山崩地裂之景，并所掘出之物。余留此。命車旋使館，接金氏至亥正二刻，同至道賓巷第十號赴巴樂佛兄妹家茶會，子正回使館。金氏僅有巴大臣之請柬，故不與博物會。

二十日甲辰，陰雨。連日見新報載通城男女老幼之迷路遺失，或被人拐帶者頗多，而罪犯之逃匿數至二千六百二十餘名，殺人兇犯五十餘名，已知逃至外國者三十名。官現出三千鎊備賞，眼線其棄妻子家者一千五百名，婦人棄子女逃者三百名。共逃犯及迷失者五千餘人，家亦多備有酬謝，代覓之費自二十五鎊至六千鎊不等。有人報知巡捕廳，謂有外國人一影專爲拐帶幼童男女，前于百日之工竟失去幼童雛女五十五名云。

三七七

二十一日乙巳，陰雨。紙張作用，人皆知之。西國現有作茶船、火車等（車艙鍈中塞帘凝取不易震裂），已屬精能。希臘國之木同埃及無可作酒桶者（其式圓高似大鼓，即俗所謂琵琶桶），桶木貴而酒不易售。近日酒家紙作桶，堅如木，酒以桶賤，生意漸茂盛焉。

二十二日丙午，晴。午初，率陳、默之、尹元輔乘車入卜靜宫赴朝會，均如前。惟日本、朝鮮公使未到。本國官一千二百餘員，多武官，立至未正始散。申正，復偕内人攜孫女乘車赴海岱園旁太子門第二十六號司特安夫人家茶會，并聽樂。樓房華麗寬敞，樂工六人，皆他國者，鼓洋琴、拉胡琹，幽雅可聽。酉正回使館。

三七八

二十三日丁未，晴。數日前，英提督輿里蕃柬請于今日在倫敦城北哈艾街之稼檣堂觀看水陸兵丁演戰。申初，余偕内人率榮驥與孫女乘車往。下車，武官迎入登樓，坐正面閣中，即初開第一日國王來此坐處。中列金椅，前後羅鮮花，備有茶點。開演第一場，步兵演御車成車之敏捷。由臺後出四輪大車六輛，上罩油布高棚，每輛駕四烏騅馬，車前坐二兵，左前後兩馬上各一兵，爲一兵驅兩馬，隨行車左右各三兵，烏衣褲，銀鈕扣，腰圍白皮帶、右挂亮鍘鞘刀、頭上△形硬黑毡帽、帽前銀圓片一周、約三寸、上鑿花號、車乃先于池內環繞一周、繼而橫列一行、官吹哨、兵依次卸馬、卸輪、拆車、一分時、輪軸、槍帳及各木片疊一方堆、各堆一律、兵列堆後、馬立兵後、少立、官再吹哨、各兵復于一分時將車作成、駕馬排立如初、卸車、成車之際、及往來馳驅、無錯亂、無喧譁、按此車拆卸成堆、如在海口備船載也、第二場水軍演拆車成車發礮之速、雙輪礮車三輛、礮身長四尺、口圓徑一尺、每車有兵十八名、繾曳車兵皆著白汗衫黑褲、

三十九

白扁帽、車至池中、橫排一行、繼發礮、畢刷膛換輪、因車雖兩輪、備輪一對、防損傷也、換輪後再發礮、又橫一木牆、高逾三尺、車不能過、于是兵躍過數名、其餘拆車抬礮、此送彼接、一分時、牆外車成、繾曳走矣、第三場海軍礮兵演後膛大礮、四鍊輪平板大敞車一輛、載鋼礮一門、重兩噸、鍊礮架一座、上有鬪鍵鍊輪、重四十二百磅、礮長二十五尺、杉木四桿、三長一短、車及木棍等共重二噸、車前粗繾一、三十兵曳之、皆著白汗衫黑褲、斜頂小圓毡帽、作冂形、車至池中、先卸木棍、細作本字形、三豎一橫、以免滑倒、因將以之繫重物也、架上扣繾、曳車至架下、先將鍊架繫起、礮車退于木架外、鍊架落地、後推車近鍊架、復將礮繫移鍊架之上、即時拆木架、倒置礮後、他兵胸貼地于木後、留兵四名發礮、畢復依前式搭木架、先後繫礮、繫鍊架、抬置車上、再拆木架、安于礮左右、車如前式矣、整齊敏捷、不及一刻鐘、第四場係馬隊礮兵馳驅之際、演放礮位、每車四輪、前二輪架藥箱、後二輪架礮、礮畧小、如九節龍、六馬曳之、左三馬背各一兵、礮四門、兵十二、皆烏衣、戴黑皮帽、上立白翎一束、

四十

作冂形、四車先在池內、左右往來、環繞馳驅、毫不錯亂、末則橫列池中、卸車、分車發礮、奏天保國王之樂、一堂男女起立、昭恭敬也、發畢、連車駕車、亦極速、第五場名曰代樂喜大賽會、係依前之西正月一日、此地操兵賀英君即印度帝位之喜、代樂喜杜爾巴爾在印度西北界班扎省東南竹木那河之右岸、舊為阿富汗及謀古之都城、東臨西藏、東南距喀拉喀塔九千五百四十洋里、池中陸續先進印度馬步兵八隊、御兵一隊、各隊衣裝顏色不同、五彩炫耀、帽式亦各殊、纏頭之式、有平纏者、作花者、一色者、雜色者、上加絨球者、中豎三尖帽者、有戴高尖帽下

圍羊皮一圈作形者有戴牛角金盔作形者人皆黄面烏鬚步隊皆執火銃馬隊或執長矛或執銅牌或槍或劍無不潔淨整齊英兵兩隊護軍一隊皆金盔亮甲白皮手套長盈尺式作形如古之鋑護腕兵在池中到齊按隊横立步兵前馬兵後其行動排列亦皆整肅繼出駱駝兩隻飾以五彩印度人騎纏頭花衣手執長槍分立左右兩邊之首再則象四隻横排正中象披綉花金邊綢被帶頭罩飾耳左右垂綢兩纏頭罩前作如意頭山字形或或形不一綢被亦各異旁視之或方或圓或或甚華美各象背住一彩漆長方臺多作亭形上罩彩棚内坐印度人一彩衣纏頭珠寶鑲嵌亭後立一人為僕象頸騎一人手舉鈎槍為象奴皆白衣纏頭臺無棚者後立之僕張傘象前左右各立一人手舉長矛為護衛四象排立當中樂工奏天保國王樂男女觀者復皆起立其通場之馬皆烏騅也第六場驛操兵七十二白布緊汗衫黑褲白襪鞋練法係蹲走倒走一腿走翹脚走盤腿蹲並兩腿而直伸兩膊式不一未能盡述總之合羣演習紀律嚴整而已末則是七十二兵齊以胸貼地布成萬壽無疆四字極清楚斯時羣復起立以申敬恭其餘九場或賽跑無鞍馬或馬隊衛軍隨樂聲往來盤旋或以槍刺木牌挑橘子隨跑刀砍木人頭以及騎無鞍馬爭奪兩營假對陣各事雷子四年前看過者無庸再筆酉初一刻畢謝歸瀕行下樓以一鎊犒其僕役

二十四日戊申晴倫敦汽車日盛不惟奪盡馬車公車之利更將侵及火車之利或謂汽車載貨每噸可用一本士一洋里較火車每洋里賤三本士且于十年後汽車既多則道旁舖店生意定增千倍上年火車遭險坐一萬七千八百一十四輛而汽車僅四十輛汽車價直低昂關乎力之快慢價三百鎊者每點鐘常行十五洋里快至二十六洋里登山五洋里三百五十鎊者常行十六洋里快至二十七洋里登山六洋里四百鎊者常行十六洋里半快則二十八洋里登山七洋里由此推之其至昂至快者常行二十六洋里快則四十洋里登山十六洋里或辯云官限此車每鐘准行三十洋里似稍少蓋鍊道公車一點鐘尚行二十五洋里至老火車

一點鐘猶二十七洋里云
二十五日己酉晴倫敦城正東太木斯江南轉處江濶
而東入于海沿江兩岸有船澳貨棧如西印度加那達
諸名並原有善舉公所總處備各國水手暫住日索飲
食費其人工物件煤火用款悉善男信女施助故較之
旅舍每日費只及半（以上詳見六述奇）江邊一帶總名窮人樂
所英言立木蒿斯邇來復經善人募化施捨別建一所
名曰四海兄弟居前日申正開門公請太子與妃并各
國公使參隨及本國文武官員往賀余以鮮暇令陳安
生代表雖云請賀仍別具一帖請貲助因匯十鎊十先
先行送去聞當日太子已代收二千鎊乃本區美爾夫
人及前美國總統姪女教司本夫人輩解囊自助并向
他人募得者又東岸一老漁躬送十鎊一水手母躬呈
太子妃十鎊又有人施大洋琴一架書櫥一架書如干
部皆經太子代收安置畢太子與妃及餘客咸入大廳
坐用茶點食間太子起立言深謝天下沿海各國君主
及美國伯理璽天德之慷慨好施成此英外水手會而
使各國水手之因故留岸者得免流離失所足見視四

四三

海皆兄弟之誠心云云此所建築費共三萬六千鎊現
集得三萬二千鎊半由美國婦女湊成惟善士艾達倭
一人所施至一萬四千鎊太子特為稱讚謂都城凡行
善公所之經艾君施助者此為第七十三處也
二十六日庚戌大晴暖始脫裘酉初一刻世爵駱立約
在蟠色里巷律例書院中晚酌讌客兩長卓作〔　〕形
同座者英皇叔堪卜立址公及愛爾蘭院長日本波斯
二國公使其四十餘人皆例學名士飯畢駱立率眾立
起舉酒恭祝國君君后太子太子妃之福繼而二男一
訥爾克一席樂坦二女一艾木立一柯麗蓮始各歌曲
一復共歌曲一阿米為之鼓琴聲調短長相間或悠揚
宛轉或獅吼雷鳴足以悅耳亥正謝歸
二十七日辛亥晴暖如昨入夜雨今古名人油畫英人
所重昂其價直甚於我國聞昨賢猩木斯開威里閣中
費士爾拍賣油畫七幅共一萬八千六百六十吉呢（一每）
（吉呢係一鎊一先）第一乃賴本繪世爵辛克蕾喜容直一萬四
千吉呢第二霍樸訥繪名人柯立喜容直一千六百五
十吉呢第三甘斯柏繪戴萬晒公夫人第娰得之半身

四四

喜容、九百吉呢、第四、羅木尼繪葛林小姐喜容、售七百吉呢、第五、那堤爾繪路義第十五之妃賴勤斯吉喜容、五百五十吉呢、第六、康斯達繪名人戴杭衛喜容、五百吉呢、第七、甘斯柏繪世爵哈米屯夫人喜容、售三百六十吉呢、

二十八日壬子、晴暖、前之二十五日、為西五月二十一日、稱為聖禮拜四日、據云為識耶穌升天日、聞在英蘭中界稍北、得爾貝府之堤興屯地方、鄉民是日行蓋井古禮、教堂誦經畢、教士引衆游街拜井、沿街有假燈樓彩臺、以及鬬龍戲水各物、人則行歌壽山福海詩、周各井、列鮮花井上、覆以祭文、云古禮始自一千六百一十五年（明萬歷三十四年）、深謝井恩崇隆、雖值天旱、井水無窮云云、似我國之六月十三日祭龍王、夫作此舉者、固天主耶穌教中人也、心是心非、未可測度、而計年仿行、不謂之敗壞教規也、而于我國之貼神符、挂胡盧、祭星、浴佛、乞巧、寒食諸故事、嗤為迷信、華人入教者加厲焉、祭天、飲福、致訖、故不與、以為彼所敬之天、非吾所信之心、是同履一地、而各戴一天矣、噫、

四五

二十九日癸丑、晴暖、倫敦有盲學堂、啞學堂、近有李葉公爵在安諾里地方、創立聾學堂、事屬經始、地基頗仄、擬留住宿飲饌者六十名、朝來暮去者二十名、諸生皆須十三歲以上、往返火車費、亦學堂給、宿學諸生、皆經義媼料理、教學大旨、寫字讀書外、各依性之所好、力能及者、如製靴鞋、成毡毯、造船、縫衣、鎔鍍金銀、製造木器各藝、俾學成年壯、可謀生、宿館諸生、各分園地一方、自行栽種花木菜蔬、如得良法、亦一生養贍之資云、

三十日甲寅、晴暖而微風、天氣翁匐、在屋仍須著棉幪、云倫敦工匠之費用、每人一禮拜之飲食、計十二先九本士、衣服四先十一本士、房租七先七本士、往來輪車一先六本士、燈火洗衣零用、約一二先、都二十八先八本士、合中銀十兩、在所必需、倫敦匠人一禮拜工價、較上所計應用之數、有餘亦有不足者、平日工價、大都二十五先、然各處不同、一禮拜有二十八先七本士者、車夫有二十六先者、守火車棧人及送信人、有二十六先半者、掃街及起土人、每禮拜有得二十八先半及三十先者、夫一人每禮拜作工五日半、即得銀十兩、一月作

四六

工二十二三日得銀四十餘兩乃不惟不敷自用更不
能贍家故倫敦正西及西南一帶人多貧苦男子在外
傭工其妻亦必從事縫洗設法入錢方足相需度日也
五月
初一日乙卯晴舊同事曾叔吾兆錕前年冬聞余奉
命出使英國由英電余請留來函亦如之余以渠官事明
晰乃電留之曾初到英月薪給十成計二百兩三年後
升三等參贊官改八成每月二百四十兩去年正月欽
余出京經羅績臣升爲二等參贊官月給三百六十兩
余至英因經費支絀且人多俸薪遂依舊數發給曾則
次日交還且呈銷差謂適得家書母病篤即歸省并請
照正月所得俸薪之數發給歸裝其二等船價洋妻外
擬多索一分余未允且其母就養廣東兄任乃不由英
都直赴香港而擬游美先紐約次華盛頓由舊金山附
輪過日本上海福州達香港此行路遙而日多無意旋
里明矣以此度之想係到美求差優否不論邀竽七八
個月即可更領一分川資歸裝也此弊於光緒初年任
駐紮外洋以來爲之者屢矣按定章在乙國所廚之年

四七

月不准於丙國補足余曾上條陳凡出洋回國者只准
支領一次船價川資用以節省經費奉
旨依議欽此聞曾於去年五月抵美干伍秩庸得署紐約
領事今年三月梁鎮東繼任未留曾西旋其妻仍回
倫敦今日其妻在其外舅家請茶會申初余令内人攜
孫女往酉正回戌正韓闊夫妻請飯余同内人往主客
共卓男女計二十人酒食豐渥勸進良殷
初二日丙辰晴酉初偕内人攜孫女乘車赴君主門第
五十七號莫斯倭夫人家茶會樓小有義國樂工男女
各三人裝束新奇歌聲幽雅月琴琵琶各樂器亦與英
國不同少坐下樓入飯廳飲舍粒一杯謝歸此會男女
百餘人
初三日丁巳晴戌初請薩道義林董二公使及禧在明
甘伯樂駱立甘美綸諸人太子堂飯館晚酌并招陳安
生同往館在庇喀的里街洋名普林賽斯蕾司托蘭
(註)
猷述稱爲倫敦第一宏敞華美飯廳正面奏樂燈燭相
輝酒食合口賓主款洽食畢入别間飲加非吸菸捲暢
談極久甫辭歸

四八

初四日戊午、陰、申初迅雷驟雨一陣、雨後仍陰、入夜仍雷。外洋不言迷信、而近與英人閒談、事有類於我國者、約克晒府衛斯賴縣之葦克靡城中有古教堂、名希斯西麻。一千五百九十三年（明萬曆二十一年）有博理夫人綽號胡巴老母、死於此、相傳至今有時魂現、見者三日內必死。英蘭正北牛喀斯地方之太音河口、二百年前一美少年與霍姓姊妹相遇、雙花並豔、而少年意在少者、情愛相投、長者妒之、一日乘其妹睡、縊之死、至今凡是處附近之夫妻不睦、或不義不節、魂必現而斥之。倫敦東北埃賽府閘五藝城、古有一磨倌、佚其名、為人忠信正直、因故自縊于今、或見其項環馬韁、往來于某教堂旁塋地之間。

初五日己未、大晴、熱、早挂龍旗、戌初設席、并邀曾夫人、馬清臣之女及陳尹二夫人共酌樓上。英國汽車日多、亦須按輛挂號保險、車後大書四字、前二字車來處地名、後二字車主名姓、因車行極速、字多不易辨也。其下復有所報之第若干號數、天暝、車後然電燈光射字、茍有違例遇險等事、車行雖迅、巡捕亦辨其字而記之。

初六日庚申、晴熱、入夜涼、昨日為其耶穌復甦節後第七禮拜日、稱曰懷森代、今日為懷曼代、或懷禮拜一日。懷字之義未詳、按英言白色曰懷、或謂幼女昨日入堂受洗、皆白衣、故曰白禮拜日。鎮日各鋪關閉、人工休息如故、自晨至晚、敞車百餘經樓下、是車平日皆運酒卸煤、或糞土運污穢者、今刷洗潔淨、油彩一新、馬首亦立鮮花或紙花一束、兩日中出賃游鄉、每車可載男女老幼十數人、行歌互荅、藉以陶情、是亦貧民安樂之暇日也。

初七日辛酉、早陰、申初晴、涼風、鎮日至著棉。聞英人亦有因古人偶為之事、至今崇信仿行、如百年前英蘭西南角閣安衛地方盧喜佛其人、與一閨媛情愛久之、女疑其不誠、乃同誓至溪邊、而水若頭影不露、為無良。二人同臨溪前、盧面隱、女遂棄盧而去、自今英蘭男女戀情、彼此畧有猜忌、即同至井口或河池水旁照之、兩影同出、所疑兩釋。盧死後強魄為害、在英法閒之哲爾溪島（地近法而屬英）、有人奮勇夜駕舟援他船遭險者、中流見如盧喜佛者撓之、舟滯、既未援他船、又覆於石岩凹穴中

幸水淺而後漲，舟乃得浮、

初八日壬戌、晴、冷、聞前初五日之懷森代教節、英蘭與蘇格蘭異、英蘭無定期、計復甦節後第七禮拜日（其復甦節本年在前三月二十五日，西四月二十二日禮拜三）、蘇格蘭准五月二十八日、既以此日為教節、更為半年之節、蓋自五月二十八日至十一月二十八日為半年、凡遷居還債僱辭僕婢皆以是二日為定期、過此節有若許奇零故典、如招友歡飲、有酒名懷森埃勤、性似啤酒、義乃賞心酒也、禮拜堂中設讌、有埃勤酒、性稍烈、名哲池埃勒、義乃教堂酒也、人家亦有設戴笑面及亞喇伯之雜樂跳舞會者、伊屯大學堂每年前初七日名曰懷秋斯代、義懷禮拜二日、雖放學而諸生仍不遣去、乃公舉一名充大主教（卿）、比餘充神甫教士環比翔立、唪經禮儀盡同教堂、後乃別選一名充千總、其他充兵、由堂列隊排行至地名鹽山者、鎮日所為雖近於戲、而教規軍律即此是學、此學堂近文恣宮、亦三百年前之一舊學校也、又西國古蹟小說、謂不知幾千年前耶穌以世界惡人多而善人少、一日謂其徒諾阿須造大舟、載爾家屬、并帶牝牡雌雄禽獸

五十三

謂其徒諾阿須造大舟載爾家屬并帶牝牡

各一對、我將大雨四十日、以溺人之凶惡者、迨水漲舟浮、其妻不願同登、竟成惡鬼云、此說英蘭西南界紫晒府之紫斯特各城男女信之尤誠、因之每年六月四日、期也、大學堂諸生以地臨太木斯江、援斯故典、鬪舟為戲、略如我國五月五日之鬪龍舟、諸生多世家子弟、屆期皆自備輕艇、疾駛比賽、國王亦往賞閱、此日洋名曰門太木（字之本義乃臘典文山也，至此日之用義未詳）、今日即西六月四日、因學堂于前日晨火、幸未俱焚、燬學生二名、王后親往弔慰、暫停此戲、

初九日癸亥、晴、英人奉天主耶穌兩教、而多深信鬼怪者、如英蘭南北約克晒、代文晒兩府、曩已言之、又西南角之閣安衛城有南斯夫人井、相傳多鬼怪、人以之卜死生禍福、束葦作十字自擲之、井浮者吉、沉則年內必死、蘇格蘭正南巨婁衛地方有水池、一名殺人窩、據云三百年前一老嫗率二子曾害五十餘行人于水、故至今人多不敢獨行近其地云、余登記人之信鬼、非欲吾輩說有也、將使人知所謂文明之國者、亦復多此迷信頤也、

五十四

卷六終

八述奇卷七

鐵嶺張德彝在初隨筆　潘士魁校

光緒二十九年五月初十日甲子陰晴不定仍涼英蘭西南界代萬晒府人尤信鬼怪并有歌云小鬼小怪小無賴無須尺布即能蓋此歌肇於府之楚得里甫邨因山谷有洞曰幽靈凡經其地者必擲一鍼或手帕于水以求福若得蓋鬼帕下則獲福無極彼處迷信頗多少有異於我國者且有甚於我國者昔有農夫無力雇人自行刈穀久遂惓而卧地睡覺見穀皆為鬼代勞刈畢

一

人作事誤或多梗迮皆諉之凶鬼如晨起見馬苶然則謂夜被鬼騎行人失路則謂被小鬼所惑故欲無擾者必每當日暮度鬼在處列啤酒數杯及麪包乳餅各物些須以禳之數年前有韋艾者暮出門久不歸據堪衛城人云是必為鬼馬所引夜遊四方矣

十一日乙丑晴申正格林尼址天文臺東約一往地居倫敦坤方約距使館二十五里未正乘車過西敏斯得橋走賢卓志街新推舟路舊推舟路新十字路逾小河入深林登小山至入內壁東先登舊臺臺式與德國同由千里鏡望金星如一黃色半圓下橫寬約二寸上圓徑長約三寸上此層鐵梯兩層合五十餘級出此登旁之小臺履木梯六十六級臺築小山巔四矚各景軒豁呈露且天朗氣清兩目如洗樓房花木河水舟艇一一可數遊者約五六十人下各奉勺勻臘一杯小食少許食畢天文生某甲引行半里餘至新臺臺八年前築成者較舊臺高大宏敞千里鏡亦長臺作圓形下面四圍分間乃諸生用功辦事處列有照成所見各星形式又有大片橫寬尺半縱長一尺者數十頁每頁僅星點少

二

許蓋自數年前英與法美德俄諸國天文臺約定環地球向天之各點今直天之若干度互相定准照片尺寸數年後各將所向之天照出輯輳一圖則向有未見之星皆覓見矣出此入別間勸飲香茗一杯少坐謝歸戌初抵使館

十二日丙寅晴聞由數日前至今有日本兵船或巡船經提督山村管帶駛至澳洲東南西三面之珮爾斯及阿得萊勒賁等處昨日行抵奚達呢海口日本水師上岸排隊街行鼓吹互奏英日之國樂以示兩國之會

盟因而人民及本地水師皆歡呼恭祝日本米喀兜之
福
十三日丁卯微陰涼亥正二刻步至本街第三十二號
赴前任外部侍郎卜五斯家跳舞會入內見其子女客
廳本寬大適隔壁第三十號樓空待租遂由其樓上前
窗右接旁樓之前窗搭以綵棚從後樓右壁拆通亦飾
以綵綢羅列鮮花旁空間亦然在內盤桓人覺軒敞然
男女二千餘客反形局促左右設長桌茶酒小食兩處
右空樓中雇義國樂工一班場場奏樂左右可作跳舞
兩場壁上高懸每次跳舞名牌人可預約定迨樂奏男
女比比已備齊矣看至子初遂辭出步回通衢左右排
列重重車輛燈光燦爛頗可觀
十四日戊辰晴涼未初日本公使林董名飲於帕瑪街
之喀勒屯飯店同席薩道義甘伯樂及二英人係曾在
日本謀生者酒肴頗佳飯畢步至廳外玻璃棚下環坐
飲加非吸捲菸暢談申刻謝歸是店在通衢南傍帕瑪
街東臨柴草市地基頗大余於數年前在倫時即見其
興工至客冬始開市樓房高大東南兩面開門兼住旅

三

客飯廳寬七丈餘深約四丈四面玻璃窗窗外滿列鮮
花廳內正面奏樂其前密列大小桌椅華美整齊堂倌
百名廳前大玻璃棚羅列竹几椅備客閒坐棚左別一
大間為賣頓飯處每頓一人七先（合三圓半零）飯廳為客點
菜定菜處晚餐每人合酒計之必一鎊十先（合銀二兩）十菜
極昂一盤牛尾湯二先龜甲湯五先羊肉一小塊四先
小銀魚一尾五先小牛肉一塊加莞豆六先雞肉一塊
七先然富家男女朝夕坐滿無隙地可與巴里飯館競
勝已

四

十五日己巳陰雨涼西人作書往往筆法與中合然所
重名人翰牘多以其人之名望品位者日前得兆瑪巷
索堤碧叫賣行拍賣內有英君為衛拉斯王時說帖一
紙售四十鎊席丹計印司本真伊爾翁輩筆跡說帖由
二三鎊或十二三鎊西人署尾僅其名之二三字而已
易以十三鎊計百餘金亦好名之過也
十六日庚午陰雨如昨申正二刻偕內人攜孫女乘車
赴得當開関第三十五號赫永先家茶會見赫宮保夫
人及其子女婦與孫男女客頗多別閒雇亨加里樂工

二名一拉胡琹一鼓琴式與中國之扇面琴同而稍大横三尺五寸縱約二尺絃横三十二以銅絲銅條牛筋為之其聲激烈敲以皮棰時而奔濤過峽時而幽竹吟風少立下樓茶點畢謝歸亥正二刻復乘車赴庫爾森街第三十二號美國萬瓦小姐家茶會客廳正面一小臺高盈尺旁設一洋琴先一人鼓琴一人坐臺上拉大胡琹繼一女名富樂麗者歌一曲皆平平一人名貝登之戲法輕快敏捷可賞一手執洋紙牌一副數十頁請臺前男女客四人任使各抽其一各自認明牌上點號任意復插其手从牌内既以一長尺餘竹筒曰此萬里窺心筒也窺之可知人心所嚮乃佯向前抽牌之人一窺曰某老爺所抽某牌是否某太太所抽是某牌否均曰是無一訛者四紙牌名報畢復將牌舉起曰此牌大小任使牌原長二寸寬寸半甫舉則縮半寸再舉則横半寸長僅一寸矣眾鼓掌稱讚復出紙三紅白藍各方一尺遍與坐客細驗咸淨紙既請座中一男客登臺扯碎紙捺成團到貝手則變成三色小旗百杆下臺分送諸客復上臺三整齊仍在手再斯再揉再張手

國大三色長方旗又於坐客借一先并請以鉛筆作識於錢面出紅紙一頁横尺半縱一尺云將以之包錢而錢小紙大請臺前一女客剖而二之并請一男客上臺親手以紙包錢包已貝接去隨出火漆一支請包錢者向紙包上三點如封信狀再交客手紙包已變為信函火漆宛然請客拆封内仍一信函再拆亦然二函皆點有火漆第三函貝言須請銀圜主人開拆考察是否原錢拆看則鉛筆作識之先在焉究不知其包封何以若此之速末乃一女名黎達者學作兩人語或母女或女與情人隨說作態頗有趣看畢主人陪入飯廳喫酒小食後謝歸使館

十七日辛未晴午初率白厚之乘車入卜静宫赴朝會一切如前記未正回申正偕内人乘車赴趧良街第十一號穆爾遜夫人家茶會屋窄人稠客廳設椅五横臨窗立二男子着武官衣戴面具四女作日本裝而歌英文曲一女鼓琴他女陸續歌或說白或學口吃共二十二場分兩截聽畢一截下樓喫茶戌初旋使館亥正二刻復偕内人率榮驥赴藍侯夫婦茶會人多如前丑初

回

十八日壬申陰雨涼倫敦各醫院之經費每年善男信女代募或施捨有名倫敦醫院者詳見述奇六因本年擴充樓房須用鉅款乃經戴爾貝伯爵夫人定于前十三日西六初八明在阿拉柏堂詳見述奇四設跳舞會售憑票備酒食半月前之票價每張一吉呢十二日漲至十吉呢聞初十日已賣去四千餘張矣夜餐在堂前海岱園邊内之海岱店中每人連酒二吉呢小食在本堂大飯廳内每人一鎊堂中棚頂周一萬五千尺滿覆深淺紅假玫瑰花頂至地數丈空處飾以真玫瑰假花香水噴之真花發香通堂馥郁四面滿然電燈跳舞處別環新式電燈三十各作樹形葉尖花心皆燈正面臺上奏樂臺前左右上下皆飾以玫瑰紅情綠意擁風琴而不露聲出百花中正面左右三門依票分三色不論等第俾人不亂入綠色票入正門紅色西門藍色東門入門時將票分交御者一半便巡捕點查位置停車地臨門有存衣所存衣帽者亦有小憑票票與入門憑票同色是晚由九點至夜半車如流水四千餘人中用脚踏車者弱半門外八十巡捕照料彈壓男女在内跳舞至次早丑正始罷而夜餐焉

七

十九日癸酉陰雨冷聞前日阿拉柏堂中跳舞會四千餘人中半入座夜餐半入廳小食據云所用食物器數頗鉅鮭魚一萬五千斤龍蝦一千枚羊肉片二千五百斤山麻雀三千枚牛肝麪龜二千枚鵪鶉三千頭冷雞片三百斤麪包片挾火腿八千分白煮雞一千二百隻鹹肉五十斤牛舌二百條地椹五百斤葡萄二百五十斤香賓酒二千四百瓶檸檬水二千一百瓶肉團六千斤指使堂倌二十名伺候堂倌二百名其他伺候者八十名桌上器具六萬一千件計瓷盤一萬二千玻璃杯大小八千飯單五千幅食刀一萬二千食叉一萬羹匙八千生菜乾果之數未聞申刻駐法孫慕韓星使率繙譯嚴璥來拜

八

二十日甲戌陰雨冷早乘車至西敏斯得街賢俄斯氏店答拜孫慕韓戌初約慕韓及嚴繙譯在使館晚酌陪者陳徵宇陳安生陳默之也中國春夏之間鄉間演劇俗謂之野臺戲聞昨在英蘭西南界柴晒府之森萊江

口地方亦演此等劇洋名歐貢埃爾義為露天臺在山谷中四面斜坡綠樹濃陰驕陽不入臺寬百尺長百五十八尺于前禮拜六日開臺往觀者男女約三千

二十一日乙亥早陰巳初乘車至柴苓十字街火車棧送孫慕韓回巴里申正大雨冷聞現有義大里人卜睦者創一種電線得律風傳言與電信同時可走一線昨在義國柏婁那與貴拉朧（地在義北北界柏東）二村之閒南北相距約三十洋里安線演試尚得用乃云不日舉國皆改用此線矣

九

二十二日丙子早微晴午後陰申正偕內人攜孫女坐車西行十數里登喀卜墊山入喀木別墅赴貴里木夫人家花園茶會見伊夫婦并伊女哲細纖而繞出後門入園緣樓穿廊一行設圓卓竹椅六七分堦下橫長卓一羅列茶酒加非冰乳鮮果糖果小食類僕婢廿餘園頗廣艸如綠綉花木濃交而多由人工鬭天然者男女客甚多步至樓右四面短籬豆花之類蚪蟠其上作牆正中有鐵架花障及亭作雀籠形中一圓池種蝴蝶梅池外地鋪石子亭周四門亭外四面鮮花分畦每畦一色畦式長三角形▽其意似以亭為蕊畦作瓣簇成一花形式如❀看畢將轉倏烏雲四起雷電交加諸客疾走至樓大雨如注林內樂工一班亦急避入他所諸客在樓少立坐喫酒及小食畢陸續辭去余將及使館雨止亥正復偕內人乘車至牛貴街內向西之格拉魏氏巷路北格拉魏氏畫閣中赴那歐布世爵夫人（即阿木斯當船廠主人）茶會見伊夫婦並其子媳及相識之男女多客廳堂高廣正面有臺前列鮮花四壁懸名人油畫大小百幅當中金椅橫列行行容人一千臺之左洋琴有英男歐蘇連歌曲法女梅蕃作二人語彼此各演二場時已子正眾客齊由臺左門內下回旋梯五十級入大飯廳正面橫長桌桌前別列多分圓桌金椅男女客之相識者環坐一桌夜餐酒菜果品豐美并有熱湯冰乳之類葷素涼熱聽食者之便丑正回使館

十

二十三日丁丑微晴巳正乘車至維克都里亞大車棧送別薩道義渠將乘法公司船回華也西人專于坐賈者亦日求新奇如倫敦東南之維克都里亞園及西北之拋球場各於林中建一自行呈遞之茶點館洋名曰

敎授麻堤卜費設客座無堂館小房一所白玉石臺玻
璃明窗不見一人石臺分槅一一作撲滿孔按孔號物
名與價納孔三本士者即由窗出一盤盛茶壺杯各一
牛乳一小罐白糖一碟抹奶油之麪包兩片槅旁安龍
嘴可任便取滾水此外有麪包挾火腿片櫻桃餅加非
鹼水熱牛乳檸檬汁薑茶薑酒諸味皆不外兩本士然
均須自行取置桌上用畢又須將空具自送至窗前石
槽內自有活水滌淨抹布拭乾此類茶館若夏日於花
園江岸小酌殊有趣

十一

二十四日戊寅陰雨冷西人力破迷信而亦任有巫覡
且信之既信之即屢有預卜後事之靈驗者如西三月
間有司的達其人在斯特蘭街某飯館請晚飯男女二
十皆名家顯宦如葛蕾公輩食畢去者八人其十二人
皆至契留而劇談中有賢陶瑪斯路第百十一號之婦
名目池蕾馬立本路第百六十六號之婦名馬克思皆
善覘術者談次各出所有以自繩中有色威亞國王族
某出一平金袍金花綉工極精美其袍本色王者正稱讚間貝
婦忽昏迷閉目少頃開目向眾曰是袍必經御用者妾
適見宮中國王被弒王后旁跪求免許多藍衣人舉槍
出視王先後立哭泣此非吉兆姑識之以為將來驗聞
之者皆疑信參半今色王二十七歲名阿來三德十三
歲即位二十四歲以故武官馬新之妻向充王母內侍
得拉夏為后年三十七矣娶時舉國憤怒繼王后弄權
擢其弟即瑞威為副將凡武官之稍不如意者不為之
守護者輒降革之以故兵官咸怨遂于陽歷十一日即本六月廿日丑正武官四十餘闖入王宮槍弒王與后并殺后
弟與妹及他文武護衛者百餘人若此行出而通國罕

十二

有悲慘者是則目婦之言驗矣
二十五日己卯陰涼西人于三四年前新覓一種石洋
名拉的頟木大要由拉的埃字義以題其名拉的埃者
射光也透光也因石能隔層物而發光于對面也華文
可名之曰透光石然透光之理西人精通光化學者至
今未解近名醫駱安敦據是石透光之力創一法能使
瞽者窺而且讀乃以石作屏射光透目以助其明
二十六日庚辰陰冷如昨英國原有戒酒會因斷飲殊
難近又設半戒會僅令早晚兩餐飲少許藉以衛生入

會須領憑票。閱二十天以來已有五千四百張憑票發送暹國及南斐洲、五印度、倫敦公所，在利貞街第七十六號。入會者可往掛號云。

二十七日辛巳。微晴。英人謂英在中國設信局于其國并無益處，且枉賠局費，若中國之郵政妥善，無私拆諸弊，英願撤其局。拆信之事，法、俄皆有，且係奉官令，俄屬尤甚。法詭甚而收信者不覺。拆法：無火漆封者，以刀之窄於韭葉而鋒極利者由旁割之，抽讀竟，有用者少則手抄，多則撮影，事畢裝入，再抹以極黏之鰾於割處，紙邊寬約一線，封固，紙外無痕。有火漆封者，看其印識，能讀者照式摹仿，不識者以藥水撮影，即將漆印扯碎，拆封看後，或抄或撮影，畢，裝入黏封，按原色火漆化扁，依式刻作膺本，逼真，又以熱器壓之，令迷糊似是而非，僞為大捆熱力壓變狀。亦巧矣哉。

二十八日壬午。晴，稍暖。未初，陸斯義夫婦請余與內人午酌。依時乘車至維克都里亞街阿什立園第四十二號，入門坐升梯至第四層，出梯屋，款門入，握手寒暄畢，少坐，入飯廳。賓主共卓十四人，內有巴拉佛夫人（係阿蓋公之妹）、皮喇夫人及名優特立仰弗識也。酒食不豐不嗇。席罷，請以鉛筆題名姓于卓布，繡以白線，用作記念。并張榮耀四垂，繡成者富貴名家已不少矣。陸夫婦身皆短，而人甚溫和，屋非廣廈，而潔淨殊常。

二十九日癸未。晴。亥正偕內人携榮驥乘車入卜靜宮赴朝會。子初，英皇及后入座，千餘老幼婦女一一覲見。丑初禮畢。英皇生于西歷十一月初九日，乃定于乙酉日（西六月十六日）二受人祝壽，因之特多升賞，加封諸侯者四，升大學士者二，賞以男爵者六，賞勇號者如千人，太子亦由海軍少將升副水師提督云。

又五月

初一日甲申。晴。西人之麪包猶華人之米飯，故其歲收之五穀以麥為第一。聞上年歐洲所產：英二千四百萬，奧五百二十萬，義三百八十萬，和二百十五萬，瑞典一百九十萬，比四百三十五萬，日斯巴尼亞二十萬，德四百三十五萬，法四千三百九十一萬五千，希臘五十萬，亨加里一百三十萬，俄六千零七十五萬，魯麻呢亞約四百萬，共計一萬萬九千二百四十一萬五千麥爾特

一夸爾特為一夏倫
之四分之一合二升
初二日乙酉大晴熱戌正藍侯請各國公使晚酌于其
家慶英皇壽也共卓六十六人頭二等公使三十二餘
皆本國者食畢已亥正二刻法公使先率眾舉杯祝英
君壽藍侯立起舉杯荅祝我
大皇帝暨各國君主之壽繼飲加非吸捲菸復轉入別間互
談斯須辭出登車順路馳至帕克巷入倫敦得里樓赴
倫敦得里侯夫人家茶會樓既軒豁石梯亦寬惟男女
客有萬千相擠跬步難進門登梯至頭層見主人須
行一點鐘之久及登樓每間有門不知某間為下樓處
賴彼僕人指告由人叢中得路即下樓將出門依然擠
擁來者去者之車須依次來往故待車又一小時餘旋
使館已丑正
初三日丙戌晴熱由他國販至倫敦之皮貨種類頗繁
即鼠皮亦三四種如美洲西印度鼠洋名歐樸色木或
名囊鼠以其長尾或纏樹之勁枝以猱升澳洲鼠洋名
烏木巴類美洲囊鼠色皆灰小袋鼠洋名瓦拉拜大袋
鼠洋名堪戛路色皆艸黃土猪之洋名巴者爾者大如

十五

猻色灰穴居而夜游美國樹貍洋名拉庫恩香鼠洋名
莫斯依士貂鼠洋名麻爾坦銀鼠洋名額爾買因土撥
鼠洋名麻爾莫水奴鳥洋名格蕾布臭鼠似鼬鼠洋名
司公克鼬鼠洋名民克松鼠洋名斯奎拉勒海狸洋名
奴湜里亜此外有黑狐紅狐家猫野猫虎豹熊貂山羊
棉羊狼兔水獺等更有僅聞其洋名而不知為何獸者
多種每冬在老城南傍太木斯江騷斯倭橋之閣當芝
山之叫貨布會集出售聞上年共有囊鼠皮九十一萬
四千零六十每張直一先小袋鼠皮一十三萬大袋鼠

十六

皮八千澳洲鼠皮三萬九十一百六十一每張直由九
本士至三先紅狐皮一萬一千五百零二每張直二十
七先野猫皮四百二十七每張直一先半至四先家猫
皮二千九百八十三每張直四六八本士至一先不一
土猪皮五百五十八每張之直未聞虎皮十二每張三
鎊獅皮一張一鎊豹皮三百五十每張價一鎊餘未詳
入夜風
初四日丁亥晴熱而風西人皮色白於冬夏兩季面多
生黃斑據云有善消之法此斑頻生於鼻端額角掌背

夏季醫法臨睡調勻檸檬汁與清水各半滴於斑上二三次後仍不消或致傷皮乃以柳綮膏一兩加硫醋白鉛十滴於其上臨睡敷之次晨先洗以溫水再用玫瑰水八兩加檸檬汁三十滴子細洗之再無効可用醫家牛乳皮加硼砂醋一錢蒸秋花樹二兩玫瑰水二兩和勻依法敷之必愈冬日則不易消法用乳酸四錢油質二錢玫瑰水一錢調好以小駝毛刷或小竹籤蘸塗斑點一二夜後或可消去

初五日戊子晴屋中著袷衣覺涼倫敦埃婁諾堤喀勒

丈

會館義乃騰空也立有萬國風箏會不日將在倭爾性地方試行經舒顏卜艾二人製造演時德俄等國公使派人察看蓋各國現又以帋鳶于軍營中作暗號以及探視敵軍也紙鳶有能使線長逾三千尺且在空一點鐘不落者會館備有銀牌以作獎勵云

初六日己丑晴風而爽戌初攜聨女乘車赴藝植園茶會入門繳帖將入門見立八出電燈一出各盈丈式同寶星門內一覽大小燈光肥紅瘦綠散綺連珠火樹琪花陸離射目不知幾千萬盞乃正中甬路每隔數武以竹竿支月門高丈餘滿繫花紙燈籠如串珠左右茂林枝枝密挂或紅或綠玻璃燈草地花畦水池石下沿邊每尺列白玻璃燈一樂兵四部分列林中部各三十餘人斜立竹竿懸紙燈環其坐正面玻璃煖房內外滿然油燈及電燈內別有樂兵一部其鮮花與竹蕉棕椰類各枝皆懸玻璃燈房後長廊列鮮花千種奇芬異色多不識者房左飯廳中長卓有大小銅鐘四十七鐘各一音四男二女十二手同時依調搖鐘含霜應律致可聽廳外設卓椅支小傘再前橫設白布帳二大者長逾五

大

丈小者約四丈帳中橫長卓羅列茶食酒食冰乳鮮果各品侍者男女約百餘人男女老幼諸客往來如雲子正還使館

初七日庚寅晴暖申初一刻偕內人率白孚之與聨女乘車西南行十六七里至柴勒溪區赴特拉發戛爾坊喀色蘭別墅葛蕾太太家茶會兼賽哈吧狗會遇莫蕾夫婦及甘伯樂諸人狗共四十餘皆華產毛別短長色分白黑草黃絳黃名皆華音仿人姓氏及哥哥兄弟姐姐妹妹之稱葛蕾由北京帶來一對現已滋生至十六

條馬一萬者亦有大小六七條人遶園中客一觀即在樹下環坐喫酒小食兩刻辭謝登車東行十餘里轉至太木斯江畔入古郎貝宮赴倫敦大牧師達威森夫婦之茶會此次下車由園門步入見牧師夫婦後乃親引至宮樓下請食左右設大長桌二左冰乳鮮果酒食右加非茶水小食宮前石闌外林中坐樂兵一部節節奏樂在內來往步行斯須走石階入宮由書房大廳轉至正門乃下樓登車回館其宮樓石砌式樣既古而其中一切陳設油畫各物樸素結實亦皆古製

廿九

初八日辛卯晴熱昨經官宦募施之資已在坡滋茂斯海口成水陸兵房一所并有教堂極為壯觀一切陳設器具牀榻簾幔各物尚待募錢購備于是阿巳呢侯夫人色爾楚樸敎士阿林輩在利貞街北眾魂教堂旁假奎音堂小戲園設攤賣捨物會于西七月初一二三三日開會今日乃彼之初二日半月以前函請資助允否聽便錢財物件均可為施余函送綉花手帕二摺箋二荷包一對挂鏡二得复鳴謝并請擇日往觀以為榮遂于今日未刻偕內人至會埜樸夫婦迓入戲臺正面懸山水布畫臺上陸續鼓吹步兵及水軍六七名演槍刀或二人舞劍擊刺臺前三面以布間隔成室售善人所施之物金銀銅鐵玻璃瓷漆綢緞鮮花果品香水捲胰皂筐盒各物巨細美芳不一正向臺前坐日本畫師一人名蔘香用白緞繪羽族奮筆一揮飛鳴食宿無不逼真且設色鮮明運腕靈活是圍後又以紅布截成大小屋間別作一圍陳列諸人所施兵房中必需之銅鐵瓷木布毡物類牀榻被褥盆罐盤盌刀叉匙子桌椅火鑪并洋琴打球桌各物樓上正面置玻璃高櫃一內懸

卅

公主與郡主所贈親筆美人畫兩幀自縫紅緞白花幔一分左右賣茶酒小食亦皆他人所施男傭女傭亦為助善觀畢辭去是會第一日午正開門申初太子妃入內游覽入門票人五先樓上坐觀人二先半今日酉初前之票價二先半過此一先閒明日皆一先矣

初九日壬辰晴微暖午後十一點二刻偕內人攜孫女坐車赴伊比闌第六十九號那歐布夫人家茶會登樓見正面支一小戲臺後懸布畫一幅寫景幽遠畫前木房假樹木蓊石凡作幽深式臺前有餘金椅各行橫列

對面樂工一部十二人分閣奏樂坐閣子正一刻始演一女二男皆三百年前歐洲東南界之古裝約在奧土希臘一帶一男年近四十富甲一鄉頭纏花綢戴金星翠羽闊袖毡氅緣邊滿綴珠寶指貫金珠戒指腳著花毡皁鞋面黃髮紫手攜錢囊游至村舍被青年男女各一飲以鄉酒巧言如簧諂諛取容是人醉迷女先得其戒指男子尤巧倿俾其錢囊一空二人之裝束赤足著木屐男著灰布襖女著白衫以紅縧繫肩背下垂至袴演說眾齊鼓掌主人贈鮮花一束以榮之按此三人皆法之優伶初到倫敦者其名則扮游男者戴薩丹扮女郎者柯爾蔚年與真者埒惟扮幼男者實一老嫗年近七十曰貝爾那法都名優也此一齣價六十鎊計銀不下五百兩亦不菲矣看畢下樓夜餐酒食甚豐再上樓乃改跳舞少坐謝歸旋館已寅初兩鄰居第四十五號樓上仍燈燭輝煌音樂鏗鏘樓下車布成行如網斯密蓋請跳舞會也

初十日癸巳晴涼數十年來英人創一種淨水飲之益人洋名埃當眙達倿特爾是為涼水加炭酸英人飲之

主

日多四十年前除人工不計其造水局僅四百零一至本年則增至一千七百五十六十年前一年售一萬萬五千萬瓶迨本年至五萬萬瓶通國一年共出十六萬萬哈夫拼特（英名小酒罇也）依人計之通國男女老幼一年合每人半哈夫拼特或一大酒罇之四分之一可謂善賈矣

十一日甲午晴涼如昨現係西歷六月杪七月初正地椹盛結（又名草果）洋名司特洛貝里是果艸種續根據云一年一棵可分生五十棵次年加倍至第三年至十二萬五千棵後兩年當其盛茂每畝可得二三噸至第四年果少而小殘而不旺矣果之熟在英蘭自西南而東北先至倫敦者係自西南角之寬倿府最多處為東南角堪特府之奧平屯與酸當二郡各蒔六七百畝發賣行價本國産每斤一先半或二先而西六月初旬由法國運來二百噸分赴各城每斤價僅三本士所以然者其果既小味亦不純也

十二日乙未晴自前四月初間英君由義至法後法總統盧貝即擬擇日答拜乃于今日來英巳正一刻英君

垂

苐寬諾公與法國駐英公使叅隨同乘火車赴都伍海口迎之、分列兵輪鐵甲兩行、各長二洋里半、由海岸至城中懸花結彩、遍挂英法國旗、長逾四洋里、午正、法總統駕圭琛兵輪及護送之敵水雷各船駛進都伍、英之什爾迺斯等小敵水雷船分排左右、迎入海口、進口時、各兵船聲礮二十一、兵皆列隊高聲歡祝、各船樂兵齊奏法國馬賽曲斯軍樂慶賀之、逮圭琛船傍岸、敬向英旗聲礮二十一、即時岸上礮臺亦聲礮二十一荅謝之、未初一刻、總統登岸、會寬諾公等、未正二刻、登車即開、

卅三

車亦特備、車內裝潢式同御車、車頭新畫英法二國國旗、交挾十字、以示和睦、申正三分、太子由瑪柏樓府駛赴維克都里亞火車棧迎候、申正七分、英皇由卜靜宮駛往、申正十五分、總統車到、彼處亦懸花結彩、修飾華美整潔、下車、總統與英皇太子握手互叙寒暄、其隨總統來者、文武官外、有法外部大臣戴喀賽、彼此引見畢、英皇率太子及寬諾公陪乘宮車四輛走格婁伍諾坊庇喀的里街、賢瞿木斯街、入賢瞿木斯宮之尤爾克宮、從數日前、此三大街左右距數武各立一紅油杆、高約二丈、屆時橫繩、繫小旗花朶、沿途各樓亦懸花結彩、幷插英法國旗、他大街小巷凡于三日內總統必經之路、皆一如國君加冕時、自車棧至老宮、地鋪黃沙、左右排兵、舉槍對立、車棧前又立紅衣護衛、烏衣胡薩等兵數百、鼓吹迎迓、英皇著兵馬大帥紅服、太子著頭等水師提督藍服、法總統入宮少息、于酉初乘車入卜靜宮拜英皇與后、繼入瑪柏樓府、拜太子與妃、末至克拉蘭府拜寬諾公與公夫人、酉初二刻、在阿拉柏門法使館、令法商會長等謁見、戌正一刻、總統率隨來文武各員入

卅四

卜靜宮赴讌、入夜、沿街各處懸燈、亦與國君加冕同、鎮日各處馬步巡捕彈壓、男女如蟻、每見總統經過、無不齊聲歡呼、凡法人所設鋪店懸挂燈綵尤華美、城西一帶、多法民僑居、因而放工、男女出街游覽庇喀的里街、法人頗衆、因英接待法國民主、故巡捕當街多閙阻、英民往來、而優待法人出入、于是凡男女之欲過街而能操法語、或自言係法人者、無不寬讓之、非法人而冒充得過者夥矣、入夜、各茶園酒肆、法人男女之歡飲歌舞者至多

十三日丙申、晴、辰正二刻、法總統至沙浮斯百里大街、暨法國醫院、巳初二刻、由彼至蘭喀斯特謎得街、拜法國女學教師、巳正一刻、回宮、午初二刻、接見各國公使、屆時余著官服、乘車往登樓、同眾頭二三等公使立成一圈、少間、盧貝從内閣出、法使館參贊前引、一一指告某國公使、總統皆與之握手問候、見畢、轉入、眾亦下樓散去、午正一刻、總統由宮乘車赴倫敦極樂堂午酌、乃美爾請也、走帕麻街、倭特路、利貞街、至敖斯佛十字路、有霍勒賁馬立本兩區美爾向南搭一小臺、掛旗懸花、

總統過時、在臺向之朗誦陳詞、以表歡心、接待、由此再走敖斯佛街、豪樂班街、牛蓋街及克英街、午正三刻、入極樂堂、堂中一切裝潢、無須瑣述、人計一千二百、大桌列作冂字形、正面上坐者為美爾夫婦、法總統、英太子、太子妃寬諾公與夫人、克里堅王與妃、各國頭等公使、再則英法文武從官、食畢、互相舉酒祝頌一番、後美爾立陳數語、總統亦立宣一段、大要謂一謝美爾夫婦、再謝通城男女之優待、申初一刻、總統出極樂堂、走奎音巷、維克都里亜君主街、維克都里亜堤、馬兵護衛、街并

馬步護衛校場、入宮少息、後拜克里堅王與妃、綠衣姒公主、及洛安侯等、又至堪興坦宮、拜巴坦布王妃、公主碧阿蒂姒及格婁賽斯得爾宮、拜王叔堪卜立址公、戌初、法總統在法使署請英皇晚膳、飯堂新建、裝潢極華麗、桌作冂字形、賓主計七十、英皇與總統外、為太子、各國頭等公使及法外部大臣等、其坐法、盧貝居中、英皇坐其右、太子坐其左、兩首為法外部大臣及其頭等公使、盤碟叉匙皆金銀者、菜數色不外雞魚冰乳鮮果之屬、食間、奏天保國王樂、禮也、食畢、舉酒互祝、亥初三刻、

英皇請總統在敖佩喇戲園觀劇、陪往者、除英法兩國文武大員外、亦祇各國頭等公使而已、今日凡國君與盧貝所經之街衢閭巷、皆地鋪黃沙土、左右排兵、懸花結綵、入夜滿然電燈、男女往來、立無隙地、車輛馳驅、隆隆若雷、

十四日丁酉、晴、巳初、盧貝乘車遊文忩宮、絰阿蓋公導觀各處、午初、回法使館早餐、申刻、英皇在阿得翔校場請盧貝閱兵、并柬請各國公使、備有專車、地在倫敦西南、距城二十七洋里、未正三刻、英皇與后率太子、太子

妃等陪盧貝由維克都里亞車棧往未正一刻余偕内
人率白厚之同他國公使叅隨夫婦子女由倭特路車
棧往車行頗快申初六分抵阿得鞠村備有雙馬敞車
多輛對坐可容八人隨車皆有跟役即時登車穿林過
橋河水清澄花木叢茂心為之爽行七八里至校場平
地長方形周廿餘里前三面樹林陰翳樓房點綴馬步
兵排立對面三里外作橢圓形是面中央木亭一彩飾
華美亭後一白布帳房前豎一大旗一面英一面法二
旗合一亦兩國合心邦交孔厚亭前左鄰相距箭地立

二十七

一半紅半白小旗為兵官過時行禮處各國公使至皆
在亭左税車横排一行車前設列木椅或坐車上或坐
木椅各處皆有兵弁彈壓照料且有絨繩限人觀者不
得混雜亭左右與後男女觀者數千英法新聞紙局使
十數人法之虛素在焉詳大述奇或執紙筆或執照象鏡隨
時寫照無暇晷皆立衆公使之左中隔一繩少待忽前
面軍中聲礮十二英君諸人已抵車棧矣申初二刻英
皇率太子與寬諾公并他二三大員乘馬先行皇后太
子妃與盧貝乘車在後自右邊行至亭前即時對面兵

隊鼓吹奏法樂亦禮也君率从過亭左緩行轉自軍隊
之右首隨行閲看至其左首再行回轉亭前下馬下車
齊坐亭上繼自軍隊右首之兵沿場邊向亭左緩步繞
來先過紅衣馬隊樂兵一班至亭前立對面一箭之地
外隊伍隨過隨鼓吹奏法之兵樂以榮之每到亭左㕝
竪紅白小旗處兵官喊號其執刀者立起刀尖向上先
向右直伸再轉至左肩撤回對鼻一立而後下垂刀尖
向地以為禮第一過馬軍礮隊護衛胡薩馬隊鍪鏈先
鋒再過礮營三隊隨營便用扁舟活橋六車隨營電線

二十八

十車乘馬步軍一營紅十字醫病軍一隊隨有紅十字
白布棚大車四輛雙馬拉大琵琶桶一個後過烏衣馬
兵礮隊一營馬隊過畢其樂兵一班即移隨於後而去
繼而數營步隊之樂兵共二百餘齊前立于馬隊樂兵
原立之處按班分奏後則步隊陸續經過亦由左而右
末又馬隊一營飛馳而過統計共過武官六百九十八
員兵一萬五千三百三名馬三千六百四十五匹礮一
百二十門一切鮮明整齊槍刀閃爍人皆驍勇馬皆烏
騅其彈壓各處者武巡捕官一員兵一百一十六馬兵

五十一馬隊武官二十三兵五百四十二馬二百九十礮隊武官二員兵四百七十六前鋒營官一員兵一百五十步營官十六員兵六百八十九名又馬步兵亦有太子與寬諾公帶領者亦各著戎服隨隊前引至小旗前舉刀行禮與他員同過畢時已酉正一刻英君等下亭入布帳小食後登車馳去余等及各國公使男女亦皆登車經馬隊武官引行四里許至一鄉村樂堂外黏白帋一條上書專備各國公使木房無樓亦頗宏敞淨潔四面花木分畦甚覺幽雅入內立飲加非食糕點後

三九

登馬車再行約四里至火車棧戌初登車即開行三刻五分到倭特路火車棧換坐馬車回使館酉正三刻藍侯夫婦請法總統在渠家晚酌陪客為各國頭等公使夫婦及英法文武大員共八十人橫一長卓華麗豐饒與前同亥正二刻在卜靜宮中設跳舞會屆時余偕內人乘車進宮入座待至子初盧貝扶君后君扶太子妃并太子寬諾公堪卜立𡊮公等夫婦及他王公郡主夫人依序入而登臺盧正中坐后右君左从人男立女坐于後堂中人數約二千對面樓上樂工奏天保國王繼

則節節奏樂共跳五場第一第四兩場為戛達立其他三場為瓦勒自第一場四面男女三十二中所識者為英皇皇后太子太子妃寬諾公夫婦皇叔堪卜立𡊮公夫婦及他國頭等公使夫婦六七人餘未識丑初跳畢樂奏天保國王齊入飯堂茶酒小食食畢有仍入大堂跳舞者有即去者余偕內人下樓登車丑正二刻回使館

十五日戊戌晴辰正十五分法總統盧貝由賢翟木斯宮啟程至維克都里亞火車棧登車即開赴戛當海口

四十

駕船回國英廷派官護送盧貝者法南省芒台里瑪城人年六十三母年近九十依然鄉居艸舍牧養牛羊雞鴨畜蠶繅絲以自娛英法鄰邦中隔一水雖各懷虎視之心而勢力相敵因之不念舊仇以時事為要唇齒相依不似他國之縱橫自任也兩國之主往來雖出本心實由民使蓋英君于未即位前數十年間寄跡於官民之中洞悉一切故此去彼來人民歡迓異常也

十六日己亥晴熱倫敦製造車轆會定於今日戌刻偕地在綠針閣成衣行會館設宴恭請倫敦新舊美爾及

他文武世爵紳商共人一百三十、半月前具柬來請屆時余乘車至、入見其首領伊臘木等、其樓極古、蓋此兩會皆開於數百年前也、飯廳亦高大、長桌作冂形、首領坐于正面中央、余坐其右、現任美爾坐其左、對面樓上奏樂、桌上滿列粉色玫瑰、芬芳觸鼻、昇酒既清、肴既馨、食畢、首領率衆舉酒、先祝國君之福、樂奏天保國王、少坐再祝君后太子、太子妃及他王族之福、樂奏天佑君后、繼而彼此互祝、祝通國水陸兵卒、祝上下議院、祝美爾祝局外各客、客祝本會首領等、本會又祝成衣會中各人、此後奉各人菸捲一匣、請衆吸烟、移時多人演說、另有五男一女、女名卜爾葳、男名貝洒適立、初四、卜魯克柯、阿柏、每一人演說後、則一男或女歌一曲、以間之、至子初一刻、演說歌唱畢、齊入他間、各飲加非一杯、謝辭去、此又至道寗巷第十一號、赴戶部大臣李齊夫人家茶會、男女擁擠極多、在上見畢主人、即轉入旁間、下樓登車、旋使館、

十七日庚子、晴、頗熱、聞前日自辰初、在維克都里亞火車棧、一切妥備、懸花結彩、馬步兵隊排列、男女如雲、辰

三十

正十分、英皇着兵馬大帥戎服至、既盧貝亦至、樂兵特奏法兵樂以接待之、彼此握手、對敘寒暄、繼盧貝向英皇太子公侯等握手謝別、登車即開、駐英法公使陪送、巳正抵都伍海口、登圭瑹兵輪駛回夏蕾、隨行有英國敵水雷船、薩拉曼護送、當法總統到都伍未上船、先發電致謝英皇云、將離英土、先電數言、以舒感謝、陛下并王室諸公諸夫人優待之誠心、并謝貴國與法和合、視法為友云云、英皇即電答云、適奉來電、深動我心、知尊駕辱臨敝邑、中意歡悅、幸甚樂甚、予誠願我兩國續加和好、得用永存、

十八日辛丑、晴、入夜雨、中國少婦有娠、禁忌頗多、期至六月即不出門、其貧苦不得已出門者、設產于他處、則謂與所產之處為不祥、產婦亦屬無恥、且恐婦或受寒有性命憂、蓋中國婦女不恆於土地、步行艱弱也、乃聞印度會場之埃及村內、一少婦名伊拉新者、遨遊之際、忽產一女、且以君后之名阿來三德亞名之、以為榮母、乃此亦尊其君后之意歟、

十九日壬寅、天晴而爽、申正二刻、余偕內人率孫女乘

三十一

車西南行八九里至柴斯特爾坊第七號赴外部總辦
辛智夫婦家茶會地為三面樓房中一小公花園辛借
用之樹下羅木椅數十正面坐三義大里人二女一男
皆鄉裝男則紅褲白衫黑背心女皆紅襪短裙白汗衫
頭挽小髻插以金簪花朵若許二人彈琵琶一女手敲
八角鼓隨歌而舞少坐出園入其樓居飯廳各飲加非
一盃而回
二十日癸卯晴英人產業或莊田或獵田獵田大幅山
林湖水蓄養魚鹿山雞野貓之屬以供春秋之用現夏
三十三
末秋初多往漁獵更有戚友互請前往留連多日者據
云田主每季可獲五六百鎊合銀不下五千田須隨時
修理魚鹿漸闌則買種以孳之山雞少亦買卵使家禽
祝之待能自飲啄放入山林冀種類蕃衍以供衆需
二十一日甲辰晴按者爾希夫人于本年計請茶會者
四五月二十五日本月初三初十及今日也客均樂依
次與會亦有僅赴一兩次余因天熱事繁於今日始一
赴中初偕內人帶榮驥與孫女乘車至教斯特爾里園
登樓見者夫婦後即請坐用茶及小食路遠故也食畢

出後門下石階小步樹林花畦間片刻纔與男女客坐
談者公之女者美嫣忽至乃以手帕疊人物與孫女看
復剪紙作卓椅人馬各物主客嬉戲洽甚酉初步回高
樓再飲香賓一杯出樓登車戌初回使館
二十二日乙巳陰細雨陣陣頗涼時也地椹熟佐酒必
以之鮮果盛以小盤久而味淡欲使其味鮮而悅口遂
擇棵小果多者植諸彩盆盆如客數隨飲自摘味既濃
且知其確非來自法國者又一法取一琵琶酒桶周圍
鑽孔每孔周約三寸桶滿盛土按孔嵌一棵桶箍四圈
三十四
上下二箍各鑽六孔中二箍較寬可鑽八孔上下錯置
枝葉叢生桶蓋四圍亦可鑽嵌六棵是果可由六月結
至冬月紅綠纍纍可觀鄉間之摘是果多婦女一斗工
價二三四本士不一肥土植得法者一棵可得實二斤
是一桶雖云玩物亦可得四十餘斤也
二十三日丙午晴英人前爭南斐洲馬匹之運往者率
皆轟斃熱死僅丁字第三十六號一匹載回昨經君后
賜以寶星慶其長生每次操馬繫寶星隨樂兵前引以
為榮人固以馬為榮矣然馬非應得寶星者也鶴乘軒

國人皆曰使鷓英君后惡乎知之
二十四日丁未寅初大雨雷午初微晴申刻復雷雨交
加一陣仍陰西人多以創造新物新法使人有益或省
工致富者聞有美人貴樂爾因犯夜竊之罪收監非重
罪監內來往不禁乃于監牢成衣鋪中創一法能使機
器縫物針線往来無異人工洋名卜賴因洛克司的池
義乃暗鎖縫也值限滿出監遂將此法賣與英國一萬
五千鎊領有執照禁止他國之人仿造
二十五日戊申陰聞有英蘭圖屯地方之老嫗馬爾樂
者現年九十三仍于每禮拜日入義學肄業數日前謹
奉君后一自做之茶壺煖照昨經君后命姬妤諾麗黛
代書答謝云奉皇后諭致謝所呈之煖照按未經晤面
之人呈進之物例不應收受然以馬氏之上壽餽送之
誠心姑破格存留今并回賜國君加冕之茶杯及碟一
分用作記念示不忘盛典云云
二十六日己酉陰涼如昨英君與后定于今日啟程往
幸愛爾蘭午正由本使館經過坐四馬敞車赴尤斯敦
火車棧屆時沿街左右排立男女老幼各家亦開窗眺

三十五

望巡捕立各道口止車輛往來先過二乘馬巡捕末則
又二巡捕竝行前引再二護衛執槍後為國君親兵一
隊皆紅衣者過時男女齊聲歡呼賀來賀來賀来者英
言喜聲也未初車開西北行三百三十英里酉正一刻
抵霍里楹海口即上兵輪國君在上筵宴隨从各員及
船主等
二十七日庚戌晴微暖西人先財物而後倫常親族戚
友既析及錙銖而夫妻父子亦如之故諸事必彼此先
將財物交清始論戚友人情曾叔吾之岳母素以教讀
搭燹為業叔吾之得娶其姑本此隨員聯瑞亭治于今春到伊家
習英話每禮拜學費若干西國不論師生而以教讀為生涯故不曰束脩定例
學生欲辭而去者必于七日前豫告俾得於此六日間
别招他人補其學額瑞亭因晚告一日仍堅索一禮拜
學費此其待所疏者如旅客猶之可也曾叔吾之長子
於彼為至戚肄業其家搭燹住小屋一間陳設器皿皆
自備者每月錢若干前日忽令其移住下層大間聞之
喜甚迨移下時每月多索一鎊殊出意外遂謂移下非
其本願實老太婆之言也太婆無法復令遷回蓋西俗

三十六

子稱繼母曰某太太、繼母視前生之子、亦等之友朋鄰居矣、至繼母之母之視前生外孫、更不必言矣、故此次曾少君雖稱繼母曰媽媽、稱繼母之母曰外婆、亦是枉然、

二十八日辛亥、晴、微風、涼、聞英皇所駕之維克郗里亞阿拉柏兵輪、於昨早卯初、展輪、巳初抵愛爾蘭京界之慶斯塘海口、午初登岸、官民迎迓、一切禮節無須繁述、惟地方官有祝詞數語、國君答云謝爾忠言、同以識心歡迎皇后與朕、既懷念前者未即位之來游、更不忘今日加冕後之再幸、敘及先母老君主之末年到此、使朕不勝有感、羅馬教皇病篤、為日已久、不意今日駕崩、竟使民心浩歎、而朕心更有所感、因前至羅馬、頗蒙教皇優待、且以仁心視我英民、無論如何、惟望今後景象昇平、人民厚福、永護利益子孫連綿云云、所以敘及教皇者該島人皆天主教言畢、乘馬車入都會、德布林在衛斯蕾夏處所少息、復乘車馳赴德布林行宮、入帕特里克堂設朝會、文武千餘、申刻始畢、繼而君后親赴阿來三德亞女學院、獎賞列入超等諸生、未入門、男女千百高聲歡呼、既入

二十七

門、眾女生復齊歌曰、天保國王與后、恭祝長生萬壽、今朝幸臨此島、歡迓人民老幼、我后含笑兮慈顏、福厚萬民同心兮、我后天佑、我本王民、我名王授、公主同來、美容俊秀、天保我后兮、虔心同奏、又是日通城禁止出殯、是又見吾人謂西人不以喪事為不祥等說亦謬矣、至今日英君與后係往賞喜百年武備學堂、及在佛佑呢園中閱兵、晚與寬諾公等共餐于吉美汗醫院、一切無甚奇異、故不述、

二十九日壬子、鎮日陰、晴、細雨不定、入夜大雨、聞數日前、有某婦攜其七個月之女孩、并女僕坐火車赴某處、中途誤將解扣小針墜孩嗓、急延該地醫生二三、抽取不得、遂雇專車一輛、馳回倫敦、計程四百英里、車價二百鎊、都門醫院乃于二分之工即行取出云、又瓦爾達夫婦生子六歲、因屢次據髮棍打、昨經鄰居執棍報官、瓦爾達供云、所以竭力管束者、冀其成人而備國家使用、官謂人家生子女者多矣、未聞有如是教養者、因而判定瓦爾達收監四個月做苦工、其妻收監一個月、或罰二鎊、以警將來、

二十八

六月

初一日癸卯、晴、西國閒有由請茶會而聚賭者、法爲尤甚、向以卓上打硼挪球等爲賭具、今復改興卓上賽汽車爲玩物、且輸贏爲數頗鉅、更須玩賭人心目之力並用、其具係木卓、作長方形、卓面分三大道、號以一二三、各分三節、另號由一至九、當中者通、左右者各一首、臨卓邊式作田形、一首爲開車處、一首爲得彩處、該處立一小木房、稱爲察斷官站立所、房左立一木人爲察斷官、沿道處處雜立木雕之小人、巡捕、雞犬猪羊及小樹等若許、開車處橫排古米小汽車九輛、各車顏色不同、號碼由一至九、亦各不同、賭者九人、正面高處另坐二人監、視隨時以筆記錄之、將賭時、各人先置若干方於一盤內爲彩頭、然九車一排、當中五輛馳驅不易躲閃沿道所立之雜物、如雞牛等、而左右四輛走之較便、故凡作四車主人者、又須較他五車之主人多出百分之二五、玩者各執一竹簽、長約五寸、用以隨時隨地撥弄己車、以便躲避沿途所立之物、按其賭規、乃設視之人呼曰走、則九車轉機齊開、隨行有碰倒該道號碼者、視

三十九

距得彩處之遠近、遠者少、近者多、罰項亦由一路義至九路義（法金錢名）不等、碰倒一雞或樹、臨近立有一男或女者、罰一方、附近無人則不罰、猪犬皆二方、牛則三方、臨近立無人亦皆不罰、撞倒木人罰四方、巡捕罰五方、誤撥他人之車罰十方、歸被撥車之主人、兩車對撞則齊革除、并各罰十方、其車之葉經馳進彩場而誤碰倒木房罰五十方、若碰倒察斷官及受賀由他八人各奉十方、人房齊倒則無賀亦無罰、以上各罰項皆隨時擲入盤中、監視者一一記載、完時共計若干以付勝者、場中禁止請主入份、以防私弊云、

初二日甲寅、晴、聞英　于前早已初、乘火車東北行百餘洋里、申初抵牛頭那城（地在愛爾蘭東北界近海）、當君與后未出宮時、佛佑呢圍幼童雛女一萬八千分立路兩旁、六千名係由學館傳來、衣履整齊、餘一萬二千皆來自窮僻閭巷、衣之整潔襤褸未能一律、在國君與后必皆一律視之、宮車過時、馬隊前引後護、樂工齊奏天保國王、眾童高聲歡祝、喉幾啞、國君與后皆向之含笑點首、車行抵北路火車棧、有男女孩二、亦足敝衣、同奉君后鮮花

四十

一束乃菊蓮與酷將草洋名沙木洛為愛邦之表記各少許捆以藍絛英國旗之藍色主愛爾蘭故用此花此絛意指此花係由愛人所奉也君后笑而納之君與后到牛頭那時經倫敦得里侯即前又五月初二日請茶會者備車迎至蔡斯甲别墅乃倫侯之本籍住所也又昨日英君諭令隨行武官文達穆代書致鎮守愛爾蘭大提督杜達理公云今奉君諭謂將離此城請貴公爵轉告德城眾民以國君與后住留多日深感眾民忠心戀慕之情每日所遇自當永懷不忘各人聰敏勤奮必賴上天同賜以福而護佑云云英皇并賚通城貧民千鎊以劑之

初三日乙卯晴西人奇才異能及新創得用之物咸欲與人賽而得彩以為榮雖耗鉅款不顧也聞現公擬在愛爾蘭之都會開賽汽車曰郭敦貝會其汽機敦貝所創也各車行往賽者人工器具材料皆須運往所費不貲大凡所備專用之汽車值二千五百鎊由倫敦運至德布林往返車船費十七鎊十四先又備操練汽車一輛亦需十七鎊十四先在彼試演多次約費二十五鎊半付賽場公費五十鎊會中應用之新衣各事八十鎊備用額外之管筒十二鎊試練八天之工藝費二十八鎊共計二千七百三十鎊零八先每人車船路費除每日寓所飲食諸費不在內亦須一百二十鎊此外仍有許多散費不能預料也以上所計之費係指主人之自行駛車者若别雇他人工價亦當不菲會規輸者當贈贏者駛車之人汽車一輛以嘉其能否則贈三四千鎊亦可贏者車主亦須贈其駛車之人百鎊贏者固有餘而輸者乃真不足矣且各車至少須用五十人自立一廠存儲器具材料備隨時修補并日用之石油滑油淨水等物若許各廠立其本行旗幟所雇之數十人專備賽時灌油傾水各知所司不得錯亂遲延是廠所費亦須四千鎊云

初四日丙辰陰西國每設一會如賽馬賽船其地則聚人並集錢錢隨人往土民獲利甚厚汽車賽會如之前已述及然亦有有汽車而不賽者亦携車至閘此次男女之赴德布林約二千人在彼勾畄四五日者約一千其餘或十一二日蓋會畢尚有爬山跑園各會雖非賭賽亦各逞其能所費在四五萬鎊之間又有專看會者

千餘人住無多日所費僅各人十鎊統計及萬餘鎊本
國及他國新聞紙局人三四百每人費約十五六鎊計
共亦五六千鎊以故彼處大小賈人少有不獲利者各
國多願有賽會用以裕民職此之由西國汽車始自西
麻一千八百九十四年（即光緒二十年）其時僅一點鐘行十二
洋里馬力四繼而逐年加增至今則一點鐘行六十五
洋里馬力已達九十条
初五日丁巳陰細雨陣陣羅馬教皇李尤苐十三前于
二十七日（十西一六）明二去世年九十四義都今日唪經送
葬倫敦天主教大主教洋稱阿赤比翔教衛斯敏斯得
亦于今日午初在布朗屯路之教拉托里教堂中誦經
行彌撒禮（此禮惟天主教教堂行之不僅因祓殯雖每禮拜日早亦以水洒香薰十字架以祝禱之）并柬請各國公使及皇叔堪卜立址公輩聽經串唁余
率白厚之素服乘車至見北鄙臺上正面橫石卓中供
十字左右然長三尺者白燭六臺前堦下以木闌作方
圍中心方木臺一高盈尺罩以青呢臺上以木凳支虛
柩被以紫絨金十字罩高約八尺首向北上加一淺綠
色皇冕橫三銀箍形似鑵徑尺餘遙望如瓷臺上四角

四十三

立四高燭連燭奴高逾九尺臺下闌內四角置四方木
凳罩以黑毡凳後各立高燭一連燭奴高逾丈由堂門
至方圍前中闢直路左右橫設層層長凳容人一千方
圍左右逐層列木椅亦容人數百皇叔及各國頭等公
使坐圍右苐一排二等公使坐圍左苐一排凡帶妻女
者皆坐苐二三排先是樓上鼓琴一陣繼由臺右門內
來沙彌百名披對登臺分立左右八十名前立各著黑
衫白短褂後立四十于短白褂上罩或紅或紫三角背
心各二十名卓前偏左置一椅大主教至戴瓜子形白
緞冠高盈尺身著白衫外披紫綢氅背後金縧寬寸許
作▽形後隨三弟子各著黑衫披紫氅金縧作几形者
二作冊形者一沙彌及弟子皆戴絨頂黑方巾又方圍
外向經臺立紅衫黑褂者六不知何司大主教登臺後
坐椅上樓上鼓琴歌詩主教誦經相間主教忽立忽跪
忽免冠忽濯手沙彌各秉燭一長約二尺忽然忽熄意
其皆為祝教皇昇天也滿堂燭皆深黃色亦不知與白
燭有何分別也復自旁門先來三教徒一擎金十字二
各秉一燭排立於方圍南正中既四副主教洋稱比翔

四十四

者來、分坐四角木墪上、皆戴絨頂黑方巾、著白衫、披紫綢氅、金絲作凵形者三、而披紫絨氅、金絲凵形內加花字者一、不知何品級、何以區別也、坐後由經臺上來二沙彌、一提香鑪、一捧聖水瓶、二弟子一舉經本、一指引一切用請四副主教行彌撒禮、大主教同時下臺、於靈後坐、由右而左、各副主教依次行之、末則大主教行之、行畢、主教等按對退入旁門、繼而皇叔先行、各國頭二等公使次之、其他男女則又次之、出門登車時、已未正、考其行禮、一弟子先雙手舉經至主教前、主教乃讀曰

嗚乎哀哉、終年矣、讀畢、一沙彌奉上水匙、主教舉匙向靈左靈右各揮洒三次、又誦經一節、別一沙彌奉遞提鑪、主教又接向靈之左右揮薰之、揮數與水同、此主教由他主教前經過、乃向之一鞠躬、他主教亦為之免冠答禮、由金十字前過、主教亦一鞠躬、而弟子沙彌則行跪禮焉、

初六日戊午、陰雨陣陣、涼、京中小綹亦有師徒、倫敦亦然、係誘幼童、教以剪偷各法、其師隨地以變戲法為名或演他技、引人觀之、趁其專視、得以竊取、昨在克堪衛地方、師徒二人被捉、師名畢池義、徒年十三、名馬克斯官判畢池義五年監作苦工、馬克斯送入改革學堂、或謂此類人之授受、所在本使館之北尤斯敦街一帶甚多、其鄰因無確據、不能告官、

初七日己未、陰冷、英都招帖各紙、粘貼牆壁、店鋪之大者或登新報、或雇用肩負木片之人、（詳見四述奇）其小鋪印小帖、使鋪夥或雇貧孩沿街逢人遞給行人、或接與店接閱畢、旋棄之、頗有五彩紙帖飄于街市、昨經新舊二城地方官新定禁例、不准棄招帖及各字片於途、必須

袖回寓所、或別房內擲於紙筐、

初八日庚申、陰、申初、曾叔吾之妻柏氏坐日本國船回華、西人以膽干名譽用較弱強、雖其國君亦復爾爾、如義王與后乘汽車意在急驅、誤觸樹梃、王后受傷、計各國火車平日每一點鐘皆行二三十洋里、而英皇令一點鐘行五十洋里、其老君主維克都里亞三十五洋里、德皇六十洋里、至英太子衛拔斯王竟欲一點鐘行八十二洋里、

初九日辛酉、陰、英俗凡創排新戲、第一日出臺、則園主

或班頭柬請貴客往觀以為榮伶人喀特來新排一齣名埃木里幼女名也今日戌正在司特蘭街阿代勒扉戲園初演已經艾拉木太太代函請觀備有包箱屆時余偕內人帶帶驥與孫女乘車至園容人千餘戲分四節其文為船戶貝高第之姪女埃木里原允配水手哈木後被紈袴少年司悌佛拐去攜游法比司悌佛始戀其美既憎其貧終則棄之倫敦馬爾薩小客中自貝高第失埃木里急至巴里諸處追尋未獲後至倫敦訪得仍嫁哈木嗣駛船他往遇風雷電交作波濤怒捲水聲淜湃

四十七

倏見一船撞石貝欲拯之哈木力阻而自往貝及女隔窗望外見哈木之頂時滅時露致貝眾忽跪泣忽驚喜救來一人舁以布兜審之則誘埃木里之司悌佛也觸石創重氣息僅屬微述數語而斃遂拋海中葬諸魚腹泰西不談報應司悌佛觸險恰被哈木援出而死豈非天予逼場說白不唱每節男女客盡鳴掌以讚演將畢喀特來得戚友賀電百餘蓋喀既屬班頭又扮貝高第眾賀其有成今後可日日出演也戲散後埃拉木夫婦請在喀爾屯大飯館夜餐僅余一人往食畢謝歸

初十日壬戌鎮日陰晴不定入夜驟雨一陣德國西南界威坦堡省之崑斯達村有英爾賽製造汽車廠廠大而工精可為泰西巨擘前于五月十五日西六月初十日丑正火房雖高廣乃十年前之賽會場諸凡鐵木工料寙而且存煤油若許一經火起概成灰燼水會至人不勝火惟竭力保護廠外各房然仍有救保不及或全焚或糜爛強半者計八所迨寅初各箱煤油轟裂一條火龍挐空聲震如雷計焚毀汽車百輛竣工者三十輛未成者六十餘輛合金鎊一十二萬五千內有他人定做擬在

四十八

賽場奪金盌彩者賭其駛前爭勝者得此贈直二千五百鎊不僅此也一切木式紙圖亦皆灰去轉瞬間大工停止而四百五十匠役亦皆倏爾游閒矣外國製造局無不高闊所用不外機器火鑪故其牆門樓梯樓板多用融鐵而成防祝融也

卷七終

八述奇卷八

鐵嶺張德彝在初隨筆　潘士魁校

光緒二十九年六月十一日癸亥晴暖英人好名利而居家飲食雖豪富朱門日兩餐永不外乎牛羊番薯麪包加非樓房陳設竭力裝潢出門衣必美且都婦女奢華尤甚觀劇必如千鎊之包箱晚餐于外必着名之大飯館且觀劇竟又必大飯館一餐矜其富也無論所食實直若干否得在萬盞電燈之大庭廣眾中飲食須臾則足張其富矣如前晚同埃拉木夫婦所赴之喀爾屯店華麗稱倫敦第一玻璃大廳燈光瑩澈陸離卓椅華美遍列鮮花其他前已敘及所食先乃每人甜瓜一缶土人釀鹽繼俄羅斯蘿蔔絲湯每人一盤加以小方缶牛肉鹹過於鹽再則白煮魚一缶淡而無味第四為白煮雞加飯飯未熟嚼之格齒作聲末則蜜煮桃味尚好而涼似冰即此五味每人六先令銀二兩五錢香賓酒直尚在外也

十二日甲子陰晴不定微風涼英國一種自製冰糖名代麻拉喇色微黃造以蔗味甘而價昂英人多好用之

一

調加非飲產自南美洲北界臨海英屬地吉阿那地方之代麻拉喇城故名近數年間德法兩國販來一種糖名黃水晶色味皆比於代麻拉喇價極廉英貧人多用之以代白糖白糖本賤於蔗糖是糖尤賤於白糖且較在各本國之價亦倍賤人咸疑爲昨有卜萊珂者養蜂釀蜜向皆飼以蔗糖偶以德法販來者試之竟推出不食異之卜頗明化學以法分試始悉是爲紅蘿蔔根造確非蔗造遂曰蜂之知覺十倍我英民竟不能爲奸商所騙云

十三日乙丑微陰倫敦通城內外向皆然煤氣燈數年前添電氣燈只于諸緊要十字街中高然一盞而已現閣路長衢皆改電燈其光瑩澈與煤氣者直相埒而尤省蓋電燈一足敵數煤氣燈之明每街無須多盞也其製各不同燈力亦不一即如諾僧布蘭大街者每燈足五百九十白油燭之力一年費合三十鎊格裏伍諾區者足燭力五百七十六每燈一年費約二十二鎊白堂大街之色格衍者足燭力三百一十一每燈一年費須十八鎊四季然燈時刻之多寡不同約計每燈一年然

二

須三千九百四十點鐘通城之費可知矣、十四日丙寅晴暖、羅馬教皇在羅馬勢同一國、向有兩宮、一名瓦堤堪、一名圭里那、瓦堤堪極高大、或云為天下第一、上下屋共三萬間、梯門四百、每梯千級、四壁彩石甃梯皆白玉層、工頗精美、他宮小或比他國之王宮、教皇有衙署官員兵弁、經費多由法義兩國供給、按年各出若干萬金、且兵卒護守亦由法國派往、三十年前德法鏖兵見三述奇法撤兵回巴里、義王乘勢驅兵入羅馬、向教皇奪收羅馬并圭里那宮、改為義國之都會、王亦遂住新宮、乃寘教皇於瓦堤堪、隨割附近之地與之、如封邑、教皇勢遂弱、且自謂如囚圄、誓不出宮、義廷雖仍照數供經費、教皇不納、讐視之、前教皇李尤第十三義大里人、善詩能臘典文、其病革時尚索筆吟詩、且囑即交印書處刷印宮中設此以備刷印經文以觀其句讀錯否、教皇之下其品高位尊而稱喀的那者七十二華稱紅衣主教因披紅氅也、為之輔、間派駐他國為公使、按其規、凡教皇病篤自視難愈、遂于此七十二人中擇其一派為代理、銜稱曰喀麻闌勾、其他在外者亦皆調回、備教皇逝、公舉而繼

三

其位、教皇故後、所派代理之人偕眾以小銀棰輕擊尸額者三、間曰李尤第十三尚在乎、再擊三次、改呼其本名問曰亞木貝尤尚在乎、于是齊聲宣眾曰教皇無語教皇遊矣、遠葬後七十二人者聚議、互舉其一以作教皇、向在圭里那宮中、此次改在瓦堤堪、擇一樓、僅留一門、官把守之、以便送進飲食、其他門窗咸用墼泥填塞、用防內外傳遞交言、此七十二人者此次因有患病者僅七十人每日互亦所欲薦舉之人名帖兩次、一巳正、一申正、屆時各由已住之樓間入中堂、各出欲舉六十九人中一人之名、又必經六十九中三分之二書舉、方為合例、第一日巳刻被舉名數無合例者、均擲鑪中焚之、申正再會、若仍無合例數、則改於次日巳正、必待合例而後已、聞有遲至十餘日者、自封宮門後、宮之前賢皮特婁坊一帶男女朝夕擁觀、欲先知教皇者誰、充立而仰望樓之烟筒、每當午初及酉初、烟筒中紙灰飛出、知其議未成、若無烟、乃齊呼曰定矣、蓋合例則不焚、用以示眾、又各人書舉帖、僅書欲舉者之名而不書己名、且舉定後而被舉者亦不知六十九人中疇所舉、此次只三日而舉定、

四

乃喀的那薩爾投現年六十有八初次舉其人者僅六至第六次增至五十其數已逾三分之二前日即位號曰皮歐第十伊亦義大里人向與義廷無恨今後將必和睦如初此一節非英事原不必記然其在歐而遠唯彼地及教之規俗吾人亦須知之且其事亦與英有干涉蓋各喀的那非皆羅馬人也凡英法與美比瑞等國之同教者皆有之故各國多願本國人之充喀的那者被選云

十五日丁卯晴暖英之按字機洋名太普來丁創自六年前彼時用者無多現則官署富室及略大之行店皆用之各女學館均別設一房專教按機寫字之藝因女子心靜且女孩多無業者使習此藉以博衣食也聞諸晚學堂稟請英學部加添機器一百十三分共四百六十三分學成者每一分之工可印寫四十個話現有由技藝會或商部領有學業憑單者一千七百名西規凡肄專門學領有憑單始爲卒業他人乃僱用之不則謂其學未精也有女學館名皮特曼現幼女二千八百學成已有二萬名皆被人僱用工價或七日十五先或三

百鎊一年在利貞街北首之普台呢學堂（見六述奇）亦教有女生一百六十現倫敦通城僱用太普斯（按字匠也）者五千三百五十九處

十六日戊辰晴熱京中車夫止羸馬步曰迂趣之走曰倭和倭和　國語石意謂路有石宜努力也迂字未解倫敦車夫其御人坐車者有鞭不用行止皆以韁不作聲而馬不失其馳惟貨車及各大車與起糞土者止馬步曰倭和走曰迂

十七日己巳晴暖見前日初七西八月倫敦日報洋名代里美拉者內有歐人函稱無禮一則云夫歐雅兩洲之風土今後彼此所知益多歐人更當知酬酢之禮不可忽而謙讓之風亦治國者所宜講也歐人於行止間未能悉合每強爲謙遜雅人見之不惟意有未愜且重其鄙視之心歐人舉止自雅人視之幾如鄙野村夫雅人往來無論所交者爲敵爲分位較尊者要無不雍容相處而此雍容之度歐人絕少歐人之鄙薄雅人亦與上社歐人鄙薄下社歐人同是以周旋之間歐人一舉一動易啟雅人厭憎之心然此僅就小者言之也自雅人

所見者而論之凡歐人之可以彬彬自詡者不難更僕數而此之彬彬自詡者其風雅之度又只見之于相交之初至久又恐野蠻矣禮文一節東西意見不同隨處可考歐洲喧鬧之處熙攘往來者無不擁擠而進摩肩感股不顧也此在日本則目為鄙野之尤以傷人論又凡散工時搶搭公車者一擁而進無論男女圍立以待此等情形日人視之亦以為一日不能容雖然有歐人之粗魯然後始知人以禮節為重是粗魯亦未始無功于禮文然此說也一時亦尚難定論歐人無論作何事業莫不勇往前進而一切游嬉如踢球打球各戲好之者亦日多幾與好立事業并論者亦以歐人朴野無文之故

十八日庚午陰雨陣陣現倫敦朝會茶會之期已過國王與后外游于是通城文武大員及富官商民亦多赴他國游玩或移住鄉間換天氣以養精神本使館英文參贊馬清臣率其子女亦逸往于倫敦西北五十餘里之立克是索斯郡余日約至彼午酌午初余偕內人率榮驥與孫女乘馬車至貝克爾街之地道火車棧登火

七

車午正十七分開三刻至馬以馬車迎入其居見其二子一女小樓三層上下十三四間樸素整潔一切陳設器皿畢備左右小花園菜圃幽雅清靜上樓四望麥風皺浪菜雨漆花如展一幅豳風圖也其租價每星期五鎊五先予在他間少息乃進至飯廳入座午酌酒食鮮美較之城中味純而適口食畢坐談片時因天晴乘車遊十數里路途平坦樹林陰翳田疇迤邐窑綠疎紅別一景象酉初遊回茗餘謝辭主人送上火車戌初一刻抵使館

十九日辛未鎮日陰雨英蘭立文浦海口有輪船公司屆期者其船駛大西洋往來英美之間七日一次英廷按年助以六萬二千鎊作為貼費聞非官向公司商定令添造快輪兩艘先假與二百萬鎊按月二分四三行息以公司船作巡船給費十五萬鎊貼費加至六萬八千鎊公司遂歸官轄制凡新入股者皆須英人各船船主大副二副及管事者亦須英人水手中亦必四分之三為英人幫船內五隻極速者其水手須用御前水師中者之半茍與他國開仗公司無須為各船雇人然開

八

須助海軍覓人所令新造之兵輪、約定每一點鐘須行二十四海里半、蓋因他國輪船之至速率僅二十三海里一點鐘、必欲勝之、若加工製造、雖一點鐘行三十五海里亦可、然不敢預必、蓋恐造成尚不及所許之二十四海里半、則按年助款中抽減、示罰也、

二十日壬申、晴、英君與后周游愛爾蘭、往幸倫敦得里侯及藍斯瑺侯之別墅、後于本月初九日早由王后城（英名坤奴塘、地在愛爾蘭正南闊爾克府）坐船至英蘭坡茲茂斯海口、下船坐火車、午正抵倫敦、入卜靜宮、聞前在坤奴塘上船後、君后令葛來底者作書致愛爾蘭將軍杜大力云、今奉皇后諭寄交貴將軍五百鎊、以便分賑德布林及他城人民之至苦者云云、

九

二十一日癸酉、晴暖、記英政府并與屈那公司專定兩條、以防外人奪獲本國人民之利、即如英船出口載煤用本國者、每噸若干、間有德商使去漢柏爾載煤、每噸價僅若干、是德人獲其利、而英人無所得矣、各行皆可自主、惟此公司現歸官屬一半、故官可約束之、所定兩條、一、該公司載運貨物不得多加脚費（因駛船費款按年經官發給、則載貨船脚可仕便加增也）、一、一切船脚既經預定、該公司不得加增不公、反負本國之人、又該行船隻嚴行禁止出售、出賃、以便本國水師隨時賃買、或一隻或數隻、該行共船一十七隻、重共十一萬零七百八十二噸、統直九十九萬零五百五十鎊、國家賃其船、係估定一船所容之噸數、而按噸付賃價、如一點鐘走逾二十二海里者、無水手每月每噸二十五先、帶水手三十先、走二十與二十二之間者、無水手二十先半、帶水手二十四先半、走在十七與二十之間者、無水手十七先半、帶水手二十一先半、走在十四與十七之間者、無水手十五先、帶水手十七先半、當官場賃用之際、如有遺失、則官照應售之價賠給、所定平日信船之規、係每禮拜由立文浦、坤奴塘兩海口至紐約、由紐約至兩海口各一次、每次携帶多寡、皆歸郵政大臣作主、該行須用快船、否則受罰、信件由倫敦走德布林赴坤奴塘之車船費、應由該行付給、各船須備屋一間、歸郵政局使用、將來如于每禮拜中另加往來一次、則須另加費款、聞英廷之特向該行如此辦理者、蓋有因也、美國紐約海口有富商莫爾甘者、

十

擬買盡各國輪船之往來紐約者船行不改而東走則
易其初乃搭價較他公司尚賤而不貴迨買全各船則
權歸一手搭價倏增客無法耳英今拘定此公司不得
被美商買去美商本意不果則搭價不至獨貴矣
二十二日甲戌陰雨陣陣涼西人雖兒戲賭賽亦時創
新式昨見英人一種賭法曰牽韁幼女擇平坦闊地任
意立空香賓酒瓶若許以繡巾掩二幼女目以一著色
韁繩之兩端各繫二女右臂後一少年男子雙手執韁
不用鞭不作聲亦不准臨二女之身惟兩手所曳須二

十一

女靈敏能曉韁之輕重左右俾免隨行蹴倒酒瓶行一
周一瓶不倒者觀者薄有贈物旌其能是關乎被曳者
之心機亦在挽者之心目及手指力也
二十三日乙亥陰風甚冷英人跳舞有三種如撲勒喀
瓦勒茲喀達立為王宮及各處常行者他則村野之戲
現創一法專行于天主誕辰節名曰凱克偻譯為走糕
請會者備大糕一周二尺餘高五寸四圍并頂飾以五
色錫花盛之銀盤以桌置於跳舞堂之中央客則男女
擇耦耦之多寡先視堂之大小耦由八九至二三十均

可先雙雙環糕桌跳舞舞式任意或携手或抱腰或分
舞或提裙而翹足或聳肩而曲背雖種種笑態各創新
奇然不得無禮各耦繞桌跳畢乃齊立桌前向之一鞠
躬繼而男女左右對立兩行男以右手執女左手高舉
中間作一小巷主人令一小童捧盤穿巷中乃擇當環
桌跳時之跳式最新巧而精雅之男女一對贈之并同
時贈小金戒指一是女即時貫於左手更言是女得此
糕與戒指較同時眾女必先得佳婿云
二十四日丙子早晴未初微雨一陣雨後晴而暖入夜

十二

仍雨英國雞卵之價四季不同由西三月至五月每十
二枚約直六七本士由十月至十二月則至一二先其
他六個月內每十二枚亦須九與十本士不等節儉者
可于賤時多買藏之新創一法可收半年納雞卵于一
缸瓦器中浸以矽鹽水此水洋名倭特格拉斯譯乃水
玻璃也是水極賤無異味別色質同糖水遇熱即消水
須逾雞卵二寸雖浸半年食之味與新者同取時以冷
水洗畢候乾烹煮皆宜用缸瓦罐者木則水易滲鉛裹
之器則鉛矽相制故缸瓦最宜也

二十五日丁丑晴西國婦女喜畜犬大則獵犬小則哈吧寢同室出共車步行亦令奔隨於前後然小者昂貴因產自中國不易得有袖中犬之名現于英孳息得之較易價亦廉則婦女厭其不新奇改畜猴鼠亦必來自他方且種類新奇者先養白鼠及美洲小黑猴此猴大耳長毛如犬而尾粗長盈尺似貓繼雖四脚蛇石龍子亦蛇名四脚如鼠能變色及小龜等皆飾以金珠絲細而養之上列四種由鋪售價皆十一二先印度麻謀賽猴與美洲小黑猴同種最易馴置之膝飼以梨糖玩弄殊有趣價則每個二吉呢印度獴鼠尖嘴長毛短腿粗尾類貓極馴善捕蛇食鱷魚價亦二吉呢婦女亦置臥室中既不籠盛亦不縋繫或匿不見可由牀被中得之畏寒也再則埃及跳鼠長毛棕色馴似貓小於貓頭似兔身與袋鼠同前腿長僅一寸後腿長約八寸尾則細長尺半能高躍六尺餘賽西侯夫人畜之六教以賽跳椅凳為戲又有美洲蜜熊鼠洋名喀喀茹大如貓行似犬短耳長尾舌能長短善食野蠶繭婦女犬畜之頸套鈴圈繫以長絛牽之隨行于街市焉

十三

二十六日戊寅大晴早率恭隨繙譯學生供事等三十餘人向北恭拜

聖牌行三跪九叩禮酉正公讌并名法文學生文惠唐在復戴陳霖入座甚歡英國國君每因官事出宮亦以黃土被道兵營武官乘馬亦用踢胸雖用紅色而間有黑白色者此典禮近在英國始見其黃土被道英人本意當是因道滑防馬跌至踢胸之用恐渠尚不知本原之所由來也

二十七日己卯晴暖前記英屬地吉阿那所產之冰糖乃係運粗糖至英再由專行細漉始成淨糖故價昂由德法販來之偽糖較在本國出售價減半是以英之貧民喜買用之因之議院屢次提論有謂價賤則有益貧民有謂如此賤賣正為陷人計英人喜買偽糖則真糖售無幾淨糖行不能獲利必先歇業淨糖行既歇則屬地之粗糖運來無用矣逮兩行皆閉真糖不來則偽糖之價漸漲漲至極處英亦無法矣豈非陷人之計耶凡辦大事須防將來此雖小事而我國人民之利益不得使外人設法奪去也

十四

二十八日庚辰陰涼間而細雨濛濛前于二十二日

八四

月十四日英君散值議院宣詞云君主諭上下兩議院諸爵
紳曰今年春間予赴葡萄牙義大里法蘭西各都遊歷
聯絡邦交現已有成效可覩各處款待極見殷勤恐無
有能過之者法國總統近亦來遊于是兩國人民彼此
益形和好西土耳其各處情形人人以為可慮我政府
現在商同奧俄兩國及柏林條約簽押之各國竭力使
匪勢不至蔓延其與此事有關繫之各國肆應其間亦
須自謹不得過躁我政府亦已明示之矣麻賽兜呢亞
地方與奧俄兩國最有關繫彼兩國所擬整頓之法業
已要請土皇施行我政府亦以其法為然深願彼地方
情形從此有起色一千九百零二年九月中英所訂之
商約業奉
筆批准已經互換約中所訂各節有不久即須奉行者予
又與波斯王訂約自後兩國商務交涉辦理益可得手
矣新屬脫蘭斯瓦及橘子河兩處辦理善後事宜頗有
進境新設之理事院其中所舉之員有並無官職而舉
以照料各業利益者是院已經開會議事所議各例皆
為整頓新屬所必不可少之舉所訂闗稅章程云凡英

十五

國各貨運赴斐屬者須較他國貨物格外看待斐洲各
英屬之理事總院亦經核准照行斐洲各屬如能于財
政一端得以立法畫一則將來各屬聯合自立之舉即
可兆于此矣我印屬各處氣候調和財賦亦有起色因
此得以減征稅課我願我印民情形從此大見昇平農
業商物二者亦日見進境近日內又聞該屬時雨沛降
可望有秋此皆快慰人心之新聞也蘇麻里蘭地方有
數種族嘗為木喇阿布杜辣侵掠不已予因是發兵勦
之以保該各種族現在軍務未已敵已退出老巢向東
北遁去一俟天時得手即可設法前進近數月中予得
巡遊蘇格蘭愛爾蘭親察吾民情形實為欣悅所經各
處莫不歡呼迎迓予心殊感之予在愛爾蘭時曾遊幸
德布林城又倫敦得里及貝勒發斯特地方此工藝最
盛之區又取道康乃麻拉前遊戛拉衛及踏爾克等地
方始知凡各要務為工人棲止之所當如何擴充商務
當如何使之興旺耕種之法如何使有進境文教如何
廣興疾病殘廢者如何安置已莫不為之種種設法然
事之待人為者尚多也今予曠觀各色人民彼此日見

十六

親睦、是即為將來合力同心以求郅治之証、予見之不禁欣慰之至、君主又諭下議院諸紳曰、今年各項國用爾等寬為籌撥、我特致謝、君主又諭上下兩議院諸爵紳曰、現已議設條例、酌改愛爾蘭傭田情形、使田主樂與本鄉之人同居雜處、不思遷徙、而愛爾蘭迤西瘠苦之區居民情形、亦得望起色、是立此新例、則田主佃戶之夙嫌釋、而吾愛民之利益、即可從此振興矣、不禁企望良深、為上年議行之蒙學課程條例、止行于衛拉斯英蘭之迤西各處、現已立法推行于倫敦、此條例今可告完功矣、其中更變之處、立意甚遠、予願獲益必大也、倫敦口岸條例、雖議多時、而尚未能頒行成例、然亦並未曠廢時日、予願下年開院後、此例不久即可頒行成例也、予前與各國商准裁免糖業津貼銀兩、現經爾等頒行條例、俾我政府得能辦理此事、予堪為汝等賀、又蘇格蘭酒例、現已大加修改、集成一例、如何雇用幼童工作、電力等車當如何行駛、各項賑捐當如何經理、皆已議有條例、已經予允准矣、望彼蒼庇佑爾等、得坐享成功、

十七

二十九日辛巳、晴、涼、英君文恣行宮左右、有王田若干、田鼠恆為害、雇有專人職捕鼠、每年工費若干、是人故後、懸缺未補、不意鼠種孳生日夥、竟穿孔入宮、且在田間有國王喜愛之牛羊若許、須竭力驅除、以防鼠害、現擬補雇捕鼠之人、禁令毒害槍擊、以及籠罥挾鎖等法捉捕、惟用一種撲鼠、類乎松或黃鼠狼等驅入鼠窟而搜獲之、禁用毒藥者、因恐兼傷他鳥獸之與田地有益無害者也、入夜風、

三十日壬午、晴、聞在英蘭中界稍南柏克晒府恆格佛地方、有種古風、每年于瞻禮節後第二禮拜之禮拜二日、通村玩戲、名曰霍格太、按字譯為白酒潮、究不知何所取意、屆期雖平日安靖之郡莊、亦除去一切拘束、任意玩舞、而仍不使失禮、侵晨鳴角、使通郡鋪店關門、匠役息工、凡好嬉者執短繩街遊、遇有婦女則繩束兩手、或罰一本士、或准親吻、始經釋放、次日婦女亦然、而較男子得錢之處多、而接吻之人少、更有用一木椅左右縛竿、婦女被束兩手令坐椅上、二人舁之環街一遊、然後始受罰者、或付一本士、或准人親吻也、午後仏倫午

十八

酌、男女環坐一卓、備食僅挂麪湯、水芹菜、白葱頭、及麪包、乳油而已、是亦村民之一種歡樂節也、

七月

初一日癸未、晴、西國之雕刻白玉石像、或正身、或半身、置之於街市、教堂、樓閣、墊地、或大或小、咸賴極鑿之功、因對坐摹仿、或鈔由小影、究與是人有不同者、在豪釐之間、近經世爵杜鵠與周恩者由義國得一法、雕琢成與人毫髮不爽、乃一高架、上下有輪、架柱含有關鍵、欲作石像之男之女、（西俗男女皆喜於生前作石像置屋中）坐于架前椅上、按己所欲之式坐定、頂上拘以鐵圈、令豪莫移、身左置白玉石或他石一塊、高與人齊、雕刻匠坐對面架上、此架上下皆有關鍵、其上與高架通、匠人左右手各執一鋼錐、左手向人身輕描慢抹、仗水之壓力、電之動力、則右手自於石上重雕速刻、需時不久、而石像成矣、且學此藝者亦無庸耗費心機、苟天性聰敏、力學兩點鐘之工、自能悟會一切、成一石像、工料價極廉、最袠之直二十鎊者、今僅一二十先、又此法別有鏌架機器、能同時雕刻一式者四五身、今後凡高樓大廈之石人鳥獸、無須

十九

慮及費鉅矣、

初二日甲申、早陰、午後雨、涼、上月二十二日、（西八月十四）明英議院散值、雖奉君諭、俟在明春二月開值、而國王不欲質言、蓋國王諭令後、各人計期外游、或在本國、或赴他國居、時回京入值、在國王所諭限內、雖有事招之不回、當議院將散、院首斟酌、擬定限期、稟知國君、故國君宣諭時不即言至明春始開、乃先諭定本年冬月中、到時無事展至年底、再無事方截至明春、院中各人皆有議事之責、有事必須會齊、限寬不能立至、苟遇事無其人在場、則與無其人派來之地無異、

初三日乙酉、早陰、午後細雨陣陣、記英沙立斯百里侯乃二十年前之外部大臣也、去歲夏間曾請茶會於其鄉居哈特扉別墅、今春忽患痰疾、至上月三十日（西八月廿二）亥初十分棄世于哈特扉村、西歷一千八百三十年二月十三日生、（道光十年正月二十日）年七十三、自幼肄業于教斯佛大學堂、二十三歲被舉入議院、二十七歲娶男爵阿德森之女卓芝雅為夫人、同時自樹門牆、朝夕為太晤斯報、清晨記報、及每禮拜六日報與四季評論報

二十

各館代筆日進稍豐、按沙侯本姓賽西、世代簪纓、老沙侯生二子、長名埃米柳、次即今故之沙侯、名洛柏爾、照英例、雖亦長子襲職、而一切爵產房地盡歸長子、次子無所得、長子先授克蘭班子爵、次子僅稱世爵賽西、當賽西洛柏爾擬娶按察司阿德森之女、時老侯不喜、謂次子宜娶財、（意謂次子無所得、世家子弟可娶富家女、因而致富、蓋阿非富家也）洛柏爾未遵、而仍娶之、娶後進款無多、故以所學而為各報館主筆、三十五歲、其兄埃米柳故、得授克蘭班子爵、次年擢為印度部侍郎、三十八歲、伊父故、始襲沙立斯百里侯爵、四十六歲、派赴土京君斯丹丁為專使、四十八歲、升外部尚書、五十五歲、升丞相、仍兼外部大臣、七十歲、改充丞相兼國璽大臣、至七十二歲、始謝職歸隱、即上年也、英君得其訃音、即于次日諭云、茲聞沙立斯百里侯遠逝、不勝悅惜之至、察該大臣秉其異眾之才、能歷事兩朝、自先君主以至於予、數十年來、忠心保國、予既痛惜、而通國人民亦必永念不忘也、英君并另發專電弔唁其子云、致爾同心哀慟之懷、并將予痛惜喪失爾父之心、轉達爾之兄弟姊妹云云、自該大臣充當外部大臣以來、余即與之相識、因亦留片于其京寓、乃禮也、係在阿苓屯街第二十二號、片上并書英字云、維斯邁謀斯特辛希爾安大西麻賽堤克堪兜侖賽斯譯、乃誠心唁慰也、

初四日丙戌、晴、西國有人好集今古信票為寶者、名曰肥拉台黎斯他、華言信票癖也、每遇不易得之票、不惜重費必購之、按今古之廢信票、雖毫無可貴之處、乃竟成一種奇貨、致人寶之、即如近在某巷菩提號鋪中出售前于西歷一千八百八十九年（光緒十五年）在支布洛塔所用之十仙信票（此票用年後止）一雖為日不久、一枚竟至十四鎊、又前在好望角所用之一本士錯字信票、（此票當刻印時工人疎忽錯字、當時未經查出、遂行用、後始知、遂經改印）一枚至五十四鎊、以上二枚尚不為奇、其至奇而貴者、乃一魯麻呢亞國（在土俄奧三國之間）前于西一千八百五十四年（咸豐四年）之信票、價二百二十鎊、

初五日丁亥、微陰、涼、聞上月在澳洲東南角英之屬地牛騷衛府地旱、有馬克西者自謂妙法能作雨、于是在卜婁崑山向土人約定、于三禮拜內作雨三寸、果如約、

通府公贈五千鎊至第八日大雨傾盆逾九寸街亦神
矣苟得此法則通國膏腴年無旱炎之慮矣
初六日戊子晴微暖英國賽西氏原住倫敦城西北六
十里之木耳圍地既寬闊樓亦崇閎老松翳日花草蒙
茸四百年前即授有伯爵至西歷一千七百八十九年
（乾隆五十六年）始加沙立斯百里侯爵曩者英人皆奉天主教
凡人故後所遺之地畝皆不歸官而贈與神甫生人好
善亦多敬奉田地與神甫于是人民多自無耕產而充
神甫之佃戶至一千五百零九年（明武宗正德四年）英君亨里

第八即位憐民丁之苦而慍神甫之富遂改奉耶穌教
怒止教皇派公使來英盡奪神甫之地分贈各王友至
一千五百三十七年（明世宗嘉靖十五年）太子挨達倭第六即位
仍之在位十三年駕崩無儲公主瑪麗嗣之君主瑪麗
仍奉天主教欲國人棄新仍舊而不得瑪麗君主之妹
伊里斯白娰不信天主仍奉耶穌姊妹因而不睦當時
哈特扉之園囿樓房本屬王室于是發伊里斯白娰於
彼禁其外出如投之囹圄沙立斯百里侯亦耶穌教也
未幾擢用而心歸伊里斯白娰迨一千五百五十八年

（嘉靖三十八年）君主瑪麗痛沙侯留住倫敦不時採訪乃沙侯
第一聞瑪麗薨逝之信急令親卒乘馬飛馳哈特扉報
賀即位之喜蓋瑪麗無所出也恰值伊里斯白娰坐一
樹下得信狂喜拋其帽于半空即至倫敦入宮而登基
後因不喜哈特扉遂令沙侯以木耳圍易之此賽西氏
哈特扉寓所之由來也至今沙侯樓中卓上尚有君主
伊里斯白娰所拋之帽罩以玻璃寶而藏之當時所倚
之樹依然黛色參天枝幹豐茂
初七日己丑晴華人多信巫覡婦女被騙者多西國則

無是說余亦度其必無不意昨見新報內一則題曰死
人之信一德人名哈四現年六十二住本使館東北之
尤斯敦路自號通神先生云能與鬼言如中國之走無
常者巫覡者先是一婦名韓柏爾懷其故夫匪伊朝夕
一日遇哈于塗盡表其情哈遂紿之曰可留一十五鎊
紙鈔於衣襟左右逮其降神之期到自能得夫之信婦
聞畢之意未深信屆期往先付香資一鎊繼而哈因搖
動臂肱口作奧妙神語揮筆一函書就授之婦曰回家
啟看此即汝故夫信也婦流涕嗚咽深謝而去抵家看

信問候而已、解衣搜鈔、不翼而飛矣、又哈四探得所識某婦之戚屬某甲近日身死不明、意為甲婦所害、往見而佯為閒談、叙其所遇、乃曰令親某人之魂、昨來向我訴說、謂其死于非命、當設法報之、或使害者施錢、亦可了結云云、婦聞所言、顏色慘變、垂頭不語、哈四察明其情、婦因奉給十五鎊、哈言察汝無多孽愆、僅此一事、當代哀之、法亦不難、可以紙包五百鎊票、藏於裙內、俟十二個月後、當無事矣、婦因遵辦、而百餘日後、婦乃漸聞哈四所為、多屬妖術蠱惑、既不信並悔被騙十五金鎊、檢其裙中紙包、亦空矣、婦急馳覓哈四、據房主云、兩月前伊已逸去、不知所之、婦既無法、而亦不能對人言也、

入夜微風、陰、

初八日庚寅、早晴、午後陰雨陣陣、察東西各國駛船之規、彼此定章一律、故在各處凡有關于航海之人及在水面泛舟之人、皆須深悉一切、中國雖有兵輪出洋、亦僅至安南、暹羅而已、外洋規則、知不甚確、往往受其責罰、而西人亦有錯誤者、聞昨有英船名馬爾蹄者、行至愛爾蘭正東之丹達海灣、遭風、遂升旗求拖船、蓋船在

水、無得律風及電線可以求救、惟以旗作暗號、示於人、不意誤懸藍黃二色旗、此旗所指、乃船有瘟疫也、岸上防守前見旗、即電報本口醫官、特費三十五鎊、電達醫院、由德布林專帶女醫上船、始知其誤、遂定罰船主以始末往來所費云、

初九日辛卯、晴暖、英沙侯靈柩、擇今日申初出殯、先舁入賢埃太得蕾教堂中、唪經畢、葬距伊宅不遠、老沙侯墳墓之旁、倫敦大主教亦定今日未正、在衛斯民斯得大教堂內誦經祝禱、數日前、首牧師駱賓孫帖請各國公使及上下議院各爵紳聽經、帖式長方、橫三寸、豎二寸半、四角塗黑半寸、想亦四邊塗黑二分之義也、未初、余乘馬車往、因英君與后、太子、太子妃及王室宗戚、皆游歷在外、于是君派律法大學士柯拉林敦、后派葛蕾伯、太子派文洛侯至賓、諾公及他王公、亦皆派人代往、德皇、比王并皆派人來英吊唁、以上各人分坐入門左右楊中、首牧師坐門左之首座、再前左右各四層高座一行、前一段頭層坐各國頭等公使、二層坐二三等公使、第三四層坐議院各世爵、此後為中段、坐各國公使

夫人及世爵夫人命婦等其他男女來觀望者有千餘
人中亦有被請者皆坐正面經臺之左右及末正樓上
鼓琴鳴鐘先自外一人舉金棰前引後隨著燕尾青氅
者四對末則衛斯民司得區美爾著紅青氅項套金鎖
練因其氅後較長旁一頭頂假白髮者隨行雙手提之
入內坐臺前右鄙一行金椅再則一人舉一銀棍前引
後隨白衫紅襖沙彌十二對白衫青襖教徒八對教士
六員亦烏衣白氅後垂青面紅裡頭兜入則分坐末段
四層高座上坐畢教士沙彌等同聲朗誦一陣後則忽

三七

而一人獨念忽而同唪聽經者忽坐忽立通場僅首牧
師登臺一次朗誦數語而已申正二刻禮畢各人依次
出堂登車酉刻回使館此次不有假靈柩不秉燭不薰
香禮頗簡略與前于六月初五日為教皇唪經之禮迥
異是亦天主耶穌兩教不同之處也又前次著官衣此
次請著便章前次者教皇也此次者官也戚友也
初十日壬辰大晴熱沙侯之子名虎斑年四十一歲自
幼在教斯佛及伊屯大學堂肄業先襲克蘭班子爵繼
充外部副侍郎並經舉入上議院當藍斯瑞侯入外部

伊出外部去南斐洲帶兵前歲回國娶阿蘭伯爵之女
菪湃為夫人按英規無須引見等事其侯爵自歸虎斑
承襲又昨日通城各大鋪戶多扯半旗以示哀敬之意
入夜陰雨
十一日癸巳早晴熱如昨戌初雨涼入夜狂風一陣復
晴聞前日沙侯出殯時國君送一花圈攢以蓮花玫瑰
菊桃等極鮮潔淨馨香下繫一紙云以此聊表哀慟之
心敬慕之意更誌友愛之誠君后送鮮花十字一下另
一希親筆寫云阿來三德亞送此以吊嗐通國敬愛悲

三八

痛精明忠勇之大臣沙立斯百里侯下接兩句云初想
以家為天今知天竟是家
十二日甲午晴涼聞年前有船主蒲特爾者由蘇格蘭
正東里斯海口駕貝那得輪船來中國駛至地中海忽
存信一包落水追覓未得數日前在日斯巴尼亞國海
邊阿圭拉村一漁戶網得一巨魚開膛內有英文信一
包送呈該處美爾轉交英國領事現已寄來倫敦交船
主蒲特爾矣又昨在葡萄牙國立斯本城一老貧嫗以
游街賣魚度日一日至午後尚餘鱈魚一尾因日晒半

天某若切段售之不意腹中含有鑽石金戒指一枚老嫗視之喜出非望賣與某巷珠寶客竟得二十二鎊半云

十三日乙未晴酉正大雨雷記前晚亥初倏見東南紅光大片爍爍爛爛烈燄沖天遙望尚遠不知其為何處今早見早信新報知在倫敦城東南角太木斯江東岸之西印度塢存貨房失火此房建于二年前分兩大間每間長四百五十尺各樓二層内中滿藏核桃吧拉麻麻霍戛尼等上品木料當時不僅通場化作灰燼且繫貨天秤（又名鶴頸轆轤）之被焚落水者多架運貨船亦毀壞三隻幸左右鄰房經水火會守護未遭祝融之災按被焚房貨共值五萬鎊

卅九

十四日丙申晴英君自前由愛爾蘭回後留宮一日即假他公侯之名赴奧國西北柏海米亞邦（又名波斯米亞）西北之麻林塡城（主之所以用此名者蓋他國雖知其為英主而無須官禮接待也）地產一種鹹水洋名薩林泉流甚旺人或飲或在其中洗浴能舒筋絡養身體每年各國人之前往者萬四千餘極屬繁盛其水泉名庫爾胡斯王因體胖且腹有他疾故去彼洗浴飲用數日後始往奧京維也訥到時奧皇迎迓入宮一切預備多與他國同乃在彼觀劇三次臨行賞維城貧民百鎊昨晚戌初抵倫敦宮于後日復往英蘭中界諾茲地方訪薩威侯少住即北行遊蘇格蘭極北近海之巴木拉鎮俟閉議院時之前後方回君后亦擇于同日往赴丹京

十五日丁酉稍陰記西歷一千八百六十一年八月初六日（咸豐十一年七月初一日）英國頒行禁止謀害人命例之第四節云凡謀害人命者允從謀害人命者及唆人謀害人命者無論其所謀害之人是否係英國子民是否在英國境内皆以作事不端論審明後由法官酌核判罰嚴禁苦監多不過十年少亦不得不及三年或判罰尋常監禁不逾二年期内或罰作工或不罰作工云云至前一千八百八十一年六月十八日（光緒七年五月二十二日）英國法官審訊一案案中被告名莫斯特係德人寄居倫敦刊有七日新報報名發雷哈特當俄皇阿來三德第三被弒後莫斯特著論立說刊入報中盛揚此事之美並謂德皇亦應刺殺英政府於是按照上開條例派人拘拿

四十

莫斯特交法堂審辦法官先將案情詳細說明後會審各員亦皆謂該報主筆莫斯特雖曾唆人謀害人命違犯千八百六十一年八月六日頒行禁止謀害人命之例遂定以罪察前五月念四日蘇報中有殺君主殺貴族殺官吏及不殺皇帝大憝未去等語蘇報主筆之行為洽與莫斯特之案無异

十六日戊戌晴近年各處金價日漲銀價日落各國之專用銀錢者殊受其害即如美墨兩國皆用銀圓產銀極多且出售他國苟按金價發賣幾虧礦本金銀行價如此懸隔與商務無益再美墨兩國銀圓與他國之金錢尚有兌換之成價惟中國雖有新鑄之銀圓而他國未認（在本國各處所造名雖一律價仍不同）惟知按兩用銀每值匯兌一兩庫平僅得他國小銀圓二三枚共重三錢零是中國受虧為尤重因而美墨兩國商定各派四人之深悉此情者同來歐洲向商務重大之各國叙明其情以便設法維持云云前于四月底由美啟程按美國派來者為哈那、寇歐楠、古理治、計拉克墨西哥所派者為葛里勒、喀麻楚、梅德卜爾斯五月初抵英初七日哈寇葛喀四人來拜知英廷共派六員與之會商乃印度部一員為馬凱外部一員為匯豐行總辦甘美綸其他為戶藩二部各二員余於發電請示外務部後即派參贊馬格理繙譯陳貽範隨同聽議遇有窒礙中國之處亦須隨時宣說自初十日起連會五次至二十二日始議定五節二十三日由各員簽押作為蕆事所定五節一凡用銀之國所用銀錢若定有易金準價獲益必多（此係總綱）二中國須用通國流行之銀錢其易金之價何時可以劃定即何時辦理三用金之國及現用銀後改用金之國所用之錢劃價總要大概一律四若銀價不再大改劃價可定為三十二換五各國購銀鑄錢其所購之銀如可定一公道限數銀盤或可有定惟此須視各國錢政及隨時情形酌辦按以上各節細加推勘似于中國情形並無窒碍所定銀價三十二換亦當適中好在雖經各員簽名而將來如何辦理仍憑各政府自行裁决并不因此牽制又美員原呈之九條一凡用銀之國若立一匯盤定準金銀劃價商務必可大旺外財流入其國可興二中國須有通行之銀錢須有一定劃價可在中國各處用以交納稅課、三、中國金銀劃價、當於五年以內定、準（以上第二三兩條由英員改成一條）、四、如願中國政府能立該項錢法、並能維持、英政府所按一千九百零一年所定公約、應得之賠款、當按銀數收受、以十年為限、其以如此辦法因而少收之數、將來應否帶利補還、英政府可酌辦、（此條經英員刪去、以非各會員所應議之條）五、凡金錢與將來或按金價計算之銀錢、其劃價總以大概一律為要、六、如銀條銀塊價值不再有大而永遠之更改、則金錢與上文所說之銀錢、其劃價當按日本、非立濱、墨西哥各處以三十二換算、七、如銀價能使有定、則劃價或可早定、永遠安穩、八、各國購銀鑄錢、其所購之銀、如可定一年年購買之公道限數、則銀價可期有定、（七八兩條由英員改成一條）九、此事須再考究、以查有無別項維持銀價之法、（此條經英員刪去）又經中美英墨各員會議、維持銀價之詳細五條、一、凡用銀之國所用銀錢、若定有易金準價、而可于各處用以交納稅課、並無限制、則不但多使外財流入、且可大興其國及該國與用金之國之商務、二、中國須用通國流行之銀錢、無論在中國何處可用以交納稅課、其易金之

二十三

價何時可以劃定、即何時辦理、三、[illegible]、四、如銀條銀塊之價不再大有更改、則現用銀、後或用金、各國之金銀錢、其劃價可以三十二換計算、五、各國購銀鑄錢、其所購之銀、如可定一年年購買之公道限數、則銀盤或可稍使有定、但此等辦法、須視各國之錢政及隨時情形酌核辦理、美墨二國委員前于五月二十五日由英赴法德和俄四國、本月中回英、復定明早啟程、各回本國、乃于三日前帖請今晚戌正在喀勒屯店晚酌、屆時余率馬格理、陳貽範乘車往、入內見哈那葛里勒少敘、入座、同桌二十四人、為美公使仇德、墨公使夏勒兜、甘美綸、馬凱等、食畢、哈那首先立起、率眾舉杯同祝英王與后之福、繼而各人陸續演說、稱讚此行之得當有成、誠與各國商務有益云云、子初席散、握手謝歸、

十七日己亥晴、上月初奧國駐英公使伯爵戴恩因病回國、昨于十三日（西九月初三日）在籍溘逝、該國署使擇于今日午初在伐木街之伊麻庫賴天主教堂中唪經吊唁、前日具帖請往、巳正乘車至彼處、地基不甚寬闊、堂式與鼓拉托里堂相同、臺正面設石桌、上中置金龕一、內

二十四

供耶穌釘十字架上左右安放銀爉阡各三隻每上然
黄燭一長各尺半臺前以長凳結成方池凳上罩青毯
中設假靈柩覆以絳地金邊黑十字絨片四面圍置鮮
花八盆左右各置爉阡六每上黄爉一長逾二尺許池
前左右横排長凳秩列行行王孫及他公侯坐右邊第
一横排各國頭二等公使坐左邊第一二横排署使等
坐第三横排統計男女無多僅二百有餘始則樓上鼓
琴既而自旁門來沙彌六皆赤頭著青衫白紗短褂又
神甫三一正二副皆著白衫外罩黑質金花褂正者無
袖副者短袖鼓琴唪經一次後各人奉黄燭一炬粗與
手指同長約八寸皆然而手舉之輝煌燗爍聽者忽坐
忽立忽而假跪神甫則時而誦經時而請安凡教中人每由像前經過亦必請安為禮隨行必打問心禮如佛僧之流為時不久將
終一副神甫舉銀十字立靈前面大神甫立臺下靈後
左右立沙彌或秉燭或捧聖水鑵或提檀香鑪既而神
甫朗誦數句後隨繞靈柩先以麻刷捧灑聖水再提提
鑪繞靈捧薰一次禮畢琴鳴則王孫及各國公使陸續
起座將出門有該國署使立待向衆拉手道謝未刻回

三五

卷八

使館按此等禮節客應僅著禮服乃且字形高帽燕尾
形呢褂而已乃此次於請帖末另書一行言本使館各
人咸著公服佩帶寶星蓋意在暗請來人亦然也入夜
大風雨
十八日庚子晴戌初陰雨亥正復晴聞羅馬教皇之第
一張油畫像將由亨加里著名畫師李珮繪畫其人與
教皇素識現來羅馬請教皇坐而照描六次摹形彷肖
毫無差然其像高與本人同此教皇像乃特倫德皇到
羅馬時贈送者迨此像工竣并令照畫六幅備贈他國
君主蓋英王亦在其數内焉按此等工藝一經繪名人
之像則聲價頓揚再與他人畫像工費翔貴大約一張
之價則不下千金鎊矣
十九日辛丑早陰涼申初細雨淋淋忽降忽止入夜狂
風大雨滂沱按都門各戲園中演戲每日觀者多則園
主與班主同獲其利來者少則亦各得無多西國則不
然每出新戲聞乎園主察其是否人所共賞苟不善料
按己意以為可觀迨演時來者寥寥竟有因而虧累至
千百鎊者蓋一新戲演成某園主以其足招人觀賞則

三六

卷八

與之寫定若干禮拜、或月或季、按角色各錢若干、演時觀者無多、亦須照數付給也、其付錢之期、係在每禮拜中某日、名付錢日、又名開庫日、凡大戲園中到日應付之男女老幼、不下千餘、奈晝夜無暇、乃定在演戲之際分給之、其法係將各人名姓按字母一丨丶丿排定、每人一小信封、外書其人之名姓、內先寫菲敬酬謝四字、下書放錢人某某之名字、工價多者封以金鈔、少者封以金錢或銀錢、屆時各人量其名字之前後往取、如此發放、尚須六小時、每禮拜各人之工價、男子由五鎊五

先至一百一十鎊、婦女由三鎊三先至六十六鎊、其至少者十先、十二先、十八先、一鎊一先、二鎊二先、三鎊三先、四鎊四先、或三鎊半不等、皆按其角色良否而定也、更有臨時街市雇來混足人數者、此等人名曰蘇柏爾、登臺一次、僅付一先、此等此時付錢、蓋各人去自後臺、并不改裝、故忽而娘娘往取、忽而判官來要、忽而大老去收、忽而院戶往領、是日臺上圍場場作戲、而帳房亦各各默卯也、

二十日壬寅、晴、英人嗜藏名人之筆跡花押、然不論其字畫筆力如何、惟重其品位、故雖一字半畫、皆寶而藏之、聞昨有人買英君親筆舊信套一個、價直十七先、威友筆跡錄一本、不甚大、內有前君阜志第三第四及老君主維克都里亞之花押、價直一鎊、韋凌屯公之花押一頁、賣十三先、魏斯理之信一篇、賣三鎊十二先半、觀西人之風流雅士與我中華之好古者、大畧相同、

二十一日癸卯、半陰半晴、倫敦大雜貨鋪暴襄者玻璃窗內有陳列燕窩者、國人皆視為奇物、雖陳列而罕有用之者、蓋亦不知為何法食之也、邇來年餘、倫敦人之豪

富好奇張筵讌客者、不吝傾囊、食多用之、可驗文明愈開、浮華愈熾、據云一年竟得出售百斤、價則每兩十五先、食乃用作第一盤湯、作法先熬濃雞湯、後于每盤中加燕菜少許、作與龜脊龜肚肉湯之法畧同、每一小盤湯約三四匙、價合七先六本士、又另種貴湯、乃鱘魚或鮪骨湯、此骨每斤合十二先六本士、然較燕菜亦直賤多矣、

二十二日甲辰、鎮日陰晴、忽作涼、洋人向以不喫米而吃麪包為常例、聞英國各營兵丁之飯食、除大麪包外、

各人熟肉一斤、其肉按日有定章、不得紊亂、係每禮拜內計禮拜日及二三五六日食牛肉、一四兩日食羊肉、當此之時、牛皆肥壯、肉少而油多、不勝食量、于是兵部乃為國家慮兵丁之苦、又加軫卹之意、遂議定暫改鮮魚猪肉兩種、兵丁聞之、皆喜溢眉宇而感激之、

二十三日乙巳、晴、涼、英蘭之地、四面臨海、雖通陸路、亦屬無多、於四日前夜內風雨大作、雷電交加、海面波濤洶湧、觸岸激起、高至數丈、于是船隻房屋之損壞坍塌者不知凡幾、人物禽獸因而受傷殞命者亦復不少、又

三十九

英蘭東北界牛馬厩地方、有伊勒美伯爵雇用編籬笆之人、名查夏者、夜被雷擊、據云其人胸有赤線、繞內銀錢變色、胯下并有黑紋如蝌蚪、地方官驗畢、乃言其人之死也、係被上帝巡察也、西人不信天誅、究不知此等語言何所由來耳、

二十四日丙午、晴、聞前于西六月間、在澳洲東南臨海英屬地梅立本地方、有司米士者、娶其故妻之妹之女為續室、又昨在本城溝勒屯坊居住人名柯拉克者、拐娶其甥女伊文姒、年十五歲、因女未及笄、拐誘嫁娶、有犯定例、經官判定、收監六個月、罰作苦工、究不知娶甥女為妻有干例禁否、未之聞也、

二十五日丁未、晴、微暖、英都舊有小說帖、專歸信局出售、詳見述奇六其前作信面印有信花、專書人名住址、後則白紙作信箋、苟無秘密、即可暢所欲言、與不封之信同、價既廉而便當、無非使人節儉樸誠之意、二三年前、書箋鋪中另售一種、乃前面自黏半本士信花、後面改成花箋、然因不便書寫、故特留寸餘空地于左角、以便寫所欲言、價則按頁一本士、不惟紙貴、而字反不得多寫

四十

矣、一切人物山水、鳥獸花木、樓房、先僅墨印、既而彩畫、既而抹油、工極精妙、勝於畫本冊頁、漸至通篇不留餘地、乃使寄信者不寄一言、惟寄其名與小畫一頁而已、此等紙不便名曰說帖、可改曰花片、今竟有將真鳥翎湊黏其上、作仙鶴、孔雀、金雞、鸚鵡、鴛鴦、鷺鷥、鸞、雁等形、羽翼光潔、活動如生、了無異相、工極精巧、價亦可觀、每頁一先、較白希說帖貴加二十五倍、竊以此等花片由信局寄送、打印折弄、有傷錦羽、未免可惜、莫若片外加封為妙也、聞上年倫敦郵政局共寄花片四百八十八

兆、是不惟畫工、紙匠及筆、墨、書、紙等鋪之生涯格外得意、即官場信票亦因此盛興也。

二十六日戊申、晴。涼。吾人嘗有俗諺云：貓認家不認人、狗認人不認家。昨聞有英人某甲帶兩貓由酸黎村遷居代大木莊、兩地南北相距八十洋里、中隔太木斯江、不意遷後數日、兩貓失其一、不知何往、迨越六日後、老婦復回故里探親、見其貓在舊房、已餓瘦矣。按華里計、二百四十路、迢遠遙、江水寬廣、究不知其何以渡耶。誠奇事也。憶曩余在京時、曾由武清縣青坨地方隨糧車來一犬、豹耳、龍形、余頗愛之、以鐵練鎖項、畜養月餘後、以其熟識家主、遂釋之、乃于次日即失去、迨數月後、佃戶再來、知其犬已早回青坨矣。夫犬性固靈、隨行記認道途、然地在京東百四十里、且都城九門、不知其出何門、由何路、竟覓得其舊主家乎。

二十七日己酉、晴。聞昨在某村一少婦收他人致其夫之信一函、察封外筆跡、似女子者、遂私拆之。按西例不准擅拆他人之信、如此闡拆、似由妒嫉所致。紙上無他、僅記念我一句而已、下亦無名字、將看畢、自覺痲痹眩仆於地、其兩歲子無意中

四十

拾起信紙一看、亦竟暈倒、死生未卜。究不知信由何而毒、毒由何而致、西人深悉格物化學者應知之。竊思解鈴繫鈴、未非明化學者之所為也。

二十八日庚戌、陰。倫敦城中稍東賢卓安街與牛蓋街之間、司米扉地方為魚市、英人不食河魚、皆海魚、故名死肉市。每于禮拜六日午後及夜晚、男女擁擠如蟻、因而剪綹混入、以逞其能。在該處每皆三人一夥、白晝則衣服整齊、作入市買魚者之狀、入夜凡工匠男女咸往、賣者思冀罄售其貨、買者亦思賤而多得、于是伊等亦作工匠、佯在羣中尋買。當斯時也、婦女之錢囊、篋袋、尤須小心、否則必有所失。有時伊等戲弄相識之人、如某甲忽謂失表、伊乃自羣中捉一確係作工之人、謂表為其人所竊、工人聞而詫異之、解衣搜之、其表竟在兜中、且繫練上。失者既不知何時失去、而愚魯之工人亦不知何以置其兜中練上。其人之巧能如此。

二十九日辛亥、晴。倫敦車夫必經考試、得有憑單、方准御行、蓋欲其熟習行車使馬之法、明曉走路雇用之定章、以及城內外街道之所由并其遠近曲直也。邇來汽

四十一

車輕便用者日見其繁、而使車者尚無專藝、因而英人伊瓦霍定設一學堂、專教用車之法、一切機關詳策、并隨時修補些須之損壞、以便一路順遂、學者考試、亦給三次憑單、一為初學有效、二為深學已成、三為特學超等、學者七課、學費乃男子五鎊五先、婦女三鎊十先、車夫二鎊十先、凡車夫之學成者、專作使汽車之役、每日當獲一鎊之工資也、

八月

初一日壬子、晴、風、倫敦住戶鋪店、向多雇用女僕侍婢、茶館酒肆、亦多用女堂倌、取其工價賤也、乃邇來法德義與瑞士等國男子、因在各本國謀生不易、遂多來此求作女工、因而侍婢之稱、改曰侍僕、即如哈爾他街第三十五號之代雇英外僕婢局、據云、于一年內代外國男子之覓得工作者三千人、年紀皆在十九廿四之間、其工價與婦女同、亦每禮拜五先、洗衣費在內、所代作之女工、係女堂倌、女庖丁、洒掃女、客廳女、刷洗女、收拾牀被女、伺候飲食女、撢塵女、聽門女、及他各女工、大為減色、人之所以喜用男者、乃謂男子整潔、身強力壯、能

四三

作苦工、早起晚睡、又無情人牽制、晚間出門者少、每晚僅休息半點鐘、以便吸烟、且多有曾經軍營內傭工者、故些須洗滌、伊亦能之云、

初二日癸丑、陰雨陣陣、秋風甚涼、聞英國東方船行、洋名花年麻辣教里安他、即平日減筆之P與O行也、華言東方洲邊也、義乃往來于雅洲之中華日本印度各處也、乃定由明年正月初一日中十一月十四日在各船多加頭等客艙、而且減價、每日嘉饌四餐、統計合一本士一洋里、可謂賤矣、

初三日甲寅、鎮日陰而微霧、英國畜動物培植物、如馬牛雞鴨等類、暨各種菜蔬果品花卉、無不設會比賽、不時張其能抑、亦考求法之善否也、昨禮拜六日、倫敦城內太木斯江之南岸稍東牛堪路、又設襁褓會、小孩由兩個月至一年半者、抱來比賽、當日共集四百三十二名、醫官百員、考查斟別、賞物者十六、獎其養育之功、散賞物時、醫官高聲宣衆、以撫養乳子之道、何者為至妙之法、聞當日得賞各孩、多按月計重、重則為壯、輕則為弱、蓋以壯弱徵其育嬰之良否也、有兩個月重十九磅、

四四

者二十磅零一兩者、六個月重二十九磅者、一年重三
十三磅零五兩者十三個月重三十三磅零八兩者
初四日乙卯、鎮日天氣合𣇈陰霧縹緲、英人日用之乾
菜、醃菜、酸辣菜甚多、海軍所用尤夥、而通國十八行中
製造僅有一處、其他皆來自德法和蘭、并屬地加那他
其故有四、一因本國鮮菜無多、一因價貴、一因本國天
氣不易曝物、一因人工直昂也、
初五日丙辰、晴、數日前、英藩部大臣章伯倫議改稅則、
凡各國進口貨物、皆徵關稅、稅之重輕、準諸各國之稅

我者、蓋歷來凡他國來貨為人所必需者、皆不收稅、而英貨之去他國者、他國仍重徵之、各屬地
之貨、或征或免、隨時酌辦、因各屬地有收英貨稅與他國同者、總以優待
為主、如是則匪獨將來與各國商立商約時、英可有操
縱之權、且可以聯絡各屬地、用固邦本云云、惟六十年
來英之商務政策、向以不抽稅為宗旨、是以談富國之
學者、一聞章伯倫之論、咸謂英非魚米之鄉、一切民食
皆仰給於外國、今若稅貨、物價必昂、小民何堪擾之者
頗多、戶部大臣李𪗋印度部大臣哈米屯皆主不抽稅、
亦力駁之、首相貝樂佛向與章伯倫善、深以章論為是

惟謂一時不能盡行、李哈兩大臣以首相之言與己不
合、不安其位、一同告退、藩部大臣亦隨之去、所以去者、
意將四出、將其本意宣言與眾、以招公斷、苟不退位、恐
人謂與樞密院同黨也、至所出各缺、應由首相擇人薦
補、所舉之人未聞、
初六日丁巳、微霧、按英規、凡人或年邁、或疾病、自度殘
年垂盡、將卜窀穸、于是將財產酌量分散妻子女孫戚
友、此事每在數年前、即寫註明白、作為遺書、并請戚友
之公正者二三人、逮分時照單監理、毫不錯亂、此人英

稱簑里細安爾華言切懇之人也、聞已故之沙侯、共遺
三十一萬零三百三十六鎊八先、其遺書寫於西一千
八百九十一年、即求其友世爵倪綽森為監理所分之
數、係其長女官斗倫夫人一萬一千鎊、次女薩樂本夫
人一千鎊、外孫子女各五百鎊、其弟攸斯達千鎊、其友
倪綽森五百鎊、其夫人萬鎊、另由每年進款抽給千鎊、
給其次子豔良、三子樂本、四子鶴百、五子荷福者、為京
城內阜安街第九號住房一所、并在倫敦衛斯民司得
二銀行及阿凌屯街第二十號之藏寶庫、見六述奇中所存

者與他居住之產業、惟二銀行存款、須俟各人完姻時、按名分給二萬五千鎊、至其世爵中遺產、如哈特扉村之樓房地畝、樓中陳設畫軸器具、并車輛馬匹林木、及阿凌屯街之住房一所、概歸長子虎斑、聞在法國各銀行、并皆存有鉅款、別有遺書云、

初七日戊午、早陰、雨陣陣、午後雨止、仍陰、英國人民男少女多、婦女不比我國僅以鍼黹治生、且外國女工鍼黹無多、衣帽衫褲鞋襪領袖、皆由鋪店造成出售、罕有自作者、故必別專一藝、方可以度餘年、聞有女工係以

四七

專種泥堆塑、撫雕走獸、貓狗兕熊之類、然必狀態活潑、肖真勝於范成者、昔人尚未發明、迨俄國皇后阿麗娰、及丹國三太子妃娃代瑪、雕刻冰熊海龍後、技乃盛興、俄后與丹太子妃可稱是藝之鼻祖、其法係泥堆成後、以刀鏇雕刻、成則曝乾、著色、復燒作缸瓷、此工易學、學費無多、應用器具費亦尠、然必心靜意巧者方可學、在倫敦現設專局、婦女傭工工直較昂、然多丹麻人云、

初八日己未、白晝晴、入夜雨、萬生園入門費向來成丁者一先、幼者半先、現改章、凡夥游者減價、其成丁者由五十至一百、每人九本士、幼者五本士、由百零一至二百五十、成丁者八本士、幼者四本士、由二百五十一至五百、成丁者七本士、幼者三本士、數多至千亦然、惟成丁者由五百零一至一千、則皆每人六本士、凡學生年在十四歲以上者、每二十五名并教習一人帶領、格外減至十一先、至義學國學官學及帶供飲食各學、苟數不逾三百、照另章不索費

四八

卷八終

鐵嶺張德彝在初隨筆　潘士魁校

光緒二十九年八月初九日庚申、陰雨陣陣、倫敦城東北角舊為哈克尼村、現連大城、而地名不改、該地居民貧苦極多、往往有六七家共居一樓者、每遇男子患病、無力求醫、乃送入醫院、其妻其子其女或不能度日、入招工之所傭工、久之、些須房租亦難償給、致仰屋而居、殊堪憫惻、因而地方官乃定公造長樓一排、內分小間、每間應用之牀桌器具什物、合計不逾五鎊、專備貧民患病者攜眷居之、其人或故、或愈、始令移出、別納他人、患病者是亦體恤之意也、聞彼處一老媼因貧由住所移入招工所、用敞車兩輛、載大小簸筐二十餘、就中無非爛毡破布、舊紙亂繩、統估其值、不及兩車運費、別一男在招工所作工、平日由街市拾取大小石子、集於牀下、暇則按其數之、貧民之心、概可見矣、

初十日辛酉、晴、華人畜犬、大者守夜、小者或入耳目玩好之列、皆養於家、不聞寄養于外者、而倫敦城外之狗店、代人收養、費以月計、或日計、主人可隨時往看、店有草木小園、日日以時放犬任其馳逐、博犬憐已、犬病、女婢監之、視如童子、庖嫗司其飲食、必熱必潔、犬臥處涼燠取度于人、且朝夕洒埽、除其汙穢、犬身時梳洗、俾其清爽、免生疾、以取悅于畜犬之主人、歐人之生財、乃如此、

十一日壬戌、陰、入夜雨、北斐洲中央薩哈拉國、地曠人稀、大片沙漠、昨讀新報、薩國皇帝勒博的隻身出遊、法之獵戶某甲引之于前、禮拜日傍晚到倫敦、住薩外店、行李無多、嘗赴城西角之小加非館、一日出游、終夜未歸、不知何往、初抵倫敦、陸續謁者一日千輩、多商賈、而槍礮工人強半、咸求覓生涯、薩皇乃以愚蠢之態接待之、人所言者、皆恍惚應允、不知將來作何了局、所收信件名片、筐不勝盛云云、新報尊勒博的曰皇帝、莫知其由、

十二日癸亥、晴、涼、西人謂人之營業而得永年者、醫與樂工耳、夫醫知養生之理、衛身之術者也、其在樂工學得一門、足以自給、雖所入無多、而無凍餒之慮、不勞心、不勞力、無所抑鬱、可卜長年、如美國人都七千六百萬、

年逾百者男則一千二百八十九婦女二千二百四十
七其八十九十歲者不止萬人要皆樂工醫士居多
十三日甲子微晴外國婦女亦有得寶星者英國居多
始自君主維克都里亞賞分五品形式不一第一品名
維克都里亞阿拉柏老君主夫婦名分四等頭二等中鏨君主
夫婦二頭相竝夫右婦左皆對向外一圈上一王冕皆以珠寶
鑽石鑲嵌冕上連一白緞疊作八字形左右垂繐緞寬
四分三等正面王頭改鑲珍珠四等正面王頭改鏨V
A二名減筆之字仍用珍珠鑲嵌以上式皆橢圓周約

三

三寸第二品名印度冕不分等亦橢圓形正面鏨I R
V三字拼成一處作叢形是為君主減筆押義乃帝后
維克都里亞也其上之王冕及四邊亦皆鑲以珠寶鑽
石王冕頂上亦鑿以疊成八形扁緞色作淺藍白窄邊
第三品名襪帶乃上等第一寶星其式一金花頸練長
約尺寬一寸作五圓花餅彩緞繫狀居中餅下垂一金
鑄馬踏飛龍周約四寸扁形晶瑩透徹詳見後別一八出
菊花鑽石寶星中一白十字外圍一圈鏨以惡生於心
者惡及其身九字此星外周八寸餘亦不分等此寶星于今亦

賞男子佩戴第四品名開薩伊新大義乃印度王也式作橢
圓周約五寸沿邊鏨花飾以珠寶中亦鏨IRV三字
之減筆押第五品名洛亞蕾克洛斯譯乃御前紅十字
也即現所謂紅十字會之周四五寸四出作雙搭銀定形琺瑯瓷
紫紅色外鑲白窄邊中心圓圈白色內鏨君主頭作左
視狀其第一品始于西一千八百六十二年同治元年得佩
帶者為君主太子妃王夫人公主郡主縣主及德俄兩
國后和蘭魯麻呢亞兩國王后此外命婦夫人小姐輩
十數人皆前有功於斐洲軍事者第二品始于英君主

四

加印度后帝徽號時婦女受賞者三十人為印度王妃
官婦及管理印度各處之英官夫人第三品佩帶者惟
英老君主并未賜他人因係第一上等位卑者不易得也第四品始自
何年未詳膺此賞者僅費爾恩夫人以其曾有大功于
印度通國也第五品始于西一千八百八十三年光緒九年
為賞各婦女之在軍營行善拯救療治撫養兩營兵官
之受傷患病飢餓者此婦女稱為養育姊妹雖世爵仕
官之妻女亦在焉
十四日乙丑鎮日陰晴不定入夜風雨交加涼外國婦

女寶星、又有三品、一曰耶路撒冷賢卓安條、一銀圜頸絛、長約尺二、寬一寸、中繫一白瓷十字、式如四魚尾倒攢一處、上尾左右二小馬、下尾左右二飛龍、統作✻形、周約五寸、共二枚、一垂項下、胸前一挂左乳旁、此寶星于七百年前傳入英國、至今得佩者英君主與杜達蕾伯爵夫人而已、此寶星惟賜天主耶穌教中人、且有定例、佩之者每遇回教人赴耶穌塚、則率眾攻之、蓋千百年前天主回回兩教之舊仇也、一曰賴攘多虐法國創製、譯乃軍榮也、不知始自何年、婦女之得佩者二、一係女子博洛薩、為著名之百獸畫師、一係婦人瞿樂法在軍營善偵探、不惟得佩此寶星圍紅帶、且特准作男子裝、至各處哨勇見之、舉槍行禮、與男官同、第三品名曰司蕾烏騷倭爾秋、譯乃女婢之德也、始于西一千六百六十二年、（康熙元年）與國皇后蒂來得立、第三所創、數共三十、皇后為首佩帶其一、其他凡朝中婦女之有仁心善舉者賜之、其式未詳、

五

十五日丙寅、早雨、午後雨止、仍陰、酉正開筵賞中秋、凡華人之來英肄業游歷者、盡邀入座、合中外僕役上下共十二桌、彼此易盞交酬、暢敘甚歡、西國之寶星、本名敖爾得爾、或美達勒、譯為賞號及功牌、形式不皆作星之金光四射、方者、長方者、圓者、橢圓者、十字者、八角者、四五六出菊花者、不一、其製色分黑白紅藍、質不僅金銀、按寶星二字由來、當是道光二十二年、南京華英初次立約、英國公使官銜佩帶此物而無名、依字譯出、又恐不明來歷者笑、英教士墨利遜以國王所賜者為寶、其式如星、創其名曰寶星、蓋壬寅以前、言洋務各書未有論及者、

六

十六日丁卯、陰、而細雨陣陣、英國駐美公使何柏爾、今春因病請假赴瑞士養痾、日前身故、今日出殯、（西十月六日）乃奉英王諭、于今日未正在賢糴木斯宮旁瑪柏樓府中小教堂唪經禱祝、雖未柬約、而登之泰晤士報、是暗為知會也、未初、余著書褂乘車往、至經外部小禮官引入坐于右鄙第二橫長凳、同時到者各國頭二等公使六七人、本國大員如藍侯輩多人、男女百餘、皆仕宦也、屆時鼓風琴、先入宮中教堂沙彌九各光頭、著紅呢金邊長襖、再則白氅紅領教士十二、白氅紅領加黑綢長

禮之牧師（英名稱日的音見前）三兩兩步入登臺分坐左右一牧師名史艾巴立于正面卓前堂小而樸臺上正面懸油繪耶穌像如在半天雲霧中像前立一金十字左右分陳白菊四瓶各排作團扇形花面向外然白燭兩枝高各二尺餘一切禮節忽念忽誦忽坐忽立與他處同申正回寓

十七日戊辰微晴風入夜雨聞章伯倫夫婦于昨日戌初乘火車由倫敦飛至蘇格蘭之格拉斯滿城下車處男女觀者擁擠數千特派巡捕一百四十名彈壓初下車歘一老媼由眾中搶出雙手獻章夫人鮮花一束繼又土人千餘同歌他是暢快好人一曲以歡迎之所經之處男女無不脫帽搖巾高聲祝賀飯後入賢安得路堂中演說堂廣容人五千前日爭買座券者男女七萬人券直每幅五先竟漲至三吉呢章伯倫立臺上朗宣兩點鐘之久不只數萬言大旨謂六十年來經冠普坦所定不收他國貨物進口稅始自本城（指格拉斯滿）原冀他國亦如此辦理乃至今依然如故（英國向來較他國製造者多故進口者少）（英國如此辦理望別國亦皆照辦殊與英之商務有益不意近來別國亦皆能造而且稅章不改故有是言）今特擬改數條我國工商庶幾得有利益所可收外國進口稅者如麥子每擔特（合英八斤）收二先肉百分抽五奶油雞蛋菜蔬等亦皆百分抽五（此貨向多自俄丹）其他造成各物皆百分抽十各屬地之酒減稅（澳斐二洲英人所釀亦不亞於法國者今減稅自得多售矣）外國麪較麥子進口收稅加倍（其所以然者蓋粗麥進口第一為麪館得有工作二所餘之麩皮可賣錢可餵豬）其仍不抽稅者為蕎麥鹹豬肉（以上二種為貧人所食）及各屬地之五穀粗貨（如麻棉等）所擬減稅者如茶葉減三分（原係六本士今改二本士）糖加非扣扣皆減（歷糖）（英之飲食什物多來自他國六十年來英之屬地日多出產俱備故敢如是云云有謂英國茶葉減稅有益於華商者不知歐洲各國惟有英人種茶于印度也否則何有如此耶）仔細合計稅務如此辦法則農工于每禮拜可省九法丁半匠役省十法丁按所減之稅每年戶部當少收二三兆然按所加之稅又當多收九兆以所加所減合而計之是反多收七兆也

十八日己巳陰雨今午英君由蘇格蘭巴勒那行宮回倫敦英國襪帶寶星之由來西國婦女之襪皆線織上長過膝扣以絲綠帶帶寬五分色分五彩連以銀扣前于西歷一千三百三十年（元文帝天曆元年）英君埃達倭第三

時某晚宮中設跳舞會有沙立斯百里侯夫人之襪帶猝墜地絟黑盤太子埃達倭拾起雙手交還左右嗤之以鼻太子怒曰惡生於心者惡及其身由是設此寶星不作襪帶之用而以襪帶爲名且將惡生於心九字鏨于其上志之此寶星共備二十四枚從前專賜公侯伯三世爵至三百年前約在査里第二之世則改賜公侯兩爵矣其馬駟飛龍乃傳自新約全書謂昔賢卓志乘馬遇飛龍恐被所害使馬踹其身而以劍刺之因英蘭供奉卓志故用斯典

九

十九日庚午陰雨陣陣倫敦各大新報館于章伯綸未到格拉斯溝之兩日前即派多人赴彼部署一切蓋爲速傳所言至倫敦次早可印入新報也多人坐近臺前以便詳聽各館派人六七名或十數名不一統約百五十餘中各一人爲首隨時指點各館中人不同時聽寫互爲輪流各司五分之工章伯綸登臺將開口爲首各人即各以暗號指定某甲此等人洋名力頗特爾華言減筆報事人也其減筆字如蝌蚪[illegible]時及五分爲首人即指派某乙接寫當乙聽寫時甲又須於此五分之內將所聽寫者錄成明文錄就即交爲首人爲首人閱一周無錯落後交左近一小屋內所雇報局多人此等人洋名噴吃爾華言鑿子手也各人手執一古米物如鑿如錐按字以鑿鑿點橫暗號于四分寬之紙條上其號如｜⋮⋮⋮｜｜｜｜此字洋名莫爾斯扣達乃莫爾斯所創之號碼也此後復以一管器名韋斯敦特蘭斯彌特爾者（詳見後）飛去電報局又五分則變成⋮⋮⋮⋮⋮而到倫敦再由孔點改寫明文依次陸續填入氣筒吹至冣近屬新報館之信局是局馳送報館報館立用新創反作鉛模之法（詳見述奇六）造字分段成板齊則置架刷印天未明億萬張報成矣由格拉斯溝至倫敦四百零五洋里（合中國一千二百一十六里半）每五分傳四百話章在格城數萬言說畢五分鐘後倫敦則如數印出速可知矣

十

二十日辛未陰倫敦現尚褸色哈巴狗有女名莫蒲喜者前于禮拜六日申刻伊家開狗茶會帖登新報凡婦女之畜此色犬者屆期願往須先給信以便預備一切刻因天寒各狗皆須背覆棉被項圍圈領鈴鐺鐫明主

姓及犬名至申正備各犬美食一盤其喜吠嚎者列第一横小而嫩弱者列末横當其喫食時人相賞視并請獸醫之了然種類者暗為甄别分定甲乙前列者各有賞號西人嗜此當不如中國之鬭鵪鶉鬭蟋蟀也

二十一日壬申陰雨西國屋壁忌徽白或以彩石包鑲或以彩紙裝潢所用之紙不比倭刀至賤者一捲長約六丈寬不足二尺質粗而薄印花亦不精細直尚一先輿都貧民無力用花紙乃翦紙為花鳥貼之此俗傳至倫敦竟翊為新法鋪中閒有雇聰明幼女翦出各類花卉鳥獸備售并可隨意訂定各式畧如喜猫之翦猫喜狗之翦狗襯以花木山勢或樓房各景吸烟室或定翦花花貼壁卧室或翦鷗鷄黏之左右

二十二日癸酉早晴午後雨涼前于禮拜三日希臘國三太子安得里亞取德國巴坦堡公主阿麗姒為妃在達木斯達城成禮由倫敦卜薩鋪中定喜糕一高約六尺直五百鎊或曰往時英國三公主碧阿特麗姒出嫁堪特城各官夫人公獻之喜糕高至八尺直則五百二十五鎊西俗定例王族嫁娶皆設喜糕五一由新婦之

十一

庖丁自造用分贈已友然平日所用皆僅一層直一二十鎊而已

二十三日甲戌早晴午後陰雨陣陣入夜微晴聞昨日倫敦某學堂諸生畢課游戲時有男孩名周賽第五歲因一物墜入水溝中從孩相助得將鐵蓋掀起周孩探手入手未出從孩力盡放鐵蓋驟落致傷一指周姓稟官伊學部判定由部發給四十鎊三十鎊孩養傷十鎊贈孩父

二十四日乙亥白晝細雨陣陣入夜大雨風初三日曾記牛堪路之墨爾緋堂襁褓會茲聞禮拜六日彼處開第二次會與會者一百九十男女嬰孩又有孖生十二對其得第一賞者為康樸之男孩卓志女孩珂麗生八個月共稱四十三磅八兩第二賞則司特里弛之男孩蒂來得立女孩芙羅麗甫一歲共稱四十九磅第三賞馬麻訥之二子卓志及卓安亦皆一歲共稱四十四磅九兩葛林之妻一胎生三女名阿彌綠碧那芙蘭扉一歲九個月一乳三孩是會僅彼一家無與比賽者于是國王特賞三鎊其稱孩法一小櫈槅凳下藏稱坐孩于

十二

表

覺稱之號碼自露、

二十五日丙子、早晴、午後陰、外國氣球船、駛於空中、亦無十分把握、偶然失手、不免墜跌之險、氣球公司現創一法、氣球之下安一輕木架如船、架上置三木筐或桶、高二三尺、寬二尺餘、立其中可以四望、是船騰高可至賢波羅禮拜堂頂、三桶當中者立駛船人一、左右者可各立二人、乘船出遊、價直十日二十五鎊、駛船人工費一禮拜五鎊、用煤氣四十五萬方尺、合五十六鎊、十日內合店費計之、四人約各二十八鎊、

十三

二十六日丁丑、微晴、冷、倫敦救火向用紅油帶輪高梯、四馬運而飛馳、已屬輕捷、然一梯雖高、救火人既不能齊上、亦不能即時分投各屋破窗救人、近用一長方木架、載以四輪氣車、較馬車速率百倍、抵救火樓前、一二分工夫支起、橫則括三玻璃窗、豎則與六層樓齊、架六層、每層左右豎兩梯、梯各十六級、逐層連古米水管支起、則救火人競先登、飛向出烟及人喚處、斧窗而入、扶挽舁抱人、或自行遁出、扶梯而下、救火人隨于要處射水、人不傷、火亦即息、是架用畢、折疊高與闊與公車同法、尤便矣、

二十七日戊寅、陰晴不定、西國百物、日喜更新、豪富之家、傾囊不吝、婦女尤好奢華、貿易中人、遂多方慫恿之、昨閱新報一則云、現值隆冬、婦女之坐氣車者、車疾風勁、最宜輕裘以禦之、今驗各皮、或黔重、或毛厚、鮮合用者、惟田鼠皮軽煖、婦女作氅擁身坐車、佔地亦不大、田鼠皮每張長三寸、寬二寸餘、婦女一氅、共須一百五十皮、之色純絨、厚輕而軟者、以蘇格蘭所產為上、每張直九本士、十本士、如此傳播、是本國之業成衣市皮貨者、驟開利藪、更有喜鋪張之輩、不論物料之美惡、惟于人云產自某地為良者、取之以矜豪富、

十四

二十八日己卯、陰涼、外國貨物、向禁偽造、今亦多方欺騙、昨閱新報一則、謂貨與貼帖、名實不符、即如淨棉實係棉與麻、淨羊毛實則毛與棉、淨絲乃絲棉兩攙、青果油實乃棉子油、支因布蘭的、茴斯凡酒名不同、顏色不同、實皆燒酒參雜名稱、中國茶實係印度茶、真謀咯好加非之別詳見五述奇名實亦常用之加非、硬皮鞋底、僅係常用之皮、或絳黃厚紙壓成、人皆不易辨云、

二十九日庚辰、陰雨陣陣現為暹羅希臘澳大里亞及南阿美里加各處之鳥翎、大包販來倫敦時、先入老城內敏興巷及克特樂街各行、拆大包分頭二三等、按品羅置長桌、拍賣一禮拜、每日需六點鐘之久、各翎為杜鵑、鸚鵡、鴟鴞、鶚、鴻、魚鶯、駝鳥、鷺鳥、孔雀之類、鷺鳥洋名烏拉秋爾、產於南美洲、羽毛似駝鳥、惟腿稍短、人云昔土人每年必弋獲四十餘萬頭、販之各國、自有駝鳥翎、鷺鳥生涯稍絀、即此可見外國婦女之飾帽用鳥翎者多也、

十五

九月

初一日辛巳、陰雨如昨、倫敦總會報稱、一日之內、辰正至戌正、往來車輛、如自韋凌屯街至司特蘭街、過賃車六千九百四十五、坐車五千七百二十一、轎子車又名搭客車（洋名敖木呢柏斯見前）四千四百六十三、腳踏車千零六十九、汽車六十、合之人家坐車、計一萬九千七百二十四車之往來、巡捕攔阻指示、一日內共需三刻二分、足見車皆順軌也、又騷桑屯路至霍勒貴街、共過賃車五千五百六十八、坐車三千二百七十六、轎子車三千七百四十三、腳踏車一千三百七十四、汽車五十六、合之人家坐車、計一萬五千五百九十、巡捕攔指、需二刻十四分、

初二日壬午、陰雨、英宮禮官世爵郭武立（前日病故）、今日卜路庫地方出殯、同日午正二刻、在司曼恩街中喏堤呢的禮拜堂中誦經、午正余乘車至、見各國頭二等公使并男女百餘、有奉君諭代君來者二人、坐與各頭等公使一行、堂之大小形式與他處無甚區別、屆時鼓風琴、由堂後來二教士、領沙彌二十八、登臺分立左右、皆黑衫白襟、惟教士臨後穿一黑面紅裏之三角△形頭兜（雅洲西南之古裝）、其誦念跪立、一切禮節尚不繁瑣、未初一刻即畢、

初三日癸未、陰雨、倫敦英國大銀行每晚官派營兵五十名、官一員、自十一點守護巡察、至次早六點鐘止、武官入門、則通行如一營、各門鑰匙皆歸武官掌管、雖本行理事人出入、必須報知武官、武官執鑰親往詢明、然後啟閉、竟夜別有本行二人、同各兵環繞巡察、亦歸該員所屬、隨時四面以接連鐵棰敲石為號、苟有敲石聲

十六

斷續不接、武員又必親去察驗、蓋恐兵之或睡、或患病
或有他故、致不能傳響也、兵每名銀衔給一先令作點心
費、贈官一鎊、美餐一頓、并許外招二友同席、此蓋百年
前郭爾敦作亂時事、至今不改、夜夜皆然也、

初四日甲申、陰、倫敦各家飯室臨牆必有石面𪗾櫃一、
隨時放刀叉匙盤、以及加非、牛奶、盃壺各事各物、于冬
季尤宜煨之、令温、厨竈稍遠者頗不易近、斑得街博愛
鋪新出一種電氣小圓桌、用時、然置于𪗾櫃石面、再以
各物列桌上、自然留熱至久、更有小茶桌連以電管、鑾
人環桌而飲、其上杯壺亦自長煖、

初五日乙酉、陰、亥正微雨一陣、雨後風、昨閱新報、中一
則、猶太教人司平爾出殯、正行間、巡捕忽接一致猶太
教師之信、内書敬陳者、適聞鄰居同姓之死、係由其妻
與寄居之人刀戕虐待所致、望詳察之、馬查木特禀即
時呈官廳、次日巡捕就近訪察、並無馬姓其人、司妻及
寄居者同供不認信中所言、于是官定司平爾確係因
病身故、其妻與寄居者無罪、夫人命至重、西人之待西
人既已如是、待他族可知矣、

初六日丙戌、鎮日陰晴不定、入夜暴風驟雨一陣、西俗
男子入門免冠、雖于茶酒肆、亦然、帽置壁上横架、多人
共一架、帽易誤取、雖各有暗記、然一時不能同坐同起
也、或于匆忙時、以其舊帽黏帽、潛易人之新帽高帽、近
人于帽之内頂鑿一小銅鈴、他人動則鈴響、帽主聞聲
已知、

初七日丁亥、陰雨、冷、居南堪興坦區闊扉園、席克滿之
女席芙蘭、現年二十九歲、深求醫學、考列高等、又善泅
水、得有寶星于勅建輔立醫院、充女醫生、西八月十五
日（中六月廿三日）午後由醫院出遊、至晚未歸、數日無信、女父
登新報、云女身長五尺九寸、強壯、大脚、面色深紅、眼珠
深藍、髮棕色、著藍裙、深藍外罩、戴艸帽、飾以黑緞、上插
鳥翎、（女醫所服如此）有能指其所在、贈百鎊、繼醫院亦登報、贈
加百鎊、于今兩閱月矣、前二十八日（西十月十八日）午後、有三
小孩入黎池滿囿中、覓拾風栗、超入鐵闌一大樹下、亂
草中瞥見人骨、飛報巡捕、傍晚地方官于尸旁懸燈支
布帳、亥正、外科醫官及仵作至、糞除腐艸樹葉、尸已霉
爛、身首兩分、于碎布中察有減筆之女名、錢包等并有

賢安布蘭之銅十字及泅水所得之寶星，距尸約十二步外，得一小玻璃瓶，內盛黑藥水，其被害歟，抑自戕歟。若瓶中黑水，醫院察為毒水，則女為自戕確矣。女父與醫院所許酬謝錢，聞將給拾風粟之小孩云。普他呢地方席芙蘭有至契之女友某氏，女友之父老且病，芙蘭每至，皆於窗外作聲，以免驚動老人。芙蘭失去第二日晚西十七八明，某氏女忽聞窗外作聲，女僕出迎，門開無人，園中四至搜索不見。華俗必以魂驚故交為言，未審西俗亦作是想否。

十九

初八日戊子，陰雨陣陣。泰西各國女多而男少，如英之蘇格蘭一島，男女四百四十七萬二千一百零二名口，男丁二百一十七萬三千七百五十五，女子二百二十九萬八千三百四十八。傭婦女工者固多，而作男工者亦不少。其在地方官署者二千二百零三，學教務者九百八十八，學律例者三十二，學醫術者八千四百四十五，充教習者一萬七千三百七十四，習格物化學者百零七，歌曲作樂者三千九百八十一，充女婢者十七萬四千四百七十五，作買賣者一萬六千零五十九，耕種者四萬零五百三十一，五金工匠三千五百九十六，織紡十三萬一千四百七十七。此外更有錢商二，船廠工人一，車夫一，泥水匠二，掃烟筒者一，在腳踏車及汽車局中作工者三十七，轎子車中賣票者一，充裱糊匠者一，代人租買樓房者二。如此雖至苦至賤之工，亦須識字者。

初九日己丑，晴。西國男子有終身不敢娶者，女子亦有終身不願嫁者，歿後遺産有不分給戚友及本族本家，徑行施捨助善者。昨閱新報一則，麥偉樸者，卜陸克街

廿

成衣縂行首也，歿後遺三十萬八千八百五十鎊六先八本士，遺書令與行中管帳及裁縫賣衣者十年內，每年每人由五十鎊至三百鎊有差。又有孤女卜麗娰，存三萬二千二百零九鎊二先二本士，遺書令給教門賑濟、牧童會、教務會及猶太各教會各二千鎊，本洲及南美洲與各屬地之各教會一千鎊。麥之意在贍同行之侶，卜之意在虔心奉教云。

初十日庚寅，晝晴，入夜雨。倫敦婦女競為樂善好施，不能財施乃施力。如司丹佛街第百六十一號之貝克爾

小姐立一助善局每年函致通城各富家凡男女老幼不用之舊衣冠靴鞋各物願捨者請先賜信以便送筐定期用車收取入局後洗淨再度其破爛大小按式拆作用以濟貧苦男女小孩隆冬禦寒云

十一日辛卯陰晴不定英俗凡女戀男兩情投訂為夫婦第一須購聘定金約指此約指鏨花嵌珠寶價由十數鎊至百鎊不一故凡男子見女子之手有此約指知其已經定聘無須設法與之交給用沽情愛之名矣女子得約指後復親交男子一箱為妝奩內盛各種白布衫褲之類襯以一種香草名曰拉文得爾（此草國用以熏衣而更含有使人戀想情愛之義）迨入堂成禮之日新郎又自兜中出一淨金約指由教師交新娘令納之指其鏨花者入夜可去之而此淨金者乃終身不去昭恩情愛情之誠女之父兄于女將嫁時亦可給一織就大花白紗鬘內襯藍綠灰黑等色花朵顯露光潔無比鬘之工價極昂僅于新娘成禮之日服之更有世代什襲者如中國之垂珠鈿子上頭花耳墜鳳冠霞帔諸事

十二日壬辰早晴午初陰申刻細雨淋漓倫敦婦女最喜畜犬所喜之種類不時變更賣犬為生者獲利時有盈朒即如四年前倫敦以日本哈吧為第一繼則改尚比利時之小耳犬邇因一著名女優有一手托小犬因之通城富宦之妻女咸致書犬商謂如能得此種小犬願償八十鎊或百鎊如其毛色新奇似古巴者當償以二百至三百鎊云

十三日癸巳陰西國于日用之飲食考察頗致力防有攙雜敗壞無益于人然於富室所用未甚著意奸商遂于此中設法作偽攙雜如法人喜食田螺賣者以牛羊馬肺雜之其殼另塗以油與軟泥殼中或實以雞鴨之肝肺稱曰柏甘的（地在法國東南界）之田螺而賣之食之者反覺適口西國由地掘出之土伏（見四遠奇）其整者以番薯充之切碎者則以黑古朱或舊紬軟皮等造之魚死則肉敗雖用冰出硼砂凉之依然變味乃以鉛塩與礬土填之皮外擦以石油質再以鮮血塗腮視如新出水者西紅柿醬多雜以紅蘿蔔胡菽末雜以乾餅末罕有考其所由來者

十四日甲午陰雨初細雨環球產物各不同飲食使用

之法莫善於本地之人既能品其味而用亦得宜即如加非英名閣弗益法名戛費本産于亞喇伯地在雅洲西南西臨紅海北接土耳其上名戛衞亞名戛禨譯乃酒也西人和水烹以高壺傾出後始加糖與牛乳是僅啜其汁如茶如豆湯亞喇伯人乃用形小壺至小者容兩杯水大者容八九杯視所飲之多寡先以他器煮水沸後傾滿小壺放以白糖三五齒置火上烹之水滾糖化取下入加非細末兩匙或四匙以匙攪之使和再置火上沸而泡起取下以匙輕震之俟泡落仍置火上如是者三至第四次泡起則即按杯注之俾各杯中浮泡沫不加牛乳與糖啜之如粥如藕粉如杏仁茶色則淺紅如高粱米甘而香不失其本味云

卅三

十五日乙未微晴英國一種彩會如中國之拈彩奪標現當火雞與菊花競勝時倫敦一種小會曰鰥夫彩會意其因婦女不與會故名人數寥寥醵爲選每人如干先以火雞爲標西人平日飲食尚白此會則喜黃桌布瓷器皆黃色桌面飾花黃瓷盆插金菊遍室然黃燭作菊花形之燭酒食數色牡蠣牛尾湯火雞碎番薯烤西紅柿拌生菜乳餅乳冰煨栗子黑加非奪標條食蠣子啜湯後堂倌進酒畢捧一金盤盛計坐中人數之小紙捲若干逐捲中藏號碼堂倌繞桌一周坐客隨手拈取繼則金盤盛一燒火雞置之桌盤之四圍飾以金菊廚子先按坐客數插白紙小號碼于雞身客攤捲對號堂倌依號割分各客其得食雞之胸背腿膊肉多肉少咸視坐客一時之口福客既不知庖丁插某號于某處而庖丁亦不知客所拈之捲爲何號也

十六日丙申早晴午後微霧聞前于十三日波斯國東北界之土爾什伊斯城突遭地震男女死三百五十餘人傷者尤衆其地製造花氊之局廠二百餘陷入地中及震圮者一百八十四僅得完好者三十二是地東臨阿富汗北近俄羅斯俄國遂派醫官診受傷之人或云西國拯鄰之誼適爲收拾人心計耳然歟否歟

十七日丁酉早微陰申初霧是時他國果品來倫敦頗盛牛心柿子一枚牛先岡榴極大味甘一本士他如橘李梨蕉葡萄平果芒果桑椹紅莓苔子直亦不昂聞由加那他來之平果二十五萬斛[illegible]日斯巴尼亞之橘

卅四

子二萬箱，義大里、扎美喀、喀那里、美洛里、大澳大里亞來者共亦數萬箱，一箱八十八枚，由九先至十先。十一、本士喀那里島之蕉子（地在斐洲西北），一禮拜中販來約八萬枝，每枝果百餘，一枝由十先至十五先。日斯巴尼亞之葡萄亦九萬箱，足徵生齒日繁，食用日夥也。

十八日戊戌，早微晴，酉刻大霧。倫敦于夏季花園敞地多打球戲，現值寒冬，于樓中作新法遊戲，以斂錢，名曰窪克伊，譯為快樂戲。此者男女耦二耦三耦四皆宜。一長方卓面以白粉畫截十一格，卓兩端各一橫格，為贏標處，一曰紅標，一曰藍標。當中九格，緣邊左三格，中為藍家，上下為紅家；右三格，上下為藍家，中為紅家；中心三格為局外地。人分紅藍二黨，各執匙形小棍一，長約八寸。起首二黨中一人擲一錢于卓面，隨擲問彼黨曰要頭要背（頭者王之頭，背者錢之背也）。其猜中者先置小輕球一于局外地，以小棍設法敲入本黨格中，球旋轉，聞他黨爭敲箕入本格。既入格則他黨不能奪，而此球要須緩撥，令常動至妥處即外敲，俾飛入對面本格中。一球如能連入三本格，末入本色贏標中間，不為他黨人敲入他格者勝。

十九日己亥，早大霧，咫尺不見人，午正霧散微晴，申刻仍陰。倫敦ABC加非館（前見通城一百五十餘）未嫁之女工不下二千，傭工日久，方能熟習各務，工價加增。什物處處得宜，潔而愨，引人常飲，是工價貴出自來客多。主人反獲利也。然女長宜嫁，據云每禮拜內必有四五名辭工出嫁，屆期行主贈女一嫁餅賀之，為常例。而屢易新工，利獲日縮。上年計入八萬一千鎊，今年則僅七萬七千鎊，資本則十八萬九千鎊。

二十日庚子，陰霧。昨一老人由瑞士南界瑪日爾湖邊阿斯扣那郡來，名薩滿森，者百六十九歲，健比少年。只云近百年來不食鹽，戒飲酒，以為鹽最傷身，損血氣，敗神智，酒傷胃。如能法二千年前古人之飲食，可長生至二三百歲也。其人衣服仿古，不薙髮，不脫衣，足著皮帶芒鞋，鬚長尺餘，涼則臥屋中木榻，暖則仰臥田間，斯亦泰西之異人也。

二十一日辛丑，陰冷。前十九日禮拜六（西十一月初七日），公舉李吉為倫敦美爾，今日上任，遊街，自午初至申正，往來于極樂堂、法律司諸寔如去年禮、惟兵馬隨護稍多耳、酉正帖請本國大員、各國公使及新舊美爾之戚友、在極樂堂晚酌、酉初二刻、余官服乘車至、入則兩兩執棍人引余登臺、見李吉夫婦、鞠躬握手問候畢、轉立其左、至戌初一刻、男女來齊、陸續依序步入大廳、此次所列之卓改式、正中作一六齒木梳、左右兩翼各六橫、樓上則如曩式、統計坐八百七十三人、官場人多、而各國頭二等公使亦不少、是不盡李之善與人交、其兄固前任戶部大臣也、一切禮節演說各事同前、有不同者、惟卓上鮮花紅色、龜甲湯分豬稠兩色耳、

三七

二十二日壬寅、陰、涼、昨為西十一月初九日、英皇誕辰也、現年六十有二、官署皆挂旗、賢翟木斯囿聲礮四十一、凡倫敦臺文添圍埃典堡衛城、都法查他木阿得翔坡茲茂斯蒲雷茂斯各海口之校場之有礮臺衛所者、皆聲礮、海口兵輪、亦皆滿挂花旗、作人字形、英王與后現住英蘭東南諾爾福府之三丁杭城、太子與妃及各王孫以次、咸集、祖孫父子共卓歡樂、同聲祝嘏也、入夜大雨滂沱、

二十三日癸卯、陰、酉初微雨、前日倫敦新美爾到任讌客極樂堂、同日同時在老城東北賀蘭路大阿三步立堂中招老城貧苦老幼一千五百人晚餐、聞有九十三歲老嫗與坐、是舉所費、除酒肉麪包茶葉、用二百六十夏倫墨卜蕭果似黑桑椹稍大餅糖糕、各一千五百斤、平果四萬、食畢、公電致謝美爾夫婦及晒里夫等、又當日新任美爾代倫敦通城人民電祝王壽、國王覆電、令代為伸謝城民祝賀之美意、

二十四日甲辰、陰而微雨陣陣、本街麻里貴小巷內第十二號老嫗詹斯樂創售海參湯、因海參華產、華人喜食、昨送一罐、請嘗、將為長售計、余溫而啜之、一罐足兩盤、僅見雞丁蘑菇、海參已化為湯、海參本無味、湯中更無海參味、不知西人口中以為何如、直則每罐七先六本士、半罐四先、如不用罐、欲即時滿盤上卓、須于四日前給信、合每罐六先、罐盛者十二罐四吉呢、十二半罐二吉呢、

三八

二十五日乙巳、陰、微霧、俄國虐待、遂殺猶太教人、由來已久、本年某月、美總統心不忍、欲致書俄皇而勸之、先

令駐俄美使通知俄外部外部大臣力阻以悳俄皇不納為言美總統不悅美遂不滿于俄聞有俄國猶太教多人將遷居於英屬地加那他每戶先交一鎊與彼處拉庇（猶太教師稱見前）為質拉庇將所收之鎊寄交住倫敦之拉庇倫敦拉庇即寄還契紙一張內言劃與其人荒地七十五畝為產每畝價作二先其人收到契紙再付一鎊十先統歸地價三分之一其他五鎊俟到加那他後領地開墾陸續交還（所以先收一鎊為質者因恐代謀成後其人變心不返也）又由俄至加那他之路費各戶須交八鎊聞彼處有荒地一塊本為猶太教人屬地名奚爾什也

三九

二十六日丙午早晴午後陰冷細雨陣陣入夜晴前聞英蘭北界諾桑晒府暴雨漲河君王巖地淹一孩尸無著彼處有人自云可用符咒緣河尋之法以二巨麪包夾兩匙水銀送入河順流而下多人緣河追覓共謂水銀中含有符咒遇尸必止麪包浮數里抵一處不動因水至深巫士云尸必在麪包下俟水淺時撈之

二十七日丁未早晴午後陰西人創物不外水火輪機電氣近見新造一種喚醒帶升火鐘爐中妥納煤柴醒鐘放于爐上或牀旁鐘爐間通一古米管內含關鍵管連爐之一端置有易於爆裂生火之物連鐘之一端接以小輪轆轤鐘鳴則轆轤轉自激火穿管至爐前觸于爆物火自然矣豫計某時用火將醒鐘時針指定届時鐘自鳴響晨人未起而火自生至便也

二十八日戊申晴冷華人喜以栱子火上燒焦和鹽為末調以醬油黃酒蘸食蛤蜊入冬火鍋多入蛤蜊仁大者名美人蟶乾皆取其味鮮湯熱也近因天寒英人創一種熱湯盤名曰查弗英的什乃一淺銅焗左右有耳下連三角銅架架中置一銅盒內然火酒鍋內盛水鍋上別一銅盤似盞而下凹盤邊一長柄以便取下置上用時火酒燒水水滾盤熱盤上作菜外有叉匙漏勺鐵網烙物器具諸件每分至賤者一鎊一先所作之食物不知其味如何姑記之如一種雞蛋餅先放兩匙乳油于盤炸碎葱少許俟葱變黃色傾入兩匙薑黃末兩匙白麪攪勻再傾入雞末或牛肉末半升肉末先泡以滾水約炒十分工即加牛乳汁兩匙熟雞子片六個攤炒合成一餅別一種係炸蠣子放乳油一匙油化傾蠣子

四十

十二碎芹菜一匙調以鹽與椒面各少許炸炒三分二即傾入舍利一杯再炒二分工耶出盛于瓷盤內熱食之味極鮮美云

二十九日己酉鎮日陰雨陣陣冷義大里王維克多王后愛萊詣于前兩日同至法京游歷兼拜總統昨日由巴里乘火車至法西北界什爾堡海口是處車棧樓房懸花結彩法英兩國兵輪皆懸英法義三國旗而英之維克都里亞阿拉柏御坐快艇尤華美王后著褐色氅手執雨傘先下車王著將軍戎服下車後英法水師各

圭

員口覲王后之手并向義王行鞠躬禮地方官呈王后石仙桃一束束以義國旗之白紅綠三色窄絛綉以金王冕及HR二洋字用表敬意當王與后步入帷幄時水陸兵左右排隊士人男女擁立高聲齊祝王壽在內少坐經英水師提督屠查與佛格引登御前快艇官兵奏樂迎送其他各船亦皆鼓吹聲砲入夜岸上船面皆懸燈爲白晝英太子先由三丁抗馳回倫敦午酌後赴坡茲茂斯海口住世爵費汁爾家備迓義王與后是早寅初十分快艇展輪巳正四十五分駛抵坡茲茂斯海

口他船及岸上礮臺聲如雷發兵奏義樂午初英太子登船見義王與后兵又改奏天保君王義王著將軍服太子著二等水師提督服故稱曰陸軍國王水師太子太子見義后免冠深深鞠躬接吻繼而他官男女參見畢本地美爾立誦陳詞一段云英義交結和睦歷來已久又上年當我君加冕曾有貴國兵輪駛至此地頗快民心今日駕幸此埠人民不勝歡悅恭迎此次貴王與后來拜我君惟望今後兩國友誼更堅天下昇平也遂迎入廳中午酌既上火車礮臺聲礮軍民男女歡呼禮

圭

節與接法總統同未初十分開車申初三十分抵文忞行宮英君與后先由倫敦到此候于車棧各處花彩懸結車到衛兩聲礮兵奏義樂迓之本地美爾立陳數語義王亦以數語答謝之二君與太子及寬諾公一車兩后與太子妃一車緩行入宮沿途男女歡呼并有以義言拉麻兜那台貝呢的喀譯爲太太上天保佑（太太指王后麻兜那乃英法言麻大木之變音）自伊威歐乃蒙坦尼格婁土語萬壽各辭祝者

三十日庚戌陰清晨義王親至宮前萊洛墨爾堂中君

主維克都里亞墳前献花圈巳正二君率太子及寬諾公各著獵服坐四馬大敞車別一車載隨人大槍馳入文迻圍取山雞鼠兎之類二后在宮中臺上園內游午初獵畢義王植橡樹一棵于山頂作記念復在柯蘭班臺上午酌二后亦到隨同拍小影戌正宮中晚膳有文武大員命婦多人宴間英君立起言曰王后與寡人深喜於此老宮中接待貴王與后會讌嘉賓四十八年前曾記貴王祖來此為寡人己故母與父之客恍如昨日當斯時也我兩國交兵多謝上天我兩國于今友誼敦

二三三

厚共樂和平數月前寡人在羅馬蒙貴王及人民之優待今何敢忘明日貴王與后離倫敦時自見我國人民交結之誠心今舉酒先祝貴王與后之福並謝駕臨敝地再祝貴王與后貴王族及貴國順立興盛怡懌安康義王立起答曰貴王所述不推銘諸心通國人民亦皆念念不忘迨其事載諸史記既使義地各邦聯盟英亦因而日強更使兩國人民因而和睦義人立為世傳之言義廷亦為治國之一大典與貴國感化和平同多謝寡人與后蒙貴王與后之爽快優待此老宮載諸青史

貴老后之聖容及前代之盛物觀之無不令人生感今特飲祝貴王與后及各王族之福云云因義王之來同日酉刻文迻美爾右步鶯夫婦在極樂堂招讌義人之寄居倫敦者專覓義廚仿義式隨食奏樂食畢美爾立祝義王與后之福義民歡呼萬歲食畢義民男女六十二公電文迻奏聞義王諭蒙文迻美爾賜食恭祝我王之福敬請王安西人之敬其國主如是

十月

初一日辛亥晴巳正三十分義王與后乘火車由文迻

二三四

來倫敦未初英太子與妃并寬諾公與夫人率二郡主同乘火車來午初義王與后到帕丁屯火車棧經義國駐英公使及英坡蘭公等迎登御車馳走倫敦街海岱園至格畢伍諾坊入義國使館英義文武各員謁畢復登車走班得街至教斯佛街交道口有霍勒賁帕丁屯馬立本三區美爾會誦祝詞義王答謝數語前進而東過多丁杭闈路至霍勒賁交道口義國寄居之幼童男女百餘鵠立歡呼萬歲再走蟾色狸巷牛葢街未初三十分抵極樂堂下車入門御前紅衣吹號筒者兩兩前

引後，則本城馬爾沙晒里夫阿得曼孝滿訥爾各員皆著古制長氅，戴灰色假髮，項圍金練，手執木杖，列位先行，次則英太子與妃，又次則有捧長劍舉金圭者，末為義王與后，轉入書樓正面臺前，各人止步，義王與后登臺，向美爾夫婦及左右各官命婦點頭為禮，既而美爾扶義后，義王扶美爾夫人，緩步入飯堂，同坐中正面，英太子與妃及寬諾公夫婦并二郡主瑪戛蕾芭蒂戛與他文武各官夫婦左右依品分坐，桌式亦作梳形，正面一橫，下列二十六齒，共坐男女八百，食間隨經儐相英名額設爾高聲一呼，令人靜坐勿言，眾坐而依然高聲歡呼者，循古禮也，表欣悅也。食畢，第六座之阿得曼捧一金匣，內盛美爾所備誦詞一篇此篇非紙，乃羊皮一長方，飾以金邊，裹以彩緞，寫字其上，為其永存不朽也舉交美爾，美爾受之，深鞠躬，雙手遞義王，其詞之大旨亦敘及四十八年前王祖埃麻迺之來英為始，至今兩國之友誼永宜敦好等語蓋當時義大里各小邦分立，尚未成一大國，埃麻迺本為義國西界薩爾的呢亞島王，後經英以兵力協助而成者，美爾立陳數語，後義王乃立答一段，大旨謂深謝英人之優待，並敘感記四十八年前英助義之各邦合一，歸為自主義人

三十五

至今不忘，兩國友誼和睦，自當永世無更云云，言之感人心曲，為眾所喜聞者。詞畢，人皆歡聲稱讚。申初一刻，義王與后辭出極樂堂，有英太子與妃、寬諾公與公夫人同隨，乘車走君主維克都里亞街、太木斯江畔馬軍校場、格婁伍諾坊、海岱園角、維克都里亞門，申正十分至帕丁屯火車棧，即時登車，申正二刻抵文悠倫敦城內。自數日前，于今日義王往來必由之路，緣街左右每隔十五步，立棍一對，高幾二丈，上飾金頂，下裹紅綠綢，二棍間連以大朵假花一串，街中各電燈架亦裹紅白綠三色綢，意仿義國國旗也。緣途左右各鋪，插英義國旗。于樓頂門前，義王將過某街一小時以前，即禁閒人來往，灑地以黃沙土。緣街左右排立兵官護衛，共官六十四員，兵一千八百。極樂堂中裝潢甚華美，正面一橫桌，金瓶插鮮石仙桃，英名敖爾池伊者，已四千餘朵，其他二十六桌陳玫瑰、菊、茶各花，亦九千餘朵，共直逾三百鎊云。所有用絲之處，亦以紅白綠三色，用符義旗，以昭敦睦之意。

初二日壬子，陰，巳正二刻，英義兩君及太子與寬諾公

三十六

皆著皮衣同去六洋里外，順倭直晚亞湖水登馬諾山中打獵，獲得山雞野猫若許，共載三車，獵罷齊入湖邊千總魏蓮池家樓房，小而潔，兩后先到，同在彼少坐，乃入釣魚臺午酌，食畢還宮。宮中設晚讌，器皿皆金銀。數日前在宮旁槐達店設愛爾蘭土貨場，昨英君偕后及郡主以下各買多件，因義后無暇親往，經各貨主輻輳千鎊之貨送入宮中，義后擇購絨紗小人玩物之屬多件，價直未聞。

初三日癸丑，陰。巳初，英太子送義王與后乘火車前赴坡玆茂斯海口，英君與后陪至車棧，左右立護軍隊伍，馬車到時，兵奏義國國樂，將上車，二君握手殷殷，兩后話別，亦頗戀戀。車開，英王向義后免冠，樂改奏天保國王。午正至彼下車，即登英維克都里亞阿拉柏御船。英太子辭回，義王與后發電文瑟致謝英君暨后。未初展輪，申正一刻駛抵什爾堡，戌初上岸，登車即開，約明晨即抵羅馬云。

初四日甲寅，陰。聞昨在文瑟宮所備御用足供百四十人晚餐之金盤碟盌各皿，共直一百八十萬鎊，就中三百六十湯盤亦萬鎊，皆盛以鐵櫃，置于衛拉斯王臺下。又義王將行，餽英后及賞賜宮內外各官寶物，如鑽石襟針各物甚多。英后贈義后萊狗一條，遵西一千八百四十年老君主之法也。凡貴客之來住文瑟者，旋時皆自御養狗寶中擇一條贈之。

初五日乙卯，陰。昨英后贈義后之犬，英名庫力，性頗靈，西國牧童多用以守羊，毛稍長，色則為黑為白為黃，身小而足短，北京諺語所謂板凳子也。蘇格蘭牧童逐年定期開賽狗會，擇敞地以木棍兩兩插土成折路，放一羊於前，人言欲使此羊自某路至某路，末則轉至某處，狗依所示驅行過轉，能使羊走遍而不差者勝，狗既獲彩，人亦得名。入夜陰風怒號，窗楄皆鳴，尚不甚冷。

初六日丙辰，陰。倫敦有一助善會，曰小孩晚樂會，英名池得倫斯哈砣伊伍窴斯會，首為太子妃，協理者首為哲爾奚伯爵夫人，而與會之世家婦女甚多，每年一季募小孩玩物若干，于耶穌復甦節分送小兒醫院及育嬰各院。是晚分給各孩以悅之，會以是得名。兩月前有前在哲爾奚夫人鄉間茶會所遇之世家女瓦爾得者

致信孫女佑英謂本年會中擬集各種小布人如尊處
攜有是物祈賜一二置之會中不勝榮耀余因無是物
令孫女答以愧未攜有布人屆期當奉贈些須華物請
送入會中轉售用代小孩玩物前三日送去摺扇手帕
挂鏡荷包等件瓦即來帖請于今日申初赴庇喀的里
街之巴斯萬斯店看所湊集之布人申刻余携孫女乘
車往樓頗宏敞老幼婦女數百甚擁擠見瓦爾得小姐
後引看各間見橫直長卓排列各國男女老幼大小布
人共計一千六百餘皆瓷頭手脚紬布衣褲綢草小帽
工既精巧五彩鮮明看畢至他間奉飲加非一杯辭謝
回寓
初七日丁巳陰華人謂沿海深山大川多瘴氣宋陸游
避暑漫抄謂嶺南或見異物從空墜始如彈丸漸如車
輪遂四散人中之即病謂之瘴母按華人之赴滇黔臺
灣因瘴而死者有之咸以爲溽溼之氣與腐木枝葉鬱
結而瘴生人嗅之致斃惟吸淡巴菰飲高粱燒者或免
焉近日英醫多人詳察是疾非因山水癘氣乃由蚊嚙
皮膚所致其受瘴患寒熱有日日發者有隔一日或兩

三九

卷

日一發者因蚊嘴所噴之毒不同有日日漲發之毒亦
有一日兩日後漲發一次之毒據云羅馬某處凡外人
至彼即患瘴氣三四英醫特于其地造木房一間因苦
炎熱窗不用玻璃而用鐵絲密絡如紗引涼風納空
氣以阻蚊入日出方出門日未落即入因蚊覓食以暮
攢集也居數日無患病者又一人于是地捉四蚊於瓶
抵倫敦乃于衆人前故伸其二指入瓶令蚊嚙之蚊嘴
入皮不深其人尚連病多日統觀各說似凡瘴疾皆爲
蚊致之明證向在香港中外人多患瘴氣近年洋人多
遷居山上凡近室之水池小河皆傾煤油少許于水面
使蚊蟲無從出水故至今香港患瘴疾者僅山下之華
人云
初八日戊午陰雨細雨陣陣聞德國舒恩堡瓦丹堡邦
王爵鄂迺斯之妃阿麗奴年二十七歲爲日斯巴尼亞
宗族卜爾貴之第五女前于西一千八百九十七年在
維呢斯城（地在義國東北臨海）成婚由彼移住得蕾森城（在德國薩克森
邦之東北界）去歲西六月生一子名里歐普妃與車夫義人
馬特呢最善忽于西十一月九日（上月二十一日）出門渺無踪

四十

跡車夫亦同日不知所之妃姘愛維朧于數年前亦與畫師義人佛池伊私奔此類事一二國之上流人尚不免特為者少耳下此則學養子而後嫁者多矣然罕聞有本夫與情夫起衝突者中外婦女教養之不同也如此

初九日己未鎮日陰雨冷聞喜柏得隆雜劇館有粵人程連蘇演各式戲法遂豫購入場券戌初乘車往觀計十四場有曾看過者亦有平平無足錄者惟一法人名安那的背立臺下池臺上橫一長方黑木板寬二丈高五尺餘旁立一人手執白粉出乃請坐客隨意各說五數眾客言畢始以白粉一一書諸板上橫得五六三十數豎得五五二十五數于每二十五數下臺上人先為之加成既令安先一一背誦後則疊加六段陸續述加畢又統加成一總數無一誤者復請坐客信口問以某年月日為禮拜幾安答之如響問者數十余不知安所答確否以當時無書可檢也惟令安再背誦板上各數仍毫釐不失其心之靈腦筋之強苟非生成余願得其術以療愚鈍又二男二女兄弟姊妹年皆二十上下姓

罜

哈爾維演走絙技往來行走跳舞單腿順進倒退雙腿平伸坐于絙上弓腰俯仰如在平地一人名武鐸演海狗水獺戲于臺正中懸一障眼畫如在船上武鐸扮水師武官別一人扮水手海獸共八頭各伏于一白圓木墩上令其作樂擊鼓吹號敲鏡鈸吹喇叭武鐸作工頭舉棍指畫聲調亦諧既令其吸菸捲以嘴及兩翅擧弄大小古米球隨弄隨拋飼以鮮魚皆張口而接有時應飼不飼獸則或打鼓或吹號或兩翅對敲如人鼓掌鳴鳴作聲以討食通場約費鮮魚百尾又演一英商自坐屋中爐前吸烟其旁別置三椅爐上鏡邊張一帖曰自由商英言弗特蓄大意謂天下各國皆可來英貿易而得自由也其人正坐間突來一他國人與之握手問候畢坐對面椅上二人正話間又來一別國人與之握手問候如前坐其旁如是陸續來四人皆他國者竟坐盡其椅致其人無座而立按其義所指屋者英也四人者四方之商也前後咸來英國周英人和睦毫不能致將英商之座位概行佔去也乃于鏡邊改一帋曰公平商英言費爾特蓄大後來三英人將四外人拽起推出四人分坐各椅覲者多人擊掌稱賀不已蓋謂英人須將外人逐出自

罜

行貿易方為公平也此劇蓋本之章伯綸在各處所演說者又二白臉小醜一名貝荅一名高柏二人戲于池中貝荅手執一石板旁人問此板何用貝言影計高柏頗能猜數如寫一數于板令拍其頭即能荅所書之數請嘗試之旁人僞慮其竊窺也者怕其面始以白粉寫數貝至高身後以板三拍其頭問之荅曰三出石板示眾數果三旁人佯作說异狀讚之貝言可再請客中一位寫數試之池邊一男客接去書以四百三十三貝見其數驚訝無法乃云謝謝感激之至感激之至抱石板

四十三

至高身後連以石板敲其頭則喊大痛抱頭鼠竄而去旁人問伊何以不荅而去高言數本四百三十三吾祇得敲其零數彼已遁矣下餘四百正數請足下代捶之何如言畢鬨堂大笑客皆鼓掌繼出三黑（去驘）騎而繞池馳驅驘則跳擲作不欲被騎狀殊可笑演畢劇時臺正中懸天官賜福四字左懸孔子像右懸關帝像高皆盈丈五彩簇繡鮮明中置八仙卓二前繫繡花紅圍一班四人三男一女獻技者僅程一人卓上一木斗滿盛鋸末將棍插入示人以內無別物繼而傾出則活鴨三隻又以瓷花盆二向人舉起空空如也既手執一紙筒形如帽筒兩頭皆口人視之通無物納之盆中隨即取起生白菊一叢再納之第二盆又生黃菊一叢剪花以二管籠承之管座婦令送各女客見萼下繫程小影一幅周僅寸五復吞紙火三十餘捲白棉一盆吞畢口中出烟隨于烟中取絨絛一縷甚長紙條一堆雨傘一柄二尺餘木棍一又取金橘一玻璃瓶長方玻璃匣一個分置左右兩卓以木筒套瓶轉瞬間匣中金橘滿去筒視瓶瓶已空其他如套鋼圈舞火球取盆水各戲與都門

四十四

同演畢臺上忽垂紅毡黑絨字條六長均丈五寬各二尺字之點畫刻作甚工其文則天地元黃一篇不知是何取意子初回使館

初十日庚申陰雨冷辰刻率諸參隨向北恭
牌行三跪九叩禮酉正公讌樓上下共列十二卓聞近因
英王喜愛一種黃色小鳥洋名堪那立（即北京俗名之碧雲鳥）價驟翔貴據云所直之金較鳥身重加數倍其至貴者為頭起盔羽長遮兩目直由十五鎊至四十鎊因其不易孳生也雖禿頭無盔羽而鳴聲可聽者亦由十數鎊至

二十五鎊飼鳥之法由日斯巴尼亞販來辣椒胡椒之類頗多以備添拌雞蛋之用云

十一日辛酉陰冷西國向有風雨表近經英人復創一至儉至簡之法洗淨醬菜玻璃罐滿以涼水與肩平一長頸錐把形玻璃瓶對口倒置插入土潤而雨水不入瓶口稍潤水上升入瓶一寸清爽不溼上升二寸晴則升三寸幾至水邊常晴不變升四寸過罐肩矣屢試屢驗云

十二日壬戌陰午後微雪一陣西國各式新報罕有自

四十五

販而美他國者且每多保護國民鼓舞之振興之如邇來華茶賤而英人印度所種之茶運至倫敦價乃加倍遂致購用華茶者居半昨見日日新報一則題曰茶末灰塵據云華茶不潔多夾塵之碎末已經各國拒之矣倫敦人買一先一磅者以為良茗苟經善鑒者一嗅即知為華產是茶第一盌其味辛再則色淡味亦淡雖云貴者實為多費也俄人貧而貪更欲色味濃厚首尾如一故今已改飲印度茶印茶一先半或一先八本士一磅者價雖畧貴而味色皆耐久夫華茶之所由販運進口者因英無美之禁用賤茶例耳然醫病之法主權在我尚望司其事者察之云云由彼之說是僅欲茶味濃苦茶色黑紅未讀茶經不能領畧其趣夫印度茶余已嘗之矣色不黑而味甜辛入咽使心頭作惡且西人暴飲不知細品泡以死水烹以大油電氣香味已失加以牛乳白糖茶之本味亦去矣亦何辨乎是茶非茶耶

十三日癸亥陰倫敦善士恐幼年孤貧子弟隻身外寓易被引誘乃公議于司鐸魁路第四十二號起樓五層名曰印格郎寓所俾有安居之地得免為非樓每層臥

四十六

室五十二洗浴房四通可居人二百零八樓下頭層有書房飯堂吸烟廊打球房中間大廳操脩奏樂處外間并有拋球踢球處建造費除各間陳設器具外共用三萬鎊賃價分三等每禮拜自七先至十三先昨日先經洛蔡得爾大牧師落第一塊基石其房甫興工時即有豫賃者六十餘人云

卷九終

八述奇卷十

鐵嶺張德彝在初隨筆　潘士魁校

光緒二十九年十月十四日甲子早晴午後陰冷見冰英蘭蘇格蘭向為兩國英稱南卜里敦蘇稱北卜里敦至西歷一千六百三年（明穆宗隆慶三十六年）因蘇王翟木斯第六為英君主伊里斯碧娰之姪迨君主將薨乃許其姪翟木斯第六兼主英蘭改號翟木斯第一其後將及百年當君主阿安之世官民以兩國一主莫若連合為一遂合南北卜里敦稱大卜里敦是為現在英國之本名彼時仍各立議院各守律例數年後以為既成一國彼此議事辦事兩歧非合一之大弊蘇之議院遂併于英擬定蘇之世爵入上議院者十六然蘇之世爵頗多年年散聚不利公舉乃定每更換時世爵集而拈鬮得者入焉

十五日乙丑陰入夜風雨交加極冷西人不尚巫術近聞倫敦新出一賣卜人佚其名著補花闊袖大氅如中國古裝又如道士屋之承塵拄古油燈地置一橢圓桌一端立二燭臺前一五色深淺十字籤筒英人稱其術曰布拉喀爾地華言黑技也呼其人曰斯易爾華言預知者也人問卜彼即然燭恭舉籤筒取出雜色十字籤橫布于桌頭再交來人馬掌形磁石一塊令以右手執之三分鐘後使已之吸力壓下石之吸力則于一橫十字籤上面順揮一過吸起其籤即按其籤之色斷之如吸起淡紅色者卜者乃將此籤列于十三籤之首往來籌算數次而後告曰以此色之籤觀之如欲身躰康健平安衣須以深藍為主再將此中一十字籤盛以錦囊佩于衫襖之間有益無損如遇外人附已凡事如意隨心須頭戴碧玉或身佩之必當有驗如得深藍寶石尤妙聞逐日問卜者絡繹不絕婦女居其強半云

十六日丙寅陰冷西國婦女尚細腰高乳大臂自幼束腰以縧帶且圍有腰兜作皿形英名闊爾塞他乳小則於鋪中購紗棉製成當乳凸出之抹胸服以壯觀他皆類是男子亦尚挺腰高肩以表雄壯腰不直暗用婦女之腰兜肩不高令裁縫以綢棉作二勺形之袋縫於衣內肩上

十七日丁卯鎮日黃霧迷漫咫尺不見人未正已然燈

街市左右向來不用之煤氣燈、亦皆點起、以利行人、西
國于物之無益於人者、皆設法改製、雖生成之肢體、苟
為其人所不便、亦整理之、近聞英人有以手肥指動不
若人者、醫家創一法、自配一種沃顛香膏油料、用無多、
係格里賓林（一種白水、嗅之無味嘗之稍甜雜于酒水中即化）一百格拉木（每格
拉木種二分粹）乾胰末五格拉木乾碘鹼末十格拉木、苦杏仁
十五格拉木、四藥和一則膏成、洗手畢、二手搓摩十分
鐘、手熱即以指蘸少許香膏油擦之、一點鐘後、用溫水
淨胰洗去、再以克倫香水抹之、洗治月餘、易肥而瘦、據
云是方頗驗、

十八日戊辰、鎮日陰霧冷、倫敦向有一種以甲字形拍
子打球戲、名鑾台呢斯者、（詳見前）現改用八角手鼓、因鼓
之四圍有小鈸、追擊皮球、敲鼓搖鈸、逢逢鏘鏘、勝于拍
子、夏季戲于園囿草地、尤覺耳目一新、八角手鼓英名
坦柏爾、因改是戲名曰坦柏萊婁、譯為羯鼓、
十九日己巳、陰雨、西國汽車速率極大、婦女喜乘、且欲
其軒豁、車敞而行、疾空氣阻力驟加、致人呼吸不利、由
是鋪中創製多式傀儡、飾以彩紬、目前罩以玻璃、戴於
面上、俾面不為風力所襲、呼吸較暢、其價竟有一鎊至
三四鎊者、而婦女購用甚多、亦商人求錢法也、
二十日庚午、陰、酉刻細雨陣陣、英國南洋屬地婆羅洲
島英名柏呢歐、其北界文萊等處之酋頭世爵猩色令
晚於賽西店約客晚酌、數日前折柬來邀、酉正二刻、余
乘車至、入前次赴飲之大廳、此次桌式一橫七縱、當中
稍短、作皿形、共坐人二百四十六、猩色坐于橫桌中心、
坐余其右、首座也、老幼各世爵文武及文士商賈諸客
皆曾經東歷雅洲南洋各處者、桌上密列金銀菊花玫
瑰各品、器皿華麗、肴酒鮮芬、餐畢、齊立起、舉杯恭祝英
之福、正桌對面一小方臺上坐六女作樂、亦奏天保
國王既而惠客柏呢歐加非一杯、暨大菸捲一盒（共四枚）、
彼處土產也、遂息燭演射影燈、皆本地風光也、土城名
三達堪、河名帕大斯、激湍叢綠、竹屋艸堂、大與新嘉坡
相似、土人身黑如漆、亦蘇魯三島之一種也、華之工商
現約四萬、然畫中所見皆苦工耳、看畢、然燈、復有多人
演說、不過國家之福、商民之利、賴衆精能、日增月益云
云、子初始畢、

二十一日辛未陰、昨見九月二十一日中外日報一則、
說奴隸、蓬髮垢身食穢卧土之民奴隸也、摘句尋章懷
挾就試之士奴隸也、下吏趨足手版奔走風塵大臣匍
匐宮廷承順閹寺舉奴隸也、考其所論必誤於民主之
國人皆平等之八字也、天下文化各國孰無君臣、民丁、
士子、兵將、主僕之分、苟謂民主國人皆平等、何其總統
至他國而舉不以待商民者待之、商民至他國而不以
待總統者待之、國有總統文武官員謁之以禮、士農工
商謁之有禮、人之子官長、兵之子將帥、僕之子主人、尊

五

卑之分固弗以禮、于是學術裕者為官為鉅商、下此則
為兵為農為匠役、上流社會中人以學業深淺分顯晦、
中下社會中人以身家富貧分主僕、是皆民主之國有
上下之分之明證也、其所謂人皆平等者、不令藐視欺
侮之謂、是又各國人民之公例也、又云奴隸之習五千
年培之、豈能一旦脫之、惟願此後無賤丈夫、爲人人加
勉、或有蛻化之一日、由後之說、是舍其國之所以為國、
而自比于猺獠生番也、如此變更、不奴隸于本國、恐將
奴隸于他國矣、噫嘻、

二十二日壬申、鎮日大雨、入夜晴、中國罪犯畫供間用
指印、謂之斗記、印度不惟用此法于罪犯、凡官場雇用
之僕役辭去時、必留指印、防其更名別覓他差、其人得
恩養終身者、亦留指印防其人故後、戚友冒領、聞適來
倫敦蘇格蘭院詳見四述奇亦仿此法、男女竊犯銷案時皆
留指印、印時人為塗墨、引其手而印之、人多指紋不一、
分為四大種、以便考察、曰半圈、曰繞圈、曰小環、曰湊圈、
昔時牢獄皆留罪犯小照、一二十年後再犯案、面孔改
老、不易辨認、加留指印、則一生不能變

六

二十三日癸酉、早微晴、午後陰霧、聞英皇幸愛爾蘭時
在寬迺瑪拉地方、一日微服獨步至林南村、稍倦入一
草舍憩焉、有婦曰馬婁呢者潔椅請坐、王見其椅削薄、
恐不勝其躰重、遊移間婦言較閣下躰尤偉者曾坐此
椅、王笑問曰偉人為誰、婦曰魯堤南侯、實我國之名人
也、君曰我頗知之、然我為國主、較渠不尤重耶、婦失色
鞠躬求恕、因遂久坐細詢民情、君去後遊人入草舍以
得坐君椅為榮者旦夕接踵、婦亦因之獲利、
二十四日甲戌、陰霧極冷、聞世爵夫人倸樸現擬在上

柏棵蕾街設一家門會館洋名佚木克勒布凡老幼男
子充當僕役之無家及業傭無工作者皆可寄居牀椅
飲食書籍打球器具咸備無異居家更免流離在外惟
耽酒賭博及匪言惡語必禁
二十五日乙亥陰嘗思吾人之喜學西國之天文地理
格物化學等必特精純確有把握方可傳教與人抑或
筆之于書至其道聽途說者尤須再思而後說以免貽
笑于人乃昨見中外日報一則謂攷上古神洲之地有
三大種最北為葷粥族中為華族南為黎族葷粥係在

七

白零海峽未斷時由美洲紅種分出華種則從巴比倫
而來黎族與南洋馬來人同種按諺云天下四方有地
必有人夫我中土堂堂大地一塊為天下五大洲之至
大者較南北二美洲大皆加倍較歐洲且大加五倍雖
斐洲比之亦大折半豈自古無一土著耶尚按所云則
中國人皆外人之流種矣何不自料如此雖云巴比倫
與馬六甲皆在雅洲然較內地極遠且中隔大水高山
至今巴比倫與馬六甲依然蠻貊不如中國之文化如
果係該二種之流族中國之文字語言究當有所相同

何竟一無相類耶至北美洲之紅種現仍腰纏鳥羽更
不必言矣惟中西士亦有言及民之初生由黃河岸漸
次散而之四方者其言尚屬有理可信
二十六日丙子早微晴午後霧倫敦衛斯民司得大教
堂旁之賢皮特臘典文學堂每歲冬季擇聰敏熟學諸
生演戲一齣請人許其臘典語言所以勵其學張其能
也此戲余於二十年前曾觀一次前數日學中提調具
柬請云十二月十四日即今禮拜一及十六日禮拜三
演臘典小戲懇請賞觀務于酉初二刻前先至教士院

八

第十九號澈寓以便接待酉初余乘車至入見其夫婦
並二三的音教士少敍同入學堂坐于臺前第一橫計
客男女約三百人所演乃三百年前希臘京城阿三故
事一商名查爾邁者因其子賴斯柏呢克司年幼奢侈
擬再出外貿遷數月冀稍獲利用以贍家瀕行況其友
喀里克照料子女并告以家中某屋地下窖有財寶查
行後其子依然浪費至無餘資欲售房產喀里克佯買
之以免害財歸他人喀友馬戛婁迺茲責其私匿他人
財物喀里克乃搵而暴此鉅商法伊勒投之子來喜太

欲娶賴妹為妻、賴辭以貧苦無妝奩、既以賣房故得有存項、遂允許、其家奴司他奚莫斯聞之、哭訴、謂如此恐我主僕當皆餓斃、乃設法以言勸止兩人、寢其事、不果、蓋來喜太意不在妝奩、而賴斯柏呢克斯亦願嫁其妹、乃終被法伊勒投辭卻、二人無法、然仍各懷嫁娶之心、既而喀里克立意從中調停、乃商之賴、將地寶掘出、賠為其父由外寄來者、一日查爾邁歸、遇一郵寄人于門外、詢之、即執假信寄銀者、正說異聞、見司他奚莫斯從酒店出、乘醉將賣房掘藏結婚困苦事、縷陳不遺一字、

九

查爾邁聞之、氣結欲仆、正喧譁間、喀里克開門出視、手執鐵鏟、正其掘窖時也、喀為查細述其由、查大喜、始悉其子既認來喜太為婿、並定喀里克之女為媳、通場僕八人、裝扮老幼貧富態度頗好、衣冠半似埃及、人皆赤足、著皮底皮帶鞋、光頭著白氅、斜披花綢一縷、其氅年老者及足面、年幼者過膝、貧者寬袖短襖、腰結粗帶、髮不剪而捲垂腦後、臺正面懸阿三圖一幅、遙望樓房皆白色、式如泰西、惟花木稍異、其服色裝飾、多與西國教門畫軸同、念白不唱、語極純熟、演畢、男女客均回提調寓、入門乞書名于簿、遂夜酌、余與提調夫人及教士六人一席、其他男女廿餘、環立一大桌、僅備冷葷、紅酒、生菜、麪包數色而已、食畢、謝歸、時及子初、

二十七日丁丑、陰、西國天主誕節在即、各加非點心鋪鬻孛子聖糕、聞萊比街查朴曼鋪中一月之工造糕一、高四尺、周六尺、重一千觔、飾以金花五彩、不知工價若何、亦不知何人定造者、

二十八日戊寅、陰、西國婦女喜畜類如金猴銀鼠之屬、昨紫勒比坊設老鼠會、會首牛瓦小姐共聚老鼠六十

十

餘、多人珍賞、其色不一、黑、白、斑、白金、黑、皆極淨潔、亦皆馴熟、有估直半鎊及十鎊者、

二十九日己卯、早大霧迷漫、白晝然燈、午後霧散、仍陰、與內子論及西國婦女著衣梳髮之式、頻改、余三年前在倫敦時、婦女衣作聳肩、去歲到此、見其衣之兩肩低平、至夏間、忽其袖半仿日本、作形、如喇叭、其袖則由肩至肘、依然縫緊貼身、由肘至腕、漸寬至八寸到一尺、時值酷暑、以為披寬袖納風招涼、比及隆冬、衣毡毯襯以皮棉、而袖仍前式、蓋隨時派耳、其髮昔皆上攢作髻、

髮之短或少者、整以假髮一團、或覆以假髻、現改落平、作餅、或圓、或半圓、或作三出、或四出、梅花、有出頭寸餘者、或左右垂下至耳、或腦後垂下至頸、種種不一。髮之不能依式裝梳者、鋪中特售一種假髮、形作圓圈、可大可小。髮有長短、色分黑黃、價則由十二先至一鎊不一。用法、前藏髮內、後兜髮外、前者後攏、後者左右分挽、任作各式、故現時新報有云、婦女不利脫帽、防露假也。

三十日庚辰、陰。赫樂彬宮保之夫人為其孫設小孩茶會、會開于申初、收于酉正。日前來約、遂于今日申刻攜孫女佑英一往。見赫夫人及其女媳、幼童稚女陸續到者四十餘、或其父母攜帶、或其兄姊攜帶、或止女婢隨從者。樓上跳玩一場、畢、下入飯廳茶點、復登樓、鼓琴跳舞、各執花扯爆竹數枚、互相拉扯、澎扒震耳、五彩花紙飛滿地。隨令僕婢掃淨、眾孩復陣陣跳玩、乃隨時分贈諸孩玩物、大小多種、并有糖果糕點各食物。酉刻、謝回使館。

十二月

初一日辛巳、陰。倫敦土俗、亦有恰遇何物及佩帶何物、意主吉祥、如黑貓進宅、謂必發財、拾得四葉苜蓿、謂將致富。以此草皆三葉、四葉者不易見也。其他佩帶古錢、小魚之類、皆求吉利、洎乎氣車、氣船盛、于是又以金與銀縮仿其式、佩之表鍊、取其興旺。值耶穌誕辰、多有餽者。英王亦置如許華美文雅小物、備贈戚友。王喜畜犬、所購金銀質小犬為多、今後英人當必以佩帶小犬為吉祥榮耀矣。

初二日壬午、陰霧。倫敦人大餐、僅午後一次、各小飯店所售至賤者、亦須一先。耶穌教會中之善心婦女、現在西敦斯佛街之妥瑪斯街慶斯教堂餘間、開一大飯店、用待貧苦傭工婦女、不爭厚利、僅賺廚竈人工費。每日午正至未正、計頓出賣、飲有牛乳、香茗、肉湯、食有牛肉、羊肉、猪肉、麪包、糕餅、烹調適口、每人僅由四本士至七本士、每日食者都二百四五十人、物賤如是、以用者多也。

初三日癸未、陰霧如昨。上月二十九日、阿拉柏堂中有玩物布人會、大小羅列四千餘種、類不一。外有花扯爆竹二萬七千匣、六本士小銀錢一萬一千枚、皆善男信

女所施者、用倫耶穌誕辰分遺施醫院、育嬰堂、工作房、
所育小孩、俾之歡度新年、
初四日甲申、陰霧、英俗每于耶穌誕辰、家家以燒火雞
為美食、售此物有二總市、皆在城內偏東、地近老城、一
名司米扉、一名里丕霍、而通城各雞鴨鋪、亦皆售宰成
者、更有由與義、色爾維亞各國販來者、逐日進口甚多、
重八九斤、斤十本士半、重十斤至十一斤、斤十一本士、
重十二斤至十五斤、斤一先、重十六七斤、斤一先零二
本士、重十八九斤、斤一先三本士、

十三

初五日乙酉、陰、昨聞堪興坦區之肥拉莫園第八號老
婦達爾齡、家產直九萬六千三百一十七鎊、歿時遺言
以七千二百餘鎊、分捨本城各教門善地、餘二萬四千
鎊、施于斐洲正南稍西開埔塘海口之教堂內二千鎊、
英蘭東南角臨海瑪爾該城之維克都里亞養育殘廢
小孩堂中二千鎊、復在哈特扉地方建小教堂一、文其
夫及子用作記念、計一千六百鎊、英蘭東南角堪特府
卜洛斯台城之養病堂及中斐洲之大學堂、施各一千
五百鎊、南斐洲麻收那蘭地方牧師、本國約爾克府牧
師、各千鎊、禁止虐待小孩會、保養羊瀾風謠會、亦各千
鎊、爰撮其大畧志之、
初六日丙戌、陰、頗冷、聞英人新創一種射覆茶會、洋名
迷斯特里悌、所請男女、各備一紙、或書隱語幾句、或以
墨或顏色畫些秘密、到齊各紙掛號、各人猜解、主家備
贈物兩分、一贈度詞之奇妙者、一贈其人之第一得解
者、猶之北京之鐙虎兒會也、
初七日丁亥、陰、今日係西十二月二十五日、為其耶穌
誕辰節、鋪戶及人工休息、老幼男女均衣新衣、街遊與

十四

禮拜日同、聞當義王與后在文恣宮時、色爾文達木及
穆爾小姐照料周備、昨英君與后各賚一物、以作記念、
文達木得一金匣、蓋面正中鏨君像、像左右有ER二
字、堆以鑽石、鑲以珍珠、穆爾得一胸襟針、針頂以鑽石
作王冕、鑲以珍珠、冕下玫瑰一朵、亦嵌以鑽石、二人本
優伶、將于明年赴美洲歌演、
初八日戊子、早微晴、午後陰霧、冷、英國各處有勤工改
過二學堂、蓋學堂而牢獄者、凡幼童幼女懶惰愚鈍、及
淘氣不馴者、經其家送來、或遣人捉入、而教養之、情必

使勤愚必使明頑必使化本年英蘭一島十六歲上之男子二萬三千九百十七女子五千二百十八就中努力學工改過自善者男六百九十一女七十九足徵教養之匪易也

初九日己丑陰冷輕飄點雪到地即融倫敦現作一種蛇馳戲（俗名蛤蝎）來自法國色深綠大如制錢每枚價由八先至一吉呢此類物性本不甚靈而較靈於蠢獸于是婦女廣購之盛于大瓶瓶底淺浴以水飼以蝸蟲螻蛄各蟲依時教以跳穿約指據云藝成者能連跳八圈凡設小狹茶會多作此戲以娛樂之

初十日庚寅陰冷細雨陣陣聞前于西一千九百年三月二十日（光緒二十六年二月二十日）巴里北方火車棧失去一萬六千鎊在補銀水帳房中十月十五日（中文八月二十二日）又失去三千鎊今已三年賊未獲且近日各銀行多失金者昨由巡捕捉得三英人于其住所搜出許多布囊紙袋式樣造法無異法京銀行所用者據云其盜法係專在帳房于帳館已收將發各袋潛以假者易之又波爾多海口（見三述奇）巡捕捉一剪綹亦英人名倭爾達現年六十

十五

三所住店中搜出許多器具

十一日辛卯晴中國養濟院育嬰堂粥場義學醫院并施捨棺木棉衣薑湯丸藥諸善舉既非勒捐亦不強募而募及洋人者實鮮華人既不肯往募往募亦無門苟得門而入恐洋人亦未必慷慨樂施華人洋人有種無形之契合顛倒是非幸災樂禍小人之臭味同也凡此善舉匪惟不思成全且毀謗以阻遏之其在倫敦則善地善事指不勝屈事無鉅細經營伊始由一二人之善舉既成則逐年費用咸歸捐募如男女老幼各醫院各學堂養病所棲流所收生所育嬰堂拯救隊啞院瞽院作工所自新所貓家狗家義店狹店捨湯處賤飯店以及教堂之各善舉郵政局巡捕廳新報館街道局及電報局等年例均有會又每年耶穌誕前名家婦女亦開善會或稱濟貧或稱周卹鰥寡孤獨或資助貧家子女老羸兵丁或施助兵房或募化玩物布人用以施捨嬰醫院嬰學堂好施者年出萬鎊不足矜也募化之法間及他國寄居之客前于初三日晚巡捕廳歡讌劇四城巡捕子女邀義務男女數人奏樂歌曲于利貞街坤姒

十六

堂浼人購券往聽、半月前以函請、余遂購入場券六分
付僕人一往、昨倫敦美爾來函云米得賽醫院募化年
費、舉渠為首、渠訂明年五月初三日中明年三月十八日設讌于
美泰普店、敬要惠臨、以為光寵云云、又募券一紙、空其
前、備書所施數目、尾印赴讌與否、祈早賜回音各語、迫
於無奈、遂復以盛饌弗克親赴、今助五吉呢、
十二日壬辰、為西曆十二月三十日、晴、申刻、倫敦美爾
在極樂堂招城中貧苦男女小孩一千三百名晚酌、孩
均梳洗潔淨、衣履整齊、環坐大廳樓上、作樂、各人麪包
一凷、冷牛肉加熱蕃薯一盤、李子糕一凷、牛乳一盌、及
橘子蘋果類食畢、眾孩齊聲祝美爾之福、是日入門各
攜一券、名曰班餽、釋為赴宴
十三日癸巳、陰冷、比見英人由汽車複創一種冰牀、洋
名艾斯謀特爾、一長方薄木板、四角四木足、裹以鋟、前
二足能左右動、如船之舵、足前鐵罩、式同汽車、牀中心
置氣機、僅三馬力、牀後橫五一極寬巨輪、軸連關鍵、下
接機器、輪前坐一人、掌舵柄一、牀可載六人、輪左右旋
轉、借天氣與風力、一小時能行十五洋里、惜英蘭入冬

十七

少冰、今年較冷、而地面多凋、長江大河、偶然結冰、冰牀
畏其險不敢駛
十四日甲午、陰雨冷、是為西曆一千九百四年、正月初
一日、聞霍勒本街有鋪名戛美芝、出賃布帳、備鄉鎮之
夏間設樂堂、請茶會、設筵宴、設善會、過節跳舞之用、并
帶裝飾鋪墊、然燈、長二十二尺、寬十四尺、宴客十八人、
聽樂三十六人者、賃一天三十五先、挂布裏裝飾旗幟
之屬、加二十先、鋪地氈加四十先、然燭加二十五先、然
油燈加十五先、長三十尺、寬十六尺、宴客二十八跳舞
容三十人、聽樂五十六人者、一日四十先、挂裏修飾、加
二十七先半、鋪地氈加六十先、然燭加四十先、油燈加
二十先、長四十尺、寬二十尺、宴客六十人、跳舞數七十、
人、聽樂容百二十人者、一日六十先、挂裏修飾加四十
先、鋪地氈加九十七先半、然燭加五十先、油燈加三十
五先、長五十尺、寬三十尺、宴客百十人、跳舞足百二十
五人、聽樂各事容二百二十人者、一日九十七先半、挂
裏修飾、加七十先、鋪地氈加一百七十先、然燭加八十
先、油燈加五十先、長七十五尺、寬三十尺、宴客百七十

十八

人、跳舞可百八十人、聽樂諸事容三百四十人者、一日一百三十先、挂裹修飾加九十先、鋪地氈加二百二十先、然燭加百二十先、油燈加八十先、長九十五尺、寬三十尺、宴容二百四十人、跳舞可二百五十人、聽樂各事、可坐四百八十人、一日百五十先、挂裹修飾加百先、鋪地氈加二百七十五先、然燭加一百四十五先、長六十尺、寬四十尺、宴容二百人、跳舞如之、聽樂各事、可坐四百人、一日一百三十先、挂裹修飾加百先、鋪地氈加二百四十先、然燭加百十先、長八十三尺、寬四十尺、宴容

七九

三百人、跳舞如之、聽樂各事可坐六百人、一日百七十先、挂裹修飾加百十五先、鋪地氈加三百四十五先、然燭加百四十五先、長百零五尺、寬四十尺、宴容四百人、跳舞可四百二十人、聽樂雜事容八百人、一日二百先、挂裹修飾加百四十先、鋪地氈加三百九十先、然燭加百九十先、此外別有寬由五十至七十五尺、長至四百尺者、皆有定價、鄉間無別墅之區用之極便、

十五日乙未、陰霧、夏美芝鋪亦賃卓椅、長飯卓、寬由二尺六寸至三尺、以尺度其長、定其直、尺三本士、椅子每十二把、三先半、百把二十五先、粗凳尺一本士半、帶礴者、尺二本士半、白木長凳、尺一本士、以車載運出城、不逾五洋里、無車費、逾五里則加算、

十六日丙申、陰、昨見倫敦日日郵報一則、題云致信胆怯之妻、前于初七日晨（即西十二月二十五日）柏林城有少婦由沙洛屯村（見五迷訛）之教堂步回家、途次一孩送信一函、度必向來逢此聖節小孩玩戲乞錢、遂置兜中、抵家拆看、不意內多輕狂暗昧語、乃云豔麗美人之讀此數語、寫者深知、而讀者必自知、既經本夫遺棄、可致書知情之

八十

人馬克思云云、閱竟、或詫異、或恐懼、或交信於巡捕、次早有孩取答覆馬克思之回信、胆怯遂寫信交孩、孩持信飛到一街犄角處、文衣服華麗之美少年、巡捕已豫行訪察、登時弋獲、供名穆理得、曾與其友翁格爾同作此類信件一百二十、耶穌誕日之晨、隨人分遞各婦、冀有所得、其法乃令小孩執信立于道中、伊匿于道旁曲處、見少婦丰采可人者、作暗號、令孩即遞、揣其寄信之意、以為少婦若心有所恐懼、回函必贈錢若干、求其守口如瓶也、由此以觀、則防意如城、非所以望於西國之

婦女、
十七日丁酉陰霧、謁阿克屯街勾爾車行共畜馬五十
八匹每年正月一日亦犒勞一次、飼以紅蘿蔔紫白燅
包平果糖塊乾餅各物盡行割碎拌勻計五十八匹中
強壯常用者三十五因羸老不常用者二十二養已三
十八年現僅餧養而不用者一計所費壯馬一年二十
六鎊羸者七鎊零
十八日戊戌陰涼、聞耶穌誕辰華泗克里第地方、某學
堂女生冠英華賞一小木桶、滿糖果及鳥雀應食之穀
料懸于樹杪、少頃百鳥飛集爭食、鉤輈格磔其聲震耳、
女名其桶曰耶穌誕辰百鳥晚餐桶又曰耶穌誕辰百
鳥樹
十九日己亥陰不甚冷而正月六日也、倫敦美爾李吉
夫人訂于今日戌刻、美爾府中開小孩任意跳舞會洋
名茹伍呢番希得蕭斯波、即任意之謂各孩裝束可隨
意改扮、為今古本國他國官民蠻野男女各童、至少者
六歲至長者十四歲上月中旬豫來柬請已復以願攜
孫女與會復來一柬上印、請將姓名年歲、及何式裝扮

設明、以便發樓見美爾夫人時、遞與報名人傳姓名及
裝式、戌初余令孫女梳雙髻戴花、乘車至見其所有規
模同去年童男女約四百餘有三女著日本服、二男著
中國衣頭戴官帽、身則著女裙褂、又一男面塗紅壁頭
頂一圈背垂兩縷皆鳥翎長八九寸、色分五彩、著土紅
色綢緊靠假作赤身、腰圍花綢一縷仿北美洲西印度
之野人也、堂正面奏樂、跳舞八場至亥初、眾孩兩兩由
美爾夫婦前走過、鞠躬為禮、畢登樓夜餐、酒食豐渥、勸
進良殷賓主款洽、樓上專列五桌作坎卦形、皆貴客也、
余攜孫女與美爾夫婦及他男女十餘坐中長桌、其他
男女及小孩在別間食、畢余扶美爾夫人下樓、仍入大
堂坐觀眾孩跳舞七次、乃與握手謝歸、時已子正
二十日庚子陰雨、倫敦有種養贍堂、英名倭爾克蒿斯
譯為作工房、凡男女之貧而無業者、投入此房、量其所
能作工具有飲食卧房、閒坐步行、看書寫字之處、款由
善人施捨、通城此堂不知幾許、惟聞寄居男女共七萬
三千六百零五、前初七日因耶穌誕辰給以美餐一頓、
據云通城費共萬鎊、就馬力貢街之約爾克養贍堂論

之已二千二百餘人懸國旗于大廳四壁琴臺飾以花卉食則烤牛肉燒番薯李子聖餅啤酒半斤橘子二枚菸葉一兩婦女之不能喫酒者各給茶一盃食畢齊立恭祝天保國王

二十一日辛丑陰霧京中風俗於重九日登高喫烤肉倫敦則夏季約戚友男女郊游于州地午酌昨初七日英蘭東南角臨海之佛克森地方有人別開生面乃侵晨面海早餐男女三十餘人皆本地土著之慣海邊洗浴常晤面者共是早卯初海邊齊集斯時天氣溫和水平如鏡各人下水浴畢共在岸邊照象一張以紀其盛遂環坐早餐所備惟冷葷熱加非麪包糕點而已食畢各人菸捲一枚中有名法格者因周年海邊浴期每期必與衆人公贈一銀寶星用獎其勤末乃同唱野曲一陣而散

卅三

二十二日壬寅陰雨陣陣昨晚即西正月八日倫敦臺設孩童茶會臺上之老侍衛及守臺各兵之子女成丁者九十七未及歲者百二十食則加非糕點衆孩先作傀儡小戲既于樓上設耶穌誕節小松樹懸以各種玩物俵散各孩亥正畢按臺上老侍衛英名逼芙伊特爾譯為肥壯漢實則喫牛肉人也

二十三日癸卯陰雨如昨英俗新婚日屋四壁樓梯闌干地板飾以五彩花卉取其鮮明出門則紅白玫瑰鋪地時天寒花貴乃創一省費之法屋中飾以綠白兩色闌干之宜鮮花五彩改懸綠葉綴以白花出門時廳簷倒懸三四銅鐘復取綠葉白花實之鐘紐繫白絛三四幼女門內牽之新夫婦過時幼女力曳白絛則鐘即下垂花葉紛紛滿墜新夫婦頭上身上而鐘又齊鳴丁東震耳

卅四

二十四日甲辰陰雨英都歷來所食之甲魚皆來自北美洲南界之尼夏拉瓜國向來稅款頗重今春尼國因國帑不足擬將每頭加收正稅八先零稅二先英人不服英屬地扎美喀島人向其西北近古巴之開曼島人互商自網一季得八百餘頭尼夏拉瓜因之不言加稅云

二十五日乙巳陰鯨魚骨西國用處頗多昔每噸直僅二十五鎊據云近年捉獲無多現在天下僅有四噸多

紝英美兩國販賣、昨在蘇格蘭東界臨海登等城售去
二噸、半每噸三千鎊、
二十六日丙午、陰雨淋漓、聞英蘭東南臨海色賽府之
十萊敦地方、有葛林者、生于西千七百九十四年八月
二十二日（乾隆五十九年）、寄居其壻魏斯庇家、昨于西正月初
五日病故、年百一十、子女十人、孫子女二十二人、曾孫
元孫不詳其數、可謂福壽兩全矣、人言其致壽之由、伊
本一鄉農、每禮拜僅獲十先、日所食惟瑞典蘿蔔鹹豬
肉白菜番薯、不知牛羊肉為何物、至九十二歲尚事耕
種、半年前已聾瞶、猶能自行脫衣著履、當其幼時、星士
相之、謂當作一百歲老翁云、

廿五

二十七日丁未、晴、入夜風、西國上等中等之男孩女孩、
或入學或與會、罕有爭鬧喧譁哭泣淘氣者、昨于耶穌
誕辰、創一小孩分獲玩物法、名曰蜘蛛網、乃玩物百種、
收存一屋、每物繫一極長絲繩、繩分五彩、由此間穿入
別間、中編成網、繩之頭皆在別間、屆時各孩于別間任
意執一繩頭、步步順網解繩、解至玩物屋、此繩所繫之
物即贈此孩、玩物不一律、各孩所獲好醜、憑其際遇、明

主人之無偏待也、又一種玩法、一白色圓木靶、中一紅
心、四圍環丁小針若許、懸之簾幔或芭蕉樹梃（倫敦富戶多以緣木楠植芭蕉于屋角）、或立一布馬背上、次以五彩翎毛小箭長
約二寸餘、黃蠟團球作頭、男女各孩每名三支、一一立
數武外向靶擲之、有能擲插針上且連在紅鵠者得上
賞、他則但能抛插針上、亦各有賞、惟所得者不同耳、
二十八日戊申、陰、聞小孩齊會嬉戲得物者又有三四
種、一以花草飾一長木匣、作船形、上立勺勾臘小人幾
許、船內藏以糖果并錢五先、令各孩猜指錢所在、猜得

廿六

即取錢與之、旌其能、誤指者、亦各給以糖果或勺勾臘
少許、無一向隅也、二用百數十朵紅白紙菊飾一金罐
作車形、車頂置一糖鴿、口啣花梃、數十小瓷人腹盛糖
果、分立花中、各給一名、如馬麗阿尼等、屆時付各孩一
人名單、令猜何瓷人何名、其猜得數多者即得首贈、如
糖鴿瓷人等、未猜得者亦給以瓷人一個、或糖果一小
匣、三用白菊飾一長匣作火車形、內坐男女小糖人若
許、到晚令各孩約計、作此車共用菊花若干朵、得確數
者得上賞、數與確數近者亦有賞、四以帝畫帽架懸諸

壁上、别将一紙帽交以帕蒙面小孩、屬其執去、以針插於所畫紙帽架上、懸挂得當者賞

二十九日己酉、陰霧、入夜風、昔時本街路燈、左右兩行、共煤氣燈六十一盞、共有一萬一千燭之力、兩年前改在中央點齊森行之油燈十二盞、燈高光亮、足有一萬二千燭之力、價與六十一盞煤氣燈同、入冬以來、行中致書城邑局、欲稍增其直、局中未允、遂于今日盡行拆去、將道墊平、大鐵筒以敞車載走、又數日前、彼行曾登新報、向住本街各家訴明其情、夫外國街道之平坦淨潔、路燈達旦、便人夜行、所費官錢、皆左右住家之租税也、我國人之居洋租界内者知之否

三五

十二月

初一日庚戌、早大晴、午後陰、入夜雨、倫敦自冬徂春、向不甚冷、冰結僅二三分而已、江河小湖、依然水流溫漾、西一千八百九十五年（光緒二十一年）冬始冰結二寸、今年東風凜冽、寒氣逼膚、小湖池沼、冰厚由寸半至二寸餘、自上月中旬迄今、則以二寸為無險、各處男女朝暮為走冰之戲、往來如織、中國則東風解凍、東海溫流至而成風也、英國則東風結凍、波羅的海一帶多寒流、俄國之風也

初二日辛亥、陰雨、近在英蘭中界、北司丹佛之鐵道一帶、婦女頻被搶劫、昨見新報内有婦女遇劫治敵之法、有四、雖云婦人孱弱、然有四法在心、或可得免于萬一也、第一如對面以右手擊來、女可以左腕格之、隨以右手觸其口、或批其左頰、第二若其右手入懷、即挾以右臂、而以左手繞其指、或腕、第三如自後偏身、一手摟來、可一手攏其上身、而後推下、可一腿伸其腿後而前撞、其人自倒、第四若自背後雙手由肩上伸來、可擒其兩手、盡力繞之、或曲身背起、而擲之于地

三六

初三日壬子、陰雨冷、英俗男女出門、多不携子女、盡留屋内、扃門而去、天寒爐火未熄、嬰孩每多爬入殞命、現鋪中出售一種木籠、式長方、高逾三尺、寬可三尺至五尺、容二三小孩在内嬉戲、納孩其中、鎖籠門而去、自無他虞

初四日癸丑、陰霧、泰西英法德俄四大國、雖富強、而尚多貧民、冰雪嚴寒之季、貧人投宿避冷、惟英有小店四

種（詳見六述奇）法京男女貧民之無處棲宿則夜投巡捕堆撥借住次早即出謀食德京官設藏身所六七處洋名五第尤之牀榻卓椅畢備入者給以熱湯麪包若其人誠可憫間有給煖衣留養於所必待覓得掃街撮當各等工作始放出俄都一年幾至三季寒冷雖不設貧民暫宿所而各街市入夜設大銅火桶高約三尺周七八尺四面攢孔內燒紅煤便貧民寒夜煖身

初五日甲寅陰雨倫敦之大照象館遇有名人之品高位尊者屢具柬以撮影請勿輕諾也恐被照時或不索錢印時則索錢向例出資人使印則玻璃板歸出資者鋪中不得再印出售祇准鋪中印一張置玻璃窗內俾人觀瞻丰度品評光學若不出資使印則原片存本鋪無權止其不印售也報館入新報書行編書以及考訂家欲得名人之小影購之鋪中鋪中獲利甚多且照畢而印索價極昂如前日倫敦美爾請小猴跳舞會有三處來函請攜孫女往照照後印之竟索八先一頁九十六先十二頁按銀價幾至四十兩

初六日乙卯陰涼入夜大霧由櫺隙吹入滿屋迷漫北

廿九

英蘭約爾克府之巴特雷城有製造毡氈局名郃樂爾男女老幼工人六百六十名自上年局主向眾約定一年不吸烟屆時有犒賞昨日及期因眾人如約犒賞人各一鎊聞其中男子老幼一百四十一婦女五百一十九更有男工四十名誓終身戒菸者查局主本意必為防火如此犒勞人必悅服如此立約有益人身一年所費無幾自與失火所失天淵之隔矣

初七日丙辰鎮日陰霧白晝然燈西俗君與后以次皆可晨夕微服街游英皇偕后太子暨妃與公主輩現住文蕊宮昨英皇率太子自午初至申獵于文蕊囿雖淫雨不止也皇后率太子妃及諸郡主縣君常服游街在照象館購小照多頁又入骨董鋪買大小物件甚夥鉅者送入宮中小者皆盛入衣兜買物時鋪夥不知為后也太子妃也及付錢寫住址已知之并無加禮款待無異他客惟稱謂不同耳

初八日丁巳陰雨陣陣入夜大風連日陰雨街市行人皆張繖由是後行者不辨前行者為何人同行者隨從者或因人眾或以他故相失覓之不易因此新創一種

三十

透光、雨纖、能使後行者見前行者之頭、質似玻璃、而非色、如象牙、不知何物所成、其直未聞。

初九日戊午、陰雨、入夜風雨交加、冷。倫敦烤麪包爐向在地下、其中極熱、工人皆赤上身、每日在內十點或十二點、皮膚生瘡、胃亦染病、業此罕有年逾五旬者。爐中熱氣由地上蒸、既與地上住戶不宜、亦與往來行人無益、于是官定新章、自今後須設法改良、不使工人赤其上體、並保護人身、不使染病、熱氣上升、不使有礙於人。凡屬新爐、皆令安於地上、舊者仍之。馬力賣街一帶舊烤麪包處八十三、七十七處已領官憑改辦、他六處意將關閉、俟再開時改送地上云。

二十二

十一日庚申、鎮日風雨交加、頗冷。西國婦女有種白紗織花手帕、工細價昂、婦女購之、僅為壯觀誇富之用、納于喇叭袖口、或手內執之、皆不十分露出、自新製雙環約指盛行、上嵌珠玉、下垂細金鍊、鍊下有鉤、以繫手帕、每一舉手、而珍貴之手帕見矣。

十二日辛酉、陰雨。陣陣。英蘭東界堪卜立址城賴斯學堂前善士賴斯所立、經理一切費用、為色爾東樸、因一年辦事精審、學中人公遺一銀壺。又德卜林城教務學堂名特立呢的、因總教師巴柏爾其人曾在湖北十年前傳教一年有功、公贈關青紙袖紅毡氅一件、二人同定于今晚、成刻在訖喀的里街之丹青館受贈、並邀戚友助賀。與他學館之茶會、同車樸與余相識、前見數日前來東請、屆時余率榮驥乘車往、入登樓見車樸夫婦與其二女、繼見巴君夫婦、大廳軒敞、男女客二百餘、四壁懸五彩水畫千幅、山水人物、工極精細。正面臺上樂工一班、陣陣鼓吹。亥初樂止、臺邊置一長方桌、陳銀壺及紅氅、臺前對面列椅多行、第一行僅五椅、為余率榮驥及車、巴二夫人坐。坐定、車、巴二君登臺、以次各立演說一段。既巴教師披氅下臺、各人鼓掌稱賀、樂復作、而歌導者引余與榮驥至別間、各飲加非一盃、辭歸、車、巴二君送至廳門、子正回使館。

二十三

十三日壬戌、微晴。聞德軍將于下禮拜起隊赴印度東北界歐得省之都會勒克努城、其地東界那百里、北連西藏。德皇賜衆武官精巧馬鞭各一、以作記念、以勵戎行。

十四日癸未、陰雨、西國販賣人口之禁例雖嚴、而亂法者多、聞昨在法國渭洒地方、（見三述奇）僑居之英人周十安某日向一收生婆云、妻生一猿、產下即斃、因其待猿心重、未經告知、願來由他處抱一新生猿來充之、以安其心、收生婆應允、蓋因昨早某家收生第五孩、因無力哺養、願他人抱去也、孩至周十安、喜收、償孩家索直若干、并酬收生婆若干、不意事洩、巡捕捉去、裁判兩造各定何罪、未聞、

十五日甲子、白晝陰雨、入夜晴、各類禽獸、皆有來歷之本形、非可由人矯揉造作、乃倫敦現有狗醫、不知其名、自言善變狗貌、各有定價、如狗嘴短變長、長變短、三十二先、猛犬面生縐紋、六十四先、（此狗洋名杭勒多）狗尾直、毛變捲毛、十六先、狗尾細小、變粗大、十六先、梳洗剪割餘毛、每一點鐘四先、改變顏色、二十四先、垂耳變立耳、或立耳變垂耳、皆十六先、使猛犬之前腿彎曲、或內收、或外撐、皆八十先、據其所言、是狗嘴亦可生象牙矣、諺不云乎、狗嘴焉能出象牙、

十六日乙丑、微晴、英外部大臣藍侯夫人請亥正二刻

二十三

茶會、屆時余偕內人率榮驥乘車往、樓前客車行行羅列、燈光燦爛如火龍、門內衆客擁擠、以次各國公使至、惟日本文武參隨至六七人、朝鮮僅一人、慘澹孤寂、未免向隅、俄雖十人、而器宇軒昂、從中少立即去、

十七日丙寅、陰雨陣陣、乃西歷二月二日、未正、英君開議院、未初、余偕內人乘車往、一切如前、惟英君宣詞云、英君諭上下兩院爵紳曰、我國外交、現仍友好如常、我政府已與法政府訂立公斷條約、將來公斷之風、或可因此而盛行也、前年朕遊法都、法總統亦遊倫敦、嗣後兩國官商又相過問、是皆兩國人民友好所致、今之公斷專約、即其明徵、約中之利益、且勿論也、又我政府現正與義大里政府及和蘭政府商訂公斷條約、又我之斐洲屬地與葡萄牙之斐洲屬地、界線宜劃清、我政府已與葡國政府商立約款、訂歸公斷、已請義國君主為此案公正人矣、上年三月初三日、我政府與美國政府訂立專約、將亞拉斯喀爭地之案、請公正人判斷、各員在英集議後、兩造爭辯各節、有判歸我國者、亦有判歸美國者、興雖言至此、不無怏怏、然數十年積案、今能一

二十四

旦了結、免致將來爭執、亦可喜也、立界務約每因不明地勢、彼此齟齬、常事也、征蘇麻里蘭大軍現隨時隨事酌量情形、力圖前進、提督艾爾敦所統之兵、日前大獲勝仗、穆拉之威權、從此可望挫滅、而地方可期安謐矣、義大里政府及阿比希尼亞王、皆竭力襄助、阿王現已創立一軍、飭由西邊進取、此實有益于我之軍務也、日俄現為中韓利益、起見互商辦法、其商辦情形、予時留心、不能為之釋懷、東方和局、如果不保、關係必大、我政府苟能力為調停、固所願也、上年二月間、俄與兩國所擬整頓馬賽兜呢亞之政策、凡與商柏林條約之各國、皆允准可行、此項政策、近又經修飾之增益之申明各國皆以為可行、土皇始則推諉、耽延時日、旋亦允准、俄奧所議整頓該地方政策、實為當務之急、現交冬令、該處亂事已息、予深願得于此時急施行也、其所議政策之中、以整頓馬賽兜呢亞巡兵為最要、此事已由土皇簡派義國武員為督辦、予聞之甚為欣慰、其幫辦各員、由各國委派、予已簡派一員、該員亦有別官數員襄助一切、一千九百二年各屬會相臣在英議時議准、自後

二十五

英屬各處防務、各屬當格外竭力分籌、今聞澳屬及新錫蘭各處皆已頒行條例、俾得所議得行、予心甚為欣慰、新錫蘭須行之例、并准英國運往之貨較他國運往之貨可以納稅較輕、以示優異、我國布業、恃外來之棉花為變通、今聞外來之棉花不敷成布、既少、則市布購花之錢亦少、不覺憂之、深望英屬各處試辦種棉之法、冀觀其成效也、我國之派員赴藏也、蓋欲藏人之奉行千八百九十年所訂之約耳、此舉曾與中國政府商明、北京業已簡員赴藏會商一切、予望我國所派之員得與中藏各員商定辦法、俾我印屬北地水無時啟釁之故、此案宗卷不久即將送交汝等閱看、王諭下議院諸紳曰、今年所籌度支冊不久將交汝等核閱、所籌各款業已力從撙節、惟水陸武備、亦不能不為講究、所費自亦不貲、可否節減之處、俟將來籌議整頓陸軍及整頓兵部事宜時再行商酌、既又諭上下兩院爵紳曰、禁止外洋窮民來英條例、酌改在英買賣燒酒條例、酌改估價師條例、酌改蘇格蘭學例、酌改整頓工人住所條例、皆不久送交汝等核辦、其賠償受傷工人條例、整頓

二十六

衛生事宜條例限制鋪戶作工時刻條例皆議商改戰
時兵船追捕敵船各條例擬　纂成本下議院院紳
簡授官職例告退以待原舉之人再行公舉現擬另須
條例不必照原議辦理蘇格蘭人烟稠密各處之學務
處其事權擬須例加增捕取海味條例擬亦酌改予惟
祝彼蒼庇佑爾等亦我程途宣畢還宮申正回使館
十八日丁卯陰雨亥正色英賽公夫人請茶會聽樂屆
時余偕內人乘車西南行六七里至格婁伍諾坊第三
十五號下車登樓見色公夫婦樓房不大而華美淨潔
廳房左角設一大琴後立男女六七鼓琴歌曲甚好少
立下樓登車子正回寓色公年約四旬其爵于通國為
第二其夫人則列第一因位列第一之公爵尚未娶也
入夜微風晴
十九日戊辰天微晴日內頻雨倫敦飯店多由德法義
三國人開設有廉價可供貧人者每餐八色猪牛鴿魚
之品咸備僅數本士不知何由賺錢細為調察一堂倌
皆他國之閑散幼童廚竈屋地腌臢二食物皆非清晨
躉來新鮮潔淨者如魚每日待市門將閉買其所餘價

三五七

只一本士一斤大店所用牛羊肉零星斜出不能入盤
者皆分賣小鋪斤二本士各物購來洗以醋使無異味
每禮拜訂買丹國之醃猪頭初到二三日內冒充小牛
頭及皮剝盡乃割之作鹹肉鴿性甚馴外國幼童一執
布袋一執色穀各食清晨擇少人處招鴿隨飼隨捕街
市捕鴿有禁遂竊賣于小飯店直極廉每晨雞蛋到市
木箱筐籠數及千百就中有損壞磕裂者飯店以一先
一百枚取之用作冰乳蛋羹湯之有清濁兩色實皆一
種乃買大店雞骨雜以猪油大鍋熬之日加骨與脂油
不改湯清湯起即此鍋中濁湯則攙以白麪少許冒名
番薯湯
二十日己巳晴聞上月某日蘇格蘭正南拉那阿府中
莫色衛城之火車棧二轍之間突陷一孔周丈餘自上
下視黑暗無底繫燈窺之為往年挖盡之煤礦雖未傷
人而車軌在此類路綫上究屬險地英之煤礦鐵礦極
多錢軌之在地面地下屋上者往來盤旋如蛛網不知
將來何所底止
二十一日庚午陰雨中國有菜果名多段借即如木犀

三五八

肉乃猪肉與雞蛋也、此不過呼雞子為黃菜、餒色于桂花耳、猶可意會也、碎肝和粉漿灌于腸而煎之、為燒鹿尾、洋桃之皮光潤如豆角形、味皆不似桃、海外亦有之、印度孟買產一種細魚、長約半尺、周身無刺、極肥、晾乾油炸食之、名曰孟買鴨子、倫敦一種乳油澆麪包、名曰衛拉斯兎、又在西印度英屬地扎美喀島、地在古巴之東南產一種鮮果、大如甜瓜、形同木瓜、外皮鱗甲層層、形如松子之房、北京呼為松塔色如朽木、嫩者微綠、而黃囊白色、肥嫩充滿、粵人譯曰番荔枝名曰柯斯他爾達普拉、譯為雞蛋蔆果、

三十九

二十二日辛未、白晝微晴、入夜風雨大作、涼、昨閱新報一則、英蘭南界司達佛府之屁多福城、有挖煤夥計二人、一李賽、一查斯倭、李已娶而查尚鰥也、李嗜酒長醉、查私其妻、一日李囊空無酒錢、以十五先賣其妻于查、妻得信即時料理改嫁遷居、次日李酒醒、悔價太廉、與查爭執口角、事聞巡捕、男女三人被逮、不知如何了結、誠奇聞也、

二十三日壬申、白晝陰風怒號、入夜大雨、倫敦大路中凸左右凹、微作橢圓、凹處接兩旁行人窄道、較高三四寸、窄道下大路凹處、隔如千步、鐵製溝眼兩兩排比、下連暗筒、上分下合作V形、合處入地溝、雨後窄道大路之水、匯流而下、達于江河以入海、英人韋安新得一法、將大路改成中凹、循其凹計步鑿溝眼、接以直筒入地溝、僉云每一洋里可省由五百至八百鎊、

二十四日癸酉、陰雨、聞倫敦符來車新立一會、曰大咬會、洋名門池英帕爾悌、乃使人細嚼緩咽、食物消化速而人無疾、大要謂納物于口、必嚼三十二次而後下咽、

四十

若生葱之類、尤必嚼七百七十二次、待其滋潤而後下咽、口中自無遺味、總之食物必待咽之潤喉而後已、食物宜慢入口、既入口、于細叅其味、隨嚼而津液合遂滑澤由喉入腹、夫與人以牙齒、牙齒之用、將使物爛而下咽、牙醫之補牙甚有益於人、

二十五日甲戌、早陰、申正雨、聞上月間司達佛府漢五城之畢克里家、一夜被穿窬盜失去珠寶、直五千餘鎊、箱籠玻璃罩上遺有指印、遂取影送官、三日後巡捕由指印訪捉一名戴威斯、乃彼地挖煤工人也、其人招云

所竊之物、包以手帕擲諸巴斯街之水池、西國緝捕絲由指即于三日間捉賊、亦可謂精速矣

二十六日乙亥、陰、微風、英蘭西北界格婁賽斯得爾府紫勒塘城叅將郤樂爾習巫術多年、深信鬼神、因與一女鬼相善、彼此恩愛、惜未聞其名、上月某日在屋設壇招鬼、其所善之女鬼從簾隙中露面、年十七八、丰采韶秀、靉然曰、我父曾在中國充副領事、我隨我母住姨母馬里亞家、我塾中女教習為傅萊哲小姐、我名伊薩貝、故已七年、今得與汝相好、喜汝情深、為願已足云云、言訖不見、此事尚非光電之緒餘、則其明確顯然、誠為奇特、

二十七日丙子、陰雨陣陣、英内部大臣倫敦代立侯夫人請遊、亥正二刻之茶會、屆時余偕内人乘車往、行約十里至海俗圍東之帕爾克巷入倫敦代立府、登樓見其夫婦、後轉入大廳、男女擁擠如蟻、遇藍侯及他相識者多人、少立、隨眾環繞他間、遂間陳設華麗、鮮花百種、富侔王室、下樓入飯廳、飲加非一杯、食糕點少許、登車回使館、

四十一

二十八日戊寅、早晴、酉初驟雨一陣、雨後復晴、聞上禮拜某日蘇格蘭東北界克拉喜村貧民屠里夫婦生三子、皆幼、相與出外傭工、鎖門留三子於内、歸來啟門、三子皆燒斃于爐前、英君聞之、乃傳諭屠里夫婦、謂因三子所失之財產國君施恩、概行償給云云、屠里夫婦感激無既、英君之行小惠結民心者如此

二十九日己卯、陰雨、外國碎貨鋪貨皆列於窗前櫃邊、購者隨意挑選、婦女遂以靚妝華服、謀為竊取、其法第一由時派女衣袖作喇叭形、中藏古米絛鋪夥向内覓取他物時、將所擇定物之直錢無多者、如手帕絛帶之屬、以古米繫入袖中、第二法則攜小孩、手提瞰口皮兜、作盛食物之具、得間則暗令小孩竊取、急納于兜、第三法、少婦抱一嬰、手攜一大者入門、坐櫃前椅上、加小者于膝上、選物多件、故為挑剔、鋪夥將轉身即捲一二件、放于小孩臂下、少刻大孩復由小孩臂下抽出、速入皮兜、如此伎倆、人多不覺、以小鋪皆一二人看守、耳目難周之故

三十日丁丑、微晴、英國城鎮有等酒鋪、洋名巴爾、每在

四十二

前旁兩巷相交之三角處地基頗隘樓雖三四層僅佔地面一層式作摺扇形正面立酒格格前横酒櫃一圈形攜圓酒斟上品櫃內藏啤酒滿罎前有龍嘴上立開閉龍嘴之銅柄高盈尺如棒槌按杯售之僅一文錢耳櫃前以短木層層作格中僅容立二三人盖入此酒鋪者皆中下二項人恐人雜語多致有醉漢口角滋事堂倌為婦女飲客則男子邇來法京立新章婦女亦許入飲自定新章後雖上流社會婦女亦多前往云又倫敦各鋪店之工作皆于禮拜六日午後寬工半日此類人每于是日得工直即入肆求醉不旋家顧妻子昨極樂堂有阿得曼柯斯拜謂工匠放工半日原為體恤以時事論之竟非斯人之福計今後莫若仍使之作工停此半日之歇息有益于人多矣

四十三

光緒三十年歲次甲辰正月

初一日庚辰大晴暖辰正率衆參隨著蟒袍補褂向北恭拜

聖牌行三跪九叩禮畢互相團拜倫敦新報約有千種各報館訪事人不惟于本國本城朝夕探詢并招人專在各國都會偵其國事不特此也館中又有專論一國事務之人更有不專屬一館而零碎報事之人即如倫敦之泰晤士報館總辦一人年薪四千鎊每日戌刻麕集譬如是日由俄都探事使來電字少而事繁總辦即唤本館專論俄事者至亦以來電是人持去盡力為長篇寫成遞總辦讀過或添減或塗乙或易數字或易數句或一字不易是人持去湊印成稿稿成閱竟無差則付大板刷印時及丑正是人方去若專論某國事務之人于會集時不見某國來電即散此輩每日工費每晚能以短電中作萬言而成兩大行者（泰晤士報字大如蠅頭每行長逾二尺寬約二寸四）酬四鎊其分往各國每人工費計國之大小每年二三千鎊不等至于零碎報事者工錢由館中將其所報者逐段採積每足一行付二鎊或三鎊亦一種生涯也聞此報館之總辦名博克勒年逾五旬敎斯佛大學堂得有三次考憑之超等學生精通幹練强記博聞無心仕宦而以學問致財一年所獲比諸西國大員俸祿殆將過之

初二日辛巳早雨午初雪雪後復雨雨後微晴既而仍

四十四

陰日俄搆兵起釁始自上月二十三日（西二月初八日）屆今僅八九日無非在海口水面施用水雷火銃暗行轟擊尚未見有明仗乃前于二十九日即經駐英日本公使夫人率在倫敦日本各婦仿西規出帖登報募化以使賑濟陣亡水陸各兵之寡妻孤子等按其帖云敬啟者凡吾人之在此地者當思本國國家時事之際必至念及本國水陸兵卒執槍佩刀為君為國之辛苦艱難因而惻隱憐恤之心生夫人奮勇為國捐軀忠心陣亡其妻因而致寡其家由是而貧故本夫人等因思公請我國

四十五

之人同心努力各施善舉以撫恤之是不專為樂善好施亦誠為吾人之所當為者因公募一款題曰募化賑濟日本水陸兵卒寡妻孤子之善款願吾人各發善心隨便施助然不敢特請本國之男婦雖他國與日本友厚之善男信女願有所施則本夫人自當代為感激無既也如有信件祈寄比翔談街第八十四號交日本總領事收啟如有善款望即匯送比翔談街第百二十號交日本長崎銀行為感云云

初三日壬午鎮日陰晴不定涼今日復見新報一則題曰英之聯盟據云昨經林董夫人倡首率眾往英日本婦女設會募化用以賑濟其為國盡忠各人之家眷以及受傷各人夫英與日本之會盟同心可即于此善會徵之蓋日本窘迫其民自不能資養其勇兵于醫院使之一切安居自如亦不能使其不顧身命奮拒強敵各人之妻子少受無人養育之苦也

初四日癸未白晝晴入夜雨英國大小學堂幼童幼女教法由三歲至八歲每日教二十六字母及以字拼話讀小書并隨時講解事蹟小說令誦習之聞前某禮拜

四十六

日有阿赤巴勸眾男女教習云教男孩女孩均以簡明古蹟小說良法也而教習或由書中選錄或自行編出雖少虛誕之言亦有未盡安者蓋此等教科書紀事不妨假託而其理要必關乎人一生循守以盡其所當為之事實也先入之言乃發蒙之本栽培其心地俾無偏見無幻想無妄為不更進而益上歟

初五日甲申陰西國療病不僅藥水丸散諸品更有電濼光濼及駱芩之照透皮骨光（詳見述奇六）等倫敦醫院現多有備齊者然費款頗鉅故惟至富者用之而至貧亦

用之者、因其無力償費、施捨之、所以邀譽也、至于中戶醫生、不敢背院章、耗院費、出此珍品、療疾、且其人亦不願傾囊償給、故有善法、亦不能一視同仁也、以此電學會及紅十字光治會、曾于西二月一日（上年十二月廿六日）公立一電光醫館、在埃得衛路第三十五號、各醫院之中戶病人、有須用電光諸法調治、則送入此館、據云所費較醫院半之、光澡是為晒日法、小木房一或玻璃室、上下四旁不使透風、病者赤身在內、寘映日光、晒之去肌膚以內之疾、西法謂日光能殺人身之微生蟲云

四十七

初六日乙酉、陰、風冷、入夜尤烈、西人謂一人寢室、必得一千平方尺空隙之空氣、供其呼吸、始無病、故凡貧戶矮屋、每間居人何數、寢室睡人何數、官不特派人詳察、英例、國之風篷輪船、將啟椗、均報商部、派人察驗、專載貧者、不得載人、船之新舊大小、貨之分量重輕、于載運招工、察驗尤審、既勘船身、復稽其所載人數、臥立空隙、是否足供呼吸、廚竈是否可造若干人之飯食、食物是否新鮮、淨水箱中水是否足供一路、臥榻是否敷用、通船上下是否潔淨、一或不當、令其變更如例、毋或不從、船將開、復驗一次、再有違例、拘留不准行、皆所以衛民生也、

初七日丙戌、微晴、英之規則、凡豢禽獸、供人日用者、或種類新異、或畜之得當、適人之口腹、長人之精血、如牛馬豬羊雞鴨鵝鴿、雞肉嫩而白、骨細而冀小、鴨兩月即肥大如飼半年者、皆有人購而孳息之、官更有賞焉、去倫敦西北百里埃斯百里地方、一種肥鴨、極輕嫩、昨于豢擒會中、一隻雄鴨得第一賞、人以七鎊十五先買去、又雌鴨一隻、亦得賞、市五鎊、又雌雄十五隻、共賣三十一鎊、英之國家買送新錫蘭（見前）、作為佳種、期其蕃衍、

四十八

初八日丁亥、陰冷而微露、入夜風晴、英醫醫病、又有氣澡、洋名埃爾巴斯、式同光澡、一箱如木籠、病者赤身坐其中、頭外露、箱下有管通以熱氣、熱氣上蒸、病者汗、心燥則食鮮果、或飲涼水、飲愈多、汗愈出、周身如洗、內外諸病自消、據云此法專治疲倦及心力交瘁、腦弱無神、聞之英蘭中界稍南柏克喊府之牛百里城人、現合資一千五百鎊、公立氣澡館、以便鄉民、

卷十終

八述奇卷十一

鐵嶺張德彝在初隨筆　潘士魁校

光緒三十年正月初九日戊子早晴午後陰冷倫敦酒店酒館實繁賣啤酒之巴爾皆領有官憑又慮貧民醉飲滋事每禮拜日中正方許開門此外通城尚有已領官憑售易醉之烈酒一萬零三百九十處以居民人數扯算一鋪供四百三十七人按房數計之一鋪足供五十五家老城人多而此酒鋪亦多苟按是地之酒鋪及人數扯算則一鋪僅供四十三人現在各地方官公議減放官憑酒鋪既少有益於貧民工役之身家

一

初十日己丑鎮日陰冷黃霧迷漫昨聞德國巴威里亞邦木泥城人鄰爾特創一種深夜用電看時計法懸時計于天花板旁置大如鈕扣之電燈一夜間欲知時刻手按電燈之古米管卧牀仰視時計之巨針于教堂鐘纖毫畢現且省目力未考其電燈何法製成要不外光學顯微之理爾

十一日庚寅陰冷西人療病光澡氣澡電澡而外俄國又有冰澡雪澡冰澡擇河湖水淺處鑽冰作孔病人晨飲卜蘭的酒少許（性如燒酒）赤身腰圍毛氈跳入直立冰水齊頸而頭外露以法倫海寒暑表候之水之冷不得逾三十二度然其人必孱壯氣足方能勝之醫云洗浴片時可療百病雪澡則多在倭里朔苓地方雪厚故也病者赤身腰圍布袋滚卧雪中以粗布裹雪周身擦抹時之長短量身之強弱久浴自愈凡浴者須早晚飲水食必有硝鹽淡氣如糧食乳餅牛乳豌豆扁豆魚蝦各物以助養其氣

十二日辛卯陰中國以伶人為賤役西國列之各工役之上非上流人不能與之往來即以女伶論其技優名著者既以富姬夫人小姐自居而國君亦有時賞以寶星及爵名如亞子亞男各號以故男女有色爾蕾的（前見）也夫人之稱聞有柯來格擬設一伶人學堂幼童雛女桂學者各量其才分類教之學有門徑則梨園易入選云

二

入夜雪

十三日壬辰晝微雪入夜寸餘到地即融中國起營例祭帥旗聞日俄兩國搆釁俄皇著禮服率太子宗族入宮中教堂跪禱上天佑其開仗得勝兵將平安牧師誡

冠大氅、旁立極為虔肅、各兵船每晚戌正、牧師正立左
手持經、右手上伸、指天祝禱、各兵横排、跪向牧師、齊聲
唱誦晚經一次、官與兵啟程去國時、所誦禱告數語為
上帝長生、有善無惡、保佑慈悲、吾人屬俄、此次出兵之
義大公、故願我兵完、而敵兵破、我兵奮勇前進、不惰、上
天開眼、指示妙策云云、誦畢、牧師復洒聖水於各兵頭
上、使兵信此水可保不能受傷、或頭上可保不著彈丸
也、

十四日癸巳、早起、依然飛雪陣陣、午初微止、午初二刻

余率馬清臣與榮驥乘車入賢擢木司宮赴朝會、今日
傳謁本國文武員弁甚少、各國公使中日本文武隨員
多至九員、俄國頭等公使未到、太子暨諸王公身後立
一紅衣護衛手拄長矛、因年老久立、腿倦頭暈、倏爾跌
倒、即經人扶至旁凳少坐、既而攙入內間、未初一刻會
畢、

十五日甲午、陰、時而微雪、記倫敦上中二等戲園購入
場券于臨期或數日前頗不易、即購于半月前、亦以賣
盡對、問宜何時再來、則曰俟一月或兩月、實則頭二等

券、戲園出售無多、皆經各處代賣座票局包去、若覓之
附近局、不惟券易到手、座亦稱意、惟較戲園者貴半先
或一先耳、票局與戲園是謂虎與倀、

十六日乙未、陰雨、昨聞英蘭某處有地、縱横九千四百
六十尺、有舊房一所、昔有貝爾賽以三千一百鎊買之、
今復出售、索五千六百鎊、經人公斷、以五千一百鎊僉
云、若依畝估直、竟為二萬三千五百鎊一畝、合華之庫
平銀一十八萬八千兩、畝於英為四千八百四十方碼、

當中國六畝半有奇中之一畝、彼之七百三十三方碼
半耳、上海每畝漲至四千兩、六畝有奇數僅二萬六千
餘金、較英尚賤六七倍、洋人至中國賺錢易、購地賤、中
國人在外掙錢既難、又安得貴地購之、

十七日丙申、鎮日陰雨、白霧迷漫、道途泥濘、倫敦別出
一種生涯、乃代人割裁新報局、洋名普蕾斯柯聽斯、因
英報以千計、不能人人依數買閱、遂設斯局、人之專司
某事、關乎某類新聞、欲遍瀏覽、令局人每日於各報紙
檢搜裁割之、封寄之、費款無幾、而所聞者多、良便、中國
使館喜聞事關中國者、亦曾屬此局照送、比及入目、多

非確實緊要尤可哂者局人裁報粗率遇有中國二字不拘何事概行羼入如瓷器創于中國英呼瓷曰中國報中論某舖所售之瓷器如何亦翦出送來充數所裁不論長短二三横至一二百横皆曰一篇價一吉呢一百二十五篇二吉呢三百篇三吉呢五百篇五吉呢千篇并備一種白紙集腋薄長一尺寬八寸厚一寸以便隨時黏報用備考察其常行者每册七先半裝池華美者十先半

十八日丁酉陰聞昨義國正西近海萃土埔地方掘出古車一輛據云乃二千零五年以前物雙輪甚大軸粗尺餘車無箱僅後三面有靠板中高四五尺寬三尺左右高約三尺寬尺半通作山形造以鐵木刻有頭生雙飛翅手執鐵牌槍劍之人草草不工畧具形似而已土人定直珍同骨董倫敦博物院商以二千鎊卒為紐約萬國博物院以二千五百鎊取去

十九日戊戌鎮日細雨黃露英國下流社會人飲酒之多去歲一年一國三島中所飲易醉之酒共直一萬萬七千四百四十四萬五千二百七十一鎊以通國男女

五

老幼分計之合一人四鎊二先四本士又灰斯凡燒酒每年由蘇格蘭販至英蘭者約三十五兆加倫每加倫合四斤見前據云灰斯凡酒本係釀以大麥按七十萬夸特兩見前大麥僅釀十二兆真酒是實得三分之一其他二分係雜以珍珠米番薯與糖水人飲之尤無益是時蘇格蘭人之飲灰酒者將設法立會以自保云

二十日己亥細雨陣陣而微霧英國老幼男子吸菸者多水師諸生在老船習練者每年按季其父母加送糕點昨經安珮斯船船主戴威來查出各包中有麪餅層層挾菸絲者有將麪糕開孔填小菸捲者此弊由來以諸生在船無處可購又因例禁吸菸之故英人所用小菸捲以年計算十分中有二分五來自他國合其數約六十一萬九千斤英廷原擬加增大菸捲進口稅恐于小菸捲稅務有礙故暫停辦

二十一日庚子鎮日陰霧細雨如昨聞上禮拜某日英太子妃乘車至老城柯樂胥衛街突遇一童騎脚踏車迫不及讓遂撞童車童車折童仆童負傷乃命巡捕舁入附近醫院診治并詢所業以告因知童子乃日以騎

六

車馳送信件為生遂遂日遣人赴院探視童漸愈則引至車鋪屬其精擇一脚踏車作為賠償

二十二日辛丑早大晴申刻微露聞去年倫敦通城男女小孩死于非命者三千五百八十五火焚者一千六百八十四乳食不當者一千四百二十其父母寢而壓斃者四百八十一詢其燒斃之故因其父母他出投鑰鍵門小兒在內任意嬉戲冬月火爐不設保險具遂玩火柴燒布焚紙又或因觸倒一種賤油燈（油名帕拉非因）均致殞命貧苦人家不備小牀或以孩離父母睡恐其受寒或母離牀乳兒感涼易日病為辭于是兒在母被多壓死西俗兒生六閱月例應停乳已為過早而貧家少婦竟有于七個月內哺以鉄罐牛乳葛粉穀麪之屬一年以內之嬰食此安得消化目今官擬立法禁止并代為安置使費用無多全活者衆

七

二十三日壬寅晴英國各城有稅名護軍稅創自西歷一千六百六十年（即順治十七年）當英君查里第二之世每城駐紥鄉勇一營月餉出于通城間架稅按鎊抽半本士稅雖不重然三百年來鄉兵早撤而今之地方官依然照數抽收城民不遵遂止

二十四日癸卯晴稍涼聞英宮一年所費共六萬一千五百鎊賢猩木司宮之地窖存酒約直千鎊宮中一年用度者二萬三千七百五十鎊宮中園囿所費十萬零四千一百鎊碧綠園海岱園賢猩木司園三處園工巡捕及看守人之錢糧共一萬零六百四十二鎊其他隨時雜費合二十五萬五千五百六十八鎊

二十五日甲辰晴現聞巴里新創一種跳法名曰踢球瓦勒自于跳場四面之正中以綵紬竹竿繫一小月門高盈尺四面畫半圓徑六地置古米球一大如茄跳者男女六對各在徑內隨跳遇球即蹴能脚不出徑而蹴球穿過月門者勝

八

二十六日乙巳微晴數日前在英君前行走之內大臣伯爵潘百祿以柬來云奉國君諭于三月十二日禮拜六晚八點三十分（即今）卜静宮中請中國欽差共卓晚饍望著禮服佩帶寶星希賜回音飭文內送首領戌正余著袍褂帶寶星乘車往至宮前車入正門右鉄柵闌門轉至正殿前下車步入向左登樓兩旋入大廳會各

國公使及本國世爵文武大員六二十九人禮官先以排定座單傳觀、俾客預知坐位、步立旁門、擱別入一廳、國君中立偏右、各人陸續步入、向之鞠躬握手、見畢齊立君左門旁、與君相向、既而左門開、君前行、入飯廳、眾隨後以次而入、廳左別一大間、坐御前之護衛、樂兵一班、當國君引眾入時、樂奏天保君王、後乃按時分奏六節、以侑酒、廳中橫一大長卓、陳設鮮花果品、式同他處、惟一切盤碟盌罐皆金器耳、入座後、先上湯兩種、一肉精清湯、一豌豆汁濃湯、再則燴麪裹蠣子六七枚、盛一

九

周盈尺之蠣殼中、蓋烤時同殼置爐旁洞中、熟則連殼舉來、既壯觀、更示蠣子之大也、進置金盤上、食畢、盤與蠣殼齊撤去、換放一淨金盤于前、後此則一小瓷罐、式如鉢、周一尺、高寸餘、進置金盤上啟罏、則土伏墩鵪鶉一枚、自傾于盤、僕夫將罐執去、食之熱而適口、他則燒鴿子、烤羊肉、魚團、白煮雞、煮龍鬚菜、冰乳、魚子、均與他處同、然肉皆肥嫩、味皆鮮美、鮮果桃梨葡萄、酒五種、食畢、齊立國君先行、眾隨後步入他間、內橫兩卓、一列多種酒瓶與杯并氣水、一置大小菸捲并油棉火繩各物、先進加非一盃、既而吸烟飲酒、國

君一一向眾暢敘交誼、十二點一刻、君始轉入內室、令日各國公使之入宮赴宴者、頭等者德俄土二等者中國瑞典瑞士比利時魯麻呢亞暹羅希臘、余列第五坐、英皇對面第二座、

二十七日丙午、晴、西國電信、如中國之驛遞文書、按站書以接送之時刻、而外國號碼、每因忽迫悞識時刻、即如1.25本為一點二十五分、錯認則為12.5十二點五分、且3 5二數、忙不易分、誤以5為3、則為一點二十三分、或十二點三分矣、因而新創一種表、為電信郵政各局

十

之用、乃不用數而用字母代之、如由一點至十二點、用a b c d e f g h i k L m十二字母代十二碼、如表之長針在L、短針指m、則作mL、是為十二點五十五分、短針指a、長針在b、作ab、是為一點十分、bb為兩點十分、ka為十點五分、然此十二字所指係時刻及各五分、與十分、其他各分乃于每二字之間、又加以R S W X四字、如短針指h、為八點、鐘長針指S、則為八點二分、長針指R、為八點一分、作hR、如作hw、則為八點三分、作hx、則為八點四分、作ha、則為八點五分、作haR為八點

六分作has為八點七分haw為八點八分ha為八點九分hb即為八點十分依此類推極清楚亦良法也

二十八日丁未晴凡前日入宮筵讌皆須于兩三日內往彼畫押致謝申初余着行裝乘車至卜静宮仍入正面右柵闌門至右角國君門簿廳前下車入內門右支長桌上置一簿橫盈尺長尺半印就行行橫綠䌫旁列筆墨雪宮濡筆以請遂依列橫書其上曰中國欽差張坡蘭坊第四十九號十餘字

二十九日戊申晴倫敦道雖平坦而往來行人車馬最多因頻日陰雨不免泥濘通城凡街之繁華處行人經過之道皆有男女埽除以討錢茲聞衛斯民司得大教堂下議院之間早晚往來官人甚多原有一人朝夕掃徑討錢昨議院議定派其人為官役名曰官掃橫街使并令議院附近房間為伊值宿所工錢每點鐘七本士往來行人若有施與每月所得足敷衣食之用此項人向有綽號曰柏克柏克者鹼水也其說未詳大要取喻潔淨之意

十一

三十日己酉晴聞英國議定上下議院之費款合共四萬八千三百鎊巡捕工錢本年合三千一百鎊煤火燈燭洒埽等共需二萬三千三百鎊修補收拾用六千零五十鎊印字處加添升梯九百鎊報事人房中添用風筒等用五百鎊

二月

初一日庚戌微晴皇叔堪卜立址公卓志係堪卜立址公阿多福之子英君卓志第三之孫生于西千八百十九年三月二十六日（中嘉慶二十五年）現年八十五前充馬軍元帥至西千八百九十五年（光緒二十一年）年老致仕今早在格婁斯特爾府逝世即時街市各大鋪皆下半旗外部先來黑邊訃聞禮官亦由賢捏木司宮內公使司來文內稱奉君諭所定本月十八（即明日）二十二兩日在卜静宮之婦女朝會皆暫停止俟耶穌復甦節後擇定日期再行奉知外附內廷大臣署中傳諭一紙其單云奉君諭朝廷素服著自明日始穿六個禮拜至四月初八禮拜五日（即本月十三日）二改為半素

十二

初二日辛亥陰霧午後著行裝乘車赴卜静宮太子府及格婁斯特爾府三處門簿畫押弔唁又禮官來文內

稱擇于本月二十二禮拜二日（即初九日）堪卜立址公靈輿發引午初在衛斯民司得大教堂唪經奉君諭請示貴大臣能否前往望速示知以便預備座位云云

初三日壬子微晴凉申正細雨百年前西三月初五日創一聖經會英名拜布搜賽伊的義乃醵錢多印分送四方至今恰百年遂定慶賀分聖餅與兒童于正月十九日（即西三月十五日）午後在阿拉柏堂集會幼童八千分坐四面始而眾人齊聲誦經一次繼則教習巴比教士司梅依次陳説一段無非勸善勸教之意末則克立堅夫人

十三

以刀割苻林齋糕點鋪所施百斤重之聖餅分與眾孩又在門外割分千凷遂凷包以銀紙盛以小匣各孩受之皆歡喜奔回

初四日癸丑陰西人謂中國醫學太古西國醫學日新其外科原可接踵華陀至其內科多未可恃華人主病洋醫療治久而不愈終未得愈者如曾襲侯龔仰遽羅稷臣許竹篔星使夫人羅稷臣星使夫人劉鶴伯孚翊文嗣楠續曾襲侯之三少君顧康民之大小姐是也是皆為余所確知者前同文館法館學生程青松現隨使義大里其妻患瘧洋醫久治無效因與駐比隨員陳劍航漳善知其通醫遂將病原寫去請其酌量立方及方到而比義兩使館皆無藥料乃又寄方來英以求藥即飭醫官郝桐岡檢倫五劑以寄此五日前事也今日複來一方謂前藥有效求寄十劑即此以觀無論其人能否病愈而懸度立方即能見效不能不謂其較勝洋醫也惟病者居義治者在比而取藥于英各相隔數千里亦屬新聞

初五日甲寅微晴堪卜立址公之靈柩於今早巳初以

十四

礮車由府第送入衛斯民司得教堂有御前馬步護軍列隊護送有的音覲等在彼迎迓車至記名武弁八名舁柩入停于臺前正中柩蓋罩以國旗上置彼之王爵金冠左右立二燭奴上插長三尺黃燭四枝靈前弁無花圈十字各物兵皆守宿礮車運柩之故以死者曾任陸軍將帥也其運法前車藥箱不坐兵後車以柩當礮位

初六日乙卯晴前日由禮官行文各國公使以今日午初為堪卜立址公在衛斯民司得教堂唪經奉君諭恭

請駕臨為言已正余青褂帶寶星（西禮也）乘車往見一路
由白堂街兵部門外至教堂前緣途地鋪黃沙每隔半
箭兩兵對立雙手舉槍并有馬步巡捕按段彈壓兵後
樓前男女擁立樓上各閣亦多闢窗賃座便人觀望兵
之始由兵部門外對立者因英皇由卜靜宮走瑪喇街
往兵部入教堂而靈輀亦由教堂過兵部赴塋地也教
堂之前左右亦有馬步兵排隊而立余至堂西門見其
外支布帳地鋪花氈下車入門左右立兵兵後男女如
雲入二門行數武進三門左右坐榻三層前半上層坐

十五

各國二三等公使中下兩層坐各國武官及武隨員後
半三層上坐本堂沙彌等下二層則上坐各國頭等公
使下坐皇后及太子妃等既而本國及各國之王公太
子世子王夫人郡主輩陸續到齊至十一點鐘本堂首
牧師及軍營大教士等率眾沙彌出堂外迎接屆時先
一人雙手舉一長矛入再一人舉一金花十字入少時
則白衣小沙彌二十對白衣紅領教徒十二對魚貫而
入分坐左右榻中再則二牧師教士各光頭著繡花絳
氅如袈裟如斗篷緩步前引後則英皇與后及太子妃

步入皇后與太子妃入坐旁榻二教士步立臺上君坐
靈前其左右分坐者為寬諾公太子衛拉斯王代德皇
弔唁之王爵阿拉柏（德皇叔祖）美克林堡斯台立茲邦太子
阿多福（堪卜立址公之甥）駙馬丹國二太子查里斯（三公主墨德之婿）
王爵阿色爾（寬諾公子）晒脩豪斯田王爵駙馬克立堅（王妹海萊
那之婿）晒脩豪斯田世子阿拉柏（公主海萊那之子）泰克公（堪卜立址
公之甥英太子之岳丈）巴坦堡王爵魯伊斯泰克王爵阿來三德
泰克王爵弗蘭溪（以上皆太子內弟）駙馬發艾第公（公主綠衣姒之婿）
駙馬阿蓋公（王妹綠衣姒之婿）堪卜立址公長子三等水師提

十六

督阿多福次子副將教古斯再則代奧皇者為水師提
督孟坦球古里代丹國王者為駐英丹國二等公使代
卜魯夏里亞王者為副將祖夏歐代巴坦堡邦之公立
埶阿特麗姒與漢麗者為副將庫樂本代坑柏蘭公者
為伯爵葛路特代男爵夫人公主第來得立者為男爵
郎明根自國君入門以來樓上樂工連奏四節一奏西
一千六百九十四年前君主馬麗第二之殯樂二奏勇
將樂三奏英雄樂四奏殯葬樂此後則忽而沙彌同歌
忽而牧師朗誦眾則忽立忽坐多與他處所見者同惟

此次所摘歌句、多兵將戰陣、鬳栗旗幟、獲勝仇敵、捨命捐軀、信天前進之語、或因死者曾充將師、有功於國之故、末則牧師祝誦數語、繼而御前傳報使立于臺上朗誦堪公傳、誦畢、舉方人及沙彌牧師等、依次先出、再則第一副將侯爵賴諾克斯（蔡池門侯之子）雙手托一方枕、上列堪公之版笏、第二將軍狄隆托一方枕、上列堪公戰功各寶星、第三提督韋良思托一方枕、上列本國各頭等寶星、後則八員記名武弁肩柩出堂、腳前而頭後、柩左右隨行守護武官將軍提督等二十員、柩後第一英皇、

十七

再則太子王公等、末則堪公二子、各國公使、武官亦皆依次陸續隨出、皇后太子妃等、皆出南門、由牧師院內登車、柩出西門、置礮車上、則又頭前腳後、然後國王以次一一登車、礮車之前、各營馬步兵二十三隊前引、礮車後、官車六輛、乃英皇太子及他各王公駙馬車、後護英皇親軍馬兵一隊、再則堪公二子車一輛、其後為各代理公使、各國武隨員及提標軍使、洋名坡勒貝勒爾共車十二輛、前後車皆雙馬、車夫跟役皆米色袿、頭頂且字形寬簷金邊黑絨帽、與平日所見之送殯車不同

馬非長尾烏騅、車夫亦非烏紗圍帽、殯入兵部門後、各國公使車皆分路馳回、時已未正、

初七日丙辰、陰、聞昨日堪卜立址公之殯、入兵部前門出後門、過教場、西行、稍北約三四英里、至堪薩格林地方王陵禮拜堂、時自國君以次、下車者有大牧師軍營大教士等、在彼迎候、舁柩安葬、時大牧師等、唪經祝禱、禮畢、先經步隊護軍齊行舉槍、向上連放三聲、繼而英皇護衛行彌撒禮、乃吹角呦呦、以報其終年、葬畢、國君等皆登車回倫敦、柩出教堂至于安葬園內、營兵隨即

十八

聲礮、以揚其威、以鳴其悲、自教堂至葬所、沿途左右立兵十八營、共一千六百名、

初八日丁巳、陰、西俗各國王族、互結親好、王室支派、嫁娶亦必世爵子女、英皇之叔堪卜立址公、幼娶著名女優費爾卜洛仄爾為妻、王門不認、（歐洲伶人聲價之高、至此無用）婦遂以費滋卓志為姓、稱曰費滋卓志夫人、中年生二子、一阿多福、一教古斯、亦皆費滋卓志為姓、現已居官王室雖不認、而通國咸知為堪公之子、其易姓之由、循英例、自國王以及王室各王公生有私子、不入族譜、必于王

公之名上加費滋二字為姓、費滋譯為之子、堪卜立址公本名卓志、二子改姓費滋卓志、即卓志之子。

初九日戊午、微晴。英俗人死既殮、停柩室內、或正中、或臨牖、擇其地之不礙人往來行動者、柩在室、頭居前、柩出堂、脚居前、舁上靈輀、則又頭前脚後、葬時不論地勢若何、安柩必以頭西脚東、意謂亡者坐起向東面也。土人云、意本教經、蓋謂將來耶穌仍自東來、死者迓之、獲福無量、無何有之鄉、廣漠之野、有神人為夜聞二鬼語、蓋雅與歐也、雅曰爾何僕僕東來、何死而潛不倦、歐曰予浮海至加利利、無獲、將以為耶穌在遠東、予蓋往謁耶穌者也、汝安之雅、以西天禮佛對、神乃大咲之、曰吾覯若輩亦多矣、東西迭徂、繞地一周、惟汝雅仍還北邙山下、如汝歐仍入旁教堂之首丘、徒行此三百萬里、其何遇之能有。

初十日己未、晴。前于初二日進宮掛號時、見沿途各官衙鋪店皆下半旗、惟皇宮與兵部皆懸滿旗、蓋皇宮于友邦之喪始挂半旗、兵部之滿旗乃因是日係皇妹三公主緣衣以稱為阿蓋公夫人之生辰也。按堪卜立址公既為英皇之胞叔、亦即三公主之胞叔也、姪既素服、而姪女生辰、兵部不下半旗、未曉其故。

十一日庚申、陰霧。在老城維克都里亞君主街有一官署、英名閣來之敎阿爾木、或賀勒滋閣來之微、似我國鴻臚寺、專理王室一切登基、加冕、婚喪禮節、並宣報國君或后崩薨之凶信、以及太子公主產生之喜音、內一侯爵總理、稱賀勒者六、坡蘇伊萬者四、意皆宣報官也。此署始自數百年前、署名及官名仍皆仿古、然應辦之事不能多、故兼管今古世爵並曾賞有勇號之家譜、勇號曰阿爾木、故是署名閣來之敎阿爾木、意乃勇號院也。于是別有寶星官曰頁爾特爾、意同勇號官主簿、曰甾几斯特勒爾。

十二日辛酉、白晝晴、入夜大雨。英俗無論男女老幼、氣初絕、即行擦洗裝殮、則上身一汗衫、下一白布褌而已、兩腿纏以布、非世爵官宦不以禮服殮、棺中不墊褥、頭下枕以薄氈一縷、殮畢、棺口左右丁白布兩長方、俟親近子女戚友臨視後、將兩布交搭掩屍、乃合蓋丁柩。

十三日壬戌、鎮日風雨雷雹、入夜大雨滂沱、忽而皓月。

英人葬禮間有似華者棺之前後左右丁銅環八每環繫黑絲一人工四名以二壯繩懸棺下穴喪家八人各引一絲作助窆狀與執紼引靈輀之意同其次序近前和者第一婦死夫執之冢子執旁後和者二子三子次于夫四子五子次于冢子六子七子執當腰之左右者父喪則冢子居第一若子嗣無多則請至契戚友代執棺入穴後喪家各擇土少許納之穴以引掩埋之土次序同于執絲最近之戚友尤可行之以申篤誼

十四日癸亥陰雨涼西國棺罩四角有穗送殯時請戚友手執以行意亦同中國之執紼然鮮有行之者曾立戰功之武職大員歿後出殯時牽其馬于靈輀之後繫其戰韡于鐙韡頭乃向馬尾

三十

十五日甲子白晝陰入夜風雨交加聞堪卜立址公歿後英皇賞其二子迺特勇號于是改稱曰色爾阿多福色爾敖古斯蓋凡膺此迺特及巴倫（此稱華人强賞號譯曰從男爵）者咸以色爾稱之意爲尊也長也且專稱名而不稱姓如前之駐華英使威妥瑪曰色爾妥瑪總稅務司赫德名本樂彬曰色爾樂彬是也受賞之禮則跽于君前君坐而用劍點其兩肩隨點而言曰授爾迺特授爾迺特其五等之世襲罔替者世代家譜存勇號院歷來花號武記號皆列之譜至新授賞號皆赴院報號登簿自創花號自擇形式如赫樂彬以功在中國則牌上中畫一鹿右一龍左一孔雀不能自續牌式口授院中主簿代續此號如不吝稅費則夫婦隨處可用故後子姪兄弟亦可用設有人冒用勇號院有冊可稽其主簿專司各事且熟悉一切聞一年俸薪僅十四鎊一先九本士而每年所收各費乃至三千餘鎊

三十一

十六日乙丑晴風今日為西四月初一好禮拜五日（即耶穌受難日）鋪戶人工皆休息中西喪禮有迥不同處如子不守靈不守墓不哭不跪不稽顙在家與客並坐出殯乘車不著凶服僅圍烏紗一圈于帽頂臂上西人五服衹有斬衰服中致書戚友信帋封筒咸白色黑邊封面戚友之名姓不加別色似戚友亦在制中矣

十七日丙寅晴入夜風雨交加英君與后前于十二日酉初坐四馬敞車由卜静宫至柴苓十字街火車棧君著水師總帥戎服左臂圍烏紗一縷寬約四寸君后頭

罩烏紗、身披黑氅、有堪卜五址公服也、將赴丹國賀丹王克五堅第九西四月初八日之生辰、并游玩雞蛋節、太子暨妃丹國公使達碧攜婦與子送別、即時車開、至維克都里亞海口登維克都里亞阿拉柏船、駛赴和國西南富樂興海口、見航海述奇 十三日申初上火車、即開、十四日丑正過漢柏爾、申正抵丹都扣嘖哈根

十八日丁卯、晴、入夜雨、本月初一日、為西三月十七禮拜四日、乃愛爾蘭島所奉主神賢帕特立克之誕辰、不惟寄居英蘭、各愛爾蘭人胸前襟邊插一束沙木洛草詳見六述奇 君后亦遵前君主維克都里亞之舊制、賞御前愛爾蘭護衛各沙木洛一束、以彰三島一國之誼、并有善男信女、開會賣新到鮮沙木洛、每匣二先半至四先十先不等、所獲之息、賙濟水陸兵卒、

十九日戊辰、晴、昨日係西四月初三禮拜日、為耶穌甦生節、又名雞蛋節、大義詳見前 鋪戶掩門、人工歇業、西人命此節曰伊斯特爾、其名之由來、乃古之女神名、此節無定期、總以彼春分之日為正日、戚友相餽以雞蛋、昔用蘇木諸料染成雜色、遂踵事增華、竟有糖麪、綢緞、花紙、

勺勻臟之假蛋、二三寸者、尺餘者、含藏食物玩物之類、價自三四本士漸至七八先、詳見五述奇 今歲有至一二鎊三四鎊者、質用金銀、內實糖果、且羼藏小表、固非尋常禮物也、

二十日己巳、陰、入夜雨、英國平民之子女、雖無溺愛、然往往不施教育、長大無能、以故城中善男信女、每思設法收養、以彌其憾、聞昨城北東芬池、當地方之拯救隊堂此隊英名薩勒瓦禛阿爾密詳見六述奇 拍賣小孩十三名、男六女七、乃請人收養、叚名于拍賣也、彼時男女客會集百餘、孩之父母與焉、首善登臺宣于眾曰、吾輩之願收此孩者、當竭力教養、務使其此生得安樂、并期諸來世、意在令其識心奉教、生則得上天保佑、死亦可升天也、一小時後、自承保養各孩者、均當眾人以虔心教養為誓、務期學業有成云云、并向孩之父母商明、不平時探訪、不任意領回云、

二十一日庚午、晴、英之大餐、佐牛羊肉、必以油醋拌生菜一碟、如白菜、生菜、芹菜、金盞菜、莖莧、蛇麻各品、貧家亦必拌以切片煮熟之涼番薯、聞近日闊文園飯館中、

創以拌蓮馨花、洋名蒲里木婁斯、意乃早發玫瑰也、西國庖丁漸學華法、亦烹海參燕窩、不日亦將食白菊火鍋矣、

二十二日辛未、早晴、午後細雨陣陣、西國婦女長衫向有盛物暗兜、裙之左右者易被剪竊、身後者零星物件易于遺失、袴前之倫騎脚踏車者、步行又不壯觀、近出一種襪上兜、未見其式、亦不知何以取納物件、

二十三日壬申、晴、西國古時兵隊前多用神旗、謂聖神隨護、以壯兵心、如八百年前之英國兵旗、杆作船桅形、杆頭置銀聖骨盒、詳見述奇五盒上插賢皮時賢韋福立賢卓安三聖旗、杆長體重、舉之不易、遂駕以雙輪小車、今則各國均用國旗、分營隊矣、惟俄仍舊制、神旗之杆長約丈、粗盈握、杆頭或插金鷲、或十字、旁繫帶穗長縧、或一縷、或兩縷、有空白者、有有字者、方旗橫幅、較長于直、四面或字或經呪、或神名、中立神像、形如中國焚冥資之包袱、及陀羅經被、或彩畫、或刺綉、五彩相耀、重不易舉、馬隊之兵官右鐙旁有鋏托、行時插入鋏托、右手執杆之中、方覺省力、

三十五

二十四日癸酉、微陰、入夜大風、泰西各國軍中樂器無非大小鼓、號喇叭、笛簫等、俄則異是、其領隊者先舉一長矛、杆之粗長同彼神旗、尖頭繫五色綢條五六、寬各寸餘、長四五尺、下一銅盒、周八九寸、內盛諒必聖骨盒下三四寸一銅覆盌、周約尺半、緣邊滿垂小銅鈴、左右別繫二紬條、長各三四寸、再下尺餘又一銅器、如仰盂、大與覆盌同、左右垂四小銅鐘、矛之體較神旗尤重、未悉其意何在、諒不出乎聖神保護之譜耳、樂器則笛簫、鐃鈸、八角鼓、琵琶、隨行奏之、別有音調、

二十五日甲戌、情、暖、聞俄之兵規、每一點鐘、步軍行二洋里半、馬隊七洋里半、俄路長天冷、隨營必有一二滑稽之人、戲謔歌舞、俾兵樂而忘疲、忘飢、忘渴、忘風寒、營中每晚八鐘一刻後、兵皆得閒、于是任其歌舞、舞則吹簫跳躍、歌則勝敵凱旋各曲、官亦喜其歌且舞、每列盛筵、惠以美酒、以鼓勵之、

二十六日乙亥、晴暖如昨、昨聞白鷗街有年老義大里人名劉伊吉、手轉風琴討錢、其琴朽壞、柄轉雖響而直腔無調、巡捕乃捉入官廳、訊知年邁耳聾、自以為手動

三十六

音作不知其聲調諧否遂判定收監一日
二十七日丙子晴英例禁攜犬入國以防傳染病症聞
昨英國郵船由法夏蕾海口攜日本二猠犬至都伍云
二價二百五十吉呢經稅關察出判定船中人與犬皆
限六個月不准登岸
二十八日丁丑晴倫敦美爾夫婦因伊斯特爾節定於
西四月十三日禮拜三在公署約戚友晚酌上月初夫
婦具柬來今日戌初二刻余偕金氏著公服乘車至登
樓見畢少立候客齋俟及堂正門開有人執金棒寶劍
前引美爾扶金氏余扶美爾夫人前行後則男女客兩
兩步入其卓列作冊形主客男女二百八十美爾夫婦
正面中坐坐余美爾夫人之左坐金氏美爾之右再則
希臘比利時暹羅三國公使之眷屬等入座後樓上陣
陣作樂先齊立祝謝上天賜食繼而坐食煮熟涼雕鴿
卵粘細鹽再則甲魚湯白煮魚炸小魚雞肉羊肉冷煮
鵪鶉涼糕熱糕酒食加非鮮果生菜等豐美可食食畢
美爾先領衆立起舉杯恭祝英皇再祝皇后太子與妃
之福樂于是隨奏天保國王一闋後此美爾及他文武

二五

多員各立演說一段有云倫敦醫院創立已三四百年
者有叙王叔堪卜立址公之功設法保守醫院者有謝
美爾夫婦優待者子初始畢出席入他間吸捲烟少叙
而後散
二十九日戊寅晴西國亦多骨董昨聞著名建造工頭
胡八其人過城西某巷舊貨鋪（京中呼為挂貨屋子）覩窗内一舊
木匣由壓封垢附中審非時物非常用物詢其直則三
十五鎊攜至家子細瞭視木質橫式長一尺八寸寬九
寸飾以彩畫匣下支以銀椽樹子八枚匣蓋與身之四
角皆包以精工銀花且在蓋上正中覆一銀盌以便藏
弆秘件別有關鍵可使啟閉上有D's及H等字十處并
暗號等定為前法王罕里第二供奉布瓦介城燈光菩
薩狄阿那之物誠三百五十年前之骨董也遂以二十
五鎊買去今已售于南堪興坦博物院價五千鎊
三十日己卯陰雨倫敦里屯霍街有女書手會館掛號
者二萬人聞館中兼售晚餐肉食鮮美有益衛生價由
半先而上立館本意乃代覓傭工工價每禮拜一鎊二
鎊半不等視乎女之能否介紹女工以啟彼謀生之門

二六

路中外同也
三月
初一日庚辰晴出賃布帳卓椅燈火器具之戛美芝行并可代雇各種雜戲既妥當迅速且計時計刻較自行雇覓者稍賤然考其所列價目西國雜戲貴可知矣如尋常戲法演三刻一吉呢一點鐘一鎊半上等則一鎊十五先射影燈一點鐘三吉呢一點半鐘四鎊十四先一點零三刻五鎊零五先歌曲者半點鐘一吉呢或一鎊十一先三刻二吉呢演雜技者半點鐘一吉呢半三刻二吉呢一點鐘兩鎊十二先或三吉呢預備茶會或跳舞會之彈琴者兩點鐘十五先或一吉呢三點鐘一吉呢半
初二日辛巳晴記英都一種猜謎午酌此等聚會多由婦女柬請柬式翻新乃上畫書一册寫云某氏敬請某男或某女于某日未初駕臨新奇午酌會名諾伍倫赤意指此設請男女客各十則廳中設小圓卓十每卓一男一女每卓陳物少許暗合典故并詩句使客猜之先猜得者先列酒食則繼之者急于搜索不免勞心愈加飢渴也畧如卓上置酒一盃乃莫辭盞酒十分勸也滿鋪青草上置玫瑰一朵乃萬綠叢中一點紅也一信筒內置樹葉外不書名字乃葉上題詩寄阿誰也或一冊書云那波倫上馬乃君王行出將諸如此類凡先猜出得酒食者主人更有所贈云
初三日壬午晴暖西人欲考驗血力之助人茲有醫生安得森創一器曰墨色貝意即肌肉床也一長卓中心左右立二鋼錐錐上懸一長板長約七尺板之中心立一表盤書有數目由五至九十五隨板一針人仰卧板上前後均勻務求懸平又須瞑目毫無所思則板無偏重儻令卧者或計數或計事血上擁入腦而頭重板隨頭重而俯中心針亦隨動愈用心針愈動數亦愈大令其心思跳舞腿雖不動而心力在脚遂引血下流至脚脚重而板亦隨脚重而俯令其食物血則攢流入腹以助消化而當腰以上之板亦半俯由此觀之人身全仗血力故虧者多無力無神
初四日癸未晴西國天主耶穌及老東三教皆于天主復甦節前齋戒四十天名曰蕾音特乃始于一禮拜三

日稱曰阿什文斯代意乃灰禮拜三日據云係于是日頭上撒灰其本誼未詳此四十天內除因病年邁或他故不能遵守者其他皆須奉行應食之物不同釋教之五穀菜蔬乃兼食無血動物如水鴨鮮魚雞蛋黴牛乳乳油乳汁乳餅之屬佐食有麪包桂麪果品菜蔬米飯茶點加非勺勾臘等酒亦不禁間有不能循戒者亦可畧進肉食惟每禮拜三五兩日及第一灰禮拜三好禮拜五日詳見前并第三十七八九及四十日為四十天之末四日稱曰聖禮拜必誠守教規勿食肉因之倫敦各大飯館于以上各日專依教規預備素菜大餐菜僅五六色葷素調和價較平日之大餐尤昂

圭

初五日甲申早晴入夜風聞英皇與后于前日午初十五分由丹京啟程乘火車至閣窶耳海口下車登本國維克都里亞阿拉柏船即開昨日申正抵維克都里亞海口改乘火車酉正一刻抵倫敦柴苓十字街火車棧戌初入卜靜宮英皇在丹京未登車之先交丹都邑長二千克洛訥合百十一鎊以賑本城貧民英后施二十五吉呢用賑西印度寄居之孤獨丹民至英皇與后之往來皆有彼此之駐紮公使迎送其他聲礮歡呼等事咸與上次同又英太子與妃于昨日巳初起程往游奧都維也納

初六日乙酉陰風涼聞英國進口稅每鎊現加一本士茶葉每磅二本士外國菸捲每磅六本士小紙菸捲每磅一先菸葉每磅三本士按上年三項共收四百五十五萬鎊以現今所加之數計之可得一萬萬四千三百六十一萬鎊除所計一年應費之一萬萬四千二百八十八萬鎊可餘七十三萬鎊上年共收一萬萬四千一百五十四萬六千鎊乃費至一萬萬四千六百九十六萬一千鎊竟虧五百四十一萬五千鎊

三圭

初七日丙戌陰雨亥正偕內人率馬清臣並其女海蓮乘車入卜靜宮赴女朝會清臣充中國使館參贊官其女現已及笄可赴朝會但初次須人帶見故請金氏同往又因英皇叔堪卜立址公之下節服期內英王以次猶官服左臂圍青紗一縷英皇眷屬如皇后太子妃輩仍黑氅而裙邊袖外畧襯素花數朵其他則不論矣此會因皇叔之喪改于今日先是婦女因赴朝會而製新

服每件皆需二三十鎊、今雖在下節服內、而不使之別做黑色者、示矜恤也、禮官來信、稱與會各官左臂應服青紗、既非華禮、中國又無下節服期一說、余遂常服不掛朝珠入宮、一是禮節如前、數百婦女見畢、丑初一刻回使館、

初八日丁亥、晴、西國各種工藝、極力隨時更新、期多獲利、一登新報、趨時好奇者、爭先購取、生意遂為一時之盛、照象人韓金蓀創一法、能映小照于扇面、本不足奇、乃其廣告云、婦女之赴跳舞會者、頗遺其扇、致難尋覓、若有本人小照、他（其婦）女自不願擅取矣、且少年子弟、如戀偕其跳舞之姊妹、亦可于此等扇面中獲有利益、是則以誨淫為致財之媒也、

初九日戊子、陰、倫敦氣車既多、復有多式、售價見前、出債之鋪頗多、分設下貝格蕾伍街第七號歐倭屯車鋪、每遞到門、票債價單一、以求照顧、內開一車容四人者、每五點鐘為半日、價三吉呢、十點鐘為一日、價五吉呢、逾時每一點鐘加半吉呢、一禮拜三十鎊、四禮拜為一個月百鎊、使車人之工費及他用項在內、惟出城路遠一

二十三

日三餐及住房存車等費、出于債客、至赴大會賽車與各節期、價皆加倍、如車已賃定、而届時不用、除因要事許用得律風通知外、須付備費二吉呢、

初十日己丑、晴、早見本街西邊一半滿鋪黃沙、緣逢男女排如牆立、英皇與后率二公主、維克都里亞將往幸愛爾蘭也、四面車馬往來不禁、未初有二巡捕乘馬過、始阻東西行之車、道東一半無黃沙、車之南北行者仍不禁、既而紅衣白馬、銀盔銀甲之護衛一隊前行、後則敞車雙馬者三輛、君著頭等水師提督戎服、后與公主皆黑鬢、隨行左右、男女免冠鞠躬、歡祝英王壽、王則左右向之點頭、王至尤斯屯火車棧、登車即開、西北行二百六十四洋里、酉正抵霍里陝小島海灣、舍陸登船、在彼休息、定于明日卯初展輪駛赴慶斯塘城、走愛爾蘭海、計水程六十洋里、一切預備與前同、

十一日庚寅、陰、西國講求飲食、潔淨精純、不僅為華美壯觀、味佳多進、更冀喜食之物易於消化、方為有益、自十五年來、計年立一食物庖廚技藝會、凡各種肉食麪餅糕點、或涼或熱、若有人創新法新式、皆先報官查驗、

二十四

如屬新奇益人、進于會期陳列、以博眾賞、庖丁技藝亦然、本年為第十五次、在阿拉柏堂陳列四天、今日為始、會首庫滋、因第一日開會、請本城美爾李吉夫婦并來請余偕內人金氏、未初午酌、届時乘車至、導引人引入一小飯廳、見庫滋李祺等男女十數人、即時入座、酒兩色、食冷葷如雞魚羊肉各味、末飲加非一盃、食畢齊立、出廳、美爾侍者執劍掌笏前引、美爾扶金氏、余扶美爾夫人、後則男女兩兩下樓、步入堂池、正面臺上、前橫一卓、覆以花氈、置劍笏于其上、後則金椅兩行、庫滋、李祺夫婦及余與金氏并他二三人分坐前行、後坐國王御膳房首領梅乃哲等男女八九人、臺後一班紅衣樂兵奏樂、臺前左右三面、座位層層、容人數千、而當時來人男女僅數百、頗覺地曠、有廚工女學生數十、各戴白帽著藍衫、極整潔、先是庫滋立陳一段、繼而美爾立起演說數語、大旨無非鼓舞稱讚廚工技藝、並盼日求精能、後乃下臺、同至池中、見正面橫列讌席一卓、多餳造之樓閣、船隻、禽獸、花木、果品、一以彰其能、又因餳可耐久也、後三面羅列廚竈、器皿、肉麪、菜蔬、一步軍廚、一水師

二十五

廚、一學堂廚、廚立庖丁數名、一日內、皆按時操作、令眾人觀、水陸兩營廚、矜張工之精純敏捷、各女生則表所學之勤能、有減去此左行數武、步石階十級、入升梯、升至樓上一層、樓本圓形、四面一圈、周足二里、左右密列麪肉食物千種、罔不精潔、計四日內、每日入門費一人二先令、看畢下樓、登車回使館、凡以所創製之物入會官為考驗、若新奇得用、賞金銀功牌、又此會首列英王與后及太子、太子妃、并他各王公、王夫人、用示皆以保養國人為心、庫滋即三十娶八十老妻者也、其妻現年九十、并聞前日十四四月二為其生辰云、

十二日辛卯、晴、西人賴格化等學物之小者大之、大者小之、且能鍊物而提其精、以為少許抵多許之用、于是製嗎啡為鴉片精、又一種餳名薩喀林、造以煤精、係自煤中求出、極甘、一粒米之大、其甘足抵白餳四錢、凡人之五臟傷於餳、或走腎經、或入皮膚者、常用此代之、因其味甘而無餳之滯力也、

十三日壬辰、陰、英之粗餳、皆來自屬地之在溫熱兩帶者、到英蘭復經餳房層層細濾、始白且潔淨如冰雪、洋

二十六

錫雖有蔗造、其甘香不及我之冰花二頁、閒含糖味、西人慣食牛羊、不覺其糖、華人則誤以為牛骨蹄角之類所造、詢之土人、乃用一種牛血所造之炭、上下懸隔五六層、以漉錫濁汁、下滲、愈漉愈清、漉至末層、晾乾色作冰雪、錫汁走牛血質之炭、故糖、炭久用則濇而不透、以水沖洗則復可用。

十四日癸巳早陰、未正雨、聞俄都特靈文茲克廟中有素著靈異之兵神聖牌、塑以貞女與賢色爾几之像、聞其牌乃融銅為之、高約三尺、寬二尺、飾以綢緞珠寶、昔

三七

時每戰請之、頗主吉祥、現將東請、以冀戰有靈驗云

十五日甲午陰、涼、入夜風、英國于四百年前有船鬬戲、名倭特爾朱斯特、意乃水戰也、係二扁底艇、內對坐十人、弄槳、舟尾後出一板、長五六尺、上立一人之雄壯者、胸挂鐵牌一方、以護其身、雙手執一矛、長二丈、矛頭鐵作山字形、其尖鈍、兩舟於水面對泛、舟尾執矛者隨行對刺、能刺敵使立腳不住而使跌落水中者勝、聞此戲不日將演于水晶宮云

十六日乙未白晝陰、入夜風雨交加、聞西人捉猛獸、欲設陷坑機檻之類、必使獸皮無傷、其法先以巨木粗盈尺、長五六尺者十八、于曠野地面插作方城、四面每面上橫一木、共高約三尺、橫寬各七八尺、此上又以七木插作目形、為蓋、統作形、又如匣、匣蓋左右上繫重石兩端、匣後別立一木、有繩連匣蓋、匣中後邊斜立面鏡一方、鏡木間有關鍵、虎見鏡中光形、撲入、爪微觸鏡、已觸機、陷匣中矣、其捉豺狼與豹亦然、惟不用鏡而用雞、捉海馬則用陷坑、捉猴、亂置玻璃罐于林中、盛以核桃棗栗之類、并猴所喜食之物少許、罐頸僅容猴前爪、爪

三八

入罐滿握食物、欲出罐頸小矣、猴性饕餮、終不釋物、罐頸之繩牽掣不已、人覺之、猴被捉、

十七日丙申陰、雨、聞已故英皇之叔堪卜立址公遺產計十二萬零八百六十六鎊、除已發一切費用外、餘五萬四千四百四十四鎊、遺命令其二子及公前所用之武弁現任提督貝特森與韋良思二員照辦、一是據云老王后所賜銀盤、贈其妹現德國美克林堡斯台立茲邦之王妃教古斯他、英君加冕時所坐之椅取出、特贈教古斯他之孫福來得立、鑽石寶星贈泰克公覲小珠

石實星贈太子之長子阿拉柏他實星家人族人願收者皆可出錢得之其錢附於遺產僕役輩如稱池門圉之總管索亞爾得百鎊侍僕狄堪斯每年得百五十鎊終其身霍樂得百鎊小价狄特里車夫賀恩特每年各得七十五鎊終其身他男女僕婢均得薄賞餘款二子均分

十八日丁酉晴堪卜立吐公本三子前詳見其一子見擯于官並不得分遺產因數年前充印度武官由印回英豔同舟武官之妻而暱之遂私爲本夫怒而休妻被即取爲婦事爲其父與國人所不齒

十九日戊戌晴屬西五月四日爲日本會第十三次設宴公請會友及東西各國之友仍以日本公使林董夫婦爲首上月中以柬約借座白堂街梅特樓埔店戌刻余偕內人金氏乘車往見林董夫婦少侍入飯廳卓作凹形坐男女二百六十三林公使正中坐坐金氏于其左第一座坐余其右第二座林公使夫人第三座一是與上年同樓上遞節奏日本樂食訖舉杯祝日皇時奏日本國樂文曰大哉吾皇在位克昌永遠鞏固實享主

三九

長上壽無疆又曰迥似秋葉紅色飄揚年年無已保佑安康上壽無疆樂畢齊聲喊曰班栽班栽日語萬歲萬歲也嗣有多人演說彼此申謝讚揚此會初立僅二百人今則增至二千五百餘處處仿英禮此次壁懸日本水師旗主客座前名帖亦繪水師旗席罷贈每客記念小瓷杯一

二十日己亥晴酉正十分英皇與后率公主自愛爾蘭回本街東邊一半墊黃沙土其他兵衛與去時同英廷于管理故人財產一節官場抽收極重即如堪卜立吐公之二子與二武弁報官時官先抽費一千數百鎊至分授產財各人視乎與故人之遠近及所得之多寡十分中抽取一二三四五分不等

二十一日庚子陰雨雷英人貿易極力經營不惜重費即如蘇格蘭格拉斯勾城有一種牛乳方餅作房鋪名即昂餅名帕爾美那寸五見方厚約三分如我國之焦餅或加餡此餅造以牛乳餅和麪味辛芳而脆昨寄來一小匣橫式長三寸餘寬寸六七分內小餅四匣固而華麗附門票一紙全邊五色印以英文云此餅用上等

甲

白牛乳與乳餅造成與平日各種不同足附早晚三餐
之末當稱香美異常英俗凡于飯末有覺腹中尚欠少許者多用麪包與牛乳餅補之
歷來供本國君主國王及俄皇希臘比利時諸國王之
用如蒙照顧即請示知
二十二日辛丑陰雨陳劍舫由比來英游歷約其酉正
晚酌倫敦有種包探洋名撲來為的名克的伍斯代人
暗地緝訪如告以年貌或姓名或事迹或裝飾無論男
女除却碧落黃泉舉可探詢時有見聞陸續電其資遣
者此等包探通城多有專行遣之者以為費少事速僉

四十一

便之然亦間有侮弄誑騙或枉害他人或自行入甕者
聞數月前某官妻私于人夫偵知訟之將作離書英例
官雖允告須六個月後的有實據男意已決方斷分離
又西例男子不夫狎倡有外遇婦亦可告官與夫絕婦
遂特此綿延之時日搜摭夫之細行冀得其間以明夫
也不良非予有咎然後分離乃以重金賄包探狙伺夫
之行止訪知其夫往某店包探潛踵其後隨時鉤稽乃
并無所得因兩人終日同室飲食座離不遠始相識既
相友包探遂言哲爾奚島地近法而屬英天氣清快盍往一游

于是二人偕至入飯店午餐包探醉之以酒隱几欲睡
包探言天尚早何不一遊妓館醉客迷離允之至則包
探復以酒進醉客就其手而牛飲之遂瞢然無所覺包
探遂招其妓納之醉客牀次日包探遂將其狎妓之
各報之婦婦遂以之鳴官兩造對簿時包探之謀敗露
判將包探監七年未聞某官夫婦作何了結
二十三日壬寅陰雨涼印度經英占據後人雖降為奴
隸飲食日用惟西人是從而多有矢志不改本教者聞
彼地有一器皿神曰班禪或班查木為保護印人謀生

四十二

所用器皿之神每年春季涓吉祭一次祭則無神像無
神牌將所用之器皿擦洗光潔列之一卓飾以鮮花彩
綢次早獻糖果糕點畢鞠躬合掌喃喃祝禱保其工作
有盛無衰供畢分食神餘是為一放工之期若供事書
手輩乃大木箱糊彩紙作神臺上面正中置洋墨水一
大瓶信帋筒燊火漆洋筆吸墨紙規矩匣之屬羅列四
面三四十人環立而祝瓦木銅鐵成衣織紡各工匠亦
供其平日所用之器具
二十四日癸卯陰印度土人亦分上下多種其上種之

潔敬篤信佛教者曰婆羅門最下者第四等為首陀羅或蘇得喇上種人忌食下種所作之食物甚至水鹽所造之物經下種人手撫摩即不食上中之人經下種人供奉飲食亦僅食其生物凡上種人製物必用上種庖丁其下種人又分兩流曰潔淨曰腌臢潔淨為織維匠糕點匠銅鐵匠金銀匠成衣匠木匠晾米粮匠腌臢為釀酒人賣酒人賣油鹽人煮皮人編席人造筐人剃髮匠洗衣人打雜僕役亦列不淨班因其手多洗弄髒物也凡人之本為回教或改奉天主耶穌教以及曾赴歐美二洲拋棄佛綫擅食牛猪雞肉亦擅食天主回回教人及下種土人所作之食物或擅在下種人房中作佛事或男娶寡婦或婦女荒淫者婆羅門以為非其種也遂而去之

二十五日甲辰陰晴不定涼亥正一刻余偕內人乘車至牛貢街內小巷中格拉第屯畫閣中赴匯豐行總辦喀美倫夫婦之跳舞會男女客五六百中所識者日本公使林董夫婦前任倫敦美爾薩米尤夫婦并其出嫁之女又赫樂彬夫人暨赫承先夫婦男女跳過九場時乙子正喀夫婦延至樓下夜餐勸進良殷食畢登樓少敘出門登車回使館

二十六日乙巳微晴英國四面臨海地多潮濕時少燥熱婦女用心太過孱弱而患筋熱諸症日光沙土澡不能醫其主病現有老女醫攜久病婦女二三十人赴努比亞（地在斐洲東北界東傍紅海西臨乃樂江）大地沙漠四無人烟日光炎熇光灼沙磧映天如雪乃在彼支布帳為畸角式分住之雇埃及婦女為侍者禁男子至并禁閱信函新報書籍以及私帶玩物食物亦取清淡僅五穀果蔬水則買於駝運帳之裝飾及所著衣服尚樸素使日日吸清氣養心神還腦氣壯四肢月餘病當已如老年轉少云

卷十一終

八述奇卷十二

鐵嶺張德彝在初隨筆　潘士魁校

光緒三十年三月二十七日丙午陰西國花木博士在天下冷熱各處搜求卉木為水生為土生為石生為雪生不下百萬種昨經某博士由中雅洲覓得一種先花而後幹葉者名曰諜那教仄伊斯特譯為東方王根如大番薯春初納之空瓷盆置之煖屋中無土培根無水沃根自然開花花長約二尺色紫而蕣稍黃花落幹生植于罐乃須上培而水溉之入夏葉大如繖幹長三尺至秋則葉謝幹漸枯遂將根滌淨仍盛空瓷盆安置煖屋來春花又發是亦世間一種奇葩也

一

二十八日丁未晴久矣夫聞英商南斐洲開金礦因土人既少且不善工作于是有擬招印度人者有欲招華工者官民久爭莫衷一是官以順民情故允招華工然民欲私招官謂須國家與聞而部署之久議始定英廷行文中國兩月前余奉

旨與英廷會議招工條款屢次率參贊赴英外部商酌始底于成今日酉正率馬清臣陳安生乘車至外部與藍侯畫押換約其約云

茲以咸豐十年九月十一日中英兩國在北京蓋印畫押之續增條約第五款載云凡中國子民在英國各屬地或外洋別地承工者

大清國

大皇帝准其按照兩國議訂之保工章程與英民立約為憑無論單身或攜帶家屬一併前赴通商各口下英船放洋又以該項保工章程迄今尚未訂立

大清國

二

大皇帝特派記名副都統出使英國大臣張德彝

大英國

大君主兼五印度暨四海諸轄境

大皇帝特派外部大臣侯爵藍斯壇

各將所奉便宜行事之

上諭互相較閱均臻妥善現將商定條款開於左

第一款

按照上開之中英續增條約第五款所載其應議之保工章程所載既須籠統不得專指一處現兩國訂明自

後凡英屬各處或歸英保護之地如須招用立約為憑
之華工當隨時即由英國駐京
欽差大臣將該英屬或歸英保護之地之名以及將來招載
華工出洋之通商口岸招雇條款擬給之工價一一照
會中國政府中國政府當毋須別項照會立飭指明之
通商口岸之地方官竭力設法俾招工事宜得以迅速
辦理每英屬或歸英保護之地前來招工止須按照本
款所言照請一次若該英屬或歸英保護之地照請在
某通商口岸招工後停招至三年者則再來招時當另
三
行照會
第二款
通商口岸之關道接奉上開之飭文後當即委派一員
名曰稽查保工事宜委員會同該口英國領事官或其
委派之員將華工須行畫押之合同以及一切細情凡
關涉該工前赴之地方之情形該處之法律而稽查保
工事宜委員以為該華工所不可不知者一一出示曉
諭並刊入報章以便周知
第三款
下列各款內所稱之招工所及一切須用之房屋應在
何處暨如何設立之處均由該口之英國領事官或其
委派之員與稽查保工事宜委員商辦該所及房屋等
或建造或改造俾得辦理招運華工事宜費用均由英
國國家支給所中須備有房屋以便稽查保工事宜委
員等在內辦公
第四款
一須在招工所眾目易見之地尤須在該所中所稱之
接收華工處黏貼招雇華工合同條款漢英文配齊如
四
招雇華工之英屬或歸英保護之地曾須有招工則例
該則例亦一律貼示
二須備有名冊一本凡應招之華工之姓氏均須一一
登載漢英文配齊其應招之華工若年未及二十者非
具有該工父母或平日照料該工之人准其應招之憑
據如無父母又無平日照料之人則非具有該工本縣
縣主准其應招之憑據不得註名於冊應招之華工於
按照中法將合同簽押後非領有稽查保工事宜委員
之准單畫有英領事官或其委派之員之花押則于上

船之前不得擅離接收華工處其已稟准稽查保工事宜委員將名扣除不願奉行合同者當作別論

三載工船開行之前各華工須由考有文憑之醫生詳細驗看該醫生由英國領事官或其委派之員揀派應招之華工須在英領事官或其委派之員及稽查保工事宜委員或其委派之員之前排列成行詳為詢問以察合同中所載各節該工等是否明曉

第五款

凡按照此約載運華工之船只准在中國通商口岸載運按照下款之章程辦理該章程與本約一律奉行

五

第六款

大清國

大皇帝可以簡派領事官或副領事官前赴華工所至之英屬或歸英保護之地照料彼等利益安樂俾該工等及該處所有別色華民得以格外妥行保護該領事或副領事官所享之利權與他國領事官所享者無異

第七款

凡按本約訂立之應招合同須將該工所往之地方之名以及合同期限如該合同可以續訂其續訂條款若何每做工日之做工時刻招作何工工價幾何如何付給合同之中如載明該工及其家屬回華之船價由工主發給者則其往返船價並在英屬或歸英保護之地之時或在途時所須之醫費藥料俱由工主備給之處又口糧衣件並應得之別項利益等均須一一詳細載明如醫生等以某華工務須種痘則于該華工到接收華工處後即可施種如種而不發可在船再種此節亦可於合同內載明

六

第八款

該項合同須在稽查保工事宜委員或其委派之員及英國領事官員或其委派之員面前畫押其不能寫字畫押者可按中國通例簽畫花押合同所載曾否於畫押之前與該工詳細講明中英兩國政府惟各該員是問各工須給與合同稿一紙漢英文配齊該合同須俟該工上船方可視為定而不易

第九款

凡華工前赴之英屬或歸英保護之地須派一官員或

多於一員其專責惟使華工遇有身家產業被傷之處可得前赴公堂伸訴毫無阻碍一與他人所享該地法律給與之保護無異不分種族

第十款

各華工在英屬或在歸英保護之地之時須享有一切郵政利便俾得與本鄉通問寄銀至家

第十一款

如該華工及其眷屬等因合同期滿或因按例辦理之故或因疾病或因受傷而不合工作須載送回國者其回國之國字係指曩日該工登船放洋之通商口岸而言凡遇此項載送回國之案只可將該工實在送回本國不得付銀作抵

第十二款

現訂明工主不得以按照本約訂立之合同所載謂可不與該工商允禀准中國領事官或副領事官擅將該工撥歸他主其有與該工商允禀准領事官撥歸他主者該工所有按照合同應得之利益不得因而稍減

第十三款

現訂明凡按照本約所招訂立合同之華工每招得一工須納費銀交付中國政府以充稽查招工事宜之需至稽查保工事宜委員及華工登船放洋之通商口岸之各地方官處均無須交納他費以上所開之費當於載工船具領紅單以前呈交海關銀號收存按照下開之數計算如招得之工人數不過一萬每人應抽費墨洋三元一萬以外每人抽費墨洋兩元惟此係指該項華工同在一通商口岸招運而前後招運之時又未逾十二個月而言若其登舟放洋之通商口岸不在一處而前後招運之時又逾於十二個月則應繳之稽查費應照初次招工辦法交納

第十四款

此次所訂條款即于畫押日奉行以四年為期期滿以後兩國如有欲廢棄本約者無論何時均可先期十二月通知屆期即行作廢

本約訂於英國倫敦共繕四分兩漢兩英由兩國大臣畫押蓋印以昭信守　西歷一千九百四年

載運華工船隻務須遵行之章程

按照本約載運華工之船隻務須可以行海務須潔淨
務須透風至以下所開各節悉按印度政府現行之印
工出洋條例辦理能照一分即照一分

計開

船上艙位按照一千八百八十三年所須之印工出
洋條例第五十七條辦理

船上安寢之處其在船面者船面務須鋪墊以木或
用木炕按照一千八百八十三年印工出洋條例所
附之甲表內所開之禁用鐵面船面章程辦理該章
程曾于一千九百零二年八月十六日修改

九

客位應佔之尺寸按照一千八百八十三年所須之
印工出洋條例第五十八條辦理

船上須帶考有文憑之醫生並須用之藥料

船上應如何備置盛存飲水之具按照一千八百八
十三年印工出洋條例第一百十三條章程辦理該
章程曾于一千九百零三年二月二十四日修改

船上應如何備置蒸水之具按照一千八百八十三
年印工出洋條例所附之丙表辦理

船上各華工每日所須之伙食開列如下

麪及做麪包之物料不得少於一英磅半

鹹魚或鮮魚鮮肉或宿肉不得少於半英磅

米不得少於一英磅又三分之一

鹽不得少於一英兩

糖不得少於一英兩半

中國茶葉不得少於一英兩之三分之一

中國味料以足用為率

飲食兩項所須之水不得少於一戛倫

十

以上所開各物俱可以他物相代惟其代用之物務
須由船上醫生視之足以相抵

為

大英國外部大臣侯爵藍斯壇
照會事按照英中兩國所訂招工條款之第六款載云

大清國
大皇帝可以簡派領事官或副領事官前赴華工所至之英
屬或歸英保護之地照料彼等利益安樂俾該工等及
該處所有別色華民得以格外妥行保護該領事官或
副領事官所享之利權與他國領事官所享者無異等

語將來該項領事等官務擇練員充當該員又須籍隸
中華僅供中國國家差遣凡該項官員選定以後當將
該員姓氏行知本國政府定其可否接待本國政府以
此各節極關緊要用特具文詢問
貴政府能否允從如蒙允可見示所有此次往來照會
應即附於所訂條款之末以為此事業經議妥之據為
此照會
貴大臣查核見覆須至照會者
大清國　記名副都統出使英國大臣張　　為

十一

照覆事按照中英兩國所訂之招工條款第六款所載
應行簡派之領事官或副領事官務擇練員充當此事
本國政府亦以為極關緊要與
貴政府相司將來選派該項官員時自當按照來文所
指各節辦理中國之於出洋華工政府亦以為固應如
是也所有此次往來照會應即附於條款之末以為証
據為此照覆

附錄印工出洋條例

一千八百八十三年印工出洋條例第五十七條例是
曾于千九百二年八月二十四日修改
一中艙內或船面客艙內須備有一處專供工人之用
該地方高度至少不得少於六英尺又船上務須按設
醫病處一所又所有工人之婦孺無論已嫁之婦未嫁
之婦須隨時遵照印督按此條例須行之章程設法分
別安頓不得住居一處又按照上文所開備置之船面
客艙務須按置緊貼四面妥為遮護以上各節如有違
碍則上條內所開之准載工人船牌不准給發至船面
按置客艙一節須與保工委員或衛生醫官商准辦理

十二

一千八百八十三年印工出洋條例所附之甲表
一凡前赴好望角以西各地之船或船之取道澳洲前
赴肥雞島者其中艙艙面若係生鐵則須緊緊鋪蓋木
板不令透水或于船之兩傍按照船頭方向鋪設木炕
所佔地步當與艙位相等此項木炕至多按置兩層如
不敷用可於船之中段添設一行或二行隨時酌核辦
理惟炕之多少務須詳酌各炕之前後務須相距寬綽
下層木炕相離艙面不得少於十二英寸上層木炕相
離下層木炕不得少於二英尺零六寸下層木炕之底

板務須橫放可以分段拆卸俾易於移挪各炕邊旁須
配有木板高英尺六寸若船之中段設有木炕兩行則
中可豎一木板高九英寸將該木炕分隔兩旁各寬六
英尺草席及羊毛毯務須備置以備工人應用應備若
干由照料該項事務之總醫生定奪
一千八百八十三年印工出洋條例第五十八條
凡載工之船于上條所開應備工人所用之地方其應
佔地步每工人至少不得少於十二平方尺又七十二
立方寸如兩工人年在十歲以內者則按照此條可作
一人論

十三

一千八百八十三年印工出洋條例第一百十三條
章程曾于一千九百零三年二月二十四日修改
一凡載工輪船無論其備有儲水之具與否要當配有
大水池以儲可飲之水供工人水手人等之用各池之
大小以所裝之水足用為率池之工料以經用為主該
項須用之水亦可儲于船頭底艙或船尾之隔底艙或
壓載重物艙惟須與船學工師商准而後行汽鍋或汽
管下之艙不得用以儲水

一總水池及船頭之底艙其大小尺寸以能容水三千
戛倫為率不得逾於此數至各壓載重物艙及船尾之
隔底艙其大小尺寸以啟行時能裝須用之水及五分
之二為度不得逾於此數
一各水池及船頭之底艙壓載重物艙船尾之隔底艙
務須設法安置俾船學工師可以詳細查驗給與他不
滿水之憑單並須配有量水管開閉水管機及合葉等
件用以接連吸取清水機器此外又須配有抽氣筒裝
配亦須合法俾穢物與海水皆不能透入水池水艙

十四

凡機關及合叶等件除上文所載用以探水放水者不
論外其通入海水者或通入貨艙者或上達船面者皆
不得入于池中所用抽取飲水之水龍亦止准用以吸
水不准有別項用法
一水池及別項盛儲飲水之具是否完善是否干淨是
否大小合用須由船學工師查驗出結除驗得可用之
壓載重物艙及船尾之隔底艙可用以儲水外其餘船
上儲水之具不得盛儲工人及水手等所飲之水
一千八百八十三年印工出洋條例所附之丙表章

程

所用之蒸水器具務須配有汽機以運行冷水抽機該項汽機須專為汽鍋添水而設如遇失火自亦可用以輔他機及甲表所開之抽水機之不及至輪船中所用之蒸水器具所須涼水如由總機器或總機器之抽水機運送者則該項輪船即可不照此章辦理

蒸水器具須配有濾水機件或入氣合叶其濾水機件須裝有動物炭凡由食物鍋所出之蒸水不得不濾而任其流入盛儲飲水池

飲食所需之水皆係熱水所用引水引氣管不得以鉛為之

十五

船上應行預備之件

做螺絲釘之全副傢具一套

口徑能大能小之拔螺絲釘之箝子

總吸水管所用之管至小須多倫十二英尺

鍋上所用之量水表須多倫六枚

鍋上所用之樹膠圈須多倫二十五箇

蒸水機抽甬所用之合叶須多倫全分一付

常用之鋏釘等件須多倫四打

錐子四箇　一旋八分寸之二之口徑　一旋八分寸之五之口徑　一旋四分寸之三之口徑　一旋半英寸之口徑

驗水重性表一枚　　鉄匠所用之大爐一個

拔螺絲釘之箝子　　鋏匠所用之鉄墩一個

小管所用之材料　　鍋爐所用之鋏鏟二把

絨頭等類十四磅　　鍋爐所用之大箝三付

尖斜形之鑿二把　　潤機所用之油十戛倫

錘一把多配把一　　鑲物所用之料倫七磅

十六

鑲物所用之銅頭棍一根　　棉花等件十磅

接管所用之煤氣箝一付　　鋼鋏夾子一付

銼刀六把各配有把　　寒暑表一枚

動物炭質五十七磅　　紅鉛十四磅

平頭鑿子二把　　白鉛十四磅

鑿洞錐子一把　　桐油一戛倫

汽挺須倫一根　　硼砂七磅

大棍全分一副　　松香七磅

口徑四分寸之三之直管口徑半英寸之直管口徑四

分寸之三之曲管口徑半英寸之曲管各預備二分蒸
水管之口徑如與工開不同即可以之相代
船上所用之煤除水手用十墩各艙位用五墩每百工
人用五墩泡煮飯食外其赴西印度者須裝有二十個
禮拜所用之英煤計須四十墩該項煤斤按照路途遠
近隨時增減別項煤斤如質地可與英煤相抵者可用
以相代
蒸水機所用各管皆須安設于穩妥之處萬無意外之
虞者并須妥為蓋護其吸水總管及放水管則尤當加

十七

意
查驗之時務須將蒸水機運動令其出水所出之水受
之以桶桶之大小至少須能容該機半點鐘所出之水
以部定之量水戛倫量之該戛倫即由船上預備所出
之水不得以機器未能盡善為之減算一經試驗得水
則視其第二次半點鐘所出之水多少若干即可定蒸
水機之濟用與否矣
所用各件務須呈與船學工師驗看揀擇維精愜其意
而後可

所用各器具須派能員一路照料該員須與機器工師
商派
所有泡煮飯食之鍋凡與蒸物機相連者皆須外包以
木並須配有保險合頁
如船上之蒸水機每二十四點鐘不能出水若干俾得
按照冊開之數以供工人及水手人等之用則該船合
用憑單即不准發給
除以上所定各節外如有未經辦及而須加添者隨時
可由沿海所派稽查保工事宜之員向駐該口之英領

十八

事官商辦另立合同
二十九日戊申大晴暖英國幼女之名八九十年前以
所授之教名為名此外有父母于隨時所喜之事物名
人名地名別加為名之事如英得錫蘭值女生乃名曰
錫蘭或以得勝之人之名名之或以名人著書之名名
之或以著書之名人名名之或以書中之人名名之近
年復有以所愛之寶石名其女如哲池奚侯之二女一
名紅寶石一名翡翠石又英國新簡駐俄公使哈爾丁
之女名金剛石更有名女以夜明珠者

四月

初一日己酉，晴。西人處處講求術藝，苟有所得，即施于製造，或長篇作說，詡其有益於人，或藉之沽名，或假以致財。有英人濮斯特者，創一種食物，曰葡萄子，似藥非藥，其色紫黃，形如糕餅之碎渣，又如黍粒，味甜不澀舌。治以葡萄之類，研碎攙和糖麵、牛乳煉成者。據云：凡人多食黏物，凝滯不化，或勞心勞力太過，致生頭眩、軟弱之證，購此常服之，無不見效。其直則長方黃紙袋重逾半斤，七本士。每日食四小匙足矣。食法：或每早伴乳或

廿九

乳汁沖服，或攙于各種糕點，或攙食果羹、冰乳、桂麵、糖果、雞子、蠣黃及白煮魚等，皆無碍。又可與勺勾臘、扣扣之類同食，惟忌茶與加非，以二者非食物也。茶與加非之力烈，入腹後攻擊腸胃、心腎、頭腦。茶百分中三十四分停滯，六十六分消化；加非百分中六十一分消化，三十九分停滯。積滯心熱，軟弱之疾生，惟葡萄能已之，最宜久服。

初二日庚戌，晴暖。聞前禮拜六早辰正一刻，在韓諾坊賢卓志教堂中有男女二人成婚。女名埃麻，已故伯爵柯來遂之夫人，初嫁伯爵，在西八百七十二年，乃三十二年前也。伯爵故後，八百九十二年再嫁于臘文索伯，又二十年前事也。臘文索上年病故，埃麻遂三次出嫁，年應近八旬矣。新郎瓦茲侯，現年二十九，魁梧美少年也，新婦之車夫也。夫瓦之娶埃，與三十歲之庫溢娶八十老嫗無異也。老婦改嫁少年，英國不知凡幾矣，殆中國尚男，故老夫而少婦；西國尚女，故老婦而少夫歟。余之所聞知，僅此二上等夫人也。西國無拚頭之名，而新報中屢見有男女口角分離，或因爭財，或因害命，或因

卅

別故，乃不言某夫婦，而言彼此共居若干年月。有妻故，妻妻母者；兄弟故，而妻婦姒者；父妻女而兄妻妹者，亂倫之尤著也。又有某甲娶某幼女為妻，一日幼女之舊情人突至，彼此接吻，情愛异常，遂攜手同奔者，種種駭人聽聞之事，報中無日無之。由是觀之，則西俗概可知矣。

初三日辛亥，晴。倫敦氣車日多，聞又有人擬創製一種氣鞋，謂氣車利于男女出游，為工商則苦其不貲。雖有一本士之地道氣車，而速率較遜，著此鞋一點鐘足行

十二英里或十四英里速率之多少視乎人斛之輕重用鞋法鞋底插輪旁置一小電機隨行以指按鈕扣發氣以供之此鞋未能盛興因須先按人身體之輕重長短估定兜中須存用氣若干以使人兩腿馳行一律弱點既多非改良無以善賈

初四日壬子早晴午後陰涼繼而微雨一陣倫敦席的路有女工人大餐館名阿來三德亞𥐻（英王后名也）飯價每人四本士半一日忽有男女八人買券入座所食牛尾湯烤羊肉帶薄荷漿汁番薯白菜李子糕末則加非一盃衣冠局度不類工役通館不辨為何許人也食畢始探得乃王后率二公主維克都里亞命婦諾立戴格蕃並文武四大員也地方官李卜屯聞信飛至伺候王后又率眾遍覽樓之上下及廚房帳房各處隨行見梯邊一幼女以巾幛面而泣王后詢其年荅曰七歲問何故哭泣荅以所買飯票遺失王后即取一先與之女作禮伸謝樂極而奔王后所至之處以善言撫慰女工將登車通館及街市男女歡聲祝誦

卅一

初五日癸丑微晴涼酉正偕內人率孫女乘車西行三四里至格婁賽斯得爾坊第七十九號赴道卜立太太家茶會并聽樂大廳正面坐立義國樂工七人其前橫列金椅行行坐男女老幼百餘往來陸續樂工連演四場繼而男女二人同歌一曲聽畢下樓入飯廳喫加非一盃謝歸

初六日甲寅早晴午後陰入夜雨亥正偕內人乘車入卜靜宮赴朝會一切禮節同前子正回使館英國男女多有犗帶一種驅邪符畧似我國之護身佛其形式不一最珍之品乃一物作五邊形藏之身邊妻子亦不令知之此例又如我華人之在理者據云帶此物可免水火之災意外之虞法皇那波崙第一曾帶此物乃戰遍歐洲無往不利逮命書及此物遺失遂至一敗塗地

初七日乙卯細雨陣陣洋皮靴鞋或汙塵垢或染泥水皮黑無光人將視為邋遢故街市鬧熱之區皆有刷染匠（詳前）見此類工藝專有一會在薩第崙山每年一次擇其尤而鼓勵之聞前日會集為首者侯爵祁那爾于从人茶後擇其能急擦六雙泥鞋者賚之本年列入超等一狭名司米斯會首賞以金功牌一枚遂稱為一千九

卅二

百四年之争勝者云、
初八日丙辰、鎮日陰雨微霧、今日禮拜、為其耶穌復甦節後第七禮拜日、名曰懷森代、譯為白禮拜日、據云此日之命名、大意本于猶太教、乃古時猶太人被埃及人由笠的亞、（地在雅洲西北界、西臨地中海、東近鹹海、又名死海）諸處驅入埃及圍禁如奴、居久之、有曉事人毛色爾能率眾逃回故土、乘埃人不備、設暗號、定時日、臨期齊集曠野、奮力狂奔逃回、後第五十日、即今日之禮拜、日名曰噴太閣斯特、華文謂其日為五旬節、又為聖神降臨日、意即天神下降、教化人心、悔邪歸正云云、耶穌教亦遵守之、改名白禮拜者、因幼女之趁此吉期初入教堂受洗者、咸著白色長衫也、
初九日丁巳、陰、前初四日、西五月十八、為鬼日、由晨至夜半、男女多見怪異、最奇者、西大泥弄婦梅巒白晝突見女鬼從樓板出、初則紅光燗爍、既而見形、遍走樓中、握眾手、手冷如冰、力猛甚、并提其重且長之紫髮使眾摩之、某家婦覩一小女鬼、自署其名曰色嬉、任意往来跳舞樓中、婦鼓掌、鬼亦如之、鬼向眾以手指口、似欲行接吻禮、二鬼久之始滅、又敘士郝樸斯舊識一女、姓班名綠緆、比翼同居、共牢而食、如夫婦、西俗男女之名、必至親至契者始得呼之、郝與班雖暱、而郝稱女曰班小姐、郝固不以愛妻之情待班矣、去歲女死、前之鬼日、郝訪其友艾淩屯、艾習巫術、名為走十常、英曰美的俄木、艾交郝小方紙十頁、屬用鉛筆書所識已故男女十人之名、班亦在其中、書畢團作十團、付之、夫不使艾知、艾將二石板合一、二板四圍有木匡、如學堂者、中空處置石筆少刻、啟視、只見綠緆二字、豈女鬼情癡、書名以示親耶、
初十日戊午、鎮日細雨淋漓、倫敦有勅建博學會、英名洛亞搜賽伊的、每三年筵請與國翰林學士讌會一次、今日為西五月二十四日、至戌初三十分、在白堂坊之梅特樓埔店開筵、半月以前具柬來、要戌初以車往晤、會首賀金斯少立、後齊入飯堂、桌列皿形、人一百六十三、同席各國學士多白髮者、此會無樂侑酒、取其清謐避俗也、食畢、眾先舉杯恭祝英君與后并太子太子妃、復祝各國君主、三祝會中名士、繼英德法俄瑞典諸國

士各操國語演說一段、子正席散、轉入他間喫加非飲茶、少叙謝歸、

十一日己未、晴、暖、英前外部大臣比干斯弟益守舊黨也、公忠勤正學術、裕如、人所敬慕、平日最喜一種迎春小黃花、名曰普立木婁斯、譯為第一玫瑰、色黃而莖小、每年春初、鄉間遍野、散地如金、比公故後、其黨中世爵博爾都倡言、每年是日、人皆宜插花于襟、大餐置花于卓面、用誌不忘、名其日曰第一玫瑰日、西四月十九日也、

卅五

十二日庚申、陰、申初、英王偕后率公主輩乘車經使館前赴稼橋堂看演演武戲、酉初細雨一陣、昨見新報一則、題曰碩梗子女、乃教士屠婁洛致書其友庫坡爾者、大畧謂英人不善教養子女、上流人終朝赴會燕樂、下流者子女入學堂、日止三時、其父母在外傭工一天、工畢、旋家更無暇調理之、禮拜日又以為休息游玩之期、既不入堂唪經、亦不送子女入教堂、入禮拜日學堂、故有終身不聞教言聖訓、不知持家事親者、為今之計、禮拜日工匠無事、時子女在家學備餐餉以養親、其父母宜入禮拜日學堂、學習第五章天誡、詳𣎴中國教子之法、勝於我英多矣、謂父曰嚴父、母曰慈母、嚴慈相劑、以教之子、必有成、孔門教孝、實第一法也、云云、

十三日辛酉、鎮日陰、晴不定、暖、戌刻細雨、英國婦女衣服求華美、趨時尚、以故有專為此開成衣鋪者、人云此鋪資本須厚、用備至少兩年之賠墊、第一樓須高闊而華麗、區分多間、作朝會、作茶會、作跳舞會及戲臺諸式、時分晝夜、屬夜間則備煤燈、電燈、蠟燈、油燈、屋之上下、便審視顏色式樣、門前樓下男工既整齊淨潔、聰敏勤

卅六

能、而樓上女侍更姿態可人、口齒靈利、了然工料、善于逢迎、冀富貴婦女喜戀、頻來、戲臺之用、為名女優自備衣裝就臺試新、五光十色、觀之者歡賞也、第二人工物料、日用房租、皆須定付、而婦女欠錢、間有第二件衣成時、始付前次之半價、更有竭力討取、僅得一二、或妻購衣、夫不與聞、或有因欠款致訟、故婦女每定一衣、價必加倍、由四五十鎊至百數十鎊不等、一以抵其拖欠、一以補平日之鋪虧也、

十四日壬戌、陰、是月二日、丹國名優海洛初到倫敦、在

閣文園中演歌、頗為英后所賞、蓋后之家鄉曲也。次早駐英丹麻公使奉后諭、傳海洛未初入卜靜宮謁后、因其供奉丹宮、赴英時、丹王贈以一路平安語、又云汝宜早回、寡人喜聞汝歌也。后見海、先繾其在英有名、頗其重來一歌鄉曲、此次須早旋丹、以娛我父之耳、而養其餘年。

十五日癸亥、晴。倫敦氣車日多、因乘車行遠、噎氣飲恩設法已之、或車前立玻璃一方、或人作文君兜、遮目鏡諸物（見前）、婦女出門、喜攜犬、恐犬弱不敵勁氣、鋪中製襪襪頭兜、其兜眼前遮圓玻璃二凸、衣則前露嘴、後露尾、下露四蹄。

二十七

十六日甲子、晴暖。午初、乘車入賢瑆木司宮赴朝會、一是如前。未正回使館。比利時國王里歐璊第二之二公主縗台法尼、生于西歷千八百六十四年五月二十一日（同治三年四月十六日）、現年四十、前于八百八十一年五月初十日（光緒七年四月十三日）、十七歲時、嫁奧國太子魯多第、至八百八十九年正月三十日（光緒十四年十二月二十九日）、奧儲自戕（詳見五述奇）、九百年三月二十二日（光緒二十六年二月二十二日）、時年三十六、自行嫁于瑯玕公（與中國地名一）埃萊墨、事為奧皇與比王所不認、尤為人人所不齒、非以再醮故、因其自降為公爵夫人也。上年比王后死、遺有私產、縗台法尼皆大公主、縗衣娰同行告官、謂后之遺產、比王不得獨吞、經官依比例判定、男女結為夫婦、則彼此產業合而為一、二公主皆不得與。

十七日乙丑、陰雨陣陣、酉刻雨止、仍陰。衛斯民司得區地方官紳集錢、公建民房一所、備貧苦男女工人居屋、潔價廉、又擬起樓房三大排、計三百九十三間、容人一千六百、凡貧人之祖房一間、每禮拜須納七先半或八先、乃預約此房落成、每間僅納七先、由去年春間開工、經太子與妃下第一石基、本月初間竣工、前日太子與妃至彼縱觀一切、嘉其有成。

二十八

十八日丙寅、鎮日陰晴細雨無定。倫敦五里治礮廠（官礮廠也、見航海述奇）月前失去舊礮六門、巡捕訪拏四人、昨日判定、機器匠戴威斯接收盜贓、監五年、賽克森起意盜礮、監一年作苦工、為從之周安斯、監九個月、阿達勤四個月、均限滿釋放。

十九日丁卯陰、西五月二十六日至六月初九日（即本月十二日至二十六日）英馬步礮兵第二十五次在稼穡堂中演試作戲、數日前、彼營總兵李特屯東請今日申初往觀、居時偕内人率白孚之與孫女乘車至、入座、遇日本公使林董夫婦率其隨員某甲並其外孫女來觀、前後演十四場、頭場水師、二場御前馬隊護軍、三場二馬兵頭戴木罩、以鈍頭劍對刺、劍頭擦白粉、能以劍頭觸敵得白點者勝、四場步隊、五場排列古今諸式礮位、大小十二門、皆隨營載運非安置礮臺者、一為一噴礮、始于西一千三百四十六年、（元順帝至正六年）英君埃達倭第三由法之克來喜城獲來者、礮鐵身形似鐘、長約三尺、圍亦如之、厚約二寸、駕以木車、四兵拽以繩、二為其四百年前之礮、名麻池洛克、仿華式鑄成者、（據云如此）如我國之神威將軍、其餘大小不一、大者如我國之五城永固、或十數人力、或一二馬力拽之、現用乃四馬所載之小礮、取其速也、馬步礮兵共數百、衣冠之顏色形式、稍仿古制、志不忘古也、馬之鞍韉韁鐙亦然、又有騎獨峯駝與象者、各二、皆八九十年前英戰印度孟加拉、麻打拉薩、孟買所

廿九

得者各兵隊、隊排列盤繞行走、整齊敏捷、六場演支架聲礮、與往年所見者同、七場、礮營馬隊左右兩營相對冲跑、屈曲轉折、毫不錯亂、八場、馬撞球、當中置一周丈餘之古米球、左右各四兵、衣各一色、騎無鞍馬、行間引馬觸球、或踢或撞、能使球滾至一邊、敵不及攔阻者勝、九場、兵著白色貼身衣、演跰躍如越溝、擺字曲身、伸臂、各式多與上年同、惟二十步外立一木牆、極高、自遠奔來、一脚虛觸牆邊、超過、為從前所未見、十場、賽力曳繩、池中立四木棍、長各五尺、餘棍左右距離八尺、對面約四尺、中橫一繩、粗盈握、長三丈餘、繩中心圍紅箍作記、統作品形、一武官立二棍間監視、使紅箍適中、繩之兩端、各立兵十一、雙手堅執、一邊衣烏、一邊衣白、烏衣隊長立于白衣隊、白衣隊長立于烏衣隊、一以防私為助力、一以便本隊之易瞻視也、屆時吹哨、兩邊竭力對曳、各隊長相時度勢、以手式為令、令其或蹲或立、或拽或按、斜立橫拉、必將紅箍拽過此邊木棍而後已、左右換拽三次、得標兩次者勝、勝者隊長必向負者握手示和睦、解妒嫉也、後四場則樓上奏樂、池中馬兵賽走礮車

三十

齊馳騎與鞍馬躍木牆諸藝與上年同。酉正奏天保國
王樂迺散。
二十日戊辰，晴。亥初，偕內人乘車南行十餘里，至江邊
柴樂溪堤畔第十號赴瓦滋太太家茶會。樓為木建，別
成一格，梯級曲折，修飾齊整。先在樓上繞歷數間，男女
互談片時，乃下樓入飯廳茶點。少許出門登車，北行六
七里至道寧關第十號赴巴樂佛兄妹家茶會。人稠覺
樓窄，客相擁擠，寸步難移，熱極。勉強由此間至彼間，轉
出旁門，即下樓登車回使館。
二十一日己巳，晴。昨見新報一則，題曰俄國間諜，云：昨
在克禮佛堂之俄友自由年會中，有瓦得森者言：現在
英有俄之細作，往往伺人外出，扮同巡捕，擅入人室，開
箱翻櫃，考察紙張，竊取信件。吾人自當設法防守云云。
入夜微風，涼。
二十二日庚午，晴。西五月二十四日即四月初十日，為老君主
維克都里亞之生日，又名曰國家節。英國并英各屬地英屬地有距倫敦二萬里者，大小男女學堂放學一日，千百萃集，設
茶會，鼓樂歌曲，以昭恭敬順國之誠。聞前在本城正南

三三〇

賢揑木司堂某學堂之幼生雛女聚有六百餘名，歡歌
忠義曲，恭頌昇平。又倫敦臺之養老兵并各處已領恩
賞銀之老兵，結伴歡娛終日。
二十三日辛未，晴。德國美克林堡斯台立茲邦之公爵
雖良第一生于西千八百十九年十月十七日嘉慶二十五年，
現年八十有五。其夫人堪卜立址公之妹，教古斯他令
之英皇姑母也。前于二月朔去世，公爵亦于西五月二
十九日卒即本月十五日。明月之十六日內廷大臣署中來文稱
奉君諭：因美邦公卒，著自明日即十七日始著素服兩禮拜，
至五月七日即二十四日改為半素，至十四日即五月初一日除服。
十九日，該署來文稱奉君諭：于初六日午正即今日，擬在
賢揑木司宮中禮拜堂誦經，以識歲月。請著朝服。今日午
初，余素褂乘車往，入內，同各國公使坐于臺前左翼。英
之大員、藍侯輩坐于右翼。英君偕后及太子、太子妃、諸
人坐于正面樓上。禮節同前。未正禮畢，回使館。
二十四日壬申，晴，涼。亥初，余偕內人乘車至白堂坊之
梅特樓埔店赴色爾車樸夫婦茶會，兼見英王之故弟
阿巴咒公夫人瑪麗俄皇阿來三德第二之女。彼此握手問候，少敘

三三一

茶點畢、謝辭、登車至本街第二十號、赴前任倫敦美爾
薩米尤夫人家茶會、客相擁擠、頗熱、立談片刻、下樓至
飯廳、吃酒一盃、回使館、
二十五日癸酉、晴、洋人不易求妻、閒有登報招妻乞女
子回書自薦者、兩月前、美國迦卜拉斯喀人司乃樂牧
場一極富人也、因田地廓廣、佳人甚稀、不知由何處以
何法得妻、遂登新報以求耦、閒十數日、閒本國老幼女
人之函至集、半月後新報傳到歐洲、司乃樂前後收信
不下數千、致無暇逐件拆閱、各女語意不同、撲誠者巧

二三三

捷者自稱善持家者、自鳴奉教至虔者、紙之粗之細、或
洒香水、或繪鮮花、不一其式、司乃樂遂如小兒市物、不
知何擇為稱心、今錄數函以資譚柄、一瑞典女書云、邇
見新報、知美國人欲娶妻、妾至下月將及二十有三、汝
不拘女子之貌、妾不擇男子之容、妾屬瑞典教堂、曾經
管理大家之財物、想爾我合配、定成一對佳耦也、一英
婦書云、妾係新寡、乃倫敦某名家女也、身高容美、善音
樂、善接待、足作女主、酬應賓朋、並熟于御車畋獵各事、
財產雖已浪費、然世家之名未嘗失也、一蘇格蘭女書

十二

云、現年十七歲、體壯精能、不敢言美、而貌頗可人、篤信
忠誠、定使男子一生歡樂云、別一英女致書云、答汝新
報所言、我為汝妻、謹遵上帝之訓、以情愛導爾入天堂、
以汝錢定救幽魂于地獄、人謂我之貌美、然而信天之
誠勝於嬌顏百倍云云、
二十六日甲戌、晴、風涼、申正、偕內人帶孫女乘車西行
七八里、至格婁斯特爾坊第五號、赴巴里什太太家茶
會、聽樂、先是二女一喀爾萊一梅萊堤前後歌一曲、其
音宛轉玲瓏、複有美國人凌克恩手鼓琴口作聲、放一

二三四

人聲三男女聲、繼摹英法德美名人演說之態度、或戴
單眼鏡、或雙眼鏡、或短髮挽攏向前、或聳肩縮背、口操
四國音、窮神盡相、觀之聽之、令人絕倒、旋下樓入飯廳
茶點、畢、謝、回使館、
二十七日乙亥、晴、亥初一刻、偕內人乘車入卜靜宮赴
跳舞會、一切如前、惟今日英皇改著月白襖、紅毡褲、腰
纏金縧、左垂金穗、因上年英皇親赴義法葡奧四國拜
訪其君、敦親誼、固邦交、義葡國王法之統領、前後來英
答拜、惟奧皇年邁、弗來、數日前始遣近支公爵福來的

代來答拜、英皇前至與面贈與皇頭等水師提督職銜、此次與皇屬福公答贈英皇兵馬元帥職銜、因令晚福公在會故英皇改著與戎服、以待福公用昭恭敬親近之意、

二十八日丙子、鎮日陰晴不定、涼、聞英天文生三得思言、考得日之光點、周共三十五萬萬三千萬方洋里、較地球大七十二倍、設四面遮黑、以數度之當失日光如二千璧月者、然其光點形式不同、雲氣薄掩、乃僅失八百璧月之光、故日近氣薄則地熱、二十年前、西人尚不知日中熱光為何物、僅德人萬好福以三角玻璃映日光、考得其中行行有線、亦不知其線為何、復有英人某甲、以三角玻璃映燈光、中化五金、遂件考核、以燈中所得五金線、較日中映得之線、始知日之熱光如火山之外噴、內含五金若干種、緣是以之參考各星、亦可知其所含為五金中之某金也、

二十九日丁丑、鎮日天氣如昨、土人云、英國一年共銷菸葉四萬噸、其灰之被風氣吹散者約八千噸、按數計之、每噸菸葉應變成四百四十八磅灰、夫菸子一粒重

三十五

僅分餘、種之地、借水力、吸地氣、高至數尺、重幾一斤、乾後重亦數兩、是其吸地之氣、酷於他花木蔬菜、栽種愈久、地力愈微、恐將成不毛矣、化學人考察、謂苟能設法布菸灰于種菸之地、則可助菸草之材料、即物還原質之理也、

三十日戊寅、晴、暖、倫敦柏爾屯精工會館、現在薩威路第十七號樓中、英君與他國湊借六七百年前義大里賽伊那古城地在羅馬南六十洋里各學堂中之名人油畫、大小百幅、張之四壁、任人觀覽、今日申刻、偕陳默之、白厚之帶孫女往、入門登簿、上樓見各幅巨者周一丈、小者周約五尺、所繢僅耶穌降生、母懷抱子、飄至埃及、借乘漁舟、及釘十字架、卸下入殮故典、畫皆工筆、堆金立粉、頗近唐宋之彩繢、當中玻璃桌罩內列瓷器數件、亦義國五六百年前之骨董、

五月

初一日己卯、早陰、酉初雨、西人每矜事事率真、並循規矩、無妄索之錢、以今所聞證之、令人齒冷、如得律風局與電信局本相同、立竿通線、多多益善、然每遇栽竿立

三十六

線雖幽僻之區亦有攔阻曩在城外某處艸地擬沿邊立竿地主謂彼此須求兩益汝肯立竿須代我建房一所城中某樓頂擬立一竿房主年索三百鎊綫路經某家花園已久女地主俟云綫傳鬼語令人寢卧不安屬即移去一養雞人謂其室上自通綫路以來雞多不生卵勒令局主賠償各處立竿每遇地主舉槍恫嚇有一處地主謂立竿人汝立竿吾將以脚踢之立竿人曰踢後望允立竿也地主一笑而罷西國自詡文明迺有此輩耶

初二日庚辰鎮日陰晴不定入夜風涼西人營生愈出愈奇以公雞喜鬬鬬則跛眼乃創製雞眼鏡如人之障風鏡面用藍色玻璃四圍圈以鍱紗前連二鏡于彎梁後繫以縧套戴時置彎梁于雞冠之前扣縧于雞冠之後自堅牢不墜雞戴此鏡既不能跛他雞其眼亦不致受損于他雞

初三日辛巳晴英國男女冬季亦著皮衣只於貂鼠猫羊水獺海龍各品近因多乘氣車車迅天氣阻力大雖和風亦變成朔風故須衣皮煖其胸肩有以狗皮背心售者染毛華美别段獸名以騙人倫敦向來狗盜甚多率皆生得賣之狡兔死走狗固不烹也一自狗皮半臂作俑則剖狗腹剝狗膚狗屠痛多改狗尾變狗嘴狗醫餧矣于是巧於營生者出曰是宜立狗頭保險公司嗟呼言雖近謔未可決其事之必無也

初四日壬午陰涼西國婦女諸多好施富以財貧以力貧以力者乃設法廣募迆募之本國外國富官亦及之用為貧苦水陸兵卒巡捕郵使或孤獨老弱學堂醫院之贍費余常署募務舉未經言及蓋其募法不外具柬勸捐或賣戲票設巴薩觀無足齒及兹有一新法數日前一婦名席蓋佳帕克巷第二十七號來函云妾現湊各國名官親筆簽印裝成一册題曰手書萃集（英名敖土格拉夫卜克）擬于本月二十一日（即初八日）在維克都里亞小兒醫院之墟廊出售所獲若干即施之此院請親書華字簽押於一官片如蒙允賜妾既感激購者亦覺光耀院中諸孩尤當記念不忘云云

初五日癸未晴本年春盛宫保宣懷督辦鐵路總公司及湖北之鐵廠

奏派委漢陽鍊廠總辦三品銜候選郎中李維格一琴出
洋週歷英美法德奧比義俄日本各國考察製鍊鋼鐵
機器工作以為振興鍊政張本一琴于本年二月二十
三日攜帶候選郎中徐慶沅芝生並其子南洋公學學
生徐兆熊子瑋及英人彭脫由滬乘船歷日本及美國
上月二十二日抵倫敦當日來拜遂約伊等二十五日
晚酌今日酉正同賞端陽余自抵英每值
聖上萬壽及年節我國人之游此或奉官來學自備資斧來
學學生適館授餐以申鄉誼乃每直是日 攢 食者至
少廿餘人有通名姓有不通名姓者更有不守華規偏
尚西俗者偶值之樓梯多不相識聞有悉其為某某某
某亦覩余若弗識學生徐兆熊頗曉英語將仍留英魁
偉俊秀舉止安詳出語温恭耳目聰敏若久于英不染
習俗誠有用材也生其勉之
初六日甲申晴昨閱倫敦太晤斯時報一則題曰男爵
出售某男爵夫人將鬻爵濟貧厥直四千鎊自言無論
歐洲某國某人須得其君主簽押于原執照俾能使各
國官場認為襲爵方成鬻

初七日乙酉晴申正偕內人率孫女乘車至得來靠坊
第三十五號赴赫承先夫婦茶會入遇赫夫人及其長
女次女輩敘談良久下樓入飯廳茶點款待殷勤飲畢
謝歸路經海岱園暮色蒼然車中左右望約畧可辨路
人面貌路旁林間凳上隔數武即有男女竝肩坐摟抱
摩挲接吻作種種醜態一何無恥前坐火車過哈艾街
少停亦見凳上坐男女二人意為待車客乃男摟女頸
女枕男臂呢呢私語間以脣遍拭其面尤甚者初四日
午後倫敦城西南隅之司非佛路三少年席門慈裴志
散森同坐小敞車正行間遇一女名狄堪娰于途彼此
不識也乃陸續下車摟于懷與之接吻女哭喊為巡捕
所聞捉三男罰各四鎊
初八日丙戌晴稍暖今日倫敦地理會借地在康衛路
生類博物院請茶會由英初至子正名以寬倭薩奚央
意乃交談也男女聚集暢所欲言也屆時余偕內人乘
車往見會首世爵馬喀木夫婦皆年逾六十鬚髮皤然
地廣人稠男女過千樓之上下樂工兩班預備茶點夜
餐者三處余等惟在樓下繞行一圈間遇二三男女之

曾到中國者少敘至樓後同飲紅酒一盃出門登車回
使館
初九日丁亥晴今日戌初賢馬力責區美爾魏克肥在
馬力責路路北大中店洋名格蕾森特拉設宴請二百
五十五人為首四座發艾茀公倫敦美爾葡國公使與
余其桌列作Ш形係特乘車至先在四面樓中玻璃棚
下坐待客齊陸續步入正樓飯廳桌上瓶籃密列鮮花
惟金銀兩色至器具酒食并一切禮節與他處無甚區
別食畢舉酒恭祝英皇與后太子太子妃余同葡國公
使皆先謝別回使館更衣亥初偕內人乘車入卞静宮
赴朝會今日為本年春季之末次本國婦女尤多丑至
丑初一刻始畢
初十日戊子晴暖英前任戶部侍郎韓百里前年逝世
其妻于今春正月一日西二月十六日再醮包令夫人見六述奇之
次子包艾格亦世家也然位高望重則非韓比其妻以
韓富包貧且不欲失其名譽乃令包改姓包韓而自稱
包韓夫人中國有承繼用複姓者日本有以婿為子從
已姓者若再適之婦強將兩夫姓氏聯合為一未之前

四十

聞
十一日己丑陰今日為西六月二十四日藍侯因代祝
英皇十一月初九日之壽在其寓設讌柬邀各國公使
及本國大員計設三十一座戌初余著公服乘車往因
是晚亥正復有茶會主人恐廳中菜留餘味遂于院中
支白藍二色綢帳樓旁開門以通之如複室正面別作
二月門門內奏樂桌上鮮花亦皆金銀兩色器皿鮮明
酒食亦美食畢舉酒恭祝英皇與后之壽既喫加非吸
菸捲少坐登樓彼此談敘至子初男女接踵而入內人
亦至偕見藍侯夫人畢略步一圈即出人眾車多立門
內待車時許始回入夜風雨交作
十二日庚寅鎮日陰晴風雨不定倫敦有一大保船行
名羅艾得亦行主之名也行之創始約在百年前臨海
某街開羅艾得加非館初則往來航海之船主半在羅
館喫酒閑談繼則每有約會僉欲羅館相見館主為人
精明留心航海并水道地理每向各船主採源詢委苟
有所聞既參考之于心復畫圖以示眾因之欲廣見聞
者皆以羅館為考驗之所由是生涯日盛羅更考明鋼

四十一

鏌之性、及泛海船隻得宜之式、後乃自立一行、凡船之依其式製造、所用之鋼鏌相當、則登簿分列甲乙等第、保五年十年或二十年、否則不保、及期應修而不修、亦不保、于今各國船隻多登其簿、每年刷印所保各船名單兩大冊、厚逾半尺、長尺餘、寬約八寸、局既大、保船亦多、天下聞名、一年獲利已多、凡他行保險之貨物、行主亦必察所載之船名曾否列入羅冊、屬冊中之甲乙何等、由何年所保、保若干年、用以定保險價值、船名若為簿中所無、則保險貨物之直即加數倍云、

四三

十三日辛卯、晴、早直隸通永兵備道沈能虎甫子梅來拜、蓋恭送
皇太后聖容至美國賢路義城（地在美國中界奕倫諾爾邦之西界、城臨密士失必河）賽奇會場者也、午後乘車至賽西店答拜、未遇、英國有種紙製花牌、用占伉儷、牌十三頁、彩畫鮮花、大者一朵、小者一枝、顏色各異、各有所指、凡男女之欲嫁娶未得其人、以此卜之、求之某方、成於何時、或已得其人、而心志不決、即以成否、妥否、宜否、當否、和睦否、其人誠心戀愛否、品行端否、能偕老否、卜之、十三花牌中、如紫色菊意指熱心、情愛、溫和、粉紅鶯粟花、主明愛感情、戀慕、黑色毛莨、指分裂、轉動、遺失、金黃萬壽菊、指自尊、好交、志高、黃蓮馨花、指恩愛於美貌、才多、并善奏樂、葱綠長香樹、指游玩、佻達、豪放、深綠連春艸、主柔弱、不定、猶豫、斑白香香草、指煩惱、憂悶、喪心、淺藍相思草、指勤力、用工、長久、白色五爪龍、指實心、工作、慇懃、深藍五穀花、指忽略、作錯、品藍鈴鐺花、指明敏、預知、藕色旱喜花、指極美、異才、恩愛、卜者隨意列十三牌作一橫、以所列第一牌為准、仍須合各花之意、先後互參、乃明其大旨、

四四

十四日壬辰、晴、倫敦精工會英名搜賽伊的款阿爾自今晚自亥初至子正、借藝植園開燈茶會、除柬請之人外、凡購入場券早買每券五先臨、期購則七先半、半月前、以柬來請、届時余偕內人帶孫女乘車往、入至正面玻璃煖房前、始晤會首世爵阿卜呢等、禮畢、轉入煖房繞行一周、繼在大路左右安步游覽、見往來男女如織、樂分三班、滿園樹上花邊燈燭、爭光遙望、如連珠散錦、迫視則花木參差、銀花火樹、綠錢紅紫、較上年尤覺炫目、煖房前之右鄙有大廳一間、係原為公所、現為樂堂、

奏樂歌曲廳外列卓椅備有茶酒糕點再前別一大布
帳如之廳前以客隨意喫加非或牛乳余用少許步出
園門登車回使館
十五日癸巳晴墨蓄夫婦約今日午正在其家午酌火
車自倭特路棧開當在十一點三十分逮收拾畢已十
一點二十分遂發電辭謝戌正十五分船行那歐布夫
婦請飯居時余偕内人乘車至伊𠀤坊第六十九號見
其夫婦坐談少頃入飯廳共卓賓主男女各八人酬酢
甚歡食畢登樓少坐謝歸自日俄起戰事英之男女無
不讚日兵之精而喜其屢勝我國中立余守緘默今日
飲間一少婦名何碧先詢余今日有所聞否余曰未也
渠言可惜俄久不勝且甚懸猜太教之在俄國云云此
語未聞英人道及者故與洋人談總宜以耳代口也
十六日甲午晴舊識英人狄本遜（前見）老夫婦均于客冬
辭世次女苿麗現三十歲與其兄狄班（現任駐紮波斯公使）分得
遺產後今春由利貞園之汗諾倭門移居伊屯臺第六
十七號之自置小房一所日前柬請今日申正至戌初
茶會申刻余偕内人帶孫女往獨居小樓三層後一小

方花園收拾雅潔遇他國公使夫婦及本國仕宦諸公
皆其父舊雨也
十七日乙未晴色爾那武樸夫婦約今日亥正在牛賁
街左之格拉第屯畫閣茶會余偕内人乘車往一切同
上年惟臺上演短劇三齣通場二男子婦女十六皆那
之戚友兒婦及女無伶人各著太古衣冠五色陸離彪
炳歌亦宛轉可聽子正始畢下樓夜餐客如蟻聚有坐
有立丑正回使館
十八日丙申晴本年三月初十日外務部具
奏補畫瑞士紅十字會原約謹擬
頒給駐英使臣全權
敕諭並請
批准保和公會畫押各款一摺奉
硃批依議欽此前于十五日奉到
敕諭敬謹譯成法文并各件備妥于今午親捧面交瑞士駐
英公使請其轉交瑞廷按所奉
敕諭係
皇帝敕諭記名副都統出使英國大臣張德彝朕惟

大瑞士國紅十字總會為環球善舉實深嘉許各國公議保
和會內紅十字會推廣水戰條約已派前駐俄使臣楊
儒畫押其陸戰條約亦應一體允認茲特命爾為全權
大臣辦理
入會事宜會商
大瑞士國駐英使臣知照總會補行畫押爾其敬謹將事毋
負委任特諭

卷十二終

四十

八述奇卷十三

鐵嶺張德彝在初隨筆　潘士魁校

光緒三十年五月十九日丁酉鎮日陰晴細雨不定涼爽特百里大主教達威森夫婦于今日四點至七點在朗貝宮中請茶會余偕內人乘車往問閣高大石堦寬敞然客多則地仄又值天陰欲雨所備酒果茶點長卓樂工一部皆列樓中是以樓之上下男女往來駢肩累跡絡繹不絕入正閒見達公夫婦後乃令伊女引導各處游覽經堂書庫皆華固樸素其樓亦然蓋二千年前之古房也游覽一周少食酒點握手謝歸惜未得入園一游

二十日戊戌晴時為英蘭初夏地椹盛結又名草果或紅果據云是果頗益於人食之可養神用之能除斑點美貌為婦女之夙願既憎面有黑點復虞粉面之夏季生斑其已斑點法可將此果切開擦於面或黃或黑之斑點自能消去久生者用果汁塗之半點鐘後熱水醮之亦有效果泥牙上擦之尤能令齒光潤淨白食之之法每晨未起之先一升地椹加錫食之日久神清而面潤

二十一日己亥、鎮日陰晴不定、申正、偕内人率孫女乘車至喀兜甘坊第六十八號赴雷瀾巴夫人家茶會、登樓見其母女、遇日本公使夫人及狄茱麗小姐等、客稀甚、鼓琴歌曲、列茶點於樓上一隅、用否任便、屋寬敞樸素而修飾部署幽潔、小茶會頗雅静、較大茶會、別有風味、陳設瓷器饒華彦、惟廳中鮮花一盆、下支木几、以一中國藍綉花女裙圍之、豈彼以為雅觀耶、

二十二日庚子、陰、涼、英蘭西南角寬倭府之西南臨海埃斯屯鎮、每年五月八日開跳舞會、曰花神會、洋名曰

二

苐洛拉代、預擇健童二三十名、翌早辰正、帽插鮮花、一童擊鼓前引、从童比肩隨之、齊歌古曲、遍游街市、未初、遍城男女官商聚於鎮之官堂、樂工奏古樂、男戴花、女執花、成對跳舞、或樓上、或院中、或園圃、男女老幼、歡樂終朝、仿古誌不忘古也、

二十三日辛丑、大晴、熱、申初、偕内人率孫女乘車西南行二十里、過太木斯江至德威芝村、赴德威芝學堂茶會、倫敦博物院東方書籍監督德格樂夫婦代請也、入見主人後、觀古油畫畢、遂之園中布帳、喫冰乳少許、復至學堂一游、房舍樸且潔、四百年前之土木也、小教堂臺前古墓一、四百年前伶人阿蘭葉優起家、晚歲建此學堂、給村中阿姓雛男女學習、供應周至、異姓者亦得與、但出脩金一半、餘則悉索學費、阿蘭死葬于此堂、旌其善舉、垂之不泯、學規教法斯地最良、至今列諸英蘭上等、額設生徒數百名、

二十四日壬寅、陰、聞昨教堂會中有兼萬生會之人名阿苐拉裏者、倡云猫非人家所必畜、而英國戶口以千萬計之、至少亦得猫六百萬頭、每頭年稅二先半、則一

三

年應進一千五百餘萬先、于官家不無小補、爾時男女之豢猫者、多辯駁之、故因循未達之議院、

二十五日癸卯、晴、熱、亥初二刻、偕内人乘車入卜静宮赴跳舞會、子初、國君君后、太子太子妃、王族宗戚二十餘兩兩步入、登臺後、對面樓上作樂、計跳六場、内則二喀得、五四瓦勒、自丑初一刻畢、主客飯堂夜餐、局面詳前、丑正一刻回使館、英表背匠工價、糊牆壁以紙捲計、工每捲一先至三四先、其長短闊狹不論、

二十六日甲辰、晴、熱如昨、費里墨夫人于其寓所請兩

日茶會、均限四點至七點鐘、月之十七日初期、余以事
未赴、今日申初偕内人率孫女乘車西行十四五里、至
喀木壟山、入喀木壟別墅、穿樓而過、乃見費公夫婦及
女、遂下堦入園、對樓樹蔭中暗列圓長卓椅、左右分部、
酒果糕點、冰乳加非、星羅棋布、樹下花間、隔數武即有
椅凳布帳、竹棚點綴、幽雅、備客所憩、中院藍衣樂工一
部、節節作樂、花種極多、紅紫黄三色海棠、瓣之巨如芍
藥而厚、酉初謝歸、順走海倫園、氣車、單雙馬敞車、左右
往來如連筒、馬步巡捕指示彈壓、路兩旁坐立之男女
稠如雨雲、

四

二十七日乙巳、晴、英人每當炎夏、多有以一種苡米水
解渴、英名巴爾蕾倭特爾、今皆漸飲賽得爾、前見僉謂此
酒不惟解渴、且益人、一不醉、二有滋味、故凡讌宴及酒
肆飲之者从婦女、飲酒者少、現亦有用以代水者、因其
力薄而甘也、

二十八日丙午、晴、熱而風甚爽、近有法人白鷗當新創
一種汽船、名曰平流無聲、洋名格來丁、形長方、長三丈
六尺、寬九尺、平底、底有如魚翅之分水五敞、其中心置
機器、馬力由十四至四十、每一點鐘速率自二十洋里
至六十、船尾僅坐一人、手扶小輪關鍵、與駛汽車者同、
開時汽足則分水動力與輪轉同、是為取法于魚、

二十九日丁未、晴、熱、未正二刻、偕内人帶孫女乘馬車
西行十四洋里、稍南、過鍈匠營黎池門村、至紅果山莊、
英名斯托貝里希拉、赴德斯坦男爵夫人別墅茶會、見
其夫婦與女、後于樓上走一周、陳設華美、骨董頗夥、樓
式倣宮殿、頂作雉堞、層層輦固、數百年前之一衛所也、
下樓入園、園極寬廣、花木整齊、白石甃地、細艸鋪氈、樹
徑崎嶇、不知以幾多頃數、正面設布帳、横長卓、帳外又

五

分列圓卓、環以小椅、滿羅酒果茶與小食、僕歐伺候、殷
勤酒後、別有所獻、如菸捲、摺箑等、扇畫紅果、以符地名、
後面印各節樂名、因樹下有紅衣藍衣樂工各一部也、
一日本畫師、未識其名、據樹下一卓、卓列五彩水、方一
尺之白緞、成堆、舉筆一揮、或花或鳥、活潑如生、且幅各
不同、洵可謂智生靈府、功在筆端矣、主人擬討客而贈、
奈悉索難供、男女爭求、得者僅數十人、又有義大里照
象人一名、經主人雇來、客欲在樹下花旁照者、皆可照

一頁、此等茶會、足云賞心樂事矣、

六月

初一日戊申、晴、哲爾奚伯爵夫人、今年仍請三日茶會、第一期、上月十二日、第二十九日、第三、今日、申初、偕內人帶孫女乘馬車西行十洋里、至敖斯得立圍、繞過花閒、馳過林表、樓前舍車登墖、直至門前、始晤其夫婦、即牽衣促坐、進酒食茶點、少食、地椹加非、轉入內間、見陳設多於前次、繼出後門、下石墖、入園、樹下花間、客如戰蟻、為坐為立、叟伴蒼松、童嬉弱柳、紅肥綠瘦、解語之花、樂度兩闋、日之夕矣、步回、出樓下、謝歸、同時車馬蟬聯、如河流之順軌、至通衢、始分馳、汽車隆隆、飛過若干乘、一瞥無蹤、速可知矣、路近倫敦、則遇子車、地道氣車、鐵道公車、電氣公車、鎮日往來、數十里間、甚便、

六

初二日己酉、晴、昨聞義國東南臨海之蕾斯城、名麻九者病歿、年甫二十三、因醫院治無良法、剖屍查驗、是人有二脊骨、胸穴左右各一心、左乾瘠、右肥壯、美國博物院以一千六百鎊、商購全骸、先付八百、死者陰壽及四十五、再足前款、據云二脊二心、自古希有、置之院中、將以炫奇、備攷也、

初三日庚戌、大晴、天熱而風和、較北京稍爽、申初、偕內人率孫女乘馬車西行約十洋里、至布蘭佛村大道、赴諾僧柏蘭公夫人府茶會、府號賽安堂、入大石門、一上立獅子、一古蹟也、繞行石徑、綠草茸茸、經小鐵橋、約二里許、始達石樓前、樓為白石造、式古、工堅、下車履墖登樓、迴環數進、達一敞間、晤諾公夫人、畢、步轉而下、出門入園、正面紅衣樂工一部、旁支布帳、帳內外列長卓圓卓椅凳、密布茶酒、鮮果糕點、加非、冰乳、檸檬水諸品、入茶點畢、循步環繞園中、老松皴雪、細草鋪茵、佳卉數英、小山累石、河流環抉、綠點荷錢、四五小舠、任人自櫂、玻璨煖房一所、橫作山字式、熱帶鮮花百種、芬郁其中、房前新巧水法、點綴之、計里步行、莫窮其境、誠鉅觀也、遙望樓下、男女如雲、園門樹陰中、汽車停百乘、馬車稅數百、車馬排比、長逾數里、他國公使夫婦、母女、多來游者、余又遇印度扎拉瓦爾王、回使館、時乙亥初、

七

初四日辛亥、晴、英例建修樓房、皆有專行、開工時、懸行牌于樓上、迺拆房亦有專行、懸牌書某行開設某處、專

辨折毀推倒各工等字、

初五日壬子、大晴熱、現東西各國得律風大盛、而英美兩國為之冠、聞紐約一行、機器已有五十六萬二千分、每分兩端各需一人、共一百一十二萬四千人、譬如每分之一端、使一人司之、用二分鐘、則必二十四點鐘中口不歇聲、連作八年零九個月、若一日僅司十二點鐘、更須十七年零六個月矣、倫敦國行共有六萬分、用人八百、每日所傳約百萬次、郵政局二萬分、人數未悉、凡業此者右手執器、以置左耳、久則一耳荒矣、左右兩耳

八

司聽、更迭為用、則彼此分主腦筋、氣無偏至、左耳勞則氣偏、氣偏則右耳之腦筋不靈、少婦傭工有謂如將左耳蒙巾四層、右耳始能敵之者、亦可憫也、總局中更有一人兼聽說寫三事者、壁懸總牌一、縱橫小筒三四百、各有號目、依其號志所達之區于號簿、其號小筒聲發、即將聽筒屬之而繫聽器于左耳、置說器于胸前、左手執紙、右手操筆、隨聽隨問、隨答隨寫、其工尤勞矣、

初六日癸丑、晴、聞英人司米士現年五旬餘、于二十四年前在諾廷杭城娶妻水氏、今亦及五旬、生三子、長子已二十一歲矣、上年司米士無事、移家伊斯班村、始與同居人巴安斯相識、水性本淫、人半百而心少艾、衣內別縫暗兜、以匿情書、私于巴、為夫所覺、且得情書兩函為證、以故夫妻反目、嗔謠詬孟、昕夕不休、乃強水同移柯裏墨爾莊、而水于翌晨仍回伊斯班、司怒以情書鳴於官、裁判離合、未斷、水氏情書得之報紙、錄之以佐軒渠、其詞曰、我的寶貝伊伍（巴之亂名）惜你我不得共榻而眠、深知你愛我眼珠黑而閃爍、奪魂人皆謂我淘氣頑皮、而我實在淘氣頑皮云云、又巴安斯致水氏函中有二

九

語、汝言我不情愛、我實愛之、我之魂夢當皆附在你身、我之性命亦賴爾得生也、

初七日甲寅、晴、涼、記倫敦凡守得律風女工、行中定規每禮拜作工五十四點鐘、乃一日九點鐘也、然每晨十點鐘至午後七點三十分始止、已多作半點鐘矣、而邇來擬定新章、每日加作半點鐘、至八點為度、雖禮拜六亦然、加工不加直、且所坐之椅不逮于人頭、上聽器太重、久則頭痛、左耳用之過當、多聾耳、新燈不火、致耗目力、復有黑書一本、（記過本也）苟多閑言、監工者執黑書強之畫

押、將來工價罰扣一先。聞某得律風行工女六十五名、遞公呈極言所苦、力求仍舊章、然他行女工已有允作十點鐘者、

初八日乙卯、天晴涼爽、未初、韓聞請在帕瑪街第百零四號之禮佛木會館早餐、一席賓主六人、遵館規也、凡會中人具餐請客、客座不逾六、主人而外、其四爲議紳瓦勒屯、乃五年前游歷中國者、十五年前法國駐華隨員阿美達、日本公使林董及卜魯夏里亞公使鄭蔻申刻興辭、十數日前、儲宮總管來信、言奉太子、太子妃諭、

十

七月二十日、卿令亥正三十分、在瑪柏樓府設茶會、請貴大臣與夫人屆時賁臨、太子設茶會、由此始也、會與王宮不同、故約柬所印之文字下有候去否之回信于婦女衣飾、則云同于朝會、于男子則云著晚服、黑膝襪褲、佩帶寶星、余乃著行裝、佩帶三國寶星、于亥正十分、偕内人金氏乘車至、入下車上階入大廳、太子與妃立於門内見客、與各茶會同、見時隨握手、男鞠躬、女乃請安、此次禮節可謂不上不下、參通計客不及二百、各國公使夫婦亦未全請、德、俄、土、韓、瑞士、瑞典、暹羅、波斯及

海地、巴西等各小國、均無其人、立至子初、禮官手執紙筆、言于子正請各國公使、各公使夫人屆時某國頭等公使扶太子妃、太子扶某國頭等公使夫人先行、其次兩兩隨後、步入東間、轉進飯堂、屋僅容設四圓卓作器形、每卓環坐八人、各國署使、本國男女、皆入西間立而自取酒食等于他處、茶會食畢、男女客如初禮騈入大廳、太子立西鄙、向衆閑談、太子妃立東鄙、令禮官招余攜金氏對立其前、叙談已久、丑刻、始陸續禮謝告辭、

初九日丙辰、晴涼、昨聞闊文特立街新立一瓦興杭會館、雖云男女聚會宴讌談天、然必會中人之妻及姊妹行、方得入門、一切會規未聞、第一日開門、公請茶會、男女客不下二千、又此館堂中樂工一部、每日自申正奏至丑正、以侑酒可徵其專爲歡樂酒食矣、

十一

初十日丁巳、晴爽、英國男女習跳舞、均有教習、衆教習亦立一會于梨池門邨樓、舍高廣、便歌舞也、彼中人士稱曰特爾卜奚綽廉譯爲歌舞女神之門徒、人有創新式跳舞、必經衆教習考演、是否得宜人身氣力有無損、

傷閘有人新創二十三式、或方城、或圓圈、或分節、或排橫、形勢不一、本月某日、會館一百二十八人演新、男女須服飾華麗、樂步相隨、俾人觀之不厭、

十一日戊午、稍陰、未初乘車至英太子府回事處書簿、謝其前日之茶會、西人畜犬以為玩物、不盡取其守夜也、犬性本馴、相傳有附書、銜衣救主、尋人之事、而西國犬有用以救傷兵、阻驚馬、追尋凍餒之夫、遺失之孩、聞之比德與義諸國創一法、教犬為巡捕、凡獵犬生半年、皆聚之一窠、使犬者教之、遣人裝成安分之土著及亂

法之匪徒、細使其辨明、街市打降者、犬竄于二人之間分之、如不解、則銜曳二人中之一人仆翻、可已、教演由巳初至酉正、每日辰初、戌初飼飲兩次、各犬分窠、時皆以類從、獸醫察其眼力、耳力、鼻嗅之力、并考其心肺骨節、容易教練否、教成能搜捉逃犯、兇徒、遇事馳報官所、是又勝於守夜矣、

十二日己未、晴、熱、按英例、戲園觀劇、男女著禮服、脫帽、與赴茶會、跳舞會同、在坐禁菸酒、閒談、每有新齣、必將戲文演法錄呈大法官審定、若與風俗有礙、或歌白作法未妥、乙改而後演、若通場不叶、可即禁止、重規疊矩、以固名譽、雜劇館則男女便衣、吸菸、喫酒、樓上有酒館、售茶點、客可任便上下、會晤女友、情人、歌舞曲文、官例不察、含垢納污、以開利源、一擒一縱、皆致財之用、蓋西人壹是法則、皆生于商務、政教則以利為根、文涉則以利為本、有商務、然後有政教、有商務、然後有文涉、我但于商務究其各項立法之由、則若網在綱矣、閒有不相比附者、亦與商務無礙、仍之、否則去之、即如雜劇館、其有害于人心風俗甚矣、曰禁不已之、曰可以致財、

十三日庚申、早陰、涼、午後細雨陣陣、戌初大雨、雷、英人司達禪、蘇格蘭、正東阿柏顛土著也、現年二十九、幼習文字、算法、地理、歷史、小成、十五歲改學石印、教習因其聰敏、勸令專工丹青、又入埃典柏大學堂一年、繪事得法、旋阿柏顛續廟堂牆壁十七處、各方丈二、畫皆故事、筆端精妙、既而游歷義法各國、偏訪名家、與之討論畫學、大進、今懸其畫兩大幅于帕瑪街第五十號瑪柏樓畫閣、待人品評、數日前、閣主毯那吉以柬約申初偕陳默之、白孚之、尹元輔往觀、鉅幅高丈五尺、寬九尺餘、為

耶穌幼年之故事一幅較小為蘇格蘭一老媼淡描濃染人物如生戊刻駐法參贊官文博亭溥來拜坐談極久

十四日辛酉陰涼英俗有千年至今不改者聞英蘭西南代文郡府霍呢屯鎮月之初八日西二十七明本地官商男女叢集中一人扮地主如役於牧師者戴三角絨冠著紅色半臂藍衫藍褲周純銀絲午正有老城傳信使立于墟場門外扮地主者高聲唱曰傾耳聽傾耳聽市節已成手套立起無人得戀手套既下方可行刑天保

十四

王廷唱畢男女齊和之如怒潮一湧旁夕市中擲桃栗榛諸硬殼果于眾中使之搶拾以為樂手套立起者長竿頂縛鍍金木手一立市上之老店簷前古例凡逋債者禮拜及各節期債主皆不得索償此手作為各禮拜各節期是日亦為一節人人安樂不使催債敗興也初日牛羊市次日移馬市滿城連樂兩日此事不知創于何年或云英王罕里第三之世已踵行之時在西歷一千二百十二年即南宋帝昺祥興十八年午後鹿大司農傳霖奏派出洋游歷之候選郎中陶在寬栗園又號九彪由法到英來拜

十五日壬戌陰涼酉正約文博亭陶九彪晚酌西國都會兵營亦畜鴿用備戰時由外達秘函曰信使亦曰家鳥萬言長幅縮影成一頁疊極窄緊繫鴿尾翎骨放回本國都城鴿巢鴿到作聲人收信用美食淨水犒其勞鴿靈甚能在半空定其所向雖三四千里不迷也每一分鐘飛三分里之一當中國一里

十六日癸亥晴倫敦一會館曰迺慎那蒂賴英克勒卜譯言民間飛禽會館館人以善畜鳥為事遂立賽鴿會

十五

集健鴿于距巢若干里外放回先至者贏後至者次之不為弋慕終得抵家者又次焉會中人循年捐十先半每期許賽三鴿外人欲賽按頭捐三先半此次之會西七月十八日即本月初六日英蘭南北各城鎮之名鴿集二千餘運至法西界之馬蘭乃城中隔英港南北至遠達二千數百里闊兩時法界天晴從鴿北飛而英港霧重鴿迷路力竭必墜海罕能達于英界即能之經十三日之驟雨當有曳尾塗中者故至今巢空英君壯美花一頭亦在其中

十七日甲子、早陰晴不定、午後淅瀝小雨、西人向謂牲畜一槽飲水則病易傳染、馬之流涎各證亦出于此、城中早有牲畜水槽、會集成鉅款公立、今創一水槽、槽中隔木、上出兩口如桶、二馬同槽而分飲、已在乩克黛橋、衛斯民司得街、及維克都里亞街三處試新、蓋皆大道通衢、車馬往來多處也、

十八日乙丑、早晴、申刻陰、西人無處不求簡而速、倫敦地下、早有火車、氣車、潔淨水管、電氣筒、商務風筒、信局氣筒、樓下地中、粗細空洞、蟠環已如蛛網、又創寄物氣筒、名曰卜努麻堤克秋布、每日通城之包件箱匣、可十分之八由筒寄、先造氣筒九十五洋里、收送物局、計一百五十、款須三百萬鎊、筒粗十二寸、足寄貓、狗、鳥、表、酒瓶、瓷器、及脆而易壞之物、每一點鐘、例行四十洋里、通城信件、由此至彼、尚須多時、況包匣之類、較信尤遲、客歲郵路不通信件、專人轉送者、不下百萬、費鉅而延時、包匣等件、一年四百萬、由此筒寄、可速與信同、寄物大小須與氣筒合式、免挾壓摺皺或破損、並謂此筒尤便於婦女購物、電致十里外某鋪、買某物、由傳電至收物、不及一點鐘、苟親身往、人未入家門、而物早到矣、各新報館皆有馬車、汽車、腳踏車百分、遠近分送、多有馬驚人跌之事、此筒出、則一館數百千張、一車足矣、郵政局有紅車千乘、氣筒皆可代之、就中省費頗夥、此筒造成、則各人各行、不僅省費、作事尤速也、

十九日丙寅、鎮日陰晴不定、曖人云、西國有種飯賊、英名的訥爾斯伊夫、倫敦西城一帶尤多、其騙食不一法、多可笑者、一人在某館食畢、步至櫃前、言多謝寶號之嘉餐、我腹中飢餓、賴人給食、無力償錢、館主問汝何翳我是食、荅曰、以貴館飲食著名也、言間已偷步至門、意將狂奔、館主度其必逃、隨言以手招巡捕、其人始懼、即時取錢以償、乃云此我旋家之火車費、無此我將步行遠路、累矣、館主笑云、如此一走、再食更開胃口、但是而今而後、再不敢伺候耳、又一人食畢至櫃前、先論飯價、隨指座間曰、我友將代付、堂倌回顧、其人已出門飛去、又一人飯後索加非、令開兩票、付錢時僅付加非飯票、則匿諸兜中、遂不承認、西城各飯店、每年被人詐騙、致賠百五十鎊至三百鎊不等、

二十日丁卯，晴，暖。倫敦一城善人公設之作工所，英名倭爾克萬斯，以濟貧民，老幼男女極多，如近本使館之賢馬力責作工所。人云便當舒適勝於住店。貧人初入必洗浴，脱舊衣換新衣，衣式與街市稍異，用別為某作工所中人。舊衣盛以布袋，記以號碼收他間。梳洗穿戴畢，有人引入一屋，醫官考驗身體氣力，按年力強弱列入一班。班有卧房，房內左右鐵床兩行，鋪被毛褥、白布兩層，式與醫院同。天寒無火，煖以氣管。即八年前在本使館經羅稷臣按在泰隨各屋者每早卯正喚醒，辰初齊至園中緩步游行片刻，分入飯堂早餐，男一邊，女一邊，女皆著藍衣白帽。食畢再入園中少坐，至巳初分處作工。午正大餐，燒牛肉、煮羊肉人各一盂，熟番薯若干，隨飯一盤，年老加牛肉茶一盌，軟麵包一盂。食畢仍作工。酉正工停，晚餐則各人麵包四兩、六兩、八兩不等，乳油、乳餅各五錢，茶一杯，或加非一盃。食畢入書房，或觀書，或看新報，或弄骨牌。戌正齊睡，十分後燭熄。夜間每隔兩點鐘有人秉燭查驗一次。子初又有人執紅酒一瓶，審視年老不睡者，傾一杯飲之，引其睡魔。他店每用滚水須喚人，此中各卧房門旁皆有龍嘴，冷水熱水取之任便，惟不備啤酒菸捲，惟年老不便遠求者有之。午後覺渴，准買一本士茶葉兩自瀹之。

廿八

二十一日戊辰，晴。聞魯伯街之魯伯王飯店一中國庖丁名阿魯克，打雜印度二人，一阿得堪，一印勾堪。前日口角，印度人以木杵傷阿魯克頭額，經巡捕捉獲，送入馬力責街之巡捕廳訊。時有曾到印度之英人哈他呢者作繙譯，衆以阿魯克能英語，遂問汝信上帝乎，急對曰不，汝孔子教耶，答曰新嘉坡，所答屢非所問，究不得知屬何教，遂令手舉一瓷碟，誓云吾則實言，不敢背信，言畢擲碎其碟，又云吾若謊言，則吾之魂魄與此碟同。其供云昨在廚作工時，畧與印度二人口角，二人齊言出去出去，我要煮菜未能應允，二人遂以木杵擊我云。醫官驗其傷痕露骨，罰二印度人各十先

二十二日己巳，晴。聞前于禮拜六日即前十八日早巴特溪區之賢米梱教堂中一婦名鄂碧蓮者，長裙花帽，太太如也，乃于禮衣房中開放箱櫃，閱其何為，曰我包探也，因見教堂左右有人窺探往來，故入內查驗云云。人見

廿九

箱已空、抽屜曳出、失去教士披氅九件、遂捉入官廳、一
訊而服、判定收監半年、并作苦工、
二十三日庚午、早雖微風、而大熱、似中伏、酉初陰而驟
雨、頃覺涼爽、前所敘之寄物氣筩、今又見新報內一則
云、筩有小孩患病、亦可由此筩將孩寄送某醫療治、逮
寄回時、必隨有藥方或藥水一瓶、或芥末膏一帖貼于
臍上云、
二十四日辛未、晴、近因天熱、西人亦論及男女飲食、謂
除作工之人、每日須用四五兩酸質生力者、如牛羊瘦

肉與雞蛋各味、并十四五兩之炭質作熱者、如糖、酒、牛
乳、肥肉各物及脂膏三兩、鹹鹽一兩外、其他事少之人、
皆須少用肉而多吃菜蔬、經名醫立一早晚三餐之菜
單、如早食冰涼甜瓜、炒雞蛋、烤麪包及茶、或加非午酌
麪包片挾黃瓜或熟雞蛋、薏米或鮮果、晚餐為凸起糕、
小扁豆捲、拌生菜、麪包片挾包穀、此等素食想皆非我
雅洲人所肎入口者也、
二十五日壬申、晴、昨所論之素食、英人云價廉物潔、即
如扁豆捲、用扁豆四兩、一本士、雞蛋二枚、二本士、碎麪
包二兩半、本士、切碎芹菜二小匙、一本士、乳油一兩一
本士、茴香菜、牛漆艸及鹽與椒面各少許、合半本士、合
計半先將扁豆洗淨、寬水煮熟、二十分鐘後、瀝乾、與各
粗相屑、俟涼、作片成捲、外刷雞子汁、黏以碎麪包、炰以
牛油、色變深黃、即可食、參作凸起糕、用果核半斤約三
本士、白麪半斤、二本士、大番薯一、蔥兩棵、共一本士、雞
蛋三枚、三本士、芸豆數枚、西紅柿一個、共五本士、奶油
半斤、六本士、椒面、鹽、荳蔻各少許、都一先八本士、先以
水二兩熬奶油、油水沸、洒入白麪、打成漿糊、立即取出、

置于煖處、待用、別用蔥與番薯及煮熟之芸豆入匀、以
脂油炒之、再將西紅柿果核、及煮熟之雞蛋切片、炒熟、
其椒末荳蔻與鹽攪入所炒各物內、和均、傾之麪糊、作
餡、包妥、刷以生雞子汁、鑪中烙三刻、取出、涼而後食、涼
拌包穀者、包穀半斤、三本士、半生菜兩棵、一本士、半水
芹菜一小捆、一本士、紅蘿蔔一個、一本士、煮熟雞蛋二
枚、二本士、共九本士、各切碎、加菜油、鹽、醋拌成、加少許
鮮牛乳汁、味尤佳、
二十六日癸酉、晴、涼、辰正、率眾恭隨向北恭拜

聖牌、行三跪九叩禮。酉正、樓上下設讌、合本使館之參隨繙譯供事等及各省學生之致敬者共五十餘人。外國上下樓、現興用自升梯、既省時刻、復養腿力、法國無論伊誰住、便用之、住戶鋪店均可安設。英亦任便設用、惟依定章每一梯、必專一人司之、照料人之上下、一免誤用、二則貧人可以多一衣食營幹。

二十七日甲戌、晴。英國酒價之昂、大小酒家無甚區別、茶館酒肆稍貴、客店飯店尤貴、客店一瓶、貴於茶館二先令至五先令不等、酒無異也。聞有時躉價計十二瓶僅二十四先令或三十先令、賣則一瓶十先令、蓋大店樓比宮殿、裝飾奢侈、以壯門面、耗費甚鉅、又各向酒行爭購、以備不時之需、存酒既豐、積壓本錢、不能不取償于售物也。

二十八日乙亥、晴、涼。倫敦大店諺云：拾金不昧者、所在多有、官法店規比例、信守并恐有誤招倈也。數日前、江邊薩外店中有美人夫婦挈女走、後女僕洒掃臥室見火爐前鐵盤內一白綾手帕、疊作囊形、取之、琤璁有聲、展開則鑽石戒指數枚、青藍寶石戒指一、鑽石珍珠頂圈一、鑽石教皇小帽一、金筆匣一、金表一、直共數千鎊、

三二

別一錢囊、藏英金鎊票五十、美鷹圓票一百二十、把玩再三、由喜而懼、乃交櫃房、櫃東說異、不知何時何人所失、前日駕康扒呢亞船赴紐約者耶、抑或他客之前宿於斯屋者耶、無從遂人詢之、正猶豫間、由美來電云第若干號屋中火爐前鐵盤遺有物件、如拾得乞留之、待赴倫敦來取云云。何日繳還、未聞。

二十九日丙子、陰晴不定。午初、駐法繙譯官恩福田、慶商務委員水孟庚鈞韶來拜。前年秋季參贊官周彝瀚、因居使館不便、遂偕其夫人并學生高恩洪、男僕祝樹堂、女婢翠英、在附近水晶宮之婁苓屯路第一號、租樓一所、一切床榻桌凳應用之陳設器具皆自備、直共一百數十鎊、寓將半年。十二月間、不知何由、高恩洪勸送男僕回國、上年夏、又不知何故、以翠英贈高恩洪、以故其夫人十二月杪患病、急請醫官郝桐岡診治、月餘稍可。本年正月移居城內、而婁苓屯之房不住、亦須按年付直、且所置器具亦無處措置、遂將房交高恩洪與翠英住。本月初間、二年房租將滿、高恩洪為之拍賣器皿百數十鎊之物、僅賣二十餘鎊、拍賣須報知地方官門

三三

外挂拍賣招牌，官收挂費八鎊，是百數十鎊之物甫用
年餘，祇得不及二十鎊之數。吾輩寄居外洋，不達洋語，
到處需人者，盍視此。

七月

初一日丁丑，早雨，未初晴。酉正約恩福田、水孟庚晚餐。
往年倫敦于讌宴、茶會、嫁娶、弔唁諸事，亦有用鮮花者，
讌宴不過卓面一二瓶花點綴而已。近年來花樣加新，
誇多鬬靡，如在圓卓面，則以鋏條為架，作中形，形分四
面，面各一鈎，皆滿攢鮮花，鈎下以紅緞繫一花籃，中
之中，墜于四鈎攢處，結一紅緞條作蝴蝶形，上下捆插鮮
花，五彩相間，高幾三尺。在長卓坐十四人、坐二十人者，
一式：中一圓花圈，左右各連以繩纏繫之鮮花綠葉，四
長圈平置卓面，統作形。一式：係繩花置作形，三撱
圓中各置一圓花圈，圈中又各立一高座金盆，盆插鮮
花，當中者高大，有耳如鑪，其高亦逾二尺，左右者稍小
而矮。三撱圓中二花繩十字交處，人各置鮮花兩盤。另
有三式，係以鋏條攢花，分立三墊。第一鋏條纏花作
形，頂上加一大花圈，架下左右鋪二扁花圈，四鈎上下

繫兩捆花，架下又纏花與長葉，統作形，左右者，鋏
條作形，條上纏花，下捆長葉，下鋪一扁圈花，上二鈎
繫花一捆，統作形。第二式與上三墊相似，當中者
鋏架作形，臨卓正中置花一墊，左右以花棍作籬
笆，向內上二鈎橫懸鮮花一縷，向外二長鈎各垂一花
籃，統作如此，高亦二尺餘。兩旁者狀類當中者之
半，其式如此。第三雖亦三墊，然較前二不同：當中
者二鋏條作葡萄枝，插真葉，綁真鬚，上挂葡萄兩串，當
中又斜插籬笆，下鋪綠葉，堆以他種鮮花，旁枝另垂鮮
花一籃，其式如此。左右者，下一金棍，小筐滿盛鮮
果，旁插一鋏條葡萄枝，上下挂葡萄三串，并飾以花葉，
其式如此。當中者高三尺，左右者亦各二尺餘。以
上僅述其三，其他種式頗多，然皆大同小異。至長卓坐
客數百者，多於卓中瓶瓶橫列鮮花，外於左右順鋪花
繩兩行或四行不等，其價自十先至六七八鎊，是請客
一二十，僅鮮花已費至五六十金矣。
初二日戊寅，晴。參贊官周攖瀚移住倫敦城內東北之
特英遍街，後其夫人因無人伺候，病復發，蓋英人已

遣回國、侍婢又歸嵩恩洪也、由房東代延英之御前名醫卜洛賁診治、因其食難下咽、不時嘔水、謂腸中有病、須破肚斷腸驗之、且病屬危殆、不治則限在二十四點鐘內必死、蓋謂此為英醫查得一種新症、係由前在華英醫德貞之子、年二十餘、因久不能食、一日竟斃、眾醫詫異之、遂開肚考查、始知其腸之業經填塞不動者八寸餘、乃謂惜早不知、苟得早知一日、開肚將填滿者割去、再行縫連、必定得生。稱瀚懼、謂若剖腹不甦、寧可病死、總以不割為妙、遂謝辭之、是醫索馬錢四鎊、竟合庫平銀三十六兩、幸當時房主僅告以華人、苟其知係恭贊、當索十鎊云。次日並未死、乃由駐比醫官陳劍航璋診治、半月而愈、周稱瀚擬效西人下鄉避暑

二六

之舉、今日赴英蘭東南臨海之佛克思屯地方、租房風掃煤渣眯黏眼珠、水洗巾拭、皆無效、旋廣後、就使館附近中等醫家求治、醫使仰卧、推開眼皮、以鑷挾出、索門脈錢六先、按時價合銀二兩四錢零。

初三日己卯、晴涼、入夜風、火車站之工役、有司車門察坐客者、收拾洒掃者、然燈者、膏油者、取送行李貨物者、昨聞卜萊屯地方工役盧益年二十五、推送貨物時、偷去雞蛋五枚、不及半先直、察出交入官廳、供云實因一時錯作、官判此雖小事、仍須重罰、以儆效尤、遂收監三個月、作苦工、又一彩畫匠瓦爾得、昨在佩斯投街、偷棺旁之花園被捉、判入囹圄六個禮拜

初四日庚辰、鎮日陰晴不定、未初細雨一陣、英下議院安廚竈售飲食、昕夕需用、隨時可辦、以便鄉紳、據云自西二月至七月二十三日、即前六月十一日、大賣小賣計共十萬零六千五百二十頓、就中早餐四萬八千八百九十一頓、晚飯二萬六千頓、午酌二萬五千頓、夜餐二百四十九頓、清晨茶點一百五十一頓、飯價收七千六百三十七鎊十六先十本士、酒直四千九百九十七鎊、於攙

二七

直六百九十七鎊、除人工辛金外、合賺六百餘鎊

初五日辛巳、陰涼、聞之英人云、目今婦女新出一洗浴法、謂可潤肌肉、法有三、一、日日洗浴、每晨用熱水多加澡醋以助力、浴畢香醋擦之、二、為補力澡水中加醋二升、樟腦一凷、大如核桃、丁香十二粒、花露水茴香碎桂枝各少許、浴一次可傳浴一禮拜、三、加醋二升、安息香一兩、二藥不同時傾入、須漸漸加之、別一法曰黃瓜澡、黃瓜四條擠汁二升、外洋黃瓜之大有如絲瓜者、熬半點鐘、入沙漏濾之、再加安息香一兩、時時分加水中、以之洗浴、可使

皮膚結實而輭云以上固近于褻姑妄聽之姑記之以見西國風土之一斑

初六日壬午陰涼倫敦各監牢樓房牀榻整潔書房存新報花園練體操教堂依期禮拜教士每食倡領謝天均與外同每日三餐肉麪菜蔬加非茶水睡食步行看報咸有定時且食雖給足但必量人之強弱依時察其氣色精神稱其身體輕重苟有變更或身輕而氣弱或面瘦而神衰則管監官眼同醫官調查而更張之每日飲食不適者酌改之損益之涼煖不合者遷移之被褥或添或減各事雖重犯之石屋亦必整潔涼煖合宜惟飲食散步皆有人監守屋中少瓷鐵器皿一防其行兇一防自盡

廿八

初七日癸未陰雨涼前初五日西八月五日英議院散值期因國君現赴某城令世爵某誦宣詞于上議院詞曰諭爾上下兩議院爵紳予依舊交好于各友邦予前赴丹京謁見丹王後至吉業會晤德皇兩國接待極見殷勤我國政府與法廷訂立公斷約章冀環球之關涉兩國利益各件皆可和平商結此項約章不獨于約中所言之件有益且立此一約英法人民亦可因此益睦也義德及日斯巴尼亞諸國我政府亦與訂立公斷約章以斷數案我國前與巴西自主國為吉阿那屬地疆界一事爭執不已現經義君判決數年積案遂得妥結義君判語如何奉行之處不久即設法辦理我國大軍之征討蘇梅里蘭者業將土酋痛懲除酌留兵士暫守各處為土人整頓防守事宜外我之軍士以及協同進勦之美尼雷克王之軍士皆已一律撤回俄日戰爭仍無已時言之可歎戰局初開時曾頒謹守局外之諭令我

廿九

臣民確守勿犯乃近忽出各案凡戰國應如何處置局外各國之商務須詳論此事與我國商務大有關繫惟望和衷辦結我之商利不因稍有所損至萬國公法所載局外各國應享之權利我政府必力助我人民以固之也整頓瑪賽鄰尼亞巡捕之條陳業已開辦各國派往之員亦已前赴指明各地段總其事者為吉貝雖斯該員調度有方將來必有成效可覩教產十分抽一之稅法亦經地方官再三斟酌不久即欲於某數縣中試辦政府諸大臣奏請脫屬法政司中應行選舉之法予

已批准照辦、此即為將來自治張本、所望自此以後、凡該屬之臣民、皆戮力同心、俾該屬從此大興、生民亦得安樂也。予之派兵赴藏、出于不得已、且與中國政府商明派兵之意、蓋欲藏人遵守一千八百九十年所訂之印藏條約耳。我兵一路前進時、藏人畧為攔阻、現已安抵拉薩。闢之至慰、并兵之健勇絕倫、于此可見。所望將來會同中國駐藏大臣與藏員開議後、即能就議、俾商務從此振興、而印藏交界之處、亦不復有轇轕之虞也。下議院宣詞曰、本年國中應用各款、汝等籌撥甚妥、予特致謝。又諭上下兩院爵紳曰、整頓軍政一事、汝等極注意、予見之甚喜、惟望照此辦法、足以增我兵力、捍衛我之土地也。准人賣酒之牙票、舊者如何減少、新者如何發領、新立之准人賣酒條例中、皆一一載及、實為近今法律中最善之條例、於業酒者之利益無礙、而戒酒之人、或可因此日多、街巷之間、或亦可益見安靖也。一千九百零二年頒行之學務條例、應如何舉行、無偏倚、俾英蘭及衛拉斯之啟蒙學堂、各孩童皆得獲益。業經議有條例、予已准其頒行矣。英法公斷約章中訂明之

三十

各項辦法、亦經汝等議立條例、允准照辦矣。通國店鋪應如何使之每日關門較早、業經議有條例、予已准其頒行矣。朕謹告辭、並祝上天保佑成功。散值議院大臣將散值之諭宣讀、議院迺散、須至本年十一月初三日再行開院。

初八日甲申、陰。倫敦各戲園、雜劇館、皆賣有戲單、洋名普婁格拉木。戲則數月或終年不改、雜戲亦多日不變。晝夜一律。戲園所印之式、一齣分二三四截、先總言男女何角、扮何人物、人物故典有極僻者、亦綴數語解之。再詳某截何事、何名、幾點鐘演起、某時休息幾分鐘。雜戲館單式大小十一二場、分場截印、第幾場某時演演何技藝、伶人某、或新到、或来自某國、有何新奇技能、尚有細瑣論說。或小戲某伶所排、本于何典、取何意。射影燈片何人撮影、何處景物、禽獸魚蟲来自何洲、一一註出。普用厚紙一頁、長七寸餘、寬逾六寸、其上館名、地名以及了事人名、并某年月日下一方圈、四周簇以彩花、中印所演一切、紙白字或黑、或藍、或綠、清楚整齊。後加三頁、用印他事、詳見後。外包一皮紙、尤厚、正面或印本園

三十一

之樓房景物或印他種五彩人物花卉鳥獸鮮明精工
如畫紙之中心結以一絲丁作八葛之小書詳書以一頁兩面爲
兩葛價皆半先閱畢多棄諸座邊戲園人應賣戲單者拾
匿私售遂于書角套一小銅環非撕破不能開卷
初九日乙酉陰晴不定各戲園及雜劇館之戲單册之
大小短長稍異而皆厚紙兩面印字其後三頁所印首
則關乎本園之事如總司事某甲如有信件請致其人
賣票處每日自巳正開至亥正座價包箱若干鎊由樓
頂立處至臺前池中一一註明自半先至十數先本園
開設某街第若干號得律風第若干號此單係某街某
行所印凡定座者可定至四個禮拜之內來信定座務
望座價一併寄來當日由會館飯店酒肆等處以電話
定座者至遲至九點三十分逾此則歸賣票處公賣本
園臺上一切衣冠彩具皆經某行包做并歸某樂火公
司保險料理臺上臺下園內園外各人名姓畫一點三
十分開門兩點開演夜七點三十分開門七點四十五
分開演園主本錢共百數十萬鎊通園電燈用某行者
本園帶售酒食處開清晚餐夜飯茶點加非價值又謹

三三二

遵地方官所諭八條一戲演畢須將各門大開便人齊
出二凡行人之路皆不得有閒人坐立三通園坐立之
處皆不得賣逾定額四一截演完園內各門須開以便
看戲者上下出入指去出恭吸烟茶點散步等五凡人所必由之路
以及樓梯之旁看戲人行走者皆須開敞不得稍有阻
步六演戲之間臺上景物須有更換當垂內簾以昭整
齊七每逢歌唱之際禁止吸菸八園中廊廡通路皆不
准存留衣服或懸挂帽氅看戲者偶因故喚人或請醫
生須將座號告知賣票房以便往來傳信物有遺失須
告知賣票房或致信與總辦散戲後如有遺忘之物須
暫存于賣票房或總辦房園中伺候各人若流率或鹵
莽無禮或於飲食諸物妄開錢數皆不得饒恕應行告
知總辦按章責懲本園一切規章如有不妥不便之處
尚望隨時指改之本園賣票房有喚傳信使之氣筒便
客人用并有得律風便往來傳言等款此外則印本園
著名優伶之小影一二并各處至園之馬車價及車行
章程半葛又印附近各客寓飯店酒肆之字號街名早
晚飯與散戲後夜餐之價值更有銀號酒鋪火柴鋪菸

三三三

捲鋪、點心鋪、香水鋪、淨水鋪、茶葉鋪、書鋪、藥鋪、叫貨鋪、賃車鋪、照相鋪、成衣鋪、脚踏車鋪、音樂曲譜鋪、書櫥木器鋪、婦女腰箍鋪、鞋鋪、帽鋪等等、皆詳其字號地名、此始印字局所附入者、常見各報刊有各鋪報單價直錢由鋪出、以此付之、則戲園刷單之費、當必減縮、是一舉兩得矣、

初十日丙戌、晴、前英人某甲畜小犬一頭、遇事外出、以日無多、又携帶不便、留犬于家、屬其妻豢養、其人去後、犬不飲不食、有時獨卧、有時樓之上下搜索、至七日、忽無蹤迹、執燈徧尋、至園中、犬仰斃于花下、又一駕公車之馬、馬本成對、前年船載其一赴斐洲軍營、此馬竟鎮日竄踶不食、一日奔出車廠、至某家之石牆、距立數武、眾意馬將越之、而馬竟以頭觸牆、裂顱而斃、噫、犬戀主、馬戀伴、獸亦有知者乎、而卒以捐生、其可感也夫、麝有香、鹿有茸、獵之疾、噬臍解角以求生、象有齒以焚身也、有拚一死不爲用者、印度人獵一象、象以四面皆人、無所逃、躍身入河、以頭入水不動、人以繩鉤牽曳于岸、則身冷而氣已絶、

三四

十一日丁亥、陰雨陣陣、英規弔唁之物、花圈或周四五六尺、花十字或高由二尺至四尺、此外更有花捆、其式一束鮮花、捆以花縧、英名闌芬卜開、意乃柩前花捆、別有數種象形與會意者、如船錨、乃贈水師兵官及關乎船廠、船塢、駛船、造船之人、立琴、洋名哈爾鋪、中一絃斷、意謂其人死、比琴絃斷、音不能調也、半段石柱、意謂如砥柱斯折、勢將傾也、有作扁桃形、為圈為片（西人畫心如桃）、指其誠心弔唁也、又有圈內或心中加矩形作ㄨ、蓋故者為三合會中人也、是會英名福立美森（詳見四述奇）、其錨、琴、石柱有高至四五尺者、花色尚白、葉與花之多少、及花之美惡、以別價之貴賤、至賤者五先、依次倍加、則至五六七鎊不等、

十二日戊子、陰雨陣陣、雷、聞前英君主維克都里亞逝時、各友邦并各屬地暨本國文武官商、皆購花圈以表親睦致敬之意、圈式不同、又有高大逾於常用者、即如葡萄牙王所購、用鮮花成王冕一、畧大於真冕、上立十字、旁繫白綾二縷、結作蝶形、下垂兩長條、一書一千九百二年正月二十二日、一書王名阿美里亞等字、美國

三五

總統馬勤禮所贈，則排花七層，當中直徑七尺，一花心，乃某公主所獻，高五尺，密密排花兩周，中心鋪葉為紙，以花攢由君主之痛心女所奉九字，又胡薩第七營各武官所獻者，乃以葉鋪作斧形，高六尺，以白花堆一王冕，冕下用他花堆君主二減筆字如押，再下堆一橫綫作乚形，白花作地，藍花攢胡薩第七營五字。

十三日己丑，陰雨如昨，涼。我國所云不茹葷、戒殺生也。邇來西人有謂水族昆蟲非葷物者，彼固謂是涼血動物耳，而失不殺生之旨矣。水中蟲、空氣蟲、動物植物中蟲，此蟲甚微，人所不見，西人以為飲水納氣不能絕于食素之人，故不以殺生為葷，而以熱血動物為葷。此不如終身不茹素之為愈也。然列國食品要亦不同，中國食蝗，食蒲中之蛹，夏日懸生肉于淨室，腐而蛆出，謂之肉芽。阿支里亞與阿爾比亞（二地皆在北斐洲）土人皆食蝗，且醃蝗為醬菜。墨洛扣（地在斐洲西北界）土人舂蝗蟲于臼，雜牛乳與棗，以成餅。巴來斯太音（地在雅洲土耳其）土人以油炸蝗。麻達夏斯嗒島（在印度洋）土人油炸蝗以拌飯，乃云味比炒蝦。希臘人喜食炸蜢，云勝於鵪鶉。堤墨爾島（地在太平洋）之

三十六

土人謂蜜蜂肥而甘，如蟲在桂樹則帶有異香。迨蠹化蜂，則美味盈齒。巴哈麻之喀婁來安羣島（地在太平洋西近雅洲）與吉阿那（地在南美洲之東北界）土人云別有一種繭，內黃蜂有異味。天文生拉蘭氏謂菜蟲味同杏仁，蜘蛛之味似桃核。前于西一千八百八十七年（即光緒十三年）巴里蟲學會中諸博士考蟲之可食者，如小黑菜蟲可以作羹湯，惜其法未傳。又云燹蟻乃美食。印度人喜食白蟻。吉阿那與巴西人皆喜食大紅蟻，或謂其味甜而稍酸云云。

十四日庚寅，微晴。倫敦西南隅瑤爾克路有李義者，本義大里籍，妻法郎西人，夫婦僑居美國東界伊里奴阿邦之開婁城。二年前生一女，名樂然，今春來此。女甚聰穎，習父之義言、母之法語，加以美之英言，出口無礙，且初學德文並西喇伯文。人云李為著名通事，達數國語。女將三歲，能英法義語，將來又一著名女通事矣。

十五日辛卯，微晴。英國貼長紅人溫特爾之子阿柏三年前年甫二十七歲，以貧故在伊樂佛輪船充火夫，由英蘭駛至澳洲東南界之梅勒班海口，舍船業，別覓生計。月前呈其母信，言在牛錫蘭島西界格拉呢的村礦

三十七

內傭工昨其母復得信則現獲七萬五千鎊將回故鄉聞其致富之由居臨木其秋呢河一日偶拾石擊水鳥覺石重審之乃金含之水晶也人爭購取遂得善價一飲一啄莫非前定信然

十六日壬辰晴英國一種糕名奎音斯鋪定譯為君主糕糕法用浸透麪包一椀雜乳油二兩生雞蛋二枚用錫多少隨意和為一乃以蜜漬鮮果實于圓瓷模用所和之麪包汁傾入模上覆以乳油紙鍊爐焙之或滾水煮之數刻已熟遇于玻璃碟涼而後食頗佳

十七日癸巳晴熱馬車易敝更致傷人汽車尤甚聞在英蘭一島一年內汽車損壞四百六十二傷人五百一十殞命者十三氣機腳踏車之自敗一百二十傷人一百三十殞命者四馬匹損傷三百三十二傷人三百三十七殞命者八馬車之自壞七千三百二十七傷人七千五百八十四殞命者一百九十

十八日甲午大晴熱聞在脫蘭斯瓦傭工白面人一萬三千一百七十四內粗工一千零三人均歷來僑居在斐洲東南一帶者此等人曰喀非爾現寄居之英人五百零八佔地六十二萬零四百二十三畝中有三十二萬八千五百五十二畝價值一十九萬三千一百三十六鎊橘子河一帶居人六百二十七內英人五百四十一佔地八十九萬八千四百二十九畝中有六十萬七千九百五十八畝乃五十二萬四千零一十二鎊買得者

十九日乙未晴暖見倫敦創一種兒戲曰蛇捕鳥六七男孩長者為首次頸次腹次尾凡年稚身短者以次遞下蛇形串成女孩六七四面飛舞為鳥蛇則取勢圍鳥圍得一鳥即以繩繫一石上捉盡而後已又一種戲未悉其名女童八四人練成一行前後計兩行外一女為逃者靈敏二女為捕者都十一人二女竭力捕逃而兩行人出法阻撓之得間遂圍困捕者捕者又以法避其阻解其圍仍追逃者逃者已獲乃編一逃一捕于前行後行前行後行更出一逃一捕留舊捕之一為新捕影後再獲逃者免其役附于行如是者周而復始

二十日丙申陰晴不定白晝暖入夜涼西國古有勇士稱商邊好平不平之事以故每遇英君即位例有一勇

士保之當國王加冕極樂堂開宴勇士鐵盔人鐵甲馬鐵甲突入舉利刃揚言曰加冕之王實為我國共戴有不順者來予與若鬭遂擲鐵手套於地衆默然王乃以金杯一滿酒捧與勇士勇士受杯釂而懷之二百年前某王酬某勇士地如干頃令其世守上年英君加冕厭其煩瑣先一日諭曰今日招汝見予與汝明日任差同予例賜爾金杯一汝其仍守汝田地往哉蓋不奉主諭不任差恐收回其地故也所弃歷代金杯甚夥是亦其世守之寶也

二十一日丁酉陰雨近聞倫敦城東太木斯江口臨海騷森村二少年創一種火料名曰拉顛他譯乃光亮也據云第一火力當煤氣三倍第二能吸炭氣養質以清天氣第三無煤氣臭味第四光等于煤火第五價同泥煤凷詳見述奇五且用之無窮但未詳何物所造耳

二十二日戊戌陰雨涼英皇宮副禮官曰洛爾禪柏林正禮官曰洛爾格蕾禪柏林係世職封有土地按其職掌衛斯民司得教堂鑰並堂中例行之大典如國君加冕伺候醴面更衣諸事此外他無所司百年前世爵某殁無子女二長適詹曼蕾侯次安喀色伯英俗長幼相視皆平等女壻與子無親疏于是詹安二人互分其封地與遺產前君主維克都里亞加冕迺互爭其職蓋羨是官之尊崇且保其已分之地不致撤回也官議定輪流任職乃先詹係今係適倭加冕又以爭英君言禮期已近官定尚需時日姑仍之如何輪值以俟將來遂後安伯而二爵爭差今尚未已也

二十三日己亥陰涼倫敦凡設跳舞會聽樂聽曲茶會并專為晤尊貴之客者不僅門內樓上至客廳飲廳梯之左右闌干被以鮮花更有以花飾大廳大爐上高鏡者若鏡高丈餘寬七八尺有以花作月門形者龕形者皆左右以花枝作籬笆下堆花整上懸花球纍纍花條縷縷者亦有將屋角以花枝作籬笆作月門上以彩絲繫花捆下置花卉盆盆者以上皆隨時定價關乎花多葉多人工物料如何也然為之設想其價亦必由十數鎊至數十鎊耳

二十四日庚子晴昨見新報一則題曰毋醉子其事出于諾爾烏莊之北衛得路管船人海波安遠出一日其

妻携四歲子飯館早餐、殽鴨肉、酒則香賓、食間子報渴、母以酒代茗、舉杯飲子、子初畏酒烈、既乃甘之、三飲眼合、隱几而睡、遂仆于椅下、僵卧不動、巡捕逮婦面官、訊明、罰婦十鎊、飭將孩交官差看養、俟海波安放洋回、迺交還、

二十五日辛丑晴、西人朝夕用恩力、莫製造生新法、藉以專利、汽車用石油、氣味熏蒸、嗅之難忍、創得一種香水、滴少許于油櫃中、車開氣出、味清而潔、物良價省、遂通行、

四二

二十六日壬寅晴、聞英宮侍衛冠武者年八十五、日前病歿、遺產約四萬四千六百八十七鎊、病革時自知不起、遂留遺書、以一萬五千鎊施助救夫薩勒木蓋洋名之眼疾醫院也、英京米得賽醫院如其數、衛斯民司得眼科醫院萬鎊、餘則助某善堂、是人偏重眼科、豈其老年目瞶、醫之得效耶、

二十七日癸卯早晴、午後陰、微雨陣陣、倫敦巡捕學堂、亦非日日上課、充此役者、必周知所司之規矩、而心靈手敏、勤奮稱職、是則得之、口授、故每百名每禮拜教練三次、有時出題面試、詢以遇某案應如何辦理、俾其所答、別以差等、而依次傳補之、

二十八日甲辰鎮日陰雨冷、聞江邊薩外店中住一六歲幼女、其名未詳、前早偕其保母乘車街游、至法答歙弄、見一鋪有碧玉鳥四十五小籠、要保母盡購之、置諸車、商于鋪主、遣鋪夥步車後、到店取直、直五鎊、餘鋪夥將籠運上樓、迺言籠粗、是宜精工鳥籠方足玩賞、如用之、本鋪可置辦、女不答、而迫之去、母歸以愛女故、并保母亦不加責、頑未曉女收羣鳥之意、次早女使人送籠

四三

于店後園中、陸續開籠放之、衆鳥高飛去、或聲在樹間、或迴首自舒翎、悵悵乎其何之、一鳥急于逃生、猛脫籠觸玻璃窗上、裂頭折頸死、比時店客與僕婢及鄰居旅人之年幼者、爭入鳥羣、四十五鳥半被捕回、女之母女之保母、若因女之惜生耶、奚不禁從人所為、

二十九日乙巳晴、西人不信鬼祟、遇之畏懼尤甚、聞在蘭喀晒府之戟活蘭村地在英蘭西北界臨海、饒古房、一家卧室臨某教堂塋地、不知何時屋中突有巨石、人力不能全移、黎明寂然、旁晚而厲聲作、叫號中以物敲墻、斯墻紙、

戓掀牆灰、設有不信而起意冥搜者、則四面飛石夾擊、退而後已、不知是何鬼魅、地方官巴斯特欲往詳審、而心先畏葸、約鄰村某甲與偕、將入門、則魒魒有聲、巴急回時、兩手十指交插而不開、如被拑踠而哀懇、始得解、今已半月、罕有過其門者、

三十日丙午、晴、聞前于西八月二十日、即本月初十日在英蘭又有小鴿賽飛會、鴿皆三四個月之雛、由柴晒納克晒司鐸埔朗喀晒、司達晒等府、以上各府皆在英蘭正西界共集小鴿三萬餘頭、會于英蘭西南界色墨賽府之巴斯城、據云路至遠者由巴城飛回本鄉、須二百餘英里、鴿小力孱、遇順風則勢若鴻毛、若逆風、需七八小時、抵巢尾翛翛、音嘵嘵矣、其鴿先飛至奪標贏錢若干、皆未聞、聞他處亦有此會、四五月之雛、鈤能于七點零三十分工夫飛三百一十英里、則雛鴿亦有健者、

四十四

八月

初一日丁未、晴、英俗嫁娶、以進堂成禮之日為婚期、近來花費益加、花籃花捆之外、更有花手護、洋名摩芙西俗天寒、婦女每以皮作筒、叉手其中取煖、茲複筒外鋪花芬芳華麗、每筒一鎊一先至二鎊半、又種提結花、洋名阿來三德卜凱、乃鮮花十數朵、以枝葉結成一排、作◯形、錦縧兩條、一繫肘前、一繫腕下、所以令手閒、不為花捆累、亦二鎊至三四鎊、花捆又名花球、其式不一、率皆綢條束花十數朵至數十朵而已、名則戓那歐斯該、戓樸希戓收爾戓維克都里亞收爾、價則由一鎊至十鎊半、是皆新娘應用者、其伴新娘女儐、若不執花捆、則拄一花杖、洋名晒坡爾代斯克路克、譯為女牧童之鈎杖、杖ʕ形、鈎下以縧結花一捆、價由十五先至三吉唲、

四十五

按此戓鈎杖、乃英之牧童用以捉羊者、富官之新娘背後二侍童、洋名珮芝者為之提抽襞尾、二童各拄一花丨條一直丨中、以綢條結花一捆、價由十五先至二鎊二先、英人新夫婦啟程鄉游時、戚友有擲米散花之戲、花米需筐盛、人乃編花於筐以售之、價亦由十先至二吉唲、又新夫婦出門登車、女儐例拋靸鞋、古俗取吉祥也、今來花作鞋形、以代之、意取雅相、價至賤者一弓亦索十五先、吉禮尚白色、專用白玫瑰各花、價固不賤也、一笑、

初二日戊申、晴、英俗新夫婦入堂禮成時、堂內鳴樓頂
之鐘以賀喜、富室於鐘外滿飾鮮花、價鎊餘或范銀鐘、
四面滿被鮮花彩綵、懸之堂門內者、價則四鎊至六鎊、
更有堂內正面經臺、通堂四壁戶牖闌杆、盡飾白綠兩
色鮮花、花價至賤者六吉呢、聞上年英王約法總統觀
劇、以鮮花飾戲樓、由下而上五層、層橫五圈、闌杆門壁
既懸花萼、柱亦簇鮮葩、纏之價之貴可知矣、
初三日己酉、晴、英國富豪新婚、又有于花萼飾樓而外、
大廳正中作一花棚、夫婦駢立棚下、棚頂正面作∞式
上以白玫瑰朵朵結串、下以花作⌣形、橫垂半空、用花
逾萬、人工精絕、價未詳、恐不僅十數鎊也、車夫跟役胸
前白花、大小不同、價則每束由一先至五先、有于成禮
日每客贈鮮花一小束、每百束由二鎊至五鎊
初四日庚戌、晴、倫敦男女多插小束鮮花于胸前、男之
束名柏比侯勒、譯乃鈕孔也、束既小而花祗一朵、花鋪
售價半先至二先、較街市花婆售價一本士者、但修飾
整潔耳、婦女所用花香朵大、價一先至七先半、英倫地
窄房多、各家無隙地栽花、多以綠油長方木盒種植、橫

四五

列窗外、以故花之多寡不同、鋪售四季异宜、價由四五
先至一二鎊不一、
初五日辛亥、陰雨陣陣、涼、現聞有老嫗部克萊在伊奈
區設一學堂、名曰妻學、專教幼女學治家之法、大畧謂
須知其所應知、及經紀理財各要題、據云其教法、乃使
幼女與之同居、交女若干鎊、設為其夫一年所得者、譬
如二百五十鎊、以如何使用方得綽裕而無支絀、先籌
一年應付之租款稅責、再則逐月逐日應用之肉菜米
穀、成衣、僕婢以及保險并休息諸日之游玩所費各款
均為預算、每禮拜之食用、按人僅費十先半、錢固不多、
而每日早餐、夫肉食、妻則粗食二三色、飽而已矣、夫若
朝朝出門理事、妻則每晚自行點染、飽食而必備美餐
以待夫歸、周年衣服雖女自做、其外仍備二十鎊、以便
置買鞋帽外氅、其夫亦給二十鎊、作衣履費、每禮拜一
切用款之細帳、皆須計算裕如、按日并領赴肉菜等鋪、
指示何所應用須買若干、按以上之教法、雖生母罕有
如是者、且西國婦女、苟皆如是教養、尚慮不有三從四
德耶、

四六

初六日壬子晴昨日所聞英創妻學館係專授以掌家政理財一年節儉之法聞法國亦仿之凡幼女入學以十二歲至十五歲為率學期百日于持家針綫補綻廚工燒煮及婦女分所應知之事無論貧富一生皆宜切記者歐人曰加此教法凡為婦者皆善理家云

初七日癸丑晴馬性最靈已于東西各國馬戲見之矣茲聞德京一叟萬諾森數年前由俄中界得一爲騅命名曰汗斯目善識心善悟云能分字之點畫能計算能辨色能分時刻能別曲文能識人面能解人語如六人

四八

排立馬前每人身上號以一二三四五六叟指六人中一人之小照問馬曰此為誰馬以蹄敲地者三咸審之則六人中第三人也舉表示馬問是何時若四點半馬則先以蹄敲地四少息再敲六主人以白粉畫一橫于黑牌纖而以指抹分為二為三為四為五為六為七為八為九為十末又拭去其半問馬曰此橫線我共分為若干馬遂以蹄敲地者五

初八日甲寅陰晴不定涼西國地中鐵軌英國蘇格蘭人馬都鈉所創現英法美及瑞士四國有之法京巴里軌長八洋里半倫敦十八洋里瑞士東南界之新卜崙及賢高薩二地共長二十一洋里半美國紐約長三十洋里美之樓房極高九層十層高至三十丈鐵道地窟深雖五六尺半用鐵架支撐峙立不陷然亦險矣倫敦地軌各站僅有新報攤間設酒食糖果小鋪而美國則各行貨鋪與地面街市同

四九

卷十三終

八述奇卷十四

鐵嶺張德彝在初隨筆

池士魁校

光緒三十年八月初九日乙卯、晴、暖、南美洲西北角之克倫比亞國、四百年前土著曰赤卜叉、亦有酋長、屬地近山有湖、曰瓜他威他聖湖、每歲酋長兩次祭、時先以膠水浴身、遍敷金屑、隱於小山後、人衆肅立湖邊、斯須齊聲高呼山巔、乃來一金人、緩步而下、獨立石上、祝禱數語畢、遂登舟、教僧隨侍、舟中滿納黃金、至湖心、僧舉旗焚香、仰天祝畢、主祭者拋金寶于水、以贖罪、意謂每一次祭、則酋長以下半年應獲之罪、天神免之、乃維舟登岸、齊奏樂、聚飲終朝而散、歷世沿行、明宏治中、乃經日斯巴尼亞人隗賽達爭得其地、獲酋長薩計霸、酷刑以訊藏金之所、薩至死不言、後聞苦日人苛索、盡棄其金于湖、湖深二百十四尺、日人擬將附近山隙鑿寬瀉水、工多費鉅、始瀉至一丈五尺、得見湖底金光、方籌畫取法、乃隔夜泉水暴發、溢如前、事遂寢、至西歷一千八百十年（中嘉慶十五年）、部人博立瓦爾背日自立為民主、彼時人分兩種、其數相敵、居地總名柏勾達、土著赤卜叉種居山野、日斯巴尼亞之遺種居中、各守湖而處、三年前、英人賄克廷允其撈金、用鍊筒及各機器洩水、湖遂日淺、或冀有成、據云水中金銀寶石直應一萬萬鎊、

一

初十日丙辰、大晴、美國卜立芝坡醫院、現有大磁石一、出供外科之用、石高五尺、圍不及四尺、重五百七十觔、設人患目疾、疾為鋼絲、愈長愈礙視、乃坐之石旁、頭枕石頂尖、令石氣遍達、取半尺長之鋼針數條、放于病目四圍、因吸力不落、少頃目中鋼絲隨針拔去、

十一日丁巳、晴、暖、現聞美國紐約城內第五條大街（該城街巷無名而以數名、詳見再述奇）、新開大店一座、名曰賢樂極、據云房及裝飾等項、計五百五十萬鎊、器皿直三十萬鎊、樓高十八層、大小屋三百間、上下盡法防火險、凡大廳廊廡、皆甃以白玉石、各處備極奢華、彩緞花絨糊屋壁地氈、皆在法國定織、每間設一隨天氣之自鳴鐘、牀榻有直二千鎊者、洗浴堂應用諸物及床椅類、皆錯以白金、書房儲書二千一百五十卷、居停客若費用從容、年須二萬鎊、飯廳只容五百座、開張日竟坐男女萬人、開此店者、富翁阿斯安、是店人稱之曰霍台佛米連內爾斯譯

二

言店為富翁設、蓋非大富翁不能寓此也、
十二日戊午、晴、華人詳夢、以子正之夢為正夢、英人則
主黎明將醒之夢、周公解夢書中國好事者為之、英則
有毛那太太解夢小書、比來葛林又著解夢一册、售三
本士、葛善為人解夢、訪而求解、價以一本士、昨聞有幼
女夢杜鵑連嘵五聲、往告于葛、葛曰嘵五聲者五年外
方得嘉耦也
十三日己未、晴、英國蘋果樹約二千萬棵、多為春霜夏
蟲所損、每年蓺樹家所虧耗甚鉅、英屬之加那他及美

三

國有無核平果、不畏霜、不生蟲、擬由加那他各地、取新
樹、船運來英、眾果園已爭先購定、苟非遷地弗良、舊樹
易為新矣、倫敦無核橘子亦美、產初到時、盛以玻璃匣、
一枚索一先半、無核平果將來上市、一枚必二先半矣、
入夜雨、
十四日庚申、早陰、午後雨、華人水試雞鴨卵、審其下沉
者為新、上浮者非新、無能考其已經若干日也、西國近
得一法、謂卵之殼空日久、愈凹而臍愈輕、法用淨水一
盃、洒以粗塩、用匙遞添、增水至鹹、而下塩不融為止、至

新之卵沉下直立、或卧而不偏、逾三五日者、空邊懸起
二十度、八日者四十五度、十四日者六十度、三禮拜者
七十五度、一月者浮矣、鋪中辨其新舊、燈下逐枚映之、
空殼淺深畢見、故大小雖一、而新陳價殊、又謂置卵于
燥地、殼易空、外敷以油、則外熯不入、內氣不洩、可以經
久、
十五日辛酉、早晴、午後陰雨、遂陣、入夜晴、巳刻館中團
拜賀節、酉正上下設讌八卓、參隨繙譯供事及留學諸
生同時歡飲、度中秋、各國公使駐紮北京以來、華人罕

四

有赴彼乞錢者、諒庚子以後、庚癸之呼、更難達其限界
矣、余自抵英、英人男女屢有乞求、或函或續粗紙一方、
或筆頭一合、或撮影景物一幅、或小書一册、不可勝數、
余以數先酬之、而歸其物、甚或贈一枚金鎊、憶八年前
修使館、余輩暫移不聰街苐八號、今則居停主人之妻
來樓下、鉛筆作書、謂房期將滿、無力付租、望賜數鎊以
濟急、不則流離失所、或入作工局、諒非仁人所忍聞也、
余不可辭、即交洋僕兩鎊周之、
十六日壬戌、晴、聞英蘭西南角臨海格拉莫爾干府有

鬼曰屯堵魑魅、一日某甲夜午獨行于伊呢翔得煤礦旁之小巷、還望面前一鬼、其人雖壯亦胆怯、周身倏寒倏熱、毛竦注目、鬼身細高、白衣矗立不動、戴皺紋紙帽、面色如灰、兩目凹深成筒、筒尾睛光炯炯發綠鉄、一瞬閒忽突而前、約距人二十碼、止、向某甲遲遲然舒其長臂、甲畏極欲逃、已手足酥輭、鬼手遍身而摟之、如被蛇纏、竭力爭脫不得、但其臂有形無質、如烟如氣、少息盡力一捽、則空空如矣、西人若不信鬼、何以屢著有鬼論歟、

五

十七日癸亥、晴、見西國新創傳音花片、價則與常用花片無甚區別、乃片上隨意印用者小照、鋪中售圜形膠質收音紙、紙名的斯克、收成各項語言、如賀禧、賀節、賀年、祝壽、致謝、問候、以及戲語、激語之類、擇其相合者購而置諸片上、收到時、祇見人影、別無所觀、及鑽孔教傳音筒上、筒轉言出、如晤對、但語音與小照多有未合耳、趣甚、

十八日甲子、晴、男女同浴、日本多有、漸知其有傷風化、爰効他國之分浴、聞本年夏閒、英在騷桑屯海口、添設男女同浴池室、每禮拜一日一次、三個月內計十三天、較每年多進三十三鎊、男女洗浴者多加一千二百七十人、據云明年夏季、擬每禮拜內改設兩次、若此風一開、初年一次、明年兩次、將來以次遞加、漫無限制、非善舉也、

十九日乙丑、微霧、英俗安葬、以繩繫柩下之由來已久、守儉約也、近有富室別創一法、一不經日曬、二無人敲喧鬧聲、三為壯觀、瞻法於穴之左右邊安鏁輪二、二輪同纏絨繩兩條、穩柩於其上、左輪中一鋸齒輪、其下又

六

一小鋸齒輪、旁有關鍵鏁柄、其大輪高僅尺餘、穴上四周鋪以青綠枝葉、穴左右二尺外、立一長方木架、高距地面一尺六寸、架上覆以綠絨、或布、布上密灑鮮花、中置一金十字、統作形、頗似柩罩、西人名其架曰花幕、一人用手一曳輪上鏁柄、柩遂悄然而下、

二十日丙寅、大晴、中國婦女間有喜養鸚鵡、白鴿、貓犬之屬、未有如西國婦女所愛之多而奇者、如英老君主愛畜犬鳥多種、并日本公雞、今后阿來三德亞幷愛白鴿、碧玉鳥各羽族、太子妃亦爾、他如喜養天鵝及貓犬

猴馬各禽類之貝達佛夫人、最愛鷹之馬柏婁公夫人、專喜碧玉鳥之卜慶杭公夫人、愛羊之伯爵柯慈夫人、喜養大小犬狗數十之伯爵吳義威夫人、皆著名世家、其喜蚌蝌龜蟲之婦女、前已述及、

二十一日丁卯、微陰、美國別一種賭具、現傳至倫敦、用墨西哥一種花殼蟲、其殼頃刻變色、忽金忽銀、忽光忽闇、物觸之即迸起尺餘、無論落于何地、必在原處二三寸外、賭者畫一圓圈于卓面中心、外分六格、號以由一至六之數、每人任意置錢于六數中之一、放蟲於圈中、一人以小棍觸之、蟲迸起、落于某格、則某格勝、西人禁賭不嚴、是亦政教上缺事、

七

二十二日戊辰、陰雨、西國救火法、已屬盡善、然苦無避烟妙法、救火者、烟中不能持久、近法人創一法、名曰不至窒悶、乃一小袋、盛養氣、口含一端、養氣生于袋、能令人口中管自開閉、其開閉機件之壓力、足使放氣袋內所收之空氣、吸入藏鈸鑄器內、所放之養氣、同計爾發吸氣機、用鈸鑄者、意在吸收空氣中之炭強氣、炭強氣盡、空氣乃淨、惟此一收一吸之間、空氣變熱、須入冷氣管、由冷氣管再迴入于中之吸氣管、一路運行、詩、即能吸足所放之養氣、以供人呼吸、正氣足、人可往來濃烟中、至少三十分之久、

二十三日己巳、早霧、午後雨、華人食狗肉、有燒有煮、貧民乞丐之食也、西國則多偏嗜之、名曰坡台得多格、譯言桶中狗、因煮而入于桶罐中、得名、現聞柏林保養生靈會議、將禁止、以蓄畜犬類、憶庚子秋、義人以槍斃犬、殆為口腹計也、

二十四日庚午、陰、聞昨在都倭街、新立一婦女會館、人雖無多、家皆仕宦、且擅文學、音樂、繪畫諸藝、始得入、朝夕聚首、互究才能、美國正南界太克薩邦之三安特牛城、又有婦女自盡會館、規入法未詳、諒皆浮華左道之婦耳、廣東順德之七姊妹、將毋同、一日巡捕見婦人巷中來往、困囹然、狀如失魂、詢之、謂自盡會侵早掣籤、循會規、婦應自盡、然甚惜生也、若違會章、會中各友皆能設法致之死、求生無路、故往來忖度也、夫西國無君黨、掣籤使行刺、未必死也、且可背而逃也、逃而被捉、禁錮終身耳、此婦之會、翳可慘矣、亦何取意而入會耶、識者

八

曰此必有故、
二十五日辛未、陰、昨見英日報一則、云乂土指德國、英名發爾
蘭達各學堂、一切規模尤屬完備、每日有龢操、又有灌澡、
年壯者一禮拜三四次、年幼則至少一次、諸生身龢健
而潔、信為有益、將來雖較英蘭諸兄弟院中嬉戲之時
少、無礙也、各生身體、官醫年驗三次、精神氣力盈朒、筆
諸册、并令諸生之父母知之、官為設法教養、尤加意于
貧生、灌澡乃屋中方池一、不過深、上懸田形溫水鐵管、
每二尺強垂一形噴壺、人立其下、水如雨注、則自頂
及踵皆滌淨

九

二十六日壬申、早陰、酉初風雨交加、西律自無姦案、故
不立強姦、順姦名目、官報無所登、私報亦無、月旦惟新
報中頻錄之、即如西九月十四日即本月初五日之日、報英名
代里美勒、連述兩段、一在哈斯丁莊羅柏森巷第十七
號、姓敖萊之母女、向分間而寢、昨晚女謂母曰、此間臥
室衣櫥足容一人立、母曰、毋妄語、母多疑、女遂啟櫥視
之、無人、繼而屈身窺牀下、一人蹲踞焉、女不懼、陽作入
別間、實下樓呼巡捕、而牀下人尾之、將至門、被同居一
男捉住、巡捕來、問其姓、曰米晒勒、問何以擅入他人室、
對以誤認為己家、經官判收監一禮拜、此女明知其故
而不宣、卒以捉賊、可謂膽壯、又一女名石莫爾、年十六、
寄居坡自葦村茅店、夜半醒時、覺一男旁臥、問為誰、乃
笑而遁、一幼女年十五、名瓦喀木、某夜被一男抱醒、別
一女年亦十六、名李立、某夜半夢境迷離、覺一男伏于
身、報中僅此數語、蓋有欲言而不言者、
二十七日癸酉、陰、聞英國扎克森與米池甘兩監、新定
寬待監犯、准其每日應作之事畢、吸菸捲、准其一月內
致戚友三四函信、喜食之物、准其自購、或由戚友遺贈、
衫褂鞋襪、准其買著鮮美者、惟于每禮拜及放工之日、
方得服用、以平日作工易汙也、每日作工、若逾應作之
數、工價贏餘、准用之別作生涯、以權子母、數月前、公製
印字機一分、每禮拜集小新報一篇、印而售之、計月分
利、報名卜洛敦敖、特意為闊克、如有著作及所見所聞、
并准其責于各報館、監中陳書卷盛、任好學者觀誦、
二十八日甲戌、早雨、午後雨止、仍陰、聞昨日安格蕾溪
衛所英仕家住所名拍賣某侯爵遺產、有電信兩頁、一為國君

十

答電印六字、云君謝汝之慶祝、竟售七十鎊、一為君后阿來三德亞答電印十三字、云君后深謝侯爵弔慰本后之煩惱、亦拍至六十六鎊、或云此物翔貴之由、不惟君與后之言可實、而嵌此兩紙、乃鍍金銀架、其花押勇號等更飾以鑽石也。

二十九日乙亥、晴。英俗戚友為新娘添妝者、微物表情而已、雖為數無幾、然就中優劣不同、關于女家門第及戚友之疏密、其薄者所應用之物、零星以千計、不可枚舉、厚者為首飾、金銀珠寶、直有數十鎊至百餘鎊者。英

俗新夫婦成禮鄉遊後、皆自樹門牆、料理一切、以故添妝戚友別翻新樣、遂送卓椅陳設、罈鏡器皿之類、之為屋中所必須者、不惟受者省心力、而與者尤省財力。

九月

初一日丙子、晴。英人禧在明（見四述奇）久居中國、語言文字既已通曉、而尤講求風俗禮節、妻早故、遺子女各一、子入水師學堂、一日禧自外歸、子偃卧長椅、口含雪茄菸、而言曰汝回耶、安好耶、禧怒子之無禮也、責之曰、爾向誰說話、其子曰、來無他人、非汝而誰、禧曰、爾當起立、躬身而言、爾在兵船向長官言時、應必起立、況我為爾父、敬父不與敬長同耶、爾將曰我之尊貴反不如轄爾之長官耶、其女立旁笑曰、父在中國多年、染華俗矣、禧曰、我非願學華規、惟其有理、故喜從之、二蟲又何知。

初二日丁丑、白晝陰、入夜雨。西國男女最重情愛、而必兩人情愛暗投、始言婚配、以致藉物調情、或關於調情物、各鋪競作淫巧以蕩人心、外國婦女手釧、多內空圍僅小指之半、扣于腕、左右接連、繫以小練、或方或圓、或半圓、不一、其式價之貴賤、在乎金銀及珠寶鑲嵌而已。

未有更出新奇者、乃近日新售一式、練下別繫一小扁合、或長方或扁圓、周僅寸餘、合中任意鑿情言一二句、情男贈情女、女見而心喜、則情愛或可益深也。

初三日戊寅、陰霧、時有細雨。英民猶太教人苟什米往海岱園旁之寬諾坊第二十四號、前日身故、生年六十七、遺產計十一萬三千五百八十一鎊、乃遺書致本區美爾、謂予祖籍本德國喀賽城人、（地在德國東界稍北之亥斯那簑省、舊為亥斯喀賽國之都會）小遺產按年應進利息二千鎊、請每歲代分贈喀城之本年以前婚配諸夫婦、而其祖又必皆一千

八百六十六年六月十八日（是日為耳曼各邦合為德義志之日）以前之土著若男與婦之父現官布邦者、撒意皆不贈云、

初四日己卯、微晴、數日前由法國來內外科醫生一百六十一員、專為訪求良法、昨在勅建外科學院聚會後、即分作十股、前赴各大醫院、如賢巴索婁繆小兒醫院各處、內并有二乳娘、係為考察英國哺乳之良法者、

初五日庚辰、陰晴不定、倫敦各茶行工人、皆雇用女子之由十六至二十歲者、工錢每禮拜由十先至十五先不一、視乎作工之年分、每機器旁女工四、三捆束一黏標、蓋機器自將茶葉稱妥、傾入紙包也、各行現約定改其工價、三兩一包者、每百觔一先二本士、半觔一包者、每百觔八本士、各女聞而罷工、謂行主設法吝給工價、尼也行主駁云、每架機器平日一禮拜可包四千二百五十觔、用足力能包至七千零五十觔、如是則一禮拜用四十六點鐘之工、足得十七先、較曩時工價亦不少矣、

初六日辛巳、晴、西人謂蟻身有毛、且能自梳、蓋以顯微鏡窺出者、據云蟻毛為稀為密、與獸同、毛中惹塵垢則

梳之、梳與洗、隨身皆有器具、第一蟻舌四面凸凹、舍尖刺、用以刷毛、以撮食用舌、同猫犬梳毛則伸腿、開口出舌、用牙少頃、周身梳淨、洗法亦然、

初七日壬午、陰晴各半、聞美國紐約城內、西第七十八條衚衕、有詹樂爾小姐、祖為富商、遺產甚鉅、詹以禮拜及他節期、市肆休業、貧家子女無處玩耍、爰將所居之樓第二層、花氊覆以帆布、撤去四壁陳設、改列玩物、雇四五老嫗、彈壓照料、登之新報、謂每禮拜日某點鐘至某點鐘、某處樓上特備小猴玩耍云、是日貧家小兒女到有數百、嬉戲終日、盛備茶與小食、从食畢、歡然散去、英人歎為善舉、期仿行之、

初八日癸未、白晝陰、入夜狂風驟雨、倫敦會館固多、率皆有益於人、或長學業、或陶情、罕有矯情立異者、適聞美京華盛頓有一會館、名曰曼海丁、譯為厭惡男子、十數年前一孀婦名馬懷特所創建、同時有三老婦同造入館、費則二萬餘鎊、誘鄰地婦女入會、共百餘、會規禁見男子、禁入教幼者、禁入學堂、慮其聞男女嫁娶及理家諸事、通館如一大農莊、一切皆自製、故百名中有庖

丁、成衣、皮匠、醫生、牙醫、擠牛乳、耕種、果木、菜蔬、諸藝畢備、馬病、故遺囑續充首領者須在各國都會分五會館、或云是會不日當傳于倫敦

初九日甲申、陰雨淋漓、英人卜勞安、昨在薩勒太爾地方之薩勒時學塾中演説、大旨謂英俗四五歲童子、即送入小學、練髀操、非良法也、童子四歲至十五、正皮膚筋骨生長時、此時可用者惟手、故此十五年内、男童習手藝、女童須學手指靈利、更宜皆學泅水、爬繩、跳舞各技、乃為練髀而不傷髀、

十五

初十日乙酉、稍晴、西國有水族院、洋名阿奎良、詳見四五述奇向來羅列各種水族、俾人博識、今添一魚醫館、曰魚科、如魚之風胞失力、不利泳游、小囊氣滿不得下沉、乃由前分水下以鍼刺入胞囊、氣散則魚力壯矣、又法左手輕握魚尾、浸其頭于水、如倒懸、右手摩浮魚背循腮而至口、少時氣散、舍之攸然而逝、西人精益求精、醫魚之法、將來或有用藥者、

十一日丙戌、早陰雨、午後大霧、獸顱雖大、其腦漿反小於人、人固萬物之靈也、西人云人腦髓皆半黄半白、黄中所含紅點、作搆思用、白中所含烏絲、作傳信用、昔聞人之穎鈍、關于腦殼之大小、今知其不然也、夫五洲海綫、歐為最長、非以曲折既多、水之方向屢變、流動不滯歟、腦漿最碎而分線最多者如之、是故腦殼雖小而四面凸凹極多、高下量之、則歐洲海綫之説也、人之腦、隨身而增、身加重三十分、則腦自隨加十二分、黑人腦殼極大、而外面囫圇如瓠如饅首、其不靈敏也可知矣、邇來一法醫云、曾稱過人顱二萬五千、其中至大者、皆發羊癇之人、他六十著名人中、僅有七人顱大、腦大主聰

十六

鋭之論、然乎否乎、

十二日丁亥、陰霧、西人游歷、不惟殊方絶域、欲留足跡、雖附近之與國、亦按時一至、以致其日新月異之事、擇善而從、有所見聞、輒登新報、俾國人繹其得失、以為殷規殷鑒焉、設無可去取、亦可稽其國勢、商情、暨財產之盛衰、聞英人某甲、往歲遊美、喜看人之豢家禽、昨登日報云、紐約邦有養雞莊、長房一橫、母雞五千、色皆白、公雞二百五十、雛雞無數、麻沙朱色士邦、立鴨莊一、可命之曰鴨城、蓋入莊但聞呼名之鴨震耳也、中一大場曰

肥鴨場、地百畝、養鴨三千、孚卵大房四間、間各八萬五
十方尺、煖以熱水鍊管、各長二百五十尺、每值孚卵、計
窩四十二處、卵共一萬九千二百、當春季日須穀食四
噸、皆以手攪拌、上年得雛五萬五千、四五六三個月中、
每日送市五百、一年所得鴨絨、共兩噸半、直五百鎊、周
年共賺三千鎊、東夥三人、自西一千八百八十八年、共
養雌鴨四雄鴨一、以耦俱無精、故十四年間、同成巨富、
又倭海阿邦、專售一種雞雛、用供饈饌、出卵僅七禮拜
至十二個禮拜、重由半斤至二斤、畜此者費鉅甚、造房

十七

半圈、作馬掌形、長八百四十尺、費五萬鎊、內孚卵處三
十、以次輪流生雛入卵、每處入卵三百、每日共孚九千、
日日得雛三百、美人喜食黃色肉、英人喜白色、色不同、
味無異、美國人飼鴨用粟米與包穀、日三次、飼雞亦然、
此外更加粗麩、麥皮、大麥、蕎麥、碎肉、碎骨之屬、使雞鴨
肥而嫩、
十三日戊子、陰、英雖富強、而老少貧苦、流離失所者極
多、入冬尤甚、善男信女、立普愛廚房、英名佽呢倭爾薩
庫克立并飲食會、英名夫得阿搜什蹊慎遍城分設湯

廚、每早自丑正施捨熱湯、貧人煖腹解渴、略藉充飢、有
名人思作三種湯、省費而養人、一養人牛肉湯、若熬十
加倫、每加倫合八升合十本士一加倫、料用不帶骨之精淨牛
肉十二斤、碎牛骨十斤、紅蘿蔔三斤、大頭菜二斤、葱三
斤、乾豌豆三斤、鹽與椒末各少許、切碎肉、劈開骨、加鹽
一把、以十加倫半水入鍋熬之、待水滾起、去浮沫、後切
碎蘿蔔葱菜、與洗淨乾豌豆同傾鍋中、文火熬四點鐘、
將用時、洒栟末並鹽各少許、再滾水若干、湯熟味濃、飲
自有益、二冬季湯、熬十加倫、合八本士一加倫、料用燻

十八

肉、滴油二斤、葱三斤、米二斤、蘿蔔二斤、小扁豆三斤、番
薯十斤、醃豬肉九斤、栟末、碎鹽、丁香芹菜共一把、先熱
滴油、以炸切碎之葱與蘿蔔、色變黃後、加切碎之肉及
米小扁豆、再傾入淨水十加倫半、煮之、不時攪和、剝皮
番薯切片入湯、或熬或煮、約兩點鐘、爛後加鹽與椒末
少許、嘗其得當而後已、三菜湯、熬十加倫、僅合五本士
一加倫、料乃大麥或米四斤、小扁豆三斤、番薯十斤、紅
蘿蔔二斤、白蘿蔔一斤、胡蘿蔔一斤、葱二斤、或乳油或
滴油二斤、鹽與栟末各物二兩、割碎各菜、同置一鍋內

傾淨水十加倫半、塩一把、待水滚、掠浮沫、後入乳油椒
末之類、熬兩點鐘、貧人飲之、當別有佳味也、
十四日己丑、白晝晴暖、入夜霧涼、現聞英蘭南界稍東
色蕾府之教育長某甲、擬分贈各學堂生彩印畫圖說
帖片若干、圖皆古今各地景物、雖屬文玩、而長人識力、
以考天下地勢、現定印百萬千張合一先、
十五日庚寅、早陰、午後雨、西國亦有迷人竊物者、如昨
晚比翔普斯門街、俄國波蘭人名阿拉哈木、年三十一、
途遇一女名伊薩克、年始及笄、作帽之女工也、阿故踏

九

女裙、既免冠求恕、男女偕行、問答漸入佳境、因同赴酒
肆、各飲卜蘭的一杯、阿知伊已受聘、乃索其左右手所
戴三約指與看、直共五鎊餘、看畢還女手、遂坐地道气
車至蘭喀色門、下車另强女入酒肆共飲、女謂不善飲、
且憎其味濁、阿言汝勿品其味、宜直吞之、女無法、僅飲
其半、出心神恍惚、搖搖不能自主、逮走入海岱園、稍坐、
畧清爽、而一小時以前之事皆忘、但覺手空、兩手約指
及包中二先六本士盡失去、急至馬力貴街巡捕廳報
官、于今賊尚未獲、

十六日辛卯、陰晴不定、戌正雨一陣、雨後晴、西人喜食
蠣子、又恐其有傷胃口、無裨於人、醫家考出蠣子之補
人血與力、功同牛羊肉、牛肉一斤、內含七十七分半化
水、二十二分半補人、質上等蠣子、僅有七十七分化水、
餘皆養人、按時價、蠣子一先、十二枚者、百分內有十七
分補人、二先半、十二枚者、內二十分補人、三先半、十二
枚者、內二十三分補人、因其中之酸强、與雞蛋青及牛
羊瘦肉所含之質無別、燐養肥質參錯、足已人之氣弱、
塩錮少許、燐酸塩多許、故蠣子殼中所有之質均有益

十

於人、
十七日壬辰、陰、醫家驗蠣子、並云、若將蠣子劈開、擲冷
水中、逡巡幾消其半、囫圇擲入、則消去四分之一、故知
在口中嚼碎、迨入喉時、半已消化矣、欲其化速、則以冷
水代酒佐之、否則飲法國之沙卜里白葡萄酒最宜、惟
斯桃特黑啤酒無消化蠣子之功、
十八日癸巳、陰、聞慶斯十字路鞋匠柯洛里、鰥夫也、住
房自用兩間、餘則計間按禮拜租人、相傳昨早俯卧屋
中、患心疾死矣、背心之背暗兜內匿金鎊四十二、紙鈔

三百鎊。據某暗狀師云，前于一千八百九十六年，伊曾許將財產遺某婦。婦已故于八百九十八年。現無人得受，故所有樓房財產皆入官。

十九日甲午。鎮日白霧，篩地不見人。傳聞三閱月前，一人在英蘭中界稍南柏克晒府東臨太木斯江瓦靈佛村，見江畔泊一木排，光頭赤腳兩兒短緣繫之，使其長不到邊，免落于水，四面又環以皮帶，兩兒在中嬉戲哭笑無常態。觀之頗有趣。四顧無人，秋風颯爽，兒肉紅色，毫無寒意，游戲自如。凝視間，突有手拍其背，遂言曰：公看吾之雙生子耶？顧之一造船者也。據云兩兒生六月矣，夏季酷熱，罩以布帳，亦繫于此，久不著鞋襪，不戴帽，永壯而無疾，由此觀之，小兒足食，尤宜多得爽氣。其人因思此節，不必報諸防禁虐待小兒會也，將布告於爽氣局，使貧兒皆壯不畏寒。

三十

二十日乙未。大晴。聞數日前拍賣安格當溪侯之遺產，有賣雜貨人某甲以三十一鎊拍得全副果酒玻璃瓷器多件。據叫貨人云此分傢伙乃安格當溪侯前次由倭特路回時，土人所贈。某甲運回細玩各件，察得珍珠數顆，大如棗如胡桃，約直一萬五千鎊。

二十一日丙申。晴。倫敦城西南狼狽區太木斯江上有大鐵橋，曰狼狽橋，年久須改造，工商估價八十七萬二千鎊。是地理財紳董世爵葦樂碧以向來造橋有費至五百萬鎊者，此次所估尚不為多，工價遂定，開工日期未聞。凡孿生子女，中國長先者幼，後者西國則反是。

二十二日丁酉。陰。聞在斐洲西界臨海舊有一種傳染皮病，名曰克洛克洛，係細小微蟲名安歸路里代者，以顯微鏡窺之，即見飛動極速，最易傳于兩顒肩臂，現在柏名根城（見航海述奇）漸染是疾。醫家細考，謂此疾可名曰人情病，蓋平時男女相見，未必傳染，苟彼此情殷，因而接唇吻頰者，此類情氣噴出，蟲必隨飛，由此口至彼腮也。今而後以口表親愛者，其知之。

三十一

二十三日戊戌。雨霧交加，咫尺不見人。倫敦邁子車俗名波司者，竭力馳驅，各行均爭先冀獲多利。上年西三月十日，有曲樂女教習駱阿美在慶斯十字街南首乘瓦拉木戈林抵伊苓屯之邁子車，擬于貝克街第三號下車，到駱足未及地而車開，傷駱，管車人亦仆。因無証據車行不認罰是年西四月十八日駱居停主人富賴登諸新報訪詢彼時人証上月有巴爾廼自投作證同赴於官證既確官判定以駱遂日應得之款因傷虧損令車行賠補四百五十鎊

二十四日己亥陰雨今早見新報一則題曰獵夫少婦何爾曼擇壻難其選以五十吉呢交姻緣結婚報聲明擬嫁一侯爵歲入二千五百鎊至三千鎊者果得如願當以二百五十鎊為贈乃報館代薦多人既非侯爵且皆鄙夫醜漢更有黑面婦告官判報館償四十七鎊

入夜雨止

二十五日庚子陰英國婦女之細腰高踵皆為時尚有外科醫生韋柏爾論及足踵墊高之非謂天生人足平行踏地前分五指面高心軟而踵堅各有所由無非利人行動若由人工墊高二三寸婦女由此受累多矣不僅累於足而害更及身足既彎身亦因之不直則一身重心盡歸且指第一易生雞眼第二使百骸更改行動非天然第三使人血流不週熱火生而踝骨癰由上而觀他皆易治而血管之傷難療且街市閙罕以高踵皮

一三三

鞋為有益者

二十六日辛丑早晴午後陰倫敦城西南之文柏敦區現建高樓十所總名曰君后阿來三德亞又名曰官員寡婦家四所已告成四所分作二十四家他六所分作六十三家約明春可竣工選官婦之貧老者居之定例須年逾五十而每年進款僅六十餘鎊者其五十歲年逾八十歲一年進款多於百鎊者皆不納

二十七日壬寅陰涼現聞美國西界稍北歐爾干邦之坡特蘭地方有人創一得律風二人談時能謀面話筒上約三寸之地懸一透光凹面鏡鏡上又一方匣如照相之光箱箱邊發熱紅光談時光發鏡中各覩其面鏡箱之間連有關鍵雖三百里外亦可用如何製造秘而不宣

二十八日癸卯微晴曼那叩島王妃阿麗娰游巴里居普來斯布街之美爾賽居日前繫閉廳門攜女李廸柳出游返而啟門見卧室箱籠亂閙鑰遺甑下珠寶箧中已失二千四百鎊直之王爵寶冠一頂及約指筓釧項圈表鍊十字直共六百餘鎊金錢紙鈔數十鎊合之都

一三四

三千二百鎊、寶冠各項、半皆世傳之物、妃言所用僕婢、皆驅使多年可信任者、故巴里巡捕踞緝竊賊、至今尚無線索、

二十九日甲辰、陰霧、德人霍格樂創一帶浪澡池、長四十五碼、寬六碼、深六尺、池下藏電機、一分工夫湧浪十八層、浪小而力柔、老幼壯弱皆可浴、臨流解衣者、改浴此池、海風之寒、觸石之險、意外之虞、均免矣、

十月

初一日乙巳、白晝雨、入夜風、晴、昨見新報一則、題曰何得永幼、係一老嫗年已八旬、眉髮皤然、心力雖頹而慷慨仁慈、勇於任事、與少年同、不知者方以為年方六七十也、或問其奚由而得此、嫗曰人情喜怒、最易耗神妄亦人耳、何以忘不如意之事、何以不喜說悅耳之言、惟弗思多求于人、恚怒自息、諛言自泯、遇不適意事、勉強以受、忍性以為之、見人窘累、必竭力援之、已之所當度亦然人之所甘、不敢加焉、是為一生樂趣、故得大年、

三五

初二日丙午、白晝陰、入夜風雨、文加英例、君后孕將生、乃傳內部大臣入宮、臨產則入內室守之、生下未洗之先、由官婦雙手托示、為男為女、內部大臣親書一紙、云某年月日何時入宮、何時入內室、君后何時臨蓐、所產之男之女是實、此字乃藏于宮中為據、并即登報宣示通國、若為初生且生儲嗣、更傳鳴賢波羅教堂之大鐘、普告通國以志喜、

初三日丁未、早雨、未初雨止、仍陰、今日為西曆十一月初九日、英皇生日、又值倫敦美爾承代之期、曾以柬約今日戌初極樂堂晚酌、新美爾名包恩、得夫婦皆朱顏皓髮、年逾六旬、屆時乘車至禮節如前、此次堂中坐男女客八百五十三、食畢、先後多人演說、子正始畢、又是晚在極樂堂之東二洋里外、麥勒安路之茶荃此堂中復讌美爾之苦友、男女二千一百、實非美爾夙識、乃老城一帶之貧民也、讌為食物一紙袋、分給眾人而已、袋內豬肉大餅一個、糖糕一塊、大麪包一個、鮮平果二枚、二千一百分、費共八十五鎊、

三六

初四日戊申、早陰、酉初雨、英人車步現年五旬餘、乃秘法創暗鎖之人、繼乃募化九萬餘鎊、用以教養水陸兵丁、因建威斯嚴禮拜堂賴斯學堂在本國及各屬地建

樓房多所均名曰兵家內器具陳設書籍應用者畢備聞木牀有一萬九千餘架遂得英王賜小男爵色爾之稱車之友人擬醵金賀其能成善舉半月前由其會首傅樂爾來函請作陪客期在今日戌初一刻在白堂坊梅特樓埔店晚餐依時乘車至大廳少立候客到齊入飯堂設座𠁼形人二百一十七車步在內正中首座為色爾傅樂爾其右第一為車步次為英太子內弟泰克王阿來三德耳次為余次余為敖士巴柏爾其左第一為倫敦大律師次為希臘公使耳次為色爾梅蓀又水師提督陸營將軍各官魚貫備舉樓上奏樂賓主聯歡殊為款洽食畢齊立舉酒恭祝英皇與后之福後則多人起立演說盡讚車之善舉車立而謝之子初出座別間喫加非少敘握手別回使館

二七

初五日己酉早晴午後風聞倫敦婦女修飾三百年前已事事奢侈費用頗鉅近見一世爵夫人赴茶會其氅裙華麗超俗而鞋尤別前後四面鑲嵌珍珠鑽石翡翠各珍物光彩射目或謂每隻直應百鎊英人樸素之風今更不如昔

初六日庚戌陰倫敦東北角有地名法丁也周約一洋里半住貧民男女老幼十數萬因飲食價廉均以法丁計算故曰法丁此食物多損壞不鮮新故價廉即如油浸小魚五法丁一碟匣皆係霉敗變味者乳油一法丁二兩皆運船遇險水漬者潮溼者茶葉一法丁一兩茶行掃除地板之雜末也麪包一法丁一斤皆麪包鋪或大飯店所餘之碎塊也頓飯有四法丁及六法丁一頓者乃黃乾魚一甴一法丁麪包一甴一法丁豬油質一小鉤一法丁加非一盌一法丁共四法丁他則熟肉一片二法丁番薯一法丁麪包一法丁加非一法丁小餑餑一法丁共六法丁此數在英國為至苦矣而尚及中國當十錢六百文都門苦人得此則餅麪之屬亦足一飽

二八

初七日辛亥晝夜大霧現值倫敦菊花盛開聞騷色蘭公夫人拌白菊以代生菜味香而甘食時先列白菊淺紅玫瑰于桌布之四周及心彩飾之食畢魚羊雞肴既列僕捧一籃花大盌置于女主前女主計人數以銀剪剪菊若干朵去蕊盌盛花瓣襯以紅玫瑰紫蘿蘭菊葉

二三傳其色拌以油醋、計碟分客、色味鮮美而價廉、兩
朶白菊、足侍六客、價只一先二本士合油醋計之、共一
先半、
初八日壬子、早霧、午後晴、初三日、英通國稱曰美爾日、
是為倫敦美爾及倫敦三十一區之美爾、覲英蘭三百
二十三美爾、派代與倫敦三十一區、所選人分三黨、曰、
一律更新、洋名普畏格蓄希伍、乃竭力向前務務更新者曰、擇選更
新洋名莫得蓄特、乃不妥然、必擇其實可改者改之曰、自主更新、洋名
音的噴旦特、乃不歸何黨而自行斟酌者各府三百二十三美爾分
卅九
五黨、內守舊黨、洋名寬色爾瓦的伍者一百四十九、會
合更新黨、洋名里柏拉勒攸牛呪斯自者一十七、真更
新黨、洋名里柏拉勒者一百四十八、自主更新覲者二、
工匠黨、洋名蓄柏爾者一、因該處工役人多、故擇由工匠致富而品行端方者管理、
他六處者未詳、
初九日癸丑、陰、客歲英皇赴義大里之先、往拜葡萄牙
王喀爾洛王后阿美麗、今葡王偕后擬來答拜、昨早由
力士門乘火車北行入法界、申初抵法西北界之海口
沙爾堡法廷派官迎迓、預備一切、英亦派維克都里亞

阿拉柏船往接、當時英法葡三國文武萃集、三國船隻
互掛花旗、葡王與后下車、宣言致謝法員、後登英船、英
船聲礮接賀、岸上船廠人工齊聲歡呼賀臘賀臘、入夜
各船滿然電燈、如白晝、英太子衛拉斯王亦于昨晚赴
坡兹茂斯海口敬候、
初十日甲寅、早陰霧、巳初晴、巳正率眾參隨繙譯等向
北恭拜
聖牌、行三跪九叩禮、酉正公讌、樓上下八卓、人數如前、聞葡
王乘維克都里亞阿拉柏于昨辰初三十分由沙爾堡
卌
海口展輪北駛、左右礮船隨護、午初十五分抵英蘭正
南司皮台海灣、英兵輪二十八排五行、聲礮迎接、船入
坡兹茂斯泊焉、英太子率武官及本城美爾等登船、先
後謁見畢、登岸、時有教斯佛晒步兵一營、列隊鼓吹、葡
王曾授該府將軍職銜、故即時閱操、兵奏葡兵樂、未初
登車、即開、申初二十分抵文[氵忩]行宮、一切預備如前、侍
義王者、本地美爾之女石樸麗、奉英葡君后各鮮花一
束、王與后演說致謝畢、英君葡王率英太子乘駟馬宮
車、二后偕公主維克都里亞別乘一車、先後入宮、戌刻、

宮中椽木堂設筵陪侍，則葡國駐英公使蘇伍拉侯并文武多員。

十一日乙卯，陰霧。昨早葡王乘車入園，英太子衛拉斯王寬諾公及阿蓋侯陪行，英君以近在三丁哈木莊（地在英蘭正東諾爾弟府之西北，近海，周七千英畝，前于西一千八百六十二年經英君以二十二萬鎊購得，作為行宮）田獵，膝傷為辭，蓋微傷也。眾執火銃獵于園。未初共得野雞、山猫之屬四百餘。午酌于柯蘭本亭，英君、君后、葡后、葡國公使輩共卓食，畢，共拍小照一幀，有坐者，有立者。既復從事于弋獵，日暮回宮。宮旁賢卓志堂夜讌，

男女一百六十六，王爵、王公、夫人、公主、郡主、公侯并諸國頭等公使、英之文武大員，子初始畢。

十二日丙辰，陰霧如昨。昨日倫敦美爾請葡王偕后在極樂堂午酌，兩日以前由帕丁屯火車棧至極樂堂，度王車必經之路，每隔箭地，左右對立紅杆，挂花旗，屆時左右兵排鵠立。太子與妃陪葡王、王后由文恣宮乘火車，午正十五分至帕丁屯棧，登馬車，走白玉牌樓，轉東過敖斯佛街、海蒿本街、蟾色狸巷、牛蓋街，未初抵極樂堂。堂中男女客共八百零六，美爾夫婦自午初立候，諸

客先到，末則葡王與后來矣。王服敖府將軍戎服，禮也。未初一刻入座，食畢，美爾舉酒茶祝英葡兩國國主與后之福，既而立陳數語，葡王亦演說千言，大旨謂兩國自古和睦，至今友誼更當敦篤云云。言甫畢，通堂歡呼不已。未正二刻，葡王與后出堂，登車，改由維克都里亞街走太木斯江堤，穿海岱園，過貝斯倭特爾路司普齡街至帕丁屯車棧，登火車回文恣。晚在宮旁御戲園特召名優特立演劇，園僅容人一百五十，所演名一人影，未經目覩，不知其詳。演畢，在賢卓志堂夜餐，各優亦賜

酒食。天明乘專備火車回倫敦，葡王遂與英太子輩入園再獵。兩君后於宮左右步游，英君晚開筵于賢卓志堂，男女九十八人，食單書法郎西報饌，樂用愛爾蘭曲，文賓主聯歡，國人傳布，食畢，別有小臺，男女名優歌曲，子正始散。

十三日丁巳，陰霧頗涼。葡王等晨獵于園，二君后微服街游，購買零物。晚英君復開宴，男女百餘，夜在倭特路堂聽曲。葡王之喜獵，據稱伊為歐洲第一善用手槍者。葡后亦知醫理，曾拯二溺水者。后為法人，本法國前朝

布爾賁教里烏之裔、若非民主之國、伊亦有稱君主之分、父名費里樸教里烏公、又稱巴里伯爵、自法改民政、乃遷住英蘭倫敦城外地近秡池門莊、即葡后所生之地、

十四日戊午、早陰、入夜晴、英君與后晨入宮中耶穌教堂禮拜、葡王與后率本國文武乘車入賢埃達倭天主教教堂行中等彌撒禮、後至宮前福洛格墨堂、祭老君主維克都里亞殯宮、供以花圈、

十五日己未、早微晴、入夜大雨、午初二刻、葡王與后啟程、由文逖莊北行、赴茶滋味村、拜代萬晒公及其夫人、地屬得爾貝府、為英蘭之中北界、統屬代公、山青水秀、幽雅可游、葡王與后擬小駐五日、然後回國、午正、英君與后回卜静宮午餐、順路至葦子店地方、拜猩木斯夫婦、

十六日庚申、早微雪、冷、英葡兩國歷來和睦、世代姻親、葡雖弱、屢見援于英、藉得久安、葡地自古南北分國、北即西班牙（現名日斯巴尼亞）、南臨海曰魯西他尼亞、彼此鏖兵、西武將韓立本法柏爾根的朝之王族、爭勝魯地、西王妻以女、封魯西他尼亞伯、以獎其功、此西歷一千一百年間（即宋哲宗之世）事也、後其子阿芬搜襲位、稱雄一時、土人喜于一千一百四十年（南宋高宗紹興十年）奉以為王、叛西自主、改名葡萄牙、是法人阿芬搜為彼地立國之祖也、至一千五百八十年（明神宗萬歷八年）、國王喀的那罕里出戰斐洲、敗没無子、而勢弱、復為西班牙所奪、轄六十年、西政貪殘、土人患之、遂于西一千六百四十年（明莊烈帝崇禎十三年）揭竿而起、逐去西班牙官守、立卜拉干薩朝卓安第四為王、西兵屢次來侵、搆兵幾二十年、阿芬搜第六即位、修好於英、賴英兵助、隨時保護、始免於亡、至一千八百年（嘉慶初間）、法皇那波崙第一侵伐四鄰、葡不繼禦、國王卓安第五于八百零七年（嘉慶十二年）棄國逃至美洲屬地巴西（現改民主、詳見四述奇）、逮英擒那波崙、各國復舊、王乃歸國、尋卒、由其子卓安第六王巴西、後乃兼王葡、兩國一王、巴民不服、不得已、自王巴西、而遣女馬麗雅王葡、時在一千八百二十六年（道光六年）、王弟培特婁第四已自立、不肯讓、卓安第六在巴西、亦不習其俗、國民迫王致位、乃狼狽回國、與女合兵攻弟、英協以兵滅之、王女乃定位、葡王

祖母乃君主馬麗雅第二十三歲即位至十六歲乃贅日耳曼薩克斯庫柏爾果薩王佛的楠為壻前英君主維克都里亞之母克恩特公夫人本係日耳曼薩克斯薩勒靡庫柏爾故王之妃而君主之壻阿拉柏王本亦薩克斯庫柏爾果薩之王爵也葡王之母為義大里王維托里歐埃麻牛之姊名馬麗雅庇阿葡后之姊又為義國王弟敖斯投公費里柏爾投之妃已生二子設義王無嗣則敖斯投公之子亦有嗣位之望是則葡英二國之親誼為最近

十七日辛酉白晝陰入夜雪寸餘冷倫敦各學堂幼童赤足無鞋者二千五百九十餘破鞋須更換者二萬九千九百四十七前日晚報中言有某善士倡錢若干訂做皮鞋二千雙每雙估定三先業經多人籤名協助昨有義大里馬戲園之東主言願以一夕戲款資助每鞻印以暗號登各館新報約各押當局不得收押并要幼童父母不得押賣

十八日壬戌陰冷倫敦庇木里溝區之堪卜立扯街第百十六號有狗醫院樓上小屋排比為狗窠外有大管

三五

房看病房作戲房玩耍房及彩球之類女役須在他院宥年經人保送性能忍者使守病狗較侍病人用心加千倍屋之涼熱合宜晝夜不時檢視若痛極而嗥則刷以嗎啡究不知狗醫為何許人賤人貴畜西俗乃爾

十九日癸亥早微晴午後陰聞半月前有南斐洲幼女計木那游歷倫敦上書于英后言海外來此願得瞻仰慈顏方不枉此一行云云三日後女得卜静宮復電言某日某時君后乘車經某處屆期車過后見老嫗攜一少女高處鵠立女手舉紅巾向后展搖笑而請安后點頭而去入夜皓月當空繼而黃霧四塞

二十日甲子早微晴既而陰申初大霧屋內然燈聞前日倫敦西南立定縣顏爾來村之幽僻處有女皮爾喜者患癲証地方官與巡捕往察之見屋中核桃木小棺十三各殮死貓一下鋪棉花上蓋香水浸之炭出猫有久斃者有新斃者甚有霉爛者官問其棺殮之由女則讕語迷離人不能解送女入醫院考驗而治之

二十一日乙丑晴而微霧現值天寒坡茲茂斯海口兵船廠中人之無工作者幾至千名柏名根拯救會各善

三六

士、擬日日養賑千名、至天主誕日（西十二月二十五日）止、倫敦城南太木斯江邊慶斯屯地方、擬設一劈木廠、劈短木作柴、每滿一布什、（英斛名約七十磅）工錢三本士半、每日辰正作至酉初可得二先（四本士）一半付錢、一半折食物、恐其傾囊飲啤酒、不顧妻子、并不自飽也、

二十二日丙寅、陰霧、入夜微雨一陣、英國婦女、人盡夫也、不擇種而嫁、中國日本而外、如北美海的島國駐英公使長伍伊、面黑而紅、齒長而白、其夫人英產也、不以夫貌寢也、昨聞韋苓屯街寡婦卜姒、嫁于南斐蘇魯里

二三六

番戴婁慶勒的亞、（地在斐洲南界偏東臨印度洋）據云英勝蘇魯後、多攜幼年土人來英、戴在其中、見君主維克都里亞後、養育教讀、久于英、不思故鄉、乃謂蘇魯俗陋、飲食不良、意將入英籍、

二十三日丁卯、陰霧、英蘭西南角近海色墨賽府攸韋城之樂福屯、人乃多信鬼、據云彼處現出射光怪鬼、入夜、人未睡則敲街門、人已睡、不知何以入內、而款卧室門、忽上忽下、踐蹈有聲、雙眸光怪、致人目合不能覩、是室近坦屯火車站、先有老夫婦二人居已三年、因鬼見、不勝其擾、移去後一人遷入、謂地中應有珠寶、掘搜徧無所得而去、至今房空、無敢居者、此則何異于華人、

二十四日戊辰、陰霧如昨、今日為西十一月三十日、禮拜三、係蘇格蘭所奉賢安得路之誕辰、蘇格蘭自西一千六百三年、（明神宗萬曆三十一年）當國君瞿木司第一、創建醫院善會、以救貧苦病民、逐年擴充、為善無既、繼而蘇人之在英蘭者、別設一會、每年於是日設筵、聚友并由會首約外客數人、冀募款助醫院、本年為第二百四十次、半月前、會首洛斯百里伯折柬來請、今晚六點鐘讌于

二三七

蒿本街白玉堂、酉初乘車往、入登樓、至一大閒、先見會首諸侶、少立、人到齊、轉入飯堂、樓高二層、建以白玉、嵌以花石、上下四面穿廊、工極精細、左廊樓上坐蘇格蘭紅衣樂工一班、樓下桌列形、八長一短、如梳、坐人三百二十五、正面中坐洛斯百里伯、坐余其右、為第一座、其左坐高爾侯、為第二座、桌上花果絢彩、爭夸酒食、甚豐、甲魚湯、白煮魚、炸小魚、羊肉、山雞、各味皆同他處、惟一種蘇格蘭菜名哈吉斯、頗似中國之瓤冬瓜、作法、材料將肉菜剁碎、拌以油料醬汁、納于洗淨羊肚中、縫而

熟者、人少則主人于卓上以刀割分之、人多則由廚中計數而分、此可名曰囊羊肚也、又有童樂兵九名、年皆十四五六、由育嬰堂選出者、各著蘇格蘭披氊短服、第一名手執領班銀杵、他皆雙手拱吹蘇島之五管氣筒簫、英人呼曰派鋪、呼其人曰派鋪爾、譯言吹筒人也、不時繞廊一週、至正座後、排立齊吹一陣、以侑酒、其聲獸舞鸞飛、新奇震耳、食畢、齊立舉酒祝英君之福、樂奏天保國王、少坐、再祝君后及王室各人之福、又明日為君后千秋、祝畢又齊舉杯而高呼賀來賀來者三、此後多

三九

人陸續演說、乃每一人說畢、即有女名狄阿米或男名郭克本者鼓琴一曲、以醒人耳、演說歌唱畢、眾齊起立互以左手握右手、右手握左手、成一圈同聲而高歌一蘇格蘭曲、曰阿勒郎司音、曲文未詳、大要為自幼至今總角至白髮、彼此和睦、視同一家、隨歌更搖臂歡喜作手舞足蹈狀、又食畢吸菸時、有人手執白紙一頁、鉛筆一支、挨桌請人書所施助、先寫名姓、繼住址、末則施捨若干、余遂書五鎊、五先少、待後一人執單立首座後高唱各人所施數、第一國君施六十鎊、太子二十五鎊、首

會人百鎊、其他多者數百鎊、至少者二鎊二先、共二千餘鎊、于初歡唱畢、握手興辭、

二十五日己巳、陰霧暖、英規、人之將死、命分遺產、必及于女、女幼則請四特勒斯的理其財、待其嫁、特勒斯的者、譯為信任受托之人、女長成相夫、必經四人考察允認、方能受遺產、否則不給、聞一女名槐蒂英、其父槐丁故時遺屬分三萬二千鎊與女、彼時蒂英甫九歲、曾請四人者管守、女兄與為謂、將來嫁時、如經四人考核而允之、始付遺屬之數、若違背、則將此錢改施賑濟院、女

四十

昨嫁提昔特爾訥爾、于是特勒斯的已故三人矣、女兄謂其嫁不合兄意、三萬二千鎊概施賑濟院、女一無所得、西俗惟財產多以遺言為重、女雖告官、亦屬枉然、

二十六日庚午、陰暖、西人不信妖術邪法、今早有英人周恩慈者來函、謂前在斐洲軍營、歷兩年、頭腦中現藏秘術、一隱身在人面前、人不覺、二令四人暗阻火車、三令大船飛駛半空、或墜于敵營或某處、更有許多奧妙法、如貴國用之、祈早示知、按彼不為英用、不為他國用、獨於華而自薦、將謂華人皆可蠱耶、

二十七日辛未陰霧暖十七日所記捐皮鞋一事茲見
新報云二千雙已成若干現有五處學塾各領二十雙
惟願通城苦狹無一赤足者此捐須多多益善如有樂
捐善士祈寄函晚報報館或紙鈔或信票咸於函面註
明皮鞋捐項四字爲荷本館在城内偏東喀羑來樓第
三號
二十八日壬申陰霧文恣行宮之園囿英君多畜牛羊
文恣莊東北二洋里半之司撈鎮（地在倫敦之西十八洋里半）現設
天主誕會一大墟場也英君擬選牛羊之肥壯者二百
罡
三十七頭後日于彼出售國人之好奇特并以得食君
園之牲爲榮者將争先恐後矣
二十九日癸酉晴倫敦地面嚴整故巡捕權重遂處搜
察看管不免爲工役貧苦人所怨恨聞昨晚在太木斯
江畔巡捕耳中驟入呼救人聲謂人投水巡捕五六奔
至岸邊見破皮鞋一雙巡捕入水覓之（巡捕着衣泅水救人循主規也）
遙望箭地外一人順流而下竭力泅去援之乃布人也
呼者已杳此亂法之尤者也
三十日甲戌陰雨陣陣今日爲西十二月初六日戌初
北柏爾呢歐會（前見）在賽西店設筵十日前會首翟喜以
柬來約酉正乘車至下樓入敞廳見翟君輩少立客齊
轉入飯堂其卓作Q形男女客二百六十二人翟坐正
面居中坐余其右首座也卓當中一行稍短者因對面
臨牆搭小臺一高及尺蒙以紅毡坐女樂工六名著白
氅作西國女神狀隨時奏樂侑酒食畢先看射影燈本
地風光山水船隻火車茅廬木舍中國人土人大要與
上年同惟此有著色者看後先齊立舉酒祝英君之福
樂奏天保國王既而立起演説者六七人所用加非菸
罡
捲皆土産并贈每客巨菸捲一合十一點一刻散謝回
使館
十一月
初一日乙亥陰霧倫敦新出一樣新報名曰郝爾訥禮
拜報郝爾訥報東姓也報初出人未知其可看否買者
少前日報東告登謂有以自著詩賦詞歌寄來入選者
酬五百鎊其送法著作封一函名姓住址封一函兩函
封面報主各志以同數號碼選文至佳者依號發姓氏
函得其名即匯五百鎊聞此次超等者爲南諾爾塢村

哈芬屯路第四十九號之聚珍版工頭吳樂福報館又擬聚天下古信票、逞善會中售以濟貧并協助醫院育嬰堂諸所、依徵文法、有能寄極舊極多寶為貴重之信票酬三百鎊、西人以信票為骨董、聞英君集一簿、直共一萬五千鎊、

初二日丙子、陰霧、入夜風雨交加、暖、英蘭蘇格蘭二島雖合為一國、而律例迥異、即如男女婚配、英蘭以曾入某禮拜堂成禮者為據、蘇島則以久經同處同宿、朝夕偕行、引妻見諸戚友者、方認彼為夫婦、無論或拼頭或戚友、男女既同行同居、無不曰某姓夫婦者、聞昨有近埃典柏城、坡土貝婁鎮火車站賣加非女孟特甸美里久與彼處紳長蒲武斯同宿、人多認其為夫婦、前于一千八百九十八年、光緒二十四年生一女、乃近日蒲別有所愛、孟女以無養贍控官、官判循例已成夫婦、夫當養婦並須令孟女所生之女認蒲實為其父云、

四十三

初三日丁丑、陰霧、昨聞賽月杭巷居人畢斯里豢二鳥、細繩連頸練繫之、羽毛皮肉有損傷、巡捕偵知報官、謂虐待牲畜、罰二鎊、又狀師槐特當賃住阿蘭女之糖果店樓上、阿蘭之猫碎槐花瓶、槐告官、勒賠五先、西法之重細故如此、

初四日戊寅、陰雨、甚涼、英俗夫婦生辰、互有禮物、昨聞騷斯倭街某甲妻購家中應用諸物、負債日多、其夫未償、鋪告官、傳票到、其妻匿票、昨日某甲生辰、妻雙手遞傳票以為壽、某甲無法、赴官認償、

初五日己卯、早微晴、午後陰雨、入夜大雨滂沱、倫敦各教堂入門壁間懸馬口鐵小長方匣一、如銛筩、謂之助賑匣、入堂禮拜、可隨意出錢物投之、滿則分施各善堂、有義大里教士莫爾當、其人數游各教堂、以竊賑款、持一短鯨魚骨頭、黏膠物、探而出之、人以其形迹可疑、捉交克樂根街官廨訊係二次竊犯、遂判收監一年、作苦工、

四十四

初六日庚辰、早晴、午後雨、聞今春倭特路火車站一行車之赴立文浦海口者、將到時、轉彎、管車人輕率、駛車過速、致張度變、成直角、車出軌而傾、引車末勢未衰、車裂人糜、內有立文浦銀行夥計牛斯泰母子同時殞命、本家得訃、控於官、詳訴其疏忽之咎、官判定賠償四千

五百鎊

初七日辛巳陰霧捲菸之害剋同罌粟英人尤惡其傷腦力亂心神致髀弱多病乃立會禁之以為訓戒由幼始英蘭童子不下八萬餘人聞數日前柏名根城會中童子廿餘嬉戲一孩名計思本年十四作判事官餘為署中司事人用紙作大菸捲一先作捉獲狀昇入公堂既作審訊狀斷該犯有損人身害人肺腑律以火焚之罪乃舁出堂外火之此雖兒戲亦足見童子之戒心

初八日壬午陰霧倫敦小孩晚間歡喜會會首仍為太

四五

子妃協理班素屯夫人太子妃之子女所餘玩物頻年施入會本月妃由子女屋中搜集一箱玩物數百種內一射箭靶子若中紅鵠後有關鍵即擊鼓鳴又有小兒戎服多件乃喀戛伊布者（一種樓色麻布極厚）皆貴物也上年未經分得之一百十六處遂于此次呈之

初六日癸未陰霧時而微雨成陣數日前色墨賽侯夫人柬請余偕內人今日赴埃克賽比慎路之鍼黹學堂茶會以申初酉正二刻為時限屆時乘車至登樓見色侯夫人暨男女多客余初意其借地開晝茶會藉以表揚女紅耳豈知其賤貨貴直博利以濟貧苦女工耶樓上左右桌廣羅小物出售如鈕扣小刷燈罩小匣瓷盅墨壺紙刀巾帕種種百色逐物號極昂價似墟廊幸余攜錢囊環行一周擇可用者以三鎊五先棟買數色更上一層見老幼婦女廿餘支機綉花多粗絨麻布粗花大葉疊見不鮮下樓登車回使館

初十日甲申稍晴暖煤窯中煤與石相間如層樓如階梯人工鑿取既勞且險現聞英蘭中界稍北晒扉地方某行別創天氣壓力機器小而捷僅百五十斤上綰斫

四六

刀每斷一段長十五尺深六尺一段畢工不假人力步步自進斫刀大小隨地勢之闊狹更易之此式器機若得力遠近煤窯將必爭置英之機器局又有專利之務矣

十一日乙酉微晴極熱歷來瑞典有園圃學堂專以培植栽種各法授童子近年德義志法郎西奧斯馬加及瑞士諸國以其有益于農事遂仿行之授諸生以新得之善法舍其舊之不善者間有新舊參證以申其理功課同于寫讀測算學旁留隙地一二洋畝試驗樹蓺以

教五六歲之童、臚列鏟、耙、鋤、鏝、灌水噴壺各器、從其性之所近者、授以用法、并種植各種菜蔬果木、至十齡、則教種粒生芽法、插秧法、莖蒂根芽移植法、別有培植花木地、依候使之肥潤、預防生蟲、臨時藥治、如何摘實、如何收置、如何辨有毒與否、何種土壤、其肥其瘠、宜種何物、何種宜手種、何種宜器種、除莠、剔根、培土、去土、溝渠灌溉、風雨露霰、寒與溫熱、何者為宜、教幼女以何種母雞下肥蛋、如何豢法、擠用存製牛乳、畜牛羊、養雞鴨、各法學有成效、則植物、動物、蕃衍孳生、英人善其法、亦將

踵行云、

十二日丙戌、早驟雨一陣、雨後晴、熱、聞昨日哈艾街路北衛拉斯王酒店、圬者六七、挖甃地溝、一鍬土飛落瓦礫堆土碎有聲、出古錢、金鎊十四、銀錢若許、皆西歷一千七百三十六年乾隆元年者、內有卓志第二之半色伍崙錢、一某人以一鎊買去、別有二吉呢之金錢一枚、人酬以五鎊、匠人各之、近二百年來、此類金錢皆更易不用、是以貴重、

十三日丁亥、陰雨、微霧、頗暖、衛司民斯得大教堂旁之

賢皮特拉典文學堂、去冬至今又及一年、諸生演戲、定于西十二月十九、二十一兩日、即今日與後日也、上月學堂提調率諸生柬請往觀、復以今日前往、戌初乘車至的音院內第十九號提調之寓、所入書名于號簿、繼見提調夫婦、嗣陸續來柬請之貴客二三十人、各飲一盃、加非畢、提調前引、接武而入學堂、諸事與上年同、新劇為一希臘阿森京城人名遐來木者、將啟程游雅洲、乃文長女帕西肥喇與其弟法尼亞養育之、彼時希遭兵燹、法擬攜姪女追其兄以避亂、乘船至安得婁斯島、

遇險沉船、雖得救而囊空如洗、流寓於義大里北里之安達里亞城、與土人某甲同居年餘、法尼亞身故、某甲乃認帕西肥喇為寄女、改名克里賽力厄木、而與已女克里西斯同育之、二女及笄、某甲亦故、克里西斯偕帕攜女僕麥西斯同回阿森城、尋帕之父母、弗得、賃房同居、度日、對戶希木之子潘扉洛斯與帕西肥喇情愛私通、且生子、是為此戲之來源、戲分五截、第一截為希木向其奴搜西亞述其子之不端、擬令與其友遐來木之女肥婁美那速成婚、用紓遐之恚怒、比遐來木游回、弟

女皆失、僅妻與次女在、帕西肥喇之來阿森暹亦不知也、潘扉洛斯之奴達倭斯欲助子違父、又恐于已有干涉、希木亦責其立意擅為之罪、一日麥西斯偕一乳娘將入門、突遇潘扉洛斯至、向之泣訴父所命、麥西斯驗其是否情愛克里賽力厄木、潘則發誓以自明、第二截別一少年名查里訥斯、本與肥婁美那情投、忽聞其奴拜里阿言潘將娶肥為妻、大為失望、然經達倭斯左右播弄、致查里訥斯狐疑不定、達倭斯設計使潘明順其父而暗使其父斷肥婁美那為媳之念、因知暹来木必不允也、潘陽遵父命、希木喜、第三截達倭斯令麥西斯與乳娘賴斯比亞乘希木來時、彼此細談潘與克所生之子、以入希耳、賴斯比亞去後、達倭斯又蠱使希木猜度所聞之語、疑為克里賽力厄木同其女僕捏造、又促希木請暹來木仍踐前言、第四截一日潘扉洛斯邀向查里訥斯言明其本心、并請息怒、達倭斯謂將使潘查各遂所願、達倭斯使麥西斯置小孩于希木門外、故使暹来木聞知為潘所生、暹聞所言、乃誓謂肥婁美那終不得嫁潘為妻、適來一安得婁斯島之老人柯里投者、

四九

乃克里西斯之堂兄也、乃循例來承某甲之業者、因領麥西斯、達倭斯同入克里賽力厄木房中、告眾以克本阿森所生、原名帕西肥喇、希木聞而怒、謂其奴上下瞞哄、交官治罪、並切責其子賄柯里投妄造謠言、他人所言皆弗聽、暹來木來、認柯里投為故交、聞柯所言、確認克里賽力厄木為其失去之長女帕西肥喇、由是希暹兩造說合、始允潘扉洛斯娶帕西肥喇為妻、肥婁美那亦得嫁查里訥斯、而三家歡洽矣、大戲演畢、別作一場小雜劇、甚無謂、惟一小孩玩弄小船、忽墜落旁一俄國水師提督見而驚訝、問曰、此水當否、旁人笑言、君久在船上、然是固地面、非海面也、請勿懼、趣甚、看畢、仍由提調前導、入彼處所夜餐、飲食少許、謝辭回使館、

卆

十四日戊子、鎮日黃霧、涼、昨見同文滬報之消閒錄中一段、題云女權不振、據云、福建日日新聞言、廈外清某氏女、小家碧玉也、年才及笄、與其鄰子私、兩情繾綣、密訂終身、而女母以鄰子家貧、將為覓婚別姓、女知之、掩鏡悲啼、愁無善策、女母怒其忤也、捉女及鄰子送諸廈防廳、廳官訊其顛末、以其未由媒婆之言、命責鄰子隸

舉板一下、女回風而啼、痛比身受、司馬徽窺其情、命隸輟刑、將鄰子送交差看管、而女付母領去、噫、中國女權不振、一至於此、果其兩情相洽、婚姻自由、則海燕相接玳瑁、又何致孽海生波、情天莫補哉、按中國女子、十五而笄、二十而嫁、彼女年纔及笄、即謂婚姻自由、則是母權不振矣、英國女子二十一歲以前、由父母主婚、二十一歲以後、方得自由、若謂西法宜學、切莫蹈游學笑話中所謂無非是鄙薄本國、盛稱別國、竟學了一些些個皮毛、一些些個節文、一派的空話、一派的惡習、究竟那真正的好處、一點也沒摸著頭腦、白白的連本國的好處全都沫煞了、各語世人、咸謂風俗宜變、若婚姻自由之風一開、則凡關乎婚姻禮節制度、均須更改、甚恐變本加厲、遠不如歐、而我國之九烈三貞、三從四德、守節清貞、孝順賢明等字、皆可塗去矣、噫嘻、

垂

卷十四終

八述奇卷十五

鐵嶺張德彝在初隨筆　潘士魁校

光緒三十年十一月十五日己丑、鎮日黃霧、燈晝然、英人不奢則吝、目奢為闊廓、吝為節省也、宴客始用冰乳、購于市者六七分、即須六先有奇、十先半之冰乳器機、至小者製乳足給六七人、法用粗鹽二觔半、冰五觔、新而濃之乳汁六兩、如此而已、今將其常用之五種作法分記之、一檸檬冰、不用乳汁、為至省者、白糖一觔、計十二盅、水一㪷、前見或用二升、檸檬二枚、雞子四個、斛注水安竈上、入糖六盅、漸漸融之、俟糖水凝結、篩以將食二指、張之能作絲、移斛以涼之、刀破檸檬、去皮濾汁、餘糖六盅、研末抹其皮外、以吸香味、少刻取下、灑于斛糖水既涼、加以濾淨之檸檬汁、攪勻、傾入機器中、轉機令半凍、傾入雞子青、木片調勻、再轉機凍成

一

十六日庚寅、大霧如昨、涼、冰乳第二法、為地椹冰、新地椹一觔、入瓶之地椹膏洋名札木一觔、亦可、乳汁半觔、糖末三兩、檸檬汁一茶匙、如用果膏、則不用糖、因其味已甘也、鮮果摘去莖葉、置鐵絲羅中研之、其汁漉盡、雜以檸

檬汁與碎糖、再以回斯克（一物造以鍍絲作形長逾半尺）攪乳汁、使其稠而欲黏鍍絲、則和入地椹汁中、若不甚紅、可加以呀囒色（洋名加池呢拉）少詳傾入凍機、緊扣其蓋而急轉其柄、以免結凍不均、并隨時啟蓋以木刀四面刮剗、俾均勻而凍遍、後將鍍罐埋以塩冰包、以氊能存兩點鐘不融、三為香蕉冰、蕉八枚、去皮研碎作漿、傾十二兩乳汁于鼾、熱加糖半觔、攪糖化而涼之、再加果漿和牛乳十二兩、調勻瀉入機中、旋其柄速其凍、

十七日辛卯、陰霧、冰乳第四為桃冰、鮮桃八枚、切成凷、去皮碎研、糖末一盅、加攪半盅糖末之三檸檬汁、待二十分後、入水二升、攪之使勻、並傾于機器中、轉柄冰成、第五為勻勻臘冰、勻勻臘四兩、糖末多半盅、水半觔、乳汁一觔、瓦呢喇精（詳見奇述）再一匙、先將三色納鼾中攪勻、別將乳汁燒熱、陸續瀉入、候涼乃入瓦呢喇精、調勻凍成、其茶冰、加非冰準此、

二

十八日壬辰、陰霧迷漫、聞今春屬土耳其賽里亞都城達瑪斯克斯之英國維克都里亞施醫院中一曲喇伯小女于碎紙中偶得新報一頁、上有英后肖象、遂剪下鑲以花紙、飾以藍絛、藏在枕邊、逮上月英后生辰、乃封好文、彼處英官寄呈后覽、相旁并書云、英蘭俊美皇后、上帝保佑平安、以伸遙祝、并達施醫療治之謝悃、

十九日癸巳、陰霧沉沉、地淖、是日為西十二月二十五、屬耶穌誕辰、又禮拜日也、鋪戶掩門、人工息業、為英蘭一大節、觀家家以燒火雞為珍味、遂年售約千萬隻、本國不足、購取他國及土耳其者、船運而至、獲利夥頤、殺雞而販、水程匪遙、不致肉敗、邇來霧重、船遲、火車亦多延閣、遂多霉爛、作鮑魚臭、往年一雞直四五先至十數先、昨晚則一二先、仍尠購者、累在天時、亦其意外所遇也、

三

二十日甲午、陰霧如昨、西國無斷姦之律、故無姦案、常有為子女涉訟者、官弗能理、昨聞紫斯葦區渭斯里路、有婦雷薩者告官言、十三年前嫁司庫勒、十年前有磐容匠瓦勒屯寄居其家、經年生一子、司庫勒怒、乃謀遂瓦勒屯、未果、遂獨宿他間、以主為客、怒少息、商定每禮拜司庫勒出若干先以食婦、瓦勒屯供婦一鎊、且代司理家務、又生兩孩、婦供三孩、雖為瓦姓子女、今報官請

允成用我姓、官謂汝姓本司庫勒也、此等案件、殊難判斷、乃置之不問、又一婦年近三旬、名阿尼、姓根得里、控其夫根得里不養六歲孩、根得里供稱阿尼乃其姪女、雖為十一年夫婦、而三子二女皆寄居容某甲所生、確非我之骨血云云、官一哂而已、又倫敦東北埃賽克斯府之克拉也安西城、有蔬商佛克思外出貿遷、忽于前日旋家、入于其宮、不見其妻、索而及複室門、突有人奪門疾走、診之同居樊得蕾也、舍之急入、見妻伏于床下、詰之、妻曰俯而縫一鈕扣耳、夫默然、

四

二十一日乙未、陰霧暖、英俗耶穌誕節、食中有聖餅、名克立斯麻斯開克、至小者重一觔、價二先、昨聞本年在萊比斯敦街卜克鋪中、製一極鉅者、重一千五百觔、作桃爾橋形、餅料乳油與餹各百五十觔、麪三百五十觔、乾葡萄色勒他那小葡萄及別種小葡萄名克蘭者、各百觔、雞子三千、重三百觔、香櫞皮、榅檬皮、橘皮各四十觔、杏仁漿五十五觔、冰糖百觔、甕杏仁三十觔、牛乳五十觔、榅檬汁五觔、香料二觔、豆蔻末一觔、

二十二日丙申、陰霧、倫敦有髦兒戲名潘投邁因、極其

十三

蒸吸有趣、新年小學舍多未開課、故專于是時歌演、以悅孩提、然往觀以貲、貧人向隅、以故上年普蕾勾爾會館（詳見六述奇）包租某戲園演劇一日、招集通城僻區陋巷之貧兒、計一萬五千餘名、觀之、本年西十二月四日（即上八月二十日）、御戲園主人特立將通園借與會館一日、會中善侶咸往協理、各司一事、并各班女優均往助善、照料女孩、分送戲單、此次貧童不下一萬八千、凡男女孩將入門、各贈一布囊、內肉餅一、橘子一、果糕一、凷糖果一匣、

五

二十三日丁酉、陰霧、西國歷來因故械鬬、各握一刺決勝負、傷敵而後止、洋名丟埃勒（詳見再述奇）、英之國家久已示禁、比來英蘭新式跳舞、名曰丟埃勒孜的曼、譯為跳中比試、英規兵勇比武、刺頭冒以銅、俾鈍不傷人、此則刺尖裹紗、內含白土、跳畢一場、身上白點少者勝、然女子常勝、男每讓女也、且男子衣黑、白點易彰、女子衣白、白點易藏、

二十四日戊戌、微晴、男女耦跳、向皆男面請女、女首肯、乃携手登場、近日有撞耦之法、免客終宵向隅、其一用

寬且厚之白布、橫隔男女、不謀面、男齊舉右手、將指高出于布、使女擇焉、其二將入跳室、各領大紙囊一冪首至肩、附近囊底適值目處、有窟竉為視孔、孔可窺囊、不能覿面、兩囊為一耦、同標以物名、如茶糖米鹼之屬、入室尋耦、囊會而後除囊、雖有違願、無如之何、其三雜色絲為韁、設人十二、則男女各半、令繫一韁于右腕、局外一男執韁驅六女、一女驅男、如之、齊入跳室、視韁色而求其匹、其四鏡選、美女六七、比肩而坐、左手各一小面鏡、男子鱗次安步、面女背而過、鏡現男面、男無由覿女面也、女擇面首、停鏡映之、不合則拭以綉帕、猶豫未定、映其半面、促之走過、

二十五日己亥、早大晴、午後霧、傳聞柴晒府（地在英蘭西南界臨海面對愛爾蘭）池伊得村之教堂、向有鬼為祟、居近恆見一烏衣女、或入屋面鏡自照、或但聞婦女緩步衣裙颯颯聲、平日寂然、惟值禮拜日及各神聖誕辰則必現、據教士馬斗那云、居此三十餘年、年年如是、細揣厥由、當是數百年前英王罕里第八由教斯彿城中驅逐之女道姑高斯投、彼時高攜從女尼至池伊得村、宿于女道院、屢謀懟王釋回、所致艾賽公之函、于今尚存、求之不遂、抑鬱以歿、時西一千五百五十九年（明世宗嘉靖三十八年）也、葬于教堂、怨魂為厲、出必依期、殆明其奉教之誠耶、

二十六日庚子、微晴、冷、今日為西歷一千九百五年正月一日、聞英國各學堂有種奇風、一避已婚之學友、二教習皆須鰥夫、其故未詳、或謂各教習歲入約一百五十鎊、不足供婚禮及贍家之用、故無室、言頗近理、然避已婚之學侶、無道其由者、遠嫌歟、抑畫眉風韵、恐亂心曲歟、果爾、則學舍規模嚴且整矣、特恐未必爾爾、

二十七日辛丑、早雪、午後細雨、昨聞有老嫗哭訴于官、謂生二子、長已三十二歲、少二十三歲、皆不孝、每日卧至未刻方起、任意指使母久矣、母朝夕為之作炊、且一文不給、今欲將母逐出、改廚竈為酒房、又數欺其妹、握髮斯衣、以故我母女時扃房門避之、官謂如此當遺地綠往責之、嫗言欲與子分居、不則恐害我母女、官即判令分居、以孝治天下者、豈作如此判斷耶、

二十八日壬寅、陰霧、因前日新歲、卜靜宮內之僕役車夫等奉君諭、准其昨晚設茶會賀新年、馬號車房花懸

彩綫、修飾一新、飲食豐備、鼓樂聲聲、跳舞至天明始散
復奉王諭、准僕婢車夫之子女、擇日設小猴茶會、
二十九日癸卯、陰霧、現當寒冬、復值新年、人多設法濟
貧、聞昨經太子妃手製藍氊袴一條、其女瑪麗自織半
指手套一副、其子埃達佞阿拉柏各成洋絨護肩一個、
并將英君與后之冬衣多件、概先列入倫敦針黹會、俾
衆觀覽、既乃轉送聖會醫院諸處、出售昂其直易錢以
作賑款、
三十日甲辰、陰霧、土人云、歷來大霧、皆在西十一月間、
未有客冬至今正之日久者、上月中大霧三晝夜、通國
馬車火車之遭險對撞者尤夥、船之對觸及遇礁者五
十一艘、幸沉一艘耳、大西洋風浪尤烈、攸喀坦船之二
副、為急浪由船面攤去、邇來英界霧重、隔海之法國亦
然、德國則大雪、

十二月

初一日乙巳、陰、午後、三品頂戴前候補部堂張燕謀翼
來拜、以德璀琳為開平礦案控之英會審也、今日戌
刻、倫敦美爾包恩得在倫敦府署請兒女跳舞會、届時

八

余攜孫女乘車往、小兒女千二百餘、作新奇裝束、英人
某甲云、此次華裝甚夥、著日本今古衣服者尤多、惜無
一作俄國裝者、鼓樂跳舞小場畢、登樓夜餐、下樓新見
別間有傀儡、提燈小影、笑話各戲、小猴往來觀聽、其樂
陶陶、游至十二點鐘、人漸少、余亦攜孫女致謝而回、
初二日丙午、午正微晴、繼而復陰、乘車答拜張燕謀、兼
拜嚴又陵復及德璀琳、今當汽車漸多、人或受恐嚇而
致死、名醫新傳解救法、云人驚仆即救之、舁之扶之者
毋赤手、或戴手套、或以衣襟包手、或用新報裹手、使病
人仰卧、解鬆領鈕衣扣、或捲衣、或取他物墊其肩下、則
頭倒仰下垂、啟其口、以帕裹指、抽掣其舌尖、一伸一縮、
一分鐘掣十五次、別一人握其肱臂、使之向前直伸而
搖蕩之、并使其肘忽觸地、與救溺者同、延醫診治、需二
點鐘可復生、
初三日丁未、早大晴、午後陰、入夜大雨、聞倫敦赤足貧
猴尚多、僅訓蒙小學中、猶須一萬三千雙、晚報局代募
今已集款足買一萬八千雙、計通城貧猴赤足不能入
學者、仍有一萬九千餘、報局亦函致余、求施助、昨晨送

九

去二鎊二先。

初四日戊申，早雨，午後雨止，仍陰霧。文愍莊亦有日中育嬰院，洋名克蕾池（詳見前）。初一日（西正月初六日）太子妃令孝猍入文愍宮領賞，猍皆衣白，接踵而入，一一至妃前行禮受賞。有太稚需人抱起者，有肥鈍行動踉蹡者，饒有趣。

初五日己酉，晴、涼。聞本年冬季，倫敦北城陶亭哈木一區，飢寒者老幼男女二萬五千餘，日日新報代募錢鈔、食物，聲明凡施錢者請送至土多爾街第十七號日日新報館，主代收。食物及火柴者，請交瓦爾堤路賢卓安聖會堂日日新報之食物局。是區之司米斯靡市助羊一百頭、牛肉八百觔；蕺利牛乳行助牛乳五百六十盆；毛四麪包行助大麪包一萬枚；厶行助香腸二千八百觔、番薯一十三噸，共款已募入一千五百鎊。人云每先足給一家之三口一日之餐，計錢則可飽四十萬口，計月則尚不足，仍望樂善好施者源源而來。

初六日庚戌，鎮日陰風。夾初暴雨一陣。電工之工，屢遇險而致殞命，西人尚不悉若干。電力始能斃人。有邱園

十

[illegible][illegible]教習阿的米甫，敎一種稍能避險之法，名曰護身[illegible]凶，盖金傳熱流而不滞，于是以極細金絲織成衫褲[illegible]包，頼比綢緞，穿時或靠身，或在本衣外，皆可無礙人之屈伸四肢。據云著此金衣，雖手執絲力至十五萬，亦可放心而無害。

初七日辛亥，晴，微暖。戌刻，同街第二十號前倫敦美爾薩木攸之幼女美達請幼男女跳舞會于其寓所。十四日前柬請孫女佑英，戌正隨余往，登樓見薩公夫婦并其子女。小男女四五十，賃致樂工作樂，佐逐場跳舞。一幼女七齡又五個月，名愛瑪，坐立說笑，跳舞毫無𪖬態，如及笄女。亥正同入飯廳夜餐，熱湯、涼肴各器，其勝食畢，登樓閱兩場，謝回使館。

初八日壬子，微晴。倫敦各店居客既多，而早晚來食者亦不少，故厨役實繁。厨頭必求諳練，即如薩外店之厨頭名屠洛別，號厨子王，手下人二百四十，分班各司所司。或云前一美國富豪曾延厨子王至家具餐請客，只此一次，除往來車船各費，或謂王獲厨款較（吉脚）于當時日俄交兵之費。薩店朝夕男女充飢者一千六百餘，在

十一

耶穌誕節前後、每日竟至二千四百餘、二百四十人作工、皆循時刻、毫無錯誤、又阿斯特店之廚房、長二百三十一尺、寬一百五十尺、廚頭魯多福手下亦二百餘人、據云每日必需牛六頭、羊十五隻、羔羊二十、竹雞一百五十、鹿兩隻、火雞一百、雞二百五十、伊可謂夥矣、

初九日癸丑、晴、入夜大風冷、酉正約張燕謀、嚴又陵、并其少君嚴伯玉、璩、晚酌、嚴父子臨時辭、聞美國一富豪名胡為家貲萬萬、一日值耶穌誕節、戚友互相餽贈、厭其雷同、乃思雇人作一活笑面、贈人自度為古今未有之奇事、先將眉髮眼皮鬍鬚、傅以膠水、俾妥帖而不顫、兩耳塞油灰、鼻孔插鉛管、以油塗面、和泥摹其面以為範、面有油則不傷、耳鼻有塞則泥不入、而氣通、傳聞如此、不審確否、然西人之好奇、將有勝於此者、

十二

初十日甲寅、微晴、冷、入夜風、西報中恆有小段度詞、使人射之、猜得者畧有酬贈、如二父二子喫一先之損飯、食已償三先、倌謂此次賞錢甚豐、實未得賞者何、曰、祖與父、父子也、子與孫、父子也、都三人耳、又一守錢奴、某甲約之飲饌、食間守錢奴曰、我昔邀汝飯、直二先半

觀今日所餐、僅一先半耳、甲曰、既爾、可借汝半先、則所出同矣、守錢奴前出二先半、甲令出一先半、甲別借半先半之計、各出二先、

十一日乙卯、鎮日陰、雨雪陣陣、冷、英之合誠有鄉勇曰米里提亞、又名洛亞弟奚里爾、譯乃御前提步兵也、營官有俸、兵無錢糧、年操一次、臨時官發一日口糧、平日仕其營生、此兵例不出戰於敵國、一營以請則允之、惟遇國內暨各屬地不靖、皆須調往、倫敦營各官、今日戌初賚西店公讌、仿我國團拜之搭卓大員、可就中請客、半月前彼營提督門克立甫東請乘車往、所識有副將但弟益遊擊賴得、席中並談、片刻入座、各武官皆著紅色戎服、三四客皆著烏色禮服、原備四十四座、客來僅二十七、塗泥溢結冰、車不易行、武官所居距此頗遠也、禮節甚簡、將食謝天、食畢舉酒恭祝國君、不陳辭演說、令人快活、亥正握手興辭、

十三

十二日丙辰、微晴、倫敦現因冬季工作無多、萬千流氓、有收入專工廠者、有收入善會者、有三五成羣在街市吹簫歌曲覓錢者、昨聞老堪得路有三人歌曲乞錢、一

名貝拉、一名歐閣諾、一名蘇里萬、面無菜色之強壯人也、因其塞途且惡言詈不出貲者、巡捕捉之、復有一包探云、二十年來貝拉從未正日作工、且曾犯案多次、于是官定收監十四天、餘二名七天、所歌之曲文鄙俚、乃英國千萬人飢餓、看來皆非己之過、于今各各皆須知、因貧故受此坎坷、櫥櫃空空、無將作窮漢羣羣街市坐、終月禮拜無雇工、家中子女嗷嗷臥、

十三日丁巳、微晴、未初、有由周玉帥奏派英法德比留學監督內閣中書饒石頑智元來拜、倫敦土俗、耶穌誕

十四

辰後、為柏克斯英代、譯為盛匣送禮日也、有因此開小茶會者、慽友男八九游戲取樂、昨聞世爵沙爾洛夫人、創一戲式、敞廳列小卓二三、卓坐人三四、而各桌之戲具不同、茲述所聞之兩式、一以二洋筆提白玉石凷移于盤、似易而實難、二條各人紙筆一分、主人出題、如以何字母為首、背寫地名、限定時刻、寫多者勝、如在此桌勝、須移彼桌、若能無處不勝、或兩卓勝者、主人贈以靈巧玩物、其大負者、贈以一蠢笨物、博大眾之一笑、

十四日戊午、陰、霧、冷、英之婦女奢華日甚一日、一女周年衣服費約十八鎊七先、如自作家衣一件二鎊半、出門晚衣一件四吉呢、鼠皮鑲邊冬氅一件三吉呢、冬帽兩頂一鎊半、襞衣襯以法蘭絨十七先半、綢襯衣一件一吉呢、皮鞋手套共一吉呢、腰箍等三鎊半、皮手籠十先半、此三十年前事也、于今一女所需竟至七十八鎊七先、如成衣鋪作成之家衣二件十鎊十八先、午後妝臺兩架十二鎊十四先、出門晚衣二件十三鎊十四先、襯綢裡之內裙五鎊半、晚氅一件三鎊半、帽六頂八鎊七先半、腰箍等七鎊十七先半、皮領帶及皮手籠共十

十五

鎊半、手套皮靴腰帶等共五吉呢、按前後比較、三十年中多至六十鎊、如此枉費、西人更畏娶妻矣、

十五日己未、微晴、上月十二日西十二月廿八日為耶穌教之聖餅禮拜日、聞當日午後在伊斯池浦區賢馬里雅喜教堂、羅列大小聖餅數百、皆會中男女施分本地貧苦者、餅大重六觔、小如茶盃、有盌盛者、有布包者、又聞在黎池門村某鋪作一三千五百觔之大餅、用乳油白糖各二百二十五觔、白麪三百四十觔、桃仁百觔、小乾葡萄七百二十觔、橘皮百六十觔、冰糖二百三十觔、雞卵

叁16

二千六百枚其零分出售勵十本士

十六日庚申微晴聞克拉蒲比圖有婦名滿斯艾前于槐達質庫以二先令典外褂一襲治贖時鋪以被褻言婦遂謂其褂原直一鎊須償也鋪主不允而鳴官官察當行定章凡物遭意外如搶劫水火賠償者不得依原直除典錢若干及若干月之利息不收外更按本利加給百分之二十五故爾日官定賠七本士半

十七日辛酉陰霧西國例嚴人死須有醫生病單及家人友鄰居戚友報官乃竟不然聞在法國立克森里地方半月前有一年幼人名舒伍歐舊患羊瘋風一日病發仆地久未蘇家人以其已死遂即預備裝殮入棺時旁人云伊唇尚赤葬三四日後有在塋地挖坑者聞墓中有哭聲二三日不止聲稍弱挖坑人愚甚仍作工而未奔告其家後偶向人言及始經旁人報官時舒死已十一日矣啟出時見尸右臂與腰作強伸狀拇指已經嚼去大半其家如何受罰未聞由此觀之華人故後至少必五日方葬不為無理也

十八日壬戌大霧冷西人矜奇鋪售新貨必敷陳其有

十六

益以引人即如蒿本街戛美芝鋪之螘窠乃云此種奇玩可充耶穌誕日贈給小孩之禮物以方十寸深約三寸之木匣盛之中有螘約二百診其如何遺卵乳哺小蛾築窠浴子及葬死蛾一切情形漸致蟲學藉此而入門一年以蜜飼螘四次則養之甚易每匣十二先令究不悉何從掘得如許螘窠

十九日癸亥陰聞法人新創一種騎脚踏車繞行之鍥轉圈名曰支洛斯扣鋪譯為表明地球旋轉器屬博學人製造圈之徑線長十三尺式如脚踏車輪輪之鍥幅條棍出八叉橫梁作形輪邊橫排短木以使行路稍寬如與街市之脚踏車同但稍重耳地面立一渾鍥柱作形輪之軸橫貫于柱頂如人騎脚踏車左行鍥輪右轉雖行至頂而倒垂不墜咸視其人之脚力及輪力并車力往來均勻也

二十日甲子陰聞前于九月初二日西十月五日章伯綸在蘆比城地在倫敦正北屬貝達佛府集眾演說本地官商醵金建一木臺前面寬二百尺進深百三十五尺高二十四尺有棚簷處容人四千五百左右敞處可坐人四千由外登

十七

卷拾

臺之木梯十五、寬各六尺、各處有門有號數、與戲園同、人無亂登、更有售票室、存衣室、值事房、偶患病之暫留室、新報館人坐處八十、地面鋪厚板五百方、二寸厚者二百方、長五方木一萬一千、費共三千鎊、壓價未聞、

二十一日乙丑、晴、聞在英蘭西南臨海、格拉墨爾根府之美斯茖村有鬼、乃傳謂某教堂前塋地林中有七馬王車（西國古製）、往來某甲夜歸、經教堂旁失足入敞坑、突有鬼竄出、逸似言冷甚、冷甚、其聲沉沉出于地中、村夫自曉此時非夢、然膽夙壯、乃曰汝誠冷、他人懶惰、定汝不埋、汝誠冷、遂以足推土、使與坑平、抵家睡、乃夢一人免冠來謝云、

二十二日丙寅、微晴、美人現多富室、號為米連內爾、譯為家財百萬、大富翁也、與我國所謂甲百萬乙百萬同、西國又有葉子戲、名發婁、紙牌銀匣兩色、不費心力、而憑時運、聞有紐約富翁談茲、五點鐘內輸七千鎊、旁人代為計算、每分鐘輸二十三鎊零、五點鐘共三百分、若放五分行息、債一禮拜可得八鎊、足供中人一生之用云、

六

二十三日丁卯、晴、西人喜骨董、買賣各物有至奇者、前日司的文叫貨行拍賣丹國海賊皮一幅、大不盈尺、湧擊殷得買、以三吉呢、又前于西一千七百八十九年（乾隆四十四年）、由文恣宮英君埃達倭第四之陵中掘得君髮一束、未得售去、並聞于九百年前、在英國埃賽府、有人于罕茲多教堂偷物被獲、即時處決、剝其皮而釘于教堂門上、意在懸皮示眾、至今其皮如剪成之羊皮紙、以塞老門之隙云、

二十四日戊辰、晴、聞倫敦東北埃賽府一村名考格翔、乃數百年前之老鄉村也、皆茅舍、男多事農、婦女世傳繡工、老幼皆業此、未詳始自何年、有老嫗現年七十、自云八歲學工、既為人也妻、為人也母、今為人祖母矣、六十二年如一日、自作工外、教妹教女教孫女、茲出嫁之女、亦皆為幼女師矣、繡工則女帽、靠枕、褥面之類、所用之料乃麻布、棉冗線、然料雖粗、花樣格式自出心裁、亦頗費腦力、法用鈎針、上帶活柄、可長可短、右手執針、立布上、左手托線球于布下、往來小鈎取、送白髮嫗戴眼鏡作工者、尤勝於他人

九

卷14

二十五日己巳、白晝雨、入夜風、照相一事、人之願照者、或坐或立、多失天然、邇來法人新創一喀美職布克斯

意即照相書、不惟預備特照、且可偷照、册不大、可藏西衣兜中、書皮內面有鏡、書中第一頁即上藥玻璃、照者欲照何人何物、兩手執書、陽作看狀、形式酌妥、轉瞬照成、本人尚未知、則天然之態得矣、

二十六日庚午、微晴、獸類中象亦靈物、產于熱帶、炎天入水浴身以為涼、萬生園馴象所附近無池、象得水則淫狂不上岸也、溽暑象僕管水飲象、象鼻吸之盡、乃學人坐、仰首伸鼻、鼻下垂、左右自如水溉其身、遍以解熱、入夜大風、冷、

卆

二十七日辛未、早晴、午後陰風、倫敦有專為助善救貧之教會、名曰者爾赤阿爾密、意即教堂營、月前由英王助百鎊、會中遂以之在克蕾爾市（地在城中近司特蘭街）設一大布帳房、長百餘尺、餘所募得之錢、不與乞丐、乃印成六本士之憑票、凡鋁木（前見）若干者、皆領一憑帖、而得晚飯一餐、并准帳房睡覺、帳房初設時、苦工得安睡者百七十八人、晚飯亦熱湯、麪包、牛肉、加非等、並以一飽、亦善舉也、

二十八日壬申、早大晴、午後陰冷、英人畏娶妻、家富不顧同族及戚友、前已屢記之、茲又聞侯爵陶瑪年七十有二病歿、遺產計七十二萬零三百九十九鎊、所留遺書注明、曾居英蘭西北界柴唎府埃的斯百里所用僕人、現年逾六旬且有功者、年酬九十鎊、分賞炭薪錢二十五鎊、年例冬季以二十鎊贈育嬰乳母為衣服費、以十六鎊贈醫院病人、其現居之色溶地方、賞年逾六旬之老僕、年十八鎊、炭薪錢八鎊、贈其幕賓書手車夫、年各三十五鎊、終其身、歷來服侍之女僕、年賞五十鎊、女廚二十五鎊、跟役及女管家各二十鎊、供其一生、贈其幫辦千鎊、律師三百鎊、代為經理分款之人、年二百五十鎊、又韋凌坦大學堂總辦部樸斯年六十三、遺產二萬鎊、乃專送卜立斯托眼科醫院千鎊、餘一萬九千分贈傳教會、邦布皂瘡癬醫院、卜特尼之難療雜症醫院、卜立斯托施藥院、養病院、雜症醫院諸處、蓋卜立斯托為其本生土地也、（地在倫敦西百十八英里）

卆一

二十九日癸酉、陰、倫敦城內西邊一帶、二三月間立有

卷15
男僕會館、男子之一時無業者收住、省費而更免游蕩、
有候樸夫人仿立女僕會館、以收暫時無業之老少婦
女房屋各費須至二千餘鎊、事屬創辦、募款無多、館中
小樓、不數人住、好施善士能助以擴充、則有裨于貧苦
婦女也良多、
光緒三十一年、歲次乙巳、正月
初一日甲戌晴、巳初、率眾參隨繙譯學生等向北恭拜
聖牌、行三跪九叩禮畢、互行團拜、後奉外務部來文知上年
十月初十日
皇太后七旬萬壽、蒙
賞出使英國大臣張德彝大張壽字一張、如意一柄、當即具
摺謝
恩、具云奏為恭謝
慈恩仰祈
聖鑒事竊奴才于光緒三十年十二月二十日接准外務部函
開十月二十五日由內務府領出十月初十日
皇太后賞出使英國大臣張德彝大張壽字一張如意一柄寄
交祗領等因前來奴才當即恭設香案望

圭

卷15
闕叩頭祗領訖伏念奴才自愧庸才忝持使節幸逢
慶典願效呼嵩茲承
澤沛臣工猥使班同
錫賚
宏萬壽無疆之
仁寓遠被行人
須百事如意之
天珍傳誇異俗凡斯
優眷實屬殊榮奴才惟有勉効涓埃藉酬
高厚
珠光輝映仰瞻
藻翰於
五雲
玉氣澄波長普懷柔于三島所有奴才感激下忱理合恭摺叩
謝
慈恩伏乞
呈太后
皇上聖鑒謹　奏

圭

卷十

初二日乙亥、晴、西國男女嫁娶、新郎新婦至近之戚友、各有所遺、既為夫婦、應不分彼此、乃昨見新報一則、謂少婦本姓魏斯屯、名阿麗奴者、控夫席四爭用新婚戚友所贈禮物、請斷分離、官謂箇人素識之戚友所贈、箇人自用、苟夫婦同識之人所贈、又當公用云云、京諺有夥計夥計好比夫妻、西國可云夫妻夫妻好比夥計、一咲、

初三日丙子、晴、記有之、貨惡其棄於地、不必藏於己、力惡其不出於身、不必為己、我華之古風、半為外人襲去、

廿四

英人善舉、各竭其能、西十二月二十八日、即冬月二十二日有錫拉街第十六號之信女馬奴歐致書于日日新報館、請登之、謂用過花片、請寄伊家、將轉送孱弱育嬰堂、以供兒戲、數日間已得三十萬幅、馬謂若此舉有成、當為年例、

初四日丁丑、陰雨、客冬倫敦人之失業游蕩者尤多、西正月初八禮拜日、即昨清晨十點鐘、流氓千餘集于城西隅之克樂冐衛格林地方、將羣行擁赴賢波羅教堂祝禱、即時彼處巡捕四方傳電、先在本地傳集二百七十名、環繞彈壓、又于便衣巡察若干名外、特派巡捕一千二百三十餘名、由該處至賢波羅緣途一帶、分五彈壓、攔阻旁人喧擾、官諭眾氓排隊而行、有人執黑紅二旗前引、并令隨行歌馬賽蕾曲、見前及老英饑民歌、入堂禮畢、午正仍排隊步回、而後遣散、幸往來安靜、未生事端、

初五日戊寅、陰、見昨日西正月初九日日日新報一則、題云懲論男女摟跳之非、設言者為敖士屠蕾據、云倫敦男女混跳、為習慣熟識之常情、然使余摟他人之妻而舞、試問其合理乎、某人看其妻與合跳之人不在跳舞堂而在他間、另態交談、不知其作何思想、作何結局、喜耶、媢耶、怒耶、抑無法耶、當紛亂之際、任為何人、喜看其妻與他人親吻乎、吾人蒙昧、以此事為常俗、尚望有妻女者仔細思之、

廿五

初六日己卯、陰霧、老女卜洛斯楠者、在新敖斯佛街第二十七號售天下萬國信票、因聚有閣斯他里喀國之國課票也、地在南北美洲中間、腰地南接帕那瑪、北臨尼格拉卦、票數未聞、價壹二百鎊、前日某以一百二十鎊購去、昨有庫柏爾者稟

卷18

官、謂票之得售伊爲介紹、應有所酬、卜女謂鋪設四年、
聲聞久播、交易不待綰合而成、無所謂分潤、官不聽勸
令卜付庫十二鎊十先、
初六日庚辰、陰、無業貧人葛路木昨有婦人馬喀喜惠
以男子舊氅一、將去西人衣中多暗兜、葛于其中得紙
一束、內裹五鎊票一、一千一百鎊兑帖一、遂告知巡捕、
詣馬繳還、馬勞以半鎊、拾金果不昧、亦官法嚴耳、
初八日辛巳、陰、聞倫敦貧民馬那里精神矍鑠、西一千
七百九十七年正月十三日生、今日爲其百有三歲、于
米斗路之天主教養濟貧女貞女會堂開晚筵以慶、馬
自述大年之由、一安定、二強恕、三不忍也、
初九日壬午、陰霧、西國有種聖徒銀匙、英名阿婆斯勒
斯普恩、蓋當初耶穌有十二門徒、洽西國人以十二爲
一副、乃造十二柄銀匙、每匙柄頭各鐫一古裝聖徒相、
聞前日在阿恩苐鋪中拍賣英國古聖徒銀匙十七把、
共直一千一百三十鎊、中有一把、柄頭鐫賢多瑪斯之
相、乃西一千五百二十七年、明世宗嘉靖六年、英王罕里第八
之世所造、匙小而輕、竟拍至一百一十五鎊、

初十日癸未、陰、亥正偕內人乘車赴藍侯家茶會、入門
見侯夫婦、後轉入大廳、遇各國公使夫婦子女、文武叅
隨并本國文武官員男女千餘、室少空氣頗熱、少立步
入飲廳、各飲加非一盃、十二點回使館、當晚有外部司
官歐克思夫婦、因其子將赴變裝跳舞會、擬著華服、叚
余一單衫以爲矜式仿作、
十一日甲申、微晴、今日係西二月十四日、巳正開議院、
屆時乘車前往、至彼下車、入下議院、同各國公使坐御
座前右鄙第一段、他世爵律官等男女分座如前、巳初
太子偕妃到、少坐、君偕后到、君脫帽約衆坐、繼而戴帽、
手執一摺、向衆諭上下兩議院諸爵紳曰、我與各國現
皆友好如恆、前年秋間、葡萄牙王及后辱臨敝國、葡與
我英邦交輯睦幾數百年、今王與后來遊此土、予甚欣
幸、自去年二月俄日構釁以來、至今兵禍未解、我國政
府凡于中立國應盡之責任、莫不兢兢小心恪守勿替、
貝爾坎地方情形、現仍有可慮之處、自俄與兩國辦法
以來、其被擾各處情形已有起色、但欲土國在辦理該
省各事、日進不退、則除俄與所陳辦法外、還須籌大變

之方、而於理財一端、則尤為緊要、現聞俄奥兩國、已行文、土國商辦此事、予甚為欣慰、我國政府亦與此事有關係之各國、往返函商、我前與法國訂立之公斷條約、蓋為輯睦邦交起見、業經法議院批准、予思自此以後、兩國之友誼、將益形敦固、兩國可同沾利益、此外我國又與瑞典、喏爾威、瑞士及葡萄牙等國訂立公斷條約、按照該約、凡交涉各案中有可以請公正人判斷者、前者俄國兵艦大隊行經北海時、突將英國海船擊沉、旋與俄政府訂立一約、派員查辦其所以致事之由、咎在

二三八

何人、應如何分別輕重辦理、並著一律查訊、此乃按照一千八百九十八年弭兵條約辦理、所擬在脫蘭斯瓦屬地設法舉辦選舉之制、我政府及該屬地政法、現正商酌核辦、該屬自行理治之權、或可從此大有進步、予有厚望焉、上年九月初七日、我與西藏訂立一約、讀約中所載各節、似辦理印藏交涉、此後可期妥洽、赴藏員弁此行備嘗險苦、然莫不力任艱難、中國政府現已簡派大員赴印商立准約、至藏事文卷、已交汝等閱看矣、阿富罕王派伊子前赴戛勒喀達、問候印督起居、印度

政府亦派大員前赴阿富罕都城、商辦兩國交涉各案、蘇格蘭教產、應如何經理之處、議論紛紛、在上者不能不為干預、予已簡派大臣查詢、一切奏報到日、或能使汝等如所籌畫、俾教中人和好無嫌也、予有厚望焉、諭下議院諸紳曰、今年度支冊不久將交汝等查核、所籌各款、業已按照現在情形、竭力撙節矣、又諭上下兩議院諸爵紳曰、近年以來、戶口有增、且居民又遷徙無常、若照定例舉行選舉、殊多不合、應如何補救之處、爾等須為籌議、又外人來英日多、因之流弊滋生、爾等須立

二三九

例補救、又工人皆無工作、今年冬間受苦甚慘、其所籌辦法、不過為一時之計、須另籌永遠辦法、此事當如何立例辦理、將與爾等商議、又蘇格蘭學務條例、爾等業經商議、此事今年還須籌商、又賠償工人條例、今須立例著改、不久當將新例與爾等商酌、又管理各地方事宜部及商務部、應如何改良商工兩務大臣、應如何添設之處、均將與爾等商議、又管理估價人及如何估價條例、又戰時設立海軍法堂之條例、又工人猝遭不測、應如何申報之條例、又農田納租條例、並一切暫時奉

行之條例、凡關係農田租戶者、大牛油應如何禁止攙
雜他物、又刑案應如何由大法堂覆讞之處、皆須立例
更改、予謹上祝彼蒼示爾程途、佑爾蕆事、未初登車回
使館、
十二日乙酉、白晝陰、入夜雨、聞倫敦貝勒發斯區之監
察住戶精神董事某甲等、因欲勸賀家屋舍淨潔有益
於人、乃設一法、一年內由三月初一至十二月三十一
日、有能永遠淨潔者、官有賞、立意得賞者、先稟官呈半
先以為質、司事人于此十個月內不時往察、至少十次、
然稟官之貧民、必其房租每禮拜不逾四先者、方准賞、
則分三等、年終核其不懈者、列頭等、代付五十二禮拜
之房租、以作賞、二等者代付二十六禮拜房租、三等者
代付十三禮拜之房租、不列等則所質之半先歸官、
十三日丙戌、陰、英人謂新報中帶印商務告白紅條、既
表揚于一時、更可考核于數十年後、新報館徼獲其利、
而奉行實得其益、而司此貿遷者、尤以為不涸倉矣、有
世爵特莱洛言其父四十年前、在樂談山前設肆專理
代報館收存商務門號告白各事、因倫敦茶塘都伍鍈

三十

路公司擬在山前造橋、欲侵其肆之地基、而肆名地名、
人所共知、未可他徙、鍈路公司遂核其所入之款賠償
若干年、並云是肆屢有人往考十數年前某月日某新
報中之告白、報單皆能如願、不失紊、泰唎昨有司丹達
新報館之管理日記告白人卻穆、司事四十年、因老乞
休、館東贈金表一、表練一、以酬其勞云、
十四日丁亥、晴、熱、亥正偕內人率陳默之、王杏園、白厚
之、三隨員乘車入卜静宮赴朝會、婦女八九百、一是如
前、惟數日前附近著名各照象館來信、請於今日前往
賜光、為集印各國著名公使夫婦喜容、並云本館終夜
開門敬候、因是晚男女入宮皆公服、無須更行裝束也、
十二點出宮、順路至歐樂班街甲字第百十三號公館
各照一頁、
十五日戊子、早陰、未初雨、涼、聞有美國庇兹堡村人曰
羅喀、百萬者、上月病歿、遺鉅產三千萬鎊、其遺言分與
已嫁于傅洛爾之女六萬鎊、二子二女各七百五十萬
鎊、據傅洛爾之妻云、羅喀之不喜長女者、有二、一因已
欲嫁傅洛爾、乃不著名之牙醫、第二女長子生、乃擬襲

三十一

羅喀之名、或羅門中人之名、父患因有父女終年不見之言、按羅致富之由、係按格致創造司丹達燈油行中人、歲入三百萬鎊、奉教亦虔、但僅助教堂七萬三千鎊、准其入款計之、一禮拜之利息耳、故教士神甫輩罔不嘖有煩言、

十六日己丑、鎮日陰晴風雨不定、間有大雪兩陣、落地即融、英國日用自來水、因工料費重、故大城鎮始用之、他處仍鑿井、聞在荷汀鞶晒府（地在英蘭中界偏東）之梧里村、因井少水不足、現補掘一井、工竣未放水之先、于禮拜四日午後、教士率鄉紳環井祝禱一番、入井底禱告一次、末則通村男女入一大堂茶點、入座、教士立陳一段、講論掘井之由、上天保佑、通村互受其益、飲食畢、男女鼓琴歌曲、時許而後散、此舉等于中國之祭井、

十七日庚寅、早陰、午後雨、入夜風、聞西墨婁蘭大街第五十一號有少婦霍芝、其子前日殤、放一二先令之銀錢于死孩目上、以為殮、俾其雙眸緊合、此蓋西俗、恐其復行睜開也、婦出門報官、鄰兒賽里克甫十齡、入見婦之姑、姑年八十二、瞽目、一老嫗也、賽言欲覩孩尸、老嫗

諾之、犢入尸室、掀起覆衾、倏見二銀錢、竊去、婦回詰明、鳴于官、用樺木鞭六擊而止、以童幼弗重責也、是鞭洋名柏爾赤、

十八日辛卯、陰、外洋治罪之法、凡不至斬以槍擊投環之死罪、皆收監若干年月日、按罪之重輕、或作苦工、或不作苦工、吾人所知僅如此、尚有未竟者、監中預備一切供給飲食器皿床榻、概皆整潔、無異家居、且外有醫官教士人工等、一年費款甚鉅、非富強之國不辦、故俄國于輕罪、咸以樺木鞭鞭之、數之多寡不同、因監費不足、以此代監禁、用求撙節、

十九日壬辰、早大晴、午後雨、聞昔有英人班達貝游至馬加國西南臨海之肥攸木城、見骨董鋪舊小銀鐘、作平果式、愛而以數先得之、攜歸旅舍、拭淨垢污、露字跡、細審之、鐫有義文云、予蓋蘭的池西伍里商船行主也、所有寶物藏此鐘內、備將來遺贈現居來巴什之堂弟安斗牛、俾不肖子一無所得、一千八百五十四年正月初五日志于肥攸木、乃轉開關鍵、出大吉寶石、鑽石七、翡翠六、碧玉三、其次稍小、共值約六千鎊、西國官員夫

婦皆習數國語言文字、下至工商僕婢、亦多有習二三
國者、班之獲財、非以能識義文耶、
二十日癸巳、陰雨冷、記現在各國公使之駐英京者、共
四十、內頭等者八、為奧斯馬加、法蘭西、德義志、義大里、
俄羅斯、日斯巴尼亞、土耳其、美利堅、二等者二十六、為
中國、阿真坦、比利時、博里威亞、巴西、克倫比亞、墨西哥、
日本、歡都勒斯、五貝里亞、尼格拉卦、智利、古巴、葡萄牙、
丹麻、希臘、高麗、和蘭、波斯、秘魯、薩勒瓦多爾、魯麻尼亞、
瑞典、瑞士、暹羅、帕拉怪、三等者六、為魏乃蘇拉、烏拉怪、

三十四

海地、欣的麻拉、伊奎多爾、卜會戛里亞、
二十一日甲午、陰、美國正東之哈特拉斯地角、臨海水
淺、藏有沙灘、船頻遭險、包斯頓城有船主伊樂斯創一
法、稟官考之相宜、遂發二十萬鎊、選地建燈塔、使船隻
避險、法于水內流沙下、挖若干尺、石凷築臺如[illegible]形、出
水若干尺、體重大且深、使不為四面之漩沙及冬季之
狂風巨浪所搖動、臺上別建鋼塔、塔頂安燈、開工時先
一鋉鐘下水、鐘下口周百二十尺、上口周四十五尺、中
空實以碎石、使壓力重下墜、深三十尺至底、下口入沙

腹、鐘首左右鋉練繫錨而鎮之、遂卸石凷、以機筒抽出
鐘內水、鐘空、繫入泥水匠十名、凡石凷灰泥、以舢運于
鐘旁、由鐘上口用木斗繫下、此臺造成重二萬噸、云大
抵西國工匠學生之獻新法、官為考驗、毫不輕允、塙則
必用、蓋創物者必經考物者細勘、俾事理詳明、決其弊
少、方可施工、
二十二日乙未、陰、今日係西二月二十五日禮拜、六晚
八點三十分、英　招卜静宮中晚酌、戊正乘車入宮、登
樓、陞續晤三十餘人、是為各國公使、英之文武大員、少

三十五

立、英君率太子入、握手相問候畢、君率太子先行、引客
飯廳入座、君面南正中坐、太子面北正中坐、坐余太子
左第二座、餘同上年、惟廳旁樂兵一部、乃奏蘇格蘭樂
耳、宴畢、君率太子引衆入複室、喫加非、吸捲菸、飲果酒、
啜淨水、太子侍君向客立談、許久、丑初與衆握手話別、
丑正旋使館、
二十三日丙申、陰雨、泰西大小各國之王支近族、互結
姻親、而與國家無涉、遇事則兩國官民依然仇敵、平日
邦交貌為親近、儻友國之君與后及宗親逝世、為之下

半旗若干日、宮廷服素若干日、日期之遠近、視乎逝者之品秩及友誼之淺深、所謂素服者、男臂青紗一縷、寬約三寸、婦女黑氅、不襯五彩花朵而已、不有縞素也。俄皇叔色爾格斯公生于西一千八百五十七年四月二十九日、年四十八。上禮拜、斃於京、民炸彈誅公之夫人艾麗奴、貝德國海斯邦侯魯得威姊也、侯之母英皇之妹阿麗奴、侯之妹阿莉奴、乃俄后、侯夫人英皇之故弟埃典堡侯阿弗來之女維克都里亞、埃典堡侯之夫人瑪麗是俄皇之姑、辰葛相縈、求援、求繫前于十五日（西二月十八日）英禮官司來函云、奉君諭、俄皇叔色爾格斯公之喪、著自本月二十一日禮拜二、朝中穿素服七天等語、歷來此類信函、內外皆黑緣、而此次獨無、昨晚宮中宴、值素服期內、英人臂上亦無烏紗、然則英之視俄、畧可知矣。

二十四日丁酉、早陰、午後晴、西國婦女服飾時式、多樵法國、倫敦莫勒屯街第十三號、有自稱柯萊麻的太太者、專賣四季時尚之服飾、名曰瞞爾特米里訥爾、意即製售官場時式衣冠者、日前來信致內子金氏言、現在柯萊麻的太太由巴里回倫敦、春季擺賽新式衣在三月初七日、夏季則俟再赴巴里回倫時、豫定五月初二日、如願用新式服色、請即惠臨為荷云云、華人華裝、度柯久已知之。

二十五日戊戌、鎮日陰晴不定、未正乘車赴卜靜宮之朝房署押于門簿、復至帕爾克街第百零一號赴小姐莫斯萊家茶會、兼會海斯邦侯魯得威、覲侯之母英皇姊、侯之妻英皇姪也、室仄人稠、男客女客、駢肩累跡、又值天陰、室中闇黑、侯年三十餘、矮身眇左目、握手問候數語、轉開稍立即歸、聞侯目之傷、乃二三年前在本地同他人打獵、他人獵槍弓之斜勢、左激于木、而右飛遂入其目、醫將弓和眼珠一并取出。

二十六日己亥、陰晴、細雨不定、英人云、倫敦一城之乞丐、可名之曰丐商、以其無本而得利也、男女成羣結隊、以固其防巡捕、嗔其擾而無法阻止、西城地方官、曾令盡捕收監、以清街衢、并冀其改悔、奈罪非久錮、為日無多、釋之則仍理故業、且人數日加、即如前年捕一千六百十五、監一千二百七十八、上年則捕一千九百二十

五、監一千五百三十九、蓋以乞得之錢、視如應給之工價、惰民所樂為也、設一城四千丐、每禮拜人可得三十先、以年計不下三十一萬二千鎊、枉耗於此無用之輩、而作苦工人所得反遜、或謂有一簡法、預訂丐律、每日乞有時、得有數、違者重懲、則呰窳之貧人風潮少殺、

二十七日庚子、早晴、午後陰涼、英國賽馬場極多、紈袴子有馬癖、善養善馳者、賽跑一圈、得犒賞以為榮、閒有以馬賭錢、為主賭、為賭客、賭客僅知某馬宴若、度其必勝、則持十鎊、向主賭者聲明賭厶馬、并約定彼此三七成或二八成、賭客所言之馬若勝、則主賭者償以十二或十三鎊、否則赴賭者之十鎊、盡歸主賭人、主賭人名曰卜克美克爾、按其字之本義、誼乃著書者、而以為名、不解所謂、彖主賭者所常贏之由、蓋用有一黨夥、計名曰堤克他克曼、或堤克他克太里格拉弟、伊譯乃丁當人、或丁當電報也、改其立名、則此輩不時入各馬圈、探詢、向彼馬夫伴為閒談、偵其馬之髒力、或身微傷、腹微病、或食少不飲之小症、決其賽跑時未必得彩、其人苟有所聞、即步至高處、向其主賭作丁當報、示某馬某名

現體力若何、能否馳勝、故主賭者能知臨時各馬之情形、因而定意以何馬可賭、何馬不可賭、及何馬當賭以何價、勝於賭客僅知某馬平日之浮名也、丁當報者、以四肢作式、黨不同式、此黨之式、他黨不解也、或兩臂上舉、兩臂下垂、兩臂橫直伸、橫半伸、或兩臂橫伸而雙手變撫肩、或左臂下垂而右臂上伸撫頂、或右臂上半上立而左臂向下、前半橫伸、手撫右肘、或伸左股、伸右股、不一其形、以當二十六字母、

二十八日辛丑、鎮日陰晴不定、申刻雨一陣、凡小國酋長初至大國、以罕覯之物為奇特、遂不吝傾囊購去、如墨婁扣（地在斐洲西北界臨海）之色勒坦（土言君也）即位後、先王遺產、通國稅款、用之一空、購無用之物大半、畧如于倫敦買金製碧玉鳥二千鎊、照相紙如千匣、于巴里買去者、值一萬方、一年購衣料諸事共七千鎊、

二十九日壬寅、早微晴、午後雨、叅隨有三年報滿請內渡者、余餞之、因約以今日酉刻晚酌、并約暫留使署各員為副客、英人之喜潔、多有迫于官令者、一為街巷房室多鮮嫩之空氣、疾病既少、而傳染尤遲、所以衛生也、

故公車、電車、火車、遢子車、均有告示告白、禁止遺唾于
車中、違則罰鍰、唾中有微生蟲、乾則入人口鼻、有損于
人、各節詳見前
三十日癸卯、陰雨、西人好奇、不遺異種鳥卵、聞前日某
叫貨行拍賣鵰卵二枚、價四鎊、由美洲西北界臨海之
阿拉斯喀地方携來、海鷗卵二枚、二鎊十二先半、日本
白畫眉卵三枚、二鎊二先、秧雞子四枚、三鎊、紫鶯卵二
枚、二吉呢、金鶯卵三枚、二鎊五先、揣其用意、必為設法
孚出育之萬生園、以新耳目、

卌

二月
初一日甲辰、陰雨、英人日今力除輕視工役僕婢之心、
聞昨樂斯坊第六十號之阿拉辰會館有周恩夫人演
説一段、略謂教各婦女不惟以持家之法、凡僕婢廚工
及年老充苦役者、皆須待如友朋、不必分男女主人也、
自用之僕婢、尤當視為親近契友云、
初二日乙巳、陰雨、上月二十日接外務部來電、本日奉
旨、劉都統、銜候補三品京堂唐紹怡著充出使英國大臣、欽
此、當日外務部照會駐京英使薩道義、伊謂不行預先通
知本國、似不合宜等語云云、奈已奉
旨、不便照辦、繼于二十五日來電言、希告外部執事任滿、
現簡新使、須俟議約事竣赴任、余即去外部告知、該部
仍按前情推拒、當晚復接來電云、告外部時、須加新簡
使臣深盼有感疑是當字英國大皇帝之意一語、以符公例、
二十六日余遂具文照會英外部、内稱為照會事、照得
本大臣任滿在即、我國
大皇帝現特簡派唐紹怡充當駐紮貴國大臣、前來接替、唐
公紹怡前曾充天津海關道、近奉簡命派赴西藏查辦
事件、現在印度加爾各答商議藏約、一俟議竣、即行前
來倫京接印視事、唐公來英駐紮、我外務部深望有當
貴國大皇帝之意、屬令代達、為此照會、三十日英外部
照覆云、為照覆事、照得本大臣前准貴大臣本月初一
日文、開本大臣任滿在即、我國

卌一

大皇帝業已簡放唐紹怡作為我國駐英出使大臣、前來接
替等因、本大臣准此、當將來文奏呈我國大皇帝、茲奉
面諭云、貴大臣離英在即、聞之悵然、新任出使大臣唐
紹怡到英時、亦願接待、屬告貴大臣等語、至我國政府

闍賁大臣離英在即、亦與我國大皇帝同深悵悵也、為此照覆、

初三日丙午、陰晴不定、英蘭中界司丹佛府之巴爾屯村、有啤酒大釀房曰巴斯、其地水甘、西十月之醞尤佳、以故著名于歐邏、廠工人一萬二千有奇、前闍某禮拜五日放工、使赴立文浦、牛稗屯兩處閒游、二地居英蘭正西臨海、南北距約十餘洋里、屬巴爾屯村之西北、相距百洋里、特備十七專邁火車、每人保以千鎊險、此等十鎊車行僅收三四五六本士不等、遭險無矣、乃其餘利也、寅正開車、每隔十分鐘一邁、至卯正五十分止、由廠至火車棧、鐵道公車、亦由廠東包雇、每人得往返車票一頁、并一日工直、外加十先作游費、抵其地、凡往來附近各處用火車、公渡船亦由行主包定、自由而游、或喜乘船、則赴敖曼島、或蘭堵奴、一在立文浦之西北、約八十洋里、一在喀那彎府東北臨海、在立文浦及牛稗屯之西南、相距亦八十洋里、皆勝景也、人給程途記畧一本、每本九十六頁、指明二地之程途景物、解說故典風光、使遊者預定其向、用免徒勞思索、聞工人一日之遊、廠主費一萬五千鎊云、

四十二

初四日丁未、鎮日陰晴不定、午初、率馬周二參贊及尹隨員乘車入賢猩木司宮赴朝會、文武千餘員、立至未刻始畢、戌正、帕瑪街禮佛木會館晚酌、赴前渣甸行股東開喜克之約也、賓主二十人、有張燕謀、馬清臣、匯豐行之陶斯恩、胡芝泰及陳安生、禧在明等、食畢、登樓入菸廊、吸菸坐談、既入書室一觀、四壁圖書滿架、中設卓椅、懸電燈、有三人燈下觀書、迎門卓上橫長牌一、署曰緘默、蓋以喋喋多亂讀者心曲也、用志不紛、乃凝于神、可謂不負讀書、

初五日戊申、陰、昨之日日新報一則、題云酒瓶遠程、上年西五月間、有美國派駐騷桑屯之領事官司瓦木、由南美南界偏東臨海烏拉怪國之芒特威兜海口啟程、出口後、司約同舟二三人、各出名刺共納于玻璃酒瓶、復書一紙云、疇得此瓶、一鎊酬之、固緘瓶口、付之海若、日前有人致司書、謂四月前得瓶于愛爾蘭正北偏西兜廼戛海灣之兜村岸邊、按瓶逐海浪而行、共六千〻餘洋里、日行五洋里也、

初六日己酉、晝晴、夜雨甚、英以六十五萬鎊建兵部新

四十三

署、樓舍仿四百年前義大里者、擇地于倫敦白堂街、已于兩年前興工、云仍需兩年落成、樓基爲三英畝零四分之三、高七重、廳閣軒室大小六百七十間、上下烟突、屈曲得九洋里、用甎二千六百五十萬、坡蘭台石二萬六千噸。

初七日庚戌、鎮日陰晴風雨不定、富人好施與、志各不同、英多善士、半屬沽名、每有善舉、新報既已布之矣、而報中善士自敘之言、尤爲詳備、昨閱一則、題曰四千小客屬、前昨二日世爵司閣特夫婦宴西馬力貢區之八千男女學生于父卜蕾園、一日四千、復擬二三禮拜後、于是園宴是區之三千寒苦幼童、此非好名乎、然豈予好名者、世間安可少此人、

四四

初八日辛亥、早晴、酉初雨、雷、聞有寡婦孝爾溫、現二十七歲、上月自作揭詞、登諸新報、言有學問之中年婦、願晤稍長之男子爲友朋、來者親投刺、注以姓名居址、德人韋應科造訪、兩情既翕、因騙去二十五鎊、孝爾溫鳴于官、逮韋、韋供不諱、其日記冊書以邇來所作伊何、乃漢柏爾一妻、布克斯笞湖一情女、此地又有三情女、無一不欲嫁我者、云云、官判收監四個月作苦工、

初九日壬子、鎮日陰晴風雨不定、聞倫敦萬字窩斯區之教士巳勒堆、西千八百九十八年三月娶妻阿麗奴、二三年來琴瑟甚篤、寓倫敦西南色蕾府之鵠鶘青城、管理教堂、繼因醉弱而病、發逐、止西色墨賽府東北、近巴斯城之黎柏的斯兜克莊之水療病之醫院中、是院英名海得婁、巴阿與院中醫官帕爾克一樓而居、巴以醉窮、無心理家務、浼帕代之、千九百一年九月間、一夜巴醒、不見其妻、虞其夢迷狂走、因曳鈴著衣、往他間呼帕爾克、帕告以無所見聞、度其必在樓下、巴疾走下樓、遍索不獲、返則妻臥牀上、疑之、乃言擬十月二十八日遷居、是晨雄伏而雌飛矣、越數日帕出遊、一去不返、巴又失去五百七十五鎊、金盞飾、偵知其妻與帕同寓于美國紐約城、此類案件、倫敦日二三見、所謂無足論者、巴控于官、如何裁判未聞、

四五

初十日癸巳、陰、雨雹、入夜晴、英之印寫字式、仍羅馬二十六字母、而愛爾蘭則有土字、其字母僅十八、如𝔄 A 𝔟 b 𝔠 c 𝔡 D 𝔢 e 𝔣 F 𝔤 G 𝔥 h 𝔦 l 𝔩 L 𝔪 m 𝔫

n O o P p R R r T S s r s T T U u中有與德
文式合者其他大寫小寫同羅馬愛人式以土字還英
音寄信至倫敦由愛至英僅須四小時而郵局必遲至
三五日方送到蓋必待辨明各字方可送往是亦郵局
之一種累事
十一日甲寅鎮日陰晴不定上年十月因
皇太后七旬萬壽英君主有書慶賀當日經駐華英使薩道義
呈遞因而
皇上致書答謝半月前外務部來電令余呈遞數日前敬謹
接到遂行文外部請定日期昨晚來信并電謂定于今
日午正二刻在卜静宫覲見屆時余敬捧
國書乘車入宮登樓進大廳見藍侯御前大臣色弗義伯
世爵柯林屯上駟院隨侍大臣鄰佛爾内大臣傅來的
禮官多森在彼少待先是巴西原任駐英公使達洛茹
與其新任公使竇里歲喇入内呈遞交任接任之國書
繼而余經禮官前引轉入内閤三鞠躬立君前言本大
臣奉本國
大皇帝諭呈遞此書與陛下英君親手接去而言曰多謝多

四六

謝惟願貴大臣不即離本國也遞畢退出下樓向各宫
握手謝别登車回使館謹記
國書内云
大清國
大皇帝問
大英國
大皇帝好朕欽奉
慈禧端佑康頤昭豫莊誠壽恭欽獻崇熙皇太后懿旨本年七
旬壽辰遠荷
專書致賀由
貴國駐京大臣敬謹呈遞頌祝周備吉語駢蕃欣閱之餘
實紉厚意我兩國夙稱親睦歷久彌敦從此益見真誠
邦交永固惟願
大皇帝長膺福祿國泰民安昇平共享朕仰承
慈訓用特修書答謝望
鑒察焉
十二日乙卯雨英國有賣書郎曰闊勒坡爾塔爾乃代
書鋪售新出之文學教門各書者書鋪先與一册作招

四七

牌、是人擬定城鎮四面之街程、按日環游、款人之門、以求售書、欲購者寫厶街第厶號厶人、付之回書鋪、言渠代售若干冊、價則二八成或三七成、似此生涯、無本而利、聞有致小康者、

十三日丙辰、鎮日忽晴忽雨不定、英廷待各教無軒輊、故猶太教人可官可兵、若輩亦以熱誠報之、本使館東大坡蘭街東向之猶太教堂、數日前堂右緣壁立二碣、高約八尺、寬二尺餘、黑質金字、左碣猶太文、右碣英文、皆鐫猶太教兵卅餘人姓名、蓋一千八百九十九年至

四八

九百零三年、英脫戰事陣亡者、所以銘其功旌其忠也、入夜雨止、晴、

十四日丁巳、晴、邇來各國多以雜藝教國人、為彼將來餬口計、聞德之百工學堂、今授各藝、如丁馬掌、作玩物、剪髮、裁衣、作假髮、作樂器、雕刻、照象、作玻璃、編草、麵磨麩、淹皮之工、工價極廉、本國人二鎊半一季、外國人入學百鎊一年、

十五日戊午、英例之扑作教刑於幼童、僅有樺木一鞭、學堂撻責亦輕、現聞各學堂備一木樺、總教習掌之、以責年長諸生、匪鈍是責、惟怠不恕、本課教習請以棒來、不惟通課人在場、并請他課數人監視、且專有書一冊、注明是生名姓、歲數、某年月日、因何受責、總教習引棒、至多兩擊而止、幼童各課不設棒、當責者輕掌批其肩或手、

十六日己未、晴、暖、人有夢中開門外走者、捨水者、前早哈木斯台區第四號費爾哈色樓中、七十二歲之老女韓特爾著寢衣由窗內突出、落于園之草地、巡捕喚門舁入、蘇詢其故、卧言夢由戲園乘車回家、中途遇刼、擬逃去、急開車窗躍出、不意是樓窗也、樓窗距地丈六、細草如茵、未即死、而女老負傷、當夜斃矣、

四九

十七日庚申、白晝晴、入夜雨、數日前麥加里銀行之副司事胡艾泰柬請今晚戌正在帕瑪街禮佛木會館觀晚酌、乘車至、一桌十二人、張燕謀、陳安生、禧在明在坐、食有加來拌飯頗佳、出席登樓入別間、無非飲加非吸捲菸、談至子正、握手興辭、

十八日辛酉、晴、雨如昨、匯豐銀行總辦現為陶斯恩陶夫婦、柬約今日戌正赴其鄉居晚餐、地名皮訥爾村、在

倫敦東北、距城四十里、酉正二刻、乘馬車至攸斯屯火車棧、登車即開、戌初一刻六分至下車、陶之子以汽車迎達其家、入見其夫婦二女及張燕謀、陳安生、并他男女四客、客廳中少敘、步至飯廳入座、酒菜精緻適口、食畢、同赴客廳喫加非、談至亥正、謝別、其子仍以汽車送至車棧、少頃車來、登車即開、子初一刻抵攸斯屯車棧、下車乘馬車回使館、陶斯忌者、康美倫之內弟、康總辦、陶幫辦、康之告退在于客歲、客冬康背脊骨旁有痰、屢經名醫診治、並請英御醫、咸謂病同國君前年所患者、然君所患、在腰前腹下、可剖可割、康之患、在腰後脊骨旁、無法割治、恐不能久、至多半月、覺耳、康聞而晝夜通籌、安排身後事、遂辭銀行總辦、仍以陶繼、乃以七千五百鎊酬康、康固辭、肥神旺、去冬余屢晤之、毫無病容也、自聞醫言後、步履維艱矣、飲食無味矣、由此觀之、醫之言所以速其死也、醫言果驗、誠歐之越人矣、去冬迄今、幾三閱月矣、康尚在也、未審醫官又有何說、

十九日壬戌、天氣如昨、英伯爵羅斯林、現年三十六、一千八百九十年間、曾娶韋訥爾幼女韋阿蘭為夫人、生

卒

子女各一、千九百零二年、夫妻不睦、官斷分離、男別娶、女再適羅斯林、登場演劇有名、月之十五日、娶美之名優駱彬森為夫人、在衛三敖堂成禮、同車赴諾爾蒂街怕爾克巷駱家午酌、後乃去他方游覽、以度霍呢木恩、前見據云、駱為美國正北米乃搜塔邦米呢阿埔里城人、是彼邦之一至美者、羅駱同臺演劇、相識最久、為成夫婦、中國以業俳優為最卑下、世人每以倡優並舉、稍知自愛者、莫不視為大恥、乃近日吾人處處羨西俗、無往不稱讚、不知于此又作何論、

二十日癸亥、晴雨如昨、聞貝達佛區皮勒闊弗街肆主計究恩者、六年前與鄰居雜貨鋪女費勒達情愛相投、誓為夫婦、二年餘生一子、計致書于費云、昔囊有餘錢、娶汝匪難、而今利薄本微、尚無善術以自贍、云云、女度計立意不娶、遂以計無情、棄子四年不給養贍各事、控于官、官無法、遂謂男女未行婚禮、可以援情定律、斷女別覓情人、勒令計出百五十鎊給女、為養孩費、

二十一日甲子、鎮日陰晴不定、西國婦女喜畜犬、呼曰四腳友、有晨夕與友共桌餐者、隔桌對面設椅墊以綴

圭

褥、坐友其上、前腰拊橐、胸前亦圍白布一方、女為友擇羊排骨雞肉屬、取其尤小而精美無骨、盤盛之、雙手奉友、友乃引頸垂喙以食、間有飲以淡紅酒者、日日待友、頗費心神、為之沐浴、梳毛、洒香水、午後以彩繩繫而援之赴街一遊、以為樂、豢犬之家既多、或謂醫人不如醫狗、乃為狗醫、狗醫往診一次二鎊、狗醫卧室牀旁、安有得律風、備午夜請醫狗者、

二十二日乙丑、雨、西國老幼飲食、牛乳為最、然牛乳百分含八十七分之水、性不耐久、或天熱、或村民存儲不善、致色變而味酸、食之無益也、有哈特美克爾者、創乾牛乳之機器、用熱筩二、生乳灌入第一筩、筩轉乳漸稠、內有刮刀、隨筩轉而刮之、使漸凝之流質因熱仍流、恆滙于一處、再轉再刮、則乳中所含之顆粒受熱極勻、然後令流入第二筩、筩轉乳乾、片片從旁縫橫出、乃範成凷出售、乳一升得乳餅重二兩零八分之三、每一點鐘作餅之乳七十戛倫、前觀水一升下餅一、飲之無異新者、

五十三

卷十五終

八述奇卷十六

鐵嶺張德彝在初隨筆　潘士魁校

光緒三十一年、二月二十三日、丙寅、晴、昔西國婦女只用香水漬巾帕、既而淋頭洗髮、今乃以拭身、而芬其膚、又有求其芬而更欲其潤、使膚嫩如娃娃臉者、則為洗花澡、洗花澡中有玫瑰澡、用玫瑰瓣若許、盛以布囊、滚水煮十分時、飄後傾入澡盆、盆中先注溫水、深尺餘、身未入盆、牛乳塗身、需時十五分、方入水洗浴、浴畢出盆、拭乾後、再以玫瑰露水漬身、乾始著衣、久自潤而嫩、夫西人頻浴、為濯周身毛孔之垢、藉以禦病耳、花澡亦將去病乎、此雖褻事、記之以為是書之難事秘辛、

一

二十四日丁卯、陰雨、倫敦瓦里克街舊樓一所、曰貝立局、為英國香水局之最、乃自二百年前創製香水、名曰埃斯布閧、譯為百花精氣、一千八百二十九年、道光九年英王卓志第四之世、宮中跳舞會、此水著名、因貴嵗供釀水、則擇花于稗麩里村、日出至入、每用幼女百餘摘之、而祕其法、或有知之者、述其大畧、取若干牛淨脂油、鹿油亦可、放于銅斛、斛下蒸氣煖之、油化洒入鮮花四十

八點鐘後、傾入布袋、搾出油、再入鮮花、如前、如是多次、香氣浸透油中、入阿克霍酒（性類燒酒）精少許、油凝、安于電氣削刀機中、機轉削油為片、落入容二十戛倫銕鑊、鑊蓋作饅首形、鑊前有管、通入冷水池、管頭有龍嘴、鑊下水滚、鑊內水油亦滚、蒸氣由中走冷水管、出龍嘴、則自成汁、復由漏筒滴出、水成、

二十五日戊辰、晴、歐洲多作香水者、據云、一洋畝可植玫瑰萬棵、直七十鎊、出鮮花二千觔、素馨花一洋畝可得五千觔、直二百五十鎊、紫夢蘭一洋畝僅得一千六百觔、直百鎊、橘樹、一洋畝可得花二千觔、直一千五百鎊、最佳玫瑰產于土耳其東北之布戛里亞（在多瑙河南巴勒干山北東臨黑海）及魯美利亞（在巴勒干山南亦東臨黑海）二地、魯美利亞一處一年所產、可直二十萬鎊、或謂二十五萬鎊、觔玫瑰花辦、僅釀香水數兩、橘花一噸、可作香水四十兩、五十六觔、拉文得爾（花種未詳）可作香水一觔、阿柏爾格立斯（華名曰龍涎草）香水最貴、每兩十一鎊、素馨花者、每兩八鎊半、麝香者、每兩六鎊、六先釀用脂油、使味濃而耐久、麝香者專用麝猫囊袋之一滴、龍涎香艸者、又專用鯨魚油、

二

二十六日己巳、晴、美駐英頭等公使仇德將旋國、昨日（西三三十）明戌初、金匠局會正副掌局使請在郵政總局後佛斯得巷金匠堂中晚酌、是堂英名勾勒斯迷司霍勒、掌局使曰瓦爾頓、月前亦柬約余、又一函詢余、願否亦約張燕謀、答以張燕謀係前任工部侍郎、約否、是在諸君、非本大臣所應干與也、酉正二刻、余乘車至樓、階棠閌點綴華麗、與會首包樂斯輩五談片刻、入飯廳、設卓作门字形、兩面坐九十二、中首座包樂斯坐余、包右第四座、他三座仇公使、商部大臣索里斯百里侯哲爾奚伯、其左首、四座、內部大臣哈斯百里伯、及丹和日本三國公使、再則希臘、瑞士、墨西哥、日斯巴尼亞、四國公使、并文武大員及張燕謀諸人、通卓滿列玫瑰、茶花、花瓶、酒罍、燈臺、果盤等、盡金製、正面壁上懸大小鑿花金盤、工極精、所用之大小菜盤、刀叉與匙、亦多金質鑿花者、食畢、吸其捲、喫加非、臺上遂陣奏樂歌曲、先舉杯恭祝英君與后及太子太子妃之福、後包樂斯、仇公使、索侯、哈伯輩先後演說一段、稱讚英美友誼之敦厚、仇公使之忠心為國人品之公正、端方、中有稱讚、有答謝、前後

五

立陳兩三次者去孔登樓、别入一間、吃酒吸菸捲、彼此
談敘、予初謝別、將出門、各贈糖果一匣、無非五色糖杏、
惟匣則核桃木、金鍍、銀鑲、製法精工可愛、
二十七日庚午、晝晴、入夜陰、倫敦有城邑公司會、英名
阿搜什埃慎敷伍米俄呢希帕爾蘭坡蕾孫斯、乃各區
美爾及工部局等會議整頓一切者也、昨晚七點三十
分在白堂坊梅特樓埔店設筵會、集各區美爾書手等、
并請多國公使及本國文武大員、上月折柬來要、戌初
乘車往、登樓見駱立、諸人少立、入座、卓列皿、櫛形、首座

四

外、得二百六十六人、首座會長英稱柴爾曼者、為世爵
駱立、坐余其左第一座、復有希臘、暹羅兩國公使及奧
國使館頭等參贊官王爵順、步卓上滿列黃花、點綴頗
華美、臺上節節奏樂、食畢、起立舉杯、公祝英　與后之
福、再祝太子與妃并宗室各人之福、繼而多人起立演
說、稱讚議論英之水陸兵官、上下議院爵紳、通國文武
各員及各區美爾暨立萬等、復祝眾客之福、既、論多種
學問并本會之一切、直至子正始畢、此類筵宴、人之喜
靜而好安逸者、必以為煩累、

二十八日辛未、陰、昨為西四月一日、英人呼其日曰舞
弄日、泰西西南一帶人曰賽勒堤種、現英三島中高山
僻壤多此種人、又曰阿里安種、或謂此係賽勒堤禮神
之古蹟、書中僅列是日五差一赤足使至各家、其詳未
聞、今所傳者乃舞弄小兒及貫心之人、數語、既非侮弄、
取笑而已、譬如某甲突謂某人或某犾曰、汝母喚爾上
樓、人即上見母、曰來矣、母初說異、既而笑曰、今日四月
初一也、爾忘之矣、子聞而亦笑、乃羅故又呼所舞弄之
人曰四月呆子、英語曰埃普立拉夫勒、

五

二十九日壬申、晴、西國新報日貢奇聞、今閱二則、付之
一哂、一女名阿賧、自憎面黃、延醫使緋其頰、醫用黥法、
逐日針刺、傅以紅果汁、久則紫如淤血、女怒控官、醫云
願出自渠、非予擅治、判罰女十鎊、償醫費、又蘇格蘭人
盧伊斯營鋪業于某城、一日妻教薩鳴得律風寄口信、
盧屬影代聽、僅數十親吻聲而已、巡捕以之經官、罰婦
四鎊、
三十日癸酉、早雨、午後雨止、仍陰、外國婦女無老幼富
貧、皆喜香水、直有貴賤、味有淡濃、各適其用、聞婦女有

自製香水法、工省而費薄、華可自娱、用芝拉鵲木（洋藝花名）拉文得爾或倭爾貝那（馬鞭草）以代玫瑰、取四足銅鍋深圓如桶、然煤油文火、内盛沸水、以雙手搓花滿一面盆、傾入銅鍋、鍋旁别一銅桶、銅管通之、花煮若干時、水變蒸氣、由管流入桶、桶下藏冷水、使氣凝成水、由龍嘴滴出、香水成、一鍋沸水僅得香水一小瓶耳、製此香水本為價廉、而美國某百萬之妻亦喜事、此且專用玫瑰、擬以五百觔玫瑰作十二兩香水、逮成、僅半酒杯、重約一兩、因選花過刻、竟費至八百鎊、

六

三月

初一日甲戌、早陰晴不定、未初雨、兩國交涉、互換利益、必持其平、罕有以力要求、而人即讓之者、必不得已而與、則心中耿耿、勢所不甘也、即如六百年前、葡萄牙為大國、西一千四百七十一年（明憲宗成化七年）据墨婁扣國正西、臨大西洋之檀芝爾海口、（在支卜洛達海峽、距日斯巴尼亞正南之支卜洛達之西南三十八洋里）一千五百三十二年（明世宗嘉靖十一年）又得印度西南境之孟買城、至一千六百六十一年（順治末）因葡王公主已拉干襍嫁英、查里第二為后、遂以檀孟二地為妝奩、（以上所給、一因嫁女、再因當時無輪船往來不易也）爾時英以孟買路遥、地異、商務尚未東興、不甚著意、惟以檀芝爾地為大西洋與地中海之要境、設兵築礮臺以鎮守之、迨一千七百零四年（康熙四十三年）英由日斯巴尼亞戰得支卜洛達、後以其南向斐洲、尤為地中海之門戶、乃舍檀而于此山頂建礮臺、設兵房、極為雄壯、（詳見四述奇）又埃及本土耳其之屬國、前于一千八百七十五六年間、（即光緒初）開的伍（埃及王稱）伊斯美荒淫奢耗、國債鉅甚、貧不能守、至八百七十九年（光緒五年）經英法兩國勸、遂退位、改立其子推肥克為王、

七

歸英法德義俄五大國保護、八百八十一年、（光緒七年）土官擬盡逐泰西人、朝夕殘害、臨海日建礮臺、五國同約發船進兵、預下安的美當戰書、入夜以千里鏡覘之、礮臺人工反加、終夜不息、當時惟英法船到、法船不戰而退、英乃礮攻、登岸連戰、四年土冦平定、埃及一切多歸英官管轄、隨時代為設法、開河灌地、按年多收、遂至稍富、新開河、（又名蘇耳士河）為洋船東駛之要路、便逢英欲獨操其權、須除彼四國之相爭、義與英和而不爭、俄無力爭、義俄不爭、德則獨力難爭、法欲和、雖不爭而擬别求利益、

至上年春英法議定、法不爭英在埃及之權利、而許法自往墨斐扣向其色勒埋議事、英謂彼此私議他事莫論、惟不得在國之北界蘇塔一帶向北建立礮臺以對支卜洛達。如是英得埃及之獨權、法得墨斐扣私議之利、是為彼此互換矣。上月二十二日、德皇倏乘漢堡輪船出游、謂將赴斐洲、比時英法并未介意、乃德船竟駛至檀芝爾口內少停、法聞而怒、恰值英后由日斯巴尼亞回、亦入口住輪、法駐墨之公使及文武偕駐墨之英公使乘英輪謁英后、是英法德各存意見而不發也、姑記之。

八

初二日乙亥、晴。英國水陸營醫向僅外內兩科、聞水師新章、乃添牙科、品位次於他醫、視同文僕、並不別著號衣、英名希威色爾彎他、預備醫官原為治病、而此次添用牙醫、不知有何命意。

初三日丙子、雨。倫敦有濟貧會、名叫的奚的搜賽伊的、每男女困苦無聊、皆可以書求濟、據云會中所收之函每百封、冒名撞騙者半、二十五封在兩可之間、其公認撝可濟者五六人而已、雖極力考察偵間、而每年枉費不下十萬鎊、會中所知已周濟者七萬六千人、就中有日日安逸、以為勝于工作之度日、月來日往、實繁有徒。

初四日丁丑、陰雨陣陣。聞前之藝植園賽會、乃悚使樹木不特土而生者、如橡樹一棵植之水攪燐酸鹽鹼沙石灰與阿摩呢亞中、亦能挺生逸茂、榆莢以溼鋸末種之、則坼甲而出、橘種植糞中可得小樹之類。

初五日戊寅、陰雨涼。坡茲茂斯海口城邊之伊斯呢大道有郵政分局、朝夕往來商賈既多、且近水師營、聞昨禮拜二日迫暮局門將閉、僅一女名計格收理一切、突一人走入、女謂已晚不收信賣票、乃轉息氣燈、其人旋

九

至旁門、雙手執女之袪、女見其紗蒙面、驚欲呼、扼其喉、索鐵櫃之鑰、女不允、牽至櫃前作殺害勢嚇之、既得開、取金銀紙票約四十餘鎊、將出門、謂女曰、若呼叫吾則戮汝、言畢而奔、女喘息定、緩步能行、始出門一呼、迨巡捕水軍到時、賊已杳矣。

初六日己卯、晴。聞昨早茶湯村有村夫狄勒森攜女由墟場牽牛旋家、牛忽怒、逐女、女入叫、牛尾之、登樓撞入臥室、罷四床帳之屬盡毀損、狄夫婦無法、彼時樓外仰面驚視者擁為之塞、幸鄰居某甲突入為之啟兩面襤

窗牛首外窺前蹏雙出鉛板護窗斜凸牆外皆滑蹄疾墜爲未斃亦無傷

初七日庚辰雨冷西國男女喜譚情愛往來情書秘密竟有猥瑣不堪者昨德布林蟒宅坊寓之巴柏爾夙與喀爾婁街之女馬桂蘭情愛甚深男致女信不下二百餘函函有云我愛儞之故我不能明言然我愛你之心則每函中亦足抵至少十二次親吻也馬曾贈巴一布袋名曰代吻不知何物諒亦口香丸之類耳又一函云由電光傳接吻不尤快耶情愛如是不知何故女竟

十

謂其食言控于貝勒發斯地方官判罰男五十金鎊以與女是書所記多類此者余非喜談褻事也記有之飲食男女人之大欲存焉此實彼土人之真色相采風使者所不屑言余則志之亦以冀智者見微知著爾

初八日辛巳晴聞洛斯多倭路有老婦孟喀左臂患酒風入柴苓十字街醫院昨日洗上等電氣澡先出汗既四肢不動少刻氣絕管電氣醫生卜路斯云是非電氣之過乃恰值他故耳又據醫生傳來柏云必係腦中脈管崩裂之由官乃定老婦死因已病與電澡無涉云按老婦髒弱氣衰而擅以十分電氣治之是太不量力矣得不謂之草菅人命乎

初九日壬午晴倫敦乞丐手推小車上架一轉柄八音匣入閭巷人家樓下窗外停車轉柄以討錢或男女一人或夫婦或兄妹更有筐盛小兒置于八音匣旁者聞昨巴特溪區之卜洛化街馬克呢其人既作樂以乞往來行人之錢不時以指輕搯三歲子令之啼冀人憐小兒而多與巡捕察出送官判監五個月作苦工罰殘虐也

十一

初十日癸未晴昔英人達爾文謂男女婚配均在兩情契而善擇昨有倫敦大學堂教習皮爾森謂男女擇耦多緣于天生自然必彼此同類而不自覺者所謂天然乃髝高相同眼珠色同左右手之食指至食指及肱之長短相似性質氣力相等者尤待彼此意投始嫁娶之且謂人眼珠之色每一千當有藍者三百六十三綠者三百一十二黄者一百二十七棕者九十四女子眼珠色多深於男子者每一千僅有藍色二百八十六紫色較多而每千中不擇色而配者約有一百零四色同相

配者當至一百四十、可知重在眼珠顏色同矣、男子身長大都六十七八寸、婦六十二寸半、故長男娶長女、矮男娶矮女、至臂之短長、雖不便量、然長臂之男罕有攙短臂妻者、

十一日甲申、晴、英美兩國之小孩玩物、多德國森遜堡地方所造、聞上年由森城販出者共直二百七十四萬鎊、分運于美者八十萬鎊、各廠作布人及人頭之工價、男工每日二先半或二先三本士、女工一先半或二先、小孩由一先至二先、每日作十點鐘、

十一

十二日乙酉、陰雨陣陣、雷、英人生嬰不善育、每不及一年而斃、未嫁生孩者、或因不可告其父母、或因無力哺養無人哺養、竟即時毒斃、或扼其喉死之、乃生齒日減、官則憂之、上年有英蘭北界約爾克府荷得爾斯肥城之美爾卜婁、責遍諭城內外、自渠抵任伊始、凡人生子女有能養至一年而肥壯者、賚一鎊、任滿後一年內如之、法良意美、活嬰無祘、倫敦工部局現仿行之、更别立一法、其家生孩有人能於四十八點鐘內報知某收生醫官者、酬一先、官即赴其家、見生孩之婦與夫、或生孩之女、告以養育之法、繃中嬰兒何以致死、何以得生、又隨時備乳娘二、遇貧戶產生、往導以哺乳之法、若無乳、計時送以牛乳、冀其有彭無殤、

十三日丙戌、鎮日陰晴不定、入夜風、黎池門村土山旁有賢馬蒂阿教堂、昨午後土人入內唪經畢、雷雨交作、突一火球由鐘樓撲入歌詩沙彌屋、屋門自闢、擊斃一沙彌、屋亦火、幸眾得逃去、沙彌之殛也、天意耶、電氣耶、人之齡力不同耶、

十二

十四日丁亥、微晴、英例通國男女老幼、一年生死皆有報單總冊、即如英蘭與衛拉斯大城共有七十六、去歲一年人死之大數、約每千中一十七零、然小孩之未及歲而死者、一千竟有一百六十、合之兩府、一年共死老幼男女二十六萬二千五百五十九名口、孩生不及周歲者七萬零八百八十八名、倫敦一城上年死嬰一萬八千九百零三、較之前年有增無減、官急欲設法察救、以蕃種族、

十五日戊子、晴、倭特路路第三十三號一小禽獸魚蟲鋪名蓋伊斯、所存各種甚夥、前早不戒于火、各式樓房、

一時成灰燼、幸火夫救出金銀魚十二萬尾、黃雀、碧玉七十、狗十三條、猫四頭、白兎五個、田雞、蝌蚪、小龜等共二萬餘、統計共十三萬零。所失則銀魚四、碧玉等四十、狗三十（中有直二十鎊者）、猫十頭、田雞等二十四、共計一百零八、因皆關鎖鋏木籠中、不易飛跑也。是地一公車昨晚見一蟾伏于座上、不知何時登車、又不知若干往回矣、趣甚。

十六日己丑、白晝陰、入夜晴。倫敦新立一婚姻會館、英名麻特里謀呢亞、凡男女之欲嫁娶而不得其人者、入會、隨時選擇之。朝夕館中聚集、天暖又有游鄉、乘舟、跳舞、歌唱諸舉。館有情愛神像、名求必得、一三四歲之胖小孩也、背生雙翅、手執弓箭、擇所喜射之、每射必中。入會者須叩禱、否未聞。

廿四

十七日庚寅、早晴、午後陰、是為西四月二十一日禮拜五（嗣見鋪皆歇業）、乃當時耶穌難期、名曰好禮拜五。人工休息。英人之墳墓在教堂之陰及左右、舊俗由教堂教士或談處富室、預偵其地七十上下之老嫠婦若而人、是日侵晨以有鬮記之新六本士錢置各婦夫墓左右、令往尋之、獲則以告、乃驗錢塢別給二先令大銀錢一、十字麪包一。此俗之來由及其命意、皆所未詳。昨聞西鋏匠營地方有善士博特威在賢巴搜婁米攸教堂旁之塋地集七十上下之老婦二十一人、又在彼處代文路一老嫗因子在某船充水手、自某年今日去後、未歸、嫗乃依年于好禮拜五日懸一十字麪包于承慶上、書子之年及名姓、今早又懸一枚、云教規耶、抑迷信耶。

十八日辛卯、早晴、午後雨。英俗好禮拜五所食十字麪包、烙時先以刀縱橫劃一十字、英名克洛斯賁、意為十字麪包。聞昨在英蘭西南角臨海之溪得茂斯村、善男信女醵金烙十字麪包、分贈三千餘孩、每名一枚。據云原商之各麪包鋪公助、未允、改為募化、成此善舉。又前早在克來敦村諾瓦路一小孩名韋薩茵、手提一紙囊、中熱十字麪包六枚、踽踽獨行、被巡捕捉住（西國巡捕于街市凡見老幼男女之形迹可疑者皆有捉獲之權）。昨訊之、為韋姓之子、以紙囊印有麪包鋪字號地址、領孩往詢、鋪不認。韋良謀謂其子平日行為安穩、不曉竊物、官謂汝子既非妄為、則無可

廿五

罰而巡捕捉之亦分內事、六點色應以三酬其勞、

十九日壬辰、天色如昨、記前十六日係西四月二十日禮拜四、為其好禮拜五日之前一禮拜四日、英名曼的色爾斯代、按曼的一語、乃當時耶穌受難之前一日、即禮拜四日、識其門徒、並親以水濯各徒足、此日濯足曰曼的、故至今希臘天主兩教堂是日聚貧民、神甫為之濯足、以為追憶古禮、又此一禮拜、英名潘慎韋克、意乃受難之禮拜也、

二十日癸巳、早晴、午後雨、記好禮拜五之前一日、又名曼的摩逆、意乃曼的錢也、御前周濟官、英名阿拉摩訥、依國君即位之年數分給貧人若干銅本士、自西一千六百六十二年、（康熙元年）為英君查里第二即位之第三年、乃特鑄小銀錢以與之、至今照行、規模則稍異、乃御前正副周濟官先在衛斯民司得區內選擇安分貧民、依國王之年歲、男女各六十四名口、十六日午正集眾于衛斯民司得阿貝大教堂外、先是本堂大小教師、門徒沙彌、御前周濟官及他文武多員共百餘人、一護衛變手捧金盤、盛所賞各物、按班走入、各至應立之地、至末初太子、衛拉斯王及他王爵王夫人等進堂入座、鼓琴唪經一陣、畢、大教士朗誦數語、先分各男子一鎊十五先、各婦人二鎊五先、為製衣之用、（蓋古時王賞各人以衣多不合時故今改折現錢其自製）使大教士二次朗誦一段、後各人又分領一紅錢包、中一金鎊、一白錢包、中盛特鑄之銀本士六十四、（此六十四中有一本士二本士三本士四本士者不等）作買食物用、此後再行朗誦兩次、一以祝君主之福、再則禱謝天賜之福、既而鼓琴唪經一陣、始散、又循古法、在英蘭島各城鎮邨莊、選老人若干、于以後各禮拜之一二兩日、按名分賞、

二十一日甲午、早晴、午後雨、前年冬臘、悶格婁伍諾坊第八號住之富戶巴勒多、雇一美少年名畢翔埔為汽車使、巴僅一女名麗蓮、數月、女私于車夫、乃辭去車夫、送女之他國、然彼此各知住址、情書仍往來、巴夫婦不知也、麗蓮回國、設法會聚、而防其父母之嚴察、後乃稟明欲嫁畢翔埔、而切求之、麗蓮年已及歲、並有應得之財產、巴夫婦無法阻止、昨早在伊此坊賢皮得爾教堂成禮、當時除新夫婦之二伴師外、僅六七人、而教堂外立有巡捕官多員、蓋以門戶不相當、恐巴族戚至感來

争論也。禮成。新夫婦至倭特路火車棧。同往柏思茂斯海口（地在英蘭正南稍西）以度蜜月云。

二十二日乙未。雨。英國察捕賊盜。多由指印鉤得之。茲聞銀行欲定新章。凡取大數兑票匯單者。不惟親筆畫押。貼以信票。且須印一指模。用防假冒偽造。票之來自外邦者。視尤緊要。

二十三日丙申。鎮日陰晴風雨不定。颽二三年來。中國古瓷之至英蘭者多矣。聞昨柯里斯的叫賃屋拍賣一中國卵形小黑瓷瓶。高約尺餘。瓶嘴有衝口。初置凡上。

六

即有人商以百零五鎊。言未畢。竟有聲喝千零五十鎊者。繼而陸續加之。甲五十。乙一百。末至杜文喝以一千九百五十吉呢。買去。杜抵家。有巴特里池者踪至。先商以三千吉呢。杜不允。增至四千二百鎊。允之。杜文于三四點鐘內獲利二千零五十吉呢。

二十四日丁酉。陰。雨雪色揺銀海。漲甚。雨花良然。聞北美洲英屬地加那大之安他立歐府。冰天雪地。林木而已。現雖近夏。遍地皆白。上月某日。有四人在歐他瓦村外近逼倭爾湖處伐木。倏然八目皆昏。只透一綫光。時將暮。冷風砭骨。摸索尋路。慮有意外患。幸有一人攜火柴。然樹皮一束。得其微光。遂相將緩步覓路。旁一茅屋。入求寄宿。以待天曉。款關無門爲者。排門而入。火燭之。愕然而驚。卓後坐一人。寂然不動。脚下卧一獵犬。近之。人犬皆殭。卓上有半年前之新報。多張。手旁鉛筆一支。白木一片。畫瞎字若許。度其人亦雪傷目。不敢離屋。遂至凍斃。犬戀主人。殉之。次早四人目稍可。燬屋而去。人犬皆成灰燼。識慘事也。

二十五日戊戌。陰。庇喀的里街路北之勅建技藝大學

九

院。英名洛亞阿喇代米。敖瓦爾自樓房高閣。百數十年前。爲名人博凌屯居。故現名其樓曰博凌屯。後經國家置買。專列今古名人油水畫軸及各技藝。其古畫閣名凡卜森安的普婁麻戛勒。立每年由正月第一禮拜二日開至三月內第二禮拜六日。每日午初開門。申正閉門。觀者無入門費。其時人畫閣每年懸畫一次。係自五月內第一禮拜一日開至八月內第一禮拜一日。每日辰正開門。戌初閉門。入者人一先。中有茶點室。惟當未開之先。別擇一日。專請官宦戚友往觀。即昨日。即西四

月二十八日禮拜五此次為其第百三十七次內油水
畫軸大小計一千六百四十三雕刻工技共一百八十
九件月前閣中具柬來請未正乘車往登樓游觀一周
男女擠擁頗覺累目畫王后一幅全身高八九尺名手
樂格康繢畫太子一幅半身高四五尺敖樂斯名家之
筆精神態度無不神肖
二十六日己亥陰雨陣陣倫敦勅建技藝大學院每年
春季于耶穌受難節後讌一次筵請本國王公文武大
員各名士及數國公使今年期定昨日戌初酉四月二
十九日也會首色爾潘特爾月前以柬請酉正乘車至
入門得贈畫幅人名號簿一本以便觀覽又客座單一
頁見潘君握手問候畢少立客齊轉入飯廳桌列皿形
共座二百八十五正面中坐潘君其右所識者為太子
衛拉斯王駙馬克立堅王薩克斯衛瑪爾王約爾克大
主教坡蘭公諾僧布蘭公巴斯侯阿勒貝瑪伯安斯婁
伯柏明根主教水師提督席墨爾御前學社長胡勤斯
倫敦博物院總理陶模森天文臺總理杜祿其左者為
寬諾公美公使仇德土耳其公使穆蘇勒斯巴沙駙馬

賁蒲公日本公使林董余座為第六位再則阿伯的因
伯子爵狄崙艾舍爾里盤主教阿什百里伯倫敦美爾
他二人未詳前面十六行亦有夙識者食畢立起舉酒
先祝英君與后之福少待又祝太子與妃及王族各王
公王夫人之福廳外本有樂工一班兩次隨祝皆奏天
保國王此後潘特爾及太子寬諾公并他王公美爾主
教等各皆立起演說一段既而出廳入他間喫加非吸
捲菸子正回使館
二十七日庚子早晴午後陰勅建技藝大學院懸畫閣
收畫之定章九條一送畫之時日及送畫之法凡擬送
畫入閣懸挂者務於所定收畫限內送來逾限不收由
鄉鎮或他國寄來者須在倫敦由代管之戚友拆箱轉
送箱不拆本閣既不收而一切車船脚費本閣亦概不
代付以上一節英人之在外國及外國人之在英者尤
當知悉二畫軸之記號各幅須隨一照印成之格式填
寫名姓住址以及所畫景致人物之名苟欲出售并須
號明價值與畫同時函送其他報單說帖議論等亦概
不收各木架後亦須寫明本人之名姓住址本畫之名

及第若干號、架上更須以繩繫一小牌、書明一切、第一
以防遲悞、再便於刷印名目簿、其印成之格紙與小牌
須于三月內來信、言明共用若干、來信中須附一寫明
名姓住址、貼有信票之信封、以便回寄格紙與小牌、三、
收畫之數目、人之屬本閣者、可送六幅、外人僅許送三
幅、四、架之大小、框之寬窄、凡油水畫、皆不得兩幅一木
架、間有兩幅畫本一題、配一木架者、本閣雖收、仍按兩
幅計、又每小塊象牙玉石之雕刻、亦皆照一幅畫計、然
盛于匣中、其匣長不得逾六寸、寬只五寸、凡小照及他

一二二

五、金壁畫其至寬者不得逾七寸、各油水畫架、皆須鍍
金、小畫架之飾以珠寶者不收、油畫罩以玻璃者不收、
架形長圓者不收、五、本閣不收之畫、凡畫已在倫敦他
處懸過者不收、摹仿他人者不收、僅彩畫人物而無名
目者不收、草木小照及畫之無遠景者不收、強水雕刻
等畫于半年以來、他人已見過者不收、六、選擇凡畫到
後、皆經會首決斷收否、定後有信致畫主、七、出售、每件
所定之價、須寫致副會首、以便取登一簿、別值他閣、凡
物與價、皆須保定、至付錢運貨、本閣一概不管、而由買

賣兩造自辦、八、畫閣收閉、運送貨物、于畫閣未閉之先
各貨主須領一印成格式之運貨票、此票經貨主畫押
書名、以便取物者為憑、而取物之人、更須別寫收條于
門簿、裝載運送、本閣不管、且各件皆須于閉閣後十日
內運完、九、物主之優待、各物主皆給有准入之憑票、以
便隨時往觀、冬季懸比古畫、及會聚議論學工、咸准入
內觀聽、以上門票須各人入院親領、當懸賽時、本閣自
當隨時竭力守護、然苟有損壞遺失、本閣概不認賠、
二十八日辛丑、晴、英廷定例、凡古物經人拾得或經掘

一二三

得、無大小、皆尋歸本主、無則歸官、匿不報者罰、蓋以鄉
民不識古物、往往得而毀棄、致可惜也、（街市拾遺繳還之例見前）設
有耕夫鋤地得物報官、報者微得賞、而地主則無、意謂
地屬其人、物則不屬其人、當時買地未及地中之物也、
此蓋預為卝苗發現計爾、
二十九日壬寅、陰、倫敦美爾夫婦、每年夏初、設有耶穌
復甦節讌、英名伊斯得爾班簣、半月前美爾夫婦折柬
來請、即今日戌初二刻、六點半、余偕內人乘車入老城、
至其公署、登樓見其夫婦、少立、後美爾攙金氏先行、余

攙美爾夫人隨之、有官對對舉杵執劍前導、入飯廳、其卓長列㓁形、男女共坐三百一十二、樓上奏樂、一切規模與前二年者同、子正回使館、晴雨如三伏、在老城上車時、細雨一陣、逮至柴苔十字街、乃天晴氣爽、詢諸人並未下雨也、

四月

初一日癸卯、晴、冷、西人謂人之善惡好醜聰魯及七情所露、皆在眸子、邇日男女每藏其情人密友之目小照、或單或雙、多用金銀小盒、周寸餘、厚約三分、開分兩頁、

一貼己目、一貼他人目、亦覿面如在一室、小盒繫以表練、懸胸前、尤詡親近、此誨淫之物也、

初二日甲辰、晴、西人竭智求財、餌人以厚利、而使之有所貪、且零費無幾、不知積久則為數甚鉅也、如由英至法之海峽、浪雖巨而遭險者尠、行人晝夜往來不息、遂設保險公司、若付以三本士、彼給憑單、儻遇險、則償千鎊、人以為出貲少而有鉅利、為質囿不貲三本士者、然十數年來車船均無險事也、

初三日乙巳、晴、暖、新報館之設法招人購閱、紙上頻有一問題、英名卜來克發斯特太卜普洛卜勒木、譯為早茶卓上之燈謎也、有能猜荅、贈如約、其問題云、英話之尾用dous四字者有四、寫出者、贈以華字為比例、如字後之用于字者二十四、又如能以new door兩話別成一話者、贈、依華字則淋汝二字改成一字是也、別一法云、本館現在某村或某鎮藏有何物、能覓來者酬若干鎊、此雖誘人以利、而非詐騙、皆實有其事也、又專一種報、謂若終年買閱、則報館兼保險、立有字據、一年內遭險、賠百鎊、

初四日丙午、晴、倫敦自汽車興用以來、官定至快者每鐘若干里、覼奈巡捕察之不易、于是各在本段量定由某號至某號、為一洋里之若干分、苟見汽車速率有加、即取表看其在所定若干分內需時若干、如逾定數、以得律風轉報路綫之各道巡捕、車何字第若干號、此車至某街、巡捕預備攔阻、帶入官廳、稟官受罰、

初五日丁未、晴、暖、自前年冬季牛貢街某書館擬油繢上次國君加冕朝會一幅、橫六七尺、竪五尺、國君太子及各王公文武大員、各國公使皆按班站立、如宮內共

人三四百、排立爲式不一、或全面或半面、或垂手、或抄手、或一手撫劍、一手執帽、或一手插入兜中、一手撫胸襟、國君一面身之至高者盈尺、對面遠而至小者五六寸、來信借蟒袍小照一張、又親來使館看衣冠朝珠補服之顔色、未請到畫館二次、覿面彩畫面色以及鬚眉、月前圖成、未進國王之先、請往一觀、工極精細、五色相宣、精神態度人人畢肖、令人一望則曰某某、乃云此畫將先照一幅、橫三尺、豎二尺、後石印百幅、内第一幅價五十鎊、末幅價亦十五鎊云、

三六

初六日戊申、晴、西人游歷各國、行李無多、本國僅一皮手包、間有一物不携、應用錢鈔置之兜袋、故于宿客不察其有無行李、又凡寓客一切皮鞋、毡衣、店僕皆任刷油撢垢、近日有借以訛詐者、譬如晚入店、著長氅拖地、次早臥床曳鈴、責榜于店、乃謂昨晚曾遺門外、令其刷撢、實則不衿而來者也、又有來時著紙作皮鞋、次早索要者、小店因之賠不勝賠、

初七日己酉、晴、今日亥正、堪特百里阿赤比翔戴感森夫婦請茶會、余偕内人乘車過江、至朗貝宮、入見其夫婦、繞行一周、樓房古式、四面纍石、中撐以木、内有小禮拜堂、頗幽雅、通樓陳設不多、惟四壁密懸油繪歷代主教之像、客數百、多傳教士、末入飯廳、喫加非一盞、登車回、

初八日庚戌、微陰、西人亦重名人之手書、其價每出人意外、不知其所貴者何、三日前索斯碧叫貨鋪中拍賣九十年前女優席敦姒致其舊友之信二十四函、價至百鎊、蘇島詩人博爾恩之信兩函三十九鎊半、迺勒森致哈米屯夫人一函七十一鎊、哈米屯夫人致迺勒森兩函五十鎊、五先、按哈米屯妻、本饅貓街住戶一女婢、極美、哈初見即戀戀、乃訪明領出、送入學堂、學成娶爲妻、哈繼授駐紮那百里（當時另爲一國、至西一千八百六十一年始歸義大里）、迨英與西法兩國水戰、哈妻與迺勒森情投、遂改適迺、陣亡、迺妻貧苦無依、不久亦故、

三七

初九日辛亥、晴、西人常代婦女預籌節省據云、一女旦、每禮拜當得三鎊半、爲之設法、第一賃房二人夥住、可免思家、每禮拜各出半鎊、洗衣用錢、手巾及襪可自洗、且有法不用熨斗、將巾展鋪面鏡上、或摺方置玻璃窗

上、自然光而平、斂其骨力、則洗時用漿粉少許、襪洗畢、挂于椅後或他處使自乾、一禮拜費五先足矣、飲食、既須得當又宜較省、自作為宜、十本士購馬口鐵加非壺一、一先煤氣小鐵爐一、一禮拜之早餐應用六先半、計牛乳六升九本士、加非十本士、糖果汁一先三本士、不用亦可、乳油八本士、麵包十本士、雞子一先二本士、糖三本士、牛肉或猪肉九本士、午飯擇其可食者一二色、一禮拜僅費六先、晚飯為一日之大餐、不家食者較省、然若力求儉約則家食廉于飯店、一禮拜五先亦敷用、

三八

合之早餐五先三本士、糖果汁不在內午飯六先、晚飯十四先、指在飯店房錢十先、洗衣五先、零用五先、共計二鎊五先三本士、得餘一鎊四先九本士、是可徵西人度日之法矣、

入夜微風、陰、

初十日壬子、陰、微涼、聞西女有以領瘦為不美者、用鞭縮古米絲、一端作圈縮以鈕扭套諸頸、一端釘于壁、每日依時作習武式、前後左右捲拽、若兩人同病、則作兩圈、二人時相向相背、橫向側向、乃云久則如蝤蠐矣、

十一日癸丑、陰、雨陣陣、涼、入夜風、環球大國有宦官者、中國及土耳其耳、歐洲古有今無、而羅馬教皇宮中有歌詩之門徒、取其聲雌而雄、剛健含婀娜也、

十二日甲寅、晴、英蘭五文蒲海口有博物院、寶物盛以長七尺寬四尺之玻璃匣、固以自製密鎖、上月某日白晝失去那波崙第一遺物三事、即日報巡捕、并登新報、謂有能報失物所在及代捉竊賊者、酬二百金鎊、因其為無價寶也、其竊法火漆暗作鎖模、日日偕伴來此、偽作游人、隨時窺伺、守者偶失神、或因故入他間、則開匣攜去、失物、一為金約指、滿鑲珠寶、刻有那波崙小影、係

三九

彼時法皇與后同贈兵馬元帥、封墨斯扣瓦王爵哥葉夫人者、二為鼻菸匣長三寸半、寬二寸半、金質飾以花漆、上蓋鑲嵌寶石、中刻法皇與后及太子小羅馬王小影、乃同時贈墨斯扣瓦王爵哥葉者、三為金質印極細、印外有字、而印內復藏一印、為那波崙之密印云、

十三日乙卯、早微晴、未初雨、中外判案之法不同、而控告之情亦異、聞昨太木斯江畔慶斯責池地方之鐵道公車中一人嘗座車、夫向之索一本士座錢、其人悞以為囊空、迫下車處以無錢故、留名片乃姓臘名木奚佳

費爾靡路也車夫不允以交巡捕帶至官府搜查囊中尚有五本士二法丁遂經官判付堂費五先繳車座錢一本士

十四日丙辰晴暖聞前于好禮拜五之禮拜六日倫敦貝連丹路亥格蕾學堂五十餘名學生教習因在放學期內領遊阿柏夏文呢城地在英蘭正西稍南門茂斯府距倫敦一百三十洋里地多山水古蹟及古王行宮往返一禮拜為限令生各備三十先以充路費日用而學生皆非富室有于兩月前設法撙節積蓄者有功課完後他處作工得些須以象存者極貧者

二十

教習募而資助之未啓程先給諸生書一冊內敘彼處之景致故典抵境每日遊回教習各詢其所見令述寫一篇繁簡不論若對答明敏寫記多者分列等第并給獎別有簿逐日記諸生之行動安靜否及用錢若干備回時報知學生之父母是于放學游覽之際仍期其擴充識力學業敦重品行也

十五日丁巳晴西歷一千六百六十六年康熙五年倫敦大火焚教堂八十九他如極樂堂及公署醫院學堂畫閣等共一萬三千二百所大小街巷四百條共四百三十六英畝盡付祝融千六百七十一年康熙十年擇于城中偏東太木斯江北苐伊什巷立碣一以志當年之災英名毛牛門其式如塔如柱上懸鍊盤下有石座與德國京城五道門外之銅柱同詳見述奇五高二百零二尺石座正面有門入內步螺螄鍊梯三百四十五級至頂出門即鍊盤周數丈四面圍以鍊闌在上眺望可及數里外盤中立火龍龍上作火團皆鍊鑄至七十七年工始竣費一萬三千七百鎊落成任人登眺每日巳初開門申正閉入者一人三本士現因察其頂上裂隙頗多再則火

二十一

龍銅角風吹搖動三則頂上鍊質火苗生銹既不壯觀且與遊人有險故將修理之至幾時開工估價若干皆未聞

十六日戊午晴午初率陳尹二叅贊及陸隨員乘車入賢瞿木司宮赴朝會一切禮節人數如前當在宮中羣立聞瑞士公使謂瓷器傳自中國究不知中國燒瓷始自何年余遂匆匆答以千年前周末宋初時其實乃後周世宗顯德初也當時為西歷九百五十四年迄今一千零五十一年矣繼聞初時瓷品以何為佳余謂青如

天、明如鏡、薄如紙、響如磬是也、伊云西國造物、精益求精、然其瓷器至今尚未至此地步耳、

十七日己未、鎮日陰晴不定、涼、倫敦西南傍太木斯江西岸、有村曰胡凌哈木、距使館約十六七里、設有會館、即以地名為名、館中人千餘、每年湊集一萬四千鎊、按定規、其初入者付二十一鎊、每年交五鎊、其中地頗寬敞、專備夏季天氣清朗、薰風南來時、會中男女讌客、隨時并有賽車、打球、火槍射鴿、乘馬追球等戲、地左正面白樓一所、兩上、內有花廳、客廳、飯廳、左通白磨廊一大

間、內分三大廳、隔以玻璃門窗、容人數百、或筵讌、或議事、或閒坐聽樂、皆可、樓前平坦如臺、左右二亭、各樂工一班、中支紅白布大傘六七、每下設卓椅、備人茶點、臺前地稍凹而亦平、鋪綠草、中分設打球場四五、英名曰洛安太倪斯、再前高坡、大樹行行、坡外則臨江水矣、右行鮮花分畦、五色芬郁、木亭點綴、綠樹蔥蘢中有小河、小橋小舟、亦頗幽雅、樓右先為廚茶房、再則木牆一圈、為射鴿處、此後為一大敞院、周約里餘、為乘馬追球處、此戲英名坡婁、傳自印度、四面圈以鐵欄、正面一臺、有

棚、設座、備人坐看、對面正中奏樂、左右橫椅各三行、圍內兩首各立二高杆、長各丈餘、二杆相距亦丈餘、作戲者分兩夥、每夥四人、衣帽分兩色、或紅綠、或藍黃、各屬一邊、乃地中值一牙球、大比橙橘、人騎馬手執一木棰、柄長三尺、棰長半尺、周如之、彼此乘馬往來、以棰爭擊牙球、有能將球擊穿本屬二杆者勝、今日申正、馬清臣請往一觀、蓋今日為作戲期也、乘車至、先在樓前傘下喫加非一盞、既沿江堤步行二里許、過小河至追球場前坐觀片刻、因寒風蕭颯、陰雲欲雨、遂步回白樓花廳

少坐、戌初入飯廳晚餐、菜有龜甲湯、他皆不甚適口、食畢轉入樓左平房坐、吃加非、聽樂、亥正回、

十八日庚申、陰、補記胡凌哈木會館中之射鴿處、係一地周約四箭、圍以木牆高二丈許、正面有臺、設座備人觀看、一人立當中、開籠放鴿、他人火槍擊之、中者勝、蓋一鴿脫籠外飛、所向無定、擊不易也、英名此戲曰皮珍舒定、近日會中人有謂此為殘害生靈、須禁止之、有謂有此木牆、既不壯觀、且枉費場地、須拆去者、本年業經排定夏秋兩季某日作此戲、已登新報、遂定昨早集眾

會議、于是謂應撤者多、仍存者少、乃定本年秋後天涼、會館閉門時撤云、

十九日辛酉、陰、倫敦兩衕衕閒有小横巷、多車房馬廐、英名米攸斯、住者多車夫馬夫、婦女之出門及入教堂者少、聞昨在施捨傳賣教書會中、有世爵侯樸夫人者、特捨三輪脚踏車一輛、以助善人騎赴小巷、分施教書、車尾安木匣、盛書與小鋪送貨車同、

二十日壬戌、微陰、西人皮靴及鞋之塵垢、市上皆有人專司刷染擦亮、近日新創一種電氣刷擦器、係一低圓

三四

臺、周列六座、欲刷者登臺入第一座、脚踏機關、則塵垢去淨、移入第二座、抹以淨皮藥水、入第三座、擦去藥水、入第四座、抹烏油、入第五座、磨光、至第六座、則不使坐、乃使越步下臺也、自登臺至下臺、僅需二十秒、據云一日十點鐘之內、可淨一千八百人之靴或鞋、且用僅二人、一收錢照料來人、一管理二馬力之機器足矣、

二十一日癸亥、陰晴不定、聞有祖籍德國之美人某甲、創一種海戰紙鳶、勝於無銅線之電、數月前獻諸德皇、某禮拜六日清晨、試于波洛的海、以銅綫放起七紙鳶、鳶式不大、飛上由一萬至一萬二千尺、執線者駕德皇每一點鐘駛三十海里之信船司里普訥、距岸一洋里外、紙鳶起後、用許多國之文字傳送音信、甚捷、其造法不傳、當時船上水手之備使用者、未著手之先、亦須立誓不洩、

二十二日甲子、晴、法國醫院、洋名葡蘭池蒿斯皮塔、在沙弟斯百里街、創于數十年前、後因善人日多、進款有餘、定年宴一次、特請仕宦行善諸人著名醫官讌畢募款、以冀多得、本年為其第三十七次、法國公使康邦

三五

為首座、半月前折柬來請、係于今日戌初二刻十分、席設賽西店之地穴中、維克都里亞堂、届時乘車至入門旋兩轉、步石階數十級、入見法公使、握手問候、少敘、領衆入飯堂、卓作Ⅲ形、設座三百三十、法公使坐横卓正中、其右第一為倫敦美爾包恩得、次為余、再則晒里夫司特朗、其左第一為比國公使李阿郎、次為墨國公使及御前太醫卜洛賁他、無須瑣記、對面樂工一部、以侑酒食、畢、法公使立而舉酒、公祝法總統呂貝之福、繼奏馬賽當斯之國樂、少坐、再立而舉酒、公祝英皇與后及

太子太子妃并王室各人之福、後奏天保國王之樂、此後法公使立陳萬言述醫院之立及蒙各官商與倫敦美爾晒里夫之施助、并讚各醫家學問精良、既而比國公使代各公使演說數語、末則倫敦美爾舉杯領衆公祝法公使之福、坐後有人按座遞紙一頁、上印法醫院求助、或本年或按年寫畢、遂將去、後有男女四人陸續歌曲數次、末有駱美者向衆朗誦各人施助之數、目法公使六十鎊、美爾十吉呢、余助五吉呢、比墨二公使各三鎊、總計是晚募得三千六百鎊、合庫平銀二萬六千四百兩、

二十三日乙丑、晴、亥正二刻、偕內人乘車至道寍街第十號赴戶部大臣巴樂佛兄妹家茶會、此次內外大加修飾、樓雖不大、而式與王侯埒、門外漆八字紅白小布帳、以便來客上下車、巡捕數名彈壓指示、排列而行、環繞一圈、以免壅滯、舍車入、直前左右兩敞間為男女留存外氅衣冠處、中有女僕伺候、衣皆作捲挂、以豁目、轉過登樓處有紅衣樂工一部、步梯入客廳、見巴樂佛兄妹、均與前三次同、惟至末間右鄙另一門、內通一大間、

設有丁形長卓、羅列酒食茶點、頗豐渥、各間遍日標背彩畫、煥然一新、西人尚油畫、尤重古名人影象、每間油畫多幅、乃每下橫一粉牌、金字書各人之名姓、

二十四日丙寅、晴、華人髮粗直、不易彎曲、西人髮細軟、熨烙紙捲、便作花朵雲團、近日西國婦女頭髮蓬鬆形式不一、而多假髮戴頭上簪花、此假髮極貴、即如歐貴街第二十號一大髮鋪曰磨伊扉、一縷長尺餘者十五先半、西髮辮輕、不以重論、按尺寸人工索直也、再長依寸加價、編三股辮者亦然、冗髮少許作形者二先半、形者、分顏色或髯式之大小、至賤者三先半、白髮少許作形及他色冗髮作形、形及形、至賤者皆三先半、作形至賤者十先半、形至賤者七先半、以上皆戴于額前額角及兩鬢、至其滿罩前額之鬈髮作形、價則由一吉呢起、滿覆一頭之鬈髮、價由二吉呢起、滿覆一頭、旁觀作形、正看作形者、面之方圓長闊、頂之高下皆宜者作形、不拘何等衣裝、皆足壯觀者、價皆二吉呢起、上自右分左右垂耳作形者、價自三鎊半起、其中分左右過耳、宜于年老作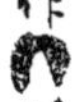形、價自二

鎊半起、別種假髮、名曰頭盔、係為婦女髮稀不易梳、鋪以密法造成、戴者不用真髮而觀之與真髮同、其式自後觀之如、價則八吉呢、須自到鋪中、按以上擇定形式、配成顏色、量頭之大小、用髮之多寡、以及人工物料之等次而別定價直焉、

二十五日丁卯、晴熱、脫裘著袷、婦女之髮雖長、而不易高聳、于是鋪做種種銅絲架及亂髮團、襯之、其價則貴於髮、婦女飾頭之費、由此可知、即如一種銅絲架四面以髮織綑、綑既輕而不剝刮已之頭皮與髮、其式如此、價則十二先半、亂髮團式作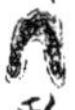形、價由五先半至十先半、次種銅絲架滿鋪長髮、後襯玳瑁笄、式作形、其價二吉呢、其銅絲架之鋪以短髮、中襯玳瑁笄者、式如此、價則半鎊半先、別種滿鋪長髮之銅絲架、雖無木梳、而髮則光潤、可同戴者之髮並梳不亂、法甚巧、式作形、其價一吉呢、

二十六日戊辰、晴熱、亥初二刻、偕內人率尹元輔陸澤生乘車入卜靜宮赴朝會、宮中簾幔地氈多加添更改、度為接待日斯巴尼亞國王也、一切禮節如前、此次婦

三六

女甚夥、由亥正二刻至子正二刻始畢、齊入大廳、立卓前飲酒、喫冷葷、既下樓、登車回使館、時已丑正

二十七日己巳、早陰、午後驟雨陣陣、雷、申正偕內人乘車西行十數里、至克鑾衛路第百四十號、赴喀万的什太太家茶會、樓小客亦無多、遇赫樂彬之次女及其子媳、茶點列于同層別一小間、鮮果、冷葷皆無、只糕點三四種、熱茶、涼加非、檸檬水各物而已、酉正雨止、陰

二十八日庚午、陰、英國婦女真髮挽作髻、飾以髢、中下戶綰以∩形鋼鉞、富室玳瑁笄或鉞、上嵌點星鑽石、直極昂貴、於我國之珠翠鈿金步搖、其式如小梳、長二寸、橫寸餘、背鑲金線鑽石點、作形、每副三把、價由二鎊至十鎊半、若畧大、背作形者五吉呢、鉞作形、每枚由十先半至二吉呢、中國翠花玉簪一支、未有貴于此者、

二十九日辛未、陰晴不定、涼、申正偕內人攜孫女乘車西北行七八里、至格婁斯特爾坊第五號、赴巴立什太太家茶會、樓小而修飾華美、多陳中國瓷漆器、樓上男女鼓琴歌曲、平平、惟一美國紐約人名淩崑作象聲學

三九

英法德人演説、及英人夫婦閒談、聲音笑皃、惟妙惟肖、既下樓入飯廳、飲舍利、食冰乳紅果各品、辭回、

三十日壬申、晴、倫敦稼穡堂之水陸兵戲、今年為其第二十六年者、二十二日四五月十五日二開演、起數日前、提督歐理蕃率从司事各武官來約、今日申初往觀、未正偕內子攜孫女乘車至、下車、武官引入、仍坐中間中層官廳中、同日來者、日本公使林董率恭賛神山松次郎、并某國一婦領三小兒、三點鐘開場、計演十五節、第一、馬兵六名、年皆不及二十、著白貼身衣、乘馬對對馳越高約四尺之樹枝闌、及高五尺之假甎牆、第二、乘馬執長矛刺木凷、與上年所觀者同、第三、演礮兵、礮車四輛、每輛兵二十、繩拽走極快、到場分四處、其分車、卸礮、聲礮、換輪、整齊一律、肅靜無譁、繼作過石牆狀、人先卸車推輪、抬車後則以槍作杠而抬礮、同時躍過、頗見從容、先過者接車、置輪、再則插槍安礮、毫不遲延、各事所司、不費時刻、其過木橋也、橋窄車寬、先卸右輪、乃繫礮于左軸頭、左輪行橋中、後推前拽、而左礮右車之分量相等、蓋預酌合而造者、第四、十六人戴鐵網罩、著厚布衣、兩

兩以火槍刺相刺、每二人一官監視、識其勝負、以討賞、第五、四礮車、駕各六馬、繞道左右馳不亂、第六、六人乘馬對撞大古米球斯、皆上年閱過者、第七、二人對刺、與第四無异、第八、自西一千五百八十八年明萬歷十六年至今之水師共十隊、每隊衣裝形式顏色不同、有長髮、散髮、編辮、剪髮諸式、至槍礮刀劍、短長粗細亦殊、隊列左右、中一古式假戰船、長二丈、寬七八尺、下一長方架、人在內舁之、四面圍之以畫水紋布、即百年前英與日法海戰之船式也、兵扮失右臂之水師元帥緬勒森立船前、第九、演馬之躍、中横長卓一、卓鋪卓布、陳盤碟酒杯之屬、式與大餐同、卓前左右二樹枝所編之短牆、合作尺形、三兵各騎馬、依次由一箭地外馳到、躍過極輕捷、且驟馬亦能馳躍、卓面毫無觸動、既而卓上置板凳、三馬中一馬猶能躍過、第十、為上年看過之兵過高牆諸技、晚有他處邀飲、未得竟觀、遂先謝辭、回使館、

五月

初一日癸酉、晴、昨晚馬器會英名活爾訥爾斯、約飲于賢隋音斯巷之薩勒特爾堂、酉正乘車往、地在老城內、

狼狽街後、巷雖窄而樓極崇宏、入見會首伊斯益、少敘
後入飯廳、桌作冂形、設座一百九十五、會首正座、坐余
其左、倫敦美爾坐其右、合正面十五、餘六行各三十、迎
面木臺一、坐立女樂工六七、鼓彈琴瑟湖琹之屬、而無
喇叭號筒鼓鐃諸器、桌上列鮮花、食湯與魚畢、正面通
報使宣云、會首將向諸位通飲一杯、于是通場起立、舉
杯各一沾唇、繼而各進大小菸捲、火柴吸否、隨意、後上
菜三四色、至糖糕、冰乳、鮮果、加非時、復傳飲、親愛罼、覲
再傳遞香水一、銀盤、各將布巾蘸少許、拭唇、此後齊立
舉杯祝英君福、譜天保國王之樂、少坐、再祝君后、太子
太子妃等福、作天保君后之樂、繼而會首美爾等六七
人陸續演說、每一說畢、有女度一曲子、初始散、此次除
座位人名單一頁外、別有小本一、周二尺餘、外飾假羊
皮紙、其首頁列祝福及演說之次序、再則酒菜單、次頁
列侑酒十二節樂名、第三頁印度曲各女及所歌曲名、
後數頁印曲文、新式也、檢譜而聽、不數闋即能頤曲矣、
入夜天陰欲雨、
初二日甲戌、陰、聞日斯巴尼亞國王阿芬搜于上月二

四十二

十七日、西五月三十日明午後、由本國乘火車至巴里、法國總統
呂貝率百官接待、以王禮、二十九日西六月一日戌刻、總統
約日王大戲園觀劇、夜半戲散、總統與日王共車回、由
大街轉入路安街、過鷺梧店、將至立五里街、萬民歡呼
之際、突見車下地出藍火焰、比時人聲喧雜、不聞轟聲、
只見濃烟撲入人羣、驚呼聲尤烈、男女四出奔逃、幸地
雷力弱、且藥綫未準、僅前驅兩車微傷、有謂為擲開花
彈者、未中、亦二君福也、侍衛圍護、馳回下車、後日王先
問隨官有傷否、受微傷者、惟千總施迺得、馬五匹、及王
車之前右輪而已、日王急以得律風報慰王母、曰無傷
也、法總統亦電致日京、述明一切、人云法巡捕廳接信、
謂前日有無父無君黨人一夥、由巴賽婁那城覲飛來、
恐在巴里滋事云云、故法之巡捕隨時極力偵其踪跡、
業已捕獲多名、抄出炸彈三次、日法總統請王在沙龍
地在巴里東百零七洋里閱兵、日主喜甚、并欲領馬兵一隊、混入偽
戰、呂貝恐遭不虞、力阻始止、
初三日乙亥、陰雨、英君之維克都里亞阿拉柏艇、昨巳
初出坡茲茂斯海口、南駛百洋里赴法西北之沙爾堡

四十三

海口迎日王、王率各官今早由巴里火車西北行二百
五十洋里至即上船、辰正十分展輪、未初抵坡茲茂斯
英之登戛墨茂斯、貝達佛、闢恩特四兵輪隨行護送、船
臨海口、各兵船並礮臺聲礮行接待禮、泊後、日王接見
英太子衛拉斯王日國駐英公使、參隨及本地水陸各
提督、見畢登岸、本地美爾立而陳數語、太子引日王登
火車、緣途左右密布步兵、即時車開、未正十分抵倫敦、
維克都里亞車站、下車、英君寬諾公、費甯公并戶外家
兵四部與營伍各大員迓之、彼此握手寒暄畢、兩君同

車走格婁伍諾園、格婁伍諾坊、海德圍外、過底喀的里
街、賢猩木司街、瑪柏樓門、轉瑪樂大道、入卜靜宮、由車
站至宮門、左右亦排立步兵、並有馬步護衛前引後護、
又前在海口下船上車處、及此地隨行一路、皆鋪陳華
美、左右立杆、横竪懸旗、樓房皆裝潢五彩盈眸、如英君
加冕時、旗幟則皆英日兩國者、是當日王下船下車、樂
兵皆先奏日國國樂、繼奏英軍樂、蓋皆西國禮也、入宮
後、英君偕文子及寬諾公等引見君后、率王室各男女
及各嬪妤命婦、並內廷各大臣、見畢、入所備宮中少息

後乘車往拜各王族、宮中晚膳畢、日王偕來各員謁英
君與后、宮中派御前護衛晝夜巡守、並備日王行動隨
時守護、
初四日丙子、陰雨、涼、現各國駐英公使、首法國、兩日前、
送來法文知單、謂今日巳正三十分日王願見各國公
使、參隨于卜靜宮、巳正余乘車入宮、係在入門大廳中
排立一圈、廳右內門外、左立日官一行、過正門、先立各
國頭等公使、再則二等三等公使及署公使、環立至內
門外右鄙、一切次序、皆經英外部官指引照料、日王出、

著本國戎服、紫衣淺藍褲、飾以金彩、佩寶星、駐英日公
使前引、見各公使、先握手少敘數語、後再握手一鞠躬、
見畢、轉入內門、各人分散、乘車馳歸、按隨日王來英各
官、為外部大臣聶洛路的亞家部大臣索托麻收爾公、
內大臣三特歐瑪婁公阿勒巴公、武備將軍巴斯喀蘭、
御營參將郤布什游擊葛婁伍埃里亞戛艾巴爾醫官
阿拉賈、日王奉天主教、早餐後、親赴衛斯民司得教堂
前之新天主堂、有二牧師迎入、至阿赤比翔師大教前、日
王虔吻其戒指、教師復以聖水潑洒王身、繼登高臺蹺

十字架前、奏一千六百年前之西班牙樂、唪經畢、立起教師演説一段、日王隨荅數語、大旨無非兩國協合、官民視同一家之意、後贈大教師博爾恩金聖餐杯一、此杯洋名茶立斯、出此步入衛斯民司得阿貝大教堂一觀、午後寬諾公夫婦約日王在克拉蘭府午酌、三點鐘寬諾公陪日王乘車至稼穡堂閱兵演假戰戲、聞其看至步兵越墻及馬躍飯桌、甚為激賞、少坐即回、順入上下議院一游、後至日國使館喫茶、日國公使夫婦侍坐、又有藍斯瑠侯與韋苓屯侯夫婦、既而接見本國各銀行東主及他著名富商、戌正、卜静宫筵宴、兩君皆有陳詞、詳後、

初五日丁丑、陰雨陣陣、欣期在邇、厨工皆飭回國、戌初、遂約諸參隨學生等、白玉堂晚餐、舍利酸湯、煮以西紅柿味頗酸螃蟹、炮羊、刀叉代箸、聞洋樂、度端陽、各大飯店皆備樂工一班以侑酒亦樂事也、聞今早巳刻、日王携其二隨官便服乘气車、先至南堪興坦看大博物院、既至庇喀的里貴得、華人以名富貴街、因所售多貴物也二街購物件、由貴得街之痕多斯漆大珠寶金貨店中出、登車時、車欲開而輪不轉、許久輪動、而車下猝然作響、烈焰上騰、王與兩官急躍出、心驚不知所向、狂奔數武、稍緩、顧視車無大變、王心始定、是時圍人已多、衆不知為日王、王覓車、幸巡捕察出、備馬車送回宮、此等包探巡捕、英名的台格的伍屬蘇格蘭院、專為防護貴客、午正一刻、英太子同日王坐六馬宮車、出宮走瑪樂大道、瑪柏樓門、帕麻街、倭特路坊、轉利貞街、過敦斯佛街、蒿本街、牛蓋街、至克英巷、入極樂堂午酌、為倫敦美爾所備、循例也、入門後、倫敦老城公進誠心接待兩國和睦之誦詞一篇、係以細羊皮恭寫楷書盛以金匣美爾讀畢、遞上日王、接受、彼此一鞠躬、此後進大堂入座、美爾坐正中、日王坐其右、日王之右為美爾夫人、衛拉斯王寬諾公夫人、日國外部大臣、英王弟埃典柏公夫人、蕙德國薩克斯扣堡公妃、俄皇姑瑪麗碧阿蒂奴、日國公使夫人、戶部大臣巴樂佛、美爾之左者為四公主碧阿蒂奴、寬諾公、寬諾大郡主芭蒂夏、日國公使、寬諾郡主瑪戛蕾堪特百里大主教、其他世爵文武及日國各員、皆別坐兩行、食畢、美爾舉杯祝日王之福、并演説一段、日王亦以英言荅之、皆百言相祝頌、禮畢、出堂登車、走

克英巷、奎印街、維克都里亞君主大街、維克都里亞堤、馬軍侍衛街、馬軍較場轉瑪樂大道入宮、所行一路皆黃沙墊道、左右排兵、每箭地對立高竿、圍以紅黃布、兩竿間縱橫連以綵繩、繫五彩小旗、花朵、左右樓房皆懸旗結彩、庇喀的里十字街、有挂中國大龍旗者、街中各路燈下、皆以木作高四尺之方木、或六角木、圍以紅黃布、飾以花卉、色多紅黃、日國國旗色也、王車隨行有馬步護衛、擧旗前引後護、又宮門前及極樂堂內樂兵皆先奏日樂、後奏英樂、又教斯佛十字街之四角、立四大

金獅、形與我國者同、當其經過倭特路坊、教斯佛十字街、萬本街、三處皆有衛斯民司得、馬力貴、萬本三區之首紳献陳詞、申刻入宮、戌初、外部大臣藍侯厲所設筵以請日王、筵爲一長卓、電燈光與金銀盤斝爭耀、所列鮮花悉仿日旗紅黃二色、樂工起首亦奏日樂、侍坐者、除本國之首相公、侯及堪特百里大主教外、有俄、德、美、三國公使食畢、齊往帕克巷赴倫敦得里侯夫人家茶會、同時英皇亦與后及太子、太子妃、寬諾公夫婦、率二郡主往、

初六日戊寅、陰、今早英君特贈日王以頭等副將職銜、其戎服則紅衣黑袴、飾以金花、左右肩有甲字形金餅、而無繐、帽皴形、黑絨金邊、頂插紅白雞翎一枝、未刻、英君請日王在阿得翔村閱兵、并柬約多國公使攜眷往、隨有往返火車票、未正偕內人率三子、榮驥及孫女坐馬車至倭特路車站、少待、登車、即開、申刻抵阿得翔下車、乘所備雙馬敞車、馳至校場、此次較异于前者、國王木亭左箭地外、立木臺一、高尺餘、上列木椅、鱗次排比、臺前綠艸地、設紅褥籐椅兩橫專坐各國公使夫婦、臺

上坐、參隨人等臺後偏左、相距約箭地、有白布大幄、幄內後橫長卓、前排小圓卓、列酒食、鮮果、涼熱加非、與茶、等任人隨時取、國君與后等由火車站坐馬車到後、君后公主等上立木亭中、英日君著戎服騎馬、至對面游看各隊、回後、並立亭前、兩君到時、各隊亦先齊奏日國國樂、繼奏本國天保國王樂、由前走過之水陸馬步及礮隊、大致與上年同、惟至某字馬隊時、太子引日王至一里外、日王轉馬前行、作帶隊狀、亦於距木亭箭地外、垂劍向地、將至木亭前、擧起對鼻、此盖將官見上之

卅

禮也、禮畢即拍馬旁行、仍立英君左、記今日共計排演及站道之武官大小七百八十九員、兵二萬一千八百七十一名、馬四千三百九十一匹、礮百五十二門、又令日有各使館之武隨員、著戎服騎馬排立于亭臺之間、日本館為宇都宮太郎、閼畢、二君及英后等登車先行、余等後亦登車至站房上火車、酉刻開、戌初一刻到倫、二刻回使館、今日戌正二刻、英君請日王及各國頭二等公使夫婦與隨日王各員并本國文武大員在克文御戲園觀劇、約今早閱兵、來下印墨爾甯得蕾斯、譯言

卆

早衣、即便衣也、約晚間看戲、來則印福樂得蕾斯、華言盛服、即官服也、余偕內人回使館、未及晚餐、急洗面更衣、戌正乘車往、將近戲園、左右排兵、懸燈結彩、巡捕彈壓、園在司特蘭街北、左傍克文花菜市、（地即四十年前之克文燈園、詳見航海述奇）至下車登樓入座、園地頗大、臺前池座如蕉、惟前三面樓四層、層層以木板紅毡截作包箱、每層二三十間、特第二層正中作三大間、中間坐二君及英后太子公主等、右間坐各國公使夫婦、乃列椅三橫、公使夫人在前、公使在後、左間坐他文武官員命婦、每座上置

戲單一頁、一尺方白緞、四圍垂以白絲綫穗、長盈寸、上橫臨邊中印日王小影、左右臨邊中印英君與后之小影、皆周不及寸、印戲名及各男女優伶之名、包箱前上下左右皆用鍍絲纏綠葉作籬笆、按空實以淺紅玫瑰、戲臺正面亦然、迨到時、先奏日樂、繼奏英樂、所演之戲、係義國事、按義大里舊風、兩家世仇、永不解釋、互相殺害、有甲乙兩氏、讐已百年矣、甲男與乙女情愛相投、後乃知為仇家、然二人情重、終不欲離、雖其母阻止、院戶搜捉、亦不顧、而乙族人衆、終不允許、仍事謀殺、一日某

垂

甲舉刀自樓窗躍出、乙女駭而仆、昏絕于地、共演三齣、第一齣樓閣花園、皓月當空、晚景幽雅、女立堦前、男藏花下、相歌情愛、第二齣木樓雪景、六出繽紛、僕役佃戶群作尋覓狀、演畢此場、國君先行、余等隨入後廳夜餐、與在宮內同、飲食畢復入座、第三齣樓房一所、即男躍窗、女驚倒事、子初演畢、通園人立起、奏日英兩國樂、國君去、衆亦陸續下樓登車回寓、聞今日園中除官定各間外、他座則七吉呢、又今晝日王所經各街、左右鋪設座偹人瞻仰、價亦當與上年無異、

初七日己卯、陰、涼、早英君偕日王游文惪宮、晚太子請日王瑪柏樓府晚餐、亥正三十分卜靜宮設跳舞會、十點鐘余偕內子入宮、見各國公使夫婦子女、此外男女數往日加倍、臺上王族宗戚亦多、日王著英戎服、英君佩日國寶星、并著其烏色戎服、寶星帶色白心淺藍邊、（余前在日都曾得此式寶星及帶）跳竟四場、別加乱勤茲一場、畢、入大廳夜餐、王出入跳舞堂、先作日樂、繼英樂、食畢出宮登車回使館、時已丑正、

初八日庚辰、晴、巳初日王由維克都里亞車站、便衣上火車、走都伍夏蕾假道巴里回國、午後大雨、雷、按英日兩國雖云友邦、向無國君往來、此初次也、在昔四百五十年前、英君主美麗招日國太子費里為壻、君主甍無子嗣、太子回國、即王位、曰費里第二、時為西歷一千五百五十六年、（明世宗嘉靖三十六年）日王阿芬搜第十二曾在英國練習兵學、此兩王均于未即位以前來英、非今之日來英之比、前日英君舉觴為日王阿芬搜第十三稱壽曰、君王來臨斯土、為我嘉賓、予與后欣幸莫名、謹以奉告予等盼望君王來遊英國為日久矣、今者君果來臨、

五十二

大慰我英國人民之企望、故莫不歡呼以迎、惟恐落于法人後也、自貴國君王駕臨斯土以來、今已有年矣、然先君王來游之盛事、直至于今予未忘却、先君王前在三德赫爾斯特武備學堂學習兵學、予與之交夙深、故仰令君王允受英國提督之號、衣其戎服、予思維之、不勝榮幸、先君王棄世甚早、故君王未得承受庭訓、言之可痛、然老王后淑德懿聞、洵為不世出之母后、吾知舉凡重要機務、凡為君上所必理者、王太后必有以教之矣、日英兩國時為聯盟友邦、惟願永遠如是和好、為天下太平計、為天下前進計、為天下文明計、凡此則尤關緊要者、予謹酌此祝君王壽、並祝貴國興盛無疆、彼蒼永佑君王、永庇君王、日斯巴尼亞王答曰、側聞溫綸、感激萬分、謹誠心致謝、并為我母老太后致謝、我兩國不獨利益有關、而追念往事、實有令我不能不親貴國、我先王嘗于三德赫爾斯特學習兵學、當時貴先君后君臨斯土百年之內、鴻德盛業、不可枚舉、洵為天下表率、我先王即于是而得知憲政國國君應盡之責任、為我兩家親愛如是之誠、我兩國人民又友好如是、此種情

五十三

形、日後定能日長不已、于我兩國人民大有裨益也、今予謹舉觴祝君王壽、祝各帝胄壽、并祝大英國福祿無疆、

初九日辛巳、陰、海岱囿在倫敦新城內之中西界、其西首與堪興坦園毗連、南為堪興坦路、與奶子橋、其北橫貝斯倭特爾路、東為帕克巷及哈米屯坊、其東南角曰海岱囿角、三石門外即韋凌屯公之石像處、再南則近王宮花園、其東北角名曰白玉石牌樓、英名麻布阿赤、條敖斯佛街之西首、據云一百五十年前尚無此囿地、

五十四

為處決官犯處、原名太貴義、乃法場也、門外寬諾坊舊有樹曰太貴樹、為縊頸架、凡縊死者除經本家戚友領屍另葬及經醫院收去考驗學習者外、皆埋于囿之東北角、（即此牌樓）歷年久不知幾千百屍矣、此石牌樓英君卓志第四建于卜靜宮前、時西一千八百二十年（嘉慶末年）共費九萬鎊、既因擴充宮院、遂移于此、一千八百五十年（道光三十年）于此掘地基時、見極深處有巨石、甚大而重、無力遷移、乃移牌樓于其上、因石上有字云兵丁轟斃於此、不知石下埋骨若干、故又名其牌樓曰轟畏牌樓、蓋下有瘞骨靈魂也、

初十日壬午、早陰、申刻雨、英國婦女戴鑲嵌約指、約于食指或中指、閒有在小指者、美國婦女則無老幼、僉戴于小指、意謂戒可邀福、去病、且飾以肖生辰之寶石、（西國婦女按月擇定十二種寶石、如正月為翡、二月為翠等、）寓意頗多、目今倫敦創將指約指、珠寶飾之、富女喜新、購者接踵、

十一日癸未、白晝陰、入夜晴、德皇喜游歷、水陸兼程、每遇佳景樂事、親以小鏡取影印之信片、寄贈契友、閱于數月或一年餘、寄之以提醒、知其以前所遇、凡德皇寄

五十五

信、皆外書要件、飛遞莫悞、無晝無夜、突然速寄、人往往夜半驚醒、閱函則花片一頁而已、某日德皇駕車經一處、見樓頂有人作工、樓高而架木險峭、德皇嘉其能、乃擊掌呼曰卜拉倭卜拉倭、西國之君豈皆不自矜重如此歟、

卷十六終

八述奇卷十七

鐵嶺張德彝在初隨筆　潘士魁校

光緒三十一年五月十二日甲申大晴暖今日英皇與后由四點三十分至七點鐘文詒宮開茶會于倫敦正西稍北比覲路之帕丁屯火車站備專車十輛赴會者自兩點四十五分至三點四十五分回車自六點三十分起運盡而後已申初余偕內人率各參隨至車站買票登車三點二十五分開西行三點五十三分到下火車有錦衣宮官備馬車坐行里許入宮右門過正門至左門下車步入宮左苑內一白布大帳房存男女外罩衣氅各有號目憑牌左去兩三箭地橫列三白布方帳前一花繖小棚帳內設卓椅列銀壺瓷碟刀叉鮮花等為英皇與后及他宗族坐處由此右去兩箭地橫白布大帳房五每中橫長卓列酒食為諸客小食處地勢平坦豐艸綠縟平日為國君打球游樂之所右傍宮外城堞短牆當中接有石橋酉初英皇率眾由宮內步石橋而下男女各客自橋下至御帳前分立左右君等過各行鞠躬半跪禮君入帳他人有赴大帳飲食者有排徊

一

于御帳左右者有少待即去者余偕內人入大帳各飲加非一盃乃緩步出宮時已酉正一刻乘馬車至火車站登車即開戌初二刻抵使館聞此次男女客六千餘由倫敦至文詒火車價往返每人五先半統計帕丁屯車站于今日午後一點鐘工夫所獲應不下一千五百鎊

十三日乙酉白晝陰入夜雨英君弟寬諾公之大郡主瑪旻蕾生于西一千八百八十二年正月十五日（光緒七年十一月二十六日）現年二十四英君許配瑞典國王鄂斯喀長孫司喀尼亞公阿多福為妃阿亦二十四乃生于八百八十二年十一月十一日（光緒八年十月初一日）十半月前率男女文武多人來英就親擇于今日午正二刻在文詒宮旁賢卓志教堂中成禮今早奉英君諭特贈瑞典國王以本國海軍水師提督之職銜按瑞典諾爾威本兩邦合一諾爾威原屬丹麻中隔北海九十年前（為西一千八百十四年即嘉慶十九年）改從瑞典因地毗連也雖屬一君而各立議院與英之蘇格蘭同邇因諾擬別派領事赴各國瑞王未允諾地議員告退不准謂既如此則本院無權即請釋

二

令本地自主、然本朝世代君王、恩惠有感、人民敬仰、不
忍分離、可否即派太子古斯達夫分治此地為主、至今
分否未定、或謂不派太子、恐將派王孫、故阿多福有稱
諾爾威王之望也、夫英瑞結婚之易、以耶穌教、故耳又
寬諾公之次女芭蒂夏、現年二十二、于兩月前、居擬嫁
日斯巴尼亞王阿芬搜為后、因教門不同、日王天主教、
英王耶穌教、故寬諾公夫婦曾潛赴羅馬、商諸教皇、未
蒙允許、遂行停止、
十四日丙戌、大晴、熱、昨日郡主瑪戛蕾成婚、各世爵大

三

臣男女餽送之禮物、如寬諾公之子王爵阿及爾次女
芭蒂夏同送鑽石珍珠約指一枚、克里堅王與夫人（夫人為英王二妹海萊那）送銀加非茶具一分、君妹四公主巴特堡王
妃碧阿特麗奺送大花銀盤一、妃子阿來三德里歐埔
墨里斯及女埃那、仝送銀果刀一匣、君妹三公主阿蓋
公夫人綠衣奺送鑽石翡翠金絲項鍊一二、公主長女
維克都里亞送紫玉瑛耳墜一副、次女教古斯達送瓷
油表架一、法皇那波崙第三之后尤芝尼（寄居英國）送珍珠
鑽石蝴蝶胸襟鍼一、斗斯達公（義國國王堂兄）與夫人埃萊那

同送鑽石碧玉耳墜一副、德國公使（因寬諾公夫人為布邦公主）送
鑲嵌鑽石金圖章一、色爾喀色送鑽石耳墜項圈各一、
色爾駱斯紫夫婦送鑽石碧玉胸襟鍼一、代萬晒公夫
婦、送鑽石紫玉瑛胸襟鍼一、玻蘭公夫婦送鑽石藍碧
玉胸襟鍼一、多洛古勒齊王與夫人（俄皇之叔寄居于此）送銀燭
臺一對、阿福來送鑽石珍珠手釧一隻、曼池泗得公夫
婦送鑽石攢成香水瓶一、衛斯民司得公之母喀色蘭
送珍珠帽鍼一、衛斯民司得公夫人送金墨壺一、全營
武官（寬諾公所帶者）送銀墨盤一、筆二枝、馬爾喀立伯夫婦、送

四

金漆接鈴器一、色爾卜拉西（即四十年前所昭之某船廠主人）送金漆
鈕扣一分、鄧拉文伯夫婦送喀爾里書一部、堪特百里
大主教送教書一本、文逸教士書一本（論尊守耶穌者）、格蕾伯
夫婦送花瓷胸襟鍼一、格婁伍諾伯夫人母子送鑽石
碧玉十字架一、洛克斯柏爾公夫人送珍珠鑽石袖和
環一對、曼池泗得公之母寬蘇婁送金糖罐二、帶鏨花
匙、婁斯美侯夫婦送鑲金藍玻璃墨罐一、將軍駱柏滋
夫婦送四柄銀罇二、將軍李特敦莫蕾濮路墨德格樂
公送銀燭臺一對、哈荷扉伯送鑲嵌皮匣一、得得來伯

夫人送大銀托盤一、藍斯瑠侯夫婦送古式游行金器
一匣、（内盛刀叉匙等）阿柏的音公夫婦送挖墊卓一張、勅建音
樂大學堂司事等（由郡主韶音樂）送船形銀醬油罐二、騷色蘭
公夫婦送銀墨罐一、五本大主教送小坐鐘一架。
十五日丁亥、早陰雨、申刻晴。倫敦婦女喜畜犬、應用什
物、遂售有專舖、如銀銅皮緞之脖卡鈴當鎖鍊、名牌價
由一二先至一鎊、食槽皮鞭外、最新者為剪毛器、為天
熱剪犬頸毛、天寒則有古來之犬靴、可大可小、犬背背
衣同馬衣、綢緞絨毡所製、前有領扣、中有肚帶、其上可
以金綉主家名姓暗號等、又有犬睡筐、携犬出門筐、編
以柳條、襯以毡緞、為房形、為籠形、有門有鎖、各物價皆
十數先至一二鎊。

五

十六日戊子、晴。英婦女既好飾髮、復求蓄髮、欲其潔而
澤、然因病因他故、致髮稀、有舖售多種藥水、不一名、未
詳何物所製。有一種名埃格朱蕾哺、係以卯轂攪克倫
香水而成者。藥水皆盛以小玻璃瓶、高二寸弱、寬寸餘、
厚五六分、玻璃既厚、裝潢華而潔、每瓶水由二先半至
一吉呢。

十七日己丑、晴。西方美人所用、不僅脂粉、即粉言之、則
有肉皮色粉、細軟潤膚、雅洲者稍黄、斐洲者微黑、各如
其面也。每匣由五先半至十先半、又有一種紅香水、名
婁西安、料不外乎玫瑰、以之拭頤、豔而不傷膚、每一小
瓶五先。一種烏眉藥末、産自埃及、名埃拉美斯的阿木、
一小瓶五先半、紅唇藥水、唇不澀、不油膩、終日洗不落、
如生就者然、一小瓶價四先半。
十八日庚寅、早微雨、午後晴。英國郵局定規、凡寄函之
人因忙將空函且封面未黏而擲之郵筒者、某信局收

六

到、先以筆識其外曰到手中他無所封、至大信局、又印
云某區某局、見其中無他物、并手信後加封、一長方紙、
印云第若干號、察其開口、兹由官印封、此等空函亦照
封面所書之人名姓住址寄交之。
十九日辛卯、晴。西國自古亦裂地封爵、故至今各世爵
皆有若干地畝、千百年來、官禁賣地、而貧可鬻爵、得之
者、遂因爵而有地、不必國人也。聞奥國有一埃斯他奚
王爵、僅一女、名阿那、繼之、年五十三矣。西千八百九十
九年（光緒二十五年）嫁法人某甲、甲浪費而沈湎于酒、一禮拜

婦代償者一二百鎊、貲遂遺上年稟官具結分離、婦擬鬻爵以度日、登之新報、價二萬金鎊、

二十日壬辰、晴、英例市衢禁乞丐、倫敦新舊城各區、區設大房一所、曰作工所、洋名倭爾克葛斯、以備無工作之人棲止、一宿必作粗工若干、如析麻開石之類、翌晨他往、充工為有為無、仍宿于此、宿他處者聽之、又各區住戶、年有捐款、賑贍貧苦老幼、然各區大小貧富不同、間有房無一人宿者、乃暫改為小店、宿客出徵直而不作工、名以償債、客如太康店、入者浴之、俾免身垢污褥被、牀臥一夜四本士、凌昆晒區店、有夫婦攜四孩宿、其人每禮拜由善會局領五先三本士之賑款、宿此每七日四先半、尚餘九本士、格林泥芝區店、改收年老男女、每禮拜租十先、供飲食、因病而醫之費在外、室大足居四百人、七日間可賺每人二先、

二十一日癸巳、晴、英都富與宦室婦女、既思麗其容、飾其髮、復光潤其指甲、鋪中乃備諸種藥水粉、散器具之屬、并可代懶婦修飾之、修洗一次、工價五先、所售之藥、每創新名、洗指水、立除指甲內外之污、每小瓶二先半

七

藥粉兩種、塗于指拭之數分鐘、光如龜殼、每一小紙匣、一先半至三先、謂剔指之橘木籤、優於鐵器、其長二寸寬二分、每束六枚一先、指甲剪後以錯、錯齊再用洋名埃莫里柏爾滋小凸細沙布磨錯處、使光滑、每小匣計六頁一先、復用小刷刷一種藥油以潤之、每瓶三先半、末則一種紅水、刷于蓋肉之指甲、使作血暈、示鮮壯也、每瓶二先半、

二十二日甲午、晴、水晶宮內正面之大風琴、年演數一次、今年則今日申初、（西六月二十四日）半月前、會首等折柬約、附入座券四、皆正紅色、別二帖、白色者、謂繞行全宮毋阻、淺藍色者、申正後在御用包箱小食、未初、余偕內人率三子榮驥及孫女佑英、乘馬車至入宮步至臺右、進門有人收券撦去其半、導客入座、為臺前第一横、池中金椅共十二横、横椅二十五、入門券色不同、因池中座價分四等、頭等正紅、一鎊一先、二等淺紅、十先半、三等黃色、七先半、四等綠色、五先、臺左右搭敞閣、其上座分三等、與池中二三四等同價、池外三面座之不列號者、每座二先半、臺作箕形、正面一人鼓風琴、左右兩翼坐

八

和聲度曲之男女三千、其心至臺邊、男女樂工坐五百、
臺邊正中、樂工頭以短棍不時上下左右、而指畫調
音之高低、樂作兩闋、第一節、鼓風琴拉湖琹、箏瑟齊鳴、
合奏天保國王、是時通場肅立以聽、曲終、迺坐、已鼓一
再行、復有著名六男女蟬聯各度一曲、繼又鼓吹一次、
是為頭節、畢畧歇、時值酉初、下議院紳董查得滿引至
對面登樓至敞廳、後飯堂中坐飲加非一盃、糕點少許、
移時、會首盛克夫婦齊至、請轉入御用包箱中、坐聽第
二節、同座遇諾特佛伯夫婦、又旁閣坐暹羅公使、日本

九

參贊、聽畢、盛克夫婦并請七點晚餐、後看烟火、因時尚
早、遂先下樓一游、所列貨物、及各樂場、甚多人、多壅路、
無暇細觀、戌初步回、登樓入飯廳、即時入座、座間八人、
除盛克夫婦外、有色爾威亞國之總領事父女、食畢恰
值九點十五分、開放烟火、乃即步至廳外敞閣坐、傍銕
闌眺望、歷來樂工係在宮前左鄙石臺上、現改在宮前
正中石臺上建一高亭、坐紅衣樂兵一部、循臺一帶石
闌及臺下水法花池、皆挂五彩鮮花、屈曲彎環、作出字
及盤腸式、烟火放三十三次、次別以名色、有爆竹至半

空、變成五彩金銀星、火片飄洒、有僅作金星帶綫、騰空
一束而散開、如篝者、雷光球起裂為火球數十、火箭射
空、金條亂舞、名曰火龍、雲集、爆竹上升極高、轟然、出彗
星千尾、遲遲下墜、隨墜變色、始金銀、既紅綠、名曰寶石
垂天、鐵架立地中、一扁輪金銀色之火星外飛、輪轉能
編作花式、名曰編花輪、飛起銀星隕如雨、名雨落鑽石、
五色萬花飛起、落未點地而復騰空、高於初次、名曰探
花、及第、冲天銕架一、由上飛下白花、四面佔地數千方
尺、名曰大雪繽紛、是晚風吹對面、俾清楚得看、就中精

十

巧者有二、一銕架一行、上作銕甲兵輪多艘、左右相向、
火花明時、左右見烟、隨聞礮聲隆隆、作彼此海戰狀、倏
一船折桅、倏一船中斷、此船失火、烈焰飛騰、彼船落水、
波濤激湧、此蓋仿本年日俄兩國對馬島海面交兵、水
雷轟斷俄之勒維亞坦兵輪事、二、左立銕架樓房一所、
突火起、烈焰熊熊、即時對面一救火車馳來、二救火人
下車、大步至樓前、以皮筒激水、車走人行、與真無別、皮
筒所激之水、乃火花也、亥正二刻看畢、與盛克夫婦同
車回倫敦

二十三日乙未、鎮日陰晴不定、聞立文蒲海口仕人某甲、年五旬矣、妻故年餘、遺二子一女、女年十八、數月前、甲與女之同學女友李艾米情投、前禮拜日即前十六日潛入教堂成婚、李年十五、爾甲之子女不知、娶繼母李也、父母不知女出嫁也、禮拜三之晨、李母睡起至女卧室、見空榻、枕邊遺一紙云、女今已有夫偕之他往、閱畢驚訝、良久度其必無引線人、夫婦乃竭力搜尋、現尚無著、蓋李與甲約是早同坐火車赴柏明根也、此類事、情愛歟、物欲歟、未悉有干例禁否、

十一

二十四日丙申、晴、前赴德國賀太子韙良新婚之日本有栖川宮威仁親王與夫人由比利時西北敖斯瑞海口駕克來孟丹輪船、今日未正二十分抵都伍海口、有日本公使林董率文武參隨、并英廷欽派各員在彼處迎接、船傍岸、林董率衆登船謁見、王與夫人上岸、先有宮官遞英后所贈夫人之紅鮮玫瑰一束、禮也、礮臺聲礮、禮也、繼見英官步兵左右列隊、作日本國樂、男女攢立、大聲歡呼、王與夫人隨行同向英旗鞠躬行禮、登專邁火車、開時、兵復作日本國樂送之、酉初一刻抵倫敦維克都里亞車站、英太子衛拉斯王及寬諾公著戎服候接、日本男女百五十餘、排立一行、往車後彼此握手寒暄、日本王與夫人皆深深鞠躬、繼引帶來各員參見太子與寬諾公、見畢、王等緩步前行、日本男女向之鞠躬行禮、王與夫人皆手拂冠簷、點頭答之、日本參贊夫人又親奉王夫人玫瑰一束、非日本禮仿英禮也夫人先登馬車、日王乃足恭上車、坐對面、太子笑而手握王肩坐之、夫人右、時有馬兵護衛隨行、沿途左右亦有步兵排列、兵後男女如堵、車過均向之免冠搖巾行禮、王則不時以

十二

右手觸冠、夫人不時點頭以答謝之、車入卜静宮、英皇與后迎入大廳、茗談一小時、後乘車入賢猩木司宮左之約爾克府、又經外部大臣藍侯等接入少頃、英皇坐車入府答拜、少坐即去、兩處皆有紅衣護衛奏樂、英皇轉回始散、戌刻王與夫人入卜静宮晚餐、夜半回府、

二十五日丁酉、晴、申正率榮驥乘車至貝勒格雷伍坊第五號赴色韓夫婦家茶會、英俗子娶妻須別立門牆、故其母仍住伊屯坊、新夫婦則移此新居、居為樓房、高闊、修飾華麗、度為其妻所購者、亥初復同內人乘車先

至康衛路大博物院赴地理會之茶會、此次不惟大堂作樂、預備酒食、更在西冀頭層設禽鳥處、別安一琴、男女陸續歌曲、備茶酒小食、坐間遇立德夫婦、（見述奇）其妻著大紅寸蟒翠片氅、去此至太子門第二百六十號赴司特安伯夫婦家茶會、有人奏樂歌曲、樓雖敞而人多擁擠、少立下樓、主人引入飯廳、飲香賓一杯、食地椹幾枚、謝歸、時已子正

二十六日戊戌晴、申初、同內人乘車先至特拉伐勒戛坊之喀色林別墅、赴葛蕾太太家茶會、無多客、所集北京哈吧狗二十餘、大小顏色與前年同、去此北行數里至海岱園南之埃呢斯莫爾園第三十一號、赴蒲的滿太太家茶會、樓小人多、塞覺熱、少立下樓回、亥初復攜縈驤乘車至格婁伍諾園第四號日本使館赴茶會、並見阿里蘇戛氐王（日本音即有栖川宮王）與其夫人、屋以人多而偪仄、遇各國公使及藍侯等人、語嘈雜、好靜者應增其擾、

二十七日己亥、陰雨陣陣、中正、偕內人乘車至阿拉柏門法國使館赴茶會、其大廳正面設一木臺、高及尺、安

大琴一架、有少婦羅迺歌曲、臺前遂行排金椅、坐聽兩曲、法公使乃引入他間、酌以香賓一盃、釂之辭回、戌初、復乘車至白堂街入勅建水陸公所英名洛亞伎乃代色爾威斯音斯的究慎赴將軍駱柏滋所請茶會、其樓本名槐達霍勒譯即白堂、三百年前尹呢匈周恩斯所建、擬作酒館、既歸國王查理第一、王昏亂、國人不服、西一千六百二十五年、（明熹宗天啟五年）弑于是樓窗外、六十年後六百九十一七年間、陸續燒燬、今僅存此所、修理齊整以存古蹟、房不多、皆古式、精純堅固、既爲水陸公所、兼作水陸軍械博物院、除于每禮拜三閉門一日、餘皆任人觀覽、入門每人六本士、內有多式槍礮刀劍旗幟于戰勝敵國奪來者、并有東方幾國之風篷用槳船式、公所首領爲寬諾公、餘皆水陸大員、大員中又以駱將軍爲首、故今日爲主人、入門與之握手、稍敘寒溫、遂步至內堂、樓上作樂、四壁釘懸刀劍旗幟、當中行行羅列玻璃罩卓內戎服寶星等件、屬水師將軍迺樂森于百年前鏖兵之物、今日係西六月二十九日、即百年前戰勝之日、特設茶會繹其功也、少頃作天保國王樂、寬諾

公與夫人率郡主至、余向之鞠躬握手、他男女客分立左右、亦皆向之鞠躬半跪、樓上自亥初至子初二刻、時而奏樂、時而歌曲、皆當時戰場之詩詞也、地仄人稠、不能久立、遂由後梯步至下層一觀、存有礮位小船等、正面横長桌、設茶及小食、乃飲加非一盃、步石堦上樓、出正門登車回使館、

二十八日庚子、晴、今日為西六月三十日、英皇壽辰、為西十一月初九、而藍侯于今晚戌正開筵、請各國公使并本國文武多員預祝之、前二十天印柬來云、恭慶國壽辰、擇于六月三十日禮拜五、晚八點鐘晚酌、席設藍斯墻府、布著朝會服、敬候回示、覆函祈致外部總辦、（蓋欲知被請者能否到、以便均設座位也）准　藍斯墻侯拜、戌初二刻、乘車至、入見藍侯、握手問候畢、進大廳同衆立談、少刻客齊、轉入飯堂、一長桌周坐六十七人、旁間作樂、食畢、藍侯立起舉杯率衆恭祝國君壽、作天保國王樂、繼而法國公使代各公使立祝英皇壽、衆齊隨立舉杯一飲、作天保國王樂、此後吸菸捲喫加非、少坐齊入他間、立談片刻、辭出登車、轉至帕克巷入倫敦代立府、赴倫敦代立侯

十五

家茶會、其請柬首句亦云恭慶君壽、上樓見侯夫人畢、在上復遇許多公使并倫敦美爾夫婦等、少敘、後由左梯下樓出門登車回使館、時將丑正、

二十九日辛丑、晴、昨聞某城男名武達、夫婦不睦、武告官欲休其妻、并將其周歲小孩一并帶去、官判令每禮拜攜其妻與孩鄉游一次、夫婦每日至少合吻一次、妻別居、每禮拜給一鎊四先、更須不時遺以鮮花一束、不得令其妻毋代理家務、以四禮拜為限、限滿同來報聞、如不遵行、則為違背公堂、俾其久而感情深、或有破鏡

十六

重圓之一日、

三十日壬寅、晴、英廷宮禮、自西一千八百六十二年、（同治元年）前君主維克都里亞之夫阿拉柏王逝後、多停止、于今復有陸續規復者、即如宮中每設跳舞會畢、命婦皆伴君主回至寢宮門外、自阿王逝後、君主自不入堂、令太子與妃代之、此禮遂廢、自埃達倭即位以來、前于初七日宮中跳舞會畢、命婦送皇后登樓入寢室、迨入門、值日斯巴尼亞國王阿芬搜亦到、蓋彼此之卧房咸在宮樓一行也、既見、日王趨英后前請夜安、忽謂我武家

也、后曰看操否、皇后笑曰可、曰王乃連打觔斗數輪始入座、

六月

初一日癸卯、晴、記上月二十八日未初一刻、倫敦美爾請日本有棲川宮王與夫人極樂堂午酌、共卓二百二十人、中有藍斯璫侯、日本公使林董并他日本文武多人、食畢美爾立起舉杯請貴客同祝英皇壽、再祝秦晋結好之日本皇帝之福、隨陳數語、大要謂現在倫敦通城人民咸讚日本皇帝聖明其世、及為天至久者、現為第百二十一世、相繼不絕、于今深輿前進此時之奇特也、願貴國皇帝萬壽、國泰民安、以其大畧治其通國云云、言畢通堂齊呼班戟、班戟、（日本語萬歲也見前）少坐後復立而舉觴恭祝王與王夫人之福、并陳明王前曾在此學習且英兵船、又前當老君主即位六十年大慶時、王曾代日本皇帝來英慶賀等語、王立起答云、此次美意優待、感謝無已、猶記二十年前某在此歡樂之時、歷歷在目、今得再來何幸如之、今日榮遇達知敝國、上則皇帝皇后、下則官民、罔弗深為感激、某可比作江河、歆將日本通國之美意如水之傳致大英通國也、言畢通堂復高呼班戟、又當日威仁王奉日皇命賜美爾以日升寶星、敦聯盟之誼也、戌刻藍侯請王與夫人侯䖏晚酌、

初二日甲辰、陰、各國新報除俄國外皆暢所欲言而不禁、然人心不同、官場每有一事無論鉅細必肆論其是非、故邇來我國各報亦頗效之、倫敦气車近數月間日多、客雖上等、然輪轉如飛險甚、且烟气羼异味易致疾、倫敦每年西五六七三個月、天氣清爽温和、曰倫敦季、多有乘馬車游園及請茶會、海岱園中尤夥、每午後車輛往來于途、左右游人或坐或立、擁擠以看馬車行、行復行、行到䖏馬步巡捕彈壓官場、以園中游覽多婦女、既非賽馳亦非急務、數日前海岱園各門外懸牌、每日自申正至戌初、禁气車出入往來、以免撞車驚馬、前日新報乃云、自園門諭帖出後、園中頓覺異常寥落、人則慘淡無神、巡捕亦逍遙無事、除王后公主王妃等經過、其他名家婦女入者殊尠、即有高軒過無非乳娘携官家小姐而已、園外四面气車笨車混雜、路反難行、由此以觀、諭帖恐不能久懸云、

初三日乙巳、晴、記英人豢猫狗、多表愛惜之意、昨聞在巴斯地方有哈埃者、畜六猫、臨終遺書謂每年令鄰婦卜麻薩由某銀行取五十鎊、代養其猫、經大法院法官朱艾斯考察、謂遺書未言以何時為止、無所斷定、經院首某世爵判以第六猫死後為止、又有弄猫狗戲者、名歐訥悌、住蛤蜊街第三十四號、昨在來祥雜劇館中演劇、二椅背立、相距尺半、一猫橫立其上、作∧形、猫犬大小十二、陸續經猫背而過、適訪察虐待生靈者某甲見之、謂其暴虐不仁、猫忍痛而懼、撻令人憫憐、遂聞于官、官傳試驗、良是、遂判罰歐四鎊、外索官費四吉呢、

初四日丙午、晴、暖、午後去約爾克府挂號、并至藍倫二候處投刺、英蘭無工貧民、經善會設法賑濟、帶領各處募款、一以憐貧、一防作亂、聞上月初間有四百數十名、善人帶領由距倫敦西北八十四洋里之哈柏婁村南行十八洋里至諾桑屯、蓋將按站赴倫也、翊晨經彼地善會計名給粗襪一雙、除昨夜犯規之二名、撤其牌號、遂出外、辰初備麪包乳餅及茶而使飽、巳初一刻善士余五福步引列隊而行、經過貝達佛路屯、賢阿拉班等

九

村鎮、逐處加添、抵倫敦已逾千、各地凡有添者、別有首領、皆歡迎、施皮鞋舊衣、麪包牛肉、并令洗浴、臥以草牀、朝夕善士宣講演說、勸導之激諷之善舉也、

初五日丁未、大晴、熱、因日本有栖川宮王與妃在此、英皇特于今日亥正三十分在卜靜宮添設跳舞會一場、數日前、經內廷禮官奉英皇諭具文來約、亥正余偕內人率陸澤生、白厚之乘車往、天雖熱而宮中四面窗門敞開、且堂上玻璃雙層、上下參差開放、不見天而納涼颸、出熱氣、人雖擁擠、尚覺清爽、一切禮節如前、共跳六場、第一場喀得立勒、前兩對、為日王與公主、綠衣姒、日王夫人與寬諾公跳、第二三場皆瓦勒、自第四場又為喀得立勒、頭兩對則王夫人與英皇、日王與英后、跳第五六場、仍皆瓦勒、自皇后王妃公主等皆坐觀、各國二等公使及他文武官員妻女彼此換摟歡跳、至子正二刻齊入飯堂夜餐、丑初回使館、

初六日戊申、大晴、熱而微風、美國自西歷一千七百七十六年七月初四日叛英自立、至本年西七月四日即前初二日為其第百三十年、倫敦美國會館原定于是日成、

十

刻在賽西店設宴慶賀、兩月前、會首具柬來請、忽于上月三十日來電、以本國副總統海專溘逝、應俟葬後補行、特改于初八日宴賀、不知能否惠臨、望示知、電費已付、此節來電不言、乃送電者代言、回電費付訖、因此等為迫人電覆、如此先付、乃禮也、曾答以仍欲助賀、今日戌初乘車至、見會首佛克斯等步立報酒食備齊、佛克斯君前導、接跡入飲廳、卓式橫一豎九形、人三百六十七、佛克斯君坐橫卓正中、右三座為美德二國公使、與余左三座為藍侯及和墨二國公使、左右餘三十六座、亦皆來客、九豎卓所坐者、除新報館七人外、餘皆美國人、卓左臺上坐紅衣樂兵一部、每卓上密列瓶瓶插鮮玫瑰、紅黃粉紫、不一其色、花大如芍藥、且作高三尺餘之花月門三十三立于卓面、乃橫卓六、豎卓每上三、新式也、侑酒以樂、未舉刀叉、倫敦副牧師、英名阿池的昆立起、口陳數語、率眾謝天賜食、食畢復率眾立謝蒼天、既而喫加非、吸捲菸、再則佛克斯立讚英君之聰穎仁愛一段、畢、舉杯領眾祝英君福、樂作天保國王、此後藍侯起立稱頌美國歷代伯理璽天德、并謂英為美之祖籍、美則英之後裔、彼此視同一家、日見

和睦云云、因而舉杯公祝總統福、作美之國樂、繼又公祝新任美國駐英公使李德之福、美公使復頌揚今日聚會之誼、德公使代眾客稱謝今日之請、末則佛克斯立陳一年會館之情形、兼謝會眾贈物、蓋佛公一年辦理得宜、公贈一銀罍也、罍高尺餘、周一尺、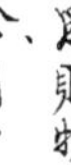形、其重未詳、四面鏨花、工頗細、陳畢席散、

初七日己酉、大雨滂沱、列缺宣威、豐隆震地、左車撤豆、滿地珠跳、酉刻雨止、仍陰、華人間有更姓、或因承繼、或為避禍、或隱遁、或賜姓、未有取名家之姓而為己姓者、昨遇三十年前之稅務司滿三德、本英國蘇格蘭人、姓滿名三德、按英法稱之、則曰阿來三德滿也、慕司九阿為蘇格蘭望族、遂襲其姓、而以本姓為名、曰滿司九阿、若改華名、可曰司加滿矣、

初八日庚戌、陰、英人喜用玫瑰、蒔藝既佳、具各種顏色、萼亦大、英蘭東南埃賽克斯府東北有村曰扣柴色爾、距倫敦東北五十一洋里、東界闊安河、有甘特姓者、世業蒔玫瑰、園極廣、已及一百四十七年、名曰老玫瑰園、栽培得法、花萼异常、曾由賽會得金銀工牌、酒罇諸物、

其售花之常價、自西六月二十四日至十月底、雜色者、
每二十五朵二先九本士、五十朵五先半、百朵十先、千
朵四吉呢、其深紅淺紅白黃各色、皆二十五朵三先三
本士、五十朵六先半、百朵十二先、千朵與雜色價同、專
指何等式樣顏色者、每二十五朵四先、五十朵七先半、
百朵十五先、千朵亦四吉呢、刈連莖者、每百朵一鎊、各
處寄送、連價在內、路遠加寄費、如二十五朵加半先、五
十朵加九本士、百朵加一先、如在六月前或十月後、及
朵數在二十五以內、皆須隨時計朵定價、

卅三

初九日辛亥、大晴、熱而微風、昨早巳正、日本有栖川宮
王與夫人啟節回國、由賢翟木斯宮至維克都里亞車
棧、有馬兵護送、英皇與后派人至車棧送別、申正偕內
人率孫女乘車至柏克蕾坊查爾斯街第二十六號、赴
馬其萬太太家茶會、大廳遂行列椅、臨窻一大洋琴、有
法人蒲蘭桑霍樂滿吳樂苐、婦女古爾等陸續鼓琴歌
曲、聲調亦幽雅、遇土耳其魯麻呢亞兩國公使夫婦、坐
聽六塲、後下樓入飯廳、喫酸桃一枚、飲舍利一盃、遂出
門登車回使館、

初十日壬子、大晴、熱、英國有種小說、與我國之鏡花緣
同、亦謂有大人國小人國、亦不言屬何地、人皆以為妄
言、按各國現據之阿斐利加、多臨海地、故謂內地沙漠
無人罕有到者、二十年前、英人司丹里自中斐洲之東
界臨印度洋海口、向西直行、至西界傍大西洋之海口、
途中固多沙漠、而遇小人國、亦有酋長、遂名曰皮襄米
譯為矮也短小也、後既知其地、有人往者日多、漸熟、屢
見長人亦不懼、前有參將哈里蓀、擬帶數名來英、俾人
觀之、官批准、運以船、上月到倫敦、送入喜坡得隆馬戲

卅四

園、初四日（西七月初六日）英二公主維克都里亞生辰、英皇在
卜靜宮後園中請茶會、人共一百五十餘、皆王族近支
戚友也、傳矮人入宮演耍、以气車送入、用地櫃鵝果酸
桃、香蕉、牛乳、熟雞子飲之食之、畢、于宮園敞地耍舞、有
名猛甘勾與麻土喀者、互用小弓箭射麻雀樹窗樓高、
無一中、乃以短矛對刺一陣、從又單腳跳舞、設法絆跌
同侶、戲畢、以原車送回、余所聞如此、
十一日癸丑、晴、哲爾奚伯本年在其鄉居歐斯特蕾園、
仍請茶會四次、五月二十二、二十九、本月初六與今日、

前三次事忙未往、今日申初、偕内人率榮驥與孫女乘車、申正二刻至、下車登樓、見其夫婦、一切如前、步出後門、下樓入園、見林中別設一卓、上列香蕉、雞蛋、牛乳各類、周列六椅、不知款待何人、正步游間、忽傳謂皮覓米來、已坐食矣、因哲伯招來備衆觀也、遂轉入林中、見四男二女、面色紫黑如鐵、白牙厚唇外哆、似老猴、短髮如骨重羊而色黃、察其相貌、當與亞丁人為一種、惟身長不及三尺、如我國之五六歲孩、面孔異耳、此類野人居當熱帶、必皆赤身、肚下圍花布一條、今乃男著西國水手衣、赤足、女戴耳墜、穿日本闊袖襖、登西國黃皮鞋、均頭頂土耳其紅毡藍繐帽、男女腰纏串串珠子螺蛤、男女相貌無大區別、男之髮間戴有豬鬃花朵朵、手執小弓箭、長者年四十餘、其子十八歲、食間有將銀刀插入兜中者、領來之英人怒之以目、畏而一笑、取出置卓上、主人給菸捲大把、抓起收入兜中、食畢、齊至林中作鞦韆戲、惜時已戌刻、無暇觀其耍舞、遂步回樓前、登車回倫敦

十二日甲寅、晴、聞宮女席奴將嫁三汀航官地之園丁周爾志、英后將文恣宮旁閒中自築之鄉樓一所賜新夫婦居、派人修理裝潢、洞房陳設整飭、并改周爾志為文恣宮園丁、英后頻往文恣宮、席奴可仍入宮伺候、按三汀航屬英蘭正東諾爾苐府、東臨北海、三洋里、周七千洋畝、前于西一千八百六十二年、（同治元年）經英君以二十二萬鎊買得、圈二百畝為園、樓亭臺榭、樹林叢隆、頗幽雅、

十三日乙卯、晴、未初、偕内子率榮驥及孫女、與尹王陸三君乘車西行三十里至鸞鴛莊、入鸞鴛別墅、赴公爵諾僧布蘭家茶會、登樓見諾夫婦、在上繞行一周、觀其陳設古董、既下樓入園、豐艸綠縟、密樹濃陰、其玻璃煖房地基作◠形、極高、入左門出右門、有竹高抵房頂、粗二尺餘、温熱二帶中物也、轉至湖邊、清流蕩漾、小艇往來、觀之令人心怡、回入紅白布大帳、坐飲舍利一杯、食糕點少許、出坐草地椅上聽樂、遇許多公使夫婦子女、酉正起坐上樓、出門登車回倫敦、隨行單雙馬敞車魚貫成行、气車馳前、隆隆不斷、可徵赴茶會之客多、

十四日丙辰、晴、涼爽、嘗思人事皆有理在、然亦由于人

之心精力果能忖度而達其情、故事有須預防者、有須臨時審定者、有于事後斟酌者、有須循理經公斷者、邦國亦然、即如西歷一千八百五十八年俄土戰後、訂立巴里條約時、約中曾載有一款、訂明俄國不得于黑海創立海軍、俄國當時雖無如之何、而心終未願也、至一千八百七十年普法戰後、法之兵威已殺、俄政府遂乃行文各國、聲明巴里條約限制俄國不得在黑海創立海軍一款、俄政府以後即不遵守、所以不能遵守者、其故有三、一、黑海作為局外之地之說、止有其名而無其

二七

實、二、當日時局情形與立約時情形不同、三、各國兵船曾有違背巴里條約駛進黑海者、當時英國外部大臣為伯爵葛蘭貴爾、彼謂俄國聲明文件內所指之三端、皆可置不理、蓋各國合訂之條約、如一國不欲遵守、則當請命于各國、方為合理、今就俄國聲明文件而論、似各國公共所定之條約、遵守與否、一國可以隨便、如是則將來立約有何益哉、俄人亦韙其言、旋即請前訂立巴里條約之各國商議此事、後俄雖得償其願、然一國不能擅廢條款之說、亦于是中明矣、埃及本屬土耳其

一千八百十一年、該地總督叛土自立、一千八百四十一年、土皇諭令埃屬政令仍照土例理治、經各國承經担保、英法兩國尤任其難、至一千八百八十二年、埃人又以政府不善治理、苛政迭施、遂揭竿而起、土國既無力平亂、英乃請法國合力為埃靖難、法不從、英遂獨任其難、亂既平定、英仍派兵駐守、年復一年、以迄于今、現在埃及政令、名雖出自埃主、實則徒擁其位、行事之權、全在英人掌握、假令當日者埃即以英兵不得駐守其地、一切務須自理為請、則埃及情形亦何至到此地步、

二八

一國行政之權、不可一日假手外人者、不于此可見一斑哉、

十五日丁巳、晴、上月二十七日、水陸公所茶會、因地窄人稠、未得細觀、數日前、公所協理李薩木復以函約今日一觀、申初、攜榮驥與孫女乘車至登樓、入客廳、先晤李薩木、并遇車步觀少敘、同入大堂、前窗臨白堂街、後傍小園、四壁挂各處水陸戰獲得各式旗幟、傘蓋、刀槍、劍矛、籐牌、火銃、皆前所見者、地面更縱橫列玻璃罩、長卓儲一二百年前名人遺物、大小六千零三十四件、屬

水師元帥迺樂森者居多、如劍、刺、盃盤、寶星、毡帽、手槍、水壺、紙夾、銀壺、裁帋刀、狗脖領、玻璃盃、酒一瓶、千里眼、鼻菸匣、圖章、手棍、雨傘、串珠、墨罐、信函、小照、説票、帳單、金表、銀扣、錢袋、官衣、外褂、木架、臉盆、并迺樂森失右臂後左手所用之叉、邊帶及之刀、又哈米屯夫人覿之小影、及其受傷時所服之戎服、衫褲、鞋襪等、皆有血跡、迺物盈千、悉數難既、皆其西一千八百五年駕威克托立兵船、在西班牙西南特拉發勒戛土角外海面與法西兩國戰時所用者、更有迺故後割下之黃髮小辮一、英名庇格太勒繹言猪尾也、其棺上花圈桂葉一枝、遺言一頁、棺外鏨花銀片兩頁、出殯載棺車式一、一千八百六年正月初九日、在賢波羅敎堂唪經單一張、出殯禮節單一張、威克托立兵船上所懸之國旗一方、此旗于送殯時經水師兵手舉前引、迨葬而落旗時、該兵將旗扯碎、言須各分一出、以作記念、外有是船被礮擊透之桅杆一段、桅尖一段、後以是船木作迺樂森棺式一、小鐵錨上鏨迺樂森像一、百年来凡水手多佩此作護符、又一卓、面長一丈寬六尺、以油紙作水浪、前浮古式戰船一、横共二十餘隻、為西法兩國者、後兩行、分而前駛、亦二十

二九

餘隻、作前冲狀、為英國者、蓋西法國船擬同阻圈英船、而英船乃設法冲斷為三、即迺樂森當年海戰獲勝之事、各船發礮、以白棉作烟、看之如在半空俯視、然更有法皇那波倫第一之馬骨、支以鐵條、罩以玻璃、蓋法皇敗後崩在英蘭也、其他名人遺物多件、不及瑣述、看畢至後梯、據云是處原有門通大街、前英君查里第一、係由此門拽出至大堂第二窗外被弒、遂堙其門、至下層所存、無非船礮、礮彈等、由此再轉上樓、觀其書室、頗寬宏、書卷地圖甚富、因其中又為水陸一會館也、既入客廳、備有茶點、食畢、握手謝歸、

十六日戊午、晴、英國夫婦分離、權多由婦、已屢記之、今又聞有都司巴克爾、西一千八百九十八年、光緒二十四年娶妻卜發木巴屢、在立文浦、柏禾達、支布洛達等處分駐、當差、妻隨之、及改駐莫洛塔時、曾引其妻與同營游擊伊池林相見、更赴他處、妻乃以路遠跋涉勞甚為辭、巴遂獨往、半月後、接其妻信、言與爾同室厭爾久矣、今後自壽樂境、不久當使聞知、此上年西六月間事也、前後巴致其妻之信、因信面所書之住址、并無其人、乃咸由

三十

死信局寄回覩至西七月十日、復接其妻來信、內云、往日所言、念念在心、我得樂境、汝其別娶顛爾公私如意下寫卜發禾伊池林同具、已明知其妻與伊池林合無法挽回、聽之而已、

十七日己未、晴、申刻貝克爾街約爾克街之貝達佛女學堂請茶會、屆時至、見男女管學多人、後引登樓、看用功講論各室、并諸生住房、書房、地基既促、屋間亦小、下樓入飯廳、少立即回、

十八日庚申、晴、范塔沽街東首路南、有勅建康健義學、英名洛亞音斯的究敖伍坡卜立海勒斯、乃為經名醫設法使人操練身驊康健也、正副總理定于今日申刻在范塔沽街口外樂斯坊之花園中請茶會、申正乘車至、入園見各總理、後經曾到廣東之英人甘得立夫婦前導入內、樹下烏衣樂兵一部奏樂、繞至林中一敞地、四面環列小椅、正中一琴、遂坐琴前、少刻來女生十八名、皆十七八歲者、白布闊氅、有襪而無鞋、襪下有皮底、俾周身鬆活、經絡疏通、操練運動、血脈上下無滞、遂左右手執一銅片小鏡、依式文舞、或對對、或行行、忽俯視、

圭

忽仰望、忽翹足、忽伸臂、忽斜立、忽鞠躬、忽雙手觸鏡作聲、整齊可觀、繼一婦領年皆十三四幼女四十八、白衫白短裙、婦立其前、宣令列隊排行、忽分忽合、忽速忽慢、臂則上舉旁伸、或單或雙、或下垂而拍髀、或身蹲而探股、如驊操、如步隊、再則各執一木棍、長約三尺、按步排演、亦同營隊、聞今日男女諸生皆經司丹佛山培蘭塾路各學堂及司多貴育孤院之教習帶來排演者、此外更有歌曲搖鈴之學、未經聽及、乃甘得立夫婦請入林前院中、白布帳前所列之圓卓環坐、點心、飲加非一杯、食葡萄糕少許、握手謝歸、

十九日辛酉、晴、熱、聞有英國敖士巴那嵬四十年前立一養育失怙恃子女院、名迺甚那衛夫斯阿搜什埃慎、譯為國家拾遺會、是院陸續分枝、日月加增、至今共養男女小孩一萬六千八百、西七月十五日、即前十三日、為巴敖士生辰、諸生聯名慶祝、又經阿蓋公阿柏的音候及倫敦大敖師等多人公助十二萬鎊、為院費、

二十日壬戌、晴、熱如昨、聞有住卜立他尼亞街第九號婦人名特訥爾、因將遷居、送其所畜之貓于佛的南街

圭

之猫家（述奇 詳見六）囑代養餵、係新居安排妥帖再取回、及
特取猫已知為管猫之婦畢第五誤為無主之猫焚死
爐中特告官謂其猫係波斯種愛同至寶云云官因判
畢第五賠所司罰二鎊二先償猫主

二十一日癸未晴爽、美國副總統海專因病于上月二
十日由華盛頓遷居其東北近海紐罕什爾邦蘇那庇
湖、以養疾、據云抵彼後、朝夕浴于湖以增爽其精神、乃
於西三十夜（即五月二十八日）二神氣倏變急延醫、醫馳至已氣
息奄奄無法療治翌晨身故、按海專係美英薹安那邦

三三

薩來木城人、生于西一千八百三十八年（道光十八年）、年六
十八、八百六十十一年考入律例館、是年權為總統凌崑
幕友、美內亂充巡捕營副將、繼升將軍自八百六十五
年至七十年屢授駐紮法、奧、大呂宋三國公使、此五六
年間著作甚富、八百七十九年充本國副丞相、八百九
十七年改充駐英頭等公使、次年舉副總統、訃到英、英
皇即電寄唁文云、貴國名高望重之副總統海君相別
未久、倏爾殞逝、大國失此名人、予殊惋惜之、美國總統
盧斯衛荅云、通國惋惜、蒙有同心、感謝無既、藍斯瑞係

亦致信美廷、申之皆禮也、

二十二日甲子、晴、英蘭西柴腼府之諾爾威芝村、有
大芥末局名庫勒曼、所用工人不下三千、現因生意旺
甚、局東定于本年八月初五日禮拜六、（即七月初五日）放工一
天、擬贈工頭及出外者人銀壺一、歷來勤工年老告退
者人銀表一、工人已娶各一鎊、未娶者各十二先令、婦
女及幼童各七先令、工人在局已五十年者除應得者
外、各加贈一鎊、

二十三日乙丑、晴、西國喜為無鬼論、乃倫敦有會館、名

三四

普奚奇喀勒立色爾池搜賽伊的、譯為考察靈魂會館、
聞其現欲研究者二、一、韓諾倭坊某號之薩爾的夫婦、
數日前某夜、其妻忽覩牀旁立一少婦、頭戴花帽、耳綴
雙環、驚醒其夫、然電燈燈明無所見、少刻息燈、夫婦睡
去、轉瞬薩醒、遂見其妻所見者立于對面、急然燈又不
見、夜夜如是、不知其由、又克英街某女學堂樓房頗廣、
學堂未立之先、為一住宅、據云數年前在頭層某間曾
害一命、迨改學堂後、是間封閉、各窗幕以黑帘、旁一大
間為諸生寫字處、當各人舉筆時、寂寞無聲、頻聞隔間

鞾聲橐橐、往來不絕、似非一人、昕夕如此、不惟諸生驚
駭、教習亦悚然、聚衆啟鎖視之、塵封寸餘、毫無足跡、遂
扃錮之、以是諸生不往者多、亦彼土之奇聞也、
二十四日丙寅、晴、熱、英俗凡歡喜如意之事、皆用紅字
圈點標識、厭惡者用黑字、其理無異我國、倫敦城內正
北界之喀木整塘區內大學堂街前三十年、西七月十
五日奉敕設獸醫院、英名洛亞衛特里那立闊蕾支俗
名喀自薩那托佩木、譯為猫之養生處、然所醫者、猫之
次尚有牛馬猴犬驢驘、每年通院醫生聚集一次、宣揚

三五

一年內共治走獸各若干、屬何病症、愈者若干、收助款
若干、費用若干、院中首領現為寬諾公、前于十三日禮
拜六、即西七月十五日、衆人聚會、各其日曰紅字日、因
是院始自是日、畜牲得重生者多、人所歡喜者也、
二十五日丁卯、早陰、熱、午後涼、酉初驟雨一陣、聞前于
二十日禮拜六、英后親赴紫勒溪區之維克都里亞養
治小孩醫院、院中男女孩八十餘、孩各屋一、遂屋以觀、
慰各孩以巽語、院頭擇一男孩上皇后鮮玫瑰一朶、早
間曾教以呈遞之禮、并屢囑遞時一鞠躬、孩不鞠躬、乃
口言曰鞠躬、是誠可哂、然鞠躬二字以言教不以身教、
是誰之過歟、有一孩微盲、后問療治何如、對曰治已有
效、眼力已得到窓邊、尚不能遠視、后喜甚、并云想不日
自當如初矣、別一女因跳舞傷足、后與之溫語、畢、抽玫
瑰一朶賜之、女言此花自當永世寶藏、以昭不忘厚恩、
云、此外備空樓一所、小屋櫛比、王后入內步行一遭、見
一切亦極潔淨齊整、乃以已名名此院曰阿來三德亞、
入夜晴、
二十六日戊辰、晴、巳初率衆叅隨向北恭拜

三六

聖牌、行三跪九叩禮、戌初一刻、偕各叅隨繙譯、供事學生等、
在蒂拉斯喀憐館晚酌、曩見銀器鋪中有種小銀匙、其
柄短而寬、上鏨哄孩睡歌數語、未詳何用、茲聞凡孩生
後入教堂受洗時、必經其父母同請至契戚友男女三
人偕往、男孩則請二男一女、女孩請二女一男、男稱聖
父、女稱聖母、英語曰高發反爾、高摸反爾、蓋洗畢命名
後、即為入教、將來孩之父母若故、則此三人代為教養、
無异與所生也、洗禮畢、聖父母贈此一匙、始用以哺兒、
後併他玩物藏弃、迨其能記事時、與之則知物之由來、

卷七

將寶藏之、聞現在各國天主耶穌兩教洗法不同、有抱入教堂、僅在盆上作洗狀者、亦有真洗者、洗法、教士手撫孩面、閉其口鼻、向水一浸、提出、隨祝云、聖水濯汝、聖名命汝、願汝今後、永遵天主、按小孩之名、既由其父母由古之名流中擇取其一、更于聖父聖母中取一名、誌不忘也、

二十七日己巳、晴、清風謖謖、頗颷、西俗凡男子平日玩弄各藝、婦女必效之、如前次所看之印度婆婁戲、向皆男子乘馬擊球、聞前于十三日在拉洒拉甫會館有六女創效之、屬女子創始、因請王后公主一觀、女白衣分兩班、三白帽、三藍帽、白帽中二女、一巴婁、一阿柯萊、一婦巴木扉、三藍帽二婦、一侯木斯派、一魏卜麗、一女為于英、彼此爭擊一時之久、惟白帽之阿柯萊藝精力壯、中白球六次、王后甚喜、

三七

二十八日庚午、晴暖、倫敦已有陣亡水陸兵丁妻子之養贍院、（前覩）茲聞又在西南隅文卜敦區設一養贍陣亡武官之妻女院、名曰阿來三德亞家、前于西十五日禮拜六（即十三日）英皇與后前往開門、以住寡婦孤女之貧苦者、皇與后皆使服、武官多在彼迎迓、下車入正門、由院中長使呈后金鑰一、以啟內門、齊入中廳、司事者上陳詞一紙、后交信一函、內云、昨經立文浦善士李二呈來六千鎊（英人以助善款項呈交國后、較本人寄交尤覺體面云、）今特均分、半交養贍水陸兵卒家眷院、半交是院、附有三千鎊紙鈔一、后所收助款中、有善士屠斯募得呈交者萬鎊、前戰斐洲時所湊兵餉盈餘者五千、加立文浦之三千、都一萬八千鎊、此外復有戰時君后募得養贍武官家眷所餘之一萬鎊、前後共二萬八千鎊、皇與后游幸通樓、稱讚不已、瀕行、皇種銅色葉桃樹一棵、后栽金皮榆一棵于樓後園中、以作記念、

三八

二十九日辛未、晴、英國婦女修飾、不第求華美豔麗、又思所以趁其眼珠與頰之色者、即以飾項之串珠論之、若眼珠色藍、配宜青藍寶石類、紅須用珊瑚、串珠長短不同、用法各異、長者繫表一、藏之腰帶或衣兜、稍短而垂至胸前者、繫帶套小面鏡一、或小平果合子一、盛面粉、豎刷、其短者繫一小影、多係丈夫或兒女者、或情人之一目者（單眼小照詳見前）

七月

初一日壬申、晴、倫敦會館極多、名目不同、城中有一青年會館、洋名王安的埃斯森秋里克勒布、譯為第二十百年之會館、館旁敞地一畝、闊而坦、且有花木蔭、不同荒郊、現定通城各種學堂之男女學徒、由十四至二十一歲者、皆可在內嬉戲、如打球拋球之類、入者每禮拜納一本士、為傭人看管修理之費、每年由四月開至九月、四九兩月、皆自成初開一點鐘、其他四個月、皆兩點鐘、計現在通城男女之由十四歲至二十一者、男三十餘萬、女三十二萬五千餘、雖非皆到、然每月所收、亦足給雇人之費矣、

初二日癸丑、晴、上月二十四日、因在倫敦城東北隅之倫敦醫院（見六述奇）新設一乳娘家、英名訥爾賽斯侯木、凡扶侍病人、養育孩提、皆以乳娘二字該之、經寬諾公與夫人率郡主芭蒂夏至彼、以金鑰開門、以居少婦善女之一時無工作者、俾節省其日用、因設茶會在附近之維克都里亞園、有官兵奏樂、到處樹蔭下分設小圓桌、男女客甚眾、往來嬉遊、又當夫人入院時、病孩中一名

三九

呈鮮花一籃、寬諾公并演說一段、大旨謝眾立伊為首領等語、蓋西規每有會館等事、善舉必立王族一人為首、第一日必待王門貴客開門以為榮、

初三日甲戌、早陰、雨陣陣、頗涼、酉正雨止、微晴、斐洲東界臨印度洋有義國屬地、名薩米里蘭、人類與皮夏米同、特身稍高耳、英人某甲帶來男女盡住水晶宮外草廬、圍以木牆、倫人觀看、聞昨運以二敞車、遊倫敦街、經卜靜宮、值君后午酌、先在西門外少停、乃各人立起、以土語祝頌一陣、既而轉至東門、復立片時、女婢數人憑窗外望、眾度皇后必在其中、乃手舞足蹈、歡呼一陣而去、

初四日乙亥、早微雨陣陣、申初晴、涼、聞立文浦海口之活蘭街有一乾餅大作房、婦女工人甚多、附近貝達佛街牛耶路撒冷教堂之牧士霍諾爾、巡捕每見其赤身立屋中、咳嗽作聲、引作工婦女注目、（窗雖不開而大扇玻璃相映也）官廳差巡捕密察多次、是實、遂逮之廳、其妻云伊為每日臥室中赤身體操、官判罰一鎊、巡捕考察賞二十鎊、

初五日丙子、晴、涼、午後陰、雨雷、申刻雨止、陰晴不定、聞

四十

有美國舊金山童子名臘喜克貧苦無依以刷烏皮靴為生每日所得不足養贍一日檢囊只餘五仙本士半合英二遂信步東游沿途各村鎮以烏靴續有所入日見贏餘至華盛頓謁總統盧斯衛于白府總統乃更番置左右足木匣上令其拭以烏油而光之畢總統向之握手而別至紐約時已集洋百圓搭賽得剎輪船充厨役初一日抵立文浦謂人曰吾將給英之埃達倭第七及德之蹝良第二烏靴盖如此生涯榮耀且生財也

初六日丁丑晴東西各國均有國樂日本近亦仿行曩

四十一

曾譯出美法兩國為民主在所不記今將英樂譯出其題曰天保國王即每讌畢祝君之樂戲園樂場末節之樂并各地開場迎迓國君太子所奏之樂詞曰天佑仁愛當陽壽寓無疆咸仰尊光天保君王天使威克萬方雝雝皇皇國祚永昌天保國王天備萬物之良共享安康福祿允長天保國王天保常守憲章歌以宮商虔感頌揚天保君王

初七日戊寅鎮日陰晴不定涼西國婦女惰于女紅所用之物購其已成者雖杺布藥鋪絨線鋪亦專有一種布裹棉物者英名薩尼他里濤埃勒譯為防恙巾一種細軟薄白布內裹棉花式作絲瓜形長短粗細不一兩首各一絲環鬆輕而柔今為五等長由八寸至尺餘中央寬周由三寸至五寸頭二等短而細每包十二枚價由六本士至一先三等稍長一包一先半四等稍稍長五等者鬆微粗價皆二先一包別售一種袴圈以連防恙巾圈寬寸餘外用白料內襯法蘭絨兩首交霰扁鈕扣有僅前後兩短帶者其式如價則每個半先一先及一先半視手物料之如何因西女襪長至膝上

四十二

遂有別種帶繫襪口者左右別垂兩帶其式如價則一先半至二先用時圈圍膀上腰間以其前後兩小帶連防恙巾兩首之絲環以兩長帶繫襪口是物用畢以火焚之即時不能焚稍存亦無碍因棉中配有專種止腐藥名曰安堤賽普提克并治不生异臭也外有帨巾器每個三先半盛巾匣每匣每個九十本士皆不甚大便于婦女隨行携帶倫敦以驕特霍行者最佳因其工精而造法得宜也

初八日己卯晴記西國鋪中別有婦人臨蓐應用物如

一種收溼布、極柔輭、能漲縮、寬十八寸、長二十二寸者一片、一先、寬二十五寸、長二十八寸者、二先、寬長各三十三寸者、二先半、禦水布寬三十六寸、長六十寸、一片四先、別種藍防悉巾、面鋪藥水鉆、專備產後接遺血并防他疾、每包二先九本士、一種肚帶亦極柔輭、用於產後結腰間、以防肚漲而不壯觀、每條二先半、小孩屎尿兜用在夜間及行路、頗相宜、既不致磨痛、亦不能感寒、每分十二個、價由一先半至二先九本士、一種洗物土、名曰博樂爾斯額爾斯、大約由博姓創製、研磨極細、雜

四三

以香物、用洗髒布、去毒無損、每一小匣六本士、以上各件、亦以騷特霍行所售最佳云

初九日庚辰、鎮日陰晴、細雨不定、涼、英法不睦、由來在昔、則爾自商定以埃及、摩洛哥彼此互換利後、前年四五月間遂將屬地牛佛蘭島海邊數十年未結之英法漁船互爭捕魚一事辦清、繼而英王由義到法、法總統亦來答拜、按德國之意、本擬盟俄和法以拒英、故英法聯貫、頗為所忌、前者德皇親至檀芝爾以擾法、法賴有英、竟使德皇無隙可乘、乃德愈嫉、而英法之友誼愈固、

本年春季、英之一隊兵輪駛至法國北界布蕾斯特海口、法國官民歡迎、聞前于初六日戌初、法兵輪一幫由法之涉爾布海口展輪、抵英、初五日午刻、英皇與后由固達梧地方、（地在英蘭東南臨海色賽府之池柴斯特爾城之東北）于早膳後、駕維克都里亞阿拉柏船至坡茲茂斯海口、備接法船、太子及寬諾公與郡主等、皆由倫敦至水師提督韋樂蘇領大小兵輪四十艘、亦于是晨到、按班排列、君船進口、皆聲礮、初七日午初、法船到、向英旗聲礮、岸上兵營聲礮答之、下椗後、未正二刻、法水師提督開拉爾率從員

四四

過船衾見英皇與后等、既而英法武官互相拜會、晚英皇召法武官晚酌、鎮日水面岸邊人民歡呼、初八日巳刻、英皇召法官同閱彼處快艇賽會、因彼處有快艇會館、館英名洛牙牙克克勒布、艇小篷多、賴人之善駛、每年西八月初賽駛、今其時也、國君往閱、捷足登者、賞此賞英名慶斯柯普、意乃國王盅也、多係銀器、如罇罍瓶罐之屬、而以盅該之、得是物者、每當宴客時、列于卓面以為榮、午正會首協鎮歐爾曼侯約文武從員在館午酌、繼而領游水師學堂、救斯貴養贍老兵院、館等處、入

夜各船滿懸電燈、演放烟火、如電如虹、光搖銀海、男女之往游者約千萬、今早巳正、英皇游覽各船、早餐于法領首兵輪瑪賽那船、以後法船駛入港口、晚在兵舍中設茶會、據云費至六千鎊、

初十日辛巳、早晴、午後驟雨陣陣、戌初雨止、晴、自昨日通城大街各鋪、多懸英法國旗、更有以紅白藍三色彩綢裹飾門柱及鋪垂窗外者、又有通樓橫一花綢、中畫二巨手相交作握手問候狀、而兩手左一E字右一F字、皆四尺見方、義指英法合和也、男女多插紅白藍三

四五

色花于胸襟、仿兩國之旗色也、維克都里亞火車站一帶、地鋪花毡、共懸兩國旗幟一萬一千、橫挂花繩七十二、三色小旗一百十三、花綢木墊百五十、綢裹木杆百六十、在坡滋茂斯海口特備頭等專車一行、共八輛、車頭橫匾書款待法人四字、車尾左右插英法國旗、今早巳正、法武官八十員、繙譯二十員、英官五十員乘之、即時騰車、午正抵倫敦維克都里亞車站、緰僂馬敞車六十輛、兩國武官分坐之、車首尾相接、走成一行、經海岱園東南門外、賢翟木斯街、帕瑪街、諾僧布蘭街、太木斯江畔、維克都里亞君主街、喀楠街、克英街、未初十分至極樂堂、因倫敦美爾定於今日今時在此宴賓也、一路各處挂旗、花懸彩結、維克都里亞君主街之兩首立彩綢牌坊兩架、以壯觀瞻、美爾夫婦同立前堂接待、法國各官到時、兵奏法國樂、客則除由海口來之英法水師武官百五十員、有法國公使康貝藍斯瑞侯、律法大學士、商務大臣及本城各美爾阿得曼等、計人八百、飯廳正面一橫、中坐美爾夫婦、左右則英法各員間坐、美爾等皆金鎖紅氅古裝、各官皆朝服、食畢、美爾先舉觥恭

四六

祝法總統及法海軍之福、并陳數語、無非熱心接待之意、法提督開拉爾亦舉杯祝美爾夫婦及倫敦總會諸公之福、并陳數語、申謝悃也、未正三刻席散、眾武官即由極樂堂乘車過賢坡羅大教堂、走第五街、司特蘭街、寬斯的完琛山、奶子橋、至阿拉柏門、入法國使館、赴法公使之茶會、戌正、藍侯請法公使及其水師武官二十五員、并本國大員、共計五十三人、在其寓晚酌、食果無陳詞、彼此舉杯互祝君主之福而已、聞今日極樂堂共用瓷盤一萬、刀叉匙各一萬一千、玻璃杯大小三千二

百、腳魚四十五、海蝦一百二十、雞二百、侍僕三百、麁丁四十、

十一日壬午、陰晴不定、涼、巳初二刻、法國水師提督率各官八十員、又英官三十員、乘火車至文洛宮午酌、英皇名也、至先導觀各處、既至福洛格墨爾堂、祭老君主之陵、獻花圈畢、在賢卑志閣入座、人一百三十、申初回倫敦、戌正、內大臣巴樂佛請各法武官在其處晚餐、共四十人、同席有法公使阿蓋、公艾涉爾公并內廷各大臣、又今日巳正、有英法武官各十員、率法國水軍一百二十、英藍衣水師八十、由坡茲茂斯乘火車來倫敦、申初入極樂堂、赴美爾之酒筵、酉正回海口、今日英議院散值、英皇宣詞、見十六日所記、

四十七

十二日癸未、晴、今日未刻、上下議院各世爵紳董、公請法武官眾在衛斯民司得堂午酌、共席計人五百、中有藍斯瑠侯、巴樂佛大臣等、食畢、彼此舉觴互祝者四次、乃英王法總統、法之水師、英之議院也、又阿拉罕卜拉戲園、原擬將今晚所賣座價、施助法國醫院、遂并請法之武官往觀、乃故奏法國國樂迎送之、昭和睦申恭敬也、

十三日甲申、晴、微暖、今日禮拜、而坡茲茂斯海口甚風光、鎮日法之兵官騎馬坐气車、游于鄉、緣草為茵、坐而一觴一詠、此類鄉游、英名皮格尼克觀、有請遊阿爺岱行宮而午酌者、有約在營房午酌而舉杯演說、互相祝慶者、更有本城美爾夫婦在維克都里亞園中請茶會、男女千餘、晚、英水師提督多格拉斯夫婦請法水師提督及他各官茶會、邊岸夜放烟火、自法兵輪到後、各處英人男女之往觀者、不下五萬、故晝夜免冠搖巾、歡聲載道、

四十八

十四日乙酉、晴、熱、今早法艦一律啟碇駛回、此次法海軍答拜、英君喜甚、因贈法國北方水師各員以各等寶星、又自法兵輪到後、是地男子多著紅藍白三色頸領、婦女戴三色細結于胸襟、水師兵房內供法兵飲食牀榻、四天均由官備、巡捕皆以鹿膠粘鬚作八字形、効法式也、凡鐵道公車之車夫及管車人、亦皆改用三色頸領、帽上圍以三色紬圈、且專備一車、飾以彩紬、供法兵游玩、又前于初十日巳刻、除來倫敦之法官百員外、別

有四十員經本地官請遊船廠、未初齊赴奮樂島上之花園茶會、並弄打球各戲、戌初在水師兵房宴英法水軍各五百名、戌初二刻、本城美爾在其公所請英法武官各八十員晚餐、十一日、當法官赴極樂堂時、車銜一串、緩緩而行、經槐第立街時、左右觀者堵立、突一幼女向車呼曰、沽得勒克邁的爾意為好際遇我的貴友也、法官即開車門躍下、免冠向之合吻、畢、始登車、觀者羣笑、高聲歡呼不已、

十五日丙戌、晴、涼、英俗每至八月、則上中二戶多移住

鄉間一月半月、以納鮮空氣、或謂人家畜猫捕鼠、當此議院散值、人因求身體康健、急赴鄉遊、或有誤遺猫于空房、閉屋中、鎖門外、致猫飢渴無依者、大畧其數不下五千、苟無人憐而收之、亦必衰弱疥癬、多病、終至于惛迷不覺痛癢之死地、指猫家之燒猫器見六述奇如鏌匠營之高爾敦闔台芝猫店內有房屋、足供養猫二百、凡送入代養者、每禮拜僅需二先半或三先、猫店餵養皆有定制、卯初餵以牛奶滲麪包、午初改熱牛奶、未初煮魚拌飯、申正牛奶與羊肝等、戌初則僅牛奶、禮拜日、午初所食、乃肉菜及番薯、如此養法、半月無不肥者、今而後、望吾人之外出者、送其猫至猫店、得此善養而得生也、

十六日丁亥、晴、西一千九百五年八月十一日、即前十一日英皇散值議院、宣詞云、英君詔諭上下兩議院諸爵紳曰、英現與各邦交好如故、西班牙王前者辱臨我國、為我嘉賓、躬迎之下、欣慰莫名、英西兩國友誼夙敦、王之此來、必可期兩國交好、益形輯睦也、俄日兩國現從美總統之請、不日即欲開議、一切俾遠東方戰爭可以止

息、予惟祝兩國得能議一和、能持久、又能與兩國皆有龢面之和局、摩洛哥國急需變法、其當如何開辦、最為相宜之處、現經該國王照請簽畫于一千八百八十年、馬得立公約之各國、集會公議、公議大概辦法、現正在酌核辦理、瑞典、哪嘁不久即將分土而治、我知兩國必能和衷商辦、俾所議各節、兩國皆可允行、而我國政府亦得與該兩國人民輯修舊好、馬賽都尼亞及克里脫兩處之情形、仍屬可虞、我政府與各國政府皆極為注意、我英前以斐屬巴羅仔地、地界與葡國有爭、業經義

王據公判斷、故此疑難之案、今得了結矣、義王現啟創
設萬國農務會、俾凡關涉農政各節、皆得有以博訪搜
羅、特請我國政府派員入會、予已允行、深望該會功成
有日、大有造于中外之各農家也、加那大之東西兩海
口名坎立發克斯及埃斯奎瑪者、應如何籌款設防、現
據該屬政府申稱、願任其艱、洵屬急公好義、我政府已
核准照辦、不久即將經營各海口之權、移交加屬辦理、
我政府于此事深得加政府之助、此足為欣幸者也、本
年開院之始、予曾言斐屬脫蘭斯瓦、當給與自行理治

圭

之權、現已照辦、一俟選舉章程議妥、即行選舉、惟願從
此以後、各族人之在該屬者、善用此項利權、以振興該
屬、耳予與阿富罕國近訂一約、所有前與阿國先王訂
立之各約、為敦輯印阿邦交計者、現皆得一律照舊奉
行、新約之款、前曾飭送汝等閱看矣、又諭下議院諸紳
曰、本年所需各款、汝等業已一一籌畫、予今特致謝、未
諭上下兩議院諸爵紳曰、前以農民境況艱窘、曾須行
條例、為之補救、今者復行須例、予甚樂于批准、又近以
外人來英日眾、弊竇滋多、特為立法補救、予亦樂為批
准、又失業工人應如何安插一節、現特議立條例、為暫
時補救之計、予已批准、甚為喜悅、至贍養無告貧民一
事、極為難辦、凡所有頒行之各條例、現在奉行若何、予
已特簡員工詳查一切、將來議院關門商議時、所查各
節、足資印証、裨益定當不淺、蘇格蘭前以教務頗有為
難、今已為之頒行條例、予惟願自此以後、該處各教教
士可以息爭和衷共濟、凡有教門弟子、皆以畢斯得楞
之教之宗旨為依歸、予今特詔令汝等散值、汝之所辦
各事、惟願彼蒼佑爾成功、

五十二

斯時律法大臣即將散值議院詔文恭奉宣讀、文曰、欽
奉君主詔諭、著汝諸爵紳等散值、俟本年十月三十日
再行在此開院、此諭、

卷十七終

八述奇卷十八

鐵嶺張德彝在初隨筆　潘士魁校

光緒三十一年七月十七日戊子晴、前因金陵城圯傷人、五月五日居民在文德橋爭觀競渡、闌杆傾折、多溺斃者、署督周玉帥假月牙池旁陳公祠、名緇流啟建七日皇壇、超度幽魂、本地善士亦多為之建道場、放燄口、拈香者往觀者屬於道、或謂與其事後超度、何如防患於未然、試問設壇誦經、於死者何益耶、又謂玉帥前後大啟皇壇超度諸鬼、玉帥之加惠於鬼也無微不至矣、云云、噫、是何言歟、夫佛教之傳入中國、自漢明帝至今、由來已久、民心早為釋氏所惑、像教寖興、染習蔓衍、僧徒日廣、佛寺日崇、以至蠹耗乎通國、于今又有改奉天主耶穌兩教者、沿海幾省固多、究未必各縣各村人人皆改也、唐武宗雖有毀佛寺制、而千百年來其風未殄、愚民依然以事佛求福、故為民上者不得不神道設教、以準輿情、以聾民心、崇尚西學者多謂中國之教務禮節、咸宜刪改、時語謂之改良、恐有未必然者、夫天下各國所秉之教、名目雖異、理多暗合、如佛教之木偶泥像、

一

天主教亦有天主母子及各門徒之石像畫像、唐憲宗曾令僧迎佛骨於鳳翔、天主教之神甫亦藏聖骨于匣中、佛教男女平日既有入廟焚香者、天主教于非禮拜之日亦多入教堂跪禱之、佛教人遇事則謂神佛保佑、西人遇事亦祝曰上帝保佑、是皆彼此脗合者、至謂人死魂魄無靈、殯葬而已、然曾見法國人死、棺停門外、前置淨水一盤、柳枝一束、以便往來經過之人、立在棺前、左手脫帽、先以右手指左右肩、再由頭頂至胸前、以作十字形、後再以柳枝醮水向棺三揮而後已、是與中國奠酒焚香相似、又大東教每年于天主甦生節之前夜、教堂唪經、設有木棺一具、天主耶穌兩教人故後、有在他處擇日開弔者、耶穌教僅在堂中唪經、天主教乃置一空棺于堂內、此與中國之設神主又相同、且神甫不僅在十字架或天主母子像前跪而誦經、且在空棺之四圍環繞唪經、并薰以檀香、洒以聖水、是又與中國之和尚轉呪同、富戶出殯、亦有先送棺入教堂唪經、而後舁至墳塋、其他則僅由本家舁去葬埋、總之一人亡故、必經神甫或教士誦經一番、亦與華人無論如何必

二

有三五僧人念誦一陣無異也、又俄人送殯、樂至十字街不奏、神甫隨至十字街又必唪誦一番、是又與華人之音樂沿途鼓吹同、惟僧道喇嘛排班隨殯而不念經耳、按佛門念經之意、欲使亡人免罪不受地獄之苦、西教亦無非欲亡人免罪而得升天、是彼此之大致仍不相反也、由此觀之、設壇超度幽魂可無異言矣、又西人于平日或故人之生辰或其人之忌日、或男或女親至塚前放花圈、然燃燭、更有跪旁哀泣而涕泪者、此與中國之掃墓拜墳無异、尤有相同者、乃西每年十一月初二日名曰萬魂日、英言教勒搜勒斯代、家家上墳、現花圈以示追憶不忘、此與中國之清明節又何異耶、夫亡人之魂魄有靈與否、姑莫論、凡人之祭祖拜墳者皆關乎追遠之念、永矢弗諼耳、尚望崇西學而僅習其大畧者反覆思之

三

十八日己丑、早晴、午後陰、微雨、亥正大雨一陣、入夜晴、酉刻約遊英之駐比隨員祁君殷師曾顧席箴賜書、晚酌、倫敦四周之蕩子車、四百六十餘輛、年獲厚利、近因電氣蕩子車爭其利、乃將與電車同路之車減價以廣招來、按電氣車初僅二十餘輛、半年間得三千七百三十七萬七千八百九十六人之脚費、禮拜、每輛合十七鎊三先七本士、

十九日庚寅、晴、風涼、倫敦曳侯坊第十五號、有恤車夫會、英名喀布得賴倭爾貝尼烏蘭阿搜什埃慎、是會創于西歷千八百七十年、同治九年大要專為憐恤車夫之年老孱弱、不克執鞭、及老年寡婦無養贍、幼年子女之無依者、按其定章、凡年老龍衰無營業而平日安分、則每年恤以二十鎊、車夫受意外之災病患難、無力延醫、無力度日、經人作保、貸款可借與若干鎊、而不徵息、已故年老車夫之寡婦及孤獨子女、會中斟酌供給養贍、然老嫗必須自幼守分持家者、蓋執鞭一役、至為勞碌、衝風雨冒寒暑、病者傷者頗夥、善士創立此會、就中所貴、除通城車夫按名月捐一本士外、總辦各處募化之、前日來信請施與、故得知之、會中善士正首領為國王、公主漢膩副首領為太子、及二公主、海萊那其他六十八人、多為世爵公侯輩、

四

二十日辛卯、早微雨陣陣、午後晴、英有一拯救苦狹之

會、名曰克路賽教伍蕾斯秋義、乃竭力救援也、其募款
法、乃一紙片寬二寸長三寸、正面上印會名、下一十字
中空、縱橫各分三行、共截作六十方孔、乃縱三行每行
各十二、左右各十二也、後面印云、一請以針刺方孔、每
孔為一本士、多少任便、合六十孔計五先、二請書名姓住址于
此上、三即請將此片及錢封交衛斯民司得阿赤比翔
堂、云云、此片不拘何人皆可用之、代募昨有夙不識之
英人婁姓寄來一片、亦可見倫敦募錢處之多矣、
二十一日壬辰、晴、涼、按禁止裹足、前于康熙三年曾奉

五

上諭、議政王貝勒大臣九卿科道官員會議、元年以後所生
之女裹足、其禁止之法、該部議奏等因、禮部題定、元年以
後所生之女、若有違法裹足者、其女父有官者、交吏兵二
部議處、兵民交刑部責四十板、流徙十年、其失察枷一個
月、責四十板、該管督撫以下文職官員、有疏忽失於覺察
者、聽吏兵二部議處、夫
諭旨如此、皇皇通國官民自當如何凜遵、乃二百餘年來
竟成具文、十餘年前、張香帥以幼女纏足矯揉造作、戕
害天和、著有論說、民間亦有一二禁止纏足會而入會

者寥寥、自洋人立天足會、乃趨之若鶩、咸謂西國法善、
余甚恥之愧之、
二十二日癸巳、晴、涼、入夜暴雨一陣、雷、英于千百年前、
茹毛飲血、赤身穴居、土人為賽勒茲、或開勒茲一種、覩
以拜橡樹及奉日月為教、教中僧稱得路伊、其教早經
禁除、於今三島山內居民、仍皆賽勒茲種、聞英蘭西南
韋勒晒府之司敦混芝村、尚存日廟之古蹟、現雖無是
教、而彼處仍有一會、名曰得路伊茲司特蕾恩之來茲
意、乃教僧之奇怪禮節、每年八月中旬某日、會集千人、

六

先由地主倫早餐、繼而地主偕眾裝扮、各著闊袖白氅、
腰纏烏縧、頭戴白尖帽如袋、頰垂白髯、手執一長杖、杖
頭作圓勾、列隊齊行入廟內、正面一石臺、臺後立僧長、
頭項花冠、髯垂過胸、手舉一斧、其他各人左右分立兩
行、僧長唪經、兩翼者演神禮、同日有新入會者、各用白
布遮面、一僧徒前引、後者各以左手扶前者之肩、以免
跌倒、至僧長前、授教言畢、解布行師徒禮、雖近於戲而
極嚴整、廟外官兵建旗奏樂、男女觀者千百、皆極歡娛
而無喧呶者、亦一時盛事也、扮教僧演為戲、示不忘古

也、按其廟無房室、只有石柱環立如陣、其約千年以前、本有棚窗未可知也、地之四圍古塚極多、石圈圍平地長徑三百六十尺、作橢圓形、短徑九十七尺七寸、內外兩圈、外圈柱皆紅沙石、每柱高十三尺、周約圍半、共十七柱、上橫連石塊六、各長十尺、寬三尺半、厚二尺八寸、各柱相隔四尺、其式大致如𠕁形、距大圈內九尺另一小圈、柱皆青石、再內九尺、別一圈作馬掌形、缺處面向東北、有二巨石作框、高各二十二尺五寸、上橫一石成門、共作二十六尺五寸、左右各立四柱相向、今僅四柱尚存、此內仍一小圈、柱高六至八尺、彼此相距五六尺不等、正面有石臺石龕及璿璣之屬、此石柱圈始于何年何人所建、歷來無書可考、惟六百年前胡達敦所著書中畧敘及是地、地主為色爾安圖博斯美爾、為公爵李滋、其扮僧長者為伯爵倭爾威、

七

二十三日甲午、鎮日陰晴不定、涼、英都街市車馬、車每日每輛用馬兩匹、八點鐘一換、以勻其勞、車夫每日工夫十七點鐘、每早駕車出、交廠主十八先昤、賺不論、隨帶拌成之草料一布袋、俾得暇餵馬、入夜回車至廠、自有專人卸車、洗馬、飲馬、并驗車馬有無損傷、車夫袖手旁觀畢方去、

二十四日乙未、微晴、巫覡之術、西國儘有、且不獨四鄉、即大城之婦女愚而深信者實夥、官場禁不勝禁、英則以為不滋事可付之不問、聞其畫符誦咒之直頗昂、其咒語則新約全書數句而已、復燒鹽繞卓跳舞、口中喃喃、有無效驗、須酬一鎊、更有咒人法、一羊心上滿插鋼針、置于烟窦頂、日久羊心乾、針墜、見之者必主不祥云、是亦西方另種鎮物也、

二十五日丙申、陰而細雨、涼、測地繪圖學術各不同、英國建築樓房、亦先繪圖、然後令瓦木工作、估定工料價值、此等畫學亦有專門、其工價不論房之大小、于建造估價百分抽五、如估價一千五百鎊、則繪圖者當得七十五鎊、是也、畫時、房主亦以地基、其人丈量畢、告以樓外形式、樓內屋間、畫成如式、則交起造者估價興工、其工作精細、報竣需時、搭木架用一種松木、如我國之杉槁、新者刮去皮、以免淤水霉爛傷處、無撐支之力、有妨工作、且束用鐵繩、粗如小指、亦足見其一二年不能完

八

工、臨街不圍荊柵蘆蓆、乃以木板樹牆、而板必潔整、更有搭作穿廊、木板長橋、工亦頗細、而彩畫壯觀者、俾街市一律淨潔齊整也、

二十六日丁酉、晴、西人無小星、故無嫡庶、然有私娶而生子、苟合而生子、私娶者平日同居、養其母子、野合所生、子例認子不認母、當按月給養贍若干年、其人故後、財產分否任便、爰改其姓、有本姓前加貴茲二字者、覘有另擇姓者、有從母姓者、本使館為坡蘭公之產業、前公因有微疾、鮮有嫁之者、終娶一醜婦為夫人、繼私娶

九

一寒微美女、稱曰杜魯斯太太、兩妻先後各舉一男、西一千九百年（光緒二十六年）坡蘭公卒、醜夫人之子襲爵、當時公故于杜宅、遂稱杜魯斯者病故、報官殮葬、同時本宅亦稱坡蘭公卒、棺而窆之、杜婦告官、謂伊子居長、當授公爵、且謂在伊家所故者、確係該公、而本宅所葬者、乃一空棺、鉛餅代屍身、請開棺驗之、事固屬實、奈醜夫人原為仕家之女、官場戚友頗多、故至今四五年、未經審辦、杜婦則骨遂無人敘及云、

二十七日戊戌、早晴、午後陰、護照二字本意謂沿途保護其人不得阻遏、以利遄行也、屬西國者、名雖不同、而意則無異、英文曰帕斯坡特、分譯則帕斯為經過、坡特為堤岸、為門戶、合譯乃准其經過也、登岸也、入門也、又英文字典註云、帕斯坡特係一游歷保護准行之憑單或執照也、由應管之官發給某人、由此處至彼處者、閱英法德俄等國罕發之、間有之、亦僅註明某人由某處過某處至某處而已、且華人之經以上各國、皆無護照何赴美國而獨用之、夫既用護照、而不照常規填寫、乃至考明其人書其形貌、年歲、生日、身材、尺寸、前時作何

十

事業、目下作何為生、曾住何處、家財若干、擬去何處、共住若干月日、不僅此也、且臨行先付美領事二圓、合美一圓、粵海關九十四圓用費、并於紙上印其右手中指、次拇指、其下復粘以其人之小影、蓋美領事之騎縫戳記、是則美之視華人、甚至等于囚犯盜賊矣、

二十八日己亥、早晴、午後驟雨一陣、雷雨止、仍陰、入夜復雨、涼、英俗以西歷六七八三個月為淹溺季、英言曰禑撈寧希森、國人喜朝夕浴身、天暖則于海邊或江畔、或湖及河、以泳以游、其溺斃之由、則少年逞性者、有年

老力不及者、有跌入者、有不諳泅水者、有不知淺深者、有突遭大浪者、更有素善浮水、而飯後、或酒後、致氣力懨弱者、小狹滑墜者、男女入情魔而携手胥溺者、以繩繩結于一處者、每日新報所述頗多、或謂此百日內、葬于魚腹者通國當不僅一千人、

二十九日庚子、鎮日陰晴細雨不定、雷倫敦地大而人稠、老城尤甚、樓高巷仄、每年春末至秋初、天清氣爽時、街市之濁氣依然不散、秋末至春初、晝夜烟霧迷漫無益衛生、聞有醫官賴安思得一法、能使通城人皆得吸嫩空氣、其法與器與煤氣燈同、亦於城外四面安氣櫃機器壓氣入櫃、以連筒分入城中各街巷、轉入各樓、氣由四壁噴至棚頂、由棚頂緩緩下吹、樓中人呼吸頓覺清爽、

十一

八月

初一日辛丑、晴、中國跪拜禮、旗漢之繁簡有別、而皆所以致敬也、或謂及今人心反古、勇於維新、處處變易、咸尚西規、跪拜之禮當除、是則一人之私言矣、按西國男女跪拜亦多、如謁見羅馬教皇、跪且嗅其足、見君主有時跪而吻其手、禮拜日入堂誦經、時立時跪、靈柩出門、教堂誦經亦然、新夫婦第一日入教堂成禮、跪禮尤繁、平日亦多入堂跪禱、有因父母夫妻身故而牀畔跪泣者、更有男跪女而求婚者、是皆意在以跪為禮者也、尤有不須跪而跪者、如婦女買鞋、鋪主則跪而捧足以試大小、街市閒擦鞋人亦跪而著色擦刷、男女之燒火爐刷石堦、擦地板等事之凡須蹲者則皆跪、不知以上各節亦謂有損於高尚、有虧於氣節否、且西國哲士謂世界人類各有先天地位、及後天地位、何國之人守何國之習慣、先天之地位也、治何處之事、守何處之章條、後天之地位也、華人視西人似皆一律者、實則各有不同、各國之文教既殊、節文亦異、若中國去跪拜禮、將以何禮為禮哉、

十二

初二日壬寅、早晴、午後微陰、倫敦地窄人稠、房地日貴、繁華處尤甚、邇因庇咯的里街與老宮前之賢翟木斯街一帶、鎮日車馬往來、路雖不狹、而時時擁塞、巡捕指畫不勝其勞、官擬買地一條、以擴充之、量定一千二百方尺、價四萬一千鎊、合每方尺三十四鎊三先四本士、

又合一百四十八萬八千三百鎊、一英畝、其老城內之寬喜街祖房一間、一年二千六百鎊、新城西首、人少街寬而賣得街一小鋪、僅租地面一層帶地窨、一年尚須千鎊以上租價、比之中國置買尚餘數倍、

初三日癸卯、微晴、英太子衛拉斯王之長子埃達倭現年十一、次子阿拉柏十齡、皆自五歲習騎馬、今已嫺熟、三個月前同在都倭爾街第三十六號巴斯會館从人習泅水、從前教法、用小軱轤長繩式幫助兩肩之物、現僅用一長繩自背後環兩腋作結于胸前、教師立岸邊執繩之一端、童入水、先雙手執繩而練以足打水、繩繫紙鳶、式紙鳶得風則繩直、童子得力而繩亦直、師隨而鬆繩、前有善泅者、童子隨泅而効之、隔日一演、無幾時解繩、既熟則改于河邊、數月有成、湖心海涯、亦可無恐矣、

初四日甲辰、晴、德國正北漢柏爾城、臨海多鱗介、有賽騎鼈魚場、幼童女騎鼈背、手執尺餘棍、棍頭繫青苔艸食一團、垂引鼈頭使之行、七八名橫騎一排、場主搖旗、齊舉棍引鼈前走、先到某地者勝、

初五日乙巳、晴、英蘭夏季放學期、幼女多赴園嬉游、創一式競勝之戲、擇敞地、二人對曳一繩、約二丈、中以細線繫小糕點十餘、多名由若干步外齊跑來、有能不著手以口得食其一者為靈利、眾皆鼓掌、

初六日丙午、晴、遠路火車經過驛站、大小不同、咋視乎停時之久暫、大村飯館酒肆、停時久可下車任便飲食、苟暫停不下車、亦有人提筐舉盤往來於車旁、高聲售點心、鮮果、茶酒、加非者、過小鎮則房屋寥寥數間而已、雖久停、飲食亦毫無可得、故行遠路者、設不自備、往往受飢渴之害、兩年前、西國創售滾食法、乃小筐一、盛紅酒一小瓶、白煮雞牛肉各一塊、麪包一個、鹽一小包、并刀叉瓷碟各一、價稍昂耳、售法係此站付錢、沿途可隨行而取之、食畢將筐及各物、或交下站、或卸留之車上、蓋緣途大站皆有是鋪之分鋪也、行路者已為便當、開現時倫敦維克都里亞車站于赴茶娑都桅爾地車尾、添伏食車一輛、有鮮果、奶油、熱麪包片及各種食物、并有新煮香茗、每盌二本士、沿途至各站火車停、即有人推小車傍火車唱售各物、車客任便吩咐、茶且新烹、費

錢無幾尤為利便

初七日丁未晴暖倫敦日中有嬰院曩曾敘及係為婦女之有嬰而在外傭工者而設婦人作工早去晚歸家中無人看管送入院中代管若干時費錢無多法京現有六十六處倫敦僅五十五處現擬設法加添俾通城傭工者子女日日皆得其所云

初八日戊申早陰午後晴英規雇用僕婢于其去時無論自辭被辭轉薦皆須主人給一憑单書其名姓歲數是否已娶已嫁所司何事前在某宅若干年月在本宅

十五

若干年月因何辭去身健壯心樸實或安靜或忠誠或任勞或靈利或性情柔和或知節儉或有才幹或可嘉賞或明禮節或善養育或慇懃或潔淨或于末書其所能出衆要皆揚其善以便他處謀生然主人多有因此受累者或言過其實啟愆于新主人或所言稍與其人有碍致多日無事而告官謂其事為前主人所悞須令前主人償其按日所應得之工錢各事煩瑣之甚故今轉薦僕婢于戚友先行面商者居多

初九日己酉早大雨雷午後雨止微晴入夜風涼航海遇漩渦險于颶風颶之險在中樞旋渦亦然然遇颶風可循其轉勢漸次退出漩渦則四周高中心低如釜愈轉愈下船遂沉西人某甲現創一種戲場名曰回勘浦伊路中意即洄瀾幻景也造一房高五十尺周四百尺四壁假山正面飛瀑布對面一門當中空地周九十尺水流上下旋轉深約五十尺假山後有機器鍊筒水之外面旋轉而下者自能暗由山後轉流而上回環不息止之則有關鍵其水勢衝激由上而下旋轉洶湧澎湃有聲欲作此戲者入門步梯而上至頂登舟展帆舟自

十六

前向飛行如螺旋漸低漸仄至末層舟隨水入黑洞忽而撞石忽欲入水使人生恐懼心正驚駭間陡然舟停遙見日光審之已至場門外矣趣甚

初十日庚戌晴風涼倫敦人多晝夜車馬往來不絕每日依時有人掃塵土除馬糞尚虞偶遺污穢惡味薰蒸於人無益各區地方官同定費款雇人每日丑刻逐地洒水通洗一次故每晨街市路潤而潔

十一日辛亥鎮日陰雨涼倫敦議院散值後大員及富商皆攜眷他出各部院之司官亦輪流換班國主亦乘

暇出游、名曰慶斯豪賴代、譯乃王之放假日也、上月十
四日、西八月十四日巳正二刻、英皇著水師提督戎服、坐馬車
至柴令十字街火車站、隨行有兩武官并其所畜之小
獵犬名扎克、隨行前驅、狺狺歡吠不止、有奧國公使候
送、彼此握手後登車、即開行向正東、午初三十分車抵
維克都里亞海口、改駕維克都里亞阿來柏御船、展輪
仍東行、酉初三十分至和國福欒興海口、上岸坐火車
即開、南行轉東、夜過德國、十五日申正到奧斯馬加國
正東薩糍堡府之伊什城、經奧皇卓賽福乘四馬宮車
由門墅車站迎入伊里薩貝斯店、將下車、有店主小女
喜藕兒獻鮮花一束、英皇以婉言笑謝之、沿途滿掛英
旗、男女擁擠歡呼、二君同入大廳、與太子公主及他大
臣命婦多人、迎迓少叙、後二君同車入行宮晚膳、共桌
男女二十人、無陳詞、食畢、奧皇送英君回店、十六日早
同步園囿、午後英君坐火車北行、奧皇送別、酉正二刻、
抵奧國西北卜海米亞省之瑪林巴城、下車、有彼省巡
撫貝賽林與本城美爾狄挨勤迎候、英君與之拉手問
候畢、即乘馬車馳入威瑪爾店、英君此次乃隱名閒遊

十七

書店客簿中曰格拉甫蘭喀斯特爾、譯為蘭喀斯特爾
伯、蘭喀斯特爾英地名、格拉甫奧言伯也、自是每早便
服游于山水林木間、並以温泉沐浴、俾身體康強、其地
近山、四面林木森密、中有鹽井水、名薩林、人飲有益、注
瓶四出販運頗多、亦彼處之一大生涯也、人浴此水、尤
覺身體強壯、每年各國人之養痾者萬餘、故英皇在彼
閱四禮拜、今日申初回倫敦、晚入柴市園觀劇、定于後
日幸蘇格蘭、

十二日壬子、晴、自日俄開釁以來、英倫敦先在射影燈
館中射演英日水軍、其他綢緞玩物以及婦女衣式、無
不以日本為佳者、甚有佳家花園亦有特改日本式者、
昨日在格蕾伍森衚衕、有少婦周索布告其鄰居婦人
施伊焉向伊身洒水并出惡言、兩造傳到官問、施婦作
何惡言、周婦謂施呼我子為日本人、且令渠子高聲喚
之、官云是亦美名也、然汝夫是否日本人、曰非也、官又
問被告曰、汝曾呼其子為俄人否、曰否、曰既未呼為俄
人、不為辱也、皆逐之下堂、此案奇、斷法亦奇、

十三日癸丑、晴冷、英人亦間以蕨為食、洋名曰卜拉硍、

十八

據云此菜、居時加細挑選、勿過嫩、勿過老、必待其上葉將發未發時、刈之大小、與龍鬚菜同食法亦同、水煮一法、尤須按時、得宜時少、味苦、久則太爛、煮畢盛盤時加以熱牛油及葱各少許、此蓋西國食此菜法、不施烹炒也、

十四日甲寅、晴、英國男女多於已臥時及夜不寐之間、臥榻看書一點鐘、近人謂有損眼力、年老者無論已、幼兒雖女則必危襟正坐以看書、蓋榻臥看書久自昏迷也、人之目力貴乎直視、若上下左右視之、非目之本權、

充

若強用之、久則倦矣、況臥時以手舉書費力、故稍下、舉書直向燈光、不映則視不明、欲映燈光、又須下執、既下執、必須下看、下看非目之本力、非本力、久則傷、以致迷暈、試以目視鼻準、久而自暈、此其証也、

十五日乙卯、晴、巳正、團拜、戌初、弟拉斯喀悌館晚酌、同賞中秋、入夜雨、倫敦喀來斗年路有通城公車會館、名曰得路伍爾堂、前日會期、會首名戴維斯、云通城御車管車人四萬餘、苟非膂力強壯、安得每日正立端坐十七點鐘、此等人每日每一點鐘、僅得三本士三法丁、亦良苦矣、嗣後當令各行設法加增工價也、

十六日丙辰、晴、吾人現多以西人為問題、取西規為準的矣、然謂西國之更新、確屬便於人者、未必爾也、即如男子平日衣冠、高帽不如纸帽之便、百年來未改、高帽即且字形黑帽汗衫之胸襟領袖、必皆潔白堅硬、俯身撐胸、袖手傷腕、垂頭顯、仰首頸、至今不改、婦女細腰、胎産有礙、鞋底後踵、式與華婦之鞋同、不惟不改、且日加高、腰愈求細、此何為者、然謂西裝盡從時式、而不尚古、亦不盡然、土波兩國、仍戴紅黑毡帽、以不免冠為禮、此姑莫論、至

〒

宮服法古、英國為最、第一國君加冕、及每年開議院、君與后皆頭戴全冕、身披銀鼠鳥針紅氅、同時各世爵命婦、亦按等著金冠紅氅、平日議院各律師及赴朝會等、皆按班戴灰色假髮、團團作骨重羊皮式有長過兩肩者、有僅過枕骨而下垂小辮長約半尺者、身穿闊袖黑氅如僧衣、各處正副比朔、助教、教士等、凡入教堂、赴朝會及他大典、咸著闊袖黑氅、與律師者同、各地美爾阿得曼等、每于宴會大典、及其接任之期、無冬無夏、皆著紅或黑細闊袖皮氅、項圍金花鎖、長約三四尺、形式不一、坐古式

四馬金車、隨美爾舉杵捧劍之人、亦身披黑皮氅、頭頂貂冠、高八寸、英之羽林軍有紅衣兵、戴黑皮高帽、圓形高尺半、周二尺餘者、蘇格蘭兵頭頂小氈帽、上穿短襖、腰圍黑質紅綠籬笆花氈短裙、下不及膝、膝下露腿半尺、自膝蓋以下則高襪皮鞋、且自右肩至左腰斜圍黑花氈一條、一首垂於肩後、長至三尺、(係山中備夜用者)數年前、英蘭兵部尚書富斯得以其行動不便、擬令改從英裝、蘇兵不允、誓守蘇之舊制、衛勒什(即衛拉斯者)兵皆有山羊前引、(因本地多山、羊古制使然)多各文官于赴朝會及他官場大典、冬夏皆著短褲過膝、高襪皮鞋、宮中筵讌、國王亦著高襪皮鞋、由國王至各世爵、雖美爾之侍僕門丁、皆髮刷白粉、蓋皆千百年之古制也、(見四述奇)不僅此也、泰西各國各地之鄉民男女服飾、仍多仿古、亦足見小節之不時從古矣、夫英國本祇三島、四海屬地極多、不易治、而大治土耳其、與波斯無屬地、而不治、日斯巴尼亞、葡萄牙皆有屬地、亦不治、德法皆大國也、法本君主、德則數邦初合、因故交兵、法敗而德勝、俄則地跨三洲、強盛之老國也、日本地亦三島、新學西法之小國也、彼此起釁一年、俄乃水陸皆北、而日本終獲大捷、尚望吾人之明理者察之、

十七日丁巳、晴、微暖、英國世代太子于未即位前、皆封衛拉斯王爵、按衛拉斯地在英蘭中界正西稍南、南臨卜立斯托港、西靠賢卓志斯海峽、北傍艾里什(即愛爾蘭者)海、東界英蘭之柴晒爾、什洛鋪晒爾、賀爾佛、旻毛斯四府、周共七千三百六十三方洋畝、內分十二府、居民一百五十一萬九千零人、與英蘭異種、生在山谷間、語言性情、教門、亦多與英人不同、數百年前英蘭雖為一國、尚未盡有其地、衛拉斯別為土番、而無酋長、仍由英國派官往治、某年土人忽揭竿作亂、英兵討平之、英君問其叛逆之由、咸謂自愧無主治屬、英官苟得一不操英語之人為邦主、于願足矣、英君仰首少思、繼而言曰、我將派一不能英語之人為衛拉斯王、何如、眾曰諾、及派時、乃英君太子也、生纔一歲、尚不能言也、衛人無法、遂遵之、自是立為定制、現雖統順英蘭、仍循舊規、此即太子封衛拉斯王爵之所由來也、

十八日戊午、晴涼、英國太子與妃、于今冬將去印度一

游、英君擬照大幅像影、用贈印度王爵等、艾百里街之道尼照像館、歷來備官照相已四十七年、前日特名館人入卜靜宮照一滿身者、君著兵馬元帥之戎服佩劍帶寶星、後披御氅、照畢放大、改油著色、木架金邊、每架項上以木雕一王冕、下墊一小方褥、褥亦木刻、概著金色、現用油工畫匠各六名、或謂工竣時當費共數千鎊云、

十九日己未晴、閑、英君前于十三日未初二刻、由卜靜宮帶戴威森瓦爾得二武官便服至慶斯十字街火車

二二三

站、登車即闢西北行一百五十六洋里、赴約爾克府之東喀斯特爾地方樂佛達碧別野、會男爵薩威夫婦、暫駐數日兼看賽馬、此會創自西一千七百三年（康熙四十二年）每年西九月第二禮拜內某日、（即前數日）會賽一次、斯亦彼處之一盛典也、禮拜五日、（即十七日）午後坐气車西行百里、至比倭爾莊拜路特蘭公少敘、馳回、次日往蘇格蘭駐貝勒莫爾城、兼閱兵操、此地在蘇島東北界、距倫敦約五百洋里、傍的伊河有阿拉柏王（老君主夫）行宮、建于西一千八百五十年（道光三十年）依本地樓式、費共十萬鎊、或謂

英君駐彼、俟西十月方回倫敦、

二十日庚申、晴、涼、前于初八日奉慶邸來電稱、唐紹怡在印患病、須令回華、擬即日請旨派外務部左參議汪大燮接充駐英使任、頃已知照薩使、希速告外部、深盼有愜英國大皇帝之意、即電復云云、即日行文英外部、待至十五日、未見回文、令馬參贊去外部探問、據甘侍郎云、前于十二日當英皇由與回時、業經奏遞、不日批下、想三五日必見復也、至今早已五日、仍無回信、乃再令清臣往詢、當伊到外部時、批件尚

二二四

未寄來、正閑談間、遽見批件文下、批云願意接待、外有內大臣致藍侯信云、奉王諭、願汪大臣于十月以後到英、以便得與張大臣再得一見云云、清臣回後、即將願意接待四字、電稟慶邸、又馬謂當在外部時、向甘侍郎詢其遲延之故、據云該部收文後、即電致駐北京英使薩道義詢察一切、待其回電曰可、因此時為大衆放工之際、本部管理往來內廷事件之司官巴荅屯現值歇假他往、無人明其妥協辦法、遂將來文并回電一併寄呈國君、而不知其外應另有藍侯一函也、迨到蘇格蘭

行在、經內大臣察不合宜、不便上遞、遂即繳回、本部因
而另繕一摺寄往、是故遲延至今也、又今晚收
電旨一道、乃奉
旨前有旨特派載澤等分赴各國考察政治、該大臣等每至
一國著各該駐使大臣會同博採、悉心考證、以資詳密、欽
此
二十一日辛酉、晴、聞昨在法國東南界臨海之木那扣
地方、有工人某甲在敞地以電氣作工、鋼條入地、帶有
百分電力、電氣衝行、所有左右附近電條地孔隱匿各
蟲皆飛出而死、由是得知電氣可以滅蟲、而無傷于花
木菜蔬、今後電學各家、苟能竭力考察、創設別種電機、
專用捕蟲、則與田地、菜圃、果園、花畦甚有益、據云俄人
某乙、現製一小手車、上置電機、車不行而電不作、車行
則電氣由鋼條入地數寸、如是電氣隨行、其左右附近
之蟲、概行震滅、此乃初創之小機器也、將來製有大者、
則捕蟲不更多耶、
二十二日壬戌、晴、奉
旨外務部左參議汪大燮著充出使英國大臣、欽此、又汪伯

二十五

棠回電、謂候
國書到、洋即發往、憩園陳安生記、蘇格蘭島人、族類各府
不同、每年冬季在貝勒莫爾地方觀設有各府縣集賽
技會、冀各顯色、各數伍、灰克蘭斯曼義乃湊會各族類
人也、屆時國君與后往觀、本年係在前初九日禮拜四、
惟當日國君尚未行抵彼處、后亦于兩日前往赴丹麻、
觀者僅太子與妃及寬諾公與夫人公主、綠衣奴騎馬
貴第公等、正面設高臺、先是各府人按班列隊由臺前
經過、衣裝雖皆短裙高襪、而顏色記號有別、一見即知
屬何府、樂器雖皆木管皮兜、乃各有音調、知者、未見其
人、聞其聲即知為何族、至所演各技、未得盡聞、惟一技、
係一壯士雙手抱一刮皮大樹梃、舉起遠擲、其力大不
為奇、乃樹梃飛去、必使髒輕一端先觸地、而髒重一端
向外跌倒、方為孔武有力云、凡人之有出奇膂力而新
奇獻技者、上皆有賞、
二十三日癸亥、早晴、午後微陰、西人笑中國貧民之嗜
狗肉、聞近日法京人家所畜之狗多失去、其中長毛狗、
洋名撲得勒者居多、貧民偷去鬻之、售其肉與賤飯鋪

二十六

以代羊肉華人盜狗煮賣、即明日狗肉法人之代羊肉售、法乃高一等、中國鄉民間有以泥包蝟煨于竈下而食者、聞德京現因肉食缺少、價日昂貴、通國之蝟幾盡、貧民煮食、僉云味佳、香比小牛肉云、

二十四日甲子、晴、聞現在妥亭杭闊路第二百三十一號、新開一六本士一頓之乾鮮果子小食鋪、鋪名什安此等小食英名奎克茀路特勒恩赤意乃迅速果子小食也、謂其易食而不耽時刻也、果五品梾、桃、李子、香蕉、青無花果末、吃橘子以當酒、有九本士及一先者、乃加葡萄、梨、桃等、樓房開敞、飾以紅花綠葉、如在山林園圃中、圓桌成行、每桌四座、潔淨幽雅、亦頗有趣、惜倫敦暑熱之時少耳、

二十五日乙丑、陰、西國醫生多重衛生、吹求無已、縱冀有益於人、醫生杜顧池謂人之病源、多有無意中得來者、第一、各鋪各攤售雜貨、皆有紙袋、然袋既多、層層壘壓、匆匆裹物、袋不易開、遂呼氣凸之、其氣遺袋內、再開時、人不覺其中含異味、偶吸入鼻口中、體弱不敵、則病氣傳染矣、第二、舊紙新報之屬、城邊陋巷、多用作包裹、其異種氣味、將必熏留于食物之上、有損於人、第三、各學堂所備玻璃盃、不能如學生之數、遂致彼此換飲、而不滌拭、恐於衛生有碍、若改令諸生各自携帶、或免染病、第四、男女老幼、令嗽果品糖餅之屬、兩有損、宜令知之、第五、歷來學堂諸生、不知其人及其家人有無病証、輒以同窗故、常親吻、此俗宜禁、

二十六日丙寅、陰、英例、凡輕罪之幼童、向皆與重犯同屋、柏明根城、現乃改法、別設空屋一間、童犯之輕罪、皆令回家、專于每禮拜四日早晨、傳其父或其母領入巡捕堂中聽審、蓋防童子無知、或為重犯誘之為非也、官謂罰錢懲治、于此等案件無益、今後凡童子犯案之關乎父母疏忽教養者、不罰錢而治其父母以罪、即如前日兩案、一係數孩在街道踢球、官責數語、謂不能使街巷作球場、一係一孩夜半仍在街市游蕩往來、其父名郝艾供稱教養得當、官謂既云得當、何使其飢渴破衣、深夜依然街市閒遊、乃判令郝艾于每禮拜給其子二先半、以供食用、

二十七日丁卯、陰雨陣陣、涼、倫敦每于西八月間、議院

散值時、自國君至百官皆赴他國或本國別府寄居一兩個月或一二十日、吸新空之氣以衛生、他富室亦然、雖貧戶亦多次城外游玩、惟中等人謂僅在城外一遊不足暢懷、欲往他處僦居、而樓房客寓皆貴、傾囊亦不敷也、乃有一法、較店房賤、較租房及寄居兼飲食之處亦賤、惟灑掃炊爨皆須自行操作耳、如欲往于海邊沙地或山上林木中、乃有鋪出賃大白布帳、每邊長九尺、寬七尺、內中分隔、以布作牆、可睡五人、并有間隔為坐談處、繩架俱全、賃價每月一鎊十四先、兼出賃桌椅牀榻及廚竈器具、如活腿木凳五、木桌二、廚竈中者、鏇鍋一、大鏇勺一、瓶罐之為盛乳油、茶葉、糖、鹵、牛乳者四、鏇稱、鏇壺、扁鍋各一、五味架一、刀叉匙及大小盤碟盃盌、一切足供五人用、其他應用之盆罐、菜刀、肉叉俱備、以上統盛一筐、外加鋪之厚帆布等、統計一月、賃價共需四鎊十二先三本士、再則被單一先、燈火一先半、先後共計四鎊十四先九本士、此等住法、既為幽靜、且無向房主口角事、一月僅抵住店及租房所費四分之一耳、又一法、係租住海邊或山嶺之舊圓礮臺、皆千百年前

二三九

之古蹟、英名麻爾太婁濤爾、其中有傾倒破爛者、有羣鼠竊據者、亦有修理整齊者、中有客廳、飯堂、臥室、并小花園、租價係一禮拜二吉呢、

二十八日戊辰、陰而微霧、西人之講花果菜蔬之學者、謂草木植物不同動物之有靈能去各處覓食、而草木間賴有播散其子種之性、因而苗裔可得生長之地、此種共分為二、曰拋者、曰飛者、其拋者逮熟時爆裂子種拋出于數武外、泰西北界之黃瓜即如此、其作殼或大或小、類乎扁豆豌豆、有僅在一邊按子裂小縫、屆時拋出、順風飄落、有一殼先裂分三岔、每岔排一串、到時迸出數尺、壯類指彈、亦有平分兩半、即時回捲、戛戛有聲、其上之子則四面分拋、即如芹菜之子、迨極熟時、以指按即崩裂、既有聲而噴出、似氣槍然、其飛者、係賴梗幹伸縮之力、設若一枝被風吹或牲口挨蹭、而剔向能自轉回、似有發條關鍵、其子種外迸突類飛石、且甚遠云、

二十九日己巳、陰雨陣陣、酉初、外務部來電、云考察大臣廿六上車尚未開行、忽有炸彈轟震之事、五大臣及

二四〇

隨員均無恙、澤公紹右丞微有碰傷、將息就痊、仍即起程、聞昨在英蘭西界臨海福林府和塔婁莊之大車站內、經管車人在三等空車中架上見一工人所遺之小筐、啟驗後、先見麪包奶餅醎肉共多出、其下忽一鐵錢匣、鑰匙插孔上、啟而視之、乃有金鎊八枚、紙鈔一千五百鎊、其上并無人名住址、前日該車站接某律師來函、叙及某人所失、據新報內載、按其人本意、第一不肯存留銀號、恐其倒、本關閉、第二不敢收存在家、而怕家人竊用、隨身携帶、乃因忙亂遺失、不記何處、故致告稟律師也、

三十一

三十日庚午、陰雨如昨、英賈懷得利年七旬餘、極精能、向在倫敦新城西隅衛斯班大街之南奎印路開兩間門面兩層樓之小襍貨鋪、當時街甚湫隘、數十年來、街既開拓、其鋪亦日鋪張、現樓四層、正面二十間、熌熌整玻璃、在奎印路由第百四十七至百五十九號、其左臨衛斯班大街、由第三十一至六十一號、右傍堪興坦園坊、係由第四十九至五十三號、出售一切已熟未熟之食物、已成未成之玩物、什物、約萬種、與水陸公司無异、

或謂其致富之由、為歷來商賈所不屑為、即為之、亦不必有懷得利之奇遇、蓋其以一萬鎊之貨報十萬保險、三次遭火、乃成巨富、後被人察得、三次皆火起鄰居、實懷得利與鄰人謀、所以火之、而保險所償已三倍、兩處獎如鋪償鄰居有加、以故英之各保險公司皆不作保、而美國公司保之、第三次鋪閧、招牌書有一概俱全、有豪富某甲突然曰、一概俱全、予欲買一白毛小象、懷即應曰有、然必三閱月後、價錢水脚共若干、遂立定契據合同、言三個月內到、則給如數、否則罰若干、僅八十日、而象由印度到、可謂善于謀利矣、

三十二

九月

初一日辛未、晴、英與日本續訂之聯約、昨日始由外部寄來一通、茲特譯成漢文、

英日兩國政府現欲重立新款、更換一千九百零二年正月三十日訂立之聯約、所有約款、訂立如下、約款用意共有三端、一為力保東亞細亞及印度等處之太平局面、二為保全中國疆土及其自主之權、而天下各國亦可在中國經營工商、不分畛域、藉保其公共之利益

三為保守兩國所有東亞細亞印度等處土地之權并在各該處所有之特別利益、
第一款
現訂定將來兩國政府如有以上文載明之權利有危險可慮則應如何設法公同保護當彼此竭誠熟商、
第二款
無論何時如立約之兩國有以一國或多國無端前來攻擊或有別項侵凌之舉動因而不得不與之用兵以保護上文載明之土地權利及其特別利益者則未開戰之聯國當即前往協助公同用兵和時亦公同商酌、
第三款
日本在朝鮮既有較大之政事利益軍事利益財事利益凡應如何經理保護俾各該項利益可以保全擴充之處英國現認日本可以隨便設法辦理惟其所設之法不得與各國經營工商事業須一視同仁之宗旨有違、
第四款
英國于印度邊圉之磐固既有特別之利益凡附近印

度邊界之處應如何設法俾可保護印屬日本現亦認英國可以隨便辦理、
第五款
立約之兩國非經彼此商明不得與他國另立條約致與上文所言之約款用意有所妨礙、
第六款
日俄戰爭之際英國仍謹守局外若他國或多國有與俄連合以攻日本者則英國當即往助日本公同開戰和時亦與日本公同商酌
第七款
按照本約所載如有約中所言之事兩國即當協助用兵時情形必當若何而後可以辦理以及如何實力協助之處當由兩國水陸軍政司統將彼此利益隨時細心妥商辦理
第八款
此約除第六款外自畫押之日起、兩國即一律奉行以十年為限、如限滿之前十二個月兩國政府並無有以此約作廢聲明者則自將來聲明作廢之日起再展行

一年若限滿之日英日兩國有與他國戰爭者則此次所訂和約當展至和局告成之日止

以上各款于一千九百零五年八月十三日（中本年七月十二日）訂于倫敦繕寫兩分由英國外部大臣侯爵藍斯瑠日本駐英公使子爵林董公同簽押蓋印各執一節以昭守

初二日壬申、晴、聞昨英蘭中界之諾汀杭與萊溪色爾二府中、之蘭鏞斯屯村有佃戶狄勒斯之孫女理麗與男僕蘇萬目挑心招、漸起桑中之約、往來情書、匿于麪包、後無端理麗疏厭其人、蘇豔其色、遂緣愛情成怒、前午啜茗、蘇以手槍擊理麗之頭與手、幸理麗之犬在旁、嚙蘇之臂、穿住、沒傷、迺不重、蘇度理麗必死、反槍自戕、蘇遺其父書云、因理麗戀慕之情忽變、諒理麗一人必孤棲、萬亦不顧、銜苦獨生、故思兩人攜手登天等語、察其箱中並有鴉片酒一瓶、是酒洋名洛達訥木

三十五

初三日癸酉、陰冷、英格幼女及笄、父母即准其孤身遠遊、遺失被害者累累、非善法也、聞前于禮拜日晚、亥正二刻、有少女名萁騰由倫敦橋火車站登車赴布萊敦地距倫敦二百餘里、夜過墨爾薩木山洞、被害、拋屍車外、所以得知底細者、蓋每夜車停往來之際、守道中人皆秉燭巡察、有無損壞或失物、故洞中得女屍、搜其身、有名片車票、故得知其去來何所、某時坐某車也、今已六七日、兇犯未獲、圖財害命耶、抑私約反目耶、嘗聞英人云、一人獨行、莫坐無伴之空車、防被害偷竊也、且謂長邁火車間有盜賊匿于車下軸旁、擴地車行之際、爬上車邊、隔窗看頭等車中、有獨坐之婦女、則破窗而入、搶劫行凶、蓋凡婦女攜帶必多、一因頭等、更為力弱也

三十六

此輩之胆力、可謂猛矣、

初四日甲戌、早陰、酉初細雨陣陣、英國兵部、向在帕瑪街路南、後擬在白堂街水師衙門對面、地基四面、各百三十二步、觀五年前興工、現規模粗具、高樓三層、築以白石、四角圓頂鐘樓各一、正看作凹字形、正面左右及兩邊之前半、各鑿一白石警世銘、正面右方者曰太平、二老嫗分坐、一抱兩狹、意指接收凱旋之報、一抱多狹、意指寡婦孤兒之淒涼、左方者曰戰爭、左坐一男頭頂鐵盔、手拄長劍、指血戰之勇、右坐一婦、手捧骷髏、指父

兵之觳觫、右邊者、二女分坐、手執金鏡、指名望與得勝、左邊者亦二女分坐、一手執面鏡、一手捧書與劍、指公義與信實、下立望上石人之體、尚較生人大數倍、將來落成、必極壯觀、

初五日乙亥、早晴、午後陰、吾人夙知西人不信巫覡、而近日吾人之習洋務者、其不崇信視洋人為尤甚、上年聞英人有善扶乩者、已奇矣、茲又聞有圓光者、英名曰克立斯他談、仄爾意、即注目于水晶者也、其法僅水晶一片、令親切關事之人、定睛立視、久則有所見、倫敦有

三七

萬步者、善其術、前日地洞受難之女、其兄與妹訪萬步、萬執水晶一片、向女兄對立、須臾問有所見否、曰尚無、曰再少待、繼即呼曰、我見山洞矣、我見一火車、中只坐一男一女、萬曰且令汝妹觀之、從之、其妹曰我見一男頭戴黑帽、與女交談、繼曰男挺女肩、二人折在一邊、嘔車門關矣、一團黑物外墜、門復閉矣、一男獨立矣、萬步曰汝姊被害之確情、已見汝二人、既不識害汝姊者、須牢記其像貌、云酬費何數未聞、

初六日丙子、早大雨滂沱、午後晴、風冷、中國男女婚姻因父母之命、媒妁之言、皆能諧老、口角既少、分離亦無、無故出妻、且既出休書、更無復娶回者、婦被棄、其夫或生咸、故尤多以改適為恥者、西國則否、男女雖自配、情愛相投、而半途分析、即時改嫁者甚多、茲聞在英屬地加那他東南界龜背城、有胡盧柏其人、數年前娶孤女艾墨莉、女年十八、結褵未一年、胡赴西界謀生、謂有餘貲當迎往、始則魚雁來往、數月後因故不諧、音問遂絕、又一年、婦以孤身無依、改醮老叟貝來佛、兩年後貝故、遺有孟他那邦地在美國西北界之礦產股分、進款、婦往孟邦

三八

住埔特城店、突遇一男、貌類前夫、按房間號目檢察住客簿、果胡盧柏也、朝夕頻遇于飯廳客堂、婦已確識、而男尚茫然、婦漸知胡現亦在礦場司事、思與之交結、而無法、遂請胡為之代辦礦務、然不便自言、乃約人介紹之、二人交談甚得、察明礦款、胡遂為之辦結、胡已不識婦為何人、而婦亦不露色相、意謂與其重申舊情、莫若別抒新愛、于是兩相情投、婦赴牛墨西溝地在美國西南界墨西哥北國之他幹、情書往來甚切、未一年、婦回孟他那、胡向婦求婚、婦允、遂擇日登山成禮、洞房之夕、婦始施其舊態、

小聲言當日之隱語、胡始知新婦即舊妻、然破鏡重圓、新情乃濃於舊、次日遂携手他往、度第二次之蜜月、

初七日丁丑、晴、冷、聞奧斯馬加之諾多福城、有街市拾取骨頭爛布之人、即俗謂幼貨行之名庫得來吉、所居茅屋兩楹、因日日出門、隣居咸知之、忽杜門不出者累日、人乃壞其門而入、診之死矣、尸陳于牀、所畜十二花猫圍而守之、不令生人近前、竭力遂以棍、始得至牀、尸旁有遺書一紙、云歷年積金鎊一百六十、願人以之代養十二花猫、猫死而後止、入者以金鎊故、咸欲代養其猫、爭持不決、遂報官、官判以起意入門之人、

初八日戊寅、早晴、午後陰、周玉山制軍奏派江蘇候補道李經叙同製造局各工匠及員司學生人等至英法諸國考求製造軍械等事、前日到英、李叔倫觀察并候選知縣羅伯蘇之彥、候選通判馮德生仁佺、候補縣丞王伯安榮光、江南製造局監造英人柯尼施、及羅稷臣之仲子羅忠詒、前後來拜、是晚戌初、邀在第拉斯喀悌館、同席晚酌、倫敦自百數十年來、立有糧貨公會、凡此行中人、多有故後將其遺產囑歸會中若干、用賑同行

三九

卷下

之孤苦、歷來存款甚鉅、昨經會中公議、由存款內撥出五百鎊、自本年冬至西千九百八年、按時考核本行之人各抒己見、暢發所言、有能於行務最精明確有致富之法者、次第獎之、

初九日己卯、晴、元流火器于歐洲、歐非創製者也、百數十年前、蘇格蘭君主安尼時、火器已傳、而猶尚弓矢、今火器益精、蘇島仍留一營、約兵二百、稱曰蘇格蘭弓箭手護衛卜路池、侯管帶之、示不忘古也、此次英君幸蘇為即位後之第一次、入藿利宮時、先經卜侯帶隊經過繼乃敬遞倒鈎小銀箭三支、以彰兩島和合、同心順承之意、聞英例、典賣地產中有與此例似者、乃賣假出租、典不能贖、而其人無十分出售之權、地既賣給、買者須每年寄交乾穀三粒、賣者給收條、世代皆然、蓋此時蘇島以英王為地主、蘇人作佃戶也、英蘇雖合、蘇別有議院、一切律例、亦多與英蘭不同、

初十日庚辰、陰、冷、聞曼柴斯特城有婦爻得勒、兩喪其夫、以小糖果鋪為生、有已娶妻、六十六歲叟馬斯敦者豔之、知其可蠱而得也、屢訪之、文遂密定嫁娶焉、踰

卌

半月、馬叟絶跡、婦控以背嚙臂盟、馬因官詰、廼言艾以他人股為椅凳、故舍旃、官斷馬賠艾二十五鎊、結案、

十一日辛巳、陰、微暖、英國鐘式、短而肥、口闊、較身長加倍、料係紅銅錫及他藥攙混鎔化、其鑄法、則酌定尺寸分量後、先作一鋏模、頂上中心有孔、掘地入土若干尺、模內又按式以瓴砌成、瓴心與模皮中留空地若干分寸為鐘身、瓴心忌潮濕、以防崩裂、距此坑若干尺為化料爐、中掘條池作乛形、料化、開門放出、由池流入坑、隔日料結而龢涼、啟土撤模、則大致成矣、此鑄大鐘之法也、鑄小鐘亦用銅錫、惟所化之料、由池流至模下而上擁、大鐘之由上而灌者、為尤堅固、鐘身若欲鏨年號詞句、不得鑄成而後鏨、須先照式作模、置于大模之內、待鐘鑄成、筆畫既深而且清楚、鑄鐘人須明格物測算音學于鐘之尺寸、銅之厚薄、皆經計妥、後方興工、苟有聲音尖銳不純之處、則倒置地上、以木支起、敲聽測量、擇其有碍而厚處、鏇刮之、合式而後已、英蘭東南界堪特府之洛紫色城之司當班鑄鐘廠、祖孫世代流傳、至今已五百餘年、

四十

十二日壬午、微晴、聞英國醫生莫勒森、新立一預防嘔瀉癨亂法、謂無論男女、自春末至秋初、凡思禦此疾者、以綵帶繫一小圓銅片、由項下至臍上、銅雖有毒、臭而肉皮緩緩吸入、以毒攻毒、可無虞、意謂銅礦中人皆不染痢疾、則癨亂等症亦無之、取以為法也、

十三日癸未、微晴、如昨、英人常用之粗大麪包、作頭枕形、名曰婁夫、每枚價五本士、倫敦一城、內每日需麪包六百萬觔、現創一省人力法、僉云每枚價可減二本士、一日足省一萬二千五百鎊、計一年省四百五十萬鎊、其法由磨麪至烙成麪包、僅用數人、省工省時、可名其器曰節省器、向來磨麪必前後十五次、方成細麪、此法則一氣而成、隨磨分作三股、曰細麪、曰粗麪、曰稃子、由磨房按筒分流、細者流入穀房、稃子流入布袋、粗麪流入溫水漏、將其上之麪洗下、轉行流入搓麪鑊、即時發酵、兩鐘後、發麪與細麪遇于一處、調和均勻、僅用一人團成麪包、一人以大盤推入爐中、一時後即熟矣、烤麪包之鋏器、作環形而旋轉、前者已熟、中者將熟、後者初入、陸續不已、麪盡而爐工亦完、每次磨麥若干、出粗細

四十一

麪及發麪各若干、共得麪包若干、皆預為算定故一切得宜無不的當目今倫敦中間稍東太木斯江北岸之上太木斯街、有大麪包廠曰阿坡斯托洛櫡即用此法計火爐四百一日可得麪包三十萬觔、其磨機及地基之大可知矣、然人工愈省則無工之人愈多矣

十四日甲申、陰霧、按牛乳油、係小珠含于乳內、目所不見、見須顯微鏡、取油之法有二、一鮮乳、一乳皮、取由鮮乳為者、時也、擠足一罐、即以攪器攪之、覦使油珠裂開融于一處、作書起出、手沾涼水拍之則油成、取由乳皮

四三

者、則待乳皮浮起、提出別置一處、攪之與上法同、現創一器、人家可自作乳油、以取其潔、物極輕靈、便用、可與茶具同列卓邊、其式為一銅架、高尺餘、作ㄏ形、其下嵌在卓緣上、含一銅條、條下繫攪器、架旁一輪、內有齒輪外之柄如轆轤、攪器下一大盌、盛以乳皮若干、以手執柄轉輪、輪轉而攪器亦隨而四面攪之、先遲後速、一分之工則乳油成、取出濾以涼水、置小碟中、即可用以佐食麪包、或謂攪乳時屋中不可太煖、至多六十度

十五日乙酉、晴、英例、凡人臨危若無遺囑、其遺產經親族稟官請認、必有確實憑據及保人、否則為冒認、罰款甚鉅、以故罕有人敢爭者、海岱爾旁衛斯班坊之千總韋樂遜、前年正月二十二日去世、無照例之遺書、指明承業之人、於例隔一年無認者、則盡歸國君、故韋產十五萬零二百九鎊十九先九本士已入宮庫、又有世爵魏專住阿來三德園第十三號、西一千八百五十六年六月二十六日去世、所遺之二萬五千六百六十三鎊二先八本士、雖有遺囑歸其姪魏立蓀、而魏立蓀至今未赴色莫賽房覦辦理承認、故亦歸國君、計韋魏兩產

四四

共十七萬五千八百七十三鎊二先五本士

十六日丙戌、晴、今日午後英王由蘇格蘭回、后自丹國回、皆住卜靜宮、記英例舊有承業稅、英名蕾戛奚丟悌覦十數年前、英海部以時局緊要、擬添造鐵甲、商諸戶部尚書哈爾闊再三籌計、無法可擬、久之思得一法、乃謂凡人之手有盈餘者、皆收諸藏寶庫（見六述奇）并須報諸色莫賽房、一人將故、倘有遺書、則他人皆得照例承受、夫此等鉅款、若僅有承業稅、則所徵尚少、待人過寬、何妨自今日始、別加一項故人稅、以益國帑耶、先將此意

呈報下議院、下議院然之、轉達上議院、上議院商妥、達
諸國君、君曰可、遂加訂一種新例、按此項收死人税之
法、與承業税不同、不僅收已故之人所報之財數、且將
其所遺之房地、珠寶、器具、什物等、概行折價收之、一人
將故、既有遺囑、即有請為料理代辦者、或二三或四五
人齊赴色莫賽房稟明一切、即將故人之房地、器具等
估其直、并發誓謂不妄估、官遂前後統計、而抽税之、或
謂一年所收、足供鉅費、夫立法伊始、自當再思、既擬施
之于人、更須反求諸己、有益于此、而無益于彼、非公法
也、哈爾闊自創定新例、不久即三次承受他人之業、屢
次親赴色莫賽房、既費周折、而于所應得之中少得若
干、迺悔其法不公、卒亦無法更變、夫為國家裕財源、即
不應悔、若以一人之私而悔之、毋乃自貽伊戚耶、又前
羅稷臣回國後、在倫敦銀行存五千鎊、按季所收利息、
供其子忠誠之學費、羅故後、其子欲將五千鎊盡行取
出、銀行不允、求諸律師、乃謂須汝繼母有信言汝可取、
乃取之、不僅此也、更須汝縣來有文憑、謂汝確係應取
之人、方可、遂親身回國辦理、往來半年、後始定、銀行允

四五

取時、不惟收承業税、更收死人税、税百分之三、已抽百五
十鎊矣、吾人多以金銀存外洋、意謂較在本國穩便、然
歷來華人財産之遺失外國者多矣、據吾所聞知者、如
李丹崖、李文忠、李藹堂、其較著者也、願今後吾人以此
為前車之鑒、

十七日丁亥、早陰、酉初雨、英國花片製者日多、而尺寸
格式一律、皆横用、寬三寸八分、長二寸五、一面潔白、一
面印畫、白面當信封、畫面作箋紙、畫旁及畫下、雖有餘
地、而除人名外、僅足書一二語、不堪作長函之用、其畫
之山水人物、花木果蔬、鳥獸蟲魚、日翻新樣、人多喜之、
有特寄一片而祇書名姓者、因之書鋪創一式册頁、以
備集藏花片、大本縱一尺、横九寸、厚有二寸者、寸餘者、
篇厚二分、一篇兩面各留四空處、每空處四角有縫、將
得意之花片四角插入空處四縫、畫畢露、無須黏也、薄
册容百片、一本二先、厚册容二百片、每本三先半、大據
英郵政總局報稱、西歷六七八九四個月、因值息工
鄉游、凡屬繁華之海口、每一禮拜、左右擔計、一海口所
寄之花片不下二十五萬頁、

四十六

十八日戊子、大晴、雨涼甚、倫敦郵政總局、在老城西隅、賢馬蹄音大街南首、分東西兩所、皆白石高樓、廣廈千間、東所建于西歷千八百二十九年、道光九年西所建不及三十年、現以郵函日多、兩所樓不足用、因西所之西、為埃達倭王街、街西一教堂內原有克賴斯滋大學院、是院南臨牛蓋街、西傍吉樂滋柏爾街、以地窄、有碍衛生、遂移于鄉間、將樓房拆去、地基頗敞、官以千鎊買之、欲築高樓一所、作郵政局、用聯東兩所、因相距皆箭地也、今日午正二刻、請國君立第一塊基石、以傳永久、半月

四七七

前、郵政局總理伯爵司丹力柬請往觀、柬下一橫、印云著朝會衣、午初、余携榮驥乘車往、入吉樂斯柏爾街、進大柵闌門、西行箭地、至棚門外下車、步入見地式、作長馬掌形、如∩、四面植高竿、以紅白兩色綢橫搭、作棚、靠邊三面設木看臺、分十五節、每節橫座十二層、一層容人十餘廿餘不等、計可坐男女二千數百、座皆滿、罩紅氈、臺前地面橫板上鋪紅氈、內中正面一五層方臺、每層厚半尺、四面丈四見方、末層者橫寬一丈、縱長五尺、上下滿蒙紅氈、末層上前設二紅絨金椅、為王與后座、

後排四小椅、為太子與妃及其二子座、臺前正中安置青石兩塊、長各四尺、寬厚各二尺餘、石面有鐵環、石左右立一木架、作冂字形、三面纏以國旗、架當中垂鐵鎖、下連石面之鐵環、架右有繩、暗與鐵鎖通、有關鍵、拽繩則鍊縮而上、石自擊起、架與石之四面、圍列五彩鮮花百盆、左右看臺下、各列小椅兩行、共計一百六十、左坐本國大員命婦、如美爾夫婦等、右坐各國公使、布棚前半、懸插本國及義法美和日本等國國旗百餘、棚前有紅衣樂兵一班、陣陣奏樂、凡棚內坐者、皆入正門、坐木

四七八

臺上者、皆走左右旁門與後門、各請帖後皆印明第若干號、看臺第若干號座、應走何街、入何門、故人雖眾多、毫不錯亂、由皇宮至此、沿途皆以黃沙墊道、鋪戶懸花結彩、掛旗、左右排兵馬、步巡捕往來彈壓、英君與后及太子等、于午正由卜靜宮坐四馬敞車、走庇喀的里及牛敖斯佛等街、十二點二十一分、至蒿本街之西首、名蒿本門、蓋過此即入老城、古有門、早經拆去、所留者僅街內路南古式木房數間而已、倫敦美爾敬候於此、迨宮車到時、美爾雙手遞劍與君、君接過一視、交回、而後

馳去、因老城屬美爾位比君王、英君到此、佯作開門迎迓、劍作權衡、遞之以示順承之意、循古禮也、午正二刻、國君到、樂奏天保國王、君與后等入、自左鄙登臺、對衆點頭、衆皆向之鞠躬、繼而伯爵司丹力上臺、對立君前、手執一弓、紅色、如手捲、展開高聲誦讀、甚長、讀畢、君接交侍衛、君復舉一頁白色紙、向之陳誦、誦後遞交司伯爵、彼此大旨無非稱讚郵政之盛興、經人辦理之得當、此後郵政幫辦司米斯雙手捧一長方爲銀匣、置石上、匣長一尺寬五寸、大約內盛彼此之陳詞也、旁一人立架左、拽繩、上石自徐徐起尺餘、下石露、其中心一長方槽、槽上椽木蓋、一人啟蓋、請君放匣槽中、既覆蓋、四面圍抹石灰、抹畢、呈抹刀與君、君亦橫豎稍抹、上石漸漸下落、兩石合齊、遞王一水平、君亦以之陽作測量狀、卸去鍥鍊、後王以木槌敲石曰、砥柱已立、樓房建起、天保平安、萬年無既、末則倫敦比翔立祝一段、一切禮畢、君與后等自右鄙下臺、君與太子向各國頭二等公使握手問候、后與太子妃亦咸向衆一點頭、君等前行、臺之左右者亦隨後魚貫而出、陸續登車、未初二刻回使館、

四十九

又其上石一面勒有金字八橫、云郵政局埃達倭王樓（此新局之名）之石基、經大英國并愛爾蘭統轄四海各屬地大君主五印度大皇帝埃達倭第七立于前一千五百五十二年、英君埃達倭第六創設克賴斯滋大學院之舊地址、皆維一千九百零五年十月十六日云、君與太子皆戎服、兩旁皆蘇格蘭紫、后著藕色絨氅、太子妃著橐色氅、

十九日己丑、晴、昨郵政局擬建新樓之地、樓窰人稠、雖屬新舊兩城往來之通衢、然在六百年前羅馬人據守時、固城內西北隅之空地也、先有天主教第蘭奚斯堪與格蕾第里爾斯二門之謀那斯特立（西言僧也）多名到英、遂佔居闔思山（即現在英爾府之附近）、至西一千二百二十四年（南宋寧宗嘉定十七年）、經綢商伊文施送空地一區（即現今牛藍街之北）、南臨賢倪扣喇斯大教堂（即現在堂基之地）立、當時經衆僧以南建格蕾第里爾斯大教堂、以北建謀那斯特立各僧舍、中留餘地一條、即今擬建樓房之地、繼而兩門各僧、誓願行善、濟貧、遂致嘉名盛傳、稱爲歡喜地、三百年閒在教堂後連葬英地有權要常之人數百、如英君埃達倭第

五十

一之后瑪格蕾、埃達倭第二之后伊薩貝、及他王公名人等。至一千五百三十五年、明世宗嘉靖十四年。因亂地歸英君罕里第八。教堂及各僧舍官用之、存軍火、他樓房亦多拆毀。十年後由比朔李得立請將其房地改住貧民。後于千五百五十二年、嘉靖三十二年。英君埃達倭第六賜作孤兒院。繼而改作大學院、名曰克賴斯滋、又名卜路扣特、意乃藍衫也。蓋學規凡入學者、皆須光頭、著黃襪、高襪、黑皮鞋、外罩窄袖藍粘長衫、侭今三百數十年不改。至千六百六十六年、康熙五年。倫敦大火、學堂被焚。此後陸續修造、較前尤為壯觀、且將其旁吉樂斯柏爾街之空地一齿圈入、作為諸生按時躲操游戲之地。自四五年前、因倫敦人多樓密、四面清氣不納、而與學堂之衛生無益、于是凡學堂之為羣樓所圍者、多遷去鄉間。前年此學堂亦移至城外、其地遂經郵政局以千鎊購得。

卷十八終

八述奇卷十九

鐵嶺張德彝在初隨筆　潘士魁校

光緒三十一年九月二十日庚寅、晴。英重貿易、倫敦貨物往來懋遷、水路則城東太木斯江岸北各船塢、陸路則城北約克、發斯兩道中間各車站、均為會萃之地。四面載運皆以大車、路闊方得暢行。今倫敦街道雖四通八達、其近老城一帶仍多湫隘紆曲、以故各貨車多旋繞而行。經新城各區紳董英稱靠安悌靠安喜、近日在華稱工部局、類乎地方官者。會商、定由亥蒿本街中間路南北對騷桑也路之小奎印巷向南直闢大路一條、南至司特蘭街之訣阿悌戲園旁、南可渡倭特路橋至江南岸、北可順格蕾萃諸大路直抵大北方車站、計長洋里四分之三、約二華里半。寬百尺。拆買各巷樓房五十一所、共直十七萬九千六百鎊。數月來拆房補房、平道築道、至今始成、統費四千二百萬鎊。此款由新城各工部局公攤、非支自官庫及解自官囊者、蓋平日住戶之捐項也。地屬新城、故專歸新城、而老城屬美爾周年近款稅則捐項統歸美爾、亦似爭即位一年之百堞小城之民主也。是街南北兩名南半曰阿堆址、北半曰慶斯衛、今日午正、請國君與后開門、君與后先走過、他人始敢往來、宮車所向定路、由南而北、先在司特蘭街談阿悌戲園西之舊韋荅屯衛衕南口外、立一彩綢牌樓、旁一小臺、上立衛斯民司得區美爾紫斯莫萬本區美爾費彩鐸、蓋地南北屬此兩區也、宮車到、費美爾之幼女英齡趨前、獻君后鮮花一束、繼而由此轉北、過牌樓、入新開路、馳至兩街之間、橫有鐵門、由門向南、搭紅白綢彩棚、長逾百碼、地鋪花氈、左右列看臺兩層、中坐由法國請來游玩之工部局人六十餘、地皆本國之男女、鐵門前一方臺、上鋪紅氈、置二金椅、君與后至、未下車、又有幼女庫柏奴獻君后鮮花一束、下車、登臺入座、工部局首領庫安慰立陳數語畢、國君立荅一段、大指皆謂開此大道以利商民等語言畢、庫遞君金鑰一、君以之向臺前石墩孔內一推、鐵門即開、蓋鐵門與石墩中通有電氣關鍵也、君與后登車、出鐵門、走慶斯衛新開街、至爽萬本街、轉西回卜靜宮、君著元帥袨袿、后著銀鼠披肩、其黃沙墊道、兵丁站街護送、馬步巡捕彈壓、以及男女擊掌歡呼各節、由來一

二

律、無須瑣述、左右看臺共坐人二千五百零、人工物料、費至一千零九十九鎊云、

二十一日辛卯、晴、爽正、同內人乘車至斯達佛坊第十一號、赴靠卜路夫人家茶會、并會巴里眾紳董、樓房崇閎、男女千百、至子初、偕阿柏的音伯夫人等、下樓夜餐、食畢、登樓少立、辭歸、法京工部局首領卜路斯率屬員六十、十九日到此、入卜靜宮覲見、君先與卜路斯握手、繼而卜路斯側立、眾陸續進見、代為報名、君亦一一握手、出宮後、坐雙馬車三十輛、至騷斯瓦總救火局、看兵演各救火技、在彼冷葷午酌、晚經本城工部局首領邀在賽西店晚餐、同座有法國公使、各堂倌皆項結紅白藍三色領帶、取色于兩國國旗、以明鄰交和睦之誼、昨日在阿堆址新開道、君見卜路斯、即立至臺邊與之握手、并帶見君后、彼此操法語、交談許久、未初一刻自彼去曼琛府午酌、偕美爾請也、共桌四百人、為英法兩都城之工部局及新舊兩城各美爾、阿得曼等、去此轉至沙浮斯百里大街法國醫院、施助一千五百方恰鎊六、既至克勒冐衛街之麥代屯學堂、學生八十名、齊操、既整

三

而同歌法之馬賽蕾斯曲、前見尤字字清楚、因施助十鎊、今日午刻、由本城工部局先約伊等坐電汽公車馳至牛克洛斯門、看其公車廠、并至所設之六本士一夜之棲流所、如代他佛街之喀苓屯房等、入工部局公所午酌後、再至格林泥址村看通城造電總局、遍觀畢、末去克洛斯洒司莊看陰溝淨水處、蓋通城穢水由管筒流匯彼處、經機器清分淨水入江、污水糞田、以上各處皆工部局所司、故請觀之、沿途有工部局各學堂學生及各救火分局之兵役列隊迎送、又因昨在新開道一婦

四

名苟麻里者、為法人所乘馬車之馬踢傷、今晚卜路斯特匯十鎊交慶斯醫院、作為養傷費、云此次法人來英、又為德廷所忌、蓋自昔德勝法後、經德相王爵畢四馬與俄奧義三國設法聯盟、以備英法、彼時德兵多、而義兵數不抵、德憲義弱、遇事不敵、義遂勉添兵額、每年所費不貲、數年前英法互易埃及摩洛哥兩地理事之權一節、德雖迫於無可如何、心雖不然、亦姑聽之、去歲英法辦妥多年未定之捕漁等案、英君赴義、法兩國、而義王法總統咸來答拜、因德欲聯法、遂處處蠱惑、使法離

英、乃德國愈欲使分、而兩國友誼愈密、故今春兩國兵輪互拜、此時彼此工部局又互相往來、英法既合、因之義日亦與之和、于今俄敗、德勢頗孤、又法國外部大臣戴喀希為人精幹、怨德而和英、屢為德廷所不喜、登報斥之、法恐怒德事生、勒令辭職、法民由此怨怒、謂我國內廷公事豈他國所能干預、初次如是、將來德之予取予求、悉索何饜云云、即此以觀、則環球之有類于此者、盍以為前車之鑒、

二十二日壬辰、陰晴不定、亥正、偕內人乘車至法國使

五

館赴茶會、復遇法國工部局諸人及各國公使等、子正回使館、英國太子與妃、曾擬冬日游印度、日昨西十月十九日午初二刻十分由卜靜宮乘馬車至維克都里亞火車站、英君與后送之、藍斯瑙侯、潘布露侯、法爾奪公、坡蘭公等并他世爵命婦與之握手話別、君親太子、吻后、于太子妃如之、即時車開、閘其至都伍坐官船到戛蕾改坐專邁火車、于今日申正二刻抵熱諾瓦、即登本國兵輪立諾安、戌刻展輪、定于西十一月初九日即十月十三日至印度孟買、君派隨往由英乘船前赴熱諾瓦等候者、為

沙五斯百里公夫婦、色爾杜格代、色爾柯斯特、約明年
西四月底五月初方回、順路至希臘國阿森城、拜其王
與后、（希王乃英后兄也、見前）在彼少住、後至義國維呢斯海口登
岸、乘火車至夏蕾、走英海峽、回倫敦、太子又帶有上等
氣球、擬在印度半空俯瞰各城、太子之三子由杜箴小
姐與胡阿安賽二君領赴英蘭正東諾爾福府三汀梳
城之約爾克別墅小住、以待其回、
二十三日癸巳、陰、雨、細雨陣陣、今日係西歷十月二十
一日、值迺勒森在特拉發拉戛爾（見前）水軍報捷、因傷身

故之期之百年、因而通國大小各村鎮、各屬地、及各海
口、無不慶賀其獲海權之功、（自是得支布洛他爲大西洋與地中海之門戶）并
追憶其亡身報國之忠、早在柏明根鑄錢局、以迺勒森
當年所駕兵船之銅、鑄造銅餅大小萬餘、鑿有兵船并
迺勒森之肖象、且奉英皇諭、准加E R VII等字、義乃國
君埃達倭第七也、外有領扣、手牌、及迺勒森小銅像等、
以之贈送學堂、館院、男女孩童、用作記念、以上均由英
外水手會承辦、雖云特贈、而物之大小、亦視乎助錢之
多寡耳、貴價由一先至五先不一、聞此款用助商賈漁

船、在特拉發拉戛爾坊中間之迺勒森石銘柱、上下挂
國旗、花圈、并花葉長繩、繫至四角四鐵獅項上、石座四
面尤多、環柱行行、如團龍、又自頂上至石座、左右挂小
旗兩行、清晨有水師學堂之童子軍數百名、手執器械、
列隊至石柱前、向之行軍禮、後赴阿拉柏堂聽樂、午後
各水師武官及倫敦美爾至石柱前、聽巴克爾教士祝
禱、并歌老百年（名）曲、時有御營兵在彼奏樂、奏至迺勒森
身殲軍營樂時、柱頂國旗下繫一半、繼而國旗繫上、有
瓦達森者、歌齊卜齡（人名）鼓激人心詩、并天保國王歌、畢、

樂隨奏、四面環立男女千萬、偕聲唱和、遠聞數里、又太
子二子埃達倭兄弟乘宮車經過石柱、則同立起向柱
免冠行禮、并奉一大花圈套于柱頂石像上、在阿拉柏
堂中係經英外水手會賣票聚人、男女老幼數千、自申
初、先經色爾卜拉希（見前）演說一段、既經教士梅爾祝禱、
大指皆讚嘆迺勒森有報捷身死大功、以就大名以傳
各語、通堂男女皆泣下、且每言至迺勒森身故一語、堂
中所懸各旗、亦皆繫下一半、用以示哀、此後丁斯岱夫
人上臺將迺勒森小銅像分與各著名尊貴之人、第一

謂贈送大東方今世名垂宇宙之迺勒森日本水師提
督東廂日音投約即有日本使館隨員水師守備喀巴拉几
漢字未詳登臺代東廂接收隨陳數語謂特異者迺勒森百
年後使日本水師同獲斯名亦東公之幸也一千八百
零五年英國水軍獲勝百年後于一千九百零五年乃
日本水師亦然在日本海東君亦升其旗不更奇耶言
畢出東廂來電云今日百年盛事所贈念念不忘領受
之餘感謝無既此後他人連歌兩曲一名我國水軍一
名在特拉發拉戛爾灣後奏樂歌曲亦極鬧熱又堂中

八

英君本有包箱今日特賜英外水手會中人坐按此箱
本係國君按年以若干鎊包定者此次既蒙賜准他人
入坐于是該會擬令其施助最豐者坐之至今日坐者
為誰未聞又在伯爵府英名額勒斯闊爾特先名印度會場因集
印度物上年陳列義國物本年陳英國物詳見前因有瞭眼行船畫又值天漸
短寒涼陰霧游人不多擬定明日關閉乃用行船畫借
今日慶賀迺勒森海戰獲勝設法化錢用賑航海之孤
寡半月前該會東信出售進門票每本二十頁善人君
子願買若干本祈示知余遂寄去兩鎊逮票本到分賜

中英各僕役又自昨日各處懸旗慶賀倫敦漁業公所
亦于昨晚設讌慶斯盛事席間公所接日本水師提督
東廂賀電其文曰今為慶賀貴國前海軍提督迺勒森
立功百年之良辰迺提督功勛卓著震爍寰宇實為不
世出之臣僕景企之私與時俱深敝國水師一切規模
皆取法於貴國言念及此尤深感戴際茲盛舉謹電數
語以表愚忱今早英屬地莫洛他島在地中海義國西奚里與斐洲居光
斯之閣詳見四述奇操演水軍聲礮祝禱申止二刻為迺勒森曩
者殞命之時各兵官在各船尾列隊到時旗下一半各

九

人免冠樂奏喪樂英名代埃麻爾池晚該島總督色爾
巴蕾斯佛讌會各船兵官演說迺勒森前後各事同望
各存忠君保國之心等語傳坡茲茂斯之維克都里亞
兵輪滿懸桂葉花圈早在船面唪經祝禱後開船緩行
通船兵官操演放礮作當年迺勒森交戰式入夜滿然
花燈設席讌客其他各地諸多類此誠屬一時殞身為
國計百年傳名表人心
二十四日甲午陰是日為彼星期申初司台普乃比翔
在賢波羅大教堂中誦經祝禱迺勒森屆時國君太子

皆簡人代往、英各屬地、亦皆遣有專人赴此堂者、本國文武官并各國公使通堂男女數千誦經聞、比翔向衆言𨑨勒森爲上帝使下之、武豪乃百年前上帝以燦爛火光照定、英蘭在地球面之地步也、伊以誠心、願我通國永享昇平、各戒酒色賭博、莫欺同類之人、貿易須用良心、凡事務皆有益於人云云、旋有一人舉匣向衆募錢、余同各國公使皆助一鎊、又英外水手會中人謂、自本國英蘇愛三島至各屬地、如印度、美洲等處、今日祝禱𨑨勒森之教堂、爲數不下三萬、且凡有英人之處、無不謂今日爲𨑨勒森禮拜日者。

十

二十五日乙未、晴、微暖。聞有德人安蓋哈者、在德屬地牛卜立屯、于四年前創一拜日教、曰三倭什坡爾、大旨謂三人同立、稱曰拜日兄弟、其二人一名魯祖路、一名歐金斯、三人首創、以之化衆、思得將來環地一周、皆有同教者。安住喀巴寬島、日日修練其法、乃終日不衣、日食椰子肉、飲椰子汁、坐立于烈日下、身變銅錫文雜色、夜卧海邊沙地、前日逝世、年九十六、是戕衛生而得期頤之法歟。

二十六日丙申、晴、入夜陰。聞德人創一巧提煮肉法、名曰敎投麻提克庫克、英譯乃自行煮熟也、又名庫克英柴斯特、譯乃厨匣也、言匣中即厨竈也。式爲馬口鐵小匣、上蓋極緊、不透空氣、將肉先以耐煮半熟、或僅三分之一、匣中有架、架下滿鋪烤熱之物、如鉋花、鋸末、乾草、麥菸灰、碎紙、盛半熟肉于盤、置架上、推嚴匣蓋、則無須用火燒燃、肉自熟、是匣能省火工而有火力、湯與肉于二十四點鐘後食之、尚温。鄉民入城作工、不能家食而吝于購食物、乃于臨行時、將湯肉煮半熟、納之匣、外裹熱布、鋸末之屬、藏于懷、英之天時無溽暑、以故使人工息開匣食之、肉熟而熱。

十一

二十七日丁酉、陰。記西國男女結縭、入堂成禮、往來車馬本無定制。聞昨在立文浦海口、有男名安得遜、女名司閣特、同屬得爾貝脚踏車會館、因入賢費里教堂行婚禮、新夫婦同駕一气車、上插本館藍白色花旗、圍車飾以鮮花、其戚友男女百人、亦多屬本館、咸騎脚踏車、左右兩行、並肩而走、男子襟插白花一束、手戴白手套、婦女手執鮮花、身著花甏、沿街左右人皆擊掌歎賀、

二十八日戊戌、陰、早收外務部轉
電旨一道、言本日奉
上諭、著派尚其亨、李盛鐸會同載澤、戴鴻慈、端方前往各國
考查政治、欽此、現尚、李兩大臣會同澤公前往英、法、比、日
本等國、希知照外部、聞英民業商有因虧折無力周轉、
將至閉歇者、可以稟官、稱曰報窮、事見六述奇、乃將其出入
及虧折之數、詳細呈官、官核是實、既允準歇業、則其人
即不得列為上等人、而人亦咸恥之、凡其人往日被欠
之戶、乃公抄其財產拍賣、按欠項之多寡均分、然所得
之數、無論幾成、皆作了清、不能彼此更加理論、在西國、
此為商家不得已之下策也、然各國人心不同、西國每
有如此報窮之人、皆不為之盖、以法當然也、設此法行
之于中國、其報窮之人之戚友、肎一旦以下等人待之
乎、因華人重在人情也、近日吾人之羨慕西法者、不知
此法亦可學行否、
二十九日己亥、陰、奇事而屢見于英者、則有馬口鐵匣
匿屍之案、今擇其駭人聽聞者述之、如哈爾來斯敦城
米勒屯大街住戴武魯夫婦及兩孩、一日戴入保器所

十二

英名立保希多、詳見六述奇、謂將攜眷遠遊、擬存器具、既而運到、共
箱若干支、中一馬口鐵箱極大而重、稱係書籍鐵具、皆
其素日化學用者、四個月後、其岳母葛蕾勾里不見女
蹤跡、遂報官、請協助搜尋、多日不得、末至保器所、巡捕
開箱驗之、則戴妻與兩孩屍也、婦頭挾于兩腿之間、兩
孩置其左右、因何戕害未聞、又慶斯屯火車站車到後、
經人灑掃滌塵、見頭號某車座下遺一毡包、包內一馬
口鐵匣、開匣視之、則一月餘男孩、身裂數缺、兩膊已失、
不知何人所匿、一婦名瑪麗者、未嫁時在已故外科醫

十三

生瓦勒搜處充女管家、六年前曾產一子、生下即死、遂
藏諸馬口鐵匣內、無人知覺也、繼而嫁瓦勒搜、瓦故後、
即移去、誤遺鐵匣于廚內、現為人察出告官、又自他處
火車寄一馬口鐵匣、上書倫敦某巷第幾號某人、然此
巷并無某號、亦無此人名、車行無法寄還原地、無人認
取、迨開匣、中一婦并二孿生男孩、至今尚未破案、
十月
初一日庚子、陰、涼、入夜風、記倫敦郵政總局所用人數、
前于一千八百二十九年、道光九年、共計八百、現在仍前各

科司事者、增至三千五百三十六、再加以後陸續添設
各科、如電線、得律風、存錢、寄錢等、統計用人不下一萬
九千、七十五年前、倫敦城內外送信人共五百六十名、
今加至萬名、按舊章、信走國內各府者、每封九本士、在
城內由總局計算在三洋里內者二本士、十二洋里以
內者三本士、不論分兩、惟所收各信皆有人向燈映照
一次、內紙多於一頁者費加倍、昔時街無信筒、每日午
後五六點鐘之間、有人週行城內外大小各街巷、搖鈴
取信、每信一函加使費一本士、現改通國不逾分兩之

十四

函、皆一本士、且在城內、一日取信十八次、各府村鎮往
來、向來僅午後一次、今則晝間由兩次至八次不等、向
來兩本士之信、一天送六次、外村者二三次、至各府皆
一次、今則城內外共送十二次、第一次在辰正二刻、前
者通城分局及信筒共四百二十五、今則增至四千三
百二十四、由總局四面計十二洋里之內、昔者、一禮拜
約寄四萬件、現除新報包封外、共有一千九百八十萬
件、足見事便而費少、總局立章無欺無弊、而使他項生
意同時並興者多矣、除官票外、養育男女多工、而紙筆

書墨、花片、尺牘等、一年各鋪不知出售凡幾、
初二日辛丑、早大雨、午後晴、繼又雨、聞昨有美國紐約
一機器鉅商、素稱喀特、百萬者、因雜病糾纏、各名醫束
手、卒莫得其病源、臨歿留遺書、允將其屍入大醫學院
剖驗、冀有益于醫、戚友五十餘人聞之、驚愕、其妻初亦
不允、奈以謂此為喀君之善念、況有遺書、尤不可改、屍
遂入目勒烏尤醫院、候剖開細驗、畢、所餘骸骨皮肉則
歸火葬觀云、
初三日壬寅、早微雨、午初雨止、仍陰、入夜大雨傾盆、聞

十五

昨在文澀莊、一賣青菜人名柯拉克、一酒鋪管帳人名
韋音斯、各畜一犬、一日柯犬鼻準有傷、告官謂被韋所
嚙、涉訟到官、訴係兩犬鬭傷、官問其犬名、柯犬名努布
釋、英言豪傑也、官按名呼之、即至、再問韋犬何名、答曰
普林斯、譯乃王爵也、官按名呼之、亦至、于是官判云、太
平年間、王與豪傑不須相鬬、按彼此之品位、豪傑究屬
犯上、著罰其主柯拉克六先令、兩人牽犬回家、究案、此
事一何可笑、
初四日癸卯、陰涼、倫敦設有按年賑濟跑報人會、英名

牛斯文多爾貝尼烏倫安普婁韋頓音斯的究慎、義乃
仁心保養砲報人之會也、蓋每日各報館分送通國各
城、以萬萬計、一日兩次、早在寅初、晚在亥初、皆有專人、
大捆肩負、馳趕專邁火車、冷熱不避、風雨無阻、得錢無
幾、誠一苦工、因經善士設法募化、按冬而賑濟之、至今
日卌十一月三為設談會第六十六年、會首馬爾沙定今
晚戌初二刻、在太木斯江維克都里亞堤邊得凱色爾
店、筵讌契友善士及各報館主人、半月前具帖來請、戌
初乘車往、入見馬爾沙夫婦、并他素識多人、客廳少立、

十六

轉入飯堂、卓設一橫九豎、作Ⅲ形、共坐男女二百四十
六人、一切器具、與他店同、惟每座前設菊花一束、花朵
極大、色分紅白紫黃、惟不甚香、食畢、吃加非、各進捲菸
二枚、火柴一小匣、先首座立起、頌仰英君數語後、舉酒
同祝英君之福、樂奏天保國王、少坐、復齊祝君后太子、
太子妃及他王族各人之福、樂奏天保君后、首座再起、
敘說歷來設此會之利益、既有人按座遞一化錢紙、余
因寫助三書吔下書名姓住址、繼而倫敦美爾等六人、
陸續各演說一段、末則首座立而向衆宣言本年所募、

共得二千六百六十六鎊、三先、言畢散席、男女各攜鮮
菊一束而歸、
初五日甲辰、陰雨、暖、倫敦教堂會衆、昨在衛斯民司得
堂論及善待生靈、因謂自在熱諾瓦議定紅十字會後、
與戰場受傷之兵官頗獲利益、夫既謂善待生靈、則戰
場受傷之馬匹、既不忍其死、又何忍視其痛不起、今望
各大國依然設法立會、各營攜帶獸醫、每一仗後、尋取
傷卧馬匹、竭力療治、以救其生云云、此等善舉、確望紅
十字會中各國同有此念焉、

十七

初六日乙巳、陰雨如昨、聞數月前、一印度佛教僧某甲、
航海至美國喀立佛尼亞邦之洛桑談城、宣傳佛法、因
印度人善英語者多也、不及半年、婦女之被引入者已
數十、（中外一理、婦女心慈）或謂佛以和平良善忠信之心化人、恐
將來願奉者良多、該僧在彼誠心訓導、業已化得四萬
鎊、將建佛寺云、余謂佛教始自印度、東傳至華、至日本、
現華人又陸續棄本國之儒教及西來之釋教、而改奉
天主耶穌教、今佛教復東傳至美洲、使人棄天主耶穌
教而入佛教、竊以大國各教法雖不同、理則一律、無往

而求以善化人但願各國之人各以所喜信者任便奉之惟不行互相妒忌欺侮不起爭端各守所本彼此往來不分黃白不分強弱溫和相處永享昇平實為天下生人之福想各教所奉之主宰亦不感無此心也將來或有一日如此亦未可知也

初七日丙午陰雨昨見福建日日新聞內一則題曰世界各國之紀年云世界各國紀年各異然足稱歷史上之大紀念為一定不易之記號者厥有八種今將現年之各種紀年表於左列中國黃帝開國紀元四千六百零三年耶穌紀元一千九百零五年日本神武紀元二千五百六十五年釋迦紀元二千八百五十二年回回教紀元一千二百八十二年美洲發見紀元四百一十二年羅馬開府紀元二千六百五十六年猶太教紀元五千六百六十六年以上八種紀元已嫌其繁按耶穌歷萬國已公認若吾國始祖開創將來革新事業成就不能不兼用之於巳國以興國人愛國之心外此又增以孔○為紀元未免徒為好事適足亂人耳目也云云嗚呼是何言歟竊以立斯言者必已改奉耶穌教僅知

十八

其一而不知其二者也按謂耶穌歷萬國已公認一語恐未必然其他如土耳其阿富汗波斯暹羅等國姑莫論至英國雖國教為耶穌教通稱一千九百若干年然每由議院議有新例則曰君主維克都里亞若干年敘埃達倭第七若干年再則附近之日本雖力效西國而國不改教凡處皆稱明治若干年月日雖改而本制終不改也又謂將來革新事業成就不能不兼用之於巳國以興國人愛國之心苟若紀年一改而人民愛國之心頓興矣葡萄牙日斯巴尼亞瑞典和蘭等國奉教已久何至今乃人心不齊而國勢不振耶一國之興衰關乎治法如因改紀年而國治則治國亦甚易矣

初八日丁未陰入夜雨涼今日為西冬月初四日為其蓋佛日（詳見述奇三）早晚賀獀以小木車拽假人街游討錢無須再述倫敦郵政局自西一千八百二十九年（道光九年）至八百八十三年（光緒九年）五十五年間加添新法便于人者有八一代寄金銀始自八百三十八年二國內信資及各屬地皆改索一本士始于八百四十年前後三准寄書卷始于八百四十八年四代民存錢始于八百六

十九

十一年、五電信改文信局及信局兼辦得律風、皆始自
八百七十年、六花片及寄新報報單等式樣節省寄費、
亦皆始自八百七十年、七信局錢票始自八百八十一
年、八代寄包匣小件、始自八百八十三年、以上名目辦
法、詳六述奇、
初九日戊申、鎮日陰雨、烟霧迷漫、倫敦郵政總局、新舊
三所、高樓各有分司辦事屋間、如總管處、分理處、四外
分信司、總電局、內地電線局、修造機器局、郵政大臣、郵
政協理、總理、會計、及律例訟師、各分司、代寄金銀司、錢
票司、得律風局、內地分信司、內地分包匣司、收存無主
信件司、存錢司、製電司、雜物庫、三樓人共萬餘、

初十日己酉、大晴、巳正、率各參隨向北恭拜
聖牌、行三跪九叩禮、戌初、約眾在白玉堂晚酌、甚好、昨見申
報內一則、論孔子生日大紀念、因錄之、曰、今日何日乎、
非孔子降生後二千四百五十六年之大紀念日乎、史
記於秦本紀、列國世家、皆書孔子卒、老子列傳又書孔
子卒後一百二十九年、以示孔子為萬世長生、為萬世
師表、自漢至今、固已處吾人心一無異義、是則朝野上
下、久已默認孔子為國教、侁侁學子、頂禮而膜拜之、固
其宜也、今日何日、適逢誕辰、吾常有無限感情、蟠際于
腦、而亦不自知其忽然悲、忽然喜也、孔子之教、多屬於
智信的宗教、而非迷信的宗教、有智信、孔教之所以高
出於各教、無迷信、孔教之所以不能普及、而為他教所
滲入也、彼夫西教誕辰、如四月之雞蛋節、舉行瞻禮、全
國歡呼、可見迷信宗教之一斑、而吾國民戢戢受治、畏
懾神權、其於淫昏屬鬼、誣誕之神、猶且謬託誕日、奉行
祝典、而於大聖誕降、為獨一無二之聖節、乃反蔽固不

知、無人尸祝、亦可知孔子之教、不尚迷信、故淩夷衰微、
至於如此之甚也、且也入其學宮、登其殿廡、塵埃寸積、
茅草叢生、每年除地方官春秋二祭、新生入學外、類皆
扃鐍森嚴、擯人瞻仰、由此推之、即被服之儒者、吾料其
八月二十七日之聖誕、亦久已置之度外、嗚呼、是則可
悲也已、然而群治之破壞、以茂教為歸宿、文明之肇興、
以從教為託始、現今中國科學未進、斷不能離棄宗教、
而翹然其特立、前十年、廣西創設聖學會、其時適逢聖
誕、曾仿庚子拜經之義、以尊至聖、嗣是厥後、橫濱大同

學校、上海南洋公學、育材學塾、（今改名）均於聖節奏樂演劇、藉留紀念、行見國教昌明、一尊已定矣、昨聞本埠學界中人、今日種種祝典、如龍門師範、有影戲、南洋中學、民立中學等校、皆有演劇、歡慶誠盛舉也、孔教之價格、雖不因慶祝而有所加增、而孔教之真理、終且因慶祝而多所信仰、至於信仰愈多、而社會心目中人人皆有一孔教、而孔教乃愈益光大、云爾、凡有血氣、莫不尊親、斯非極可喜之事耶、彧曰、自哥白尼達爾文倡新科學、而宗教將在廢置之例、歐洲今日宗教、已成弩末之勢、

子猶斷斷以宗教為言、毋乃與梁氏保教非所以尊孔論、大相剌謬乎、曰、此又言各有當、不能據以為實者也、大抵宗教之為物、自科學一面言之、誠為魔鬼之怪物、而自羣學一面言之、則宗教為羣治之母、而人道之所不可一日無者也、梁氏謂學究一尊、束縛國民思想、遂至闢去孔教、不遺餘力、其立言之宗旨、在望人研究科學、豈以治道為必棄孔教耶、且梁氏不云乎、無宗教則無統一、無希望、無解脫、無忌憚、無魄力、又不云乎、今日之世界、其去完全文明、尚下數十級、於是宗教遂為天地不可少之一物、其重取宗教之義、丁寧深切、可見前之立論為一偏矣、孔教乎、孔教乎、今日為降生後二千四百五十六年之大紀念日、其盍各買入場券、躬親慶典、而一盡其馨香私祝之忱也乎、余因讀以上一篇、有感、隨陳數語、望我同胞量之、子不語怪力亂神、又曰敬鬼神而遠之、夫聖人立言以教人、使人知情順理、而得天道、二千年來、後人之所以尊敬者、尊其德行、敬其聖明也、故按時頂禮、而膜拜之、不比他教、焚香叩頭、可以求福、默祝懺悔、即得保佑、孔子大公無我、本不欲人諂

媚、其學宮殿廡之塵埃寸積、茅草叢生也、宜矣、凡人一生、罕不欲求福求壽、生前少病、死後升天、因而奔走廟堂、焚香禮拜、欲以禱祠為邀福之階、夫升天一節、姑不具論、至福壽少病、皆由人心自求、不必求諸天神也、苟能遵守孔子之言、志道行仁、則天君泰然、百骸從令、病自少而福壽隨之、先聖有言曰、智者樂、仁者壽、其斯之謂歟、

十一日庚戌、早大霧、午後微晴、繼復陰霧、利貞街路南之新畫閣、今日為第十五次陳賽名家油繢像、數日前

東請一觀申刻率孫女乘車往樓下三大間懸老幼男
女油像大小二百四十八幀皆本國之名人富宦其男
女畫師亦皆一時著名者酉初回使館英例男女成婚
皆報官註册然中下等人有私娶者居久思離多有改
嫁他娶者生有子女或歸男或歸女而男認資養聞昨
有火車站副管事婁四與醫院伺候女柯莉姒初同居
一樓女入醫院婁復屢次去訪末乃致書醫院女首領
謂擬娶柯莉姒為妻蓋二人早已聯牀互相繾綣今欲
行結縭禮也婁四領女出醫院先去多處買給成親戒
指戴之後則引入其室見他人即偽云女為已婚之妻
入夜在樓私行婚禮英名謀克麻里㨾支譯乃欺騙婚
姻也居三年生一兒繼因口角分離莉姒旋見婁四欲
仍為夫婦婁四不認亦不認資養其子莉姒告官地方
官賽勒細考其往來信函判罰婁四百鎊賠柯莉姒俾
其他適云
十二日辛亥鎮日陰霧迷漫不甚冷聞上月下旬曾由
日斯巴尼亜京城來電言西十月十ㄈ日由日國東北
角喀他婁尼亜府正南稍東之巴爾賽婁那海口觀運

五四

到盛鮮花大木箱十餘法國察訪官與本地巡捕疑而
開箱驗之每箱匿炸藥五七包不等箱皮所書寄文之
名姓非鋪店即貧家爾時附近一人業被捕獲蓋因法
總統不日往拜日王運此以備轟震總統盧貝及日王
阿芬搜者也以今時之局勢觀之天下各國之官場巡
捕皆宜細心竭力巡察預防一切蓋因人心不古為之
主者須防無君黨也
十三日壬子陰是日為西十一月初九英皇之生辰及
新美爾接任之期也美爾名墨爾根年七十四牛月前
率各晒里夫東請今晚戍初極樂堂晚酌因國君誕辰
希著朝服酉正余乘車至登樓左右排立之城兵唱號
舉槍為禮轉入大堂二官執細棍前引别一人高聲唱
名一路左右排坐之男女鼓掌歡呼登臺見美爾夫婦
握手問候畢轉立其左客到齊分路入飲廳其卓椅排
列同前三次惟人數則八百五十五正面一横中除新
美爾夫婦外為御任美爾夫婦樞密院首相外部大臣
夫婦律法大學士美國公使兵海二部大臣倫敦大主
教輩外國二等公使僅中國日本希臘比利時與暹羅

五五

而已、酒食禮節演說亦同前、次子初席散、飯堂別有男女奏樂歌曲、客廳改作跳舞場、蓋皆老城中人也、他人陸續登車各回寓、入夜大霧、

十四日癸丑、早微晴、午後細雨連綿、昨見八月初八日福建日日新聞內一則、謂歐美兩洲數十國、祇稅入口貨、不稅出口貨、其國中及其屬地所需之物、此往彼來、至二三四萬里之外、除有損人身之烟酒二物外、概不征抽、至出口貨、無論運往何地、皆為吾民所自造、豁免之、所以使工藝興盛、製造發達、以阜國民之則、以保閭閻之富、雖俄羅斯為老專制之帝國、亦須順輿情、顧大局、就此範圍云云、按以上所言者觀之、則各國待民仁厚之德重矣、然吾人之未經遍歷兩洲、未得細考其情者、不得僅以所聞一面之詞、而善言誇耀之也、今姑將在英所聞者、大畧言之、以使吾人知該國抽收之法、不在外面、而在內囊、英之土貨出口、固無稅、而煤仍有稅、入口貨、兔驗雖嚴、科徵雖重、而凡國人所必須者、仍無稅、意蓋以出口貨之為本國所必需、不欲多往外販、則收重稅以阻之、入口貨之必人所需、而本國所產無幾、則免稅以使源源常來不已、在內雖無人丁稅、而生產、亡故、婚娶、給名、受洗、皆須報官、花使費、凡房地工作、借貸等事、無論大小、立券即有稅、房稅、地稅、大小買賣稅、存產稅、進款稅、僕婢稅、銀號存錢利息稅、匯兌稅、承業稅、死人稅、襲職稅、職號稅、槍稅、狗稅、車稅、馬稅、戒指器具、房前車旁鑿畫世職名號稅、房捐、地捐、人口捐、街道捐、燈火捐、水道捐、巡捕捐、飯店按樓房地式有稅、火車按票有稅、船隻在本廠、按其大小馬力噸數有稅、以上各節、我國皆無、一旦仿行、則必轟然震動、而又曰吾民何辜、被此暴橫荼毒、較之歐美不有天堂地獄之分耶、又謂在中國有孩童老弱、僧道尼姑、為分利之人、而非生利之人、莫非外國不有孩童老弱乎、夫無孩童、何至老弱、無老弱、何得孩童、外國不有僧道尼姑、而闊袖黑氅之神甫、頭戴斗形白冠、目不斜視之貞女、又皆何人耶、又謂兩洲各國、無論男女老幼、通計每年每人入款多則二千餘元、少亦數百元、中國四百餘兆人、通計每年每人所入之款、不知可十元否、吾恐其尚不能至十元也、惜其不知外國情形、不相比較、外國物貴錢賤、而

中國乃物賤錢貴各節、故擅如此云云耳、並聞法京凡
鄉民之携活雞一隻或雞蛋數逾六枚者、進城皆有税、
其內地税務之重亦可知矣、
十五日甲寅、鎮日陰雨、微暖、倫敦城大人多每年男女
老幼之貧苦無事者數萬、入冬尤迫饑寒、眾擬共至首
相巴樂佛前、求其設法救濟、因恐男子或夥滋事、童子
被欺壓、遂由各區湊得老少婦人八千、前于初十日早、
各以大車載至柴苓十字街一帶、蓬頭垢面、破衣赤足
者甚多、皆按地分班、武官帶領巡捕彈壓、無敢喧譁、先
赴衛斯民司得哲池葛斯各教堂、坐喫茶點、繼至白堂
街之本地憲署、已相登臺、諭以將交議院竭力維持賑
濟等語、後退出、順途列隊由卜静宮前走過英國王親
見其苦、又前于十三日晚、老城新美爾在大阿森卜五
堂一飯本城苦民、入門有票、計二千五百、門外饑寒者
尚有千餘、各冀門票、儻有盈餘、博得一飽、持票入坐者、
各得紙袋一、袋內肉餅、油糕、麪包各一、平果兩枚、茶水
任便、
十六日乙卯、陰、聞上月底倫敦鐵舖會館太子妃領首
設會、任人施捨煖衣、計需三萬五六千件、分送施醫院、
棲流所、養濟院及各監牢、凡入會者至少須施兩件、在
英之欽定律館陳設兩日、備人觀覽、王施入者甚夥、有
羊皮襖、狗皮手套及毡帽、絨襪等、太子妃施小孩藍棉
襖、女工棉襯襖及絨花女帽等、太子施小孩絨襪手套
及羊絨腦包多件、每件綉太子埃達倭阿拉柏同贈十
个字、太子之女瑪麗亦施自做之婦女應用各物多件、
王后特助二千鎊、分送各區云、
十七日丙辰、鎮日陰霧、細雨淋漓、稍冷、英國著名優伶
伊爾伍英本姓卜洛得里、名罕里、係英蘭夏斯屯百里
城人、生于西千八百三十八年二月初六日、道光十八年習
貿易三年無成、至千八百五十六年年十八歲、遂去而
學戲、始于英國各府、繼赴美洲、至八百六十六年、同治五年
始至倫敦、遂聲名日起、八百七十八年、光緒四年自作班頭、
演戲、通國名人讚稱、至千八百八十三年、光緒九年十年四
十五歲、經英君主賜以寶星、封爵士、遂即改稱曰色爾
伊爾伍英、本年九月十五日在洛亜卜拉佛園中演劇、
戌刻將登臺、初乃行步躊躇、既而仆、經人扶入屋中、先

時有十五齡莫卜斯者在船行傭工善畫三日前繪就一伊爾伍英小影聞伊病急携入戲園務懇伊爾伍英署名于其上經人執入得伊勉強書之時為子初十五分也此畫將來傳入賽闈必為人所重賞而價亦必昂矣後以車載伊赴其僑居之米得籃店急延醫醫至伊死矣其家在庇喀的里街內司特拉比巷第十七號其妻與二子居之長子名罕里次子名洛瀾斯是夜店中入殮次日舁伊家中伊妻與二子收得英皇與后及太子倫敦美爾等慘惜弔慰之信十九日早開棺雕刻匠

二十

以白蠟按印故人臉模印畢即蓋棺以車運至苓池蕾路之勾勒得爾斯格林焚屍場英名克蕾妥里屍林麻堂門外一長阜置棺其上旁有機器關鍵鍥門開棺自寸寸拽入少頃空棺出鍥門閉牆壁一紅則屍骨成灰矣一小時後門再開棺再拽入則骨灰盛入棺中矣通場靜悄無聲蓋棺畢與同傳于本巷第十一號男爵夫人卜爾代庫滋萠覲家後二十一日出殯同日伊子并接暹羅太子弔唁之電文及法美兩國優伶之祭文前後共收花圈一百七十三個內有國君公主者各一大小共直五千

鎊衛斯民司得敵堂中所葬者皆名臣名士男女其中著名優伶亦有三四故擬葬伊于彼以耀之通堂容坐二千餘自此信傳出人之欲往觀望而致信堂中者萬餘二十日午後其二子與其三十年來所用之老男僕冠林森送其靈柩入堂沿途觀者甚眾官兵護送巡捕彈壓二十一日午正堂內唪經時國君派往代弔者為色爾蒲婁彬代太子者為副將色爾喀凌屯執罕片者為阿柏的音伯譚尼森侯卜爾杭侯色爾潘闊萬達木馬勒吉戴倭爾名優特立郃得馬皮迺婁羅柏森等一

二十一

切禮節奏樂唪經咸與他人者同西國之重待優伶乃爾故記之是日午正希臘國王來往文恣宮

十八日丁巳天氣如昨東西各國有一種筆跡冊見再述奇不同我國之專求名筆大書長幅也乃男女戚友之至契者互請書名姓于其上以作記念繼而添能繪者畫半幅能詩者題一首不善詩畫者寫數語邇來復有加將指印于名姓旁者已奇矣昨聞新出一種親吻冊頁為堪興坦街一女名伊婉姒所創式為厚書一本首篇敷可溶化之紅顏料一方後則可葛清分限界人書名

扳

姓畢、即口濡紅料、向名下餘紙作親吻狀、則上下唇即作紅印于其上、據云各人唇式寛窄厚薄圓扁短長不同、頗易分別記識、且書面題云、給我一接唇用以記存、又每篇首印數字云、貴莫貴於記人以親嘴、是書之作備也、將亦謂之文明耶、

十九日戊午、陰晴不定、聞倫敦比朔募款存司鐸衛街設一書手會館、名曰音格拉木蒿斯樓、極寛敞、共卧房二百零八間、外有飯廳、書房、烟房、打球房、洗澡房、且點電燈、并管擦鞋洒埽諸事、屋價每禮拜由八先至十五

二五二

先不一、其早晚喫頓飯者、每禮拜十六先、隨意點買者加三先半、客又須外付一鎊、作保護錢、其最有益于人一事、為禁人醉酒、又終夜有人看門巡守、各人有街門鑰匙、戚友往來亦可、戌正、韓鬧夫婦約飯、戌初余偕內人乘車往、入內見其夫婦與女少叙、後下樓入座、男女十八人、酒食豐美、唱酬歡甚、食畢登樓少坐、喫加非、後謝歸、時已子正、

二十日己未、早大晴、酉刻陰、按希臘乃其國之古地名也、英名海藍斯、現名戈里克、戈里斯國王卓志第二、現年六十歲、為英國君后之兄、丹麻王之太子、于一千八百六十三年、同治二年被選即位、時年十八歲、六十七年、同治六年二十二歲、娶俄國寛斯坦典侯之女歐勒戛為后、共生五子一女、昨日倫敦美爾在極樂堂倫筵請午酌、午正希王由文滋宮乘火車抵倫敦帕丁屯火車站、改駕四馬宮車、走敖斯佛牛蓋等街、未初五分至極樂堂、共卓男女八百十五人、食畢彼此演說數語、未正一刻出極樂堂、沿江堤走海徵園至帕丁屯火車站、回文滋、當日由火車站至極樂堂、沿途王車所由之路、左右懸旗結彩、

二五三

兵列兩行、巡捕彈壓、與昔之接待義興國君同、聞英蘭振濟無工苦人、自英后施二千鎊後、復由新城各善家及新報館、戲園、飯館、銀行、并他大生意等施捨、已至四萬四千五百鎊、又經各人工會公印憑票十萬張、分各苦人、內稱本人不求施助、惟望有工作云、通城各區至苦之民、選共九千、定于二十四日、處處經人帶領、于巳初會集于太木斯江畔、後將列隊下鄉、廣募協助維工云、

二十一日庚申、陰冷、記外國日三餐、而多重晚飯、肉食

既多、而無冷葷、卓皆鋪白布、各人一白飯單、一小白布、為喫鮮果淨指用、凡大讌無非排列鮮花、增陳銀器、罕有別出新意者、若人家請客不多、每經女主人巧思陳設、遂有不鋪大卓布、各人前置一小方布、盤下別一小圓布、皆本色綉花、有各人前置一五彩綉花絨布、方圓八角六角形式不一者、有鋪大白布、正中置一大盆、上插鮮花、圍以綠葉、四角與中心置六小瓷盆、每中實以冰乳、上覆勺勾臘作蓋、蓋中插鮮花一束、食肉菜畢、拔花啟蓋、按人匙分冰乳、亦頗有趣、有置淨水一大盤、或

三四

圓玻璃一缶、四面圍以青苔綠艸、而放油紙水禽、或小瓷鴨於其上、作游泳狀、有果品先置卓之中央而堆疊成山者、如葡萄、平果、桃李、梨橘等、飾以鮮花、圍以綠葉、五彩鮮明、凡讌客者、各座前卓上置一白紙片、上注座客姓名、以為次序、其字或寫或印、均可、此片間有飾以金邊者、近又一法、乃大玫瑰一朵、擇其平大之瓣、以電針刺人名、筆畫皆成白色、亦新式也、

二十二日辛酉、陰、霧迷漫、冷、前日午後、英皇與帝王在老文慈囿中打獵、英國有種土鼠、洋名木歐勒、緊毛黑色、短腿無尾、小眼閃爍、爪甲甚利、穿土作窟、曲而長、入地亦深、窟中土推出窟口、堆作饅首形、堆下頗深、人失足陷入極險、爾時因英君目注定一野獸、策馬直驅、馬蹄悞觸鼠洞而踣、槍柄折、君腿傷不能步、乘車回宮、電傳御前外科名醫卲武斯診視、卲云無大損傷、惟右腳折斷細筋一條、云新報所傳如此、余今日未刻乘車至卜静宮門右朝房畫押于簿、以申探問之意、或云二百年前英君璧良第三、一日乘馬在漢普忱宮前馳走、馬足踏入鼠洞踣、君壓于腹下、回宮三日而崩、故此次傳

三五

聞、人多憂懼云、

二十三日壬戌、陰霧、西俗不信鬼、而所傳聞者、又多與中國同、有婦名司悌爾者、生有二子一女、四歲、其夫故後三個月、一日半夜乍醒、月光中見女肩上一人手循手猝視、乃故夫、臥女旁撫女、此拭目細審之、則無所見、疑為夢、當時女醒呼爸爸、婦作聲曰、汝父已在天堂矣、既而母女同睡、少刻復聞其子連聲呼媽媽、曰見我爸爸立牀前、且言善侍爾母云、即時下牀然燈、察之房內依然、固閉、遂處搜尋、迄無踪跡、此事若在中國、則謂魂

憶家而探視也、又太木斯江引水人周安失足溺、同夥多人尋覓不得、因其身帶一小馬口鋏盒、係内盛其由特里尼的官署所領憑単、其妻不得是物、無法承其財産、數日後、有人領至某巫婆家、謂請招魂問事、使婦閉目静坐、巫婆在旁念念有詞、婦見其夫至、問其尸何在、言在格蕾伍森提外淺處、次日迯其戚友駕舟往尋、得之、兜中小盒未遺失、亦未傷損、婦遂得養餘年、又倫敦某戲園管臺人哈里森夜夢其滿柴斯得城之同學友卜拉蒐至、面目慘淡、項結布帶、手指項間、欲言不得、既

而驚醒、次早急坐火車至彼、見其妻、詢之、知其人卧牀兩日未起、昨夜忽作譫語、乘人不在時、竟用白絲自縊牀邊鋏架而死、一人名佛斯特爾者、性嗜蒲樗、屢邀至契于家、終夜賭博、其妻竭力規勸不聽、因之患病、氣息奄奄、仍厲聲規勸、伊遂誓不再賭、其妻故後年餘不賭、覺無聊賴、一日約友玩牌、以消寒夜、由戌刻至子正、彼此勝負不分、正暢賭間、倏見其妻偶立其旁、面色慘淡、低聲斥責、佛戰慄瞪目結舌、遂散局、一人名霍爾奚寄居姊家、某禮拜日入堂不歸、其姊夫弟兄尋覓多日、婦

乃連夢其弟三次、黄面閉目、兩腿皆折、訴云為姊夫弟兄某月日某處所害、屍盛布袋、拋之河、請姊撈屍歸葬地、婦無法、告于消翁、不可、且云若事犯、則汝之子女皆孤、無人養育矣、婦遂已、冤魂含憤、去而入夢於其友事發、遂得直、當蘇蘭瘧疾傳染時、武官巴克爾家寄到一包、拆瞧驗人、謂昨有人令為貴宅做棺材一口、巴謂我家人口平安、我長子現在二百里外、何出此言、爾為何人所覓、匠言聞邁接其子凶耗、昨日某時病故、巴又問包拆驗人、昨日覓汝者在何時、相貌何如、據包拆人

所答、則正其子之相貌、與其子之身故時也、德國男爵柯曼罕言、在德國某城、凡人將死、必有先兆、乃在手帕頭枕被単等上自有黒十字數個、水洗不去、送交藥學化學各家考察、亦不得其詳、必待其人瞑目、字自消滅、云在克倫城、有埃達倭者、向與名李特爾者至契、始則朝夕不離、繼因彼此工業不同、遂不得屢見、乃二年前李特爾病故、自上月埃達倭患病、數日前病篤、本家及其至近之親朋終夜圍守、某夜忽聞有人大呼曰、我友埃達倭陽壽已終、請與特爾同登樂境、衆聞、趨至窻前

外視但見皓月當空樓舍參差而已病人即開目微聲答曰我聽見矣當同往言畢瞑目而逝英人司磐者家有打球卓據云前晚卓上三球倏不見少頃其一自棚頂墜卓上餘落在南北壁下各一明燈照耀他無所見也忽白粉一由自起在卓面綠毡之上畫號碼若干卓上一打球棍忽自移行卓後懸空如衡似有人兩手奉遞者椅上置某婦之皮披肩一件徐徐自起披婦肩上婦驚倒又法人即碧葉者某夜乍醒見一青年男子立其旁審視為舊友葛尚然其人故已多年初頗恐繼而

三一八

交談述其生時所學之格物化學葛衣裝氣色如平生天將明隱隱而沒甲乙丙三人共居皆在鋪行充書手者甲乙同畜一犬名卜拉扣甲因事外出久而不歸犬遂不食而瘋旋被人以槍擊死甲在外一日晚餐犬見于門外而內窺甲起視之卜拉扣也呼之犬搖尾繼悟犬已死趨而細審實是犬正詫異間犬忽不見甲回見乙述其所見乙謂同日所見者與甲同惟隨犬走出至其埋處而沒丙聞二人所言頗譏笑之一日丙在他間鼓琴甲乙忽聞呼叫聲驅視之丙謂適見卜拉扣來至琴旁且覺有涼物觸其足以故驚呼三人乃感其情同送一花圈于埋處始不復見云美國管庫官賀思本幼年孤苦在紐約城寬街旁第百七十七條衚衕賃住樓頂一間同居者為古氏母女女名愛奴貌頗都後因咳嗽日見軟弱焦瘁賀則朝夕設法扶持協助之一夜忽醒見該女立其旁賀問曰天明耶汝來喚我耶女答曰現將遠行特來告別且汝前途遠大旺運將興言畢不見賀以房門關鎖何得竟入往驗門鎖依然正詫异猜疑之際突聞隔間悲泣聲天明著衣往探則女昨夜身

三一九

故其母哭哀也女魂預告之言是後頗有驗云計余所聞皆無索命害人之鬼是則西國之鬼乃多善良也一笑

二十四日癸亥早大晴午後陰倫敦城內御前短槍營各武官每年冬季讌會一次名曰營讌去冬余曾一赴茲經提督滿克立甫等复以柬請今日戌初讌於賽西店酉正一刻乘車至見各武官及副將鄧飛遊擊來德立敘少刻入座卓列皿形人則百十七本營武官著紅衣者七八十他皆客也彼所謂外國之客則僅余一个

人首座爲鄧飛，坐余其右，屬衆中第一座。樓上營兵奏樂，將餐及餐畢時，皆經遊擊門森立起，率衆垂頭喃喃數語，以謝天賜食。後衆齊立舉杯，恭祝國君之福，樂奏天保國王。再則鄧飛演說一段，盛稱通營新舊武官和睦同心，營務日有起色等語。後又率衆舉杯祝余之福。余繼立起，答陳數語謝之。言畢，齊鼓掌歡賀。此後有二女六男陸續歌曲、變戲法、說笑話，皆可人意。亥正謝歸。武官一排，各人握手送別，晚爲之酸。入夜大霧。

二十五日甲子，陰霧，冷，河水結冰，入夜霧尤稠密。客人携狗住店，倫敦各客寓之規章不同。如賽西店設專屋備狗窩，每日二先半，備專食者外算。薩外店亦有房室羅列狗窩，其養在所備房內或係哈吧狗之留在本屋者，皆隨時定價。格蘭店不收狗，須別存附近馬號中。惟格婁伍訥店只收哈吧狗，每日二先半。柴苓十字街店存養樓下之狗日二先半，存本屋則五先。店規禁止帶狗上樓，然私袖其狗入室者，婦女恆有之。聞英王微恙痊愈，昨日回倫敦。

二十六日乙丑，早晴，午後陰霧。近日新出一種飯館，名歐璨蕾斯托蘭，意爲洋面飯館也，創自倫敦喀勒巴大店，係在大西洋往來各船上開頓飯館，以便客之不喜本船所備者。店行與船行互定規條，各船特備一廳，專售頭等美餐。船客欲日食洋面飯館者，特買專票，船行僅收船費，乃按日少收十先之飯費。其日食船上所備者，間或改食一頓，或在飯館請同船之客，則兩行互相折價。其定價早餐三先，午酌亦三先，晚飯四先，既爲公平便當，且專廚工精也。聞有漢美行之阿美里喀輪船，初由紐約回漢柏爾，昨日經過浦來茂斯海口，據云此法初創，而了理頗善。往來共用肉三萬七千二百觔，魚四千八百九十觔，雞鴨共七千四百觔，麵二萬九千七百觔，果品一萬二千五百觔，牛奶三千五百升，雞蛋三萬七千個。計其水程往來不足二十日，而食物如是之多，亦足見海客之多、商業之盛矣。

二十七日丙寅，陰雨障陣。昨日由英禮官來赴告信共兩頁：一稱奉君諭，自本月二十二日（卽昨日）著在宮中爲魯克森堡公著素服兩禮拜（地在比國東南德國正西自主小邦）；一亦自昨日始爲比王之弟王爵費里林著素服一禮拜。函則

外封加黑邊寬約二分內兩頁無之、又歐北界瑞典國
本係瑞典、諾爾啵兩邦合一、瑞在東而諾在西、近因議
院分爭、諾遂思分立、初擬立瑞王太子、即前月娶英寬諾郡主為妃者
瑞人不允、乃改迎丹國太子查里斯英王之婿、前于二十四
日查里斯與妃同請丹王克立斯堅允准之命、當日丹
都扣噴海根通城懸花結彩、十一點半同入阿瑪連柏
行宮、隨有諾爾啵大員博爾訥等同立王前、博先宣云
今謹請陛下允准太子查里斯受加諾爾啵王冕、丹王
曰可、繼向太子與妃接吻、作喜額狀、後出宮登四馬金

四十二

車、有忽賚爾兵前引後護、再入阜志王宮、對諾爾啵人
誓曰、寡人在諾爾啵當必永存信守云云、次日午正至
諾京克里斯加那即位、稱曰哈寬第七
二十八日丁卯陰、倫敦汽車創自七十年前、其法不備、
未得盛興、十年前街市始見二三乘、客亦無多、邇來一
二年間則往來日夥、或云現在通國共有三萬餘輛、且
步隊亦有汽車營、不僅兵能駕駛、更能自造、工既精熟、
無慮臨時之人修理、城中亦有汽車會、英名教投謀比
克勒卜、又名英愛汽車會、蓋至今蘇格蘭尚禁用之、三

島尚各執己見、通國一心之說、未必爾也、此會循年遞
議一次、本年為其第八次、于今日戌正設諸賚西店、半
月前會首驂色蘭公率眾柬請、今日戌初乘車至彼、下
樓三層入客廳、見代首座司丹力人眾陸續到齊、按班
雁序進飯堂入座、卓式橫五縱九、作[illegible]形、人共五百五
十九、美國公使坐首座右第一、余坐其左第二、凡此首
橫者皆世爵文武大員、各卓陳列鮮菊、盛以柳條造之
小汽車、四輪能轉、工頗巧、樓上奏樂、酒食豐饒、食畢首
座立起舉杯率眾恭祝英君之福、樂奏天保國王、此後

四十三

少坐再祝　后、太子、太子妃、及他各王族之福、樂奏如
前、喫加非時、奉各座菸捲一匣、匣外金字兩橫書云某
年月日汽車會讌作記念也、繼而人之陸續立而演說
者十八、各皆萬言、子正始畢、盛會也、
二十九日戊辰大晴、今日墨蕾請午酌、巳正偕內人率
縈驥與孫女乘車至倭特路火車站、買票登車即開、午
正抵艾崗村、下車、墨蕾以馬車迎入其家、地名羅泥梅
園、入內見其妻女坐談、閒看其所畜之哈吧狗十餘、皆
可愛、北種也、入座同席有葛蕾立德二位太太、本定今

日往謁老君主墳、遂在倫敦利貞街花鋪定做一大花圈、周八尺、輳以銀菊、頂上立五朵紅菊并葉、統作形、盛以扁木匣、糊以白紙、價三吉、晚半云、食畢、遂同坐馬車、先西行、繼轉北、順大道直馳、共約二十里至文淧宮東稍南、至福洛格壘爾下車、有守陵官牛特迎進鉄柵闌門、內一小花園、正中一白玉石亭、正面如龕、寬二丈餘、高約三丈、四面八角、四方四圓、地基作方圓合併形、頂上中一圓頂、四面石臺、前面四石柱、柱前石堦六級、柱後壁中一門、大致與前在德國所看國君墳其

四四

式同、亭內作長方形、四壁上下、花石攢墁、五彩鮮明、入門步數武、正中一白石臺、高五六尺、寬四五尺、長逾六尺、上仰臥二石像、左為老君主維克都里亞、右為君主夫阿拉柏王、皆頭向內牆、腳向亭門、余先恭置花圈于君主一邊、繼登左邊所立之木梯看石像、鑿工精美、甫看如生、距此臺右數步外、另一小石臺、右近石壁、高約二尺、寬如之、長五六尺、上仰臥大公主阿麗奴之石像、懷摟小孩、按公主生于西千八百四十三年四月二十五日（道光二十三年）、六十二年七月一日嫁于德國海斯邦大公爵路義第四為夫人、故于七十八年十二月十四日（光緒四年）、生有四子二女、次女阿麗克奴即今之俄后、當時子女皆患白喉症、公主處處自行照料、其三子二女先愈、其四子病、公主溺愛、屢向之接吻、致被傳染、醫罔效、子死、公主亦死、故此石像懷摟小孩也、看畢、步出、牛特復引入文淧宮中賢卓志教堂中一覲、此中葬有歷代國王王后及現在英皇之弟與大太子維克多等、有分葬者、有男女多人葬於一處者、有做石棺者、有僅地面覆烏石一長方、上刻白字、書死人名姓官銜品位者、看

四五

畢、齊至車站、握手謝別、登車、即開、酉正回使館、

三十日己巳、早風雨交加、午後雨止風息、陰晴不定、暖、原醫之始、本為療病救人、非專作一種博鈔之營業也、目今中醫不經考試、自貢其能、或有多索馬錢、復以路遠而加添者、固已非矣、西醫係經考試者、馬錢有定額、豈不以為便人計哉、乃視其門第品位而加添、且任意索求、了無定數、由此以觀、醫為爭利、中外同矣、記前晚在汽車會之年讌間、駱五覲演說中有數句云、汽車撞人殞命與否不定、而未有索錢者、強盜劫人、刀置頭上、

猶問曰給錢耶、送命耶、醫生則不然、既要錢又要命、是言也、雖為刻謔、竊恐天下之庸醫皆近此也、又聞德國巴坦堡王爵魯伊斯、于本月中往遊紐約、以其牙不甚壯觀、二十四日特延本地著名牙醫戴立為之改補、乃補一新牙、撥正四牙、王入座三次、共需時不及十一點鐘、竟索費至二百鎊、王遂如數付訖、以後經人傳述、通城著名各牙醫會議、謂歷來五吉呢一點鐘、即為至貴之價、十一點鐘之工、索至二百鎊、須令戴立詳細分解、之戴立聞乃置之不理云、按治牙索二百鎊、合庫平銀一千六百兩、固屬額外擅索、然據眾牙醫所言、一點鐘五吉呢、已合庫平四十二兩五錢、亦不為不昂也、入夜仍雨、大風尤烈、

四五

十一月

初一日庚午、早大晴、午後陰、日斯巴尼亞國王阿芬搜上年原擬娶英寬諾郡主覲為后、繼因彼此所奉之教不同而止、茲聞又擬娶德國巴坦堡王罕里夫人之女幽貞尼為后、女乳名埃那、現年十八、生于蘇格蘭、賦性聰慧、品貌甚都、不日母女將由英蘭赴支布洛塔、再至日國正南臨海之阿吉希拉斯城、以度隆冬、以備日王頻往晤面、而得彼此情深也、何時成禮未聞、按巴王之夫人、英君之妹碧阿蒂姒也、生于千八百五十七年四月十四日（咸豐七年）、現年四十九、前于千八百八十五年七月二十三日（光緒十一年）、老君主維克都里亞命嫁于巴王罕里為夫人、千八百九十五年（光緒二十一年）、英與南斐洲交兵、王精通水師、自請赴敵、英主允之、未料斐洲天時不正、次年患病、旋車時故于途中、王遺子女各二、長子名阿柏爾、次子魯伊斯（即昨在美國補牙者）、長女幽貞尼（即將嫁日王者）、次女倪那達、

四六

初二日辛未、早晴、午後陰而細雨陣陣、聞上月二十九日諾爾嘁新王與后由丹國駕諾國官船展輪北行、一路雪霧迷漫、至其都城克里斯加那、尤甚、因其地為赤道北六十度也、未初登岸、礮臺聲礮二十一、迎迓禮也、雖霧濃雪厚、而男女蜂擁、歡呼震耳、太子歐樂苐現十歲、國民見其手中無物、遂令他孩之手舉諾國國旗者遞之太子、接旗歡樂、稱謝、當時通城燈燭相耀、極繁華、有一孩于街市間拾得國王于下船登車忽忙之際所

遺之犬親送入宮王與后同下樓覿面道謝又通城各學幼童公送太子北極白熊皮一張此等西規在外不多遇特記之

初三日壬申陰暖西國歷來興辦人命保險保火險後有爲其犬馬保險均與賭錢相似視乎彼此運氣近又有爲善歌者保咽喉險善舞者保脚指險善鼓琴者保手指險據云保指險之常價乃失一手指賠三十鎊一脚指四十鎊聞著名樂師古貝理善拽四絃拉琹其兩指近保二萬鎊之險設其手遭險而非指落則當其不能譜樂經醫施治之期内每日賠補十二吉呢如失一指賠一萬鎊保險日奇不知將來何所底止

初四日癸酉陰戌初乘車至白堂街美特㬰普店赴御前學士會之年讌桌作皿形同坐二百二十三人首座雷立侯其左右爲余及土俄奥德丹麻希臘等國公使再則諾佛布蘭公樞密大臣巴樂佛并多侯伯世爵除本會人外又有各國各屬地及各城各學院之名士中有俄國天文名士叫代立甫者年逾古稀會中特邀來此贈以紅帶寶星食畢先立祝國君之福繼祝君后之

四八

福再祝太子太子妃及王族各人之福以後由首座及他人陸續立起演說者十二詞甚長大指無非天文地理格物化學等類學術子正始畢

初五日甲戌陰而細雨陣陣戌初入老城至倫敦橋北喀楠街之扉什蒙格爾霍勒義乃漁戶會堂赴製造紙牌會更換會首之年讌本年新會首爲使館鄰人色爾卜喜慶也此會堂白石樓房高大宏敞裝飾華美比于府第登樓見卜君握手畧敘寒暄繼立其後陸續客到齊共二百五十六人乃依次序兩兩入飲廳桌設皿形首坐卜

四九

君在横桌正中坐余其左第一座倫敦美爾坐其右第一座其他客爲本任晒里夫前任美爾及他世爵文武官員食畢先將一銀大花盤周約四尺者内盛香水滲水拭唇再後以大銀斝傳飲互愛酒覩當時在正面添設大洋琴一架先齊立舉酒恭祝英皇之福再祝皇后太子太子妃及王族各人之福皆鼓琴譜天保國王三則同祝大清國

大皇帝之福祝畢余即起立陳說一段謝其優待深願兩國

友誼日敦等語言訖、衆亦擊掌敲卓歡呼一陣、後時而演說、時而男女四優伶鼓琴歌曲、凡演說者無不稱水陸之雄、上下會堂之公弁主客互相讚揚所能于初始散臨行各贈紙牌一副、第一頁背印本年會首之像、其他逐頁背皆印洒勤森像、蓋以本年爲其立功之百年處處書其名畫其像以醒人也、此會二百年來已無本行中人、惟以歷來所存之款、用以行善而已、瀕行贈紙牌則亦不忘本也、

初六日乙亥、陰霧、半月前、善士柳坡請于前初二日申

辛

正在上細墨街路南司田街堂中聽樂、募鈔以助貧苦樂工、座劵直每人七先半、購兩劵、屆時率孫女乘車往、屋不大、容男女三百坐、樂亦平平、少坐即歸、又本年夏季、義國正南左右臨海之喀拉布里亞府之多爾衛山一帶地震、傷人甚多、凡本國人之在外邦者、多設法募資以賑、倫敦住義國著名女優特蕾碧尼者、自上月中旬、寄來兩票請施助、每票一吉呢、余買信局票如數寄去、後又來兩座劵、請于前日申初在阿蓋街第十八號堂中聽曲、遂亦攜孫女往、堂式等于司田街、男女陸續

鼓琴歌唱十次、皆佳、特蕾碧尼年近四旬、歌喉尤宏亮可聽、

初七日丙子、鎮日黄霧、倫敦善人自二十五年前五一收拾游蕩失羣會、英名衛夫斯安司特蕾斯搜賽伊的凡街市貧苦無依及其父母殘虐之小兒女、經會中收養者前後不下萬餘、現擬添築樓房、但鉅款須四千五百鎊、應設法廣募、倫敦大教士畫押立簿、有願施捨者、祈送交薩烏艾街教士盧多萬云、又已故武官渾特爾之妻兜臘者、素稱善人、保養小兒教門新報所稱爲養

圭

母、蓋代爲孩童之母也、獲利甚鉅、凡在外傭工或事務繁累之人、多以撫育兒女爲苦、乃月出資而令人代之、業此者、不僅兜臘一人、而索價多寡既不同、因之所供之衣食亦不同、兜臘則每收養一孩、于兩三日後即轉交他婦之索價稍賤者、而按月獲其餘、不意于上月某日、有一不知名姓之婦人交伊一孩、付以三十三鎊、求暫養、當時係在喀爾的弗村、婦去後、兜向一酸溪村婦商令代養、價未商定、兜乃暗以帽攣勒孩死、擲溝中、幸被一暗察事人訪知、送入官廳、昨經官判收監十年、兼

作苦工、兜臘陽為行善、而陰很如此、不知所奉為何教耳。

初八日丁丑、陰霧、如昨冷。時近西國耶穌誕及新年、遂別創兩式玩牌法。第一曰彌勒托爾（本義詳設）、如設四桌、桌四座、男女各二、每桌為一國、桌上立一木做衛所、上豎本國大旗、四圍插二十小旗、各桌互換一男、作為出本國入他國戰爭、彼此打牌、勝者即奪彼國小旗一、奪旗最多者為第一強國。有時請四國相識之契友以為戲、雖不賭錢、而甚于賭錢、蓋奪旗多則於本國增榮耀也。第二曰斯蓋（義蒼天也）、一副五十六頁、分紅黃藍綠四色、每色十四頁、各牌點數亦由一至十、外加小月牙、大月牙、半月、圓月四頁。惟黃色中缺一、九數、而以一大紅圓點代之、為日、其他四色各點皆為星、日月星畢具、故統呼曰天。其中以日為至尊、管轄各牌、其他各色皆由圓月按次轄制、至一數為至小。鬬牌時男女或五六人、或七八人、每人旁置小銀碟一、每次各置一錢于碟內、按人分牌畢、手中有一點者先出、擲于桌心、依次有能管者擲之、無者喝過、容其後者隨擲、通場以手先空者勝。

五二

贏者收錢、法乃手中留無日牌者、先取各人碟內之錢、再向各人按手內所餘之牌點數索錢、條一點一文。惟向其本有日牌者索加倍、若勝者手中本有日牌、乃向各人手中牌之點數索錢、亦加倍。斯亦勝於飽食終日無所用心者也。

五三

卷十九終

八述奇卷二十

鐵嶺張德彝在初隨筆　潘士魁校

光緒三十一年十一月初九日戊寅、陰、霧、冷、英國海關稅則、歷來進口各國貨稅頗重、英地窄人稠、應用之物、如肉菜果品穀糧、多自外輸入、稅重則無益於民、六十年前下議院紳董冠普屯創議、凡他邦販來之貨、非所必需之菸酒茶葉各品仍納稅外、此概行豁免、命曰無稅生涯、議遂行、諸物價縮、人民便之、至今舉國苦民以敬神者戴冠、然彼時屬地所產率多蕪雜、且無便運法、各國來貨既多、其直既賤、反滯土貨消路、今土產日盛、貿易日多、販運得宜、有無相輔、上年章伯綸擬仍重收外貨進口稅、而輕各屬地之貨稅、俾利不外溢、并使土貨製造復臻繁盛、稱其法曰寅愛屬地、通國到處演說、有稱便者、然貧民尤苦之、章謂食物加昂、所差無幾、而國之工務盛興、自無向之多游閒工匠、工多價足、食物畧貴庸何傷、外部大臣藍斯瑞與首相巴樂佛咸謂不必一律加重、須視邦交之厚薄、彼以何等待我、我如等報之、議院之同黨皆須一心、事方易辦、大員巴訥曼者、

巴樂佛之黨也、乃咬多人從寅愛屬地之議、于是巴之勢微、恐事掣肘、遂于今日告退、別選何人未聞、因而國人由此創一種紙牌戲、護同黨以敵二黨、牌頁五十二、戲者四人、分為四黨、曰如等以報、曰無稅生涯、曰進口外貨、曰寅愛屬地、四黨實則兩黨、蓋流分源合、有暗助以使其成者、寅愛屬地與無稅生涯相維持、如等以報與進口外貨相聯絡也、牌上數由一至十、除數外、可任意畫什物、貨物、或遍諸黨中人之小影、分牌各八頁、其餘壘置卓面中心、余所聞者蓋如此、

初十日己卯、早晴、午後陰、入夜雨、英國紙幣、每頁橫七寸、縱三寸五分、淨棉造紙、其色月白、中嵌暗花并字、他國幣紙、多由大張裁成小頁、是紙乃按張自造、僅一張橫翦成二、故凡票之三面毛邊、一面齊者方非偽鈔、每張印成、必經五六人各印一類、遇有遺失錯誤、各職所司、銀行新鎊票、如五鎊、十鎊、二十鎊、三十鎊、至百鎊、各有分匣、出匣再回時、即為廢紙、雖當時經人索換零票、整票其舊件亦不收回匣中、即于票後註銷票之轉回銀行、亦即照廢紙例按號入庫、婦人專守之、以備考察、

凡票之已入庫三年而無事故者皆焚燬之

十一日庚辰晴倫敦舊有成衣會及皮貨會兩會同在老城因爭先故不睦四百二十年前當英君里察第三即位之首年四月初一日西歷一千四百八十三年中明憲宗成化十九年經倫敦美爾畢斯敦等從中調處令之相睦并令以後每年于耶穌再生節前兩會為首之人擇日互請一次以敦和誼客冬余曾赴成衣會之讌今年復請係在是月底已致函辭謝惟皮貨會之邀係今日戌初在老城內稻葢山地方之皮貨會館晚酌此會英名司金訥爾斯

三

此二會與製造紙牌等會同每年所餘之錢用以施濟余于酉正一刻乘車往至下車登樓見會首駱乜握手問候畢少立客到齊按班兩兩入飯廳卓列冂形人共八十七坐余駱乜之右為第一座其左第一座為成衣會首馬克燧再則水師提督司閣馬隊將軍羅蘭斯并他世爵及兩會中人教士謝天賜食畢齊坐酒食豐美食已復經教士立起謝天食閒樓上逐陣奏樂繼而舉杯恭祝國君之福再祝君后太子太子妃之福前後樂奏天保國王末奏中國國樂後則二男二女陸續鼓琴歌曲再由首座諸人前後演說叙畢水陸軍營稱讚兩會和合駱公并立起先頌余一場繼率眾舉杯祝余之福余再立起陳說數語謝眾優待之情子初席散轉入別閒喫加非一盞別時主人贈客糖果各一匣

十二日辛巳晴倫敦各戲園雜劇館樓頂末層皆有立處價極廉以備衣冠整潔之貧人觀看然各園人立無定數地方官恐其擁擠擬度各園頂樓之大小限定立人數俾免人氣薰蒸致疾其各出園之路并門外站立待車各處皆擬設法區分以免淆亂又凡戲園起火多

四

由後臺故現在各臺前添用一種火浣布簾以障後臺之火此簾每於演一齣畢垂一次以防滯澀而用時不靈是布即不灰木產自異國土人用所製汗時不以水洗而用火燒火過而油膩自淨各園于各層樓三面多開四門每上横一玻璃燈窗上書一開字此門平日不開遇事自開便人奔避也

十三日壬午陰雨英國有種碎肉餅名曰民斯派時人所造日求節省味甚劣且時人亦漸忘老年老婦持家造餅之法有人將舊法三種登諸新報俾人知其多費

無幾、而有益於人、一、脂油一觔、平果一觔、乾葡萄一觔、碎牛肉一觔、糖一觔、珠菩提觔半、柚皮十二兩、香料四兩、二、上等瘦牛肉觔半、加荳蔻桝末及鹽各少許、用少水煮半熟、再用乾葡萄、黃糖與橘子各一觔、檸檬皮半觔、香櫞皮三觔、索子葡萄三觔、上等平果六觔、香料鹽等共二觔、各味切碎、攙於一處、盛一盆內蒸熟、可由今年天主誕日至明年天主誕日不壞、賣價六先三索子葡萄、乾葡萄、珠菩提、平果、白糖各一觔、甜杏仁四兩、荳蔻一枚、薑末一小匙、香料兩小匙、橘皮、檸檬皮各一、皆切碎、蒸熟後、晾收一月、仍可食、苟用機器吸盡天氣、置于乾燥之地、亦可供用一年、用時照李子餅法、亦燒以灰斯凡哉卜蘭的酒、

五

十四日癸未、早微晴、繼而陰霧、入夜尤甚、車不敢行、連日倫敦一城陰暖、而四外清爽寒涼、蓋城內房密、比時人衆、而煤火多、雲霧遮蓋、天氣故暖也、察西國駐紮公使之品位、妥定自西歷一千八百十三年、嘉慶十八年由法皇那波倫第一敗後、各國同在奧京維也訥議定、乃頭等公使代國主、二等公使代國人、三等公使祇代本國之外部云、

十五日甲申、黃霧迷漫、對面不見人、白晝然燈、汪伯唐自八月二十二日奉
旨後、久住美都、前于十月初三日始奉外務部來電、稱接任
辭任
國書本日由文報局寄英、爲之計算、當于本月二十前可到、遂即電達汪伯唐、繼接其來函、于十一月十五日履任、十一日由美國抵法國哈伍海口、見三述奇十四日來英、因即行文英外部、請爲知照海關免察、昨日忽接汪伯唐電、謂改于十九日來倫敦、二十日接任、當係初到法京、稍作勾留也、又英外部函稱奉君諭、定于本月十八日、中二十二日請貴大臣謁見、時刻容日奉達、度其欲見之由、因八月二十日曾由內大臣諾勒斯傳諭、願與余得再一見、且現耶穌誕辰在邇、英皇將往葦勒貝諸處、幸坡蘭堡等之別墅、故於
國書未到而先見、亦優待之意也、蓋新任既到、而國書未到、前任便可辭行、其謁見與否、出自國主也、

六

十六日乙酉、早微晴、巳正大霧、酉初稍霽、上月郵政局

來信為賑濟信行人之孤寡子女請賞今日戌正一刻在奎印堂聽奏樂歌曲之座票因買四頁共合一鎊乃分交王杳圃陸澤生等往聽至巡捕廳所化賑濟巡捕之孤寡子女之聽樂票係在本月底雖買六張乃分給本使館各洋僕閒英廷首相選定巴訥曼各署大員于前日始經巴訥曼請齊當日英王由克立柴城回倫敦原任各員入宮繳呈印信新任各員由宮中領印其新任法律大臣為李德家部大臣葛拔森外部大臣葛蕾今早接藍斯瑙葛蕾各一函藍侯述其交任葛蕾述其

七

接任并云擇于明日西十二月十三日在署恭候各國公使會晤遂即答覆兩函一道謝一言明日當往拜見又匯豐行總辦陶斯恩之女出閣半月前陶夫婦來信言小女周斯答許嫁教士卜拉賚為妻擇于十二月十二日未正卿今在皮訥爾郵帕里什堂中成禮後在哈禪巷之歐都伍別墅本宅恭候駕臨敬候回音余因汪伯唐原定昨日接印當即致書慶賀并送伊女冰紋古瓷瓶一架綉花手帕荷包成對

十七日丙戌早大晴午後霧申初一刻著官服乘車至外部登樓入大廳晤各國頭二三等公使已陸續到齊此次外部新任葛大臣會晤除各頭等公使外其他不按當日進署之先後乃按朝會覲見之次序故待至酉正始經請入客廳相見彼此握手問候余并言特來致賀新任汪大臣將于十九日到倫敦擬次日午後偕來一見繼而少敘辭出此等會晤公服便服無定規致參差各半義丹土和日本海地等國皆便服然主人既公服賀者似不宜便服也

十八日丁亥陰英耶穌誕節之李子糕向為紫色式作

八

饅首形現誕節伊邇埃駱佛爾鋪改一式冀多出售名曰紋勒洛格意乃誕日祭爐燒用之木凷也模作長圓形大小任便周刻木皮出筵成圓木一節其所用之料乃淨白碎脂油二斤碎麪包二斤白麪一斤平果半斤切片珠菩提乾葡萄索子葡萄冰糖各半斤糖橘皮香櫞皮各四兩皆割成小方凷薑與杏仁各二兩橘子檸檬汁各一兩香料半兩雞蛋三個勒木或卜蘭的酒半升司稻達酒一升三種酒皆中國燒酒類各物和一處傾入模中蒙以白布或蒸或煮六點鐘即熟糕中并無李子而葡

葡居多、可易名曰葡萄糕矣、又因汪伯唐明日來英、連日收拾安置、今日始畢、酉初率眾移入大中店、舘
十九日戊子陰、早接汪伯唐由巴里來電、謂今日晚五點鐘到倫敦、酉刻余偕馬參贊、呂學生至維克都里亞火車站候、至五點半方到、下火車後、同坐馬車至使館、彼此暢叙、己往因彼初到、一切未齊備、余之厨役已去伊之庖丁未來、遂邀汪星使、陳參贊、呂學生來店中晚餐、
二十日己丑、微晴、寅正汪星使接印任事、一切交遞清。

九

楚、申初偕伯唐乘車至外部、見葛當坐談片刻辭歸、近有英后著詩詞一册、英皇書後坊間印成出售、國人所珍、男女爭以先覩為快、初印五萬本、三五日售盡、現補印二萬五千本云、
二十一日庚寅、陰、倫敦電汽公車日多、邇來通城共有二百餘輛、又汽車千輛、不惟車輪聲、鳴鐘聲、吹哨聲、噴氣聲、使人朝夕不安、且街市往來行人更須格外小心、前晚亥正一刻、格婁伍諾坊、一電汽公車竟悞行突入維克都里亞火車站對面之泰樂堪珠寶店、店內三人而僅一門、欲出不得、車頭將門窗玻璃撞碎、珠寶鐘表震落滿地、人幸未傷、巡捕等及從人將車拽退、鋪中始得收撿一切、
二十二日辛未、晴、前日午後、英外部來信云、英皇諭于十八日即今日午後三點鐘在卜靜宮候謁、今日未正、余著公服乘車入宮、有禮官迎入正廳少坐、經外部侍郎士得森前引上樓至他間、入門三鞠躬、至其前止步、宣言曰、本大臣此次在貴國蒙雰雰優待、得使本大臣平安卸任辭任

十

國書未到、乃蒙先令謁見、不勝感謝之至、
國書到後、當由接任大臣代遞、言畢、英皇伸手相握、問候數語、并云此次乘船回國、甚願一路平安、言訖、復行握手送別、遂鞠躬退出、至正廳向各禮官謝別、並留一刺與內大臣諾勒斯辭行、出宮順途至使館見伯唐、少叙、
二十三日壬辰、陰、戌初余約汪伯唐、陳安生、尹元輔、呂學生及馬清臣伊現告退定明早回往蘇格蘭在本店晚酌、一以餞別、一以湔塵、英國罪犯入囹圄、其妻與子女在家無人贍養、艱于衣食、曾經教堂義會中善婦、倘得爾者設法賑

濟使有工作既得温飽且免離散現值隆冬又因耶穌誕辰昨晨巳訥街之賢樂克思堂傳集老幼婦人二百餘名給飽食一頓并舊衣一二件善舉也

二十四日癸巳陰戌初一刻汪伯唐約余與陳尹二叅贊并王香圃繼旭生陸澤生在店晚酌時因耶穌誕辰倫敦通城各鋪無論大小何項生意一月前無不極力修理裝潢其半多小孩玩物及乾鮮果食糕點之鋪其他各鋪牕上皆貼有招帖云耶穌誕辰禮物有大鋪因照顧之人太多于是設法收入門費乃凡入門者先

十一

付六本士買一入門票在内不買則枉費半先若買則于第一件價内繳還門票明值一先則僅再付半先如是既入門則不得不買苟不買而鋪反另獲餘利誠奇法也街市小攤亦多另設新法招人照顧即如稱人身體者每次一本士乃稱後請本人猜其所稱之分量如果不差即將銅錢奉還亦頗有趣

二十五日甲午晴近日耶穌誕節各鋪之物貴賤不一閙在牛費街之阿斯花珠寶鋪中一日銷售甚多有鑽石項圈一箇價二千鎊摺扇一柄一百鎊在里敦霍布

廿

所售除鵝鴨外共有火雞兩億中有重四十二磅者養僅二年有不足一年而重三十八磅者極肥嫩又倫敦馬步各營皆定于後日分設長卓筵會兵卒入夜并開跳舞會以樂佳節

二十六日乙未晴暖閏月之十五日申初大霧迷漫舊任各官入宮繳呈印綬新任各員吻君手以謝委發誓接印乃有迷路逾時始抵所赴之地者又議院自當日展至西正月十五日始定期會齊轉文一切新任各員互相拜謁外部大臣葛蕾亦赴各國使館投刺當晚首

十二

相巴諾曼在貝樂格來坊第二十九號本宅請新任各員晚酌以示同時同黨同舟共濟也

二十七日丙申晴戌正中華會館諸生在賓西店設讌稱曰第一次年宴坐余偕伯唐橫卓正中首座卓作冂形人四十餘酒食豐美暢談甚歡食畢前後多人演說大要皆謂彼此勤學一心不嫉等語聞昔英皇在奥國麻林巴時一日晨游著紅青短襖白褲紫皮鞋花綢内坎雙層領灰毡高帽土人慕之乃即日電傳通國男子衣服如式且速達奥京著名成衣鋪十七電令如式成

做數日後凡著是服者往來街市頗自矜喜云
二十八日丁酉微陰霧西國女帽喜飾鳥羽每年各國
所用不下三千兆箱英國一年由外輸入二三百兆箱
專市藏法見前聞上月在水晶宮阿來三德宮中皆有家禽會
如雞鴨鵝鴿火雞兔鼠之類頗夥而所號價碼其昂無
比如一馬六甲雞號千鎊一雛雞號二千鎊戴西斯伯
夫人所列紫鼠一對號五千鎊一小銀鼠號至萬鎊不
知所貴者何屬
二十九日戊戌晴是日為西十二月二十六為其耶穌
十三
誕辰鋪戶閉門人工休息由早至晚男女成羣歡歌早
赴使館向汪伯唐陳安生呂學生辭行再至中華會館
及坡蘭店向李舒倫羅伯蘇及諸留學生投刺戌初本
店有外人會集轟飲者二百餘人食畢在外客廳中奏
樂歌曲主賓雜遝頗覺喧鬧又今日午後德船行來電
謂本公司之在田輪船在比國安土耳海口因霧重水
淺遲延晚開須至後午方到騷桑比貴客如仍欲明早
啟行請在海口西南店中一宿一切店費本行代付酒
在外余因行李各事收拾妥協不欲改期仍定明早起

廿
程
十二月
初一日己亥陰霧卯正睡起梳洗小點辰正偕內人率
榮驥與孫女乘車至倭特路車站下車入大廳當時送
別者為汪伯唐陳安生呂學生并會館留學生二十餘
人外國者為希臘暹羅土耳其智利墨西哥尼喀拉卦
瓜的麻拉瑞士日斯巴尼亞等國公使日本參贊官及
金登幹赫承先韓闊墨蕾等夫婦巳初登車即開西行
出城不及二十里則天氣清爽矣午初抵騷桑比下車
十四
步入西南店宿
初二日庚子陰卯初睡起辰初早餐辰正乘馬車至江
邊登小輪船計男女廿餘上畢即開行數十里至海口
停輪大船尚未到待至午初遠望不見烟桅而小輪未
備飲食遂駛回以便店中午酌傍岸搭跳板小輪又請
諸客少待遣人至本行探聽有無來電頃刻轉回謂大
船已到遂復展輪回抵海口轉傍大船諸客上畢申初
起椗出口微風而船搖同船有日本貴族院議員男爵
文學博士末松謙澄海軍大佐鏑木誠東京外國語學

校長文學博士高楠順遞信技師西大助、

初三日辛丑陰鎮日西南行陰風怒號波浪洶湧船搖蕩簸揚無安晷入夜尤甚至午正行二百八十洋里當赤道北四十七度英格林泥址村西六度九分、

初四日壬寅陰風浪如昨仍西南行至午正行二百八十三洋里當赤道北四十三度十七分英格村西九度八分後過比斯吉灣至日斯巴尼亞國之西北角地名托里那那

初五日癸卯晴風稍息波微小船漸平至午正行三百三十一洋里當赤道北三十七度五十六分英格村西九度十九分在葡萄牙之西南角地名賢萬三枯山黃白色上有燈塔旗杆船過時鳴哨使升旗俾知本船為第若干號以便發電各國知本船於某日某時安抵此地也連日水黑色遇大小輪船甚多過此轉東南行、

初六日甲辰晴辰初抵支卜洛塔住船不傍岸不上貨僅上男女客七人咸以小輪艇渡來即時上畢辰正二刻復開出大西洋入地中海東行稍北天漸涼水深綠勢平而船穩今日為西麻一千九百五年十二月三十

十五

一日晚餐後自亥初在船面艙左一帶懸挂各國商旗左右作壁整齊平坦五色鮮明中垂各色電燈一串前設四長卓上列花盆小樹再則長凳西行中一凳上置一小松樹各枝繫以金銀五色小球玩物滿然紅白小燭後為敞地一段末則樂工一班各二等男女客皆經請過一律新衣既而鼓吹陣陣跳舞亥正奉各人冰乳一盃糕點聽便子初歌曲先客中小孩分各小球玩物繼乃宏聲作樂至子正男女歡呼慶賀新禧後則樂工前行男女隨後繞船上下四面各一周又水手多名裝扮牛驢與京師耍獅子同亦前後兩人隨行并有人騎牛騎驢亦奏樂繞船一周至末飲啤酒互相歡樂丑正始畢如此終宵意為送舊歲迎新年也

初七日乙巳晴今日為西麻一千九百零六年正月初一日早起晤面各道新禧水色深藍平如鏡船行頗速至午正共行三百四十七洋里當赤道北三十九度二十六分英格村西一度三十八分此船造于西千九百零二年長四百六十九尺寬五十六尺高三十六尺馬力六千五百船主賓斯爾年近五旬人尚溫恭、

十六

初八日丙午陰冷風逆船搖、至午正共行三百十八洋里、當赤道北四十三度五分英格村西六度四十四分、仍北行稍東申初過義國芒那句地方、亥正至熱諾瓦口外、子初傍岸、大小輪船林立、蓋自二年前始築有堤岸如錫蘭者也、

初九日丁未早起翔風凜冽、霰如粟密、冷極、似北京、午後大雪繽紛、上下客貨、酉正畢、即開、南行稍東、

初十日戊申、晴、微平、水藍色、至午正共行二百四十一洋里、當赤道北四十一度二十一分英格村西十二度

十七

三十二分、午後左右頻見島嶼、戌初抵那百里下錨、正面沿堤火燈行行、遙望火山頂上烈焰一縷、紫紅色、長數十丈寬數丈、住船後上下客上煤貨肉菜等、終夜鏡輪隆隆、使人不寐、幸天氣清爽、明星在望、稍覺心暢、

十一日己酉晴暖、丑正展輪、仍南行稍東、水平船穩、至午正行一百五十四洋里、當赤道北三十八度三十分、英格村西十五度三十三分、繼而左右見山、遙望樹林菜圃樓房點綴、未初陰、少頃細雨一陣、未正過麥西那、浪湧船搖、一小時後、風息、水平船穩、如履平地、

十二日庚戌、晴涼、南行稍東、水平、藍色、至午正行三百四十六洋里、當赤道北三十五度五十四分英格村西二十一度三十三分、亥正過克蕾塔島、地屬土耳其、西見樓房、

十三日辛亥、晴、微暖、始脫皮衣、至午正行三百三十二洋里、當赤道北三十三度二十分英格村西二十七度二十七分、

十四日壬子、晴、辰初抵波賽、辰正下錨、遇英公司某輪船中有汪佁唐秦調之叅贊崇茂竹鈺等七員、巳正偕

十八

内人率榮驥與孫女坐渡舟登岸、乘馬車一游、稍聞土氣、樓房添蓋、道仍骯髒、順途入新建之回回禮拜寺一觀、入門請各于鞋外套蒲履一雙、内中空空、無他物、僅一講經小木臺、一守寺人赤足、領入別間、亦以經與教旗看、迄例贈英先、其人亦以英語謝之、出此繞行四五里後回船、本船上下客貨、上煤上菜、畢、未初展輪、夜過鹽湖、

十五日癸丑、晴涼、仍著皮衣、辰刻至蘇耳士、停輪上水、午正開行、水平船穩、鎮日左右頻見枯山成行、皆不甚

高進紅海南行稍東亥初西見燈樓
十六日甲寅晴早起日紅色倏爾大熱以致挾扇衣葛
至午正行三百四十五洋里在赤道北二十四度五十
五分英格村西三十五度三十五分亥初本船在二等
艙前面上復設跳舞亦上垂五色電燈四面懸挂各國
商旗子正始散又鎮日南行稍東西面仍遥見山頭點
點左右連遇輪船六七亦皆南駛者而我船竟皆趨過
入夜微風覺清爽
十七日乙卯晴水平船穩熱而有風至午正行三百五

十九

十洋里在赤道北十九度五十分英格村西三十九度
一分記西國天文黃道分十二宮每宮按星湊畫一式
式式不同乃有實無其物者中當另有取義也如一曰
白羊在中國春分清明兩節二曰金牛穀雨立夏三曰夫婦小滿芒種四曰
螃蟹夏至小暑五曰獅子大暑立秋六曰翅女處暑白露七曰天秤秋分
寒露八曰蠍子霜降立冬九曰人馬小雪大雪十曰弓又曰磨蠍冬至
小寒十一曰寶瓶大寒立春十二曰雙魚雨水驚蟄昨見茶餘客話
中有云十二字之分子曰寶缾非缾也担水女也時東方雨少西正月底日入
此宮丑曰磨蠍非蠍也一獸山羊頭魚尾也西十二月底日入此宮寅曰人馬乃馬身
上另連人半身手執弓箭時西十一月底日入此宮卯曰天蠍僅一蠍西十月底日入此宮辰
曰天秤時值秋分西九月日入此宮巳曰雙女一女背負兩翅西八月日入此宮午
曰獅子西七月日入此宮未曰巨蠏西六月日至北之極處申曰陰陽人二
人並坐西五月日入此宮酉曰金牛一雄牛西四月日入此宮戌曰白羊一公羊時值春
分西三月二十一日入此宮亥曰雙魚兩魚以繩繫尾西二月日入此宮
十八日丙辰晴逆風甚勁而船平南行早東面連見小
山至午正行三百三十二洋里當赤道北三十三度二
十分英格村西二十七度二十七分午後西面復見枯
山一縷延亘不絕戌正東見燈塔并遥見大船三每上

廿

燈盞窗窗乍看疑是碼頭記楊汝士有詩云山僧見我
衣裳窄知道新從戰地來是古人亦知窄袖之便又按聖人短袂
之義劉秩裁衣竹云裁衣須裁短短衣短衣上馬輕如
飛縫袖須縫窄窄袖窄袖彎時不礙肘自昔然也然而
衣窄不要圍身其長不要遮脚袖窄不要箍臂長亦不
要過手用之靈便看之得當足矣
十九日丁巳晴涼辰初抵亞丁下錨上煤遥望岸上紅
黃兩色樓房加增尚多仍少星點綠葉未正上畢即開
出口平穩入印度洋嘗以時人處處搪塞含糊因思古

人作事精緻不吝工夫非若後世賤丈夫苟且成事故古器必款細如髮而匀整分曉無纖毫糢糊

二十日戊午晴東行稍南逆風不熱而船簸揚至午正行三百零三洋里在赤道北十二度十八分英格村西五十度四分鎮日南面屢見短山行行乃南斐洲正東之戛爾達蕃雅角也

二十一日己未晴仍東行稍南逆風浪湧如昨至午正行三百零六洋里在赤道北十一度十八分英格村西五十五度十一分同船義國水師提督子爵努威里之夫人昨以乾顔料用三小時給孫女佑英塗一半身小影周約四尺神彩如生并筭以玻璃因贈以紅緞綉花雞膝成對女絹扇一柄以謝之

二十二日庚申晴逆風浪小而船平至午正行三百三十三洋里在赤道北十度十六分英格村西六十度四十四分亥初在二等飯廳中請男女客之能歌者九人奏樂謌曲入聽者每人一票當晚共得二十七鎊用以賑濟貧苦水手云

二十三日辛酉晴天雖熱而逆風清爽水微波而船穩至午正行三百二十洋里在赤道北九度二十六分英格村西六十六度五分

二十四日壬戌晴熱水平如鏡如油忽有縐紋如魚鱗如蝦鬚簾至午正行三百二十一洋里在赤道北八度四十分英格村西七十一度二十七分船甚穩東行稍南戌刻北見燈樓嘗思李寳君三華云枕不可過高高令肝縮過下又令肺縮枕席柔輭其息乃長西人牀榻得其當矣

二十五日癸亥晴至午正行三百零九洋里在赤道北七度三十三分英格村西七十六度三十分華人采茶不可見日以指不以甲則多溫而易揭以甲不以指則速斷而不柔故纖指女郎勝於秃爪奴子也西人用茶僅求色深味甞何得論到此等精細法耶

二十六日甲子晴熱寅初至克倫柏口外住船辰刻引水人登船即開進口巳初下錨本船上下客上煤上食物早餐後偕內人率榮驥與孫女并各參隨駕小輪艇上岸坐馬車往遊古廟肉桂園博物樓等其園與樓皆加擴充整齊修飾惟古廟更覺狹卑不淨沿路牛糞成

堆游畢入教連達大店午酌、申初回船、申正展輪乃撤梯、後見有送行者九人、皆以長繩繫下、墜入小船、高下二三丈、浪打船搖、險甚、實因此船于要開未開之際、不有催人下船之哨號也、出口平穩、亥初驟雨一陣、

二十七日乙丑晴、溫風清爽、波浪不大、船不甚搖、至午正、行二百五十七洋里、當赤道北五度三十七分、英格村西八十三度八分、記月初歌云、三出辰五茶巳八齊午生、初十正未上十三申、斜十五角酉時十八落戌、二十亥上見光明、二十三日子時出、二十五日丑時興、二十八日寅時現、三十之日卯上尋、出茶齊正斜角落、萬載千時此是真、此言每月初三日辰時出月、初五巳時、初八午時、初十未時、十三申時、十五酉時在東方出也

三三

二十八日丙寅晴、平水深藍色、至午正、行三百二十五洋里、當赤道北五度四十九分、英格村西八十八度三十四分、亥初、復在船面左鄙挂各國商旗、作樂跳舞、並有水手扮男女坐汽車、管車人佯為醉酒、撞人跌車、故作驚呼、頗喧呶、亦備有冰水冰乳各物、

二十九日丁卯晴、頗熱、迎面薰風、熱中生微涼、至午正、行三百三十洋里、當赤道北六度七分、英格村西九十四度五分、水平船穩、未刻、始見左一圓島、上滿樹、繼右見青山一縷、甚近、乃馬六甲地也、

三十日戊辰晴、水平船穩、左右頻見青山、申初一刻、抵檳榔嶼、住船、即有副領事梁璧如廷芳率隨員何惠荃晉梯等以小火輪來迎、登岸、乘馬車至領事衙門入內少坐、驟雨一陣、繼復乘車街遊數里、樓房齊整、且值新年、修飾尤華麗、戌初領署晚餐、亥正回船、子初展輪出口甚平、

三四

光緒三十二年歲次丙午正月

初一日己巳晴、平東行、稍南、南北皆見青山、同時遇往來大船八艘、計本船共用華工六十四人、因昨日余由檳榔嶼市得糕點數種、皆華式也、今日為新年一日、午茶時用盛四大盤、分置船面卓上、同船男女相見各道新禧、又分散各華工年糕一匣、逮晚餐、本船特加肉菜果品數色、並添奏鼓樂兩節、余將所買糕點亦分置各卓、食間咸向余舉杯祝賀、食畢、堂倌樂工分賞五鎊、因見華報中有賀新年說一篇、其中維新等字、令人觸目

警心茲錄之其文曰吾聞之春之為言蠢也夫曰蠢則有何可賀而諸君憧憧往來紛紛徵逐紅男綠女衣冠簇豔脂粉流香一般社會伸頌禱之詞致吉祥之語路上相逢門前造謁投名刺也獻果酒也肩背相望萬口同聲吾意諸君必曰賀新禧也夫禧也者祥瑞之名詞也是固不得不賀然以歲之首春之初而彼亦賀此亦賀習為弗察而莫知其故則可異也吾乃舉意之所及者而一為研究夫所以賀之原因謂之曰賀年則一年一度年年必有歲首是不過年華遞邅之理耳人生數

三五

十寒暑不知幾經年華之過渡固不足以言賀也且度一年即者已多一年而來者已減一年矣曾日月之幾何忽流光之易逝方將用弔何賀之足云然則賀年之說非也謂之曰賀春則春亦四時之一耳以四時之序成功者退將來者進此理之自然無足賀者而夏而秋而冬其位置與春平等考之月令迎夏南郊迎秋西郊迎冬北郊皆與迎春東郊無所輕重夏秋冬不足賀而春則有何足以紀念者而動同胞普通之賀耶或曰春於五行屬木乃茂生之現象也是則宜賀矣春於五方

屬東實吾中國位於東方之一大紀念有紀念有又宜賀矣然今日東方之國吾中國實無可賀者如是則賀年者非賀春者亦非顧不賀於平時而獨於歲之首春之初群相致賀者何也蓋取維新之義也舊去新來猶否極泰來之理也新之一說自一國而一人皆有絕大之紀念此則賀之原因也三代而後秦至漢而國家一新隋至唐而國家一新五代至宋胡元至明而國家又一新況今為新舊過渡之時考察政治也提議立憲也官吏之增冗員之汰科舉之廢學務之改良是皆新字

三六

之萌芽也若夫機器新戰法新藝術新政法新言論思想亦無不新且景仰富強而望中國之維新者亦非一日矣彼年曰新年春曰新春年與春不足以感動情而新之一說實國民之神遊目想於平日者則當此新機發達之時其所以致賀也誰曰不宜然由舊而至新即不難由新而復舊則新亦偶逢其適耳然正惟如此而感情自生觀此新日月新人年華而新世界新景運之觀念於是乎起謂余不信則舍此而外今年今春固無可賀之一事也彼取締游學則陳天華蹈海矣美禁華

工則馮夏威飲藥矣粵漢鐵路之風潮起則黎國康被逮矣天荊地棘行路難長夜漫漫何時旦我同胞之陷於黑暗者尚不知何如而顧漫然曰度新年賀新春戲葉子擲樗蒱花天酒地倚綠偎紅樂則樂矣無如江河日下世事全非年耶月耶去不復返以是為賀則優游此好韶光不幾虛負此好時機乎今幸矣無舊不新由天時以驗人事吾願與同胞觀中國之前途而靜驗維新之現象也吾因是以為賀

初二日庚午晴熱辰初抵新嘉坡口外稍停繼而進口已正停岸即有我國署總領事孫銘仲士鼎前署總領事吳壽珍士奇等率供事陸同福學生榮濟等來接定予未正登岸屆時先差人往英國總督署投刺因其有事公出也繼乘車先至領事署午酌戌刻轉至吳壽珍寓晚餐遇張弼士振勳子正回船

初三日辛未晴辰初孫銘仲吳壽珍等上船送行辰正一刻展輪出口水平船穩仍熱今日係西正月二十七日為德皇生辰晚餐食有甲魚湯堂正面船主座後卓上立王相左右挂國旗食間船主立起演說一段既祝

皇福奏國樂亦初復在船面懸旗奏樂陣陣跳舞各奉檸檬水一盃

初四日壬申晴熱水平船穩昨早至昨午正行四十五洋里至今日午正又行三百四十四洋里當赤道北六度十一分英格村西百零七度四十分船東行

初五日癸酉晴早稍涼爽船行平穩轉北稍東至午正行三百三十二洋里當赤道北十度七十六分英格村西百一十度四十七分

初六日甲戌晴逆風浪不甚大而船搖簸至午正行三百四十二洋里當赤道北十五度四十九分英格村西百十三度二十五分午後候冷去單衫而著棉

初七日乙亥早晴船稍平著皮衣至午正行三百四十一洋里當赤道北二十一度三十分英格村西百十三度四十七分申刻陰霧酉正抵香港泊船後戌初有前仕檳榔嶼副領事謝夢池榮光迎坐輪艇登岸乘肩輿至百步梯入景泉別墅晚酌留宿入夜大雨謝出冊索書即書曰丙午新正上澣余使英事竣還　朝復道出香港謝夢池觀察邀飲於景泉別墅勝地盛筵洵

一時佳話也、
初八日丙子晴、早餐後于未正謝別同船、昨日船甫到、駐港英國總督稱蘇（此名粤人所給也實姓那三名麻捜）差武官庫樂淵以函約于今日申初午酌、屆時庫駕維克都里亞小火輪來接、登岸有兵列隊、礮臺聲礮、肩輿登山、入其公署、彼此握手寒暄、少敘入座、同席有日本男爵末松謙澄、食畢坐談片時、謝歸、仍飭庫陪送回船、
初九日丁丑晴、卯正二刻開船、出口平穩、而逆風、入夜尤烈、鎮日左右見無數漁舠、兩兩盪于波浪間、
初十日戊寅、鎮日陰晴不定、逆風極冷、船微簸揚、夜過臺灣、
十一日己卯、晴、雖風雨稍暖、水平船穩、左右仍見漁艇三三兩兩、亥初抵吴淞口外停輪、
十二日庚辰、晴、早登德公司特備小火輪、于巳初二刻展輪進口、午初至德國碼頭、經上海令備車迎入天后宫、即有袁海觀觀察（樹勛）汪瑤庭大令（懋琨）來拜、繼有商約大臣兵部太司馬吕鏡宇（海寰）來拜、坐談極久、蓋三十年前之舊雨也、

廿

十三日辛巳、早微陰、午後晴、有英租界會審關絅之司馬炯及文報局總辦李汝才（景枚）謝筠亭上松金肇伯紹城并舊同事王少山（崇厚）等、先後來拜、
十四日壬午、晴暖、午後有盛杏蓀宫保（宣懷）張叔和觀察（鴻祿）、法租界會審陳楚生大令（曾培）、及周子安叅戎（明清）、尚賢堂總辦美人李佳白來拜、
十五日癸未、微陰、入夜風冷、上海華人男子二十一萬二千五百一十七名、婦女十一萬八千四百三十二口、小孩十二萬一千七百六十七名、計共四十五萬二千七百一十六名口、連日各街燈燭雙映、花懸彩結、鼓樂喧闐、紅男綠女、小孩隊隊、往來梭織、以慶上元、較他各大都會、尤安樂繁華也、
十六日甲申、晴冷、早有出使奥國李季皋星使（經邁）電政大臣吴仲懌（重憙）、商會總董曾少卿觀察（鑄）、朱葆珊觀察（佩珍）及江海關總稅務司好博遜來拜、午後乘車答拜吕鏡宇、盛杏蓀、李季皋、吴仲懌、并好博遜、順至招商局拜顧緝庭（肇熙）、沈子梅（能虎）、徐雨之（潤）、徐孟祥（傑）、唐鳳墀（德熙）、

十七日乙酉、早大雪、午後細雨、頗冷、未正乘肩輿答拜、
袁海觀、汪瑶庭、周子安、謝筠亭、金鞏伯、曾少卿、朱葆珊、
關絅之、李汝才、回寓、知有蔡和甫鈞、徐紫生慶沅、及李
一琴維格來拜、
十八日丙戌、陰冷、電報總局總辦周金箴晉鑣、商會總
董施子英則敬、前後來拜、午後坐車答拜蔡和甫、張叔
和、陳楚生、李一琴、徐芝生、回寓、知有鐵路大臣李伯行
經方、駐法參贊吳平伯爾昌、駐德參贊吳朋三壽全來
拜、
十九日丁亥、陰、冷、辰正拜印開封、前于二十年在上海
經中西董事立有尚賢堂、洋名音特那琛那音斯的秋
意、乃萬國公會也、定于明日酉初在大馬路議事所齋
集會議談、堂暨辦半年之報告、并選舉議董兩事、前日
李佳白來信、請往會衆演說、并帶緣簿一本、余因天寒
濁肚、乃致函辭謝、隨助二十華圓、午後有劉星階宇泰、
王丹揆清穆來拜、入夜雨、
二十日戊子、陰、早招商局督辦楊杏城士琦、隨辦滬寧
鐵路鍾紫垣觀察文耀來拜、午後乘車往拜英、法、瑞、德、
俄、美、丹、奧、義、比、和、日本、葡萄牙、日斯巴尼亞十四國領
事、中有見者、有未遇者、
二十一日己丑、陰冷、午後薩鼎銘軍門鎮冰、德總領事
碩爾資來拜、酉刻李一琴、徐紫生同約在大慶館晚酌、
同席有張叔和、彼此歡飲暢敘、已往亥初回寓、
二十二日庚寅、陰、酉正施子英、曾少卿同約晚酌、在本
宅、同席為王丹揆、徐孝餘乃斌、龐萊臣濟元、倪君錫疇、
吳子培觀樂、亥正興辭、入夜大雨、
二十三日辛卯、陰雨、巳初日本總領事永瀧久吉、未正
俄總領事闊雷明咸親來投刺、坐談許久、記上海衣業
在城內衣業公所現立小學校、學生共三十人、乃于昨
日巳正舉行開校式、先由校長報告、次來賓演說、次行
開學禮、一切頗屬肅靜整齊、按該同業公立義務小學
緣起云、蓋自華洋互市以來、風氣日開、雖經營場中、普
通學識亦必不可少、倘言語不通、文易一道難於推廣、
現今各公所設立學堂者頗多、若我衣業公所苟能及
時開辦、不但大有利於同業中人、并大有益於同業之
子弟、目今時勢艱難、開銷日大、諸同事之薪水所以仍

不能加增者因無謀利之實學若再不將年輕子弟及早培植恐日後仍操此業定然人多事少更難位置方今朝廷見各國富強首重學校次則商務因此力圖變法興學重商藉以開特別之智識奪泰西之權利所以使五大臣出洋探明各國政治他日回國必有一番改革之舉倘有任意改裝明文我恐後進子弟勢必漸漸趨效老式衣服日衰可決為此協同諸同志創設義務小學校一所請林景周先生為校長同發起人經理其事務蒙慷慨認捐襄成斯舉俾得惠及後進不勝感激盼切之至（竊願通國各業咸有此心更望衣業永存是舉）又滬上各名伶倡捐興辦之榛苓小學堂亦于昨日行開學禮先學生教員揖聖次學生見教員發起人次唱歌次呂鏡宇演說次孫菊仙供奉述答詞次拍照是日來賓到者甚多在滬諸官紳均至商界學界及城內外各小學堂學生群往參觀伶界中各戲園園主及名伶無一不至天雖陰雨而贊成者均熱心鼓勵故頗極一時之盛然伶界興此善舉亦不易得也茲將呂鏡宇演說特照錄之曰今日為榛苓小學堂開學之期承諸位董事之約來預斯會

三十三

曷勝欣慰本大臣奉差滬上凡有以創設學堂來商者無不樂贊其成每逢年暑假期亦時承學界諸君柬邀觀禮深喜此邦人士沐浴

聖化爭自濯磨風氣大開日有進步而榛苓學堂諸董事尤能以汲引後進為心合集群力組織此舉尤令人欽佩此後我中國之學務發達可為預卜竊惟學堂之設原期造就人才若但徒襲皮毛毫無實際或科學未備或教法參差是雖有創建學堂之名猶未盡教育普通之理今觀所立課程簡要得法率而行之必無流弊尤願開學以後諸生發憤用功鼓舞志氣勿游惑異說勿荒棄國文人人勉為有用之材事事均從實地做起勿辜負諸董事經營締造之美意須知自古英雄豪傑不擇地而生天下之大何地無才只要能自奮自強文武兼習在　朝廷為忠君愛國之名士在家庭為顯親揚名之肖子吾為榛苓小學堂之學生頌吾尤為榛苓小學堂之學生期焉

二十四日壬辰陰雨涼早步蔭庭觀察多森駐俄參贊劉鏡人太守仕熙前後來拜午後乘車答拜楊杏城鍾

三十四

紫垣、劉星階、王丹揆、李伯行、吳朋三、吳平伯、
二十五日癸巳、陰雨、昨早英總領事霍必蘭差人執一
帖來、上云、總領事吩咐持片前往張大人行轅、請張大
人於今日兩點半鐘降臨總領事公館、有要公面商、守
候回示、祈勿悞、切切、余因與該領事並無交涉、看之殊
覺詫異、乃屆時乘車馳往、見時、伊頗驚訝之、乃云吩咐
僕人早先送信、言今日兩點半鐘前往荅拜、請在行轅
稍候也、余將述來帖所言與閱、伊謂僕人聽錯、可惡可
惡、由此觀之、繙譯之緊要可知矣、此等小事尚繙成反
面、大事將何如耶、故今日伊仍來拜、以踐前言也、
二十六日甲午、陰雨、酉正、呂鏡宇名飲在本宅、同席為
吳仲懌、蔡和甫、施子英、何頌圻、蓀麟、鐵崧、岩林、鍾紫垣、
歡飲暢談、亥初回寓、
二十七日乙未、雨、午正、袁海觀名飲在趙家花園、同席
為呂鏡宇、吳仲懌、李伯行、薩鼎銘、劉蓀良、樹屏、施子英、
王子展、存善、沈硯傳、瑞琳、同寓知瑞典正領事哈勒克
來拜、
二十八日丙申、陰、德商信義洋行特與李文忠公七十

二三五

四歲小影、在德國鑄一銅像、像高共九尺、穿團龍馬褂、
軍裝佩劍、月前由德運到、豎立祠前、夫翔翔巍峩、留於
人目、使人往來瞻仰、不無所感也、今日為開幕之期、由
伯行京卿、李臯星使在祠陳設茶點、款待來賓、至申刻、
共到中國大員、稅務司、各國領事、中外紳商、統計八九
百、申正二刻、由德商滿德宣頌祝詞曰、太傅文華殿大
學士直隸總督一等肅毅侯李文忠公、為十九世紀中
亞洲第一流人物、凡立功之處、如北京、南京、安徽、浙江、
廣東、山東、蘇州、上海、均奉　旨建立專祠、惟北京建
祠尤為異數、至各祠建造之費、除發庫帑外、餘皆出於
紳民感情輸款而成者、滿德等歐人也、歐人凡遇不世
之傑、莫不以金石肖其象、為後人仰止之資、蓋代之績、
震鑠八區、如文忠者、誠可謂不世出之傑矣、乃相與醵
資、要德國、孟生名人米士特藍笓鑄其象、不遠數萬里
敬謹恭送來華、即就安於上海所建之專祠之前、上海
綰轂中外、輪舶車軌之所輻輳、凡過其下者、皆得瞻仰
其颯爽之英姿、而追念其事功之彪炳、即滿德等從事
文忠二十年、感恩知己之情、亦可以為後世所知、雖然、

二三六

此豈僅為感恩知己而設耶、亦歐美各洲凡知文忠之人聞文忠之名者所深共許者也、今日為銅象舉行開幕典禮、到者為呂尚書海寰盛宮保宣懷吳侍郎重憙、袁廉訪樹勛、並各國領事官、中外各紳商凡數百人暨文忠之哲嗣李經方李經邁兩京堂、聿觀盛舉、猗與休哉、吏為詞而祝曰、山有時而崩、水有時而竭、惟公之名永永無極、滿德包爾李德羅先茵謹祝、此後由滿德夫人行開幕禮、繼而李伯行兄弟還致頌詞云、今日滿德諸君為先太傅文忠公建立銅象開幕禮成、並致頌詞、

二七七

又承中外各國官紳商董蒞止、我等弟兄極其銘感、謹為致謝、惟念先太傅文忠公為國立功、發軔於上海、今銅象建在此邦、不惟先公欣慰、當亦中外諸君所樂觀厥成者也、從此永為記念先太傅文忠公之名無極、即諸君之名亦相與無極矣、謹答謝詞、用誌嘉誼、李經方經邁謹述、

二十九日丁酉、陰、雨、午後、盛宮保沈子梅與國正領事許乙詩、丹國正領事樂斯考、前後來拜、學生回國、不求進益、自以為足、于是有不念雙親者、寄居在外者、有雖在家而朝朝在烟花柳巷、與狗友狐朋、蟻媒蕩婦、往來無暇晷、誠可嘆也、乃聞有出洋生李其姓者、世家子弟也、竟為鮮花一朵、向妓女左貴英者下跪、殊為鄙甚、豈不更令人齒冷心寒耶、

二月

初一日戊戌、陰、冷、早瑞莘儒澂朱静山格仁、來拜、午後乘車答拜周金箴薩鼎銘朱静山施子英亥正大雪一陣、繼而復雨、

初二日己亥、陰、雨陣陣、午後、孫蔭庭來拜、暢叙、已往、知其兄荔軒現在天津、申正、美國總領事羅志思同其新任奉天領事哲士來拜、哲乃京中五年前美使館之舊相識也、

二七八

初三日庚子、陰、雨、午後乘車至長發棧、答拜劉鏡人、道路雖云洋人治理、平坦整齊、奈連日雨雪以至泥濘异常、

初四日辛丑、陰、雨如昨、午後、葡萄牙正領事賈士度來答拜、酉正、孫蔭庭約飯在商學公會、同席為李伯行、王丹揆、楊杏城、

初五日壬寅、陰晴不定、冷、今日係西歷二月二十七日、為德皇大婚之第二十五年、西俗稱曰銀婚、前見上月二十八日德領事碩爾資來信、言于今午自十一點半至十二點半在本署慶賀、特具杯茗、恭請駕臨云云、午初二刻、余著公服、乘車前往、內中水師奏樂、備有香賓糕點、遇有呂鏡宇、吳仲懌、袁海觀、瑞莘如、及各國領事等多人、立談許久、齊向碩君握手而別、入夜大晴、

初六日癸卯、晴、冷、午後有製造局總辦魏蕃室允恭觀察并現署江蘇藩司陸申甫觀察鍾琦因來滬祭海來拜、皆坐談許久、

三九

初七日甲辰、陰晴不定、忽而微雨、涼、午後乘車至大王廟答拜陸申甫、

初八日乙巳、又晴、涼、午後英人柏卓安來拜、三十七年前隨志孫兩星使之舊同事也、

初九日丙午、陰、巳刻黃雪香觀察恩煥、李佳白、戴樂爾來拜、午後乘肩輿進城答拜瑞莘儒、順拜柏卓安、皆未遇、入夜晴、

初十日丁未、晴、劉星階之尊夫人李氏于去歲十二月二十四日仙逝、享年六十七歲、昨日發引、今日設奠在山東會館、午後乘車前往弔唁、順途答拜黃雪香、及英人戴樂爾、並李佳白、

十一日戊申、陰、風極冷、戌初一刻、柏卓安約飲理查店、洋名阿斯托爾蒿斯、共卓有好博遜、戴樂爾、

十二日己酉、晴、冷、袁海觀之親家金沁園壽、前自備資斧留英之學生金紹城、紹堂、紹基之父也、上月二十六日為其三世兄叔初成婚、家住南潯、于此迎娶、乃帖請飲喜酒、因路遠不克親往、遂送喜幛、喜筵、今日紹城、紹

四十

堂弟兄來滬、代沁園柬請在棋盤街新太和館晚酌、柬書以月之十二日申刻、係午後三四點鐘矣、五點半余始得暇、馳車而往、見知單共有六七十人、而此時尚無一客、據飯館中人云、七點多鐘再來未為晚也、上海請客、罕有如是定時刻者、柬寫申刻而戌刻非晚、不知是又何等禮節也、

十三日庚戌、晴、冷、酉正蔡和甫約飲在本宅、同席者為袁海觀、瑞莘如、魏蕃室、薩鼎銘、洋舍崇閎、修飾華美、金碧煥映、內多日本寶貨、屋中雖不列洋槍、金銀器、然一

切華麗殊不亞于西國之府第也、本廚自造洋菜、瓷皆上品、刀叉亦皆銀鑄、菜則工精料美、較外洋者無异

十四日辛亥晴、茲見前日同文滬報內一則、題曰戲擬特別游學會章程九條、雖云戲筆、然條條含有確意、故特錄之、以備游學諸生之父母及仰望諸生之學業有成、得用於本國抑或有益于各身家者察之、其九條如下、

一、本會為養成慌唐白霍子弟流毒社會起見、以游學為名、實行特別規則、

一本會學生年限以十八二十二歲為合格、其中有志趣正大、性情純粹者、與本會宗旨不合、不得與會、

一本會游學二字有特別解義、以狹邪游為第一要著、其次須學習游詞、每日以學嫖學賭學飲學大鼻學裝默為規則

一、本會起居立定特別章程、每日以十二打鐘為朝起常期、以一打鐘往酒樓妓館鬧晚膳、以免早起感冒、且便鬧性情、

一本會以揮霍為積分、須揮金如土、以達至極點者為及格、其有積分不能過半者、賞以攬皮簍袋及失匙夾萬等名號、以為不及格之紀念、其不及格多次者、革出本會、為同人所不齒、

一、本會以多請嫖界志士登壇演說、以拓張花叢見識、并奉嫖大王為宗教、本會同人歲時設宴致祭、以表崇拜同情、

一、本會會份不設定限、由闊老樂助、以至闊者為主席、次闊者為議事員、指甲長者為司理、好染指者為協理、樂助最居少數者、祇許參末議、

一、本會原定年限專為攬壞後生起見、其中有風流伯爺公未免向隅、無不缺憾、其肯與後生家作忘年友、臨老入花叢者、亦准其入會、入會之初、須三跪九叩於嫖大王案前、執弟子禮、以示真心崇拜、

一、本會所權假座於懶佬會館、以為開議之所、容俟會份繳齊、即建一安樂窩、以作本會總會所、

十五日壬子陰、戌初、黃雪香約飲在泥城橋金隆洋飯館、同座有貿興洋行主穆爾、酒菜雖多、然較理查飯店稍次、入夜細雨、

十六日癸丑、陰雨陣陣、午正赴李佳白寓所之約、同座為前同文館總教習丁冠西、韙良、沙樸夫婦、及李之夫人、有肉無酒、家常便飯也、

十七日甲寅、微晴、上海城外租界街道、雖不如各國潔淨整齊、而皆寬敞平坦、城內閭巷偪仄、不易擴充、而溝渠旮折、水少泥淤、穢物堆積、腥臭觸鼻、近日頗講衛生、而大令為民父母、及他大員之住斯城者、誠能稍解私囊、不無有益民生也、且城隍廟後之小湖、水稠于粥、四面彎橋、中有崇樓茶社、苟能隨時修理、潔淨、便人一游、亦城中之一勝境、

四三

十八日乙卯、晴暖、早丁冠西及李德夫婦覶先後來拜、午後乘車赴製造局、拜薩鼎銘、魏蕃室、一路多成街巷、轂樓土舍、不比十年前之田疇錯繡、蔬菜分畦矣、

十九日丙辰、白晝微晴、入夜陰暖、天下各大國之金銀銅錢、以及紙幣、除俄國外、自奉官定後、無不一律通行、一切規模、無不遵守、罕有日出市價者、且通國皆用本國者、他國錢鈔雖有、乃按價兑換、視比貨物、間有某大國初仿他國造鈔鑄錢、國人雖用、而日有市價、不僅此也、更喜用他國錢鈔、價較本國者每加倍、且外國者過目即收、本國者老幼皆知挑選、官場起首創辦、即行了草、舞弊、花紋不清、銀色不足、而不取信于人民、良可慮也、人之所以喜用外國者、因其色足而可信耳、

二十日丁巳、晴、午後乘車答拜丁冠西及李德夫婦、皆未遇、回寓後、呂鏡宇來拜、坐談許久、

二十一日戊午、晴、凡廟宇皆宜幽靜、乃天后宮門外、每當日落、男女乞丐成群、睡臥蝨蚤、爭比腥臭、觸鼻、門外西南隅、轅門照壁閣、有焚紙大爐一、每于上燈時、乞丐三四、卧于紙灰之上、以避風寒、是爐為惜字紙用、反為乞客之牛衣矣、褻甚、

四四

二十二日己未、晴熱、天后宮建于二十五年前、不歸租界、其牆壁坍塌、屋地湫溢、內外堆積垃圾、窗櫺損壞、是則不加修理之故、而院中存木料石頭沙土碎甎、不知為何人者、既非修廟之物、自當問諸住廟之道士、且如此污穢、豈租界亦有之耶、

二十三日庚申、陰、李佳白定每半月在法界石牌樓旁尚賢堂之學舍內開講一次、現定八次、乃自今日始、為

第一次講題為尊孔、篇數日前伊請往聽、酉初乘車往
至、先入書房少坐、後進學舍、內坐中國少年數十、洋人
二、為柏卓安、李德、余因首座、遂先立陳數語、繼而李君
朗誦一篇、甚長、聽畢少坐辭歸、
二十四日辛酉、陰、未初、張叔和約安塏第觀劇、帶晚酌、
同席有徐紫生、他四人未識、所演昆劇甚好、
二十五日壬戌、陰、酉正、徐紫生約雅敘園晚酌、共卓為
張叔和、尹元輔、園屬津人某所開、肉菜雖較異南方、而
與北方仍不甚合、入夜風雨交加、

卌五

二十六日癸亥、陰涼、按京中俗語云、向天要價、就地還
錢、意謂賣者雖索高價、買者可以小價還之也、然罕有
要價還價過遠者、若上海、則值一元者索三四十元、買
者不還價、則自落至五六元、且云此極公平、如不公平、
是兒子賣給父親、苟買者還以一元一角、亦賣矣、入夜
大雨、
二十七日甲子、陰、涼、午後、呂鏡宇便衣來拜、坐談極久、
既而孫蔭庭便衣來拜、亦坐談良久、皆世交故也、入夜
復雨、冷、

二十八日乙丑、陰、風、冷、上海浮華、街市男女往來、除工
匠流氓外、無不綢緞裹身、雖面孔猙獰粗鄙如村漢者、
亦穿綢棉襖燕尾夢本背心、或是地布貴於綢、未可知
也、
二十九日丙寅、陰、冷、未初、呂鏡宇約飯在九華樓、同席
為吳仲懌、沈硯裔、陳巽卿、童慶何、詩孫、維樸、馮伯岩崑思、
高壽農、蔚光、酉初謝歸、繼大雨、
三十日丁卯、大雨成陣、雹如穀粒、上海繁華、官商子弟
之路過者、囊有餘資、苟無把握、必至妙手空空、居此城

卌六

內租界之紈袴子弟、其父兄教養不嚴者亦多如此、更
有官于此或商之于此、因之致富、年逾古稀、尚戀花柳
者、如聞現在某局之為首三總辦同患遺溺症、非奇事
耶、
三月
初一日戊辰、陰、外國各處火輪車船、行動皆有定期定
時、買票有定處、無妄收、無錯亂、無遺誤、我國則行無定
期、買票無定價、無定處、行李亦無準價、欲求簡便須令
寓所包辦、似亦偏袒不公、如三主一僕、行李大小六十

件者二百六十元二主一僕行李二十件者九十元一人無僕行李亦二十件者四十五元一人十件者一三十六元一三十元究不知其係按人計抑按物計西國既無此規亦無須托人照料概有定章上既不事轇轕下亦不有私弊也

初二日己巳白晝陰入夜雨加微雪一陣凉婦女極力修飾無非多簪花多傅粉衣色鮮艷多嵌花緣而已乃昨見本地街市游女竟有將項門之髮剪短捲作一團作鳳頭形者有將兩眉對處切方眉上黑塗出尖如戲場奸雄之面孔者彼必自以為美者也

四七

初三日庚午陰駐義許静之星使珏三年任滿乘洋公司輪船回國將于初六七日抵滬故其大少君三少君大少奶奶及二三孫少爺孫小姐等男女僕婢共十餘人于今日由蘇來滬迎接居天后宮樓上因未經拜見故不得知其為官為商以及其名號也

初四日辛未陰雨陣陣聞新裕輪船昨由烟台展輪明日申酉間當到滬上遂于午初乘肩輿進城赴各處辭行

初五日壬申陰午後乘車赴城外各處辭行晚呂鏡宇約余與吳仲懌在春仙園觀劇入夜料理行裝

初六日癸酉晴辰正上行李巳刻許星使到彼此坐談片時午正偕内人率榮驥與孫女乘車至金利源碼頭登新裕輪船吳仲懌本定乘安平輪船北上因船旋滬無定期乃急易此船酉刻亦攜其眷屬僕婢二十餘人登船晚呂鏡宇盛杏蓀蔡和甫楊杏城瑞莘儒謝筠亭周子安等登船送别

初七日甲戌晴卯初展輪辰刻出口水平船穩未正過余山本船船主英人李治士投刺來拜

四八

初八日乙亥晴平未刻過成山因防魚雷之險緩行亥正二刻至崴海衛口外停輪

初九日丙子晴冷水平淺綠色卯初展輪飛行甚速因卜此一路水深船穩必無俄國魚雷之害也

初十日丁丑晴微風冷寅初至大沽口五十里外停輪即有招商局電派局中小輪接吳仲懌卯正一刻伊遂攜眷易船飛去至辰正始有本地小商輪駛至余遂攜衆上船他客即時同上人多行李重行甚緩午初方抵

塘沽下船入茅店早餐食畢後入鐵道官廳未正上車
申正抵天津二兒榮驊率僕鮑安及戚友吳維垣紹墉
吳澄浦紹淞楊址垣福泰　桂子楨樾賡少儒音來接下
車坐肩輿入長發棧住
十一日戊寅晴午後有兵部舊同寅新授福建建寧府
白崑圃增煜來拜伊日昨出京亦寓此棧將乘安平輪
船赴上海也又有占柱臣鰲衡子忠光來接晚約眾在
店暢飲甚歡
十二日己卯晴頗暖午後乘車拜袁宮保世凱海關道　四九
蔡述堂紹基天津令章受生師程又至行營銀錢所拜
席翰伯淦銀圓局拜孫荔軒多鑫并津海關拜稅務司
費妥瑪
十三日庚辰晴熱早因大潮新裕輪船始得進口午初
行李到同時有袁宮保諸人前後來拜酉初席翰伯約
在日本租界閘口西同宴樓晚酌
十四日辛巳晴風微涼午後有指分北河補用同知范
君金鏞來拜都門之舊相識也酉正送白崑圃登安平
輪船

十五日壬午微陰涼早姪榮堃來接午後袁宮保送花
車未初上行李
十六日癸未晴暖辰初偕內人率榮驥與孫女乘肩輿
至老車站入官廳少坐登車即開午正抵正陽門外車
站下車進城寓金魚衚衕賢良寺即日備滿漢請
安黃摺二綠頭牌一
十七日甲申晴丑正至西苑門內朝房候謁慶邸及樞
密諸公卯刻請
安摺下綠頭牌下批云明日遞牌
卒
十八日乙酉晴卯初至西苑門外下車步至德昌門右
朝房敬候叫起單下德彝第四起辰初軍機下
名見德彝於勤政殿東間啟簾入跪請
皇太后
皇上聖安後
皇上問在途行若干日
皇太后問英國地勢人情水陸兵馬船隻等事皆奏對稱
旨良久奉
旨下去罷遂立起啟簾退出時辰正二刻
卷二十終

国家出版基金项目
NATIONAL PUBLICATION FOUNDATION

海上絲綢之路文獻集成

總主編　陳支平　陳春聲

歷代史籍編

49

主編　范金民

海峽出版發行集團
THE STRAITS PUBLISHING & DISTRIBUTING GROUP
福建人民出版社

本册目次

南洋述遇一卷

〔清〕佚名撰

《南洋述遇》一卷，撰者不詳。是書記自呂宋乘帆船至新嘉坡，途中所見海陸奇物，及與途經各島土人交涉之事。然所記多怪誕無稽之言，殆好新奇之過也。據《小方壺齋輿地叢鈔》本影印。

南洋述遇

闕名

自呂宋附乘帆船渡叻（即新嘉坡）片帆初挂浪靜波平好風相送舟如箭發至夜新月半圭掩映波際同行者出酒相酌不減故國之歡正在俯仰欣慰之際忽舟右海中有聲甚巨如人用物拍水者共驚顧之則見一物其頭如虎目光灼灼作青碧色似聚飛螢貯於玻璃瓶中者其身出於水面者約高五六尺兩臂如猴拍水而行鱗兮毛兮及其色兮夜氣迷離皆莫能辨舟子急轉舵避之歷數分時物始掠余舟而北去其行甚速水爲之激浪如小火船之駛也衆相慶慰曰似此巨怪幸未相干倘一攀援則或無遺類矣老舟子告曰是物吾幼年曾一見於臺北海中時當正午視甚了了其首類虎而有角臂如猴而掌如鴨指爪相連大如葵扇上身若獸下則仍具魚體毛茸茸作翠藍之色胸前有赤色之鱗數片據聞其善於無風浪靜之時出游水面性頗馴良不傷物命苟帶爲食船或誤觸之則必相從爲戲終日不去前傾後側不勝其擾亦險事也然微有波浪彼即深居水底不肯浮起而大海之中風常不息故人多未之見也次日風自西北來其勢頗猛不復可遏轉舵乘之而駛八點鐘之久始至一荒島攏近泊避風伯之威蓋已入大東洋之西境矣其間島嶼錯出皆荒廢無人樹木森森半屬鳥痕獸迹至晚風逾勁桅不能起夜闌岸有虎嘯聲人皆肅然天黎明風勢稍殺方擬開行則見波面滚滚一望皆蛇巨細不一咸昂首向舟似欲索食者五色斑駁隨波上下如同錦浪千層不復能辨是蛇是海內有至巨者二一作淡綠色其首甚馴一爲紅質黑章張口吐舌狀極可怖二蛇夭矯於船之左右如行軍之有督也舟人無不懼甚恐遭毒噬船主出曰此不足異勿相驚詫凡船行遇風至此者彼必率類乞粟吾已數見矣食之當退即命人將米擔餘分傾海面米所著處蛇爭就食簇爲錦球團因之解船主急命解纜挂帆駛去並云若少緩食盡團將復合恐汝之糧絕而彼之腹尚未果也是則終不得去亦一險遇也自有蛇處開行非復來時故道

乃挼方覓途過民答那峨入西里百及巴布亞兩島之閒由萬池而南因風順利行計七日至摩鹿加島又二日船抵一處去安門武羅甚近輿圖不列其名故不知爲何島船中乏水因攏岸汲取淡水同行者皆上岸隨喜見土人面黃睛赤散髮齊眉不衫不褲但腰圍花布一幅而貌皆和善無野悪之態見華人登岸羣聚之集隨而觀少刻四土人用方板一塊擡一老翁飛至止於樹下翁就大石踞坐諸土人男女咸集其前蹲踞其足如敬禮然大約是其酋長客及同行者皆遙視之旋有數土人來邀衆至其酋前指石命坐酋顧笑語喞啾不可辨又指前之擡板者喃喃數言四人長嘯飛馳而去俄見乘板之人一隊來自林中近視男女幼童共七人裝束稍異肩上斜披錦紬一方並有手帶金飾者同至酋前舉手行禮然後各就一石而坐同顧諸客笑語是時土民集觀者更衆酋起立至衆前拉一華人手又回指旁坐一女咿唔而言諸華客搖手告以不解酋回顧一侍者授意而去旋見其偕船主至酋語如前狀船主操土人音答之許久始止酋似有不豫之色率後來者男女仍乘方板而去船主招呼諸客疾行回船起椗飛槳而歸並頻頻回顧意似甚恐懼者諸客叩之始曰方纔諸君中幾有一人不得行矣衆問其故曰適與我言者是島之酋也旁坐戴金項圈者酋之女也酋告我曰彼女甚愛華人欲在汝衆中選一留爲贅壻吾以言語不通卻之酋云無妨也飢與之食渴與之飲不解方言無害也女云相居日久自能諳悉吾又以諸客皆蠢俗不足以爲酋女之配似下次當選俊外慧中者偕來送備乘龍之選今敢方命王故不樂而去然其風素善不尙行强如不然恐不止於留一而釋焉吾之急行者懼酋之女情不自已再著人來嬲也莫如一去了事客中有以委首自炫者聞而頗不快意以爲留婚好事何不舉己應命船主笑曰君樂此土是不欲再返父母之邦矣惜未早語後若再過索壻者當獻君與彼以贖前愆可乎衆聞皆笑過此島船首羅鍼直指向南天風小逆緩行二日始抵安門島島圍圓百里自海中遙望之如含苞之碧蓮初

出水面者近見果樹成林一望無際中有小山峰巒聳秀青翠欲滴一水澄清自內洞遶而出流達於海
土人男女駕橄欖式小舟漁於港口林中茅屋炊煙縷縷而起武陵村戶雞犬桃源不復有煙火氣矣少
刻舟就岸羣童拍手和歌而至二三垂髫女亦佇立觀瞻見其面色微黑而五官平正眉目之間深含秀
氣貌則和藹可親蓋得山水靈氣之半也余出所攜麵果一盒登岸分給之羣童喜甚捧果跳躍而去俄
頃見諸童又至各攜鮮果相投其意乃酬吾之所給也因出玫瑰露酒一樽遍酌以勞之童皆喜極而嘯
以手引余衣其意欲導遊村內也余會意因約同行者二人隨之往遊入林百餘步過小橋二至一處編
籐爲籬竹戶柴扉入則山花徧地紅紫相間柏樹數株大皆合抱朱喙翠羽狀類鸚䳇者鳴啄飛撲不知
畏人東向一室形同覆鐘頂壁皆塗以白粉戶外立紅色柱八乃琢石而成者童引至階前見一小石池
水自他處引來有溝洩去源流之聲潺潺不絕童咸就濯足又招呼余等同濯因悟是屋必彼族拜神之
處非潔足不可以登也余即呼二客同濯濯訖諸童持所披花布跪代拂拭訖然後脫履階下赤脚而登
正門掩閉由左旁之門入見內以白石鋪地潔無纖塵兩行石柱天然花紋綺麗可觀後壁有石凸起上
書金字如蝌蚪文地下置金香鑪一金燈臺一燈可一然七火者餘無一物蓋斯土崇奉穆罕默德之回
教也兩壁戶窗甚多童啟後之右壁門帶余等出見另一小室窗門皆用鐵爲欄方相顧語忽聞室內吼
聲如鳴鉦就欄外覘之見內蓄一獸高可四尺鳥足而人掌豹首而鹿身尾則如巨蛇鱗甲森森遍身毛
疏而長作深黃色兼以白斑腹毛純黑尾獨無毛目圓而暴睛光閃爍鼻凸若獅口闊及耳齒露唇外狀
極獰惡跳躑不定見人即來以爪相引其頑又類猨猴觀訖童導由原路出至階納履隨童而行曲折半
里許止一林中見大石數塊高丈餘圍可四五丈不等童指視一黃石腹中一孔距地五尺許有清泉一
綫自孔外射去三四尺遠始垂然下注如市中所造之水法戲以口迎含飲之甘涼異常下有小池貯其

水旁置瓦瓶甚多想係土人汲接泉流之具周觀此石不甚連於土似浮置於地面者然則此一線清泉自何而來也豈此拳石別有乾坤而含造化之機故精液外洩於人間邪如不然滔滔之流何以不竭也摩弄時許童又引衣導去由石旁林中左轉至一家見方樓短梯上覆茇蒼之葉風來喳喳作響頗覺別致較彼雕粱畫棟另具幽趣兩童躍登先入旋見一翁鬚髮半蒼怡然而出舉手揖客意極謙敬余與二客置履於梯相率登樓入室席地而坐婦女數人旁坐以覘視皆淨潔言語不通主客不能敘寒溫心殊歉然少刻一稚女首上滿戴山花捧一盤笑置於前其中鮮果數種莫能道名黑色涼粉四杯翁坐近以手指口請食又指導遊之童復又指余如是者再蓋云其在舟之得食酒果也余點首答之即取其涼粉而食忽一山人即猴之別類也爪攫余之鞋突入翁叱之並攜手似囑余勿懼者翁再叱之山人即伏於余前蓋是其家所蓄者余見其馴戲以足蹴之山人則仰臥抱余之足而舐嗅不置情同孺子誠馴獸也俯視之間忽聞鳥鳴於室內仰首望之見樓懸二架上飼兩鳥一黃一白羽毛豐潤白者之鳴啞啞琪琪黃者之噪阿阿璀璀童見余之熟視即取兩鳥相贈余不願奪其所好卻之不受童搖首不可必欲余取之余不忍拂其意因受其黃而返其白與辭以出翁送之門並顧童令導余歸舟翁始退入數童笑導而行山人亦追隨余後如犬之跟人者時以爪戲弄余手所提之鳥余左右護之鳥驚鳴不已余笑提其耳山人嚶然如兒啼數刻至舟開箱取印花巾數方分贈諸童並取大柚一枚以飼山人童咸拱手率山人呼嘯而去因船須小修少停數日始能開行翌日舟子早起理帆彌漏各勤其司余無所事與二三同人立舟首調昨得之黃鳥其鳴甚哀余顧謂諸客曰此鳥有失伴之哀我輩能無離羣之感乎語未畢忽見昨日導遊之童率一壯者自林中曲折而出直趨余舟停足岸畔向余拍手而呼余招之登壯者從焉余故請客入艙以客禮視之也壯者入艙忽深深拜揖操華音而言曰鄉人到此吾竟不知若非鄰童相告

幾將當面錯過言訖執禮甚恭余驚睇之見彼修髮番衣儼然土人裝束也何以所操之音非閩非粵聲類京腔細審之眉豐目秀面赤脣紅亭然玉立知非凡種也卽揖其坐並叩其鄉貫愀然對曰吾鳳陽朱姓爲勝朝之國族先代因宗室之誼曾膺顯爵後當國破家亡之秋吾祖某公張帆浮海欲至臺灣依鄭氏不料舟被颶風所引數晝夜而至此島蒙土人贈地以居於今至小子已七傳矣本島土風和厚安居無事水漁山樵土麥番米優然自給不復知世外歲月矣在此住久咸從其俗惟故國鄉音及祖宗族譜生男子必口授心傳不欲忘根本所自其他祖遺吾華書籍數部愧無師教大半不能解識矣此島僻處海中又無土產外運故無商船過問有近島土人販運瓷布雜貨各物每歲一二至島人持蚌珠寶石與之互市華人之船吾有生以來此次爲再見四年前曾有一船遭風至此吾詣舟見華人首有髮辮必與與祖遺之像不符叩其故彼皆工作之民不能道其所以但云我見吾鄉人皆如是吾亦不敢窮詰也今幸遇君求道其詳余歷舉○本朝冠服各制並目下輪舟往返之利捷而告之壯者又詫曰吾聞祖傳中國有出海之禁今已弛乎余又告以通商大略壯者聞而仰顧若有所思繼而欣然曰或者此生尙可一返故國也余因告以按圖由此西行至哥隴多羅埠若遇順風水程不過五七日可達附輪舟展轉而前鄉關不難旋也隨檢一華文輿圖贈之壯者再拜而受又請曰舟既小修行尙有待肯屈尊一臨荒居使家人得瞻故國人物以廣其見聞可乎余笑允之適庖人進早膳因留之共食出甕中火骰糟魚皮蛋等物以款火骰彼已不識爲何肉因島皆回教無猪之類也童見皮蛋晶瑩透彩賞弄不已請朱轉問爲何鳥所生余告以色乃用石灰所變成者因戲指其所贈鳥問能生此大蛋乎童搖首不已食訖並邀昨之同遊者偕往焉從行一二里許過數村戶土人皆起立迎問朱立告之土人有喜色似代朱慶也至朱所居門臨一溪水中紅蓮吐豔色如丹赤葉苞皆大於華產方樓二座無垣牆之製叢竹爲籬後臨小山上多

花樹果實纍纍紅黃皆備朱贍余及客登樓入室見上首架石爲案壁懸古衣冠畫像數幅卽其先也右柱挂古劍一把長可四尺琢玉爲柄鞘嵌珠玉爲飾朱告爲乃祖蒙賜之物也坐定朱入內少刻有一中年婦率一幼婦一垂髫女二小童出見皆向上舉手爲禮中年者朱之母也少者朱之妻女爲朱之妹二童朱之子朱一一指告婦皆娶自土人大族禮貌頗不村野童皆能作華語近前問客好並捧煙捲進客余因問昨日童導遊所見之獸爲何名自何處獲朱曰此獸卽土人亦不常見故無以名之今養於室中者歲將兩周矣去此十里有山橫出海中水爲迴流下係結沙之底海魚隨流至此水勢旋轉入不得出故近處之民喜就其地嬉遊或漁或沐各樂其樂爲斯島之勝地去春不知何方來此獸晝游於水夜伏於山樹上果實被其蹧踢不堪水中網罟被其損壞更甚此物仗其尾利擊水而游其行如飛一方苦之不得善法而除漸漸夜入人家爲虐雞羊遭其噬者不可數計後被人察知此獸嗜飲善睡因共計每家入夜卽繫羊羔於門旁置裝薑酒一器人伏而伺之果於一夜獸食三羊牛飲數器醉飽不能去倒地大睡衆起而擒獲之蓄於寺室供人觀覽因其並未傷人故不忍殺之也因問島有酋乎一島共有人幾許朱指其妻曰拙荊卽前酋之女也酋居島之適中去此可三十里島民歲納土產百分之一爲供民中有事詣酋請理然土俗以爭爲恥故一歲之中事訟於酋者不數見爲民皆奉回教酋卽大師傳每逢其教中節會酋親率島中諸寺之掌教者同集一大堂誦經婚喪各禮皆由寺中議辦酋三歲一往馬加撒內山朝會該部酋喏一次因本島向不知兵戎爲何事別部有以非禮相干者酋卽請助於馬加撒之酋彼部之民皆孔武善戰諸島畏之斯土仗其聲威以存也通島之民約一萬二千人相傳自古及今民數皆同不見增少余辭欲行朱留曰已囑家人具黍請小酌再旋因出酒相款所用之器皿皆爲古製銅盤銀勺咸明代物酒斗三隻金爵一盞其式猶古斗乃碧玉琢成約容酒斤許柄長尺餘兩端咸雕螭龍蟠

蜿形栩栩如生幾令人不敢著手玉色翠潤寶光可鑒其爵金彩耀目作赤紫之光非近今之金可比也上鏤花文極細非熟視不能辨方寸之中鏤念四孝全圖鬚眉欲動形神畢肖下有小字一行曰天啓三年某官監製蓋乃熹宗朝之物也食品皆雞魚之類別無大異味尚辛辣酒作淡黃色芳香撲鼻後味微酸據云乃採山果所釀另有一種性烈味厚麥蕈釀成者乃下品也席間與朱談近島風土情形朱歷舉以對並進麵果等類余等以醉飽興辭朱親送至舟並訂約明日不行再來導遊內山舟之小修工畢彌補完固本擬翌日挂帆天曉風色不利暫緩行日上三竿見朱率兩壯夫控二騎至登舟喜曰吾恐君舟去矣岳家聞鄉人傳言知有上國客過此思欲一見故特馳雙衛命人來迓即邀同行余告以待早食朱曰已呼家人治具過寒舍便飯同行來使亦當食而後駛也余即更衣檢行囊中有自華帶來之萬壽紬丈餘攜以爲贄借朱離船登岸朱請超乘因覩其騎非馬非驢高類騾而非騾周身毛色黑黃相間作虎斑文其狀甚駿叩朱爲何畜朱告以是獸產於加拉巴在山爲野畜之易馴內人父前爲酋時因同教之誼曾一入巴境此乃某史丹所贈今特遣代足以迎君耳余即稱謝而乘駛甚迅速瞬息已至朱家下騎入內其母妻不復迴避相見如家人焉因念海外飄蓬何幸遇此惜乎萍蹤無定莫獲久住與念至此不無悵然朱似已覺因問曰君何色之不豫得毋苦於跋涉乎余曰非並告以心之所悲朱聞亦愀然不樂強笑進盤餐曰勿得閒愁但飽食同遊且盡一日之歡或者飛廉惜別作石尤百日恐君又生厭欲急去矣因大笑同飯訖來使已控騎候於門借出跨鞍款段而行出村三里許見小河一道彎環如帶兩岸果樹成林綠葉紅花自然豔麗各種異鳥噪於枝頭有村童持竿相逐以護其果林外則一碧萬頃水田若鏡遠山近嶺秀色可掬草石爲徑馳不起塵牧豎山歌風來入耳斯情斯景目悅神爽不復知世外尚有塵寰矣又望影自顧所跨者爲無名之異獸陪行者爲前代之遺民執鞭從駛則係他邦族類仰觀俯察

竟不識此身爲誰矣計行一點鐘之久約有十五六里遙見前面依山傍水之處有小村落茅屋數椽炊煙如縷一童騎牛背自林中出擡頭見余驚顧再四即跳下棄牛不顧疾奔前村而去朱笑向余曰是覩君異貌異服故往報村人候觀於道而前村山川靈秀生女多美爲一島之冠人得娶之者以爲奇遇君至時可停驂一覩不然彼將詈人不識貨也余戲對曰子得毋以儂爲餌欲一飽饞眼耶朱曰妙妙言間已至村首見其民居皆就山勢之曲折而築四散不聚遠望數椽近覩不下數百家也遙見其男女數百紅衫花裙林立以待距村百步不得直入因河水縈洄遶村數疊路則隨河灣曲請君緩緩及至入村余乃下騎步行止於一家門首就石小憩村人圍觀數重余因朱之言遍覩諸女郎見其皮色微黑較白者別有風致不髻披髮黑潤而長眉月間皆含媚態楚楚然頗不陋俗一女郎約十六七歲立近余前見余之凝覩秋波流盼大有春色撩人之意朱見拍掌笑曰心旌動矣女郎似知諷己者乃翩然退去立於人後尚遙睇不已余情幾爲之牽急他顧不欲惹過眼之思俄見村之老者數人捧酒果置前向朱喃喃朱乃轉達曰翁爲此村之長幸覩手儀故出微物致敬請染食指並囑轉詰腦後所拖髮辮有何用處云云余時口渴先持其酒飲一瓢後始告曰請語彼此無所用者國制如此吾辮爲至小有特加大飾以爲美觀者士君子則未有彼素未之見故爲之奇耳朱譯告訖余即起謝騰身跨騎駛去朱尚落後因衆環問不休也余揚鞭行數里回顧朱及從人皆未出村懼失途乃下乘坐候於道左忽聞林內有歌而前者聲類女郎睇之見一婦年可二十一二著淡綠衫白底藍花襬裙左手攜小竹籃滿貯鮮果右手握翠色山花數枝玩嗅而歌直向余來蓋未見前面有人也余屏息待之距僅數步歌聲忽縱如曉鶯嚦嚦心爲之蕩余乃微咳婦始驚顧擡頭見余飛霞上頰更覺嫵媚雖羞態之若驚鴻而注視實未轉睛蓋見余非其類也不退不前欲言又止余情不自已乃起立就嗅其手撚之花清香透鼻婦露齒微笑即將花輕擲

余讚余又指其籃中看其若何舉動婦笑不可復耐即置籃於地已亦席地坐嬌聲小語惜余非知音者不辨何說乃取其果弄而不食婦疑余不諳食者乃剝一香蕉自食一口然後掩口笑遞給余余接食之見其肩上搭一巾即乞而拭口婦復笑不止謔笑怡情覺忘後有殿者朱偕從人縱騎至遙見婦笑呼曰無怪不約先行有此佳遇也但不知何時相期於此待我排衛錄供余告以故婦則羞甚垂首不語朱喃喃問婦婦不對余乃邀朱行相與超乘而去回顧婦猶悵然獨立行百餘步爲樹木所遮兩始隔絕不見一行四人說笑而前過小山數重峰巒皆靈秀清幽林木葱茂道路雖不甚廣闊而整潔平坦不似他島之荒蕪不除也至一處兩山環抱中夾羊腸一徑有木柵當道而立如關口狀細察其險隘形勢不亞丸泥函谷也過柵見草屋數椽有數人居坐其間視余至皆起立以迓因下騎焉視其人皆身軀雄壯闊背巨臂赳赳然知爲干城之寄也屋中列刀矛數事其製不同於中國矛細而長蓋爲鐵造刀則大小不一有闊大如門有彎小如鉤朱奮曰此爲島內之一天險乃酋居之外山故設衛也言訖見老兵手捧一冊請簽名其上余即用華文簽彼則寫橫行註明余來赴前酋之約是兵舉手謝退並進山茶一瓶飲而甘之朱指關旁一石窟曰此泉水也島人因其甘呼之爲糖井謝別而行山徑曲折不能騁馳遂轡徐行約三里許左轉出山別一世界但見高樓巨室咸作白色巨木千株環繞於外見道上行人如蟻往來不絕叩之乃知當彼教之令節也將近入村有數人首戴白帽立於樹下朱見滾身而下曰家岳也余聞亦離鞍步前其岳迎上舉手爲禮並謝遠臨隨偕行入村男女皆垂手道旁而觀意似甚恭是敬其前酋也南向一戶屋甚壯麗其岳先入爲導登樓敘賓主禮訖視其陳設頗華四壁皆垂朱幔並多置鏡中有臺椅上覆以錦坐定岳告便入內少刻出請客浴彼浴至敬之禮也朱乃導余由傍梯下至一室爲白石所造極其鮮潔中置木盆上懸銅壺有塞啓閉水自上瀉巾皂皆備余入朱代關扉余即解衣而沐朱亦就他

室浴焉洗濯既訖朱仍引入客室則見男女十餘人皆席地坐向余舉手爲禮朱一一指告皆其姻族也桌設若果請先小點數刻聞傳喧聲朱及其岳皆出迎於戶外室中男女並皆起立余自窗中窺之見一中年丈夫鬚眉甚偉乘一白馬至下騎與迎者笑立數語即昂然登樓余亦離坐相待其人入朱先告曰此刻下之島主也余揖之酋笑執余手作慰勞語聲音甚洪而器宇亦誠不凡余牖然敬之不敢以島酋輕之也繼有白鬚翁偕一壯者至接見訖同入坐白鬚乃佐酋爲治者是即山中之宰相壯者爲武臣專司島中之戎事者也因思此土不過百里之島耳亦能井然如此可見天之予人者聰靈慧智無所厚薄不過覺悟有早晚耳喜言人不我及者是乃足未出里門少所見聞故多喘月吠雪之談也朱邀入席食案設於室之西偏島主拉余南向並坐其輔弼則東西陪坐朱與其岳內向而就主位進食者皆其妻女侍者不得從事所饗乃牛羊雞魚之類皆盛一大銅盤左醬右蔬尚有古之遺意焉酒設而不屢斟想教規有誡也食數味酋笑問曰此處風景如何聞上國地大物博敝島古昔曾有人泛海一至歸記其事於書島人閱之無不羨爲天上也余前至馬加撒曾見貴國數人而行色悤悤未暇與語今得與君聯席而坐幸何如之余唯唯並告以同爲幸遇蓋凡有問答皆倩朱口傳通也酋又問曰貴國聞亦有奉穆罕默之教者然乎否余曰有之華語謂回教也問來自何年告以始於唐代高宗之朝距今約一千二百五十餘年聞即貴聖穆罕默謝世之歲有所謂賽弟蘇哈爸者奉遺囑載古勒經泛海入華而傳貴教繼之者則爲西歷七百五十五年中國天寶朝有亂事郭汾陽借回兵十萬由西邊入口事定留居與華民通婚姻今時支派甚繁散居各省與華民無別不過不食豬肉耳酋聞而喜以爲聞所未聞並著朱細譯索筆而自記焉朱之岳則問由彼赴華道里方向並問余操何業而南遊海國余歷舉以對又問中國蠶桑之法余略告即取所攜繭綢以獻焉彼見讚謝不置並愀然告其島中向無蠶桑之利得上國寸絲片縷

皆足珍也今蒙客之留贈余何敢私顧貽於公以誌高誼言訖呈紬與酋酋接展視許久而問余曰織自何處呼爲何名乃告以產自皖北亳州並略識萬壽兩字之意酋聞甚喜又問南洋目下孰爲强大之國因告以除歐洲之闢爲新疆者濱海建國南洋諸島北拱華藩當以安南暹羅緬甸三國爲首而近今時勢變易此三藩各有消長强弱不同他日如何非可預決但就目下而論安南君民文弱不武堅貞之志有餘防侮之力不足故受制於法人名曰通商而事事干預不啻東其畝而西其圩也我中國○朝廷非不欲庇藩屬因其地遠處於炎海之濱代爲之籌鞭或莫及故其勢日衰不知終竟能奮然自立否譬之一國與人有爭而倩助於其鄰當場助之者搖旗叫喊爲聲威之援而當局者僅以空嗷一聲藥彈並無遙向敵人作勢卽爲取勝保疆三尺童子亦當知其不可不圖今之安南出此也誠足悲矣緬甸雖稍强於越無如其今王政教不修嗜酒好殺佐治者率皆掏愚故未敢期其久而不弱也暹羅一國則獨出不羣其君臣諳於通商聯縱之術本國口岸聽憑外商營運開闢設擁裕國利民使臣四出修好歐洲其與正未有艾也其餘島嶼之國僅堪自守或受制於人碌碌然不足道酋聞似能領略悵歎久之洗盞更酌肴饌既飽告醉而興酋約陪遊其拜神處並己之園圃隨與朱之翁增共六人偕出乘騎往遊過一處林中多板屋乃其民貿易所也地鋪草席上陳各貨睇之有花布銅鐵各器以及食物之類有以物互易者有出銀購買者樸厚不華有日中爲市之遺風焉數分時先至其禮拜寺有數衣長衫戴白帽者出迎於門外入就西廡同濯足訖一白髯長鬚者爲導歷階十級升其堂門爲長圓式內以白石鋪地潔無纖塵石柱數十皆大可合抱屋頂高縱如魚脊天花板繪魚藻之屬燦然可觀上懸綠白兩色之琉璃燈甚夥壁懸大鏡皆滿書彼教經字中有銅鑪高三尺許式樣甚古色吐紫赤光可鑑影鑪旁銅燈一架高與鑪等一檠七枝式如蓮實乃誦經時所用也後壁白石金書龍飛鳳舞朱指告曰上乃教堂穆罕默所得神

旨也酋啓西南隅一木櫥令視內貯古昔傳留之物有玉印一方徑二寸上鐫鳥獸之形云係開島之祖得自魚腹者酋持傳視不許外教人手捫恐不潔也又玉柄古劍一把式同華製云三百年前有酋好武事自他島以百牛易來者請酋摩視之寒光射目誠寶劍非凡品耳餘皆衣冠之類上皆有字標識記其始也有一綠色冠翠碧鮮嫩叩之非布非革輕薄異常問之乃巨蚌殼所製上嵌碒石一粒大如黃豆而晶光透澈寶色陳露朱曰此冠戴行於暗中其光射照百步無須執燭石小而光一島之中呼爲寶者無能過其右故珍藏之非面見其人樸誠不得輕舉與觀恐生彼之覬覦也其寶貴之情可想而知看訖出就旁室爲經師之所居入內滿架琳瑯書皆皮革島民十二歲以上皆必來讀習教經至少六閱月有富室讀至三四載者可得阿洪之稱如言秀士也其經師像貌和藹進茗果相款並問在中華北京有哈王府今尚存否蓋即彼教之寺傳言訛音余以未入都不知其詳對酋邀行隨出縱騎行林中小徑二里許至酋之園門有白石鐫回文無垣牆埋木樁引野葛爲籬幽雅絕俗酋親爲導步入園鳥語花香碧水一泓成小池中植萍藻旁建草亭爲垂釣處石子鋪道古樹參天松上挂藤蘿如翠幕下植叢花燦然五色皆非華產咸莫能名有石澗寬約五尺流水涓涓乃注泉於池者上架枯樹根爲梁不假斧鑿橫斜有致過橋草場一區大畝許油然如碧裀四圍植滿芙蓉花枝低亞風來擊人帽客行避道以護嬌香草場正中甃白石臺高數級上置籐椅瓷礅爲憩息用拂柳穿花至一方樓紅欄白壁覆草代瓦樓前之左旁有銅網鳥籠二架大皆尋丈內蓄異禽奇鳥羽衣蹁躚莫名其類酋引登樓曰玉石爲梯紫色銅爲欄履其上錚錚然不啻吳宮之響屧入則覺一縷幽香出自室中細嗅之知爲蘭也行及屏後見盆蘭甚夥花下含露如垂珠花側小几上置水晶盤並一金鑷長數寸叩之朱曰用以收採花露者露甘且香用之調食少許入內即覺甘芳絕倫用之點齒口香終日島主嗜之故園多植此昔島之西偏一山兩澗皆此君也

樓中所供乃島主公餘率妃自取爲戲者山下羣芳另有牧豎採以爲獻吾酋以果易之余聞而歎曰斯酋之好雅矣哉觀其嗜而知其志想無求顯之心知足不辱是能長保斯民於茲土也酋邀入客堂就坐瞻其飾屋爲天下之僅有蓋島中羽族極多網獲諸禽之羽選其華者膠於四壁就其毛色爲方勝連環諸花文金碧相間燦然若錦微風自至生動萬態又如翠濤朱波令人目迷五色其他無多陳設有銅案上置華書數卷及緬甸貝葉文一冊旁有一精鐵所鑄之象高五尺形狀畢肖云爲他島所贈右壁下置青石琢成怪魚一具有劍其長插入魚口陪遊之司軍旅者乃起掣劍招余視曰此劍成方五載造此利器計經三酋歷十五年之久始克竣事余聞而詫其難詢朱以故朱曰此本島古制也百年鑄一劍爲誌採鐵如山堆於大谷通島之民皆輸柴助鎔冶師攜眷築屋居鑪側晝夜鎔化鑪火徹宵鐵之爲物每火一次則脫去鑛質一層鎔鍊日久數萬斤之鐵鍊爲純精不過僅敷一劍之用告成之後削玉如泥無堅能抗其鋒矣余聞出身佩之老玉蟾蜍借劍削之應手破蟾蜍爲二留股際一綫不斷始信其言之不誣卽繫玉墜於劍柄曰留以爲誌侍者進蘭露之著松花之餅異味甘香非紅塵餌也食訖凭欄外眺見四圍青山綠樹阡陌雲連耕者犁而耘者鋤樵者歌而牧者和各事其事各樂其樂武陵桃源當亦不過如是耳西南望去羣峰中闢一綫海色直達滄溟一葉風帆隱約可辨朱指告曰此皆土人之業漁者也酋曰君勞矣曷小憩吾當導君一觀異類余乃坐於長椅之上白髯者乃攜朱就余前席地坐詢〇中朝政治禮節甚詳因告以余乃山野之民〇國家典禮政令百不知一有辱明問翁曰姑就所知言之亦足開茅塞幸勿金玉其音余不得已乃擇要而告之翁聞欣羨讚歎不置少刻其酋起執余手同步下樓繞至屋後見廄房二皆欄以鐵如胡椒眼內視奇形之獸其夥人熊毛尺餘鹿則碩大如驢告乃鯨魚所化似鹿而非鹿也一獸如六七齡之童子背上多毛股際有小尾如面與腹皆潔白類人口大齒疏云有樵

夫與山人交而生者故其形界乎人獸之間見人至呱呱欲語伸小掌向人乞果又一室皆猴與猿錯之類室隅另隔爲二內盤巨蟒一如五石甕長不知幾許白質紅章鱗甲瑩潔有光首有獨角其色殷紅口吐舌灩灩如朝霞覩之甚駭卻步而退因詢朱若大孽物何法置之朱曰此蟒產於去此數十里之荒島鄉人舟偶經其處彼必乘浪尾追以身繞舟不得行就艙覓食米糧一空因而逃返者歲必數次然不傷人後有老漁獻謀用舟二隻拕一大船艙貯酒浸之米及果往誘蟒果至懸解纜棄大船飛槳櫂小舟駛去水中垂暗索爲蟒見無人果登船食食訖醉不能去舟人遙覘其不動知其中酒多舟來接同拕其船歸百人扛船出海置於此蟒三日後始甦初醒作牛鳴跳躑欲破籠去力不能勝乃雌伏不作歸去之思日飼以斗米於今三歲矣余見日西墜慮舟人明日開行乃謝酋與辭酋亦不留但曰他日船過此望再來遊也酋送至閾門握別余偕朱及其岳回再至其岳家小坐朱入內旋出持蚌珠四顆告以爲岳贈余者余起謝辭出與朱乘前駒行隨行二介朱皆令勿往因天晚故耳疾馳出村取來時之路逕返至前進果之村日已銜山遙見來時所遇撚花而歌者佇立林中頻頻北望似有所待覩余等策騎駛至徘徊四顧欲語又止若不勝其羞者朱下騎操彼土音而語婦乃前致數詞卽前行爲導朱笑告曰彼云業備盤餐邀高賢屈尊一顧余恐唐突請謝卻之朱曰無妨此敝島之風氣如是耳能致遠客臨餐覩爲榮幸況渠與君有貽花進果之雅邪言間已抵其居婦牖客入引登小樓室不大而潔坐定有小兒女出見並請鄰翁來陪蓋婦之良人應役公家居外未歸也婦自進食魚鮮數味頗適於口飯訖余無以酬主人乃解表練上所繫自己照像並盒而贈焉託朱達其意婦得之甚喜余因天晚離席與辭婦殷殷向朱詢余何往朱告之婦愀然大有惜別之態余雖無情然亦不能無動於中慧劍當揮遂出就道歸抵舟中業已皓月當空漏聲二下矣次日清晨船主出資囑余倩朱代購薪糧食物定於明日開行余亦欲詣朱話別遂

謝其導遊之惠乃搜檢行篋覓物之可贈於朱者爲投桃之報遍視阮囊竟無新鮮可重之物堪作永好之貽忽憶朱前有或者得一歸故國之語思得相贈之物乃取自家鄉帶出之裹衣長衫以及襪褲各一事外並黑綾小帽一頂藍絨雲履一雙辮綫一縷持以贈彼備他年東歸之用即有關莫償此乃○○熙朝之服色亦可留示子孫未始非木本水源之思也檢定包好即攜以登岸漫步而往方入林中見余舟初抵該處時所識數小童正在樹下捉迷藏爲戲覩余至咸拍手歡呼相迎余因就草地而坐笑撫羣童之首以手作勢詢其早食否一童錯會其意疑爲余指口向彼索食遽起向林深處狂奔而去少刻見其以巾盛物囘置於余前啓視之內乃香蕉林檎諸果自樹新摘者以錯就錯即取其香蕉剝食之香甘過於粵產忽聞樹梢有嘯聲自上而下驚視之蓋即前日銜履之山人聞果之香貪食下降也及地伏余前不敢攫取而涎垂斷續饞態可掬因擲與林檎一枚歡乃拾果旁蹲大嚼余起諸童隨之直至朱之門首衆始踏歌散去余方入門架上鸚鵡操土音報客至朱自廚中笑出曰今早吾已著兒輩往視歸報君舟並無戒行之象是以知君今日不去故率內人治具欲邀君一醉聊盡祖餞之意君竟不速而至何其巧也登樓白來意並進留贈之物朱再拜而受之當即挈之入室試著而出居然大國人物惟頂少一辮耳並呼母妻出視見其裝束咸笑失聲朱告余相贈之意又皆舉手爲謝而其妻有愀然之色余度其意蓋不欲良人之有遠行也因笑詢於朱曰異日倘遇機會作故國之遊或挈孥以行抑翩然獨旋乎朱正色曰此間雖好究屬荒服之鄉不及祖宗故土之萬一吾雖生於是未獲一瞻華海雲山然竊聞先君之訓及閱書傳所載心嚮往者久矣他年倘能遂願作東旋之行當留一子住此守田園吾則奉母挈眷而往若得築斗室於內地購田畝耕種吾願常居不願歸璞反眞留此一子即使守是土之墳墓奉斯歲之香煙不亦可乎若入華足迹無托則翩然言旋而其願已償又何傷也余唯其言論正大深欽佩之朱言訖

乃指點妻子陳肴進酒仍如前邀余席地就飲進酒話別殷殷酬酢雖萍水之交不啻異鄉骨肉數杯之後朱前席詳叩故國山川人物風土種植余即歷舉見聞所及者以對並為講解之因彼家於斯土者數世矣雖心未忘本繫念於祖宗香火之邦然其日與所處者率非華族而其心之所悉華事又皆口傳心授之學舉一漏萬茫茫乎莫知就裏余特嘉尚其志因思朱之居此也久矣生於斯長於斯婚姻交遊復於斯而能不為習俗沾染故土之思耿耿在抱若而人即求諸中原亦不可多得何況炎炎南天拳石之島乎是以不憚煩瑣而詳告欲有以導之也朱聞余所言華國疆域之廣大山川之雄厚禮教之美備人物之奇傑產植之豐富乃歎曰如公所說真令人驚為天上能不動吾之鄉思乎洗盞更酌肴核雜陳朱命兩兒敬酒其子奉命捧巨觴跪進為壽余受飲訖覺微醺以酒力不勝辭朱亦不強即呼進食飯畢同起朱捧文具請書余之姓字居里於紙作他日再晤之券余因出船主資託購薪糧朱曰君之同行者吾未邊備杯酒盡東道之誼途中餱糧吾當敬贈用補疏慢之愆少刻吾親運送前來資請帶旋交還之余亦興辭並請其母出謝別朱率家人送至門曰吾著兩兒送君歸舟吾隨後即至余始長揖回步因告二子著導至前者贈鳥之家一別彼叟朱子開囑前行轉出果園即其居也二子先入白來意叟歘然出迎余命朱子傳語道謝叟亦託童代達慇懃無非惜別之語女郎捧糖水鮮果出相款余略坐辭去叟亦命其孫躡借朱子同送余歸至舟各贈花巾一方令旋皆唱喏以退余還船主購糧之資並言明朱欲相贈之意眾皆讚其知禮俄頃見朱率子策五牛而至三牛負糧二牛馱薪至於舟前朱手小匣登船向眾拳揖謝疏慢之罪即請船主命水手收糧令兩兒驅牛先歸然後隨余入艙朱握余手淒然曰大緣相假使君惠臨數日追隨慰我生平君自有事而此地又無旁達之舟不敢留滯君行聽從容去謬蒙相愛愧無以報言訖揭匣曰此中本山所產寶石數塊蚌珠百顆椰珠五粒區區微物聊表寸心願賜納勿卻是幸

余知其誠意相贈故卽謝受因檢視之寶石紅藍兩色光不見佳蚌珠僅大如綠豆光足而圓椰珠色有黃白兩種大若扁豆子其光閃然一綫余不識所出叩之朱曰此珠生於椰中稀少不能常獲黃質銀光類貓睛者爲貴因思樹能產珠誠理之難測者乃並其匣而藏之留俟歸質於多聞之士因出酒留其小酌舟人亦多所問答朱皆一一酬應直至日沈西溟月上東山始起告辭余執手送之登岸朱憮然曰與君此別後會茫茫方寸已亂不敢他囑海天風波無定願善自調護是時余情轉悲不能作答但點首而已亦不忍再住惆悵別去行數步又立語曰明早尚可一面言訖轉入林中余惜別縈懷輾轉終夜不能成寐雞初鳴卽聞舟子起理帆槳准備開行東方微亮錨椗皆起一篙撐開乘潮出港余立舟首盼朱不至旋見數人自林中疾馳而出熟視乃朱及鄰叟也是時余舟已離岸數丈順流而前朱至水濱業不能交談但揮手作別舟輕潮急轉瞬里許遙見朱尙徘徊而去蓋亦深於情者也自安門開行歷兩時許而入大洋旭日當空薰風自至舟向北駛萬頃碧波映日陳翠海天雲影浪走金蛇島民漁舟出沒波際帆角桅梢若隱若顯飛魚鼓翅上騰海鳥斂翼下啄斯時凭窗瞻眺令人目悅神怡天機活潑景足忘憂惟覺熱不可當汗流如雨展視輿圖察其經度始知此刻舟行正當赤道之下也至晚風力稍勁舟如箭發微有簸揚而習慣不苦入夜陰雲密布雷鳴電掣風聲怒吼海浪若山船搖蕩如鞦坐臥莫寧同行諸子皆相顧失色懼蹈不測之淵余獨斂心默伏聽命由天不作無補之慮俄聞船主在後舵呼余就問之曰知君膽巨好奇此時何不出觀異類余聞往伏於舵樓探首外視但見海面瑩然有光如燐火之色可照耀視遠蓋乃積陰之氣被風鼓蕩所致斯時風水相激馮夷莫安於幽宮海國族類多上浮於洋面忽見船左數十丈外有物如巨石上懸二燈其光射目舟急斜駛避之去遠船主告余曰此巨魚之首二燈乃魚目也若趨避稍緩彼一擺尾無完木矣又見波面浮二小舟上似有人行動余詰船主船主搖首禁勿

語少刻小舟沒乃告曰適所見者巨蚌也浮起作受風之嬉耳是皆力可損舟之物言間聞有聲自遠而近如火船輪葉激水之響又如機艙抽氣之聲凝睇之見里許外一物大過余舟高若小嶺向南行甚速船主曰若斯巨擘非鯨即鼉幸未相值也時將四鼓風力轉勁巨浪激舟衣皆沾溼及退入中艙更換舟更傾側不定其勢甚危余雖素性堅定而至此不能無惕然之恐旋聞艙外水手有欣笑之聲疑而往問船主告曰將入武羅之港矣故斯輩交相慶慰也余急入告同人衆始驚定少頃浪聲漸微簸搖亦止知舟已入港俄聞岸有人語推窗視之見天色微明舟即攏岸下碇卯刻有西人登舟查驗該地爲荷蘭屬埠設關榷焉飯後登岸遊眺見土人形容樸野黑面披髮殊不雅觀華人千餘成小市面埠外樹木叢雜地多荒蕪遠不及安門之爲林爲隴阡陌修整也緣是處地大於安島十倍土人稀少性復懶惰不知耕作力田向以沙穀米爲食荷蘭開埠以後始有自外埠運米來售者市中工商籍貫華民經營又因其地貧而僻故至者寥寥覽視一周無甚可觀因別無所事榜人市買食物添注淡水翌日即起碇揚帆出港向西駛行燃兩時許見有荷蘭小兵艦一艘舟油白色鼓雙明輪巡查海面蓋其處土人性蠢而貪常欋小舟出沒洪波巨浸之中名曰捕魚其實見孤舟可乘者即行強焉商舟至此無不有戒心故荷官時遣兵輪巡緝然而茫茫大海浩渺無際安能然犀窮索使彼不敢出肆其惡邪荷人之爲不過盡其力之所逮者而已是日風平浪靜一路土人近島販運之舟來往不絕帆影天光清麗如畫午後小雨暑氣稍斂遠望南面一帶山巒綿亙峰入雲中叩諸舟子知爲荷葡兩國屬埠池問諸島也西北面有山甚遠隱顯若雲氣詢悉西里百東南諸山至晚東風大作舟駛如箭歸艙出酒小酌同人因索觀朱贈之寶石及珠余取就燈下共視之前次悤悤一瞻未悉其美今就燈下細玩覺其石寶光四射知非凡品而椰珠之光閃爍如貓眼尤足愛衆皆豔羨之再視其積非木非石乃深紫色之螺殼所製也自生文理細密光潔倍

觀已訖乃斂珠入匣而珍藏之解衣就枕昏然睡去醒時見旭日曈曨自窗照入顧視同人皆不在艙覺舟停不行旋聞人語啾唧似近島岸急整衣出則見岸上綠樹青葱一望無際小舟五六同泊水濱土人八九近船凝視觀其髮作螺拳面如墨染朱脣黑齒醜狀可畏問水手告曰是地名文丁乃近馬加撒之小島也船主與客皆上岸小步去矣余聞同艙著衣履獨自離舟向林中信步行去見民居一叢立板覆茅鄙陋不堪突聞身後有操閩音呼客來吸煙之聲回顧一老者鬢髮如銀坐樹下一大龜殼上手執盈尺竹煙袋一隻俯首呼吸余旋就之翁點首請同坐於龜殼之上問自何來過此何往余約略對之轉叩其籍里姓氏到此幾年島中共有華人幾許翁曰吾閩之漳浦人也姓吳氏來居是土者念餘年矣斯處華人共十姓潮籍者二閩籍者八皆種植煙草爲生土人雖強野卻不相侵犯歲抽田中所獲者百之五以納其酋他無所苛求問其衰老至此胡不歸翁愀然曰歸無田廬何以爲生老夫於此置家室今已抱孫矣是將葬身異域安敢作首邱之望哉相談至此見船主偕諸客自林深處而來覩余坐此招呼同歸下船開行偏向西南而駛遄往加拉巴之泗里末埠因同行中有客欲赴是處勾當事件也舟過文丁往泗埠之海程千餘里帆船不敢絕道而駛必南轉沿雪里窪貓聲霧之北邊向西進發蓋防意外之颶波焉舟行一晝夜入雪島之外港見往來商船如織率皆土人販運百貨以通有無者也中華閩粵人所駕之中航船及小雙桅頰夾板者時或一見寥寥無幾兩面小島荒嶼棊布星羅有無株樹寸草者純係石質凝結而成令人疑爲媧皇補天之遺有樹木滿山翠幛綠衣不見片土者遠觀飛鳥上下近聞鵲噪殺嘵實不知其中有人與否而每屆潮信至時海浪激石獅吼雷鳴奔騰泙湃如在萬軍之中聞鋒鏑嘶喊之聲若舟行距岸稍近則浪花飛射紅雨著衣不啻聽誌公說法也崖石受浪日久破水浸蝕不勞斧鑿自成妙相千奇萬狀天然大觀有若層樓傑出於海上者有兩山中斷儼如深谷自外望之樹森屋密

爲一大市鎭者又皆白色光潔玲瓏竟同立馬秦關觀華陰之積雪也色白之故乃因海水內鹽質浸染所致耳日間余啟窗凭眺左瞻右顧如行山陰道上有目不暇接之勢雪島綿亙數百里地形如鉤豐北而銳南中有一曲山嶺槎枒港澳迴環蒼松翠柏隱約峰際土人有黑黃二色率皆穆拉油之種類同奉穆罕默德之回教其人喜操舟外出善貿遷之事自武羅挂帆風皆順利海行不能計道里至第八日封姨肆虐阿香逞威狂風驟雨自東而西舟當其衝急尋避地順其風力南駛入洛莫麻里兩島之峽港寬若百里就北岸麻里之濱而泊焉下錨後船主檢視帆繩斷者七舵木損去一半此役亦誠險矣哉少刻風定雨過見島中土人用小舟數十拖一物至岸余偕船主往觀之乃一巨鱷也長約丈七八尺豐頭修尾堅甲利爪睛色深碧撫之尙温據云此鱷爲虐於是港者歷數歲矣近海雞犬漁舟童孺果其腹者不知凡幾土人患之無法誅除此醜今日大雷雨時有漁人飛櫂歸避鱷伺其後欲肆其惡忽霹靂一聲鱷觸雷而斃漁人始知故邀衆拖至岸上欲寢其皮而臠其肉雷誅民害之說信或不誣余見觀者之中有華人多名詢之船主告曰此島吾曾數至民知稼穡田產稻米甚豐華人居此種植者實繁有徒島之東北隅有埠頭爲互市之區大有可觀此乃斯土之南鄙皆小村落明當泊此修帆舵公曷登岸遊一日之遊恐無似朱君之緊客者矣時日已暮歸舟後同人皆出酒互酌以慶出險翌晨飽食偕一友登岸覓徑遊眺入林有小隄鄉人築以防海潮者登隄一望阡陌雲連稻黃麥綠歌聲四野見其隴無莠草知皆勤耕力作之民因偕友循途而進欲得一居此之華人以訪其處之風俗步入一園但見碧幢千株枝頭纍纍然如斗如瓜者即土產之椰也五色鸚鵡飛鳴噪啄於其中羽衣蹁躚百十成羣蓋熱地之鳥無不美其毛羽土人見慣不奇如華人之視鴉雀按東西洋考載唐季高宗之朝永徽年間南洋麻六甲之酋奉五色鸚鵡入獻想即此耳友詢曰椰乃果類何土人嗜之深而種之廣邪告曰前時余亦有晉子之疑後

訪諸知者始悉南方草木疏所載椰實之用不過約略言之有未盡其美者緣彼株無棄物咸利於用爲南人刻不可少之需故用多而種廣其汁初熟堪飲以解煩渴久則凝結如羊脂可充盤餐果品尚其用之小者最大之用即用以造油乃利之廣者也其他如殼可瓢皮可繩葉可篷榷種之功用是皆有益於民者安得其種之不廣也談論之間林盡而岡見有路可達其嶺因共攝衣而上作登高之眺自下而上斜高里許至頂時初見岡下農居錯雜炊煙正起村外水田一望無際方塘曲畝翠碧相連岡上閒花燦若堆錦桃源風景當不是過因相率由樵牧之徑下詣其村方至莊門犬吠迓客有華之老叟策杖出欣然導入室內頗淨潔呼家人烹茗進煙具相款坐定叩其姓字曰老夫劉姓粵之石城人率兒輩耕於此者三十年矣此處無土人民居將四百戶皆華產故土人名此爲唐岡指斯處皆華人之居也村有祠宇春秋報賽舉立首事理處不直酋居內山偏北之境自稱蘇祿即華言王侯也吾儕耕植於此歲計所獲百分之五爲繳酋賦另納百分之二爲首事辦公津貼之用云遊畢歸舟翌早開行舟首向西北而駛因須遶洛莫之島嶼也舟行近岸風靜浪平如走內河心神安爽至此無大海風波之險同人皆啜茗清話或一局殘棊藉消永晝日將暮時舟轉向西南行迎面斜陽霞光萬道漁者歸帆來自水雲深處擊楫鼓櫂而歌者與潮聲相和應自旁觀之無一非詩情畫意惜余皆不諳也過此天色已暝不復可覩乃歸艙聽他人說鬼因同行諸客在船無事互搜昔年舊話說以爲笑時夜已深同滅燭無話越日泊泗里末由此開行數日抵叻

上海著易堂印行

紅毛番英吉利考略一卷

〔清〕汪文臺撰

《紅毛番英吉利考略》一卷，清汪文臺撰。文臺（一七九六—一八四四）字南士，安徽黟縣人。道光間據前代方志、筆記、奏摺等，撰爲此書，述英國之地理位置、船艦槍炮、風土習俗及海外貿易諸情形。雖内容簡略，然成書較早，頗受時人矚目。據中國國家圖書館藏清道光間刻本影印。

張燮東西洋攷紅毛自稱和蘭國與佛郎機鄰壤而攷略佛郎西下引海島逸誌云華人呼為和蘭西又以和蘭為佛郎西案東洋列國考美洛居向時所攜貨有為紅毛所特需者遇佛郎機必怒若紅毛人見有佛郎機所需貨怒亦如之正與攷略世與紅毛讐之語合又云分萬老高山山半山北屬和蘭山南屬佛郎機又與攷略與荷蘭紅毛為鄰之語合和蘭疑卽荷蘭對音字無定耳和蘭西卽佛郎機音之變也又補旁注亞齊一條據洪亮吉乾隆府廳州縣志明永樂二年其酋辛奴里阿必丁巳遣使入貢後檢東西洋考作永樂三年王鎖丹罕難阿必鎮遣使入貢與洪志小異案東西洋考作于明時當較詳確因已棊板不欲剜損附錄于此彭年又識

紅毛番英吉利考略

黟　縣　汪　文　臺　譔

紅毛番英吉利在佛郎機西對海李光洛海國紀聞

紅毛等國居西北辛戌乾方英機黎一國懸三島於吝因黃祁荷蘭佛蘭西四國之西北海陳倫炯海國聞見錄

自言其國在長白山之背又與俄羅斯鄰韓霖西洋會士著書目補編注去中華七萬里故荷蘭之屬國也庚英夷說

賀蘭紅毛番今又析其名曰英吉利曰瑞曰璉印光任張汝霖澳門記略

宋朝事實趙汝适諸番志宋史外國五並云注輦水行至廣州約四十一萬一千四百里沈括筆談謂之珠輦國元史謂之俱藍國云招討使楊廷璧三往招之自泉州至其國十萬里元史似無夸語其地當是明時大西洋曰瑞曰璉者荷蘭并之今其地入英吉利矣俞正燮癸巳類稿

今英吉利人或自言舊為歐邏巴屬國案西夷說地分五大州歐邏巴中七十餘國為第二大州並非國名蓋後英吉利侵占荷蘭地深諱其背本故謾言之西人艾儒略言中國距大西洋路幾九萬湯若望云八萬里中土人疑其夸則云只五萬里此云七萬里海行難以道里計蓋皆嚮壁意揣之辭

英夷國西北而得與長白山為腹背者地體渾圓故也

其人類荷蘭王大海海島逸誌深目長鼻明史外國荷蘭傳高準碧眸淨鬚髮海國聞見錄髮眉鬚皆赤足長尺二寸頎偉倍常明史披帶豬毛氈青氈卷笠短衣袖緊襪而皮履高後底略與俄羅斯至京師者相似海國聞見錄其所役使名烏鬼明史暴暴種海島逸誌通體黝黑如漆絕有力入水不眯目澳門記略走海面若平地明史生於安汶之東木處

而穴居不火食海島逸誌案安汶在嘮留巴東南初至時與之火食累日洞泄
謂之換腸或病死若不死卽可久畜鬅髮皆鬈而黃唐時所謂
崑崙奴也澳門記略於東西洋別爲種落顧祖禹讀史方輿紀要海中特峙一
山海國紀聞斗入海中西南北三面皆海惟東南通陸形如箕舌略
同中國登萊形勢東西長一千六百里南北六七百里道光二十年白
夷晏士打剌打鬟供詞周圍四千餘里海國紀聞都噶嗹道光十九年欽差大臣林奏摺距
海二百里有河通海王宮在城外依山阻水上有礮臺山後舊
王宮方四里爲朝會之所山前面河者爲新王宮爲游幸之所
隔河築城距宮十五里晏士打剌打鬟供海口市鎮名嬾倫第二海口
名論倫有四十五日程海國紀聞立法苛刻少恩海島逸誌年十四以上
則供役六十以上始退人民稀少多娼妓海國紀聞姦生子必養育
之海錄楊炳南屋皆重樓尤嗜利貿易徧海內以明雅鋍曼打拉沙
爲外府海國紀聞

明雅鋍在徹里耕西對海海口名噶支里海口甚濶水濁而
淺船至此先放礮使土人聞知以小船爲導方能進口若四
月至八月則不能緣彼時風雨多故也進海口有礮臺行二
日到交牙礮臺又行三日到姑哩噶打海國紀聞有小城英吉利
官軍鎮明雅鋍者治此商民環處城外官吏及富商家屬俱
住漲浪居海錄地周圍數千里土人有三四種有明雅里有夏
哩有巴覽美紅毛居此者萬餘人有敘跛兵五六萬人卽明
雅哩土人也粵人貿易亦三四百人　曼打拉沙在噶支里
海口西南海國紀聞由噶支里陸行二十餘日水路順東風五六
日俱英吉利所轄地至此別爲一都會海錄土番名雷邪哩資
本甚厚地平坦無山所居有城郭紅毛兵二三萬人守之海國

紀聞
養別國人爲卒伍海錄勝兵十餘萬海國紀聞用越國鄙遠法占地開
墾置敘跛戍兵西轄米里幹彼姑達里東并望買阿英假打拉者
傻徹里耕新埠荞孤盧舊柔佛癸巳類稿
哼裏幹國案今通作咪喇嚂在紅毛西海中孤島也初爲紅毛所分
今自爲一國花旗船是有火船　亞烟裏隔國在夾山正西
行二十日至一地名彼姑達里近爲紅毛所奪海國紀聞　出雲
南天竺國之西南爲小西洋戈什嗒東西南三面皆臨大海
東沿海地綳樵臘係英機黎埔頭西沿海地曰蘇喇曰綳買
皆英機黎埔頭海國聞見錄　望買土番名叭使是紅毛市鎮有城
郭紅毛有數千人居焉蘇喇在望買北紅毛所轄　阿英假
紅毛所轄　打喇者在馬英西北紅毛所轄　徹裏耕在烏

土大山之北近數十年紅毛所開　新埠在沙囉俄北大海
中海國紀聞麻六甲之西吉礁之南與大哖相鄰地名檳榔嶼海島
逸誌案檳榔嶼卽新埠　沃野三百里英夷說獨峙一山周百餘里不與諸
國相連紅毛於乾隆四十八九年間新開土人是無黎由種
類甚少閩粵人在彼種胡椒者不下萬人海國紀聞種植者亦數
萬阡陌田園一歲再熟卽粵人所謂洋米是也英夷說紅毛在
此者二三萬人有敘跛番兵三千餘人守之土人則從無黎
由紅毛則從紅毛每歲釀酒賣鴉片及業賭者納餉十餘萬
與紅毛宰猪者亦有餉海國紀聞距大嶼山十日程英夷說　荞姑
盧國沿海之地近爲紅毛所奪王徙居山內紅毛兵數百人
守之　舊柔佛本柔佛國都後徙而墟其地可數百里土人
本無黎由種類嘉慶二十四年紅毛新開之海國紀聞招集各國

商民貿易耕種薄其賦稅以其爲海道四達之區也數年之間商賈雲集遂爲勝地番人稱其地爲息辣閩粤人謂之新州府海錄

凡南洋咭嘳丹丁家羅三佛齊噶喇叭烏土英夷說亞齊洪亮吉乾隆府廳州縣圖志諸國皆供其賦稅英夷說

咭嘳丹國在大泥東南國小而產金　丁家羅國在咭嘳丹東南海國紀聞　三佛齊古名干陀利至宋名三佛齊洪武時爪哇據其國改其名曰舊港明史稿外國　在莽姑盧東地相連有網甲山甚大海國紀聞山麓有文都上盧尞下盧尞新港等處文都有英吉利兵鎮守榷錫稅凡采錫者俱向借資斧得錫則償之每百斤給洋銀八枚王都在山西民性凶惡而畏英吉利知虎凡有誅求無敢違抗海錄　噶喇巴臺灣府志作咬𠺕巴海國紀聞作咖喇巴

在南海中皇朝通考四裔考舊港南大山縱橫二百餘里海國紀聞國多椰椰名噶喇巴華人因稱曰噶喇巴海島逸誌距福建廈門爲水程二百八十更計一萬六千八百里本瓜哇故地無來由種也通考其所統轄有北膠浪三寶壟竭力石四里貓馬辰望加錫安汶萬瀾澗仔低萬丹麻六甲等處種類奚止百萬海島逸誌輕捷善鬭余文儀臺灣府志荷蘭始因逃風入萬丹卑辭厚幣求暫借海旁地修理舟楫未幾又以設立木柵蔽內外爲請增其歲幣瓜哇性愚蠢坦率無謀貪其利漸受籠絡海島逸誌又製雅片黑煙誘使食之遂疲薾受制竟爲所據臺灣府志海島逸誌荷蘭建城池分埔頭各處船隻聚集貿易珍寶物食甲諸島中國在彼經商耕種者年給丁票五六金方許居住中國人口往此何啻十餘萬海國聞見錄有不同中華者自號曰息坔南去聲荷蘭授與甲必丹名官使分管其屬海島逸誌法嚴峻中國人毆荷蘭番者斬手戲其婦女者絞海國紀聞嚴禁華人寄銀出口必令將銀置貨方許揚帆海島逸誌乾隆六年其酋與鄰鬭脅華人前驅死者數千人已欲驅華人復戰華人恐謀爲變事洩其酋乘夜屠華人略盡商舶中絕已而華人復稍稍往番人亦利之復成聚澳門記略閩粤人居此者二三萬人海國紀聞英吉黎紅毛番人伺其利欲圖之嘉慶十四年秋與夾板舟師數十往攻不克越年夏秋之間仍備舟師以大砲環攻而克和蘭逃回祖家紅毛除荷蘭酷法招商如故王大海噶留巴後紀易名新荷蘭晏士打拉打鏖供

烏土國在暹羅蓬牙西北疆域較暹羅稍大海國紀聞

亞齊國英吉利所屬在西南海中舊爲蘇門荅剌國或言卽漢條枝唐波斯大食二國地內地商船常往貿易明永樂二

年其酋宰奴里阿必丁已遣使入貢詔封爲蘇門荅剌國王比年入貢鄭和凡三使其國萬歷中國兩易姓乃易今名乾隆府廳州縣志　鴻詔案此條傳寫佚黃君屬據洪志補一

又與荷蘭分據無來由息力大山許宗彥鑑水止齋集

由呂宋正南而視有一大山總名無來由息力大山山之東爲蘇祿西隣吉里問又沿西文萊卽古婆羅國再繞西朱葛礁喇大山之正南爲馬神海國聞見錄

又東南越海并俺門徜徉海中占地多於荷蘭癸巳類稿

俺門東西海中亂山之一近爲紅毛所轄海國紀聞

海島名新新坡者距大嶼山五六日程平野數百里英夷據之建集英書院案刑部侍郎黃奏招英作賢選國之俊秀肄業其中經史子集畢備英夷說又建英華書院於馬喇格距大嶼山十一日程

道光十年英華書院刋有東西史記和合一書上敘中國年代下敘英夷年代（同出黃奏摺）案明天啓時西人艾儒略職方外紀言歐邏巴都會大邑皆官設書院積書至數十萬卷日開門二次聽士子入內抄寫誦讀但不許攜出則西夷知建立書院亦久矣

軍法以五人爲伍伍有長二十八爲一隊號令嚴肅無敢退縮（海錄）所恃惟巨舟大礟（明史）船最大用板兩層斲而不削製極堅厚中國謂之夾板船其實圓木爲之非板也（高拱乾臺灣府志）有商船有戈船底皆二重商船樓櫓數十重環以飛廬內含大銃百梯以藤結而上窗牖以玻瓈嵌之艙以辟支緞鋪之船腹凡數重縋而下有甜水井菜畦懸釜而炊張錦棚白氎而臥名曰夾牀（澳門記略）帆用布大小帆四十八片（海島逸誌）上闊下窄（趙翼簷曝雜記）如蛛網旋

盤八面受風無往不順（高臺灣府志）柁後置照海鏡大徑數尺戈船有五桅九桅首尾皆有柁柁工分班駛風惟視羅經所向（澳門記略）桅上有斗容四十人繫繩若梯（方以智物理小識）登桅視千里鏡見遠舟如豆大則不可及若大如拇指許則續長其桅而追之桅有雌雄二窽箍而楔之益左右帆數百里之遥逾時可及（澳門記略）用混天儀量天尺較日所出刻量時辰離水分度卽知爲某處（海國聞見錄）

量天尺似紙箑能開闔一横一斜中有分寸每量必於午刻日中之際其横者以定均平其斜者以觀道途之遠近海中之淺深（海島逸誌）

船不畏風浪獨畏山礁淺沙又畏火船上火禁最嚴（職方外紀）時時爲盜外洋（澳門記略）鄰國多畏之（海國紀聞）廣南創爲小船曰札船駕巨礟於上攻夾板船底底破卽沈（臺灣府志 俞正燮癸巳存稿札船述）札船無首尾輕捷異常蓋操楫而行恃人力者嘗駛行鑿破夾板船船上人驚則以數十札船扑繩夾板船底爭拽之至淺處而夾板船中人物無歸者紅毛人駕舟避廣安灣其號令舟行望見廣安灣則柁師斬矣（皇朝文獻通考安南考）（癸巳存稿札船述）

安南人善没紅毛呷板風水不順溜入廣南內者國遣小舟數百人背竹筒攜細縷没水密釘細縷于呷板船底遠槳牽拽船以淺閣火焚而取其輜重今紅毛呷板以不見廣南山爲戒見則主駕舟者曰夥長國有常刑（海國聞見錄）

多火輪船行最速以通文報（晏士打剌打鼇供）火輪船者於船中多作機輪使遞相絞轉燒火而收其煙以發輪煙熾氣激輪轉如飛撥水而前不用帆槳不借風力不畏側覆常使二人司火一人

把舵無遠弗届此從火能生風悟出市中走馬燈洋燈之製卽此意其收煙取氣之法無傳之者（海國紀聞）

案宋史岳飛傳楊么浮舟湖中以輪激水其行如飛旁置撞竿官舟迎之輒碎飛伐君山木爲巨筏塞諸港汊又以腐木亂草浮上流而下擇水淺處遣善罵者挑之且行且罵賊怒來追則草木壅積舟輪礙不能行飛亟遣兵擊之賊奔港中爲筏所拒官軍乘筏張牛革以蔽矢石舉巨木撞其舟盡壞又元闇復劉氏先塋碑云襄陽被圍既久城中乏食宋人有矮張都統者潛師運糧以入製輪船數百結栰相連狀若城壁舟師運機其中一夕順流而走劉國傑以八十艘邀其歸路先獲間者偵知出期中流逆擊之舉火聲礮鏖戰三十餘里舟中血没踝生獲矮張都統則舟之有輪不過致遠之利

而行軍制勝實不足恃也
出海貿易遇覆舟必放三板拯救供其飲食盤費俾得反其國
否則有罰三板船上小舟也輕而浮沙上可以往來（海錄）刀銃器
皿爲西北諸國之冠礮用銅鑄每礮尺寸長幾何圍大若干能
及其遠近幾許皆有定限敵營遠近用量天尺量之用屈曲鏡
觀之則舉礮悉中礮必向上而舉名曰天礮（海島逸誌）其鐵彈有三
十餘斤重者（職方外紀）可洞裂石城震數十里世稱紅夷礮（明史）
千里鏡有屈曲管者能覩房室中幽隱之處佳者價數千金
用望敵營能周知其女牆衣壁人數多寡（海島逸誌）
焠火藥如膏色微紅以小木柹略沾松香於其端插其中即作
燀膊聲出之則火然性極烈黙金石上輒沸以一點滴小池中
滿池皆沸著衣服及木皆爛不知何物所爲或云醋浸敗鐵久

久而後煮之即成也（海國紀聞）
案王溥五代會要五代史四夷附錄並云周顯德五年占城
國王因德漫遣使者莆訶散來貢猛火油八十四琉璃瓶以
灑物得水則出火康譽之昨夢錄云高麗東出猛火油夏日
烘石極熱則出液他物遇之皆爲火惟眞琉璃器可貯之馮
甦廣東通志雜記云猛火油樹津出佛打泥國類樟腦能腐
人肌肉燃置水中光燄愈熾蠻夷以製火器鋒甚烈帆檣樓
櫓連延不止魚鼈遇之無不焦灼今英夷火藥入水不滅著
物皆爛蓋猛火油所爲物理小識曰惟細土可以熄之
然舟大難轉遇淺沙即不能動而其人又不善戰（明史）惟恃鎗礮
（英夷說）走舟上若飛登岸則不能疾行（物理小識）腿足紨纏礙難屈伸
一撲即不得起（道光二十年八月京報 英夷說）故往往挫衂（明史）嘉慶十三年

以七船洋兵圖奪安南東京地安南人誘入淺港乘夜火攻盡
成灰燼（林奏摺）
案西人自言拂郎察國類斯惡回回據如德亞地興兵伐之
始制火銃回回概稱西土爲弗郎機而銃亦沿襲此名（職方外紀）
明時紅毛擅火器覬香山澳澳人仿爲之以銃尺量之測遠
鏡度之靡不奇中紅毛不敢犯（澳門記略）則澳夷製礮尤精正德
中佛郎機突入粵副使汪鋐帥兵往逐以火器抗鋐募善泅
者鑿而沈其舟逸出者悉擒斬之遺其銃械鋐請如夷制爲
銃頒發邊鎮（澳門記略）鋐此事最可稱而王鴻緒明史稿鋐本傳
不載殆非憎而知善之義明得紅夷礮賜號大將軍崇禎時
徐光啟令西洋人製造發各鎮令將士學習其人亦爲盡力
（明史 文秉烈皇小識）而卒不得其用吳偉業綏寇紀略虞淵沈中極

言其害至爲深切宋陳規靖康朝野僉言後序曰金人欲攻
之所列砲坐百餘飛石如雨擊守城之卒死傷苟守禦官得
計止令卒近女牆坐城外砲來高則于女牆上過低則打擊
女牆砲擊在外無緣中人又須高木長一丈闊一尺上下外
直裏斜外密裏希洞子外密處以大麻繩橫編如竹笆相似
攻壞女牆即于兩邊連進洞子向前以代女頭則砲石大至
亦無損壞間有損者逐旋抽換止如此捍禦礮石亦何能害
人曾敏行獨醒雜志云京師戒嚴金人發礮攻城甚力有獻
策欲結索網以障之其人歸白太原圍城中具見張孝純王
稟等設此而礮無所施朝廷反以爲迂不肯試一爲之蓋不
知吳越將孫玉守蘇州城嘗用此拒礮而淮南不能攻時號
爲孫百計也明史王行傳云始吳中用兵所在多列礮石自

固行私語所知曰兵法柔能克剛若植大竹於地繫布其端礮石至布隨之低昂則人不能害而礮石無所用矣後常遇春取平江果如其法時火礮尚未入中國所言礮皆飛石也物理小識云禦銃者濕絮魚網土囊道光十四年九月英吉利夷目嗶嘮嗶船進內洋施放礮火兩廣總督盧坤仿古人懸簾之法將棉絮被褥浸濕用木棍撐懸船外嗶嘮嗶無所施其伎倆（京報）卒羞悸而死（林奏摺）則以柔克剛用之已有成效又魏子一言城址砌石上即以土築之炮子入土便陷不出（物理小識）昔鄭成功攻臺灣荷蘭城城疊亂石數丈以火煅之融結成塊堅不受礮（賜姓始末）其妙用正在亂石馬神番性狡獪紅毛人據其港口欲占其地番畏火礮莫敢敵入山以避用毒草浸洗上流使其受毒而自去（海國聞見錄）人皆有德慧術知書

不盡言兵無定法貴能心知其意也

歐邏巴大小諸國上下皆奉天主教（蔣友仁地球圖說）闢之者惟英吉利（海國聞見錄）國俗有祖宗祭祀與天主教別而仍用天主生年紀元（晏士打剌打薹供）始漢哀帝元壽二年庚申（明史外國意大里亞傳）至道光二十年六月初五日英夷書稱一千八百四十年七月初五日二十年八月十五日英夷稱一千八百四十年九月二十日蓋沿西洋舊稱也（晏士打剌打薹供）

案西憲有閏日而無閏月海國紀略云大西洋王立不改元以所奉教主紀其年以冬至後七日為歲始合計其日數而成十二月月有三十一日者海島逸誌云荷蘭國相傳一千八百餘年不置閏月月有三十一二日就中絀長補短以冬至後十日為歲首千百載如一英吉利月日與中國差異而天主紀元年數與二國合其置月日法亦當同也

相見以免冠為禮（職方外紀）立而不跪（海國紀聞）惟祭神乃跪所宗教曰蔦尼其神名巴底行距今千有六百二十有六年塑像有鬚髮立合掌而仰視天在家人奉之有佛像曰巴底利僧尼奉之僧尼緇衣無髮婚嫁匹配皆男女自主有成議則擇期會親族入巴底行廟男女皆跪僧為誦經燒紅燭二問男女願否皆曰願則以燭與男女男女相授受熄之聽經畢而歸（晏士打剌打薹供）國中皆一夫一妻（職方外紀）妻死乃得再娶（晏士打剌打薹供）男女俱衣白凶事用黑武官則俱紅衣（海錄）其衣服制度同荷蘭音語字跡各別字橫書自左而右用鵞毛管削尖作筆寫之（海島逸誌）自古未通中國（英夷說）

本朝康熙中始來通市雍正七年後互市不絕（乾隆府廳州縣圖志）

英吉利來粵請貿易自雍正十二年始（英夷說）

歐邏巴初通海道經利未亞過大浪山抵小西洋而至中國貿遷者從以西把尼亞始（職方外紀）貢道由廣東澳門（會典）今夷船之出萬山者正南行約五日而至紅毛淺過淺南行五日少西到草鞋石即萬里長沙之尾也（尾在安南對海頭在瓊州陵水縣對海凡數千里草鞋石西北為萬里長沙東南為七洲大洋全是大石其中不知幾千里）又南行少西七日至地盆山（華人則自萬山西南行經外羅山新州陸柰乃向南行四日到崑崙山是安南地方又南行五日至地盆山與夷船所行路合以避草鞋石之險少回遠也）又正南行一日過網甲山峽口（在舊港國東南對海）出口過三洲洋正南行三日而至咖喇吧又東南為俺門距咖喇吧不遠俺門東南為地問山亦商賈之輳自地問山向西少北行一月為猫哩字又向北少西行十餘日至夾山歐邏巴人謂之大浪山者也

山下海風迅急浪起最大（職方外紀）盛夏有霜洋船經此遇大東北風則泊西北大西北風則泊東南（海國紀聞）或不能過則退歸西洋船破敗率在此處過之則大喜可望登岸故亦稱喜望峰（職方外紀）無土人惟荷蘭及鬼奴居之

又北少西行七日爲散低里

散低里周圍百餘里紅毛船往來爲泊船取水之地有兵守之

又正北行爲大西洋國（約半月則進其所轄地又行月餘方至其國都海口向南）又北少西行一月爲大呂宋國（海口向西）又北行三十餘日爲佛郎機國（沿海四十餘日始出其境）又西南爲紅毛番又北行八日爲荷蘭國夾中國者南行至夾山轉東南行至地問若到咖喇吧則轉北入咖喇吧峽過茶盤安南等處而來若不到咖喇吧則由地問北徑馬辰坤

甸而來九月以後則由地問北徑文來蘇祿小呂宋臺灣而來（海國紀聞）出以冬月冬月多北風來以四五月四五月多南風（澳門記略）

案海島逸誌及黃可垂呂宋紀略云荷蘭至噶留巴干絲臘至小呂宋皆來只三月回須五月蓋以水性順逆異

道光二十年八月京報御史焦友麟奏風聞葉爾羌有旱路與英吉利夷人交易之處須設法嚴防十二月參贊大臣恩特亨額奏查葉爾羌各卡倫無路可通英吉利亦未見有該夷人進卡交易案利瑪竇傳云瑪竇同時有鄂本篤者從陸道歷回回等國行三年至陝西則西洋實有陸路至回部焦奏不爲無見又簷曝雜記云康熙時西洋南懷仁高慎思等出陸路假道俄羅斯三年始至周藹聯竺國紀游云番民服藏片即英吉利國多羅呢之粗者廓爾喀與相近海物往往航海而至如珍珠珊瑚之屬皆從彼中來轉入西藏自藏至廓爾喀有二途一由聶拉木一由吉隆自吉隆約行七八日至陽布自陽布南行五日至紅毛國此外即西洋矣案陽布廓爾喀國都也其國北極出地二十七度英吉利則在赤道北五十某度（不能確知幾度）至六十度內斷無陽布南行五日而至紅毛國之理海國聞見錄云民呀國東接天竺東南遠及暹羅北接哪嗎西藏及三馬爾丹即（噶爾丹本國今伊犁）南臨海地曰戈什嗒英機黎荷蘭佛蘭西聚此貿易今明雅鋍曼打拉沙打剌者蘇剌望買西洋人謂之哥什嗒哦（海國紀聞）則與廓爾嗒相近者乃屬英吉利之小西洋地非大西洋英吉利國也海國紀聞云小西洋陸行二月餘可達大西洋是北道俄羅斯中道伊犁回部南道西藏皆有通西洋陸路不特葉爾羌也惟

越國遠賈轉轂爲艱且戈什哈內土番金眼回回疆域甚大而不與諸國往來（海國紀聞）假涂匪易故英吉利夷人無至葉爾羌貿易之事

其來以嗶吱哆囉嗹玻璃諸異香珍寶或竟以銀錢其去以湖絲陶器糖霜鉛錫（澳門記略）茶葉大黃賈爲要物（英夷說）惟禁市書史硝磺米鐵及制錢（澳門記略）黃金紋銀（道光十年六月十三年七月京報）鉛市自內地至彼每鉛百斤煉取銀十餘兩仍載入內地售之（澳門記略）

乾隆八年六月海大風英吉利二巨船進虎門泊獅子洋兵械森列總督策楞欲與兵彈壓布政使託庸笑曰無須也但委東莞印令料理抵精兵十萬矣策召印令光任謀光任曰夷酋見中國兵與恐激生他變願親往覘之乘小舟從譯者一人登舟

詰問則英酋安心與呂宋仇殺俘其人遇風飄入內地篷碎糧絕下碇修船印知英酋將有乞糧之請而修船必需內地工匠乃歸告策及託先遏糴以飢之再匿船匠以難之英酋大窘命其頭目叩關求見光任曉之曰天朝柔遠一視同仁惡人爭鬬汝能獻所俘聽中國處分則米禁立開當喚造船者替修篷桅送汝歸國英酋初遲疑既而無可奈何伏地唯唯袁枚文集印光任傳澳門記略送所俘二百九十九人袁傳云五百人總督命交澳夷還呂宋香山縣志九年呂宋酋西士古賫書謝恩且言欲雪恥英夷光任諭止之澳門記略

案呂宋紀略云乾隆年間紅毛英黎番甲板船十餘直溯呂宋欲據其地化人巴禮番僧願納幣請解英黎遂反因不知其年幾前後附錄於此

十年六月英吉利舟六艘泊外十字門之雞頸山八月佛郎西入澳貿易弗郎西明曰佛郎機或曰法郎西澳門記略亦曰勃蘭西氏華人呼為和蘭西居西北海隅與荷蘭紅毛鼎峙為鄰海島逸誌其人長身高鼻貓睛鷹嘴拳髮赤鬚好經商明史外國國大人衆海島逸誌世與紅毛讐稱戈海上者三年澳門記略英吉利貪其貨詭言將往日本陰謀截取弗郎西來告急光任命熟海道者導其船繞過十字門取道老萬山外進虎門以避之英吉利果起碇揚帆將尾其後光任偕副將林嵩督各營哨船橫截海面遣澳門夷目往諭之曰若將作賊耶奉制府命若傷弗郎西人即將爾國人之在黃浦者抵償若奪其貨即將汝貨之在牙行者抵償言訖揮健兒千餘披甲張砲環其船而守之會薄暮西南風作弗郎西三船疾駛入口英酋計沮乃罷去袁枚文集澳門記略五十八年

國王遣正使嗎嘎爾呢副使嘶噹陳進貢船五隻兵役匠作水梢共七百二十名來京一百員餘留天津八月四日到熱河十日進表恭進天文地理音樂大表一件地理運轉全架一件天球一件地球一件指引月光盈虧測看天氣陰晴一件探氣架子一件運動氣法西瓜礮兩個銅礮六個椅子一對火鏡一個印圖一大箱一小箱玻璃燈一對絲毛金線毯一大箱大氊毯一大箱馬鞍一對涼暖車二輛成對相連鎗四桿自來火金鑲鎗一桿自來火銀鑲鎗一桿自來火小鎗四桿小火鎗四桿大火鎗二桿鋼刀十六把巧益架子一件早晚運動能長人精神西洋船樣多羅呢羽紗雜色毛貨共三十捆千里鏡兩個是日萬樹園入宴十一日使臣瞻仰　如意洲等處十三日

高宗萬壽使臣行慶賀禮隨瞻仰　含青齋等處副使之子繪畫呈

覽十四日使臣在　清音閣入座聽戲二十六日

高宗回鑾二十九日在　太和門頒給

敕書欽定禮部則例

案英夷說言乾隆五十六年始進中國通朝貢誤

嘉慶元年貢大呢十年貢洋花地氊嗶嘰呢太平貂呢絲呢嗶嘰花架裘布花洋布圓鏡洋花露鼻煙洋刀禮部則例十三年七月二十一日英吉利兵船至雞頸洋面八月二日抵澳上岸占西洋東望洋娘媽閣伽思蘭三處砲臺二十六日總督諭封艙夷船駛進虎門泊黃浦九月四日派兵防具奏二十三日夷船兵駕坐三板艇由黃浦至省城十三行求見請居澳總督不見令回埔候

旨並禁買辦夷兵至十三行取火食官兵阻之不退傷殺其四
人乃退十月初調兵十六日宣
旨夷船退求開艙不許退竣準貿易京報二十一年國王遣使進
貢來京屆期理藩院尚書和世泰奏該正副使患病未能瞻
覲奉
旨令回國賞收該國王王妃畫像並圖畫須
勅書並派沿途護送彈壓禮部則例道光十五年七月十九日英吉
利崙頓夷人麥發達船載夷書至登州文登縣劉公島云英吉
利有新舊二國均係舊國王管轄國有布教會會首卽國王令
攜帶書卷隨處施送勸人行好八月京報山東巡撫鍾奏嘗窺視大嶼米山
嶼欲借爲屯儲交易之地疆吏燭其奸不允能製奇技淫巧蠱
惑華人而鴉片一項英夷說貽害尤甚耗費尤多廣東海口每歲

英吉利考略 十六

出銀至三千餘萬兩福建浙江江蘇各海口出銀不下千萬天
津海口銀亦至二千餘萬道光十七年六月京報御史朱成烈奏摺
案道光十八年鴻臚寺卿黃奏亦云鴉片入粵海口自道光
三年至十一年歲漏銀一千七八百萬兩自十一年至十四
年歲漏銀二千餘萬自十四年至今漸漏至三千餘萬此外
福建江浙山東天津各海口合之亦數千萬
英吉利不產金銀海島逸誌多豆麥少稻無地丁錢糧兵餉官祿皆
取給關稅海口關有五商船出洋回國貨值番洋千者上稅五
十每年計二百五十餘萬屬國關稅每年合計一千二百餘萬
而孟搭拉國案卽明雅鋍居六百萬孟邁國案卽望買居三四百萬以孟
搭拉產大土孟邁產小土銷中國最廣故也晏士打拉打臺供鴉片明
雅鋍謂之八誕挐出有二種一名公班皮色黑最上一名八第

姑喇皮色稍赤次之卽中國所謂烏泥也出曼打拉沙者亦有
二種一名金花爲上一名油紅次之卽所謂紅泥也出馬喇搭
者名鴨屎紅亦紅泥出望買者名皮紅卽所謂白皮也其草之
本似鶯粟及靛葉亦似靛結實如李一本僅結實二三熟時以
刀微破其皮漿出收之浸之水中稍去其紅色卽如華人所食
之膏復用其葉曝乾研成細末搽之膏中視葉末多少分其成
色葉末半則得膏亦半然後捏成團以木葉裹之海國紀聞更取陳
死人土和之并有蟲如螞蝗者燒灰雜入道光十八年六月兩江總督陶奏摺最
毒劣癸巳類稿鴉片煙事述服之深者其人身體瘦削面目靑闇亢陽散
失不能生育縱有生者旋至病死服之既久欲罷不能海島逸誌肢
體萎縮藏腑潰出黃叔璥臺海使槎錄蟲生髓枯怪病種種海島逸誌荷蘭法
食之者死朱仕玠海東賸語而誘瓜哇食之暗令疲弱至於絕滅無志

英吉利考略 十七

興復海島逸誌英吉利亦不食鴉片晏士打拉打臺供犯者集衆紅毛環視
以礮打之入海余文儀臺灣府志其用意甚深癸巳類稿黠而悍英夷說道光
十八年黃鴻臚有禁食鴉片立置重典之奏京報英夷說經兩次部
議立禁已有專例鴉片煙事述伏讀
聖祖仁皇帝康熙五十五年十月辛亥
上諭大學士等曰噶囉巴乃紅毛國泊船之所藏匿盜賊甚多
不可不豫爲措置又十月壬子
上諭大學士九卿等曰噶囉巴等處常留漢人自明以來有之
此卽海賊之藪也商船出南洋必從海壇經過此處截留不放
豈能飛渡海外如西洋等國千百年後中國恐受其累此朕逆
料之言聖訓聖祖仁皇帝癸巳類稿又十一月二十一日
諭大學士九卿亦同御製文四集聖祖伏惟思患豫防

聖人善教癸巳類稿紅毛海夷饒財寶讀史方輿紀要性狡黠所到之處善爲蠱惑無方不在誕貪時思乘隙以圖施琅靖海紀喜則人而怒則獸明麗何鵬疏勢日南而路日近英夷說議者謂當特嚴防禁杜其亂階焉讀史方輿紀要

道光辛丑春二月英吉利犯廣東虎門氛甚惡恨道路之言不識夷情務爲誑誕因檢案頭書雜采輯之事皆實徵詞非已出冀獲撐犂之識請買瀞絖之方惜囿於見聞不能詳究然其要領略具矣英吉利一作英圭黎亦作英雞黎英機黎膺㖿黎對音字無定也三月乙亥抄撮竟并識

又紅毛番英吉利攷略一㢑吾師泩學箸采官厶書㠯廬卅權㠯叙理初丈彙古事邊戚㞢其土俗畺里贑獻器械季月本末具詳名㠯略實不略矣辛丑叙君慈方錄寄王寅師㠯定本示鴻詔𠔁𢒼參贊籛黄君學冔屬㠯定本挍孛覝本篇大恉師所自識它見黄君叙中師与叙丈對學交餱述富此篇戚叙丈不及見淡𡒉恩焉而黄君涂違幾千里未半面識乃恐而版㞢其好囍爲何若也它日歸侍吾師請所爲書讀竟琹㞢㠯餉学冔大所愿已山川悠遠南望惘然此心未知何日償也甲辰正月戊辰程鴻詔記

遊歷圖記不分卷

〔清〕李丹麟撰

《遊歷圖記》不分卷，清李丹麟撰。丹麟（一八四六—一九一六）字星閣，號羅浮琴客。廣東博羅人。光緒間出使秘魯、美國、日本、占巴諸國，後自備資斧，遊歷日本、越南及南洋各國。歸後編繪圖説，以紀所遊各國山川、人物、風土等，稿成於光緒三十一年（一九〇五）。其圖近二百幅，以丹麟亦工繪事，所作皆稱精妙，寥寥數筆間，各地之獨特民情風貌，皆一一畢現目前，轉勝文字之繁。據上海圖書館藏清光緒間石印本影印。

遊歷圖記

三水鄧驥英署耑

廣州石經堂石印

吾儒有讀萬卷書而未能行萬里路者一聞目
所未觀之說遂以為莊叟之寓言齊諧之好怪
皆愚且陋未足以觀造物之大者也吾友　李君
星閣志氣倜儻好尋奇特處則以琴棋書畫自
娛出則務窮上下數千年縱橫九萬里之變而後
快今年春自海外游歷以歸篋中有圖記一
冊余從索觀强而後可因自稱匆匆有入都之
舉特倩裝寫出聊當筆談余觀其溯製造
之源流圖海邦之大略且也雕題鑿齒有象斯
呈牛鬼蛇神揮毫欲活覺印嶶昌之澳門紀略

上繪偏隅麟見山之鴻雪因緣徒詳中土是編雖略舉所見而按圖可索已足震異驚奇備以暇日裒輯成書安見山海一經不可後先同揆也星閣原不肯出以相示故簡端亦未弁以片言曰同人快覩爭先力勸印石善讀書者知未足以盡　星閣而　星閣之究心時事者亦窺見一斑矣

時光緒三十有一年夏四月愚弟鄭驥英拜手謹序

星閣司馬游　家君门有年善鼓琴工詩畫前隨　楊子通侍郎出使美日祕古諸國敘縣尹官八閩繼而自備資斧游歷日本越南及南洋羣島行蹤所至舉凡山川人物輒爲圖說以紀之入手一編儼如置身其間矣余自隨使英義比三國今春報滿紆道一游荷法瑞士東睐聚首穗城出此相示自惟性好琹而學之不成閒作韵言僅堪陶寫曩者隨侍史館亦嘗於繪事肄業及之而資性苦於駑鈍旋復中輟倘能如　司馬之多材多藝令猻良朋晤對久出其耳濡目染者披閱而印證之其愉快又當何如也

光緒歲在旃蒙大荒落余月

世愚弟勞毓慶拜觀並識

遊歷圖記篇目

博羅李丹麟星閣著

老虎鬼
西貢砲台
食人樹
燒豬樹
食獸樹
食蟲樹
地蟲食脚
食蠅樹
迷人樹

海外觀風

星階仁兄大人屬題

三水梁士詒

地圖一

入日本長岐圖

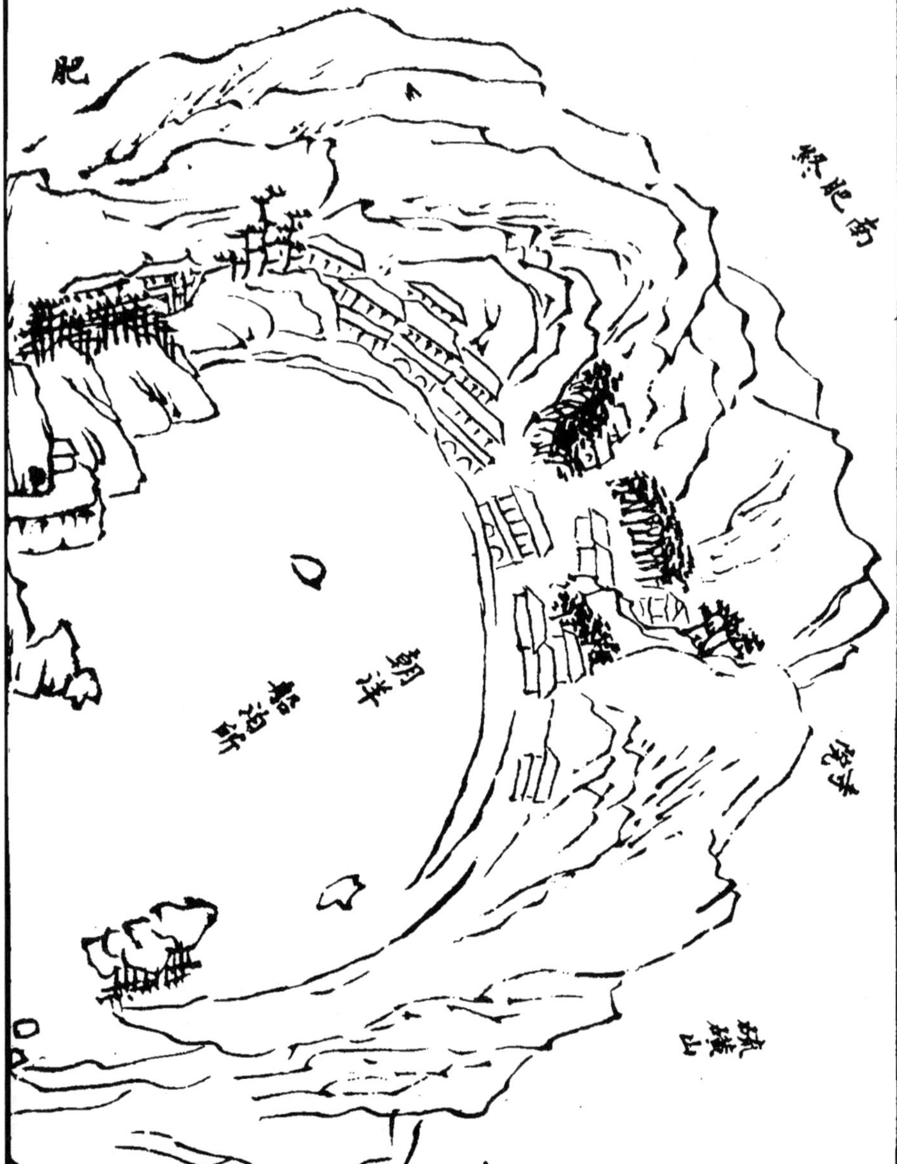

遊歷圖記　地圖二　廣州石經堂刊印

日本夏關圖

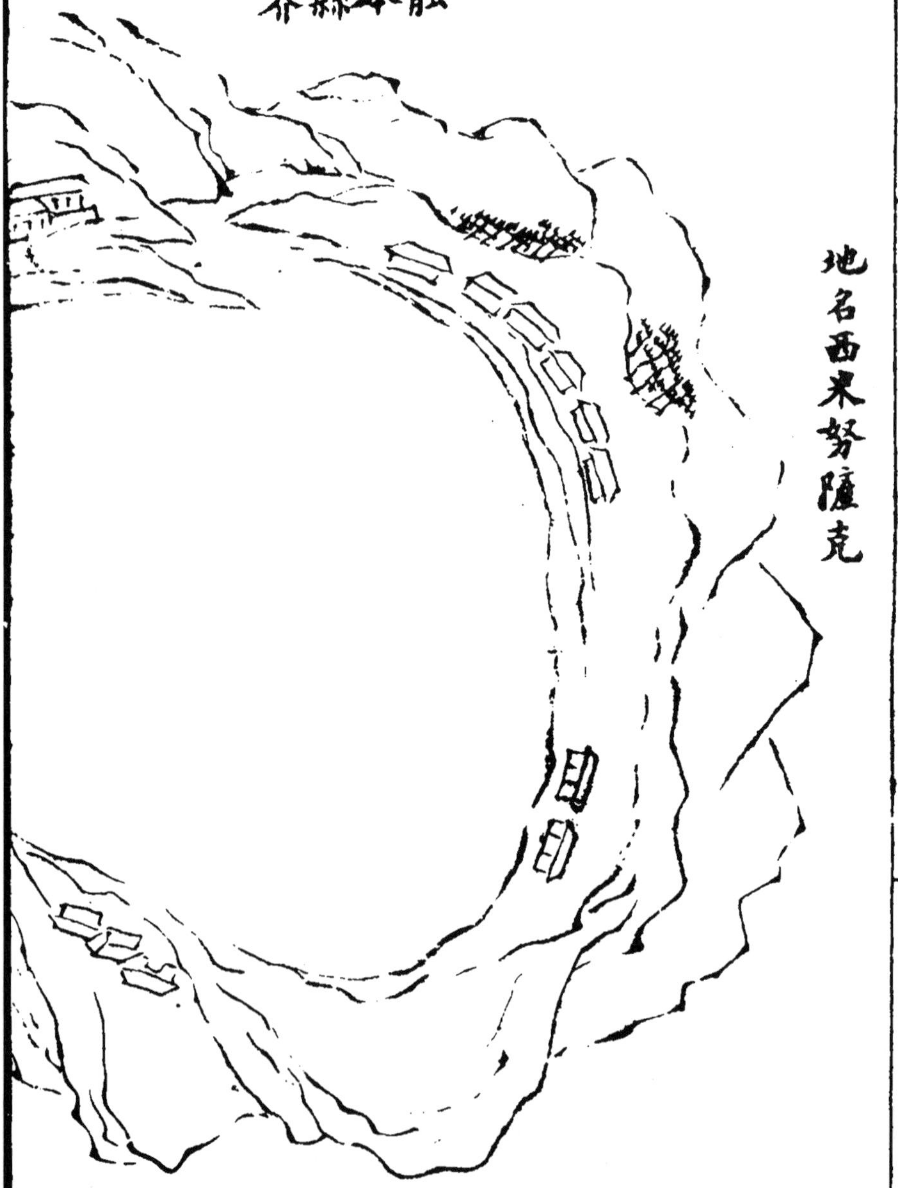

遊歷圖記

地圖三

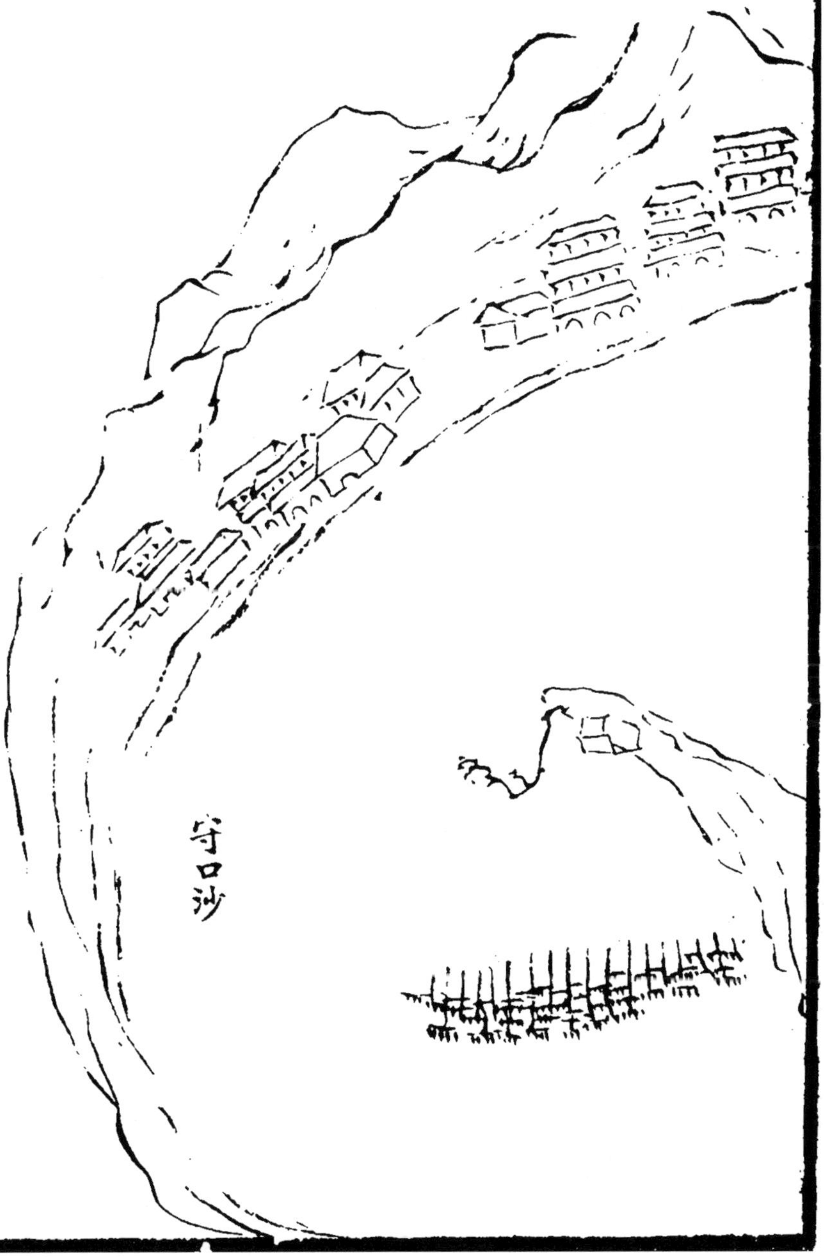

[illegible]

日本神戸圖

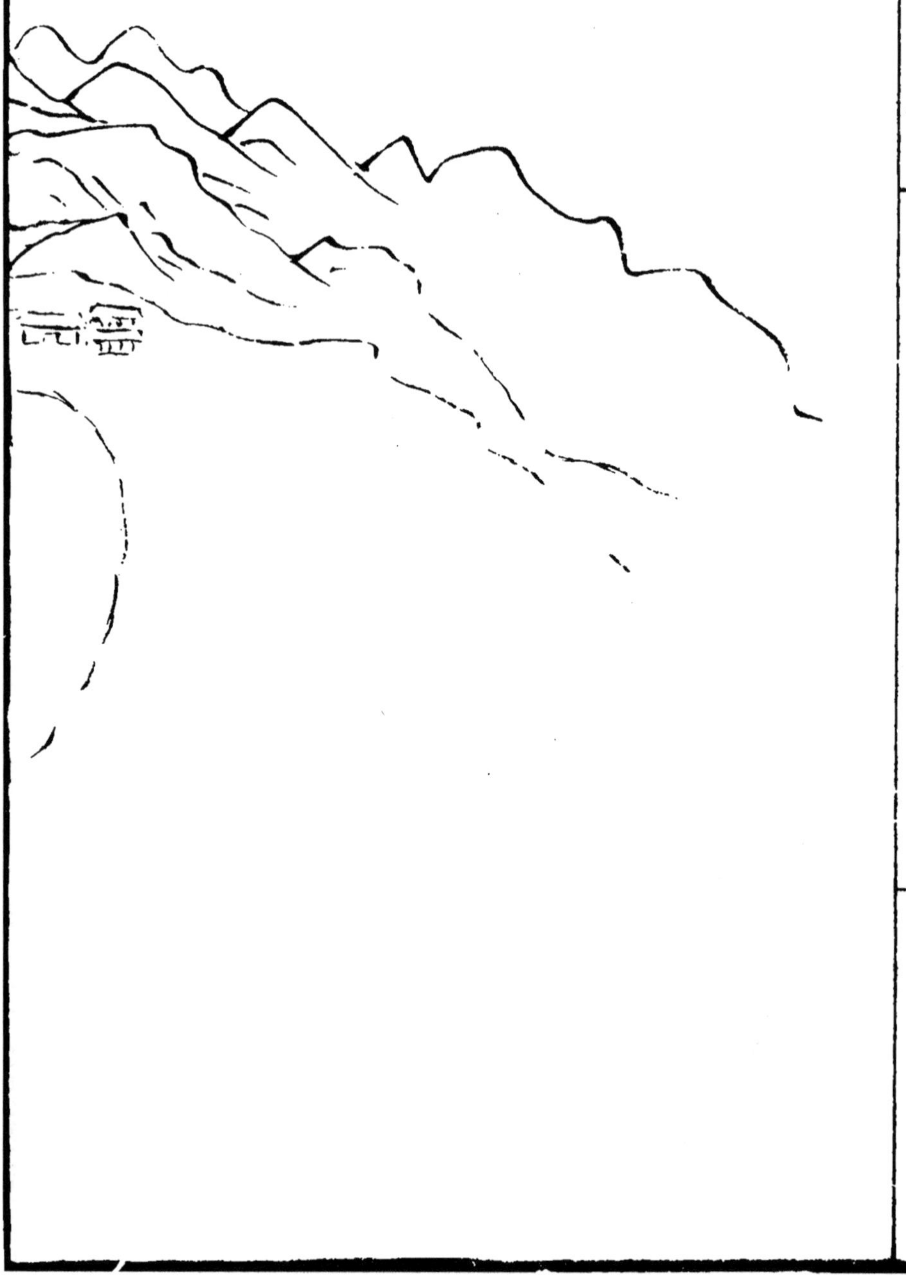

遊歷圖記

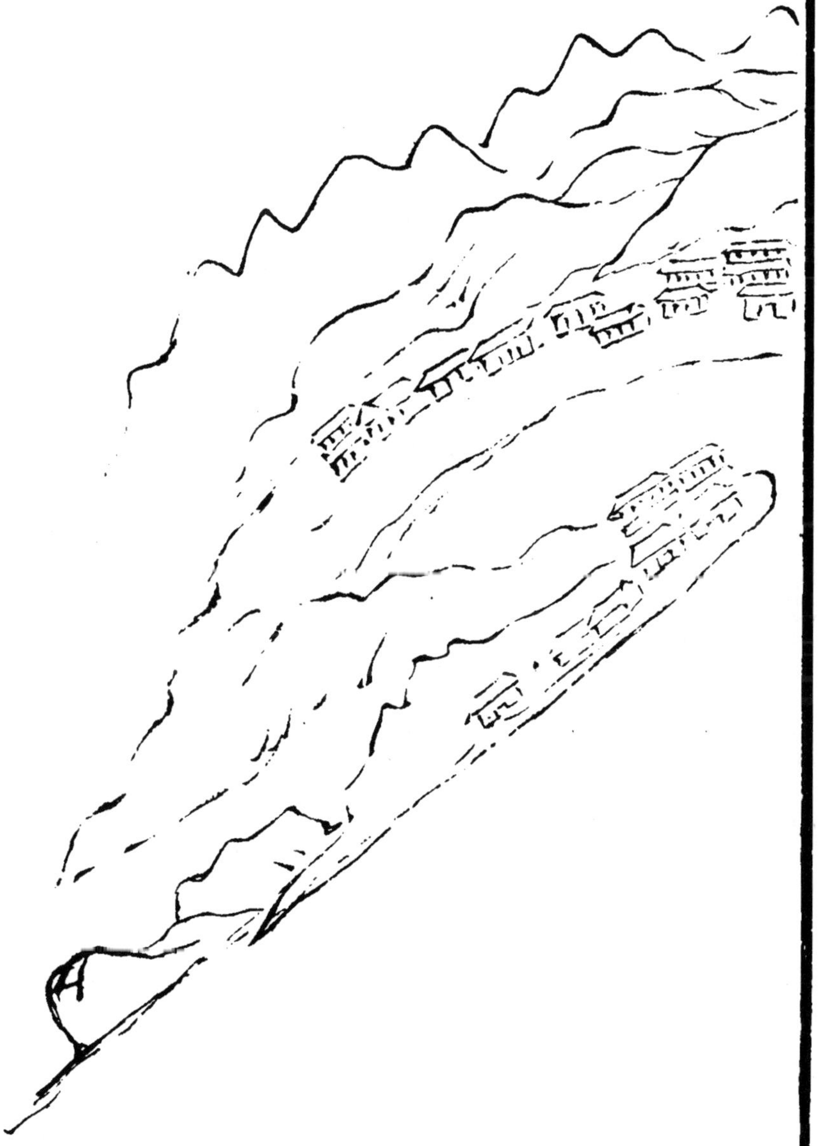

地圖四

廣州石經堂藏印

日本神戶看瀑圖

遊歷圖記
圖五

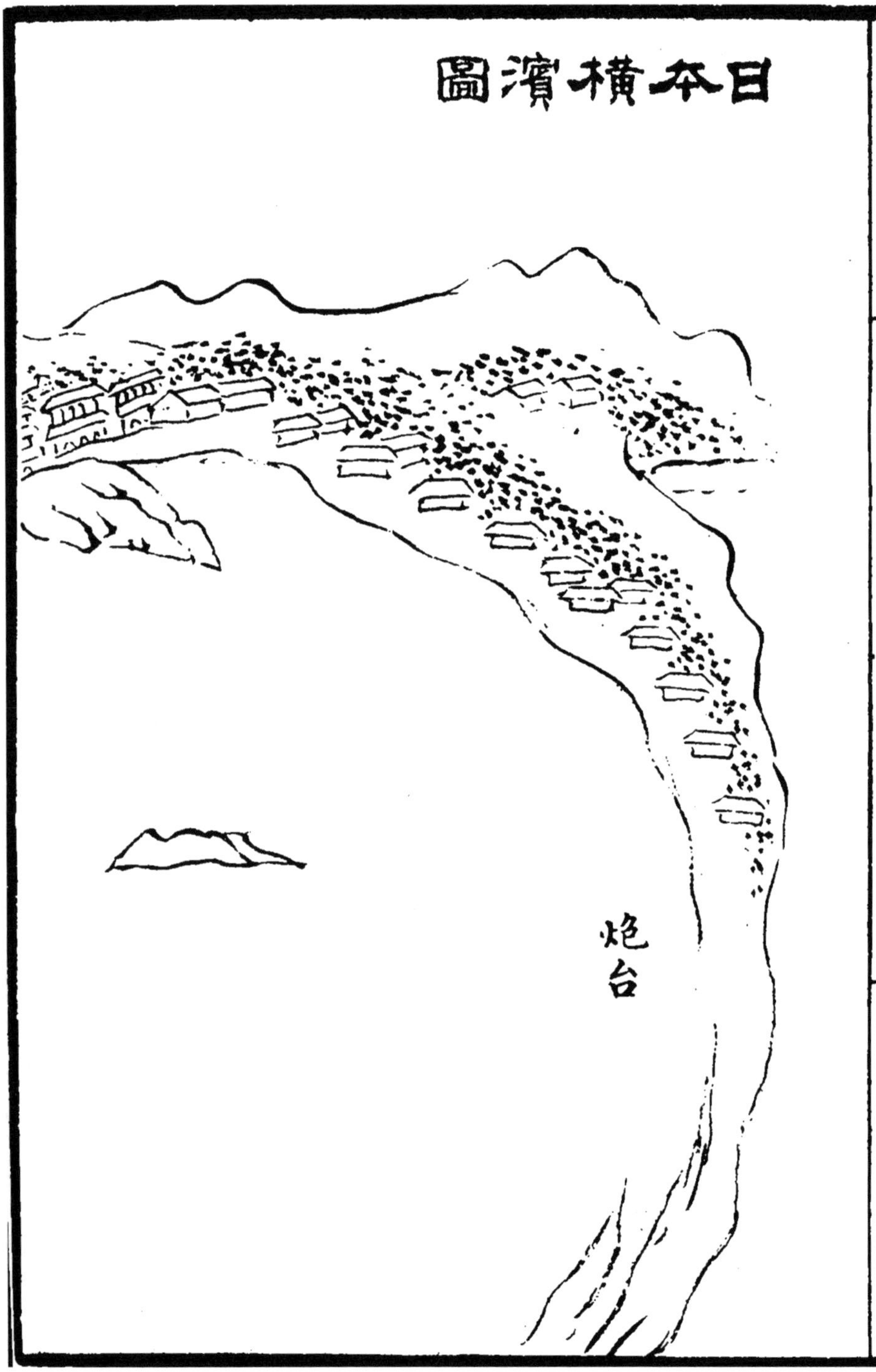

廣州石經堂石印

遊歷圖記

地圖六

廣州石壁至[illegible]

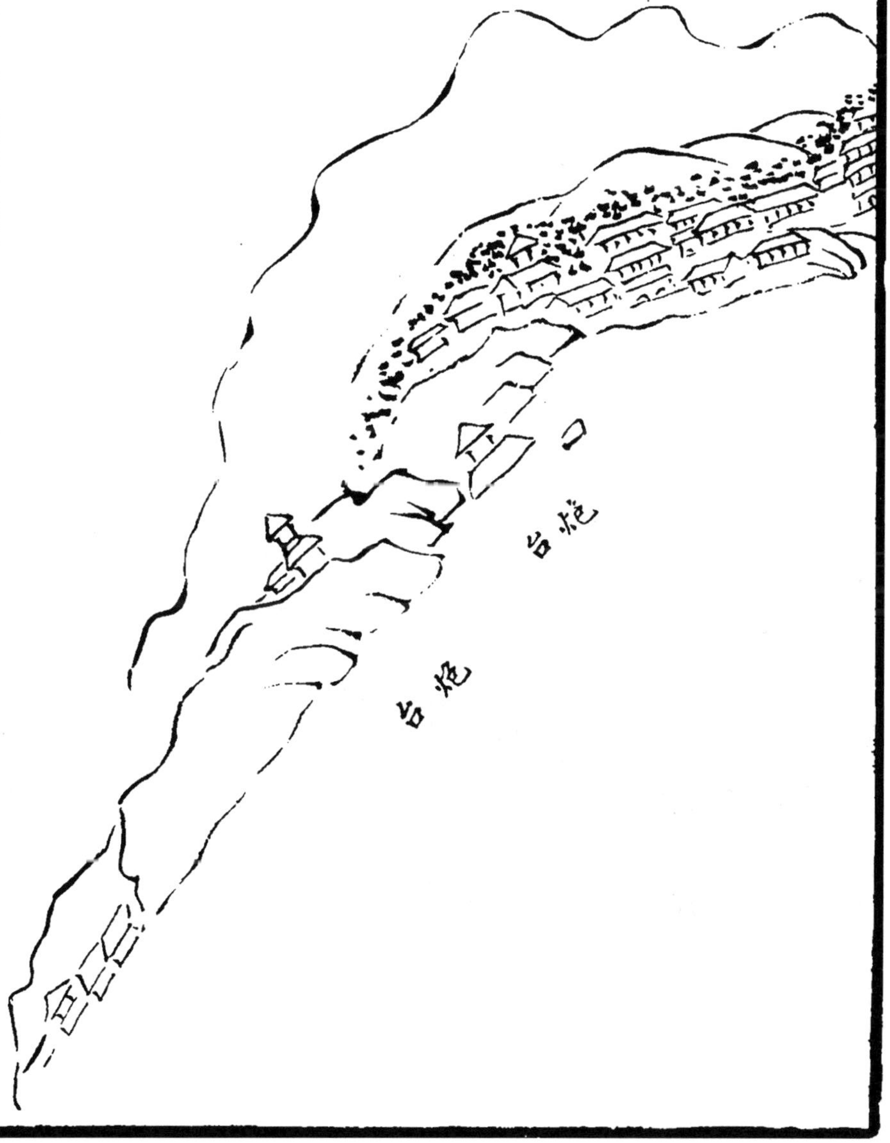

日本富士山圖一

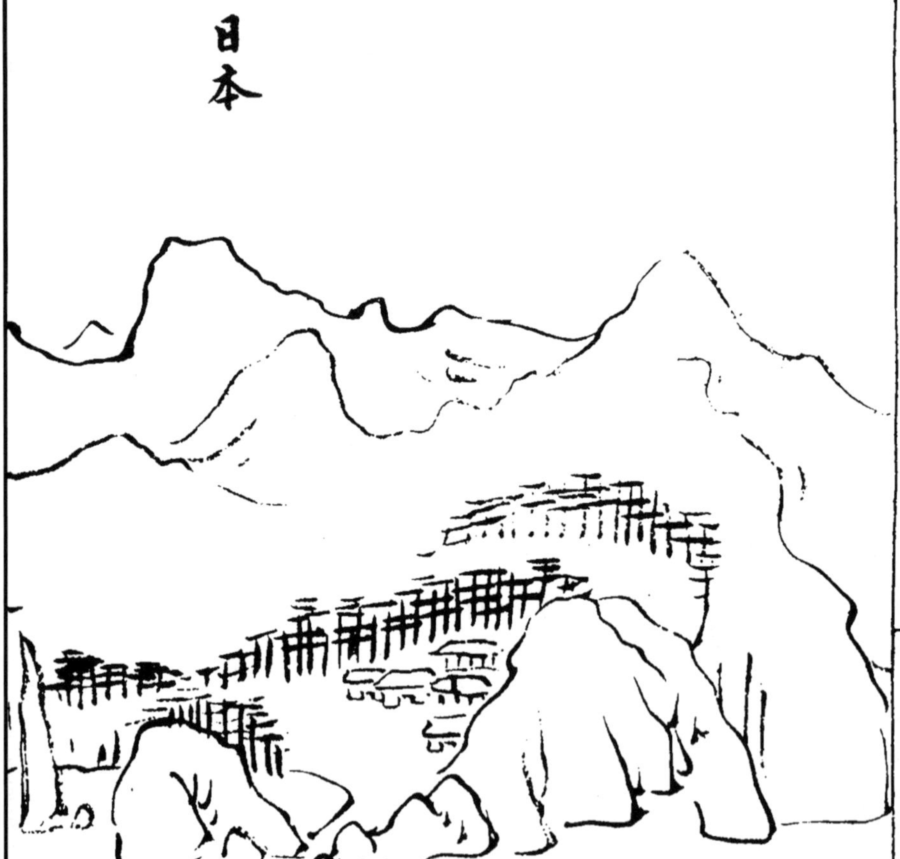

遊歷圖記
地圖七
廣州石經堂石印
富士山形似蓮葉倒醮故呼蓮岳
靜岡縣甲豆國

富士山圖二

富士山圖三

光緒十九年四月十六日午刻過此

遊歷圖記

地圖九

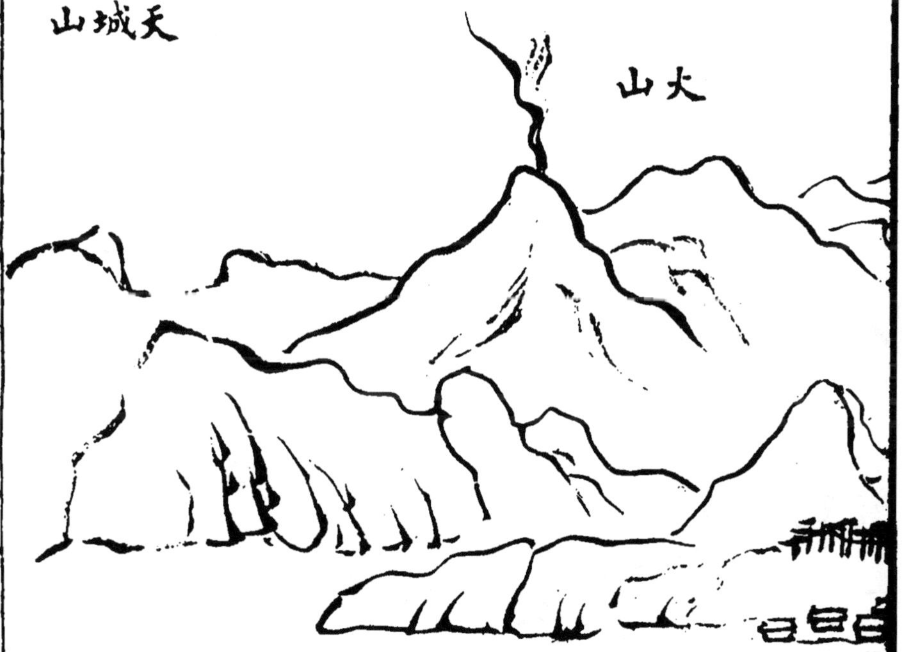

廣州[illegible]

出太平洋諸大

島圖

夏威胎國圖

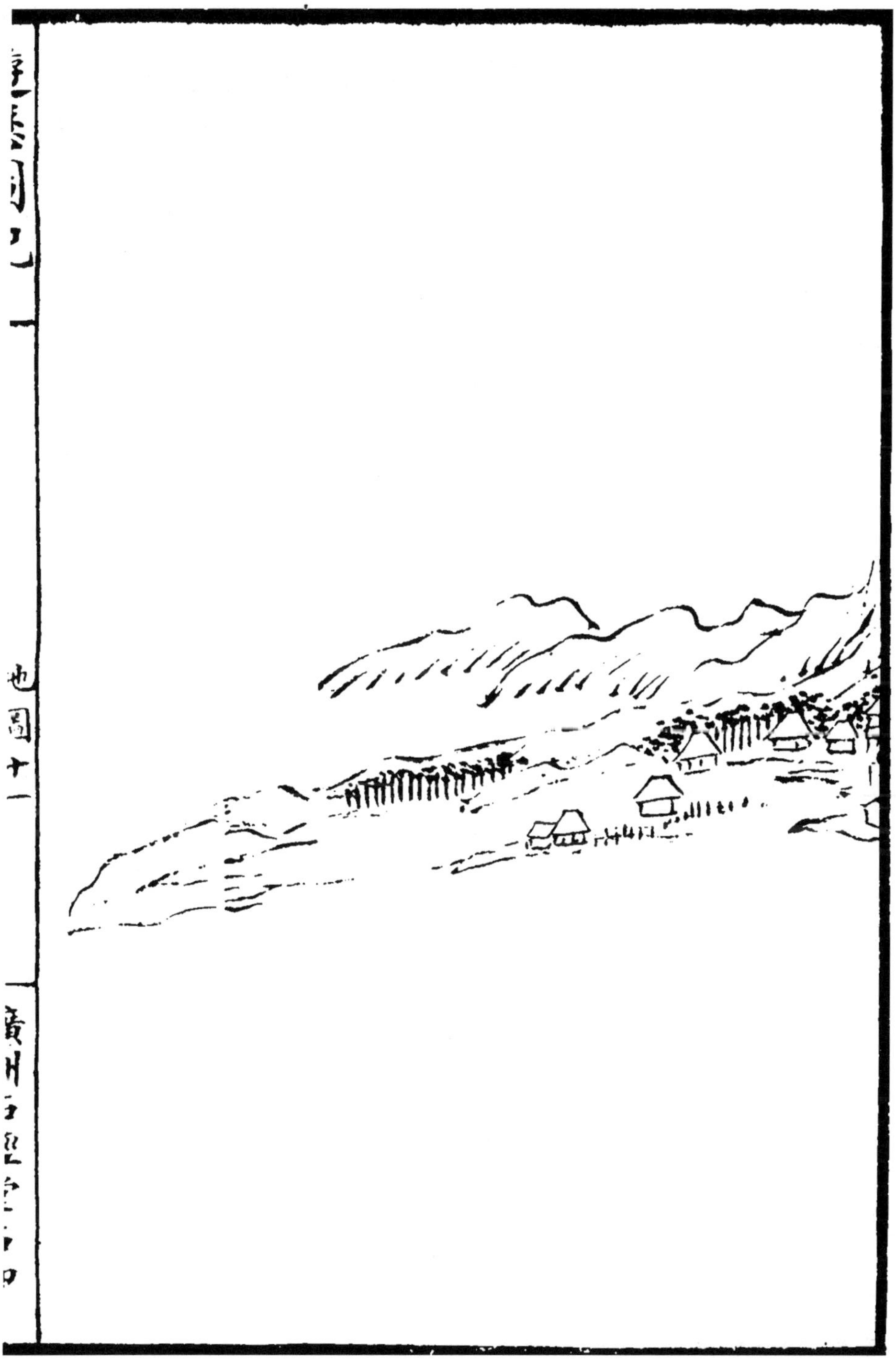

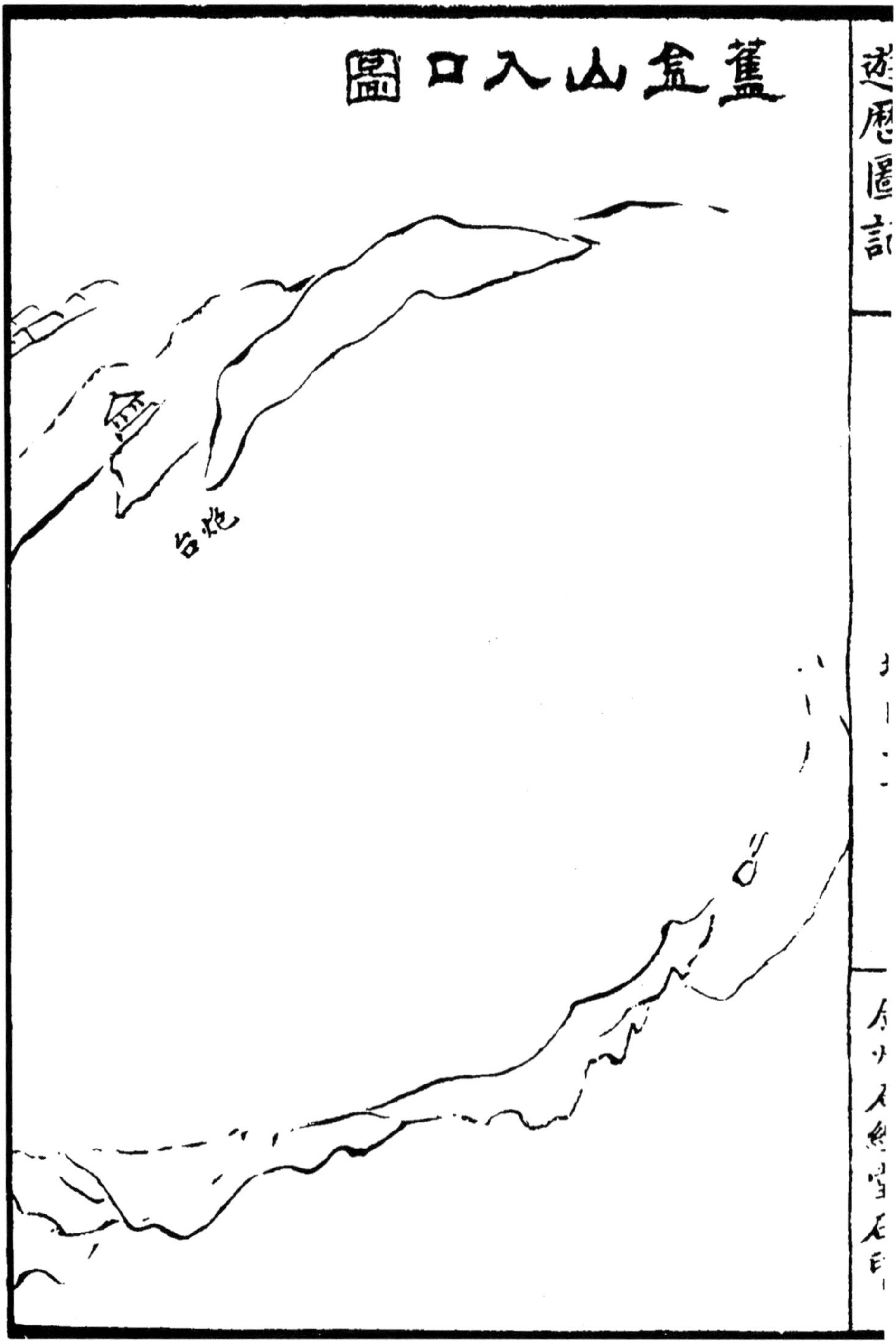
舊金山入口圖
金
炮台
遊歷圖記

遊歷圖記

地圖十二

廣州石經堂石印

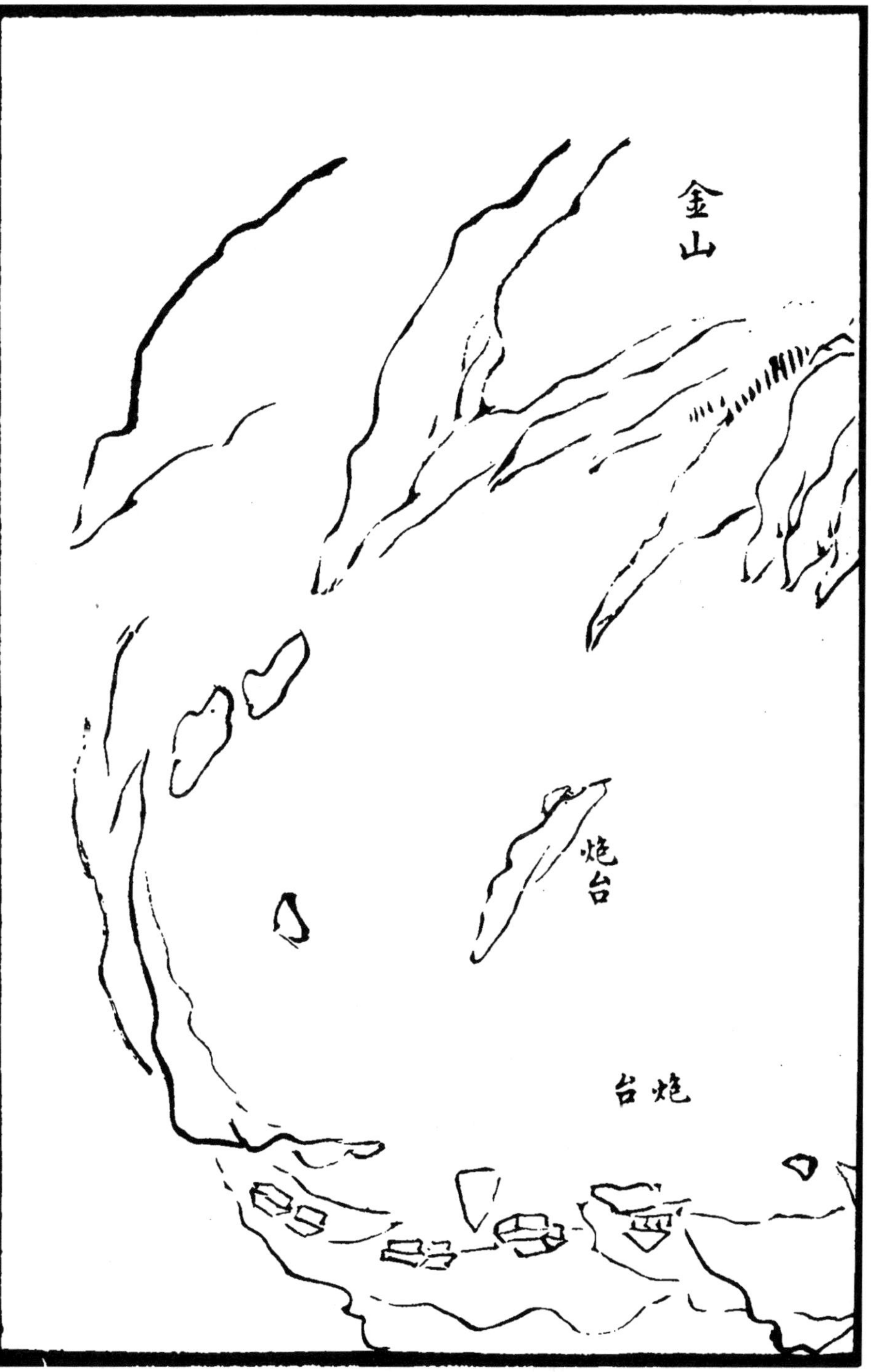

舊金山圖一
内炮台

地圖十三

蓋盒山圖二

蓋食山看海狗山圖

舊金山

舊金山學園圖

地圖十五

廣州石經堂石印

美國鐵路所過

地段圖

火車穿山圖

美猜米來光緒十九年五月十六日過

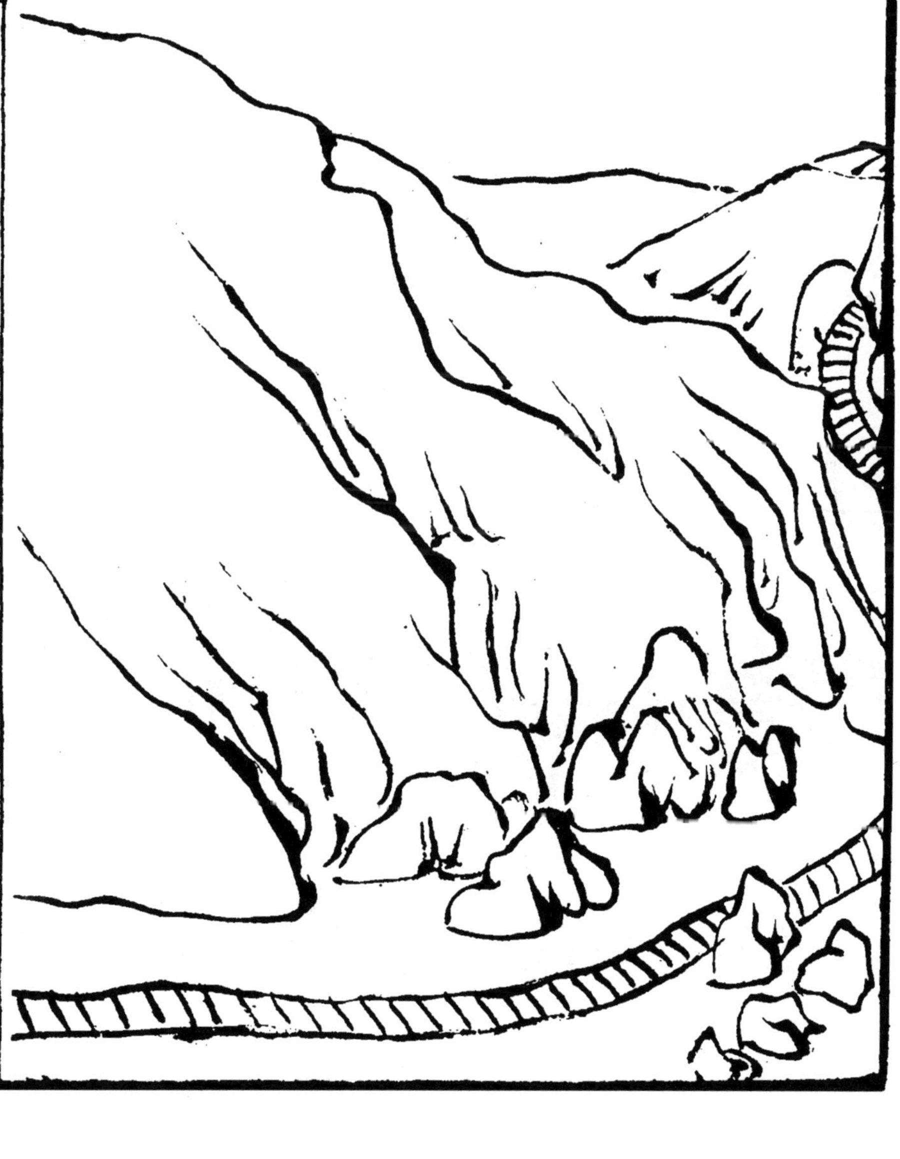

地圖十七

廣州石經堂石印

華盛頓圖

華盛頓圖
地圖十八

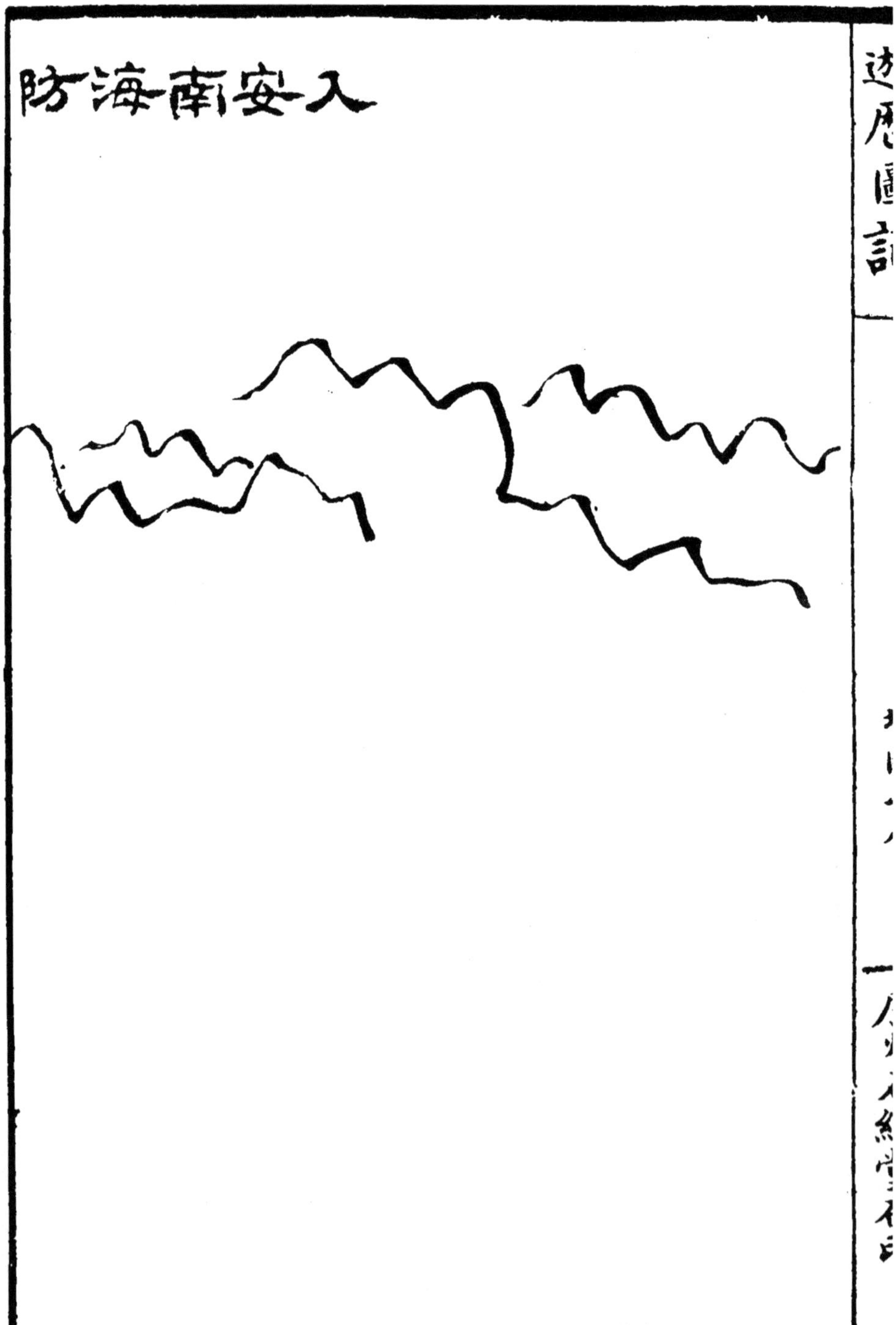
入安南海防

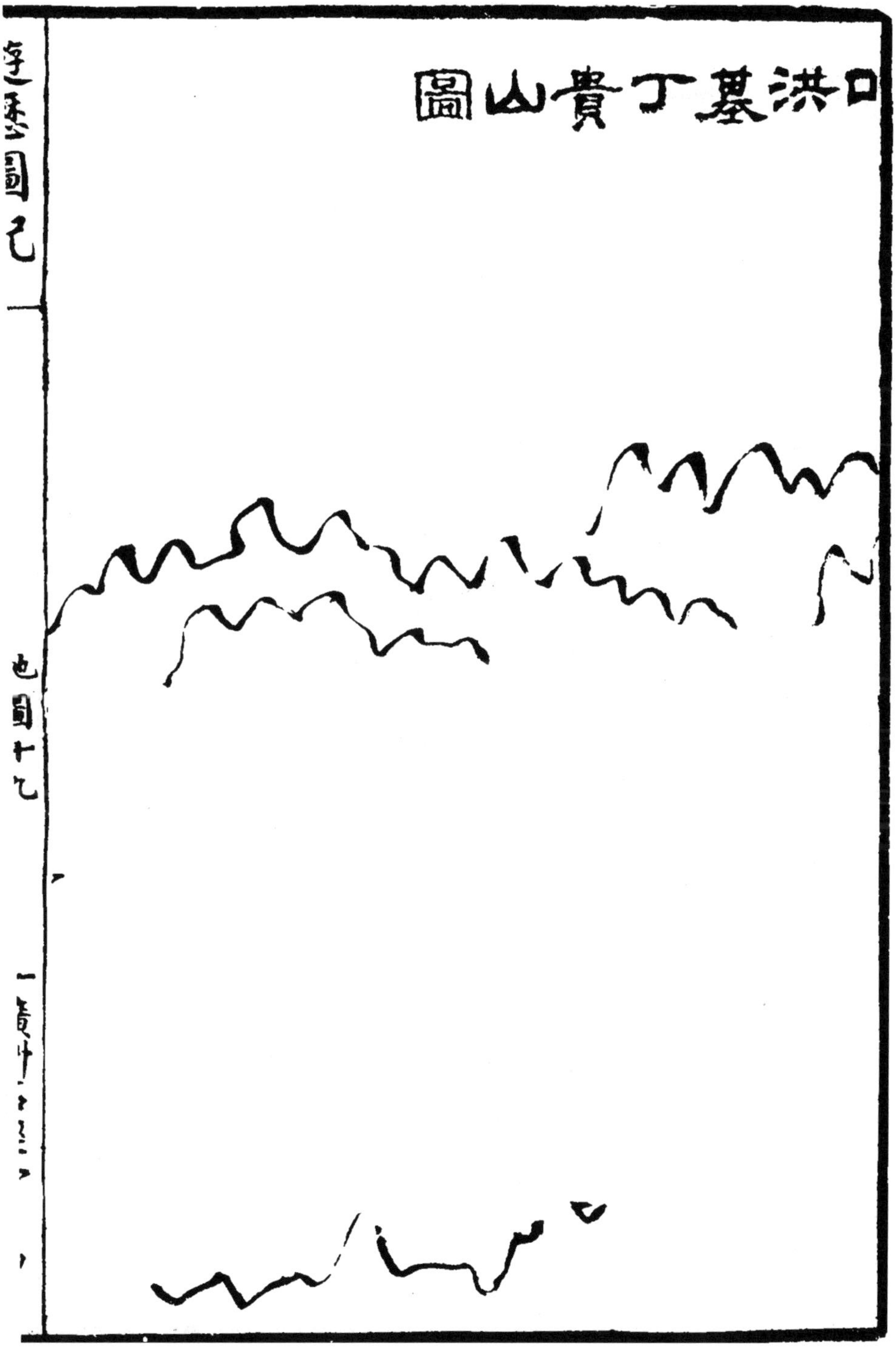
口洪基丁貴山圖
遊歷圖記
地圖十乙

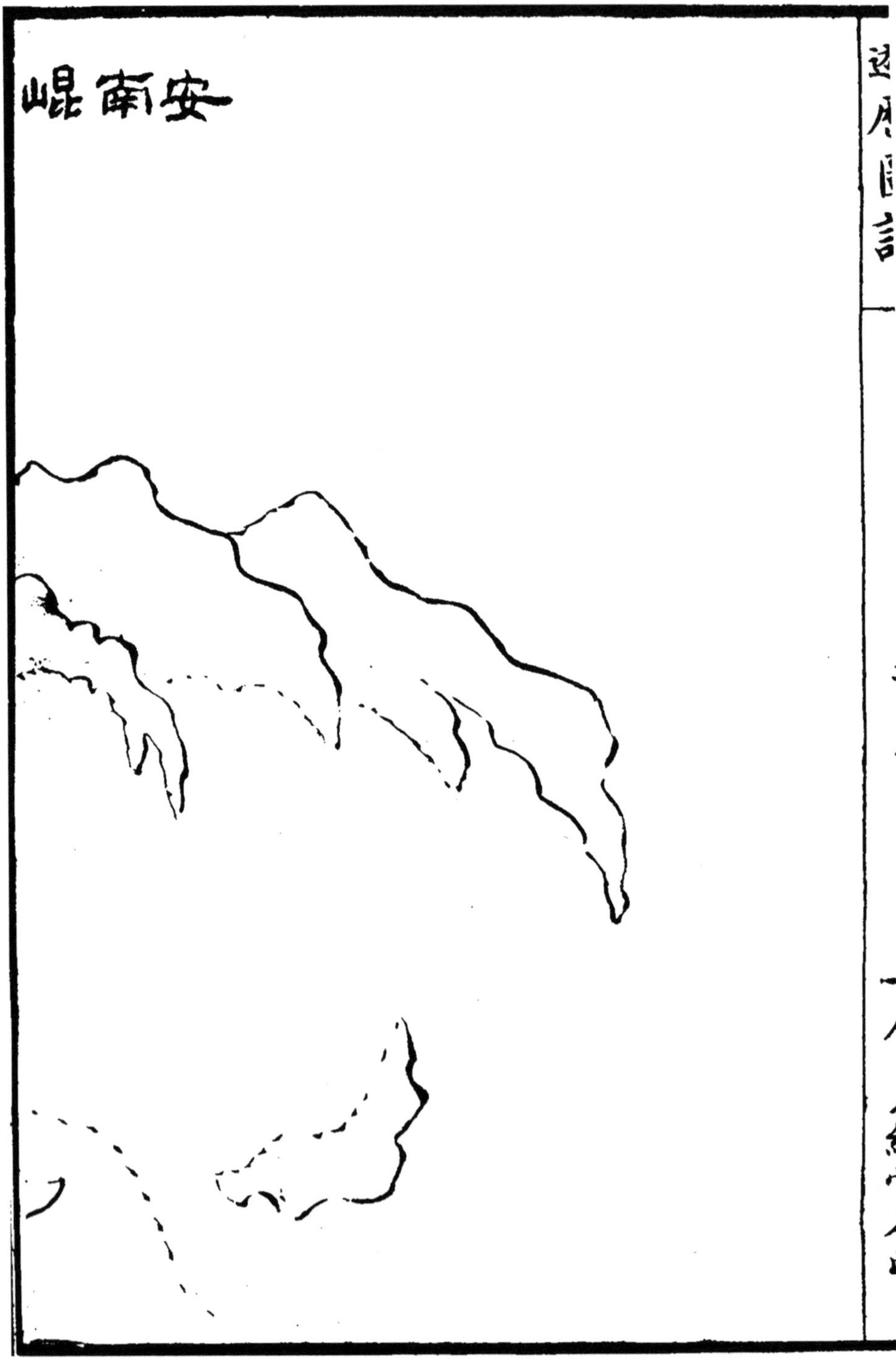
安南崐

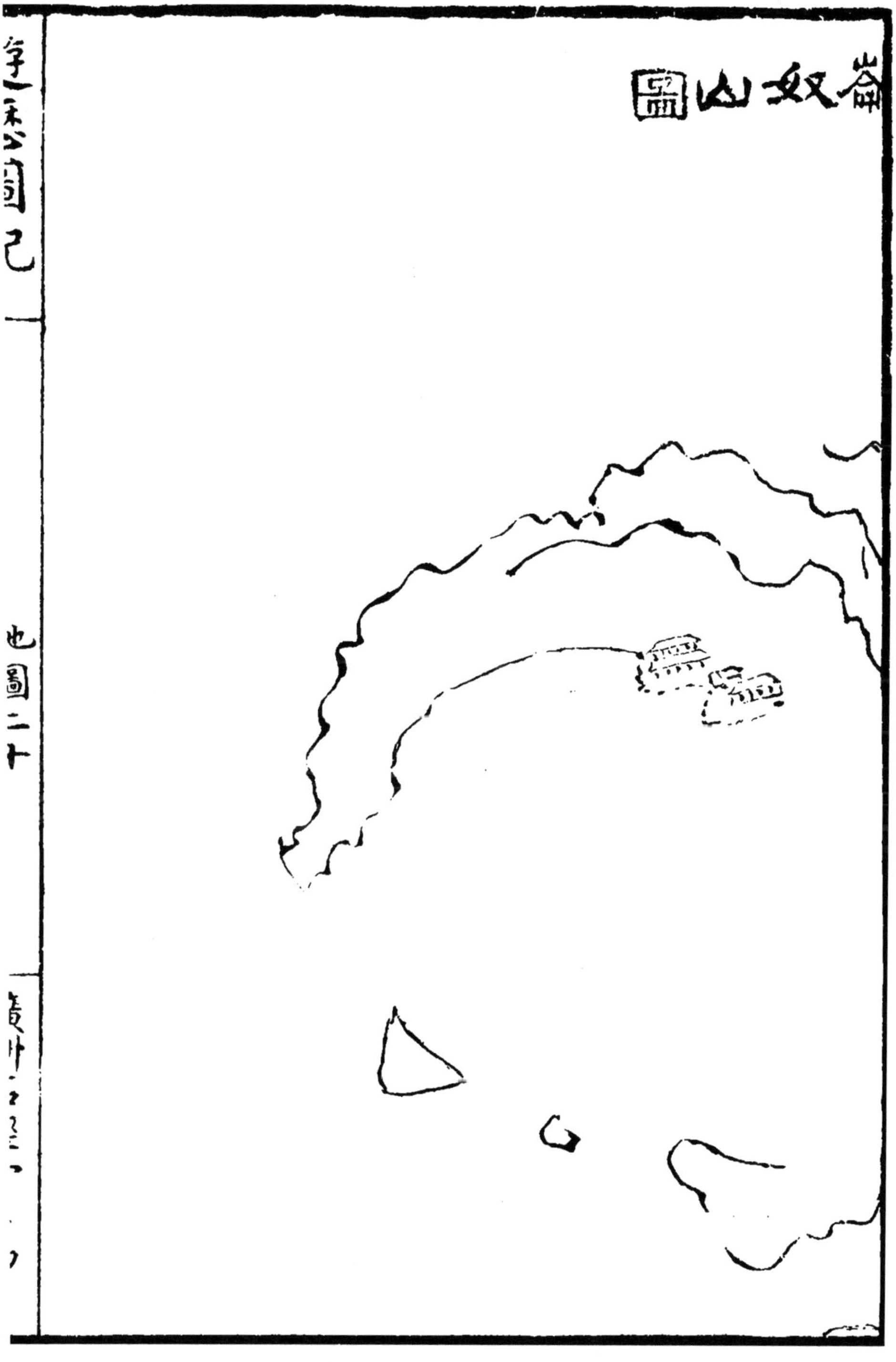
崙奴山圖

迹歷圖言　廿二　廣州石經堂石印

堙陣國酋長式

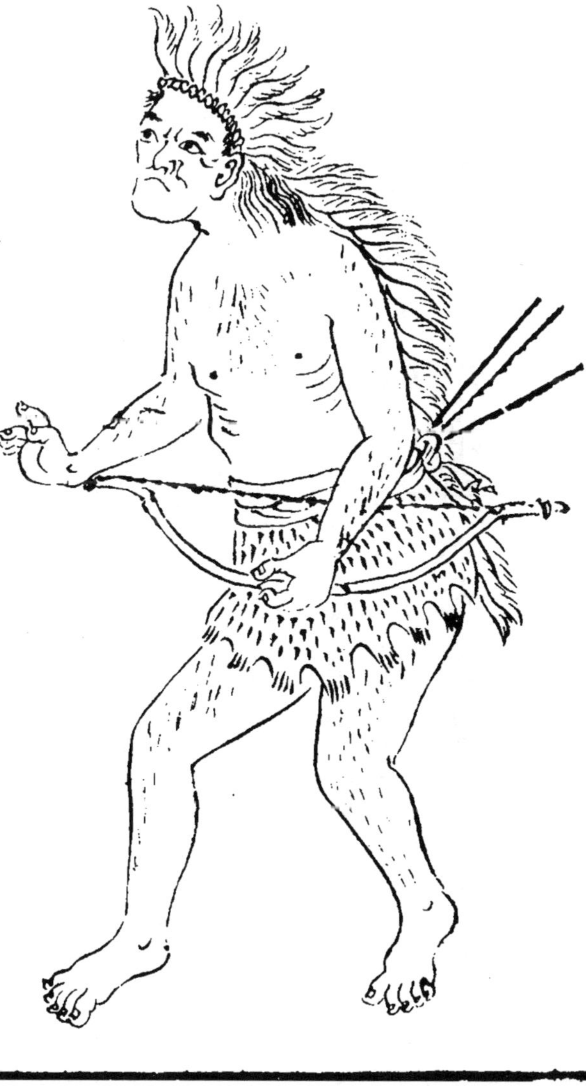

堙陣國即美洲土人為紅種是也今英美得其地現尚有此種野居大山英美屬內地衣毛飲血善箭好獵性狠惡亦以多殺人為酋長有功者頭帶鳥羽為威勢年老不留鬚有鬚牙者即均鉗拔去死以火葬手能取火以樹葉向東方合手一擦咒喃數語火即燃

廣州石經堂石印

埋陣女子孩子式

埋陣國民死以火葬若父母及諸伯叔兄弟死以火化之骨灰婦人子女將骨灰和以顏色及漆點在面上或花或淚痕式作孝服父母長留思念云云又小孩子三歲以下均用木板裁二尺餘高將小孩子以布包安在板上以繩綑札可以終日不用人携抱或父母遠出日不能返用一杯酒灌之待其迷醉終日

堙陣婦人背子式

堙陣民式

日本古官式

日本古官式

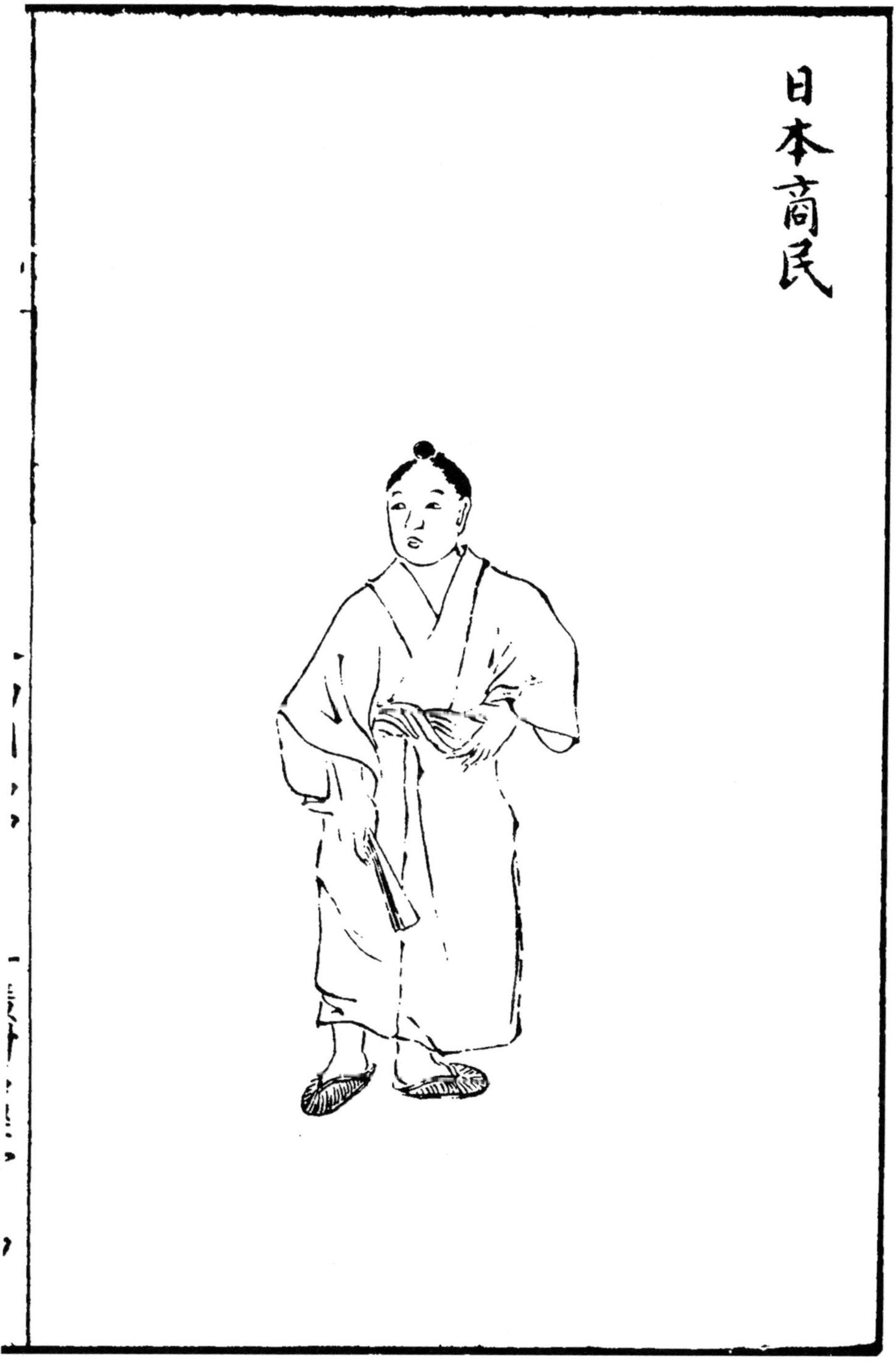
日本商民

遊歷圖記

人物圖第四

廣州石經堂石印

日本婦人

日本婦人

日本富商婦人

日本富家女子

日本山民

日本國山民野居山麓少出城市男女無衣喜文身花卉男子身刺以時花女身刺以龍雲以為祥瑞云云出入常携小水桶或沐浴以水沖身或載食物

呂宋古王式

呂宋官式

嗎撻山民

賀蘭山民出入以蕉葉作包裹或食物或糖擔出市上以換易鹽布等件性凶惡不服王化野處穴居父母將老子孫分而食之父母年老不能舉物買以肉食飽之後一二日會齊兄弟姊妹用刀分而食之名曰腹葬云云

此擔挑式用竹刻花漆紫紅色約四尺餘長繩索亦用漆過

嗎撻女子式

賀蘭國屬山民帶之耳環約一斤五六両重髻背用一銀鐕擔插穩入出常荷一包袋凡食物用物均藏之

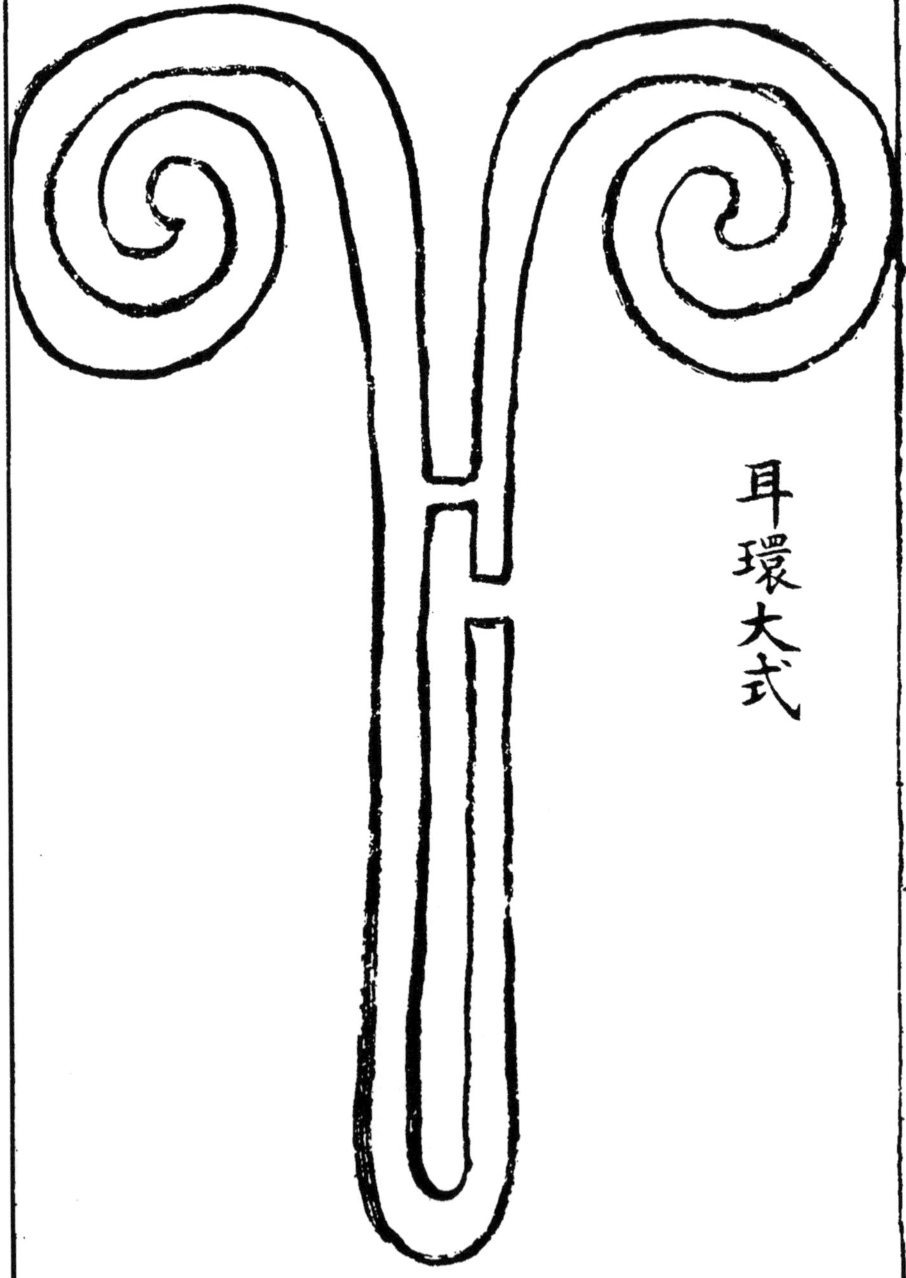

耳環大式

北魏民射錢式

北魏國民文身極好箭法遠拋一錢或銀不論遠近射之百發百中身圍樹皮人極狼惡

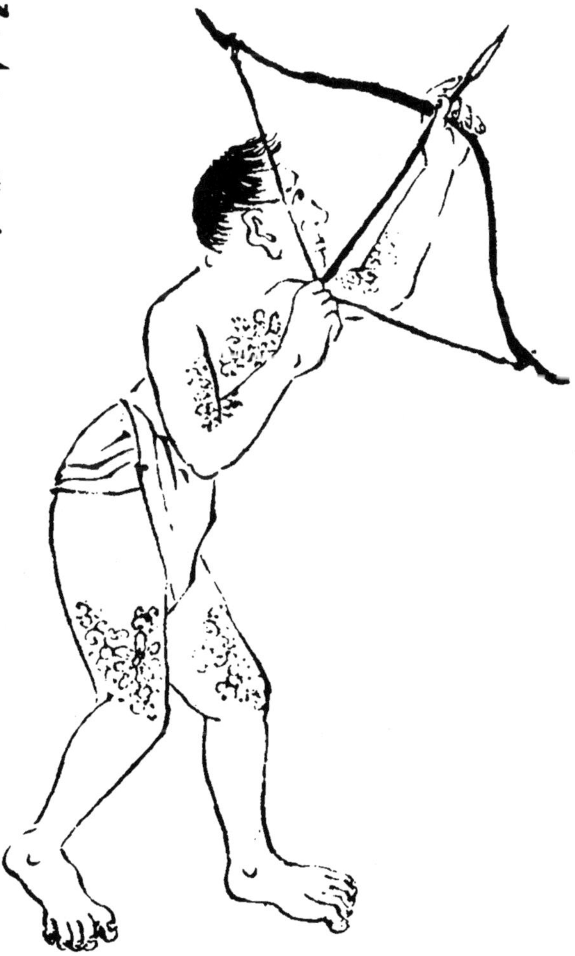

北魏國女子式

北魏國賀蘭國屬三犽打囉之西小島中國稱其北魏國民人文身女子用蕉葉細絲作裙圍體每日一換不用銀錢與鄰屬交易以貨易貨而已

馬德富商式

馬德國民又名武呀地今屬賀蘭國其富商者常背一羊皮革袋其袋以一全羊不去毛頭取去羊肉曬乾作此革袋凡有金銀錢及貴重之物均貯在於內出入長背喜穿中國短衫褌剪髮若死以一木裁開兩片中間挖兩凹將尸身殮於內合之外以籐索綑實枱上高山葬之

沙喇域國民

男子式

沙喇國南屬賀蘭東北角有小壤屬英開國及至今六十餘年英人入主今傳之外甥政寬大重華人雖英人入主然帝制自如又名大海島男子喜粧飾搽脂粉穿耳帶環環有重者十餘兩輕者三四兩富者以珍珠纏頸以海螺作手鐲帶在臂上　以短髮覆額披髮文身以籐線札脚以布圍身面色近黃有語言無文字與敵人戰勝者取其首懸之門第當紀功碑云不二妻不奴食器用箸亦用碗碟倫常父母如西人同

沙喇域國女子式

沙喇域國女子不粧飾不穿耳但要三孖銅線圍身以為貴重

此銅線式長約十餘丈從頭帶落至臍下

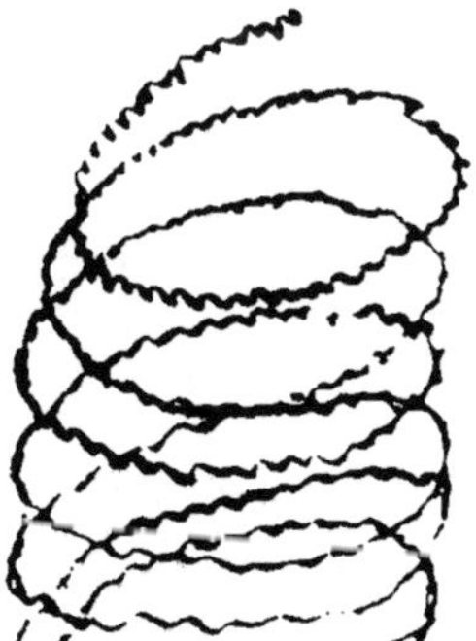

葉阿波女子式

葉阿波國荷蘭之西荷蘭沙灣極多此人多為人奴不裝頭髻頭上喜包頭巾最巧包法一方巾能在頭上包分四角花樣

葉阿波富家女子式

爪阿國女子式

爪阿國與葉阿波國不穿耳頭髻後喜插一銀劍約短者八九寸長者尺餘

葉阿波女子
背式

廣州石經堂石印

葉阿波女工人式

葉阿波國婦女多身賣身作工喜食梹榔所穿之衫均是半節裙亦半節

吉冷富家婦女粧式

吉冷國為棕種人也富家婦人多帶手鈪或脚鈪及脚指亦穿帶鼻亦穿環耳傍均穿環或又以金珠頸鍊不用工人均是自己告饍每用銅鍋似古瓶式提水煮飯均此器不穿衣裙滿身只有白布一方帶而已

孟加喇女子式

吉冷富商
女式

吉冷民女子式

廣州石經堂石印

雜港呂宋多類此

吉冷民

廣州石經堂石印

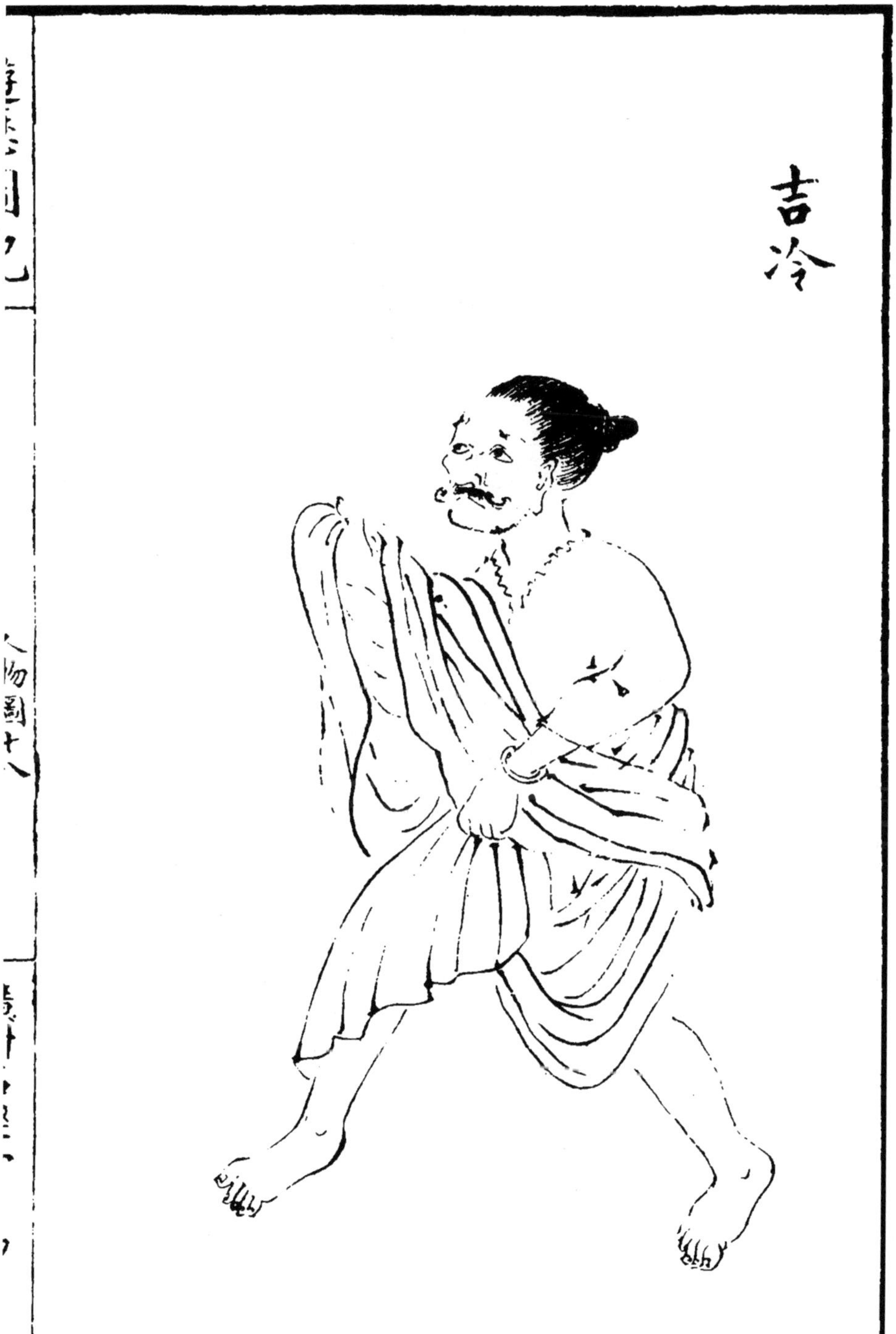
吉冷
人物圖十八

吉冷

廣州石經堂石印

吉冷商人式

吉冷國窮民

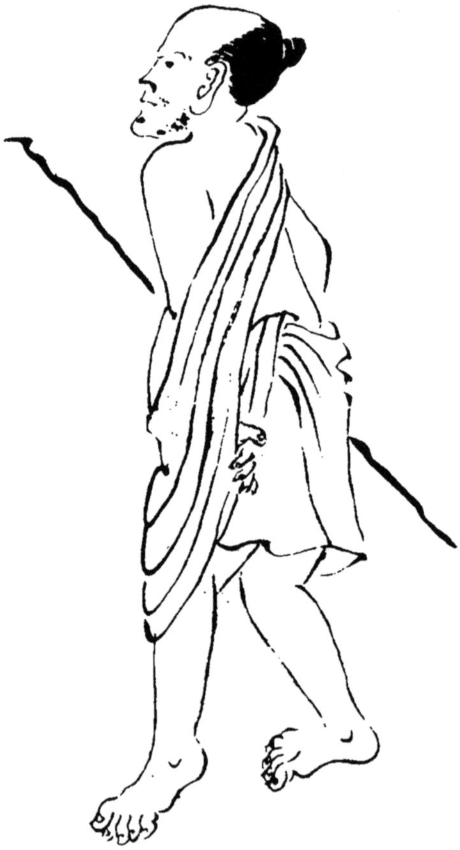

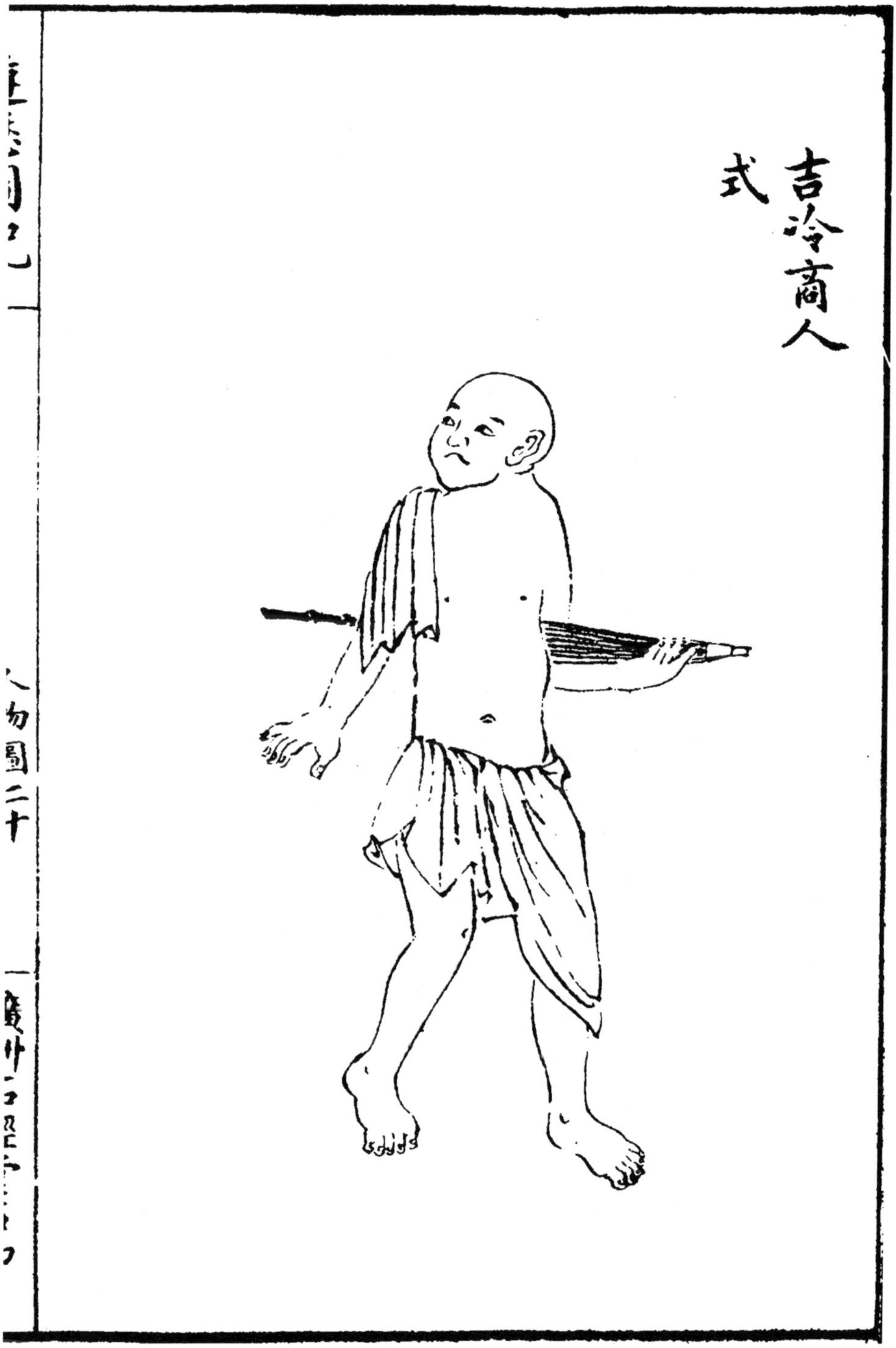
吉令商人式
人物圖二十

吉冷國人食餐式

吉冷國人食作用銅器似鍋式煑飯飯熟即下辣椒粉均勻盆以牛羊等肉不用箸不用刀叉用右手將飯爪挪入口而食之左手不行禮專以出公之便抹屙而已均席地而食

印度及嗎㺅國吉冷國暹羅國晏江大耳孔國等人食物概不用箸食物皆指食畢且不洗手僅以衣拭之其衣服不潔可想而知也

吉令富婦式

吉冷國民賣食物式

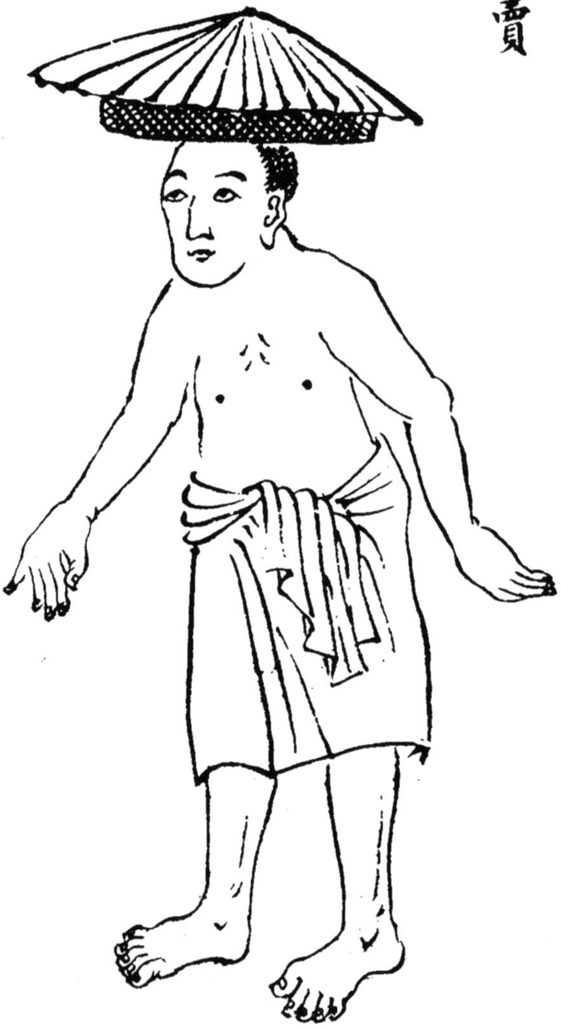

吉冷國民賣羅的即中國所言麵包是也用頭頂不用手隨處行走不跌專用頸力其妙如此

廣州石經堂石印

吉隆坡山番

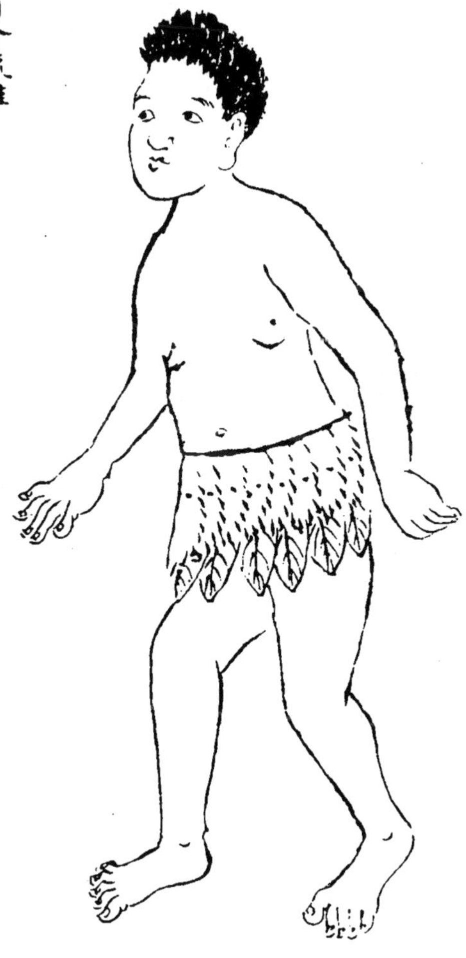

吉冷（土音阿冷疏雞）即新埠彭坑地方英國屬山内多此種類人面多赤色剪髮身圍布葉其性多善或有失路誤入該處必安置食宿不害人

南洋山番

廣州石經堂石印

台灣山番男子式

台灣生番野處穴居喜獵用噴筒能傷虎象各獸披髮文身過人即傷以獸血漆身食以熱石不金銀婚禮以肉布為聘性兇惡男女多衣樹葉以塩為寶

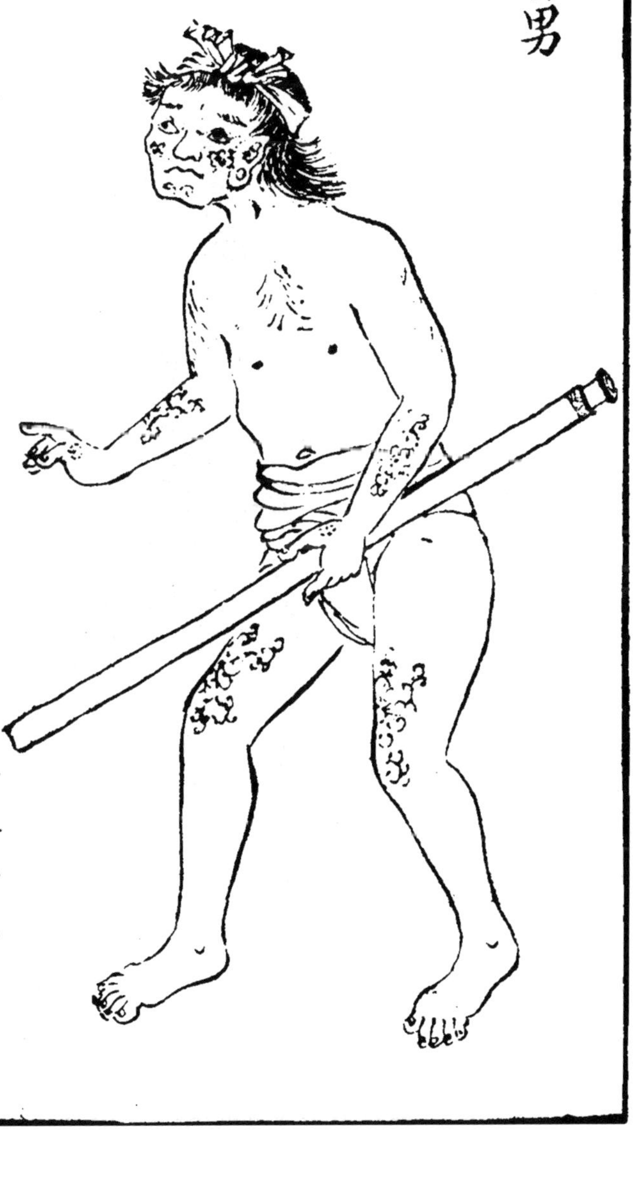

台灣山番婦人式

福建山民女子式

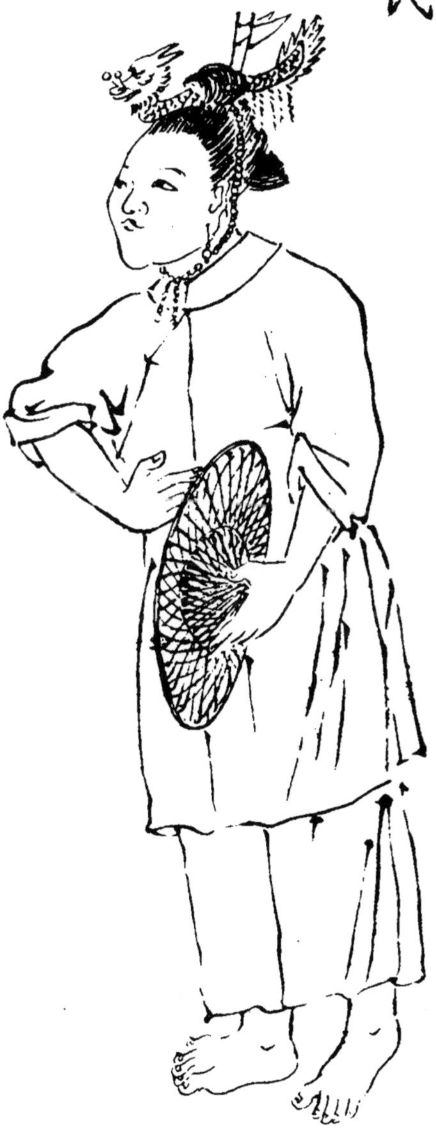

福建省城東門外山民女尚集古土粧髻當中以木龍船一条插以旗令珠璲以為盆龍高髻為瑞多為傭工俗語原始狗頭大王之宮人云

福建省東城外民婦

福建省東城郊外民婦名曰大耳圈上古傳下均不改式多為傭工亦多貧賤

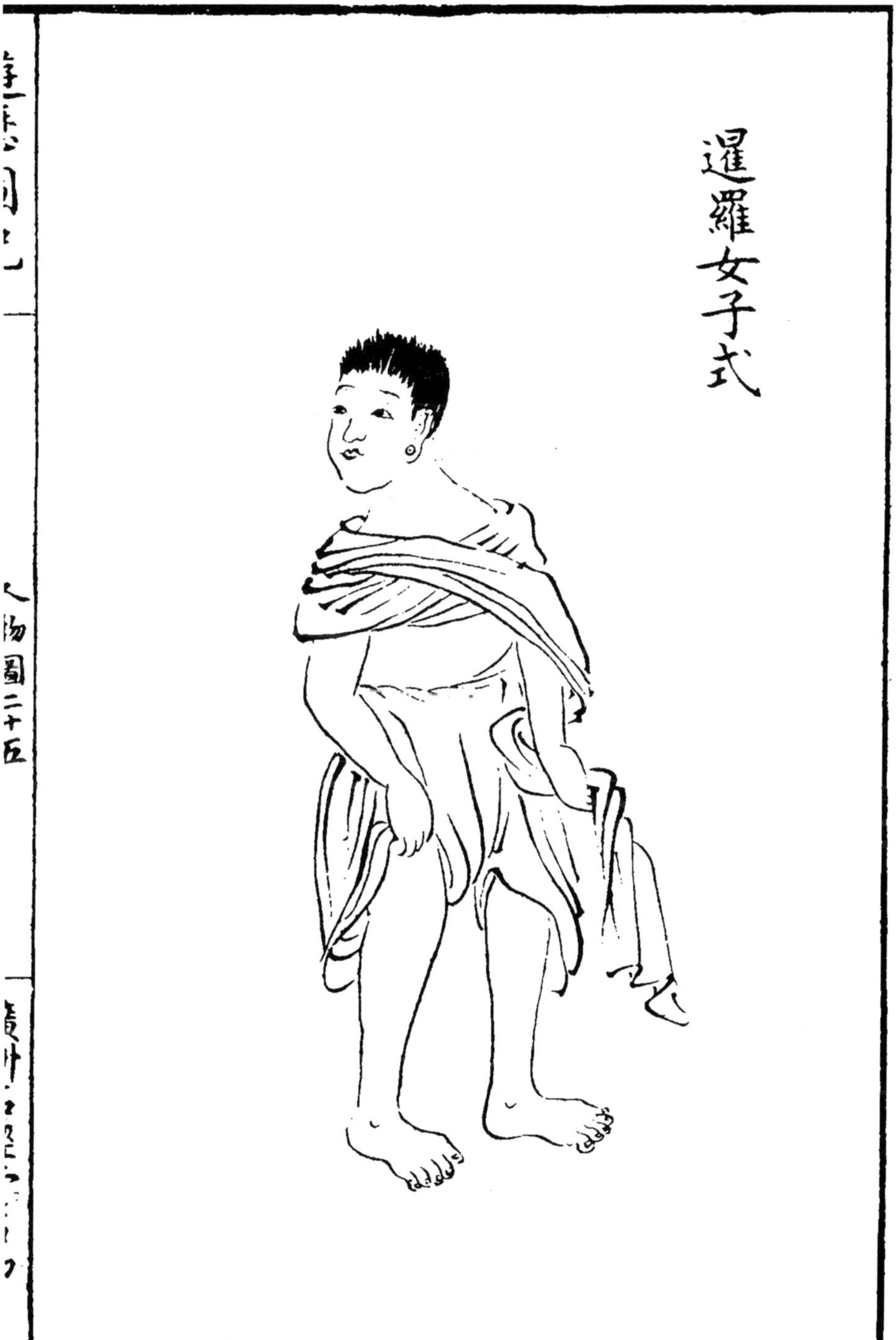
暹羅女子式
人物圖二十五

暹羅富家女子式

廣州石經堂石印

晏貢大耳孔婦人式

晏貢大耳孔國事佛教

嗎獹女子
粧式

嗎獹國印度毗連有黑白兩種其所穿男女不分亦裙衫衣着只有紗縵又名紗線即係一箇布長約三尺餘濶約二尺許上下兩節一作裙一作兜古言襯音兜是也喜穿木屐屐只有一齒而已頭無鬙織

嗎⿰犭盡國女人式

嗎⿰犭盡國窮民出入皆頭頂竹籮或載食物菓品均在籮吉林人亦如是聚集成風

嗎[犭盡]婦人抱子式

嗎[犭盡]國此種生於南洋色半黑白即西南印度之棕色種人也晝夜食梹榔唇齒多黑

嗎⿰犭盡婦人長衣式

嗎⿰犭盡國面黑唇黑眼光白髮捲喜食梹榔晝夜不停在齒

廣州石經堂石印

嗎[illegible]王式

黑嗎[犭盡]富婦人式

人物圖二十九

黑嗎[犭盡]民式

嗎[犭盡]國民即阿非利加之黑種人也身黑如漆剪髮以炙鉗燒頭上之髮類螺絲捲式則為美看身上氣味鯹臭印度古為嗎[犭盡]國云民多窮苦均是鬻身為奴食以右手爪飯入口左手以大觧抹屬之用行禮故不用左手云爾

棕色嗎蘯富商式

嗎蘯國南洋新架波諸島現歸英屬食如回教不食猪肉狗肉但食用右手取飯左手不動緣則以左手抹糞死以棺木無底板如回教一式喜葬水泥處待其快化云云

遊歷圖記

嗎⿰犭盡女子式

白頭國民式

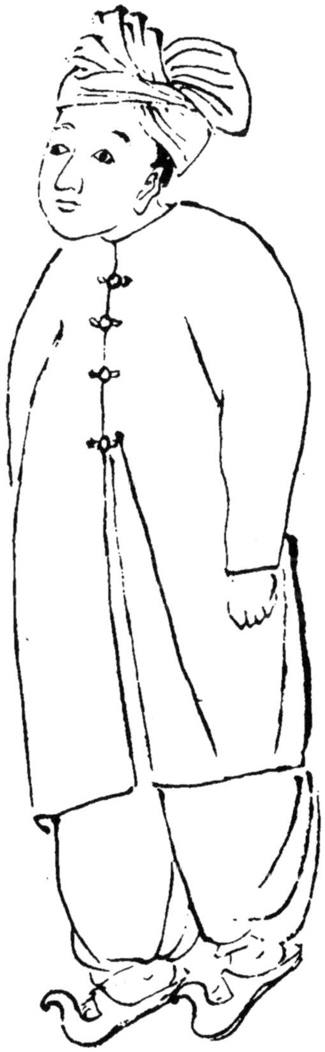

白頭國晏貢暹羅界屬又大頭國皮肉多赤回教南洋諸島亦多此人

荷蘭兵式

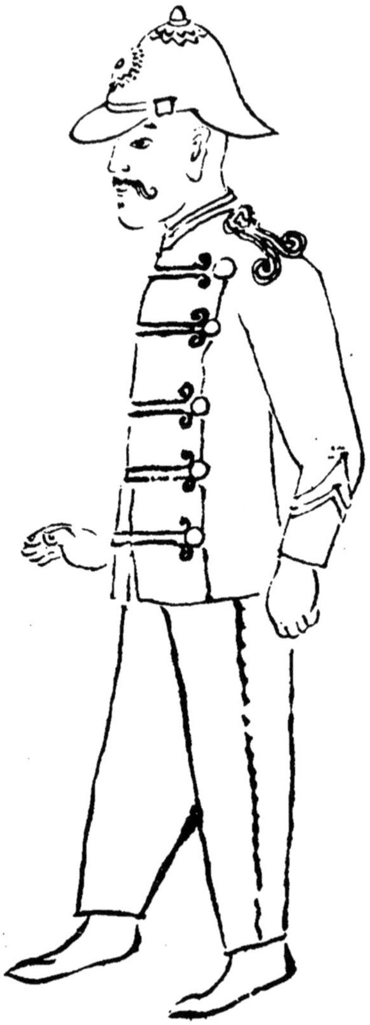

夏威仁國童子海底拾銀式
物圖三十二

夏威仁國即檀香山今屬美國孩子多熟水性若有輪船抵岸之際羣童趨近船傍或擲角子及洋員下水即趨入水底見而拾之無不稱善南洋及荷蘭日里等埠均亦有此人在水底如在地上取物可謂奇也故圖而記之

荷蘭兵背式

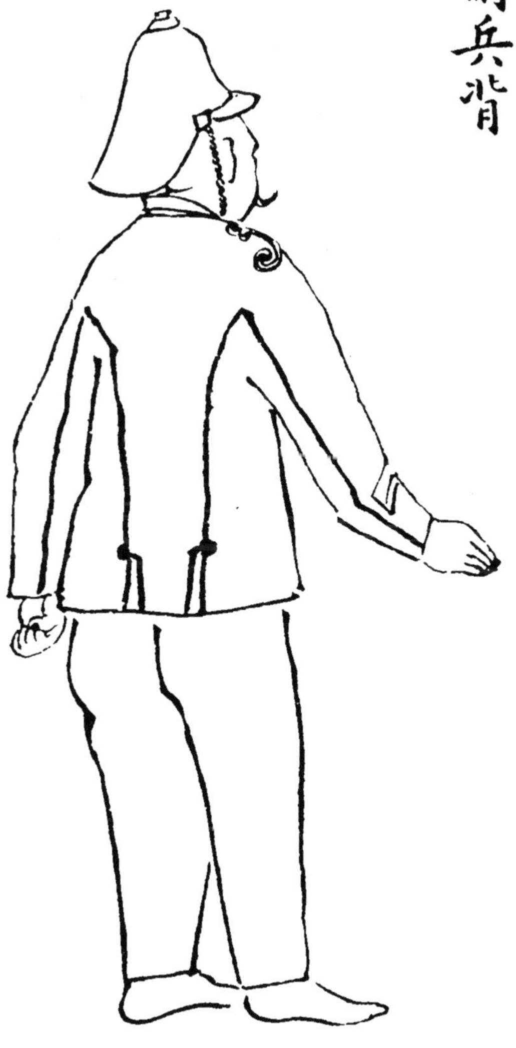

南美洲窮民背子賣小物式

遊歷圖記

人物圖三十四

廣州石經堂石印

也治國民

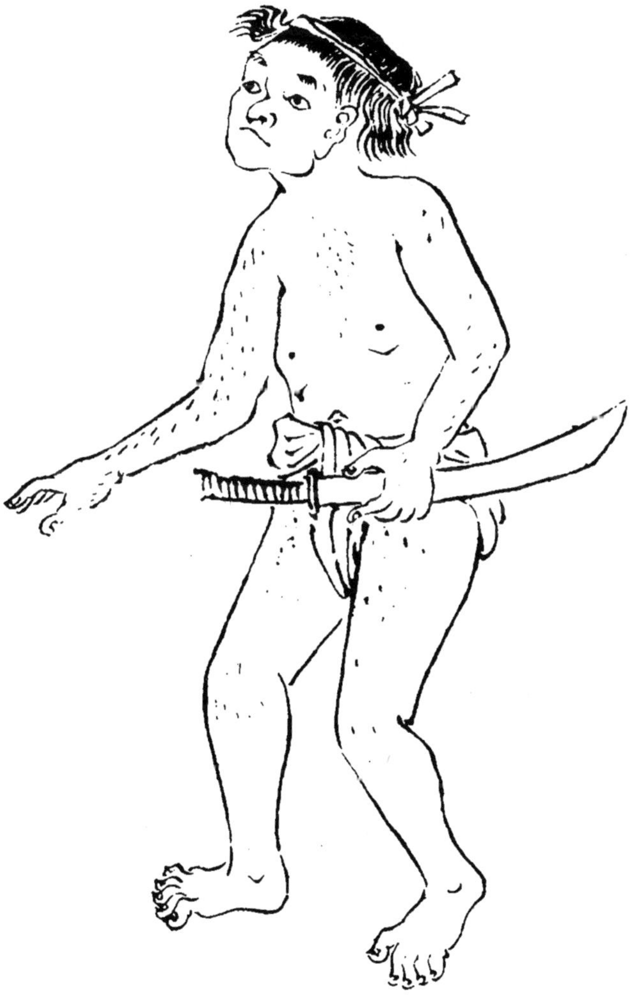

也治國在荷蘭西南大山穴居多殺人為酋長殺人之血塗畫於門墻上殺人之頭播於竹竿門第以為標榜越多殺越出色番土類稱之為王也其俗不論男女一遇有病輕者以草藥調愈或以不愈即邀鄰黨諸人作操鬧之場衆聲喧鬧羣聲齊發取一椰子連皮當堂一刀破各分而食之病可即愈又不能愈次用一小豬亦照前喧鬧衆聲齊發衆喧之際即將一豬分為兩斷各分而食之兩次不能愈此人必死云云

也治國民噴箭式

也治國民屋圖

大耳孔國

富商式

大耳孔國祖籍晏貢心善事佛原係佛種多念經咒每午後沐浴之後用白米粉塗面及額上以避時氣云而兩耳自幼用鐵錐穿之以大為好身以一幅大白布圍身面色多赤喜符咒均以銀借與人喜收利息或有負其銀債無銀還者着欠者即當天一誓而盡作了事

哲地國民

哲地國又名大耳孔國與西藏毗連又名晏奴事佛教多
寄寓南洋諸島面多赤黑身上多毛頭剃半截而心多善

大耳孔國窮民婦人式

大耳孔國窮婦人式身上無衣只有長条白布一端圍身而已

一　螢州石經堂石印

晏貢富婦攜子式

雪牙岳窮婦人採物式

雪牙岳一名巫來由窮苦人多窮者以隨處取食或拾路上遺棄之物均載竹籮居住均在深林大樹之下屋如樓式離土約丈餘均用木及樹皮築之

巫來由屋圖式

巫來由國女子式

古巫來由即印度棕種人也在南洋星架波馬路甲吉隆諸島今為英屬男女均穿紗線即中國古之裙也其裙方布一裁無痕無摺長三尺五六闊二尺四五身上分兩截上一截作兠下一截作裙男女大同小異古人所謂觀音兠是也巫來由即馬路甲

觀音大士出世在此所謂南海是也

廣州石經堂石印

巫來由文雅式

巫來由國婦人抱子式

巫來由國一名雪牙岳

巫來由富商式

遊歷圖記

人物圖四十一

廣州石經堂刊印

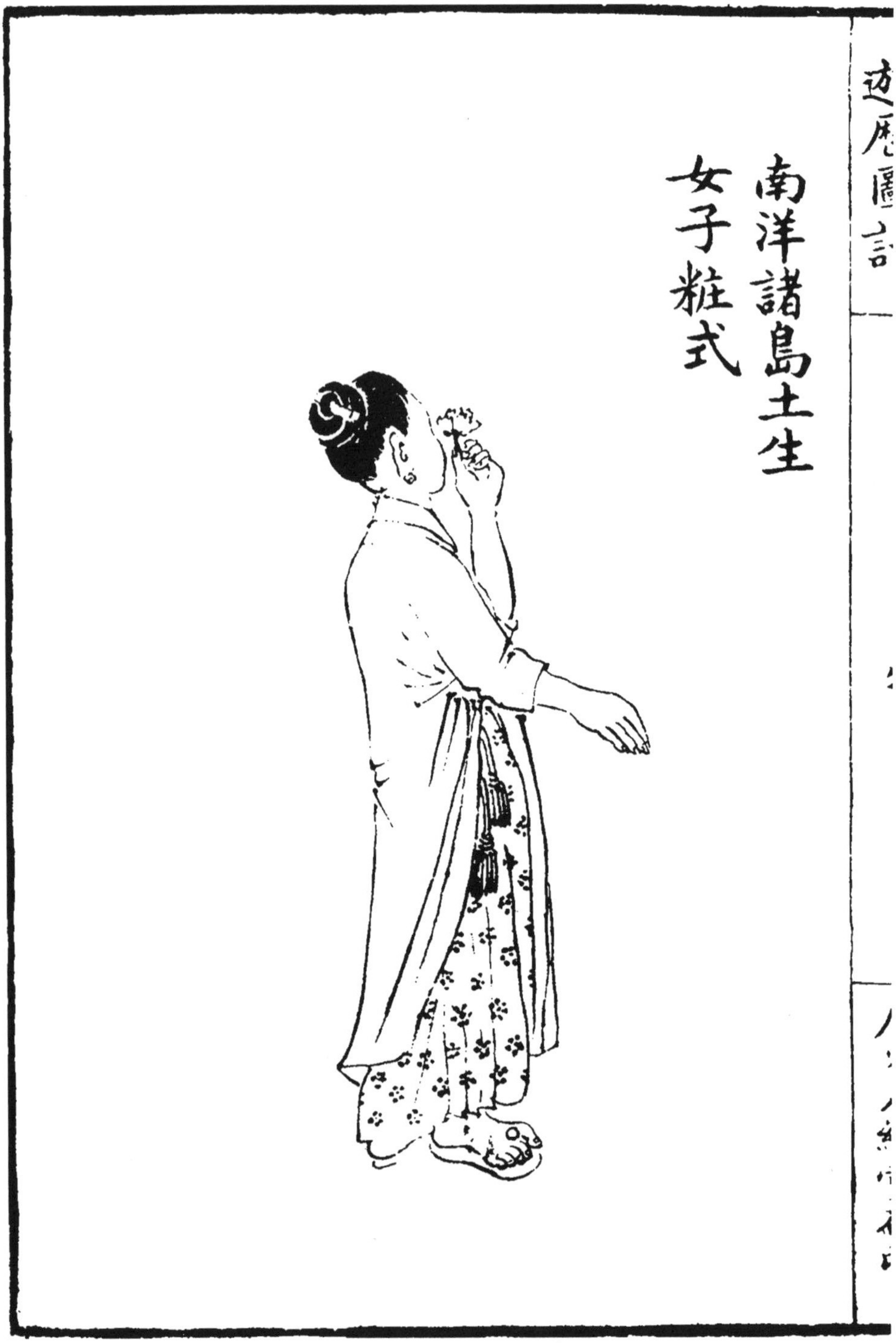
南洋諸島土生
女子粧式

南洋土生婦人式

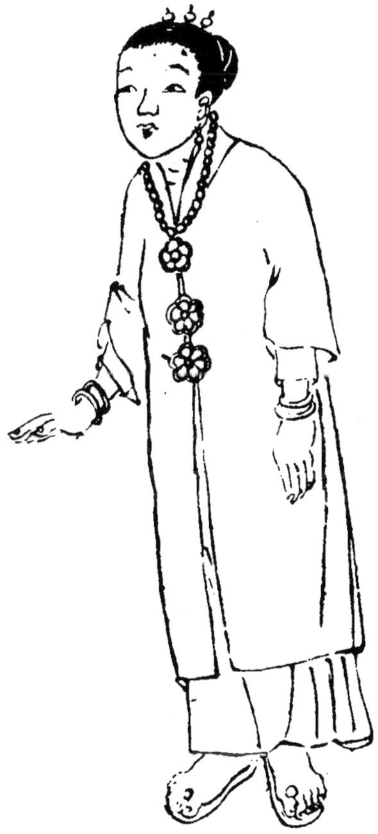

南洋土生女孩子式

南洋土生婦人式

南洋土生名半佬妹又名十一點即土生兩字兩手針漆梅花洋例以為祥瑞云着木鞋衣身長袖窄穿紗線以代裙褲性好遊玩食皆洋派或習馬⿰犭盡食作

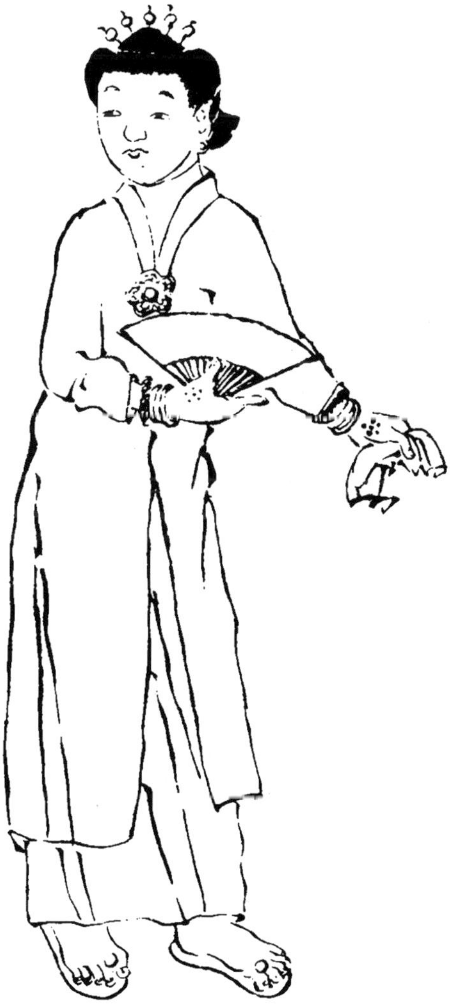

花鞋式

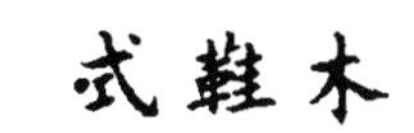

木鞋式

人物圖四十三

廣州石經堂石印

南洋土生
半佬妹

南洋寄居閩粤最多土生風俗半巫來由國粧半唐中國粧富者均以鑽石為衫扣以珍珠作頸鍊又以金鍊圍頸三四重極為出色肩上搭手巾一条習慣成風

猛加里土生女人式

猛加裡土生未嫁女子式

南洋土生種類

中國閩粵多留落居住所生人物名為華華仔又名十一點即土生兩字人雖中國種類性近洋人出入喜攜杖吉如鞭竿式又喜食呂宋煙帶荷蘭帽穿洋服

南洋土生

廣州石經堂石印

南洋財庫式

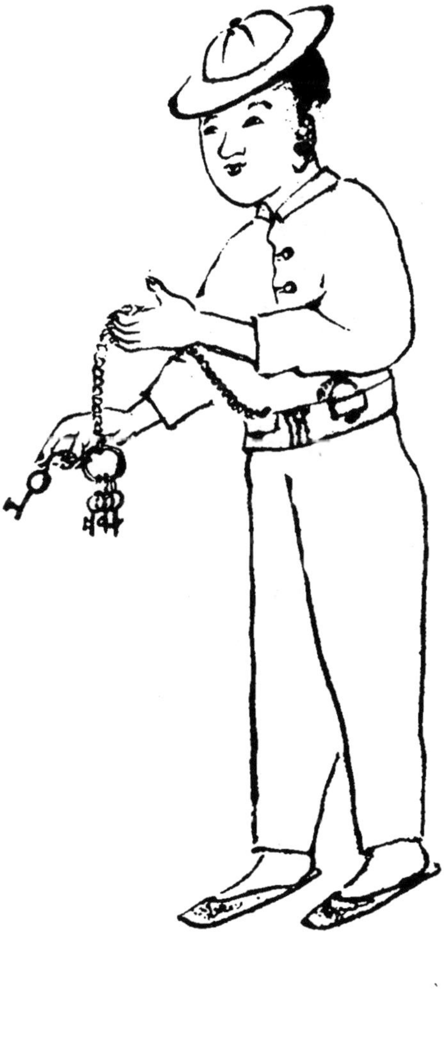

人物圖四十六

廣州石經堂石印

南洋土生

土生富家

廣州石經堂[illegible]印

南洋土生

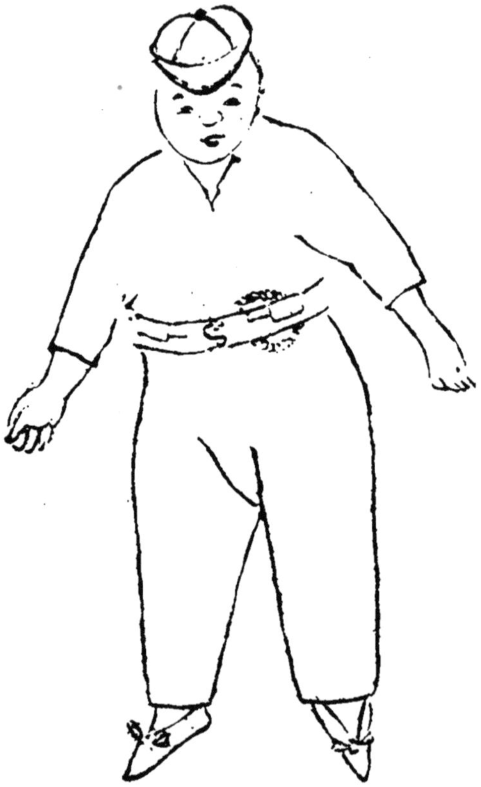

印度女子帶一耳環式

廣州石經堂石印

越南東京女子式

安南女人均出市買賣生理男多安逸正所謂男逸女勞是也女人各處粧式不同好食梹榔終日不停口兼要白石灰同食有引重者每日食石灰約錢許有好事者與之計算食至四五十年約仟餘斤白石灰到肚可造大屋一所云云安南人面色多青黄者此之故也漆齒赤足披髮食灰天下之所未有也

遊歷圖記

東京初嫁女子式

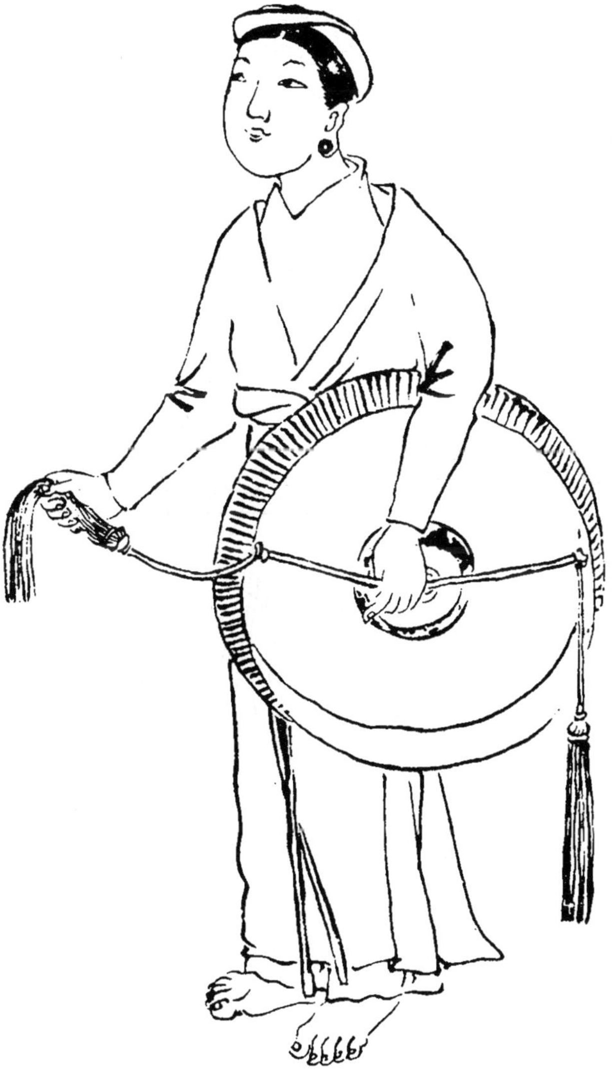

人物圖四十九

齋竹石堅堂之印

安南交趾種婦人

安南女子貿易式

安南女子多挺胸凹肚行無禮坐無規矩任性所為出入無常

廣州石經堂書局印

安南順化
女式

越南交趾種人

越南富家文雅男子式

越南商家
男人式

[illegible]圖之一
人物圖五十二
廣州石經堂石印

越南界十洲山猺
酋長式

越南十洲界山猺野處穴居衣毛飲血好獵性狠好鬥其酋長者滿帶插翎毛肩披鹿皮雖蠻夷輩而男女有別

雜港國民

人物圖五十三

白施國男女民

白施國印度屬有山民男女穿耳帶環多赤身以籐纏足為貴或以銅線作鐲及纏足夫婦出入常以連肩交臂為親愛死以鳥葬人死即將尸挂在樹上鳥時食之則舉家喜甚謂天神之祐若三四日鳥不食之子孫見羞云死者生平未曾作過好事將來子孫難得好處云云食尸之鳥似烏鴉之類成羣成陣而來可謂奇異土產白樹油及籐等件

金邊國民

人物圖五十四

廣州石經堂石印

金邊國女子式

巫燕國屬民
人物圖五十五

金邊屬國
山民

金邊屬屬國山民性狠好鬥隨身常帶號角或一有事一吹號角衆人齊集

佬查國山民式

佬查國與越南毗連此山民短髮文面野處穴居牙齒自小時均用鉅磨尖齒為美不用金銀以獵為業性狠好鬥

佬查國山民女子式

蛇國民式

蛇國與安南相鄰土人每多入山採食手携鐵舌鎗出入隨身歸則插於門外以示歸來之意百姓均如是背荷一蔞所有食物衣物用物均在其内不知歲月但以老死而已不用箱篢以瓦埕載什物挂於外樹以符咒作寄託外人盜賊不敢取獵大獸食餘頭骨以竹干穿挂於室内越多越出色以本事之舉也性好鬥海隅猥雜其人民多傍樹樓居若其買物以銅器易之

蛇國女子式

舍國不重金銀而重銅器家中多銅器者為之富家所以女人不論手鐲及戒指腳鐲均用銅器家法甚好男女有別男子以冠則宿於外舍此地產黃籐黃蠟

雲南羅羅山民女子式

雲南省羅羅山山民女子粧式

廣州石經堂石印

泰西兵總行禮式

法國兵總式

泰西兵總行禮式

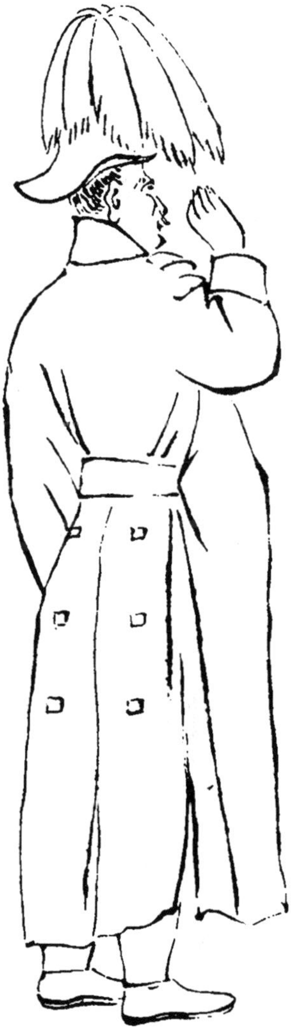

印度古官式

法國兵總式

法國兵總式

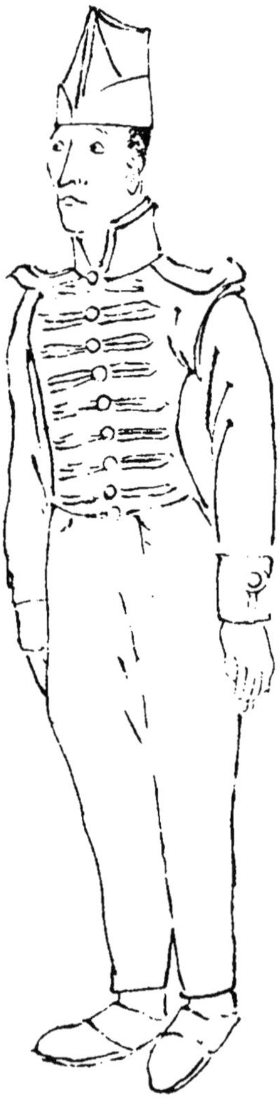

遊歷圖記

泰西夜兵式

人物圖六十二

廣州白經堂石印

嗎⿰犭盡兵式

泰西提鎗兵式

人物圖六十三

大頭兵提鎗式

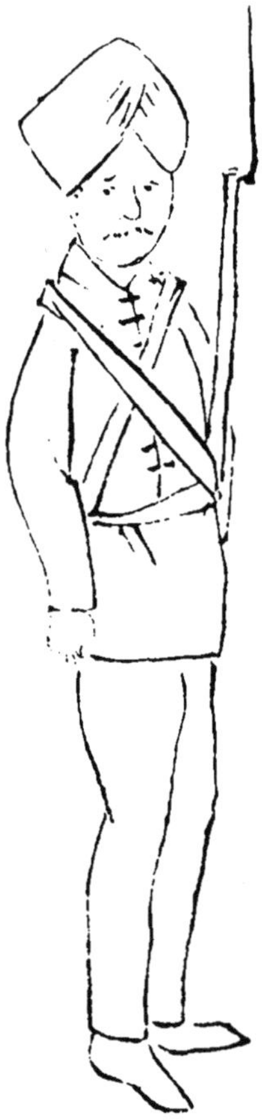

泰西水師兵提鎗式

廣州石經堂石印

泰西女子打鎗式

泰西女工式

人物圖六十五

泰西女工式

遊歷圖記

泰西女工携孩子式

人物圖六十六

泰西老農工式

西人兩邊鬚式

泰西人留鬚者年少均多上有五六十之間所留者有獨留兩邊或獨留下腮餘外均剃可謂奇異

廣州守經堂印

西人獨下腮留鬚式

美國南美州婦人生鬚式

婦人生鬚中國以為奇怪余遊歷南美州所見不少有長者約六七寸短者以及胡連鬚者不少聊舉一記之

美國南非州婦人生髭鬚式

泰西皮帽馬隊官兵式

泰西水師兵總式

泰西水師兵式

泰西水師兵式

法國夜巡兵式

人物圖七十一

泰西兵式

泰西樂兵式

泰西總統
禮服式

西婦禮服多類此

廣州石經堂石印

泰西古王式

泰西教士式

人物圖七十四

天主女教士式

廣州石經堂石印

泰西教士式

泰西總督大服式

英屬烏吐國人

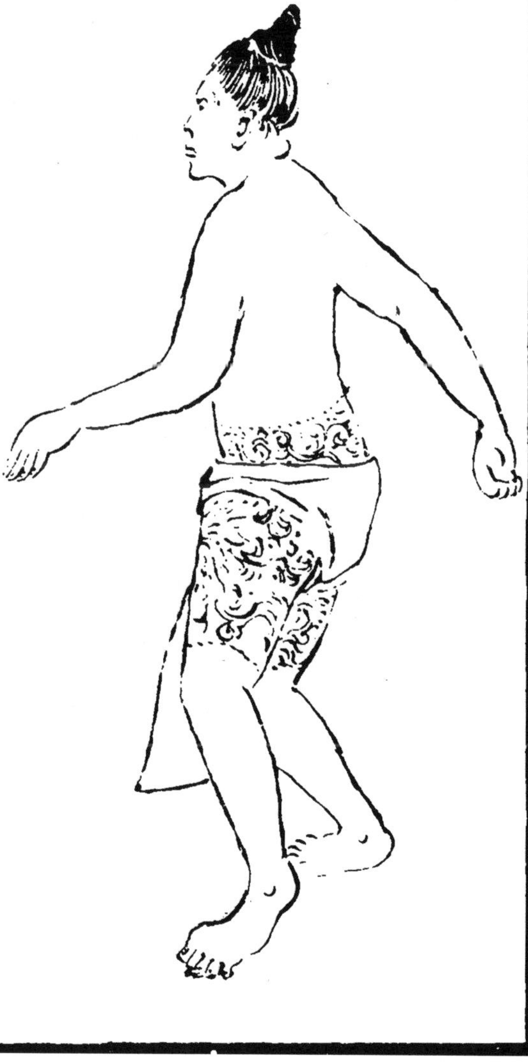

烏吐國英國管屬與雲南毗連又名華城即蜀漢孔明征孟獲之地女子自權左衽長髮俗淫女人多在市井貿易男子文身事佛有時與會拜塔富家以金銀多投於塔內者為勝男女好食檳榔食不用箸

烏吐國女子式

加里吉打民餐食法

加里吉打英屬信佛教棕種人多作工民窮食不用箸均以右手爪食

印度民穿鼻式

五印度民婦浴子式

印度育子之法孩子初產二三日每日用椰油擦抹孩子週身以日曬之待皮厚不致多病云云

印度民吸煙式

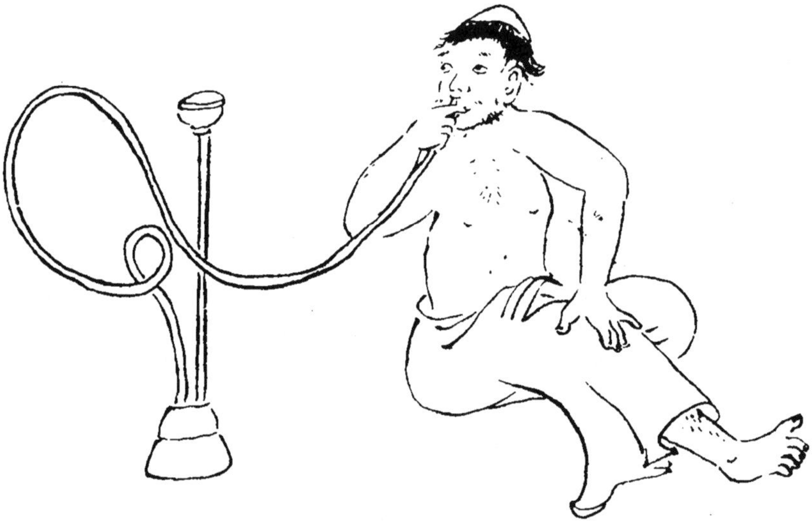

廣州石經堂石印

光緒二十九年夏月麟自

欽差出使美日秘國大臣楊　奏調駐美使署隨員初由滬江上東渡啟輪過高麗至日本長岐及馬江神戶橫濱過太平洋出檀香山至舊金山到市卡咕抵華盛頓差滿三年由西路出大呂宋至英法德俄賀蘭意大利諸國及南洋新嘉波諸埠遊越南國諸埠及金邊國暹羅國殆環球一轉也謹將所見所聞歐洲各國藝學精巧愈出愈奇竟有奪陰陽造化之工出言思擬議之外者言之中國向非所習始焉震驚繼焉嗟歎羣謂歐人巧思非中國所及嗚呼豈天賦聰明獨厚於西而薄於中耶吾知中國當黃道下文明

之開最先且中土山川清淑之氣鍾毓最厚人得之秀且靈必較西國勝一籌焉然則藝學一門何以瞠乎在後曰此由秦漢以下不講考工朝廷既無藝學之科下士孰務專門之學此非中國人才不如西國也特中國積習相沿不如西國振興有志耳設謂歐人心思獨勝何以歐洲各國其種族已蕃衍於虞舜時歷二千餘年至西歷紀元初即中國西漢末其狉榛之俗如故其野蠻之性如故自紀元又歷千年至中國唐宋時雖彼國文明漸啟尚不聞有人焉製一奇器創一奇技也考西史所載西人製造之精祇萌芽於元明至我

朝而始盛道咸至今乃其極盛之時皆由彼國人自恥樸陋力求進步彼國家又崇尚技藝鼓勵人才歐洲數十國互相倣傚提足爭先中國適當侈然自足頹然自廢之時故以相形而見拙也其實中國製器先於西國遠甚黃帝時已有用機激石之砲故砲之字從石後世易之以火藥西人初不識砲自元代某駙馬駐軍邊方有英人投營充役始見火砲歸國以語人而不識製造之法後有黠者因臼中舂硫磺出火遂悟硫磺可製砲之理此西人造砲之權輿也迨紀元一千三百四十年間即明永樂初日耳曼人蘇華脫士始出火藥大砲越六年英法交戰英人始用砲夫火砲為西

人制敵最精之具而實始於明代若中國則歷代已有用砲攻城而謂中西製造孰先孰後乎推之凡百製造如渾天儀銅壺滴漏中國自古有之西國當紀元八百七十年間即中國李唐時英王勤政用蠟燭三條次第燃之以定時刻至一千三百七十年即明景泰間法王沙爾始設大自鳴鐘於公廨至希斯拉之作歷書刻白爾之講天算學則始於明季及

國初之際蓋紀元一千六百年間事也其六百八年即明崇禎間意人格力畧精通天文學始作望遠鏡論地球自轉之理教皇猶以為惑衆繫之獄則舉國之不識天文可知矣豈若中國之璿璣玉

衡已備於堯舜時乎他若
康熙初荷蘭與英戰荷人魏得始作炸彈
順治初法人始造玻璃鏡魯熟始傳造火漆之法多利色黑始造
風雨表日耳曼始以金銀絲織錦始製縫衣機器勒巴綠始講化
學舍尼始創測日望遠鏡葛生的測識水星過日墨佛留始作廻
光鏡格力始造吸氣筩英人始有馬車又作指南箱以備航海始
建風鋸肩輿及鐘表鑄銅砲那和始量定地球經度里數哈爾斯
始倡血絡周流之說醫術為之一變又其後始創造諸色布始立
大信局不許民間擅開信局此皆一千六百年間事其時已在

清初矣今更造電線電燈德律風氣毬破空之飛船電汽之映骨相機
器造氷水底行車留聲筒留聲碟各式影戲數十年來不更愈出
愈奇有不可思議者乎
光緒乙未年十一月初四日遊歷於美國費城地方觀製造機器
船廠及戰船等式謁見機器總辦大臣威林克蘭勃父子子爾蘭
引看所造大礮及炸礮戰船生電之汽機火車船澳各鐵廠木廠
無不精究竊思我
國天時地利物產五洲各國首屈一指惜乎百事俱廢不思振作外
洋製造無一不用機器之運動賴乎火力以煤火生力以油火生

力皆不如以水生力省人工且省經費自然之利也夫美國之有費城猶中國之有揚子江也若仿外洋新法准設江邊機器磨坊等廠再有鐵道運貨以銷外洋則數年之後自成富國國富兵强不言可喻查外洋各國無一不講求商務廣開貨埠窮鄉僻壤未幾年而成富饒者矣美國大市首重三區東有紐約西有金山中有市卡咕我

國欲興商務在美易而在歐難中國土貨美國大行祇須有人以領袖耳

光緒二十九年十一月二十三日遊佛冷庄即涼山涼江府也與

廣西南關毗連

十二月初二日遊芒街與中國廣東屬北海交界有漢馬伏波將軍銅柱界限山崗有分茅草中國之草葉向中國越南之草葉向越南噫草猶如此人何以堪余見銅柱高巍感而成興聊賦短章工拙不計也地軸潛分界雙虹定此關將軍扶越俗銅柱鎮羣蠻百粵同瞻望三軍指日還迢迢思漢際千古息刀鐶

光緒三十年三月初十日晉謁十州咾楂等屬山寨土王刀文特所談十州風土人情及其所管之地盡皆明悉其云十州內地多白猫種類人皆雜住山邊言於某年月有白猫人年七十餘歲有

子有孫一日略有小恙眠食不安自思入山採藥以治病一去三日子若孫尋之不見第四日自歸坐廳事已化虎矣尚知人性但不能言其妻子及家人出見驚異上身毛色斑然惟下身褌帶尚留可據見人似有淚下妻勸之云已成大獸不可回家恐驚子孫語畢低頭而去約月餘有鄰人獵於山以鎗斃之其子告於土官官罪獵人以齋醮了之又有山猫里長即中國亭長也占化州人住近大山之傍亦白種人也六十餘歲一日病重遽作狂態醫藥罔效竟入山去家人追尋不見越三日始得之山腰間已化虎矣

閒十洲之地白猫種人最多考白猫種人其膂骨下有骨隆然高

出寸許似尾非尾此化獸之基也其土人約計七代後當有一人化虎云

雞鬼

廣西之西南越南之北極有一種名曰雞鬼此皆妖術也初生有女即以一塔誦以符咒將一雞加以金銀若干此金銀若嫁夫時可以取出來作本銀貿易極利云云入於塔內封好藏於床下一月之後此雞化為鳥有每月入雞一隻年年如是至本人死之日止以一代傳一代所生雞鬼其貌多美已成人之後每睡時夢魂四出自己不能收束但遊倦而返或有人時運當衰者逢之必害故人多受其苦如本人醒

尚知人事若睡去家人都不親有時自己親生之子女均食去閒以刀斧殺之或斷其首或碎其肉其師聞知而即咒之立即復蘇云云若以火化之則無法也

老虎鬼

越南河陽地方有一種鄉民好鬼術名曰老虎鬼其人性兇狂好夜遊眼光青藍似虎遠望則知其為老虎鬼也日在街道遊行見之者不論肉舖牛房以及童穉即密避之若見之不避且生疑懼則肉物均變青藍色皆棄之不敢食倘童穉見之其心不疑則無患疑則是夜必生魂夢似病非病不數日必死民間多受其央

二十五日閱法國西貢砲台砲式大小不等所最奇者有留炭氣之無煙大砲也其製以一銅鐵管較礟口彈丸由此躍出而續出之炭氣即留於管中而不外散故發響不生煙且炭氣即留於管中而不外散故不發響不生煙且其炭氣旋即消滅毫不障目矣

食人樹

法屬附近非洲馬打加士加島有一種樹類似波羅樹而葉大過數倍椏幹挺立頂生大葉八片其尖垂地各葉相離約三尺許環繞樹外如八陣之門葉底滿生利鈎又有長條毛茸茸然其粗如指堅如鋼旋捲作螺絲形如瓜藤依附別樹鎮日搖動人近之每

被鉤捲而上雖力大如虎不能擺脫久之血肉吸盡僅餘白骨故彼處常斷行人如過彼處深林者必須携帶刀斧以斷其長條可以無患

十月初由金邊國出暹羅界山巍嶺峻行約二日過遥山下土人囑不可行小路過横徑有大路而去可也小路有燒癢樹問其何患曰人觸其葉則皮膚作癢雖搔之渾如隔靴且必癢至六七月之久其癢燥熱如燒故名為燒癢樹所幸樹有臭味遠約半里路即撲鼻土人畏如鴆毒退避三舍云

食獸樹

南美洲有一種名水星樹其葉多孔迎風似鳥聲樹身枝幹有汁如膠粘鳥雀野狸蛇鼠若攀援其上被粘莫脫至血枯而斃

食蟲樹

南美洲有一種曰露樹葉大約尺許每葉下一囊囊內有蜜汁蜂蠅飛蟲等物鑽入囊中葉即掩覆越宿後則蟲化為烏有

地蟲食腳

墨西哥之南初開闢之地有一種蟲名曰蛀腳蟲頭似白蟻身似沙蟲以顯微鏡可辨工人以赤腳立彼處不論長晝短夜則歸來足底即如蠹魚食書如蟲之蛀木二三分深不等既癢且痛大呂

宋之南亦有此蟲工人多苦之

食蠅樹

美洲南有一種樹莫知其名其葉類如粤之榕樹相仿彿蒼蠅或棲其葉即合頃刻成渣滓人多取以供瓶或盆種以為玩好焉

迷人樹

雲南之南越南之西北此處有一種樹莫知其名枝幹類似楊樹花開之時行人避道一聞其香當即昏迷不醒輕者或以藥解重者即死與桂花瘴略同

雲南瀘江蓆鬼（又名大黃蜞土人名蓆鬼）

雲南界與安南保勝相毗連有小河名曰瀘江即諸葛亮五月渡瀘處也其江水青藍色有毒百姓不敢飲江無舟揖後有人以竹排作橋適癸卯十二月初有安南人及象奴牽一大象母隨一小象過此小象重約弍百餘斤瀘江人從竹排行象從水行剛遇蓆鬼如大蓆一張卷貼小象身上蓆中幾千萬口暗咬其身象雖有力不能用已抵岸大象以鼻抜之連大象均被卷上象奴以鐵鈎解不脫不片時蓆鬼飽漲腹如綿被小象滿身淋淋幾不能行蓆鬼長五尺橫約二尺兩便通身都是口口如黃蜞色亦如黃蜞後小象得脫象奴得蓆鬼到站處刀不能斷火不能化未有死之之

法余適遊歷至此親見之土人謂不論人畜過此倘貼上身惟有待斃而已

玉桂山神

越南所產百貨其多且精者以玉桂爲稱首闖入山採桂之法先致祭山神否則人多厲疾若入山聞桂香則見不聞桂香縱在目前亦不知其爲何樹也光緒二十九年即安南成泰十年夏月清花省野產一桂約百十年土人見之即報官吏乃致祭山神擇日伐桂迨斧以斯之人遂昏迷歸且病死兼有一蛇在桂樹上旋繞土人見利忘害相繼死者已十餘人後有盗平按察官阮某親率

十餘人僅下三斧即昏迷於地歸不數日即死當死之日見內有一蛇即前桂樹之蛇也頃刻不見葬之日塚內亦有蛇盤據於此即移葬他穴亦見後同僚官代為禳解始得妥葬會安省桂多種採之較易故桂價不若清花之昂

蟒蛇食象

英屬星嘉波對海有巴羅地方相傳有英人獵於此見一大叢林萬木無聲獨一大樹搖動勢若風翻英人奇之覷其究竟見一大蟒在樹上其尾捲一大象象離地力無可施英人即以火鎗擊之蟒死象下走不數步象以頭招人人不敢前象即在樹頭下拔一

牙以報英人得牙並記其事留於星嘉波博物院中云

游歷聞見録十八卷（卷一至卷五）

〔清〕洪勳撰

《游歷聞見録》十八卷，清洪勳撰。勳爲浙江餘姚人，光緒六年（一八八〇）進士。十三年考取海外遊歷使，奉命遊歷瑞典、挪威、意大利、西班牙、葡萄牙等國，歸後撰成此書。書中自述爲宋人洪邁後裔，乃擬《容齋隨筆》之體，篇自爲目。總分内編、總略、外編，内編分記五國，總略通論歐洲，外編則補記所聞。於各國政治、宗教、文化、風俗均有論述。另附《輿地圖》、《中法字母合譜》各一卷。據上海圖書館藏清光緒十六年石印本影印。

光緒庚寅孟冬

上海仁記石印

游歷聞見録總目

總略

卷十五之卷十八

外編

遠祖宋大學士洪邁著有容齋隨筆五集篇自爲目多載掌故勳游歷歐洲不揣譾陋輒擬其體隨時紀事歸至海上病累月既瘳出稿繕正少復詮次釐爲内外編凡十八卷僅以耳目之所及者著於篇曰聞見錄輿地圖中法字母合譜各一卷附

庚寅仲夏洪勳

游歴聞見録目次

卷一

意大利内編

卷二

卷三

卷四

地球全圖

一上海

二香港

三新嘉坡

四錫蘭島

五亞丁

六蘇彝士河

七漸那伐

以上諸處用朱線標出即游歷往來之海程

地球

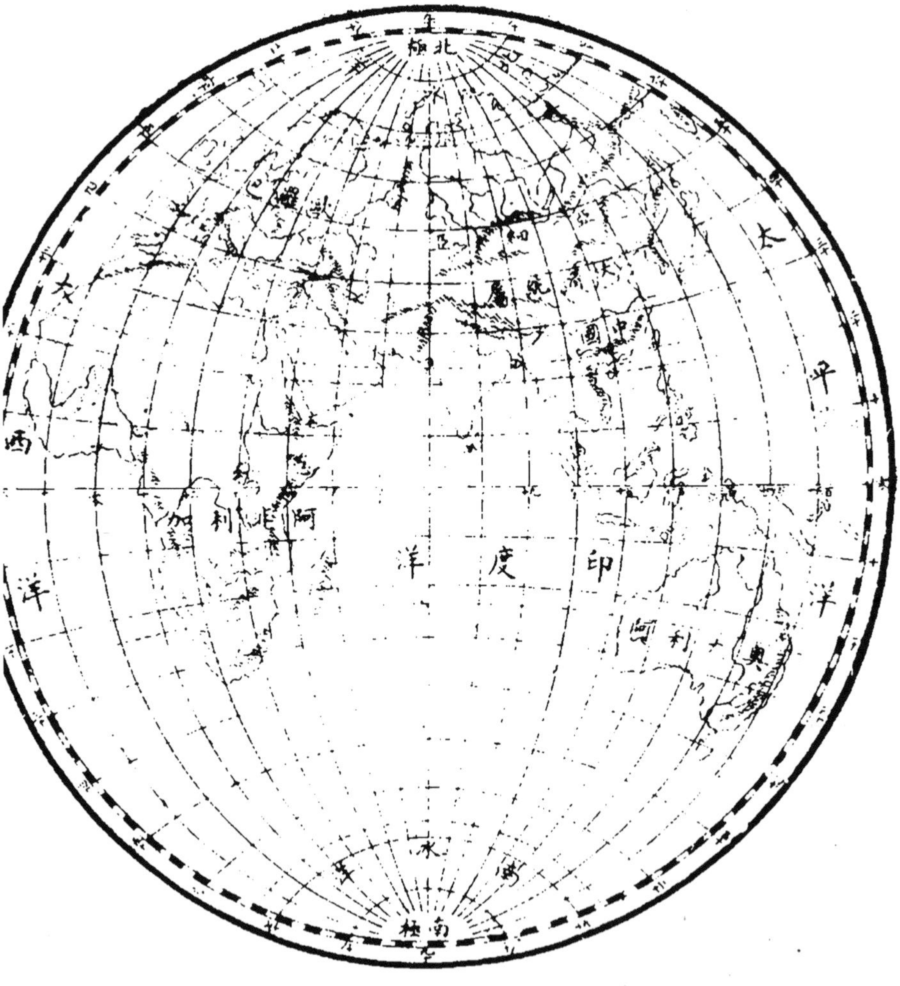

全圖

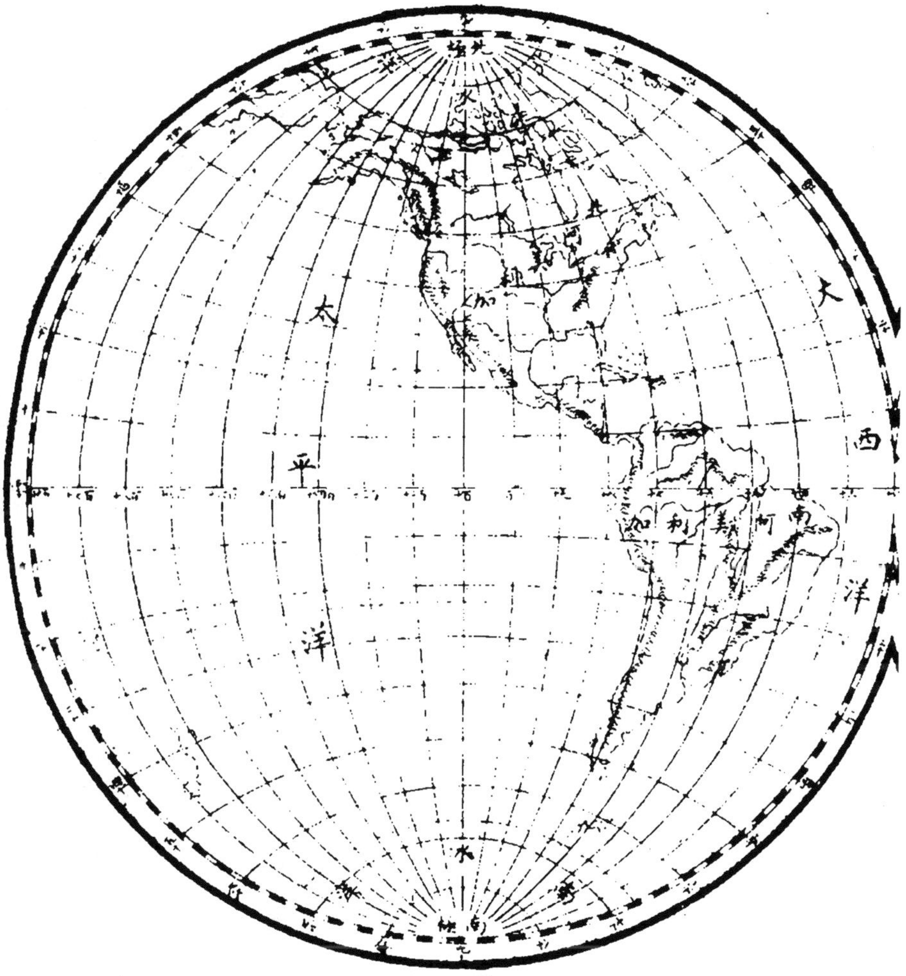

赤道經線每度二百里
黃道距赤道二十三度半其經線每度一百八十三
里有一百四十八步
黑道距極二十三度半距赤道六十六度半其經線
每度七十九里有二百七十步

歐羅巴洲全圖

一那威京城曰克利斯低亞尼亞
二瑞典京城曰斯朵閣姥
三俄羅斯京城曰斯彼得蒲
四丹瑪京城曰賈本好
五英吉利京城曰倫敦
六荷蘭京城曰盎斯忒郎
七德意志京城曰柏靈
八比利時京城曰勃呂綏耳
九法蘭西京城曰巴黎

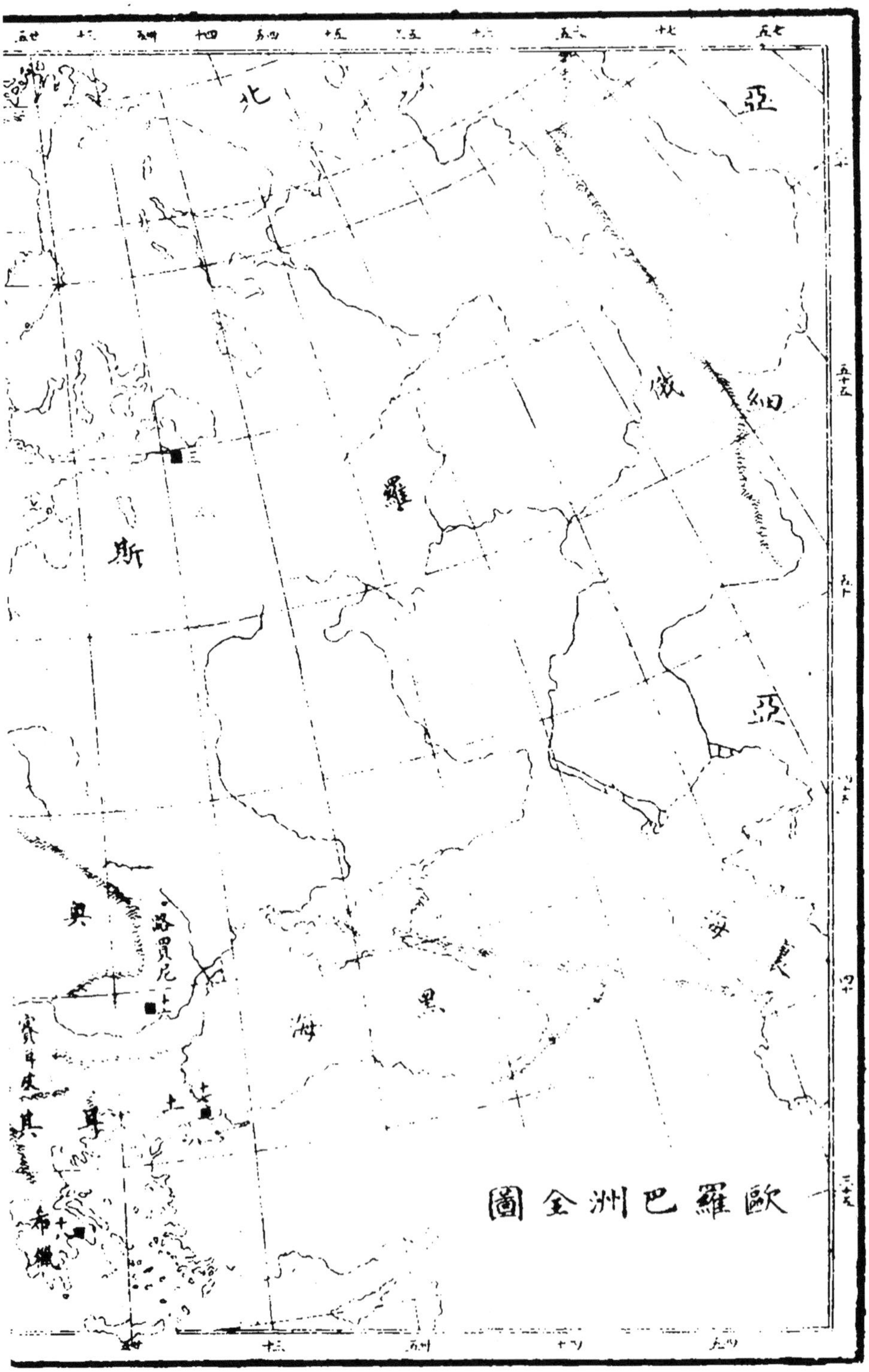

歐羅巴洲全圖

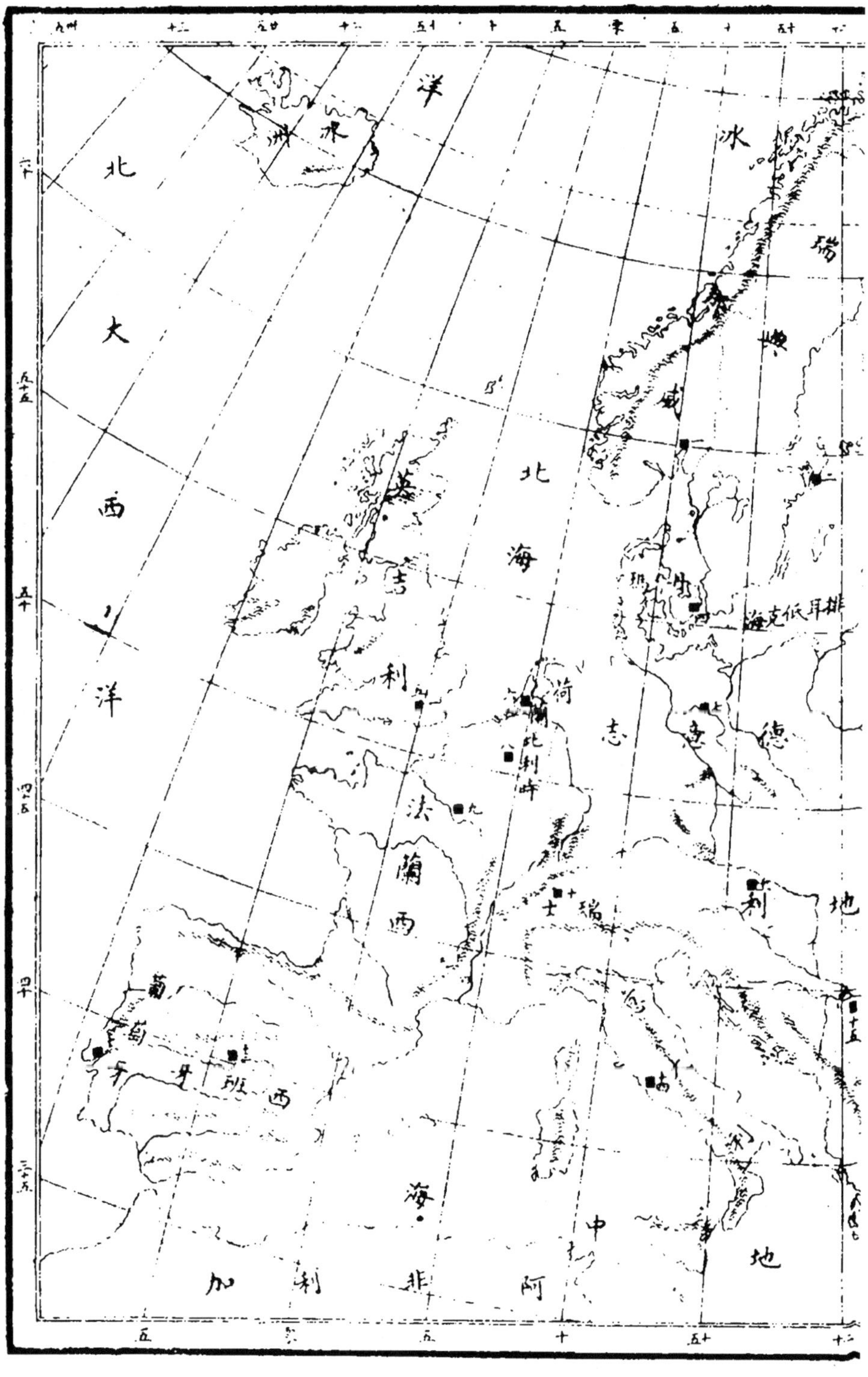
北大西洋
冰洲
英吉利
北海
荷蘭
比利時
法蘭西
瑞士
葡萄牙
西班牙
排耳低克海
地中海
阿非利加

十瑞士京城曰倍耳恆

十一奧地利京城曰維也納

十二葡萄牙京城曰里斯琫

十三西班牙京城曰馬達利

十四意大利京城曰羅馬

十五賽耳皮京城曰倍耳格拉特

十六路買尼京城曰蒲街來斯

十七土耳其京城曰貢斯當丁拏不耳

十八希臘京城曰挨格利挨

圖中朱線游歷所經之鐵路

意大利輿圖

一物愛尼斯城

三罷落宜

五哇朗納

七駕姥

九末左利湖

十一福帥諾

十三斯卑斯

十五忽落朗斯

十七那波利城

二波河口

四波河

六窓朗

八駕姥湖

十的紆蘭

十二漸那伐

十四利伏恆

十六得耳尼

十八波查耳

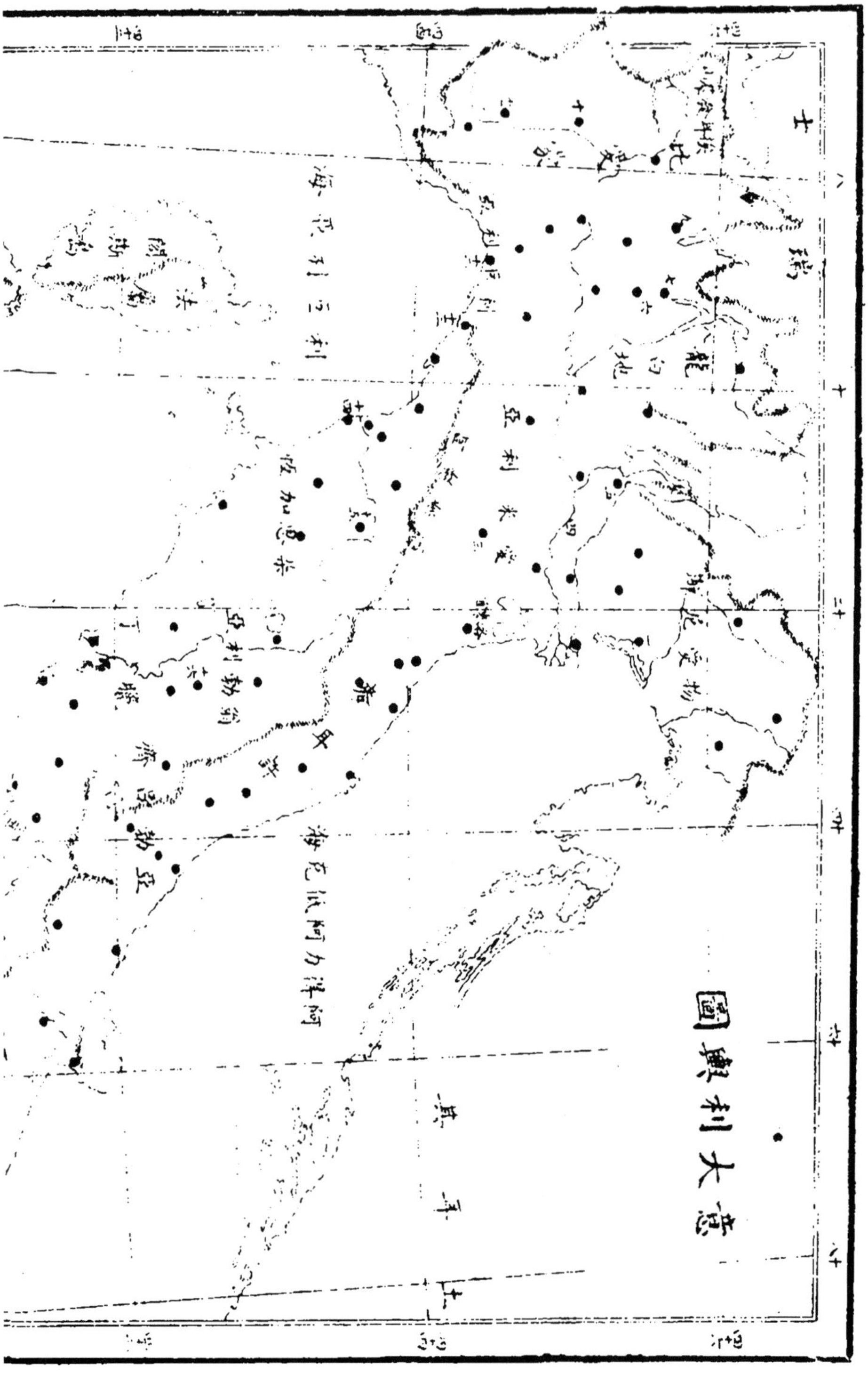
意大利輿圖

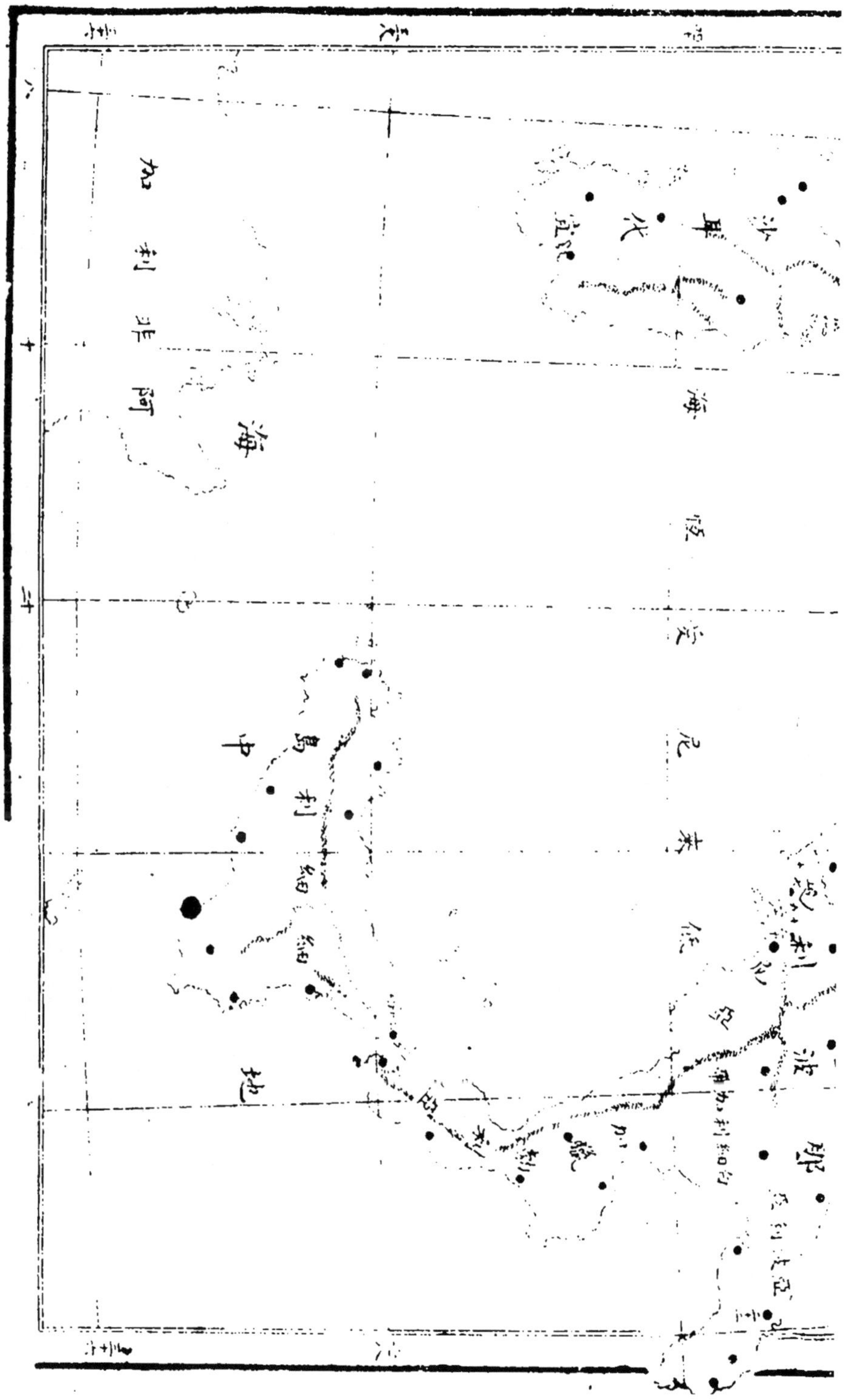
阿非利加
地中海

十九物愛徐物大山

二十捧貝驛古城

二十一街斯帶臘買

二十二白藍提徐

二十三耳來齊阿

二十四美細恆

二十五愛特拏大山

意大利南境自北緯三十七度五十分起此處經線每度一百五十七里有三百四十五步北境至北緯四十六度三十分止此處經線每度一百三十七里有二百四十二步

瑞典那威輿圖

一延忽來

二散奪尾慳

三乇倫

四淘姥乃物忒

五紆潑帥耳

六羅堆勃羅

七麥利愛培

八愛斯基耳斯的紆乃

九腦秋平

十馬帶臘

十一林秋平

十二泊福斯

十三脫羅耳海堆

十四斐恆斯達

十五潁秋平

十六各當蒲

十七卡耳麻

十八街斯克落拏

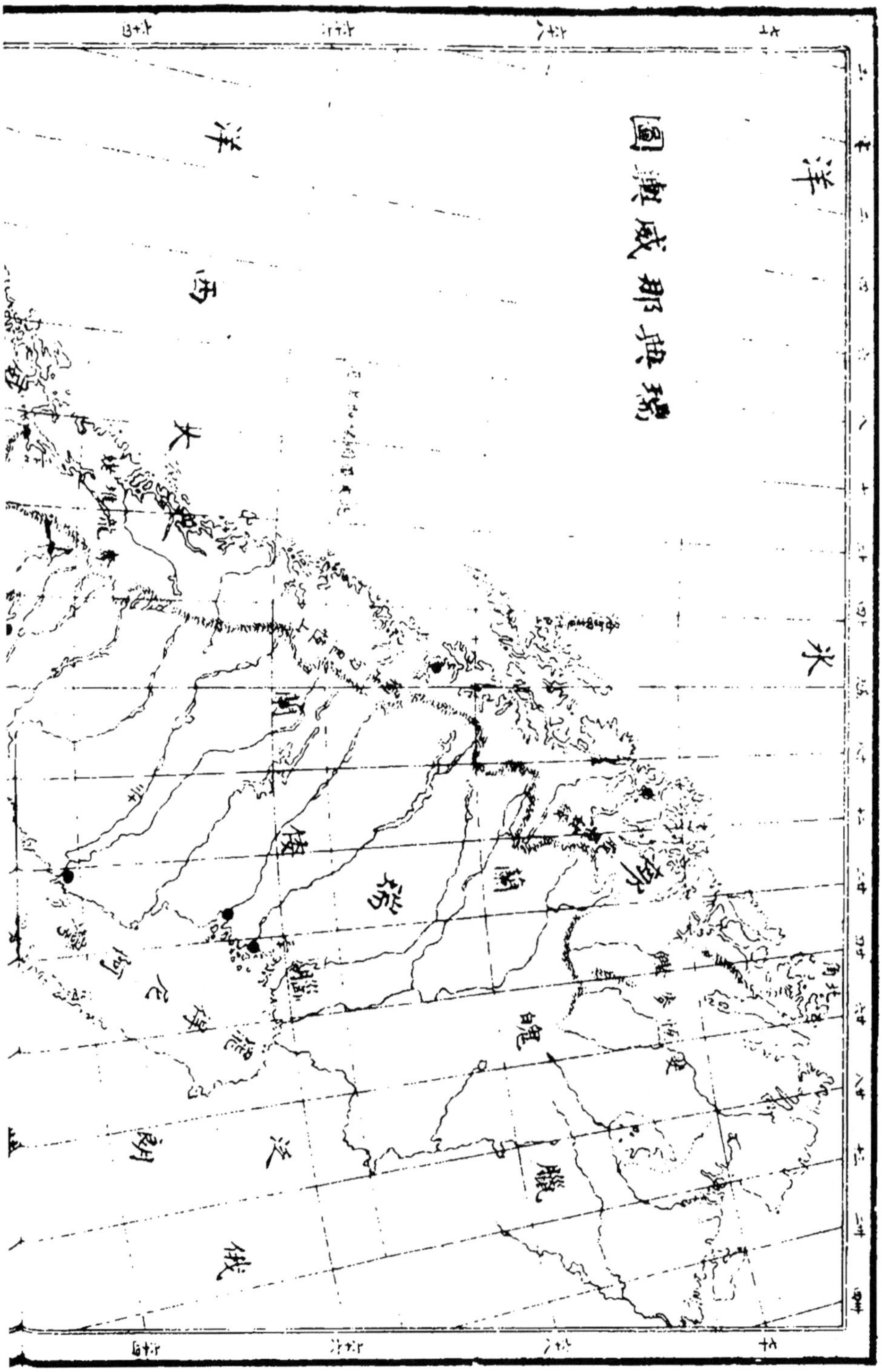
瑞典那威國圖
大西洋
冰洋

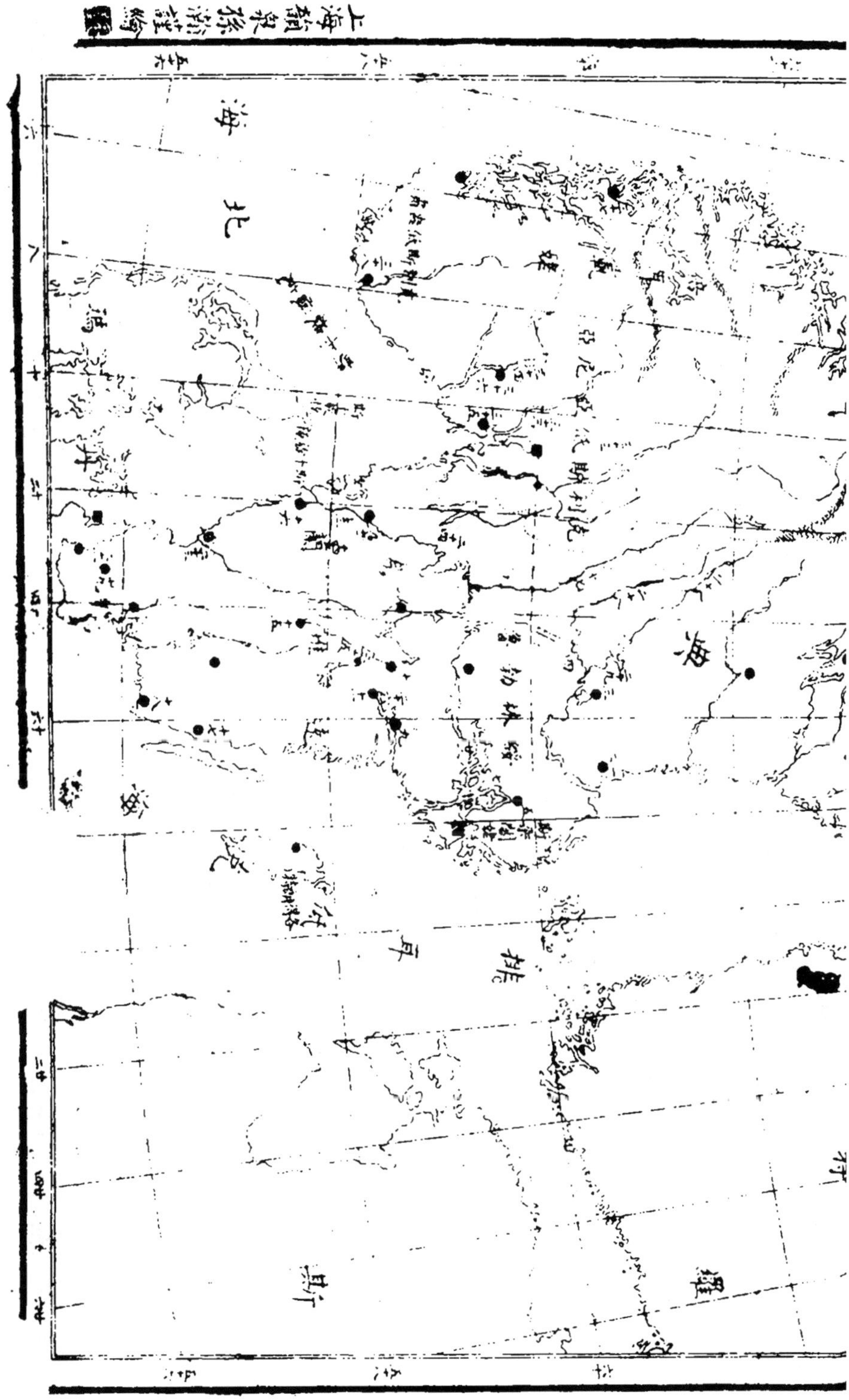

十九倫特

二十克利斯低盎斯帶特

二十一麻耳瞞

二十二發哥斯帶

二十三挨耳姥斯帶特

二十四韋桼湖

二十五韋堆湖

二十六遠堆河

二十七格拉河

二十八蹈耳河

二十九細利盎湖

三十印大耳斯河

三十一呂來捱

三十二那威京城

三十三格祿門山

三十四臘漸恆湖

三十五好登

三十六貢斯卑

三十七倍耳軋姥城

三十八克利斯低盎霜城

三十九奪龍堆姥城

瑞典那威南境自北緯五十五度二十分起此處經線每度一百十三里有二百七十三步北境至北緯七十一度止此處經線每度六十八里有一百四十五步

西班牙輿圖

一馬達利
二柏綏隆恆城
三乏朗斯城
四各耳馱城
五雖維易城
六街低克斯
七徐勃臘耳帶
八愛勃拉河

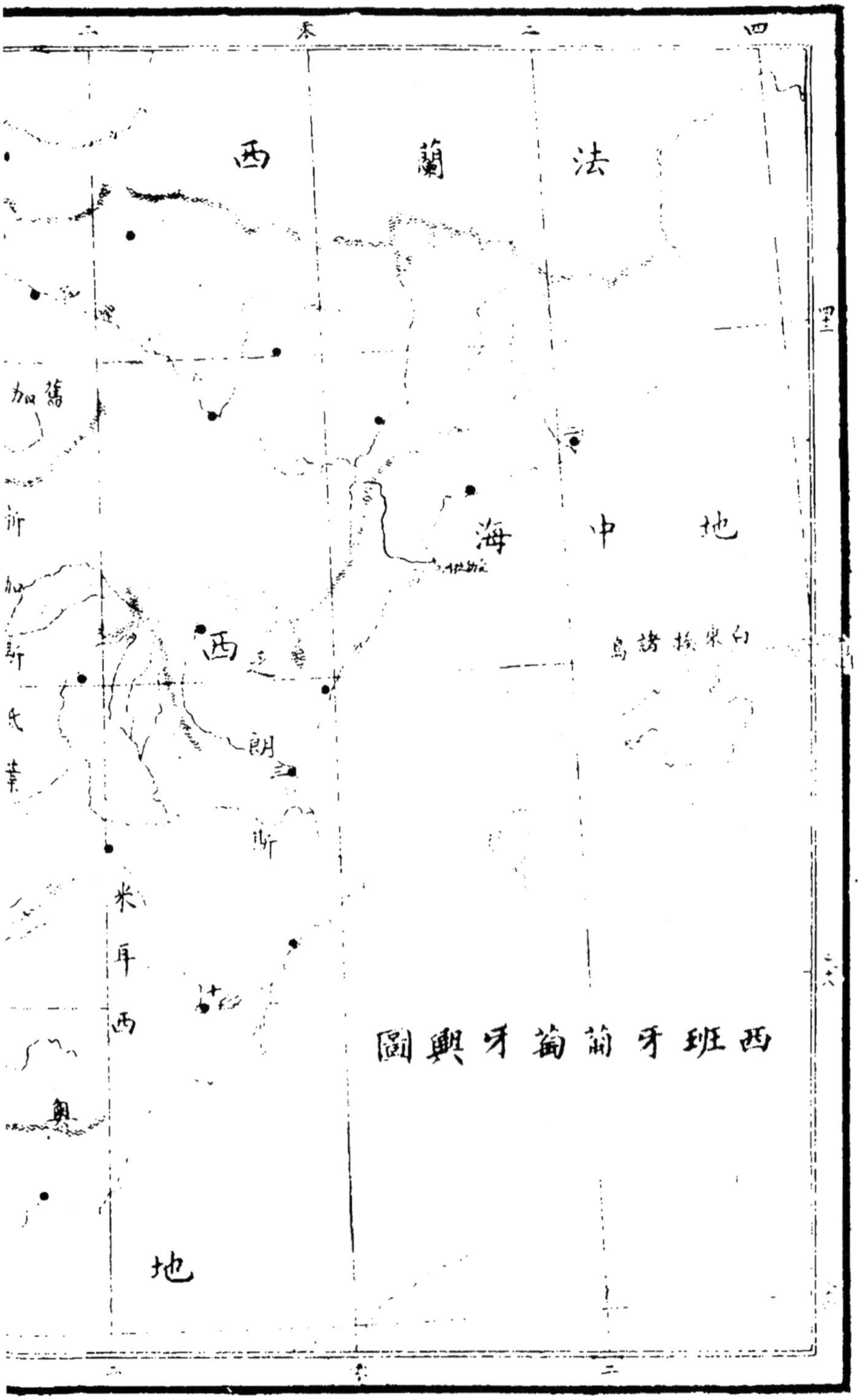
法蘭西
地中海
西班牙葡萄牙輿圖

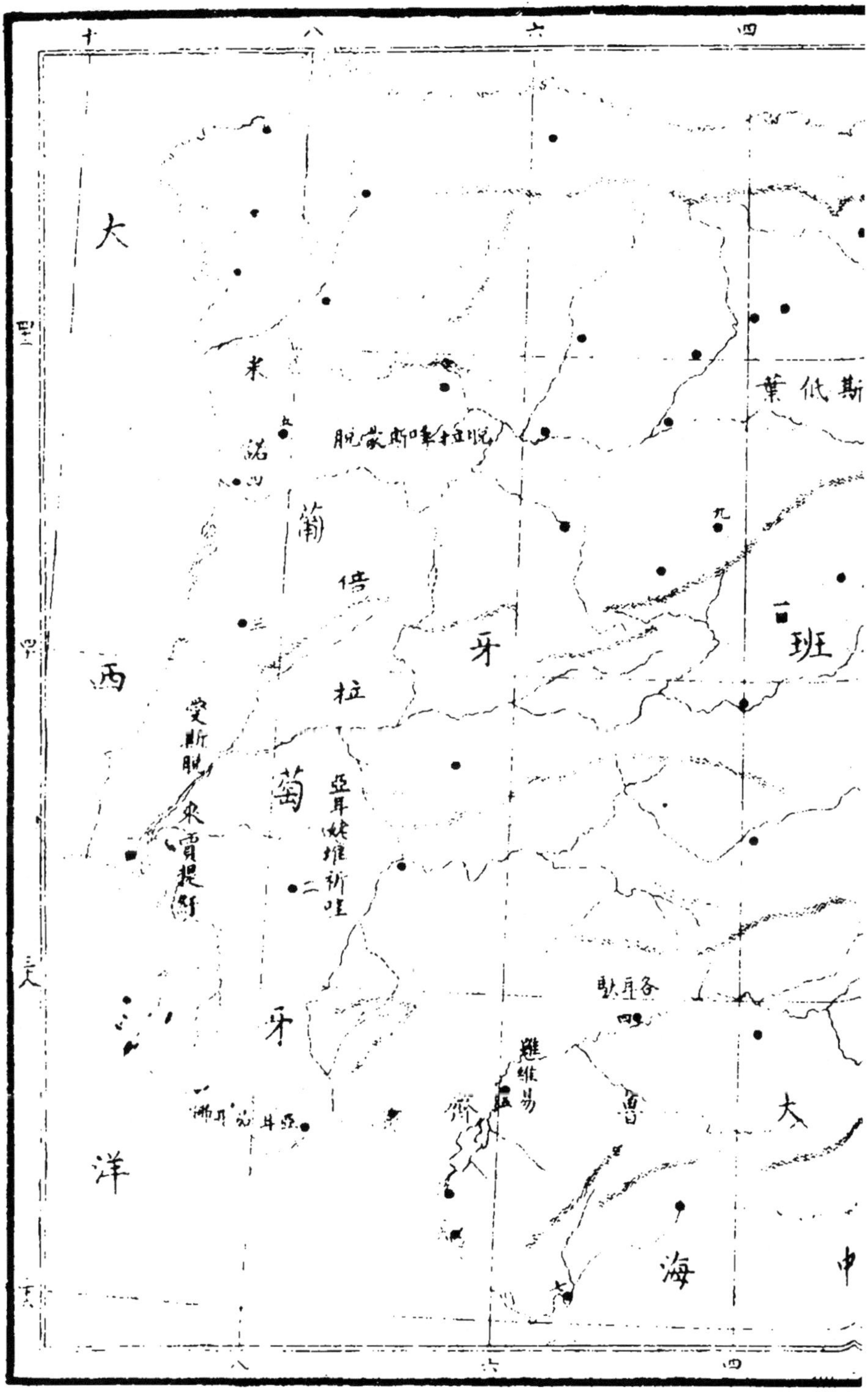

大西洋
葡萄牙
班
海

九雖各維城　十米耳西城

西班牙南境自北緯三十六度十分起此處經線每度一百六十一里有一百六十五步

北境至北緯四十三度五十分止此處經線每度一百四十四里有九十七步

一里斯琫　二愛伏拉

三瓜因勃落　四博耳多

五勃拉茄

葡萄牙南境自北緯三十七度二十分起

北境自北緯四十二度二十五分止較西班牙小異

游歷聞見錄卷一

户部主事洪勳輯

意大利内編

意大利為考古淵藪西人之紀載詳矣顧經營國是整頓地方與夫工商之所為當以數十年來為大備兹編多述近事不復兼及舊聞焉

疆域

意大利在歐羅巴洲之南地形如脛及足斜伸於地中海西北為膝有挨耳潑羣山如膝蓋東南為趾極南為指中有大山曰阿潑寧綿亘數千里通國分上中下三段上意大利部落五東界奥地利曰物愛尼

斯北界瑞士曰龍白地西界法蘭西曰比愛蒙亦曰
沙耳代宜曾并沙耳代宜島為一國故名其地利巨
利亞亦在其内龍白地之南曰愛米利亞其西曰利
巨利亞中意大利部落五山之陽曰朵思加恒東南
曰翁勃利亞又東南曰羅馬古時名為臘丁者也山
之陰翁勃利亞之東北曰麥耳許羅馬之東曰亞勃
呂齊下意大利亦名那波利部落四曰剛巴尼亞在
山之陽曰亞波利亞曰白細里加帶在山之陰又南
曰加臘勃利亞計部落十有四地之廣狹不同蓋自
昔分裂時各以其所占踞者名之耳今分為六十省

那波利之西跨依來尼愛恒海千餘里有沙耳代宜島分二省加朧勃利亞之西南隔美細恒海峽有細細利島分七省共六十九省每部落或八省或四五省不等如翁勃利亞羅馬白細里加帶各止一省地面頗廣而民數不多然各省民數有多至百餘萬少僅十餘萬者以地之肥磽有不齊也中等之省考其方里似中國州縣之大者譯西字謂之曰省故仍其名非必省轄府府轄州縣也惟附近小城則屬之如州縣之有村鎮鄉里而已查意國武備學館近年所造之冊意大利合所屬各島共得地二十九萬六千

三百有十平方幾羅邁當合中國九十六萬方里視中國中等之省二縱一千九百里橫極闊處九百五十里狹處四百里每一幾羅邁當合中國一里有二百八十六步四尺二寸一分二釐按工部營造尺算凡言里者放此

沿革

意大利本土番散部自成周之中葉羅馬崛起開闢土疆至東漢時東并希臘諸部南服阿非利加北境諸國歐羅巴一洲隸幅員者十之七八居然一統之勢盛已傳之久諸部有不屑臣服者東晉時國分為

二東羅馬建都於黑海之峽曰東王亡於明代羅馬為西王迄劉宋為北狄峩特族所滅越三百餘年法蘭西取之以羅馬都城奉教王自是時而分裂時而兼并迄無休息其爭戰最多者莫若龍白地物愛尼斯那波利其次有若愛米利亞之馬代拏巴耳麥朵思加恒之盧加大小諸部皆擁土逞雄或侯或王而法普奧及瑞士西班牙諸國擾攘於其際或掠地獻教王教王坐享其利以作威福亦割諸部媚法人明季西班牙人為那波利總督法人爭之至三十餘年西人戰敗康熙年間美細恒叛西班牙遂為西人所

滅厥後意大利疆内有屬法西兩國者盡歸舆屬旋又逐法西兩國人之在龍白地者越三年三國議和瓜分其地嘉慶初年法大將舆奥王盟中分物愛尼斯立法將為意大利民主未幾法人大敗棄意大利於是諸國侯王漸復故土然外患初平内憂交作又七十餘年至於今乃復見一統之盛

兼并紀略

意大利之并列國為一統也自今前王戡定之粤稽往昔其興也不過彈丸一小邑耳考厥世系雖史家未得其詳以泰西博雅之士所稱述僉謂其先世系

普國伯爵倍耳篤一族八百年前沙伏移親王得的紆蘭等地又二百餘年得法國尼斯提地後乃以公爵領比愛蒙部落自康熙二十五年遂有細細利島稱王不數年以細細利易沙耳代宜島并比愛蒙利巨利亞兩部落曰沙耳代宜國數傳至沙伏移加祿勿愛利斯將立女主礙於例乃傳位於親王加祿亞耳倍篤係沙伏移加利虐拏族也在位十八年於道光乙酉年讓於其子惟篤愛麥語愛耳第二其時意境内有屬奥者苦奥苛政王乃申明民有自主之權為之說傳播於報館舉其主倡民權者錄用之於是

人人思附各國歸心焉歲己未冬十月王與法奧會於瑞士之樹利智城得龍白地部落僅以部內忙多挨屬教王而中意大利之朵思加恒馬代拏諸部皆逐其君并羅馬諸邑亦叛教王各來歸明年細細利民內亂意大將戛利巴的率兵助亂民攻其守兵勝之渡海進偪那波利都城那波利王降遂得下意大利又明年議院議準奉王爲意大利國王至是意國全境已歸掌握惟物爰尼斯猶受奧國箝制羅馬城猶爲教王所據耳越五年乃同治五年普奧構兵意助普攻物爰尼斯奧人大敗及三國和議成以物爰

尼斯屬意同治九年法敗於普王由那波利遷都於羅馬與教王約凡昔所領之地俱歸政府管轄而忙多挨一隅亦隸版圖矣入羅馬後八年王薨傳位於長子安倍耳篤第一即今意國王也夫前王以一人之手成一統之業前後僅二十餘年之久嘻偉矣哉

政府

政府為大臣聚議之處凡政之得失自議院審之而政之施行則自政府出之設長案於宮中環坐而議共十有二人以内部大臣為之長他國以外部任之或以刑部户部各有不同譯西字謂之政府首領各

部總大臣即宰相也現居是職者名克利斯秘英察能任事國王重倚賴焉各部大臣八員內部刑部户部三者政繁任重大臣之外又各設叅議大臣一員在政府監察該部之政亦得與議選上議院大員任之方中國古之樞密院今之軍機處云

議院

上議院一長四佐以下員紳無定額永不更調由國王派充有親王有王族又有應選之員亦由國王遴擇必其人之位高望重者有一才一藝及文學著名者或曾行一事有益於國計民生者又或歲納銀五

百兩歸國家者皆可援例入選亦不更調其年當在四旬以上苟不合例不得選授下議院議紳係民間公舉有大員五人為之長共五百有八人合計民數每五萬七千人内得一以五年為期當更調或不稱職雖未及期國王得黜之重令百姓公舉惟必於百二十日内舉如額期滿再任公舉人不及八分之一者不留如通國公舉者八千人有千人舉之方準前數年新立公舉之法通國分一百三十五處以下每一處又分數處舉人者須年在二十一歲以上能誦書寫字又須納銀多者約三兩少者錢許為所舉者

當在三十歲以上凡為官學教習及肄業生水陸員弁在營當差至二年者俱得入選其不得入選者教士也教內所用之人也而食俸官員受國家薪水等人亦不選惟各部大臣副大臣總辦司事則選之然不得踰四十人上下議院員紳皆無俸祿但國中往來火車輪船無須出己資所議之事悉憑報館登錄共見共聞軍國機要則祕密之聚議時到院人數必得過半否則議如不議也

內部

內部掌邦政率百官治萬民官有曠職者持法律以

黜革之民有為匪者申科條以禁止之大臣一員國之相也權與王埒副大臣一員總辦二一稽查通國利弊一管監獄事務總司事二分司宰相内部之事各専其責成蓋正副大臣如中國之尚書侍郎諸部皆同僅各一員其次為總辦秩視卿貳再次有各司事即部曹也員數多寡因政之繁簡以定最下有胥吏自總辦以下不備載凡錄用胥吏必由考試官階升遷第其甲乙然必舉其能者其尤能者亦間有不次之擢苟無過終身不易其任資嫻熟也各部副大臣由總辦升擬自政府而内部大臣授之至是不拘

職任如內外部之副可升學工部之正必政府議院議準而國王授之內部以下三部大臣由諸部大臣遴遷內部之任大宰以三部中之資深望重者當之皆由議院公舉政府允從王但下詔命而已

外部

外部掌邦交凡各國交涉之事咸與焉通商諸國必有條約以大員為使臣駐其都城所以聯兩國之好外部舉之而國王遣之若各處商務領事則由外部選派不必本籍亦可充當他國使臣至例必先謁外部然後得出門視客外部請命於君乃訂期令使臣

入謁妃亦出見各國使臣之駐京者外部常常接見有定期每休沐日後第幾日願往見者至期入署隨到隨見外部大臣坐於辦事處設客坐於旁進則握手為禮坐而言少頃即退無送迎之禮總辦二管交涉緊要事務者一管商務領事事務者一

戶部

戶部掌邦財與庫部合為一部總辦五一國產二國債三關稅城門稅四田地屋宅及雜項稅兼丈量估值等事五總理庫款總辦以下有司事人員以分理之所用之人亦殊簡賅如戶工二部可謂煩劇矣戶

部衙署高敞寬大過於他部然入其中觀之其署内供職者固不甚多樓上下皆有案卷堆積每歲冊籍必有刊本

庫部

庫部掌積儲總辦僅一員稽冊籍司管鑰焉由户部兼轄其國家條律内載凡國中政事經上下議院議準後由國王與宰相暨十部大臣施行云云故爲之標其目焉

刑部

刑部掌獄訟刑罰之政泰西刑輕故其事簡輕重出

入亦殊慎重兼領敎部羅馬向屬教王不設刑律無罪罰自歸意國管轄後教内之犯罪者與齊民等亦由地方官辦理矣副大臣以下即司事無總辦

兵部

兵部掌軍政總辦四一管各營軍務一管步隊馬隊一管召募兵丁查核百姓應隸軍籍年齒冊一管軍械泰西各國兵制大略相同不拘何人年至二十一歲例得隸軍籍二十年亦有納資捐免之例光緒戊子秋意國新例分兵為三類第一類當兵之期在步隊者五年在馬隊者四年其餘雜隊者三年係常額

正兵期滿馬步隊準各給假三年謂之常額備兵乃
撥入徵調冊步隊四年馬隊五年入團練冊至出籍
雜隊給假五六年註徵調冊三四年前後統計十二
年歸團練冊第二類註常額冊八年徵調冊四年入
團練冊第三類入籍即註團練冊其常額正兵在營
逐日操演者也副兵告假出營者也徵調兵在家演
習以聽調遣者也團練兵分駐各省每四年内操演
三十日有事時亦得聽調者也通國兵分十二路各
以一提督統之以下又分為八十五路其民之俊秀
者如德國列當義勇一年其分類之法蓋以節餉胥

惟第一類爲勁旅耳兵一名日食糧核銀二錢許

海部

海部掌水師之政如防禦海疆製造船礮節制餉糈召募兵丁等事是也管理鎗礮魚雷水雷總辦一師船及水師各項材料總辦一商船事務總辦一

商部

商部掌商賈之事兼轄技藝農務總辦二管生財事務一員紀載事務一員泰西首重商務若外部海部無非因商而設其遣使駐京願敦和好不嫌重洋之遠隔鉅款之糜費則曰此我國家通商之國也兵輪

礮艦往來如織遠戍長征及期而代則曰用保衛我商家者也凡可以生財之處靡所不到茍非屈於勢力必極意經營不憚煩焉歲入之數亦以通商之稅爲大宗然商部僅能董率商賈若干涉買賣有關於國體也則又由國家設立商會助商賈交易之事用意立法詳且盡矣至若商賈之所販運必賴百工之所作爲其考察技藝精益求精宜也泰西技藝向推歐洲今則阿美利加之合衆國駸駸日上有過之無不及雖意大利自昔亦稱工巧卒莫逮已農務亦尋常羅馬户部衙署之西半里許有講農之所院宇殊

隘屢過之則闃寂無人其種百果之法優於種五穀以果爲每餐所必需也所産之麥僅足供境内半年之食故聞中國之重農與夫農人操作之勤恒嘖嘖賛美之

學部

學部掌學校之政大小書院之選教習各城鄉之立學塾其事簡管博物院博古等事及地内掘得之古物者有總辦一員以下惟司事查核書院學塾之册籍而已

工部

工部掌製造營辦之政總辦五一郵政二鐵路三電報四水利五道途

朝内官員

總理王宮事務内大臣一員引見官一員掌禮節隨朝提督一員掌御營軍馬者有出獵官御廄官各一員侍衛十餘員樂隊以武弁為之以下有馬步鎗隊妃宮内掌儀執役之官十餘員有女官數人

度支衙門

度支大臣掌邦用查國債之多寡驗庫款之盈虛核財用之出納議課稅之增減户部於年終以一歲出

入之數開列清單咨報度支大臣度支大臣以告議院以定來歲之用舊例出入總數至年終總結今自甲申年起以上年七月朔始至本年六月終止為一結各國新例皆然

總督衙門

通國分六十九省省設總督一員由内部銓選提督暨理刑官亦必由國家簡授駐大省會管轄帶兵官審事官之分設於各城者自兵刑二者之外凡有政事如税務巡捕工程學校善舉由總督派委或有由紳董公舉者各處立官紳議事院省有繁簡則總督

之秩有差歲入俸銀約五千兩至二萬兩相去懸殊要之所轄地方不過如中國州縣而職司位望不可以擬封疆大吏曰省曰總督譯意國文其義如此故云爾也

理刑衙門

總理刑衙門五一的紆蘭二忽落朗斯三那波利四巴來耳姥五羅馬理刑官正副各一聽審官一大訟師一其次又有理刑衙門二十四分設各大城以下各設審事處視所犯輕重為等差輕者各處自理之重者上之理刑衙門尤重者上之總理刑衙門意大

刹列國時有大辟刑廢於乾隆甲午年今則罪之重者止於禁錮終其身或罰作苦工如修築道路鋪砌石隄等事禁二年或三年罪輕者禁一年或半年必仍令作手藝若素無所能使習一技如縫紉編織之類日用所需瑣細諸件積而售於鋪户俟限滿放歸以所得價銀之半給本犯自後即可藉技藝為生計不致游手好閒再干禁令倘再犯則罪加等其治酗酒詈罵道途爭鬭一切過失之小者巡捕拘送捕房詢明後但令静坐一室默思己過其人曰知罪即釋之以上諸法亦政之善者已

陸營軍額

武官常額二萬四千五百三十七員在營者半告假者半徵調額三千二百七十七員團練額五千三百九十四員常額兵九十五萬六千五百五十三人分正備正額係在營者二十三萬八千六百四十一人餘皆備額之告假出營者其年齒花名冊應入何隊仍在常額冊内徵調兵三十八萬二千三百一十六人團練兵一百三十二萬五千五百六十人此係光緒丁亥年總數每年不一律亦或議增議減且以入籍出籍者多寡不同也其立營分隊之大致猶是大

營包小營之法一營分三小營一小營又分四隊亦有少或二隊多則五隊者其礮隊兵每大營僅分八隊守臺兵分營分隊之數則又不同茲第舉其大概常額内行列整齊兵九十六營散戰兵十二營上山兵七營馬隊共二十四營礮隊步兵二十四營散整各半騎兵一營上山兵一營守臺兵五營分七十六隊技藝隊共四營分六十四隊如修鎗礮接電線鋪鐵路架橋梁掘河道運軍需一切技藝平時嫻熟一旦臨敵不待召募工匠各以應用之物隨每隊後可不日告成以上各營皆有中軍一營如統帶幫帶文

案醫生之類小營則有千總百總隊則有隊長什長又有守營運糧扶傷聽差之兵各分其隊并列老殘陣傷輕重罪犯名數各省鎗隊十二營内學生一營惟學堂操練者無定數此常額兵也徵調及團練額亦分鎗礮馬步技藝派定若干營若干隊其數倍於常額有事則按册調遣不煩召募以民數計之隸軍籍者十人得一泰西各國兵制類如此其猶有寓兵於農之遺意歟

水師軍額

水師提督一員統轄全軍駐斯卑斯其分駐各海口

者二等水師提督七員三等十四員師船管帶一百三十一員千總三百二十三員管鎗礮及行船機器總監工一百八十一員亦以水師武官當之醫生一百三十四員文案司事等二百五十五員兵一萬一千六百八十二名其常額也又水師武官約四千人駐營與告假者各半徵調團練册内弁兵共三萬四千人招兵之法與陸營同

水師船礮

頭等師船十二艘鋼甲四鐵甲五夾版三共計任重八萬八千七百七十一頓機器馬力七萬四千五百

二十七匹礮新式後膛二十八尊舊式前膛七十三尊弁兵五千八百十四人二等師船十三艘鋼甲六鐵甲三夾版四共計任重三萬三千六百十二頓馬力四萬四千六百零八匹礮新式五十八尊舊式三十四尊弁兵三千四百二十三人三等師船十六艘鋼甲七鐵甲六夾版三共計任重一萬三千二百十九頓馬力二萬零七百六十四匹礮新式五十六尊舊式四尊弁兵一千六百六十二人以上共師船四十一艘分駐各海口為本國防禦或遣戍出洋又往來運載師船亦分三等頭等五艘二等六艘三等十

艘共二十一艘礮五十一尊多舊式者弁兵二千二百十一人操練船夾版三艘任重一萬二千四百二十四頓馬力三千七百四十三匹礮新式十尊舊式二十六尊弁兵九百九十人係在近邊常川駕駛演放礮位者聽調船鐵甲十二艘夾版十一艘任重二千七百八十五頓馬力二千四百十匹礮新式四尊舊式十六尊弁兵五百七十一人內河巡船鐵甲六艘任重五百六十八頓馬力三百九十匹亦可用槳弁兵七十二人魚雷巡船鋼甲一艘任重三百十七頓馬力二千八百匹礮新式七尊弁兵五十二人出

洋魚雷船鋼甲十五艘任重一千二百七十三頓馬力一萬五千四百匹礮無弁兵二百五十五人防海魚雷船頭等鋼甲三十六艘任重一千二百三十四頓馬力一萬五千九百四十匹弁兵三百九十六人二等鋼甲二十一艘任重三百二十九頓馬力四千三百匹弁兵二百十人安放水雷小火輪木船八艘任重八十一頓馬力一千一百六十匹弁兵八十人通共計鋼甲九十四艘鐵甲四十三艘夾版三十八艘礮新式一百七十七尊舊式一百九十尊弁兵一萬五千四百三十六人以上所載師船其頭等者多

舊式鐵甲厚僅七寸餘有新式者四艘曰渡以利亞曰盪獨落鐵甲厚十八寸零七釐任重萬頓馬力七千七百十匹礮四尊每尊重百頓二船同按英國有此式師船名因忽來細勅耳者為最或謂此二船之堅固雖遜英船而駕駛之捷器械之利則過之曰意大利亞曰鄰榜篤其最大者也惜非全甲惟礮臺及機器房兩旁有鐵甲厚十五寸六分船長三百九十四尺三寸寬七十二尺九寸四分深自水面至船底二十九尺五寸七分任重一萬三千頓馬力一萬三千匹每艘礮二尊每尊重百頓又八尊每尊重四頓

二船同自起造至完備各十年每艘計費四百二十萬兩有奇泰西水師向推英國以意國師船與英比較英得百分内之二十五分意僅得百分内之五分近又增造師船十二艘其頭等六艘鐵甲至厚處十四寸七分八釐大者馬力一萬五千匹每艘礮四尊每尊重百有六頓二等六艘任重自三千至三千七百頓馬力自六千至七千七百匹每艘礮二尊每尊重二十五頓又六尊每尊重四頓皆已興造尚未告竣頓數馬力係按圖預算者每頓合中國一千六百八十斤凡言尺寸者按工部營造尺算

游歷聞見録卷二

意大利内編

國政

意為君民共主之國位傳於子例無女主凡所行政事仍照沙耳代宜律法稍為增減通國全權掌自國王由各部大臣施行然必待議院允準若議院不以為可或令重議議之而以為必不可行王不能爭惟聽之而已有時議院之所議王不以為可則亦罷之如事係創始或非年例或於舊章有所損益必議之王欲有所為則下旨於議院議院欲有所為則請命

於王王使議院議其可否上下議院每年議事由國王召聚皆得議增新例如或不善各部大臣例得指駁蓋必國王政府議院三者意見僉同而後定惟關涉財用者必由下議院出所謂民有自主之權者是也故謂君民共主之國歟

民風

其民精繪畫雕鏤塑像博古為歐洲所尚由來已久好歌唱善譜樂章聲調如崑曲新製曲出其佳者戲院爭購之一齣數百金女好彈琴必家置一具能養蠶利甚溥前四十年譯有中國蠶桑輯要一書民氣

游蕩三五成羣夤夜酣歌於塗每值節序及休沐日尤衆奉天主教甚虔其國史約章首載國家信從羅馬天主教云云至二十年前更定新例任軍民信從何教例雖寬大而信耶蘇教猶達教者無幾人焉

氣候

氣候清和寒暑亦調丁亥臘月中旬寓羅馬雨雪越日傍晚屋瓦積白消融未盡而電光閃爍隱隱聞雷聲西人亦異之至夏不必酷暑而熱氣蒸騰易致潮溼多蚤多蝨西南瀕海各城有阿非利加吹來之熱風感之令人疾病輒避暑於物愛尼斯密朗的紆蘭

諸省以北省地氣清淑也通國無旱乾水溢之患風雨以時論地球緯線那波利與順天府同度而每歲少嚴寒酷暑若密朗諸省更在順天過北五六度似應較寒矣而夏日無須披葛冬日亦無須披裘蓋東西半球之不同如此

地利

通國地勢北勝於南厥土黃壤北方挨耳潑犛山環繞千餘里多幽溪瀑布其東南有大河甚長曰波河發源於挨耳潑山山在比愛蒙之北極大凡山之陽所有泉水會於末左利駕姥諸湖以入於河南行二

百里至波河徑向東趨四百餘里入物愛尼斯海灣之西波河之南岸為愛米利亞東北岸為物愛尼斯西北岸為龍白地方廣五六百里之間土田極平坦宜於種植為國中膏腴南方阿潑栗大嶺直貫通國溪流錯雜匯為波丹大澤分布於呆思加恒及羅馬之野其地低窪土氣溼僅能藝小麥瀕海皆沙灘無可墾辟境内多火山常遭地震那波利海灣附近諸島其間有曰卡伯利曰移士其倭西北二百里曰蓬煞曰樸耳細埭與羅馬城内之山阜相傳皆自昔火山鎔溢時突然坌起者是以那波利之滄桑代有更

變也道光十一年細細利島之東北隅海旁陡然漲一火山出水一百六十九尺經半載忽没旋又復見己丑夏六月昏黑之夜舟行過是山相距不及十里見火燄通紅燒赤石塊紛紛拋墮海中其勢猛於那波利之物愛徐物至火山之高以細細利東境名愛特拏者為最距海面九百二十九丈六尺一寸山巔多積雪自巔盤旋而下二百五十里四周裂孔多至二百穴傍山聚居民十五萬人以其地肥沃雖險不顧也

戶口

通國戶口按同治辛未年共計二千六百八十一萬有奇至光緒辛巳年約得二千八百五十萬人西例生死嫁娶必報明地方官入冊歲有總數每屆十年清理一次辛未之辛巳爲西歷一千八百七十一年之一千八百八十一年是十年中增民數一百七十萬至丁亥年復增多一百二十萬人其覓食他國渡大西洋至阿美利加者約十三萬人在歐洲者八萬餘人餘在他洲通計二十餘萬人藉教内謀生者十餘萬如僧尼之類是也無業與煢獨者多至五百萬人故游手乞匄亦較多於他處

物產

農桑為民生要務意國所產禾麥麻棉不敷境內之用約計丁亥年他國運入之麥值銀三千五百萬兩麻縷木棉兩類之值亦然蓋由土性不宜磽瘠多而膏沃少非僅繫乎農事之拙也種植之繁莫如葡萄首推法國而意大利次之車轍所經見沿途村落牆陰隴畔彌望皆是用以釀酒每年總數計重三百四十八萬二千頓青果極盛植於田間縱橫排列或仍藝禾麥於其下樹不甚高結實纍纍狀類青果其實別是一種西人謂之哇利佛用以榨油歲得三十三

萬零三百五十七頓西國有種樹令務使茂盛意國木料之販入者計值一千四百萬兩煙葉考非白糖紅茶四種亦來自他處共計值二千萬兩綜核其數油酒之羨餘不敵諸項之不足惟蠶桑之利遂漸加增梁武帝時其國人有航海至中國者攜蠶桑之種以歸遂傳其法在羅馬之北上意大利諸部居多所產繭絲計嘉慶年間每歲之值已得銀三千萬兩迄今愈廣大小絲廠二千餘所工匠約二萬人女工幼童約二十萬人比年生熟絲及蠶繭絲頭歲得六七千萬斤丁亥年多至七千五百萬斤估其值當在萬

萬兩以上其絲因國中少織造廠大半運售法國織成段匹自來上海湖絲上市必聽意國蠶繭收成荒稔之電報以定值之貴賤可見產絲之多至於礦務其產鐵最多者為愛耳勃島在羅馬西北四百里是年經國家採取之鐵值銀千餘萬兩各處銀銅鉛鐵雲石硫磺等礦出口之值亦千餘萬兩然少煤礦每歲運入之煤及煤油計值約二千餘萬兩海多珊瑚畜有牛馬豬羊木有槐楊松杉榆柞果有橙柑檬榛栗櫻桃杏李梨西俗喜植花卉羅列滿室種類頗異莫識其名玫瑰極多黃紅白三色花較大亦有山茶

竹甚少偶見於羅馬瑞典使署迎其國君門内兩旁列竹十餘竿植於盆竿極細高與人等皆中土之種其土産之花大都有色無香有中國所謂大理菊一種莖葉似菊狀類繡球瓣大而厚多絳色嗅之臭其他種類是不若草類足供賞玩有鳳尾虎鬚雞爪鴨掌之屬或似蘆花或似萁蕨稍清秀堪悦目者輒植之近南諸處蕉類甚多有仙人掌大而多刺又有一種似萬年青葉大而厚邊有刺簇簇然密布於田塍以為藩籬蓋易於蕃衍也計斤兩者按中權算

財用

户部管理錢穀出入款項皆與焉入款則自田賦關
稅郵政雜征以及火車電報之自國家開設者出款
以百官俸祿水陸軍需為大宗其餘應用皆有定則
即宮府之中歲有常供有他事需用如婚嫁之類亦
必議準數目然後發帑凡事非年例及改作增造皆
當先議如應添置兵船軍械與一切興作工程等類
是也其稅項亦因國用盈絀為增減大略視什一之
征稍羸十取百一二十近年度支支絀十取百三四
十最多時有增至二百以外者故間其地丁房屋等
稅輒無定則蓋每年亦必議而後定也田地屋宅屢

有變遷五年為期官為公估準出產之多寡以別其賦稅之等差立法亦良巳戊子年出入款項常額進款國王之產三百九十五萬六千兩充公款產變價存息六十八萬三千兩國家鐵路進項一千一百三十萬兩商家鐵路稅三百萬兩田地房屋稅二千九百萬兩關稅四千六百八十四萬兩貨物入城稅一千三百六十萬兩驗貨稅七百八十三萬兩傳產之稅註册之費一千七百三十三萬兩學館稅六十七萬兩王面紙稅一千零五十八萬三千兩淡巴菰稅三千二百八十萬兩鹽稅一千零十七萬兩彩票一

千二百七十二萬兩郵政七百六十二萬兩電報二百四十六萬兩民間存項利息稅三千六百七十萬兩質押生息稅一百九十三萬兩銀行籌備養老俸銀一千一百三十五萬兩走私罰款三十九萬兩監犯工作出息八十七萬兩各項還款五百十六萬四千兩各項雜款七百零七萬四千兩共計常額進款二萬七千四百零四萬兩無定額進款借進造鐵路費三千二百五十七萬兩捐款二百零四萬兩籌存還舊債款五十一萬兩籌存還新債款三百五十五萬兩又存項利息銀二百四十萬兩總計常額及無

定額進款約合銀三萬一千五百十一萬兩常額出款歸部支銷者庫部撥償有抵押國債利息銀八千四百五十七萬七千兩無抵押國債利息一千二百四十六萬兩陸續歸償債款四百七十二萬兩買歸鐵路分年應償之款四百七十萬五千兩國王常供二百五十五萬四千兩議院經費三十六萬兩各項雜用一千八百七十七萬兩户部三千一百四十六萬兩刑部五百六十三萬兩外部一百三十萬兩學部六百六十八萬兩内部一千零二十九萬兩工部總理事處用款二十萬兩道路河道碼頭等用四百

七十七萬兩鐵路十九萬兩郵政六百三十一萬五千兩電報二百十八萬七千兩雜用七萬七千兩兵部四千一百二十四萬兩海部一千五百七十三萬兩商部兼農部二百二十七萬七千兩共計常額出款二萬五千六百四十九萬二千兩無定額出款庫部一千一百十八萬兩戶部十萬兩刑部八千三百兩外部一千七百兩學部二十六萬六千兩內部五十六萬八千兩工部三千七百零二萬兩兵部一千零四十五萬八千兩海部四百七十七萬四千兩商部兼農部四十一萬兩總計常額及無定額出款約

合銀三萬二千一百二十七萬八千兩考意國版圖視中國約得十分之一而略盈綜計中國民數則二省應得四千萬意國民數猶不及三千萬是少於中國四分之一而然而其財用歲需常額轉倍於中國稽其歲入厥數維均所重不在田賦而在稅項凡雜項之稅名色尤多產業易主固當稅也而以子孫承祖父之業亦援此例豬羊牛馬雜物入境固當稅也而以雜物出貲及豢養六畜者仍征之由地方官徵收至得耳尼的紆藍等處入署謁官見架册充棟奚止萬卷羅馬僦寓於戶部之前衙署高廣司事人員

殊簡終日相望出入者寥寥焉教內產業有歸還國家者近年售出價銀歲得五六百萬兩為數頗鉅如那波利中國修院出產歲約二萬兩今院將充公業更無論茍有棲止衣食之資為幸矣是項入款蓋係物歸故主而事頗繁瑣且自來國中游人倍於商賈故郵政電報鐵路三項出入較前煩劇俱應戶部管轄首領之督察不易司事以查核為勞內部大臣慮及此擬增設衙署專辦三項事務議院以事涉更張未準行也一日戶部首領贈書一冊載近年出入款目皆意大利文以謁見時曾詢及賦稅章程故也惜

卷帙實繁條緒紛然未能繙譯耳

國債

泰西各國皆有借款由國家開設銀行斂民間存項以濟國用大率有常額入款作抵故易於取信意大利國債總數結至光緒己丑年六月止約計本銀一十八萬七千三百四十九萬兩按民數攤算每人合出銀六十五兩零每歲本銀百兩約計利息銀五兩亦間有三兩四兩不等者如以五兩按民數攤算每人合得利銀三兩二錢零其債款因興築鐵路借入者居多有分若干年限本利俱清者有本常欠而但

出利息者内有物愛尼斯鐵路一款為數頗鉅以其地向隸奧國自歸意國後已向奧國買歸其價銀及應出利息銀訂定逐年付給迄今尚待七十年後始得全償云

各省城鄉入款債款之數

通國關稅郵政鐵路電報四項所入歸國家淡巴菰食鹽兩項亦國家獨擅其利其餘各稅及雜項進款即以其地所入供其地所需盈則興辦境内應舉之事絀則貸債自省以下各鄉鎮亦然乙酉年各省城歲入之款通共二千有八萬兩有奇歷年所積債款

總數二千五百餘萬兩各鄉鎮歲入之款九千三百餘萬兩債款一萬四千七百餘萬兩雖係一統其大致猶是各歸各辦歐洲諸國類如此

錢幣

國中通行錢幣有四類鈔票也金銀銅三品錢也票有自國家官銀行出者有自商家銀行出者一律行用無異現錢其票印花紋極細編號簽押數大者紙高三寸寬倍之數減紙亦遞小銀錢票自五枚為一紙多至千枚亦有金錢票錢制面刻國王之面作側形惟肖冪鏤花紋金錢一枚值銀錢二十枚小者減

半銀錢曰利來如法蘭西之弗郎英吉利之先令此種鑄最多其大者如洋商販入中國之墨西哥銀錢每枚作利來五有作二枚者半枚者銅錢之極小者曰霜的麻小若鵝眼不常見僅存其名而已積十霜的麻爲代西麻即尋常通用之銅錢也積十銅錢爲利來即常用之銀錢也積二十利來爲一磅即金錢一枚也每金錢一枚合中國銀四兩二錢零銀錢一枚合銀一錢六分六釐零銅錢一枚約合制錢二十七枚票與金銀銅錢出入互易價無軒輊然祇行於

若以滙票寄他國即有市中時價矣各國錢制

大致相同惟大小異耳鑄錢局由國家設立逐年鼓鑄悉用機器

書院

國家大書院二十一所分設各大省以那波利為最教習九十六人學徒約四千人其餘各處學徒有多不盈千少僅百餘者西人文字與語言同故教讀亦易嘗見鄉曲學塾竟能以一師授徒四五六十輩凡學徒之同堂肄業者其所誦習之書同大書院亦然明敏者不加多愚拙者不減少既入館功課不得間斷若告假一二日猶可并力補足則幫教習教之至

六七日必難補矣有隨班聽講之學徒蓋書院所以造就人材若收錄已滿有後來者概從屏棄殊乖培植之意故凡願學者得報名入院從旁聽講如那波利學徒四千人旁聽者居其大半其所肄業約分六類曰律曰醫曰天文地理曰格致算學曰品行曰繪畫其次又有書院十一所學徒約共二千人專習一藝書院十所學徒五百餘人技藝書院七十三所內四十七所非國家設者共計學徒七千三百餘人

學館

學館之大者一百三十五所半係國家設立學徒共

一萬有奇中等學館三百二十六所學徒約一萬四千人技藝學館四百二十五所學徒約三萬人小學館如義塾之類約四萬三千所男女學徒約二百萬人又無定小學館或設或不設者二千六百所男女約八萬人各家自設小學館約八千所學徒十七萬人女多於男紳士幼童學館二千餘所學徒二十四萬有奇國律民閒幼孩皆當入小學然意國辦理尚未嚴密有不遵者亦未嘗示罰前數年查通國幼童年六歲以上不能念書寫字者通計每百人內其數過半惟比愛蒙部落爲最少每百人內不過二三十

人更有各教堂所設每值休沐日令人念書誦經等學館不列以上所計數內蓋亦一萬四千餘所云

水師學堂

利伏恆海灣之旁設水師學堂一所院落四合為樓二重總辦一即總教習必選才優望重者任之有監院司事醫生教習共二十餘人學徒以四百人為額缺則遞補自國之世子以下武官子弟居多肄業各有專門如行船則占驗風飈計算星度礁石沙線潮汛消漲當熟諳也鎗礮則運動機括推測遠近務使便捷而有準必時時演習也製造則鐵甲機器格致

則電氣火器古製新法悉心講求也樓上迴廊列木
廚内有方圓木塊或整或散或重或半即算法勾股
弦弧之類玻璃瓶盛各種硫磺硝炭以研求其體用
有極小験架諸式頗簡便僞製髑髏腦髓臟腑一一
分列以醫為軍中所必需也樓下廳事多置鐵錘繩
索四壁釘木檔如梯為鍊筋骸之所又有擺列水雷
魚雷及一切軍器者其室差小壁上重疊懸挂院後
隙地造大帆船一艘周圍有闌干艙面與地平桅檣
帆索皆具用以學張挂收束者船之左有一室室開
窗方四尺者三内各置巨礮如礮臺之垛牆向海面

可然放兼藏新舊諸式礮位供博覽演準的也生徒衣冠一律一望而知餼廩皆自公給發有月試以獎勵之比及三年試列高等賞武職再試果優乃錄用是日僅見學生數十人習德意志語言文字蓋歐洲武官首重法文而英文次之近年並重德文矣問所誦何書以為歷來水師戰鬬情狀各處海口形勢圖籍其尤者也聞有兵書如講紀律譜陣圖者乎曰有之至若臨戎禦敵制勝出奇擣銳攻堅隨機應變則必神而明之存乎其人僅讀書奚裨哉觀於此言可知其非不能讀讀亦未必無裨有文事者必有武備

鐵路

瑞典鐵路多在南省繁盛之區地勢平衍而少山洞興築時無鉅工通計泰西各國鐵路資本之輕無過於此者計軌道長約一萬四千七百七十六里內有五千里係國家所造結至丙戌年止計資本銀五千六百五十五萬兩商家所造之九千七百餘里資本銀不過六千萬兩其費較省是歲共計官商鐵路進款約合銀八百八十三萬六千五百兩用款合銀五百五十一萬九千二百兩得利銀三百三十一萬七千三百兩

那威鐵路長約二千九百餘里國家得四分之一其資本至戊子年共計銀三千萬兩以都城克利斯低亞尼亞至奪龍堆嫁有格祿門山阻之山巔高二百五十丈開闢山洞計費頗鉅即各處工程亦難故費鉅於瑞典然以他國例之猶未見其多也丁亥年進款銀一百六十五萬八千四百兩用款銀一百二十二萬二千七百兩得利銀四十三萬五千七百兩歐洲諸國將造鐵路無論官商必俟議院允準公司例得納資於議院非賄非貨謂之議費英國需此款最鉅瑞典無之且地勢多坦易於致力地價本賤無可

九百六十一萬三千二百十一兩出口貨約值銀一萬七千七百五十六萬七千八百五十九兩是出口絀於進口四千二百零四萬五千三百五十二兩乙酉年進出相較絀八千五百三十二萬餘兩丙戌年絀七千二百二十七萬餘兩丁亥年更甚進口之值多至二萬六千六百萬兩而出口之數不及其半以是年法國議增酒稅意國不允稍涉齟齬歷年運往法國屬地之酒約值三千萬兩至是不能售故出口之數大減戊子年絀一千八百八十餘萬兩即查甲申以前從無出口可抵進口者通國技藝及製造男

女共四百萬人礦務六萬餘人商賈不及三十萬人

輪船帆船進口之數

丁亥年意國各海岸進口之船共十一萬九百五十一艘內有出洋大艦一萬七千五百餘艘輪船二萬九千艘餘皆帆船除兵船三百八十艘外悉係商船之應徵稅者其間意大利本國商船不及十分之一

鐵路

鐵路之費造於平壤與造於山河間隔之處大相懸殊平壤僅築道鋪軌而已若遇河港溪澗必造橋梁或築堤塘遇山之低者掘平之略高則開山洞北境

比愛蒙與法蘭西分界處皆崇山峻嶺譯法文比愛足也蒙山也猶言山脚也此處有山洞甚長為歐洲著名者中設往來雙道行兩刻之久聞開掘時兩端同時興工各十有一年始能告竣西人營造所以開利源也其不惜財力往往如此龍白地鄰瑞士之處亦多羣山築軌道於山上盤折而達高入雲表核通國造鐵路費自起造至光緒戊子年六月止共結銀四萬八千萬兩長約二萬四千里係商家者居多其國家不過四分之一是年經議院議準添造鐵路約一萬二千里計工程須十五年需費銀二萬萬兩以

上由商家公司辦理因鉅款難集國家允貸一半分十五年逐漸歸還至章程若何起利若干則視開行後進款之多寡再議也

郵政局

泰西各國傳遞簡札皆歸官辦國家專其利謂之郵政緊要公事則由電傳常例案牘及民間書信一切均由郵政局傳送妥速無誤辦理殊善而取資亦廉書信交局購王面紙黏於封面紙方約五分許中有人面象國王貌旁有文曰霜的麻十亦有二十二十五者其五枚者中一五字無王面霜的麻一約合制

錢二枚又十分之七凡信寄本城者五枚境内十枚出境二十枚俱不論遠近立法甚簡每函之重約以錢許為率等其分量而遞增焉匯票鈔票則增其資及要函之保險皆由局出收單保單以為據寄書籍新聞紙資較少若託人寄信而不黏王面紙者則有罰其人煙稠密處多設郵局各街衢置郵筒於壁間日數次啟鑰分送意國大小郵局共四千餘所按丙戌年入款約六百六十八萬五千四百兩用款五百六十六萬三千一百兩

電報局

通國電線之長共計得六萬一千一百四十六里國家設者三分之二電報局除鐵路旁火車棧所設者不計外共二千有三十六所通年寄本國報六百五十萬六千餘封外國報約十分之一官報四十七萬封入款二百十三萬九千兩用款一百八十二萬五千兩係丁亥年數

游歷聞見錄卷三

意大利内編

羅馬

京城舊在那波利建都於羅馬至今僅十九年戶口約九十六萬人城南北縱五里東西三倍内有山阜十處各高十三四丈王宮東向適當其中東南山上有園林地平坦廣百餘畝為都人士游息之所近南一帶水發源於城東北四百里之阿潑奈山自東至西貫全城曰底罷河水不潔亦不甚流有船僅載麤劣之貨以運近處及貧苦之以船為家者前者時疫

盛行沿河居民死傷尤衆乃知感水氣所致見意國史記地理志每當盛暑有力者紛紛還徙居鄉間別墅或游北邊密朗物愛尼斯諸省城中人民稀少半係貧乏者避暑爲西人積習相沿已久曾不聞有治河之法也城中有大街自西北斜至東南長且寬貿易最盛沿海東南約五百里爲那波利西北九百里爲漸那伐皆通商口岸之大者百貨由兩處以火車運入城内城在國之中偏西西南三十六里即低來尼愛恆海乃地中海北隅也

那波利

那波利在羅馬東南四百八十里火車半日即達城中户口四十六萬三千餘人往來商船日以百計為通國各城之冠城在大海灣内頗極形勝舊王宫在南臨海造花園於樓上城西有山略高鑿山洞以通馬車兩旁有路便行人洞甚長白晝亦然燈至中途望兩端洞口僅大於斗出洞西行五里傍岸有孤嶼築室於其上為禁錮重犯之所日以舟渡至岸作苦工開山畚土殊形勞瘁又五里有波査耳城那波利之東南沿海灣數十里村舍絡繹有若城者四最遠曰街斯帶臘買在城對岸列肆山上東岸灣盡處即

火山至夜視之尤奇特紅光一縷若呼若吸或如朝旭一輪乍隱乍見那波利海灣形如半環西向略偏南自波查耳之西由東而南回繞至街斯帶臘買之西約百里沿海車路多在山坡有極高者其海口南北相距五十餘里城深踞東北灣内兩岸城鎮對峙若門户數重形勢雄壯貿易繁興誠重鎮焉

波查耳

波查耳蓋古時繁盛之區今已凋敝城市在山上有若闤闠者驅車入見市肆無多居民房舍尚整齊進内山行五六里有平谷大不過五十畝四周皆山高

四五丈圍如墉垣地不毛按之煖乃火山之已熄者中產硫磺穴洞取之又有土一種即以其地得名曰波查朧恒色灰白而質細膩塑像極佳合細砂石灰鍊之堅韌異常入水經久不壞用以膠黏石塊砌隄岸築牆宇造礮臺各國工程輒需之與崔門土同離城數里荒山中有古鬭獸院基址宏敞疊石為之形圓如今之馬戲院中穴地如大溝籠鐵桿於上今鐵已朽腐鬭時放猛獸入地穴令咆哮橫噬所謂獸相食也當日觀者必以為快今雖廢址望之猶黯然慘教禍酷烈之時有不從者率獸食之觀此則其時殘

忍之風可想已

美細恆

意大利極南距羅馬一千七百里曰細細利島有海峽在島之東北其最狹處曰美細恆兩岸東西相距僅十里輪船之往來者皆由峽中過蓋以程途近而波濤平也地多崇山峻嶺闤闠櫛比半在山阜居民約八萬人房屋延長七八里傍岸有沙梗如隄長約十里北岸隄盡處有船廠船之來美細恆者必灣泊其內如此海峽其天然形勢極有收束殊非散漫者比而有此長隄多築礮臺於其上以為之捍衛乃使

輪帆一門出入不能隨處登岸雖地利之巧亦有以見其布置之盡善矣

得耳尼

乘火車出羅馬城向東北行多坡阜百里外則多岡嶺軌道沿山下隨勢曲折蜿蜒而入時傍溪流忽左忽右閱三小時計程二百里至山深處有城曰得耳尼地勢開曠城鄉方廣十里四面疊嶂層巒蒼翠欲滴其中風景人物饒有幽僻之致離城數里有大瀑布由山徑循溪行入深谷既近峭壁障之轉不知瀑之所在但聞水聲隆隆然吼如雷風吹飛沫濺衣欲

溼如細雨復行數武折出山隈見匹練當空高懸於山半崖岸直注十餘丈日光映射作五色暈如虹霓其下有石玲瓏剔透孔若蜂房潔白可玩惜質鬆脆耳沿途溪水自此發源匯以羣山之水故湍激更甚近城有官家製造廠二疊石為溝引水由廠中過以激動水輪用之不竭焉

利伏恆

利巨利亞海之東有海口曰利伏恆在羅馬之西北六百里斯卑斯之南百三十里城在海灣內形勝遜斯卑斯以傍海無崇山峻嶺地勢平衍自昔亦稱要

害商船所萃貿易繁盛蓋在呆思加恆立國之時其都城忽落朗斯距城東二百里貨物由此運入也今則有諸大埠分之遂形凋敝僅見商船及師船數艘傍城有水師學堂官船廠是為通商口岸之次者

斯卑斯

斯卑斯在利巨利亞海之東北隅距羅馬之北七百三十里為水師緊要海口著名歐洲者已千有餘歲形如箕南向自口至内十餘里口窄而内寬沿邊岡巒環繞上設礮臺十七座口内有石隄横亙缺兩端為出入之路雖勁敵亦難闖入意國水師提督駐此

鐵甲礮船兵船魚雷船巡船大小數十艘泊隄内無商船亦少富商巨室居民不過萬户半係在廠作工及當兵者有大客寓適當其中登樓憑眺全勢在目他國來游者必一至其地以攬勝焉或謂泰西重商務凡有口岸皆可駛入無分畛域初不指定某處與某國通商此說殊不盡然即係通商之處其稽查亦密他國來船進口亦待懸旗關白況此爲整頓水師重地儼然天塹一旦有事不特易於防禦而内則火車外則輪船可以通達各省即其他或有不利而有此一隅誠足以大有爲者其所繫固非淺鮮卧榻之

旁豈容他人鼾睡哉

漸那伐

漸那伐在羅馬沿海西北九百里利巨利亞海之正北國中通商口岸之大者有三羅馬之南曰那波利阿潑奈山之東北曰勃蘭提齊此亦其一也他如利伏恆沙伏恆物愛尼斯美細恆等處皆通商口岸或昔盛今衰貿易較小蓋地運之變遷有如此焉如漸那伐自昔稱大都會萬艘鱗集百貨雲屯為地中海公市至有明之季旋即頹廢嘉慶年間人煙稀少衙署僅存今復繁盛如昔屋宇半在山坡沿海市廛長

約十里各國巨艦皆泊於此其城依山臨海無灣港船之停泊者向苦風濤顛簸今則多築石隄以蔽之整齊堅固全城環抱隄内望之如城郭其西岸長隄直入海中可六七里乃近時新築者初抵意國即由此登岸見街衢隄畔工役煩興紛紛營造至今猶未已也由此循海而南往羅馬歷山洞十餘重多童山而少城市殊形蕭颯閒有聚落傜沿海居民之捕魚者北由法蘭西經比愛蒙部落至此附近二百里之閒有城三村舍絡繹不絶軌道在山上層巒疊嶂中土田膏腴林麓茂美居民熙然樂業非火車之利不

至此城中户口十三萬八千人通省約八十萬人

的紆蘭

的紆蘭在國之西北距羅馬一千二百里本比愛蒙部落東南至漸那伐三百里西與法蘭西接壤城中户口二十三萬有奇街衢整齊氣候清淑雖市肆繁盛多清閒曠蕩之致而乏塵囂以道途寬廣全城地勢平坦而又開展亦國中大都會也那波利密朗羅馬之外即推此城然羅馬五方雜厝似嫌喧闐密朗雖華麗而無此清幽那波利舟車四集人煙稠密城中多隘巷又近火山入夏蕪穢之氣蒸騰故凡南省

之避暑者恆視此城為樂土焉城隅有置備軍糧廠數所通省多沃野造蠟燭最著名省之西界法國處有挨耳潑山其山起於南邊漸那伐海灣附近之處曲折彎繞至省之東北末左利湖其形如弓湖之東龍白地之北山勢更蟠鬱延袤千餘里統名挨耳潑羣山同治甲戌年繪圖議於此山邊界多築散礮臺以為防禦聞近日已將告成矣

密朗

密朗係北邊省會距羅馬西北一千一百八十里漸那伐之北二百里為往瑞士要道城市遼闊街衢廣

寬商務實繁而俗尚較侈以昔時曾隸法蘭西版圖相習成風至今不變城中户口二十九萬五千五百人多富商巨室結廬山畔岡巒挺秀亭榭爭妍林麓之觀於斯爲美有大教堂在闤市中壇場開展兩旁街樓危聳堂之高猶倍之自屋檐至階砌鏤刻精緻遠望似木工所造不知其爲雲石雕牆峻宇戔以加茲西人談及輒歎賞不止狀堂内美麗幾於眉飛色舞卒未嘗入覽焉昨歲道經上海有意商設繅絲廠者曾言其國亦有蠶桑之利以窩朗爲最至是謁總督爲述其言請往觀乃知繅絲之處曰駕娕距城稍

遠許越日遣人導游其地有湖山之美尋勝者所必至若密朗城中僅有絲棧藏絲頗多未練者其色或黄或黯遠遜華產本質一經練就乃明淨潔白比來各國出絲漸繁盡羅致而試驗之其所品評大約謂我華湖絲色澤極佳而性質略梗產日本者柔輭詢以何國所產最多曰日本也而阿美利加及印度洋次之要皆不及中國遠甚若僅以歐洲論當無有過於意國者

駕姥

駕姥在密朗之北八十二里傍城市有邑浸曰駕姥

元四十八

湖略似丁字形最寬處三十里長百二十里匯挨耳潑衆鑿之水東南行百餘里入波河又東四百餘里入於海湖中四圍諸峰屏障螺鬟翠黛鬪麗爭妍密朗省垣中人各相其地之宜築別館為避暑計危樓臨水傑閣依山多種嘉樹藝奇葩以為點綴附近山後多村落鄉民之往來城市者以小輪船航之亦有僅載游人於湖畔環繞者沿湖坡道整潔其北省山色極佳火車經過所見不少此尤妙於湖光相映風景天然非人力所能造作者宜乎騷人逸士登臨不厭焉

物愛尼斯

由羅馬北行越阿潑耒山渡波河計程八百里至阿得力阿低克海之西北有海灣曰物愛尼斯居民十三萬人商船輻湊口內沙漲數處輪帆灣繞而入不差淺無三四桅巨艦城中河渠曲折通達往來皆以舟楫人家臨水各有水門街市多橋梁故無馬車中有一河方廣四五十丈四面闤闠鱗比樓臺倒影瀠紅漾碧如對畫圖外港寬闊三五里對岸有小市製造廠數所遠望隱約見礮臺時正夏五天氣清和日既西納涼者每攜眷屬棹扁舟盪漾於江心至晚或

弄簫管，然東洋紙燈，飲酒爲樂。西人愛水嬉，英京顛米士河，每當春秋佳日，裙屐翩翻，畫舫如織，然不若是處風光依稀吴越。城市爲歐洲别開生面，好游者咸樂道之。

屬地

光緒辛巳年，得屬地於紅海邊阿非利加洲之亞沙勃海灣，計四百有五平方幾羅邁，當合中國約八百五十方里，民數僅一千二百人。乙酉年又得紅海邊麥沙和亞地方及附近諸處，統計在紅海邊者，自盎勃來麥起至拉哀帶止，長約九百六十里，築鐵路無

多現議添造已繪圖興工矣

游歷聞見錄卷四

意大利内編

礮臺

戊子初夏由意國南省回羅馬將游北省臨行其兵部副大臣以斯卑斯形勝告且言多礮臺自至歐洲以來問禁問俗頗聞西人深願他國來者日衆任人游覽即宮殿森嚴亦得入而瞻仰宮人導之靡所不到履王妃幃闥不以爲褻獨於軍務則少祕之近臻貝驛有火藥廠持那波利總督函往閲於例不得入或咎經管者過泥然亦理所應爾也是廠在曠野自

外揣度似不及福帥諸之周密至要害處礮臺更不令人窺見且新法皆穴地為之更難察其何在矣因兵部言姑問可往觀否遽許之請給執照則曰無須此若齟齬當以電知比往果阻電往還而後可乃閱口内左右兩臺亦皆舊式右岸之臺頗大憑高阜為基址臺外築土於坡上更堅厚臺内掘與地平造兵房如山洞圜似半環上梯即臺礮大者重四十頓其下穴洞為室鐵門扃鎖焉礮之前垛牆下有方孔如天窗亦從此運藥彈再右臺外有山遮蔽為藏藥彈之所堆積礮彈甚夥山上為樓住操演弁兵左岸石

山兀峙三面臨水一面傍岸臺在山上山不甚高大而臺亦較小灣内纍亂石為隄出水面二三尺橫亙中流兩端為船路臺在路旁此處共有十七臺舟行隄邊望之可見者僅三五處也王公設險以守其國是之謂歟

美細恒傍岸有長隄約十里衛全城如郭多設礮臺勢頗聯絡偏北與閙市相對之處臺尤大離岸較遠輪帆灣泊以避風濤臺形長方若甕城厚二丈有奇高倍之中寬約二十畝兩旁造樓房以居弁兵四隅作圓室以儲藥彈臺上泥沙黃黑色有小石塊謂是

崔門土向外列四十頓重後膛礮八位瞭臺二製如巨鐘以鋼鑄成内外堊以土置測量遠鏡一具外口徑二寸餘布於瞭臺之隙隙寬如鏡之口長約尺五鏡下有輪能使左右轉鏡内上有銅版刻度數下然燈測者以隻眼窺鏡上海面反照入内舟或行或止有小影宛然在某度即告礮兵礮雖巨而旋轉以輪不甚費力旁有銅尺刻度數視之準遂轟擊其向内臺上礮位較小蓋防敵船之從後闖入者近海見低臺一帶甚長傍臺皆低小兵房惟臺上無礮其殆用排礮排鎗柳條穴地置礮者未之知也有沙灘百餘

畝在其北爲逐日操練鎗隊之所

礮廠

的紆蘭城中有官廠製造巨礮排礮廠屋三進爲四合院二極高大其院内堆積舊式礮位甚多將以鎔鍊重鑄者多三四十頓巨礮其第二進中間爲穿堂懸巨礮式樣於上係木塊湊合而成長約丈四五尺後截圍丈二尺前截圍盈丈礮口徑尺二三寸視斯卑斯水師船所見者略小問此式曾否造就曰未也其重幾何以爲四十頓及遠二十餘里專爲攻鐵甲船之用自有鐵甲以來礮位屢次加大於是船有鋼

甲而礮亦多用鋼彈矣廠之右旁為屋數楹製造小礮其式如克虜伯後膛重自二頓至十頓中有旋紋然燭窺之光亮如鑑後膛鬭笱合縫之處必賴手工細心磨刮非機器所能為也又製排礮列六管或八管為一排多至十管管圍大四寸許藥彈大於拇指裝藥彈處為存盤大小視管之多少大約不過二尺五寸中置機括右旁一輪有柄盤之下為鐵架以螺釘釘於船艙高約三尺用時則以洋鐵藥彈箱置盤上箱下有直方孔如管之數令彈漏下持其柄而轉之右旋半轉則竅開彈入又半轉即轟出能令其響

大致相同惟大小異耳鑄錢局由國家設立逐年鼓鑄悉用機器

書院

國家大書院二十一所分設各大省以那波利為最教習九十六人學徒約四千人其餘各處學徒有多不盈千少僅百餘者西人文字與語言同故教讀亦易嘗見鄉曲學塾竟能以一師授徒四五六十輩凡學徒之同堂肄業者其所誦習之書同大書院亦然明敏者不加多愚拙者不減少既入館功課不得間斷若告假一二日猶可并力補足則幫教習教之至

六七日必難補矣有隨班聽講之學徒蓋書院所以造就人材若收錄已滿有後來者概從屏棄殊乖培植之意故凡願學者得報名入院從旁聽講如那波利學徒四千人旁聽者居其大半其所肄業約分六類曰律曰醫曰天文地理曰格致算學曰品行曰繪畫其次又有書院十一所學徒約共二千人專習一藝書院十所學徒五百餘人技藝書院七十三所内四十七所非國家設者共計學徒七千三百餘人

學館

學館之大者一百三十五所半係國家設立學徒共

仍令磋刮或失之寬則棄之鎗柄用實木悉以機器造成極便捷其鎗每次實藥彈五枚一刻時放三百餘響已成列架上者數萬桿每桿上插刀一柄工匠約五百人時或增減工資少者日合銀二錢多者至二兩餘一日能造六十桿約計工料資本銀每桿五兩若買自他處需銀六兩廠中亦售賣價相若云

火藥廠

的紆蘭之南百里有城市在山嶺之上曰福師諾嶺下人家散處不過百十户盡業耕種其實鄉閒一聚落而彼中人亦謂之為城城外設製造火藥廠基址

大可百畝地勢平坦三面依高山門前一帶疊石成渠寬丈餘水盈盈瀰岸一武官來逆旅導引徒步往度石橋入守者曰諸客身畔有自來火乎當棄於此而後進誠慎之也入內略一瞻望乃極妙園林焉喬木濃陰茂草酣碧花香撲鼻鳥語迎人溪流夾道水聲泠泠然別有幽深靜僻之致絕無煤炭臭味輪軸震驚者其為屋也僅一二間或三四間為一所相距數十步輒間以土礅高廣丈餘四圍砌石似墓而方屋二十餘所皆不造樓亦較常低小惟傍渠一所稍廣為燒炭爐房以柳條圍大如杯束二三十條為梱

列爐兩行各置一束閉竇燒盡赤乃為炭至研磨硝磺則於溪中築閘閘下横安輪軸式似船之明輪湍流激之則軸自轉環鐵索以掣動衆機悉用水無用火者硝磺炭三種各磨極細末上篩去其麤者稱輕重和勻炭最多硝次之磺更少略灑膠黏之類令微溼壓成版方一尺厚五分切四方小塊引煖氣烘乾入桶摩擦去稜角復上篩去其細碎每更一事則易一室鐵路縱横以便搬運製既成顆粒如大豆光亮如龍眼之核用於巨礮其細碎者用於鎗試之藥力準乃庋藏焉山凹内别為一室築圍牆扃鐍極嚴凡

製造火藥固不得偪近人煙稠密之處即廠内宜謹愼防備者亦必有道也觀於此廠尤為曲當多樹木以蔽之則無秋陽之暴築土礅以間之則無殃及之災置軌道以運藥節人力也必令緩行斯無虞乎擊撞引溪流以激輪避爐火也即或失愼而又易於撲滅想見慘淡經營匠心獨運布置之周密無間然矣

水師船廠

斯卑斯城市之旁設水師官廠製造各種戰船軍械基址寛大周圍十餘里門臨小河一帶廠内有大河容巨艦數十艘船隖大小五六所出入港路僅容一

艦以為門户進内漸寬沿河往來紆遠於港内衝要處駕一長橋可走車馬兩岸繫大鐵索船經過以機器曳而讓之臨河築方丈高臺有若梯者斜伸於上其端為轆轤挂巨索望之幾及二十餘丈乃運重機器為裝桅卸桅之用馬路鐵路横縱皆是每巷口牆上有文曰某街蓋房屋道路相似者甚多非此恐厰中工匠難於辨認也鋼甲鐵甲及大小礮道旁隨處堆積此外一切製造所需其重且大者固分藏各室即零星小件亦必以一類自為一所故將為巨艦但按圖式裝造可剋期而待凡為工程告成難經始亦

不易茍非一一預備何能咄嗟辦哉惜廠中導游武弁係機器匠頭目操法語頗囁嚅彎折旋繞行十餘里但得約略一觀各機器房工匠殊少大半在外造船常時千數百人多至三四千人不等是爲意國水師廠之最大者

官船廠

利伏恆有船廠一所係國家設立造水師船亦造商船工匠約五六百人較斯卑斯師船廠不過五分之一其時正鳩工庀材待造鋼甲巨艦出圖見示長約二百八十尺中寬四十五尺前後各爲圓臺置巨礮

艙面及第二層多設排礮於兩旁亦置克虜伯礮司事者爲口講而指畫之謂廠中但造船身與行船機器凡礮臺礮位以及一切裝飾悉係波查耳阿姥斯忒郎礮廠承造其造船工料約計銀二十餘萬兩迨一切完備費當數倍廠中豎三角形大鐵塊即置船頭以撞敵船者長二丈有奇重四十頓最後導至畫圖房觀圖數幅四壁釘木雕船式數十艘皆前所已造者指一式告曰此船昨歲爲俄羅斯購去聞駛往中國黑龍江等處其船二桅長不過十丈前艙有礮臺船頭有魚雷即巡船也

鐵甲兵輪

斯卑斯海灣內停泊兵輪大小數十艘以小輪船渡至巨艦緣梯上長約二十八丈三桅桅上有望臺最上層為舵樓兩旁有若橋者置克虜伯後膛礮各一艙面前後為圓臺臺能升降旋轉中置後膛巨礮約計長一丈五尺前截長一丈圍大亦盈丈後截五尺圍可丈五礮口徑一尺四五寸問重若干曰百噸彈重六百餘斤及遠二十六七里能洞鐵甲數重第二層行船機器房設機器兩副前後四隅置鎗礮兩旁皆兵房船頭裝魚雷通船分十四段門壁俱用鐵甲

嵌木膠製成之僞象皮於門匡掩之則滴水不入倘為敵損壞一二段但閉其門猶無沈溺之患下層藏藥彈軍械其重大者以小車推之自下而上以轆轤挽之船外周圍折疊鉛絲大網每隔二丈許懸一木長丈餘臨陣展網垂水中以木撐開使與船底平魚雷觸網即炸不致為害船内兵五百餘名一切製造修理兵丁皆能之終年住船内衣服皆各自補衲澣滌凡有所需不得遣岸上人惟禮拜日或值節候上街市閒游隊長領之不聞有滋事者閱數艘船遮小僅設一臺大致相似廠中造鐵甲巨艦船殼已成步

高梯入觀之中後艙自外至内僅二層間尺五自前至後間四五尺横置一層其中空處以鐵綑折疊而綳繫之或密排鐵繩横釘於兩端彈不易入船頭尖鋭裝三角形巨鐵極窄狹處自外至内亦為二層入内稍寬則為三層其横置之鐵甲以尺餘為一層立前艙望船頭相距約五丈所置鐵甲數之幾得四十層蓋戰陣必以船頭向敵且用以衝撞敵船者是以格外堅固前經上海意公使魯嘉德曾言其國有極大鐵甲船為歐洲第一泊斯卑斯必當往觀因書以誌之至是問導游者乃指一巨艦謂此船近已朽壞

常年泊此為水師駐紮不過爾爾復述意公使語要之以為實無足觀乃回逆旅窺以遠鏡見高大過他船其上礮臺低小非今式第二層每間丈許開窗方二尺餘一邊列三十餘窗皆洞敞少掩閉者内隱約有礮位船闌以下多水漏痕油粉已褪不加圬墍泰西鐵甲之製至今未及四十年而月異而歲不同精益求精造法屢變此船係舊式必不能及新法之善故廢而不用歟

鋼甲廠

得耳尼鎗廠之旁有兵房皆鎗隊常年駐此演習者

其旁又設一廠製造鋼甲鍊鋼之法置爐於高處上遮鐵版壁間開窗方丈爐旁有竅吹火氣入勢甚猛烈爐口轉向窗鐵為火氣鼓盪鐵屑飛噴激射而出俄頃屑盡火純青傾模內為巨塊造甲則以塊燒赤汽機運大錘擊成巨條截二尺許再燒之軋以機其機乃斗大鐵軸三橫置疊上若上下兩軸右旋則中軸左旋中兩縫能令寬偪以條來往軋之數轉成甲寬四尺餘長六七尺厚自二分至五分亦有軋至極薄以為包裹等用者其廠設立已久兼造各種器具內懸金錢數十枚謂屢次赴街奇會各國王所賞之

金牌也前者曾赴大會凡泰西鋼鐵廠之大者畢集評定甲乙此廠得列第三十號廠中總管指一金牌相告語如此

繅絲廠

由駕娩乘馬車沿湖往行五六里入山隈至一村落觀繅絲廠樓房頗深而不甚高廣繅者皆十數齡村女分坐兩旁對面相向列廚於後置鍋於前鍋底有管度熱氣入湯即沸煮繭抽絲能者抽四五縷或止二三縷絲從頭上過入廚内捲籤上女工不滿百人其法與上海意國商人所設之廠同但較小耳堆積

蠶繭極多視之差小不過華産三分之二又一種瘦如小指長過常繭色黄黯至潔白肥滿如江浙所産者未之見也

機器織段匹廠

觀繅絲廠後往織廠廠相距不遠亦多用女工先理其緒而爲經少則數百縷多或千餘縷由一機轉出一縷斷則其機自停色或純或雜比類合之捲於軸乃上織機機房一所多至百餘具其聲震耳一人司數具以緯線納梭心令自織速數倍於人工緯用麻縷棉線無經緯皆絲者多窄幅其寬者亦不過二尺長

約三丈為一匹以線縫其端聯數匹為一軸置機上一舒一卷中横一管密排細孔吹火出段匹近火過欲其光潔也乃易一機刷麪漿於上欲其堅厚也或以軸軋之有暈如雲頭巨室用以飾壁婦人或以為裳僅有方塊顏色相間而無花紋如中國版綾為衣裏者是已

置備軍糧廠

的紆蘭城隅有置備軍糧廠數所往視之乃菜豆瓜果餻餌糖醬之類擇其新鮮肥美者熟而盛於玻璃瓶洋鐵罐不令洩氣能經久寄遠色味不變用於軍

旅得省烹飪之煩寄與商人得領家鄉之味今天津
上海等處四季皆有豌豆即此類也

游歴聞見錄目次

卷五

瑞典那威内編

脫羅耳海堆
各當蒲
泊福斯
斐恆斯蓬
麻耳䐗
愛斯基耳斯的紆乃
發哥斯帶
林秋平
馬帶臘
克利斯低亞尼亞
好登
貢斯卑

卷八

鎗礮廠
筆碼廠
魚雷水雷
鎔化鐵質
鍊鋼
銀礦

游歷聞見錄卷五

戶部主事洪勳輯

瑞典那威內編

瑞典之統攝那威也二國而一君以言屏翰既無列爵之封以言兼并仍自畫疆而治分之不可合之不能茲附那威於瑞典後蓋猶是一而二者焉

疆域

瑞典為歐羅巴極北之境并那威為國東北與俄羅斯之泛朗特接壤東南距排耳低克海南鄰丹瑪隔海峽西據大西洋北負北冰海南北縱自赤道北五十五度至七十一度約三千二百里東西狹處五百

餘里闊處及附近諸島約千里得地七十五萬九千四百平方幾羅邁當合二百四十六萬零四百五十六方里視中國中等之省五土宇之廣歐洲諸國自俄羅斯外無出其右者特以地屆黑道氣候陰寒土田磽确國中有大山曰獨哇勿里恒由東北斜至西南隆起若脊二千餘里直貫通國瑞典在山之陽多澤多湖多港汊陂阜有江河十餘條皆自西而東入排耳低克海如脊之有脇舊分四部曰綏林勃魯都城在焉其南曰遠堆蘭有大湖二曰韋奈周約五百里曰韋堆略小北曰腦倭蘭在北寒帶之下即黑道

也再北曰臘魄蘭後分為二十四部遠堆蘭部內居其半曰腦秋平曰林秋平曰卡耳麻曰街斯克洛拏曰克利斯低盎斯帶特曰麻耳瞞曰挨耳姥斯帶特曰各當蒲皆南省自東迤西瀕海之區其北邊則地廣人稀絕少城市矣

那威在山之陰地形偪仄山勢陡削沿海二千餘里島嶼密布數以千百多礁石海灣排比入峭壁中為波濤所激盪皆兀石沙磧無泥土舊分六部東南為都城深踞海灣之內曰克利斯低亞尼亞最南曰克利斯低盎霜西曰培耳軋姥北曰奪龍堆姥再北曰

脱羅姥綏極北負冰海曰斐恆麥鏗今分二十部如培耳軋姥脱羅姥綏皆分南北中三部亦多在南境稍平曠之處

沿革

瑞典在宋代猶為野番部落各推其酋為長無文字無教化史乘莫得而考也迨南宋之初有大酋愛利克者修民事緝盜賊立學塾創教堂使各部咸奉天主教而遠訖於東北之泛朗特於是繞屬眾酋如藩翰政歸一轍為瑞典建國之始旋為丹瑪藩屬者久之明嘉靖二年愛利克十三世孫巨斯塔槐灑背丹

自立稱王改奉耶蘇教名慮堆臘尼斯姥至今舉國從之隆萬閒諸部爭雄自相仇殺傳至巨斯塔亞淘耳富英俊不凡削平内亂修政講武勢大振侵普魯士之波來臘尼及俄羅斯之沿排耳低克海各省轉戰頻年得地無算為東北强國後與普戰没於軍其女克利斯低痕繼之時僅五歲老臣在朝諸將用命克承前業比長耽文學厭世事不適人年二十八遜位於外戚加耳第十遂往游法國康熙閒加耳第十二以沖齡嗣位丹俄普易其幼弱思復土地并力來攻皆敗走王以所向克捷志氣漸驕後十餘年攻俄

一軍盡覆被囚於龐台城敵國羣起乃許割泛朗特地而暗結土耳其為援土起大軍圍俄人於潑紆吹河俄力屈還地釋囚以求款三國既息兵王復修怨進攻法蘭西國人惡其黷武也陰謀害之是時內訌交作外患迭乘所得地盡失勢大衰乾隆年間政府希復古制去議院之權羣情驚疑厥後戰俄法不利終失泛朗特國人譟變逐其王巨斯塔第四亞洵耳富而立加耳第十三時嘉慶己巳年也先是有大將備耳拏獨脫者係法籍瑧堆各耳復族也久居於瑞得民大心王愛之繼以為子結連與國敗法王拏波

命議功得爲世子癸酉伐丹瑪事平遂有那威越五年嗣位爲王更名加耳第十四育海恆乃今國君之祖也比來開鐵路修河渠墾土田來商旅蒸蒸日上稱盛治焉溯自嘉靖紀元辛巳即西歷一千五百二十一年迄光緒戊子計三百六十七年凡二十傳國祚五易皆能自立爲國綜稽史策其閒數治數亂忽盛忽衰如相倚伏豈盡運會使然歟

那威當南宋時亦推大酋爲主不數傳即爲丹瑪所兼并在瑞典屬丹之前由是卒無自主之日其事附見於丹瑞二國史迨瑞典國王加耳第十三即位之

五年甲戌春與丹立約於普國之基愛耳城願以那威屬瑞典那人不服欲自主遂新定國政迎丹瑪王子為王瑞人伐之那威不能禦全軍入境那之為此舉也與國咸非之秋各國使臣會議於奧京維也納以瑞屬地之附近於丹者歸丹而以那威歸瑞是年冬頒立專條務使臣民協和彼此護助各有利益毋相離析凡政刑悉仍其舊惟軍國之重且大者稍損益之那人迫於公議而從焉夫論輿地境界亦當以今之疆域為正一則不越國而鄙遠無鞭長莫及之虞一則託宇下以求庇有輔車相依之勢況事大字

小有國之常閲數十年以來外侮不乘國勢日固一舉兩得其效彰彰矣而揣那威臣服之心畛域有未盡泯者戊子秋即次那京瑞王駐那越日還由宮往車道道旁觀者如林寂寂無歡呼聲民情蓋可見已

政府

瑞典宰相一員係特設爲政府之長佐之者各部大臣也曰刑部外部兵部海部内部户部學部計七部大臣七員又設參議三員無他職共十一員官制與他國略異

那威政府宰相二一在瑞京久任參議四其二員住

瑞京期年對調有學部刑部内部户部兵部海部工部共七部大臣六員以海部附於兵部也共九員光緒甲申年新例其政府大員咸得入議院與議但令剖析是非指陳利弊不準晝諾决斷事機焉

議院

上下議院議事人員俱係民間公舉自京城暨外省各有公舉會分二十五所由工部局設立上議院額一百四十五名不給俸舉人之人與應舉之人皆當年逾三十應舉者必有恒產須置於未舉前三年準完地時公古之賈直限一萬七千五百除兩或歲得

出息銀約千兩者乃為合例以九年為一任再舉者聽下議院額二百二十二人有俸每員約三百兩不及二十一歲者不得舉人不及二十五歲者不得應舉皆當有產業計值一千四百餘兩或歲得出息銀約二百兩以三年為一任

那威議員每屆三年公舉一次上議院三十八人係居住各城者即由同城百姓公舉於地方官之前核其人數較多者送議院下議院七十六人係居住各鄉者由鄉間公舉教士核之舉者與應舉者俱當在二十五歲以上在城者必其人能納稅或生息歲得

銀二百兩在鄉者約百兩皆以未舉前五年為始凡曾辦公事或置有田廬或身為鄉長者俱得選須本籍如他國人已住境内十年年逾三十願隸籍者亦得選既入院各自推薦首領數員間有由城鄉公舉者聚議無定時亦不必由國王宰相召集每歲議事二月如欲逾期必先請命於國王有時議院損益舊章增設新例國王不欲依議得斥駁之然不能屢駁如一事已經斥駁二次其三次議定後即可通行無待國王詔命矣文武官員由國王簡放惟必須那威人舊條例所載如此其實權在議院如部臣出缺照

例應補者僅一人即以是職授其人以下或遞遷或推遷則由議院如應補者有二三人亦由議院決之從其舉薦之多者其議院之權似較重於他國聚議時每人日得俸銀二兩八錢路費自公給發

刑部

正副大臣各一員以下六部同總辦四一曰律二曰例三刑務參贊係代國王聽訟者四管理監獄那威刑部總辦僅一員管理監獄事務者又有御前大訟師及大醫官各一員通計兩國罪犯不過萬人瑞那各半內係細故薄懲者居多女犯約十分之一

查意大利戊子年名冊監禁者六萬人罰鍰者二十八萬人歐洲他國類然以户口之多寡衡之意大利約八十人内得一瑞典那威約七百人内得一以是相較其數幾少十倍蓋由壤地偏僻日用飲食辛歲勞苦其渾樸之風猶有存者故為匪者少歟

外部

總辦三管各國交涉事務一員商務領事事務一員

稽查錢款出入事務一員

那威不設外部凡邦交通商諸事均由瑞典辦理

兵部

查核統帶事務總辦一以下分掌册籍者四一礮隊二技藝隊三各處監督事宜四各營文案名册有武備學館總監督一統率監督三一在斯朶閣姥一在麥利愛培兼習礮隊技藝隊一在加耳培專教官商子弟

那威兵部總辦三員一曰軍務之總二曰召募兵丁採辦馬匹三曰鎗礮技藝諸隊有醫官一員武備大學堂暨官家子弟武備學堂各有總辦一員

海部

總辦九一查核海軍統帶事務二海軍船政三調撥

軍需四總理武備五製造軍械六文案名冊七考察領港事務八管理海軍學堂九海軍測量圖畫暨浮樁誌塔事務又部內有總督水師三等水師提督一員其統帶水師者另有副提督在海軍營

那威有海部名目而不立衙署即以兵部兼轄總辦二一監督船埠工程一稽查塔燈事務郵政電報亦附入海部管理總辦各一

內部

總辦八一董率商務學館事二掌政事則例三地畝丈量與買田皆歸輿地史乘等事五修葺道塗橋梁

等事六督辦農務學館七考核豢養牲畜等事八管理鐵路

那威内部總辦九一房屋保火險之事二掌則例三查地畝四河道五道塗六鐵路七鐵路錢款八農政九權量

戶部

總辦七一管庫二出納之政三郵政四電報五關卡六廨宇係國家築室貰於民間者七林麓

那威戶部總辦二曰關卡曰林麓

學部

總辦十有一一曰教務二曰書院三曰學館四曰善舉所五古文憑國書碑版古書等物七國家書庫八掌古寶星錢幣暨骨董等物九管國家油畫石像院十醫院十一總理倫特及紆潑帥耳大書院那威學部總辦二一管教習事務一管博古事務案各部次序瑞典以學部為之殿那威以學部為之冠詳見上政府

工部

瑞典不設工部其事則各部分任之

[illegible]大臣以下[illegible]司事無總辦

凡有工程均歸海部內部其工部若虛設者然殆不過大臣與議司事掌圖籍估工料監製造而其他無與焉查財用歲需常額亦無工部支銷專款夫以兵部兼海部陸營水軍其義一也浮樁誌塔船埠工程固海中之事郵政電報又從而附之猶以此二事有與海外交涉者耳至若錢款農政應隸戶部道塗水利應隸工部乃概歸內部而不嫌叢雜名實不符繁簡失當誠不若端典之不設已蓋求其設官分職釐然粲然者以意大利各部最為得宜且他國率以學部兼教部而意獨以刑部兼之或亦有深意存焉惟

那威內部有掌權量之官頗合於古竊思市井權度恣意增減竟別其名曰某稱某尺殊覺駭聞故必謹之示民遵守以昭畫一夫亦行政者之要務矣

王宮官員

大將軍銜總管王宮大臣一員隨朝將軍一員典禮執事文案御廄射獵之官五侍衛統領大臣一侍衛十有二妃宮執事官一典禮隨朝皆女官各一王子宮內將軍一

那威王宮有總管有將軍有監督暨掌廄掌獵者各一侍衛四妃宮掌儀女官一

軍營大員

國君總水陸之師若為大將軍頭等提督者然考水師官制統領水師者即副提督其總統乃國君也國君莫不嫻武凡為王子當童穉時必出就外傅肄業於武備水師諸學堂與臣庶之子弟為伍一律攻苦館師督責惟勤藝成授以武職瑞典諸王子不得充文官載於條例各學館飯食廳事必潔淨寬敞並列長案二三食時兩行相向坐唯王子則獨當一面如諸學徒坐於東西兩旁王子之坐南向或北向以示區別即主位也至若藏休息游飲食衣服之類無以

異馬瑞典兵部大臣有統領陸路軍馬之責其所管轄者斯呆閣姥全城軍馬有統帶一員職如提督總軍營統帶一員幫帶一員兼參贊職如總兵通國之兵分五路每路以一提督統之監督馬隊暨監督礮隊技藝隊者有提督二員礮兵總教習總兵一員統帶各得朗特全島軍馬總兵一員其水師製造船礮與一切關涉海洋事宜俱歸海部管轄若銓選武官仍掌自兵部海軍統帶副水師提督一員幫帶三等水師提督三員海防駐紮街斯克洛拏副水師提督一員幫帶一員駐斯呆閣姥水師管帶一員兩處設

立海軍製造局各有督辦一員

陸營軍額

第一類有王宮護軍暨輕快馬步各一營又有礮隊技藝隊運糧雜隊為數無多與第二類合其第二類通國軍馬總計步兵二十四營騎兵六營自京城護軍之外分為五路統帶陸營者有提督九員馬三十八匹中軍武官三十八員文案三員馬七十六匹步鎗隊武官一千一百二十四員文案二百七十五員步兵二萬六千零六十七名內隊長樂人各一千有奇馬二百十三匹馬鎗隊武官二百十九員文案一

百三十二員馬兵四千六百二十三人馬四千六百二十六匹礮隊武官三百六十三員文案四十員礮兵四千二百十七名礮二百四十六尊馬一千一百五十五匹運糧技藝各項雜隊武官七十九員文案二十七員兵丁一千一百七十一名馬七十匹通計弁兵三萬八千三百八十七人馬六千一百七十八匹礮二百四十六尊以上係第一二類常額總數也其第三四類備額總數步隊十三萬九千零六十七人馬隊三千七百十二人礮隊七千一百七十六人雜隊六千三百三十三人共計十五萬六千二百八

十八人義勇一萬四千零五十六人
那威軍額自丁亥年國王諭令議院擬定其數殊鮮
通國武官八百五十員步兵五營分二十隊内有王
宫護軍短鎗步兵二隊每營有學習武弁未經充選
官職者一隊短鎗馬兵三營其二營分為六隊一營
為二隊礮兵三小營分九隊每隊礮六尊又一營分
四隊守臺兵上山兵各半各項雜兵一營分拆屋濬
河搭橋造電報運軍需共為五隊通計陸營總數約
四萬人其常額在營者不過萬人
水師軍額船礮之數

鐵甲頭等兵輪一艘馬力三千一百匹礮六尊内有二尊係新式計重各三十二頓置圓臺於艙面能以機器力運動升降旋轉弁兵一百十一人二等兵船四艘每艘馬力一千五百七十匹礮二尊共計弁兵三百二十六人礮船十艘每艘馬力一百十九匹礮一尊共計弁兵三百七十八人夾版頭等兵船一艘馬力一千四百匹礮十六尊弁兵三百十六人二等兵船三艘共計馬力四千零三十匹礮二十七尊弁兵六百五十七人頭等礮船九艘共計馬力六千八百二十匹礮十八尊弁兵六百三十五人二等礮船

五艘共計馬力六百五十匹礮五尊弁兵一百九十五人水師巡閱輪船一艘馬力九百六十匹弁兵七十四人近邊接濟軍需輪船一艘馬力二百五十匹弁兵四十八人習練駕駛演放礮位輪船一艘馬力八百匹礮十六尊弁兵一百十五人魚雷船十九艘共計馬力五千五百四十匹弁兵一百七十二人演放魚雷船一艘馬力一百四十匹弁兵四十七人二枝桅帆船七艘弁兵二百四十二人操演帆船一艘礮三十二尊弁兵六百十一人通計鐵甲輪船十五艘夾版輪船四十一艘馬力二萬四千六百八十匹

帆船八艘大小礮一百三十八尊弁兵三千九百二十七人水師提督以下官員總兵六員水軍管帶二十員幫帶四十八員文案八十二員其餘武弁如千總百總者在以上弁兵數内係常額也備額兵約三萬五千人

那威水師鐵甲兵船二艘中有礮臺共計馬力一千七百五十匹礮八尊夾版大兵船二艘共計馬力三千匹礮七十八尊操演兵船二艘共計馬力九百四十匹礮三十尊頭二等礮船共十三艘馬力四千一百三十匹礮二十一尊小礮船十七艘馬力一千零

五十匹礮十七尊魚雷船九艘馬力二千八百三十匹内五艘有礮各一尊巡哨小輪船一艘馬力一百五十匹礮二尊又帆船二艘通計大小兵船四十八艘馬力一萬三千八百五十匹礮一百六十一尊常額武官一百二十三員在營學習水師武官九十六員隊長水手等三百五十三人兵丁一千零六十六人備額兵二萬七千人以上水陸各營軍額俱係戊子年數

理刑衙門

總理刑衙門一猶都察院也理刑之官十有六係代

國君訊鞫案情援引刑部則例以擬罪罰國君有時親臨聽審凡案涉兵丁教士者會同武官教師一二人公審若控告大員令議院察其實然後讞必宰相同議院之長刑部大臣公審而國君聽焉其誣告者則有罰理刑衙門三一在斯朵閣娒二在穎秋平三在克利斯底盎斯帶特首領各一員職視按察使讞獄時居上位定刑罰者也兩造各以訟師到案與首領相向坐有公斷者數人坐於右得與首領共議罪亦得詰駁訟師原被告坐於左或傳佐證則上堂錄供簽字而退兩造枉直情偽訟師據理互辯以折服

緘口者為曲讞乃成如既曲而猶狡辯首領得禁之蓋臨審首領必脫帽置案至是則戴之以示意曲者即知其罪已定無可置喙矣西人論事大率明晰簡賅無囁嚅吞吐之病凡為訟師尤有辯才讀律必精雖不免有强詞奪理之時而當其互辯即至爭論扼要亦必下氣怡色柔聲如晤言有疑獄任人列坐旁聽寂靜無譁不得耳語首領之下其凖情理以駁詰之按律例以科斷之者曰參議官聽而不言若監督者曰聽審官熟諳則例或被告不倩訟師即替其伸訴如代書者曰大訟師以上各官每衙門員數不等

通國審事公堂二百有六所其在城市者九十所餘俱在鄉鎮各有聽斷官暨訟師公斷人泰西之刑既輕且清從無胥吏差役舞弄需索呼喝鞭扑者惟兩造酬訟師其費頗巨耳

那威總理刑衙門理刑官一長七佐理刑衙門四一克利斯低亞尼亞二培耳軋姥三克利斯低盎霜四奪龍堆姥此以下即審事公堂制同上

度支衙門

瑞典不設度支衙門以外部兼任其事

那威度支大臣正副各一借債議稅國用必與聞焉

海上絲綢之路文獻集成

總主編　陳支平　陳春聲

歷代史籍編

50

主編　范金民

海峽出版發行集團
THE STRAITS PUBLISHING & DISTRIBUTING GROUP
福建人民出版社

国家出版基金项目
NATIONAL PUBLICATION FOUNDATION

本册目次

游歷聞見録十八卷（卷六至卷一八）

〔清〕洪勳撰

游歷聞見錄卷六

瑞典那威內編

政治

政議自上下議院出自政府國王畫諾頒行亦君民共主之國為然其政治條例定於嘉慶十三年西歷一千八百有八年六月首載國王必當信奉盧堆臘尼斯婑教臣民不得違背國王國之水陸軍營王統之遇有事議和議戰王主之凡選大臣定和約理刑罰赦罪犯悉惟王命然必與政府議院意見僉同以昭慎重旋定議院之例上下院議事人員皆令民間

公舉傳位之例不得傳女主若嗣王幼沖暫由政府大員聽政或政府代理若嗣位乏人由二國公舉立新君案國律第四條準各報館議論政事之得失以當適人之徇焉學校之制惟謹科條之設惟寬故國人咸知自愛而罪犯特少其政之爲歐洲所推許者尤在敦信修睦善待商旅向無貨物進口之稅比年以內地稽查不易乃徵之在意大利時曾聞彩票食鹽淡巴菰數項由官發賣嘗以是詢諸瑞人則曰否否我國家無與小民爭利之事大哉言乎

風俗

瑞典那威兩國人民相傳與丹瑪國均係撥冬族類撥冬古日耳曼地名故瑞那文字幾與丹同而近於德國俗秀良鄉野之夫莫不好讀能書崇儉樸勤操作嘗約計之中土之民業礦採技藝無不精北方之民業獵南方之民業農那威之民業漁長於航海俗以是多阜性情懇摯重鄉誼尤好客興造鐵路在歐洲諸國為最後方初築時路旁無旅館游人下車各家爭迎之客以為意在得直酬以金謝曰是區區者豈望報乎卒不受通國如此待他籍者亦然風氣之厚為人所稱述來遊者日益衆以氣候寒凜故好飲

或自日昃至夜半不輟西人諱言醉雖飲久容止猶是未有沈湎而淫酗者凡宴會先設案置冷炙立而飲啖已乃入席酒四五種就食訖復設茶酒考非於别室為長夜之飲至是已三酬三酢誠有樂此不疲者即居恆晚餐亦多有食前之飲若他國則罕見僅食後杯酒耳有酒若高粱燒者易醉鄉間禁賣乃韞匱而沽之

氣候

氣候寒冷較順天尤甚夏日熱度不過我華之春秋分須服夾衣兩襲若夜出當擁絮而富紳巨室猶必

避暑營別墅於鄉或在島嶼林木叢雜處挈眷居之
然室中輒置火爐爲禦寒之計蓋習俗然也八九月
間乃入城非火不煖窗檽玻璃必用兩層不使透寒
氣仲冬堅冰暮春始解草木則入夏發生秋未盡已
黄落田間樹藝歲止一熟戊子六月朔至瑞京不然
街燈徹夜明亮不見星點亥子時西望日光未滅而
東方已白西人謂夏至之夜尤亮室内不然燭閲細
楷新聞紙亦能憭然惜到時已後數日七月望後見
星點落落可指由是晷影漸短星漸多重陽後已雨
雪見冰十月初旬寒氣逼人日較短於中國之冬至

矣地氣燥烈是時勳咯痰有血者旬日甫到時僕人有便血者以上指京城及南省言之若北省天氣更寒極北邊界近夏至數日無夜近冬至數日無晝高山積雪終年不化

戶口

瑞典戶口冊及一切記載之書乾隆己巳年每閱三載彙爲一編至乾隆乙未年閱五載一編今則閱十載一編然每年仍有小本戶口冊刊印嘉慶庚申年民數僅二百三十四萬七千有奇至光緒庚辰年民數得四百五十六萬五千有奇即西歷一千七百年

至一千八百八十年此百餘年中生齒日繁增益之數至於加倍其所以保乂之者必操之得其要也丁亥年戶口四百七十三萬四千九百有一人內農民二百三十五萬正得其數之半田地業戶二十五萬人商賈二十二萬餘人礦務及技藝工匠約五十八萬人無常業窮民約二十二萬人其謀食於他國者比前較少前有五萬今祇三萬有奇核城鄉分計之數居鄉者較多於他國惟斯朵閣娒京城有居民二十二萬四千各當蒲城九萬六千麻耳瞞城四萬五千其餘各城內僅一二萬人且有少至數千人者雖

地處偏僻而農事之勤動則固異於他國矣
那威戶口一百九十五萬九千人內約四萬餘人係
他國寄居境內者光緒乙酉年數

兵制

瑞典兵分四類第一類應募兵入常額由國家出餉
精武三四年或五六年無定期係自願投効軍營者
第二類為常額駐紮各城之鄉每兵一名給小屋一
間地數畝充當無年限每營有管帶有隊長以統之
朝暮演習日中為農似屯田之法國家歲有津貼置
產殷富之家恒集資贍足之給以銀錢糧食貨物之

其[illegible]各[illegible]歲會操馬兵二十日步兵二十日或二十二日提督押隊兵部大員暨親王世子督之後數日國王親臨大閲會操期内其餉項路費專由國家給發如遇戰事殷富者例得協餉增兵似田賦之法然國家必從優褒獎案通國置買田地房屋業户約有二十五萬人事既易舉法亦頗良第三類為義卒百姓之應隸軍籍者其期僅十二年自二十歲至三十二歲報名隸籍應歸何隊分别註明平時在家演習有事出應徵調即備額也第四類為團勇有事時專係防守内地及各得朗特島例無遣戍出征之責此

外義勇由各省自募操演成隊不隸軍籍臨事亦聽
軍中調撥惟不出本省境界如保甲民團之類是也
水師分三類第一類即自願投効在營者第二類爲
常額有操練已成告假家居者第三類爲備額係沿
海居民之年齒相符例應註名水師兵册者
那威兵制屢經更改茲於光緒乙酉年議定新例百
姓年二十二歲應隸軍籍十三年至三十五歲出籍
初隸籍時須入武備學堂分隊學習因事之難易以
定其期之久暫馬隊礮隊七十日步隊四十日技藝
隊如造橋梁電報等類學五十日運糧及裝載雜物

等類學二十五日其餘聽差服役等類學十八日乃入營逐日訓練行列整齊謂之正額如是者五年期滿令各自歸家每年詣營操演二十四日為境内防禦謂之副額當四年最後四年謂之備額每年操演十二日舊例凡百姓自十八歲至五十歲身軀壯健能應敵者當用兵時亦須撥入備額然新例所載在營兵額如未經議院議增雖有戰事不得過一萬八千之數據此其非十三年期限内者徵調似可不及或自願投効耳瑞典那威各以陸營練卒三千人交互駐國隨時操演以成勁旅使一律期年而代水師

兵制與陸營同其海濱捕魚操舟各業年歲合例者皆當入冊通國陸營水軍均歸瑞典國王統領

財用

瑞典那威每歲出入之款必於先一年預議成數簡明賅括今以戊子年六月經議院議準自七月朔起至己丑六月終止期年之款撮其大凡計以銀兩瑞典歲入常額國產生息鐵路入款地畝房屋稅合銀四百四十萬零七百兩關稅八百三十七萬二千兩造酒稅三百五十四萬五千五百兩雜稅及契稅一百八十萬兩郵政一百五十三萬兩上年餘款及郵

政餘款八十萬零七千六百兩官銀號存息無定數通計入款銀二千零四十五萬五千八百兩其歲出常額國王常供三十一萬一千二百兩歸各部支銷者外部十四萬二千七百兩刑部八十八萬七千兩兵部四百六十二萬四千六百兩海部一百四十二萬一千七百兩内部一百零八萬七千六百兩户部三百四十萬八千五百兩學部二百六十六萬八千兩官俸及養老等費六十七萬九千一百兩通計出款銀一千五百二十三萬零四百兩是以入準出每歲約得盈餘之數五百萬兩適足以抵無定額之用

款其無定額者還國債及議院費約二百九十萬兩雜項之用内有兵部海部内部學部等費約二百十八萬兩待造議院官銀號存積之款約五萬八千兩共計銀五百十三萬八千兩通國教内之用由民間捐助各城團練之費由紳富協濟無關國家用款學館費亦各處集資自辦者居多

那威常額入款關税四百四十九萬兩酒税一百零六萬兩雜税十九萬三千兩抽收監犯技藝工資二十四萬四千兩礦務十六萬九千兩國產出息五十五萬一千一百兩郵政電報七十八萬兩鐵路一百

四十六萬七千二百兩雜項進款一百零七萬四千五百兩通計入款銀一千零二萬八千八百兩常額出款國王常供十一萬二千四百兩議院費十萬六千兩學部兼教務一百零二萬兩刑部九十六萬八千兩内部三十二萬六千四百兩户部七十二萬一千四百兩兵部一百五十八萬一千八百兩海部四十五萬六千二百兩鐵路費一百三十五萬八千兩郵政電報九十七萬二千八百兩道塗隄岸塔燈義冢等類歲修之費八十四萬兩與國交涉通商等事之費十四萬七千兩礦務十五萬五千六百兩還國

債及利息九十萬零五千八百兩各部雜項三十一萬四千兩通計出款銀九百九十八萬五千四百兩以入準出應盈四萬三千四百兩上年自丁亥至戊子絀一千餘兩其礦務鐵路郵政電報諸項出入僅足相抵或且不敷以出款有興造工程核計在內非常額也通計兩國財用約需銀三千萬兩幅員之廣如中國直省五然中國五省有戶口萬萬而瑞典那威戶口六百七十萬是尚無中國十分之一其財用少於五省之出納無幾若以意大利較之幅員大於意者一倍有半而戶口轉少猶不及意四分之一財

用則尤少不及意六分之一特以其國僻在北隅天時地利無可憑藉專賴人力以經營之規爲盡善奢儉得中民數日益增國勢日益固於以知處寒沍之地界强大之邦而能享國久長者其來有自

國債

瑞典國債盡爲營造鐵路所需結至光緒丁亥歲終總數約計銀五千七百二十萬有二千兩由國庫存款内陸續籌償查每歲鐵路贏利較之國債利息約多三分之二如贏利三百萬債息僅百萬是所餘二分足以逐漸抵償債款矣西人曰不然當以之逐漸

增築鐵路則所負國債依舊而所獲贏利愈多不更易於歸償乎蓋泰西之為國也經營地方務使繁盛會計財用不爽豪釐其用意大率如此

那威國債亦以鐵路為大宗其餘則一切興造工程也同年總數計銀二千四百八十三萬四千兩

地利方物

瑞典那威輿地合兩國為一大山由東北斜至西南極高且長山之陽其地有寬坦者山陰形勢仄而陡中間峰嶺一帶終年積雪係交界之處瑞典南境多膏腴約計十六萬方里沃野平疇黝土黑壤村舍略

繹四望皆是居民精稼穡勤操作國中糧食仰給於此其東北隅韋堆湖之東距都城南約五百里則多山阜中有地一區方六七十里皆荒蕪石塊纍纍圓若升斗闊於耕種名曰餓地自都城以西五六百里及其北境山嶺漸多畎畝漸少所產惟樹林之利五金諸礦沿海有平壤內地江湖溪澗高下皆是如澤國多陂阜而絕少峰巒石盡灰黑色狀類覆釜或似龜背無嶙峋矗起者西南脫羅耳海堆附近地方傍鐵路有石壁峭立高自三四丈至六七丈長十里許日石頭城國人謂為奇景焉近北諸省寒沍尤甚其

民以漁獵爲生而地之可墾者殊鮮擬設鐵路通俄國特興築頗難耳通國地畝以千分計之樹林幾居其半得四百四十七分耕種地七十八分草地宜於牧畜者四十四分草萊之未闢者約百分其餘係北邊不毛之地丁亥年收穫五穀共值銀四千萬兩有奇產馬約四十八萬五千匹牛二百三十八萬頭綿羊山羊一百四十四萬頭

那威之地亦以南省稍稱膏沃過北則山勢崚嶒不能藝禾麥再北即冰海有地曰甲潑拏譯言北角也臨海俱絶壁高百十餘丈已踰黑道之北五度舟子

有至其地者見山下花木繁盛傳為異事其西南二千餘里為洛富臺恆諸島有旋水舟行絕險國中所產惟木為最獸類多鹿羽類多鳧故業漁獵者甚衆漁船三萬艘捕魚者十二萬人大魚則以礮擊之斃而後取產鰵魚最多西人用其油為補劑以治癆症結網罟亦精西南大海灣有城曰培耳軋姥為魚市之大者每歲獲利約五百餘萬兩

礦產

礦務為瑞典緊要生計其開採諸礦日有進境以悉心講求不惜工資置辦上等機器故事半而功倍也

丙戌年出礦鐵八十六萬二千五百六十四頓鐵條二十三萬五千七百六十一頓鋼十二萬零四十頓銅六百三十頓白鉛五萬八千二百四十七頓鉛四十三萬五千二百零五頓銀五萬四千七百四十四兩其開採鎔鍊技藝製造工匠等共計五十八萬人南邊亦多煤礦出煤約七百萬頓礦工二萬九千餘人礦產以鐵為最既多且佳通國鐵礦九百餘所凡設立諸廠自化礦質鍊鋼造機器輪船火車軌道軍械農具刀剪鍼索之類共七百餘所皆本籍商人自為之無時昔材異也也比外有他國商人經辦者寡

寥無幾惟北省一礦近時售於英商交易已成而尚未開採

那威閒有銅鉛諸礦其鐵礦殊少京城之西約四百里有銀礦爲境内獲利最多者計每歲所入約得贏利十萬兩

瑞典田地房屋估值之數

光緒丁亥年瑞典通國應完稅之田地房屋估價值銀七萬九千九百八十六萬四千九百六十六兩不完稅之國家公產及書院善堂等所置田地房屋值銀七千七百四十萬四千七百九十三兩共計值銀

八萬七千七百二十六萬九千七百五十九兩其數已較前漸多現尚墾辟地畝興築房屋若收穫豐稔貿易盛繁值亦因之昂貴每閱五載官為公估視目前之商務農務日有起色可預卜其價值之加增焉

進口出口貨值之數

瑞典自興造鐵路以來各海口商務較大而內地貿易因之繁盛案比年販運貨物方之二十年前進口出口之數各增一倍其出口者以木鐵為大宗歲計生熟五金值銀七八百萬兩木料銀二千一二百萬兩運往英吉利者最多次則丹瑪法蘭西諸國進口

者煤斤及絨麻絲棉各種織貨牲畜果蔬各類食物爲數甚鉅大半由英德俄丹瑪那威諸國販入丙戌年進口貨值銀約七千零十四萬兩出口貨值銀約四千六百三十萬兩

那威貿易較小進口各貨少鉅款者惟花果五穀一類價值五百餘萬其出口貨内魚鹿二種之價足以相抵最多者爲木料值八百餘萬故進口出口之數所差者尚無幾丁亥年進口貨值銀約三千一百一十萬兩出口貨值銀約二千四百八十萬兩

輪船帆船之數

丁亥年瑞典商船計輪船九百有三艘載貨之重能容十一萬四千八百八十三頓帆船三千有三十三艘載重三十八萬五千五百十二頓共計商船三千九百三十六艘其在斯朶閣姥者二百八十四艘載重三萬二千一百三十五頓在各當蒲者二百五十四艘載重八萬九千三百四十九頓此二城皆通商口岸之大者斯朶閣姥内港淺曲巨艦不能駛入城河故船數多而頓數少各當蒲傍海爲市能容巨艦故船數少而頓數多也餘船之散處各海口者則較矣其國家優待商旅都城之西南隅距鬧市五里

許河濱有小山築望臺於上凡商船進口駛經是處例得懸旗臺上亦升旗答之然礮致敬并以為號也丙戌年通商各埠進口輪帆一萬有七百八十三艘載貨二百十八萬四千八百十四頓出口載貨三百三十萬四千七百五十九頓𣎴於進口三分之一查是年出口貨值銀兩轉絀於進口三分之一是因運入者多段匹絲絨首飾花草食用雜項販往者多鐵木兩種以體質輕重價值貴賤例之其數互相反且出口僅計其就地採買之資本進口則估其境內售賣之市價其數又不同故出口往往絀於進口也

那威商船總數得七千四百四十四艘載貨之重能容一百五十二萬四千有七十六頓行船為業者五萬七千有三十八人內輪船五百有一艘載重十一萬三千一百三十五頓其出賃他國者四千五百有十艘載重九十二萬四千五百五十頓各埠進口商船一萬一千二百有九艘貨二百三十一萬六千二百七十八頓出口貨二百三十七萬六千有六十一頓均係丙戌年數丁亥年添造輪船二十一艘帆船亦增那威民數不及二百萬而船之多如此以此相較天下各國固無有出其右者矣

是之謂歟

武備學館

通國武備學館五百六十六所係國家設立又一百六十一所係民閒設立共計學徒約五萬人藝成試之果優即以備干城之選焉國家設行商航海學館二十所又民閒設者四所學徒八百人亦足為海軍之用以上書院學館按光緒丁亥年國庫撥給學部經費銀約六百二十一萬兩其餘係民閒捐助應歸學部經費核算之款由各省出者約銀八十六萬兩各鄉鎮出者約銀九百八十四萬兩共結經費銀一

千六百九十一萬兩

商務

内地貿易之盛以北省為最如忽落朗斯密朗的紆蘭等處皆由河道通鐵路多也近南各省内地少運道不甚妥便故商務未見生色至各通商市埠買賣雖大以彼此交易衡之未必無相形見絀者如煤斤為民間必需而國少煤礦則讓其利於英人矣繭絲為境内所產而國少織廠則分其利於法人矣核比年進口出口之貨價及礦務製造技藝商賈之民數得其崖略矣光緒甲申年進口貨約值銀二萬一千

居奇而境內產鋼鐵木石不可勝用隨在皆是無煩移運鐵軌較小而行緩多用單道無雙道三道者其火車之制煤斤之費亦因之而小宜其獲利厚也顧或謂鐵路之舉誠便於轉運如以利言資本之輕如瑞典且不獲什一焉至於他國僅得百之一二則更微已而猶必亟亟然為之者何哉曰其大致有三商也兵也農也泰西重商海口有輪船而內地無火車百貨壅滯則稅項必絀有鐵路以佐梯航之不及足以興商務邊海防營閒隔遼遠養兵多則帑藏虛養兵寡則軍勢弱有鐵路以調遣軍馬朝發夕至則各

營軍額可減足以節兵餉至若深山窮谷人迹罕到
有鐵路則以次開闢國無曠土設遇饑饉賑撫無難
足以墾田而救荒審是則知其用意在彼不在此且
人皆有而我獨無於事理時勢則又斷乎不可故如
是其亟亟也若夫商家之情形與國家迥别其亦毅
然舉辦者以泰西銀行存息極微公司招股集資自
無難事而國家又往往貸資本以贊其成保贏利以
持其久蓋有恃而為之也要之歐洲内地河道曲折
通達者鮮自來鐵路日見其增夫亦地勢使然耳故
凡遇旱陸則行駛火車苟有江河則講求水利如瑞

典之舟車並用爲得之矣

河道

瑞典之經營河道也與軌道等而每歲獲利亦相等地勢由東南沿海至西北諸山漸進漸高多築閘門蓄溪水爲港路遇阻隔則開掘河渠近南各城鎮皆通焉其西南脱羅耳海堆地方有直港長約十里寬二丈許水清澈瀰滿兩岸皆堅石盡係炸藥轟擊而成爲境内水利最鉅工程他處亦多有開掘者極高河道距排耳低克海面四百六十餘尺若不能行船之山溪猶有高於此者故分水道爲二其淺淤者濬

之偪仄者開之量水勢之高下爲閘使滿而不涸止而不流以便船隻運載者曰河然節節堵截而宣洩失宜設遇淫雨或上游雪水驟至則下游低窪必成巨浸乃復造堰壩擇其兩山相夾中有石磧内外高下懸絕易於瀉注之處鑿石爲界限河水高於堰壩即奔騰湍激順其就下之性衆壑爭流匯大川以入於海者曰溪上游河道受山溪來源雖大旱不竭必與界齊下游河道逢旱則水勢稍淺灌溪水以足之溪與河同出一源交相爲用而又各不相涉蓋一則蓄之使止其勢平行一則洩之使行其勢陡急往往

閘不及里而所見截然兩途者製造各廠多聚於山坡閘分大股溪流借水力運機輪以省煤斤其相度得宜疏治盡善如此凡有閘之河道十有九共計閘門一百七十八重

那威南境亦有河道以地勢過高修理工程不易故遜於瑞典其都城之西約四百里貢斯卑附近之處曰朧漸恒湖為境内五大湖之一周圍六七十里多淺淤有已漲者土肥而色黑宜於耕種湖底高出海面尋丈擬開溝渠於南岸以涸之可得沃土千頃云

書院

瑞典國家設大書院二一在紆潑師耳城中山坡上既避都市之囂又因往來之捷相地得其宜焉戊子年學徒一千六百九十一人院係近年重葺其繪圖者乃國中大匠故結構頗臻完美規模堂皇工程堅緻為樓三重上梯有迴廊列石像數軀其後進為諸生偃息之所前進第二層樓為講堂分門肄業自為一室室之頂飾以彩畫類皆人物花卉有一室獨異上繪稱物之天平中央四隅各一具導游者指而告曰此為講求律學者我國家最慎刑罰苟非當局至公無私求其至當未有不失於輕重偏奇皆准如衡

之持其平如權之得其準斯斷之者無愧怍而受之者無怨憾矣蓋欲學者觸目而警於心故繪此示之即箴銘之意爾一在倫特學徒八百人

那威大書院在京城距王宮半里許面南院宇三所作品字形中央博物院樓三層第一層油畫石像也上層毛羽鱗介之屬麋鹿狐貍豺狼虎豹犬羊獼猴海馬田鼠鷹隼燕雀魚蛇蟲豸種類繁多有猴高於人燕小於指者大都其北省及沿海所產至來自他國新奇僅見者殊鮮更上一層百穀草木之屬蓋其民以漁獵為生羅列之而識其族類之別其地之耕

種不易試驗之以求其土性之宜民生所賴國計所關異乎搜奇誌怪者矣旁兩院爲肄業之堂藏書頗夥學生千七百人導游者曰此我國翰林院也那威大書院即此一所士之俊者累舉乃得入而肄業由此出身遂可行其學於世其謂之翰林院宜哉

學館

大學館一百三十所共有學生二萬人小學館一萬零二十七所教習一萬二千三百九十人學生六十九萬三千六百八十人此外尚有武備水師技藝航海瞽啞聾子各學館其小學館半係義塾由各城鄉

就近捐資設立每歲需費約計銀二百八十萬兩國家津貼四分之一係存項利息内撥給故民間子弟皆得就學無須自行束脩女童專設學館其教習亦係婦人大率習英法德語言文字間涉算法或亦旁及格致若縫紉編織一切女工又必有學習之所其

國家於學問一道辦理周密不論大小學館必派員於各城鄉巡視各館同門年齒姓氏錄必有刊本凡學問之優劣功課之勤惰行為之良莠所誦何書所肄何業閱七日一計每歲則綜計之彙為一編俟視學者按臨館師以是呈覽乃試其符否以第其甲乙

舉大學館諸生考列優等者撥入兩書院肄業小學館之優者入大學館其不願附入於義塾者則必設館於其家亦一律考試案前歲應隸軍籍之民通計其不識字者千人中僅得三人論者謂比來瑞人學問大有進境良然

那威學校之制亦相似城中子弟自七歲始在鄉者自八歲始均至十四歲止此數年内不拘貧富皆得入學大學館十七所分設各城共計學生三千四百四十五人小學館六千四百十八所學生二十六萬一千三百九十二人學館費約合銀一百有六萬二

千兩大半由民閒捐集以上俱係乙酉年數為西歷一千八百八十五年以總冊閱十年始造故未能核其近年數目

書庫

斯朵閣姥城中有書庫四圍多隙地為樓三重每重十餘閒樓梯閣板門窗戶壁皆以鐵石為之慎厥藏也樓下一廳頗寬敞玻璃罩內多古書係洋文鈔本有著色畫冊盡繪神鬼蓋我華僧道家物有印度經典書於簡策狀似黃篛而厚倍之長寬正與尺等審非貝葉疑是檳榔葉或蕉類也其書純以圜或半或

全相聚成文空谷傳聲之譜似之樓上卷帙充棟中國書籍往往與日本錯雜西人亦知其誤而無從辨認出數種見問閱之蓋中國書刻於日本者真省輿圖一軸紙色甚舊板大七尺而境界模糊地名頗略手卷一軸高五寸長二丈餘紙深青色以泥金書蓮華經楷法二王卷末不紀年不署名未知從何覓來因告以此卷最佳當什襲藏之前在意大利羅馬曾觀大書庫搜羅富有祇以逼近羈市藥室之法無此周密其紙以羊皮製者爲貴白淨堅厚每葉高二尺寬尺餘盡係手錄有漢文鈔本硃庸劣至以日本者

為中國厥弊維均五經四子書之繙成法文者各庫皆有諒譯者必淹通之士惜匆遽未及借觀耳

商會

商會由國家設立商家捐資國君蘭親王為督辦紳官為總辦佐之以司事與諸富商巨室聯為一氣凡有利益之舉莫不為之籌畫招攬承辦諸事商會得以居間各國都城及通商市埠之繁盛者必設之以助商部之不及瑞典都城商會事務煩劇督辦者為王子總辦名戴虛勳等入境時其內部派戴君暨水師製造監督毖耳恪林導游極承款曲其司事皮耳

脫者能英法語言文字會中委令游歷中國印度日本各處通商市埠專紀商務約三年始能周徧擬設公司運鋼鐵及雜物至中國售賣戴witt諸君嘗謂中國大宗貿易大半由英商承攬而英商則仍購各國之價值相宜者以往即如從前之鋼礮近時之鐵軌皆倫敦商家來瑞典採辦轉售於中國若得設立公司互相交易則兩國商務大有裨益特慮道路遼遠往來運費不貲耳

地理志會

戊子五月來由意大利抵瑞典即次都城閱四月游

既竟寒氣漸偪將赴葡國而未發也九月下旬兹耳恪林邀往聽講地理志且言同人願見今已瀕行借是歡聚可乎諾而往諸人已登堂宣講堂大容二百人講者坐設大案置書數本照相數十葉其人游阿美利加回國中博雅士也右旁懸巨幅輿圖左旁各報館執筆者是日會中至者約百人皆故家望族亦有二三婦女列坐數行第一則講北阿美利加洲人少土著由亞細亞往者居多古時髑髏可驗也朗朗數千言惜倸瑞典語不能解兹君為述其略既終篇少停又講一則復入席飲啖盡歡而散聚時戌初至

是巳丑正矣斯會也固不僅考其山川道里風土人情已也凡盛衰得失之故五行百產之精莫不探賾索隱窮其事物之理同人亦得辨析必言簡而意賅君子以朋友講習故謂之會曰地理志者其所包者廣而其為益也大泰西各國皆有之以視後讌飲競徵逐者不誠相去天淵哉

鐵器博物院

瑞典都城過西北二度有省會曰之倫中有鐵器博物院頗著名及入其室則一覽無餘無機輪鎗礮亦乏大件器皿凡有陳設者鋼鐵固佳而物皆習見竊

為疑訝既而察之則知諸物之所需者要而其為用也繁正如布帛菽粟利賴無窮非若奇器鬼工無關實際也院為高樓一楹廣二丈有奇長約五丈樓梯旁置犁耙數具皆裝就者犁鑱前屈曲之木越俗名犁衡鑱長尺許前銳後平後闊五寸餘豎長方鐵片寬稱是長尺有咫微凹作側勢左旋耕則土塊落於左形製與我華迷同院内諸器懸於壁列於架盛於匣精細者玻璃籠之如兵農之具則有甲冑戈矛鈀鉏鐮鍤工匠之需則有斧斤鑽錯鉋鑿錐鋸庖廚之供則有刀叉瓢杓壺銚鍋鐺又如鍼烙刀翦佐女紅也

盎鉢箭缾資玩賞也至於樞鈕鐍鑰釘索鈎鐶之式不一而足有絲細如髮片薄於紙者櫝列礦石數種缾儲强硝硫礦皆土產閒是院之創造已踰百年諸器之雜陳蓋亦多日乃視之其光瑩瑩叩之其響錚錚焉鑒藏亦精且善已近城多鐵礦擬往觀焉君尼之曰礦惟轟擊裝運無他技能深入坑中徒勞足力耳遂止

瞽人院

瑞京之鄉有瞽人院乘火車往約五十里地僻静凡瞽者至十歲外送入院讀書書用硬紙敲成字畫作

凸形以手摹其文讀之既識字男人教以各種技藝女子教以縫紉之類務令嫺熟一業院内約二百人教師指地球一處問一小鬟即觸手答曰天津又問曰廣東球不甚大而了然於心手熟之至矣

啞人院

啞人院讀書則以十指作勢象二十六字母湊合成文兩啞相遇各以手談甚為便捷其學業亦易於聾者時見教師率二三十人閒行過市導游者謂我國啞人頗多計近南諸省在院者二千餘人通國當倍之聾者能視啞者能言皆代之以手在上者為之經

營其事孜孜不倦足以補造物者之偏缺其成全為不少矣各國皆然教法亦同

郵政局

丙戌年瑞典郵政局共二千一百零三所寄信及日報書籍等一萬零一百十五萬件進款約銀一百四十二萬兩用款一百三十六萬五千兩

那威同年郵政局一千二百十七所共寄信四千一百一十萬封出入之款僅足相抵

電報局

瑞典通國有電線之路約一萬六千七百里共計電

線長四萬二千六百里設局二百餘所寄報一百二十四萬餘封進款約銀三十萬兩除用款外略贏丁亥年數凡官家鐵路公司所設電線並有局三百餘所不在以上數內

那威電線路并鐵路公司所設者合計長於瑞典二百二十三里線長三萬零三百八十里局三百餘所寄報八十五萬四千餘封是年進款約銀十九萬八千兩用款二十六萬兩查各國郵政電報贏利無幾或且折閱十餘年來泰西郵局電線有增無減苟利商賈必爲之瑞典那威所設局較十年前各增五分

之二國中貿易倍於從前則知其增設之意將以興商務非於此兩項求利也

游歷聞見錄卷七

瑞典那威内編

斯朶閣姥

瑞典都城也北極出地五十九度十五分赤道北五十九度十五分順天府西九十九度七分在其國之東南美拉湖之東排耳低克海之西北隅港汊紛歧林麓翁鬱北接陸地東西南環以羣島有小不及里者總計得百餘處距海不過七十餘里而旋繞以入自辰及未始達近内灣折淺狹不容三四桅巨艦闖城五島以橋通之傍西北一島建王宮向東北前駕

石梁宮門高敞列銅獅四三面臨河皆城中極繁盛之區宮之右列衙署市肆有橋甚長跨三島以置鐵路登宮樓俯視輪帆電掣商旅雲屯全城形勢都歸眼下為境內第一市埠其東南兩島一為經營水師之處一則僅供都人游嬉凡園林戲館茶肆酒樓與夫一切玩具咸在焉夏日午後納涼者羣集徧於山上或坐或憩鄉人或攜酒食席地歡飲人影衣香與野鳥山花相披拂恍然見太平景象其樂熙熙不至奢侈視他國為不侔矣

羅堆勃羅

在斯朵闍姥北二十餘里由此往紆潑師耳有官家鐵路村落在道旁山隈有一廠是嬾姥設以造倍耳里脫炸藥處

紆潑師耳

紆潑師耳城在斯朵闍姥之北稍偏西計程一百二十里火車軌道其直如矢河道略紆即美拉湖北岸有支河以通之河底深丈餘輪船得直抵城内其地氣候亦清土田尚沃屋宇整齊街衢寬坦有貿易而少製造城隅大書院一所防兵一營為都城以北省會之最大者闔省户口十二萬人居於城者二萬一

千有奇

乜倫

由紆潑帥耳乘火車往西北四百里至乜倫距斯朶閣姥五百二十里河道雖通而較遠以地勢漸高須過閘門數重西百里有大湖曰細利盎由西北發源曰蹈耳河分東西兩道納衆壑之水各長四百餘里近城西鄉兩河匯流曲曲向東南行百餘里入大江又折而東北四百餘里以入於海城中戶口不及萬人有鐵器博物院一所以附近各鄉多鐵礦產鐵最旺故鐵路分數道達南邊諸省其西南八百六十里

即各當蒲海口軌道直捷而少紆折便運載焉自城以北祇有一道往東至延忽來省傍海向北直上四百餘里印大耳斯河之南折而西行抵那威奪龍堆姥海灣由印大耳斯河過北百餘里近罷得尼阿海濱其東岸即泛朗特之物推牌海面寬約五百里瑞典與俄羅斯鐵路已各造至其地將來擬從北邊兜轉通共二千里有奇計工程正各得其半惟北邊近海灣盡處呂來推口岸有一道向西北通那威洛富臺恒海灣之内約千里由商家承造現已造至中途案北省地面誠廣然已屆黑道人煙稀少苟鐵路之

有無無關利害似可無煩興築矣乃其地多未開之礦非是則人力所不能至直棄之如遺耳且俄已將偪其北鄙而瑞猶宴然處之一旦有事其何所恃以保邊圉哉顧勢有緩急事有先後其已築之道因其所當爲以言轉輸則東偏西偏各通海運以言貨殖則礦務商務自有生機此補偏救弊之方也其未築之道出於不得已俄增瑞亦必增勿偷安以貽禍俄止瑞亦姑止勿勞民而傷財此制治保邦之意也其籌畫不誠詳且盡歟

敬奪尾堅

散奪尾慳近延忽來省城之南由乏倫乘火車東行至此三百里地極平坦而道尤直捷在紆潑師耳之北稍偏西距斯朵閣姥四百里軌道有二其一由京城西北經紆潑師耳向北直至延忽來海口轉折而西南數十里其一由輪船渡美拉湖距京城西二百餘里湖之北岸有城曰韋斯忒臘車道向北行二百里跨蹈耳河即至其地由是再向北直上六百餘里抵腦阿蘭之南除寒帶下横亘之道當以此為極北者散奪尾慳本係荒郊三十年前尚乏居民自築鐵路後設製造廠户口日增竟成巨鎮匠人半在村外

聚族而居比鄰相接為屋百十所疎散而又整齊每屋三間自成一家開軒面圃編花木為藩籬蓺蔬菜瓜果以自給兩旁多隙地種樹成陰入其室見廚竈牀榻亦頗精潔匠人勤操作於廠家屬執女紅於室即雞豚狗彘之畜無不備家裕戶饒熙然自樂以視他處廠工迥不侔焉異而詢之乃知由商家購地築室貫與工匠訂定章程令居住者每年納賃屋費若干至若干年本利收訖作為居住者己產如造屋費本銀百兩歲納賃費十四兩以十年為期滿若本重則展其期是在商家每年收回本銀十分之一又獲

利銀四釐在工匠得零星置產與住他屋不同彼此計算兩得便宜而尤利於商家凡廠大者工匠必多撫馭為難如或失當及暫時停止工作最易恃衆滋事大半由於無田廬之依戀升斗之積儲耳近年法國各大廠輒因停工激變當軸者時形掣肘幾無策以制之不知茍得其道停工何患況築室者能使地方繁盛尤一舉而備數善者哉

淘姥乃物忒

淘姥乃物忒在乏倫西南百餘里附近多鐵礦設廠於溪旁以化礦質鍊精鋼亦製水輪機器其廠後山

凹内築一小室中置水輪式樣下爲方丈浴池引山
溪之水自上而下由水輪過輪軸係直竪者試之頗
靈便西北四十餘里即東西兩蹈耳河匯流之處至
此經廠旁過往東南河兩岸相距約五十丈鐵橋横
亙高約八丈分上下兩層上鋪軌道下走馬車兩旁
各有路以便行人乏倫省内少官車廠由此東南往
斯朵閣姥西南往各當蒲皆商車惟中開一道往麻
耳瞞者約千二百里官家之道爲多

脱羅耳海堆

由淘姥乃物忒往各當蒲軌道向西南二百餘里歧

而為二一道由南行不及百里抵韋𡋯湖東北岸舍車以渡一道由西行百餘里折而西南傍湖濱約五百里至南岸湖盡曰嬾納娕國之大商勝特跋居於是鄉其附近山閒有峭壁一帶即土人所謂石頭城者稍南曰脫羅耳海堆有河與地名同為湖水入海之道軌道傍河東岸百里至各當蒲海口脫羅耳海堆山阜重疊溪澗交流緣溪多設製造廠皆以水力運機輪其最大者為造火車之廠主人相待甚厚觀廠已贈照相二十餘版皆諸式汽車也謂村後有大瀑布盍往觀乎諾而從之上小山之巔遠望三里外

其地勢頗高溪水湍激而下觸亂石濺細沫如霧不辨村樹水從山下過目光爲之搖亦足移情然實非瀑布蓋溪流之急者耳乃登傑閣題名於冊與同游者留小影遂下行數里陟一山有亭翼然在其巔憑闌俯視亭外石壁如削其下爲譽計距水面十餘丈對岸高亦如之中寬僅丈餘石色黝暗日光所不到可知當時開闢工程之鉅復邀往觀閘其地之相去不過半里爲閘門四重者二每上一重水勢高六七尺則八重共得五十餘尺自下望之見嶺頭林麓之上時露風帆一角由海抵湖經閘門十六重人力至

此偉矣哉

各當蒲

各當蒲亦名遠堆溥以其地屬遠堆蘭部也在斯呆閣姥之西偏南八百二十四里通商市埠此為最大貿易之盛勝於都城帆檣蔽日樓閣沖霄河渠池塘園囿林麓悉臻美備戶口約十萬人近因貨財日盛製造日興乃復拓地營治街衢有小河環圍如帶河外皆新建之地故分新舊二城火車由此至都城程途稍覺紆回以城東二百餘里有韋耎韋堆兩大湖閘之取徑於兩湖之適中自西南斜行向東北長數

百里其赴那威京城之道傍海向北直上略偏西計程六百四十里較為直捷内地水道亦可由韋堆湖通達各大城湖之來源在那威京城東北四百里叢山之内有大湖水向東南入格拉河二百里抵瑞典界又東南四百里入於湖湖西南盡處即脱羅耳海堆河至城北隅以入於海故以此為薈萃之所且地勢極得形勝其海口正西二百里為丹瑪之極北地角曰斯卡旋恒由西北折而西南為斯卡旋臘克海灣約八百里出口各國巨艦皆由此入火車之往來歐洲者亦得由地角對渡然不若麻耳瞞之尤為便

捷也

泊福斯

各當蒲之東百餘里曰泊福斯在商家鐵路之旁軌道向南五百里即麻耳瞞其地村舍散布溪河四達自此往北多山嶺有本籍商人設礮廠於此

斐恒斯蓬

泊福斯東南百餘里曰斐恒斯蓬縱横二三百里之内僅有商家小鐵路數道其河道北通兩大湖西南達各海口有鎗礮廠商人住宅規制雄偉如王宮主人出所藏中國筆墨索書為留名譯法國音註之又

以華人小影見示蓋即信彼教之閩人題名於乏倫博物院者影作側形而無眉目時在百年前未有照相之法也

麻耳曒

由各當蒲遵海而南偏東一度計程五百五十里為瑞典極南海隅曰麻耳曒在斯朵閣娏西南一千一百一十里皆軌道倫特省城在其北僅隔三十里鐵路四達附近各口岸商賈咸集於此内地貿易繁盛亦一大都會也自此東北方廣五六百里壤地皆極耳坦南臨聖特海峽即日耳曼西北邊境丹馮都城

在其西海面寬三十里半渡則望見兩岸往來便捷一船日航數次故無庸巨艦船埠對岸有沙漲一區設製造廠鐵橋通馬橋外二里許即海口南北兩岸較寬築石隄以捍波濤留一隙容船出入隄兩端相距甚近造塔燈於其上居民四萬五千餘人自斯朶閣娩及各當蒲二城之外當推此爲市埠之大者

愛斯基耳斯的紆乃

愛斯基耳斯的紆乃在美拉湖之西由斯朶閣娩至此計水程約三百里輪船一夜即達火車路較遠商車軌道在湖之北環繞至湖盡處從西兜回又一道

在湖東南係官車半道換商車勢如弓曲兩道各得五百餘里其地頗似鄉野一村鎮街衢不甚熱鬧民數不及萬人為工匠者居多有鐵廠一所基址寬大製造雜項機器常時工作五六百人多至千餘人其主人住家廠内係飽學之士和藹可親極承款曲為言製造之利以尋常論每歲所獲約得十一而稍盈有時僅數釐微如銀行之息至若多至二分以上者蓋亦僅見城中多技藝諸廠但較小各種刀翦農具之類是也

綾哥斯帶

愛斯基耳斯的紆乃之西約百里曰發哥斯帶中多樹林為王家所置産派弁兵守之有錬鋼之廠以純鋼抽絲製造繩索廠旁溪水平衍半里許流入湖勢甚湍急設水輪於湖濱以轆轤架鐵索節節引入廠中軌道河道皆能通達附近多村舍由愛斯基耳斯的紆乃乘舟往抵岸商家以四馬之車來迎觀者如堵盡廠中工匠家屬歡呼道左以致敬及入其庭則親朋滿座乃知勳等將往而預邀至者主人有孝行老母年近大耋艱於步履其坐具有輪而室中無閾行則推之主人時揣寒燠問安否同胞者四人二姊

一弟俱老大不嫁娶童子數人其從子也乃設盛饌款客老人自為主輙問中國事耳重聽大聲答之有所聞則頤為之解筵散以二人為偶或閒步園林或登樓打彈或出精巧玩具似葉子戲象戲等類必令諸客盡歡游瑞典時凡無旅館而信宿商家者類然北道主人其賢也如此吁足以感已

林秋平

愛斯基耳斯的紆乃之南計軌道二百里在海灣内大江之旁曰腦秋平再往西南八十里曰林秋平軌道距斯杲閣姥四百一十里往麻耳瞞必由之路故

地方繁富有織布染色及自來火技藝製造諸廠水道通達各城城之東有遠堆河國之大川也一日乘馬車游於河濱煞耳恪林指謂曰此河上游之韋堆湖通氣於瑞士國之貢斯當斯湖若值水落時彼必盛漲此漲彼則必落自來無爽者詢其故亦不能答貢斯當斯在瑞士東北邊境由挨耳潑山發源湖水向西流入德國之耳蘭河經荷蘭國入北海曲折千五百里兩湖之相去也南北二千五百餘里有聖特海峽及丹瑪德國以閒之若以陸地論當由東北入俄羅斯折向西南由德國以至瑞士則更遠矣且兩

湖皆上游巨浸下注於海海水不能逆行無漲勢其
非潮汛可知顧乃互相消長如此奇已

馬帶臘

由林秋平溯遠堆河而西百餘里傍葦堆湖東北曰
馬帶臘在河之南河東流百里近林秋平分二道其
一徑趨而東約百里經腦秋平又東百里入排耳低
克海其一即向林秋平南行多支河匯衆谿之水四
百里以入於海統名遠堆河計閘門五十八重境内
絶河之閘無多於此者湖之西河道四達能通葦桼
艄舤道約五百里至谷當蒲由城往西南七百里為

麻耳瞞有處道皆直捷城中廠房極盛有製鋼甲造火車輪船機器自來火木紙等廠造舟車之廠頗大商家設有學塾爲廠中工匠子弟讀書其塾内列各種木器之式皆精緻而小計百十事係諸徒手製者

克利斯低亞尼亞

那威都城曰克利斯低亞尼亞赤道北六十度黑道南六度三十二分順天府西一百有六度三十分東至斯朵閣姥計軌道千有三十里正南至丹瑪斯卡旋恆海角計水程四百五十里深踞灣内距海口一百六十里城南向縱四里横倍之依山面水形若飛

鷹首略側為經營水師處有散小礮臺稍北半里即鬧市左右兩肩際各有火車棧有船埠城外溪流一股自北來曲折向東南貫全城其附近十餘里之兩旁多設各項製造廠街衢以鬧市之北橫亘一道為最寬而直計長二里有奇東抵火車棧西入王宮園林之內宮在山坡上園頗大傍西有池二戊子年城中戶口十三萬五千六百十五人前十年僅七萬餘人增益之數幾至相倍即通國各城每閱五年一計輒增十之二三各鄉祇增百之二三可見製造貿易斷有起色種植之事不免限於地利云

好登

好登在克利斯低亞尼亞之南計軌道一百九十里水程約百里距海口六十里城踞西岸距東岸十餘里然有小島數處輪船出入必得偪近城外二三里內經過故以此為京城第一重門户入內復寬向北三十餘里則又窄僅如港路者約二十里為第二重門户東西兩岸其地狹長如島伸入灣內東岸向北西岸向南參差相對中留一隙口內多暗礁船不易入誠天險也好登駐水陸師設水師廠基址寬大而屋宇機輪無多蓋以備修理船艦或亦兼及軍械廠

旁小山上有礮臺登而觀之見臺外有灣如湖臺在灣内遠望則多所阻隔揣其形勢殊非扼要臺固舊式已歷多年殆陵谷變遷在當時或不爾耶竊疑新式之臺别有所在然禁他國人入覽歐洲通例也抑又聞諸西人謂那國礮臺無緊要者

貢斯卑

克利斯低亞尼亞西南百七十六里有城市在山阜之上曰貢斯卑山下設製造火鎗廠已歷四十八年距城約二十里有鑄金銀銅錢廠往觀正值停工叢山之内有銀礦

游歷聞見錄卷八

瑞典那威內編

鎗礮廠

鎗礮廠官商皆有開設鋼鐵純淨製造精良其廠之大而專鑄礮位者在南省之泊福斯係商廠即以地爲名能鑄四十餘頓巨礮見有二十餘頓者二其一鑄後新出於範一已架機上用鑽惟十頓以下者最多法愈善而售亦廣均係後膛中有旋紋鑄時鍊鋼至極純傾範內約重千斤者𪓐如升長三尺廠中有缸圜盈丈深丈許以大半埋於地滿儲青果油旁有

竈其狀似炕中實煤炭以巨練運礮卧其上覆鐵版燒令盡赤起豎浸入缸油沸火然少頃縋上猶赤也再入火漸熄升降者三煙滅為度能令鋼性略柔乃上機用鉋礮轉運而就焉鑽孔亦然後截裝藥彈處裹一環環內徑約五寸博八寸厚寸餘用鋼塊燒赤以機輪軋成內外磋刮圓勻持規細測環內必使小於礮外一紙既準燒赤套入一如鎔成無豪髮隙後膛啟閉機括關筍合縫多賴手工非機器所能為力矣計重四五頓者後亦上環丹瑪定造四十尊派武官駐廠監製環徑尺許編列小室監製者一一測驗

矣白粉誌環内已購兩巨礮去聞三年前英商購一車礮運往中國作式樣重約千斤價銀六百餘兩連架礮新式後膛即頃所見浸油一種視克虜伯之製無少異而值較廉因廠中鍊鋼既極純淨雖有大錘比來已可不用鑄成堅固無比彼廠猶用大錘一礮必數次燒擊多費煤斤況交相比例鐵價匠工與夫一切資本費用則又懸殊故均此一式之礮彼必昂貴而我得平允也若各購一尊試放當自得之蓋主人之言如此官廠在斯朵閣姥及街斯克洛孥製造師船礮械都城附近之麥利愛培製雙筒鎗一次藏

藥彈九枚他國所製或多至十七枚商廠在斐恆斯蓬有鑄礮者兼製鎗備大小長短諸式多係獵戶用都城有製新式手鎗者極佳

筆碼廠

然鎗最初用火繩旋易之以銅帽後又變焉製銅管長寸許藥彈實其中其名曰筆碼以機軸軋銅為版鑿成圓片形如錢初壓如盌再壓如筩底平邊豎屢沃以沸湯使不裂更數機則如管長盈寸底周圍起圓線中微凹乃成以引藥少許塗管底中置火藥銜彈於口彈以鉛為之形長前銳後平製造之機大小

十餘具火爐蒸鍋皆備各有鐵架頗精緻購自英國價七萬三千兩一日成萬餘枚此為國家必不可少之廠無論有事需用浩繁茍或告匱雖命中之技立困即平時訓練士卒演習準的非此無以成勁旅購自他國毋乃糜費故必自製歲計若干分給各營存儲武庫者胥於是乎在誠有以多為貴者廠在岑利愛培鎗廠之旁附近村落悉住弁兵山內地僻林深校場寬大而平衍為操練鎗礮諸隊者國家設武備大學堂大兵房於此

那威筆碼廠在克利斯低亞尼亞山坡上其機器亦

購自英國者廠屋方整一間列十餘機周轉作四方形爐在別室布置迺緊製法悉同竊思筆碼之名殊不可解若銅帽圓頂其下有襜似洋人冠故名今筆碼式似銅筆帽而短意者碼帽轉音之誤歟既裝彈形似筆出則疾於馬謂之筆馬不尤可傅會歟且二字固非西語也自來器物之來從外洋者輒沿用其名聞之竟不知為何物而機器尤甚中多零星名之不識實將焉求必也有意義可譯則譯之否則為命以名知繪圖註曰甲乙綴說於後當曰甲為某作何用乙為某作何用庶業此者易識覽此者易曉焉

魚雷水雷

水師用以攻敵船者礮之外有二曰魚雷水雷魚雷范鐵片為圓柱圍約二尺長丈許頭銳置棉花火藥適中一桿大於拇指直達至尾為銅葉四懸師船頭艙下近水面有月窗並列如鼻孔臨陣發以機鼓氣而行形似游魚觸敵船炸力極猛然行不過三十丈氣息即止惟專用魚雷小輪船艙面低於水僅露煙筩一艘祇數人每出或數艘或十餘艘四處飛集執是役者皆効死力敵甚畏之水雷如圓球中實炸藥外圍可七尺散布口内外要害各通以線聚其緒於

防營分甲乙為識寇至如測其船經甲上由甲線發電轟擊無不中者其法勝於魚雷瑞京水師魚雷船無幾而水雷甚多一日入廠見兵丁羣集出所藏水雷除鏽添油約百餘具蓋海口入內遠又多歧途多淺淤節節設險鞏若金湯那威京城有船廠用木為船隝其法頗巧廠中所造漁船商船過半亦有師船監工者出圖見示閱至一葉謂此係前歲俄羅斯向本廠定造者二艘一式聞駛往中國黑龍江等處式與意大利利伏恒官船廠所見者同觀此則俄人之經營水師已可概見故或謂埋水雷於海口以資固

守尤當置魚雷於師船以備遠征二者各有所宜云

鎔化鐵質

礦質皆灰白色石塊石内似碎米者即鐵屑佳者屑多於石鎔化之爐以巨甎砌成圓形圍二丈許高三丈下旁有竇以甎泥封固礦質煤炭自上口傾入廠内地上鋪黑沙泥甚鬆劃泥為槽十數行長六七尺既鎔鑿竇令流入槽内以次遞滿即成生鐵

錬鋼

錬鋼之法極純且速每鐵百斤可錬至八十七八斤耗折有限加以煤斤工費其值貴於鐵者僅十分之

二故凡輪船軌道鎗礮機器向有用鐵者今皆用鋼愈臻堅固又悠久也鍊鋼爐生鐵鑄成内外塈泥甚厚巨如七石缸上下小而腹大兩旁有耳架之能轉動中有竅通鐵管十餘丈外設方丈火櫃燒煤令火入管又一室設鐵筩三各徑尺許出地三尺筩底有鐵櫃亦通於管以木屑雜泥土納筩口頻納頻築使其中不生火而生煙距此數丈設吸風機輪驅煙火向爐奔注先以他爐鎔鐵火候既至用藍玻璃眼鏡窺之見鐵汁白如水明淨無渣滓乃運以鐵桶傾爐内轉爐口略側開其竅風火激盪其聲震耳火星萬

點飛噴而出紅光高二丈似花炮噴箭皆鐵屑也由是光漸縮漸淡點漸少約至一刻或十二分鐘火縮至二尺餘光純白無纖微點仍入桶桶底有竅啟之灌長方範內成巨塊每爐鍊鋼得萬四五千斤作七八塊瑞典廠之大者必自鍊鋼如淘姥乃物忒泊福斯發哥斯帶諸處皆然亦有專製鋼塊鋼甲出售者試鋼性之堅韌其法不一最確者以厚三分方五寸之鋼片不必入爐但用大錘輕擊之初折為二層再疊為四層無稍裂痕恐繞指之柔不足誇矣

銀礦

那威之貢斯卑地方乘馬車曲折入叢山十餘里有銀礦馬石灰黑色礦高廣不盈丈深十六七里鋪軌道直達於內坐車入車制頗異以四輪架木版輪殊小徑不及尺版厚二寸長約四尺博三尺半中設橫凳版下有機栝連鐵條於上條端橫木六寸許車容三人一人坐中間向前兩手握橫木推挽之二人背坐於旁毋豎立毋妄動中昏黑然油燈入行頗速一刻七八里其間甚寬廣適得其半遂不復進乃下車拾級以登有石室方二丈中置汲水機器鐵路旁有穴梯而下皆水也礦質尚多向下開採已低於海面

二十餘尺隨汲隨聚取之不竭令流山外過廠中爲鼓動水輪之用作工者各懸一燈鑿壁採取或轟以炸藥聲甚震必先鳴號恐驚衆也礦銀色白亮粒大若碎米細若芝麻半在石甲似有紋可覓以鐵桶運貯入廠塊大者擊碎之分麤細純雜爲數等再以機杵擣成細粒攤於木牀牀寬五尺長丈餘邊高二寸並列十餘牀微側向外令時時震動叩向内各設管有水沖下石質輕震則隨水向外銀質重則向内復盛以盤於水中淘汰之其石中未淨者研粉架木爲溝粉和水流出有長方水櫃距水面三四寸承以密

綢綢底有吸力水經過有銀粉即吸入取之務盡然後入爐鑄為大條重約三百兩爐房內列礦質甚多皆本礦所出有如鬚髮成絡禾麥結穗又如點滴凝聚根株鬱蟠最巨之塊重千兩以上皆極純粹不黏石屑其原物已鎔鑄此則鑿巨石貼銀肖之耳蓋由大氣磅礴結撰而成洪爐之鼓鑄勝於巧匠之經營矣工作共二百人督率唯謹不得擅離夜則羣聚而卧刳木為榻每室列數十具以鐵絲高懸焉中寬尺有咫銳其兩端僅容一身杭州西湖有小船名瓜皮艇者似之

瓷器

瑞京北隅有瓷窯室中排列已成諸器殆滿多花瓶其極大者高三尺繪五色花卉人物亦工值頗昂無花盆曾於意大利見白瓷者二形色類江西窯上繪花鳥乃西人筆也其酒杯用玻璃無用瓷者盌但見麤劣者供庖人用或作盆蓋飲考非亦用小盌其坯差厚精細者偶見之具膳每食幾品則易幾盆故窯中造食盆最多質鬆而厚者全白無畫稍薄者以紙印花黏其上印之如青花瓷或用鄉閒女工著色其極精者必令名手繪古今人物懸之壁閒以為珍玩

雖徑尺之盆價數十金有貴至數百者作坯砂質亦潔白且薄而能堅惟外層所上之油細察之光澤稍遜耳造法置一軸黏坯於其端以繩繞軸數帀或用轆轤皆以足踏之使轉指頭挾鐵片按坯上刮之不用機器謂一切淘砂製造之法皆仿中國近城亦有陶器廠造盎鉢盂罐之屬法相似而較速西人初見中國瓷器寶貴之以為不可及今漸推漸廣諸國皆能仿造然近年東洋販往者殊夥輒以重價得之指為中國物其鑒賞猶有未精者政不獨瓷器然也

木紙廠

瑞典多木紙廠大者十餘家製造廣幅潔緻堅滑足供境內用又能運售鄰國法用杉木圍一尺七八寸者去皮盡截為段長尺餘豎插入磨機輪轉極速中有水管木屑和水度入池以機攪成漿初猶麤濁少頃又過一池則質膩而色白復過入牀有密網篩去渣滓細漿和水漉下則極純淨矣乃流入橫管管有縫約三尺寬如紙幅吐漿出承以綢綢極勻細寬與縫等長約十丈回環無端周而復始自此以後每機皆橫軸初軸轉出漿勻黏綢上而溼更數機則軸中有蒸氣烘之既乾綢與紙分綢向後從機下回承漿

紙向前再過一機軋數軸即光滑兩旁有刀齊其邊幅前置一案紙至案約三尺餘機前橫刀截之日成紙約二萬張其木皮製者黃色較厚為肆中包裹等用泰西之紙本以舊布敗絮故紙為之今乃用木上海有機器造紙廠專用布絮甚有極污穢者初製紙殊劣近尚可用案東觀漢記黃門蔡倫用樹皮及敝布魚網作紙初學記亦云後漢蔡倫剉故布擣抄作紙可見中國用此法最早後易竹製則更佳矣泰西古時用椶葉或樹皮以錐刻畫之旋易木版塗蠟於上又易鉛版及意大利人得埃及地見有樹一種擣

其葉試作書良遂取以歸行之最久近耶蘇時有羊皮製者出乃兼用焉至耶蘇後千數百年始以敝布造紙近百年内其法始善若用木為紙尤為近事彼土故無竹而法亦大備矣埃及之樹名拜䘮耳慮斯今法人猶謂紙曰拜䘮愛

自來火廠

自來火即洋火亦名火柴又曰洋漆燈物雖微而用最廣泰西各大國多設廠製之比來中國用此日盛由英美德法諸國來者固多而來自瑞典者亦復不少穎秋平城外有大廠二將往觀導游者有難色致

書廠主人初拒而旋許之先是日本人有往游者觀廠回仿造之售於中國竟奪其利因是遲疑焉廠基廣可二十畝積杉木甚多狀類白柞樹理直質鬆若斜理或堅多節者不能成細莛其木去皮截段與造紙廠同乃以機器鉋成版器如長凳置鉋於端以輪横軋木段於鉋前旋轉版從鉋後出置凳上厚僅半分餘長至丈許用手略折即斷疊數版夾實切之其刀口外面平内面每闊寸三分有鋒嵌刀旁豎出向版入木不及一分刀起機推版出刀下半分餘刀落切成四方細莛起落極速莛長寸三分以刀旁豎鋒

先割斷之也上篩去其細碎者又一器方二尺高二尺五寸上平鋪一柵厚不盈寸中皆四方之孔孔約八寸柵下鋪薄鐵版多孔孔容一莖版下為薄夾片豎之高五分許縱横排列甚密其隙如鐵版孔夾片下約空四分承以版莖自篩中取出錯亂不整即置柵上機震柵略動莖皆豎由版孔漏入夾片中啟柵及版將夾片縮緊扣住每一分時約成十夾每夾計二千五百莖無一隙遺漏乃蘸油蘸藥仍置機上鬆其夾取莖出用機器納入盒盒外有套亦以機成白蠟為莖者機簡少而工繁多製之良否全在火藥昔

所製者不待引藥到處觸之即煬磺氣臭不可聞又易受潮溼今則化學家揣摩得法諸弊盡去其所用藥無過硝磺之類然祕不示人收藏必慎配合亦難苟不如法非特既成而不適用即以調和之藥安放踰時且能自焚故防火險特嚴備水龍於別室近汽爐旁廠中人導引至此欲演與觀以手碎牆上玻璃匣工匠立刻奔集套皮條數管水沖激頗高蓋常常演習者也是廠日製木莖者百餘箱箱計千餘盒歲得三萬餘箱以二萬箱運售中國雖日本之廠日多上海亦有二廠而瑞典售數終不減但亦不增耳

風雨寒暑時辰表印字機

鐘表之用不尚新奇惟歷久分杪不忒乃為上品然必以手製無藉機器瑞士造者最佳而瑞典技藝多具巧思近有大匠創製機器一具籠以玻璃匣匣高約六寸廣尺許長倍之有架如几案輪大小無幾皆平置近底有横軸三圓長似洋燭上為墨中為鉛字下為紙卷機中有極細電線從匣底度至壁間通風雨寒暑時辰各表及屋頂占風向之針每屆一刻機動中軸鉛字各自旋轉連綴成行墨軸俯就蘸之字轉向下紙軸略轉向外迎上印之成横行其文曰某

時刻風何向氣何度候何度紙寬約四寸每一時印八行則閒分許每六時當子午正則閒寸許位置釐然截之可訂成帙此機全賴手工製造天文臺最合用美國已購去兩具每具價不及千兩器誠新奇然仍視各表之準與否耳

鐵版數

泰西以筆算不以珠算其雜技書中亦繪算盤圖式作九行每行計珠十祇能加減法殊拙已廢不用故未之見也今有鐵算盤亦長方形面為鐵版有隙寬三分横列數行隙中露數目字閒以空白旁有小柄

以指撥之令轉下嵌一條可左右推移加減乘除皆有位置欲用何法當先推條於何位乃撥出待算之數列於上行則應得之數已在下一行略撥動即轉出無少差忒可免誤筆遺珠之患蓋數雖參伍錯綜盈千累萬固自有一定者智者當能推闡得之此器觀於瑞京製印字機處不記西語何名因名之曰鐵版數

德律風

電線傳言語之器曰德律風以小木匣懸壁閒內儲一鐘外第二箭大盈握式如鐘線端在紐匣有小柄

轉之電發鐘響甲欲與乙語廠中爲度線乙家鐘即響兩人自相問答音在筩内一聽一言彼此百十里與面談無異瑞京小於羅馬那波里等處而德律風電線之多則過之以城鄉島嶼回環非是不便故其用甚繁市中架線於屋瓦上縱横密布其廠高竪木棚四隅置線樓上一室極朗豐兩旁列木櫃離壁尺許櫃内電線盤折殆滿其前如几案每方有小孔數十編列號數一塞子如指大案前坐一人視機動聽之知爲某某號移塞子納其孔音即接度語畢機復動乃去其塞職是役者皆青年婦女列坐兩行約四

十人總辦謂若輩耳聰目明心靈手敏而音更清徹有兩班閲時更替不能久坐夏設吸風之箑冬用煖氣之管一切坐息澡浴諸處莫不精潔以此事似逸實勞凡近電氣易耗精神也電必盛於玻璃缾專有一室藏之

倍耳里脱炸藥

瑞京有業醫者曰嬾妷其姪善製倍耳里脱炸藥經國家試驗準行各礦務總辦有知之者咸致書贊美之訂成帙嬾妷邀至其家出以相示屢次來訪極道其藥力之猛勝於向來地紥米脱炸藥而價較廉亦

極穩妥久藏不壞經火不然必置引藥始能轟擊且為爐舉其用謂莫妙於開採諸礦其他則開鐵路之山洞祛河海之礁石臨陣者轟營壘築室者掘窖窨在所必需製造處距城西二十餘里村鎮曰羅堆勃羅一日邀同往觀山隈屋二所僅四五楹工作數人大約以硝磺之類用化學法合鍊已成者糖形而米色以筩為模印之每橛裹以紙長約四寸大於拇指即倍耳里脫也引藥不知何名其招攬單內開列用法甚詳細亦但曰引藥而已色純白實銅帽內一枚不過二分樸撞磨擦不煬監工令試之有鐵礅在牆

下牆高二丈處設轆轤以長索繫大錘置銅帽於礮縋錘及頂縱其索猛擊之帽壓薄如錢沸熱不能著手而藥固依然又出一爐火正烈以炸藥擲入燒一刻許形色不變乃之山上置藥石壁之隙擊之以鎗不炸斷為兩橛雜以引藥即然聲甚震此必待引而後炸之驗也復驗其藥力山坡草間有方鐵塊不盈尺一面作凹形圓而甚淺中有穿眼通藥線線端及引藥納炸藥一橛閣大彈於凹重六十斤然以火彈起高三丈落十丈外至轟山之法預用機器鑽孔於石上大正容藥橛深四五尺入炸藥七八橛鐵桿築

之加引藥藥線上半孔彌以泥砂孔外線長二三尺及然立石上遠望見煙出砰然響有斗大石塊沖上趨視崩裂者縱橫丈餘再試亦如之下山沽飲於野店林下遂歸閘其藥盛行於境內而未行於遠方以製造至今無幾時也

閘門

瑞典之地約分三等南省平壤多膏沃則為土國然方廣不及千里由此以北東為澤國傍排耳低克海澄潭大湖河港紛布西為山國近獨哇勿里恆大嶺多溪壑惟北方黑道相近處人物稀少若南方皆有

河道以通運載其自卑登高而能履險如夷者惟閘門之利是賴凡上下河水面高下約至六七尺則為一閘其陡高二三丈者則為閘數重如梯可階而升階而降焉閘底鋪石與下河河底之高處相等兩旁砌石為岸其彌縫泥砂經久不滲漏即雀門土之類每閘為雙扇門兩重舊式門寬一丈八尺四寸二門相去中長八丈四尺五寸新式門寬二丈零九寸三分中長九丈五尺三寸門之高視河深淺為度如脱羅耳海堆河及馬帶爛地方之遠堆河其河底淺處至水面八尺四寸半又有一河能行入水九尺三寸

之船者爲最深蹈耳河僅容四尺四寸又有四尺二寸者爲最淺故門高者二丈以外低者丈四尺用杉木或榆木厚過三寸闊二尺半有横檔門面向下河背横板爲橋寬二尺以鐵桿斜支之每門一扇寬一丈有奇其低者爲方尺之孔一在下半扇居中高者上下二孔門一重爲四孔或排匀平列以板緊掩於門背釘鐵條豎出高於門尺許條端有齒承以小輪輪有柄右旋則條上孔啟左旋則閉門之啟閉亦用鐵條寬二寸厚一寸長丈餘横置之一端繫門背一端在岸地上平放小輪二一有齒一僅輪廓軋條於

中以木柄長三尺許斜植輪心一人推而旋轉之司啟閉焉如船在上河欲下行值中閘水滿即可放入倘水低則兩重門俱閉之先啟上一重之方孔灌水入轉胼水與上河平乃開門關船於閘中啟下重之方孔船隨水低及水平已入下河矣有欲上行者入閘中啟上重方孔船隨水高水平已在上河矣浮沉上下全不費力無慮擊撞無憂阻滯凡掘河造閘擇有石之處以炸藥轟之堅固而經久若泥砂則易淤常須修濬且鑿山石為隄岸可造單重閘門以備蓄洩非是則不能任水力之沖激也造雙重閘門一約

計工料銀自一萬六千五百兩至二萬三千五百兩各處情形不同費用亦因之而異每放一船量大小以取其資計貨之重輕而增減焉其橋梁之造費鉅者亦如之有以費足為限而免收者有永遠照收為歲修之費并以濟工程局之需者案閘門之作始自明初意大利有讀米尼瓜暨利亞那讀地樊希二人首創其法荷蘭國仿造最早瑞典之有閘門已在明季厥後數十年法國造於郎軋讀克河英國造於顛米士河其式較小矣竊思中國內地河道莫不曲折通達即如江浙蘇松嘉湖等處水勢極平而浙東各

府地有高下恆造閘及堰壩瀦水以資灌溉節節堵塞船至閘必待潮盛漲始能行至堰壩下兩岸各豎一大木繫以篾纜纜之端為環束於船後十餘人轉之纜繞木十數帀船始能過俗謂之車堰或用十餘人以肩承船舷竭力拖拽之或用牛數頭以長索牽挽而上謂之拖壩又有不能車不能拖者則必搬運貨物更易一船造一堰壩其稍堅固者費輒千兩以上若改作閘門其式可減小數倍遇旱可啟門灌潮水入似於農商各有利益至於運河之閘法亦相似然彼但需一池之水如船隖者便令上下自如而運

河必待有數十里之水放船數百艘即使無須待雨
而水之灌注閘之啟閉不無濡滯瑞典至高之河出
海面四百二十餘尺每閘上下河相距七尺餘拾級
而登則五十餘閘已臻絕頂而運河水勢之高下猶
不及瑞典十分之一自徐州至通州為程二千餘為
閘七十二地勢中高而南北下若造雙重閘門相度
得宜不過五六閘至多亦十閘足矣下游河道受高
處來源務令水滿至八分旁為界水壩水在壩上任
其宣洩閘一閘置濬河機器船一二艘常常濬之糧
船以小輪船帶之有風則揚帆二十日已可往返計

造閘所需款非甚鉅足以省護送之費節畚鍤之勞蓋嘗懸揣之而知其形勢似可改造者特未知其實在何如也

船隖

船廠必有隖以備造新船修舊船之用或即在坦坡上其大者深二丈餘長約三十丈三面砌石為岸有以山石轟成者最為堅固隖之口有用門者有用船者其船首尾鋭空其中兩岸為槽横截於口啟竇入水沈之堵如牆隖中水以汽機汲出涸可立待那威京城有一廠以木為隖狀如船之中段兩旁有牆而

前後無之下有孔灌水即沈閉孔汲水出乃浮其製頗巧他廠未之見也

水輪

製造廠之大者大率在鄉間人工賤地價廉尤能藉水力運機輪以省煤斤輪舊式用橫軸於溪溝築閘釘木版或鐵版為輪葉水沖激之而轉貢斯畀淘銀砂廠有水輪橫裝室中殊大徑可丈餘釘版於輪廓衆機皆賴之新式用豎軸力較猛圍尺有二寸長約丈八尺輪徑約六尺引溪流入廠中有架木為溝鑄鐵為筩以引水者掘坑深丈許砌石為方形豎軸以

輪平置水中流激之轉甚速每輪抵馬力六十匹或八十匹瑞典那威之鄉用此最多有專造水輪之廠那京東北隅山阜上沿溪設廠房十餘家皆用水輪溪流一股貫城而過由東南入海似不甚大然總計之已得馬力四千匹云

水龍

泰西城市之人煙稠密屋宇叢雜者防火災慎且周器具藥水莫不精良苟有失必馳赴力救故易撲滅胥由工程局籌備更有商家保險公司凡海洋輪帆商賈貨財居家什物視值貴賤納資於公司遇險毁

壞由公司賠償且有保身命之險者始自瑞典然諸險鮮能防護公司以所集之資必浮於賠償之數而取贏焉惟火能設法救滅之故各處保火險者最多而那威京城其事係國家辦理內部有總辦一員專管房屋保火險者設局於城中多備水龍四隅各一局中為總局又有小輪船裝水龍者城東南隅架木為岑樓如浮圖四面開窗以備演習救火者腰間各繫繩索及斧升高則用梯其端有鉤可傳遞上自高而降有騰身躍下者十餘人綳布帳承之有用繩索層層縋下者有用麻布為長囊人從中溜下者囊挂

於窗口洞其底立樁繫稍遠使作斜勢法較穩妥遊那威時曾往觀水龍其總局以電報集衆演升降之法於岑樓復為演水龍於河濱習練精熟辦理認真凡保火險者千取其十如房屋值萬兩歲納銀約百兩夫國家為民捍災禦患當事者真實如此雖以治道得民財為政體之變然猶是保乂之意居多向使勸令捐輸有不踴躍從公者哉

風磨

築斗室置磨於中上通鐵桿以木版釘成輪版皆欹側使受風旋轉或僅用四方版作卍字形如孩童玩

弄之順風旗歐洲鄉野時一見之惟瑞典特多法京賽會中亦設有數具頗見匠心中國北省沿海居民編蒲席架高處承風以汲鹽滷即風磨之法南省山溪間有水碓舂米水磨碾粉即水輪之法但出於山陬海澨之愚氓不求精巧耳

游歷聞見錄目次

卷九

西班牙內編

陸營軍額

水師軍額船礮之數

各省城鎮理事衙門

政治

風俗

氣候

户口

兵制

財用

國債

進口出口貨值之數

地利物産

礦産

輪帆之數

鐵路

郵政局

電報局

商務

書院

學館

卷十

政治
户口
財用
進口出口貨值之數
輪帆之數
郵政局
學務
學館
里斯琫
屬地方里户口之數

民風
兵制
國債
地利方物
鐵路
電報局
書院
教務
博耳多築隄工程

巡捕局
善舉局
武庫
醫院
技藝院
觀象臺
公司
戲館

工程局
書庫
畫院
養育院
博物院
會院
報館

游歷聞見録卷九

户部主事洪勳輯

西班牙内編

西葡歲政二國一轍絶少官書惟就士夫之載筆者譯之其詳不可得聞焉然而今昔衰盛之概已見於兹矣

疆域

西班牙國古名愛斯卑利又名意卑利其曰意斯拜尼即今西班牙之譯音也亦譯曰斯巴尼亞在歐羅巴之西南西界葡萄牙北背大西洋東北與法蘭西接壤東南臨地中海縱自北緯三十六度二十分至

四十三度二十分約一千四百里橫最闊處一千九百里最狹處八百二十里得地四十九萬九千七百四十平方幾羅邁當合一百六十一萬九千一百五十七方里視中國中等之省三有大嶺數道皆自東而西橫亙境内最峻者曰拏懷達高千丈故中土之地亢旱異常艱於耕作都城南北山嶺之外沃壤較多通國分四十七省京城居其中曰馬達利地中海之白來挨大西洋之加拏利兩島各為一省合之得地一百六十五萬九千四百六十五方里

㕣華

西班牙隋以前屬羅馬唐中葉屬峩特後屬回回野番各部分裂占據未歸一統擾攘七百餘年侯王之奉天主教者日衆以回民異類驅逐出境至明宏治八年女主意撒盤耳時國始合一女主秉性聰穎有決斷時有漸那伐人名克利斯朶夫哥倫波者年十四善操舟比長業益精思地體既圓則歐洲之外當有廣土向西直行必得新地或至中國未可知也徑往葡萄牙陳其事葡王漫應之復至英法說書數上而卒不報乃至西班牙女主信之與以大艦三艘不數月探得古巴及意斯伯尼哇拉各島從國人實其

地繼復行至阿美利加洲探得墨西哥秘魯智利等處剿撫互用盡為藩屬其地多五金礦產西班牙因以致富勢日益强奄有細細利沙耳代尼兩島及意大利之南省傳至費立第二明嘉靖三十六年以葡萄牙嗣位無人遂兼并其地暨其所屬此為西國最盛之時當其驅逐回民也有未及逃歸者以姑降免而實非其志至是王令舉國奉天主教有不從者殺之回民不堪其虐四出奔避者數十萬人資斧乏絕遂以標掠為生盜賊縱橫為商旅患西國貿易頓衰嗣王好武頻年爭戰養兵過多帑藏空虛國勢日以

弱終為法王拏波侖所敗自嘉慶二十二年以後阿美利加之各屬有不願歸附者皆自立為國亦莫如之何矣由今觀之已成强弩之末扶衰救敝蓋戛戛乎其難哉

政府

首相為政府長無他職佐之者外部刑部兵部海部户部内部農商工部藩部各大臣也共九員無參議

議院

光緒丙子年新例上議院議員之額定三百六十名半由國王派委永不更調半由各省城鄉公舉以五

年為一任任滿或調或留聽國王主裁然不得俱留至少當更調一半所出之缺應於三月內選員補充院中正副首領由國王選派下議院議紳之額定四百三十一名悉係民間公舉舉人之人與應舉之人須籍隸本國年踰二十五歲有恒產者乃為合例戊寅年新例古巴島百姓之有產業者亦可舉人入下議院議事如有公舉之地方多至二十六處者雖其人未及二十五歲亦得破格入選院中正副首領自相推薦議事人員不得兼充他事上下議院均不給俸每年會議一次由國王召集察其賢否定其去留

各部大臣如有不合者下議院人得入上議院參告比者西班牙大僚多君主黨乙丑二月開上下議院官紳聚議以為國政之不修由於大臣之不職於是臚舉其事明斥其非其官紳之黨大臣者為之委曲剖辨迨議至月餘過失愈著同黨之人莫可置喙都人士僉謂數日之内各部臣當盡易時國王年三歲前王之妃以為恣意評隲大臣殊失敬禮之道乃親至院中諭禁止之議遂寢

外部

正副大臣各一員以下各部同總辦四一管理交涉

事務一管商務一司出納一帶領各國使臣引見

刑部

總辦三一曰刑務之總二曰律三曰例

兵部

總辦六軍營總辦一員馬隊步隊礮隊鎗隊技藝雜隊總辦各一員

海部

水師總辦一員副之者六員

户部

總辦五管國庫國產事務一員錢糧稅則事務一員

各關總稅務司一員掌國債一員掌官銀號一員

內部

總辦四一管理國家緊要事務一管郵政電報一管善堂醫院一管監獄

農商工部

總辦四一考察各業教習一農務及技藝事務一工程事務一掌地理及各種記載之冊籍

藩部

正副大臣之外有司事無總辦

王宮官員

朝内掌儀官一員妃宫掌儀官一員王宫執事文案一員王宫總管一員

軍營大員

分駐各省提督十四員古巴島提督一員北耳篤利加島提督一員呂宋島提督一員以上三員兼巡撫事統歸兵部簡放水師官員則由海部銓選通國有統帶水師提督一員係二等水師提督副之者六員係三等水師提督幫帶共二十六員又駐紮古巴呂宋兩島統帶水師三等水師提督各一員

陸營軍額

陸兵分三類有常額步兵一百四十隊騎兵五十六隊礮兵二十隊守臺礮兵十三隊上山礮兵六隊礮五百尊技藝兵十隊共計常額兵十四萬四千六百六十四人有事時礮兵可增至八十五隊步騎各營可調集八十七萬人境内兵分十四路各有一提督管轄其出戍兵丁呂宋島一萬一千零十六人古巴島二萬六千三百四十二人北耳篤利加島三千五百六十六人均由該處提督管轄

水師軍額船礮之數

鐵甲頭等兵輪一艘中有礮臺任重九千六百五十

頓馬力七千匹礮十六尊二等兵輪三艘共計任重一萬九千八百八十頓馬力一萬零一百匹礮二十五尊頭等巡船三艘共計任重七千四百頓馬力一萬五千四百匹礮二十二尊巡哨船一艘任重四百六十頓馬力三千八百三十匹礮一尊守口礮船一艘有臺任重五百五十頓馬力一百九十匹礮一尊夾版兵輪四艘共計任重一萬三千八百九十頓礮六十八尊巡船五艘共計任重一萬五千九百五十頓馬力二萬二千匹礮三十六尊此外有礮船頭等九艘二等八艘三等三十艘專處書言船四艘練船

四艘聽差船二艘合之上年造就之鐵甲船一艘及議準添造之兵船六艘魚雷船二十四艘統計大小船一百有六艘武官六百四十五員弁兵一萬四千人備額兵七千人其保護各屬地之船另有六十八艘不在以上數内

各省城鎮理事衙門

各省城鎮理民事定税則皆由本地設立理事衙門經理每衙門有總管一員由議紳公舉掌所轄地方之全權副之者員數不等視事之繁簡爲多寡各有議事院議事紳董至多四十人至少五人皆由民間

公舉每二年更換一半所議之事苟於民間無大害者國家不得過問權莫大焉

政治

西班牙君民共主之國王位男女並傳亦得及外戚如再乏人則由民間公舉新君其政事條例定於光緒二年首載庶民不得干犯國王王有諭旨必由該部大臣畫押乃可頒行然觀近年國中政治多有未按例章者即如國用自同治丁卯年以後報銷各款未見國家準銷明文自己巳年以後每歲徵收支用各款國家迄未查覈出內之數[illegible]

風俗

西班牙人膽氣麤豪睚眦必報身軀不甚魁梧而體質堅固生育繁衍能行長途不辭勞瘁飲食菲薄為歐洲所僅見相傳有馬兵常啖橄欖萊菔鹹菜之謗尤可異者阿美利加水土之惡劣他人所難受者西班牙人獨能當之而無癘疫故史冊嘗稱西國之兵為歐洲之難得者惜訓練未甚精耳歐洲士人大率好學醫好讀律而西班牙為尤甚謂此二者易見用於世乃好之者衆徒有其名終身不一售其術者比比焉其士民性多詭譎凡與人言語則五官四體皆

動喜怒哀樂多以眉目手足作勢各有態俗好鬬牛國家不能禁彩票極盛都城各省多有開設一月三次一次約二萬號每購一號需銀十兩有奇其數大者歲數次以五十兩購一號尤大者歲一次以百兩購一號得標者獲銀五千萬兩此風甚熾他國雖有之而數未嘗如此鉅也前者天主教盛行每值節候或逢神誕則百工休息結隊閒游其期轉多於七日之休沐國家慮民閒曠廢職業旋即禁止之或謂其俗午飯後必晝寢今所見固不盡然蓋以其偷惰而為是言耳其境內客民多英法及比利時人如開採

諸礦煅鍊五金建造鐵路行駛信船等事皆客民為之以其國僻處一隅農務未勤工作亦絀良由日用之所需無多故安於愚惰而不能出奇以制勝歐人有言曰人必有所不得已也而後可以有為北方諸國其不得不盡心力於藝事者以俗尚華美故工競精巧非若西班牙之淡泊自甘優游自得得以享其逸也然都城居民每當春秋佳日天晴氣暖午後婦女競妝飾游於衢路乘以百數謂之跑車即凡日用服御亦漸奢侈是則風俗之變或人工之所由興乎不然僅享其逸不適得其困哉

氣候

北省一帶多高山峻嶺氣候極冷由此以南有平壤稍温和中土又復高亢都城之南地氣和暖草木終歲不凋田閒收穫豐稔南邊沿海之地過於燥熱致蒸爲潮溼有阿非利加吹來熱風感之則病

户口

户口册自光緒丁丑年刊印之後久未清釐按其時所載通國民數一千六百六十三萬四千三百四十五人内農民僅得四十萬三千七百六十人爲歐洲各國最少者田地業户二十七萬三千七百六十人

他國之寄籍者二萬六千八百三十四人查民數較十七年前增百萬較八十九年前增六百五十萬歐人謂西班牙人最易生育故增益之數如此以地面核之每方里得十三人

兵制

兵制自同治戊辰年議準悉照法國定例本籍民人年至二十歲皆應隸軍籍若捐銀百五十兩者準免凡百姓之年歲相符應充兵丁者入營操練謂之正額至三年後家居演習謂之副額又三年後有事聽調謂之備額又六年乃出籍前後統計十二年其出

戍遠域者充當八年即謂期滿

財用

每歲財用亦於上年預議然其逐結出入款項自同治辛未至今國家未曾刊印清單按官場紀載則自乙酉至戊子出入相較皆有絀無盈國債日增民生愈蹙雖嘗撙節終形支絀查戊子七月朔至己丑六月終止常額入款田地房屋貿易礦務各稅四千五百八十三萬兩內有田地稅二千七百萬兩以國人苦苛征較昔時已減去一百八十八萬兩關稅二千二百八十四萬兩造酒稅一千四百七十四萬兩燒

酒稅七百八十三萬兩鐵路利息二百萬兩王面紙八百十三萬兩造煙廠鑄錢局及彩票各項出息二千八百八十四萬兩國產利息四百八十八萬兩國庫入款四百零四萬兩總計一萬三千九百十三萬兩出款國王常供一百五十萬八千兩國債利息四千六百五十一萬六千兩政府議院經費五十六萬六千兩津貼費八百四十三萬二千兩理事衙門經費三十一萬兩官俸及稅關人員薪水一千五百零六萬六千兩忽愛耳嚢特島屬地經費十一萬一千兩歸各部支銷者外部八十九萬六千兩刑部九百

八十四萬八千兩兵部二千五百七十八萬七千兩海部四百十四萬七千兩户部三百三十八萬兩内部五百二十萬零九千兩工部一千六百八十萬零七千兩總計一萬三千八百六十三萬三千兩以入準出是歲得盈餘銀四十九萬七千兩然無定之額其數頗鉅即修造船礮軍械歲費亦在二千萬兩以上故費無所出極形支絀惟常額入款外有造淡巴菰公司每歲報効七百餘萬兩稍資貼補云

國債

國債逐年增多結至戊子年總計得銀十萬萬有六

千六百萬兩每年應償利銀幾至五千萬兩戶部告匱屢議減剝此外尚有積欠官銀號銀二千六百八十三萬兩故現在議院凡事力求撙節聞每年各部經費內裁撤頗多其餘各項開銷亦議核減矣

進口出口貨值之數

進口貨多五穀花草歲計值銀一千四百六十八萬兩棉花布匹一千二百七十二萬兩銅鐵麻木皮革魚酒紬緞等物共值銀一萬三千五百二十萬兩內從各屬地來者值銀一千二百七十七萬兩出口貨多酒值銀四千七百萬兩運往法國者十之七英國

則不及十之一礦質一千四百四十五萬兩銅鐵鉛七百萬兩果品一千萬兩餘如輭木羊毛六畜青果油等物通計值銀一萬二千零三十六萬兩內運往各屬地者值銀一千三百三十五萬兩丁亥年數

地利物產

西班牙之地在歐洲尚屬中上厥土赤壤距都城南北數百里以外不乏平原氣候亦和宜於耕種凡車轍所經見南省溝澮縱橫豆麥茂美然沿途亦間有圓石子大如升斗散布田間農人拾而聚之間三五十步為一堆以切開墾者至都城東西赴葡國一帶

千餘里皆童山不植樹木田畝亦多荒蕪通國之地以千分計之園圃及種雜糧者三百三十八分植百果者二百有八分種草宜收畜者一百九十七分植葡萄者三十七分植青果者十六分共得七百九十六分餘地亦非不毛特未開墾耳按西班牙人農事本極疏嬾農具更不精巧其所出産蔬果為多五穀轉少故進口者歲值至一千四百餘萬兩惟牲畜頗多以驢騾綿羊為最歲産驢約九十萬匹騾九十四萬匹出奥大魯齊者尤良綿羊一千七百萬頭亦頗著名出酒美而且多機坊所出有白斯魯祈之棉布

呢羽又雖各維之呢羽與大魯齊米耳西及乏朗斯各處之紬緞其南邊土人間有畜槖駝染色蟲及蠶者土産多百果棉花青果油織席草料等物

礦產

境内多礦特不甚開採現經開採者如白鉛礦煤礦在亞斯舉利鐵礦在皮斯加意又比來納又加大陸尼銀鉛礦在麻答利耳又利箏來斯銅礦在奥大魯齊礦質既佳所出之數亦多亞耳媽盪産水銀甚旺歐洲他處不能及街低克斯多鹽井歲出礦質約值銀一千五百萬兩礦工五萬六千餘人英法人居多

輪帆之數

商船之能載百頓外者戊子年共有九百六十八艘内輪船三百八十艘任重三十八萬八千頓帆船五百八十八艘任重十四萬四千頓丁亥年通商各埠進口商船一萬九千四百三十一艘共載貨三百零四萬一千一百六十頓出口貨重七百十二萬零七百十七頓以往年例之進口較少出口較多然商務關稅未見起色以出口多麤重之貨也

鐵路

西班牙鐵路皆商車無官道然必由國家擔保贏利

或幫貼資本溯自創造之初迄光緒甲申年幫貼之款為數甚鉅共得一萬零六百九十八萬六千兩大半由官銀號集民間資財交與國家再由國家交與車道公司鐵路既成公司必從豐報効國家凡民間出資者得同沾利益蓋即糾合股分之法不歸公司賣股票而歸國家經理故能取信於民鉅款易集也通國鐵路共長一萬八千九百四十里又有三千六百里現已興造尚未竣工

郵政局

丙戌年郵政局共三千零六十九所寄信一萬零二

百四十一萬六千封日報書籍等一千八百二十一萬九千八百十五件

電報局

電線造至丙戌年終共長九萬二千三百七十四里電線路長三萬六千八百三十八里設局九百五十二所是年所寄電報約三百五十五萬封内與外國往來者約九萬封官報七十一萬封

商務

内地貿易殊形清淡以境内道路崎嶇河運極少雖有鐵路轉運終覺不便其通商口岸生意較大與法

國交易最多次則英美等國與所屬各島然近來進口之數遞增出口之數遞減蓋由境内一切物產悉與葡國相同葡人生意已歸英商英固多財善賈捷足先登者西班牙人何能與之抗衡哉

書院

大書院十所設各大城每院派監院一人又四十九所分設各省亦派有官員糾察然辦理向未認真自光緒辛巳年始釐頓之乃設專管書院事務官按時分道巡視亦未能遽臻謹嚴各書院師生仍視為具文久久責習更究久則離變耳

學館

咸豐丁巳年議定學校之制每五百人設小學館一所教習束脩歲合銀八十兩或僅四十兩菲薄已甚民閒父兄不令子弟入塾亦未嘗示罰光緒丁丑年查悉通國男女十二歲以上者七百二十一萬四千人内不識字者十之六於是思挽頽風諭令官紳認真辦理乙酉年國中設立義塾二萬四千五百二十九所每年經費約四百十二萬兩由各處工部局籌備國家津貼無多私塾五千五百七十六所由民閒設除書院學館外有講習機器農商建造繪畫雕刻

音樂諸學館俱由國家設丁亥年此項開銷動公款者約銀三十一萬一千四百兩

教務

西班牙信耶穌舊教民間大率奉之教中用款國家間有津貼道光乙未丙申兩年部臣以教中占據太廣資財太厚奏請削其產業事聞於羅馬教王馳書爭之歷久不斷至咸豐己未年議乃定除教堂及教士住屋外悉變價歸公適足抵償國債之數蓋其時舊教之勢亦已衰矣查光緒丙子年新例第十二則準民間信從新教惟不得公然傳授即凡他教亦聽

奉行丁亥年教中查明之數除舊教外信新教者六千六百五十四人信儒達教者四千有二十一人信聖賢道理者九千六百四十五人其餘信他教及無定教者一萬三千六百八十五人

馬達利

西班牙京城曰馬達利在國之中央爲歐羅巴京城之最高者出海面一百九十丈傍孟若拏來斯河河終歳多乾涸地氣燥烈郊原荒蕪無園林之娱山水之樂城内無古蹟名勝蓋其地本鄉村自明成化間加祿監爲王時取其爲四境適中之地建都於此略

具規模至宏治閙費立第二經營締造始成都會惟博物院收藏油畫著名歐洲以當時探地得阿美利加後力能羅致之也其國人諺云人生極快事是居於孟若斧來斯河濱言居京城之可樂也然外人視之直以為愁城皆謂其昨日新造者城中户口五十九萬人其市肆繁盛肩摩轂擊者惟吏部衙署前一處至内地如南省各耳馱及雖維易諸城多村野景象不及他國内地省會之整齊惟東境距京城一千二百七十里有海口曰柏綏隆恆為通商市埠之大者人煙稠密廛市華美有小巴黎之稱若南竟距京

城九百里有海口曰徐勃臘耳帶極得形勝爲地中海門戶則已被英人占據久矣

徐勃臘耳帶海口

西班牙極南海口其對岸即阿非利加之西北隅海面極狹自地中海入大西洋此爲要隘百年前英人利其地可爲通商之門戶也占之西班牙王屢攻不下相持久王病臣下勸王還都城再議興伐王曰身可死地不可失不克不還也諸臣度勢力不敵與英人約令軍士盡下戰艦僞爲撤師者王信之乃班師遂薨自是英人築礮臺駐水師凡他國人入内登岸

必報明姓名籍貫作何事住幾時一一註冊以備稽查其防守之嚴如此近聞英廷願以其地還西班牙易其他處屬地西班牙不許也

邊防

西班牙惟東北隅界法蘭西西南隅界葡萄牙餘皆臨海其繁盛者多在沿海各處故口岸較多而防守亦較重現在已築礮臺守護者三十七處西北沿大西洋者七在白斯克省内者二在愛勃拉河左者九沿地中海者七在愛勃拉河右者三與葡國交界者六在余勃臘耳帶海峽者三

屬地方里戶口之數

屬地共十二處在阿美利加者二曰古巴島地面三十六萬零九百七十七方里居民一百五十二萬一千六百八十四人曰北耳篤利加島地面二萬九千六百五十方里居民七十八萬四千七百有九人在奧斯亞尼者五曰非利比恆島即呂宋國地面九十五萬四千八百六十二方里居民七百五十萬人曰蘇羅諸島地面七千九百三十四方里居民七萬五千人此島自西邊孟達那亞島起至東邊薄耳納亞島及亞拉哥亞島止光緒乙酉年由英德兩國公議

簽押歸西班牙保護曰加祿利恒島曰巴拉哇斯島地面共四千六百七十七方里居民共三萬六千人加祿利恒島亦於乙酉年由教王之意經英德兩國公允為西班牙屬地曰馬利亞恒島地面三千五百零八方里居民八千六百六十五人在阿非利加者五曰忽愛耳曇裹特曰阿孥蓬曰各利斯瓜曰愛祿培曰雙紆盎地面共七千一百三十七方里居民共七萬人近又於阿非利加西北即薄祈亞讀及勃朗克兩地角之間新得地一區縱約一千五百里橫約六[illegible]里[illegible]曰[illegible]則有總督節制考三州

屬地其地面與民數約得本國五分之三餘皆不[illegible]處控馭綦難與國無大利益惟古巴與非利比恆兩島為緊要耳

古巴

古巴舊分三省今改為六省東南及腹地較繁富户口亦多有城二十二村鎮二百有四省會曰夏槐恆丁亥年居民十九萬八千二百七十一人合島居民一百五十二萬一千六百八十四人内西班牙人九十七萬七千九百九十二人華人四萬三千八百十一人白人約一萬人黑人約四十九萬人光緒庚辰

年創立學館令民間子弟讀書壬午年已有生徒三萬四千餘人島中電線路共長八千一百五十里鐵路二千九百里土產糖及煙葉最多丁亥年出口糖六十二萬三千四百五十三頓煙葉十八萬一千三百五十三件煙捲一萬八千一百萬枚是年進口貨值銀四千七百五十萬兩出口貨值銀六千六百六十六萬兩每年常額進款約一千九百四十二萬兩出款約一千九百有六萬兩積欠公債三千二百八十萬兩係乙酉年添造鐵路者

非利比恆

利　二十三下接葡萄牙内編利二十五

省會曰媽你耳在呂宋部内土產頗多以淡巴菰考非麻糖為大宗丁亥年進口商船三百九十八艘載貨重三十一萬六千二百四十八頓值銀一千四百七十四萬七千七百兩出口貨重三十三萬三千二百四十四頓值銀一千八百八十九萬二千八百兩島内有電線路二千零八十八里設局三十七所鐵路五十二里因呂宋屬西班牙或稱西班牙為大呂宋而以呂宋為小呂宋云

游歷聞見錄卷十

葡萄牙内編

疆域

葡萄牙西南面大西洋東北與西班牙接壤地形長方縱自北緯三十八度至四十二度約千里横約三百八十里國分六省曰米諾曰脱拉哇斯蒙脱曰倍拉曰愛斯脱來買提紆曰亞耳姥堆祈哇曰亞耳茄耳佛轄縣十有七得地八萬九千六百二十平方幾羅邁當合二十九萬零三百六十八方里大西洋之亞沙島嫣臺島亦隷葡國地面一萬零三百九十方

里合之尚不及中國一省之大國中有大河五皆發源於西班牙而入大西洋者内地多山溪道紆水淺不通舟楫其都城曰里斯瑧在國之西南隅大西洋海灣之内極得形勝故或以葡為大西洋國指海口言之也其北邊海口曰博耳多亦市埠之大者

沿革

葡萄牙蕞爾一隅自宋哲宗以前向未立國即西班牙西北之省會也至徽宗時北狄栽特侵之其地有侯爵亞耳風斯者乞援於法蘭西法遣大將盎利率師來援盎利貌魁梧勇尤絶倫矣妻以女且授之曰

月刹所侵之地若恢復者即畀之於是盎利益奮既退狄人以境內近北諸處向有回民盤踞乃乘勢驅逐自瓜亞提亞納至博耳多悉平定遂自稱伯名其地曰葡萄牙是為立國之始傳於其子亞耳風斯盎利甘池復與狄累戰皆捷殲其五酋土宇日闢羣情愛戴尊盎利甘池為國王至南宋中葉所轄版圖已如今日傳至元季有賢王段尼斯者子惠黎元甄陶士類始建學校於都城癸愛嗣位省刑罰薄稅斂稱盛治焉明以前歐洲商船往來近海而已自葡人知指南針之用乃遣大艦出洋探地得屬地甚廣商務

日興國遂以富厥後有善航海者繼之率兵裹糧徧歷諸洲所至營市埠建藩屬以阿美利加之巴西國為最大明嘉靖間國人麻極朗環繞地球至今稱焉當時富强之極歐洲各國莫能出其右者然藩屬多則人心易貳商務盛則風氣易奢軍需繁則府藏易匱於是善政漸廢國勢寖衰而外侮乘之矣隆慶以後凡海口貿易及各屬市埠多有為荷蘭奪而踞之者時因立新君衆議未決西班牙遂并吞其國越五十年崇禎之末復自主自康熙間與英吉利立約國中利權概歸英人道光初年失巴西蓋自明季迄

今二百數十年之間江河日下其勢殆矣而猶能自立為國不盡失所屬之地者議者曰亦惟英吉利有以護之或又曰萬國公法有以存之云

政府

葡國政事分七部辦理曰内部刑部工部户部海部兵部外部各有大臣一員在政府與議其首領即内部大臣也又設參議六員選部中大員或前任者當之諸藩事務歸海部大臣兼理不另設官

議院

上議院議員有親王有世爵不計名額有教師十二

人又有百人由國王派委終身任之不更調此外尚有四十六人由各處公舉瓜因勃落大書院例得舉五人里斯瑧舉四人博耳多舉三人其各縣舉二人所舉之人由國王考察光緒戊寅年例察得公正者改歸永不更調班內葡國議員向有傳子之例已於乙酉年刪除矣下議院議紳皆民間公舉舉人之人須為一家之主年踰二十歲知書識字每年能得利銀九十兩者應舉之人每年能得利銀三百六十七兩者始為合例惟訟師教習醫生及有官符之文人舉上下句比列義伸一百四十九人每年議事三月

議事之時每人日給俸銀二兩有奇以四年為一任上下議院會議有定時不必國王詔命也

陸營軍額

光緒甲申年議院議準陸營實額步兵二十四小營快兵十二營馬兵十小營礮兵三小營上山礮兵一營守城及守臺礮兵一小營又四隊共有礮二百六十四尊技藝兵一小營有事時弁兵可調至十二萬五千人騾馬一萬二千七百匹此甲申年數嗣後裁撤甚多弁兵止三萬人騾馬三千三百零五匹近復新招一萬三千人補充水陸各營此外尚有三千名

專備有事時徵調者屬地弁兵八千八百八十人係就地招集不在以上數内

軍營大員

節制各路提督八員技藝隊礮隊統帶各一員分駐各省統帶五員守屬地統帶三員水師二等提督一員三等提督十一員管帶五十二員幫帶四十四員

水師軍額船礮之數

鐵甲頭等兵輪一艘馬力三千二百匹大礮三尊二等兵輪六艘共馬力四千一百八十匹礮五十七尊内一艘名乇斯么侍加参光緒乙亥年由英國買來

士河船廠承造最爲堅固船頭有尖銳鐵塊暗輪夾版船七艘共計馬力二千二百六十匹礮八尊内一艘係丙戌年添造者礮船八艘新造礮船五艘共計馬力五千五百匹礮五十二尊載運軍需船三艘共計馬力二千二百匹礮六尊魚雷船五艘共計馬力二千七百匹帆船十三艘練船三艘守護海關礮船一艘共計輪帆船五十二艘礮一百二十六尊武弁一百三十八員兵丁二千八百五十人醫生管機器匠舵工等不計數戊子年冊

理刑衙門

總理刑衙門在里斯琫係代國王聽審者掌通國刑務分設理刑衙門三一在里斯琫一在博耳多一在亞沙島其餘縣内亦各設審事處以理獄訟

政治

國政與西班牙大致同惟王位不傳女主利權已授英人其不同者耳

民風

葡萄牙人和藹可親善待商旅勇敢有為長於航海惟技藝不精農事疏嬾與西班牙同氣候亦同

戶口册久未刊印按光緒辛巳年官紳所紀通國民數四百三十萬六千五百五十四人亞沙嗎臺兩島民數四十萬一千六百二十四人共計四百七十萬八千一百七十八人以地面核之每方里得十六人客民之寄籍者亦復不少黑人約有三千名葡人少土著半出膿丁族類其北邊多奧國之茄利細人遺種南邊多阿喇皮孺達及英法人之遺

兵制

葡國兵制屢有更改按光緒乙酉年新例百姓年至二十一歲須隸軍籍然有不在此例者有捐銀得免

者當兵之期限十二年常額四年調額三年備額五年其自願投効軍營者年限亦同

財用

戊子七月朔至己丑六月終止進款關稅九百九十五萬六千兩淡巴菰稅三百八十四萬兩五穀稅一百八十八萬兩酒稅九十七萬五千兩里斯捧入城貨稅一百七十萬兩田地房屋產業等稅五百四十萬兩郵政電報八十萬兩鐵路一百二十六萬七千兩存項利息等二百萬兩以及貨物技藝官俸銀行各項雜稅總計進款合銀三千三百四十六萬七千

兩出款有抵押債款應償利息一千二百九十九萬兩由國庫歸償利息二百七十五萬六千兩分年歸還債款二百四十萬兩國王常供四十四萬二千兩議院經費十一萬兩歸各部支銷者內部一百九十萬兩刑部六十二萬五千兩兵部海部共六百有八萬兩外部工部共三十四萬五千兩鐵路七十萬兩郵政電報塔燈浮標之類八十八萬兩以及修路費各項工程一切雜用總計出款合銀三千六百十七萬三千兩出入相準約紬銀二百七十萬兩上年進款亦較出款短十三萬六千餘兩

國債

葡國之貸債也自嘉慶元年始其第一款為數尚少合銀三百七十三萬兩後亦未嘗有加至道光丙戌年始借第二款自是以來進款日少出款日多國帑漸虛國債屢增迄今有抵押債款多至四萬九千七百七十六萬兩其間向外國借者二萬四千四百五十二萬兩本國借者二萬零三百五十二萬兩皆常年三釐起息又四千九百七十二萬兩五釐起息此外尚有無抵押借款一千四百八十六萬兩其歲入之款不過三千三百餘萬兩而每歲應償利息得一

千五百九十餘萬兩户部籌款殊艱時形支絀國債之數與民數攤算每人應出百兩與英國同

進口出口貨值之數

葡國貿易尚屬繁盛進口貨值較三十年前增多一倍出口貨值增多百分之六十六然利皆爲英商所沾其本籍商人所獲轉少丁亥年牲畜雛卵進口約值銀一百七十五萬七千兩出口十六萬五千兩食物進口一千有九十萬兩出口一千三百五十七萬兩紬緞棉花布匹等進口五百萬兩出口十三萬兩礦產五金玻璃進口四百九十二萬兩出口六十三

萬五千兩羽毛齒革進口一百六十五萬兩出口二十一萬六千兩器皿機器及各項製造之物進口三百九十二萬兩出口三十萬有五千兩材木進口一百有三萬六千兩出口十萬有九千兩各種雜物進口一百有五萬兩出口二百三十一萬兩免稅各貨進口四百有五萬六千兩出口二百三十八萬兩煙葉進口六十三萬五千兩共結進口貨值銀三千四百九十二萬四千兩內英商販入者居多從各屬地來者二百七十九萬兩出口貨共值銀一千九百八十二萬兩內運往英國者約一千萬兩運往屬地者

五十八萬兩進口之數多於出口一千五百一十萬有四千兩

地利方物

葡國山嶺重疊而少田畝其可種植之地以千分計之數僅得半糧田二百二十六分每年所出雜糧約值銀三千五百萬兩不敷本國民食牧畜地一百六十七分樹林地八十分葡萄地二十二分土產山芋橘子無花果葱蒜運往他國者甚多亦產綿羊每年約三百萬頭騾馬豬牛等六十萬頭濱海之民多業漁者漁船約有四千艘礦產惟銅稍多間有出口者

煤鐵兩項皆不敷用製造廠約有工匠十萬人多滷田汲以燒鹽沿海皆是

輪帆之數

葡國商船容百頓外者戊子年共有二百二十艘内輪船三十艘餘皆帆船共計任重七萬九千五百十六頓丁亥年各國商船進内地口岸者五千七百八十七艘貨重三百四十五萬四千頓出口商船五千八百四十一艘貨重三百三十九萬五千頓尚有沿海口岸之商船來者六千有四十六艘往者五千九百有四艘

鐵路

鐵路皆歸商辦國家亦設法津貼銀兩以贊成之查已經行車者結至戊子年終共長三千四百四十五里又有八百六十七里已於是年興造尚未告竣

郵政局

丁亥年共計郵局一千有二十七所寄信約一千零二十二萬封各業招攬買賣單三百有五萬六千餘紙日報書籍一千六百九十四萬四千餘件

電報局

乙酉年共計電報局二百七十五所電線長二萬一

千五百八十二里電線路長九千九百七十七里是年共寄報一百七十三萬一百有七封

學務

通國學務歸總教習院管理院中首領即內部大臣兼之至若散處各縣之義塾悉歸教中派教士監察道光甲辰年定例民間子弟皆當入塾讀書違者惟該家屬是問然督率不嚴中人以下無奉行者查近年不識字者甚衆其能誦能書者百人內僅得十八人也

書完

大書院一所在於因敦落城建於元至元十四年光緒乙酉年有生徒六百七十三人博耳多城天文地理化學雜學書院一所生徒二百有五人

學館

雜學學館一所學生八十六人農務學館一所學生八十五人里斯璙商務技藝學館一所學生七百七十一人博耳多技藝學館一所學生五百三十一人以上兩處各有醫學學館國家設立中等學館二十二所學生八千二百五十八人小學館三千五百八十四所學生十七萬七千三百七十二人民間設立

中等學館不計數小學館一千七百七十四所學生六萬二千一百七十三人有教中設立之義學專教教中子弟學成即為教士者二十二所夜課學館一百七十五所乙丑年學館費由國家給發者合銀八十八萬七千兩

教務

葡國奉天主教他教亦準信從例不禁止通國教務歸大教師一人管理教師駐里斯琫不受羅馬教王節制有房屋五所以為别墅大主教二人一在勃拉茄一在愛伏拉主教十四人分駐各縣及各屬島大

教師以通國之地區為三千九百七十九所每所遣一教士住之教中出息每年可得二十七萬兩有奇道光甲午年國王降諭沒其產業變價入官其時男女修院共有六百三十二所悉充公售賣以償國債自是進項驟減各處教堂無力修飾日就傾圮教士學問亦不遑講求矣近年教中經費專賴民間捐集時形支絀勢難持久也

里斯琫

葡萄牙都城曰里斯琫在大西洋東岸海口之内大索河之濱河發源於西班牙都城東南中途有支河

數道來會向西行由漸而寬至此約一千五百餘里
城南一帶成巨浸如湖長二十餘里寬八里深八丈
外形勢天然無待築隄泊舟甚穩由此而西出海口
六十三里口内有港汊寬二十里長倍之凡遇風颶
海船之灣泊者輒數百艘故歐洲傍西洋各海口推
此爲最勝都城對岸沿河十餘里樓閣參差林木茂
美英商所設市鎮在焉其地自昔著名歐洲與土耳
其之貢斯當的拏潑耳意大利之那波利相髣髴自
乾隆二十年地大震河水激盪城内房屋傾覆殆盡
迄今不能復舊觀惟他國無城此有圍牆若城者左

右及後三面皆是高不及二丈多坡阜隨勢曲折而上下王宮在西偏山嶺之外距城市三五里歸然獨存非離宮而在鄉間是又異於他國矣計戶口五十二萬人其北邊博耳多城市在山阜經營完美氣象閎麗視都城猶過之城中戶口十萬有六千人

博耳多築隄工程

甲申之春葡萄牙工部為博耳多海口來格沙地方築隄之事與承攬之法國工師獨代宜暨提伯耳熙二人立劵約經始於是年夏限八年告成需工料銀四百四十八萬兩有奇茲述其工程之略謂應造者

有三大端即南北二隄及作工之船隝也隄爲圓形口西向岸與隄周約八里左邊之隄從東南岸伸入海環向西北至口門自水面量之長三千一百七十尺中經愛斯毖納拉數礁因增長七十尺共得一里三百二十九步右邊之隄從東北岸伸入海環向西南至口門長四千二百八十九尺中經五礁高出水面隄從上繞過因增長七十尺共得二里一百五十二步口門寬六百二十尺爲輪帆出入之路作工船隝造於何所由承攬人審擇寬廣得五百畝水深當在四尺以外所用石料及一切工程亦不得草率將

來即可為漁船避風停泊之所至築隄之意原為海口散漫波濤險惡起見凡附近淺灘與出没水面一丈四尺之礁石盡當圍在隄内隄高出水面二丈七尺六寸厚一丈二尺六寸上建垛牆頂用遮蓋下砌石脚全隄高下厚薄相等惟環折處加厚十分之一牆脚之淺深廣狹因水勢砂性礁石各有不同當臨時斟酌未能預擬也築隄脚之石塊有三種第一種最重者每塊二千五百斤輕重綜核每塊千斤第二種最輕者每塊二千五百斤輕重綜核每塊三千七百五十斤第三種係未鑿之石坯其重得萬斤以上

綜核每塊重一萬六千六百二十五斤隄脚内外面護以三和土膠成之石塊形長方高七尺有四分長一丈一尺二寸寬五尺六寸隄頂亦用長方石惟略小耳製三和土法用石灰一分波查臘恆土或崔門土二分碎石二分石宜淨不雜他質加麻桿少許以機軸共研極細末和水合成水勿過多恐不堅韌也以土膠石入長方木模内壓極堅實俟少乾出模四面宜光潔忌有漏孔砂眼隄上暫置鐵軌以起重機器運石其深處塡隄脚先用第二種石至略高用第

外平疊層纍而上中空約四尺許置石實之纍結洪濤巨浪日夜鼓盪必無稍損戊子冬十二月游博耳多步隄上觀許久蓋成功者已十之八九矣其地臨大西洋風濤固勁然隄之西北二里外有石礁一帶出水尺許浪為礁阻其勢已衰而隄下多礁石可為基址工雖鉅而不甚艱博耳多城在隄東南四里船之出入者從隄外西邊經過不必入隄也

屬地方里戶口之數

葡國屬地共十六處在阿非利加洲者十一曰加潑佛愛島地面一萬三千七百八十方里戶口十一萬

有九百二十六人曰奇納地面二百十七方里户口四千九百八十五人曰蘭潑斯島曰三篤買斯島共計地面三千七百九十一方里户口二萬一千有三十七人曰阿俞達地面一百有八方里户口四千五百人曰盎瓜拉有鐵路一百一十里曰盎勃利時曰盤恒軋拉曰買斯梅特曰貢軋哇共計地面二百六十一萬一百有六方里户口二百萬人曰麻狀皮克有鐵路一百六十五里地面三百十九萬一千二百有六方里户口二百萬人在亞細亞洲者五曰軋哇亞地面一萬二千一百有七方里户口四十一萬九

千九百九十三人曰達馬曰提紆共計地面一千三百十九方里戶口六萬一千四百七十四人曰印度之次冒羣島地面五萬二千六百二十四方里戶口三十萬人曰澳門地面二百三十五方里戶口六萬六千有三十六人以上通共計地面五百八十八萬五千四百九十三方里較本國大十六倍戶口四百九十八萬八千九百五十一人較本國多二十餘萬戊子七月朔至己丑六月終通計各屬進款約合銀三百六十三萬兩出款約合銀五百四十七萬兩蓋由新得之地經營伊始需用正繁舊有之地貿易多

款入項有限然舊地尚可就近貸債而新地惟有撥款接濟其通商最緊要者係阿非利加西北之加潑佛愛島若亞細亞之澳門葡商每歲販運之貨價極微合亞洲六處計之由各屬至葡者僅三萬餘兩由葡至各屬者猶不及二萬兩商務如此勢難持久惟各屬向有販奴惡習光緒戊寅年四月已禁絕之矣

游歷聞見録卷十一

總略

歐洲政事大率從同散文各見則重複必多自鄙無識則遺漏又甚因輯總略系於內編

國政

歐洲之國分三等曰君主曰民主曰君民共主君主者君有權位傳子事無鉅細君得而主之惟俄羅斯為然民主者位傳賢由國人公舉於議院擇衆所推戴者為之主曰伯理璽天德譯即總統之意事由衆濟以七年為一任任滿去位與常人等如今之法蘭

西是也君民共主之國位亦傳子或例準傳女有以姑從姪弟及姊者且有以私生為公他族類我外戚入嗣者政事由上下議院政府擬定國君畫諾如守府焉若借債增稅一切關涉財用者必俟下議院議準以下議院聚各省紳耆深悉民隱非是恐無以服國人故謂之君民共主如意大利西班牙葡萄牙瑞典那威皆是特事勢各異耳蓋意瑞之為國一則并諸部一則廢諸藩各省大吏由國王選授除兵刑海關鐵路郵政電報數大端外餘事雖歸各辦而其勢猶一統之治也西班牙各省總理長官不盡内簡民

間自相公舉并有自主之省比年始歸統屬者名為共主實則百姓之權重於君相至若葡萄牙雖自主之國利權已暗移於英人那威實無主之國大綱乃統攝於鄰主其政又一變矣

軍政

各國陸營軍額幾十倍於水師而水師技勇大半勝於陸路分營分隊其數不等各因額之多寡以定大致以十人多至二十五人則有一長聚二長或四長則有一總三五總聚為一隊三五隊聚為一營水師亦然人數較少營中有訓有練練則分技按隊逐日

演習之也訓則什長率其所屬雁行立口授軍令營規戰陣攻守之法殺敵致果尊君親上之義令默識之至緊要處令接誦數語以試之如是者日二次訓練之餘時有賞罰能者給銅錢數枚或給假片時準其出營游娛尤能者拔之不能罰使守營使讀書自文案醫生與工匠之營造修葺下至縫紉澣滌之事皆營中自為之而水軍為尤備陸營則京城護軍邊境駐防諸路練卒皆常額之精壯者營設於城隅或在郊野自成聚落員弁住宅衡宇相望有重樓小園凡百十户又必於三五里内築精舍為講藝游宴之

於常設若陸路之鄉團水軍之漁團或由民間自募不歸正額而亦聽調用各國營制不同有當常額二三年或四五年而後入備額者有兵費不足常額無多約略訓練而即為備額者故論國勢之强弱在軍政不在軍額

學政

歐洲諸國競尚富强似於偃武修文之意相悖而其實不然為國端賴人才而人才必由學校里選鄉舉升之國學優而後用猶古者學校之遺焉約而言之在上者為書院在下者為學館館之官私大小學之

精粗純雜各有區別教習生徒從其類以為差或限於方隅則由教堂捐資或絀於經費則由國家津貼幼童入塾後能書能誦執業分其類男女異其塾其不能為士者則為農工商賈女子則習女紅皆別有塾聾聵瘖啞者亦必有塾焉凡民間子弟至七八歲無論貧富例得入塾如有溺愛縱容至成童而猶荒嬉者罰其父母各國設學部學校之政歲有清冊若為家塾若為義塾若為雜技之塾總計通國共得若干教習學徒各得若干中等之國輙有學館四五萬所師徒二三百萬人即里有塾黨有庠也各省書院

[illegible]大書院設於京城[illegible]

在大都會者乃國學焉教習有總有分國學鄉校總教習必品學兼優者由國家特簡分教習則必由翰林考試而後授之學於校而優得為教習於庠學於庠而優得為教習於塾持符為信毋有濫充國家命使巡察學館拔塾中之俊者入庠三年肄業有成試入鄉校如生員又三年再試入國學如舉人至是必待四五年或六七年然後試出學如進士其入教習書院者如翰林出學後不必定入仕途多有復就他業及為商賈者每試録取由官授以符如醫生律師

非是無得售其術然不盡由國學出身國家命官亦然生員舉人皆可錄用供職勤能者擇尤推遷惟學臣非三考者不選武官必由武備學堂出身充師船管駕者既有海部或商部考取之官符尤當有同船管駕之保薦若學習管駕曾歷數艘則數艘之管駕皆曰可然後用之為商船管駕者同水師製造監督必有本廠或他國大廠給以學習既成之符然後用之為他業監督者同蓋學為專門鮮有博而不精者矣學為實用鮮有習焉不察者矣寬其途必循其序盡其量勿違其材為國者之待士如此縱務為富強

重武備技藝之學以講求夫軍馬船礮農工商賈諸事而其相與為理者則惟國中之老成耆舊以讀書明理見推於其國者也歐洲盛設學館多藏書籍各國皆然然其関實事求是者勢日以隆奉行具文者勢日以替人材之盛衰視學校之興廢而其國之安危治亂繫焉議者謂歐洲諸國重武而不重文豈其然哉

農政

農部掌農政大率以商部兼轄鮮有自為一部者京城外省暨各鄉邑閒土田膏沃戶口繁盛之區輒設

上其情可想因其俗以牛羊為飽所需之麪麥無多其種樹林花卉瓜果蔬菜者圃之業精於農蓋性耽逸樂不耐艱辛其人事又若此故西人之曾游中國者見中國之重農嘗贊美之謂氣候和煖土地膏腴尤服農事之勤勞而往往訾議夫農器之未巧是殆狃於機器而為此言也然於瑞典之愛斯基耳斯的紆乃城觀製造農器廠凡芟削刈割諸器與中國同無所謂機器者旋於瑞典南省見簸麥之器櫃中裝機輪而用汽重倍於車須數牛牽之始能行後於西班牙郎閉見灌田之器井上架轆轤而及水連毀以

斗須數人挽之始能轉誠不若風車桔槔僅一手足之力為靈便或别有器之巧者游覽時未之見歟中國夙稱繁庶為農者十得八九國本所繫民食攸關農服先疇之畎畝工用高曾之規矩出作入息安為固然斯民皆三代之遺有必不當講新法用機器者此類是也若歐洲者人既不敷於地民又不願為農意大利民數約三千萬人而農無千萬瑞典民數四百七十餘萬人而農僅得半不可與中國同日語矣觀其以商部兼農部則國家之經理者不貴農而貴商可知雖曰人事蓋亦天時地利使之然耶

理刑

諸國大率承用羅馬律稍損益之而增其例理刑之官必精熟律文屢試拔取入國學肄業優而後仕醫學亦然重民命也古有苛刻之刑今盡删除命盜案不論抵惟拘禁以終其身濱海之國輒築牢獄於孤嶼若内地則在郊外坡阜亦有遠徙於海隅者案情極重則豎三木為高架电犯上猛下斃之或然火鎗擊心胸然亦偶有而非常刑擬罪至此若已無可原國王猶必赦之減等為永禁蓋上體好生之德卒不[illegible]率[illegible]律[illegible]刑[illegible]為亟刑文所試皆准

以罰鍰之輕重坐監之久暫察其情判如律例至無例可援則出新意酌量科斷有寬無濫國家命使巡按境內歲一至或數至視城之大小政之繁簡以別察其罪罰監獄毋致枉屈欺陵有疑獄亦就地會鞫而斷焉無鞭扑棰撻之威縲絏枷鎖之苦監中房舍潔淨供應周至轉優於貧苦之家或謂待罪人如此得無有失之太寬而故犯者乎然例止監禁犯之者已為大辱蓋上之人有以養其廉恥而廉恥自生焉愧厲之用神於刀斧夫何煩苛刻為哉

理財

各國各省之征民財也名色甚繁章程互異總括之曰稅關隘城門地畝房屋其同焉者耳其尤者産業之稅而復計其歲入之工資丁口之稅而下逮夫豢養之牲畜且常稅無定則國用足則减國用不足又從而增之其多且刻如是而民無隱匿無怨謗者誠不以損下益上爲聚斂也以境内之財供境内之用稅務官征之户部庫部掌之度支大臣核之議院定之詳載於簡册傳播於報章經理者涓滴歸公無中飽浮征之弊斯入之也易舉辦者工役必興無因陋

司農告匱屢次求退者必計無復之而後議增議借民間已家喻户曉急公好義之忱油然而生上若曰必不得已民亦曰是誠不容已也案各國財用每歲預計其常額則量入為出率有盈餘惟無定之額入不敷出以入款皆零星瑣屑不可必得之數出款大半係興舉工程其數必鉅如建軌道築隄岸置船礮等繁重之役其非年例者皆歸無定額內計算故必致短絀增稅不可以為常則惟借債各國債款往往浮於歲入總數有專掌債務之官分其項款定其年限利息有別抵償有準如債為某項需用必預計某

項之利足以撥還而有餘而後為之是以債雖多而國不患貧閒有無抵者必非鉅款至無抵之款鉅利無所出則必議減增稅減利民貧而國患矣若夫師旅饑饉非常之款難逆料者視乎當事者之籌畫又當別論綜其大端無非稅之與債國家以稅征於民閒民閒以債借於國家似非措辦之正乃不以為上下交征而以為上下交濟也理財如此鑿其煩苛而效其清明則近道矣

商務

歐人重商他務未遑商務為急商部之外有商會會

之在京城者官設之其在各口岸內地貿易繁盛處者皆商自設之蓋官商一氣國家之視之也爾々至而待之者甚周舉凡通邦交整海軍遣公使駐領事俱因商而設不惜鉅款然非虛糜而亦非帑藏某處之需即由某處籌款設官管轄屬地則有總督巡撫租界則有公使領事屬地之可整頓者其刑罰稅斂學校軍營及一切工役善舉有利益於地方而能招徠商賈者治之悉如其國租界之事則稍簡設工程局以理之至各國通商操贏計奇爭先恐後是不獨商家之利也物產農生之販運多則利於農器械工成

之銷售廣則利於工此往彼來徵收稅項以裕國課其歲入之數固當以關稅為大宗即雜項之稅亦出自商家者大半則尤利於國家又以各國寒燠異候土田異宜工巧異制以羨補不足非商不為功誠不若中國之地大物博境內之產足以供給而無虞匱乏者此其不能不重商者勢也然亦有難焉者金銀錢鈔盡浮於市故屯聚多而生息轉少火車輪船不絕於途故轉運易而居積維艱至於遠越重洋廣開市埠當其先獲利三倍趨之如鶩厥後集者日衆獲利日微以彼中之利交微則商各挈一籌于他人之下

不惟無什一之獲且竟有折閲者貿易之利已衰費用之繁如故即如香港及印度數處近年用款極形支絀債項屢次加增其他市埠官商之僅得敷衍而無盈餘者更難枚舉夫巨海洪濤天之所以限異域而越國鄙遠即天之所以疲西人觀歐洲今日之商務正不得已之時也其所由來者漸矣

教務

泰西教王之勢昔盛今衰而行教之事昔非今是昔者國王信從之教臣民不得違背有信他教者衆輒攻訐之於是潛結黨援互相仇殺為禍甚烈不可勝

紀然彼所分為某教者實即耶蘇門徒迨至支分派別教之類愈紛而教之禍轉淡彼此聚其徒自相唱和著書立說道其所道必各有見解足以聳人聽聞者推原其故猶是教人以善之意為多又往往能為義舉補國家所未逮若因而生事豈設教之本旨比者各國更定新章臣民願從何教悉聽自主誠見夫各教名異實同初無邪正善惡之辨苟無過自不必禁其情之所好強斯民以必由蓋隱杜其黨伐之漸也且西人於國政必聚議於事理必討論教也者君民共之亦政事一大端矣乃上之人不敢擬議下之

人不聞辨詰有自述其教之善者斷無評他人之教爲不善者不獨陌路邂逅不可與言即骨肉關切不能相强夫昔之强人信從者欲萬有不齊之輩而同歸於一其事難今之各得自主者擇性所相近之端以聽其自爲其事易非所謂昔非今是者耶惟亟亟焉以其教教他國者陽奉誘掖之名以隱行其籠絡之術今昔未嘗異也至用夏變夷之説有必不能遠暨於泰西者中國遵聖人之道崇聖人之教即教即道初無二致歐洲書院或設躬行爲一科以課實踐詢之則曰是講聖賢之道者聖賢指先正典型而言

興教無涉其紀載之書則曰中國民閒信佛教士大夫咸奉孔子之道是分道與教為二也西俗不敬鬼神不別男女聞中國有祭祀之禮及大家婦女之深居簡出不以為然婦女聞之且驚為異其禮儀游宴諸事必後男而先女而容貌服飾語言文字俱絕不相類又無人焉徧行於其國剴切婉轉而曉諭之況乎新例既行各自篤信各自默喻凡事之不由勸導者其信服必深無與辨難者雖瑕疵不見諸教不外耶蘇而人人自矜獨得故今日之教其勢餒雖衰而

熟漢文者明季曾建頖宮崇聖道誦讀四子之書講求經史之學閱近人所著文集輒能以道自任慷慨激昂極言時事其俗喜為泰西裝束則大聲疾呼欲以筆舌挽回之乃不數年而政府從西制傳聞舉中國書籍付之一炬非心服其道與教也功利之說有以誘之雖涵濡於吾道者已久而猶不足以相勝夫吾道固非急急於功利者下喬木而入幽谷故如是其易耶觀東人之不善變即西人之必不變不益可信哉雖然教者國之維逸居而無教則近於禽獸是天下無無教之國苟有教矣彼且不自指摘而又與

吾道漠不相關者更無庸指摘焉特論其教務大致今昔異同有如此爾

爵祿

各國封爵公侯伯子男五等亦世襲大宰以賞戰功公侯之領部落者或由鄰國冊命或由百姓推戴有以公爵封勳舊賜采地者是為異數今無聞焉瑞典之待各部落主也先以協和則錫之爵後以攜貳則去其權近數十年以來名器僅存糈稟已撤向之食大俸者并其家屬得九百餘人今已盡行裁革西班牙有捐資得爵之例他國無之各國君王歲有常供

各官俸祿例必從厚意大利大臣歲俸自四千兩至七千餘兩武職倍之以下員弁自千二百兩至三千餘兩祿之厚薄以責任之繁簡勞逸為差不拘拘於官階也瑞那官俸略小於意其俗儉樸無不贍足西葡官俸遞小於瑞其俗奢侈時虞匱之西以養兵太多致虛帑藏葡以通商未善致失利權不得不節餉減俸頗聞員弁時興貧窶之嗟亦歐洲所僅見者矣

戶籍

民間生死婚姻例必報官男女老幼士農工賈各若干人亦可查核每歲戶口總冊登紀甚詳及本籍出

外者往至何國他籍入境者來自何國皆載焉他籍寄居境内例當報名隸客籍一律輸納丁口薪水之稅亦得充雜職為胥吏當弁兵惟大官及議院官紳必待既入籍後始準除授其入籍之例各國不同當於二年前或三五年前置有田廬者或已寄居至十年者若在客籍當弁兵其本籍與有戰事得引嫌回籍為商賈他事者聽

婚嫁

西人二十一歲以前婚嫁之事父母主之踰期例得自主其俗婚姻遲故奉父母之命者殊鮮彼此慕悅

即為配耦女子自幼不閑束街衢園囿任意閒游惟每出必隨其父母少獨行者當男女邂逅時偵知其為某家女尚待字者託於其親知以達其意無可託則自薦折簡以致其親無親徑授意於女女允乃往見不合則拒合則留之日一再至焉由是行坐必偕但食不同牢寢不同室耳如是者數月然後嫁亦有遲至二三年之久者甚或遲之久而又拒之而他適者其為婚也必報於官必告於衆載冊登報婚之日男女同詣教堂長跽神前矢皦日盟教士讖數語或詣地方官署官為主婚親朋致賀贈嫁有奩具富貴

者多與財產既婚夫婦偕往他國作汗漫之游久之始返貧者同赴鄰村或僦旅舍以行合巹之禮嗣後輒離其親與婦家同居嘗見西人之待外父母恆過於其待父母理不可解游讌聚會之際一切禮儀必女先乎男雖賓客之尊猶當後於主婦其平日夫之於婦誠有敬之如賓者或好出游夫不能禁日用服御所費不資供應良匪易易故男子有鑒於此女子慮其不給於供有老大不嫁娶者苟得溫飽其俗固不以似續為重是以鰥寡之人甚多夫男女居室人之大倫亦人之大欲存也其重之也固宜顧乃於五

即為配耦女子自幼不閑束街衢闤闠任意閒游惟每出必隨其父母少獨行者當男女邂逅時偵知其為某家女尚待字者託於其親知以達其意無可託則自薦折簡以致其親無親徑授意於女女允乃往見不合則拒合則留之日一再至焉由是行坐必偕但食不同牢寢不同室耳如是者數月然後嫁亦有遲至二三年之久者甚或遲之久而又拒之而他適者其為婚也必報於官必告於衆載冊登報婚之日男女同詣教堂長跽神前矢噭日盟教士讖數語或詣地方官署官為主婚親朋致賀贈嫁有匳具富貴

者多與財產既婚夫婦偕往他國作汗漫之游久之始返貧者同赴鄰村或僦旅舍以行合巹之禮嗣後輒離其親與婦家同居嘗見西人之待外父母恆過於其待父母理不可解游讌聚會之際一切禮儀必女先乎男雖賓客之尊猶當後於主婦其平日夫之於婦誠有敬之如賓者或好出游夫不能禁日用服御所費不貲供應良匪易易故男子有鑒於此女子慮其不給於供有老大不嫁娶者苟得溫飽其俗固不以似續爲重是以鰥寡之人甚多夫男女居室人之大倫亦人之大欲存也其重之也固宜顧乃於五

倫之中偏重夫婦或且因其過重也而竟廢之中庸之德鮮能求之域外更難矣

喪葬

人之初生也彌月後例入教堂受戒命名邀戚友之情好最篤者爲主其事即選一神之名命之女孩以女神之名爲名如華俗村愚有生而艱於養育者輒入廟拜僧尼爲空門弟子然亦間有之非若西人自王公以至士庶無不然者其死也必請教士來家懺念或舁衣衾入教堂誦經呪於其上患何病卒醫者書一紙爲據署名簽押以明其非意外致死者然後

斂喪主訃告親朋親朋往弔送葬葬後數日或復往致唁值節序亦上墓供以花無拜跪祭祀之儀父母子女夫妻之喪各服期年兄弟姊妹之服六月父母之兄弟姊妹服三月父母之喪不燕賓不作樂亦不去官惟名東用黑紙白文或仍用白紙加黑邊喪服尚黑與平素無異不能辨也

禮制

泰西禮制甚簡無等威之辨無儀度之隆姑舉其最彰著者如王宮基址廣大棟宇崇高鄉閭形勝之區取樂離宮以侍覽游避寒暑亦無過於華美者而大

國之使署富商巨室之居及客寓之大者其規模堂皇直與之埒教堂之奢侈無論已惟王之車雕鏤物飾金碧輝煌藏之宮中不常御也其常御宮車不甚美麗駕二馬遇有典禮則駕六馬迎鄰國之君亦用之使臣初至其國迎以宮車四馬國妃屢出游宮車兩馬御者二人服長袍坐車前或四人則二人立車後王冠范金為圜寬五分前後左右為梁八寬如圜長各五寸狀似半環聚於頂略鋭嵌五色寶石以白緞為裹爵五等冠制相似而式有差皆用以為標識如旗幟然凡官署公廨之類則鑿石象王冠置門額

上凡器皿係國家造者皆繪之有爵之家鐫小印如冠式用於東札　王遇典禮則戎服如大將軍衣皆黑色冠飾金有纓高聳頂上短衣窄袖以金為護肩帶寬約二寸五分環於左肩右腰斜繫之色白其最貴者也次則藍又次紅袖邊繡金絲為花紋寬二寸半佩刀其鞘及於地凡戎服略同提督以下無帶職卑者護肩用白金袖口金邊無花紋寬不及寸二行或三行以少為貴弁兵職銜在袖之肘閒綴紅白色纓自一行至五行以多為貴武職者終年戎服佩刀自王至提督則不然文職服官服時殊鮮未嘗見焉大

小臣工有功則賞寶星佩胸前左旁王與妃禮服皆尚白王之服如華俗所謂背心者長三尺餘白緞繡金殆滿大教師誦經時有此式服妃之裳前幅垂及足後幅連裾長八九尺服之則其半拖曳於地緞之緻潔金之璀璨皆良工所造蓋行婚禮時曾服此云

樂器

樂器有鼓有小鐘有鈸有如喇叭而環曲者大小數等有胡琴狀似琵琶安絃二大者高於人有笛以木為之亦六孔因其相似也吹之工尺位置果合惟音高亢耳有一器差異以高五尺之木上端作曲勢繫

數絃聲大於琴蓋八音惟金絲革木而已洋琴幾於家置一具而羣樂競奏則無之用樂者跳舞會諸戲院巨室之宴會旅館之侑食及茶寮酒肆之大者若軍中尤所必需每隊有作樂之兵步伐止齊咸合音節市中亦有弄之以行乞者其作樂也不以鼓為先聲各置譜於前樂師持尺木作勢導之雖不識曲而但以意會其輕而緩似哀怨之音重且急則殺伐之音也風琴僅見於教堂以圍大五寸之銅管參差排列下截插櫃內管有簧櫃有竅按之風吸入則鳴其聲堂然故此誦經和之空洞悠如聲皆

總略

巡捕局

城市由地方官派員設局以為巡防兼管捕務城中每方里約有巡卒十五六人分為兩班晝夜更替雖大風雨寒暑不輟凡官署公所之前邏守尤嚴各車道棧巡防以二人為一班有彈壓偵察之任以武弁如千百總者當之雖中途極小車棧亦然街衢中相距約二十餘家派巡卒一人十字路口及街道彎折處則多派巡卒以看守之見有形迹可疑者喧囂驚

衆者乞人强索者驅車無範致傷人者酒後步履蹣跚或滋事者互爭執相毆罵者污穢道途者及一切不應之處必執之送局由局轉送理事官訊辦凡巡卒皆著號衣持火鎗夜則繫諸葛燈於腰帶間可望而知黠者猶得伺其不察乘閒為匪乃復派有暗巡者衣服一如常人雜稠人中暗自稽察較明巡者更為周密往往有所執獲若緝隱匿捕逃亡則局中用有探事人為之指引如中國所謂眼線之類其耳目尤勝於暗巡案情疑難者輒能訪查清澈其鄉村之戶口稀少者守望相助不設巡捕也

工程局

工程局管地方之營造惟平治道途之事為最多如砌街道築馬路必由局經理稍有損壞當時填鋪凡車馬馳驟皆應遵諭行人作踐悉行禁止其搬運污穢灑掃塵土春夏刪樹枝秋冬掃落葉以及置放自來水煤氣燈之管皆局中工役為之實即清道局也至如掘河造橋砌岸築隄等事另由工部招人承攬或專設水利局又如河海之立浮樁造塔燈祛礁石探沙線一切行船事宜歸海工二部轄之國家之修葺古蹟商家之改建市房固各由工匠承辦然必當

遵守工程局所定章程不得有礙於地方故各國工程無論城鄉莫不整齊堅固其屬地之小者與通商租界必立工程局且兼管他務焉游歷時所見隄岸牆垣或用長方石條排比平砌或用大小石塊參差堆築其膠黏之縫從無滲漏脫裂以彌縫者皆用崔門土及波查朧恆之類詢之西人云此土出於產硫磺之處為工程中極緊要之物中國土產不乏硫磺或當有此種土用泥沙石灰麻稈末柏油製練之以築礮臺實異常堅韌一切工程所需亦繫所望有心昔防寡而或險之也

善舉局

善舉局亦由地方官設立委紳董之老成練達者司其事凡養老育嬰濟貧療病等院及一切善舉皆由局經理其有未盡未善之處或當添造堂院議立章程亦由局員協同地方官妥辦其城市偏僻戶口稀少者或即以工程局兼之又或由教堂辦理不使窮民失所可謂仁政矣

書庫

天下事物繁賾紛紜無非理之與數中國之書多言理西人之書多言數天文輿地算學格致之書固不

外乎數矣即其他有數可稽者雖極細微之物猶必綜核之比例之以求其詳盡如國中畜犬者得幾家雞生卵若干枚進口出口若干枚歲有總數然或以收稅故可查耳有論人身者且察至頭髮黑者每方寸得若干莖較白者蒼者盈絀幾何亦以書諸簡冊故紀載之書汗牛充棟宜乎智造一技工成一器必有書焉著書既成例應呈進國家藏於書庫然後可行於世若未呈進先見坊肆售賣是謂私行則有罰各都會造廣廈以為書庫其中多用甎石銅鐵鮮有用木者防不測也各國收藏之富動輒數百萬卷大

半係本國文字英法兩國之文亦復不少比者兼講德文中國書籍亦頗搜羅見於意瑞兩京書庫者經史多不全本醫書本草無善本無怪其不知簡要也如東南洋諸島國亦間有之備式而已其餘本國之書分門別類有若律學醫學畫學化學國家掌故聖賢道理之學天文輿地武備文事技藝製造之學而總之者算法格致之學也其學者亦各專一家不在泛覽內設觀書之處明窗淨几供人披閱謄鈔每觀書庫時見鈔閱者列坐數行間有婦女皆寂靜無聲息需何書告監守者為取給之亦得攜以至家限日

交還發押爲信蓋收藏之意使國之人皆能力學由國家設立胥闢實際書院大學館中亦必多備卷帙富紳巨室往往有藏之者皆足以增才識廣流傳其爲益豈淺鮮哉

武庫

各國講求武備不遺餘力積儲軍械無慮不供誠以師旅爲國之要圖在歐洲尤爲急務苟非武庫充實一旦戎馬蒼黃軍書旁午取諸宮中預備無多而其藏易竭購之局外公法具在而其事難行惟亟亟焉先事而預爲之乃有備而無患也嘗於葡萄牙國見武

庫一為火鎗庫藏鎗四萬桿新舊各半舊式者他國已廢不用大率改造新式者多雙筩每次實藥彈九枚是鎗皆購從他國筆碼則由自造一為兵車庫迴廊列車數十乘室中列礮約百尊壁間懸挂鞍轡之屬數千具皮革堅潔悉如新製最大之車以油布為帳可容十餘人營弁乘之運糧餉者以木版為圍大亦相似其次專運礮彈之車容彈四箱計三百八十四枚箱内以四匣為一行上下各兩行計十六匣匣長一尺二寸寬七寸高六寸置彈六枚匣中有木版為圓孔六以彈實其中不致擊撞礮車不另置架即

裝於車軸之上旁坐兩人礮口向後計重千二百斤其小者以騾馬負之分作三馬一負礮一負車輪礮架一負車軸藥彈又三馬以備騎者每礮一尊有六馬二十餘人時常演放列馬於礮後使習聞不驚臨陣則一礮有鎗隊七八十名護之大小車輛必有預備更換之輪葡國壤地褊小鐵路少而山路多勢不得不多用車騎又以境内少製造軍器廠故令閱武庫也意大利係各處存儲即未之見非若葡之聚於京城者瑞典水師廠見防海水雷不下百具兵丁聚而上油其廠屋下層電線盤折浸於水中以備水雷

之用凡軍器有鐵鏽易致剝蝕雖精良者亦不適於用歐洲無論何隊兵丁皆自理其器拆卸配合無不能者在營軍器固皆光潔明亮藏於庫者亦必隨時察看而潤澤焉不然竭意以經營竟坐聽其朽壞虛糜鉅款貽誤要需矣乃不使工匠為之而即以兵丁當之則一兵有一兵之事一器得一器之用其收藏之法亦善矣哉

畫院

繪畫之事中國目為小道即文人抽毫研色無過遣興而已初不甚矜貴也若西人之於畫則固有鄭重

其事者幼童就塾後既能寫作輒令學畫國家書院或亦特設一科故各國率有畫院以收藏之繪事之精向推意大利至今不失其傳嘗見有停車道旁泊舟橋下對景握管者通國業此之男子三萬一千二百人婦女四千五百人合雕鏤物飾堆塑偶像者核計在内搜羅之富當以法京巴黎之魯佛博物院爲歐洲冠其次即推西班牙之馬達利以昔時探地得阿美利加後驟致富强故力能羅致入都出自意大利佛郎特荷蘭國人之手由今觀之即建國之古如意大利且莫之與京也院中所藏由畫爲多有方廣

丈餘之巨幅有數寸之小幀皆以布爲之以油調彥料塗抹於上迫而察之麤劣可嗤略遠審視則光影聲氣諸相俱足間有用紙爲墨筆者其講求畫理必用算法比例方之真者減若干倍遮高遠則遮減雖名家偶著誤筆不值一錢庸手有時合度亦得善價有以五色絲織成者宮中最多幅高丈餘廣幾二丈壁間皆是倫敦水晶宮内以機器織小片纔大如中國織布之機能爲各種人物花卉或以照影令織面貌衣履無毫髮差枝亦神已其以碎石嵌者羅馬教室所見爲最佳且多今又有以碎玻璃碎瓷嵌成者

亦佳又或用他法為畫奇巧疊出不能縷述也蓋西人之畫因用算法乃底於精因有照相乃得其真舉凡天文地理技藝製造以下至於一草一蟲之細其形形而色色者非圖無以盡見非圖之精且真雖見之而仍無以盡知其將以備國人之博覽供妙手之臨摹鄭重而收藏之者此物此志也固不僅為玩好之資已也

醫院

凡人煙稠密處皆有醫院治尋常證候者即在城中房舍必潔伺候必周男女大小各有區別聘名醫住

院中施治若病之能傳染人者必於鄉閒特設醫院如瘟疫等病是也治瘋顛亦必專有醫院皆由國家設立亦有紳富集資為之者中國以醫為雜技與占課言命風鑑堪輿者流麤識膚末輒售其術以博衣食其害人欺世不顧也醫為人命所繫操術不可不精雖閒有專門名家而庸手殺人正復不少西人則鄭重其事書院中必設醫學為一科及其肄業既成考列上等然後由官授以準其行醫之劵人之稱之也與國之進士及各業教習同謂之曰鐸克端諸國相似譯即深於學問人也其重民命如此

養育院

養育院各國皆有之由國家設立者居多凡民間之嬰孩與夫衰老窮苦無所依賴者必各為院以養育焉其院中章程與中國大略相同有院內所不勝收者則亦乞匄於市終日坐立牆陰行人過其側低聲告語不踵門求索也視其人率皆衰殘經過各國偶一見之西班牙葡萄牙兩國較多閒有壯盛者乘馬車游覽輒有村童沿途求匄因其鄉閒窮困者多也至於各國待殘疾之民如瞽聾瘖啞則必分設習藝之所使稍有所能即得以自食其力不至於廢其一

無所能者然後收養之大凡貧民之爲工役者當年力强壯時亦僅足衣食而無所積蓄及其老也勢不得不藉院中贍養國家慮及此恆專設錢鋪以濟之或由殷富開設爲工役者於逐日費用外積得銀錢一二枚或銅錢數枚即交錢鋪收存立簿爲據不拘何時隨積隨交鋪中代爲生息數年之後養老有資矣夫積少成多事甚平常然無人爲之經理則必不能其幼而孤者有產則親族理之無親族則官爲派公正者理之俟其成立交還無資產者令幼孩入院其國家待貧苦孤獨之厚如此惟育嬰院每歲收養

之嬰孩有私生子甚多約得十中之一登諸户籍不以為醜或罰奸夫歲納資於院至十六年然後止又何其俗之澆哉

技藝院

技藝院亦國家設立多歸商部兼轄選精通機器製造之學者為院中考察之官凡良工巧匠創造一器或舊有是器以新法為之突過前人乃專造一式器之大者縮小之并臚舉其用以呈於院院中細加考察如勘得破綻則指駁之留其式為戒不準製賣以罔利而誤世如器之良者果適於用有利於民則標

出之某時某籍某人創何法成何器得益者何勝人者何藏其式於院中一一陳設以為圭臬國家從優褒獎給以符或十年或五年準其一家製賣以專其利如限内有私自仿造者必罰之倘本人無資本或因年邁或得重價自願售其術於人者聽又有關繫較重如軍器得祕製新法國家出資購之醫者創製藥餌能療危難之症屢試靈驗國家既授符券輒復賞以多金竟有因藝事而驟致巨富且得重名者是故西人之於技藝不憚罄產業竭心力而為之或師長未盡善弟子繼之及身未告成子孫承之務極其

完美無少缺陷焉而後已也其講求技藝如此蓋將以利於民者利其國乎然而智巧日闢風尚日漓不知奢侈伊於胡底雖嘗聞諸西人亦力求節儉矣如火車輪船其鋼鐵價值製造工費省於前者數倍而行駛之速倍之煤斤之省又倍之即今之為他技藝者亦莫不曰用某法某器工費之所需較減若干製造之所成較增若干夫如是宜其獲利三倍而乃昔之本重而利亦重今之本輕而利亦輕者何哉良由製造愈多機巧迭出售賣愈廣販運頻來趨時者厭故而喜新圖利者爭奇而鬬異茍非務為華麗工緻

靈便新奇恐不足以悅耳目而增聲價於是精益求精巧益求巧輾轉慕悅習俗移人時勢使然而遂成運會其宮室車馬飲食衣服華美無度固已甚至旅館奏侑食之樂富家用王室之儀舉國若狂不以為泰即居恆玩好尋常游宴費且不貲如或稍為儉嗇將羣焉鄙之以為樸陋夫樸陋固未為當而奢侈究非所宜制禮所以協於中也若與其奢侈何如樸陋之說誠不足為外人道然而偭規越矩奇巧是矜鬼斧神工精神誤用如編一草帽工至百餘日製一時辰表價且千餘金平心察之其可從節儉者正復不

少不作無益害有益不貴異物賤用物彼講求技藝者其亦知之否耶

博物院

嘗思大學無格致之章泰西有格致之學豈真吾儒失之而彼中得之哉第襲其名為夫婦可與知核其實為賢哲所難盡夫求之於迹象與求之於性理其淺深純雜之故判如霄壤然而一物不知儒者之恥四海之大足迹難周縱未能精益求精由博反約亦庶幾見所未見遇物能名此博物院之所由昉也其院之大者萃萬彙之精英羅五州之物產以備民

物以羣分若者者爲何地之材若者者爲何時之器縱橫萬里上下千年循流溯源因端竟委彧彼善於此彧古不如今誠足以長見識而資考證然惟英法德諸大國有之若各國博物院之總者其搜羅未甚賅括亦瑣屑無關緊要頗有若小兒之陳設玩具者日本之物往往僞託中國以賺西人如瓷器書籍及什物之類真者無幾惟分門别類之博物院亦有足觀者於意大利見古物瘞中物則前民矩矱方外衣鉢之傳如昨也於西班牙見畫院礦質院則章施五采開採五金之事可考也瑞典各省多有講求技藝機器

製造者乃冶箕裘如讀考工之記那威專有羅列草木鳥獸蟲魚者飛潛動植如披山海之經各院中常見偽製人身可去皮附洞觀臟腑非獨醫者得察之亦使衆人共見之以為不周知一身之内何以盡知萬物之繁其論亦是蓋人可以不識麟鳳不可不辨菽麥西人之博物雖非正心修身之要猶是洽聞殫見之功亦學問之一端矣

觀象臺

各京城省會築臺於高阜以觀天象選精熟天算者總司其事有志學習之士時至焉其間所用大小測

重儀器句股弦弧與中國同但未見渾天儀初至意大利觀教中陳設之衒奇會有儀象以銅鐵環製成髣髴似之環數重為橢圓形外環徑約三尺日月星辰之運行各以其度刻洋文惜非法國者不能識也各國精製地球所見甚多其至大者徑可三尺至小者如盌惟天球則罕見僅於意國書庫瑞國博物院各得其一皆古時之製體殊大油紙多裂紋細察之以顏色繪星象有人形者有獸形者計十二種譯其名頗有與中國同者導游者述其略云上為某星下屬某國月十有二分屬某星差與分野生肖之說相

似然彼固無干支之紀也凡天文臺所用時辰表多以木匣盛之匣高四寸方八寸平置而不直豎比來行船者皆用此定時刻最準遠鏡長盈丈上端口徑尺餘下端口徑二寸架以輪能旋轉或并測者坐具亦可旋轉用以窺星辰測氣候有非常風雨十日前已知之傳電於各海口使行船者得以預防乙丑二月之望寓西班牙京城閱日報謂二十一二等日當有大風已而果然占風之器以薄鐵片作魚尾燕尾諸式高出屋瓦丈許通鐵絲於下其端有鉛條著壁間既反風向何方力至何度視版上刻畫之鉛痕遂

時詳紀測地震者室中置鈴繫於電線達各城天文臺凡遭地震之處發電各處鈴即響不必轉電報局致需時刻其意欲使聞鈴之處即得細驗其震與否也法京多用電氣為時辰表熱鬧街道則置表於木竿之上四方以玻璃為表面中空無物夜然煤氣燈即由天文臺極準時辰鐘發電各處之表每一分時針一動移英京大客寓有天文臺傳來電報寒暑風雨時刻即以字母湊合而成忽定忽動自轉自舒置樓梯下路旁客之出入者或當更衣或當攜繖以及時之早晚一覽憭然嘗於瑞京觀測驗天文印字機

殆即此法然此僅紙條寬五分而瑞京製者日得測候之表午前午後分列為二合之可訂成帙尤為靈便賅括也

會院

聚同志同道於一堂以相觀摩曰會各業皆然其最大者如古羅馬不立國君集國中之賢能者共理民事謂之公會今無此也惟歐洲各君時或大會世子亦以就姻以講藝咸會集焉戊子十月由瑞赴葡經丹瑪京城見道旁多懸旗幟正各國世子羣集也統泰西諸國海軍歲會於衝繁之口岸各國中諸路陸

軍歲會於緊要之內地又有以國家大慶或以[illegible]
之日為始每屆十年百年之期則[illegible]
物產各種製造為術奇會以誌盛事[illegible]會之大者也
他如商會文會天文輿地博物格致之會以講求[illegible]
測量占驗造作摹仿之法必專設一院以時聚集有
一人宣講眾人聽受者有互相辨證折衷一是者此
西人所謂交換智識也凡通都大邑造高廣院宇為
總會其地之富貴者輒以閒暇之時敘晤於斯宴飲
於斯舞蹈於斯及一切玩弄之具無不備若是者為
游戲計或邀同業者為一會蓋惟聯聲氣結交游而

已甚可異者夏之泅水冬之溜冰春秋之賽馬咸以爲勝會法國京城且有終年賽馬賭錢者是又會之無益者矣

公司

凡國家商家欲舉一事有利於民而可收利權者如資本重大則糾集股分而辦理之謂之公司合夥至五人以上者亦謂之公司擇精明正直者總理其事每歲出入款項必於上年七月朔起至本年六月末止爲一結核其簡明總數載於日報咸使聞知另有詳細清冊刊印成帙分給在股諸人使深明底蘊各

國公司類能持久要在立法盡善究其利弊無致一毫之遺用人各當優其薪水自得專心於事國家又必為之隨事保護按時查察保護者如設商會遣兵輪駐領事官之類查察者如火車輪船公司則時常委員察其道路船隻有無損壞一切運載行駛章程有無妨礙銀行公司則於歲終委員查盤現存銀兩有無虧折之類故為公司者大半事業繫干繫重商家辦理之者惟謹國家維持之者亦周蓋其利害往往有關於國計民生者不僅顧全商局已也

報館

報館有數類畫報畫極工緻各國京城有之他處罕見日報持論較正各處皆有之新聞紙專述新奇之事閲之以資笑談又有一種僅載俶詭怪幻即尋常一事亦以詼諧出之故作醜惡之畫令人捧腹者意國除新聞紙不計外其境内日報館五十餘家西班牙三十餘家瑞典那威數亦相等葡萄牙十餘家亦盛已蓋聞報館之設起自日耳曼列邦時議及國是則有禁歐洲他國未盛行也厥後漸推漸廣禁亦漸弛迄今徧及寰宇即尊如相臣亦恣意評隲但不非其君與夫軍國機要無得而聞焉綜核其實在泰西

行之似有所益其篇首載論説間有詩歌稍涉深奥以備文人學士之博覽其次則紀國政之得失利弊人事之善惡邪正足以供採擇而資觀感凡政令科條税則款項自國家掌故以至商賈農工貨殖之書樹藝之經考工之法莫不繪圖綴説而詳述之俾國人咸曉然於事理其為益也多矣而或以為多所損者謂其能激變也如普法之戰兩國之民每閲日報羣情洶洶抑知其實不然人莫不親其上而仇其敵當時事已決有慨乎其言之以鼓勵士卒之氣耳戰陣之事權在君相議院夫豈區區筆舌所能激成也

哉是以西人之於報館若視為必不可少之端以識字者衆僕隸村野之愚賤皆閱之聞中國向所未有僅見於通商海口輒以為異焉

戲館

各都城省會市埠必有戲館如英法京城各有大戲館十餘所意瑞等國亦不下三五所此外有馬戲館畜大小馬教演雜劇調馴如人意犬猴獅象亦能舞蹈有技勇戲館種種幻術變化不測緣橦跳躍如鳥移枝若鬬牛戲先以牛觸馬復以人殺牛極拙且慘惟西班牙有之然皆戲館之小者其大戲館築室為

圓形高四五層容千餘人第二層樓向戲臺正面設王妃觀劇之位張黃錦爲幔一館之内優伶樂人數且盈千演時陳設華麗裝飾奇巧每闔觀者鼓掌優人復唱如是再三優人鞠躬鳴謝乃垂大障障臺前少頃啟障再演障皆巨幅油畫名人手筆也富商巨室咸以爲樂或越數日輒一至焉且有終年買坐者故日用頗鉅觀劇費月計得銀五六百兩設一戲館動需銀一二百萬兩前二十年法大敗於普迨議和允賠普國兵費銀八萬萬兩議院議善後事稽查庫款所存無幾約合銀八百萬兩斷不足以供正項之

用抵一款之需籌畫久之卒無善策有建議者曰商賈爲先務之急京師爲首善之區勿使鉅創後城市自此凋敝急宜興造戲館聘樂師致名優一切當突過從前遠勝他國以爲歐美冠庶足悅耳目來商旅若不此之圖至既已落寞而始議招徠晚矣政府深韙之遂罄府藏造大戲館於巴黎蓋泰西之謀國與西俗之好尚如此優伶中男女老少皆有惟淫戲淫詞之禁綦嚴無敢犯者

游歷聞見錄目次

卷十五

卷十八

拾遺

游歷聞見錄卷十三

戶部主事洪勳輯

總略

朝

泰西宮室無制度之區別游歷所止四國惟意大利羅馬王宮基址方廣牆宇高峻宮前圍以石闌列高大偶像門在左右其中間築石室作半月形堅固如礮臺內有弁兵守之宮之後為大園林百官入朝者驅車而進有時見有鎗隊二三十名列門內路旁再進內為樓梯有值班侍衛一二人率皆軀幹脩偉戎服執鎗立如木偶歷石階數十級其上寬廣者則為

王受朝賀之處設一坐無定向不常御也百官待朝之處亦寬大常時視朝無定所冬日恆御斗室春秋暄和則所居之宮稍敞夏日常住鄉閒避暑之宮凡臣下朝王鞠躬握手為禮有俯首嗅王之手以為敬者君臣各立不坐亦不設虛位曾見設位之處於兩旁置坐具四蓋為召見親王相臣者臣下言事畢鞠躬握手而退此其朝儀也宮中有大臣聚議者為政府供奉耶蘇者如佛堂有歷代王妃及歐洲列國君王畫像之閣跳舞之庭宴飲之室皆寬廣者也金碧輝煌陳設華麗牆飾織錦壁懸油畫几案間多列采

瓷瓶缸金石鏤刻玩器以為觀美西蔔瑞那略儉宮亦較小

市

各地方之稍繁盛者則擇人煙湊集之所自為一區以為市架屋如廠凡牛羊雞豚瓜果蔬菜之屬畢集其中其都城省會地方較大分設此等市屋數處以便居民就近購買若物之敗壞而不新鮮者不得入市販牛羊牲畜入城必於城外要路設有一處一一查驗或瘠或病或斃之有異概不入城夏日禁賣豬肉及一切野味恐有毒也酒類甚多悉經醫生試驗

必取其有益無損者各國同

園

西人修養之方務使氣血不滯休息之所務使耳目堪娛富家巨室營別墅於鄉拓地十畝有風亭水榭嘉樹奇葩其大至數十畝或百畝者於園林外圍以藩籬藝麥種菜得田家樂趣夏秋之際挈眷居之即農家者流亦各為園圃此家家自築者惟鄉間能之若城市人煙稠密地價昂貴闤闠毗連樓閣高聳斷無餘地可為園者然輪蹏雜沓塵市囂塵日夜營營於斯毋乃勞頓是不可無清幽曠蕩之境以舒暢其

天機故凡都會市埠必造公家花園其民數多者輒有大園林三五所意大利京城中則有園在山上大可百餘畝溪流涓涓清超絶俗其石偶精細老樹參差皆古物也園東南隅六角大石柱矗立於山坡之上上刊泰西各國古字有若鐘鼎文者其他石柱或圓或方刻像肖古時人物羅馬建國於周幽王時在歐洲為最古闤城中之園華麗有勝於此者游人聯欐襼裳絡繹不絶然未嘗涉覽也西班牙京城之園不甚大中多喬木仿俄羅斯自行車之製架木為山頭數重鋪雙道鐵軌車容十餘人一往一來高下凹

凸如波折者三游人輒喜乘之葡萄牙之博耳多城亦有山上園林其地平寬而勢雄壯可觀滄海有廣廈曰水晶宮以玻璃蓋屋無片瓦憶過英國倫敦曾見一所極其高廣此則襲其名而小矣瑞典京城別有一島以為園林傍晚乘馬車繞長橋以入或以小輪船航之島中設酒樓曰好斯耳排鏗每當天氣暄和之夜列炬千百宮中樂隊奏樂於臺大家之宴會敘晤游覽嬉娛者輒日至焉其山後僻靜處時見鄉人席地而飲或坐或卧山前則百戲競作應接不暇卜[illegible]宮之寅雜劇技勇其

間飲酒為樂品茗閒談吹簫行歌射的賭勝者攘往熙來幾成鬧市夜分始散日間衣單袷至是非挾纊不温矣此外有園林之清靜者惟以茶寮音樂供游人坐憩餘無有焉各城公家花園多由工程局營造以為居民所必需或設以取資游者必納銀錢買票而後入欲令地方繁盛衆心喜悦故雖游娱之地國家亦必為之經辦即凡疾病養育等院必有園林誠為修養休息計也而監禁亦往往有之蓋其國俗有如此者

林

歐洲各國有林麓官掌種樹令林木茂美到處皆然培植灌溉毋致焦枯疏密縱橫毋致雜亂城市之路側牆陰剪除有法沃葉繁枝毋致妨礙鄉間之山坡隴畔斧斤以時拔一植二毋致缺乏其在官家者街衢園囿游憩之所及古蹟塋地必多樹林以工程局巡捕廳管之國家公產國王私產之在鄉間樹林多者以武弁駐其地守之其係民間者種植删伐悉遵禁令諸國有樹林地畝其數皆可核計如意大利通國種植之地約得八十三萬四千二百四十方里樹林十一萬五千二百方里業此者男女六萬人其間

多植橡欖故材木之用不足乃購自他國歲需銀千三四百萬兩西班牙亦多植百果橄欖葡萄二種更繁而少材木造屋木料之進口者歲五六百萬兩葡萄牙樹林稍多進口之值約百萬兩而出口輭木之數過之瑞典那威地畝幾以樹林居其半木之大者用以築室小者伐之為薪境內所需極繁而猶不可勝用運售他國歲得銀三千萬兩至各國城市之林木有植無伐或大可合抱或小僅拱把驅車而過其為古治為新建觀所樹之木即得其概矣西人以為樹林之獲益甚多試略述數端謂牆下籬邊隨在可

植是無廢地諸類雜木各適於用是無棄材潛滋漸長不煩培養是無曠工凡此皆足以生財固也而又謂足以卻疾病緣樹濃陰蔽烈日而延爽籟朝暮餘閒坐憩林下清風徐引涼意迎人以樹能收炭氣生養氣也西人分炭養二氣最清析質言之其重濁不正者為炭氣輕清自然者為養氣理或然矣而又謂足以致雨澤則以地球各國凡樹林多者不致雨澤愆期為證此說竊嘗疑之夫乙癸同源其理固有可信竟謂樹能致雨恐不盡然正以雨暘時若植物易於長養如紅海焦土數千里終年酷旱即寸草不生

出雲降雨者山川之氣何關林麓其他說姑弗具論要之種樹固民生要務中國亦有種樹令而歐洲各國尤鄭重其事焉爾

城

國之建都會郡邑也設官以治之駐營以守之用能保衛萬姓捍禦非常者則有城城也者取一成而不可毀之義其制高厚完固苟或傾圮則修葺之初無有任其毀壞者獨歐洲諸國則不然凡户口繁盛之區無城郭而有界限其不築城郭者以古時風俗獷悍遇有爭鬭必出陣野戰無肯固守或亦繚以垣牆

僅足以防宵小不足以當敵兵迨至以火器轟擊新法迭出城更無用矣其嚴定界限者為征稅也百貨由他國入境則征之設關於邊界及海口由鄉入城亦征之設關於城門所謂門者即四鄉入城必由之車路疊瓴石為洞門儼如闉闍或闌以鐵柵關吏司啟閉焉土產入城如牲畜糧食之類其稅則之輕重有無各國不同惟煙酒二種則必有稅且較重各城火車棧必專有稅務司查驗除城門車棧外其周圍非柵即籬或即短垣或如濠溝又有環以火車之軌道間以河海之隄岸者別無途徑得以繞越城中街

市縱橫人煙稠雜其居民散處者即係城外但不見城垣似無從辨其内外而其實各城界限固截然分明也譯西人書謂意大利之羅馬有舊城為護極高且厚周三十二里明季又於城外增造圍牆礮臺較前鞏固今身歷其境出入於其國門者屢矣門誠有之嘗登高四望並無環回周帀之城但有礮臺又於郊原見有若高墉者亦斷續不足屏蔽豈即所謂圍牆歟後漢書云大秦國又曰海西國所居城邑周圜百餘里桓帝時嘗入貢東來或謂大秦國即意大利國周圍百餘里者即指羅馬之城案其時正羅馬極

盛之世或者其城邑之廣袤如許蓋今昔滄桑莫可考已惟那波利舊王宮之東有石牆一帶高三丈外堅固如城細細利島之美細恆山嶺盤鬱車路環繞而上路旁砌石為短牆閒丈許則留一缺以瀉山水遠望若雉堞然葡萄牙之京城里斯琫背山面海其傍山之處有牆以蔽之高不過二丈至瑞典西班牙兩京城均無是也中國之萬里長城彼中紀載亦時及之法文則曰軋郎特末紆喇彝法人謂大曰軋郎特謂牆曰末紆其高而厚者無論民閒之圍牆地方之護城則概謂之曰末紆喇彝夫城之與牆其為事

之公私與其所繫之輕重相去懸絶顧乃比而同之無所區別是知彼中固無所謂城者不別其名亦本無其制耳

關

泰西重商必使境内出產貨物暢行他國故無出口稅但報明件數以備查核或亦征之其數甚微惟進口則必收稅歲入之數頗巨極少偷漏蓋嘗思之而知其立法善而辦事易者有數端焉其舟車與關津一氣凡官家所設輪船火車固無論已即係商家其經理者自不敢疏於稽察以滋弊竇一也關隘不能

繞越陸路設關於邊水路設關於埠自岸下船悉聽
其便自船登岸即不持一物亦必渡至關前由關入
市而貨物更當恪遵定例邊境非山即溪天然界限
或在平壤必沿途村落又有防邊之營且其俗無摻
荷而長征者即欲為之勢亦不能二也巡緝嚴而科
罰重衣笥行囊必一一啟鎖查驗雖細微之物其應
納稅者不先報明一俟檢出例必罰鍰人莫不重廉
恥愛聲名貪小失大愚者不為三也其大致如此初
抵意國漸那伐登岸曾見同舟者詣關於襆底出小
包僅婦女首飾一事一童子持香蕉十餘枝皆照列

完稅其稅則章程麤劣之貨大約值百取五尋常什物百取十者居多惟段匹絲棉茶葉煙葉瓷器之稅輒數倍於中國之值其鄰近運入之香水美酒亦然各關稅銀總數每半年一結比較上半年或盈或絀出入貨皆然

路

平治道途以便行旅固為國家所當務歐洲各國經營其事莫不盡善意大利西班牙等國由工部管理有專管道途之總辦瑞典那威則歸內部路之大致分三等曰鐵路車路街路也三者各分數種要在平

正通達堅固悠久鐵路有快車慢車之别僅築路一端工程浩大責重事繁馬車路通國無間隔即盤山過嶺亦必整潔多用石屑填築間用泥沙其在城市者有街車鐵路以達城之四隅車容十餘人兩馬任之行殊速或車中有旋梯上層圍以鐵闌亦設坐皆由國家鋪軌道置車輛亦或貰於商車行走每歷五分時開行一車有歷十分時者行人沿途乘之常常來往自朝至於夜半始息頗利於民間而國家亦獲利焉街路木鋪者為最貴砂鍊者亦佳大概用細碎石屑者居多其次則以石塊嵌成最次圓石子即山

濱之鵝卵石木鋪者以木鋸成條約長二尺厚三寸寬一尺木心向上豎立排比築之使彌縫堊以油每一方丈需工料銀十兩以上砂鍊者與中國三和土之法相似用崔門土及波查臘恆之類和砂土石灰麻桿末等物沃沸油攪勻層層鋪上厚約尺餘費較木路減半此二種路惟英法德三國京城最多如意西葡瑞各京之繁盛處亦閒有之然長不過數十丈凡講藝會文治疾讀書等院之大者若係車馬喧闐之所其旁必築此等馬路車過無輪轍聲至夜靜但聞馬蹄槖槖然如擊柝者其餘皆用石屑則常須修

理矣城市狹巷寬及丈餘必使兩車來往無礙街狹者二丈以外寬者五六丈有十餘丈者中爲樹林兩旁爲市房其廊之下階之上鋪石路或鍊砂土爲路行人前往大率以左手傍市房此往則彼來雖連肩纍跡不至於擠駕馭舟車者亦如之

河

地球五大洲惟歐羅巴少大河故少水患然亦有之如法蘭西之砂恒河在東境挨耳潑山之西三百里發源於挨耳潑之北邊與瑞士國交界之徐臘山岡巒重疊萬壑爭流納兩大河向西南行三百餘里會

爲一河乃向南入地中海半途又有挨耳潑山水來會通長千餘里德意志之哇塔河源出於奥地利之北經德國之東境向西北行入排耳低克海亦千餘里其最長者爲埭愚潑河由德國西南邊挨耳潑山發源曲折而東貫奥地利國經土耳其之北入黑海約五千里以上三河昔曾爲患砂恒河屢次漲溢法人乃於徐臘犟山開就其地之坑陷者築爲高厚之塘以瀦雨水及遠來之潦水其患遂已哇塔河埭愚潑河亦嘗泛溢貽災甚劇比來亦築塘堵截之矣西人之諳地理講水利者頗聞中國黄河時復決口謂

曷不如法以治而不知砂恆哇塔兩河其長僅千餘里即疏之濬之亦易為功綠蠡潑河雖長其患出於德國境界是在上游自可擇低窪處築塘為巨浸成一大湖以緩其就下之性其形勢固不與黃河同耳西人又謂北阿美利加之米西西比河發源於洛基大山向東南行中途匯衆流至墨西哥海灣入海通長萬二千餘里天下之河無踰此者其下游亦屢經漲溢現聞美國政府擬仿歐洲已用之法於洛基山之東深坑處築塘以截潦水自英屬坎拏大之南起橫亙西南至墨西哥之北止測量者云若塘成向苦

旱潦之荒地俱可耕種蓋雨水灌注無慮成災雪水消融無慮積潦或遇旱暵又可放水以資灌溉約計之則膏沃田畝必較現在已墾者增多一倍查米西西比上游與黄河無異何不可仿造者然聞治河之經曰疏為上濬次之塞又次之西人之築横塘黄河之築隄岸均此塞也或謂黄河河底有高於兩岸地畝之處案賈讓治河策云河内百餘里之地為石隄者五是當時已建此議塞之之法相承已久萬不可易若塞之於上游勢所必不能為何如疏濬於下游仍用鐵埽帚以栻其泥淤開掘引河以速其入海之

道或慮上游有旱乾之患則多爲開於支河以瀦濇之西人治河道必用算法細細測量自發源至入海河身各深廣若干必使上游足以容納中途無所阻撓下游易於宣洩水性就下茍不致怒鬱即遇漲溢爲患亦淺斯言也深得要領觀中國江之與河其明證矣如意西葡瑞諸國皆三面臨海一面臨陸者意與瑞地長如股各有大山亘於中其形相似意國中段大山之陽有波丹大澤紛布田野瑞國傍東一帶多河港南境有兩大湖溪流曲折以奔騰河道縈迴而瀰滿不惟無水患且大獲水利焉雖人力之經營

夫亦入海之捷使之然耳

橋

築路以便行旅，自必造橋以通舟車。歐洲火車輪船往來者多，非僅輿梁徒杠，民不病涉已也，尤必講求其制，務臻堅固靈便，始無窒礙。各大國設有專造橋梁之廠，意大利亦有之，在街斯帶臘買地方。又曾見於他廠，即瑞典各國皆境內鋼鐵廠自為營造，因地制宜，其式最多。若羅馬低罷河之橋，頗寬大，兩旁列銅像數十軀，高盈丈，在彼中以為壯觀。斯卑斯水師製造廠內有橋長約八丈，其下無柱，兩端有軸在岸

上橋面鋪泥砂可行重車中高而兩端略低微作環
勢梁係兩截鬬合而成巨艦出入兩岸以索起梁使
直立船過則放平如門之啟閉馬物愛尼斯一城有
橋數十條歐洲各城此為最多河仄狹而橋低小直
階級闤城居民皆用船無用車者此皆見於意大利
者也其在瑞典橋之多而長者如斯朶閣婑緜亙通
數島高且寬者如淘婑乃物忒上下分兩層脫羅耳
海堆有一橋長三丈外上鋪軌道行火車下為二洞
中間砌石為柱柱頭平面以鐵為圓槽內外二圈橋
梁中間下面置小輪成圍陷於槽內圍中心有鐵頂

之俾減輪心壓力艇至不必卸桅但一人拽動橋梁能令横者轉而縱者橋之短而無鐵軌者下面為平滑鐵條其一端較長多在岸上瀕岸横置一軸以閣橋梁軸能轉三五人拽之則橋在地上以讓船行諸式可拽動者各國皆有因瑞典嘗坐内河輪船故常見之至以高大論莫如葡萄牙之博耳多橋跨山上其下即大溪高離水面二十餘丈亦分二層長倍之以興造費鉅過客每人納錢一枚合制錢約三十枚車馬加倍葡人見造橋者獲利厚也請仿造於都城里斯琫議院以為多事不許凡此皆設於河渠之上

而又有在陸地者專為鐵路而設歐洲地勢忽高忽下鐵路必取其平遇地之高者開通之如溝渠駕橋梁於路之上其低者則增築之如隄塘闢橋門於路之下火車與行人一縱一横或上或下各不相涉法亦善已博耳多大橋純用鋼鐵條旋螺釘造成條寬五寸以機壓作半方式溪中僅立二柱其二層相閒不及三丈上下兩旁多釘鐵條如乂字形以借其鈎綰支撐之力極其堅固雖橋上來往馬車與兩旁行人擠滿不致震動貴州黄平州重安江之鐵索橋以大鐵索排釘於兩岸山石閒鋪木版於上其長與博

耳多之橋相埒高且過之聞落成之初殊為堅固不數年其中段勢已下垂非必為輿馬之壓力受損計鐵索之重且長即常時中間墜力先已不勝故易壞耳今即徒行者不敢過仍繞道至山下以渡其地為雲貴往來要道若仿造上下兩層之橋酌令過客納資想夫役必有主僱行旅亦無不願者亦便民之一端也蓋西人將有所造作必先細測其物能任重若干如索容墜力幾容壓力至百頓者用足以五十頓為止凡舟車及一切製造機器之力亦但用其半斷無不勝之患斯歷久不損矣

隄

各國都城之近海者多在灣港而不臨海西班牙之馬達利在國之中間高踞陸地可無論已他若意大利舊京在那波利灣內今遷羅馬則距海較遠葡萄牙之里斯瑧在大西洋東岸海灣寬廣如大湖當面五里十里之外有島環迴為之屏蔽瑞典之斯朵闍姥由排耳低克海西岸進港淺曲而多歧路那威之克利斯低亞尼亞深踞斯卡旋恆灣盡處狹長而多要隘此兩城非本籍人之熟諳港路者斷不能駛不必築隄已得形勝矣若各國省會及繁盛市埠不之

臨海者意之漸那伐美細恒利伏恆葡之博耳多瑞之麻耳瞞等處皆傍海為市一遇風濤即汪洋澎湃船之停泊者不無顛簸撃撞之虞乃為長隄以捍衛之由城隅岸旁伸入海面者輒三五里或兩隄環拱缺其中央或中亙一隄缺其兩端又或左迴右抱各相其形勢之所宜凡海峽褊仄則出口之水勢必急隄以承其上游地據東南則秋冬之風潮必勁隄以當其西北遇有砂梗暗礁者即藉以為基址築隄於其上隄兩端造塔夜則然燈以為識是隄為船舶之屏障使巨浪不致鼓盪所以捍禦波濤也又為出入

之門户使海面有所收束更足以保衛城市也錫蘭島之哥侖波在印度海之東其地即在海濱西北向波濤洶湧有石隄蔽於前自西南至東北直長三里外船皆穩泊隄内時見浪來為隄所激水躍起高三四丈如珠簾倒捲素練當空當時拋石下樁工程良匪易易此專為停船者也其兼為防禦者如意國水師口岸斯卑斯海灣以亂石為隄横截於口内值潮漲出水僅一二尺兩端有路殊臨偪近礮臺近又聞諸國人將於舊隄之外相距數里當進口處增築石隄一帶其細細利島之美細恒海峽亦有砂梗為隄

自東南至西北約得十里許長過於岸上街市隄上多置礮臺以護全城若此者凡以為海防也蓋平時以之拒浪其隄內邊岸即砂磧土堆亦無東漲西坍之患有事以之拒敵其隄端要隘即堅船巨礮不能横衝直撞而來尤有隄之暗者嘗於美細恒利伏恒兩海口見極大方石排列岸上多至數百塊每塊計長八尺闊五尺厚六尺用大小石塊以波查耳所出之波查臘恒土和泥砂製鍊木版為模築之膠黏成大方之塊入水則合縫之砂土更加堅韌他處築隄石塊其製與式俱同倘遇戰事以起重機器運之沈

於海邊緊要處環築暗隄填塞港路事後仍運至岸上亦易為力隄之為用大矣中國各海口重門疊户天設之險無煩築隄然使有隄以為之衛如上海則堵於吴淞口外之淺阻天津即環於大沽口外之攔江砂留兩端或中間為船路必使足以宣洩内河之落水無少阻滯實較勝於鐵索木簰梅花樁之類其形勢不更屹然完固也哉

游歷聞見錄卷十四

總略

意西蔔瑞京城晷刻

地球由西向東歷十二時自轉一周爲一晝夜東西正午遲早不同每偏十五度差一小時偏至一百八十度晝夜適反同一經綫者子午正同日出日入時刻南北各異羅馬北極出地四十一度五十分赤道北四十一度五十分順天府西一百四度五十分減六小時三刻十四分順天午正爲彼卯初初刻一分子正爲彼酉初初刻一分日月交食之時較早六小

時三刻十四分夏至晝六十刻冬至晝三十六刻馬達利北極出地四十度二十二分赤道北四十度二十二分順天府西一百二十度五十分減八小時三分以下子午正日月交食時刻俱可類推二至時刻與羅馬同里斯璘北極出地三十八度四十二分赤道北三十八度四十二分順天府西一百二十六度二十分減八小時一刻十分晝長至五十九刻短至三十七刻斯朶閣姚北極出地五十九度十五分赤道北五十九度十五分順天府西九十九度七分減六小時三刻六分晝長至七十四刻短至二十二刻

克利斯低亞尼亞北極出地六十度赤道北六十度順天府西一百六度二十分減七小時五分晝長至七十五刻短至二十一刻

論地球圖説

西人工於繪事將有製造必先繪圖無不畢肖故其技藝輒詣精微即凡格致之學亦必繪圖列説剖析其理使閲者開卷憭然於心目之間法至善也惟地球圖説則固有可嗤者其圖爲一球船遠近數艘有一人望各船於日光所射處繪數線其爲説也謂人在海邊望遠船僅見桅之末稍近見桅最近乃見船

其先之不能見梳以下者以地形如球為中間海面微凸之圓勢所蔽云云輒載於卷冊亦有專印一紙單行者嘗聞西人之知地球自英人始論地球自轉之理自意人始俱在元代其時意國又有哥侖波之勇於航海後有利瑪竇南懷仁之精於天文則地之為球已昭然矣然每笑我華天圓地方之語不知天如雞子殼地如雞子黄之喻在東漢之季蔡中郎固已言之且天傾西北地缺東南雖涉荒渺早已道破地球之半時猶遠在上古矧至今日天文輿地算學代有名家豈猶未明地球之理也哉以理論之地球

之上即五里十里其間應有圓勢而必爲是圖說以證之則目力之所及幾何遂謂海面圓勢能蔽十餘丈之桅何目光之巨而地球之小也蓋欲極形其圓不自覺其言之過泥而近於拙耳至其他所列諸說有簡明易曉者竊謂萬水皆從東流凡五大洲之長江巨川無不然者是東流二字可證地球之圓轉何不引之以爲說耶

潮汛

環地球皆水也水隨月行則有潮汛月光直吸故水漲及斜照其勢自消月有盈虧水亦隨之故既望乃

盛漲然或以為不僅係乎月且係乎日朔望潮較大以日之斜直適與月相等有以助之也月固借日之光以為光者其說亦通所至之國少見江河惟瑞典曾坐內河小輪船以山溪瀦水為港亦未見潮汛也至各海口岸之潮視月之斜直不忒但覺少遲其月出似亦較中國少遲試詢諸西人則曰不然謂水隨月為消長此據海洋言之若口岸之少遲宜也至於月出之時蓋環球無異云

熱流

天地之生長萬物也非尋常推算所能知若以常理

推之則瑞典那威之北省已踰黑道疑地上必無植物況北角傍冰海尤爲寒沍當寸草不生矣乃漁舟有至其地者見臨海峭壁之上荆棘叢雜花木盛繁歸告國人傳爲異事然譯西人探地志略固有熱流之說則知其所以致此者蓋有由也熱流西語曰巨耳斅斯脱來姥發源於大西洋中間正界赤道逆流向西全地球之水皆東流惟赤道下獨西流也流近巴西國分而爲二一道回向東南赴好望角一道由阿美利加之盎低耳海折向東北經墨西哥灣出勿羅利特峽直奔那威之北角由冰洋回繞過阿耳蘭

英吉利西班牙阿非利加向赤道南下西人謂熱流一股乃大西洋中一極大之江計深三百丈寬二百里較多於全地球之江水其色深碧其味極鹹海面無風浪時船行乍至熱流視海水青色與流之深碧色截然分明故阿耳蘭島夙有海翠之稱既入流船勢出水較高其熱以盎低耳海爲最測與人身之血等過此則稍散漫然猶氣勢蒸騰水族之生長甚易多有光采者每當疾風暴雨之夜海面現白光較電光尤亮至北冰洋冰爲之稍融熱雖減尚溫而不冷受其熱氣之力以爲用惟有戲十如中國黃可之

水之多能使不復凝結論歐洲北境度數交冬令似應徧地冰雪乃沿西一帶雨澤時行牧畜無慮即至北角猶有花木非熱流何以能此於以歎造物之大化工之妙為不可思議矣

歐洲諸國之有屬地及商埠者

歐人善商賈其採地設埠凡以為利也設埠大致約有三等有以兵力得之者遣戍守其地人少則徙國人以實之有移民屯墾者海中荒島向乏土著開闢而整頓之遂為己有有租界通商者租地畝建市房造船埠專為貿易計歐洲之有屬地在外者向推八

國英吉利法蘭西荷蘭丹瑪西班牙葡萄牙俄羅斯土耳其是也英之屬地大於其本國六十六倍是為最多法次之荷丹雖小國其出洋探地頗早然皆彈丸小島耳西葡自昔探得阿美利加之後占據甚廣近數十年或自主或他屬非昔比矣俄土兩國之屬在歐洲外者疆宇雖多撫馭未善民不歸附絶少利權遠遜於他國之藩服若土耳其之埃及更無實際此外有近年新得如德意志在阿非利加東南沿海意大利在紅海邊各得地數百里經營伊始度各國或亦有新得如此等地者至於商埠不必屬地凡有

約之國皆設之又有以屬地轉租於他國者大率由大國出資租界而各國得因之以通商有不能悉數者矣

約從連衡

英法德俄歐羅巴之大國也顧英吉利三島懸於海中商務甲天下茍為持盈計可以無觖望矣惟德意志處歐洲之中日耳曼列邦推為盟主自戰敗法蘭西以來法人創鉅痛深狡焉思逞其不敢輒發者不惟恐蹈前轍蓋亦見夫德之南則意大利奥地利北則荷蘭丹瑪瑞典那威諸國交好甚密聲勢聯絡耳

聞比來德之於俄稍涉齟齬而法之於俄相為指臂德若有事於法深恐俄人之竊窺其後亦惟繕甲厲兵靜以待之而已故德法之戰越二十年自兩國之人言之人人自危有朝不及夕之勢所恃俄法連衡德與諸國則約從此數國者苟不寒盟尚無大患歐人揆度時勢莫不云然至如西班牙葡萄牙之僻在西偏則又瞠乎後矣

水師會操

戊子夏四月泰西水師會操於南洋之新嘉坡俄軍幾駕英法之上曩者必推英吉利為最而德法次之

之俄羅其國不能與諸大國並前以衆議求訓練遵臻精悍故各報館論說紛然以為非歐洲之福閱月羣議漸息乃為持平之論謂今善於昔則有之矣非真能超越諸軍也聞俄王英敏好武有法國前王拏波侖第三氣概以其國北鄙泛朗特地方係瑞典舊地并俄已久迄不順服號為亂黨行刺者至十有三次皆幸免蓋羣於內患不能逞所欲云

黨與

自古君子小人之分薰蕕既異冰炭不容謂之為黨猶隱樹之敵非顯立其名者也今泰西各國之黨則

不然不以君子小人分之而以君主民主分之如君主之國黨君主者已羣以為君主善矣而或猶倡其說以為宜易民主於是黨民主者咸附和之民主之國亦然各國政府議院大小臣工皆兩黨中人其持論必直抒己見始終執一初無依阿又有調停於兩黨之間以不黨自為一黨者其人可指數必不踞津要若大臣僚佐即莫非黨人進退黜陟悉惟其魁之從而其魁之勢餒恆視黨之衆寡以為强弱於是聲氣黨緣諸弊不能免植黨如是固非為國之道然相習成風欲禁之而不可得蓋黨中人既不肯以自絶

而不黨者更無能以相制遂至國君不敢猜忌臣下不復顧慮視為固然無足異矣雖然觀歐洲諸國其互相傾軋易致事端者惟法蘭西君民之黨為甚論黨之多君黨民黨外有南黨北黨男主黨女主黨者惟美洲之合衆國為然夫世運遞遷當王者貴和衷共濟同寅協恭顧乃背道而馳分門而立臣之事君義果安在然則君子小人之分已不待辨而自明矣而或者猶曰不當以是律西人抑獨何歟

商販

中國自開海禁立市埠以來洋人得通商之實華人

僅通商之名雖人與貨互有往來而洋人之來華者上海一埠不過四千人通計南北市埠不過二萬人其閒殷富商人約五分之一餘俱南洋諸島國人傭於商人為鈔胥者也以華人之往外者較之其數之多何止百倍東洋如日本各島南洋如新嘉坡新金山錫蘭呂宋暹羅越南等處西洋如舊金山檀香山秘魯古巴等處通計無慮數百萬然皆為辛苦工役僅免凍餒無有為商人者即或販中國之貨物以往亦仍售於寄居之華人與洋人無涉焉至於洋人之貨物其販入之數日益盛而華人之用之者日益繁

試以從前進口出口之數衡之其大宗為洋布歲計價銀幾至萬萬兩中國之絲茶木棉猶足以抵之其次為洋藥價約六七千萬兩販往之黃金足以抵之其餘雜項之貨進口者甚多而出口者殊少萬不足以相抵若船礮機器絨氈鐘表之類固貴重之貨至煤斤洋油繡鍼雨繖自來火等物其價極賤其物極微然積少成多為數亦鉅即如瑞典之穎秋平一廠其自來火之運入中國者歲得二萬箱又有自各當蒲麻耳瞞諸廠來者且有自英法德諸國來者以家常日用取其簡便近通商口岸各處固已人人用之

而散運於内地各子口者亦復不少況比來絲茶木棉各國之土產漸多其本質或不及華產而製練之法揀擇之精則過之故中國銷售之數大減北洋市埠多豬羊毛馬鬃駝絨出口仍由外洋織成氈毯運入與木棉出口織布運入者同𥚃弗計其贏利若干而往來運費製造工資則必取諸中國其獻中與船上往往有役華工者是藉中國之物用中國之人而猶能賺中國之財則自產之而自爲之者贏利可知乃設爲製造招商諸局風氣漸開今則織布軋花等廠次第舉辦誠商務得失一大轉機也比者歐美各

貞二十七

教堂中人屢以傳教游歷中國又以駐華教士之議論深知夫洋藥之流毒已甚欲有以袪除之盖擅其利者惟英人被其害者惟中國無關於他國之商局事尚可為乃集教中同志者為會將明告於英之政府請下令禁止商家販運印度種植顧歲輸六百萬金以代洋藥税果允然後公請於中國勿使内地種植如是則利不盡失而害可盡袪矣游歐時頗聞是議茍能行之正本清源法良意美關繫於華人者甚大又不獨商務之得失已也

游歷

西人重游歷為能增長器識造就學問也各國世子既入水師學堂肄業尤必乘水師輪船遠游凡國中學士大夫以至各業雜技之人有熟諳數國語言文字周流歷覽學有成效者其人輒以是增重咸傾慕之要各有實獲不務虛名如他國政令之善治法之良遣臣下往訪焉聞某書院名士之多教習之博頗子弟就學焉業製造者聞何廠最精乃往學習為幫辦為司事若監工繪圖諸類即以礮廠言之英國之阿姥斯忒郎德國之克虜伯俱歐洲自昔著名之廠

往從學至速者住三五年有所得而即回籍或且遲至十年二十年之久必俟盡得其法然後回籍故各國皆能自製新式鎗礮惟重五六十頓以上之礮位所需無多不自備製造之機始購自他國大廠耳學輿地兵法者披覽精細圖籍悉心審察似亦了然究不若身歷其境之為真切如德國地學之士名毛耳忒者咸豐同治間久游法國其於山川之夷險道里之紆捷攻堅擊懈屯兵扼要當在何所一一深明其故厥後德與法戰毛耳忒為軍師運籌決勝困強敵於掌握之中論功得上賞是法之敗機早伏於平時

閒閒然之一車一騎也有不拘枝能而領略夫風土人情之大概者昔曾見西人來游浙西至餘姚見利濟橋則握管為之圖復上龍泉山照影為兩城圖遠望見麻櫪樹之末知非凡材乃於數十里外覓得之在餘上交界處山隈高幾二十丈願出重價購去為巨艦之桅土人以數百年物村落之蔭木也不許又於鄉社閒見黃楊樹枝葉圓滿如蓋甚欲之而不可得遂去其博覽廣搜大率類此有學業既成游藝他國以行其道售其術者有徧覽山水尋名區訪古蹟以適其逍遙自在之樂者凡游歷必多所紀載歸則

聚同志詳告之其爲益多矣從來紀載之書必兼繪 頁千九
圖近數十年游歷者必攜照影之具誠簡捷之法也
更有舉家遠游者新　游者輒期年半載而後返
至若家居者每日閒游街市父兄師長以時率其子
弟出游鄉村則又西人之俗尚無不然者矣

繙譯

歐羅巴一洲輪船火車四通八達今日此疆明日彼
界語言文字隨地而殊惟呼父曰伯伯母曰媽媽其
音與中國同歷數國無稍異異而詢諸西人乃知環
地球皆同此可見天性流露本無二致者也歐之語

言文字雖各異而最要者有三國官家尚法商家尚英以法為文字之正宗英為貿易之巨擘也比者兵家亦尚德德國文學之士撰有文字一種於英法之外獨樹其幟欲以是通行於歐美諸國聞瑞典鄉塾中有讀之者據西人論說謂未必能盛行耳其所視為甚難者惟中國之語言文字法國大書院中雖有華文教習而學徒僅二三人次則俄文學徒亦不及十人若意西葡瑞能俄文者或有之未有能華文者那威之德益居中國者二十年善操華音亦未解文字也西人嘗謂中國文字與語言迴別而又多艱深

即中國惟士大夫能之凡民之通達文理者鮮況我西人更難學步曷弗稍為變通如泰西之即語言即文字村愚皆知之為便哉然而華人之視歐人亦多有未便者歐之有各國猶華之有各省乃語言文字歧出者十餘國苟學為三四國已為能者尤能者至五六國而止終不能無藉於繙譯且其俗重游歷需繙譯為更要而繙譯亦必因游歷而愈精假令繙譯者拘牽文義而未嘗游歷其譌誤疑似之弊必不能免姑舉其顯而易見者如華文載泰西地方往往有城郭堅固之說載其物產多橄欖榨油萊菔熬糖之

類不知歐洲無城郭其堅固云者指人民之繁形勢之勝礮臺之多榨油者法語曰哇利佛熬糖者為倍脫嬾佛並非橄欖萊菔特其形相似竟與葡萄釀酒一律視之謬矣勳聘往繙譯簣文卿名炳榮年二十歲浙之鎮海人性沈靜而功亦純熟精於法文兼能英文入廣方言館肄業時僅十二齡今至歐洲謁諸國君王大臣譯數語後即嘖嘖褒獎且服中國之多材能也蓋泰西王大臣輒能兼數國語固以繙譯為學問中一大端視之甚重其於華文雖未能通曉而教中之久居中國者不乏通曉之士以習聞中國聖

賢之大道已將經書繙成英法文字又有輯中國各省俗諺如巷語街談婦唱童謠之類譯其意義訂成卷帙謂能識風土人情之大概凡以備國中好學者之博覽留心文藝嘉惠士林其用意深矣由是以言吾中國欲窺西法非繙譯書籍不為功而繙譯書籍非透達精切不足據然則學習各國語言文字者尤必嫻熟中國語言文字庶幾能臻斯詣不然者即語言文字果如西人亦一西人耳烏足當繙譯之任哉

西人行習

游歷所至與各國士大夫往還察其行習不乏可取

之處其養身也血氣不稍滯髮膚不稍污起居不踰時飲食不踰度其涉世也笑語和諧容貌敬恭有純任自然之功無遽色疾言之候其所以致此者由於父師之教不惡而嚴子弟之率少成若性欲其端於倡導也督率之方季有過則責仲仲有過則又責伯欲其無稍拘執也功課之暇既任其游行復任其玩弄若教之以習業則見異勿遷半途勿廢毋躐等毋偷安也教之以行事則計日謀績刻意求全毋因循毋將就也其子弟之循良者幼小儀具成人之概即魯鈍者訓迪不輕施夏楚之威夫自幼而耳目之濡染

者既如此比長而儕偶之講論者莫不然有不安為故常寢成風俗者乎雖然夫婦之敬如賓宜家亦所應爾至子進酒而父乃屢次酬答則世故矣經曲之儀不講太簡猶曰可也至僕執役而主必每事鳴謝則繁文矣凡處卑賤者以屈膝為請安此見於瑞典與華俗相同然惟婦女始行之凡遇親長者以接吻為致敬此偏於歐洲誠夷禮之異即係婦女亦如之至於口舌相爭勢必執一是其律出惡聲者有罰故雖愚賤猶不敢詈罵以干罪戾其敦厚為何如睚眦必報至不欲並生其俗有仇隙者輒鬬故雖士夫猶

或捨身命以賭勝負其驕悍又何如哉因述西人可取之處并舉其不可解之端以見士習民風之略云

彼中議論

泰西之士好探索名物討論事理其於他國政治之得失風俗之良莠物產之盈虛類能窮搜博訪無閒洪纖每有品評切中情事即宮府尊嚴陬澨荒僻國中士民未嘗聞知彼且播於報章傳之衆口一若身歷其際燭照而數計焉者法京巴黎報館採訪中國之事閱七日刊印一紙雖不免傳聞異詞而大致非出於無因試舉所習聞者述之如謂中國治化之隆

制度之備先於泰西之創造二千餘年型仁講讓安禮悅義迄今不衰其所欽服者也地界黃道氣候和美山川之勝土田之腴商賈之善居積農民之任勞苦國家之賦稅維輕民間之輸將恐後歐美皆莫之能逮其所羨慕者也其有遺議者武備未臻完密文事過於講求官吏不及泰西之清廉祿養不及泰西之豐足蓋其論說往往如此巴黎有築室於市者結構既具又復作輟經營久之而未告成新聞紙譏之曰是殆放中國之所為歟笑人之忠厚而無能者亦曰是中國之人歟然事非目見終是門外人語具食

以燕窩為貴品彼甚奇之以為燕之巢也游瑞典時有大商將烹巢相待遣人往鄉野林間求之而不可得且為告語極道其抱歉之意謂中國人好賦詩數日不見輒曰近日作詩必多矣頃復作耶此猶笑之小者至論及時務深惡俄人之恃强急宜練水師整邊營以峻其防論及洋藥痛罵英人之賈禍急宜禁商販絕種植以已其患是則杞人之憂野人之獻其論至當其誠可嘉者矣

游程紀略

丁亥中秋出都城赴天津九月抵上海仲冬之初附

德國商船西行閲月至意大利之漸那伐自上海至此計程二萬九千五百里途中灣泊之處五出吳淞向西南踰黄道越二日至香港向正南及半途仍向西南約五日至新嘉坡已出中國海距赤道僅二度矣乃折而西北二日向西三日至錫蘭島之哥倫坡是爲印度洋仍向西略偏北經阿拉皮海八日至亞丁於是徑向西北渡紅海五日抵蘇彝士河一夜即渡至帕綏特入地中海又四日乃至以後皆火車道自漸那伐至意國京城羅馬九百里戊子仲春南省之游至細細利往返三千四百里夏四月游北省西

至的紆蘭東至物愛尼斯由哇朗納出境共三千里過奧國至德國京城柏靈約一千八百里又二十一百里至瑞典京城斯朵閣娩其間有海程二百里時在五月末瑞典那威之游總計得七千五百里又有河道千里孟冬之初由南境越丹國德國裏海之道二百里經比利時國至法國京城巴黎二千二百里赴英國京城倫敦往返一千九百里中有海峽由是過西班牙至葡國京城里斯琫三千四百里時已仲冬葡之游僅月餘程途最少一千七百里由葡至西班牙京城馬達利一千四百里已丑春正之朔也西

班牙之游四千六百里夏六月發自葡京至漸那伐四千八百里仍附德國商船回中國通計船路六萬餘里鐵路約四萬里此外有鐵路之近者有坐馬車乘小船者有十里五里之徒行者又數千里憶勳自幼至壯應試供職入都者三游學往楚北者三吳門者再本省浙東西往來者屢半生蹤跡何止十萬里哉古人有言讀萬卷書行萬里路蓋必讀萬卷書其胸次之積儲者富夫然後出而印證之徧覽天下事物之常變以窮其理而盡其性乃為有用所貴乎行萬里路者此也如勳愚蒙學植荒落所讀之書無過

百十卷而所行之路數且十倍況乎是役也輪轍奔馳煙雲過眼若涉大水茫無津涯無益於厥躬無補於斯世過都越國雖多亦奚以為僅得就所見聞猶存梗概若夫見微知著遇物能名輶軒訪求洪纖具舉卓然成域外志乘之書以俟宏博之君子

游歷聞見錄卷十五

意大利外編

政教風尚中外殊致凡佚事陳迹奇觀異聞無關典要而有繫國俗者姑錄之輯為外編以存其略

教務述略

教之有王其相承於今已二百六十有三傳矣考其緣始即在耶蘇降生之時一傳不過七年耳權勢之盛自炎宋以前第九十五傳名司對發諾第三者始其時法人以落麥宜部落獻遂據其地嗣後各部落主爭獻地媚之亦有以爭掠為己有者法人擁重兵

於羅馬以爲保護預民事號令所須無敢違背且例無罪罰歐洲各國有機要咸請命馬前三十年意王與瑞士約得龍白地部落僅以忙多挨一隅歸教王未幾意臣細加提者奏陳教中權勢少斂資財太多仍之有害於民生改之有利於國計王納其言遂下令頒行通國凡教中所占資財如田園屋宅之類其可省者例得歸公於是教中利大減又四年下令稽查通國修院若干修院與教堂不同教堂供耶蘇住僧尼講經說法而已修院則羅致幼年入教之僧尼者也明年下議院開列清單具奏計通國修院有二

千三百八十二所約幼童二萬九千人男女各半內豈獨無依者約萬人大加刪汰房屋大率充公改為學塾旋下恤詔其三年前已設誓入教者酌量津貼給予修院至是忙多挨亦歸意版圖教王之勢已衰不數年法大敗於德撤保護之師意王入羅馬盡收復其地削其治國之權凡教堂經堂修院悉歸地方官管轄其各省鄉鎮教堂等類向非教王出資分設者一律歸公然近年查核此等堂院通國計之尚得五萬五千餘所云

教王

教王宮在三秘衍教堂之左踞高阜為屋制度視王宮有過之無不及有稱紅衣宰相者五十餘人分住各城及他國其資望深者即得嗣為王先是權勢甚盛王出入百姓跪道送迎各國王入謁膝行而前嗅其足以致敬儼然坐受非若今之但以鞠躬為禮也自意大利王遷都羅馬乃漸制之假保護之名撥弁兵以守其宮虞有援之者凡封固書札展閱而後遞其處之之道大率先乘其時勢而後持之以理陽奉為神明而陰圖之如敵城中有一新聞紙館係教中開設者每紀此事頗為不平時述教王之言曰我意

大利國王之因也語多寃抑而卒莫可如何至或以偪人太甚為慮不必慮也國中之事國王為政教中之事教王為政斯則無罣礙者耳教王如此教士可知無論何教類皆謹愿各教堂即以人之布施者布施於人如醫局義學諸善舉隨地有之民間之見教士如佞佛者之見僧道故相安於無事及其來中國也鄉愚或信之先效其不祀祖先不別男女諸端已為可怪黠者又復依勢陵人不信者欲攻之而不能也輒鼓簧舌簸弄之以誤傳譌因而生事彼雲游者如天台僧終身業此獨念氓之蚩蚩以飲食之微至

於獄訟默運潛移是在爲民牧者

教堂

教堂莫多於羅馬闔城幾及三百所必有圓頂自遠望之纍纍若叢冢然次則耶波利數亦相埒以羅馬爲教王所居故有極大教堂二其一在鄉閒即所傳起造六十年工程僅得其半者今已七十餘年仍未聞告竣之期其一在城東南隅門前大石柱高聳兩旁自來水沖激高二丈滾雪拋珠爽人心目迴廊高敞上列石像數十軀其大數倍於人身入門望耶穌像隱隱然極其深邃縱三十丈横半之統爲一堂石

柱兩行中央懸百寶蓋嵌五色玻璃堂之上爲圓室五自堂内視之僅見近四隅有方室啟圭竇入緣石梯螺旋而上不知幾百級各置大銅球於其巔因堂中閒地穴爲教神三祕衍冢造銅臺於冢上故即以三祕衍爲是堂之名其所最寶貴者壁閒巨幅之畫盡用細小石塊嵌成繪教中故事尤妙在顏色天然人物畢肖呼之欲出善丹青者握管擬之終不能及估其值每幅當數萬金共得數十幅希世之珍也歐陽子之詩曰越俗僭宫室傾貲事雕牆佛屋尤其侈耽耽擬侯王可見寺觀奢侈之極今歷覽歐洲諸國

王宮雖務為華美而規模高廣金碧輝煌其體制宜然也固無有瑶其臺而瓊其室者如羅馬雨教堂糜費金錢不可思議越俟王什伯矣豈僅擬之云爾哉

中國修院

院在那波利城中山坡上康熙間意人利瑪竇自中國回顧引華人入彼教設修院於其國以專教華人請於那波利之主許可遂建是院嗣後華人輒有往者大率湖北人今游院中見學徒弱冠者六七人髡髮合掌出而相迎為之惻然叩其籍貫皆楚產也越[illegible]

伯閩商大所已決訟之餘而未決恐不得直則無依矣旋聞當事者有不使失所之語噫重洋遠隔貿貿然來離親身之骨肉而為異域之和尚顧乃戀棧而未得耶昨觀羅馬教王宮衙奇會有壽文二篇置樓上玻璃匣內皆華文小楷一係某教堂公具一署尾曰弟子湖北省某府縣廩生某上教王壽表字樣僭越稱謂奇異可知楚人之信彼教必由阿其所好者以自愚愚人自惑惑人也此修院中舊有資產甚厚近多充公惟院猶在今者又將改作如意王者誠能具極大神通施無量功德不特國人感之即楚人之

深入苦海者或亦從此寡矣

天下大園林

意國名勝最多且以教王居羅馬權勢雖替而崇奉弗衰泰西各國王咸來瞻謁即搢紳商賈其稍贍足者莫不一游其地以為快西人固好游而其實亦有為他國罕及者姑舉所已經之處約計之如羅馬古蹟之多礟臺則洞門重疊遺址則石柱參差古物則有碑誌陶器銅像石偶博物院教王宮等處搜羅甚富又如教堂在羅馬者以雄壯華麗勝在密朗者以嵌空玲瓏勝及夫古今人繪畫雕刻之精工奇巧皆

西人所樂觀者至若那波利之火山頗騰霄漢斯巴斯之海口名著歐洲得耳尼之瀑布懸崖者十丈以長琫貝驛之古城出土於千年以後物愛尼斯街衢臨水舟楫往還宛如吴越諸郡邑駕妹湖山清曠樓臺隱見差擬杭州之西湖雖此外未嘗盡至或至而未嘗歷覽而略舉數端則知西俗相傳有意大利為天下大園林之語良有以也

火山紀游

物愛徐物火山在那波利海灣盡處距城十餘里自城中乘車服兩馬南行中途增以驂入村後山坡路

紆折盤旋上旁多巨石即古時火山噴溢者蓋石鎔為流質溢出復凝色紺黑僵仆若人蹲伏若獸堆纍若昆蟲之穴屈曲若老樹之根自山陰至田閒歷歷可認甚或壑谷為之滿矣數畝無裂紋其上不積塵土無苔蘚越山數重至火山之腰有小室設機輪二輪廓陷鐵索綰車下兩旁車底中有小輪行鐵軌上二軌平列各置一車路峭側而平置其坐約容二十人上里許復設輪輪動則索環迴車迭為上下既上徑復稍紆砂鬆踹之沒踝而溜土人以短木夾坐具舁人行又里許砂際有罅隙出煙縷縷行數武輒以

杖畫砂杖頭多焦灼痕若餤迸出即止西人履以革為之亦有焚者時適微雨得陟其巔乃一大圓穴周約四百步煙餤上騰一白無際如侵晨立湖濱彌望皆霧而已煙高四五丈有石轟上仰而審之見黑點小如杯大僅如盌須臾霣其聲砰然乃知如杯者大於升如盌者大於斗也偪近穴邊立煙觸口鼻作硫磺馨即咳游人皆屏息掩以巾俯視穴中距足下二三尺為煙迷無所見但聞響隆隆不知深幾許乍凝想猶冰淵之臨履焉兩股栗遂下山縱轡反城中已萬家燈火矣逆旅晚餐游人滿坐有問之者曰今日

之游奇觀哉子亦嘗考之為何物乎因答之曰天地生萬物五行盡之顧水土木金各具自然之質顯而易見惟火獨藏不取之不出少自然者茲姑弗深考即以此為火自然之質可乎聞者笑頷之

古城

物愛徐物火山之陽約十里有城曰瑧貝驛後漢時火山鎔溢闔城萬户盡遭石汁掩蓋至乾隆十三年土人墾地得古物獻於國遂興工開掘傳為異事迄今工猶未竣然已形跡宛然若全城畢露尚待六十年後城在山隈一大平谷周圍因坡阜之高下築牆

砌礙留一門游覽者每客納銀錢二枚以爲工役之費門内右旁築小室以玻璃代瓦兩邊列陶器數百事水罐油盞兩種最多有牢獄鐵門骷髏殘骨及鳥獸骨中央置尸身五六具玻璃籠之皆完軀或仆或側猶被壓痛苦形狀其兩尸一處者謂是母女徧體皆砂土不知從何辨認也馬骨一具潔白無纖塵以鐵絲聯絡之驤首駐足高大過凡馬殆駿骨歟入内街巷路徑四處通達其爲民房鋪户教堂館舍園囿一望而知但上無遮蓋耳牆壁皆不毁壞壁上畫亦未磨滅略佳者竟移置教王宫又取陶器石像分置

博物院即他國院内亦必購覓以供賞鑒焉是日往觀正值淒風苦雨躑躅於斷陁頹垣之下憑弔奇災毛骨悚然不忍卒視疾趨出回逆旅其主人相待周至因游人衆多無卧室爲借宿農家飯後微醺主人執燈導引越陌度阡忽聞蛙鼓豆麥芃芃然清氣襲人恍疑身在故鄉矣時戊子清明後數日

廣廈藏櫬

美細恆街市南有園在山上大數十畝造廣廈以儲尸櫬室内空洞無他物列穴於牆四面皆是西人櫬低小牆高一丈可疊至五具已藏者石板封之題名

其上豪於財者於園内造小室或在檐廊造龕上置石像路旁山壁亦如牆上之穴其貧者轉得入土埋之但無標識葬法此為最奇至他處所見率在城隅築圍牆為塋地凡附近者必聚而葬之不得到處便埋法至善也惟國王之冢或在教堂内地下或神龕後造石椁刻卧像於上間有擇形勝自為一室者西人之題墓也亦紀功勒實或書生卒得年幾歲或作曠達語有戲為自嘲及解頤語者而其文則蘭羅馬教王宫古碑甚多嵌長廊兩旁不盡墓誌亦有紀事碑版残碑斷碣剝蝕磨滅猶搜剔殆盡藏諸宫中以

為觀美其亦好古之癖歟

跳舞

丁亥歲除至羅馬甫卸裝寄居逆旅意宮設跳舞會前三日宮中典禮之官折簡速客衣以元色領袖皆白必一律書於簡至期往漏二下諸女已環坐有裳無衣袒胸背以霧縠疊二寸許攀兩肩以掩乳際或曳長裾擁地五六尺頭上綰髻無冠額髮螺旋如飛蓬亦戴首飾金剛鑽為貴諸女國之命婦及各公使商家之眷屬也數以千計服無定色多淺藍多白各持摺疊扇男皆有冠持而不戴舞則挾肋下須臾妃

出服赤項垂金剛鐕數帀大如豆衆起立迎之鞠躬為禮妃答禮預設大坐妃坐衆咸坐有就妃之位與妃言者妃亦就客位與客言奏樂有臺鐘鏗然一響妃起國戚一員陪之與各公使夫婦舞奏雅樂男女相間三十餘人以手遞挽成圍各向前行則手垂而圍小退數武則臂張而圍大步必協音律如是者三分半圍為一行兩行南北相向距丈餘又各向前行偪近則退故為且卻且前之勢如是者三乃撒手乘彌縫而過為東西向亦如之舞畢樂止妃入内廳典禮官引見妃以程途遠跋涉勞瘁慰問數語少頃鐘

又響奏大樂男女互持抱自四五耦至數十耦作圈豚行意其爲夫婦也詢之不然合圍左旋以捷而圓者爲能每耦乘隙而入或繞一二帀遂出樂闋舞止舞與樂皆有譜赴會者咸於是乎觀禮毋稍紊焉内設宴有茶酒餻餌果品蜜餞列長櫃如市肆宮人執役惟謹飢渴則隨時立啖不設坐是時漏將四下王出立舞廳中央官又爲引見王謂與先生相見孤之幸也願永敦和好商務繁興國之福也立談片刻襲繙譯語言精到王入樂作舞如前遂辭歸

誕日觀兵

戊子孟夏意王閲兵先期兵部咨會各國使臣暨隨從武弁例得往觀咸衣戎衣勳等亦與焉城西北隅兵房之旁為演武場大數十畝提督暨兵部首領率諸弁兵先到共二千餘人四百人為一隊各歸其伍行列整齊少頃王乘馬妃乘車至各官鞠躬以左手加額為禮王如禮答之妃停車於場外王入每隊雁行鵠立王按轡徐行繞隊一周閲竟出場外提督以下及各公使武弁悉以騎從王立馬於妃車旁各官立於王後兵以次收隊耦而行過王妃車馬前揚其所執軍械以致敬王點首答禮妃則頷之而已俟行

盡王妃回宫衆乃散是舉也陳兵於郊閲而不演為王誕生後命名之辰歳以為例時四月二十二日蓋西歴六月初一日云

彩票

彩票由國家開設售於民間以斂資財大約以所入十分之八歸中彩者其二分充國中善舉等用以利誘民民爭赴之國家坐收其利以為得計而其實賺民之財教民以賭博也意大利此風尚未甚熾然問其歳入之數已一千二百萬兩云

游歷聞見錄卷十六

瑞典那威外編

教務

瑞典人大抵信虔堆臘尼斯婓教有大教師一人住紆潑師耳教會堂教中議事首領一人住斯朵閣婓又散處各城教師十有一人各有會堂一所教堂及經堂共二千四百有十所其諸項產業及一切經費悉係民間捐助不關國家支應國律任憑軍民信從何教查光緒庚辰年即西歷一千八百八十年信虔堆臘尼斯婓教者四百五十四萬四千四百三十四

人其信他教及不信教未受教小孩通計僅二萬有奇歐洲諸國奉教之誠虔而又純壹固無有過於瑞典者

那威人俱信耶穌教其信廬堆臘尼斯娑教者僅七千餘人仕宦居多教中用款國家間有津貼案廬堆臘尼斯娑教自明代之初日耳曼人名廬堆者創之蓋即耶穌教而所傳授小異久之信從者衆遂别立一名也

王室嫁娶

各國君王互締姻好王子不得與臣庶爲婚女不下

婚姻以聯區域之交非舊姻即新姻者皆不異趣矣王妃之為其女選壻也俟及歲或設跳舞於宮或邀射獵於鄉鄰邦暨姻婭諸國之王子咸來赴會使女自擇焉王妃亦許可遂中選蓋貴為王子自少至壯聲名彰著無待詗察其玉成為較速非若尋常士庶求偶之難也瑞典王第四子名奥司闍耳培耳娶獨脫貌魁梧有民女富耳基篤亦庸中佼佼者兩情既洽違例娶之遂被議罷官不得承統緒然民間輒懸其夫婦小影紙幅尺有咫嘖嘖稱美有深為扼腕者惜定例綦嚴親貴不宥耳

瑞典勝景

傍斯朵閣姥東西二百里內多小島皆有居民多者數百家成一村落少者數十家或數家島嶼環回林麓茂美惢耳恪林於公餘之暇時復來招相與泛舟納涼湖畔出城八九里輒登岸憑高而望則見水村山郭若斷若連沙鳥風帆忽沒忽見湖光淡蕩一白無垠如對米家圖畫既而返照入林餘霞散彩而羣芳逾碧矣乃撥櫂向樹陰深處曲徑通幽畫樓臨水緣溪入有若池沼者游魚弄影野鷺驚人鳴吠相聞畊晦交錯黃童白叟鼓腹而嬉髣髴桃花源焉此時

游興未闌涼氣驟逼比歸城中見宫牆夕照倒影中流搖漾縈回金光萬道少頃萬户張燈樓臺近水千行列炬街市傍湖遥望火樹星橋與波光相映射奇觀也聞那威北角之日尤爲奇特當夏至後昏曉莫辨每遇大霧谷中更清朗紅光照入木石盡赤亥子之交五色紛呈故游瑞典者輒以鄉閒之林麓都城之燈火北角之日光爲國中勝景云

瑞人多壽

西人心思精刻情性急切少壽者方其孩也不必帀歲而已能言且走及舞象勺視如弱冠及成童視如

壯者至壯而有髭鬚輒留之以為美髯鬈曲滿兩頰年未艾髭鬚盡白乃鬀之以為無須此然視其人亦既耄止每見婦人微髭茸茸然愛之欲其長謂上帝之賜矜為難得而尤易老凡六十以上徒行於途者殊鮮其富貴者至是必端居於室貧賤者已入養濟院矣良由神智耗損風尚澆漓故諸事遽早雖婚嫁遲莫及也惟瑞典得天地堅凝之氣飲山溪清澈之泉人習勤動其渾噩之風猶有存者則往往多壽如發哥斯帶商家之老姥戴虛之外父璲耳恪林之父母皆登大耋焉北省黑道下其民身軀較小尤多壽

而康者日報載有昆弟年俱八十以上好馳馬乃父（百五十）慮其隕越也時趨而扶持之矍鑠如此蓋冰霜有以至其成貌則侏儒人乃偓佺宜傳為美談已然山居者頸上輒有瘰結婦女尤多聞滇南馬龍州鄉民多頸疾喉間懸如疣土人謂之大脖子男子猶十之五女子則絶少秀項憶趙松雪茶譜謂山水乳泉漫流者為上瀑湧湍急勿食食之令人有頸疾其信然歟婦人多罹癭或謂情欲所感然十餘齡童女已隱隱然見於其面久而益真或又以為壽斑云

板屋

瑞典材木實繁不可勝用京城附近諸島暨各省鄉村之屋宇多有以木為之者一切用木無甎瓦灰釘土石圬墍之類其初以價廉又可拆卸營室者無畚築之勞遷居者可攜家而去既省且便故民間咸樂住焉厥後踵事增華有務為觀美雕鏤精緻者所需亦復不貲且或失慎必致殃及街市不可撲滅至瑞京之先三日有二城同日災各數千戶付之一炬延燒罄盡比年新律查國中人煙稠密處有全用木料房屋易於為害諭令工程局督催房主立限拆去改

拓者聽此二城係北省郡邑皆一時未及改作者也

火爐

泰西之俗夏必避暑冬必圍爐習俗然也瑞典挪威之寒火爐誠不可少而其制亦異每室必置一具高與室等方者築之以厚六七寸之甎形如廚而長圓者甃之以厚六七寸之瓦形如廩而小外壁以瓷器之油鑿壁接鉛筩以透煙爐下火門方尺許有小竇但置薪木三四條然以紙掩門啟竇即煬終日不再添薪便令滿室煖可謂體拙而用巧矣

西人辭達

好登看水師船廠礮臺後將返那京至車棧車未至待於逆旅尼閣蘭生與一營弁為談耶蘇降世時事大率荒唐然言之歷歷問中國亦猶是乎答以中國紀盤古開闢事亦相類問何以有人曰有天地然後有萬物人為萬物之靈蓋感氤氲之氣而生者尼君然之又謂人為上帝所造凡吉凶禍福皆上帝實鑒之而實使之其言有合於伊訓降祥降殃之旨既而請問中國之教有應之者曰中國之教不尚釋氏天堂地獄之說人死則已言未畢尼君詰之曰人既受天地之氣以生則死後烏得遂已氣豈有息時耶動

聞而敬服令簣君以中庸鬼神章朱註二氣一氣數語答之尼君曰然時火車至遂行

噴嚏鴉鳴

游那威時其內部派總辦尼閣蘭生導游一日同車至鄉間勳適噴嚏尼君曰上天保佑俄聞鴉鳴復噀唾而祝曰不干我事江浙俗情小孩作嚏其父母輒曰一百歲聞鴉鳴亦以為不祥婦女尤甚此雖細事竊嘗莫測其由而遠隔異域猶復相似殊不可解

溜冰

溜冰之戲泰西黃道以北諸國皆有之以歐洲論惟

瑞典那威行之最盛溜者著複履重底中空寸許以鐵為之帶則以革持木竿長丈許撐之不步而走或以蹤跡作草書如蝌蚪痕雖故家望族咸習之不能則以為恥每歲仲冬士女如雲為河上逍遥之樂至來歲暮春解凍乃已童兒女跨冰舟長約三尺高尺有咫以木為之底平鑲鐵版昂其前有飾以獸頭者狀類吳越之龍舟以篙為槳北省多冰車以鐵條代輪以鹿為馬疾馳冰雪中履與舟車之用繁各有專廠製之夫葛屨履霜曾聞之矣未聞有鐵屨履冰者也西人嘗謂去國堅冰之日亘時深履薄之憂故聞

尉典那咸之風者恒嘖嘖歎美之蓋以便捷輕利相稱譽如此

泗水

斯朶閣姥王宫之西里許有長橋橋畔建院宇爲泗水之會會之長親王也佐之以總辦司事水中央豎柱架版爲基址築室百十間於其上中有池長方周圍二百餘步木隄横亙之分而爲二置梯四隅三面皆矮屋各懸鏡一方巾櫛數事供易衣梳拭之用其一面爲岑樓方丈自頂及地四重泗者多十餘齡童子皆裸露以尺幅緊掩下體分十數人爲一班兩兩

躍下浮水面作諸劇每食頃易一班乃自樓而下善泅者至樓頂背水立足趾垂外僅以指着檐翻身騰跳入水久之始出後有皮製圓球徑尺五拋擲水中壯者八九人蹴踏為戲再後一人登樓作諧語僞為失足者以為笑樂閱三小時易四五班乃散院旁有池差小為練習者一幼童不及十齡入水苦寒赤體僵立而傴僂曲見之惻然院後設坐起賣餻餌茶酒總辦邀飲乃小憩憑闌遠眺夕陽在樹煙波渺然俯視游魚鱗鬣可數不減杭州湖心亭焉初疑昇曾將以備水師之選詢之殊不然謂居近於水宜習於水邊

此炎夏藉沐浴以固肌膚舒氣血云爾聞暹羅日本近皆有之中國何獨不然曰中國亦不乏其人有能於水中度日者固未嘗鄭重而為之會也竊憶閩忠節守閩時操演水軍謂水上乳際者不用而越中村童亦輒能出半身以渡頃所見者豎立則水必及肩豈其身軀較重歟總辦贈會中號牌各一枚大如錢面鐫魚形有文在冪蓋池邊環坐而觀者盡會中親故外人不得輒入臨辭復訂期於下次休沐之某日比往則泅者為童女以細布繃繫其身僅露五體觀者皆婦孺而無男子乃知破格相待也傍晚邀總辦

飲以答其前日之請嘗聞西人酷好水嬉於兹益信所謂水懦民狎而玩者亶其然乎

中國棟宇

瑞典都城外七八里有國君避暑之宫園林寬廣喬木千章大可合抱有圍六七尺者皆數百年物宫前里許左旁樹林内一室謂仿中國式中為樓房兩邊回廊作半月形廊内多懸東洋紙燈列圍屏刊草書略具點畫波磔字句錯誤莫能辨也土偶二高三尺男者冠服如時製女者似粤俗裝飾衣衫韈帽象牙鏤刻瑣屑之件小孩玩具大率自閩粤購去無精細

而西南經南洋諸島至好望角入大西洋而還西人亦推重焉當日行船之舵猶懸於那京博物院式不甚大以木為之與我華夾版船所用者同蓋在五百年前但有帆船其傳為美談宜也迄乎百餘年來火車輪船之利興遠涉遐荒如度阡陌環球一帀不過兩閱月耳是以南北黄道限内靡國不到已為强有力者占據殆徧而那人乃窮搜諸北冰洋殆人棄我取之意其心計彌苦而膽量亦壯矣

大庖

西人日用服御務為奢侈即飲食之費甚鉅凡富家

巨室值喜慶事折簡速客煮茗以待謂之茶會訂期在夜半客多者盈千拔來報往廳事列燭數百炬置茶酒於別室有餻餌糖果牛乳考非之類不備几案任客自飲啖雖曰宴會實無有饌然已一夕千金矣其平時每食奚翅萬錢且其俗有中饋乏人而不家食者有旅居游學而就食市肆者然皆無妨於縻費至以技藝力役博升斗僅足餬口或且不給不已困乎殷富者為籌一周濟之法集資設大庖於通衢烹飪悉用機器廉其值如歉歲之平糶以繼若輩饔飧較肆中省費過半味亦甘美彼歌醉飽此獲贏餘意

美法良足以持久所謂因其所利而利之惠而不費之道得焉此戊子秋仲見於那威都城者

以船為椁

歐洲自創輪船製鐵甲以來舟楫之制類皆樸素渾堅惟艙内或有繪畫雕斲飯廳尤極華麗至若船闌之外徧鏤人物塗金朱者僅見於瑞典之博物院船長二丈有奇謂古時國王嘗乘此以游騁者尤奇者那京博物院藏巨舟長約二丈高過於人室置閣版緣梯而上俯視舟中無他物中艙為方丈版屋室隅以玻璃匣盛残骨乃古王陵後人墾地得之驚以為

異遂發掘供博覽焉夫以車爲槨材固相似若區區
窀穸之需竟以巨舟爲之豈其生前好舟居者死便
以此埋歟葢侈而近於戲矣

柔遠

丁亥冬十二月至羅馬謁瑞典公使之駐意者姓林
斯忒蘭特相見輒述其國鋼鐵之佳因日報誤以動
等爲採辦礟械機器者乃告以游歷林公使致書於
其外部旋奉郵贈官道車票令先往戊子五月游意
北省畢由奥國經德國都城柏靈其駐德公使電知
外部遣海軍製造監督姓愍耳恪林至南境麻耳瞞

海口來迎五月末抵其都城國家派員導游一爲商會總辦姓戴虛一即毖君時以公餘來訪分日游近城然後之各省復之那威歷數處必令暫回都寓休憩蓋雅意款留不使遽返也先是外部因林君書知同往繙譯係英法語言文字將爲聘中瑞二國繙譯託報館訪求久之無應者至瑞京時舍館甫定見二人鵠立於大門外勳與賈繙譯出二人從之相距二三十步迨回寓仍止門外越日復然凡都會名勝諸處輒有操數國語指引游人以覓利者疑其爲此以錢遣之不受亦不去問所從來英法語俱不能答詢

於怂君乃知內部既諭總巡外又特派二人在寓守候令出入相隨恐途遇愚蠢或見侮也聞此深不自安夫人必自侮然後人侮之苟不越禮橫逆何加準諸情理中外一也以此告怂君然之遂為謝內部請撤回是時入見國君宴於內部九月末復入告辭宴於外部其國家踰格相待閱四月無間聞彼中柔遠之道固如此而於勳等尤加厚焉因謹紀之

北道主人

瑞俗敦龐善待賓旅驅車過市多有駐足脫帽為禮者游歷所至升旗迎之廣筵結客酒既巡主人肅立

執爵而祝曰願以三多九如敬申頌禱又曰願四境乂安兩國和睦民生咸遂商務恆繁乃繼之曰願我友朋永以爲好萬里一室難得之遭洋洋千餘言大致類是或書法文成篇對客朗誦禮儀備至情意有加焉勳等唯唯致謝酬以祝詞凡宴會必卜其夜張燈於園然蠟於庭杯盤觥觥談言娓娓筵散則以二人爲耦結隊而舞鼓琴而歌賞花卉以怡情弄彈丸而睹勝有時燎炬縱橫列火樹於原野光影閃爍放花炮於池塘於是啜茗清談開樽更酌亦或出精巧玩具如葉子戲象戲之類必欲諸客盡歡乃已臨別

各以小影相贈答或團聚而照之一日戴虛邀飲於斯朵閣姥之鄉其避暑處也皮耳脫時將東游有照影之器為留一圖因戲作記曰戊子秋仲雅集於太虛別墅商會司事皮耳脫照影為圖以贈圖中得十有五人其一我也我之左戴虛之丈人星年八十二亦南極老人星也戴虛為商會之長立大樹下是為我北道主人也坐我右者文卿我友也老人之左為子厚我同僚也以繖拄地者海軍督造毖耳恪林曾與主人導我游者也左為主人婦再左鈕斯忒蘭官農曹職視主政與我等也立我後靚妝者大家閨秀

右尚夫人也老人之後其次女左尚恒松以瑞人而為暹羅領商務事者也我之前主人之女二衣鱗鱗者鄰女也皮君以照影故不與列蓋將挾此具以東游於我國也老人與尚毖皮鈕皆主人友我於諸君子又我人之所謂西友者也我簽主自謂也其正位乎中央者是也文卿有七言排律其頷聯云形骸自幻影自真暫時相聚常相守瑞人之賢殊可感佩附錄斯記以誌不忘戴君心地和平天真爛漫其家富於財毖君渾厚精明篤於友誼已由監督升總辦此外與為周旋可交游者則有愛斯基耳斯的紆乃鋼

鐵廠主人姓門退耳氣度安雅學植優長曾中甲科泊福斯鋼礮廠主人姓細耳物斯卑耳昆仲和平坦易行商於英國倫敦經驗鋼鐵軌道者曰生特白慷慨好交游那威內部總辦曰尼閣蘭生久居法京深於理學如諸君子者挹其丰裁聆其言論足以增長器識開拓胸襟誠天下之善士惜不得久與游處耳至那威之德益向爲赫稅務司幫辦能操華音家多中國什物瑞典之挨耳魁斯塔爲商會司事亦曾導游與往還若而人者又不可勝紀云

瑞人至中國最早

元季瑞人以帆船繞地球當其出倍林海峽折向西南而赴好望角也殆已經中國海特未知其泊舟登岸否耳今寓瑞京有閨秀析簡來問字録楹語數聯真草隸篆繕寫無譌玩詞意皆狀其所居山川雲物之勝極肖彼土鄉野風景相傳其上祖行商至中國攜回者聯旁當有款識或以字蹟小未照録也因屬文卿逐字逐句譯答之更有横書嗹嗯二字不知作何解憶粤俗或以絲繡名字作小額高懸壁間二字殆即商人名譯華音者據此似粤人所書其時在康熙間彼君尚能道其姓氏厥後至中國者漸多若中

國人之至瑞典曾見之倫鐵器博物院題名錄有閩人信彼教者於乾隆五十四年至其地當以其人為最早自同治丙寅年有游歷者往今以勳等繼之其間有若駐法參贊陳敬如名季同駐德公使李丹厓名鳳苞游學英國吳述三名仰曾曾一至焉此外往者蓋鮮比游那京有華人來訪年約二十面貌清白束髮於頂作彼中裝不能操華音亦不能為西語又不識一字盤詰移晷終不詳其姓氏詢諸那人知為輪船傭工至此近傭於賣酒家其志將以求援也然史此下自有公無可為力遂悻悻而去

游歷聞見録卷十七

西班牙葡萄牙外編

納資授爵

諸國爵視中國公侯伯子男亦五等以待有功惟西班牙例得納資授爵由來已久凡巨室往往有之然惟侯伯二等詢其故乃知公爵不易得即他國之膺是爵者亦少必待非常之功而後賞其有戰功及他勞績者輒賞子男爵故子男之爵不絕於朝不願有納資得子男者與己相混而納資者亦咸願得侯伯遂為定例侯爵約納銀四千兩伯爵較少

市官

西班牙都城有賣麪包者因新麥上市價昂擬增其值請於市官官爲估計不致折閲且恐不便於窮苦也不許闔城鋪户相約罷市恃衆要求官又募人設鋪以售越二日鋪户計無所施願賣如故聞歐洲各國保護閭閻者其事類然可謂留心民瘼者矣

鬬牛

鬬牛之戲最慘實無足觀而舉國若狂相沿成習將欲禁之幾至激變蓋爲此者皆好勇鬬很之流自詡其能復籍爲生計其黨腦後垂髮辮三寸許以作標

諸預購野牛豢於瀕海荒郊雄健者一頭數百金每初夏傍城市隙地以木版築圜場大七八畝高五尺圜外架木為屋昂其值以待觀者臨期男女雜沓環坐而觀鬬者裝束入場跨馬持長竿又執紅布者四五人先以牛閉置暗室中數日至是突然放入見馬即觸腹裂腸迸羣鼓掌稱快觸他馬亦如之馬首皆蒙以布使不能逸必致之死牛奔人拂紅布引於馬前斃數馬牛力乏以利刃戳之後刀入頂門牛倒復鼓掌稱快少頃易一牛又鬬數次乃散昔之觀者坐前各列洋銀數百圓鬬一次競擲場中近來馬達利

城中已無此風但擲所戴帽於場以明欽服之至而已法京開賽會其黨欲往作劇請於總辦許之惟令會意象形不準死傷牛馬閒觀者寥寥焉

西醫治疾

治疾用藥水間用草藥薰洗無用飲片者美國新金山多華人有中國藥料完税洋人見而異之治内證用一筩長寸餘按胸次側耳聽聲氣辨溺色醫院排列溺器亦望氣或亦候脈婦科視穢布外治多以刀割患處癰瘍亦然足疾之劇者以鋸截之接木雕僞足杖之可步割時用迷藥嗅以鼻即酣睡治畢聞他

藥乃醒竊思治戰陣受創者宜此法營醫當學西醫分門別類内外科固然即治頭治齒治喉亦各精一技美利堅國人最精治齒游藝各國動向患齒痛至西班牙復劇因就醫焉用機輪轉小鑢去齒中之黑者至根際見肉以鈎出紅絲如殘絨長二三分四五次絲盡痛頓止謂永不復作聞前歲德王患喉證食嗓斷製僞者續之能延喘月餘外科大抵用割截法藥水功效神速至於内科雖極講求凡係疑難證死者醫院設有別室必解尸出臟腑敷以祛穢之藥聚醫環視他國游學者亦任往觀考驗如此終不及外

科之精能而見垣一方之技更無聞焉

葡國賢妃

妃年四十餘國人稱賢先是有世子年幼者二浴於海隅為巨浪所汩妃躍下滅頂求之挾以登岸王嘉焉賜寶星前數年王與議院議民事未定民之黠者率數百人譟於宮門王長厚戰慄不敢出妃曰我惜非男子不得與事當若何剖白雖衆奚懼王出如妃言面諭衆果退妃自奉儉約歲以餘資散給貧苦比游意法載寶而歸入關有任憑點驗依例納稅之諭而箱篋繁重用踰常格頗有腹誹之者

機器織布無害女紅

葡京有機器織布廠意日瑞諸國亦皆有之布幅自一尺至二尺餘未見寛者販運中國之布寛幾三尺其廠在英法美而美國製造尤細緻歐洲亦尚之我華輒謂凡物之以女紅成者一旦改用機器恐奪其業而失利也其於機器繅絲亦持此論然而無足慮也中國地大物博百産具備茍習勤動謀生易易奚僅恃繅織為哉即如吳俗蠶桑之利甚溥有機器以繅絲養蠶者當愈衆且繭貴則售繭絲貴則自繅以售絲可也洋布入口上海一隅歲計銀五千萬兩果

精於織造以我之棉織我之布運費較省不使西人獨擅其利雖然布誠洋貨一大宗用之者衆而各處鄉僻仍自造杜布以為被服且多販賣者故不設廠不能使洋布之不來即設廠亦不見杜布之可廢西洋之廠多矣而葡京城西北戶置布機一具式如華而略簡又見於他國鄉閒則知無害女紅有斷然者

半教堂

西人築室少梁柱繁盛處穴地為一層造五六層於上鄉閒不過二三重亦多平房最高者惟倫敦巴黎輒八九重閒有十餘重者其造也用瓴石壘牆至一

重排閣柵鋪甎為地再上亦如之至頂包洋鐵或盖平瓦稍作側勢亦有若屋山者昔人造教堂於里斯琫城中工程僅及半以事中止堂中央及四隅有圓室高聳此獨無西人行事好為其難不成不息獨是堂則否當時竟不復鳩工亦不毀代遠年湮依然仍舊望之兀然今成古蹟且引為殷鑒使國人觸目而警於心有有初鮮終半途而廢者必相誡曰毋乃類半教堂歟西俗急功利喜夸詐而事之彰彰者雖大恥辱不諱前者法敗於德遂圖奔北之狀立石於巴黎亦此意也然游於西葡詢諸搢紳先生及父老傳

閲有興廢盛衰之感其風氣殆亦少變矣

築室區別

西人築室尚高廣精潔觀各國屋宇照相大致相同西人一見憭然知為何國初頗奇之既而游至里斯琫回憶所經歷之處而知其易於區別也如意大利多雲石瑞典那威多板屋西班牙多甎灰黄赤色葡萄牙多瓷甎施五采俱臻美麗非好尚之歧也蓋各以其地之所出踵事而增華有如此焉

瘋人院

完甚大四周多隙地圍以鐵柵種花木供病人游息

屋宇朗敞樓僅一重病人二百餘男左女右扃鐍綦嚴病輕者隨意游嬉或當雜役或理舊業凡所成之物有極精巧者女室有琴任其彈唱顛狂者閉室中方不盈丈上下四旁皆綿輭綳以革韛之不傷門留一隙以便傳遞其次但拘兩手不使攫搏最慘者院外設驗尸處置腦及臟腑數十具以藥水浸於玻璃瓶新剖者浸於瓦盆其色鮮其臭臭西醫謂瘋病在腦故剖解察驗然未得確據亦無經驗良方院内多澡浴處有一室更異涼煖水皆用機器若蒸籠以銅為之浴盆形似低倚裹以錫光潔可鑑周圍及盆底

有密孔啟其機則水噴激牆上一銅紐謂是洗耳者撥之水一縷直沖丈許蓋欲其無孔不入也此院於葡京之鄉見之

葡國多盜

戊子歲暮次里斯琫乘車赴王宮途遇宮車五輛疑王駕出而車中無人導游者謂是往城東改葬前王者蓋王陵在教堂內已百餘年堂頽廢教士窮困或冀有寶器殉葬遂發掘焉事覺教士逋嚴緝無蹤自西班牙至葡鐵路旁亦有匪類客往往被竊迨報巡捕局查究此疆彼界互相推諉少緝獲者

游歷聞見錄卷十八

拾遺

耶蘇即佛教之遺

印度在亞細亞洲西偏佛教出焉東漸中華西被於泰西幸其時聖人之道涵育已深有諸大儒出而力排之道統相承流傳弗替雖有寺觀廟宇棲諸僧道但能惑愚賤初不與吾道相涉也其入泰西當與耶蘇相先後阿臘𩽾達諸教距印度尤近天主教時已盛行自創耶蘇教後遂分門戶同室操戈殺傷甚慘近聞各國新例其臣民願入何教咸聽自主不干國

家禁令政誠善已天主為舊教耶蘇為新教教中之事略有差別而實則同奉耶蘇皆佛教之流亞於何知之見其所奉神像頂上圓光披髮赤足教堂中央百寶蓋佛龕雕鏤諸式與華俗廟中同多然長蠟以致敬或然油燈於神前晝夜不熄男女入堂合掌長跪喃喃禱告與華俗佞佛者同故知其出於佛也不然何相似之甚耶或曰新舊教同出於佛則彼教中書何以痛斥佛教之非謂供奉泥塑木雕之假神為無益乎抑知此無足怪也即如新舊教同奉一神而亦互相攻訐其明證矣且所奉者猶是石偶也銅偶

也其與佛教之奉土木偶誠何以異哉

教士有兩類

教士如中國之有僧道但從之者衆耳不茹素不戒酒惟不婚娶其類有二有自幼入教者皆係貧苦獨孤亦有其家篤信教門遂令子弟出家大率非其本意有中年為教士者或有感於懷或因病立誓願捨身行善不憚勞瘁恪守清規其奉行較謹女尼亦然

很鬬

兩人積不相能輙有鬬者何日何地持何械或受創止或致死皆預訂必如約至期觀者如堵各邀中證

及醫士若以死鬬無所用醫負者輿尸而返無悔現任法國將軍名步浪蟾者曾為兵部首領赫然有聲衆皆悅之近游於各省所至歡呼某大臣與有隙相約以劍鬬傷其股治之旋瘳此風殊很雖禁不息焉

機智

西人之評騭人材也必曰某聰明從未聞有言某忠厚者亦可見其競尚機智不於心術上講求然我俗亦時以忠厚為無用之別名且以道學先生四字作訕笑語受之者亦怫然不樂此必鄉里無行者之言久而士大夫亦或脛牽出之可慨已

頁七十

新嘉坡人行

泰西以華人之業農工者勤操作耐艱苦而尤廉於取償也樂用之新嘉坡多粵人附公司輪船還香港者常四五百人開往數亦如之近來外洋拐騙工役販賣人口之風已戢而新嘉坡固有承攬華工之行家凡各國於險惡之地勞苦之役本籍人所不能任者輒任之華人需傭若干向行家議價立限召募華人以工資稍勝歸期可待不憚遠去既去之後其督責驅策能任與否不遑計矣游羅馬時有議員來訪他往未見越日至其家問之則曰無所事也請賠言

耳言次詢中國不禁民出洋乎曰然肯傭為工乎曰然為代募數百人可乎曰某等來游歷者傭工之事非所知也不可然則先募數十人可乎仍以前言辭及叩其募將焉用詞多枝梧久之則曰耕種遂辭歸終不解其意然必為苦工無疑也夫農工皆勞力之事固非可圖安逸者茍能勞矣即謀衣食於鄉里閒初無難事顧遠出重洋仍任勞苦而既被其陵虐又復無所盈餘不太愚乎今於華人流寓最多諸埠已設領事以撫之是在撫之者有以曉諭之也

[illegible]

戊子五月既望游意大利畢赴瑞典火車向北行意北省多崇山由哇朗納入奧地利國岡巒重疊將出境山漸少及德國界則綠野平疇良沃千里至都城柏靈街衢寬廣整潔雖鬧市無塵囂氣想見其國政教修明焉小住數日復北行渡聖特海峽即瑞典南境曰麻耳瞞地尚平坦北行數百里又多溪澗坡阜矣歐洲諸國地勢十里五里之間凹凸高下絕少平壤論者以南北日耳曼為歐羅巴之中原信夫

德王扈從

戊子秋德王之至瑞京也來自俄羅斯俄王送至海

口請閱其國水師操演乃鼓輪而西渡排耳低克海是役也水師扈蹕者十九艘列隊行駛翼晨大霧迷漫竟不停輪騰波鼓浪一律前行比霧開而隊伍依舊無少紊亂議者咸服其水師之精鍊是年春俄人遣重兵駐西南邊境即奧地利東北德意志東南三國相界處也是年夏德意志國家多故百日而易三傳王嗣位乃之奧之意復之俄至是由瑞回國其至瑞也閱水師廠駐王宮三日行必有機務特遠方羈旅不得聞耳旋聞俄人邊境之師已撤矣

巴黎訛言

是歲十月之望由瑞赴葡經法京巴黎見道旁人人怱遽相偶語迨卸裝逆旅闔城騷然謂今日調撥護軍若兵民為難亂必作矣衆情惶惑日中罷市越日無警遂為貿易如初以時值故大臣誕辰民間上墓獻花者數以千百計大臣為君主黨之魁法本君主自敗於普後易為民主每屆任滿公舉之期君黨欲規復舊制民黨之勢餤方張相持不下釁端易啟今又將任滿當舉立新主凡黨君主者欲有所為以逞其志爰假弔墓之名以覘羣情之向背巡捕官見弔者愈集愈衆恐釀事變以告政府政府急咨護軍統

領調軍彈壓復潛遣士卒散布於城隅以為備蓋法國民氣之騷擾與德國民風之靜穆正大相反其政府亦慮及之因明年巴黎當設衒奇會故民主之任展期至會後再議更代否則恐兩黨爭鬬商賈匿跡無以為會失國之大利也己丑六月末自西班牙還重經巴黎會已成入會院約略觀覽陳設之物其本國者最多英美諸國次之若亞洲當推日本印度此次中國未嘗與會僅二三商人販賣麤劣什物耳會內有新造浮圖矗立千尺純以鐵為之謂人力所成之物徧地球無高於此者

倫敦煙霧

自巴黎乘快車西行閱六小時抵海峽峽寬不過六十里而波濤洶湧舟中人無不嘔吐其地為英法往來衝要兩國之人將籌一便捷穩妥之法卒不可得既渡車行少頃即至英京倫敦地大人衆為各京冠曾聞其地多霧惟夏秋氣候清淑自孟冬至季春則終日迷漫雨後稍清朗越日復然甚至咫尺莫辨遂行慮擊撞城内居民恒遷城外避之曩者竊嘗疑之既多霧矣則城之内外何别凡附近之處當不復能行舟車且非深山大澤之蟠鬱為能興雲吐氣者顧

乃僅僅一城爲然哉今歷其地乃知户口實繁煤煙
籠罩氣當閉塞不能上升遂如陰霾有時結成細片
飛入牖户審之略似雪花著物易染凡牆垣石灰白
石薰作黑色新築之室亦然故或以爲有數百年舊
家氣象時方十月下旬已多煙霧旅館中木器日數
次洗拭而以指抹之尚有淨污西人於地方好繁盛
於居處好潔淨如倫敦者繁盛之極潔淨殊難矣其
時聞議院有酒食之議謂中國酒食用五穀以炊以
釀其價廉外國食牛羊之肉以爲飽釀上品之果以
爲飲其價貴若效法中國每歲節省之數當得若干

是說也宜若可為者不知日用飲食事雖細微而習以為常若有恒性革千百年沿襲之俗拂億兆人嗜好之同此必不能之勢也然而為政者之盡心民事概可見已

華盛頓銀庫

美利堅即合衆國其京城曰華盛頓開比來庫藏充實錢局停鑄以戶部銀錢庫積儲既滿乃穴地為窨窖藏之已穿過大街十條其市埠之最大者曰紐約日徵關稅銀七八十萬兩或謂為地球至富之國云

日本西制

由法赴葡將入西班牙界以易東小停散步道左與德國游士立談因論中國冠裳之式而甚詡日本之從西制謂彼之戎服效我德國豈兵以服為强弱耶應之曰然然則日本之割據爭衡久矣今者改制度易服色削藩封置郡縣政自君出魁柄不下移也非計之得乎其人折之曰魁柄無下移之憲太阿有倒持之機惡在其能得計也言未已車棧鳴號遂别去其人蓋深識時務者惜不得竟其說耳

中法字母合譜

字之有母聲音之所由生也中國以三十六字母演三百八十四聲聲多故有聲無字者亦多以語言與文字殊也泰西語言即文字凡出之於口者皆可筆之於書而其聲則甚少其為字母二十有六有音與氣之别以五字為音而以二十一字為氣所謂音者即一字亦能成聲若氣必與音、、、并合而後得聲以氣與音并合既徧猶不及百聲且多從同之聲此外益之以音與音合而得聲者有一氣并二音二氣并一音而得聲者有轉入聲若半音者總計僅百餘聲各國字母形同音異又多變音惟法蘭西之音爲最正無兩歧之誚且與中國字母相脗合嘗聞字母切音傳自西域梵語西域即指印度蓋切音之法東入中國西及歐洲故其字莫不以翻切取音由字而成句成章有高下疾徐輕重清濁之等差其審音也牙舌脣齒喉亦能辨之著爲書及問之以四聲雖文學之士不能解開有聰穎者於中國語言文字亦能體會入微從無有講及翻切者即華人學洋文必先識字母二十六字讀并合之百餘聲明明讀切音也亦從無有講及華音字母者茲爲之譜以華音之字母

求法字之聲音舉其幷合列其諧轉其字音無幾而大略已備庶幾學西字者可等韻而物識中國之字母講音學者可按譜而自知西字之聲音中法相通記誦亦易於初學不無小補云

三十六字母分九音法

見溪羣疑是牙音　端透定泥舌頭音
知徹澄娘舌上音　幫滂並明重脣音
非敷奉微輕脣音　精清從心斜齒頭
照穿牀審禪正齒　影曉匣喻是喉音
來日半舌半齒音　後習學者自分明

案司馬溫公作切韻指掌圖辨字母次第例有云今之以五音運之若四時故始牙音春之象也其音角其行木次曰舌音夏之象也其音徵其行火次曰脣音季夏之象也其音宮其行土次曰齒音秋之象也其音商其行金次曰喉音冬之象也其音羽其行水蓋字母之次如此然勳幼時所誦者少有更改以舌上音少刪知徹澄娘句或附於舌頭音端透定泥句影曉匣喻作曉匣影喻如夭囂遙肴讀作囂遙夭肴也此句之下列非敷奉微輕脣音句讀之似較為順適始取其便於記誦茲譜從之

法字母審音辨氣計二十五字

A喉音也音挨有時讀入聲如阿若ba陪挨音排或作拔da臺挨音大平聲或作達之類是也

B重脣氣也讀如陪其轉如勃

C齒頭氣也讀如綏其轉如克

D舌頭氣也讀如臺其轉如特

E喉音也惡寒切音安本音之外有二音以記號別之é安字上有撇向左者音哀其聲已止è安字上有撇向右者音愛其下有氣如愛勃愛特之類

F輕脣氣也讀如愛夫其轉如弗并音重在夫字其

愛字乃氣之引也凡有愛字者同

G牙氣也渠安切讀如權員之間其轉如掘頌切

H喉氣也讀如挨虛此氣最浮有時不取音

I喉音也音衣

J正齒氣也讀如徐哀切

K牙氣也該耶切讀如街當以越中鄉音讀之其轉如克

L半舌半齒氣也讀如愛而

M輕脣氣也并音得重脣音讀如愛姥

N以喉氣也并音得舌頭音讀如愛恆

O喉音也音啞平聲

P重脣氣也讀如杯其轉如潑

Q牙氣也讀如居其轉如克

R半舌半齒氣也讀如愛而當卷舌讀之

S齒頭氣也讀如愛斯

T舌頭氣也讀如堆其轉如忒又轉脱

U喉音也音紆

V輕脣氣也讀如物哀切

X齒頭氣也讀如一格斯

Y此字不能定其何母以氣作音讀如一格而來格

有時作一 i 衣字讀有時作兩 ii 衣字讀

Z 正齒又半舌半齒氣也讀如禪特

音氣歸母

見 k 街 q 居　　照

溪　　穿

羣 g 渠安切　　牀

疑　　審

端 t 堆　　禪 j 徐衣切

透　　曉 h 挨虛

定 d 臺　　匣

泥 n 愛恒

幫 p 杯

滂

並 b 陪

明 m 愛姥

精

清

從

心 c 綏　s 愛斯

斜 z 禪特

影 a 挨　e 安　i 衣

o 啞　u 紆

喻

非 f 愛夫

敷

奉 v 物哀切

微

來 l 愛而　r 愛而當卷

舌讀之

日 z 禪特

字母之音五加之以é哀è愛二音得七音俱系喉音影字一母其氣則散見於各母無與音同母之字可知聲音之發由於天籟有不期然而然者又并音有an盎in俺on翁ou烏四音亦系影字母合之則為an盎in俺on翁ou烏a挨i衣o啞u紆é哀è愛e安十一音此外無同母他音而乃以氣配此十一音而得各母之音惟z禪特之氣并音則禪母日母下其音相同f愛夫之氣并之非敷母下皆有v物哀切之氣并之奉微母下皆有故兩母兼收至如x一格斯y一格而來格雖可歸母不復列入也

字母合譜

昔曾見音韻譜橫行疊韻直行雙聲曰張真中珠招齋茲遮專占鑽十一字於法音為最合因作譜

字母	法音	譜
見	kan kin kon kou ka ki ko ku kê kè ke	閩監公孤街基街啞居該蓋街安
溪		康嵌空枯克耶妻克遐祛開慨克安
羣	guan guin guon guou gua gui guo gu guê guè gue	共盎共俺共翁共烏共挨其共啞瞿共哀共愛共安
疑		昂巖峣吾巖挨疑牙愚呆艾牙安
端	tan tin ton tou ta ti to tu té tê te	當單東都堆挨低隲堆紆堆對端
透	tlan tlin tlon tlou tla tli tlo tlu tlé tlè tle	忒郎忒闌忒龍忒盧忒拉忒離忒羅忒閭忒來忒累忒圖
定	dan din don dou da di do du dé dè de	堂彈同徒臺挨提臺啞臺紆臺代團

斜	心	從	清	精	明	並	滂	幫	泥
zan	san				man	ban	plan	pan	nan
zin	sin				min	bin	plin	pin	nin
zon	son				mon	bon	plon	pon	non
zou	sou				mou	bou	plou	pou	nou
za	sa				ma	ba	pla	pa	na
zi	si				mi	bi	pli	pi	ni
zo	so				mo	bo	plo	po	no
zu	su				mu	bu	plu	pu	nu
zé	sé				mé	bé	plé	pé	nē
zè	sè				mè	bè	plè	pè	nè
ze	se				me	be	ple	pe	ne

囊難農奴　挨納　衣納　拏　紆納　哀納　耐　安納

邦班琫補擺比巴　紆杯　杯貝般

潑郎潑閑潑龍潑盧潑拉潑離潑羅潑閭潑來潑果潑囫

防辦蓬蒲排皮杷　紆陪　陪倍盤

芒蠻蒙　烏末　埋糜麻　紆末　梅昧瞞

臧斬中珠齋○遮○追醉鑽

倉剗悤　麤鹿　差○乂○推菜爨

常殘從除　挨若　○茶○隨瑞　安若

霜山松蘇　挨綏　西沙盧綏歲酸

禪禪禪禪　柴齊　禪　徐裁　禪　禪

監唸肴烏　　盎　叟　安

非	喻	影	匣	曉	禪	審	牀	穿	照
fan		an			jan	chan			
fin		in			jin	chin			
fon		on			jon	chon			
fou		ou			jou	chou			
fa		a			ja	cha			
fi		i			ji	chi			
fo		o			jo	cho			
fu		u			ju	chu			
fé		é			jé	ché			
fè		è			jè	chè			
fe		e			je	chê			
方	航	盎	杭	盎好	盎徐	盎許	盎具	盎祛	盎舟
番	○	俺	鹹	俺好	俺徐	俺許	俺具	俺祛	俺舟
風	紅	翁	洪	烘	翁徐	兄	翁具	翁祛	扃
敷	乎	烏	胡	烏好	烏徐	烏許	烏具	烏祛	烏舟
挨夫	○	挨	挨含	挨好	挨徐	寫	挨具	挨祛	挨舟
非	○	衣	移	奚	衣徐	細	○	○	○
啞夫	○	啞	啞月	啞好	啞徐	鋍	啞具	啞祛	嘉
紆夫	○	紆	餘	紆好	紆徐	胥	○	○	○
哀夫	○	哀	孩	咍	哀徐	哀許	哀具	哀祛	哀舟
愛夫	○	愛	亥	海	愛徐	愛許	愛具	愛祛	愛舟
安夫	○	安	寒	安好	安徐	議	權	圈	卷

敷	奉	微	來	日
fan	van	van	lan	zan
fin	vin	vin	lin	zin
fon	von	von	lon	zon
fou	vou	vou	lou	zou
fa	va	va	la	za
fi	vi	vi	li	zi
fo	vo	vo	lo	zo
fu	vu	vu	lu	zu
fé	vé	vé	lé	zé
fê	vè	vè	lè	zè
fe	ve	ve	le	ze
方	房	房	郎	盎禪
番	凡	凡	闌	俺禪
風	逢	逢	龍	翁禪
敷	無	無	盧	烏禪
挨夫	挨物	挨物	拉	柴
非	惟	惟	離	齊
啞夫	啞物	啞物	羅	啞禪
紆夫	紆物	紆物	閭	徐
哀夫	哀物	哀物	來	裁
愛夫	愛物	愛物	累	愛禪
安夫	安物	安物	圞	安禪

右譜所列皆并法應有之音若溪母下康嵌空枯一行為本音所無雖勉强并合終難畢肖故凡音之本無者闕之華音之可切者悉注出之惟多用吳越鄉音至若多用平聲取其便於口誦彼中字音隨句語為平仄故不能辨也透字滂字母下當

讀如注作忒郎潑郎不作湯滂譜中大略已具其有未盡如異氣同母一氣異母字音補列於後

見		心	羣	禪	疑	心
quan	can		gan		gnan	xan
qüin		cin		gin	gnin	xin
quon	con		gon		gnon	xon
quou	cou		gou		gnou	xou
qua	ca		ga		gna	xa
qui		ci		gi	gni	xi
quo	co		go		gno	xo
	cu		gu		gnu	xu
qué		cé		gé	gné	xé
què		cè		ge	gnè	xè
que		ce		ge	gne	xe

音俱與kan岡字同少居字音

岡公姑街啞街居

山西緌歲酸

共盎 共翁 共烏 共挨 共啞 共紆

席俺 席夷 席哀 席愛 席安

年盎 念 絨 年烏 年挨 宜 年啞 愚 年哀 年愛 原

音與san霜字下同惟每字有一格斯之氣須讀一格霜一

影

am en em

im ain aim ein eim

om

un uin

eu oeu

ai ei œ

au eau

oi

自am盎至eau
啞諸音并以
氣又得各音
皆譜所已有
者惟eu oeu阿安
與譜中第十
一e安字音
易混宜辨之

格山

盎俱與an盎同

俺俱與in俺同

翁與on翁同音

阿安重鼻音與e安音有別

安與e安同音

哀與é哀同音

啞與o啞同音

啞衣兩音相連其音轉若倭

挨并之如boi陪啞衣則陪倭

敷 ph		乑
	xan	illan
	xin	illin
	xon	illon
	xou	illou
	xa	illa
	xi	illi
	xo	illo
	xu	illu
	xé	illé
	xè	illè
	xe	ille

切婆作婆挨doi臺啞衣則臺倭切駝作駝挨之類十餘音皆譜中所未有者杭雨鹹雨庸胡雨爺夷啞雨雨衣亦也圓卷大舌讀如譜中乑母下音卷小舌讀如譜中來母下音每音之上俱當有兩字音凡有p杯h挨虛兩字母并者作f愛夫讀如phan杯挨虛盎仍讀作fan方是也

法文書法有四種大楷小楷大草小草也大楷之用極少凡刊印書籍率用小楷惟於人名地名每篇每段之首第一字母則用大楷其案牘卷冊簡札書記一切繕寫之件悉用小草而亦以大草字母為起他若繪影作凸形潦草如花樣謂之變體不足為訓四種乃正體也書如左西文橫行右行茲仍直行左行

大楷

A 挨	F 愛夫	K 街
B 陪	G 渠安切	L 愛而
C 綏	H 挨虛	M 愛姥
D 臺	I 衣	N 愛恒
E 安	J 徐哀切	O 啞平聲

P 杯
Q 居
R 愛而卷 舌音
S 愛斯
T 堆

U 紆
V 物哀切
X 一格斯
Y 一格而 來格
Z 禪特

大草

A 挨
B 陪
C 綏
D 臺
E 安

F 愛夫
G 桀安切
H 挨匠
I 衣
J 徐哀切

K 街
L 愛而
M 愛姆
N 愛恒
O 啞平聲

P 杯
Q 居
R 愛而卷 舌音
S 愛斯
T 堆

U 紆
V 物哀切
X 一格斯
Y 一格而 來格
Z 禪特

小楷

a 挨
b 陪
c 綏
d 臺
e 安

f 愛夫
g 渠安切
h 挨虛
i 衣
j 徐哀切

k 街
l 愛而
m 愛姥
n 愛恆
o 啞平聲

p 杯
q 居
r 舌音愛而卷
s 愛斯
t 堆

u 紆
v 物哀切
x 一格斯
y 來一格而
z 禪特

小草

a 挨
b 陪
c 些
d 臺
e 安

f 愛夫
g 渠安切
h 挨虛
i 衣
j 徐哀切

k 街
l 愛而
m 愛姥
n 愛恆
o 啞平聲

p 杯
q 居
r 舌音愛而卷
s 愛斯
t 堆

u 紆
v 物哀切
x 一格斯
y 來一格而
z 禪特

歐游雜録二卷

〔清〕徐建寅撰

《歐游雜録》二卷，清徐建寅撰。建寅（一八四五—一九〇一）字仲虎，號雪村。江蘇無錫人。晚清化學家及軍工專家。光緒五年（一八七九），時任駐德國使館二等參贊，考察德、英、法等國工廠，後據日記撰爲此書。詳録各國工廠規模、設備、生産技術、工藝過程，介紹六十餘種金屬加工工藝及設備，亦述及向英德等國定購鐵甲艦之過程。據中國國家圖書館藏清光緒間刻本影印。

歐游雜録

歐游雜錄卷上

無錫徐建寅仲虎氏著

光緒五年五月山東機器局告竣蒙　文式岩中丞遵
旨給咨送部引
見當將局務料理清楚於六月中旬東裝北上道出津門晉謁
李傅相旋即欽奉
上諭道員徐建寅前經丁寶楨派辦山東機器局務着傳諭該員迅速前往德國等因欽此因有迅速前往字樣未敢遲延故將所領山東咨文稟請　李傅相代爲先行繳部聲明俟出洋差竣回華再行遵
旨赴部遂由津折回遵海道南下行抵上海料理出洋八月二十七日奉　李傅相行知經　總署覆奏派充二等參贊
奉
旨依議欽此偕同繙譯金楷理往法公司行搭定揚子輪船於
九月十一日由吳淞口出洋
十四日早到香港香港街路修築寬平雖較上海地方稍小而繁盛亦正相埒各洋房皆背山面海層級而上氣象似更軒昂且樓房盡係四五層地價甚貴沿海之地以中國畝計每年收課銀百餘兩之多在山則稍減亦須數十兩故彈丸一隅之地每年收課銀八十餘萬兩沿海大小

各船所收之税亦在其內大船每年收税十八元中船五元小船二元所收之税除貼兵船每年十萬餘兩外其餘盡作香港公用如官俸巡役工食修路等費皆有徵信清册人人可查絕無隱匿侵欺人皆樂輸且生意興旺獲利不薄税課雖重民亦不病其苛

十七日至招商局會張䘵如同訪伍秩庸狀師適不在家順道至巡理府又適其正在辦公未及接談仍回至其家坐待一點鐘久仍未回卽同張䘵如至杏花樓小酌回至招商局派商局小艇送回輪船

香港之英官最尊者爲總督統理軍民次爲輔政司職如

總督之長史輔佐總督辦理民事所有一切告示皆輔政司奉督札而出也庫務司專收税課支發薪俸及一切款項民間兌易銀錢亦係此司職掌工務司專辦工程如築道路砌駁岸造衙署及民間蓋造丈量等事按察司專管訊斷重大案件其次爲巡理府專理小案及尋常民間小事華民政務司從前事繁現僅管收小艇税及街上小攤之税並管華民小事而已總緝捕司管巡街差役拘提人證此外尚有船政廳專管一切船隻凡船出口給發牌照差役之外尚有約練以輔巡緝

香港地價近水者每方尺價五六元近山者二三元除地船屋三項收税外尚有票税凡買賣交易每開一票均須貼一印花（俗名人頭紙）每印花收税二仙（每十仙值銀一毫）每票貨價在十元以內者可免貼印花十元以外漏匿者查出罰洋五十六元

十八日英國派駐牛庄領事雅妥馬夫婦二人葡國派駐澳門總督亦夫婦二人均搭船回國十二點自香港開行放礮十七響蓋爲澳門總督在船也

二十一日早六點到瀾滄江口卽越南之西貢江口也現已割隸法國溯江而上三點半至西貢船靠碼頭招商局總辦張沃生已上船來迎同往其家晚飯晚仍回船

二十二日張沃生復來輪船迎接至其家小坐乘馬車游法國花園有二虎甚鉅檻於鐵柙獼猴孔雀錦雞均置鐵絲籠中又至一處觀小象纔生數月已大如牛又至法國之督撫司家小坐夫婦均係越南人爲法國官者復回至張沃生家二點回船三點開船

西貢係越南故地南邊之省名曰嘉定二十年前法國設立碼頭繼因天主教啟釁搆兵大戰數年割其平坦膏腴六省每省甚小不過中國一府之地每省設參辦正官一員副官二員一管收賦税一管理詞訟正官總其成西貢設有總督統理六省軍民

西貢六省水土肥美與中國江浙相似天氣較暖種植更旺初屬越南時田地多荒蕪糧賦多隱匿由於越南政治不修上下相蒙黠者有田數十畝僅納數畝之賦弱者種田數畝須納數十畝之賦官又袒黠而欺弱不爲稽考於是民率棄其恆產而逃亡故六省膏腴之地每年僅收銀五六十萬兩今屬法國法國派官各處丈量繪圖登册按田徵糧永杜欺隱之弊凡一法畝每年收稅英洋二圓墾荒者三年後收稅中國窮民聞風前往相率墾荒有如歸之樂至今已有四五十萬人越南土人僅有二十萬人轉不及其半矣法國每年收稅共七八百萬較越南舊時多

至十餘倍昔時取少而民散今時取多而民聚可知爲政之不可不均矣中國人在此六省居住者每人歲納丁稅英洋五元免其力役越南土人每丁歲當力役五十日作修路開河等工自備資斧不給工食免收丁稅

鴉片與中國酒均歸一公司包稅各處買賣准公司另設分店皆懸該公司之旂該公司自行派人各處嚴查有私賣者卽爲犯法輕者送官罰洋數百圓否則監禁數年該公司每年承包鴉片稅銀一百四十六萬兩承包中國酒稅銀四十二萬兩

越南百姓稍富者卽被官吏訛詐必使之傾家蕩產而後已涉訟到官非賄不得直君臣無道民不聊生今屬法國除完納丁糧稍重外其餘別無虐政糧則照額完納絕無額外誅求之繁訟事訊斷迅速公平絕無偏袒拖累之苦民皆安居樂業

越南之例不許民富平民無論男女例皆跣足不准穿履襪屋高止可齊眉踰限則罰民心枯寂絕無樂趣故手中積蓄銀數兩卽不願勤力作事久之懶惰成風皆官吏驅之使然也人性日懶人數日少地土日曠廣種薄收米價極賤每石僅銀四五錢及隸法國後產米雖更多而人之聚者益多今米每石價貴至一兩餘矣黄牛每頭價洋四

五元孔雀每尾價七八元

法國取西貢之後設軍火局於西貢外數里之處製造火藥槍礮子彈及修礮槍軍器設製造廠於近處以修船及汽機募越南人爲兵法兵駐越每以受熱生病二三年必回國更換

越南之西爲柬埔寨小國也初屬越南又屬暹羅今專屬法國法國派官監國一切政事均其主持柬埔國主徒擁虛名且現在之主年已五十餘待其歿後不再立主其地卽全屬法國矣越南東京之省與雲南毘連有河可通雲南數月之內法國設計與越南尋隙欲奪此二省其事若

成郎與雲南廣西接壤中國從此又多事矣以上皆張沃生所述想必確實

二十四日六點到新加坡船靠海邊碼頭七點裝煤小工抬筐蟻附而上

中國領事官胡璇澤號瓊軒派委員蘇玉庭名淮清來船謁見時天氣熱甚因上煤不得開窗終夜人聲喧鬧煤屑汚船苦不可耐

二十五日八點胡領事派家人以馬車來迎十一點同蘇委員陳繙譯號敬甫往觀英國礮臺其制與所譯攻守制宜所載相同有外斜坡子墻外墻一點回至胡領事花園

赴宴肴饌甚豐同席者胡領事昆仲蘇委員陳繙譯並教讀三點領事令蘇委員陳繙譯以馬車送回輪船四點半開船天氣甚熱換穿紗葛尚揮汗不止

新加坡係巫來由土番舊地六十年前英國租得之每年繳租價洋銀一千員至今不改所收地稅房捐與香港西貢相似官制與香港亦同鴉片與酒亦歸一公司包稅承辦每年收捐銀四十二萬兩所過香港西貢新加坡三處鴉片與酒均用公司包辦之法由公司自行緝私欲其便於納重課也今鎮江洋藥捐尚未有一家獨攬之實據而英國達領事惟恐如此負氣與滬道呶呶爭辯甚可怪也平心論之中國郎仿香港西貢新加坡之法以一公司包辦亦與英國無干安能阻止惟據英國派駐牛庄領事雅妥馬云該三處因不收進口稅故可如此辦理

新加坡之英國礮臺俱用六十八磅彈之生鐵前膛光礮共十餘尊另有一百四十磅之田雞礮四尊其礮臺之制郎以山坡爲外斜坡在半山挖溝爲濠濠內就山爲土牆內再挖低爲子牆以置礮再上又留山坡爲內層牆內又挖低作子牆以置礮內外二牆相距十餘丈內高外低俱依山坡之勢作外斜坡礮臺之周圍約二里餘再於內牆之內將山頂挖平上造官房及兵房俱極寬大整潔又有

藏軍器及大輪小礮房數座房內各件均排列整齊每二三礮有藏火藥之小庫一座近於礮處庫內地面低於庫外地面四尺四周作溝寬六尺深五尺庫頂以石作穹蓋厚三尺上加土厚五尺築實四旁之牆亦如之上面塗以柏油以防雨水滲漏山頂剷平成一大平地除房屋外尚留空地作操場植花木各路縱橫俱甚寬平四通八達便於往來應敵　礮臺內住兵一百五十名內有攜眷者十五八

英國去年於舊臺西十里新造一臺因其時英俄稍有違言而新加坡地爲東來一綫之樞紐故預修戰備現尚造

未完工計其工程告成需款十萬磅礮與器械不在內此礮臺俱用新式來福礮

舊礮臺中新豎一空心鐵旗杆中空如桶能容一椅人坐此椅可用機器升至杆頂之望樓旁有一小房內置大千里鏡有二人常川在內瞭望海面

十月初一日早八點半鐘天大雨船迷所在停輪不行用鉛錘探取海底之泥辨其泥色始知船在何處九點復行向北稍東十點半向西行十一點向北行十二點向東行三點到錫蘭之南邊海口名曰果爾大雨如注船泊海中距岸里許錫蘭公司行派二小船運送食物其船刳獨木

爲之寬尺許距舷丈許另撑一囫圇木與船平行以二桿連之彼此相持終不傾覆是夜上煤

初二日三點鐘到克倫巴英國總管駐節於此船泊海中距岸三里未及登岸是處隄上有鐵路可行汽車海中築一石隄隄內泊船以避風浪七點開船自西貢至此所見海岸均林木繁密

初七日有荷蘭客攜一子纔周晬因病而殤船主令作小棺槨殮之棺槨之夾層中灌滿灰漿可以帶回本國一點機器艙內燙傷三人

初九日到亞丁四點鐘上岸見地極瘠苦塵沙漲天不雨二年寸草不生人皆黑色女人用巾蒙首僅露兩目此地有英國礮堡惜無熟人導引不及往觀六點回船見添載客貨甚多皆由南洋及印度各處換船而來者夜三點開船

初十日船向西北行進紅海山雖名紅海而水並不紅天氣酷熱與新加坡同

十四日天氣驟冷穿重棉衣三點半到蘇愛士海口泊船

十五日早六點鐘船入運河兩岸砂礫堆積皆未填平遙望隄外全是沙漠一片荒涼晚六點停船

十六日早六點鐘開船見連珠斗挖河船數隻適在開挖

又用大船數隻運泥裝滿水泥後用汽機行走見兩岸斜坡駁岸均用灰土與亂石砌成十二點到帕賽上煤五點開船

二十日二點鐘船上大夥將往倫敦之客人行李開單另給客人一票客人可先搭汽車往倫敦俟船到埠後行李由火車送至倫敦客人持票向公司行提取行李往他處者不送船行地中海四點鐘左右俱見山山上有房屋甚多五點半到捺坡里泊船上船賣什物者甚多又有歌妓拿小舟傍船彈琵琶唱曲調服飾奇怪音韻鏗鏘亦有上船賣唱者皆意大里人也

二十一日給客人行李票凡入艙大宗之行李均由該船送至海關

二十二日三點鐘到馬賽四點鐘坐小船至海關碼頭上岸換馬車至客寓所有臥房隨身行李由陳敬如同來寓中接客者招應雇大車徑送客寓但須自行點明件數客寓甚精潔登樓不必由梯有小房如亭人坐其中用壓水櫃機可以縋升上下欲至某層樓亭卽小駐跨亭而出已登四層樓矣五點同陳敬如坐車持票至海關提行李關房內擺列大櫥各客行李均置其中須自往認明搬運至櫃上逐箱開驗出使人員則可照憑免驗此係在公司船

艙大宗之行李由船人代運至海關者也關內有四輪矮脚小車運行李出門裝上大車徑運交鐵路公司之貨車余與敬如同回客寓寓中接客所押到之行李將隨身所需者搬至房內粗重者亦交客寓人運交鐵路貨車

二十三日五點半鐘由客寓起身隨身行李大件裝於車上小件手自提攜先至車站等候站房內甚爲寛敞精潔陳敬如往買車票六點二十分登火輪車開行十點鐘後卽有大雪凡徑過之山高一二十尺者鑿溝以通車行更高者皆鑿成洞洞內用磚或石砌成穹頂如城門然凡馬路與鐵路交互處皆造環橋或鐵路在橋上行而馬路穿橋洞而過或反是沿途所經山溝山洞上橋下橋多至不可數計四點以後因雪行慢且頻頻停車添水大約因鐵路上結冰車行震動鍋鑪內小烟管漏水故用水更多也此種客車名爲考畢每房內有二大椅坐靠躺均隨人便有銅筩長三尺餘寛七八寸作扁形內盛熱水每房二具以得温暖車至小站略停卽另換熱水銅筩

二十四日十點鐘抵巴黎斯換坐馬車十一點進客寓三點往謁英法星使曾侯晤談片刻並拜使署各員

二十五日十點鐘曾侯來回拜日意格軍門來見

二十六日十點鐘往見曾侯謝步辭行並順道回拜日意

格軍門又至辦公所拜司公宰克五點曾侯差繙譯官持帖送行晚六點由客寓動身往車站登客車均與前次同七點二十分開行此種車可以展被而臥衾枕皆備名爲臥車欲臥時侍者來房將上牀放下

二十七日晚五點鐘到可倫入車站房之飯館內用晚餐八點上汽車卽開行房有五椅二二相對中一椅對門由門內入厠房椅下板可抽出相對作二牀

二十八日早七點十分到柏林車站使館隨員羅稷臣主政劉鶴伯太守錢琴齋大令賡韶甫蔭五樓縣尉俱衣冠來迎洋供事夫婦亦攜洋僕坐馬車來迎照應行李卽坐

馬車七點半到使館晚七點星使交閱李中堂來信照錄如左

丹崖尊兄大人閣下七月杪曾覆寸函頃接六月二十七日惠書具聆一是德國各軍大操之期以礮隊馬隊彌縫步隊相濟爲用現令斯邦道三弁乘馬隨閱冀其漸有心得無論能否領會應在礮隊學習爲要揚弁病勢雖減俟調養稍愈再遣回華王弁頗有進境足見專師教導裨益較多阿蒙士唐礮船不日來華西國水師官交口稱許自是利器沈幼帥已委派劉林何三生管帶此船尚餘一號再於未出洋學生遴選一人以補之

赫德已派人赴粤迎船來津該生等自亦須來津接替劉林兩生將來可調管大船嚴生宗光學業卻能深造以充學堂教習最爲相宜魏陳兩生可勝督造快船之任既方游歷各廠年內能否遣回留瀛雷艇前據柏專敬面稱接六月二十八日電信業經裝船起程頃聞已抵上海矣執事帶陳季同往閱演克鹿卜礮十餘種其四十生米脫礮發多擊遠絕無震動轟裂之虞其五十生米脫礮擊二尺厚鐵甲莫不洞穿製造精良洵甲天下將來訂購鐵甲船似可卽用此礮中國弁勇已略習其手法　國書寄達柏林後想卽投遞徐仲虎昨由

津南下定於八月二十六日出洋赫德總司大礮之議現已停罷前囑仲虎訪求鐵甲新式望執事妥與籌商詳示梗概爲要巴使過津與之問答不過隨時應付尚屬不全不備船鈔是稅則之一開銷應由我主持他國人入內地售土貨各國並無此例二者皆至當不易至栢林之南運河各船不准輪船拖帶慮其傾碰此可爲北運河之註腳畢相議加進口稅業已照辦並未先期咨商產絲茶之國此可爲中國加稅之註腳具見隨處留心擬議切當曷任佩慰台端前捐郎中道員三品銜吏部官冊無名固由戶部漏未轉咨此時旣續奉

恩旨其捐免保舉一層似可勿問肅泐覆頌勛祺諸惟心鑒不具　愚弟李鴻章頓首　九月初四日

赫德欲以師丹礮船制鐵甲船總署頗爲所惑弟與幼帥極力辯爭而赫總海防司始罷論弟已兩次函告總署請執事與徐仲虎在西洋訪求合用鐵甲新船現存款百萬約可敷購一船雖嫌單薄慰情聊勝無耳幼帥謂由華員訂購恐多周折省費而必致靡費不若仍屬赫德金登幹等覓購赫素不以中國購鐵甲船爲然今新罷總司海防之議更不便相託前已面囑仲虎至英德後留心訪詢並查明南洋沿途運載接濟之法如何

順手想已一一詳告尊處預爲布置幸勿緩圖仲虎將來游歷各國工廠須另開銷川費便中可向總署緘陳爲要芝田允令金楷理赴德仲虎初次出洋一切須賴其導引屬其挈與偕行隨後由執事補行奏咨可也幼帥以船政生徒須續派往英法學習春帆半身不遂之症萬難痊愈已決意告退未卜替人鄙意前派學生期滿回國再議蟬聯緘請幼翁主持會奏倘訂購鐵甲亦須有學生在廠監造一面學駛庶船成時可僱洋弁一同駕駛來華均希蓋籌及之又啟 初四日

十一月初一日二點鐘同陳敬如往觀溜冰之戲聚男女

數百人在大林中水池內池面已結堅冰男女即在冰面溜行或作雁行或如魚貫或捷如脫兎或閒如泳魚或數人攜手同行或兩人互相傾跌縱橫馳逐往來如梭觀之甚爲暢悅其履底均有鐵條一溜數丈非練習純熟不能步其後塵也

三點半又往觀水族院院內疊石爲山上下盤旋曲折與獅子林相似兩旁穴壁爲龕面嵌玻璃盛水以養各種水族每龕皆有通水管時換新水惟養海中水族則盛以海水上漏天光人入其中如入水晶之宮上下周觀鱗鬣纖悉可數次觀蠟像院鎔蠟以塑各種人像悲歡喜怒惟妙惟肖有酣睡者呼吸如生有受傷者如聞呻楚種種形態與眞人無異誠奇觀也以上三處觀者人輸馬克一枚

初三日十點鐘劉鶴伯偕往澡堂洗浴人輸一馬克男女區分兩處人各一房約方丈餘中闢小池作葵花形長六尺寬深各二尺有階三級由此入池池用堅石灰築成堅滑如石穴牆以通水管一通熱水一通冷水一通海水均有塞門可任意開取凡客入門侍者放水入池以寒暑表測準冷熱房內小桌一椅一巾鏡梳篦無一不備較之上海盆湯不啻上下牀之別浴畢給侍者鎳錢一二枚

初四日一點鐘偕陳敬如往拜署外部尚書非里司的蒲

恩見又拜美國公使之夫人見餘如俄國澳國葡國檀香山島國中亞美利加列國及其餘各國公使俱送名片未進見

初五日三點鐘偕陳敬如往拜署外部尚書賴爾回齒談換約事在外部又遇義大里及土耳其公使又拜各國使署參贊俱送名片未進見五點回

初六日續往拜各國使署參贊俱但送名片未進見

初七日八點鐘往觀格致院見電氣吸鐵附電氣眞空管長三尺餘管內電光照耀如同白晝又有算器記聲器一人對其管說話少頃管內回音句句傳出且能酷肖原音

初八日一點鐘乘馬車出外拜客俱由洋僕送名片未進見四點回五點邀陳敬如赴洋菜館便飯共費十三馬克及賞侍者一馬克七點鐘買零物而回凡精緻之物價皆甚昂粗用之物價則頗廉

初十日十點鐘冬至節隨星使偕各隨員恭詣大廳拜牌行三跪九叩首禮又各向星使賀節恭送星使出廳各人重復團拜而散不再交互拜賀免來往繁文也

十一日三點鐘出門拜客均未見而回凡應拜各客是日皆拜畢矣

二十六日九點鐘偕陳敬如謁澳國頭等公使之夫人入

門上梯有侍者數對站立客堂門外有號房吏據小桌書客姓名於簿澳國公使出外接客延入客堂至其夫人前晤面寒暄立敘即招呼數熟客同入大廳見男婦數十人坐立聚談皆來謁之客也先於數日前夫人登告白於新聞紙訂期於二十五六日兩日自九點至十點見客故屆期咸來謁見

初四日十一點鐘偕蔭五樓上街買一隨身攜帶之藥箱未得因柏林出門人少且非海口埠頭故無此種藥箱

初五日偕陳敬如赴德朝官夫人之茶會男女客赴會者數十人內有法美土澳公使皆攜眷屬惟土耳其國公使不攜眷軍師毛奇亦到貌不甚揚而韜略蓋世少頃德后來臨各客恭肅而迎德后向各客逐一寒暄俄德皇亦臨衆客亦鞠恭致敬德皇亦向男女衆賓問談問好間有女賓坐而德皇反立於其旁閒談者一堂之內與朋友無異未嘗因君后而更加尊嚴不過鞠躬致敬而已所見各國公使皆然余初到未赴朝會故與德君后皆未接談

初十日十點鐘偕羅稷臣及洋供事賽飛往放槍院試羅物廠所造之後膛槍任取一槍連放一百次帶回銅殼五十箇以便用分釐尺量其曾否漲大三點半復往游生靈苑苑內虎豹犀獅象麋鹿狗馬牛羊鷹鴟鵲鴿及各種禽

獸鱗介皆備

十一日九點半鐘偕王弁得勝及洋供事賽飛復往放槍院昨日所放之槍筩係用英國鋼今日所放之槍筩則用德國鋼亦連放百次中間略停二次取回銅殼五十箇又往善會買物善會者貴家女眷列肆於家陳設百貨親出應客殷勤勸買又設茶酒點心各采物以款客買客皆貴官雖貨價稍貴亦不計較且其所得之貲盡充善舉而不以自私凡飲食其茶點給價亦須較尋常豐厚

十四日十二點鐘再往善會聽樂是日游客女多於男在大廳列坐百餘每人出三馬克亦充善舉也

十五日二點鐘偕繙譯官賡韶甫往游機器印書廠觀其鑄造鉛字其舊字母之銅模每枚一馬三十分新者一馬五十分此昨日往詢之價也今日則謂新模須加料價十分工價七十分共二馬三十分可見西人言語亦不盡無欺故買其舊者大小各一副每副一百四十五枚廠中盡用女工將鉛字以指按在砂磚而磨之雖係粗工人頗修潔

十八日八點鐘往赴朝會先四五日德外部送柬邀請另附禮單載明禮節係禮官出名奉德皇命所請者偕星使及陳敬如羅稷臣劉鶴伯錢琴齋賡韶甫蔭五樓分坐二

車至老王宮宮門（德國有新舊兩宮以德皇所居稱老王宮）車夫將前日送來之車票各綴於帽上車始可到宮門之前門外有馬巡捕雁行鵠立者數十人每人相距二丈餘車到有上前詢問者車夫指驗車票即放車入到宮門下車上梯數重進入歷過十餘廳而至跳舞廳所過樓梯及各廳內均列衛兵手執長刀相對鵠立每戶之內外各立二人廳內沿路亦皆排列衛兵如儀跳舞廳長約二十丈寬約六丈各國公使參贊隨員及文武各員咸攜眷屬陸續而至十點鐘畢集約有一千七百餘人婦女居其大半每一男一女聯耦跳舞樓廊奏樂樂之節奏與跳舞相合婦女皆袒胸露背

皇后亦然有武學生數十人猶中國之侍衛均立於御座後伺候皇后至十二點鐘男女相攜同至飯廳廳內有長桌羅列肴饌各客任便往取先送與所攜之女食之而後自食皆立而飲啗無桌無椅食頃德皇及后先後來廳招呼客在前列者肅恭對之在後者則飲啗自若食畢回至舞廳重復跳舞如足力甚乏祇能借婦女之座而坐男人固無座位也一點半鐘始各散回

二十日九點鐘赴兵部尚書家之跳舞會先三日兵部尚書夫婦具名出帖邀請當囑洋供事荅椷允往是晚德皇后皆到昨於朝會余已見過故皆鞠躬致禮皇及后亦鞠

躬荅禮焉

二十二日與王弁得勝觀礮臺圖詢以德國軍制據稱凡民年至二十卽調充兵操練三年（每名月餉十九馬克另給饅頭）遣歸為民仍執本業隊長管二十五人由民兵之操練精熟而自願充當者挑補既當此差不遣歸農滿二十年方准告退給以恩俸如當差不滿二十年而告退者恩俸減少此隊長與所轄之兵同房寢食嚴加管束不率教者可任意扑責惟不能陞作武官合十隊為一哨共二百五十八領以哨官一員副哨官三員哨長一名此哨長亦由隊長挑充亦不能陞作武官蓋武官必由武學堂正途出身非比中

國有營伍軍功二途亦可游陞武官也哨長專管本哨錢糧帳目並分派差使皆奉哨官之令而行不得自專哨官副哨官欲行令皆由哨長傳達各隊長哨長手下另有書識二名由兵丁挑充不加口糧以三哨爲一營共七百五十八領以營官營官有中軍一員以副哨官充之而無親兵三營爲一分軍共二千二百五十八統以分統分統下亦有中軍官一員而無親兵二分軍爲一軍共四千五百八統領統之統領下亦有中軍官一員而無親兵

二十五日八點鐘赴朝會在小皇宮見德皇及后

二十六日往司邦道礮營看視來德學習之楊弁德明病

十二點鐘去三點鐘回

二十七日八點半鐘赴英使署跳舞會一點鐘回

二十九日偕洋人密臘往觀羅物機器廠該廠有樓四層下層爲熟鐵廠汽機鍋爐房鍋爐用橫臥多管水在內而火在外可省風力占地亦小熟鐵廠打洋槍機件用二滑輪夾舉大椎之鐵柄上行有扳手使二滑輪稍開椎柄卽落下而打椎與砧之面均有凹模將扁鐵條煆紅入凹模內打之則餘鐵擠出模外結成薄邊甚大將此打成之胚翦下任其自冷再入揰器內揰去其餘薄邊卽成淨胚另加燒紅再入一凹模內打之使其形狀極準凡將已成之件鍊令外面成鋼亦在此廠內爲之其法將厚一分許之鐵皮作箱長尺餘寬高各數寸內盛牛皮碎炭將各小鐵件以鐵絲一條貫串之埋于牛皮碎炭內入火爐內煆之每爐容此箱數十箇將煆成鐵件乘熱焠於油內則外面已成硬鋼且有花斑之色而不生鏽樓上各層皆置機器印成之胚先刨平其平面又在輪磋器磋其旁面輪磋之旁有一平行圓桿胚旁有一樣以縱橫螺絲將胚就輪磋至圓桿靠其旁樣則所磋各胚皆必一律同式矣胚之定於器面有一凹處能恰在其位上有二柄扳過卽固定不動各件之胚用此法磋成者十居其九又有一小刨係刨

節骱所用刀頭合圓線而行刀頭夾於二輪之間二輪外有軸另以扇形輪使之左右旋轉刀卽往復而動又初次所用之磋輪其長有尺許者各段之徑有大小以合其胚件之式胚件與磋輪中心平行而磋之磋齒相距三四分又其鑽孔之鑽頭旋轉甚速入孔內一二秒卽拔出用刷刷去其屑再入再出如此則屑可不積於孔內而鑽頭不斷又每件各有一量板板有數口每口量一處之分釐圓桿則入孔內量之圓孔則有圓桿入內量之所有凹凸各處用各式量器使之一律故各件可互換裝配各件已在磋器磋成合式卽至磨器磨光其磨輪用木爲之外包以

皮皮面粘寶砂與膠成之漿待乾裝於軸上轉甚速人手執鐵件就輪磨之又頻添與油調和之細寶砂磨少頃其面如鏡卽入炭屑火內煨之以多件串於小鐵桿煨入炭屑內頻取出以刷刷其面視其色已合度卽上油而不再煨

光緒六年正月元旦晨十點鐘偕使署諸人隨星使穿公服赴署中大廳朝賀行三跪九叩首禮

初三日德國開議政院

初八日六點鐘使俄二等繙譯官德明號在初到使署余擬同往巴黎斯晚六點請德在初偕劉鶴伯羅稷臣錢琴

齋觀劇係男女合演

初九日晚五點鐘往洋菜館請德在初晚宴並邀劉鶴伯羅稷臣錢琴齋賡韶甫蔭五樓作陪八點鐘回九點鐘往見布國丞相司得拉喜及其夫人德皇及后俱到各國公使亦然

初十日晚八點鐘赴商部尚書家觀跳舞會

十一日十二點鐘同德在初登汽車晚九點到可倫

十二日早九點半鐘到巴黎日意格來車站迎迓與德在初先同至客寓一點鐘往日意格家用飯至辦公所見史公率克及高笛也二人史爲其幫辦高則書記也三點同

日意格至礦務院見中華五學生在焉觀各礦不下萬餘種詢其常石灰及堅石灰之法亦不過用鈣養與鋁二養三及矽養三其鈣養用青石或黃白石所成亦與中國同矽養三卽用砂惟學生傳譯未明訂約異日再偕其教習同往燒成石灰之處觀看又詢人居地面下何法能無溼氣據云用水中能結之石灰砌牆鋪地則溼氣不入又見磨亮硬鋼之愛未令塊與中國之寶砂塊相同據稱其質係鋁二養三

十三日十點鐘往中國駐法使署見劉開生李湘浦張聽帆楊仁山聯春卿暨各友十一點礦學生林仲明來同往觀機器博物院機器器具極多大半能知用處其不能盡

知者亦不少焉

十四日十點鐘偕張聽帆同往使署見劉開生十一點鐘往日意格寓處中飯卽偕史率克張聽帆往巴黎府尹衙門觀議事院有紳士八十人列坐於前府尹坐中央紳士首董坐府尹之前紳士欲伸其說者就紳士首董前面之位立而宣講焉余欲往觀自來水之積水池卽在府尹衙門中請得准憑往南郊看之其池建在高阜之上用土築高爲方壇形每面方千餘尺中空作二層皆以磚砌爲柱復由柱上砌作環橋形柱數共九百上下兩層各分兩池共爲四池以便輪流修理洗滌通水之鐵管徑約五尺餘

據看守之人云此水自距三百八十里外之高山用鐵管引來三日方流至此處

四點鐘往測器院觀燥溼陰晴風雨寒暑各測器此各事皆能自畫於紙以顯某時之改變何如

是晚見留侯承詢此次之來是否查考學生並諭不宜干預以犯所忌答以並非此事不過游觀而已

十五日一點鐘同史率克張聽帆往觀造油燭肥皂廠廠中工人二百五十名男女各半每日成燭一萬三千磅用牛羊油或樹油先在大鐵箱內以汽熱鎔之澄去渣滓流入一箱內存積另在一屋中直立一大銅筩以抽氣筩抽

出其內空氣成眞空有管通入積油箱內一開塞門卽將油吸入另有管通至石灰水桶內一開塞門亦能吸入石灰水每油百觔用石灰二觔若不成眞空須石灰十觔然後將銅筩加熱則油內之格色合質入水而石灰與油化合有大木桶二置銅筩旁油在銅筩內待六小時卽放油入一木桶放水入又一木桶將油再流入別一桶加淡硫强水以去其石灰再放入大鐵甑內蒸之油與水同化氣透入長曲管內行過冷水則油與水凝成流質同流入鐵桶內油浮於面水沈於下可分別放出令油另流至一屋有許多薄鐵小盤分流入各盤待冷成塊以毛布包疊成層入大壓水櫃榨之榨出其流質油俟所留者結成定質如尚嫌不淨再入鐵桶內以熱汽鎔之再加淡硫强水洗淨之再入橫壓水櫃榨之其榨壓之板作夾層中有熱水令熱此壓出者堅白可以爲燭矣再以熱汽鎔之而鑄成燭稅關常派一人駐廠收稅每燭一磅收稅一佛郎五十分榨出之流質油另在一屋入漏斗內加入鉀養水成輭肥皂若加鈉養水亦可成硬肥皂或待成時而投入松香塊則消化而成松香肥皂作肥皂一大鍋需蒸燒全日夜方成該廠房屋機器具共一百八十萬佛郎四點半鐘回

十六日十一點鐘往日意格家便飯十二點半到辦公所坐馬車往城外東北隅二點至玻璃廠該廠工人一百五十名婦女與童子居三之二其料用鈉養炭養與鈉養淡養及白砂其白砂出於巴黎近處又鎔玻璃爐中有高烟通周圍置六罐每罐容料二千觔燒一晝夜鎔透而成流質觀造瓶與燈罩之法一小童用空心長鐵管入罐內醮出玻璃質一團稍一吹之卽授與匠將其鐵管橫加於二長凳上輥之一手用木板溼以水切於玻團之周圍小童又在鐵管口輕吹之已稍大再入旁小罐烘熱取出另授與一匠竪夾於二合之鐵模內而用力吹之仍將其鐵管

橫加於二長凳輥動、而用溼木板切其周圍、使之整圓、又一童另以一長鐵桿粘蘸玻璃小團、粘連於此瓶之底、而使其底加厚、再輥再用木板使圓平、小童又用一長桿來粘其底、卽將開口處、以冷鐵劃一周、卽可折下、再將口入旁小罐烘熱取出、將尖鐵刺成孔、又用鐵夾夾住旋轉之、使成口形、卽瓶已成、再速入烘房內烘之、其房如長衖、在此端下燒火、在彼端上通入烟通、中鋪雙行二鐵條、上加鐵盤、裝以玻瓶、自燒火之端加入一盤、既滿卽推前而再添一空盤、自烟通之端取出瓶一盤、則冷緩而堅固矣、自燒火端移至烟通端、約四十八小時、次觀造火泥罐、用生

火泥研成粉、與舊罐粉相和、若造罐蓋及爐磚、則不妨多加舊罐粉、如造罐則加較少、其罐由底做起、取已和好之泥、分作小塊、逐漸粘上、以手捻之、如燕子營壘相似、做高二三寸後、卽放手而做他罐、前罐以粗布蓋之、待其漸乾、每做一罐、需數十日方成、罐式下作圓桶形、徑與高各三尺、上作曲頸、亦徑尺許、罐置爐內、而其曲頸伸出爐外、另以火泥做一圈、置於罐內、能浮於已鎔玻璃之面、則圈內之玻料極淨、可醮出玻料、以做各物、又入一室、見以煤氣燈之火尖、射燈罩之周圍、卽折下、合其長度而甚整齊、再烘於稍大之煤氣火而旋轉之、令口稍鎔而光、另入一室、

見有陰紋鋼板、用闊鋼片刮油膠於其面、將紙鋪上、入輥軸夾印之、則紙面已粘油膠成花紋、卽將此紙、貼於玻璃反面、稍溼以水、將紙揩去、但留油膠之花紋於玻面、浸入含輕弗水內、消蝕玻面、使之毛暗、而但留亮花、此廠房屋器具、價値銀六十萬佛郞、在巴黎近畿、有此種廠四五十家、

四點鐘至相近處之造肥皂香水廠、先觀造香水、排列許多銅箱、內盛以酯、將花瓣浸入、數十日、卽成香水、另放入銅漏斗內、以便灌入小瓶發售、其肥皂廠、用牛羊油與鈉養水、俱用熱汽加熱、以鈉養炭養入沸水消化、而流入盛

石灰之鐵箱、成鈉養水、澄清待用、先以牛油入深銅鍋內、以熱汽鎔之、加入鈉養水煑之、待冷澄清、將沈下之穢水放去、再加鈉養水、再煑、再澄、再放、則油內之污穢盡去、而肥皂潔淨矣、其二三次放出之鈉養水、尚可作粗肥皂、大略如此、因廠主不在家、不能更知其詳也、

十七日同司率克往觀羅物博物院、有埃及古物甚多、有各種船之小樣、並各種油畫、多而且佳、有男女多人在院臨摹、以油漆仿畫、另一人以銅板面塗黑漆一層、用尖刀摹刻之、六點鐘、由英國回之學生來寓、

十八日十一點鐘、往日意格家早膳、七點鐘往火車站、八

點鐘二十分登火車開行、

十九日早五點半鐘、到克路蘇十一點鐘往司內德鋼廠、廠主向往巴黎、總辦亦不在家、三點到辦公所、總辦已歸、晤談一切、因巳天晚、不及往觀廠、約定二十一日再往游觀、

二十日十二點鐘出門閒走、二點鐘回寓、

二十一日八點鐘往廠、先觀大勢、十一點鐘回、飯後又往傍晚回、

二十二日八點半鐘往觀大汽椎廠、該廠有總監工一人、郎工師兼管鋼廠、每月俸銀一千佛郎、副工師數人、每人月

給七八百佛郎、總匠目一人、月給五百佛郎、匠目五人、每人月給三百佛郎、書辦三人、每人月給一百五十佛郎、至二百佛郎、一管收發物料、二管工簿、學生其三管電報書信、全廠工匠並夫役三百六十八、每人日給自二佛郎至八佛郎、其工帳格式每頁記一匠一月之工、每日每點鐘分晰登記、而所做之事、記於每頁之前、因工匠各專一事、不相移換、故可如此也、廠內工作、先由鋼廠鑄成大塊之鋼、運至汽椎廠打成大板、及實心礮管、並鐵路車輪、大礮鋼胚鑄成方形、打成圓柱、路條鋼胚亦鑄成方塊、輪牙胚輪輻胚則鑄成八角形而短、鋼塊加熱皆用倒焰爐、爐中或用煤、或用炭養氣、以生大熱、其炭養氣另

由他廠造成通來、最大之汽椎重一百噸、附近有起重架四座、炭養氣爐四座、共價三百萬佛郎、 下午一點半鐘再觀鍊鋼廠、內有別色麻法桃形爐六座、輪流用之、常用二座、生鐵由鍊生鐵爐運來、乘鎔成汁時、傾入桃形爐內、以光色分原器觀其火色、添入冷生鐵塊、再吹以風、加以含矽錳質之鐵、名司比司、此含矽錳質之鐵、另在一柱形爐內鎔化、而傾入桃形爐內、再吹風一二秒時、以小勺舀取少許、傾入小模內、取出椎打折斷、其紋觀之、如已合宜、卽可傾鑄成物、又有轉爐、係成熟鐵之新法、將生鐵先入倒焰爐內鎔之、運往傾入橫轉之爐內、使多遇熱空氣、添

入極好之鐵礦塊、再轉之、至已成、卽用大鉗入爐內夾之、得粗毛之大塊、運入汽椎打之、與掉成之熟鐵胚同、此廠工人七百名、正副監工、正副匠目、書辦共四十八

二十三日八點半鐘往觀掉鐵廠、其法用白生鐵、先入倒焰爐、堆於近煙通處、加熱至紅、取出、再速入近火壩之膛內鎔之、工人用鐵鉤入旁孔內掉之、艮久炭質被養氣燒去、而成熟鐵、工人仍用鐵鉤杷聚成團、接以小鐵車運入汽椎打之、打成約長二尺、高厚四五寸之粗塊、乘紅熱時、入軋軸間軋之、往來軋十數次、成半寸厚、二寸闊、二十餘尺長之條、工人將每條之端打下數寸長一塊、送入一房

驗其優劣、倒焰爐之煙通內、皆有一直定之鐵筩、為鍋爐、火焰在鐵筩之四圍向上、其鍋爐各有看水塞門漲表等、所得之汽、通至總管、以動汽椎汽機等用、此廠內之倒焰爐共列八行、每行二十四座、汽椎共列四行、每行八座、

次觀軋鐵廠、將熟鐵胚長條入此廠、先剪斷成每塊長二尺許、再成捆入倒焰爐、至白熱取出、入軋軸間數次、軋成中號鐵條、若小條與鐵絲、則再剪斷入爐加熱、而分數次軋之、至成為度、若造大鐵板、則用已軋過之扁鐵條縱橫成疊、入炭養氣倒焰爐內、加熱至白、以大鉗取上鐵車、運至大軋軸前之檯上、其檯下有機關、可令檯起落、檯中有

小軸、能進退轉動、鐵塊至檯上、則小軸令其鐵塊入軋軸間、軋過後、檯自舉起、小軸退轉、而又入鐵塊、軋過則檯又落下、每軋一次、工人將上螺絲旋緊、而軋漸薄、至應得之厚、工人以凹口比量之、其軋軸有三根、上軸軋過、下軸軋回、至軋薄鐵皮、則用闊扁鐵在爐內煤面上加熱至紅、先軋數次、再入爐內加熱、取出以各塊四層相疊、軋成冷後揭開、其軋路條、初次及末次之軋軸前、亦有檯並轉動小軸、中次用挂桿撬之、成後置在地面、亦有轉動小軸令路條行至輪鋸、乘紅熱時鋸去其端、再任其行前至合長度、鋸斷、再行再鋸、成三條、其鋸輪連柄、以人手推而前後之、

此二廠工人一千五百名、總監工一人、監工四人、三點鐘又至畫樣圖房、內有畫手四五十人、有十人為領袖、機器廠之總監工、另住旁室中辦事、

二十四日九點鐘、觀鑄鐵廠、共四廠、每廠各有總匠頭一人、共工人四百名、屬於機器廠總監工、其篩砂磨、另在一廠、皆用機器、次觀車刨等廠、共十餘廠、歸總匠頭一人管理、每廠置一種機器、如車內膛者在一廠、車外光者在一廠、直刨平刨者在一廠、鑽眼者在一廠、裝配者在一廠、每廠有匠頭一人、書辦一二人、皆受轄於總監工、總監工下有總副監工一人、副監工數人、並其夥十餘人、每日周歷

各廠、察看工作、書辦專管工人到廠時刻、登記於簿、亦往廠中查察人數、

一點半鐘、觀鍋爐廠、共四處、一船鍋爐、一車鍋爐、一陸鍋爐、一銅管等、每處有副匠頭管工作、有書辦記工簿、四廠統歸一總匠頭管理、又觀熟鐵廠、中列大小汽椎二十餘座、所造物件、大半用模印打成、造礮箍之模、打成後留餘鐵在中間、另入一汽椎內、以圓鐵柱插入其中、打下一圈、打車輪之法、中轂與牙與輻、皆先具粗形而略大、將各件湊合成輪形、牙內轂外與輻之二端、皆有筍而粗略能相連而不密合、即入大倒焰爐內、加熱至白、以大鉗取出入

大抵汽椎之模內打之、次反轉之、見尙有虧缺處、則加以粗鐵胚、再入爐內加熱至白、鉗出再入模打之而成、大鉗靠於車、而車在鐵路上行動、熟鐵廠亦有數處、每處各有副匠頭、及書辦、統歸一總匠頭管理、又觀木樣廠有鋸刨機器四五座、木匠三四十人、有副匠頭一人、書辦一人、又觀木樣庫、見各機器之木樣皆每廠堆於一處、各機器廠、各鐵廠、鑄銅廠、各熟鐵廠、各鍋爐廠、銅管廠、木樣廠、畫圖房、統屬於機器總監工、其下有副總監工一人、副監工五人、一管船機、一管車機、一管車刨各機軋鐵各機、一管房屋橋等工程、一管畫圖房、每副監工下、各有小監工數人

幫之、如欲造一船機、則總監工將大小馬力、開與船機監工、船機監工與其夥商議、詳細推算各尺寸、而作草圖、呈與總監工核定、卽發畫圖房畫成精圖、並各件分圖、由船機監工交木樣房造樣、鑄打車刨裝配皆由此監工與其夥一手經理、故此五項監工與其夥、常往各廠周流察視、每廠則止有匠頭、並無專管之監工、

觀燒成炭養氣之爐、爐在地面下、煤自頂門加入、爐內鋪煤甚厚、故養氣少入、而燒緩、所成之氣、爲炭養氣、同式共有四爐、所出之氣匯入一空心磚柱內、柱上有大橫鐵管、又一端亦靠一空心磚柱、氣卽由柱中通下、入總管、通至倒焰爐內、與空氣相合、卽燃燒而發大熱、

觀煤井機器、在井口提煤箱向上、用繩十餘條爲經、再以小繩橫貫爲緯、縛成扁帶形、欲其易於彎曲而不磨壞、有用鋼絲繩者、亦同此法、轆轤進退運轉時、扁帶或捲或舒、係層疊而非並排、緊與上滑輪相對、而不致參差、轆轤軸之端、接一小輪、此小輪之軸、繞有皮帶、亦層疊舒捲、皮帶端繫一錘、能上下、錘旁有記號、可知煤箱在井內提至何處、及將到井口時、則錘上行、遇一小鐘之柄、擊鐘有聲、司機者、知煤箱將至井口、卽留心令機緩行、庶不誤事、

二十五日十一點鐘、坐馬車往觀三十五里外之造火磚

廠、一路皆平闊、過小山坡數座、沿坡皆種麥、陡處皆種樹、一望青葱、與中國童山迥異、因禁人偷刋小樹、故能養成茂林也、廠中造各種火磚、並吹風管、及漏斗、(俗名澆口)其最能受大熱者、用白石英以二千度熱煅之、研碎和白泥水、入壓器內壓成磚、用大火燒之、惟燒後仍鬆而易碎、其面不能受鐵汁流動、故僅作倒焰爐上蓋之用、其次者用火泥、有青紫二種色、紫者如中國宜興泥、色青者如顏神泥、將一半入大火煅成熟泥、研碎、將一半生泥加入相和而成磚、所以半用煅者、欲去其泥內之氣質、用時不裂、半用生泥者、欲其易於粘合、若全用煅過者、則必研之極細、始能

粘合工價甚貴其石英煅過亦欲其不裂也又有一種砂石研碎塗於別色麻爐內可去鐵內之燐作風管法以泥摶成圓條擲入內膛極光滑之圓鐵管內入壓器內壓之其螺絲下連光滑之圓鐵通條七根插入泥心成七孔將螺絲退上將圓鐵管倒置木板上舉起而泥柱脫下矣其圓鐵管之內膛及圓鐵通條之外面必極光滑頻以流質油多次用帚刷之造漏斗與罐有內外兩模將泥摶之如膏在天平稱其應得之重摶成合式之形擲入外模之內即將內模插入泥內用木椎打之四邊隙內稍有餘泥擠出用刀刮去將內模拔出泥罐留於外模之內將外模倒

置於木板上略停片時泥罐已落下即將外模取上移開之內模用堅木外包紅銅皮外模用鐵均極光滑且每次必多上油故易脫也造火磚之窰分為十膛用炭養氣與熱風生火得大熱空氣先過燒成之磚收其熱而成熱風也四點鐘回寓五點鐘二十分上火車十點鐘二十分到里昂

二十六日九點鐘往觀染絲廠器具及工人甚多法亦甚繁但染成之絲皆脆而易斷且不能成豔色不如中國簡法之佳十一點鐘回寓午後往街市閒步

二十七日十一點鐘登火車上山游覽鐵路置於斜坡汽機在山巔用轆轤轉鋼絲繩曳車上行兩鐵條間有許多小滑輪以托鋼絲繩下午觀織機小樣並蠶繭樣院埃及古棺古尸並佛教之古器院

二十八日上午觀商務學堂內專教一切貿易應知之事有煤氣機運動織機數座以教學生時動時止甚為靈便若用汽機費煤必多織機有簡法者大致與中國織機相同惟筬下有木條以托梭兩旁有木槽以接梭槽內各有小塊各繫小繩向上兩繩幷為一繩過小滑輪將端繩一拉則小塊在槽內速擊其梭穿過經紗二層之中一手引繩一手推筬較中國織法可快一倍提花之法用紙板鏤

作多孔與所提之花相配紙板之孔另有一器為之有孔之紙板挂於機架之上另有機器帶動機下有踏板人足踏之綜即提起各綜之上提與紙板之孔相配故能提成欲得之花紋可省用提花之人

二十九日十一點鐘由里昂登火車起身一點一刻到山沙孟一路重山疊嶺清流急湍鐵路或循山而行或穿隧而過沿途見煤鐵廠甚多山下開礦山面依然種麥各不相妨山沙孟地方有大鐵廠較科魯蘇稍次工人亦數千名內有七十頓大汽椎軋鐵甲板之大軋軸造鐵甲用摺紋鐵板多層相疊軋粘而成造鋼用平盤轉爐以炭養氣

火燒之此種大爐四座可鑄六七十頓之大鋼塊入大汽椎打成礮胚鑽挖內腔成空心礮管五點一刻動身六點到汕得天腹痛便血舊恙復發

三十日在寓終日靜養未曾出門

二月初一日往觀城外煤井距寓約里許該處煤井甚多相距百餘步即有大井均屬一家之業地面種麥則另屬於他人之產業據稱外國律例開煤主人先於未興開時探知其煤層若何形勢呈請國家撥給煤層若干面積有一定之界限蓋地面雖有業主而地下之煤係屬公物不屬地面之業主故國家可任意給與何人准其開挖惟界內者始屬此人之產業他人不得竊取其煤所開出之煤抽二十分之一為稅又見洗煤之器作方木箱長丈餘闊八九尺分為三處而下相通中處內容一小木箱上以柄連於架用橫桿以人力使之上下左右二處盛碎煤加水入內令水常激動則碎煤上浮而所雜之土石下沉俟其已淨即用鏟將上面之煤取出再取去下沈之土石此洗淨之煤用之煅成枯煤及壓成煤餅壓煤餅用壓水櫃其法甚巧煤餅之模可左右移動而壓成甚速每煤屑五百斤和煤柏油三十斤在桶內磨勻以熱汽加熱入模內壓之即成待冷則堅其煤井每深丈許兩邊各用橫木一根

入井圍內或入石內直扶四根皆逐段連於此橫木之旁提架不能自落下欲下時先挽其柄令鐵拴縮進提架始可落下架上之繫處有阻器與譯出煤書所言相同此處開出之煤每頓合成本五佛郎五十分售價十七佛郎可獲利十一佛郎五十分在鐵路每頓運行一百法里運費六佛郎由汕得天至巴黎計程五百二十法里計三十一佛郎二十分

初二日六點鐘五十二分由汕得天登汽車動身五點半到巴黎日意格來車站迎迓照料坐馬車往客寓住宿是日汽車所經之路上午過山洞甚多下午傍河而行此河如中國山東之運河每距一二十里即建一牐制度與中國略同惟每牐皆建於越河作雙牐形如船塢凡船自上游來者先開上牐使塢中水滿與上流相平船入塢即閉上牐而啟下牐使塢中水又與下流相平即放船出塢其自下游過牐者反是以水勢之消長為浮送之低昂另有小門時常啟閉以消水之抵力此越河之牐也其經流則另有滾水大壩旱時蓄水使不淺潦時洩水使不溢故河內之水無過滿過淺之虞每過一船不過數分鐘較用盤車絞關省力多矣

初三日十一點鐘往日意格家中用飯一點鐘同史率克

往觀造千里鏡廠，先用銅皮捲成管，銲連其縫，其銲縫之爐內膛頗深，而上口作長窄縫，枯煤在下膛，故火自上口之窄縫內噴出甚烈，上口上有鐵板，受火之餘熱，先加銲藥於銅管內面之縫，置在此鐵板上烘乾，即取下入鐵板下之爐口，燒鎔銲粘，見管內面之銲藥鎔平，即成，外面如有餘瀝者，用磋磋平，即入拉器拉之，使內外光滑，拉器用鋼圓桿一根，稍小於管之內徑，兩端有頸，更小，將銅管端先在圓凹內一擊，使其口向內彎，即套於鋼圓桿外，而向內彎邊，即阻於圓桿之肩，將圓桿入鋼圓孔內，置於架中，以鐵鏈之端，連於圓桿之頸，鐵鏈繞輪引行，使圓桿帶銅管抽過鋼孔，銅管即伸長十之四，再將圓桿倒入一更小鋼孔，以阻止銅管，仍繫鏈而拉之，銅管即脫下矣，所有一切摺邊圈及兩端大小不同之管，俱用已拉之管，截下，合其相配之長，在螺絲揰器內揰成之，惟每作一物，其揰與孔，須換多件，皆依其欲得之式，揰成之後，再車光之，皆用活手刀，而不用刀架車螺絲法，用螺牙，以活手車成，光而且速，車成後，稍加油調之細沙，使速轉動，以布切之，能磨至極光，作雙鏡內之螺絲槽，將銅管套於螺絲桿外，入螺絲孔內，旋轉而拉之，即成，作鏡之玻料，由他處購來，方尺許，厚四五分，以金鋼石裁成大小方塊，用單顯微鏡逐塊

看其旁邊，見有小泡，及有疵者，剔出不用，擇純淨者，置於火泥所作圓凹內，以火泥餅蓋之，入火爐內燒至紅熱，即就爐內，將蓋撥去，以鐵鏟壓之，再以圓鐵塊壓之，仍將蓋蓋好，換入火稍殺之爐內，待其緩冷，一二日，取出，將鉗夾去其四圍之角，令成略圓，即以松香膏連於圓銅板，嵌於軸端，磨凸其面，所有磨之鐵砣（碾輪石也）爲圓管，而口向內斜，玻璃切其斜處，緩轉而又搖動，鐵砣之轉甚速，用白砂與水，由斜溝自流至鐵砣之斜面，磨至合其凸度，面甚粗毛，周圍已圓而鋒銳，另磨去之，再以膏粘連於半球外，合於另一半球內，配使合式，稍加油調之細砂，再配之，以觀其準否，而撥正之，以數鏡共連於一半球，將此半球連於立軸之端，緩轉，另以一半球內襯以皮，加細寶砂，蓋於多鏡之上，速搖動，而又緩轉磨之，將光，則換內襯氈者，加鐵養粉，磨至極光爲度，其作凹鏡，先將多鏡連於平圓板而緩轉，切大平鐵砣之面速轉，以白沙與水自流，磨平一面，再用膏粘連圓板，磨平第二面，即將多塊相疊，以膏粘連於軸端，速轉，入多塊相湊之孔內，以白砂與水，磨圓其周，再以膏粘連於半球內面，配合於半球外面，先磨凹，而又磨光之，凹凸各鏡，磨成後，有分釐器，量其邊與中之厚，極準，如差者，重磨之，務使極準，如凸鏡，則再以一器觀聚光點

之度、必各鏡一律、始可合用、

初六日十二點鐘、觀石灰廠、其石從山中開出、色白而鬆如土、入陶內煅之、陶作直立空圓柱形、下腔收小、有爐柵將煤置柵上、燒至紅熱、加入白鬆石、待稍熱、再加煤屑、如此層煤層石相間、每石百斤、用煤屑二十斤至二十五斤、上口逐漸添入、下口將燒成石灰取出、燒賽門敦法、在山中底層另挖出鬆石一種、內含鋁養、矽養較多、亦用前法燒之、每百斤用枯煤三十五斤、燒成八十餘斤、燒成後加水不能發熱而自鬆散、必在研盤中研碎篩之、方可用、惟山中挖出之土石、所含鋁養、矽養與鈣養之質、逐日有多

寡不同、必化分其原質、而配合成應有之分數、再加以研碎、用水調和成塊、俟乾後入陶燒之、其土石自山上運下之法、用鋼絲繩二條、兩端皆繫固牽緊、一端高、一端低、二端各有滑輪、另以鋼絲小繩一條、環過二輪、以二架各連二小滑輪、下挂以斗、各挂於一繩之上、重斗下墜、能牽空斗上行、賽門敦每頓價五十八佛郎三十分、石灰每頓價十四佛郎三十分、

化分三種所得之質

	拍此闌賽門敦	羅馬石灰	常用石灰
矽養	二四·五〇	二九·五五	一七·八五
鋁養	九·五〇	八·三五	五·二〇
鐵養	五·五〇	四·一〇	二·四〇
鈣養	五七·九〇	四七·五〇	五六·八〇
錳養	一·五〇	二一·八五	一·五五
硫養	〇·八〇	一·三五	一·三〇
耗	一·五五	五·三〇	一四·九〇
共百分			

皆爲每方生特之啟羅數	羅馬石灰	拍此闌賽門敦
牽力	八·二九	二八·九七
擠力	五·八二	二九·五七

此山上下各層、所含之質不同、上層含鈣養最多、作白石粉之料、中層含鈣養較少、作石灰之料、下層含鈣養更少、作賽門敦之料、最下層爲作磚之料、

上層作白石粉之鬆石

甃器白泥	五·四〇
鈣養炭養等	九四·六〇

下層作拍此闌之鬆石

白泥	三五·八
鎂養炭養、鈣養炭養	五四·九
零物等	九·三

中層作常用石灰之鬆石
白泥　一二·四〇
鈣養炭養等　八一·〇〇
鎂養炭養　六·〇〇

晚七點鐘三刻由巴黎登火車動身赴柏林每人車價一百二十六佛郎另加臥車十二佛郎

初七日早八點鐘到科倫換車關棧吏欲查驗行李以名片與觀卽免驗九點半鐘再由科倫開車晚七點鐘三刻到柏林錢琴齋率洋僕以馬車來迎

十三日三點鐘偕羅稷臣密蠟往觀官甆廠用花岡石爲

碾輪以碾石英另有一碾器以碾白泥粉在橫桶內與水調和而放於水池池分作多隔由各隔流過愈遠愈細流至末池久澄成漿濾入布袋在螺絲夾器內榨乾堆於一房待留數月之久用之作盆碗之法與中國法同其磁質所造之人物花草等物俱用模印出另有一器可車成橢圓器各物皮置板架中待乾先入一火力較小之陶內燒六小時令極乾取出在釉缸內一浸卽取出其外面已上釉一層其釉係玻璃類之細粉與水調和上釉後再入大火力之陶內燒十四小時卽成其陶皆用炭養氣之火各器燒時皆入火泥壳內燒成而後畫花一切粗細各花皆用手工畫成並無簡法畫畢再入更小火力之陶內燒之用木柴火

十四日三點鐘偕王弁得勝往觀造儀器小廠廠內工匠僅數人小車牀數具小鉋牀二具分度器一具剌銅管端之密螺絲法在車軸後端有密螺絲將母螺絲半月合上車軸卽能進退人手執螺牙以車成螺絲

十五日十一點鐘偕羅稷臣密蠟往觀信部博物院內有各種電報之式並空氣管中送信之器又觀一機器廠係專造汽車者與別機器廠相同無甚奇處

十九日三點鐘往見俄國駐使夫人晚八點鐘中國使署

李星使與夫人請客預備音樂德國文武官自毛奇以下並各國使臣參贊半攜妻女同來星使與夫人俱立客廳門內接見各客握手殷殷客到齊卽入跳舞廳女客坐而男客立於外廳十一點鐘後聽樂一點鐘客散

二十四日二點鐘偕王弁得勝往觀造小儀器廠內有車牀五六架分圈度直度器各一具小車牀俱用足踏車軸後端連螺絲公模下有半月之母模提上則軸轉而能進退用手執螺牙靠定而車成管端螺絲軸後之模可以更換疏密各種用磋磋平之法屢次改磋之方向則磋之紋各斜交而能見所磋在何處所磋之面可平

二十七日一點鐘、偕羅稷臣往觀造光學器小廠、見磨小鏡法、在小車牀軸端連黃銅凹以小玻璃鏡、用松香粘連於木柄、人手執之、湊入凹內、四面轉動、人以足踏車軸速轉、加以水調之鐵養、小車牀共有十餘架、與儀器廠內同、又見另作一架、定於刀架、此架有立軸小磋輪、另以皮條帶轉、可以磋成新磋輪、又見以磋輪連於車軸之端、將銅塊定於刀架、移過卽磋平、與刨無異而更速、

初一日一點鐘、偕羅稷臣往觀格致化學器具店、內有足踏車牀五六具、與前所見者同、晚九點半鐘、赴義大里使署跳舞會、

十二日三點鐘、偕賡韶甫密爔往觀西門司造電機廠、內造電光器、吸鐵電器、電纜、電報器等、局面甚大、攪象皮之器、中有八角凹面之軸、在外殼內轉動、外殼上面有蓋可開、將象皮一團放入蓋之、卽在內攪勻、包銅絲外象皮器、以象皮置加熱筩內、上有大螺絲、將其中韝韛漸壓下、銅絲由孔內抽出、外面已包象皮一薄層、抽出卽過長五六丈之水槽、且過數輪、在水內迴環數次、如此數次包之、象皮始厚、器有六孔、每孔銅絲一條、故六條並出、每孔各有螺絲、可將孔收放大小、人立其旁、見某條太大、卽將某螺絲收之、太小卽放之、銅絲之外、繞油麻線、再外繞鋼絲、再外繞油麻線、再外塗上柏油、係均在一器內逐級做成、成後卽盤入大鐵水桶內、試其漏電氣與否、

十七日、偕錢琴齋觀魚會、先觀其大略規模一次、

二十一日、偕劉鶴伯再觀魚會、內列各國之鱗介魚類、並漁器、入觀者每人取資半馬克、約百五十文、各物均依國次、分排各房、所養之魚、俱用自來活水、有中國傅副稅司送來甯波口各物、會內有加非館、以便游人茶膳、游客男女參半、每日約數千人、禮拜日更形擁擠、又往觀紀功塔、塔外中層、俱嵌太子及王侯將相之小像、並戰勝凱旋之圖、俱用小甆塊嵌成、形態偪眞、

二十七日二點鐘、偕蔭五樓往觀農器會、觀者摩肩接踵、男女參半、極大廠局一座、左前列牛、左後列羊、右前列農器、右後列猪、農器有割禾者、收穫者、束捆者、篩扇者、用斗板在管中起水者、切草成料者、犂耕者、耒平者、另有各種、不及詳記、四點鐘回、見路旁挖地、暫用鐵路運土、甚爲省力、中國用人力挖河、亦可仿用、又見灌樹之法、於樹根周圍挖深數寸、外築小圩、徑三四尺、中灌以水、用小鐵條斜插入土中、令水易滲入樹、易茂盛、

四月初五日、與陳敬如談德國兵制、據稱每隊十二人、一隊長管之、隊長係兵目、不能升爲兵官、每哨四隊、一哨官

管之、哨官係兵官、一哨長副之、哨長係兵目、不能升爲兵官、三哨爲一翼、計一百五十人、翼官管之、三翼或四翼爲一營、營官管之、哨官名勒夫脫能、譯爲千總、翼官名甲必頓、譯爲守備、營官名美約而、譯爲都司、

四月十一日下午二點、偕賽飛往試槍處、觀官兵試放煞司傾槍、及旁米來槍二種、煞司傾放第一次、子殼不能出而漏火、用通條抵出、放數次後、漏火愈甚、積污甚多、不能再放、旁米來連放至凡九十次、雖甚熱而仍無病、

十二日二點鐘、往密蠟家中觀獵隊所用之毛瑟槍、其狀確係未經用過者、惟內膛較定數稍大百分之一、及二百

分之一、柄木有二種、不能純一、尚無害於實用、

三點鐘一刻、偕劉鶴伯錢琴齋往觀造假石廠、三點半鐘登火車、向南行、四點到鄉鎮、景致幽雅、廠內工人二十名、各事皆用手工、爲之、造鋪地方石板、有小壓器一具、用方平鐵板、如所造方石之大、以方鐵匡圍其外面、四邊密切、中鋪紙一層、紙有花樣、將石小塊、依紙上之花樣排列、再以細砂鋪入、補滿小石塊間之空隙、再用水中能結之石灰、和水調成稀漿灌入、輕輕敲之、使各處漿皆灌到、再用砂與水結石灰各半、以水調至如乾穌、鋪滿其上、而概平之、上蓋平鐵板一塊、即入壓器中壓之、壓器上用螺絲、旋至不能再下、在下面有橫水筩、以橫螺絲抵其鞲鞴、入橫筩內、橫筩通至立筩、立筩中之抵柱、連底板、能託向上、壓力極大、壓後將胚取出、置桌上、將方鐵匡脫下、已成石板、以木板與桌面湊平、將胚推至板上、待一日即堅而可磨、磨法、將此石胚覆於大平石板上、稍洒尋常之砂、稍加水、以木條作口、啣住石板、上壓小石數塊、人手執木條、而推引移動之、此粗磨之工也、若做桌面、則照此磨過後、再以人手執石塊、鋪砂在其上、加水磨之、據云、每一桌面長三尺餘、闊二尺餘、須磨三十餘工、又作砌墻用之大塊假石、用石膏作模、可折分數塊、湊合、以鐵絲箍之、用水結石灰

一分、砂三分、相合、以少水調和、置入模內、略鋪平之、人手執木棍築實、再加再築、至滿即概平、而折開模之各塊、即成假石塊、如其形、待數日堅結如石、雖久經雨淋日晒風吹而不壞、作石膏器物法、用烘過石膏粉、以水調之、取少許、加入顏料和之、再取少許、以他顏料和之、如此成多塊、將多塊并合、以手捻揑成方塊、俟數分時即堅結、鋸開刨光、成各色花紋、用砂磨光、再以同料之塊相磨、使光如鏡、惟此種料遇風雨不能耐久、作家中器具可用、七點鐘晚餐、廠主人甚殷勤、九點半鐘乘汽車、十點到車站、步行而歸、

十七日柏林開狗會偕鍾鶴笙往觀狗有四五種最小一種長不盈尺毛長數寸價二萬馬克被一公主購去最大一種長三四尺價值一千馬克又獵狗體不甚大而嘴長體壯價亦有二千馬克者

二十一日偕金楷理乘車往觀德國大操德皇乘馬馳閱各國公使攜眷屬亦皆乘車往觀兵分步礮馬三類步兵內有洋槍獵槍二種獵槍之兵挑選精悍命中能伏躲放槍者故較洋槍兵更爲得力馬兵有輕重桿三種重馬兵挑選魁偉之人高大之馬人身皆穿鋼甲昔時用以衝鋒陷陣猛厲無敵今因槍礮致遠放速不能衝鋒專用之保

護中營桿馬兵挑選勇健之人猛壯之馬各執短矛專用之衝鋒破堅甚爲得力輕馬兵挑選精悍之人善跑之馬各執腰刀與馬槍專用之追襲窺探礮兵亦分輕重二種輕者礮小而兵皆騎馬能隨馬兵出戰重者礮稍大惟武官兵目騎馬御馬之兵騎拉礮之馬餘礮兵俱步行若在平途則礮兵可坐於礮旁及彈藥箱之座遇稍崎嶇卽下馬步行或更助推礮車以省馬力此礮隨步兵出陣

二十四日三點鐘偕金楷理密臘往觀致格器具店買各國著名之金鋼鑽石假樣十五塊裝一匣價二十五馬克汽噴水器九馬克吹風煤氣燈嘴十二馬克又化學所用各藝器約二百馬克通聲管一馬克五十分

二十八日早七點半鐘偕王弁得勝往南郊曠野試驗平面桌並測量器十點半回該處係低阜上面遍生青草細視其地均係細沙沙面生草故風不揚沙

五月初一日八點半鐘偕金楷理往東郊觀造玻器廠爐徑丈餘作圓形四面有洞內容罐鎔玻料以三人爲一班立於洞口前三人分上中下手上手每月工貲約一百五十馬克中手約六十馬克下手係學徒約三十馬克然仍依做成件數而給價不論時日每日須做工十點鐘見作高脚大杯法中手先用鐵管醮玻料吹成一泡上手另做

成一足其法以鐵管粘料一塊在鐵板上輥令略長橫架於二橫木上轉動一手執鐵夾夾之而轉卽成粗細各節又用雙叉之夾橫夾其端而轉之卽成底圓板將鐵管授與下手而上手另執一鐵管醮料少許來粘連於底圓板之中心而在足上端割之得應有之長打斷入火稍加熱取出對中手玻泡之中心粘連卽在玻泡連鐵管處割斷入火加熱以鐵條入中孔而轉玻泡使口孔漸張大再用木夾一支在內一支在外夾而轉之至成合式之形全用手工如作大器而用料多者皆先醮料少許吹成小泡再醮鎔料加厚再吹略大再醮鎔料令厚如此數次爲之厚

薄能平勻每吹後用木方塊裝柄如椎在水內浸溼切於泡外而旋轉令周正作小盃法醮料吹成玻泡亦以木椎切之旋轉其泡留底甚厚用鐵夾夾之旋轉而成足之大小各段另以一鐵管醮料少許周繞其足之端用雙叉夾夾而轉之成底圓板再以一管粘連其中心而在泡之口割下再入火加熱而用鐵夾張開之如前法作瓶之法先吹成泡再入木模內吹之圓者即在模內隨吹隨轉若欲有凹凸花紋及字者皆用鐵模作玻甑法先吹成泡執管擺動令長將泡端入火加熱取出而自彎下即向上而吹之至大小合度即成作玻管法先吹成泡另一人以鐵管

粘泡之底兩人同行至廠屋兩人相離行走愈引愈長而愈細至長七丈餘粗細略同即折斷用之玻料之罐徑深各約二尺底稍小亦逐漸做成以木桶為外模做於其中泥白色中有小粒蓋即攙和之舊罐粉也成後陰乾數月始用爐內用煤氣火而不用煤故無灰滓罐上不必有蓋成煤氣亦用鋪厚煤層之法爐內煤厚約六尺風門長闊故入養氣少而成煤氣多炭養氣甚少空氣先入爐下之空房加熱煤氣亦入另一空房內加熱二房各在爐之一邊每房高廣約三尺餘已熱之煤氣與空氣向上至罐旁相合而燒成火餘火再由爐中心向下過加熱風房之旁

而轉入烟通放出作玻之料用淨白砂鈉養炭養二鉀養炭養二白石粉其分量依欲造何種而配合因各物淨純故所成之玻璃純白絕無藍色成器後另入鐵桶內鐵桶在爐內以煤氣燒之數時連桶取出待其緩冷乃可經熱不破二點鐘坐小輪舟回見沿河一帶有染坊燒石灰窰製皮作麵包坊造紙廠

初四日十點鐘偕蔭五樓往觀近處研墻光亮之法用石膏粉塗牆上用粗細八等磨石以人工磨之每平方邁當面須磨十餘工價二十餘馬克石膏粉係購現成已烘乾而研細者每袋重一百七十磅上等者價八馬克下等者

價二馬克三點半登汽車由鐵路馳赴西北境見沿路一帶樹木成林田禾茂盛另有曠野草場以牧牛馬九點抵漢倍希休裝客寓即脩函致製造火藥棉藥廠主杜屯好夫

初五日十點鐘杜屯好夫遣夥亥曼尼來迎同坐馬車繞過一湖十一點鐘到火車站登火車十二點至火車站換坐馬車馳行二刻許見左面一帶高隄林木深密詢係德相俾思麥之采地右面一帶砂磧係古時海口淤墊而成既抵火藥局杜屯好夫昆季官服迎迓入室見其弟婦請中餐三點往觀廠先閱熖炭廠用柳枝在鐵箱內熖成與

上海山東局同汽機廠內用大抵力單臥機實馬力一百二十匹用鋼絲繩環繞以代皮帶運動各廠之機器故不用長軸受總力者徑二十一密里分支者徑十五密里共長一百五十邁當凡相接處築磚牆小室置平側輪可以隨時停止硝硫均由別處購提淨之料故無需淋硝蒸硫等工磨碎硝硫炭三物用齒軋軸機器軸面有小齒將硝硫炭各自入此機器內磨成細粉再在六角輥篩及平篩中篩之平篩旁有小木椎自敲使粉易下將三料粉配準分量先入橫臥之輥桶內和之再入另一木桶內加寸半徑之木球多枚桶轉則木球自相擊撞而三料勻細每桶

盛二百斤緩轉二三點鐘乃取出入碾盤中碾勻壓實每盤約一百斤碾一點鐘至四點鐘依藥之精粗將輾輪提起不切碾盤碾輪徑四尺半上用木齒大平輪輪下有臼鉛之罩以免油污入料內然究非妙法但購用此種機價或稍廉耳研畢之火藥再入一器成小粒而入壓水櫃壓實之壓水櫃有四百八十倍天氣之力亦有不用水壓力而將藥之細粒鋪於布上厚約四分入軋軸間軋過軋軸轉動極緩軋過之藥亦堅實成餅雖能省工然不甚勻僅可作六角餅藥之用壓實後又入機器碎之成粒再入木桶內輥光之桶徑六尺長三尺每分時轉十六次不用筆

鉛而藥粒自能光黑再入烘房烘乾用布鋪於盤盤底作槅格藥粒鋪於布上烘房外有鍋爐蒸汽通入房中曲折之鐵管內以得熱氣試始速率用銅絲屏電氣之法試漲力用小鞲鞴後連尖鏨刻入紅銅內量刻痕之闊以知漲力試重率用水銀灌入藥粒間之法另有一廠造新式六角餅藥中一孔而不作七孔凡磨碾壓篩及有火藥之各房內皆用麻布鋪地入房者必易毡履以防帶入砂石磨擦生火各房外皆以泥堆分隔防範精密該處在海口之旁全係砂磧烟通高約八丈下用木樁深四丈有零是廠所造火藥極精德國海部均購用之每日成火藥十二擔

若多添工人可成四五十擔五點鐘閱畢廠主留用晚餐由原路回漢倍克寓

初六日早九點鐘往觀運河之雙牐於河中築順河石隄兩道各厚七八尺分水為三道左右二道為減水之月牐中道為舟行之雙牐在雙石隄之上下兩端相距約七丈各築一牐每牐皆以二戶相合閉緊時尚離直線約三尺每戶中各有小門方尺許以螺桿使啟閉洩水與上下游相平以消抵力二戶共寬二十四尺兩旁石隄長約十丈雙牐各離端約丈許左右二水道各有鐵橫架以靠平移之鐵牐多箇皆用短螺絲令齒條上下以開闔之每鐵牐

上有鏈條、繞過滑輪、懸重鐵以平其重、使易於升降、每牐寬四尺、來水多則各牐齊開、來水少則閉之、是日見上下游水高低懸八尺餘、每二船並行、啟閉一次、祇五分時、僅用牐夫二人、絕不費力、十一點鐘、乘小輪船游湖、遇大雷雨而回、二點鐘杜屯好夫廠之夥、請赴宴、過一大樹林、亦俾相國之采地、產木極多、皆用人工澆灌種植、故易茂盛、晚餐後十點鐘回、

初七日九點鐘、乘汽車到魚兒村、三點上馬車、四點至胡爾甫家午餐、胡爾甫年七旬、其婦年亦六旬、精神矍鑠、談論中國事甚悉、又同坐馬車、行三刻、過亂石草地、至棉藥廠、其汽機有實馬力一百匹、每日成上等棉藥六七百斤、所用之濃硝强水、用土硝及硫强水、在本廠蒸煉而成、其土硝購自亞美利加、蒸煉硝强水之甑、用生鐵桶橫臥、長約八尺、徑約四尺、上半桶內、砌以火磚、二桶並置一爐、共三爐、以瓦管接出所發之氣、收入瓦瓶、管徑約五寸、瓶徑與高各約三尺餘、以十瓶相連、在前之二瓶下有甕塞門、放出之强水、濃而合用、以後各瓶、係收餘氣所成較淡之强水、不合作棉火藥、可以發售、另有二圓甑、亦用瓦管通於各瓦瓶、所有作棉藥後已淡之硝硫二强水、再收入此甑蒸之、仍可得硝强水、凡作棉藥、用硫强水三分、硝强水

一分相合、用過之後、尚存硝强水十分之一、可蒸出之、調和硝硫二强水、用鐵桶高八尺、徑五尺、以硫强水三硝强水一共入其內相和、桶內有器能旋轉、以調合之、每桶盛二十擔、待冷放入別桶內、運去備用、用時傾入鐵方箱、及瓦罐內、有機器可梳鬆棉花、另有一廠、內有大木桶、高徑各約六尺、內盛以水、將已鬆之棉花浸入、稍加以碱、人手執棍入內屢調之、兩日撈出擠乾、再入一大桶、以清水漂之、頻換清水、漂盡其碱、撈出擠乾、入轉籠內、以離心力使乾、轉籠者、以鐵皮作圓桶、外多鑽小孔、中心有軸直立、於架內旋轉極速、則水受極大之離心力、而四散外向、由小孔內灑出、棉花阻於鐵皮不得出、故水能速去而乾、再入烘房烘使極乾、次浸入盛合强水之方鐵箱中、浸二刻、鐵箱長六尺、寬深各一尺半、上有二鐵板、方約一尺、作多小孔、以鉸鏈相連、有柄夾之、以鐵鉗撈取棉花一團、入二板間夾乾、再入瓦罐內、再加合强水、以浸沒爲度、待冷六點至八點鐘久、再入一轉籠內、令極乾、而浸入大木桶之水內、以棍調之、數點鐘內換水數次、至酸味去盡爲度、如不易盡、可稍加碱以解之、即在荷蘭人器內磨碎、放出至大小二套綢篩內、以吸氣法吸令極乾、再入模內、以壓水力壓成六角白餅、又有將其漿、先灌入六角模內、吸去其水

成形而再入模內壓實成白餅者壓時每有轟裂之險故壓模外護以堅木大箱壓成後常令百分中含水十五分逐枚秤量合度者用之太高則刨去少許太輕則因太乾須加水重做裝棉藥之箱以黑柏油塗其裏使水氣不散棉藥餅專爲水雷所用另造極乾者形如爆竹外塗黑松香油以防潮溼上綴藥線爲轟開山石及水雷內引火之用七點鐘胡爾甫妻取乾棉藥長四寸徑半寸者數枚偕往曠野逐一點放或在溪水之中大聲震耳水濺高六七丈或在千斤大石之下石破天驚飛上半空盡成齏粉又或石碎而嵌入土中或附火箭上升發入空際如半天霹

靂足見藥力之猛放畢同回其家晚飯家有化學房每晨胡爾甫妻親爲試驗指授子女女年十七八隨侍左右跬步不離胡妻對客戲稱爲其中軍官云蓋外洋官制中軍官侍主帥辦事見客不離左右故胡妻引以爲喻是晚即宿其家客房內

初八日八點鐘早餐畢胡爾甫引至箍桶廠觀造大小各種花鼓桶先用輪鋸鋸木成塊輪鋸皆以木作架再在圓柱形鋸鋸成片將三片相壘入模內壓成彎形入小輪鋸內鋸縫使合斜度將各片相湊先以鐵箍箍其一端卽以繩束其又一端絞緊使向內相彎而合再以鐵箍箍之用圓刨刨其兩端並鋸成內圓槽作圓木板二塊嵌入兩端爲底換以柳條箍卽成花鼓桶九點鐘再觀製皮廠其生皮皆帶毛自別處運來已經醃透以免臭腐先入木池內以水浸去其鹽入石灰水池內浸之取出揉去其毛以圓木爲楦反披其皮於上以利刀削去內面之肉及太厚處入水池洗淨取出運至一房入方木箱之水內加以栗樹皮屑上有多翼輪轉動每日轉四次每次半點鐘令水與皮與樹皮屑一同翻輥約二十日取出用樹皮者欲令樹皮酸漬入皮內而變好其質也然先宜淡而緩緩漬入令自皮內變起方佳若驟用濃者則外面速變而再不能漬

入則內質仍不變而無用矣如作鞋底之厚皮則但浸於樹皮水內約一月半而不運動二種皮浸透後皆取出鋪於大木桶內上鋪樹皮屑一層再鋪皮一層如此層層相間至滿桶爲度再灌入用過樹皮屑所滲之水在此桶內每越一月半換新樹皮屑重鋪一次厚皮歷一年或八月薄皮亦須四月五月方成取出挂於透風之房內晾乾再入木輥桶加牛油與魚油相合而輥之取出用利刀再削內面太厚處再以小刀刮光再以玻璃塊研光之又擦淨其外面先塗蘇木水再加皂礬等染成黑色作鞋底厚皮之用其不上色者亦可作機器皮帶之用此皮雖久浸水

中而不壞自古皮革爲軍中要物中國近今多用硝法以求速成一經水漬硝卽化去而皮軟爛再乾則因硝已去而堅硬無用可不講求其法哉十一點鐘回其家午飯一點鐘又引觀造火藥廠所有舂碾篩和等法大約與中國舊法相同各機器用平盤水輪運動亦與舊法同惟各廠相去甚遠以鋼絲索運動計長三千邁當接處以木輪托之將硝硫炭三物各入臼舂成粉而依法配合再入臼舂之臼用堅木杵頭用銅柄用木排列十餘杵以輪撥使上下舂成卽壓實用木方匡勻裝藥末厚一寸方十五寸各隔以布積數十層入壓水櫃壓之壓至每層厚三四分爲

度壓畢卽入橫臥六角之桶桶內篩作內外二層藥餅入內層之內加堅木球多箇轉之藥餅爲木球擊粹成粒先出內層更細者又出外層稍粗者在內外兩層間之端流出已分粗細二種細粒內尙有細粉用方木匡之平篩去之再入橫臥之木桶內旋轉每分時轉二十周生熱至六麻表五十度爲限又有懸袋光藥法可不生大熱用厚布作袋長五尺徑五寸另有橫軸端連木棍長五尺餘成丁字形以布袋兩端繫於木棍兩端橫軸轉而藥粒在袋內顚倒翻𣏮而藥自能光各房皆有厚土墻分隔以防危險所造六角餅藥作七孔廠屋極陋器具極簡而成藥亦能

適用每年成藥三四萬石歷觀德國造藥各廠之器具皆不及中國津甯濟滬各局之精備而所成之藥反良者何也則因試驗漲力速率重率各法盡心竭力有弊卽改隨時消息於無形無他秘法也余前捌濟局此次復經考訂益覺融會貫通矣

初九日在漢倍克游禽獸園中餐七點鐘往觀馬戲一女在繩上旋舞一男子立於馬背疾馳旋跳下地旋追及馬復躍登馬背如此十餘次一女乘馬馳驟跳過五尺餘之高籬及十餘尺闊之木板亦十餘次又一女立於馬背四圍立七八人高執紙圈女子由圈內穿過仍立馬背

初十日觀淋硝蒸硫蒸樟楢蒸淡輕四綠造硼砂坊其硝用鈉硝每百分內有硝九十五分此硝由南阿美利加運來每八十四斤價十三馬克五分與鉀綠相和入鍋內以汽消化之卽成鈉綠與鉀養淡養五放入寛丈餘深二尺之鐵盆內卽在盆內結成大顆粒之鉀養淡養五內尙含鈉綠少許其餘鈉綠皆在水內鈉綠卽食鹽此水再放入圓柱形鐵器內徑三尺餘高五尺餘以汽加熱化散其水則鹽凝結而澄下硝仍消化在水中將此水併入含鹽之硝水再共提之取出其底所結成之鹽大顆粒之硝再入銅桶內以汽消化之卽放入能轉動之圓銅盤內徑約七

尺深尺餘、兩邊之中有定橫木、銅盤轉動、卽掉撥而硝結成小顆粒、取出、置木斗內、以純水淋之、烘乾篩之、裝入桶內發運、純硝每八十四斤、價二十四馬克至二十八馬克、鹽水內雖含硝甚少、必再提至取盡而後已、樟腦自臺灣運來、成小粒者、入孛薺式之粗玻瓶內、徑約八寸、高六寸、口高四寸、裝至大半、以多瓶成行、排列沙內、下加火卽化氣、迨遇瓶之上半、因不在熱砂內而稍冷、卽凝結、初時稍有氣自口出、用冒蓋之、少頃卽自凝結而塞住瓶口、氣不再出、至全行上升、爲度、卽取出待冷、打碎其瓶、所有泥穢皆澄在底、上半結成大顆粒極純之樟腦、刮去其不純者、

裝桶運售、淡輕四綠、亦用此法提純、硼砂如有天成而不純者、用消化結成法提純、如硃養三鈣養、或硃養三鎂養、則加鈉養等、使先成硼砂、而再提純、含泥多者、則以布包壓之、將硼砂水榨出、而泥則榨乾成餅、餅內如仍含硼、則再用水消化、再榨之、四點乘汽車、九點到溪耳、住客寓、此地夜間當初夏之際竟夕常明、十點半鐘、猶可展卷讀細字、十一點後、北方尚似明燈、

十一日下午二點鐘、謁駐紮溪耳之海軍鎮將、因病未晤、晤副鎮帕來費辛克及陸路鎮將哈屯欠希、面訂明日陪閱各處、四點鐘至觀星臺總辦處、引觀子午儀、經緯儀、轉

動之赤道儀、自記風雨寒暑等器、凡海軍防境、必設觀星臺、以考天度、以驗氣候、以察颶風、以測羅經變差、實爲行海最切要之事、子午儀在臺上、徑六尺許、托樞用平重法、因儀體甚重、若全重任於樞枕、則轉動澀滯、易致消磨、故兩樞端俱作更長、伸出枕外寸許、加於兩箇小輪之上、兩小輪之軸、另連於小架、架懸於秤桿之端、一端懸重物以稱之、使儀體之重、全任於此、一樞端之小輪、而不任於樞枕、則活靈而無弊矣、儀之大圈有四物、逆四顯微鏡、得四處平勻之度分、能知十分秒之一、用電氣定秒、二針畫平軸之黑紙上、每秒成亭形、以手握之則成多、於鏡中作曲

斜線、又有赤道儀、可隨天星之行而旋轉、其望鏡筩甚小、內有三角鏡、可辨各星之原質、子午儀所置之臺以磚石砌成、將地面挖深四十邁當、然後砌起高於地面四邁當、故與地面不相連屬、可免震動之弊、子午儀之望鏡長尺有半、內有凸形折光鏡、經緯儀購自漢倍克、價三千馬克、自記風雨表用空盒法、自記風力表用四杓旋轉法、

十二日九點鐘、坐車到鎮將處、鎮將派一船主引坐阿耳苦那兵輪之舢板、渡到河東船廠、先觀新造之鐵甲船、長二百八十四尺、闊六十三尺、入水深二十尺、入水積七千頓、最大速率、每小時行十四海里、如緩行九海里則可省

煤船中之煤足敷自德國北海口直行至美國紐約口不須添載用雙螺輪雙汽機每汽機有三汽筩各自進汽而不用康邦因恐要緊時進退停行或有不便而誤事也鍋爐八座每二座置於分隔之一艙內二爐相背而爐門對船旁之煤艙二爐合一烟通共四烟通船之中段汽機鍋爐之外有鐵甲護之船之首尾作分隔之多艙無鐵甲外層鐵甲厚十寸內墊木厚六寸內層鐵甲厚六寸內墊木厚十四寸再內卽船鐵板兩層厚一寸半船底平而船旁直艙面上鐵甲壘甲厚八寸內墊木厚八寸中空而上面無蓋內用礮四尊皆自甲壘之頂上放出無礮洞前有小

甲壘內用礮二尊同置於一轉盤上各礮內徑皆二十六生特船與汽機全價七百萬馬克礮價在外船殼與汽機均造於伏耳鏗廠鐵甲造於氏令恩廠又觀來伯取吸行海快船每小時行速十五海里長三百尺闊四十尺礮十二尊內徑皆十七生特左右各五尊形短前後各一尊形長此爲練船以敎幼弁船身鐵板外包木板二層再外包銅皮尙有電氣侵鐵生鏽之弊又觀新造之頭等行海快船名毛爾凱同式者共六號各以大臣之名名之每船用長礮十二尊內徑各十五生特每小時行速十四海里桅三枝船身鐵板外包鋅皮雖免電氣侵鐵而有易生海草

之弊見雷艇二種大者前淺後深在船首水面之下有一管能放魚雷小者在船首水面上放魚雷又大行海船在船旁水面下有管放魚雷凡水面下者皆用球門及壓氣送放法因該處海水較地中海水爲淡故魚雷常失之過深宜用銅者爲佳

礮庫內儲各兵船之大礮與架依次排列每船各有定處標列船名不相混雜其收泊之船船泊船池將其礮與架及隨件皆起上岸收藏此庫及派出當差仍運入船見有短架之礮用於船旁者有夾板六條以阻退力後有橫杭新式也又有意大利式之短架用格色令在筩內阻其退

力惟壓下太重須用極固之艙面方可任之廠中有石船隖四區外連船池皆磚石築之各有牐門用抽水大汽機三具各有大飛輪其軸下各運輪扇起水機在深處推水由管向上不用吸法每六點鐘可去盡一隖之水另有小汽機可抽出洩漏之水繞船池四周排列棧庫船上物件除礮位礮架外俱儲於此棧庫凡二船合用一庫一船出差一船停泊將停泊之船所有物件盡皆拆卸收藏棧庫其舢板廠左右有架各置舢板三層有小河通入門內深約五丈上有鉤絡及托架有轉輪可推托架向前後又上有轉輪可推舢板向左右以至於架其槍庫則儲不當差

各船之槍、每船另儲一房、各槍皆置於槍架、排列井然、庫內派有看守並指擦之人、皆係資深兵目、故耐勞誠慤、規矩整肅、閱畢、登荷恩初艮明輪船、係德君之坐船也、有時亦派令送信及偵探、每小時行速十五海里、用十二生特礮二尊、其中飯廳客廳、君后坐臥之房、皆用栗木裝修雕鏤極工、漢倍克工人所爲也、

一點鐘、鎮將來拜、同步至碼頭、坐舢板登明輪船、升中國龍旂、北駛約二十分時登岸、先觀福里得里礮臺少南之水雷庫、儲有五鉛管之伏雷數千枚、放雷所用之電線、浸於房中池水內、每日用量雷器試一次、以驗雷線有無疵

病、如有病、立卽取出修理、又儲魚雷約千枚、每五枚共置一架上、一左右各二、上有移動起重架、架有絡帶、可提起魚雷、移至他處、每架旁有一桌、桌上有木牌、記本魚雷試得之偏左偏右偏上偏下、及一切各數、魚雷之螺輪、用雙箇相疊、向左右反轉、鎮將云、鋼魚雷每年修擦費須九十馬克、且阻力不勻、今試造燐銅者甚佳、此處係修魚雷、若欲新造、則中段銅殼、須購於民廠、近來試得極準、速率二十二海里、相距六百邁、當以內左右向可命中、惟深淺無法能定、既試準者、若一經裝卸、又不能準、其值有貴賤二種、價貴者、每尾六千六百馬克、今共有千餘尾、已發各船者、空其架、其射雷之蓄氣櫃、有十二小管、八小管之別、大略與英國之法無異、惟筩後有銅球、外徑七八寸、以蓄氣者、爲新法、其魚雷尾有俯仰二頁、左右有小直頁、後有弧以消息左右偏差、皆前所未見、

閱畢各庫、卽觀各礮臺、先閱福里得里礮臺、係四方形、有舊式葵花角壘、外有水濠、門在南方、本係二百年前舊臺、屢經修改者也、中有兵房、參雜不整、近年培厚東北邊之壘、添置大礮、參用新式、北邊之壘上置有二十八生特礮四尊、東邊之壘上置有二十四生特礮八尊、各礮間之各隔堆、後半作空房、每房有一門一窗、以送子藥、下通藥彈

庫、隔堆高於壘頂六尺、壘厚四五丈、兩礮相距七八丈、礮架寬三尺、礮基高於後路三四尺、基後路寬十尺、有鐵路自東角斜坡通來、可以運礮、來往上下、路高於壘內平地二丈四尺、隔堆後半空房、頂高於礮基五尺、上有磚石砌成之穹頂、下有鐵路條、密排、因獨用鐵路條、則有溼氣易生鏽、故必用磚石作穹頂、方可經久、然磚石之穹頂、恐戰時被敵彈震坍、故下仍架密排鐵條、則穹頂雖坍、有此鐵條承托、不致壓下、此鐵條每越二三年、必取下重加油飾、方不生鏽、凡礮基下、俱以磚砌穹環、此礮臺最大可住人二千名、

復向東北行約一里有白隆布格礮臺係五角形門左有堡是臺築於高阜之上濠溝無水濠中築隔牆低於濠岸濠之兩坡皆不用磚砌駁岸臺內平地高於海面三丈餘礮口高於海面六丈五尺海口深水船路距岸邊一千八百尺至五千尺向東北面之壘置二十八生特礮四尊向東面之壘置二十四生特礮四尊礮基高於壘內平地二丈餘有斜坡及礮基後周圍鐵路此路寬丈餘礮基高於此路三尺餘礮前之壘厚約五丈向外斜下又有腰路寬五尺與濠面相平以防土坡坍卸也各礮間之各隔堆前殺圓而後殺尖後二面用磚砌內有小房下通藥彈庫略

與前同惟臺中橫亘屋一行分全臺內爲二屋頂上有土厚六七尺中係監獄監禁水手其中爲雜亂板屋作解索刨木縫帆等工此亦舊臺近年更改而中間隔屋亦係新添以阻敵彈之擊西壘也其就高阜建立者因前後有稍低之阜多座而岸邊有陡坡故臺不妨稍高因新礮放出之彈行線較直尚易於命中也是臺可住礮兵四百名洋槍兵一百名海口中有浮木柵作礮靶以木排承之距岸二千邁當中繪黑白圈預備明日海部派員來試礮也

又登輪船渡至東岸有石築碼頭伸出海中長七丈爲運礮之路登岸見沿岸邊低處有人字形礮壘置二十一生特礮五尊與正礮臺成掎角之勢人字形礮壘後面以木爲柵其東北漸高處相距四五十丈則爲士叨取之新礮臺舊名燕格而布格此係海部尚書士叨取所經營改造者故即以其名名之可見其爲得意之筆也亦作五角形而西北二邊之壘尤高且厚以當敵衝西邊之壘約長四十丈置二十四生特礮七尊北邊之壘長五十餘丈置二十八生特礮八尊各礮之間作隔堆堆後半之內作空房後面爲門人可入房兩旁爲窗以出藥彈西北兩邊之壘礮基之下作兵房及藥彈庫壘之內面高二丈七尺餘有石梯寬二尺每級八寸許共三十八級壘中兵房庫房向

內之面俱作鐵柵玻璃窗外爲長廊深五邁當廊內兵房寬六邁當深十邁當房頂俱用磚砌作穹環以廊作一環房內分作二環環下用磚砌柱方一邁當三藥彈庫較兵房爲深故內衖有曲折以讓之兵房內有火爐等以備冬季兵丁禦寒兵丁臥床用鐵架分上下二層每層臥一人平時藥彈常儲於他處太平庫有警方運至礮臺庫內然存儲此庫內亦可二年不壞壘上礮基之後有鐵路爲移礮之用向前爲礮基較此路更高三尺餘礮口處又高於礮基五尺餘是爲女墻之頂共高三十五尺其隔堆後半及空房穹頂皆用磚砌前半及頂上堆土由出彈藥之窗

接鐵路向外達於礮之後隔堆後半空房之頂作微穹形下置鐵路條密排二三年取出刮淨刷油一次大約隔堆磚穹頂高於礮基三尺空房底低於礮基二尺上堆土頂高於女墻頂六尺半其東南二邊之壘皆略薄臨時可置小礮其壘亦較低內亦作穹環爲儲雜物之庫及水井等壘外作濠無水濠之兩岸不用磚砌駁岸而濠底之中砌磚牆牆內作槍孔牆厚二尺高十二尺壘外濠岸留路約寬二尺在濠內轉角處以磚砌小堡三座右左二座爲空心者自壘內地道斜下兩旁有磚壁爲甬道小堡左右有門可達於濠中磚牆之後其中堡爲實心者不通臺內壘

中各房均有換氣之管大門在南邊濠中小堡卽在其一旁又一旁有橫濠之磚壁亦有槍孔以防守大門凡敵舟入此海口則先用人字壘內二十一生特礮迎擊之再入則以是臺之二十八生特礮擊之及敵舟旣入則以二十四生特礮擊之如再深入則南五六里之山下沿水處有低方臺北西兩邊之壘各有十五生特礮五尊擊之鎭將云是處新舊各臺建造工料每座共約一百四十萬馬克十三日鎭將引觀海軍醫院屋宇極軒敞寬一百二十五邁當共樓四層中上兩層皆中間爲梯右左各八間每間三窗可置八床住病人八名服役二人一供雜差一司藥

餌遵醫官之令給藥與病人服食不用女人（西國常例各病院皆女人服役）平地一層爲驗視傷病之房刀針藥餌部署井然汽機及食物廚房病床等房俱備上一層爲外傷病房再上一層爲內症病房再上層爲毒瘡病房另自一層以防傳染又上爲棧房其病房向內外相背中留穿堂寬二丈有氣道氣門以達各病房冬天先過熱管而入房夏天則不加熱下通二隧以鐵梁及穹磚砌之用十匹實馬力汽機運動吹氣器吹風以達各處院有頭等醫官一員穿三道金線戎服二三等醫官八員每日輪流到院往各病房看視二次又常有一員輪班住宿院中又有監院一員位次於

醫官常住院中綜理雜事兵人病房先由醫官診驗換着院中之衣其原衣洗淨並隨帶各物另置於一房學堂禮拜堂浴房藥房俱在平地下一層另有二房一儲兵船之藥一儲兵船醫器及驗水器分別船名各盛一櫥兵船出差卽發上船食物及藥餌皆先在化學房由醫官驗過方可用天平之盤多用牛角取其價廉而不碎其縫紉瘡口用猫腸細如絲浸於藥水云此法傳自中國米麥荳菽各有存樣凡病兵之衣先懸樓頂吹風一二日然後送兵衣所蒸洗之凡兵之原衣兵器必繳出儲於最上層樓之房養病之舟車轎椅另儲一房有銅床以抬病兵據云不如

竹扛之輕便、故儲江浙竹扛甚多、又荷蘭小艇、可橫置病床係德世子取來之小様、地平下一層爲厨房及汽機、以運動吹風器、由總管達於各房、厨房煮物、用鍋爐中通來汽管之熱、入夾底鍋內、食飲之水、有器先驗過而後用之、吹風器所吸之清氣、由院北林中空曠處、築高筩如烟通、周圍蔓生藤草、枝葉茂盛、氣既入此筩、又層層以鐵紗隔之、防蠅蚋塵土之隨入也、樓之西北數十丈、有平屋一座、有多窗、光明軒敞、亦病房也、醫官察其病有宜於于透風光亮者、移於此屋、可容一百餘人、凡院中執事人等、俱有家室、給地以令栽種焉、

下午、見總鎮之夫人、端莊凝重、綽有大家風範、一子方十歲、一女八歲、談及已在溪耳三年、中國王弁得勝、前年在此、亦常與談、六點鐘回、

十四日八點鐘、觀東岸之奈窗來、譯言新磨也、沿水築樓八層、上兩層皆安置篩器、用四百匹實馬力之槓桿汽機二具、以運動各篩各磨、又有一百五十匹實馬力汽機、以運動起麥淨麥之機、另有水力大機、水旺時用之、則可不用汽機而省煤、麥粒先行扇篩潔淨、入器軋扁、即入磨、磨成粉、不必淘洗也、工人二百名、日磨麥六千餘石、成麪粉三千六百石、有大磨八十具、徑約六尺、磨石產於法、成於德、皆以十餘塊合成、下靜上動、蓋以布罩、如摺扇形、又以木蓋蓋之、近用奧國法之鐵軸橫磨、占地甚省、但尚係初試、未知合用與否、其篩大半用六角桶舊法、間有靜桶、而內用螺絲紋刷帚旋動者、近又試用長方平篩、凡麥自舟中取出、秤過送棧、送磨送篩、皆用聯斗及螺格及長皮帶運之、省工而速、其聯斗螺格、以木及薄鐵皮爲之、已淨之麥、用長帶運之入磨、甚速、磨成之麪、自行分別粗細、各自裝袋、

下午二點鐘、至總鎮署、同登舢板、以火輪小艇拖行、至對岸、觀藏藥彈之太平庫、凡十餘座、每座各距六十丈、有鐵

路相通、每座皆作上下層樓、木板屋、輕物皆儲於樓上、重物皆儲樓下、樓下高二丈、寬三四丈、長五六丈、或七八丈、上蓋白鉛皮、或黑油布、或鋪以砂、或蓋以千層石板、四壁用雙層木板、中夾毡單、每寬六七尺、開一小窗、井有通氣孔、下入上出、視天氣燥則啟之、溼則閉之、窗戶亦然、屋內有地板、儲礮彈者、左右兩行木架、中留通路、寬八尺、易於巡視、儲火藥者、左右有木架三層、另有驗庫、更爲寬展、各屋外皆以厚土牆圍之、離木壁數丈、凡不當差之船、所有藥彈盡行起岸、送至查驗庫、查驗修理、然後分別入庫存儲、礮彈歸一庫、實心彈歸一庫、礮藥歸一庫、槍藥彈歸一、

庫、每庫中預留每船彈位、運出則空之運回則仍置原位、各懸以船名、每庫中各有相配之架、四面及中間、皆有人行之路、可隨時入內看視、一望可知其物變壞與否、礮臺所用藥彈、亦儲此庫、一有戰事、四周日內、可以全數運送各船、及各礮臺、因恐久儲礮臺中、受溼而變也、火藥庫中皆用麻布舖地、入門者必易毡履、其儲藥之桶、舊用鉾皮、而蓋用橫擔及兩耳、今試用新式者、鉾中襯以厚紙、其蓋四周有螺紋、總鎭云、此桶緊密、雖久浸水中、亦無溼氣滲入、良法也、各庫俱有守兵、幷有官弁、朝夕巡察啟閉窗戶、責成最重、因所存皆要件、如有損壞、糜費不貲、故極慎重、

總鎭年近七旬、陪閱數日、詳示細說、無不明暢、迄無倦容、今撮要述之云、伏雷雖未必能轟擊敵船、而可以疑敵、必須多爲置備、魚雷擊敵船、亦未必能命中、但能以恐嚇敵人、然用諸鹹水、則深淺不能合宜、惟潮汐有高下、而水淡之處、似尚可用、然中國海口、水雖較淡、而多混濁、亦難得力、須用新式燐銅、詳察水流之性、常川試驗、則二千尺內左右可以命中、而高低則仍無把握、若懷胎鋼殼、易於生銹、必不合用、其論雷艇、則以艇旁懸發魚雷者最穩、其論鐵甲船、則謂保護海邊者、須乘敵船尚未泊定、或尚未踞我海口之時、我之鐵甲船、由內速卽衝出攻擊、使之潰退、

方操勝算、其至要者九事、一曰、行速、可乘敵之不及防、二曰、船大、可不畏風浪、且可遠出海口外交鋒、三曰、易轉船須旋轉穩而且捷、較敵船更闊更平、則礮彈擊出有準、四曰、煤多、船中須備數日全力之煤、且可用煤以保護、五曰、甲厚、必使敵船之礮彈、不能擊穿、六曰、船堅、可以衝撞敵船、七曰、礮多而大、必放出之彈、能擊穿踞我海口敵船之鐵甲、八曰、礮彈之路寬、凡礮旋轉之角度、愈大愈佳、九曰、礮高、用螺絲礮長彈、彈出之路、不循彎線而略爲直線、礮高則自高擊下、易傷敵船之內、然置礮太高、則上身太重、船又不穩、以上九事、互相牽制、欲行速則船必加長、船太

長則轉動不靈、太短則鍋爐必高、入水必深、太深則淺水海口、不能任意出入、欲礮路極寬、莫妙於露礮、若用旋臺、則有二弊、一旋機易傷、二上身太重、露礮或恐受擊、則旋臺之礮口、亦易受擊、病正相同、無分優劣、總之、迎敵時、只有礮口向敵、必不至恰受敵擊也、欲鐵甲加厚、則莫妙於前後不用鐵甲、而將減去前後之甲、加厚於中腹之要害處、然前後無甲、易被擊穿、必於水面下作龜背形之平鐵甲、庶船雖壞、仍不沈沒也、以上種種、惟薩克遜一類之船、能全備其美焉云云、四點鐘、握別、五點鐘登火車、九點鐘至漢倍克、換火車

十五日早五點鐘三刻到栢林錢琴齋率洋僕以馬車來迎

十八日早九點鐘偕金楷理乘汽車一點鐘到漢諾威三點鐘中國礦學生五名亦由巴黎至四點同登汽車十一點始抵哈次沿途換車五次車行極慢與馬車相若蓋一路向高且係荒僻之區來往人少故也及抵哈次礦務總辦及各員皆公服出迎

十九日十點鐘往總辦礦務之辦事房觀礦博物院講演化學房藥水化學房火力化學房房內皆有櫃以烟通通出房外布散惡氣下午觀汽機上下井中器升水機觀淘

洗廠

二十日禮拜日早觀指南針測偏差針用扁方鋼條長約二尺焠火而有大吸鐵力於重心懸之端有小回光鏡與針之南北軸線成正角於回光鏡之前相距十餘尺有白板一塊上刻度分秒板中有窄縫人目在窄縫中窺之可辨針之偏差極微之數蓋地球吸鐵氣一日中亦屢有更改觀此針可逐日逐時詳記之

下午觀鎔鍊廠此廠有人三百六十名每人工貲自一馬克至三馬克總辦一員歲俸約六千馬克司事四員專管册籍秤點物料每員歲俸二三千馬克頭目六人每人月給一百數十馬克總辦由大學堂出身凡學生在大學堂考取卽作候補礦師派委差事如學堂副教習及總辦之下委員等由積資可升至總辦其司事由尋常學堂出身但明寫算不明礦學頭目由工匠之秀者挑補由次等學堂出身但知粗淺礦學監同各匠工作此處周圍四百里有一總管礦務大員兼管民礦官礦歲俸一萬四千馬克副以參贊五員其俸自四千至六千馬克總辦資深方升參贊然其俸反不及總辦故有不願升者亦有因總辦年久出力而加參贊銜以爲榮者

三十一日觀鎔鍊廠淘洗廠

二十二日早觀風磨觀地內礦質並井隧之剖面圖又觀鎔鍊爐及各機器木樣總辦詳細指陳一切其鉛礦成層有厚有薄其層幾直立與地面成八十度角昔人已經開挖漸進而遇極薄處礦脈幾絕昔人未明地質層累之理誤爲再進必無礦故棄而不進今層累之理漸明度其斷處之內礦必更旺故盡力向內攻鑿果得現在之大礦可以取之不竭焉各人皆另易入礦之衣帽進至一小門已多備油盞每人手攜一盞向內行走卽山中之隧也底下鋪小鐵路條以利車行中鋪板一條以便人走隧內深約一里兩邊皆懸油盞尙爲光亮觀其頂上與兩旁在土石

鬆處皆用磚或石砌環以托之若石質堅固處則鑿鑿整齊而不砌環矣入里許之內兩邊無懸燈因有手中攜燈亦尙不暗繼而總辦指謂此處係昔人所開誤謂已盡之處再向內則係新開之旺礦但因舊時鎔鍊法未精故往往昔日所開之處多棄置之礦堆積於旁隧中今尙可分別運出用精法淘洗鎔鍊以得金類亦尙合算再往內見平行兩直木緩緩迭更上下木旁有足櫈扶手以爲工人上下之用又有以鋼絲繩提上礦塊之器礦塊由鐵箱提上傾入車箱中由小鐵路運出再向內登小梯上升高約十尺見鑿礦處用鐵管附於隧之上旁以通空氣入內至

近鑿處則接以象皮管而通至鑿器鑿器定於鐵柱鐵柱以螺絲撐緊於頂底之間其鑿器鑿石退進甚速約二刻之久成孔可深一尺半卽可裝入火藥而燃其引線人卽避開數尺轟發後礦與石可落下一塊此處有二鑿機係橫置而略斜向上或斜向下如斜向下則孔內加水令石屑溼而自能擠上向上者則石屑自能落出不必加水凡開鑿之法須先自下開起則石易落下倘開過高而人手不及施工則將其下開空之處用碎石墊起倘在其下尙須作運物之通隧則砌作環頂環頂之上與旁再塡廢石如此層層向上而開之乃爲便易仍由小梯上升再轉入

內登十餘小梯共約百級至上一層之隧見用人力鑿孔詢係石質較鬆無須機器也法以鋼條頭作鑿左手執之右手以椎打之每打一下將鑿轉過亦能鑿成深孔再用火藥炸之復至他處見昔時取空之處內結成藍色膽礬甚多甚爲美觀仍由小梯而下回至原路轉入旁隧見水力起水機其法以上層之水滙至此處藉其力以動水機卽以水機之力運動起水筩以起下層之水皆由此隧放出於外觀畢卽由原隧出外仍至辦事房易衣洗手面總辦取酒一大壺授與客而各致頌詞各人先答頌詞立而傳遞飲酒又觀其礦內剖面圖及木樣卽登其山之上層

觀一汽機運動工人上下活梯及起礦料向上之用又一汽機爲運動壓緊空氣之用其空氣壓至四倍天空氣力汽機馬力約二十匹可運動鑿器八具壓氣筩內常添冷水免空氣壓實生熱之病觀畢回寓

五月二十三日觀鎔鍊廠其法將含硫之銅鉛銀金礦研爲細粉與鐵養粉相和再與枯煤層層相間而入柱形爐內爐高十餘尺爐下吹風火焰不透至爐上口則鐵養內之鐵與礦質內之硫化合成鐵硫而其養氣與炭化成炭養氣由上口放出待十分時將爐內已鎔之質由下孔放出於淺圓凹內待稍冷揭去其蓋面之鐵硫銅硫等其下

沈結者始爲鉛銀等質其渣滓另由爐旁之孔不時流出其質爲泥矽等質不含金類之無用物矣將所揭取之蓋置之露天數日雨淋日曬使之鬆散再聚成堆下用木柴與煤生火而使之自燒以去其硫或入爐內燒之而以其燒出之硫養氣通入鉛房作硫强水燒過之後又成鐵養可再與礦同入爐如前法屢次爲之其淺圓凹內下沈之質含金銀多者卽可研碎與食鹽相和同入倒焰爐以小熱煆之使鹽中之鈉與其質中之硫化合成鈉硫使鹽中綠氣與金類化合可消化於水先以銅片浸入則銅消化而金銀結成沈下如泥將其水放至下箱以碎鐵浸入則

鐵消化而銅結成矣其金銀泥洗淨烘乾鎔之傾於水中成小粒入硫强水加熱消化其銀而金不消化可得純金與純銀其結成之銅另鎔之如不純則再提之淺圓凹中下沈之質如含銀多者卽入倒焰爐鎔之噴以空氣使鉛養上浮而銀沈於底如含銀少者卽入大鐵鍋中鎔之加以鋅若干則鋅與銀相合用重加熱汽噴之則皆浮上用勺舀出而鉛留於鍋內絕無銀跡矣取出之鋅另入一大鍋中再以重加熱汽噴之使盡成鋅養而銀仍含其中再入鍋內以淡輕水煑之內有機關撥使掉勻則鋅養與淡輕化合而銀分出沈下將其鋅養淡輕熬乾其水入倒焰爐加熱以灰石入陶中燒之使其化散之炭養氣經過已紅熱之鋅養淡輕則淡輕與炭養化合散出經過水中以收之成淡輕炭養仍可再用而鋅養則留下亦仍可鍊成鋅而再用另有以銅礦研碎與食鹽和勻在倒焰爐煆煉消化於水用吸鐵電器使結成純銅晚五點鐘與五學生分路登汽車十點鐘抵提司叨夫住客寓

二十四日早九點鐘往觀賽珍會五點回

二十五日早九點鐘往觀賽珍會五點回晚七點登汽車馳行終夜

二十六日早七點鐘四十二分回至柏林錢琴齋賡韶甫

率洋僕以馬車來迎晚六點鐘赴電學名家西門司宴男女客數百人內部商部等尚書皆到各國出使人員惟中國而已其餘各學中之舉人進士翰林教習等到者甚多

歐游雜錄卷上終

華亭

歐游雜錄卷下

無錫徐建寅仲虎甫著

光緒庚辰、六月初二日六點鐘、偕鍾鶴笙程子固、往觀雙牐、其兩隄相距二十四五尺、建牐兩重、相距六七丈、中空如隖、能泊兩船、每牐皆有雙門、門皆有限、門闔時靠於此限、上下游水、高低懸七尺、故下牐之門限、低於下水面四五尺、上牐之門限、亦低於上水面四五尺、庶船過牐時、船底不與門限相觸也、牐堍與兩旁之堤、俱用磚砌、兩牐之雙門、亦俱用木作匡、釘以斜板、門中各開一小涵洞、亦用木爲之、以小齒輪動齒條、使上下、牐門未開、先開涵洞、以

消水之抵力、各件皆甚簡便、中國易於仿造也、是牐建放越河之內、其正河另有六閘、以洩水、寬三丈餘、中立方木五根、每根方尺餘、上端以橫木相連、在下流一邊、用斜木撐之、每兩木柱之前面、各有木板障之、以爲牐板、亦可上下移動、以制洩水之多寡、上連鐵條、中有多孔、用鐵梢可任穿於天平桿之何孔、以撬使之上下、天降大雨、六閘可以齊開、洩水甚速、無虞漫溢、天旱六閘皆閉、密不洩水、不憂乾涸、此閘全用木爲之、中國易於仿造也、後余回華、曾繪圖飭木匠造一雙牐木樣、至今尙存味蒓園中、

初六日二點鐘、偕金楷理往觀機器廠所造噴汽起水機、能起水高三十邁當、造球門法、用銅條軋成球形、再用一器如圖、甲爲方鐵條、端有圓頸如乙、另以一曲鐵如丙、一端作圓孔、套於乙端、能轉動、又一端作方孔、可容小車刀如丁、

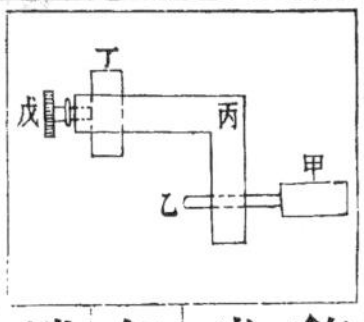

以戊螺絲抵緊之、將甲鐵條壓於車床之刀臺、而丁刀頭對於銅球外、緩緩轉過、卽車成正圓球、然尙不光、卽在相連處鋸下、將鋸口略磋圓、而以堅木一塊夾牢於車盤內面、車作半球凹、將銅球嵌入、以鋼作正圓管、磨其端使平、而內口鋒利、以手執之、合於球外、球轉而內口刮之極光、將球打出、調換一面、嵌入再刮之、至外面全光卽成矣

觀造煤氣機、兼添水用煤氣火之熱、使水化汽、更得汽之漲力、此法既不致甚熱、又免發出臭氣、且省煤氣三分之一、又新式鍋爐、用雙層小烟管、內外兩管之閒、有水流過、火自外管外橫過而上、轉入內管之內、餘熱再過直立之鐵管、而後由烟通放出、空氣出直立鐵管向下、過火爐外之空路、收盡餘熱、而通至煤上、與所發之炭養氣及煤氣相合而燒、故無烟臭、鋪煤雖厚、但發煤氣、不燒而發火、

初十日四點鐘、偕金楷理密臘、往西門司廠、驗收電光燈、共燈二盞、每盞約抵三千枝燭光、直立鍋爐一座、倒汽筩機二具、以皮帶運動吸鐵電氣二具、共載一車、上汽機十

二匹實馬力共價一萬六千馬克因又往其廠中閱看見鑽器一具有鑽頭八箇大小不同合於鑽一件上大小各孔之用所鑽之件嵌於模中上蓋鋼板鋼板有各孔大小方位合於當有之式模下有四足着於鑽之平板用足踏下桿能使平板向上而接於鑽頭每鑽時屢次升降以去其孔內之屑鑽頭外皆作螺槽故屑易鉤出又見凡銅鐵各件之平面俱用磋輪使平另有開磋輪之機器並磨利磋輪之機器又見造木器如電器匣及電報桌皆先以砂紙擦光再用浮石磨光再以醇消化失雷克敷之再以布包醮醇揩之始光如鏡

十二日夜八點鐘偕鍾鶴笙程子固往游倍而阿艮花園園中花木繁盛燃煤氣燈萬盞又以五色玻璃片綴成像生花燃燈其中又以鐵條紮成空心亭臺之式椽柱皆綴以燈游人千餘女多於男入者每人輸貲半馬克聽女優唱歌男伶奏樂皆不出貲惟用饍及飲茶須另給費

十三日三點鐘偕金楷理程子固往觀機器廠見噴汽起水器代天津定買頭號者一具惟因頭號尚未造成乃用三號者試之頗爲靈便有機器廠鑄鐵廠木樣廠裝配廠鍋爐廠每廠以匠目管之所有工作物料及工價器件俱匠目管理機器廠約有工匠百人每五六人有一小匠目管理自亦做工皆依做成物件發給工錢不依工數每匠有一印好之單單內塡所造物件名目每若干件給工價若干某日發交何物件某日做成若干件應給工價若干凡大物件註明已做工若干分應先給工價若干分徑由該匠送至銀錢所支領每匠另自有小賬一本登明其所領用之器具及物料每廠之總匠目由小匠目之明白可靠者挑派每月給工價一百五十馬克至二百馬克所有剏造機器式樣另有機器監工一人副監工數人幫同搆樣繪圖並往各廠內監視工作或徑自吩咐工匠或囑總匠頭傳諭均隨其便又觀一風輪磨其輪肩有四大翼各

以橫小翼合成如百頁窗風大則開風小則闔運動石磨以磨碎樹皮成屑爲製熟牛皮之用其樹皮先有機器切斷長各寸許然後入磨樹皮屑與牛皮層層相間疊滿於木桶中再以樹皮水灌之待一二日取出再如前法爲之俟一二月方成熟皮

十九日七點鐘往勿洛拉園觀燈彩花爆奏樂跳舞每人二馬克八點往客寓送曾侯

二十三日下午四點鐘往刷次考甫廠觀造魚雷及水雷其魚雷氣鼓用燐銅所造每枚索價一萬馬克至少須二十枚方肯出售

二十七日往刷次考甫製造廠先觀鑄鐵廠廠屋全用鐵造有小起重架數十箇附於柱上有屋頂起重架二具旁有小廠作鐵面鍍鋅之工鍋用熟鐵長約十尺深四五尺闊三尺內鎔鋅汁至滿將鐵件先浸於淡鹽强水中蝕去其鐵鏽加淡輕四綠粉於已鎔鋅汁之面俟鎔成黑油卽將鐵件在此黑油中緩緩沈入鋅汁少頃移向無黑油處提出而鋅卽鍍成矣又往熟鐵廠見壓水櫃下置一模將熟鐵一塊先以枯煤圍燒至紅熱再入倒焰爐燒至白熱鉗出速納入模中心之孔中急開塞門令水柱迅速壓下將熟鐵塊擠向四面成輪輻據云須在一秒半時候中壓成

若稍緩卽變冷硬而不能成矣次提出再加鐵圓段又壓下成中孔開其模而轂與輻又成矣此係徑二尺餘之輪若輪徑更大亦須用更大之器此廠尚未有之故用各輻湊合在爐中燒至白熱取出入汽椎打粘其汽椎之椎面與砧面各爲模形以合於輻之形

七月初二日三點鐘偕金楷理鍾鶴笙往觀甆器會內陳各國甆器火磚石灰及水中能凝結之石灰其法用石灰與泥依數配合研勻加水成塊入陶煅之再研細以水調和則兩石可膠合成一塊凡磨石皆用數塊合成卽用此石灰膏粘合如與砂調和可造成假石與雲石兩塊相合

磨光作桌面地板等用又石膏乾粉以水調和亦可成器可再磨光之又青石亦可磨光其煅水中凝結石灰之陶式甚妙作二行相背而兩端連成圈中作夾層爲烟通上有門可以啟閉有孔可入燒料以小鐵蓋蓋密其石灰胚由旁門運入砌好卽封之每門內有一膛每膛上有添燒料之孔下旁有通烟通之孔每燒一膛其火盡向前經過前各膛之胚而入烟通空氣出後各膛已燒成之磚經過而收其熱與燒料化合故發熱多而燒料省也一膛燒成則移前一膛燒之而將已冷之後一膛搬出在最前處再添入一膛每膛砌時用粗紙分隔迫熱度大時卽自燒去

而各膛相通火可透過又造磚機器作兩螺絲平行在殼內將泥磨勻而自擠出至前之活架上卽帶架同前人手扳過鐵絲匡卽割成數磚將架推退又隨胚向前再割成塊如前

十二日偕金楷理往觀儀器廠見磨鋼面法用平圓玻片連於車床以煤油調鐵紅散旋轉極速磨至極亮磨尋常之件用木輪先加寶砂再用極細寶砂再用極細白粉卽錫養二均用乾磨末以洋燭擦於木輪而磨之若用麂皮條包於輪邊則更亮凡不平之件則用二木輪中夾氈與布用砂等磨之如前法

十三日偕金楷理往刷次考甫廠觀試魚雷𤍠銅容筩至一百六十倍空氣之力而頭蓋脫下至一百十倍空氣之力而去其力仍能復原其量漲大微數之法於兩頭蓋各加直立長桿一左右各加立長桿三上端各連一橫尺定點有擺刀下端切筩外長短二段爲一與五十之比筩漲大一分橫尺必移五十分故易知至受幾倍空氣力某處漲大若干

下午觀古器會古人所用石器如石斧石鑿製作尚好

十五日晚八點鐘偕錢琴齋觀克羅爾花園有燈萬盞游人千餘男女參半且多攜手而行入園者人輸一馬克內

有加非館

二十三日八點半鐘偕金楷理乘汽車往司旦丁十一點半鐘到伏耳鏗船廠其貿易之總辦名司帶而製造之總辦名哈格均來車站迎迓坐馬車約行二刻抵其廠觀德國定造鐵甲船入水深二十尺鐵甲厚十六寸後有定礮臺隈角方形內置二十六生的礮四尊前有小礮臺內置二十六生的礮二尊首尾之外無鐵甲帶礮臺上面空露礮口自其頂上伸出船機等一切全價五百萬馬克礮位在外汽機用外冷凝水三汽筩大小抵力鍋爐漲力每方寸用三十七磅半此船與五月十二日在溪耳所見者同

次觀各廠其機器約與滬局相等惟小者少而大者稍多有造船之基約十處現在造者五處有三船基上用屋蓋旁用磚柱造鐵船鑽孔用繩傳汽機之力帶動槽輪通至船之周圍各處每船有數十鑽皆藉以運動於近鑽小槽輪之軸接以軟軸而接於鑽之斜齒輪使鑽轉動軟軸內用徑約半分之鋼絲繞成螺簧內外五層相套每層左右反繞故能曲而仍可任扭力外以皮管護之二點鐘請吃飯四點鐘觀船下水六點鐘登汽車十點鐘回

二十七日係西歷九月初一日爲昔年布人勝法擒法皇拿破侖之日是日街市熱鬧非常人人游玩家家點燈明

如白晝以取樂而誌喜也

二十八日伏耳鏗廠總辦哈格攜來水雷船圖長八十尺價五萬七千馬克

二十九日早十點鐘偕金楷理密蠟往觀皮匠坊每種皮件各有曲刀如其形加於皮上在螺絲器內壓之卽切下皮一塊得所須之式以數層皮叠而壓切之可成同式之皮多塊有用機器縫者有用人手縫者又見兵丁之皮帽用整塊皮壓成深半圓形無須縫紉其法將熟皮浸濕割爲圓塊以半圓木塊爲楦另一鐵圈置於壓器下將木楦加其上以大螺絲壓之皮與木楦俱下皮卽成空半球而

仍貼於木楦外邊、用小釘釘牢、入二百餘度之熱房內烘之、俟乾取出塗濃油一層、再入熱房烘之、取出將木楦底連於車床軸而旋轉之、外用炭塊磨之使光、再塗以油、再烘再磨、如此七次、皮已甚黑、而光亮堅緻、據云因皮已乾而再滲足油、故雖浸於水中、不能再軟矣、

下午三點鐘、偕金理楷往觀羅物機器廠、詢其一切、據稱廠內共工匠約九百人、匠目三十餘人、分管各匠、給發工食、其工食俱按所做成物件計算、不依做工之時日而論、另有量驗各件之匠、則按日發給工食、每工匠有小簿一本、由匠目登記各工匠每日做成之件、每禮拜給與所屬

之工匠看過、核對二次、觀所做與所記是否相符、每禮拜由驗收所將量驗無差者點收之、然後給匠目以一票、令其持向收支所領價、其管驗收所之人、係由匠目挑出、作爲司事、按月給以辛工、倘有器具爲工匠所損壞、由匠目修理賠補、如不能賠補、則扣其工錢、如車刀鑽頭磋輪等各器具、止給一副、以後由匠目自造、另有總監工一人、爲之副者十餘人、七八人在廠照料製造、如管造洋槍者數人、管造機器者數人、攷察一切機器之理法、監視工作、又監工六七人、在內繪圖出樣、如欲造新式機器、則集總副及內外監工考訂利弊、各抒所見、互相辯論商議、以求折

衷一是、是以內監工繪圖、外監工監造、同心一意、一氣呵成、而事無不舉、各工匠工食、係總發與匠目、由匠目按股分給各匠、廠主亦常留心稽察、不准匠目需索、在工匠亦樂有匠目經手照應、因取用物料器具、有匠目照料、更爲便當、匠目共有三十七人、皆選極可靠者充之、所有器具材料、交其經理、無虞遺失、若不可靠者、雖有才而不用也、監工之俸、以年計、每年約七千馬克、另分貿易之餘利、所有代俄國之造手槍、每日可成一百桿、其造槍與驗槍之工匠、共四百餘名、機器約千座、每匠管機器自一二座至四五座不等、視情形而異、每造成一槍、僅費四工、其按件

核給工食之法、如係尋常之件、則每件均有定價、底簿可查、若遇一新造之件、則須詳算其應鉋應剸之面積、並算機器每時能作成之面積、卽知應用若干工、並算當用若干工食之匠、每人管此機器若干座、卽可知此件應須之工價矣、至生鐵大件、則按其輕重、並應砑光之砂面等事、而計其工價、熟鐵小件、有模可印打者、則計每小時印打成幾件、以計工價、無模者、則以其重並式樣而計工價、亦可按磨光之面積計之、所造一切機器及手工所用之器具、另有一房、亦按件給以工價、又詢造堅砂輪之造法、則導引之總監工、謂係本廠祕法自造、不能告人、每月造一

次自用之餘亦以出賣克鹿伯礮廠全買本廠所造者其實所謂祕法者不過壓之極緊而已調寶砂則用平常牛皮膠惟寶砂須買極佳者否則無用是日駐俄參贊邵小村觀詧請假回華道出柏林

初三日晚八點鐘偕金楷理登汽車往倫敦劉鶴伯錢琴齋賡韶甫王得勝均至火車站相送一夜向西行

初四日早八點鐘到可侖換車在旅館早餐遇劉開生參贊偕夏干由巴黎來將往俄京匆匆略談數語而別再登汽車二點半鐘抵比利時京都卸裝旅舍即往觀大會下午微覺足痛行走不便

初五日早又往觀大會足跟大痛身發寒熱下午將行李送至車站離旅舍又往觀一會係各國商人在內出售各物有中國甯波人張李三人及廣東夥計一人在內出售中國木器藝器等物八點鐘到車站金楷理往買車票錯付英金五磅登車後始覺已不及追回十一點鐘登舟渡海一點鐘又上汽車

初八日上午往觀達迷斯河下午坐隧道下汽車往中國使署

初九日往森茂達廠議鐵甲據稱土國前造船價原係二十二萬鎊現造止須二十萬鎊阿真廷國現定造一號尚未下水價亦二十萬鎊其廠有大刨床大車床大壓水櫃俱與滬局相同無他奇異阿真廷所定造之船長二百四十尺闊五十尺入水二十尺鐵甲在水線中段處厚九寸礮房外厚八寸用鋼三寸鐵六寸粘連所謂鋼面鐵甲也可抵鐵甲厚十二寸之用船身全用鋼謂可輕五分之一而價則貴四分之一如此船全用鐵則七十萬鎊足矣查鐵甲船英國雖素稱雄武然得力者不過英弗來息白一船式最新甲最厚礮最大用雙旋臺義國效之擬造二船惟甲稍薄而礮則更大已成其一名條里由遍地球推此二新鐵甲船爲冠然用旋臺有一弊若被敵人大礮擊壞

必致旋轉不靈即成棄物德國鑒此改用定臺但嫌礮擊之方向大小乃用露礮之法鐵甲之厚十六寸斯爲德國最新之船亞於英弗來息白及條里由船其餘各國之鐵甲船無有能駕乎其上者矣惟前定臺內置礮二尊而後定臺內置礮四尊礮多而不大仍不能四面施放礮臺既大易受敵擊倘一彈入臺則四礮之人皆將受傷故初擬造成六船迨先造成薩克遜四船即停造再議蓋亦自知其弊也現在中國擬造之船議仿英弗來息白及薩克遜之制集二者之長去二者之弊入水不過十九尺半以合於中國海口鐵甲之厚等於薩克遜用二圓臺仿英弗來

息白之制、以免如薩克遜一臺四礮之弊、仍用露礮、礮轉而臺定、以免如英弗來息白之弊、每臺內用礮二尊、爲新式後膛礮、內徑十二寸、其擊力與英弗來息白之八十噸礮相埒、如此經營、似可列於當今遍地球第一等鐵甲船而價仍不逾英弗來息白之數、

初十日上午、先遣金楷理往怕麻及達迷斯二船廠、

十一日上午、密臘由柏林來、據稱上海於此禮拜內託其購火藥六十餘萬磅、明日往伯明罕去、十二點鐘往怕麻船廠、告以所擬船之體制、囑令核算價值、以便比較、下午達迷斯船廠主來、亦告以所擬船之體制、令其核算、並約

期往觀其廠、再議、是晚往觀水族院、

十二日早、往克鹿卜辦事處、未見、又往金登幹處、見其接上海電報、囑購棉藥五十噸、見倫敦巡街捕役、均用身材高大之人、以便瞭望遠處、與德國用騎馬巡捕同意、沿途見貧苦小兒手持鮮花自來火等零物乞人沽買、如乞丐然、

十五日中秋節、九點鐘往中國使署、拜曾侯及夫人賀節、下午往海罷克經英王宮前、又往觀英國女主夫之塑像、像在四柱高亭之中、亭建於高石臺上、躡石級數十而上、像作金身、如羅漢、四面有諸古名人像、四角有英國內各

藝業之像、級基之四角有小臺、上有諸屬地人之像、前右一角有牛、爲歐洲、前左一角有象、爲亞西亞洲、後左一角有駝、爲亞非洲、後右一角有獅、爲亞美里駕洲、其亭金碧輝煌、建造此工共費英金二百餘萬磅、

十六日十二點鐘、達迷斯廠主來邀觀其廠、局面頗大、惟貿易不佳、機器停歇者多、船基十餘處、空者大半、有大船塢一所、用磚石砌成、長約五百尺、造價十二萬磅、可容公司輪船長四百二十尺者、達迷斯全廠一切、約共金三十萬磅、金楷理詢鐵甲之價、全鐵者每噸英金三十磅、鋼面者每噸英金七十磅、

十八日十點鐘啟行、十二點鐘到保子麻、此處係英國海軍碼頭及官船廠、局面極大、船隖數十、船池數處、內泊停差戰船極多、觀英弗來息白大鐵甲船、又觀造而未成之鐵甲船、與英弗同式而稍小、晚往碼頭乘涼者有男女數百人、

十九日八點鐘上車、十點鐘回倫敦、三點鐘達迷司廠主送來改好之粗圖、頗爲合式、五點鐘啟程、十二點鐘到立發浦、住西北客寓、

二十日上午、觀來得廠、據稱載生經手之礮船、即在其廠定造、除礮外價金一萬三千磅、

二十一日觀船池棧房書院博物院轉橋棧房又見石船塢大小三區就山坡鑿成據稱費金八千鎊大者闊八十尺長四百餘尺小者闊四十尺長二百餘尺俱就岸邊之紅砂石崖鑿成口門另用磚石以堅石灰砌之有牐門以啟閉隖內鑿出之紅砂石即作造廠房之用

二十三日早五點鐘到格辣司果住君客寓十點鐘往觀訥比爾船廠十二點鐘觀愛勒達船廠此廠甚大見代俄君所造坐船馬力一萬一千餘匹寬八十尺入水深九尺三點鐘回

二十四日九點半鐘到曼雪勒船廠見其揷長孔法揷頭

作扁形厚三四分寬寸餘而在一邊伸出作圓形將鐵板先作一圓孔將伸出之圓形入此孔內一路向前揷之可將鐵板裁下此廠有工匠六百名廠主論用鋼作船有弊而無益見一雷艇樣囑其繪圖送柏林使署二點鐘過渡有小汽機轉大輪以繞鐵鏈鏈之兩端繫定於河邊船自過河到洒門司船廠有工匠一千一百名見造大挖河船長二百四十尺闊四十尺價二萬九千鎊挖出之泥即載於本船中艙可載泥一千四百頓每小時能行七海里即用挖泥汽機行船汽機有七百五十四馬力能挖深二十八尺二小時即能挖泥滿載過河後沿路見小挖河船挖出之泥傾入小車用小起重架連小車提上至小鐵路行至遠處一點鐘乘汽車到蘇格蘭鋼廠有工匠一千三百名見有西門司馬丁爐二十二座並列每爐能成鋼十頓至十二頓歷十二小時鍊成用熱煤氣與熱空氣每半小時進出調換一次用無硫無燐之生鐵並西班牙之鐵養三四礦以去其生鐵內之炭質加含錳之鐵礦使欵加白砂以減少蜂窩放至桶內再加含錳之礦與白砂惟尚稍有蜂窩再加熱入汽椎打之即無蜂窩矣若作鐵軌路條者則加含矽之鐵礦則蜂窩更少惟已稍脆若鐵成而不打不軋欲其無蜂者則俟流至桶內後多加以白砂則所含之

炭氣速出而無蜂窩矣惟更硬脆耳此爲法國新捌之法軋成造船之鋼板每頓價金十二鎊據稱熟鐵板每頓價金七鎊是廠造成之鋼較別色麻鋼每頓貴金二鎊而成色一定又觀試冷彎與牽斷之法每爐皆取出一塊試之以定其合何者之用三點半鐘回客寓

二十五日十點鐘由格辣司果啟程換車三次五點鐘到失非而特地方失去小箱二只金楷理告知管車站人即發電報往後站挨查因英國鐵路客人行李皆不貼號數又不給票每多舛錯往客寓約半小時車站派人送來原箱無誤

二十六日、九點鐘、往布郎鋼廠、見別色麻爐、西門司爐、造小鋼路條每頓價八鎊半、鍋爐鋼板每頓價金九鎊、用罐鎔之泡面鋼、打成條與片、作刃與鋸、據稱各種鋼不能無泡、含炭多者泡少、含炭少者泡多、罐鎔之泡面鋼、傾於鐵模內成方條、長三四尺、上段自數寸至尺許、亦有泡、截去之、取下段無泡者方可用、軋鐵甲機器軋軸之齒輪、有套接、一人扳其柄、連於此則正轉、連於彼則反轉、鐵甲可進退、軋之鋼面鐵甲、用厚熟鐵甲四面作鐵圍、燒白熱、初法平臥、以已鎔之鋼傾其上、卽粘連、而再加熱軋之、至半厚、今則於圍上再加二三寸厚之鋼板一層、用已鎔之鋼傾

入其間、而粘連、加熱軋之、各種車輛下所用之弓簧、用挺桿以汽力抵至直而放之、數次、量其彎數有改與否、此簧用水淬火之工、皆論件數給以工錢、然須試過可用方能核給、車頭撞簧、用油淬火、以重錘落下打而試之、數次彎度不改、方爲合用、

卡米里鋼廠用罐鑄鋼、爐如鎔鋼之爐、不用機器吹風、含炭多者用火泥罐、含炭少者用筆鉛罐、每罐用一日、鑄成後將鋼條之上半段打去、如尚有泡再打去一段、取下半段無泡者、或軋或打而成條、打下之有泡者、再入罐鎔鑄之、泡內面青色者、泡內有空氣、而養氣與鐵成鐵養、打之

不能粘合、泡內面白色者、內含炭養氣、不成鐵養、白熱而打之、仍能粘合、鋼面鐵甲、用厚鐵甲四邊作圍、而闊不過三二寸、取其刨去者可少也、燒至白熱、立置於生鐵模內、而鎔鋼傾入、亦與鐵粘連、取出燒紅、再軋薄至半而成、觀軋甲一塊、進退共軋十九次、所減薄不過四五寸、而軋軸頸斷折、是日早晨已軋一次、亦斷一軸、另有前日所斷之一軸、共斷三軸矣、軋軸長八尺、徑三尺、余意軸之斷折、因受大熱而非受力過大、蓋每軋一次、僅轉過大螺絲四分周之一、夾力尚不甚大也、晚八點鐘動身、十點鐘回到倫頓住堪能客寓、

二十七日、九點鐘、游古器院、內有印度等國古器並西國油畫、

二十八日、十點鐘、往拜海部營造司徒瓦得、並船法總管示以所擬之船式、均甚稱許、十二點鐘、買小車床等共十九鎊十九喜林六本士、四點鐘、回達迷司船廠、法工師來、

九月初一日、森茂達來、達迷司來、晚八點半鐘啟程、十一點鐘過海、船小而浪大、極爲簸蕩、嘔吐數次、四點鐘登岸、已在比利時境內、乘汽車每一二刻卽停輪以待換客、上下可見其國小而民稠也、

初二日、十一點鐘、到可侖、一點鐘、往觀禮拜堂、前有雙塔、

高五百四十尺、此堂係五百年前剏建、今始落成、木架尚未全拆、聞德皇將於十日後親臨行落成禮、晚八點鐘上汽車、

初三日早七點鐘十分到柏林、劉鶴伯錢琴齋賡韶甫蔭五樓鍾鶴笙王少卿來車站相迎、

十二日偕陳季同往觀水雷廠、水雷殼作截圓錐形、頂大底小、下有三足、上連底而下并合有圈、以繫繩、用鐵板厚約半分、剪作扇形、圈成圜、剪成大小圓板爲頂與底、燒紅入生鐵模、在大螺絲壓器中壓至邊彎轉而中彎凸、卽將圜與底各揰孔而鍍以鉼、用帽釘釘連之、蓋邊亦揰孔再

鍍以鉼、乘熱配連於圜、用木椎四面打入、卽在蓋邊已有之孔內鑽圜邊之孔、而稍小、絞成螺絲、用螺絲旋連、再以煤氣空氣相合之火噴而使熱、以錫銲連搭縫釘孔、令不漏洩、鍍鉼法、用生鐵鍋長丈餘闊一尺餘、下有火、中盛鉼數頓、上蓋淡輕綠、鎔如油、將鐵件先入淡硫水內稍去外銹、卽自淡輕綠處緩緩沈入鉼中少頃、在鉼面極淨處緩緩提出卽成、

二十三日八點鐘、偕陳季同往柏林東郊觀銅廠、作紅銅管將紅銅板裁成條、以輪椎打薄、其兩邊先在壓器內壓彎成半管、其法在壓器下有二鐵板、各作隈角、相並湊成長孔、連固於下底板、湊成之孔、長於管、而闊與管徑等、在上用側鐵板、厚與管內徑等、下邊作半圓、鐵板之兩端有大螺絲、以皮帶運動齒輪轉動之、將鋼板條置於長孔之上、上側鐵板壓下、卽壓鋼板入長孔中、而自孔下落出、卽彎成半管、次將薄邊每距一二尺剪開約三分、再入兩半圓壓器中、壓成管形、將薄邊內外相搭、以鐵條入管中爲楦、而用椎在外打平、以鐵絲紮之、將硼砂調和黃銅屑、盛滿於一半圓之小銅槽內、長與管等、穿入管中、合於縫內、翻過輕打管外、則銲藥盡落縫處矣、卽入爐內燒鎔黃銅屑、而令銲連、爐用枯煤燒、火處僅長數寸、上以磚砌成蓋、

長十餘尺、如路通至彼端、入烟通、銅管伸入路內、先自此端銲起、漸漸抽出爐內、餘火被烟通吸入、旣不害人、又能先烘熱管之彼端、故銲成更速、待冷解去所縛之鐵絲、磋去多餘之銲藥、將一端打小、約長三四寸、卽至抽器入鋼圓孔、用鉗夾住其小段、以鏈引鉗而抽之、每抽一次、另換一鋼圓孔、抽過四五次、則外面甚光、惟內面有銲藥不能用內心、故不光滑、凡銲縫之管、皆如此、機器廠中軋刨鑽等器亦甚多、併能造製糖器及各種銅器、此廠係其兄之業、又往對面之廠、爲其弟之業、專造銅料、購來之銅高下不等、中等者每百分有淨銅九十六分、養氣硫燐矽等異

質四分、皆可煉而去之、使成可軋之純銅、鎔銅用倒焰爐共六座、以二座相並、合用一烟通、二爐迭更用之、以備修理、因爐底及穹蓋、皆易燒壞、雖用不鎔之砂、築成爐底、亦僅敷用十日、卽須重修、每爐能鎔銅七頓半、爐內有六麻表一千二百度之熱、爇火至十二小時全鎔、匠目以小杓舀出銅汁少許、淬水中使冷、打扁鑿開觀之、如銅內含有硫等質、則開其後孔、令空氣通入、經過銅面、與硫化合成氣質、由烟通散出、與燐矽等化合、成渣滓、浮於銅面、每五分時、用小杓舀出觀之、如硫質等已盡、而但有養氣則速封後孔、開其前孔、以煤炭塊入爐內、鋪滿銅面、以隔絶空氣、再以新樹枝徑三四寸、長十餘尺者、由前孔斜插入銅中、則多發炭氣及輕氣、皆能與銅內之養氣化合、由烟通散出、因其氣發出之力能使銅汁滾動、故全銅內之養氣能去也、新樹枝每五六分時、卽燒去一段、必再插入、頭目仍用小杓舀出銅汁看之、如已合用、卽令二工人、以長柄大杓、入爐中舀出銅汁、傾於方鐵盤內、盤長二尺餘、闊約二尺、深七八寸、內面有鬆泥一層、每杓約容百餘磅、每盤約容二頓、第一盤已滿、卽傾入第二盤、而將已滿之盤內銅面木炭塊、並渣滓、概去、待十分時結定、卽用起重架提起其盤、翻過、倒出於鐵車上、埽去外面所粘之砂泥、卽推

至軋軸、乘紅熱時軋之、歷五分時、軋過二十餘次、軋成長五六丈、闊五六尺、厚二分餘之板、卽已冷而不能再軋、若欲更薄、則剪斷至每塊長丈餘、入倒焰爐烘至紅、熱、再軋之、鎔銅倒焰爐之式、烟通在爐之旁、另於銅膛一端之上、砌磚管、斜通於烟通、以放出餘火、此斜磚管之下、有孔高闊各約一尺、卽名前孔、新樹枝自此孔斜入、因在斜管之下、故雖不封塞、而外空氣透入、仍隨餘火出烟通、而不至銅面、煤膛與銅膛之閒、另有一孔、高闊僅三四寸、卽名後孔、若欲去銅內硫等質、卽開之、放空氣入爐、經過銅面、若欲去銅內之養氣、則須密封此孔、絶不洩氣爲要、此鍊成之銅、尚微含養氣、而質韌極、爲合用、若作傳電氣之銅絲、則阻力甚大、而不可用、故必用電氣結成之純銅爲之、非此法所能成也、軋銅之軸一對、長六七尺、徑二尺餘、汽機有四百實馬力、雙汽筩、能進退旋轉以軋之、據稱該廠軋軸器、汽機鍋爐共價五十萬馬克、房屋及布置機器之費、尚不在內、軋銅條法、以鑄於鐵模中之方條、長三尺、方約五寸、紅熱入小軋軸、軋過七八次、卽長二三丈、方寸餘、剪成每段二三尺、再加紅熱、入更小軋軸、軋十餘次、至長五六丈、而徑僅一二分矣、鑄黃銅、則用長倒焰爐、亦燒生煤、而爐上用數鐵蓋蓋之、每爐內置十二罐、每罐鎔銅六七

十磅、先鎔紅銅、而後加鋅、依其數、即成黃銅、鉗出鑄成管、外模用生鐵二半相合、以螺絲連固、旁有二樞、加於枕、便於臥立、立而合其模、以受銅汁、臥而開其模、取出已鑄成之銅管、心模用熟鐵管、外塗細砂、極光、下端有小段長三寸、上端有大段、徑與外模之內徑等、此大段旁有三槽、為銅汁灌入之路、及氣路、心模置於外模之中、外模內下端另加短鐵管、長三寸、外徑與外模內徑同、而中有圓孔、鑄成之銅管、下端有小段、即在此圓孔內所成、此小段為接連螺絲之用、成後截去、抽光之法、將已鑄成之銅管、於小段之孔內絞成螺絲、入倒焰爐加紅熱、取出待冷、在淡硫

強水內、洗淨、而抽光之、抽管機器用五具、並列、皆為橫臥之床、而長短不同、前半之間有絞節鏈、以齒輪行動之、床中腰有矮立架、用鋼圈靠此架、內徑稍小於未抽之銅管之外徑、又有鋼短圓柱、中心連長鐵條、鋼短圓柱之徑、稍小於未抽銅管之內徑、故可通入銅管之中、銅管小段內、旋連螺絲、將銅管小段入於鋼圈孔內、而以鉤鉤住鐵螺絲之孔、再將此鉤鉤於絞節鏈、即抽管過鋼圈孔內、而管內之鋼短圓柱、因有中心之鐵條牽住、鐵條有帽阻止於架端矮立架、故鋼短圓柱能適在外鋼圈處、管抽過而內外皆光圓矣、第一次抽時、管尚短、故橫架亦短、每抽一次

將管入倒焰爐加熱、待冷、入淡硫強水洗淨、內外皆上油、再抽第二次、每抽一次、管徑減小而加長、故第二次之架亦長、各次皆以同法燒紅、洗淨、上油、而在更長之架抽之、至第五次已成、始將小段截去、

初八日、二點鐘、往觀造電報小機廠、見造吸鐵條、用電氣大力彎吸鐵、以鋼條磨其端、數次即成鋼條、淬水極脆、專有一家所造、係祕法、銅絲繞盤中之軟鐵、亦係專有一處造之、用極好之礦、以木炭鍊成、見夾於虎鉗所用之小車床、以小木輪套於頂針外、輪邊有槽、以繩帶轉之、輪面有小釘、推所頂小軸之橫釘同轉、甚簡妙、

初十日、十點鐘、恭祝

慈禧皇太后萬壽、行朝賀禮、

十四日、偕賡韶甫往鉛字廠、購定鉛字十磅、計大小全副、每磅三馬克、又嵌空三磅、每磅一馬克五十分、又往印片坊、購自換號數印一件、價四十馬克、見用常法印石板、如印多張、線必漸粗而糢糊、因屢壓而墨漸鋪開也、惟刻石板作陰紋而印者、線能極細、雖多印亦不糢糊、因墨在陰紋中、雖壓亦不能擠出也、上墨之法、與平面者同、有墨處能粘墨、無墨處有水膠、故但粘水而不能粘墨、刻法用石板磨平、先上水膠、與墨料相和者一層、楷淨待乾、即繪畫

於石面用鋼絲外包木如鉛筆而磨尖其端手執此筆依所繪而刻畫之熟手之人刻畫甚速刻成將油墨輥上因陰紋之中水膠已畫去而能喫墨平面處有水膠但收水而不喫墨或稍喫墨亦易擦去

二十日晚九點鐘由使署啟行往克鹿卜礮廠十點鐘登汽車開行途中大雪

二十一日早六點半鐘到老愛生換車七點鐘到愛生住客寓九點鐘克鹿卜廠主派監工以馬車來迎抵廠先觀彈子廠代中國造十二生的彈一千枚其已成而裝箱者半未裝箱者亦半先將未裝箱者隨意觀看數枚用鐵圈

比量外銅箍之大小下箍徑十二生的三二四之圈套過十二生的三二之圈不能套過上箍徑十二生的一五之圈能套過十一生的九八五之圈不能套過觀剞彈外光之法於彈底中心作小孔用器依彈之內空定之小孔頂於車軸頂心而彈頭加一鐵圈圈之外轉於枕內前有數絞鑽與螺絲公在轉架可迭更用之至做成口內之螺絲卽以一公螺絲旋入其中此公螺絲中心亦有小孔卽換至一剞床令彈底在前而頂之剞其底屢次取下入量器中比量之量器下爲平鐵板板上加車準之鐵圈將彈底置此圈上平鐵板旁有豎鐵桿上端彎過而有孔孔內容

一直定之分釐尺此尺下端入彈之內空中而抵彈之底觀其尺上之分釐卽知底之厚薄矣再剞外面光圓及嵌紅銅箍之槽皆用徑規比量之徑規爲彎鋼條不能大小再倒過而剞頭之弧形成後再旋於壓水櫃之管用四五倍空氣之力試其漏否再用一叉形之器一枝稍彎入彈內空而以端尖切其內面一枝在彈外而端有橫分釐尺在彈之四面量之以見其四面之厚相等與否據稱中國定造之彈皆已如此量過亦已用水力試過不誤而余實未親見其試也見七八寸徑之彈加外銅箍之法所用之器與捶孔器略同彈橫置於捶下以槽適對其捶頭旁有

橫轉軸與彈夾連每捶一下則軸與彈轉過約二分將紅銅條先以端置於槽內捶一下而壓之其槽內寬而外稍窄故銅條擠入甚牢彈卽自轉過若干而捶再壓下如此至轉過一周而成矣見鑽礮管內膛之器內徑小於四五寸者其車床之頂頭甚大內作空管外作螺絲外套齒輪輪心之孔作螺絲與頂頭螺絲相配輪轉而可使頂頭漸向前鑽桿卽通入頂頭之中而以橫扁稍稍連之鑽桿作空心而端有小長方孔二二孔相對每孔內各裝一刀用小劈使緊定用鋼圓柱橫於剞床上一端夾連於夾盤一端靠於枕或下用二小滑輪靠於架而托之鑽桿向前漸

伸桿端之二刀將鋼圓柱內鑽去一圈仍留一小圓柱入鑽桿之內孔中至鑽通而成礮管矣此法前在法國克魯蘇及汕答佃皆見如此鑽內徑五六寸以上者鑽桿亦作空心與前同法惟頂頭不作空心而鑽桿卽連於頂頭之架架下底板能移行於床身而以長螺絲使之前行見代中國所造十二生的之礮二十尊外面俱已敷白漆據稱皆已放過十次而余實未見其放也將其各礮之底門拔出試之亦尚靈活詢其能否各底換用於各礮據稱雖可互換裝入而實不可用詢其差數有若干據稱底門等件所差不過二分密理之一內膛之徑不過二十分密理之

一因未備有量器故當時未能逐礮復量又見剸床於床中置礮兩邊各有轉軸軸盤各有刀可以同時剸兩礮耳剸礮管之外面及礮箍耳箍皆用平常之長短各剸床皆用左右二刀之法抽礮管內來福紋抽桿之外作來福槽二條與礮內者相合桿之前端以轉頸入於移架之孔內能轉動移架後連齒條以齒輪動之抽桿之後端作小頸四面各作一槽前深而後淺外套空管管之四面各作方孔與內槽相對每孔各容一刀刀之內端稍斜入此槽內小頸之端伸出空管之外作螺絲配一螺蓋墊以平圈而托空管將螺蓋退旋則空管外移而刀漸伸出抽桿入礮

內時套管內移刀皆縮進刀鋒不致刮壞內膛礮身定於大空管中空管外有齒輪可使旋轉抽成四紋轉過若干而再抽之限制抽桿之定架亦有齒輪套於抽桿之外能使抽桿旋轉抽成之後紋內尚須磨光將礮橫置於二立架之上對礮兩端各有立輪輪有槽能左右旋轉以一繩圍於二輪之槽內用一鐵圓柱長爲徑之四五倍二端有鉤與繩之二端接連成環外面有四槽稍斜與來福紋相配槽內各嵌小皮條與來福紋同寬皮條內墊薄簧使之外向緊貼另有小釘數箇連於槽內以入皮條中之小孔使不脫皮外塗牛皮膠所謂之寶砂在礮內來往抽若干

次取出再換有砂之小皮條至紋內光滑而止礮門之嵌底磨光法將此底連於轉軸而下有平鐵板以寶砂與油磨之軸轉而板亦來往移動又有小件亦在砂輪磨準之故磨輪磨器頗多見代中國所造十二生的礮之大輪架有礮架及前架而前架之上無彈藥各件之箱亦無架馬之皮件見有洗礮棍數件其餘相隨各零件俱已裝入箱內未曾看見前架與前輪亦皆已裝入夾板中未之見也一點半鐘至客廳入內房洗手畢克鹿卜之子來見少頃其提調亦來坐談逾時留用午餐畢三點鐘又出閱觀見鍊熟鐵亦用汽椎打成造汽車輪之鋼外牙亦先在汽椎

打成粗式、而後軋成之、俱與克魯蘇、及汕答佃、及柏林各廠、英國數廠、同法、見罐鑄鋼、罐用紫黑色火泥、而非筆鉛據稱此泥在古格所產、罐體厚不逾半寸、外面不甚光圓、似非用模所成、詢其是否自造、可否一觀其做法、據云、係本廠自造、但是祕法、不能往觀、入房見用粗質鋼條、每段長二三寸不等、與剸下之碎鋼片、碎熟鐵片塊、與生鐵小塊、配搭盛滿各罐內所有粗質鋼條、係用生鐵在倒焰爐、掉去其炭、如鍊熟鐵之法、但炭不去盡、而尚留若干者、即是另在一器、折成短條、工人觀其斷口、而與碎鋼生熟鐵配搭、罐上加蓋、與作罐之泥同、蓋中有一孔、邊亦有一孔、用淬塞之、鎔鋼之爐、在地面下、而上口與地面相平、內長約七尺、闊約三尺、深約四尺、四旁用火磚砌成、近口之旁有三孔、通餘火入烟路、而至總烟通、下用熟鐵爐柵、上有鐵匡、內砌火磚弓環、爲爐蓋、每爐容十二罐、用火泥圓塊、高三四寸、置於爐柵上、罐底置此圓塊、爐柵之下旁、地中有隧道、以通風、人可走入、疏通各爐之柵、先在爐內生、火加枯煤燒至白熱、距爐不遠、另有倒焰爐、爐之一端、作高環弓、如陶、下有爐柵、柵上鋪小樹枝、厚六七寸、上再鋪枯煤、厚五六尺、前有大鐵門兩扇、旁有三孔、與倒焰爐相通、已盛鋼料之罐、用十二箇、先排列於倒焰爐內、將環弓內

枯煤下之小樹枝生火、使枯煤漸着火、其火由旁三孔通入倒焰爐、罐即漸熱至紅、俟枯煤全燒、將各罐鉗出、置入已燒至白熱之地爐中、並將陶中已燒之枯煤、盡行扒出亦入於地爐中、堆塞罐之周圍、至鋼鎔成、不再添煤、迨各罐之鋼皆鎔、即於模之上二旁、各加受槽、每旁以二槽相接、俾四處可以傾瀉鋼汁、每處二罐、共可八罐、同時傾入、每罐容鋼約八十磅、以二人手持鐵扛抬之、魚貫向前、每罐配三人、每人扛罐二次、用五百人、可鑄成重二十頓、其罐用過一次、即擲去不能再用、亦有出爐已碎、鋼已漏去大半者、觀畢回寓、陪看之監工、送至寓所、殷勤而別、時已五點鐘矣、晚飯後燈下記此、

二十二日九點鐘、昨日陪閱之監工來、同往廠中、觀五十頓重大汽椎、正在打造大礮內管、鑄成之鋼塊、待冷結、取出置鐵車上、由鐵路運至此廠、連車送入倒焰爐之中膛內、中膛無底、下有鐵路、鐵車之上面、鋪有火磚、即爲爐底、送入後、即以火磚火泥密封之、中膛之兩旁、皆有煤膛、其火匯入中膛、由彼端烟通放出、徑過鋼塊周圍、使成白熱、而入大汽椎打之、又見別色麻爐、及軋鋼軌條、與鐵板、俱與克魯蘇及他處相同、生鐵汁先在柱形爐中鎔之、流出由槽引至別色麻爐中、與克魯蘇即用鍊鐵爐內所放出

之生鐵汁、入別色麻爐者不同、亦另用小柱形爐、以鎔司比格詢鋼礮管是否用油焠火、而後退火、據稱本廠所造礮鋼、其性堅脆、無須淬火、但於車成粗胚後、再入倒焰爐加熱至紅、以退火云云、造小彈外之銅箍、亦用壓法、與大彈同、但壓更速、不用軋法、二點鐘回寓喫飯、三點鐘再往見驗鋼鐵凹凸力器、於所試鋼鐵條夾連分釐尺與物逆、用疊微鏡窺之、可見加牽力若干、而伸長若干、去其力卽仍至原數、又見試牽力擠力折力之器、與別廠同、又觀化學房、有化學士二三四人、試驗煤鐵各質、又觀油畫房、有愛生鎮並本廠之圖畫、據稱已繪二十年、尚未成、又觀印

書處、有鉛字印者、有石板印者、石板印字、亦印圖、有用人手上墨者、有機器自上墨者、五點鐘回寓、六點半鐘監工又以馬車來迎往游克鹿卜之別墅花園、七點半鐘始到、克卜鹿夫婦及其子邀客入席、余首位、次義大利總兵、另有他國武員數人、女客一人、及本廠監工數人同席、克鹿卜夫婦均各有書房、席散同往坐談、詢其所挖煤斤價値、據云在井口每頓價四五馬克、鋼軌條每頓價金五鎊至六鎊、本處所燒平常之磚、每千塊價三馬克、其長十寸、寬五寸、厚二寸半、因用碎煤所燒、但需工價、不需煤價、而工皆工匠之眷屬所作、工價旣廉、故磚價亦廉也、十點鐘回寓、

二十三日九點鐘、監工復來、同往觀救火房、琢磋刀房、有琢磋器八具、另有人工琢磋之房、內有琢磋工匠數十人、細齒之磋、皆用人手所琢、俱左手執鏨、右手執椎、鏨長不過三寸、以三指捏之、椎作彎柄、有重至十斤者、爲琢大磋之用、琢小磋、用小童、椎重不過一二斤、磋胚先磨平之法、工人立於大磨石之前、背靠木壁、以兩膝對石輪、兩膝前各墊一木、又以一木橫於此二木之前、磋胚加於此橫木之前、下有二釘阻住之、橫木端橫連鐵柄向上、人手執之、以兩膝抵橫木、使磋緊切於磨石、石面略有水、磨下之屑

仍成火星、向下飛散、可見磨力之大而速矣、約一二分時、可磨好一面、反轉磨好兩面、卽琢成齒、而後焠火使堅、法於磋面先敷以鹽調之炭粉一薄層、在熱氣之面烘乾、入枯煤火焰中燒紅、取出、置木砧上、以木椎打之、使稍彎、卽斜焠入水中、而掛於水桶邊、待冷、因淬入水、磋必稍彎、故先打彎、淬水後乃直、此全藉工人之眼力、必手藝精熟者、方能爲之、所淬之水、以食鹽消化飽足、磋冷透取出、浸於淡水內、以軟毛刷細砂、順齒刷之、洗淨烘乾、將柄尖退火上油而成矣、又觀開煤、煤井深三百邁、當用鋼絲繩徑約一寸半、汽機號馬力六十餘匹、轆轤徑二丈餘、轆轤軸之

兩端、卽連曲拐、轆轤作二截錐形、以底相向、繩自外端繞向內、每四秒一轉、每次起煤二箱、車約重一頓、起煤井內之水、用槓桿汽機甚大、又往觀饅頭坊、有烘爐十餘座、每爐可成饅頭千餘斤、據稱粗饅頭每斤價僅十五分呢、皆賣與工匠食之、又往觀雜貨衣料各店、皆用女婦爲夥、有樓二層、下爲油鹽食料粗用器具等貨、上爲綢布衣料一切細貨、此皆克鹿卜廠主所設、貨價較他處甚廉、所以便工匠而示體恤也、十一點鐘回寓、十二點往車站、一點登汽車啟行、十點到柏林使署

二十四日、外部稽查戶口、送來戶册格式、定於十二月初

一日一律開報、所有各人均須註明、送至外部、其格式分十五行、一行姓名、二行男女、三行年紀、四行生於何處府縣、何時到柏林、五行如暫住者、則常住於何處、六行不在此處、今暫往何處、七行如非本國人、須註國名、八行從何教、九行娶嫁否、十行如非家主、究是何親戚或租客、十一行有何病症、或聵或啞或癡或瞽或眇一目或少一耳或缺唇、係生成或傷殘、十二行有何工業、進過何處書館、十三行所做之工、係自業或助他人、一人獨做或幾人合股供膳或住屋、十四行工業是否本家或官或夥或徒或小工或學習女工、十五行當陸兵或海兵

十一月初一日、七點鐘、訂定伏耳鏗造鋼面鐵甲船合同、價六百二十萬馬克、寫合同款式、盡照德海部章程

初五日晚十點鐘、隨員劉鶴伯太守患肺癰身故

初八日、八點鐘、乘汽車偕金繙譯鄭清濂往伏耳鏗廠、十一點鐘到司旦丁、住客寓中飯、二點鐘往伏耳鏗廠、查驗定造之雷艇鋼料、觀釘造雷艇殼、見先立木模而後配鋼板鋼肋、成後將木模拆去、查驗所收用之鋼角條、親同金楷理鄭清濂及藝徒逐條取看、共數百條、約二小時而畢、見一條之邊稍有碎裂之狀、又一條之面有瘢痕一處、其餘皆絕無疵瑕、所有鋼板約二百塊、令藝徒隨意取八塊

打印記號、令將記號處翦下、備試、又觀此種鋼板四邊翦鉋整齊者、試驗牽力斷界、橫紋之塊、橫剖面每方密理得三十九紀羅、較章程少一紀羅、直紋之塊、得四十三紀羅、較章程多三紀羅、伸長性一百分之二十三、較章程多三分、可爲佳料、又觀紅熱彎與淬水彎、皆能與章程相符、據稱鋼板每頓價三百馬克、係向克鹿卜購買、訂定照德國海部章程試驗、晚六點鐘回寓

初九日、早九點鐘、往廠觀雷艇之汽機、逐件分圖、卽給匠照造之圖、十點鐘往客房、德國水師官數人已到、一同早餐、十一點半鐘易公服、水師提督亦公服而至、十二點鐘、

貴客皆登臺，提督親致頌詞，取定船名，船卽下水。法於二邊用大橫桿阻住邊輔桿，而以大繩縛住之，有大刀連於大木條之下，用繩掛起，以電氣令掛此刀之繩脫斷，刀卽落下，將大繩斫斷，橫桿之阻脫，船卽下矣。先於船首下墊帆布方袋，袋中實砂，割破布袋，砂自流去，首無所托，船卽可下，尚爲大橫桿所阻，迨橫桿之阻一脫，船卽溜下。又往觀前數日下水之船及鐵甲船，觀畢，廠主卽邀客乘馬車同往客寓大飯廳，有客共四五十人，上菜三次，提督卽舉杯起立致詞，頌德皇畢，衆客皆執杯與提督之杯相觸作聲，立而滿飲。少頃，廠主亦舉杯起立致頌詞，彼此觸杯如

前。少頃，提督又舉杯起立致詞，頌廠主。少頃，余亦舉杯起立，高聲朗頌曰：溯我中國史籍可稽信而有徵者，自唐堯初年至今已四千二百數十年，地廣人衆，物產富饒，民生所需無一不備，無待外求，故從古以來未有與遠國通商者。卽二千餘年前至一千餘年前，亦曾有二三皇帝遣使西域者，不過欲考察外國之異事，並非爲國計民生之要圖，且亦未遠至歐洲，固亦無足稱道者也。近今數百年，開歐洲各國日就繁盛，知我中國多產民生有用之物，於是接踵前來通商互市，以通有無，下以利民生，上以益國計。我

大中國

大皇帝一視同仁，柔遠睦鄰，且以西國之政治藝術可補我國之國計民生，於是分遣親信重臣駐紮各國，一以聯邦交，一以考武備。今柏林使者李某卽親信重臣之一，奉命西來，考求船械，曾往歐洲各國盡心察訪，見伏耳鏗廠實爲其冠，足徵德國人之思精力果，德海部之條理精詳，德皇之知人善任，實駕乎各國之上，宜其雄長歐洲，常作盟主也。今我中國擬在伏耳鏗廠訂造一船，足徵我國與德國交誼之厚，尤願伏耳鏗廠用心製造，成此利器，俾中國將來武備之聲名揚溢四海，而以此船爲始基，則該廠之聲名

更顯，俾我儕承辦其事者亦與有榮焉。頌畢，卽囑金楷理轉譯德語，衆客皆擊節贊賞，有私詢金楷理，謂如此善頌是否係華人之原意，抑汝修飾其詞，答以實係原意，余不過照譯而已，各人愈加欽敬。三點鐘與提督同登汽車，此車係官車，分作三間，前間爲門房，中間爲客廳，有棹椅，後間可沐手面便更衣。少頃，提督卽與二武員、一議員同作葉子戲，六點鐘到柏林，六點半鐘回使署。

二十四日爲外國冬至節，因連日與伏耳鏗廠主訂造鐵甲船，商議各事，辯論終日，不覺光陰之速。是日西例各家必送玩物於小孩，晚則家家以柏枝紮成小樹，遍綴以燈

上掛諸玩物以分給小孩

二十五日伏耳鏗廠主來使署談及該廠已設立二十五年共造成大船一百隻始剏時機器房屋地基一切祇成本三百萬馬克以後逐年添增今已值八百萬馬克此皆每年分給股東六分利息外之餘利也

初五日與伏耳鏗廠定造第二號雷艇價六萬五千馬克另折九扣

初九日伏耳鏗廠承造鐵甲船訂定合同彼此畫押

十四日包賃馬車一輛連僕夫一名高馬一匹喂養工食一切在內每月二百四十馬克

二十日九點鐘赴提督刷司考甫家舞會十二點半鐘回

二十一日晚偕錢琴齋往觀溜冰燈火會有電燈三盞炤耀冰面明如白晝

二十二日二點鐘偕賡部甫往觀羅乏機器廠該廠專造六門手槍據云用工人四百餘名每日成手槍一百桿造槍各機器皆本廠四年前自造歷二年全成共費本三百萬馬克此種手槍俄國定造十餘萬桿因接定此項生意迺設此造槍廠各機器之半專爲造槍所用者價已合於槍價之內餘半可通作別用者不在槍價之內造槍之小件俱用大小相配之長方鋼條翦斷在磋輪器造成不必印打成胚大件如柄匡及護手等必先印打成胚而後在磋輪成之五點鐘回

二十六日據伏耳鏗廠函報云有中國匠徒陳可會派在該廠學習者忽竊表店中金表一枚往鄰店出售被失主認明指交巡捕管押是晚復接德外部來函亦稱司旦丁巡役拿獲竊表人一名陳可會據稱係中國欽差衙門人員但查貴使前開出使各員名單並無其名云云星使復信云此人本非使館人員但係本大臣派令前往伏耳鏗廠習藝之匠徒可否移送本署解回中國照本國例治罪云云

二十七日上午繙譯金楷理與余商得五款一布約第三十八條載明中國人由中國官拘拏辦罪二和約中並無布官可辦中國人罪之明文三此人係官派之匠徒與平民不同四此人係欽使派出之人應可與隨侍人役同沾利權不得由布國官辦罪五倘布國官將此人辦罪請問將來布國作何處置倘布不將此人辦罪而交還使署則當送回中國治以應得之罪下午二點鐘李星使派余偕金楷理同往謁署外部尚書林蒲許司氏洪闇人辭以公出乃往拜他客數家少頃又至外部門外閽人辭以尚未歸署即驅車回使署見星使備述情形李使命余再往及

門、已三點半鐘、閽者謂歸則已歸、但事忙不能見、乃與金楷理往訪同署另院之東方股總辦祕魯、閽者謂已趨尚書處、遂卽再往外部門外、令洋僕詢其閽人、究竟何時有暇、或再來、或進內等候、閽人入內稟白、少頃出云、頃已有暇可請客進、乃入門登樓、坐於外廳略候、有一武官出而延入、林蒲鞠躬、余亦鞠躬答之、金繙譯代述、此係中國使署參贊、我卽繙譯官也、林蒲問李星使是否在署、繙譯官不答、對以昨接貴部來信、故星使派我等二人來與、貴大臣面商、林蒲謂此事意欲用函復、而不必面商、余囑金繙譯官答云、函復亦甚願、因將前所擬五款、令繙譯官約略

告之、有西班牙公使在外候見、因卽辭出、林蒲送出房門鞠躬、余亦鞠躬答之、至樓梯下、遇見祕魯方入、大約卽來商此事、見面時因尚未商定、故林蒲言語支吾也、登車返館、金楷理告余向林蒲述條約三十八款、載明應由中國官辦、林詫爲未知、謂須檢查、又告以此係星使所派之人、雖非官員、而爲在官人役、林謂工匠自然不能沾出使人員之利權、二位亦自知之、然尚當與本衙門各員商酌辦法函復等語、

二十八日六點半鐘、往大皇宮、先數日禮部送來車票二張、准車進宮門、使署應往者八人、擬定用雙馬車二輛、錢琴齋適來、言陳季同云伊欲另自一車、不必車票、亦可進宮、星使車用一票、余車可用一票、及將出門、陳季同向洋僕取余車票去、而余車轉致無票、余與金繙譯同車到宮門、不得入、余卽欲返、車金繙譯力勸不可返、伊與馬巡再三言之、復示以出使之帽、待至一刻久、始得入宮、大難爲情、此事陳季同初以無票可入誤人、繼則奪人之票以自用、無禮甚矣、八點鐘始進宮、少頃德皇與后俱出見、偕進大廳、坐定、靜聆歌曲、有男女優唱、並樂班、德皇與后、及其親屬在前、各國使臣與各部尚書稍後、參贊隨員又在其後、署外部尚書林蒲接待殷勤、招呼親熱、請余坐近其前、以便接談、而示浹洽之意、十點半鐘散、十一點半鐘回、

三十日除夕、辭歲、晚宴、外部復函來、謂陳可會係中國工匠、不得爲使署用人、不能沾出使人員之權利、必須歸地

方官辦理、並未提及條約三十八款、兩國相平之理、

光緒七年晨十點鐘、同衆行朝賀禮、中午、星使具公宴、下午坐車出游、

初三日上午、偕賡韶甫回拜提督刷次考甫、及羅馬尼亞參贊、六點鐘、同金繙譯赴馬紀由司晚宴、此人管拍敦脫並自開顏料作坊、九點半鐘回、

初四日晚五點鐘、燐銅廠主來言、燐銅之堅固、較礟銅爲勝、而自造工本、較礟銅僅加百分之五、若購買、則加一百分之二十五分至三十分、少造則用平常鎔銅爐、止須添器具數件、價僅數百馬克、加燐入銅、係祕法、另在一房中

爲之工人不得知如欲多造另造一爐更爲合算中國欲購其祕法須十萬馬克並訂明不傳與別國

初六日伏耳鏗廠總辦司打而來商訂第二號鐵甲船李星使囑其開價商議另詢德國造船工師若往中國需薪水若干據稱總辦工師一人每年工貲約三萬馬克工師數人每年約各一萬五千馬克上等匠頭數人每年約各六千馬克次等匠頭數人每年約各三四千馬克廠中核給工食之新章係將每件由造木樣至裝配完全各項之工由工師逐層推算確數給與各匠頭與工人承包如工匠勤而速成則工食可多惰而緩成則所得即少晚八點

鐘德皇請觀跳舞余有他事未能赴會

初九日德皇子請赴大王宮觀舞會

十一日德皇請赴小王宮舞會因忌辰未赴三點鐘往西門司電氣廠閱看其包堅象皮器之嘴銅絲由小嘴中引出以螺絲將小嘴進出使小嘴端與大嘴內銅板相距可大可小以制包象皮之厚薄用堅象皮鎔之在壓筩擠至小嘴與大嘴之閒包於銅絲之外而引出之並列六嘴銅絲六條每條在一嘴中同時吐出又見電線外包麻再外包鉛管先鑄成大而短之鉛管在器內壓擠而電線在其中引出即包於其外

十七日伏耳鏗廠總辦哈格來詢以該廠各工匠工食之數據云每名每六日自九馬克二十分至二十一馬克倘做包工工匠勤作所得每多於此廠中匠頭共四十人皆領常年工食每年六百馬克至一千八百馬克若欲辭歇彼此皆於半年前說知上等次等工師共八十人亦領常年薪水每年六百馬克至二千馬克次等工師專會繪圖不能自行搆樣如係初出學堂者習練數年即自能出樣監造可升爲上等亦有終身專做繪圖不能升上等者此則係乎其人之天資耳工匠學徒工貲每六日自三馬克至六馬克學徒由廠收招指定一匠教之學習三年至五

年可成其機器匠細木匠精磋匠三項學徒則另入小廠派一匠頭及上手工匠先敎二年而至大廠做工鑄冶匠鐵匠大木匠三項學徒初入即在大廠學習而幫定一匠做工造船用新法先以粗木作外架如船式既成則無論何處可以起手先造且各處亦可分做不必如舊法之必自船脊龍骨做起也如此則用人可多而告成更速不致互相躭誤省工多矣

十八日九點半鐘往觀銅廠此廠多造黃銅管用元寶塊紅銅與鋅相合鎔之傾鑄銅板銅條用鐵匣沙模銅管用鐵外模沙心模鎔銅用罐一罐在一爐內用枯煤燒火罐

口用蓋爐口不用蓋上有磚房高五尺頂通於烟通後與左右三面爲磚壁前面爲鐵門可關之砂心模卽掛此房藉以烘乾鐵門中有小門可添銅入罐開大門以取罐傾於模中銅板鑄成先將二面刨平而後入雙軸閘軋之若不刨平則伸長時不勻冷軋不致破裂又觀抽管無鉧縫之法與前次所見者同惟管抽出與孔纔離鏈端之鉤卽自脫卸頗爲巧妙薄銅管用銅板圈成鉧連而後抽之銅板既圈成管長三尺不必用鐵絲捆束將縫向上敷鉧藥於縫外入爐內爐式似橫管長五尺徑五六寸以煤氣合空氣成火由爐之此端吹於管外鉧藥處少頃卽鎔餘火

通至彼端烘乾備鉧之第二管鉧藥鎔至幾平消去其硼砂在輪磋平之卽抽光其內外如前法如抽半寸徑以內之小管則不用內心如抽星形條用鋼孔一面大一面小面孔中作齒形以小面向外抽之將銅刮成多槽屢次換孔抽之使槽漸深而成抽軸齒條亦用此法

十九日晚八點鐘赴大王宮觀舞會十二點鐘回

二十三日英國車侖退辣公司開來造火藥機器價每月能成藥五十頓而價一萬八千磅各件與德國格魯孫同而格魯孫廠則先開二萬九千餘磅余知其價昂力請令他家開價果甚廉也

二十四日往羅物廠驗收機器各座尙未造齊雖試數座大約與合同不符每日不能成二萬之數蓋其器與津滬者同津滬之器不能造一萬此器安能成二萬乎惟初訂時李使誤爲實數故許價較昂余頗不以爲然再三言而不聽乃僅於合同內添註必實試有效而後可收今實試又成畫餅矣

二十五日譯英國造鋼船章程及試船鋼章程

二月初二日法國地中海廠遣夥來議第二號鐵甲船索價八百十五萬佛郎較德廠貴至二十五萬佛郎未能成交雖後減至八百萬仍貴於德也

十三日克鹿卜廠工師格羅司伏耳鏗廠總辦哈格來談謂西國律法地面雖係人民產業如地下有礦不能擅自開採如人有地一望而知其下有礦可自鑿一井探之如實有礦卽報明礦政大臣派員查驗准其在地下開挖若干界限可挖至他人產業之地下不准他人再在自己地面開井以與之爭因他人未有官准之也如二家同在相近處各開一井試探則先見礦而先報者准給以若干界限可開至他人地下而其第二家卽不准再開矣但凡開至他人產業地下者倘有損壞地面之物當由礦務大臣所派之員查驗地面有無損壞地下是何人之礦斷令礦

主賠償、另有官估所損之值、應貼價若干、辦理劃一、公平無欺、

十四日一點鐘、偕鍾鶴笙往觀戰畫院、院址外作十六邊形、徑僅八丈餘、高約三丈、進觀者人輸一馬克、入内登中央之臺、四圍高山曠野、宛有數百里之遥、皆繪昔年普法血戰之狀、彈雨槍林、死尸枕籍、近臺者爲塑人馬之實像、稍遠爲繪戰事之畫、畫與實像之界限、細審幾不能分、論者皆謂當年實在情狀、觀之令人生敵愾之心、誠神妙之工也、四點鐘回、

十五日九點鐘、得俄君被弑之信、俄君於上日一點鐘出游、被亂黨抛擲礫彈於身前、轟去下半體、流血極多、舁入宮至四點鐘卽薨、

十八日早八點鐘、往司旦丁地方、十二點鐘、到伏耳鏗廠、中飯、同席者該廠總辦三人、股東五人、德國官三人、中國官四人、三點看廠、見定造之鐵甲船、用木作横架、每架約距二丈、各架内彎、皆合各段船外之式、架用木板二層參差相搭釘合、下闊二尺、上闊一尺、用横板搭連上二端、而下用長短木柱支托之、再以長木條、順船搭連各横架、此長木條在横架内邊而嵌平、此各架卽爲全船外模、故可先配各順肋、卽於順肋閒配横肋、配各板法、以木條在其

閒釘成匡爲模、而照模以裁鐵板、故配合不差、因有此外模、則各處可一齊配合、不必先配船脊、而後逐層向上也、此係新法、可以用人多而成功速、用雙底順肋者、有此架爲妙、若僅用角鐵爲横肋、而無雙底者、則仍不用外模、而自船脊起手爲便、

又觀雷艇第一號、内外已鍍鋅、適在釘合冒釘、用冷釘法、二板閒夾羊毛帶與油灰、使不漏水、因鋼板太薄、不能鏨艌也、第二號已在内模上配合

三十日二點鐘、往觀軍器博物院、院係新近落成、牆壁内面尚在彩繪、樓屋三層、皆用環蓋、不用横梁與樓板、環蓋面上、皆用賽門敦石灰、嵌以小石塊、而磨光之、卽爲樓房内之地面、造此院之前、預作小樣、與大院絲毫無異、小樣彩繪、亦與大院壁面逼肖無差、先作墨筆小稿、以布置大局、再作墨筆大稿、尺寸與壁面所欲繪者同、以得神氣、此大稿分開各段爲之、再作小稿、加彩色以配合顏色、於是繪於壁面、照墨筆小稿之布置、又照墨筆分段大稿之神氣、再加彩色小稿之顏色、以成全壁、院内排列舊式軍器、及法國各城鎮要隘之木樣、其地面高低、房屋位置、皆與眞同、無絲毫遺漏、使武官常往觀之、可以熟悉地理、

三月初四日八點鐘、偕錢琴齋及毛式槍廠之夥二人、由

火車站動身、一夜大雪、
初五日早七點半鐘、到法郎格佱而德、換車、八點半鐘啟行、二點鐘到土格加而用中飯、畢、坐馬車往游王宮、六點鐘啟行、九點鐘一刻、到烏盆叨夫地方、毛式及許度雖非以馬車來迎、同至客寓晚飯、
初六日早九點鐘往毛式槍廠觀看、
初七日早九點鐘往毛式槍廠觀看大小機器、共五百餘具、據毛式廠主云、共價二百六十二萬五千馬克、計銀五十二萬五千兩、槍筩係購自別廠、內膛已鑽至極光而直、外面亦車至合式、係上等鋼質、每根價三馬克、是廠共用

工匠四百餘人、每日能成槍一百桿、下午觀印書廠、又乘馬車上山游覽、
初八日早七點鐘由烏盆叨夫乘汽車、七點半鐘至胡脫微爾、觀杜屯好夫之火藥廠、十二點鐘午饍、四點鐘往觀古禮拜堂、赴酒館小飲、七點鐘回烏盆叨夫、
初九日早七點鐘由烏盆叨夫啟行、毛式送至胡脫微爾、杜屯好夫亦來送行、均握別、七點鐘三刻啟行、由鐵路經山巔、回環曲折而下、十二點鐘到烏盆倍歇、十二點半鐘啟行、二點鐘二十分、到卡而司胡、住客寓、銅殼廠主魯論司病未能起、三點鐘午飯、四點鐘往銅殼廠、觀其機器、皆

甚簡便、已用多年不壞、作鉛條成鉛彈之機器、式舊而不便用、揰孔機器銅殼自由斜槽溜至孔上、不用轉盤、故不脫空、惟印銅殼之底邊用橫床極固而力大、係新式也、作小礮藥彈銅殼用機器、如揰鐵板之器、而上有大槓桿推路甚大、因動不速、故用人手執銅湊入印底、用內外鋼模、入大力壓水機成之、
初十日九點鐘廠主陪觀各廠、據廠主云、合廠各機器全用、每日能成銅殼彈二十五萬枚、用男女工匠二百二十五人、另雜差把門二十五人、計每人每日能成一千枚、所用黃銅料在他廠買來、已成圓片、每紀羅價一馬克六十

分、所用揰孔之料、購來者已粗剸成圓片、中已有孔、每紀羅價二馬克六十分、造成之銅殼鉛彈連銅冒紙蠟底、皆全售與中國、每千枚價六十五馬克、
二點鐘動身、三點半鐘到海待而倍歇、上山觀古君宮、係百餘年前與法人戰而爲法兵所燬者、內有木酒桶、極大、徑約二丈、用直與圜雙層木爲之、外圜木參差相搭、卽爲箍、又登山頂、步行而下、七點半鐘動身、十點半鐘到法郎格佱而德、住客寓、
十一日早八點鐘往觀造砂輪廠、砂用希臘國運來之大石塊、用大力機器夾之、軋之、篩之、碾之、漂之、分別粗細、用

油與膠與水調和入機器內攪勻乘熱築實於鐵圈中入大力壓水櫃壓之先烘之用六麻表一百八十度之熱取出夾在軋床以粗金鋼石夾於鋼條端爲刀剌之使圓平再烘之至熱三百度而成

十一點鐘觀戰陣圓畫二點鐘游禽獸囿用中饍四點鐘觀花園此園預備西歷五月間開設賽珍會晚七點半鐘由法郎格缶而德啟行

十二日早七點半鐘到柏林

十八日西國節期接上海文報局電報

慈安皇太后於十一日宴駕

十九日十點半鐘隨星使偕金繙譯往羅物廠驗機器見軋銅翦銅之器似不堅固揰長之器不但不速且揰下銅殼卽壞先壞二次至第三次自將機器揰壞鐵板碎下叉一揰長器揰時將銅殼脫斷套於揰上且每分時僅能成十二箇不能合用揰成底凹及底邊之器橫置者二座尙合用窗臘言上海製造局所購英國槍筩粗胚每枝價八馬克原價五馬克五十分加水腳保險關稅二馬克四十分德國槍筩同式者價二馬克九十分然毛式廠所購槍筩已內外鑽剌合式價每根三馬克不知窗臘何以利心如此重也是日接陳雋臣方伯信囑探詢洋槍價値

二十一日接總署電報三月十一日

慈安皇太后宴駕查會典以奉詔日舉行成服禮縞素二十七日自大事日起素服百日不薙髮縞素期內用藍筆藍印因恐奉使外洋當有變通卽電詢曾侯接回信云以奉電之日爲奉詔日舉行成服禮因命金繙譯先函告德國外部以中國有此大事但舉行禮節仍候續信

二十二日晚六點鐘各員縞素帽摘纓仍穿緞靴齊赴大廳三跪九叩首齊聲舉哀十二點鐘由金繙譯登報並訃告德國外部並領班英公使本日行成服之禮

二十三日早晚赴大廳舉哀行禮如前

二十四日早晚舉哀行禮亦如前

二十五日駐日斯巴尼亞（卽西班牙）參贊黎蒓齋接奉電報三月初七日奉

上諭黎庶昌着記名以道員用派充日本欽差大臣着卽來京

陛見

四月初六日晚四點鐘乘汽車至賽納門住

初七日早八點半鐘登德國威頓白格鐵甲船駛出波羅的海出口時見兩岸有礮臺俱作人字五角形口外有攔水石塘四點半鐘回五點半鐘乘汽車至司旦丁

初八日八點半鐘入伏耳鏗廠觀船身橫順肋已全內外

板已釘齊、
初九日登汽車回柏林、
十九日往觀鑄銅小件廠、有沙模匠二人學徒三人用火泥罐鎔銅用沙築於鐵箱內作模在鎔銅爐上之房內烘乾之房前有鐵門房內有擱板及鐵鉤以置各沙模廠房之上層樓有足踏小車床五六座有車匠二三人學徒四五人造成塞門節頭甚多、
二十一日派往伏耳鏗廠監工陳兆翺開來該廠給發工匠工貲數目點工者每點鐘工貲自德銀二十五分尼（每分合銀二厘）至四十分尼不等包工給貲各廠隨時增減頗難查

究監工陳清濂開來該船所應配之件、均作包工計、惟不能預計者始照點工、如船頭尾之龍筋是也、點工者視工匠手藝高下、酌給工資高者每點鐘給二十四分尼至二十六分尼、低者自十六分尼至二十二分尼、夜工加十分之一、包釘船外板之冒釘、一百枚工價十二馬克餘、包釘船內板之冒釘、一百枚工價九馬克零、包釘橫順肋之冒釘一百枚工價十馬克半、火銲一曲之角鐵包工九十餘分尼、二曲三曲者照加、捶孔易者、每千孔包工一馬克、難者每千孔一馬克二三十分尼、截斷角楄一百枚、包工二馬克三四十分尼、挖角難者、每一枚三馬克、易者十八九

枚包工十馬克、其餘依此類推、
二十三日下午二點半鐘、往觀光印玻板、能印深淺黑色、其法先用尋常玻片塗以象皮消化之質一薄層、次上照相之藥、入鏡匣中照之、或照眞物、或照已照之相、皆可、再如照相法顯影定影待乾置之極平、用純牛皮膠以水消化、稍加格色林、澆於已有相之玻片上成薄層待二三十點鐘而乾、將小刀在四邊剔開而揭下、則所照得之相已粘連於牛皮膠而同下、玻片上絕無形像矣、次將厚玻片板面稍暗、以純牛皮膠與鉻養相和、消化於水、澆於玻片之面、待乾卽將前揭下之膠皮相鋪其上、夾平置日光中

曬之、見光處鉻養變化、曬畢、取入暗房、用清水洗去其未變化之膠、待乾置於架上、以皮輥上墨、見光多處變化多而粘墨多、印成深黑、見光少處變化少而粘墨少、印成淺黑、再以一小墨輥、用棕色墨上空地之色、亦分深淺、將紙鋪上入機器中夾而抽過、開出揭下、卽成深淺之形、宛如照映者無異、又往觀石板套印各色法、先將薄紙蓋於所有稿圖之上、以脫紙墨勾勒界邊、卽鋪於灰石板面壓之、墨線卽脫於石板上、上以樹膠水一層、次用寫字之鋼筆醮脫紙墨、繪於石板、依其色之深淺、而作點與空之比、再上淡硝强水、每一板繪同顏色之各處、欲套若干色卽用

若干板有用十三四板者每板印一次各色相合凑成全形印法第一次於板之兩端作十字線印於紙卽於紙之十字中刺一針孔第二次則於石板相對處作二孔二人各以針入紙孔內將針尖對石板之孔鋪平其紙故絲毫不差每印一次於紙面塗以細石粉使已印之色不粘於石面又有機器自上色與水而自印者印能更速另有上層架架上有二針一女人立於上以紙孔套於針尖上架自下鋪紙於石面印之又見刻陰紋石板先上淡硝强水使石板面成酸質一層將尖鋼針刻之去其酸質以布作包醮墨擦入陰紋之內因板面已有酸質故不粘油墨陰

紋處酸質已去故能粘油墨

二十四日二點鐘送德人倫次往中國北京入德使署中辦事三點鐘哈格來云鐵船每年必一次入塢上油雖本年已上油一次若派出洋當差先須再入塢上油一次凡上油先視其不妥處用小椎試擊內有鏽則油皮自然脫下用三角刮刮之再用鋼絲帚刷之上油二層再與油皮不能落下之處同上油一層船內有賽門登石灰結住者不必上油其餘各面皆應察看如有不妥處亦試擊刮去上油與船外面同德國有鐵甲船已用至十五年皆未鏽壞不過照章上油而已

二十七日十點半鐘往觀德國議政民院十一點鐘議院首領先到坐於最上正中之位各議董亦陸續皆到共有二百餘人如到齊則有三百餘人各部員亦到本日所議之事先有傳單依次開議先有人上前立於稍下正中之位高聲宣講其本國之事無人答和次卽伏耳鏗廠股東失路度宣講中國和約之事亦立於稍下正中位次威司伯船廠股東亦立於稍下正中位宣講中國和約事畢繼有外部司官立於本位宣講係辯論前二人之說次又有一人立於本位宣講次又二人先後立於稍下旁位宣講皆論中國和約事畢首領卽高聲問各議員中國和約可

否應允若允則起立見起立者有人數大半首領卽宣言可以允准凡每員宣講之前首領先宣言某員應宣講葢欲宣講者必先日致書首領請其挂號若不先日挂號而當時欲辯論者則必先告首領允准始可不允不可宣講據金楷理云外國議院章程有書可譯

五月初一日十點鐘偕賡韶甫往觀刻石板印地圖廠廠主接見引觀內有刻圖者十餘人據云每人月給辛工自一百二十馬克至二百五十五馬克學徒習業須先繳三百馬克自備伙食學習四年始可成藝其估工之法字計箇數山沙河線以長短疏密計之惟廠主已極熟悉故一

視卽知此圖應費若干工各刻匠均佩服無異言如估定工數仍不能成係刻匠之惰應責令晚工補刻不另給值刻法將石板磨至極平極光先上淡硝强水一層洗淨乾之再上輕膠之烟墨一層另將純牛皮膠以水消化稍加格色令以玻片置極平將膠水澆上自鋪薄層待一二日自乾揭下如不能揭下在玻片面先澆在清火油消化之象皮一層而後澆膠水揭下者卽爲玻璃紙可蓋於已有之圖上用輕膠之紅色或青色依下圖之線勾勒之卽翻過鋪於石板上相對極準用牙片砑之其色線卽脫於板面如欲線更細則以鋼針畫於玻紙面成陰紋以色粉擦

入紋中而反鋪於石面砑之次將原圖置於旁依脫下之線爲底而仍以原圖爲依傍以鋼針將石面畫成陰紋凡河山砂字皆用手工爲之惟平行線則有機器而仍以手用之因須觀正稿而能刻反形故初學者先令將一圖觀正者而臨繪反形如此習之數月始可習刻石板已刻成之石板用粗布包軟物而底平在平板蘸油墨少許以擦入於陰紋內因陰紋處石面被强水所變之一層已被刻去而眞石露出係鈣養炭養爲鹹性故能與油墨相粘石面之鹹性爲强水所滅故油墨雖有粘者易於擦去以稍濕之紙鋪上軋過則紋內之油墨粘於紙而畢肖矣套印山河顏色法每色套印一次有至二十餘次者皆每色先以鹹油墨繪於應當之處以皮輥上某油色用二針刺定而印之有先印一色再套上一色而成他色者則二次可成三色可以省套一次有用鹹油墨條繪於石板者可印成疏密深淺之色依繪法之精粗

五月初五日端午節因

國喪百日內概不拜賀

陳兆翱來云製雙口油盞每隻給貲四馬克合攏小馬力汽機全副給貲五百馬克磨光尺餘徑之鞲鞴並鑲配螺拴等件給貲四百餘馬克此係訪問之價究不能知其底

蘊也

鄭清濂云製帽釘有兩法一用人力一用汽機力用汽機者二人日成九百餘枚每人日給工貲二馬克五十分用人力者視帽釘徑之大小酌給工貲如徑二十五密理者用三人每成百枚給工價一馬克六十五分徑二十二密理者亦三人每百枚一馬克五十分徑二十密理者用二人每百枚一馬克十分徑十八密理者每百枚八十五分徑十六密理者每百枚六十五分徑十三密理者每百枚四十八分餘依此類推

初十日早接總署來文星使兼奧意荷三國總署訓條無

須派人分駐、亦無須賃行館、只須投遞
國書而已、
十四日七點鐘三刻、偕金繙譯赴司旦丁、總辦哈格、及股東失路度在車站相迓、同至司旦丁、總辦司打耳亦來、同坐馬車至河邊、卽乘小輪船過湖、風浪甚大、五點鐘到賽納門海口、坐馬車三刻至海邊客寓、風雨不能出門、
十五日早、哈格來、八點鐘同金楷理往海邊沙灘、觀所立表桿用羅盤測其方向、時風雨甚大、又行至第二表桿、二十分時、不能持傘、衣服皆濕、九點半鐘回寓用饍、十一點鐘動身、六點半鐘到柏林、

十七日起、逐日在署譯書、先譯議院章程、合股章程、及海軍條議等書、
六月初七日早七點鐘三刻、同金楷理往瑞納門之海林司到夫、十一點半鐘、先到司旦丁伏耳鏗廠、以輪船拖雷艇至瑞納門、四點半鐘、坐馬車至海林司到夫、
初八日早九點鐘、往量所立表桿、下午乘馬車往林中游玩、見古樹參天、圍三抱半、高四五丈、晚七點鐘、又往量四桿、知爲直角、相距一千八百五十五邁當、卽一海里、
初九日九點鐘、試行雷艇、十一點鐘回寓、一點鐘乘輪船回司旦丁、七點鐘到客寓、

初十日早九點鐘、到伏耳鏗廠、總辦司打耳言、該廠有書記與匠目平行、不相統屬、每書記一人、掌記工匠二百名之工册、憑册給貲、亦憑其核算每件之工價、此種書記每年辛工八百至二千馬克、凡記册之時、會同匠目、全局工匠約有三千名、管記收發物料賬者共六人、管記工賬者共十五人、皆屬於司打耳所管、其工料册、皆可逐件核價、工師有二種、在畫圖房搆樣繪圖者爲內班、在廠中管匠目工匠照圖製造者爲外班、其出身品格相同、凡造一物件、必內外班會同商辦、其工師匠目、分屬於汽機船殼二總辦哈格韋色爾之下、

十點鐘往觀賽門敦石灰廠所造賽門敦石灰、每桶價七八馬克、每日可成八百桶、先用地內挖出之白石粉、尚帶濕者六分、與青細泥一分、在大樓上傾下、另加多水、入機器內調和成極稀之漿、由轉筩細篩濾過、以起水筩起出、由木槽流至地下之大池、池方約五六丈、深丈餘、不能過濾者自入碾內、碾細再濾之、池內稀漿約待澄下半月、將上面之水放去、挖出所澄之質、入機器中攪之、推出成粗胚塊、先層疊置於粗木架上、在露天晾乾、再入窰外之屋內烘極乾、卽入窰爐煅之、其爐有圓長二式、而理相同、烟通在中、爐在四圍、分爲十四膛、輪流燒之、餘火通過前膛

內、先烘胚塊、使熱所通之風、經過已煅成之石灰、收其餘熱成熱風、向前遇燒料、易燒成大熱、每膛窰頂有六孔、每孔徑約五寸、將胚堆入膛內時、皆留立孔適對頂孔、自上通下、又留數橫孔、通至前後膛、亦與立孔相通、煤自頂孔添入、有鐵蓋蓋之、每膛燒一日夜、卽開關其門、移前一膛燒之、每燒若干時、則胚縮小、可在頂孔再添入胚若干、後膛已冷、則運出送至一廠、先在夾器中夾成小塊、次在齒軋輪中軋成粗粒、再入大石磨中磨成細粉、磨徑六尺餘、每分時磨一百轉、再在細篩中篩之、必極細、方佳、將極細粉一分與粗砂三分調和、加水調之、壓於模內、成銀錠式、

待數小時、而浸入水中、俟七日取出、用器牽之、必得橫剖面每方生的、斷界二十五啟羅、爲合用、擠力屈界十倍此數、此係商部所定章程、　十一點鐘乘馬車、十二點鐘到化學材料廠、觀造硫强水廠、作漂白粉廠、將鈣養置於鉛房內、以綠氣噴入、成漂白粉、造綠氣法、用錳養二食鹽硫强水、在倒焰爐內成之、惟已用過而變成錳養者、有新法可使仍爲錳養二、故無須每次用新錳養二、而價可廉、其法將錳養在水中、以風箱鼓空氣入水內、則養氣能加入其中、而成錳養二矣、

在伏耳鏗廠、見磨光木面法、用砂紙細粗五種、先擦木面極光、次用浮石塊、稍加熟油磨之、則浮石與木磨下之木粉石粉與油調和、嵌入木紋之腠理、塡滿小孔、再用二浮石相磨、使其石粉落於木面、卽用布一塊包碎布成團、以失雷克消化於酒醕、醮於布團之底、而在木面擦之、良久則木面光亮如鏡矣、

三點鐘登汽車、晚六點鐘回使署、途中所發電報使署尚未接到也、是日接美使陳荔秋京卿電報、云美國星使已放鄭玉軒接替、

二十日三點鐘、往刷次考甫廠、觀壓氣箭鼓氣、試至一百倍空氣力、用鼓水試蓄氣器、至一百五十倍空氣力、見汽

機水龍車上、另帶一銅球、高約三尺、徑二尺餘、內容發炭氣之料、可於汽力未足時、先爲噴水救火、此水噴畢、汽力已足、卽用機汽噴水、又見壓路輥輪、以汽力行動者、價約八千馬克、又見陸汽機、其軸枕容銅襯之凹、作上侈下窄、銅襯作三塊、上二下一、消磨漸鬆、將上蓋壓下、則自合緊、枕蓋上之螺蓋、用單層而更厚、將下小半之周圍車去六角、外套圓圈、圈下有釘、入於枕蓋之小孔內、圈旁有小螺釘、頂於螺蓋之周圍、螺蓋旋至合宜、卽旋緊旁小螺釘抵住之、使不自鬆、乞得該廠合股章程而回、

二十一日、又往前廠、驗所封之蓄氣器、封一日夜、仍未洩

漏言定二十五日再往觀其收發工料册籍之格式

二十三日又往前廠看壓氣機於九十分時裝滿蓄氣器與合同相符

二十五日三點鐘又往前廠考究其記册籍之法共二十餘種皆條分縷晰綜核精詳能知工料成本乃每種取回其式樣一張

初七日譯第二號鋼面鐵甲船合同

初八日晚往溪耳

初九日上午到溪耳下午試水雷

初十日試水雷畢量其繩未果

十一日試水雷晚赴防軍統領筵宴

十二日早拜總醫官午刻試放魚雷三點鐘防軍統領以船來迎往觀礮臺之外形

十三日早八點鐘由溪耳動身過呂倍克五點鐘回到柏林

二十一日送鍾鶴笙程子固動身回華三點鐘往晤海部大臣據稱鐵甲船撞行動之敵船恐已船亦受大傷故於行海快船首之水下用魚雷筩以放魚雷而代鐵甲船之撞力惟已成之船止可在船旁水面上作魚雷筩又言魚雷中發火之爆藥與礮彈中者同

二十四日鄭清濂來云第二雷艇順風逆水八倍天氣行十六海里六六逆風順水九倍天氣行十八海里之三又云包打埶木螺梢每二十條工價一馬克每三人日成一百二十餘條鑽鐵甲孔徑三十密理每二十孔包工價一馬克每一人日鑽六十孔徑尺餘斜齒輪砂模每件包工價五馬克水管頭之捩機砂模每件價約三馬克

二十七日四點鐘送星使赴奥國遞呈

國書是日接星使照會飭往司旦丁海林司叨夫溪耳等處驗雷艇及魚雷並第二號鐵甲船三事而於署中公事無一提及照各國通行出使章程凡星使出外必將使署公

事備文飭交參贊代辦並照會該國外部聲明由參贊某人代辦使事以專責成而崇體制今星使臨行飭洋司閽將各處所來公牘信函徑送奥國與署中人無涉重洋僕而輕華員不亦異哉

二十八日七點鐘三刻偕錢琴齋金楷理赴司旦丁十點鐘抵伏耳鏗廠總辦哈格及鄭清濂來迎同上輪船十一點半鐘開行四點鐘到瑞納門卽坐馬車往海林司叨夫賃住客寓

二十九日早七點鐘同金楷理往海邊用紀限儀測表竿東竿九十度四十五分西竿因測處已在水中不能確實

約爲九十度三十分、
九點半鐘登輪船海面極平絕無風浪同金繙譯登雷艇
試行初次至半路汽機事件發熱而停未能試得確數約
一小時至十一點半鐘又行一海里得三分二十六秒回
行一海里得三分十一秒半惟哈總辦之表則僅三分十
秒半當時已說明作十一秒計後派鄭清濂往試其數由
伊登記一點鐘回寓午宴哈君口述頌詞意謂中國現立
海軍願中國兵船日增皆在伏廠訂造一船精於一船如
本日雷艇已較前雷艇更精之例五點鐘登輪船過瑞納
門海口登岸閱看海塘海塘在海面下者用大石塊堆叠

上用鐵路起重架有人穿卻水衣在水中扶正底面闊約
四丈外作斜坡四十五度內作直立用木樁水面以上則
用堅石灰砌石塊下午往伏耳鏗廠議第二號鐵甲船合
同各條款並看廠是晚輪船碇泊湖中
閏七月初一日上午八點半鐘往廠考究帳目格式並試
放魚雷筩、試用雷桿、二點鐘回寓下午四點鐘往廠觀所
造商船下水、六點鐘至茶園宴會
初二日七點鐘送錢琴齋先回使署九點鐘往觀造築鐵
路取回築路章程並圖說六點鐘回
初三日九點鐘再往廠考究帳目格式囑廠主開大雷艇

圖說並價、挖河船圖並價、運土車汽車圖並價、鐵甲船木
樣圖並價
下午三點鐘登汽車五點半鐘到柏林
十一日下午四點鐘往溪耳十二點鐘到
十二日早九點鐘試魚雷葉藝徒放二次一偏右約二十
邁當一跳出水面該廠不願令伊再放二點鐘又放六點
鐘停是日驗收五箇皆無疵病
十三日九點鐘試放魚雷一點鐘停二點鐘又起放是日
共驗收六箇皆無疵病
十四日早九點鐘試放魚雷葉藝徒又放二次、一偏左十

五邁當一偏右十五邁當一點鐘停放、共驗收二箇、皆無
疵病連日統共驗收十三箇二點鐘回寓中饍買雙遠鏡
價四十五馬克五點鐘登汽車九點鐘到漢倍克十點鐘
三刻登火車終夜行
十五日六點鐘回柏林
十八日早六點鐘曾侯由俄國赴法道出柏林往火車站
相送同遊圓畫館生靈園復游蠟像院院中新到蠟像一
位面目衣履與生人無異能據案疾書足有輪可任意推
置何處揭其襟則見胸鬲開機輪甚繁表裏洞然開其機
棙則蠟人一手按紙一手握管橫書試書數字於掌心握

拳叩之則口不能言而能以筆答往往出人意表曾侯在掌心寫中國字問余到外國幾年則蠟人書一月數余亦寫數華字掌心問余幾時能返中國則答以冬開其時余未有歸志其後卒如其言不知蠟人何以能先知也此事若非目擊出於他人之口鮮有不河漢其言在外洋數年所見奇異終以此事爲第一其神妙莫測眞覺言思擬議之俱窮矣

十九日九點鐘偕陳松生往購地圖又往觀刻印地圖請食洋飯下午往觀書會院晚十點鐘隨曾侯往克鹿卜

二十日早六點鐘到愛生鎮進廠小憩用早饍八點鐘觀廠十二點鐘在廠用午饍二點鐘觀操水龍及鑄罐鋼四點鐘往火車站送曾侯赴巴黎五點鐘回愛生客寓晚飯九點鐘往火車站九點鐘三刻登火車開行

二十一日早八點半鐘回柏林

二十二日十一點鐘往保子打游王宮五處

二十四日一點鐘往宿落頓觀以玻璃製花游王宮

八月初一日二點鐘往拜丁韙良偕游蠟像院再觀能寫字之蠟像丁韙良言機器之妙能奪天工此事曾見古書不謂今日乃目覩之爾

歐游雜錄卷下終

華亭鍾天緯校字

歐游隨筆二卷

〔清〕錢德培撰

《歐游隨筆》二卷，清錢德培撰。德培字琴齋，大興（今屬北京）人。同、光間官知縣。光緒三年（一八七七）隨使德國，十月自上海乘法輪，經香港、西貢、新加坡、亞丁、蘇伊士運河、義大利、巴黎等，十二月抵德國柏林，光緒九年返滬。此書記往返途中見聞。於各國政治、經濟、軍事、文化、地理等均有涉及，如西貢商肆、劇院、華僑，新加坡、錫蘭土特産，亞丁駝鳥，蘇伊士運河地理形勢，埃及風俗、宗教，那不勒斯火山等。撰者駐留柏林爲時最久，記柏林貿易、交通、物價、博物館、動物園、水族院、郵電、印刷、醫藥、繪畫等甚詳。光緒三至九年間德國重大歷史事件亦見諸筆載。歸途以記孟買最詳，並敘及地球自轉與潮汐、中外風俗異同等。據中國國家圖書館藏清光緒間木活字本影印。

歐游隨筆上卷

大興錢德培著

光緒三年十月十八日申刻由上海登法公司晏拏薹輪船例不開行不供飯因復登岸食宿船價頭等艙法銀二千零七十五佛郎每佛郎約制錢二百三四十文二等一千六百六十佛三等八百三十佛因公來往者可酌減百之十五每日小食二次大餐二次紅酒如例分外取飲者各酒皆備另給值洗澣衣服每件銀三分

十九日午刻登舟住一百五十一號臥榻因言語不通邀洋務局張司馬到船照料其時適吉稅司雒福法副領事白君理格德副領事穆君麟德天津稅司德君璀琳均在焉同舟出洋者

有德紳呂多而甫夫婦先經德君璀琳導見托其在路照應又有赴法國大會之洋員衣福倫華監工孫心耕等洋人之能華語者僅衣君一人一路承其指教獲益非淺隨帶之行李大者存下艙並無對號牌據有時亦可取用小者置臥艙內隨手可用船例也午正開行風浪大作

二十日過甯波溫州外海浪大如山顛播殊甚不能起坐每食必吐頗覺難耐

廿一日過廈門汕頭外海風浪稍平

廿二日辰刻抵香港舟客各購籐椅以備舟行南洋炎暑之用有以勸余者因亦置一具焉孫心耕云賽會官物自滬至法每噸水腳官價十五元每噸約合一千七百斤輕物則以四十二立方英尺爲一噸

廿五日午自香港開行風浪尚不惡行三日至廿八日早抵安南海口西貢其地爲腴米之鄉法人據以爲埠頭設總督等官以理民事人民閩粵籍爲多入口有狹港數十里兩岸矮樹甚密雖時值冬初不啻五月天氣登岸有廣東菜館薙肆價倍于粵風土一切亦近香港午後有自港同舟之鴉片商顏君珍淯來招至內市乘車遊歷約五六里至其住宅一路會館廟宇店肆民居悉如粵地晚宴後邀往觀劇園中盡粵東女伶顏君名宗賢小名偉捐職道銜在西貢開萬合鴉片公司有年此次赴

閩挈眷來貢夜既晏不及回船即宿宅中次早回船

西貢距安南國都尚有一千數百里其地土人之業儒者均通中國文字遍貼門聯十月可衣單葛芙蓉夾竹桃同時盛放夾岸梹榔椰蕉結實纍纍青綠可愛蓋大地而論近赤道處固無所謂秋氣下降者也

廿九日午初開行十一月初一日午抵新加坡泊船處距市陸路四五里馬車價約英洋六角其時船上裝煤炭屑塵飛刻不能支埠頭又無憩息之所不得不至內市一遊人物市肆與西貢略同惟多山嶺遍地櫻葵道傍玉蘭樹尤多西湖柳有高數丈大數圍者土人膚黑唇紅披紅花袈裟耳鼻皆繫以環能英

語者甚少土籍者並不及閩廣客產之多夏令所食之江豆茄蒲王瓜諸蔬雖在仲冬無不悉備土產爲佳紋席粗籐波羅蜜蕉鸚鵡芙蓉鳥各種螺殼

初二日午刻開行初四晚出印度洋風浪稍大然不及過吳淞時顛播之甚使人難耐也

初七日午刻抵錫蘭東口裝煤泊僅四五時渡船極窄刳木爲之横安兩木兩木之端繫一長木浮于水面牽使其船不至傾覆坐處寬不及尺不能容足故未登岸其地椰樹成林怪石嶙峋海潮搏擊浪花高數丈晚亥刻開行

初八日卯正到錫蘭西埔地名可羅媽婆泊舟喚渡登岸渡價

每人洋銀一角土人與新加坡同中國人已不數見天氣鬱熱街道糞汚臭不可當市西有荷池紅衣早褪碧葢猶存土產玳瑁象牙假寶石器酉正開輪仍行印度洋

出洋水道雖近赤道而尚偏北數度至十數度不等船上南窗啟則日光逼進薰蒸鬱炎且易受風是以由華至西洋必擇其右邊之艙房自洋返棹則從左

十三日將出印度洋波光微皺天氣清涼可衣薄棉蓋此處距赤道又較遠矣

十五日午初抵亞丁裝煤其地童山禿禿景緻毫無西人設煤棧以濟行舟置旅店以息行人地產駝鳥可供駕車其毛可作

婦人冠飾卵大週尺十六日寅正開行十九日可衣棉袍

二十日未刻抵蘇爾士河東口廿一日卯刻開駛入河兩岸黃沙地形如蘇常一帶官塘河長二百數十里晚泊港內土人與錫蘭彷彿

廿二日早開行未刻抵波賽裝煤其地爲埃及國一名麥西國屬土耳其土人崇回教婦女以黑紗遮面僅露二目醜態殊甚地盡沙漠產駱駝鳥等戌初開行入地中海廿三至廿五日風浪大作舟左右傾側艙內物件自相搏擊浪過船面水聲澎湃惟有僵臥不動聽其自然而已廿六日浪漸平

廿七日申刻抵意大利國海口地名那不勒東面火山烟焰上

升西面山際屋宇鱗比人民蕃庶古蹟極多晚燈列若繁星照耀璀燦晚開行風浪復作

廿九日卯正抵法國海口地名馬賽舟泊定來一洋人通華語者詢知爲漢口稅司那君威勇赫總稅司德派來辦理法國賽珍會務者承其照料覓寓赴關驗照免稅並將行李代爲逕寄柏林運費寓金亦代爲墊付函致使署撥還一切周到可感之至其地爲法國第一海口帆檣林立屋宇櫛比繁華景象一路來所未有也

十二月初一日卯刻乘馬車至火車站登輪車那君已先在照料握別開行初二日午抵法國都城地名巴黎同行者僅衣福

倫稍知法語然係初次到法一切生疏在巴黎照料賽珍會之副稅司宋波則毫不關切余即邀衣君同覓寓所食宿

巴黎居民約二百萬房屋崇麗街道寬廣城外有短行火輪車較馬車為便食用一切無不昂貴惟紅酒為其土產價賤于各國

法本君主自布國戰勝後改為民主所設總統備位而已國中殷富雖多而俗尚浮華豪富子弟有以五六金置綢韈一雙者性好虛名凡物出自名家者雖倍蓰其值亦不靳是以外圖之心日益甚故與各國時有齟齬近因布仇未復力圖自强然孤立無援恐再遇戰事亦必不能操勝算也

初三日衣君代覓一法人同赴火車行購票計英金五枚法銀一枚戌初開行一面托衣君電致柏林使館俾到德後得以預先派人照料

初四日早入德國境地名瀾倫用早飡換車戌初到柏林車停來而退而火車行此行一路言語不通頗覺不便同車者允為到柏林後送至使署適使館內已早得電報先派洋役在站迎候遂謝去

初五日早謁劉雲蓀星使頗蒙青睞同館者為參贊官黎蒓齋直牧庶昌隨員劉鶴伯通守孚翌張聽帆通守斯栒張玉堂二尹鳳書繙譯官慶靄堂水部常賡韶甫少尹音泰廕五樓少尹昌武巡捕賀蟠臣武孝廉志斌紀正齋武茂才端洋繙譯博提督郎

德國錢幣金三品重曹平二錢一分者值二十馬克重一錢零五釐者值十馬克重五分二釐半者值五馬克銀六品重七錢五分者值五馬克重五錢者值三馬克重三錢者值二馬克重一錢五分者值一馬克重七分五釐者值五十分尼重三分者值二十分尼白銅二品重一錢二分者值十分尼重六分者值五分尼紅銅二品重九分者值二分尼重五分五釐者值一分尼通行以馬克計數每馬克計一百分尼約合制錢三百文鈔票自五馬克二十五十一百五百一千凡六等紙式大小有差

民間通行則甚于金銀以其便于攜帶也

柏林米價每百磅二十餘馬克至三十餘不等以中國斗計之約每石曹紋六兩至十兩蓋地氣寒冷不產稻粱由西班牙美國等處運來加以水腳關稅不得不貴耳德人之食米者甚少不過加少許于湯內猶中國人之用蕈菇焉

洗衣每件三十分尼韈十分尼巾五分尼

薪水經費等銀自上海滙來每庫平一兩得德銀五馬克八十分尼以之滙寄回華僅得實銀九錢而已然磅價日昂恐日後尚不及此耳

行李自巴黎至柏林係由貨車轉運計十二日始行運到計費

一百三十八馬克前自馬賽至巴黎之火車價並馬賽寓資則由博軍門滙還那稅司計其德銀一百十四馬克五十分尼蓋行李運費已由那君列入賽珍會內併銷矣

萬牲園在柏林之西郭往觀者購票每人一馬克禮拜日減半每月之第一禮拜日則又半之園中有池沼亭樓遍畜禽魚鳥獸凡獅象虎豹黿鼉魚鼈之屬天地間所有之生物無不悉備所以資考証也

蠟人館揑蠟成人鬚眉畢肖大小與生人等衣服冠履悉用眞者乍見時不知其爲蠟人也凡有名人物皆肖其像而置之往觀者每人購票五十分尼內樓加三十分尼

水族院盡蓄魚鳥不及萬牲園之備蓋自樹一幟而專考鱗介之屬者蝦長尺餘蛛大如蟹固亦不可多得者也購票亦五十分尼

西人極喜照相故凡帝王將相名人高爵之相遍列市肆任人購買然未經本人允准者雖尋常人之相倘有私售亦可控告科罪

廿九日晚張聽帆邀觀戲術有乞取各人手巾置一漏斗內漏斗之一端插入手鎗頭上捩機開放灰燼塵飛忽于桌上大麪包中剖出摺疊整齊正擬分還各人以爲必須洗淨遂又傾入水盆極力擦洗放一銅盆內以圓熨斗壓之登時取出一如新洗晒乾者又舁一木櫥大可容二人請看客先行查驗盡無所有左右後面亦無門隙少頃前面玻璃門啟陸續走出數女又一女子以頭枕木棍上端空中橫睡或以電氣作樂空中自響或以電燈映照疑若廣寒種種奇異不能盡述

光緒四年元旦隨班　朝賀早晚星使邀宴中國武員袁雨春查連標劉芳圃楊德明自斯邦道營次來城賀年袁等係李伯相派來德國學習兵法者歸李丹崖觀察監督

西國金器以二十四股計然必加銅方能製造因純金太軟不堪用曰十四成者則餘十股爲銅曰十八成者則餘六股爲銅曰八成者則餘十六股爲銅金器至十八成已爲極高之色

德意志國本名日耳曼同盟之列邦凡二十有五自同治九十年間布魯斯國王戰勝法國後列邦共尊之爲帝卽以柏林爲德意志都城無墻垣之守然自有界限計四十七萬密達每密達合中國官尺三尺近來日事擴充建造工作年有所增都城居民一百餘萬有奇

德國統有議院八十所海口之著名而有關戰守者曰維勒海而姆哈芬曰溪耳曰司肥納而明兌曰漢姆布而希曰枯克司哈芬

德意志爲君民共主之國凡政令議于下決于上下議院紳以各鄉邑之富紳充之富則產業多必自顧其身家國固則民安

使其不自吝以失身家也凡兵餉官俸水利道途樹蔭一切國用計其次年之所需預先開院會議計數征稅不足者繼之以國債城債會議則以允者過半爲定下院定議則上之於上議院上院定而批決于君然後施行亦有特籌一餉特增一稅發下院議辦者苟民之所不願必相辯駁以理爲曲直不以尊卑定可否也稅歛頗重貨物爲貧富日用所必需者亦止值百征五且止征進口一次土產無征稅之例客貨進口後任憑往返轉運概不重征其餘絲稅則約百之五十茶則幾倍烟酒之稅亦重以其非必需之物不妨重歛而取諸富有而嗜好者貨稅之外有地稅房稅丁稅犬馬稅又有每人每年所入之欵計其

多寡而征稅焉然歛重而怨輕以其非國無以保民也掌樞密一人各部亦以一人主之所以一事權也掌銓政司文柄者曰內部司陸軍者曰兵部司水軍者曰海部司稅課者曰戶部司營造者曰工部司交涉者曰外部司教務以及醫藥者曰教部司耕種收養者曰農部司貿易者曰商部司梨園者曰樂部司驛傳者曰信部無禮部以考試已隸內部僅設禮官長者品級視尚書隨朝執事部各司員數人而已辦地方一切公事者曰地方官專司橋梁道塗水利壩閘種植樹木清潔街道曰審問官專理詞訟曰稅務官專司地丁等稅曰戶籍官專司生死婚嫁曰巡捕官專管一切而分送各官辦理者刑罰甚省曰罰鍰曰監禁監禁之罪有數日以至數年或終身者曰槍斃曰絞此數刑之外又有所謂罰去體面以久暫定重輕去體面之期內爲親友所不齒數十年前尚有鐐銬釘板等刑今則久革矣訊案以理折不以刑求無據之事設誓以信之則案結然原被同願設誓者亦往往置之高擱焉

德國民情儉約俗尚多文凡男女六七歲卽入學堂讀書認字父母任其游蕩者罰幼孤或無力者入官塾稍長至十四五則分習他藝操作有定時每日辰至酉除午餐半時外不准偷惰禮拜日則市肆閉工作停從事于嬉游宴樂教奉耶穌近年滋生頗衆工商農務漸見不足故出游者甚多平民年至二十卽

充兵在營三年惟殘廢者可免學習文官者可免在營年滿各歸本業遇事則隨時征調寓兵於農工商賈之中婚姻須自擇配男三十女二十爲期富貴之家競尚門戶然女富而男貴者往往厚贈其奩而遣嫁焉通俗夏令尚出游自貴官以至市夥每夏例得請假四禮拜或六禮拜互替往回此風相沿纔十數年耳俗尚男女並重鰥之再娶與孀之再醮無以異故于冬令茶會盛行之際未婚之男女互相周旋而孀婦亦與焉序次尚右乘車步行女右而男左者在彼欲便于扶攜非女重于男也然我觀之仍合男左女右之例婚嫁之後姓仍從夫中饋之外一切事務女人不與焉

英國倫敦有婦人某通經史善詞令議論宏博集同志若千人致書議院以爲婦女亦人耳何以一切國政不得預聞請男女並用經理國政然當女主聽政之時亦不能從其請蓋陰陽順逆之道有自然而不容溷淆者也

德國地居歐洲之中南界法國瑞士東南界奧國東界俄國北界丹馬海西界和蘭比利時國疆土五十三萬九千八百十六平方密達每平方密達約合中國九平方官尺人民四千五百十九萬有奇陸路常兵四十二萬七千二百零戰艘一百五隻載砲五百七十五尊水師兵一萬六千零貿易行海商船四千七百七十七隻此近年實數也

德國盡民爲兵常額四十餘萬戰時可以儘數征調其槍法陣法口號一切于當兵時先已習熟期滿之後仍每年調操十二日故征調之際無事團練帶兵之員均從武學堂學習凡走陣騎擊測量繪畫均須考取方能授職官制亦與中國相仿惟重武故視把總如庶常千總如編檢守備則已開坊矣都司以上則已京堂矣副將儼然閣學提鎮則比之尚書侍郎蓋武員必盡其所能可以兼文文員則不習兵法不能兼武故廷臣之與朝宴者部臣而外武居首每歲國君閱操必特賜武臣之宴出使之武隨員亦被召而公使不與焉器械則有官廠有民廠砲曰克虜伯槍曰毛瑟爲各國之冠故能雄視歐洲凡閱操國君親臨者年例陸路二次野戰一次水師一次操時儼同對敵裹糧持械于千里之外露宿風餐隨操者有製造營所以修理軍械工作營所以折造鐵路橋梁糧食營所以濟兵食醫藥營所以治疾病凡有工作于數時之內無不立就焉每遇戰事必令議院籌餉故民皆不願與各國有爭鬭也

德國物產與英法相仿惟印書石一物以化學作成之油書于紙上拓于石面則字跡結而不散可任意用油墨刷印每刷一次潤水一次以水處無油油處無水使不致粘染模糊也不欲存留者用細石磨去一層仍可另刷他書各國用此石以代聚珍板者甚多皆產自德境

洋人制作一國所能各國無不仿而行之惟照章由國家給憑者他人不得仿造爭利故百工竭其智巧不遺餘力然雕虫小技非爲不可少之物惟克虜卜之鋼砲葛魯孫之鐵砲臺毛瑟之後膛槍刷次考夫之燐銅魚雷爲戰勝之具禦侮自强之道是以特重也

廿四日黎蘋齋參贊邀觀劇園名惟克多利亞此園尙彩故言語不通者亦覺易曉其彩以油畫之樹木山石挖空懸諸臺後疊襯多層以電燈映之自近及遠約十數里烟雲縹緲神仙來去忽隱忽現觀者疑爲眞景每演凡三齣五齣不等每齣必另易一彩客坐上等者計每人六馬克戌初開演子初散

西人游戲有以大圓廳用膠灰做成極平極光滑之地男女着四輪水履在上溜行其疾如風和以西樂有時則特擇一日各衣古衣冠或戴鬼面倍其購票之値以充善舉

德國民兵除衣食由官放給外每月餉銀僅九馬克哨長以千把外委充之月俸僅七十五馬克至一二百馬克歷七八年之久始得升都守充哨官月俸三五百馬克至提督始得月俸一千馬克故充哨長者必須家有津貼或娶婦之富者藉以貼補否則債負纍纍時有告假至他國另謀生計者

德國重武世家子弟無不赴武學堂習藝年將二十考試中試者即授以外委之職新得外委則趾高氣揚目空一切故充哨

長者雖貧亦尚可設法支持且富室之女無不爭婚焉

武官平時亦須戎服途遇同寅須舉手于額以爲禮各處守門兵見之舉槍以爲禮途遇本營兵則兵站立一傍兩手垂直官則以手加額而已

德國每年大操夏秋二次君王親閱兵丁各背皮袋儲乾糧火器並鐵鍋一大氈衣一隨處露宿惟哨官有應得布篷操時與行軍相同往往遠及千里者

二月初四日晩偕同事諸君往觀獸技或曰馬戲然所見者不僅馬亦有牛象惟演技者爲馬耳大約如中國之跑馬走索者馬甚解事能應樂而走女伶數人在馬背忽上忽下或立或坐或空架火圈飛馳躍過或藏布巾于土中令馬尋覓而得之上等坐每人四馬克以次等殺

德國寄信每封以十五分重爲率約計中國曹平三錢八分計衡本國境內者資十分尼寄歐美各洲者計資二十分尼寄信函重者總以十五分遞加計値寄中國日本信本須加倍後亦改定一律收資信亦可保險無論人小每封加給二十分尼該局具一收據倘有遺失可持據索償賠款每函不計分兩償德銀四十馬克又有氣筒寄信以銅管埋四城街道之下凡有要事尅期須遞到者可由氣筒轉寄每函定限重十分寄資須三十分尼遞法以信納筒之一端用空氣壓入推送至彼端其速如

槍砲之子彈惟于都會省垣設此以便緊要之用鄉間則不能也總管郵務者曰信部大臣凡國中電報郵傳一切悉隸焉

柏林都城有信局六十二所大半兼電報氣筒德律風者信局之外又于街道置鐵信箱約兩三街置箱一口寄信者可自投而不能取出每日由局丁啟扃收取六次西國寄信必以信票粘貼信面則資已付訖倘不粘票則接信者須倍給其資信票以國君之面形或各國之記識用鋼板雕刻刷印由信部頒發各省府縣一律通行幾同票鈔惟爲數太微不便行使耳

馬車之停歇街口受僱者凡二等停車處有巡捕牌示准停某等車幾輛等第不符車輛過額者罰頭等車每十五分鐘計値

一馬克多一刻加五十分尼以次照數遞加二等車每一刻給六十分尼多一刻加四十分尼以後亦以五十分尼爲一刻遞加此均係一二人乘車者倘三四人乘車則頭等車初刻給一馬克五十分尼二等車初刻一馬克夜間自十一點鐘至次早八點夏令則七點謂之夜車價照常加倍僱車又有照地圖之尺寸計算者每長二千四百密達爲一段則照一刻時價給之以次遞加其街道之尺寸專有一圖肆中刷就由巡捕總統處蓋印頒售內以五色印成每一色計長一百六十密達各色相間則街道之長短可按圖而索矣

柏林長車以鐵条嵌置街心如火輪鐵路式長車行於上每車

小者可乘廿八人中者三十二人大者五十六人車式如舟四圍玻璃窗夏則用百葉窗軟裀潤座頗覺適意以兩馬駕之小者一馬每人車價自十分尼至三十分尼視路之遠近爲定惟長車僅設于通衢要道其尋常小街不能遍及然四城已遍即偶有不到之處繼之以步已省力多矣鐵路長車均係股分公司苟欲添設則會禀于地方官紳會議允准而行

西法試金以金磨在試金石上再以銅磨在金旁用銷銅鏹水化之其不化者或稍稍化去者則金之眞僞成色之高低均可確據以分別矣

遇熱而伸遇冷而縮盡物皆然故時辰表內之擺佳者必兩半相斷俾冬夏縮漲不致有碍于遲速

德國食用較英國爲賤然較之中國已不止數倍使館中僱用門丁月工一百廿七馬克半跟役二人一百馬克又九十馬克媼二人每六十六馬克然土人僱用女僕則給以飯食月工不過十馬克廿馬克男僕較貴然年節生日必給賞欵每次須數十馬克惟庖工則非百餘馬克不可盖因從師學習而成也

購買食物並尋常器皿每日有市較之肆中可賤十分之一二且肉類更新鮮市集有一定日期一定地段鄉人車載馬馱絡繹于道有大家主婦率婢僕赴市選購者猪肉市價每磅七十分尼牛肉八十分尼至一馬克零以老牛貴而小牛賤也

三月十一日德兵部署內開設花會招客往觀其中五色洋水仙爲最多杜鵑亦甚夥茶花自東方來者不少並各種洋花絢爛滿目馥都可人另有栽種機器風車水車附設以備栽花之用

柏林地緯與黑龍江同度故三月中尙雨雪然嚴冬靑草不枯但不及春夏之盛想係草種不同本自耐寒耳

十四日午後偕黎劉二君游美亞署譯言地方官署至其鐘樓之巓石梯四百九十級俯瞩人馬如蟻房屋如鱗署內十數楹高數仞之廳事幾處或以庋書或以議事或以問案各設百數十座金彩耀目窮極崇麗鶴伯云較之英倫有過無不及也

顯微鏡以數層玻璃凹凸製之自六十倍以至一二千倍照粒米如車輪凡物之形質皆藉此鏡以分別特設一所置鏡百十架考究顯微之學者可往觀每次給一馬克

柏林之北有獸醫院地可數十畝房十餘所另一所專儲人胎獸胎人物骨殖者有獸屍數具二頭五足者二頭六足者二身相連者又有人身二體相連者均以燒酒浸玻璃缸中以備考究院中經費係國家所給民間犬馬因病送醫者仍須給值醫生亦係考充不得濫厠

廿九日游勿雞拉譯言花房也房以玻璃爲蓋大可五畝許地下窨藏鐵管通水鍋俾運送熱氣使冬夏無異候修竹高椰自

印度移來爲德國絕無僅有之物有時芭蕉亦結實屋右墻外綠水盈盈布帆蕩漾景緻頗佳都人士爲夏日納涼之所張燈作樂以醵貲焉

廿三日看北冰洋畫圖冰洋在南北兩極距赤道將九十度寒冷不生草木人跡難到惟白熊最多有人結伴前往摹繪其景復以油顏色繪布片上冰山萬仞雪海千尋探冰船隻凍不能行人藉火以活描寫之工不能言喻畫置暗室以燈光返鏡照之注目久視不啻身歷其境

自來水機器廠在柏林之四郊每處或機器一座兩座不等以機吸取河內清水至一橫筒內筒周二三圍長二三丈復以氣

壓之使水自下而上行至十餘丈高之塔頂再由水管通行各處廿五日隨星使往觀東郊之水廠該廠有機器兩座一雙輪一單輪每日可起水五千立方密達機器價值廿一萬馬克合中國銀四萬兩房屋及水管均不在內

掃地機器以棕爲之如刷子四面有鬚長約四尺斜置車後以馬駕車車行則帚自旋轉將汚穢掃至一傍再用人夫搬入小斗車內轉載大車裝運出境每車約可抵三十人力

氣球以油綢或樹膠汁之綢縫成週六七丈高三四丈外罩繩網形如單葫蘆鼓以煤氣氣將滿則球勢自上以多人繫之並掛沙袋數十下懸一筐大可容三五人氣滿則將沙袋解去球

卽升高約千丈欲下則筐中人將氣緩緩放去自然下墜然落至何處不能自主無風時亦不致飄揚過遠倘遇風大則數十里不能預定也

四月初十日午後德君乘車游行被擊未中凶手卽時拏獲當時回宮後百姓之聚集宮前問安者有數萬人國君親出告慰始各散去次日民間張燈結綵懸旗作樂以相慶賀晚間國君仍輕車出外觀劇以慰民心數日後武學院之肄業各生亦行慶賀禮計共千餘人教習乘四輪車廿餘輛兵樂九起至王宮慶賀觀者塞途

星使以黎參贊本係借調之員故于年前奏派李丹崖監督充

頭等參贊官薛叔耘太守福辰充三等參贊官至是奉總署議覆以李係道員應照使英大臣郭奏調之張自牧作爲二等薛充三等惟薛叔耘太守適值丁艱玉帛周旋未便以墨絰從事禀由李伯相咨銷

廿一至廿四日隨星使看大操每日自早至午馬步砲隊齊集南教場盛預槍頭金光耀目砲車糧載塵土蔽天數萬人步伐無一足之參差惟放槍不用火藥只以空機開放所以省糜費也教場周數十里東西不能相見德君及后僅廿四日親臨一次每屆大操由外部備帖分送各使署車至教場由巡捕驗帖放入排班停駁惟武隨員則須乘馬隨同德君相與馳驟

老王宮在柏林西鄉距城約十里許地名薩羅敦布爾希德君之父即以此宮爲陵寢于園囿之北建屋設壙壙之上面以白石雕琢本人夫婦二形挺卧石床上刻工極精細屋頂以藍玻璃映之地以大理石鋪砌鐫生歿年月于上宮中周圍甚廣樹木陰森各房內庋藏古車器磁器繡衣等甚夥衣錦漸將灰化矣往觀者僅給賞司鑰人而已

大操所到者曰步隊曰馬隊曰精選槍隊曰砲隊曰運送糧食軍裝隊曰造折火車路隊曰搭造浮橋隊曰醫藥隊統計二萬餘人惟步隊最多約居十之五

廿八日隨星使看水雷廠雷以鐵爲殼形如通商口岸洋船浮水之表惟一頭不尖內實以棉花火藥雷之上面有機管五處以玻璃爲之內置發電之藥水外套以鉛管船遇機則鉛管碎而電氣自發雷之下並有電線一面通岸上俾陰陽二電可合可離使不致誤傷己船

五月初二日德君被擊中細鎗子三十餘粒頭面左手均傷幸無致命處遂赴鄉調治世子攝國政

柏林燈彩最繁盛者一爲克羅而一爲白艮雖均戲館而兼花園者園中於夏令遍置煤氣燈以五色玻璃罩之光怪陸離據稱各有二萬燈頭惟見點點若繁星耳

洋語頭等公使曰安八司得爾二等曰米尼司得爾護理使務

者曰沙惹達非爾參贊曰色克勒得爾隨員曰阿達塞中國遣使到彼即以其各名目譯報外部然洋人所謂阿達塞者係富紳子弟自備資斧禀請國家派至使館學習出使事宜者之稱凡在使館派有職司或文案或書啟則皆稱之謂色克勒得爾惟當分以等差耳故各國使館阿達塞年皆二十餘歲學習數年後即派以職司則易其名曰色克勒得爾

自上海寄物來德交英公司船寄者物箱到英時關上代爲拆驗估計稅項來信索取交法公司船寄者則由馬賽交輪車公司直達柏林柏林稅關亦須拆驗倘先期函致稅關告以使署公物某件若干重開單送去則可免驗因德國除公使或使館

公用之物由德君發給公欵存關代納稅課外其餘參隨各員均須自行納稅然大小數十使館在差各員之物無不作爲使館公物開單放行者

使館本在弗里得利希街第二百三十六號歲租二萬馬克立合同兩年年滿屋主議增租值故另行覓得於八月初遷移新館在城西爲前戶部大臣芬特而海脫之產年租一萬二千馬克又器具租三千四百馬克廳事較寬于舊館園中花卉亦略勝惟距城較遠然夏令清氣則又勝于舊館多矣

九月廿七日接總署咨文光緒四年七月廿七日 上諭侯選道李鳳苞着加二品頂戴署理出使德國欽差大臣劉錫鴻

着回京供職欽此先此兩月許已接有電報故預備交代公事刻無暇晷至是則大致楚楚專候移交矣

德國銀行國家所設者最殷實惟存放銀錢概不給息其次則使館現在所來往者名狄司康他股分資本四千萬馬克存欵無定期者每年三釐起息然每存銀一千枚須存費六十幾分利息既薄費用又大故德人之持利營生者非百萬馬克不能自立也

十月初九日李星使接篆余仍蒙奏留辦理文案並兼支應事宜留洋差遣者劉鶴伯慶霱堂賡韶市廕五樓博郎及余其餘均隨劉京卿旋華李星使帶來之員爲羅稷臣主政豐祿陳敬

如都戎季同一英一法洋文已造其極

十二月初二日卽西十二月廿五爲耶蘇誕辰自昨晚起各家以松樹置庭中遍懸綵件燈燭金絲紅線之類桌上陳設親友所貽禮物邀客聚飲有請客各出一物以紙包固編號拈鬮對號取物者有主人獨備物件分送號票拈取者有備物分送不用鬮拈者其物無所不備大約文墨針黹具爲多松樹則設至除夕日爲止

西國過年親友均須餽贈父子兄弟夫婦之親亦如之其物或平日自制或臨時購來未送之前不使之知往往一物一件卽可爲禮送時在西十二月廿五日

柏林所駐各邦隨使之員有不住使館者因各人房租均由國家給發不得不在外租賃凡租連器具之屋一明一暗月租約七八十馬克至百馬克僕人洒掃房屋月貼五六馬克油燈月約六馬克冬令煤炭月給十五馬克包飯月六七十馬克者不能下咽故往往赴飯館包食二三百或三五百馬克不能限定也

使館須給洋僕等年賞王宮僕人外部丁役信電夫巡捕及垃圾夫等亦須給賞均于耶蘇誕之前一日給發蓋西人重耶蘇誕而不重年惟賀年仍于元旦日

初四日崇地山宮保厚到柏林赴俄辦理伊犁事件也初六日

即起節同行者爲邵小村觀察友濂蔣丹如太守斯彤暨繙譯隨員等並將英館之德在初兵曹德館之慶靄堂工曹一併調往

柏林街道嚴冬積雪甚厚以無輪之滑車駕馬而行名曰溼里汀譯言冰車亦分頭二等價與馬車同

使英大臣郭筠仙侍郎奉命召回代者爲曾劼剛襲侯隨帶參贊陳松生部郎遠濟劉開生太守翰清繙譯左子興都事秉隆陳莘耕司馬志尹聯子振中翰興隨員楊仁山中翰文會曹逸齋二尹金詠李敦甫參軍朝貴蕭介生二尹仁杰曾省齋二尹念祖李芳圃大令炳琳王小峰仙尉國治揚如齋二尹淦謝智

卿二尹先任王欽軒二尹世綬武弁四員洋繙譯法蘭亭一員分住英法二國

柏林滙銀至滬每次有印稅費送力等欵銀數太少費不能過減也每規銀一兩約須合五馬克五十分尼之譜他國章程亦然惟時價有不同耳

光緒五年歲次己卯元旦隨班　朝賀禮畢團拜于紅廳

初九日德君年例召見凡年內新到隨使各員或因公來此而並不干使務者均由使館開單送外部帶領到宮届時立于使臣之後報名候見畢至白廳入座聽樂凡八闋及半德君親至各員前問答一二語至余前問樂好否余答以甚好晚六點半鐘到宮十一點鐘散樂會無宴僅茶點甜酒而已

柏林官戲園屬樂部者有二曰阿勃而好司曰稍司比而好司每新年于阿勃而好司設跳舞大會一次男票十二馬克女票九馬克醵資作善舉年例也每届由外部大臣致函使館開單代購票紙持票進內設座處分頭二等使館不容紊亂今届于初十日設會晚九點鐘官民到齊少頃德君率眷屬等至舞廳排行圍繞然後官紳等作盤旋之舞舞式一曰走陣男女相攜魚貫而行一曰長陣數十人兩面排立旋舞一曰方陣每四對爲一隊參差相舞一曰蘭因舞一曰坡兒茄一曰伐而崔皆男女相抱四圍飛旋惟步法有不同耳至一點鐘散是日售出之

票有二千八百餘張

十六日德君請宴晚八點鐘公服至宮公使均分等第爲一班每等中又以先遞國書者爲序站立于白廳之一隅參隨等員站立公使之後本國之將相部臣序次于公使之下婦人另立一班于對面凡未婚之女均可隨往站立于其母之後禮官擊杵三聲則班齊又三聲而君后至國君自頭等公使起國后自頭等公使夫人起逐一問荅一二語至本國大臣止然後君至命婦處后至使臣處周旋既遍則樂作而舞起矣本國官員三品以下者在白廳外之畫廊廊大數楹可容人二千跳舞時則更替至白廳德君及其眷屬設座以觀至十一點鐘赴用膳房

膳房亦分數處每處設長桌十數張罩以白毯陳設龍蝦牛羊魚鱉雞鳧鹿兎蜜餞水果數十種紅白香冰等酒亦齊備値席者衣銀繡之衣若干人遞送刀叉杯盤任人飮啖惟座位不多直立而啖果腹而已膳畢復再至白廳跳舞然散歸者已大半矣

三十日赴德君新宮跳舞會並設筵宴宮小于舊宮故赴召者止七百餘人

柏林學騎馬每一點鐘價三馬克初學時在馬館內大屋之下地鋪泥沙教習以鞭指揮不善騎者倘將攧跌教習能喚馬立停馬盡解人意屋內學成然後可往馬路馳驟

二月初五日德君復招宴于大王宮

英國駐德之公使每年俸七千磅頭等參贊每年俸九百餘磅二等三百三十三磅公使他出以參贊護理者年加俸九十餘磅日本駐德參贊年俸五百磅隨員三百磅房租均在內他國隨員往往無俸日本則亦非富家子弟隨使學習者故仍給俸薪隨辦公事英使之駐法國者年俸一萬磅除公使以外參贊等員所得之俸均不專用故西國出使各員無不家資殷實者

西國請客於一禮拜或十數日前送帖過數日書一回函或赴或不赴或先允赴而臨時感病又須函告其禮與中華無異惟公使等往往不作復然非所以盡禮也

西醫治鼻衂用一種酸水或白醋令吸入鼻管使血遇酸而斂但血湧不止者其力仍不敵耳

粵人曾子穆鄞人陳瑞濱係自備資斧在德境習機器開礦等學本年三月已學習年滿來館辭行回華曾之父號蘭生在北洋大臣處充繙譯官其母係美國人

柏林官典章程每物估定價値當給三分之二每馬克月利三分尾六個月爲滿其餘私押則當値更少利亦加重故凡典商不得與上等人爲伍鄙其業也

出洋差次丁憂人員倘有未完事件應隨時奏留差竣回華補制如無經手事件者卽令回華准給歸裝銀兩奏調而尙未起程者卽飭回籍

閏三月十一日卽西五月初一日柏林開設賽珍會于城北集二十五列邦之百工物藝以相比賽凡人生日用所需之物出之于人力者無不齊備如耕作勤則田土肥而五穀實機器巧則人力省而事功倍會竣由商工等部委員評定等第給予金銀等牌以獎勵工之巧者有電氣輪車不假汽力自行于鐵路之上乘駛一周覺更穩于火輪車

德國翰林院教習芍兌曾由華英字彙轉習華文著有華德字通一本繙譯甚確惟字句太少且多係文理語以之學話太覺深奧購價計八馬克

使館中本有浴池因其房中太凉就浴者輒易感冒故不得不赴浴堂從事堂中有俄式浴堂奧式浴堂尋常浴堂並有頭二等之分頭等價一馬克二等七十五分尼浴池以塞門德土做成極似石琢者池旁三管以螺旋作啟閉左管爲熱水右管爲冷水中管則冷水從上面噴下者任人所需儻池水太多則池底有螺旋管可以啟而放之

西人治傷食或便秘飲苦泉一二碗胃中積滯即可消盡半日後血脉下行大便通瀉可謂應手奏效惟身弱者恐難任此耳

廿二日即西六月十一日爲德君五十年重迎花燭之期名曰金婚午刻隨同星使赴宮致賀德君夫婦並立白廳寶座前公

使分等第率屬趨至德君前行一俯首禮又至德后前禮同各員魚貫而行禮亦同遂散晚間市肆均懸燈結綵街道車轍相連踵背相接極形熱鬧西例初婚曰綠婚以黄楊葉置花冠上偕老廿五年曰銀婚冠以銀爲之再廿五年曰金婚冠以金爲之再廿五年曰金剛鑽婚冠以金剛石爲之然西人三十而婚金剛鑽婚則已逾百歲頗不多聞也

廿三日德君邀宴所以謝賀也謌樂十闋至夜半用膳膳畢即散

頭等公使有代君之權遣派到國須以王輦至火車行迎接往謁國君行使臣禮君則敵體待之到任後不先遍謁坐客擇日由公館函致各使館今于某日見客極願承教云云他國使者均當率屬前往然後謝步名片亦只書某國頭等使而不書名姓頭等使婦續到者亦然頭等公使每設宴會必邀君后及世子王孫等以其敵體也二等使則不然

十九日爲德紳藍得漫之姪女綠衣姒嫁期請赴禮拜堂觀合巹之禮夫婦並跪神龕前教士口中喃喃樓上作樂樂與他樂不同亦洋琴之類教士念畢復口說勸詞至新婦垂淚者然後將夫婦左手所戴金戒指互換戴于右手無名指上神龕兩旁各立十數人男左女右均吉服女各手執大花把猶中國伴新人者然均係至戚好友禮畢至堂後諸客握手稱賀新人乘車

回家賀客同往遂設宴入席至晚夫婦即挈行裝出外遊歷約一月始返亦有先一日設宴請客者名曰坡而脫阿盆脫

德俗夏令各鄉有樹木處盛設加非館以備游人避暑並有嬉耍之局或打鳳槍以試目力或騎木馬以舒筋絡或打標擲骰抛球飛圈或泛小艇于湖中隨處皆有每午後往自城中者絡繹不絕夜半方散歸

廿三日赴波子達姆城看砂磚廠磚以砂若干合石灰泥若干用水調勻放模內以壓水機器壓之待乾不必火燒其堅固愈于火燒之磚蓋砂與石灰泥土本有化合之性故能自相凝結而不散也

柏林每歲西八九月間開油畫會一次以一年內諸名家所畫送至某處品評入選者送入畫會院屋數十間畫千百幅觀者肩摩踵接畫之上等者估值待售價有至萬千馬克者次者徧號設標票分售每票三馬克得標者對號取畫然僅百中之一二耳

九月初四日崇宮保自俄回京道出柏林星使赴客店跪寄
聖安各員亦隨同往送

初柏林使館支應歸博郎經理劉星使派余繙譯入册俾便造報李星使接篆後亦照舊辦理至是博郎請退因于十三日將一切支應事宜全行交代余手事煩任重兢惕時深且余不擅

德文德語一切賬單雖略識數字終不能一目了然故知出洋者非略曉洋文不可

十九日為西除夕奧國男爵來台而司退格兒邀往守歲至則諸客齊集舉酒相飲至夜半十二點鐘各握手賀新年至三點鐘合家均出外步游意其猶中國之迎喜神方歟

日本署使山宮云凡在使署之隨員得與朝會者皆應赴宮投片賀年片紙交朝官並女朝官處上年一切均係博郎代為料理代赴朝官處掛號今則又須自往矣

柏林街道各處有戴紅帽帽上有銅號數目字者謂之丁字蠻譯言差人也凡人令其送物送信視路之遠近力金自五十分尼至一馬克倘係貴重物件令其擕送向取名號片紙萬無遺失之虞蓋此等人年老不能力作或係老兵赴巡捕房註册報名充當此役萬一貽誤可持號片向巡捕查追立可交到然遺失物信則決無之事也

光緒六年歲次庚辰正月元旦隨班　朝賀

德俗赴宴凡至王宮各部大臣家每宴客以千計少亦數百局面廣濶必須隨帶跟丁所着外罩皮衣可交家丁其餘尋常茶敘則外衣均掛客廳之外散出時司衣司閽者均須給賞一二馬克或三四馬克

德國大學館內生徒均數百人分作十等頭等者月修十二馬

克末等只五馬克每日九點鐘到館二點鐘散教習或男或女人數不定教授之事凡六曰文字曰外國語言曰天文曰地輿曰算學曰教務故日月五星之所繫江淮河漢之所在雖年未及歲悉能應對也

西國婦女多能作歌彈琴有以此為生者凡人家宴會延請有名歌彈者每人每夜酬資數百馬克至數千馬克不等惟尋常樂工則每人不過十馬克因跳舞而用者自四人至十數人皆可亦有一人彈洋琴以和舞者每夜工價十五馬克樂館中樂工有多至七十人者

西俗三四月間有佳節曰阿司退而非司脫謂耶蘇復生之日

大開筵宴各送蛋式糖或以錦繡做成蛋式中實以各種糖食分送親友之未及歲者城鄉游人絡繹道途其次日則工作手藝人游玩之期先三日爲耶蘇被害之辰禁止宴會作樂

德語謂請宴曰的奈曰密達哈愛生者卽午飯然請在四五點鐘者須應時刻到至遲逾十分鐘則諸客已專候一人矣曰叔胚曰阿盆脫愛生者或僅稱茶敘卽晚飯在七八九點鐘不等可逾一二三刻而往交深者可早到否則太覺不雅看戲聽樂亦須應時到或因事延遲不妨申說道歉王宮茶會更須應時必到在位高者之先所以盡敬也

十九日本署請大樂會十日前發帖約四百副到者三百人計

定筵席二百二十分每分八馬克賸者尚多實可專四百客之用糕餅冰糕冰水等一百六十五馬克又用去香冰酒七十五瓶每瓶五馬克五十分尼紅酒四十九瓶每瓶二馬克白酒十七瓶每瓶亦二馬克琴歌女士來蠻五百馬克派提拉五百馬克阿而梯迂脫五百馬克迷迂來兒三百馬克馬女推脫三百馬克衆樂工一百五十馬克租大琴二十馬克刷請帖三十一馬克樂單十八馬克五十分尼烟捲四十餘馬克堆花一百十四馬克另僱洋僕値席十五人共一百五十馬克又頭目三十馬克其餘値酒値衣司閽司幔均係自派各有賞又租磁器杯瓶壺盤桌椅巾刀叉羹匙等四百分共賃價四百五馬克約共用德銀六千一百餘馬克合庫平銀一千一百兩西國之宴會大抵如此

西俗宴會就席須訂女客同坐亦有主人書花片代爲派定則無須自行面請就席時俯首爲禮以右臂舉起請其以左手相攜至飯廳入座凡女客多于男客則陪客者幫同主人帶領女客就坐後不妨再請一客俾逾數之女不致朋立以待故講究請客者必配定男女數適相符此係指筵宴而言所謂的奈者是也若大茶會大跳舞會人在數百以上者則往往無坐位所有椅兀只可儘女客坐男客取酒菜糖果等送至所攜之女客處再行自取大半站立就食者飯畢仍攜臂送至客廳點頭爲

禮

萬牲園雖係考究禽魚鳥獸之所然夏令間日作樂故游人有購長年票者計每年十五馬克以照像一紙印一硬戳憑此進門如全眷購票則第一人十五馬克以次每人只九馬克此外他處游票及浴堂價凡躉購者均可減十分之二五

三月初九日與鶴伯稷臣同赴阿盆而好司戲園觀劇園隸樂部數日前新到名優盧卡每日演價四千馬克戲票輒出售每座有貴至三百馬克者惟出使人員可作函遣丁向樂部大臣購票則仍照原價西人所謂應享之權利也

柏林城北新設魚會德世子爲保護之主徵集通商各國業魚

器具考究漁澤之利中國亦由赫總稅司派員由甯波一口備送各物籬笓網罟無不齊備並有木雕之甯波漁人眷屬孩童神形向肖會畢之後品評給獎亦與賽珍會同惟會期只三個月耳

西俗男女及歲成冠笄之禮謂之安痕惹而共克擇日男則衣缺襟衣繫白領女則衣白緞長裙袒臂之服至禮拜堂坐神龕前男左女右教士誦經樓頭作樂有感而涕泣者半响禮畢親友舉手相賀散歸設宴致送禮物則于前一日交去

十二日偕徐仲虎劉鶴伯二君赴波子達姆看石廠石以沙泥等物或石膏和各種顏色以水汔柜壓堅待乾用細石水磨七

次至極光如鏡與大理太湖等石無少別其沙料即塞門德土性能化合堅結如眞石惟分兩畧輕耳廠爲世爵勿里得阿來所設渠願以製法授余因往返不便遂中止

犬會設柏林城南土阜上會中以木作廠列號分格儲犬種類數百亦有標價出售者亦有送往比賽者並有設標票出售以得彩者廳事中陳設各種養犬之器以及犬衣犬鈴等物精粗悉備西人之于犬亦可謂盡心矣

德人善繪事者甚多有以畫磁授余者畫法以白磁器先用松節油西名退而噴汀抹過再用金質之顏料任意繪畫待乾付磁窰加金再燒一次則金質之色可以鎔化粘于磁上惟紅色不宜加于黃色之上以其性不相合也

北極冰洋游歷圖以大幅洋布畫成自瑞典國鼓輪起椗歷涉風波至北冰洋舟爲之膠畫幀如橫幅而極大置戲臺之前面左捲右舒冰洋景緻歷歷在目後面以煤氣燈映之疑似疑非令人莫測至返棹回國則其國之宮中張燈以待流星花炮萬道金光最奇者海中風暴電光劃裂紋于布上以電燈閃爍照之儼若眞閃往游者爲瑞士人親歷其境手繪此圖以供同好云

德國本境信資每函十分尼輕重不較寄物件則重十磅寄資五十分尼十磅以外遞加二十分尼故其國人逾十磅以外至

廿磅之物分作兩包交寄俾省寄資然出境之物寄費則甚貴且本信局不能預估他國入境寄資須俟物件寄到他國接其國之信局回信然後再付寄資往往値數馬克之物寄資逾倍者

十月十八日布國開議院與五棲同往聽議凡開議院外部亦送憑單以便往聽數年來余曾未一往今差滿將行因往觀焉院屋爲極大廳事四面如看樓廳南設主議者之位廳北爲各部大臣聽議之所堂之右樓爲出使者聽議之所左樓則紳商之眷屬議者更番辯論至數時之久事屬猶太教無關使務因先去

柏林之官錢局在王宮之南河沿製法以金或銀入爐鎔化合就一定之成色鑄成条入機器夾二十餘次成薄片復用機器剪成圓片大小厚薄如各種錢過秤重者鑢之使分兩相等裝入鐵鑵內用泥封固入爐煆令性軟再以藥水洗淨入燙氣鍋內炒乾然後以機器鑢邊使光入花邊機壓出邊花入面花機壓出兩面文字再行過秤此秤亦以機器爲之中間分三層錢從上面總孔內落下分兩準者在中層落出稍重者在下層落出分兩不及者上層即先行落出又有英國秤法更精緻可觀其意亦大同而小異或謂製成花紋始行秤準則何不于未壓花以前先行秤準殊不知壓花時尚有邊綫微金擦去之事故

不能先秤後壓也其印花文之模係以鋼煆軟用母模夾機器中壓成再燒紅淬水則堅與母模同其母模之做法則以極好之鋼用火煆軟以刀雕刻工夫極細雕成後燒紅淬水即成母模故母模一成則千百子模不難剋期而就該局造模處存有各種賞牌鋼模大小無數均係國家所用概出于該廠之工其金銀等品評成色則由化學師化試高低故無毫釐之失廿八日五樓同往觀看司事者復以化分銀色法示之

十一月初五晚亥刻劉鶴伯觀察謝世鶴伯于光緒二年冬隨郭劉二星使赴英旋經劉星使調帶來德李星使又奏留當差期滿保奬以知府升道員爲人聰明豪爽學問純粹兼通英法德三國語言文字爲出使各員中所僅見余與之同事三年規過勸善尤能直言不隱應對周旋極爲西人所稱賞不意九月下旬患肺癰之症時輕時重竟至不起懷才如此而天不永年良可慨也當蒙星使諭令料理後事檢點遺物運華交其家屬承領一面辦理奏稿請恤並咨總署請給六個月薪水爲撫恤之欵遠涉重洋歿于王事諒邀俯准也

西例賀年除極知己者須親到外其餘概用名片加信封由信局遞寄婦人有以摺花片紙致賀者每張貴者三馬克糜費亦復不少

德國定例凡國戚及他國君后之喪均有服制或七日十四日

二十八日惟禮官之報單是從素服期內不公宴惟見客之會仍登報招客赴者男常服女黑衣黑手套十二月初八日爲女朝官見客之日適值素服期內有婦人着白衣往見者盡非笑之其人漸亦覺即退去英法等國爲其與國持服亦然

歐洲各國偶值災荒或事在鄰國或事在本境不分畛域設會公助各種物件招客往購經理出售者均大家子女大廳陳設各物若市肆然勸買甚殷懃所得之值即以助善舉主事者作函分致各使館各部院必須有人前往以盡交誼得物而助善舉一舉而兩得存焉

柏林于冬令向溜冰之戲極其熱鬧河冰結至三四寸厚即可

溜行最上等之冰戲厰在梯靄家塾無論國戚王公官紳士庶每午後持單樑鐵冰鞋前往有因溜冰而相識遂成姻眷者故于把等官未成婚者興致尤甚且云與身體有益蓋氣冷則潔平常身體不動不能耐受寒冷故于肢體用力之時既得受此清氣又不致感冒風寒雖云嬉戲亦非無益也

阿盆而好司大跳舞會出售之票係樂部大臣具名票之右刊列章程內有文職白領鈌襟衣武職公服之語故第一年劉星使率屬員赴會均軍機褂大帽有康發達者德人而任中國稅司與博郎言此非中國公服不應服其時余纔到故未赴會然彼國之白領鈌襟僅能與中國之一裹圓大帽穿靴者比若彼

國文官服金飾朝衣則吾輩自應補服惜未以此言反駁之然章程之載公服者以其與國君相見也公使之外本可不必與國君見面然則併大帽皂靴而無所用之也

光緒七年歲次辛巳元旦花衣齊集大廳隨班恭拜　聖牌

初六日德世子請大跳舞會自此每年一次定爲例

余來德數年初因水土不服繼則延至肺經咳嗽不已因于最劇之時延請德國太醫院官拖婆而脫診視云係肺流必須更易和暖水土方能就痊因二次具稟請銷差回華均未准不得已靜心調理適天氣轉和漸有轉機醫者又勸每日乘車至園林閒步以舒體氣並可納受清氣此爲調理病軀之第一要法

德王長孫于正月二十七日娶親先一日行親迎禮與敬如同至德后文案幕友鴿君處因該處附近新宮房內可以坐看也前行爲王孫所統之步隊王孫亦步行督領後隨六馬車若干輛最後八馬車金飾玻璃窗則爲新婦之車以後扮出之技藝百工鼓樂旂幟若中國迎神賽會之三百六十行約共數萬人觀者塞途晚張燈火明如白晝

德國銀器以十六成論凡眞銀十二成則銅四成因純銀制器太軟不適于用故也

朱梧岡司馬鳳梯曾任上海三年風骨峻整尤能不畏洋人每遇交涉事侃侃而談彼族盡爲所折有美國人槍斃華人一案

力爭辦抵通商以來所罕有也玆聞仙逝之耗有西人之曾商于滬者聞之亦嗟嘆良久公道固自在人心也

二月十四日卽西三月十三日俄君爲其叛黨炸彈擊死德國持素服二十八日前之十四日婦人衣帽扇手套均用黑色後之十四日帽扇手套均用白衣服用灰色襯邊官戲園停演三日民間仍有請會作樂者

怕拏拉麻者譯言圓畫以圓庭一所經十數丈圍三四十丈上以玻璃作頂後承以布篷周圍牆上油畫繪德法交戰圖上得天光相映下以眞樹草地石牆與畫上地址接連遠望數十里人馬沸騰烟雲撩繞受傷之兵馬燒毁之房屋樹木爲砲轟折

者織悉畢肖直不能以畫目之也此種畫圖英法等國皆有各繪其驚心觸目之事德國初次造成觀者如堵畫者爲內廷供奉之畫院教習伐而奈兒計值德銀十五萬馬克

西國建造均用塞門德土凡用土一成沙二成小沙子四成合用者歷一月之久受壓二百三十氣羅歷半年之久受壓三百氣羅受壓云者卽以此土所膠之磚歷時之久須若干分兩方能脫開也此種土以之砌石橋浸水中愈久愈堅竟能與石自相化合浙江之海塘工程倘以此法築造則一勞永逸可省歲修大修費無量數當軸知之諒當籌及焉

柏林有德國國家所開之磁廠三十日偕韶甫往觀製法先以

機器將磁土磨至極細入水池攪之令細者浮于上面水池長方式高四尺寬二尺長六尺接連十數池以管通連其磁沙之輕細而上浮者相遞而流至最遠之池然後取起入濾機以布夾而濾之如榨豆腐其濾乾之砂以模子製成各器令其自乾然後加油卽玻璃粉之類未燒以前如白砂研至極細與水相和以已乾之磁坯入沙水內一過其油料已粘于磁坯上再令乾放白泥盆中層壘相架入窰燒之窰接連十數座以管通煤氣煤氣卽在窰房之外間自以煤火煆取者窰中裝滿卽以磚泥封固其門使勿洩火旁開一玻璃小窗以看火候火候到則閉其煤氣之管待冷取出底有不平者以砂平輪磨之使平再揀選無疵者送入畫樓繪以花卉山水金綠各色又入窰再燒三四點鐘則色與磁相融和而不致脫落矣自磨粉至成碗須費數十次工夫每次工夫必有專人查驗過目有玷者剔去之其中尙有做磁人物者則工夫更細先以模做成一人鏤刮極光再以小尖刀如繡針者刻其衣邊花紋有細若鏤絲者精緻不可言喻故德國磁器爲歐洲冠

三月初四日晚同徐仲虎觀詧赴南德國驗槍看廠八點鐘開火輪車次晨到勿蘭克甫而脫停刻餘易車前進午刻到司都脫加而脫至客店盥手承同行之馬而科榜邀中飯飯畢車行侚早同赴王宮一游宮名惟納海而馬蓋其國君避暑處也宮

中有跳舞廳均仿土其耳國中之式四壁雕鏤飾以金綵上面玻璃窗以五色繪成花卉乍見疑眞其宮女併開示刀叉磁器房古軍器房浴房書房油畫房花房花房亦以玻璃作蓋用鐵管通暖氣者故天氣雖寒而花卉已絢爛如錦因天雨遂回寓該處國名維迂而退姆陪而希爲日耳曼列邦之一申刻復登火車亥刻到阿勃爾陶而夫槍廠主人毛瑟爾已到站迎候遂同至客店晚膳

初六日午前看槍廠槍製之法先以已成之槍筒粗坯自他廠購來者用機器絞令兩面皆光再做來復線紋凡照星照門機頭機簧帶鉤扳手挺簧挺針彈鈎木托以及無從命名之各件

無不以機器爲之直方圓斜固用機器而彎曲凹凸亦以機器成之蓋機旁另有一機模導之以行也廠分上下二處上廠爲其弟經管多作細件下廠自主之總機以自流溪水代火輪機另備汽機爲水勢不濟時之用午後驗槍之準頭設靶遠八十密達以鉛爲之寬一尺餘因槍係倚定故無不中惟分左右中耳旋又打一千二百密達遠之大靶則較難取中矣

初七日看打鐵廠並上廠毛瑟云全廠開工須工匠六百八每日可成槍一百五十桿惟粗筩係從他處購來因價止三馬克自鑄不合算午後看印書廠先以鉛字排成板用酥紙水濕鋪上將刷子用力打堅結入暖房烘乾將紙揭下即成陰文書板

鎔鉛以鑄之得陽文鉛板其形如半竹式夾機器上機器之前係紙捲次鉛板鉛板之下即刷墨之棍紙隨抽隨印印過即自疊爲二再後又疊爲四爲八一分時可印六十張已自疊成新聞紙式其汽機係用煤氣代煤故塵土亦少申初乘車同毛瑟爾馬而科梯芬鋭飛芬西鐸至山頂游覽山路如之字形盤繞而上故車亦可行惟下山時其勢難留故車轍間有一鐵機壓住一輪此山頂上平岡遠澗果樹麥田一望無際至鄉間酒店小憩乘車回至半山相約步行而下

初八日諸君同乘火車至河脫爲而赴火藥廠主杜屯好夫之約午前觀火藥廠亦用水機研磺研硝研炭復和合同研以水柜壓成堅餅再以機器割碎擂光即可應用砲藥宜大塊使其發火遲而送彈之力足槍藥則細另有試火藥速率之機器又有試火藥分兩之機器以火藥實玻璃管中秤過再用機器吸入水銀使滿再秤以比較各種火藥何者堅實何者鬆浮擬一定率蓋火藥顆粒有大小水銀無隙不入故得較驗其分兩也藥中所用之炭另有廠以水盛鐵柜內煆之炭色帶紅黃者悉揀去僅用其黑者午後同游古禮拜堂有二百年前之地圖粗陋不堪神像有如送子觀音者有如十殿閻摩者酷類中國廟宇廟祝請各書名以留念遂應焉戌刻復回阿勃爾陶而夫

初九早辰刻起車經過司滑爾此伐而脫讜言黑林爲德南名

勝地山嶺叢雜火車路穿山洞者十餘處上下盤旋忽明忽暗入其中者如武陵桃源幾忘塵世歷數時始到平地午後二點半抵卡而思盧至客邸停行李飯畢與馬科梯徐仲翁步行至羅冷士彈管廠羅君因病不克陪其司事者導觀各機器彈管則以黃銅片入機器壓成盂式旋壓旋深至如銅筆管而止每壓一次必須火中煆一次硝鏹水洗去其煤污既成長管後鏟去根邊又割之使長一律根底剌二小孔均以機器爲之每日全廠動工共二百五十人可成彈管二十五萬彈管所用之蠟底紙底所以襯在火藥之上面者亦以機器切之初十早至廠看鑄鉛子以鉛鎔化入鐵筩中蓋密旋緊筩底通壓水柜以水氣壓之筩蓋

有孔大如鉛子水柜壓力緊則鉛從上孔出若中國之榨線香者旁用輪軸繞之即成鉛条再以整軸之鉛條合于做彈之機上自能夾住切成五分長之段每段落下即擠成一頭尖之鉛子然後用人工以刀削光即可裝入銅彈管該廠因不備火藥故裝彈之事不與焉

凡各廠機器製物必有一量模使所成之物大小寬緊長短一如其模然後無不合之虞每廠中做量模者最爲精細之工其模以鋼爲之五金見熱即漲必使陰模與陽模見熱則嫌其大則冷時無毫釐之失製物如此何患不精乎

初十日午後乘火車行三點半鐘到海岱而陪而希游古王宮

宮在半山牆垣均以石爲之雕琢甚精百數十年前爲法人所毀故有殘缺處後面高石圓臺爲火藥轟開三分之一其轟開之一角雖欹側在旁而石塊不解散葢塞門土粘力甚堅之故宮房之下有大皮酒桶二一倘不奇其一橫置地上高一丈六七尺長三丈餘以二十餘級之梯登其背上有一方臺云係跳舞所設此桶以五寸餘厚木板一縱一橫相間而成故不致滲漏觀此桶其國之酖醧于酒可槪見矣山之顚小寓一所可以遠眺山水均佳故夏令游人極衆因小坐一刻即步行至前山由羊腸小道下坡則已萬家燈火矣七點三刻開車十點半抵勿蘭克甫而脫

十一日看砂輪廠凡機器所用之刀鑿等利器均須以砂輪磨之故砂輪之用甚繁而開廠製造之所由來也其砂以希臘所出之堅石爲之其形如鐵用大機器夾碎之至成小粒再研極細分別合用以油膠等類相和入模壓成輪入爐燒之再以金剛石爲鑿裝機器上鏍之使光即成砂輪其堅如石

勿蘭克甫爾脫亦有圓畫較柏林更大所繪亦德法交戰圖德君及其世子並首相畢司馬大將軍壘特格均在觀陣畫法之佳妙與柏林同而畫中地面之廣濶人物之衆多戰鬭之勇敢則又勝于柏林之圓畫多矣

萬生院小于柏林而精緻過之飯廳極大可容千餘座虎豹犀

象多寡亦相等惟多一老猴大若中人能吹筒演術司猴者因以得賞彼則故作嬾態每一命令必延挨許久有一技之能即思自傲獸尙如此而况于人乎

派爾門家而騰者譯言蕉園勿蘭克甫爾脫之名勝也園中有亭有臺有池有沼山色靑瞑波光蕩漾以鐵索繫長橋亘卧水面漁舟鼓棹如梭頗得淸趣前面有大樂廳接連玻璃花房杜鵑茶花紅光兢艷若天半明霞花房之中有阿非利加各種樹木以及蕉竹棕櫚之類是日適陳大樂惜廳中熱氣逼人不能息足園之後新葢木房亭榭數十座爲西五月朔開設賽珍會之所晩七點餘鐘登火車開行次晨十二日八點鐘回底柏林

此役也共計八日之久余與仲翁兩人火車寓價除毛瑟代付
外共計四百七十九馬克遍看製廠考究一切非無益也
十五日總署來電三月初七日奉　上諭二品頂戴三品卿
銜記名海關道李鳳苞着兼使意大里奧司得里和蘭三國欽
差大臣欽此先電知　國書辦好即發等語同人擬衣冠爲
星使賀余曰綏之倘此時接電即賀則彼時明奉　諭旨時
又賀抑反不賀乎且吾輩之賀視星使之謝　恩爲率或星
使不即謝　恩屬員亦不必即賀僉以爲然遂定俟奉到明
文再賀
十九日午刻接總署來電三月初十日戌刻　大行慈安

端裕康慶照和莊敬皇太后晏駕應自奉文之日始縞素二十
七日自大事日始百日不薙髮驚悉之下哀慟無已星使以奉
電奉文必須駐紮各國大臣一律辦理因電商曾侯覆以奉電
作爲奉文遂成服隨班哭臨三日早晚二次印信標判概用藍
色
廿八日德國性理舉人倫次得外部憑照准其赴北京德國使
館學習繙譯月薪五百馬克整裝一千二百馬克川資之外在
途每日零用十五馬克限十年學成倘半途自退應將領過各
欵繳還倫次自前年經博郎說項與賡廕二君易教華德文字
僅一年有半已認識華字不少惟文理語言則相去尚遠然以

十年之限儻能專心學習又何患不成哉
曾侯復李星使書內有酌定　國恤儀制一三月二十一日着
摘纓頂絨冠白袍白褂布忠孝帶青皮荷包率僚屬行禮二十
二二十三兩日早夕各行禮一次此三日不見客不出門　一
三天外二十七天內出門或見客着無纓之冠衣色用白若便
服則小帽用黑結衣色元青或灰白　一二十七天外冠摘纓
頂衣色青便服小帽用藍結便衣禁用紅絳等色　一二十七
天內朝會茶會跳舞音樂諸會均辭不赴二十七天外赴朝會
用常服仍帶青紗以作表記赴茶會着青衣亦帶青紗　一百
日外赴朝會照中國元旦　萬壽之例用蟒袍補褂朝珠仍帶

青紗其跳舞音樂各會仍辭不赴　一遇中國吉服之期按照
典禮易服又三月廿四日書云會典通禮禮部則例諸書皆詳
于　君而畧于臣詳于滿而畧漢　國恤儀制此外别無專
書可查來函所摘會典各條已得要領似無須多事搜討轉滋
迷惑也軍中喪儀減殺雖有明文然咸豐十一年同治十三年
兩次　大事湘淮各軍服制亦復參差不一　毅皇后
晏駕在　穆宗熱服未除之際尤無畫一之章　安
宮臨御多年薄海臣民服制或應加重當候禮部明文頒行遵
守吾輩數萬里奉使事屬創見口與洋員交接不能不依附禮
意斟酌變通此間距華過遠製衣極難弟于英法俄三處文武

員弁但禁服紅絳等色其餘不甚苛責至弟自定儀式盡吾心之所安而已未能徵諸典禮旣承垂詢用以奉聞云

德國寄中國日本信從前舊例比寄英法等國信資加倍自去年各國會議後改定一律二十分尼以昭畫一

柏林人家所畜之犬向章每年赴巡捕房納捐一次計三馬克給發銅牌一面繫于犬頸並須戴籠頭方准放出門外否則罰現因有瘋犬咬人之事新章在家放出之犬主人均須攜以繩索不准任其自走俟冬令天寒犬不病瘋之時再行弛禁一時畜犬者甚苦之然瘋犬嚙人之事從此可絕

城河內行駛之船長大而窄每日行程快于中國之糧艘無幾每過一橋司橋人啟欄放行例給二十五分尼

出洋之期宜連閏計算也固與歷俸試俸相彷彿設如到洋在閏月某日決不能以次月之某日爲到洋日期此又不能不連閏之的証也柏館各員期滿之限余初以連閏敘稿星使囑查此例因以此議陳之並檢　陵工司員年滿成案各抄摺呈覽事遂定然駐紮各國使署均不計閏奉使海外事屬創舉故辦理尙不能一律也

余患洩瀉多月並時覺裏急後重西醫治法已計窮力盡陳敬如告以飲米湯亦西人治瀉之一法僕人順福聞諸西人云以大麪包切片烘焦食之亦能止洩余兩法並用之米湯可扶脾焦麪包能消食其理固在也

四月初距夏至尙有四十日而日長已甚晚九點鐘始黃昏至夜半二點半鐘東方已白三點則可看書寫字柏林距瑞典國尙遠而已晝長夜短如此無怪近北極處有不夜之天矣

軒轅氏見飛篷而作車見落葉而作舟卽中國創造機器之始風車水碓相傳亦久至于雙錠紡車提花織機則後世愈變而愈巧者也綢緞錦織花紋固非人手所能獨爲故不得不用機器以成之泰西人民稀少又競以貿易爲利故必增設汽機以助機器俾得多成貨物出外行銷于是乎無不以機器從事者然人力之所能及亦未嘗盡用機器卽如德國鄉間耕種未嘗

見以機器代人力也其餘工作之山水間者則以水機助力磨麥則盡用風車惟人力所不能施者如鑄鐵甲起重物之數萬斤者自非汽機之力不爲功余故曰機器之用始于吾華泰西人特以汽力助人力之不足耳不得謂之泰西人獨尙機器也不獨泰西機器之學始自中國卽化學光學重學力學醫學算學何莫不自中國開其風種植稼穡造釀酒醬染色漂白燒磁器玻璃瓦缶煉丹藥鉛粉硍硃打鐵點鋼製火藥和石灰皆化學也光學則以水晶作眼鏡重學則造橋梁作環洞力學則建亭臺起樓閣醫學則藥物之外亦尙針砭算學則九章無不悉備人所謂泰西之學者蓋無非中國數千年前所創彼襲取而

精究之分門別類凡人得精一藝者卽可致身富貴故不惜工本以相試驗事理愈推則愈廣中國人性靈巧苟專心而揣摩之焉知不能以數千年前之所自創者將來仍得自造其極哉泰西醫道有不及中國者切脉祇論遲速其餘不知也施方祇治一病其餘不顧也治寒熱則亦不問其爲表爲裏爲虛爲實眞所謂頭痛醫頭脚痛醫脚旣無釜底抽薪之法亦無急則治標之爲故病只一症者可治病有數端者難醫惟于外症則有把握以其考究筋絡血管腠理地位分寸確有不易之據且云外症之致命者係由毒傳血絡近來得新法使毒不外行故外症無一能死人者惟毒血已經散開則亦無可如何矣

五月初二日早起寒暑表僅上十度而熱甚然二三月間亦有十度之候則毫無熱意蓋春季日躔尙南熱氣斜照而易散夏令日躔漸正熱氣直逼而難洩且冷熱有燥濕之分燥則熱溼則冷故以表定寒暑者仍不可不知也

柏林凡遇大節期火輪車特減值以便游人其往回車票有減至半值者惟頭等車照常收價因坐頭等車者皆富貴中人不必靳此區區耳

總署議覆出使日本大臣何片奏丁憂未滿三年人員應否給獎一摺議得凡出使人員事故離任者除在差未及一年毋庸置議外其在差已滿一年者擬交部議敘在差已滿二年擬交部從優議敘庶于鼓勵之中仍寓區別之意等因七年二月十八日奏奉　旨准此事余常論及以出洋數萬里之遠不滿三年者未能邀獎較之津局海運半年之久三千里之遙其勞苦爲孰甚而况有滬局省局各海運差每屆必得一保倘得援引此章則雖出洋而隨到卽回者亦應獎敘况歷時在一年二年之久者乎然東洋與西洋比則遠近有殊似更宜稍示區別以昭至公

西國保險係湊集資本數百萬彙存局中赴保者照本給予分之一二設遇保險而仍不免于險者則照本賠償所以集狐腋而成裘所費無幾而萬一遇險得以照本取回故樂爲之者甚

衆保險局有保水險者保火險者保人命險者分門別類各設數行所謂水險者保船隻之出洋以及貨物之載運船隻須查驗無損傷者方能計值保險貨物則聽憑物主計值倘遇風險遺失者照數賠償火險則保房屋者保衣物器具者均憑物主開明所值不必查驗保人命之險者乘輪船火車論日期赴局保命每日給德銀二十分尼保一月者給六馬克有餘保單內塡明日期儻在期內遇險須于二日內報明局中凡身故者償法國錢二萬勿郞受傷者償養傷費每日五勿郞因傷殘廢者償一萬勿郞因此局係法國分來故以法銀計也又有保病險者則先令醫生驗得無病其身價之多寡憑人自願局中不過

照值抽釐限內得病身故者照賠又有保險爲養老計者則價値較昂年壯時按月給該行若干銀至年老不能生活可以按月得養贍並身後之用均由行中照付以上各項保險行惟保水火險者最繁故開設者亦最多

廿六日新聞紙載有浮水衣一物可以入水不沉因往觀之其衣即洋小衫胸之左右及背心三處各縫樹膠布之口袋三個袋各寬三寸餘長五寸餘袋口向下內各有套袋則口向上大小亦略同套袋底則以尋常洋布接縫內裝化學所成之藥粉約重四五錢其色粉紅如赤石脂此衣平時可代小衫凡遇險入水則套袋之底水能滲入藥粉自能化氣外袋口向下則藥氣

鼓足不洩人可直立水中然其氣小有洩漏初入水時肩背尚露二三寸漸即浸沒據云可四五點鐘之久不致沉沒蓋新得之法尚待精究以盡善也

六月初七日請假赴薩格遜裹姆兩邦游歷同行者爲陳敬如兄十點開火車午後到薩都得來司登天氣甚熱僅赴萬生院一看大畧與柏林彷彿

初八日赴古禮拜堂看禮拜教士數人衣道袍如中國道士之金繡法衣並有道童數人隨聲誦經手執香爐在神龕前熨爇一如建醮者然午刻又赴古畫院院中懸油畫共四千餘幅山水人物蔬果花卉各種皆備惟年分愈近則畫法與神愈形佳

妙蓋心思愈用愈得並非古人之不如今人也

午後二點鐘乘輪舟赴山道七點鐘到住鄉店一路山嵐疊翠古木參天頗有可觀

初九日僱車由瀑布泉至小冬山毋牛房毋牛房在萬山之中十年前布法交戰時德人曾以牛種藏避于此其中怪石峻嶒有一大洞洞外有石臺臺旁有石縫可側身拾級而登約百十步至其巔松風徐至清氣可人旋至大冬山午餐復乘騎至迫來皮司門係一極高之山洞形如城門過此車馬皆不能行步履而下山陡甚至申始到平坦遂僱車至江干乘輪舟回寓

初十日乘馬車至巴蘭德嶺嶺在峭壁之上從後面繞道至其

巔遠望靑山排闥歷歷目前復乘車至高石嶺午餐旋赴猨山洞洞甚深以燭導入須行一刻時然入者甚少未敢輕試洞外尖嶺從旁夾縫中側身而登松亭一座闌干數道而已復步行至路口登車過佩而倫園園在萬山之中流溪一道夾岸峭壁欲下望之若前後無路者武陵桃源于此復見行一時許始出谷則夕陽西下間有山村數處雞犬相聞于道又十餘分時始見江岸因即長驅回店

十一日午刻乘車攜帶行李至王石嶺前面峭壁直立從後面繞行盤折至半腰復步行至巔巔上爲砲臺須購票註册方准進內每票可進八人價四馬克然一人獨入亦須購一票鐵門

啟鑰入其內有一浮橋橋之彼岸深洞斜岐由右旋上至臺先看泉井井深五百四十餘尺逕一丈餘以機器汲水每日得三十七噸約合六百餘石所以供守臺兵士之飲以水自井邊傾入須俟二十秒時方聽得水聲到底以迴光鏡返照見井底僅尺餘耳旋來一哨長帶領看閱砲臺臺之四面均就天然石塊加築雉堞距堞數步築土墩以禦砲距墩丈餘則大樹陰森樹以內則建屋以駐兵臺之後有深二三丈之坑亦用以藏兵臺下又有護臺一層亦就天然石基建成者堅固已極十年前布法交戰法王拏破侖曾帶兵至對江高嶺名陵陵石者設砲相擊究未攻破閱畢步行至路口乘車赴瑞士水機處午餐因為

時太促不及往觀山嶺隨即至火車行購票時三點二十分車適至即登車回得來斯登六點二十分復易車直返柏林晚九點三刻安抵是游也共五日一切舟車馬車房膳計派一百數十馬克因所住鄉店非比客寓之數倍昂貴也

西國兵樂之大者有六七十人有以機器作樂者聲音之大小相若只設一大橱之內置大鼓三四面上架喇叭一二十枝以及他種樂器開其機括則擊鼓吹笳均合音節又有以電氣作樂者均不須人力而無異數十人從事價值每件三千馬克至一萬馬克

廿一日城西新圍場有新到走索者名白蘭亭為泰西第一名技以鐵繩長數十丈兩端繫竿頭高數丈持棍行于索上或掩其目或以筐套足而行又以流星火砲置索之中間行過時火燃砲發不致驚跌走索本不足奇在中國跑馬走線婦女皆能惟白蘭亭曾以長繩繫兩峰頭步行而過故得各國君主寶星之贈是以名傳一時耳

英國倫敦為泰西極大之城余出洋四載行將歸去不可不一往觀因于廿五日請假前去十一點十五分開行頭等車票往回計一百八十九馬克十分尼過江舟資已在內三點十分過日耳曼列邦漢挪威亥正到潤倫易車次晨八點一刻抵比利時國都城盥沐訖又易車十二點十四分到喀來江步行至船

埠登舟舟係兩隻合成者此河界大西洋北洋之間風浪極猛故以兩船合成俾免欹側行二點鐘之久抵英岸地名特蝸物孩兒登岸仍乘輪車五點半到倫敦奢林搿羅司火車行即持票取行李乘馬車到閼干客寓適黎蒓齋星使亦寓此店先已他出因即撲洗征塵赴使館晤李湘浦陳莘耕兩司馬晚飯後並同吳禮堂參軍看水族院適有演技者極形熱鬧院以玻璃為屋濶大無比游人滿座四面圍廊之下遍設水族並售一切物件之圓亭圍廊之樓上油畫雕塑之類橫陳直掛不計其數初到其地惟覺其氣魄浩大數倍于柏林實有目不暇給之勢

二十七日早在寓謁黎星使略談片刻即赴使館見曾侯並參

贊以次午飯後黎星使邀往觀蠟人館大致與柏林相同樓下之鋪戶貨物纍纍不可勝計中國磁器亦不少晚曹逸齋參軍邀飲

二十八日　萬壽聖節曾侯開單傳諭隨班拜牌洋員馬清臣方伯亦金花衣隨班行屈一膝禮柏林使館向來博軍門郎元旦亦來朝賀　萬壽聖節則不到自博軍門去後則無洋員朝賀之禮

十二點鐘馬方伯格理邀午飯席散後黎星使邀看大博物院各國物仲件分廳陳設廳房數十間中國物惟玉器最夥並有先朝　御賜之珍因房屋太大又值曾侯招宴不及遍閱五點鐘回館入席共十七座餚饌中外兼備

二十九係西國禮拜日倫敦無論大小鋪戶以及飯館酒肆盡行停歇惟萬牲院有熟識者可作函告知往遊鳳[illegible]藥九比部向其司事者乞得憑票邀黎星使陳松生參贊暨余往觀其中百獸咸集大小與柏林相若惟大象有五隻柏林不若是之多也下午郎在彼用膳回館後又同李湘翁步游里琴司樹林游人萬計以遨以嬉無不自得其樂

三十日與陳莘翁游地道火車倫敦城中房屋太密不能造火車路因開地道上砌橋環承壓力下鋪鐵路縱橫數十道每五分時開車一次若干路設一腰站可登梯至地上故倫敦房屋之在平地者已不啻在樓上矣晚黎星使借使館設宴曾侯以次均赴焉

七月初一日黎星使邀與禮堂暨余看油畫數處又圓畫二處郎洋語所謂怕孥拉嗎者一繪英法等國與俄交戰之圖一繪英法等國與法王拏破侖第一交戰之圖均逼肖入神惟年分稍久覺微遜于柏林之製耳午刻同乘火車至南鄉水晶宮宮為三十年前英主設賽珍會之所高數十丈濶如之長幾百丈盡以玻璃嵌鐵框中為之其中分設廳事陳百物無所不備兩邊廂樓上陳設則羊毛絨綿為最多絨毯有值百餘金一条者中國股廳中設有書畫玉器雕刻冠服並有銜牌告条等件洋

人好奇而貴遠方之物雅俗無從辨也宮內有樂臺有花圃有埃及國塑像有紡織全機有池有亭無不覆載于玻璃之中下一層入地則有水族院蝦長尺餘魚圓如蓋奇奇怪怪不一而足宮之外面則有馬戲園有拋球場有高塔二直矗雲霄有大池數處可泛舟噴水之池則長數十丈西向小山滴翠大樹成陰百忙中遇此清景似出意外歐洲各國如萬牲院博物院水族院畫院以及百工技藝各設專院無不大同而小異惟英國之水晶宮足稱大觀但年分已久未免稍欠修理耳

初二日與陳莘翁閒步街頭至一大肆凡人生日用之物如茶蔬魚肉酒果米麥呢布綢綾金銀銅鐵器皿鐘表首飾鐵桓木

器戲具耍貨無一不備價亦較賤于他肆惟不入會者不能購物入會納英銀五息令給一執照則可任意購買荸翁云尚有一肆比此更大惜無暇不能往觀耳

初三日巳刻黎星使赴紐喀司看中國兵船升旗不再回倫即由彼長行入都因至車站送行

初四早七點鐘二十五分有輪車開行余即趁此回柏九點四十分過渡風浪甚惡吐不能已十一點三刻抵岸火車已停歇埠頭非若來時之尚須步行十分時登車後至車站口又易車長行至濶倫因此車不再前行即赴客店歇宿計費四馬克次晨八點三十五分又登火車開行至漢那威午飯晚八點十分

抵柏林持票取行李則尚未到度其故殆濶倫停車即應往取以車換車者則行李不必顧問停車而另覓一車者須自行取回且此次在英購票忘詢此車是否逕達柏林至有半途停歇不行物件運到之誤

倫敦地大人衆登高一望烟突如林人生日用所需無不較他處爲昂盛極必衰此盈虛之道英人雖長于鉤距之術恐亦不能善其終也

英倫房屋內雖精潔外面則毫不修飾窗戶均用和合式其房屋底下之一層則入地甚深非若柏林之僅一半入地也園林則地曠樹稀非若柏林之叢林密菁也惟其地爲商賈雲集之所故他國人至其地者不爲奇觀非若德人之少見多怪互相指說使客其地者有局促不安之勢

英倫馬車無頭二等之分僅有雙輪四輪之別雙輪者可坐二人行較速車夫高坐車篷之後四輪者可坐四人車夫執鞭前御價較柏林貴而車夫無號衣號帽平日停轡街心凡遇禮拜日則一律停工間有游行待僱者亦甚稀少

英人婚嫁父母不必預聞倘他國人男女相愛父母不允者可至英國報官成婚然回至本國父母仍不以夫婦目之也儻父母于本國告發例應離異然無人爲也德俗則男女相愛父母已經允許者雖未成婚亦可任其相攜出門不甚防閑既成婚

之後或因事故亦易于離退儻欲復合只須兩願仍可請官斷合也西洋國小而行路又速一日之程風俗即大有異同欲齊而一之非我中國統轄地球不可

火輪車以德國爲最精潔英法之頭等輪車僅能及德國之二等德國頭等車近年新造者尤爲佳妙窗以雙層玻璃爲之使寒氣不透火爐以湯氣通之燈以煤氣爲之車後並有大小便處睡車則有盥沐之自來水掛鏡唾盂無一不備値車者並備酒水加非可隨時購飲至于鋪墊則以紅絨糊壁則以花緞二等車亦用灰色絨作墊以漆布糊壁各車均有粘貼之章程亦甚詳備該車所行之鐵道繪圖懸掛來往時刻停車分數悉載

清單此皆各國所不能及也

天生萬物雖有用之不竭取之不盡之妙然過于發洩亦恐無以爲繼蓋化育之理非可以年月待西人競尚機巧取之太速造物者不能催促其氣候相隨而成所以歐西各處礦産日絀嘗垂涎于東方德國開風氣較遲故林木尚茂密民風亦樸儉我中國當此强鄰四逼必不能閉關獨守電報鐵路開礦製造自不容緩苟能次第舉行不讓人先仍使天生之物不速竭其源則人所無者我獨有人所不足者我有餘富强之勢莫可與京行見統一地球盡歸藩服亦事之所必有者也

波子達姆爲柏林陪都離城約六七十里輪車行半點鐘其地

樹木茂密小山排闥有宫殿數處曰無憂宫曰新宫曰花石宫曰橘林宫曰山宫曰克林克宫新宫内有一廳係用各種螺殼粘成龍紋花樣其石柱上均以大小水晶茶晶五色瑪瑙石青石緑珠蚌緑松翠石等珍參差嵌成内室中有青金石桌緑松桌然皆大小鑲成者惟瑪瑙桌一張上有大盆一具均係整件琢出此外花紋石者不一而足壁以緞飾桌椅用銀鑲懸燈有眞水晶者一大架餘俱玻璃磁器所成花石宫則盡以大理石五色花石砌成各宫地板均以紅木黄木嵌成花樣打磨極潔纖塵不染光可鑑人進觀者須在門外着氊履恐皮靴傷板光也油畫極多然皆不出百年物從前布國爲列邦之一名山勝景悉歸國主所獨有雖與民同樂而性尙奢華自戰勝法國推尊盟主以來知首務在民故凡地方公事無不日益精進其于自奉一切未聞有一事增設者矣十一日與陳敬如復游其地所見者較初游爲加詳焉

乘火輪車冬春間宜向前坐因機器前行其勢爲順夏秋之際則宜背坐因天氣炎熱牖戸洞開迎面風烟塵土甚多且倦憩時又易感涼又云暈車者亦宜背坐此皆當留意者也

德國爲歐洲中土惟北邊濱海遼濶不及二百德里約合中國二千三百里俄法海岸皆倍于此英則宛在水中央故德國水師不必如英法之盛然防海岸護商船備攻敵連年整理亦有

可觀自同治十三年至光緒八年計十年之間由議院核籌海軍經費共二萬八千零四十三萬七千五百馬克約合中國庫銀五千萬兩總計頭等鐵甲船八號二等六號鐵甲砲船八號鐵甲浮砲臺二號行海快船二十號探信船四號小快船二號砲船十八號教練砲法船二號教練水手工夫二桅帆船三號水雷船大小二十八號其餘砲臺兵房俸工經費一槪在内觀于此則我中國講求水師船砲一切非倍于此不可苟不求其精而惟多之是務則又孰若併此而無之之爲愈也

二十八早偕徐仲虎參贊赴司旦丁八點半開車十一點到厰主哈克備車迎候即同至泊舟處登輪船至瑞納門海口又乘

馬車至海玲司叨府住客店約定次日十點看驗雷艇二十九日清晨早起無聊因覓得馬四驟馳一點鐘回寓知雷艇已到埠因即登渡輪舟閱看雷艇每一點鐘可行十八海里約合中國六十里可謂迅速之極驗畢乘輪回士旦丁因天時已晚在半途泊宿次晨到埠赴客店盥洗畢即至伏耳鏗船廠閱看我國所造定遠鐵甲船開工至今僅八月而船面鐵板已成一半船身亦將全竣

閏七月初一日午前看德國之巡海快船則裝修齊全不久即可駛行午飯後看各廠工作復因商船名意大利者告成下水廠主邀往觀看並設宴招客賀船成也初二日回柏林

定遠鐵艦係參考各國成式損益利害定議造辦計價德銀六百二十萬馬克軍械在外定限十八個月告成故廠中添僱夜工日夜趲造該廠夜作工價僅十分之一故所費亦不甚多其甲係用半鋼半熟鐵分赴英瑞各國礦產處代造船上之前後嘴柱等係由克鹿卜砲廠代造蓋因就礦製造免致糜料該船廠工匠共三千八分船廠機廠為兩所每所之中再分打鐵鑄鐵鋸鑿刨切磨刷等廠不一其類監工司事各有其責故人匠雖雜而工作無從偷減也

船隻出隝絕不費力初造船殼時僅以直木排撐船身至工程將畢即用照船身長短之大木兩根兩木之中夾以胰油等物墊入船脊之下再于船脊兩邊離數尺之外照樣墊大木各一副又親以大小木塊中夾木針每離二三尺設木針一塊打入後則以前所襯之直木漸漸見鬆而船身之重全着兩木之間先用大練將船頭練在極有力量之處恐其自行滑下也屆時則懸旗結綵倩人祝以吉調詞用香冰酒一瓶向船頭擲去禮畢舉賀然後兩邊工匠將木針極力打進不過十分時船身之重已覺全着胰油之木上兩邊直撐之木自然相離再將前鍊解脫一面用極小之壓水柜在船頭一頂船即順流而下極緩極平至水中央而定其貼近船身之長木一根因用繩索鈎縛在船是以須入水後方能解開取起也船身既出隝然後以小輪

船拖帶靠岸方能安機設艙建造一切

修理船隻係用浮水空心鐵柜如凹字形以水實其中則柜自沉下然後以船行諸其上柜不過數丈長濶則凹處如船身船身長大數倍于柜故以數柜並用總以核算柜之浮力足以架起其船而止然後將柜中之水盡行抽空則柜浮而船身盡在上面矣再以拖輪曳至泊處修好後以水實柜中使重而沉則船又入水自能駛出鐵甲船則須入塢修理以浮水柜不足任其重也

日本國有鐵艦名扶桑者造成纔兩年船身已爛或謂工料不精徐仲翁云實係收拾不得其法蓋鐵浸海水易于鹹鏽故鐵

甲船必須一年上塢一次使之乾燥加油卽無霉爛之病日本效西法操之太急而一切仍不甚考究又何取乎

歐游隨筆下卷

大興錢德培琴齋著

徐仲翁常與余議論中國海防謂鐵甲爲第一利器然價太昂籌辦非易不若以每一鐵甲之費造巡海快船一艘雷艇四五十艘募敢死士駛雷艇凡遇敵船以雷艇四面疾趨必有一中中則敵船無不破益因一鐵甲攻一鐵甲速率未必能勝旋轉未必較易彼此相若未必能操必勝之權雷艇則行速過四分之一艇身既小不易受敵砲只須一碰則雷發而敵船卽毀況數十隻之多又豈僅一艇之命中乎余謂此說用之于近日守口誠爲絕法然將來日臻强盛以之圖遠舉復侵地拓新土仍非鐵甲不可英國共有鐵甲七十二法三十二奧十三義二

十俄二十三美十九德二十四統而計之不過二百艘然其中所有新式堪用者惟英法德俄每國有數艘中國以一敵衆欲求船力相等只須如現在所造之鐵艦共二十艘每艘約銀一百五十萬共不過三千萬金再加以快船二十隻每隻約二十萬共四百萬雷艇八百隻每一萬計共八百萬統共不過四千數百萬兩倘能實力籌辦涓滴歸公速則五年遲則十年之間强盛莫與之京統地球而一之其惟我中國乎或謂如此籌捐恐民力難勝殊不知數十年來勦辦髮捻各逆所需經費報銷者若干外用者若干洋務所用者若干民財之被賊擄刼蹂躪者又若干何莫非民力乎取民之財以使民相安雖多不妨不

能保民免水火即地漕永豁民又豈能得其實惠哉是在當軸者之善于立法任人耳

中國沿海口岸遼濶除緊要海口之外砲臺實不勝其設敵兵來攻無處不可登岸故最得用者爲鐵甲鐵甲可隨時移駛視敵船之所之輔以雷艇快船可攻可守以電報爲偵探瞬息千里主客之勢利害懸殊如此布置而有守而不固攻而不勝者未之有也

雷艇以魚雷爲主桿雷係備帶之物然魚雷雖爲各國所尚實不能操必中之權蓋魚雷於微風軟浪之中已上下左右不能如向必須度角準風浪息遠近宜然後可以命中否則百不得

其一徐仲翁擬改用魚式礮雷不必自能游行者祇須加足天氣壓射而出但能遠至十丈則可傷敵船而己艇不至有害此亦盡善盡美之法也

柏林蠟人館內有新到之孿生女兩人臀肉相連年已四歲嬉笑飲食一如常人惟行路殊多不便又有機人一架能猜數目並乘除之算又能以鉛筆寫字開示其腹盡係輪機大小數百工作之巧可謂極矣

西國像生花朵向以綢布爲之今則有以玻璃爲之者做法以玻璃管置煤氣火上用吹風氣筒吹之使鎔隨手剪作五開即成花蒂再另將玻璃管吹薄隨意剪裁乘熱入顏色中染之即成各種花瓣粘湊成朵加以花心附以綠葉生動活潑無稍減于眞者各種果品亦形神逼肖廠在柏林西鄉

中國本有指南針偏向之說蓋因地球上所繞之電氣橫繞至兩極處稍有偏側且年有移改而指南針譬如一小地球其一端係電氣煉成之鋼而針上之電亦如地球之電旋繞不息電與電必絲縷相順故相引而得同向其不能無偏者因其極處不能直抵地球之軸徐仲翁云近年湖北之漢口英國之倫敦經度適與指南針對合無偏然歲月相更時有改變非詳查天文算學諸書不能得其隨時偏向之度數也小指南針中國向以磁石磨染而成蓋亦借磁石之電氣也大者則非磁石之電

力所能及故西洋指南針必用電氣煉成

地球自西向東而旋晝夜一週日月之力吸起海水故在江浙兩省海岸潮汐猛于他處日遠而吸力小月近而吸力大故朔望上下弦潮汐有大小之異秋令月色加明月力更大是以秋潮必盛于他時也

自柏林運物至滬貨車至漢波口每物一百磅運費一馬克五十分尼約一禮拜可到又自漢波口輪船水脚四十四息令保險照值百分之二密臘所述如此船載噸數尋常物件以四十立方英尺爲一噸至輕之物以五十立方英尺爲一噸重物則以二千磅爲一噸

德人之有財產者放債取息房屋押抵最爲可靠然房値百兩只可抵三分之一亦有抵三分之二者殊不多覯照抵付之欵以四釐半起息按季清付倘有延欠卽告官收產其抵押之年限則憑兩造之願不論久暫也有以出租房屋爲業者先將已有之銀建造平屋一層抵押與人再蓋樓房分作數次抵押而全房可成統計所收租息可得五釐半除去押息尙有一釐可餘利息雖薄而業此者尙無虛日營生之難于此可概見矣

德國貨稅之外凡人每年所贏餘之錢除淨開銷之外須照數以三釐納稅再加城稅一釐半倘係俸薪所入則減半計算然則彼國之征歛不可謂不厚矣

出洋萬不可不帶僕人然帶僕人亦有許多難處必須擇其老成可靠者或休戚之相關或至情之自出方不至視主人如陌路天涯孤客舉目無親一有疾病料理湯藥者惟僕人陪伴孤寂者亦惟僕人朋友固有可共患難者然可責之于吾而不可責之于人也余于八月起一病數十日屢瀕于危言念及此能無感慨

或謂中國無鐵路終不能自强殊不知此時建造鐵路尙非當務之急設使中國與歐洲相易而居則縱橫之鐵路盡屬于我而歐人之居中國者自無鐵路矣然後彼此整軍相戰恐亦未操勝算蓋歐洲之强非强于鐵路也此時急務首在正風俗次則講武備正風俗則重在州縣親民之官其先必使境無閒民野無曠土然後教以孝弟忠信則民心固結而外侮莫侵講武備則重在帶兵各員必與士卒心氣相通手足相應然後教之槍砲陣法則萬人一心臨敵不散夫然後考究精械建造鐵路庶幾我之物得盡我之用否則雖有精器火車不以資敵亦終歸費棄且恐倉卒有事我所藉以利行程者反爲敵人所得則不獨無益而且有害吾故曰鐵路須建造特尙非其時耳至于中國兵力近一二十年間竭力整頓已覺日臻强盛從此可望有進無退惟兵强尙屬末務終須於教養入手方爲正辦否則專衍文章消磨歲月而已

德國刊刻鋼板獨擅歐美二洲之勝其刻畫之工緻非目力所能及陰陽反側神氣全備水光山色無不顯露于紙面近來則多用石板者以其價廉而工省也然工細不及鋼板遠甚

西國儒門醫學內載常人無病者脈息每分時以七十至爲率少或六十至以內多或八十至以外均屬病余于近二月內因病自診其脈日必數次現在日間坐起脈七十至倘一經動作或用力則必八十餘至夜間睡息則僅五十餘至至六十至蓋脈息之多寡仍須分別起息動靜也西書中未曾論及豈偶爾或忘歟抑另載他書歟余謂西醫之內科僅能知其五臟之地位血管之多少膜翳之層次筋絡之交關雖細如毫末亦可纖

悉畢曉欲求其切脉而知病則絕無其人矣中醫則不然問其心在何處則必對曰在中間殊不知心之地位在左因肝在右故相擠而左焉雖然當今之世庸醫太多若一二名醫雖不能知腹內臟腑部位絡管苟一經切脉固能實指其所患之症而開方服藥使之霍然也余故曰西醫雖考究仍須兼學中國脈理以全其道中醫理法太奧不妨兼學西醫之法以切實佐課虛之功不必各執一是務存畛域之見庶幾仁壽同登豈不美歟

中外禮儀風俗之相同者不一而足步兵遇長官僕役見主人均站立道傍垂手以俟其過婢媼則亦不然冠婚喪禮均以帖

版分致親友訃文則亦合家具名長老之于卑幼則以名稱餘皆以姓稱衣冠不整不見客謁訪必由閽人通報因喪不宴會作樂喪服者辭宴長官親友自他處來往者赴站迎送酬酢有儀慶吊有文服飾有制尊卑有別凡此大概皆禮之相同者也至于年節則家家以松柏置庭中陳設果餅點燃燭炬其應時之年餻曰非非而枯亨譯言椒餻無論貧富必買食之每年四五月間之佳節曰阿司退而非司脫則各家遍插菖蒲並樹枝之類又以蛋式之糖食之亦猶中國之午節也夏令邀親友醵金聚飲或乘舟車出郭遊嬉即中國之消夏會也又有畫友或各項技藝之人扮作戲齣之古人故事赴鄉迎演日以繼夜燈火燭天即中國之迎神賽會至于點燈結彩施放烟火於其君后誕日或于園囿中無故特設藉以獲利者更僕難數凡此一切則皆風俗之相同者也至于婦人衣服尚艷麗首飾尚珍寶貌尚美足尚小大抵人性之好惡則又兩間之內所不能不同者耳

星使在義大利國於十月二十日謁見義王遞送　國書迎以宮車陳羽衛設兵樂禮貌獨優竟以頭等例待之於此益見聖教之訖乎四海矣

近屆西國歲除採辦年餻禮物者絡繹于途市肆則百貨加增裝潢金碧賣松柏枝者每一墟市無不堆積如山生聚之衆似

又勝于舊年矣

十一月初一日鋭飛約看新建之大博物院院在城東南隅舊有者係民房甚陋近來新建落成特赴英國借來多物以壯觀瞻開院之日國君世子及其部院大臣暨各國公使均被請往觀現屆西歲英國借來之物即須歸趙故一往瞻仰然千篇一律無甚新奇英物中且有標題印度希臘物者實皆中國物西人之識古於此可見一斑

初八日隨同星使赴士旦丁送定遠鐵艦下水午初到廠主等已迎候在站午刻衣冠至艦首前面臺上星使誦吉文奠酒升砲廠主以鑿斷其繩各工施力船即順流而下十分穩便未初

用飯同席一百餘人海部內部各大臣司員暨士旦丁之官紳
均在焉晚回柏林
西人于格物致知之學固不得謂之不究心然往往淺于此者
反不能得其來歷鑒别分類如博古者以中國物指爲印度所
產中國土產與日本懸殊彼亦不能分別往往併列一類識草
木者牡丹與芍藥同名而只別其種樱榈蕉葵統名曰派而門
考醫道者無起死回生之品如人薓之類余嘗見西人之曾經
游歷中國者著書立說以炫其學敢以僻處之偶見視爲直省
風俗盡皆如此書中繪有陝甘四川兩總督衙門其頭門匾額
則左侯相丁制制軍之名大書特書于上此則荒謬之極然其

著書之名則已大振于歐洲各國矣
西友希耳司參戎頗服中國教化之善創物之早立國之古並
云西國之能事無非肇自中華惜華人專衍了事因循貽誤者
多故一切實學反爲虛文所累苟能免忌諱除成見從善革非
則富强當在萬國上向慕之誠溢于言表惜年屆七秩不克遠
來投效而儀型　上國之心則未嘗去諸懷抱也
西國錢票惟英法德比和等國幣值不減其餘奧國義國土耳
其國票價與現金錢有減俄國則票價幾及現銀之半然流通
無阻則各國皆同
臟腑院爲醫學所必究柏林城中一所房屋不甚大第一進陳
設各種胎胞自三日至數月者又有奇胎如兩胎併成一體者
一身兩頭者臀背相連者各種共計四五十數均以玻璃瓶燒
酒浸儲第二進大小骷髏全身骨殖第三進五官肢體臟肺之
類血管氣絡纖悉畢肖係用蠟做成狀貌其有病無病治法形
像有破胸割胃者剖額治腦者開腹取胎者割皮補鼻者挖眼
換睛者均得就痊另有刊書一本備載甚詳再進一房則男女
各種病症奇奇怪怪不能言狀西人於划割之醫可謂殫精竭
慮無微不曉直可媲美靑囊惜其內症治法間有不能盡善盡
美者
毛瑟精槍者毛瑟兄弟匠心獨運竭數十年之力而成德國家

頒給準據他廠不準仿造旋因國家需槍太鉅贖回准據使各
廠皆得製造以取其多是以英國現亦仿造此槍其槍分兩不
重機括靈便既可及遠又易命中洵爲近時最利之器然十數
年前布之勝法所用尙屬針槍針槍一切不及毛瑟槍且不及
法軍之槍而卒成大功者何哉益利器固爲軍中之要苟非天
時地理人和三者盡得則徒有其器亦爲敵人所因耳法人器
精于布兵亦强于布而終歸滅亡者不得人而已矣
凡朝會隨星使往者均如儀十二月廿一日德君及后在小王
宮見客星使公出未回西例必參贊代赴否則謂之慢因偕陳
敬如同往廳事不宏廠各使臣皆摩肩疊背而立德君僅能與

頭等使數人略談一二語遂赴外廳見本國大員出使諸公卽至圓廳進晚飯後德君又隨意接談詢余以李星使是否未回並提及承送繡件甚佳等語答如儀廿七日又同赴德世子及妃大王宮之召世子喜方言僅以法語與敬如問答其妃雖英主之女而德語甚精因與余畧談焉

光緒八年歲次壬午元旦會同各員公服　朝賀

十三日英主維克他里亞被擊未中西例被害不成者應賀是以星使赴英公使處投刺焉

二月初四卽西三月二十二日爲德君壽誕向例僅各使親往書名于册以致賀並不延見亦無他儀文今屆忽有傳單令武

隨員于十一點鐘到宮面賀屆時升砲無數公使仍不與另邀晚會則僅公使與武隨員參贊及隨員亦不與首相畢司馬每屆邀各公使晚飯例仍如舊

柏林之火輪車站雖有九處可周行而不能穿越前數年議建城路自西至東以黃磚砌成大路橫亘于通衢鬧市之上今落成西二月初七日開駛無端閒游者甚夥所以試新也自城西至東有車站五六處每站車價不過二三十分其造路之意實與倫敦之地底車路相同一則穴地而穿馳一則橫橋而飛渡遙遙相對然地底行車昏悶旣甚且恐誤事自不及在上面之曠澗舒暢故余曰凡事後之效法者其利弊已爲前人所經歷取長舍短每勝創作西人笑中國事事從緩其實正得緩中之益不少惟務本之道則不可以須刻待

英國現開舟楫學問之會星使於廿五日約同伏耳鏗船主同行前往以便互相考証蓋現在創製鐵艦之際於水師事宜不厭精詳終須究其何以爲利何以爲弊斯實益可得而諸害悉除矣

德國仕途升轉甚難武員缺多丁文二十而千把三十而都守四十而參游五六十歲始得提鎭然而終身不遷者比比皆是惟王子王孫雖例由千把總入仕途而升遷之速倍易于尋常然當其供職之時仍歸上司節制

德國稅務甚重民間時有煩言然計餉賦稅實有不能稍減者首相畢司馬克因欲將烟貨改爲官賣以便酌減他項稅金蓋烟之一物不過供人嗜好非關民生日用之要故重納其稅不足爲貧民患先經下議院會議上于上議院十七日復開上院集議畢相之帮辦某到院布告大衆然後開議各部大臣咸集惟使館中往聽者甚寥寥耳

西洋宴會坐席凡長桌坐數十人者德國以桌之橫面最中一坐爲主位主人以右手領一首坐之女客卽爲首坐對面則中一坐爲女主亦以右手領一男客然後每耦爲序等而下之英國則桌之直頭爲主位首坐者大抵女客則主人領坐于右首

桌橫面第一位左右亦各以序次焉講究請客者必扣準男女耦數然夫婦父母兄妹必與外客互易而領席筵饌每上必兩種使客自擇所謂湯者灼者煮者燒者燉者中間又雜以酒冰饌將畢雜以生菜之類然後進果冰乳餅麪包乾果水果而止湯以前或加以蠣黃飲以香冰酒亦盛筵也所備餚饌必刷單帖陳設座前大概筵宴不過正餚六種八種惟王宮最大筵宴或有多至二十種者然已不可多見酒則以多而陳爲貴倘用蠣黃者則須香冰一杯否則先以舍利用小杯飲之然後白酒紅酒考究者須于饌單上列明酒名年分紅白二酒約各三四種進冰果以前則用香冰酒香冰亦有用幾種者然大概筵宴共計不過八種十種酒耳席散後則進燒酒約四種薄荷玫瑰橘花等類取其消食也然後或加非茶或皮酒男客則吸大小烟吸烟須另設一房凡此卽所謂的奈者是也

西國冠禮笄禮不必一定年紀大約十五六歲均可成禮未經成禮者男無白領女不長衣不得與會凡成禮之各家男女約日至堂分坐龕之兩旁教士說法一時之久然後女及男每人亦說話一套視其人之口才爲多少說畢樂作一齊唱和無不悲酸痛哭不知其所唱何曲而感人以悲也禮畢被請之親友執手以賀焉逾日教士塡寫執照給發承執西人彌月禮冠笄禮婚禮喪禮無一不由教士註册給照故查烟戶人口者一無遺漏也教士之足以感人如此是誠不知其故矣

德國冬令天氣雖寒而裘服者甚少且每人皮衣至多不過二件一交夏令卽送至存皮衣處代爲晒晾收藏保險儻遇虫蛀持據照索原值每衣保費一二三馬克不等較之每人大小毛數十襲者置本固已大省藏費雖貴衣少亦不覺矣

西人不諱名君臣父子母女同名者不一而足且以君父之名名其街道名其店肆甚至名其犬馬故其街道每以他國國名名之省名名之如上海洋涇浜某某路均以十八省名名之不知者以爲一洋涇浜而包括十八省殊不知歐洲各城街道無處不以人之國名省名而名之也

西樂音律凡八曰崔台哀夫戥阿哈崔與中國今樂之五六工尺上乙四合數適相符且樂之不古可知西國開風氣較遲其一切禮樂文章無非自東而西故大同小異者甚多特其攻苦揣摩之功較中國今日爲勝故人每以事之小有奇者目之曰西法其實所謂西法者皆中國所早有之法也看得透解得通不必以現在西人之所能別命其名曰西法遂至名公卿大理學屏棄之不暇使自富自强之道無自而日求其精進吁遺使之不可忽也甚矣

凡物之自能增減者卽化學之化合化分譬如水遇熱或以火煮之卽乾或減少蓋水本養氣輕氣所化合熱則漸漸化分而

成氣質則水之流質自見其少然鍋中煮水上覆以葢則化成之氣質仍粘葢內葢之外面空氣較冷故葢內之氣仍凝爲流質露水是也造釀之法往往以少化多如豆腐等物皆化學之道五行生尅之理寓焉舉一反三推而求之葢無往而非化學焉耳

頭等公使之婦初到任所函請各使往見有盛設酒果者然取食者惟女客余初覺頭等使新到召客往見之禮未免妄自尊大其實彼族禮之所沿視爲應然且各國之頭等使亦均往赴藉以作出使類中聚晤雅集似亦不必責其自大也

瑞士國向爲歐洲逋逃之藪凡人之獲罪者赴而之他則雖知

其下落不能往緝其國之定例如此美國亦然

王子聰茂才自去冬十月到洋素無疾病今夏忽患足腫自腰而腹漸至頭面洋醫診治無甚效驗卒至胃絕便閉於五月初五日病歿館中詢及西醫據稱水積于肺致心爲之擠住不能收放心血垂危之前又延德國御醫來屯診視數次方藥畧同竟至不起王君藹然仁者爲養親計作異域游不一年而赴召修文病可不死而死于醫之不善治理良可悲也出洋之苦而人每視爲畏途者于此益信

中外風俗相同者已略記于前而不同者亦多相隔數萬里固宜然也至同在一洲而風俗有大相反者如英國禮拜日不馳車不行樂街道絕少行人凡停車待僱者授受均罰德國則反是設遇天晴氣爽游人踵相接車相貫茶坊酒肆欲得一座而不能演戲作樂彈唱一切無不更甚于常日且進門之票有減其常值而招徠者德距英僅一日程耳風俗之不同已如此

曾襲侯以三年期滿之員請假回華在六個月限內不扣資俸並給川資具疏入告　批經總署議准既不虛糜正欵又可藉資熟手又出使章程不得保京職亦經奏准每三員中准保一員十員中准保三員可見凡有裨益于公者雖已着爲成例亦無不隨時更改也

泰西游歷但能認字則一切甚便葢每到一處必有路引書可

查購得一本無不詳載其中繪圖附說所有游玩處所客店招牌馬車價值土產物件使人一目了然

挨及國君民不睦而宰臣與各國意見大乖約民堅築砲臺爲防禦計英國駐彼之兵船甚多允其代爲保護不必多築砲壘使各國之兵船在彼者反生疑懼挨民築如故英人遂致書限期若不停工當以砲擊至期而築益甚英人遂毀其臺於是蘇彝河爲之封禁旋又議明復開戰和之速無過于此者

北洋海防所需子盒皮件向由王都戎得勝督匠驗收現在王君早已回華無人督驗星使遂派敬如與余輪流前往因署中公事亦多不能一人專管也六月中旬連日往驗廠主羅並領

看各工約匠一百八十八自早七點鐘開工至十二點放飯一點復聚晚七點放工每日共工作十一點鐘各種皮件均用鐵模以機器壓出故無大小不符之弊所謂驗收者不過剔去其皮板之軟燦以及刀尖所削傷者每日可收三箱每箱裝一百五十件每件內計彈子匣二腰帶一槍帶一刀插一槍上之護照門皮挽一驗收裝箱釘固並須書據畫押給付該廠收執該廠並承造皮盛佩刀水瓶凡弁兵隨帶之件均製辦焉

七月初七日晚十點鐘偕敬如赴愛生驗試山海關所購之砲初八早抵廠自柏林至愛生計一千餘里

克鹿卜廠專製鋼鐵爲合地球第一大廠其地曰愛生居民六

萬大半爲廠中工匠暨眷屬人等其居民房屋該廠得三之二城郭僅得三之一廠中工匠現有一萬二千人分其類曰鑄鐵廠重錘廠壓鐵廠拉鐵廠挖心廠刨鐵廠吹風廠鎔鐵廠螺紋廠煤氣廠水龍廠其餘銼鋸琢磨則數十百處不能縷述鑄鐵廠或鋼或鐵盛一尺餘高之缶器中黃泥封口置地爐內以煤火或煤氣火燒之使鎔然後開爐以每二人共夾一鐵桶共千百桶傾入模中其模以火磚砌成置地中鑄滿待冷再以起重架起出運赴錘廠重錘廠專錘數萬斤之重物以鑄成之大塊鋼鐵用起重鉤掛住向右入爐煆紅再起向左置砧上以練絡住使之隨旋隨錘其砧與錘均約重數萬斤收放重錘只以一人司其機錘聲震地屋瓦皆飛其三尺逕之鋼塊僅一二刻時即錘縮至二尺許逕以之製砲始能保其堅固壓鐵廠以鑄成之鋼塊用重力壓成片拉鐵廠以鑄成之鋼塊拉成條如鐵路所用鋼條之類挖心廠以錘縮之鋼塊安機器上將心挖空以成砲膛刨鐵廠以機器將砲胚刨之使大小合度吹風廠以鎔化之鋼傾入火爐內以機器壓出之風吹之使淨然後傾成鋼塊或壓或拉以成各器其所吹之風另有機器房收入天氣壓之使出吹風之爐大五圍高下自如鎔鐵廠以鋼鐵入大爐中鎔化然後吹去其垢以成淨鋼螺紋廠以刨成之砲置機上再用機刀挖成來復紋煤氣廠以煤成氣供煆鍊之用並合廠煤

燈之需水龍廠爲本廠防火之用各廠有總司有分司章程畫一規矩整肅無論大小粗細之件均先定以尺寸按圖工作出門合轍通廠轆轤機輪計三百餘座房屋不能以數計愛生之外尚有鐵礦煤礦之屬工匠亦八千人廠主于愛生地方並設公塾以教其工人之子姪設店肆以便食用開醫院以治疾病造房屋以資安居建浴池以去汚穢築大路以便行走可謂教養兼至矣廠主自居山中距廠十餘里房屋崇高園林幽雅自來水火亦特設專廠以供其用又特置電報以通要事有演槍亭有跑馬場有鹿林有玻璃花果園能自產波羅密果乘車數十輛狗馬盈廐僕從如雲德君曾以伯爵賜之辭而不受好客

廣交喜吟咏好詼諧年已七十而步履甚健親屬僅夫婦子媳四人而已二十三年前尙自工作至今而富逾三千萬其礦產之利概可想見矣初十日回柏林

和蘭國欲開賽珍大會總署函致星使總理其事事屬創始頗費周章因向來稅司辦理會務一切情形華員不得其底蘊凡官採商辦驗貨裝箱記識租地陳設品評當此倉卒之際其辦理之難更有甚于稅司者

西例凡他處有瘟疫者來人來船均不得進口登岸防傳染也然船隻已抵海口又不能使之久泊遂派醫士登舟察驗儻無疫氣帶來則停一二三日卽准登岸其所帶之信一一用刀鑿

通使之洩氣再以避瘟藥氣薰之故近來所到包封被劃通者甚多

西人愛潔謂穢氣致疾故街道無時不掃刷房壁地板無日不洗滌卽小戶民人數家合住者亦輪替洗滌合居者各洗滌其自居之一層及下梯邊爲止分界之不容推諉也蓋無此樓則不必設此梯理固有一定者也

出使之人西語謂之敵迫羅麻卽善于機變之意泰西各國互相遣使所以探彼國之虛實而己之得失則閃爍而不使知故交游之際雖飮食酬酢時相過從而絕無交情之可敘蓋所以防洩漏也

地氣能吸空氣能壓故凡物之自上而下者爲順吸之壓之故也水龍以皮管吸水雖高尋丈可使源源而來者以後管之中已吸去其空氣而河中之水爲空氣所壓自然流入後管于是後管所得之水自然推入前管壓之使出皆氣爲之也人常以玻璃杯倒置平放水中水不能過杯口以上以其氣實于杯中也必使杯略側氣得以出則水自浸灌矣故講化學者必先明其氣

西國所用之石灰曰崔門得土或譯音曰塞門得土製法先于土阜取泥之灰色者卽係將成未成之石以鐵繩掛車運至廠中鐵繩掛車每隔十餘丈置柱柱上架橫木木之兩端卽以逕

寸之鐵繩齊邊釘住節節相聯至起土卸土之處則另接以鐵欄其車如中國之筵席箱以二小輪貼置擔上輪以陰槽架于鐵繩之上另以逕五分之鐵繩與車之擔用活機扣住可順行不可逆退去其扣機則車自能懸定不動此鐵繩在廠中卸貨處用平輪以機器旋之旋之之力卽藉磨機之力只添一皮帶不必另費煤炭也旋輪動則左邊之土車自山阜而來右邊之空車自鐵欄轉出從廠中而去所以省火輪運車法至美也其土到廠後卽以一半置水磨中磨細（磨逕丈以機旋之）流入池中（池逕十方丈可大可小）澄淸一二月之久亦用鐵繩車運至榨廠傾入大鐵管榨之使下面兩端擠出如中國之榨線香者畧同榨出之塊大

小如橫磚形卽以鐵絲機劃開運至烘房烘乾夏日用日晒乾卽入爐燒二十小時待冷取出看成色之郤好者（火力不足者須重燒太過者則棄而不用）其另一半乾土不入水磨者亦入爐燒至極堅色黑如石相和併入大磨以汽力磨極細（磨以石爲之大逕六七尺厚尺餘設樓上）磨出之土卽漏入篩中分別粗細各從一管而卸至樓下粗者復磨細者卽合用然每日所出成色微有參差故廠中另延化學師逐日考其質地之精麤以一成色查驗之法以崔門土一成麤沙（須粒大如半粒芝蔴水中出者不合用）三成以水相和打成錠式腰逕七分見方俟其畧乾卽浸入水中二十七日取出置于銅鉗機上其上鉗繫于桿下鉗繫于桌面桿長五寸右端復繫于上桿桿約長一

尺上桿之左端懸一鐵斗上面承鐵彈如桐子者自壺中流入斗內至錠式之樣自斷而止再評其鐵彈之分兩鐵彈承受至重三啟羅者卽謂之三十分拉力蓋上下兩橫桿相乘以一得十也然據稱德國國家驗收此土章程只須十分拉力卽爲如式因現在業此者不下六十餘廠招徠生理不得不格外加工故常得二三十分拉力十八日奉派赴呂乃布爾希驗收塞門得土爲北洋旅順砲台之用得其梗概如此

崔門得土非木桶不能裝運故桶廠須相輔而行二十日午食之暇順道往觀初以松木置桶式之圓鋸上以汽力鋸之成片再上一機則板片中寬而兩端畧窄復鋸齊其兩頭則桶板已成送至烘房烘乾然後以鐵模束成桶用柳樹枝劈作一半紐結而套箍之復架于烘爐爐以鐵圈內實煤火桶套于上適得烘火之力待其已乾則束緊其箍桶蓋與底亦置一圓機上機上左旁斜設齒鋸圓機漫旋而齒鋸甚疾一二分時卽成圓板一片其一切板片無不合轍者皆因機器合就尺寸不致有毫釐之失該廠每日可成四千桶其地距漢波海口較近故發售于英國者亦復不少

呂乃布爾希有地方公署一所係五百年前舊屋廠中人導往一觀其中油畫之繪于壁上者皆其國之侯及妃嬪之像畫法固無神氣而虫蠹剝食亦復不堪房屋均五色繪畫粗鄙已極

掛燈以鐵製者笨不可言又有數百年前刑具鐵樓腦箍之類不下數十件監牢則壁厚數尺天氣不通又有議事廳內設雕木橱柜雖尚精細而殊遜于後人另一室藏案卷者壓封已久呈狀一切均以羊皮代紙火爐如葫蘆形以銅爲之僅能爇煤屑少許尊杯等器亦甚粗陋然彼族視之不啻泰盤周鼎矣

呂乃布爾希地方甚小僅一萬九千戶然距海口近故工作之廠貿易甚大鐵廠磨廠花紙廠桶廠膠廠鹽舍酒棧石灰等廠資本均甚豐厚以其地僻靜則開銷輕距海近則轉運易故工作于此而出售于彼較之繁富之區獲利自更易易耳

花紙廠以棉木舊布或草料碓成稀粥用機器隨撩隨捲近機

處爐火甚熱隨之卽乾每捲數百千丈不定也再以整捲架于染色機上染色機與印字機相彷隨染亦卽隨乾再上印花機印花之板係一圓軸機上可置六七軸同時刷印分別五色金銀機之後卽以帶繫木桿逐幅懸晾如染坊晾布者惟數百丈紙逐桿環連以機拉至五間屋之遠折回復拉至機之左則全紙乾燥可疊復以女工去其橫杆層鋪于板上然後以機及切之再以機軸捲成小筒卽可發售其印花之軸板初以木質畫花紋以銅片釘于花紋上花葉之中實以厚氊片與銅片平氊軟可以受色銅片圍之使色不外滲也又有舊法之手印模板則與中國刷印花紙固無少異該廠亦仍用之其機器僅十四

四馬力然每日新舊兩器已能成裱壁紙一萬丈可爲速矣

鐵廠治鑄磁裡之鐵器鎔化傾鑄大抵皆然其做磁裏法以鐵件入滚水中盪熱刷淨然後將磁粉之極細如漿者連刷三次第一次粉色稍青而粗第二次漸細而白至第三次則如畫家鉛粉潔白無瑕入爐烘乾置大爐中燒之鐵已全紅則磁裏亦已熟化然後取出以模式範之使平整不欹其外面則上以油漆做磁粉法亦以機器磨篩再入水磨乳至極細其中材質稍與磁油微有不同然亦無甚秘異耳

膠廠收食肆中煮湯所棄之牛羊猪骨以及各種獸骨用水浸透入機搗碎大鍋煮之浮于面者爲胰脂之類售于胰廠其清湯則熬煎成膠所餘之骨滓尙含百分之五肥力復售于農人以之糞田以棄而無用之物一舉而三得備其考究之功不可謂不精矣廠主云取胰脂之法新得纔六個月耳

鹽井係泉水之味鹹者挖深百尺建起水機于上將鹽泉起入竈內鍋以鐵爲之長三四丈寬半之煤火煮二十四點鐘則水化爲氣而鹽成定質每水百磅得鹽二十五磅起鍋後置于鍋上之板棧內瀝去其滷然後另置烘房以四十度熱烘極乾而後裝運每百磅價僅一馬三十分稅六馬克此井每日所起之水可成鹽一千石其製法初無異于中國惟所用者機器所成者較速耳

申報內載日本兵船共二十一隻値三百數萬元水兵五千陸兵十萬九千備調五萬八千各鎭四萬三千兵數之寡戰艦之劣而竟敢妄肆鴟張侮我　朝赫然震怒恐蕞爾小邦不值大兵一剿耳然琉球之案至今未結其或有以相待乎

十月十八日鎭遠鐵艦出塢隨同星使往觀此次係請德國海部大臣代爲祝送儀節較省自星使以次不過公服立視而已

乾坤定位而夫婦序聖人之道皆體天地自然之理而成者也或謂西人重婦輕男于序次之間亦相反余固竊有疑于不合天地自然之理者因深究之固知其未嘗若是之甚也其治國之君臣則以男議政之官紳則以男婦人皆不與焉英國雖以

女主臨朝蓋當時前王無子無可承統然唐之武氏亦屬女后偶爾之事不足爲據也等而下之傭工于人下者男僕則呼以姓而不名工資亦昂女僕則呼以名工資亦廉其尊卑次序固自不紊矣雖然于筵宴行樂之事往往女先于男是則愛護之心勝而乾坤之義殺矣彼懦夫之懼內何地無之固不可以重婦輕男例之也

德國駐京公使巴蘭德之兄原任德國參將曾爲辦理中國武弁來德學習兵法之事頗爲出力前數日病歿二十八日爲其安葬之期隨星使往送焉其禮節各人公服至墳堂之禮拜廳內其柩已橫陳于神龕之前致送之花葉圈悉陳于柩之上下

前後各客立定作樂各朗誦其所刊之詞誦畢教士出立龕前樂止客坐教士誦說半時許樂又作各客和誦其詞之末段即舉柩行送者隨行至墳院坎已擴成約深五六尺大小如棺以二白布繫棺人坎教士復誦經以手掬土三撒于棺上然後親丁然後各客均三掬土撒之禮畢各散

崔門土用法平常牆工在地下者用土一分砂三分至五分牆之不可洩水者用土一分至二分造假石板及管子用土一砂四至五水中凝結之灰用土一砂及磚石四五嵌于牆外縫者土一砂二三敷于牆外不洩水氣者土砂各半和小石子作駁塒在水外者土一分砂及小石子八至十凡用石灰泥加以崔門土則格外堅固但須將石灰先化透之其分劑在地面以下之工土一灰一砂六至八在地上之工土一灰二砂十二橋環砲臺窟等工土一石灰三砂十八分以上和法先以清水與土調和另以化透之石灰及砂拌勻然後相和不可以乾土和入已濕之灰砂中砂須有稜角者不可雜有泥土等物

德國官俸均須預期由議院會議本年議定西一千八百八十三四兩年俸數出使項下駐英使臣每年十五萬馬克房屋係公建參贊二每一萬七千四百馬克又一員七千五百馬克供事一萬一千四百馬克又六千六百馬克教士一千零五十馬克文案僕人每二千四百馬克此爲最豐駐華之使俸六萬馬

克參贊一萬二千馬克繙譯一萬五千馬克此爲適中其餘公使四萬八千馬克三萬六千馬克爲至少參贊有少至九千馬克六千馬克者教士俸薪大約視其地之寄居人民多寡爲定故駐英者每年僅一千五十馬克以之作膳金尙不專想有別欵以津貼耳首相畢司馬克因已封建土地故俸薪每年僅五萬四千馬克其餘各部院尙書各三萬六千馬克惟衙署房屋動用器具雖極微細均由公欵置備逐任移交短少者先賠後交司員俸不過六七千馬克並無公屋另給房租一千二百馬克或九百馬克

德國文武各官當差滿十年者告退後均給恩俸照全俸五分

之一或四分之一仍視其在官年分以定當差四十年者方得俸之半本館洋供事千總鋭飛因打仗受傷告退故每年可得恩俸一千二百八十三馬克視尋常為多然千把恩俸至少者亦有四百數十馬克合庫平銀七十餘兩惟其地食用太貴故尚不能自贍耳

告退之千把等官充巡捕官或辦文案年俸三千三百馬克外加房租九百馬克

柏林錫克洛卜水雷廠邀星使閱看廠械因已公出命余與鄭景溪遊戎往閱其雷為數年前所見而未及詳記者雷殼式如海上之浮標以鐵為之鍍以錫上寛下削底內設銅箭一實以

乾棉藥斤許銅箭之外面即係雷殼之內實以濕棉藥數十斤均以電線相維繫以防堵海口用五十枚為一副分置水中其雷浮而不沉須以鐵盤拴住使雷離水面三密達以五十枚參差布置用電線通于岸岸上設表房左右兩所中設電線房一所敵船進口則兩邊表房測量其船適在某雷之上即用德律風告知電報房司電者即將某雷用電氣燃發而炸其船立即轟壞另有一種曰碰雷不用電房然雷之本身亦用電線繫于岸線接則陰陽二電相合而氣發遇碰即自炸電線不接則雖碰亦不炸所以避己船之偶碰而誤遭其險殼與盤均與伏雷同惟雷殼之上面有碰機五以鉛為之極其脆弱內有料管管內實以藥水敵船遇之于陰陽電相合之時則自能炸轟其價每枚四百二十五馬克連電房等器者以全副購之價亦相同此為守口最利之器孫子曰全城為上攻城次之然則伏雷之為用似不在魚雷下矣

頭等公使之挈眷者儼然王制凡值冬令必擇期召見二日刊登新報第一日則各國公使及其妻女並參贊隨員亦及其妻女第二日則本國之官員居多亦有出使之員每日約于晚九點鐘至十一點鐘為止客到時凡出使之員則有參贊代為報名引見本國官員則有朝官並侍衛帶見凡見公使夫人者則以參贊帶見各官以朝官之婦帶見各命婦至十點鐘許啟餼

廳之門延客飲食無座位大桌陳設菜餚果餌數十種紅酒香冰酒數種任人所欲不過畧嘗而已國君請茶會亦不過朝官通名鵠立而談然則儼然王制之謂不得為頭等公使諱矣

德國面稱皇帝及自主之王均曰馬由斯推脫親王曰坤宜希利希呵海脫帝國之世子曰開爸而利希呵海脫王國之世子與親王同自治國事之王公均曰度而希勞嚇脫尋常公爵曰愛而勞嚇脫頭等公使將相暨各部院大臣提鎮則稱之曰愛格斯倫司譯言大人也但二等公使照例尚不能稱此近來除外部之外均已通稱係格外恭敬之意等而下之則統稱之曰海而譯言老爺也兼襲侯伯之爵者則曰侯老爺伯老爺凡此

稱謂酬酢者固不可不知也

德君每遇新年行召見之禮向於各廳殿挨班立定君與后就而立談今歲因其后多病不得已改爲坐見后坐于寶座之右椅君立于左椅邊先由禮官將外廳之公使參隨各官並命婦及其女一一排齊班次魚貫而進至德君后前相離五六尺各行一鞠躬禮君后亦俯首以答各官自右邊前門進左邊後門出以次而行先使臣參隨等員然後本國大員之命婦然後大員然後提鎮等然後各項官員見畢則入廳事作樂見時雖不能談一語而樂半闋之際德君仍至頭等使及其國之執政大臣處一一專衍焉惟其國后弱甚見畢卽還內宮

天下以中國爲最古聖人出而教民以衣食宮室俾遂其生泰西各國未嘗有聖人之教而後世亦知衣食居處蓋仍從中國聲教之所訖或云從前中外不通何由而達必係不約而同余謂非也譬如東鄰偶建一閣我雖不與之交而遠而擬之亦不難仿造一亭由近而遠則數萬里不啻一邑也否則何以建造同係土木飲食亦皆菽水他如立君設官以教以養並以文字爲書記以舟車而致遠人生所需無不大同而小異吾故曰西人不終于穴居野處飲毛茹血者亦賴以有中國更賴中國之有聖人也

或謂西人以金木水火氣爲五行而無土此無稽之談也其實西人並無所謂五行之說然而化學家所謂原質也仍不離乎此原質者物化之極而不能再爲分化之謂原質有六十餘種然不外乎定質之金類石類輕輭等物類氣質類流質類凡金銀銅鐵等類卽五行之金硫黃之類卽土凡原質之輕輭者卽木輕氣養氣炭氣等類卽火原質之可以流行者卽水五行者包括物類之言化學者分別物類之言其理固無二也

公服　朝賀

光緒九年元旦星使因公赴奥尚未回德應由參贊會同各員

德國世子于上年十二月十七卽西正月二十五日爲二十五年重迎花燭之期適值王弟之喪守制二十七日因改遲于正

月二十卽西二月二十八日行慶賀之禮先由外部通知至期于晚七點鐘齊集大王宮男女分班立世子及妃輪替就談各一二語八點半卽散從簡也其交睦之國有特派親王來賀者則禮節自是不同想當隨時延見也

德國君主世子王孫喜慶之事必特設跳舞大會數月前卽購料製衣扮成戲劇若親迎之禮綵輿花冠光采耀目凡嬪妃公侯世爵命婦以及出使之參隨各員暨其婦或女均可與會先往報名俾得酌定脚色屆期先數日卽着所製衣冠試演熟嫻臨時赴宮戲舞共計約數百人刊成一書載明戲齣並註某王孫王孫女某大臣之子或女名氏于每齣之下與宴者各得一

本凡被請觀劇除君主世子暨其眷屬設座一行外各大臣之命婦排班立對面各部大臣及其女以闌干闈于右邊出使各官站立于左邊署能散行是其權利固與衆不同也演畢君主出位向頭等使寒暄一二語用膳仍照尋常茶會例分房就食或願再舞或願回署則君王已去各從其便矣統計所製戲衣不下數萬金其糜費雖大然出諸自備富貴子弟固亦不覺其難也

二月初七日晚九點鐘起身赴和國陪都阿蒙士得塘辦理賽會事務同行者為顧文笙沈留雲其地在柏林之西北火車行十二點鐘快車不必更換可以逕抵天微明入和境關口驗照

放行初八日午前抵塘至客店停行李每小房一間每日計值二沽每沽值制錢五百文尚屬常價惟有關會務之裝修裱糊一切較之尋常不啻倍蓰矣

賽會地段我國前經租定一千四百方密達只有地板天窗四面牆空均須自僱工匠裝作門窗布幔等因連日繪圖募匠估工議值已屬頭緒紛繁而承辦駁運貨物者早未立定合同不能于定章之外再行減值往返會議數十次未能定局而頭批物件已到輪船即須駛赴英國勢難等候只得先將貨物移儲駁船

阿蒙士得塘係濱海水鄉河道如經緯橋梁如棋布雖為通商大埠然人民各嗇居宅狹小街道亦不甚潔淨一切日用之物尤形昂貴凡德國所用一馬克此間則須一沽而屯惟馬車每點鐘只一沽較德國為賤

和國錢法通用者曰沽而屯一名勿羅而每枚重曹平二錢七分有二沽半一枚者重六錢八分有十分沽之五者重一錢三分十分之二五者重九分十分之一者重三分半百分之五者重二分皆以銀為之百分之二五者百分之一者名曰生脫又二百分之一者則皆以紫銅為之其大者則以金為之每枚值十沽計重一錢八分一釐再大則紙幣有值十沽者二十五沽者四十沽者六十沽者一百沽者二百沽者三百沽者一千沽

者通行民間不少減于金銀

土產有乳餅魚蝦蠣黃橘酒人云和蘭產加非可可子其實從南洋屬地來者本地並無所出

和蘭街道之夾河者曰掰拉哈脫兩面房屋者曰司脫拉脫基塲曰潑倫其街道之窄者只容一二人行走寬者可容二馬車房屋極小樓梯窄者只容一人且極陡稍不留意即有下墜之虞地窨均臨街出入亦易跌陷房屋內火爐均用鐵爐離牆安置非時時加煤不能熱故赴人家不必去外衣

阿蒙士得塘多風塵飛眯目行走者幾為之吹倒倘長年如此則非可以久居也人情尚好遠客之異言異服者雖聚觀如堵

而卻無拉辦之事至于購物加價則又不僅和國為然然苟能勤于探聞雖初到生疎亦不致于受欺惟會中所用物件則非常挾制非常把持法國辦會之商人已欲將原貨運回不復赴賽雖激忿之語然其鄰國之人受侮已如此其他更可想見矣

阿蒙士得塘馬車價每半點鐘以內七十生脫滿一點鐘者一沽一點鐘以外每刻加二十五生脫夜間十一點鐘以後每半點鐘以內一沽二十生脫半點以外每刻四十生脫無頭二等之分惟雙駕者倍其值然須定套其行甚疾長車則僅行一段隨時購車票者每張十二生脫半躉購者每張只十生脫無一定停車處隨地可止此則差便于柏林也

和蘭以小國居英德大邦之間事事不敢張大據其國人云本年之會係總辦計賺和君保護因譯語謂萬國會曰愛格司頗齊槍陰退而捺槍捺而謂本國會曰愛格司頗齊槍捺槍捺而其字微有不同故三月二十一日即西四月二十七日和君到塘臨會各會總辦往見時其本國之總辦被斥甚嚴謂和國土地窄小只足自守予所允保護者本國商會非萬國商會豈知驚動各邦倘予早知如此決不保護等語余在旁雖不諳和語見其聲色甚厲見畢退出後他人譯告如此

舉辦衔奇會務實係國家抽豐之舉美其名而已凡國中貿易不能興旺則設會遍請各國飭商運貨赴賽於是鬨商雲集百貨齊至其地則一切昂其值俾人民得以沾利而因之增建房屋設市肆開居無業者亦得有所事事則困窮於以稍蘇而國用亦因之以漸裕矣故德人敗法奧之後法奧均以此法行之和國則因商務不起而為之乃民之強君君固初無此意也各國與會者雖屬商人而國家必發帑以助其資斧此次會務聞德國股內初撥二萬馬克嗣又續給他國有差我中國雖無撥帑協商之例而建屋派員官採官售耗折尤多無撥帑之名而其實則甚于泰西各國矣

各國辦會向係商人之事雖亦有派告退之官或就地之領事為督辦者然不過與總辦會議事務通商人之情而已我國前

于美法之會均由赫稅司德總辦赫則分派各關稅司以及關差人役分值其事人多而事易舉本屆和國大會譯署派李星使為總辦柏館使署參隨繙譯共只七人勢不能全到會所故星使派余暨留雲友笙韶甫諸人輪替往來駐塘辦理凡建造房屋置購橱桌繪圖估工計值論價會議駁運驗收箱物開箱編號定價粘簽陳設安排收放銀錢繕寫賬目事無鉅細必須一一躬親故早起夜息幾有寢食不遑之勢

本屆和國會務初由星使開單請購各貨嗣又行文上海道臺續添各貨既多且美為前此所不及官商各貨共二千餘箱屯積如山會中路為之塞自二月初旬到此至四月中旬為止凡

已入會之箱共約一千三百件始得開竣其餘商貨數百箱無地可容暫存外棧貨物如衣服冠飾珠翠珍玩竹木牙檀綢綾繡織字畫書籍酒醬糖茶菽麥花卉藥材礦產磁瓦銅錫古今樂器弓箭戎服皮張漆器紙張筆墨並屬國方物凡人生日用所需已無遺漏而古玩尤爲奪目特和國地小而僻游人亦未能多到倘陳賽以後銷路不旺則賤值拍售恐多虧折且以上國之多珍遠示彼族置之不甚寶貴之地殊爲可惜吾故曰將來儻有他國邀會者不妨直辭不赴此事本不能强人而爲且官辦官售尤爲他國所嗤葢西人雖重工商而仕宦者不得兼商亦與我國不與民爭利之意畧同苟或情不可郤則祇須

裝潢廳事一二所陳設中國所獨有之物絕精者若干件不必出售旣省糜費而又與比賽之原意相符賽畢之後或持贈一二或運存使館作移交之案留待日後他國賽會之用至于商人之欲來販運者不妨令其自租會屋自加裝潢葢照章會所大屋內所設之物本屬賽而不售卽欲售去亦只能先收定銀候會竣後交付故此次華商之持貨來銷者仍另租工作廳內之地以便隨時出售也

和蘭地氣極北而夏令天氣酷熱四月下旬已熱不可耐然變幻甚速一雨便秋頗有粵東新加坡等處光景而在南之德奧等國反不及如此之熱葢海水流行有一定地步和蘭北海之

水係從亞非利加洲由西而北赤道之熱被水引帶而來也

本屆和國衔奇會原係邀請將各國屬國所出之土產赴賽故英國僅允飭屬國送物赴賽其所租之地僅一千方密達裝潢亦爲儉約商貨亦甚寥寥辦理更形趑趄而其屬國之在南洋印度等島者來貨亦不甚多敷衍而已惟和國自屬之南洋八太惟耶貨物如山積且土產之五穀竹木尤多竭盡其力雖各種模樣惡陋不堪而郤最合賽會之道故無一物可以出售而亦無一人欲得其物爲賞玩之需者英之於和有强弱大小之殊固不必與他國同論

開會儀節先期由總辦備帖邀請貴官富商暨各股之總辦各

員以及司事人等商人之可以出場者亦與屆期於午正有職者公服至頭門內兩邊水臺上公使及部院大臣男婦均得坐亭內亭之中設王座商賈之充會首者亦得立臺上其餘商人則皆立臺下王至樂作凡數齣並歌歌畢和國之會總辦誦頌詞誦畢引王及妃先至和國屬國會中觀覽之過其時各國之總辦均至和國股會門前等候其各國之公使則隨王而行然王不知也屬國觀畢入會二門遍觀各國之會其時三月廿五卽西五月朔各國會所均未完工僅將大甬道上漏夜趕備陳設布置然已大致可觀王及妃不過每到一處略一停步而已其陳設者爲何物則固未嘗寓諸目也亦有與各國會總辦略一

道寒暄者視其國之大小强弱並總辦之爵位尊卑耳巡視畢即邀至一廳事小憩供以茶點而散然此次會務于三月二十五日開設至今已將一月而完工者僅英屬之印度部暨維克拖里耶可稱告竣蓋地小物少辦理不甚費力此外固無一國完工者法國于四月十九卽西五月二十五日辦公所告成亦具柬邀各總辦飲以香冰餻果之品法國總辦係駐塘之總領事兼充固富而有爵者也故亦特設開會儀節以爭勝于他國賽中之賽不得謂之不善設想者矣

開會已及一月各國股內雖未全完而陳設之物實已不少然購者頗乏其人各商自怨自艾極爲悔悶因初不知阿蒙士得

塒地僻人稀遂以爲賽會之舉必與六年前法都巴黎相同不待開會而爭相購買已踵接而肩摩豈知今日之會如此寂寥游人落落如晨星問價而却步者有之見物而乞贈于博物院以留去思者有之欲其自購以爲陳設之具則尚未之前聞也吁會務如此商人焉得而不怨艾哉

辦會公所應用器具在塒購買價倍于平時因由柏林購寄摺疊鐵床到關後前往提取該關欲令完稅告以使署之物則地非都邑關員不諳使務未允驗放此固新購之物無論矣一昨天氣漸熱柏林寄來單夾舊衣信局來告衣服已到應開驗完稅蓋和國定例舊衣亦有稅因約計原值代爲報稅送來此又國例之不同者也

使臣不可以兼辦會務此一定之論卽使偶一奉派亦必另委總辦出面蓋西國之視使臣何等尊重而一辦會務則以會務總辦待之欲謁國君則無由卽見欲享出使權利則無由而得且須受該國總辦之節制他國雖有派領事等官爲督辦者其一切事務則仍由商人之總辦經理督辦偶一稽察而已蓋領事等官在彼本不甚重故其權利亦無甚得失也

該會章程游人進會之票禮拜二五六日每票價一沽餘日減半嗣因售出之票甚少凡一沽者減爲半沽旋又將禮拜日之半沽減爲四分沽之一夜間會所關閉花園內作樂飲酒向章

每客五十生脫後亦減爲二十五生脫然每夜不過數十人極盛亦不過二百人地方僻小雖不取值恐亦不能及他處之盛也

到塘三月有餘公事紛繁無片刻之暇是以會中各國分股迄未一觀現在諸事部署已定因按序偏觀大會之大屋入頭門兩面計四所爲和國股次爲比利時股兩面計六所次爲和蘭在南洋屬島居左右兩所之前半右中爲意大利右後爲瑞士最後爲巴西左所三分之一爲英屬之維克拖利亞中係天井後爲胚而尋犬右爲英屬之印度部後半及次左右兩所爲英國次印度對面全所爲中國英國之次右爲俄左爲西班牙次

為美左為奧次左右三所為法次左全所為日本右又為美次左右六所為德各國陳設一切物件大同小異和則以橘酒乳餅為勝比則以洋琴銅鐵為勝意大利以珊瑚石畫為勝瑞士以鐘表為勝巴西與維克拖里亞以五穀羊毛為勝胚而尋以毡氈為勝印度以五穀茶葉為勝中國以古玩古錢絲茶綢緞磁質雕牙為勝英國以舟車機器為勝俄以皮革綠松青金石之制為勝西班牙以籐蔗葱酒為勝法以絲綢衣裳酒食為勝而他項亦無不十分出色可稱全會之冠美以縫紉機器為勝日本以景泰磁漆器為勝德以銅鐵礦務為勝大會之外則有金剛鑽會自琢磨以至成器無乎不備大者如桂圓如荔支金

剛鑽不產于和而琢磨之工盡在和故為聚處又有和屬之南洋各島另建一屋以菸葉礦產米穀蔗糖一切為勝其民人半屬華產故亦設武帝神像以崇正教此外則機器廠一大區為英法德比和美六國陳設之所園之左後為酒食之肆作樂之臺飲宴之亭又有石板石柱煤礦酒作水機均各國所設又有電氣車係法國送賽者園之右有南洋各島居處種作之所園之左極後為畫院亦法國所設河中有中國之燈船脚划船和國南洋之板艇數隻德國漢波口之小輪船三艘統計其餘各項貨物凡一國所有各國無不皆有惟天生土產則必因其地而得焉

得焉

辦理會務歸總辦全會之人承辦者曰覓地曰建屋曰鋪板曰裝修外面一切曰栽植花木曰鋪設園林曰開通水火氣管曰建造橋梁曰印發各項票紙曰評物曰給獎歸各國股會所辦者曰租屋曰添造本國式房屋口內裝修曰做天幔曰裝板壁曰做櫥柜桌架曰起駁貨物曰開箱點驗曰編號定價標貼簽紙曰分類陳設曰開造物本清册送關計稅曰填註赴賽品評之單紙曰選舉商人充評物董事至是而應辦之事方畢然後待會竣拍賣貨物或將一二大件留贈其國君及本城地方其餘拍賣不合算者或裝箱運回物之去留已定則統計售去之

物計稅完納辦會之大概如此序次亦如此其未盡者皆可隨時隨處變通辦理不必拘以成法也

六月內埃及國內瘟疫盛行日死者四五百人其病西人名之曰可來拉極易傳染故東來輪舟經過其地者到埠後必須停泊口外荒島七日或十四日或一月不等視其疫症之多寡為定停泊之處童山濯濯人民稀少僅有客店備傳染者養病之所每日在舟之客可以登岸兩次其山路之左右路徑有兵守住越過此界兵即開槍擊之防疫氣之傳開也倘有親友知遠客已到因避疫守泊欲先一見即可至島相晤會面之處兩邊鐵欄中隔一街濶幾丈以避穢之藥粉滿鋪于地兩面立談數

語欲握手而不能也守泊之期均由醫生驗視酌定毋敢稍違者其停泊之日舟客伙食須自行另給頭等艙每人每日法國錢十五勿郎故行路不得不多攜川資陳敬如參戎假滿回洋亦停泊七日詳述其事如此亦遊客所不可不知也

柏林于上年公舉衛生大會已告成矣開張之前一日陡遭回祿毀其大半故又改于今年夏季其大會房屋以鐵代木以玻璃作頂會中陳設之物舉凡有益人生日用之需無不備其他則救災捍患之具悉備無遺行海之舟艙面上坐人之杌造成半隻舢板式中實以空氣使不洩並儲以乾糧杌背如闌干另繫橫木檣帆于旁設遇沉溺之險可將所有之杌以兩杌合成一舟相合之處以木栅爲板頃刻間鈎搭而成所以兩杌相合中以木栅相連則船身濶而無傾覆之虞糧食既備無慮漂泊帆索既全亦可行駛此爲航海最要之具儻能從此通行則慈航普渡利濟無窮其餘非新得之秘則亦無須記載矣

德國每歲大操於秋初派出二軍分爲主客互相攻戰先期函請各國特派大員會閱所以示敦睦也二軍操畢約須十四日其往看之員客店房膳伙食馬車坐騎僕役一切均由彼國供應看操之員惟醵資犒賞而已閱畢後並由國君贈給寶星于他國之員出使之武隨員亦可由使臣函請隨閱供應亦同賞犒之欵每人約須出銀一百數十馬克國家專派都守三員知

客凡乘車騎馬駐店入席一切均經代爲一一排定無少紊亂聞各國亦然雖糜費數萬銀錢而既已相沿成例則禮尚往來是不可以或已也

德國稅章磁器每百啟羅稅三十馬克木器每百啟羅稅三十馬克繡貨每百啟羅稅六百馬克綢緞每百啟羅稅二百馬克錫器亦二百馬克茶葉每百啟羅稅一百馬克每啟羅合中國曹平二十六兩零和國則概照値百抽五惟茶葉亦以分兩計稅每百啟羅抽二十五沽較之德國既輕而計値納稅者商人尚得以多報少德國則眼同過秤無可隱漏出于其途者其何以爲利乎

余自六月初四回柏至十月初四日復至阿蒙士得塘辦理收會事宜從前開會之難限于時之太促收會之難則患于貨之太多裝箱分運僅余與顧友笙二人幸司事者田合通年富力強不辭勞瘁兼通四國方言呼應便捷始得一一就緒至十一月初四日完竣回柏然以上海採運時如許多人所辦之事今遠在外洋客地以區區數人而理料之其不僨事者亦幾希矣向來各國設會凡辦理之官員以及上等司事該國君均贈寶星以酬勞勩此次和國大會非出于國君所願是以會竣之後贈寶星者寥寥然李星使以大臣而辦會爲向來所未有故特贈頭等大帶寶星以榮之其餘各國會總辦大半向隅故怨聲

載道而和國官紳則以此等寶星僅能貽贈王公貴戚而何以二等公使亦得非分之榮羨而生妬人情固若是也

火輪車攜帶零物運送行李遲速不一費亦大有區別至速者乘人之行李隨載後車約一時行二百里其次則緊急貨車凡人車行一日之程此則須三五日又次為尋常貨車則人車一日之程須行十日蓋沿途按站節節躭擱起卸貨物而其行本緩然較之馬車已加倍迅速矣至于運費則尋常貨車每百啟羅重運至人車一日之程者約須庫銀二兩餘緊急車倍之隨人後車者更倍之此係約略之數蓋各國章程固稍有不同而因時更改者更不能一定計算其餘小件包物重至數斤者寄

運速于緊急貨車蓋隨信車人車同行耳

德君亦有俸每歲一千二百萬馬克其朝中禮官俸祿車駕丁役一切須自給每歲朝宴之費亦在其內故往往不專則以私產利息貼之世子則每歲俸不過數十萬馬克倘有不足仍仰給于其父鋭飛所述如此

西人好著述好作游記然頗多失實屢見德奧等國人游亞細亞洲刊刻記載者道聽途說動多傳訛然其國人皆敬為博學余常與西客閒談往往有人以中國之陋俗相問者曰此某某之記載也曰此某某之傳述也余駁之曰余中國人不敢謂通曉中國風俗寓柏林者亦六七年亦不敢謂熟悉柏林人情彼何人而游歷一過竟將道聽途說作為真知灼見因屢舉其書中之誤以証其謬妄且見一人一事而遂謂人人事事皆如此彼所適過之事即謂大概如此彼所未見之物即謂其處所無坐井觀天而曰天小者迨此人之謂耳客曰善

柏林巡捕馬步隊以及便服私訪者共三千七百人分駐七十一所每所以千把總一人管理其事每十所或八九所轄于守備守備隸參游參游隸兩翼長兩翼長隸統領凡戶口盜賊丁稅悉查登焉民人之遷居者必報捕房更遷者該管之所即將其原報單移送新遷之所凡人曾經犯罪者報單上註有記識終其身不能洗滌緝捕事宜均以電報通信故每所必設電機

以兩人輪流司其事巡捕俸餉每人每年自一千馬克至一千五百馬克外加眷屬房租約二三百馬克年老因病告退者給以常俸之半或四之三儻能另得他事則視其所得之數于養老俸內扣除或多于養老俸則停給官俸以省公項其統領之職視提鎮等

西人食物必先由巡捕查驗有無毒害故宰殺牛羊豕類必聚集于公所一一由巡捕派人查驗驗無毒害始准出售柏林驗肉公所在東北之郊周圍數畝廣厦數百間每日宰殺通計約四五千數查驗廳三大厦各以顯微鏡窺視凡有虫者其肉則以之熬膠供木作之用其五臟則用礦鏹水化去之來往牲畜

之火輪車必用藥水刷洗使無穢氣免致傳染疾病查驗之所有監督有特派監驗之內部司員有醫生驗畢有巡捕一切開支公項使食肉者不受其害焉

柏林本城信局內寄送物件重五啟羅以內者須給資二十五分尼今年五月新設一公司專遞物件自五十磅以內只費十五分尼每街于食物烟捲等店代收包件給發憑單隨時由該公司派車收取分送至遠之處兩點鐘可到儻有遺失照章賠償凡採購物件而急需應用者交令轉寄所費既不多而迅速得達亦便民之一道也

閏五月二十五日為和蘭世子告窆之期星使為法事所羈不果行派余與沈笛雲前赴和都哈克往送屆日凡大國公使均以宮車邀至世子宮隨同和王相送小國使以及暫護公使者並本國部臣提鎮等均先一時至園寢等候至十一點鐘馬步隊伍先到靈櫬至廳事柩以梠木為之下安銀獸足六兩旁銀環六上面銀頂八以黑絨為罩沿以銀錦罩上陳設王冕一匳劍數事前後皆花圈和王隨進次為日耳曼各王公再次則被邀之公使數人和王及各王公立于柩左各公使等均排立于柩右部院大臣立王之左旁提鎮立公使之後醫生二人教士一人在柩左向外立教士口中誦讀半時許即將柩罩等除去以柩推入升降盤車上降入地穴是為禮畢和王先行以次而退廳後軒房設有茶果惟本國官員略嘗之其廳事及王陵已歷數十代均庋藏于地窨之內正中為開國之祖上面建一石像于亭內其餘則于青石地平上鑿其名氏生死年月而已廳壁一切亦甚樸素洋禮送葬均着公服惟王及王公外加元色兜篷一領醫生亦然此外則以黑紗帶或黑布球繫于臂亦有數人并此而無者分來禮節單止載公服未及帶球故不知者亦不及備然吊喪以吉服究非我國制度似亦宜以一元色兜篷為區別亦未始非經權互用之一道也

哈克居民不及阿蒙士得塘之半而地方潔淨林木深遠則勝之北面濱海為西人休沐之所車馬紛馳頗形繁鬧而食用之

貴逾於尋常故就浴者大半富戶其處產魚秋風一起則人影全無矣城內亦有萬牲院局面甚小僅一象數熊以及禽魚之屬虎豹犀獅則未之見其國中中人以上者無不兼擅英法德三國語言文字以其國小而言語不能通行故往游者不必盡能和語也

德國之鐵砲臺為守口第一堅利之器製造之廠在馬克得布爾希之博考鎮廠主名葛魯孫六月初旬余因前往驗收山海關所購開花硬鐵長砲子因得游觀其廠廠中各國所定鐵臺甚多大者中可容兵一營小者砲臺可以旋轉自如其鐵厚處約六尺薄處亦一尺餘視砲子受攻之力而定也廠中工匠共

二千人亦兼造一切砲械機器惟鐵砲臺爲獨得之秘故雖克鹿卜亦不能與之爭勝也

馬克得布而希馬車精粗不一而價值不分等第每一點鐘給值一馬克五十分食物一切亦較賤于柏林其地爲建設砲臺之所重牆複壁堅固異常每日砲兵操演無稍或懈視平時如戰時德國之所以自强而不息者宜矣

德國習申韓之業者先赴內部考試取中之後名曰道格脫爾即舉人之謂然後再讀深奧之書數年仍由部考試中式即授以職分派各衙門差遣專司律例之事或派赴各城充當律官斷民間詞訟派赴各衙門者如各部院及巡捕統領處凡有事

務須憑理公斷者必須出諸律員之口他人雖明律學不得與問以杜越俎

國債繼國用之不足如軍餉等類城債繼一城地方所用之不足如街道橋工等類計其所需刊印債票每票自一百至一千馬克不等票旁附有小票載明利息約三釐至多四五釐其票發交銀號自有購買之人藏之以爲家產者其價亦有增減凡值軍務之時則價跌治道日上者價即增然漲落無幾不至如股份票之大有高下以其各國同列萬國公會永無滅亡之日則債主自在也凡西人不事鉤距術者大抵購存債票以得官利按季憑小票向銀號支取無論大小銀號見票即付儻有改圖他業者將債票托銀號出售如以銀易錢毫無周折非立法之善曷克臻此

余屢請銷差于去冬始蒙星使奏明給假復因和蘭會務未竣遷延又將一載刻下法國騷擾各海口既不能效力行間一伸素志又不知妻孥眷屬遷住何方不得已力請憲恩先行銷差當蒙批准代先將會務銷册造竣並一切經手事件交代黃君垣接管因即晝夜趲辦于八月初旬一律清楚定于初九日起身至奧國海口登舟祖餞辭行忙不可言

八月初十日五點十七分在柏林安哈而得火車站起行惠送者自星使以下華洋各友大半皆集憲恩友誼感深五內車行

一夜十一日早抵奧都維音因爲日已促以不及游覽亦無須再住客店當先將行李由北站運至南站交門丁收管趁此餘暇得以一覽風景

維音爲奧國都城地高于海面一百五十二密達東北橫江西北環山南至海口計一宿火車程都城房屋崇高街道廣濶惟不及柏林之潔淨物用昂貴則有過之政治仿彿德國兵力則不及赳赳之夫不多見也

奧國錢法曰沽而屯有金錢紙幣之分金沽而屯一枚約值中國制錢六百文紙幣沽而屯一枚約值五百文每沽而屯分爲一百克來崔而金錢凡二種值十沽者值五沽者銀錢凡四種

値一沽者値二分沽之一者値五分沽之一者値十分沽之一
者紫銅凡三種四克來崔者二克來崔者一克來崔者紙幣自
一沽五沽十沽五十沽至一百沽不等
維音馬車不分等第只論馬匹單馬者每點鐘一沽五十克雙
馬者倍之車夫無號衣街道巡捕不及柏林之多呼應彈壓亦
不甚靈
奧君係王而兼帝者也帝國曰奧王國曰翁搿阿一名馬加教
尙天主富庶足以自守
十一日晚七點鐘自南站開車十二日早八點半抵得利司得
先至客店卽赴火輪公司羅以特處詢問船位其時因法國義

國均有疫症故車行者盡坐奧國船隻艙位已滿極費周折始
得通融讓出故長行船位必須預定也
得利斯得語言文字大半尙義大利亞因西南面一江之隔卽
係義國地界其處爲通商大埠帆檣林立貿易繁盛
羅以特公司之船每月開行一次逕達香港此次所開者名曰
梯他尼阿卽五月前廕五樓所乘以回華者自船主以至水手
共六十五人船身長一百十七密達實馬力四百五十匹載重
三千零七十三頓頭等床鋪四十四張二等二十張大廳各處
均用電燈每日早起茶點一次九點鐘早飯計四菜並茶午後
一點鐘冷食計菜二種白酒一小瓶晚六點鐘大飡計一湯三

菜一點二果紅酒一小瓶並加非夜九點又茶點一次餚饌不
及法公司之佳行駛亦緩每點鐘行十海里計用煤一千啟羅
或九海里則用七百五十啟羅煤艙可儲二百頓自奧至港共
需用八百頓且須備不測是以裝煤甚勤而用省行緩故自得
利斯得至香港須五十一二日之久然船行甚穩一切尙稱舒
服惟此次客已逾額并三等艙之住船面者共客一百十人之
多未免過于擁擠耳
十三日五點鐘解維離岸復停至七點鐘始展輪因有數客遲
到或行李未到者是以略待一時是日風平浪淨眠食如常羅
盤向南偏東約十度十五日入地中海水光如鏡大有海不揚

波之象
十六日早暈不能飯午後卽平晚出歐羅巴洲境其處有山名
曰哥棲窩山巓有燈塔燈光旋轉不定行至此處羅盤改向南
偏東五十四五度夜十點鐘月食既十七日仍行地中海
十八日申刻抵埃及國地名波賽船到日時土國兵船作樂站
隊以迎泊定後行客起岸者約二十人其地房屋居民較勝于
前七年惟遍地沙漠頗難生聚雖經歐洲人爲之經理而汚穢
如故氣味亦甚惡有治法有治人而仍莫可如何者良可慨也
渡船每客英錢三本士夜倍之一切昂貴本國行用之錢名曰
批阿司推而約値中國錢六十文本國所製不數行用故常以

英法錢代之

二十一日早七點抵蘇合士泊六點鐘此河只八十六海里約合中國三站而行走一日半之久因沿途停泊等待他船且日入後即泊而不行午後二點半鐘駛入紅海羅盤向南偏東十四五度廿二日風浪較大羅盤偏東廿五至三十度午後過兄弟島其島對峙海中係沙土結成者一大一小形長方式大島有兵房一所燈塔一座小島一無所有廿三日風浪稍息羅盤向南偏東二十五度廿四日波平如鏡廿五日羅盤向南偏東十八度午風稍大夜更甚嘔吐廿六日風浪仍大勉强支持午後過披黎姆島即紅海印度海交界之處其島係荒山一座英

人設兵置砲以守之島之北十餘丈有沉輪一隻只露船首及兩桅島之南凹亦有破輪一艘船身均露北岸童山橫亘只見洋樓一所此處海道夾山行駛極險入印度海後波浪始漸平廿七日早三點鐘抵亞丁泊至午後四點半鐘開行羅盤向東偏北十五至二十度

亞丁為歐亞兩洲之要道城市在環山之中赤地不毛居民亦不甚多英人踞以屯煤山際設砲臺周圍十餘座惟所用之砲盡係前膛舊式大不過一英尺口徑余常謂徒有精器而無人能用則雖有若無此時中國採辦稍舊之器或謂不宜購置然英人强冠歐洲豈所見尚不到此無他砲雖舊式而得人以用之則較之以精器而貪敵用者其勝算固何如哉

亞丁孟買嗲爾署他等埠通行錢法名曰魯批即上海所謂盧對開是也等而下之曰半魯批即盧四開曰四分之一魯批即盧八開曰八分之一魯批又名二个阿那司即盧十六開以上皆銀爲之每魯批分作十六阿那司每阿那分爲九本士則以紫銅爲之銀票只孟買能用自五魯批至五百爲止不能各埠通行錫蘭等埠雖亦用魯批而魯批以下之名目則又不同故行路者更番易兌殊多折耗

廿八廿九三十等日浪均平九月初一日浪稍大初二尤甚嘔吐不能起初三四略平初五日午十一點鐘抵孟買喚渡登岸

孟買爲印度大城英人建立埠頭泊有鐵甲二艘兵船三四艘馬步兵數營半係土人街道之整潔園材之芳茂煤燈燦爛電光閃爍固無異于歐洲惟土人所居處則與粵東相仿其地物產較富故防守者亦嚴于亞丁等埠華民約有數百人均係編籐為業者富商只一二戶而已

停泊多日舟居頗形寂寞客有以游覽勸者因至維克拖里亞花園一行此園以英主之名爲名爲該處名勝之地在城北約半時馬車程園中只大廳事一所內儲各種禽獸絲棉豆麥木果之類如博物院具體而微惟大魚骨兩具各長數丈爲奇觀後面樹木花果亦平常柚樹極夥結實纍纍間有熊羆虎豹兎

猴禽鳥數處如萬牲院然頗不全備以視中國則無山石水泉之勝曲折雅幽之觀以視歐洲則無潔淨整齊之容然自英人經營而就本土人則視爲不可多得之勝景矣

余常謂天生一物有奇必有耦凡花朵有重瓣者必有單瓣有紅色者必有白然未敢以臆度爲必然乍見有夾竹桃開白花者香蕉果紅色者此亦有耦之一証

孟買客居者沛而尋人即上海所謂白頭人最多高冠白衣岸然道貌大都般富所奉之教與天主耶蘇不同死者不葬置一墳園于孟買之西山巔地名馬拉罷溪耳其園周數十丈圍以牆壁前開一穴扃以鐵門内分三圍每圍砌成槽若干外圍置

男屍中圍女屍内圍孩屍中心掘一井凡死者由教士送入圍中露置于槽内任禽鳥之悍鷙者食盡其肉然後將屍骨棄置井中初七日往游其處車行盤旋而上一路林木陰翳花草芬芳景緻甚佳居民大半歐人無不亭臺花圃山之西巔又有水池五六所每長數十丈濶數丈深數丈以雨水先入沙池濾過引入水池儲以濟飲因孟買四面皆海不能得甜水之故左旋而下則巨石嶙峋海波澎湃西人乘車納凉于海灣之濱漁歌唱晚蕉果飄香客居之樂舍此固無所取矣

停泊數日以來始知渡頭登岸處亦有信局錢鋪固不必遠至城市也毎英金一磅易印度銀十二魯批四阿那司總銀行價

亦相同固無欺弊渡船每次至少須一魯批人多則二魯批馬車每點鐘一魯批半日則三魯批全日六魯批客游者雖必另給賞稿然不得爲之貴惟酒醬氣水無不數倍于歐洲蓋客游者暫生理人固宜借此以貿利亦事理之常也

孟買係印度佛國土人仍崇佛教故無禮拜放假之俗初九日適值其佳節如盂蘭會滿街懸五色紙旗並設亭臺佛會鐃鼓喧天廟宇中琉璃燦爛惟裝嚴不大佛像亦醜陋不堪蓋由塑工之未精耳

初十日六點鐘開行出口後羅盤向南偏東三度十一至十三日均偏東二十度以外風浪亦平

十四日浪較大夜十二點鐘抵錫蘭之西口克羅姆婆十五登岸一游渡船每次一魯批馬車每點鐘一息令其土民客居均不及孟買之多有砲臺一座英兵駐守其時無戰艦停泊距海岸里許有佛廟一所殿中小睡佛一尊左郎大睡佛長數丈前後大小塑像畫像均不及中國所塑案前花香馥郁僧則以黃布袈裟披身而無内衣向其購取貝葉經只贋數頁因盡留之而贈以值其錢不歸廟僧而歸民人收受豈其廟屬民人者歟

十六日三點開行出口後羅盤向東偏南二三度

錫蘭雖亦海島然山坡之内有淡水池荷池數處可資吸飲地產桂枝頗多葉如枸樸惜無大者不能作玉桂用耳其地錢幣

亦用䤵批惟每䤵批分作一百生司與孟買不同信局票則亦以生司計故他處信票均不能通用耳

十七至二十一日羅盤均向東偏南二度廿二日抵檳榔嶼地亦屬英有砲臺兩座砲亦舊式泊有小兵船二艘居民之土人不及華人之多建有廟宇會館分粤閩兩幫長街數里盡屬華肆大有粤東景象山水較勝于錫蘭有瀑布流泉英人設閘置管以資吸飲土人產業以椰蕉漁捕爲大宗渡船每人十先司馬車每點鐘大洋銀三角亦有東洋手車價更賤錢法均用墨格西哥英洋每元分作一百先司有十先司者以銀爲之一先司半先司則以紫銅爲之紙幣自五元至數百元不等英官之長

者出有華文告示自稱巡撫以地論之則吾華之一州縣耳廿四日開行羅盤向南偏東五十二度廿五日向東偏北廿度入新加坡泊船于煤棧碼頭

新加坡亦屬英國建有砲臺泊有兵艘設官以治理之其地山多而不高華民約萬餘幾十倍于土人間有富商文士然大半俚俗稱歐洲曰祖家中國曰唐山每稱英國則必加一大字鄙陋可笑其受制于彼族則又可憫自數年前我國派領事駐紮亦無權利可得盛衰得失固事理之常然甘居人下而不知自振亦無怪人之見侮也

新加坡東洋手車甚多御者盡華人每點鐘約洋銀一角馬車則係土人駕駛計里而不計時約合每點鐘洋銀五角土人籍隸没來由言語不通往往任其溢取故西人之待土人亦頗嚴酷二十七日早開行羅盤向北偏東五十度午後三點鐘偏東廿度廿八日同廿九日偏東六十度卅日偏東七十度十月初一至初三日風浪大作人不能起初三日晚六點抵香港

自奥海口至港共行五十日雖時遇風浪而傾側尚不致如從前出洋時之甚且行李物件均未翻倒同舟各客均能勉強支持隨時赴船面瞭望余亦效其所爲故羅盤方向均得詳記實之善駕駛者恐嗤笑之不暇耳

奥國公司羅以特自四十年前集股開張僅有小輪船二艘現

有大中輪船八十餘艘此次所乘梯他尼阿爲該公司第三號輪船價本英金八萬五千磅係由本廠自製故工堅而價亦尚廉耳

十月初四日將行李運交英公司馬綏里也輪船因須初六開行暫赴客店住宿于初五晚始登舟該舟長英尺四百三十五尺一切潤大較梯他尼阿加四分之二爲英公司第四號大輪裝貨四千九百頓實馬力一千四每點鐘行十二海里半廳事房內均用電燈茶飯時刻與梯他尼阿相同惟早午晚三飧食品既多烹調更美但酒須另沽耳人廳樂廳均以白石爲壁大廳設席計容一百四十座一切浴房廁房均極寬潔行船時窗戶

啟閉亦甚留心惟章程較嚴不能一切通融耳由港至滬由西人購票計價洋四十元華人則須五十元想經手者有浮冒之故行李之入貨艙者與船則與他貨同堆英船則另儲扃鎻更爲謹愼逾額之數亦不取水腳然皆格外盡情固非章程所載也香港四圍皆山港道狹窄英人知爲緊要咽喉特設重兵建砲臺泊兵艦東西數萬里遍設埠頭獨據而固守之兵舶常通煤炭足備水飲無乏其能獨擅富强也宜矣

香港錢法亦用墨格西哥英洋有五分之一者曰香港二毫十分之一者曰香港一毫皆以銀爲之小錢曰香港一仙每大洋銀易一百枚更小者曰香港一文有圓孔可穿以索每一仙易

十枚渡船無定章任意需索每渡一人約一二角洋銀東洋車每點鐘洋銀二角二點鐘則三角三點鐘則四角因街市傍山故無馬車富商自備者只能于橫街河沿行走本地人僱大駁船載行李十餘箱只價一元東洋車每點鐘不過一角歎生陋習雖英人嚴治之而不能改此不可以世風論當以地方論也

余從前出洋時西語一字不解而安抵柏林大有賓至如歸之象以其易舟而車一切搬運無盜竊之虞無需索之弊按章給値無事爭論今則略諳洋語而反多不便蓋香港一帶人情險詐更易舟輪價值則動多需索物件則易于遺失行道者可不愼諸

兵輪商輪均以鐵板爲殼然海水侵蝕易于蛀壞從前日本國有鐵甲一艘不數年而已成廢棄是則由于不善經理之故今觀西國輪船每長行一次必刮去舊油再加新油一次是以得以經久有器無人徒多糜耗整理海防者固不可以細微而忽之也

初六日巳正開行出口後羅盤向北偏東廿五度初七日原向午刻過廈門初八日午刻改偏東七度未刻過溫州夜半過甯波初九早五點鐘泊金山外海候潮九點半始得開行向北偏西十八度午後偏西五十四度五點一刻抵吳淞寓中已遣人往接因即登輪駁時已天晚行李不能全取只得先駁一半八

點鐘到上海泊英公司碼頭其餘行李十一日始得收到箱鍵一切均已駁落然未失物件可謂幸矣

統考地球各國英吉利自據有香港印度一帶海面數萬里利權獨擅日于篤駛之事精益求精故商舶遍天下水師冠萬國惟盛極防衰則持盈保泰之心轉勝于好事喜功之舉是以戈登之困視爲緩圖其餘更可概見矣美合衆國開基才一百餘年生聚教養日見繁庶自南北花旗大戰以後危極思安富足自用强足自守故和平渾厚獨存局外之心法則自被布國大創以來日思報復雖于越南妄思大逞而非議院本意惟執政者往往輕視東方各國故藉端滋鬧動出非禮然界强鄰仇國

之間心腹之患自知難免故遠圖亦艱久持但水師列各國第二是亦不可以忽之也德國素稱歐洲文物之邦轉弱爲强僅二十年來現當勵精圖治文教武功蒸蒸日上從前向無水師專部嗣經創設幾欲與英法並駕齊驅而陸軍之强則又非各國所能及故俄土之役出自一言而兵戈遂息然强鄰腹背時有齟齬自不患其有海外之圖也奧國與德相彷彿惟陸軍兵力遠不能及而富則過之故亦足以自守俄羅斯地兼亞歐兩洲盛于西而畧于東然陸路可通患在肘腋且其海口兵船時思遠馭囊括之心久形于外是不可以不嚴防和蘭水師爲天下第三故南洋各島得以佔據而因之富有然君年已老嗣儲

無人外圖之舉固無暇而及此也土耳其各國地方雖大而兵力弱甚僅能自守日本圖强太驟欲速不達以致國計日絀民不能安更不知唇齒之依親附中國徒以通商爲可恃而不知務本雖公法無滅國之理然貧弱日甚其如不能立國何此外如義大利比利時西班牙葡萄牙瑞士丹馬瑙威瑞典埃及則均志在自守至于阿美利加洲之各國則或通商未遍或自顧不遑是又不必與之並論矣

圖書在版編目（CIP）數據

海上絲綢之路文獻集成. 歷代史籍編. 第二輯. 第二卷 / 范金民主編. --福州：福建人民出版社，2023.8
ISBN 978-7-211-09077-8

Ⅰ. ①海… Ⅱ. ①范… Ⅲ. ①海上運輸-絲綢之路-史料-彙編 Ⅳ. ①K203

中國國家版本館CIP數據核字（2023）第072993號

審圖號 GS（2022）3755號
本書有關內容和地圖僅代表作者個人觀點，不代表官方立場。

海上絲綢之路文獻集成·歷代史籍編（第二輯 第二卷）

主　　編　范金民
責任編輯　張輝蘭
美術編輯　白　玫
出版發行　福建人民出版社
電　　話　0591-87533169（發行部）
電子郵箱　fjpph7221@126.com
地　　址　福建省福州市東水路 76 號
經　　銷　福建新華發行（集團）有限責任公司
印刷裝訂　上海盛通時代印刷有限公司
地　　址　上海市金山區廣業路 568 號
電　　話　021-37910000
開　　本　787 毫米 ×1092 毫米　1/16
印　　張　196.5
版　　次　2023 年 8 月第 1 版第 1 次印刷
書　　號　ISBN 978-7-211-09077-8
定　　價　2400.00 元（共 6 冊）